P9-CKX-848

THESAURUS

GRAN SOPENA de SINÓNIMOS y asociación de ideas

David Ortega Cavero

Diccionario Analógico de la Lengua Española

870.000 voces sinónimas y afines
84.000 voces antónimas
136.000 remisiones
5.000 refranes
3.600 gentilicios
Vocabulario temático
Parónimos

EDITORIAL RAMON SOPENA, S. A.

GRAN SOPENA
de
SINÓNIMOS
y asociación de ideas

Tomo 2

MCMLXXXIV

Dep. Legal: B-40.317-1997

Impreso por EDIM, S.C.C.L.
C/ Badajoz, 145 - Barcelona
Printed in Spain

ISBN 84-303-1018-5

Normas para el uso de este diccionario

Es cosa olvidada de puro sabida —como ha quedado suficientemente expuesto en la *Introducción* precedente— que los sinónimos considerados en el sentido más riguroso, es decir, como vocablos distintos con significado idéntico, son poco menos que inexistentes. De ahí que cuando manejamos un diccionario de sinónimos, lo que buscamos en él no sean en realidad palabras con valores idénticos, sino palabras que nos sirvan para expresar con la mayor precisión posible una idea concreta.

Más práctico que un diccionario convencional de sinónimos, lo sería otro del que pudiéramos entresacar el sinónimo propiamente dicho si así nos conviniere, pero también el término extraviado en los repliegues de nuestra memoria que deseamos usar.

Supongamos que conocemos el instrumento de zapatero denominado *chaira* (cuchillo con que los zapateros cortan la suela), que hemos olvidado su nombre y tenemos precisión de recordarlo.

Un diccionario normal de léxico no nos resolverá el problema y un diccionario estrictamente de sinónimos, tampoco.

Sin embargo, si dispusiéramos de un diccionario que nos ofreciera, además de *términos sinónimos, otros íntimamente relacionados con la voz de entrada,* es decir, *ideas afines,* el asunto variaría por completo y dispondríamos de los medios para resolver nuestro problema. Ahora bien, estas son precisamente las características del presente diccionario y, con él, nuestro sistema de operar sería el siguiente:

> Hemos olvidado la palabra *chaira,* pero sabemos que se trata de una herramienta de zapatero. Buscaremos, en consecuencia, la palabra *zapatero.* A través de ella, pasando por *zapato,* llegaremos a *calzado* y en uno de los grupos de esta última entrada encontraremos la palabra *chaira* que tanto nos interesaba recordar.

Afirmamos, y deseamos que quede bien claro, que el presente diccionario no es un diccionario convencional de sinónimos; y que junto a los sinónimos propiamente dichos contiene términos y expresiones afines, antónimos y refranes, además de una completa lista de gentilicios en la entrada correspondiente.

En cuanto al manejo, es sencillísimo, pues se basa en una abundantísima red de remisiones que entrelaza las distintas entradas y permite seguir la pista de una idea y de las palabras con ella relacionadas hasta sus límites más lejanos.

Cómo está estructurado

Este diccionario presenta dos tipos de entradas: **voces madre** y **voces índice.**

VOCES MADRE

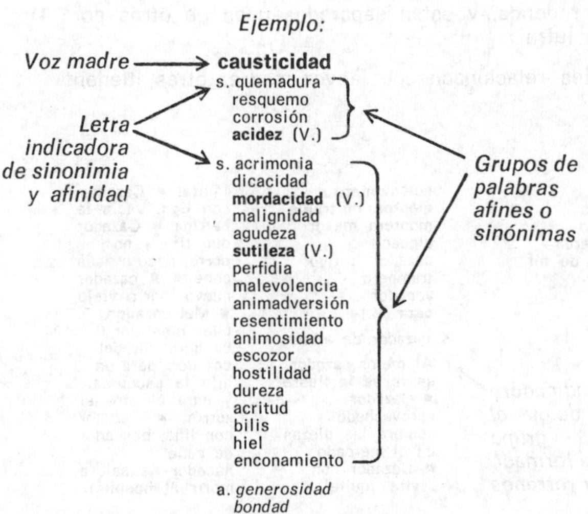

★ **Núcleo del diccionario:** Está constituido por las voces madre que se representan en letra negrita algo mayor que el resto del texto y enuncian el concepto a desarrollar por los grupos de palabras que las siguen.

Estos grupos, en redonda, van acompañados en su inicio por una letra s., que indica que están comprendidos en la parte de sinonimia y afinidad.

★ **Interrelación entre voces madre:** En los grupos que siguen a estas voces, se encuentran intercaladas palabras en negrita seguidas de una (V.), abreviatura de *véase.* Con ello se remite a la palabra en cuestión. Mediante esa remisión se pasa a otra voz madre, o bien a una voz índice, lo que permite la ampliación del concepto en que se está interesado.

Ejemplo:

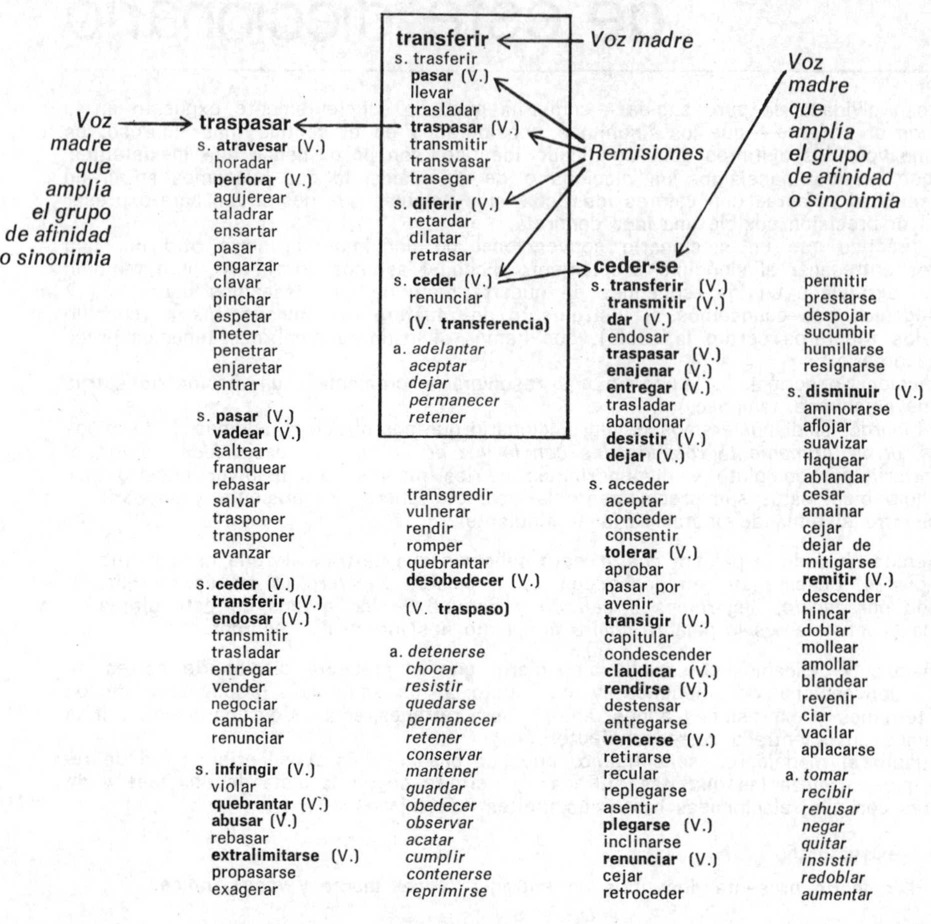

★ **Refranes:** Forman un grupo especial, en redonda, y están separados unos de otros por un cuadratín negro (■). Los precede una letra r.

Los refranes unas veces expresan una idea relacionada con la voz madre; otras, tienen a la voz madre como elemento principal.

Ejemplo:

cazador
s. **montero** (V.)
cosario
batidor
perseguidor (V.)
ojeador (V.)
redero
zorzalero
cechero
lacero
paradislero
parancero
tirador (V.)
alimañero
lobero
huronero
chuchero
perdiguero
cazador de alforja
sotamontero
montero de traílla
montero mayor
alguacil
cazador furtivo
trampero
venador
caza (V.)
s. cazador de alforja
r. Al mejor cazador se le va la liebre ■ Cazador aprovechado compra las piezas en el mercado ■ Cazador con levita, ¡quita!, ¡quita! ■ Cazador con liga, vacía la barriga ■ Cazador que tira y no corre, poco o nada coge ■ A cazador nuevo, perro viejo ■ Mal cazador, buen mentidor ■ La herencia del cazador: para un hijo la escopeta, y para el otro el zurrón ■ Cazador con liga, pescador de caña y hacedor de sal, a morir al hospital

Letra indicadora de que el grupo está formado por refranes

★ **Antónimos:** Se encuentran al término de las voces madre cuyo significado permite desarrollar términos contrarios u opuestos. Están formados por series de palabras en cursiva precedidas por una a. Estas palabras son independientes, sin relación entre sí, antónimas o de signo contrario con respecto a la voz de entrada.

Ejemplo:

cautivo
s. **prisionero** (V.)
aprisionado
esclavo (V.)
esclavizado
aherrojado
encadenado
preso
confinado
dependiente
sujeto
sojuzgado
sometido
rehén
víctima
encerrado
encarcelado
custodiado
escoltado
castigado
enchiquerado
a. *libertado*
libre
absuelto
amnistiado
dispensado
fugado
salvo
emancipado

Letra → indicadora de que el grupo está formado por palabras de signo antónimo

No debe considerarse de ningún modo que los grupos de antónimos sean sinónimos entre sí.

Desarrollo de los grupos en las voces madre: Debido a la especial estructura de este diccionario que, además de los sinónimos propios, admite ideas afines, los grupos que integran las voces madre desarrollan **cinco casos** diferentes que denominaremos A, B, C, D y E.

Caso A) La sinonimia de las distintas acepciones de la voz madre.

La palabra *celo* puede significar: *cuidado vigilante* y también *deseo sexual.*

Ejemplo:

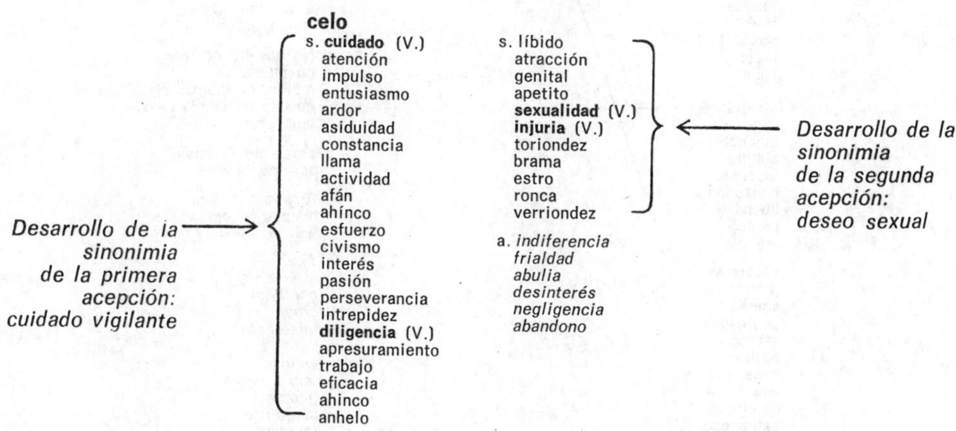

Caso B) Los diferentes grados de evolución semántica del vocablo en sentido recto o figurado.

La entrada **bueno** ejemplariza en sus distintos grupos a lo que puede llegarse en la diversificación genérica a través de los matices específicos de: *bondadoso, estricto, cándido, divertido, grande, feliz, suficiente* y *altruista* que inician los grupos y expresan los valores diferenciados de la voz madre.

Ejemplo:

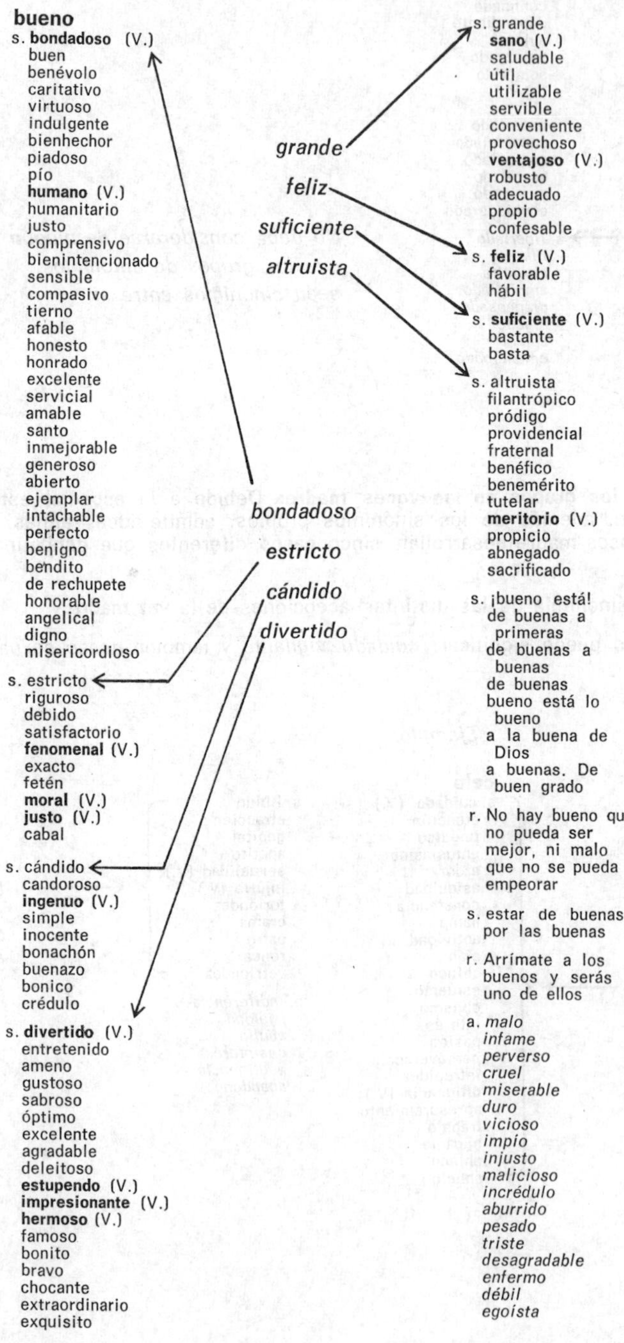

Caso C) Agrupa conjuntos de palabras que designan partes de la cosa, y también acciones, lugares, instrumentos, operaciones, etc., relacionados con la palabra madre.

Así en la entrada **calzado** nos encontramos con diversos grupos, de los cuales el primero enumera diversos tipos de calzado; el segundo, las partes constituyentes de una bota o zapato; el tercero, las herramientas propias del zapatero; el cuarto, el material empleado para el cuidado y limpieza del calzado; por fin, el quinto, sexto y séptimo, presentan adjetivos, sustantivos y verbos relacionados con la materia que se desarrolla.

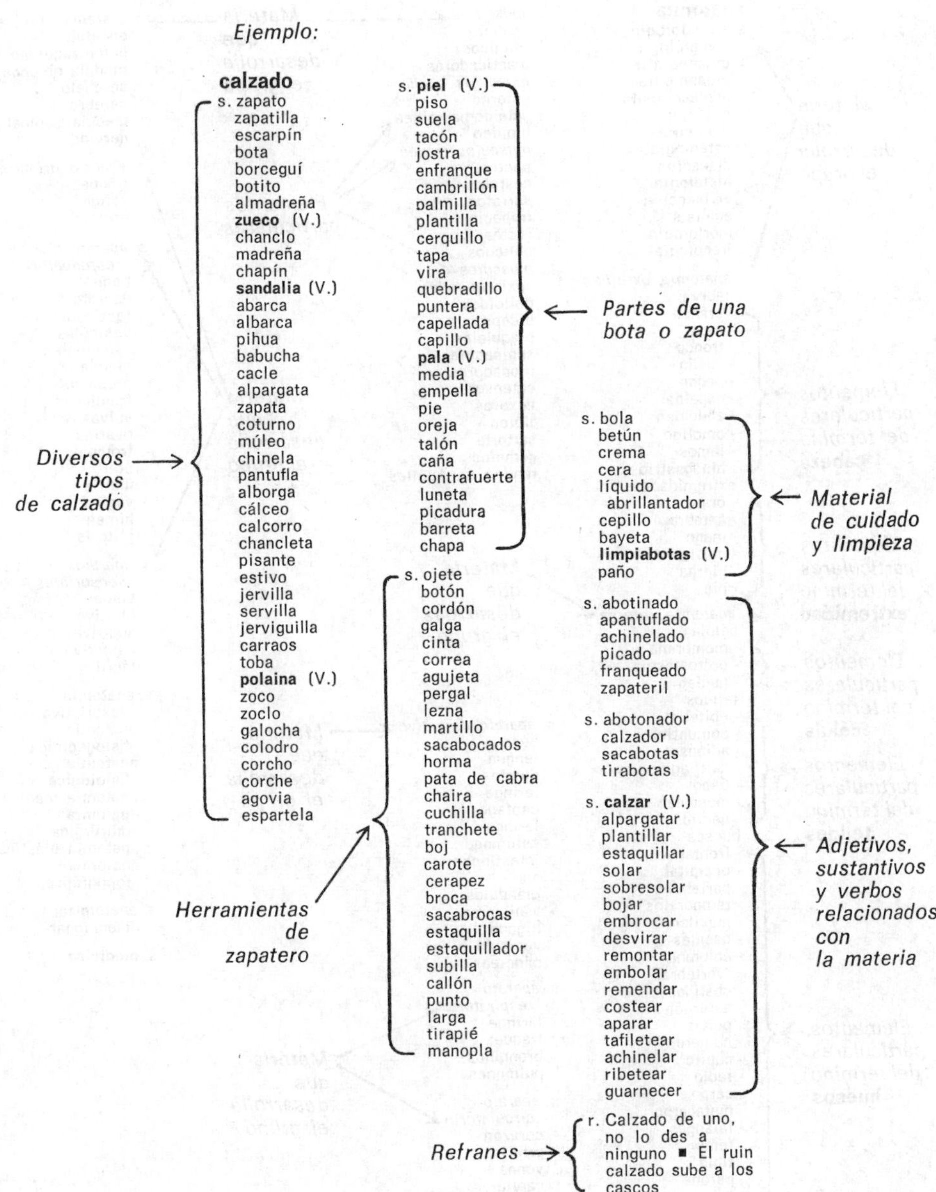

Caso D) A veces el concepto que expresa la voz madre reviste mucha amplitud y complejidad, lo que impone divisiones y subdivisiones especiales en los grupos. Se ha recurrido a poner en cursiva, a la cabeza del grupo, la materia que detalla y a anteponer un guión a los elementos de las subdivisiones.

Ejemplo:

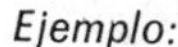

anatomía
s. estesiología
somatología
organografía
organología
esplacnología
miología
fisiología
osteología
disección
histología
vivisección
análisis
morfología
frenología

Materia que desarrolla el grupo

s. *anatomía externa*
cabeza
- cráneo
- cara
- tronco
- cuello
- pecho
- espalda
- abdomen
- ombligo
- lomos
- hipogastrio

Elementos particulares del término **cabeza**

extremidades
- brazo
- antebrazo
- mano
- muslo
- pierna
- pie

Elementos particulares del término **extremidad**

s. *anatomía interna* ← *Materia que desarrolla el grupo*
célula
- membrana
- protoplasma
- núcleo

Elementos particulares del término **célula**

tejidos
- epitelial
- conjuntivo
- adiposo
- cartilaginoso
- óseo
- muscular
- nervioso

Elementos particulares del término **tejidos**

huesos
- frontal
- occipital
- parietales
- temporales
- maxilares
- nasales
- columna vertebral
- costillas
- esternón
- pelvis
- húmero
- cúbito
- radio
- carpo
- metacarpo
- falanges
- fémur
- tibia
- peroné
- tarso
- metatarso

Elementos particulares del término **huesos**

s. *músculos cabeza* ← *Materia que desarrolla el grupo* → s. *sistema nervioso*
mímicos
masticadores
músculos cuello
esterno-cleidomastoideo
hioideo
músculos tronco
pectorales
costales
serratos
trapecio
rectos
oblicuos
músculos extremidades
deltoides
bíceps
braquiales
supinadores
pronadores
extensores
flexores
glúteo
sartorio
gemelos
tendón de Aquiles

Elementos particulares

s. *aparato digestivo* ← *Materia que desarrolla el grupo*
boca
lengua
dientes
faringe
esófago
laringe
estómago
intestinos
ano
glándulas salivares
hígado
vesícula biliar
páncreas

s. *aparato respiratorio*
laringe
tráquea
bronquios
pulmones

s. *aparato circulatorio*
corazón
arterias
venas
capilares
sangre
linfa

Materia que desarrolla el grupo

s. *sistema nervioso*
encéfalo
bulbo raquídeo
medula oblonga
cerebelo
cerebro
medula espinal
nervios

s. *aparato urinario*
riñones
vejiga
uretra

s. *aparato reproductor*
pene
escroto
testículo
vesículas seminales
glande
prepucio
frenillo
vulva
ovarios
trompa
útero
matriz
vagina
himen
clítoris

s. *aparatos sensoriales*
visual
olfativo
auditivo
gustativo
táctil

Materia que desarrolla el grupo

s. anatomía descriptiva
anatomía fisiognómica
anatomía fisiológica
anatomía médica
anatomía quirúrgica
anatomía plástica
anatomía topográfica

s. anatomizar
diseccionar

s. **medicina** (V.)

Caso E) Ocurre a veces que las voces madre carecen en absoluto de sinónimos. En estas circunstancias, el grupo o grupos que las acompañan están constituidos por términos íntimamente relacionados con ellas, o por la especificación que queda determinada por la adjetivación correspondiente, que las individualiza y clasifica. Se consigue de este modo una considerable ampliación de la materia, lo que viene a ser un poderoso auxiliar de la memoria.

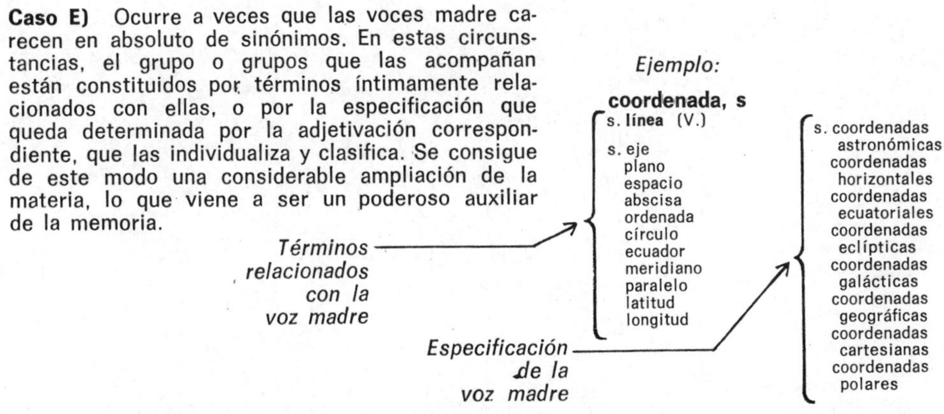

VOCES ÍNDICE

★ **Voces índice.** Tienen como fin remitir a voces madre y van seguidas de una o más remisiones, constituidas por palabras en negrita, entre paréntesis, precedidas de una V., abreviatura de *véase.*

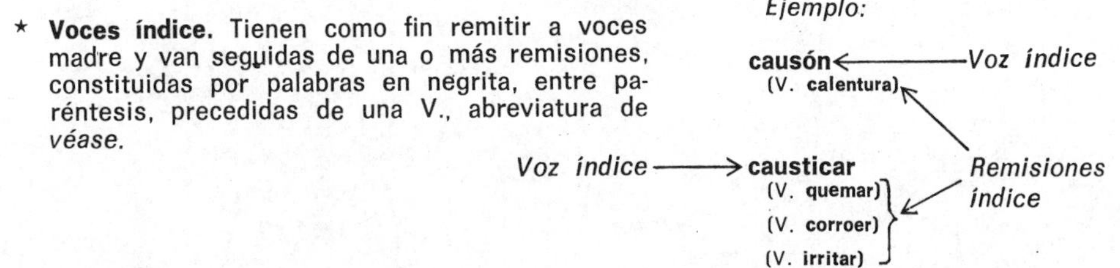

★ **Remisiones índice:** No son privativas de las voces índice y se encuentran también incluidas en las voces madre. Cuando es así, aparecen formando apartes independientes de los grupos. Se diferencian de las remisiones ordinarias por englobar conceptos más diversificados y amplios.

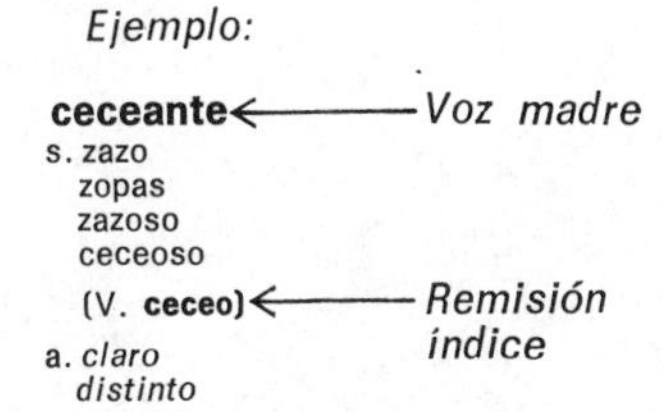

Cuando se utiliza un diccionario de sinónimos es regla precisa no tomar de sus listas ninguna palabra cuyo significado resulte dudoso, so pena de incurrir en errores y de decir algo distinto a lo que se desea expresar. En los casos de duda recomendamos recurrir a un diccionario de léxico para saber si la palabra elegida responde al significado que le queremos dar.

Recomendamos de nuestro fondo editorial:

- ★ Enciclopedia Universal Sopena, 18 vols.
- ★ Diccionario Enciclopédico Ilustrado, 5 vols.
- ★ Gran Sopena. Diccionario de la lengua española, 3 vols.
- ★ Nuevo. Diccionario ilustrado Sopena de la lengua española
- ★ Aristos. Diccionario ilustrado de la lengua española
- ★ Rancés. Diccionario ilustrado de la lengua española

Finaliza este volumen con un breve **Vocabulario temático,** de evidente utilidad, en el que se recogen y someten a síntesis algunas materias de especial interés.

Así como en el cuerpo de la obra el concepto se ramifica y expansiona por medio de otras entradas relacionadas con él, este vocabulario cumple la función de *reagrupar,* bajo un denominador común, cuanto tiene con él alguna relación próxima o remota. Sirva de ejemplo el título genérico de «Artes», que reúne los términos fundamentales de Literatura, Pintura, Escultura y Arquitectura, con lo que el consultante encuentra grandemente ampliado su campo de acción.

Sigue a este Vocabulario, y cierra la obra, una lista de **Parónimos,** escogidos entre los que con mayor frecuencia suscitan dudas y confusiones.

Egipcia

Etrusca

Fenicia

Griega

Latina

S. XII

S. XIV

S. XV

S. XVII

Gótica

Española

Americana

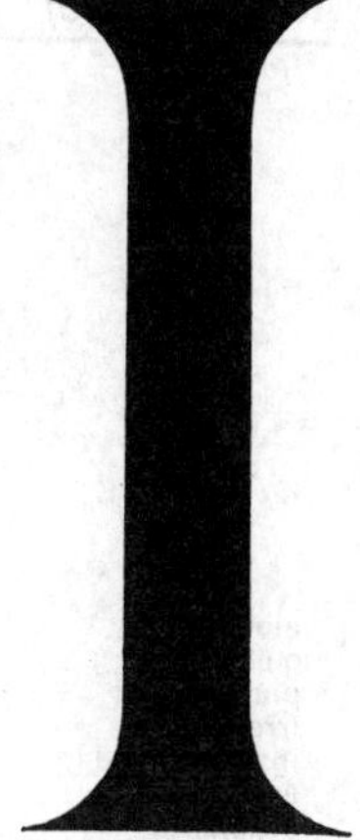

ibérico
s. ibero
español
hispano
íbero
iberio

ibero
(V. **ibérico**)

íbice
s. cabra montés
cabra salvaje
rebeco
cervicabra
gamuza

ibídem
s. allí mismo
en el mismo lugar
en aquel sitio

a. *en otro lugar*

icástico
s. **natural** (V.)
sencillo
franco
ingenuo
llano
sin disfraz
sin adorno
liso

a. *disfrazado*
adornado
complicado
artificial
afectado

iceberg
s. témpano
hielo (V.)
banco
masa flotante
bloque
glaciar (V.)

icneumón
(V. **mangosta**)

icono
s. figura

(V. **imagen**)

s. representación
efigie
cuadro

iconoclasta
s. **hereje** (V.)
bárbaro
vándalo
vandálico
destructor
sectario
iconómaco

(V. **icono**)

a. *creyente*
fiel
civilizado
humano

iconología
(V. **personificación**)

iconómaco
(V. **iconoclasta**)

icor
(V. **humor**)

(V. **úlcera**)

ictericia
s. **biliosidad** (V.)
jaldía
aliaca
bilis
morbo regio
aliacán
biliosidad
tiricia

s. ictericia acatéctica
ictericia acolúrica
ictericia simple
ictericia azul
ictericia atáxica
ictericia grave
ictericia hematógena
ictericia neonatórum
ictericia urobilínica
ictericia perniciosa
ictericia tífica
ictericia tifoidea
ictericia melas
ictericia roja
ictericia saturnina
ictericia obstructiva
ictericia saturnina
ictericia hemorrágica
ictericia hepatógena

ictérico
s. **bilioso** (V.)
amarillo
amarillento
verdoso
hepático

(V. **ictericia**)

ictiología
(V. **zoología**)

(V. **pez**)

ida
s. **desplazamiento** (V.)
traslación
traslado
mudanza
marcha
partida
salida (V.)
viaje
cambio
visita

s. ataque
arranque (V.)
impulso
ímpetu
arrebato (V.)
acometimiento
empujón
brusquedad

s. ida y vuelta
ida y venida
idas y venidas

a. *regreso*
venida
llegada
suavidad
represión

idea
s. forma
apariencia
especie
imagen (V.)
tipo
arquetipo
modelo
paradigma
concepto (V.)
tema
manía (V.)
prejuicio
ocurrencia (V.)
concepción
percepción
pensamiento
opinión (V.)
representación (V.)
sentimiento
vislumbre
invención (V.)
fantasía
imaginación (V.)
intuición
percepción
ideal (V.)
obsesión
quimera
comprensión
conocimiento
juicio
impresión
noción (V.)
prenoción
significación (V.)

s. **sospecha** (V.)
inteligencia
entendimiento
suposición
visión
aspecto

s. **doctrina** (V.)
creencia

s. plan
proyecto (V.)
disposición
diseño
bosquejo
esbozo
croquis
tanteo
dibujo
línea
trazo
designio
esquicio
intención
propósito
gestación
ideología
ideario
borrador
esquema
adelanto
líneas generales
teoría (V.)

s. ideas generales
ideas universales
ideas de Platón

a. *renuncia*
realidad
desconocimiento
cerrazón
materialidad
certidumbre
certeza
seguridad

ideal
s. sublime
perfecto
bello (V.)
excelente
magnífico
eterno (V.)
ejemplar
infinito (V.)
especulativo
poético
metafísico
ideológico
trascendental
irreal (V.)
inmaterial
incorpóreo
utópico (V.)
platónico (V.)
puro (V.)
elevado
especulativo
imaginario
excelente
supremo
absoluto (V.)
soberano
abstracto (V.)

s. **prototipo** (V.)
modelo (V.)
ejemplar
arquetipo

s. deseo
causa
ambición (V.)
ilusión (V.)

s. **sacrificio** (V.)
sueño (V.)
ansia
aspiración
afán
apetencia
gana
antojo

(V. **idea**)

a. *imperfecto*
defectuoso
vulgar
escandaloso
aversión
abandono
deserción
material
real
corriente

idealismo
s. inmaterialidad
altruismo
nobleza
desinterés (V.)
elevación
pureza
generosidad
espiritualidad (V.)
hidalguía
quijotismo (V.)
magnanimidad
filantropía
ensueño
irrealidad
ilusión
romanticismo (V.)
teoría
utopía
sacrificio (V.)
abstracción
entrega
devoción
dedicación
incorporeidad
platonismo (V.)

(V. **idea**)

a. *materialidad*
realidad
despertar
desilusión
deserción
defección
realismo
crudeza

idealista
s. altruista
filántropo
desinteresado
generoso
desprendido
magnánimo
elevado
puro
noble (V.)
sentimental (V.)
espiritual
iluso (V.)
idealizador
visionario (V.)
soñador (V.)
romántico (V.)
utópico
utopista (V.)
teorizante
teórico (V.)
mártir (V.)
quijote (V.)
sacrificado (V.)
entregado

(V. **idealismo**)

a. *acomodaticio*
materialista
egoísta
reservado
realista
ruin
mezquino

idealización
s. embellecimiento
perfección
imaginación (V.)
ilusión
romanticismo
utopía
ensoñación

(cont.)

elevación
quimera
platonismo
irrealidad
incorporeidad
aspiración
esperanza
sublimación (V.)
abstracción

a. *realismo*
materialidad
fealdad
corporeidad

idealizador
(V. **idealista**)

idealizar
(V. **ensoñar**)

(V. **poetizar**)

(V. **embellecer**)

idear
s. representar
imaginar (V.)
meditar
pensar (V.)
inventar (V.)
maquinar
ingeniar
discurrir
ocurrirse (V.)
aprehender
originar
poetizar
ensoñar
idealizar
planear
elaborar (V.)
proyectar (V.)
esbozar
orientar
fundamentar
improvisar
arbitrar
fraguar
forjar
trazar (V.)
sacar
creer
reflexionar
conjeturar
suponer (V.)
sospechar (V.)
evocar
recordar (V.)
rememorar

(V. **idea**)

a. *obstinarse*
obcecarse
desconocer
olvidar

ideario
s. teoría
sistema
doctrina (V.)
repertorio
enseñanza
creencia
escuela

(V. **idea**)

ídem
s. el mismo
igual (V.)
lo mismo
igualmente
idéntico

a. *diferente*
distinto

idéntico
s. exacto
igual (V.)
propio
mismo (V.)
uno
semejante
parecido
equivalente
monótono
uniforme
congénere
análogo
similar
homogéneo
intercambiable
identificable
homólogo
homónimo
gemelo
paralelo

(V. **identidad**)

a. *diferente*
heterogéneo
dispar

identidad
s. exactitud
homogeneidad
sinonimia
concordia
afinidad (V.)
conformidad
semejanza
monotonía
unidad (V.)
unión (V.)
igualdad (V.)
similitud
correspondencia
filiación (V.)
similaridad
concurrencia
acuerdo
compatibilidad
uniformidad

s. **personalidad** (V.)

a. *antítesis*
diferencia
heterogeneidad
disparidad
desigualdad

identificable
s. **determinable** (V.)
reconocible
reseñable

(V. **identificación**)

a. *irreconocible*

identificación
s. inteligencia
compenetración (V.)
reconciliación
fusión
solidaridad (V.)
unificación
determinación
concordancia
coincidencia
entendimiento
reconocimiento (V.)
afinidad (V.)
adhesión
simpatía
paz
armonía
acuerdo (V.)
comprensión

s. **filiación** (V.)
identidad
ficha
señas
rasgos
detalles
referencia
reseña
datos
registro
cédula
dactiloscopia
carné de identidad

a. *hostilidad*
diferencia
desacuerdo
antipatía
desavenencia

identificado
s. unido
solidario
solidarizado
hermanado
armónico
conforme (V.)
semejante
coincidente
fusionado

s. **reconocido** (V.)
descrito
señalado
establecido
determinado
fichado
reseñado
retratado
registrado
señalado
referido

(V. **identificación**)

a. *opuesto*
contrario
disidente
distinto
diferente
adverso
disconforme
desconocido

identificar-se
s. **reconocer** (V.)
fichar (V.)
determinar
establecer
fijar
señalar
retratar
detallar
referir
reseñar
registrar
describir

s. **igualar** (V.)
hermanar
fusionar
unimismar
unificar
unir
homogeneizar
uniformar
coincidir
concordar
corresponder
equivaler
asemejar
semejar
empatar
aparear
nivelar
equiparar
equilibrar

s. **compenetrarse** (V.)
solidarizarse (V.)
entenderse
ser del mismo paño
ser de la misma madera

(V. **identificación**)

a. *discrepar*
desunir-se
ignorar-se
diferenciar-se
desavenir-se

ideográfico
s. gráfico
simbólico
representativo (V.)
pictórico
dibujado

(V. **idea**)

ideograma
s. signo
representación (V.)
símbolo (V.)
elemento
trazo

(V. **idea**)

ideología
s. ideario
doctrina (V.)
ideal
creencia
credo (V.)
fe
partido
convicción
opinión

(V. **idea**)

ideólogo
s. teórico
teorizante
doctrinario (V.)
especulativo (V.)
utopista
contemplativo
fantaseador
fantasioso

(V. **ideología**)

a. *práctico*
realista
pragmático
técnico

idílico
s. **poético** (V.)
amoroso (V.)
amartelado
sensiblero
sentimental
madrigalesco
paradisiaco
virgiliano
pastoral
pastoril (V.)
eglógico
edénico
erótico

(V. **idilio**)

a. *prosaico*
vulgar

idilio
s. martelo
amartelamiento
enamoramiento
galanteo
noviazgo (V.)
amorío (V.)
coqueteo
festejo
requiebro
flirt
remoquete
trova
garzonía
égloga
pastorela
serranilla
poesía (V.)

a. *aversión*
hostilidad
vulgaridad
prosa

idiocia
(V. **oligofrenia**)

idioma
s. **lengua** (V.)
lenguaje (V.)
habla
dialecto
germanía
jerga
jerigonza
caló
argot (V.)
palabra
expresión
ciempiés
galimatías
jacarandana
cristiano
cultalatiniparla

s. ario
eslavo
germánico
indogermánico
indoeuropeo
oriental
neolatino
romance
vernáculo
vivo
muerto
materno
antiguo
clásico
moderno

s. **intérprete** (V.)
traductor (V.)

s. esperanto
francés
inglés
italiano
portugués
alemán
danés
islandés
sueco
irlandés
teutónico
nórdico
gótico
flamenco
neerlandés
celta
galo
galés
anglosajón
dinamarqués
noruego
escocés
cimbro
bretón
gaélico
letón
lituano
romance
español
castellano
vasco
vizcaíno
éuscaro
eúsquero
guipuzcoano
vascuence
catalán
gallego
leonés
bable
asturiano
andaluz
valenciano
extremeño
cristiano
mallorquín
panocho
gabacho
borgoñón
franchute
provenzal
lemosín
languedociano
lengua de oc
lengua de oil
valón
toscano
bolonés
rumano
valaco
romanche
sardo
rético
valaco
húngaro
magiar
turco
finés
finlandés
estonio
lapón
eslavo
ruso
polaco
bávaro
búlgaro
servio
croata
ruteno
checo
bohemio
bohemo
ucranio
volapuk
aljamía
algarabía
yiddish
árabe
hebreo
caldeo
arameo
asirio
persa
siriaco
bengalí
sánscrito
pracrito
prácrito
indio
hindú
griego
jónico
eólico
dórico
latín
latín clásico
latín rústico
latín vulgar
bajo latín
romano
romano vulgar
latín moderno
etrusco
azteca
araucano
quichúa
almara
quechua
quiché
mejicano
mexicano
comanche
yucateco
taina
nahuatle
chalma
caribe
chibcha
comanche
tamanaco
cumanagoto
guaraní
tupí
haitiano

(cont.)

lunfardo
iroqués
tolteca
malayo
tagalo
bisayo
aeta
chino
japonés
mandarín
malabar
javanés
parsi
tibetano
siamés
copto
egipcio
pali

idiosincrasia
s. índole
temperamento
carácter (V.)
modo de ser
personalidad
individualidad
particularismo
peculiaridad
particularidad
natural
naturaleza
condición
característica
rasgo
distintivo
índole
especialidad

idiota
s. necio
tonto
bobo (V.)
estulto
cretino
memo
majadero
lelo
zoquete
negado
inculto
ayuno
mentecato
insensato
papanatas
ganso
mamerto
borrico

s. **retrasado** (V.)
deficiente
anormal
subnormal
cretino
mongólico
imbécil (V.)
falto

(V. **idiotez**)

a. *inteligente*
avispado
listo
genio
talentoso
desarrollado

idiotez
s. bobería
necedad
majadería (V.)
insensatez
tontería (V.)
estultez
estupidez
memez
inconsciencia

s. retraso
deficiencia
mongolismo
cretinismo
imbecilidad (V.)
anormalidad
oligofrenia (V.)
esquizofrenia

a. *inteligencia*
talento
genio
ingenio
alcance
entendederas
entendimiento
razón
comprensión
conciencia
cerebro
cacumen
juicio
mollera
magín

idiotismo
(V. **locución**)

(V. **ignorancia**)

ido
s. **distraído** (V.)
abstraído
en Babia
en Belén con los pastores
despistado

s. **chiflado** (V.)
lelo
atontado
guillado
chalado

a. *concentrado*
atento
cuerdo

idólatra
s. gentil
pagano (V.)
infiel
fetichista
iconoclasta
hereje

s. supersticioso
adorador
amante
tórtolo
pasional
vehemente
entusiasta
fanático (V.)

(V. **idolatría**)

a. *creyente*
frío
objetivo
desapasionado
hostil
contrario

idolatrar
s. **adorar** (V.)
venerar
reverenciar (V.)
amar
admirar (V.)
apasionarse
entregarse
querer
exaltar (V.)
elevar
postrarse
ensalzar
poner en los cuernos de la Luna

(V. **idolatría**)

a. *despreciar*
desengañarse
repeler
rechazar
aborrecer
odiar
malquistar
desilusionarse

idolatría
s. politeísmo
paganismo (V.)
gentilidad (V.)
fetichismo
pirolatría
heliolatría
androlatría
necrolatría
zoolatría
infidelidad

s. **adoración** (V.)
apasionamiento
pasión
amor
encariñamiento
vehemencia
entusiasmo
fanatismo (V.)
delirio
fervor
veneración
exaltación
pleitesía

a. *indiferencia*
desamor
desilusión
ortodoxia
enfriamiento
objetividad

ídolo
s. **tótem** (V.)
pagoda
imagen (V.)
efigie (V.)
fetiche (V.)
amuleto
mascota
reliquia
tabú
símbolo
icono
estatuilla
anito
deidad
divinidad
huaco
amuleto
emblema
simulacro

s. **modelo** (V.)
campeón
amado
predilecto
preferido
favorito (V.)
ojo derecho
valido
hombre de confianza

(V. **idolatría**)

a. *aborrecido*
odiado
rechazado

idoneidad
s. **aptitud** (V.)
capacidad
disposición
suficiencia
facultad
competencia
inteligencia
personalidad
conveniencia
buena madera

a. *ineptitud*
incapacidad
incompetencia

idóneo
s. **competente** (V.)
apto (V.)
inteligente
dispuesto
suficiente
útil
adecuado (V.)
apropiado
habilitado
proporcionado
aparejado
digno de
calificado

(V. **idoneidad**)

a. *inútil*
incompetente
incapaz
inadecuado
inapropiado

iglesia
s. congregación (de los fieles)
religión (V.)
nave de san Pedro
grey
asociación
gremio
comunión
comunión de los Santos
rebaño
cristiandad
cristianismo
catolicismo
esposa de Cristo
comunión (de la iglesia)
colectividad
curia

s. iglesia oriental
iglesia latina
iglesia militante
iglesia triunfante
iglesia orante
iglesia pontifical
iglesia papal
iglesia primada
iglesia patriarcal
iglesia metropolitana
iglesia mayor
iglesia colegial
iglesia de estatuto
iglesia juradera
iglesia fría
iglesia catedral

s. **edificio** (V.)
catedral
templo (V.)
magistral
seo
colegiata
palacio
casa real
alcázar
metrópoli
diaconía
parroquia (V.)
convento
anejo
santuario (V.)
ermita
oratorio
eremitorio
ermitorio
adoratorio
larario
mezquita
pagoda
sinagoga
apacheta
teucalí
teocalí

s. templete
iglesieta
casa de Dios
casa del Señor
casa de oración
casa de devoción
iglesia en cruz latina
iglesia en cruz griega

s. atrio
pórtico
puerta
propileo

s. causídica
lonja
antetemplo
anteiglesia
compás
claustro
galería
patio
nave
crucero
crujía
barbacana
dextro
altozano
galilea
pilón
rosetón
torre
cimborrio
cimborio
cúpula
bóveda
campanario
espadaña
campana
veleta
tribuna
triforio
girola
deambulatorio
cabecera
transepto
ábside
ábsida
capilla (V.)
presbiterio

s. **altar** (V.)
trasaltar
antealtar
iconostasio
cancel

s. camón
capilleta
antecapilla
sacristía
antesacristía
sagrario
sancta sanctórum
vestuario
camarín
cajonera
pastoforio

s. coro
trascoro
antecoro
socoro
sotacoro
entrecoro
lucera
órgano

s. baptisterio
bautisterio
pila bautismal
fuente bautismal
pileta
pila de agua bendita
aguabenditera

s. **púlpito** (V.)
cátedra del Espíritu Santo
predicadera
sombrero
tornavoz
recitáculo
atril
atrilera
facistol
versícula
confesonario
confesionario
comulgatorio
cratícula
rejilla
sillería
bancos
estalo
asiento
reclinatorio
propiciatorio
postrador
faldistorio
misericordia
coma

s. **culto** (V.)
objetos litúrgicos
imagen
efigie
reliquia
exvoto
ofrenda
candelero
lamparín
cirio
cirial
lamparilla
aceitera
vela
incienso
cepo
cepillo
carretón de lámpara

s. **patrón** (V.)
párroco
sacerdote
sacristán
capiller
capillero
santero
santera
eremita
ermitaño
sillero
sillera

s. cumplir con la iglesia
acogerse a la iglesia
llevar uno a la iglesia
reconciliarse con la iglesia
tomar iglesia

ignaro
(V. **ignorante**)

ignavia
(V. **abandono**)

(V. **pereza**)

ignavo
(V. **apático**)

(V. **perezoso**)

ígneo
s. llameante
pírico
ardiente (V.)
encendido (V.)
ignito
eruptivo
al rojo

(V. **ignición**)

a. *apagado*
frío

ignición
s. **combustión** (V.)
quema (V.)
inflamación
deflagración
incandescencia
ustión
chicharrera

a. *frialdad*

ignífugo
(V. **incombustible**)

ígnito
(V. **encendido**)
(V. **incandescente**)

ignominia
s. abyección
afrenta
baldón
barro
infamia
vileza (V.)
descrédito
bajeza
deshonra (V.)
deshonor
ludibrio
humillación
mancha
vilipendio
estigma
vergüenza (V.)
oprobio
mengua
desdoro
demérito
profazo
abominación

s. canallada
jugada (V.)
trastada
infamia

a. *honor*
honra
dignidad
enaltecimiento
nobleza

ignominioso
s. **deshonroso** (V.)
afrentoso
oprobioso
desacreditado
abyecto
injurioso
denigrante
humillante
difamatorio
innoble
odioso
repugnante
vergonzoso (V.)
infame
menospreciable (V.)
infamante
ruin
ofensivo
vejatorio
bajo
despreciable
indigno
nefando (V.)
indecoroso
agravioso
insultante
duro
contumelioso
baldonador
vil
desacreditativo
canallesco
infame (V.)

(V. **ignominia**)

a. *enaltecedor*
honroso
noble
prestigioso

ignorado
s. recondito
oculto (V.)
secreto
anónimo (V.)
inexplorado
ignoto
desconocido (V.)
incógnito
incierto
escondido
inexplotado
obscuro

(V. **ignorancia**)

a. *conocido*
notable

ignorancia
s. **inconsciencia** (V.)
desconocimiento
incultura (V.)
asofia
ineptitud
nesciencia
analfabetismo (V.)
ignorantismo
cerrilismo
oscurantismo (V.)
obscuridad (V.)
idiotismo
insipiencia
atraso
inadvertencia (V.)
salvajismo
nulidad
incompetencia
tinieblas (V.)
incógnita (V.)
torpeza (V.)
simplicidad (V.)
impericia
agnosia
asopia
inopia
inerudición
barbarie
incapacidad
tosquedad
patanería (V.)
insuficiencia
omisión
duda
olvido (V.)
ingenuidad
inocencia
inexperiencia (V.)

s. ignorancia supina
ignorancia de derecho
ignorancia de hecho
ignorancia invencible

s. en ayunas

r. Quien no sabe y quien no ve, van por un nivel ■ Ignorancia no quita pecado ■ La ignorancia es atrevida ■ No pecar uno de ignorancia ■ Pretender uno ignorancia

a. *sabiduría*
cultura
ciencia
estudio
conocimiento

ignorante
s. **inconsciente** (V.)
atrasado
analfabeto (V.)
desconocedor (V.)
ignaro
nesciente
limpio
ayuno
indocto
profano (V.)
inculto (V.)
iletrado
iliterato
indocumentado (V.)
inerudito
pedante
desavisado (V.)
distraído (V.)
vulgar
vulgo
aprendiz
lego (V.)
insipiente
desconocedor
inexperto
incivil (V.)
bárbaro
simple
incapaz
inepto
hueco
vacío
pedantesco

s. idiota
memo
lerdo
bobo (V.)
atún
patán (V.)
paleto (V.)
zote
necio
cernícalo
bolonio
burro
molondro
gofo
torpe
tosco (V.)
insulso
pegado (V.)
mostrenco
modorro (V.)
asno
alcornoque
bestia
zafio
rocín (V.)
borrego
bolocalabaza
zancarrón (V.)
calabacín
besugo
naranjo (V.)
berzotas
mentecato
obtuso
cuaco
rudo (V.)
ganso
grullo

(V. **ignorancia**)

r. Ignorante y burro, todo es uno ■ Ignorante graduado, asno albardado ■ Quien ignora lo que no debe, paga lo que no quiere ■ El ignorante a todos reprende, y habla más de lo que menos entiende

a. *sabio*
culto
instruido
ilustrado
estudioso

ignorar
s. repudiar
desdeñar
rechazar
desentenderse
arrinconar
omitir
excluir
olvidar
relegar
desairar
desechar
encogerse de hombros
hacerse el loco
hacerse el sueco
hacerse el longuis
hacerse de nuevas
dudar
afectar
disimular

s. desconocer
ofuscarse
obcecarse
rebuznar
preguntarse
no saber de la misa la media
no saber el abecé
oír campanas y no saber dónde
no saber ni por el forro
no saber palabra
no distinguir lo blanco de lo negro

s. estar pez
ser un ceporro
no tener idea
estar in albis
no entender ni jota
no saber por dónde se anda
estar en la luna
estar en mantillas
estar en pañales
ser un topo
estar limpio
estar en ayunas
estorbar lo negro
no saber dónde le aprieta a uno el zapato
ser un cebollo
no habérselas visto más negras
no saber por dónde se anda
no saber lo que se pesca
no saber lo que se trae entre manos
no saber dónde tiene los ojos
no saber cuántas son dos y tres
llamarse andana
no haberlas visto más negras
no dar pie con bola
ser un alcornoque

(V. **ignorancia**)

a. *saber*
ilustrarse
conocer
estudiar

ignoto
(V. **ignorado**)
(V. **desconocido**)

igual
s. par
parejo
parigual
paralelo
paritario
igualitario
afín
idéntico (V.)
equivalente (V.)
equipolente
literal
análogo
tal
semejante
consonante
mismo (V.)
ídem
isócrono
simétrico
exacto
clavado
calaño
emparejado
homófono
homógrafo
homónimo
sinónimo (V.)
parónimo
unívoco
empatado
tanto
pintiparado
parecido
cuate
equitativo (V.)

s. conforme
igualado

s. **uniforme** (V.)
estandardizado
standardizado
homologado
tipificado (V.)
normalizado

s. **mellizo** (V.)
gemelo
hermanado
congénere

s. **liso** (V.)
llano
plano
uniforme
homogéneo
unido
nivelado (V.)
suave
fino
regular (V.)
simétrico
raso
equilibrado

s. constante
invariable (V.)
firme
fijo
leal
monótono

s. **correspondiente** (V.)
relacionado
proporcionado
paralelo
coincidente
comparable

s. **indiferente** (V.)
insensible
neutral
frío

s. de igual a igual
igual que
al igual que
por igual
sin igual
¡es igual!
dar igual
ser igual
siempre igual

r. Lo mismo da a pie que andando ■ Lo que es igual para todos, no es ventajoso para ninguno ■ Lo mismo son sangrías que ventosas

(V. **igualdad**)

a. *desigual*
diferente
distinto
dispar
contrario
sin par
único
asimétrico
antónimo
disconforme
heterogéneo
variado
abrupto
escarpado
montuoso
desnivelado
irregular
desequilibrado
inconstante
variable
desproporcionado
apasionado
beligerante
sensible
férvido

iguala
(V. **igualación**)

igualación
s. conducta
iguala
igualamiento
equivalencia
empate
equilibrio
equiparación
semejanza
comparación (V.)
conmensuración
nivelación
rasadura
asimilación
emparejamiento
ajuste
emparejadura

s. **convenio** (V.)
pacto
transacción
concordia
concierto
tratado
estipulación
arreglo
acuerdo
alianza
ajuste
igualatorio (V.)

a. *desconcierto*
desacuerdo
desequilibrio
desemejanza
desarreglo

igualado
s. emparejado
equilibrado
equiparado
nivelado
empatado
igual (V.)
parejo
ajustado
semejante (V.)

(V. **igualación**)

a. *desigual*
desequilibrado
disparejo
contrario

igualador
s. igualitario
justo (V.)
equitativo
justiciero

(V. **igualdad**)

a. *injusto*
abusivo
parcial

igualar-se
s. allanar
alisar (V.)
suavizar
segar (V.)
rasar
tundir (V.)
nivelar (V.)
anivelar
aplanar
explanar
ajustar
rellenar
enrasar (V.)

s. **emparejar** (V.)
parangonar
conmensurar
comparar (V.)
aparear
aparejar
identificar (V.)
uniformar (V.)
estandarizar
empatar
promediar (V.)
potar (V.)
equilibrar
redondear (V.)
balancear
ladearse (V.)
contrapesar
equivaler (V.)
corresponder
competir
asimilar
unificar
hermanar
conformar
adecuar (V.)
preceptuar (V.)
alcanzar
comediar
compensar
condescender
hombrearse
homogeneizar (V.)
parecerse (V.)
asemejarse
subirse
montar
correr parejas
ser todo uno
tener la misma cara
parecerse como una gota de agua a otra
ser lobos de la misma camada
no quedarse atrás
subirse a las barbas
irse allá
ser del mismo paño
ser el vivo retrato de
estar cortados por el mismo patrón
tratarse de tú
no ir a la zaga
tanto monta

r. De tal palo tal astilla ■ Cada oveja con su pareja ■ Lo que no va en lágrimas va en suspiros

(V. **igualdad**)

a. *desigualar*
diferenciar
distinguir
desnivelar
desempatar
desemejarse
disentir

igualatorio
s. asociación
sociedad
iguala (V.)

igualdad
s. **identidad** (V.)
paridad (V.)
analogía
parecido (V.)
isocronismo
semejanza
consonancia
afinidad
conformidad
correspondencia
simetría (V.)
uniformidad (V.)
equilibrio (V.)
paralelismo
sinonimia
homonimia
nivelación
ras (V.)
ecuación
equivalencia (V.)
equipolencia
isocronismo
empate
monotonía (V.)
reciprocidad
coincidencia
emparejadura
equidistancia
potencialidad

s. **relación** (V.)
similitud
similaridad
concurrencia
facsímile
copia exacta

s. feminismo
igualamiento
sufragismo (V.)
equidad (V.)
justicia
ponderación
rectitud
imparcialidad (V.)
moralidad
razón
ecuanimidad
objetividad

a. *desigualdad*
diferencia
heterogeneidad
injusticia
inmoralidad
parcialidad
beligerancia

igualitario
(V. **igual**)

ijada
s. ijar
vacío (V.)
depresión
cavidad
hipocondrio
costilla

s. tener cada cosa su ijada

ijadear
(V. **jadear**)

ijar
(V. **ijada**)

ilación
s. **deducción** (V.)
consecuencia
relación (V.)
correspondencia
inferencia
sindéresis
raciocinación
enlace
conexión
derivación
conclusión
secuela

a. *desconexión*
desajuste
diferencia

ilapso
s. **arrobamiento** (V.)
ensimismamiento
éxtasis (V.)
quietud
deliquio
transporte

a. *distracción*
indiferencia
desencanto

ilativo
s. **relacionado** (V.)
correspondiente
derivado
deducible
consecuente
lógico (V.)

(V. **ilación**)

a. *ilógico*
diferenciado
ajeno
desconectado
extraño

ilegal
s. **desaforado** (V.)
ilícito
injusto
indebido (V.)
prohibido (V.)
desordenado
irregular (V.)
subrepticio
ilegítimo (V.)
inconstitucional
anticonstitucional
atentatorio
clandestino
subterráneo (V.)
arbitrario (V.)
torticero
turbio (V.)

(V. **ilegalidad**)

a. *legal*
justo
normal
lícito

ilegalidad
s. **anormalidad** (V.)
injusticia (V.)
infracción (V.)
ilegitimidad
arbitrariedad (V.)
tropelía
clandestinidad (V.)
atentado
bastardía
atropello (V.)
violación
tropelía (V.)
delito
abuso
trampa
desafuero
corruptela
omisión
falta
transgresión
desafuero
prevaricación
anarquía (V.)
irregularidad (V.)

a. *legalidad*
justicia
legitimidad

ilegible
s. **incomprensible** (V.)
indescifrable
ininteligible
confuso
chino
inlegible
complicado
dudoso
inextricable
difícil
embrollado

a. *legible*
comprensible
claro
fácil

ilegitimar
s. **falsear** (V.)
repudiar
rechazar
repeler
desechar
desdeñar
despreciar
privar
desheredar (V.)
excluir
negar

(V. **ilegitimidad**)

a. *acoger*
apreciar
incluir
afirmar

ilegitimidad
(V. **ilegalidad**)

ilegítimo
s. ilícito
ilegal
falso (V.)
mentido
fementido
espurio (V.)
bastardo (V.)
postizo
supuesto
falsificado
fraudulento
incierto
injusto
natural
adulterino

(V. **ilegitimidad**)

a. *legítimo*
verdadero
cierto
justo
auténtico

íleon
(V. **intestino**)

ileso
s. **indemne** (V.)
incólume
exento
intacto (V.)
invulnerable
puro
libre
inatacable
incorrupto
saludable
zafo
seguro
salvo (V.)
sano
inatacable
inexpugnable
inviolable
intangible
protegido

a. *enfermo*
herido
impuro
vulnerable
lesionado

iletrado
(V. **ignorante**)

ilícito
(V. **ilegal**)

(V. **inmoral**)

ilimitado
s. **infinito** (V.)
inmenso
incontable (V.)
grande (V.)
vasto
extenso
enorme
amplio
desmesurado
dilatado
considerable
holgado
ancho
indeterminado
innumerable
abundante (V.)
copioso
cuantioso
inconmensurable
indefinido (V.)
sine die
indeterminado
interminable
inacabable
inagotable
incalculable

a. *limitado*
pequeño
escaso
mezquino
estrecho
reducido
restringido

iliterato
(V. **ignorante**)

ilógico
s. anormal
absurdo (V.)
descompasado
arbitrario
desatinado
irrazonable (V.)
antinatural
impropio
descabezado
despropositado
disparatado (V.)
paradójico
descabellado
contradictorio (V.)
inverosímil
sofístico
inconsecuente (V.)
infundado
injusto
irracional
incongruente
incoherente (V.)

a. *lógico*
verosímil
natural
razonable
congruente
normal

ilota
s. **siervo** (V.)
esclavo (V.)
paria
exárico
coartado
cimarrón
mezquino

a. *amo*
señor

iludir
(V. **burlar**)

iluminación
s. alumbramiento
luminaria
alumbrado
irradiación
claridad (V.)
coloración
resplandor
fuego
llama
vela
antorcha
cirio
fogata
candelada
fogarada
linterna
quinqué
fulgor
fulgencia
resplandor
claror
fulguración
transparencia
lucidez
fluorescencia
refracción
llamarada
albor
luminiscencia
alborada
aureola
halo
reflejo
resplandor
traslucidez
brillo
lustre
luminosidad
trasluz
contraluz
luz (V.)

s. sugestión
sugerencia
inspiración (V.)
bendición

a. *oscuridad*
tinieblas
sombra
frialdad
cerrazón

iluminado
s. inspirado
sugestionado
vidente
revelandero
esclarecido
visionario (V.)
s. **hereje** (V.)
s. **pintado** (V.)
(V. **iluminismo**)
a. *ortodoxo*
puro

iluminador
s. **luminoso** (V.)
alumbrador
refulgente
fulgurante
resplandeciente
radiante
radioso
brillador
encantador
fúlgido
coruscante
incandescente
lucífero
lúcido
lucifer
luciente
fosforescente
claro
crepuscular
esplendente
s. ilustrador
pintor
dibujante (V.)
decorador
diseñador
caricaturista
(V. **iluminación**)
a. *oscuro*
tenebroso

iluminar-se
s. **resplandecer** (V.)
amanecer (V.)
clarear
relumbrar
alumbrar (V.)
clarecer
dar luz
clarificar
irradiar
destellar
centellear
fosforescer
llamear
abrillantar (V.)
relucir
relampaguear
coruscar
prelucir
rutilar
refulgir
arder
esplender
lucir (V.)
s. colorear
ilustrar (V.)
decorar
s. imaginar
pensar
discurrir
inspirar (V.)
revelar
infundir
inculcar
sugestionar
(V. **iluminación**)
a. *apagar*
oscurecer
entenebrecer

iluminaria
(V. **luminaria**)

iluminismo
(V. **herejía**)

ilusión
s. **ensueño** (V.)
embaimiento (V.)
espejuelo (V.)
quimera (V.)
delirio (V.)
aparición (V.)
ficción (V.)
figuración (V.)
desvarío
fantasmagoría (V.)
imaginación (V.)
ensoñación
aprensión
visión
alucinación (V.)
utopía (V.)
espejismo
equivocación (V.)
ofuscación
ideal (V.)
s. **esperanza** (V.)
anhelo
afán
sueño (V.)
deseo (V.)
confianza
ansia
apetito
optimismo (V.)
apetencia
gana
antojo
ambición (V.)
capricho
tropelía (V.)
r. Quien de ilusiones vive, de desengaños muere ■ No creáis en sueños ni en alusiones ni agüeros ■ El bien imaginado es más sabroso que gozado ■ Cuentas galanas, casi siempre salen vanas
a. *desilusión*
desesperanza
desgana
realidad
desinterés
desengaño

ilusionado
s. **optimista** (V.)
confitado
escandilado
engolosinado
esperanzado
anhelante
animoso
deseoso
confiado
entusiasta
soñador
loco
vano
iluso
visionario
romántico
idealista
(V. **ilusión**)
a. *desilusionado*
desengañado
desesperanzado
realista
razonado
frío
materialista

ilusionar-se
s. **soñar** (V.)
animar (V.)
esperanzar (V.)
confiar
anhelar
trasoñar
ensoñar
afanar
alimentar
acariciar
encascabelar (V.)
confitar
abrigar
suponer
conjeturar
afanar
prometer (V.)
excitar
soliviantar (V.)
desear (V.)
encandilar
engolosinar (V.)
entusiasmar
engañar (V.)
alucinarse
fantasear
figurarse
quimerizar
imaginar (V.)
ver visiones
hacerse la boca agua
ver de color de rosa
soñar despierto
alimentarse de esperanzas
prometérselas muy felices
llenarse la cabeza de humo
vivir de ilusiones
hacer castillos en el aire
llevarse de la fantasía
tener una imaginación volcánica
(V. **ilusión**)
a. *desilusionar-se*
decepcionar-se
desconfiar
desesperar-se
equivocar-se
desanimar-se
desalentar-se
desengañar-se

ilusionismo
(V. **prestidigitación**)

ilusionista
(V. **prestidigitador**)

iluso
s. cándido
engañado
embaucado
seducido
encandilado
enflautado
crédulo (V.)
pueril (V.)
ingenuo (V.)
simple
inocente
incauto
s. **soñador** (V.)
visionario (V.)
imaginativo
quimerista (V.)
quimérico (V.)
idealista (V.)
utopista (V.)
utópico (V.)
fantástico
ensoñador
fantaseador
fanático
entusiasta
quijote
romántico
ilusionado
optimista (V.)
teorizante (V.)
(V. **ilusión**)
a. *desengañado*
avisado
realista
prosaico
pesimista
materialista
incrédulo
avisado

ilusorio
s. ilusivo
falso
vano (V.)
engañoso (V.)
aparente
fingido
supuesto
artificial
ficticio
irreal
inasequible (V.)
capcioso
quimérico
doloso
nugatorio
frustráneo
mentido
fementido
postizo
apócrifo
inexistente (V.)
imaginario (V.)
especioso
delusorio
seudo
delusivo
engañante
engañador
apócrifo
aéreo
etéreo
(V. **ilusión**)
a. *cierto*
real
verdadero
material
tangible

ilustración
s. preparación
cultura (V.)
base
erudición
educación
estudio
comentario (V.)
instrucción
explanación
aclaración
luz (V.)
enseño
aleccionamiento
adiestramiento
enseñanza
s. estampa
lámina
grabado
dibujo (V.)
pintura
figura
iluminación
fotografía (V.)
s. revista
semanario
s. glosa
comentario (V.)
explicación
esclarecimiento (V.)
nota
apostilla
crítica
a. *incultura*
desconocimiento
ignorancia
rusticidad
confusión
embrollo

ilustrado
s. **culto** (V.)
instruido (V.)
sabio
letrado
técnico
docto
erudito
estudioso
versado
documentado
entendido
leído
competente (V.)
noticioso
sabihondo
resabido
inteligente
omniscio
perito
preclaro
(V. **ilustración**)
a. *ignorante*
inculto
rústico
inepto
incompetente

ilustrador
(V. **dibujante**)

ilustrar-se
s. aleccionar
enseñar
aprender
instruir (V.)
educar
cultivar
imponer
iniciar
documentar
civilizar
inculcar
alumbrar
formar
saber
conocer
adelantar
progresar
aplicarse
cursar
s. aclarar
explicar (V.)
explanar
esclarecer
dilucidar
iluminar
exponer
interpretar
desarrollar
alabar
afamar
engrandecer
enaltecer
gloriar (V.)
honrar
realzar
ennoblecer
s. pintar
dibujar (V.)
grabar
estampar
iluminar (V.)
(V. **ilustración**)
a. *deformar*
vaguear
abandonarse
complicar
rebajar
denigrar
descarriar
embrutecer
ignorar
desconocer
oscurecer

ilustrativo
s. **esclarecedor** (V.)
claro
demostrativo
aclaratorio
explicativo (V.)
evidente
categórico
persuasivo
convincente
concluyente
(V. **ilustración**)
a. *confundidor*
confuso
embrollón
oscuro

ilustre
s. preclaro
distinguido (V.)
insigne (V.)
célebre (V.)
esclarecido
notable
preclaro (V.)
augusto
afamado (V.)
grande (V.)
egregio (V.)
ínclito (V.)
conocido
mentado
prominente (V.)
hidalgo (V.)
prócer
destacado
sobresaliente
aplaudido
aventajado
egregio
eminente
importante (V.)
brillante
bienfamado
acreditado (V.)
eximio
granado (V.)
excelso
memorable
inolvidable
inmortal
señalado
prestigioso
magnate
principal (V.)
perilustre
docto
excelente (V.)
significado (V.)
respetable
maestro
conspicuo (V.)
admirable
inimitable
genial
perínclito

(cont.)

heroico
glorioso
divo
aplaudido
glorificable
genial
claro
eminente
brillante
consagrado
personaje (V.)
magno (V.)
magistral
ilustrísimo
eminentísimo
excelentísimo

(V. **ilustración**)

a. *ignorado*
oscuro
vulgar
anónimo
desconocido

ilustrísimo
(V. **ilustre**)

imagen
s. **representación** (V.)
figuración
idea (V.)
concepto
noción
apariencia
especie
símbolo
sensación
percepción
imaginación
vislumbre
mito
emblema

s. **metáfora** (V.)
tropo
símil
retórica
descripción (V.)
detalle
reseña
síntesis

s. **figura** (V.)
estatua
talla
estampa
efigie (V.)
pintura (V.)
grabado (V.)
retrato (V.)
escultura (V.)
ídolo (V.)
icono (V.)
reproducción
santo (V.)
modelo
copia
imitación
semejanza
parecido
hechura
perfil
apariencia
aspecto
lámina
cuadro
ilustración
fotografía (V.)
busto
cuerpo
torso
dorso
reflejo (V.)
trasunto (V.)

s. Agnus
Agnusdéi
Eccehomo
Crucificado
Cristo
Crucifixión
Virgen (V.)
Dolorosa
Santa Faz
Niño Jesús
Nazareno
Vera Efigie
Piedad
Santo Sepulcro
Prendimiento
Santa Cena
Resurrección
Oración del Huerto
Beso de Judas
Santo Entierro
Descendimiento
Semana Santa

s. misterio
paso
retablo
corona
manto
túnica
palio
nimbo
banzo
horquilla
enagüillas
andas
baldaquino
peana
urna
relicario
trono

s. santero
imaginero
nazareno
bancero

s. templete
hornacina
humilladero
adoratorio
capilla
camarín

s. quedarse para vestir imágenes
viva imagen

imaginable
s. comprensible
concebible
conjeturable
conceptible
excogitable
lógico
prensible
creíble
razonable

(V. **imagen**)

a. *inimaginable*
inconcebible
ilógico

imaginación
s. **idea** (V.)
representación (V.)
inventiva (V.)
simulacro
especie
apariencia
imaginativa
pesadilla
quimera
alucinación (V.)
espejismo
aprensión
ilusión (V.)
fábula
novela
invención (V.)
supuesto
mito
fantasmagoria (V.)
fantasma
entelequia
ofuscación (V.)
capricho
transporte
sospecha
aprensión
espectro
arrobamiento
transporte
originalidad (V.)
utopía (V.)
ensueño
ficción
fantasía (V.)
suposición
inexistencia (V.)
conjetura
inspiración (V.)
idealismo
divagación
magín (V.)
visión (V.)
ocurrencia (V.)
viveza
idealidad
idealización (V.)
figuración
mientes
volatería
santiscario
embaimiento
engaño
entelequia
integumento
novelería

s. echar la imaginación a volar
ni por imaginación
ponérsele en la imaginación

r. Imaginación hace cuerpo de lo que es visión ■ Lo que se piensa es lo que se vive ■ No corre más el que más camina, sino el que más imagina

a. *realidad*
materialidad
existencia

imaginar-se
s. **idear** (V.)
concebir
soñar (V.)
inventar (V.)
cosquillear
acariciar
evocar
recordar (V.)
suponer
sospechar (V.)
presumir
abrigar
creer
figurar (V.)
teorizar (V.)
representar (V.)
retraerse (V.)
crear (V.)
pensar (V.)
prefigurar
fantasear (V.)
trazar
fingir
ilusionar (V.)
forjar (V.)
bosquejar
divagar
quimerizar
suponer (V.)
conjeturar
trasoñar
idealizar
realzar
ingeniarse (V.)
inspirarse
delirar
ocurrir (V.)
reflexionar
especular

s. hacerse ilusiones
soñar despierto
ver visiones
tener inspiración
forjarse ilusiones
venir a las mientes
hacerse cargo
metérsele en la cabeza
pasársele por la imaginación
levantar el vuelo
pensar en las musarañas

r. Quien bien imagina, llámese adivina

(V. **imaginación**)

a. *despertar-se*
desilusionar-se
decepcionar-se

imaginaria
s. **guardia** (V.)
vela
vigía
guardián
centinela
escucha
guaita
vigilancia (V.)

a. *descuido*
imprevisión
abandono

imaginario
s. **fantástico** (V.)
supuesto (V.)
fabuloso (V.)
mítico (V.)
utópico
soñado
ilusorio (V.)
inexistente (V.)
aparente
inmaterial
fingido
novelesco
mitológico (V.)
vano (V.)
prodigioso
quimérico (V.)
ficticio
inventado
supuesto (V.)
suponedor
supositicio
parabólico
apócrifo
paradójico
increíble
hipotético
ideal
irreal (V.)

s. espacios imaginarios
moneda imaginaria
números imaginarios

(V. **imaginación**)

a. *real*
verdadero
cierto
corpóreo
terrestre
material
tangible

imaginativo
s. pensador
fantástico
iluso
soñador (V.)
ensoñador
soñante
visionario (V.)
idealista
utopista
aprensivo
quimerista
ideólogo
fantaseador (V.)
novelesco (V.)
novelero
alucinado
sibilino

s. intuitivo
genial
sagaz
penetrante
ingenioso
agudo
perspicaz
clarividente
talentudo
talentoso

(V. **imaginación**)

a. *realista*
materialista
torpe

imaginero
s. imaginario
escultor (V.)
estatuario
pintor (de imágenes)
estofador

(V. **imagen**)

imán
s. **magnetismo** (V.)
atracción (V.)
caramida
calamita
teame
teamide
brújula
electroimán
inductor
magnetita
piedra imán

s. **almuecín** (V.)
almuédano

s. **atractivo** (V.)
encanto
seducción
hechizo
gracia

s. imán artificial
hierro imantado

a. *desagrado*
rechazo
desagradable
repelente

imanar
(V. **magnetizar**)

imantación
s. **magnetismo** (V.)
imanación
atracción
inducción
magnetización

(V. **imán**)

a. *rechazo*

imantado
(V. **imantar**)

imantar
s. imanar
atraer
magnetizar (V.)
transmitir
comunicar
inducir

(V. **imán**)

a. *repeler*
desimantar
rechazar

imbatible
(V. **invencible**)

imbécil
s. retrasado
anormal (V.)
subnormal
idiota (V.)
deficiente
falto
cretino
mongólico
lelo
alelado

s. **tonto** (V.)
necio (V.)
bobo
torpe
memo
lerdo
negado
majadero
ganso
zoquete
mostrenco (V.)
papanatas
insensato
mentecato
borrico
mamerto
moscatel

(V. **imbecilidad**)

a. *desarrollado*
normal
inteligente
avispado
despierto
genio
listo
ingenioso
genial

imbecilidad
s. **idiotez** (V.)
anormalidad (V.)
retraso
deficiencia
falta
debilidad mental
tara (V.)
mongolismo
oligofrenia (V.)
cretinismo

s. bobería
tontería (V.)
necedad
memez
mentecatez
torpeza
alelamiento
zoquetería
majadería (V.)
estupidez
insensatez
gansada
patochada

a. *robustez*
genio
desarrollo
talento
inteligencia
normalidad
listeza
sensatez
acierto

imbele
s. **débil** (V.)
flaco
impotente
incapaz
indefenso (V.)
agotado
exinanido

a. *fuerte*
animoso
dotado
capaz

imberbe
s. barbirrapado
barbilampiño (V.)
lampiño (V.)
carilampiño
rapagón (V.)
desbarbado
barbilucio

a. *peludo*
barbudo

imbibición
s. **absorción** (V.)
adsorción
impregnación
embebecimiento
empapamiento (V.)
hidratación
humedecimiento
embebimiento
capilaridad

s. **éxtasis** (V.)
embeleso
embelesamiento
ensueño
alucinación

a. *rechazo*
expulsión
decepción
despertar
desilusión

imbornal
s. **alcantarilla** (V.)
desagüe (V.)
agujero (V.)
salida
embornal

a. *cierre*
oclusión

imborrable
(V. **indeleble**)

(V. **permanente**)

imbricación
s. **superposición** (V.)
recubrimiento
rebasamiento
escama
tingladillo
tinglado
teja (V.)
pizarra
solapo
traslapo
rebasamiento

imbricar
s. solapar
asolapar (V.)
traslapar
montar (V.)
encabalgar
acabalgar
pisar
rebasar
cubrir
superponer (V.)
colocar
asentar

(V. **imbricación**)

a. *separar*
levantar
desmontar

imbuir-se
s. **infundir** (V.)
inculcar (V.)
influir
infiltrar
inclinar
persuadir
convencer (V.)
inspirar (V.)
contagiar
propagar
comunicar
mover
animar
traspasar
meter en la cabeza

s. **adquirir** (V.)
aprender (V.)
asimilarse
empaparse (V.)
embeberse
enfrascarse
revestirse (V.)
saturarse

a. *rechazar*
cerrarse
repeler
negarse
permanecer
disuadir
desengañar
desalentar

imbunche
(V. **brujo**)

imitable
s. copiable
remedable (V.)
paródico
calcable
plagiable
falsificable
repetible

s. **plausible** (V.)
conveniente
elogiable
encomiable
adecuado
loable

(V. **imitación**)

a. *inimitable*
criticable
inadecuado
natural
original
incopiable
irrepetible
único

imitación
s. **plagio** (V.)
copia (V.)
reproducción (V.)
falsificación (V.)
contrahechura
duplicado
duplicación
trasunto
oropel (V.)
bisutería
pastiche
artificio
simulacro (V.)
eco
remedo (V.)
burla
parodia (V.)
repetición (V.)
refrito (V.)
facsímil
retrato
caricatura (V.)
simulación
fingimiento
emulación
ejemplo (V.)
piada
piído (V.)
reminiscencia
rutina (V.)
paráfrasis (V.)
semejanza
conformidad
onomatopeya (V.)
costumbre
mímica (V.)
mimetismo (V.)
mimesis
rutina
modelo (V.)
efigie

r. Los hombres son como los borregos; lo que hace uno hacen ciento ▪ Monos y hombres, serviles imitadores

a. *original*
natural
autenticidad
pureza

imitado
(V. **artificial**)

imitador, a
s. imitativo
gregario
plagiario (V.)
plagiador
falsificador (V.)
mixtificador
adulterador
contrahacedor
transgresor
impostor (V.)
falsario
falseador
copista
copión
copiador

s. **remedador** (V.)
mona
mimo (V.)
parodista
maquietista
cómico
bufón
animador
histrión
caricato
caricaturista
paródico
ventrílocuo

s. **rival** (V.)
émulo (V.)
competidor
concurrente
concursante
oponente
contrario
adversario
enemigo

(V. **imitación**)

a. *original*
natural
auténtico
sincero
verdadero
autor

imitar
s. falsear
falsificar (V.)
plagiar (V.)
copiar
fusilar
contrahacer
calcar
reproducir (V.)
modelar (V.)
robar
duplicar
simular (V.)
repetir (V.)
parecer
asemejar
sacar
disfrazar
afectar (V.)
fingir
inspirarse en
tomar

s. **remedar** (V.)
burlarse
representar
parodiar
trocar (V.)
animar
caricaturizar
trasladar
parafrasear (V.)

s. **emular** (V.)
seguir (V.)
rivalizar
competir

s. seguir las huellas de...
inspirarse en
seguir las pisadas

(V. **imitación**)

a. *crear*
inventar

imitativo
s. mimético
mímico
imitador (V.)
émulo
plagiario
mona
arrendajo
gregario

(V. **imitación**)

a. *original*
ejemplar
natural
personal
particular

imoscapo
(V. **fuste**)

(V. **columna**)

impaciencia
s. espera
tensión (V.)
intranquilidad (V.)
urgencia
desasosiego (V.)
excitación (V.)
preocupación (V.)
violencia
zozobra
ansia (V.)
ansiedad
conturbación
turbación
reconcomio (V.)
torozón
desesperación (V.)
desazón
desespero
sofoco
nerviosidad (V.)
irresolución
precipitación
prisa (V.)
excitabilidad
histerismo
comezón
pasión (V.)
vehemencia

a. *paciencia*
sosiego
tranquilidad
frialdad
indiferencia
cachaza

impacientado
s. **desesperado** (V.)
impaciente
vehemente
desvelado
inquieto (V.)
turbado
nervioso
expectante
urgente

(V. **impaciencia**)

a. *paciente*
tranquilo
pachorriento
resignado
sereno
conformista

impacientar-se
s. **exasperar** (V.)
desasosegar
desazonar (V.)
irritar
excitar
pudrirse
repudrirse
incomodar
intranquilizar
sofocarse
turbar
conturbar
precipitarse (V.)
inquietar
preocupar (V.)
angustiar
alarmar
agitar
desesperarse (V.)
desvelarse
apasionarse
urgir

(V. **impaciencia**)

a. *apaciguar-se*
calmar-se
sosegar-se
tranquilizar-se

impaciente
s. **inquieto** (V.)
irresoluto
ansioso
vehemente (V.)
agitado
intranquilo (V.)
irritable
intratable
preocupado (V.)
iracundo (V.)
excitado (V.)
súpito
nervioso
desasosegado
malsufrido
argadillo
bullicioso
fuguillas
desesperante
tenso (V.)
en **vilo** (V.)

(V. **impaciencia**)

a. *tranquilo*
calmado
apaciguado
pasivo
flemático

impacto
s. **choque** (V.)
encontronazo
sacudida
bombazo
balazo
golpe
colisión
percusión

s. **huella** (V.)
marca
mella
cráter
embudo

s. **impresión** (V.)
sensación
recuerdo (V.)

a. *suavidad*
impavidez
olvido

impagable
(V. **inestimable**)

impago
(V. **deuda**)

impalpable
s. **sutil** (V.)
fino
intangible
tenue
imperceptible (V.)
incorpóreo
incorporal
inmaterial (V.)
invisible (V.)
imperceptible
etéreo
aéreo
minúsculo
menudo
microscópico
atómico
ínfimo
microcósmico

a. *palpable*
grueso
visible
tangible

impar
s. **non** (V.)
dispar
desigual
inigualado
desparejado (V.)

s. **único** (V.)
maravilloso
incomparable
excepcional
extraordinario
raro
singular
sobresaliente

a. *par*
común
igual
vulgar
corriente
doble
dual

imparcial
s. frío
equitativo
justo (V.)
ecuánime (V.)
desapasionado (V.)
justiciero
igual
neutral (V.)
neutro (V.)
íntegro
honesto
honrado
recto
ajustado
cabal
incorruptible
insobornable
sereno
objetivo (V.)
ponderado
(V. **imparcialidad**)

a. *apasionado*
parcial
injusto
beligerante
interesado
tendencioso
subjetivo

imparcialidad
ecuanimidad (V.)
desapasionamiento
equidad (V.)
equilibrio
justicia (V.)
rectitud
frialdad
igualdad (V.)
neutralidad (V.)
razón
objetividad (V.)
serenidad
estoicismo (V.)
honradez
honestidad
conciencia
moralidad
integridad
incorruptibilidad
indiferencia

a. *parcialidad*
apasionamiento
injusticia
beligerancia
tendenciosidad
subjetividad

impartir
s. **repartir**
comunicar (V.)
ofrecer
dar
asignar
ceder
entregar
conceder
transmitir
asignar
impertir

a. *denegar*
negar

impasibilidad
s. impavidez
imperturbabilidad (V.)
indiferencia (V.)
hieratismo
entereza (V.)
circunspección (V.)
inalterabilidad
serenidad (V.)
tranquilidad
flema
apatía
cachaza
aplomo
pachorra
frialdad
carácter
estoicismo
inmutabilidad
seriedad
inexpresividad
insensibilidad (V.)

a. *sensibilidad*
nerviosismo
interés
apasionamiento
pasión
intranquilidad
descompostura
emotividad
excitabilidad
susceptibilidad

impasible
a. impávido
imperturbable (V.)
indiferente (V.)
hierático
entero (V.)
circunspecto (V.)
inalterable
sereno (V.)
tranquilo (V.)
flemático (V.)
longánimo (V.)
apático
cachazudo
aplomado
sufrido (V.)
pachorriento
frío
helado (V.)
estoico (V.)
inmutable (V.)
inconmovible (V.)
invariable
serio
firme (V.)
estuco
inexpresivo (V.)
insensible (V.)
equilibrado
sordo (V.)
impertérrito
cariparejo
deshumanizado
(V. **impasibilidad**)

a. *sensible*
nervioso
apasionado
descompuesto
intranquilo
desequilibrado
variable
impresionable
excitable
susceptible
emotivo

impasse
s. **atascamiento** (V.)
atolladero
embrollo
problema (V.)
lío
estancamiento
callejón sin salida
punto muerto

a. *solución*
esclarecimiento

impavidez
(V. **valor**)
(V. **impasibilidad**)

impávido
(V. **valiente**)
(V. **impasible**)

impecabilidad
s. **perfección** (V.)
pureza
limpieza
discreción
prudencia
intachabilidad
irreprochabilidad
maestría
corrección
esmero
pulcritud

a. *incorrección*
impureza
suciedad
tacha
imperfección
chapucería
defectuosidad
desaliño
negligencia

impecable
s. **inatacable** (V.)
puro
perfecto (V.)
intachable
irreprochable (V.)
limpio
esmerado
correcto
cabal
justo
pulcro
prudente
acabado
consumado
fino
selecto
primoroso
refinado
especioso
clásico
magistral
elegante
(V. **impecabilidad**)

a. *injusto*
incorrecto
impuro
grosero
chapucero
defectuoso
negligente
abandonado

impedancia
(V. **resistencia**)
(V. **electricidad**)

impedido
s. agarrotado
atrofiado
defectuoso
tullido (V.)
imposibilitado (V.)
paralítico (V.)
inválido (V.)
entumecido
anquilosado
inútil
baldado
contrahecho
lisiado
mutilado
conjurado
cojo
impotente
inhabilitado
incapacitado
incapaz (V.)
(V. **impedimento**)

a. *sano*
saludable
normal
ágil
fuerte
útil
perfecto
capaz
capacitado

impedimenta
s. bagaje
equipaje (V.)
carga (V.)
utillaje
equipo
pertrechos
bártulos
enseres
maletas
bultos
vituallas

impedimento
s. **implicación** (V.)
ligamen
ligadura (V.)
obstáculo (V.)
imposibilidad (V.)
inconveniente
inhabilidad
ineptitud
infibulación
privación
veto
dificultad (V.)
oposición
resistencia
prohibición
limitación
tropiezo
opilación (V.)
obstrucción (V.)
detención
estorbo (V.)
freno (V.)
atolladero
tope
tropiezo
óbice
valladar
dique
engorro
barrera
rémora
escollo
molestia
embarazo
complicación
presa
chasco
traba
interrupción
perturbación
contrariedad
retraso
enredo
cortapisa (V.)
atadura
atascadero
atasco
impasse
china
cadena
tope
restricción
entorpecimiento
pega
nudo
sujeción (V.)
lastre
empacho

a. *facilidad*
posibilidad
autorización
solución
realización
hecho
desencadenamiento
logro
libertad
desembarazo

impedir
s. **obstaculizar** (V.)
obstruir (V.)
trabar
retrasar
vetar
imposibilitar (V.)
prohibir (V.)
dificultar (V.)
ahogar
agarrotar
paralizar (V.)
obstar (V.)
embarazar
estorbar (V.)
frenar (V.)
limitar
vedar
embargar
evitar (V.)
vallar
tropezar
atascar
taponar (V.)
trabar (V.)
molestar
empachar
empantanar
retener (V.)
detener (V.)
perturbar
reprimir (V.)
contener
remediar (V.)
sujetar (V.)
interrumpir (V.)
negar
empecer
prevenir (V.)
encadenar
parar (V.)
inhibir
frustrar (V.)
truncar (V.)
complicar
malograr (V.)
chasquear
disuadir
oponerse (V.)
desbaratar
entorpecer
entumecer
inmovilizar
excusar
conjurar
eludir
evadir
obviar
quitar (V.)
privar (V.)
desentenderse
cohibir (V.)
coaccionar
interceptar (V.)
barrenar
boicotear
aprisionar
atenazar
constreñir
desbaratar
poner trabas
poner pegas
(V. **impedimento**)

a. *facilitar*
autorizar
solucionar
adelantar
realizar
hacer
efectuar
salvar
desembarazar
ampliar
lanzarse
desencadenar
obtener
lograr

impeditivo
s. embarazoso
estorbador
embargante
impedidor
obstante
empecedero
estorboso
empecible
prohibitivo
interruptor
entorpecedor (V.)
(V. **impedimento**)

a. *facilitón*

impelente
(V. **impulsor**)

impeler
s. **arrastrar** (V.)
empujar (V.)
impulsar (V.)
propulsar
empellar
rempujar
lanzar
sacudir
achuchar
empeller
aventar
espolear
arrojar

s. aguijonear
instigar
incitar (V.)
estimular
hurgar
excitar
acuciar
pinchar
mover
animar
inclinar
chinchar
tentar (V.)

a. *retener*
frenar
sujetar
desanimar
tranquilizar

impender
(V. **gastar**)
(V. **invertir**)

impenetrabilidad
s. **impermeabilidad** (V.)
hermetismo
incógnita
misterio (V.)
insondabilidad
inabordabilidad
incognoscibilidad
incomprensibilidad
inescrutabilidad
reserva
silencio
circunspección
enigma
secreto (V.)

s. fuerza
fortaleza
dureza (V.)

a. *comprensibilidad*
penetrabilidad
debilidad

duro
obstinado (V.)
reincidente
persistente
incorregible (V.)
emperrado
testarudo
impío
herético
excomulgado
maldito
apóstata
rebelde

(V. **impenitencia**)

a. *arrepentido*
contrito
pesaroso

impenetrable
s. **secreto** (V.)
enigmático
misterioso (V.)
inaveriguable
inescrutable
inexplicable
inescudriñable
desconocido (V.)
esotérico
profundo
hermético
sibilítico
insondable (V.)
ininteligible
cerrado
incomprensible
indescifrable
inabordable
arcano (V.)
impermeable (V.)
incognoscible
inextricable
circunspecto
obscuro
difícil
clausurado
inaccesible

s. fuerte
denso
duro
recio

(V. **impenetrabilidad**)

a. *comprensible*
legible
abierto
permeable
conocido
público
evidente
blando

impenitencia
s. obstinación
ofuscación
contumacia (V.)
reincidencia
resistencia
obduración
rebeldía
impiedad
irreligión
insensibilidad
persistencia
pecado
protervia
crueldad
herejía
incredulidad

a. *arrepentimiento*
contrición
atrición
credulidad
piedad
acatamiento
bondad

impenitente
s. protervo
incontrito
recalcitrante
empedernido
contumaz (V.)
relapso
terco

impensa
(V. **gasto**)

impensado
s. inadvertido
casual (V.)
accidental
espontáneo
imprevisto (V.)
inopinado
ingenuo
insospechado
repentino
súbito (V.)
improvisado (V.)
chasqueado
irreflexivo (V.)

a. *previsto*
supuesto
meditado
reflexivo
imaginado

impepinable
(V. **indefectible**)

imperante
s. preponderante
dominante (V.)
difundido
propagado
dominador
reinante
en boga

s. amo
dueño
déspota
tirano
sátrapa
señor
mandamás
gobernante (V.)
factótum

a. *pasado*
inexistente
avasallado
sojuzgado

imperar
s. mandar
dominar (V.)
reinar
gobernar (V.)
soberanear
señorear
tiranizar
someter
sojuzgar
despotizar
avasallar
sujetar
regir
prevalecer (V.)
predominar (V.)
sobresalir
arraigar
prender

a. *someterse*
humillarse

imperativo
s. **necesidad** (V.)
menester
exigencia (V.)
obligación
precisión
falta

s. imperioso
perentorio (V.)
categórico (V.)
obligatorio (V.)
absoluto
necesario
indispensable
conminatorio
preceptivo
prescrito
coactivo (V.)
autoritario
exigente
avasallador
mandón
tiránico (V.)

a. *exención*
desembarazo
comprensivo
democrático
libre
relativo
benevolente
indeciso
dubitativo

imperatorio
(V. **imperioso**)

imperceptible
s. **gradual** (V.)
paulatino (V.)
sucesivo
escalonado
insensible
lento
uniforme
suave
progresivo

s. ínfimo
pequeño (V.)
minúsculo
mínimo (V.)
inapreciable
insignificante
intangible
microscópico
impalpable (V.)
inaudible
diminuto
invisible

a. *repentino*
súbito
brusco
tangible
corpóreo
material
grande
considerable
palpable
audible
visible
perceptible

imperdible
(V. **broche**)

(V. **alfiler**)

imperdonable
s. indisculpable
inexcusable (V.)
injustificable
inexplicable
irremisible
inaceptable
garrafal
infame
vergonzoso (V.)
bochornoso

a. *perdonable*
excusable
justificable
aceptable
plausible
honroso
explicable

imperecedero
(V. **eterno**)

(V. **inmortal**)

imperfección
s. **deficiencia** (V.)
mengua
defecto (V.)
desproporción (V.)
deformidad
incorrección (V.)
falta (V.)
corcusido
falla
remiendo
menoscabo (V.)
nulidad
torpeza
medianía
charrería
inferioridad
desacierto
descuido
borrón
chapucería (V.)
desastre
mamarrachada
emplasto
morcilla
pegote
crudeza
deterioro
daño
atropello
engaño
mentira
laguna
trapaza
fracaso (V.)
precipitación
fealdad
mancha (V.)
descabalamiento
buñuelo
caca
churro
chafallo
frangollo
pifia
pacotilla
mota
sombra
pero
desperfecto
rustiquez
tosquedad
aspereza
rudeza
plepa
birria
plasta
calamidad
cataplasma
parche
chapuza
bodoque
pecado
aborto
chapuz
inhabilidad
cojera
vicio
joroba
ineptitud (V.)
anormalidad (V.)
deformidad (V.)
asimetría
monstruosidad (V.)
anomalía
mutilación
fenómeno
caducidad
dejadez
decadencia
chochez

a. *acabamiento*
perfección
corrección
destreza
primor
elegancia
virtud
salud

imperfecto
s. **defectuoso** (V.)
malo (V.)
deficiente
incompleto (V.)
anormal (V.)
deforme
inacabado
informe
tosco (V.)
burdo
mediano
áspero
agrio
inmaturo
verde
chanflón
chapucero (V.)
faltoso
grosero
trabajoso
descuidado (V.)
inconcluso (V.)
fulero
precoz
pendiente
rústico
fargallón
farfallón
plepa (V.)
zambirrero
zamborotudo
manco
defectuoso
cojo
tullido
deforme
monstruoso
deficiente
inarmónico
desproporcionado (V.)
lisiado
mutilado
truncado (V.)
desfigurado
salvaje
ordinario
incivil
incorrecto (V.)
furris
de pacotilla
de poco más o menos

r. Quien sin tacha quiere bestia, estése sin ella ■ No hay casa bien cubierta, que no tenga goteras ■ Cosa o persona sin pero, no hay en el mundo entero ■ Hombres sin defecto alguno, ninguno

(V. **imperfección**)

a. *perfecto*
virtuoso
hábil
completo
acabado
cuidado
escrupuloso
armonioso
estético
bello
suave
fino
correcto

imperial
s. real
regio
augusto
soberano (V.)
cesáreo
palaciego
palatino
mayestático
suntuoso
soberbio
fastuoso
espléndido
majestuoso (V.)
magnífico
absoluto
autoritario
totalitario
despótico
tiránico
poderoso (V.)

s. **techo** (V.)
tejadillo
asiento

a. *democrático*
humilde
sencillo

imperialismo
s. **dominación** (V.)
dominio
colonización (V.)
colonialismo
yugo
imposición
sujeción
coloniaje
abuso
opresión (V.)
tiranía
despotismo

(V. **imperio**)

a. *independencia*
independización
liberación
manumisión
emancipación

imperialista
s. **dominador** (V.)
colonizador (V.)
opresor
déspota
tiránico
despótico
tirano
absolutista
totalitario
abusador

(V. **imperialismo**)

a. *liberador*
emancipador
demócrata
independentista

impericia
s. ineptitud
inhabilidad (V.)
torpeza (V.)
ignorancia
incapacidad
desmaña (V.)
inexperiencia
insuficiencia
incompetencia (V.)
desgracia
desacierto
descuido
precipitación
tosquedad
inutilidad

a. *maña*
habilidad
aptitud
competencia
capacidad

imperio

s. **gobierno** (V.)
estado
nación
potencia
reino
confederación (V.)
federación
liga
territorio
pueblo

s. **autoridad** (V.)
poder (V.)
mando
caudillaje
dominio
poderío
autocracia
totalitarismo
dictadura
absolutismo
yugo
sujeción
supremacía (V.)
soberbia (V.)
despotismo

s. altivez
orgullo (V.)
engreimiento
arrogancia (V.)
ensoberbecimiento
infatuación
altanería
desprecio
petulancia
desdén

a. *anarquía*
desmembración
emancipación
atomización
taifas
separatismo
autonomía
debilidad
democracia
manumisión
humildad
sencillez

imperioso

s. **autoritario** (V.)
despótico
imperatorio
imperialista
imperativo (V.)
orgulloso
altanero (V.)
soberbio
ensoberbecido
mandón (V.)

(V. **imperio**)

a. *sencillo*
humilde
sometido

imperito

(V. **inepto**)

impermeabilidad

s. **impenetrabilidad** (V.)
aislamiento
impermeabilización (V.)
obstrucción
densidad
dureza
hermetismo
sequedad

a. *permeabilidad*
porosidad
humedad
absorción

impermeabilización

s. encerado
alquitranado
embreado
calafateado
engrasado
recubrimiento (V.)
barnizado
engomado
forro
ahulado
encauchado
empegado
impregnación
parafinado
hidrofugado
pegamoide

(V. **impermeabilidad**)

impermeabilizar

s. **aislar** (V.)
alquitranar
embrear
calafatear
barnizar
engrasar
encerar (V.)
hidrofugar
recauchutar
recubrir
forrar

(V. **impermeabilización**)

a. *filtrar*
calar
rezumar

impermeable

s. tupido
aislado
impenetrable (V.)
estanco
estancado
compacto

s. **gabardina** (V.)
trinchera
chubasquero
sueste
barragán
aguadera
capa aguadera

s. parafina
gutapercha
hule (V.)
plástico
linóleo (V.)
caucho
ahulado
encauchado
encerado
empegado
lona

(V. **impermeabilización**)

a. *permeable*
traspasable
poroso
mojado
húmedo
esponjoso
penetrable

imperscrutable

(V. **inescrutable**)

impersonal

s. **objetivo** (V.)
indefinido (V.)
impreciso
ambiguo
corriente
ordinario
vulgar (V.)
común
vago
indeterminado
indistinto
gregario
adocenado
insubstancial
general

a. *personal*
destacado
preciso
subjetivo
particular
determinado
extraordinario
único

impersuasible

(V. **terco**)

impertérrito

(V. **imperturbable**)

impertinencia

s. **descaro** (V.)
frescura
atrevimiento (V.)
osadía
audacia
incumbencia (V.)
insolencia (V.)
inconveniencia (V.)
indiscreción
descortesía
grosería (V.)
incorrección (V.)
badajada
bachillería
imprudencia
desvergüenza (V.)
desconsideración
embajada
intromisión (V.)
intemperancia
desplante
incordio (V.)
rabotada
molestia (V.)
ofensa (V.)
inoportunidad (V.)
importunación (V.)
sarcasmo

s. chulería
arrogancia
petulancia
orgullo (V.)
presunción (V.)
fatuidad
jactancia (V.)
zanganada
coz
improperio

s. **despropósito** (V.)
disparate
vulgaridad
estupidez
exigencia (V.)
desatino
desafuero
insensatez
vejez (V.)
necedad

s. **melindre** (V.)
lata
monserga (V.)
latazo
tabarra (V.)
pesadez
chinchorrería
pejiguera
plepa
birria
perorata
absurdo
extravagancia

a. *discreción*
mesura
cortesía
educación
circunspección
conveniencia
oportunidad
amabilidad
vergüenza
humildad
sencillez
consideración
sensatez
inteligencia
amenidad
respeto

impertinente

s. **indiscreto** (V.)
inoportuno (V.)
inconveniente
atrevido (V.)
fresco
molesto (V.)
latoso
chinche
descarado (V.)
chinchorrero (V.)
descortés
grosero (V.)
irrespetuoso (V.)
orgulloso (V.)
maleducado
cargante (V.)
patoso (V.)
moscón
moscardón
mirón
prolijo (V.)
cócora (V.)
pijotero
pesado (V.)
chinchoso
machacón
escrupuloso
exigente
delicado
ofensivo
degollante
metemuertos
chulo (V.)
preguntón
desvergonzado (V.)
desconsiderado (V.)
pedante (V.)
preguntador
entrometido
intruso
desacertado
insensato
desatento
perturbador
intransigente
intemperante
insolente (V.)

(V. **impertinencia**)

a. *oportuno*
atinado
conveniente
acertado
discreto
humilde
cortés
mesurado
educado
fino
circunspecto
sensato
ameno
entretenido
vergonzoso
corto
tímido
sencillo
respetuoso

impertinentes

s. gafas
quevedos
anteojos
monóculo
lentes (V.)

imperturbabilidad

s. **impasibilidad** (V.)
firmeza
inalterabilidad
tranquilidad (V.)
impavidez
inflexibilidad
serenidad
calma
tranquilidad
estoicismo
aplomo
inmutabilidad (V.)
flema
equilibrio
ecuanimidad
temple
frescura
apatía
indiferencia (V.)
carácter
filosofía
sangre fría
entereza
reposo

s. valor
arrojo
intrepidez (V.)
denuedo
osadía

r. Ni te abatas por pobreza, ni te ensalces por riqueza ■. El hombre se turbe, mas no se perturbe

a. *desequilibrio*
inquietud
impaciencia
alterabilidad
cobardía
impresionabilidad
excitabilidad
emotividad

imperturbable

s. impávido
impertérrito
impasible (V.)
firme
entero
inalterable
inconmovible
infracto
inmutable
inflexible
espartano
sereno
templado
confianzudo
bragado
tranquilo (V.)
sufrido (V.)
fresco
inconquistable
estoico (V.)
cariparejo
indiferente
calmoso
inexorable
inmoble
reposado
grave
adormecido
apático
lánguido
aplanado
valeroso
intrépido
valiente (V.)
bizarro
marchoso
farruco
denodado
flemático

(V. **imperturbabilidad**)

a. *entusiasta*
nervioso
intranquilo
aturdido
inquieto
cobarde
pusilánime
impresionable
emotivo
sensible
susceptible
excitable
sugestionable

impétigo

(V. **exantema**)

(V. **erupción**)

impetra

(V. **permiso**)

(V. **bula**)

impetración

s. demanda
súplica (V.)
ruego
oración
petición
solicitud
solicitación
imploración (V.)
plegaria
insistencia
apelación

a. *respuesta*
contestación
logro
consecución

impetrador

s. suplicante
peticionario
solicitante
insistente
demandante
implorante

(V. **impetración**)

a. *recipiendiario*

impetrar

s. pedir
rogar
demandar
suplicar (V.)
solicitar
implorar (V.)

s. obtener
alcanzar
conseguir (V.)
lograr
sacar

(V. **impetración**)

a. *dar*
conceder
recibir

ímpetu
s. **vehemencia** (V.)
entusiasmo
violencia (V.)
fuerza
brusquedad
impetuosidad
impulso
ira
frenesí
fogosidad
viveza
furia
ardor
hervor
prontitud
resolución
decisión
arrojo
presteza
alacritud
aceleración (V.)
arranque
arrebato (V.)
sobrevienta
bizarría
energía
brío (V.)
pasión (V.)
apasionamiento
cólera
precipitación
irreflexión

a. *tranquilidad*
sosiego
calma
parsimonia
pasividad
blandura
enfriamiento
frialdad
seso
sensatez
reflexión
debilidad
timidez
cortedad
suavidad

impetuoso
s. precipitado
fogoso (V.)
rápido
lanzado
violento (V.)
irrefrenable
arrebatado
brusco
pronto
vertiginoso (V.)
brioso
vehemente (V.)
impulsivo (V.)
ardiente
febril
ardoroso
fanático
raudo
veloz
colérico
recio (V.)
arrebatoso (V.)
acucioso
hervoroso
furioso
desabrido
furibundo
loco
alocado
vivo (V.)
irreflexivo (V.)
irresistible
ciego
extremista
entusiasta
apasionado (V.)
seguidor
partidario
hincha
súbito (V.)
pronto
rápido
brusco (V.)

(V. **ímpetu**)

a. *sensato*
tranquilo
sereno
imperturbable
indiferente
frío
suave

impiedad
s. irreligión
irreligiosidad
laicismo
incredulidad (V.)
infidelidad
ateísmo
apostasía
impenitencia
irreverencia (V.)
descatolización
sacrilegio
profanación
herejía
paganismo
profanidad
irreverencia
escepticismo
indevoción
indiferencia (V.)
desacato
inclemencia
teofobia
clerofobia
libertinaje
inhumanidad (V.)

a. *religiosidad*
reverencia
acatamiento

impiedoso
(V. **impío**)

impío
s. **incrédulo** (V.)
irreligioso
hereje
irreverente (V.)
descreído
laico
profano
ateo
antiteo
volteriano
impiedoso
blasfemo (V.)
teófobo
anticristiano
librepensador
inhumano (V.)
nefasto
anticatólico
indiferente
antirreligioso
clerófobo
escéptico
indevoto
enciclopedista
apóstata
infiel (V.)
pagano

(V. **impiedad**)

a. *devoto*
religioso
creyente
fiel
reverente

impla
(V. **toca**)

(V. **velo**)

implacable
s. despiadado
riguroso (V.)
cruel (V.)
inclemente
inexorable (V.)
tirano
intolerante
severo
vengativo
inflexible (V.)
duro (V.)
inhumano
indoblegable
rencoroso
exigente
vindicativo
draconiano

a. *humano*
comprensivo
compasivo
clemente
blando
generoso
flexible
benévolo
razonable

implantación
s. **creación** (V.)
establecimiento (V.)
fundación
formación
institución (V.)
efectuación
realización
práctica
introducción (V.)
trasplante (V.)
instauración

a. *destrucción*
derogación
anulación
clausura

implantar
s. introducir
instituir
trasplantar (V.)
fundar
establecer (V.)
instaurar
inaugurar
constituir
crear
estatuir
decretar

(V. **implantación**)

a. *dejar*
abandonar
anular
destruir
clausurar

implicación
s. intervención
actuación
enredo
connivencia
complicación (V.)
participación (V.)
compromiso

s. discrepancia
contradicción (V.)
oposición
desacuerdo
objeción
obstancia

s. significación
significado (V.)
sentido
alcance
contenido
importancia
extensión
entraña
suposición
supuesto (V.)

a. *abstención*
evitación
ausencia
acuerdo
asentimiento

implicado
s. complicado
cómplice (V.)
colaborador
coautor
partícipe
participante (V.)
liado
enredado
comprometido (V.)
mezclado
metido
embrollado

(V. **implicación**)

a. *inocente*
ausente

implicancia
(V. **incompatibilidad**)

implicar-se
s. enredar
envolver (V.)
comprometer (V.)
participar
intervenir
actuar
comprender
liar
complicar (V.)
embrollar
enzarzar
mezclar
culpar
responsabilizar
enlazar

s. encerrar
incluir (V.)
suponer (V.)
comportar
connotar
denotar
indicar (V.)
constar
entrañar (V.)
importar
mostrar
significar (V.)
expresar
figurar
simbolizar
manifestar
llevar consigo
llevar anejo
llevar aparejado
llevar implícito

s. obstar
oponerse
objetar
contradecirse (V.)

(V. **implicación**)

a. *facilitar*
eludir
evitar
desenredar
aclarar
esclarecer
excluir
acordar
asentir

implícito
s. incluido
sobrentendido (V.)
incluso
tácito (V.)
contenido
supuesto
expreso
virtual (V.)
comprendido
indecible
callado
inexpresable (V.)

a. *excluido*
ignorado
explícito
evidente
sabido
expresado
manifiesto
preciso
categórico
terminante
concreto

imploración
s. ruego
súplica (V.)
invocación
impetración (V.)
clamor
peroración
postulación
conjuración
deprecación
instación
exhortación
reclamación
lamentación
apelación
reivindicación

a. *concesión*
exigencia
abstención
obligación

implorante
s. implorador
suplicante (V.)
demandante
peticionario
postulante
solicitante
lloroso (V.)
lloriqueante
quejoso
mendicante (V.)

(V. **imploración**)

a. *exigente*
coactivo

implorar
s. clamar
impetrar (V.)
rogar
pedir
suplicar (V.)
solicitar
deprecar
suplicar
exhortar
clamorear
llamar
insistir
invocar
interpelar
conjurar
instar
postular
perorar
orar
lamentar (V.)
reivindicar
apelar
recurrir a
echarse a los pies
pedir con ruego
pedir con lágrimas

(V. **imploración**)

a. *exigir*
mandar
obligar

impolítica
s. desatención

s. **descortesía** (V.)
grosería
ordinariez
indiscreción
incivilidad
chocarrería
rustiquez
rusticidad
chabacanería
inurbanidad
inoportunidad
incorrección

a. *finura*
exquisitez
diplomacia

impolítico
s. **descortés** (V.)
inoportuno
grosero
incivil
chabacano
chocarrero
ordinario
inurbano
descortés
inconveniente
indiscreto
burdo (V.)
basto
agreste
agrio
rústico
malcriado
maleducado
desatento
inhábil (V.)

a. *atento*
educado
oportuno
diplomático
fino
hábil

impoluto
s. **limpio** (V.)
nítido
puro
intachable
inmaculado
morondo
neto
pulcro
perfecto
inatacable
correcto

a. *manchado*
sucio
impuro
imperfecto

imponderable
s. **imprevisible** (V.)
inapreciable (V.)
inestimable
insuperable
inmejorable
excelente (V.)
relevante
magnífico
soberbio
único
modelo
ejemplar
superior
maravilloso
impar
sin par
óptimo
perfecto

(cont.)

s. volátil
tenue
fluido
sutil (V.)

a. *mejorable*
inferior
pesado
previsible
apreciable
pesado

imponderables

s. **contingencias** (V.)
eventualidades
azares
riesgos
circunstancias

a. *previsión*

imponente

s. **grandioso** (V.)
impresionante (V.)
enorme (V.)
magnífico
único
majestuoso (V.)
imponderable
descomunal
noble
maravilloso
inmenso
respetable
considerable (V.)
fenomenal
tremebundo
tremendo
colosal
desmedido
respetable (V.)
venerable
temible
espantoso (V.)
terrorífico
horrible
medroso
alarmante
horroroso
sobrecogedor (V.)
regio (V.)
señorial

s. inversor
rentista
cuentacorrentista
depositante
consignante

(V. **imposición**)

a. *mezquino*
miserable
ridículo
insignificante
humilde
vulgar
corriente
agradable

imponer-se

s. **sobrecoger** (V.)
impresionar (V.)
asustar (V.)
amedrentar
alarmar
emocionar
turbar
confundir
maravillar (V.)

s. asignar
forzar
coaccionar (V.)
exigir (V.)
echar
hacer valer
señalar
obligar (V.)

s. **cargar** (V.)
ingresar
entregar
gravar
dictar (V.)
dar
establecer
poner (V.)
girar
mandar
aplicar
enviar
depositar (V.)
consignar (V.)
colocar

s. **atribuir** (V.)
imputar (V.)
calumniar (V.)
acusar
infamar
difamar
incriminar

s. castigar
increpar
insultar
criticar
disciplinar
corregir (V.)
escarmentar (V.)

s. **enseñar** (V.)
instruir
educar
informar
enterar
orientar
adiestrar (V.)

s. **dominar** (V.)
prevalecer (V.)
superar
sojuzgar
triunfar (V.)
enseñorearse
someter
prosperar (V.)
informarse (V.)
hacerse el amo
hacerse el dueño
sobreponerse
sugestionar
meterse en el bolsillo
caizarse
empuñar el cetro
manejar (V.)
hipnotizar
mangonear
llevar bien puestos los pantalones
meter en un puño
hacerse con la situación
hacerse obedecer

a. *desdeñar*
animarse
superarse
envalentonarse
permitir
retirar
obedecer
recibir
elogiar
recompensar
entorpecer

impopular

s. **antipático** (V.)
odioso
desacreditado
desprestigiado
malquisto (V.)
malmirado
desautorizado
odiado
molesto
incompatible
enojoso
fastidioso

(V. **impopularidad**)

a. *popular*
simpático
agradable
grato
querido
estimado
bienquisto

impopularidad

s. **antipatía** (V.)
malquerencia
desprestigio (V.)
descrédito
prevención
desautorización
odio
hostilidad
repugnancia
desagrado
descontento
discrepancia
enemiga
ojeriza
manía
disconformidad
incompatibilidad (V.)

a. *popularidad*
simpatía
aprecio
estimación
crédito
compatibilidad
agrado
prestigio

importación

s. **introducción** (V.)
entrada
acceso
transacción
compra
adquisición
comercio (V.)

a. *exportación*
salida
venta

importador

(V. **comerciante**)

importancia

s. **valor** (V.)
valía (V.)
cuantía (V.)
monta (V.)
magnitud (V.)
cantidad
intensidad (V.)
calidad
esencia
beligerancia (V.)
gravedad (V.)
alcance (V.)
urgencia
significación (V.)
meollo
medula
peso (V.)
tomo (V.)
miga
enjundia
fundamento
consideración
toque
busilis (V.)
nervio
eficacia
influencia (V.)
crédito
substancia (V.)
apreciación (V.)
interés (V.)
fuste
migajón
escala (V.)
estimación
categoría
trascendencia (V.)
consecuencia
envergadura (V.)
entidad
calidad (V.)
calibre
principalidad (V.)
relieve
grandiosidad (V.)
realce (V.)
poder
grandeza (V.)
eficacia
alma
base
cabeza
momento (V.)
centro

s. **fama** (V.)
lustre
prosapia (V.)
representación (V.)
prestigio
resonancia (V.)
dignidad
nobleza
respetabilidad (V.)
respeto (V.)
autoridad
ascendiente
realidad (V.)

s. orgullo
altivez
presunción (V.)
fatuidad (V.)
vanidad
suficiencia
humos

s. darse importancia
no tener importancia

a. *insignificancia*
intrascendencia
demérito
pequeñez
sencillez
humildad
minucia
bagatela
frusleria
nadería
friolera
pijotería
comineria
pamplina
comino
ardite
bledo

importante

s. conveniente
interesante (V.)
enjundioso
trascendental (V.)
necesario
considerable
grave (V.)
serio (V.)
valioso (V.)
significativo
significante
inapreciable
sensacional
poderoso
intenso (V.)
preponderante
esencial (V.)
substancial (V.)
substancioso
fenomenal
insustituible (V.)
notable
señalado (V.)
capital
superior (V.)
fundamental
primordial
atroz
grande (V.)
gran
interesante (V.)
enjundioso
mucho (V.)
potísimo
destacado (V.)
sobresaliente
culminante
solemne
preponderante
principal
influyente (V.)
básico
cardinal
central
vital (V.)
granado
respetable (V.)
memorable (V.)
saliente
urgente (V.)
inapreciable
autorizado
ejemplar
modelo (V.)
histórico
preponderante
significado (V.)
crucial
decisivo (V.)
sensacional
apasionante
sustancioso
enorme

s. **famoso** (V.)
afamado
célebre
encumbrado
poderoso (V.)
omnipotente
todopoderoso
prominente
ilustre (V.)
sobresaliente (V.)
ilustre
notable

s. **jefe** (V.)
factótum
personalidad
personaje
protagonista (V.)
divo
estrella
principal

s. de campanillas
de fuste
de padre y muy señor mío
de alto coturno
de sangre azul
de alto bordo
de bulto
de consecuencia
de altos vuelos

(V. **importancia**)

a. *insignificante*
despreciable
fútil
frívolo
bizantino
pueril
trivial
baladí
banal
superficial
vano
insubstancial
intrascendente
secundario
nimio
minúsculo
humilde
sencillo

importar

s. **interesar** (V.)
incumbir
concernir (V.)
atañer (V.)
afectar
referirse
competer (V.)
tocar
corresponder
pertenecer
significar (V.)
merecer
pesar
pintar
figurar (V.)
representar
ir en ello
no ser moco de pavo
valer la pena
tener que ver
ser de consideración
ser de importancia
venir a cuento
picar en historia
hacer al caso

s. **acentuar** (V.)
influir
realzar
destacar (V.)
insistir
subrayar
llamar la atención
hacer notar

s. montar
sumar (V.)
subir
ascender (V.)
contar
alcanzar
valer (V.)

s. **introducir** (V.)
comerciar (V.)
negociar
meter
entrar
comprar
adquirir

(V. **importancia**)

a. *banalizar*
frivolizar
despreciar
empequeñecer
disminuir
trivializar
rebajar
subestimar
minimizar
recortar
exportar
vender

importe

s. cuantía
precio (V.)
coste
valor (V.)
valía
monto (V.)
cuenta
tarifa
tasa
tasación
ajuste
deuda
saldo
sobreprecio
arancel
plusvalía
valuación
ganancia
señal
costo
total
pella (V.)

importunación
s. **inoportunidad** (V.)
pesantez
fastidio (V.)
mareo (V.)
incomodidad
porfía
insistencia
indiscreción (V.)
asedio
impertinencia (V.)
acoso
chinchorrería
oficiosidad
instancia
agobio
candinga
machaqueo
amoladura
matraca
persecución (V.)
cansera
monserga
mosconeo
vaya
petitorio
obstinación
pesadumbre (V.)

a. *oportunidad*
discreción
simpatía
agrado

importunar
s. molestar
fastidiar (V.)
aburrir
cansar
reventar
porfiar
mortificar (V.)
machacar
asediar (V.)
amolar
fatigar (V.)
cargar (V.)
atacar
sitiar
majar
rondar
estrechar
incomodar
moler
perseguir (V.)
jorobar
atacar
atafagar
acosar
aporrear
mosconear
porrear
asaetear
sofocar
embestir
apretar
chinchar
pesar (V.)
irritar
matraquear (V.)
agobiar
achicharrar
acribillar
jeringar
dar la lata
dar la murga
no dejar ni a sol ni a sombra
ser un pesado
dar la matraca
ser inoportuno
volver a la misma canción

(V. **importunación**)

a. *agradar*
ayudar
acertar
atinar
amenizar
entretener
aligerar

importuno
s. intempestivo
molesto (V.)
fastidioso (V.)
impertinente
cargante
chinchorrero
chinchoso
indiscreto (V.)
majadero
pesado
mogollón
latoso
bachiller (V.)
inoportuno (V.)
oficioso
entremetido
prolijo
machacón
machacoso
chinche
posma
mazacote
carlanca
fregado
cócora
empalagoso

(V. **importunación**)

a. *agradable*
oportuno
simpático
discreto
considerado
ameno
distraído
seco

imposibilidad
s. **impedimento** (V.)
improbabilidad
incapacidad (V.)
dificultad (V.)
impracticabilidad
absurdidad
gollería
quimera
utopía
inconveniente (V.)
traba
valla
obstáculo
escollo
veto
oposición
ilusión
rémora
contrariedad
brete
incompatibilidad (V.)
calamidad
aprieto
peligro
trance
impotencia (V.)
mirlo blanco
cuadratura del círculo

a. *posibilidad*
facilidad
probabilidad
practicabilidad
realidad
razón
sensatez

imposibilitado
s. **impedido** (V.)
paralítico (V.)
baldado
tullido
lisiado
anquilosado
entumecido
atrofiado
inmóvil
inválido
inútil
defectuoso
mutilado
falto
incapacitado
impotente
inhabilitado

s. **sujeto** (V.)
atado
frenado
maniatado
trabado
encadenado
obstaculizado

(V. **imposibilidad**)

a. *útil*
potente
capacitado
apto
ágil
libre
suelto
entero
integro

imposibilitar-se
s. **impedir** (V.)
inhabilitar
estorbar
obstaculizar
embarazar
entrecoger
estorbar
dificultar (V.)
trabar
retrasar
prohibir
paralizar
contener
frenar
refrenar
empecer
empantanar
embargar
empachar
vedar
interrumpir
detener
limitar
contrariar
perturbar
entorpecer (V.)

s. **anquilosar** (V.)
tullir
incapacitar
baldar
atrofiar
lisiar
mutilar
inutilizar (V.)
entumecer

(V. **imposibilidad**)

a. *facilitar-se*
capacitar-se
habilitar-se
proseguir-se
favorecer-se
estimular-se

imposible
s. **irrealizable** (V.)
inadmisible
improbable (V.)
impracticable (V.)
increíble
insospechable
inalcanzable
inahacedero
inejecutable
improbable
inverosímil
quimérico (V.)
utópico (V.)
absurdo
insoluble
inasequible (V.)
inaccesible (V.)
dudoso
incomprensible

s. **inaguantable** (V.)
insostenible
incompatible
intratable
enfadoso
insufrible (V.)
disparatado
desatinado
fastidioso (V.)

r. A lo imposible no hay quien se obligue

(V. **imposibilidad**)

a. *posible*
verosímil
fácil
asequible
cierto
realizable
hacedero
factible
dable
agradable
ameno

imposición
s. **coacción** (V.)
coerción
obligación
mandato
orden
exigencia
intimación
fuerza
violencia
apremio
conminación (V.)
compromiso
compulsión

s. **impuesto** (V.)
gabela
gravamen
carga

a. *albedrío*
libertad
capricho
voluntad
exención

impositor
s. depositante
ahorrador
consignante
donante (V.)

(V. **imposición**)

a. *receptor*

impostor
s. **suplantador** (V.)
hipócrita
intruso (V.)
farsante
simulador
imitador (V.)
fingidor
mentiroso (V.)
embaucador
falsario
camandulero
engañador
comediante
hazañero
sicofanta
sicofante (V.)
matavivos
defraudador
pérfido

s. murmurador
testimoniero
charlatán (V.)
superchero
difamador
calumniador
maldiciente
infamador
mala lengua
lengua viperina
lengua larga
lengua de víbora

(V. **impostura**)

a. *veraz*
honrado
leal
honesto
adulador
enaltecedor
auténtico

impostura
s. **calumnia** (V.)
mentira (V.)
suposición (V.)
imputación (V.)
incriminación
cargo
murmuración
testimonio (V.)
acusación
engaño
superchería
fingimiento
falacia
desacato
doblez
embuste
chisme
perjuicio
camandulería
recoveco
enmascaramiento
artificio
fraude
falsía
falsedad (V.)

s. **suplantación** (V.)
trampa
falsificación

a. *verdad*
autenticidad
honradez
franqueza
lealtad

impotencia
s. **imposibilidad** (V.)
inutilidad
insuficiencia
ineptitud (V.)
ineficacia
ignorancia
inercia
incapacidad (V.)
incapaoitación (V.)
desesperanza
desfallecimiento
decaimiento
agotamiento
inacción
desánimo
abandono
exinanición
invalidez
nulidad (V.)
debilidad (V.)
adinamia
la carabina de Ambrosio
la espada de Bernardo
sangre de horchata

s. indiferencia
infecundidad
esterilidad (V.)
senilidad
vejez
infertilidad
insensibilidad
castración

a. *capacidad*
poder
aptitud
fecundidad
virilidad
fuerza
vigor

impotente
s. incapaz
ineficaz (V.)
inactivo
inerte
inválido
débil
frío (V.)
inepto
imposibilitado
ocioso
exinanido
agotado
decaído
infructuoso
imbele
indefenso
abandonado (V.)
inerme
desmayado
caduco

s. emasculado
estéril (V.)
infecundo
senil
viejo
eunuco
castrado

(V. **impotencia**)

a. *potente*
fuerte
vigoroso
viril
fecundo

impracticabilidad
(V. **imposibilidad**)

impracticable
s. **imposible** (V.)
irrealizable

s. infranqueable
intransitable
anfractuoso
tortuoso
intrincado (V.)
desigual
áspero
duro
escarpado
quebrado
empantanado
difícil
escabroso

(V. **impracticabilidad**)

a. *posible*
transitable
accesible
franqueable
llano
fácil

imprecación
s. **maldición** (V.)
execración
anatema (V.)
detestación
apóstrofe (V.)
abominación
condenación
juramento
denuesto
taco
palabrota
invectiva
improperio
insulto

a. *elogio*
loa
alabanza
bendición

imprecar-se

s. **maldecir** (V.)
ofender
detestar
condenar
anatematizar
abominar
apostrofar
jurar
denostar
insultar
(V. **imprecación**)

a. *elogiar*
bendecir
ensalzar

imprecisión

s. **ambigüedad** (V.)
vaguedad (V.)
confusión (V.)
vagarosidad
borrosidad
indecisión
duda
incertidumbre
indeterminación (V.)
equívoco
desconcierto
desconocimiento
irresolución
perplejidad
vacilación
aproximación

a. *precisión*
determinación
certeza
conocimiento
claridad

impreciso

s. **indefinido** (V.)
equívoco
confuso (V.)
vagaroso
indistinto
vago
indeterminado (V.)
borroso
ambiguo (V.)
incierto
desvaído (V.)
difuso (V.)
evasivo (V.)
obscuro (V.)
indeciso (V.)
aproximado
desconocido
enrevesado
borrado
desdibujado
dudoso
abstracto (V.)
obscuro (V.)
(V. **imprecisión**)

a. *preciso*
concreto
exacto
determinado
inconfundible
claro

impregnación

s. absorción
empapamiento
infiltración (V.)
embebimiento
humectación
humedecimiento
saturación
mojadura
remojo
capilaridad

a. *expulsión*
rechazo
sequedad
impulsión

impregnar-se

s. **empapar** (V.)
mojar
humedecer
humectar
ensopar
bañar
calar
madeficar
untar
pringar
saturar
embeber
absorber (V.)
rociar
regar
escaldar
salpicar
chapotear
infiltrarse (V.)
sumergir
llenarse
cargarse
mezclarse
revenirse
apulgararse
estar hecho una sopa
estar calado hasta los huesos
(V. **impregnación**)

a. *secar*
exprimir
repeler

impremeditación

(V. **imprevisión**)
(V. **ligereza**)
(V. **irreflexión**)

impremeditado

(V. **precipitado**)
(V. **irreflexivo**)
(V. **espontáneo**)

imprenta

s. abrazadera
achaflanadora
alimentador
aparte
sangrado
sangría
armado
arracada
astralón
atadora
avellana
cuadratín
axila
barba
barniz
belinógrafo
bigote
blanco
regleta
lingote
piso
bobina
bruza
burro
caja
caja alta
caja baja
caja perdida o contracaja
caja de composición
cajetín
cajón
calado
calandra
calibradora
california
calle
callejón
cama
camba
camisa
caña
capilla
filete
platina
carro
cartón
cícero
punto
pica
cilindro
cizalla
clisé
componedora
contracaja
contramolde
corona
corondel
colotipia
cortadora
cosedora
cran
crisol
cuaderno
capilla
cuña
chaflán
chibalete
chanfle
capuchina
doblete
escalera
espacio
estadillo
estéreo
teja
molde
filetaje
flan
chaflanadora
lumitype
flecha
flor
forma
fraile
fresadora
fundición (tipos)
fundidora
galera
galerada
galerín
guillotina
hilo
letra (V.)
tipo
inglete
interlínea
ligadura
línea
ladillo
lineómetro
lingote
linotipia
linotipo
logotipo
luto
llave
llamada
marca
mancha
mandil
mantilla
margen
marquesina
matriz
metido
molde
minerva
mosca
murciélago
orla
paquete
pendiente
plana
rotoplana
plancha
recorrido
pliego
prueba
paquete
platina
pleca
plegadora
plomo
portagaleras
portaplanchas
prensa
rama
rebaba
recado
regleta
retícula
rodillo
rotativa (V.)
rotoplano
salto
satinadora
tipómetro
tipografía (V.)
zapatilla
viuda

s. aleación
alineación
ampliación
bicromía
carbonaje
corrección
prueba
crisado
compaginación
composición
composición en bloque
composición en pirámide invertida
composición muerta
composición viva
composición quebrada
composición interlineada
composición cerrada
composición compleja
comprobación
facsímile
imposición
impresión
impreso
inversión
justificación
interlineado
tipografía (V.)

s. errata
errata de imprenta
yerro de imprenta
fe de erratas
bordón
deleátur
dele
letra corrida
cascabel
campanilla
diente
puntizón
calle
lardón
pastel
ladrón
fraile
aguja
borrones
maculatura
defecto
perdido
mano perdida

s. **impresión** (V.)
imprimir (V.)

s. **impresor** (V.)
cajista

imprescindible

s. **indispensable** (V.)
preciso
necesario
esencial (V.)
substancial
vital
fatal
forzoso
urgente
imperioso
inexcusable
insustituible
obligatorio
irreemplazable (V.)
urgente
ineludible

a. *accidental*
prescindible
fútil
voluntario
innecesario

impresentable

s. **indecente** (V.)
desaliñado
negligente
descuidado
desastrado (V.)
desharrapado
roto
sucio (V.)
chapucero (V.)

a. *presentable*
arreglado
decente
cuidado
escrupuloso
limpio

impresión

s. **mella** (V.)
huella (V.)
marca
señal (V.)
vestigio
reliquia
estampa
rastro
indicio

s. **opinión** (V.)
emoción
sensibilidad (V.)
golpe
sentimiento (V.)
bomba
choque
sensación (V.)
sentido (V.)
afección
afecto
excitación
sobrecogimiento
pasmo
alteración
alucinación
fascinación
estremecimiento
impacto (V.)
sorpresa (V.)
efecto (V.)
mazazo (V.)
sacudida
trabucazo
sobresalto
turbación (V.)
regusto (V.)
recuerdo
reminiscencia
brecha
aparato
bambolla

s. **imprenta** (V.)
impronta
estampación
litografía (V.)
edición
tirada (V.)

s. **grabación** (V.)
hacer impresión
causar buena o mala impresión
cambiar impresiones

r. La primera impresión es la que vale

a. *insensibilidad*
indiferencia
flema
impasibilidad
olvido
imperturbabilidad

impresionabilidad

(V. **sensibilidad**)
(V. **excitabilidad**)

impresionable

s. **sensible** (V.)
excitable (V.)
emocionable
sentimental
sensitivo
sensiblero (V.)
nervioso (V.)
emotivo (V.)
afectivo
delicado
susceptible (V.)
receptible
temperamental
entusiasta
delicado
apasionado
inseguro
(V. **impresionabilidad**)

a. *insensible*
frío
indiferente
flemático
impasible
inconmovible
deshumanizado
estoico

impresionante

s. emotivo
emocionante (V.)
conmovedor
sorprendente (V.)
deslumbrador
espectacular
deslumbrante
alucinante
imponente (V.)
vistoso (V.)
ostentoso
lujoso
maravilloso
magnífico
extraordinario (V.)
estupendo
despampanante
monumental (V.)
chocante
efectista
dramático
teatral
estrepitoso
estridente
homérico
intenso (V.)
grande (V.)
grandioso (V.)
sensacional (V.)
sublime
soberbio
inefable
indescriptible (V.)
llamativo (V.)
majestuoso
bueno (V.)
coruscante
relumbrante (V.)

(cont.)

s. **bello** (V.)
brillante
coruscante
cegador
espantoso (V.)
terrible
horroroso
tremendo

(V. **impresionabilidad)**

a. *nimio*
malo
vulgar
pobre
natural
sencillo
humilde
insignificante
bajo
ruin
mezquino
apagado

impresionar-se

s. **emocionar** (V.)
conmover (V.)
turbar
conturbar
excitar (V.)
interesar
apasionar
enternecer
maravillar
imponer (V.)
inquietar
alterar
admirarse
deslumbrar (V.)
asombrar (V.)
aturdir
agitar
chocar
confundir
trastornar (V.)
sorprender (V.)
inmutarse (V.)
sonar
sacudir
suscitar
conquistar
afectar
suspender
tocar (V.)
mover
pegar (V.)
persuadir
convencer
inducir
seducir
sobrecoger (V.)
sobresaltar (V.)
asustar
horrorizar
sentir (V.)

s. **dramatizar** (V.)
herir (V.)
escandalizar
alegrar
entristecer
consternar
estremecer
descomponer
disgustar
traspasar
dar un vuelco el corazón
quedarse frío
hacer mella
caer como una bomba
quedarse de una pieza
quedarse sin respiración
quedarse sin gota de sangre
dar que hablar
quedarse helado

s. imprimir
inscribir
grabar (V.)
registrar

(V. **impresión)**

a. *tranquilizar-se*
calmar-se
desinteresar-se

impresionismo

(V. **pintura)**

impreso

s. hoja
folleto (V.)
fascículo
papel (V.)
volante
panfleto
octavilla (V.)
pasquín
escrito
cuartilla
cuaderno
cuadernillo
prospecto

(V. **imprenta)**

impresor

s. **editor** (V.)
tipógrafo
regente
cajista
grabador
estereotipador
clisador
minervista
platinero
marcador
tirador
prensista
linotipista
monotipista
cromista
remendista
atendedor
encuadernador (V.)

s. ajustador
alimentador
atendedor
bruzador
compaginador
confeccionador
corrector
corrector de estilo
corrector de pruebas
dactilotipista
formador
fotograbador
liniero
linotipista (V.)
marcador
montador
regente
platinero
pruebero
remendista
teletipista
teclista

(V. **imprenta)**

impresora

s. linotipia
minerva
calcotipia
electrotipia
esterotipia
fototipia
monotipia
offset
prensa
rotativa
tipografía (V.)
huecograbado

imprevisible

s. **insospechado** (V.)
impensado
inesperado
brusco
repentino
súbito
inopinado
casual (V.)
fortuito
imponderable (V.)
imprevisto
accidental
contingente
repentino (V.)
espontáneo
azaroso
sorprendente
improvisado
indeliberado

s. sin decir agua va
como llovido del cielo
de la noche a la mañana
de sopetón
el día menos pensado
de estampía
de manos a boca
de antuvión
sin pensar
a lo mejor
a quemarropa
de improviso
a deshora
de pronto
cuando menos se espera

(V. **imprevisión)**

r. Donde menos se piensa salta la liebre

a. *previsible*
lento
deliberado
previsto
pensado
esperado
reflexionado
descontado
preconcebido
preparado
dispuesto

imprevisión

s. **asombro** (V.)
irreflexión
inadvertencia
imprudencia (V.)
indeliberación
impremeditación
improvisación (V.)
ligereza
descuido
negligencia
peripecia
sorpresa (V.)
casualidad (V.)
accidente
azar
ida
repentón
repente
caso fortuito
cabo suelto
sobrevenida
contratiempo
escopetazo
bomba
desapercibimiento
precipitación (V.)
distracción
confianza
pronto
ex abrupto
sobrevenida
olvido
descuido (V.)
abandono
desprevención (V.)
despreocupación
omisión (V.)
incuria
inadvertencia
apatía
desidia
abulia
indiferencia (V.)
error
torpeza (V.)
postergación (V.)

a. *previsión*
prudencia
reflexión
cuidado
vigilancia
cálculo
desconfianza
advertencia
actividad
preocupación
recuerdo
premeditación
estudio
proyecto

imprevisor

s. **confiado** (V.)
impróvido
negligente
inadvertido
desprevenido (V.)
apático
abúlico
abandonado
descuidado
indiferente
desidioso
despreocupado
olvidadizo
desmemoriado
inseguro
atropellado
inconsciente

(V. **imprevisión)**

a. *previsor*
vigilante
activo
cuidadoso
escrupuloso
cauteloso
advertido
prudente
desconfiado
consciente
prevenido
seguro

imprevisto

s. inesperado
improvisado
inopinado (V.)
impensado (V.)
insospechado
repentino (V.)
incogitado
súbito
brusco
inadvertido (V.)
fortuito (V.)
casual
volandero
incidental (V.)
ocasional
accidental
admirable (V.)
milagroso
sorprendente
insólito
de sopetón
como llovido del cielo
como caído de las nubes
de golpe y porrazo

(V. **imprevisión)**

a. *previsto*
lógico
seguro
forzoso
obligado
descontado
calculado
esperado
dispuesto
preparado
arreglado
preconcebido
precavido
conjeturado
pensado

imprimar

s. imprimar
preparar (V.)
pintar
encolar
recubrir (V.)
teñir
alisar

s. pintura
albayalde
aceite
almagre
imprimadera

imprimátur

(V. **licencia)**

imprimir

s. **editar** (V.)
estampillar
estampar (V.)
grabar (V.)
tirar (V.)
publicar (V.)
tipografiar
divulgar
prensar (V.)
ilustrar
reimprimir
aparecer
ajustar
fijar (V.)
retener
guardar
plegar
retirar
entintar
atender
corregir
compaginar
componer
espaciar
recorrer
regletear
volar
justificar
parangonar
sangrar
apuntar
calzar
marcar
palmear
registrar
meter en prensa
clisar
empastelar
tamborilear
desempastelar
descasar
desimponer
distribuir
inculcar
entretelar
rellenar
sudar la prensa
dar a la prensa
sacar a luz
salir a luz
levantar letra
bloquear
recorrer el ajuste
ajustar punturas
estereotipar
escaballar
brozar
bruzar
repintar
remosquearse
leer
acuñar
achaflanar
ajustar
alimentar (papel y metal)
alzar
ampliar
apiñar
armar
arreglar
atar
bailar (letras)
bajar (tipos)
barnizar
blanquear
broncear
burilar
calar
calzar
cargar
casar
centrar
cerrar
componer
comprobar
confeccionar
confrontar
corregir
coser
chaflanar
cuadrar
degollar
desplegar
descatar
diagramar
doblar (plomo)
embuchar
encabezar
encuadrar
enramar
entrar (en máquina)
escalonar
foliar
fresar
fundir (tipos)
grabar
gramear
grisar
tirar
ingletear
achaflanar
intercalar
interlinear
ligar
montar
parar (tipos)
picar
rebasar
recortar
recuadrar
reducir
refilar
refundir (plomo)
reutear
revelar
revisar
sangrar
satinar
suplir (letras)
tirar
tomar (papel o tinta)
transponer (letras)

(V. **imprenta)**

improbabilidad
s. **dificultad** (V.)
absurdidad
extravagancia
incertidumbre
rareza
lejanía
quimera (V.)
inverosimilitud
utopía
ilusión
imposibilidad
impracticabilidad

a. *probabilidad*
facilidad
posibilidad
lógica
realidad
realización
practicabilidad

improbable
s. infundado
ilógico
increíble
imposible (V.)
inverosímil
lejano
remoto (V.)
distante
absurdo
inaudito
raro (V.)
sorprendente
extravagente
inexistente
impracticable
irrealizable
quimérico (V.)
inasequible
utópico
difícil (V.)
duro
dudoso
incierto
inalcanzable
inaplicable

(V. **improbabilidad)**

a. *probable*
hacedero
posible
lógico
normal
natural
verosímil
fundado
alcanzable

improbar
(V. **desaprobar)**

improbidad
(v. **perversidad)**

ímprobo
s. rudo
abrumador (V.)
agotador
costoso
afanoso
fatigoso
pesado
difícil
trabajoso (V.)
penoso
operoso
laborioso
ingrato
incómodo
excesivo

s. **malvado** (V.)
vil
perverso
infame
malo
inicuo

a. *ligero*
fácil
expedito
bueno
recto
bondadoso
generoso
virtuoso

improcedencia
(V. **impropiedad)**

(V. **inoportunidad)**

improcedente
(V. **impropio)**

(V. **inoportuno)**

improductividad
s. infecundidad
esterilidad (V.)
inutilidad
nulidad
pobreza
agotamiento
desolación
aridez
sequedad
ineficacia (V.)

a. *productividad*
fecundidad
utilidad
eficacia
riqueza
abundancia

improductivo
s. infecundo
infrugífero
estéril (V.)
yermo
inútil (V.)
infértil
infructífero
inerte
esquilmado
agotado

(V. **improductividad)**

a. *fructífero*
fértil
fecundo
útil
ubérrimo

impronta
(V. **huella)**

(V. **impresión)**

improperio
s. maldición
denuesto
provocación
reproche
insulto
injuria (V.)
vituperio
afrenta (V.)
baldón
reniego
invectiva
dicterio
pulla
lindeza (V.)
denostación
tuerto
injuriamiento
oprobio

a. *cumplido*
piropo
elogio
alabanza
loa

impropiedad
s. despropósito
anacronismo (V.)
incongruencia
inexactitud
desacuerdo
inoportunidad
incorrección (V.)
extemporaneidad
disonancia
incongruencia
desconveniencia
disconcordia
desplazamiento
indignidad
discordancia
improcedencia
desproporción
contradicción
incompatibilidad
disconformidad

a. *oportunidad*
propiedad
acuerdo
autenticidad
exactitud
congruencia
corrección
conveniencia

impropio
s. **disconforme** (V.)
desconforme (V.)
desacuerdo
incongruo
incorrecto
inadecuado (V.)
discordante
diferente
desaconsejado (V.)
inoportuno
incompatible
indigno
inconveniente
intempestivo
coloquial
improcedente
inexacto
desplazado
inadaptado
chocante
disonante
extemporáneo
inadmisible (V.)
inaplicable
inconsecuente
incongruente (V.)
contradictorio
falso (V.)
ajeno
enemigo
hostil
adventicio
extraño (V.)
intruso
parásito

a. *propio*
conveniente
correcto
adecuado
característico
correspondiente
privativo
peculiar
típico
clásico
tradicional
indicado

improporción
(V. **desproporción)**

improrrogable
(V. **inaplazable)**

impróspero
s. **pobre** (V.)
aciago
adverso
desafortunado
desdichado
inafortunado
desastroso
calamitoso
desfavorable
infortunado
desgraciado (V.)
malhadado
infeliz
infausto
miserable
mísero
gafado
negro
nefasto
azaroso
nubloso
catastrófico
devastador
asolador
terrible

a. *feliz*
afortunado
próspero

impróvido
(V. **imprevisor)**

improvisación
s. invención
inventiva (V.)
iniciativa
espontaneidad (V.)
repente
repentización (V.)
rapidez
imprevisión (V.)
ligereza
casualidad
evento
salida
recurso
inspiración (V.)
ocurrencia
pronto (V.)
arranque (V.)
naturalidad
irreflexión
impremeditación
intuición
sencillez
arreglo
innovación
creación
acomodación
adaptación
cálamo currente

a. *preparación*
estudio
proyecto
prueba
ensayo
premeditación
experimentación

improvisado
s. in promptu
espontáneo (V.)
sencillo
natural
puro
abierto
real
llano
imprevisto
improviso
impremeditado
impensado
repentino (V.)
franco
familiar
intuitivo
acomodaticio
ad hoc
circunstancial
ocasional
inventado
inspirado
facticio
irreflexivo

s. a la buena de Dios
cálamo currente
sobre el terreno
sobre la marcha
sin plan

(V. **improvisación)**

a. *meditado*
pensado
adrede
aposta
reflexivo

improvisador
s. repentista
intuitivo
inventor
ingenioso
creador
reformador
payador

(V. **improvisación)**

improvisar
s. crear
innovar
reformar
repentizar (V.)
organizar
inventar (V.)
intuir
ingeniárselas
componérselas
reparar
aprestar (V.)
aprontar
arbitrar
enjaretar
larga
tener buenas salidas
tener buenos golpes
tener ocurrencias
hablar de improviso

s. interpretar
componer (V.)
tocar
versificar

(V. **improvisación)**

a. *preparar*
preconcebir
ensayar
probar
experimentar
entrenarse
pensar

improviso (de)
s. de súbito
de **repente** (V.)
sin más ni más
a lo loco
a quemarropa
sin pararse a pensar
sin pensar
a hurta cordel
a deshora
a destiempo
de manos a boca
ex abrupto
de rebato
de estampía
sin decir agua va
súbitamente
de antuvión
cuando menos se piensa
visto y no visto
a la buena de Dios
sobre la marcha
sobre el terreno
sin plan

a. *premeditadamente*
preconcebidamente

imprudencia
s. **imprevisión** (V.)
descuido (V.)
ligereza
temeridad (V.)
indiscreción (V.)
indeliberación
impremeditación
precipitación
inoportunidad
necedad
insensatez (V.)
irreflexión (V.)
disparate (V.)
aturdimiento
atrevimiento (V.)
descomedimiento
inconveniencia (V.)
despreocupación
alocamiento
desacierto
atolondramiento
negligencia
distracción
incuria
inexperiencia
falta
delito (V.)
omisión
locura
insensatez

s. imprudencia temeraria

r. Quien el peligro desestima, autor es de su ruina. ■ Mariposa que busca la llama, en ella se abrasa ■ Jugar con fuego, es peligroso juego

a. *prudencia*
cautela
reflexión
oportunidad
discernimiento
ecuanimidad
discreción
cuidado
precaución
sensatez
cordura
tiento
circunspección
ponderación
juicio

imprudente
s. **atrevido** (V.)
irreflexivo
descuidado
atolondrado (V.)
audaz
arrojado
aventurado
charlatán
arriesgado
hablador
negligente
temerario (V.)
alocado
indiscreto (V.)
insensato (V.)
inhábil
loco
incauto
desatinado
confiado
peligroso
aturdido
desaconsejado (V.)
precipitado (V.)
distraído
inexperto
despreocupado
indolente
ligero de lengua
largo de lengua
ligero de cascos
alma de cántaro
confiado
hablador
parlanchín
boquirroto
lenguaraz
picotero
boquirrubio

(V. **imprudencia**)

a. *prudente*
cauto
reflexivo
cuidadoso
sensato
comedido
mirado
considerado
corto
callado
discreto
moderado
circunspecto
juicioso
cuerdo
preocupado

impúber
(V. **niño**)

impudencia
(V. **impudor**)
(V. **desvergüenza**)

impudente
(V. **impúdico**)
(V. **desvergonzado**)

impudicia
s. **deshonestidad** (V.)
desvergüenza (V.)
impudor
indecencia
asquerosidad
liviandad
desenvoltura
procacidad
frescura
inmundicia
sordidez (V.)
descaro
impudicia
obscenidad (V.)
concupiscencia
impureza
torpeza
cinismo
profanidad
licencia
libertinaje (V.)
vicio
placer
fornicación
pornografía
descoco
incontinencia
lujuria
verdura (V.)
sicalipsis
sensualidad
impudencia
desfachatez
desdoro
descomedimiento
atrevimiento
osadía
insolencia
inverecundia
caradura

a. *honestidad*
pudibundez
delicadeza
pudor
decencia
honor
vergüenza
moralidad

impúdico
s. **deshonesto** (V.)
libertino
lujurioso
puto
desvergonzado (V.)
descocado
provocativo (V.)
procaz
obsceno
licencioso
torpe
grosero
sórdido
liviano
picante
pornográfico
inhonesto
inhonestable
escabroso (V.)
picaresco
indecente (V.)
asqueroso
libidinoso
verde
cínico
impudente
sicalíptico
inmundo
impuro
obsceno (V.)

(V. **impudicia**)

a. *honesto*
honrable
decente
púdico
puro

impudor
(V. **impudicia**)

impuesto
s. **contribución** (V.)
tributo (V.)
tributación
imposición (V.)
subsidio (V.)
derechos (V.)
patente
póliza (V.)
carga (V.)
canon
gabela
resisa
pecho
pechería
arancel
alfarda
prestación (V.)
fonsadera
cabalgada
arbitrio
botillería
portazgo
tasación (V.)
pasaje (V.)
peaje
emolumentos
farda
dacio
finta
garrama
agarrama
personal
amillaramiento
carga real
carga vecinal
carga concejil
manlieva
prestación personal
impuesto de utilidades
derechos reales
transmisión
frutos civiles
alquilate
lezda
contramarca
almaja
almuertas
alcabala del viento
acémila
tértil
almocatracia
salga
cántaro
bolla
bulla
trecén
infurción
enfurción
alajor

s. almacenaje
alhondigaje
consumos
puertas
aduanas
renta
octavilla
reoctava
resisa
poya
ceduleje
terrazgo
garfa

s. recuaje
cañada
carneraje
bovaje
bovático
boalaje
herbaje
borro
borra

s. anclaje
amarraje
pilotaje
muellaje
tonelaje (V.)
tonelada
limpia
almirantazgo
derecho de bandera

s. **forzoso** (V.)
forzado (V.)

a. *exención*
liberación
condonación
desgravación

impugnable
s. achacable
objetable
contestable
insostenible
contradictorio
refutable (V.)
combatible
oponible (V.)
rebatible
refutatorio
argüitivo
objetante
confutador
implicatorio
discutible (V.)
argumentable
recusable (V.)

(V. **impugnación**)

a. *indiscutible*
incontrovertible
irrecusable
irrebatible
defendible
sostenible
concluyente
rotundo

impugnación
s. **rebatimiento** (V.)
contradicción (V.)
opugnación (V.)
reclamación
refutación (V.)
confutación (V.)
revolcón
objeción (V.)
denegación
distingo
argumento
oposición
contraproyecto
redargución
instancia (V.)
respuesta
contrademanda
réplica
dificultad
negación
mentís
argucia
dialéctica
discusión
reconvención
pateadura
metido
rechazo
revolución
tergiversación
disentimiento
repulsa
desmentido (V.)
veto
obyecto
contrarréplica
votación en contra
espíritu de contradicción
recusación
tacha (V.)
protesta
ataque (V.)

a. *aprobación*
defensa
devolución
afirmación
amparo
propugnación
mantenimiento
acuerdo
conformidad
asentimiento

impugnador
s. impugnante
impugnativo
oponente
objetor
objetor de conciencia
objetante
contradictor (V.)
argüidor
refutador
polemista
reclamante
opugnador (V.)

(V. **impugnación**)

a. *afirmador*
confirmador
favorecedor
mantenedor
abogado
defensor

impugnar-se
s. **contradecir** (V.)
atacar
discutir
recusar (V.)
combatir
refutar (V.)
rechistar (V.)
oponerse (V.)
argumentar
reconvenir
instar
resistirse
devirtuar
constatar
objetar
observar (V.)
redargüir (V.)
confutar (V.)
vencer
reclamar
rebatir (V.)
replicar
hostigar
tronar
justar
mosquear
atacar (V.)
argüir
negar
denegar
desnegar
triturar
opugnar (V.)
desmentir
rechazar
repeler

s. poner el veto
volverse atrás
sacudir el polvo
rechazar la pelota
no tener qué decir
estrellarse con
recoger velas
poner coto

(V. **impugnación**)

a. *aprobar*
corroborar
acordar
confirmar
propugnar
defender
amparar
mantener
sostener
sustentar
abogar
acoger
favorecer

impulsar
s. **impeler** (V.)
empujar (V.)
arrempujar
rempujar
empentar
llevar (V.)
empellar
empeller
emburriar
apechar
apechugar
apencar
apalancar
botar
volear
adelantar
perseguir
arrastrar
tranquear
lanzar (V.)
rechazar
arrojar
aventar

s. estimular
incitar (V.)
mover
inducir
excitar
animar
fomentar (V.)
alentar
favorecer
promover (V.)
propugnar
inspirar
organizar
desarrollar
activar
aconsejar
acuciar
urgir (V.)
inclinar
provocar
aguijonear
propulsar (V.)
pinchar
apremiar (V.)
espolear
instar
intensificar
presionar
pedir
animar (V.)

(V. **impulso**)

a. *contener*
resistir
recoger
aguantar
desanimar
desalentar
descorazonar
impedir
obstaculizar
dificultar
trabar

impulsión
(V. **impulso**)

impulsividad
s. ímpetu
fogosidad
impulso
vehemencia (V.)
ardor
arrebato (V.)
pasión
apasionamiento
viveza
vivacidad
exaltación
brusquedad
atolondramiento
efervescencia
entusiasmo
ofuscación
impetuosidad

a. *desaliento*
flema
calma
serenidad
frialdad
cachaza
tranquilidad
imperturbabilidad

impulsivo
s. **violento** (V.)
vehemente (V.)
entusiasta
irreflexivo (V.)
apasionado (V.)
ardiente
súbito
pasional (V.)
impelente
propulsor
brusco
arrebatado
nervioso
irreflexivo
fanático
efusivo
fuguillas
arrebatoso
impetuoso (V.)
ahincado
impetuoso
exaltado

s. **impulsor** (V.)
(V. **impulso**)

a. *flemático*
desalentado
retardador
pacífico
calmoso
imperturbable

impulso
s. impulsión
empuje (V.)
empujón (V.)
envite
ímpetu
envión
propulsión (V.)
presión
choque
apechugamiento
pechugón
arrastramiento
movimiento
promoción (V.)
iniciativa (V.)
sequete
brazada
uñada
lanzamiento
impulsación
fuerza
tiro (V.)
viveza (V.)

s. incitación
instigación
incentivo
sugestión
estímulo (V.)
tentación (V.)
acuciamiento
sprint
pinchazo
ánimo
aliento (V.)
acicate
savia (V.)
alfilerazo
aguijón
pellizco
excitación
corazonada
llamada

s. **móvil** (V.)
reactivo

a. *freno*
parada
desgana
desaliento
pasividad

impulsor
s. **propulsor** (V.)
promotor (V.)
acuciador
alentador
animador
estimulador
fomentador
instigador

s. **motor** (V.)
impelente
tractor
motriz (V.)
cinético
(V. **impulso**)

a. *desalentador*
retardador
disuasor

impune
s. inulto
impúnido
perdonado
injusto
arbitrario (V.)
indemne
libre
exento (V.)
liberado
manumiso
incólume
(V. **impunidad**)

a. *castigado*
condenado
justo
responsable

impunidad
s. indemnidad
irresponsabilidad
perdón
seguridad
acogimiento
exención (V.)
liberación
manumisión
injusticia (V.)
arbitrariedad

a. *responsabilidad*
castigo
condena
justicia

impureza
s. **adulteración** (V.)
mezcla (V.)
mancha
polución (V.)
turbiedad
mixtificación
falseamiento
falsificación
contaminación
corrupción
suciedad
degeneración
sedimento (V.)
residuo
deterioro
prostitución
desnaturalización
hibridez
descomposición

s. indecencia
impudicia
desvergüenza
deshonestidad (V.)
deshonra
deshonor
liviandad
indignidad
vicio
perversión (V.)
impuridad

a. *pureza*
limpieza
castidad
honestidad
depuración
autenticidad
esterilización

impurificar-se
s. adulterar
falsificar (V.)
infectar
mezclar
sedimentar
contagiar
contaminar (V.)
corromper
manchar
descomponerse
enfangar
embarrar
ensuciar
(V. **impureza**)

a. *purificar*
filtrar
limpiar
depurar
absterger

impuro
s. **sucio** (V.)
mezclado (V.)
adulterado (V.)
inmundo
manchado
revuelto
podrido
fétido (V.)
infectado
turbio
viciado
metalado
mefítico (V.)
enlodado
emporcado
putrefacto
gorrino
infestado
irrespirable (V.)
contaminado (V.)
corrompido

s. **impúdico** (V.)
(V. **impureza**)

a. *limpio*
puro
desinfectado
legítimo
casto
honesto

imputable
s. atribuible
achacable (V.)
aplicable
endosable
enjaretable
asignable

s. censurable
denunciable (V.)
criticable
inculpable
(V. **imputación**)

a. *irresponsable*
inocente

imputación
s. endoso
acusación
inculpación
culpación
adscripción
atribución (V.)
recargo (V.)
achaque
delación
reprobación
murmuración
reproche
tilde
tacha
soplo
calumnia
improperio
canutazo
requisitoria
denuncia
reprensión
incriminación
impostura (V.)

a. *excusa*
exención
disculpa
inocencia

imputar-se
s. achacar
atribuir (V.)
incursar
inculpar (V.)
ahijar
tachar
reprochar
recriminar
aplicar (V.)
cargar
imponer (V.)
colgar
denunciar
endosar
soplar
emplazar
levantar (V.)
señalar
incriminar
acusar (V.)
soplonear
chivatear
hacer responsable
echar en cara
echar la carga
echar a mala parte
atribuir culpa
(V. **imputación**)

a. *excusar*
eximir
disculpar
exonerar

inabordable
(V. **inaccesible**)

inacabable
s. inagotable
indefinido
ilimitado
perdurable
eterno (V.)
sempiterno
imperecedero
inextinguible
inmortal
durable
duradero (V.)
interminable
perseverante
vitalicio
perpetuo
permanente
perenne (V.)
infinito
inconsumible
diuturno
sin fin
a perpetuidad
sin interrupción
por los siglos de los siglos

s. **pesado** (V.)
latoso
cargante
fastidioso
molesto

a. *finito*
caduco
acabable
divertido

inacabado
s. inconcluso
incompleto
cojo
pendiente
truncado
imperfecto (V.)
interminable
inacabable
aplazado
diferido
suspenso

a. *acabado*
completo
concluso
presente
vigente
perfecto
actual
adelantado

inaccesibilidad
s. impenetrabilidad
impracticabilidad
aspereza
escabrosidad
fragosidad
imposibilidad
dificultad (V.)
escarpadura
intransitabilidad

a. *accesibilidad*
facilidad
transitabilidad
posibilidad
suavidad
llanura

inaccesible
s. inasequible
inabordable
impracticable
inacceso
impenetrable
intrincado
fragoso
abrupto
áspero
escarpado
aislado
solitario (V.)
alejado
quebrado
inapresable
inaprehendible
escabroso

s. **difícil** (V.)
inadmisible
incomprensible (V.)
imposible (V.)
(V. **inaccesibilidad**)

a. *accesible*
abordable
fácil
comprensible
asequible
admisible
comunicado

inacción
(V. **inactividad**)

inaceptable
(V. **inadmisible**)

inactividad
s. **pasividad** (V.)
inacción
inmovilidad
inmovilismo
inocuidad
inercia
quietismo
paro (V.)
morosidad
lentitud
paralización
detención
estatismo
descanso
reposo
colapso
marasmo
descuido
despreocupación
desaliento
pereza
indolencia
ocio
ociosidad (V.)
asueto
desidia
abandono
letargo
sueño
quietud
interrupción
tranquilidad
calma
parálisis
pausa
tregua
anquilosamiento
espera
flojera
flojedad
desgana
apatía
atonía
abulia

a. *actividad*
acción
movimiento
trabajo
laboriosidad
diligencia
dinamismo
ejercicio
energía
vitalidad
ánimo
tráfago
eficacia

inactivo
s. **ocioso** (V.)
inerte
parado (V.)
pasivo
latente
ineficaz
abstinente
estático
inmóvil (V.)
contemplativo
platónico
inerte
indiferente
expectante
pasmado
perezoso
holgazán
maula
quieto (V.)
negligente
sedentario (V.)
desocupado (V.)
tumbado

(cont.)

vago
inútil (V.)
estéril
virtual
detenido
jubilado
parado
cesante
flojo
gandul
tranquilo
indolente
apático (V.)
descansado

(V. **inactividad**)

a. *trabajador*
activo
diligente
servicial
eficaz
dinámico
móvil
ocupado
útil

inactual
(V. **pasado**)

(V. **extemporáneo**)

inadaptable
s. **rebelde** (V.)
indócil
intransigente
reacio
refractario (V.)
contrario
inconformista
recalcitrante
descontento
indisciplinado
protestante
incivil
huraño
incompatible (V.)

(V. **inadaptación**)

a. *adaptable*
conformista
dócil
transigente
favorable
disciplinado
amable
compatible

inadaptación
s. **rebeldía** (V.)
intransigencia (V.)
inconformismo
indisciplina
inacapacidad
descontento
inutilidad
desplazamiento
disconformidad
disgusto
resentimiento
inflexibilidad
incompatibilidad (V.)

a. *adaptación*
sumisión
transigencia
aceptación
contentamiento
conformidad
flexibilidad
ambientación

inadaptado
s. desambientado
desplazado (V.)
descentrado
extraño (V.)
ajeno
disconforme
rebelde (V.)
aislado
incompatible (V.)
incómodo
desarraigado
desavenido
incomprendido
desacostumbrado
descontento
inútil
inservible
inoperante

(V. **inadaptación**)

a. *adaptado*
ambientado
propio
sumiso
conforme
compatible
acostumbrado
útil

inadecuado
s. **improcedente** (V.)
impropio (V.)
inconveniente
contraindicado
incongruente
incompatible
contraproducente
inoportuno (V.)
anacrónico (V.)
desacertado
intempestivo (V.)
equivocado
disonante
disconforme (V.)
discrepante
opuesto
desproporcionado
raro
extravagante
extemporáneo (V.)
incorrecto
inadaptable
inservible
malo (V.)
perjudicial (V.)
indigno (V.)

a. *adecuado*
propio
apropiado
conveniente
actual
indicado
correspondiente
procedente
pintiparado
ajustado
digno
bueno

inadmisible
s. **intolerable** (V.)
inaceptable
improcedente (V.)
inhacedero
repelente
insostenible
imposible
injusto
impropio
falso
improbable
disconforme
opuesto
contrario
inadecuado
extraño
incongruente
recusable (V.)
rechazable
roto
estropeado
increíble (V.)

a. *adecuado*
admisible
conveniente
aceptable
creíble
pasable
tolerable
posible
favorable
procedente

inadvertencia
s. **descuido** (V.)
irreflexión
olvido
omisión
negligencia
aturdimiento
distracción (V.)
oscitancia
indeliberación
imprudencia
sorpresa (V.)
azar
desadvertimiento
bomba
contratiempo
accidente
repente
abandono
ligereza
incuria
despiste
ensimismamiento
ignorancia (V.)
imprevisión

a. *cuidado*
atención
interés
advertencia
previsión
alerta

inadvertido
s. **descuidado** (V.)
desadvertido
irreflexivo
atolondrado
precipitado
despistado
distraído (V.)
desapercibido
imprudente
precipitado
desatento
oculto
anónimo (V.)
omitido
imprevisto (V.)
inopinado
inesperado
insignificante
inapercibido

(V. **inadvertencia**)

a. *esmerado*
prudente
atento
alerta
notorio
conocido
considerable
importante

inagotable
s. inacabable
interminable
ininterrumpido
inextinguible
indefinido
inexhausto
infinito
continuo
duradero (V.)
eterno (V.)
abundante (V.)
perenne
permanente
perpetuo
sin fin
más allá
ilimitado
incesante
fértil

a. *finito*
momentáneo
fugaz
pobre
breve
corto
extinguible
limitado

inaguantable
s. **insoportable** (V.)
irresistible
cargante (V.)
pesado
imposible (V.)
insufrible
intolerable (V.)
fastidioso
odioso
antipático (V.)
chinche
posma
molesto
chinchorrero
impertinente
irritante
inoportuno

a. *agradable*
simpático
oportuno
sufrible
llevadero
tolerable
ligero
grato

inajenable
(V. **inalienable**)

in albis
s. en blanco
chasqueado (V.)
burlado
desalentado
desengañado
en ayunas
frustrado (V.)
a la luna de Valencia

a. *satisfecho*
contento
enterado

inalcanzable
(V. **inasequible**)

inalienable
s. inajenable
irrenunciable
propio
intrasferible
intrasmisible
intraspasable
personal
exclusivo
individual
privativo
intangible (V.)

a. *alienable*
enajenable
transferible
ajeno
público
tangible

inalterabilidad
s. impasibilidad
inmutabilidad
ecuanimidad
impavidez
inmovilidad
imperturbabilidad
estabilidad (V.)
invariabilidad (V.)
firmeza
permanencia (V.)
estoicismo
inquebrantabilidad
fijeza
flema
insensibilidad
inamovilidad
quietud
de piedra
como un poste
naturaleza muerta

a. *movilidad*
variabilidad
mutación
cambio

inalterable
s. impertérrito
flemático
impasible
inconmovible
imperturbable
impávido
intransigente
inexorable
estoico
ecuánime (V.)
tranquilo (V.)
invariable (V.)
firme
inmutable (V.)
permanente (V.)
fijo
indeleble
inquebrantable
permanente
entero
estable (V.)
seguro

(V. **inalterabilidad**)

a. *inestable*
tornadizo
cambiante
variable
inseguro

inamistoso
(V. **hostil**)

inane
s. **insubstancial** (V.)
vano (V.)
inútil (V.)
fútil
baladí
trivial
insignificante
vacuo
endeble
anodino

a. *útil*
importante
necesario
substancial
considerable

inanición
s. desfallecimiento
debilidad (V.)
agotamiento (V.)
depauperación
inedia
extenuación
adinamia
astenia
atonía
hipostenia

a. *fortaleza*
vigor
salud
energía

inanidad
s. fatuidad
inutilidad (V.)
futilidad (V.)
vanidad
vaciedad (V.)
puerilidad
insubstancialidad
invalidez
esterilidad
insignificancia

a. *utilidad*
importancia
provecho

inanimado
s. inánime
exánime
inmóvil
desmayado (V.)
insensible
muerto
inorgánico
desmarrido
lánguido
inerte (V.)

a. *vivo*
animado
vivaz

inánime
(V. **inanimado**)

inapagable
(V. **inextinguible**)

inapeable
s. **testarudo** (V.)
tenaz
tozudo
categórico (V.)
terco
porfiado
cabezón
cabezota
obstinado
atestado
tozudo
obcecado
pertinaz

a. *flexible*
dócil
condescendiente
persuasible

inapelable
s. inexorable
irremediable
inevitable
ineluctable
irrecurrible
irrecusable
categórico (V.)
necesario
fatal
obligatorio
forzoso
incontrovertible (V.)
irrefutable
indiscutible (V.)
incuestionable

a. *discutible*
voluntario
evitable
recurrible
recusable
controvertible

inapercibido
(V. **inadvertido**)

inapetencia
s. **desgana** (V.)
desgano
saciedad
asco
anorexia
indiferencia
disorexia
hartura
hastío
galvana
a. *hambre*
apetito
ganas
voracidad

inapetente
s. **desganado** (V.)
harto
saciado
insaciable
lleno
empachado
(V. **inapetencia**)
a. *hambriento*
apetente

inaplazable
s. **perentorio** (V.)
apremiante
urgente (V.)
indemorable
improrrogable
necesario (V.)
impostergable
fijo
señalado
definitivo
establecido
decidido
a. *aplazable*
demorable
postergable
provisional

inapreciable
s. valioso
provechoso
insustituible
inestimable (V.)
incalculable
imperceptible (V.)
insensible
indiscernible
imponderable (V.)
insuperable
óptimo
s. **insignificante** (V.)
minúsculo
imperceptible
a. *baladí*
inútil
visible
evidente
desdeñable
importante
considerable
perceptible

inaprensible
s. inasible
escurridizo (V.)
resbaladizo
inaprehensible
sutil (V.)
fino
impalpable
a. *aprensible*
asible
cogedizo

inaprovechable
s. **inútil** (V.)
deteriorado
descompuesto
roto
estropeado (V.)
inaplicable
a. *aprovechable*
nuevo
servible

inarmónico
s. discorde
desacorde
disonante
discordante (V.)
destemplado
desafinado
dísono
chirriante
horrísono
estridente (V.)
cacofónico
detonante
a. *armónico*
acorde
suave

inarticulado
s. desarticulado
descompuesto (V.)
inconexo (V.)
confuso
obscuro
a. *articulado*
unido
claro

in artículo mortis
s. in extremis
a la hora de la **muerte** (V.)
en el último trance
a. *vida*

inasequible
s. inaccesible
inalcanzable
imposible (V.)
inasible
inabordable
impracticable
cerrado
aislado
alejado
distante
ilusorio (V.)
utópico
quimérico
difícil
s. **incomprensible** (V.)
intrincado
abstruso
ininteligible
confuso
s. fuera del alcance
a trasmano
suplicio de Tántalo
al higuí
cucaña
Thule
a. *asequible*
hacedero
realizable
accesible
alcanzable
real
fácil
evidente
claro
comprensible
abordable

inasible
(V. **inaprensible**)

inatacable
s. inexpugnable
inconquistable
invulnerable (V.)
fuerte
irreprensible (V.)
inmune
s. **impecable** (V.)
inobjetable
irreprochable
evidente
categórico
innegable
a. *conquistable*
expugnable
atacable
objetable
discutible

inatención
(V. **desatención**)

inatento
(V. **desatento**)

inaudito
s. **inconcebible** (V.)
increíble (V.)
pasmoso (V.)
extraordinario
nuevo
desconocido
raro (V.)
extraño
sorprendente
asombroso
admirable (V.)
incalificable (V.)
único
especial
singular
infrecuente
exclusivo
original
peregrino
ridículo
estrambótico
s. monstruoso
perverso
atroz
escandaloso (V.)
vituperable
censurable
nefando
a. *normal*
conocido
frecuente
encomiable

inauguración
s. **creación** (V.)
apertura (V.)
abertura
comienzo
estreno (V.)
presentación (V.)
principio
iniciación
inicio
promoción
a. *clausura*
cierre

inaugural
s. **inicial** (V.)
primero (V.)
preliminar
originario
original
fundacional
naciente
primigenio
(V. **inauguración**)
a. *final*
último
póstumo

inaugurar
s. **iniciar** (V.)
comenzar
principiar
abrir
estrenar (V.)
debutar
originar
fundar (V.)
establecer
lanzar
promover
(V. **inauguración**)
a. *cerrar*
concluir
clausurar
terminar

incalculable
s. enorme
inmenso (V.)
inapreciable
inconmensurable
innumerable (V.)
ilimitado
infinito (V.)
descomunal
enorme
sobrehumano
sin fin
incontable
inmensurable
numeroso (V.)
a. *apreciable*
limitado
escaso
limitado
finito
pequeño
corto
exiguo

incalificable
s. **inaudito** (V.)
inconcebible (V.)
indefinido
indeterminado
s. **censurable** (V.)
vergonzoso
reprochar
vituperable
innoble
inconfesable
indigno (V.)
indecente
inconveniente
vil
vilipendioso
nefando
a. *definido*
encomiable
elogiable
loable
digno

incandescencia
s. **ignición** (V.)
inflamación
combustión
combustibilidad
encendimiento
fulgor
brillo
resplandor
llama
luz (V.)
luminosidad
candencia
a. *apagamiento*
obscuridad

incandescente
s. inflamado
encendido (V.)
encandecido
candente
resplandeciente
ardiente
al rojo
al rojo vivo
ígneo
rusiente
abrasado
ígnito
en llamas
(V. **incandescencia**)
a. *apagado*
frío

incansable
s. infatigable
resistente
firme
tenaz
inagotable
persistente
constante
obstinado
porfiado
activo
trabajador (V.)
laborioso
férreo
fuerte
cereño
perseverante
entero
incesante
tesonero
empeñoso
voluntarioso
invencible
celoso
sistemático
a. *cansado*
vago
apático
apocado

incapacidad
s. **insuficiencia** (V.)
incompetencia
ineptitud (V.)
inhabilidad
desmaña
torpeza
imposibilidad (V.)
inexperiencia
impotencia (V.)
rudeza
nulidad
ineficacia (V.)
ignorancia
incompatibilidad
defecto
deficiencia
penuria
escasez
impericia
s. **descalificación** (V.)
desautorización
interdicción (V.)
prohibición
veto
s. **invalidez** (V.)
parálisis
inutilidad (V.)
atrofia
anquilosamiento
mutilación
a. *capacidad*
habilidad
destreza
aptitud
competencia
posibilidad
autorización

incapacitación
s. inhabilitación
descalificación (V.)
invalidación
anulación
exclusión
interdicción
prohibición
veto
desautorización
negación (V.)
s. **impotencia** (V.)
inutilidad
inutilización
a. *capacitación*
calificación
habilitación
permiso
autorización
inclusión
afirmación
potencia
utilidad

incapacitado
(V. **incapaz**)

incapacitar-se
s. **inhabilitar** (V.)
descalificar (V.)
exonerar
invalidar (V.)
inutilizar
eliminar
imposibilitar
desarmar
impedir
anular
retirar
prohibir (V.)
castrar
recusar
mutilar
descabalar
estropear
enloquecer
perturbarse
(V. **incapacitación**)
a. *calificar*
habilitar
capacitar
autorizar
sanar

incapaz
s. incapacitado
inútil (V.)
inepto (V.)
inhábil
impedido (V.)
impotente (V.)
inexperto
imposibilitado
loco
demente
inhabilitado
negado (V.)
débil
impotente
inerme
ignorante
engarnio
estropajo
ineficaz
torpe (V.)
nulo
insuficiente (V.)
tonto
alienado
cero a la izquierda
abogado de secano
(V. **incapacidad**)
(cont.)

desatinado
atrevido
primo
imprudente
irreflexivo
imprevisor
temerario
arriesgado
desatinado
indiscreto
hablador
charlatán
desaconsejado
pánfilo
sin malicia
sin disimulo
por la boca muere el pez
de buena fe

a. *capaz*
cuerdo
hábil
útil
capacitado
suficiente
competente

a. *cauto*
prudente
discreto
avisado
despierto

incardinar
(V. **adoptar**)

(V. **admitir**)

incasto
(V. **deshonesto**)

incautación
s. **apropiación** (V.)
expoliación
confiscación (V.)
decomiso
requisa (V.)
usurpación
expolio
expoliación
apoderamiento
aprobación
tomadura
arrebata
arrebatamiento
nacionalización (V.)

a. *devolución*
restitución
reintegro

incautar-se
s. embargar
confiscar (V.)
requisar (V.)
decomisar
apropiarse
apoderarse
usurpar
despojar
aprehender
expoliar
arrebatar
quitar
retener
abusar
nacionalizar (V.)

(V. **incautación**)

a. *devolver*
restituir
reintegrar

incauto
s. **ingenuo** (V.)
simple
cándido
inocente
inocentón
sencillo
crédulo (V.)
necio (V.)

incendiado
(V. **inflamado**)

incendiar-se
s. **encender** (V.)
quemar (V.)
prender
incinerar
inflamar
conflagrar
arder
abrasar
achicharrar
calcinar
carbonizar
deflagrar
chamuscar
asar

s. **apasionarse** (V.)
entusiasmarse

(V. **incendio**)

a. *apagar*
sofocar
extinguir
ahogar
enfriarse
desilusionarse

incendiario
s. perturbador
apasionado
arrebatado
violento (V.)
incitador (V.)
agresivo
subversivo
sedicioso
escandaloso
fogoso (V.)

s. petrolero
destructor
demoledor
quemador
piromaníaco
pirómano

(V. **incendio**)

a. *pacífico*
indiferente
apático
frío
flemático

incendio
s. **fuego** (V.)
quema (V.)
hoguera
inflamación
ustión
ignición
conflagración
brulote
deflagración
abrasamiento
carbonización
calcinación
fogata

s. **pasión** (V.)
entusiasmo (V.)

s. catástrofe
desastre
siniestro (V.)
ruina
perjuicio
percance
accidente
desgracia

s. bomba
extintor
telón metálico
manga
cortafuego
bombero
escala

a. *extinción*
apagamiento
fortuna
enfriamiento
desilusión

incensación
(V. **lisonja**)

(V. **adulación**)

incensada
(V. **adulación**)

incensador
s. pebetero
perfumador (V.)
botafumeiro
encensario
incensario
navecilla
turíbulo
turibulario
turiferario (V.)
turificador
naveta

s. **adulador** (V.)
tiralevitas
pelotillero
cobista
zalamero
lisonjeador
lavacaras
lagotero

(V. **incienso**)

a. *denigrador*
vituperador
criticón
seco

incensar
s. sahumar
perfumar (V.)
purificar
turificar
turibular

s. **adular** (V.)
lisonjear (V.)
loar
piropear

(V. **incienso**)

a. *criticar*
denigrar
insultar
vituperar

incensario
s. **aromatizador** (V.)
turífero
turíbulo (V.)
turiferario
botafumeiro
braserillo
navecilla
naveta
sahumador

(V. **incienso**)

incentivo
s. **reclamo** (V.)
incitación
incitamiento
aliciente
estímulo (V.)
ánimo
aguijón
acicate (V.)
espejuelo
señuelo (V.)
quillotro
yesca
apetito
seducción
aguijadura
impulso
atractivo
tentación
cebo

a. *desaliento*
freno
desánimo
abandono
desinterés

inceptor
(V. **iniciador**)

incertidumbre
s. vacilación
duda (V.)
indecisión
irresolución
inseguridad (V.)
indeterminación
perplejidad
escepticismo
volubilidad
incerteza
dubio
dubitación
sospecha
incredulidad
reparo
dificultad
incertinidad
incertitud
hesitación
fragilidad
fluctuación
equívoco
ambigüedad
tanteo
cobardía
falta de criterio
falta de convicción
palos de ciego
desconfianza
recelo
titubeo
dilema
tensión (V.)
tortura (V.)

a. *seguridad*
certeza
confianza
firmeza
garantía
certidumbre
fe
decisión
fijeza
claridad

incertinidad
(V. **incertidumbre**)

incesable
(V. **incesante**)

incesante
s. inacabable
ininterrumpido (V.)
inagotable
constante (V.)
continuo
monótono
isócrono
incesable
perpetuo
persistente
perenne
perenal
perennal
habitual
continuativo
homogéneo
sucesivo (V.)
crónico
seguido (V.)
repetido (V.)
frecuente (V.)

a. *cesante*
intermitente
interrumpido
heterogéneo
pasajero
periódico
breve

incestar
(V. **fornicar**)

(V. **infringir**)

incesto
s. **fornicación** (V.)
pecado
impureza
deshonestidad

s. **violación** (V.)
transgresión
quebrantamiento
infracción (V.)
escándalo
falta
culpa

a. *honestidad*
virtud
pureza
acatamiento
respeto

incestuoso
s. **fornicador** (V.)
violador
transgresor
infractor
pecador
escandaloso

(V. **incesto**)

a. *respetador*
acatador
virtuoso

incidencia
s. **suceso** (V.)
acontecimiento
acaecimiento
hecho
advenimiento
lance
episodio (V.)
caso
incidente (V.)
ocurrencia
evento
circunstancia
realización

incidental
s. **episódico** (V.)
condicional
accesorio
ocasional (V.)
casual
anecdótico
secundario
circunstancial (V.)
accidental
supletorio
auxiliar
conexo
relativo
dependiente
complementario
eventual
imprevisto (V.)

(V. **incidente**)

(V. **incidencia**)

a. *principal*
central
importante

incidente
s. discusión
riña (V.)
pendencia
litigio
disputa (V.)
reyerta
lance
caso
cuestión
eventualidad
peripecia (V.)
circunstancia
accidente (V.)
desgracia
trance
situación
ocasión
casualidad
inconveniente
coyuntura
particularidad

s. **incidencia** (V.)
suceso
ocurrencia

a. *paz*
acuerdo
avenencia
calma
fortuna
suerte

incidir
s. **incurrir** (V.)
caer
tratar
tropezar
deslizarse
cometer (V.)
resbalar

s. **contravenir** (V.)
reincidir
transgredir
violar
faltar
quebrantar

s. **penetrar** (V.)
cortar (V.)
dividir
sajar
disecar
rajar
hendir

(V. **incisión**)

a. *abstenerse*
saltar
evitar
respetar
unir

incienso
s. incenso
mirra
encienso
gomorresina
orobias
olíbano
resina
goma
timiana
fragancia
perfume (V.)
aroma
sahumerio (V.)
papel de Armenia
sándalo
s. **adulación** (V.)
lisonja
coba
zalamería
elogio
lagotería
a. *crítica*
vituperación
insulto

incierto
s. **inseguro** (V.)
dudoso (V.)
dudable
indeciso
confuso
mudable
fortuito
vacilante
variable
inconstante
dubitable
cuestionable
problemático (V.)
hipotético
obscuro
nebuloso
vago
perplejo
irresoluto
confuso
contestable
inverosímil
indemostrable
aleatorio (V.)
precario
ignoto
incógnito
ignorado
inconsciente
eventual (V.)
desconocido
indeterminado
sospechoso (V.)
al buen tuntún
perplejo
titubeante
falso
apócrifo
engañoso
sofístico
confuso
neblinoso
tímido
corto
(V. **incertidumbre**)
a. *seguro*
cierto
fijo
determinado
auténtico
decidido
absoluto

incineración
s. cremación
crematorio
calcinación
carbonización
quema
ignición
abrasamiento
combustión
achicharramiento
consunción
a. *apagamiento*
extinción

incinerar
s. **quemar** (V.)
cremar
cenizar
calcinar
carbonizar
abrasar
consumir
chamuscar
achicharrar
(V. **incineración**)
a. *apagar*
extinguir

incipiente
s. rudimentario
primitivo
naciente
embrionario (V.)
primario
primerizo
elemental
principiante (V.)
inicial
inaugural
preliminar
nuevo
novicio
novato
novel
debutante
tosco
somero (V.)
sencillo
a. *desarrollado*
maduro
compuesto
complejo
viejo
final

incisión
s. pinchazo
punción
corte (V.)
hendidura (V.)
tajo
sección
cisura
puntura
puntada
punzada
raja
chirlo
sajadura (V.)
herida

incisivo
s. incisorio
cortante (V.)
punzante
puntiagudo
penetrante
afilado
espinoso
espinado
picante
tajante
acre
agudo (V.)
barrenado
clavado
claveteado
s. punzante
mordaz (V.)
satírico
irónico
corrosivo
cáustico (V.)
burlón
guasón
agresivo
dicaz
virulento
acerado
hiriente
s. diente incisivo
(V. **incisión**)
a. *embotado*
romo
benevolente
caritativo

inciso
s. apartado
observación
nota
acotación
interpolación (V.)
apunte
párrafo
consideración
paréntesis (V.)
digresión (V.)
s. **cortado** (V.)
dividido
seccionado
tajado
(V. **incisión**)
a. *junto*
unido

incisorio
(V. **incisivo**)

incisura
(V. **escotadura**)
(V. **fisura**)
(V. **hendidura**)

incitación
s. incitamento
incitamiento
aguijoneadura
estímulo (V.)
instigación (V.)
espolada (V.)
apremio
provocación (V.)
atractivo
exhorto
acicate
soborno
sugerimiento
excitación
inducción (V.)
picón
aguijón
tentación
impulso
ánimo
estro
quillotro
acuciamiento
exhortación (V.)
inducimiento
seducción
hostigamiento
captación
pinchazo
soborno
tentación
gachonería (V.)
a. *desaliento*
disuasión
desengaño

incitador
s. **provocador** (V.)
inductor
quillotrador
excitador
seductor
instigador (V.)
sugeridor
acuciador
animador
estimulador
persuasor
incitante (V.)
(V. **incitación**)
a. *disuasor*
desalentador

incitamiento
(V. **incitación**)

incitante
s. **excitante** (V.)
incitativo
provocativo (V.)
provocante
incendiario
tentador
aguijatorio
estimulante
interesante
vivificante
atractivo (V.)
apremiante
maravilloso
soberbio
fenomenal
fascinante
sugerente (V.)
insinuante
gachón (V.)
hechicero
incitador (V.)
(V. **incitación**)
a. *desalentador*
repelente
desagradable
disuasor

incitar
s. instigar
excitar (V.)
inclinar (V.)
estimular (V.)
empujar (V.)
instimular
inspirar
acicatear (V.)
sugerir
inducir (V.)
apremiar (V.)
pinchar (V.)
impulsar (V.)
compeler
impeler (V.)
animar
empujar
invitar (V.)
convidar
causar (V.)
insistir
solevantar
soliviantar (V.)
instar
ahincar
estrechar
concitar
enrabiar
rebelarse (V.)
alzaprimar
enajenar
hurgar (V.)
picar
tocar
importunar
zumbar
provocar (V.)
urgir (V.)
acezar
azuzar (V.)
espolear (V.)
alentar
exhortar
aguijar
aguizgar
poner espuelas
poner en el disparadero
levantar los cascos
(V. **incitación**)
a. *disuadir*
tranquilizar
calmar
desalentar
desanimar
renunciar

incitativo
(V. **incitante**)

incivil
s. **grosero** (V.)
zafio
descortés
incorrecto
impertinente
ineducado
maleducado
desatento
inurbano
agreste
ordinario
incorrecto (V.)
impolítico
inculto
agreste
insolente
consentido
ramplón
villano
garbancero
guaso
burdo
ignorante (V.)
rústico
tosco (V.)
(V. **incivilidad**)
a. *correcto*
fino
educado
atento
urbano
delicado
culto

incivilidad
s. **grosería** (V.)
zafiedad
descortesía
incorrección (V.)
impertinencia
ordinariez
incultura (V.)
insolencia
ramplonería
bajeza
villanía
ignorancia
rusticidad
rustiquez
tosquedad
rudeza
brutalidad
desvergüenza
salvajismo
gamberrismo
(V. **civilidad**)
a. *finura*
cortesía
deferencia
atención
cultura
educación
urbanidad
delicadeza

inclasificable
s. **indefinible** (V.)
indeterminable
indeterminado
ambiguo (V.)
vago
confuso (V.)
complicado
difícil
impreciso
a. *clasificable*
determinado
evidente
claro
concluyente
definido
fácil
preciso
meridiano

inclemencia
s. dureza
crueldad (V.)
fiereza
severidad
aspereza
reciura
impiedad
inmisericordia
rigidez
rigor (V.)
destemplanza (V.)
sadismo
ferocidad
despotismo
maldad
tiranía
s. **frío** (V.)
crudeza (V.)
frialdad
invernada
nevada (V.)
granizo
bajo cero
chubasco
a. *suavidad*
clemencia
humanidad
caridad
bonanza
benignidad

inclemente
s. áspero
duro
cruel (V.)
impío
severo
despiadado (V.)
riguroso (V.)
inmisericorde
inhumano
deshumanizado
sádico
malo
fiero
feroz
tiránico
violento
desalmado
sañudo
rudo
rígido
inflexible
encarnizado
excesivo
inexorable
s. glacial
helador
lluvioso
invernal
destemplado (V.)
crudo
bajo
desapacible (V.)
tormentoso
(V. **inclemencia**)
a. *bueno*
bondadoso
caritativo
misericordioso
piadoso
generoso
comprensivo
flexible
humano
compasivo
magnánimo
caluroso
clemente
veraniego
templado
apacible
bonancible

inclinación

s. cuesta
declinación
sesgo
vencimiento (V.)
bies
oblicuidad (V.)
través (V.)
travesía (V.)
sesgadura
revuelta
falseo
chaflán
alambor
talud
rampa (V.)
plano inclinado
desviación
torcimiento
escora (V.)
escorzo
declive
desviación
divergencia
pendiente (V.)
ángulo
desplome
ladeo
ladeamiento
viaje
atravesamiento

s. **vocación** (V.)
propensión (V.)
gusto
afección
moción (V.)
apego
disposición
índole
predilección (V.)
simpatía (V.)
afición (V.)
protección (V.)
preferencia
voluntad (V.)
cariño
bienquerencia
querencia (V.)
predisposición
proclividad (V.)
sentimiento
devoción
benevolencia
tendencia (V.)

s. **reverencia** (V.)
saludo (V.)
seña
cabezazo
cabezada
mocha
asentimiento
sumisión
rendición
pleito homenaje
pleitesía
señal de respeto
servilismo
vasallaje

a. *llanura*
planicie
desapego
desvío
desafecto
verticalidad
horizontalidad
repulsión
antipatía
rechazo

inclinado

s. **torcido** (V.)
oblicuo (V.)
atravesado
al bies
cruzado
transversal
sesgo
sesgado
derrengado
proclive (V.)
retrepado
vencido
caído
ladeado
escarpado
pino
soslayo (V.)
enviajado
achaflanado
escorado (V.)
empinado (V.)
anguloso
descendente (V.)
tendente (V.)
pendiente (V.)

s. afecto
encariñado
propenso (V.)
apegado
preferido
devoto
querencioso
gacho (V.)
sumiso (V.)
reverencioso
rendido
servil

(V. **inclinación)**

a. *vertical*
horizontal
erecto
despegado
desapegado
descariñado
frío

inclinar-se

s. **reclinar** (V.)
respaldar
atravesar
torcer (V.)
pingar
sesgar (V.)
oblicuar (V.)
nesgar
encorvar (V.)
escorzar
escorar (V.)
ladearse (V.)
cabecear
curvarse
terciar
soslayar (V.)
esquinar
derrengar
desplomar (V.)
desaplomar
desnivelar
doblar (V.)
volcar (V.)
empinar (V.)
ataludar
reclinarse
recostarse
retreparse
echarse
agachar
pingar
vencerse
caerse
orzar
buzar
esquerdear
acostar
declinar (V.)
irse
decantar (V.)
agobiar
humillar (V.)

s. impulsar
mover
vencer (V.)
persuadir
incitar (V.)
convencer

s. aficionarse
decidirse
predisponer (V.)
propender (V.)
optar
tender (V.)
encariñarse
preferir (V.)

(V. **inclinación)**

a. *elevarse*
erguirse
estirarse
desistir
disuadir
enderezar
ennoblecer
desanimar
desalentar
rechazar
distanciarse
despegarse

ínclito

s. **ilustre** (V.)
afamado
esclarecido
célebre
preclaro
celebérrimo
perínclito (V.)
famoso
renombrado
insigne (V.)
popular
caracterizado
noble
conspicuo
perilustre
granado
principal
excelso
glorioso
eximio
notable
egregio

a. *oscuro*
insignificante
desconocido
anónimo
vulgar

incluido

s. **inserto** (V.)
contenido (V.)
adjunto
incluso
inclusive (V.)
comprendido (V.)
implicado
circunscrito
enclavado
englobado
implícito
encuadrado
sobre
junto con

(V. **inclusión)**

a. *desligado*
separado
desglosado
apartado
excluido
segregado

incluir-se

s. cercar
comprender (V.)
englobar (V.)
envolver
tener (V.)
recuadrar (V.)
penetrar (V.)
encerrar
enzurronar
contar
abrazar
esconder
introducir (V.)
incrustar (V.)
refundir
abarcar
circunscribir
enjaretar
entrañar
injerir (V.)
insertar (V.)
suponer (V.)
entretejer
alistar
encuadrar (V.)
enclavar
adjuntar (V.)
implicar (V.)
encartar (V.)
importar
consistir
admitir
contener (V.)
reducir
embeber
suponer
imponer
embutir (V.)
apuntar
anotar (V.)
ceñir
envolver
rodear
mezclar
juntar
unir
incorporar
consistir en
llevar consigo
dar entrada
caer dentro
formar parte

(V. **inclusión)**

a. *separar*
desglosar
desunir
excluir
salir
sacar
apartar

inclusa

s. **asilo** (V.)
orfanato
hospicio (V.)
orfelinato
casa cuna
refugio
albergue
alojamiento
casa de expósitos

s. torno

inclusero

s. **expósito** (V.)
hospiciano (V.)
lero
huérfano
abandonado
desamparado
asilado
desconocido (V.)
cunero
echadizo
amparado
protegido

(V. **inclusa)**

a. *legítimo*
reconocido

inclusión

s. introducción
colocación
instalación
inserción (V.)
penetración (V.)
intercalación
acogimiento
acompañamiento
incrustación
enclave (V.)
alta

a. *exclusión*
salida
baja
despido

inclusive

s. dentro
incluso
inclusivo
hasta (V.)
virtualmente
implícito
incluyente
componente (V.)
comprensivo
continente
incluido (V.)

(V. **inclusión)**

a. *exclusive*
sin
explícito
excluyente
excluido
fuera
exceptuado
exento
eliminado

inclusivo

(V. **inclusive)**

incluso

(V. **inclusive)**

incoación

s. principio
comienzo
apertura
inicio (V.)
juicio
enjuiciamiento
encausamiento

a. *clausura*
fin
terminación
cierre
sobreseimiento

incoar

s. principiar
empezar
iniciar (V.)
comenzar
abrir
formar
encausar
pleitear (V.)
emprender
entablar
preludiar
instruir (V.)

(V. **incoación)**

a. *concluir*
clausurar
terminar
cerrar
sobreseer

incobrable

s. moroso
suspenso
fallido
perdido
frustrado
nulo
infructuoso
inútil
abandonado
irrecuperable (V.)

a. *recuperable*
cobrable

incoercible

s. irrefrenable
incontenible (V.)
irreductible
incorregible
indomable (V.)
indómito
irresistible

a. *corregible*
domable
refrenable

incógnita

s. **misterio** (V.)
problema (V.)
enigma (V.)
interrogante (V.)
interrogación (V.)
secreto
arcano
reserva
ocultación
adivinanza
rompecabezas
entresijo
acertijo
interioridad (V.)
intimidad
desconocimiento
ignorancia (V.)

a. *conocimiento*
hallazgo
publicidad
solución
descubrimiento

incógnito

s. enmascarado
anónimo (V.)
ignorado
secreto (V.)
íntimo
misterioso
desconocido
enigmático (V.)
ignoto
oculto
encubierto
transpuesto
inexplorado
incierto
indeterminado
incognoscible (V.)

(V. **incógnita)**

a. *conocido*
descubierto
público
divulgado
cierto

incognoscible

s. **inescrutable** (V.)
inasequible
insondable
obscuro
inasible
misterioso (V.)
enigmático
impenetrable
incomprensible
insondable
recóndito
escondido
abstruso
encubierto
incógnito (V.)

a. *asible*
asequible
descubierto

incoherencia
s. desacierto
desunión
inconsistencia (V.)
inconexión (V.)
desconformidad
despropósito (V.)
tontería
necedad
estupidez
absurdo
ciempiés (V.)
contradicción (V.)
discontinuidad
incongruencia (V.)
confusión
embrollo
irracionalidad
pifia

a. *coherencia*
unión
conformidad
congruencia
acierto
sensatez

incoherente
s. **disparatado** (V.)
contradictorio (V.)
desatinado
despropositado
incomprensible (V.)
discordante
embrollado
confuso
absurdo
desordenado
inconexo (V.)
deshilvanado (V.)
enredado
discordado
descuadernado
desarticulado
desunido
incongruente (V.)
inadherente
inconsecuente (V.)
inconsistente (V.)
ilógico (V.)
ininteligible (V.)

(V. **incoherencia)**

a. *unido*
coherente
comprensible
lógico
sensato
inteligible
claro
meridiano
conexo
atinado
conforme

íncola
s. **habitante** (V.)
poblador
morador
residente
vecino
domiciliado
sito
indígena (V.)

a. *nómada*
extranjero
forastero

incoloro
s. desteñido
descolorido
pálido
tomado
desmayado
sucio
requemado
quebrado
desvaído
mortecino
s. **indefinido** (V.)
indiferente (V.)

s. **insípido** (V.)
insulso
soso
desabrido
inane
anodino (V.)

a. *coloreado*
vivo
arrebolado
fuerte
definido
sabroso

incólume
s. ileso
indemne (V.)
sano
salvo
intacto (V.)
puro
exento
completo
campante
seguro
limpio
inatacable
inexpugnable
incorrupto (V.)

a. *dañado*
perjudicado
contusionado
tocado
incompleto

incombustible
s. ininflamable
apagadizo
refractario (V.)
ignífugo
calorífugo
asbestino

s. amianto
amianta
talco
asbesto
espejuelo
dolomía

s. **desapasionado** (V.)
frío
impávido
insensible
inconmovible

a. *inflamable*
combustible
apasionado
sensible

incomestible
(V. **incomible)**

incomible
s. **indigesto** (V.)
indigestible
incomestible
asqueroso
desagradable
repugnante
nauseabundo
podrido
putrefacto
desabrido
insípido (V.)

a. *comible*
comestible
bueno
atractivo
fresco
digestible
sabroso
agradable

incomodar-se
s. **molestar** (V.)
fastidiar
disgustar
desagradar
enfadar (V.)
desacomodar
angustiar
agobiar
estorbar (V.)
enojar
embarazar
mortificar (V.)
encocorar
acosar
freír
engorrar
contrariar
aperrear
potrear
acongojar
desazonar
abrumar
dificultar
entremeterse
encizañar (V.)
desunir
cansar
enredar
embrollar
cargar

(V. **incomodidad)**

a. *agradar*
gustar
satisfacer
ayudar
calmar
desenojar
cuidar
preocuparse
suavizar
favorecer
desembrollar

incomodidad
s. fastidio
desagrado
molestia (V.)
incómodo
descomodidad
contrariedad (V.)
irritación
disgusto (V.)
extorsión
fatiga
cansancio (V.)
pesadez
estorbo (V.)
perturbación
malestar
estrechez (V.)
ira
cólera
desconveniencia (V.)
disconveniencia
hueso
perjuicio
inoportunidad
tedio
hastío
dolor (V.)
pena
indisposición
enfermedad
tristeza
punzada
herida
aquejamiento (V.)
irritación
mortificación (V.)
pejiguera
lata
chinchorrería
hueso (V.)

a. *agrado*
placer
contentamiento
comodidad
confortabilidad
confort
oportunidad
conveniencia
distracción
entretenimiento
descanso
salud
bendición

incómodo
s. **molesto** (V.)
desagradable
irritante
fatigoso
cesado
enojoso
enfadoso
cansado (V.)
difícil
violento (V.)
arduo
penoso (V.)
dificultoso
latoso
vejatorio
humillante
importuno
inoportuno
gravoso
imposible
estrecho (V.)
inhabitable (V.)
duro (V.)

(V. **incomodidad)**

a. *suave*
confortable
cómodo
agradable
oportuno
amplio
muelle
blando

incomparable
(V. **único)**
(V. **insuperable)**
(V. **extraordinario)**

incompartible
(V. **exclusivo)**
(V. **indivisible)**

incompasivo
(V. **inhumano)**

incompatibilidad
s. disconformidad
antagonismo (V.)
oposición (V.)
aversión
discrepancia (V.)
inadaptación (V.)
desacuerdo
repugnancia (V.)
discordancia
hostilidad
impopularidad (V.)
diferencia
impedimento
obstáculo
imposibilidad (V.)
incapacidad
implicancia
inadecuación
contradicción
incongruencia (V.)
incomposibilidad

a. *compatibilidad*
avenencia
conformidad
atracción
similaridad
coexistencia
coincidencia

incompatible
s. dispar
antitético
antagónico (V.)
desconforme (V.)
disconforme
opuesto (V.)
repugnante
diferente (V.)
impropio
inadecuado
improcedente
inaplicable
inadaptable (V.)
desigual
inoportuno
desacorde
inconciliable
irreconciliable (V.)
inadaptado (V.)
incomposible

(V. **incompatibilidad)**

a. *compatible*
adecuado
semejante
coexistente
tolerable
coincidente
conciliable
igual

incompetencia
(V. **ineptitud)**

incompetente
(V. **inepto)**

incomplejo
(V. **incomplexo)**

incompleto
s. **parcial** (V.)
fragmentario (V.)
mutilado
truncado
diminuto
imperfecto (V.)
insuficiente
cojo
capado
trunco (V.)
mocho
desmochado
defectuoso (V.)
deficiente
falto
escaso
descabal
dispar
manco (V.)
descabalado (V.)
inconcluso
semipleno
precoz
prematuro
inmaturo
insuficiente (V.)
medio
mediado (V.)
dispar
disparejo
compendioso
rudimentario
trasquilado

a. *perfecto*
completo
entero
acabado
suficiente
íntegro
cumplido
total
lleno
cabal

incomplexo
s. **sencillo** (V.)
simple
incomplejo
desunido (V.)
inconexo (V.)
desligado
desarticulado
inarticulado
deshilvanado
suelto
separado
independiente
imperfecto (V.)

a. *unido*
conexo
atado
ligado
relacionado
junto
complejo
compuesto
complicado

incomponible
(V. **irreparable)**

incomposibilidad
(V. **incompatibilidad)**

incomposible
(V. **incompatible)**

incomprendido
s. **postergado** (V.)
abandonado
relegado
olvidado
solitario (V.)
triste
melancólico
difícil
raro
caprichoso (V.)
extraño (V.)
complicado

(V. **incomprensión)**

a. *acompañado*
fácil
comprendido
sencillo
alegre
corriente
vigente
protegido

incomprensible
s. **ininteligible** (V.)
inexplicable
sorprendente (V.)
indemostrable
inconcebible (V.)
impenetrable
complicado (V.)
enigmático

(cont.)

oscuro (V.)
oculto (V.)
misterioso
incognoscible
recóndito
extraño (V.)
arcano
hermético
esotérico
inaveriguable
insabible
inescrutable
inapelable
inimaginable
ilegible (V.)
insondable
raro (V.)
equívoco
sibilino
incoherente (V.)
cerrado (V.)
profundo
nebuloso
ambiguo
denso
abstruso
metafísico
asombroso (V.)
difícil (V.)
cifrado
insoluble (V.)
conceptuoso
cabalístico
desconcertante
logogrífico (V.)
inexcudriñable
inextricable
difícil
embrollado (V.)
inaccesible (V.)
inasequible (V.)
(V. **incomprensión**)

a. *accesible*
fácil
comprensible
claro
corriente
concebible
diáfano
inteligible
obvio
asequible

incomprensión
s. confusión
enigma
obscuridad
misterio (V.)
ofuscación
ambigüedad
ininteligibilidad (V.)
ignorancia
desavenencia (V.)
desunión
secreto (V.)
clave
cifra
circunloquio
indeterminación
desacuerdo
enredo
abismo
algarabía
galimatías
guirigay
tergiversación
camelo
griego
criptografía
monserga
jerigonza
gringo
discrepancia
dificultad
cerrazón
vaguedad
incertidumbre
problema
conceptuosidad
complicación
complejidad
enigma
retorcimiento
sorpresa

s. omisión
negligencia
egoísmo (V.)
ruindad
desatención
postergación
indiferencia (V.)
ingratitud
infidelidad
apatía
desinterés
desamor
desprecio
displicencia (V.)
frialdad (V.)
insensibilidad

a. *comprensión*
interés
atención
claridad
facilidad
diafanidad
seguridad
certidumbre
acuerdo

incomprensivo
(V. **irrazonable**)
(V. **terco**)

incompresible
s. denso
duro (V.)
granítico
diamantino
compacto (V.)
firme
recio
macizo
pétreo

a. *compresible*
muelle
fofo
blando
poroso

incomunicación
s. **aislamiento** (V.)
confinamiento
apartamiento
retraimiento
retiro (V.)
soledad (V.)
exclusión
separación
alejamiento
extrañamiento
encierro
recogimiento
clausura
ascetismo
olvido (V.)
preterición
boicoteo
sitio
acordonamiento

a. *comunicación*
relación
correspondencia
acompañamiento
libertad
apertura
recuerdo
vigencia

incomunicado
s. retirado
retraído (V.)
aislado
encerrado
olvidado
relegado
solitario (V.)
apartado
excluido
encarcelado
clausurado
separado
cortado
confinado
abandonado
desamparado
cartujo
(V. **incomunicación**)

a. *sociable*
comunicado
libre
suelto
relacionado
mundano

incomunicar-se
s. **aislar** (V.)
confinar
apartar
separar
alejar
extrañar
retirarse
encerrar (V.)
excluir
clausurar
recogerse (V.)
encarcelar (V.)
ocultar
esconder (V.)
olvidar (V.)
relegar
postergar
posponer
arrinconar
abandonar
privar
boicotear
sitiar
condenar
enconcharse
(V. **incomunicación**)

a. *convivir*
tratar
relacionarse
asociarse
aparecer
regresar
comunicar
acompañar
recordar
libertar

inconcebible
s. **intolerable** (V.)
incomprensible (V.)
inadmisible
inusitado
inaudito
absurdo
ilógico
indignante (V.)
escandaloso
incalificable (V.)
impresionante
misterioso
extraño
extraordinario (V.)
insólito
raro (V.)
sensacional
inesperado
increíble (V.)
admirable
inaudito (V.)
sorprendente (V.)
pasmoso
asombroso
peregrino
inimaginable (V.)

a. *comprensible*
natural
común
vulgar
admisible
lógico
concebible
explicable

inconciliable
(V. **incompatible**)

inconcino
(V. **desordenado**)
(V. **descompuesto**)

inconcluso
s. **imperfecto** (V.)
indefinido
irresuelto
incumplido
aplazado
incompleto
inmaturo
pendiente (V.)
inacabado (V.)
fragmentario

a. *acabado*
perfecto
maduro
completo

inconcuso
s. **claro** (V.)
evidente (V.)
firme
cierto (V.)
seguro
terminante (V.)
indiscutible
incontrovertible
irrebatible
palmario
sólido
apodíctico
inequívoco
concluyente

a. *inseguro*
discutible
dudoso
incierto

incondicional
s. total
absoluto (V.)
incondicionado
terminante (V.)
categórico (V.)
omnímodo
dogmático
tajante

s. secuaz
prosélito
seguidor
adepto
hincha
entusiasta (V.)
adicto
afiliado
leal
partidario (V.)

a. *limitado*
parcial
desleal
enemigo

inconexión
s. incongruencia
excepción
separación (V.)
disgresión
dislocación
aislamiento
incoherencia (V.)
diversidad
diferencia
desconexión (V.)
desunión
discordancia
discrepancia
episodio
paréntesis
desviación
disgresión
desacoplamiento

a. *conexión*
unión
aproximación
continuación
coherencia
relación
concomitancia
enlace
coordinación
contacto
trabazón
concatenación
vínculo
correspondencia

inconexo
s. independiente
incongruente (V.)
incoherente (V.)
discontínuo
desenlazado
separado (V.)
desunido
discordante
extraño
diverso
ajeno
accidental
desproporcionado
deshilvanado
heterogéneo
incomplexo (V.)
inarticulado (V.)
(V. **inconexión**)

a. *unido*
coherente
contínuo
congruente
articulado
relacionado
concomitante
coordinado
vinculado

inconfesable
s. **deshonroso** (V.)
deshonesto
vergonzoso (V.)
inmoral
bochornoso
ignominioso
feo
torpe
infamante
vejatorio

a. *confesable*
honroso
moral
bello
hermoso
noble
elogioso

inconfundible
s. **característico** (V.)
preciso
concreto
determinado
peculiar
clásico
propio
típico
distinto (V.)
personal
distintivo
particular
inimitable (V.)

a. *impreciso*
vulgar
confundible
genérico

incongruencia
s. **incompatibilidad** (V.)
incoherencia (V.)
inconveniencia (V.)
inadecuación
inconexión
oposición (V.)
disparate (V.)
desmerecimiento
inoportunidad
ridiculez
extravagancia
desatino
absurdo (V.)
tontería
ingenuidad
simpleza
rareza

a. *congruencia*
coherencia
adecuación
lógica
sensatez
oportunidad

incongruente
s. incompatible
incoherente (V.)
incongruo
ilógico (V.)
inconveniente (V.)
inadecuado
inconexo
impropio (V.)
opuesto (V.)
disparatado (V.)
disconforme
desmerecedor
inoportuno
inexplicable
ridículo
insensato
extravagante
desatinado
(V. **incongruencia**)

a. *congruente*
conveniente
lógico
conforme
sensato
adecuado

incongruo
(V. **incongruente**)

inconmensurable
s. **infinito** (V.)
innumerable
incontable
ilimitado
inmenso
inmensurable
enorme
desmesurado
considerable
colosal
indefinido
incomparable (V.)
inmedible

a. *pequeño*
limitado
finito
mezquino

inconmovible
s. inamovible
inalterable
impasible (V.)
insensible
tardo
perezoso
vilordo
inimitable
invariable
estoico
resistente
consistente
firme (V.)
enraizado
estable
permanente
fijo
sólido (V.)
macizo
compacto
denso
insensible (V.)

a. *movible*
alterable
flojo
blando
sensible
emotivo

inconquistable
s. **inexpugnable** (V.)
invencible (V.)
invulnerable
firme
sólido
consistente
fuerte
inquebrantable
inflexible
íntegro (V.)
insobornable (V.)

a. *conquistable*
vulnerable
débil
sobornable
flexible

inconsciencia
s. subsconciencia
desconocimiento
ingenuidad (V.)
ignorancia (V.)
insipiencia
automatismo
despiste
informalidad (V.)
distracción (V.)
embaimiento
abstracción
ensimismamiento
subconsciencia
nesciencia
candidez
inadvertencia
irresponsabilidad (V.)
ligereza
aturdimiento
atolondramiento (V.)
instinto
soñolencia
sonambulismo

s. **desmayo** (V.)
desvanecimiento
síncope
mareo
desfallecimiento
soponcio
patatús
knock-out
privación
insensibilidad (V.)

a. *consciencia*
conciencia
alma
razón
reflexión
conocimiento
responsabilidad
sensibilidad

inconsciente
s. autómata
mecánico
automático (V.)
reflejo (V.)
involuntario (V.)
instintivo (V.)
maquinal
subconsciente (V.)
irresponsable (V.)
indeliberado (V.)
inconsiderado
aturdido (V.)
atolondrado
ignorante (V.)
inculto
irreflexivo (V.)
ligero
precipitoso
alocado
desquiciado
atropellado (V.)
caprichoso
marocha
negado
simple
incapaz
raro (V.)
demente
alienado
ingenuo (V.)

s. **desmayado** (V.)
desvanecido
insensible (V.)
desfallecido
K. O.

(V. **inconsciencia**)

a. *inteligente*
consciente
reflexivo
responsable
voluntario
deliberado
sesudo
sensato
malicioso
sensible
despierto

inconsecuencia
s. incoherencia
ligereza
atolondramiento
irreflexión
irracionalidad (V.)
inconstancia
aturdimiento
torpeza
alocamiento
disconformidad
contrariedad
informalidad (V.)
irresolución
mutabilidad
volubilidad
desacuerdo
versatilidad
frivolidad
inconsideración
desconsideración
contradicción

a. *reflexión*
firmeza
tenacidad
constancia
seriedad
lógica
sensatez
consecuencia
formalidad
correspondencia
coherencia
consideración
acuerdo
concordancia

inconsecuente
s. versátil
voluble
inconstante (V.)
inconsiguiente
irreflexivo (V.)
aturdido
tornadizo
inseguro
variable
ligero
informal (V.)
frívolo
ilógico (V.)
novelero
veleta
incoherente (V.)
incongruente
casual
fortuito
impensado
aleatorio
ocasional
imprevisto
absurdo (V.)

(V. **inconsecuencia**)

a. *consecuente*
tenaz
firme
ilativo
siguiente
lógico
sensato

inconsideración
s. impertinencia
desatención
descortesía
desconsideración (V.)
grosería
inadvertencia
precipitación
atolondramiento
impremeditación
inconsecuencia (V.)
imprevisión
atontamiento
imprudencia
inoportunidad

a. *oportunidad*
previsión
atención
prudencia
consideración
finura
delicadeza

inconsiderado
s. aturdido
atolondrado
irreflexivo
inadvertido
precipitado
temerario
ligero
imprudente
maquinal
desatentado
desconsiderado (V.)
desatento
grosero
desidioso
botarate
inconsulto
destornillado
tolondrón

(V. **inconsideración**)

a. *atento*
considerado
consciente
reflexivo
mirado

inconsiguiente
(V. **inconsecuente**)

inconsistencia
s. **fragilidad** (V.)
ductilidad
maleabilidad
debilidad
inestabilidad
friabilidad
blandura
impotencia
endeblez (V.)
deleznabilidad
flojedad
versatilidad
veleidad
tornabilidad

s. **incoherencia** (V.)
desatino

a. *dureza*
resistencia
potencia
firmeza
coherencia
sensatez

inconsistente
s. dúctil
maleable
flojo
blando
frágil (V.)
endeble (V.)
deleznable
débil

s. **incoherente** (V.)
absurdo

(V. **inconsistencia**)

a. *duro*
tupido
consistente
lógico
coherente

inconsolable
s. **triste** (V.)
apenado
apesadumbrado
acongojado
abatido
abrumado
afligido (V.)
angustiado
desconsolado
desesperado
atribulado
amargado
dolorido
postrado
deprimido
desgraciado
desolado
infortunado
desdichado

a. *alegre*
animado
ameno
contento

inconstancia
s. **inseguridad** (V.)
fragilidad
liviandad (V.)
volubilidad (V.)
capricho (V.)
instabilidad
inconsistencia
inconsecuencia
mudanza (V.)
informalidad (V.)
veleidad (V.)
ligereza
superficialidad (V.)
flaqueza
variabilidad (V.)
variedad (V.)
vaivén (V.)
revés
retractación
desistimiento (V.)
intercadencia
desigualdad
deslealtad
levedad
mutabilidad
flaqueza
versatilidad (V.)
fugacidad
irresolución (V.)
duda (V.)
indecisión
vena de loco
rueda de la fortuna
alza y baja
fluctuación
alternativa
voltariedad
vagueación
cambio de opinión
flotar en todas las aguas

a. *constancia*
estabilidad
firmeza
tenacidad
perseverancia
obstinación
empeño
seguridad
consecuencia

inconstante
s. **inconsecuente** (V.)
versátil (V.)
mudable (V.)
frágil
voluble (V.)
tornadizo
infiel
caprichoso (V.)
mequetrefe (V.)
veleidoso (V.)
variable (V.)
vario
desigual
lunático
aventado
barcino
movedizo
instable
inestable (V.)
informal (V.)
liviano (V.)
ligero
inseguro (V.)
frívolo (V.)
alocado
incierto
errátil
volátil
voltizo
mudadizo
movedizo
movible
mudable
chaquetero
cambiadizo
camaleón
veleta
voltario
volandero (V.)
vacilante (V.)
cambiante
fluctuante
elástico
informal
novelero
proteico

r. Es mal consejo, por el amigo nuevo, olvidar el viejo ■ Culillo de mal asiento es un molinillo

(V. **inconstancia**)

a. *constante*
seguro
firme
decidido
empecinado
empedernido
invariable
inmutable
perseverante
terco
cabezota
porfiado
recalcitrante
tesonero
igual

incontable
(V. **innumerable**)

incontenible
(V. **irresistible**)

incontestable
s. evidente
cierto
palmario
seguro
innegable (V.)
indubitable
irrefutable
incontrastable (V.)
inimpugnable
irrebatible (V.)
indiscutible (V.)
incuestionable
inequívoco
incontrovertible
probado
demostrado
axiomático
indisputable
inconcuso
inatacable
positivo
efectivo
reconocido
justificable
irrecusable
claro
patente
firme convicción
completa seguridad
plena conciencia
a ciencia cierta
la pura verdad
perogrullada
más fijo que el sol
verdad de a puño
sin lugar a dudas

a. *incierto*
rebatible
dudoso
discutible
inseguro
obscuro

incontinencia
s. lujuria
lascivia
sensualidad
carnalidad
vicio (V.)
lubricidad
desenfreno
libertinaje
concupiscencia
desorden
liviandad
angurria
tisuria
estangurria
estrangurria
intemperancia (V.)
a. *honestidad*
orden
freno
abstención
temperancia
virtud
resistencia
refrenamiento
contención
continencia
represión

incontinente
s. lujurioso
lascivo
desordenado
sensual
carnal
liviano
lúbrico
concupiscente (V.)
libidinoso
libertino
desenfrenado (V.)
deshonesto
rijoso
verde
lóbrigo
arrecho
(V. **incontinencia)**
a. *honesto*
puro
ordenado
sobrio
temperante
contenido
reprimido

incontinenti
s. **rápido** (V.)
pronto
prestamente
rápidamente
prontamente
al punto
al momento
al instante
sin demora
en seguida
sin tardanza
como el rayo
sin dilación
ahora mismo
inmediatamente
seguidamente
a. *después*
lento
más tarde
lentamente

incontrastable
s. irrebatible
invencible
irresistible
inconquistable
irrefutable
incontestable (V.)
incontrovertible
incuestionable
indudable (V.)
irreducible
indisputable
positivo
inexpugnable
s. terco
obstinado (V.)
tesonero
a. *discutible*
rebatible
flexible
comprensivo

incontrito
(V. **impenitente)**

incontrolado
s. **suelto** (V.)
libre
indisciplinado
rebelde
insumiso
(V. **control)**
a. *controlado*
encerrado
vigilado
sumiso

incontrovertible
s. **innegable** (V.)
palmario
axiomático
incuestionable
evidente (V.)
irrebatible
inapelable (V.)
indispensable
incontrastable
concluyente
indiscutible (V.)
incontestable
matemático
certísimo
a. *incierto*
dudoso
obscuro
rebatible
discutible

inconveniencia
s. desconformidad
disonancia
incompatibilidad
desacuerdo
descortesía (V.)
discrepancia
imposibilidad
inoportunidad
inadaptación
irrelación
incongruencia (V.)
impropiedad
discordia
diferencia
divergencia
desconveniencia
despropósito (V.)
diversidad
inadaptabilidad
inconexión
inverosimilitud
discordancia
discordia
anacronismo
asincronismo
antipatía
inurbanidad
incivilidad
imprudencia (V.)
trastorno (V.)
extorsión
dificultad (V.)
impertinencia (V.)
grosería (V.)
incorrección (V.)
descortesía
oposición
contrariedad
incultura
torpeza
descaro
cinismo
s. **postizo** (V.)
pegote
parche
emplasto
a. *conveniencia*
cortesía
compatibilidad
oportunidad
facilidad
comodidad
sensatez
prudencia
delicadeza
corrección
autenticidad

inconveniente
s. **trastorno** (V.)
observación (V.)
conflicto
obstáculo (V.)
perjuicio (V.)
daño
falta (V.)
perjudicial (V.)
detrimento
nocividad
óbice (V.)
dificultad (V.)
menoscabo
gabarro
percance
reparo
molestia (V.)
desventaja (V.)
agravio
injuria
objeción (V.)
s. inurbano
incivil
imposibilidad (V.)
inoportuno
desventajoso (V.)
inapropiado
inadaptable
incongruente (V.)
inconciliable
incongruo
inmodesto
inmoral (V.)
licencioso
incontinente (V.)
mal visto
malcriado
descomedido
desconsiderado
grosero
descortés
incorrecto
desagradable
procaz
malsonante
indiscreto
impertinente
atrevido
indecente
obsceno
indecoroso
deshonesto (V.)
libre
licencioso
inadecuado
molesto
incómodo
perjudicial
incompatible
mortificante
fastidioso
cargante
difícil
embarazoso
(V. **inconvenien-cia)**
a. *comodidad*
ventaja
conveniente
adecuado
apropiado
correcto
amable
agradable
cortés
ameno
pacífico
beneficioso
honrado
comedido

incordiar
s. encordiar
molestar
fastidiar (V.)
cargar
abrumar
agobiar
irritar
cansar
hartar
insistir (V.)
hostigar
(V. **incordio)**
a. *calmar*
agradar
suavizar
amenizar
aligerar
animar
pacificar

incordio
s. encordio
molestia
fastidio (V.)
encocoramiento
irritación
impertinencia (V.)
hostigamiento
s. **pelma** (V.)
pelmazo
fastidioso
cargante (V.)
irritante
molesto
abrumador
agobiante
s. bubón
buba
tumor (V.)
bulto
a. *consideración*
respeto
sosiego
amenidad
paz
agradable
entretenido
ligero

incorporación
s. encuadre
añadidura
aditamento
unión (V.)
anexión
anexionismo
aumento
yuxtaposición
agregación
admisión
ingreso (V.)
incorporo
acrecentamiento
inscripción (V.)
entrada
irredentismo
adhesión (V.)
recepción
reincorporación
consenso
juntura
alta (V.)
afiliación (V.)
alistamiento (V.)
s. **mezcla** (V.)
composición
a. *baja*
a. *separación*
desunión
segregación
despedida

incorporado
s. **unido** (V.)
junto
yuxtapuesto
agregado
adjunto
anexo
añadido
superpuesto
acrecentado
inscrito
recibido
(V. **incorporación)**
a. *suelto*
aparte
independiente
separado

incorporal
(V. **incorpóreo)**

incorporar-se
s. **ingresar** (V.)
entrar (V.)
afiliarse
asociarse (V.)
adherirse (V.)
agregarse
presentarse
inscribirse (V.)
llegar
admitir
aliarse
colegiarse
sumarse
alistarse (V.)
aparecer
agruparse
integrarse
matricularse
reengancharse
reincorporarse
acogerse
engancharse
unirse (V.)
s. **agregar** (V.)
añadir
destinar
anexionar
juntar (V.)
pegar (V.)
concentrar
adjuntar
mezclar
combinar
componer
yuxtaponer
formar
unir (V.)
reunir
fusionar
acceder
recibir
aunar
s. **levantarse** (V.)
erguirse
alzarse
soliviarse
auparse
elevarse
enderezarse
encaramarse
(V. **incorporación)**
a. *salir*
despedir
echar
separar (V.)
disgregar
desunir
alejar
agacharse
bajarse

incorporeidad
(V. **inmateriali-dad)**

incorpóreo
s. incorporal
inmaterial (V.)
invisible
etéreo (V.)
alado
intangible
imperceptible
insensible
impalpable
imponderable
imaginario
tenue
ideal
abstracto
metafísico
sobrenatural
inextenso
irreal
mental
suprasensible
intelectual
infigurable
místico
tenue
a. *real*
palpable
visible
tangible

incorrección
s. error
falta (V.)
fallo
falla
inexactitud (V.)
tacha
equivocación
errata
defecto (V.)
omisión
yerro
desliz
desatino
imperfección (V.)
anormalidad
s. descomedimiento
grosería (V.)
inconveniencia
indelicadeza
incivilidad (V.)
desacato
inurbanidad
tosquedad
desatención
desconsideración
descortesía
impertinencia (V.)
insolencia
descaro
impropiedad (V.)
inoportunidad (V.)
s. **barbarismo** (V.)
solecismo
vulgarismo (V.)
vicio
licencia (V.)
a. *corrección*
perfección
acierto
exactitud
sensatez
normalidad
delicadeza
educación
cortesia
finura
elegancia
amabilidad
exquisitez
atención
consideración
comedimiento
mesura
humildad
oportunidad
pureza
casticismo

incorrecto
s. **inexacto** (V.)
defectuoso (V.)
imperfecto (V.)
desatinado
desacertado
anormal
errado
equivocado
falso
erróneo
infiel
omitido
incierto

s. **grosero** (V.)
descortés
indelicado
descomedido
inconveniente
descarado
insolente (V.)
atrevido
indiscreto
impolítico
destemplado
malhablado
tosco
desconsiderado
impertinente
inoportuno (V.)
incivil (V.)
inurbano
desatento
inadecuado (V.)
impropio
indigno (V.)

(V. **incorrección**)

a. *correcto*
acertado
exacto
fiel
perfecto
intachable
atinado
certero
cortés
discreto
educado
académico
culto
delicado
fino
elegante
comedido
civil
urbano
amable
exquisito
atento
considerado
comedido
mesurado
oportuno
adecuado
propio

incorregible
s. terco
tenaz
impenitente (V.)
recalcitrante (V.)
incurable (V.)
reincidente
torpe
obstinado (V.)
rebelde (V.)
testarudo
cabezota
pertinaz
empecatado
obcecado
caprichoso
intransigente (V.)
arbitrario
tozudo
porfiado
irreductible
contumaz (V.)
relapso

a. *corregible*
condescendiente
dócil
persuasivo
flexible
comprensivo
razonable

incorrupción
s. **integridad** (V.)
pureza (V.)
incolumidad
castidad
virginidad
honradez
incorruptibilidad

s. santidad

a. *corrupción*
contaminación
impureza

incorruptibilidad
(V. **incorrupción**)

incorruptible
s. pudoroso
virgen
virtuoso
casto (V.)
puro
virginal
incólume

s. justo
probo
firme
recto
insobornable (V.)
honrado
íntegro (V.)
austero
cancerbero
intachable
leal

s. invariable
inalterable
imputrescible
incorrupto (V.)

(V. **incorrupción**)

a. *débil*
deshonesto
vulnerable
putrefacto

incorrupto
s. **incorruptible** (V.)
puro (V.)
casto
virtuoso
virginal
limpio
diáfano
santo
pudoroso
decente
honesto

s. **íntegro** (V.)
natural
sano
incólume (V.)
indemne
intacto (V.)
momificado
imputrescible
conservado

(V. **incorrupción**)

a. *viciado*
deshonesto
indecente
impuro
sucio
pecador
corrompido
corrupto
descompuesto
putrefacto
averiado
pútrido

incrasar
(V. **engrasar**)

incredulidad
s. **impiedad** (V.)
irreligiosidad
indiferencia (V.)
profanación
herejía
duda (V.)
nihilismo
volterianismo
ateísmo
infidelidad
difidencia
pirronismo
laicismo
descreimiento (V.)

s. suspicacia
recelo
duda
desconfianza (V.)
sospecha
escepticismo (V.)

r. Lo que bien veo, bien lo creo ■ Ver y creer como Santo Tomás

a. *piedad*
creencia
fe
certeza
credulidad
seguridad
confianza

incrédulo
s. ateo
descreído (V.)
hereje
indiferente
irreverente
laico
profano
pirrónico
nihilista
irreligioso (V.)
impío (V.)
volteriano (V.)
ateísta
sacrílego
apóstata
rebelde
maldito
excomulgado
impenitente
anticristiano
materialista
gentil
pagano

s. receloso
suspicaz
desconfiado (V.)
malicioso
escéptico (V.)
susceptible
escamón

(V. **incredulidad**)

a. *religioso*
devoto
reverente
piadoso
creyente
confiado
crédulo

increíble
s. **inexplicable** (V.)
inverosímil (V.)
inverisímil
improbable
inconcebible (V.)
imposible
irracional
inexistente
sorprendente
extraordinario
inaudito (V.)
excesivo
inesperado
singular
asombroso
raro
absurdo
insólito
ilógico
sorprendente
espantoso
remoto
extravagante (V.)
exorbitante
portentoso
prodigioso
inefable
indescriptible
fantástico
maravilloso

a. *verosímil*
natural
lógico
vulgar
normal
posible
creíble

incrementación
(V. **incremento**)

incrementar-se
s. **aumentar** (V.)
añadir (V.)
crecer (V.)
agrandar
acrecentar
recrudecer-se (V.)
dilatar
acrecer
sumar
reforzar
extender
adicionar
incorporar
engrosar
ensanchar
extender
intensificar
desarrollar (V.)
fomentar (V.)
engrosar
engruesar
engordar
prolongar
tomar cuerpo
cebar

(V. **incremento**)

a. *disminuir*
empequeñecer-se
separar-se
desalentar

incremento
s. **aumento** (V.)
acrecentamiento
incrementación
engrosamiento
crecimiento (V.)
desarrollo (V.)
ampliación
anabasis
dilatación
ensanche
ensanchamiento
abultamiento
inflamiento
ahuecamiento
prolongamiento
prolongación
hinchamiento
extensión
desenvolvimiento
ampliación
intensificación
fomento (V.)
proceridad (V.)

a. *achicamiento*
encogimiento
disminución
desaliento

increpación
s. censura
amonestación (V.)
regañina
riña
sermón
filípica
catilinaria (V.)
solfa
repasata
reprensión (V.)
admonición
aguaje
insulto (V.)
regaño

a. *alabanza*
elogio
encomio
ensalzamiento

increpar-se
s. **reprender** (V.)
regañar
reñir
amonestar
sermonear
corregir
apercibir
solfear
sofrenar
sotanear
insultar (V.)
censurar (V.)
echar una filípica
cardar la lana
reprender con dureza
llamar al orden
calentar las orejas
dar una lección
poner como un trapo
dar una ropilla
poner como chupa de dómine
cantar las cuarenta
decir las cosas claras
sentar la mano
dar una somanta
zurrar la badana
dar una pasada
echar el toro

(V. **increpación**)

a. *alabar*
ensalzar
enaltecer
elogiar

incriminación
(V. **inculpación**)

incriminar
(V. **inculpar**)

incruento
s. **suave** (V.)
apacible
benigno
plácido
pacífico
agradable
piadoso (V.)
compasivo
misericordioso

a. *cruento*
sangriento
cruel

incrustación
s. inserción
embutimiento
taujía
ataujía
taracea
ataracea
damasquinado
marquetería
mosaico
embutido (V.)
encaje
injerto (V.)
tesela
foceifiza
niel

s. **costra** (V.)
sedimento
depósito
adherencia (V.)
légamo
capa
corteza

a. *extracción*
arrancadura

incrustado
s. empotrado
encajado (V.)
metido
inserto (V.)
introducido
embutido
ensamblado
ajustado
enquistado
taraceado
alojado

(V. **incrustación**)

a. *sacado*
salido
desalojado
desajustado
desencajado

incrustar-se
s. taracear
embutir (V.)
ataracear
damasquinar
acoplar
filetear
embeber
empotrar
engastar
recibir
incluir (V.)
meter
introducir
ensamblar
enchufar
enquistar
alojar
montar

s. cubrir
recubrir
pegar
sedimentar
adherirse (V.)
depositar

(V. **incrustación**)

a. *extraer*
sacar
arrancar
despegar
desalojar
excluir
desacoplar
desmontar

incubación
s. empollación
generación (V.)
echadura
pollazón
pollo (V.)
cloquera
calentamiento

s. **preparación** (V.)
trama
proyecto

s. periodo
desarrollo (V.)
incremento
crecimiento

a. *conclusión*
fin
descuido
disminución

incubar
s. **generar** (V.)
empollar
enclocar
encocar
encobar
cloquear
echarse
engendrar
desarrollarse
cuidar
calentar
vigilar

s. **preparar** (V.)
tramar (V.)
proyectar

s. desarrollarse
incrementarse
crecer (V.)

(V. **incubación**)

a. *enfriar*
descuidar
concluir
abstenerse
disminuir

incubadora
s. **estufa** (V.)
calefactor
acondicionador

(V. **incubación**)

íncubo
s. **vampiro** (V.)
espíritu
demonio (V.)
diablo
gnomo

s. **pesadilla** (V.)

a. *súcubo*
despertar
realidad

incuestionable
s. **indiscutible** (V.)
indisputable
incontestable
incontrovertible
indudable
innegable (V.)
irrefutable
irrefregable
evidente
axiomático
irrebatible
indubitable
inatacable

a. *discutible*
dudoso

inculcar-se
s. **infundir** (V.)
imbuir (V.)
introducir
infiltrar (V.)
inspirar
repetir
repisar
estampar
insistir (V.)
afirmar
reafirmar
enseñar
contagiar
comunicar
aleccionar
fomentar
sugestionar
grabar
persuadir

s. **apretar** (V.)
oprimir

a. *desistir*
dejar
abandonar
disuadir
desalentar
desanimar
desapretar
separar

inculpabilidad
(V. **inocencia**)

inculpación
(V. **acusación**)

(V. **imputación**)

inculpado
(V. **reo**)

(V. **acusado**)

inculpar
(V. **acusar**)

(V. **atribuir**)

incultivable
s. infecundo
estéril
improductivo
yermo
desértico (V.)
infructífero
árido (V.)
infructuoso

a. *cultivable*
feraz
fructífero

inculto
s. indocto
ignorante (V.)
retrasado (V.)
atrasado
iletrado
incivil
subdesarrollado (V.)
ineducado
lego
analfabeto (V.)
idiota
cateto
corto
gañán
aldeano
plebeyo
zafio (V.)
alcornoque
cortezudo (V.)
grosero
rudo
bruto
patán
payo
zamarro
jíbaro
ramplón
grosero
pedestre
silvestre (V.)
salvaje (V.)
páparo
indocto
ramplón
palurdo
intonso
necio (V.)
matiego
bárbaro (V.)
basto
cermeño
vulgar
selvático
chontal

s. **yermo** (V.)
seco
estéril
abandonado
baldío
árido (V.)
infértil

(V. **incultura**)

a. *sabio*
docto
culto
cultivado
fértil
laborado
sembrado

incultura
s. atraso
subdesarrollo
ignorancia (V.)
atraso (V.)
ineducación
analfabetismo (V.)
oscurantismo
abandono
rustiquez
rusticidad
incivilidad (V.)
ignorantismo
necedad (V.)
simpleza
rudeza
inhabilidad
salvajismo (V.)
selvatiquez
vulgaridad
zafiedad (V.)
torpeza
charrada
grosería
tochedad
tochura
cerrilidad
esterilidad
aridez (V.)
salvajismo
erial

a. *amenidad*
cultura
educación
sabiduría
finura
fertilidad
civismo
progreso
ciencia
elegancia
desarrollo
adelanto
civilización

incumbencia
s. función
jurisdicción
obligación (V.)
competencia (V.)
cargo
atingencia
atribución (V.)
deber (V.)
responsabilidad
obligatoriedad (V.)

s. **trabajo** (V.)
pejiguera
plepa
impertinencia (V.)

a. *incompetencia*
desinterés

incumbir
s. atañer
pertenecer
corresponder (V.)
competer (V.)
deber (V.)
atribuir
concernir
interesar (V.)
importar
tocar
obligar (V.)
relacionar
correr

(V. **incumbencia**)

a. *desinteresar*
desentenderse

incumplidor
s. **vulnerador** (V.)
infractor (V.)
informal (V.)
malqueda
palabrero
culpable
inobservante (V.)
faltón
inexacto (V.)
claudicante
refractario
infringidor
contraventor (V.)
mamarracho
alocado
extravagante
zascandil
títere
mequetrefe
danzante
charlatán
desconcertado
perjuro

(V. **incumplimiento**)

a. *formal*
serio
honrado
cumplidor

incumplimiento
s. **informalidad** (V.)
inobservancia (V.)
infracción (V.)
descuido
informalidad
olvido
retractación
contravención
culpa
perjurio (V.)
cargo
omisión (V.)
deslealtad
indeliberación
desobediencia (V.)
engaño
travesura
broma
frivolidad
superficialidad
disentimiento
irresolución
deuda
insolvencia
reserva mental
restricción mental

a. *acabamiento*
cumplimiento
seriedad
formalidad

incumplir-se
s. **infringir** (V.)
violar
inobservar
vulnerar
quebrantar
contravenir
claudicar
faltar (V.)
evitar
pisar
desobedecer
omitir (V.)
claudicar
pecar
prevaricar
engañar
perjurar (V.)
chasquear
quebrar (V.)
fumarse
perder
no tener palabra
faltar a la palabra
dar el mico
quedar mal
quedar en descubierto
ser insolvente
quebrar

(V. **incumplimiento**)

a. *cumplir*
observar
satisfacer
realizar

incurable
s. inmedicable
desahuciado (V.)
insanable
inoperable (V.)
gravísimo
desesperado
sentenciado
condenado
desesperanzado
insanable
acabado

s. **incorregible** (V.)
irremediable
perdido
rematado (V.)
inútil
reincidente

a. *curable*
salvado
remediable
corregible

incuria
s. **descuido** (V.)
apatía
negligencia
despreocupación
pereza
indiferencia
desidia
desaliño
desaplicación
indolencia
abandono (V.)
ligereza
dejadez
imprevisión
pigricia
morosidad
vagancia
desinterés

a. *cuidado*
interés
aliño
aplicación
diligencia

incurioso
(V. **descuidado**)

incurrimiento
(V. **incursión**)

incurrir
s. **cometer** (V.)
caer (V.)
resbalar
tropezar
pecar
incidir (V.)
reincidir (V.)
contravenir
causar
atraer
recaer (V.)

a. *eludir*
evitar
esquivar
salvar

incursión
s. **correría** (V.)
incurrimiento
irrupción
cabalgada
batida
aventura
conquista
exploración (V.)
corso
paseo
invasión
acometimiento
ocupación
penetración (V.)
registro (V.)
reconocimiento
paseo militar
algara
expedición (V.)
razzia
raid

a. *huida*
pasada

incurso
(V. **culpable**)

indagación
s. averiguación
busca (V.)
investigación (V.)
rastreo
inspección
encuesta (V.)
inquisición (V.)
rebusca (V.)
sondeo
escudriñamiento
información
indagatoria
examen
fiscalización
averiguamiento
curiosidad (V.)
interrogación (V.)
pesquisa (V.)

a. *abandono*
desinterés
discreción

indagador
s. inspector
averiguador
inquisidor
investigador (V.)
policía
detective
informador
perquisidor (V.)
perseguidor (V.)
analizador
psicólogo
buzo
curioso (V.)
preguntón

(V. **indagación**)

a. *discreto*
circunspecto

indagar
s. analizar
averiguar (V.)
husmear
escrutar (V.)
rebuscar (V.)
buscar (V.)
informar
ventear (V.)
fisgar (V.)
bucear
inquirir (V.)
escarbar (V.)
oliscar
curiosear (V.)
pesquisar (V.)
descubrir
perquirir
colegir
inferir
deducir
conocer
sorprender
poner en claro
hacer experimentos
hacer ensayos

(V. **indagación**)

a. *desistir*
abandonar
desinteresarse

indagatoria
s. indagación
pregunta
encuesta (V.)
sondeo
averiguación
examen
exploración
investigación
informe
inquisición
apremio
demanda
declaración (V.)

indebido
s. contrario
impropio
vedado
prohibido
injusto (V.)
ilegal (V.)
ilícito
ilegítimo
negado
malo
inmundo
clandestino
injustificado (V.)
desconsiderado (V.)

a. *permitido*
legal
debido
justo
justificado
atento
considerado

indecencia
s. **obscenidad** (V.)
liviandad
procacidad (V.)
impureza
indignidad
porquería
suciedad
cochinada
deshonestidad (V.)
indecorosidad
marranada
cochinería
impudicia
desvergüenza
incorrección
descoco
descaro
abyección
cerdada
sordidez (V.)
charranada
guarrada (V.)
chabacanería

s. **canallada** (V.)
jugada

a. *decoro*
honestidad
vergüenza
pureza
nobleza

indecente
s. **obsceno** (V.)
insolente
deshonesto
inhonesto
impuro
lascivo
grosero
impúdico (V.)
chabacano
cochino
puerco
impudente
chocarrero
vergonzoso (V.)
atrevido
indecoroso
torpe
sicalíptico
pornográfico
charrán

s. asqueroso
astroso
sucio (V.)
apático
descuidado
repugnante (V.)
desastrado (V.)
cochambroso
impresentable (V.)
desaseado

(V. **indecencia**)

a. *decente*
honesto
honrado
decoroso
limpio
aseado
cuidadoso
arreglado
compuesto

indecible
s. inexplicable
indescriptible (V.)
inconfesable
inexpresable
intransmisible
innominable
inenarrable
inefable (V.)
incomprensible
incontable
nefando (V.)
implícito
tácito

s. **prodigioso** (V.)
maravilloso
impresionante
grandioso
inefable (V.)
deslumbrante
extraordinario (V.)

a. *explicable*
confesable
expreso
normal
corriente
vulgar

indecisión
s. **indeterminación** (V.)
irresolución (V.)
vacilación (V.)
incertidumbre
dubitación
inseguridad
duda (V.)
titubeo
hesitación
dilema
cambio
versatilidad
escepticismo
incerteza
encogimiento (V.)
incertitud
falta de criterio
desmoralización
entre la espada y la pared
alternativa (V.)
ambigüedad (V.)

a. *decisión*
certidumbre
resolución
seguridad
rotundidad
determinación

indeciso
s. **tambaleante** (V.)
detenido (V.)
dubitativo (V.)
vacilante (V.)
dudoso (V.)
irresoluto (V.)
indeterminado
fuguillas (V.)
titubeante (V.)
encogido (V.)
tímido (V.)
fluctuante (V.)
cambiante
perplejo (V.)
incierto
confuso
variable
versátil
informe
móvil
impreciso (V.)
general (V.)
inseguro
problemático

(V. **indecisión**)

a. *seguro*
resuelto
decidido
preciso
dispuesto

indeclinable
(V. **ineludible**)
(V. **irrenunciable**)

indecorosidad
(V. **indecencia**)

indecoroso
(V. **indecente**)

indefectible
s. **inevitable** (V.)
infalible (V.)
seguro (V.)
cierto
positivo
axiomático
evidente
imprescindible
necesario
indispensable
forzoso (V.)
preciso
contundente
terminante
impepinable
insostenible (V.)

a. *falible*
dispensable
incierto

indefendible
s. indefensable
insostenible (V.)
impugnable
discutible (V.)
contestable
refutable
rebatible
endeble
débil
falso
ridículo
pobre
absurdo

a. *defendible*
indiscutible
irrebatible
importante
lógico

indefensión
(V. **desamparo**)
(V. **abandono**)

indefenso
s. desvalido
abandonado
desamparado (V.)
desarmado (V.)
imbele (V.)
abierto
descubierto
desabrigado
extraviado
perdido
débil
inerme
solo (V.)
impotente
huérfano
mostrenco
desguarnecido (V.)
desmadrado
inerme

(V. **indefensión**)

a. *defendido*
amparado
apoyado
cubierto

indefinible
s. incomprensible
inexplicable
indecible
inexpresable
inclasificable (V.)
difícil
vago (V.)
confuso
complicado
inmenso
ilimitado
indefinido
impreciso
indeterminable (V.)
ambiguo (V.)

a. *explicable*
fácil
comprensible
claro

indefinido
s. **ilimitado** (V.)
indefinible
inmenso
indeterminado (V.)
confuso (V.)
vago (V.)
soso (V.)
obscuro
impreciso (V.)
inagotable
indistinto (V.)
incierto
neutro (V.)
ecléctico (V.)
ambiguo
abstracto (V.)
impersonal (V.)
desdibujado (V.)
sine die

a. *definido*
concreto
preciso
agotable

indeformable
(V. **inextensible**)

indeleble
s. imborrable
inalterable
indestructible
indisoluble
permanente (V.)
durable
fijo
firme
duradero
eterno
definitivo
invariable
inextinguible
sacramental (V.)

a. *alterable*
transitorio
pasajero
efímero

indeliberación
s. imprevisión
irreflexión (V.)
espontaneidad (V.)
viveza
imprudencia
irracionalidad
instinto
arrebato
repente (V.)
cadetada
distracción
olvido
despiste
precipitación
impremeditación
niñada
calaverada
trastada
travesura
capricho
chiquillada
ligereza
atrevimiento
atolondramiento
automatismo (V.)
inconsciencia
imprudencia
intrepidez
osadía
ceguera
ofuscación
prejuicio

a. *reflexión*
prudencia
sensatez
consciencia

indeliberado
s. impremeditado
irreflexivo
instintivo (V.)
atrevido
osado
maquinal (V.)
automático
espontáneo (V.)
fortuito
mecánico
inconsiderado
descabellado
atolondrado
aturdido
temerario
travieso
intrépido
súbito
impulsivo
alocado
enloquecido
inconsciente (V.)
caprichoso
vivo
loco
precipitado
precipitoso

(V. **indeliberación**)

a. *precavido*
sensato
consciente
consecuente

indelicadeza
s. **suciedad** (V.)
grosería (V.)
desaprensión (V.)
torpeza
brutalidad
rudeza
inconveniencia

a. *finura*
delicadeza
educación
exquisitez

indelicado
s. **desaprensivo** (V.)
tosco
grosero (V.)
descortés
rudo
incorrecto
inconveniente

(V. **indelicadeza**)

a. *delicado*
fino
sutil
cortés
correcto
conveniente
elegante

indemne
s. inmune
incólume (V.)
ileso (V.)
intacto (V.)
entero
salvo
sano
completo
seguro
zafo (V.)
cencido
invulnerable
campante

(V. **indemnidad**)

a. *herido*
tocado
dañado
afectado
vulnerable
fragmentario

indemnidad
s. **inmunidad** (V.)
incolumidad
integridad (V.)
incorrupción
invulnerabilidad
exención
privilegio
franquicia
protección
garantía (V.)
seguridad (V.)
liberación
salvación
inmunización
salud
compensación

a. *corrupción*
enfermedad
vulnerabilidad
contagio
inseguridad

indemnización
s. **compensación** (V.)
resarcimiento (V.)
pago
rastra (V.)
retribución
sobrestadía
contracambio
contrapeso
desagravio (V.)
desquite
enmienda
multa
descuento
satisfacción (V.)
contrarresto
correspondencia
prestación
precio
expiación
talión
restauración
reintegro
reembolso (V.)
seguridad
fianza

a. *desequilibrio*
descompensación

indemnizar-se
s. **compensar** (V.)
pagar (V.)
contrapesar
restituir
recompensar
resarcir (V.)
enmendar
retribuir
corresponder
desagraviar (V.)
sanear
neutralizar
equilibrar
descontar
devolver
remunerar
subsanar
suplir
desquitarse
tomar la revancha
aplicar la ley del talión
quedar en paz

(V. **indemnización**)

a. *perjudicar*
dañar
desequilibrar
impagar

independencia
s. **libertad** (V.)
autonomía (V.)
integridad
inconexión
soberanía (V.)
liberación (V.)
separación (V.)
emancipación (V.)
autarquía
indemnidad
neutralidad
firmeza
resolución
poder
dominio
manumisión
autodeterminación
individualismo (V.)
particularismo

a. *esclavitud*
parcialidad
sometimiento
vacilación

independiente
s. **liberal** (V.)
imparcial
libre (V.)
autónomo
desunido (V.)
emancipado (V.)
soberano (V.)
absoluto
individualista (V.)
autóctono
francotirador (V.)
mostrenco (V.)
neutral
árbitro
exento
franco
liberto
manumiso
substantivo
salvaje
autárquico
rebelde (V.)

r. El buey suelto bien se lame

(V. **independencia**)

a. *sujeto*
sometido
dependiente
satélite
condicionado
feudatario
supeditado
subalterno

independizar-se
s. **emancipar** (V.)
liberar (V.)
libertar
manumitir
licenciar
separar (V.)
segregar
desligar (V.)
desvincular
soltar
desobedecer (V.)
rebelarse
alzarse
sublevarse
señorearse

s. campar por sus respetos
hacer de su capa un sayo
sacudirse el yugo
ponerse el mundo por montera
andar a rienda suelta
ser libre como el aire
soltar las amarras
no casarse con nadie
hacer rancho aparte
levantar el vuelo

(V. **independencia**)

a. *sujetar*
aherrojar
oprimir
reprimir
someter
sojuzgar

indescifrable
s. intrincado
secreto (V.)
ininteligible
inexplicable
incomprensible (V.)
embrollado
obscuro
inescrutable (V.)
insondable
inasible
impenetrable
enrevesado
ensortijado
misterioso (V.)
sibilino
criptográfico
jeroglífico
logogrífico
en clave
enmarañado
difícil
confuso
ilegible
hermético
insondable

a. *legible*
claro
fácil
meridiano

indescriptible
s. inenarrable
indecible (V.)
inexpresable
inefable
indefinible
inexplicable
maravilloso
extraordinario
sublime
admirable
perfecto
apoteósico
fantástico
sorprendente
impresionante (V.)

a. *explicable*
palmario
imperfecto
vulgar
normal

indeseable
(V. **indigno**)

(V. **peligroso**)

indestructibilidad
s. robustez
fortaleza (V.)
inalterabilidad
firmeza
dureza
eternidad (V.)
inmunidad
invulnerabilidad

a. *debilidad*
inseguridad
perennidad
vulnerabilidad

indestructible
s. inalterable
incorruptible
incorrupto
inconmovible
permanente
fuerte (V.)
fijo
irrompible
indeleble
indemne (V.)
eterno (V.)
inderribable
perenne
perennal
inderruible
granítico

(V. **indestructibilidad**)

a. *alterable*
pasajero
rompible
transitorio
débil
perecedero

indeterminable
s. **indefinible** (V.)
inconmensurable
inclasificable
indesignable
confundible
imprevisible

(V. **indeterminación**)

a. *definible*
inconfundible
claro

indeterminación
s. **imprecisión** (V.)
indecisión (V.)
relatividad
vacilación
duda (V.)
opción
alternativa
irresolución
incertidumbre
imprevisión
vaguedad
empate

s. enredo
embrollo
fárrago
confusión (V.)
bosquejo (V.)
proyecto
desorden
medias tintas
rodeo
claroscuro

s. pizca
un tanto
pico
chispa
un no sé qué
un algo

a. *decisión*
determinación
orden
disposición
cuantía

indeterminado
s. informe
indefinido (V.)
indistinto
indocumentado
ambiguo
inclasificado
impreciso (V.)
cualquiera
vario (V.)
zutano (V.)
indeciso
incierto
incoloro
confuso
neutro
anónimo
desconocido
inestimado
confuso
nebuloso
anfibio
irresoluto
vacilante
equívoco
vago (V.)
dudoso
perplejo (V.)

(V. **indeterminación**)

a. *determinado*
claro
cierto
seguro
definido
taxativo
específico

indeterminar
s. **vacilar** (V.)
proyectar
sugerir
apuntar
bocetar
bosquejar
esbozar (V.)

s. estar indeciso
encogerse de hombros

(V. **indeterminación**)

a. *determinar*
precisar
definir
especificar
afirmar
concretar

indiada
(V. **caterva**)

indiano
s. **emigrante** (V.)
ricachón (V.)
adinerado
potentado
pudiente

a. *pobretón*

indicación
s. **observación** (V.)
consejo
aviso
advertencia (V.)
nota (V.)
aclaración
explicación
acotación
señalamiento (V.)
anotación
asterisco
cruz
signo (V.)
flecha
bis
guión
glosa
comentario
llamada
marca
margen
ladillo
mano
remisión
referencia

s. indirecta
sugerencia (V.)
insinuación (V.)
alusión (V.)
seña (V.)
puntada
instrucción
aleccionamiento

s. **barrunto** (V.)
señal (V.)
huella
rastro
indicio
índice
pista
sentido (V.)

s. asomo
destello
atisbo
vislumbre
sospecha (V.)
ramo

s. **marca** (V.)
cicatriz
lunar
mancha
tatuaje
muesca

s. **indicador** (V.)

a. *omisión*
olvido
ausencia

indicado
s. **señalado** (V.)
advertido
observado
avisado
exhortado
insinuado
sugerido
explicado

s. **adecuado** (V.)
conveniente
ad hoc
aconsejado
propio
correspondiente

(V. **indicación**)

a. *inadvertido*
olvidado
omitido
inadecuado
impropio
inconveniente

indicador
s. obelisco
poste
panel (V.)
mojón (V.)
hito
hita
machote
meta
pilar

(cont.)

piedra miliar
límite
flecha
manecilla (V.)
guía
señal
muestra (V.)
bandera
figura
insignia
jalón
disco
semáforo

s. **toque** (V.)
bocina
sirena
claxon
alarma
silbato
hoguera

s. cuadro
anuncio
tablero
pizarra
horario (V.)
itinerario
cartel
inscripción

(V. **indicación**)

indicar

s. **advertir** (V.)
observar (V.)
notar
hacer notar
aconsejar
avisar
llamar la atención
poner en guardia
abrir los ojos
recomendar
proponer
dirigir
guiar (V.)
exhortar
marcar (V.)
amonestar
apercibir
orientar
encaminar
enviar
predecir
remitir
apuntar
señalar (V.)
explicar
determinar
establecer
ordenar
argüir
anunciar (V.)
registrar
subrayar

s. **acusar** (V.)
sugerir (V.)
proponer (V.)
insinuar
aludir (V.)
atestiguar
demostrar
denotar
comportar
descubrir
denunciar
implicar (V.)
suponer (V.)
testificar (V.)
testimoniar
significar (V.)
traslucir
evidenciar
patentizar
mostrar (V.)
revelar
probar
barruntar

(V. **indicación**)

a. *omitir*
olvidar
desaparecer
esconder
ocultar
celar

indicativo

s. prueba
muestra (V.)
índice
exponente
testimonio
ejemplo

indicción

s. citación
llamada
llamamiento (V.)
convocatoria
cita
emplazamiento
convocación

índice

s. nómina
señal (V.)
lista (V.)
programa (V.)
censo
registro (V.)
rastro
serie
reliquia
inventario
relación (V.)
anuncio
coeficiente
exponente (V.)
muestra
guía (V.)
hito
sílabo
tarifa (V.)
sumario
indicador
indicación
catálogo
cuadro
repertorio
tabla (V.)

s. **manecilla** (V.)
sagita
gnomon

s. **raíz** (V.)
radical

s. índice potencial
dedo índice
índice de refracción
índice cefálico
índice expurgatorio

(V. **indicación**)

a. *olvido*

indiciar

s. atisbar
asomar
barruntar
sospechar (V.)
suponer
presentir
predecir
olfatear
oler
intuir
recelar

(V. **indicio**)

a. *ignorar*
desconocer
embotar

indicio

s. **atisbo** (V.)
síntoma (V.)
muestra (V.)
exponente

premisa (V.)
demostración
índice
indicativo
manifestación
seña
barrunto
vislumbre (V.)
sospecha (V.)
ribete (V.)
asomo (V.)
pronóstico

s. pista
huella (V.)
rastro
marca
traza
signo (V.)
pisada
estela
luz (V.)
paso

s. reliquia
destello (V.)
vestigio (V.)
ruina
traba
resto
remanente
semeja
partícula
trozo
testimonio

(V. **indicación**)

a. *ausencia*
olvido
desaparición

indicioso

(V. **sospechoso**)

indiferencia

s. **escepticismo** (V.)
inacción
despreocupación (V.)
inercia
inapetencia
desinterés (V.)
desvío
imprevisión (V.)
despego (V.)
desprecio (V.)
desafición
descariño
desamor
desdén
desenamoramiento
desgana
insensibilidad (V.)
frialdad (V.)
displicencia (V.)
tibieza
neutralidad
tranquilidad (V.)
adiaforia
pasividad (V.)
fastidio
aburrimiento
impasibilidad (V.)
abulia (V.)
dejamiento
olvido
incomprensión (V.)
desprendimiento
hielo (V.)
indiferentismo
incredulidad (V.)
negligencia
imperturbabilidad (V.)
abandono (V.)
negligencia
apatía (V.)
abulia
insubstancialidad (V.)

s. distracción
ineficacia
inutilidad
estoicismo
impiedad (V.)
irreligión (V.)
desocupación
descuido
falta de interés
como quien oye llover
como si tal cosa
no le da ni frío ni calor
está en Belén
estar en las Batuecas
por un oído le entra y por otro le sale

a. *interés*
fisgoneo
desvelo
curiosidad
entusiasmo
exaltación
pasión
asombro
pasmo
admiración
embeleso
éxtasis
estupor
beligerancia

indiferente

s. **apático** (V.)
abúlico (V.)
despreciativo (V.)
despegado (V.)
desinteresado (V.)
vario
indolente (V.)
desabrido
insensible (V.)
flemático
frío (V.)
insubstancial
insípido
soso (V.)
inactivo
descastado
sordo (V.)
seco (V.)
displicente (V.)
indevoto
irreligioso (V.)
neutral
rutinario (V.)
desafecto
tardón (V.)
glacial (V.)
impasible (V.)
tibio (V.)
sereno (V.)
escéptico
estoico
despreocupado (V.)
tranquilo (V.)
desocupado
gris
igual
indistinto (V.)

s. le importa tres pitos
le importa un rábano
le importa un ardite
le sale por una higa
ahí me las den todas

(V. **indiferencia**)

a. *entusiasta*
apasionado
apegado
hincha
devoto
partidario
exaltado

atónito
desconcertante
extraño
suspenso
patidifuso

indígena

s. **nativo** (V.)
natural
aborigen
originario
autóctono
oriundo
vernáculo
morador
habitante
íncola (V.)

a. *extranjero*
exótico

indigencia

(V. **pobreza**)

indigente

(V. **pobre**)

indigestar-se

s. empalagar
empachar (V.)
empapuzar
ahitar
hartar (V.)
hastiar
llenar
atiborrar
estomagar (V.)
estragar
saciar
atracar
encebadar
embazar

s. **fastidiar** (V.)
desagradar
molestar
disgustar
displacer
asquear
repugnar
enfadar

(V. **indigestión**)

a. *moderar-se*
limitar-se
agradar
placer
amenizar

indigestión

s. **empacho** (V.)
empapuzamiento
hartura
hartazgo
ahíto
cargazón
saciedad (V.)
entripado
atiborramiento
reventón
ahitera
cólico
ardentía
pirosis
disepsia
apepsia
ardor

s. **repugnancia** (V.)
asco
fastidio (V.)
molestia
enfado

a. *moderación*
limitación
placer
atracción

indigesto

s. **pesado** (V.)
incomible (V.)
empalagoso
crudo
nocivo

s. **pelma** (V.)
pelmazo
antipático
cargante (V.)
fastidioso
áspero (V.)

(V. **indigestión**)

a. *digestivo*
beneficioso
ameno
entretenido
sociable

indignación

(V. **irritación**)

indignante

(V. **irritante**)

indignar-se

(V. **irritar-se**)

indignidad

s. ignominia
indecencia
envilecimiento
vileza (V.)
humillación
vergüenza (V.)
deshonor
canallada
ruindad
bajeza
abyección
perversión
inmoralidad (V.)
indecoro
desmerecimiento
maldad
injusticia
perversidad
villanía
infamia (V.)
traición
degradación
deshonor (V.)

a. *honor*
justicia
moralidad
decoro
dignidad
pundonor
nobleza
hidalguía
vergüenza
caballerosidad

perífrasis
digresión
prolijidad
remoquete
vareta (V.)
quemazón
pulla
tiro (V.)
con las de Caín
alfilerazo
puntada

a. *acusación*
rotundidad
exabrupto
verdad

indigno
s. **ruin** (V.)
canallesco (V.)
punible (V.)
bajo
abyecto
disconforme
odioso
despreciable (V.)
repugnante
desmerecedor (V.)
indeseable
amoral
inmoral
innoble (V.)
mangante
rastrero
malo
humillante
villano (V.)
indecoroso

s. impropio
incorrecto (V.)
vejatorio
injusto
inmerecido (V.)
improcedente
indino
inadecuado (V.)
incalificable
incongruo
vergonzoso (V.)

(V. **indignidad)**

a. *digno*
honorable
bueno
honrado
justo
noble
leal
adecuado
correcto
propio
procedente
aconsejable
coherente

índigo
(V. **azul)**

indiligencia
(V. **negligencia)**

indino
(V. **indigno)**

indirecta
s. **reticencia** (V.)
alusión (V.)
rodeo
ambages
doblez
insinuación (V.)
sugerencia
embozo (V.)
eufemismo (V.)
puntada (V.)
pedrada (V.)
evasiva
símbolo
tergiversación
circunloquio
preámbulo
buscapié

indirecto
s. embozado
secreto
secundario
transversal
oblicuo
sinuoso
tortuoso (V.)
curvo
desviado
mediato (V.)
colateral
degresivo
perifrástico
laberíntico
doble
ambagioso
descentrado
torcido
recovecoso
zigzagueante
evasivo (V.)
ambiguo

a. *directo*
recto
al grano
derecho
seguido
inequívoco
rotundo
claro

indiscernible
(V. **imperceptible)**

(V. **confuso)**

indisciplina
s. desobediencia
independencia
indocilidad (V.)
inobediencia
desafío
insurrección
rebelión (V.)
rebeldía (V.)
resistencia
obstinación
terquedad
independencia
insubordinación
incorregibilidad
tenacidad
anarquía
desarmonía
motín
desbarajuste
desorden
libertinaje
individualismo
sin pies ni cabeza
una olla de grillos
casa de tócame Roque
sin orden ni concierto
cada cual a su aire
vive como quieras
como barco sin timón

a. *disciplina*
sumisión
orden
docilidad
armonía

indisciplinado
s. díscolo
desobediente
insurrecto
rebelde (V.)
ingobernable
avieso
indómito (V.)
insumiso
corruptor
obstinado
incorregible
intratable
reacio
sedicioso
anárquico
desordenado
malmandado
remiso
renuente
insurgente
independiente
indócil
terco
insubordinado
amotinado
tenaz
terco
indomable
recalcitrante
sacudido
avieso
indisciplinable
revolucionario
desatado
desmandado
desgobernado
desquiciado
oveja descarriada
el disloque
sin pies ni cabeza

(V. **indisciplina)**

a. *ordenado*
sumiso
dócil
disciplinado
sometido

indisciplinarse
s. desafiar
rebelarse
alzarse
desobedecer (V.)
desquiciarse
amotinarse
revolverse
desbocarse
sublevarse (V.)
desmandarse
oponerse
insubordinarse
desenfrenarse
vivir en la anarquía
tomarse la libertad
obrar a capricho
no tener más ley que su voluntad
perder los estribos
vivir a su aire
ser un desbarajuste
no tener ni rey ni roque

(V. **indisciplina)**

a. *obedecer*
someterse
disciplinarse
ordenarse

indiscreción
s. indelicadeza
imprudencia (V.)
importunación (V.)
importunidad (V.)
impertinencia (V.)
desacierto
oficiosidad (V.)
irreflexión
descomedimiento
curiosidad (V.)
fisgonería
intromisión (V.)
fisgoneo
planchazo (V.)
estupidez
necedad
falta (V.)
despreocupación
temeridad
alocamiento
pifia (V.)
precipitación
tosquedad
resbalón (V.)
torpeza
traspié (V.)
rusticidad
tropiezo (V.)
grosería
rudeza
chocarrería
nota discordante
absurdo
extravagancia
metedura de pata
entrometimiento
culada

a. *oportunidad*
discreción
habilidad
comedimiento
reserva
moderación
sensatez
circunspección
prudencia

indiscreto
s. entrometido
entremetido (V.)
imprudente (V.)
charlatán
hablador (V.)
incauto
descarado
curioso (V.)
mirón
preguntón (V.)
picotero
indelicado
bullebulle (V.)
inoportuno (V.)
importuno (V.)
destripacuentos
refitolero (V.)
intruso
parlanchín (V.)
husmeador
desatinado
impertinente (V.)
necio
revelador
temerario
arrojado
torpe
inhábil
bocazas
boceras
chismoso (V.)
patoso
fisgón (V.)
oficioso (V.)
boquirroto
boquirrubio
alma de cántaro
largo de lengua
ligero de lengua
lengua viperina

(V. **indiscreción)**

a. *discreto*
modoso
comedido
oportuno
delicado
moderado
circunspecto
prudente
reservado
callado
silencioso

indiscriminado
s. confuso
indistinto (V.)
borrado
lioso
obscuro
imperceptible
indistinguible

a. *discriminado*
distinto
claro
evidente

indisculpable
(V. **inexcusable)**

(V. **imperdonable)**

indiscutible
s. **irrebatible** (V.)
irrefutable
innegable (V.)
incontrovertible
manifiesto
cierto (V.)
categórico (V.)
seguro
convincente
palmario
intangible (V.)
evidente (V.)
obvio (V.)
incuestionable (V.)
palpable
patente
indisputable
axiomático (V.)
tabú
irrefregable
verdadero (V.)
indudable (V.)
incontestable (V.)
inapelable (V.)
auténtico
positivo
reconocido
probado
claro (V.)
matemático
contundente
infalible
indefectible
más fijo que el sol
una verdad como puño
no tiene vuelta de hoja
claro como la luz
la fija
una verdad como un templo

a. *incierto*
discutible
dudoso
refutable
vago
obscuro
controvertible

indisolubilidad
s. insolubilidad
firmeza
entereza
fortaleza
permanencia
perennidad (V.)
solidez (V.)
perdurabilidad
eternidad
duración (V.)
constancia
resistencia
invariabilidad

a. *solubilidad*
debilidad
inconsistencia
fugacidad

indisoluble
s. perenne
perdurable (V.)
durable
eterno
permanente
insoluble (V.)
débil
fuerte
constante
firme
sólido (V.)
inconmovible
invariable
fijo
resistente
constante
entero
estable

(V. **indisolubilidad)**

a. *soluble*
débil
inconsistente
transitorio
fugaz
huidizo
inconstante
inestable
variable

indispensabilidad
(V. **necesidad)**

(V. **obligatoriedad)**

(V. **perentoriedad)**

indispensable
s. **esencial** (V.)
necesario (V.)
mínimo (V.)
perentorio (V.)
principal (V.)
necesitado (V.)
preciso
obligatorio
inevitable
absoluto
vital (V.)
imperioso
forzoso
inexcusable
substancial
indefectible
insubstituible
imprescindible (V.)
sine qua non
fatal
útil
conveniente
indudable
natural
lógico
urgente
coactivo (V.)

(V. **indispensabilidad)**

a. *secundario*
accesorio
prescindible
auxiliar
fútil

indisponer-se
s. **enemistar** (V.)
malquistar (V.)
pelear
encizañar (V.)
cizañar
enfadar
destemplarse (V.)
enojar
esquinar
encismar
enfriar (V.)

(cont.)

enzarzar
distanciarse (V.)
regañar
discrepar
desidir
descompadrar
desunir (V.)
concitar
mortificar
irritar
disentir
enzurizar
azuzar
sembrar discordia
poner a mal
mirar con malos ojos
hacer rabiar
tener mala voluntad

s. **enfermarse** (V.)
sufrir
dolerse

(V. **indisposición**)

a. *amigarse*
unir
aunar
amistar-se
sanarse
curarse
mejorarse
quistarse
restablecerse

indisposición

s. **trastorno** (V.)
malestar (V.)
afección
dolencia
achaque (V.)
desazón
enfermedad (V.)
mal
padecimiento
quebranto
pródromo
contrariedad
angustia
sinsabor
arrechucho
jaqueca
ansiedad
morbosidad
sufrimiento
desasosiego
destemple
destemplanza
descomposición
desmayo
ataque
adinamia
postración
debilidad
mareo

s. enemistad
hostilidad (V.)
rivalidad (V.)

a. *salud*
euforia
remedio
curación
amistad
acercamiento

indispuesto

s. **enfermo** (V.)
fatigado
desmayado
achacoso
malo
maldispuesto
quebrantado
sufriente
delicado
canijo
deshecho
enfermizo (V.)
patológico
débil
delicado
postrado
abatido
consumido
mareado
febril
calenturiento
acatarrado
angustiado
molesto
flojo
débil

s. **molesto** (V.)
contrariado
descontento
disgustado (V.)
preocupado
mortificado
fastidiado
reñido (V.)
alejado

(V. **indisposición**)

a. *sano*
saludable
fuerte
curado
contento
cordial
reconciliado

indisputable

(V. **indiscutible**)

indistinto

s. imperceptible
indistinguible
indiscernible
confuso (V.)
diluido
nebuloso
esfumado
neblinoso
indefinido (V.)
vago
obscuro
incierto
ambiguo
incriminado
indiferente (V.)
igual (V.)
semejante
parecido
similar

a. *diferente*
distinto
determinado
claro
cierto

individuación

(V. **individualización**)

individual

s. **propio** (V.)
particular (V.)
peculiar
especial (V.)
característico
singular
original
privativo
privado
exclusivo
específico
inconfundible
típico

s. **separado** (V.)
unipersonal
personal
particular
íntimo
substantivo

(V. **individuo**)

(V. **individualidad**)

a. *general*
genérico
común
universal
público
junto

individualidad

s. **personalidad** (V.)
carácter
característica
peculiaridad
especialidad
particularidad
idiosincrasia
índole (V.)
singularidad
propiedad
intimidad
originalidad
distintivo
rasgo

(V. **individuo**)

a. *generalidad*
vulgaridad
acompañamiento

individualismo

s. subjetivismo
egoísmo (V.)
particularismo
personalismo
desunión
independencia (V.)
aislamiento
exclusivismo
egocentrismo
autonomía
amor propio
narcisismo
separación
rebeldía (V.)
alejamiento
aislamiento
singularidad
particularidad
intimidad
característica

(V. **individuo**)

a. *colectivismo*
objetivismo
generosidad
generalización
sometimiento
altruismo

individualista

s. **independiente** (V.)
autónomo
aislado
libre
concentrado
anárquico
rebelde
egoísta (V.)
egocentrista

(V. **individualismo**)

a. *dependiente*
sometido
sujeto

individualización

s. **personificación** (V.)
individuación
particularismo
idiosincrasia
caracterización
especificación
concreción

(V. **individuo**)

a. *generalización*
pluralización
diversificación

individualizar

s. caracterizar
especificar
especializar
particularizar (V.)
personificar
personalizar (V.)
singularizar
individuar
concretar (V.)

(V. **individualismo**)

a. *generalizar*
diversificar

individuar

(V. **individualizar**)

(V. **especificar**)

individuo

(V. **persona**)

(V. **ser**)

(V. **miembro**)

indivisibilidad

(V. **unidad**)

indivisible

s. individuo
individual
uno (V.)
único
unidad
unitario (V.)
solo
simple
puro
exclusivista
incompartible
inseparable (V.)
infraccionable
entero (V.)
indiviso
completo

(V. **indivisibilidad**)

a. *dividido*
fraccionado
parte
partido
separable

indivisión

s. condominio
comunidad (V.)
colectivismo

a. *individualismo*
totalidad

indiviso

(V. **indivisible**)

indizcador

s. **cizañero** (V.)
incitador
provocador
agitador
inductor
azuzón
chismoso
intrigante
lioso
trapisondista
hostigador
instigador (V.)

a. *pacificador*
reconciliador
mediador
apaciguador
mitigador
intercesor

indócil

s. **rebelde** (V.)
duro
obstinado
terco
tenaz
levantisco
indómito
indisciplinado
desobediente (V.)
renuente
indómito
impenitente
revoltoso
repropio
incorregible
bravo
fiero
ingobernable
remiso
atravesado (V.)
díscolo
guerrero
difícil

(V. **indocilidad**)

a. *dócil*
sumiso
suave
manejable
obediente
bienmandado
apacible
fácil

indocilidad

s. **indisciplina** (V.)
obstinación
rebeldía (V.)
rebelión (V.)
tenacidad
terquedad
insumisión
oposición
independencia
impenitencia
insubordinación
incorregibilidad
desobediencia (V.)
cerrilidad

a. *disciplina*
sumisión
obediencia
mansedumbre
flexibilidad

indocto

(V. **inculto**)

(V. **ignorante**)

indocumentado

s. **desconocido** (V.)
anónimo
incógnito

s. **maleante** (V.)
paria
vago
vagabundo
desarraigado

s. **ignorante** (V.)
inepto
iletrado
incapaz

a. *documentado*
conocedor
conocido
letrado
apto
útil
experimentado

índole

s. **naturaleza** (V.)
personalidad
entraña (V.)
propensión
individualidad (V.)
genio
manera
condición (V.)
cualidad (V.)
calidad
género (V.)
inclinación
modo de ser
instinto
temperamento (V.)
aptitud
temple (V.)
propensión
dotes
dones
madera (V.)
instinto
herencia
constitución
natural
humor
complexión
carácter
fondo
inclín
disposición
idiosincrasia
calaña
modo (V.)
tipo (V.)

indolencia

s. **apatía** (V.)
pachorra (V.)
desinterés
vagancia
flojera
flojedad
displicencia (V.)
cachaza
calma
galbana
descuido
negligencia
dejadez
desidia (V.)
incuria
pereza (V.)
morosidad
ocio
inacción
indeliberación
indiligencia
pelmacería (V.)
insensibilidad
desgana
calma chicha
ignavia
gandulería
pigricia
dolce far miente

a. *actividad*
presteza
viveza
entusiasmo
fervor
dinamismo
interés
cuidado
acción
fortaleza

indolente
s. **apático** (V.)
indiferente (V.)
perezoso (V.)
vago
pachorro
despacioso (V.)
calmoso
lento
dejado
poltrón
gandul
ocioso (V.)
haragán
flojo
blando
blandengue
negligente
dejado
desidioso (V.)
incurioso
remolón
desaplicado
inaplicado
inconmovible
insensible
pelma
pelmazo
tranquilo (V.)
ignaro
cansado
inactivo
frío
flemático
despreocupado
premioso
(V. **indolencia**)
a. *activo*
entusiasta
interesado
vivo
aplicado
trabajador
ágil
dinámico
fervoroso

indoloro
s. **insensible** (V.)
suave
leve
analgésico
calmante
tranquilizante
imperceptible
(V. **dolor**)
a. *doloroso*
sensible
fuerte

indomable
(V. **indómito**)

indomesticable
s. **indómito** (V.)
indomable
zahareño
montés
cerril
montaraz
indócil
a. *domesticable*
domable
flexible
acomodaticio
dócil

indómito
s. **indisciplinado** (V.)
indomable
irreducible (V.)
inflexible
indoméstico
indomesticable
arisco (V.)
fiero
bravío
abestiado
cerril
montaraz
salvaje (V.)
redomón
chúcaro
montés
silvestre
incoercible
indomeñable
indoblegable
inflexible
rebelde (V.)
valiente (V.)
redomón
zahareño
obstinado (V.)
a. *flexible*
dócil
civilizado
domesticado
obediente
sumiso
manso
suave
cobarde

indubitable
(V. **indudable**)

inducción
s. **incitación** (V.)
inducimiento
instigación (V.)
acuciamiento
azuzamiento
estímulo
influjo
influencia
persuasión (V.)
instilación (V.)
sugestión
tentación
impulso
convencimiento
consejo
acción
movimiento
raciocinio
reflexión
s. intuición
síntesis
transmisión
magnetismo (V.)
inducido
electricidad (V.)
a. *disuasión*
apartamiento
alejamiento
desánimo
desaliento
conclusión
consecuencia

inducia
(V. **tregua**)
(V. **retraso**)

inducir-se
s. **persuadir** (V.)
mover (V.)
instigar (V.)
calentar
animar
exhortar (V.)
insuflar (V.)
remolcar (V.)
inspirar
influir
convencer
decidir
reducir
incitar (V.)
llevar (V.)
fomentar (V.)
conducir
empujar
excitar
soliviantar (V.)
imbuir
catequizar
inspirar
vencer
tentar (V.)
tocar
entrar
prevenir (V.)
provocar
inclinar
sugerir
infiltrar (V.)
requerir (V.)
promover
ahormar
s. derivar
inferir (V.)
desprender
concluir
deducir
(V. **inducción**)
a. *apartar*
disuadir
desanimar
desalentar
calmar

inductor
(V. **instigador**)
(V. **provocador**)
(V. **imán**)

indudable
s. indubitable
indiscutible (V.)
incontrastable (V.)
inequívoco (V.)
verdadero
verídico
riguroso
preciso
exacto
lógico
cierto (V.)
fehaciente (V.)
evidente
seguro (V.)
a. *dudoso*
incierto
discutible
rebatible
refutable

indulgencia
s. piedad
perdón (V.)
clemencia
jubileo (V.)
indulto
amnistía
dispensa (V.)
misericordia
compasión
absolución
remisión
benignidad
lenidad
bondad
lástima
consuelo
s. contemporización
tolerancia
condescendencia (V.)
ecuanimidad
dulzura
paciencia
correa
componenda
benevolencia (V.)
arreglo
consentimiento
transigencia (V.)
anuencia
avenencia
pasividad
disimulo
a. *inmisericordia*
impiedad
severidad
intolerancia
rigidez
frialdad
malevolencia
intransigencia
disconformidad

indulgente
s. **misericordioso** (V.)
bueno
tolerante
magnánimo (V.)
condescendiente (V.)
absolvente
condonante
complaciente
benigno (V.)
suave
contemporizador
caritativo
comprensivo (V.)
clemente (V.)
generoso
transigente
remisorio
pío
padrazo
dulce
fácil
benévolo (V.)
calzonazos
perdonador (V.)
bonachón
favorable
lene
perdonante
pasivo
paternal
(V. **indulgencia**)
a. *duro*
inmisericorde
inflexible
rígido
severo
malévolo
intransigente
difícil
mezquino
ruin

indultar
s. **perdonar** (V.)
absolver
condonar
olvidar
soltar (V.)
amnistiar (V.)
remitir
conmutar
agraciar
exculpar
indultar
olvidar (V.)
dispensar
reparar
mitigar
suavizar
dulcificar
alzar
levantar
eximir (V.)
tolerar
hacer la vista gorda
pasar por alto
tener manga ancha
aflojar la cuerda
conceder perdón
rebajar la pena
tener clemencia
ser clemente
hacer gracia
ser indulgente
(V. **indulto**)
a. *condenar*
esclavizar
inculpar
recordar
endurecer

indulto
s. **conmutación** (V.)
amnistía (V.)
perdón (V.)
absolución
gracia
venia
parce
condonación
remisión
indulgencia (V.)
primilla
privilegio
favor
olvido
merced
tolerancia
exculpación
exención
amafia
amán
liberación
libertad
a. *condenación*
castigo
inculpación
inflexibilidad
intolerancia
acusación

indumentaria
s. vestidura
vestido (V.)
vestimenta
veste
traje
indumento
prenda
veste
ropaje
ropa
trapos
ajuar
jaez
paños
galas
terno
guardarropa
trapajería
investiduras
equipo
canastilla
andrajos
harapos
mantillas

indumento
(V. **indumentaria**)

industria
s. capacidad
habilidad (V.)
destreza (V.)
maña
maestría
pericia
aptitud
arte
talento
preparación
experiencia
ingenio
aprovechamiento
picardía
oficio
s. **fabricación** (V.)
explotación
elaboración
fundición (V.)
manufactura
metalurgia (V.)
construcción
siderurgia
producción (V.)
industrialización
realización
transformación
mecanización
automatismo
obtención
rendimiento
ejecución
creación
proceso
montaje
técnica
s. empresa
fábrica (V.)
planta
taller
factoría
manufactura
firma
instalación
nave
asociación
sociedad
entidad
corporación
compañía
(V. **industrial**)
(V. **industrializar**)
a. *torpeza*
ineptitud
incapacidad
impericia
bisoñez

industrial
s. **fabricante** (V.)
industrialista
fabriquero
técnico
maestro
empresario
productor
constructor
montador
creador
ejecutor
expositor
ingeniero
perito
s. **fabril** (V.)
manufacturero
mecánico
técnico
empresarial
productivo
automático
(V. **industria**)

industrialización
s. **desarrollo** (V.)
avance
progreso
incremento
florecimiento
auge
boom
prosperidad
expansión
s. **mecanización** (V.)
fabricación
manufactura
automatización
automatismo
I.B.M.
proceso
invención
organización
economía (V.)
(V. **industria**)

industrializar
s. **desarrollar** (V.)
progresar
avanzar
organizar
expandir
crear
fundar
incrementar
prosperar
florecer

s. **mecanizar** (V.)
fabricar (V.)
manufacturar
producir
obtener
transformar
automatizar
explotar
elaborar
construir
beneficiar
obrar

(V. **industrialización**)

industriar-se
s. **adiestrar** (V.)
aleccionar
instruir (V.)
amaestrar
preparar
enseñar
ejercitar

s. **manejarse** (V.)
apañárselas
apañarse
bandearse
arreglárselas
ingeniarse (V.)

(V. **industria**)

a. *entorpecer*
ahogarse
embarazarse

industrioso
s. **trabajador** (V.)
ingenioso (V.)
práctico
hábil
diligente (V.)
experto
técnico
inventivo
amaestrado
ejercitado
diestro
mañoso
artificioso
instruido
peje
entendido
ducho
emprendedor (V.)
especializado
laborioso

s. astuto
ladino
sutil
dicimulado
pícaro (V.)
fino
camastrón
taimado
cuco
sagaz
artero
zorro
aprovechado (V.)

(V. **industria**)

a. *vago*
torpe
inhábil
perezoso
inepto
abandonado
noble
honrado
intachable

inebriar
(V. **emborrachar**)

inedia
(V. **inanición**)

inédito
s. nuevo
fresco
original (V.)
desconocido (V.)
reciente
impublicado
actual
virgen

a. *conocido*
viejo
imitado

ineducación
(V. **grosería**)

(V. **incultura**)

ineducado
(V. **grosero**)

(V. **inculto**)

inefable
s. encantador
delicioso
maravilloso (V.)
sublime
indecible (V.)
inenarrable
inexpresable (V.)
divino
celeste
sacrosanto
admirable
sagrado
deleitoso

a. *infando*
despreciable
vulgar
expresable
descriptible

inefectivo
(V. **ineficaz**)

ineficacia
s. **incapacidad** (V.)
insuficiencia
inoperancia
incompetencia
ineptitud
esterilidad
nulidad
inutilidad (V.)
desmaña
impotencia
improductividad (V.)
inacción
negación
fracaso
infructuosidad (V.)

a. *eficacia*
capacidad
eficiencia
poder
energía
fuerza
competencia
efecto
éxito
productividad
utilidad

ineficaz
s. **inepto** (V.)
inerte
incapaz
inoperante
insuficiente
inefectivo
inútil (V.)
nulo (V.)
vano
improductivo
estéril (V.)
inactivo
infructífero
endeble
negado
impotente (V.)
torpe

(V. **ineficacia**)

a. *productivo*
activo
eficiente
provechoso
operante
valioso

inelegancia
s. **cursilería** (V.)
ridiculez
afectación (V.)
extravagancia
superfluidad
tosquedad
fealdad
vulgaridad
gazmoñería
ordinariez
grosería
chocarrería
imperfección
ramplonería
chabacanería (V.)
chocarronería
aspecto grotesco

a. *elegancia*
distinción
clase

inelegante
s. **cursi** (V.)
ridículo
grotesco
risible
charro
chillón
efectista
churrigueresco
vulgar
ordinario (V.)
chabacano
chocarrero
tosco
recargado
pesado
ramplón
chanflón
pedante
historiado
pajarero
presumido
superfluo
plebeyo
torpe

(V. **inelegancia**)

a. *elegante*
distinguido
fino

ineluctable
(V. **ineludible**)

ineludible
s. insoslayable
inevitable
ineluctable
inexcusable
irrevocable
indeclinable
preciso
obligatorio
necesario
fatal (V.)
vital
forzoso (V.)
seguro (V.)
irremediable
infalible
imperioso
inapelable
irrefragable
necesario
irrenunciable

a. *excusable*
revocable
aleatorio
azaroso

inenarrable
(V. **indescriptible**)

inepcia
(V. **inutilidad**)

ineptitud
s. ineficacia
incapacidad (V.)
inhabilidad
imperfección (V.)
inexperiencia (V.)
torpeza (V.)
inutilidad (V.)
impericia (V.)
incompatibilidad
nulidad (V.)
necedad
desmaña
ignorancia
incompetencia
impotencia (V.)
desconocimiento
aturdimiento
despreocupación
incuria
negligencia
falta de experiencia
falta de maña
metedura de pata

a. *habilidad*
experiencia
capacidad
conocimiento

inepto
s. **tonto** (V.)
lerdo
inútil (V.)
inexperto (V.)
torpe
necio
incapaz (V.)
imperito
ineficaz
nulo
suspenso (V.)
desmañado
estúpido
chancleta
ineficaz (V.)
incompetente
inerme
en embrión
sin cultura
sin base
sin pulimento
aturdido
manirroto

(V. **ineptitud**)

a. *capacitado*
experto
diestro
hábil
mañoso
eficaz

inequívoco
s. **indudable** (V.)
indiscutible
innegable
indubitable
inteligible
incuestionable
cierto
fijo
firme
verdadero
positivo
seguro
evidente (V.)
palmario
manifiesto
palpable
axiomático
claro
matemático

a. *incierto*
dudoso
impalpable
discutible
equívoco

inercia
s. inacción
flojedad
pereza (V.)
flojera
inactividad
indolencia
desidia
pasividad
apatía (V.)
quietismo
negligencia
incapacidad
desgana
resistencia
indiferencia
resistencia pasiva
inmovilidad (V.)
vagancia
adinamia
costumbre
rutina (V.)

a. *actividad*
diligencia
trabajo
dinamismo

inerme
(V. **indefenso**)

inerte
s. indiferente
inactivo
indolente
parado
flojo (V.)
perezoso
inútil
ineficaz
estéril
apático
desidioso (V.)
insensible
lento
negligente
acidioso
impotente
infructuoso
vago
gandul
inanimado (V.)
estancado
holgazán

(V. **inercia**)

a. *entusiasta*
activo
fervoroso
trabajador
duro
resistente

inerudición
(V. **ignorancia**)

inerudito
(V. **ignorante**)

inescación
(V. **hechicería**)

inescrutable
s. inescudriñable
indescifrable (V.)
insondable
impenetrable
incognoscible (V.)
misterioso
obscuro
esfinge (V.)
arcano
enigmático
incomprensible
secreto (V.)
imperscrutable

a. *claro*
comprensible
descifrable
sabido

inescudriñable
(V. **inescrutable**)

inesperado
s. **desprevenido** (V.)
imprevisto
nuevo (V.)
repentino (V.)
inopinado
impensado
raro (V.)
sorprendente
insospechado
casual (V.)
accidental
brusco
fortuito
súbito (V.)
increíble
súpito
incogitado
insospechable
de pronto
de repente
de sopetón
de improviso
de golpe y porrazo
sin más ni más
por casualidad
por azar

a. *previsto*
sospechado
sabido
supuesto

inestabilidad

s. instabilidad
inseguridad (V.)
labilidad (V.)
vacilación
inconsecuencia
variabilidad
desequilibrio
mutabilidad
inconstancia (V.)
cambio (V.)
oscilación
mutabilidad
fragilidad (V.)
veleidad
volubilidad
tornatilidad
cabeceo
bamboleo
tambaleo
zangoloteo
zangoteo
cambio
fayanca
fluctuación
modificación
versatilidad
liviandad
veleta
cataviento
frivolidad
vagarosidad

a. *inmutabilidad*
seguridad
fijeza
estabilidad
permanencia

inestable

s. **vacilante** (V.)
inseguro (V.)
movedizo
movible
móvil
portátil
postizo
deleznable
deleble
frágil
inconstante (V.)
vano
precario
instable
variable
transitorio
perecedero
cambiable
desequilibrado
cambiante (V.)
sobrepuesto
versátil
tornadizo
indeterminado
dudoso
tornátil
veleidoso
liviano
ligero
frívolo
caprichoso (V.)
caduco
vagaroso
voluble (V.)
instable
en tenguerengue
prendido con alfileres
ser un veleta que cambia la casaca
que nada entre dos aguas
de quita y pon

(V. **inestabilidad)**

a. *inmutable*
seguro
fijo
perenne
estable
firme
permanente
inalterable

inestimable

s. **inapreciable** (V.)
incalculable
precioso
apreciativo
único
perfecto
inestimado
excelente
caro
costoso
imponderable
impagable
provechoso

a. *barato*
desdeñable
despreciable
imperfecto

inevitable

(V. **ineludible)**

inexactitud

s. infidelidad
error (V.)
equivocación
falsedad (V.)
ilusión
mendacidad
mentira (V.)
falibilidad
anacronismo (V.)
falta
incorrección (V.)
absurdo
disparate
falsía
mixtificación
embuste
embrollo
lío

s. **incumplimiento** (V.)
insolvencia

a. *precisión*
fidelidad
verdad
rigor
cumplimiento
puntualidad
exactitud
minuciosidad
meticulosidad

inexacto

s. tergiversado
incorrecto (V.)
erróneo
falso (V.)
infiel
imperfecto
equivocado
anacrónico (V.)
mendaz
mendoso
mentiroso (V.)
absurdo
iluso
errado
falible
engañoso
embustero
lioso
embrollado
embarullado

s. **incumplidor** (V.)
insolvente
informal
tardón

(V. **inexactitud)**

a. *correcto*
exacto
fijo
verídico
auténtico
formal
cabal
exacto
minucioso
meticuloso
concienzudo
escrupuloso
puntual
preciso
justo
riguroso
documentado

inexcusable

s. indisculpable
injustificable (V.)
requeridor
apremiante
inaceptable
ilícito
culpable
inevitable
imperdonable (V.)

a. *disculpable*
justificable
perdonable
comprensible
lícito

inexhausto

(V. **inagotable)**

inexistencia

s. **irrealidad** (V.)
insubsistencia
imaginación (V.)
ausencia
caos
carencia
nada (V.)
idea
ilusión
sombra
alucinación (V.)
ofuscación
ficción (V.)
fingimiento
engaño
sueño
pretexto
entelequia
quimera (V.)
ensueño
apariencia
trampantojo
engaño
mentira
falsedad
falsía
cesación
supresión
desaparición
nebulosa
fantasma (V.)
autopía
fantasía
incorporeidad
omisión
laguna
vacío (V.)
destrucción
baja
defunción
desintegración
nubes
humo

a. *vida*
existencia
realidad
creación
autenticidad
verdad
corporeidad
materialidad

inexistente

s. **ilusorio** (V.)
irreal (V.)
ilusivo
soñado
falso (V.)
insubsistente
fantástico (V.)
simulado
nulo
falaz
nonato (V.)
engañoso (V.)
ideal
imaginario (V.)
hipotético
supuesto
negativo
especioso
aparente (V.)
quimérico
caótico
utópico
inconcebible
honorario
honorífico
nominal
ausente
carente
ninguno
don nadie
nebuloso
desintegrado
esfumado
desapercibido

(V. **inexistencia)**

a. *real*
auténtico
vivo
creado
existente
corpóreo
material

inexorabilidad

(V. **inflexibilidad)**

(V. **fatalidad)**

inexorable

s. **implacable** (V.)
inflexible (V.)
inapelable
despiadado
cruel
infalible
frío
rígido
seco
fatal (V.)
forzoso
irrecusable
testarudo
tozudo
inclemente
intolerante
riguroso
inhumano
rencoroso
vengativo

(V. **inexorabilidad)**

a. *humano*
flexible
blando
compasivo
generoso
comprensivo

inexperiencia

s. **candor** (V.)
impericia
ignorancia (V.)
ineptitud (V.)
novatada (V.)
noviciado
bisoñada
niñez
cierne
aprendizaje
principio (V.)
juventud (V.)
improvisación
mocedad (V.)
incompetencia
indolencia
negligencia
descuido
inhabilidad

a. *experiencia*
habilidad
pericia
maestría
aptitud

inexperto

s. inexperimentado
imperito
principiante (V.)
bisoño (V.)
inútil
aprendiz (V.)
pipiolo (V.)
joven (V.)
niño
desacostumbrado
imberbe
novato (V.)
mocoso
colegial (V.)
tortolito
mozo
incapaz
boquirrubio
bozal
currinche
verde (V.)
incipiente
inepto (V.)
tímido (V.)

(V. **inexperiencia)**

a. *experto*
hábil
competente
apto
ducho
experimentado
perro viejo
de colmillo retorcido

inexplicable

s. **increíble** (V.)
indescifrable
indecible
extraño (V.)
enigmático
misterioso
incomprensible
ininteligible
inimaginable
insondable (V.)
ambiguo
difícil
enrevesado
oculto
misterioso (V.)
inconcebible
hermético
raro (V.)
arcano
sorprendente (V.)
recóndito
esotérico
crespo
nebuloso
lioso
embrollado
enmarañado
absurdo (V.)

a. *claro*
evidente
vulgar
descriptible
creíble

inexplorado

s. inhabitado
desconocido (V.)
ignoto
yermo
solitario
deshabitado
desierto
virgen (V.)
abandonado
despoblado

a. *habitado*
concurrido
explorado
conocido
hollado

inexpresable

s. inenarrable
indecible
inefable (V.)
implícito (V.)
incomunicable
inconfesable
incomprensible
extraordinario
maravilloso
impresionante
tácito
infando
nefando
indescriptible (V.)

a. *comprensible*
expresable
confesable

inexpresivo

s. **misterioso** (V.)
enigmático
seco (V.)
adusto
frío
serio
impávido
reservado (V.)
agrio
inalterable
impasible (V.)
impávido
estatuario
impertérrito
indiferente
callado (V.)
silencioso
infacundo
circunspecto (V.)
hermético
insensible (V.)
distante
hierático
rígido (V.)
soso (V.)
insípido

a. *expresivo*
elocuente
comunicativo
animado
gráfico
vehemente
significativo
salado
gracioso
ocurrente

inexpugnable
s. inatacable
inconquistable (V.)
invulnerable (V.)
invencible
fuerte
seguro (V.)
firme
duro
sólido
obstinado (V.)
emperrado
insuperable
inquebrantable
tenaz
imperturbable

a. *conquistable*
débil
benevolente
flojo
vulnerable
flexible

inextensible
s. **limitado** (V.)
ceñido
duro
conscrito
macizo
indeformable
indestructible
fijo
estable

a. *extensible*
ilimitado
blando
deformable

inextinguible
(V. **inacabable**)

(V. **inagotable**)

(V. **eterno**)

inextirpable
s. enraizado
arraigado (V.)
tenaz
invencible

a. *desarraigado*
extirpable

inextricable
(V. **intrincado**)

infacundo
(V. **inexpresivo**)

infalibilidad
s. certidumbre
seguridad (V.)
certeza
garantía
evidencia
inexorabilidad
indefectibilidad
obligatoriedad
firmeza
perspicacia
clarividencia
acierto

a. *falibilidad*
inseguridad
equívoco

infalible
s. **seguro** (V.)
cierto
verdadero (V.)
evidente
indefectible (V.)
incontestable
inopinable
indiscutible
inequívoco
irrefutable
patente
indudable
clarividente
perspicaz

(V. **infalibilidad**)

a. *falible*
erróneo
equivocado
inseguro

infamación
(V. **difamación**)

infamador
(V. **difamador**)

infamante
s. **deshonroso** (V.)
infamativo
infamatorio
denigrante
difamador (V.)
degradante
denigrativo
oprobioso
ignominioso
afrentoso
disfamatorio
indecoroso
ruin
vil
torpe
abyecto
ultrajante
inconfesable
incalificable
envilecedor
vilipendioso
nefando
calumnioso (V.)
ofensivo
vergonzoso (V.)

(V. **infamia**)

a. *honroso*
honorable
ennoblecedor
decoroso
enaltecedor
reivindicativo

infamar-se
s. **deshonrar** (V.)
deshonorar
desacreditar (V.)
difamar (V.)
desfamar
denostar
deslucir
deslustrar
denigrar
desautorizar
descalificar
detractar
desdorar
mancillar
menoscabar
desprestigiar
oprobiar
sambenitar
tildar
descrecer
deprimir
amenguar
anular
anublar
afrentar
maldecir
amancillar
baldonar
empañar
vituperar (V.)
estigmatizar
obscurecer
infernar
profanar
pringar
manchar
perder
enlodar
ofender (V.)
menospreciar
desprestigiar
deprimirse
deslucirse
despopularizarse
desconceptuarse
andar en lenguas
andar en coplas
dar que hablar
pasar por

(V. **infamia**)

a. *acreditar-se*
enaltecer-se
honrar-se
alabar-se
glorificar-se
gloriar-se
prestigiar-se

infame
s. corrompido
nefando
despreciable
indigno
inicuo
innoble
vil (V.)
ruin
torpe
perverso
abyecto
ignominioso (V.)
traidor
malvado
malo (V.)
deshonesto
maligno
depravado
corrompido
protervo
miserable
canalla (V.)

s. **desprestigiado** (V.)
deshonrado
desacreditado

(V. **infamia**)

a. *bueno*
moral
honrado
honorable
digno
bondadoso
puro

infamia
s. **denigración** (V.)
desdoro
deshonra
oprobio
indignidad (V.)
ignominia
iniquidad (V.)
deshonor
mancha
desprestigio
demérito
afrenta
maldad
vilipendio
caída
mengua
estigma
desprecio
degradación
deslustre
afrenta
fango
tilde
mácula
canallada (V.)
burla
zaherimiento
traición
bellaquería
baldón
lunar
malcaso
sambenito (V.)
inri
crimen
ruindad
padrón
vergüenza
ofensa
vileza (V.)
perversidad
bajeza
mancilla
prevención
perversión
fraude
injusticia
tener dos caras
el beso de Judas
con las de Caín

a. *honradez*
bondad
justicia
equidad
decencia
dignidad
honra
nobleza
honorabilidad
caballerosidad

infancia
s. precocidad
niñez (V.)
puericia (V.)
pañales
albores
pequeñez
principio (V.)
albor de la vida
menor edad
albor

s. nacimiento
lactancia
destete
dentición
baba

a. *adolescencia*
vejez
madurez
senectud
senilidad
ancianidad

infando
s. **nefando** (V.)
torpe
vil
indigno
repugnante
odioso
vicioso
vergonzoso

a. *digno*
bueno
agradable
plausible
noble

infanta
s. **niña** (V.)
chiquilla
pequeña
llorona
cría
mocosa
mocosuela
angelote
caracoleta

s. **princesa** (V.)
alteza
infantesa

a. *moza*
vieja

infante
s. **niño** (V.)
mocoso
mocosuelo
chico
chiquillo
churumbel
braguillas
crío
pequeño
pituso
nene
impúber

s. **príncipe** (V.)
alteza
delfín
señor
prócer
noble
aristócrata
heredero

s. **soldado** (V.)
recluta
quinto
ascari
suizo
peón

(V. **infancia**)

a. *adolescente*
maduro
anciano
senecto
senil
viejo
marchito

infantería
s. **milicia** (V.)
ejército
tropa
hueste
mesnada
legión
falange
cohorte

infantesa
(V. **infanta**)

infanticida
s. filicida
parricida
homicida (V.)
criminal
asesino

(V. **infante**)

infanticidio
(V. **homicidio**)

infantil
s. **pueril** (V.)
aniñado
ingenuo (V.)
inocente (V.)
niño
pequeño
tierno
amuchachado
crío
cándido (V.)
candoroso
inofensivo
simple
simplón
crédulo
panoli
trivial (V.)
tierno

(V. **infante**)

a. *malicioso*
astuto
senil
maduro
senecto
duro
importante
profundo

infantilismo
s. **ingenuidad** (V.)
candidez (V.)
inocencia (V.)
puerilidad
necedad
limpieza
credulidad
ternura
simpleza
trivialidad (V.)
vaciedad

(V. **infante**)

a. *malicia*
experiencia
astucia
desarrollo
madurez
hondura
importancia

infanzón
(V. **hidalgo**)

infarto
s. oclusión
obstrucción (V.)
atasco
tapón
coágulo
tumefacción
hinchazón
inflamación
apoplejía
embolia (V.)
adenia
landre

s. infarto anémico
infarto blanco
infarto embólico
infarto hemorrágico
infarto de miocardio

a. *dilatación*

infatigable
(V. **incansable**)

infatuación
s. **engreimiento** (V.)
ensoberbecimiento
orgullo
fatuidad
inflación (V.)
petulancia
afectación
envanecimiento
vanidad (V.)
suficiencia
jactancia
hinchazón
fatuidad
pretensión
exageración
bombo
pisto
tono
aire

a. *sencillez*
humildad
moderación
prudencia
circunspección
recato
modestia

infatuado

s. afectado
petulante
orgulloso
ensoberbecido (V.)
engreído
pamplinero
vanidoso (V.)
envanecido
fatuo
hinchado
inflado
jactancioso
vano
hueco
presumido
pretencioso
tonto
engreído (V.)
fanfarrón
finchado
pedante
altisonante

(V. **infatuación)**

a. *sencillo*
humilde
prudente
circunspecto
modesto
recatado

infatuarse

s. ufanarse
enorgullecerse
engreírse (V.)
ensoberbecerse
entronizarse
inflarse
hincharse
pavonearse
afectar
entontecerse
envanecerse
altiveceerse
presumir (V.)
entonarse
ahuecarse

(V. **infatuación)**

a. *desengañarse*
humillarse
recatarse
ocultarse

infausto

s. **desgraciado** (V.)
infeliz
infelice
doloroso
triste
desafortunado
desventurado
desdichado
funesto
fatídico
malhadado
malaventurado
nefasto
aciago (V.)
cuitado
miserable
mísero
tímido (V.)
infelice
adverso (V.)
tonto
nefasto
amargo
penoso
calamitoso
luctuoso
fracasado
grave
suerte perra
tener la negra
mala pata
no levantar cabeza
mala sombra
pena negra

a. *fausto*
afortunado
feliz
agradable
alegre
favorable

infección

s. **contaminación** (V.)
infestación
transmisión
infiltración
epidemia (V.)
contagio (V.)
virus
viruela (V.)
plaga
lúe
micosis
germen
pediculosis
miasma
bacteria
ataque
inoculación
vacunación
inquinamiento
epizootia
propagación (V.)
caso
enfermedad
supuración (V.)
septicemia
podredumbre
putrefacción
morbo

s. **corrupción** (V.)
depravación
perversión
descarrío

a. *desinfección*
purificación
asepsia
moralidad
pureza

infeccioso

s. **contagioso** (V.)
endémico (V.)
séptico (V.)
infecto (V.)
infectado
inficionado
infestado
contaminado
patógeno (V.)
miasmático (V.)
morboso
pestilente
tifoideo (V.)
apestado
pestilencial
corrompido
corrupto
podrido
plagado
enfermo

(V. **infección)**

a. *sano*
esterilizado
desinfectado
fresco

infectado

s. **infecto** (V.)
enconado
supurante
emponzoñado
envenenado
corrompido
contaminado
inficionado
contagiado
infestado
incubado
infiltrado

(V. **infestación)**

a. *limpio*
aséptico
esterilizado
desinfectado
higienizado

infectar-se

s. inficionar
infeccionar
corromper
apestar
contaminar (V.)
contagiar (V.)
coinquinar
infestar (V.)
enconarse (V.)
malignar
transmitir
supurar (V.)
enviciar
emponzoñar
encarroñar
enherbolar
inquinar (V.)
inocular
propagar (V.)
pegar
lacrar
gangrenar

s. viciar
corromper (V.)
malear
pervertir (V.)
enviciar
descarriar

(V. **infección)**

a. *limitar*
sanar
sanear
desinfectar
esterilizar
moralizar
purificar

infecto

s. contagioso
pestilente
pestilencial
infeccioso (V.)
infestado
inficionado
pegajoso
pegadizo
fétido
podrido
contagiado
corrompido
corrupto
mefítico
infectado

s. **repugnante** (V.)
asqueroso
nauseabundo
apestoso
putrefacto
repulsivo
sucio
séptico
repelente
podrido
fétido
pútrido
envenenado
emponzoñado

(V. **infección)**

a. *sano*
desinfectado
purificado
limpio

infecundidad

s. **esterilidad** (V.)
infructuosidad
improductividad
atocia
aridez
aciesis
improductibilidad
impotencia
mañería
infertilidad

a. *fecundidad*
fertilidad
productividad

infecundo

s. infértil
improductivo
infructuoso
árido
yermo
estéril (V.)
infructífero
baldío
seco
desierto
impotente

(V. **infecundidad)**

a. *fecundo*
fértil

infelice

(V. **infausto)**

infelicidad

(V. **desgracia)**

infeliz

(V. **infausto)**

(V. **desgraciado)**

inferencia

(V. **deducción)**

inferior

s. **ínfimo** (V.)
mínimo
minoritario
menor (V.)
insignificante
desventajoso (V.)
desventajado
mediano
accesorio
imperfecto
secundario (V.)
menguado
bajero
deterior
sub (V.)
sus (V.)

s. dependiente
subalterno (V.)
sometido
sujeto
subordinado (V.)
sumiso
subyacente (V.)
auxiliar
tributario

s. **servidor** (V.)
doméstico
siervo
criado
sirviente
mozo
fámulo

s. **peor** (V.)
malo (V.)
deficiente
imperfecto
estropeado
deteriorado
defectuoso
regular
anómalo

s. **bajo** (V.)
descendente
debajo
hundido
excavado
hondo
subterráneo
deprimido

(V. **inferioridad)**

a. *máximo*
mayoritario
plenario
pleno
mayor
importante
ventajoso
perfecto
principal
jefe
amo
patrón
superior
bueno
mejor
ascendente
encima
superficial

inferioridad

s. supeditación
dependencia
subordinación (V.)
servilismo
sumisión
humildad
obediencia
acatamiento

s. **desventaja** (V.)
mengua
minoría (V.)
defecto
deficiencia
mediocridad (V.)
menoscabo
medianía
imperfección
insignificancia
bajura (V.)
suelo
subsuelo
abajo
base
fondo
cimiento
fundamento
subterráneo
nadir
limitación
mínimo
mínimum
menos (V.)

a. *ventaja*
superioridad
mando
rebeldía
desobediencia
mayoría
perfección
importancia
primacía
prelación
prioridad
supremacía
predominio
hegemonía
preponderancia
altura
altitud
máximo

inferir-se

s. **deducir** (V.)
desprenderse
colegir
sacar
inducir (V.)
concluir
obtener
suponer (V.)
conjeturar
entender
salir
hilar
maquinar
hacer
derivar
entresacar
razonar (V.)
entrañar

s. producir
causar (V.)
ofender
agraviar
herir
afrentar
insultar
provocar
acuchillar
injuriar
ultrajar
molestar

(V. **inferencia)**

a. *abstener-se*
interrogar-se
preguntar-se
desagraviar

infernáculo

(V. **juego)** (tejo)

infernal

s. endemoniado
diabólico
demoniaco (V.)
endiablado
satánico
dantesco
mefistofélico
perjudicial
dañino
dañoso
maléfico
malo (V.)
nocivo
estigio
tartáreo
inferno
desagradable (V.)

(V. **infierno)**

a. *angelical*
bueno
celestial
beneficioso
agradable

infernar-se

s. acusar
condenar (V.)

s. inquietar
perturbar
irritar (V.)
perturbar
turbar
intranquilizar
encizañar
desasosegar
desazonar
enfadar
excitar
indisponer
infamar (V.)
cotillear
molestar (V.)

(V. **infierno)**

(cont.)

a. *glorificar-se*
tranquilizar-se
exonerar
perdonar
olvidar-se
amenizar
calmar-se

infernillo
(V. **infiernillo**)

infértil
(V. **estéril**)

infertilidad
(V. **esterilidad**)

infestación
(V. **infección**)

infestar
s. saquear
devastar (V.)
pillear
robar
hostilizar
invadir
penetrar

s. estragar
deteriorar
estropear
dañar (V.)
perjudicar

s. **infectar** (V.)

a. *respetar*
beneficiar
mejorar
favorecer
purificar
esterilizar

infesto
s. **dañoso** (V.)
perjudicial
dañino
nocivo
lesivo
pernicioso
nocente
nuciente

a. *beneficioso*
bueno
favorable
positivo

infibulación
(V. **impedimento**)
(V. **castidad**)

inficionar
(V. **infectar**)

infidelidad
s. **deslealtad** (V.)
traición (V.)
perjurio (V.)
perfidia (V.)
engaño (V.)
alevosía
villanía
vileza
felonía
falsedad
falsía
ingratitud (V.)
indignidad
deserción
infamia
desconfianza
falacia
doblez
defección (V.)
fingimiento
mudanza (V.)
hipocresía
disimulo
incumplimiento

s. **adulterio** (V.)
amontonamiento
abarraganamiento
ilegitimidad
coquetería

s. impiedad
irreligiosidad (V.)
paganismo
idolatría
herejía (V.)
incredulidad
gentilidad

s. **inexactitud** (V.)

a. *lealtad*
fidelidad
nobleza
hidalguía
gratitud
memoria
recuerdo
dignidad
permanencia
verdad
sinceridad
cumplimiento
castidad
legitimidad
religiosidad
ortodoxia
pureza
credulidad
exactitud

infiel
s. **desleal** (V.)
traidor (V.)
perjuro (V.)
pérfido
engañoso (V.)
falso
falaz
hipócrita
disimulado
aleve
alevoso
engañador
vil
venal (V.)
felón
infidente
infidel
fementido
indigno
ingrato
desertor (V.)
infame
desconfiado
fingidor
delator
intrigante
informal

s. **adúltero** (V.)
amontonado
abarraganado
barragana
concubina
amancebado
coqueta
malcasado
malmaridado
sexualidad (V.)

s. **impío** (V.)
heterodoxo
incrédulo
pagano

s. **hereje** (V.)
irreligioso
descreído
escéptico
gentil
idólatra
acatólico

s. **inexacto** (V.)

(V. **infidelidad**)

a. *leal*
amigo
amistoso
fiel
noble
hidalgo
agradecido
firme
permanente
digno
veraz
sincero
cumplidor
formal
auténtico
casto
legítimo
devoto
ortodoxo
puro
religioso
creyente
católico
exacto
cabal
justo

infiernillo
s. infernillo
cocinilla
hornillo (V.)
braserillo
reverbero
fogón
cocina
horno
estufa
brasero
mechero
lamparilla

infierno
s. abismo
averno (V.)
fuego eterno
tinieblas
báratro
profundo
tártaro (V.)
antro (V.)
orco
huerco
érebo
érebe
gehena
caldera de Pedro Botero
condenación eterna
mansión de las sombras
castigo eterno
teología (V.)
escándalo (V.)
discordia (V.)
tormento
caos
pandemónium
castigo (V.)

a. *limbo*
cielo
gloria
concordia
paz
orden
recompensa

infigurable
(V. **inmaterial**)

infiltración
s. introducción
penetración (V.)
deslizamiento
invasión (V.)
escurrimiento

s. contagio
impregnación (V.)
embebimiento
filtración (V.)
exudación
transpiración
inculcación
infusión
ósmosis
permeabilidad
simbiosis

s. influencia
aleccionamiento
sugestión (V.)
inspiración (V.)
persuasión

a. *expulsión*
estancamiento
salida
disuasión

infiltrar-se
s. **introducir** (V.)
penetrar
invadir (V.)
filtrar
eludir
burlar (V.)
pasar
meterse
escabullirse
deslizarse

s. **instilar** (V.)
impregnar (V.)
embeber
empapar (V.)
infundir
exudar
destilar
transpirar

s. **inculcar** (V.)
inducir (V.)
imbuir
inspirar (V.)
sugestionar
influir
sugerir
persuadir

(V. **infiltración**)

a. *expulsar*
salir
sacar
estancar
disuadir

ínfimo
s. **malo** (V.)
peor (V.)
bajo
despreciable
miserable
ruin
deficiente
defectuoso
imperfecto
deleznable
desastroso
mínimo (V.)
último
inferior (V.)
mediano
insignificante
regular
infinitesimal (V.)

a. *alto*
máximo
bueno
noble
notable
primero
importante
perfecto
superior
mejor
grande

infinidad
s. absoluto
inmensidad (V.)
vastedad
grandeza
infinito (V.)
espacio
universo
sinfín
desierto
cielo
mar
enormidad
infinitud
desacoto

s. muchedumbre
enjambre
hormiguero
multitud (V.)
innumerabilidad (V.)
cúmulo (V.)
sinnúmero
profusión
legión
porción
tropel
bandada
plaga
gentío
enormidad
sinfín (V.)

a. *pequeñez*
escasez
miseria
estrechez
brevedad
limitación

infinitesimal
s. **diminuto** (V.)
imperceptible
minúsculo
microscópico
atómico
ínfimo (V.)
pequeño
nimio

a. *grande*
mayúsculo

infinito
s. **inmensidad** (V.)
ilimitado (V.)
indefinido
interminable
ideal (V.)
ilimitable
eterno (V.)
inmortal
inagotable
incalculable (V.)
absoluto (V.)
innúmero
excesivo
inmenso (V.)
perenne
perpetuo
imperecedero
inextinguible
incomensurable (V.)
extraordinario

s. libre
abierto
franco
descubierto
espacio (V.)
descampado (V.)

(V. **infinidad**)

a. *limitado*
agotable
cerrado
definido
perecedero
transitorio
cerrado

infinitud
(V. **infinidad**)

inflación
s. engreimiento
ensoberbecimiento
vanidad
presunción
orgullo
altivez
fatuidad
infatuación (V.)

s. inflamiento
hinchamiento (V.)
intumescencia

s. **desvalorización** (V.)
alza (de precios)
encarecimiento
carestía
valorización (V.)

a. *humildad*
sencillez
deflación

inflacionario
s. inflacionista
encarecedor
especulador (V.)
alcista

(V. **inflación**)

a. *bajista*
abaratador

inflado
(V. **hinchado**)
(V. **vanidoso**)

inflamable
s. **combustible** (V.)
ustible
incendiable
peligroso
explosivo
ardiente

s. vehemente
ardoroso
apasionado (V.)
pasional
excitable (V.)
irritable
irritadizo
exaltado (V.)

(V. **inflamación**)

a. *incombustible*
frío
desapasionado
flemático
calmo
tranquilo
sosegado

inflamación
s. **congestión** (V.)
hinchazón (V.)
trastorno (V.)
induración
tumefacción
abultamiento
bulto
turgencia
irritación (V.)
infección
hiperemia
flegmasía
flebitis (V.)
gingivitis (V.)
cistitis
conjuntivitis
estomatitis
mastitis
meningitis
metritis
miocarditis
nefritis
neuritis
orquitis
osteitis
otitis
peritonitis
sinusitis
tiflitis
carnazón
flemón
sabañón
enconamiento (V.)
tumor
panadizo
grano
catarro
eritema
flogosis
escozor
escocedura
escoriación
oftalmía
absceso
hidropesía
hepatitis (V.)
forúnculo
edema
s. ardor
entusiasmo (V.)
vehemencia
revulsión
pasión
apasionamiento
exaltación
excitación (V.)
encendimiento (V.)
s. **fuego** (V.)
incendio
hoguera
llama
fogonazo
a. *descongestión*
desinfección
frialdad
sosiego
pacificación
apagamiento
sofocación

inflamado
s. hinchado
enquistado
congestionado
enrojecido
tumefacto
edematoso
abultado
hipérmico
irritado (V.)
escocido
indurado
s. ardiente
vehemente (V.)
apasionado
entusiasmado
s. encendido
quemante (V.)
llameante
incendiado
prendido
(V. **inflamación**)
a. *deshinchado*
descongestionado
liso
frío
suave
desapasionado
objetivo
impertérrito
apagado

inflamar-se
s. arder
quemar
incendiar
encender (V.)
incinerar
abrasar
prender
llamear
propagar
s. **irritar** (V.)
excitar
acalorarse
enardecer
enconar
exasperar
atizar
avivar
animar
s. **entusiasmar** (V.)
exaltar
apasionar (V.)
arrebatar
emocionar
s. **hincharse** (V.)
congestionarse (V.)
enrojecerse
infectarse
abultarse
enconarse (V.)
(V. **inflamación**)
a. *sofocar*
apagar
sosegar
enfriar
calmar
pacificar
tranquilizar
deshincharse
palidecer
descongestionarse

inflamatorio
s. comburente
flogístico
quemante (V.)
llameante
lacrimógeno
incendiario
abrasador
calcinante
s. fósforo
yesca
magnesio
hupe
piróforo
(V. **inflamación**)
a. *suavizante*
refrescante

inflamiento
(V. **hinchazón**)

inflar-se
s. **hinchar** (V.)
ahuecar
soplar (V.)
agrandar
aumentar
ensanchar
abultar
insuflar
engordar
cebar
s. **exagerar** (V.)
recargar
deformar
desvirtuar
ampliar
s. **ensoberbecerse** (V.)
envanecerse
infatuarse
engreírse
s. **abombarse** (V.)
hincharse
(V. **inflamiento**)
a. *desinflar*
disminuir
reducir
moderar
humillar-se
enderezar-se

inflexibilidad
s. **rigidez** (V.)
rigor (V.)
testarudez
obstinación (V.)
tenacidad
inadaptación (V.)
firmeza
tiesura
inexorabilidad (V.)
incorruptibilidad (V.)
constancia
dureza
severidad (V.)
austeridad
seriedad
empaque
crueldad
intolerancia
a. *benevolencia*
elasticidad
blandura
flexibilidad
tolerancia
debilidad
comprensión

inflexible
s. **inexorable** (V.)
duro
fuerte
firme
inquebrantable
irrompible
inconmovible
rígido (V.)
roqueño
pétreo
tieso
yerto
inmóvil (V.)
correoso
coriáceo
intolerante (V.)
diamantino
refractario
compacto
recio
sólido
férreo (V.)
consistente
infrangible
infracto
inconmovible
inapelable
cruel
imperturbable
frío
duro (V.)
riguroso (V.)
serio
austero
obstinado
terco
severo (V.)
tenaz
íntegro
insobornable (V.)
severo (V.)
implacable (V.)
testarudo
indoblegable
(V. **inflexibilidad**)
a. *blando*
quebradizo
dúctil
débil
flexible
manejable
tolerante
elástico
mimbreño
muelle
cimbreante
moldeable
plegable
doblegable
comprensivo
adaptable

inflexión
s. **dobladura** (V.)
torcimiento
comba
alabeo
desviación
inclinación
elasticidad
maleabilidad
pandeo
ductilidad
curvatura
s. acento
deje
modulación (V.)
tono
tonillo
quiebro (de voz)
entonación (V.)
s. **desinencia** (V.)
terminación
a. *rectitud*
rigidez
inflexibilidad

infligir
s. condenar
aplicar (V.)
imponer
producir
inferir
causar (V.)
castigar
penar
apenar
motivar
acarrear
ocasionar
a. *aliviar*
remitir
obviar
eximir
librar

inflorescencia
s. retoño
brote (V.)
yema
capullo
umbela (V.)
espiga
amento
hacecillo
cima
cabezuela
candelilla
ramillete
racimo
tirso
verticilo
glomérulo
corimbo
panícula
vara
(V. **florecimiento**)

influencia
s. **poder** (V.)
hipnótico
dominio
influjo
potestad
intervención (V.)
ascendiente (V.)
medio (V.)
amistades
preponderancia (V.)
encumbramiento (V.)
persuasión (V.)
sugestión (V.)
autoridad (V.)
prestigio (V.)
crédito
fuerza (V.)
pujanza
amarras
presión
apoyo
valimiento
arrimo
privanza
valía
enchufe (V.)
camarilla
padrino
mano (V.)
peso
empeño
empuje (V.)
metimiento (V.)
mediatización
ascendencia
mano
predominio (V.)
sortilegio (V.)
repercusión
resonancia
resorte (V.)
favor (V.)
palanca (V.)
importancia (V.)
reminiscencia
vera
retroactividad
albedrío
valimiento (V.)
aldabas
agarraderas
ayuda (V.)
proyección (V.)
vara alta
predicamento (V.)
autoridad
caciquismo (V.)
partido (V.)
recomendación (V.)
relaciones
tener influencia
usar de influencias
ser su mano derecha
servir de escabel
a. *descrédito*
desprestigio
desamparo
abandono
desasistencia
desvalimiento
orfandad
disfavor

influenciar
(V. **influir**)

influenza
(V. **gripe**)
(V. **catarro**)

influible
s. **sugestionable** (V.)
sensible (V.)
dominable
persuasible
receptivo
abierto
asequible
impresionable
emotivo
ingenuo
blando
emocionable
excitable
(V. **influencia**)
a. *influyente*
poderoso
duro
impertérrito
inmune

influir-se
s. ejercer
influenciar
intervenir (V.)
mediar
terciar
actuar
accionar
acometer (V.)
emprender
interponer (V.)
ingerirse
asumir
contribuir
ayudar (V.)
cooperar
afectar
manejar
inducir (V.)
insistir (V.)
instar
instigar (V.)
mediatizar
poder
valer
pesar (V.)
imperar
mezclarse
entremeterse
obrar
respaldar
acuciar
apremiar (V.)
urgir
asediar
ablandar
blandear
catequizar
empujar (V.)
entrar
estrechar
camelar
hipnotizar (V.)
inclinar
doblar (V.)
citar
perseguir
coartar
coaccionar (V.)
inspirar
sugestionar
predisponer (V.)
preponderar
predominar (V.)
trabajar (V.)
recomendar (V.)
presionar (V.)
rondar
repercutir (V.)
convencer
persuadir
sugerir
cautivar (V.)
favorecer
presidir (V.)
(cont.)

echar una mano
hacer caer la balanza
tener mano con
interesarse por
servir de padrino
volver a la carga
manejar a su gusto
hacer presión
poner los puntos

(V. **influencia**)

a. *abstener-se*
desinteresar-se
desamparar
abandonar
desasistir

influjo
(V. **influencia**)
(V. **ascendiente**)

influyente
s. **relacionado** (V.)
influente
poderoso (V.)
acreditado
prestigioso (V.)
jefe
patriarca (V.)
importante (V.)
privado
valido
eficaz
potente
favorecedor
famoso
preponderante (V.)
predominante (V.)
reputado
renombrado
activo

(V. **influencia**)

a. *desprestigiado*
don nadie
insignificante
humilde

información
s. indicación
notificación
aviso (V.)
reporte
parte
noticia
advertencia
reportaje (V.)
noticiario
novedad
comunicación (V.)
crónica
despacho
indicación
testimonio (V.)
manifestación
revelación
dictamen
juicio
repaso
nota
parte
participación
confidencia (V.)
referencia (V.)
informe (V.)
nota
mensaje
carta
intimación
intima
gacetilla
notición
vereda
amonestación
repaso
investigación
indagación
indagatoria
inquisición
averiguación
averiguamiento
pesquisa
relato (V.)
saber (V.)
encuesta (V.)
revelación (V.)
testimonio
declaración
informe
pruebas

a. *ocultación*
silencio
omisión
reserva

informador
s. gacetista
gacetillero
corresponsal
noticiero
periodista (V.)
reportero
cronista
articulista
editorialista
redactor
locutor
colaborador

s. **confidente** (V.)
avisador
soplón
delator (V.)
cotilla
chivato
espía (V.)
agente
cuentista
chismoso
acusón
acusica
denunciante
informante

(V. **información**)

a. *reservado*
callado
silencioso
discreto

informal
s. incumplidor
inobservante
impuntual
moroso (V.)
inconstante
inconsecuente (V.)
faltón (V.)
palabrero
tardón (V.)
zascandil (V.)
trasto (V.)
botarate (V.)
culpable
refractario
charlatán
irresponsable (V.)
claudicante
extravagante
carnavalesco
badulaque
títere
mequetrefe
tronera
insensato
malqueda
frívolo
casquivano (V.)
ligero (V.)
mamarracho (V.)
tararira
zaramullo
inconvencional
inconstante (V.)
voluble (V.)
incumplidor (V.)
gamberro
variable
irresoluto
indeciso
versátil
tornadizo
veleta (V.)
taravilla
travieso (V.)

(V. **informalidad**)

a. *formal*
serio
cumplidor
juicioso
modoso
puntual

informalidad
s. **incumplimiento** (V.)
inobservancia
volubilidad (V.)
veleidad
descuido
desobediencia
omisión (V.)
olvido
abandono
deslealtad
desistimiento
negligencia
frivolidad
superficialidad
trastada
jugarreta
culpa
cargo
engaño
decepción
irregularidad
jugada
fantochada
indecisión
irresolución
ligereza
inconveniencia
mentira
morosidad (V.)
insolvencia
inconsciencia (V.)
inconstancia (V.)
inconsecuencia (V.)
zascandileo (V.)
irresponsabilidad (V.)
versatilidad
falta de palabra
falta de seriedad
cabeza a pájaros
cascos a la jineta
cabeza de chorlito

a. *formalidad*
seriedad
puntualidad
exactitud
cumplimiento
juicio
sensatez

informante
(V. **declarante**)
(V. **informador**)

informar-se
s. **enterar** (V.)
instruir
iniciar
orientar (V.)
opinar (V.)
participar
noticiar
imponer (V.)
versar-se (V.)
indicar
investigar
requerir
notificar
comunicar (V.)
anunciar
denunciar (V.)
dar parte
avisar (V.)
advertir (V.)
rumorear (V.)
expresar
averiguar (V.)
contar
publicar (V.)
reseñar (V.)
relatar (V.)
exponer
decir
indicar
reportar (V.)
ilustrar
publicar
referir
declarar (V.)
tinturar
dar razón
hacer saber
dar parte
poner al corriente
dar aviso
venir en conocimiento
dar a la prensa
poner en conocimiento
hacer público
hacer propaganda
poner al tanto
dar curso
facilitar datos

(V. **información**)

a. *callar*
guardarse
silenciar
omitir
olvidar

informativo
s. periodístico
explicativo
revelador (V.)
aclaratorio
esclarecedor
confidencial
ilustrativo

(V. **información**)

a. *reservado*
secreto

informe
s. **deforme** (V.)
contrahecho
irregular
amorfo
grosero
chanflón
indeterminado
indefinido
vago
confuso

s. **exposición** (V.)
certificación
discurso

s. referencia
noticia
información (V.)
parte
gacetilla
memoria (V.)
reseña
razón
testimonio
revista
reportaje
aviso (V.)
carta
alcance
confidencia (V.)
dato
resumen
narración (V.)
ponencia
certificado
reporte
instrucción
referencia (V.)
dictamen (V.)
peritaje (V.)
despacho
rapport

a. *conforme*
preciso
perfecto
omisión
silencio

infortunado
(V. **desgraciado**)

infortunio
(V. **desgracia**)

infracción
s. **falta** (V.)
transgresión (V.)
omisión
olvido
culpa
desafuero
inobservancia (V.)
ilegitimidad
contravención (V.)
descomedimiento
delito
incumplimiento (V.)
desafuero
desobediencia (V.)
vulneración (V.)
violación (V.)
ilegalidad (V.)
descuido
pecado
incesto (V.)
atropello (V.)
conculcación
desacato
ley (V.)
trampa
corruptela
quebrantamiento
arbitrariedad
deslealtad
injusticia
anomalía
anormalidad
rebelión
atentado
conspiración
motín
pronunciamiento

a. *acatamiento*
legitimidad
observancia
cuidado
cumplimiento
obediencia
respeto
lealtad
justicia
satisfacción

infracto
(V. **entero**)
(V. **inflexible**)

infractor
s. **incumplidor** (V.)
inobservante (V.)
transgresor (V.)
traspasador
conculcador (V.)
malhechor
desobediente
violador (V.)
vulnerador (V.)
quebrantador
agresor
rebelde
insubordinado
traidor
desertor
desaforado
contraventor (V.)
conspirador
prevaricador
arbitrario
de manga ancha
ancho de conciencia

(V. **infracción**)

a. *conservante*
justo
cumplidor
respetuoso
leal
acatador
obediente

in fraganti
s. infraganti
en el acto
en el momento
con las manos en la masa
en flagrante
en fragante

a. *antes*
después

infrangible
(V. **inquebrantable**)

infranqueable
s. impracticable
intransitable
insuperable (V.)
inaccesible
inabordable
escarpado
abrupto
intrincado
imposible
incómodo
difícil
quebrado
invencible
insalvable (V.)

a. *posible*
fácil
franqueable
salvable
superable
transitable
cómodo
llano

infrarrojo
(V. **rayo**)
(V. **espectro**)
(V. **radiación**)

infrascrito
s. **firmante** (V.)
suscrito
abajo firmante
infrascripto
signatario
suscritor
suscriptor

infravalorar
(V. **minimizar**)

lesionar
herir
desaforar (V.)
desobedecer (V.)
cojear
violar (V.)
vulnerar (V.)
barrenar
romper
pisar (V.)
pisotear
hollar
barrenar

(V. **infracción)**

a. *acatar*
obedecer
respetar
someterse
cumplir
observar

infrecuencia

s. **rareza** (V.)
raridad
particularidad
peregrinidad
desuso
excepción
extrañeza
irregularidad
cosa rara
caso extraño
extravagancia (V.)
caso insólito

s. **discontinuidad** (V.)
intermitencia
paréntesis
interrupción

a. *normalidad*
regularidad
frecuencia
continuidad
reanudación

infrecuente

s. **raro** (V.)
extraño
desusado (V.)
insólito (V.)
singular
único
extraordinario
inhabitual
excepcional
sorprendente
peregrino
fantástico
extravagante
anómalo
inusitado
asombroso
nuevo
extralimitado

(V. **infrecuencia)**

a. *normal*
corriente
frecuente
vulgar
habitual
ordinario
viejo

infringir

s. quebrantar
faltar
delinquir
pecar (V.)
transgredir (V.)
conculcar
traspasar (V.)
incidir
incurrir
contravenir (V.)
reírse
inobservar
descomedirse
prevaricar (V.)
atentar
incestar
atropellar (V.)
faltar
incumplir (V.)
saltarse
romper

infructífero

(V. **infructuoso)**

infructuosidad

s. infecundidad
ineficacia (V.)
esterilidad
improductividad
inutilidad
incapacidad
ineptitud
invalidez
inanidad
futilidad

a. *eficacia*
fecundidad
fertilidad

infructuoso

s. improductivo
estéril (V.)
infecundo
ineficaz
inútil (V.)
inservible
vano
pobre
machorro
fracasado
ruinoso
derrotado
inválido
imposibilitado
insignificante
infructífero
inoperante

(V. **infructuosidad)**

a. *fructífero*
fértil
eficaz
útil
productivo

infrutescencia

(V. **fruto)**

ínfulas

s. **pretensiones** (V.)
infatuación
engreimiento
ensoberbecimiento
fatuidad
vanidad
vuelo (V.)
orgullo (V.)
presunción (V.)
empaque
entono

s. **cinta** (V.)
mitra (V.)

a. *sencillez*
humildad

infundado

s. **injustificado** (V.)
injustificable
arbitrario (V.)
injusto (V.)
temerario (V.)
inmerecido
improcedente
inmotivado
insostenible
inconsistente
vano (V.)
fútil
superficial
pueril (V.)
baldío
casual
absurdo
incomprensible
gratuito (V.)
rebatible (V.)
sin fundamento
aventurado
sin causa
sin base
discrecional
supuesto (V.)
falso
insubsistente
infundamentado
sin ton ni son
a lo loco
sin más ni más
sin comerlo ni beberlo

a. *justificado*
justo
serio
merecido
real
fundado
veraz

infundio

s. **engaño** (V.)
engañifa
patraña
mentira
embuste
enredo
bulo (V.)
falacia
falsedad
chisme
rumor (V.)
calumnia (V.)
especie
especiota
paparrucha
patochada
noticia (V.)
chasco
exageración

a. *verdad*
autenticidad
garantía

infundioso

s. **mentiroso** (V.)
embustero
falaz
falso
engañoso
calumnioso (V.)
artificioso
ofensivo
exagerado

(V. **infundio)**

a. *veraz*
cierto
seguro
fiel
elogioso

infundir

s. **inculcar** (V.)
redundar
influir
grabar
introducir
suscitar
impulsar
insuflar
infiltrar
animar
engendrar
suscitar
comunicar
propagar (V.)
animar
inspirar (V.)
causar (V.)
inferir
refluir
promover
iluminar
sugerir
imbuir (V.)
inducir

s. **verter** (V.)
echar
instilar

(V. **infusión)**

a. *desistir*
renunciar
anular
librar
sacar
disuadir

infurción

(V. **tributo)**

infurtir

(V. **apelmazar)**
(V. **batanar)**

infusión

s. **bebida** (V.)
brebaje
bebedizo
tisana (V.)
cocción
cocimiento
potingue
poción
pócima (V.)
tila (V.)
mate
té
manzanilla (V.)
café

s. disolución
solución
extracto (V.)

s. estar uno en infusión

infuso

s. infundido
revelado (V.)
inspirado
divino (V.)

a. *material*
terrenal

infusorio

s. microbio
microorganismo
protozoo (V.)
protozoario
ciliado

ingeniar-se

s. manejarse
avisparse
bandearse (V.)
arreglarse
apañarse (V.)
descubrir
despabilarse
trastear (V.)
componerse
idear (V.)
inventar
concebir
crear
imaginar (V.)
engendrar
industriar (V.)
discurrir (V.)
maquinar
agudizar
adiestrarse
ingeniárselas
saber vivir
tener ingenio
ser un vivo
no chuparse el dedo
sentir crecer la hierba
aguzar el ingenio
no tener pelo de tonto
sacar las uñas
tener chispa
darse maña

(V. **ingenio)**

a. *ignorar*
desconocer
desentender-se

ingeniería

s. mecánica
técnica
mecanización
tecnificación
automatización
automatismo
industria
industrialización
ciencia
arte
maquinismo
máquina (V.)
tecnología

s. ingeniería espacial y aeronáutica
ingeniería agronómica
ingeniería civil
ingeniería militar
ingeniería de minas
ingeniería industrial
ingeniería de montes
ingeniería naval
ingeniería nuclear
ingeniería química
ingeniería sanitaria
ingeniería de telecomunicaciones

s. **ingeniero** (V.)

ingeniero

s. técnico
experto
especialista
perito
maquinista (V.)
minero

s. ingeniero aeronáutico y espacial
ingeniero agrónomo
ingeniero civil
ingeniero militar
ingeniero de caminos, canales y puertos
ingeniero de la armada
ingeniero naval
ingeniero de minas
ingeniero de montes
ingeniero geógrafo
ingeniero industrial
ingeniero mecánico
ingeniero químico
ingeniero de telecomunicación

(V. **ingeniería)**

ingenio

s. **gracia** (V.)
talento (V.)
inteligencia
inventiva
iniciativa (V.)
imaginación
cantera (V.)
luces
listeza
perspicacia
agudeza (V.)
sal (V.)
chispa (V.)
sutileza
humor (V.)
despejo
viveza
prontitud
comprensión
penetración
intuición
capacidad
discreción (V.)
clarividencia
juicio
trascendencia
pupila
donaire (V.)
pesquis
ojo clínico
quinqué
pestaña
maña
malicia
mollera
industria
caletre
chirumen
relámpago (V.)

s. cacumen
listeza
ingeniosidad
cantera
inspiración
intuición
habilidad
artificio
arte
destreza
ingeniatura
salida
salero (V.)
sombra (V.)
ocurrencia (V.)
argentería
donaire
flor
pulla
sutileza (V.)
donosura
discreteo
floreo

s. máquina
aparato
utensilio
arma
artificio (V.)
armatoste

s. **escritor** (V.)

a. *torpeza*
cerrilidad
estupidez
sosería
insipidez

ingeniosidad

(V. **ingenio)**

ingenioso
s. **talentoso** (V.)
talentudo
inteligente
ocurrente (V.)
agudo (V.)
salado (V.)
perspicaz
claro
genial
listo (V.)
clarividente
relampagueante
penetrante
penetrador (V.)
capaz
profundo
sutil (V.)
vivo
vivaz
diestro
mañoso
astuto
vivaracho
chispeante (V.)
argumentoso
solícito
alambicado
servicial
avispado
hábil
inventivo
travieso (V.)
industrioso (V.)
habilidoso
malabarista (V.)
sagaz
despierto

s. **chistoso** (V.)

(V. **ingeniosidad**)

a. *torpe*
inhábil
cerril
torpe
tonto
lento
aburrido
soso
insípido
estúpido

ingénito
s. **innato** (V.)
ínsito
connatural
nonato (V.)
congénito

a. *adquirido*
artificial
añadido

ingente
s. enorme
colosal (V.)
gigantesco
inmenso
descomunal
formidable
grandioso (V.)
grande (V.)
monumental
titánico
ciclópeo
abrumador
extraordinario

a. *diminuto*
pequeño
menudo
ínfimo
minúsculo

ingenuidad
s. naturalidad
sinceridad
candor (V.)
primada (V.)
candidez
confianza
familiaridad
buena fe
pureza
inocencia (V.)
franqueza
inconsciencia (V.)
sencillez
simplicidad (V.)
lisura (V.)
llaneza
credibilidad
credulidad
bobería
espontaneidad
idealismo
nobleza
efusión
expansión
honradez
puerilidad (V.)
simpleza
parvulez
infantilismo (V.)
niñería
bondad
panfilismo

a. *incredulidad*
astucia
picardía
malicia
trastienda
desconfianza
experiencia
falsedad

ingenuo
s. **insensato** (V.)
crédulo (V.)
inconsciente (V.)
simple (V.)
inofensivo (V.)
simplón
sencillo
incauto (V.)
tonto (V.)
sincero
inocentón
cadete
cándido (V.)
candoroso
iluso (V.)
engañado
inexperto
novato
idealista
infeliz
inocente (V.)
puro
llano
franco
espontáneo
infantil (V.)
comunicativo
listeza
leal
bueno
veraz
optimista (V.)
natural
primitivo (V.)
explícito
pueril (V.)
libre
desconocedor
párvulo (V.)
mollar (V.)
bobo (V.)

(V. **ingenuidad**)

a. *malicioso*
ingenioso
pícaro
experimentado
desconfiado
astuto
incrédulo
reservado
camándulas
baqueteado

ingerencia
(V. **injerencia**)

ingerir
s. **tragar** (V.)
injerir
ingurgitar
embaular
tomar
comer (V.)
beber (V.)
atizarse
meter
introducir

(V. **ingestión**)

a. *expulsar*
echar
vomitar
devolver

ingestión
s. introducción
trago
comida
bebida
ingurgitación (V.)
absorción
deglución
toma
consumición
alimentación

a. *expulsión*
salida
devolución
vómito

ingle
s. ingre
bragadura
entrepierna
pliegue
intersección

s. muslo
vientre

inglete
s. **ángulo** (V.)
hipotenusa
escuadra
cartabón

s. moldura
ensambladura (V.)
ajuste
corte (V.)
a inglete
caja de ingletes

ingobernable
(V. **indisciplinado**)

(V. **rebelde**)

ingratitud
s. **olvido** (V.)
desagradecimiento (V.)
infidelidad (V.)
indiferencia
desabrimiento
aspereza
desconocimiento
egoísmo
deslealtad
desafección
desprecio
desamor

a. *gratitud*
reconocimiento
fidelidad
desinterés
agradecimiento

ingrato
s. infiel
desleal
indiferente
desagradecido (V.)
egoísta
descastado
olvidadizo (V.)
desnaturalizado (V.)
desagradable
desapacible
áspero
agrio
desconocido (V.)
descastado
desapegado
frío

(V. **ingratitud**)

a. *agradecido*
fiel
desinteresado
amable
reconocido
obligado
generoso

ingravidez
s. levedad
ligereza (V.)
tenuidad
liviandad
vaporosidad
agilidad
sutilidad
suavidad
irrealidad
inmaterialidad (V.)

a. *pesadez*
torpeza
realidad
materialidad
solidez
corporeidad

ingrávido
s. leve
liviano
ligero (V.)
tenue (V.)
inaprehensible
irreal
inmaterial (V.)
vaporoso
incorpóreo
etéreo
sutil (V.)
suave
fino
impalpable
ágil (V.)

(V. **ingravidez**)

a. *pesado*
real
corpóreo
sólido
torpe
ordinario
material

ingrediente
s. mejunje
droga
potingue
compuesto
substancia
integrante (V.)
componente (V.)
remedio
fármaco
menjunje
menjurje
material
materia
medicamento
elemento

ingresar
s. **entrar** (V.)
penetrar
embocar
reingresar
afiliarse (V.)
inscribirse
colegiarse
incorporarse (V.)
pasarse
introducirse
darse de alta
ser alta
colarse
infiltrar
internarse
tener acceso
pasar adelante

s. cargar
cobrar (V.)
asentar en caja
hacer efectivo un cobro

s. **ganar** (V.)
obtener
devengar

(V. **ingreso**)

a. *salir*
desunir-se
ser baja
pagar
perder
renunciar

ingreso
s. **entrada** (V.)
recepción (V.)
acceso
alta
admisión
inscripción
introducción
intrusión
afiliación (V.)
asociación
integración
adhesión
incorporación (V.)
agrupación
iniciación

s. **ganancia** (V.)
devengo
cobro
recibo
asignación
pensión (V.)
recursos
sueldo (V.)
jornal
emolumentos
renta (V.)
retribución (V.)

a. *salida*
despedida
expulsión
baja
dimisión
deserción
pérdida
pago

ingurgitación
(V. **trago**)

ingurgitar
s. **engullir** (V.)
tragar
embuchar
embaular
comer
beber
ingerir
manducar
devorar
masticar
atracarse
atiborrarse
deglutir
consumir

a. *expeler*
expulsar
devolver
vomitar
echar

inhábil
s. inútil
nulo
patoso
inepto
ineficaz
inexperto (V.)
inexperimentado
torpe (V.)
novato
novicio
incapaz
tolondro
porro
fuñique
incompetente
desmañado

(V. **inhabilidad**)

a. *ducho*
experto
hábil
capaz
competente
útil

inhabilidad
s. **torpeza** (V.)
desmaña
calamidad (V.)
inexperiencia
incapacidad
insuficiencia
impericia (V.)
tosquedad
desastre
nulidad
inutilidad
desecho
desastre
chapuza

a. *pericia*
capacidad
habilidad
utilidad
perfección
experiencia
finura

inhabilitación
s. **incapacitación** (V.)
descalificación
imposibilitación
inutilización
invalidación
invalidez (V.)
prohibición (V.)
exclusión
rechazo
negación
sanción
suspensión (V.)
despido
dimisión

a. *habilitación*
autorización
capacitación
calificación
readmisión
inclusión

inhabilitado
s. **insolvente** (V.)
descalificado
invalidado
inutilizado
incapacitado (V.)
imposibilitado

s. rechazado
excluido (V.)
negado
prohibido
privado

(V. **inhabilitación)**

a. *habilitado*
calificado
capacitado
aceptuado
incluido
permitido

inhabilitar-se
s. **incapacitar** (V.)
invalidar
descalificar (V.)
prohibir (V.)
imposibilitar
rechazar
excluir
sancionar
despedir
suspender (V.)
dimitir
echar
negar
inutilizar

(V. **inhabilitación)**

a. *capacitar*
admitir
autorizar
readmitir
ingresar
habilitar
utilizar
incluir
calificar
desempeñar
ejercitar

inhabitable
s. **incómodo** (V.)
desmantelado
desamueblado
destartalado
desolado (V.)
frío
ruinoso
arruinado
desvencijado
viejo
antiguo
feo

a. *habitable*
amueblado
nuevo
agradable
hermoso
sólido

inhabitado
(V. **deshabitado)**

inhalación
(V. **aspiración)**

inhalar
(V. **aspirar)**

inherencia
s. inmanencia
inhesión
correspondencia
relación (V.)
unión
adhesión

a. *separación*
negación

inherente
s. correspondiente
inseparable (V.)
unido
tocante
propio
consubstancial
agregado
aglomerado
coesencial
anexo
ingénito
ínsito
congénito
innato
concomitante
relacionado (V.)
relativo
perteneciente
inmanente
constitutivo
ingénito
nativo
informativo
instintivo
maquinal
característico
endémico

(V. **inherencia)**

a. *separado*
distante
ajeno
extraño

inhibición
s. **abstención** (V.)
retraimiento (V.)
alejamiento
abstencionismo
renunciación
separación
prohibicionismo
apartamiento
despreocupación
exención
abandono
desvinculación
excusa
suspensión
evasión

a. *unión*
acción
intromisión
presencia
vinculación

inhibir-se
s. obstaculizar
prohibir (V.)
estorbar
vedar
celar
privar
impedir
suprimir (V.)
restringir

s. **abstenerse** (V.)
apartarse
evadirse (V.)
alejarse
desinteresarse (V.)
desentenderse
desligarse (V.)
descartarse
desatender
desistir (V.)
prescindir
despreocuparse
emanciparse
echarse atrás
retraerse
eximirse
evadirse (V.)
eludir

(V. **inhibición)**

a. *ayudar*
permitir
inmiscuirse
actuar
autorizar
participar
presentarse

inhibitorio
s. prohibitorio
impeditivo
disuasorio
disuasivo
separativo

(V. **inhibición)**

inhonestidad
(V. **deshonestidad)**

inhonesto
(V. **deshonesto)**

inhospitalario
s. **adusto** (V.)
inhumano
cruel (V.)
frío
duro
salvaje
rudo
áspero
agrio
bárbaro
inabordable
inclemente
deshumano
insensible
brutal
antipático

s. inhabitable
desolado
inhóspito
agreste
selvático
desierto
yermo
vacío
solitario
insano
deshabitado
desapacible
desabrigado (V.)
desnudo
expuesto (V.)

a. *acogedor*
humano
protector
habitable
grato
abrigado

inhóspito
(V. **inhospitalario)**

inhumación
(V. **entierro)**

inhumanidad
s. **frialdad** (V.)
crueldad (V.)
fiereza
brutalidad
perversión
atrocidad
egoísmo
impiedad (V.)
inclemencia
dureza
ferocidad
monstruosidad
sadismo
incompasión
salvajismo
barbarie
maldad
inhospitalidad
violencia
bestialidad
salvajada
barbaridad (V.)

a. *humanidad*
bondad
filantropía
benevolencia

inhumano
s. **cruel** (V.)
fiera
fiero
feroz
brutal
bestia
perverso
implacable
inclemente
malo
impío (V.)
despiadado
desalmado
duro (V.)
sanguinario
violento
monstruoso
atroz
inhospitalario
áspero
frío (V.)
deshumano
imperioso
incompasivo
empedernido
insensible (V.)
sangriento
sádico
neroniano
sañoso
salvaje
crudelísimo
desnaturalizado
severo
malévolo
intransigente
maligno
incivil

(V. **inhumanidad)**

a. *humano*
piadoso
comprensivo
clemente
generoso
bueno
blando
caritativo
sensible
transigente
bondadoso
humanitario
benigno
compasivo

inhumar
(V. **enterrar)**

iniciación
s. comienzo
desencadenamiento
principio (V.)
empiece
desfloración (V.)
preparación
aprendizaje (V.)
admisión
comunicación
instrucción
inicio (V.)
iniciativa (V.)

a. *fin*
decadencia
terminación

iniciado
s. **novicio** (V.)
neófito
catecúmeno
adepto (V.)
partidario
afiliado
sectario

(V. **iniciación)**

a. *profano*
adversario
ducho
experto

iniciador
s. **innovador** (V.)
creador
instaurador
inventor
fundador (V.)
promotor (V.)
introductor
descubridor
adelantado
autor
inceptor
mistagogo

(V. **iniciación)**

inicial
s. **preliminar** (V.)
primero (V.)
anterior
originario
naciente (V.)
original
inaugural (V.)
fundacional
naciente
elemental
rudimentario
primordial
primicial
rudimental
fundamental
germinal
incoativo
genesíaco
eviterno
preparatorio
letra inicial
nombre (V.)

(V. **iniciación)**

a. *final*
terminal
último
postrero

iniciar-se
s. empezar
inaugurar (V.)
comenzar
incoar (V.)
principiar (V.)
intentar
insistir
preludiar
emprender
promover (V.)
desflorar
abrir
arrancar
inaugurar (V.)
florecer
abordar
lanzar
fundar (V.)
establecer
erigir
enterar
entablar
entamar
enjergar
encabezar
mover
estrenar
embocar
empeñar
trabar
romper
suscitar

s. **instruir** (V.)
enseñar (V.)
enterar
abordar
afiliar
proceder (V.)
interponer (V.)
formar
preparar
educar
dirigir
amaestrar
aleccionar
inculcar
infundir
imbuir

(V. **iniciación)**

a. *acabar*
liquidar
finalizar
rechazar
negar
sentenciar
cumplir
terminar
descuidar

iniciativa
s. **decisión** (V.)
resolución
dinamismo
diligencia
empuje
capacidad
inventiva (V.)
rapidez
prontitud
acción
celo
vivacidad
vehemencia
ingenio (V.)
talento
invención (V.)
imaginación
recursos
impulso (V.)
actividad
aptitud
carácter
agresividad
valentía
seguridad

s. proposición
propuesta (V.)
proyecto
idea
pensamiento

s. incoación
iniciación
implantación
delantera
anticipo
inauguración
advenimiento

a. *timidez*
cortedad
pusilanimidad
pereza
incapacidad
descuido
lentitud
torpeza
inactividad
resultado
conclusión
terminación

inicio
s. generación
incubación
iniciación (V.)
origen (V.)
comienzo
raíz
base
encabezamiento
fundamento
causa
embrión (V.)
germen
génesis
oriente
aurora
cabeza
arranque
cepa
alfa
extremo
brote

s. **proyecto** (V.)
esbozo
boceto
preámbulo
incoación (V.)
rudimento (V.)
estreno
primicias
nociones
plan
patente
chispazo

a. *final*
coronamiento
realización
decadencia

inicuo
s. improcedente
injusto (V.)
arbitrario
ignominioso
indebido
inmerecido
inmoral
infame
malvado
perverso
pervertido
vil
maligno
malo (V.)
malignante
abyecto
bajo
infando
nefario
nefando
cruel (V.)

(V. **iniquidad**)

a. *justo*
moral
bueno
digno
noble
generoso
bondadoso

inigualado
(V. **impar**)

inimaginable
s. extraño
sorprendente
raro
extravagante
singular
extraordinario
inconcebible (V.)
chocante
insólito
peregrino

a. *corriente*
normal
vulgar

inimitable
s. **inconfundible** (V.)
excepcional (V.)
único (V.)
singular
extraordinario
personal
propio
peculiar
característico
subjetivo

a. *imitable*
confundible
vulgar
plural
ajeno
objetivo

ininflamable
(V. **incombustible**)

ininteligente
(V. **torpe**)

(V. **tonto**)

ininteligibilidad
s. **incomprensión** (V.)
galimatías
ambigüedad
incoherencia
confusión (V.)
obscuridad
misterio
enigma
embrollo

a. *comprensión*
claridad
precisión

ininteligible
s. **incomprensible** (V.)
ilegible
confuso (V.)
embrollado
difícil
indescifrable
obscuro
impenetrable
inextricable
inconcebible
incognoscible
ambiguo
misterioso (V.)
enigmático
incoherente
enrevesado
tergiversado
enredoso
involucrado
equívoco
dudoso
problemático
indeterminado
indiscernible
inexplicable
complicado
impenetrable
recóndito
abstruso
griego (V.)

(V. **ininteligibilidad**)

a. *comprensible*
claro
patente
evidente
lógico
manifiesto

ininteresante
(V. **aburrido**)

(V. **vacío**)

ininterrumpido
s. **incesante** (V.)
constante
continuo
inacabable
inagotable
continuado
contiguo
junto
incesable
seguido

a. *inconstante*
esporádico
intermitente

iniquidad
s. **arbitrariedad** (V.)
injusticia
perversidad (V.)
sevicia
crueldad (V.)
inmoralidad
infamia (V.)
perfidia
canallada
ignominia
improbidad
protervidad
monstruosidad
indignidad

a. *justicia*
bondad
nobleza
dignidad
generosidad

injerencia
s. ingerencia
entremetimiento
intromisión (V.)
entrometimiento
intervención
mediación
oficiosidad
mangoneo
impertinencia
interposición
rémora
obstáculo
impedimento
indiscreción
curiosidad (V.)
fisgoneo
descaro (V.)
desaprensión

a. *abstención*
discreción
facilidad
comedimiento
circunspección

injerir-se
s. entremeterse
intervenir (V.)
mediar
terciar
inmiscuirse (V.)
mezclarse
interponerse
meterse
mangonear
estorbar

s. **incluir** (V.)
insertar

s. **ingerir** (V.)

(V. **injerencia**)

a. *abstenerse*
moderarse
desentenderse
facilitar
excluir

injertar
s. **esquejar** (V.)
inserir
insertar
enjertar
injerir
vincular
brotar
prender (V.)
revenar
agarrar
encepar
arraigar
aplicar
incrustar

(V. **injerto**)

a. *desarraigar*
desvincular

injerto
s. enjerto
enjertación
ingeridura
injeridura
esqueje
brote
yema
rama
espiga
patrón
guía
abridor
engeridor
aguja
masto
púa
pie
empeltre (V.)
escudete
renuevo
incrustación (V.)
pedazo
trozo
postizo
añadido (V.)
cuña

s. injerto de cañutillo
injerto de corona
injerto de coronilla
injerto de escudete
injerto de corteza
injerto de pie de cabra
injerto de mesa

injuria
s. escarnio
ofensa (V.)
agravio
agraviamiento
escarnio
insulto (V.)
desprecio
humillación
baldón
rabotada
descortesía
resentimiento
denigración
insolencia
desaire
ultraje
vilipendio
vergüenza
infamia
vejación
escarnio
injusticia (V.)
denuesto
dicterio (V.)
zaherimiento
palabrota
maldición
blasfemia
tarascada
improperio (V.)
picardía (V.)
grosería
pulla

s. **deterioro** (V.)
deterioración
daño (V.)
menoscabo (V.)
perjuicio
estropeamiento

a. *alabanza*
elogio
piropo
enaltecimiento
justicia
finura
elegancia
arreglo
beneficio
favor
rejuvenecimiento

injuriador
s. **denostador** (V.)
ofensor
ofendedor
agraviante
injuriante
insultador (V.)
insultante
contumelioso
agresivo
vejador (V.)
insolente
ultrajador
renegón
boquifresco
descortés
grosero
insolente

(V. **injuria**)

a. *alabador*
enaltecedor
adulador
amable

injuriar-se
s. **insultar** (V.)
infamar
ofender (V.)
oprobiar
agraviar
ultrajar (V.)
molestar
ofender
vilipendiar
abaldonar
provocar
afrentar
deshonrar
denigrar
vejar
infamar
desairar
denostar
herir
despreciar
personalizar

s. disparatar
jurar
blasfemar (V.)
deslenguarse
maldecir
ofender de palabra
hablar mal
decir palabrotas
ser soez
decir groserías
dañar (V.)
menoscabar (V.)
lacerar
vulnerar
perjudicar
lastimar

(V. **injuria**)

a. *alabar-se*
bendecir-se
agradar-se
lisonjear-se
beneficiar-se
hermosear-se
rejuvenecer-se
favorecer-se

injurioso
s. ultrajante
ofensivo (V.)
insultante (V.)
grosero
maleducado
ineducado
molesto
irrespetuoso
humillante
vejatorio
afrentoso
contumelioso
duro
pesado
insolente
desagradable
sangriento

(V. **injuria**)

a. *beneficioso*
agradable
enaltecedor

injusticia
s. irregularidad
improcedencia
arbitrariedad (V.)
ilicitud
impunidad (V.)
ilegalidad (V.)
parcialidad (V.)
prejuicio
sinrazón (V.)
deslealtad
entuerto
inmoralidad
infracción
componenda
alcaldada
tropelía (V.)
capricho
antojo
abuso
desafuero
atropello (V.)
tiranía
favoritismo (V.)
desaguisado (V.)
despotismo
violencia (V.)
ofensa
sinrazón
mala fe
agravio
injuria (V.)
partida serrana
ley del embudo
malas artes
pagar el pato

r. Quien más hace, menos merece ■ Merecer y no alcanzar es para desesperar ■ Quien más trabaja, menos gana ■ Por el pecado de uno, pagan muchos

a. *justicia*
equidad
moralidad
legalidad

injustificable
s. **inexcusable** (V.)
irregular
indisculpable
indebido
inaceptable
injusto (V.)
ilícito
inicuo
vergonzoso
culpable
infame
(V. **injusticia)**
a. *justo*
lícito
disculpable

injustificado
(V. **injusto)**

injusto
s. **parcial** (V.)
arbitrario (V.)
indebido (V.)
inmotivado
ilícito (V.)
inicuo (V.)
injustificable (V.)
injustificado
inmoral
irrazonable (V.)
desaforado (V.)
abusivo
indigno (V.)
inaceptable
inmerecido
improcedente
gratuito
infundado (V.)
inmérito
malo
inmoral
leonino (V.)
torcido
violento (V.)
odioso
algarivo
olvidado
torticero
(V. **injusticia)**
a. *justo*
equitativo
legal
moral

inllevable
(V. **insufrible)**
(V. **desobediente)**

inmaculado
s. impecable
intachable (V.)
impoluto
limpio (V.)
blanco
puro (V.)
límpido
purísimo
nítido
diáfano
claro
a. *maculado*
sucio
impuro

inmaduro
s. tierno
crudo
verde (V.)
inmaturo
adelantado
temprano
precoz
royo
teniente
zocato
zorrollo
precoz
incipiente
prematuro (V.)
en agraz
s. **novato** (V.)
bisoño
aprendiz
inútil
desmañado
inhábil
ineficaz
incapaz
a. *maduro*
pasado
viejo
experto
hábil
apto
capaz

inmanencia
(V. **inherencia)**

inmanente
(V. **inherente)**

inmarcesible
s. inmarchitable
imperecedero
perenne (V.)
perpetuo
eterno
duradero
durable
lozano (V.)
fresco
juvenil
galano
rozagante
puro
sempiterno
a. *marchitable*
perecedero
fugaz
transitorio
ajado
viejo
seco

inmarchitable
(V. **inmarcesible)**

inmaterial
s. anímico
sutil (V.)
etéreo
alado
invisible
incorpóreo (V.)
incorporal
irreal
imaginario
infigurable
fantástico
impalpable (V.)
intangible
intelectual
abstracto
mental
espiritual (V.)
sobrenatural
suprasensible
metafísico
ideal
imponderable
moral (V.)
(V. **inmaterialidad)**
a. *corpóreo*
real
material
de carne y hueso
terrenal
terreno
palpable
visible
natural
concreto

inmaterialidad
s. incorporeidad
abstracción (V.)
espíritu (V.)
alma
ficción
inexistencia
fantasía
vacío
éter
sombra
espectro
apariencia
nube
espiritualidad (V.)
intangibilidad
intelecto
intelectualidad
metafísica
idealidad
sutileza (V.)
ingravidez (V.)
irrealidad
a. *materialidad*
realidad
existencia
concreción
verdad
materia

inmaturo
(V. **inmaduro)**

inmediación
s. extrarradio
proximidad (V.)
cercanía
vecindad
contorno
contigüidad
inmediatez
aledaños
arrabales
afueras
alrededores (V.)
suburbios
a. *lejanía*
apartamiento
separación

inmediatez
(V. **inmediación)**

inmediato
s. cercano
directo (V.)
próximo (V.)
reciente (V.)
contiguo (V.)
vecino
pegado
propincuo
seguido (V.)
consecutivo
yuxtapuesto
adjunto
allegado
lindante
frontero
fronterizo
rayano
limítrofe
tocante
tocando
seguido
junto
yacente
s. **rápido** (V.)
pronto
inminente (V.)
urgente
presto
veloz
raudo
ininterrumpido
siguiente
enseguida
a continuación
(V. **inmediación)**
a. *lejano*
distante
alejado
separado
lento
tardío
despacioso

inmedible
(V. **inconmensurable)**

inmedicable
(V. **incurable)**
(V. **irremediable)**

inmejorable
s. bueno
perfecto
excelente (V.)
óptimo (V.)
insuperable (V.)
imponderable
notable
sin par
perfecto
impar
de marca mayor
maravilloso
estupendo
magnífico
a. *malo*
pésimo
fatal

inmemorable
(V. **inmemorial)**

inmemorial
s. inmemorable
añejo
arcaico
prehistórico
remoto
primitivo
antidiluviano
antiguo (V.)
desconocido
remoto
vetusto (V.)
histórico
pretérito
pasado
rancio
del tiempo de Maricastaña
del tiempo del Rey que rabió.
a. *actual*
nuevo
moderno
próximo
hogaño

inmensidad
s. infinitud
infinidad (V.)
infinito (V.)
multitud (V.)
numerosidad
gigantez
exorbitancia
muchedumbre
innumerabilidad
vastedad (V.)
magnitud
grandeza
grandiosidad (V.)
enormidad
infinitud
miríada (V.)
enormidad
atrocidad
cantidad
innúmero
espaciosidad (V.)
océano (V.)
a. *escasez*
pequeñez
limitación
límite
estrechez

inmenso
s. **infinito** (V.)
extenso
incontable
inconmensurable
vasto
grandioso (V.)
crecido
considerable
indefinido
enorme
ilimitado
innumerable (V.)
interminable
colosal (V.)
fenomenal
monstruoso
ancho
desmesurado
exorbitante
extraordinario
incalculable (V.)
gigante
gigantesco
ilimitable
incircunscripto
inmensurable
dilatado
como una casa
insondable
inacabable
desmedido
insondable
anchuroso
perpetuo
sin cuento
sin límite
como el océano
(V. **inmensidad)**
a. *pequeño*
estrecho
reducido
escaso
limitado
minúsculo

inmensurable
(V. **insondable)**
(V. **incalculable)**

inmerecido
(V. **injusto)**
(V. **infundado)**

inmergir-se
(V. **sumergir-se)**

inmersión
s. **sumersión** (V.)
sumergimiento
hundimiento
chapuzón (V.)
zambullida
mojadura
caladura
baño
bajada
calada
demersión
buceo
descenso
somormujo
sondeo
sondaje
ahogamiento (V.)
remojo
s. **eclipse** (V.)
a. *salida*
ascenso
ascensión
aparición
elevación

inmerso
s. **sumergido** (V.)
abismado
zambullido
hundido
sumido
anegado
inmergente
(V. **inmersión)**
a. *despejado*
atento
ascendido

inmigración
s. **entrada** (V.)
acceso
llegada
migración (V.)
afluencia
desplazamiento
éxodo
traslado
establecimiento
arribo
a. *emigración*
salida

inmigrante
s. **llegado** (V.)
entrado
inmigrado
desplazado
expatriado
establecido
(V. **inmigración)**
a. *emigrante*
salido

inmigrar
s. **llegar** (V.)
entrar
establecerse
arribar
afluir
migrar (V.)
trasladarse
desplazarse
cambiar
(V. **inmigración)**
a. *emigrar*
salir
irse

inminencia
s. **proximidad**
cercanía
vecindad
contigüidad
s. perentoriedad
prisa
apremio
urgencia (V.)
prontitud
celeridad
a. *lejanía*
distancia
alejamiento
lentitud
morosidad
premiosidad
tardanza

inminente
s. **inmediato** (V.)
próximo (V.)
cercano
pronto
apremiante (V.)
perentorio (V.)
imperioso
inaplazable
amenazador

(V. **inminencia**)

a. *remoto*
lejano
tardo
premioso
lento
moroso

inmiscuirse
s. **intervenir** (V.)
mezclarse (V.)
entremeterse (V.)
interponerse
injerirse (V.)
meterse
entrometerse (V.)
entremezclarse
promiscuar
introducirse (V.)
entreverarse
meterse donde no le llaman
meterse en camisa de once varas
meterse a Redentor
meter baza
meter cuchara
cucharetear
terciar
tomar parte
mediar
curiosear (V.)
fisgonear

a. *desentenderse*
desinteresarse
inhibirse
abstenerse

inmisión
(V. **inspiración**)

inmoble
(V. **inmóvil**)
(V. **constante**)

inmoderación
s. intemperancia
desenfreno (V.)
exceso (V.)
desorden
violencia
exageración (V.)
desmedida
descomedimiento
incontinencia
desvergüenza
desarreglo
vicio
libertinaje
incorrección
desmesura
descarrío
descaro

a. *moderación*
mesura
comedimiento
templanza
vergüenza
moral
enderezamiento
prudencia
medida
defecto
continencia
sobriedad
morigeración
suavidad

inmoderado
s. descomedido
intemperante (V.)
desorbitado
descabellado
descompuesto
destemplado
incontinente
desmedido
desvergonzado
desenfrenado (V.)
desarreglado
excesivo (V.)
desconsiderado
exagerado (V.)
vicioso
libertino (V.)
incorrecto
descompasado
desmesurado
inmódico
intemperante

(V. **inmoderación**)

a. *comedido*
atemperado
moderado
mesurado
templado
prudente
sobrio
mosigerado
suave

inmodestia
s. orgullo
altanería
altivez
alarde
soberbia
fatuidad
vanagloria
engreimiento
presunción (V.)
jactancia
petulancia
ostentación
pedantería (V.)
arrogancia
vanidad (V.)
hinchazón
tufos
entono
tontería
humos
suficiencia
envanecimiento
ensoberbecimiento

s. **impudor** (V.)
indecencia
deshonestidad (V.)

a. *sencillez*
humildad
timidez
recato
sobriedad
austeridad
pudor
honestidad

inmodesto
s. **presumido** (V.)
orgulloso
vano
vanidoso (V.)
fatuo
altivo
altanero
presuntuoso
arrogante
pedante (V.)
petulante
engreído
soberbio
jactancioso
hinchado
suficiente
ensoberbecido
envanecido

s. **deshonesto** (V.)
indecente
impúdico (V.)
libertino

(V. **inmodestia**)

a. *modesto*
sencillo
humilde
tímido
corto
recatado
sobrio
pudoroso
honesto

inmolación
s. **sacrificio** (V.)
hecatombe
muerte
catástrofe
matanza
ofrenda
ofrecimiento
voto
holocausto
expiación
homenaje
renuncia (V.)

a. *perdón*
condonación

inmolar
s. **sacrificar** (V.)
degollar
expiar
matar
ofrecer
ofrendar
degollar
eliminar
renunciar (V.)

(V. **inmolación**)

a. *perdonar*
condonar
vivir

inmoral
s. **antimoral** (V.)
disoluto
licencioso
desaprensivo (V.)
suelto
desvergonzado
impúdico
incasto (V.)
crapuloso
sexualidad (V.)
deshonesto (V.)
desgarrado
roto
escandaloso
inmundo (V.)
lujurioso
lúbrico
despreciable
perdido
perdis
indigno
injusto
malicioso (V.)
inicuo
puerco
laxo
ilícito
verde
liviano
picaresco
pornográfico
pecaminoso (V.)
obsceno (V.)
goliardo
gamberro
censurable (V.)
escabroso (V.)
podredumbre (V.)
inconveniente (V.)
picante (V.)
calavera
jaranero
lipendi
pícaro
distraído
truchimán
profano
desmoralizador
destructivo
disolvente
incorregible
indecoroso
desenfrenado (V.)

(V. **inmoralidad**)

a. *honesto*
moral
casto
decoroso
virtuoso
honrado
limpio
decente
recatado
vergonzoso
recto
ético
justo
lícito
ordenado

inmoralidad
s. **inmundicia** (V.)
deshonestidad
indignidad (V.)
injusticia
indecencia
escándalo
irreverencia
indecorosidad
desaprensión (V.)
inmodestia
cinismo (V.)
garzonía
crueldad
desenfreno
bohemia
desorden
pravedad (V.)
lujuria
liviandad
obscenidad
procacidad
irregularidad
desvergüenza (V.)
extravío
prostitución
borrachera
vagancia
libertinaje (V.)
placer
perdición
pornografía
porquería (V.)
relajación
perversión (V.)
incontinencia
crápula (V.)
vicio (V.)
envilecimiento
truhanería
disolución
canallada
vileza
villanía
malas artes

a. *honestidad*
bondad
castidad
moralidad
virtud
decencia
honradez
decoro
vergüenza
conciencia
ética
rectitud
nobleza
maldad
dignidad
modestia
continencia

inmortal
s. imperecedero
indefinido
eterno (V.)
perpetuo
duradero (V.)
perdurable
sempiterno
interminable
eviterno
permanente
inacabable
estable
inextinguible
indestructible
perenne
subsistente

(V. **inmortalidad**)

a. *perecedero*
caduco
temporal
mortal
fugaz
transitorio
mudable
efímero

inmortalidad
s. perdurabilidad
eternidad (V.)
perpetuidad
perennidad
diuturnidad
estabilidad
continuidad
sempiternidad
gloria (V.)
fénix (V.)

a. *caducidad*
temporalidad
transitoriedad
fugacidad

inmortalizar-se
s. perpetuar
eternizar (V.)
persistir
perdurar (V.)
durar
prolongar
conmemorar
vincular
recordar
perseverar

(V. **inmortalidad**)

a. *morir-se*
olvidar-se
desaparecer
transitar

inmotivado
(V. **injustificado**)
(V. **infundado**)

inmoto
(V. **inmóvil**)

inmóvil
s. **quieto** (V.)
fijo (V.)
firme (V.)
inactivo (V.)
quedo
invariable
inmovible
inmoble
inmutable (V.)
inmoto
inanimado
inmueble
sedentario
petrificado
inflexible (V.)
inamovible
paralizado
rígido (V.)
aterido (V.)
envarado
entumecido
agarrotado
tieso
estante
estático (V.)
clavado
pasivo
sosegado
estacionado
detenido
yerto (V.)
inerte
estadizo
de una pieza
como un poste
más fijo que una roca
rígido como un cadáver
más tieso que un muerto

(V. **inmovilidad**)

a. *movible*
móvil
variable
blando
activo

inmovilidad
s. **quietud** (V.)
reposo (V.)
tranquilidad
inactividad
invariabilidad
pasividad
fijeza
anquilosis
catalepsia
nirvana
letargo
estatismo
detención
inercia (V.)
estabilidad
calma
inacción
parálisis (V.)
permanencia
entumecimiento
poso
impavidez
éxtasis
paciencia
estancamiento
estacionamiento
equilibrio
marasmo (V.)

a. *movilidad*
movimiento
acción
dinamismo
actividad
impaciencia

inmovilización

s. **parálización** (V.)
sujeción
retención (V.)
detención
encadenamiento
consolidación
prohibición
privación
coacción
coartación (V.)
embargo
congelación

a. *movilización*
movimiento
dinamismo
autorización

inmovilizar-se

s. asegurar
sujetar (V.)
atar
consolidar
retener
encadenar
afirmar
clavar
fijar
detener (V.)
permanecer
estacionar
asegurar
bloquear
obstaculizar
estorbar
impedir
encasquillarse
calarse
embargar
entorpecer
frenar (V.)
parar (V.)
paralizar (V.)
plantar
trabar

s. dominar
cohibir (V.)
influir
vencer
subyugar (V.)
hechizar
encantar

s. aquietar
sosegar (V.)
tranquilizar
consolar
calmar
asentar (V.)
establecer
fundar (V.)
permanecer
echar raíces

s. **agarrotarse** (V.)
entumecerse
aterirse
congelarse (V.)
pasmarse (V.)
envararse
encalambrarse
arrecirse
aterecerse
petrificarse
quedarse de una pieza
quedarse petrificado
quedarse de piedra

(V. **inmovilización**)

a. *movilizar-se*
mover-se
marchar-se
cambiar-se
empujar-se
liberar-se
desencantar-se
irritar-se
excitar-se
derretir-se

inmueble

s. **edificio** (V.)
casa
propiedad (V.)
finca
vivienda
construcción
posesión
predio
tierra

a. *mueble*
enser
cosa
objeto
trasto
cachivache
trebejo

inmundicia

s. **suciedad** (V.)
porquería
marranada
asquerosidad
ascosidad
bascosidad
mugre
cochambre
bacinada
guarrada
desperdicios
excremento
basura (V.)
sordidez
gorrinería

s. impureza
deshonestidad
vicio
impudicia
inmoralidad (V.)
obscenidad

a. *limpieza*
aseo
decencia
pudor
honestidad
moralidad
virtud

inmundo

s. astroso
sucio (V.)
asqueroso (V.)
marrano
guarro
gorrino
repugnante
manchoso
adán
cochino
mugroso
mugriento
cochambroso
roñoso
puerco
nauseabundo
chamagoso

s. vicioso
obsceno
depravado
impuro
inmoral (V.)

(V. **Inmundicia**)

a. *limpio*
resplandeciente
moral
decente
puro
intachable

inmune

s. exceptuado
libre
exento
limpio
ajeno
franco
salvo
protegido
privilegiado
dispensado
inmunizado
inatacable (V.)
invulnerable (V.)
inviolable (V.)
indemne

s. sano
incólume
resistente

(V. **inmunidad**)

a. *débil*
sujeto a
vulnerable
atacable

inmunidad

s. exención
libertad
liberación
invulnerabilidad (V.)
inviolabilidad (V.)
exoneración
dispensa
privilegio (V.)
protección
seguridad (V.)
indemnidad (V.)
prerrogativa
descargo
protección
mitridatismo
franquicia
fuero
carta blanca
puerto franco
bula

s. **resistencia** (V.)
vigor

a. *vulnerabilidad*
afección
desamparo
violación
debilidad
igualdad

inmunización

(V. **prevención**)

(V. **defensa**)

inmunizar-se

s. prevenir
eximir
exceptuar
exonerar
proteger (V.)
privilegiar
dispensar
librar
liberar
preservar
descargar
vacunar (V.)
invulnerabilizar
defender
robustecer (V.)
fortalecer

(V. **inmunización**)

a. *someter-se*
infectar-se
incluir-se
igualar-se
debilitar-se

inmutabilidad

s. **imperturbabilidad** (V.)
inalterabilidad
invariabilidad
impasibilidad
constancia
invaloración
insistencia
persistencia
inflexibilidad
estabilidad
temple
calma (V.)
quietud
indiferencia
firmeza
duración
perseverancia
constancia
conservación
permanencia
serenidad (V.)
reposo
calma chicha
insensibilidad
frialdad
fijeza

a. *inestabilidad*
mutabilidad
variabilidad

inmutable

s. **invariable** (V.)
imperturbable
inconmovible
inalterable (V.)
impasible (V.)
impertérrito
inmanente
inmudable
inquebrantable
incurable
indestructible
indisoluble
irremediable
insensible
inflexible
inexorable
permanente
constante
fijo (V.)
estable
firme (V.)
afirmado
estático
indeleble
templado
bragado
irrevocable
indisoluble
persistente
vivo
vivaz
constante
inmóvil (V.)
crónico
vigente
intacto
imborrable
inmodificable
inconmutable
inextinguible
intrépido
impávido
tranquilo (V.)
quieto
perseverante
tenaz
contumaz
calmoso
flemático
incesante
perenne
perpetuo
incambiable
estancado
pétreo
petrificado
estacionado

(V. **inmutabilidad**)

a. *agitado*
intranquilo
mudable
veleta
versátil
variable
inconstante
movible
sensible

inmutarse

s. alterarse
desconcertarse
turbarse (V.)
conturbarse
emocionarse (V.)
soliviantarse
palidecer
afectarse
conmoverse
embarbascarse
demudarse
azararse
violentarse
sobresaltarse
impresionarse (V.)

(V. **inmutabilidad**)

a. *tranquilizarse*
serenarse
contenerse

innato

s. **natural** (V.)
propio (V.)
ínsito
ingénito (V.)
singular
peculiar
personal
connatural
congénito
consustancial
esencial (V.)
nativo (V.)

a. *adquirido*
contraído
formado
constituido
conseguido

innavegable

s. infranqueable
peligroso
rocoso
bajo
osbtruido
obstaculizado

a. *navegable*
franqueable
abierto

innecesario

s. inútil
superfluo (V.)
infundado
fútil
redundante
desnecesario
sobrado
prolijo
excusado
farragoso
excesivo
prescindible (V.)
barroco
insignificante
nulo
ocioso (V.)
vano
sobrante
recargado
historiado

a. *imprescindible*
útil
necesario
indispensable
ineludible

innegable

s. **incuestionable** (V.)
irrefutable
indudable
indubitable
inequívoco
indiscutible (V.)
irrefregable
incontestable (V.)
evidente
cierto
real
positivo
indisputable
inatacable (V.)
palmario
seguro
apodíctico
auténtico
histórico
verídico
absoluto
incontrovertible (V.)
matemático
axiomático
claro
sencillo
inteligible
fijo
a ojos vista
dogmático
evangélico
veraz
demostrado
probado
que no admite réplica
verdad de Perogrullo

a. *erróneo*
equivocado
dudoso
discutible

innoble

s. **indigno** (V.)
infame
mezquino (V.)
pequeño (V.)
vil
despreciable (V.)
abyecto
desleal
bajo
ruin
rastrero (V.)
traidor
lamedor
perverso
malvado
depravado
canalla
felón
falso (V.)

a. *noble*
leal
honrado

innocuidad

s. inocuidad
inoperancia
inocencia (V.)
indefensión
inofensividad
anodinez
insubstancialidad
sosería
inactividad (V.)
inacción
inercia

a. *malicia*
maldad
nocividad
astucia
actividad
acción

innocuo
s. inocuo
inofensivo (V.)
anodino
insubstancial
innocivo
inerme
imbele
inocente (V.)
desarmado
soso
(V. **innocuidad)**
a. *maligno*
nocivo

innominado
(V. **anónimo)**

innovación
s. **creación** (V.)
cambio (V.)
novedad (V.)
idea
invención
invento
mejora
primicia
perfeccionamiento
renovación
descubrimiento
progreso
adelanto
improvisación
modificación
transformación
a. *permanencia*
conservación
mantenimiento
inalterabilidad

innovador
s. **inventor** (V.)
iniciador (V.)
descubridor (V.)
renovador
improvisador
novador (V.)
reformador
introductor
revolucionario
renovador
cambiador
(V. **innovación)**
a. *plagiador*
copista
copiante

innovar
s. descubrir
inventar (V.)
reformar
renovar
novar
alterar
mudar
variar
modificar
transformar
modernizar (V.)
descubrir
cambiar (V.)
transmutar
corregir
rectificar
enmendar
(V. **innovación)**
a. *continuar*
repetir
insistir

innumerabilidad
s. inmensidad
innumeridad
muchedumbre
masa
copia
incontabilidad
numerosidad
piélago
infinidad (V.)
a. *poquedad*
escasez
ausencia
falta

innumerable
s. **incalculable** (V.)
incontable
interminable
innúmero
inmenso (V.)
numeroso
crecido
múltiple
copioso
sin fin
infinito
ilimitado (V.)
inconmensurable
indeterminado
archipiélago
(V. **innumerabilidad)**
a. *finito*
concreto
escaso
determinado

innúmero
(V. **innumerable)**

inobediencia
(V. **desobediencia)**

inobediente
(V. **desobediente)**

inobservancia
s. contravención
incumplimiento (V.)
informalidad
quebrantamiento
violación
infracción (V.)
informalidad
desobediencia
omisión
descuido
negligencia
olvido
vulneración
a. *observación*
cumplimiento
acatamiento
formalidad
respeto

inobservante
s. **incumplidor** (V.)
infractor (V.)
contraventor
vulnerador
informal
desobediente
olvidadizo
descuidado
negligente
quebrantador
violador
(V. **inobservancia)**
a. *acatador*
observante
cumplidor
respetuoso

inocencia
s. **infantilismo** (V.)
candidez (V.)
candor
credulidad
limpieza (V.)
puericia (V.)
puerilidad (V.)
pureza (V.)
virginidad
simpleza
simplicidad
virtud
ingenuidad (V.)
honradez
sencillez
buena fe
inocuidad (V.)
bobería
s. inculpabilidad
irresponsabilidad
justificación
exculpación (V.)
coartada
salva
sobreseimiento
absolución
a. *culpabilidad*
malicia
responsabilidad
astucia
desconfianza
transgresión
delincuencia
desconfiado
malvado
culpable
responsable
reo
transgresor
comprometido

inocentada
s. **gedeonada** (V.)
burla (V.)
engaño (V.)
plancha
enredo
pega
cancamusa
bribia
trampa
socaliña
trápala
novatada (V.)
a. *seriedad*
gravedad

inocente
s. **angelical** (V.)
puro
cándido (V.)
infeliz
candoroso
limpio (V.)
puro
casto (V.)
sencillo
infantil (V.)
ingenuo (V.)
virginal
simple (V.)
bobalicón
inofensivo (V.)
honrado
palomo
bueno
bondadoso
simplón
virgen
s. **libre** (V.)
inculpado
absuelto
horro
salvo
exculpado (V.)
irresponsable
s. **innocuo** (V.)
engañadizo
inofensivo
(V. **inocencia)**
a. *malicioso*
impuro
culpable
astuto

inocentón
(V. **simple)**
(V. **ingenuo)**

inocuidad
(V. **innocuidad)**

inoculación
s. contagio
contaminación
comunicación (V.)
transmisión
(V. **vacunación)**
a. *esterilización*
purificación

inocular-se
s. contagiar
transmitir
comunicar
vacunar (V.)
s. **pervertir** (V.)
malear
dañar
infundir
corromper
viciar
(V. **inoculación)**
a. *sanear*
regenerar
esterilizar
purificar

inocuo
(V. **innocuo)**

inocupado
(V. **desocupado)**
(V. **vacío)**

inodoro
s. **neutro** (V.)
sin olor
desodorante
limpio
puro
soso
grato
s. **retrete** (V.)
evacuatorio
taza
a. *odorífero*

inofensivo
s. **innocuo** (V.)
inocuo
innocivo
inocente (V.)
imbele
inerme
pacífico
candoroso
ingenuo (V.)
angelical
tranquilo
desarmado
a. *dañino*
perjudicial
perverso

inolvidable
s. indeleble
imperecedero (V.)
inmortal
inmemorial
memorable (V.)
memorando
famoso
ilustre
importante
histórico
distinguido
señalado
imborrable
recordable
perenne
inomitible
célebre
notable
afamado
acreditado
a. *desapercibido*
olvidado

inope
(V. **pobre)**

inoperable
s. **incurable** (V.)
desahuciado
desesperado
difícil
a. *curable*
esperanzador

inoperante
(V. **ineficaz)**

inopia
(V. **pobreza)**
(V. **ignorancia)**

inopinado
s. inesperado
repentino
impensado
imprevisto (V.)
súbito
súpito
fortuito
casual
incogitado
subitáneo
brusco
rápido
accidental
de repente
de sopetón
como caído del cielo
de súbito
de la noche a la mañana
sin pensarlo
de manos a boca
a. *previsto*
esperado
adrede

inoportunidad
s. inconveniencia
indiscreción (V.)
incongruencia
impertinencia (V.)
desconveniencia
improcedencia (V.)
intempestividad
contratiempo
contrariedad
deshora
destiempo
zanganada
retardación
incorrección (V.)
extemporaneidad
disparate
trompetada
zanganada
despropósito
desacierto
memez
necedad
pampringada
anticipación
salida de tono
salida de pie de banco
fuera de lugar
importunación (V.)
pitada (V.)
no le veo la punta
no se a qué santo
r. ¡A buena hora mangas verdes!
■ Cuando pude, no quise; cuando quiero no puedo
■ Buenas palabras; pero no encajan
a. *oportunidad*
acierto
tino
precisión
congruencia
procedencia
conveniencia
pertinencia
coyuntura
ocasión

inoportuno
s. **desplazado** (V.)
importuno (V.)
improcedente
inadecuado (V.)
inconveniente
incorrecto (V.)
prematuro
extemporáneo (V.)
incongruente
espantanublados (V.)
chocante
indiscreto (V.)
desaconsejado (V.)
inopinado
impropio
intempestivo (V.)
insospechado
imprevisto
anacrónico
desacertado
dasacatado
desatinado
impertinente (V.)
discordante
contradictorio
absurdo
avechucho
desusado
malapata
anticipado
mala sombra
moscatel (V.)
retardado
tardío (V.)
a destiempo
a contrapelo
disparatado
fuera de lugar
como a un Cristo tres pistolas
no le pega ni con cola
(V. **inoportunidad)**
(cont.)

a. *oportuno*
adecuado
atinado
justo
pertinente
indicado
congruente
apropiado
propio
conveniente
procedente
inspirado

inordenado
(V. **desordenado)**

inorgánico
(V. **compuesto)**
(V. **inanimado)**
(V. **desordenado)**

in péctore
(V. **reservado)**

in promptu
(V. **improvisado)**
(V. **repentino)**

in púribus
(V. **desnudo)**

inquebrantable
s. inalterable
invariable
constante
inflexible
tenaz
firme (V.)
insobornable
resuelto
roqueño
inexpugnable
impávido
infrangible
inmanente
inmutable
indeleble
permanente
irreducible (V.)
diamantino (V.)
a. *asequible*
benévolo
dócil
frágil
débil

inquietador
s. provocador
inquietante (V.)
sedicioso
faccioso
excitador
inquieto
bullicioso
amotinado
intranquilizador
alarmista
alarmante
bullanguero
(V. **inquietud)**
a. *tranquilizador*
pacificador
sosegador

inquietante
s. **alarmante** (V.)
angustioso
amenazador
turbador (V.)
conmovedor
grave
difícil
peliagudo
intranquilizador (V.)
escabroso
peligroso (V.)
estremecedor
preocupante
inquietador (V.)
(V. **inquietud)**
a. *tranquilizador*
tranquilizante
sosegador
sedante
confortante

inquietar-se
s. **intranquilizar** (V.)
desasosegar
desatentar
costar
impacientar
incomodar
molestar (V.)
agitar
alarmar
desazonar (V.)
importunar
incomodar
fastidiar
soliviantar
jorobar
asurar
acalorar
mortificar
erizarse (V.)
avisparse
afligirse
reconcomerse
desasosegarse
deshacerse
impacientarse
desvelarse
comerse
derretirse
atormentarse
torturar (V.)
excitar
enfadar
enojar
pesar (V.)
sobresaltar (V.)
pudrirse
recelar
angustiar
preocupar (V.)
conturbar (V.)
revolver
exasperar (V.)
sacar las cosas de quicio
no poder parar
ser como el azogue
no cocérsele a uno el pan
ser un taravilla
no caber el corazón en el pecho
estar con el alma en un hilo
estar vendido
estar sobre ascuas
estar en la cuerda floja
remorder la conciencia
picar el gusanillo de la conciencia
tener espinas
(V. **inquietud)**
a. *tranquilizar-se*
sosegar-se
calmar-se
despreocupar-se

inquieto
s. **intranquilo** (V.)
preocupado (V.)
impertinente
bullicioso
alarmista
alarmante
activo (V.)
desazonado (V.)
agitado (V.)
alterado
rebelde (V.)
faccioso
soliviantado (V.)
tenso (V.)
desordenado
nervioso
celoso
vivaracho
travieso (V.)
taravilla
resuelto
diligente
activo
impacientado
impaciente (V.)
zozobroso
revolvedor
revoltoso
perturbador (V.)
alborotador
torturado
sedicioso
amotinado
alocado
precipitado
irreducible
conturbado (V.)
insatisfecho (V.)
saltabardales
tarantulado
zascandil
azogado (V.)
bullebulle (V.)
zarandillo
molinillo (V.)
erizado (V.)
movedizo (V.)
torbellino (V.)
excitado
argadillo
trafalmejas
confuso
turbulento (V.)
revuelto (V.)
excitado
diligente (V.)
emprendedor
dislocado
caótico
tumultuoso
(V. **inquietud)**
a. *tranquilo*
pacífico
indolente
sosegado

inquietud
s. alarma
impaciencia
intranquilidad (V.)
disgusto
desasosiego
quebradero (V.)
desazón (V.)
angustia
sobresalto (V.)
duda
sospecha
vacilación
tortura (V.)
comezón (V.)
nerviosidad (V.)
celos (V.)
aquejamiento (V.)
escrúpulo
remordimiento (V.)
temor
molestia
cuidado (V.)
confusión
zozobra
carcoma
gusanillo
cosquilleo
azoguillo
varapalo (V.)
tormento
torozón
ansiedad
turbulencia (V.)
hervor
alteración
ajetreo
disforía
malestar (V.)
expectación
reconcomio
preocupación (V.)
expectación
mosca
escarabajeo
desvelo
susidio
excitación (V.)
conturbación (V.)
agitación (V.)
conflicto
disgusto (V.)
irregularidad
desenfreno
sacudida
escándalo
revuelta
jaleo
sin orden ni concierto
todo patas arriba
quebradero de cabeza
mala noche
desaliento
desagrado
problema
a. *tranquilidad*
sosiego
paz
calma
despreocupación
bienestar
comodidad

inquilinato
s. alquiler
arrendamiento (V.)
arriendo
cesión
contrato
s. contribución
tributo (V.)

inquilino
s. **arrendatario** (V.)
vecino
ocupante
alquilador

inquina
s. **antipatía** (V.)
aversión
odio
mala voluntad
enemistad
aborrecimiento
ojeriza
malquerencia
animosidad
animadversión
tirria
malevolencia
hostilidad
antagonismo
rivalidad
repulsión
repugnancia
acritud
resentimiento
aspereza
entre ojos
rencor
a. *simpatía*
amistad
amor
agrado

inquinar
(V. **manchar)**
(V. **contagiar)**

inquiridor
s. **preguntón** (V.)
rastreador
indagador
investigador
inquisidor (V.)
inquisitivo
(V. **inquirición)**
a. *discreto*
comedido
circunspecto

inquirir
s. **examinar** (V.)
indagar (V.)
preguntar
investigar (V.)
escrutar
descubrir
hallar
perquirir
interrogar (V.)
inferir
sorprender
deducir
colegir
sospechar
escuchar
rastrear (V.)
sondar (V.)
escarbar
examinar
desenvolver
desencapotar
penetrar
advertir
informarse
escudriñar
(V. **inquisición)**
a. *desentenderse*
abstenerse
inhibirse

inquisición
s. **indagación** (V.)
información
pesquisa (V.)
averiguación
perquisición
pesquisición
escudriñamiento
fisgoneo
s. Tribunal Eclesiástico
Santo Oficio
s. **castigo** (V.)
tormento
excomunión
auto de fe
cárcel
a. *desinterés*
abstención
inhibición

inquisidor
s. inquiridor
inquisitivo
perquisidor
pesquisidor
investigador (V.)
informador
averiguador
escudriñador
fisgón (V.)
fisgador
hurón
oliscador
zahón
sonsacador
descubridor
buscavidas
soltadizo
sacatrapos
mirón
espía
zahorí
curioso
pesquisante
s. **juez** (V.)
s. inquisidor apostólico
inquisidor general
inquisidor de Estado
inquisidor ordinario
(V. **inquisición)**

inquisitivo
(V. **inquisidor)**

inri
(V. **burla)**
(V. **insulto)**

insaciable
s. **insatisfecho** (V.)
hambriento
hambrón
ansioso
ávido (V.)
glotón
comilón
tragón
avaricioso
egoísta
famélico
hidrópico
envidioso
avaro (V.)
ambicioso
apetitivo
a. *satisfecho*
harto
ahíto

insaculación
(V. **sorteo)**
(V. **votación)**

insacular
(V. **sortear)**
(V. **votar)**

insalivación
(V. **salivación)**

insalubre
s. perjudicial
malsano (V.)
mefítico
dañino
enfermizo
morboso
nocivo
insano
pernicioso
desfavorable
pestífero
infecto
malo
antihigiénico
apestoso
pestilente
(V. **insalubridad)**
a. *sano*
benéfico
favorable
saludable
salubre
salutífero
higiénico

insalubridad
s. **nocividad** (V.)
perjuicio
daño
veneno
infección
pestilencia

a. *salubridad*
higiene

insalvable
(V. **insuperable**)

insanable
(V. **incurable**)

insania
(V. **locura**)

insano
(V. **loco**)
(V. **insalubre**)

insatisfecho
s. **descontento** (V.)
disgustado
malhumorado
discrepante
desavenido
resentido
quejoso
contrariado
decepcionado
afligido
inquieto (V.)
insaciable (V.)
ansioso
avaro
ambicioso (V.)
codicioso
anhelante

a. *satisfecho*
contento
alegre
acorde
ilusionado
ahíto
repleto
comedido
moderado

inscribir-se
s. **grabar** (V.)
trazar
imprimir
inculcar
conmemorar
perpetuar
rememorar
inmortalizar

s. **catalogar** (V.)
empadronar (V.)
asentar
apuntar
alistar (V.)
anotar
adscribir
extender
incluir
abonar
sentar
matricular (V.)
colegiarse
subscribirse (V.)
consignar
registrar (V.)
afiliar
filiarse (V.)
escribir (V.)
enrolar (V.)
incorporarse (V.)
impresionar (V.)
(V. **inscripción**)

a. *tachar*
borrar
dar de baja
olvidar

inscripción
s. **afiliación** (V.)
adscripción
incorporación (V.)
apuntación (V.)
alta
abono
asiento
abonamiento
suscripción (V.)
enganche

s. **letrero** (V.)
escrito (V.)
leyenda
emblema
epigrama
epígrafe (V.)
rótulo
etiqueta
cartel
marbete
lápida
laude
exergo
dedicatoria
epitafio (V.)
piedra
padrón
matrícula (V.)
rótulo

a. *baja*
dimisión
salida

inscrito
s. asentado
titulado (V.)
apuntado
abonado
anotado (V.)
afiliado (V.)
colegiado
enganchado
suscrito
subscrito
dado de alta
(V. **inscripción**)

a. *borrado*
tachado
dado de baja

insecticida
s. **veneno** (V.)
tóxico
fumigación

s. albarraz
pelitre
hierba piojera
taminia
tamínea
cebadilla
mastranzo
petra
estafisagria
(V. **insecto**)

insecto
s. **gusano** (V.)
gusano de seda
parásito
bicho
bicharraco
sabandija
sabandijuela
oruga
royega
polilla
teña
estro
pintón
arañueña
arañuelo
cuca
coco
córsalo
cariedón
gata
corocha
rezno
pintón
rosquilla
mida
convólvula
brugo
landrilla
lita
rosones
cascarrojas

s. *coleópteros*
lucánidos
coccinélidos
heterómeros
trímeros
cermabícidos
pentámeros
crisomélida
luciérnaga (V.)
girino
escarabajo
escarabajo pelotero
escarabajo bolero
escarabajuelo
zapatero
torito
carraleja
catanga
aceitera
abad
abadejo
cubilla
cubillo
carcoma
vinotera
matahombres
caroncho
caronjo
gorgojo
corca
coso
mordihuí
esquila
abejorro
barrenillo
taladrilla
santaferesa
vaca de San Antón
cantárida
mosca de España
mariquita
sanantica
asnillo
macuba
algavaro
alfazaque
altica
pilme
cebrión
melolonta
cicindela
cárabo
carenóstilo
catanga
pilme
cebrión
baticabeza
carbunco
catarinita
cucubano
víbora volante
necróforo
pololo
curita
dermesto

s. *himenópteros*
abeja (V.)
abeja carpintera
abeja albañila
abejarrón
abejón
ahorcadora
avispón
zompopo
jicote
crabrón
galga
hormiga (V.)
catzo
centris
moscardón
gabarro
pica y huye
avispa
camoatí
tacuache
moscarrón

s. *lepidópteros*
mariposa (V.)
bómbice
castuga

s. *ortópteros*
acrídidos
saltamontes (V.)
langosta (V.)
rezandera
mosquito
mantis religiosa
cortón
barata
alacrán cebollero
callueso
tijereta
teca
campanero
corredera
grillotalpa
piojo
piojillo
cucaracha
cortapisos
cortapicos
fótula
curiana
grillo
grillo cebollero
grillo real
blata
lepisma
tisanuro

s. *dípteros*
afanípteros
pulícidos
nematócero
chupadores
mosca (V.)
mosco
mosquito
pulga
colicoli
nigua
pique
jején
sote
sotuto
landrilla
cínife
tábano
típula
tabolango
cénzalo
tabarro
asilo

s. *hemípteros*
chupadores
anopluros
homópteros
cóccidos
cicádidos
piojo (V.)
pulgón
ladilla
alquermes
áqueta
carmes
chinche
cigarra
cigarrón
chicharra
ajolín
cércopo
tetigonia
cogollo
cochinilla
zapatero
tejedor
gusano de San Antón
guagua
grana
sanantica
cucaracha
coliguacho
filoxera
coyuyo
vinchuca
mariquita
garapito
calapatillo
galapatillo
kermes
reduvio
saltarilla

s. *neurópteros*
efemeroides
termítidos
efemerópteros
termes
termita
comején
hormiga león
caballo del diablo
caballito de San Vicente
cachipolla
efímera
libélula
gallito
matapiojos

s. *miriápodos*
artrópodos
miriópodos
ciempiés
cientopiés
cardador
escolopendra
mancaperro
congorocho

s. muda
metamorfosis
crisálida
ninfa
capullo
palomilla
carrocha
querocha
queresa
larva (V.)
landrilla
oruga (V.)
mariposa (V.)
arañuela
coco
cisticerco
tena

s. abdomen
ala
aguijón
élitro
antena
anillo
artejo
apéndice
trompa
epiglosis
palpo
quitina
tentáculo
nervio
metatarse
ojo compuesto
oviscapto
ocelo
cuerno
navaja
pinza
tarso
tela
coselete
tórax
metatórax
mesotórax
résped
estigma
dardo
guizque

s. hormiguero
nido (V.)
panal (V.)
jabardillo
enjambre
enjambrillo
avispero
celdilla
comejonera
grillera
pulguera

s. **picadura**
haba
grano
urticaria
roncha
habón

s. entomólogo

s. entomológico
insectil
díptero
hemíptero
homóptero
himenóptero
coleóptero
neuróptero
lepidóptero
miriápodo
miriópodo
artrópodo
efemeroide
termítido
efemeróptero
chupador
anopluro
cóccido
cicádido
afanípetro
pulícido
nematócero
ortóptero
acrídico
lepidóptero
himenóptero
coleóptero
lucánido
coccinélido
heterómero
trímero
cermabícido
pentámero
articulado
locústido
áptero
carábido
efemérido
dímero
xilófago
tisanuro
tetrámero
octópodo
flabelicornio
ceñido
arguíptero

s. **plaga** (V.)
nube

s. picar
querochar
carrochar
apolillar
roer (V.)
bordonear
cantar
zumbar
volar
morder (V.)
punzar
espulgar
esculcar
arracimarse
arrebozarse

a. *seguro*
firme
decidido
fuerte
constante
estable
fijo
cierto
inmutable
invariable
resuelto
lanzado

inseguridad
s. **inestabilidad** (V.)
instabilidad
inconsistencia
incertidumbre (V.)
duda (V.)
inconstancia (V.)
indecisión
vacilación (V.)
perplejidad
oscilación
cambio
bamboleo
agitación
mutabilidad
variabilidad
desequilibrio
irresolución
riesgo
compromiso
indisciplina
peligro
exposición
eventualidad
posibilidad
vaguedad
labilidad (V.)

a. *seguridad*
certidumbre
equilibrio
consistencia
firmeza
estabilidad
constancia

inseguro
s. instable
volado (V.)
inestable (V.)
provisional (V.)
vacilante (V.)
indeciso
dudoso (V.)
deleznable
deleble
inconstante (V.)
incierto (V.)
movedizo
móvil
mudable
precario (V.)
mutable
portátil
postizo
movedizo
perplejo
variable (V.)
desconcertado
falso
vago
sobrepuesto
superpuesto
postizo
frágil
de quita y pon
prendido con alfileres
en vilo
en tenguerengue

s. **irresoluto** (V.)
tímido
tartamudo (V.)

s. **apocado** (V.)
vergonzoso
corto
timorato
temeroso
pacato
amedrentado

(V. **inseguridad**)

inseminación
(V. **fecundación**)

inseminar
(V. **fecundar**)

insensatez
s. **desatino** (V.)
necedad (V.)
disparate (V.)
barrabasada
absurdo
botaratada
barbaridad
burrada
calaverada
dislate
ligereza
locura
temeridad
imprudencia (V.)
desacierto
enormidad
extravagancia
atrocidad
demasía
irracionalidad (V.)
exceso
demencia
contrasentido
desvarío
incoherencia
sandez
indiscreción
majadería
mentecatez (V.)
desconsideración
estolidez
precipitación

a. *sensatez*
juicio
prudencia
cordura
seso
reflexión
discreción

insensato
s. **necio** (V.)
estólido (V.)
tonto
badulaque
mastuerzo
zascandil
chisgarabís
alocado
desatinado (V.)
desquiciado
irreflexivo (V.)
irrazonable (V.)
imprudente (V.)
irracional (V.)
sandio
destornillado
mentecato (V.
desjuiciado
precipitado
calavera
tronera
calamidad
desaconsejado
equivocado
loco (V.)
mequetrefe (V.)
ligero
descabellado
disparatado (V.)
aturdido (V.)
extravagante
incoherente
contradictorio
obtuso
inocente
ingenuo (V.)
simple
cándido
necio (V.)

(V. **insensatez**)

a. *juicioso*
sensato
cuerdo
discreto
moderado
prudente
circunspecto
reflexivo
sesudo
lógico
coherente
recto
racional
serio
formal
astuto
avisado
avispado

insensibilidad
s. **indiferencia** (V.)
impasibilidad (V.)
indolencia
estupefacción
frialdad
dureza (V.)
crueldad (V.)
rigor
impiedad
bronce
inconsciencia (V.)
apatía
nirvana
tranquilidad
inalterabilidad
entereza
anodinia
letargo
sueño
sopor
arrobamiento (V.)
analgesia
catalepsia
parálisis
carosis
embotamiento
atontamiento
frigidez (V.)
estoicismo
acorchamiento (V.)
anestesia (V.)

s. como quien oye llover
ni se inmuta
como un poste

r. En no sentir está el dulce vivir ■ Ni siente ni padece

a. *sensibilidad*
consciencia
fervor
ternura
comprensión
impresionabilidad
afectividad
excitabilidad
emoción
hiperestesia
sensación
sentimiento

a. *benignidad*
generosidad

insensibilizar-se
s. encallecer
embotar
atontar
entontecer
acorchar
desmayarse
aletargarse
adormecer
narcotizar
anestesiar
cloroformizar
calmar
eterizar
curtir (V.)
endurecer (V.)
secarse
entorpecer
no inmutarse
ser duro
no tener corazón
perder el sentido
perder el conocimiento
ser impasible
ser flemático
tener sangre de horchata

(V. **insensibilidad**)

a. *sentir-se*
conmover-se
enardecer-se
enternecer-se

insensible
s. **duro** (V.)
cruel (V.)
inconmovible (V.)
impío
endurecido (V.)
curtido (V.)
encallecido
inhumano (V.)
inclemente
despiadado (V.)
pervertido
madero (V.)
sordo (V.)
tronco (V.)
empedernido (V.)
brutal
riguroso
severo
impasible (V.)
inexpresivo (V.)
inexorable
imperturbable
inconmovible

s. inerte
inanimado
inconsciente (V.)
aletargado
pasivo (V.)
adormecido
desmayado
exánime
yerto
inmóvil
paralizado
embotado
entorpecido
cloroformizado
anestesiado
frígido
frío
indiferente (V.)
hipnotizado
desvanecido

s. leve
indoloro (V.)
gradual (V.)
paulatino
imperceptible
suave

(V. **insensibilidad**)

a. *sensible*
tierno
piadoso
caritativo
generoso
flexible
comprensivo
animado
entusiasta
fervoroso
vivo
acalorado
impresionable
doloroso
repentino

inseparable
s. **inherente** (V.)
correspondiente
indivisible (V.)
consubstancial
unido
adjunto
junto
ligado
atado
fijado
vinculado
indiviso
unitario

s. fiel
íntimo (V.)
entrañable (V.)
hermano
amistoso
apegado
devoto

a. *separable*
desunido
desafecto
contrario
ajeno
extraño
divisible
plural

inserción
s. **inclusión** (V.)
embutimiento (V.)
implantación
penetración (V.)
engastamiento
encajamiento
introducción
empotramiento
intercalación (V.)

s. **publicación** (V.)
anuncio
divulgación

a. *exclusión*
silencio
omisión

inserir
(V. **insertar**)

(V. **injerir**)

(V. **injertar**)

insertar
s. **incluir** (V.)
introducir
intercalar
inserir
embutir (V.)
meter
implantar
engastar
empotrar
encajar (V.)
fijar
enterrar
clavar

s. **injertar** (V.)

s. **publicar** (V.)
editar
divulgar
anunciar
imprimir

(V. **inserción**)

a. *excluir*
sacar
extraer
silenciar
omitir

inserto
s. insertado
metido (V.)
incluido (V.)
introducido
implantado
embutido
engastado
encajado
empotrado
intercalado

s. **publicado** (V.)
editado
anunciado
impreso

(V. **inserción**)

a. *sacado*
excluido
inédito

inservible
s. **inútil** (V.)
deteriorado
estropeado (V.)
inaplicable
inaprovechable
ineficaz
desusado
improductivo
infecundo
innecesario
desaprovechado

a. *útil*
productivo
intacto
nuevo
arreglado

insidia
s. **asechanza** (V.)
maquinación
acecho
lazo
trampa (V.)
acechamiento
zancadilla
encrucijada
estratagema
emboscada
intriga
engaño (V.)
perfidia
garlito
celada
cepo
perfidia
cábala
traición
fraude

a. *sinceridad*
honradez
franqueza
fidelidad
claridad
franqueza

insidioso
s. **intrigante** (V.)
acechador
capcioso (V.)
insidiador
trasechador
espía
traidor
pérfido
artificioso
malintencionado
sofístico
trapacista
embaucador
fraudulento
cauteloso
engañoso (V.)
astuto
malévolo (V.)

(V. **insidia**)

a. *franco*
sincero
honrado
recto
claro

insigne
s. **ilustre** (V.)
célebre
famoso
esclarecido
distinguido
popular
señalado
señero
egregio
renombrado
sobresaliente
preclaro (V.)
notable
relevante
glorioso
reputado
afamado
conspicuo
magno
excelso
noble
ínclito (V.)
perínclito
bienfamado
bienquisto
eximio
conocido
mentado
sonado
inmortal

a. *vulgar*
desconocido
ignorado
humilde
oscuro

insignia
s. **símbolo** (V.)
cetro
condecoración
muestra (V.)
distintivo
banda
toisón
emblema (V.)
señal (V.)
botón (V.)
marca
collar
medalla (V.)
escapulario (V.)
trofeo (V.)
divisa
venera (V.)
cinta (V.)
enseña
tau
gaya
timbre
signo
borla (V.)
lema
beca
viñeta (V.)
pendón
bandera (V.)
gonfalón
lábaro
veleta
estandarte (V.)
jirón
asta
colgadura
grímpola
oriflama
flámula
empavesado
repostero
pabellón
gallardete (V.)
escarapela (V.)
lituo
sardineta (V.)
corbata
perejiles
banderín
tapiz
hombrera (V.)
manípulo
milicia (V.)

insignificancia
s. nadería
futilidad (V.)
inutilidad
insubstancialidad
inanidad
tontería
simpleza
pequeñez (V.)
puerilidad
tenuidad (V.)
bagatela
nonada
anodinidad
insuficiencia
futesa
menudencia (V.)
nimiedad (V.)
baratija
niñería
pamplina (V.)
pamema (V.)
embeleco
fruslería
mezquindad
chilindrina
trivialidad (V.)
quisicosa
niquiscocio
zarandajas
alfileres
chirinola
ajaspajas
intrascendencia
cosilla
quisquilla
pijotería
chuchería (V.)
oropel
papanduja
levedad
pamplina
pamplinada
ruindad
bajeza (V.)
bizantinismo
arista (V.)
tiritaina

s. ardite
adarme
ápice
atisbo
asomo
brizna
chispa
jota
triza (V.)
miaja (V.)
minucia
migaja
nada
partícula
paja
pelo (V.)
minúsculo
pelillo
piojería
comino
tilde (V.)
pitoche
pitote
átomo
barrunto
mota
muestra
sombra
sospecha
levedad (V.)
destello
gota (V.)
grisma
poco

a. *importancia*
utilidad
grandeza
nobleza
abundancia
mucho

insignificante
s. **fútil** (V.)
liviano
venial
pequeño (V.)
trivial
leve (V.)
ligero
anodino
baladí
corto
pobre
pequeño
inane
mezquino
miserable
tenue
pijotero
módico
diminuto (V.)
módico
menudo
exiguo
banal
inservible
ruin
infundado
bizantino
despreciable (V.)
desdeñable (V.)
inapreciable (V.)
invisible
humilde (V.)
gris
modesto (V.)
secundario (V.)
miserable
opaco
obscuro
vulgar (V.)
ordinario
intrascendente
irrisorio (V.)
minúsculo
pueril
ligero (V.)
nimio (V.)
infeliz
insubstancial
superficial
diminuto
menguado (V.)
escaso
inane
vacío
tímido (V.)
corto
parapoco (V.)
apocado
pusilánime
ingenuo
cándido

s. **pelanas** (V.)
alfeñique
pelafustán
pelado (V.)
don nadie
Juan Lanas
currinche
quídam
nadie (V.)
pigmeo (V.)
enano
monigote
mamarracho
hominicaco
pelagallos
pelagatos
pelele
petate
títere
desharrapado
pelón
currutaco
ridículo (V.)
cualquiera
pobre diablo
pobre hombre
pobre (V.)
de tres al cuarto
de chicha y nabo
de poca monta
de medio pelo
de mala muerte
de poco más o menos
del montón

(V. **insignificancia**)

a. *importante*
trascendental
útil
necesario
grande
enorme
rico
atrevido
resuelto
personaje
altivo
profundo

insimular
(V. **delatar**)

insinceridad
(V. **hipocresía**)

insincero
(V. **hipócrita**)

insinuación
s. sugerimiento
indicación (V.)
indirecta (V.)
sugestión
sugerencia (V.)
inspiración
instigación
alusión (V.)
rodeo (V.)
ambigüedad
invitación (V.)
eufemismo
obsesión
tiro (V.)
captación
neuma
lección
aviso
información
medias palabras
consejo
insidia
puntada
observación
reticencia (V.)
doblez
perífrasis
ambages
evasiva
circunloquio
mención
pulla
lenguaje (V.)

a. *orden*
rectitud
sinceridad
franqueza
claridad

insinuante
s. insinuador
sugerente (V.)
sugeridor (V.)
musa
reticente
alusivo
tácito
insinuativo
sugestivo
hábil
adulador
persuasivo
provocativo (V.)

(V. **insinuación**)

a. *desalentador*
indiferente
desdeñoso

insinuar-se
s. **sugerir** (V.)
decir
inspirar (V.)
apuntar
señalar
seducir (V.)
impresionar
indicar
aludir
avisar (V.)
susurrar
referir
señalar
dictar
soplar
impresionar
despuntar (V.)
verter
asomar
deslizar
personalizar
personificar
infiltrarse
introducirse (V.)
declararse
transparentarse
descubrirse
manifestarse
dejarse caer
dar a entender
hacer relación
tirar a ventana señalada
dar en el clavo
lanzar un cable
hacer sospechar
poner en guardia
hablar entre dientes
hablar a medias

(V. **insinuación**)

a. *ordenar*
franquear-se
sincerar-se

insinuativo
(V. **insinuante**)

insipidez
s. insulsez
sinsabor
desabor (V.)
insabor
sosera
desabrimiento
simpleza
insubstancialidad (V.)
sosería (V.)
puerilidad
desazón
badea

a. *sabor*
gusto

insípido
s. insulso
soso (V.)
tonto
insubstancial (V.)
desabrido (V.)
incomible (V.)
zonzo
jaudo
vacío
hueco
inexpresivo
simple
empalagoso
jauto
chirle

(V. **insipidez**)

a. *sabroso*
gustoso
gracioso
expresivo
substancial

insipiencia
(V. **ignorancia**)

insipiente
(V. **ignorante**)

insistencia
s. **obstinación** (V.)
tesón
tenacidad
perseverancia (V.)
frecuencia (V.)
repetición (V.)
pertinacia
porfía (V.)
permanencia
terquedad
hincapié (V.)
testarudez
persistencia (V.)
instancia
matraca
terqueza
cabezonada
tozudez
tesonería
contumacia
reiteración (V.)
manía
empeño
asedio
pesadez (V.)
impertinencia
ofuscación
lata
renuencia
tabarra
plomo
petitorio (V.)
terquería
inoportunidad
reincidencia
ahínco
encarecimiento (V.)
machaconería (V.)

r. Sobre un huevo, pone la gallina ■
A la tercera va la vencida ■
Quien hace un cesto, hace ciento

a. *negligencia*
condescendencia

insistente
s. **persistente** (V.)
pertinaz
machacón
repetido
reiterado (V.)
repetidor (V.)
pesado (V.)
porfiado (V.)
terco
obcecado (V.)
machacón
obsesivo (V.)
testarudo
tesonero
posma
cabezota
tozudo
tenaz
tabarrero
matraquista
chinche
cargante
latoso
continuo (V.)

(V. **insistencia**)

a. *condescendiente*
dejado
abandonado
flexible

insistir
s. **instar** (V.)
reiterar (V.)
repetir (V.)
subrayar (V.)
afirmar
reafirmar
confirmar
reproducir (V.)
persistir
importunar
obstinarse (V.)
obsesionarse (V.)
empeñarse
aferrarse
machacar
macerar
inculcar (V.)
ahincar
perseverar (V.)
reclamar
macerar
iterar
recalcar (V.)
apoyar
fundar
asentar
sostener
acosar
acentuar
apremiar (V.)
apretar
acuciar
almodonear
realzar
rondar
sitiar
asediar
asar
remachar (V.)
cargar
empujar
encarecer (V.)
exorar
influir (V.)
repisar
trabajar (V.)
reforzar
incitar (V.)
machaconear
presionar
perseguir (V.)
pedir
solicitar
pordiosear
reclamar
suplicar
porfiar (V.)
sugestionar (V.)
incordiar (V.)
reclamar
porrear
protestar (V.)
discutir
hacer hincapié
volver a la carga
no dar su brazo a torcer
seguir en sus trece
dar la lata
dar la tabarra
calentar la cabeza
metérsele en la cabeza
volver a las andadas
(V. **insistencia**)
a. *desistir*
dejar
abandonar
renunciar
abstenerse

ínsito
(V. **propio**)
(V. **connatural**)

insobornable
s. justo
honrado
íntegro (V.)
honesto
fiel
recto
inflexible (V.)
incorruptible (V.)
firme (V.)
inconquistable (V.)
a. *sobornable*
desleal
deshonesto

insociabilidad
s. **misantropía** (V.)
aislamiento
adustez
hurañía
ascetismo
soledad
apartamiento (V.)
esquivez
retiro
reclusión
retraimiento (V.)
brusquedad
antipatía
hosquedad
despego
sequedad
seriedad
reserva
aspereza
a. *sociabilidad*
popularidad
alegría
acompañamiento
trato
expansión

insociable
s. insocial
intratable (V.)
mormujo
adusto (V.)
murmujo
misántropo (V.)
hosco
huraño (V.)
solo (V.)
hurón
salvaje
retraído (V.)
esquivo (V.)
cazurro (V.)
arisco (V.)
aislado
introvertido (V.)
desasociable
troglodita
escamón
solitario (V.)
cerril
fosco
búho (V.)
avestruz
agrio
desagradable
desconfiado
atrabiliario
malhumorado (V.)
difícil
enclaustrado
retirado (V.)
alejado del mundo
echado a galeras
hecho un cartujo
cara de pocos amigos
enterarse en vida
(V. **insociabilidad**)
a. *sociable*
amable
agradable
afable
tratable
comunicativo
expansivo
acogedor
accesible

insocial
(V. **insociable**)

insolación
s. **acaloramiento** (V.)
recalentamiento
asoleada
solanera (V.)
sofocación (V.)
sofocón
tabardillo (V.)
heliosis (V.)
desvanecimiento
ahogo
patatús
soponcio
a. *enfriamiento*

insolencia
s. **desplante** (V.)
descaro
frescura
sorrostrada
cinismo (V.)
petulancia
soberbia (V.)
irreverencia (V.)
desahogo
orgullo (V.)
arrogancia (V.)
altivez
fanfarronería
osadía (V.)
atrevimiento (V.)
desfachatez (V.)
destemple (V.)
desuello
demasía
avilantez (V.)
audacia (V.)
temeridad
descortesía (V.)
grosería (V.)
dureza
verdad (V.)
acrimonia
violencia
descoco
desvergüenza (V.)
inverecundia
desgarro
procacidad
impudicia
descomedimiento (V.)
vulgaridad
rabotada (V.)
raimiento
valor
tupé
alas
engreimiento
claridades
descompostura (V.)
desmesura (V.)
chulada
rebeldía (V.)
desmán
tarascada
familiaridad (V.)
impertinencia (V.)
intemperancia
insulto
ofensa (V.)
injuria
desconsideración
inconveniencia
incorrección
irrespetuosidad (V.)
envanecimiento (V.)
a. *cortesía*
vergüenza
respeto
amabilidad
afabilidad
comedimiento
humildad
sencillez
reverencia
timidez
pusilanimidad
elegancia
finura
suavidad
pudor
compostura
mesura
circunspección
consideración
alabanza
elogio
corrección

insolentar-se
s. **atreverse** (V.)
desvergonzarse
descararse (V.)
deslenguarse
desmandarse (V.)
jactarse
descomponerse
avilantarse
desbocarse
enfurecerse
rebelarse (V.)
sublevarse
desacatar
desmesurarse (V.)
descocarse
osar
desacarriarse
descomedirse (V.)
encararse
enfrentarse
crecerse (V.)
demasiarse
descompasarse
engallarse (V.)
propasarse
propasarse (V.)
extralimitarse
ensoberbecerse
envalentonarse (V.)
pavonearse
perder la vergüenza
faltar al respeto
tener malos modos
soltar una coz
no tener pelos en la lengua
no pararse en barras
plantar una fresca al lucero del alba
irse de la lengua
llamar a Dios de tú
alzar el gallo
alzar la voz
(V. **insolencia**)
a. *respetar*
acatar
moderarse
calmarse
disminuirse
apocarse
limitarse
callarse
humillarse
reverenciar
considerar

insolente
s. **descarado** (V.)
desollado (V.)
deslenguado
descocado
atrevido (V.)
desvergonzado (V.)
sinvergüenza
irreverente (V.)
rebelde (V.)
inverecundo
insultante
injuriador
impertinente (V.)
desahogado
jarocho
plantillero
cínico (V.)
osado (V.)
malhablado
petulante (V.)
chulángano
chuleta
chulo
agraviante
orgulloso (V.)
soberbio (V.)
arrogante
altivo
importante (V.)
altanero
ofensivo (V.)
escarnioso
deslavado
grosero (V.)
descortés (V.)
incorrecto
adelantado
descompasado (V.)
desmesurado (V.)
descomedido (V.)
desmandado (V.)
procaz (V.)
lenguaraz (V.)
respondón (V.)
desfachatado
zafado
irrespetuoso (V.)
inconsiderado
propasado
imprudente
incivil
brutal
vulgar
áspero
desabrido
agrio
displicente
malhumorado
tosco
brusco
con el pelo de la dehesa
ser de caballería
largo de lengua
sin pelos en la lengua
como una rabanera
(V. **insolencia**)
a. *amable*
cortés
afable
respetuoso
comedido
vergonzoso
sencillo
humilde
considerado

in sólidum
(V. **solidario**)

insólito
s. absurdo
asombroso
desusado (V.)
desacostumbrado (V.)
extraordinario (V.)
inusitado (V.)
inusual
extravagante
excepcional
nuevo (V.)
infrecuente (V.)
anormal
extraño
estupefacto
raro
excepcional
anormal
impresionante
inhabitual
inhabituado
obsoleto
a. *corriente*
frecuente
vulgar
normal
común

insoluble
s. **incomprensible** (V.)
inexplicable
indescifrable
impenetrable
hermético
arcano
misterioso (V.)
secreto
difícil
recóndito
indeterminable
s. irresoluble
indisoluble (V.)
inseparable
inconmovible
perenne
resistente
firme
a. *soluble*
explicable
comprensible
público
conocido
fácil
separable
fugaz
débil

insolvencia
s. **descrédito** (V.)
incapacidad
irresponsabilidad
deuda (V.)
quiebra
suspensión de pagos
expediente de crisis
crisis (V.)
ruina
inhabilitación
empobrecimiento
pasivo
indigencia
a. *solvencia*
garantía
crédito
responsabilidad

insolvente
s. **irresponsable** (V.)
incapacitado
inhabilitado (V.)
desacreditado
arruinado
fallido (V.)
empobrecido
tronado
pobre
comprometido
quebrado
cesado
indigente
deudor (V.)
(V. **insolvencia**)
a. *solvente*
responsable
acreedor

insomne
s. **desvelado** (V.)
despierto
espabilado
despabilado
vigilante
(V. **insomnio**)
a. *dormido*
amodorrado

insomnio
s. **desvelo** (V.)
vigilia
vela
despabiladura
espabiladura
despertamiento
agripnia
desvelamiento
pervigilio
s. **preocupación** (V.)
intranquilidad
nerviosismo
a. *sueño*
modorra
tranquilidad
calma
sosiego

insondable
s. **inexplicable** (V.)
inescrutable
incomprensible
indescifrable
inescudriñable
incognoscible
inmensurable
recóndito
obscuro
impenetrable
profundo (V.)
incomprehensible
enigmático
infinito
inmenso
impenetrable (V.)
misterioso (V.)
oculto
arcano
a. *penetrable*
asequible
claro
comprensible
superficial
conocido

insoportable
s. **intolerable** (V.)
insufrible (V.)
enojoso
engorroso
irritante
inaguantable (V.)
fastidioso
molesto (V.)
fatigoso
desagradable
pesado
cargante
enfadoso
incómodo
empalagoso
sobón
recio
chinche
chinchorrero
latoso
oneroso (V.)
molestoso
chinchoso
jaquecoso
irresistible (V.)
a. *agradable*
ameno
grato
soportable
llevadero
tolerable

insoslayable
(V. **ineludible**)
(V. **inevitable**)

insospechable
(V. **sorprendente**)

insospechado
(V. **sorprendente**)
(V. **inesperado**)

insostenible
s. **ilógico** (V.)
inadmisible (V.)
quimérico
indefendible
contestable
indefectible (V.)
impugnable
refutable
rebatible
utópico
indefensible
arbitrario
infundado
débil (V.)
descabellado
a. *admisible*
incuestionable
irrebatible
lógico
razonable

inspección
s. **descubierta** (V.)
investigación
vigilancia (V.)
fiscalización (V.)
examen (V.)
reconocimiento (V.)
registro (V.)
intervención
visita
requisa (V.)
control
verificación
alarde
revisión (V.)
revista (V.)
escrutinio
escudriñamiento
prueba
experiencia
experimento
atención
supervisión (V.)
visita (V.)
a. *tolerancia*
admisión
descuido
omisión

inspeccionar
s. investigar
vigilar (V.)
intervenir (V.)
controlar
examinar (V.)
revistar
registrar (V.)
reconocer (V.)
observar
visitar (V.)
explorar
expulgar
verificar
experimentar
probar
supervisar (V.)
revisar (V.)
reseñar (V.)
fiscalizar (V.)
ojear (V.)
sondear
(V. **inspección**)
a. *permitir*
admitir
tolerar
descuidar
omitir

inspector
s. **vigilante** (V.)
verificador (V.)
prefecto (V.)
fiscalizador
controlador
visitador (V.)
intendente
interventor (V.)
revisor (V.)
investigador
veedor (V.)
examinador
comprobador
registrador (V.)
(V. **inspección**)

inspiración
s. **iluminación** (V.)
musa (V.)
soplo
intuición (V.)
sugerimiento
vocación (V.)
numen
imaginación (V.)
vena (V.)
lira (V.)
estro (V.)
entusiasmo
sugerencia
sugestión
plectro
entusiasmo
infusión
infiltración (V.)
inmisión
estímulo
llamamiento (V.)
enajenamiento
ciencia infusa
furor
quid divinum
voz del cielo
instinto (V.)
aflato
tocamiento (V.)
vaticinio
profecía
revelación
lucidez
improvisación (V.)
repentización
vaticinio
augurio
s. **aspiración** (V.)
inhalación
respiración
expansión
jadeo
a. *frialdad*
cerrazón
torpeza
espiración
exhalación

inspirado
s. **acertado** (V.)
fértil (V.)
iluminado
infundido
imbuido
creador
genial
arrebatado
intuitivo
sugestionado
entusiasmado
estimulado
aguijoneado
influido
Espíritu Santo
ninfa Egeria
musa
numen
(V. **inspiración**)
a. *desacertado*
torpe
cerrado
negado

inspirar-se
s. **instilar** (V.)
respirar
aspirar (V.)
inhalar
soplar (V.)
s. **iluminar** (V.)
sugerir (V.)
infundir (V.)
influir (V.)
infiltrar (V.)
transmitir (V.)
comunicar
aconsejar
dictar (V.)
inculcar
imbuir (V.)
insinuar (V.)
improvisar
repentizar
revelar (V.)
presagiar
sentir (V.)
enardecerse
sugestionar (V.)
emocionarse
excitarse
soplar la musa
estar en vena
(V. **inspiración**)
a. *exhalar*
espirar
ofuscarse

instabilidad
(V. **inestabilidad**)

instable
(V. **inestable**)

instalación
s. colocación
alojamiento (V.)
emplazamiento
disposición
situación
acomodamiento
aposentamiento
establecimiento (V.)
localización
acoplamiento
decoración
s. **montaje** (V.)
red
equipo
planta
nave
a. *desbaratamiento*
desguace

instalar-se
s. colocar
aposentar
alojar (V.)
emplazar
situar
acoplar
acomodar
establecer (V.)
apostar
aparcar
preparar
disponer
adaptar
aplicar
poner
disponer
preparar
asentar
fundar
armar
apostar
ubicar
posesionarse (V.)
mudarse (V.)
tender (V.)
instaurar (V.)
montar (V.)
(V. **instalación**)
a. *desarmar*
deshacer
desguazar
desmontar

instancia
s. **petición** (V.)
solicitación
petitoria
solicitud (V.)
súplica (V.)
suplicatoria
apelación
ruego
suplicación
memorial
coacción
pretensión
pretenso
s. **impugnación** (V.)
refutación
pleito
juicio
proceso
recurso
s. juez de primera instancia
causar instancia
absolver de la instancia
de primera instancia
en primera instancia

instantánea
(V. **fotografía**)

instantáneo
s. rápido
súbito (V.)
breve
momentáneo
fugaz (V.)
fugitivo
pasajero
efímero
deleznable
precipitado
corto
inmediato
caduco
perecedero
temporal
raudo
(V. **instante**)
a. *lento*
largo
duradero
perenne

instante
s. **momento** (V.)
segundo
minuto
santiamén (V.)
relámpago
soplo (V.)
punto
periquete
tris
ráfaga
racha
rato
fugacidad
exhalación
rayo
dicho y hecho
en el acto
visita de médico
fiesta de pólvora
media vuelta
a. *largo*
lento
pausado
eternidad
perennidad

instar
s. demandar
pedir
solicitar
reclamar
insistir
exigir
reivindicar
convencer
apretar
insistir (V.)
apresurar
apremiar (V.)
ahincar
invitar
pretender
presionar
machacar
pugnar
impugnar
objetar
refutar
porfiar
instigar
dar prisa
clamar por
rogar
conjurar
clamorear
postular
exhortar
deprecar
a. *tranquilizar*
renunciar
desestimar
calmar

instauración
s. renovación
restablecimiento
s. **establecimiento**
institución
creación
erección
constitución
implantamiento
implantación (V.)
entronización (V.)
fundación
a. *destrucción*
abandono
cierre
destitución

instaurador
s. iniciador
pionero
adelantado
fundador (V.)
institutor
organizador
creador (V.)
entronizador
implantador
autor
promotor
(V. **instauración**)

instaurar
s. reintegrar
rehacer
restablecer (V.)
reponer
renovar
s. inaugurar
establecer (V.)
decretar
crear
implantar
constituir
instalar (V.)
hacer
estatuir
fundar (V.)
erigir
instituir (V.)
crear
(V. **instauración**)
a. *deponer*
abolir
deshacer
clausurar
desmontar

instigación
s. **inducción** (V.)
concitación (V.)
aguijón
provocación
apremio
desafío
azuzamiento
excitación
incitación (V.)
acuciamiento
inspiración
fustigamiento
espoleamiento
estímulo
acicate
coacción
intimación
exhortación (V.)
conminación
aliento
impulso
exhorto
persuasión
picón
sugestión
instinto (V.)

a. *disuasión*
desanimación
desinterés
desaliento
freno
contención

instigador
s. impulsor
inductor
indizcador
azuzador
provocador (V.)
promovedor
animador
soliviantador
estimulador
agitador (V.)
excitador
fustigador
espoleador
inspirador
incitador (V.)

(V. **instigación**)

a. *indolente*
disuasivo
desanimador
desalentador

instigar
s. **influir** (V.)
incitar (V.)
espolear
exhortar
provocar
inducir (V.)
impeler
impulsar
pinchar
aguijonear
excitar (V.)
estimular
apremiar
provocar (V.)
soliviantar
persuadir
empujar
alentar
animar
malmeter
azuzar
hurgar
mover
aguijar
engrescar
fustigar
enguizgar
instimular
punzar
picar
intimar
conminar
poner espuelas
dar cuerda
hacer fuerza
apretar las clavijas
poner el dedo en la llaga
hacer saltar

(V. **instigación**)

a. *desanimar*
disuadir
deponer
desanimar
desalentar
contener
frenar

instilación
s. destilación
secreción (V.)
gotas

s. influencia
sugestión
inducción (V.)

a. *desinterés*
abstención
despreocupación

instilar
s. **verter** (V.)
gotear
echar
destilar (V.)
secretar

s. infundir
infiltrar (V.)
inspirar (V.)
sugerir
suscitar
inculcar
provocar
causar
originar
alentar
engendrar

(V. **instilación**)

a. *recoger*
extraer
desalentar
abstenerse

instintivo
s. **inconsciente** (V.)
involuntario (V.)
maquinal
intuitivo (V.)
impensado
autómata (V.)
indeliberado (V.)
espontáneo (V.)
automático (V.)
reflejo
mecánico (V.)
subconsciente (V.)

(V. **instinto**)

a. *pensado*
reflexivo
pensativo
voluntario

instinto
s. impulso
impulsión
automatismo (V.)
reflejo
estímulo
estimativa
indeliberación
corazonada
natural (V.)
sutileza
naturaleza (V.)
propensión
olfato (V.)
intuición (V.)
tendencia (V.)
inspiración (V.)
inclinación
empuje
atavismo
instigación (V.)
sugestión
sentimiento (V.)

s. por instinto
instinto de conservación

r. No hay pajarillo que no sepa volver a su nido ■ Perro de raza, de suyo caza

a. *reflexión*
cavilación
meditación
recapacitación

institor
(V. **apoderado**)

institución
s. **fundación** (V.)
creación
establecimiento
organismo (V.)
organización (V.)
gobierno
patronato
centro
corporación
colectividad
consorcio
entidad

s. **implantación** (V.)

a. *abrogación*
destrucción
desorganización
clausura

instituir
s. **fundar** (V.)
crear
establecer (V.)
erigir
estatuir
iniciar
instaurar (V.)
principiar
formar
patrocinar
constituir

(V. **institución**)

a. *abrogar*
abolir
derrocar
destruir
clausurar

instituto
s. constitución
institución (V.)
regla
ordenanza
reglamento
orden
estatuto

s. centro
academia
corporación
sociedad
liceo (V.)
gimnasio

s. instituto de segunda enseñanza
instituto armado
instituto técnico
instituto general

institutor
(V. **instructor**)

institutriz
s. maestra
aya (V.)
profesora
educadora
instructora

s. señora de compañía
dama de compañía
carabina
acompañanta (V.)
nurse

instrucción
s. educación
enseñanza
conocimiento
cultura (V.)
pedagogía (V.)
nociones
disciplina (V.)
desbaste (V.)
doctrina
lectura
estudio
enseñamiento
aleccionamiento
adiestramiento
adelanto
progreso

s. **norma** (V.)
reglas
advertencias
explicaciones
preceptos
criterio
pauta
maniobra (V.)
orientación

s. instrucción primaria
instrucción pública
tramitación
curso
trámite
gestión
diligencia
procedimiento
expediente

a. *incultura*
analfabetismo
desconocimiento

instructivo
s. aleccionador
educativo (V.)
científico
edificante
ejemplar
modelo
ilustrativo
cultural
magistral
formativo (V.)
docente
pedagógico (V.)

(V. **instrucción**)

a. *demoledor*
destructivo

instructor
s. institutor
profesor
pedagogo
maestro
educador (V.)
catedrático
preceptor (V.)
ayo
instituidor
guía
dómine
monitor
ayudante
auxiliar
entrenador
mentor
consejero (V.)
tutor

(V. **instituto**)

a. *alumno*
educando

instruido
s. **culto** (V.)
ilustrado (V.)
docto
sabio (V.)
letrado (V.)
leído
documentado
científico
sabedor
entendido
enseñado (V.)
enterado
versado (V.)
inteligente
perito
técnico
educado (V.)
adiestrado
aleccionado
informado
noticioso

(V. **instrucción**)

a. *inculto*
indocumentado
ignorante

instruir-se
s. **desbastar** (V.)
ilustrar (V.)
documentar
estudiar
informar
aleccionar
doctrinar
industriar (V.)
iniciar (V.)
enseñar (V.)
cultivar
pulirse (V.)
adiestrar
desasnar
enterar-se
advertir
alumbrar
notificar
poner al tanto
poner al corriente
dar noticia de saber
empaparse
embeberse (V.)
formalizar
incoar (V.)

(V. **instrucción**)

a. *ignorar*
desinteresarse
descarriar
descuidar
concluir

instrumentación
s. **instrumento** (V.)
sonido
notación
composición
afinación
orquestación
ritmo
melodía
compás
tonalidad
modulación
transposición
contrapunto

(V. **música**)

instrumental
(V. **instrumento**)

instrumentar
s. tocar
tañer
guitarrear
rascar
herir
pulsar
flautear
pitar
silbar
pifiar
trompetear
bocinar
alboguear
atabalear
redoblar
tamborilear
castañetear
matraquear
arpegiar
orquestar (V.)
componer música
transportar música
afinar
templar
desafinar
subir
bajar
requintar
atiplar
octavar
ligar las notas
improvisar
repentizar
contrapuntear

(V. **instrumento**)

(V. **música**)

instrumentista
s. **tocador** (V.)
ejecutante
virtuoso
tañedor
tañente
director de orquesta
músico
músico mayor
músico de primera
músico solista
concertista
solista
sinfonista
acompañante
organillero
organista
arpista
violinista
violoncelista
violonchelista
violín
rascatripas
contrabajo
violón
flautista
flauta
citarista
chicharrero
alboguero
chirimía
clarinete
clarinetista
requinto
oboe
bandurrista
bandolonista
flautín
ocarinista
gaitero
adufero
corneta
cornetín
fagotista
contrabajón
contrabajonista
trompeta
trompetero
añafil
añafilero
bajo
trombón
sacabuche
tambor

(cont.)

timbal
timbalero
atabal
atabalero
cimbalero
pífano
pianista
guitarrista
campanero
campanólogo

s. instrumentista
constructor de instrumentos
guitarrero
trompetero
trasteante
flautero

(V. **instrumento)**

(V. **música)**

instrumento

s. utensilio
útil
teodolito (V.)
instrumental
herramienta (V.)
ingenio
sextante
termómetro (V.)
tiralíneas (V.)
medio (V.)
máquina (V.)
maquinaria
arma
artefacto

s. escritura
documento (V.)
papel

s. instrumento músico
instrumento de cuerda
instrumento de viento
instrumento de arco
instrumento de metal
instrumento de percusión
instrumento de madera
instrumento electrónico

s. *instrumentos de cuerda*
piano
arpa
harpa
piano de cola
arpa eolia
guitarra
mandolina
bandurria
laúd (V.)
archilaúd
virginal
celesta
anemocordio
clavicordio
monocordio
sonómetro
charango
bandola
bandolón
bandolín
sambuca
cubeta
bandurria sonora
gaita
gaita zamorana
banjo
zanfonía
zarrabete
tiorba
salterio
canón
lira (V.)
cítara
citarilla
dulcémele
nabla
nebel
jiga
violín (V.)
violino
viola
sordino
viola de amor
violonchelo
chelo
violoncelo
violón (V.)
contrabajo
trompa marina
balalaika
timple
ukelele
guitarrico
vihuela
guzla
rabel
rabelejo

s. clavete
clavijero
púa
plectro
clavija
ceja
mástil
cejilla
diapasón
traste
cuerda
trasteado
tabla de armonía
puente
puentecillo
cordal
alzaprima
alma
caja
tapa
aro
ese
nervio
prima
cantarela
segunda
tercera
cuarta
quinta
bordón
entorchado
trascoda
sintetizador
encordadura
cuerda falsa
cuerda al aire
cuerda simpática
arco
talón
sordina
arqueada
colofonía
resina
pez griega

s. *instrumentos de viento*
neumáticos
- órgano
- armonio
- acordeón
metal
- bronces
- cobres
trompetería
- tiroriros
- clarín
- corneta
- clarinete
- cornetín
- cornamusa
- corneta de llaves
- corneta de posta
- **trompa** (V.)
- **trompeta** (V.)
- cuerno
- sinfonía
- caracol
- caracola
- bocina
- botuto
- fotuto
- añafil
- turullo
- lituo
- guarura
- cuerno de caza
- **saxofón** (V.)
- saxófono
- sarrusofón
- **trombón** (V.)
- trombón de pistones
- trombón de varas
- tuba
- sacabuche
- helicón
- serpentón
- fiscorno
- bombardino
- bombardón
- **bugle** (V.)
- figle
- oficleido
madera
- flauta
- flauta travesera
- flauta dulce
- gaita
- **zampoña** (V.)
- flautín
- pífano
- caramillo
- flautillo
- flauta de Pan
- clarinete
- concertino
- ristro
- requinto
- ocarina
- **dulzaina** (V.)
- chirimía
- churumbela
- albogón
- aveña
- siringa
- alcoba
- jabega
- jabeba
- ajabeba
- cálamo
- fístula
- tibia
- quena
- chirula
- octavín
- bastardilla
- gargavero
- tarrico
- pito
- silbato
- pipiritaña
- pipitaña
- suspiro
- albogue
- rondador
- gargavero
- mirlitón
- chirumbela
- oboe
- obué
- bombarda
- orlo
- torloroto
- corno inglés
- gaita gallega
- cornamusa
- fagot
- fagote
- contrafagot
- serpentón
- contrabajón
- bajón
- piporro
- bajoncillo
- sordón
- fuelle
- afollado
- soplete
- roncón

s. boquilla
embocadura
lengüeta
estrangul
barrilete
pipa
pistón
llave
tudel
bomba
zapatilla
tono
pabellón

s. *instrumentos de percusión*
xilófono
xilórgano
tímpano
marimba
sistro
triángulo
platillos
campana
címbalo
cémbalo
sonaja
albogue
tam-tam
gong
trigón
chinesco
batintín
crótalo
castañuela
palillos
postiza
tarreña
tarrañuela
castañeta
tejoleta
pitos
pulgaretas
ferreñas
taramba
birimbao
trompa de París
trompa gallega
carraca
matraca
maracá
zambomba
zampoña
pandorga
celesta
king
barimbáfono
vibráfono
calabazo
carrasca
sacabuche
furruco
sonajas
tarabilla
morterete
tambor
timbal
pandero (V.)
pandereta
timbres (juego de)
bombo
cascabeles
claves
máquina de viento
maracas
calabazas
sirena
tamboril

s. organillo
pianillo
piano de manubrio

s. *instrumentos electrónicos*
ondas Martenot
guitarra eléctrica

s. manubrio
cilindro
pianola
aristón
caja de música
reloj de música
fonógrafo
gramófono
tocadiscos
gramola
pick-up

s. **instrumentar** (V.)

s. **instrumentista** (V.)

(V. **música)**

insubordinación

(V. **rebeldía)**

(V. **indisciplina)**

insubordinado

(V. **indisciplinado)**

(V. **rebelde)**

insubordinar-se

(V. **rebelar-se)**

(V. **desobedecer)**

insubstancial

s. soso
pueril
insignificante
insípido (V.)
insulso (V.)
desaborido
deslavazado
desabrido
inocuo
inane (V.)
ñoño
hueco
huero
vacuo
vanilocuente
vano (V.)
vacío
ligero
chirle
trivial
vulgar
frívolo (V.)
fútil
nimio
mísero
simple
mezquino
ruin
pequeño
leve
parvo
sinsubstancia
nulo
tonto (V.)
patoso (V.)
aburrido (V.)
superficial
la última palabra del credo

(V. **insubstancialidad)**

a. *importante*
trascendental
substancial
serio
inteligente
ameno
entretenido
hondo
profundo

insubstancialidad

s. nimiedad
miseria
pequeñez
insignificancia
levedad
frivolidad (V.)
trivialidad
ñoñería
aguachirle
panpringada
ligereza
vacuidad
oquedad (V.)
inutilidad
nulidad
vaciedad
brizna
ruindad
parvedad
tontería (V.)
necedad
insulsez (V.)
sosera
insipidez (V.)
sosería
vulgaridad
puerilidad
memez
chocholada
inocuidad
desabrimiento
indiferencia (V.)
apatía
superficialidad (V.)
hojarasca (V.)
paja
fárrago
palabrería (V.)
venilocuencia

a. *importancia*
trascendencia
gravedad
seriedad

insubstituible

(V. **insustituible)**

insudar-se

s. esforzarse
afanarse (V.)
atrafagarse
azacanarse
batallar
perseverar
luchar

a. *desistir*
desinteresarse
abandonar

insuficiencia

s. **limitación** (V.)
ignorancia
incapacidad (V.)
torpeza
ineptitud
incompetencia
impericia
inhabilidad
imperfección
nulidad

s. pequeñez
nimiedad
pobreza
escasez
penuria (V.)
deficiencia
poquedad
carencia
defectuosidad
ridiculez
falta (V.)
raquitismo
desproporción
desigualdad
parvedad
insolvencia
deuda
exigüedad
defecto
déficit
fallo
trastorno (V.)

a. *capacidad*
cultura
habilidad
competencia
abundancia
exceso

insuficiente

s. corto (de alcances)
inepto
torpe (V.)
incapacitado
incompetente
inhábil
inútil
incapaz (V.)
tonto

(cont.)

lerdo
rudo
ignorante
inculto
incivil
imperito

s. imperfecto
poco (V.)
escaso (V.)
módico
deficiente
deficitario
incompleto (V.)
limitado
ralo
tasado
contado
ridículo
falto (V.)
encogido
estrecho
chico
perfectible (V.)
pequeño (V.)
le falta un sentido
corto de genio
de pocas luces
flaco de memoria
comerse las palabras
quedarse a mitad de camino

(V. **insuficiencia**)

a. *suficiente*
inteligente
capaz
competente
completo
excesivo
abundante

insuflación
s. inhalación
aspiración
inspiración
respiración (V.)
introducción (V.)

(V. **insuflar**)

insuflar
s. **soplar** (V.)
hinchar
henchir
inflar

s. influir
inducir (V.)
mover
comunicar
introducir (V.)
inyectar
meter

a. *desinflar*
extraer
sacar

insufrible
s. **insoportable** (V.)
inaguantable
intolerable
inllevable
imposible (V.)
doloroso (V.)
penoso
molesto (V.)
pesado
profundo (V.)
cargante
impertinente
enfadoso
fastidioso (V.)
irritante
descarado
pelmazo
tedioso
importuno
aburrido
latoso
abusivo
antipático (V.)

a. *soportable*
llevadero
tolerable
pasadero
sufrible
ameno
ligero
simpático

ínsula
s. **isla** (V.)
islote

s. gobierno
canonjía
feudo (V.)
dominio
prebenda
recompensa

insulano
(V. **isleño**)

insular
(V. **isleño**)

insulina
(V. **hormona**)

insulsez
s. insipidez
zoncería
sosería (V.)
sosera
desabrimiento
zoncera

s. **tontería** (V.)
secatura
lerdada
simpleza
bobada
bobería
necedad
estupidez
insubstancialidad (V.)

a. *sapidez*
gracia
ingenio
profundidad
hondura
donosura
gracia
donaire
agudeza
ocurrencia

insulso
s. insípido
soso (V.)
desabrido
zonzo
desaborido

s. **tonto** (V.)
secatón
memo
lerdo
simple
bobo
necio
estúpido
inexpresivo
jauto
jaudo
chirle
insubstancial (V.)

(V. **insulsez**)

a. *saleroso*
sabroso
gustoso
expresivo
gracioso
chistoso
donoso
salado
ingenioso
hondo
profundo
inteligente

insultado
s. denigrado

(V. **ofendido**)

insultador
(V. **insultante**)

insultante
s. **ofensivo** (V.)
injurioso (V.)
insolente
insultador
agresivo (V.)
vejatorio
afrentoso
ultrajante
irrespetuoso
humillante (V.)
provocativo
vituperioso
sangriento
intolerable (V.)
mortificador (V.)
agravioso
denostador
deshonroso
descarado
deslenguado
descocado
grosero
atrevido

(V. **insulto**)

a. *elogioso*
fino
galante
amable

insultar-se
s. ultrajar
agraviar
denigrar (V.)
atropellar
agredir
injuriar (V.)
ofender (V.)
baldonar
vilipendiar (V.)
molestar
despotricar (V.)
herir
maldecir (V.)
lastimar
abochornar
irritar
picotear (V.)
denostar (V.)
faltar
deshonrar
desconsiderar
contestar
descararse
maltraer
insolentar
deslenguarse
descocarse
increpar (V.)
humillar
recriminar
profanar (V.)
afrentar
improperar
maltratar
censurar (V.)
ajar
faltar al respeto
decir groserías
zurrar la badana
escupir en la cara
arrojar el guante
desmayarse (V.)

(V. **insulto**)

a. *alabar*
elogiar
honrar
bendecir
respetar
encomiar
reverenciar
recuperarse

insulto
s. **dicterio** (V.)
injuria (V.)
ofensa (V.)
agravio (V.)
vilipendio (V.)
humillación (V.)
inri
ultraje
andanada
picardía (V.)
denuesto (V.)
descaro
blasfemia (V.)
palabrota (V.)
dicho
improperio
baldón
descuerno
rebotada
rabotada
profanación (V.)
irreverencia (V.)
sonrojo
grosería
ordinariez
lindeza
vituperio (V.)
tuerto
coz
ladrido (V.)
impertinencia
desvergüenza
impudor
provocación
osadía
audacia
invectiva
increpación (V.)
procacidad
desahogo
desaprensión
burla
acometimiento

s. asalto
accidente
desmayo (V.)
ataque

a. *encomio*
alabanza
elogio
amabilidad
finura
respeto
reverencia
recuperación

insumable
(V. **desmesurado**)

insume
(V. **costoso**)

insumergible
s. boyante
flotante (V.)
flotador
cerrado
hermético
estanco

a. *sumergible*
abierto

insumisión
(V. **sublevación**)

(V. **rebeldía**)

insumiso
(V. **rebelde**)

insuperable
s. **incomparable** (V.)
imponderable
excelente
impar
inmejorable (V.)
perfecto (V.)
bonísimo
óptimo
sin par
estupendo

s. **invencible** (V.)
inabordable
difícil
dificultoso
arduo
imposible
impracticable
inasequible
infranqueable (V.)
invicto
invulnerable
insalvable

a. *mejorable*
vencido
derrotado
fácil
pésimo
asequible
posible
malo
deficiente

insurgente
(V. **insurrecto**)

insurgir
(V. **sublevar-se**)

insurrección
s. levantamiento
insubordinación
desobediencia
algarada
asonada
revuelta
cuartelada
motín
sedición
sublevación (V.)
alzamiento
pronunciamiento
rebelión
baraúnda
conspiración
revolución
protesta
traición
alboroto
tumulto
sedición

a. *sumisión*
acatamiento
obediencia
fidelidad
vasallaje
paz
calma
pacificación

insurreccionar-se
s. **sublevarse** (V.)
indisciplinarse
levantarse
desobedecer (V.)
conspirar
alzarse
soliviantarse
protestar
revolverse
rebelarse
insubordinarse
amotinarse
insurgir
alborotarse
pronunciarse
revolucionarse

(V. **insurrección**)

a. *acatar*
obedecer
someter-se
rendir-se
calmar-se
pacificar-se

insurrecto
s. indisciplinado
insurgente
revolucionario
rebelde (V.)
provocador
amotinado
sublevado
sedicioso
faccioso (V.)
desobediente
insurreccionado
levantado
levantisco
pronunciado
reacio
recalcitrante
descontento
soliviantado

(V. **insurrección**)

a. *obediente*
sumiso
leal
disciplinado

insustancial
(V. **insubstancial**)

insustituible
s. insubstituible
imprescindible
irreemplazable
indispensable
necesario (V.)
preciso
esencial
indefectible
primordial
inapreciable
forzoso
imperioso
categórico
obligatorio
ineludible
inevitable
fundamental
vital
importante (V.)

a. *secundario*
auxiliar
voluntario
caprichoso
reemplazable
sustituible
prescindible
insignificante

intacto
s. flamante
nuevo
íntegro
completo (V.)
entero
cabal
total
exacto

s. **ileso** (V.)
incólume (V.)
indemne (V.)
sano (V.)
salvo
limpio

s. **puro** (V.)
virgen
inmaculado
inviolado (V.)

a. *incompleto*
dañado
impuro
deteriorado
estropeado
desbaratado
menoscabado
defectuoso
mellado
chafado

intachable
s. **perfecto** (V.)
íntegro (V.)
intacto
recto
honrado (V.)
honorable
respetable
probo
irreprochable (V.)
justo
cabal
equitativo
incorruptible
inmaculado (V.)
impoluto
a carta cabal
sin tacha
a. *despreciable*
censurable
deshonrado
imperfecto
manchado

intangible
s. respetable
intocable
espiritual
impalpable
incorpóreo
incorporal
sagrado (V.)
inviolable
invisible
inmaterial
tabú
etéreo
indiscutible (V.)
a. *palpable*
vulnerable
discutible

integérrimo
(V. **íntegro**)

integración
s. fusión
unión
incorporación
unificación (V.)
reunión (V.)
combinación
composición
mezcla
constitución
formación
igualdad
nivelación
a. *separación*
desintegración
derrumbamiento

integral
s. **total** (V.)
cabal (V.)
entero
pleno
plenario
colmado
llenero
cumplido
calificado
consumado
bien hecho
s. cálculo integral
parte integral
accidental (V.)
a. *parcial*
falto
incompleto
esencial

integrante
s. **componente** (V.)
parte
elemento
constituyente
ingrediente (V.)
gregario (V.)
materia
material
accesorio
factor
substancia
s. integral
parcial (V.)
adicional
complementario (V.)
suplementario
supletorio
completivo
suplemental
(V. **integridad**)
a. *total*
principal

integrar
s. componer
constituir (V.)
formar (V.)
participar
completar
totalizar
incluir
llenar
colmar
coronar
suplir
añadir
sumar
(V. **integración**)
a. *separar*
faltar
excluir
restar
quitar
substraer

integridad
s. completo
plenitud
indivisión
inseparabilidad
generalidad (V.)
indivisibilidad
entereza (V.)
impartibilidad
conjunto (V.)
totalidad (V.)
todo
adición
complemento (V.)
junta
masa
inclusión
derechura
perfección
conclusión
indemnidad (V.)
s. castidad
virginidad (V.)
pureza (V.)
incorrupción (V.)
doncellez
candor
perfección
s. **honradez** (V.)
probidad (V.)
honorabilidad
rectitud
moralidad
incorruptibilidad
justicia
hombría de bien (V.)
a. *parcialidad*
imperfección
corrupción
inmoralidad
indignidad
vicio

íntegro
s. sano
completo (V.)
cabal
todo (V.)
entero (V.)
enterizo
integral
integérrimo
colmado
incólume
inviolable
inviolado (V.)
indiviso
indivisible
impartible
incompartible
total (V.)
inseparable
uno
cencido
sencido
cumplido
consumado
acabado
indemne
incorrupto (V.)
intachable (V.)
irreprochable
incorruptible (V.)
honrado
decente
moral (V.)
virtuoso
justo (V.)
cabal (V.)
cumplidor
celoso
exacto
probo
insobornable (V.)
escrupuloso (V.)
estricto
recto
puntual
puro
inconquistable (V.)
(V. **integridad**)
a. *incompleto*
falto
inacabado
dividido
parcial
abyecto
despreciable
desaprensivo
inmoral

intelección
(V. **inteligencia**)

intelecto
(V. **inteligencia**)

intelectual
s. **mental** (V.)
especulativo (V.)
teórico
intelectivo
teorético
espiritual
razonado
s. docto
erudito
sabio (V.)
entendido
científico
estudioso (V.)
instruido
competente
esciente
lumbrera
sapiente
pensador
versado
sesudo
filósofo
séneca
a. *inculto*
ignorante
material

inteligencia
s. **entendimiento** (V.)
(V. **intelecto**)
intelecto
pensamiento (V.)
intelectiva
razón (V.)
intelectualidad
cerebro
percepción
seso (V.)
intelección
entendederas
instinto
ingenio
talento (V.)
raciocinio
intelección
penetración (V.)
conocimiento
perspicacia (V.)
mente (V.)
razonamiento
imaginación
clarividencia
despejo (V.)
racionalidad (V.)
sentido
cabeza
chola
calabaza
pupila
intuición
meollo (V.)
quinque
vista
alcances
minerva
lumbre (V.)
mollera (V.)
aprensión
uso de razón
sentido común
sentido interior
luces
habilidad (V.)
listeza (V.)
destreza
sagacidad
artificio
reflexión
comprensión (V.)
pericia
intelectualidad
idea
objeto
asunto
arte
personalidad
cacumen
chirumen
churumen
churumo
maña
sapiencia
aptitud
s. **avenencia** (V.)
acuerdo
r. Un hombre con buen talento vale por ciento ■ Por el entendimiento, se distingue el hombre del jumento ■ Un buen entendimiento en mal sujeto, echa a perder un pueblo ■ Lo que natura no da, Salamanca no presta
a. *torpeza*
ineptitud
incultura
desavenencia
incomprensión
ignorancia
idiotez
inconsciencia

inteligenciado
(V. **enterado**)

inteligente
s. **astuto** (V.)
instruido
intelectivo
intelectual
sensato (V.)
sesudo (V.)
juicioso
cuerdo
listo (V.)
ingenioso
talentoso
talentudo
comprensivo (V.)
prudente
avispado
avisado
perspicaz (V.)
sagaz (V.)
diestro
lúcido
penetrante
perceptivo
despabilado
esclarecido
aprehensivo
comprehensivo
sabio (V.)
docto
erudito
hábil
perito
entendido
despierto (V.)
experimentado
instruido
enterado
versado
profundo (V.)
intuitivo
penetrador (V.)
despejado (V.)
lince
clarividente
agudo
lumbrera
letrado
sapiente
estudioso
ilustrado
culto
cultivado
conocedor
r. Cabeza grande, talento chico ■ A gran cabeza, gran talento, si no está llena de viento
(V. **inteligencia**)
a. *bruto*
ignorante
inculto
estúpido
zote
limitado
cerrado
tonto
ababol
abotagado
torpe
tonto
bobo

inteligibilidad
s. **comprensibilidad** (V.)
lucidez
facilidad
comprensión
claridad (V.)
asequibilidad
accesibilidad
lectura
limpidez
a. *incomprensibilidad*
dificultad
obscuridad

inteligible
s. **comprensible** (V.)
perspicuo (V.)
fácil
lúcido
claro (V.)
diáfano
manifiesto
patente
sencillo (V.)
accesible
transparente
legible (V.)
palmario
accesible
indudable
inequívoco
penetrable
descifrable (V.)
distinto
lógico
dilúcido
cognoscible
(V. **inteligibilidad**)
a. *incomprensible*
difícil
ilegible
obscuro
equívoco

intemperado
s. destemplado
inmoderado
apasionado
desenfrenado
incontinente
inmoderado
excesivo
libertino
intemperante (V.)
(V. **intemperancia**)
a. *comedido*
moderado
frío
prudente

intemperancia
s. **destemplanza** (V.)
inmoderación
incontinencia (V.)
exceso
abuso
desenfreno (V.)
demasía
descomedimiento
destemple
desentono
saciedad
libertinaje
liviandad
concupiscencia (V.)
sensualidad
epicureísmo
hedonismo
sensualismo
sibaritismo
s. **intolerancia** (V.)
intransigencia (V.)
exigencia
s. brutalidad
grosería (V.)
violencia
descortesía
insolencia
desconsideración (V.)
impertinencia
rudeza
tosquedad
pitada (V.)
(cont.)

a. *templanza*
moderación
comedimiento
freno
contención
sobriedad
morigeración
austeridad
ascetismo
frugalidad
parquedad
tolerancia
transigencia
finura
suavidad
amabilidad
consideración

intemperante
s. incontinente
inmoderado (V.)
descomedido (V.)
libertino
desenfrenado
abusador
concupiscente
sensual
epicúreo
hedonista
sibarita
s. **intolerante** (V.)
intransigente (V.)
exigente
s. bruto
grosero (V.)
violento
descortés
insolente
desconsiderado (V.)
impertinente
rudo
tosco
(V. **intemperancia**)
a. *moderado*
continente
comedido
abstemio
falto
tolerante
comprensivo
fino
considerado
cortés

intemperie
s. al raso
exterior (V.)
al fresco
a cielo descubierto
al aire libre
al **sereno** (V.)
afuera
fuera
sin techo
a. *dentro*
interior

intempestivo
s. **inoportuno** (V.)
inesperado
extemporáneo (V.)
extemporal
impensado
improcedente
prematuro
importuno
inopinado
imprevisto
repentino
retrasado
inconveniente
inmaturo
adelantado
informal
a deshora
disparatado
desordenado
no pega ni con cola
como a un Cristo un par de pistolas
no venir a cuento
inadecuado (V.)
impertinente
impropio
fuera de lugar
a. *oportuno*
adecuado
justo
lógico
procedente
propio

intención
s. **propósito** (V.)
designio (V.)
fin
decisión
idea
pensamiento (V.)
intento (V.)
mente
ánimo
deseo (V.)
pretensión (V.)
tentativa (V.)
afición
voluntad
objetivo (V.)
resolución
propensión
determinación
mira
ofrecimiento
proyecto (V.)
máxima
intríngulis
empresa
propuesta
conato (V.)
ensayo
intento
intentona
prueba
tentativa
segunda intención
primera intención
dar intención
de primera intención
r. De las palabras, no el sonido, sino el sentido ■ La primera intención es la mejor ■ Intención sin ejecución, no gana perdón ■ Lleno está el infierno de buenas intenciones
a. *inocencia*
desconocimiento
renunciamiento
desinterés
abandono
desistimiento
dejación

intencionado
(V. **intencional**)

intencional
s. **premeditado** (V.)
ex profeso
voluntario
querido
deliberado (V.)
intencionado
directo
encontradizo (V.)
pensado
a caso hecho
preconcebido
adrede
(V. **intención**)
a. *impensado*
improvisado
inconsciente
involuntario
instintivo
inadvertido

intendencia
s. gobierno
administración (V.)
dirección
gerencia
gestión
regencia
manejo
tutela
cuidado
guía
s. **abastecimiento** (V.)
suministro
provisión
servicios
avituallamiento

intendente
s. **administrador** (V.)
gerente
gestor
jefe
director
apoderado
contralor
curador
supervisor
s. mayordomo
abastecedor (V.)
avituallador
(V. **intendencia**)

intensar
(V. **intensificar**)

intensidad
s. intensificación
energía
vigor
fuerza (V.)
poder
violencia (V.)
vehemencia
actividad
ardor (V.)
importancia (V.)
apogeo (V.)
intensión
viveza
virulencia
potencia
grado
rigor (V.)
acentuación
énfasis (V.)
tensión
grandeza
magnitud (V.)
poderío
brío
valor
atención
fijeza
entesamiento
fuga
s. intensidad del sonido
intensidad de la voz
intensidad de la luz
a. *suavidad*
debilidad
blandura
pasividad

intensificación
s. **recrudecimiento**
agravación
incremento
aceleración
acentuación
aumento (V.)
subida
desarrollo
extensión
crecimiento
vigorización
rapidez (V.)
frecuencia
reforzamiento
exacerbación
redoblamiento
repetición
reiteración
potenciación
a. *aminoración*
disminución
debilitamiento
omisión
olvido
lentitud
moderación
circunspección
freno
contención

intensificar-se
s. intensar
reforzar (V.)
avivar
vigorizar (V.)
fortalecer
acentuar
aumentar (V.)
arreciar
apretar
entesar
agravarse
redoblar (V.)
recrudecerse (V.)
agudizar
exacerbar (V.)
estimular
recargar
repetir
reiterar
reduplicar
incrementar
desarrollar (V.)
acelerar
extender
crecer
urgir
apremiar
extremar
penetrar
ahondar
profundizar
(V. **intensificación**)
a. *suavizar*
aminorar
disminuir
debilitar
omitir
moderar
frenar
contener

intensivo
s. **intenso** (V.)
exhaustivo
demoledor
agobiante
agotador
extenuante
(V. **intensidad**)
a. *extensivo*
cómodo

intenso
s. **fuerte** (V.)
recio
vigoroso
vivo (V.)
agudo
robusto
vehemente
hondo (V.)
grande (V.)
violento (V.)
intensivo (V.)
profundo
extremo
extremado
grave
valiente
acentuado
insufrible
doloroso
virulento
penetrante
ardiente
rabioso
apasionado (V.)
enérgico
poderoso
potente
brioso
atento
fijo
sin pestañear
impetuoso
activo
importante (V.)
impresionante (V.)
excitante
viril
vital
(V. **intensidad**)
a. *débil*
tenue
flojo
pasivo
imperceptible
insignificante
despreciable
leve
lento
pequeño
moderado

intentar
s. **esforzarse** (V.)
tentar
tantear
proponer (V.)
abordar
agenciar
probar (V.)
pretender
ensayar
proyectar
entablar
emprender
amagar
aspirar
empezar
embarcarse
trazar
encaminar
trabajar
activar
empujar
acometer
catar
mirar
diligenciar
tramitar
promover
tratar de
pugnar
probar
procurar (V.)
tratar
teclear (V.)
iniciar
gestionar
diligenciar
incoar
ansiar
desear
ambicionar
querer (V.)
realizar
apuntar
enderezarse
pensar
decidir
principiar
trazar el plan
hacer el borrador
hacer ensayos
tener entre ceja y ceja
llevar la idea de
tener propósito de
poner los puntos
poner la vista en
hacer cálculos
ser novicio
hacer pruebas
estar de prueba
estudiar
estar a la expectativa
tomar el pulso
probar fortuna
explorar el terreno
tentar el vado
protestar de
andar tras
echar líneas
estar con las espuelas calzadas
no dejar piedra por mover
echar toda la carne en el asador
hacer diligencias
tocar todos los palillos
tocar una tecla
hacer lo posible
hacer todos los imposibles
hacer de tripas corazón
sacudir la pereza
sacar fuerzas de flaqueza
poner de su parte
afilar las uñas
poner la proa
dar los pasos precisos
dar el primer paso
tomar a pecho
tocar todos los resortes
asestar toda la artillería
(V. **intento**)
(V. **intención**)
a. *desistir*
renunciar
dejar
abandonar
olvidar
omitir

intento
s. **tentativa** (V.)
intención (V.)
plan
proyecto (V.)
intentona
propuesta
proposición
empeño
afán
ensayo
cruzada
conato (V.)
empresa
gestión
campaña
candidatura
pujo
fervor
afición
diligencia
pasos
aplicación
esfuerzo (V.)
impulso
vehemencia
cata
medios
oficios
(cont.)

cabildeos
tejemaneje
actuosidad
solicitud
veras
cuidado
propósito (V.)
designio
impulsión
estudio
curiosidad
aplicación
gerencia
gestión
demanda
esmero
prueba
aventura
riesgo
diseño
borrador (V.)
croquis
boceto
plano
modelo
simulacro
maniobra
experimento (V.)
experiencia
tiento
tanteo
ensayo (V.)
ensayo general
noviciado
preparación
cálculo aproximado
primeros pasos
prueba de imprenta
pliego de prensa
indagación
investigación
exploración
experiencia
experimento
experimentación
prueba judicial
prueba pericial
de intento

r. Echar la pluma al aire y ver dónde cae

a. *abandono*
desinterés
dejación
renuncia
teoría

intentona

s. **tentativa** (V.)
frustración (V.)
fracaso
chasco
malogro
aborto
fiasco

(V. **intento**)

a. *renuncia*
logro
éxito

intercadencia

s. **desigualdad** (V.)
inconstancia
irregularidad (V.)
volubilidad
inconsecuencia
versatilidad
veleidad
ligereza
discontinuidad (V.)

a. *igualdad*
constancia
regularidad
fijeza
continuidad

intercadente

s. **desigual** (V.)
inconstante
irregular (V.)
discontinuo (V.)
interrumpido
inconsecuente
versátil
voluble

(V. **intercadencia**)

a. *igual*
monótono
justo
exacto
constante
regular
continuo
fijo
leal

intercalación

s. **inserción** (V.)
interposición
mezcla
transposición (V.)
combinación
introducción
interpolación (V.)
incrustación
intercaladura

s. paréntesis
morcilla (V.)
añadido
epéntesis

a. *separación*
extracción

intercalado

s. interlineado
interpuesto
mezclado
barajado
metido
inserto (V.)
superpuesto
interpolado
insertado
alternado
trasladado
turnado
combinado
introducido
añadido
agregado

(V. **intercalación**)

a. *marginado*
excluido

intercalar

s. **discontinuar** (V.)
interponer (V.)
interferir
interpolar (V.)
injerir
mezclar (V.)
interfoliar
introducir (V.)
entrometer
unir
pegar
insertar
entrelinear
inserir
barajar
combinar
promiscuar
inmiscuir
adherir
asociar
encolar
engomar
enclavar
clavar
entrecortar
incluir
calar
incorporar
coser
mixturar
entrelazar
ensamblar
añadir
mechar
entretejer
enredarse
entreverar (V.)
entremeter
entremezclar
traer a cuento
encajar
incorporar
penetrar
compenetrar
espolvorear
impregnar
amasar
aliar
engastar
escoliar
enjaretar
salpicar

(V. **intercalación**)

a. *entresacar*
separar
extraer
desglosar
desencajar
excluir
sacar

intercambiable

s. recambiable
desarmable
desmontable
de recambio
de repuesto
substituible (V.)

(V. **intercambio**)

a. *fijo*
insubstituible

intercambiar

(V. **cambiar**)

intercambio

s. **cambio** (V.)
trueque (V.)
canje
permuta
reciprocidad (V.)
compensación

s. negocio
cambalache
trapicheo
compraventa
correspondencia (V.)
exportación
importación
comercio (V.)
barata

interceder

s. interponer
mediar (V.)
abogar (V.)
intermediar
terciar
tercerear
suplicar
actuar
rogar
hablar por
interesarse
encarecer
reconciliar (V.)
hablar por
intervenir (V.)
ayudar
inmiscuirse
interesarse
participar
atravesarse
mezclarse
recomendar
delegar
presentar
poner paz
promediar
empeñarse
comprometer
malquistar
estar de por medio
meterse por medio
meter la nariz
hablar por cerbatana
suplicar

(V. **intercesión**)

a. *desentenderse*
desinteresarse
desligarse
lavarse las manos
atacar
enemistar
acusar
encogerse de hombros

intercepción

s. interceptación
interrupción (V.)
impedimento
obstrucción (V.)
detención
corte
estorbo
neutralización
aislamiento
incomunicación
entorpecimiento (V.)
oposición
suspensión
atasco
atolladero

a. *reanudación*
facilidad
posibilidad
comunicación

interceptar

s. **interrumpir** (V.)
impedir (V.)
incomunicar
estorbar
obstruir (V.)
entorpecer
interferir (V.)
detener (V.)
cortar
parar
separar
trabucar
atajar
intermitir
interponer
desenlazarse
apartar
desenganchar
tapar (V.)
descomponer
cerrar
prorrumpir
oponerse
truncar
suspender
desviar
atascar
embotellarse

(V. **intercepción**)

a. *continuar*
seguir
reanudar
desobstruir
facilitar
proseguir
comunicar
desatascar

intercesión

s. **mediación** (V.)
injerencia
intervención (V.)
arbitraje
diplomacia
recomendación
protección
buenos oficios
tercería
concordia
arreglo
defensa
parlamento
negociación
conciliación
entrometimiento
influencia
reconciliación
participación
interposición
respaldo
ayuda (V.)
ruego
súplica
oficiosidad
diligencia
interés

a. *abandono*
renuncia
abstención
neutralidad
desinterés
desligamiento

intercesor

s. **intermediario** (V.)
medianero
mediador (V.)
protector
agente
avenidor
terciador
conciliador
árbitro
reconciliador (V.)
comendaticio
recomendante
componedor
propiciatorio
avenidor
corredor
tercero
pastelero
negociador
cabildero
conductor
tercera parte
tercero en discordia
juez de paz
moro de paz
amigable componedor
comisionado
diplomático
representante
defensor
consejero
comisionista
plenipotenciario
abogado
parlamentario
delegado
muñidor

(V. **intercesión**)

a. *imparcial*
acusador
enemigo
adversario
neutral
objetivo

intercolumnio

s. **columna** (V.)
módulo (V.)
aerostilo
aerosistilo
sístilo
éustilo

interdecir

(V. **vedar**)

interdependencia

(V. **dependencia**)
(V. **reciprocidad**)

interdicción

s. veto
prohibición (V.)
privación (V.)
exclusión
negación
negativa
oposición
suspensión
incapacitación
incapacidad (V.)

a. *permiso*
autorización
inclusión
capacidad
derecho
licencia

interdicto

(V. **entredicho**)
(V. **prohibición**)
(V. **excomunión**)

interés

s. ahínco
celo
atención (V.)
afán (V.)
empeño (V.)
concernencia
solicitud
perseverancia
cuidado
esmero
tensión
preocupación (V.)
desvelo (V.)
influencia
aplicación
importancia
deseo (V.)
ambición
voluntad (V.)
protección
afecto
tendencia
propensión
cariño
inclinación
curiosidad
apego
vocación
disposición
querencia
distinción
distingo

s. **atractivo** (V.)
encanto
hechizo
atracción
fascinación
aliciente
seducción
braguetazo
incentivo
aliciente
gracia
sugestión

s. **utilidad** (V.)
provecho (V.)
ventaja (V.)
ganancia
lucro
cálculo
rédito
renta
valor (V.)
valía

(cont.)

beneficio
producto
logro
logrería
bienes
usura
interusurio
mohatra
descuento
préstamo
tanto
descursas
rendimiento
utilitarismo
fruto
cupón
dividendo
recompensa
premio
gajes
capital
caudal
fortuna
peculio
hacienda
patrimonio
s. capitalizar
interés simple
interés compuesto
interés a prorrata
s. **importancia** (V.)
contenido
esencia (V.)
busilis
quid (V.)
meollo
tuétano
intríngulis
miga (V.)
substancia (V.)
nudo
relieve
s. tener mucho interés por
dar a interés
intereses creados
r. Por el interés, lo más feo, hermoso es ■ El interés mueve los pies
a. *desinterés*
generosidad
altruismo
indiferencia
desgana
apatía
abulia
dejadez
desafecto
despreocupación
abandono
hostilidad
repulsión
pérdida
vaciedad

interesado
s. **ambicioso** (V.)
materialista
metalizado
egoísta (V.)
comerciante
avaro (V.)
codicioso
crematístico
pesetero (V.)
usurero
judío
logrero
mohatrero
prestamista
matatías
capitalista
partícipe (V.)
hebreo
utilitario
usuario (V.)
interesable
agarrado
tacaño (V.)
aprovechado
s. aspirante
solicitante (V.)
compareciente
parte
s. **afectado** (V.)
solícito
apegado
atento
estudioso (V.)
concentrado
aplicado
curioso
s. atraído
seducido
fascinado (V.)
hechizado
arrimón
(V. **interés**)
a. *altruista*
desprendido
generoso
desinteresado
despegado
abúlico
desilusionado
decepcionado

interesante
s. **atractivo** (V.)
agradable
seductor
atrayente
encantador
importante (V.)
notable
trascendental (V.)
extraordinario
considerable
curioso (V.)
valioso
intrigante (V.)
novelesco (V.)
entretenido (V.)
cautivante
original (V.)
cautivador
raro (V.)
principal
substancial (V.)
substancioso
sugestivo
ocurrente
fascinante
simpático
singular
excepcional
maravilloso
sorprendente
admirable
s. **embarazada** (V.)
(V. **interés**)
a. *indiferente*
displicente
desagradable
vulgar
anodino
insulso
ordinario
corriente
trivial
insignificante
pesado
cargante

interesar-se
s. **agradar** (V.)
atraer (V.)
cautivar
impresionar
seducir
hechizar
conquistar
sugestionar
conmover
captar
emocionar (V.)
turbar
maravillar
encantar
fascinar
despertar
s. concernir
atañer
incumbir (V.)
tocar
importar (V.)
afectar
pertenecer
competer
corresponder
comprometer
s. **invertir** (V.)
producir
rentar
devengar
redituar
lograr
ganar
s. **afanarse** (V.)
preocuparse (V.)
desvelarse
impacientarse
embeberse
concentrarse
absorberse
inquietarse
empeñarse
encariñarse
enamorarse (V.)
desvivirse
fijarse
volcarse (V.)
enfrascarse
preguntar
desuñarse
(V. **interés**)
a. *aburrir*
desagradar
bostezar
fastidiar
desinteresar-se
desligar-se
desatender
abandonar
renunciar
dejar
despreocuparse
recelar
desilusionar-se

interesencia
(V. **asistencia**)

interesente
(V. **asistente**)

intereses
s. riqueza
bienes
fortuna
hacienda
patrimonio
capital
caudal
acervo
posesiones
inversiones
negocios
medios
asuntos
ganancia (V.)
renta (V.)
dividendos
cupones
réditos
tantos por ciento
porcentajes
comisiones
peculio
propiedades
a. *pobreza*

interfecto
s. **muerto** (V.)
fallecido
difunto
cadáver
baja
occiso
víctima
s. **tal** (V.)
aludido
interesado
a. *vivo*
viviente

interferencia
s. **cruce** (V.)
interposición
superposición
combinación
intercepción
corte
estorbo
obstrucción
entorpecimiento
interrupción
incomunicación
perturbación (V.)
parásito
s. interferencia sonora
interferencia de la luz
interferencia intencional
s. **entrometimiento** (V.)
fisgoneo
curiosidad
a. *reanudación*
moderación
discreción
desinterés

interferir-se
s. **cruzarse** (V.)
interceptar (V.)
detener
interrumpir
obstruir
impedir
detener
estorbar
cortar (V.)
incomunicar
perturbar
obstaculizar
entorpecer
interponerse
superponerse
s. **entrometerse** (V.)
curiosear
fisgonear
intervenir
(V. **interferencia**)
a. *facilitar*
reanudar
proseguir
continuar
abstenerse

interfoliar
(V. **intercalar**)

ínterin
s. **intervalo** (V.)
entreacto
entretanto
interinidad (V.)
entremedias
entre tanto
mientras
de primera intención
por primera providencia
por de pronto
mientras tanto
en el ínterin
a. *continuación*

interinidad
s. **transitoriedad** (V.)
fugacidad
brevedad
provisionalidad
eventualidad
precariedad
caducidad
periodicidad
substitución
reemplazo
intermedio
detención
intervalo (V.)
inducia
accidentalidad
a. *permanencia*
perpetuidad
eternidad
perennidad
continuidad

interino
s. eventual
provisional (V.)
temporal
temporáneo
temporero
temporil
transitorio (V.)
precario
provisorio
breve
fugaz
periódico
suplente
substituto
accidental
momentáneo
s. transeúnte
auxiliar
ayudante
(V. **interinidad**)
a. *fijo*
perpetuo
permanente

interior
s. **centro** (V.)
central
hinterland
subsuelo (V.)
continental
interno
mediterráneo (V.)
s. íntimo
mental
oculto
anímico (V.)
profundo
entraña (V.)
secreto
núcleo (V.)
recóndito (V.)
intestino
intrínseco
tapado
cerrado
dentro
reservado
s. familiar
doméstico
particular
íntimo (V.)
(V. **interioridad**)
a. *lateral*
costero
exterior
externo
periférico
general
manifiesto
superficial
epidérmico
extraño

interioridad
s. **intimidad** (V.)
conciencia
alma
ánimo
centro
seno
enigma
incógnita (V.)
misterio
reserva
entrañas
medula
corazón
entretelas
ánima
fondo
núcleo
penetral
sancta sanctórum
sí mismo
fuero interno
penetrales
riñón
tripas (V.)
s. **hueco** (V.)
vacío
profundidad
concavidad
entrante
(V. **interior**)
a. *exterioridad*
superficie
apariencia
saliente

interjección
(V. **exclamación**)

interlineado
(V. **intercalado**)

interlinear
s. **interpolar** (V.)
intercalar
entrerrenglonear
interponer
entreverar
insertar
escoliar
introducir
hacer paréntesis
a. *marginar*

interlocución
(V. **diálogo**)

interlocutor
s. **dialogador** (V.)
dialogante
platicador
conversador (V.)
internuncio
oyente
escucha
oponente
participante
locutor
(V. **interlocución**)

intérlope
(V. **contrabando**)

interludio
(V. **intermedio**)

intermediar
s. **mediar** (V.)
promediar (V.)
interponerse
interceder
intervenir (V.)
abogar
(V. **intermedio**)
a. *desentenderse*
acusar

intermediario
s. componedor
padrino
mediador (V.)
medianero
árbitro
intercesor (V.)
neutral
ecléctico (V.)
abogado
negociador
negociante (V.)
traficante
comisionista
agente
consignatario
proveedor
revendedor
(V. **intermedio**)
a. *desinteresado*
beligerante

intermedio
s. **entreacto** (V.)
interludio
intervalo (V.)
entremés
interrupción
descanso
espera
tiempo (V.)
lapso
alto
tregua
cesación
pausa
s. **eclecticismo** (V.)
equidistante (V.)
neutralidad
objetividad
s. **claroscuro** (V.)
término medio
medio
s. **medianía** (V.)
mediocridad
a. *continuación*
prosecución
beligerancia
subjetividad
claridad
evidencia
notabilidad
valía

interminable
s. perpetuo
eterno (V.)
perenne
imperecedero
inagotable
inacabable
ininterrumpido
largo
continuo
sin fin
lento
duradero
permanente
infinito
kilométrico
sempiterno
inmortal
incesante
cargante
tedioso
aburrido (V.)
a. *finito*
limitado
temporal
breve
fugaz
ameno
entretenido

interminación
(V. **amenaza**)

intermisión
(V. **interrupción**)

intermitencia
s. **discontinuidad** (V.)
intercadencia
inconstancia
interrupción (V.)
periodicidad
irregularidad
suspensión
cesación
alteración
recurrencia
detención
a. *continuidad*
regularidad

intermitente
s. **discontinuo** (V.)
intercadente
atreguado
inconstante
irregular (V.)
interrumpido
aislado
esporádico (V.)
entrecortado
intercedente
recurrente
ocasional
alterno (V.)
(V. **intermitencia**)
a. *continuo*
seguido
regular

intermitir
(V. **interrumpir**)

internacional
s. **mundial** (V.)
universal
cosmopolita
interestatal
s. mezclado
difundido (V.)
unido
s. **himno** (V.)
s. **socialismo** (V.)
comunismo (V.)
s. Primera
Internacional
Segunda
Internacional
Tercera
Internacional o
Comunista
a. *local*
regional
nacional
limitado

internacionalizar
(V. **generalizar**)
(V. **difundir**)

internado
s. **pensión** (V.)
pensionado
pupilaje
seminario
colegio
instituto
escuela
convictorio
internación

internamiento
s. internación
encierro
reclusión (V.)
aislamiento
concentración
encarcelamiento
prisión
a. *liberación*
libertad

internar-se
s. recluir
encerrar (V.)
aislar
encarcelar
aprisionar
apartar
concentrar
cercar
s. adentrarse
penetrar (V.)
avanzar
entrar (V.)
emboscarse
ocultarse
esconderse (V.)
embreñarse
ensotanarse
guarecerse
acogerse
emboscarse
enzarzarse
aventurarse
explorar (V.)
meterse
introducirse
s. **profundizar** (V.)
ahondar
ampliar
desentrañar
enfrascarse
concentrarse
intimar
(V. **internamiento**)
a. *salir*
liberar
escaparse
huir
evadirse
alejarse
aparecer
externo
abandonarse

internista
(V. **médico**)

interno
s. interior
íntimo
secreto
entrañable (V.)
familiar
oculto
recóndito (V.)
intrínseco
orgánico
intestino
propio
personal (V.)
subjetivo
doméstico
particular
privado
s. **pensionista** (V.)
educando
permanente (V.)
becario
alumno
colegial
(V. **internación**)
a. *exterior*
externo
extrínseco
superficial
epidérmico
público
objetivo
conocido
revelado

internuncio
(V. **interlocutor**)
(V. **portavoz**)

interpaginar
(V. **interfoliar**)

interpelación
s. **pregunta** (V.)
requerimiento
intimación
interrogación (V.)
demanda
súplica
petición
ruego
interrogatorio
solicitación
instancia
imploración
llamamiento
encuesta
reclamación (V.)
a. *respuesta*
contestación
concesión

interpelar-se
s. apelar
instar
intimar
requerir (V.)
preguntar (V.)
demandar
solicitar (V.)
pedir
interrogar
rogar
implorar
llamar
suplicar
cuestionar
inquirir
carear
exhortar
recurrir
(V. **interpelación**)
a. *contestar*
responder
conceder

interplanetario
s. interestelar
intersideral
universal
celeste
cósmico (V.)
espacial
astral
a. *terrenal*
terreno

interpolación
s. **intercalación** (V.)
inserción (V.)
interposición (V.)
entrelineado
interyacencia
escolio
inciso (V.)
intermisión
introducción
paréntesis
a. *extracción*
separación
marginación

interpolar
s. escoliar
intercalar (V.)
insertar
interrumpir
interlinear (V.)
(V. **interpolación**)
a. *marginar*
sacar
extraer
apartar

interponer-se
s. **intercalar** (V.)
interpolar
insertar
injertar
entreverar
entremeter
engranar
acoplar
entremediar
endentar
introducir
entrometer-se
mezclar (V.)
embolismar
interlinear
entretejer
entrelazar
entremezclar
compenetrar-se
intermediar
s. atravesar-se
meterse en
ponerse por medio
enfrentar
obstaculizar (V.)
oponerse (V.)
dividir
separar
impedir
obstruir
s. **influir** (V.)
ayudar
s. entablar
incoar
iniciar (V.)
(V. **interposición**)
a. *extraer*
sacar
apartar
desglosar
favorecer
concluir

interposición
s. **interpolación** (V.)
inserto
digresión
entrevero
rodeo
embolismo
intercalación
interrupción (V.)
distancia
injerencia (V.)
intervención (V.)
mediación
intercesión
compenetración
acoplamiento
mezcla
interceptación
entremetimiento
obstáculo (V.)
a. *separación*
desinterés
abstención
discreción
facilidad

interprender
(V. **sorprender**)

interpretación
s. **explicación** (V.)
traducción (V.)
trujamanía
exposición
exégesis (V.)
explanación
decretal
homilía
razonamiento
paráfrasis (V.)
hermenéutica
análisis
comprensión
significación
inteligencia
apreciación (V.)
sentido (V.)
aclaración
alegoría
razonamiento
conocimiento
perspicuidad
lectura (V.)
lección
anagogia
anagoge
cábala
sugerimiento
masora
impugnación
interlección
significado
versión (V.)
comentario (V.)
glosa
análisis
elucidación
definición (V.)
descripción
demostración
inferencia
deducción
conclusión
a. *confusión*
embrollo
desconocimiento
obscuridad
tergiversación
incomprensión
arcano
misterio

interpretar
s. **explicar** (V.)
aclarar (V.)
comentar
entender (V.)
significar
expresar
glosar
traducir (V.)
trujamanear
parafrasear (V.)
leer (V.)
analizar
comprender
representar
alegorizar
exponer (V.)
demostrar
desentrañar (V.)
solucionar
acotar
ilustrar
resolver
dilucidar
juzgar
descifrar (V.)
sacar
deducir
verter (V.)
elucidar
describir
definir
inferir
concluir
asimilar
s. actuar
caracterizar
declamar
representar (V.)
trabajar
tocar (V.)
(V. **interpretación**)
a. *embrollar*
confundir
obscurecer
complicar
desfigurar
trabucar
tergiversar
torcer
trocar
intrincar

intérprete
s. interpretador
interpretante
faraute (V.)
expositor
explicador
explanador
traductor (V.)
decretista
exégeta (V.)
parafraseador
parafraste
decretalista
excriturario
escriba (V.)
rabino
vocabulario
dragomán (V.)
trujamán (V.)
romanzador
catedrático
maestro
apologista
comentarista
asesor
consejero
preceptor
guía (V.)
cicerone
cronista
evangelista
historiador
oráculo
s. **ejecutante** (V.)
solista (V.)
cantante
músico
artista
virtuoso (V.)
s. intérprete de buques
intérprete de lenguas
(V. **interpretación**)

interpuesto
(V. **entremetido**)

interregno
s. **suspensión** (V.)
intervalo
paréntesis (V.)
periodo
lapso
cesación
interrupción
a. *permanencia*
continuidad

interrogación
s. **pregunta** (V.)
demanda
solicitud
petición
súplica
riego
reclamación
exhortación
exigencia
requerimiento
propuesta
erotema
interrogante
duda
interpelación (V.)
s. **incógnita** (V.)
investigación
indagación (V.)
averiguación
información
informe
información
sondeo
consultorio
inquisitoria
indagación
investigación (V.)
pregunta
interpelación
consulta
insistencia
(V. **interrogación**)
a. *respuesta*
contestación
satisfacción
concesión
conocimiento
solución

interrogador
s. examinador
juez
investigador (V.)
demandante
preguntón (V.)
consultante
curioso
catequístico
escudriñador
interrogante
pesquisador
alegador
examinador
informador
letrado
(V. **interrogación**)
a. *contestador*
examinando

interrogante
s. duda
enigma (V.)
misterio
secreto
arcano
incógnita (V.)
caso
problema
cuestión
adivinanza
entresijo
(V. **interrogación**)
a. *aclaración*
esclarecimiento
solución
conocimiento

interrogar-se
s. **preguntar** (V.)
interpelar
inquirir (V.)
investigar
demandar
examinar
informar
sondear
consultar
carear
escudriñar
comunicar
dirigirse a
suscitar
promover
rogar
pedir
llamar
pesquisar
pedir cuentas
instar
solicitar
escrutar
someter a interrogatorio
tomar informes
buscarle la lengua
meter los dedos en la boca a alguien
(V. **interrogación**)
a. *responder*
contestar
aclarar
esclarecer
elucidar
dilucidar
solucionar

interrogatorio
s. **examen** (V.)
juicio (V.)
cuestionario
encuesta (V.)
a. *contestación*
esclarecimiento
aclaración
respuesta

interrumpir-se
s. **desconectar** (V.)
suspender (V.)
dejar
diferir
interpolar
intermitir
impedir (V.)
truncar
cortar (V.)
detener (V.)
romper (V.)
rezagar
discontinuar (V.)
atajar
estorbar
aguar
yugular
parar
guillotinar
descontinuar
interceptar (V.)
recoger
terminar (V.)
paralizar
disolver
abortar (V.)
quebrar (V.)
romper
pausar (V.)
descansar (V.)
salpicar
saltear
gotear
cesar (V.)
separar (V.)
dar tregua
doblar la hoja
dar carpetazo
cortar el hilo
degollar el cuento
destripar el cuento
quitar las palabras de la boca
romper las oraciones
salir al atajo
hacer un paréntesis
hacer un alto
hacer una pausa
ser intermitente
quedarse con un pie en el estribo
(V. **interrupción**)
a. *continuar*
seguir
ininterrumpir
permitir
facilitar
reanudar
proseguir
prorrogar
reemprender

interrupción
s. **suspensión** (V.)
discontinuación
suspenso
cesación (V.)
cese
intervalo
pausa
desconexión (V.)
tregua (V.)
alto (V.)
paro
detención (V.)
inciso
intermisión
interposición
intermitencia
intercepción (V.)
paréntesis (V.)
descanso (V.)
separación (V.)
intermedio
entreacto
vado
vacación
fin
parada
interinidad
espacio (V.)
alternación
disgresión
rodeo
ambage
inacción
desuso (V.)
inducia
freno
contención
traba
obstáculo (V.)
impedimento
obstrucción
estorbo
golletazo (V.)
carpetazo
cerrojazo
sobreseimiento (V.)
paralización
dificultad
atasco
complicación
perturbación (V.)
entorpecimiento
prohibición (V.)
oclusión
omisión
estación
compás
clara
silencio (V.)
callada
armisticio
blanco
calma
discontinuidad
intersticio
laguna
falla
grieta (V.)
hueco (V.)
rotura (V.)
salto
a. *continuación*
seguimiento
prosecución
continuidad
prolongación
prórroga
facilidad
reanudación

interruptor
s. **llave** (V.)
pulsador
botón
palanca
clavija
mando
conmutador
disyuntor
vibrador
ruptor
electricidad (V.)
s. interruptor de pera, colgante o de suspensión
interruptor de tope
interruptor térmico
interruptor minutero
interruptor de flotador
interruptor horario
interruptor de palanca
interruptor intermitente
interruptor de botón
interruptor estanco
interruptor empotrado
interruptor tripolar
s. **destripacuentos** (V.)
(V. **interrupción**)
a. *callado*
silencioso

intersección
s. **cruce** (V.)
corte
cruz
confluencia (V.)
encrucijada
encuentro
concurrencia
reunión
unión
empalme
a. *desviación*
separación
bifurcación

intersideral
(V. **interplanetario**)

intersticio
s. **grieta** (V.)
abertura
hendedura
raja (V.)
rendija
resquicio
hueco
oquedad
resquebrajadura
paso
s. **intervalo** (V.)
espacio
tiempo
s. ranura
juntura (V.)
surco
muesca
corte
incisión

intertrigo
(V. **escoriación**)

interusurio
(V. **interés**)
(V. **dote**)

intervalo
s. **lapso** (V.)
tregua
armisticio
intermedio (V.)
claro
comedio
inducia
interregno
intersticio (V.)
entreacto
distancia (V.)
vano
trecho (V.)
hueco (V.)
ínterin (V.)
vacación
coyuntura
silencio (V.)
omisión
paro
pausa (V.)
descanso
laguna
transcurso (V.)
vacío
brevedad
aplazamiento (V.)
espacio (V.)
interinidad (V.)
periodicidad (V.)
paréntesis
inciso
separación
apartamiento
medida
alcance
margen
extensión
dimensión
duración (V.)
tiempo (V.)
cese
cesación (V.)
dilación
prórroga
a. *continuidad*
continuación
permanencia
seguimiento
reanudación

intervención
s. **mediación** (V.)
mediatización
intercesión (V.)
injerencia
beligerancia
entrometimiento
intromisión (V.)
belicosidad
intrusión
guerra (V.)
oficiosidad
interposición
mano
turno (V.)
participación
respaldo
ayuda
colaboración (V.)
s. **influencia** (V.)
dominación
dominio
mando
s. **actuación** (V.)
operación (V.)
acción
trasplante (V.)
función
maniobra
diligencia
s. inspección
control (V.)
fiscalización (V.)
arbitraje
investigación
a. *abstención*
inhibición
desinterés
desentendimiento
despreocupación
alejamiento
apartamiento

intervenir
s. **mediar** (V.)
mediatizar (V.)
participar (V.)
tallar (V.)
inmiscuirse (V.)
terciar (V.)
entrometerse (V.)
entremeterse (V.)
injerirse (V.)
interponerse
oficiar
intermediar (V.)
(cont.)

mezclarse
interceder (V.)
influir (V.)
abogar
defender
enredar
entrar (V.)
comprometerse
meterse (V.)
implicarse
mezclarse (V.)
pringarse
ocuparse
actuar
atravesar
maniobrar
liar-se (V.)
ayudar (V.)
cooperar
jugar (V.)
colaborar
operar (V.)
contribuir (V.)
respaldar
envolverse

s. dominar
influir (V.)
caciquear
mangonear
inducir
mandar (V.)

s. **fiscalizar** (V.)
controlar
inspeccionar (V.)
investigar
comprobar
verificar
arbitrar (V.)
promediar (V.)
compulsar

s. tomar parte
meter baza
traer entre manos
tomar cartas en el asunto
meter las manos en
meterse por medio
echar su cuarto a espadas
llamarse a la parte

(V. **intervención**)

a. *inhibirse*
desentenderse
abstenerse
desinteresarse
desligarse
sustraerse
apartarse
privarse
prescindir
obedecer

interventor

s. **inspector** (V.)
mediador
supervisor (V.)
comisario
terceromedianero
intermediario
tercero
controlador
fiscalizador (V.)
verificador
revisor
observador (V.)
examinador

(V. **intervención**)

interview

(V. **entrevista**)

interviú

(V. **entrevista**)

interviuvar

(V. **entrevistar**)

intestinal

s. **celíaco** (V.)
cecal
alvino
duodenal
íleocecal
peristáltico
visceral

s. gases intestinales
lavado intestinal
oclusión u obstrucción intestinal
lombriz intestinal
tubo intestinal

(V. **intestino**)

intestino, s

s. interno
interior
doméstico
familiar
íntimo (V.)
entrañable
civil (V.)
hondo
secreto

s. achura
mondongo (V.)
vientre (V.)
tripas
entrañas
vísceras
bandullo
bandujo
tubo intestinal
ano
apéndice
yeyuno
colon
ciego
íleon
duodeno
recto
sieso
peritoneo

s. tracto
purga (V.)
lavativa
irrigación
laxante
ayuda
clíster

s. apendicitis
colitis
cecal
ascitis
tíflitis
enteritis
gastroenteritis
peritonitis
borborigmo
estreñimiento
flatulencia
diarrea
disentería
cólico
enteralgia
digestión (V.)
excremento (V.)
indigestión
hernia
meteorismo
peristalsismo
laparotomía
invaginación
quebradura
almorrana

s. intestino ciego
intestino grueso
intestino delgado

a. *externo*
exterior
superficial

intimación

s. notificación
declaración
aviso
advertencia
conminación (V.)
requerimiento (V.)
ultimátum
recuesta
mando
bando
coacción
fuerza
violencia
cohibición
invitación (V.)
dominación
apremio
recomendación

a. *indulgencia*
moderación
voluntariedad
suavidad
libertad

intimar-se

s. **conminar** (V.)
notificar (V.)
ordenar
declarar
advertir
prescribir
informar
exigir
reclamar (V.)
avisar
comunicar
requerir (V.)
recuestar
mandar
amenazar
dominar
recomendar
apremiar
hacer saber

s. introducirse
inferirse
penetrar
alternar
comprenderse
congeniar
confraternizar (V.)
amistar
tutearse (V.)
avenirse
entenderse
amigar
simpatizar
familiarizarse (V.)

(V. **intimación**)

(V. **intimidad**)

a. *obedecer*
aceptar
enemistar
discordar
alejarse

intimidación

s. **amenaza** (V.)
desafío
provocación
reto
bravata
matonismo
aviso
temor
acoquinamiento
miedo
susto
respeto

a. *ánimo*
envalentonamiento
coraje
respuesta

intimidad

s. amistad
camaradería
familiaridad (V.)
confianza (V.)
confidencia
privanza (V.)
apego
fraternidad
adhesión
relación amistosa
compañerismo
hermandad
trato (V.)
unión
intrinsiqueza

s. **interioridad** (V.)
fondo (V.)
estrechura (V.)
reconditez (V.)
aislamiento (V.)
soledad
silencio
sanctasanctórum (V.)

a. *enemistad*
desconfianza
animadversión
hostilidad
trato
sociabilidad

intimidador

s. **chantajista** (V.)
amenazador
amenazante
exigente
intimatorio
conminatorio (V.)

(V. **intimación**)

a. *liberal*
comprensivo
disuasor

intimidar-se

s. **amenazar** (V.)
asustar
acoquinar
acochinar
atemorizar (V.)
retar
provocar
desafiar
empequeñecer
acobardar
imponer
achantar
achicar
acogotar
acorralar
espantar
enarcar (V.)
dominar (V.)
amilanar
apocar
amedrentar
domar (V.)
apabullar (V.)
acorralar
anonadar
rajarse
zurrarse (V.)
someterse (V.)

(V. **intimidación**)

a. *envalentonarse*
rebelarse
encorajinarse
animarse
responder

íntimo

s. **privado** (V.)
interior (V.)
profundo (V.)
hondo
recóndito (V.)
particular
reservado
oculto
intrínseco
introspectivo (V.)
personal
esencial
inseparable (V.)
intestino (V.)

s. adicto
afecto
amigo
apego
entrañable (V.)
familiar
dilecto
fraterno (V.)
fraternal (V.)
compañero
predilecto
querido
uña y carne
media naranja
preferido

(V. **intimidad**)

a. *hostil*
enemigo
extraño
desafecto
desacorde
público
general
externo

intitulación

(V. **título**)

(V. **dedicatoria**)

intitular-se

s. **titular** (V.)
nombrar
señalar
destinar
mencionar
llamar (V.)
designar
decir
apodar
denominar
encabezar
rotular
inscribir
escribir
dedicar (V.)

(V. **intitulación**)

a. *silenciar*
callar
omitir

intocable

(V. **intangible**)

intolerable

s. **inaguantable** (V.)
insufrible
insoportable (V.)
desagradable
fastidioso
enojoso
irresistible
engorroso
inadmisible (V.)
excesivo
doloroso
impaciente
cargante
picajoso
molesto
molestoso
fatigoso
irascible
irritante (V.)
intratable
excitante
acerbo
atroz
feroz
escandaloso
tremendo
abusivo
injusto
inicuo
ilegal
inmoral
vergonzoso (V.)
indignante
imperdonable
indisculpable
ultrajante
vejatorio
agraviante
inexcusable
despótico
tiránico
inhumano
insultante (V.)
abominable (V.)
absurdo

a. *tolerable*
llevadero
disculpable
soportable
agradable
ameno
divertido
ligero
leve
gozoso
cómodo
suave
humano
justo
cabal
legal
moral
enaltecedor

intolerancia

(V. **intransigencia**)

(V. **alergia**)

intolerante

s. **intransigente** (V.)
terco
inflexible
obstinado
tozudo
contumaz (V.)
pertinaz
obcecado
resistente
cerrado
intemperante (V.)
exaltado (V.)
exigente (V.)
supersticioso
celoso
sectario
opresivo (V.)
racista (V.)
ciego
rígido
severo (V.)
fanático (V.)

(V. **intolerancia**)

a. *tolerante*
transigente
comprensivo
flexible
generoso
desapasionado
objetivo
contemporizador
condescendiente
complaciente
aprobatorio
aprobador
consentidor
respetuoso

intoxicación
s. **envenenamiento** (V.)
emponzoñamiento
saturnismo
infección
botulismo
inoculación
tabaquismo
intoxicación alcohólica
intoxicación ácida
intoxicación séptica
intoxicación saturnina
daño (V.)
perversión (V.)
vicio
a. *desintoxicación*
antiveneno
antídoto
virtud
beneficio

intoxicado
s. **envenenado** (V.)
emponzoñado
alcoholizado
morfinómano
drogado
accidentado
víctima
s: **saturado** (V.)
enviciado
pervertido
enconado
(V. **intoxicación**)
a. *sobrio*
moderado
abstinente
abstemio
temperante
templado
limpio
desintoxicado

intoxicante
(V. **tóxico**)

intoxicar-se
s. **envenenar** (V.)
inficionar
entosigar
atoxicar
toxicar
tosigar
herbar
herbolar
emponzoñar
avenenar
infectar
inocular
envarbascar
s. **corromper** (V.)
viciar
pervertir
dañar
perjudicar
decarriar
enviciar
(V. **intoxicación**)
a. *desintoxicar*
desinfectar
purificar
beneficiar

intradós
(V. **bóveda**)
(V. **arco**)
(V. **dovela**)

intraducible
s. inexplicable
inenarrable
indescifrable
indecible
incomprensible
inexpresable
embrollado
indescriptible (V.)
a. *comprensible*
traducible
evidente

intramuros
(V. **dentro**)

intranquilidad
s. **preocupación** (V.)
alarma
angustia (V.)
inquietud (V.)
agitación
alteración
turbación
malestar (V.)
congoja
cuidado
desasosiego (V.)
ansiedad
disgusto (V.)
tormento
duda (V.)
zozobra (V.)
desconfianza (V.)
perturbación
conmoción
comezón
nerviosismo
excitación (V.)
marejada
solivianto
desazón
impaciencia (V.)
apuro (V.)
hormiguillo
a. *tranquilidad*
serenidad
sosiego
calma
quietud
despreocupación
reposo
placidez
apacibilidad
certidumbre
paciencia

intranquilizador
s. **alarmante** (V.)
preocupante
acongojante
turbador
soliviantador
perturbador
conturbador
atemorizador
angustioso (V.)
sombrío
triste
amenazador (V.)
estremecedor
impresionante
incómodo
grave
peliagudo
peligroso
inquietante
difícil
mortificante
excitante
(V. **intranquilidad**)
a. *tranquilizador*
calmante
fácil
leve
enervante
consolador
cómodo
alegre
luminoso

intranquilizar-se
s. **preocupar** (V.)
alarmar (V.)
desasosegar (V.)
desazonar (V.)
conturbar
inquietar (V.)
turbar
zozobrar (V.)
perturbar
agitar (V.)
soliviantar
sobresaltar (V.)
alterar
conmocionar
emocionar
angustiar (V.)
entristecer
impresionar
estremecer
incomodar
molestar
impacientar
mortificar
exacerbar
acongolar
alborotar
apurar (V.)
concomer
reconcomerse
desesperar (V.)
repudrirse
roer
padecer (V.)
marear (V.)
atormentar (V.)
asustar
atemorizar
excitar (V.)
(V. **intranquilidad**)
a. *tranquilizar-se*
enervar-se
calmar-se
sosegar-se
despreocupar-se
alegrar-se
gozar-se
animar-se
envalentonar-se

intranquilo
s. **desconfiado** (V.)
preocupado (V.)
alarmado
conmovido
nervioso (V.)
inquieto
desazonado
turbado
perturbado
impaciente (V.)
agitado (V.)
acongojado
desasosegado
soliviantado
zozobroso (V.)
angustiado (V.)
atormentado
s. conmocionado
ansioso
volado (V.)
anhelante
apurado (V.)
excitado (V.)
en vilo
(V. **intranquilidad**)
a. *tranquilo*
sereno
despreocupado
calmo
aquietado
enervado
plácido
aplacado
indiferente
flemático

intransferible
(V. **inalienable**)

intransigencia
s. **testarudez** (V.)
terquedad (V.)
porfía (V.)
pertinacia
obstinación
intemperancia (V.)
intolerancia
resistencia (V.)
fanatismo (V.)
sectarismo (V.)
obcecación
dogmatismo (V.)
entereza
severidad (V.)
inhumanidad
inadaptación (V.)
rigidez
exigencia (V.)
ceguera
sectarismo
rigor (V.)
rebeldía
contumacia
tesón
negra honrilla
voluntad de hierro
cabeza dura
erre que erre
en sus trece
no dar su brazo a torcer
entre ceja y ceja
a. *transigencia*
tolerancia
comprensión
flexibilidad
suavidad
blandura
contemporización
condescendencia

intransigente
s. **exigente** (V.)
terco (V.)
tenaz
pertinaz
testarudo (V.)
incorregible (V.)
obstinado
obcecado
intolerante (V.)
entero
resistente
intemperante (V.)
soberbio
inquebrantable
rígido
severo
dogmático (V.)
fanático (V.)
sectario (V.)
exaltado
(V. **intransigencia**)
a. *tolerante*
transigente
blando
flexible
comprensivo
suave
conciliador
condescendiente
contemporizador

intransitable
(V. **infranqueable**)
(V. **impracticable**)

intransitado
s. solo
solitario (V.)
aislado
apartado
desierto (V.)
deshabitado
inhabitado
abandonado
despoblado
a. *concurrido*
animado

intransmisible
(V. **intransferible**)

intrascendencia
s. **frivolidad** (V.)
insignificancia (V.)
trivialidad
ligereza
superficialidad
futilidad
letraduría
bagatela
menudencia
minucia
pequeñez
a. *importancia*
profundidad
hondura
trascendencia

intrascendente
(V. **trivial**)

intratable
s. **desagradable**
insoportable
desabrido
agrio
intolerable
huraño (V.)
descortés
inaguantable
insociable (V.)
insocial
zamarro
ovejo
displicente
malhumorado
incivil
indigesto
esquivo
retraído
áspero
erizo
borde
inculto
ingrato
misántropo
brusco
esquinado
hurón
hosco
imposible
renegón
irritable
desaborido
gestudo
disgustado
adusto (V.)
seco
acedo
brusco
avinagrado
pesimista
zahareño
grosero (V.)
desapacible
bronco
montaraz
bravío
atrabiliario
despegado
sesgo
arisco
retraído
incompatible
irreconciliable
fiero
fiera
furo
pesado
diablo
genio
a. *amable*
simpático
agradable
culto
afable
cortés
sociable
asequible
sencillo

intraversión
(V. **introversión**)

intrepidez
s. osadía
temeridad
arrojo (V.)
esfuerzo
bravura
atrevimiento (V.)
irreflexión
decisión
firmeza
arrestos
impavidez
imperturbabilidad (V.)
redaños
corazón
valor (V.)
coraje
ánimo
arriscamiento
indeliberación
brío
empuje
carácter
resolución
ímpetu
fiereza
audacia (V.)
espíritu
nervio
fibra
desprecio a la muerte
hazaña
hecho de armas
valor temerario
de pelo en pecho
matasiete
a. *timidez*
apocamiento
cobardía
irreflexión
temor
cortedad
prudencia

intrépido
s. **valiente** (V.)
atrevido (V.)
bravo
arrojado
impávido
temerario (V.)
indeliberado
indoblegable
bragado
audaz (V.)
denodado (V.)
irreflexivo
arriesgado
decidido
lanzado
paladín
marcial
marchoso
bélico
belicoso
entero
firme
inmutable
imperturbable
arrestado
arriscado

(cont.)

heroico (V.)
matachín
matasiete
de pelo en pecho
de armas tomar
el terror del barrio
ser un guapo

(V. **intrepidez**)

a. *cobarde*
reflexivo
apocado
abúlico
tímido
prudente
timorato
temeroso
corto

intriga
s. **enredo** (V.)
entrometimiento
entremetimiento
embrollo
lío
jaleo (V.)
trapisonda (V.)
chisme
maquinación (V.)
alzaprima
emboscada
asechanza
maniobra (V.)
astucia
trama (V.)
tramoya (V.)
urdimbre (V.)
trapicheo (V.)
disimulo
tejemaneje (V.)
enjuague
componenda (V.)
manganilla
contubernio (V.)
confabulación
maraña
cábala (V.)
cubileteo
combina
compadrazgo
truchada
pastel
pasteleo
gatuperio
cabildeo (V.)
intríngulis
maquiavelismo (V.)
complicación
conjura
manejo
ardid
treta
chanchullo
ajo
tinglado (V.)
conspiración (V.)
politiqueo (V.)
complot
nudo (V.)
plan
intromisión
táctica
conciliábulo
artimaña
daño
traición
trampa (V.)
amasijo
amaño
mala pasada
entruchada
empanada
conchabanza (V.)
cautela

s. **misterio** (V.)
enigma
suspense *
incertidumbre

a. *lealtad*
discreción
desinterés
franqueza
claridad
conocimiento
certidumbre

intrigante
s. embaucador
maquinador
maquinante
chismoso
insidioso (V.)
cabildero
urdidor
compinche
trapisondista (V.)
tejedor
mangoneador (V.)
bullebulle
danzante
argadillo
laborante
maniobrero (V.)
mequetrefe (V.)
travieso (V.)
conspirador (V.)
traidor
chanchullero (V.)
aventurero
hábil
culebrón
entremetido
entrometido
enredador
compadre
muñidor (V.)
cauteloso

s. curioso
misterioso
enigmático (V.)
interesante (V.)

(V. **intriga**)

a. *leal*
discreto
indiferente
conocido
público

intrigar
s. **cabildear** (V.)
enredar
laborar (V.)
embaucar
trapichear (V.)
embarcar
combinar
birlar
maquinar (V.)
cubiletear
maniobrar (V.)
politiquear (V.)
tramar (V.)
urdir (V.)
conspirar (V.)
entremeterse
entrometerse
trapisondear (V.)
conchabarse (V.)
planear
manejar
confabularse
complotar
tejer (V.)
murmurar (V.)
desunir
hacer traición
valerse de mañas
tantear el terreno
meterle los dedos
hacer la cama

(V. **intriga**)

a. *desbaratar*
descubrir
desurdir

intrincado
s. enrevesado
revesado (V)
enredoso
enredado (V.)
enmarañado
confuso
obscuro
difícil (V.)
indescifrable
inescrutable
complicado (V.)
peliagudo
arduo
embrollado
revuelto (V.)
laberíntico (V.)
rebujado
desordenado
espinoso
espeso
complejo
mezclado
entrecruzado
equívoco
ambiguo
engorroso
enigmático (V.)
confundido
lioso
torcido
sinuoso
problemático
inextricable
dificultoso

s. intransitable
escarpado (V.)
accidentado
áspero
impracticable (V.)

a. *sencillo*
claro
fácil
suave
despejado
desembarazado
aclarado
esclarecido
solucionado
cierto
conocido
recto
franco
inequívoco

intrincar-se
s. **enredar** (V.)
embrollar
atascar
tergiversar
turbarse
embarullar (V.)
embolicar
enmarañar
confundir (V.)
obscurecer
intricar
dificultar
engarbullar
dificultar
embuñegar
entrampar
envedijarse
encresparse
mezclarse
complicar (V.)
hacerse un lío
hacerse un taco
armar jaleo
hacer algo a duras penas
embarazar
equivocar
poner en un aprieto
ser difícil de resolver
armarse un lío
estar en un aprieto
hacerse un ovillo
echarlo todo a rodar

a. *desenredar-se*
aclarar-se
esclarecer-se
solucionar-se
facilitar-se
despejar-se
desembarazar-se

intríngulis
s. maniobra
tejemaneje
intriga (V.)

s. **dificultad** (V.)
nudo
nudo gordiano
quid
cuestión
diana
clavo
punto
secreto
busilis (V.)
hito
incógnita
hueso
meollo
punto débil
punto sensible
punto principal
duda
toque
complicación (V.)

a. *facilidad*
claridad
solución

intrínseco
s. íntimo
interno
interior
substancial
peculiar
propio (V.)
esencial
idiosincrásico
constitutivo
inmanente
ínsito
característico (V.)
fundamental
inherente
natural
vital
exclusivo
taxativo

(V. **intrinsiqueza**)

a. *extrínseco*
ajeno
exterior
extraño
impropio

intrinsiqueza
(V. **intimidad**)

introducción
s. **explicación**
introito
preludio (V.)
prefacio (V.)
prólogo (V.)
prolusión
comienzo
obertura (V.)
exordio
proemio (V.)
emboque (V.)
preámbulo (V.)
prolegómenos (V.)
preliminar
principio (V.)
presentación (V.)
galeato

s. **entrada** (V.)
inyección
acoplamiento
implantación (V.)
importación (V.)
inserción
inclusión
infiltración
admisión (V.)
penetración (V.)
intromisión (V.)
inmersión
oficiosidad
absorción
calada
metimiento
impregnación
obstrucción
enclavación
enclave
interposición
metimiento (V.)
cateterismo
hincadura
incisión
penetrabilidad
hundimiento

s. **preparación** (V.)
preparativo
apropincuación
aproches
disposición
isagoge

a. *extracción*
epílogo
salida
exclusión
discreción
abandono

introducir-se
s. **meter** (V.)
inyectar (V.)
hincar (V.)
irrigar (V.)
ensartar (V.)
internar
penetrar (V.)
entrañar
insertar
infiltrar (V.)
colarse
incluir (V.)
encajonar
embalar
remeter
entremeter
alijar (V.)
pasar
importar (V.)
contrabandear (V.)
hornaguear
envolver
embaular
embanastar
enjaular
embotar
entonelar
embotellar
encuadrar
empotrar (V.)
encorchar
entinar
encestar (V.)
embocar
incorporar
intercalar (V.)
empaquetar
envalijar
calar
encajar (V.)
ensamblar
empacar
enzurronar
encapachar
encapuchar
engarzar
encerrar
embutir (V.)
enterrar
encepar
encuadrar
engastar
fijar
plantar
colocar
zambucar
enseñar
empozar
imprimir
injertar
sorber
absorber
cerrar
apretar
guardar
conservar (V.)
llenar
soplar
enclavar
atornillar
afianzar
sujetar
atravesar
mechar
alojar (V.)
embeber
encuevar
abarrancar
sumergir
filtrar (V.)
reconcentrar (V.)
ahondar
insuflar (V.)
colocar

s. **inmiscuirse** (V.)
meterse
intimar
presentar (V.)
amigar
reunir
prolongar (V.)
zambullirse
insertarse
acoplarse
compenetrarse
internarse
insinuarse (V.)
entrometerse (V.)
relacionarse

s. atraer
ocasionar
establecer (V.)
causar (V.)
producir
hacer figurar
poner en uso
hacer adoptar

(V. **introducción**)

a. *sacar*
extraer
alejar
aliviar
descargar
desenterrar
desenvolver
desencajonar
excluir
desclavar
escabullirse
salirse

introductor
s. presentador
expositor
adelantado
iniciador (V.)
innovador
instaurador
exhibidor
introductor de embajadores

(V. **introducción**)

introito
(V. **introducción**)

intromisión
s. **entrometimiento** (V.)
entremetimiento
intrusión
tercería (V.)
celestinería
oficiosidad (V.)
fisgonería
indiscreción (V.)
fisgoneo
cuchareteo
importunación
mangoneo
mediación
intervención (V.)
injerencia (V.)
ingerencia
interrupción
impertinencia (V.)
curiosidad (V.)
introducción

a. *desentendimiento*
desinterés
discreción
abstención
inhibición

introspección
s. introversión
reflexión (V.)
meditación
observación (V.)
repaso
examen

a. *irreflexión*
inhibición

introspectivo
s. **íntimo** (V.)
interior
anímico
entrañable
reflexivo (V.)
observador

(V. **introspección**)

a. *ajeno*
extraño
exterior

introversión
(V. **retraimiento**)

(V. **misantropía**)

introvertido
s. introverso
intratable
adusto
huraño
incivil
insociable (V.)
retraído (V.)
hosco
tímido
corto
huidizo
misántropo (V.)
intravertido
místico

(V. **introversión**)

a. *extrovertido*
extroverso
extravertido
sociable
mundano
acogedor
amable
tratable
asequible

intrusión
(V. **intromisión**)

intruso
s. indiscreto
entremetido (V.)
entrometido (V.)
importuno
inoportuno
chisgarabís
detentador
inspector
cucharetero
curioso (V.)
curioseador
metomentodo
fisgón (V.)
catacaldos
revisalsero
catasalsas
cazolero
candiletero
husma
husmeador
cotilla
mangoneador

s. **advenedizo** (V.)
forastero
extranjero
extraño (V.)
exótico
nuevo
foráneo
ajeno

s. charlatán
falsario
impostor (V.)
competidor
desleal
ilegal
infractor
suplantador (V.)
tramposo
incompetente
incapaz
inhabilitado
curandero
zurupeto
rondón

(V. **intrusión**)

a. *pertinente*
adecuado
propio
discreto
circunspecto
legal
competente
auténtico
verdadero
oficial

intuición
s. vislumbre
instinto (V.)
olfato (V.)
percepción
conocimiento
clarividencia (V.)
adivinación (V.)
intelección
inteligencia
pálpito
razón (V.)
corazonada
visión
vista (V.)
idea
discernimiento
perspicacia
penetración
sutileza (V.)
sagacidad (V.)
presentimiento
sospecha (V.)
barrunto
conjetura
pronóstico
sentimiento
sensibilidad
greguería (V.)
revelación
inspiración (V.)
genialidad
sexto sentido

a. *examen*
meditación
reflexión
inhibición
ceguera
cerrazón
insensibilidad
raciocinio
especulación

intuir
s. **presentir** (V.)
entrever
percibir (V.)
columbrar
sospechar
adivinar
conocer
distinguir
vislumbrar
aprehender
antever
conjeturar
barruntar
pronosticar
sentir (V.)

(V. **intuición**)

a. *reflexionar*
meditar
inhibirse
especular
discernir
rumiar
alambicar
cavilar
recapacitar

intuitivo
s. **instintivo** (V.)
automático
maquinal
espontáneo
inconsciente
irreflexivo
barruntado
sospechado
presentido
sutil
facial
sagaz (V.)
perspicaz (V.)
clarividente
inspirado
genial
penetrante

(V. **intuición**)

a. *reflexivo*
consciente
estudiado
cavilador

intuito
(V. **mirada**)

(V. **vistazo**)

intumescencia
s. **hinchazón** (V.)
bulto
chichón
turgencia
inflamación
tumefacción
engrosamiento
tumor
lobanillo
intumescencia cervical
intumescencia lumbar
intumescencia gangliforme

intuspección
(V. **reflexión**)

(V. **conciencia**)

inulto
(V. **impune**)

inundación
s. anegación
diluvio
anegamiento
avenida (V.)
aluvión
crecida (V.)
arroyada
aguada
regadura (V.)
torrentero
torrentera
corriente
correntía
arriada
aguazal
encharcamiento
desbordamiento (V.)
chorroborro
venida
rebosadura (V.)
riada (V.)
cataclismo
ramblazo
rambla
estero
cauce
río
bardomera
andarro
robadizo
bajial
diluvio
albina
inmersión
derramamiento
pantano
turbión
torrente

s. **abundancia** (V.)
muchedumbre
multitud
copia

a. *retracción*
sequía
escasez
falta

inundado
s. desbordado
anegado
encharcado
cubierto
sumido
ahogado
empapado
embebido
aguachinado
regado

(V. **inundación**)

a. *seco*
desecado
enjugado
escurrido
cegado
desencharcado

inundar
s. **empantanar** (V.)
anegar (V.)
alagar
aguar
arramblar
regar (V.)
arriar
arriarse
sumergir
aplayar
desbordarse (V.)

s. colmar
rebosar (V.)
llenar (V.)
cargar
abrumar

(V. **inundación**)

a. *retraer*
vaciar
faltar
secar

inurbanidad
s. **grosería** (V.)
ineducación
descortesía (V.)
ordinariez
vulgaridad
cerrilidad
rusticidad
tosquedad
corteza
impolítica
insociabilidad
desatención
zafiedad

a. *urbanidad*
finura
cortesía
educación
exquisitez
delicadeza

inurbano
s. **grosero** (V.)
descarado
atrevido
ineducado
ordinario
tosco
zafio
zamarro
insociable
impolítico
desatento

(V. **inurbanidad**)

a. *fino*
educado
cortés
delicado
culto

inusitado
s. **insólito** (V.)
asombroso
inusual
desacostumbrado
inútil
nuevo
desusado
inhabitual
inhabituado
raro (V.)
único
extraño
extravagante
obsoleto
extraordinario (V.)

a. *normal*
vulgar
corriente
ordinario

inusual
(V. **inusitado**)

inútil
s. **desmañado** (V.)
inservible (V.)
ineficaz (V.)
nulo (V.)
inepto (V.)
zángano (V.)
cascaciruelas
ingrato
infructífero
ocioso (V.)
vano
mangorrero
frío (V.)
impotente
ablandabrevas (V.)
ripioso
excusado (V.)
calamidad (V.)
infructuoso (V.)
improductivo (V.)
estéril (V.)
infecundo
insignificante
holgazán (V.)
incapaz (V.)
tonto (V.)
torpe (V.)
arrinconado
desaprovechado (V.)
redundante
inconducente
sobrante (V.)
superfluo (V.)
innecesario (V.)
fútil
mandria
engarnio
cachirulo
cachivache
caduco
inane (V.)
inerte
inactivo (V.)
trasto (V.)
excusado
echadizo
desusado
arrinconado
despreciable
maxmordón
de desecho
parásito (V.)
peal
vainazas
maula
plepa
hojarasca
broza
cataplasma (V.)
carraca
baldío
chanca
danzante
chisgarabís
incompetente
penco
inoperante
pobrete
vagabundo

s. **inválido** (V.)
imposibilitado
paralítico
impedido
lisiado
mutilado
tullido
malogrado (V.)
baldado
disminuido

(V. **inutilidad**)

a. *útil*
fructífero
eficaz
hábil
habilidoso
mañoso
activo
trabajador
capaz
necesario
preciso
servible
importante
provechoso
aprovechable
válido
valioso
conveniente
beneficioso

inutilidad
s. **ineficacia** (V.)
incapacidad (V.)
invalidación
inanidad (V.)
inhabilitación
desaprovechamiento
superfluidad (V.)
ineptitud (V.)
desdicha
desastre
cataplasma

(cont.)

engarnio (V.)
futilidad
esterilidad (V.)
infructuosidad
maula (V.)
parasitismo (V.)
nulidad (V.)
trastajo
zupia
vaciedad
ignorancia
torpeza (V.)
inepcia
incompetencia
inexperiencia
ociosidad
holgazanería (V.)
inutilización

s. **sobrante** (V.)
desechos
broza
desperdicios (V.)
borra
gollería
fárrago
basura
trastería
zarandaja
relleno
bizantinismo
palabrería
paja
hojarasca (V.)
exceso
demasía
redundancia
borrufalla

s. **invalidez** (V.)
parálisis
tullimiento (V.)
disminución
impotencia

a. *utilidad*
eficacia
habilidad
actividad
dinamismo
capacidad
necesidad
importancia
provecho
aprovechamiento
validez
beneficio
ventaja
conveniencia
fructificación
aptitud
fructuosidad
sabiduría
conocimiento
inteligencia
competencia
experiencia
falta

inutilización

s. **enmohecimiento** (V.)
condena (V.)
invalidación
anulación
frustración
inhabilitación
incapacitación
inutilidad (V.)

a. *utilización*
utilidad
habilitación
capacitación
preparación
vigencia

inutilizado

s. **desusado** (V.)
arrinconado
desaprovechado
enmohecido
anulado
desechado
desestimado
menospreciado
postergado
abandonado

a. *apreciado*
estimado
rehabilitado
enaltecido
utilizado

inutilizar-se

s. **anular** (V.)
malograr (V.)
abrogar
romper
desvanecer
abolir
perder
desautorizar
desaprovechar
pasarse
estropear (V.)
desperdiciar (V.)
enmohecer (V.)
averiar
desechar
desarreglar (V.)
desguazar (V.)
sobrar
arrinconar
gastar
arrumbar
jubilar
inhabilitar
desautorizar
ser un asco
estar de más
no valer para nada
hacer por hacer
perder el tiempo
gastar saliva en balde
no valer un pito
hablar por hablar
machacar en hierro frío
cazar moscas
gastar pólvora en salvas
no echar nada al bolsillo
ser la carabina de Ambrosio
no dar pie con bola
ser un cero a la izquierda
ser hombre al agua
calzar pocos puntos
dar vueltas a la noria
dar voces al viento
ladrar a la luna
no dar palotada

s. **invalidar** (V.)
mutilar
baldar (V.)
lisiar
tullir
impedir
imposibilitar (V.)

(V. **inutilidad**)

a. *servir*
utilizar
valer
arreglar
conseguir
reponer
autorizar
capacitar
producir
aprovechar
habilitar
facilitar
beneficiar

invadido

(V. **invadir**)

invadir

s. **entrar** (V.)
penetrar (V.)
desembarcar
irrumpir (V.)
infiltrar (V.)
allanar
apoderar
asaltar
acometer
almogavear
infestar
violentar
violar (V.)
forzar
agredir
conquistar (V.)
atacar
tomar
desbordarse
capturar
despojar
apresar
apoderarse
usurpar (V.)
incautar
saquear
pillar
cercar
asediar
vencer
dominar
sojuzgar
irruir
inundar
plagarse (V.)
ocupar (V.)
entrometerse
intrusarse

(V. **invasión**)

a. *abandonar*
retirarse
retroceder
marcharse
defender
resistir
devolver
reintegrar
salir
respetar
desocupar

invalidación

s. inhabilitación
inutilización
anulación (V.)
abrogación
abolición
rescisión (V.)
desautorización
arrumbamiento
negación
dimisión (V.)
neutralización
inutilidad (V.)

a. *convalidación*
autorización
vigencia
validez
habilitación
capacitación
reintegración

invalidar-se

s. **anular** (V.)
inutilizar (V.)
incapacitar (V.)
abrogar
desautorizar
abolir
arrumbar
revocar
caer en desuso
rescindir (V.)

(V. **invalidación**)

a. *convalidar*
autorizar
capacitar
habilitar

invalidez

s. nulidad
incapacidad
inutilidad
incapacitación
parálisis (V.)
anquilosamiento
paraplejía
ceguera
cojera
mutilación
inhabilitación (V.)
atrofia
abasia
torpor
torpeza
disminución
debilidad

a. *validez*
capacitación
utilidad
agilidad
flexibilidad
habilidad
fortaleza

inválido

s. inutilizado
invalidado
desautorizado
abolido
incapacitado
nulo (V.)
revocado
rescindido
cancelado
desvirtuado

s. incapacitado
baldado
mutilado (V.)
lisiado (V.)
débil
disminuido
incapaz
imposibilitado
tullido
impedido (V.)
herido
cojo
gafo (V.)
manco
ciego
paralítico (V.)
inútil (V.)

(V. **invalidez**)

a. *útil*
capaz
sano
fuerte
vigente
actual

invariabilidad

s. inflexibilidad
inquebrantabilidad
constancia (V.)
estabilidad
permanencia
fijeza (V.)
firmeza (V.)
inmutabilidad
impasividad
uniformidad (V.)
monotonía
integridad
perseverancia
inalterabilidad (V.)
cliché
cantinela
estribillo
muletilla
repetición (V.)

a. *variabilidad*
mutabilidad
inconstancia
veleidad
fluctuación
versatilidad
cambio
inestabilidad
oscilación

invariable

s. inquebrantable
firme
seguro (V.)
constante (V.)
consecuente
inmutable (V.)
inalterable (V.)
permanente (V.)
estable
estacionario (V.)
inflexible
impasible
ejecutorio
fijo
inmóvil
inmovible
inconmovible
monótono
igual (V.)
uniforme (V.)
simple
sencillo
estereotipado
perseverante
inmudable
inconmutable
perdurable
irreversible (V.)

(V. **invariabilidad**)

a. *mudable*
inconstante
variable
fluctuante
oscilante
tornadizo
alterable
fugaz
cambiante
inestable
versátil
voluble

invasión

s. **irrupción** (V.)
intrusión
entrada (V.)
violencia
penetración (V.)
usurpación (V.)
correría
infiltración (V.)
asalto
guerra
cabalgada
agresión
ocupación (V.)
incursión
desembarco (V.)
excursión (V.)
algarada
acometimiento
almogavería
algara
maloca
malón
ataque
carga
pillaje
incautación
saqueo
golpe de mano
allanamiento
acometida
sojuzgamiento

a. *retirada*
retroceso
abandono
defensa
resistencia
salida
devolución

invasor

s. asaltante
agresor
devastador
atacante
conquistador (V.)
ocupante
captor
algarero
irruptor
almogávar
asolador
usurpador (V.)
saqueador
sitiador
sojuzgador
dominador

(V. **invasión**)

a. *defensor*
resistente
sitiado
bloqueado
cercado

invectiva

s. **diatriba** (V.)
dicterio (V.)
ofensa
filípica
apóstrofe
catilinaria
mordacidad
sarcasmo
ataque (V.)
acusación
increpación
insulto

a. *alabanza*
elogio
defensa

invencible

s. **invulnerable** (V.)
invicto (V.)
indomeñable
imbatible
victorioso
irrevocable
incontrastable (V.)
inquebrantable
insuperable (V.)
inexpugnable
invito
irreducible
irreductible
irresistible (V.)
inconquistable (V.)

a. *vencido*
derrotado
vulnerable
expugnable

invención

s. invento
descubrimiento (V.)
improvisación
intento
encuentro (V.)
hallazgo
creación
máquina
proyecto
arbitrio
medios
intento
iniciativa (V.)
recurso
fábrica
heurística
pensamiento
conocimiento
producción
patente (V.)

s. **fantasía**
cuento
superchería (V.)
ficción
ocurrencia
argumento
fabulación
imaginación (V.)
inventiva
mentira (V.)
artificio
leyenda (V.)
utopía
quimera
mito
idea (V.)
inspiración

(cont.)

ingenio (V.)
entelequia (V.)
morcilla (V.)
añadido
repentización (V.)

a. *imitación*
copia
plagio
vulgaridad
suceso
materialidad
prosa
verdad
torpeza

invencionero
s. **inventor** (V.)
novador (V.)
embustero
mentiroso (V.)
embaucador
engañador
farsante
fantástico

(V. **invención**)

a. *franco*
veraz
leal

inventado
(V. **falso**)

(V. **imaginario**)

inventar
s. **hallar** (V.)
descubrir (V.)
crear (V.)
asacar
innovar (V.)
fraguar
imaginar (V.)
ingeniar
improvisar (V.)
senderear
forjar
figurar
concebir
tejer
fabricar (V.)
trazar
pensar (V.)
discurrir (V.)
divagar (V.)
fantasear (V.)
fabular
idear (V.)
añadir
ocurrírsele
sacar
repentizar
inspirarse
ver visiones
tener imaginación volcánica
soñar despierto

s. falsear
mentir (V.)
engañar
trucar
fingir
urdir
tramar

(V. **invención**)

a. *imitar*
plagiar
copiar
revelar

inventariar
s. **catalogar** (V.)
listar
describir
clasificar
relacionar (V.)
registrar (V.)
censar
ordenar
anotar
apuntar
inscribir
compilar
recapitular (V.)
enumerar
numerar
documentar

(V. **inventario**)

a. *omitir*
orillar
eludir
prescindir
olvidar

inventario
s. catálogo
lista (V.)
relación (V.)
catalogación (V.)
registro (V.)
clasificación
compilación
censo
inscripción
enumeración
descripción
ordenación
nomenclátor
repertorio
estado
documentación
testamentaría (V.)
testamentifacción (V.)
retahíla (V.)
sucesión
letanía

a. *omisión*
marginación
elusión
olvido

inventiva
s. **imaginación** (V.)
talento
fantasía (V.)
idea
santiscario
ingenio
inspiración
inteligencia
listeza
sagacidad
luces
agudeza
genio
iniciativa (V.)
originalidad
pupila
perspicacia
intelecto
maña
pesquis
sapiencia
sabiduría
penetración
cabeza
sutileza
improvisación (V.)

a. *vaciedad*
torpeza
incultura
cerrazón
apatía
prosaísmo
trivialidad
insulsez

invento
(V. **invención**)

inventor
s. **descubridor** (V.)
inventador
autor (V.)
productor
científico
inventivo
invencionero
fabricador
fraguador
pionero (V.)
tracista (V.)
genio
padre
arbitrador
creador (V.)
innovador (V.)
poeta
hacedor
hallador (V.)

(V. **invención**)

a. *copista*
imitador
plagiario

inverecundia
s. descaro
desvergüenza (V.)
descomedimiento
descoco
procacidad
impudicia
atrevimiento
insolencia
desfachatez
desgarro
indecencia
grosería

a. *verecundia*
vergüenza
comedimiento
consideración
respeto
acatamiento
decencia
pudor
finura
delicadeza

inverecundo
s. **desvergonzado** (V.)
descomedido
descocado
insolente
atrevido
irrespetuoso (V.)
impúdico
descarado
procaz
grosero
indecente

(V. **inverecundia**)

a. *vergonzoso*
comedido
tímido
respetuoso

invernáculo
(V. **invernadero**)

invernadero
s. invernáculo
estufa (V.)
jardín (V.)
cristalera
cobertizo
defensa
aclimatación
protección (V.)
reguardo

(V. **invierno**)

invernal
s. hibernal
hibernizo
hiemal
aquilonal
invernizo
frío
riguroso
crudo
gélido
helado
duro
desapacible
inclemente

a. *veraniego*
primaveral
cálido
benigno
templado

inverosímil
s. **absurdo** (V.)
incomprensible
inverisímil
increíble (V.)
remoto
sorprendente
inexistente
imposible
improbable
extraño
raro (V.)
asombroso
fantástico
fabuloso
inaudito
extraordinario
inadmisible
inimaginable
inconcebible
sobrehumano
irracional
maravilloso
insólito
disparatado
ilógico
desatinado
extravagante
estrafalario
extraño
mirlo blanco
rara avis
de cien una vez

(V. **inverosimilitud**)

a. *normal*
vulgar
corriente
posible
comprensible
verosímil
probable
admisible
creíble
ordinario
lógico
natural
prosaico
concebible
razonable

inverosimilitud
s. **extravagancia** (V.)
rareza (V.)
inverisimilitud
incredulidad
asombro
absurdo (V.)
absurdidad
imposibilidad
inconveniencia
duda
notición
imposibilidad (moral)
lo insólito
incredibilidad
fantasía
insensatez
disparate

a. *posibilidad*
realidad
credulidad
normalidad
vulgaridad
verosimilitud
probabilidad

inversión
s. **mudanza** (V.)
transposición (V.)
alternación
cambio (V.)
retroceso
anagrama (V.)
anástrofe
reciprocidad
butrófedon
hiperbatón
trabucación
subversión
revés
reverso
vuelta
capicúa
viceversa
alteración
transformación (V.)
vuelco
tumbo
repelo
redopelo
retroversión
revolución
preposternación
palíndromo
introversión
reversión
tergiversación
trastrocamiento (V.)
contraposición

s. adquisición
compra
trueque
aplicación (V.)
empleo
colocación
financiación
transacción

(V. **homosexualidad**)

a. *permanencia*
fijeza
inmutabilidad
rectitud
orden
ordenación
derroche
heterosexualidad

inversionista
s. inversor
especulador (V.)
bolsista
negociante
capitalista (V.)
financiero

(V. **inversión**)

inverso
s. **reverso** (V.)
alterado
alternado
invertido (V.)
cambiado (V.)
transtornado
trastrocado
capicúa
prepóstero
reversivo
recíproco (V.)
subversivo
mudado
contrapuesto
contrario (V.)
contradictorio
opuesto
transmutado
traspuesto

s. de cabeza
al revés
al contrario
viceversa
a contrapelo
a redopelo
a la inversa

(V. **inversión**)

a. *directo*
ordenado
recto
propio
inmutable
firme
favorable

invertido
s. **inverso** (V.)
sodomita (V.)
homosexual
pederasta
pervertido
bujarrón
marica
maricón
garzón
bardaja
bardaje
nefandario
somético
desviado
puto
sarasa
trastornado (V.)
afeminado
degenerado

a. *heterosexual*
viril
macho
masculino
mujeriego

invertir
s. **girar** (V.)
alterar (V.)
alternar
contraponer
trocar
trastrocar (V.)
trastocar
trabucar
cambiar (V.)
embrocar
volcarse
controverter
impender
tergiversar
transformar
volver del revés
ir a contrapelo
dudar
volver (V.)
tumbar
preposterar (V.)
volcar (V.)
revolcarse
voltear (V.)
volverse las tornas
desandarse
subvertir
mudar
variar (V.)
trastornar

s. **emplear** (V.)
ahorrar (V.)
colocar
aplicar
destinar
financiar
especular (V.)
negociar
gastar
interesar (V.)
meter

(V. **inversión**)

a. *ordenar*
permanecer
restablecer
reponer
mantener
derrochar

investidura
s. recepción
ceremonia
solemnidad
concesión (V.)
otorgamiento
cargo (V.)
dignidad
toma de posesión
proclamación (V.)
a. *dimisión*
jubilación
despedida
abdicación

investigación
s. **averiguación** (V.)
observación (V.)
experimento
indagatoria
indagación (V.)
información
escudriñamiento
exploración (V.)
perforación (V.)
pregunta
inquisición
ensayo
reconocimiento (V.)
tanteo
busca
buceo
escrutinio
encuesta
búsqueda (V.)
averiguamiento
criticismo
pesquisa (V.)
atención (V.)
vigilancia
acecho
sonsacamiento
sonsaca
disquisición
sondeo
tienta
pista
método
perquisición (V.)
demanda
sondaje
fisgoneo (V.)
escudriño
curiosidad (V.)
inquisitiva
escrutación
interpelación
interrogatorio (V.)
a. *hallazgo*
descubrimiento
encuentro
discreción
inhibición
abstención

investigador
s. indagador
inquisidor (V.)
inquiridor
averiguador
juez
sabueso
detective
policía
inspector
agente
examinador
s. sabio
intelectual
científico
experimentador
inventor
descubridor
experto
técnico
(V. **investigación**)

investigar
s. **buscar** (V.)
inspeccionar
inquirir (V.)
averiguar (V.)
profundizar (V.)
perquirir (V.)
escudriñar (V.)
escaluñar
escarcuñar
remover (V.)
revolver (V.)
curiosear (V.)
husmear
entrometerse (V.)
escrutar
rebuscar
examinar (V.)
preguntar (V.)
brujulear
mirar (V.)
catar
probar
bucear
tantear (V.)
prospectar
explorar (V.)
interrogar
demandar
acechar
ver (V.)
atisbar
fisgar (V.)
reconocer
zahoriar
sondar
indagar
apurar (V.)
estudiar (V.)
enterarse
calcular
cuestionar
requerir
pesquisar (V.)
meter las narices
tomar informes
andar a la husma
tantear el terreno
saber las vidas ajenas
seguir la pista
desentrañar las ciencias
arder en curiosidad
tomar el pulso a
explorar el asunto
poner en claro
sacar en limpio
dar en el busílis
dar en el clavo
poner el dedo en la llaga
dar en el quid
descubrir el campo
seguir la liebre
dar un toque
tentar la ropa
beber en buenas fuentes
(V. **investigación**)
a. *descubrir*
hallar
aclarar
conocer
desentenderse
desinteresarse
inhibirse

investir
s. proclamar
conferir (V.)
ungir (V.)
conceder
envestir
otorgar
posesionar (V.)
adjudicar
asignar
atribuir
dispensar
honrar
(V. **investidura**)

a. *abdicar*
dimitir
dejar
despedirse

inveterado
s. **arraigado** (V.)
acostumbrado
antiguo
añejo
viejo
envejecido
tradicional
enraizado
habitual
vetusto
arcaico
rancio
a. *nuevo*
extraño
desacostumbrado
moderno

inveterarse
s. **arraigarse** (V.)
acostumbrarse
fijarse
enraizarse
enranciarse
añejarse
anticuarse
(V. **envejecerse**)
a. *desacostumbrarse*
modernizarse
renovarse
rejuvenecerse

invicto
s. vencedor
victorioso (V.)
triunfador
triunfante
invencible (V.)
famoso
esclarecido
glorioso
insigne
a. *vencido*
sojuzgado

invidencia
(V. **ceguera**)

invidente
(V. **ciego**)

invierno
(V. **estación**)
(V. **frío**)

inviolabilidad
s. privilegio
prerrogativa
inmunidad (V.)
protección
invulnerabilidad
respaldo
apoyo
prohibición
garantía
irresponsabilidad
impunidad
exención
seguridad (V.)
a. *violabilidad*
igualdad
responsabilidad

inviolable
s. **inmune** (V.)
sagrado (V.)
intangible
venerado
santo
augusto
seguro (V.)
protegido
respetable
venerable
improfanable
sacrosanto
consagrado
venerando
privilegiado
(V. **inviolabilidad**)
a. *abominable*
nefando
vulnerable
inseguro

inviolado
s. **íntegro** (V.)
intacto (V.)
incorrupto
puro
virgen
incólume
nítido
perfecto
inmaculado
a. *profanado*
impuro

invisible
s. intocable
incorporal
inmaterial
impalpable (V.)
etéreo
incorpóreo
microscópico
imperceptible (V.)
oculto (V.)
escondido
secreto
misterioso (V.)
encubierto
imaginario
intangible
embozado
solapado
eclipsado
borrado
en tinieblas
a obscuras
de ocultis
a. *visible*
aparente
perceptible
apreciable
distinguible
palpable
material

invitación
s. convidada
ofrecimiento (V.)
convite (V.)
convocatoria
llamamiento (V.)
agasajo (V.)
banquete (V.)
ágape
comensalía
ronda
obsequio (V.)
oferta (V.)
guateque
gatuperio
cocktail
vino
colación
visita (V.)
comida
pipiripao
s. **convocatoria** (V.)
asamblea
llamamiento
llamada
s. **ruego** (V.)
súplica
conminación
estímulo
sugerencia
insinuación (V.)
incentivo
incitación
inducción
intimación (V.)
instigación
empuje
recomendación (V.)
s. entrada
boleto
esquela (V.)
pase (V.)
localidad
asiento
resguardo
número
ticket
boleta
cédula
a. *repulsión*
disuasión
desprecio
olvido
omisión

invitado
s. **convidado** (V.)
agasajado
visitante (V.)
asistente
concurrente
espectador
comensal
oyente
participante
huésped (V.)
contertulio
presente
s. ofrecido
(V. **invitación**)
a. *anfitrión*

invitar
s. **agasajar** (V.)
hospedar
escudillar
convidar (V.)
brindar
pegotear
ofrecer (V.)
servir
obsequiar (V.)
reunir
convocar (V.)
llamar (V.)
participar (V.)
proponer
s. instigar
incitar (V.)
conminar (V.)
mover
inducir
excitar
rogar
atraer
estimular
embridar
aguijonear
requerir (V.)
recomendar (V.)
semejar (V.)
(V. **invitación**)
a. *desistir*
omitir
despreciar
disuadir
olvidar
desdeñar

invocación
s. **exhortación** (V.)
conjuro
ayuda
llamamiento (V.)
imploración
deprecación
impetración
evocación
ruego
plegaria
jaculatoria (V.)
súplica (V.)
llamada
recuesta
petición
solicitación
recuerdo
apelación (V.)
preces
alocución
rogativa
suplicatorio
auxilio
alegato (V.)
a. *repulsa*
maldición
denegación
olvido
inhibición

invocar
s. **exhortar** (V.)
pedir
rogar
suplicar
implorar
impetrar
deprecar
conjurar (V.)
llamar
apelar (V.)
solicitar
recordar
evocar (V.)
auxiliar
instar
recurrir (V.)
s. **alegar** (V.)
exponer
citar
basarse
fundarse
acogerse
aducir (V.)
fundamentarse
(V. **invocación**)
a. *denegar*
desoír
maldecir
omitir
olvidar

involución
s. **regresión** (V.)
retrogradación
atrofia (V.)
modificación
a. *desarrollo*
evolución

involucrar
s. enredar
mezclar (V.)
introducir
injerir
insertar
implicar
comprender
envolver
entremeter
confundir (V.)
incluir
complicar (V.)
promiscuar (V.)
a. *aclarar*
desembrollar
dilucidar

involuntario
s. espontáneo
inconsciente (V.)
indeliberado
instintivo (V.)
natural
intuitivo
impensado
distraído
maquinal
mecánico
automático (V.)
reflejo (V.)
irreflexivo
subconsciente (V.)
a. *meditado*
estudiado
pensado
adrede
premeditado

invulnerabilidad
s. **inmunidad** (V.)
indestructibilidad
resistencia (V.)
fortaleza
robustez
inexpugnabilidad
a. *vulnerabilidad*
debilidad

invulnerable
s. **inmune** (V.)
inexpugnable (V.)
protegido
invicto
fuerte
resistente
duro
inatacable (V.)
sólido
acorazado
invencible (V.)
indestructible
seguro (V.)
a. *débil*
vulnerable
dañable
expugnable
feble
endeble

inyección
s. **vacunación** (V.)
introducción
dosificación
transfusión (V.)
administración
infusión
irrigación
jeringación
s. ampolla
enema
ayuda
lavativa
clíster
inyectable
bomba
jeringa
cánula
jeringuilla
mangueta
pitorro
bitoque
aguja
pinchazo
s. inyección subcutánea
inyección intramuscular
inyección intravenosa
a. *extracción*
absorción

inyectable
(V. **inyección**)

inyectar
s. insuflar
irrigar (V.)
jeringar
introducir (V.)
clisterizar
inocular
transfundir
(V. **inyección**)
a. *extraer*
exprimir
sacar

iodo
(V. **yodo**)

ion
s. radical
átomo (V.)
porción
molécula
partícula
s. catión
anión
ión positivo
ión negativo
s. ión gramo
ión gaseoso
ión electrolítico
s. ionización
ionizante
ionizar

ipecacuana
s. rubiácea
fruticosa
emética
tónica
purgante
sudorífica
planta (V.)
ipecacuana de las Antillas
asclepiadácea
asclepiadea

ipso facto
s. en el acto
inmediatamente
en seguida
ahora (V.)
rápidamente
instantáneamente
a. *después*
posteriormente
luego

ir-se
s. moverse
dirigirse (V.)
encaminarse
caminar
venir
trasladarse (V.)
andar
correr
peregrinar
recorrer
llegar (V.)
pasar
aparecer
marcharse (V.)
asistir
acudir (V.)
largarse (V.)
emigrar
salir (V.)
zarpar
partir
concurrir
huir
escabullirse
pirarse (V.)
conducir
visitar
mudarse
viajar
cambiar
transportar
guiar
remover
obrar
proceder
presentarse (V.)
trasponer
tenderse (V.)
aproximarse
acercarse
ahuecar el ala
levantar la casa
andar con el hato a cuestas
cambiar de lugar
ser prófugo
escaparse
poner pies en polvorosa
tomar las de Villadiego
s. derramarse
deslizarse
desparramarse
esparcirse
caerse
dispersarse
desbordarse
consumirse (V.)
morirse (V.)
gastarse
romperse
desgarrarse
s. peerse
ventosear (V.)
ciscarse
zullarse
s. irse con la música a otra parte
a todo correr
irse abajo
ir a la vez
ir a una
ir tirando
r. Donde fueres, haz lo que vieres ■ Váyase lo uno por lo otro ■ Ir por lana y salir trasquilado
s. vete noramala
estar ido
írsele la burra
irse por la tangente
(V. **ida**)
a. *pararse*
estacionarse
contenerse
a. *acampar*
acuartelar
venir
advenir
inmigrar
regresar
tornar
volver

ira
s. indignación
cólera (V.)
furia (V.)
rabia
coraje
soberbia (V.)
desesperación
enojo
corajina
rabieta
arrebato
enfurecimiento
acceso
bufido
embuchado
gruñido
arrechucho
resquemor
reconcomio
odio
saña
refunfuño
impaciencia
fiereza
vesania
berrinche
basca
repente
estallido
irascibilidad
resentimiento
excitación
excitabilidad
atrábilis
exasperación
irritación (V.)
pique
rencilla
pasión
iracundia
vehemencia
bramuras
arranque
fanfurriña
ofensa
enfado (V.)
atufo
berrinche
estallido
conmoción
convulsión
espasmo
crisparse los nervios
erizarse los cabellos
ponerse los pelos de punta
ponerse como un basilisco
estar hecho una fiera
salirse de sus casillas
tener los demonios en el cuerpo
enseñar los dientes
estar desbocado
r. Nunca la cólera hizo cosa buena ■ Responder al airado luego, es echar leña al fuego ■ De airado a loco, va muy poco ■ A quien tiene malas pulgas, no vayas con burlas
a. *moderación*
humildad
paciencia
comedimiento
serenidad
calma
resignación
mansedumbre
aguante
conformidad
sumisión
humildad
contención
autodominio

iracundo
s. airado
colérico (V.)
crespo
enfurecido
enfierecido
esquinado
frenético
alterable
irascible
encolerizado (V.)
brusco
sañudo (V.)
bilioso
gruñón
picajoso
violento
enconoso
enojadizo
impaciente (V.)
malsufriente
quisquilloso
arrabatadizo
furibundo
bravo
poseído
nervioso (V.)
vivo
soberbio (V.)
vidrioso
susceptible
ceñudo
irritante
energúmeno (V.)
furia
arrebatado
ferόstico
rabioso
furo
furente
rezongón
geniazo
pulguillas
refunfuñón
perturbado
enloquecido
tonante (V.)
frenético (V.)
histérico
fiero
irritable
atrabiliario
polvorilla
desenfrenado
desbocado
exasperado
salvaje
(V. **ira**)
a. *humilde*
pacífico
tranquilo
moderado
prudente
resignado
manso
paciente
comedido
sumiso
contenido
sereno
sosegado

irascibilidad
(V. **ira**)

irascible
(V. **iracundo**)

iridiscente
(V. **irisado**)

iris
s. niña
ojo (V.)
membrana
coroides
diafragma
pupila (V.)
cristalino
estroma
endotelio
criptas
dilatador
esfínter
s. arco iris
s. **ópalo** (V.)

irisación
s. espectro
opalescencia (V.)
tornasol (V.)
brillo
fulgor
fuego (V.)
reflejo
matiz
viso
cambiante
trepa (V.)
a. *opacidad*
turbiedad
veladura

irisado
s. coloreado
tornasolado (V.)
nacarado (V.)
jaspeado
polícromo (V.)
vidriado
iridiscente
brillante
refulgente
resplandeciente
matizado
(V. **irisación**)
a. *apagado*
opaco
deslustrado
mate
turbio
velado

irisar
s. resplandecer
brillar
refulgir
tornasolar (V.)
jaspear
colorear
matizar
reflejar
(V. **irisación**)
a. *enturbiar*
obscurecer
velar

ironía
s. humor
humorismo
burla (V.)
sátira
causticidad
carientismo
sarcasmo
mordacidad (V.)
chanza
zaherimiento
chifla
rechifla
parodia
ingenio
sorna
reticencia (V.)
guasa
reticente
retintín (V.)
sonsonete
tonillo
aticismo
escarnio
fisga
chafaldita
sugerimiento
equívoco
acrimonia
mofa
escarnio
humorada (V.)
a. *seriedad*
gravedad
franqueza
bondad
benevolencia
sinceridad
encomio

irónico
s. virulento
cruel (V.)
sarcástico (V.)
humorístico
burlón (V.)
colérico
epigramático
punzante
chocarrero
mordaz (V.)
cáustico
hiriente (V.)
satírico
burlesco

(cont.)

guasón (V.)
atrabiliario
socarrón
ironista
incisivo
jocoso
corrosivo

(V. **ironía**)

a. *serio*
grave
franco
generoso
bondadoso
sincero
encomiástico

ironizar

s. **satirizar** (V.)
punzar
zaherir
burlar
ridiculizar
embromar
herir
bromear
guasearse (V.)

(V. **ironía**)

a. *encomiar*
alabar
elogiar

irracional

s. **insensato** (V.)
absurdo (V.)
disparatado (V.)
ilógico
inverosímil
incongruente
descabellado
extravagante
desatentado
desproporcionado
irrazonable (V.)
impertinente
desaforado
despropositado

s. **bestia** (V.)
bruto
animal
salvaje
zoológico (V.)

a. *lógico*
racional
creíble
verosímil
razonable

irracionalidad

s. **absurdo** (V.)
absurdidad
insensatez (V.)
disparate
paradoja
contradicción
error
dislate
desbarro
desvarío
desatino (V.)
delirio
aberración
locura
enormidad
extravagancia
impertinencia
imprudencia
gazapatón
devaneo
necedad
burrada
paparrucha
esperpento
engendro
adefesio
inconsecuencia (V.)
improcedencia
tergiversación
contradicción
patochada
especiota
enormidad
disparo
desacierto
arbitrariedad
inverosimilitud
imposibilidad
ciempiés
contrasentido
salida de pie de banco
pata de banco
metedura de pata

s. **bestialidad** (V.)
burrada
animalada
salvajada

a. *sensatez*
acierto
lógica
reflexión
coherencia

irradiación

s. **difusión** (V.)
emisión (V.)
proyección
emanación
transmisión
expulsión
divergencia
fulguración
radiación
brillo
resplandor
rayo
esplendor
relumbrón
fulgor
centelleo
radiactividad (V.)

a. *concentración*
absorción
convergencia
opacidad

irradiar

s. desprenderse
esparcir
emitir (V.)
despedir (V.)
proyectar (V.)
transmitir
lanzar
radiar (V.)
difundir
expulsar
centellear
destellar
divergir
resplandecer
relumbrar
esplender
fulgurar
brillar
reflejar
refulgir (V.)

(V. **irradiación**)

a. *concentrar*
convergir
absorber
obscurecer

irrazonable

s. **absurdo** (V.)
insensato (V.)
errado
descaminado
equivocado
disparatado
irracional (V.)
injusto (V.)
inconcebible
ilógico (V.)
autoritario
incomprensivo
intransigente

a. *razonable*
lógico
sensato
natural
justo
flexible
transigente

irreal

s. **inexistente** (V.)
ilusorio
imaginario (V.)
aparente
vano (V.)
engañoso
virtual
hipotético
ilusivo
fantástico (V.)
quimérico
ideal (V.)
insubsistente
inconcebible
mentiroso
soñado
fantasmal (V.)
utópico
caótico
falso
falaz
sublime
inmaterial
extraño

(V. **irrealidad**)

a. *real*
vulgar
auténtico
verdadero
material
terrenal
tangible
palpable
evidente
existente

irrealidad

s. insubsistencia
fantasía (V.)
quimera
imaginación (V.)
ficción
ausencia
carencia
vacío
caos
alucinación
ofuscación
sueño
ensueño
mentira
falsedad
engaño
apariencia
simulacro
fingimiento
entelequia
nada
cero
pretexto
trampantojo
nulidad
inexistencia (V.)
absurdo
fantasma
utopía
fantasmagoría (V.)

a. *realidad*
existencia
verdad
materialidad
autenticidad
vulgaridad
evidencia
demostración
lógica
sensatez
despertar

irrealizable

s. **imposible** (V.)
impracticable
inejecutable
indisputable
incuestionable
quimérico
utópico (V.)
extravagante
absurdo
engañoso
falso
inhacedero
ficticio
ideal
fantástico
inaplicable
insoluble

(V. **irrealidad**)

a. *practicable*
hacedero
posible
realizable

irrebatible

s. **irrefregable** (V.)
incuestionable
irrefutable (V.)
indiscutible (V.)
incontrovertible
irrecusable
claro
evidente
incontestable (V.)
innegable
cierto
seguro

a. *refutable*
incierto
discutible
dudoso

irrecobrable

(V. **irrecuperable**)

irreconciliable

s. adversario
enemistado
enemigo
contrario
opuesto
dividido
antípoda
incompatible (V.)
inconciliable
intratable
en desacuerdo

a. *acorde*
compatible
conforme

irrecuperable

s. irrecobrable
abandonado
perdido (V.)
extraviado
inservible (V.)
destruido
desgastado
arruinado
inutilizado
incurable (V.)

a. *recuperable*
reencontrado
servible
útil

irrecusable

(V. **irrebatible**)

irredentismo

s. **reivindicación** (V.)
reclamación

s. **reconquista** (V.)
anexionismo (V.)
redención
pertenencia
nacionalización
reintegración
territorialidad

a. *negativa*
separación
independencia
alejamiento

irredento

s. **reivindicado** (V.)
reclamado
pretendido
exigido

s. reconquistable
alejado
separado (V.)
independiente
cercenado

(V. **irredentismo**)

a. *redimido*
anexionado
reintegrado
devuelto

irreducible

s. irreductible
incoercible
inquebrantable
insumiso (V.)
insubordinado
rebelde (V.)
desobediente
independiente
sedicioso
desafiante
indómito (V.)
obstinado

s. **simple** (V.)

a. *reducible*
quebrantable
domable
obediente
sumiso
flexible
compuesto

irreductible

(V. **irreducible**)

irreemplazable

s. insustituible
imprescindible (V.)
indispensable
ineludible
preciso
necesario (V.)
forzoso
único
obligatorio
fundamental
esencial
básico

a. *reemplazable*
prescindible
sustituible
voluntario
circunstancial
secundario

irreflexión

s. **frivolidad** (V.)
alegría
instinto
ofuscación
impremeditación
indeliberación (V.)
atolondramiento (V.)
automatismo
precipitación (V.)
ligereza (V.)
mancebía
aturdimiento
inconsideración
imprevisión
prejuicio
irracionalidad (V.)
intrepidez
distracción
espontaneidad
inconsciencia
atropello
imprudencia (V.)
vehemencia (V.)
despiste
desatino
bobería
insensatez
atontamiento
descuido
casualidad
atrevimiento (V.)
cadetada (V.)

a. *meditación*
ponderación
reflexión
introspección
recapacitación
hondura
prudencia
consideración
premeditación

irreflexivo

s. **aturdido** (V.)
inopinado
impensado (V.)
insensato (V.)
impetuoso (V.)
mecánico
indeliberado
ligero (V.)
alborotado
instintivo
involuntario
espontáneo
impremeditado
inconsecuente
infuso
impulsivo (V.)
vehemente (V.)
inconsciente (V.)
repentino
improvisado
temerario
súbito
informal
alocado (V.)
loco
automático
maquinal
descabellado
tarambana
trueno
tronera
precipitado (V.)
desquiciado
aturdido
atolondrado
travieso
desaconsejado (V.)
irresponsable (V.)
inconsecuente
arrebatoso

s. **tolondro** (V.)
casquivano
arrebatado
botarate (V.)
locuelo
tabardillo
cascabelero
taravilla
casquilucio
imprudente
loco de atar
ligero de cascos
cabeza de chorlito

(V. **irreflexión**)

(cont.)

a. *reflexivo*
meditado
cauto
sensato
deliberado
preconcebido
considerado
formal
serio
prudente
circunspecto
sentado
responsable
lento

irrefregable
s. cierto
fijo
seguro
irrebatible (V.)
irresistible
irrecusable
demostrado
explicado
corroborado
probado
establecido

a. *incierto*
inexplicable
inseguro

irrefrenable
s. incontenible
incoercible
irresistible (V.)
indómito
indomable
irreprimible

a. *dócil*

irrefutable
s. **irrebatible** (V.)
incontestable
incontrastable
concluyente
claro
axiomático
cierto
fijo
seguro
probado
lógico
categórico
irrefregable
incuestionable
innegable
patente
comprensible
indiscutible
palpable
palmario
manifiesto
demostrado
probado
verdadero
más claro que el agua
a todas luces

a. *inseguro*
incierto
imposible
problemático

irregular
s. **anormal** (V.)
monstruoso
sobrenatural
contranatural
mágico
prodigioso
inverosímil
fenomenal
extravagante
ridículo
deforme
informe
caprichoso
peregrino
estrambótico
particular
incomparable
inenarrable
extraño
raro
heteróclito
desusado
anómalo
desigual
desparejo (V.)
discontinuo
desvariado
único
accidental
informal
injusto
paradójico
intermitente (V.)
excepcional (V.)
intercadente (V.)
increíble
ilícito (V.)
ilegal (V.)
inaudito
inconcebible
arbitrario
variable
singular
especial
desordenado
desviado
desquiciado
desconcertado

(V. **irregularidad**)

a. *regular*
ordenado
legal
formal
natural
justo
simétrico
rítmico
reglado
medido
periódico
uniforme
exacto
normal
vulgar
igual
lícito

irregularidad
s. intermitencia
informalidad
excepción (V.)
anomalía
singularidad (V.)
arbitrariedad
incumplimiento
infracción
infrecuencia
arritmia
exención
extrañeza
extrañez
exclusión
rareza
originalidad
particularidad (V.)
desproporción
desigualdad (V.)
raridad
error
falta
inexactitud
inconsecuencia
excentricidad
disonancia
indisciplina
inestabilidad
asonancia
deformación
desbarajuste
desquiciamiento
anormalidad (V.)
intercadencia (V.)
cacicada (V.)
ilicitud
ilegalidad (V.)
desconcierto
descarrío
violación
atentado
contrabando
excentricidad
malversación
cohecho
desfalco (V.)
inmoralidad
capricho

s. **monstruosidad** (V.)

a. *regularidad*
orden
cumplimiento
normalidad
uniformidad
simetría
ritmo
periodicidad

irreligión
(V. **irreligiosidad**)

irreligiosidad
s. irreligión
incredulidad
ateísmo
irreverencia (V.)
impiedad
infidelidad (V.)
laicismo
librepensamiento
anticlericalismo
impenitencia
indevoción
materialismo
panteísmo
asebia
paganismo (V.)
herejía
sacrilegio
blasfemia
apostasía (V.)
volterianismo
clerofobia
racionalismo
profanación
libertinaje (V.)
libre examen
indiferencia (V.)
tibieza
heterodoxia
nihilismo
escepticismo
duda (V.)

a. *fe*
credulidad
religiosidad
religión
fidelidad

irreligioso
s. **incrédulo** (V.)
impío
ateo (V.)
indiferente (V.)
infiel
gentil
pagano
profano
hereje
escéptico (V.)
positivista
deísta
nihilista
renegado
excomulgado
anticlerical
nefario
antirreligioso
anticatólico
anticristiano
antiteo
teófobo
clerófobo
librepensador
indevoto
irreverente
impenitente
descreído
enciclopedista
tibio
profano
laico
hipócrita
fariseo
blasfemo
satánico
inconfeso
condenado
herético
heterodoxo

(V. **irreligiosidad**)

a. *religioso*
creyente
ferviente
devoto
católico
fiel

irremediable
(V. **irreparable**)
(V. **incurable**)
(V. **inevitable**)

irremisible
(V. **imperdonable**)

irrenunciable
(V. **ineludible**)

irreparable
s. irremediable
perdido
incomponible
condenado
invariable
endémico
desahuciado
impagable
considerable

a. *curable*
reparable
insignificante

irreprensible
s. **inatacable** (V.)
intachable
perfecto
inocente
irreprochable
justo (V.)
virtuoso
bueno
íntegro (V.)
incorruptible
honrado
honesto

a. *vituperable*
censurable

irreprimible
(V. **incontenible**)
(V. **irrefrenable**)

irreprochable
s. **impecable** (V.)
correcto
perfecto (V.)
intachable (V.)
probo (V.)
desinteresado
íntegro
honrado
insobornable
respetable
honorable

s. limpio
elegante
atildado (V.)
inmaculado
cuidado

a. *reprochable*
censurable
imperfecto
incorrecto
desleal
desaseado
abúlico
descuidado
sucio

irresistible
s. incontenible
arrollador (V.)
indomable
invencible (V.)
fuerte
vehemente
violento
excesivo
herboroso
arrebatado
irrefrenable
impetuoso
raudo
fogoso
impulsivo
fanático

s. intemperante
cargante
intolerable
insoportable (V.)

a. *domeñable*
suave
pacífico
agradable
ameno
soportable
tolerable

irresolución
s. **duda** (V.)
indecisión (V.)
fluctuación
indeterminación
perplejidad (V.)
inseguridad
confusión
titubeo (V.)
cobardía (V.)
desasosiego
desgana
galvana
pereza
vagancia
inercia
sobreseimiento
inhibición
abstención
escrúpulo
sospecha
conjetura
ambigüedad
empate
balance
conformidad
laxitud
flojedad
inconstancia (V.)
volubilidad
inanición
no tenerlas todas consigo
no saber a qué carta quedarse
mudar de opinión
andarse por las ramas
estar en el aire
cambiar la casaca

a. *decisión*
firmeza
determinación
resolución
desenlace
pronunciamiento
fallo
sentencia
dictamen
calificación
decreto
laudo
providencia
actividad
dinamismo

irresoluto
s. irresuelto
indeciso (V.)
indeterminado
dudoso
veleta
frívolo
cobarde
remiso
perplejo (V.)
incierto
titubeante (V.)
fluctuante
flotante
móvil
vago
holgazán
dengue
perezoso
zozobroso
tímido (V.)
turbado
confuso
oscilante
escrupuloso
detenido
tornadizo
vacilante (V.)
dubitativo (V.)
mudable
apático
arredrado
melindroso
atónito
versátil
voluble

(V. **irresolución**)

a. *decidido*
firme
seguro
resuelto
valiente
constante

irrespetuosidad
s. **irreverencia** (V.)
desobediencia
desacato
desconsideración
descomedimiento
inconveniencia
atrevimiento
insolencia (V.)
descaro (V.)
descoco
descortesía (V.)
desvergüenza
grosería (V.)
mofa
burla (V.)
vaya
ironía
zumba
ludibrio
sarcasmo
escarnio
injuria
falta
befa
inri
guasa
sacrilegio
profanación

a. *respeto*
acatamiento
obediencia
sumisión
gentileza
cortesía
consideración
atención
veneración
miramiento
pleitesía

irrespetuoso
s. **irreverente** (V.)
descomedido
desbocado
inconveniente
injurioso
desatento
ridiculizador
atrevido
impertinente (V.)
faltón
descarado (V.)
desconsiderado (V.)
desvergonzado
deslenguado
descortés
inverecundo (V.)
grosero (V.)
malconsiderado
desacatador
insolente (V.)
ofensor (V.)
(V. **irrespetuosidad**)
a. *respetuoso*
sumiso
cortés
gentil
considerado
mirado
atento

irrespirable
s. opresivo
sofocante
cargado
asfixiante
denso (V.)
impuro (V.)
enrarecido
viciado
mefítico (V.)
apestoso
repugnante
agobiante
a. *claro*
diáfano
limpio
puro

irresponsabilidad
s. **inconsciencia** (V.)
informalidad (V.)
incapacidad
incompetencia
ineptitud (V.)
insolvencia (V.)
ligereza
insensatez
necedad
alegría (V.)
a. *responsabilidad*
formalidad
competencia
capacidad
sensatez
gravedad
seriedad
solvencia

irresponsable
s. **inconsciente** (V.)
insensato
loco
demente
informal (V.)
incapaz
insolvente (V.)
menor de edad
infantil
necio
insuficiente
ligero
mequetrefe (V.)
botarate
(V. **irresponsabilidad**)
a. *responsable*
solidario
sensato
cuerdo
reflexivo
consciente
formal
solvente

irresuelto
(V. **irresoluto**)

irreverencia
s. desconsideración
ultraje
irrespetuosidad (V.)
profanación (V.)
blasfemia
ofensa (V.)
inconveniencia
zaherimiento
insulto (V.)
descaro
desdén
desvergüenza
desacato (V.)
reprobación
desfachatez
descortesía
grosería
insolencia (V.)
menosprecio
desobediencia
desacatamiento
sacrilegio
disfemismo
indelicadeza
herejía
impiedad (V.)
irreligiosidad (V.)
a. *reverencia*
cortesía
acatamiento
religiosidad
respeto
consideración

irreverente
s. **irrespetuoso** (V.)
insolente (V.)
blasfemo
sacrílego (V.)
profanador
profano (V.)
volteriano
ofensivo
insultante
ultrajante
desvergonzado
descortés
desdeñoso
desatento
atrevido
desconsiderado
inconveniente
fresco
descarado (V.)
réprobo
grosero (V.)
desobediente
hereje
simoníaco
impío (V.)
irreligioso
(V. **irreverencia**)
a. *reverente*
respetuoso
sumiso
cortés
mirado
considerado
religioso
obediente
atento
elogioso

irreversible
s. **invariable** (V.)
estático
inalterable
concluyente
definitivo (V.)
categórico
a. *reversible*
mutable
indeciso
irresoluto

irrevocable
s. concluyente
definitivo (V.)
inapelable
decidido
inevitable
invariable
resuelto
arreglado
fijo
necesario
invencible
inmutable
determinado
irreparable
justo
justiciero
razonable
firme (V.)
inalterable
irreversible
decisivo
a. *cambiable*
mudable
variable
transitorio
irresoluto

irrigación
s. **riego** (V.)
regadura
rociadura
humedecimiento
ducha
salpicadura (V.)
aspersión
s. ayuda
enema
lavativa (V.)
clister
inyección
a. *sequía*
aridez

irrigar
s. **regar** (V.)
rociar
asperjar
inundar
mojar
humedecer
empapar
bañar
duchar
canalizar
s. inyectar
introducir (V.)
(V. **irrigación**)
a. *secar*
absorber
sacar
extraer

irrisión
s. burla
risa
ridiculez (V.)
mofa
befa
desprecio
broma
sarcasmo
ludibrio
inocentada
chirigota
escarnio (V.)
risibilidad
burlería
risión
s. **facha** (V.)
estafermo
mamarracho
esperpento (V.)
máscara
a. *respeto*
seriedad
gravedad
consideración
importancia

irrisorio
s. **ridículo** (V.)
risible (V.)
burlesco
burlón
cómico
grotesco (V.)
extravagante
bufonesco
chocarrero
irrisible
charro
s. minúsculo
insignificante (V.)
desestimable
despreciable
fútil
trivial
nimio
baladí
escaso
exiguo
(V. **irrisión**)
a. *relevante*
serio
importante
grave

irritabilidad
(V. **irritación**)

irritable
s. irascible
iracundo
precipitado
fiero
feroche
furo
violento (V.)
impaciente
enojadizo
enfadadizo
vidrioso
delicado
susceptible
feróstico (V.)
picajoso
puntilloso
susceptible
delicado
sentido
bejín
regañón
gruñón
colérico (V.)
díscolo
bilioso
súbito
ceñudo
encrespado
furioso (V.)
malhumorado (V.)
malgenioso
enconoso
cascarrabias (V.)
excitable (V.)
frenético
bravo
polvorilla
energúmeno
rabioso
crespo
vinagre (V.)
rencoroso
atrabiliario
airado
quejoso
soliviantado
tufillas
insoportable
inaguantable
anulable (V.)
(V. **irritabilidad**)
a. *sereno*
tranquilo
calmoso
paciente
suave
prudente
apacible
pacífico
amable
tolerante
intocable
fijo
definitivo
irrevocable

irritación
s. **ira** (V.)
enojo (V.)
violencia
disgusto
atufo
avinagramiento
coraje (V.)
rabieta
rebeldía
furor
fanfurriña
excitación
ensañamiento
encarnizamiento
exacerbación
agitación
crispamiento (V.)
berrinche
tormenta (V.)
cólera (V.)
sensación (V.)
trastorno (V.)
berrinchín
indignación
ferocidad
embravecimiento (V.)
afarolamiento
agitación
desesperación (V.)
brutalidad
bestialidad
bilis
biliosidad
irritabilidad
despecho
bramura
crueldad
inhumanidad
enfado (V.)
exasperación (V.)
rabia (V.)
descomposición (V.)
enfurecimiento
grima
s. **despecho** (V.)
frenesí
arrebato
sobreexcitación
hincha
s. **inflamación** (V.)
desazón (V.)
comezón
picazón
prurito
hinchazón
picor
desasosiego
urticaria
rozadura
sarpullido
escocedura (V.)
a. *calma*
apacibilidad
apaciguamiento
tranquilidad
serenidad
paciencia
amabilidad
mitigación
consuelo

irritado
s. **exasperado** (V.)
crespo (V.)
furioso (V.)
irascible
soliviantado
rabioso
agriado
furente
bilioso
díscolo
nervioso
furibundo
violento (V.)
colérico
agudizado
iracundo
frenético
exacerbado
airado
quemado (V.)
irritable (V.)
s. excoriado
escocido
rozado
mortificado
enrojecido
inflamado (V.)
hinchado
a. *tranquilo*
pacífico
calmoso
calmo
calmado
suave
mitigado

irritante
s. estridente
sofocante (V.)
exasperante (V.)
provocador
provocativo
indignante
desesperante (V.)
injusto
inconcebible
vejatorio
enojoso
enfadoso
mortificante (V.)
humillante
escandaloso
horripilante
engorroso
desagradable
cabreante
excitante (V.)
soliviantador
intolerable (V.)
s. **vesicante** (V.)
inflamatorio
erosionante
infeccioso
alérgico
estimulante
(V. **irritación**)
a. *calmante*
suavizador
tranquilizante
enervante
justo
agradable
mitigante

espumar por la boca
coger el cielo con las manos
echar sapos y culebras por la boca
enconar
s. congestionar
picar
desazonar (V.)
excoriar (V.)
rozar
erosionar
escocer (V.)
inflamar (V.)
hinchar
enrojecer
infectar
(V. **irritación**)

irritar-se
s. **enfurecer** (V.)
enconar
enojar
atufarse
trinar
desesperar (V.)
provocar
enardecerse (V.)
excitar (V.)
fastidiar (V.)
crispar
azuzar
enfadar (V.)
ofender
sobreexcitar
indignar
descomponer
exacerbar
escandalizar (V.)
encolerizar (V.)
lamentar
repuntarse
levantarse (V.)
emberrechinar
disgustar (V.)
sublevarse (V.)
molestar (V.)
cabrear
corroerse
encrespar (V.)
emborrascar (V.)
embravecer
picarse
amoscarse
encorajinarse
asparse
azararse
repudrirse
encocorar
calentarse
dispararse
impacientar
encalabrinar
patear (V.)
descomedirse
destemplarse (V.)
enfermar (V.)
soliviantar
abernardarse
avinagrar (V.)
acidificar (V.)
arrebatarse
amontonarse
volar (V.)
bramar
contrapuntearse
quejarse
rezongar
rabiar (V.)
gruñir
rugir
sulfurar (V.)
jeringar (V.)
exasperar (V.)
agudizar
llenar (V.)
revolver (V.)
encocorar
desazonar
echar chispas
ponerse furioso
echar chiribitas por los ojos
soltar tacos
lanzar venablos
poner gestos
montar en cólera
comerse las uñas
comerse los codos
salirse de sus casillas
descargar el nublado
a. *calmar-se*
tranquilizar-se
suavizar-se
apaciguar-se
aplacar-se
serenar-se
consolar-se
mitigar-se

írrito
(V. **nulo**)

irrogar
s. **ocasionar** (V.)
producir
causar (V.)
acarrear
originar
provocar
determinar
conllevar
a. *impedir*
obstaculizar
evitar
imposibilitar
vetar

irrompible
(V. **indestructible**)

irruir
(V. **invadir**)
(V. **atacar**)

irrumpir
entrar
penetrar (V.)
invadir (V.)
meterse
colarse
introducirse
ocupar
forzar
violentar
presentarse
aslatar
atacar (V.)
acometer
arrollar
(V. **irrupción**)
a. *salir*
expulsar
desocupar
abandonar
huir
resistir
defender

irrupción
s. infiltración
penetración (V.)
entrada
allanamiento
invasión (V.)
intrusión
presentación
ocupación
asalto
acometimiento
desbordamiento
violencia
correría
incursión
ataque (V.)
a. *salida*
defensa
resistencia
expulsión
abandono
huida

isagoge
(V. **exordio**)
(V. **introducción**)

isatis
(V. **zorro**)

isba
(V. **choza**)

isidro
(V. **paleto**)

isípula
(V. **erisipela**)

isla
s. **ínsula** (V.)
islote
isleta
insola
antilla
columbrete
cayo
escollo
arrecife
banco
bajío
atolón
barra
roca
delta
asilla
chivín
farallón
seca
secano
guapi
isleo
mejana
mar (V.)
archipiélago (V.)
(V. **geografía**)
a. *lago*
laguna
alberca
pantano
albufera

islam
s. islamismo
mahometismo
arabismo
sufismo
media luna
s. acr
cobh
chahada
djihad
hadith
hadj
hajir
Hégira
icha
ikra
Corán
ilham
kashf
maghrib
roya
salat
saum
sunna
sura
surates
wahy
zakat
zohr
s. Mahoma
Abubéquer
Abú-Talib
Aicha
Alí
Fátima
Omar
s. Kaaba
La Meca
Medina
Yatrib
(V. **religión**)

islámico
s. musulmán
muslímico
agareno
mahometano (V.)
islamita
mahometista
mudéjar
modéjar
morisco
mozárabe
amoriscado
maronita
muladí
gazí
enaciado
pápaz
druso
sofí
pagano
perro
mahomético
muslime
(V. **islam**)

islamismo
(V. **islam**)

islamita
(V. **islámico**)

isleño
s. insular
insulano
aislado
(V. **isla**)

islilla
(V. **clavícula**)
(V. **sobaco**)

islote
(V. **isla**)

isócrono
s. **sincrónico** (V.)
regular
igual (V.)
cadencioso
constante
medido
rítmico
acompasado
uniforme
cronométrico
a. *desigual*
descompasado
irregular
intercadente

isótopo
(V. **átomo**)
(V. **radiactividad**)

israelí
(V. **israelita**)

israelita
s. israelí
judío
hebreo (V.)
semita
sefardí
efraimita
recabita
chueta
butifarra
circunciso
sefardita
converso

istmo
s. lengua (tierra)
faja (tierra)
prolongación
extensión
unión (V.)
s. península
continente

ítem
s. también
asimismo (V.)
igualmente
del mismo modo
s. **aditamento** (V.)
añadidura (V.)
agregado
añadido
a. *contrariamente*
substracción

iteración
(V. **repetición**)

iterar
(V. **repetir**)

iterativo
(V. **repetido**)

itinerario
s. **ruta** (V.)
recorrido
dirección
camino
guía (V.)
pasaje
vereda
plano
mapa
plan
viaje
rumbo
derrota
trayecto (V.)
línea
trecho
marcha
caminata
excursión
peregrinación
tránsito
horario
programa (V.)
agenda
lista
plan

iza
(V. **ramera**)

izar
s. **levantar** (V.)
elevar (V.)
suspender (V.)
alzar
subir (V.)
drizar (V.)
ascender
arbolar
enarbolar
ondear
mostrar
exhibir
enseñar
guindar (V.)
a. *arriar*
bajar

izquierda
s. radicalismo
liberalismo
progresismo
evolucionismo
revolución (V.)
extremismo
republicanismo
socialismo
rojez (V.)
comunismo
anarcosindicalismo
izquierdismo
s. zurdería
levógiro
s. a la izquierda
cero a la izquierda
mano izquierda
de izquierdas
(V. **política**)
a. *derecha*
conservadurismo
bunker
inmovilismo
fascismo
nacionalsocialismo
corporativismo
totalitarismo

izquierdismo
(V. **izquierda**)

izquierdista
s. radical
liberal
progresista
evolucionista
revolucionario (V.)
extremista
republicano
avanzado
socialista
comunista
rojillo
rojo
anarquista
anarcosindicalista
(V. **izquierdismo**)
a. *derechista*
conservador
reaccionario
covachuelista
carca
ultra
bunkerista
inmovilista
fascista
totalitario
nacionalsocialista

izquierdo
s. **zurdo** (V.)
zocato
siniestro
manieto
tuerto
levógiro
s. **torcido** (V.)
combado
corvo
curvo
s. babor
a. *derecho*
recto

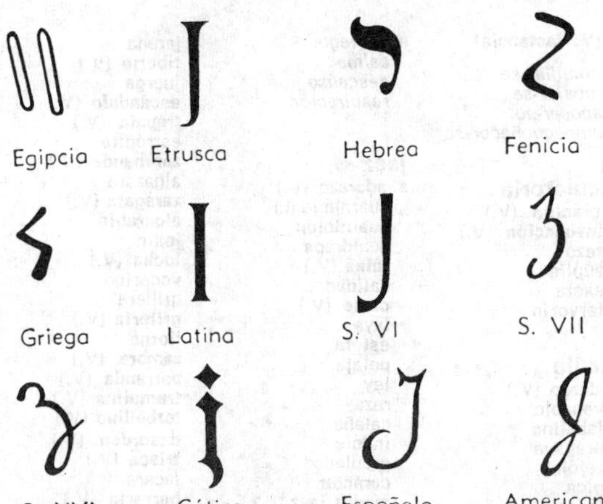

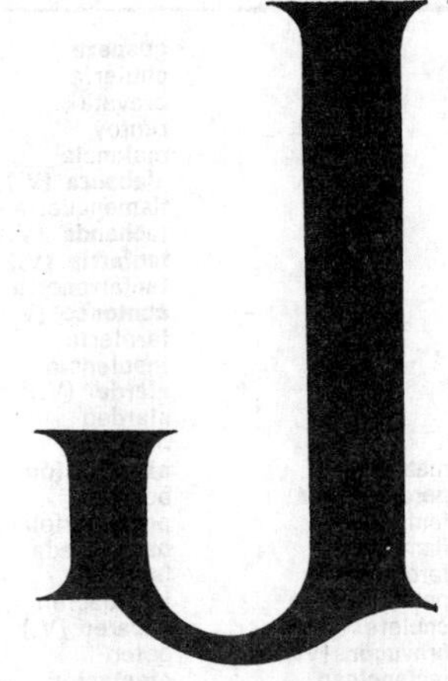

jabalcón
s. jabalón
jabarcón
riostra (V.)
madero
apoyo

jabalí
s. **cerdo** (V.)
jabalina
puerco montés
puerco salvaje
jabato
cochastro
res
puerco jabalí
salvajina
escudero

s. colmillo
escudo
navaja
berrenchín
cota
seda
remolón
verroja

s. aguzadero
porquera
hozadero

s. hozar
roncar
arruar
barrearse
rebudiar

jabalina
s. puerca
puerca salvaje
puerca montés
salvajina
jabalí (V.)

s. dardo
lanza (V.)
pica
venablo
azagaya
jáculo
rejón
alabarda

jabalinero
(V. **perro**)

jabardillo
(V. **enjambre**)
(V. **aglomeración**)

jabardo
(V. **jabardillo**)

jabato
(V. **jabalí**)
(V. **valiente**)

jabeca
(V. **horno**)

jábega
s. jábeca
jabeba
red (V.)
malla
alcabala
boliche
alcoba
bol

s. jabegote
marengo
jabeguero

s. barca
jabeque
lancha
lanchón
embarcación (V.)

jabelgar
(V. **enjabelgar**)

jabeque
s. chirlo
herida (V.)
puñalada
navajazo
cuchillada
corte
mella
rasguño
raja
cortadura
tajo

s. **jábega** (V.)

jabino
(V. **enebro**)

jabirú
s. **cigüeña** (V.)
cayama
baguarí
bato

jable
(V. **ranura**)
(V. **tonel**)

jabón
s. jaboneta
jabonete
jaboncillo
sebillo
adipocira
detergente
detersivo
pastilla
champú
shampoo
potasa
sosa
barrilla
limpiador (V.)
tarsana
palo de jabón
galactita

s. bálago
espuma
burbuja
pompa

s. halago
lisonja (V.)
coba
alabanza

s. dar jabón
dar un jabón a alguien

a. *censura*
crítica
ataque

jabonadura
s. enjabonadura
enjabonado
saponificación
lavado (V.)
mano de jabón
fregado
espuma (V.)
jabonado
aljofifado
choqueo

s. dar una jabonadura

(V. **jabón**)

jabonar-se
(V. **enjabonar-se**)

jaboncillo
(V. **jabón**)

jabonera
s. **recipiente** (V.)

s. saponaria
lanaria
albada
herbada
hierba jabonera
jabonera de la Mancha
palqui
tarsana

(V. **jabón**)

jabonoso
s. espumoso
saponáceo
saponificable
suave (V.)
saponoso

(V. **jabón**)

a. *áspero*

jaca
s. haca
asturión
cuartago
faca
caballo (V.)
yegua
jaco
corcel
potro
potrillo

s. jaca de dos cuerpos

jácara
s. **romance** (V.)
novela
narración
historia
cuento

s. **danza** (V.)
música

s. **juerga** (V.)
cuchipanda
panda
pandilla
zarabanda
bullanga
parranda
zambra
ronda

s. **molestia** (V.)
joroba
molienda
pejiguera
aperreo
hueso
enfado

s. mentira
chisme
paparrucha
cuento
patraña
trola
bulo

s. fábula
fantasía
historieta
argumentación
embuste (V.)
hablilla

s. discurso
parrafada

a. *seriedad*
gravedad
comodidad
verdad
silencio
discreción

jacarandana
(V. **rufianesca**)
(V. **jerga**)

jacarandoso
s. airoso
donairoso
alegre
garboso (V.)
lucido
desenvuelto (V.)
gallardo
gracioso
desenfadado
chistoso
florero
marchoso
petulante
divertido
chispeante
saleroso
simpático
esbelto
jocoso
arrogante
apuesto
ufano (V.)
presumido

a. *mohíno*
mustio
lacio
soso
murrio
insatisfecho

jacarear
s. **alborotar** (V.)
cantar
zarabandear
canturrear
parrandear
bullanguear
rondar
zahorar

s. molestar
enfadar
jeringar
fastidiar (V.)
encocorar
jorobar
mortificar
importunar
aperrear
marear
vejar
aburrir
refreír
jibar
dar dolor de cabeza
dar la lata
chinchar
majar
cargar
dar la matraca

(V. **jácara**)

a. *callar*
agradar
deleitar
encantar
respetar

jacarero
s. **alborotador** (V.)
alegre
jaranero
festivo
dicharachero
bromista (V.)
decidor
guasón
animado
chancero
chufletero
cuchufletero
chacotero
divertido
parrandista
cantaor

(V. **jácara**)

a. *serio*
grave
mohíno
apagado

jácaro
s. **fanfarrón** (V.)
balandrón
guapo
majo
curro
chulo
bocón
bocazas
follón
hampón

(cont.)

matasiete
perdonavidas
fanfarria
flamenco
farolero
petulante
chuleta
bravucón (V.)
jactancioso
tragahombres
valentón
matamoros
perdonavidas

(V. **jácara**)

a. *modesto*
humilde
sencillo
serio

jácena
s. madero
viga (V.)
tablón
traviesa

jacilla
(V. **huella**)

jaco
s. **caballo** (V.)
bruto
penco
rocín
jamelgo (V.)
cuartago
sotreta
matalón
potranco
caballería
potro

jacobino
s. **exaltado** (V.)
violento
revolucionario (V.)
sanguinario
demagogo
ateo
racionalista
enciclopedista

a. *pacífico*
creyente
calmo
conservador

jactancia
s. arrogancia
presunción
envanecimiento (V.)
vanagloria
fatuidad (V.)
inmodestia
petulancia
junciana
ostentación (V.)
orgullo
pedantería
ventolera (V.)
viento
dogmatismo
guapeza
chulería
bravata
rentoy
majencia
alabanza (V.)
flamenquería
fachenda (V.)
fanfarria (V.)
fanfarronería (V.)
contoneo (V.)
farolería
insolencia
alarde (V.)
alardeo
mentira
exageración
boato
postínfarfolla
barrumbada
faramalla
infatuación
cacareo (V.)
poleo
afectación
altanería
junciana
faroleo
pisto
inmodestia
ufanía (V.)
boato
fausto
ostentación
suficiencia
leonería
ronca (V.)
majeza
atrevimiento
descaro
descomedimiento
impertinencia (V.)
prosopopeya
fantochada (V.)
afectación
empaque
pretensiones
humos
más orgulloso que D. Rodrigo en la horca

a. *humildad*
sencillez
encogimiento
pusilanimidad

jactancioso
s. **alardoso** (V.)
fatuo
inmodesto
vanidoso
presumido (V.)
ufano (V.)
petulante
orgulloso
farolero
faroleador
pedante
blasonador
postinero
altanero
espantajo
alabancioso
presuntuoso
jactabundo
aparatoso
magnífico
rimbombante
ostentoso (V.)
teatral
fachendoso
pinturero
fanfarrón (V.)
flamenco
chulo
chuleta
jaque (V.)
bravo
vendehúmos
postinero
figurón
bocón (V.)
escarramanado
empampirolado
empingorotado
preciado
aparatoso
fiero
ronco
gallo
afectado
cacareador
altanero
charlatán
moñista
papelón
chulapo
chulesco
histrión
fantasmón
vociferante
vociferador
fachenda
fachendista
majo
achulado
egotista
echado para adelante
con muchos humos

(V. **jactancia**)

a. *sencillo*
humilde
tímido
apocado
pusilánime

jactarse
s. alabarse
lozanear (V.)
presumir (V.)
enorgullecerse
ufanarse (V.)
fanfarronear (V.)
lucir
fachendear
glorificarse
engreírse
envanecerse (V.)
preciarse (V.)
vanagloriarse (V.)
pagarse
picarse
achulaparse
alardear (V.)
vocear (V.)
cacarear
roncar (V.)
exagerar
farolear
relamerse (V.)
repicarse
gallardear
blasonar
gloriarse (V.)
abonitarse
pompearse
achulaparse
tremolar
farandulear
desflemar
montantear (V.)
afectar
ponerse moños
darse tono
darse pisto
hacer blasón
escupir doblones
hacer gala
echar bocanadas
darse lustre
írsele la fuerza por la boca
ser periquito entre ellas
ser Tritón entre los peces
estar creído
darse bombo
tener muchos humos
tener pretensiones
tener muchas ínfulas
echar bravatas
ponerse por las nubes

(V. **jactancia**)

a. *humillar-se*
rebajar-se
apocar-se
empequeñecer-se

jaculatoria
s. **oración** (V.)
invocación (V.)
rezo
súplica
saeta
fervorín

jáculo
s. **dardo** (V.)
venablo
jabalina
azagaya
rejón
pica
lanza
jara (V.)

jadeante
s. asmático
acezoso

s. **anhelante** (V.)
cansado
transido
despernado
cansoso
fatigoso (V.)
sofocado
agotado (V.)
extenuado
derrengado
exánime
enervado
palpitante (V.)
sin poder respirar
echando los bofes

(V. **jadeo**)

a. *tranquilo*
sosegado
descansado

jadear
s. acezar
ijadear
anhelar
respirar (V.)
carlear
resollar (V.)
desalentarse
hipar
gañir (V.)
ahogarse
cansarse
fatigarse
bufar
yadear
tronzarse
sofocarse (V.)
extenuarse
agotarse
derrengarse
resoplar

(V. **jadeo**)

a. *descansar*
sosegarse
tranquilizarse

jadeo
s. acezo
sofoco
asfixia
ahogo
resuello (V.)
opresión
asma (V.)
fatiga
cansancio
anhelo
hipo
resoplido (V.)
estertor
ansia

a. *sosiego*
calma
descanso
respiración

jaez
s. **aderezo** (V.)
guarnimiento
guarnición
gualdrapa
ralea (V.)
calidad
clase (V.)
laya
estofa
pelaje
ley
raza
calaña
índole
propiedad
carácter
medio jaez

jaezar
(V. **enjaezar**)

jaguar
(V. **tigre**)

jalar
(V. **halar**)

jalbegar
(V. **enjalbegar**)

jalbegue
(V. **encaladura**)

jalde
(V. **amarillo**)

jalea
s. gelatina
jaletina
dulce (V.)
almíbar
jarabe
hacerse uno una jalea

a. *amargor*
acidez

jalear
s. alentar
animar (V.)
excitar
incitar
espolear
azuzar
bravear
apoyar
aplaudir
exhortar
agitar
trastornar

(V. **jaleo**)

a. *mitigar*
desalentar
desanimar
descorazonar
enervar
calmar

jaleco
(V. **jubón**)

jaleo
s. **barullo** (V.)
bulla
alboroto
fechoría (V.)
jarana
tiberio (V.)
juerga
escándalo (V.)
trápala (V.)
estrépito
zarabanda (V.)
algazara
zaragata (V.)
algarabía
jollín
lucha (V.)
vocerío
grillera
gritería (V.)
liorna
zambra (V.)
parranda (V.)
tremolina (V.)
torbellino (V.)
desorden (V.)
trisca (V.)
jácara
herrería (V.)
estruendo
ruido (V.)
zipizape (V.)
batahola
laberinto (V.)
baraúnda
zapatiesta
trapatiesta
rebullicio (V.)
aparato
apuro
confusión
trastorno
agitación (V.)

s. **enredo** (V.)
ginebra (V.)
chisme (V.)
rumor
complicación
discusión (V.)
intriga (V.)
lío (V.)
riña (V.)
reprensión (V.)
disputa (V.)

a. *orden*
silencio
calma
tranquilidad
sosiego
moderación
elogio

jaletina
(V. **jalea**)

jalifa
s. **gobernante** (V.)
delegado
mandatario
lugarteniente
sultán (V.)
autoridad

s. jalifato
jalifiano

jalma
(V. **enjalma**)

jalón
s. señal
marca
regatón
mojón (V.)
vara
estaca
tablilla
límite (V.)
piquete

s. **hito** (V.)
importancia
referencia

s. **tirón** (V.)

a. *insignificancia*

jalonar
s. marcar
indicar
señalar (V.)
contar
limitar (V.)
alinear

(V. **jalón**)

jaloque
(V. **viento**)

jamar
s. **comer** (V.)
embuchar
engullir
tragar
manducar
yantar
papar
mamullar
mascullar
embaular

a. *ayunar*

jamás
s. **nunca** (V.)
ninguna vez
en la vida
en ningún tiempo
de ningún modo
no lo verán tus ojos
nunca jamás
jamás por jamás
por jamás

a. *siempre*

jamba
(V. **lado**)

(V. **puerta**)

(V. **ventana**)

jambaje
(V. **jamba**)

(V. **marco**)

jamelgo
s. **caballo** (V.)
jaco (V.)
penco
caballejo
cuartago
matalón (V.)
rocín
montura

jamerdar
(V. **lavotear**)

jámila
(V. **alpechín**)

jamón
s. **carne** (V.)
jambón
pierna
pernil (V.)
lacón
anca
brazo
brazuelo
codillo
pizpierno
lonja
loncha
magra
fiambre
jamón de York
jamón en dulce
jamón con chorreras

jamona
s. rolliza
gruesa
gorda (V.)
mujerona (V.)
cuarentona
rechoncha
oronda
conservada
ajamonada

s. **regalo** (V.)
premio
recompensa
propina

(V. **jamón**)

a. *delgada*
joven
castigo

jampón
(V. **rollizo**)

(V. **glotón**)

jamuga, s
s. **silla** (V.)
jamúas
samuga
angarillas
sillín
silleta
parihuelas
silla de tijera
artola
aguaderas
árguenas

jamurar
(V. **achicar**)

(V. **extraer**)

jan
(V. **khan**)

jangada
s. **impertinencia** (V.)
badajada
tontería
clarinada
memez
necedad (V.)
tontería
idiotez
inconveniencia
estupidez

s. **trastada** (V.)
travesura
chiquillada

s. armadía
almadía (V.)
balsa
jagüey
tajamar

a. *discreción*
respeto
moderación
prudencia
seriedad

jansenismo
(V. **herejía**)

japuta
s. castañola
palometa (V.)
jurel
pez (V.)
zapatero

jaque
s. amenaza
peligro (V.)
riesgo
aviso
alerta
hostilidad

s. lance
jugada
ajedrez (V.)

s. **jaquetón** (V.)
bravucón

s. jaque mate
tener a uno en jaque

a. *seguridad*
impunidad
cobarde
pusilánime

jaquear
s. **amenazar** (V.)
molestar
inquietar
atormentar
fastidiar
hostigar (V.)
atosigar
acosar
fustigar
paquear
incitar
acuciar
aguijonear

(V. **jaque**)

a. *pacificar*
serenar
dejar tranquilo

jaqueca
s. **dolor** (V.)
neuralgia
migraña
hemicránea
achaque

s. **fastidio** (V.)
molestia
pesadez
cabeza

s. dar jaqueca

a. *bienestar*
placer
analgesia
comodidad
amenidad

jaquecoso
s. molesto
cargante
pesado
fastidioso (V.)
chinchorrero
chinchoso
estomagante
plúmbeo

(V. **jaqueca**)

a. *simpático*
agradable
ameno

jaquetón
s. jaque
valentón
perdonavidas
fanfarrón (V.)
curro
majo
jactancioso
farfantón
matamoros
matasiete

a. *cobardón*
timorato
pusilánime
gallina

jáquima
s. cabezal
cabezada (V.)
ronzal
cabestro (V.)
cencapa
brida
quijera
almártiga
correa

jaquimazo
(V. **chasco**)

(V. **bromazo**)

jara
s. lada
breña
heliantemo
estepa
cisto
coihué
ojaranzo
estepilla
ladón
jara negra
jara blanca
jara cerval
jara cervuna
jara estepa
jara macho

s. jáculo
saeta
flecha (V.)
vira
virote
palo
punta

jarabe
s. arrope
sirope
jarope
julepe
almíbar
lamedor
dulce (V.)
meladura (V.)
emulsión
bebida
medicamento

s. jarabe de pico
palabrería (V.)
hojarasca
falsedades
promesas

s. jarabe de palo
castigo (V.)
enmienda
corrección
reprensión

a. *amargor*
verdades
recompensa

jaraíz
(V. **lagar**)

jaral
s. maraña
lío
enredo (V.)
confusión
complicación
laberinto

a. *claridad*
rectitud
solución

jaramago
s. balsamita
raqueta
ruqueta
yuyo
sisimbrio
planta (V.)

jarana
s. jaleo
parranda
juerga (V.)
fiesta
jolgorio
holgorio
regocijo
solaz
bulla
bullicio
diversión
bureo
alegría
farra
fandango
solaz
pasatiempo
hollín
macana
francachela
jollín
pecorea
escorrozo
refocilación
embullo
francamundana
retozo
juego
zaragata
excitación
juego
animación (V.)
verbena
alboroto (V.)
gresca
pendencia (V.)
trifulca
desorden

s. **trampa** (V.)
trapisonda
engaño (V.)
burla
socaliña
inocentada

a. *tranquilidad*
paz
quietud
aburrimiento
misantropía
verdad

jaranear
s. **divertirse** (V.)
bromear (V.)
regocijarse
parrandear
escandalizar
alborotar
juerguearse
refocilarse
retozar
excitar
jugar
animar
reñir

(V. **jarana**)

a. *calmar*
sosegar
tranquilizar
mitigar
pacificar
aquietar

jaranero
s. juerguista
vividor
distraído (V.)
alegre
chunguista
chunguero
trasnochador (V.)
parrandero (V.)
tronera
parrandista
fandanguero
bullicioso
orgiástico (V.)
divertido
zarabandista
zaragatero (V.)
ruidoso
mojarille
calavera
bullicioso (V.)
alborotador (V.)

(V. **jarana**)

a. *aburrido*
lánguido
mustio
pacífico
serio
grave
pacífico

jarcia
s. jarcia muerta o firme
barbiquejos del bauprés
barbiquejos del botalón
mostachos o vientos del bauprés
vientos del botalón y del moco
tabla de jarcia del trinquete
tabla de jarcia del mayor
tabla de jarcia del mesana
tabla de jarcia de velacho
tabla de jarcia de gavia
tabla de jarcia de sobremesana
estay de trinquete
estay mayor
estay de mesana
estay de velacho
estay de gavia
estay de sobremesana
estay de juanete de proa
estay de juanete mayor
estay de perico
estay de sobre de proa
estay de sobre mayor
estay de sobreperico
contraestay de trinquete
contraestay del mayor
contraestay de velacho
contraestay de gavia
burdas de velacho

(cont.)

burdas de gavia
burdas de sobremesana
burdas de juanete de proa
burdas de juanete mayor
burdas de sobreperico
obencadura
obenques del trinquete
obenques del mayor
obenques de mesana
obenquillos del mastelero de trinquete
obenquillos del mastelero de mayor
obenquillos del mastelero de mesana
obenquillos del mastelerillo de trinquete
obenquillos del mastelerillo de mayor
obenquillos del mastelerillo de perico
nervio del foque
nervio del petifoque
arraigadas del mastelero
arraigadas del mastelerillo
marchapiés
s. jarcia de labor
amantillos de sobre de proa
amantillos de juanete
amantillos de velacho alto
amantillos del trinquete
amantillos de sobre mayor
amantillos de juanete mayor
amantillos de gavia alta
amantillos de la mayor
amantillos de sobreperico
amantillos de perico
amantillos de sobremesana alta
amantillos de la seca
amantillos del pico del cangrejo de proa
amantillos del pico del cangrejo mayor
amantillos del pico de la cangreja o mesana
amantillos de la botavara
cargaderas del velacho alto
cargaderas de la gavia alta
cargaderas de la sobremesana alta
brazas del trinquete
brazas de velacho bajo
brazas de velacho alto
brazas de juanete de proa
brazas de sobre de proa
brazas de la mayor
brazas de gavia alta
brazas de gavia baja
brazas de juanete mayor
brazas de sobre mayor
brazas de la seca
brazas de sobremesana alta
brazas de sobremesana baja
brazas de perico
brazas de sobreperico
ostas del pico del cangrejo mayor
ostas del pico de la cangreja o mesana
escotas de la botavara
drizas de gavia alta
drizas de juanete
drizas de sobre
drizas de banderas
s. **embarcación** (V.)
s. **confusión** (V.)
desorden
mezcla
mezcolanza
a. *armonía*
orden
claridad
pureza

jardín
s. **parque** (V.)
floresta
vergel (V.)
pensil (V.)
carmen
huerto
huerta (V.)
edén
paraíso
oasis
jauja
campo
aguedal
arrizafa
hormazo
montenegro
ruzafa (V.)
cenia
períbolo
s. arriate
cuadro
cenador
parterre
glorieta
gruta
umbráculo
quiosco
pérgola (V.)
plazoleta
rosaleda
terraza
seto
senda
invernadero (V.)
bordura
estufa
estanque
era
fronda
macizo
boj
emparrado
platabanda
lazo
laberinto
albitana
cuartel
patio
umbría
pajote
lonjeta
flor (V.)
planta (V.)
hierba (V.)
césped
prado
ajardinar (V.)
jardinero (V.)
a. *erial*
desierto
calvero
páramo
estepa

jardinería
s. floricultura
horticultura
plantación (V.)
cultivo
(V. **jardín**)

jardinero
s. **floricultor** (V.)
horticultor
vergelero
plantista
adornista
hortelano
plantador
granjero
(V. **jardín**)

jareta
s. dobladillo
doblez (V.)
lorza
pliegue
alforza
borde
costura (V.)
jaretón
lorcita
lorza

jaretón
(V. **jareta**)

jarifo
s. hermoso
compuesto
adornado (V.)
acicalado
enjaezado
enjoyelado
enjoyado
ensortijado
peripuesto
galano
vistoso (V.)
rozagante
lozano
alacre
arreglado
apuesto
majo
a. *feo*
desaliñado
abandonado

jarocho
s. grosero
maleducado
descortés
patán
zafio
gañán
tosco (V.)
palurdo
brusco
bruto
ineducado
malcriado
descarado
incivil
deslenguado
descompuesto
rústico
insolente (V.)
a. *fino*
educado
cortés

jarope
(V. **jarabe**)
(V. **contrariedad**)

jarra
s. **vasija** (V.)
recipiente
jarro
pichel
aguamanil
zalona
bock
terraza (V.)
jarrón
cántaro
cántara
vaso
cacharro
terrazo
adecuja
catavino
cantarilla
parrilla
pichella
búcaro
aguatocho
s. en jarras
de jarras

jarrear
(V. **diluviar**)

jarretar
s. desalentar
debilitar
enervar
desanimar (V.)
languidecer
amustiarse
a. *animarse*
alentar
reverdecer

jarrete
s. **corva** (V.)
corvejón
curva
pantorrilla
pierna (V.)

jarretera
s. atapierna
liga (V.)
goma
elástico
jaretera
charretera
s. **orden militar** (V.)

jarro
s. **jarra** (V.)
s. **parlanchín** (V.)
voceras (V.)
escandaloso
cotilla
s. echar un jarro de agua fría a alguien
a. *discreto*
callado
silencioso

jarrón
s. búcaro
jarro
jarra
vaso
florero (V.)
tichela
canéfora
ramilletero
ánfora
tibor

jasa
(V. **sajadura**)

jasar
(V. **sajar**)

jaspe
s. diaspro
lidita
cuarzo (V.)
piedra de toque
mármol (V.)

jaspeado
s. irisado
veteado (V.)
marmoleado
salpicado (V.)
moteado (V.)
pintado
manchado
pintorreado
s. **azotado** (V.)
castigado
disciplinado
golpeado
(V. **jaspe**)
a. *uniforme*
liso
recompensado

jaspear
s. salpicar
vetear
motear
irisar
manchar
pintar
(V. **jaspe**)

jaspón
(V. **mármol**)

jatib
(V. **predicador**)

jato
(V. **ternero**)

jauja
s. riqueza
exuberancia
abundancia (V.)
opulencia
fertilidad
edén
paraíso
eldorado
bienestar
felicidad (V.)
s. ganga
momio
baratura (V.)
a. *estrechez*
pobreza
escasez
desgracia
carestía

jaula
s. **pajarera** (V.)
grillera
gavia
cávea
gayola
canariera
huacal
alcahaz
garigola
loquera
jaulón
nasa
guacal
s. **cárcel** (V.)
trena
prisión
perrera (V.)
a. *libertad*

jauría
(V. **traílla**)

jayán
s. hombretón
hombrachón
hombrón
gigante
zagalón
mocetón (V.)
pendón
tagarote
espingarda
cangallo
zanguayo
forzudo (V.)
mozallón
sansón
roble
gigantón
zanguango
perigallo
s. **rufián** (V.)
valentón
s. gañan
tosco (V.)
grosero
a. *enano*
monicaco
hominicaco
digno
fino
delicado
pusilánime
cobardón

jazmín
s. biznaga
diamela
sampaguita
gemela
planta (V.)
jazmín amarillo
jazmín real
jazmín de España
jazmín de la India
jazmín común

jazz
s. spiritual
blue
swing
negro-spiritual
cool-jazz
jazz de cámara
ragtime
jam-session
twist
bop
free-jazz
beat
riff
boogie-woogie
combo
bebop
big band
bounce
break
bridge
changes
drive
gutbucket
hot-jazz
jam
jitterbug
jump
scat
shouter
two beat

s. batería
contrabajo
saxofón
trompeta
piano
guitarra
trombón
clarinete
vibráfono
(V. **música**)

jedive
s. kedive
khedive
gobernador (V.)
virrey (turco)

jefatura
s. **autoridad** (V.)
mando (V.)
gobierno
dominio
jerarquía
superioridad (V.)
caudillaje
rectorado
soberanía
regencia
dictadura
presidencia
superintendencia
jurisdicción
patriarcado
patronato
arcontado
prepositura
dirección
rectoría
dignidad de jefe
puesto de policía

a. *subordinación*

jefe
s. jefa
subjefe
superior (V.)
director (V.)
superioridad
rector
decano
mayor (V.)
amo (V.)
cabeza (V.)
ductor
señor
jerarca (V.)
centurión
encargado
mandante
gerente
comisario
preboste
capitoste
encargado
prepósito (V.)
caporal
capataz (V.)
patrono
ranchero
rey
presidente (V.)
caudillo (V.)
dictador
duce
autócrata
prócer (V.)
tirano
patriarca (V.)
arconte
regente
gobernador
alcalde
condotiero
condestable
adelantado
autoridad
gerifalte (V.)
abanderado (V.)
conductor
comandante
cabecilla
líder
leader
toquí
corifeo
sumiller
adalid
mandón (V.)
mandamás
importante (V.)
guía
alférez
capitán (V.)
teniente
general
coronel
contramaestre
cabo
magistrado
jefe militar
cuadrillero
gallito
jeque
cheik
demagogo
emir
arrayaz
atamán
intendente
superintendente
ordenador
empleado
dux
magistrado
cacique
portavoz (V.)
paladín
primate (V.)
(V. **jefatura**)

a. *subordinado*
súbdito

Jehová
(V. **Dios**)

jeme
(V. **palmito**)

jenabe
(V. **mostaza**)

jeque
(V. **jefe**)

jerapellina
(V. **andrajo**)

jerarca
s. **jefe** (V.)
dignatario
mandatario
prelado
personalidad
figurón (V.)
personaje
(V. **jerarquía**)

a. *subordinado*

jerarquía
s. organización
orden
rango
subordinación
graduación
grado (V.)
escala
cargo
categoría (V.)
escalafón
función

s. jerarquía
eclesiástica
jerarquía militar
jerarquía feudal
jerarquía social
jerarca (V.)

a. *anarquía*
desorganización
mezcolanza
subordinación

jerárquico
s. escalonado
graduado
ordenado
organizado
escalafonado
diferenciado
honorífico
(V. **jerarquía**)

a. *mezclado*
desorganizado
anárquico

jeremiada
s. lamento
queja
lamentación (V.)
plañido
gemido
llanto
letanía
lloriqueo
clamor
quejido
gruñido
sollozo
zollipo
singulto

a. *alegría*
risa
contento
satisfacción

jeremías
s. **quejica** (V.)
quejicoso
lloroso
lamentoso
sollozante
quejumbroso
gemebundo
quejilloso
quejoso
lagrimoso
doliente
llorón (V.)
suspirón
cojicoso
plañidero
triste
la campana de la agonía
(V. **jeremiada**)

a. *alegre*
divertido
jocoso
sonriente

jerez
(V. **vino**)

jerga
s. **germanía** (V.)
lengua (V.)
caló (V.)
calé
idioma (V.)
argot
coa
algarabía
jacarandana
lunfardo
jerigonza
galimatías
gringo
griego
chino
árabe

s. sarga
tela (V.)
marga (V.)

jergón
s. camastro
jerga
somier
sommier
colchón (V.)
bastidor
traspuntín
márfega
marga
almadraque
marragón

s. holgazán
vago
perezoso (V.)
indolente
torpe

s. **gordo** (V.)
gordinflón

a. *activo*
dinámico
trabajador
delgado

jeribeque
s. **seña** (V.)
visaje (V.)
gesto
contorsión
mohín

a. *impasibilidad*

jerigonza
(V. **jerga**)

jeringa
s. inyector
inyectador
jeringuilla
tubo
cánula
inyección
lavativa (V.)
bomba (V.)

jeringar
(V. **inyectar**)
(V. **fastidiar**)

jeroglífico
s. pasatiempo
acertijo (V.)
adivinanza
charada
rompecabezas
crucigrama

s. mote
divisa (V.)
misterio (V.)
incógnita
secreto

s. **signo** (V.)
grafía
representación
caracteres
cifra
escritura
expresión

s. **dificultad** (V.)
atasco
vacilación
problema
traba
complicación
estorbo

a. *solución*
claridad
conocimiento
facilidad
posibilidad

jerpa
(V. **sarmiento**)

jersey
s. chaleco
jubón
elástica
camiseta
pullover
cárdigan
suéter
vestido (V.)
sweater

Jesucristo
s. **Dios** (V.)
Jesús
Niño Dios
Jesús Nazareno
Cristo
Dios Hombre
Hijo de Dios
Hijo del Hombre
Segunda Persona
Padre
Verbo
Verdad
Palabra
Redentor
Salvador (V.)
Mesías
Sabiduría Eterna
El Crucificado
Sabiduría Increada
Divino Nazareno
Unigénito
Niño Jesús
Cordero
Maestro
Buen Pastor
Rabí
Cordero de Dios
Divino Cordero
Príncipe de la Faz
Brazo Fuerte
Divino Pastor
Divino Infante
Pastor
Esposo
Ecce Homo
Amado
Crucificado
Ungido
Señor
Jesús Sacramentado
Eucaristía
Galileo
Alfa

s. Anunciación
Encarnación
Natividad
Nacimiento
Navidad
Adoración
Epifanía
Degollación de los Inocentes
Huida a Egipto
Pasión
Circuncisión
Cena
Coronación de Espinas
Flagelación
Prendimiento
Caídas
Estaciones
Cirineo
Crucifixión
Desprendimiento
Descendimiento
Resurrección
Ascensión
Transfiguración
Calvario
Redención
Misterio
Adoración

s. Santos Lugares
Tierra Santa
Palestina
Samaria

s. Evangelio
Hechos de los Apóstoles
Parábola
Siete palabras
Sermón de la Montaña

s. túnica inconsútil
clavos
corona de espinas
sudario
sábana santa
cruz
crucifijo
Inri
estigmas
enaguillas
paso
piedad
portal
Santa Faz
Eucaristía (V.)
Trinidad
Via Crucis
Vía Sacra
(V. **cristianismo**)

a. *anticristo*

jesuita
s. bolandista
ignaciano
iñiguista
Compañía de Jesús

s. disimulado
hipócrita (V.)

a. *franco*
sincero

Jesús
(V. **Jesucristo**)

jeta
s. **cara** (V.)
aspecto

s. **hocico** (V.)
morro
boca
belfo

s. estar uno con tanta jeta

jeto
(V. **colmena**)

jettatura
(V. **maleficio**)

jetudo
s. **hocicudo** (V.)
morrudo
morrazos
jetón
bocudo
belfudo

(V. **jeta**)

jibia
s. jibión
calamar
sepia
chipirón
choco
molusco (V.)

jibión
(V. **calamar**)

jícara
s. **taza** (V.)
tacita
jicarón
pocillo
pilche
tibor
cumba
salserilla
bernegal
albornia
múrrino
arrebolera
plantosa

jicarazo
(V. **envenenamiento**)

jifero
s. degollador
matarife (V.)
matachín

s. **sucio** (V.)
marrano
soez (V.)
puerco
desaliñado
cochino
descortés

s. **cuchillo** (V.)

a. *limpio*
pulcro
aseado
cortés

jilguero
s. golorito
sietecolores
colorín
pintadillo
pintacilgo
cardelina
sirguero
silguero
pájaro (V.)

jindama
(V. **miedo**)

jineta
s. ganeta
patialbillo
gineta
papialbillo
mamífero (V.)

s. **lanza** (V.)

s. sardineta
charretera (V.)
galón
cincha

s. a la jineta

jinetada
(V. **fanfarronada**)

jinete
s. cabalgador
caballero
caballista
amazona (V.)
montador
picador
desbravador
maestrante
rejoneador
gaucho
bridón
jockey
yóquey
yoqui
carrerista (V.)
garrochista
campirano
amansador
agarrochador
charro
maturrango
batidor
centauro
vaquero
amansador

s. **caballo** (V.)
corcel

jingoísmo
(V. **patriotería**)

(V. **xenofobia**)

jingoísta
(V. **patriotero**)

(V. **xenófobo**)

jipi
(V. **sombrero**)

jipío
(V. **grito**)

(V. **lamento**)

jira
s. **excursión** (V.)
viaje (V.)
paseo
ronda
vuelta
salida
visita

s. **merienda** (V.)
merendola
merendona
banquete
cuchipanda
juerga
diversión
jolgorio
algazara

jirón
s. pingo
pedazo
remiendo
calandrajo
guiñapo
pingajo (V.)
desgarrón
trozo
rasgón (V.)
andrajo (V.)
trapajo
trapo
harapo
colgajo
porción
zarria
chispa
pizca
parte
siete
trapillo

s. estandarte
guión
gallardete
banderín
bandera
blasón (V.)

jironado
s. destrozado
roto
andrajoso (V.)
desgarrado
calandrajoso
harapiento
jirón (V.)

s. escudo
blasón (V.)

a. *nuevo*
compuesto
remendado

jiu-jitsu
s. **lucha** (V.)
judo (V.)
golpe
llave
presa
puñada
puntapie

Job
s. **paciente** (V.)
sufrido
estoico
manso
resignado
tolerante

a. *impaciente*
violento

jockey
(V. **jinete**)

jocó
(V. **orangután**)

jocosidad
s. **alegría** (V.)
jovialidad
agudeza
humorismo
gracia
sandunga
donaire
regocijo
ocio
ironía
diversión
humorada
ocurrencia
chuscada
socarronería
comicidad
gracejo
salero
donosura
chiste (V.)
gachonería
broma (V.)
ingeniosidad
cuchufleta
jocundidad
risibilidad (V.)

a. *seriedad*
gravedad
severidad
tristeza
torpeza
aburrimiento

jocoso
s. **alegre** (V.)
divertido
bromista (V.)
chungón
gracioso (V.)
festivo
entretenido
agraciado
humorista
socarrón
agudo
jovial
ocurrente
histrión
chirigotero
sandunguero
donoso
salado
donairoso
gachón
chistoso (V.)
loquesco
grotesco
chusco
cómico
burlesco
ingenioso
saleroso
jocundo
desopilante

(V. **jocosidad**)

a. *grave*
serio
mustio
mohíno
severo
aburrido
desaborido
triste
aburrido
trágico

jocundidad
(V. **jocosidad**)

(V. **alegría**)

jocundo
(V. **jocoso**)

(V. **alegre**)

jofaina
s. **palangana** (V.)
aguamanil
palancana
aljebana
aljofaina
lavamanos
lavabo
tocador
almofia
zafa
aljebena
aljafana
bacía
borcelana

jolgorio
(V. **jarana**)

jolito
s. tranquilidad
calma (V.)
sosiego
apaciguamiento
suspensión
placidez
reposo
quietud (V.)

s. en jolito
chasqueado (V.)

a. *desasosiego*
intranquilidad

jollín
(V. **jarana**)

jonjabar
s. engatusar
adular
lisonjear (V.)
lagotear
engaitar
enredar

s. **apurar** (germ.) (V.)
inquietar (germ.)

a. *humillar*
despreciar
sosegar
tranquilizar

jorguín
(V. **hechicero**)

jorguinería
(V. **hechicería**)

jornada
s. tránsito
camino (V.)
viaje
expedición
ruta
trayecto
correría
trecho
excursión
marcha
caminata
carrera

s. **jornal** (V.)
obrada
trabajo (diario)
faena (diaria)
ocupación (diaria)
horario (V.)

s. **lance** (V.)
suceso
episodio (V.)
hecho
caso
oportunidad
circunstancia (V.)
coyuntura
acto
trance

s. **día** (V.)
lapso
tiempo
ciclo
ministerio de jornada
a grandes jornadas
a largas jornadas
caminar uno por sus jornadas
jornada intensiva

jornal
s. soldada
sueldo
salario
ganancia
retribución (V.)
estipendio
remuneración
paga
haber
honorarios
emolumentos
devengo
jornada (V.)
peonada

jornalero
s. **obrero** (V.)
operario
trabajador
artesano
bracero
asalariado
labrador
peón
productor
faenero

s. **mercenario** (V.)
destripaterrones (V.)
costero
camilucho
sobrancero
quintero
segador
agostero
temporero

(V. **jornal**)

a. *patrono*
patrón
jefe
encargado
amo
vigilante

joroba
s. **giba** (V.)
chepa (V.)
corcova (V.)
deformidad
cifosis
sifosis
espalda (V.)
corcoveta
gibosidad

(cont.)

s. **molestia** (V.)
impertinencia
enfado
lata
pejiguera
trabajera
incomodidad
chinchorrería
pesadez

a. *tiesura*
verticalidad
esbeltez
agrado
atractivo
amenidad

jorobado

s. jorobeta
corcoveta
corcovado
gibado
giboso (V.)
tullido
cifótico
lordótico
deforme
malhecho
contrahecho
cheposo

(V. **joroba**)

a. *tieso*
derecho
recto
vertical

jorobar

s. **gibar** (V.)
engibar

s. jeringar
fastidiar
molestar (V.)
encocorar
vejar
irritar
enfadar
mortificar
chinchar
jacarear

(V. **joroba**)

a. *agradar*
distraer

jorobeta

(V. **jorobado**)

joven

s. **adolescente** (V.)
muchacho (V.)
pollo
zagal
pollito
mozo (V.)
mocito
pipiolo (V.)
mocetón
mozuelo
macuco
mancebo
chico
chicarrón
chaval (V.)
zangón
mozalbete
mocete
efebo (V.)
doncel
infante
garzón
zagalón
bitongo
bisoño
petimetre
galán
rapagón
estudiante
bachiller
novicio
aprendiz
niño (V.)
jovenzuelo
gardo
caballerete
doncella
pollancón
regojo
gorgojo
pimpollo (V.)
chavó
señorito (V.)
chacho

s. **inexperto** (V.)
principiante
novato (V.)
imberbe
novicio
junior
novel
primaveral (V.)
incipiente

s. **nuevo** (V.)
moderno
lozano (V.)
reciente
tierno (V.)
caliente
verde (V.)
juvenil
fresco

s. dama joven
joven de lenguas

s. la primavera de la vida
recién salido del cascarón
estar en los comienzos
dar los primeros pasos
ser un monigote

(V. **juventud**)

a. *anciano*
viejo
caduco
experimentado

jovenzuelo

(V. **joven**)

jovial

s. **alegre** (V.)
simpático (V.)
divertido
festivo
alborozado
risueño
juguetón
gracioso
chistoso
contento
animado
campante
bullicioso
ruidoso
ufano (V.)
jaranero
fandanguero
burlesco
chancero
entretenido
vivaracho
comunicativo
jacarero
jocoso
jocundo
juvenil (V.)
juguetón
gayo
alegrador
inquieto
locuelo
loquillo
placentero
gozoso
chocarrero
bromista (V.)
juerguista
optimista
entretenido
disipado
animado (V.)
alborotado
entusiasta
bullanguero
escandaloso
jubiloso (V.)

(V. **jovialidad**)

a. *mustio*
triste
lánguido
pesimista

jovialidad

s. **alegría** (V.)
optimismo
contento
entusiasmo
júbilo (V.)
diversión
agrado
broma (V.)
chiste
chanza
juerga
amenidad
alborozo
alboroto
animación
vivacidad (V.)
vivarachidad
juego
placer
gracia
bulla
goce
jocosidad
jarana
jolgorio
holgorio
fiesta
payasería
buena sombra
deleite
refocilación
ducha
felicidad
satisfacción
buen humor
apacibilidad
sencillez
bondad
dulzura
blandura
suavidad
afabilidad

a. *tristeza*
amargura
desabrimiento
aburrimiento
simpatía
silencio
desánimo
desaliento

joya

s. joyel
alhaja (V.)
presea
alcorá
alcorcí
brocamantón
prenda
galas
aderezo
adorno (V.)
medio aderezo
plocha
broche
corona
sortija (V.)
pulsera
collar
pendiente (V.)
gargantilla
gemelos
botonadura
dije (V.)
zarcillo
prendedor
pendentif
aros
aretes
alfiler
rascador
engaste
montura
guarnición
engarce
pala

s. oro
plata
platino
metal

s. piedras preciosas
piedras finas
gemas (V.)
piedra ciega
piedra falsa
culo de vaso
pedrería
tresillo
clavete
camafeo
cabuchón
cabujón
ensaladilla
capitolino
pabellón
faceta
aguas
pelo
nube
hierba
grano
quilate

s. diamante
diamante bruto
diamante en bruto
diamante rosa
diamante del Brasil
diamante brillante
diamante rebolludo
diamante tabla
solitario
carbonado
almendra
punta de diamante
fondo
chispa
rubí
rubín
carbunclo
carbúnculo
rubí balaje
rubinejo
piropo
balaj
balaje
jacinto oriental
rubicela
corindón
espinela
corundo
tibe
zafiro
amatista
amatista oriental
esmeralda
esmeralda oriental
zafiro blanco
zafiro oriental
zafir
ametista
rubí del Brasil
aguamarina
aguacate
berilo
topacio
topacio rosa
topacio oriental
topacio ahumado
topacio del Brasil
topacio de Salamanca
topacio de Hinojosa
topacio tostado
topacio quemado
crisoberilo
crisofana
crisólito
crisólito oriental
jacinto de Ceilán
granate
granate oriental
granate noble
granate sirio
granate de Bohemia
granate almandino
circón
jergón
colofonita
turquesa
melanita
ágata
lapislázuli
lazulita
ópalo
ópalo noble
ópalo de fuego
ópalo girasol
marquesita
grosularia
melanita
calaíta
turquesa oriental
turquesa odcidental
ceisatita
iris
cianita
ceramita
diásporo
olivino
peridoto
chorlo
venturina
perla
concha
nácar
oriente
coral
azabache
ámbar
ámbar negro
llanca
peonía
esmalte

s. enjoyelado
enjoyado
diamantino
diamantado
adamantino
opalino
lapidario
jaquelado
adiamantado
diamantífero

s. persona de valía
estuche de monería
prenda

s. **astrágalo** (V.)

r. Alhajas o buenas o no usarlas ■ Joyas de similor no dan honor ■ Joyas falsas, vanidad barata ■ La joya en una fea, la adorna pero no la hermosea

joyería

s. **platería** (V.)
orfebrería
relojería
bisutería (V.)
orificia
pedrería

s. talla de piedras preciosas
taller de orfebre
tienda de joyas

(V. **joya**)

joyero

s. **orfebre** (V.)
platero (V.)
coralero
enjoyelador
joyelero
diamantista
lapidario
quilatador
abrillantador
prendero

s. **estuche** (V.)
cofrecillo
guardajoyas
escriño (V.)

(V. **joya**)

juanete

s. **hueso** (V.)
sobrehueso
abultamiento
deformidad
bulto
callo (V.)

s. **verga** (V.)

s. **vela** (V.)

juarda

s. **suciedad** (V.)
pringue
grasa
suarda

a. *limpieza*

juba

s. aljuba
chupa
vestidura (V.)

jubilación

s. cesantía
retiro (V.)
despedida
dimisión
reserva
inactividad
abdicación
independencia
emancipación
baja (V.)
pensión (V.)
subsidio
renta
compensación

s. **arrinconamiento** (V.)
alejamiento
apartamiento
separación
exclusión

a. *vigencia*
activo
actividad
reingreso
ingreso
alta
acercamiento
proximidad
inclusión

a. *inflexibilidad*
impenitencia
desanimación
escasez

jubilado
s. **cesante** (V.)
licenciado
retirado (V.)
pensionado
emérito (V.)
pensionista (V.)
subvencionado
pasivo (V.)
independizado
eximido
excluido
arrinconado (V.)
alejado
separado
apartado

(V. **jubilación**)

a. *activo*
vigente
incluido

jubilar-se
s. **pensionar** (V.)
licenciar (V.)
relegar
deponer
apartar
eximir
(de servicio)
dar de baja
arrinconar (V.)
independizarse
despedir
abdicar
retirarse (V.)
dimitir
desechar
cesar

s. **alegrarse** (V.)
divertirse
gozar
exultar
regocijarse
contentarse
alborozarse

(V. **jubilación**)

a. *trabajar*
continuar
aburrirse
disgustarse

jubileo
s. dispensa
perdón (V.)
indulgencia
(plenaria) (V.)
merced
concesión

s. gentío
animación (V.)
concurrencia
multitud (V.)
muchedumbre
enjambre
movimiento

s. celebración
conmemoración
(V.)
solemnidad
fiesta
ganar el jubileo
ganar el jubileo
de la pestaña
año de jubileo
jubileo de caja
por jubileo

júbilo
s. contento
contentamiento
alegría (V.)
gozo (V.)
entusiasmo
diversión
regocijo
exultación
hilaridad
dicha
satisfacción
transporte (V.)
alegrón
algazara
alborozo (V.)
jocundidad
sanso
holgorio
jolgorio
fiesta (V.)
juego
esparcimiento
dicha
felicidad
consuelo
jovialidad (V.)
divertimiento
juerga
deleite
payasería
refocilo
refocilación
agrado
disipación

a. *aburrimiento*
desanimación
tristeza
languidez
fastidio

jubiloso
s. **alegre** (V.)
contento
vivaracho
dicharachero
alborozado (V.)
regocijado
entusiasta
entretenido
divertido
gozoso (V.)
placentero
juerguista
jaranero
festivo
jovial (V.)

(V. **júbilo**)

a. *triste*
aburrido
lánguido

jubón
s. cotilla
corpiño
coleto
almilla
justillo
chaleco (V.)
chaquetilla
ropilla (V.)
torera
chupetín
ajustador
apretador
faja
jaleco
camisola
cazadora
jubete

s. jubón de azotes
jubón ojeteado
jubón de nudillos

judaico
(V. **judío**)

judaísmo
s. hebraísmo
rabinismo
talmudismo
saduceísmo
fariseísmo
levirato
mosaísmo
semitismo
sionismo (V.)

s. arbit
Arca de la Alianza
cábala
circuncisión
diáspora
escriba
fariseo
guematria
hadit
hokmah
kidduch
kitab
judería (V.)
levirato
Massorah
Masora
minha
Pessah
pogrom
rabí
rabino
rahamin
Rosh ha Shana
Shabut
sharit
sephersephirot
Talmud
Tora
yom kippur

s. askenazi
habiru
levita
saduceo
sefardita
esenio

s. Abraham
Moisés
Teraj

(V. **religión**)

judas
s. **falso** (V.)
traidor (V.)
alevoso
delator
fementido
desleal
felón
aleve
hipócrita
zaíno

s. beso de Judas
alma de Judas
estar hecho un
Judas
parecer un Judas

a. *leal*
amigo
sincero

judería
s. **barrio** (V.)
ghetto
sinagoga (V.)
sanedrín
sinedrio
aljama
tabernáculo

(V. **judaísmo**)

judía
s. **judío** (V.)

s. alubia
vaina (V.)
fríjol (V.)
fréjol
frísol
haba
habichuela
fásol
legumbre (V.)
ayocote
faba
frijón
caráota
faséolo
fisán
judihuela
frisuelo

s. **siembra** (V.)

judiada
s. jugada
trastada
faena
infamia
villanía (V.)
bribonada
deslealtad
canallada
barbaridad
perrería
picardía
serranada
tunantada
tunantería
atrocidad
crueldad
inhumanidad

s. **usura** (V.)
ganancia
lucro
interés excesivo

(V. **judío**)

a. *lealtad*
bondad
rectitud
fidelidad

judicatura
(V. **juez**)

judicial
(V. **juez**)

(V. **jurídico**)

judío
s. semita
semítico
sionista
hebreo (V.)
sefardita
sefardí
levita
circunciso
efraimita
chueta
butifarra
confeso
converso
judaizante
hebraizante
judío de señal
hebraísta
hebraico (V.)
helenista
recabita
judezno
prosélito
israelita (V.)

s. **usurero** (V.)
avaro
prestamista
explorador
logrero
mohatrero
aurívoro
interesado
cicatero
roñoso
roña
tacaño

r. En judío no hay amigo ■ Judío, poca vergüenza y poca conciencia ■ Al judío, dadle un palmo y tomará cuatro

(V. **judaísmo**)

a. *generoso*
dadivoso
desprendido

judo
s. yudo
jiu-itsu (V.)
lucha (V.)
combate
defensa
ataque
autodefensa

s. judoka (luchador)

s. cinturón blanco
cinturón amarillo
cinturón
anaranjado
cinturón verde
cinturón azul
cinturón negro

s. dan (grado)
tatami
(superficie)
judogi
(chaqueta)
ippon (punto)
antei (decisión)

(V. **deporte**)

juego
s. **entretenimiento**
(V.)
diversión (V.)
chanza
broma
pasatiempo (V.)
recreo
recreación
esparcimiento
divertimiento
retozo
travesura
alegría (V.)
trama
regocijo
ingenio
gracia
solaz
deporte (V.)
descanso
distracción
placer
chiste
buen rato
expansión
espectáculo
olimpiada
cucaña
partida (V.)
revesino
roblón
verbena
fiesta
circo
kermesse
escarnio
carnicol
refocilación
juerga
boliche
naipes (V.)
cartas
póquer (V.)
tresillo (V.)
dados
asalto (V.)
damas
mecano
ajedrez (V.)
oca
tute
dominó (V.)
solitario
triunfo (V.)
infernáculo
rompecabezas
saltacabrilla
ruleta (V.)
lotería (V.)
juegos de suerte
juegos de azar
juegos de
cálculos
caballitos
taba (V.)
tejo
tala
tragaperras
casa de juego
tabla de juego
juegos de
sociedad
juegos de prendas
juegos de
destreza
juegos de tira y
afloja

s. **billar** (V.)
mallo (V.)
marro (V.)
golf (V.)
polo
cricket
rana (V.)
pídola
pito
tenis (V.)
barra
tiro (V.)
pelota (V.)
bolos (V.)
fútbol (V.)
béisbol (V.)

s. funcionamiento
movimiento
encaje
movilidad
articulación (V.)
coyuntura
gozne
juntura
junta

s. equipo
serie
colección (V.)
conjunto
combinación
plan
surtido

s. aguas
reflejo (V.)
cambiantes
irisación (V.)
visos

s. juego a largo
juego cuarteado
juego de suerte
juego de la
campana
juego de ingenio
juego del hombre
juego de niños
juego de palabras
juego de luces
juego de manos
juego de prendas
juegos malabares
juegos florales
hacer el juego

s. conocérsele a
uno en el juego
no dejar entrar en
el juego

(cont.)

r. Desgraciado en el juego, afortunado en amores ■ Juego de manos, juego de villanos ■ Quien juega de ligero, arrepiéntese presto ■ Quien todo lo juega a una carta o todo lo pierde o todo lo gana

a. *aburrimiento*
tedio
unidad
opacidad

juerga
s. alegría
jarana
jaleo
orgía (V.)
jolgorio
parranda (V.)
regocijo
alboroto
diversión (V.)
escándalo
escandalera
bacanal
francachela
cuchipanda
desenfreno
fiesta (V.)
placer
juego
regodeo
bullicio
libertinaje
zipizape
jácara
jorco
farra
bureo
rumantela
bailante
bayú
correría
algazara

s. estar de juerga
correrse una juerga
irse de juerga

a. *seriedad*
gravedad
moderación
formalidad
compostura
tristeza
circunspección
freno
aburrimiento

juerguearse
(V. **divertirse**)

juerguista
(V. **libertino**)

(V. **jaranero**)

juez
s. **magistrado** (V.)
togado
vicario (V.)
baile
bailío
consejero
árbitro (V.)
arbitrante
sentenciador
componedor
dictaminador
enjuiciador
mediador (V.)
tercero
intermediario
alcalde
arcediano
areopagita
auditor
sheriff
oidor (V.)
cadí
caíd
golilla
inquisidor (V.)
corregidor
justicia mayor
ministro
lictor
zabalmedina
jurisconsulto
triunviro
duunviro
centunviro
gobernador
merino
podestá
muftí
mandarín
provisor
prefecto
veguer (V.)
ordinario

s. jurídico
magistratura
judicatura
judicial
tribunal
juzgado
audiencia

s. juez de campo
juez de balanza
juez de instrucción
juez de primera instancia
juez pedáneo
juez conservador
juez in curia
juez municipal
juez ordinario
tribunal (V.)

a. *reo*
culpable
acusado
penitente
delincuente

jugada
s. faena
trastada (V.
jugarreta
daño (V.)
martingala
barrabasada
tunantada
villanía
granujada
gorrinada
cerdada
cochinada
marranada
bellaquería
bajeza (V.)
vileza
ignominia (V.)
charranada
fechoría
judiada
partida
pasada
perjuicio (V.)
perrería
guarrada (V.)
indecencia

s. lance
trance
mano
partida
tirada
farol (V.)
relance
envite (V.)
pasada
turno

s. mala jugada
hacer alguien su jugada

(V. **juego**)

a. *nobleza*
lealtad
sinceridad
magnanimidad
generosidad

jugadera
(V. **lanzadera**)

jugador, a
s. **tahúr** (V.)
golfo
buscavidas
tablajero
garitero (V.)
compañero
punto
tramposo
cuco
mano
pie
porra
banquero
perdido
vicioso (V.)
zapatero
perdigón
tanteador
topador
punto
envidador
baratero
ventajista
brecha
brechador
carrerista
ficante
pillador
dancaire
cuca
chambón

s. **deportista** (V.)

s. jugador de manos
jugador de ventaja
jugador empedernido

r. El mejor jugador, sin cartas ■ En casa del tahúr poco dura la alegría ■ Lo que el tahúr hoy gana lo pierde mañana

(V. **juego**)

a. *virtuoso*
honrado
decente
honesto
recto

jugar
s. **divertirse** (V.)
retozar (V.)
sortear (V.)
trebejar
niñear
juguetear
recrearse
esparcirse
travesear
diablear
entretenerse
farrear
pelotear (V.)
apostar (V.)
pelear
perder
ganar
tantear
andar a coz y bocado
tomar parte
zaragatear
triscar
pasar el tiempo
aventurar (V.)
arriesgar (V.)
andar
marchar
funcionar
actuar
intervenir (V.)
manejar
usar
burlarse
coquetear
mofarse
copar
chancearse
pasar el rato
envidar
quedar en tablas
exponerse
poner a las cartas
hacer juego
echar a suertes
hacer carambola
levantar muertos
doblar la partida
verlas venir
jugar limpio
hacer trampas
jugar fuerte
echar a cara y cruz
envidar en falso
alzarse con el dinero
ir a la par
jugar los años
jugarse las pestañas
jugar de manos
jugar a la baja
jugar a la alza
jugar sucio
jugar a las bonicas

(V. **juego**)

a. *aburrir-se*
desanimar-se
inhibir-se
abstener-se

jugarreta
s. **engaño** (V.)
canallada
faena
trastada
truhanería
truhanada
fullería
tunantada
picardía
vileza
perrería (V.)
jugada
treta
ardid (V.)
mala partida
martingala
maturranga

(V. **juego**)

a. *franqueza*
sinceridad
lealtad
verdad
nobleza

juglar
s. **poeta** (V.)
yoglar
vate
rapsoda
trovador (V.)
trovero
bardo
coplero (V.)
rapsodista
aedo

s. zaharrón
trasechador
cazurro
remedador
bufón
cómico
histrión
payaso
arlequín
comediante
gracioso (V.)
chistoso
titiritero (V.)
pícaro (V.)
picaresco
payador
truhán (V.)
dicaz

s. juglar de boca
juglar de péñola

(V. **juglaría**)

a. *prosaico*
serio
grave
severo

juglaría
(V. **juglería**)

juglería
s. canto
recitación (V.)
destreza
prestidigitación
juglaría
romance
romancero
poesía
coplería
picaresca (V.)
trova
trovo
histrionismo
narración
sátira
acrobacia
espectáculo (V.)

s. méster de juglaría

jugo
s. **zumo** (V.)
zumoso
suco
esencia
extracto (V.)
néctar
quintaesencia
caldo
suculencia
churumo
substancia (V.)
baba
agüilla
salsa (V.)
condensación
concentrado
consomé
excreción
secreción (V.)
agraz
aguaza
babaza
caldillo
cazumbre
melaza
mosto (V.)
goma
látex (V.)
humedad
pepsina
leche
licor
resina
regaliz
sudor
savia (V.)
humor (V.)

s. **asa** (V.)
resina
gomorresina
meconio

s. meollo
tuétano
quid (V.)
miga
fondo
medula
espíritu
alma
corazón
enjundia (V.)

s. utilidad
ventaja
provecho (V.)
ganancia
beneficio
rendimiento (V.)
producto
lucro
conveniencia

s. sacar jugo a algo
sacar el jugo a alguien

a. *intrascendencia*
insignificancia
desventaja
inutilidad
pérdida

jugoso
s. **sabroso** (V.)
aguanoso
zumoso
zumiento
sucoso
suculento
acuoso
lagrimoso
sustancioso
substancioso (V.)

s. **provechoso** (V.)
beneficioso
productivo
lucrativo
fructífero

(V. **jugo**)

a. *seco*
insulso
perjudicial
estéril
inútil

juguete
s. muñeco
muñeca (V.)
boliche
calcomanía
caleidoscopio
mecano
aro
diablo
diábolo
tren
soldados
automóvil
motocicleta
cerbatana
cazamariposas
columpio (V.)
cometa (V.)
comba
imprentilla
ludión
pala
gomero
tirador (V.)
globo
máquina tragaperras
futbolín
honda
molinete
molinillo
pajarita

(cont.)

bicicleta
triciclo
bolos
silbato
pito
zambomba
trompo (V.)
pandero (V.)
peón
peonza
rehilete (V.)
trompa (V.)
patinete
patineta
patín
zancos
zumba
volante
pelota (V.)
balón
perinola
pepona
tirabeque
tiragomas
tirabala
tiratacos
trástulo
canuto
tronador
bramadera
yo-yo
cantarrana
chicharra
estampa
cromo
mecedor
recorte
sonajero
matasuegras
tambor
trompeta
uniforme
gorro
sombrero
canica (V.)
bola
chapa
chita
güito
tejo

s. trebejo
chisme
trasto (V.)
trástulo
cachivache
cacharro
artefacto
chirimbolo
baratija

s. **burla** (V.)
diversión
broma

s. **víctima** (V.)
capricho
pelele (V.)

(V. **juego**)

a. *seriedad*
gravedad
mangoneador

juguetear
(V. **jugar**)

jugueteo
s. **entretenimiento** (V.)
diversión
coquetería
chicoleo
retozo
expansión
desahogo

s. **enredo** (V.)
frivolidad
embrollo
cuento
intrascendencia

(V. **juego**)

a. *seriedad*
aburrimiento
hondura
importancia
trascendencia

juguetón
s. **travieso** (V.)
alocado
divertido
bullicioso
retozón (V.)
juguetero
jugante
vivaracho
saltarín
inquieto
zaragatero
revoltoso
enredador
revesador
alegre
alborotador
taravilla

(V. **juego**)

a. *quieto*
serio
tranquilo
formal
callado
silencioso
triste

juicio
s. sentido común
fundamento (V.)
apreciación
criterio (V.)
estimación
estimativa
razón (V.)
inteligencia
sentido
sentimiento
gusto
idea
suposición
convencimiento
entendimiento
comprensión

s. **opinión** (V.)
proceso (V.)
causa
sumario (V.)
dictamen
sentido (V.)
pleito (V.)
crítica (V.)
litigio
decisión
querella
caso
veredicto (V.)
testamentaria (V.)
concepto
ordalías
sentencia
tribunal (V.)
interrogatorio (V.)

s. **cordura** (V.)
madurez
tino
asiento
meollo (V.)
cabeza (V.)
talento
inteligencia
sensatez (V.)
chaveta
conocimiento
raciocinio
reflexión
sindéresis
discreción
tacto
prejuicio (V.)
circunspección (V.)
moderación
mesura
reserva
seso
lastre (V.)
tiento
juicio final
juicio individual
juicio de faltas
juicio contradictorio
juicio declarativo
juicio convenido
juicio de desahucio
juicio de Dios
juicio de mayor cuantía
juicio oral
juicio verbal
juicio universal
juicio posesorio
juicio petitorio
juicio plenario
juicio ordinario
juicio particular
justo juicio de Dios
llevar a juicio
abrir el juicio
entrar en juicio con alguien
estar en su juicio
faltarle el juicio
no estar en su juicio
perder el juicio
privarse de juicio
tener el juicio en los talones

r. Quien juzga las vidas ajenas, mire si la suya es buena

a. *insensatez*
irreflexión
necedad
incomprensión
torpeza
avenencia
acuerdo

juicioso
s. cuerdo
sensato (V.)
sesudo
maduro
reposado (V.)
grave
ajuiciado
lógico
cabal
meolludo
cordato
razonable (V.)
reflexivo
asentado
atinado
sentencioso
consecuente
recto
derecho (V.)
formal
reservado
circunspecto (V.)
prudente (V.)
moderado
sabio
inteligente
consciente

(V. **juicio**)

a. *loco*
atolondrado
irreflexivo
despistado
irrazonable
imprudente
descocado
insensato
ilógico
informal
ignorante

julepe
s. **naipes** (V.)

s. poción
jarabe (V.)

s. **reprimenda** (V.)
castigo (V.)
regañina
reprensión
admonición
vapuleo
paliza
zurra
tollina
tunda

s. **susto** (V.)
miedo

a. *recompensa*
premio
elogio
valor

julo
s. **cabestro** (V.)
guía
encuarte
liviano

jumarse
(V. **emborracharse)**

jumento
(V. **asno)**

jumera
(V. **borrachera)**

juncal
s. **junco** (V.)
junquera
junqueral
izaga
juncar
ajonjera juncal

s. bizarro
apuesto
gallardo (V.)
esbelto (V.)
cimbreante
airoso
arrogante
gentil
majo
galano

a. *esmirriado*
desmedrado
canijo

junciana
(V. **jactancia)**

junco
s. **planta** (V.)
cayumbo
tule
jaba
quincha
lercha

s. **juncal** (V.)

s. **embarcación** (V.)

jungla
(V. **selva)**

júnior
(V. **joven)**

(V. **hijo)**

junípero
(V. **enebro)**

junquillo
s. baquilón
bordón
moldura (V.)
junco
listón
adorno
guarnición

junta
s. concilio
asamblea (V.)
conferencia
reunión (V.)
congregación
corporación
asociación
conjunto
consejo
congreso
grupo
agrupación
aljama
manifestación
acompañamiento
deliberación
senado
capítulo (V.)
academia
conciliábulo
sinagoga
cámara

s. juntura
trabazón
articulación (V.)
acoplamiento

s. pandilla
camarilla (V.)
sesión
panda
peña
corro
piña
corrillo
grupo
club
casino
comité
rueda
hato
coro
tertulia (V.)
recepción
sarao
té
merienda
mitin
comida
fiesta
cena
rueda
rolde

a. *dispersión*
desunión
discrepancia
separación

juntar-se
s. **reunir** (V.)
coger
unir (V.)
acoplar (V.)
acomodar (V.)
apiñar
aglomerar
acopiar (V.)
yuxtaponer (V.)
enlazar
estrechar (V.)
adosar
apeñuscar
apretar
atar (V.)
añadir (V.)
agregar
unificar (V.)
asociar
agrupar (V.)
conglomerar
empalmar (V.)
aliar
englobar
concentrar
ensamblar
coordinar
pegar (V.)
engomar
ligar
amontonar
arremolinar
coacervar
incorporar (V.)
fusionar
adjuntar
apretar
combinar
casar
mezclar (V.)
estrechar
amalgamar
coser
componer
incluir
aglutinar
articular
soldar
anudar
aparear
hermanar
fundir (V.)
mancomunar
agavillar
aunar
arrimar
sellar
conectar
coleccionar
afluir
coincidir
convergir
confluir
confundir (V.)
construir
encontrarse
organizar (V.)
sujetar (V.)
rozar (V.)
tocar (V.)
convocar
llamar
recoger (V.)
acopiar
acabildar
congregar

s. **cruzarse** (V.)
parear (V.)
acercarse (V.)
yuntar
acompañarse
copular
amancebarse (V.)
relacionarse (V.)
liarse
conchabarse
entenderse

(cont.)

s. Dios los cría y ellos se juntan

(V. **juntura**)

a. *separar-se*
disgregar-se
despegar-se
alejar-se
desacoplar-se
desenlazar-se
desapretar-se
disociar-se
desunir-se
enfrentar-se
desligar-se
substraer-se
excluir-se
restar-se
descoser-se
desarticular-se
desorganizar-se
soltar-se
desentender-se
desembarazar-se

junto
s. adherido
unido (V.)
contiguo
cercano
adyacente
inmediato
próximo (V.)
anexo
yuxtapuesto
vecino
fronterizo
convecino
yunto
propíncuo
anexo
conexo
adscrito
nato
adherente
todo (V.)
solidario
afín
indisoluble
hito
aledaño
cerca (V.)
cabe
al alcance
a dos pasos
a mano
a la vez
a raíz
de cerca

a. *separado*
distante
lejano

juntura
s. **articulación** (V.)
rodaja
tapajuntas
empalme (V.)
estopada
costura
sutura (V.)
unión (V.)
pegadura (V.)
acoplamiento
atadura
enchufe
ensambladura
engatillado
ligadura
ligamento
intersticio (V.)
conexión
soldadura
engaste
engarce

s. el nudo gordiano
lazo indisoluble
la unión hace la fuerza

a. *desacoplamiento*
desatadura
desconexión
separación

jura
s. **juramento** (V.)
promesa
pleitesía
compromiso
homenaje
fidelidad (V.)
ofrecimiento
obtestación
salva

s. jura de bandera
jura de un cargo

a. *olvido*
omisión
apostasía
deslealtad

jurado
s. junta
comité (V.)
comisión
cuerpo
tribunal (V.)
organismo
delegación
grupo
conjunto
jurado de empresa
jurado mixto

juramentar-se
s. **jurar** (V.)
prometer
comprometer
asegurar

s. **conspirar** (V.)
confabularse
maquinar
proyectar
tramar
traicionar
rebelarse
conjurarse
comprometerse (V.)

(V. **juramento**)

a. *apostatar*
desligarse
desentenderse
salirse
inhibirse
abstenerse

juramento
s. **promesa** (V.)
jura (V.)
testimonio (V.)
prueba
compromiso
ofrecimiento
ofrenda
fe
honor
voto
palabra
confirmación
certificación
reiteración
lealtad
fidelidad (V.)
seguridad (V.)
homenaje
salva (V.)
atestación
pleito
juratoria
juratorio

s. **taco** (V.)
blasfemia (V.)
terno (V.)
palabrota
ajo
pestes
imprecación
exclamación (V.)
perjurio
sacrilegio
denuesto
reniego
insulto
dicterio
maldición (V.)
¡por vida!
pésete
¡pesía!
grosería
atrocidad
barbaridad
disparate
irreverencia
enormidad
interjección (V.)
lenguaje (V.)
juramento judicial
juramento asertorio
juramento promisorio
juramento execratorio
juramento falso
juramento decisorio
juramento deferido
juramento indecisorio

r. El juramento del mentiroso hace su dicho más sospechoso ■ Juramentos de amor y humo de chimenea, el viento se los lleva

a. *prevaricato*
prevaricación
deslealtad
infidelidad
falsedad
engaño
apostasía
felonía
deshonor
olvido
omisión
descompromiso
elogio
reverencia
respeto

jurar
s. **prometer** (V.)
afirmar (V.)
testimoniar (V.)
certificar
prometer
perjurar (V.)
asegurar
juramentar (V.)
conjurar
confabularse
poner a Dios por testigo
prestar juramento
alzar el dedo
jurar en vara de justicia
dar palabra
hacer voto
comprometerse a (V.)

s. **blasfemar** (V.)
descomponerse (V.)
tronar
renegar
despotricar (V.)
votar (V.)
decir denuestos
echar pestes
tener mala lengua
decir palabrotas
perjurar
decir tacos
abjurar
disparatar (V.)
desbarrar

s. **reconocer** (V.)
rendir homenaje
rendir pleitesía
testimoniar (V.)
ofrecer

(V. **juramento**)

a. *negar*
denegar
impugnar
omitir
olvidar
borrar
elogiar
alabar
reverenciar

jurel
(V. **chicharro**)

jurídico
s. forense
procesar
judicial
procedente
lícito
legal (V.)
justinianeo
abogadesco
legislativo
legalizado
reglamentario
estatuido
vigente
sumarial

s. acto jurídico
persona jurídica
día jurídico (ant.)

a. *antijurídico*
ilegal
ilícito

jurisconsulto
s. **abogado** (V.)
jurisperito
jurista
legista
doctor en leyes
perito en leyes
legislador
letrado
leguleyo
jurisprudente
legisperito
licenciado
civilista
criminalista
romanista
fuerista
asesor
tasador
definidor

s. **rábula** (V.)
picapleitos
legalista
papelista
buscarruidos

jurisdicción
s. **autoridad** (V.)
mando
potestad
prefectura (V.)
atribución
competencia (V.)
facultad (V.)
dominio
fuero (V.)
fuerza
gobierno
carta blanca
fuero mixto
mixto imperio
brazo real
vara
cuchillo
horca y cuchillo
feudalismo
carta forera
jurisdicción forzosa
jurisdicción voluntaria
jurisdicción contenciosa
jurisdicción acumulativa
jurisdicción delegada
jurisdicción retenida
jurisdicción contencioso-administrativa
decimar la jurisdicción
caer debajo de la jurisdicción de uno
prorrogar la jurisdicción
resumir la jurisdicción
refundir la jurisdicción

s. término
territorio (V.)
distrito (V.)
comarca (V.)
circunscripción
zona
demarcación

jurisdiccional
s. comarcal
regional
territorial (V.)
departamental
municipal
foral
forero

s. competente
propio (V.)
interno
privado
indeclinable
aguas jurisdiccionales

(V. **jurisdicción**)

a. *extraterritorial*
ajeno
externo

jurisperito
(V. **jurisconsulto**)

jurisprudencia
s. legislación
derecho (V.)
jurispericia
doctrina
norma (de juicio)
ley (V.)
ciencia legal

jurisprudente
(V. **jurisconsulto**)

jurista
(V. **jurisconsulto**)

justa
s. certamen
concurso
competencia
lucha (V.)
combate
torneo (V.)
naumaquia
batalla
liza
desafío
reto
emulación
prueba
pugna
juicio de Dios
ordalías
fiesta (V.)

s. justa poética

justador
s. **rival** (V.)
luchador (V.)
batallador
competente
adversario
campeón
contendiente
espadachín
paladín

(V. **justa**)

justar
s. **luchar** (V.)
contender (V.)
pelear
batallar
rivalizar
combatir
tornear (V.)
competir
desafiar
emular
pugnar
concursar (V.)

(V. **justa**)

a. *inhibirse*
abstenerse
ausentarse
rendirse

justicia
s. **cumplimiento** (V.)
equidad (V.)
imparcialidad (V.)
rectitud (V.)
licitud
legalidad (V.)
ley (V.)
derechura
derecho
justificación
probidad
honradez
razón (V.)
derecho (V.)
moral (V.)
moralidad
escrupulosidad
conciencia
verdad (V.)
neutralidad (V.)
entereza
sombra
severidad
Némesis
austeridad
justicia distributiva
justicia conmutativa
justicia ordinaria
pleito de justicia
administrar justicia

(cont.)

s. **castigo** (V.)
pena
condena
disciplina
merecimiento (V.)
recompensa (V.)
justa
fallo
decisión
arbitraje (V.)
dictamen
sentencia
tribunal (V.)
curia
juez
magistrado
policía
poder judicial
ministro de justicia
ejecutor de la justicia
administración de la justicia
sala de justicia
justicia de sangre
justicia mayor de Castilla

s. ir por justicia
justicia de Dios
la justicia de enero
pedir en justicia
pedir justicia
tenerse uno a la justicia

a. *injusticia*
parcialidad
inmoralidad
arbitrariedad
iniquidad
impunidad
lenidad
ley del embudo
ilegalidad
atropello
conculcación
capricho
coacción
alcaldada
preferencia
inmoralidad
capricho
partidismo
beligerancia
favoritismo
nepotismo
sinrazón
desafuero
violencia
abuso

justiciero
(V. **justo**)

(V. **vengador**)

justificable
s. defendible
razonable
natural (V.)
disculpable (V.)
explicable (V.)
lógico
comprensible
santificable

(V. **justificación**)

a. *injustificable*
inexplicable
ilógico

justificación
s. **defensa** (V.)
alegato
coartada (V.)
prueba
demostración
testimonio
exculpación
excusa (V.)
pretexto (V.)
disculpa (V.)
atenuante
descargo (V.)
probanza
satisfacción
razón (V.)
causa
apología
argumento
explicación (V.)
razonamiento
motivo
fundamento
evidencia
señal
confirmación
evasiva
salida
recurso
efugio
plausibilidad

a. *acusación*
culpabilidad
cargo
responsabilidad

justificado
s. **justo** (V.)
acordado
admitido
aceptado
permitido
concedido
aprobado
comprobado
permitido
reconocido
comprendido
debido
correcto (V.)
apropiado

(V. **justificación**)

a. *injustificado*
injusto
indebido
incorrecto

justificante
s. **recibo** (V.)
comprobante (V.)
prueba
garantía
resguardo
documento
vale
libranza
cédula
talón
cupón
volante
papeleta
bono

(V. **justificación**)

justificar-se
s. **alegar** (V.)
acreditar (V.)
autorizar
probar
tolerar (V.)
razonar (V.)
demostrar (V.)
corregir
hacer ver
testimoniar
fundamentar (V.)
aprobar (V.)
fundar
argumentar
igualar
enmendar
corregir
salvar (V.)
merecer
expiar
aducir
convencer
evidenciar
documentar (V.)
verificar
rectificar
comprobar (V.)
reformar

s. proteger
escudar
exculpar
favorecer
disculpar (V.)
defender (V.)
pretextar (V.)
vindicar
paliar
explicar (V.)
subsanar
abonar
descargar-se
hacer justicia
dejar sentado
echar la culpa
sacar su capa

(V. **justificación**)

a. *inculpar*
acusar
abstenerse

justillo
(V. **jubón**)

justipreciar
s. apreciar
valorar
estimar
valuar
evaluar (V.)
tasar (V.)
calificar
preciar
avalorar
aquilatar
calificar
computar
cualificar
hacer caso de
tener en cuenta

(V. **justiprecio**)

a. *devaluar*
menospreciar
despreciar

justiprecio
s. **tasación** (V.)
evaluación (V.)
estimación
valoración
cálculo
apreciación
evalúo
ajuste
tanteo
valor (V.)
precio

justo
s. **imparcial** (V.)
moral (V.)
honesto
exacto (V.)
sereno
benemérito
austero
santo (V.)
justiciero
concienzudo
neutral
ecuánime
recto
igualador
frío
objetivo
severo (V.)
vengador (V.)
íntegro (V.)
incorruptible
escrupuloso
desapasionado
decente (V.)
equitativo
bueno
insobornable
ajustado
meritorio
merecido (V.)
mereciente
equitativo (V.)
derechero
a carta cabal
meritísimo
condigno
correcho
digno

s. **justificado** (V.)
justificable
justificativo
razonable (V.)
procedente (V.)
fundado
indiscutible
razonado
racional
asegurado
motivado
merecedor (V.)
legal (V.)
lícito (V.)
legítimo (V.)
correspondiente
como pintado
conveniente
medido
guisado (V.)
cabal (V.)
puro (V.)
puntual
calibrado
procedente

s. **apretado** (V.)
estrecho (V.)
ajustado
escaso
pagar justos por pecadores
dar lo justo
el sueño de los justos

(V. **justicia**)

a. *injusto*
parcial
inmoral
desigual
dudoso
equivocado
ilícito
holgado
amplio

juvenil
s. rozagante
joven (V.)
muchachil
pubescente
juvenible
adolescente
mocil
moceril
imberbe
núbil
verde
mocoso
barbilampiño
insenescente
mancebo
mozo
baboso
impúber
chiquilicuatro
jovenzuelo

s. **jovial** (V.)
alegre
alborozado
casquivano

(V. **juventud**)

a. *viejo*
caduco
senil
triste

juventud
s. **adolescencia** (V.)
mocedad (V.)
pubescencia
pubertad
nubilidad
verdor (V.)
mancebez
mancebía
insenescencia
mocerío
inexperiencia (V.)
oriente
primavera (V.)
lozanía (V.)
años mozos
edad temprana
albores de la vida
flor de la vida
flor de la edad
muchachez
doncellez
pocos años

a. *vejez*
experiencia
ancianidad
acartonamiento
senectud
experiencia

juzgado
s. chancillería
junta
tribunal (V.)
audiencia
magistratura
curia
corte
palacio de justicia

s. estrado
banquillo
sala
secretaría

s. judicatura

juzgador
s. detractor
crítico (V.)
censor
fustigador
juez
examinador (V.)
contrario
oponente
adversario
hipercrítico
árbitro (V.)

(V. **juicio**)

a. *elogiador*
alabancioso
adulador

juzgamundos
s. murmurador
criticón (V.)
maldiciente
detractor
lengua viperina
lengua larga
mala lengua
chismoso
tijera
cotilla
enredador
malsín
deshonrabuenos
lenguaraz

a. *alabador*
ensalzador
discreto
elogioso

juzgar-se
s. **calificar** (V.)
enjuiciar (V.)
conjeturar
prejuzgar (V.)
considerar (V.)
conceptuar
apreciar
tener-se (V.)
criticar (V.)
sospechar
pensar
creer (V.)
comparar
existimar
discernir (V.)
analizar
opinar (V.)
estimar
censurar
entender
condenar
atribuir
dirimir
sentir
disputar (V.)
parecer
distinguir (V.)
encontrar
suponer
ser del parecer de
persuadirse
valorar

s. dictar
dictaminar
zanjar
resolver
fallar
decidir (V.)
sentenciar (V.)
deliberar
dar un fallo
pronunciar
arbitrar
enjuiciar
condenar
estatuir
decretar
juzgar por las apariencias
juzgar por las impresiones

s. **tribunal** (V.)

(V. **juicio**)

a. *inhibir-se*
despreciar
abstenerse

káiser
(V. **emperador**)
(V. **césar**)

kaki
(V. **caqui**)

kan
s. jefe
soberano (V.)
caudillo
príncipe
khan
jan
adalid
a. *subordinado*

kasbah
(V. **alcazaba**)

kedive
(V. **jedive**)

kermes
(V. **quermes**)

kermesse
s. fiesta
rifa
kermés
quermés
verbena (V.)
feria
tómbola
velada

kerosene
(V. **queroseno**)

khan
(V. **kan**)

khedive
(V. **kedive**)

kilo
(V. **kilogramo**)

kilogramo
(V. **peso**)
(V. **medida**)

kilométrico
(V. **interminable**)
(V. **largo**)
(V. **billete**)

kimono
(V. **quimono**)

kindergarten
(V. **parvulario**)

kiosco
(V. **quiosco**)

knock-out
(V. **k. o.**)
(V. **desmayo**)
(V. **inconsciencia**)

knut
(V. **látigo**)
(V. **derrota**)

k. o.
(V. **inconsciente**)
(V. **pasmado**)
(V. **knock-out**)

kominform
(V. **cominform**)

komintern
(V. **comintern**)

korán
(V. **corán**)

kronprinz
príncipe heredero

lábaro
s. **estandarte** (V.)
insignia
guión
enseña
bandera (V.)
pendón
divisa
trofeo

s. **crismón** (V.)
cruz

labe
s. **mancha** (V.)
mácula
plaga
tilde
taca
maca
peste
labeo

a. *pulcritud*
nitidez

laberíntico
s. complicado
difícil
arduo
intrincado (V.)
enmarañado
turbio
enigmático
incomprensible
tortuoso
confuso (V.)
caótico
enredado
embolismático
obscuro
complejo
ambiguo

(V. **laberinto)**

a. *fácil*
comprensible
sencillo
evidente
claro

laberinto
s. **confusión** (V.)
complicación
dificultad
encrucijada
enigma
jaleo (V.)
enredo (V.)
dédalo (V.)
caos
embrollo
lío
taco
meandro
vericueto (V.)
caotidad
vuelta (V.)
enmarañamiento
cambullón
tamal
sinuosidad
secreto
galimatías
embrollo
maraña

a. *sencillez*
facilidad
claridad
simplicidad

labia
s. **elocuencia** (V.)
verbosidad
facundia
verborrea
verba
verbo
parla
oratoria
parola (V.)
palique
gracejo
picotería
parlería
desparpajo
soltura
pico
locuacidad (V.)

a. *mutismo*
silencio
tartamudeo
torpeza
taciturnidad
moderación
circunspección

labial
s. bilabiado
bilabial
palatolabial
labiodental

(V. **labio)**

lábil
s. escurridizo
resbaladizo (V.)
deslizante
inestable
inseguro (V.)

s. **frágil** (V.)
caduco
débil (V.)
endeble
delicado
flojo
precario

(V. **labilidad)**

a. *seguro*
firme
estable
fuerte
adherente
pegadizo
duro

labilidad
s. deslizamiento
resbalón
inestabilidad (V.)
inseguridad (V.)

s. precariedad
fragilidad (V.)
debilidad (V.)
flojera
endeblez
caducidad
delicadeza
mezquindad

a. *adherencia*
estabilidad
seguridad
firmeza
fortaleza
perennidad

labio
s. belfo
boca (V.)
bembo
buz
labrio
labro
befo
bezo
jeta
hocico
abultado
morro (V.)
bocera
morrera
boquera
calentura (V.)
pupa
bigote (V.)

s. **borde** (V.)
canto
orilla
extremo
arista
ribete
reborde
resalte

s. morderse los labios
no despegar los labios
cerrar los labios
estar pendiente del labio
sellar los labios
sin despegar los labios

labor
s. **trabajo** (V.)
faena
ocupación
tarea
quehacer
función
tanda (V.)
cuidado
obra
cometido
oficio (V.)
fajina
afán
misión
deber
operación
empresa (V.)
actividad
papel (V.)
laborío

s. **costura** (V.)
bordado
calado
encaje
adorno
artesanía
primor
tejido

s. labranza
cavada
arada
cultivo (V.)
laboreo
cava
besana

s. labor blanca
de labor
casa de labor
día de labor

a. *ocio*
holganza
vacación
pasividad
comodidad

laborable
s. labradero
cultivable
plantío (V.)
arijo
arable
sembradío

s. dúctil
blando

s. hábil
lectivo
no festivo

(V. **labor)**

a. *duro*
festivo

laboral
(V. **profesional)**

laborante
(V. **trabajador)**

(V. **intrigante)**

laborar
s. **trabajar** (V.)
esforzarse (V.)
afanarse
operar (V.)
obrar
ocuparse
aplicarse
atarearse
sudar
luchar
bregar (V.)
actuar
enfrascarse
abismarse
consagrarse
dedicarse
sacrificarse
colaborar
elaborar

s. **labrar** (V.)
s. **intrigar** (V.)
maquinar
tramar
urdir
trapisondear

(V. **labor)**

a. *holgar*
holgazanear
vagar
vaguear
abandonarse
inhibirse

laborear
(V. **trabajar)**

(V. **labrar)**

laboreo
(V. **cultivo)**

(V. **trabajo)**

laborío
(V. **labor)**

laboriosidad
s. aplicación
trabajo (V.)
fabricación
factura
esfuerzo
dinamismo
cumplimiento (V.)
constancia
actividad (V.)
celo
diligencia (V.)
asiduidad
eficacia
eficiencia
solicitud
perseverancia
voluntad
firmeza
empeño
habilidad
tenacidad (V.)
energía
ahínco

(V. **labor)**

a. *pasividad*
ocio
vagancia
holganza
apatía
abulia
desgana

laborioso
s. **trabajador** (V.)
diligente (V.)
aplicado
esforzado
industrioso
cumplidor (V.)
asiduo
celoso
laboroso
hacendoso
eficaz
eficiente
afanoso
codicioso
constante
perseverante (V.)
habilidoso
serio

s. complicado
ingrato
ímprobo
arduo
desagradable
pesado
antipático
trabajoso (V.)
penoso
difícil (V.)
espinoso
peliagudo

(V. **laboriosidad)**

a. *vago*
gandul
holgazán
fácil
sencillo
apático
abúlico

laborismo
(V. **socialismo**)

laborista
(V. **socialista**)

labra
(V. **labrado**)

labradero
(V. **labrantío**)

labrado
s. labra
talla (V.)
grabado
cinceladura
cincelado
repujado (V.)
canteado

s. **adornado** (V.)
bordado
recamado
trabajado

s. **cultivado** (V.)
laborado
sembrado
arado
cavado
removido
plantado

a. *sencillo*
desnudo
exento
liso
llano
yermo

labrador
s. labriego
agricultor (V.)
segador (V.)
campesino
labrantín
pegujalero
granjero (V.)
pelantrín

r. Labrador de capa negra, poco medra ■ Labrador chuchero, nunca buen apero ■ En labrar y hacer fuego, se parece el que es discreto ■ Más vale migaja de labrador que torta de logrero ■ Más vale ser pobre arando, que rico navegando ■ Suda el labriego, para el usurero ■ Quien va a segar a tierra ajena, de mala gana siega ■ Señorito agricultor, ni señorito ni labrador ■ Labrador que frecuenta el casino, no frecuenta el cortijo

(V. **labranza**)

labrantín
(V. **labrador**)

labrantío
s. labradero
labradío
sembradío (V.)
laborable
cultivable (V.)
fértil

(V. **labranza**)

a. *secano*
estéril
incultivable

labranza
(V. **agricultura**)

(V. **cultivo**)

labrar
s. laborar
sembrar
laborear
cultivar (V.)
cavar
cantear
barbechar
arar
cuartar
binar
desvolver (V.)
roturar (V.)
aladrar
surcar (V.)
rastrojar
terciar (V.)
escarificar (V.)

s. **adornar** (V.)
grabar
trabajar (V.)
cantear
esculpir (V.)
repujar
tallar (V.)
tornear (V.)
relabrar
cincelar (V.)

s. coser
bordar (V.)
recamar

s. causar
promover (V.)
formar
hacer
originar

s. **forjarse** (V.)
prepararse
alzarse
llegar a formarse

(V. **labor**)

a. *holgar*
holgazanear
vaguear

labriego
(V. **labrador**)

(V. **campesino**)

laca
s. goma
gomorresina
barniz (V.)
resina (V.)
almáciga
almástiga
almaste
almástec
maque
goma laca

lacayo
s. siervo
servidor (V.)
sirviente
cochero
criado
ayudante
doméstico
chófer
palafrenero
palafrén
espolique
mozo de espuelas
paje

a. *señor*
amo

lacear
s. amarrar
atar (V.)
ligar
enlazar
atrapar
sujetar
afirmar
cazar (V.)
atrapar
apresar
capturar
retener
trabar

s. **adornar** (V.)

a. *soltar*
desatar
desligar
liberar

laceración
s. golpe
magullamiento
herida (V.)
desgarradura
daño (V.)

s. pena
desdicha (V.)
desventura
perjuicio

a. *ventura*
contento
placer

lacerado
s. dañado
magullado
herido (V.)
golpeado
maltratado
desgarrado

s. apenado
desdichado
maltrecho
desventurado (V.)
mísero
infeliz
cuitado
malhadado

s. lazarino
leproso (V.)

(V. **laceración**)

a. *sano*
feliz
venturoso
bienaventurado

lacerante
s. punzante
doloroso (V.)
hiriente (V.)
penoso
penetrante
hondo
profundo
intenso

(V. **laceración**)

a. *sanador*
sanativo
suavizante
emoliente
superficial

lacerar-se
s. dilacerar
desgarrar
lastimar
golpear
herir (V.)
desgarrar
lastimar
magullar
despedazar
destripar
cortar
cercenar

s. desacreditar
vulnerar
dañar (V.)
perjudicar
mancillar
amancillar
damnificar
empecer

s. **padecer** (V.)
penar
sufrir

s. escasear (ant.)
ahorrar (ant.)
gastar poco (ant.)
escatimar (V.)

(V. **laceración**)

a. *sanar*
curar
beneficiar
alegrar-se
suavizar
mitigar
derrochar

lacería
s. pobreza
miseria (V.)
penalidades
escasez
penuria
indigencia
estrechez
inopia

s. trabajo
padecimiento
pena (V.)
sufrimiento
fatiga
daño
molestia (V.)
azacanamiento
ajobo

s. **lepra** (V.)
elefancia

a. *riqueza*
opulencia
desahogo
contentamiento
alegría

lacerioso
(V. **pobre**)

(V. **desgraciado**)

lacero
s. vaquero
gaucho
cow-boy
desbravador
llanero
centauro
caballista (V.)
domador

lacertoso
(V. **musculoso**)

(V. **fornido**)

lacio
s. **fláccido** (V.)
mustio
lánguido (V.)
caído
alicaído
ajado (V.)
blando (V.)
decaído
débil
deslavazado (V.)
marchito (V.)
desmadejado
flojo (V.)
descaecido
feble
gastado
exánime
exangüe

a. *fuerte*
lozano
fresco
recio
duro
tieso
hirsuto
vivaz
flamante

lacón
(V. **jamón**)

lacónico
s. **conciso** (V.)
escueto
breve (V.)
corto
cortante
preciso
sucinto
lacón
abreviado
compendioso
sumario (V.)
sobrio
sintético
sinóptico
directo
parco
compendiado
concreto

(V. **laconismo**)

a. *ampuloso*
redundante
florido
prolijo
detallado
parlanchín
locuaz

laconismo
s. **concisión** (V.)
brevedad (V.)
exactitud
precisión (V.)
concreción
sobriedad
extracto
síntesis
sequedad (V.)
condensación
comisión
compendio
compendiación
abreviación
secamiento (V.)

a. *exuberancia*
verbosidad
prolijidad
facundia
verborrea
abundancia
afluencia
ampulosidad
desparpajo

lacra
sutura
señal (V.)
marca
chirlo
cicatriz
escara
huella (V.)

s. **defecto** (V.)
tacha
vicio (V.)
achaque
flaqueza
falta
imperfección
debilidad

s. perjuicio
contagio
daño (V.)

a. *virtud*
vigor
fuerza
perfección
pureza
beneficio
ventaja

lacrar-se
s. **dañar** (V.)
perjudicar (V.)
pegar
contagiar
inficionar
infectar
viciar

s. **sellar** (V.)
pegar
engomar
certificar
cifrar
cerrar

(V. **lacra**)

(V. **lacre**)

a. *desinfectar*
sanar
beneficiar
sanear
abrir
despegar

lacre
s. barra
pasta
sello (V.)

s. goma laca
trementina
colofonia
aguarrás

lacrimógeno
s. lacrimoso
inflamatorio (V.)
picante
irritante
congestivo

s. gas lacrimógeno

(V. **lágrima**)

a. *emoliente*
suavizante
calmante

lacrimoso, a
s. lloroso
implorante (V.)
triste
compungido
lastimero (V.)
lastimoso
afligido
congojoso
lagrimoso
atristado
quejica
quejoso (V.)
angustioso
sollozante (V.)
plañidero (V.)
sentimental (V.)
magdalena (V.)

(V. **lágrima**)

a. *alegre*
contento
risueño

lactancia
s. lactación
(V.)
amamantamiento
mamada
crianza
nutrición
amamantación
alimentación

lactante
s. **mamón** (V.)
infante
niño de teta
crío
rorro
mocosuelo
bebé

s. **lechal** (V.)

(V. **lactancia**)

(V. **adulto**)

lactar
s. **mamar** (V.)
alimentar (V.)
nutrir
amamantar (V.)
criar
atetar
tetar
dar de mamar
dar la teta
sorber
ingerir

(V. **lactancia**)

a. *destetar*

lácteo
s. **lechoso** (V.)
láctico
lacticíneo
lacticinio
lactífero
lactescente
lactario
lacticinoso
lactoso
lactina

(V. **leche**)

láctico
(V. **lácteo**)

lacunario
(V. **hueco**)

(V. **artesonado**)

lacustre
(V. **lago**)

lacha
(V. **vergüenza**)

lada
(V. **jara**)

ládano
(V. **resina**)

ladear-se
s. torcer
inclinar (V.)
doblar
sesgar (V.)
incurvar
enarcar
acombar
arquear
oblicuar
descentrar (V.)
terciar
perfilar
flanquear
desplazar
cambiar
volver

s. **aficionarse** (V.)
desviarse (V.)
apartarse
evitar
rehuir (V.)

s. **igualarse** (V.)
competir
rivalizar

(V. **ladeo**)

a. *enderezar-se*
encauzar-se
encarrilar-se
concurrir
desequilibrar-se

ladeo
(V. **inclinación**)

(V. **sesgo**)

(V. **quiebro**)

ladera
s. **declive** (V.)
declivio
talud
pendiente (V.)
ribazo
declinación
falda (V.)
vertiente (V.)
despeñadero
precipicio
rampa

a. *llano*
cumbre
llanura

ladero
(V. **lateral**)

ladillo
(V. **margen**)

ladino
s. pillo
astuto (V.)
taimado (V.)
marrullero
diablo
zorrastrón
calculador
hábil
cazurro
bellaco (V.)
malicioso
zascandil
lagarto
caimán
diestro
cuco
perillán
solerte
tretero
sátrapa
fistol
esclavo
avisado
socarrero
ardiloso

a. *inocente*
ingenuo
incauto
cordero
noble
sincero

lado
s. **costado** (V.)
canto
ala
orilla
borde
extremidad
chaflán
costera
perfil
ribera
flanco (V.)
cuneta
acera
banda (V.)
faz
faceta
frente
cara
jamba
anverso
reverso
mano (V.)
anterioridad
posterioridad
amura
babor
estribor
sentido
derecha
extremo (V.)
izquierda
dirección
costera
límite
mano
partido
bando (V.)
bandería
secta

s. favor
ayuda (V.)
protección
valimiento

s. **lugar** (V.)
paraje
sitio
parte
rincón
localidad
emplazamiento

s. al lado
de este lado
a un lado
dar de lado
dejar a un lado
echar a un lado
mirar de lado
hacerse a un lado
de un lado a otro

a. *centro*

ladón
(V. **jara**)

ladrador
s. **aullador** (V.)
gruñidor
amenazador (V.)
alborotador
escandaloso
excitado
inquieto
destemplado
desagradable

(V. **ladrido**)

a. *callado*
silente
silencioso
discreto
mudo

ladrar
s. gañir
aullar (V.)
ladrear
latir (V.)
gruñir
gritar
chillar

s. vociferar
amenazar (V.)
azuzar
instigar
arrufar

s. motejar
criticar (V.)
censurar
calificar
impugnar

(V. **ladrido**)

a. *callar*
enaltecer
alabar
enmudecer

ladrido
s. aullido
aúllo
chillo
chillido
grito (V.)
gruñido
latido
grañido

s. censura
zaherimiento
crítica (V.)
murmuración
amenaza
impostura
imputación
importunación
testimonio
mote
dicterio
insulto (V.)
difamación (V.)
calumnia
escándalo

a. *silencio*
discreción
elogio
enmudecimiento
moderación

ladrillal
(V. **ladrillar**)

ladrillar
s. ladrillal
tejar
alfar
tejería
adobería
adobera
tejera
ladrillera
secadal
gavera
gabera
gradilla (V.)
rejal

s. **enladrillar** (V.)

(V. **ladrillo**)

ladrillejo
(V. **burla**)

ladrillo
s. adobe
ladrillejo
atoba
rasilla
tabicón
briqueta
baldosa (V.)
baldosín
baldosilla
azulejo
adefera
alicatado
alboaire
soga
tizón
teja
alizar
tesela

s. **arcilla** (V.)
marga
turba
cangagua

s. ladrillo hueco
ladrillo macizo
ladrillo agramilado
ladrillo aplantillado
ladrillo de corcho
ladrillo de caja
ladrillo de composición
ladrillo de escorias
ladrillo de hierro
ladrillo flotante
ladrillo de vidrio
ladrillo refractario
ladrillo moldurado
ladrillo prensado
ladrillo recocho
ladrillo santo

(V. **cerámica**)

ladrocinio
(V. **latrocinio**)

ladrón, a
s. expoliador
ladronzuelo
ladroncillo
escalador
desfalcador
rapiñador
bandido
pirata (V.)
apache
ganzúa (V.)
hurtador
salteador (V.)
estafador
chantajista
carterista (V.)
caco (V.)
bandolero
cleptómano
cleptomaniaco
perista
garduño
usurpador (V.)
asaltante
mariscante
lagarto
picador
garabero
abigeo
birlesco
filatero
birloche
bailador
monfí
murciélago
desmontador
rapaz (V.)
rata
maleante (V.)
raptor
ratero (V.)
randa (V.)
contrabandista
sisón
desvalijador
timador
tomador (V.)
lunfardo
macuteno
depredador
despojador
cortabolsas (V.)
petardista
atracador
saqueador (V.)
escamoteador
robador
descuidero
efractor
expoliador
rapante
cuatrero (V.)
abigeato
malhechor
golfín
robador
etractor
bandolero
robador
sisador
mechera
fullero
faltrero
galafate
garduña
ave de rapiña
uñas largas
camilano
abactor
derivación (corriente eléctrica)
toma

s. el buen ladrón
cueva de ladrones
hacer del ladrón fiel

r. Piensa el ladrón que todos son de su condición ■ Quien roba a un ladrón tiene cien años de perdón ■ Por un ladrón, pierdes ciento en el mesón ■ Ladrón que roba poco, es tonto o loco ■ Ladrones roban millones y son grandes señores

(V. **latrocinio**)

a. *honrado*
integro
incorruptible
recto
policía

ladronear
(V. **robar**)

ladronera
s. escondrijo
guarida (V.)
cueva
antro

s. hucha
alcancía (V.)

s. ladrón
derivación (V.)
portillo

s. **matacán** (V.)
fortificación
vigía

ladronería
(V. **latrocinio**)

ladronicio
(V. **latrocinio**)

ladronzuelo
(V. **ladrón**)

lady
(V. **señora**)

lagar
s. almijar
jaraíz
cascajar
calamón
tino
pisadera
trullo
trujal
lagarejo
lagareta
gamellón
tinillo
gamillón
manizuela
trujaleta
bodega
cava

s. **vino** (V.)
sidra (V.)
aceite (V.)

lagareta
(V. **charco**)

(V. **pocilga**)

(V. **lagar**)

lagartija
(V. **lagarto**)

lagarto
s. lagartija
lagartijo
reptil (V.)
saurio (V.)
lagarta
farbacho
camaleón
cordula
cataraña
chacón
dragón
iguana
ligaterna
salamanca
salamandra
salamanquesa
salamandria
salamanquina
salderita
zarandilla
caraguay
gavial
lución
carapopela
cordilo
chipojo
cuija
escinco
esquinco
eslizón
gallego
sepedón
sipedón
sargantana
estelión
garrobo
teyú
sargantesa
sogalinda
segundilla

s. **taimado** (V.)
pícaro
zorro
cazurro
hipócrita
tuno
escurridizo
pillo
falso

a. *ingenuo*
sincero
inocente
cándido
noble

lago
s. **balsa** (V.)
laguna
albufera
albuhera
albina
albariza
estero
estuario
charca
pantano (V.)
estanque
lucio
marisma
bañil
bañadero
estero
lagunajo
lagunazo
bañadero
libón
ibón
almarjal
bajial
chortal
manglar
marjal
charco (V.)
embalse

s. lacustre
palustre
palafito

(V. **hidrografía**)

a. *isla*
delta
banco
bajío

lagotear
s. lisonjear
adular (V.)
halagar
embelecar
camelar
roncear
mimar
carantoñear
barbillear
hacer cucamonas
hacer carantoñas
dar coba
hacer la barba
hacer halagos
hacer zalamerías

(V. **lagotería**)

a. *criticar*
censurar
vituperar
denigrar

lagotería
s. **adulación** (V.)
coba
halago
zalamería (V.)
lisonja
jabón
carantoña
lametón
cucamonas
mimos
roncería
alabanza
oficiosidad
agasajo
embeleco
requiebro
arrumaco
botafumeiro

a. *crítica*
censura
murmuración
detracción
vituperio
dicterio

lagotero
s. **adulador** (V.)
cobista
carantoñero
halagador
alabancero
pelotilla
pelotillero
lavacaras
tiralevitas
pelota
roncero
lisonjeador
zalamero (V.)
halaguero
potetero
bribiador
caroquero
sobón

(V. **lagotería**)

a. *criticón*
tijera
reparón

lágrima
s. **secreción** (V.)
gota (V.)
excreción
lagrimón
humor

s. **legaña** (V.)
pitarra
pitaña
magaña
rija (V.)
fístula
glándula lagrimal
carúncula
conducto

s. **pizca** (V.)
insignificancia
partícula
pequeñez

s. **sollozo** (V.)
lamento
tristeza
lloro
pena (V.)
amargura
desconsuelo
pesar
dolor
adversidad
pesadumbre
infortunio

s. paño de lágrimas
valle de lágrimas
a lágrima viva
lágrimas de cocodrilo
saltársele a uno las lágrimas
llora lágrimas de sangre
asomar las lágrimas
anegarse en lágrimas

r. Lo que no va en lágrimas va en suspiros

a. *alegría*
contento
risa
alborozo
felicidad

lagrimable
(V. **triste**)

lagrimear
s. lamentarse
gimotear
sollozar
lagrimar
lagrimacer
llorar (V.)
lloriquear
plañir
gemir

s. llorar a lágrima tendida
deshacerse en lágrimas

(V. **lágrima**)

a. *alegrarse*
contentarse
alborozarse

lagrimoso
s. **lloroso** (V.)
quejica
llorón
lagrimón
gimiente
quejumbroso
lloriqueador
lloricón
legañoso (V.)
pitarroso
llorica
gimoteador
lagañoso
cegajoso
magañoso

s. apesadumbrado
triste (V.)
dolorido
atribulado
infortunado

(V. **lágrima**)

a. *alegre*
contento
feliz
satisfecho

laguna
s. **lago** (V.)

s. **fallo** (V.)
espacio
vacío (V.)
hueco (V.)
vano
falta
salto (V.)
defecto
omisión (V.)
olvido
supresión
claro
ausencia

s. reposo
calma (V.)
quietud
tranquilidad
remanso (V.)

a. *vigencia*
presencia
perfección
continuidad
desasosiego

laicado
(V. **laicismo**)

laicismo
s. laicado
profanidad (V.)
terrenidad
temporalidad
secularización
mundanalidad
mundanería
seglaridad
desvinculación

(V. **irreligiosidad**)

a. *religiosidad*
clericalismo

laicización
(V. **secularización**)

laicizar
(V. **secularizar**)

laico
s. laicista
lego (V.)
seglar (V.)
profano
secular
secularizado (V.)
civil (V.)
laical
neutro
terrenal
mundano
carnal
temporal (V.)
mundanal
ultramundano
orden tercera
separado
independiente

(V. **irreligioso**)

(V. **laicismo**)

a. *espiritual*
celestial
religioso
eclesiástico
clerical

laido
(V. **feo**)

laja
s. **piedra** (V.)
lasca
lastra
lancha
lancho
loncha
llábana
lámina (V.)
losa
loseta

s. **bajío** (V.)
bajo

lalación
(V. **balbuceo**)

lama
s. fango
lodo
cieno (V.)
barro

s. **musgo** (V.)
verdín

s. **sacerdote** (V.)
budista (V.)
dalai-lama

(V. **lamedal**)

(V. **lamaísmo**)

lamaísmo
(V. **budismo**)

lamaísta
(V. **budista**)

lambrequín
(V. **blasón**)

(V. **yelmo**)

lambrija
s. **lombriz** (V.)

s. chupado
escuálido
esmirriado
desgalichado
escurrido
zancarrón
magro
seco
descarnado
esquelético
flaco (V.)

a. *robusto*
gordo
obeso

lambucear
(V. **arrebañar**)

lameculos
(V. **adulador**)

lamedal
s. barrizal
cenagal (V.)
lodazal
fangal
lapachar
tremedal
barrero
lodachar

a. *sequedal*

lamedor
(V. **jarabe**)

(V. **halago**)

lamedura
(V. **lamida**)

lamelibranquio
s. **almeja** (V.)
mejillón (V.)
berberecho
navaja
ostra (V.)
chirla
muergo
verigüeto
verdigón
ajobilla
amayuela
broma
coquina
chorlo
cholgua
dátil de mar
ostia
ostión
telina
tellina
mocejón
mítulo
verderol
verderón
marisco (V.)
molusco (V.)

s. concha
valva
opérculo
conca

lamentable
s. triste
atroz
terrible
sollozante
plañidero
quejoso
deplorable (V.)
lloroso
sollozante
suspirante
elegíaco
sensible (V.)
lagrimoso
lacrimoso
desolador
desagradable
lastimero
consolido
lastimoso (V.)
afligido
desgarrador
lúgubre
flébil
apesadumbrado
abatido
compungido
aflictivo
dolorido
horrible
horroroso
desesperante
lastimoso
lamentoso
asombroso
desastroso (V.)
maltrecho
estropeado

(V. **lamentación**)

a. *alegre*
gozoso
alborozado
contento
elogiable
plausible

lamentación
s. sentimiento
lloro
queja (V.)
lamento
plañido (V.)
treno
jeremiada (V.)
lástima (V.)
jipio
chillido
pena
pesar
condolencia
pesadumbre
suspiro
aflicción (V.)
canto lúgubre
ayes
quejido (V.)
lágrimas
grito
exclamación
elegía
oración fúnebre
canto funeral
lamentación de Jeremías

a. *loanza*
júbilo
alborozo
risa

lamentar-se
s. **llorar** (V.)
lloriquear
sollozar
gemir
clamar
plañir (V.)
jeremiar
lagrimear
gimotear
gemiquear
añorar
ayear
suspirar
sentir (V.)
implorar (V.)
gruñir
renegar
refunfuñar
deplorar (V.)
quejarse (V.)
condolerse
dolerse (V.)
afligirse
apenarse
disgustarse
arrepentirse (V.)
apesadumbrarse
retractarse

(V. **lamentación**)

a. *reír*
alegrar-se
contentar-se
alborozar-se

a. *persistir*
reincidir
reiterar

lamento
(V. **lamentación**)

lameplatos
(V. **goloso**)

(V. **desharrapado**)

lamer-se
s. lengüetear
chupar (V.)
chupetear
relamer
lamiscar
laminar
lambucear
arrebañar (V.)
lametear
lamber
mojar

s. **rozar** (V.)
tocar
acariciar
besar

(V. **lamida**)

a. *morder*

lamerón
(V. **laminero**)

lametón
(V. **lamida**)

lamida
s. lamedura
lengüeteo
chupeteo
lengüetada (V.)
lenguarada
lametón
lambida
lambetazo
chupetón
lengüetazo

a. *mordisco*
mordedura

lamido
s. **relamido** (V.)
limpio
pulido
puesto
atildado
acabado

s. **flaco** (V.)
delgado
desgalichado
escurrido
pálido
escuchimizado
cenceño
chupado (V.)
enjuto
magro

s. **rozado** (V.)
gastado
desgastado (V.)
usado
estropeado

a. *desastrado*
sucio
grueso
gordo
flamante
nuevo

lámina
s. plancha
chapa
hoja (V.)
placa (V.)
planchón
tabla (V.)
plano
loncha
laja
lonja
lengüeta
rodaja
disco
hojuela
cáscara
fleje
película (V.)
membrana
tegumento
tejo
viruta
pan
mica
estrato
capa (V.)
troja
rebanada
oblea (V.)

s. **estampa** (V.)
litografía
dibujo
ilustración
figura
efigie
pintura
cromo
cromolitografía
grabado (V.)
reproducción
fotografía
vista
viñeta
santo
clisé

s. concha
escama (V.)
caliche
cascarilla

s. **aspecto** (V.)
facha
presencia
figura

laminación
s. aplanamiento
enchapado
hojalata
plaqué
encostradura
aplastamiento (V.)
blindaje
exfoliación
chapado
contrachapado

(V. **lámina**)

laminadora
s. laminador
cilindro (V.)
batihoja
calandria
oropelero
prensa
prensadora
rodillo (V.)

(V. **laminación**)

laminar
s. aplanar
aplastar
exfoliar (V.)
chapar (V.)
batir
enchapar
blindar
calandrar
rebanar
alisar
afinar
cilindrar
adelgazar
allanar
rasar
comprimir
planchear
hojaldrar

s. enquistoso
laminoso
exfoliado
espático
foliáceo
hojoso (V.)

(V. **lámina**)

laminería
(V. **golosina**)

laminero
s. lameplatos
goloso (V.)
lamerón
delicado
exquisito
apetente
ávido
sibarita

(V. **laminería**)

a. *sobrio*
frugal

lamiscar
(V. **lamer**)

lampar-se
(V. **ansiar**)

(V. **desvivirse**)

lámpara
s. candelabro
candil
quinqué
candilejo
candelero
capuchina
velador
lamparín
lamparilla
lucerna
linterna (V.)
linternón
lantía
bombilla
vela
flexo
brazo
foco (V.)
velón (V.)
farol (V.)
farolón
faro
reflector
mechero
mecha
reverbero
araña
aplique
mariposa
bujía
cirio
hacha
válvula (V.)
fanal
bomba
tríodo (V.)
lámpara de aceite
lámpara de gas
lámpara de mesa
lámpara de pie
lámpara de esmaltador
lámpara de mineros
lámpara de seguridad
carretón de lámpara
atizar la lámpara

s. **mancha** (V.)
lamparón
churrete

(V. **luz**)

lamparero
s. lampista
lamparista
linternero
velonero
farolero (V.)
acandilado
gasista
tedero
paje de hacha

(V. **lámpara**)

lamparilla
s. **mariposa** (V.)
lamparín
capuchina
farolillo
crisuela
matula
mechero

s. **retel** (V.)
red

(V. **lámpara**)

lamparón
(V. **mancha**)

(V. **escrófula**)

lampazo
s. anteón
amor de hortelano
zarapón
apegaderas
lapa
purpúrea
bardana
planta (V.)

s. **escobón** (V.)
borlón
estropajo

lampiño
s. barbilampiño
imberbe (V.)
desbarbado
rapagón
carilampiño
glabro
calvo
pelado (V.)
rapado
tonsurado
mondo
afeitado
rasurado
depilado

s. adolescente
impúber (V.)
pollo
joven

a. *peludo*
velludo
barbudo
maduro

lampión
(V. **fanal**)

(V. **farol**)

lampo
(V. **resplandor**)

lampreazo
(V. **latigazo**)

lana
s. **borra** (V.)
estambre
casimir
cachemir
vicuña
albardilla
carmelina
churra
liguana
peladillos
molsa
añinos
caídas
entrepeines
cheviot

(cont.)

s. mechón
vedija
vellón (V.)
pelusa
copo
vellocino
guedeja
paca
cerpa
pegujón
pelluzgón
tusón
pila
pelo
hebra

s. mugre
suarda
juarda
churre
cadillos
carretilla
escabro
cascarria

s. **lanería** (V.)
lanudo (V.)
lanar

s. **cardar** (V.)
escarmenar
esquilar (V.)
marcear
peinar
perchar
batir
apartar
descadillar
desenredar
desmugrar
desgrasar
varear
repasar
lavar

s. lana virgen
lana regenerada
lana de vidrio
lana de madera
lana de escorias
lana de los bosques
lana vegetal
lana celulósica
lana madre
lana secundaria
lana de carda
lana de peine

r. Ir por lana y salir trasquilado ■ Vende lana y criarás pelo ■ Lana, puercos y trigo, hacen al pobre rico ■ De la noche a la mañana pierde la oveja su lana ■ Unos cobran la fama y otros cardan la lana

s. Juan Lanas

s. **tejido** (V.)

lanar
(V. **ovino**)

lance
s. trance
percance
accidente
peripecia (V.)
apuro
prieto
acontecimiento
episodio (V.)
suceso
incidente
oportunidad
coyuntura
situación
ocurrencia
caso (V.)
página
farol (V.)
jornada (V.)
casualidad
compromiso
crisis
brete
conflicto
encuentro (casual)
ocasión

s. **riña** (V.)
redada (V.)
encuentro
quimera
tirada
suerte (V.)
jugada
fortuna
mano
turno

s. lance de fortuna
de lance en lance
tener pocos lances
lance de honor
de lance
barato (V.)

a. *paz*
pacificación
reconciliación
previsión
aviso
premonición

lancear
(V. **alancear**)

lancera
(V. **panoplia**)

lancero
s. alanceador
soldado (V.)
rejoneador
picador
piquero
astero
alabardero
vaquero
ulano
torero

s. **baile** (V.)
música

(V. **lanza**)

lanceta
s. **bisturí** (V.)
sangradera (V.)
punzón
taladro
barrena
berbiquí
postemero

lancinante
(V. **desgarrador**)

(V. **doloroso**)

lancinar
s. **punzar** (V.)
desgarrar
pinchar
herir (V.)
pungir
picar
rasgar
romper

s. **afligir** (V.)
angustiar
atormentar

a. *curar*
mitigar

lancurdia
(V. **trucha**)

lancha
s. **bote** (V.)
falúa (V.)
chinchorro
serení
barca
chalana
embarcación (V.)
esquife
dorna
piragua
chalupa
armadijo
lanchón
barcaza
cachucha
góndola
gabarra
yola
cárabo
batelejo
canoa
trainera
junco
gasolinera
motora
pinaza
ballenera
bonitera
barquichuela
lancha de atoaje
lancha motora
lancha bonitera
lancha fletera
lancha bombardera
lancha cañonera
lancha obusera
lancha de salvamento

s. patrón de lancha

s. loncha
lancho
losa
laja (V.)
lámina

lanchero
s. barquero
batelero
remero
marinero (V.)

(V. **lancha**)

lanchón
(V. **lancha**)

landa
s. **llanura** (V.)
páramo
meseta
arenal
pampa
estepa
sabana
pastizal

a. *vergel*
bosque
parque

landgrave
(V. **señor**)

landó
(V. **carruaje**)

landre
(V. **infarto**)

(V. **tumor**)

lanería
s. colchonería
colchería
lonja
estiba

(V. **lana**)

langaruto
(V. **larguirucho**)

langosta
s. langostón
tara
cigarrón
cervática
caballeta
saltigallo
tapachiche
saltaprados
saltón
saltamontes (V.)
zurrón
cañutillo
saltapajas
canuto
insecto (V.)

s. **crustáceo** (V.)
ortóptero (V.)
langostino
palinuro
bogavante
lubigante

langostino
s. gamba
quisquilla
langostín
marisco (V.)
crustáceo (V.)

languidecer
s. **deprimirse** (V.)
amustiarse (V.)
desanimarse
abatirse
adormecerse (V.)
debilitarse
secarse (V.)
desmayarse
descorazonarse
extenuarse
desalentarse
fatigarse
vegetar (V.)
flojear
postrarse (V.)
abandonarse
emperezarse
holgar
descansar
amargarse
apenarse
anonadarse
dejarse
entristecerse
desalentarse
enflaquecer (V.)

(V. **languidez**)

a. *animarse*
despabilarse
robustecerse
vigorizarse

languidez
s. desmayo
abatimiento (V.)
fatiga
debilidad (V.)
extenuación
decaimiento
descaecimiento
flaqueza
desánimo (V.)
anonadamiento
langor
desaliento (V.)
desazón
descorazonamiento
postración
enflaquecimiento
flaqueza
flojedad
languideza
timidez
abandono
lentitud
pesadez
inacción
anemia
indolencia
pereza
holganza
tristeza
melancolía
insulsez
amargura
descuido
olvido
negligencia
apatía (V.)
inercia
inanición
haraganería
adinamia
marasmo
somnolencia
sopor

a. *vivacidad*
energía
vigor
actividad
fortaleza
ánimo
aliento
espíritu
dinamismo

lánguido
s. **abatido** (V.)
abandonado
apático (V.)
descorazonado
negligente
haragán
indolente
inerte
perezoso
débil (V.)
parado
aletargado
somnoliente (V.)
soñoliento
anémico
flaco
lacio (V.)
fatigado
extenuado
desalentado (V.)
mortecino
debilitado
desanimado
postrado
endeble
enclenque
tímido
medroso
flojo
descaecido
muelle
mustio (V.)
pusilánime

(V. **languidez**)

a. *vigoroso*
fuerte
animoso
activo
enérgico
dinámico
trabajador
activo
lozano
fresco
vivaz
valiente

lanosidad
s. **pelusa** (V.)
vellosidad (V.)
pelambrera
pilosidad
pelo
calcha
vello

lanoso
(V. **lanudo**)

lansquenete
(V. **soldado**)

lanudo
s. lanoso
peludo
velludo
velloso
espeso
lanígero
lanero

(V. **lana**)

lanza
s. **alabarda** (V.)
pica (V.)
lanceta
rejón
timón (V.)
lanzón
chuzo
lanzuela
alavesa
garrocha
aguijada
venablo (V.)
vara
gorguz (V.)
bichero
asta
angón
bohordo
azagaya
zagaya
espontón
corcesca
taco
sargenta
estradiota
guja
falárica
jineta
gineta
bayoneta
frámea
garrochón
forchina
archa
cuchilla
bidente
tridente
pilo
suizón
ronca
jabalina (V.)
botavante
garlocha
partesana

s. contera
fiste
palo
regatón
cuento
cubo
hierro
moharra
asta
arandela
borne
gocete

s. **lanzada** (V.)

(cont.)

s. alabardazo
alabardería
cuja
banderola
ristre
bote

s. **lancero** (V.)
alabardero

s. **justa** (V.)
torneo

s. blandir
enristrar
calar
enastar
desenastar

s. a punta de lanza
correr lanzas
romper una lanza por
hincar la lanza hasta el regatón
estar lanza en ristre
quebrar lanzas con alguien
tirar lanzas
no quedar lanza enhiesta
ser uno una lanza

lanzada
s. puyazo
lanzazo
pinchazo (V.)
alabardazo
rejonazo
picazo
alanceadura
garrochazo
recatonazo
chuzazo
enristre
bote
golpe de lanza
herida de lanza

s. lanzada de a pie
lanzada de moro zurdo

(V. **lanza)**

lanzadera
s. canilla
broca
jugadera
espolín
telar (V.)

lanzado
(V. **decidido)**

lanzador
(V. **deportista)**

(V. **promotor)**

lanzamiento
s. echamiento
lance
proyección (V.)
botadura
tiro (V.)
tirada (V.)
promoción (V.)
echada
saque (V.)
emisión (V.)
botamiento
propulsión
impulso
impulsión
efluvio
irradiación
salida
deyección
echazón
expulsión
emanación
ímpetu
pedrada
bolea
pelotazo
explosión
saetazo
flechazo
arrojamiento (V.)
desplazamiento (V.)
deporte (V.)
olimpiada (V.)
empujón
empuje

s. **desahucio** (V.)
desalojo
despojo
despido
eliminación
expulsión (V.)
exclusión
separación

a. *atracción*
retención
retracción
devolución
rebote
acogida
asilo
inclusión
admisión
reincorporación

lanzar-se
s. alanzar
abalanzar
bolear
proyectar (V.)
catapultar
botar
servir
precipitar (V.)
emitir (V.)
irradiar
arrojar (V.)
despeñar (V.)
embalarse
abarrar
echar
tirar (V.)
disparar
despedir
rociar
expulsar (V.)
derramar
promover (V.)
sacudir
fulminar
cañonear
salpicar (V.)
descargar
escupir
vomitar (V.)
volar
echar
batir
jeringar
eyacular
impeler
saltar (V.)
empujar
soltar (V.)
liberar
impulsar (V.)
expeler
exhalar
proferir
prorrumpir (V.)
granizar
mantear
tirar

s. **propalar** (V.)
difundir
divulgar
extender
vulgarizar
publicar
pregonar

s. despojar
desposeer
desahuciar
excluir
despedir
desalojar (V.)
exonerar

s. **emprender** (V.)
decidirse
aventurarse
arriesgarse
precipitarse
embalarse

(V. **lanzamiento)**

a. *retener*
aguantar
ofrecer
mantener
contener
sujetar
devolver
botar
rechazar
atar
callar
silenciar
desistir
abandonar

lanzazo
(V. **lanzada)**

laña
(V. **grapa)**

lañar
s. enganchar
unir
afianzar
grapar (V.)
engrapar
gafar
trabar

(V. **laña)**

a. *desunir*
romper
separar

lapachar
(V. **barrizal)**

lapicero
(V. **lápiz)**

lápida
s. **losa** (V.)
lauda
estela (V.)
bajorrelieve
loseta
poste
mausoleo
laude
epitafio (V.)
inscripción
tumba

lapidación
s. laceramiento
apedreamiento (V.)
laceración
linchamiento
pedrea
castigo
aniquilación
ejecución (V.)

lapidar
s. **apedrear** (V.)
supliciar
lacerar
linchar
cantear
torturar
aniquilar
ejecutar (V.)

(V. **lapidación)**

lapidario
s. joyero
joyelero
platero
bisutero

s. **tallista** (V.)
marmolista (V.)
escultor
artista
cincelador

s. **sobrio** (V.)
conciso
mesurado
lacónico
sucinto
solemne (V.)

(V. **lápida)**

a. *prolijo*
redundante
sencillo
humilde

lapidificación
(V. **petrificación)**

lapidificar-se
(V. **petrificar-se)**

lápiz
s. lapicero
portaminas
mina
pizarrín
grafito (V.)
bolígrafo
plumbagina
crayon
pastel (V.)
sanguina
carboncillo
calzador
lápiz azul
lápiz tinta
lápiz compuesto
lápiz de carpintero
lápiz piedra
lápiz duro
lápiz blando
lápiz negro

lapo
s. cachete
bofetada (V.)
guantazo
bastonazo
cintarazo
palo (V.)
varazo
golpe

s. **trago** (V.)
chisguete
chorrillo
sorbo

a. *mimo*
caricia
expulsión

lapso
s. irregularidad
error
equivocación (V.)
mentira
desliz (V.)
falta
caída
lapsus
disparate

s. espacio
intervalo (V.)
periodo (V.)
tracto (V.)
curso
transcurso

a. *acierto*
exactitud
ininterrupción
verdad

lapsus
(V. **lapso)**

laqueado
s. pulido
brillante (V.)
barnizado (V.)
bruñido
lustroso
pulimentado
abrillantado
terso
resplandeciente

(V. **laca)**

a. *empañado*
opaco
deslustrado
deslucido

laquear
s. pulir
abrillantar
barnizar (V.)
lustrar
pulimentar
sacar brillo
maquear

(V. **laca)**

a. *empañar*
deslustrar
deslucir

laqueario
(V. **gladiador)**

lar
(V. **hogar)**

lardeado
s. **grasiento** (V.)
graso
grasoso
pringoso
lardero (ant.)

s. **gordo** (V.)
grueso
mantecoso
seboso

(V. **lardo)**

a. *limpio*
magro
enjuto

lardear
s. lardar
pringar
enlardar
untar (V.)
engrasar (V.)
mechar
ensebar

(V. **lardo)**

a. *desengrasar*
deslardar

lardero
(V. **grasiento)**

lardo
s. **tocino** (V.)
sebo (V.)
grasa (V.)
gordo
unto
manteca
butiro
pringue

a. *magro*

lardoso
s. mantecoso
pringoso
seboso (V.)
untoso
grasoso
grasiento (V.)
mugriento

(V. **lardo)**

a. *limpio*
magro

lares
(V. **lar)**
(V. **manes)**
(V. **penates)**

largar-se
s. **soltar** (V.)
aflojar
desplegar
tirar
despegar
arriar
irse (V.)
escabullirse
ausentarse (V.)
hacerse a la mar
soltar amarras
desplegar velas
dejar libre
ahuecar el ala
salir de estampía
irse por la tangente
salir por la puerta falsa

a. *permanecer*
quedarse

largas
s. **dilación** (V.)
retardación
espera
prolongación
aplazamiento
dilatorias
prórroga
demora
retardo
retraso

s. dar largas

s. lance del toreo

a. *anticipación*
apremio

largición
(V. **donativo)**

(V. **prodigalidad)**

largo
s. extenso
prolongado (V.)
luengo
longo
alongado
amplio
alargado
dimensional
kilométrico
dilatado (V.)
difuso
continuado

s. liberal
generoso (V.)
dispendioso
derrochador
dilapidador

s. copioso
abundante (V.)
excesivo
fecundo
exuberante
pródigo

s. **astuto** (V.)
listo
rápido
inteligente
diestro
expedito
rápido
pronto
subito

s. **tardío** (V.)
lento
pesado

s. **longitud** (V.)

s. movimiento musical
composición musical

s. cuento largo
día largo
a la larga
viento largo
vocal larga
a lo largo
¡largo!
¡largo de ahí!
largo y tendido

(V. **largura)**

a. *corto*
abreviado
reducido
estrecho
breve
pequeño
agarrado
mezquino
ahorrativo
escaso
poco
tardo
torpe
falto

largomira
(V. **anteojos)**

largor
(V. **longitud)**

largueado
(V. **listado)**

larguero
s. **travesaño** (V.)
barrote
apoyo
tabla
palo
viga
tablón
madero
barrote
soporte
banzo
gualdera

s. **almohada** (V.)
cabezal

s. largo
abundante (V.)

a. *escaso*
falto

largueza
s. esplendidez
generosidad (V.)
desprendimiento
liberalidad
nobleza
caridad
dadivosidad
franqueza
altruismo
desinterés
dádiva
rumbo
munificencia
derroche
largura

a. *cicatería*
roñosería
avaricia
estrechez

larguirucho
s. desgalichado
desproporcionado
alto
pericón
perigallo (V.)
espingarda
cangallo
tagarote
desmadejado
desgarbado (V.)
langaruto

a. *rechoncho*
enano
bajo

largura
(V. **longitud)**

lárice
(V. **alerce)**

laringe
s. **nuez** (V.)
glotis
epiglotis
lígula
gañiles
lengüeta
manzana de Adán
siringe
cuerdas vocales
cricoides
aritenoides
garganta (V.)

s. laringología
laringólogo
laringotomía
laringitis

s. **respiración** (V.)
ventrículo

larva
s. **oruga** (V.)
gusano
insecto (V.)
arañuela
curú
corcha
tórsalo
renacuajo
brugo
ninfa
chisa
cisticerco
tena
ruqueta
mida
nuche
convólvulo
pintón
palomilla
rosón
rezno
royega
crisálida
cresa
moscarda
saltón (V.)
queresa
rosquilla

larvado
s. real
potencial (V.)
escondido
oculto (V.)
agazapado
encubierto
enmascarado
disfrazado

(V. **larva)**

a. *descubierto*
condicionado

lasca
s. lámina
lancha
lonja
loncha
laja
trozo
esquirla
fragmento (V.)
tasquil
fracción
añico
pizca

lascivia
s. **lujuria** (V.)
sensualidad (V.)
erotismo
impureza
deshonestidad (V.)
libídine
crápula
liviandad
incontinencia
carnalidad
lubricidad (V.)
concupiscencia
rijosidad
obscenidad
voluptuosidad
satiriasis

a. *pureza*
continencia
templanza
castidad

lascivo
s. libidinoso
liviano (V.)
lujurioso (V.)
obsceno (V.)
sensual (V.)
carnal
incontinente
erótico
libertino
vicioso
voluptuoso
salaz
mocero
sátiro (V.)
lúbrico
licencioso
alegre
frondoso
juguetón
lozano
rijoso
lóbrigo
cachondo
deshonesto
ardiente

(V. **lascivia)**

a. *puro*
casto
templado
continente
honesto
frío

láser
s. **luz** (V.)
radiación (V.)
electromagnetismo
fotón
microonda
máser
ráser
iráser
coherencia
rayo (V.)
átomo
energía (V.)

(V. **física)**

lasitud
s. desfallecimiento
agobio
cansancio (V.)
desaliento
agotamiento
postración
languidez
tedio
fatiga
molicie
flojedad
descaecimiento
decaimiento
cansera
aburrimiento
debilidad (V.)
extenuación

a. *lozanía*
vigor
euforia
energía

laso
s. abatido
abrumado
desfallecido (V.)
exhausto
postrado
deprimido
flojo
fatigado
cansado (V.)
cansino
cansío
cansoso
canso
débil (V.)
lánguido
macilento
descorazonado
tedioso
aburrido

(V. **lasitud)**

a. *vigoroso*
entusiasta
eufórico
alegre
fuerte

lástima
s. piedad
compasión (V.)
misericordia
conmiseración
pena (V.)
dolor
lamentación (V.)
aflicción
clemencia
enternecimiento
sentimiento
humanidad
caridad
bondad
generosidad
magnanimidad
el paño de lágrimas
el padre de los pobres
fuente de mercedes

s. queja
lamento
dolor
suspiro
quejido
disgusto (V.)
llanto
clamor
pésame

s. llorar lástimas
dar lástima
es lástima
causar lástima

a. *impiedad*
dureza
inflexibilidad
desprecio
crueldad
insensibilidad

lastimado
s. dañado
leso (V.)
perjudicado
agraviado
ofendido (V.)

(V. **lástima)**

a. *satisfecho*
desagraviado
beneficiado

lastimadura
s. **lesión** (V.)
herida
magullamiento
mortificación (V.)
contusión
golpe
daño

a. *curación*
mitigación

lastimar-se
s. **herir** (V.)
dañar (V.)
lesionar (V.)
vulnerar (V.)
perjudicar (V.)
damnificar
mancar
golpear
tullir
baldar
punzar
desgarrar
lancinar

s. **ofender** (V.)
agraviar
despreciar
incomodar
sentir
injuriar
afrentar
enfadar
llevar a mal

s. **quejarse** (V.)
lamentarse
dolerse
torcerse
ver las estrellas
compadecerse (V.)
condolerse
conmoverse
apiadarse
emblandecerse
ablandarse
enternecerse
tener clemencia
sentir lástima
ser compasivo
mitigar un sufrimiento
prestar ayuda
hacer el bien
interceder en favor de

(V. **lastimadura)**

a. *curar*
sanar
mitigar
suavizar
beneficiar
favorecer
desagraviar
apreciar
estimar
consolarse
ensañarse

lastimero
s. triste
dolorido
quejumbroso (V.)
lamentoso
lastimoso (V.)
acongojado
mustio
apenado
adolorido
lúgubre
plañidero (V.)
desconsolador
desgarrador
condolido
quejilloso
ayeante
suspirante
suspiroso
lacrimoso (V.)

s. **compasivo** (V.)

(V. **lástima)**

a. *indiferente*
duro
inhumano
riguroso
alegre

lastimoso
s. desgarrador
desolador
sensible
lamentable (V.)
doloroso
desesperante
consternador
mísero
aflictivo
luctuoso
lastimero (V.)
miserable
flébil
deplorable (V.)
consternado
destrozado (V.)
maltrecho (V.)

(V. **lástima)**

a. *satisfactorio*
placentero
consolador
nuevo
intacto

lastra
s. lancha
losa
piedra (V.)
laja
rajuela
loncha
lastre

lastrar
s. alastrar
aplomar (V.)
gastar
cargar
abarrotar
agobiar
sobrecargar

s. afirmar
equilibrar (V.)
arrimar
estibar
cargar la embarcación
ir un barco en lastre

(V. **lastre)**

a. *descargar*
aligerar
deslastrar
desequilibrar

lastre
s. **balasto** (V.)
plomo
piedra
peso (V.)
contrapeso
arena
zahorra (V.)
enjunque
lingote
sobrecarga
sacho
sorra
grava

s. **aplomo** (V.)
equilibrio (V.)
juicio (V.)
madurez
sensatez
cordura
discreción
sentido
prudencia

s. **rémora** (V.)
estorbo
impedimento
freno
obstáculo
traba (V.)
embarazo
molestia
escollo
barrera

a. *ingravidez*
insensatez
imprudencia
facilidad
ventaja

lata
s. **pesadez** (V.)
aburrimiento
pejiguera
petardo (V.)
hastío
disgusto
monserga
rollo
tabarra (V.)
prolijidad
fastidio (V.)
molestia
droga (V.)
joroba

s. **envase** (V.)
hoja de lata
bidón (V.)
madero
viga
vigueta
tabla

s. dar la lata

a. *diversión*
entretenimiento
alegría

latebra
s. escondite
escondrijo (V.)
cueva
caverna
madriguera (V.)
guarida
refugio
escondedero
nido

latente
s. latebroso
secreto
disfrazado
oculto (V.)
reservado
hermético
recóndito
arcano
profundo
hondo
potencial (V.)
escondido
repuesto
encubierto
lático
recóndito
obscuro
solapado
velado
furtivo

a. *manifiesto*
claro
evidente
público

lateral
s. contiguo
adyacente
limítrofe
adjunto
vecino (V.)
confinante
ladero
marginal (V.)
tangente (V.)
pegado
colateral
al lado
junto (V.)
lindante
colindante
babor
estribor

a. *opuesto*
separado
frontal
central
medio

látex
s. goma
resina
caucho
leche (V.)
secreción (V.)
jugo (V.)

latido
s. **pulsación** (V.)
palpitación (V.)
percusión
golpe
movimiento (V.)
pulso
contracción
dilatación
sístole
diástole

s. arritmia
aistolia
bradicardia
taquicardia (V.)

s. **ladrido** (V.)

a. *paro*
detención
muerte
silencio
mudez

latifundio
s. heredad
finca (V.)
extensión
hacienda
propiedad
territorio
feudo
dominio
campo
plantación

a. *minifundio*

latigazo
s. **azote** (V.)
zurriagazo (V.)
trallazo (V.)
fustazo
palo
lampreazo
vergajo
vergajazo (V.)
disciplinazo
varazo
verdugazo (V.)
chasquido
golpe (V.)

s. **reprensión** (V.)
regañina
censura
sermón
fraterna
corrección
reprimenda

a. *caricia*
alabanza
elogio
encomio

látigo
s. fusta
fuete
tralla (V.)
vergajo (V.)
pestuga
vara
chuzo
azote (V.)
flagelo
arreador
zurriago (V.)
rebenque (V.)
cuerda
knut
correa
guasca
manatí
disciplina
penca
manopla
talero
chicote
corbacho
cuarta
chirrión

latiguear
s. chasquear
restallar (V.)

s. **fustigar** (V.)
picar
azotar
aguijar
arrear
incitar
flagelar
hostigar
avispar
castigar

(V. **látigo)**

a. *mimar*
acariciar

latiguillo
(V. **efectismo)**

latín
s. romance
lengua (V.)
idioma
calepino

s. latín clásico
latín vulgar
saber latín

latir
s. **pulsar** (V.)
palpitar (V.)
percutir
golpear
estremecerse
contraerse
dilatarse
funcionar
vivir

s. **ladrar** (V.)

(V. **latido)**

a. *pararse*
detenerse
morir
callar
enmudecer

latitud
s. ancho
anchor
anchura (V.)
amplitud
extensión
área
distancia (V.)

s. **zona** (V.)
clima
región
comarca
área

a. *longitud*

lato
s. amplio
dilatado (V.)
extenso (V.)
extendido
vastoanchuroso
espacioso
vasto

a. *angosto*
estrecho

latón
s. cení
oropel
dorados
doradillo
argentpel
azófar
fruslera
fuslera
fluslera
metal
aleación (V.)
cobre
cinc

s. latonería
latonero

s. **metal** (V.)

latoso
s. **pesado** (V.)
pelma
fastidioso
molesto (V.)
molestoso
chinche
prolijo (V.)
chinchoso
chinchorrero
aburrido
charlanca
cargante
tabarrista
soporífero

(V. **lata)**

a. *divertido*
entretenido
agradable
ameno

latría
(V. **adoración)**

latrocinar
(V. **robar)**

latrocinio
s. **robo** (V.)
estafa
fraude
hurto
pillaje
rapiña
ladrocinio
ladronicio
garrama
timo
ladronera
ladronería

a. *devolución*
restitución
honradez
respeto

laúd
s. vihuela
guitarra
bandurria
rabel (V.)
mandolina
tiorba
mandora
archilaúd
instrumento (V.)

s. **embarcación** (V.)

lauda
(V. **lápida)**

laudable
s. admirable
digno
ejemplar
loable (V.)
plausible (V.)
alabable
encomiable
edificante
laudatorio (V.)
excelente

(V. **laude)**

a. *censurable*
criticable

laudatorio
s. lisonjero
panegírico
laudable (V.)
encomiástico
laudativo
apologético
halagüeño
halagador
elogioso (V.)
ditirámbico
adulador
alabador

(V. **laude)**

a. *abominable*
censurable
criticable

laude
(V. **alabanza)**

laudo
s. dictamen
fallo
decisión
sentencia (V.)
veredicto
arbitramento
arbitraje
resolución
decreto

laureado
s. condecorado
enaltecido
honrado
premiado (V.)
coronado
vencedor
triunfante
cruzado

(V. **lauro)**

a. *denigrado*
despreciado

laureando
(V. **graduando**)

laurear
s. premiar
honrar (V.)
condecorar (V.)
coronar
glorificar
enaltecer
galardonar
recompensar
ensalzar

(V. **lauro**)

a. *despreciar*
ignorar
desconocer
humillar

laurel
s. glorificación
corona
triunfo (V.)
premio
alabanza
honor
honra
palma
lauro
gloria (V.)
victoria
éxito
triunfo
recompensa

(V. **planta**)

s. coronar con laurel
dormirse sobre los laureles

a. *humillación*
castigo
olvido
omisión
fracaso
derrota

lauréola
s. halo
aureola (V.)
auréola
resplandor
corona
diadema
nimbo

s. lauro
laurel
triunfo (V.)
premio
recompensa

s. adelfilla
lauréola macho
lauréola hembra

(V. **lauro**)

a. *opacidad*
fracaso
derrota
castigo

lauro
(V. **laurel**)

lauto
(V. **espléndido**)

(V. **rico**)

(V. **fastuoso**)

lava
s. lave
magma
espodita
fusión
masa
escoria
erupción
piedra pómez
volcán (V.)
puzolana
silicato
basalto
traquita
andesita

lavabo
s. aguamanil
palangana (V.)
jofaina
lavamanos
lavatorio
zafa
taza
tazón
porcelana
bidé
jabonera
aljofaina
ajofaina
aljévena
palancana
almofía
aljáfana

s. **retrete** (V.)
baño
excusado
servicio
tocador

(V. **lavado**)

lavacaras
(V. **adulador**)

lavación
(V. **lavado**)

lavadero
s. baño
tina
artesa (V.)
tajo
taja
tabla de lavar
banca
rodillero
fregadero (V.)
ducha
tajuela
pilón

s. **lavadora** (V.)

(V. **lavado**)

lavado
s. **baño** (V.)
ducha
fregoteo
limpieza (V.)
limpiadura
lavada
lavadura
lavoteo
jabonadura (V.)
enjabonadura
jabonado
enjabonado
lavación
purificación
higienización
enjuague
lavamiento
loción
ablución
mano de jabón
colada
aclarado
secado

s. jabón
añil
lejía
detergente
azufrador
tendedero

s. **limpio** (V.)
lavabo (V.)
lavadero (V.)

a. *suciedad*
polución

lavadora
s. lavadero
máquina (V.)

s. tambor
vertedero
desagüe
motor
bomba
pala
agitador
caldeo
cuba
calentador
bombo
termostato

(V. **lavado**)

lavadura
(V. **lavado**)

lavamanos
s. aguamanil
palangana (V.)
jofaina
cofaina
almofía
tazón
taza
zafa

(V. **lavado**)

lavamiento
(V. **lavativa**)

lavanda
(V. **perfume**)

(V. **espliego**)

lavar-se
s. lavotear
limpiar (V.)
purificar (V.)
bañar (V.)
duchar (V.)
jabonar
enjabonar
fregotear
fregar (V.)
escaldar
desengrasar
retorcer
torcer
tender
regar
mojar
humedecer
empapar
higienizar (V.)
jamerdar
relavar
enjuagar
aclarar
deslavar (V.)
deslavazar
lixiviar
frapear
enjugar
baldear
blanquear
mañar
hacer la colada
dar aguamanos
fricar
estregar
aljofifar
asear
depurar
colar
chapuzar
absterger (V.)

(V. **lavado**)

a. *ensuciar*
manchar
emporcar
desasear
secar
impurificar

lavativa
s. lavamiento
irrigación (V.)
lavado
ayuda
clister
servicio
enema
mangueta (V.)
jeringa (V.)
pera

s. **molestia** (V.)
desagrado
estorbo
incomodidad

a. *agrado*
comodidad
placer

lavatorio
s. **ablución** (V.)
gargarismo
enjuagatorio
colutorio
lavado
colirio
loción (V.)
enjuague (V.)

lavotear-se
(V. **lavar-se**)

laxante
s. **purgante** (V.)
catártico
drástico
relajante
diástico
laxativo
solutivo
diarreico
emoliente
purificante

a. *constipante*
astringente

laxar
s. **aflojar** (V.)
ablandar
disminuir (la tensión)
suavizar
relajar (V.)
desmadejar
ahuecar
cejar

s. **purgar** (V.)
depurar
exonerar

(V. **laxitud**)

a. *tensar*
atirantar
astringir

laxativo
(V. **laxante**)

laxitud
s. **abandono** (V.)
apatía
abulia
dejadez
ablandamiento
aflojamiento
relajamiento (V.)
distensión (V.)
disminución
demadejamiento
desfallecimiento
desmayo
lasitud
flojera
flojedad
debilidad (V.)
desánimo
enervamiento

a. *actividad*
dinamismo
energía
ánimo
tensión
fortaleza
rigidez

laxo
s. **relajado** (V.)
distendido
suelto
caído
dejado
abandonado
desmayado
desfallecido
desmadejado
deslavazado
flojo (V.)
débil (V.)
aflojado
fláccido
mustio
apático
abúlico
enervado
blando (V.)

s. **amoral** (V.)
inmoral
indecente
escéptico (V.)
tibio

(V. **laxitud**)

a. *rígido*
tieso
inflexible
tirante
tenso
activo
dinámico
animado
moral

laya
s. especie
condición
género
calidad
linaje
ralea
jaez
calaña
clase (V.)
casta
estirpe

lazada
(V. **nudo**)

(V. **lazo**)

(V. **atadura**)

lazar
s. **cazar** (V.)
lacear
sujetar (V.)
coger (V.)
enlazar
relazar
liar

(V. **lazo**)

a. *soltar*
liberar

lazareto
s. **hospital** (V.)
leprosería (V.)
dispensario
malatería
cuarentena (V.)

lazarillo
s. gomecillo
destrón
guía (V.) (de ciego)
auxiliar (de ciego)
ayudante (de ciego)
servidor (de ciego)
criado (V.)

lazarino
(V. **leproso**)

lazaroso
(V. **leproso**)

lazo
s. cuerda
atadura (V.)
lazada
nexo (V.)
traílla
liga
cordón
traba (V.)
lacería
garrote
presilla
torzal
empalme
cabo
vuelta
nudo
amarre
ligadura
ligazón
moña
moño (V.)
siguemepollo
castañeta
cinta
boleadoras

s. afinidad
vínculo (V.)
conexión
alianza
familiaridad
parentesco (V.)

s. **emboscada** (V.)
trampa (V.)
ratonera
ardid
estratagema
asechanza
garlito
engaño
zalagarda
celada
red

s. **corbata** (V.)
lazada
adorno

(cont.)

s. lazo ciego
de lazo
caer en el lazo
armar lazo
lazo corredizo
lazo de sangre
con el lazo a la garganta
roer el lazo

a. *desunión*
desatadura
desligadura
liberación
alejamiento
hostilidad
enemistad
separación
independencia
descuido
desinterés
verdad

lazrar
(V. **penar**)

(V. **sufrir**)

leader
(V. **líder**)

leal
s. **fiel** (V.)
adicto (V.)
sincero
franco
noble (V.)
honrado
afecto
confiable
fanático (V.)
devoto (V.)
adepto (V.)
constante
seguro (V.)
tenaz (V.)
recto
honrado
perseverante
verdadero
recto
fidedigno
cumplidor
observante
legal
reconocido
cierto

(V. **lealtad**)

a. *vil*
traidor
innoble
desleal
engañoso
mentiroso
variable
versátil
inconstante
venal
judas
desertor
aleve

lealtad
s. nobleza
franqueza
fidelidad (V.)
caballerosidad (V.)
confianza (V.)
honradez
constancia
adhesión
fe
probidad
decoro (V.)
sinceridad
rectitud
acatamiento
cumplimiento (V.)
observancia
fanatismo (V.)
amistad
reciprocidad
observación
homenaje
adhesión (V.)
sumisión
amor
vasallaje (V.)
seguridad (V.)
legalidad
veracidad
verdad
realidad
lealtanza
devoción
perseverancia (V.)

a. *traición*
deslealtad
animosidad
infidelidad
perfidia
deserción
abandono
perjurio
defección
felonía
alevosía
prevaricación
insidia
veleidad
volubilidad
rebeldía
ilegalidad
desconfianza
incumplimiento
inobservancia
hostilidad
separación
alejamiento
rompimiento
inseguridad

lebeche
(V. **viento**)

lebrato
(V. **liebre**)

(V. **gazapo**)

lebrillo
(V. **barreño**)

lebrón
(V. **cobarde**)

(V. **tímido**)

lecanomancia
(V. **adivinación**)

(V. **sonido**)

lección
s. asignatura
aleccionamiento

s. **lectura** (V.)
disciplina
comprensión (V.)
entendimiento
interpretación
significado
variante
explicación (V.)
instrucción
enseñanza (V.)
conocimiento
clase
conferencia (V.)
zamarreo
estudio
traducción
cátedra

s. **deber** (V.)
capítulo
tarea
título
parte

s. **amonestación** (V.)
advertencia
aviso
ejemplo (V.)
consejo
exhortación
reprensión

s. dar una lección
tomar la lección
que sirva de lección
echar lección

s. explicar la lección
dar lección

a. *ignorancia*
desconocimiento
inopia
incomprensión
analfabetismo
alabanza
elogio

lectisternio
(V. **banquete**)

lectivo
s. escolar
oficial
hábil (V.)
de trabajo

a. *vacacional*
inhábil

lector
s. conferenciante
encargado (de curso)
profesor (V.)
catedrático
maestro

s. leyente
leedor
deletreador
descifrador
leído

(V. **lectura**)

a. *alumno*
discípulo
analfabeto

lectura
s. leída
lección (V.)
estudio (V.)
recital
repaso
deletreo
recitación
paso
interpretación (V.)
leyenda (V.)
análisis
vuelta
paleografía
abecedario
cartilla
cartel
libro
manuscrito
parañexia
ojeada
explicación (V.)

s. lectoría

s. **cultura** (V.)
conocimiento
instrucción
asimilación

s. letra de imprenta

a. *ignorancia*
incultura
analfabetismo
desinterés

lechada
s. aguacal
encalado (V.)
encaladura
enjabelgado
argamasa (V.)
cal
yeso
cemento
capa (V.)
pintura

lechal
s. lechón
cría
lechazo
recental
lactante (V.)
mamante
mamador
mamón (V.)

s. blando
tierno (V.)
lechoso (V.)

s. cordero lechal

a. *añojo*
duro

leche
s. **secreción** (V.)
jugo
calostro
suero
cuajo
cuajada (V.)
reteso
sanguaza
quefir
queso (V.)
requesón
yogur
crema
nata
caseína (V.)
toca
manteca
cáseo
lactosa
lactolina
grasa (V.)
látex (V.)

s. pasteurizar
maternizar
esterilizar
descremar
desnatar
caseificar
mecer
ordeñar
aguar
adulterar
bautizar

s. agriarse
arrequesonarse
cortarse
cuajarse
salirse

s. hermano de leche
ternera de leche
azúcar de leche
leche condensada
ama de leche
leche de canela
leche de gallina
leche de pájaro
estar en leche
tener la leche en los labios
blancura de leche
leche virginal
leche de tierra
diente de leche

r. Lo que en la leche se mama, en la mortaja se derrama ■ La leche y el vino, hacen viejo al niño ■ Leche y lechuga, saben a pechuga ■ Sobre todo, leche, sobre leche, nada

lechecillas
(V. **molleja**)

(V. **asadura**)

lechera, o
s. vasija
cuenca
cántara (V.)
cantimplora
colodra
zapito
hervidor
lecherón
zapita

s. ordeñadora
vendedora

s. **avaro** (V.)
tacaño
agarrado
miserable
mezquino

(V. **leche**)

a. *generoso*
desprendido
pródigo

lechería
s. granja
vaquería (V.)
cabrería
granjería
tambo
establo

(V. **leche**)

lechetrezna
s. titímalo
tornagallos
ésula
planta (V.)

lechigada
s. prole
nidada
camada (V.)
cría
ventregada
cachillada
s. hampa
pandilla
panda
cuadrilla (V.)
banda

lecho
s. **cama** (V.)
camilla
diván
catre
litera
tálamo
yacija
petate
camastro
echadero
cadalecho
triclinio
cama turca
cama mueble
jergón
sofá cama
hamaca
piltra
sufrida
cuna
brezo
coy
dormilona
camarote
meridiana
somier

s. cauce
madre (V.)
álveo
rambla
badén
conducto
fondo

s. **estrato** (V.)
capa
tongada
veta

s. mar en lecho

lechón
s. marrano
cochinillo
cerdo
tostón
puerco
marranchón
gorrino
rostrizo
guarín
tetón
sute

s. **sucio** (V.)
desastrado
adán
marrano
puerco

r. Ave por ave, el lechón si volase ■ El lechón de un mes y el pato de tres

a. *limpio*
aseado

lechoso
s. **lácteo** (V.)
láctico
lactífero
lacticíneo
lactario
lacticinoso
lactescente
lechal

s. **blanco** (V.)
blancuzco
opalescente (V.)
blanquecino
viscoso

(V. **leche**)

lechuga
s. **escarola** (V.)
endibia
verdura (V.)
hortaliza

s. ensalada

s. fresco como una lechuga
entre col y col, lechuga

lechuguina
s. **coqueta** (V.)
figurín
compuesta
frívola (V.)
moderna
repipi
petimetra
currutaca

a. *desgarbada*
antigua
seria

lechuguino
s. **presumido** (V.)
majo
galano
petimetre
figurín
frívolo
dandi
currutaco
pisaverde (V.)
virote
coqueto
caballerete
snob
gomoso
cursi
futre

a. *adán*
desaliñado
abandonado

lechuza
s. **búho** (V.)
mochuelo
coruja
coruca
autillo
curuca
curuja
bruja
estrige
suindá
ñacurutú
oliva
buarillo
buaro
zuindá
miloca
cucubá
buharro
cárabo
carancho
corneja (V.)
tecolote
morroco
zumaya
ave (V.)

lechuzo
(V. **muleto)**

(V. **recaudador)**

ledo
(V. **alegre)**

leer
s. estudiar
releer
descifrar (V.)
hojear (V.)
interpretar (V.)
ojear
pasar (V.)
repasar
recorrer
deletrear (V.)
meldar
sorber
devorar (V.)
recitar
pronunciar
solfear
salmodiar
silabear
silabar
echarse al coleto
balbucir
balbucear
explicar
hablar
musitar
bisbisar
bisbisear
conferenciar
perorar
corregir
atender
explicar (V.)
explanar

s. **percibir** (V.)
adivinar (V.)
comprender
acertar
descubrir
profundizar
calar
instruir
ilustrarse
cultivarse (V.)
aplicarse
asimilar
aprender
cursar

s. leer música
leer el pensamiento
leer las intenciones
leer de extraordinario
leer entre líneas
leer la cartilla

(V. **lectura)**

a. *ignorar*
confundir
desconocer

legación
s. **representación** (V.)
delegación
embajada
legacía
agencia
nunciatura
comisión
mensaje
enviado
misión
consulado

legado
s. comisionado
enviado
nuncio
representante
embajador
emisario (V.)
misionero
parlamentario
apoderado
internuncio
delegado
mensajero
diplomático

s. **herencia** (V.)
dejación
manda (V.)
allegado
ablegado
donación (V.)

legajo
s. atado
atadijo
lío
expediente
protocolo
repertorio
registro
carpeta (V.)
documentación
pliegos
cartapacio

s. tripas
balduque
tejuelo

legal
s. reglamentado
reglamentario (V.)
prescrito
estatutario
vigente
oficial (V.)
legítimo (V.)
estricto
legislativo
constitucional (V.)
plebiscitario
lícito (V.)
permitido
legalizado
promulgado
regulado
testimonial (V.)
regular
gacetable
estatutorio

s. **justo** (V.)
razonable
prestigioso
equitativo (V.)
respetado
autorizado
fiel
válido (V.)
puntual
exacto
formal (V.)
verídico
recto
jurídico (V.)
estricto
de jure

(V. **legalidad)**

a. *ilegal*
ilegítimo
draconiano
injusto
desigual
prohibido
clandestino

legalidad
s. **vigencia** (V.)
derecho (V.)
justicia (V.)
rectitud
fidelidad
legitimidad
moralidad
sanción (V.)
validez (V.)
exactitud
ley
cumplimiento
formalismo
licitud

a. *injusticia*
inmoralidad
ilegalidad
infidelidad
prohibición
inexactitud
ilicitud
clandestinidad

legalista
s. **formalista** (V.)
reglamentario
respetuoso (V.)
ordenancista
frío
distante
deshumanizado

(V. **ley)**

a. *humano*
anárquico
desordenado
irrespetuoso
liberal

legalización
s. legitimación
certificación
sanción
aprobación
autorización
refrendo
confirmación
justificación
autenticación (V.)
promulgación
visado
sello
firma
bastanteo

a. *desaprobación*
desautorización
prohibición
veto

legalizado
(V. **legal)**

legalizar
s. **legislar** (V.)
legitimar
refrendar
reglamentar (V.)
certificar
regular (V.)
formalizar (V.)
valer (V.)
autenticar
suscribir
permitir
autorizar
firmar
bastantear
atestar
testimoniar (V.)
sancionar (V.)
promulgar
documentar
escriturar (V.)
justificar
visar
sellar
habilitar
garantizar (V.)
avalar
reconocer

(V. **legalización)**

a. *derogar*
anular
invalidar
prohibir
vetar
desautorizar

légamo
(V. **lodo)**

legamoso
(V. **cenagoso)**

(V. **lodoso)**

legaña
s. pitarra
pitaña
lagaña
magaña
secreción (V.)
ojo (V.)
lágrima (V.)

legañoso
s. pitarroso
pitañoso
cegajoso
lagrimoso
lagrimón
sucio (V.)

(V. **legaña)**

legar
s. **testar** (V.)
ceder
transmitir (V.)
donar
dejar
dar
adjudicar
heredar (V.)
transferir
traspasar
mandar (V.)

s. **delegar** (V.)

(V. **legado)**

a. *heredar*
recibir

legatario
s. **heredero** (V.)
usufructuario
fiduciario
beneficiario (V.)
asignatario
favorecido
beneficiado
sucesor
compromisario

(V. **legado)**

a. *dador*
tutor
favorecedor
protector

legendario
s. imaginario
maravilloso
fabuloso (V.)
imposible
utópico
épico
mítico (V.)
fantástico
mitológico (V.)

s. **tradicional** (V.)
vetusto
proverbial (V.)
antiguo
rancio
añejo
remoto
viejo
olvidado
anticuado
medieval

(V. **leyenda)**

a. *factible*
posible
real
moderno
actual
sencillo
común

legible
s. claro
leíble
descifrable
inteligible (V.)
comprensible
explícito

a. *ilegible*
incomprensible
ininteligible

legión
s. **tercio** (V.)
milicia (V.)
regimiento
ejército
cohorte
tropa
hueste
legión romana
legión fulminatriz

s. muchedumbre
tropel
multitud (V.)
masa
cantidad
caterva
bandada
cuadrilla
pandilla
gentío
enjambre
hormiguero
avalancha

s. legión extranjera

a. *falta*
carencia
escasez

legionario
(V. **soldado)**

legislación
s. fuero
ley (V.)
reglamento
cuerpo
régimen
carta
estatuto
relación
constitución
reglamentación
decreto
codificación (V.)
proclamación
vigencia
sanción
costumbre

legislador
s. legista
colegislador
codificador
procurador
diputado
senador
parlamentario
congresista
representante
asambleísta
compilador
delegado
licurgo
alfaquí

(V. **legislación)**

legislar
s. **promulgar** (V.)
dictar
codificar (V.)
estatuir
establecer
disponer
poner en vigor
sancionar
formalizar
interpretar
discutir (leyes)
dictar (leyes)
ordenar (V.)
imponer
aplicar
derogar
abrogar
regular
abogar (V.)
legalizar (V.)
reglamentar
decretar
(V. **legislación**)

legislativo
s. legal
reglamentario (V.)
constitucional
constituyente
representativo
parlamentario (V.)
senatorial
(V. **legislación**)

legislatura
s. sesión
reunión
asamblea (V.)
parlamento
cortes
elecciones (V.)
sufragio (V.)
reunión
funcionamiento
periodo
vigencia (V.)
(V. **legislación**)
a. *suspensión*
disolución

legisperito
(V. **jurisconsulto**)

legista
(V. **jurisconsulto**)

legítima
(V. **porción**)
(V. **herencia**)

legitimación
(V. **legalización**)

legitimar
(V. **legalizar**)

legitimidad
(V. **legalidad**)

legítimo
s. **justo** (V.)
legal (V.)
lícito
estatuido
reglamentario
verdadero
auténtico (V.)
probado
testimonial (V.)
reconocido
justificado
fidedigno
cierto
evidente
infalible
genuino
efectivo
positivo
propio
natural
permitido (V.)
real
autorizado
ortodoxo
constitucional
puro
vigente
válido (V.)
axiomático
palpable
hijo legítimo
tutor legítimo
tutela legítima
(V. **legitimidad**)
a. *injusto*
ilegal
espúreo
espurio
bastardo
ilícito
ilegítimo
falso
prohibido

lego
s. seglar
laico (V.)
religioso
hermano
motilón
profeso
novicio (V.)
donado
servidor (V.)
portero
confeso
s. **ignorante** (V.)
inculto
profano (V.)
novato
iletrado
indocto
inepto
zote
ceporro
incompetente
patán
monigote (V.)
ayuno
(V. **laicado**)
a. *clerical*
religioso
culto
sabio
leído

legración
(V. **legradura**)

legradura
(V. **raedura**)

legrar
(V. **raer**)
(V. **raspar**)

legua
s. medida
longitud (V.)
distancia
recorrido
superficie (V.)
área
s. legua cuadrada
a la legua
a mil leguas
legua de posta
legua marina
cómico de la legua
r. Por doquiera hay su legua de mal camino

leguleyo
s. **rábula** (V.)
abogaducho
licurgo
charlatán
picapleitos (V.)
embaucador
abogadillo
charlatán
ignorante
abogadesco
abogadil
abogado de secano
(V. **ley**)
a. *abogado*
experto
competente

legumbre
s. vegetal
verdura (V.)
hortaliza
s. ensalada
menestra
potaje
potajería
s. **garbanzo** (V.)
garbanzuelo
gabrieles
torrado
cícera
cicérula
almorta
galgana
s. **judía** (V.)
judío
judión
judihuela
habichuela
alubia
haba
fríjol
frísol
fréjol
frijón
fisán
fásoles
frisuelo
carica
calamaco
ayocote
judía blanca
judía roja
judía encarnada
judía pinta
poroto
caragilate
pallar
s. **guisante** (V.)
arveja
arvejilla
arvejo
arvejote
arvejón
pesol
tito
tirabeque
s. haba
haba panosa
habachiqui
estabón
s. **lenteja** (V.)
lanteja
lentejuela
yero
alcarceña
s. algarroba
garroba
guaba
altramuz
s. brizna
grano
semilla
vaina
valva
gárgola
hilo
ventalla
tabilla
tabina
s. gorgojo
cuco
coco
s. abatojar
desgranar
limpiar
desvainar
deshebrar
desbriznar

leíble
(V. **legible**)

leída
(V. **lectura**)

leído
s. docto
culto (V.)
erudito
sabio
instruido
letrado
doctor
entendido
documentado
ilustrado
sapiente
versado (V.)
(V. **lectura**)
a. *inculto*
analfabeto
zote
ignorante

leitmotiv
(V. **tema**)

lejanía
s. confín
alejamiento
separación
distancia (V.)
apartamiento
lontananza
retiro
ultramar
ultrapuertos
lejos
horizonte
los quintos infiernos
extramuros
afueras
antípodas
el extranjero
allende los mares
lejanas tierras
s. **antigüedad** (V.)
tiempo
pasado
porvenir
ausencia (V.)
destierro
partida
separación
soledad
a. *proximidad*
cercanía
presente
actualidad

lejano
s. luengo
apartado
distante (V.)
remoto (V.)
lejos
extremo
alejado
retirado (V.)
separado
extremo
ulterior
ultramontano
ultramarino
hiperbóreo
mediato
longíncuo
inaccesible
transmarino
transpirenaico
transatlántico (V.)
transalpino
antípoda
espaciado
dispersado
s. **antiguo** (V.)
pasado
venidero
futuro (V.)
último
(V. **lejanía**)
a. *cercano*
próximo
vecino
inmediato
contiguo
yuxtapuesto
colindante
limítrofe
rayano
actual
reciente
inminente

lejía
s. cernada
clarilla
recuelo
metido
colada
agua de ceniza
polvos de gas
limpiador
s. **reprimenda** (V.)
riña
filípica
rapapolvo
jabonadura
catilinaria
reprensión
sermón
a. *alabanza*
loa
elogio

lejos
s. lejano
s. allá
acullá
remotamente
a distancia
allí
lejanamente
s. a lo lejos
de lejos
ir demasiado lejos
lejos de
llegar lejos
a. *aquí*
acá
cerca

lelo
(V. **bobo**)

lema
s. mote
divisa (V.)
letra
sentencia
expresión
insignia
frase
locución
consigna
contraseña (V.)
título
encabezamiento
locución
letrero
emblema
leyenda (V.)
tema (V.)
marca (V.)
plica (V.)

lémures
s. genios
diablos
fantasmas (V.)
duendes
sombras
larvas
espíritus
espectros
visiones

lena
(V. **brío**)
(V. **vigor**)

lendrera
(V. **peine**)

lene
s. apacible
agradable
suave (V.)
dulce
blando (V.)
grato
sosegado
leve (V.)
ligero (V.)
benévolo (V.)
breve
benigno
tierno
amable (V.)
(V. **lenidad**)
a. *áspero*
ingrato
pesado
desagradable
hostil
duro
desapacible
ingrato

lengua
s. órgano
músculo (V.)
maldita
navaja
la desosada
la sinhueso
s. glotis
papila
frenillo
hueso hiodes
ránula
batraco
sarro
résped
saburra
s. **idioma** (V.)
lenguaje (V.)
habla
frase
dialecto
jerga
caló
germanía
argot (V.)
jerigonza
gramática (V.)
s. **badajo** (V.)
s. **franja** (V.)
tierra
unión
s. lengua aglutinante
lengua canina
lengua cinoglosa
lengua de buey
lengua de gato
lengua de estropajo
lengua de fuego
lengua de víbora
lengua de hacha
lengua del agua
lengua de trapo
lengua de oc
lengua de tierra
lengua franca
lengua suelta
lengua madre
lengua natural
lengua santa
lengua sabia
lengua viperina
lengua vespertina
lengua monosilábica
lengua analítica
lengua saburral
lengua leñosa
lengua de flexión
lengua bífida
lengua de loro
s. media lengua
mala lengua
malas lenguas
atar la lengua
hacerse lenguas
largo de lengua
ligero de lengua
morderse uno la lengua
pegársele la lengua al paladar
tirar de la lengua
trabarse la lengua
traer en lenguas
no tener pelos en la lengua
írsele la lengua
lengua del bichero
lengua viva
lengua muerta
con la lengua fuera
con lengua de un palmo
sacar la lengua

lenguado
s. suela
suelo (V.)
gallo
tapaculo
pez (V.)

lenguaje
s. habla
palabra (V.)
vocablo
verbo (V.)
lengua (V.)
idioma (V.)
expresión (V.)
frase
dialecto
conversación
parla
parlamento
discurso
conferencia
sermón (V.)
locución
elocución
estilo (V.)
locuela
monólogo
diálogo
modo
alegato
alegación
alocución
charla
dicho
disertación
explicaderas
perorata
peroración
pregón
argumentación
apóstrofe
enunciado
proclama
sentido
declamación
s. **pronunciación** (V.)
dicción
tono
tonillo
voz
acento
deje
dejo
desentono
desafinación
modulación
fuerza
vigor
vida
viveza
retintín
recancanilla(s)
s. **elocuencia** (V.)
facundia
grandilocuencia
barroquismo
cultismo
énfasis
ampulosidad
amaneramiento
afectación (V.)
casticismo
concisión
conceptuosidad
brevedad
elegancia
corrección
engolamiento
espontaneidad
expresividad
fluidez
hipérbole
exageración
mordacidad
ironía
ingeniosidad
claridad
obscuridad
pedantería
plasticidad
ponderación
pomposidad
pureza
purismo
rebuscamiento
solemnidad
sobriedad
tersura
retórica (V.)
ropaje (V.)
retorcimiento
labia
gracejo
verborrea
verbosidad
locuacidad
circunloquio
ambage
rodeo
indirecta (V.)
insinuación (V.)
sugerencia
sugestión
muletilla (V.)
estribillo
redundancia
reticencia
sonsonete
anfibología
bordón
s. eufemismo
equívoco
sinónimo
antónimo
cacofonía
exclamación
círculo vicioso
cuarto a espadas
fórmula
gazapo
gazapatón
gazafatón
error
giro
juramento (V.)
latiguillo
licencia
latinajo
lugar común
tópico
modismo (V.)
idiotismo
máxima
refrán (V.)
paradoja
pleonasmo
rebozo
ocurrencia (V.)
sentencia
pincelada
rasgo
solecismo
logomaquia
palíndromo
perisología
perífrasis
tautología
literatura
s. macarrónico
afectado (V.)
manerado
ampuloso
barroco
campanudo
conceptuoso
declamatorio
engolado
enfático (V.)
altísono
altisonante
altilocuente
grandísono
grandilocuente
pedante (V.)
pedantesco
hinchado
hueco
magnilocuo
pomposo
rebuscado
recargado
retórico
rimbombante
solemne
afilado
acerado
ágil
agudo
animado
ático
cáustico
conciso
cortado
desnudo
cuidado
escueto
mordaz (V.)
vitriólico
irónico
humorístico
directo
elegante
escueto
espontáneo (V.)
expresivo (V.)
gráfico
plástico
fluido
incisivo
inconveniente
ingenioso
lacónico
penetrante
pintoresco
punzante
castizo
puro
purista
ponderado
resumido
sobrio
rotundo
elocuente
terso
vivo
suelto
sucinto
armonioso
correcto
fácil
lapidario
a. *mutismo*
mudez
silencio
pantomima
mímica
gesticulación

lenguarada
(V. **lengüetada**)

lenguaraz
s. **descarado** (V.)
desvergonzado
desfachatado
deslenguado
dicaz
insolente (V.)
atrevido
lengüilargo
malhablado
gárrulo
zafado
lenguaz
lenguatón
s. intérprete
bilingüe
traductor
trujamán
dragomán
políglota (V.)
a. *tímido*
prudente
corto
discreto
callado
mudo
silencioso

lengüeta
(V. **epiglotis**)
(V. **lámina**)
(V. **barrena**)
(V. **espiga**) (carp.)

lengüetada
s. lengüetazo
lamida (V.)
lametón
lamedura
lengüeteo
lenguarada
lengüetazo
chupada
chupeteo (V.)
(V. **lengua**)
a. *extracción*
expulsión

lengüeteo
(V. **lamida**)

lengüicorto
(V. **tímido**)
(V. **callado**)

lengüilargo
(V. **lenguaraz**)

lenidad
s. **blandura** (V.)
suavidad
dulzura
benevolencia (V.)
benignidad
apacibilidad
condescendencia
flaqueza
ligereza
sosiego
moderación
prudencia
parsimonia
clemencia
bondad
transigencia
magnanimidad
afabilidad
flaqueza
a. *intransigencia*
dureza
severidad
intolerancia
rigor
puritanismo
rigidez
austeridad
aspereza
exactitud
inflexibilidad
crudeza

lenificar
s. **suavizar** (V.)
calmar (V.)
ablandar
dulcificar
consolar
aliviar (V.)
moderar
condescender
transigir
sosegar
apaciguar
(V. **lenidad**)
a. *endurecer*
agriar
excitar
exasperar
agudizar
agravar
abroquelarse

lenificativo
(V. **lenitivo**)

lenitivo
s. lenificativo
calmante
emoliente
temperante
balsámico (V.)
medicinal
sedante (V.)
antidoloroso
s. bálsamo
consuelo (V.)
alivio (V.)
calma
refrigerio
descanso
mejoría
mitigación
aliento
(V. **lenidad**)
a. *excitante*
doloroso
empeoramiento
agravamiento
agudización

lenocinio
s. rufianería
prostíbulo
prostitución
trata
tercería
proxenitismo
s. **alcahuetería** (V.)
a. *honradez*
regeneración
honestidad
moralidad

lente, s
s. carlita
cristal
lupa (V.)
luna
luneta
menisco
ocular
anteojo
espejuelo
objetivo
monóculo
gafas (V.)
antiparras
ojuelos
anteojos
quevedos
lentes
impertinentes
cristal de aumento
binóculos
lentilla
catalejo
prismáticos
telémetro
telescopio
periscopio
ecuatorial
helioscopio
gemelos
retículo
colimador
buscador
microscopio (V.)
s. armadura
cristal
patilla
puente
estuche
s. aberración
acromatismo
cromatismo
astigmatismo
dioptría
ocular (V.)
(V. **óptica**)
s. lente acromática
lente divergente
lente convergente
lente electrónica
lente de contacto
lente supletoria
lente bifocal
lente escalonada

lentecer-se
s. **ablandarse** (V.)
reblandecerse
revenirse
avinagrarse
acedarse
a. *endurecerse*

lenteja
s. lanteja
leguminosa
legumbre (V.)
semilla
s. **pesa** (V.)
s. **reloj** (V.)
s. lenteja acuática
lenteja común
lenteja de primavera
lenteja de invierno

lentejuela
s. lenteja
disco
laminilla
planchita
adorno (V.)

lenticular
s. combado
cóncavo (V.)
convexo (V.)
discoidal
circular
vítreo
(V. **lente**)

lentigo
(V. **peca**)
(V. **lunar**)

lentilla
(V. **lente**)

lentisco
s. mata
charneca
almácigo
lentisco del Perú
turbinto
arbusto (V.)

lentitud
s. tranquilidad
cachaza (V.)
sosiego
pausa
tardanza (V.)
espacio (V.)
duración
pesadez
pelmacería (V.)
calma (V.)
sorna (V.)
pereza (V.)
inacción
pachorra (V.)
parsimonia (V.)
roncería (V.)
flema (V.)
potrería
apatía
inacción
vagancia
pigricia (V.)
asadura
rodeo
dilación
morosidad (V.)
premiosidad (V.)
espera
detención
cojera
mesura
melsa
remanso (V.)
calma chicha
porrería
reflexión
aplazamiento
demora
rémora
negligencia
flojedad
indolencia
languidez
plomo
remolonería
embotamiento
entumecimiento
abandono (V.)
haraganería
vagar (V.)
r. Más vale al paso andar, que correr y tropezar ■ Más vale un buen paso, que una mala carrera
s. dormirse en las pajas
a. *prisa*
rapidez
diligencia
velocidad
actividad
dinamismo
ligereza
arrebato
urgencia
apremio
atropello
impetuosidad
vertiginosidad
precipitación
perentoriedad
exigencia
prontitud
instantaneidad

lento
s. espacioso
tardo (V.)
despacioso
pausado
acompasado
remiso (V.)
moroso
tardío (V.)
tardón
vago
pesado (V.)
retrasado
atrasado
cachazudo (V.)
paulatino
paciente
torpe (V.)
pigre
remolón
flemático (V.)
tranquilo
corroncho
negligente
pazguato
parado
lánguido
demorado
apático
calmoso (V.)
cuajado
linfático
cansado
soporífero
parsimonioso (V.)
formicante
pausado (V.)
soñoliento
estantío
flemudo
roncero (V.)
porrón
pelma (V.)
lerdo (V.)
pelmazo
tortuga
ganso (V.)
premioso (V.)
perezoso (V.)
haragán
ave fría
flojo (V.)
pachorrudo
pachón (V.)
posma
sosegado
reposado (V.)
rezagado (V.)
tardígrafo
tortuga
zorronglón
s. **débil** (V.)
blando
tibio
ineficaz
insuficiente
s. **pegajoso** (V.)
gelatinoso
viscoso
s. largo
adagio (V.)
andante
acompasado
suave
cantable
a. *rápido*
veloz
apresurado
diligente
ligero
raudo
impetuoso
animoso
trabajador
activo
dinámico
arrebatado
atropellado
vertiginoso
pronto
urgente
perentorio
apremiante
exigente
fulminante
meteórico
acuciante
expeditivo
atosigante
instantáneo
galopante
brusco
disparado

leña
s. tronco
leño
madera (V.)
astillas
chamarasca (V.)
matas
ramas
ramaje (V.)
cepa
ceporro
estepa
broza
chasca
chamada
desmocho
hojarasca
sarmiento
chavasca
fajina (V.)
ramojo
encendaja (V.)
seroja
piña
tizón
ocote
ramulla
hornija
rozo (V.)
tuero
leñame
leña rocera
tea
escarabajas
chámara
támara
s. leña muerta
leña viva
leña de romero
echar leña al fuego
s. palos
tarugos
desmocho
s. **haz** (V.)
fajo
fajina
camatón
capón
samanta
garbón
s. hocino
hacha (V.)
sierra
podadera
tijeras
s. **leñador** (V.)
s. cortar
talar (V.)
podar
aserrar
escamondar
s. **fuego** (V.)
combustión
llama
llamarada
hoguera
s. **paliza** (V.)
zurra
tunda
somanta
vapuleo
soba
felpa
s. varapalo
s. leña muerta
leña viva
leña de romero
echar leña al fuego
llevar leña al monte
dar leña
haber leña
hacer leña
a. *caricia*
mimo
carantoña

leñador
s. **hachero** (V.)
arrimador
leñero
leñatero
hornijero
cargador
aceguero
estepero
carguillero
carapachay
(V. **leña**)

leñazo
(V. **golpe**)

leño
s. tarugo
trozo
tronco (V.)
chamizo
tizón (V.)
rama
cádava
sarmiento
madera
bauza
tuero
madero
trashoguero
nochebueno
s. **embarcación** (V.)
s. ceporro
zote
burro (V.)
cernícalo
tardo
rudo
lerdo
alcornoque
a. *inteligente*
avispado
listo
culto

leñoso
s. duro
fuerte
consistente
fibroso (V.)
sólido
verde
reacio
resistente
madera
(V. **leña**)
a. *blando*
débil
flojo

león
s. **mamífero** (V.)
leo
puma
s. **valiente** (V.)
bravo
héroe
gallo
s. hormiga león
diente de león
pata de león
lago de leones
desquijarrar leones
león real
león de proa
león marino
r. No es tan fiero el león como le pintan ■ El león real no hace mal
a. *cobarde*
tímido

leonado
s. **pardo** (V.)
rubio
rubiáceo
rubiasco
aleonado
rosáceo
bermejo
rubión
buriel
rojizo
(V. **león**)

leonera
s. casa de juego
garito
timba (V.)
gazapo
gazapón
matute
chirlata
tasca
tahurería
tablajería
prostíbulo
s. trastero
cueva
bodega
desván
leñera (V.)
camarote
bohardilla
antro (V.)
tabuco
cuchitril

leonería
(V. **bravata**)
(V. **jactancia**)

leonero
s. tablajero
garitero
tahúr (V.)
matutero
curro
guapo
majo
chulo
(V. **leonera**)
a. *cobarde*
tímido
honesto
honrado
decente

leonina
(V. **lepra**)

leonino
s. **abusivo** (V.)
injusto (V.)
arbitrario
desmesurado
exagerado
exorbitante
excesivo
oprimente
inmoderado
desorbitado
(V. **león**)
a. *equitativo*
justo
comedido
moderado
razonable

leontina
(V. **cadena**)
(V. **reloj**)

leontodera
(V. **ágata**)

leopardo
s. pardo
pardal
tigre
pantera
margay
mamífero (V.)

lepidóptero
(V. **insecto**)

leporino
s. partido
hendido
abierto
teratológico (V.)
anormal

(V. **liebre)**

lepra
s. guzpatara
leonina
albarraz
albarazo
lacería
lacerío
psoriasis
gafedad
elefancía
malatía
elefantiasis
lepra blanca
lepra alba
lepra alfos
lepra anestésica
lepra atrófica
lepra astúrica
lepra lazarina
lepra italiana
lepra cabila
lepra crustácea
lepra lisa
lepra maculosa
lepra mutilante
lepra nerviosa
lepra nodular
lepra tuberculosa
lepra trofoneurótica
lepra de los árabes
lepra de los griegos
lepra sistematizada nerviosa
lepra sistematizada tegumentaria de Leloir
mal de San Lázaro
s. **leprosería** (V.)
leproso (V.)
piel (V.)

(V. **enfermedad)**

leprosería
s. **lazareto** (V.)
malatería
hospital
dispensario
clínica
sanatorio

(V. **lepra)**

leproso
s. lacerado
lazarino
lazaroso
elefantíaco
gafo
malato
albarazado
lázaro

(V. **lepra)**

lerdo
s. **lento** (V.)
tardo
memo
torpe (V.)
mentecato
cansino
pesado
idiota
obtuso
ceporro
tarugo
negado
s. **necio** (V.)

a. *listo*
inteligente
despierto
vivaz
rápido
ágil

lerdón
(V. **tumor)**

lesbiana
s. lesbia
homosexual (V.)
tríbada
sáfica
pervertida
tortillera

(V. **lesbianismo)**

a. *heterosexual*

lesbianismo
(V. **homosexualidad)**

lesión
s. **herida** (V.)
golpe
equimosis
contusión
traumatismo (V.)
daño (V.)
cardenal
magulladura (V.)
moradura
fractura
torcedura
anquilosis
tullidez
baldadura
manquedad
arañazo
mordedura
magullamiento
desolladura
pellizco
punzadura
lastimamiento
moretón
livor
hernia
atrofia
dislocación (V.)
distensión
esguince
distorsión
detorsión
desollón
lastimadura (V.)
rotura
parálisis
tullimiento
cojera
deformidad
castración
mutilación
luxación
escoriación
erosión
arañamiento
maltratamiento (V.)
relajación
relajamiento
desplomadura
entumecimiento
mancamiento
accidente (de trabajo)
manquedad (V.)
s. **detrimento** (V.)
privación
quebranto
inconveniente
ruina
deterioro

a. *salud*
beneficio
bien
favor

lesionado
s. **herido** (V.)
lastimado (V.)
damnificado
ofendido (V.)
agraviado
malparado
dañado
perjudicado
vulnerado
leso
s. **trastornado** (V.)
aturdido
turbado
confuso

(V. **lesión)**

a. *ileso*
intacto
indemne
favorecido
respetado
cabal
sensato

lesionar-se
s. **dañar** (V.)
enfermar
magullar (V.)
quebrantar
relajar
torcer
quebrar
romper
distender
dislocar
baldar
mutilar
mancar
lisiar (V.)
reventar
dislacerar
punzar
herir (V.)
morder
arañar
encojar
castrar
derrengar
distender
maltratar
golpear
estropear
operar
desgraciar
tullir
entumecer
tullecer
lastimar (V.)
excoriar (V.)
contusionar
deslomar
descaderar
subintrar
manquear
entullecer
descuajaringarse
torcerse
cojear
fracturar (V.)
resquebrajarse
mellarse
atrofiarse
desgraciarse
paralizarse
agravarse
desangrarse
enfermar
no poder valerse
sufrir un descalabro
perder la salud
caer enfermo
romperse una pierna
romperse un brazo
hacerse daño
estar mutilado
no poder con su alma
estar paralítico
tener un accidente
s. **perjudicar** (V.)
descalabrar
damnificar
privar
despreciar
mermar
saquear

(V. **lesión)**

a. *restablecerse*
beneficiar
favorecer

lesivo
s. dañoso
perjudicial (V.)
nocivo
dañino
pernicioso
contraproducente
negativo
peligroso
contrario
ofensivo

(V. **lesión)**

a. *beneficioso*
favorable
ventajoso
positivo

lesnordeste
(V. **viento)**

lessueste
(V. **viento)**

leste
(V. **viento)**

(V. **este)**

letal
s. letífero
mortífero (V.)
mortal (V.)
macabro
deletéreo
capital
fatal
aniquilador
exterminador

a. *saludable*
vivificador

letame
s. **abono** (V.)
tarquín
tarquino
cieno
basura
fertilizante
estiércol
nitrato de Chile

letanía
s. rosario
rezo (V.)
rogativa
rogación
súplica (V.)
invocación
plegaria
s. **lista** (V.)
retahíla
ristra
recua
serie (V.)
sarta
procesión
encadenamiento
cadena
sucesión
teoría
enumeración
relación
relato
cuento

a. *hueco*
claro
intermitencia
interrupción

letárgico
s. adormecido
adormilado
soñoliento
aletargado (V.)
amodorrado (V.)
entumecido
entorpecido
hipnotizado
s. **aburrido** (V.)
soporífero (V.)
fastidioso
cargante
pesado
tedioso
letargoso
adormecedor
abrumador
hipnótico

(V. **letargo)**

a. *despierto*
insomne
vigilante
entretenido
excitante
divertido
ligero
ameno
entretenido

letargo
s. **aletargamiento** (V.)
sopor (V.)
modorra (V.)
desmayo
desvanecimiento
torpeza
torpor
somnolencia (V.)
soñolencia
parálisis
entorpecimiento
envaramiento
insensibilidad
marasmo
soñarrera
pereza
aturdimiento
enajenamiento
hibernación (V.)
abstracción
coma
sueño (V.)
encefalitis letárgica
aturdimiento
sosiego (V.)

a. *viveza*
sensibilidad
despertar
desvelo
actividad
dinamismo
agilidad
desasosiego

letargoso
(V. **letárgico)**

letificante
(V. **regocijante)**

(V. **estimulante)**

letificar
(V. **alegrar)**

(V. **animar)**

letífico
(V. **letificante)**

letra
s. **imprenta** (V.)
signo (V.)
figura
carácter
cícero
garabato
runa
cifra
tipo (V.)
monograma
sigla (V.)
logotipo
letrilla
enlace
abreviatura
abecedario (V.)
perfil
forma
punto
tilde
rasgo
trazo
árbol
asta
rebaba u hombro
resalte
pie
cuerpo
grueso
cran
marca
gracia
estría o canal
ligado
palo
palote
moción
ojo
s. letra de mano
letra de máquina
letra de imprenta
letra mayúscula
letra capital
letra minúscula
letra inicial
letra uncial
letra pelada
letra historiada
letra florida
letra bastardilla
letra redonda
letra redondilla

(cont.)

letra romanilla
letra pancilla
letra inglesa
letra bastarda
letra gótica
letra magistral
letra itálica
letra toscana
letra dórica
letra cortesana
letra cancilleresca
letra corrida
letra tirada
letra de Tortis
letra cursiva
letra metida
letra procesada
letra tiria
letra aldina
letra agrifada
letra canina
letra de dos puntos
letra de guarismo
letra de molde
letra dominical
letra negrilla
letra menuda
letra pitagórica
letra muda
letra oclusiva
letra remisoria
letra versal
letra versalita
letra vocal
letra abastonada, grotesca, serif o palo seco
letra acursivada
letra ágata
letra ala de mosca
letra alta, versal o mayúscula
letra baja
letra atanasia
letra bembo
letra bodoni
letra canón
letra capitular
letra capitular alta
letra capitular baja
letra capitular de dos líneas
letra romana antigua
letra romana moderna
letra egipcia
letra texto o negra
letra escritura o cursiva
letra constructa
letra chupada
letra elceveriana
letra entredós
letra futura
letra gallarda
letra garamond
letra glosilla
letra menfis
letra piñón
letra misal
letra negrita
letra normanda
letra parangona
letra parisiena
letra pelada
letra peticana
letra peticanón
letra San Agustín
letra sanserif
letra sinserif

s. letras comunicatorias
letras humanas
letras gordas
letras obedenciales
letras patentes
letras bellas
letras buenas
letras divinas

s. giro
resaca
pagaré (V.)
libranza

s. **astucia** (V.)
maña
habilidad (V.)
treta

s. a la letra
letra de cambio
letra a la vista
apurar una letra
la letra con sangre entra
levantar letra
componer letra
seguir al pie de la letra
protestar una letra

r. A la larga más valen letras que armas ■ Las letras no embotan la lanza ■ Letras y armas todo lo alcanzan

a. *torpeza*
desmaña
impericia

letrado
s. jurista
abogado (V.)
legista
jurisconsulto

s. docto
sabio
instruido (V.)
documentado
cultivado
erudito
culto (V.)
leído
ilustrado
entendido
versado

s. **pedante** (V.)
pedantesco
engolado
afectado

(V. **letra**)

a. *ignorante*
ignaro
analfabeto
sencillo
humilde

letraduría
(V. **pedantería**)

(V. **intrascendencia**)

letras
s. licenciatura
ciencias
derecho
abogacía
literatura
humanismo (V.)
cultura
humanidades

letrero
s. **rótulo** (V.)
inscripción (V.)
etiqueta (V.)
pasquín
anuncio
placa (V.)
placarte
título (V.)
pancarta
muestra (V.)
leyenda (V.)
divisa
tejuelo
octavilla
tarjeta
membrete
marbete
indicación
escritura
muestrario
titular
cartelera
transparente
edicto

a. *anonimato*

letrilla
s. letra
copla
estrofa (V.)
romance
romancillo
versos cortos
estribillo (V.)

(V. **letra**)

letrina
s. excusado
retrete (V.)
water
secreta
privado
privada
común
garita
latrina
evacuatorio
beque
cloaca
pozo negro
necesaria
suciedad (V.)

letuario
(V. **mermelada**)

leucemia
(V. **cáncer**)

(V. **sangre**)

leucocito
s. glóbulo (blanco)
corpúsculo
linfocito

(V. **sangre**)

leudarse
(V. **fermentar**)

leva
s. recluta
reclutamiento (V.)
enganche
alistamiento
quinta
enrolamiento
incorporación

s. **partida** (V.)
zarpa
salida
marcha

s. álabe
palanca (V.)
alzaprima
excéntrica
barra
espeque
motor (V.)

s. rodillo
bastidor
árbol
plato
muelle
válvula
regulación
vástago
zapata
varilla
balancín

s. leva de tambor
leva de ranura
leva de válvula

a. *licencia*
licenciamiento

levadura
s. **fermento** (V.)
diastasa
catalizador
creciente
ludia
leudo
zimasa

s. recentadura

levantado
s. encumbrado
generoso
elevado
noble (V.)
sublime
eminente
excelente
excelso
magnífico
egregio

s. **orgulloso** (V.)
ensoberbecido
encandilado (V.)

s. **subido** (V.)
enhiesto (V.)
respingón

(V. **levantamiento**)

a. *rastrero*
bajo
insignificante
humilde

levantador
s. amotinador
sedicioso
provocador (V.)
agitador
tumultuoso
perturbador
revoltoso
arengador
rebelde
alborotador

(V. **revolucionario**)

s. subidor
levadizo
elevador
deportista (V.)
pesista

(V. **levantamiento**)

a. *tranquilo*
pacificador

levantamiento
s. asonada
revolución (V.)
cuartelada
alzamiento
rebelión
motín
sedición
sublevación (V.)
pronunciamiento
disturbio (V.)
alboroto
insurrección

s. aumento
progreso
alto
altura
elevación (V.)
erección
encumbramiento
empinamiento
subida
turgencia
enderezamiento

a. *pacificación*
tranquilidad
descenso
bajada
caída

levantar-se
s. alzar
elevar (V.)
izar (V.)
aupar
subir (V.)
encimar
enarbolar
adrizar
levar
encaramar
enriscar
guindar
solevantar
enderezar (V.)
atiesar
enterezar
arrezagar
arbolar
enerizar
enarmonar
incorporar (V.)
erguir (V.)
destacar
recoger
empujar
empinar (V.)
sobresalir
acrecentar
aliviar
apalancar
remangar
arremangar (V.)
cortear (prendas)
enhestar
sofaldar
erizar
escalar
encabritarse (V.)
respingarse
mantear (V.)

s. **realzar** (V.)
empingorotar
exaltar (V.)

s. **elogiar** (V.)
superponer
magnificar
ponderar
sopesar
encarecer
encumbrar (V.)
encopetar

s. **construir** (V.)
edificar
establecer
fabricar
instaurar
instituir
erigir (V.)
fundar
asentar

s. **arrancar** (V.)
separar (V.)
despegar
quitar
desprender
apartar
retirar

s. exculpar
perdonar (V.)
condonar
indultar
amnistiar
remitir
dispensar
omitir

s. **alentar** (V.)
aliviar (V.)
consolar
reanimar
animar (V.)
remontar
confortar
decidirse
alegrar
vivificar
fortalecer
vigorizar
esforzar

s. **imputar** (V.)
achacar
malsinar
calumniar
falsear
atribuir (V.)
suscitar
imponer
acusar

s. **alistar** (V.)
reclutar (V.)
enganchar
incorporar
matricular

s. **ocasionar** (V.)
mover
formar
motivar
causar (V.)
suscitar
provocar
promover

s. sobresalir
descollar
resaltar
despuntar
distinguirse (V.)
destacar (V.)
señalarse

s. **acosar** (V.)
batir
ahuyentar (V.)
cazar
matear
mover

s. inflar
inflamar
hinchar (V.)
engordar
ahuecar (V.)
acolchar
abollar

s. **encarecer** (V.)
elevar
subir
alzar (precios)

s. **sublevarse** (V.)
rebelarse
alzarse
amotinarse
soliviantarse
soliviarse
perturbar (V.)
alborotar
provocar
agitar
irritarse (V.)
encresparse
erguirse
despertarse (V.)
apropiarse
apoderarse (V.)

(cont.)

s. levantar el vuelo
levantar polvo
levantarse en armas
levantar acta
levantar la caza
levantar ronchas
levantar la sesión
levantar un plano
levantarse con el santo y la limosna
levantarse el tiempo
levantarse la tapa de los sesos
levantar el espíritu
levantar falsos testimonios
levantar la vista
levantar el castigo
no levantar cabeza
levantar la liebre

(V. **levantamiento)**

a. *bajar*
descender
caer
demoler
tirar
rebajar
abatir
destruir
demoler
desplomarse
sucumbir
arruinar
derrumbar
humillar
torcer
inclinar
deshinchar
desinflar
abajar
abaratar
aplacar
reprimir
pacificar
desalentar
excusar
callar
tranquilizar
calmar
licenciar
debilitar
unir
pegar
criticar
censurar

levante

s. **este** (V.)
oriente
orto
naciente
saliente

s. **viento** (V.)

a. *poniente*
oeste

levantisco

s. inquieto
indócil
insurrecto
rebelde (V.)
revolucionario
revoltoso
turbulento (V.)
subversivo
sedicioso
díscolo
indómito
insurgente
insubordinado
indisciplinado
alborotador
tumultuoso (V.)

(V. **levantamiento)**

a. *sumiso*
pacífico
obediente
fiel
ordenado
dócil
tranquilo
seráfico
respetuoso

levar

s. **elevar** (V.)
zarpar (V.)
partir
marchar
desamarrar
hacerse a la mar
hacerse a la vela
desanclar
desaferrar
descepar
recoger
levar anclas

a. *anclar*
detenerse
pararse
amarrar
entrar
llegar

leve

s. delgado
ralo
ligero (V.)
tenue
feble
lene (V.)
liviano (V.)
impalpable
ingrávido
vaporoso
parvo
sutil
aéreo
volátil
flotable
ligeruelo
levísimo
suave

s. **insignificante** (V.)
exiguo
despreciable
frívolo
minúsculo
fútil
nimio (V.)
insubstancial
baladí
bizantino
venial (V.)
anodino
superficial
pueril
trivial

(V. **levedad)**

a. *grave*
importante
pesado
hondo
profundo
alarmante
transcendente
serio
agudo
crítico
mortal
difícil
comprometido

levedad

s. ingravidez
ligereza (V.)
livianeza
sutilidad
tenuidad
vaporosidad
liviandad
feblaje
suavidad
volatilidad
delgadez
pelillo (V.)

s. **insignificancia** (V.)
futilidad
vaguedad (V.)
puerilidad
frivolidad
mudanza
volubilidad (V.)
trivialidad
venialidad
exigüidad
insubstancialidad
inconstancia
nimiedad (V.)

a. *pesadez*
gravedad
importancia
constancia
transcendencia
hondura
dificultad

leviatán

s. **monstruo** (V.)
ballena
cachalote

s. **demonio** (V.)
enemigo
satanás

levigación

(V. **desleimiento)**

levigar

(V. **desleír)**

levirato

(V. **casamiento)**

(V. **judaísmo)**

levita

s. frac
chaqueta
levitón
levosa
futraque
casaca
fraque
chaqué
paletó
librea
vestimenta (V.)

s. **judío** (V.)

s. tirar de la levita

levitón

(V. **levita)**

levógiro

(V. **izquierda)**

levulosa

(V. **azúcar)**

léxico

s. **diccionario** (V.)
vocabulario (V.)
lexicón
panléxico
enciclopedia
glosario
repertorio
catálogo
tesoro
diccionario de la rima
diccionario de la lengua
diccionario de sinónimos
diccionario de antónimos
diccionario de la lengua griega
diccionario de lenguas extranjeras

s. voces
modismos
giros

s. concordancia
etimologías
nomenclatura
analogía de vocablos
lexicología
palabra (V.)
acepción
significado
definición
remisión
referencia

s. diccionarista
vocabulista
lexicógrafo
lexicólogo
nomenclátor

ley

s. ordenanza
norma
disposición (V.)
constitución
código (V.)
precepto
decreto (V.)
estatuto (V.)
legislación (V.)
edicto (V.)
sanción (V.)
estatuto real
pragmática (V.)
decálogo
jurisprudencia (V.)
yugo
cédula
prescripción
costumbre
mandato
directriz
yusión
establecimiento (V.)
edicto
ucase
cédula real
bula
firmán
dahír
regla
providencia
referéndum
plebiscito
uso
fuero (V.)
cánon
justicia (V.)
autoridad
carta
bando
dictamen
proclama
reglamento
plan
sistema
método
orden
regularidad
mandamiento

s. Biblia
Tablas de la Ley
Alcorán
Xara
Talmud
Decálogo
Pandectas
Partidas
Digesto
Evangelio

s. lealtad
amistad
amor
fidelidad
veneración
dilección
cariño (V.)
esencia
afecto (V.)
apego

s. **condición** (V.)
calidad
clase (V.)
índole
ralea
raza
estofa
pelaje
jaez
calaña
peso
medida
proporción (V.)
cantidad
porcentaje

s. apartado
artículo
capítulo
epígrafe
partida
título
preámbulo
introducción

s. enmienda
infracción (V.)
vigencia

s. abolir
abrogar
anular (V.)
invalidar
infringir (V.)
derogar
revocar
acatar
aplicar
ajustarse
atenerse
cumplir
dictar
disponer
dar
establecer
estatuir
promulgar (V.)
aprobar
pasar
firmar
mantener
obedecer
observar
obligar
respetar
refrendar
guardar
sancionar
someterse

s. asamblea
cortes
senado
parlamento
cámaras
congreso

s. legislador
legalista
ordenancista
reglamentista

s. ley adjetiva
ley antigua
ley caldaria
ley de bases
ley de Moisés
ley de Dios
ley de trampa
ley de duelo
ley del embudo
ley del encaje
ley escrita
ley evangélica
ley de gracia
ley marcial
ley recopilada
ley seca
ley sálica
ley orgánica
ley fundamental
ley substantiva
ley natural
ley prohibitiva
ley suntuaria
ley penal
ley civil
ley fiscal
mandamientos de la ley de Dios

s. a la ley
de buena ley
de ley
con todas las de la ley
vivir contra la ley
a ley de caballero
echar la ley

r. Quien hizo la ley, hizo la trampa ■ Muchas leyes, mal gobierno ■ Ley mata ley ■ Por dura que la ley sea, hay que pasar por ella ■ Reglas, pocas y buenas ■ Las leyes callan, mientras hablan las armas

a. *legalidad*
anarquía
caos
desorden

leyenda

s. **conseja** (V.)
historia
fábula (V.)
fantasía
ficción
mentira
patraña
invención (V.)
ficción
mito (V.)
narración (V.)
epopeya
tradición (V.)
farsa
saga
epopeya (V.)
gesta
hagiografía
recuerdo

s. composición poética
lectura (V.)

s. **lema** (V.)
mote
letrero (V.)
sello (V.)
divisa
inscripción

a. *realidad*
veracidad
materialidad

lezna
s. **punzón** (V.)
alesna
lesna
subilla

s. estaquillador
callón

lezne
(V. **deleznable**)

lía
(V. **sedimento**)
(V. **soga**)

liaison
(V. **relación**)
(V. **ligazón**)

liana
(V. **enredadera**)
(V. **bejuco**)

liar-se
s. atar
enrollar (V.)
empaquetar
enfardar (V.)
ligar (V.)
encordelar
trabar
lazar
enlazar
enroscar
envolver (V.)
asegurar
amarrar
sujetar
unir
empalmar
encordonar
ensogar
encorrear
ajustar
fajar

s. burlar
engañar
engatusar
enredar (V.)
camelar
engaritar
embaucar (V.)

s. **morir** (V.)
fallecer
fenecer

s. **complicarse** (V.)
aturdirse
embarullarse

s. **intervenir** (V.)
mediar
meterse
injerirse

s. **amancebarse** (V.)
juntarse
conchabarse

s. liarse la manta a la cabeza
liar los bártulos
liar el petate
liar el hato
liarlas

a. *desatar*
desliar
desempaquetar
sacar
desenvolver
estirar
extender
desenrollar
confesar
vivir
esclarecerse
inhibirse
separarse

liatón
(V. **soguilla**)

libación
s. **bebida** (V.)
chupada (V.)
sorbo
trago
sorbete
succión
chupadura
cata
catadura
degustación
pimple
deglución
chispo
toma
buchada
buche
bocanada

a. *expulsión*
devolución

libar
s. sorber
beber (V.)
tragar
pimplar
chupar (V.)
catar
paladear
aspirar
ingurgitar
abrevar
mamar
sorbetear
probar (V.)
ofrendar
sacrificar (V.)

(V. **libación**)

a. *escupir*
expulsar
devolver
abstenerse
negarse

libelista
(V. **difamador**)

libelo
s. panfleto
folleto (V.)
impreso
escrito
pasquín (V.)
papelucho
cedulón
maestrepasquín
perqué

s. sambenito
difamación (V.)
baldón

a. *elogio*
alabanza
loa
enaltecimiento

libélula
s. caballito del diablo
matapiojos
chapul
gallito
insecto (V.)

líber
(V. **sámago**)
(V. **corteza**)

liberación
s. **redención** (V.)
emancipación
franqueamiento
licenciamiento
libertad (V.)
libramiento
rescate (V.)
saldo
independencia (V.)
seguridad
salvación
escape
fuga
quita (V.)
evasión
huida
desligadura (V.)
libertad
desatadura
licencia
cancelación
desbloqueo
exención (V.)
exoneración
protección
salvaguardia
ayuda
defensa
excarcelación (V.)
permiso
suelta
dispensa
indulto
prescripción
perdón
amnistía
autodetermi-nación
autodecisión
autonomía
autarquía
franquicia
descargo
remisión
recobro
manumisión
abolicionismo (V.)

a. *sumisión*
dependencia
esclavitud
prisión
encarcelamiento
coacción
tiranía
aislamiento

liberado
(V. **libre**)

liberador
(V. **libertador**)

liberal
s. caritativo
espléndido
dadivoso (V.)
desprendido
generoso (V.)
pródigo
munífico
rumboso
rumbón
altruista
desinteresado
humanitario
largo
munificente
noble
larguero
caballeroso
manirroto
franco
bizarro
comunicativo

s. rápido
dispuesto
pronto
libre (V.)
desenvuelto
desembarazado
exento
tolerante (V.)
independiente (V.)

s. librepensador
demócrata (V.)
democrático
socialista
whig
progresista
reformista
cristino

(V. **liberalidad**)
(V. **liberalismo**)

a. *mezquino*
avaro
roñoso
agarrado
miserable
tacaño
tardo
torpe
intolerante
autócrata
tiránico
conservador
reaccionario
totalitario
carlista

liberalidad
s. **generosidad** (V.)
dadivosidad
abnegación
desinterés
franqueza
despego
magnificencia
desprendimiento (V.)
rumbo
tronío
garbo
bizarría
galantería
esplendidez
caridad (V.)
largueza
fausto
favor
beneficio
desasimiento
altruismo
abundancia
lujo
lucimiento
dádiva
munificencia

a. *avaricia*
mezquindad
tacañería

liberalismo
s. **libertad** (V.)
democracia (V.)
progresismo
laicismo
reformismo
socialismo

s. independencia
autonomía (V.)
regionalismo

a. *conservadurismo*
covachuelismo
totalitarismo
centralismo

liberalizar
s. ahorrar
dispensar (V.)
eximir
exonerar
descargar
manumitir
redimir
librar
perdonar
liberar (V.)

(V. **liberalismo**)

a. *cargar*
recargar
comprometer

liberar-se
s. **librar** (V.)
defender
proteger
preservar
relevar (V.)
exonerar (V.)
quitar
huir
redimir (V.)
dispensar (V.)
eximir (V.)
desentrampar
desempeñar (V.)
licenciar
franquear (V.)
salvar (V.)
cancelar
remitir
excarcelar (V.)
libertar
desencarcelar
desencastillar
desenjaular
destrabar
desaprisionar
desatar
separarse (V.)
desembarazar
manumitir
enfranquecer
desatar
desherrar
desaherrojar
soltar (V.)
lanzar
largar
liberalizar (V.)
desembargar
desbloquear
enfranquecer
emancipar (V.)
independizar (V.)
desoprimir
desatollar
rescatar (V.)
amnistiar
indultar
perdonar (V.)
respirar
evadirse
licenciar
proteger
asegurar
emanciparse
sacar
eludir (V.)
largarse
relevar
remediar
facilitar
despejar
desligarse
excarcelar
exentar
excusar
abolir (V.)
desocupar

s. salir del atolladero
sacudir el yugo
romper las cadenas
salir a gatas
escapar por un pelo
salir por pies

(V. **liberación**)

a. *oprimir*
sojuzgar
obligar
condenar
encarcelar
aprisionar
silenciar
acosar
retener
quedarse
culpar
cargar
comprometer
atar
ligar
aherrojar
amordazar
afrontar
subordinar
mediatizar
esclavizar
depender
supeditar
recluir
apresar
enchiquerar
arrestar
prender
detener
cazar
capturar
atrapar

libertad
s. **independencia** (V.)
autonomía
emancipación
liberación (V.)
excarcelación
voluntad (V.)
albedrío
autodetermina-ción
fueros
democracia
liberalismo (V.)
república
socialismo
opción
elección
autodecisión
suelta
rescate
redención

s. **permiso** (V.)
permisión
prerrogativa
privilegio (V.)
dispensa
exención (V.)
inmunidad
franquicia
arbitrio (V.)
licencia
concesión
facultad

s. holgura
desembarazo
naturalidad (V.)
sencillez
alas
campechanía
soltería (V.)
suelta (V.)
confianza (V.)
despejo
intimidad
espontaneidad (V.)
familiaridad (V.)
desahogo
atrevimiento
franqueza
osadía
descaro
descoco
frescura

(cont.)

s. libertinaje
desenfreno (V.)
inmoralidad
anarquía
caos
desorden (V.)
revolución
subversión
rebeldía
sublevación

s. **agilidad** (V.)
destreza (V.)
facilidad
soltura

s. **vacación** (V.)
ocio
pausa
asueto

s. **margen** (V.)
amplitud
espacio

s. libertad de conciencia
libertad condicional
libertad provisional
libertad de pensamiento
libertad de cultos
libertad de mercado
apellidar libertad
quitar libertad
en libertad

r. El buey suelto bien se lame

a. *dependencia*
sujeción
esclavitud
prisión
limitación
amenaza
coacción
cohibición
etiqueta
facción
formalismo
sometimiento
opresión
servidumbre
supeditación
mediatización
influencia
sumisión
cautividad
irredentismo
tiranía
dictadura
totalitarismo
aherrojamiento
prohibición
inclusión
rigidez
torpor
trabajo
estrechez

libertado
(V. **libre**)

libertador
s. **salvador** (V.)
liberador
redentor (V.)
emancipador (V.)
rescatador
campeón
defensor
desamortizador
manumisor
alfaqueque
amparador

(V. **liberación**)

a. *opresor*
tirano
dictador
amo
cacique

libertar-se
(V. **liberar-se**)

libertario
s. nihilista
ácrata (V.)
anarquista
comunista
librepensador

(V. **anarquía**)

a. *conservador*
reaccionario
totalitario
autoritario
autócrata

liberticida
s. **tirano** (V.)
déspota
dictador
opresor
autócrata (V.)
absolutista

a. *demócrata*
liberal

libertina
s. mesalina
mujer galante
mujer alegre
mujer de vida alegre
mujer libre
mujer de mala vida

(V. **libertinaje**)

a. *virtuosa*
decente
honesta
pura

libertinaje
s. **inmoralidad** (V.)
deshonestidad
desenfreno
impudicia (V.)
licencia (V.)
liviandad
mancebía
libertad (V.)
soltura (V.)
lujuria
inhonestidad
vicio
mancebía
orgía
corrupción
cincupiscencia
crápula
indecencia
inmundicia
desvergüenza
sensualidad
lubricidad
depravación
lascivia
obscenidad
brutalidad
bestialidad
torpeza
disipación
disolución (V.)
perversidad

s. profanidad
irreligión (V.)
impiedad
perdición (V.)

(V. **libertad**)

a. *moralidad*
virtud
continencia
honestidad
castidad

orden
contención
mesura
comedimiento
moderación
acatamiento
respeto
veneración
piedad

libertino, a
s. **depravado** (V.)
deshonesto
disipado
inmoral
profano (V.)
relajado (V.)
roto (V.)
vicioso, a (V.)
perdido
perdis
liviano (V.)
licencioso
obsceno
inmoderado (V.)
impudente
escandaloso
disipado (V.)
atrevido
desvergonzado
lujurioso (V.)
tarambana
lúbrico
disoluto (V.)
epicúreo
desarreglado
mundano
libre
desgarrado
sensual
libidinoso
juerguista
calavera
gamberro (V.)
descarado
golfo
atrevido
procaz
insolente
jaranero
balarrasa
goliardo (V.)
desenfrenado
sobrado
inmoderado
mujeriego
corrido
mocero
galocho
intemperante
crapuloso
crápula (V.)
perdido
truchimán
sinvergüenza
escandaloso
erótico

(V. **libertinaje**)

a. *casto*
moral
honesto
comedido
mesurado
reprimido
respetuoso
pudibundo
decente
virtuoso
santo
formal

liberto
(V. **esclavo**)

(V. **emancipado**)

libídine
s. lascivia
lujuria (V.)
sensualidad
lubricidad
brutalidad
rijosidad
rijo
concupiscencia
liviandad
deshonestidad
incontinencia
cachondería
cachondez
torpeza
erotismo
carnalidad

a. *honestidad*
pureza
continencia
virtud

libidinoso
s. **lujurioso** (V.)
lascivo
lúbrico (V.)
rijoso
sicalíptico
desvergonzado
impúdico
carnal
sensual
crapuloso
concupiscente
cachondo
incontinente
salaz
liviano
erótico

(V. **libídine**)

a. *continente*
casto
puro
reprimido

líbido
(V. **deseo**)

(V. **sexo**)

libra
(V. **peso**)

(V. **moneda**)

libraco
(V. **libro**)

(V. **mamotreto**)

libramiento
(V. **libranza**)

libranza
s. libramiento
orden de pago
pagaré
letra de cambio
talón
cheque
boleta
entrega
giro (V.)

a. *abono*
cobro
ingreso

librar-se
s. **liberar** (V.)
zafarse (V.)
eximir (V.)
ahorrar
exentar
desobligar
licenciar (V.)
salvar (V.)
redimir (V.)

s. **vacar** (V.)
descansar
salir (V.)
disfrutar
holgar
parar
recrearse

s. **parir** (V.)
alumbrar
expulsar

s. **expedir** (V.)
despachar
enviar
girar (V.)
situar
colocar
depositar
ceder
dar
entregar

s. **desembarazarse** (V.)
desentenderse
despreocuparse
olvidarse
marginar
echar
escaparse
evitarse (V.)
desenmarañarse
desenredarse (V.)
librar sentencia
librar decretos
librar letras
librar un día
librar en uno
a bien librar
librar bien o mal

a. *aceptar*
incluir
comprometer
encerrar
comprender
trabajar
continuar
entrar
acceder
recibir
percibir
complicarse

libre
s. **independiente** (V.)
autónomo (V.)
franco (V.)
manumitido
manumiso
emancipado
separado (V.)
soberano (V.)
neutral
imparcial
objetivo
liberal (V.)
horro
liberto
autárquico
voluntario (V.)
espontáneo (V.)
montaraz
zafo
zafado
cerrero
cimarrón
incoercible
soltero
salvaje
silvestre
licenciado
quito
inmune
indemne

s. **desembarazado** (V.)
desocupado (V.)
abierto
llano
limpio (V.)
abandonado
desatado
mesteño
desalquilado
disponible (V.)
expedito
franco
saneado (V.)
exento
vacío (V.)
vacante (V.)

s. **evadido** (V.)
escapado
suelto (V.)
liberado
rescatado
redimido
librado
huido
excarcelado
rescatado

s. **inocente** (V.)
absuelto (V.)
perdonado
indultado
amnistiado
libertado
ingenuo

s. **disoluto** (V.)
corrompido
libertino
fresco
desvergonzado
descarado
descocado
insubordinado
rebelde
osado
atrevido
despreocupado (V.)
deshonesto

(V. **libertad**)

a. *sujeto*
supeditado
sumiso
atado
aherrojado
domesticado
esclavo
esclavizado
cautivo
prisionero
galeote
forzado
condenado
oprimido
irredento
mediatizado
influido
encerrado
cerrado
casado
ocupado
alquilado
lleno
culpable
reo
honesto
respetuoso
vergonzoso
tímido
considerado
moderado

librea
s. uniforme
levita
levitón
casaca
casacón
vestimenta (V.)

s. de librea

librear-se
(V. **acicalar-se)**

(V. **adornar-se)**

librepensador
(V. **irreligioso)**

(V. **racionalista)**

librería
s. **biblioteca** (V.)
editorial (V.)
imprenta
tienda
comercio
papelería

s. estantería
armario
estante
balda
anaquel
repisa
casillero
vitrina
gaveta
mueble (V.)

(V. **libro)**

librero
(V. **editor)**

(V. **comerciante)**

libreta
(V. **cuaderno)**

libretista
s. autor
escritor (V.)
comediógrafo
argumentista
guionista
dramaturgo

(V. **libro)**

librillo
(V. **libro)**

(V. **cuaderno)**

libro
s. obra
volumen
tomo
texto (V.)
ejemplar
cuerpo
librote
librillo
libraco
librejo
libelo
infolio
libreto
incunable
manuscrito
mamotreto
memorándum
publicación
códice
legajo
escrito
cartulario

s. abecedario
cartilla
catón
cuestionario
rudimentos
naciones
manual
tratado (V.)
doctrinal
epítome
vademécum
compendio
enquiridión
elucidario
doctrinal

s. parte
fascículo (V.)
pliego
folio
hoja
página
plana
carilla
anverso
columna
línea
renglón
paginación
foliación
signatura
margen
título
capítulo
tríptico

s. guarda
lomo
portada
anteportada
anteporta
portadilla
texto (V.)
cuerpo
fragmento
dedicatoria
preámbulo
prólogo
epílogo
pasaje
paso
nota
cita
llamada
interpolación
epígrafe
índice
sumario
censura
imprimátur
privilegio
dibujo
grabado
lámina
santo
tabla
registro
fe de erratas
pie de imprenta
colofón
ex libris

s. canto
corte
canal
delantera
cabeza
matriz
tapa
cubierta
tejuelo
forro
encuadernación (V.)
broche
manecilla
becerro

s. forma
infolio
en folio
en folio mayor
en folio menor
en cuarto mayor
en cuarto menor
en cuarto prolongado
en octavo
en octavo mayor
en octavo menor
en dozavo
en dieziseisavo
en treintaidosavo

s. escritura
impreso
impresión
publicación
borrón
lucubración
vigilia
ocios
anónimo
seudónimo
borrador
original

s. cristus
catecismo
proverbiador
libro de texto
curso
tratado
flora
fauna
almanaque
calendario
método
biblia
libro sagrado
guía
guía de forasteros
guía de teléfonos
anuario
directorio
revista
periódico
semanario
bibliografía

s. **encuadernación** (V.)
impresión
publicación
edición
derechos de autor
propiedad intelectual
paginación
foliación
foliatura
imprenta
pergamino
papel

s. libro anónimo
libro clandestino
libro apócrifo
libro agotado
incunable
edición príncipe
edición diamante

s. salón de lectura
gabinete de lectura

s. bibliografía
bibliología
bibliofilia
bibliomanía
literatura

s. libros sagrados
libro antifonal
libro amarillo
libro rojo
libro blanco
libro azul
libro borrador
libro mayor
libro de caja
libro copiador
libro de actas
libro de acuerdos
libro de asientos
libro de horas
libro de la Sabiduría
libro del Eclesiástico
libro de los jueces
libro de los Macabeos
libro de los Reyes
libro del Maestro
libro sapiencial
libro talonario
libro de cheques
libro entonatorio
hablar como un libro abierto
meterse en libros de caballerías

r. Un libro bueno no tiene precio ■
Libro prestado, libro perdido ■
Libro de lujo, libro sin uso

s. quemar uno sus libros

licencia
s. venia
permiso (V.)
autorización (V.)
beneplácito
anuencia
afirmación
aprobación
placet
exequátur
sí
alternativa
pase
imprimátur
asentimiento
aquiescencia
licenciamiento (V.)
concesión
transmisión (V.)
otorgamiento
absoluta
poder
autoridad
seguridad
carta blanca

s. **patente** (V.)
cédula
certificado
documento
despacho
título
salvoconducto
diploma
privilegio

s. **relajación** (V.)
libertinaje (V.)
deshonestidad
descomedimiento
inmoralidad
corrupción
abuso
descaro
desfachatez
desenvoltura
descoco
desvergüenza

s. libertad
incorrección (V.)
compresión
contracción
recibirse
diéresis
éxtasis
sinéresis
diástole
sístole
hipermetría
poesía (V.)

a. *prohibición*
veto
negación
desautorización
negativa
moralidad
castidad
moderación
discreción
comedimiento
virtud

licenciado
s. **pedante** (V.)
entendido
documentado
sabelotodo
sabihondo
sabidillo
marisabidilla

s. **graduado** (V.)
diplomado
de carrera
titulado
universitario
abogado (V.)

s. licenciado del ejército

(V. **licencia)**

a. *sencillo*
humilde
ignaro
ignorante

licenciamiento
s. dimisión
licenciatura (V.)
exclusión
despido
descargo
despacho
conclusión
relevo (V.)
pase
exención
licencia (V.)
permiso
jubilación

a. *reclutamiento*
recluta
admisión
ingreso
acceso
continuación
permanencia

licenciar-se
s. **autorizar** (V.)
pasaportar (V.)
permitir (V.)
consentir
facultar
otorgar
conceder
aprobar
asentir

s. **despachar** (V.)
despedir (V.)
echar
desarmar
desmovilizar
librar (V.)
jubilar (V.)
excluir
eximir
descargar

s. **graduarse** (V.)
diplomarse
doctorarse
titularse
coronar
concluir (V.)
acabar
terminar

(V. **licencia)**

(V. **licenciamiento)**

(V. **licenciatura)**

a. *denegar*
desautorizar
rechazar
prohibir
suspender
reclutar
ingresar
admitir
incluir
comenzar
iniciar
continuar
seguir
permanecer

licenciatura
s. carrera
estudios
grado (V.) (de licenciado)
doctorado
título
diploma
graduación
licenciamiento (V.)

licencioso
(V. **libertino)**

liceo
s. seminario
gimnasio
instituto (V.)
escuela
colegio
pensionado
academia
universidad

s. sociedad
ateneo
asociación
círculo
casino
centro
cultura (V.)

licitación
s. concurso
oferta
puja
mejora
subasta (V.)
encante
martillo
almoneda
venduta
concurrencia
participación

licitador
(V. **licitante)**

licitante
s. licitador
postor (V.)
pujador (V.)
ponedor
aspirante
apostador
rematador
martillero
concursante
participante
concurrente

(V. **licitación)**

lícito
s. permitido
permisible (V.)
legítimo
legal (V.)
justo (V.)
razonable
autorizado
fundado
reglamentado
consentido
tolerado
mandado
apropiado
procedente

(V. **licitud**)

a. *ilícito*
improcedente
ilegal
escandaloso
indebido
prohibido
injusto

licitud
(V. **legalidad**)

licor
s. brebaje
elixir
néctar (V.)
poscafé
gotas
bebida (V.)

s. **vino** (V.)
aguardiente
anís
anisado
ojén
ginebra (V.)
coñac
cazalla
aguardiente de caña
aguardiente de cabeza
ron
benedictino
curasao
curazao
kirsch
kummel
vodka
arac
ajenjo
vermut
bíter
anisete
marrasquino
rosoli
resoli
mixtela
absenta
menta
absintio
ratafia
tuba

s. escarchado
espirituoso

licorería
s. aguardentería
alambiquería
licorera
taberna
bar
café
tasca
cafetería
bodega (V.)
bodegón
vinatería
cantina

(V. **licor**)

licorista
s. alambiquero
destilador
aguardentero
refinador
cañero
caritán
tabernero
bodeguero
vinatero
(V. **licor**)

licuable
s. **fundible** (V.)
desleíble
diluible
liquidable
licuante
colicuable

(V. **licuación**)

a. *solidificable*

licuación
s. licuefacción
liquidación
disolución (V.)
fusión (V.)
derretimiento
fluidificación
desleimiento
colicuación
liquefacción
fundición
refundición

a. *solidificación*
aglutinación
coagulación

licuar-se
s. liquidar
licuefacer
fundir (V.)
derretir
colicuar
fluidificar (V.)
desleír
diluir (V.)
disolver (V.)
colicuecer
descoagular

(V. **licuación**)

a. *solidificar-se*
coagularse
engordar

licuefacción
(V. **licuación**)

licuefacer
(V. **licuar**)

licurgo
s. **legislador** (V.)

s. astuto
hábil (V.)
diestro
ingenioso
inteligente
zorro
mañoso
sagaz (V.)
vivo

a. *zote*
ceporro
torpe
manazas
negado

lid
s. **combate** (V.)
lucha
contienda
batalla
liza
lidia
pelea
encuentro
batida
pugna
justa
torneo

s. **disputa** (V.)
querella
controversia
altercado
riña
discusión
bronca
pelotera
polémica
agarrada
debate
pendencia

s. en buena lid

a. *paz*
reconciliación
acuerdo

líder
(V. **jefe**)

lidia
s. corrida
becerrada
novillada (V.)
capea
tienta
encierro
rejoneo
faena
suerte
encerrona

s. alternativa
lance
quite
verónica
farol
lanzada
puyazo
descabello
pase
trasteo
muletazo
suerte de varas
toreo
fiesta nacional
corrida de toros
tauromaquia

s. **lid** (V.)

lidiador
(V. **torero**)

lidiar
s. batallar
luchar (V.)
pelear
contender
combatir
pugnar
reñir
dar una batida
entrar en liza
batirse
guerrear
hacer una cruzada
tener un encuentro
querellarse
venir a las manos
romper lanzas
dar batalla
entrar en acción

s. controvertir
reñir
debatir
opugnar
altercar
disputar
discutir (V.)
agarrarse
haber pendencia

s. **torear** (V.)
capear
capotear
rejonear
tomar la alternativa
hacer un lance
hacer un quite
picar
sortear
hacer el paseíllo
poner banderillas
descabellar
torear con la capa
entrar a matar

s. **eludir** (V.)

(V. **lidia**)

a. *pacificar*
convenir
acordar
afrontar
asumir

liebre
s. conejo
lebrato
gazapo
farnaca
gabato
lebrasta
lebrasto
lebrastón
lebratón
lebroncillo
librastón
liebratón
liebratico
mamífero (V.)
madriguera
camada

s. **cobarde** (V.)
tímido
pusilánime
corte
bragazas
dar gato por liebre
levantar la liebre

r. Donde menos se piensa, salta la liebre

a. *valiente*
arrojado
decidido

liego
s. lleco
improductivo
inculto
yermo
erial (V.)
páramo
infértil
baldío

a. *fértil*
feraz

liendre
s. **piojo** (V.)
parásito
picón
carángano
cáncano
liendra

s. **huevo** (V.)

s. machacarle a uno las liendres

liento
s. mojado
salpicado
húmedo (V.)
empapado
rociado
hecho una sopa

a. *seco*

lienza
s. tira
retal
trozo
banda (V.)
jirón
recorte
recortadura

lienzo
s. **cuadro** (V.)
pintura
tela

s. **pañuelo** (V.)
servilleta (V.)
paño

s. **pared** (V.)
fachada
muro
panel
paramento
tabique
muralla
macizo
entrepaño

s. **tela** (V.)
paño
pañete
algodón
curadillo
retor
percal
allariz
bretaña
santiago
anjeo
bierzo
cañiza
caserillo
crea
coruña
estrella
donfrón
brabante
cerrón
chavarí
florete
gámbalo
holandeta
holandilla
holán
gante
gámbalo

s. lienzo curado
lienzo moreno
lienzo crudo

liga
s. **ligadura** (V.)
lazo (V.)
ligamiento
atapierna
cinta
machos
atapiernas
goma
ataderas
sujetador (V.)
cerrojil
charretera
jarretera (V.)
ligagamba
venda (V.)
faja (V.)

s. muérdago
pegajosidad (V.)
liria
visco (V.)
visca
hisca
ajonje

s. **mezcla** (V.)
unión
ligazón
combinación
aleación
asociación
mixtura
trabazón
vellón

s. **federación** (V.)
alianza
consorcio
panda
pandilla
cábala
coalición
«hansa»

s. hacer buena liga con alguien

a. *desunión*
disolución
separación
secesión
segregación
enemistad
hostilidad

ligación
(V. **ligadura**)

ligado
s. unido
trabado (V.)
trazo
carácter
perfil
enlace (V.)
raya
rasgo

s. nota
arcada
golpe
inflexión
pulsación
música (V.)

ligadura
s. ligación
ligamento
palomadura
atadura (V.)
liga (V.)
cadena
enlazadura
enlazamiento
traba (V.)
impedimento (V.)
cincha
torniquete (V.)
venda
trinca
vencejo
trenzadura
atacamiento
amarradura

(cont.)

s. **sujeción** (V.)
trabazón
ceñimiento
unión
aproximamiento
traba (V.)
ensambladura
acoplamiento
enlace
conexión
vínculo
ensamblaje
ligamiento
ballestrinque

a. *desunión*
desconexión
holgadura

ligagamba
(V. **liga**)

ligamen
(V. **impedimento**)

(V. **maleficio**)

ligamento
s. cordón
fibra
haz
tendón (V.)
telilla
repliegue
pliegue
articulación (V.)
frenillo (V.)

ligamiento
s. **liga** (V.)
atadura (V.)

s. **amistad** (V.)
concordia
avenencia
avenimiento
armonía (V.)
coincidencia
conformidad
concordancia
unión
paz
acuerdo

a. *enemistad*
disconformidad
desunión
hostilidad

ligar-se
s. **atar** (V.)
liar (V.)
sujetar (V.)
amarrar
unir
reatar
encorrear
encordelar
ensogar
enmaromar
apiolar
encadenar
trincar (V.)
aprisionar
apersogar
agarrotar
atacar
religar
vendar
acordonar
estacar
lazar
lacear
juntar
reunir
empalmar
hilar
hilvanar
ajustar
engarzar
enjaezar
anudar
abrochar
trabar (V.)
empalmar
uncir
lañar
clavetear
estañar
engastar
anexar

s. **alear** (V.)
soldar
aglutinar
conglutinar

s. enlazar
vincular (V.)
unir
música (V.)

s. **aliarse** (V.)
confederarse
empandillarse
agruparse
comprometerse (V.)
obligarse (V.)
coligarse
federarse
confabularse
agremiarse
asociarse
concurrir
mancomunarse
emparejarse
casarse
matrimoniar
unirse

a. *desunir*
separarse
librarse
desencadenarse
enemistarse
enfrentarse

ligazón
s. **unión** (V.)
trabazón (V.)
encadenamiento
conexión
liaison
coligación
aleación
coligamiento
enlace
aligación
concatenación
engarce
ajuste
vínculo
lazo
nudo
coherencia
cohesión
adhesión
argamasa
coágulo
cuajada
aglomeración
conglomerado
liga

a. *desunión*
separación
desajuste

ligereza
s. **rapidez** (V.)
prontitud
celeridad
vivacidad
listeza (V.)
velocidad
agilidad
prisa
presura
festinación
brevedad
priesa
diligencia
fogosidad
facilidad
desbocamiento
destajo
galope
escape
premura
instantaneidad

s. inconstancia
versatilidad
volubilidad
cambio
veleidad (V.)
instabilidad
inestabilidad
liviandad (V.)
impremeditación
irresolución
debilidad
duda
despiste
imprudencia
desconsideración
impulso
precipitación
facilidad
irreflexión (V.)
frivolidad
informalidad
insensatez
trivialidad (V.)

s. **levedad** (V.)
delgadez
tenuidad
ingravidez (V.)
gracilidad
suavidad
menudencia

s. **euforia** (V.)
alegría
despreocupación
cascabelada

a. *lentitud*
tardanza
retraso
cachaza
pachorra
firmeza
tenacidad
constancia
seguridad
pesadez
gravidez
tristeza

ligero
s. **rápido** (V.)
veloz
pronto
correntío (V.)
ágil (V.)
fugaz
instantáneo
momentáneo
raudo
suelto
alado
alígero
expedito
listo
célere
activo
diligente (V.)
presto (V.)
vertiginoso
vivo
arrebatado
arrebatoso
repentino
fugaz
presuroso
apresurado
febril
impetuoso

s. **leve** (V.)
somero (V.)
lene (V.)
ingrávido (V.)
liviano (V.)
sutil (V.)
suave
tenue
impalpable
grácil
vaporoso (V.)
delgado
veraniego (V.)
fino
trefe
imperceptible
etéreo
pequeño

s. llevadero
menudo
portátil (V.)

s. **insignificante** (V.)
huero
inútil
frívolo (V.)
fútil (V.)
insubstancial
trivial (V.)
venial
baladí
anodino
superficial (V.)
bizantino

s. inconstante
versátil
irreflexivo (V.)
imprudente
atolondrado (V.)
tarambana
voluble (V.)
vago (V.)
cambiable
voltario
casquivano
informal (V.)
imprudente
alocado
despistado
tornadizo

s. ligero de cascos
paso ligero
tropa ligera
infantería ligera
de ligero
ligero de lengua
a la ligera

(V. **ligereza**)

a. *lento*
pausado
tranquilo
pesado
tardo
importante
constante
firme
sensato

lignito
(V. **carbón**)

lignum crucis
(V. **reliquia**)

(V. **cruz**)

(V. **cristianismo**)

ligustro
(V. **alheña**)

lija
s. gata
melgacho
pintarroja
pez (V.)

s. **zapa**
abrasivo (V.)
tela esmeril
papel de vidrio

s. lija para madera
lija para hierro

lijar
s. **pulir** (V.)
alisar
raspar
restregar (V.)
pulimentar
suavizar (V.)
igualar
esmerilar
limar
desgastar

(V. **lija**)

lila
s. lilo
lilac
flor (V.)

s. **color** (V.)
malva

lilaila
s. treta
bellaquería
astucia
papilla
artería
martingala
gatada
chalanería
maturranga
estratagema (V.)
charranada
raposería
zorrería

s. filelí
tela (V.)

a. *nobleza*
franqueza
rectitud

lilao
(V. **vanidad**)

liliputiense
(V. **enano**)

lima
s. fresa
escofina
bastarda
carleta
limatón
limador
mediacaña (V.)
almendrilla
culebra
cantón
redondo
cola de rata
rallador
fresa
lima sorda
lima muza
escofina de ajuste
rallo
escarpelo
herramienta (V.)

(V. **limón**)

limaco
(V. **limaza**)

limaduras
s. **residuos** (V.)
fragmentos
esquirlas
raeduras
ralladuras
recortes
virutas
partículas
limalla
escobina
serrín (V.)

(V. **lima**)

limar
s. lijar
escofinar
rallar
pulir
desbastar (V.)
raspar
rapar
raer
desgastar (V.)
fresar
alisar (V.)
frotar
relimar
refinar
pulimentar
suavizar (V.)
satinar
esmerilar
tornear

s. **corregir** (V.)
retocar (V.)
mejorar
enmendar
perfeccionar (V.)
acabar
dar un repaso
dar la última mano
limar asperezas
debilitar (V.)
cercenar
matar (V.)
suavizar
amortiguar

(V. **lima**)

a. *fortalecer*
empeorar
malograr

limaza
(V. **babosa**)

limazo
s. **viscosidad** (V.)
babaza
enviscamiento
glutinosidad
pegajosidad

a. *dureza*
aspereza

limbo
s. **aureola** (V.)
corona
orla
halo
contorno
ribete (V.)
borde

s. infierno
seno de Abraham
ultratumba (V.)

s. estar en el limbo

limitación
s. **restricción** (V.)
prohibición (V.)
cortapisa (V.)
insuficiencia (V.)
condición
requisito (V.)
coacción
coartación
impedimento
obstáculo (V.)
inconveniente
traba
unilateralidad
coto
dificultad (V.)
distingo
modificación (V.)
distinción
pero
reserva
reticencia
tasa
salvedad (V.)
excepción
barrera
destajo

s. **determinación** (V.)
delimitación
término
límite
circunscripción
demarcación (V.)
distrito
cantón
acotación (V.)
linde
amojonamiento
deslinde
deslindamiento
medianía (V.)
localización
cercamiento
amugamiento
mojonación
hitación
separación
límite (V.)

a. *autorización*
permiso
facilidad
indeterminación
ampliación
desarrollo
agrandamiento
inmensidad
extensión
imprecisión
vaguedad

limitado
s. constreñido
circunscrito
delimitado
inextensible (V.)
acotado (V.)
rodeado (V.)
finito
trunco (V.)
condicionado
relativo (V.)
restringido (V.)
taxativo
específico (V.)
limitativo
restrictivo
definido
especial (V.)
bastante
unilateral (V.)
restricto (V.)
local (V.)

s. chico
escaso (V.)
pequeño
mínimo
menguado (V.)
pequeño
reducido

s. **obtuso** (V.)
negado
torpe (V.)
lerdo
incapaz
cerrado de mollera

(V. **limitación**)

a. *abierto*
ilimitado
indefinido
grande
incommensurable
inteligente
vivo
despierto
abusivo

limitáneo
(V. **limítrofe**)

limitar-se
s. **restringir** (V.)
tasar (V.)
recortar (V.)
prohibir (V.)
vetar
condicionar
modificar (V.)
impedir
obstaculizar (V.)
coaccionar
coartar
contraer
trabar
dificultar (V.)
distinguir (V.)
discriminar
exceptuar (V.)
excluir

s. localizar
delimitar (V.)
determinar (V.)
ceñir
reducir
acortar
acotar (V.)
abreviar
rodear
circunferir
amelgar
acordelar
amurallar
jalonar (V.)
amojonar
mojonar
empalizar
cercar
definir
establecer
relegar
compendiar
cerrar
demarcar
deslindar
encerrar
tasar
circunscribir
especializarse (V.)
concretar
reconcentrar

s. alindar
confinar
delimitar
colindar
lindar (V.)
rayar (V.)
descabezar

s. **adaptarse** (V.)
constreñirse
reducirse
acomodarse (V.)
atenerse
ajustarse (V.)
sujetarse
conformarse
arreglarse
ceñirse
concretarse
atarse
circunscribirse

(V. **limitación**)

a. *autorizar-se*
permitir-se
facilitar-se
incluir-se
abusar-se
ampliar-se
ensanchar-se
aumentar-se
extender-se
abrir-se
descomedir-se
rebelar-se
exceder-se

limitativo
s. **taxativo** (V.)
restringido
circunscrito
circunferente
limitable
restrictivo (V.)
restringente
restringible

(V. **límite**)

a. *extensivo*
incondicional
permitido
permisible
ilimitado

límite
s. **borde** (V.)
confín
acotamiento
coto (V.)
raya (V.)
columna
hito
señal
mojón (V.)
poste
muga
linde
deslinde (V.)
frontera
contigüidad
aledaño
cancel
ensanche
umbral
lindero
tapia (V.)
lindón
valla
lindera
contorno (V.)
lindazo
muro
línea
lindal
cerca
jalón (V.)
ribazo
divisoria
caballón
caballete
separación (V.)
afueras
suburbio
lado
extremidad
orilla
periferia
trifinio

s. **término** (V.)
final
fin (V.)
meta (V.)
finibusterre
terminación (V.)
tope (V.)
extremidad
culminación (V.)
taina
máximo (V.)
mínimo (V.)
máximun
colmo
tasa (V.)
cumbre
altura
fondo (V.)
fastigio

(V. **limitación**)

a. *principio*
origen
comienzo
ensanche
centro

limítrofe
s. lindante
colindante
limitáneo
lindero
medianero
confinante
comarcano
adyacente
rayano
fronterizo (V.)
convecino
divisorio (V.)
asurcano
intermedio
aledaño
contermino
paredaño
finítimo
arcifinio

(V. **límite**)

a. *apartado*
lejano
distante
separado

limo
(V. **cieno**)

limón
s. pomelo
agrio (V.)
citrón
cidra
poncil
toronja
cimboga
zamboa
azamboa
ponci
poncidre
cimboga
acimboga

s. limonada
citrato

s. limonero
toronjo
cidro
azamboero

s. limonar

limonero
s. cidro
limero
toronjo
azamboero
azamboo

(V. **limón**)

(V. **árbol**)

limosidad
(V. **sarro**)

limosna
s. caridad
óbolo
mendicidad (V.)
beneficencia (V.)
providencia
ayuda
buenas obras
colecta
cuestación
oblata (V.)
cuesta
beneficio
liberalidad
generosidad
socorro
donativo (V.)
migaja
alimosna
petición
misericordia
auxilio
demanda
manda
gallofa (V.)
guante
donación
largueza
beneficio (V.)
sanctórum
conferencia
jubileo de caja
visita de pobres
paño de lágrimas
padre de los pobres

r. Danos Dios, para que demos nos ■ Da a los ricos lo suyo, y a los pobres de lo tuyo ■ Da limosna, oye misa y lo demás tómalo a risa ■ Cuando hicieres limosna, no sea con pompa ■ El buen limosnero, no es trompetero ■ La limosna callada es la que a Dios agrada

a. *economía*
avaricia
miseria
tacañería
egoísmo

limosnear
s. gallofear
pedir
pordiosear
mendigar (V.)
hambrear
suplicar
llorar
bordonear
mantener
dar
socorrer
ofrecer
ayudar
auxiliar
vestir

r. No hay cosa tan sabrosa como comer de limosna

(V. **limosna**)

a. *retener*
conservar
denegar

limosnera
s. macuto
cajetín
cajeta
cepillo
saco
bolsa (V.)
bolso
tablilla
tableta
cepo
juan
bacín
bacina
bacineta
tablillas de San Lázaro
tablilla de santero
gazofilacio
guardianía

(V. **limosna**)

limosnero
s. **generoso** (V.)
dadivoso
caritativo (V.)
liberal
abierto
benéfico
obsequioso
munífico
hospitalario
desprendido
desinteresado
bienhechor

s. santero
pobretero
demandador
cuestor
pedigüeño
mendigo (V.)
pordiosero
plegador
pobrero
animero
bacinero
agostero

(V. **limosna**)

a. *egoísta*
tacaño
ahorrativo

limoso
s. **cenagoso** (V.)
fangoso
legamoso
pantanoso
embarrado
barroso
sucio

(V. **limo**)

a. *limpio*
seco

limpia
(V. **limpieza**)

(V. **limpiabotas**)

(V. **robo**)

limpiabotas
s. limpia
lustrador
limpiador
bolero
lustrabotas

s. caja
betún
líquido
cepillos
bayeta
rasqueta
paño
gamuza
cera
trapo
banqueta
calzado (V.)

limpiadientes
(V. **mondadientes**)

aljofifar
blanquear
absterger (V.)
barrer (V.)
baldear
cribar
carmenar
escarpar
cepillar (V.)
peinar (V.)
acepillar
desempolvar
deshollinar (V.)
despavonar
enlucir (V.)
enjuagar
desempañar
enjugar
purgar (V.)
expurgar (V.)
desratizar (V.)
espulgar (V.)
escamar (V.)
relimpiar
mundificar
purificar (V.)
desherrumbrar
desenmohecer
desengrasar (V.)
adecentar
escarolar
engredar
embetunar (V.)
enlustrecer
esmerar (V.)
desobstruir (V.)
desatrampar
filtrar
desatascar (V.)
depurar (V.)
aclarar (V.)
estropajear
lavar (V.)
frotar
rozar (V.)
raer
gratar (V.)
raspar
restregar (V.)
desempañar
almohazar
ventear
ventilar
escarbar
foguear
bruzar
anidiar
rascar
humedecer
mojar
desinfectar (V.)
higienizar
desembarazar
lustrar
refinar
espumar (V.)
purificar
sanear (V.)

s. **podar** (V.)
desbrozar
cortar
castrar
rastrojar
descombrar
escarrar
escombrar
escardar (V.)
deschuponar (V.)
desyemar (V.)
despimpollar
mondar (V.)
descogollar
desliñar
deslechugar
despampanar
despampanillar
cribar (V.)
dragar (V.)

s. **acantilar** (V.)
desmamonar
destallar
rastrillar (V.)
destetillar
escamondar (V.)
escamujar
escarolar

s. **hurtar** (V.)
apandar
robar (V.)
apañar
estafar
quitar
escamotear

s. **suprimir** (V.)
eliminar (V.)
desterrar
expulsar
echar
apartar
alejar
excluir
rechazar

s. **desaparecer** (V.)
salir
quitarse (V.)
borrarse

s. sonarse
bañarse
ducharse
mudarse (V.)
cambiarse

(V. **limpieza**)

a. *ensuciar-se*
enmohecer-se
empolvar-se
pringar-se
empañar-se
tiznar-se
emporcar-se
manchar-se
mancillar-se
devolver
respetar
dar
acercar
incluir
aparecer
entrar

limpiador
s. quitamanchas
expurgador
purificante
higienizador
lavador
frotador
bayeta
paño
cepillo (V.)
escoba
escobón
escobilla
deshollinador
aventador
almohaza
aspiradora
badil
cogedor
enceradora
escarbaorejas
limpiadientes
limpiaparabrisas
limpiauñas
esponja (V.)
gamuza
paleta
pala
zorros
sacudidor
rodilla
servilleta
trapo
limpiabarros
limpiachimeneas

s. aguarrás
gasolina
bencina
cloro
greda
lejía (V.)
jabón (V.)
amoniaco
arena
asperón
estropajo
potasa
polvos de gas
sosa
abstergente
abstersivo
esméctico
detergente (V.)
detersorio

(V. **limpieza**)

limpiadura
(V. **desperdicios**)

(V. **basura**)

limpiamiento
(V. **limpieza**)

limpiar-se
s. **enjabonar** (V.)
deterger (V.)
jabonar (V.)
fregar (V.)
acicalar
asear (V.)
ahechar
abrillantar

limpidez
s. **transparencia** (V.)
claridad (V.)
tersura (V.)
pureza
nitidez
albura
blancura
frescura
limpieza
suavidad
diafanidad
opalescencia

s. **castidad** (V.)
honradez
honestidad (V.)
escrupulosidad

a. *opacidad*
turbiedad
obscuridad
sombra
nebulosidad
deshonor
deshonestidad

límpido
s. **diáfano** (V.)
inmaculado
impoluto
pulcro
relimpio
relamido
lamido
nítido
hialino
aseado
translúcido
claro (V.)
fresco
suave
terso
neto
mondo
lirondo
alindado
soplado
morondo
moroncho
curioso
un brazo de mar
tacita de plata
cristalino
transparente (V.)
escrupuloso (V.)

(V. **limpieza**)

a. *embarrado*
emporcado
sucio
mugriento
manchado
opaco
obscuro
turbio

limpieza
s. **higiene** (V.)
pulcritud
nitidez (V.)
aseo (V.)
policía
curiosidad
mundicia
depuración (V.)
limpia
espulgo (V.)
limpión
limpiamiento
mundificación
expurgación (V.)
zafarrancho
expurgo
descontaminación
detersión (V.)
saneamiento (V.)
abstersión
lavado (V.)
desengrase (V.)
fregado (V.)
criba
destrozo (V.)
colada
desinfección (V.)
lavatorio
ablución
encerado
decapado
embetunado
acicalamiento
atildamiento
baldeo
aliño
aljofifado
blanqueado
desempolvadura
despolvoreo
cuidado
barrido
cepillado
baño
ducha
sauna (V.)
quitamanchas
sacamanchas
riego
enjuague
aclarado
jabonadura
jabonado
enjabonamiento
blanqueo

s. **pureza** (V.)
castidad (V.)
virginidad
inocencia (V.)
candor (V.)
candidez
doncellez
probidad
rectitud
desinterés
integridad
honradez
honestidad (V.)
generosidad
desprendimiento
honorabilidad
pundonor
nobleza
franqueza
decencia
pudor

s. **exactitud** (V.)
escrupulosidad
precisión
minuciosidad
perfección (V.)
facilidad
destreza (V.)
nitidez
agilidad

s. **refinación** (V.)
pulimento
meticulosidad
detalle

s. **limpiador** (V.)

a. *abandono*
incuria
suciedad
mancha
inmundicia
impureza
gorrinería
cerdada
mugre
cochambre
asquerosidad
tizne
chafarrinón
desaseo
pringue
emporcamiento
sordidez
mácula
roña
borrón
interés
egoísmo
impudor
deshonestidad
imperfección
dificultad
descuido
negligencia

limpio
s. **pulcro** (V.)
atildado
aseado (V.)
límpido
respirable
cristalino (V.)
transparente
claro (V.)
higiénico (V.)
higienizado
depurado
terso (V.)
suave
lavado (V.)
fregado
barrido
frotado
restregado
bañado
duchado
regado
enjabonado
enjuagado
aclarado
expurgado
fregoteado
neto (V.)
relimpio
relso
nítido (V.)
lamido
mondo (V.)
lirondo
morondo
descortezado
impoluto (V.)
blanqueado
impecable
intachable
resplandeciente
brillante
saneado (V.)
purificado (V.)
casto (V.)
virgen
virginal
intacto
inmaculado (V.)
incólume
inviolado
cendido
acendrado
blanco
inocente (V.)
candoroso
cándido
decente (V.)
puro (V.)

s. íntegro
honesto (V.)
honrado
noble
desinteresado
pundonoroso
franco
confesable
sincero

s. **exacto** (V.)
preciso
detallado
definido
perfecto (V.)
diestro
fácil
mañoso
ágil
escueto

s. **despejado** (V.)
expedito
libre (V.)
solo (V.)
vacío (V.)
desembarazado
desocupado
horro

s. **escardado** (V.)
desyemado
castrado
deschuponado
podado
despimpollado

(V. **limpieza**)

a. *sucio*
pringoso
tiznado
mugriento
desaseado
cerdo
cochino
marrano
cochambroso
estropajoso
empañado
inmundo
puerco
emporcado
enfangado
enlodado
sórdido
asqueroso
roñoso
mancillado
impuro
ajado
malicioso
indecente
deshonesto
innoble
interesado
imperfecto
torpe
desmañado
difícil
inexacto
ocupado
atascado

linaje
s. ascendencia
descendencia
dinastía (V.)
geno
raza (V.)
casa
estirpe (V.)
cuna (V.)
alcurnia (V.)
sangre (V.)
prosapia (V.)
nobleza

(cont.)

solar (V.)
cepa
hogar
blasón
progenie (V.)
casta (V.)
tronco
rama (V.)
línea
generación
nacimiento (V.)
sucesión
generación
varonía
mayorazgo
abolengo (V.)

s. condición
clase
naturaleza
género
especie (V.)
laya
índole

r. Los linajes más soberbios, del polvo nacieron ■ Robles, palmas y pinos, todos son primos ■ Obras hacen linaje; no nombres ni trajes ■ Ufánate de tus hechos y no de pergaminos viejos

linajudo
s. **aristocrático** (V.)
aristócrata
hidalgo (V.)
ahidalgado
noble (V.)
patricio
señorial
solariego (V.)
encopetado (V.)
de alto copete
de alto coturno
de sangre azul
distinguido
principal
caballeroso
real
imperial
feudal
ducal
archiducal
principesco

(V. **linaje**)

a. *lacayuno*
servil
villano
plebeyo

linaza
(V. **lino**)

lince
s. listo
rayo
genio
águila
perspicaz
vivo
despierto
agudo
avispado
clarividente
inteligente
sagaz (V.)
penetrante
caladizo
linceo

s. lobo cerval
lobo cervario
félido
mamífero (V.)

s. vista de lince
ojo de lince

a. *torpe*
zote
obtuso
ceporro

lincear
s. **descubrir** (V.)
notar
apercibir
sospechar
columbrar
olfatear
vislumbrar
calar
penetrar
percibir

(V. **lince**)

a. *obnubilar*
velar
recatar

linchamiento
s. **ajusticiamiento** (V.)
eliminación
liquidación
ejecución
lapidación
ahorcamiento
venganza (V.)
abuso
atropello

a. *respeto*
perdón
indulto

linchar
s. **matar** (V.)
ejecutar
ajusticiar
eliminar
liquidar
vengarse (V.)
atropellar

(V. **linchamiento**)

a. *perdonar*
indultar
respetar

lindante
(V. **limítrofe**)

lindar
s. confinar
rayar (V.)
alindar
tocar (V.)
besarse
pegar
estar contiguo
ser medianero
colindar
confrontar
rozarse
descabezar

s. **limitar** (V.)

(V. **linde**)

a. *distanciar*
alejar
separar

linde
s. límite
confín (V.)
lindero
lindera
ribazo
lomo
lindazo
mota
acirate
gavia
almorrón
borde
mojón
indicación
hito
marco
empalizada
coto
moto
cavacote
guardacantón
marmolillo
poste
majano
divisa
murias
abeurrea
surcaño
morcuero
muga
hincón
jalón
pina
caballón
testigos
mojonera
patio
amojonamiento
señal

lindero
(V. **limítrofe**)

lindeza, s
s. **belleza** (V.)
hermosura
preciosidad
encanto
atractivo
garbo
donaire
venustidad
venustez
lindura
originalidad
singularidad
delicadeza
guapura
guapeza
gentileza
esbeltez
ideal
bonitura
gallardía

s. gracia
chiste
piropo (V.)
donosura
graciosidad
requiebro
flor
terneza
lisonja

s. **agudeza** (V.)
ingenio

s. insultos
vituperio (V.)
ofensas
denuestos
improperio (V.)
groserías

a. *fealdad*
imperfección
torpeza
indelicadeza
estupidez
elogio

lindo
s. **bello** (V.)
hermoso
gracioso
grácil
bonito
pulcro
primoroso
cuco (V.)
delicado
sugestivo
atractivo
estético
garrido
lozano
guapo
pintado
precioso (V.)
encantador
apuesto
compuesto
florido
elegante
garboso
agraciado
exquisito
delicado
majo
barbilindo
adonis
narciso
serafín
cielo
corrongo
encanto
sol
jarifo
perfecto
primoroso
venusto
apacible

s. **afeminado** (V.)
presumido
garzón
petimetre
barbilindo
alindado

s. **bonito** (V.)
perfecto
cabal
bueno

s. lindo Don Diego de lo lindo

(V. **lindeza**)

a. *feo*
antiestético
horrible
defectuoso
imperfecto

línea
s. **raya** (V.)
trazo (V.)
tilde
vírgula
barra
guión
tachón
canilla
vareta
rasgo
zig-zag
guión
ducha
veta
ángulo
barra
surco
ranura

s. **renglón** (V.)
ringlera
hilera
fila (V.)
ristra
liño
ringlero

s. cola
hilada
sarta

s. trayecto
itinerario
vía
recorrido
camino (V.)
dirección
límite
trinchera
longitud

s. **eje** (V.)
radio (V.)
bisectriz
diámetro (V.)
lado
secante
tangente
vertical
perpendicular
oblícua
diagonal (V.)
generatriz
coordenada (V.)
horizontal
paralela
apotema
cateto
hipotenusa
sagita
asíntota
cuerda
semieje
eje de simetría
arista

s. **linaje** (V.)

s. **límite** (V.)

s. **geometría** (V.)

s. línea abscisa
línea recta
línea colateral
línea curva
línea de agua
línea de circunvalación
línea de flotación
línea de contravalación
línea de defensa
línea de doble curvatura
línea de las cuerdas
línea cordométrica
línea de la tierra
línea del diámetro
línea del fuerte
línea de los ápsides
línea de los sólidos
línea del Ecuador
línea estereométrica
línea infinita
línea maestra
línea ordenada
línea quebrada
línea telefónica
línea aérea
línea de cabotaje
línea transversal
línea isóbara
línea neutra

s. en toda la línea
echar una línea
apartar la línea del punto
leer entre líneas
tirar por línea curva
tirar por elevación
guardar la línea
en líneas generales
en primera línea
en su línea

lineal
s. rectilínea
listado
listeado
rayado
rayoso
alistado
veteado
avetado
vetado
mistilíneo
curvilíneo
entrelistado
bandeado
barrado
escrito
vetisesgado
largueado

s. dibujo lineal
perspectiva lineal

s. largo
delgado
linear

(V. **línea**)

linear
s. **bosquejar** (V.)
tirar
vetear
rayar
subrayar
interlinear
arañar
barrear
tachar
reglar
pautar
alinear
surcar
acordelar
estacar
cuadricular
trazar
dibujar

(V. **línea**)

linfa
s. serosidad
humor (V.)
plasma (V.)
suero
acuosidad
ganglio (V.)
vacuna (V.)
vaso quilífero
vena láctea
agua (V.)
quilo

s. linfa animal
linfa aplástica
linfa euplástica
linfa fibrinosa
linfa humanizada
linfa inflamatoria
linfa plástica
linfa de Koch
linfa vacunal

linfático
s. nodular
ganglionar
escrofuloso

s. **apático** (V.)
abúlico
débil

(V. **linfa**)

a. *energético*
activo

linfatismo
s. linfagitis
ganglionitis
escrofulismo
adenopatía
infarto
enfermedad (V.)

s. agramadera
espadilla (V.)
maza
rastrillo
sedadera
tascador
gramilla

s. lienzo
tela
hilo
hilaza
tejido
cáñamo (V.)

s. aceite de linaza
harina de linaza
cataplasma de linaza

linfocito
(V. **leucocito)**

linfoma
s. linfosarcoma
linfadenoma
adenia
tumor (V.)
neoplasma
hipertrofia
hinchazón
linfomatosis

s. linfoma atípico
linfoma maligno
linfoma metatípico
linfoma múltiple
linfoma típico
linfoma tuberculoso

lingote
(V. **barra)**

linguete
(V. **trinquete)**

lingüista
(V. **filólogo)**

lingüística
(V. **filología)**

lingüístico
(V. **filológico)**

linimento
s. embrocación
bálsamo
ungüento
linimiento
fricción (V.)
friega

link
(V. **golf)**

lino
s. **planta** (V.)
cárbaso
baga
gárgola
capullo
cerda
bayal
mazorca
husada
linaza
copo
cerrocuscuta
tiñuela
rascalino

s. bagar
agramar
espadillar
rastrillar
desbagar
asedar

linóleo
s. linóleum
hule (V.)
plástico
skay
tejido
impermeable (V.)

s. suelo
pavimento (V.)

s. yute
corcho pulverizado
aceite de linaza
resina
goma kauni

linóleum
(V. **linóleo)**

linotipia
s. linotipo
impresora (V.)

s. tipos
matrices
almacén
teclado
brazo
crisol
espaciador
galera receptora
componedor
justificación
molde
cliché
distribuidor
bloque

linotipista
impresor (V.)

s. tipógrafo
cajista

(V. **linotipia)**

linotipo
(V. **linotipia)**

lintel
(V. **dintel)**

linterna
s. fanal
farol (V.)
luz
lámpara (V.)
reflector
foco
faro (V.)
proyector (V.)
lantía
fogaril (V.)
lanterna

s. bombilla
pila
acumulador
botón
resorte
contacto

s. **cúpula** (V.)
cupulina
torrecilla

s. linterna mágica
linterna de proyección

lío
s. envoltorio
fardo (V.)
petate (V.)
bulto
paquete (V.)
cadejo
atado
atadijo
fardel
rollo
rebujo
ovillo
tamal
paca
empacado
bojote
bala

s. **jaleo** (V.)
embrollo
apuro
confusión
bollo
revoltijo
berenjenal
embolismo
maraña
engaño (V.)
enredo (V.)
desbarajuste
caos
desorden
mezcla
melee
revoltillo
trampa
mentira
dificultad
enmarañamiento
avispero
chisme (V.)
intriga (V.)
difamación

s. amorío
apaño
entendimiento
amancebamiento (V.)
arreglo
trapisonda (V.)

a. *orden*
armonía
paz
verdad
claridad
rectitud
facilidad
casamiento
legitimidad

liorna
(V. **jaleo)**

(V. **confusión)**

lioso
s. **enredador** (V.)
liante
chismoso (V.)
embrollón
embrollador
trapisondista
embarullador (V.)

cuentista (V.)
charlatán
pícaro
pillastre

s. **enredado** (V.)
confuso (V.)
liado
difícil
intrincado
enmarañado
complicado
ininteligible

(V. **lío)**

a. *clarificador*
aclarador
discreto
sincero
pacificador
claro
meridiano
fácil
solucionado

lipemanía
(V. **melancolía)**

lipoide
(V. **grasa)**

lipoideo
s. **grasoso** (V.)
grasiento
mantecoso
aceitoso
butiroso
sebáceo
pringoso

(V. **lipoide)**

a. *seco*
magro
enjuto

lipoma
(V. **tumor)**

lipotimia
(V. **desmayo)**

liquefacción
(V. **licuefacción)**

liquen
s. criptógama
calchacura
urchilla
cetrarina
pulmonaria
alga (V.)
hongo (V.)
planta (V.)
talofita

liquidación
s. **quemazón** (V.)
barato
remate (V.)
ganga
venta (V.)
saldo (V.)
rebaja
balance
baratura
cierre
finiquito
abaratamiento
derroche

ajuste
restos
clearing
retales

s. **licuefacción** (V.)

s. muerte
eliminación
aniquilación
matanza
supresión
terminación (V.)
exterminio (V.)
extirpación

s. *encarecimiento*
alza
solidificación
respeto
indulto
perdón

liquidador
s. subastador
abaratador
funcionario
contable (V.)
aforador
vendedor (V.)

(V. **liquidación)**

a. *comprador*

liquidar-se
s. ajustar
realizar
saldar (V.)
vender (V.)
rebajar (V.)
rematar
malvender (V.)
abaratar
arquear
hacer balance
pagar
finiquitar
subastar (V.)
descuajar
derrochar
encarpetar (V.)

s. **exterminar** (V.)
extinguir (V.)
matar
acabar
aniquilar
concluir
eliminar
terminar (V.)

s. **fundir** (V.)
fluir
derretir (V.)
abatir
gotear
correr
segregar
chorrear
brotar
manar
rezumar
filtrar
regolfar
reducir
espesar
gasificar (V.)
discurrir
destilar
descender
salir
mojar
batir
licuar-se (V.)

(V. **liquidación)**

a. *encarecer*
subir
comenzar
conservar
perdonar
indultar
solidificar
secar

liquidez
s. densidad
fluidez
licuación
fluidificación
liquidación
fusión (V.)
derretimiento
filtración
rociamiento
ebullición
licuefacción
colicuación
deshielo
destilación
riego
disolución
transvasación
transvase
envase

a. *solidificación*

líquido
s. **fluido** (V.)
humor (V.)
licor
zumo
suco
caldo
infusión
agua (V.)
acuosidad
brebaje
linfa
jugo
néctar
savia (V.)
elixir
poción
solución
disolución
emulsión
lechada
loción
pócima
suero
sanguaza
salsa

s. **sedimento** (V.)
superficie
nata
hebra
flor
menisco
heces (V.)

s. burbuja
chorro (V.)
gota
hilo
chisguete
gasto
vena
trago
sorbo
pompa

s. ósmosis
densidad
capilaridad (V.)
delicuescencia

s. **neto** (V.)
deducido
descontado
descuento
saldo
residuo
suma
ganancia
resultado
resto

(V. **liquidez)**

a. *gas*
sólido
seco
sequedad
pérdida
bruto

lira
s. **instrumento** (V.)
cítara
nabla
heptacordo
terracordo
pentacordio
pentacordo
octacordo
pectis
magadis
sambuca
barbitos
trigonio
salterio

s. caja
montantes
travesaño
clavijas o llaves
cuerdas

s. **inspiración** (V.)
poesía
verso

a. *prosa*

lírica
s. **poesía** (V.)
poética
elegía
oda
soneto
himno
lirismo (V.)
inspiración
exaltación
entusiasmo

a. *prosa*
prosaísmo
frialdad

lírico
s. **poético** (V.)
elegíaco
bucólico
épico
idílico
inspirado
tierno
entusiástico
exaltado (V.)

(V. **lírica**)

a. *prosaico*
vulgar
frío

lirio
s. lis
planta (V.)
lirio blanco
lirio cárdeno
lirio de agua
lirio de los valles
lirio hediondo

lirismo
s. inspiración
poesía (V.)
vehemencia
exaltación (V.)
entusiasmo
ternura
lírica (V.)

a. *frialdad*
prosaísmo
dureza
crudeza

lirón
(V. **dormilón**)

lis
(V. **lirio**)

lisiado
s. contusionado
lesionado
inválido (V.)
mutilado (V.)
tullido
derrengado
baldado
impedido
estropeado
contrahecho
manco (V.)

s. **chiflado** (V.)
deseoso
vehemente
aficionado (V.)
hincha

a. *sano*
robusto
desinteresado

lisiar-se
s. **mutilar** (V.)
tullir (V.)
baldar
herir (V.)
contusionar
mancar
atrofiar
impedir
anquilosar
paralizar
inmovilizar
dañar
estropear
inutilizar
lesionar (V.)
imposibilitar
maltratar
dislocar
torcerse
descalabrar

a. *sanar*
rehabilitar-se
recuperar-se
cuidar
respetar

liso
s. **igual** (V.)
plano
superficial (V.)
llano (V.)
recto
suave (V.)
fino
horizontal (V.)
igualado
nivelado (V.)
raso
planchado
terso (V.)
parejo (V.)
lene
romo
homogéneo
uniforme
monótono

s. entero
continuo
seguido (V.)
macizo
sólido

s. **sencillo** (V.)
exento
desnudo
elegante

s. liso y llano

(V. **lisura**)

a. *áspero*
arrugado
desigual
desparejo
escabroso
rugoso
chafado
abollado
abrupto
fragoso
heterogéneo
desnivelado
vertical
discontinuo
complicado

lisonja
s. **floreo** (V.)
halago (V.)
mimo
engaño
lisonjeamiento
candonga
incensación
zalamería (V.)
zarracatería
alabanza
aplauso
carantoña
garatusa
elogio
incienso
jabón (V.)
pelota
caricia
obsequio (V.)
lametón
pelotilla
coba
adulación (V.)
bombo
requiebro (V.)
piropo
parresia
turificación

a. *sinceridad*
desaire
tarascada
vituperio
crítica

lisonjeador
s. **engatusador** (V.)
adulador
halagador
embelecador
zalamero (V.)
tiralevitas
pelota
pelotillero
cobista
lameculos
lavacaras

(V. **lisonja**)

a. *critićon*
reparón
catón
murmurador
acusador
reprobador
detractor
fustigador

lisonjear-se
s. **alabar** (V.)
elogiar
incensar
halagar (V.)
camelar
jonjabonar
barbear
jonjabar
requebrar (V.)
incensar
dar coba
dar jabón
hacer coro
candonguear
lisonjar
minar (V.)
agasajar (V.)
adular (V.)
camelar
engatusar
festejar
enjabonar
incensar
agradar (V.)
deleitar
gustar
complacer (V.)
regalar
satisfacer
conquistar
obsequiar (V.)
propiciar (V.)
aplaudir

(V. **lisonja**)

a. *despreciar*
desairar
denostar
desagradar
criticar
insultar
vituperar
atacar
denegar

lisonjero
s. zalamero
candongo
alabancioso
halagador
elogioso (V.)
jonjabero
florero (V.)
pelotillero
tiralevitas
lameculos
halagüeño (V.)
cobista
adulador (V.)

s. deleitable
agradable (V.)
simpático
grato (V.)
satisfactorio
delicioso
ameno
placentero
deleitoso
complaciente
prometedor

(V. **lisonja**)

a. *despreciativo*
denostador
desagradable
ingrato
criticador
sincero

lista
s. **nómina** (V.)
guía (V.)
enumeración
repertorio
índice (V.)
rol
registro (V.)
serie (V.)
catálogo (V.)
tabla (V.)
cuadro
elenco
menú
relación (V.)
terna (V.)
programa
censo
inventario (V.)
padrón (V.)
minuta (V.)
canon
receta (V.)
retahíla
factura
catastro
escalafón (V.)
listín
estado
estadillo
letanía
sílabo
silabario
abecedario
diccionario (V.)
nomenclatura
nomenclátor
léxico
estadística
matrícula (V.)
anuario
tarifa (V.)
arancel
cuenta
plan
detalle
orden del día

s. **tira** (V.)
franja
raya
banda (V.)
cinta
gaya
veta
estría
línea

s. a listas
pasar lista
lista negra
lista grande
lista de correos
lista civil

listado
s. **rayado** (V.)
veteado (V.)
listeado
atirelado
varado
entrelistado
largueado
a listas

(V. **lista**)

a. *liso*
uniforme

listar
(V. **alistar**)

(V. **inventariar**)

(V. **rayar**)

listeza
s. **inteligencia** (V.)
imaginación
talento
agudeza
destello
penetración
clarividencia
trascendencia
perspicacia
capacidad
sutileza
astucia
ingenio (V.)
sagacidad
vista
ligereza (V.)
presteza
viveza
prontitud

a. *torpeza*
bobería
lentitud
pesadez
estupidez
memez
simpleza
papanatismo
sandez
estolidez
necedad

listín
(V. **lista**)

listo
s. claro
despierto
inteligente
despejado
preparado (V.)
avispado
astuto (V.)
sagaz (V.)
despabilado
espabilado (V.)
clarividente
agudo (V.)
dispuesto (V.)
vividor
precoz
penetrador
talentudo
talentoso
vivo (V.)
fino
lince
avisado
ingenioso (V.)

s. diligente
rápido
veloz
presto (V.)
expedito
pronto (V.)
activo
dinámico
atento
vigilante
alerta (V.)
cogerlas al vuelo
ver crecer la hierba
saber mas que Lepe
tener muchas horas de vuelo
no tener un pelo de tonto
tener mucho mundo
tener vista de lince
saber más que Briján
saber dónde le aprieta el zapato
tener muchas conchas
dirigir el cotarro
ser una centella

(V. **listeza**)

a. *torpe*
zote
atontado
tardo
pesado
lento
sandio
zoquete
romo
lerdo
cretino
estúpido
memo
alelado
simplón
pazguato
ceporro
papanatas

listón

s. **madera** (V.)
larguero
madero (V.)
moldura (V.)
rastrel
mediacaña
mangueta
taujel
barrote
listel
cuadrante
tabla (V.)
tablilla (V.)
ristrel
tapajuntas
palo (V.)
tarabilla
filete

s. lista
cinta (V.)
faja
raya

lisura

s. **tersura** (V.)
igualdad
suavidad (V.)
llanura
pulidez
pulimento
finura
lustre
ras

s. sencillez
dulzura
dulcedumbre
ingenuidad (V.)
llaneza
sinceridad (V.)
afabilidad
campechanía
franqueza
mansedumbre
candidez
naturalidad

a. *arruga*
desigualdad
altivez
zorrería
crudeza
picardía
aspereza

litargirio

s. **plomo** (V.)
almártaga
almártega
almártiga
diapalma
óxido (V.)

litera

s. catre
hamaca
cama (V.)
yacija
camastro

s. palanquín
parihuelas
angarillas (V.)
andas
banzo
carcón
basterna
asiento
lechera
silla de manos
camilla

literal

s. preciso
puntual
completo
exacto (V.)
propio
fiel
calcado
idéntico
igual (V.)
textual (V.)
concreto
recto
al pie de la letra
conforme a la letra

s. traducción literal

a. *resumido*
diferente
libre
fragmentario
amañado

literario

s. **poético** (V.)
retórico (V.)
intelectual
culto
cultivado
dramático
lírico
épico
conceptuoso
romántico
clásico
culterano
dadaísta
barroco
impresionista
naturalista
realista
surrealista
simbolista
místico
elocuente

s. **rebuscado** (V.)
pedante
pedantesco
afectado
falso

(V. **literatura**)

a. *sencillo*
humilde

literato

s. **escritor** (V.)
autor
publicista
intelectual
académico
ateneísta
redactor
compilador
comentarista
purista
clásico
prosista
prosador
poeta
cultiparlista
retórico
hombre de letras
gente de letras
gente de pluma
redactor
colaborador
periodista
pluma
creador
ensayista
dramaturgo (V.)
novelista
crítico
tratadista
enciclopedista
folletinista
publicista
cronista
tomista
prologuista
fabulista
cuentista (V.)
costumbrista
polemista
libretista
místico
biógrafo
antólogo
polígrafo
historiador
narrador
plumífero

(V. **literatura**)

a. *analfabeto*
inculto

literatura

s. lenguaje
retórica
escritura
inspiración
musa
poética
filología (V.)
erudición
gramática
humanismo
humanidades
letras
letras humanas
bellas letras
buenas letras

s. **retórica** (V.)
poética (V.)
periodismo
redacción
narración
descripción
historia
novela (V.)
teatro (V.)
crítica
ensayo
escrito
composición (literaria)
obra
libro (V.)
monólogo
diálogo
coloquio
poesía (V.)
prosa
alegoría
florilegio

s. texto
trama
textura
estructura
plan
asunto
acción
fábula
enredo
episodio
trance
lance
desenlace
nudo
epílogo
prólogo
preámbulo

s. escuela
purismo
tradición
clasicismo
conceptismo
cultismo
culteranismo
cervantismo
gongorismo
realismo
romanticismo
impresionismo
tremendismo
dadaísmo
marinismo
realismo
surrealismo
simbolismo
costumbrismo

s. **estilo** (V.)
pluma (V.)
carácter
forma
lenguaje
dicción
elocución
frase
fraseología
matiz
tópico
ripio
vulgaridad
lugar común
latines
giro
metáfora
tropo
metagoge
abusión
metonimia
catacresis
sinécdoque
metalepsis
silepsis

s. figura
símil
alegoría
clímax
comparación
enumeración
paradoja
paradiástole
apóstrofe
énfasis
concesión
prosopopeya
parresia
epítrope
deprecación
imprecación
execración
reticencia
alusión
preterición
circunloquio
perífrasis
perifrasi
rodeo
eufemismo
dubitación
ironía
sarcasmo
sátira
eutrapelia
humorismo
equívoco
retruécano
repetición
anáfora
epanáfora
sinonimia
datismo
epítome
epístrofe
traducción
asonancia
disonancia
onomatopeya
oratoria (V.)
elegancia
claridad
concisión
floridez
galanura
gracia
soltura
ingenio
movimiento
valentía
vigor
carácter
color
floridez
elocuencia (V.)
remplonería
amaneramiento
ampulosidad
rebuscamiento
conceptuosidad
cultería
lirismo
hinchazón
elación
vulgaridad
ambigüedad
prolijidad
confusión

s. literatura médica
literatura jurídica
literatura clásica
literatura barata
literatura de cordel

a. *analfabetismo*
incultura

litiasis

s. litogénesis
cálculo (V.)
concreción
depósito
arenas
arenillas
coprolito
mal de piedra

s. litotricia
riñón (V.)
hígado (V.)
vesícula (V.)
biliar

s. litiasis apendicular
litiasis biliar urinaria
litiasis conjuntival
litiasis intestinal
litiasis pancreática

litigante

s. oponente
querellante (V.)
contendiente
denunciante
demandante
pleiteador
adversario
pleiteante
parte contraria
liticonsorte

(V. **litigio**)

a. *demandado*
denunciado

litigar

s. **pleitear** (V.)
querellarse (V.)
demandar
denunciar
deponer
contender
proceder
recurrir (V.)
declarar
comparecer
actuar
disputar
lidiar
llevar a los tribunales

s. pelear
reñir (V.)
discutir (V.)
controvertir
porfiar
altercar
debatir
cuestionar
ventilar
argüir

(V. **litigio**)

a. *acordar*
convenir
avenirse
coincidir

litigio

s. impugnación
pleito (V.)
querella (V.)
enjuiciamiento
juicio
proceso
sumario
demanda
causa (V.)
lite
litis
recurso

s. **disputa** (V.)
contienda
diferencia (V.)
pelotera
altercado
riña
lucha (V.)
discusión
controversia
pelea
porfía
competición
polémica
cuestión
debate

a. *acuerdo*
avenencia
paz

litigioso

s. litigante
querellante
pleiteante
pleiteador
parte

s. **contencioso** (V.)
cuestionable
disputable
debatible
dudoso (V.)
indeciso
polémico
camorrista
debatido
cuestionable

(V. **litigio**)

a. *claro*
evidente
pacífico
cierto
incuestionable

litografía

s. litotipografía
impresión (V.)
grabado
reporte
dibujo
reproducción
estampación
offset

s. cliché
plancha
piedra litográfica
tinta
rodillo

litoral

s. **costero** (V.)
ribereño
riberano
mediterráneo (V.)

s. **costa** (V.)
playa
orilla
marina (V.)
ribera
acantilado
margen
riba
ribazo
borde

a. *interior*

litro
(V. **medida**)
(V. **capacidad**)

lituo
(V. **bastón**)
(V. **insignia**)

liturgia
(V. **culto**)

litúrgico
(V. **liturgia**)

liviandad
s. deshonestidad
descoco
lujuria (V.)
frivolidad
impudicia
desenfreno
desvergüenza
libertinaje
volubilidad
infidelidad
versatilidad
mutabilidad
inconstancia (V.)
ligereza (V.)
a. *honestidad*
castidad
pureza
firmeza
fidelidad
hondura

liviano
s. **libertino** (V.)
impúdico
lujurioso
lascivo (V.)
s. frágil
sutil
ligero (V.)
incorpóreo
ingrávido
vaporoso
lene
leve (V.)
aéreo
etéreo
s. somero
baladí
anodino
frívolo (V.)
venial
superficial (V.)
hueco
huero
vacío
fútil
insubstancial
insignificante
de poca monta
s. versátil
mudable
cambiable
voluble (V.)
tornadizo
inconstante (V.)
voltario
inseguro
dudoso
dubitativo
desleal
adúltero
infiel
s. **asadura** (V.)
pulmón (V.)
bofe
hígado
corada
(V. **liviandad**)
a. *honesto*
casto
pesado
importante
firme
leal
constante
denso
pesado
espeso
macizo

lividez
s. **palidez** (V.)
demacración
blancura
marchitamiento
s. amoratamiento
enrojecimiento
congestión
a. *negror*
negrura

lívido
s. exangüe
ajado
marchito
descolorido
pálido (V.)
ojeroso
blanco
blanquecino
cadavérico
descolorido (V.)
demacrado
s. amoratado
marchito
apagado
cárdeno
morado
violáceo
(V. **lividez**)
a. *rozagante*
saludable
colorado
moreno

living-room
(V. **sala**)

livor
(V. **morado**)
(V. **envidia**)
(V. **malignidad**)

liza
s. campo
plaza
arena
estrado
palenque
palestra (V.)
estadio
ruedo
s. lisa
mújol (V.)
s. **combate** (V.)
pelea
lucha (V.)
a. *paz*
pacificación

lizo
(V. **hilo**)
(V. **tejido**)
(V. **telar**)

llaga
s. **herida** (V.)
úlcera (V.)
quemadura (V.)
lesión
plaga
carie
boquera
carnosidad
costurón
chancro
matadura (V.)
botana
tumor
seno
fontículo
exutorio
serpigo
ulceración (V.)
antracosis
callosidad
s. daño
infortunio
desgracia
pesadumbre
dolor
pena (V.)
disgusto
pesar
s. renovar las llagas
r. Llaga incurable, vida miserable ■ La mala llaga sana; la mala fama mata ■ Sanan llagas, y no malas palabras ■ Llagas y cuentas viejas, malas llagas y malas cuentas

llagado
s. **herido** (V.)
ulcerado (V.)
supurado
agrietado
abierto
cancerado
llagoso
(V. **llaga**)
a. *cerrado*
curado
sano
cicatrizado

llagar-se
s. cancerarse
ulcerarse (V.)
enfistolarse
encentrarse
encorecer
lagar
exulcerar
afistularse
herirse
lesionarse
encorar
sentarse
estiomenar
plagar (V.)
(V. **llaga**)
a. *curar-se*
sanar-se

llama
s. flama
llamarada
fogarada
hoguera (V.)
chamarasca
soflama (V.)
fogonazo
deflagración
pira
fogata
fogón
fuego (V.)
tea
falla
marjal
soplete
candelada
candela
combustión
rogo
fogaje
magosto
magosta
ángaro
lengua de fuego
fuegos fatuos
fuego de San Telmo
fuegos artificiales
alcandora
brasa
s. **apasionamiento** (V.)
ardor
fuego amoroso
pasión
abrasamiento
entusiasmo
vehemencia
s. **mamífero** (V.)
carnero
vicuña
alpaca
cencapa
caracha
guanaco
oveja
s. claridad
fulgor
luz (V.)
claror
luminaria (V.)
r. Huir de la llama y dar en la brasa
a. rescoldo
frialdad
obscuridad

llamada
s. **señal** (V.)
advertencia
nota
cita (V.)
corrección
aviso
signo
invocación
s. **convocatoria** (V.)
edicto
orden
mandamiento
citación
cédula
s. **llamamiento** (V.)
voz
grito
telefonazo (V.)
reclamo (V.)
s. **toque** (V.)
diana
clarinazo
orden
trompetazo (V.)
rebato
golpe
timbrazo (V.)
campanillazo
aldabonazo
s. **atracción** (V.)
influjo
seducción
imán
a. *omisión*
olvido
silencio
repulsión

llamador
s. avisador
llamante
convocador
citador
citatorio
invocatorio
s. **aldaba** (V.)
tirador
aldabón
picaporte
botón
pulsador
timbre (V.)
pera
campanilla
campana (V.)
gong
avisador
zumbador
(V. **llamamiento**)

llamamiento
s. **apelación** (V.)
exhortación (V.)
covocación
llamada (V.)
evocación
invocación (V.)
aviso
advertencia
citación (V.)
testamentifacción (V.)
exhorto
edicto
indicción (V.)
indicación
invitación (V.)
s. reto
desafío (V.)
intimación
s. **inspiración** (V.)
soplo
sugestión
voz
a. *omisión*
olvido
desdén
desprecio

llamar-se
s. **adjetivar** (V.)
nombrar (V.)
evocar
apellidar
denominar
intitular (V.)
designar
titular
s. gritar
vocear
clamar (V.)
chillar
chistar
reclamar
rebuznar (V.)
piar
huchear
chitar
advertir
pedir
golpear
tocar (V.)
percutir
pulsar
aporrear
aldabear
picar
petar
tocar el timbre
tocar la campana
oprimir
pegar con los nudillos
s. **atraer** (V.)
gustar
apetecer
chiflar
enloquecer
s. **invitar** (V.)
reunir (V.)
invocar
citar (V.)
convocar (V.)
emplazar
avisar (V.)
requerir
solicitar
s. llamar la atención
llamar a capítulo
llamar a filas
llamar a escena
llamar al orden
llamar a voces
llamar a la puerta de alguien
meterse donde no le llaman
llamarse andana
llámale hache
llamarse a engaño
lo que se llama
(V. **llamamiento**)
a. *callar*
silenciar
omitir
repeler
olvidar
desdeñar

llamarada
s. llama
fogonazo
resplandor (V.)
fogarada
fogata
alfamarada
soflama
deflagración
centelleo
chispazo
rayo
relámpago
centella
fulgor
brillo
fuego
ignición
combustión
explosión
s. **rubor** (V.)
rubicundez
vergüenza
s. **arrebato** (V.)
pasión
acceso
flechazo
arranque
a. *frialdad*
apagamiento
ceniza
opacidad
palidez

(cont.)

enfriamiento
desinterés
indiferencia

llamativo
s. **estridente** (V.)
provocativo
provocante
excitante
excitador
impresionante (V.)
ocasionador
atrayente
atractivo
vistoso (V.)
sugestivo
hechicero
coquetón
rozagante
exagerado (V.)
extravagante (V.)
interesante
brillante (V.)
excéntrico
chocante
charro
excitativo
presuntuoso
chillón (V.)

(V. **llamada**)

a. *humilde*
sencillo
vulgar
discreto
inadvertido
repelente
sobrio
severo

llameante
s. **ardiente** (V.)
resplandeciente
centelleante
chispeante
quemante
flamante
rutilante
brillante
flámeo
flamígero
flamívoro
inflamable

(V. **llama**)

a. *apagado*
marchito
lánguido

llamear
s. **arder** (V.)
flamear
inflamar
brillar
rutilar
centellear
avivar
atizar
fogarear
fogarizar
relucir
relampaguear
refulgir
despabilar
alumbrar
flamigerar
relumbrar
quemar fallas

(V. **llama**)

a. *apagar*
enfriar
extinguir

llana
s. **plana** (V.)
trulla
badilejo
herramienta (V.)

s. asa
plancha

s. **llanura** (V.)

s. dar de llana

llanada
(V. **llanura**)

llaneza
s. **sencillez** (V.)
naturalidad (V.)
simplicidad
modestia
humildad
sinceridad (V.)
franqueza
confianza
moderación
campechanía
espontaneidad
afabilidad
amabilidad
simpatía
ingenuidad
candidez
buena fe
jovialidad
sobriedad

a. *soberbia*
presunción
orgullo
gongorismo
ampulosidad
ceremonia
rigidez
tiesura
envaramiento
falsedad
antipatía

llano
s. igual
raso (V.)
terso
plano (V.)
liso (V.)
allanado
rasa
estepario
descampado
desértico
chato
aplastado
uniforme
monótono
arranado
conforme

s. accesible
asequible (V.)
sencillo (V.)
humilde
abierto (V.)
franco
condescendiente
afable
sociable
natural (V.)
sincero (V.)
tratable (V.)
espontáneo
campechano (V.)

s. sencillo
sin adorno
elegante
sobrio (V.)
claro (V.)
evidente (V.)
palmario
notorio
exacto
parejo (V.)
cierto
corriente

s. **fácil** (V.)
hacedero
normal
obvio
practicable
correcto
sin dificultad

s. música llana
canto llano
verso llano
estado llano
número llano
de llano en llano

(V. **llanura**)

(V. **llaneza**)

a. *desigual*
accidentado
escabroso
sinuoso
abrupto
montañoso
importante
orgulloso
recargado
difícil
embrollado
ceremonioso
afectado
protocolario
tieso
envarado

llanta
s. **cerco** (V.)
aro
calce
calzadura
banda
forro

s. **rueda** (V.)
cubierta
neumático
goma

llantera
(V. **llanto**)

llantina
(V. **llanto**)

llanto
s. **lloro** (V.)
lloriqueo
gemiqueo
plañido (V.)
llorera
planto
sollozo (V.)
gimoteo
jeremiada
perrera
perra
rabieta
lamentación
gemido
pujo
verraquera (V.)
pena (V.)
lágrima
aflicción
hipo
suspiro
queja
vagido
quejido
zollipo
singulto
hipido
pesar
amargura
tristeza
gemido
llantera
llantina
berrinche
desconsuelo

s. anegarse en llanto

r. El llanto, sobre el difunto ■ El llanto alivia el quebranto ■ Todos llorando nacieron, y nadie muere riendo ■ Debilidad es el llanto, y la ira otro tanto

a. *risa*
alegría
júbilo
consuelo
conformidad

llanura
s. **planicie** (V.)
llanada
estepa
plano (V.)
explanada (V.)
sabana (V.)
pampa
desierto
puna
valle (V.)
campo
landa (V.)
nava
rasa (V.)
vega
altozano
campo raso
ajarafe
acirate
ladería
descampado
llana
páramo
meseta (V.)
alcarria
terraza
mesa
campiña
cantón
pradera
altiplanicie
era
pando
canal
alera
rellano
antuzano
erial
yermo
arenal

a. *montaña*
sierra
pendiente
cuesta
declive
cerro
colina
elevación
prominencia

llar
s. **fogón** (V.)
hogar
lar

s. **cadena** (V.)
garabato
gancho
calderil
gramallera
abregancias
caramilleras
calamillera

llave
s. llavín
llavero (V.)
sobrellave
ganzúa
sierpe
pescada
clauca
punzón
calabaza
corchete
picaporte
cerradura (V.)

s. pala
paletón
pista
tranquila
resorte
pala
tienta
paletón
ojo
diente
guarda
tija
pista
pasador
cuña
pestillo

s. **presa** (V.)
zancadilla
traspiés

s. **dato** (V.)
información
cifra
clave (V.)
secreto
solución

s. **medio** (V.)
vía
camino
puerta
procedimiento

s. **grifo** (V.)
obturador
espita
registro
fija
canilla
válvula
toma (V.)
escape
salida
interruptor (V.)

s. **pinzas** (V.)
tenazas
alicates
palanca

s. **corchete** (V.)
puntuación
signo

s. llave capona
llave de chispa
llave de entrada
llave de paso
llave de percusión
llave de pistón
llave de tuerca
llave de tercera vuelta
llave inglesa
llave dorada
llave falsa
llave de loba
llave de la mano
llave del pie
llave maestra
llave dorada
llave doble
debajo de llave
debajo de siete llaves
echar la llave
doblar la llave
debajo de llave
bajo llave
falsear la llave
llevarse la llave de la despensa

r. No quiero llave que muchas puertas abre

llavero
s. clavero
calvario
llaverizo

s. aro
anillo
gancho
argolla
anilla (V.)
cadena
cartera

(V. **llave**)

llavín
(V. **llave**)

lleco
(V. **erial**)

llegada
s. **afluencia** (V.)
arribada
arribo
venida
acceso (V.)
advenimiento
alcance
atajamiento
presencia
aparición (V.)
asistencia (V.)
comparecencia
recepción (V.)
bienvenida
bienllegada
sobrevenida
presentación
entrada
desembarque
destino
bordada
recalada (V.)
escala

a. *marcha*
partida
ida

llegar-se
s. arribar
atracar
venir (V.)
aterrar
afluir (V.)
aterrizar
amarar
amerizar
advenir
entrar
anclar
fondear (V.)
aparecer (V.)
presentarse
asistir (V.)
comparecer
mostrarse
abordar
tocar
aportar
andar por
desembocar
plantearse
volver (V.)
poner (V.)
recalar (V.)
acudir (V.)
acercarse (V.)
regresar
inmigrar (V.)
ir
trasladarse (V.)

(cont.)

s. **extenderse** (V.)
durar (V.)
datar
alargarse
resistir
permanecer
sostenerse
alcanzar
rayar
remontarse

s. **satisfacer** (V.)
ganar
alcanzar
bastar (V.)
dar abasto

s. importar
ascender (V.)
valer
montar
salir
costar (V.)

s. ocurrir
suceder (V.)
sobrevenir
producirse

s. **conseguir** (V.)
obtener
lograr
triunfar
situarse
vencer
llegar a la cima

s. **acopiar** (V.)
reunir
juntar
allegar
acumular

s. **abarcar** (V.)
comprender
estirarse (V.)
corresponder

s. dirigirse a
encaminarse
pasarse por
visitar (V.)

s. llegar a un acuerdo
llegar lejos
llegar tarde
llegar a más
llegar a oídos de
llegar a puerto
no llegar a la suela del zapato
no llegar la sangre al río
estar al llegar
llegar a las armas
llegar a la conclusión
¡hasta ahí podíamos llegar!
todo llega en este mundo

(V. **llegada**)

a. *partir*
marchar
salir
desaparecer
faltar
alejarse
detenerse
pararse
fracasar
desperdigar
separar

llenar-se
s. **henchir** (V.)
plagar (V.)
rellenar (V.)
colmar
invadir
inundar (V.)
repletar (V.)
poblar (V.)
constelar
saturar (V.)
macizar
meter
cargar
nutrir
abarrotar
empedrar (V.)
terraplenar
completar
inflar
hinchar
cuajarse
recalcar
comprimir
introducir
entarquinar
atiborrar
atarugar
atochar
cegar
tapar
colmatar
rehenchir
enfundar (V.)
embutir (V.)
sobrellenar
empipar
infundir
insuflar
abocar
preñar
ocupar (V.)
hartar
enfundar
rebosar (V.)
cumplir
embotellar
mechar
enlatar
envasar
entonelar
empipar
embotar
envasar (V.)
calafatear
cubrir

s. **desempeñar** (V.)
ejercer
ocupar
ejercitar

s. **satisfacer** (V.)
gustar (V.)
colmar (V.)
aspirar
ilusionar
atraer

s. amostazarse
irritarse (V.)
cargarse
cansarse
hartarse (V.)
impacientarse
negarse
enfadarse
ofenderse

(V. **lleno**)

a. *vaciar-se*
escaparse
irse
sacar
salirse
derramar-se
destapar
faltar
descargar
descongestionar
abandonar
desocupar
repeler
disgustar
calmarse
sosegarse
tranquilizarse

llenazo
(V. **lleno**)

llenero
s. cumplido
cabal
completo (V.)
repleto
consumado
total
íntegro
pleno

(V. **lleno**)

a. *falto*
escaso
incompleto

llenito
(V. **gordo**)

lleno
s. colmado
pleno (V.)
cabal
completo (V.)
repleto (V.)
atestado
macizo
preñado (V.)
grávido
saturado
abarrotado
concurrido
contenido
harto (V.)
sobresaturado
pletórico (V.)
henchido
impregnado
inagotable
atiborrado
rotundo
invadido
empedrado
rebosante (V.)
abundante
compacto
cargado
sobrecargado
plenario
copioso
nutrido
congestionado
provisto
llenazo
cuajado
embutido
plagado (V.)
mechado

s. relleno
raso (V.)
tapado
cegado
nivelado (V.)
explanado
allanado

s. **satisfecho** (V.)
complacido
contento

s. sazonado
perfecto (V.)
maduro
esmerado

s. **hastiado** (V.)
irritado
enfadado
amostazado
impaciente
cansado (V.)
molesto
ofendido

s. de lleno
de plano
a manos llenas
haber un lleno
aguas llenas

a. *vacío*
falto
escaso
hueco
huero
exhausto
desprovisto
descongestionado
desocupado
solitario
desmantelado
desierto
deshabitado
desnivelado
incompleto
insatisfecho
descontento
imperfecto
sosegado
calmado

llenura
s. copia
abundancia (V.)
plenitud (V.)
apogeo
coronación
perfección
remate
finiquito
lleno
profusión
hartura (V.)
saturación
fecundidad
acopio
agolpamiento
copiosidad
montón
plétora (V.)
repleción
exceso
riqueza (V.)
acopio
inundación
totalidad
total
cargazón
colmo
inflación
inflamiento
obstrucción
saciedad
preñez
rehenchimiento
recebo
atestamiento
relleno
hinchadura
lleneza
llenez
henchidura
hinchazón
torbellino
randa
numerosidad
muchedumbre
pluralidad

a. *escasez*
falta
vaciedad

llevable
(V. **llevadero**)

llevada
(V. **tanto**)

(V. **porte**)

(V. **transporte**)

llevadero
s. **soportable** (V.)
tolerable (V.)
aguantable
pasadero
sufrible
sufridero
pasable
comportable
permisible
aceptable
llevable

a. *insoportable*
intolerable
insufrible

llevar-se
s. **transportar** (V.)
acarrear
transferir
enviar
portar (V.)
portear
facturar
despachar
cargar
carretear
expedir
remitir (V.)
remesar
convoyar
acompañar
reportar (V.)
escoltar
remolcar
arrastrar (V.)
encaminar
embalar
aportar
trechear
transbordar
bajar
trasladar (V.)
barrer
empujar
esportear
pasear
subir
sacar
trajinar
traer
trasegar
traspasar
trasplantar
derivar
suministrar

s. **causar** (V.)
originar
producir

s. sufrir
aguantar (V.)
soportar
sobrellevar
tolerar
acomodarse (V.)
conllevar (V.)
adaptarse
resignarse
resistir

s. **cobrar** (V.)
importar
percibir
pedir
exigir
recaudar

s. guiar
conducir (V.)
manejar (V.)
dirigir
dominar
administrar
regir
gobernar
mandar (V.)

s. **inducir** (V.)
impulsar (V.)
incitar
persuadir
convencer

s. **vestir** (V.)
usar (V.)
gastar
colocarse
ponerse
trajear

s. **anotar** (V.)
apuntar
llevar cuentas
llevar libros

s. **apropiarse** (V.)
apoderarse
arrebatar
quedarse con
conseguir
obtener
lograr
robar
hurtar
quitar
tomar
escoger

s. llevar ventaja
llevar las de perder
llevarse bien o mal
llevarse a uno por delante
llevarse la palma
llevarse de calle
dejarse llevar
llevar aparejado
llevar la mira de
llevar en palmitas
llevar en volandas
llevar a efecto
llevar el gato al agua
llevar idea de
llevar el agua a su molino
llevar la batuta
llevar la cuenta
llevar en brazos
llevar a cuestas
llevar la contraria
llevar bien puestos los calzones
llevar la cesta
llevar al degolladero
llevar la corriente
llevar a juicio
llevar a la ruina
llevar en la masa de la sangre
llevar la palabra
llevar a punta de lanza
llevar a rastras
llevar el paso
llevar a término
llevar a los tribunales

a. *traer*
recibir
entrar
presentar
descargar
sublevarse
rebelarse
renunciar
abandonar
pagar
abonar
obedecer
desalentar
devolver
frustrar

llobarro
(V. **lubina**)

llorador
(V. **llorón**)

a. *reír*
alegrar
contentar
satisfacer
olvidar
contener

llorera
(V. **lloro**)

lloriquear
(V. **llorar**)

lloriqueo
(V. **llanto**)

lloro, s
s. **llanto** (V.)
plañido
lloradera
lloriqueo
llorera
llantera
llantina
rabieta (V.)
berrinche (V.)
contrariedad
enfado
irritación
perra
aflicción
sollozo (V.)
zollipo
gemido (V.)
gimoteo (V.)
jeremiada
vagido
lamento
queja (V.)
lágrimas
pena
dolor (V.)
sentimiento
súplica
pucheros
hipo

a. *risa*
sonrisa
alegría
consuelo
carcajada
hilaridad
jocosidad

lloraduelos
(V. **quejumbroso**)

llorar
s. gimotear
plañir (V.)
plantear
berrear
gemir (V.)
lloriquear
sollozar (V.)
hipar
suspirar
lagrimar
verraquear
lagrimear (V.)
lagrimacer
gemiquear
implorar
encanarse
hacer pucheros
arrasársele los ojos
soltar el trapo
saltársele las lágrimas
llorar a moco tendido
coger una perra
estar hecho una Magdalena
deshacerse en lágrimas
hacerse un nudo en la garganta
deshacerse en llanto

s. **sentir** (V.)
deplorar (V.)
lamentar
apenarse
añorar
arrepentirse (V.)
extrañar
condolerse
dolerse
conmover (V.)
emocionar
afligir
afectar
quejarse (V.)

s. destilar
fluir
rezumar (V.)
manar
gotear
chorrear
segregar
brotar
verterse
salir
mojar
caer

(V. **lloro**)

llorón, a
s. **plañidero** (V.)
jeremías (V.)
llorador
gimoteador
lacrimoso
suspiroso
gemebundo
lloroso
berreador
berrín
bejín
lloraduelos
sollozante
suspirón
quejoso
quejica (V.)
lastimero
lloriqueador
tierno (V.)
sentimental
caprichoso
plañidera (V.)

(V. **lloro**)

a. *alegre*
risueño
entero

lloroso
(V. **lacrimoso**)

llover
s. lloviznear
lloviznar
chispear
molliznar
molliznear
orvallar
pintear
jarrear
gotear (V.)
aguar
chaparrear
cerner
rociar (V.)
diluviar
abrirse
amollinar
meterse en agua
llover a cántaros
caer chuzos de punta
caer gotas
descargar el cielo
descargar la tormenta
nevar chuzos
descargar el nublado
caer un aguacero
caer un chaparrón
chorrear
remojar
correr los canales
abrirse las cataratas del cielo

s. ensopar
duchar
bañar
regar
mojar (V.)
humedecer
chorrear
calarse
empaparse
hundirse

s. manar
caer (V.)
venir
plagar
agolparse
pulular

s. a secas y sin llover
como llovido del cielo
llover sobre mojado
llover desgracias sobre uno
como quien oye llover
nunca llueve a gusto de todos

r. Norte claro y sur oscuro, aguacero seguro

(V. **lluvia**)

a. *amainar*
serenarse (el tiempo)
escasear
escampar
abonanzarse
aclarar
despejar

llovizna
(V. **lluvia**)

lloviznar
(V. **llover**)

llueca
(V. **clueca**)

lluvia
s. **meteoro** (V.)
chaparrón (V.)
granizo (V.)
llovizna
pluvia
tormenta
precipitación (V.)
tempestad
nubarrada
nubada
agua (V.)
temporal
rocío (V.)
calabobos
garúa
gotas
goterón
cuatro gotas
tromba
chapetón
aguaviento
turbión (V.)
torva
turbonada
sudestada
argavieso
andalocio
cilampa
sirimiri
rujiada
chipichipi
borrasca (V.)
tapaguaya
matapolvo

s. torbellino
cellisca
raudal (V.)
chispa
orvallo
mollizna
mollina
marea
cernidillo
chaparrada
aguacero (V.)
diluvio
lluvacero
aguanieve
oraje
aguarrada

s. **afluencia** (V.)
copia
abundancia (V.)
cantidad
riada
inundación
profusión
plaga
caudal
peste
exceso

s. canalera
canal
gárgola
canalón
vierteaguas
compluvio
goterón
despidiente
chanclo
chumacera
gabardina
trinchera
paraguas
impermeable
pluma
chubasquero

s. **pluviómetro** (V.)
pluvímetro
udómetro

a. *bonanza*
calma
escampada
claro
clara
sol
arco iris
escasez
falta

lluvioso
s. llovioso
pluvioso
torrencial
tempestuoso
tormentoso
encapotado
cerrado
nublado (V.)
obscuro
gris
grisáceo
inclemente
borrascoso
mojado
húmedo
triste (V.)
metido en agua

(V. **lluvia**)

a. *seco*
sereno
claro
despejado
escampado
alegre

loa
s. **alabanza** (V.)
elogio
loanza
loor
encomio
enaltecimiento
aplauso
ditirambo
ponderación
engrandecimiento
incienso
apología

s. **poema** (V.)
dramático
composición dramática

s. **prólogo** (V.)
preludio
introducción

a. *crítica*
reprobación
denuesto

loable
s. ensalzable
alabable
encomiable (V.)
meritorio (V.)
realzable
plausible (V.)
laudable (V.)
ponderable (V.)
elogiable

(V. **loa**)

a. *denigrable*
criticable
acusatorio
deleznable
despreciable

loar-se
s. incensar
alabar (V.)
enaltecer
glorificar
realzar
encomiar
aplaudir
celebrar
incensar
ponderar
exaltar
celebrar
aclamar
magnificar

(V. **loa**)

a. *denigrar*
denostar
criticar
reprobar
maldecir

loba
s. **lobo** (V.)

s. **sotana** (V.)
taladura
manto
vestidura
túnica (V.)
hopa
cerradura de loba
llave de loba

r. Lo que la loba hace, al lobo le place

lobanillo
s. lupia
tumor (V.)
excrecencia
grano
bulto
carnosidad
verruga
carúncula

lobato
(V. **lobezno**)

lobby
(V. **vestíbulo**)

lobera
s. **agujero** (V.)
monte
angostura
caverna
guarida (V.)
cueva
espesura

(V. **lobo**)

lobero
s. **cazador** (V.)
alimañero
rastreador
s. espantanublados
hechicero (V.)

(V. **lobo**)

lobezno
s. lobato
lobito
cachorro
cría
lobo (V.)

lobo
s. guará
chacal
lobato
lobezno
loba
coyote
lince
mamífero (V.)
aullar (V.)
gañir
otilar

s. **borrachera** (V.)
embriaguez
melopea
mona
papalina

s. lobo cerval
lobo cervario
lobo de mar
lobo marino

s. como boca de lobo

(cont.)

r. El lobo de amaño, donde mora no hace daño ■ El lobo viejo a la tarde aúlla ■ Lobo hambriento, no tiene asiento ■ Quien con lobos anda, a aullar se enseña

s. lobos de la misma camada
desollar el lobo
dormir el lobo
ver las orejas al lobo

lóbrego
s. **tenebroso** (V.)
sombrío
lúgubre (V.)
solitario
obscuro (V.)
como boca de lobo
entenebrecido
fosco
umbroso
mustio
penoso

(V. **lobreguez**)

a. *alegre*
claro
despejado

lobreguecer
s. **obscurecer** (V.)
entristecer
anochecer (V.)
nublarse
ensombrecer
entenebrecerse

(V. **lobreguez**)

a. *iluminar*
amanecer
aclarar

lobreguez
s. **tenebrosidad** (V.)
obscuridad (V.)
sombra
tiniebla
obscuración
lobregura

s. **tristeza** (V.)
melancolía
mustiez
amargura

a. *claridad*
iluminación
alegría
contento

lobulado
s. ondulado
redondeado
escotado
arqueado

(V. **lóbulo**)

a. *liso*
recto

lóbulo
s. **onda** (V.)
redondez
escotadura
cisura
bulto (V.)
circunvolución
prominencia
abultamiento

lobuno
s. lobero
bestial
feroz
salvaje
fiero

a. *manso*
pacífico

locación
(V. **arrendamiento**)

local
s. localizado
parcial (V.)
limitado (V.)
aislado
particular (V.)
especial
circunscrito

s. **municipal** (V.)
comarcal
regional (V.)
provincial
departamental
comunal
lugareño
pueblerino
aldeano
rural

s. **lugar** (V.)
sitio
espacio
punto
paraje
departamento
tienda (V.)
oficina
recinto
vivienda (V.)
nave
aposento
habitación (V.)
negocio
comercio
depósito
almacén
bar
barra
café
cafetería
cantina
casino
cervecería
chocolatería
colmado
taberna
tasca
figón
ventorro
ventorrillo
restaurante
parrilla
merendero
bufete
ambigú
bodegón
casa de comidas
quiosco
cine
teatro
cabaret
discoteca
boite
baile
sala de fiestas
timba
botillería
circo

s. **entrada** (V.)
localidad
camarero

a. *general*
ilimitado
total
comunicado
universal
ecuménico
mundial
universal
cosmopolita
nacional

localidad
s. billete
asiento
butaca
sitio
entrada (V.)
plaza
número
luneta

s. paraje
lugar
punto
sitio
espacio
local
villa
ciudad
pueblo
lugarejo
territorio
población
aldea
poblado
burgo
feligresía
merindad
comarca
ciudad
provincia
departamento
cantón

localismo
s. **exclusivismo** (V.)
particularidad
regionalismo
modismo
vulgarismo
provincialismo
dialectismo

a. *generalidad*
nacionalismo

localización
s. **emplazamiento** (V.)
situación (V.)
detección
ubicación
colocación
estacionamiento
orientación
límite
lugar
espacio

s. **delimitación** (V.)
restricción
impedimento
traba
circunscripción

s. **averigüación** (V.)
búsqueda
hallazgo
encuentro
descubrimiento

a. *generalización*
extensión
ampliación
desconocimiento

localizar-se
s. **situar** (V.)
emplazar (V.)
ubicar
colocar
fijar
determinar
disponer
implantar
orientar
instalar
estacionar

s. limitar
delimitar (V.)
restringir (V.)
circunscribir
ceñir
cerrar
confinar
impedir
cercar
encerrar

s. **averiguar** (V.)
descubrir
detectar (V.)
buscar
hallar
encontrar
fechar

s. **fijarse** (V.)
ponerse
situarse

(V. **localización**)

a. *desplazar*
generalizar
indeterminar
ampliar
extender
desaparecer

locatario
(V. **arrendatario**)

(V. **colono**)

locatis
(V. **loco**)

loción
s. lavadura
baño
enjuague
lavaje
lavado (V.)
masaje
colonia
perfume
fricción (V.)
lavatorio (V.)

lock-out
(V. **cierre**)

(V. **suspensión**)

loco
s. **alienado** (V.)
demente (V.)
alocado
alunado
anormal
vesánico
chiflado (V.)
mochales
chalado
tocado
chaveta
jareta
lunático (V.)
locatis
desnivelado
majareta
desequilibrado
barrenado
incapaz
destornillado
incapacitado
venático
imbécil
memo
estúpido
estulto
disparatado
enajenado (V.)
delirante (V.)
ebrio
ciego
venate
idiota
acéfalo
chocho
frenético (V.)
furioso
psicópata
esquizofrénico
paranoico
neurótico
visionario (V.)
furioso (V.)
rabioso
maniaco (V.)
maniático
avenado
orate
guillado
trastornado (V.)
enloquecido (V.)
insano

s. **insensato** (V.)
faltoso
ido
tocado
barrenado
desvariado
insano
monomaniaco
falto de juicio
perturbado (V.)
como una olla de grillos
manía persecutoria
delirio de grandezas
fuera de razón
volverse los sesos agua
no está en sus cabales
perdida la razón
loco pacífico
loco de atar
loco furioso
loco de remate
loco rematado
faltarle un tornillo
tener venas
tener lunas

s. ser un loco

r. Al loco y al aire, darle calle ■ Cada loco con su tema ■ Más sabe el loco en su casa que el cuerdo en la ajena ■ Un loco hace ciento ■ El loco hace al loco, y el sabio al tonto ■ El loco es el amo de la calle ■ Los locos y los refranes dicen las verdades ■ Más vale loco que necio

s. algarrobo loco
pájaro loco
avena loca
aguja loca
tordo loco
viruelas locas
vena de loco
arvejona loca
estar loco de contento

r. No es loco quien su mal echa a otro

s. **atolondrado** (V.)
extravagante (V.)
raro (V.)
extraño
excesivo
inmoderado
absurdo

(V. **locura**)

a. *cuerdo*
pacífico
sano
moderado
mirado
vulgar
corriente
normal
lúcido
sensato
juicioso
cabal
prudente
reflexivo
equilibrado

locomoción
s. traslación
transporte (V.)
traslado
tracción (V.)
trasiego
marcha
tráfico
tránsito

s. **fisiología** (V.)

a. *inmovilización*

locomotor
s. **motriz** (V.)
locomotriz
locomóvil
propulsor
impulsor
automotor

(V. **locomoción**)

locomotora
s. **máquina** (V.)
tren (V.)
locomóvil
automotor
locomotriz

s. caldera
carbonera
guardallama
alijo
arenero
ténder
silbato
generador
ruedas motrices
bielas
ruedas libres
ejes
bogie
chimenea
caja de vapor
válvula de seguridad
manómetro
freno al vacío
tope
cabina del maquinista
linterna
rastrillo
cilindro
cruceta
tanque de agua

(cont.)

bomba de alimentación
hogar
caja de fuego
regulador de vapor
mecanismo de marcha
llave de cierre
indicador
indicador de nivel de agua
palanca del silbato

s. locomotora de cremallera
locomotora de vapor
locomotora de aire comprimido
locomotora eléctrica
locomotora diesel
locomotora de turbina

(V. **ferrocarril**)

locomotriz
(V. **locomotora**)

locuacidad
s. **palabrería** (V.)
parola (V.)
verborrea
verbosidad (V.)
pico
cotorrería
cháchara
garla
parla
labia (V.)
charlatanería (V.)
peroración
elocuencia (V.)
oratoria
habladuría
bachillería
garrulería (V.)
parolería
charla
facundia (V.)
facilidad (de palabra)
chismografía
murmullo
palique
conversación
verbo
verba
desparpajo
vanilocuencia

a. *discreción*
mudez (V.)
mutismo
silencio
moderación
reserva
reticencia

locuaz
s. palabrero
picotero
hablador (V.)
parlero
facundo (V.)
verborrero
decidor (V.)
charlatán
parlotero
lenguaz
chacharero
parlanchín
charlista
garlador
gárrulo
palabrón
vanilocuo
parolero
lengüilargo
vocinglero
prosador
lengudo
bachiller
conversador
elocuente (V.)
orador
sacamuelas
vanilocuente
verboso
parlón
retórico
declamatorio
lenguaraz
respondón
pico de oro
boca rica
s. hablar más que siete
hablar más que una cotorra

(V. **locuacidad**)

a. *mudo*
callado
silencioso
discreto
moderado
huraño
insociable
taciturno
hermético
reservado
reconcentrado

locución
s. elocución
frase (V.)
dicho (V.)
giro (V.)
lenguaje
gabacho (V.)
habla
proverbio
discurso
conversación
conferencia
entrevista
colocución
máxima (V.)
idiotismo
sentencia (V.)
refrán
expresión (V.)
párrafo
enunciado
pensamiento
modismo (V.)

locuela
(V. **lenguaje**)

locuelo
(V. **atolondrado**)

locura
s. **demencia** (V.)
enajenación (V.)
alienación (V.)
vesania
insania
devaneo
enloquecimiento
delirio
amencia
trastorno (V.)
chifladura (V.)
quijotada (V.)
extravagancia
indeliberación
paranoia (V.)
luna
irracionalidad
guilladura
idea
desacierto (V.)
tema
barreno
irreflexión
frenesí
furor
furia
delirium tremens
desvarío
taranta
vértigo
turbación
psicosis
amnesia
estupor
desequilibrio
frenología
psicopatía
esquizofrenia
fotofobia
manía
vena
venate
frenopatía
neuropatía
zoantropía
hidrocefalia
enfermedad (V.)
deliquio
meningitis
exaltación
histerismo
manía
pasión
incoherencia
insensatez
disparate (V.)
absurdo

r. Quien de locura enferma, tarde sana ■ El mal que no tiene cura, la locura ■ La locura hace andar, y la vergüenza parar ■ Cada criatura tiene su ramito de locura ■ Fingir locura, algunas veces es cordura

a. *cordura*
lucidez
talento
despejo
sensatez
prudencia
reflexión

locutor
s. **hablista** (V.)
hablador
recitador
animador
speaker
comentarista
anunciador
presentador (V.)
avisador
showman
gacetillero
interlocutor

(V. **locución**)

locutorio
s. parlatorio
libratorio
casilla
cabina
garita
compartimiento
división
grada
escucha
confesionario (V.)

(V. **locución**)

locha
s. loche
lasún
lisa
lobo
pez (V.)

lodazal
s. barrizal
trampal
cenagal (V.)
fangal (V.)
lodazar
lodachar
barrero
fangar
ciénaga (V.)
tolladar
tollo
pantano
atolladal
atolladar
chapatal
coluvie
paular
desbazadero
pantano
charco
lamedal
gachapero
esteral
estero
suco
tacotal
bañadera

a. *yermo*
páramo
sequedal

lodo
s. barro
fango (V.)
cieno (V.)
gacha
légano
tarquín
bardoma
robo
légamo
sedimento (V.)
cazcarria
salpicadura
zarpe
zarrapastra
horrura
marisma
reboño
azolve
charco
landas
charca
arrozal
sanco

(V. **lodazal**)

a. *sequedal*
seco
sequía
terrón

lodoso
s. **fangoso** (V.)
legamoso
limoso
sedimentario (V.)
lúteo
lamoso
barroso
cenagoso (V.)
leganoso
zarposo
zarriento
zarrioso
pantanoso
pecinoso
encenagado
encharcado
cazcarriendo
leganoso
cienoso

(V. **lodo**)

a. *seco*
yermo

loess
(V. **arcilla**)

logaritmo
s. **exponente** (V.)

s. base
mantisa

(V. **matemáticas**)

logia
s. **galería** (V.)
terraza
arcada
arquería
pórtico

s. sesión
asamblea
reunión (V.)
conciliábulo
junta
masonería (V.)
tenida
taller (V.)

lógica
s. **razonamiento** (V.)
razón
dialéctica
deducción
método
entendimiento
silogismo (V.)
conocimiento
argumentación
verdad
sensatez (V.)
racionalidad (V.)

a. *absurdo*
desconocimiento
insensatez
despropósito

lógico
s. **normal** (V.)
natural (V.)
racional (V.)
razonable (V.)
razonado
ilativo (V.)
metódico
consciente
dialéctico
justo
evidente
correcto
regular
indiscutible
positivo
explicable (V.)
legítimo
deductivo
sensato

(V. **lógica**)

a. *injusto*
ilegal
irracional
ilógico
absurdo
disparatado

logística
s. organización
movimiento
alojamiento
provisión
aprovisionamiento (V.)
transporte (V.)

(V. **ejército**)

logográfico
(V. **indescifrable**)

logogrifo
s. **enigma** (V.)
adivinanza
pasatiempo
acertijo
rompecabezas

logrado
s. **perfecto** (V.)
acabado
rematado
captado
conseguido
atrapado
obtenido
terminado
acertado (V.)
bien hecho
conseguido

(V. **logro**)

a. *imperfecto*
chapucero

lograr-se
s. alcanzar
conseguir (V.)
obtener (V.)
tener
adquirir (V.)
ganar (V.)
arrancar
llevar
conquistar
captar
atrapar
pescar
merecer
granjearse
lucrarse
sacar
birlar
aprehender
disfrutar
agenciarse
apoderarse
cosechar
concederse
adjudicarse
otorgarse
percibir
recibir
poder (V.)
embolsarse
guindar
procurarse (V.)
mamarse
terminar (V.)
coronar
triunfar (V.)

(cont.)

s. sacar a pulso
coger al vuelo
sacar en limpio
sacar tajada
salir a pedir de boca
llegar a colmo
salir a la perfección
ganar el pleito

(V. **logro**)

a. *fracasar*
perder
ceder
abortar
frustrar
derrotar
soltar

logrero
s. **oportunista** (V.)
especulador (V.)
usurero (V.)
explotador
aprovechado
cicatero
ganador (V.)
lachero
tacaño
agarrado
vividor

(V. **logro**)

a. *generoso*
dadivoso
espléndido
desinteresado

logro
s. **consecución** (V.)
obtención (V.)
conquista
resultado (V.)
goce
perfección
ganancia
fruto
producto
consecuencia

s. **usura** (V.)
lucro
especulación
explotación
agio
abuso

a. *malogro*
frustración
fracaso
aborto
generosidad
desinterés
esplendidez

loma
s. colina
altozano
altura
lometa
alcarria
montículo
cerro
altillo
alcor
alto
altitud
lomba
cota

a. *llanura*
planicie

lombarda
(V. **col**)

(V. **bombarda**)

lombriz
s. **gusano** (V.)
lambrija
verme
miñosa
tenia
solitaria
ascáride
áscaris
filandria
milo
oxiuro
lambrija
helminto

s. **flaco** (V.)
delgado
esquelético

a. *grueso*
gordo

lomienhiesto
s. tieso
fatuo (V.)
engreído
orgulloso (V.)
altivo
estirado

a. *sencillo*
humilde

lomo
s. envés
respaldo
espalda (V.)
costillas
joroba
bulto
lomada
cruz
omóplato
asentaderas
posaderas
espina dorsal
cerro
columna vertebral
caderas
respaldar
raspaldón
espinazo
dorso
renga
crucera
roblón

s. **solomillo** (V.)

s. **canto** (V.)
libro (V.)

s. doblez
albarda
albardilla
arista (V.)
arruga (V.)
caballón
caballete
montículo

s. a lomos
de tomo y lomo
rajar los lomos
arar por lomos
jugar de lomo

a. *anverso*
cara

lona
s. **tela** (V.)
vitre
cotoncillo
rusia
brin
lienzo
toldo
vela
saco

loncha
(V. **lonja**)

(V. **laja**)

longanimidad
s. **magnanimidad** (V.)
grandeza
constancia
valor
paciencia
entereza
valentía
firmeza
ánimo (V.)

a. *pusilanimidad*
mezquindad
tacañería

longánimo
s. generoso
magnánimo (V.)
constante
firme
grande
paciente
valiente
impávido (V.)
entero
sereno
noble
animoso

(V. **magnanimidad**)

a. *tacaño*
mezquino
ruin
pusilánime
cobarde

longaniza
(V. **embutido**)

longevidad
s. ancianidad
vejez (V.)
supervivencia (V.)
perennidad
duración (V.)
conservación
prolongación
vitalidad

a. *juventud*
fugacidad
extinción

longevo
s. anciano
viejo (V.)
vetusto
veterano
matusalén
perdurable
persistente
superviviente
setentón
octogenario

(V. **longevidad**)

a. *joven*
fugaz
transitorio
mortal

longincuo
(V. **lejano**)

longitud
s. **extensión** (V.)
dimensión (V.)
largo
largor
largura
medida (V.)
metraje
distancia (V.)
magnitud
envergadura
altura (V.)
tiro (V.)
eslora
cruzamen
profundidad (V.)
alcance
puntal
amplitud
dilatación
espacio
prolongación
diagonal
singladura

s. braza
cuarta
dedo
metro (V.)
decímetro
centímetro
decámetro
hectómetro
kilómetro
miriámetro
milímetro
micra
milla
micrón
hexápeda
codo
legua (V.)
palmo
nudo
pie
pulgada
yarda
vara
versta
cuerda
espita
hora
toesa
vitola (puros)

s. cadena
metro
cinta métrica
regla
nonio
telémetro
escala
plantilla
retículo

a. *anchura*

long-play
(V. **disco**)

longplaying
(V. **elepé**)

(V. **disco**)

longuería
s. dilación
prolijidad (V.)
retardo
morosidad
retraso
tardanza (V.)

a. *fascinación*
celeridad

lonja
s. lasca
loncha
filete (V.)
raja
rodaja
rebanada (V.)
tajada (V.)
sección
corte

s. **atrio** (V.)

s. **tienda** (V.)
almacén
bolsa (V.)
alhóndiga
almudí
almudín
rula
almotacenía
mercado (V.)

lontananza
s. lejanía
alejamiento
distancia (V.)
segundo plano

s. en lontananza

a. *cercanía*
proximidad

loor
(V. **alabanza**)

lopigia
(V. **alopecia**)

loquear
s. **enloquecer** (V.)
dementar
trastornarse
descarriarse
chiflarse
revolver

s. chillar
alborotar (V.)
regodearse
divertirse (V.)
recrearse
regocijarse

a. *tranquilizarse*
serenarse
apaciguarse
aburrirse

loquera
(V. **jaula**)

(V. **manicomio**)

loquero
s. cuidador
enfermero (V.)
vigilante
guardián

(V. **locura**)

loquesco
desatinado
atolondrado
tolondro
alocado (V.)

s. **bromista** (V.)
chacotero
chancero
decidor
guasón
jacarero
chistoso
gracioso
payaso

(V. **locura**)

a. *cuerdo*
grave
serio

lordosis
(V. **corcova**)

loriga
(V. **malla**)

(V. **armadura**)

loro
s. lora
guaro
papagayo (V.)
cotorra
perico
papagaya
tuí
cata
catita
cotorrera
caturra
alo
paraguay
loro del Brasil
periguito
mariquita
guacamayo
zapoyolito
cata
cancán
loro verde
catana
catey
catalnica
maracaná
catarinita
choroy
paraba
paraguay
tricahue
viudita
cacatúa
ave (V.)

s. **mamarracho** (V.)
feo
adefesio
viejo (V.)
anciano

s. **hablador** (V.)
parlanchín
cotilla

a. *hermoso*
joven
callado
discreto

lorza
(V. **pliegue**)

lorzita
(V. **jareta**)

quina (V.)
sorteo (V.)
suerte (V.)
premio (V.)
billete
décimo
vigésimo
participación
extracción
premio
aproximación
reintegro
pedrea (V.)
bombo
bola
número
lotería moderna
lotería primitiva
lotería de cartones
juego público
juego casero

s. caerle a uno la lotería
tocarle a uno la lotería
ser una lotería

r. Ser pobre y rico en un día, milagro de Santa Lotería ■ No hay mejor lotería, que el trabajo y la economía ■ Hay quien quiere ganar sin haber jugado a la lotería

losa
s. **piedra** (V.)
lápida (V.)
laude
estela
placa
trashoguero
amuso
pontana
mesilla (V.)
baldosa (V.)

s. tumba
sepulcro (V.)
tumba
osera
hoya

losange
s. rombo
fuso
lisonja
rustro
huso
blasón (V.)

losar
(V. **enlosar**)

loseta
(V. **baldosín**)

lote
s. **parte** (V.)
partición
división
ración
escote
fracción
cuota (V.)
rifa
parcela (V.)
heredad
solar
terreno
hijuela
partija
dosis

s. **dote** (V.)

a. *todo*
completo
conjunto

lotear
(V. **dividir**)
(V. **fraccionar**)

lotería
s. **juego** (V.)
rifa (V.)
reparto
lote

loza
s. **cerámica** (V.)
mayólica
china
vidrio
gres
terracota
barro fino
caolín
vidriado
bizcocho
teja
ladrillo

s. cacharrería
cacharros
vajilla (V.)
platos
tazas
fuentes

lozanear-se
s. **reverdecer** (V.)
alimentarse
enlozanarse
remozarse
potrear
aviciar
rejuvenecerse (V.)

s. **jactarse** (V.)

(V. **lozanía**)

a. *estropearse*
envejecer
humillarse

lozanía
s. **florecimiento** (V.)
plenitud
verdoyo
verdor (V.)
verdura
verdín
exuberancia (V.)
frescura (V.)
frondosidad
fresquedad
amenidad
proceridad (V.)
ufanía (V.)
salud (V.)
fuerza
juventud (V.)
mocedad (V.)
vigor
ánimo
jovialidad
gallardía
belleza
energía

s. altivez
orgullo (V.)
engreimiento
envanecimiento
altanería

r. Lozanía y loor, no hacen el mismo son

a. *vejez*
agostamiento
sequedad
ajamiento
debilidad
humildad
acartonamiento

lozano
s. flamante
verde
fresco
ameno (V.)
galano (V.)
frondoso
lujuriante
inmarcesible (V.)
inmarchitable
exuberante

s. **joven** (V.)
gallardo
airoso
rozagante
lustroso (V.)
saludable
resplandeciente
ufano (V.)
alegre
lucido
vigoroso
jugoso
sano
robusto
nuevo (V.)
animoso

s. altivo
altanero
orgulloso (V.)
arrogante
engreído
envanecido

a. *marchito*
pasado
viejo
lacio
mustio
agostado
descaecido
humilde
acabado
ajado
acartonado
amojamado
momificado
recocho
apergaminado

lubigante
(V. **bogavante**)

lubina
(V. **róbalo**)

lubricación
s. **engrase** (V.)
lubrificación
suavidad
deslizamiento
aceitado

a. *resecamiento*

lubricante
a. **aceite** (V.)
grasa

s. lubrificante
lubrificativo
deslizable
suave
lúbrico (V.)
lubricador
escurridizo
deslizante (V.)
deslizadizo
lubricativo
aceitoso
grasiento
vidrioso
liso
deleznable

(V. **lubricación**)

a. *secativo*
desecante
secante

lubricar
s. lubrificar
engrasar (V.)
aceitar
bañar

(V. **lubricación**)

a. *secar*
resecar
desecar

lubricidad
s. obscenidad
lascivia (V.)
libidine
impudicia
salacidad
vicio
lujuria
sadismo

a. *pureza*
templanza
castidad
continencia

lúbrico
s. **lujurioso** (V.)
lascivo
sádico
obsceno
impuro
deshonesto
libidinoso (V.)
impúdico
salaz
incontinente
erótico
lóbrigo
sátiro
resbaladizo
deslizable
escurridizo
lubricante (V.)

(V. **lubricidad**)

(V. **lubricación**)

a. *puro*
casto
honesto
reseco

lubrificación
(V. **lubricación**)

lubrificante
(V. **lubricante**)

lubrificar
(V. **lubricar**)

lucera
(V. **claraboya**)

lucerna
(V. **lámpara**)
(V. **claraboya**)
(V. **luciérnaga**)

lucero
s. **estrella** (V.)
astro (V.)
Venus
véspero

s. **postigo** (V.)
cuarterón
ventano
luminar
ojo

s. brillo
esplendor (V.)
lustre

s. lucero de la mañana
lucero del alba
lucero de la tarde

lucidez
s. **clarividencia** (V.)
claridad
discernimiento
perspicacia
luces
inteligencia
entendimiento
talento
cordura
listeza
viveza
finura
penetración
claridad
sensatez (V.)

s. limpidez
claridad
transparencia (V.)

a. *insensatez*
ofuscación
oscuridad
opacidad

lucido
s. lozano
rico
selecto
lustroso (V.)
hermoso
gordo
robusto (V.)
sano
espléndido
agradable
gracioso (V.)
grato

s. quedarse lucido
estar alguien lucido

a. *feo*
débil
flaco
asqueroso
enfermo
desagradable
aburrido

lúcido
s. inteligente
penetrante
sagaz (V.)
perspicaz
clarividente (V.)
razonable
genial
sutil
fino
listo
vivo
despejado

s. resplandeciente
esplendente
transparente (V.)
brillante
lucio
luciente
luminoso (V.)
claro
límpido
puro
limpio
fulgente
refulgente
terso

(V. **lucidez**)

a. *negado*
torpe
ofuscado
tardo
oscuro
empañado
opaco

luciente
(V. **brillante**)

luciérnaga
s. **insecto** (V.)
noctiluca
alumbranoche
candela
candelilla
gusano de luz
cocuyo
cucuyo
cucuy
cocuy
cucuyo ciego
alúa
tuco
lucerna
luciérnago

lucifer
s. **lucífero** (V.)

s. **soberbio** (V.)
orgulloso
maléfico
maligno (V.)

s. **diablo** (V.)

a. *opaco*
humilde
sencillo
ángel

luciferino
(V. **demoníaco**)

lucífero
s. lucifer
resplandeciente
refulgente
brillante (V.)
esplendente
luminoso

s. **lucero** (V.)

a. *opaco*
obscuro

lucilina
(V. **petróleo**)

lucimiento
s. demostración
exhibición (V.)
manifestación
ostentación
presunción
alarde
pavoneo
representación
distinción
brillo (V.)
espectáculo
lujo (V.)
riqueza
espectacularidad
s. **éxito** (V.)
triunfo
logro
victoria
a. *anonimato*
humildad
vulgaridad
pobreza
fracaso
frustración

lucir-se
s. alumbrar
resplandecer
brillar (V.)
refulgir
iluminar (V.)
s. sobresalir
aventajar
triunfar
demostrar
rendir
descollar
resaltar
distinguirse (V.)
portarse (V.)
s. **presumir** (V.)
ostentar (V.)
mostrar
exhibir (V.)
impresionar
parecer
figurar (V.)
manifestar
alardear
hacer gala
s. **acicalarse** (V.)
adornarse
embellecerse
vestirse
deslumbrar
s. encalar
enlucir (V.)
blanquear
(V. **lucimiento**)
a. *apagarse*
disminuir
humillarse
abandonarse

lucrar-se
s. **beneficiarse** (V.)
ganar (V.)
lograr
obtener
rentar (V.)
rendir (V.)
alcanzar
enriquecerse
especular
hincharse
redondearse
aprovecharse
embolsar
sacar provecho
sacar astilla
ponerse las botas
hacerse de oro
hacer el agosto
sacar tajada
hacer su negocio
hacer su juego
aprovechar la racha
ir viento en popa
subir como la espuma
(V. **lucro**)
a. *perder*
desperdiciar
fracasar

lucrativo
s. **beneficioso** (V.)
productivo
rentable (V.)
ventajoso
fructífero
fructuoso
provechoso
ganancioso
útil
lucroso
cuentoso
comercial
remunerador (V.)
(V. **lucro**)
a. *perjudicial*
ruinoso
infructífero
desventajoso

lucro
s. logro
ganancia (V.)
utilidad
provecho
beneficio (V.)
rendimiento
granjeo
remuneración
gratificación
paga
negocio
comisión
usura (V.)
ingreso
producto
interés
ganga
momio
suerte
potra
regalo
granjería
lotería (V.)
ventaja
botín
recompensa
gajes
dividendo
negocio redondo
manos libres
golpe de fortuna
buena estrella
empresa feliz
buena racha
a. *pérdida*
ruina
descalabro
quiebra

luctuoso
s. **fúnebre** (V.)
triste (V.)
lamentable
angustioso
infausto
aciago
infortunado
funesto
desgraciado
doloroso
penoso (V.)
abrumador
lúgubre
a. *alegre*
feliz
satisfactorio

lucubración
s. vela
vigilia
estudio (V.)
esfuerzo
elucubración
s. ensayo
pensamiento
reflexión
resultado
creación
meditación (V.)
a. *abandono*
desinterés
abulia
apatía
pereza

lucubrar
s. elucubrar
estudiar (V.)
velar (V.)
trabajar
meditar (V.)
reflexionar
pensar
investigar
esforzarse
crear
elaborar
especular
sopesar
(V. **lucubración**)
a. *abandonarse*
desinteresarse
inhibirse
holgazanear
dormir

lucha
s. **guerra** (V.)
batalla (V.)
contienda
cruzada
conflicto (V.)
revuelta
fregado
acometimiento
lid
justa (V.)
pugna (V.)
agonía
reyerta
jaleo (V.)
pelea (V.)
pleito (V.)
disputa
altercado
hostilidad (V.)
pendencia (V.)
riña (V.)
querella
monomaquia
zancadilla
traspié
pugilato (V.)
debate
discusión
rivalidad (V.)
controversia
polémica
pelotera
enemistad (V.)
revuelta
lidia
duelo (V.)
palestra (V.)
pancracio
palenque
liza (V.)
oposición
competición
torneo
litigio (V.)
deporte (V.)
catch
jiu-jitsu
forcejeo (V.)
colisión (V.)
desavenencia (V.)
pendencia
pedrea (V.)
choque
refriega
cacería
combatividad (V.)
a. *paz*
acuerdo
concordia
avenencia
abulia

luchador
s. **combativo** (V.)
combatiente
guerrero
batallador
gladiador (V.)
justador (V.)
lidiador
adversario (V.)
justador
competidor
peleador (V.)
púgil (V.)
pugilista
boleador
agonista
agonal
bestiario
contendiente
campeador
torneador
contrincante (V.)
boxeador
deportista (V.)
reciario
atleta (V.)
rival (V.)
s. perseverante
tenaz
emprendedor
enérgico
(V. **lucha**)
a. *pacifista*
componedor
conciliador
veleidoso
haragán

luchar
s. guerrear
batallar
contender (V.)
lidiar (V.)
combatir (V.)
reñir (V.)
justar (V.)
esforzar-se (V.)
provocar (V.)
incitar
competir (V.)
boxear
bregar
discutir
resistir (V.)
pelear
forcejear (V.)
pugnar (V.)
debatir
oponerse
querellarse
s. emprender
perseverar (V.)
trabajar
esforzarse
s. luchar es vivir
armarse la gorda
venir a las armas
acabar como el rosario de la aurora
darse de palos
armar camorra
andar a golpes
salir a la palestra
armar zambra
entrar a saco
tener un lance
echar en cara
dar una batida
jugar mano a mano
tener un encuentro
romper el fuego
(V. **lucha**)
a. *pacificar*
conciliar
convenir
acordar
asentir
rendirse
haraganear

ludibrio
s. befa
mofa
burla
escarnio (V.)
desprecio
oprobio
mofadura
sarcasmo
zaherimiento
afrenta
feo
ignominia
deshonor
baldón
a. *honor*
loa
enaltecimiento

ludimiento
s. restregadura
estregadura
rozamiento
frotamiento (V.)
estregamiento
roce
fregadura
refregamiento
frotación
rascamiento

ludir
s. **frotar** (V.)
rozar
estregar
restregar
luir
refregar
friccionar
(V. **ludimento**)

lúe
(V. **infección**)
(V. **sífilis**)

luego
s. **pronto** (V.)
al punto
más tarde
en seguida
rápidamente
prontamente
después (V.)
al instante
al momento
al minuto
en breve
sin demora
inmediatamente
de súbito
sin dilación
a toda prisa
a todo correr
al contado
de contado
s. desde que
luego que
luego como
así que
no bien
al punto
ergo
a. *ahora*
ya
antes
tarde

luengo
(V. **largo**)
(V. **lejano**)

lugar
s. **sitio** (V.)
emplazamiento
situación (V.)
punto (V.)
lado (V.)
espacio (V.)
paraje (V.)
puesto (V.)
espacio
colocación
presencia
andurrial
terreno
término
recinto (V.)
circuito
rincón
rodal
parcela
local (V.)
teatro
parte (V.)
sector (V.)
banda
cabo
esfera
escena
ámbito
medio
ambiente
presencia
zona

(cont.)

palmo de tierra
guarida
habitación
casa

territorio (V.)
villa
ciudad
aldea
pueblo
comarca
región
provincia
distrito
partida (V.)
lugarejo
plaza
caserío
villorrio
población (V.)

s. tiempo
ocasión (V.)
oportunidad
momento
circunstancia
causa
motivo
razón
fundamento

s. **empleo** (V.)
oficio
dignidad
cargo
ministerio

s. **pasaje** (V.)
texto (V.)
autoridad
sentencia
expresión

s. lugar común
en lugar de
unidad de lugar
lugar de behetría
dar lugar
hacer lugar
no haber lugar
no ha lugar a...
lugares comunes
tener lugar
en primer lugar
en su lugar,
descanso

a. *vacío*
infinitud
inmensidad

lugareño
s. **campesino** (V.)
rústico
labriego
aldeano
pueblerino (V.)
cateto
paleto (V.)
paisano
poblano
agreste
campestre
huertano
villano
serrano
montañés
cortijero

(V. **lugar)**

a. *ciudadano*
culto
intelectual

lugarteniente
s. delegado
substituto (V.)
representante
encargado
comisionado
apoderado
autorizado
testaferro
subalterno
caimacán

a. *jefe*
principal
dirigente
director

lugre
(V. **embarcación)**

lúgubre
s. **lóbrego** (V.)
pesimista (V.)
taciturno
tenebroso
sombrío (V.)
funesto
aciago
tétrico
sepulcral (V.)
triste
melancólico
luctuoso (V.)

a. *alegre*
optimista
claro

lujo
s. exceso
ostentación (V.)
riqueza (V.)
boato
opulencia
presencia (V.)
aparato
rumbo (V.)
lucimiento (V.)
derroche (V.)
magnificencia (V.)
esplendor (V.)
demasía
profusión
estruendo (V.)
abundancia
suntuosidad
pompa
pomposidad (V.)
fausto (V.)
relumbrón (V.)
tren (V.)
sibaritismo
atuendo
confort (V.)
suntuosidad (V.)
postín (V.)
solemnidad
liberalidad
tramontana
placer
diversión
despilfarro
prodigalidad
munificencia (V.)

a. *pobreza*
sencillez
humildad
mezquindad
sobriedad
modestia

lujoso
s. **rico** (V.)
espléndido
valioso (V.)
faústico
esplendente
ostentoso (V.)
rumboso (V.)
pomposo (V.)
fastuoso (V.)
faustoso
aparatoso
vistoso
postinero (V.)
relumbrante
deslumbrante
soberbio
imponente
impresionante
opulento (V.)
adornado
magnífico (V.)
señorial
regio
residencial (V.)
majo
majestuoso
caro
principesco
suntuoso (V.)
suntuario (V.)
presuntuoso
fachendoso
superfluo (V.)

(V. **lujo)**

a. *miserable*
pobre
sencillo
humilde
sobrio
modesto
discreto
mezquino
necesario

lujuria
s. **liviandad** (V.)
lascivia
erotomanía
libídine
concupiscencia
salacidad
carnalidad
carne
rijo
rijosidad
ninfomanía
fornicación
onanismo
apetito venéreo
cachondería
masturbación
sicalipsis
obscenidad (V.)
tocamiento
incontinencia
sexualidad (V.)
lubricidad
sensualidad (V.)
celo
venéreo (V.)
rijo
putería
inmoralidad
furor uterino
placer
vicio
fornicación
violación
rapto
estupro
incesto
prostitución
adulterio
amancebamiento
sodomía
salacidad
sadismo
pederastía
masoquismo
bestialidad
satiriasis

a. *castidad*
honestidad
pureza
moralidad
continencia
abstinencia
recato
pudicia
pudor
virginidad
decoro
vergüenza

lujuriante
(V. **exuberante)**

(V. **abundante)**

lujuriar
(V. **cohabitar)**

lujurioso
s. ardiente
burdel (V.)
lujuriante
libidinoso (V.)
sensual (V.)
erótico
lascivo (V.)
bestial
animal
rijoso (V.)
lúbrico (V.)
concupiscente
salaz
ardiente
sensual (V.)
licencioso
lóbrigo
gachón
torpe
libertino (V.)
incontinente
salaz
arrecho
cachondo
deshonesto
obsceno (V.)
sádico
sicalíptico
impúdico
intemperante
erotómano
vicioso (V.)
masturbador
fornicador
onanista
verde (V.)
mujeriego
faldero
travieso (V.)
putero
puto
putañero
carnal (V.)
bacante
mico (V.)
sátiro
incestuoso
moriondo
toriondo
butiondo

s. **exuberante** (V.)
excesivo

(V. **lujuria)**

a. *casto*
puro
moral
continente
honesto
abstinente
recatado
pudoroso
virgen
decoroso
corto
vergonzoso
falto
escaso

lumbago
(V. **reuma)**

lumbar
s. dorsal
escapular
lomudo
alomado
espaldudo
zaguero
trasero
vertebral

(V. **riñón)**

lumbrada
(V. **lumbre)**

lumbral
(V. **umbral)**

lumbre
s. **fuego** (V.)
ascua
fogata
astilla
brasa
leña
hoguera
llama
carbón
rescoldo
gas
gas de población
gas butano
gasolina
alcohol

s. **luz** (V.)
lucerna
lumbrada
claridad (V.)
esplendor
lumbrera (V.)
destello
lucimiento
fulgor
chispa
pedernal
eslabón
yesca

s. **inteligencia** (V.)

s. a lumbre mansa
dar lumbre
encender la lumbre
echar lumbre por los ojos
ni por lumbre
lumbre del agua
a lumbre de pajas
sentarse a la lumbre

a. *frialdad*
obscuridad

lumbrera
s. ventana
ventano
buharda
abertura
tronera
hueco
claraboya (V.)
escotilla (V.)
ojo de buey
transparente
lucerna
luminaria (V.)
lucernario
luminar
tragaluz
ojos (V.)
vano

s. genio
sabio (V.)
numen
insigne
esclarecido
luminar
eminencia

a. *obscuridad*
tinieblas
inculto
ignorante
bruto
analfabeto

lumbroso
(V. **luminoso)**

lumia
(V. **ramera)**

luminar
(V. **lucero)**

(V. **lumbrera)**

luminaria
s. iluminaria
iluminación
lumbrera (V.)
lumbraria
alcandora
luz (V.)
lucera
luna
luciérnaga
ascua
llama (V.)
ventana (V.)
fuegos artificiales
fuegos fatuos
fuegos de Santelmo
hogueras

s. **claridad** (V.)
alba
aurora
crepúsculo
luna

a. *obscuridad*
tinieblas
noche

luminiscencia
s. fluorescencia
fosforescencia
luminosidad
luz (V.)
irradiación
emisión
fulgor
brillo

s. fotoluminiscencia
triboluminiscencia
termoluminiscencia
crioluminiscencia
electroluminiscencia
radioluminiscencia
quimiluminiscencia
bioluminiscencia
sonoluminiscencia

a. *obscuridad*
opacidad

luminiscente
s. fluorescente
fosforescente
brillante
luminoso (V.)
fulgurante

(V. **luminiscencia**)

a. *apagado*
opaco
mate
velado

luminosidad
(V. **luz**)

luminoso
s. **claro** (V.)
soleado (V.)
esplendente
alumbrante
iluminador (V.)
esplendoroso
resplandeciente (V.)
lumbroso
lucífero
lúcido (V.)
fosforescente
centelleante (V.)
rutilante
lumínico
relumbrante
relumbroso
fulguroso
radiante (V.)
parpadeante
fluorescente
crepuscular
crepusculino
espejado
alumbrador
alumbrante
luminiscente
espectral

s. **acertado** (V.)
certero
inteligente

(V. **luz**)

a. *obscuro*
apagado
extinto
tenebroso
sombrío
opaco
desacertado
torpe

luna
s. **manía** (V.)
antojo

s. planeta
satélite (V.)
astro
disco plateado
astro lunar
selene
casta selene

s. lunación
apogeo
fase
perigeo
selenografía
erección
cuerno
halo
aro
aureola
libración
interlunio
semilunio
sicigia
mancha
paraselene
novilunio
luna nueva
luna llena
cuarto creciente
cuarto menguante

s. **espejo** (V.)
luneta
vidriera
escaparate
cristalera

s. a la luna de Valencia
querer la luna
tener lunas
ladrar a la luna
pedir la luna

a. *sensatez*
cordura

lunar
s. lunario
plenilunar
interlunar
novilunar
sublunar
año lunar
ciclo lunar
eclipse lunar
horóscopo lunar
mes lunar
calendario lunar
lentigo

s. **peca** (V.)
piel (V.)

s. **defecto** (V.)
falta (V.)
laguna
vicio

(V. **luna**)

a. *nitidez*
perfección

lunático
s. chiflado
maniático (V.)
raro
loco (V.)
caprichoso
alunado
fantástico
venático
atreguado
extraño
tornadizo
furioso (V.)
violento
caprichoso (V.)

(V. **luna**)

a. *normal*
razonable
reflexivo
cuerdo

lunch
(V. **refrigerio**)

luneta
s. cristal
lente
anteojos (V.)
vidrio

s. **asiento** (V.)
butaca
sillón

s. **ventana** (V.)
tragaluz
montante

lunfardo
(V. **jerga**)

(V. **rufián**)

lupa
s. **lente** (V.)
cristal
cuentahilos

s. convergencia
dioptría

s. lupa de enfocar
lupa de relojero
lupa de bolsillo
lupa para leer

lupanar
(V. **mancebía**)

lupia
(V. **lobanillo**)

(V. **quiste**)

lupicia
(V. **alopecia**)

lupus
(V. **tuberculosis**)

(V. **piel**)

lustrabotas
(V. **limpiabotas**)

lustración
(V. **lustro**)

lustrador, a
s. **abrillantador** (V.)
pulidor
pulimentador
bruñidor

(V. **lustre**)

lustral
s. lústrico
purificador (V.)
depurador (V.)
catártico
s. agua lustral

(V. **lustración**)

a. *corruptor*

lustrar-se
s. alustrar
abrillantar (V.)
bruñir (V.)
atezar
aljofifar
argentar
avivar
pulir
pulimentar
satinar
glasear
diamantar
gratinar
gratar
aluciar

s. purgar
purificar (V.)
sacrificar

s. andar
peregrinar
viajar (V.)
andar

(V. **lustre**)

a. *deslucir*
empañar
mancillar
permanecer

lustre
s. **brillo** (V.)
lustración
charol
barniz (V.)
lucero
lentejuela
esplendor
tersura
pulimento
tersidad
bruñidura (V.)
apresto
lustración
espejuelo
oropel
viso
lucimiento
esmalte
pátina
pulido
tersidad
resplandor
esplendor

s. fama
gloria (V.)
realce
reputación
notoriedad
honra
prez
exaltación
palma
distinción (V.)
nobleza
prestigio (V.)

a. *opacidad*
empañamiento
deslucimiento
descrédito
denigración
desprestigio

lustro
(V. **quinquenio**)

(V. **tiempo**)

lustroso
s. **refulgente** (V.)
terso
reluciente
pulido
corusco
brillante (V.)
nítido
coruscante
bruñido
charolado
barnizado
fulgurante
flamante
luminoso
metalescente
argentado

s. **lucido** (V.)
rollizo
rozagante
lozano (V.)
vistoso
carilucio
flamante
(V. **lustre**)

a. *roñoso*
mate
deslucido
marchito
envejecido
mustio
herrumbroso
oxidado
mohoso

luteranismo
(V. **protestantismo**)

luto
s. **duelo** (V.)
dolor
aflicción
pena (V.)
desconsuelo
tristeza
quebranto
séntimiento
piedad

s. exequias
funerales
pompas fúnebres
paños fúnebres
hachones
túmulo
sarcófago
cámara mortuoria

s. brazalete
brazal
pena
gasa
manto
capuz
chía
monjil
enagua
alivio

s. **enlutar** (V.)
negro (V.)
vestir de luto
ir de luto
aliviar el luto
de medio luto
luto riguroso
a media asta
a la funerala

a. *alegría*

lutria
(V. **nutria**)

luxación
s. **torcedura** (V.)
distorsión
dislocación (V.)
convulsión
distensión
contorsión
contorción
espasmo
rampa
calambre
contractura
relajación
trismo
tétanos
perlesía
parálisis
miodinia
mialgia
garrampa

a. *enderezamiento*

luz
s. **candela** (V.)
fuego (V.)
sol (V.)
llama (V.)

s. lámpara
claro
claridad (V.)
lucimiento
luminiscencia (V.)
resplandor (V.)
fosforescencia
fluorescencia
incandescencia
fulgor
refulgencia
blancura
albor
irradiación
refracción
espectro (V.)
ardentía
transparencia
lustre
luminaria (V.)
fulguración

(cont.)

claror
claroscuro
iluminación (V.)
centelleo
relámpago
relumbrón
fotofobia
rayo

láser (V.)
destello
pantalla
candileja
ráfaga de luz
reflejo (V.)
nimbo
resol (V.)
aureola
luminosidad
titilación

s. **lámpara** (V.)
pantalla
farol

candela
bujía
aplique
quinqué
antorcha
vela
linterna
cerilla

s. **ilustración** (V.)
cultura
sabiduría
estudio

s. **indicio** (V.)

aviso
noticia
vestigio
señal
rastro
huella

s. **modelo** (V.)
guía
orientación

s. luz de luna
gusano de luz
vara de luz

servidumbre de luces
dar a luz
luz artificial
luz natural
luz cenital
luz de Bengala
luz de la razón
luz de luz
luz eléctrica
luz primaria
entre dos luces
a media luz
a primera luz
dar luz

sacar a la luz
ver la luz

r. A la luz de la tea, no hay mujer fea ■ La mucha luz deslumbra y no alumbra

a. *obscuridad*
tinieblas
sombra

Luzbel

(V. **diablo**)

Egipcio Etrusca Hebrea Fenicia

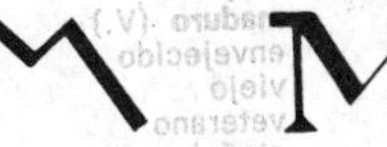

Griega Latina

S. V S. IX

S. XV Gótica Española Americana

M

maca
s. **señal** (V.)
marca
mancha
magulladura
s. **defecto** (V.)
deterioro
tara
s. hamaca
s. **engaño** (V.)
fraude
disimulación
pella
superchería
a. *perfección*
verdad
sinceridad

macabro
s. mortal
fúnebre (V.)
lúgubre
sepulcral
macábrico
letal
luctuoso
mortuorio
trágico
funesto
a. *vital*
alegre
grato

macaco
s. mico
simio
cercopiteco
mono
saru
cuadrumano
s. monigote
monicaco
adefesio
feo
deforme
s. insignificante
despreciable
irrisorio
minúsculo
a. *bonito*
hermoso
importante
noble

macadam
(V. **macadán**)

macadán
s. macadam
asfalto
pavimento (V.)
firme (V.)
apisonado
empedrado
firme especial
carretera blanca
carretera negra

macana
s. **hacha** (V.)
machete
s. **garrote** (V.)
estaca
palo
porra
saldo (V.)
liquidación
resto
s. **broma** (V.)
chanza
camelo
paparrucha
mentira
artificio
cuchufleta
s. trola
embuste (V.)
mentira
a. *seriedad*
verdad
sinceridad

macanudo
(V. **estupendo**)
(V. **asombroso**)

macar-se
s. estropearse (fruta)
magullarse
pudrirse (V.)
tararse
mancillarse

macarelo
s. **pendenciero** (V.)
peleón
camorrista
escandaloso
buscarruidos
bochinchero
zaragatero
batallador
a. *tranquilo*
pacífico
apaciguador

macareno
s. majo
guapo
bravucón (V.)
chulo
perdonavidas
fanfarrón (V.)
matón
baladrón
trabucón
jactancioso
rufián
matasiete
chuleta
a. *sencillo*
modesto
humilde
pusilánime

macarro
(V. **podrido**)

macarrón
(V. **pasta**)
(V. **tubo**)

macarrónico
s. **defectuoso** (V.)
bárbaro
antigramatical
redundante
grotesco
incorrecto
chapucero
a. *fluido*
gramatical
depurado
castizo

macear
(V. **machacar**)
(V. **porfiar**)

macedonia
s. **mezcla** (V.)
mezcolanza
mixtura
potaje
ensalada
ensalada de frutas
salpicón
guisado
revuelto
revoltillo
salsa
baturrillo

macelo
s. **matadero** (V.)
degolladero
desolladero
camal
tablada
carneada

maceración
s. reblandecimiento
ablandamiento (V.)
estrujamiento
emblandecimiento
prensamiento
golpeamiento
machacamiento
maceramiento
s. **mortificación** (V.)
penitencia
abatimiento
aflicción
corrección
disciplina
a. *endurecimiento*
consuelo

maceramiento
(V. **maceración**)

macerar
s. **amasar** (V.)
ablandar (V.)
reblandecer
apretujar
prensar
exprimir
estrujar
ablandecer
emblandecer
enmollecer
manir
machacar
mazonear (V.)
golpear
sacudir
s. **mortificar** (V.)
afligir
abatir
humillar
maltratar
molestar
desazonar
lastimar
castigar
flagelar
sumergir
calar
diluir (V.)
sumir
(V. **maceración**)
a. *endurecer*
confortar
consolar
solidificar

macero
s. heraldo
guardia
escolta (V.)
acompañamiento
acompañante
s. maza
dalmática
tabardo

maceta
s. macetón
tiesto (V.)
macetero
violetero
jardinera
florero
pichel
pote
albahaquero
canco
callana
jarrón
testeraje
s. **maza** (V.)
macillo
s. empuñadura
mango (V.)
manija
puño
cogedero

macferlán
(V. **gabán**)

macilento
s. **demacrado** (V.)
triste
mustio
flaco
enflaquecido
descolorido
desmirriado
famélico
espiritado
débil
delicado
entelerido
desmedrado
pálido (V.)
chupado
esquelético
birria
pilongo (V.)
vomitado
hético
escuálido
enjuto
cimbreño
maganto
alicaído
desmejorado
trasnochado (V.)
a. *robusto*
vigoroso
fuerte
hinchado
abotagado

macizar
s. **rellenar** (V.)
tapar (V.)
amazacotar
esforzar
solidificar
engordar
cebar
emplantillar
a. *ahuecar*
debilitar

macizo
s. apretado
sólido (V.)
lleno
repleto
cebado
recargado
rebolludo (V.)
amazacotado
compacto (V.)
firme
fuerte
pesado
grueso
gordo
relleno
denso (V.)
espeso
consolidado
de cal y canto
s. prominencia
bloque (V.)
s. lienzo
pared (V.) (entre dos vanos)
s. mata
planta (V.)
s. sierra
cordillera
montaña
a. *hueco*
débil
minado
vacío

macrocéfalo
(V. **cabezón**)
(V. **cabeza**)

macrocosmos
(V. **universo**)

mácula
s. **mancha** (V.)
tacha
mancilla (V.)
desdoro
sombra (V.)
defecto (V.)
s. **engaño** (V.)
trampa (V.)
mentira
embuste
pella
maca
a. *limpieza*
perfección
verdad
honradez

maculado
s. **manchado** (V.)
chafarrinado
tiznado
poluto
embarrado
ensuciado
emporcado
salpicado
veteado
moteado
s. mancillado
calumniado
ofendido
deshonrado
(V. **mácula**)
a. *impoluto*
inmaculado
honrado

macular-se
(V. **manchar**)
s. **deshonrar** (V.)
desdorar
ofender
calumniar
mancillar
(V. **mácula**)
a. *limpiar*
honrar

macuto
s. **mochila** (V.)
costal
bolsa
zurrón
saco
morral (V.)
tanate
talego

machaca
s. **mazo** (V.)
molino
mortero (V.)
machacadero
majadero
mano de almirez
machacadera
trituradora
(V. **machacón**)
a. *prudente*
discreto

machacadera
(V. **machaca**)

machacadura
s. machacamiento
majadura
molienda (V.)
trituración (V.)
pulverización
desterronamiento
machaqueo
pistura
aplastamiento
magullamiento
epistación
comprensión
prensado

machacamiento
(V. **machacadura**)

machacar
s. macear
triturar (V.)
aplastar (V.)
macerar
machucar
golpear
martillar (V.)
majar (V.)
mallar
maznar (V.)
mazar
magullar
machar
desterronar
pulverizar
deshacer (V.)
moler (V.)
masticar
mascar
quebrantar
destrozar
escabechar
cascar
escachar
hacer añicos
hacer pedazos
cortar
partir
romper
desmenuzar (V.)
desmoronar
disgregar (V.)
cascamajar
pistar (V.)
frangollar
s. **matraquear** (V.)
porfiar
insistir
reincidir
reiterar
repetir
importunar
volver a la carga
remachar el clavo
repetir la suerte
volver a las andadas
volver a las mismas
cada loco con su tema
repetir la canción
decir la eterna canción
(V. **machacadura**)
a. *apelmazar*
comedirse
desistir
ceder

machacón
s. machaca
pesado (V.)
impertinente
insistente
repetidor
porfiado
tenaz (V.)
prolijo
cargante (V.)
majadero
chinchoso
cargoso
moledor
chinche
latoso
redundante
tozudo
plúmbeo (V.)
monserga
tabarrero
machacón
fastidioso
importuno
repetido
reiterado (V.)
reiterativo
dale bola
(V. **machaconería**)
a. *prudente*
discreto
oportuno
comedido
considerado
ágil

machaconería
s. **pesadez** (V.)
inoportunidad
insistencia (V.)
tenacidad
iteración
tabarra
lata
molestia
porfía
machaqueo
chinchorrería
mosconeo
amoladura
tozudez (V.)
redundancia (V.)
monotonía
ajobo
pejiguera
rollo
cansera
machaquería
a. *desistimiento*
oportunidad
agilidad
gracia
ligereza
amenidad

machada
s. sandez
estupidez
necedad
tontería
brutalidad (V.)
majadería (V.)
s. **hombrada** (V.)
hazaña
intrepidez
(V. **macho**)
a. *delicadeza*
inteligencia
pusilanimidad

machaqueo
(V. **machacamiento**)

machaquería
(V. **machaconería**)

machar
(V. **machacar**)

machetazo
s. corte
tajo (V.)
cercenamiento
cuchillada
golpe (V.)
herida
(V. **machete**)

machete
s. **cuchillo** (V.)
hacha
bayoneta (V.)
alfanje
hoz
podadera
cañivete
sacabuche
tajamar
bolduque
mojarra
boga
doladera
corvillo
faca
chongo
falce
tajadera
cercenadera
daga (V.)
arma (V.)
marrazo

machetear
s. amachetear
acuchillar (V.)
dar machetazos
cortar
calar la bayoneta
armar la bayoneta
encachar
(V. **machete**)

machihembrado
s. ensamblaje
ensambladura (V.)
acoplamiento
gárgol
encastradura
s. lengüeta
espiga
machihembro
ranura
caja
(V. **carpintería**)

machihembrar
(V. **ensamblar**)

machina
s. **martinete** (V.)
molinete
grúa
cabria
cabrestante

machío
(V. **estéril**)

macho
s. hombre
varón
s. **mulo** (V.)
acémila
burdégano
burreño
mohíno
semental (V.)
padrote
garañón
morueco
verraco
macho cabrío
bode
bote
boque
barbón
cabrón
buco
castrón
igüedo
s. **masculino** (V.)
viril (V.)
vigoroso
robusto
fuerte (V.)
recio
resistente (V.)
animoso
forzudo
machote
firme
enérgico
valiente (V.)
corajudo
machote
s. martillo
mazo (V.)
maza
mallo
martinete
s. macho del timón
macho de aterrajar
a. *hembra*
afeminado
débil
cobarde
pusilánime
feble

machón
s. **pilar** (V.)
pilastra
estribo
columna
macho
apoyo
estantal
cepa
puntal

machorro
(V. **estéril**)

machota
s. virago
marimacho (V.)
hombruna
sargentona
varona
maritornes
a. *femenina*
delicada

machote
(V. **fuerte**)
(V. **macho**)

machucar
(V. **machacar**)

machucho
s. juicioso
sosegado
tranquilo (V.)
reposado
calmoso (V.)
prudente
sesudo
serio
grave
reflexivo
sensato
s. mayor
maduro (V.)
envejecido
viejo
veterano
otoñal
curtido
a. *atolondrado*
loco
imprudente
joven
inexperto

machuelo
(V. **germen**)

madama
(V. **señora**)

madamisela
(V. **damisela**)

madapolán
(V. **tela**)
(V. **algodón**)

madefacción
(V. **humectación**)

madeficar
(V. **humedecer**)

madeja
s. madejuela
madejeta
ovillo (V.)
ovillejo
canilla
lanzadera
capillejo
bobina
carrete
cuenda
cadejo
rollo (V.)
centenal
s. devanador
primichón
hilo
hebra
fibra
s. mata de **pelo** (V.)
s. **vago** (V.)
dejado
flojo
lento
perezoso
s. enredarse la madeja
madeja sin cuenta
hacer madeja
devanar la madeja
r. Ser una madeja sin cuerda ■ Lo que no va en la madeja va en el centenal
a. *trabajador*
activo
dinámico

madera
s. leño
palo (V.)
astilla
leñame
fuste
listón (V.)
tabla (V.)
tablón
tarugo
traviesa
viga
vigueta
cuña
zoquete
madero (V.)
leña (V.)
toza
tronco (V.)
cogollo
escarzo
racha
sámago (V.)
astillón
maderamen
armadura
despezo
chapa
contrachapado (V.)
s. madera de trepa
madera alburente
madera de raja
madera anegadiza
madera en rollo
madera de hilo
madera en blanco
madera borne
madera cañiza
s. **fibra** (V.)
veta (V.)
vena
hebra
estopa
repelo
alabeo (V.)
reviro
brenza
tuerce
torcimiento
estopa
fenda
resudor
resudación
chirón
gangrena
pata de gallina
carcoma
corca
línea
hupe
s. **pino** (V.)
pino tea
pino melis
chopo
álamo (V.)
aliso
abedul
limoncillo
almez
acacia
alerce
abeto
cedro
ciprés (V.)
enebro
chopo (V.)
aznacho
caoba (V.)
alcayoba
nogal (V.)
caracolillo
roble (V.)
ébano
boj
acebo
castaño (V.)
encina (V.)
olivo (V.)
acebuche
abenuz
naranjo
avellano
cerezo
peral
cerne
narra
sibucao
guayaco
palo rosa
palo santo
palo de las Indias
palisandro
sándalo
ácana
acle
banaba
luma
áloe
palo de áloe
palo del águila
palo del Brasil
palo de Pernambuco
palo de Fernambuco
palo campeche
aspálato
cococolo
s. **astillar** (V.)
cortar
podar (V.)
curar
creosotar
resudar
cachar
aserrar
trozar
trocear
desbastar
carcomer
labrar
bromar
alabearse (V.)
recalentarse
encuartar
cuartear
s. **leñoso** (V.)
veteado
vetisesgado
acebollado
lignario
repeloso
revirado
ahogadizo
caronchado
teoso
xilófago
lignívoro
s. mosaico de madera
madera brava
madera cañiza
madera de hilo
madera del aire
madera enteriza
madera de sierra
madera de raja
madera en blanco
madera fósil
madera pasmada
madera serradiza
aguar la madera
pesar la madera
sangrar la madera
descubrir uno la madera
s. **índole** (V.)
natural
aptitud
condición
tener buena o mala madera para...

maderada
(V. **almadía**)

maderaje
(V. **maderamen**)

maderamen
s. artesonado
viguería
viguetaje
envigado
entibación
acodalamiento
suelo
andamio (V.)
cubrimiento
entramado
asiento
armadura
armazón (V.)
escuadra
enmaderado (V.)
tiradera
escantillón
maderación
tablazón
tablado
tablaje
andamiaje
estrado
maderaje
(V. **madera**)

madero
s. **tronco** (V.)
palo (V.)
tablón (V.)
tablero
plancha
bauza
cabrio
falca
zapata
canecillo
patilla
virón
solera
alfarjía
tirante
machón (V.)
pontón
fuste
talón
ensamblaje
hincón
poste (V.)
gardo
jácena
puntal (V.)
codal
frontal
percha
peral
apoyo (V.)
virotillo
cuarentén
fajado
sesentén
pilote
zanca
listón (V.)
traviesa (V.)
viga (V.)
entibo
vigueta
durmiente
tarugo
zoquete
s. **barco** (V.)
s. torpe
insensible (V.)
inconsciente
(V. **madera**)
a. *sensible*
hábil
consciente

madona
(V. **virgen** María)

mador
(V. **sudor**)

madrás
(V. **tela**)
(V. **algodón**)

madrastra
(V. **madre**)
(V. **pariente**)

madraza
(V. **madre**)
(V. **condescendiente**)

madre
s. **hembra** (V.)
mama
mamá
mamaíta
mamita
mamuchi
ama
señora
mayora
matrona (V.)
matronaza
parida (V.)
madraza
parturienta (V.)
madrastra
puérpara (V.)
vientre
madre de familia
comadre
mujer (V.)
madrina
anciana
tía (V.)
s. **religiosa** (V.)
superiora
hermana
sor
s. álveo
cuenca
lecho (V.)
cauce (V.)
badén
s. **origen** (V.)
causa
raíz
motivo
s. **matriz** (V.)
s. **acequia** (V.)
alcantarilla
cloaca
s. heces del vino
poso (V.)
sedimento
s. lengua madre
aguas madres
madre clavo
madre política
dura madre
pía madre
r. Madre holgazana cría hija cortesana ■ Madre e hija visten una misma camisa ■ Tal madre, tal hijo pare ■ Amor grande, amor de madre ■ No hay amor como el de la madre, que los demás son humo y aire ■ De mujer que es madre, nadie mal hable ■ Casa sin madre, río sin cauce ■ Madre muerta, casa deshecha
s. sacar de madre
ser la madre del cordero
salirse de madre
(V. **maternidad**)
a. *padre*

madrearse
(V. **ahilarse**)

madreña
(V. **almadreña**)

madrigado, a
(V. **experimentado**)
(V. **casada**)

madrigal
(V. **poema**)

madrigalesco
(V. **amoroso**)
(V. **tierno**)

madriguera
s. **hampa** (V.)
cueva
cuevecilla
guarida (V.)
secreto (V.)
refugio
escondrijo
agujero
cubil (V.)
abrigo
reparo
asilo
retiro
hura
corral
manida
albergue
conejera
ratonera (V.)
querencia (V.)
topera
nido
abrigadero
lobera
venadero
cado
cubilar
gazapera
gatera
huronera
tejonera
topinera
zorrera
latebra
hurera
hurgonera

madrina
s. comadre
padrina
prónuba
protectora
(V. **madrinazgo**)
a. *padrino*
amadrinado

madrinazgo
(V. **protección**)

madroño
s. alamar
colgante
pompón
borla (V.)
cairel
adorno
s. **arbusto** (V.)
madroñera
alborto
albedro
alborocera
érbedo
gurbiote
borto
pesgua

madrugada
s. **amanecer** (V.)
alborada
alba
aurora
orto
crepúsculo
niebla
primeras luces
albor
fresca
entre dos luces
destello
primeras horas
primeros albores
al romper el día
crepúsculo matutino
mañana (V.)
a. *noche*
anochecido
tarde
ocaso
atardecer

madrugador
s. tempranero
temprano
mañanero
anticipado
previsor (V.)
trabajador (V.)
diligente
activo
dinámico
(V. **madrugada**)
a. *trasnochador*
nocherniego
noctámbulo
perezoso

madrugar
s. **despertar** (V.)
salir (el sol)
amanecer (V.)
mañanear
alborear
alborecer
levantarse temprano
levantarse con el sol
levantarse con las gallinas
levantarse al alba
coger la verbena
levantarse al amanecer
s. **anticiparse** (V.)
adelantarse
aprestarse
llegar temprano
ganar tiempo
tomar la delantera
estar en guardia
prevenirse (V.)
r. No por mucho madrugar amanece más temprano ■ A quien madruga, Dios le ayuda
(V. **madrugada**)
a. *trasnochar*
retardarse
retrasarse
remolonear
dormirse

maduración
(V. **madurez**)

madurado
(V. **maduro**)
(V. **meditado**)

madurar-se
s. medrar
sazonar (V.)
colorear
granar (V.)
ablandar (V.)
enverar
encerar
activar
crecer
desarrollar (V.)
mulatear
florecer
pasarse
pintarse (V.)
s. **perfeccionarse** (V.)
premeditar
resolver (V.)
profundizar
reflexionar (V.)
estudiar
pensar
s. **curtirse** (V.)
avezarse (V.)
envejecer (V.)
anticuarse
(V. **madurez**)
a. *verdear*
endurecer-se
empeorar-se
desdeñar
inhibir-se
despreocupar-se
omitir
rejuvenecer-se
modernizar-se

madurez
s. **desarrollo** (V.)
maduración
blandura (V.)
punto
sazón (V.)
envero
fructificación
florecimiento
enriquecimiento
granazón (V.)
lozanía
ablandamiento
s. **virilidad** (V.)
edad provecta
vejez (V.)
experiencia (V.)
conocimiento
sabiduría
juicio
responsabilidad (V.)
sensatez (V.)
prudencia
reflexión (V.)
seso
sosiego
seriedad
tacto
formalidad
otoño (V.)
a. *verdor*
precocidad
inexperiencia
irreflexión
insensatez
ignorancia
juventud

maduro
s. hecho
sazonado (V.)
cerollo
ceriondo
zorollo
seriondo
camullano
pansido
pasado (V.)
zarazo
enverado
papucho
pachucho (V.)
podrido
papandujo (V.)
pocho
blando (V.)
reblandecido (V.)
machucho (V.)
coscón
s. juicioso
reflexivo (V.)
prudente
sensato (V.)
sesudo
talludo (V.)
sosegado
discreto
serio
mesurado
formal (V.)
granado (V.)
provecto (V.)
cuarentón
otoñal
formado (V.)
madurado
en sazón
pensado
desarrollado (V.)
adelantado
formado
oportuno
preciso
atinado
(V. **madurez**)
a. *verde*
temprano
precoz
irreflexivo
inmaturo
insensato
alocado
joven
crudo
tierno

maese
(V. **maestro**)

maestoso
(V. **majestuoso**)

maestra
s. **profesora** (V.)
catedrática
regenta
regente
auxiliar
amiga
ama (V.)
s. abeja maestra
maestra de escuela
r. No hay mejor maestra que la pobreza
(V. **maestría**)
a. *alumna*

maestral
(V. **magistral**)

maestrante
(V. **caballero**)

maestranza
s. instrucción
caballería
equitación (V.)
s. talleres
oficinas
artillería (V.)

maestre
s. prior
superior (V.)
doctor
maestro (V.)
s. toma de los maestres
cuartel maestre
maestre general
maestre coral
maestre de campo
maestre de hostal
maestre de jarcia
maestre de plata
maestre de raciones
maestre de víveres
maestre racional

maestría
s. **destreza** (V.)
arte
habilidad (V.)
ingenio
dominio
industria
maña
pericia (V.)
adiestramiento
competencia
s. título de maestro
grado de maestro
dignidad (V.) de maestro
s. pasantía
cátedra
decanato
auxiliaría
magisterio
escuela
academia
facultad
s. **autoridad** (V.)
superioridad
dominación
a. *impericia*
inhabilidad
torpeza

maestro
s. **profesor** (V.)
catedrático
enseñador
instructor
ilustrador
pedagogo (V.)
dómine (V.)
director
preceptor (V.)
consejero
doctrinador (V.)
doctrinante
maese
ayo
guía (V.)
conferenciante
maestrillo
lector
leccionista
auxiliar
regente
ateneísta
palo mayor
jefe de taller
s. maestro de escuela
maestro de primaria
maestro de primera
maestro enseñanza
maestro de segunda enseñanza
maestro de obras
maestro de primeras letras
maestro nacional
compositor (V.)
artífice (V.)
artista (V.)
s. **experto** (V.)
perito
ducho
práctico
definidor
hábil (V.)
principal
mañoso
adiestrado
avezado
s. abeja maestra
libro maestro
cuaderno maestro
línea maestra
tono maestro
llave maestra
pared maestra
cuaderna maestra
maestro aguañón
maestro de aja
maestro carpintero
maestro de altas obras
maestro de atar escobas
maestro de balanza
maestro de cocina
maestro de coches
maestro de capilla
maestro de ceremonias
maestro de caballería
maestro de armas
maestro de hacha
maestro de los caballeros
maestro de obra prima
r. De mal maestro no sale discípulo diestro ■ Uso hace maestro ■ Cada maestrillo tiene su librillo ■ El maestro Ciruela, que no sabe leer y pone escuela ■ El oficial diestro, con abrir tienda ya es maestro ■ El buen instrumento saca maestro
(V. **maestría**)
a. *alumno*
escolar
discípulo
inepto
ignorante
analfabeto
inexperto
aprendiz
principiante
neófito
doctrino

maga
(V. **mago**)

magancear
(V. **holgazanear**)

magancería
(V. **engaño**)

magancés
(V. **traidor**)

maganto
(V. **demacrado**)
(V. **preocupado**)

magaña
(V. **engaño**)
(V. **ardid**)

magazine
(V. **revista**)

magdalena
s. **penitente** (V.)
arrepentida
s. llorosa
lacrimoso, a (V.)
desconsolada
lacrimosa
s. **bollo** (V.)
s. estar hecha una Magadalena
no está la Magdalena para los tafetanes
a. *impenitente*
alegre
contenta

magia
s. nigromancia
hechicería (V.)
encantamiento
ocultismo
adivinación
brujería
prodigio (V.)
magismo
ahuizote
cábala
gnosis
astrología
alquimia
hipnotismo
prestidigitación
superstición
mitología
espiritismo
ciencias ocultas
magia negra
magia blanca
magia natural
maleficio (V.)
ensalmo
teurgia
conjuro (V.)
amuleto
evocación
embrujamiento
pacto
sugestión
tropelía (V.)
talismán (V.)
bebedizo
filtro
varita mágica
aojo
mal de ojo
aojadura
s. **encanto** (V.)
atractivo (V.)
seducción
sugestión
hechizo
fascinación
maravilla
embeleso
deleite
a. *exorcismo*
desagrado
repulsión

mágica
(V. **hechicera**)

mágico
s. **mago** (V.)
s. **maravilloso** (V.)
estupendo
fantástico
fascinador
asombroso
extraordinario
seductor
atractivo
sorprendente
fascinante
impresionante
pasmoso
misterioso
ultraterreno
arcano
(V. **magia**)
a. *natural*
normal
corriente
lógico
común

magín
s. **imaginación** (V.)
entendimiento
caletre
ingenio
cacumen
cabeza
mente
mollera
inventiva
miente
mientes
chirumen
inspiración
fantasía
pesquis
a. *torpeza*
incapacidad
bobería

magisterio
s. **enseñanza** (V.)
instrucción
educación (V.)
maestría
s. gravedad
solemnidad (V.)
afectación
pedantería
a. *analfabetismo*
ignorancia
sencillez
naturalidad

magistrado
s. **soberano** (V.)
juez (V.)
ministro
togado
abogado
consejero
golilla
asesor
regente (V.)
oidor (V.)
judicante
autoridad (V.)
juzgador
avisado
cuestor
conjuez
decenviro
acompañado
pretor (V.)
gobernador
triunviro (V.)
alcalde
ministro togado
ministro de justicia
prefecto
tribuno (V.)
corregidor
adelantado
rubricante
dictador
cónsul
presidente de Sala de Audiencia
miembro de Sala de Audiencia
merino

s. juez de palo
juez de primera instancia
juez de instrucción
juez ordinario
juez de paz
juez municipal
juez de hecho
juez pesquisidor
juez delegado
juez de encuesta
juez visitador
juez de alzada
juez de apelaciones
juez de competencias
juez acompañado
juez ad quem
juez apartado
juez a quo
auditor de guerra
auditor de marina
juez mayor
juez militar
juez de ganados
juez de sementeras

s. Tribunal Supremo de Justicia
consejo (ant.)
tribunal (ant.)

magistral
s. maravilloso
estupendo
fenomenal
magnífico
espléndido
cuidado
lucido
inimitable
perfecto (V.)
clásico (V.)
ejemplar
importante
superior
soberbio
solemne
grande
noble
bello
arquetípico
hecho con maestría

s. magisterial
maestral
instructivo
educativo (V.)
universitario
doctrinal
preceptoril
disciplinante
catequístico

s. título
dignidad
eclesiástica

s. **medicamento** (V.)
preparado
farmacéutico

s. canónigo
magistral
canonjía magistral
letra magistral
reloj magistral
trazo magistral

a. *pequeño*
imperfecto
feo
inferior
deslucido

magistratura
s. **judicatura** (V.)
auditoría
tribunal
juzgado
justiciazgo
peritaje
poder judicial
oidoría
cancillería
directorio
pretoría
prefectura
pretura
censura
curia
curia romana

magma
s. lava
escoria
residuo
masa ígnea
volcán (V.)

s. **orujo** (V.)

magnanimidad
s. nobleza
caridad
generosidad (V.)
altruismo
caballerosidad
longanimidad (V.)
grandeza de alma
liberalidad
hidalguía (V.)

a. *tacañería*
pusilanimidad
bajeza
envidia
ruindad
infamia
vileza
villanía
indignidad

magnánimo
s. grande
noble
generoso (V.)
hidalgo
desinteresado
altruista
caballeroso
digno
espléndido
magnífico
compasivo
indulgente (V.)
tolerante
longánimo (V.)
(V. **magnanimidad**)

a. *ruin*
miserable
tacaño
inflexible

magnate
s. **acaudalado** (V.)
principal
importante
poderoso
pudiente
prócer (V.)
grande
noble
egregio
patricio
insigne
magistrado
príncipe
aristócrata
dignatario
prohombre
eximio
ínclito
personaje
(V. **ilustre**)

a. *insignificante*
despercibido
humilde
pobre

magnético
s. **imantado** (V.)
inducido

s. hipnótico
fascinante (V.)
atractivo
sugestivo
seductor
atrayente (V.)
dominador
deslumbrador (V.)
deslumbrante
(V. **magnetismo**)

a. *desimantado*
repelente
desagradable
vulgar

magnetismo
s. **imantación** (V.)
inducción (V.)
electricidad

s. campo magnético
línea neutra
meridiano magnético
imán (V.)
electroimán
piedra imán
hierro dulce
polo
brújula (V.)
hipnotismo (V.)
hipnosis (V.)
magnetismo animal
magnetismo terrestre

s. atractivo
sugestión
atracción (V.)
hechizo
poder
dominio
fascinación (V.)
mesmerismo

a. *repulsión*
rechazo

magnetización
(V. **imantación**)

magnetizador
s. **hipnotizador** (V.)
electrizante
deslumbrante
fascinante
fascinador
deslumbrador
hechicero (V.)
(V. **magnetismo**)

magnetizar
s. inducir
imanar
imantar (V.)
atraer

s. electrizar
hipnotizar (V.)
fascinar (V.)
mesmerizar
(V. **magnetización**)

a. *desimantar*
repeler
rechazar
desagradar

magneto
s. **generador** (V.)
inductor
transformador
motor
encendido (V.)

s. imán
inducido
escobilla
devanado
masa polar
salida de corriente
inductor
chapas
circuito primario
circuito secundario

magnetofón
(V. **magnetófono**)

magnetófono
s. magnetoscopio
magnetofón
dictáfono
registradora
grabadora
fonocaptor

s. cabeza de grabación
cabeza de lectura
cabeza supresora
cinta
plato dador
plato receptor
marcha rápida
retroceso
polea de arrastre
volante
mandos
cambio de velocidades
potenciómetro
contador de vueltas
enchufe del micrófono
enchufe del altavoz
enchufe suplementario
amplificador

magnicidio
s. regicidio
muerte (V.)
atentado (V.)
asesinato (V.)

magnificar-se
s. **engrandecer** (V.)
ampliar
aumentar

s. honrar
elogiar (V.)
exagerar (V.)
(V. **magnificación**)

a. *empequeñecer*
humillar
rebajar

magníficat
(V. **himno**)
(V. **virgen**)

magnificencia
s. **munificencia** (V.)
esplendidez
liberalidad
magnanimidad

s. brillo
esplendor (V.)
ostentación
pompa
excelsitud
fausto
fasto
suntuosidad
grandeza
gala
fastuosidad
grandeza
alarde
vanidad
aparato
vistosidad
boato
derroche
rumbo
pavonada
lujo (V.)
elegancia
grandiosidad
majestad
teatralidad
tren
gloria (V.)

s. gasto loco
derramar el oro a expuertas
tener un agujero en la mano
gastar a manos llenas
gastar el oro y el moro

a. *tacañería*
miseria
pobreza
sencillez

magnífico
s. **espléndido** (V.)
ostentoso
brillante (V.)
fastuoso
lujoso (V.)
ostentoso
vistoso
teatral
real (V.)
solemne
suntuoso (V.)
rumboso
fabuloso
fantástico (V.)
pomposo
rimbombante
suntuario
majestuoso
poderoso (V.)
señorial
regio (V.)
lucido
principesco
fastoso
soberbio (V.)
munífico
opulento
magno (V.)

s. **excelente** (V.)
admirable
notable
magistral
genial (V.)
pistonudo
requetebién
generoso (V.)
grandioso
extraordinario
valioso
importante
rico

s. **título** (V.)
honor
dignidad
rector magnífico
(V. **magnificencia**)

a. *pobre*
mísero
sencillo
insignificante
baladí

magnitud
s. **dimensión** (V.)
tamaño (V.)
grandeza
grandor
volumen
intensidad (V.)
corpulencia (V.)
altura
porte
gradación (V.)
tomo
materia

s. excelencia
importancia (V.)
magnificencia
prestancia
sublimidad
cuantía
alcance (V.)
consideración

a. *insignificancia*
nadería
futilidad

magno
s. **grande** (V.)
ilustre (V.)
extraordinario
superior
excelso
óptimo
magnífico (V.)
extenso
gigante
colosal

s. capa magna
conjunción magna
(V. **magnitud**)

a. *inferior*
escaso
mínimo
insignificante

mago, a
s. faquir
hechicero (V.)
brujo (V.)
nigromante
taumaturgo (V.)
espiritista
encantador (V.)
jorguín
ocultista
fascinador
cabalista
zahorí
cohen
médium
medio
exorcista (V.)
saludador
tropelista
ensalmador
prestidigitador
aojador
mágico (V.)
hadado (V.)
vidente
ensabanista
s. maga
pitonisa
adivinadora
hechicera
sibila
sorguiña
jorguiña
aojadora
meiga
(V. **magia**)
a. *exorcizador*

magosta
(V. **hoguera**)

magote
(V, **mono**)

magrear
s. **sobar** (V.)
toquitear
tocar
palpar (V.)
rozar
manosear
acariciar
a. *respetar*

magrez
(V. **delgadez**)

magro
s. **enjuto** (V.)
descarnado
enteco
cenceño
delgado (V.)
cetrino
huesudo
carniseco
momio (V.)
(V. **magrez**)
a. *grueso*
gordo
grasiento

maguer
(V. **aunque**)

magüeto
(V. **novillo**)

maguey
s. agave
pita
pitera
carruata
cabuya
mezcal
cocui
jeniquén
henequén
planta (V.)

magullado
s. maltratado
lastimado
machacado
machucado
golpeado
herido (V.)
molido
zurrado
castigado
contuso (V.)
amoratado
aporreado
sacudido
dolorido
apaleado
quebrantado
eccehomo (V.)
(V. **magulladura**)
a. *mimado*
acariciado
respetado
cuidado

magulladura
s. maguladura
magullamiento
magullón
lesión (V.)
golpe
trastazo
equimosis (V.)
cardenal
morteón
verdugón
contusión
choque
porrazo
señal
daño (V.)
a. *cuidado*
mimo
caricia
respeto
cura

magullar-se
s. maltratar
lesionar (V.)
contusionar
golpear
lastimar
machucar
pegar
estropear
dañar (V.)
apalear
moler
machacar
marcar
señalar
castigar
azotar
sacudir
aporrear
herir
zurrar
amoratar
(V. **magulladura**)
a. *cuidar*
respetar
curar
mimar
acariciar

magullón
(V. **magulladura**)

mahometano
s. mahomético
mahometista
musulmán
muslímico
muslime
islámico (V.)
agareno
islamita
morisco
mudéjar
modéjar
mozárabe
sofí
druso
maronita
muladí
gazi
sarraceno
(V. **mahometismo**)

mahometismo
(V. **islamismo**)

mahón
(V. **tela**)
(V. **algodón**)

mahonesa
(V. **salsa**)

maído
(V. **maullido**)

maillot
(V. **bañador**)

mainel
(V. **parteluz**)

maitinada
s. alborada
amanecida
amanecer (V.)
albor
albazo
s. **diana** (V.)
a. *anochecida*

maitines
s. **rezos** (V.)
oraciones
matines
tinieblas (V.)

maíz
s. borona
mijo (V.)
millo
abatí
panizo
zara
canguil
zahína
capi
cuatequil
cañahua
curagua
guate
maloja
mañoco
malojo
planta (V.)
siembra

s. **mazorca** (V.)
panocha
panoja
roseta, s (V.)
palomita
choclo
s. espata
tusa
farfolla
barbas
pelo
s. desgranar
despinochar
aclarar

maja
(V. **majo**)

majada
s. redil
aprisco (V.)
cubil
chiquero
corral
encierro
ovil
resguardo
refugio
guarida
apero
s. **estiércol** (V.)
bosta (V.)

majadería
s. pesadez
bobada
zanganada
imprudencia
indiscreción
estolidez
mentecatez
machada (V.)
idiotez (V.)
simpleza
patochada
pampirolada
candinga
necedad (V.)
imbecilidad (V.)
paparrucha
pazguatería (V.)
botaratada
panderada
a. *sensatez*
discreción
prudencia
ingeniosidad

majadero
s. memo
pesado
lerdo
besugo
insensato
abobado
atontado
mostrenco (V.)
tonto
sandio
porfiado
mentecato
molesto
memo
gurdo
porro
estulto
rudo
botarate
meliloto
tolondro
torpe
majagranzas
bolonio
badulaque
tocho
gilí
incapaz
zolocho
morral

bodoque
estúpido
necio (V.)
s. maza
majador
almirez (V.)
mortero
pértiga
mango (V.)
(V. **majadería**)
a. *inteligente*
listo
avispado

majadura
(V. **trituración**)
(V. **paliza**)
(V. **molestia**)

majagranzas
(V. **majadero**)

majar
s. **machacar** (V.)
agramar
tundir
golpear
batear
sacudir
aplastar
aporrear
moler
triturar (V.)
pulverizar
desmenuzar
quebrantar
romper
s. **molestar** (V.)
cargar
fastidiar
cansar
importunar
porfiar (V.)
insistir
reiterar
irritar
(V. **majadura**)
a. *agradar*
moderar
entretener
divertir
ceder
calmar

majareta
(V. **chiflado**)

majestad
s. majestuosidad
magnificencia
grandeza (V.)
gravedad
soberanía (V.)
realeza (V.)
prestigio
esplendor
pompa
sublimidad
señorío
crimen de lesa majestad
gente de su Majestad
Su Divina Majestad
a. *vulgaridad*
pequeñez
ruindad
humildad
sencillez

majestuosidad
(V. **majestad**)

majestuoso
s. majestoso
magnífico
soberbio
grandioso (V.)
admirable
solemne (V.)
mayestático (V.)
augusto (V.)
imponente (V.)
imperial (V.)
fastuoso
lujoso
ostentoso
pomposo
señorial
soberano (V.)
respetable
maestoso
principesco (V.)
regio
majestático
olímpico (V.)
(V. **majestad**)
a. *modesto*
sencillo
humilde
vulgar

majeza
s. chulada
chulería (V.)
jactancia
fanfarronería
desplante (V.)
bravuconería
s. lucimiento
vistosidad (V.)
lindura
lindeza
acicalamiento
emperejilamiento
a. *discreción*
moderación
modestia
cortedad
fealdad

majo
s. **chispero** (V.)
chulo (V.)
chulapo
curro
jacarandoso
jácaro
macareno
jaque
manolo
pinturero
farolero
vendehúmos
fanfarrón (V.)
matasiete
valentón
s. compuesto
lujoso
ataviado
adornado
emperejilado (V.)
engomado
puesto
acicalado
s. **guapo** (V.)
lindo
hermoso
alindado
bello
vistoso (V.)
cañí
castizo
manolo
chispero
(V. **majeza**)
a. *gallina*
cobarde
dejado
desaseado
desaliñado
feo

majuelo
s. **arbusto** (V.)
marzoleto
marjoleto
majoleto
espino (V.)
espinablo
pirlitero

s. **viña** (V.)
cepa

mal
s. **daño** (V.)
perjuicio (V.)
deterioro
pérdida (V.)
menoscabo
ofensa
destrucción
estrago
ruina
privación
abuso
catástrofe
calamidad
deficiencia
imperfección
insuficiencia
contrariedad
desastre
desgracia (V.)
plaga
peste
trastorno
maldición
desventaja
fatalidad
lacra
pernicie
dificultad
tara
inconveniencia

s. dolencia
enfermedad (V.)
padecimiento
sufrimiento
dolor (V.)
indisposición
pesar
tormento
amargura
desolación
morbo
achaque
malestar
desarreglo
complicación

s. **maldad** (V.)
malignidad
vicio
abyección
delito (V.)
injusticia
ilicitud
inmoralidad
indignidad
deshonestidad
canallada
bajeza
vileza
villanía
depravación
faena
dureza
ferocidad
granujada
ignominia
ruindad
mezquindad
traición (V.)
infamia
iniquidad
protervia
crueldad
sevicia
jugada
pasada
perversidad
satanismo
picardía

s. mal de piedra
mal bicho
mal de corazón
mal de bubas
mal de San Lázaro
mal de San Antón
mal de la rosa
mal de madre

r. Lo mal hecho mal parece ■ Del mal, el menos ■ El mal del milano, alas quebradas y el pico sano ■ ■ Bien vengas mal, si vienes solo ■ En mal de muerte, no hay médico que acierte ■ Mal de muchos, consuelo de tontos ■ No hay mal que por bien no venga

s. tomar a mal
echar a mal
hacer mal
tomar a mal una cosa
genio del mal
autor del mal

a. *bien*
bondad
beneficio
consuelo
perfección
salud
alegría

mala
(V. **valija**)

(V. **correo**)

malabarismo
s. **habilidad** (V.)
ilusionismo
equilibrio (V.)
prestidigitación
funambulismo
escamoteo

s. tejemaneje
diplomacia (V.)
sagacidad (V.)
pericia
ingenio
astucia (V.)
tiento
sutileza

a. *torpeza*
desacierto
incompetencia

malabarista
s. ilusionista
equilibrista (V.)
funámbulo
prestidigitador
escamoteador
saltimbanqui

s. **hábil** (V.)
sagaz
diplomático
astuto (V.)
sutil
ingenioso (V.)

(V. **malabarismo**)

a. *torpe*
inhábil
desmañado

malacate
s. torno
molinete
baritel
cabria
cabrestante (V.)
chigre
noria (V.)

malaconsejado
(V. **desacertado**)

malacostumbrado
(V. **mimado**)

(V. **enviciado**)

(V. **malcriado**)

malagana
s. desmayo
desfallecimiento
desilusión (V.)
desinterés
desgana (V.)
decaimiento
desánimo
desaliento
malestar

a. *ilusión*
entusiasmo
vigor

malandante
(V. **desgraciado**)

(V. **malhadado**)

malandanza
s. desdicha
desgracia (V.)
accidente (V.)
contratiempo (V.)
malaventura
malaventuranza
infelicidad
mala suerte
adversidad

a. *suerte*
ventura
fortuna

malandar
(V. **cerdo**)

malandrín
s. **despreciable** (V.)
malvado (V.)
bellaco
ruin
villano
maligno (V.)
pícaro
bribón (V.)
hipócrita
malintencionado
pillo
tuno
astuto
bergante
taimado
truhán
malo (V.)

a. *bueno*
sincero
honrado
ingenuo
cándido
candoroso

malapata
(V. **patoso**)

(V. **inoportuno**)

malar
(V. **pómulo**)

malaria
(V. **paludismo**)

malasombra
(V. **inoportuno**)

(V. **patoso**)

malatía
(V. **lepra**)

malato
(V. **leproso**)

malaventura
(V. **desventura**)

(V. **desgracia**)

malaventurado
(V. **desventurado**)

(V. **desgraciado**)

malaventuranza
(V. **infortunio**)

(V. **desdicha**)

malaxar
(V. **amasar**)

malbaratador
(V. **malgastador**)

malbaratamiento
(V. **despilfarro**)

(V. **dilapidación**)

malbaratar
(V. **malgastar**)

(V. **derrochar**)

(V. **malvender**)

malbaratillo
(V. **baratillo**)

malbarato
(V. **prodigalidad**)

(V. **derroche**)

malcarado
(V. **descarado**)

(V. **sospechoso**)

(V. **malhumorado**)

malcasado
(V. **infiel**)

malcaso
(V. **traición**)

(V. **infamia**)

malcomer
s. ayunar
privarse
economizar
sacrificarse
mortificarse
abstenerse
hambrear (V.)
necesitar

a. *saciarse*
hartarse

malconsiderado
(V. **desconsiderado**)

malcontentadizo
(V. **descontentadizo**)

malcontento
(V. **descontento**)

malcoraje
(V. **planta**)
(euforbiácea)

malcriadeza
(V. **descortesía**)

(V. **grosería**)

malcriado
s. **mimado** (V.)
incivil
grosero
maleducado
descortés
descarado
desatento
cerril
garbancero
soez
inurbano
descomedido
incorrecto
regalón (V.)
consentido
malacostumbrado

(V. **malcriadeza**)

a. *educado*
fino
correcto
cortés

malcriar
s. **mimar** (V.)
consentir
condescender
permitir
tolerar
maleducar
malacostumbrar
malvezar
descomedirse
viciar
enviciar
halagar
regalar
estropear (V.)
resabiar

a. *educar*
corregir
castigar
regañar
prohibir

maldad
s. **mal** (V.)
malicia
malignidad (V.)
malevolencia
malquerencia
perversidad
sevicia
nequicia
crueldad
inhumanidad
infamia
protervia (V.)
pravedad (V.)
perversión (V.)
vileza (V.)
villanía (V.)
bellaquería
deslealtad
falsedad
demasía
injusticia
ingratitud
corrupción
desmán
abuso
pecado (V.)
peste
plaga
vicio (V.)
inmoralidad
ruindad (V.)
perfidia (V.)
traición
daño (V.)
envidia
hipocresía
abyección
bajeza
iniquidad
depravación
satanismo

a. *bondad*
honradez
nobleza
lealtad
generosidad
altruismo
beneficio
moralidad
virtud
humanidad
verdad
justicia
gratitud
pureza
ingenuidad
candor
candidez
sinceridad
consideración

maldecir-se
s. increpar
condenar (V.)
abominar (V.)
execrar
anatematizar
vituperar
imprecar
jurar (V.)
blasfemar (V.)
renegar (V.)
detestar
insultar (V.)

(cont.)

aborrecer
barbarizar
despotricar (V.)
desbarrar
desbocarse
pesiar
deslenguarse
tronar (V.)
votar (V.)
recondenarse
disparatar (V.)
decir barbaridades
soltar tacos
soltar ajos
decir palabrotas
soltar sapos y culebras
echar las patas por alto
jurar como un carretero

s. **criticar** (V.)
murmurar (V.)
calumniar
denigrar
detractar
detestar
quejarse (V.)

(V. **maldición**)

a. *alabar*
elogiar
loar
bendecir
ensalzar
amar
conformarse

maldiciente

s. execrador
imprecatorio
blasfemo (V.)
deslenguado
malhablado (V.)
votador
desbocado
chismoso
murmurador (V.)
lenguaraz
detractor (V.)
mordaz (V.)
criticón (V.)
chismoso
denigrante
lengua de víbora
injurioso
satírico
cáustico
deshonrabuenos

(V. **maldición**)

a. *ensalzador*
carantoñero
lavacaras
elogioso
cobista
alabancioso

maldición

s. **amenaza** (V.)
anatema
apóstrofe
denuesto
insulto
blasfemia (V.)
maleficio
disparate (V.)
execración (V.)
reniego (V.)
condenación (V.)
repulsa (V.)
disparate
fulminación
juramento (V.)
delación
terno
excomunión (V.)
pestes
pésete (V.)
imprecación (V.)
reprobación
advertencia
taco
voto (V.)
amenaza
palabrota
detestación
embrujamiento
crítica (V.)
murmuración (V.)
calumnia

r. Maldiciones de becerro no llegan al cielo ■ El rayo y la maldición dejan sana la ropa y queman el corazón

a. *alabanza*
loa
encomio
bendición
elogio
coba
mimo
carantoña
ensalzamiento

maldispuesto

(V. **indispuesto**)

(V. **reacio**)

maldita

(V. **lengua**)

maldito

s. **execrable** (V.)
execrando
detestable
malintencionado
malo
satánico (V.)
perverso (V.)
malvado
endemoniado (V.)
empecatado (V.)
ruin
miserable
endino
aborrecible
pervertido
marrano (V.)
condenado (V.)
endiablado (V.)

s. **travieso** (V.)
repajolero
pajolero
puñetero
juguetón
alocado

s. **comparsa** (V.)
cómico
actor

(V. **maldición**)

a. *benévolo*
premiado
bendito
estimable
formal
estrella

maleabilidad

s. plasticidad
blandura
elasticidad
flexibilidad
suavidad
ductilidad (V.)
maleabilización

s. **obediencia** (V.)
docilidad (V.)
dulzura
mansedumbre

a. *dureza*
inflexibilidad
resistencia
rebeldía
desobediencia

maleable

s. **dúctil** (V.)
blando
flexible
suave
flexuoso
plástico
manipulable
elástico
moldeable (V.)
reductible

s. manejable
dócil (V.)
obediente (V.)
dulce
manso

(V. **maleabilidad**)

a. *inflexible*
rígido
duro
resistente
terco
rebelde
desobediente
indócil

maleado

(V. **curtido**)

(V. **experimentado**)

(V. **pervertido**)

maleante

s. **malhechor** (V.)
hampón (V.)
vicioso
vagabundo
malo (V.)
delincuente
maligno
indocumentado (V.)
aventurero
non sancto
apache
burlador
villano
ruin
ladrón (V.)

s. **maligno** (V.)
burlón (V.)
burlador
irónico
sospechoso (V.)

a. *honrado*
honorable
noble
bienhechor
serio

malear-se

s. perjudicar
pervertir (V.)
corromper
inficionar
estropear (V.)
alterar
pudrirse
amalar
dañar (V.)
deteriorarse
malignar (V.)
depravar
viciar
relajarse
disimular
traicionar
maliciar (V.)
pecar
hacerse un sinvergüenza
andar por mal camino

(V. **maldad**)

a. *beneficiar-se*
regenerar-se
corregir-se
enmendar-se
purificar-se

malecón

s. **dique** (V.)
escollera
tajamar (V.)
espolón
espigón
rompeolas (V.)
trenque
terraplén
muralla
murallón
molo
antedique
muelle
atracadero
desembarcadero
muelle

maledicencia

s. **murmuración** (V.)
cotillería
habladuría
difamación (V.)
detracción
denigración
chismorreo
insidia
calumnia
cotilleo
chismografía
chinchorrería
reticencia
hablilla
rumor
comadreo

a. *alabanza*
adulación
elogio
enaltecimiento
discreción
incienso
coba
pelotilla
requiebro
jabón

maleficio

s. **magia** (V.)
bebedizo
sortilegio
ligamen
embrujo (V.)
hechicería
agüero
presagio
aojamiento
encanto
hechizo
imbunche
encantamiento
serratura

s. **daño** (V.)
mal
perjuicio (V.)

s. desligar el

a. *bendición*
exorcismo
beneficio
bien
ventaja

maléfico

s. maligno
dañino
pernicioso
nocivo
perjudicial (V.)
dañoso
malévolo
agresivo
pérfido
destructor

s. **hechicero** (V.)

(V. **maleficio**)

a. *benéfico*
propicio
excelente
exorcista

malemplear

(V. **malgastar**)

(V. **desperdiciar**)

maléolo

(V. **tobillo**)

malestar

s. **molestia** (V.)
angustia (V.)
congoja
tormento
disgusto
fastidio
tedio
nerviosismo
disforia
descontento
pesar
incomodidad
estrechez
pesadumbre
desazón (V.)
ansiedad
indisposición (V.)
desasosiego
angustia
preocupación (V.)
dolor
fatiga
inquietud (V.)
enfermedad (V.)
intranquilidad (V.)
fermento (V.)

a. *bienestar*
contento
satisfacción
salud

maleta

s. **equipaje** (V.)
neceser
maletín
cofre
valija (V.)
baúl
baúl mundo
portamantas
portamanteo
mala
sombrerera
maletero
manga (V.)
bolsa
saco
saco de viaje
fin de semana

s. hacer las maletas
coger la maleta
ser un maleta

maletero

s. cargador
faquín
mozo (V.)
canchero
spider

(V. **maleta**)

maletín

(V. **maleta**)

malevolencia

s. **maldad** (V.)
encono
rencor
animosidad (V.)
enemiga
enemistad
malignidad
hostilidad
resentimiento
veneno (V.)
mala voluntad
tergiversación (V.)
odio
crueldad
malquerencia (V.)
résped

a. *bondad*
amistad
simpatía
benevolencia
benignidad
indulgencia
comprensión
afinidad
amor
amistad

malévolo

s. malintencionado
maligno
malicioso
malo (V.)
hostil
contrario (V.)
adversario
enemigo
perverso
cruel
rencoroso
insidioso (V.)
resentido
enconoso (V.)
malvado (V.)

(V. **malevolencia**)

a. *bueno*
bondadoso
amigo
comprensivo
afín
favorable
generoso

maleza

s. broza
maraña (V.)
zarzal
espesura (V.)
breña
mato
matorral (V.)
gándara
barzal
mohedo
algaida
jaral
fusca
manigua
soto
foscarral
hojarasca
tacotal
gaba
hormiguero
jara
mata (V.)
escabrosidad
monte (V.)
erial
arbusto (V.)
hierbas
rastrojal (V.)

a. *claro*
claridad
calvero

malformación
(V. **deformidad**)

malgama
(V. **amalgama**)

malgastador
s. derrochador
dilapidador
pródigo (V.)
despilfarrador (V.)
malbaratador
manirroto
gastador
disipador

a. *ahorrativo*
ahorrador
económico
mirado
tacaño
escatimador
roñoso

malgastar
s. dispendiar
disipar
despender
dilapidar
despilfarrar
malrotar (V.)
malmeter
desbaratar (V.)
tirar (V.)
perder
desperdiciar (V.)
quemar
destruir
prodigar (V.)
malemplear
malbaratar
desaprovechar (V.)
dar aire
tirar la casa por la ventana
gastar a manos llenas
gastar sin freno
gastar el oro y el moro
tener un agujero en la mano
gastar sin tino

a. *ahorrar*
administrar
mirar el dinero

malgenioso
(V. **irritable**)

malhablado
s. deslenguado
lenguaraz
descarado
impertinente
desvergonzado
descocado
maldiciente (V.)
desbocado (V.)
procaz
soez (V.)
grosero

a. *comedido*
bienhablado
fino
delicado
considerado
prudente

malhadado
s. **desgraciado** (V.)
desdichado
desventurado
infeliz
infortunado
malandante
nefasto
cuitado
malaventurado
mísero
endemoniado (V.)
maldito
miserable
adverso
desagradable
atribulado
aciago (V.)
funesto

a. *feliz*
afortunado
venturoso
bendito
favorable

malhecho
(V. **contrahecho**)

malhechor
s. ladrón
maleante
delincuente (V.)
infractor
forajido (V.)
apache
bandolero
salteador
facineroso
perpetrador
agraviador
aventurero (V.)
infame
asesino
canalla
malvado
perverso
pirata
ratero
pillo
caballero de industria
gente de mal vivir
alma de Judas
de mala sangre
más malo que Caín

a. *bienhechor*
bondadoso
honrado

malherido
s. **herido** (V.)
grave (V.)
crítico
agónico
agonioso
semidifunto
moribundo
dañado

a. *sano*
cuidado
salvado

malhumor
s. **adustez** (V.)
aspereza
brusquedad
descontento (V.)
displicencia
enfado
irritación
hosquedad
insociabilidad
sequedad
catoche
disgusto (V.)
esquivez
grosería
mordacidad
ironía
causticidad
violencia
enojo
ira
impaciencia
hastío
aburrimiento
inquietud
molestia
tristeza (V.)
desazón
encrespamiento (V.)
susceptibilidad
entrecejo (V.)

a. *buenhumor*
alegría
contento
satisfacción
desenojo
afabilidad
sosiego
suavidad
paciencia
amabilidad

malhumorado
s. agrio
adusto (V.)
acre
arisco
insociable (V.)
huraño (V.)
hosco
ríspido (V.)
hurón
áspero
avinagrado
desabrido
desagradable
gruñón (V.)
cascarrabias
rabietas
quejica
quejicoso
bronco
brusco (V.)
irritable (V.)
irascible
iracundo
ceñudo
enojadizo
quisquilloso
antipático
susceptible
airado
atrabiliario
desapacible
regañón
renegón
refunfuñón
jeremías
lloriqueante
escolimoso
esquinado (V.)
descontentadizo (V.)
malcarado
seco
destemplado
disgustado (V.)
contrariado
esquivo (V.)
taimado (V.)
mordaz (V.)
grosero (V.)
nervioso
pesimista
excitable
súbito
enfadado (V.)

(V. **malhumor**)

a. *contento*
satisfecho
simpático
tranquilo
amable
asequible
afable
cariñoso
sociable
agradable
sufrido
tolerante
comprensivo
suave
apacible
favorable
fácil
delicado
contentadizo

malhumorar-se
s. agriar
avinagrar
protestar
irritar
enfadar (V.)
disgustar (V.)
impacientar
molestar
gruñir (V.)
despreciar
quejarse (V.)
lamentarse
reñir
renegar
refunfuñar
rabiar
excitar (V.)
poner cara de pocos amigos
estar de malas
no estar el horno para bollos
no estar la magdalena para tafetanes
negar el habla
ponerse de uñas

(V. **malhumor**)

a. *calmar-se*
sosegar-se
conformar-se
contentar-se

malicia
s. **maldad** (V.)
malignidad (V.)
perversidad
bellaquería
astucia (V.)
solapa
disimulo
ardid
engaño
dolo
estafa
trastienda (V.)
cazurrería
habilidad (V.)
picardía (V.)
maña
treta
taimería (V.)
tergiversación
tunantada
mala fe

s. **sagacidad** (V.)
penetración
suspicacia (V.)
talento
cacumen
sátira
sentencia

s. **sospecha** (V.)
desconfianza
recelo (V.)

r. A cada día le basta su malicia ■ La malicia hace sucias las cosas limpias ■ Rústico sin malicia no lo hallé en mi vida ■ De la puerta del necio está colgada la malicia

a. *sinceridad*
ingenuidad
bondad
bobería
inocencia
candor
candidez
torpeza
confianza

maliciar-se
s. desconfiar
barruntar
recelar (V.)
sospechar (V.)
intuir
conjeturar
presumir
pensar
temer
dudar
remusgar
jugar con ventaja

s. **malear** (V.)
emponzoñar
inficionar
corromper
pervertir (V.)
empeorar

(V. **malicia**)

a. *descubrir*
beneficiar
confiar
purificar
mejorar

malicioso
s. maligno
pícaro (V.)
malo (V.)
hipócrita
artero
malvado (V.)
astuto (V.)
sagaz
tergiversador
maulero
solapado
bellaco
zorro
socarrón (V.)
perillán
suspicaz (V.)
desconfiado (V.)
sospechante
escamado (V.)
mosqueado
escatimoso (V.)
reservón
versuto
receloso (V.)
taimado
ladino
disimulado
zorrocloco
zamacuco
maula
zorro viejo
colmillo retorcido
con más conchas que un galápago
zamarro
ardiloso
malévolo
malintencionado
perverso
travieso (V.)

s. equívoco
inmoral (V.)
obsceno (V.)
libre
escandaloso
escabroso
indecente
verde (V.)
sabroso (V.)
torpe
pecaminoso
pornográfico
indecoroso
picante (V.)
procaz
inconveniente

(V. **malicia**)

a. *ingenuo*
cándido
candoroso
sencillo
honrado
confiado
moral
puro
decente
decoroso
virtuoso

malignar-se
s. **malear** (V.)
viciar
corromper (V.)
pervertir
enviciar
empeorar

(V. **malignidad**)

a. *mejorar-se*
sanear-se
regenerar-se

malignidad
s. **maldad** (V.)
livor
perversidad
odio
virulencia
perniciosidad
malicia (V.)
malevolencia
iniquidad
infamia
crueldad
perfidia

a. *bondad*
caridad
generosidad

maligno
s. **malo** (V.)
perverso
siniestro (V.)
pernicioso (V.)
dañino
vicioso
maleante (V.)
maléfico
canalla
malévolo
malandrín (V.)
inhumano
rencoroso
odioso
pérfido
duro
cruel
retorcido
depravado
ladino
taimado
malintencionado
malicioso
virulento

(V. **malignidad**)

a. *bueno*
generoso
ingenuo
bondadoso
humano

bajo
corrompido
endiablado
solapado
endemoniado (V.)
atroz
infernal (V.)
maldito
pésimo
molesto
enemigo
ruin (V.)
mal bicho
mordaz
fierabrás (V.)
furris
cáustico
irascible
protervo

malintencionado
(V. **maligno**)

s. **peligroso** (V.)
aciago (V.)
infausto
triste
trágico
pravo (V.)
nocivo (V.)
temible
nefasto
inicuo (V.)
molesto
fastidioso
ilegal
fatal (V.)
dificultoso
desagradable
pernicioso (V.)
dañino (V.)
perjudicial (V.)
desolador
repelente

s. inquieto
revoltoso
enredador
desobediente
alocado
juguetón
barrabás
puñetero (V.)
travieso (V.)

s. **enfermo** (V.)
dolorido
doliente
postrado
indispuesto
achacoso
quejumbroso
aquejado

s. **difícil** (V.)
penoso
trabajoso (V.)
pesado
fastidioso
costoso
laborioso
afanoso
latoso

s. deslucido
estropeado
usado (V.)
envejecido
viejo (V.)
inservible
inútil
deficiente
imperfecto (V.)
inadecuado (V.)
inferior (V.)
ínfimo (V.)
dañado
ángel malo
mala lengua
mala intención
el malo
a malas
por las buenas o por las malas
malos hígados
malos modos

r. Más vale lo malo conocido que lo bueno por conocer ▪ Malo vendrá quien bueno te hará ▪ Lo malo se pega más pronto que lo bueno

a. *bueno*
bondadoso
humano
afortunado
feliz
agradable
quieto
tranquilo
sano
fácil
lucido
nuevo

malmandado
(V. **desobediente**)

malmaridada
(V. **infiel**)

malmeter
(V. **malgastar**)
(V. **malquistar**)
(V. **seducir**)

malmirado
s. malquisto
desconceptuado
desacreditado (V.)
inconsiderado
degradado
impopular
desprestigiado

s. **descortés** (V.)
incivil
grosero
malcriado
inurbano
maleducado
desconsiderado

a. *considerado*
educado
fino
acreditado

malo
s. **peor** (V.)
pecador (V.)
malandrín (V.)
detestable
infame (V.)
inmoral
villano (V.)
diabólico
pérfido
malicioso (V.)
pésimo (V.)
viperino
canalla
maleante (V.)
vicioso
condenable
criminal
execrable
infernal
rematado
malévolo
repulsivo
aborrecible
antipático
hipócrita
rencoroso
depravado
duro
cruel (V.)
inhumano
desalmado
ingrato

malogrado
s. **frustrado** (V.)
fracasado
imperfecto
abortado
incompleto
primicial
vano
inútil (V.)
desgraciado
chasqueado
defectuoso (V.)
fallado
falible
fallido (V.)
equivocado
desairado
vencido
maltrecho

(V. **malogro**)

a. *efectuado*
acabado
conseguido
perfecto
logrado
útil
aprovechado

malograr-se
s. **frustrar** (V.)
defraudar
fallar (V.)
fallir
dificultar
imposibilitar
chasquear
desengañar (V.)
desperdiciar
impedir (V.)
malgastar
estropearse (V.)
eludir
burlar
evitar
burlar
destripar (V.)
cagar
desgraciar (V.)
aojar
escacharrar
escollar
quebrar
segar (V.)
abortar (V.)
perder
desvanecer
estrellarse
inutilizar (V.)
fracasar (V.)
faltar
quedar mal
errar el golpe
no dar una
salir chasqueado
salir con el rabo entre piernas
salir con las orejas gachas
hacer un pan como unas tortas
irse abajo
dar en hueso
errar el tiro
salir el tiro por la culata
volverse agua de borrajas
llevarse el diablo la trampa
salir con las manos en la cabeza
quedarse a la luna de Valencia
quedarse con dos palmos de narices
quedarse en la estacada
quedarse compuesta y sin novio
sufrir un contratiempo
hacer una mala jugada
hacer fiasco
cortar el paso
no contar con la huéspeda
salir rana una cosa
meter la pata

r. Ir por lana y salir trasquilado ▪ Todo racimo no llega a ser vino ▪ De manos a boca, se pierde la sopa

(V. **malogro**)

a. *lograr-se*
ganar-se
aprovechar-se
conseguir-se
acabar
perfeccionar
ganar

malogro
s. malogramiento
fracaso (V.)
frustración (V.)
fallo (V.)
aborto (V.)
fiasco
desacierto
deslucimiento
desengaño (V.)
derrota
pérdida
equivocación (V.)
intentona
chasco (V.)
inutilidad
incumplimiento
contratiempo
desastre (V.)
atranco
emboscada
desgracia (V.)
plancha
equivocación
error
tropiezo
mal paso
resbalón

a. *éxito*
logro
ganancia
aprovechamiento

maloliente
s. enrarecido
cochambroso
sucio (V.)
repugnante
apestoso (V.)
pestilente
fétido (V.)
hediondo
mefítico
nauseabundo

a. *perfumado*
limpio
aromático

malparado
s. **maltrecho** (V.)
estropeado
maltratado
derrengado
deteriorado
deslomado
herido (V.)
descalabrado
malogrado

a. *indemne*
sano
logrado

malparar
s. **maltratar** (V.)
arruinar
derrotar
contusionar
deteriorar
estropear (V.)

a. *mimar*
agasajar
cuidar
vencer

malparir
(V. **abortar**)

malparto
(V. **aborto**)

malpensado
(V. **suspicaz**)

malquerencia
s. enemiga
enemistad
hostilidad (V.)
ojeriza
tirria
antipatía (V.)
odio
desamor
malevolencia (V.)
maldad
prevención
indisposición
malquerer
aversión
repulsión
desagrado
resentimiento

a. *amor*
cariño
afecto
amistad
bondad
fraternidad
simpatía
afinidad

malquistar-se
s. **indisponer** (V.)
enemistar (V.)
desunir
desavenir
encizañar
predisponer
azuzar
achuchar
engrescar (V.)
encismar
enredar
descomponer
cizañar
cismar
malmeter
descompadrar
descomponer
enzarzar
enzurizar
reñir (V.)
discrepar
pelearse
prevenir
concitar
esquinar
poner a mal
echar leña al fuego
importunar
meterse en lo que no le importa
llevarse mal
meter cizaña
meterse en lo que no le llaman
ser la manzana de la discordia
poner a mal
armar cisco
hacer malas migas
tener la guerra declarada
sacar las cosas de quicio
armar una tremolina

(V. **malquerencia**)

a. *amistar*
unir
pacificar
bienquistar
acordar
coincidir
avenirse

malquisto
s. **desdeñado** (V.)
cismático
inconciliable
discorde
discordante
desacreditado (V.)
desconceptuado
indispuesto
enemistado
desavenido
malmirado
desprestigiado (V.)
impopular (V.)

(V. **malquerencia**)

a. *bienquisto*
avenido
amigado
acreditado
prestigioso

malrotador
s. dilapidador
gastador
malbaratador
manirroto (V.)
despilfarrador
pródigo
malgastador
derrochador (V.)

a. *ahorrativo*
tacaño
roña

malrotar
s. gastar
disipar
malbaratar
despilfarrar
malgastar (V.)
dilapidar
tirar
prodigar
derrochar (V.)

a. ***economizar***
ahorrar
administrar

malsano
s. perjudicial
dañino
dañoso
nocivo (V.)
maléfico
infecto
insano
insalubre (V.)
malo

s. **enfermizo** (V.)
macanche
escolimado
delicado
enclenque
débil

a. *benéfico*
saludable
sano
salubre

malsín
(V. **delator)**
(V. **calumnioso)**

malsinar
(V. **delatar)**
(V. **calumniar)**

malsindad
(V. **delación)**
(V. **calumnia)**

malsonante
(V. **disonante)**
(V. **grosero)**
(V. **ofensivo)**

malsonar
(V. **discordar)**
(V. **disonar)**

malsufrido
(V. **débil)**
(V. **blandengue)**

malta
(V. **cebada)**

maltasa
(V. **enzima)**

malte
(V. **malta)**

maltosa
(V. **azúcar)**

maltrabaja
s. **vago** (V.)
gandul
gandumbas
indolente
apático
haragán
maula
maulón
zanguango
molondro

a. *activo*
trabajador

maltraer
(V. **insultar)**
(V. **maltratar)**

maltratado
(V. **maltrecho)**
(V. **golpeado)**

maltratamiento
s. maltrato
ofensa (V.)
daño (V.)
trituración
molienda
violencia (V.)
coacción
golpe (V.)
repelón
lesión (V.)
manteo
abuso (V.)
puñetazo
desprecio (V.)
mamporro
arañadura
herida
empujón
opresión
atropello (V.)
tropelía
burla
vejación
sevicia
zaherimiento
vejamen
zurriagazo
insulto
menoscabo
desconsideración
injuria
muerte
acoceamiento
despedazamiento (V.)

a. *agasajo*
homenaje
obsequio
fineza
caricia
mimo
carantoña
arrumaco
cuidado
zalamería
protección
defensa

maltratar-se
s. **zaherir** (V.)
lesionar
dañar (V.)
estrujar (V.)
malparar (V.)
lisiar
desollar (V.)
maltraer
baquetear
asenderear
fatigar (V.)
derrengar
herir (V.)
estropear (V.)
triturar (V.)
tundir
moler
brear
trillar
deteriorar
pegar (V.)
zapatear
revolcar (V.)
pisar (V.)
pisotear
hollar (V.)
santiguar (V.)
propinar (V.)
sopetear
brutalizar
zurrar
rehollar
sopapear (V.)
sopear
zamarrear
patear (V.)
golpear (V.)
acocear (V.)
descostillar
despedazar (V.)
abatir
romper
zarandear
atropellar (V.)
mantear
arañar
pellizcar
derrengar
desriñonar
deslomar
descalabrar
desnucar
matar
tratar mal
zurrar la badana
tratar a zapatazos
tratar como a un perro
poner las manos encima
dar un vapuleo
dar de tortas
poner a los pies de los caballos
poner de vuelta y media
dar mala vida
tratar a la baqueta
tomarla con uno
tratar a puntapiés

s. vituperar
vejar (V.)
insultar
ofender (V.)
ultrajar
humillar (V.)
avergonzar
abochornar
despreciar
injuriar
agraviar
desdeñar
menoscabar
zaherir
vilipendiar
oprimir (V.)
abusar (V.)
desconsiderar (V.)
embaír (V.)

(V. **maltratamiento)**

a. *acoger*
agasajar
cuidar
curar
proteger
defender
alabar
elogiar
mimar
acariciar
honrar

maltrato
(V. **maltratamiento)**

maltrecho
s. **estropeado** (V.)
tronado
eccehomo
tundido
derrengado
maltratado
malparado (V.)
víctima
malogrado
deshecho
zurrado
golpeado
descalabrado
deslomado
vendido
dañado (V.)
perjudicado
atropellado
desriñonado
destrozado (V.)
molido (V.)
destruido
roto (V.)
apaleado
lamentable (V.)
pulverizado
derrotado
lastimoso (V.)
abatido
pírrico
humillado (V.)
pateado
hecho trizas
hecho harina
hecho añicos
hecho papilla
hecho pedazos
hecho polvo
hecho migas
hecho unos zorros
hecho un Cristo

a. *cuidado*
mimado
sano
indemne
incólume
salvo
beneficiado
nuevo
ensalzado
vencedor
triunfante

maltusianismo
(V. **regulación)**
(V. **demografía)**

maluco
s. malito
enfermo (V.)
enfermizo (V.)
pocho
delicado
malucho
endeble
enclenque
débil
debilucho
flaco
doliente
pobre
miserable
flaco
escuálido

a. *fuerte*
vigoroso
robusto
sano

malva
s. **lila** (V.)
morado
rosáceo
azulenco

s. dúctil
dócil (V.)
sumiso
obediente
manso
dulce
bondadoso (V.)
suave
apacible

s. ser una malva
estar criando malvas
haber nacido en las malvas

a. *rebelde*
insumiso
indócil
desobediente
malo
desapacible

malvado
s. odioso
cruel
pervertido
inicuo
protervo (V.)
torvo (V.)
injusto
ignominioso
depravado (V.)
ruin
bicho
detestable
malévolo (V.)
ímprobo (V.)
vil
malicioso (V.)
bajo
réprobo
malandrín (V.)
miserable
descomulgado
infame
malo (V.)
desalmado
dañino
dañado
perverso (V.)
pérfido

a. *bueno*
bondadoso
generoso
justo
altruista

malvar-se
(V. **pervertir-se)**

malvavisco
s. **planta** (V.) (malvácea)
acalia
altea

s. dialtea

malvender
s. malbaratar
liquidar (V.)
desvalorizar
regalar
desperdiciar
depreciar (V.)
tirar
saldar (V.)

a. *valorizar*
apreciar
subir

malversación
s. **depredación** (V.)
desfalco (V.)
irregularidad
saqueo
rapacidad
rapacería
uña
fella
sutileza
paulina
concusión
hurto
falsificación
timo
sangría
garfiña
desvalijamiento
saqueamiento
peculado
defraudación
estafa
robo (V.)
fraude (V.)

a. *honradez*
regularidad

malversar
s. **desfalcar** (V.)
defraudar (V.)
falsear
falsificar
engañar
delinquir
estragar
apoderarse
disponer de
apropiarse
hurtar
robar (V.)
depredar

(V. **malversación)**

a. *reponer*
devolver
reintegrar

malla
s. **red** (V.)
elástico
punto
redecilla
tejido
gandaya (V.)
retículo (V.)

s. **agujero** (V.)
anilla

s. **cota** (V.)
armadura
defensa
protección
loriga
mallar (V.)

mallar
s. enmallar
remallar
tejer (V.)
urdir
enlazar
unir

(V. **malla)**

a. *desmallar*
destejer
deshacer

mallo
s. **mazo** (V.)
macho
martillo
clava
martinete
mallete

s. **juego** (V.)
croquet
criquet
cricket
cricquet
polo
palamallo
pina
brilla
cachurra
chueca

mama
s. **teta** (V.)
seno (V.)
busto
pecho (V.)
ubre (V.)
glándula (V.)
s. pezón
tetilla
mamila
mamelón
aréola
s. **biberón** (V.)
chupete
sacaleches
pezonera
tetina
tetero
mamadera
s. mastitis
calostro
lactancia
reteso
apoyadura
subida
galactorrea
poligalia
agalaxia
aglactación
mamada (V.)
s. **ama** (V.)
aña
nodriza (V.)
pasiega
madre de leche
nana
criandera
s. madre
mamá (V.)
s. **mamar** (V.)

mamá
(V. **madre**)

mamacallos
s. simple
simplón
chocholo
tonto
bobo
apocado
memo
simplicio
pusilánime
zopenco
tocho
tímido (V.)
corto
necio (V.)
a. *inteligente*
listo
sagaz
despierto
audaz

mamada
s. **chupada** (V.)
chupetón
chupón
lengüetazo
succión (V.)
absorción
ingestión
trago
(V. **mama**)
a. *devolución*
vómito

mamar
s. amamantar
lactar (V.)
dar el pecho
succionar
chupar (V.)
retajar
s. comer
beber
tragar
engullir (V.)
s. lograr
obtener (V.)
alcanzar
conseguir
ganar
sacar
(V. **mamada**)
a. *merecer*
rechazar
fracasar

mamarón
(V. **gorrón**)

mamarrachada
s. **chapucería** (V.)
churro
buñuelo
morcilla
higo
paparrucha (V.)
paparruchada
desastre
desaguisado
emplasto
ridículez (V.)
extravagancia
necedad
papelón (V.)
insensatez
estupidez (V.)
rareza
birria
irrisión
zancocho
majadería
histrionismo
comiquería
fealdad
a. *perfección*
sensatez
cordura
elegancia
distinción
seriedad

mamarracho
s. **ridículo** (V.)
grotesco (V.)
birria
espantajo
extravagante
espantapájaros
zascandil
mequetrefe
ñiquiñaque
facha
adefesio
fealdad (V.)
feo (V.)
esperpento (V.)
loro (V.)
cacatúa
risible
raro
fachoso
fantasmón (V.)
caricaturesco
cómico
estrafalario (V.)
estrambótico
homarrache
avechucho
visión (V.)
virote (V.)
hazmerreír (V.)
estafermo
crimen
estantigua
tipejo (V.)
tiracantos
s. **máscara** (V.)
botarga
fantoche (V.)
figurón
payaso (V.)
pelele
fariseo
títere (V.)
don Tancredo
matachín
gigante
moharracho
zaharrón
zangarrón
zapatusco
zorromoco
cabezudo
cagalaolla
mameluco
histrión
figurilla (V.)
monigote
s. inconsecuente
informal (V.)
caprichoso
veleidoso
tarambana
irresponsable
botarate
pueril
inconstante
voluble (V.)
s. **chapucería** (V.)
churro
higo (V.)
buñuelo
morcilla
paparrucha
desastre
desaguisado (V.)
emplasto
(V. **mamarrachada**)
a. *elegante*
distinguido
fino
galán
apuesto
guapo
hermoso
lindo
garboso
formal
serio
responsable
constante
firme
consecuente

mamelón
(V. **pezón**)
(V. **monte**)

mameluco
(V. **necio**)

mamerto
(V. **idiota**)
(V. **imbécil**)

mamífero
s. vertebrado
vivíparo
cuadrúpedo
mastodonte (V.)
artiodáctilo
cánido (V.)
ungulado
unguiculado
marsupial (V.)
tardígrado
porcino
solípedo
rinocerótido
monotrema
ornitodelfo
ornitorrinco
perisodáctilo
bimano
bóvido
caudimano
lepórido
prosimio
suido
tapírido
s. *rumiantes*
bisonte (V.)
camello (V.)
alce
jirafa
llama (V.)
almizclero
alpaca
llama
camuza
gamuza (V.)
muflón
ante (V.)
anta
antílope
búfalo
búbalo
bucardo
corzo
dromedario
meharí
vaca (V.)
toro (V.)
venado
rebeco
cabra (V.)
aurochs
berrendo
carabao
caribú
oveja (V.)
reno (V.)
rengífero
rupicabra
vicuña
paco
pardal
paleto
paletero
portaalmizcle
cebú
cervicabra
gauro
garañón
dama
cohobo
enodio
gacel
gacela
gamo
guanaco
hirco
tarando
ciervo (V.)
tarunga
uro
gayal
danta
dante
s. *cetáceos*
ballena (V.)
delfín
cachalote
catodonte
orca
narval
s. *carniceros* o *carnívoros*
león (V.)
leopardo (V.)
jaguar (V.)
oso (V.)
perro (V.)
tigre (V.)
tigrillo
armiño
chacal
coatí
comadreja
coyote
fuina
garduña
gato (V.)
hurón
lince (V.)
lobo (V.)
mangosta
marta (V.)
marta cebellina
nutra
nutria (V.)
ocelote
pantera
puma
raposa
visón (V.)
zorra (V.)
zorro (V.)
zorrillo
adive
aguará
basáride
cacomiztle
cangrejero
caracal
chucurú
civeta
collareja
colocolo
cuatí
culpeo
cunaguaro
donosilla
gineta
hiena
huillín
huiña
icneumón
jineta (V.)
lataz
ludria
mapache
mapurite
zarigüeya
maracuyá
marmosa
oatí
melandro
melón
meloncillo
mofeta (V.)
onza
papialbillo
pardal
pardo
patialbillo
quique
rámila
rezmilla
rosadillo
satandera
tajugo
turón
vero
villería
vormela
yaguré
yaguar
s. *roedores*
ardilla (V.)
castor (V.)
chinchilla
coipo
conejo (V.)
conejillo de Indias
liebre (V.)
espín
lirón
marmota
puercoespín
rata
ratón (V.)
agutí
apereá
arda
befre
capa
capibara
capincho
carpincho
coendú
conga
cotuza
cui
curí
curiel
cururu
esguila
esquilo
esquirol
gerbo
gris
guanta
hutía
jutía
jerbo
paca
satirio
taguán
talguza
tapetí
vizcacha
s. *desdentados*
megaterio
armadillo
oso hormiguero
vergonzoso
bolita
cachimano
perezoso
pangolín
perico ligero
calípedes
quirquincho
tatusia
tamandúa
tatú
s. *plantígrados*
oso (V.)
tejón (V.)
coatí
mapache
pizote
s. *didelfos*
isodonte
canguro
carachupa
runcho
llaca
chucha
zarigüeya
rabopelado
tacuacín
tlacuache
s. *félidos*
hiena
huiña
gato (V.)
caucel
cadmu
icneumón
jaguar (V.)
leopardo (V.)
león (V.)
tigre
pantera
lince
lobo cerval
melón
puma
ocelote
mangosta
onza
s. *équidos*
mulo
caballo (V.)
asno (V.)
cebra
s. *quirópteros*
murciélago (V.)
vampiro
s. *proboscídeos*
elefante (V.)
s. *insectívoros*
musaraña
desmán
aire
almizclera
erizo

(cont.)

musgaño
morgaño
tacuache
ratón almizclero
tunduque
topo
tucutuco

s. *primates*
mono (V.)
hombre
lémur
ayeaye

s. *paquidermos*
hipopótamo (V.)
mastodonte

s. caballo de agua
caballo de mar
caballo marino
bada
abada
beorí
danta
cerdo
jabalí
unicornio
rinoceronte
tatabro
saíno
puerco

s. *pinnípedos*
morsa (V.)
foca (V.)
manatí
oso marino
becerro marino
elefante marino
vitulo marino

s. *sirenios*
pejemuller
rosmaro
buey marino
(manatí)

mamola

s. **caricia** (V.)
carantoña
arrumaco

s. **engaño** (V.)
fingimiento
burla
mofa
escarnio

s. hacer la mamola

a. *golpe*
sinceridad
seriedad

mamón

s. lechón
lechal (V.)
cría (V.)

s. **chupón** (V.)
ávido
tragón

mamotreto

s. libraco
librote
novelón
legajo (V.)
memorial
agenda
cuaderno
pesadez
rollo
tabarra (V.)
gaita

s. **armatoste** (V.)
cachivache
cacharro
artefacto
trasto

mampara

s. **pantalla** (V.)
biombo
cancel (V.)
cancela
defensa
bastidor

mamporro

s. **golpe** (V.)
bofetón
puñetazo
coscorrón
chuleta
lapo
torta
torniscón

a. *caricia*
mimo

mampostería

s. albañilería
cantería (V.)
calicanto
mazonería
argamasa
mampuesto

s. **piedra** (V.)
sillar
bloque

mampuesto

s. parapeto
reparo
defensa
muro (V.)
pared
matacán

s. **piedra** (V.)
sillar
bloque

(V. **mampostería**)

maná

s. **alimento** (V.)
manjar
bendición
salvación
merced
favor
milagro

manada

s. **rebaño** (V.)
hato
vacada
vaquería (V.)
yeguada
caballada
torada
piara
bandada
pavada
tropilla
grey
cardume
cardumen
recua (V.)
potrada
ganado
reata

s. nube
cuadrilla (V.)
pandilla
caterva
cáfila
hatajo
banda
gavilla
multitud
muchedumbre

s. **manojo** (V.)
puñado

manadero

(V. **manantial**)

manager

(V. **apoderado**)

(V. **gerente**)

manantial

s. agua
surtidor (V.)
manadero
emanadero
fuente (V.)
fontana
pozo
noria
fontanar (V.)
minero (V.)
burga (V.)
filtro
ojo
azanca
hervidero
alfaguara
géiser
chortal (V.)
venero (V.)
venera
brollador
libón
venaje
fluencia
fontezuela
fuentezuela

s. pila
grifo
fuente
pilón
pilar
taza
tazón

s. arcén
estanque
brocal
pozo
pozal
acetre
repullo
garfio
tubo
canal
caño
girándula

s. **origen** (V.)
principio
semillero
germen

a. *desembocadura*
acabamiento
fin

manar

s. **brotar** (V.)
surgir
nacer
fluir
saltar
salir
surtir
gotear
chorrear
rezumar (V.)
correr (V.)
aparecer
deslizarse
borboritar
captar
alumbrar

s. **abundar** (V.)
sobrar
pulular
afluir

a. *secar*
cortar
faltar
escasear
desembocar
desaparecer
morir

manatí

(V. **manantial**)

s. **foca** (V.)
sirenio
manato
león marino
pez mujer
pezmuller
mamífero (V.)

manazas

(V. **torpe**)

mancamiento

(V. **privación**)

(V. **falta**)

mancar

(V. **lisiar**)

(V. **faltar**)

mancarrón

(V. **matalón**)

manceba

(V. **concubina**)

mancebía

(V. **burdel**)

(V. **libertinaje**)

(V. **irreflexión**)

mancebo

(V. **muchacho**)

(V. **soltero**)

(V. **oficial**)

(V. **empleado**)

máncer

(V. **bastardo**)

mancera

(V. **esteva**)

mancerina

s. **bandeja** (V.)
plato
tocasalva
salvilla
ruchique

mancilla

s. **mancha** (V.)
afrenta (V.)
deshonor (V.)
desdoro
deshonra
tilde
tacha
baldón
sambenito
agravio
mácula (V.)
lunar
menoscabo (V.)

a. *homenaje*
honor
honradez
elogio

mancillar-se

s. vilipendiar
afrentar (V.)
deshonrar (V.)
desdorar (V.)
manchar (V.)
empañar
funestar
desprestigiar
amancillar
tildar
tiznar (V.)
ultrajar
insultar
ofender
humillar
infamar
vejar
inquinar
oprobiar (V.)
sambenitar
ensambenitar

(V. **mancilla**)

a. *honrar*
enaltecer
exaltar
ponderar
prestigiar

mancipar

(V. **esclavizar**)

manco

s. **lisiado** (V.)
baldado
defectuoso
falto
imperfecto
defectivo
torpe
incompleto (V.)

a. *perfecto*
completo

mancomunar-se

s. aunar
asociar (V.)
unir (V.)
reunir
confabular
coligar
incorporar
federar
unificar
solidarizar

(V. **mancomunidad**)

a. *desunir-se*
desligar-se

mancomunidad

s. agrupación
asociación (V.)
corporación
unión (V.)
fusión
incorporación
concentración
liga
confederación
federación
reunión
solidarización

a. *disgregación*
separación
división
desunión

mancornar

(V. **sujetar**)

(V. **emparejar**)

mancuerna

(V. **pareja**)

(V. **yunta**)

(V. **cuerda**)

mancha

s. chafarrinón
tilde (V.)
salpicadura (V.)
taca
tiznón (V.)
suciedad (V.)
sombra
labe (V.)
maculadura
manchón
pero
herrumbre
moho
porquería
maca
chafarrinada (V.)
lamparón (V.)
churrete
lunar
chapeta
chapa
mota
nube (V.)
lámpara (V.)
tiznajo
tizne (V.)
borrón (V.)
pringue
pringón
reparo
culera
palomino
pinta (V.)
rodal
ocelo
peca (V.)
ojeras
colorido (V.)
paño (V.)
rosa
tizón (V.)
nudo (V.)
falta (V.)
imperfección (V.)
señal
equimosis
cabrillas
huella
señal (V.)
cardenal
mugre
orín
meada (V.)
carroña
borra
cieno
desaliño
asquerosidad
basura
grasa
miseria
imperfección (V.)

s. **mancilla** (V.)
afrenta
estigma (V.)
desdoro (V.)
deshonra (V.)
vergüenza
mácula (V.)

s. cundir como
mancha de aceite
salir la mancha
no es mancha de
judío

(cont.)

r. La mancha de la mora, con otra verde se quita ■ No temas manchas que salen con agua
a. *limpieza*
aseo
pulcritud
honra

manchado
s. **sucio** (V.)
maculado (V.)
pintado
graneado
poluto (V.)
berrendo
pintojo
mosqueado
abigarrado
moteado
pecoso
acebrado
atigrado
veteado
picoso
vergé
verguetеado
moteado
matizado (V.)
jaspeado
rayado
churretoso
gorrino
mocoso
infecto
legañoso
uñas de luto
salpicado (V.)
mugriento
remendado
tiznado (V.)
teñido (V.)
(V. **mancha**)
a. *lavado*
limpio
inmaculado
impoluto

manchar-se
s. **ensuciar** (V.)
motear (V.)
enlodar
macular (V.)
apulgararse
emporcar
untar (V.)
deslustrar
pringar (V.)
entintar
enlodar
tiznar (V.)
encenagarse (V.)
coinquinar (V.)
tachar
embarrar (V.)
salpicar (V.)
embadurnar-se (V.)
emborronar
tacar
engrasar
empolvar (V.)
salar
s. estar hecho un asco
lavarse como los gatos
tener uñas de luto
s. **mancillar** (V.)
profanar
menoscabar (V.)
violar
estigmatizar
afrentar
inquinar
(V. **mancha**)
a. *asear-se*
lavar-se
desmanchar
limpiar
honrar

manchón
(V. **mancha**)

manda
s. **legado** (V.)
donación
oferta
promesa
testamento
ofrecimiento
prometimiento
propuesta
herencia
sucesión

mandadero
(V. **recadero**)

mandado
s. **orden** (V.)
precepto
mandamiento
mandato
prescripción
s. recado
comisión (V.)
misión
aviso (V.)
noticia

mandamás
s. mangonero
jerifalte
faraute
amo
jefazo
gallo
mandón (V.)
cabecilla
jefe (V.)
a. *subordinado*
sumiso
subalterno

mandamiento
s. **orden** (V.)
precepto (V.)
prescripción
mandato
decálogo
ordenanza
decreto
edicto
disposición
despacho
yusión
sentencia
ucase
bando
tablas de la Ley
mandamientos de la Ley de Dios
mandamientos de la Iglesia
mandamiento judicial
a. *obediencia*
sumisión
acatamiento

mandanga
s. calma
pachorra
cachaza
lentitud
tardanza
tranquilidad
flema (V.)
a. *celeridad*
prontitud
dinamismo

mandante
s. principal
amo
jefe (V.)
s. **mandón** (V.)
imperioso
dominante
autoritario (V.)
(V. **mandato**)
a. *mandatario*
obediente
sumiso
representado

mandar
s. **ordenar** (V.)
decretar
preceptuar (V.)
obligar (V.)
dictar (V.)
estatuir
enderezar (V.)
conminar
intimar
establecer
prevenir
coaccionar (V.)
disponer
exigir (V.)
circular
determinar (V.)
legislar
reglar
regularizar
s. **presidir** (V.)
gobernar (V.)
patronear
timonear (V.)
comandar
capitanear (V.)
acuadrillar
intervenir (V.)
manejar (V.)
mangonear (V.)
manipular (V.)
dirigir (V.)
llevar (V.)
dominar (V.)
conducir
señorear (V.)
regir (V.)
dar órdenes
s. empuñar el bastón
hacerse obedecer
mandar a coces
mandar a puntapiés
ser de horca y cuchillo
mandar a la baqueta
s. **legar** (V.)
testar
dejar en testamento
transmitir
transferir
s. **ofrecer** (V.)
prometer
s. **encargar** (V.)
comisionar
encomendar
pedir
s. **enviar** (V.)
remitir
remesar
facturar
expedir
s. tener a bien
tener por bien
r. El mandar no quiere par ■ Ni mandes a quien mandó, ni sirvas a quien sirvió ■ Quien quiera mandar no ha de rogar ■ Mande el que pueda y obedezca el que deba ■ Más fácil es obedecer que disponer ■ Si quieres verte obedecer, manda poco y bien
s. eso está mandado a recoger
(V. **mando**)
a. *servir*
acatar
obedecer
someterse
desheredar
recibir

mandarín
(V. **idioma**)
(V. **gobernador**)
(V. **juez**)

mandarina
(V. **naranja**)

mandarria
(V. **mazo**)
(V. **martillo**)

mandatario
s. representante
comisionado
delegado
apoderado
ejecutor
encargado
(V. **mandato**)
a. *mandante*

mandato
s. **orden** (V.)
disposición
precepto
yusión
dictamen (V.)
encargo
pedido
obligación
imposición
decisión
dominio
ley
decreto
mandamiento
deicomiso (V.)
edicto
ordenanza
regla
mando (V.)
s. representación
delegación (V.)
poder
comisión (V.)
gestión
potestad
atribución
s. lavatorio
sermón
a. *obediencia*
jefatura

mandíbula
s. **maxilar** (V.)
masetero
prognatismo
submaxilar
s. **barbilla** (V.)
barbada
quijada (V.)
quijal
quijar
carrillada
carretilla
cajillas
carraca
s. reírse a mandíbula batiente

mandil
(V. **delantal**)
(V. **red**)

mandilón
s. **levitón** (V.)
s. mandria
pusilánime
apocado
cobarde (V.)
blando
medroso
irresoluto
cobardón
acollonado
temeroso
acoquinado
a. *valeroso*
decidido
osado
resuelto

mandioca
s. **arbusto** (V.)
yuca
guacamote
tapioca
caugre
anaiboa
cazabe
quitasolillo
fariña
chipá
casabe
catibía
cuaco

mando
s. **autoridad** (V.)
soberanía (V.)
dominio
poderío
potestad
poder (V.)
caudillaje
capitanía
imperio
señorío (V.)
atribución
superioridad
guía
jefatura (V.)
conducción
tutela
pilotaje (V.)
dirección
gobierno (V.)
mandato (V.)
regencia
administración
bastón
cetro
timón (V.)
reinado
manejo (V.)
mangoneo (V.)
comando
s. **orden** (V.)
razón (V.)
consigna
portavoz
s. voz de mando
ordeno y mando
tener mando
tener el mando y el palo
a. *obediencia*
acatamiento
sumisión

mandoble
s. **tajo** (V.)
golpe (V.)
cuchillada
cintarazo
fendiente
hendiente
corte
cercenamiento
s. **espadón** (V.)
montante
sable
s. reprensión
amonestación (V.)
corrección
zurrapalo
varapalo
a. *caricia*
elogio
alabanza

mandolina
(V. **bandolina**)

mandón, a
s. **gallito** (V.)
gallo (V.)
mandamás (V.)
jefe (V.)
cabecilla
faraute (V.)
mangoneador (V.)
gobernudo
mangonero
metomentodo
abusón
amo
desconsiderado
tirano
imperioso (V.)
marimandona (V.)
(V. **mando**)
a. *obediente*
sumiso
esclavo
subordinado

mandonear
(V. **mangonear**)

mandrache
(V. **timba**)

mandrágora
s. mandrágula
uva de moro
berenjenilla
mandrágora hembra
mandrágora macho
solanácea
planta (V.)
(V. **narcótico**)

mandria
s. abúlico
birriagas (V.)
simple
bobo
necio
inútil
egoísta
holgazán (V.)
pigre
negligente
bragazas
mandilón (V.)

a. *inteligente*
listo
vivo
activo

mandril
(V. **mono**)

(V. **escariador**)

(V. **mordaza**)

manduca
(V. **manducatoria**)

manducar
(V. **comer**)

(V. **engullir**)

manducatoria
(V. **comida**)

mandurria
(V. **bandurria**)

manecilla
s. **índice** (V.)
aguja (V.)
saeta (V.)
saetilla
manilla (V.)
minutero
segundero
horario
flecha

s. mano
indicador (V.)
signo
dirección

s. **zarcillo** (V.)

s. **broche** (V.)
abrazadera

manejable
s. manual
maniable
manuable
portátil (V.)
ligero
transportable
fácil
maniobrable
manipulable
gobernable
mañero
cómodo (V.)
adaptable
plegable
manero
mañero

s. **dócil** (V.)
sumiso
obediente (V.)
manso
disciplinado
borrego
bragazas
infeliz
blando
calzonazos
quisling

a. *inmanejable*
pesado
incómodo
ingobernable
difícil
desobediente
rebelde
insumiso

manejar-se
s. **manipular** (V.)
maniobrar (V.)
operar (V.)
andar con
tratar
traer (V.)
utilizar
usar
arreglar-se (V.)
manear
asir
sobar
coger
esgrimir
imponer (V.)
escudillar (V.)
disponer
administrar (V.)
tocar
manosear
industriar-se (V.)
emplear
vadear-se (V.)
servirse de

s. conducir
tripular (V.)
dirigir
guiar
trastear (V.)
gobernar (V.)
calzarse
componerse
regir
aviarse
tirar (V.)
mandar (V.)
llevar (V.)
mangonear (V.)
transportar

(V. **manejo**)

a. *inhibirse*
abstenerse
respetar
obedecer
acatar

manejo
s. **uso** (V.)
manoseo (V.)
intriga
maniobra
tejemaneje
artificio
trapicheo
cubileteo
maquinación
enredo
ardid
práctica
desenvoltura
pastel
arteria
amaño
artimaña
zalagarda
tráfago

s. **dirección** (V.)
gobierno
administración
mando (V.)
tutela
manipulación (V.)
mangoneo (V.)

a. *inhibición*
abstención
franqueza
sinceridad
acatamiento
obediencia

manera
s. **modo** (V.)
forma
estilo (V.)
guisa (V.)
método
procedimiento (V.)
proceder
modalidad
cualidad
tenor
suerte (V.)
talante
costumbre (V.)
conducta
sistema
táctica
técnica
rito
fórmula
sesgo
curso
lado
vía
rumbo
razón
norma
orden
régimen
costumbre
temperamento
regla
formalismo
medio
son (V.)
aire
tono
género
condición
derrotero
modal
ademán
porte
modales (V.)
exterior
presencia
apostura

s. **bragueta** (V.)

s. de esta manera
mal y de mala manera
de tal manera
de manera que...
sobre manera

maneras
s. **modales** (V.)
aires
ademán (V.)
educación (V.)
porte
aspecto
prestancia
presentación
modos
modalidades
moda
gusto
cortesías
reverencias
maneras sociales

manerismo
(V. **amaneramiento**)

(V. **rebuscamiento**)

manes
s. sombras
espíritu (V.)
alma (V.)
fantasmas
antepasados
seres celestiales
dioses infernales
apariciones
visiones
espectros
lares

manezuela
(V. **manija**)

manfla
(V. **manceba**)

manflorita
(V. **hermafrodita**)

manga, s
s. **vestido** (V.)
mangote
codín
follado
brahón
brahonera
bocamanga
mangajarro
bebedero
brafonera
codera
galón
sisa
puño (V.)
vuelta (V.)
vuelillo
hoja
sayuela
monjil
acuchillado
afollado
manga corta
manga boba
manga pegada
manga ranglán
manga perdida
manga de ángel
manga arrocada

s. tubo
manguera (V.)
lanza

s. maletín
portamanteo
maleta (V.)
red (V.)
esparavel

s. **colador** (V.)

s. tifón
tromba (V.)
remolino
aguacero
turbión
ciclón
torrente
cascada
riada
avenida
rambla
vorágine
torbellino

s. **anchura** (V.)

s. **ganancia** (V.)
gajes (V.)
ingresos

s. manga ancha
hacer mangas y capirotes
andar manga por hombro
ir de manga
tener manga ancha
hombre de manga
¡a buenas horas mangas verdes!

manganeso
s. **metal** (V.)
elemento (V.)
manganesa
pirolusita
alabandina
braunita
manganita o acerdesa
hausmanita

s. manganeso aluminotécnico
manganeso bivalente

manganilla
s. manejo
ardid (V.)
treta (V.)
astucia
argucia
engaño
sutileza
trapicheo
tejemaneje
enredo
pastel

a. *franqueza*
claridad
sinceridad

mangante
s. mendigante
mendigo (V.)
mendicante
sopista
gallofero
pordiosero
pobre
gorrón (V.)
guitón
sopón
fresco
frescales
pedigüeño
robaperas
desvergonzado (V.)
vago

a. *rico*
honrado
trabajador
vergonzoso

mangar
(V. **robar**)

(V. **mendigar**)

mango
s. manillar
asidero
cogedero
agarrador
agarradero (V.)
puño (V.)
maceta (V.)
empuñadura
cabo (V.)
empuñador
cachas
prendedero
astil
rabo (V.)
manija (V.)
manizuela
manguillo (V.)
manigueta
apéndice
palillero
portaplumas (V.)
asa
asilla
orejuela
aldabón
tirador
argolla
botón
tenaza
enarma

s. **majadero** (V.)

mangoneador
s. **entrometido** (V.)
mandón (V.)
faraute
factótum (V.)
bullidor
bullebulle
oficioso
mangonero
figurón (V.)
figurante
intrigante (V.)

(V. **mangoneo**)

a. *discreto*
comedido
sumiso
obediente

mangonear
s. **manejar** (V.)
trinchar (V.)
mandar (V.)
entremeterse (V.)
mandurruchear
ingerirse
disponer
mandonear
gobernar
manipular (V.)
cucharetear

s. vagabundear
errabundear
vagar (V.)
vaguear
pindonguear

a. *desentenderse*
inhibirse
respetar
obedecer

mangoneo
s. **vagancia** (V.)
pindongueo
errabundeo

s. **manejo** (V.)
entremetimiento (V.)
fiscalización
mando
manipulación
gobierno
cuchareteo
mediatización

a. *actividad*
inhibición
obediencia

mangonero
(V. **mandón**)

mangorrero
(V. **inútil**)

(V. **despreciable**)

mangosta
s. icneumón
civeta
gato de algalia
mamífero (V.)
carnívoro
carnicero

manguera
s. **manga** (V.)
tubo
goma
conducto

(cont.)

s. **ventilador** (V.)

s. aspiradora
bomba (V.)

s. tifón
tromba (V.)

mangueta
s. irrigador
bolsa
vejiga
lavativa (V.)

s. **palanca** (V.)

s. pasador
listón (V.)

manguillo
s. **mango** (V.)
palillo
palillero
pluma
plumilla

manguita
(V. **funda**)

manguitería
(V. **peletería**)

manguitero
(V. **peletero**)

manguito
s. piel
protección (V.)
rollo
cubierta
mongote
mangote
manguilla
estufilla
regalo
dedil
mitón
maniquete

s. **tubo** (V.)
empalme
unión
cilindro
funda
anilla
cincho
refuerzo
zuncho (V.)

maní
(V. **cacahuete**)

manía
s. **extravagancia** (V.)
excentricidad
monomanía (V.)
idea (V.)
capricho (V.)
tema (V.)
obsesión (V.)
temor (V.)
rareza
extravío
prurito
obstinación (V.)
antojo (V.)
chifladura (V.)
trastorno
chaladura
locura
guilladura
ridiculez
fantasía
originalidad
singularidad
luna (V.)
melancolía
misantropía
vena

s. **antipatía** (V.)
tirria (V.)
ojeriza
hincha
rabia
aversión
odio
asco
aborrecimiento
fila
desagrado
animadversión

s. **afición** (V.)
afecto
arrebatamiento
apego
querencia
vicio
deseo
tendencia

s. **furor** (V.)
agitación
indignación
delirio (V.)
furia
desconfianza
barreno (V.)
recelo (V.)

s. **complejo** (V.)
fobia
paranoia
aprensión (V.)
costumbre (V.)
agorafobia
claustrofobia
coprolalia
eritrofobia
erostratismo
erotomanía
fotofobia
grafomanía
licantropía
lipemanía
lunatismo
megalomanía (V.)
misoginia
misoneísmo
ninfomanía
cleptomanía
teomanía
zoantropía

s. manía
persecutoria
manía de
grandezas
manía depresiva

a. *sensatez*
cordura
simpatía
despego
normalidad
equilibrio

maniable
(V. **manejable**)

maníaco
s. **obseso** (V.)
obsesivo (V.)
supersticioso (V.)
monomaníaco (V.)
lunático (V.)
maniático
megalómano (V.)
venático
temoso
raro
caprichoso (V.)
aprensivo
antojadizo
extravagante
loco (V.)
enajenado
ofuscador
original
extraviado
chiflado (V.)
chalado
guillado
perturbado
trastornado
orate
demente
enfermo
insano
furioso (V.)
frenético
delirante
neurasténico
tocado

(V. **manía**)

a. *cuerdo*
sensato
reflexivo
normal
sano
vulgar
tranquilo
sosegado

maniatar
s. **atar** (V.)
sujetar (V.)
trabar
inmovilizar
aherrojar
encadenar
aferrar
aprisionar
ligar
asegurar
esposar
engrillar

a. *desatar*
liberar
desligar

maniático
(V. **maníaco**)

manicomio
s. **sanatorio** (V.)
clínica
loquero
hospital
gavia
casa de salud
casa de locos
hospital
psiquiátrico
casa de orates
casa de reposo

s. **confusión** (V.)
jaleo
lío
batiburrillo

a. *orden*
claridad
método

manicorto
s. mezquino
agarrado
roña
cutre
ruin
escatimoso
cicatero
apretado
tacaño
roñoso
ahorrativo
parco
escaso
sórdido
miserable
avaro (V.)

a. *espléndido*
generoso
desprendido
desinteresado

manida
s. refugio
mansión
vivienda
guarida
reparo
cobijo
albergue (V.)

manido
s. **viejo** (V.)
sobado
resobado
ajado
estropeado
pocho
usado
manoseado (V.)
pasado (V.)
raído
rozado
lacio

s. oculto
escondido

s. **vulgar** (V.)
trillado
visto (V.)
trivial (V.)
archisabido
gastado (V.)
socorrido (V.)

a. *nuevo*
extraordinario
original

maniego
(V. **ambidextro**)

manierismo
(V. **manerismo**)

manifacero
(V. **oficioso**)
(V. **entrometido**)

manifactura
(V. **manufactura**)

manifestación
s. **demostración** (V.)
muestra
presentación (V.)
exposición (V.)
expresión
declaración (V.)
ostensión
ostentación
exteriorización
declaración
exhibición (V.)
concentración (V.)
expansión
asomo (V.)
aparición (V.)
aparecimiento
publicación
emisión (V.)
descubrimiento
revelación
mostración
advenimiento
protesta
despacho
provisión
seña
fenómeno
reaparición
repunta
reunión pública
asonada
revuelta
procesión (V.)

a. *ocultación*
silencio
inhibición
misterio
secreto
arcano

manifestante
s. presentador
manifestador
declarante (V.)
expositor
informador

s. **participante** (V.)
integrante
asistente
presente
componente
reclamante

(V. **manifestación**)

a. *silencioso*
callado
ausente

manifestar-se
s. **aparecer** (V.)
salir
notar-se (V.)
publicar
mostrar (V.)
reflejar (V.)
ostentar
expresar (V.)
enarbolar
patentizar
declarar (V.)
decir (V.)
exhibir (V.)
afirmar
demostrar
concentrarse
revelar (V.)
registrar
producir
opinar
notificar
señalar
extender
sacar
exhumar
iniciar
asomar
ofrecer
indicar
deparar
perfilar (V.)
evidenciar
confesar (V.)
emitir (V.)
comunicar (V.)
aclarar (V.)
alegar
descubrir
desplegar
desenmascarar
desarrinconar
desembalar
desenterrar
sacar a la luz
hacer muestra
informar
divulgar
exteriorizar (V.)

(V. **manifestación**)

a. *callar*
esconder
inhibirse
ocultarse
desaparecer
encubrir
disimular
tapar
camuflar
embozar
enmascarar

manifiesto
s. **revelado** (V.)
comprensible (V.)
patente
claro
ostensible (V.)
evidente (V.)
visible
sensible (V.)
notorio
público
indiscutible
expreso
declarado (V.)
aparente
palpable
palmario
paladino
declarado
exotérico
desnudo
mostrado (V.)
escueto
descubierto

s. **proclama** (V.)
declaración (V.)
escrito
discurso
alocución
proclamación
vítor
edicto
cartel
anuncio

s. poner de
manifiesto
(V. **manifestación**)

a. *oculto*
callado
encubierto
reservado
secreto
escondido
latente
reservado
recóndito
soterrado
latente
camuflado
disfrazado
disimulado
embozado
enmascarado
esotérico
furtivo
reservado
secreto
tapado
ignorado
incógnito
desconocido
inédito
clandestino
subrepticio
emboscado

manígero
(V. **capataz**)

manigua
(V. **bosque**)

manija
s. mango
puño
manubrio
empuñadura (V.)
manecilla
manezuela
zoqueta
manigueta

s. **abrazadera** (V.)

s. ligadura
maniota (V.)

manilargo
s. derrochador
dilapidador
pródigo
generoso (V.)
liberal
munífico
espléndido
dadivoso

s. **ratero** (V.)
ladrón
caco
descuidero
cleptómano

a. *tacaño*
avaro
agarrado
honrado

maniluvio
(V. **baño**)

manilla
s. **pulsera** (V.)
puñete (V.)
abrazadera

s. ligaduras
argollas (V.)
esposas
prisión
grilletes

s. **manecilla** (V.)
aguja
saetera

manillar
s. guía
mango (V.)
asidor
bicicleta (V.)

maniobra, s
s. **operación** (V.)
ejercicio
entrenamiento
ensayo
adiestramiento (V.)
práctica
táctica (V.)
evolución
movimiento
instrucción (V.)
marcha
traslación

s. manejo
manipulación (V.)
empleo
uso (V.)
paso
proceso
plan (V.)
procedimiento
utilización
recurso
trabajo
faena
tarea

s. **intriga** (V.)
ardid (V.)
artificio
tejemaneje
trapicheo
trama
amaño
estratagema
maquinación (V.)
simulacro (V.)
artimaña
treta
trampa
engaño
subterfugio

s. maniobras militares
estar de maniobras

a. *abandono*
inoperancia
abulia
inhibición
franqueza
claridad
nobleza
sinceridad

maniobrar
s. **operar** (V.)
ejercitar (V.)
instruir
entrenar
ensayar
adiestrar (V.)
evolucionar (V.)
marchar
desfilar
avanzar
retroceder
ejecutar

s. **manipular** (V.)
manejar (V.)
utilizar
emplear
usar
proceder

s. **maquinar** (V.)
intrigar (V.)
tramar
urdir
engañar
trapichear
amañar

(V. **maniobra**)

a. *abstenerse*
inhibirse
abandonarse
ceder

maniobrero
s. maquinador
intrigante (V.)
engañoso
tramposo
ladino
astuto
zorro
artificioso

s. **fácil** (V.)
suelto (V.)
hábil
apto
flexible

(V. **maniobra**)

a. *claro*
franco
sincero
noble
torpe
inepto

maniota
s. manija
traba (V.)
cuerda (V.)
cabo
cadena (V.)
lazo
apea
armadura
abrazadera
arropea
farropea
maneota
torzal
guadafiones
suelta (V.)

manipulación
s. **operación** (V.)
manejo (V.)
maniobra (V.)
uso
empleo (V.)
utilización
manipuleo
manoteo
manoseo
proceso
procedimiento
ejecución
realización
práctica
aplicación
función
faena
trabajo (V.)
forcejeo
recurso
elaboración
fabricación
administración

a. *inhibición*
abstención
inmovilismo
inactividad

manipular
s. **manejar** (V.)
maniobrar (V.)
operar (V.)
utilizar
emplear
usar
tratar
realizar
ejecutar
ejercitar
actuar (V.)
trabajar (V.)
asir
coger
empuñar (V.)
tocar
sobar
manosear
manotear
tomar
blandir
esgrimir
realizar
elaborar

s. ordenar
inmiscuirse
entrometerse
mangonear (V.)
decidir
dictar
obligar
imponer
mandar (V.)
dirigir (V.)

(V. **manipulación**)

a. *abandonar*
inhibirse
abstenerse
desinteresarse
dejar
ceder
holgazanear
obedecer
someterse
permitir

manipuleo
(V. **manipulación**)

manípulo
(V. **puñado**)
(V. **estola**)
(V. **insignia**)

maniquete
(V. **mitón**)

maniquí
s. bausán
figura (V.)
muñeco (V.)
figurilla
fraustina
armazón
substituto (V.)

s. patrón
modelo (V.)
molde
diseño
ejemplar

s. débil
dócil (V.)
gobernable
pacato
indeciso
timorato
pelele (V.)

s. ir hecho un maniquí

a. *decidido*
tenaz
voluntarioso

manir
(V. **ablandar**)

manirroto
s. malgastador
dilapidador
manilargo
malbaratador
derrochador (V.)
desprendido
liberal
gastoso
generoso (V.)
bolsa rota
gastador
disipador
malrotador (V.)

(V. **manirrotura**)

a. *cutre*
ahorrativo
mezquino
tacaño

manirrotura
(V. **prodigalidad**)

manivela
s. cigüeña
cigüeñal
manubrio (V.)
manillar
manija
empuñadura
eje
picaporte (V.)
palanca
brazo
rabil
biela

s. manivela de arranque
primera vuelta de manivela
manivela de mano muerta

manjaferro
(V. **bravucón**)

manjar
s. alimento
viático
yantar
sustento
mantenimiento
vianda
condumio
vitualla
comestible
ración
golosina (V.)
entremés
aperitivo
principio
postre
delicadeza
comida (V.)
gollería
regalo
recreo
deleite (V.)
esparcimiento

s. manjar blanco
manjar de los ángeles
manjar imperial
manjar lento
manjar principal
manjar real
manjar de dioses
manjar suave

r. No hay manjar que no empalague, ni vicio que no enfade

a. *hambre*
ayuno
aburrimiento

mano
s. **miembro** (V.)
extremidad
garra (V.)
garro
pata
pie
zarpa

s. muñeca
puño
dedo (V.)
carpo
metacarpo
uña (V.)
pulpejo (V.)
tenar
monte de Venus
palmo
palma
brazo
huesos
hueco
cuenco
dorso
falange
falangeta
nudillo
rayas
manojo
puñado
pelluzgón
pellizco
jeme
llave de la mano

s. **prestidigitación**
pronación
supinación
dactilografía
quiromancia (V.)

s. **destreza** (V.)
pulso (V.)
habilidad
seguridad
firmeza
tino
tacto (V.)
tiento
palpación

s. derecha
diestra
izquierda
siniestra (V.)
zurda

s. **guante** (V.)
manopla
mitón
manguito

s. banda
lado (V.)
costado
ala
dirección
orientación (V.)
sentido

s. manecilla
aguja (V.)
saetilla

s. **trabajador** (V.)
obrero
operario
fuerza de trabajo

s. **mazo** (V.)
rodillo
majadero

s. vez
vuelta (V.)
tanda (V.)
serie

s. partido
partida (V.)
turno (V.)
lance
tirada
juego
jugador

s. **baño**
capa (V.)
pintura
pasada (V.)

s. **medio** (V.)
manera
sistema
forma

s. poder
influencia (V.)
mando
prerrogativa
amistad
privanza
confianza

s. **ayuda** (V.)
piedad
favor
auxilio
socorro
asistencia
patrocinio

s. reprensión
castigo
sanción
corrección

s. a manos llenas
a mano airada
atarse de pies y manos
besar la mano
caérsele a alguien una cosa de la mano
cambiar de manos
cargar la mano
cerrar la mano
cogerse de las manos
comerse las manos
con las manos vacías

(cont.)

meter mano a alguien
llegar a las manos
lavarse las manos
írsele a alguien la mano
ir a la mano de alguien
irse con las manos vacías
¡manos arriba!
con mis pecadoras manos
con el corazón en la mano
dar de mano
de mano en mano
de manos a boca
de primera mano
de segunda mano
dejado de la mano de Dios
echar una mano
ser mano en el juego
poner la mano encima
echar una mano
mano de santo
mano de hierro
mano de barniz
mano de pintura
mano de azotes
mano de cazo
mano de gato
mano de jabón
mano de rienda
mano derecha
mano izquierda
mano zurda
mano larga
tener buenas manos
alargar la mano
apretar la mano
bajar la mano
asentar la mano
abrir la mano
estar mano sobre mano
tener las manos limpias
a mano armada
tener buena mano para algo
estar en buenas manos
hacer una cosa a mano
ganar por la mano
llegar a las manos
no saber donde tiene uno su mano derecha
ponerse manos a la obra
quedarse uno con las manos cruzadas
si a mano viene...
untar las manos
tocar una cosa con la mano
tener uno las manos largas
quedarse con las manos en los bolsillos
con las manos en la masa
lavarse las manos como Pilatos
darse de manos a boca
manos a la obra
no saber lo que se trae entre manos
poner las manos en el fuego
manos blancas no ofenden

manojo
s. **ramo** (V.)
ramillete
racimo (V.)
gavilla
garba
garbón
fajo
hato
hatajo
mazo (V.)
hacecillo
paquete (V.)
lío
piña
mogote
moraga
medero
fascal
falcada
brazada
coloño
mostela
fajina
hacina
manada (V.)
puñado (V.)
brazado
maña (V.)
haz (V.)
atado
s. **caterva** (V.)
reunión
pandilla

manolo
(V. **chulo**)
(V. **majo**)

manómetro
s. indicador
barómetro (V.)
s. tubo deformable
saeta
espiral
regulador
escala
presión
mercurio
tubo de cristal
sector dentado
s. manómetro de Bourdon
manómetro de líquido
manómetro de resorte
manómetro de aire comprimido
manómetro registrador
manómetro eléctrico

manopla
s. **guante** (V.)
guantelete
mitón
manguito
protección
funda
forro
s. **látigo** (V.)
s. **armadura** (V.)

manoseado
s. **sobado** (V.)
viejo
usado
ajado
arrugado
arrebujado
deslustrado
deslucido
raído
magreado
palpado
s. pasado
manido (V.)
trillado (V.)
visto
archiconocido
traído y llevado
trasnochado (V.)
repetido (V.)
a. *nuevo*
lucido
lozano
fresco
desconocido
original

manoseador
s. **sobón** (V.)
acariciador
palpador (V.)
toqueteador
abusón
empalagoso
efusivo
cargante
(V. **manoseo**)
a. *respetuoso*
sobrio

manosear
s. **usar** (V.)
sobar (V.)
deslucir
deslustrar
tentar
palpar (V.)
tocar
toquetear
tactear
hurgar (V.)
sobajar
zalear
chafar
apañuscar
manipular
manejar
maznar
ajar
restregar (V.)
fregar
transfregar (V.)
asir
mancar
manotear
rabosear
arrebujar
acariciar (V.)
manquear
magrear
(V. **manoseo**)
a. *respetar*
eludir
evitar

manoseo
s. **sobo** (V.)
manoteo
manejo (V.)
sobajeo
retozo (V.)
tentaruja
toquiteo
toqueteo
tentamiento
tocamiento (V.)
manipuleo
palpamiento
maniobra
uso
manipulación
palpamiento
a. *respeto*
evitación
abstención

manotazo
s. manotada
tabanada
tabalada
guantazo
puñetazo
manotón
tabanazo
golpe (V.)
revés
bofetada (V.)
cachete
tortazo
(V. **mano**)
a. *caricia*

manotear
s. manosear
gesticular
accionar (manos)
mover (manos)
agitar (manos)
(V. **mano**)

manoteo
s. gesticulación
meneo
movimiento
toqueteo
manoseo
sobo (V.)
(V. **mano**)
a. *quietud*
reposo

manquedad
s. manquera
falta
defecto (V.)
imperfección
lesión (V.)
mutilación (V.)
amputación
incapacidad
inutilidad
invalidez
a. *plenitud*
perfección
validez
capacidad

manquera
(V. **manquedad**)

mansalva (a)
s. sobre seguro
sin peligro
a boca de jarro
a bocajarro
a quemarropa
a salvamano
cobardemente
traidoramente
a. *con valentía*
con riesgo

mansarda
(V. **guardilla**)

mansedad
(V. **mansedumbre**)

mansedumbre
s. mansedad
dulzura
suavidad (V.)
benignidad
docilidad
sumisión (V.)
apacibilidad (V.)
consentimiento
domesticidad
domestiquez
afabilidad
tranquilidad
obediencia (V.)
bondad
benevolencia
sometimiento
humildad
sujeción
mesura
moderación (V.)
templanza
transigencia
serenidad
gregarismo (V.)
a. *intemperancia*
orgullo
ira
rebeldía
cerrilidad
salvajismo
desmesura
incontinencia

mansejón
(V. **manso**)

mansión
s. morada
albergue
manida
residencia
habitación
cuarto
edificio
vivienda (V.)
s. **parada** (V.)
detención
estancia (V.)
estadía
permanencia
a. *prosecución*
continuación

manso
s. duendo
suave (V.)
dócil (V.)
sumiso (V.)
apacible (V.)
benigno
dulce (V.)
cordero (V.)
mago
mego (V.)
afable
sufrido (V.)
obediente (V.)
leal
quieto
poncho
reposado
tambero
tranquilo
s. domesticado
domeñado
domado (V.)
amansado
mansurrón
mansejón
cabestro
duendo
leal
doméstico (V.)
inerme
amaestrado
domable
domesticable
(V. **mansedumbre**)
a. *desobediente*
irascible
rebelde
salvaje
fiera
iracundo
airado

mansurrón
(V. **manso**)

manta
s. **abrigo** (V.)
cobertor
edredón
colcha
pellica
poncho (V.)
mantón (V.)
entrepiés
alhamar
gualdrapa
folgo (V.)
frazada (V.)
cubrepiés
alifafe
sobrepelo
sobrejalma
paramento
mantilla
frisa
tapas
centón
cobija
tollina
tamba
tapanca
coriana
rito
capote
s. tunda
zurra
paliza (V.)
somanta
s. dar una manta de palos
liarse la manta a la cabeza
a manta
poner a manta
tirar de la manta
manta de lana
manta de algodón
manta de pared
manta real
tomar la manta
a. *caricia*
mimo

mantear
s. **vapulear** (V.)
sacudir (V.)
levantar (V.)
echar por los aires
alzar
tirar
moler
batir
capotear
s. jugar
burlarse
embromar
a. *respetar*
acariciar

manteca
s. **grasa** (V.)
gordo
gordura
crasitud
unto
saín
tocino
lardo
sebo

(cont.)

mantequilla
margarina
butiro
enjundia (V.)
pomada
empella
pella
nata
queso (V.)

s. como manteca
el que asó la manteca
juntársele a uno las mantecas

a. *magro*
magrez

mantecada
(V. **bollo**)

mantecado
(V. **torta**)

(V. **helado**)

mantecón
(V. **cómodo**)

(V. **delicado**)

mantecoso
s. craso
grasiento (V.)
gordo (V.)
fofo
obeso
gordinflas
pringoso
untuoso
seboso (V.)
aceitoso
cremoso

(V. **manteca**)

a. *magro*
seco
delgado
flaco

mantel
s. **tapete** (V.)
lienzo
paño (V.)
tela
tejido
mantelería
servilleta

s. comer a manteles
levantar los manteles

mantelería
s. **mantel** (V.)
cubremantel
servilletas
paño de mesa
toalleta
juego (de mantel y servilletas)

manteleta
(V. **chal**)

(V. **esclavina**)

mantenedor
s. guía
paladín
campeón
juez
sustentador
defensor (V.)
justador
torneante
animador
cuidador
encargado

(V. **mantenimiento**)

a. *defendido*
mantenido

mantenencia
(V. **manutención**)

mantener-se
s. **nutrir-se** (V.)
alimentar (V.)
albergar
conservar
atiborrar
sostener (V.)

s. **conservar** (V.)
entretener
continuar
proseguir
vigorizar

s. **ayudar** (V.)
amparar
apoyar
defender (V.)
costear
sufragar (V.)
manutener
sustentar (V.)
tener-se (V.)
patrocinar
reservar-se (V.)
salvaguardar

s. perseverar
durar (V.)
resistir (V.)
quedar (V.)
fomentarse
tirar-se (V.)
no variar
cerrarse a la banda
estar firme
persistir
encastillarse
mantenerse en sus trece

(V. **mantenimiento**)

(V. **manutención**)

a. *ayunar*
desnutrirse
abandonar
rendirse
desentenderse
renunciar
abjurar

mantenida
(V. **manceba**)

mantenimiento
s. **subsistencia** (V.)
manutención
mantenencia
alimento (V.)
manjar
víveres
sustento (V.)
provisión

s. sostenimiento
sustentamiento
sustentación
conservación (V.)
defensa
protección (V.)
preservación
entretenimiento
cuidado
vigilancia
asistencia
amparo

a. *abandono*
desinterés
incuria
dejación
cesión
negligencia
desasistencia
desamparo

manteo
(V. **manto**)

mantequilla
(V. **manteca**)

mantés
(V. **granuja**)

mantilla
s. toca
velo (V.)
tul
mantón
mantilleja
pendil
abrigo
manto (V.)
islam
flámeo
rundel
cobija
velete
mantellina
rebocillo
rebociño
teristro
céfiro
rebozo
alfanigue

s. mantilla de luto
mantilla de encaje
mantilla española
mantilla alta

s. canastilla
vestidos (de recién nacido)
envoltorio
pañal (V.)
lecherón
estar en mantillas una cosa
haber salido uno de las mantillas

mantillo
s. **humus** (V.)
abono
estiércol (V.)
guano
tierra vegetal
fiemo
capa
sedimento

manto
s. **mantilla** (V.)
túnica
manteo
mantón (V.)
capa
capote
abrigo (V.)
clámide
burato
palio (V.)
paludamento
pendil
ligero
capellar
almejía
almejí
sábana
chía
rodo
duque
falla (V.)
cernícalo
cendal
jirel
alifafe
bata
toca (V.)
toga (V.)
escarcela
sarmentera
sombrero
brinco
turbante
almaizal
zorongo
torquería
capidengue

s. **velo** (V.)

s. **yacimiento** (V.)
capa
veta
estrato (V.)
franja
faja
tonga
tongada

mantón
s. chal
pañuelo
pañolón
capa (V.)
manta
manto
manteo
tápalo
serenro
zorongo
tonto
capote
pañoleta
mantilla
rebozo
cobija
dengue
chalón
gabacha
pañoleta

mantudo
(V. **enfermo**)

(V. **delicado**)

manuable
(V. **manejable**)

manual
s. artesano
mañero (V.)
manuable
manejable
portátil (V.)
mangorrero
casero
fácil
ejecutable

s. **dócil** (V.)
suave (V.)
apacible
manejable
domeñable
sumiso
manso

s. compendio
noción (V.)
epítome (V.)
sumario
breviario
tratado (V.)
prontuario (V.)
recopilación
repertorio
sinopsis
elementos
cuaderno
apuntes
borrador
libreta

(V. **mano**)

a. *mecánico*
difícil
indómito
rebelde
ampliación

manubrio
s. manija
puño
empuñadura
manivela
cigüeña
mango
asidero

s. pianillo de manubrio

manufactura
s. **obra** (V.)
producto
obraje
manipulación
fabricación
producción
manifactura

s. **fábrica** (V.)
industria (V.)
taller
empresa

manufacturar
(V. **fabricar**)

manumisión
(V. **emancipación**)

(V. **liberación**)

manumisor
(V. **emancipador**)

(V. **libertador**)

manumitir-se
(V. **emancipar-se**)

(V. **liberar-se**)

manuscribir
(V. **escribir**)

manuscrito
s. códice
escrito
libro (V.)
documento
hológrafo
original (V.)
pergamino
legajo
acta
inscripción
cuerno
palimpsesto

a. *impreso*

manutención
(V. **mantenimiento**)

manutener
(V. **mantener**)

(V. **amparar**)

manzana
s. poma
manzanita
reineta
raneta
melapia
api
ocal
fada
camuesa
dureto
jabí
sagarmín
repinaldo

s. manzana reineta
manzana meladucha
manzana asperiega
manzana esperiega
manzana verde doncella

s. edificaciones
bloque (V.)
cuadra
isla

s. manzana de Adán
manzana de la discordia
sano como una manzana

r. Manzana podrida, pierde a su compañía

manzanar
s. manzanal
pomar
pomarada
pomareda

(V. **manzana**)

manzanilla
s. camomila
hierba (V.)
matricaria

s. **infusión** (V.)
digestónico
cocimiento

s. **aceituna** (V.)

s. **vino** (V.)

s. **remate** (V.)
adorno
arquitectura
manzana
boliche (V.)

s. manzanilla bastarda
manzanilla común
manzanilla europea
manzanilla fina
manzanilla hedionda
manzanilla loca
manzanilla romana

manzano
s. camueso
pero
maguillo
asperiego
cambur
manzano asperiego
manzanera
maíllo
manzanal
desarrollo

(V. **manzana**)

maña
s. acierto
habilidad (V.)
arte
maestría
mañuelo
solercia
capacidad
ingenio
práctica
soltura (V.)
primor
tacto
tino
pulso
costumbre

s. astucia
treta
ardid (V.)
mañuela
camándula
picardía
marrullería
artería
ratimago
sagacidad

s. vicio
resabio (V.)
desviación
hábito
costumbre

s. **manojo** (V.)
atadijo
atado (V.)

r. Más vale maña que fuerza

s. tener maña
darse uno maña
tener malas mañas
hacer mañas (llorar)
con maña

a. *inhabilidad*
torpeza
ingenuidad
candor
candidez
nobleza

mañana
s. **día** (V.)
madrugada (V.)
alborada
amanecer
aurora
amanecida
alba

s. **futuro** (V.)
porvenir

s. **temprano** (V.)
pronto

s. de mañana
por la mañana
muy de mañana
pasado mañana
tomar la mañana
el día de mañana
hasta mañana
mañana será otro día

a. *ahora*
hoy
ayer
antes
tarde

mañanear
(V. **madrugar**)

mañanero
(V. **madrugador**)

mañería
(V. **astucia**)
(V. **esterilidad**)

mañero
(V. **astuto**)
(V. **manejable**)

mañoco
(V. **tapioca**)
(V. **maíz**)

mañoso
s. diestro
hábil (V.)
ingenioso
industrioso
inteligente
mañero
aplicado
habilidoso
astuto
peliagudo (V.)
expeditivo
apañado
dispuesto
perito
practicón
sagaz

s. **resabiado** (V.)
llorón
malicioso

(V. **maña**)

a. *inhábil*
torpe
desmañado
simple
ingenuo

mañuela
(V. **maña**)
(V. **astucia**)
(V. **zorrería**)

mapa
s. carta
plano (V.)
proyección
portulano
atlas
mapamundi
planisferio
islario
bibliomapa

s. ecuador
meridiano
paralelo
escala
curva de nivel
círculo polar
línea isóbara
línea isótera
línea isoterma
línea isoquímena

s. **cartografía** (V.)
geografía (V.)
topografía (V.)
geodesia

s. mapa mudo
mapa terrestre
mapa celeste
mapa geológico
mapa hidrográfico
mapa político
mapa geopolítico
mapa astronómico
mapa básico
mapa orográfico
mapa agronómico

mapamundi
(V. **mapa**)

maque
(V. **laca**)

maquear
(V. **laquear**)

maqueta
s. **proyecto** (V.)
reproducción (V.)
esbozo
modelo (V.)
prototipo
muestra
patrón
pauta
ejemplo
módulo
boceto
miniatura (V.)

maquiavélico
s. taimado
pérfido
astuto (V.)
hipócrita
falaz
sutil
falso
engañoso
retorcido (V.)
traidor
solapado
tortuoso (V.)
doble
maquiavelista

(V. **maquiavelismo**)

a. *sincero*
honrado
noble
recto
ingenuo

maquiavelismo
s. **astucia** (V.)
hipocresía
perfidia
falacia
engaño
mentira
doblez (V.)
trampa
tortuosidad
fingimiento
retorcimiento (V.)
traición
intriga (V.)
conspiración
maquinación

a. *nobleza*
honradez
claridad
sinceridad
rectitud
simpleza
ingenuidad

maquila
(V. **celemín**)
(V. **molienda**)

maquillaje
(V. **afeite**)
(V. **cosmético**)

maquillar-se
s. afeitar
acicalar (V.)
arreglarse
pintarse
retocar
embellecer
hermosear
estucar
empolvarse
depilar
componerse
caracterizarse (V.)
aderezar
emplastarse (V.)

(V. **maquillaje**)

a. *lavar-se*
afear-se
abandonar-se

máquina
s. aparato
artilugio
instrumento
herramienta (V.)
artefacto
artificio
ingenio
mecanismo
prensa (V.)
torno (V.)
tractor (V.)
maquinaria
sembradora (V.)
invento
tundidora
invención
tipiadora
tramoya (V.)
utensilio
autómata
locomotora (V.)
automotor
automotriz
cacharro
motor (V.)
relé
servomotor
servomecanismo
tren
dispositivo
lavadora (V.)

s. álabe
arandela
anilla
cadena
biela
caldera
cigüeñal
cilindro
cojinete
correa
correa de transmisión
diferencial
eje
engranaje
embrague
freno
hélice
manivela
manubrio
pedal
muelle
piñón
radiador
resorte
rodamiento de bolas
rueda
rosca
rueda dentada
tornillo
tornillo sin fin
volante
válvula
transmisión
árbol de transmisión
cambio
cambiador
abrazadera
apéndice
balancín
caja de cambio
caja de distribución
chaveta
chumacera
manguito
péndulo
pezón
clavija
collar
corredera
conmutador
émbolo
pistón
corredera
cuchilla
cremallera
guía
regulador
registro
manómetro
contador
diafragma
distribuidor
vástago
trinquete
pasador
cuña
culata
dado
cursor
espiga
escape
paleta
palomilla
excéntrica
gorrón
satélite
fogón
rangua
retroceso
tambor
tirante
tuerca
acelerador
alternador
dínamo
generador
turbina
palanca
polea
torno
cabria
cabestrante
gato
cric
palanca
elevador

s. **ingeniería** (V.)
mecánica (V.)
hidráulica (V.)

s. acoplar
desacoplar
embragar
desembragar
conectar
desconectar
alimentar
engranar
desengranar
conducir
dirigir
funcionar
servir
marchar
rendir
andar
montar
desmontar
engrasar
lubrificar
endentar
maniobrar
calarse
rozar
inyectar

s. proyecto
imaginación
creación (V.)
maravilla

s. **abundancia** (V.)
multitud
copia
caudal
profusión
riqueza

s. máquina-herramienta
máquina de calcular
máquina de vapor
máquina de coser
máquina de retratar
máquina de escribir
máquina de guerra
máquina de sumar
máquina neumática
máquina parlante
máquina rotativa
máquina tragaperras

s. a toda máquina

a. *vulgaridad*
escasez
falta
insuficiencia
carencia

maquinación
s. ardid
trama
intriga (V.)
confabulación
conspiración
artería
treta
artimaña
trastienda
busilis
complot (V.)
cábala
conjura
engaño
enredo
ficción
maniobra (V.)
maca
treta
manganilla

a. *sinceridad*
nobleza
pacificación
ayuda
claridad

maquinador
(V. **intrigante**)
(V. **conspirador**)

maquinal
s. irreflexivo
involuntario (V.)
mecánico
automático (V.)
impensado
reflejo (V.)
habitual
indeliberado (V.)
instintivo
espontáneo
natural
inconsciente
a. *pensado*
deliberado
consciente

maquinar
s. pensar
urdir
tramar (V.)
fraguar
maniobrar (V.)
conjurar
conspirar (V.)
forjar
cabildear
trapichear
trapisondear
intrigar (V.)
tejer (V.)
(V. **maquinación**)
a. *inhibirse*
abstenerse

maquinaria
(V. **máquina**)
(V. **mecanismo**)

maquinista
s. **ingeniero** (V.)
artífice
s. **conductor** (V.)
fogonero
timonel
práctico
mecánico
s. maquinista naval
maquinista de tren
maquinista de imprenta
(V. **máquina**)

maquis
(V. **refugio**)
(V. **resistencia**)
(V. **guerrilla**)

mar
s. **agua** (V.)
vastedad
inmensidad
océano
charco
profundo
piélago (V.)
ponto
marea (V.)
oleaje
onda
ola (V.)
oleada
maretazo
rompiente
batiente
resaca
cresta
corriente
remolino
aguaje
marejadilla
viento
tempestad
bonanza
calma
calma chicha
tifón
marejada
maremoto
mar picada
mar de fondo
mar revuelta
mar gruesa
mar sorda
mar alta
mar brava
mar de leva
mar tendida
mar larga
mar cerrada
mar abierta
mar ancha
alta mar
aguas jurisdiccionales
brazo de mar
golpe de mar
embate
s. **fondo** (V.)
lecho
cantil
bajío (V.)
profundidad
hoya
lago
albufera
escollo
escollera
banco
dique
cala
fondeadero
puerto (V.)
ensenada (V.)
rada
golfo
abrigadero
cabo
playa (V.)
costa (V.)
ribera
canal
estrecho
archipiélago
isla (V.)
barra
ría
marisma
salina
hidrografía
geografía (V.)
mar de leche
mar en calma
hablar de la mar
picarse la mar
romperse el mar
quebrar el mar
meter la mar en un pozo
pelillos a la mar
hacerse a la mar
hincharse las narices al mar
s. abismo
diferencia (V.)
distancia
s. cantidad
profusión
abundancia (V.)
copia
multitud
torrente
lluvia
sinfín
infinidad
plaga
peste
s. la mar de cosas...
r. Del mar el mero, y de la tierra el carnero ■ Quien anda por la mar aprende a rezar ■ Quien no se aventura no pasa la mar
Do va la mar van las arenas
a. *igualdad*
escasez
falta
carencia
ausencia

marabú
(V. **cigüeña**)

marabuto
(V. **morabito**)

maraña
s. **enredo** (V.)
engaño
embrollo
embuste
lío
trama
chisme
intriga
tortuosidad (V.)
artificio
madeja
s. **confusión** (V.)
jaleo
desorden
greña (V.)
barullo
anarquía
caos
fárrago
s. **maleza** (V.)
aspereza
espesura
hojarasca
broza
manigua
zarzal
breña
fronda
fragosidad
matorral
s. prostituta
a. *claridad*
desenredo
verdad
honradez
calvero
claro

marañero
s. intrigante
enredador (V.)
lioso
marrullero
s. **chismoso** (V.)
cicatero
cizañero
cotilla
chinchorrero
marañoso
cuentista
infundioso
comadrero
correveidile
embolismador
(V. **maraña**)
a. *leal*
sincero
noble
serio

marañón
(V. **anacardo**)

marañoso
(V. **marañero**)

marasmo
s. paralización
inmovilidad (V.)
apatía
atonía
suspensión
consunción
tabes
enflaquecimiento
desfallecimiento
debilitación
debilitamiento
a. *vida*
vigor
actividad

maravedí
s. **moneda** (V.)
morabetino
morbidil
morbí
moravedí
moravedín
moravidí
s. no importar algo un maravedí

maravilla
s. **portento** (V.)
milagro (V.)
fenómeno
prodigio
magia (V.)
quimera
rareza
ocultismo
originalidad
singularidad (V.)
preciosidad (V.)
divinidad
sueño dorado
utopía
fábula
leyenda
s. entusiasmo
admiración (V.)
pasmo (V.)
impresión
extrañeza
asombro (V.)
sorpresa
aturdimiento
suspensión (V.)
espanto
susto
estupefacción
s. enredadera
flor (V.)
flamenquilla
caléndula
caldo
copetuda
dondiego
s. *las siete maravillas del mundo:* pirámides de Egipto
jardines colgantes de Babilonia
coloso de Rodas
estatua de Júpiter
templo de Diana en Efeso
sepulcro de Mausolo
faro de Alejandría
s. *horror*
fealdad
realidad
vulgaridad
desilusión
desinterés
indiferencia
displicencia
realismo

maravillado
s. **suspenso** (V.)
absorto
sorprendido (V.)
atónito
estupefacto
admirado
fascinado
hechizado
extasiado (V.)
aturdido
deslumbrado
pasmado
cegado
asombrado
encantado
(V. **maravilla**)
a. *decepcionado*
desilusionado
desencantado
defraudado
amargado

maravillar-se
s. **admirar** (V.)
sorprender (V.)
extasiar
asombrar (V.)
pasmar (V.)
subyugar
embobalicar
imponer (V.)
aturdir
extrañar
embarazar
fascinar (V.)
deslumbrar
embazar
chocar
(V. **maravilla**)
a. *despreciar-se*
disgustar-se
horrorizar-se
desilusionar-se

maravilloso
s. **portentoso** (V.)
deslumbrante
impresionante
fascinador
prodigioso (V.)
mirífico
admirable (V.)
espléndido
enloquecedor (V.)
pasmoso (V.)
sorprendente
majestuoso
santo
mágico (V.)
quimérico
meduseo (V.)
sobrehumano
inesperado
inusitado
inefable (V.)
taumatúrgico (V.)
asombroso (V.)
estupendo
raro
sobrenatural
milagroso (V.)
hermoso
(V. **maravilla**)
a. *natural*
corriente
común
repelente
feo
lógico
despreciable

marbete
s. escandallo
etiqueta (V.)
precinto
marchamo
cédula
marca (V.)
rótulo
contraseña
señal
s. orilla
filete
borde (V.)
perfil
cenefa

marca
s. provincia
territorio (V.)
frontera (V.)
distrito
comarca
región
s. **señal** (V.)
huella (V.)
surco
pista
vestigio
paso
traza (V.)
muesca
cicatriz
pisada
estigma
mancha
lunar
rastro (V.)
indicio
estampa
tatuaje
calza
indicación (V.)
s. **signo** (V.)
estampilla
rúbrica
firma
cruz
raya
insignia
distintivo (V.)
nota
lema (V.)
punteado
timbrado
calimbo
signatura
sello (V.)
hierro
divisa (V.)
etiqueta (V.)
cuño (V.)
carácter
filigrana (V.)
atributo
timbre
prueba
nombre
vitola
santo
seña
rótulo
inscripción
contraste
cédula
reseña

(cont.)

careta
carátula
cercillo
contramarca
contraseña
ex libris
jacilla
letrero
precinto
marchamo
tejuelo
escandallo (V.)

s. **prostituta** (V.)

s. record
resultado (V.)
prueba
montante (V.)

s. módulo
escala
medida (V.)
talla (V.)

s. de marca
marca de fábrica
de marca mayor
marca registrada
trade mark

marcado

s. **evidente** (V.)
claro
perceptible (V.)
distinguible
indudable
acentuado
señalado (V.)
destacado
intenso
característico
palpable
tangible
notable
manifiesto
pronunciado (V.)

(V. **marca**)

a. *confuso*
dudoso
inadvertido

marcador

s. señalador
contraste (V.)
impresor
grabador
registrador
ordenador
indicador

s. **tanteador** (V.)
ábaco
contador

(V. **marca**)

marcar-se

s. precintar
contrastar
sellar (V.)
timbrar
herrar
acuñar (V.)
rubricar
firmar
contraseñar
trazar
imprimir
grabar
tatuar (V.)
estampillar
denominar
demarcar
nombrar
inscribir
anotar (V.)
apuntar
rotular
etiquetar
señalar (V.)
inscribir
indicar
tarjar
marchamar
signar
ferretear
estigmatizar (V.)
numerar
escandallar
traseñalar
remarcar (V.)

s. caracterizar
distinguir (V.)
separar
apartar
discriminar
diferenciar (V.)
elegir
seleccionar
destacar
singularizar
personalizar

s. **representar** (V.)
significar
indicar (V.)
determinar

s. contrarrestar
vigilar (V.)
oponerse
obstaculizar

s. **ganarse** (V.)
racar

s. apuntarse
encestar (V.)
puntuar (V.)

s. marcar el paso
marcarse un tanto
marcar goles

(V. **marca**)

a. *confundir-se*
mezclar-se
abandonar-se
borrar-se
olvidar-se
desaparecer
facilitar
perderse

marcear

(V. **esquilar**)

marceño

s. marcelino
marzal
marcero

(V. **marzo**)

marcial

s. **militar** (V.)
guerrero (V.)
castrense
bélico
belicoso
guerreador
armígero

s. valiente
bizarro (V.)
aguerrido
bravo
valentón
intrépido
varonil
gallardo (V.)
arrojado
franco
llano

(V. **marcialidad**)

a. *civil*
cobarde
tímido
desgarbado
pacífico

marcialidad

s. **gallardía** (V.)
bizarría
apostura
garbo
intrepidez
gracia
donosura
bravura
arrojo
valentía
belicismo
belicosidad
militarismo
disciplina (V.)
exactitud
firmeza (V.)

a. *cortedad*
deslucimiento
timidez
pacifismo

marco

s. **cerco** (V.)
recuadro (V.)
cuadro
moldura
guarnición
cornucopia
tremó
escuadro
encuadre

s. dintel
umbral
jamba
jambaje
cabio
quicio (V.)
chasis

s. paisaje
ambiente (V.)
fondo

s. **moneda** (V.)

márcola

(V. **podadera**)

marcha

s. **movimiento** (V.)
andadura
paso (V.)
celeridad
rapidez
tren
ligereza
presura
desplazamiento
camino
jornada
expedición
paseo
tránsito
viaje (V.)
dirección
avance
traslación
recorrido
circulación
ida
venida
adelanto
atraso
trote
carrera
trajín
ajetreo
velocidad
llegada
salida (V.)
atajo
vagabundeo
retirada

s. **partida** (V.)
abandono
partimiento
destierro
evacuación
emigración
éxodo
ausencia (V.)
despedida
huida
fuga
escape
dejación
traslado
alejamiento
encaminamiento

s. **dirección** (V.)
sesgo
tendencia
curso (V.)
giro
rumbo
trayectoria
evolución (V.)

s. **conducta** (V.)
sistema
procedimiento (V.)
método
funcionamiento
proceder
proceso

s. himno
pieza
aire
ritmo
toque
tonada
pasacalle (V.)
pasodoble

s. **música** (V.)

s. **velocidad** (V.)
primera
segunda
tercera
cuarta
directa
automóvil (V.)

s. marcha real
marcha fúnebre
a marchas forzadas
batir la marcha
doblar la marcha
en marcha
a toda marcha
puesta en marcha
romper la marcha
dar marcha atrás
coger la marcha
abrir la marcha

a. *vuelta*
regreso
inmovilidad
espera
expectativa
lentitud
permanencia
estatismo
presencia
inmigración

marchamar

s. **marcar** (V.)
escandallar
visar
bollar
precintar

(V. **marchamo**)

marchamo

(V. **marbete**)

(V. **marca**)

marchante

s. traficante
comerciante (V.)
negociante
trafagante
mercader
trajinante
buhonero

s. **parroquiano** (V.)
cliente

s. mercantil
comercial (V.)
mercante

marchapié

(V. **cabo**)

marchar-se

s. **caminar** (V.)
andar (V.)
moverse (V.)
desplazarse
trasladarse (V.)
dirigirse
circular
transitar
recorrer
avanzar
viajar
pasear
adelantar
atrasar
ir (V.)
venir
correr
acelerar
trajinar
ejercitar (V.)
atajar
llegar
ajetrearse
errar
callejear
vagabundear
cortar
desfilar (V.)

s. arrancar
partir (V.)
evacuar
desalojar
zarpar
despedirse
abandonar (V.)
largarse
dejar
salir (V.)
emigrar
encaminarse
huir (V.)
fugarse
ausentarse
alejarse
mudarse
apartarse
desaparecer (V.)
desarraigarse
desbandarse
despejar
dispararse
escaparse (V.)
escabullirse
escurrirse (V.)
evadirse
expatriarse
evaporarse
guillárselas
liarlas
irse
jopárselas
najarse
retirarse
pillarse
trasplantarse
hacerse a la mar
levar anclas
tomar las de Villadiego
irse de naja
darse de baja
levantar el vuelo
tomar la puerta
liar los bártulos
tomar el tole
salir de estampía
ir de marcha
pirarse
volver las espaldas
hacer la maleta
ponerse (V.) en camino
ahuecar el ala
liar el hato
tomar el pendingue
tomar el pendil
estar con un pie en el estribo
ir con Dios
irse a la buena de Dios
irse bendito de Dios

s. **funcionar** (V.)
moverse
accionar
actuar
caminar
desenvolverse
andar

(V. **marcha**)

a. *pararse*
volver
detenerse
esperar
aguardar
acampar
acuartelar
estropear

marchitamiento

s. **resecación** (V.)
marchitez
ajamiento (V.)
mustiez
agostamiento
laciedad
enmustiamiento
deslucimiento
revenimiento (V.)
languidez
desecación
palidez (V.)
secamiento
sequía (V.)

a. *lozanía*
rejuvenecimiento
vigor

marchitar-se

s. **ajar** (V.)
mustiar (V.)
deslucir (V.)
chafar
languidecer
alaciar
agostar
asolar
deshojarse (V.)
asolanar
aborrajar
fogarear
pasar (V.)
secar (V.)
anublar
amustiar

s. **enflaquecer** (V.)
adelgazar
desvigorizar
debilitar
afilarse
encanijarse
acabarse
sumirse
consumirse
resecarse (V.)
gastarse
decaer (V.)
palidecer
amarillear
decolorarse
afearse

(cont.)

s. **envejecer** (V.)
arrugarse
apergaminarse
acartonarse
amojamarse
declinar

(V. **marchitamiento)**

a. *enlozanarse*
vigorizarse
robustecerse
rejuvenecer
renovarse
reponerse
verdear
colorearse

marchitez
(V. **marchitamiento)**

marchito
s. deslucido
ajado (V.)
mustio (V.)
lánguido
ojeroso (V.)
seco (V.)
reseco (V.)
agostado
lacio
fané
muerto (V.)
pocho (V.)
zocato
verriondo
puntiseco
marcescente
desfalleciente (V.)
sobado
acartonado
momificado
pasado (V.)
amojamado
decadente
sumancio
envejecido (V.)
arrugado

(V. **marchitamiento)**

a. *lozano*
nuevo
vigoroso
fresco

marchoso
s. **garboso** (V.)
apuesto
airoso (V.)
donoso
gallardo
marcial
saleroso
galante
bizarro
garrido
gracioso
sandunguero
bromista

a. *lánguido*
apagado
desgarbado
desaborido
soso
serio

marea
s. **flujo** (V.)
reflujo
bajamar (V.)
pleamar (V.)
resaca
corriente
ascenso
descenso
estuación
aguaje
macareo
creciente
menguante
progresión
regresión
oscilación
vaivén
fusente
ausente
contramarea
influjo
montante (V.)
revesa
vaciante
yusente
estoa
pororoca
cambio de lunas

s. **rocío** (V.)
llovizna

s. marea alta
marea baja
marea viva
marea muerta
contra viento y marea

(V. **mar)**

mareado
s. **aturdido** (V.)
descompuesto
desfallecido
atontado
afectado
indispuesto
aletargado
pálido
exangüe
debilitado
desazonado

s. bebido
borracho (V.)

(V. **mareo)**

a. *repuesto*
firme
consciente
recobrado
sereno

mareante
(V. **navegante)**

(V. **molesto)**

marear-se
s. incomodar
intranquilizar (V.)
aturdir
agobiar
cargar
molestar (V.)
enfadar
importunar
abrumar (V.)
aburrir
encocorar
apurar
fastidiar
turbar
jorobar
torear (V.)
jeringar
hostigar
irritar
baquetear (V.)
volcar (V.)
ajetrear

s. vender
subastar (V.)
despachar

s. **navegar** (V.)
mandar
dirigir
gobernar
tripular
conducir

s. **desmayarse** (V.)
aletargarse
desmoronarse
desvanecerse
privarse
desplomarse
desazonarse
aturdirse (V.)
atontarse
desfallecer
descomponerse
indisponerse
palidecer
debilitarse
pasmarse
accidentarse
irse la cabeza
dar vueltas la cabeza
irse la vista
perder el conocimiento
perder la cabeza
caerse redondo

s. **cavilar** (V.)
pensar
reflexionar
abismarse
enfrascarse

s. alegrarse
emborracharse (V.)

s. **estropearse** (V.)
deteriorarse

(V. **mareo)**

a. *facilitar*
tranquilizar
sosegar
calmar
reposar
descansar
comprar
adquirir
adjudicar
abandonar
reponerse
recuperarse
vigorizarse
desinteresarse
despreciar
serenarse
arreglarse

marejada
s. **oleaje** (V.)
olaje
ondeo
marola
marejadilla
ondulación
cabrilleo
maretazo
golpe de mar
palomas
palomillas
borregos
embate
embatada
resaca
tempestad
salsero
resalsero
mareta
chapulete

s. **excitación** (V.)
nerviosismo
agitación
perturbación
censura
murmuración
encendimiento
exacerbación
sobreexcitación
descontento (V.)
exaltación
alboroto (V.)

(V. **mar)**

a. *calma*
paz
tranquilidad

maremagno
(V. **mare mágnum)**

mare mágnum
s. maremagno
desorden (V.)
confusión (V.)
caos
alboroto
tumulto
jaleo
escándalo
batiburrillo
desconcierto
desbarajuste
desorganización
anarquía
babel
embrollo
baraúnda
pandemónium
griterío

s. muchedumbre
abundancia (V.)
profusión
plétora
infinidad
magnitud

a. *orden*
claridad
tranquilidad
paz
calma
serenidad
silencio
sosiego
organización
escasez
carencia

mareo
s. desfallecimiento
vahído
angustia
síncope
desvanecimiento
trastorno (V.)
mareamiento
madejo
vértigo (V.)
vapor
taranta
desmayo (V.)
síncope
ahílo
letargo
aturdimiento (V.)
lipotimia
congoja

s. **importunación** (V.)
pesadez
fastidio (V.)
molestia
enfado
agobio
ajobo
ajetreo
engorro

a. *recuperación*
restablecimiento
facilidad
consideración
respeto
sosiego

mareta
s. escarceo
marullo
marejada (V.)
mareta sorda

s. **rumor** (V.)
alboroto
confusión
rumoreo
jaleo
murmullo

s. exaltación
excitación (V.)
alteración

a. *silencio*
tranquilidad
paz
calma

marfil
s. eburno
colmillo (V.)
dentina
hueso
materia ósea

s. marfil verde
marfil muerto
marfil fósil
marfil vegetal
marfil artificial

s. torre de marfil

marfileño
s. elefantino
ebúrneo (V.)
eborario
blancuzco
reluciente
marfilino
marfilado
claro
blanco
ocre
óseo (V.)

a. *deslucido*
obscuro
apagado

marfuz
s. repudiado
recusado
rechazado
despreciado (V.)
desechado

s. **falaz** (V.)
engañoso
embustero
mentiroso
farsante
engañador

a. *admitido*
verdadero

marga
s. márfaga
márfega
márraga
jerga (V.)
tela (V.)

s. **jergón** (V.)
arcilla (V.)
roca
marga caliza
marga dolomítica
marga silícea
marga fétida
marga bituminosa

margar
(V. **abonar)**

margarina
(V. **mantequilla)**

margarita
s. maya
galana
chiribita
planta (V.)

s. perla
concha (V.)
molusco
nácar
madreperla

s. echar margaritas a puercos

margen
s. **orilla** (V.)
extremidad
arcén
borde (V.)
perfil
filete
orla
labio
ribera
arista
filo
límite
espuenda
balate

s. ladillo
espacio (V.)
blanco

s. **apostilla** (V.)
nota
notación
llamada
advertencia
escolio

s. ocasión
pretexto (V.)
coyuntura
motivo (V.)
oportunidad
excusa
sazón
libertad (V.)

s. **ganancia** (V.)
beneficio
cuantía
fruto
rendimiento
producto
dividendo
comisión
utilidad

s. **diferencia** (V.)
aproximación
tolerancia

s. al margen
dar un margen de confianza

a. *centro*
pérdida
igualdad

marginal
s. **lateral** (V.)
contiguo
adjunto
anexo
extremo
secundario (V.)
separado
apartado
tangencial

(V. **margen)**

a. *central*
principal

marginar
s. **apostillar** (V.)
escoliar
anotar
apuntar
escribir

s. **arrinconar** (V.)
alejar
postergar (V.)
relegar
despreciar
rechazar
dar de lado
olvidar (V.)

(V. **margen**)

a. *admitir*
apreciar
recordar
acercar

margrave
(V. **soberano**)

marica
s. **urraca** (V.)

s. **afeminado** (V.)
apocado
amadamado
sodomita
invertido
mariquita
homosexual (V.)
maricón
mariconazo
mariconchi
pusilánime

a. *viril*
varonil
macho

maricón
(V. **marica**)

maridaje
s. afinidad
vínculo
enlace
unión (V.)
armonía
conexión
ensamblaje
ensamble
semejanza
correspondencia
identificación
conformidad
paralelismo

s. **matrimonio** (V.)
consorcio
coyunda
coyungo
alianza
coyungio
casamiento

a. *desunión*
discrepancia
diferencia
divorcio
separación

maridar
s. casar
matrimoniar (V.)
desposar
enlazar
enmaridar
tomar mujer

s. aunar
anexar
asociar
amalgamar
conchavarse
arrimarse
copular
juntarse
aparear
soldar
juntar
ensamblar
hermanar
unir (V.)
vincular

(V. **maridaje**)

a. *separarse*
divorciarse
desunirse

maridazo
s. **calzonazos** (V.)
gurrumino
bragazas
Juan Lanas
condescendiente
consentido (V.)
complaciente
cornudo (V.)
cabrón
cabronazo
flojo
apocado
encogido
corto

(V. **marido**)

a. *autoritario*
rígido
inflexible

marido
s. **esposo** (V.)
cónyuge
consorte
casado
hombre (V.)
contrayente
desposado
media naranja
cara mitad
compañero
pariente (V.)

a. *esposa*
mujer

mariguana
(V. **marihuana**)

marihuana
s. marijuana
mariguana
cáñamo
narcótico (V.)
droga
estupefaciente
hachís
grifa

marijuana
(V. **marihuana**)

marimacho
s. **hombruna** (V.)
machota (V.)
varona
amazona
virago (V.)
sargentona
sargenta (V.)
maritornes
valquiria
marota
masculina
mujerona (V.)

a. *femenina*
débil

marimandona
s. **mandona** (V.)
autoritaria
dominante (V.)
voluntariosa
tirana
abusona
mangoneadora
desconsiderada
ama
sargento

(V. **mando**)

a. *dócil*
suave
obediente

marimanta
(V. **camuñas**)

(V. **coco**)

marimba
(V. **tambor**)

marimorena
(V. **camorra**)

(V. **bronca**)

(V. **escándalo**)

marina
s. armada
navegación (V.)
flota
escuadra
flotilla

s. **litoral** (V.)
costa (V.)
ribera
ribazo
margen
orilla

s. **cuadro** (V.)
acuarela
óleo
pintura (V.)
contraalmirante

marinaje
s. **marinería** (V.)
mareaje
viaje
travesía
crucero
periplo
regata
conserva
franquía
practicaje
cabotaje
barqueo
circunnavegación
transfretación
pilotaje
practicaje
maniobra
navegación (V.)

marinar
s. salar
sazonar (V.)
escabechar
ahumar
adobar
conservar

s. **tripular** (V.)
equipar
pilotar
patronear
enrolar
amarinar
marear
montar
pilotear
estar de tope
esquifar
marinear (V.)

(V. **marina**)

a. *desenrolar*

marinear
s. **marinar** (V.)
maniobrar
desfondar
izar (V.)
abordar (V.)
atracar
desatracar
desabordarse
zarpar
levar anclas
hacerse a la mar
hacerse a la vela
largar el trapo
largar las velas
aferrar las velas
desabocar
engolfarse
levar
largar
franquearse
arrumbar
rumbear
tomar el sol
tomar la estrella
enderrotar
derrotar
marcar
demarcar
abalizarse
encallar
escollar
tocar
arriar las velas
izar la bandera
arriar la bandera
corregir el rumbo
cuartear la aguja
echar el punto
demorar
embocar
desabocar
rendir viaje
arribar
regir

(V. **navegación**)

marinería
s. dotación
tripulación (V.)
marinaje (V.)
equipaje
gentes de mar
mareantes
soldados de marina
soldados de la armada
navegantes
marineros

(V. **navegación**)

marinero
s. **marino** (V.)
navegante
nauta
tripulante (V.)
lobo de mar
hombre de mar
navegador
hijo del mar
hijo del agua
marinerote
grumete (V.)
marinerazo
marinero
matalote
capitán
patrón
arráez
maestre
contramaestre
sobrecargo
timonel
timonero
maestre de jarcia
maestre de plata
serviola
gaviero
pañolero
cuartelero
guardabanderas
cabo de luces
cabo de fogones
patrón de bote
patrón de lancha
lanchero (V.)
galero
botero
gondolero
batelero
barquero
gabarrero
canoero
piragüero
chalupero
maniobrista
juanetero
grumete
paje
paje de escoba
marinero de trinquete
marinero a trinquete
cimarrón
chanfla
levente
lampacero
cabo de mar
cabo de guardia
cabo de presa
cabo de rancho
cabo de cañón
artillero de mar
brigadier
subrigadier
maestre de raciones
cabo de escuadra
práctico
serviola
remero
galeote
bañero

(V. **navegación**)

marinismo
(V. **conceptismo**)

(V. **estilo**)

marinista
(V. **pintor**)

marino
s. marítimo
náutico
oceánico (V.)
submarino
natatorio
neptúneo
naval
pelágico
ortodrómico
loxodrómico
marinesco
navegante (V.)
marinero (V.)
timonel (V.)
piloto

(V. **navegación**)

marioneta
(V. **títere**)

mariposa
s. **insecto** (V.)
palomilla (V.)
alevilla
átropos
falena
polilla
pajarilla
chapola
bómbice
lepidóptero
procesionaria
lagarta
paulilla
caparina
calavera
castuga
esfinge
gusano de seda
piral
piragón
pavón
pirausta
tatagua
tara
oruga (V.)

s. **lamparilla** (V.)
luz
candelilla
vela
velita
candil
mecha

mariposeador
(V. **mariposón**)

mariposear
s. **galantear** (V.)
acosar (V.)
abrumar
rodear
zascandilear
girar
seguir
cortejar (V.)
perseguir
importunar
pegarse
cercar
revolotear
hacerse el oso

s. mudar
cambiar (V.)
variar
tejer
destejer
arrepentirse
cambiar la casaca
estar al sol que más calienta
volverse atrás
bailar a cualquier son

(V. **mariposa**)

a. *abandonar*
dejar
irse
permanecer
quedar

mariposilla
(V. **polilla**)

mariposón
s. mariposeador
galante
galanteador (V.)
tenorio (V.)
conquistador
faldero
mujeriego
don Juan

(V. **mariposa**)

a. *misógino*
indiferente

mariquita
(V. **marica**)
(V. **cochinilla**)

marisabidilla
s. **pedante** (V.)
pedantilla
creída
rabisalsera
sabionda
presumida (V.)
leguleya
redicha
a. *humilde*
sencilla

mariscador
s. camaronero
mejillonero
pescador
coquinero
marisquero
(V. **marisco**)

mariscal
(V. **general**)

mariscalía
(V. **generalato**)

mariscar
(V. **pescar**)
(V. **hurtar**)

marisco
s. **crustáceo** (V.)
molusco (V.)
decápodo
lamelibranquio (V.)
pescado
s. langosta
langostino (V.)
langostín
cigala
cangrejo de mar
carramarro
centollo
lapa
ostra
percebe
bígaro
almeja
quisquilla
camarón
cárabo
bogavante
lobagante
noca
escaramujo
acocili
navaja
apancora
araña de mar
ástaco
bálano
berberecho
bernardo
cabra
cabrajo
cámbaro
carabinero
centolla
centola
centrina
chaca
chacalín
chirla
clica
coquina
elefante marino
taca
taracol
gamba (V.)
galera
mejillón (V.)
matacandil
nocla
ermitaño
esguila
escaramujo
esquila
jaiba
gámbaro
pico
pinuca
muergo
meya
paguro
piure
piojo de mar
pulpo
palinuro
(V. **mariscador**)

marisma
s. **pantano** (V.)
marjal
ciénaga
cenagal
charca
paular
estero
laguna
manglar
a. *secano*
desierto

marismo
(V. **orzaga**)

marisquero
(V. **mariscador**)

marital
s. **conyugal** (V.)
nupcial
esponsalicio
matrimonial
connubial
familiar
carnal
(V. **matrimonio**)

marítimo
(V. **marino**)
(V. **náutico**)

maritornes
s. **marmota** (V.)
menegilda
fámula
criada (V.)
asistenta
sirvienta
moza
fregatriz
cocinera
s. **marimacho** (V.)
a. *femenina*
delicada

marjal
s. **pantano** (V.)
bajío
chortal
almarjal
boteal
llama
llamazar
fangal
charco
a. *yermo*
secano

marmita
s. **olla** (V.)
cazuela
pote
puchero
digestor

marmitón
s. galopín
pinche (V.)
sollastre
galopillo
catasalsas
ayudante (de cocina)

mármol
s. **piedra** (V.)
lumaquela
brocatel
brecha
serpentín
serpentina
alabastro (V.)
jaspe (V.)
tecalí
piedra mármol
mármol estatuario
mármol serpentino
piedra litográfica
sangre y leche
mármol rosa
alabastro oriental
alabastro yesoso
jaspón
s. vena
veta
tabla
s. **cal** (V.)
mineral (V.)

marmolejo
(V. **columna**)

marmoleño
(V. **marmóreo**)

marmolillo
(V. **guardacantón**)
(V. **torpe**)

marmoración
(V. **estuco**)

marmóreo
s. alabastrino
marmoroso
sacaroideo
alabastrado
marmoleño
esquizado
gateado
cipolino
duro (V.)
noble (V.)
(V. **mármol**)
a. *blando*
vulgar

marmosete
(V. **grabado**)

marmota
s. **dormilón** (V.)
adormilado
lirón
soñoliento
perezoso
holgazán
poltrón (V.)
s. **maritornes** (V.)
fámula
criada
moza
a. *despierto*
desvelado
trabajador
ama
señora

marola
(V. **marejada**)

maroma
s. soga
cable
cabo
sirga
estrenque
briaga
andarivel
tarabita
lía
traílla
filete
libán
ramal
hondilla
tomiza
huasca
cordel
cordón
cordaje
amarra
calabrote
cuerda (V.)
toa
chicote
guita
amarra
guindaleza
reata

maromo
(V. **chulo**)
(V. **rufián**)

marón
(V. **esturión**)
(V. **carnero**)

maronita
(V. **cristiano**)

marqués
s. **noble** (V.)
aristócrata
señor
prócer
patricio
título
(V. **marquesado**)
a. *plebeyo*

marquesado
(V. **dignidad**)
(V. **título**)
(V. **territorio**)

marquesina
s. cubierta
pabellón
marquesa
baldaquín
porche
dosel
resguardo
cobertizo (V.)

marquetar
(V. **taracear**)

marquetería
s. ebanistería
taracea
incrustación
embutido
ataujía
s. segueta
pelo

marra
s. ausencia
carencia
falta (V.)
defecto
fallo
s. **almádena** (V.)
mazo
a. *exceso*
sobra
abundancia

marrado
s. errado
equivocado (V.)
fallido (V.)
frustrado
fallado
malogrado
fracasado
s. **desviado** (V.)
torcido
a. *acertado*
logrado
conseguido
recto

marrajo
(V. **marrullero**)
(V. **tiburón**)

marramiau
(V. **maullido**)

marramizar
(V. **maullar**)

marrana
(V. **marrano**)

marranada
s. marranería
cochinada (V.)
faena (V.)
suciedad
guarrada
judiada
indecencia
desaire
grosería
incorrección
feo
s. **chapucería** (V.)
s. *limpieza*
pulcritud
atención
delicadeza
perfección

marranalla
(V. **chusma**)

marranchón
(V. **lechón**)

marranería
(V. **marranada**)

marrano
s. **cerdo** (V.)
s. **sucio** (V.)
inmundo
mugriento
asqueroso
repugnante
desaseado
grosero
cochino
roñoso
repelente
s. **despreciable** (V.)
bajo
vil
indecente
s. judío
converso (V.)
judaizante
s. **excomulgado** (V.)
maldito (V.)
a. *limpio*
aseado
impoluto
atractivo
noble
decente
bendito

marrar
s. errar
faltar
fallar (V.)
desviarse
fallir
equivocarse
(V. **marra**)
a. *acertar*
atinar

marras (de)
s. pasado
pretérito
antepasado
antaño
antiguamente
lejano
olvidado
remoto (V.)
caducado
s. **mencionado** (V.)
aludido
referido
citado
antedicho
consabido (V.)
a. *actual*
presente
desconocido

marrazo
(V. **hacha**)
(V. **machete**)

picardía
estratagema
trapacería
sutileza
superchería
candonga
cuento
roncería
maturranga
embaucamiento (V.)
s. tener más conchas que un galápago
conocer la aguja de marear
jugar con dos barajas
buscar la salida
irse por la tangente
engañar con malas artes
dársela al más pintado
con la intención de un Miura
a. *nobleza*
sinceridad
lealtad
limpieza
claridad

marro
s. marra
falta (V.)
defecto
omisión
ausencia
laguna
vacío
s. esguince
contorsión
regate
ladeo
respingo
repullo
quiebro (V.)
s. error
equivocación (V.)
yerro
s. **juego** (V.)
tala
palo
bolo
barra
tocatorre
a. *acierto*
presencia
derechura

marrón
(V. **castaño**)
(V. **pardo**)

marroquí
(V. **tafilete**)

marroquinería
(V. **tafiletería**)

marrullar
(V. **ronronear**)

marrullería
s. mácana
marrulla
argucia
astucia (V.)
ardid
treta
juego
matrería
magaña
zorrería
soflama (V.)
bellaquería
maulería
zalamería (V.)
falacia
martingala
halago
solercia
socarronería
marrajería
camándula
taimería
alicantina
mañuela
morisqueta
trepa
zalagarda
magaña
lilaila

marrullero
s. ladino
mañero
marrajo
perillán
zorro
zorrastrón
martagón
camastrón
gazapo
lagarto
zalamero (V.)
bellaco
taimado
matrero
maulero
socarrón
zascandil
carlancón
capcioso
engañador
truhán
fraudulento
perspicaz
pícaro
pillo
gitano
cuco
trapacero
sutil
disimulado
hábil
embaucador (V.)
tramposo
astuto (V.)
(V. **marrullería**)
a. *honrado*
sincero
noble
leal
recto
directo
claro
franco

marsopa
s. marsopla
delfín
cerdo marino
puerco de mar
pez (V.)

marsupial
s. **mamífero** (V.)
didelfo
canguro
zarigüeya

marta
s. armiño
hurón
visón
comadreja
mamífero (V.)
s. marta cebellina

martagón
(V. **marrullero**)

martellina
(V. **martillo**)

martillar
s. martillear
amartillar
clavar (V.)
batir (V.)
percutir
machacar (V.)
golpear
clavetear
forjar
remachar
laminar
macear
s. **oprimir** (V.)
atormentar
lacerar
preocupar
s. **caminar** (V.)
(V. **martillo**)
a. *liberar*
acariciar

martillazo
s. **golpe** (V.)
percusión (V.)
choque
impacto
golpazo
martillada
martilleo
(V. **martillo**)
a. *caricia*
roce

martilleo
(V. **golpeteo**)

martillo
s. **mazo** (V.)
maza (V.)
martinete
acotillo
martellina
percutor
percusor
batidor
martillejo
mandarria
templador
mallo
macillo
macho
marra
clava
porra
atarraga
destajador
machota
mocheta
pistola
herramienta (V.)
s. cotillo
boca
cuña
ojo
peto
mango
oreja
orejeta

s. **subasta** (V.)
almoneda
s. azote
perseguidor (V.)
cruzado
a machamartillo
a martillo
de martillo
a. *defensor*
favorecedor

martinete
s. **mazo** (V.)
maza
batidor
martillo
batán
pilón
machina (V.)
prensa
s. **martillo** (V.)
machina
s. **baile** (V.) (andaluz)
música (V.)
s. picar de martinete

martingala
(V. **marrullería**)

mártir
s. **víctima** (V.)
sufrido
sufriente
torturado
supliciado
héroe
sufridor
sacrificado (V.)
inmolado
caído
abnegado
beatificado
santificado
venerado
idealista (V.)
aureolado
s. palma
martirologio
(V. **martirio**)
a. *apóstata*
renegado
converso
traidor

martirio
s. **tormento** (V.)
suplicio
pena
tortura
sufrimiento
palma
testimonio
aureola
muerte (V.)
persecución
sacrificio (V.)
vía crucis (V.)
s. pena
angustia (V.)
fatiga
trabajo (V.)
molestia
tramojo
dolor
amargura (V.)
enfermedad
aflicción
ajetreo
ajobo
lacería
perrera
penitencia (V.)
pesadumbre
ansia

a. *diversión*
alegría
placer

martirizado
s. mártir
torturado (V.)
sacrificado
víctima (V.)
inmolado
supliciado
atormentado
(V. **martirio**)
a. *acariciado*
respetado
arrullado
mimado

martirizador
s. torturador
verdugo (V.)
atormentador
s. **torturante** (V.)
lacerante
aflictivo
inquietante
molesto
importuno
doloroso (V.)
penoso
duro
entristecedor
(V. **martirio**)
a. *acariciador*
acariciante
tranquilizador
cómodo
agradable

martirizar-se
s. torturar
atormentar (V.)
sacrificar
matar
inmolar
lacerar
crucificar
lapidar
perseguir
hostigar
acosar
amenazar
s. **afligir** (V.)
angustiar (V.)
atribular
apenar
entristecer
enfermar
desesperarse
importunar
mortificar (V.)
molestar
inquietar
doler
reconcomer
(V. **martirio**)
a. *acariciar*
cuidar
mimar
agradar
contentar
gozar

marxismo
(V. **socialismo**)
(V. **comunismo**)

marxista
(V. **socialista**)
(V. **comunista**)

marzas
(V. **copla, s**)

marzo
s. marceño
buey de marzo
marzadga
tributo (V.)
trigo de marzo
trigo tremés
trigo trechel
trigo tremesino

mas
s. **pero** (V.)
empero
si bien
no obstante
máxime (V.)

más
s. **aumento** (V.)
acrecentamiento
incremento
adición
suma
agregación
añadido
aumentado
añadidura
excedente
sobrante
s. **mayor** (V.)
mejor (V.)
s. más y más
ir a más
a lo más
a más y mejor
de más
más bien
más tarde o más temprano
sin más ni más
por más que
a más de
el más allá
aún más
más aún
cuando más
cuanto más
no dar para más
de lo más
de poco más o menos
el que más y el que menos
más que
nada más
estar de más
en más
de más
es más
ni más ni menos
no más de
cada vez más
ser más
a. *menos*
disminución
minoración
substracción
peor
menor

masa
s. **pasta** (V.)
plasta
masilla
mezcla
argamasa
plaste
panificación (V.)
papilla (V.)
aglutinante
magma
barro
pella (V.)
pellada
loso
betún
mazacote
gacha
puche

(cont.)

torrija
gacheta
masón
burujo
amasijo
pegamento
pulpa (V.)
engrudo

s. **materia** (V.)
concreción
conjunto (V.)
cuerpo
todo (V.)
reunión
aglomeración (V.)
general (V.)
volumen
mole (V.)
muchedumbre
suma
junta
reunión
acopio
apiñadura
compuesto
densidad

s. masa coral
masa de la sangre
masa de claro
a grandes masas
gran masa
pegársele a uno algo de la masa

r. De mala masa, un bollo basta ■ La masa y el niño, en verano han frío

a. *porosidad*
disgregación
nada

masacrar
(V. **matar**)

(V. **aniquilar**)

masacre
(V. **exterminio**)

(V. **aniquilación**)

(V. **matanza**)

masada
(V. **alquería**)

(V. **quinta**)

masaje
s. amasamiento
ludimiento
fricción (V.)
frotación
friega (V.)
manutigio
sobo
frote
estregadura
presión
roce (V.)

masajear
(V. **friccionar**)

(V. **amasar**)

masar
(V. **amasar**)

mascar
(V. **masticar**)

(V. **mascullar**)

(V. **facilitar**)

máscara
s. antifaz
careta (V.)
mascareta
mascarón
carátula
mascarilla
carantamaula
cambuj
gambuj
gambux
gambujo
cambry
disfraz (V.)
velo
disfrazado
capuchón
capuz
caperuzo
capucho
capirote

s. cabezudo
gigantón
destrozona
diablillo
maya
cachidiablo
histrión
zarragón
matachín
cagalaolla
espantajo
mamarracho (V.)
dominó
arlequín
pierrot
colombina
payaso
cómico
caricatura
adefesio

s. embozo
disimulo (V.)
tapujo
excusa
pretexto (V.)
ocultación
artificio

s. **carnaval** (V.)

a. *claridad*
franqueza
sinceridad

mascarada
s. **carnaval** (V.)
carnavalada
encamisada
mojiganga (V.)
piñata
fiesta
endiablada
comparsa
baile
sarao
botarga
chiborra
travestido

s. **farsa** (V.)
ficción (V.)
engaño
enredo
parodia
pantomima
comedia (V.)
payasada
burla
bufonada

(V. **máscara**)

a. *pésame*
tristeza
soledad
autenticidad
verdad
sinceridad

mascarilla
s. **máscara** (V.)

s. **vaciado** (V.)
reproducción
molde (V.)
escultura

mascarón
s. **figura** (V.)
adorno
representación
escultura
tajamar (V.)

s. mascarón de proa
león de proa
parasemo

mascota
(V. **amuleto**)

mascujar
(V. **mascar**)

(V. **mascullar**)

masculinidad
s. **hombría** (V.)
virilidad (V.)
vigor
fortaleza
reciedumbre
energía
coraje
valentía
audacia
varonía

a. *feminidad*
debilidad
cortedad

masculino
s. **varonil** (V.)
viril (V.)
enérgico
vigoroso

s. másculo
varón
hombre (V.)
macho (V.)
hombruno
machote

(V. **masculinidad**)

a. *femenino*
endeble
afeminado

mascullar
s. mascar
masticar (V.)
mascujar

s. **farfullar** (V.)
rezongar
gruñir (V.)
balbucir (V.)
balbucear
murmurar (V.)
murmujear
murmujar
bisbisear
barbotar
cuchichear
susurrar
musitar (V.)
tartajear
tartamudear
barbotear
barbullar
marmotear

a. *tragar*
deletrear
articular
vocear
gritar

masera
(V. **artesa**)

masería
(V. **masada**)

masía
(V. **finca**)

(V. **quinta**)

masilla
s. mezcla
masa
pasta (V.)
mástique
tapajuntas
engrudo

s. tiza
yeso
aceite de linaza

masita
s. deducción
retención (V.)
descuento
masa

masivo
(V. **grande**)

(V. **fuerte**)

(V. **máximo**)

maslo
s. **cola** (V.)
tronco
pene
nabo
mástel
macho

s. astil
mástil (V.)
tallo (V.)

masón
s. francmasón
juramentado
cofrade
hermano
adepto
aprendiz
compañero
durmiente
maestro
venerable
gran oriente
secretario
carbonario
masónico

(V. **masonería**)

masonería
s. **asociación** (V.)
francmasonería
racionalismo
irreligión
ateísmo
masonismo
hermandad

s. **logia** (V.)
taller
templo
tenida
rosacruz
compás
mandil
triángulo
delantal
escuadra
acolada
espaldarazo
abrazo

masoquismo
s. maltrato
humillación
perversión (V.)
sadismo
daño
sufrimiento
sadomasoquismo
agresión
sexualidad (V.)

mastelerillo
(V. **arboladura**)

(V. **mastelero**)

mastelero
s. juanete
coz
mástil (V.)
mastelerillo
palo menor
perroquete
asta
mastelero de gavia
mastelero de popa
mastelero mayor
mastelero de velacho
mastelero de proa
mastelero de sobremesana
mastelero de juanete
mastelero de perico

(V. **arboladura**)

mástic
(V. **mástique**)

masticable
s. **blando** (V.)
comestible
masticatorio
triturable (V.)
mascadijo

s. betel
tabaco
chicle
coca
mambí
brete
chimó
buyo
búcaro
hayo

(V. **masticación**)

a. *duro*
incomestible

masticación
s. mascadura
masticadura
trituración (V.)
mascada
rumiñadura
rumia
chiquichaque
roznido
mascujada
roedura
desmenuzamiento
disgregación

a. *trago*
bebida
sorbo

masticar
s. mascar
triturar (V.)
roer
mascujar
desmenuzar
moler (V.)
disgregar
morder (V.)
tascar
mordisquear
roznar (V.)
ronzar (V.)
comer
mastigar
carrasquear
rumiar (V.)
rustir
ronchar
chirrisquear
mamullar
rucar
moflir

s. **cavilar** (V.)
considerar
reflexionar
pensar
discurrir
indicar (V.)
meditar
razonar
devanarse los sesos
dar vueltas a un asunto

(V. **masticación**)

a. *tragar*
chupar
distraerse
desinteresarse

masticatorio
s. tabaco
chicle
coca
sapa
betel
brete
hayo
bambi
barro
chimó
chapote
buyo
caramelo de goma
pastillas de goma

(V. **masticación**)

mástil
s. **árbol** (V.)
arboladura (V.)
palo (V.)
mastelero (V.)
bauprés
mesana
trinquete (V.)
asta (V.)
antena
espiga
maestro
nabo
percha
tormentín
racamento (V.)
guinda
maslo (V.)

(cont.)

s. **puntal** (V.)
fuste
apoyo
poste
percha
hinco
pilar
sustentáculo
mojón
hincón
columna
empenta

mastín
(V. **perro**)

mástique
(V. **almáciga**)

mastitis
(V. **inflamación**)
(V. **pezón**)

mastodonte
s. **fósil** (V.)
mamífero (V.)
elefante
mamut
paquidermo

s. colosal
gigantesco (V.)
corpulento
voluminoso

a. *diminuto*
pequeño
enano

mastranzo
s. matapulgas
mastranto
mentastro
zabatán
planta (V.)
menta (V.)

mastuerzo
s. **berro** (V.)
cardamina

s. **necio** (V.)
estúpido
majadero
bobo
cernícalo
zoquete
cerril

a. *inteligente*
vivo
listo

masturbación
(V. **onanismo**)

mata
s. matojo
arbusto (V.)
maleza (V.)
espino
chaparro
soto
macizo
floresta
matorral
monte bajo
carrasca
coscoja
tamojo
lentisco
matarrata
ramito
planta
seto
zarza

s. mata de la seda
mata de pelo
mata parda
mata rubia

r. De mala mata nunca buena caza

s. seguir uno hasta la mata
mata de hoja
saltar uno de la mata

matacabras
(V. **bóreas**)
(V. **viento**)

matacán
s. voladizo
saledizo
fortificación (V.)
defensa
parapeto
resguardo
protección
ladronera (V.)
aspillera

s. **piedra** (V.)
pedrusco
canto
ripio

matacandelas
(V. **apagavelas**)

matachín
s. bufón
payaso
comediante (V.)
volantín
danzante
histrión (V.)
juglar

s. **pendenciero** (V.)
perdonavidas
matón (V.)
jaque
fanfarrón
farfantón

s. **matarife** (V.)
jifero

a. *serio*
grave
pusilánime
apocado

matadero
s. **desolladero** (V.)
degolladero (V.)
tajadero
tajo
carnicería
tablada
mondonguería
brete
rastro
sacrificadero
carnal
macelo (V.)
tablajería
casquería
tripería
chacinería
carneada
camal

s. tute
zurra
apedreo
ajobo
trote
ajetreo
jaleo
cansancio
paliza (V.)
fatiga (V.)
reventadero
trabajo
incomodidad

a. *descanso*
tranquilidad
sosiego
bonito
lindo

matador
s. criminal
asesino
homicida (V.)
parricida
matricida
infanticida
regicida
fratricida
filicida
deicida
destripador
sicario
sacamantecas
terrorista
dinamitero
verdugo
suicida
degollador
conyugicida
tiranicida
linchador
enemigo

s. espada
torero (V.)
diestro
primer espada
primera espada
puntillero
matador de toros

s. **feo** (V.)
ridículo
estrambótico

matadura
s. **llaga** (V.)
herida
sentadura (V.)
cicatriz
nafra
tocadura
úlcera
postilla
afta
grieta
maceración

s. dar a uno en las matas duras

a. *curación*

matafalúa
(V. **anís**)

matafuego
(V. **extintor**)

matagallegos
(V. **arzolla**)

matajudío
(V. **mújol**)

matalobos
(V. **acónito**)

matalón
s. matalote
jamelgo (V.)
jaco
cuartago
penco
sotreta
rocín
oblea
ruco
matungo
caroñoso
mancarrón
chalate

matalotaje
s. avituallamiento
vituallas
víveres
prevención
provisión
suministro
abastecimiento (V.)

s. mezcla
revuelto
revoltijo (V.)
desorden
confusión

a. *orden*
catalogación

matalote
(V. **embarcación**)

matamaridos
(V. **viuda**)

matamoros
(V. **bravucón**)

matanza
s. mortandad
estrago
carnicería
exterminio (V.)
degollina (V.)
sarracina (V.)
escabechina
carnicería
degolladero
degollación
liquidación
eliminación
aniquilación
masacre
crimen
degüello
hecatombe
destrozo
muerte
occisión
sacrificio (V.)
riza
progrom

s. **matazón** (V.)
(cerdo)
empeño
porfía (V.)
tesón
tenacidad
instancia
obstinación

a. *respeto*
salvación
resurrección
abandono
apatía
abulia

mataperrada
(V. **fechoría**)
(V. **granujada**)

mataperros
(V. **pilluelo**)

matapolvo
(V. **llovizna**)

matapulgas
(V. **mastranzo**)

matar-se
s. degollar
guillotinar
linchar (V.)
escabechar (V.)
apiolar
estoquear
acorar
rematar
fulminar (V.)
acabar
espichar
fusilar (V.)
flechar
estrangular
ahogar (V.)
acogotar
desnucar
masarar
acosar
asesinar (V.)
decapitar
atocinar
acochar
acochinar
ejecutar (V.)
electrocutar
agarrotar
acañaverar
ahorcar
inmolar
exterminar
acabar con
despachar (V.)
colgar
despanzurrar
destripar
defenestrar
eliminar
vendimiar (V.)
suprimir
flechar
apedrear
apuñalar
tirotear
envenenar
apercollar
carnear
afrijolar
atronar
victimar
despenar
pasar a cuchillo
pasar por las armas
entrar a la bayoneta
quitar de en medio
hacer papilla
dejar en el sitio
perder la vida
quedar en el campo
pagar con el pellejo
matarse
estrellarse
desplomarse
caerse redondo
saltar la tapa de los sesos
pegar cuatro tiros
cortar el hilo de la vida
suicidarse
envenenarse
ajetrearse
abrumarse
afanarse (V.)
desazonarse
fatigarse
extenuarse (V.)
sacrificarse (V.)
privarse
apurarse
embeberse
cansarse
consagrarse
entregarse
abismarse
dedicarse
aplicarse
esforzarse

s. **apagar** (V.)
extinguir
despabilar (V.)
atenuar
rebajar (V.)
paliar
suavizar
moderar

s. achaflanar
limar (V.)
raspar
cortar
lijar
cantear

s. **molestar** (V.)
fastidiar
birlar
jorobar
cargar
importunar

s. **sorprender**
pasmar (V.)
chasquear
turbar
maravillar

s. calmar
saciar (V.)
satisfacer
acallar
suprimir
evitar
terminar

s. **destruir** (V.)
aniquilar
destrozar

s. **penar** (V.)
castigar (V.)
violentar
abrumar
estrechar
apesadumbrar
atormentar (V.)

s. matarlas callando
estar a matar con alguien
entrar a matar
matarse por algo
matar el gusanillo

r. El que a hierro mata, a hierro muere ■ Entre todos la mataron y ella sola se murió

s. matar el polvo
todos la matamos
que me maten si...
matar el rato

(V. **muerte**)

a. *revivir*
resurgir
resucitar
salvar
renacer
galvanizar
vitalizar
regenerar
vivificar
reanimar
reavivar
recuperarse
avivar
despertar

(cont.)

levantarse
sosegarse
descansar
abandonarse
reforzar
robustecer
agudizar
acentuar
aumentar
afilar
tranquilizar
figurarse
imaginarse
negar
regatear
construir
consolar
premiar

matarife
s. **carnicero** (V.)
tablajero
matachín (V.)
cortador
destazador
jifero (V.)
descuartizador
camalero
desollador
degollador
rastrero
abastero
tajante
oficial
gente de la cuchilla
achurador
casquero
mondonguero
tripero
tripacallero
gatunero
criojero

(V. **matanza**)

matarratas
(V. **aguardiente**)

matasanos
s. mediquillo
medicastro (V.)
curandero
ensalmador
saludador
medicucho
charlatán

a. *eminencia*
científico
médico

matasellos
s. **estampilla** (V.)
sello
sellador
señal
timbre
marca

matasiete
(V. **matón**)

matazón
s. moraga
matanza (V.)
matación
matacía

s. salazón
carnaje
despojos
chorizos
morcillas
salchichas
jamones
mondongo
tripas
tocino
embutido
conserva

match
(V. **partida**)

mate
s. opaco
amortiguado
apagado (V.)
mortecino
esmerilado
deslucido (V.)
atenuado
borroso (V.)
empañado
pálido
decolorado

s. lance
jugada
ajedrez (V.)
fin

s. **bebida** (V.)
infusión (V.)
té
tajú
caminí
catata
lecusa
cayajabo

s. jaque mate
dar mate a alguien
cebar el mate

a. *brillante*
resplandeciente
vivo
lucido
fuerte

matemática, s
s. ciencias exactas
aritmética (V.)
cálculo
algoritmo
álgebra
analítica
geometría (V.)
trigonometría

s. **número** (V.)
notación
signo
cuenta (V.)
cálculo (V.)
proposición
razón
proporción
igualdad
más
menos
mayor
menor
suma (V.)
resta (V.)
multiplicación (V.)
división (V.)
raíces
radical
integral
infinito
cantidad (V.)
operación
prueba
resultado
demostración
interpolación
substitución
eliminación
fracción
regla de tres
regla de compañía
regla de aligación
regla de tres compuesta
regla de tres simple
regla de falsa posición
regla de interés
regla de proporción
regla de oro
potenciación
cubicación
extracción de raíces
sumandos
total de la suma
minuendo
sustraendo
resto
multiplicando
multiplicador
factores
producto
dividendo
divisor
cociente
cubicación
extracción
potenciación
base
exponente
cubo
bicuadrado
cuadrado
cubocubo
raíz cuadrada
raíz cúbica
índice

s. cálculo algebraico
cálculo diferencial
cálculo infinitesimal
cálculo de probabilidades

s. expresión
término
término positivo
término negativo
coeficiente
monomio
binomio
trinomio
polinomio
fórmula
incremento
razón
razón aritmética
razón geométrica
razón por diferencia
razón por cociente
término
extremo
medio
antecedente
consecuente
procedente
promedio
media proporcional
término medio
progresión aritmética
progresión descendente
progresión ascendente
progresión geométrica
factorial
diferencial
media diferencial
logaritmo
mantisa
característica
tabla neperiana

s. igualdad
identidad
equidiferencia
desigualdad
ecuación
igualación

s. cálculo integral
módulo
congruencia
congruente
función
serie
límite
análisis
integración

s. proposición
axioma
lema
enunciado
teorema
postulado
corolario
escolio
problema
cuestión
incógnita
x
solución
resultado

s. proponer
despejar
eliminar
simplificar
sumar
restar
multiplicar
dividir
extraer raíces
elevar a potencias
diferenciar
desarrollar
cuadrar
cubicar
reducir
substituir
interpolar
invertir
destruirse
desarrollar
solucionar

s. matemáticas aplicadas
matemáticas puras

matemático
s. aritmético
calculador
algebraico
analítico
cuadrivista
algebrista
cronométrico
algébrico
logarítmico

s. **exacto** (V.)
preciso
clavado
puntual (V.)
preciso
justo
cabal
estricto
cierto
fiel
riguroso (V.)

(V. **matemáticas**)

a. *equivocado*
erróneo
impreciso
incierto

materia
s. elemento
componente
substancia (V.)
cuerpo
ser (V.)
material (V.)
cosa
substrato
principio
factor
ingrediente
masa (V.)
constituyente
clase
naturaleza (V.)
parte
esencia (V.)

s. átomo
molécula (V.)
cohesión
elasticidad (V.)
comprensibilidad
impenetrabilidad
peso (V.)
volumen
forma (V.)
estado
dimensión (V.)
concreción
porosidad
densidad
masa
magnitud (V.)
alotropía
extensión (V.)
inercia

s. **pus** (V.)
podre
podredumbre
humor
secreción

s. caso
asunto (V.)
cuestión
tema
tela (V.)
punto

s. razón
móvil
objeto
motivo
origen
fuente
raíz
ocasión (V.)
causa (V.)
achaque
esencia

s. **asignatura** (V.)
disciplina (V.)
curso
estudio
conocimiento
carrera
especialidad

s. materia prima
materia orgánica
materia de Estado
materia parva
materia imponderable
materia del sacramento
entrar en materia
en materia de
cocerse las materias

a. *nada*
espíritu

material
s. natural
real
orgánico
relativo (V.)
palpable (V.)
tangible (V.)
visible
sensible
substancial
corpóreo
inanimado
físico (V.)
ponderable
molecular
corpuscular
esencial
sustancial
terrenal (V.)
terrestre (V.)

s. ingrediente
componente
materia (V.)

s. **grosero** (V.)
basto
tosco
burdo
ramplón
torpe
zafio
materialista
sensual
prosaico (V.)
práctico (V.)
utilitario

s. herramental
herramientas (V.)
pertrechos
aperos
avíos
instrumentos
máquinas
maquinaria
equipo
trebejos
enseres

a. *intangible*
espiritual
ideal
etéreo
fino
invisible
inmaterial
abstracto
impalpable
imponderable
incorpóreo
irreal
metafísico
delicado
hábil
inservible

materialidad
s. **aspecto** (V.)
calidad
cualidad
apariencia
sonido
forma
traza

s. **grosería** (V.)
torpeza
sensualidad (V.)
rudeza
ramplonería

a. *inmaterialidad*
intangibilidad
finura
espiritualidad

materialismo
s. **utilitarismo** (V.)
empirismo
pragmatismo
positivismo (V.)
posibilismo
evolucionismo (V.)
mercantilismo
prosaísmo
sanchopancismo
sensualismo (V.)
egoísmo
realismo (V.)
avidez
codicia
acomodación
adaptación
comodidad (V.)
regalo
grosería (V.)
torpeza
ateísmo
racionalismo
experimentalismo

(cont.)

a. *idealismo*
quijotismo
altruismo
espiritualismo
misticismo
romanticismo
platonismo
sentimentalismo
utopía
metafísica
elevación
poesía
generosidad
delicadeza
desinterés

materialista
s. **utilitario** (V.)
utilitarista
práctico (V.)
empírico (V.)
experimental
pragmático
realista (V.)
naturalista
positivista
posibilista
evolucionista
ateo (V.)
racionalista (V.)
mercantilista
prosaico
vulgar
filisteo
pancista
sanchopancesco
sensual
egoísta (V.)
ávido
codicioso
metalizado
descreído
comodón
regalón
acomodaticio (V.)
adaptable
ramplón
grosero (V.)
torpe
(V. **materialismo**)
a. *idealista*
quijotesco
espiritual
metafísico
altruista
generoso
desinteresado
sacrificado
pródigo
abnegado
creyente
utópico
irreal
platónico
místico
romántico
sentimental
caballeroso
soñador
elevado
visionario
poético
delicado
fino
noble

materialización
s. **encarnación** (V.)
concreción
cristalización
personificación (V.)
representación
percepción
realización
confirmación
conformación
(V. **materia**)
a. *idealización*
imaginación
teoría

materializar-se
s. **concretar** (V.)
cristalizar
realizar (V.)
confirmar
encarnar (V.)
personificar
corporificar
representar
surgir (V.)
aparecer
deshumanizar
(V. **materia**)
a. *idealizar-se*
simbolizar-se
abstraer-se
desaparecer

maternal
s. materno
solícito
cuidadoso
atento
cariñoso (V.)
afectuoso
(V. **madre**)
a. *negligente*
abúlico
descuidado
huraño
extraño

maternidad
s. **paternidad** (V.)
concepción
concebimiento
engendramiento (V.)
engendración
s. **tratamiento** (V.) (eclesiástico)
(V. **madre**)

materno
s. **maternal** (V.)
matronal
uterino (V.)
s. lengua materna
cariño materno
claustro materno
a. *extraño*
exterior

matinal
(V. **matutino**)

matinée
(V. **función**)
(V. **sesión**)

matiz
s. **grado** (V.)
gama (V.)
tonalidad (V.)
gradación (V.)
tono (V.)
cambiante
colorido
tinta (V.)
calidad
tintura
color
aguas
tornasol
irisación
translucidez
policromía
línea
mancha
difuminación
fondo
juego
s. carácter
rasgo
aspecto (V.)
cariz
visos
especialidad (V.)

matización
s. **graduación** (V.)
irisación
tornasol
combinación
pigmento
coloración
arco iris
reflejo
difuminación
suavidad
degradación
(V. **matiz**)

matizado
s. entonado
salpicado
moteado
manchado (V.)
nubarrado
teñido
irisado
jaspeado
tornasolado
coloreado
s. **graduado** (V.)
escalonado
combinado
regulado
equilibrado
(V. **matiz**)
a. *liso*
uniforme
monótono
desequilibrado

matizar
s. colorear
suavizar (V.)
graduar (V.)
difuminar
combinar
componer
escalonar
degradar
jaspear
abigarrar
sombrear
avivar
teñir (V.)
variar
contraponer
casar
s. realzar
destacar
resaltar
despuntar
sobresalir
manifestar
afinar (V.)
alambicar (V.)
insinuar
caracterizar
regular
diversificar
medir (V.)
puntualizar
(V. **matiz**)

a. *desteñir*
uniformar
unificar
igualar
silenciar

mato
(V. **matorral**)

matojo
(V. **mata**)

matón
s. **pendenciero** (V.)
bravucón (V.)
jactancioso
fanfarrón
matasiete
matamoros
matachín (V.)
tragahombres
camorrista
chulo
hampón
curro
baladrón
perdonavidas
jácaro
farfantón
valentón (V.)
baratero
(V. **matonismo**)
a. *humilde*
sencillo
modesto
corto
bragazas
cobardón
pusilánime
gallina
tímido

matonería
(V. **matonismo**)

matonismo
(V. **bravuconería**)
(V. **intimidación**)

matorral
s. **zarzal** (V.)
breñal
coscojal
barzal
tacotal
soto
espesura (V.)
maleza (V.)
mato
fragosidad
aspereza
boscosidad
maraña
fronda
algaida
sebe
(V. **mata**)
a. *claro*
calvero

matraca
s. pesadez
porfía (V.)
importunación
lata
insistencia
molestia (V.)
repetición
tozudez
chinchorrería
s. **carraca** (V.)
rueda
paletas
macillos
s. burla
chasco
broma
engaño
zumba
baya
zaherimiento
reprensión (V.)
a. *discreción*
oportunidad
seriedad

matraco
(V. **pesado**)
(V. **molesto**)
(V. **machacón**)

matraquear
s. **molestar** (V.)
fastidiar
cargar
importunar (V.)
jorobar
insistir
porfiar (V.)
machacar (V.)
embromar (V.)
zaherir
burlarse
reprender
s. tocar la matraca
dar matraca
(V. **matraca**)
a. *amenizar*
entretener
complacer
satisfacer
moderar
respetar

matraz
(V. **vasija**)

matrería
s. **perspicacia** (V.)
astucia
suspicacia (V.)
engaño
sagacidad
picardía
cuquería
taimería
cazurrería
zorrería
recelo
marrullería (V.)
sospecha
a. *nobleza*
sinceridad
honradez
franqueza
claridad
torpeza
confianza

matrero
s. **astuto** (V.)
experimentado
diestro
avezado
ducho
zorro
zorrón
cuco
conchudo
guachinango
pagro
suspicaz
perspicaz (V.)
sagaz
receloso
marrullero
(V. **matrería**)

a. *noble*
sencillo
ingenuo
sincero
claro
directo
confiado
torpe

matricaria
s. **planta** (V.)
matercaria
artemisa
magarza
arugas
expillo
s. antiespasmódico
emenagogo (V.)

matricida
(V. **homicida**)

matricidio
(V. **homicidio**)

matrícula
s. catálogo
lista (V.)
inscripción (V.)
alistamiento
encasillado
listín
registro (V.)
patente
rol
padrón
censo
catastro
clasificación
ordenación
cómputo
estado
estadística
matrícula de busques
matrícula de coches
matrícula de mar
matrícula universitaria
matrícula académica
a. *baja*
desconocimiento
inexistencia

matricular-se
s. **inscribir** (V.)
registrar (V.)
catalogar
alistar (V.)
enrolar
encuadrar
listar
apuntar
anotar
empadronar
encartar
inventariar
asentar
poner en nómina
encasillar
poner en lista
patentar
clasificar
(V. **matrícula**)
a. *separarse*
darse de baja
salirse
borrarse

matrimonial
s. matrimoniesco
connubial
conyugal (V.)
esponsalicio
nupcial (V.)
marital
(V. **matrimonio**)

matrimoniar
s. **casarse** (V.)
desposarse
enlazarse
unirse
maridar (V.)
vincularse
ayuntarse
emparejarse
uncirse
tomar estado
dar estado
llevar al altar
pedir la mano
llevar a la iglesia
dar un braguetazo
dar su mano
prometerse
dar el sí
tomar mujer
tomar marido
sacar por el vicario
sacar manifestada

(V. **matrimonio**)

a. *separarse*
divorciarse
repudiarse
amancebarse
adulterar
disolver
anular
impedir

matrimonio
s. **unión** (V.)
casamiento (V.)
boda (V.)
desposorio
coyunda (V.)
nupcias
himeneo
matrimoño
conyungo
conyugio
maridaje (V.)
casorio
alianza
consorcio
vínculo
yugo
connubio (V.)
sacramento del matrimonio
sociedad conyugal
matrimonio canónico
matrimonio civil
matrimonio rato
matrimonio de conciencia
matrimonio in extremis
matrimonio in artículo mortis
matrimonio morganático
matrimonio por sorpresa
matrimonio de la mano izquierda
consumar el matrimonio
matrimonio clandestino
matrimonio a yuras
contraer matrimonio
prometerse en matrimonio
r. Matrimonio y mortaja, del cielo baja ■ Matrimonio ni señorío no quieren furia ni brío ■ Matrimonio bien avenido, la mujer junto al marido
s. cónyuges
esposos
consortes
contrayentes
desposados
recién casados
pareja
s. monogamia
bigamia
poligamia
poliandria
mormonismo
endogamia
exogamia
casadero
viripotente
maridable
conyugable
núbil
púber
en estado de merecer
a. *separación*
divorcio
viudez
soltería
anulación
disolución
repudio
impedimento
amancebamiento
adulterio

matriz
s. **útero** (V.)
claustro materno
seno
entrañas
madre
vientre (V.)
ovario
pistilo
oviducto
vulva
sexo
clítoris
vagina
generadora
materna
metrorragia
menstruo
genital (V.)
menstruación (V.)
metritis
molde (V.)
troquel
rosca
cuño
tuerca
hembra
s. principal
central (V.)
original
mola matriz
matriz de un talonario
cuello de la matriz
lengua matriz
a. *dependencia*
sucursal
auxiliar

matrona
s. **madre** (V.)
mujer
ama
señora
dama
madraza
s. comadre
comadrona (V.)
partera
enfermera

matula
(V. **mecha**)

maturranga
(V. **marrullería**)
(V. **treta**)
(V. **ramera**)

matusalén
(V. **vejestorio**)

matute
s. secreto
clandestinidad
contrabando (V.)
alijo
infracción
metedúría
s. boliche
tasca
garito
leonera
timba (V.)
casa de juego
chirlata
s. de matute
a. *legalidad*

matutero
s. **contrabandista** (V.)
fraudulento
bodoquero
paquetero
pasador
metedor
gatunero
contraventor
(V. **matute**)
a. *honrado*
íntegro

matutino
s. matinal
temprano (V.)
tempranero
adelantado
matutinal
s. crepúsculo matutino
(V. **mañana**)
a. *vespertino*
nocturno
tarde

maula
s. **retal** (V.)
retazo
trozo
recorte
desperdicio
sobras
s. fraude
engaño (V.)
trapaza
treta
engañifa
gatada
camama
manganilla
dolo
s. **propina** (V.)
regalo
agasajo
s. **tramposo** (V.)
deudor
acreedor
inglés
moroso
mal pagador
s. perezoso
holgazán (V.)
vago
remolón
ganso
maulón
pelafustán
gandul
molondro
s. hojarasca
ripio
patarata
estropajo
zurrapa
zupia
trasto (V.)
plepa
broza
residuo
fruslería
bagatela
pampirolada
inutilidad (V.)
a. *completo*
verdad
pagador
cumplidor
activo
diligente
importancia

maulería
(V. **marrullería**)

maulero
(V. **marrullero**)

maulón
(V. **maula**)

maullador
s. mayador
maulador
miador
miañador
s. **gato** (V.)
(V. **maullido**)

maullar
s. mayar
miar
miagar
miañar
bufar
soplar
marramizar
(V. **maullido**)

maullido
s. miau
maído
maúllo
marramiau
mayido
bufido
lamento
voz (V.)
(V. **gato**)

mauro
(V. **moro**)

mauseolo
(V. **mausoleo**)

máuser
(V. **fusil**)

mausoleo
s. mauseolo
tumba
sepulcro (V.)
sarcófago
lápida
sepultura
túmulo
panteón
cenotafio
pudridero

maxilar
(V. **mandíbula**)
(V. **hueso**)

máxima
s. regla
principio
proposición
sentencia (V.)
precepto
parábola (V.)
aforismo
refrán
doctrina
fórmula
moraleja (V.)
proverbio (V.)
epifonema
fórmula
símbolo (V.)
pensamiento (V.)
adagio
concepto
postulado
frase
locución (V.)
paremia
apotegma
mote
brocárdico
norma (V.)
idea
artículo de fe
designio
dogma
moral (V.)
evangelio
palabra divina
palabra santa
frase hecha
enseñanza moral
a. *absurdo*
disparate
monstruosidad
mentira

máxime
s. sobre todo
más (V.) aún
con más motivo
con más razón
mayormente
especialmente
principalmente
a. *menos aún en segundo término*

máximo
s. culminativo
culminante (V.)
supremo (V.)
mayúsculo (V.)
inmenso
enorme
fenomenal
superlativo
colosal
grande
sumo (V.)
súmmum
superior (V.)
mayor
masivo
alto
s. máximum
cúspide
cima
colmo
límite (V.)
tope
remate
record
extremo
pináculo
cumbre
preeminencia
culminación (V.)
fin
final
ápice
apogeo (V.)
auge (V.)
cenit
coronación
sumo
suma
non plus ultra
esplendor
plenitud
s. como máximo
a lo más
cuando más
hasta
a lo sumo
por mucho
todo lo
a todo tirar
tanto como
a. *mínimo*
inferior
ínfimo
minimum
menor
exiguo
insignificante
bajo
pequeño
fondo
comienzo
fracaso
frustración

máximum
(V. **máximo**)

maxmordón
(V. **tardo**)
(V. **inútil**)
(V. **solapado**)

maya
(V. **indio**)
(V. **bufón**)

mayar
(V. **maullar**)

mayestático
s. solemne
imponente
majestuoso (V.)
principesco
augusto
áulico
serenísimo
grandioso
respetable
pomposo
señorial
regio
majestático
(V. **majestad**)
a. *sencillo*
humilde
sobrio

s. **capataz** (V.)
cortijero
sobrestante
estanciero
albarrán
encargado
cachicán

s. **recaudador** (V.)
mampostero
corregidor
alguacil

(V. **mayoralía**)

mayéutica
(V. **enseñanza**)

mayido
(V. **maullido**)

mayólica
(V. **cerámica**)

(V. **loza**)

mayonesa
(V. **salsa**)

mayor
s. **superior** (V.)
magno
más (V.)
grande (V.)
sumo
considerable
importante
extraordinario
inmenso
sublime

s. **jefe** (V.)
superior
oficial primero
señor
decano
cabeza

s. primogénito
viejo (V.)
senior

s. mayor de edad
persona mayor
colegio mayor
despensero mayor
libro mayor
arte mayor
mayor pastor
tono mayor
oficial mayor
al por mayor

(V. **mayoría**)

a. *menor*
inferior
insignificante

mayoral
s. **mozo** (V.)
caporal
pastor
bueyero
arriero
boyero
rabadán
rehalero

s. **cochero** (V.)
conductor
tronquista
postillón

mayoralía
(V. **rebaño**)

(V. **pastoreo**)

(V. **salario**)

mayorazgo
s. **primogenitura** (V.)
patrimonio
herencia (V.)
privilegio (V.)
derecho
prerrogativa
ventaja
genealogía (V.)

s. **primogénito** (V.)
heredero (V.)
sucesor
legatario
beneficiario
continuador
mayorazgüelo
mayorazgüete

s. mayorazgo alternativo
mayorazgo de agnación
mayorazgo artificial
mayorazgo de agnación fingida
mayorazgo de agnación rigurosa
mayorazgo de agnación verdadera
mayorazgo de femineidad
mayorazgo de masculinidad
mayorazgo de segundogenitura
mayorazgo efectivo
mayorazgo incompatible
mayorazgo regular
mayorazgo irregular
mayorazgo saltuario

a. *segundo-genitura*
segundón

mayordomear
(V. **administrar**)

(V. **gobernar**)

mayordomo
s. **servidor** (V.)
camarero
administrador (V.)
maestresala
senescal
intendente
cortijero
veedor
maître
criado
cillero
ayuda de cámara
sirviente
prioste
encargado

s. mayordomo de estado
mayordomo de fábrica
mayordomo de semana
mayordomo de propios
mayordomo mayor

a. *señor*
amo

mayores
s. abuelos
progenie (V.)
antecesores
antepasados
pasados
padres
ascendientes

s. **linaje** (V.)
abolengo
progenie

a. *descendientes*
hijos

mayoría
s. mayoridad
mayor edad
emancipación (V.)

s. ventaja
superioridad (V.)
representación
quórum

s. **generalidad** (V.)
totalidad
pluralidad
lo común
la masa
todo el mundo
el grueso
los más

s. grandeza
vastedad (V.)
grandor
inmensidad

s. la mayoría de la gente
mayoría relativa
por mayoría
mayoría de cantidad
mayoría de votos

a. *minoridad*
minoría
selección
inferioridad
desventaja
parcialidad
pequeñez

mayoridad
(V. **mayoría**)

mayorista
(V. **comerciante**)

mayos
(V. **copla, s**)

mayúscula
s. **letra** (V.)
versal (V.)
capital
inicial

a. *minúscula*

mayúsculo
s. **máximo** (V.)
grande (V.)
considerable
fuerte
morrocotudo
enorme (V.)
intenso
colosal
sorprendente
inmenso

a. *minúsculo*
insignificante
pequeño

maza
s. **mazo** (V.)
porra (V.)
clava (V.)
porrilla
marra
cachiporra
machaca
palo
maceta (V.)
martillo (V.)
ferrada
macillo
mano (almirez)
pisón
mallo
almádena
bocarte

s. pesado
pelma (V.)
machacón
aburrido
cargante
molesto
importuno

s. la maza y la mona

r. La maza de Fraga saca polvo debajo del agua

a. *ameno*
divertido
ligero
oportuno
considerado

mazacote
s. masa
pasta
potingue (V.)
guisote
pegote
bazofia (V.)
bodrio
comistrajo
fangollo
amasijo

s. **hormigón** (V.)
cemento

s. **pesadez** (V.)
chapucería (V.)
esperpento
lata
masa
chinchorrería
machaconería
molestia
fastidio
inoportunidad
tosquedad (V.)

s. batiburrillo
mezcla
mezcolanza (V.)

s. cargante
pelma (V.)
pesado (V.)
machacón
latoso
moscón
majadero
molesto (V.)
fastidioso
chinche
posma
cansino

a. *manjar*
exquisitez
delicia
ligereza
gracia
elegancia
esbeltez
perfección
pureza
sencillez
ameno
respetuoso
agradable
ligero
considerado
ágil
sensato
entretenido

mazacotudo
(V. **amazacotado**)

mazada
(V. **mazazo**)

mazagatos
(V. **escándalo**)

(V. **discusión**)

(V. **pendencia**)

mazamorra
(V. **gachas**)

mazapán
(V. **turrón**)

mazarí
(V. **baldosa**)

mazazo
s. mazada
golpe (V.)
golpazo
martillazo

s. **impresión** (V.)
impacto
choque
sensación

(V. **maza**)

a. *caricia*
mimo
indiferencia
insensibilidad

mazdeísmo
s. parsismo
zoroastrismo

s. Zoroastro
Zarathustra
Ahura mazda
Mazda
Ormuz
Avesta
Zendavesta

(V. **religión**)

mazmorra
s. calabozo
prisión (V.)
subterráneo
sótano
caponera
gayola
trena
chirona
cueva
caverna
bartolina

maznar
s. ablandar
amasar (V.)
estrujar
manosear

s. **machacar** (V.) (hierro candente)
forjar
cinglar
ferrar
ferretear

a. *endurecer*
apelmazar

mazo
s. **maza** (V.)
mazuelo
macillo
mallete
mallo (V.)
atarraga
martinete (V.)
martellina
maceta
cucarda
martillo (V.)
machote
machota
martillejo
aplanador
escoda
macho (V.)
mazo rodero
maza de fraga
martillo pilón
batán
machina
machacadera
machacadero
majadero
terciador
combo
mandarria
cateador
bandarria
malleto
machaca (V.)
despuntador
terciador
almadeneta
almadaneta
almaganeta
destajador
harpagón
estajador
estajadera
batán

s. haz
hato
manojo (V.)
brazado
brazada
gavilla
garba
fajo
atajo
atado
mano (V.)

s. **badajo** (V.)

s. chinchorrero
plúmbeo
molesto
fastidioso (V.)

s. mazo rodero
a macha mazo
a mazo y escoplo

a. *ligero*
ameno
divertido

mazonear
(V. **macerar**)

(V. **apisonar**)

mazorca
s. **espiga** (V.)
majorca
panocha
panoja (V.)
panícula
piña
cenancle
jilote
espigón
chócolo
pinocha
choclo
maíz (V.)

s. husada
rocada
huso (V.)

mazorral
(V. **grosero)**
(V. **rudo)**
(V. **tosco)**

mazurca
(V. **danza)**
(V. **música)**

mea culpa
(V. **culpable)**

meada
s. meadura
micción
pujo
orina (V.)
pis
chorro
orines
aguas menores
eneurisis
excreción
urea
evacuación
estranguria (V.)
mancha (V.)
huella
señal

meadero
(V. **urinario)**

meados
(V. **orina)**

meadura
(V. **meada)**

meandro
s. **curva** (V.)
recoveco
revuelta
sinuosidad
tortuosidad
complicación
vuelta

a. *recta*

mear-se
(V. **orinar-se)**
(V. **apabullar)**
(V. **humillar)**
(V. **desternillar-se)**

meato
s. **orificio** (V.)
agujero
intersticio
conducto (V.)

s. meato urinario
meato auditivo

¡mecachis!
s. ¡cáspita!
¡demonios!
¡demontre!
¡caracoles!
¡caramba!

(V. **interjección)**

mecánica
s. **mecanismo** (V.)
automatismo
maquinismo
organismo
morfología

s. **electricidad** (V.)
dinámica
física (V.)
estática
hidrostática
hidrodinámica
termodinámica
cinemática

s. **ingeniería** (V.)
energía (V.)
presión (V.)
fuerza (V.)
fuerza viva
fuerza animal
fuerza centrífuga
fuerza centrípeta
fuerza aceleratriz
potencia (V.)
potencia motriz
masa
equilibrio
equilibrio estable
equilibrio inestable
equilibrio indiferente
choque
trabajo (V.)
movimiento (V.)
rendimiento
reacción (V.)
marcha
funcionamiento
maniobra
ejercicio
actividad
manejo
juego
resistencia
gravitación
aceleración
equilibrio
inercia
potencia
velocidad
rozamiento
atracción
trayectoria
órbita

s. mecánica celeste
mecánica cuántica
mecánica ondulatoria
mecánica newtoniana o clásica
mecánica de gases

mecánico
s. maquinista
ingeniero
técnico
chófer (V.)
conductor

s. dinámico
dinamométrico
estático
energético
centrífugo
centrípeto
automático
automotriz
móvil

s. maquinal
instintivo (V.)
rutinario (V.)
inconsciente
impensado
espontáneo (V.)
involuntario
atávico
inadvertido
reflejo

(V. **mecánica)**

a. *reflexionado*
pensado
premeditado
voluntario
consciente

mecanismo
s. ingenio
dispositivo (V.)
artilugio
artificio
armatoste
máquina (V.)
artefacto
armazón
útil (V.)
estructura
tramoya
utensilio (V.)
maquinaria
aparato
herramienta (V.)
arma
instrumento
transmisión (V.)
autómata
engranaje
seguro (V.)
adminículo
arreglo

s. organización
funcionamiento (V.)
procedimiento
desarrollo
evolución
proceso (V.)
medio

(V. **mecánica)**

mecanización
s. **industrialización** (V.)
motorización
automatización
transformación
desarrollo
planificación

a. *manufacturación*
artesanía

mecanizar
s. motorizar
industrializar (V.)
automatizar
electrificar
desarrollar
fomentar
transformar

(V. **mecanización)**

a. *manufacturar*

mecano
(V. **juego)**

mecanografía
s. dactilografía
estenotipia
escritura (V.)
máquina de escribir
tecla
teclado
rodillo
palanca de tecla
cinta
tipario
carro
timbre
espaciador
regla
retroceso
tabulador
marginador
contrarrodillos
carretes
horquilla de la cinta

mecanógrafo, a
s. estenotipista
dactilógrafo
estenógrafo
tipiador
taquimecanógrafo
copista
oficinista
auxiliar

(V. **mecanografía)**

a. *amanuense*

mecedor
(V. **columpio)**
(V. **mecedora)**

mecedora
s. **silla** (V.)
sillón
hamaca
balancín (V.)
butaca
báscula
péndulo
palanquín
mecedor
cuna
vaivén

mecedura
s. cuneo
abaniqueo
hamaqueo
vaivén (V.)
tabaleo
balanceo
bamboleo
bambaleo
cabeceo
zigzag
vibración (V.)
agitación
traqueteo
ritmo
mutación
tráqueo
alternación
barquinazo
ondulación (V.)
oleaje
mecido
oscilación (V.)

a. *quietud*
paro
inmovilidad

mecenas
(V. **protector)**

mecenazgo
(V. **protección)**
(V. **ayuda)**

mecer-se
s. **oscilar** (V.)
vibrar
balancearse (V.)
ondear
cabecear
contonearse
dudar
fluctuar
tambalearse
bambolearse
vacilar
menear
vaivenear
mover
agitar
tremolar
acunar (V.)
hamaquear
titubear
fluctuar
abanicarse
remecerse
columpiarse (V.)
blandir
brizar
arrollar
cimbrear
bandearse
cunear
cunar
revolver
remover
batir
arronar
anadear
tabalear

(V. **mecedura)**

a. *parar-se*
inmovilizar-se
aquietar-se

meconio
(V. **excremento)**

mecha
s. filamento
torcida (V.)
pabilo (V.)
matula
candil
cuerda
traque
pábilo
mechero
pajuela (V.)
moxa
moco
chispa
despabiladura
botafuego
lanzafuego
vela (V.)
serpentín
seta
cacerina
morcella
costra
despavesadura
chisquero
encendedor

s. **espiga** (V.)
espigón
eje

s. **mechón** (V.)
pelo

s. a toda mecha
aguantar mecha
encender la mecha
alargar la mecha
mecha de seguridad

mechar
(V. **rellenar)**
(V. **adobar)**

mechera
(V. **ladrona)**

mechero
s. **encendedor** (V.)
chisque
chisquero
pedernal
yesca
eslabón

s. cañón
candelero
esquero
boquilla (V.)
espita
piquera
cañutillo
camisa
cubo

mechinal
s. **agujero** (V.)
s. cuartucho
sotabanco
buhardilla
tabuco
tugurio
cuchitril (V.)
zaquizamí
chiribitil

a. *salón*
palacio

mechón
s. copo
bucle (V.)
guedeja (V.)
verneja
mecha
hopa
cerneja
pulsera (V.)
pelluzgón
balcarrotas
copete
cresta
penacho
greña (V.)
tupé
rizo
vedija (V.)
rebujo
remesón
pelambre
mata
crin
tusa
tirabuzón
flequillo
vellón
aladar

s. **mitad** (V.)
promedio (V.)

s. media aritmética
media diferencial
media proporcional
a medias
entre medias
media naranja

a. *total*

medalla
s. medallón
guitón
placa (V.)
patena
cauri
ficha
disco
moneda (V.)
chapa
joya
colgante
camafeo
guardapelo
emblema
insignia (V.)
distintivo

s. anverso
cara
reverso
leyenda
contorno
tipo
nimbo

s. premio
galardón
condecoración (V.)
distinción
honor
cruz

medallón
(V. **medalla**)

(V. **relicario**)

médano
(V. **duna**)

(V. **bajío**)

medanoso
(V. **arenoso**)

media
s. **calzado** (V.)
calceta
calcetín
escarpín
demías
calcetón
calcilla
elástico
calza
estribera
pantorrillera

s. caña
pie
pierna
talón
tercio
peal
punto
carrera
tomate
enganchón
encogido
repelón
liga
liguero

mediacaña
s. **moldura** (V.)
junquillo
canaleto
troquilo
listón (V.)
perfil
resalto
adorno
tapajuntas
contrapilastra

s. **lima** (V.)
gubia (V.)
formón

mediación
s. aparcería
ayuda
injerencia
intervención (V.)
arbitraje (V.)
arreglo
tratamiento (V.)
acuerdo
intercesión (V.)
diplomacia
concordia
conciliación
recomendación
buenos oficios
entrometimiento
concordia
corretaje
comisión
reventa (V.)

s. alcahuetería
tercería (V.)
chisme
discordia

a. *inhibición*
desentendimiento
ausencia
discreción
desacuerdo
abstención
inhibición

mediado
s. **incompleto** (V.)
inconcluso
por la mitad
por el medio
por el centro
casi (V.)
hacia la mitad

a. *total*
completo

mediador
s. **medianero** (V.)
intermediario (V.)
avenidor
intercesor (V.)
tercero (V.)
(en discordia)
juez (V.)
terciador
casamentero
componedor
pastelero
entrometido
conciliador (V.)
negociador
árbitro (V.)
arreglador
pacificador
agente
ayudante
auxiliar
muñidor
compromisario
amigable componedor
hombre bueno
amigo
comisionado
mensajero
corredor
diplomático
representante
delegado
defensor
abogado

s. meterse a redentor
con la ayuda del vecino
árbitro de la contienda

(V. **mediación**)

a. *desinteresado*
enemigo
marginado
indiferente
desentendido
provocador
encizañador
acusador
intrigante

medialuna
(V. **desjarretadera**)

(V. **bollo**)

(V. **fortificación**)

medianero
s. **mediador** (V.)

s. **vecino** (V.)
medio
divisorio (V.)
intermedio
tangente
lindante
confinante
colindante
frontero (V.)
fronterizo
interpuesto

a. *alejado*
distante
lejano

medianía
s. **mediocridad** (V.)
vulgaridad
limitación (V.)
moderación
trivialidad
futilidad
insignificancia
adocenamiento
chabacanería
pequeñez
moderación
discreción
término medio
medianidad

s. **mediano** (V.)
intermedio (V.)

(V. **media**)

a. *brillantez*
talento
genio
excelencia
grandeza
magnificencia
notabilidad
importante

mediano
s. **regular** (V.)
vulgar
intermedio
pasadero
adocenado
mediocre (V.)
pasable
limitado
tal cual
trivial
moderado
módico
medianejo
insignificante
de pacotilla
entrefino
entreancho
entrelargo
uno de tantos
una vulgaridad
tibio (V.)
templado
transigente
tolerante
ni chicha ni limonada
ni carne ni pescado
ni pincha ni corta
ten con ten
mezquino
exiguo
ruin
desdeñable
despreciable

s. **tolerable** (V.)
medianillo
aceptable
discreto (V.)
futil
del montón
de medio pelo
talcualillo
regular
regularcillo
equilibrado
ni fu ni fa

(V. **medianía**)

a. *importante*
superior
excelente
destacado
sobresaliente
genial
talentoso
brillante
convincente
magnífico
notable

medianoche
(V. **hora**)

(V. **bollo**)

mediante
s. por medio de
gracias a
en atención a
por razón de
debido a
en consideración a
respecto a

(V. **medio**)

mediar
s. demediar
equidistar (V.)
promediar (V.)

s. moderar
templar
suavizar
tolerar
transigir
apaciguar (V.)
reconciliar (V.)
pacificar
negociar
interceder (V.)
rogar
intervenir (V.)
terciar (V.)
tercerear
recomendar (V.)
encarecer
revender (V.)
conciliar
concordar
poner de acuerdo
intermediar (V.)
meterse por medio
poner paz
arbitrar (V.)
interesarse
participar
militar (V.)
interponer
comprometerse
presentar
empeñar
atravesarse
actuar
mezclarse
inmiscuirse

s. delegar
representar
comisionar (V.)
negociar
hablar por

s. **existir** (V.)
suceder
pasar
ocurrir (V.)
concurrir
coincidir

s. **transcurrir** (V.)
correr
espaciarse

(V. **mediación**)

a. *abstenerse*
inhibirse
desinteresarse
despreciar
enemistar
malquistar
hostilizar
agriar
encizañar
ausentarse
acusar
criticar
detenerse

mediatización
(V. **influencia**)

(V. **intervención**)

(V. **mangoneo**)

(V. **suplantación**)

mediatizar
(V. **influir**)

(V. **dirigir**)

(V. **coartar**)

(V. **intervenir**)

mediato
s. **cercano** (V.)
próximo
subsiguiente
tangencial
colateral
indirecto (V.)
anexo
secundario

a. *inmediato*
inminente

medible
s. mesurable
mensurable
conmensurable
ponderable (V.)
posible
finito

(V. **medición**)

a. *inmensurable*
inconmensurable
imponderable
imposible
infinito

medicación
s. tratamiento
terapéutica (V.)
indicación
cura
dosificación
prescripción
administración
receta
régimen
específico
amasamiento
remedio
inhalación
inoculación
insuflación
purga
sangría
contraindicación
remedio
gargarismos
inyección
fomentos
anestésicos
vaporización
masaje
revulsión
desopilación
descongestión
dietética
arenación
baño
fricción
friega
galvanismo
intubación
irrigación
masaje
mecanoterapia
radioterapia
panacea
plan
régimen
urticación
medicamento (V.)

(V. **medicina**)

medical
(V. **medicinal**)

medicamento
s. medicina
medicación (V.)
magistral (V.)
apósito
vendaje
tópico
tafetán
aglutinante
inyección
esparadrapo
curitas
tiritas
parche
cataplasma
puchada
embrocación
sinapismo
moxa
vejigatorio
cantárida
colodión
reparo
botana
suero

(cont.)

fricción
ungüento (V.)
vacuna
antitoxina
tuberculina
lavativa
irrigación
lavado
desintoxicación
algodón
almohadilla
compresa
baño
bálsamo
supositorio (V.)
cáustico
cauterio
cura
curalotodo
embroca
emplasto
gasa
hilas
hisopillo
linimento
maniluvio
pediluvio
neumotórax
pegado
pegota
pesario
pomada
píldora
sahumerio
sanguijuela
sinapismo
supositorio
tisana
torunda
vahos
venda
ventosa
fármaco
grageas
píldoras
jarabe
enjüague
mejunje
potingue
pócima
panacea
droga
preparado (V.)
antídoto
remedio
ingrediente
substancia
sucedáneo
elixir
brebaje
específico (V.)
remedio heroico
mano de santo

s. lenitivo
calmante
emoliente
tranquilizante
enervante
reconstituyente
narcótico
desinfectante
detergente
desativo
sedante
laxante
revulsivo
cáustico
cicatrizante
cicatrizativo
escarótico
analgésico
vomitivo (V.)
inyectable
sarcótico
tópico
vejigatorio
vesicante
vulnerario
fármaco (V.)
farmacopea (V.)

(V. **medicina**)

medicamentoso
(V. **medicinal**)

medicar-se
(V. **medicinar-se**)

medicastro
s. medicucho
mediquillo
curandero
matasanos (V.)
mediquín
medicinante
ensalmador
charlatán
hierbatero
melecinero
saludador
saltabanco
saltimbanco
saltaembanco
saltaembancos
saltabancos
practicón
sangrador

(V. **medicina**)

a. *eminencia*
sabio

medicina
s. **patología** (V.)
terapéutica (V.)
cirugía (V.)
álgebra
cardiología
dermatología
biología (V.)
anatomía (V.)
embriología
frenopatía
ginecología (V.)
tocología (V.)
vivisección
pediatría
alopatía
paidología
gerontología
puericultura
homeopatía
oftalmología
otorrinolaringo-
logía
histología
fisiología
obstetricia (V.)
epidemiología
psiquiatría
etiología
farmacología
geriatría
herbolaria
neurología
nosogenia
nosografía
nosología
odontología (V.)
oncología
osteología
otología
posología
radiología
rinología
semiología
semiótica
dosimetría
dietética
urología
sifiliografía
traumatología
galenismo
hipocratismo
naturismo

s. aeroterapia
balneoterapia
climaterapia
electroterapia
fisioterapia
hidroterapia
diatermia
galvanoterapia
helioterapia
hidrología
hidropatía
mecanoterapia
metaloterapia
opoterapia
ortopedia
psicoanálisis
psicoterapia
quimioterapia
radioterapia
seroterapia
sueroterapia
talasoterapia
vacunoterapia
acupuntura

s. dieta
régimen
plan
tratamiento
reposo
receta
visita
consulta
palpación
pulsación
percusión
auscultación
medicación (V.)
enfermedad (V.)
remedio (V.)
medicamento (V.)
apelación
diagnóstico
pronóstico
temperatura
contraindicación
intolerancia
rechazo

s. consultorio
clínica
policlínica
dispensario
sanatorio
preventorio
quirófano
sala de
operaciones
casa de salud
manicomio
hospital
botiquín
igualatorio
lazareto
leprosería
balneario
termas

s. dietas
honorarios
derechos
iguala
cliente
clientela
paciente
enfermo
partido

s. radiografía
radioscopia
uroscopia
encefalograma
cardiograma
serodiagnóstico
estetoscopia
endoscopia
catoptroscopia
laringoscopia
diascopia
prognosis
citodiagnosis

s. **médico** (V.)

s. **higiene** (V.)
sanidad
salud

s. **instrumental** (V.)

s. **farmacia** (V.)
termómetro
estetoscopio
exploratorio
endoscopio
plesímetro
estomatoscopio
laringoscopio
galvanocauteri-
zador
rayos X
rayos ultravioleta
rayos Roentgen
celescopio
depresor
fonendoscopio
guisopillo
hisopillo
irrigador
jeringa
aguja
cauterizador
escalpelo
oftalmoscopio
algalia
bisturí
cala
cánula
catéter
craneótomo
escarificador
espéculo
flebótomo
fórceps
lanceta
legra
mandril
pinzas
sonda
trépano
torniquete

s. **medicinar** (V.)

s. medicina legal
medicina clínica
medicina
doméstica
medicina
dosimétrica
medicina
espagírica
medicina estática
medicina
expectante
medicina
experimental
medicina forense
medicina galénica
medicina interna
medicina mental
medicina militar
medicina
operatoria
medicina popular
medicina pública
medicina racional
medicina
veterinaria

r. La mejor medicina es la buena cocina ■ Más mató la receta que la escopeta ■ Medicina que todo lo cura, locura ■ Medicina que pica, cura

medicinal
s. medicamentoso
curativo
terapéutico
salutífero
saludable
higiénico
beneficioso
medical (V.)
oficial (V.)

(V. **medicina**)

a. *perjudicial*
venenoso
maligno

medicinar-se
s. medicamentar
medicar
diagnosticar
recetar
asistir
administrar
curar
propinar
insuflar
irrigar
inyectar
incrasar
formular
auscultar
pulsar
adietar
indicar
contraindicar
operar
desahuciar
inmunizar
purgar
gargarizar
inhalar
desopilar
faradizar
emolir
resolver
velicar
friccionar
amasar
desenconar
aplicar
bizmar
abirritar
adietar
alcoholar
desinfectar
enyesar
escayolar
castrar
cauterizar
cicatrizar
constreñir
visitar
vacunar
descongestionar
deterger
dosificar
emboticar
emplastar
inmunizar
ensolver
epitimar
estimular
evacuar
pulsar
examinar
explorar
sangrar
fomentar
insuflar
intervenir
jarapotear
jaropar
malaxar
palpar
percutir
pinchar
reconocer
secar
sondar
tratar
aliviar
paliar
tonificar
entonar
reconstituir
ensalmar
mudar de aires
dar de alta
reponerse
sanar
convalecer
recobrar la salud
emboticar

r. Lo que a la corta alivia, a la larga sana

(V. **medicina**)

medición
s. verificación
agrimensura
higrometría
mensuración
conmensuración
dimensión
sondeo (V.)
evaluación
medida (V.)
remedición
calibración
valuación
cronometraje
aprecio
tasa
tara
amillaramiento
bojeo
vareaje

s. metrología
conmensura-
bilidad
aproximación

médico
s. médica
galeno
doctor
facultativo
médico de
cabecera
titular
recetador
físico (V.)
esculapio
recetante
cirujano
algebrista
homeópata
alópata
terapéutico (V.)
terapeuta (V.)
dentista
otorrinolaringó-
logo
otorrino
oculista (V.)
tocólogo
obstetra
otólogo
patólogo
higienista
naturista
neurólogo
psiquiatra
pedicuro
callista
masajista
enfermero
practicante
pulsista
sanitario
clínico
oncólogo
alienista
comadrón
frenópata
geriatra
humorista
internista
neuropatólogo
oculista
psicoanalista
rinólogo
mecanicista
galenista
manicuro
pedicuro
ministrante
topiquero
curandero
saludador
camillero
camilo
interno
tebib
alfaquim

(cont.)

alhaquín
protomédico
especialista
dermatólogo
hidrópata
oftalmólogo
odontólogo
urólogo
biólogo
histólogo
bacteriólogo
médico de cabecera
médico especialista
médico forense
médico de apelación
médico internista
médico de medicina general
médico espiritual
médico legal
médico cirujano
médico de cámara
cardiólogo
médico consultor
especialista clínico
neurocirujano
traumatólogo
ginecólogo
pediatra
puericultor
neuropsiquiatra
reumatólogo
radiólogo
analista

r. El médico empieza donde el físico le deja y comienza el clérigo donde acaba el médico ■ De médico, poeta y loco, todos tenemos un poco ■ Dame el médico que sana y quédate con el que parla ■ Médico viejo y barbero mozo ■ El médico y el confesor cuanto más viejo, mejor

(V. **medicina)**

medicucho
(V. **medicastro)**

medida
s. **proporción** (V.)
marca
mida
cantidad (V.)
escala
unidad
módulo (V.)
pauta
regla
tasa (V.)
graduación
comparación
tamaño (V.)
calibre
magnitud
anchura
extensión
altura
estrechez
mensura
grosor
regulación
dimensión
grandor
envergadura
cotejo
corpulencia
profundidad
sistema
distancia
talla
potencia
presión
importancia
tiro

s. **medición** (V.)
mensuración
conmensuración
remedición
exactitud
aproximación
bojeo
vareaje
mensurabilidad

s. **longitud** (V.)
superficie (V.)
volumen (V.)
capacidad (V.)
peso (V.)
electricidad (V.)
radiactividad (V.)
fuerza (V.)
sonido (V.)
calor (V.)
potencia
óptica (V.)
mecánica
presión (V.)

s. topografía
geodesia
uranometría
agrimensura
geometría
metrología
sistema métrico decimal

s. orden
disposición (V.)
acuerdo
resolución
providencia
pragmática
bando
regla
ley
decreto
mandato
norma (V.)

s. prevención
precaución
mesura
moderación (V.)
cordura
circunspección
tiento (V.)
pulso
cuidado
sensatez
comedimiento
compás
contención
ponderación
discreción
tacto
reserva
ten con ten
tira y afloja

s. a medida que
llenarse la medida
tomar las medidas a alguien
venir a la medida
colmar la medida
en cierta medida
en gran medida
hasta cierta medida
sin medida
tomar uno sus medidas
a la medida
con medida
a la medida de los deseos de uno

a. *desproporción*
desmedida
desmesura
inmoderación
exageración
abandono
insensatez
desprecio
descomedimiento
indiscreción
torpeza
entremetimiento

medidor
a. contador
comprobador
registrador
taxímetro
velocímetro
cuentarrevoluciones
mensurador
contraste
agrimensor
alamín
almotacén
almotazar
almudero
raedor
pesador
cronometrador
galvanómetro (V.)
transportador (V.)

(V. **medida)**

mediero
(V. **colono)**

medieval
s. **feudal** (V.)
gótico
medioeval
tiránico (V.)
(V. **medievo)**

medievo
s. medioevo
Edad Media
medieval
medieval
feudal
gótico
medievalidad
medievalista

medio
s. **mitad** (V.)
centro
centrado
medula
interior
corazón
yema
busilis
llave (V.)
núcleo

s. manera
procedimiento (V.)
forma
modo (V.)
sesgo
poder
mano (V.)
facultad
método
proceder
guisa
suerte
condición
técnica
fórmula
curso
régimen
arbitrio
recurso
elemento (V.)
expediente
camino
elementos
instrumento
maniobra
mecanismo
posibilidad (V.)
diligencia
receta
sistema (V.)
pretexto
remedio
rodeo
senda
solución (V.)
subterfugio (V.)
táctica
traza
utensilio

s. mediación
auxilio
intermediario
agarraderas
aldabas
armas
asistencias
escabel
plataforma (V.)
escalón
comodín
consejo
influencia (V.)
portillo
salida
registro
puerta
trampolín
tentáculos

s. **ambiente** (V.)
espacio
clima
atmósfera
sitio
ámbito
círculo
terreno (V.)
vía (V.)
partido
fragmentado
dividido
trozo
cacho
pedazo
mitad
parte

s. mediano
mediocre (V.)
regular
mixto
gris
neutro (V.)
ambiguo (V.)
moderado
vulgar
adocenado

s. bienes
renta
recursos (V.)
ingresos
posibles

s. de medio a medio
partir por el medio
meterse por medio
quitar de en medio
medio ambiente
a medias
de por medio
en medio de todo
en su medio
estar por medio
ni medio
poner los medios
por medio de
por todos los medios

a. *exterior*
superficie
periferia
desamparo
entero
destacado

mediocre
s. deficiente
vulgar
común
medio (V.)
mediano (V.)
regular (V.)
insignificante
corriente
obscuro (V.)
desapercibido
sin importancia
adocenado (V.)
insuficiente
ful
mezquino
imperfecto
estrecho
ruin
inferior
sencillo
simple
gris
medianejo
anodino
medianía
término medio
poca cosa
persona sin brillo
sin personalidad
así así
tal cual
persona de poco más o menos
sin gracia
ni fu ni fa

mediocridad
s. insignificancia
vulgaridad (V.)
mezquindad
mezquinería
pequeñez
superficialidad
insuficiencia
pobreza
nulidad
hez
populacho
imperfección
inferioridad (V.)
medianía (V.)
trivialidad
adocenamiento (V.)
deficiencia
chapucería

(V. **mediocre**)

a. *grandeza*
dignidad
importancia
singularidad
consideración
excelencia
perfección
primor
exquisitez
magnificencia
selección
dignidad
maravilla
excelsitud
destacado
superior
eminente
importante
admirable
extraordinario
excelente
óptimo
bueno
satisfactorio
ejemplar
magistral
genial
perfecto
digno
selecto
esmerado
excelso
magnífico
primoroso
insuperable
acabado
exquisito
eximio

mediodía
s. **sur** (V.)
meridión

s. **cenit** (V.)
culminación
medio día
doce horas

a. *noche*
obscuridad

medios
s. dinero
caudal
bienes (V.)
recursos (V.)
hacienda
fortuna
rentas
posibles
posibilidades
subsidios
subvenciones

s. formas
métodos
modos (V.)
maneras
caminos
recursos
procedimientos (V.)
intento
senda
vía
camino
maniobra
artificio
habilidad
argucia
astucia
aldabas
agarraderas (V.)
influencia
protección
arbitrio
recurso
disposición
traza
arte
martingala
habilidad
intriga
diligencia
modos de hacer
elementos aprovechables
elementos auxiliares
mecanismo
temple
aliño
partido
lado
intriga

(cont.)

s. armas
táctica (V.)
municiones
instrumento (V.)
adminículos
asistencia
órganos
esfuerzo
llave
resorte
escalón
trampolín
útiles (V.)

r. Ni el soldado sin armas puede pelear, ni el estudiante sin libros estudiar ■ Cada molino quiere su agua ■ Por medios ruines, no se busquen buenos fines ■ Con nada no se hace nada

a. *pobreza*
miseria
escasez
penuria

mediquillo
(V. **medicastro**)

medir-se
s. remedir
mensurar
mesurar
tantear (V.)
sondar (V.)
graduar (V.)
tallar (V.)
compasar (V.)
conmensurar
regular (V.)
remediar
enfocar (V.)
apreciar (V.)
varear (V.)
afinar (V.)
varar
cronometrar
comparar (V.)
aquilatar (V.)
contar (V.)
valuar
evaluar
precisar (V.)
sopesar
determinar
verificar
comprobar
arquear
apreciar
bojar
bojear
acordelar (V.)
escantillar
estimar
matizar (V.)
igualar
cubicar
calibrar
arquear

s. **reprimirse** (V.)
contenerse
moderarse
reglarse
refrenarse
sujetarse
dominarse (V.)

s. **competir** (V.)
equipararse
homologarse

s. medir las palabras
medir las armas
medirse con otro

(V. **medida**)

a. *desmedirse*
desenfrenarse

meditabundo
s. **pensativo** (V.)
distraído
absorto
abismado
cogitabundo
cogitativo
contemplativo
cabizbajo
cabizcaído
remirado
caviloso (V.)
considerado
meditativo
reflexivo (V.)
ensimismado
reconcentrado
preocupado
concentrado

(V. **meditación**)

a. *alegre*
animoso
movido
despreocupado
inconsecuente
frívolo

meditación
s. atención
examen
deliberación (V.)
introspección
consideración
imaginación
aplicación
ensueño
abstracción
estudio
premeditación
recogimiento (V.)
retiro
preocupación
cuidado
prudencia
cavilación (V.)
quebradero
juicio
embeleso
ponderación
cogitación
monólogo
pensamiento
vida intelectual
vida interior
lucubración (V.)
enfrascamiento
reflexión (V.)

a. *irreflexión*
despiste
despreocupación
indiferencia
desinterés
distracción
despertar
improvisación
repentización
dubitación

meditado
(V. **meditar**)

meditar
s. **pensar** (V.)
cavilar (V.)
cogitar
cavar
premeditar (V.)
deliberar (V.)
recapacitar
ocuparse (V.)
repasar
observar
ver
analizar
estudiar (V.)
tantear
pesar
conocer
apreciar
rumiar (V.)
filosofar
inventar
cocer
discurrir
lucubrar (V.)
considerar
abstraerse
empollar (V.)
repensar
examinar (V.)
reflexionar (V.)
madurar
digerir
recogerse
ensimismarse (V.)
abismarse
profundizar
quillotrar (V.)
excogitar
recapacitar
imaginar
proyectar
devanarse los sesos
pensar con la cabeza
parar mientes
entrar dentro de sí
tener conciencia
darse cuenta
mirar los pros y los contras
hablar consigo mismo
quebrarse la cabeza
prestar atención
asociar ideas
dar parecer
concentrar el pensamiento
dar en el quid
dar en el clavo
echar la imaginación a volar
estudiar un asunto
recapacitar
concentrarse

r. Rumia tus palabras antes de soltarlas ■ A pregunta apresurada, respuesta bien pensada ■ Para determinar, despacio; para ejecutar, como un rayo ■ Lo bien pensado no sale errado ■ Mal piensa quien no rumia lo que piensa

(V. **meditación**)

a. *dudar*
atontarse
desinteresarse
despreocuparse
improvisar
repentizar
despertarse

mediterráneo
s. interno
interior (V.)
central
continental

s. latino
meridional

s. marítimo
marino
litoral (V.)
costero

a. *exterior*
externo
septentrional

médium
(V. **espiritista**)

medra
s. progreso
aumento (V.)
acrecimiento
acrecentamiento
mejora (V.)
florecimiento
desarrollo (V.)
prosperidad (V.)
mejoramiento
engrandecimiento
cremento
logro
ganancia
medro

a. *estancamiento*
empeoramiento
atraso
pérdida
disminución
minoración
descenso
ruina

medrado
s. floreciente
orgulloso
próspero (V.)
brillante
boyante
progresivo
pujante
espigado (V.)

(V. **medra**)

a. *lánguido*
decadente
ruinoso
empobrecido
abatido

medrar
s. florecer
progresar
mejorar (V.)
acrecentar
adelantar
desarrollar
brillar
prosperar (V.)
crecer (V.)
aumentar
formarse
granar
pelechar (V.)
prender (V.)
madurar
sanar
convalecer
ascender (V.)
encaramar (V.)
acrecer
enriquecerse
hacer fortuna
hacer carrera
hacer suerte
prosperar la industria
ser fecundo
tener buena estrella
sonreírle la fortuna
tener potra
tener la suerte de cara
salirle bien las cuentas
estar de buenas
mimarle la fortuna
aprovechar la racha
hacer su agosto
ponerse las botas

(V. **medra**)

a. *arruinar-se*
descender
disminuir
languidecer
empeorar
apagar-se

medro
(V. **medra**)

medroso
s. **cobarde** (V.)
pusilánime
apocado
lánguido
miedoso (V.)
irresoluto
asustado
timorato
receloso
temiente
temedor
débil
ruin
encogido
mandria
ñoño
gurrumino
cangalla
asustadizo

a. *valiente*
atrevido
osado
audaz

medula
s. **tuétano** (V.)
núcleo
médula
pulpa (V.)
duramadre
duramáter
caña
cañada

s. encéfalo
bulbo raquídeo
cuadrigémino
trigémino
nervio (V.)

s. **substancia** (V.)
corazón
meollo (V.)
cogollo
esencia (V.)
centro
naturaleza
espíritu
tuétano (V.)

s. medula espinal
medula oblonga
medula oblongada
medula alargada
medula dorsal
medula fetal
medula gelatiniforme
medula ósea
medula renal
medula vertebral
medula roja
medula sanguínea

medular
s. meduloso
meolludo

s. **esencial** (V.)
substancial (V.)
principal
fundamental
cardinal
básico
central

(V. **medula**)

a. *secundario*
auxiliar

medusa
s. **pólipo** (V.)
acalefo
celentéreo
aguaverde
aguamar
aguamala
pulmón marino

meduseo
(V. **maravilloso**)

mefistófeles
(V. **demonio**)

mefistofélico
s. maquiavélico
diabólico
satánico
demoniaco (V.)
infernal
perverso
endemoniado
endiablado
condenado
protervo
astuto (V.)

(V. **mefistófeles**)

a. *angélico*
angelical
seráfico
bueno
divino
torpe

mefítico
s. **impuro** (V.)
ponzoñoso
fétido
infecto
malsano
hediondo
insalubre
venenoso (V.)
dañino
perjudicial
tóxico
irrespirable (V.)
miasmático (V.)

a. *beneficioso*
sano
puro

megáfono
s. altavoz
bocina (V.)
amplificador
altoparlante

megalito
s. **monumento** (V.)
dolmen (V.)
menhir
monolito
megalítico
piedra
crónlech
anta
trilito
lichaven
círculo

(V. **prehistoria**)

megalomanía
s. imaginación
fantasía
manía de grandezas
delirio de grandezas
furor de grandezas
ansia de grandezas
manía (V.)

a. *sencillez*
humildad

megalómano
s. fantástico
fantasioso
orgulloso (V.)
postinero
fatuo
jactancioso
trolero
presumido
tartarín
aparentador
pretencioso
vanidoso
maniático (V.)
soñador

(V. **megalomanía**)

a. *sencillo*
natural
llano
humilde

mego
s. suave
apacible (V.)
tratable
amable
halagüeño
manso (V.)
tranquilo
reposado
sosegado
pacífico
placentero
bonancible
cariñoso (V.)

a. *iracundo*
desagradable
desapacible

mehala
(V. **milicia**)

meharí
(V. **dromedario**)

meiga
(V. **bruja**)

mejilla
s. **cara** (V.)
carrillo
cachete
moflete (V.)
mollete
pómulo (V.)
buchete
juanete
cigomático

mejillón
s. mojojón
mítulo
nótulo
choro
cholgua
molusco (V.)
marisco (V.)
lamelibranquio (V.)

mejilludo
s. carrilludo
mofletudo (V.)
juanetudo
cachetudo
molletudo
cariampollar
cariampollado
cachetón

(V. **mejilla**)

a. *seco*
afilado
chupado
delgado

mejor
s. **superior** (V.)
estupendo
perfeccionado
perfecto
preferible (V.)
deseable
excelente (V.)
sumo
más (V.)
supremo
extraordinario
adelantado
aumentado
aventajado
selecto (V.)
especial
distinto
alto
principal
preeminente
destacado
sobresaliente
óptimo
dominante
prevaleciente
preferente (V.)

s. el cogollo
la crema
la flor y nata
el desiderátum
el no va más
la flor de la canela
canela en rama
miel sobre hojuelas
la reina
el rey
el non plus ultra de lo bueno, lo mejor

r. Lo mejor es enemigo de lo bueno

s. a lo mejor
mejor que mejor
tanto mejor
mejor así
así es mejor
mucho mejor
mejor o peor
mejor dicho
¡mejor!
la mejor parte

(V. **mejora**)

a. *peor*
inferior
detestable
repelente
malo
secundario
insignificante
despreciable
imperfecto

mejora
s. **mejoramiento** (V.)
mejoría
progreso (V.)
avance
adelanto
medra
regeneración (V.)
florecimiento
desarrollo (V.)
adelantamiento
superación (V.)
ventaja
reforma (V.)
perfeccionamiento (V.)
superioridad
ascenso
crecimiento (V.)
aumento
subida (V.)
prosperidad
acrecentamiento
expansión
intensificación
agrandamiento
ampliación
incremento

s. **puja** (V.)
oferta
superación

a. *empeoramiento*
descenso
retroceso
atraso
desventaja
baja
ruina
pobreza

mejorable
(V. **perfectible**)

(V. **superable**)

(V. **corregible**)

mejorado
s. sahumado
retocado
corregido (V.)
enmendado
hermoseado
regenerado
rejuvenecido
perfeccionado
superado

(V. **mejora**)

a. *estropeado*
afeado
malogrado
averiado

mejoramiento
s. **bonificación** (V.)
aumento
perfección (V.)
alivio
progreso (V.)
adelanto
arreglo
compostura
remedio (V.)
provecho
ventaja (V.)
logro
refinamiento
éxito
triunfo
victoria
ganancia
arreglo
creces
conversión
arrepentimiento (V.)
reforma
mejora (V.)

a. *empeoramiento*
desventaja
fracaso
frustración
contumacia

mejorana
s. moradux
almoraduj
amáraco
sarilla
sampsuco
almorabú
almoradux
mayorana
hierba (V.)

mejorar-se
s. **arreglar** (V.)
corregir (V.)
reparar (V.)
componer
renovar (V.)
superar (V.)
desbastar
limpiar
enmendar
edificar
refinarse
idealizar
espiritualizar
soñar
perfeccionar (V.)
pulir
innovar
modernizar (V.)
retocar
hermosear (V.)
embellecer
purificar
abonar
embonar
regenerar (V.)
rejuvenecer
adornar
enriquecer
expurgar
limar
moralizar
rectificar

s. calmarse
despejar (V.)
abonanzar (V.)
aclarar
escampar
clarear
serenarse

s. **pujar** (V.)
superar (V.)
sobrepujar
adelantar
repasar (V.)
bonificar
licitar
rematar
adjudicar
subastar

s. **progresar** (V.)
prosperar (V.)
medrar
enriquecerse
ascender
florecer
pelechar
beneficiarse
ganar
conquistar
avanzar
cundir
completar
desarrollar (V.)
incrementar
expandir
aumentar
intensificar
acrecentar
ampliar
agrandar
reformar (V.)
cambiar
aventajar
exceder
subir (V.)
vencer

s. **curarse** (V.)
sanar
tonificarse
aliviarse (V.)
restablecerse
convalecer
rehabilitarse
recuperarse (V.)

(V. **mejora**)

(V. **mejoría**)

(V. **mejoramiento**)

a. *desmejorar-se*
empeorar-se
perder
atrasar-se
materializar-se
estropear-se
deteriorar-se
recaer
agravar-se
recrudecer-se
declinar
decaer
periclitar
degenerar
retroceder
bastardear
envejecer
empobrecer
nublarse
encapotarse
cerrarse
descender
perjudicarse
detenerse
debilitar
permanecer
faltar

mejoría
s. **convalecencia** (V.)
alivio (V.)
mejoramiento
consuelo
adelanto
perfección
restablecimiento (V.)
confortamiento
conforte
lenitivo
aliviamiento
desahogo
rehabilitación
ventaja (V.)
cura
mejora (V.)

s. **superioridad** (V.)

r. Por mejoría, mi casa dejaría

a. *empeoramiento*
retroceso
crisis
agravamiento
recrudecimiento
recaída
inferioridad

mejunje
s. menjurje
brebaje
bebedizo
potingue (V.)
pócima
medicamento

s. **chanchullo** (V.)
lío
trampa

a. *claridad*
rectitud
honradez

melada
(V. **pan**)

(V. **miel**)

meladura
s. melado
jarabe (V.)
zumo
jugo
melaza
miel de caña

melancolía
s. languidez
pena
tristeza (V.)
mustiez
abatimiento
taciturnidad
zangarriana (V.)
exantropía
cacona
hipocondría (V.)
morriña (V.)
engurrio
murria
nostalgia (V.)
cansancio
fastidio
sufrimiento
aburrimiento
pena
entristecimiento (V.)
hastío
laxitud
ensombrecimiento (V.)
spleen
depresión
tormento
pesadilla
desazón
alma dolorida
evocación

s. pesadumbre
reconcomio
recuerdo
catatonia (V.)
cacoquimia
ansia
espina
cuita
desplacer
enojo
postración
desapetencia
saudade
soledad (V.)
mohína
añoranza (V.)
traspaso
desconsuelo
noche
otoño
mesticia
lipemanía
decaimiento

s. **aflicción** (V.)

a. *alegría*
contento
satisfacción
ilusión
fervor
esfuerzo
vivacidad
consuelo
ánimo
fortaleza

melancólico
s. taciturno
triste (V.)
apesadumbrado
cabizbajo (V.)
mustio
sombrío (V.)
opaco (V.)
murrio (V.)
lánguido
afligido
pesaroso
apesarado
mohíno
hipocondriaco (V.)
amarrido
patético
cuitado
nostálgico (V.)
desilusionado
apenado
postrado
añorante (V.)
doliente
aliquebrado
adusto
hosco
huerco
disgustado
bilioso (V.)
atrabiliario
cetrino
macilento
deprimido (V.)
alicaído
cacoquímico
(V. **melancolía**)
a. *alegre*
optimista
contento
ilusionado
vivaz
satisfecho
animoso
fuerte

melancolizar-se
(V. **entristecer-se**)

melar
(V. **mielar**)
(V. **melificar**)

melaza
(V. **azúcar**)
(V. **miel**)

melca
(V. **zahína**)

melcocha
(V. **miel**)

melée
(V. **lío**)
(V. **pelea**)

melena
s. cabello
cabellera (V.)
pelambre
pelambrera
guedejas
mechas
crin
rizos
ondas
mata
greñas
a. *rapadura*
calva

meleno
(V. **palurdo**)

melenudo
s. **peludo** (V.)
desmelenado
hirsuto
guedejudo (V.)
despeinado
enmarañado
desastrado
descuidado
adán
hippy
(V. **melena**)
a. *rapado*
atildado
calvo

melgacho
(V. **lija**) (pez)

melificar
(V. **mielar**)

melifluidad
s. filigrana
ñoñez
remilgo
dengue
mimo
melindre (V.)
mitote
repulgo
alfeñique
filili
melifluencia
s. finura
delicadeza
dulzura (V.)
melosidad
afectación
mimosería
empalago (V.)
hazañería
a. *naturalidad*
ingenuidad
sencillez
grosería
tosquedad
crudeza

melífluo
s. **melindroso** (V.)
dulzón
delicado
meloso
tierno
dulce
pamplinoso
dengoso
mimoso
merengoso
rebuscado (V.)
abemolado
remilgado
melindre
pegajoso
suave
delicado
blandengue
superferolítico
fileno
afectado (V.)
gachón
empalagoso (V.)
almibarado
pamplinero
fuñique
denguero
momero
pulido
amerengado
(V. **melifluidad**)

a. *sencillo*
natural
ingenuo
crudo
franco
tosco
sincero
elegante

meliloto
(V. **majadero**)

melindre
s. **escrúpulo** (V.)
escorrozo (V.)
melifluidad (V.)
gachonería
chinchorrería
ambaje
melindrería
gazmoñería
blandenguería
cursilería
amaneramiento
fingimiento
artificio
ridiculez
monada (V.)
capricho
fantasía
necedad
alharaca
aparato
aspaviento
aprensión (V.)
damería
delicadeza
pamema
remilgo (V.)
pamplina (V.)
ñoñez
ñoñería (V.)
mojigatería
denguería
exageración
impertinencia (V.)
maña
monada
tiquismiquis
tontería
s. dulce
rosquilla
bizcocho
ñoclo
bocadillo
golosina
fritura
a. *sencillez*
sobriedad
naturalidad
discreción

melindrear
(V. **escandalizar-se**)
(V. **exagerar**)

melindrería
(V. **melindre**)

melindroso
s. gazmoño
quisquilloso
chinchorrero
melindrero
esmerado (V.)
cargante
ñoño (V.)
hazañero
cursi
escrupuloso (V.)
dengue (V.)
esquilimoso
finolis
remilgado (V.)
finústico
menino
fileno
fuñique
pelilloso (V.)
melifluo (V.)
necio
afeminado
vidrioso
repulgado
alcorzado
extravagante
artificioso
amanerado
fingido
fantasioso
caprichoso
ridículo (V.)
pedante
mirado
delicado
mojigato (V.)
niquitoso
pudibundo
timorato
(V. **melindre**)
a. *sencillo*
natural
sobrio
viril

melinita
(V. **explosivo**)

melisa
(V. **toronjil**)

melocotón
s. albérchigo
albaricoque
durazno
fresquilla
blanquillo
griñón
pavía
pérsigo
pérsico
prisco
briñón
orejón
paraguaya
fruta (V.)

melocotonero
s. alberchiguero
duraznero
durazno
albercoquero
albaricoquero
pérsico
pérsigo
pav
(V. **melocotón**)

melodía
s. eufonía
dulzura
suavidad
musicalidad
cadencia
acorde
frase
tema
motivo
ritornelo
reminiscencia
armonía (V.)
melopea
canción
ritmo
cadencia
(V. **música**)
a. *cacofonía*
discordancia
murga

melódico
(V. **melodioso**)

melodioso
s. acorde
musical (V.)
armónico
entonado
armonioso
pausado
timbrado
rítmico
sinfónico
afinado
sonoro
cadencioso
arpado
canora
instrumentado
homófono
consonante
asonantado
eufónico
melódico
s. suave
dulce
agradable (V.)
grato
delicioso
deleitoso
atractivo
meloso
(V. **melodía**)
a. *desacorde*
inarmónico
cacofónico
desagradable
enojoso

melodrama
s. tragedia
drama (V.)
tragicomedia
farsa
dramón
exageración
sainete
pantomima
payasada
bufonada
mojiganga
comedia
falsedad
patetismo
emoción
(V. **teatro**)
a. *realidad*

melodramático
s. dramático
patético (V.)
trágico
tragicómico
lacrimoso
exagerado (V.)
cómico
bufo
ridículo
(V. **melodrama**)
a. *real*
comedido
discreto
contenido

melojo
s. marojo
tozo
tocio
árbol (V.)

melomanía
(V. **musicomanía**)

melómano
(V. **musicólogo**)

melón
s. **cucurbitáceas** (V.)
meloncillo
albudeca
andrehuela
badea
pepe
pepino
pepón
meloncete
vaharera
calabaza
sandía
s. melón de agua
melón de la China
melón de cualga
melón de Indias
melón navideño
s. catar el melón
calar el melón
r. El melón y el casamiento ha de ser acertamiento
s. melonar
melonero
s. **torpe** (V.)
zote
tonto
a. *inteligente*
hábil

melonada
(V. **torpeza**)

melopea
(V. **borrachera**)
(V. **recitado**)
(V. **salmodia**)

melosidad
(V. **dulzura**)
(V. **suavidad**)

meloso
(V. **dulce**)
(V. **suave**)

mella
s. melladura
hendedura
hendidura (V.)
diente
embotamiento (V.)
rotura
fenda
falla
fallo
raja
grieta
hueco
vacío
entrante

(cont.)

s. **deterioro** (V.)
rotura (V.)
menoscabo
desperfecto
desgaste
pérdida

s. **impresión** (V.)
efecto
impacto
huella

a. *incolumidad*
integridad
indiferencia

mellado
s. dentado
desportillado (V.)
roto
estropeado
desgastado
separado
embotado
deteriorado
gastado
desafilado
romo

s. menoscabado
arruinado
perjudicado

(V. **mella**)

a. *entero*
enterizo
completo
incólume
beneficiado

melladura
(V. **mella**)

mellar-se
s. dentar
desafilar
embotar (V.)
gastar
desportillar (V.)
desgastar
romper
hender

s. deteriorar
menoscabar (V.)
perjudicar
arruinar
mancillar
consumir
mermar
estropear
reducir
restar
amenguar

(V. **mella**)

a. *afilar*
reparar
aumentar
beneficiar

mellizo
s. **gemelo** (V.)
hermano
medio
mielgo
hermanado
cuate
embelizo
geminar
melguizo

s. parejo
igual (V.)
exacto
idéntico
común
semejante
parecido
equivalente

a. *diferente*
desigual

membrana
s. **piel** (V.)
tímpano (V.)
himen (V.)
túnica
pergamino
tejido
tela (V.)
tegumento
frenillo (V.)
epitelio
mucosa (V.)
binza
cápsula
meninge (V.)
pleura
película
peritoneo

s. membrana alantoides
membrana celular
membrana caduca
membrana nictitante
membrana serosa
membrana pituitaria
membrana mucosa
falsa membrana

membranoso
s. fibroso
ligamentoso
mucoso
epitelial
tegumentario
tunicado
membranáceo
escamoso (V.)

(V. **membrana**)

membrete
s. **aviso** (V.)
apunte
anotación
nota
minuta
memoria
brevete
recordatorio
rótulo (V.)
título
encabezamiento
nombre (V.)
sello
epígrafe
marbete
lema

membrillo
s. **árbol** (V.)
gamboa
codoñate
carne de membrillo
dulce de membrillo
membrillar
membrillero

membrudo
s. fornido
forzudo (V.)
robusto (V.)
corpulento
atlético
vigoroso
recio
fuerte (V.)
nervudo
forcejudo
estrenuo
hercúleo
fortachón
imponente
musculoso
potente
rollizo
pujante
roblizo
toroso

(V. **miembro**)

a. *esmirriado*
alfeñique
débil
escuálido

memento
s. **misa** (V.)
conmemoración (V.)
recuerdo

s. agenda
memorándum (V.)
carnet
vademécum
noticulario
libreta
notas

a. *olvido*

memez
(V. **tontería**)

(V. **simpleza**)

memo
(V. **tonto**)

(V. **simple**)

memorable
s. **fausto** (V.)
famoso (V.)
célebre
glorioso
recordable (V.)
inolvidable (V.)
evocable
inmemorial
imperecedero
inmortal
memoratísimo
importante (V.)
notable (V.)
memorando
indeleble
memorativo (V.)
recordativo (V.)

(V. **memoria**)

a. *insignificante*
despreciable
obscuro
frágil

memorando
(V. **memorable**)

memorándum
s. memorial
memento (V.)
agenda
vademécum
cuaderno
libreta
notas
carnet

s. nota
comunicación (V.)
despacho
escrito
oficio
parte
aviso
recordatorio (V.)

(V. **memoria**)

memorar-se
(V. **recordar-se**)

memorativo
(V. **conmemorativo**)

memoria, s
s. **recuerdo** (V.)
recordación (V.)
retentiva
mnemotecnia
memorión
dismnesia
retentiva (V.)
evocación (V.)
presencia
aniversario (V.)
repaso
reliquia
huella (V.)
rastro
psitacismo
señales
memorismo
persistencia
vestigio (V.)
conmemoración
retrospección
noticia remota
conmonitorio

s. **fama** (V.)
gloria
popularidad
prestigio
celebridad

s. **apunte** (V.)
apuntación
relación
exposición
escrito
estudio (V.)
anales
informe (V.)
tesis (V.)
testamento (V.)
memorial (V.)

s. memorias
saludos (V.)
cortesía

s. tener memoria
hablar de memoria
memoria de mosca
memoria de grillo
memoria de gallo
conservar en la memoria
hacer memoria
írsele algo de la memoria
traer a la memoria
renovar la memoria
flaco de memoria
tener mucha memoria
aprenderse las cosas de memoria
venir a la memoria
refrescar la memoria

r. La memoria de la niñez dura hasta la vejez ■ Memoria no ejercitada, pronto menguada ■ A mala memoria buenos pies ■ Recordar es vivir ■ La memoria es el talento de los tontos.

s. buena memoria
memoria feliz
mala memoria
de buena memoria
de grata o feliz memoria
de infausta o ingrata memoria
de mala memoria
de memoria

a. *olvido*
amnesia
omisión
descuido

memorial
s. **mensaje** (V.)
solicitación (V.)
ruego
demanda
memorándum (V.)
mamotreto
instancia
solicitud

s. memorial ajustado

s. haber perdido uno los memoriales

memorialista
(V. **amanuense**)

memorión
s. memorioso
memorista
memoroso
retentivo
empollón (V.)

(V. **memoria**)

a. *desmemoriado*
vago
holgazán

memorizar
s. **retener** (V.)
recordar
grabar
repetir
empollar (V.)
estudiar
aprender

(V. **memoria**)

a. *olvidar*
borrar
desaparecer

menaje
s. **ajuar** (V.)
atalaje
moblaje
equipo
equipaje
mueblaje
enseres
bártulos
efectos
recámara

s. material
utillaje (V.)

s. **vajilla** (V.)
loza

mención
s. **alusión** (V.)
insinuación
sugerencia
sugestión
cita (V.)
citación
referencia (V.)
indicación
indirecta
evocación
memoria
reminiscencia
recuerdo
llamada

s. digno de mención
hacer mención de
mención honorífica

a. *olvido*
omisión
silencio
desprecio

mencionado
s. **citado** (V.)
aludido
dicho
sobredicho
señalado
susodicho
antedicho
referido
recordado
indicado
nombrado
llamado
rememorado
de marras

(V. **mención**)

a. *omitido*
callado
olvidado
obviado

mencionar-se
s. nombrar
referir (V.)
señalar
aludir (V.)
indicar
relatar
contar
sonar (V.)
llamar
citar (V.)
mentar (V.)
recordar (V.)
nominar
sacar (V.)
membrar
memorar
ab
tocar (V.)
enunciar (V.)

(V. **mención**)

a. *omitir*
olvidar
callar
silenciar
ocultar

mendacidad
(V. **mentira**)

mendaz
(V. **mentiroso**)

mendicación
(V. **mendicidad**)

mendicante
(V. **mendigo**)

mendicidad
s. mendiguez
limosna (V.)
cuestación
cuesta
petición
colecta
pobretería
pordioseo (V.)
mendicación
indigencia
carencia
necesidad
gorronería
postulación
impetración
vagancia (V.)

a. *riqueza*
dadivosidad

mendigar
s. postular
mendiguear
limosnear (V.)
pedir (V.)
pobretear
implorar
suplicar
plañir
llorar
requerir
pordiosear (V.)
mangar
hambrear
sablear (V.)
gallofar
gallofear (V.)
postular
humillarse (V.)
rebajarse
demandar
quejarse
dolerse
bordonear
ir de puerta en puerta
alargar la mano

(V. **mendicidad**)

a. *dar*
regalar
ceder

mendigo
s. **pobre** (V.)
indigente
necesitado
mísero
desvalido
menesteroso
pobrete
faquir
gorrón
sopón
sopista
gallofero
cachimbo
pedigüeño (V.)
sablista
zampalimosnas
mangante (V.)
tabletero
limosnero (V.)
landrero
lázaro
pidientero
guitón
vergonzante
mendicante
implorante (V.)
gallofo (V.)
mendigante
mendigueante
cojo
lisiado
ciego
vagabundo (V.)
pordiosero (V.)
vago (V.)

(V. **mendicidad**)

a. *rico*
dadivoso
potentado
caritativo
generoso
espléndido
poderoso

mendoso
(V. **mendaz**)

(V. **equivocado**)

mendrugo
s. **zoquete** (V.)
pedazo (V.)
cantero
cacho
corrusco
currusco
cuscurro
regozo
zato
codorno
rebujo
regojo
zurrusco
sequete
rosigón

s. zote
zoquete
ceporro
tarugo
bobo
tonto
necio (V.)
bolo

a. *inteligente*
listo
despierto

menear-se
s. **mover** (V.)
agitar
hurgar
oscilar
activar (V.)
revolver
manejar
dirigir
convulsionar
estremecer
sacudir
trastear
zangolotear
agitar
rebullir
batir
dispararse
manejarse
levar
levantarse (V.)
cernear
gobernar
gestionar
concomerse
desgoznarse
accionar
circular
rodar
girar
afanarse
apresurarse
colear
bambolear
arrastrar
revolotear
pulular
gesticular
contonearse
inquietarse
saltar
columpiarse
caminar
fluir
marchar
funcionar
debatirse
regatear
ser ágil
danzar
bailar
sacudir
zarandear (V.)

s. gestionar
dirigir (V.)
manejar
guiar
gobernar (V.)

(V. **meneo**)

a. *reposar*
paralizar-se
permanecer
entumecerse
aquietarse

menegilda
(V. **criada**)

meneo
s. agitación
movilidad (V.)
convulsión
impulsión
impulso
breada
oscilación
ondulación
tambaleo
remeneo
contoneo
zarandeo (V.)
bamboleo (V.)
vibración
impulsión
baile
danza
traslación
andadura
carrera
salto
embite
lanzamiento
rotación
ronda
evolución
celeridad
aceleración
vivacidad
vitalidad
gesticulación
mímica
contorsión
salto
pirueta
sacudida
movimiento (V.)
estremecimiento
zangoloteo
temblor
velocidad
marcha
traqueteo
andares
talante
inquietud
desazón
zarandeo
mareo
camino
trayecto
trayectoria
transporte

s. paliza
vapuleo (V.)
tunda
tollina

s. **reprensión** (V.)
censura

a. *quietud*
reposo
permanencia
calma
inmovilidad
caricia
mimo
elogio

menester
s. **necesidad** (V.)
falta
carencia
apuro
precisión
urgencia

s. empleo
profesión
ocupación (V.)
ejercicio
ministerio
tarea
labor
requisito
cargo
asunto
trabajo

s. utensilios
necesidades
instrumentos
útiles (V.)
enseres

s. ser menester
haber menester

a. *abundancia*
cantidad
ocio
holganza

menesteroso
(V. **necesitado**)

(V. **pobre**)

menestra
s. verduras
hortalizas
legumbres
guisado (V.)
ensalada
macedonia
rancho
vitualla
víveres
provisiones
bazofia

menestral
s. **artesano** (V.)
obrero (V.)
productor
operario
jornalero
bracero
peón
asalariado
proletario
ganapán
trabajador
empleado
dependiente

s. menestralería
menestralía

a. *patrón*
amo
principal

mengano
s. quien
cualquiera (V.)
fulano
zutano
perengano
uno
tercera persona

mengua
s. rebaja
merma
disminución (V.)
menguamiento
detrimento
menoscabo (V.)
defecto
falta (V.)

s. **pobreza** (V.)
necesidad
estrechez
escasez
carencia
penuria
insuficiencia

s. **deshonor** (V.)
desdoro
afrenta
perjuicio
daño
deshonra
descrédito (V.)

a. *aumento*
riqueza
abundancia
honra
perfección

menguado
s. **cobarde** (V.)
pusilánime
mezquino
apocado
mentecato
consumido

s. lerdo
necio (V.)
insensato
memo
tolo
bobo
tonto
simple
simplón
lelo
corto
limitado (V.)
obtuso

s. **tacaño** (V.)
miserable
mezquino
raquítico
rácano
roñoso
ruin (V.)

s. **desgraciado** (V.)
infausto
funesto
fatal
infeliz
desdichado
decaído
aciago

s. **insignificante** (V.)

(V. **mengua**)

a. *valiente*
decidido
inteligente
vivo
despierto
generoso
desprendido
feliz
dichoso
importante

menguante
s. **decreciente** (V.)
descendente
declinante
reducible (V.)
decadente
agonizante
moribundo
caduco

s. **descenso** (V.)
disminución
decremento
decadencia
bajada
consunción
merma
falta
estiaje (V.)
encogimiento
sequía (V.)

(V. **mengua**)

a. *ascendente*
creciente
rozagante
vivo
fresco

a. *aumento*
incremento
subida

menguar
s. **disminuir** (V.)
amenguar
empequeñecer
mermar (V.)
decrecer
encoger
declinar
limitar
decaer
aminorar
acortar
bajar
descender
restar
descabalar
reducir
perder (V.)
consumir
desmedrar
empobrecer (V.)
empeorar
apagar
extinguir
abreviar
acortar
contraer
faltar (V.)
atenuar (V.)

(V. **mengua**)

a. *aumentar*
crecer
prosperar
extender
hinchar
abundar
enriquecer

mengue
(V. **diablo**)

menhir
(V. **megalito**)

menina
(V. **camarera**)

meninge
s. **membrana** (V.)
tegumento
túnica
revestimiento
mucosa
película
telilla

s. duramadre
aracnoides
piamadre

s. encéfalo
medula espinal

s. meninge fibrosa
meninge serosa
meninge vascular

s. meníngeo
meningitis
meningococo
meningopatía
meningorragia

meningitis
(V. **meninge**)
(V. **inflamación**)

menino
(V. **camarero**)
(V. **paje**)

menisco
s. fibrocartílago
rodilla (V.)
articulación
s. menisco lateral
menisco medio
s. **disco** (V.)
redondel
rodaja
lente
lámina

menjurje
(V. **mejunje**)
(V. **chanchullo**)

menopausia
s. **climaterio** (V.)
cesación
ocaso (V.)
amenorrea
declive
alteración
transformación
falta
a. *menstruación*
esplendor
auge

menor
s. menudo
pequeño (V.)
chico
chiquito
corto
reducido
minúsculo
mínimo
exiguo
escaso
ruin
mezquino
diminuto
menguado
ínfimo
microscópico
homeopático
inferior (V.)
s. benjamín
niño (V.)
criatura
párvulo
impúber
(V. **minoría**)
a. *mayor*
superior
óptimo
grande
máximo

menoría
(V. **minoría**)

menorragia
(V. **hemorragia**)
(V. **menstruación**)

menos
s. fuera de
excepto (V.)
tampoco (V.)
salvo (V.)
s. **escasez** (V.)
falta
carencia
ausencia
disminución (V.)
limitación
restricción
baja
descenso
defecto
inferioridad (V.)
separación
exclusión
excepción
s. por lo menos
de menos
en menos
a menos que
lo de menos
aún menos
hacer de menos
nada menos
ni mucho menos
pero menos
no poder por
menos
punto menos
ser menos que
a. *incluido*
incluso
también
más
aumento
superioridad
inclusión
exceso
presencia

menoscabar
s. **disminuir** (V.)
acortar
trasquilar (V.)
rebajar
quitar
reducir
decaer
empequeñecer
quebrantar
mellar (V.)
estropear (V.)
deteriorar (V.)
perjudicar (V.)
ajar
deslustrar
dañar
damnificar
s. cercenar
descontar (V.)
desmochar (V.)
mutilar
s. desprestigiar
herir
afectar (V.)
ofender
desacreditar (V.)
denhonrar
injuriar (V.)
envilecer
manchar (V.)
(V. **menoscabo**)
a. *aumentar*
crecer
agrandar
arreglar
beneficiar
honrar
enaltecer

menoscabo
s. **disminución** (V.)
mengua (V.)
merma
rebaja
quebranto
detrimento
deterioro (V.)
daño (V.)
perjuicio (V.)
decadencia
pérdida
desmejora
ajamiento
deslucimiento
lesión
imperfección (V.)
mella
s. **mutilación** (V.)
trasquiladura (V.)
cercenadura
trasquilimocho
(V.)
s. **descrédito** (V.)
deshonor
deshonra
desdoro
afrenta
desprestigio
mancilla (V.)
desprecio
menosprecio
ofensa
injuria (V.)
a. *aumento*
mejora
beneficio
prestigio
aprecio
enaltecimiento
honra

menospreciable
s. **despreciable** (V.)
abyecto
desdeñable
vergonzoso
infame
odioso
ignominioso (V.)
indecente
indecoroso
ruin
innoble
desleal
(V. **menosprecio**)
a. *leal*
honrado
noble
digno
honroso
apreciable
estimable

menospreciar-se
s. **despreciar** (V.)
repulsar
desdeñar
disminuir (V.)
rebajar (V.)
desestimar
desairar
postergar
relegar
arrinconar (V.)
ignorar
desdorar
degradar
humillar (V.)
deslucir
popar
ofender (V.)
maltratar
despedir
abandonar
reírse de
tener a menos
sacar la lengua
volver la cara
dar de lado
importar un pepino
tener en poco
mirar por encima
del hombro
importar un bledo
importar un pito
mirar de reojo
mirar de arriba
abajo
dar con la puerta
en las narices
tratar a la
baqueta
poner a los pies
de los caballos
tratar a zapatazos
escupir en la cara
echar por alto
hacer ascos
hacer un feo
dar la espalda
dar de bofetadas
(V. **menosprecio**)
a. *justipreciar*
alabar
enaltecer
apreciar
estimar
querer
aumentar
rehabilitar

menosprecio
s. **desprecio** (V.)
disfemismo
desestima
abaratamiento
depreciación
desconsideración
displicencia
disfavor
repulsa
desconsideración
desaire (V.)
descortesía
depreciación
desdén (V.)
desecho
vilipendio
postergación
desaprobación
zaherimiento
deshonor (V.)
burla
esguince
higa
rabotada
retintín
tonillo
reticencia
feo (V.)
portazo
ofensa
a. *alabanza*
honra
enaltecimiento
cortesía
estima
favor
rehabilitación
aprecio
consideración
honor

menostasia
(V. **menstruación**)

mensaje
s. aviso
nota (V.)
recado (V.)
encargo
comisión (V.)
envío
carta
escrito
memorial
memorándum
comunicación (V.)
anuncio (V.)
misiva
radiograma (V.)
billete
tarjeta
esquela
s. **embajada** (V.)
legación
mandadería
mensajería
s. **mensajero** (V.)
a. *destino*
recepción

mensajero
s. **recadero** (V.)
ordinario
propio (V.)
porteador (V.)
demandadero
correo (V.)
mandadero
llamador
veredero
cosario
enviado (V.)
comisionado
botones
edecán
conserje
correveidile
motril
motil
mochil
ministro
emisario (V.)
nuncio (V.)
diplomático
abanderado
paraninfo (V.)
embajador
gentilhombre
misionado
trainel
alcahuete (V.)
heraldo (V.)
faraute (V.)
avisador
paloma
mensajera
carta mensajera
letra mensajera
r. Mensajero frío,
tarda mucho y
vuelve vacío
(V. **mensaje**)
a. *recepcionista*
receptor
destinatario

menstruación
s. mes
regla (V.)
período (V.)
menstruo
amenorrea (V.)
menostasia
menofanía
epimenorrea
menoplania
catamenial
menorragia
hemorragia (V.)
mesillo
sanguina
flores
flujo
purgación
sangriza
emenagogo (V.)
desopilación
matriz (V.)
menstruación
climatérica
menstruación
vicaria
a. *menopausia*

menstrual
(V. **menstruoso**)

menstruar
s. opilarse
desopilar
desopilarse
ser mujer
sangrar (V.)
evacuar
excretar
expeler
(V. **menstruación**)
a. *retener*
obstruir

menstruo
(V. **menstruación**)

menstruoso
s. menstrual
catamental
menstruante
menorrágico
emenagogo
(V. **menstruación**)

mensual
s. regular
periódico (V.)
habitual
fijo
(V. **mes**)
a. *variable*
irregular

mensualidad
s. **sueldo** (V.)
remuneración
paga
mes
mensual
salario
mesada
pago
haber
estipendio
honorarios
emolumentos
haberes
(V. **mes**)

ménsula
s. can
canecillo
apoyo
poyata
poyo
moldura (V.)
resalto
cartela
cornisa
palomilla
ancón
anaquel
consola
mesa (V.)
modillón
repisa (V.)
modillón
ornamentación (V.)
prominencia
viga
rinconera
vasar
estante (V.)
saliente
sostén (V.)

mensura
(V. **medida**)

mensurar
(V. **medir**)

menta
s. hierbabuena
mastranzo (V.)
mienta
pipermín *

mentado
(V. **famoso**)

mental
s. cerebral
intelectual (V.)
especulativo
imaginativo
espiritual
ilusorio
interior
(V. **mente**)
a. *material*
exterior
real
corporal

mentalidad
s. **pensamiento** (V.)
parecer
concepción (V.)
concepto
estimación
característica
conocimiento
mente (V.)
ánimo
espíritu
cabeza
capacidad
actividad
razón
procedimiento
forma
manera
interior
cultura

mentar
s. **nombrar** (V.)
mencionar (V.)
evocar
recordar
llamar
rememorar
citar (V.)
referir
señalar
designar
intitular
(V. **mente**)
(V. **mientes**)
a. *silenciar*
omitir
olvidar
callar
ocultar

mentastro
(V. **mastranzo**)

mente
s. **mentalidad** (V.)
psicología (V.)
pensamiento (V.)
potencia
inteligencia (V.)
alma
memoria
intelecto
cerebro (V.)
casco
entendimiento
razón (V.)
comprensión
imaginación
meollo
caletre
magín
cacumen
chirumen
s. sentimiento
sentido
espíritu
propósito (V.)
designio
instinto
intención
voluntad (V.)
dictamen
alma
ánimo (V.)
de buena mente
tener en la mente
a. *cuerpo*
materia

mentecatada
(V. **mentecatez**)

mentecatería
(V. **mentecatez**)

mentecatez
s. mentecatada
mentecatería
tontería
simpleza
sandez
bobería
majadería
necedad (V.)
idiotez
insensatez (V.)
estulticia
fatuidad (V.)
vanidad
a. *inteligencia*
sensatez
sencillez
listeza
agudeza
discreción
humildad
sabiduría
juicio

mentecato
s. memo
sandio
lerdo
lelo
zote
simple
estulto
necio (V.)
majadero
bobo
idiota
pazguato
panarra
fatuo
tonto
abobado
estólido
imbécil
menguado
insensato (V.)
torpe
inepto
obtuso
incapaz
gurdo
tolondro
pamplinero
limitado
corto
cerril
abrutado
salvaje
burdo
gilí
estúpido
fatuo (V.)
(V. **mentecatez**)
a. *inteligente*
listo
sensato
agudo
vivo
juicioso
sabio
sencillo
humilde
discreto

mentir
s. forjar
fraguar
inventar (V.)
urdir
trufar
zurcir (V.)
engañar (V.)
falsear
falsificar (V.)
embustear
embustir
desvirtuar
embrollar
enredar
complicar
adulterar
confundir
disfrazar
embolismar
embelecar
fingir (V.)
aparentar
disimular
simular (V.)
ocultar
mixtificar
mistificar
trapalear
liar
exagerar (V.)
calumniar
chismorrear (V.)
bolear
desdecir
zurcir
timar
errar
novelar
fantasear
tramar
pretextar (V.)
s. mentir con toda la barba
miente más que habla
miente más que la gaceta
el mentir pide memoria
r. Quien siempre me miente, nunca me engaña
(V. **mentira**)
a. *sincerarse*
descubrir
revelar
confesar
franquearse
afirmar
aclarar
sonsacar
averiguar
investigar

mentira
s. **falsedad** (V.)
bulo
trola
bola
artificio
añagaza
enredo (V.)
volandera
filfa (V.)
gazapo
moyana
quimera
trufa
adulación
ficción (V.)
mito (V.)
mentirilla
mentirijilla
mentirón
píldora (V.)
embuste (V.)
embustería
embrollo
droga
arana
coladura
renuncio
bernardina
berlandina
cuento (V.)
camelo
coba
consejo
choba
macana
engaño (V.)
inexactitud (V.)
trápala
pretexto (V.)
cuchufleta
magana
echada
camote
invención (V.)
paparrucha
exageración (V.)
error
trónica
fullería
grilla
falacia
calumnia (V.)
impostura
fraude
caroca
infundio
chacota
lazo
timo
triquiñuela
amaño (V.)
ardid
sofisma
hipérbole
falacia
falseamiento
falsedad (V.)
faramalla
fingimiento (V.)
gazapo
chapucería
gazapa
jácara
novela (V.)
patraña (V.)
patarata
falimiento
fanfarronada (V.)
trola
bromazo
camama
volandera
vela
treta (V.)
trapacería
burlería
farsa
superchería
mendacidad
chisme
disimulo (V.)
argucia
subterfugio (V.)
borrego
pajarota
pajarotada
hablilla
conseja
fábula (V.)
historieta
falordia
faloría
guadramaña
esclerosis
mentira oficiosa
mentira caritativa
coger a uno en una mentira
la mentira no tiene pies
la mentira pronto es vencida
parece mentira
r. Quien dice lo que no siente, miente ■ La mentira general, pasa por verdad ■ Las mentiras y las olas, nunca vienen solas ■ Quien miente, presto se arrepiente ■ Quien mentir suele ni las verdades se le cree
a. *verdad*
veracidad
autenticidad
certeza
axioma
sinceridad
realidad
dogma
ortodoxia
postulado
principio
razón
averiguación
investigación
claridad
honradez
rectitud
exactitud
revelación

mentiroso
s. **embustero** (V.)
falaz
mendoso
mendaz
falso (V.)
farsante
trolero
trapalón
patrañero
sofista
trufador
bolero
fanfarrón (V.)
chapucero
tramposo (V.)
fulero
embaidor
charlatán
faramallero
macaneador
embarrador
droguista
bocón
bocazas
cobista
adulador
calumniador
trápala
infundioso (V.)
invencionero (V.)
mentidor
engañoso
petate
echacuervos
cuentista
equivocado
novelero
fantasioso
artificioso
apócrifo
engatusador
parabolano
inexacto (V.)
fabulista
exagerado (V.)
farsante (V.)
fulero
fullero
farfantón
impostor (V.)
soñador
trápala
mistificador
mixtificador
engañoso (V.)
lioso
aranero
ilusionista
excéntrico
escamoteador
prestidigitador
fantasmón
fariseo
jacarero
inventor
novelista
(V. **mentira**)
a. *veraz*
verdadero
auténtico
axiomático
fidedigno
fehaciente
sincero
exacto
ortodoxo

mentís
s. desaprobación
desdicho
contradicción
denegación
reprobación
contestación
tapaboca
desmentida
negativa (V.)
repulsa
impugnación
reputación (V.)
a. *confirmación*
aseveración
ratificación
aprobación

mentón
s. **barbilla** (V.)
mandíbula
prominencia
maxilar
perilla
barba

mentor
s. **consejero** (V.)
guía
maestro
preceptor
instructor
inspirador
ayo
asesor
monitor
consultor
aconsejador
tutor

menú
(V. **minuta**)

menudear
s. asistir
frecuentar (V.)
soler
acostumbrar (V.)
trillar
cursar
traquetear
traquear

s. **detallar** (V.)
puntualizar
pormenorizar
especificar

s. **repetir** (V.)
reiterar
chorrear
bullir
insistir

(V. **menudeo**)

a. *faltar*
generalizar
escasear
desistir

menudencia
s. bagatela
minucia
insignificancia (V.)
pequeñez
fruslería
niñería
bujería
nadería
anís
nimiedad
piojería
pijotería (V.)
pizca
chuchería

s. exactitud
minuciosidad (V.)
escrupulosidad
pormenor
esmero
detalle
minucia (V.)

s. **despojos** (V.)
morcillas
longanizas
salchichas
menudillo (V.)

a. *importancia*
categoría
generalidad
chapucería
incuria

menudeo
(V. **frecuentación**)

(V. **abundancia**)

(V. **detall**)

menudillo
s. molleja
higadillo
vísceras
cordilla
bofe
hígado
corazón
menudencia (V.)
gallinejas

menudo
s. **pequeño** (V.)
chiquito
minúsculo
insignificante
chico
minuto (V.)
baladí
despreciable
mezquino (V.)
ruin
tacaño

s. **calderilla** (V.)
perras
suelto

s. **meticuloso** (V.)
escrupuloso
exacto
minucioso (V.)

s. **plebeyo** (V.)
corriente
vulgar (V.)
ordinario

s. **despojos** (V.)

s. a menudo
por menudo
gente menuda
letra menuda

a. *importante*
grande
generoso
extraordinario
distinguido
noble
general
impreciso

meollo
s. médula
medula (V.)
núcleo
tuétano (V.)
corazón
fondo
quid
busilis
base
fundamento
miga (V.)
migajón
jugo
entraña
substancia (V.)
interés

s. **juicio** (V.)
inteligencia (V.)
cordura
seso (V.)
sensatez
entendimiento
caletre
magín
cacumen
chirumen
razonamiento
razón

a. *exterior*
superficie
epidermis
generalidad
simpleza
torpeza
insensatez
necedad

meón
(V. **niño**)

mequetrefe
s. chisgarabís
botarate (V.)
títere (V.)
tarambana
trasto
zascandil
muñeco
danzante
chafandín
badulaque
catacaldos
fantoche
gamberro
ganso
majagranzas
payaso
sacabuche (V.)
pelele (V.)
petate
zángano (V.)
mameluco
saltabancos
saltimbanqui
vacío
superficial
trivial
vaina
majadero
despreciable (V.)
mamarracho
irresponsable (V.)
insensato (V.)
alocado
callejero
bullicioso
enredador
chiquilicuatro
gaznápiro
ligero
inconstante (V.)
intrigante (V.)

a. *serio*
grave
sensato
discreto
sentado
responsable
tenaz
profundo

merar
(V. **mezclar**)

mercachifle
s. mercader
comerciante
negociante (V.)
buhonero (V.)
trujamán
marchante
trajinante
achinero
asentador
telichero
zarracatín
baratero
comisionista
tendero
hortera
charanguero
quincallero
baratillero
ambulante
feriante

mercadear
(V. **comerciar**)

mercader
s. **comerciante** (V.)
negociante
traficante
mercadante
tratante
mercante
exportador
mayorista
minorista
especulador
negociador
exportador
importador
mercachifle
buhonero
feriante
albondiguero
almotacén
tendero
abarrotero
vendedor

(V. **mercadería**)

a. *comprador*
cliente
adquirente

mercadería
s. **mercancía** (V.)
efecto
género
mercaduría
abarrotes
vendeja
existencias
atijera
aricheta

s. **hurto** (V.)

r. Mercadería cara, debajo del agua mana

mercado
s. alhóndiga
feria (V.)
plaza (V.)
zacatín
rastro
baratillo
zoco (V.)
bazar
emporio
lonja (V.)
bolsa
ágora
ferial
real
barraca
tienda (V.)
cajón
lóndiga
almudena
rodeo
puesto (V.)
verbena
depósito
verbena
proveeduría (V.)
autoservicio
factoría
self-service
factoría
factoraje
supermercado
tabla
almoneda
almudí
quintana
azoguejo
encantes
cobertizo
emporio
mercado negro
estraperlo

mercancía
s. **mercadería** (V.)
efectos
género (V.)
artículo (V.)
existencia (V.)
ancheta
atijara
macana
carga
mercadura
comercio
mercadoría
merchandía
merchantería
producto (V.)
pacotilla (V.)
surtido
stock
partida

s. envase
presentación
novedad
ocasión
de lance
saldo
ganga
baratura

s. **comerciar** (V.)
comprar
vender
alquilar
embalar
remitir
almacenar
envasar
envolver
exportar
importar
facturar
remesar
servir
presentar
exhibir
rebajar
cargar
expedir
mantener
saldar
liquidar
surtir
asentar

mercante
(V. **comerciante**)

(V. **mercantil**)

mercantil
s. mercante
mercantesco
mercaderil
mercantivo
comercial (V.)
especulativo
traficante
mercantilista
codicioso (V.)

mercantilismo
s. positivismo
industrialismo
explotación
ganancia
interés
metalización
economía (V.)

mercantilizar
(V. **comerciar**)

mercar-se
s. negociar
traficar
comprar (V.)
vender
adquirir
comerciar (V.)
feriar
importar
exportar
especular
trapichear
facturar
granjear
mercadear
remesar
enviar
girar
comanditar
mercantilizar
navegar
registrar
tratar
asentar
intercambiar

(V. **mercado**)

merced
s. **privilegio** (V.)
gracia (V.)
galardón
dádiva
premio
don
regalo (V.)
recompensa (V.)
favor
beneficio (V.)
donación
ayuda
gratificación
propina
albalá
socorro
servicio
retribución
remuneración
renta
precio

s. voluntad
arbitrio (V.)

s. **tratamiento** (V.)
cortesía

s. **piedad** (V.)
indulgencia
perdón (V.)
misericordia
conmiseración
indulto
clemencia
beneplácito (V.)
a merced de
merced a

a. *castigo*
impiedad
condena
injusticia
igualdad
abandono
dureza
crueldad

mercenario
s. estradiote
mesnadero (V.)
cipayo
condotiero
soldado (V.)
tropa

s. asalariado
criado
servidor
sirviente
contratado
jornalero (V.)
substituto

s. **venal** (V.)
simoníaco
simoniático
codicioso
interesado
materialista

a. *desinteresado*
íntegro
honrado
idealista

mercería
s. **comercio** (V.)
tienda
quincalla (V.)
sedería
paquetería

s. cintas
encajes
alfileres
botones
hilos

mercero
(V. **quincallero**)

(V. **comerciante**)

mercurial
(V. **mercurio**)

mercúrico
(V. **mercurio**)

mercurio
s. **metal** (V.)
azogue
argento
cinabrio
hidrargirio
hidrargiro
garduja
espargiro
llapa
yapa
amalgama
calomelano
sublimado
chinateado
aludel
hormigo
pella
atutía
levante
huidero
cochura
mercurialismo
mercurialización
azogamiento
espejo
amalgamación
convulsión
precipitado blanco
precipitado rojo
ungüento de soldado

s. mercurial
malcoraje
mercúrico
mercurioso
azogado
modorro
cochurero
mercurista
amalgamar
azogar (V.)
desazogar
repasar
precipitar

merchante
(V. **comerciante**)

merdoso
(V. **sucio**)

merecedor
s. acreedor
digno (V.)
benemérito
condigno
correspondiente
justo (V.)
merecido
meritorio
mereciente
meritísimo
laudable
loable
plausible
estimable
razonable

(V. **merecimiento**)

a. *indigno*
injusto
inmerecido
deudor
reprobable

merecer
s. meritar
ganar
lograr
obtener
recibir
cosechar
percibir
beneficiarse
corresponder
valer (V.)
honrar (V.)
premiar
gratificar

s. ser digno de
hacer méritos
ser acreedor
ser merecedor de
estar bien empleado
valer la pena
merecer bien de
no servir uno para descalzar a otro

(V. **merecimiento**)

a. *desmerecer*
reprobar
recusar

merecido
s. **justo** (V.)
meritorio
debido
correspondiente
apropiado
digno
condigno
adecuado (V.)
mereciente
proporcionado

s. **castigo** (V.)
correctivo
sanción

(V. **merecimiento**)

a. *injusto*
indebido
inadecuado
inmerecido
premio
recompensa

merecimiento
s. **premio** (V.)
derecho
mérito (V.)
virtud
justicia (V.)
equidad
bondad
estimación (V.)
servicio
decoro
razón
plausibilidad (V.)
sensatez

a. *maldad*
injusticia
indignidad

merendar-se
s. **comer** (V.)

s. **curiosear** (V.)
registrar
acechar

s. lograrse
apoderarse (V.)
alcanzar
conseguir (V.)
obtener
sacar

s. ganar

(V. **merienda**)

s. **derrotar** (V.)

a. *ayunar*
abandonar
dejar
devolver
perder

merendero
s. colmado
ventorro
ventorrillo
figón (V.)
venta
tasca
taberna (V.)
café
cantina (V.)
buchinche
pulpería
chichería
vinatería
bar
salón de té
cafetería (V.)
bodega
mesón
bodegón
cenador
glorieta
quiosco (V.)
puesto
parador
templete
emparrado
pérgola

(V. **merienda**)

merendola
(V. **merienda**)

merengue
s. **pastel** (V.)
dulce
chantilly
espumilla
bienmesabe
crema
amerengado

s. melifluo
débil (V.)

a. *agrio*
fuerte

meretriz
(V. **prostituta**)

meridiana
(V. **diván**)

meridiano
s. mediodía
círculo (V.)
línea

s. claro
evidente (V.)
inobjetable
diáfano (V.)
luminoso
preciso
explícito
notorio
indudable
positivo
terminante (V.)
concluyente

a. *confuso*
obscuro
dudoso
impreciso
objetable

meridional
s. austral
antártico
latino
sureño
sudista

a. *norteño*
septentrional

merienda
s. **refrigerio** (V.)
piscolabis
aperitivo
tentempié
ágape
merendona
merendola
guateque
comida ligera
jira (V.)
alifara
lifara

s. **provisión** (V.)
alimentos

s. **joroba** (V.)
corcova

s. merienda de negros
merienda campestre
juntar meriendas
ir de merienda

merindad
s. distrito
territorio (V.)
jurisdicción
sitio
comarca
circunscripción
juzgado

s. **población** (V.)
villa
ciudad

merino
(V. **oveja**)

(V. **ganado**)

(V. **juez**)

meritar
(V. **merecer**)

mérito
s. **valor** (V.)
estimación
virtud
bondad
valía
decoro
interés
ventaja (V.)
consideración
estima (V.)
crédito
cualidad

s. de mérito
mérito del proceso
hacer méritos
tener mérito

(V. **merecimiento**)

a. *demérito*
desestimación
perjuicio

meritorio
s. digno
estimado
bueno (V.)
laudable
alabable
loable (V.)
condigno
acreedor

s. aprendiz
administrativo
auxiliar
aprendiente
aspirante (V.)
interino

(V. **mérito**)

a. *indigno*
malo
oficial
injusto
fijo
estable

merla
(V. **mirlo**)

merlón
(V. **parapeto**)

(V. **fortificación**)

merluza
s. luz
pescada
pescadilla
pez (V.)

s. mona
pítima
borrachera (V.)

a. *sobriedad*
serenidad

merma
s. menoscabo
pérdida (V.)
disminución (V.)
decrecimiento
baja
aminoración
mengua
amenguamiento
descenso
deterioro
feblaje
perjuicio
desgaste
derroche

s. **gasto** (V.)
consumo
desembolso
dispendio

s. **sisa** (V.)
consunción (V.)
substracción

a. *aumento*
ahorro
devolución

mermar-se
s. **disminuir** (V.)
consumirse (V.)
gastarse
menguar (V.)
aminorar
bajar
minorar
reducir
decrecer
diezmar (V.)
desgastar

s. **sisar** (V.)
quitar
hurtar
robar
substraer (V.)

(V. **merma**)

a. *aumentar*
devolver
durar
incrementar

mermelada
s. **dulce** (V.)
jalea
melada
conserva de frutas
compota
gelatina
melote
miel
letuario
cidrada
guayaba
confitura

s. brava mermelada

mero
s. cherna
pez teleósteo

s. **simple** (V.)
solo (V.)
puro
neto
sencillo
pelado
desnudo

r. De la mar, el mero; y de la tierra el carnero

a. *complejo*
completo
complicado
sofisticado

merodeador
s. **vagabundo** (V.)
ladrón
explorador (V.)
cazador furtivo
malhechor
delincuente
maleante
forajido
sospechoso
vago
rondador (V.)

(V. **merodeo**)

a. *trabajador*
honrado
decente

merodear
s. reconocer
batir
explorar (V.)
recorrer
vigilar
observar (V.)
acechar
espiar (V.)
curiosear (V.)
fisgar (V.)
huronear
hurgonear (V.)
brujulear
husmear

s. **vagabundear** (V.)
vagar
deambular
divagar (V.)
haraganear

(V. **merodeo**)

a. *despreocuparse*
desentenderse
desinteresarse
permanecer
quedarse
trabajar
ocuparse

merodeo
s. reconocimiento
exploración (V.)
vigilancia
curiosidad (V.)
atisbo
observación
registro

s. **vagabundeo** (V.)
brujuleo
descubierta

s. **saqueo** (V.)
robo
hurto

a. *trabajo*
ocupación
permanencia
desinterés
desentendimiento

mes
s. **año** (V.)
enero
febrero
marzo
abril
mayo
junio
julio
agosto
septiembre
octubre
noviembre
diciembre

s. brumario
fructidor
germinal
termidor
vendimiario
floreal
frimario
mesidor
nivoso
pradial
pluvioso
ventoso

s. bimensual
trimestral
semestral

s. bimestre
trimestre
cuadrimestre
cuatrimestre
semestre

s. **calendario** (V.)
fecha (V.)
calendas
tiempo

s. pasado
este
corriente
presente
que viene

s. sueldo
mensualidad (V.)

s. **menstruación** (V.)

s. mes ordinario
mes anomalístico
mes apostólico
mes bisiesto
mes lunar
mes trópico
mes sinódico
mes periódico
mes solar

s. meses mayores
caer uno en el mes del obispo

mesa
s. **mueble** (V.)
mesilla
mesita
velador (V.)
tocinera
camilla
costurero
coqueta
pupitre (V.)
consola
tablón
tabla (V.)
tablero
trabanca
mostrador (V.)
banco
dolmen
bufete
ménsula (V.)
credencia
hintero

s. **altar** (V.)
ara

s. **presidencia** (V.)

s. **comida** (V.)

s. descanso
descansillo
rellano (V.)
meseta
servicio (de mesa)
azucarero
azucarera
bandeja
centro
cubierto (V.)
cristalería (V.)
cuchara
cucharón
tenedor
trinchante
cuchillo
cucharilla
frutero
ensaladera
fuente
huevera
mantel
mantelería
servilleta
servilletero
salvamantel
panera
plato
salero
aceitera
vinagrera
vinagreras
salsera
sopera
taza
calientaplatos
cascanueces
cascapiñones
vaso
copa
botella
jarra
compotera
convoy
cubillo
dulcera
esclafador
galletero
juego de café
licorera
mantequera
mantequero
quesera
mostazera
palillero
palillo
mondadientes
pimentero
salvilla
mesa de noche
mesa redonda
mesa camilla
mesa traviesa
mesa de batalla
mesa de cambios
mesa gallega
mesa de gallegos
mesa de guarnición
mesa revuelta
mesa franca
mesa de milanos
mesa de la vaca
mesa de lavar
mesa de altar
mesa maestral
media mesa
segunda mesa
poner la mesa
quitar la mesa
a mesa puesta
a mesa y mantel
de sobre mesa

r. Ni mesa sin pan, ni ejército sin capitán

s. sentarse uno a la mesa

mesada
(V. **mensualidad**)

mesalina
(V. **libertina**)

(V. **disoluta**)

mesana
(V. **arboladura**)

(V. **vela**)

mesarse
s. segar
cercenar
tirarse
arrancarse (V.)

s. mesarse los cabellos de ira

mescolanza
(V. **mezcolanza**)

meseguero
(V. **guarda**)

mesenterio
s. **redaño** (V.)
omento
entresijo (V.)
epiplón (V.)
peritoneo (V.)
membrana
repliegue

meseta
s. rellano
descansillo (V.)
descanso

s. planicie
altiplanicie
llanura (V.)
llano
sabana
tundra
puna

a. *montaña*
sierra
serranía

mesianismo
(V. **confianza**)

(V. **esperanza**)

Mesías
(V. **Jesucristo**)

mesidor
(V. **mes**)

mesilla
s. descansillo
rellano (V.)

s. **reprensión** (V.)
corrección
advertencia
regañina
reprimenda
catilinaria
amonestación
censura
apercibimiento
reproche

s. mesa

s. **losa** (V.)
alero
balaustrada (V.)

s. mesilla corrida
mesilla quebrantada

a. *elogio*
encomio
alabanza

mesmedad
(V. **esencia**)

(V. **naturaleza**)

mesmerismo
(V. **magnetismo**)

(V. **hipnotismo**)

mesmerizar
(V. **magnetizar**)

(V. **hipnotizar**)

mesmo
(V. **mismo**)

mesnada
s. **tropa** (V.)
partida (V.)
cafila
hueste (V.)
banda
caterva
ejército
guerrilla
falange
guardia
facción
mercenarios
combatientes
aventureros
partidario

s. **compañía** (V.)
congregación
junta
asamblea
reunión
consorcio

a. *disolución*
separación
disgregación

mesnadero
s. **soldado** (V.)
combatiente
mercenario (V.)
aventurero
condotiero
partidario (V.)
guerrillero
secuaz

(V. **mesnada**)

mesocarpio
s. **pericarpio** (V.)
endocarpio
sarcocarpio
carnosidad
fruto (V.)

mesocefalia
(V. **cráneo**)

mesocracia
(V. **gobierno**)

(V. **burguesía**)

mesodermo
(V. **blastodermo**)

mesón
s. hostal
hostería
posada (V.)
albergue
venta
ventorro
fonda
parador
figón
merendero
hospedería
casa de huéspedes
casa de viajeros
pensión
casa de comidas
fonducho
fondín
hotel
casa de postas
alberguería
cantina
paseana
pupilaje
mesonaje

s. **partícula** (V.)
electrón
protón
mesón pi o pión
mesón ka o kaón

mesonero
s. **posadero** (V.)
ventero
hotelero
hostelero
hostalero
huésped
patrón
dueño

(V. **mesón**)

mesosfera
(V. **atmósfera**)

mesotórax
(V. **pecho**)

mesozoico
(V. **secundario**)

(V. **geología**)

mesta
(V. **asociación**)

(V. **ganado**)

mesteño
(V. **mostrenco**)

(V. **libre**)

mester
(V. **oficio**)

(V. **arte**)

mesticia
(V. **tristeza**)

mestizaje
s. cruce
mezcla
combinación
cruzamiento (V.)
cría
hibridez
degeneración (V.)

a. *pureza*
casticismo

mestizar
s. mezclar
cruzar (V.)
criar
combinar
degenerar (V.)
adulterar

(V. **mestizaje**)

a. *purificar*

mestizo
s. **cruzado** (V.)
mixto (V.)
híbrido (V.)
bastardo
mezclado
amestizado
combinado
zambaigo
heterogéneo
atravesado
calpamulo
ñapango
colla
cholo
mulato (V.)
acholado
morisco
abigarrado
amestizado
pardo
zambo
cuarterón (V.)
saltatrás
tornatrás
genízaro
jenízaro
zambaigo
ochavón
roto
albarazado
cambujo
tentenelaire
chino
cuatratuo
jíbaro
lobo
raza (V.)

(V. **mestizaje**)

a. *puro*
castizo

mesturar
(V. **mezclar**)
(V. **divulgar**)
(V. **delatar**)

mesura
s. **moderación** (V.)
comedimiento (V.)
prudencia
cordura
juicio
circunspección
miramiento
tacto (V.)
s. **dignidad** (V.)
gravedad
sensatez
seriedad
compostura
modosidad
s. consideración
cortesía (V.)
respeto (V.)
reverencia
a. *descomedimiento*
grosería
irreverencia
insensatez
desconsideración
imprudencia
desprecio
descompostura
descortesía

mesurado
s. **comedido** (V.)
ponderado (V.)
mirado
compuesto (V.)
cauteloso
modoso
discreto (V.)
circunspecto
prudente (V.)
moderado (V.)
s. reglado
templado
morigerado (V.)
parco
contenido
ordenado (V.)
rítmico (V.)
sobrio (V.)
frugal
s. serio
grave
formal (V.)
severo
austero
digno (V.)
(V. **mesura**)
a. *descomedido*
desconcertado
destemplado
atolondrado
desconsiderado
desordenado
irreverente
informal
indigno

mesurar-se
s. **medir** (V.)
mensurar
s. **contenerse** (V.)
comedirse
morigerarse
temperarse
templarse
reglarse
refrenarse
reprimirse (V.)
apaciguarse
ablandarse
calmarse (V.)
dominarse
(V. **mesura**)
a. *descomedirse*
desmesurarse
alterarse
soliviantarse
intranquilizarse
saltar
impacientarse

meta
s. **límite** (V.)
término (V.)
final (V.)
pináculo
raya
borde
margen
extremo
remate
culminación
colofón
s. **objetivo** (V.)
objeto
finalidad
propósito
intención
fin
s. **portería** (V.)
guardameta
deporte (V.)
a. *principio*
comienzo
despreocupación
desinterés

metabolismo
s. **transformación** (V.)
asimilación (V.)
combustión
desintegración
s. anabolismo
catabolismo
tiroides
(V. **biología**)
s. **fisiología** (V.)

metacarpo
(V. **hueso**)
(V. **mano**)

metafísica
s. **filosofía** (V.)
humanismo
origen
destino
principio
causalidad
causa
esencia
existencia
realidad
vitalismo
existencialismo
positivismo
neopositivismo
ontología
ser
teología
racionalismo
conocimiento
pensamiento
trascendentalismo

metafísico
s. **sutil** (V.)
arduo
difícil
obscuro (V.)
abstracto
abstruso
incomprensible
especulativo (V.)
teórico
confuso
filosófico (V.)
profundo
(V. **metafísica**)
a. *claro*
evidente
fácil
comprensible
pragmático
empírico
superficial
epidérmico

metáfora
s. **alegoría** (V.)
figura
tropo (V.)
imagen (V.)
traslación (V.)
sentido figurado
comparación (V.)
símbolo
representación
parábola (V.)
símil
metonimia (V.)
sinécdoque
a. *realidad*

metafórico
s. **simbólico** (V.)
figurado (V.)
alegórico
parabólico
representativo
comparado
imaginario
imaginado
(V. **metáfora**)
a. *real*
natural
material

metal
s. **latón** (V.)
azófar
magnesio
estroncio
bario
plata (V.)
platino
oro (V.)
mercurio (V.)
plomo (V.)
cesio
calcio
itrio
aluminio (V.)
hierro (V.)
cromo
estaño
tungsteno
circonio
titanio
paladio
rodio
sodio
potasio
uranio
radio
polonio
estibio
bismuto
antimonio
rutenio
pelopio
cinc (V.)
platino
acero (V.)
bronce (V.)
cadmio
litio
rubidio
cobre (V.)
talio
terbio
molibdeno
cromo
germanio
indio
galio
escandio
manganeso (V.)
didimio
glucinio
cobalto
berilio
níquel (V.)
iterbio
lantano
cerio
torio
vanadio
volframio
(tungsteno)
iridio
osmio
s. **aleación** (V.)
mineral (V.)
filón
yacimiento
ganga
veta
vena
mena
baño
colada
copelación
galvanoplastia
siderurgia
metalurgia (V.)
fundición (V.)
forja (V.)
fragua (V.)
horno (V.)
calderería
ensayo
laminación
crisol
amalgama
sangría
temple
metalizar (V.)
s. **timbre** (V.)
calidad
tono
condición
voz (V.)
s. **dinero** (V.)
s. metal blanco
metal de imprenta
metal noble
metal machacado
metal precioso

metalado
(V. **mezclado**)

metálico
s. mineral
férreo
acerado
resistente (V.)
duro (V.)
fuerte
recio
inquebrantable
metalífero
s. **dinero** (V.)
efectivo
contante y sonante

metalizado
(V. **materialista**)
(V. **interesado**)
(V. **ávido**)

metalizar
s. extraer
beneficiar
destemplar
caldear
templar
adulzar
fritar
licuar
crisolar
acrisolar
acendrar
encendrar
descamisar
forjar (V.)
laminar
estirar
bogar
desnatar
embancarse
cementar
fundir (V.)
refundir
gallear
hojear
subir de ley
bajar de ley
recocer
copelar
cementar
berlingar
ensayar
afinar
enrielar
mezclar
purificar
s. convertir
transformar
forrar
galvanizar
dorar
platear
niquelar
esmaltar
abrillantar
amalgamar
soldar
cromar
embutir
tratar
recubrir
bañar
(V. **metal**)

metalurgia
s. metalistería
siderurgia
industria (V.)
s. extracción
transformación
tratamiento
elaboración
fusión
calcinación
disolución
amalgamación
electrólisis
volatilización
vaciado
forjado
laminación
embutido
trefilado
sangría
estirado
estampación
soldadura
prensado
torneado
fresado (V.)
recocido
cementación
metalización
oxidación
baño
colada
copelación
fundición (V.)
docimasia
docimástica
espagírica
galvanoplastia (V.)
temple
fragua
s. copela
crisol
horno (V.)
retorta
molde
matriz
rielera
hormigo
hilera
envaina
escalzador
magistral
pilón
martillo pilón
prensa
brasca
martinete
berlinga
castina
caperuza
cebadera
callana
convertidor
fusor
cornamusa
s. limaduras
escoria
viruta
granzas
flor
mata
mazarota
grasas
lingote
barra
cizalla
alambre
launa
lámina
hoja
chapa
quincalla
pella
pepita
pasta
caldo
riel
(V. **metal**)

metalúrgico
s. **fundidor** (V.)
metalario
metalista
refinador
metálico
aroza
ensayador
vaciador
siderúrgico
fabril
(V. **metalurgia**)

metamorfismo
(V. **transformación**)
(V. **geología**)

metamorfosearse
s. **cambiar** (V.)
mudar
convertir
transmutar
transmudar
trastrocar
disfrazar
desfigurar
transfigurar
transubstanciar
(V. **metamorfosis**)
a. *continuar*
permanecer
persistir

metamorfosis
s. transfiguración
cambio (V.)
mutación
transmutación
transformación
conversión
transmudamiento
transmudación
metamorfosi
metempsicosis
inversión
evolución
desenvolvimiento
trastrueque
trastrocamiento
desarrollo

s. capullo
crisálida (V.)
ninfa
cresa
muda

a. *permanencia*
invariabilidad
duración

metano
(V. **gas**)

metaplasmo
s. **dicción** (V.)
figura (V.)

s. **alteración** (V.)
derivación
apócope
aféresis
elisión
síncopa
paragoge

metástasis
(V. **reproducción**)

metatarso
(V. **hueso**)
(V. **pie**)

metazoo
(V. **protozoo**)

meteco
s. **extraño** (V.)
extranjero
advenedizo (V.)
intruso
forastero
sobrevenido

a. *natural*
aborigen
indígena

metedor
(V. **contrabandista**)

metempsicosis
s. metempsícosis
transmigración (V.)
traspaso
reencarnación

(V. **metamorfosis**)

a. *permanencia*
fijeza

metemuertos
s. **comicastro** (V.)
sacasillas
racionista
metesillas
sacamuertos

s. **entrometido** (V.)
impertinente
importuno

a. *prudente*
mesurado
discreto

meteorito
(V. **aerolito**)

meteoro
s. meteoro
atmósfera (V.)
aire
viento (V.)
ciclón (V.)
tifón
tromba
clima
tiempo
terremoto
maremoto
manga
remolino
relámpago (V.)
rayo (V.)
tempestad (V.)
trueno
frío
calor
lluvia (V.)
nieve (V.)
granizo
rocío
nube (V.)
humedad
sequedad
hidrometeoro
aurora austral
aurora boreal
fuego de San Telmo
santelmo
arco iris
iris
luz zodiacal
halo
halón
cerco
espejismo
arco del Cielo
arco de San Martín
vara de luz
haz de luz
fatamorgana
fuego fatuo
parhelio
parhelia
paraselene
fosforescencia
lluvia de estrellas
aerolito (V.)
cometa
eclipse

(V. **astronomía**)

meteorología
s. meteorognomía
actinometría
climatología (V.)
geografía (V.)

s. humedad
calor
insolación
gradiente
temperatura
presión (V.)
nubosidad
tiempo (V.)
bonanza
benignidad
ardentía
bochorno
calma
calmazo
destemplanza
clima (V.)
fenómeno atmosférico

s. abromado
apacible
blando
benigno
bonancible
calmo
claro
despejado
hermoso
manso
seco
suave
sosegado
tranquilo
bochornoso
asfixiante
caluroso
tórrido
tropical
cargado
crudo
desabrido
duro
desapacible
húmedo
inclemente
lluvioso
tormentoso
pesado
revuelto
ventoso
variable
riguroso

s. abonanzar
despejar
calmarse
ablandar
aclarar
mejorar
serenarse
helar
granizar
llover (V.)
nevar
marcear
mayear
refrescar

s. **barómetro** (V.)
higrómetro
anemómetro
termómetro (V.)
anemógrafo
anemoscopio
globo sonda
observatorio

s. **pronóstico** (V.)
predicción
parte meteorológico

s. **primavera** (V.)
verano (V.)
otoño (V.)
invierno (V.)

(V. **meteoro**)

meter-se
s. **encerrar** (V.)
rellenar (V.)
embutir (V.)
empotrar (V.)
incluir
remeter
entremeter (V.)
enjaular
injerir
poner
entrañar
internar
fijar
hincar
interponer
enterrar (V.)
chantar
clavar (V.)
afianzar
mechar
ensartar
estacar
plantar
alojar
encuadrar
engarzar
atravesar (V.)
embeber
llenar
inflar
soplar
envasar (V.)
embudar
entonelar
embanastar
encapazar
encestar (V.)
entonelar
embalar
encajonar (V.)
envalijar
embaular
empacar
empaquetar (V.)
conservar
guarda (V.)
embocar
encanastar
encanutar
ensacar
enzurronar
encapachar
embotar
encorachar
embarrilar
entinar
atestar
cerrar (V.)
obstruir
empapar
calar
sorber
absorber (V.)
filtrar
penetrar (V.)
infiltrar
impregnar
entrevenarse

s. contrabandear
alijar (V.)
internar
pasar
injertar
incluir
introducir
colar

s. **zambullirse** (V.)
compenetrarse
internarse
hundirse
acoplarse

s. **promover** (V.)
ocasionar
levantar
inducir
mover

s. **colocar** (V.)
estrechar
apretujar
apretar
comprimir

s. **dar** (V.)
propinar
pegar (V.)
golpear

s. **entrometerse** (V.)
intervenir (V.)
ingerirse

s. meterse en camisa de once varas
meterse a Redentor
meter baza
meter la pata
meter cizaña
meter la mano
meterse por medio
meter mano
meter la nariz
meterse en todo
metérsele entre ceja y ceja
meterse donde no le llaman

r. Hasta meter todo es prometer; después de metido, nada de lo prometido

s. estar muy metido en algo
meterse uno en sí mismo
no meterse en nada
meterse con alguien
a todo meter

a. *sacar*
apagar
disuadir
desencajar
ensanchar
abstenerse
inhibirse
extraer
desempaquetar
desembolsar
extirpar
arrancar
desarraigar
chupar
aspirar
succionar
desenterrar
descubrir
liberar
desclavar
tirar
abrir
salirse
flotar
aparecer
recibir

metición
(V. **entrometido**)
(V. **fisgón**)

meticulosidad
(V. **minuciosidad**)
(V. **escrupulosidad**)
(V. **pulisanimidad**)

meticuloso
s. metódico
escrupuloso (V.)
minucioso (V.)
nimio
menudo (V.)
exacto
concienzudo
detallista
quisquilloso
chinchorrero

s. cobarde
medroso
pusilánime
gallina
temeroso
fuñique (V.)
miedoso (V.)
timorato
asustadizo
azarado

(V. **meticulosidad**)

a. *negligente*
irreflexivo
valiente
decidido

metido
s. embutido
enquistado
inserto (V.)
embuchado

s. **ataque** (V.)
golpe (V.)
puñetazo
puñada
achuchón
sopapo
soplamocos

s. riña
reprensión (V.)
impugnación
refutación

s. **dobladillo** (V.)
repulgo
doblez
pliegue

s. **sablazo** (V.)
socaliña
sacalina

s. **abundante** (V.)
pletórico
profuso
copioso
pródigo
nutrido

s. estar muy metido con alguien
metido para dentro
metido en

a. *fuera*
salido
caricia
cuidado
mimo
elogio
encomio
tacañería
ahorro
negativa
escaso
mezquino

metijón
(V. **entrometido**)
(V. **fisgón**)

metimiento
s. fijación
imbibición
encierro
sujeción
introducción (V.)
encajonamiento
enclavación
hundimiento
acoplamiento
calada

s. ascendiente
influencia (V.)
privanza (V.)
valimiento
prestigio
confianza

a. *salida*
desprestigio
desconfianza

metódico
s. **ordenado** (V.)
reglado
regular (V.)
esmerado
cuidadoso
sistemático (V.)
mirado
modal
formal
exacto
justo
igual
cabal
puntual
concienzudo

(V. **método)**

a. *desordenado*
desarreglado
informal
anárquico
caótico

metodismo
(V. **protestantismo)**

metodizar-se
s. **ordenar** (V.)
sistematizar (V.)
arreglar
reglar
regularizar
normalizar
disponer
organizar (V.)
concertar
ajustar
aviar
colocar
igualar
hermanar
conformar
colocar
poner con simetría
poner en orden
dar forma
proyectar

(V. **método)**

a. *desarreglar*
irregularizar
desordenar

método
s. norma
sistema (V.)
orden
procedimiento (V.)
ordenación
ordenanza
técnica (V.)
proceso
manera
escuela
forma
práctica (V.)
táctica (V.)
receta
criterio
reglamento
enseñanza (V.)
disciplina
formalismo
regularidad (V.)

s. uso
costumbre (V.)
modo (V.)
hábito
usanza
marcha
criterio (V.)
enseñanza

a. *desorden*
indisciplina
desuso
caos
anarquía

metomentodo
(V. **entrometido)**

(V. **mandón)**

metonimia
s. tropo
trasnominación
metáfora (V.)
metalepsis

metoposcopia
(V. **adivinación)**

metraje
(V. **longitud)**

metralla
s. proyectil
munición (V.)
cascote (V.)
bala
balín
perdigones
pepinillos
fragmentos
esquirlas
hierros

metralleta
(V. **fusil)**

metrificar
s. **versificar** (V.)
poetizar
medir
rimar
aconsonantar
ripiar

(V. **metro)**

metritis
(V. **matriz)**

(V. **inflamación)**

metro
s. **medida** (V.)
medición
longitud (V.)
cienmilímetro
diezmilímetro
milímetro
decímetro
centímetro
decámetro
hectómetro
quilómetro
miriámetro

s. norma
modelo (V.)
patrón (V.)

s. metropolitano
ferrocarril (V.)
subterráneo
transporte (V.)
comunicación

s. metro cuadrado
metro cúbico
metro lineal

s. por metros

metrónomo
(V. **medida)**

(V. **compás)**

(V. **música)**

metrópoli
(V. **capital)**

(V. **nación)**

metropolitano
(V. **metro)**

(V. **arzobispo)**

metrorragia
(V. **hemorragia)**

(V. **matriz)**

mezcla
s. mezcladura
abigarramiento (V.)
revuelto
revoltijo (V.)
mixtión
miscelánea (V.)
mixtura (V.)
mezcolanza
mezclamiento
conmistión
revoltillo
batiborrillo
batiburrillo
baturrillo
trabazón (V.)
centón
batahola
liga (V.)
ligación
ligazón
compuesto
rapsodia
aleación (V.)
amalgama (V.)
amasijo
mejunje
menjurje
gigote
cóctel
mezclilla
mistura
promiscuidad (V.)
combinación (V.)
promiscuición
impureza (V.)
tranguillón
entrevero
baraja
suspensión (V.)
superposición (V.)
fárrago
morralla
unión (V.)
pasta
ensalada (V.)
macedonia
menestra
pisto
potaje (V.)
pepitoria
surtido (V.)
argamasa (V.)
emulsión
bazofia (V.)
guiso
aderezo
rancho
ingrediente
conjunto (V.)
pluralidad
jarcia
matalotaje
frangollo
popurrí
potpurri
gatuperio
desorden (V.)
enredo (V.)
morondanga
calabriada
asociación (V.)
hibridación (V.)
mistura
suspensión
superposición
incorporación (V.)
aglomeración (V.)
colección (V.)
galimatías
mare mágnum

s. ropa vieja
cajón de sastre
arca de Noé
olla de grillos
jaula de locos
almodrote

a. *separación*
disgregación
discriminación
desglose
distribución
orden
clasificación

mezclado
s. **revuelto** (V.)
variado
abigarrado (V.)
amalgamado
híbrido (V.)
vario (V.)
compuesto
misceláneo (V.)
jenízaro
adulterado
impuro (V.)
mixto (V.)
misto
miscible
surtido
conjunto
metalado
falsificado
promiscuo (V.)
desordenado
conglomerado
reunido
entre (V.)
unido
diverso

(V. **mezcla)**

a. *aislado*
distinto
puro
auténtico
separado
cernido
tamizado

mezclar-se
s. **unir** (V.)
reunir
introducir
juntar (V.)
combinar
incorporar
misturar
mesturar
mixturar (V.)
templar (V.)
aunar
conchabar
ligar
religar
amalgamar
amasar
chapurrar (V.)
aglomerar
conglomerar
revolver
engarbullar
barajar (V.)
agregar
merar
amerar
agitar
intercalar (V.)
entremezclar
aguar
bautizar
chapurrar
promiscuar (V.)
introducir
entreverar
entregerir
mechar
enlazar
tejer
enredar
complicar
embarullar (V.)
embrollar
abigarrar-se (V.)
combinar (V.)
componer
adulterar
añadir
reunir
falsificar
superponer (V.)
confundir (V.)
diluir
embutir
compenetrar
incorporar
involucrar (V.)
templar
conjuntar
surtir (V.)
emulsionar (V.)
asociar
alear
ligar
fusionar
variar (V.)
juntar

s. meterse
inmiscuirse (V.)
injerirse
entrometerse (V.)
introducirse
fisgar (V.)
curiosear
intervenir (V.)
terciar
arbitrar
interponerse (V.)
enzarzarse
emparentar (V.)

(V. **mezcla)**

a. *separar*
aislar
ordenar
clasificar
agrupar
distribuir
organizar
desglosar
diferenciar
discriminar
cerner
tamizar
cribar
calibrar
seleccionar
abstenerse
inhibirse

mezcolanza
s. **mezcla** (V.)
potaje
ensalada
guiso
rancho
pepitoria
pisto
cock-tail
olla podrida
zurriburri
revoltijo (V.)
mesa revuelta
amasijo
mescolanza
confusión (V.)
enredo
promiscuidad (V.)
tótum revolútum
heterogeneidad
gatuperio
bodrio (V.)
mazacote (V.)

s. a barrisco
a la barrisca

a. *separación*
disgregación
pureza

mezquindad
s. roñosería
tacañería (V.)
ruindad
cicatería
vileza (V.)
ahorro (V.)
cortedad
nimiedad
piojería
roña
tiñería
sordidez
cicatería
pequeñez (V.)
bajeza (V.)
roñería
economía
ratería (V.)
raquería
minucia
brizna
chispa
menudencia
agalla

s. **miseria** (V.)
pobreza
escasez (V.)
estrechez
penuria
falta
insuficiencia

r. El miserable por no dar, no quiere tomar ■ La comida del mezquino, poca carne y ningún vino ■ El hijo del mezquino a poco pan mucho vicio ■ Al miserable y al pobre todo les cuesta doble

a. *generosidad*
esplendidez
abundancia
riqueza
derroche
prodigalidad
desprendimiento

mezquino
s. **tacaño** (V.)
cicatero
roñoso
roña
cutre
piojoso (V.)
raquítico
exiguo
miserable (V.)
sórdido (V.)
ruin (V.)
tiñoso (V.)
menguado
escatimoso
avaro
interesado
avariento

(cont.)

apretado
estrecho
estreñido
económico
parco
ahorrativo
avaricioso
usurero
seco
misérrimo
iliberal
agarrado
manicorto
parco
escaso (V.)
guardador
rapaz
falto
nimio
menguado
pijotero
lechero
estíptico
estirado
duro
cenaaoscuras
más agarrado que un chotis
puño en rostro

s. **pobre** (V.)
necesitado
indigente
mísero (V.)

s. poco
escaso (V.)
roído (V.)
alambicado
con cuenta gotas
limitado
corto
menudo (V.)
parco
sobrio

s. **vil** (V.)
despreciable (V.)
innoble (V.)
rastrero (V.)
pequeño (V.)
bajo
menudo
diminuto (V.)

(V. **mezquindad**)

a. *espléndido*
dadivoso
generoso
gastador
manirroto
abundante
exuberante
pródigo
derrochador
copioso
sobrado
potentado
rico
mucho
abundante
ilimitado
noble
elevado
grande
enorme
gigantesco

mezquita
s. **templo** (V.)
aljama
alminar
mihrab
almimbar
morabito
rábida
marabuto
almacabra
rauda
zagüia
alquibia
macsura
minarete

miador
(V. **maullador**)

miagar
(V. **maullar**)

miaja
s. **miga, s** (V.)
migaja
insignificancia (V.)
pequeñez
poco (V.)
pizca (V.)
brizna
asomo
pellizco (V.)
limosna
piojería
nonada
chispa
gota
miseria
un poquito
un negro de uña
menudencia

a. *mucho*
cantidad
abundancia
copia
profusión

mialmas
(como unas)
(V. **alegre**)

(V. **satisfecho**)

miasma
s. **fetidez** (V.)
virus
emanación (V.)
efluvio
exhalación
infección
contagio
contaminación
microbio (V.)

a. *saneamiento*
desinfección
aroma

miasmático
s. fétido
mefítico (V.)
maligno
dañino
dañoso
malsano
corrompido
insalubre
infeccioso (V.)
contagioso

(V. **miasma**)

a. *aromático*
sano
salubre
higiénico
beneficioso
fresco
benigno

miau
(V. **maullido**)

mica
s. **mineral** (V.)
silicato
biotita
flogopita
moscovita
micaquistos

s. mica blanca
mica negra

micado
(V. **emperador**)

micción
(V. **meada**)

micifuz
(V. **gato**)

mico
s. **mono** (V.)
machín
maimón

s. **feo** (V).
adefesio
mamarracho

s. **presumido** (V.)
coqueta (V.)
compuesto
arreglado

s. **lujurioso** (V.)
carnal
sensual

s. dar el mico
dar mico
quedarse hecho un mico
volverse mico para
dejar a uno hecho un mico

a. *hermoso*
lindo
garboso
abandonado
descuidado
adán
casto

micología
(V. **botánica**)

(V. **hongo**)

micosis
(V. **infección**)

(V. **hongo**)

micra
(V. **longitud**)

microbio
s. bacilo
bacteria (V.)
esporas
micrococo
infusorio
microfito
microorganismo
miasma (V.)
ciliados
germen
protozoo (V.)
protozoario
virus
coco
estafilococo
estreptococo
gonococo
meningococo
neumococo
vibrión
espiroqueta
actinomiceto
actinomices
cocobacilo
cocobacteria
colibacilo
comabacilo
espirilo

s. aerobio
anaerobio
piógeno

s. antisepsia
vacunación
infección
virulencia
resistencia
cultivo
toxina
contagio

microbús
(V. **autobús**)

microcéfalo
(V. **cabeza**)

(V. **tonto**)

micrococo
(V. **bacteria**)

microcosmo, s
(V. **hombre, el**)

microfilme
(V. **película**)

(V. **fotografía**)

micrófono
s. grabador

s. membrana o diafragma
imán
cristal
hierro dulce
granos de carbón
bobina móvil
armadura

s. micrófono de carbón
micrófono electrodinámico
micrófono electromagnético
micrófono electrostático
micrófono piezoeléctrico o de cristal

(V. **sonido**)

microgameto
(V. **espermatozoide**)

micrómetro
s. galga
medidor
calibre (V.)

s. escala graduada
nonio
tambor
husillo
topes
tornillo

(V. **medida**)

micrón
(V. **micra**)

microorganismo
(V. **microbio**)

microscópico
s. minúsculo
pequeñísimo
diminuto (V.)
insignificante
invisible
imperceptible

a. *gigantesco*
enorme
grande

microscopio
s. **lente** (V.)
cuentahílos

s. ocular
objetivo
portaobjetos
platina
cubreobjetos
cámara
visor de encuadre
exposímetro
binocular
revólver
contraste interferencial
espejo
tornillo de enfoque
luz

(V. **óptica**)

microsurco
(V. **disco**)

microtaxi
(V. **taxi**)

michino
(V. **gato**)

micho
(V. **gato**)

midinette
(V. **modistilla**)

mieditis
(V. **miedo**)

miedo
s. **pavor** (V.)
terror (V.)
susto (V.)
recelo
aprensión
amenaza (V.)
preocupación (V.)
cuidado (V.)
respeto
julepe
repeluzno
cerote
jindama
canguelo
sensación (V.)
canguis
sospecha (V.)
desconfianza (V.)
asco
mieditis
fobia
alarma
horror (V.)
repullo
sobresalto
espantada
rebato
turbación
sorpresa
desasosiego
desaliento
amilanamiento
acoquinamiento
perturbación
sobrecogimiento
aterración
horripilación
encogimiento
grima
alarma (V.)
temor (V.)
timidez (V.)
pusilanimidad (V.)
amedrentamiento
temblor
cobardía
angustia
duda
peligro

s. morirse de miedo
ciscarse de miedo
el miedo guarda la viña
miedo cerval
miedo insuperable
temblar de miedo

a. *avilantez*
valentía
heroísmo
entereza
audacia
atrevimiento
decisión
resolución
ánimo
valor
temple
determinación
osadía
tupé
desenfado
desenvoltura
insolencia
desembarazo
serenidad

miedoso
s. **cobarde** (V.)
pusilánime (V.)
pávido (V.)
medroso (V.)
temeroso (V.)
aprensivo (V.)
tímido (V.)
mentecato
despavorido
aterrado
receloso
asustadizo
espantadizo
asombradizo
entelerido
azorado
temedor
temiente
timorato
formidoloso
pacato
cuitado
desconfiado (V.)
asustado
cauteloso
meticuloso (V.)
prudente
comedido
desalentado
alarmado
terrible
truculento (V.)
imponente
apocalíptico
terrorífico (V.)
horrible

(V. **miedo**)

(cont.)

a. *valiente*
valeroso
audaz
osado
resuelto
decidido
lanzado
aguerrido
bélico
belicoso
animoso
templado
confiado
arriscado
fresco
desenvuelto
descarado
insolente
amable
agradable
pacífico
tranquilizador

miel
s. **dulce** (V.)
melaza
eraje
arrope
aguí
meloja
melcocha
hidromiel
aguamiel
hidromel
melada
melado
meladura
arropía
almíbar (V.)
melífero

s. miel virgen
miel silvestre
miel blanca
miel de caña
miel de caldera
miel negra
miel de barrillos
miel de caras
miel de claros
miel nueva

(V. **abeja**)

s. pasarse la miel por los labios
luna de miel
hacerse uno de miel
quedarse uno a media miel
ser todo mieles

r. No se hizo la miel para boca de asno ■ No hay miel sin hiel ■ El que se hace de miel las moscas se lo comen ■ Quien anda entre la miel, algo se le pega

mielar
s. melar
endulzar (V.)
dulcificar
edulcorar
melificar

(V. **miel**)

a. *agriar*
avinagrar

mielga
s. escualo
tiburón
tolla
pímpido
pez (V.)

mielgo
(V. **mellizo**)

miembro
s. **extremidad** (V.)
parte
órgano
brazo (V.)
mano (V.)
pie
pierna (V.)
pata
muñón

s. **pene** (V.)
falo
verga

s. individuo
uno (V.)
singular (V.)
sujeto (V.)
unidad (V.)
asociado
compañero
cofrade
adepto
socio (V.)
afiliado
participante
componente
comisionado
recipiendario (V.)

miente, s
(V. **pensamiento**)

mientras
s. **durante** (V.)
en tanto
entretanto (V.)
a la vez que

s. mientra más
y mientras
mientras que
simultáneamente

a. *nunca*

mierda
s. **excremento** (V.)
defecación
deyección
deposición
evacuación
excreción
detrito
heces
excreta
caca
cagada
zurullo
freza
abono (V.)
boñiga
humus
estiércol
hienda
suciedad (V.)
porquería
inmundicia

a. *limpieza*
higiene
retención

mierdica
(V. **pusilánime**)

(V. **cobarde**)

mies
s. **cereal** (V.)
cereales
herbal
treznal (V.)
tresnal
porreta
porrina
pared
greña
pan
panes

s. trigo
centeno
maíz
sorgo (V.)
cebada
zahína
arroz
avena
rubión
alforfón

s. grano
espiga (V.)
paja
cáscara
cascabillo
arista

s. sembrados
cosecha (V.)
siega (V.)
parva (V.)
segar (V.)
trillar (V.)
cerner
granar
espigar
azurronarse
revenirse
encañar
aborrajarse
alheñarse
descabezarse
revenirse
berrendearse
empajarse

miga, s
s. molledo
migón
migaja
migajón

s. trozo
trocito
pequeñez
partícula
pedazo
pizca
miaja (V.)

s. desperdicios
sobras (V.)
restos
desechos

s. **enjundia** (V.)
substancia
meollo (V.)
fondo
interés (V.)
jugo
intríngulis

s. hacer buenas migas
hacer migas una cosa
hecho migas

a. *hogaza*
mucho
abundancia
candidez
superficialidad
inocencia
frivolidad

migaja
(V. **miga**)

(V. **insignificancia**)

(V. **limosna**)

migajón
(V. **meollo**)

(V. **importancia**)

migar
s. desmigar
partir
desmenuzar (V.)
deshacer
trocear

s. **sopar** (V.)
remojar (V.)
echar
empapar

(V. **miga**)

migración
s. éxodo
tránsito
ausencia
salida
destierro
ostracismo
peregrinación
viaje
traslado (V.)
desplazamiento
emigración (V.)
inmigración (V.)
colonización

a. *llegada*
estancia
presencia
permanencia
inmovilidad

migraña
(V. **jaqueca**)

migrar
(V. **emigrar**)

(V. **inmigrar**)

migratorio
s. emigratorio
inmigratorio

(V. **migración**)

miguelete
(V. **milicia**)

mihrab
(V. **hornacina**)

(V. **mezquita**)

mijo
s. **maíz** (V.)
borona (V.)
millo
abatí
zara
panizo
canguil
guatequil
cañahua
maicillo
planta (V.)

mil
s. millar
milenta
millarada

s. a miles
con mil amores
ponerse de mil colores
a las mil maravillas
mil veces
¡Jesús mil veces!
las mil y quinientas
las mil y una

miladi
(V. **señora**)

milagrero
s. **embaucador** (V.)
cuentista
charlatán
embustero
estafador

s. **crédulo** (V.)
inocente
cándido

s. **milagroso** (V.)

(V. **milagro**)

a. *sincero*
honrado
veraz
incrédulo
escéptico
realista

milagro
s. **maravilla** (V.)
portento (V.)
fenómeno
suceso (V.)
quimera
asombro
miragio
prodigiosidad
suceso extraordinario
presentalla
exvoto
magia
pasmo
taumaturgia (V.)
prodigio (V.)
fascinación

s. trigo del milagro
hacer milagros
vivir de milagro

r. Dícese el milagro pero no el santo

a. *escepticismo*
normalidad
humanidad
realidad
vulgaridad

milagrón
(V. **aspaviento**)

milagroso
s. **portentoso** (V.)
maravilloso (V.)
fantástico
asombroso
pasmoso
sobrehumano
taumatúrgico (V.)
estupendo
admirable
mirífico
santo (V.)
sobrenatural (V.)
mágico
quimérico
extraordinario (V.)
insólito
inesperado
providencial
inaudito
sorprendente
fenomenal
milagrero
prodigioso (V.)
ultraterreno

(V. **milagro**)

a. *natural*
corriente
humano
frecuente
vulgar
real
tangible
material

milano
(V. **azor**)

(V. **vilano**)

milenario
s. **aniversario** (V.)
conmemoración (V.)

s. vetusto
viejísimo
remoto (V.)
antiquísimo
arcaico
antiguo (V.)
añejo
añoso

(V. **mil**)

a. *olvido*
nuevo
reciente
joven
moderno

milenrama
s. milhojas
artemisa
altarreina
aquilea
planta (V.)

mili
(V. **ejército**)

(V. **milicia**)

milicia
s. **ejército** (V.)
tropa (V.)
fuerzas armadas
gente de armas
institutos armados
guerra (V.)
militarismo
cuartelada
abanderamiento
disciplina
servicio militar
mili

s. **infantería** (V.)
artillería
aviación
marina
armada
caballería
sanidad
intendencia
benemérita
logística
estrategia
auditoría militar
justicia militar
tribunal militar
arma (V.)
ingeniería

s. brigada
división
compañía
bandera
centuria
batallón
decuria
cuerpo
escuadra
escuadrón
patrulla
pelotón
comando
piquete
regimiento (V.)
sección

(cont.)

tabor
unidad
almogote
cohorte
hueste
mesnada
legión (V.)
falange
somatén
corneta
destacamento
manípulo
retén
harca
haz
mehala
mía
partida
tercio (V.)
patulea
montonera
soldadesca
algara
almogavaria
áscar
facción
cruzada
manga

s. guerrilla
vanguardia
retaguardia
avanzada
ala
columna
cuadro
costado
espalda
flanco
fila
hilera
línea
formación
destacamento
frente
cerca
citara
cuerno
cúneo
cuño
escalón
espín

s. desfile
parada
maniobras
ejercicios
táctica
alarde
avance
retirada
conquista
saco
ataque
ofensiva
convoy
carga
batida
alojamiento
acuartelamiento
fogueo
entrada en fuego
ocupación
control
requisa
refuerzos

ásalto
destrucción
bombardeo
cañoneo
acantonamiento
movilización
recluta
reclutamiento
enganche
reenganche
racionamiento
revista
reseña
alistamiento
centinela
relevo
guardia
vigilancia
observación
marcha
arresto
fortificación
defensa
resistencia
atrincheramiento
posición
puesto
trinchera

s. mando
intendencia
comandancia
mayoría
capitanía
coronelía
sargentía
pentágono
estado mayor
plana mayor
remonta
auditoría
generalato
caudillaje
comisaría de guerra
comisaría política
academia militar
banderín de enganche
cuartel
barracón
tienda de campaña

s. provisiones
bastimento
bagaje
munición
impedimenta
pertrechos
suministros
víveres
vituallas
logística
convoy

s. licencia
absoluta
permiso
pernocta
alta
baja
arresto
cepo de campaña

s. **uniforme** (V.)
rayadillo
caqui
capote
correaje
entorchado
dragona
guerrera
tabardo
poncho
quepis
morrión
gorra
ros
antipara
brial
capona
capellina
chacó
charretera
cogotera
corbata

corbatín
insignia
distinción
condecoración (V.)
chascás
cordones
botas
guantes
cubrenuca
barbiquejo
galón
galleta
dormán
divisa
estrella
entorchado
herrete
gambeto
fornitura
cartuchera
pantalón
pelliza
polaca
pompón
jaco
leopoldina
jubete
tonelete
sardineta
boina

s. graduación
grado
jerarquía
categoría

s. plaza
destino

s. arenga
proclama
voz de mando
toque
orden
grida
monta
salva
rebato

s. paga
masita
soldada
prest
pre
talega
etapa
alcance
masa
refacción

s. enseña
bandera (V.)
insignia (V.)
lábaro
estandarte
banderín
pendón
manípulo
gallardete

s. soldado
cabo
sargento
brigada
alférez
teniente
capitán
comandante
teniente coronel
coronel
general
general en jefe
general de brigada
general de división
teniente general
capitán general
generalísimo
almirante
brigadier
centurión
mariscal
feldmariscal
maestre de campo
mayor

oficial
suboficial
clase
subteniente
adalid
espada
espadón
almocaén
almocadén
caporal
condestable
contralor
decurión
edecán
furriel
furrier
legado
tribuno
comisario de guerra
comisario político
auditor
juez
cadete
asistente
miliciano
mílite
mozo
recluta
ordenanza
quinto
soldado raso
sorche
novato
guiri
caloyo

s. alabardero
granadero
artillero
infante
aviador
marino
marinero
paracaidista
tanquista
carabinero
arcabucero
fusilero
ametrallador
cazador
arquero
caballero
jinete
arcabucero
ballestero
coracero
dragón
gastador
guardia civil
húsar
hondero
fundibulario
lancero
lanza
legionario
mesnadero
condotiero
miguelete
miñón
miquelete
montado
montonero
mosquetero
pontonero
somatenista
miliciano
galonista
machacante
adarguero
algarero
alier
almogávar
almogote
antiparero
archero

s. áscar
áscari
astero
azadonero
bardiota
bombardero
bucelario
chambergo
cipayo
cosaco

cruzado
cuadrillero
maquisard
resistente
guerrillero
doncel
escopetero
espadario
espahí
espay
estradiote
espingardero
falcario
flechero
hachero
herreruelo
jenízaro
lansquenete
lombardero
lorigado
mameluco
regular
moro
mozo de escuadra
nacional
pedrero
peón
pontonero
pretoriano
saetero
sagitario
trabucaire
suizo
zuavo
ulano
vélite
batidor
banderín
corneta
cornetín
cornetín de órdenes
portaguión
portaestandarte
remontista
aposentador
bagajero
centinela
observador
salvaguarda
biarca
forrajeador
intendente
guaita
habilitado
pagador
mochilero
aventurero
laureado
licenciado
mercenario
retirado
reservista
supernumerario
veterano
voluntario
patatero
de cuchara
culón
raso
rebajado
desertor
prófugo
golondrino
tornillero
cantinera
pirobolista

s. reclutar
alistar
enganchar
levantar
llamar
movilizar
entrar en caja
servir
hacer el servicio
estar en filas
quintar
entrar en quintas
abanderar
acantonar
alojar
ocupar
aguerrir
abastionar
amunicionar

proveer
suministrar
atropar
mandar
comandar
degradar
descabezar
abarbetar
abretonar
desertar
destacar
avanzar
retirarse
atacar
defender
asaltar
cañonear
bombardear
disparar
ametrallar
escalonar
escuadronar
foguear
formar
desfilar
instruir
licenciar
rebajar
racionar
regimentar
presentar armas
hacer alto
hacer centinela
quedarse en cuadro
marchar
vigilar
terciar
evolucionar
marcar el paso
llevar el paso
reengancharse
estar de cuartel
estar de guardia
batir
combatir
correr la línea
flanquear
convoyar
campear
reconocer
explorar
atropar
asoldadar
municionar
formar
presidiar
desplegar
saludar
rendir armas
rendir la bandera
rondar
cubrir
proteger
invadir
acometer
afrontar
rendirse
evacuar
replegarse
acampar
estar en cuadro
tener bajas
huir
reconquistar
sargentear
graduar
acaudillar
capitanear
oblicuar

miliciano

(V. **soldado**)

(V. **milicia**)

militante

(V. **combatiente**)

(V. **participante**)

(V. **afiliado**)

militar
s. mílite
miliciano
soldado (V.)
soldadesco (V.)
estratega
táctico
guerrero
sargento
combatiente
suboficial
general
caudillo
capitán
adalid
jefe
superior
oficial (V.)

s. **marcial** (V.)
castrense
guerreador
conquistador
maniobrero
colecticio
mercenario
armígero
belicoso
soldadesco
aventurero
trabucaire

s. **servir** (V.)
cumplir
alistarse
engancharse
afiliarse (V.)
asoldadar
atropar
reclutar
figurar (V.)
pertenecer a
cruzarse caballero
tomar partido
mediar (V.)

(V. **milicia**)

a. *civil*
paisano
pacífico
inofensivo
degradar
salirse
fugarse
licenciarse

militarada
(V. **sublevación**)

militarismo
s. belicismo
marcialidad
agresividad
cuartelada
pronunciamiento
cesarismo
pretorianismo
caudillaje

(V. **milicia**)

a. *pacifismo*

militarizar
s. **disciplinar** (V.)
atropar
aguerrir
reclutar
movilizar
regimentar
escuadronar
mandar
marchar
desfilar
evolucionar

(V. **milicia**)

a. *licenciar*

mílite
(V. **militar**)

miloca
(V. **lechuza**)

milonga
(V. **canto**)

(V. **danza**)

milord
(V. **señor**)

milla
(V. **medida**)

(V. **longitud**)

millonario
s. **rico** (V.)
potentado
acaudalado
creso
fúcar
nabab
ricacho
poderoso
multimillonario
ricachón
ricazo

a. *pobre*
indigente
miserable
mendigo

mimado
s. **consentido** (V.)
malcriado (V.)
malacostumbrado
halagado
festejado
ñaña
obsequiado
regalón (V.)
acariciado
vicioso (V.)

(V. **mimo**)

a. *educado*
correcto
disciplinado
obediente

mimar
s. **acariciar** (V.)
engaitar
abrazar
besar
roncear
agasajar (V.)
festejar
regalar
obsequiar
malcriar (V.)
consentir
transigir (V.)
resabiar
remilgarse (V.)
halagar
permitir (V.)
viciar
fomentar
condescender
contemplar (V.)
lagotear
distinguir
maleducar
preferir (V.)
lisonjear (V.)
tratar con
contemplaciones
tratar con
miramientos
llevar en palmillas
o palmitas

(V. **mimo**)

a. *disciplinar*
desdeñar
maltratar
educar
prohibir
restringir

mimbrar
s. abrumar
molestar (V.)
importunar
aburrir
humillar (V.)

a. *agradar*
encomiar

mimbre
s. **arbusto** (V.)
bimbre
vimbre
vimbrera
mimbrera
zade
arcazón
zuma
sarga
sauce (V.)

s. **cesta** (V.)

mimbrear-se
s. **cimbrear** (V.)
vibrar
oscilar
curvarse
ondularse (V.)
moverse
agitarse
doblarse

(V. **mimbre**)

a. *atiesar-se*

mimbreño
s. **flexible** (V.)
cimbreante (V.)
mimbroso
correoso
mimbreante
elástico
mimbre (V.)

a. *duro*
tenaz
inflexible
tieso
rígido

mimbrera
s. mimbrón
bimbrera
vimbrera
zuma
mimbreral
mimbral
arbusto (V.)

(V. **mimbre**)

mimbreral
(V. **mimbrera**)

mimbrón
(V. **mimbrera**)

mimesis
(V. **imitación**)

mimético
(V. **imitativo**)

mimetismo
s. **imitación** (V.)
adaptación (V.)
semejanza
ocultación (V.)
disfraz

s. **coba** (V.)
volubilidad
cambio

a. *invariabilidad*
firmeza
lealtad
diversidad

mímica
s. ademán
gesto (V.)
gesticulación (V.)
imitación (V.)
mudez (V.)
parodia
pantomima
remedo (V.)
caricatura
simulación
farsa
repetición
trasunto
onomatopeya
mimesis

mímico
s. **imitativo** (V.)
acomodaticio (V.)
representativo
expresivo
gesticulante

(V. **mímica**)

a. *sobrio*
inexpresivo

mimo
s. malcrianza
carantoña
contemplación (V.)
caricia
halago
fiesta (V.)
cariño
monada (V.)
regalo
ternura
terneza
complacencia
condescendencia (V.)
zalamería (V.)
zaragatería
garatusa
lagotería
arrumaco

s. **farsa** (V.)
(teatral)
parodista
mímico
plagiario
gregario
paródico
imitante
mona
mono imitador
bufón
payaso
gestero (V.)
caricato
bufo
imitador (V.)
pantomimo

a. *dureza*
rigor
educación
desdén
desprecio
brusquedad
frialdad
sobriedad

mimosa
s. **planta** (V.)
plumerilla
faique
sensitiva
ñandubay
yuquerí
ñapindá
mimosoideo
mimosáceo

mimoso
s. **consentido** (V.)
melindroso
roncero (V.)
delicado
regalón
zalamero
lagotero
carantoñero (V.)
mimado

(V. **mimo**)

a. *arisco*
duro
frío
antipático

mina
s. explotación
placer (V.)
yacimiento (V.)
criadero
venero
panizo
almadén
bocamina
hornacho
boqueta
excavación (V.)
pozo
filón (V.)
vena
veta

s. cantera
salina (V.)
azufrera
carbonera
alumbrera
boratera
arrugía
hierro (V.)

s. **galería** (V.)
cueva
socavón
escurridero
planta
entrepiso
bancada
hastial
traviesa
contramina
cortadura
costero
pared
codal
farallón
reventón
afloramiento
mineral dormido
manto
forastera
catimia
metalada
bolsa
bolsada
banco
cortadura
coladero
hebra
bocarrena
crestón
alta
pendiente
yacente
tejado
fisura
soplado
hendedura
corrida
arrastre
guía
testero
antepecho
salbanda
borrasca
caballo
barreno (V.)
denuncio
subsuelo
pertenencia
demasía
mineral
real de minas
bonanza
asiento
estaca
barra

s. explotar
denunciar una
mina
beneficiar
desvenar
laborear
aviar
pirquinear
trabajar al
pirquén
dar el pirquén
catar
catear
entibar
atibar
encubar
encamar
emboquillar
franquear
despilarar
desobstruir
cribar
aterrar
aterrear
lavar
aclarar
cangallar
desatibar
garbillar
deszafrar
escopetar
recuñar
pintar
encapillar
trechear
desatorar
desatibar
escarmenar
despilarar
atinconar

s. yacer
aflorar
buzar
acometer
boquetear
acostarse la vena
acostarse el metal
emborrascarse
brocearse
mantearse

s. **ganga** (V.)
riqueza
abundancia (V.)

s. mina submarina
mina ludia
mina mayor
mina menor
encontrar una
mina
denunciar una
mina
volar la mina
valer una mina

(cont.)

r. Pueblo minero, pueblo vicioso y pendenciero ■ Con mineros, nada quiero ■ Si quieres perder dinero, métete a minero

(V. **minería)**

a. *carestía*
escasez
pobreza

minar
s. **excavar** (V.)
abrir
barrenar (V.)
socavar (V.)
horadar
dragar
ahoyar
profundizar
zapar (V.)

s. consumir
debilitar (V.)
destruir (V.)
arruinar
abatir

(V. **mina)**

a. *rellenar*
enterrar
tapar
fortalecer
robustecer
reforzar

minarete
(V. **alminar)**

(V. **mezquita)**

mineral
s. inorgánico
pétreo
mineralógico
fósil (V.)
roca (V.)
metal (V.)
acicular
espático
feldespático
micáceo
platinífero
talcoso
bacilar
nativo
isomorfo
fibroso

s. mena
ley
pepita
arena
granza
granzón
garbillo
despinte
despojo
remolido
lama
bacisco
ganga
escoria
residuo

s. azufre
carbón (V.)
grafito
piedra pómez
oro (V.)
plata (V.)
níquel
hierro (V.)
cobre (V.)
mercurio
plomo
plombagina
cinc
aluminio
hornablenda
estaño
actinota
alabastro
almagre (V.)
alumbre
alúmina
amianto
arcilla (V.)
asbesto
augita
calamina
blenda
cuarzo
esmeril
espato
espato flúor
estibina
esteatita
galena
gneis
granito
hematites
jaspe
litargirio
magnesita
malaquita
mármol (V.)
mica
minio
basalto
basamita
obsidiana
ocre
pecblenda
imán
pirita
pizarra
pórfido
puzolana
rejalgar
sal gema
sílice (V.)
talco
talquita
serpentina
siderita
sienita
siderosa
yeso
traquita
alabandina
albéstor
albita
almánguena
almazarrón
aluminita
ampelita
ancorca
andesina
andradita
anfíbol
anfibolita
anglesita
anhidrita
apatita
aragonito
arcosa
arenisca
arena
asfalto
atacamita
augita
axinita
azarcón
azernefe
azufrón
baritina
biotita
bornita
brucita
calamocha
calcita

caramilla
campanil
canelita
carmesita
carnilla
carnotita
catoquita
celestina
cayuela
cerula
cerasita
cerusa
cerusita
clorita
diabasa
dolerita
dolomía
epidota
esmaltina
esparraguina
espejuela
espuma de mar
espuma de nitro
estronciana
estroncianita
etites
acantita
fluorina
fluorita
fonolita
glucina
iterbita
junquerita
labradorita
laberquisa
lidita
litarge
lincurio
litina
manganesa
marasmolita
marcasita
marquesita
masicote
meláfido
micacita
mispiquel
nacrita
oropimente
ortoclasa
pegmatita
petanque
porcelanita
pirolusita
piroxena
pirita (V.)
quermes
quermesita
sandáraca
sanidina
talco (V.)
tierra de Venecia
xilotila
venturina

s. **diamante** (V.)
rubí
ágata
amatista
agua marina
ámbar
azabache
berilo
corindón
crisoberilo
esmeralda
granate
heliotropo
jacinto
jade
lapislázuli
ónice
ónix
ónique
ópalo
sanguinaria
topacio
turquesa (V.)
venturina
zafiro
aguacate
ametista
balaj
calaíta
calcedonia
carbunclo
cardeña

ceisatita
cepita
ceracate
ceramita
chorlo
cianita
cimofana
circón
colofonita
crisólito
crisoprasa
diásporo
diaspro
espinela
grosularia
eufótida
iris
hidrófana
luzulita
lemanita
llanca
melanita
naife
ofita
olivino
peridoto
piropo
prasma
rubicela
sardónica
sardónice
serpentina
turmalina (V.)
zafirina
zafir

(V. **geología)**

a. *orgánico*

mineralizar
s. **endurecer** (V.)
petrificar
calcificar (V.)
embeber
impregnar

(V. **mineral)**

a. *ablandar*

minería
s. **explotación** (V.)
beneficio
laboreo
calicata
mineraje
cala
busca
excavación (V.)
corte
barreno
labores
entibación
encamación
destierro
broceo
trecheo
varada
ademe
adema
ademar
machote
encofrado
enmaderación
derrumbamiento
derrumbe
despilaramiento
desplome
chiflón
revenimiento
perforación
zapa

(V. **mina)**

minero
s. **trabajador** (V.)
minador
ingeniero (V.) (de minas)
capataz
aperador
mandón
aviador
campista
colero
cateador
cabecera
trecheador
amainador
barretero
piquetero
apurador
cajonero
barrenero
pegador
zafrero
huidero
alarife
canchaminero
macutero
cangallero
hacendero
almijarero
entibador
aladrero
modorro
apiri
barretero
cantero
apurador

s. **origen** (V.)
manantial (V.)
vivero
nacimiento
principio

(V. **mina)**

a. *fin*
acabamiento

minerva
(V. **inteligencia)**

(V. **impresora)**

mingitorio
(V. **urinario)**

miniar
(V. **pintar)**

miniatura
(V. **pintura)**

(V. **reducción)**

miniaturista
(V. **pintor)**

mínima
(V. **nota)**

minimizar
(V. **empequeñecer)**

(V. **desdeñar)**

mínimo
s. **ínfimo** (V.)
minúsculo (V.)
exiguo
insignificante
imperceptible
menudo
pequeño (V.)
inferior
menor
chico
bajo
despreciable
diminuto
microscópico
liliputiense
enano
indispensable (V.)
nimio

s. **extremo** (V.)
límite (V.)
fondo
término
borde
mínimun

s. lo más mínimo
como mínimo
acto mínimo
la mínima expresión

a. *máximo*
mayor
grande
enorme
gigantesco
margen
sumo
superior
supremo

mínimum
(V. **mínimo)**

minina
(V. **pene)**

minino
(V. **gato)**

minio
s. **pigmento** (V.)
azarcón
plomo rojo
óxido de plomo
rúbrica sinóptica

s. minio de titanio
minio de hierro

ministerial
(V. **gubernamental)**

ministerio
s. departamento
cartera
gobierno (V.)
gabinete
dirección
mando
consejo
autoridad
administración
consejo de ministros

s. empleo
función (V.)
ocupación
oficio
sacerdocio
profesión (V.)
destino
menester
acomodo
apostolado
negocio

s. Ministerio de Asuntos Exteriores
Ministerio de Hacienda
Ministerio de Justicia
Ministerio de la Gobernación
Ministerio de Comercio
Ministerio de Industria
Ministerio de Agricultura
Ministerio de Marina

(cont.)

Ministerio del Aire
Ministerio de Educación y Ciencia
Ministerio del Ejército
Ministerio de Información y Turismo
Ministerio de Trabajo
Ministerio de Obras Públicas
Ministerio de Relaciones Sindicales
Ministerio de la Vivienda

ministrante
(V. **ministro)**

(V. **practicante)**

ministril
(V. **alguacil)**

ministro
s. **gobernante** (V.)
secretario
valido
diplomático (V.)
embajador
visir
enviado
legado
jefe de departamento
ministrante

s. representante
agente

s. ministro de Dios
ministro sin cartera
ministro secretario
ministro consultante
ministro de capa y espada
ministro del Señor
ministro general
primer ministro

(V. **ministerio)**

minoración
(V. **disminución)**

minorar-se
s. **amortiguar** (V.)
atenuar
acortar
reducir
disminuir (V.)
mitigar
escatimar
empequeñecer
amenguar
menguar
paliar
restringir

a. *aumentar*
agrandar
agravar
agudizar

minoría
s. menoría
menoridad
minoridad
niñez (V.)
juventud
pupilaje
tutela
orfandad

s. exigüidad
inferioridad (V.)
subordinación
dependencia
sumisión
acatamiento

s. facción
oposición (V.)
minoría parlamentaria

a. *mayoría*
adolescencia
independencia
gravedad
mayoridad
superioridad
mando

minoridad
(V. **minoría)**

minorista
(V. **comerciante)**

minucia
s. nimiedad
pequeñez (V.)
menudencia
cortedad
insignificancia
miseria
pizca
futilidad
pormenor (V.)
bagatela (V.)
frusleria
superfluidad
nadería
tontería
chinchorrería
requisito (V.)
miaja
minuciosidad

a. *importancia*
gravedad
categoría
valor
influencia

minuciosidad
s. prolijidad
preciosismo
reparo
meticulosidad (V.)
miramiento
circunspección
requisito
escrupulosidad (V.)
cuidado
detalle
esmero (V.)
requilorio
preciosismo
bizantinismo
paciencia
exactitud (V.)

s. pesadez
puñetería
chinchorrería
menudencia (V.)
cominería
pequeñez
nimiedad
ridiculez
insignificancia

(V. **minucia)**

a. *ligereza*
frivolidad
superficialidad
descuido
gravedad
importancia
abandono
irresponsabilidad
inexactitud

minucioso
s. **nimio** (V.)
quisquilloso
detallista
detenido (V.)
cuidadoso
curioso
esmerado
meticuloso (V.)
extremado
riguroso (V.)
paciente
preciosista
perfeccionista
prolijo (V.)
puntilloso
reparón (V.)
exagerado
pesado (V.)
menudo (V.)
detallado (V.)
atento
pulido
chinchorrero (V.)
relamido
cominero

(V. **minuciosidad)**

a. *negligente*
descuidado
irreflexivo
ágil
abandonado
despreocupado
ligero
manga ancha

minué
(V. **danza)**

minúsculo
s. **minuto** (V.)
diminuto (V.)
mínimo (V.)
liliputiense
microscópico
enano

a. *mayúsculo*
gigante

minusválido
s. menguado
falto (V.)
subnormal
anormal
inválido
inútil
mermado
defectuoso
incompleto
carente

a. *útil*
válido
completo
normal
perfecto
abundante

minuta
s. **nota** (V.)
apunte
apuntación
anotación

s. **borrador** (V.)
bosquejo
extracto
resumen
acotación
copia

s. **catálogo** (V.)
inventario
lista (V.)
elenco
nómina
relación

s. carta
menú
platos
restaurante
comida (V.)
cubierto

s. **factura** (V.)
cuenta
honorarios
haberes
montante
importe
retribución (V.)

minutero
s. segundero
manecilla
saeta
aguja (V.)

(V. **reloj)**

minuto
s. **menudo** (V.)
minúsculo

s. **tiempo** (V.)
lapso
intervalo
segundos (60)
escrúpulo

a. *grande*
enorme

miñón
s. foral
miquelete
miguelete
forero
soldado (V.)
miliciano
guardián

s. **escoria** (V.)
herrumbre
mena (de hierro)

(V. **milicia)**

miñosa
(V. **lombriz)**

miocardio
(V. **corazón)**

miocarditis
(V. **inflamación)**

(V. **miocardio)**

mioma
(V. **tumor)**

miope
s. cegarrita
cegato (V.)
cegarruto
cegatoso
tientaparedes
corto de vista
cegatón
lusco

(V. **miopía)**

a. *lince*
agudo
présbita

miopía
(V. **visión)**

(V. **óptica)**

miosota
(V. **miosotis)**

miosotis
s. miosota
raspilla
nomeolvides
planta (V.)

miquelete
(V. **miguelete)**

mira
s. idea
intención (V.)
propósito
designio
fin
finalidad
norma
reparo
advertencia
cuidado
observación

s. punto de vista
foco
objetivo (V.)
mirilla
arma (V.)

s. miras de proa
andar a la mira
estar a la mira
poner la mira en...

r. Estar a la mira y a la maravilla

a. *realización*
ejecución

mirabel
s. **planta** (V.)
pinillo (V.)
ayuga
perantón

s. **girasol** (V.)
giganta
gigantea
mirasol

mirada
s. **vista** (V.)
ojeada (V.)
vistazo
repaso
encaro
miramiento
mirotón
ocular (V.)
miradura
observación
visión
circunvisión
televisión
atisbo
columbrón
atisbadura
revista
revisión
visura
intuito
revista (V.)
ojeo
vislumbre
contemplación (V.)
inspección

s. echar la mirada encima
tener la mirada triste

a. *despreocupación*

mirado
s. **visto**
atisbado
fisgado
examinado
notado
guipado
divisado
descubierto
contemplado
revisado
revistado
remirado
vislumbrado
contemplativo
columbrado
entrevisto
vigilante
observado
reparado

s. **atento** (V.)
cauto
reflexivo
circunspecto
cuidadoso (V.)
mesurado
morigerado
juicioso
acordado
recatado
ponderado
avisado
comedido (V.)
respetuoso
considerado (V.)
prudente
estimado
moderado
equilibrado
sentado
discreto
precavido
curioso
delicado (V.)

(V. **mirada)**

(V. **miramiento)**

a. *despreocupado*
desatento
irreflexivo
desconsiderado
abusivo

mirador
s. **observador** (V.)
vigía
avizorador
oteador
guipador
mirón
mirante
vidente
zahorí
veedor
boquiabierto
espectador (V.)
longividente
atalayador
atisbador
viso (V.)

s. terraza
terrado
balcón (V.)
miranda
ventana
galería (V.)
corredor
tribuna
torreón
camón
pabellón
observatorio (V.)
azotea
cenador
miradero
belvedere
descubridero (V.)
vistillas

(V. **mirada)**

a. *discreto*
despreocupado

miramiento

s. **atención** (V.)
reparo (V.)
circunspección
prudencia
mesura
admiración
cuido
contemplación
mimo
consideración (V.)
recato
esmero
pulcritud
amabilidad (V.)
precaución (V.)
cautela
respeto
moderación
deferencia
melindre
repulgo
timidez (V.)

a. *desconsideración*
descuido
desatención
grosería
chabacanería
negligencia
imprudencia
avilantez

miramolín

(V. **califa)**

miranda

(V. **mirador)**

mirar-se

s. **ojear** (V.)
otear (V.)
observar (V.)
atisbar
ver (V.)
catar (V.)
oler
avizorar
examinar (V.)
distinguir
remirar
percibir
notar
descubrir
vislumbrar
columbrar
divisar
avistar
desojarse
vigilar
velar
bornear
advertir
contemplar
admirar
acechar (V.)
despestañarse
guipar
retranquear

s. **reparar** (V.)
rever
tender la vista
fijar la vista
echar una ojeada
echar la vista encima
ser todo ojos
saltar a la vista
pasar revista
abrir los ojos
mirar de reojo
mirar de soslayo
dar el visto bueno
tender la vista
ser testigo de vista
estar a la mira
estar con cien ojos
poner los ojos en
echar una mirada
mirar de hito en hito
no quitar los ojos de
mirar con el rabillo del ojo
mirar de arriba abajo
comerse con los ojos
estar de vigía

s. **apuntar** (V.)
dirigirse
lanzarse

s. **reflexionar** (V.)
juzgar
pensar
observar
considerar
cavilar
pesar

s. apreciar
atender (V.)
estimar

s. **dar** (V.)
lindar (V.)
limitar
orientarse

s. buscar
inquirir
reconocer (V.)
indagar
informarse
investigar (V.)
averiguar

s. **cuidar** (V.)
defender
proteger (V.)
socorrer
ayudar
amparar
velar

s. **concernir** (V.)
tocar
atañer
pertenecer
corresponder
afectar
interesar
incumbir
darse una ración de vista
mirarse uno en otro

r. Estar de mírame y no me toques ■ Quien adelante no mira, atrás se queda ■ Quien más mira, menos ve ■ Mira y verás; aprende y sabrás; medita y enjuiciarás ■ Del mirar nace el desear ■ Donde los ojos no pasean, el corazón no desea

(V. **mirada)**

(V. **miramiento)**

a. *desentenderse*
despreocuparse
inhibirse
ensimismarse
descuidarse

mirasol

(V. **girasol)**

miríada

s. **inmensidad** (V.)
legión
multitud
cantidad
millonada
cuantía
caudal
mucho (V.)
plétora

a. *pequeñez*
insignificancia
menudencia
poco

miríapodo

(V. **insecto)**

mirificar-se

s. ensalzar
enaltecer (V.)
honrar
gloriar
glorificar (V.)
encumbrar
exaltar
engrandecer
encomiar

a. *denigrar*
rebajar
empequeñecer
criticar

mirífico

s. **prodigioso** (V.)
admirable (V.)
maravilloso
asombroso (V.)
peregrino
hermoso
glorioso
soberbio
bello
portentoso
espléndido

a. *despreciable*
desdeñable
vulgar
feo
horrendo

mirilla

s. ventanillo
ventanilla
ventano
postigo
rejilla (V.)
claraboya
miradero
abertura (V.)
pínula

miriñaque

s. armazón
armadura
ahuecador
bullarengue
cancán
guardainfante (V.)
polisón (V.)
tontillo (V.)
caderas
caderillas
falda (V.)
crinolina
verdugo
verdugado
sacristán
zagalejo

mirlarse

(V. **endiosarse)**

(V. **engreírse)**

mirlo

s. merla
mirla
miruello
comprachilla
pájaro (V.)

s. **empaque** (V.)
importancia
jactancia
gravedad
afectación (V.)

s. ser algo o alguien un mirlo blanco

a. *sencillez*
naturalidad
humildad

mirmestesia

(V. **cosquilleo)**

mirmillón

(V. **gladiador)**

mirobálano

s. morobálano
queule
belérico
avellana índica
árbol (V.)

mirón

s. curioso
fisgón (V.)
cotilla
chismoso
observador (V.)
entrometido

s. encimero
mirante
veedor
desocupado (V.)
espectador

(V. **mirada)**

a. *discreto*
recatado
ocupado

mirra

(V. **gomorresina)**

(V. **incienso)**

mirto

(V. **arrayán)**

misa

s. **sacrificio** (V.)
rezo (V.)
culto (V.)
ofrenda
ceremonia
servicio (V.)
rito (V.)
liturgia
festividad
Orden del Presbiterado

s. introito
kirie
kirieleisón
ofertorio
gloria
oración
colecta
epístola
gradual
tracto
evangelio (V.)
credo
secretas
prefacio
lavatorio
sanctus
benedictus
canon
memento (V.)
consagración
paternóster
agnusdei
comunión
poscomunión
agnus
lección
asperges
ablución
purificación
incesación
elevación
alzar
alzamiento
anáfora
sunción
bendición
liturgia
rito griego
rito mozárabe
rito ortodoxo
incarnatus
ite, missa est
ofrenda
paz
secuencias
eucaristía

s. altar
ara
cáliz
campanilla
bolsa de corporales
corporal
copa
copón
credencia
cornijal
oblata
hostia
sagrada forma
cuadrante
díptica
palia
devocionario
misal
vinajeras
vinagreras
vasos sagrados
paz
vino
patena
paternóster
sagrario

s. alba
casulla
terno
estola
manípulo
humeral
capa
cíngula
dalmática
escapulario
manípulo
pontifical
roquete
sobrepelliz
superhumeral
velo
almaizal
amito
banda
capona
cauda
cendal
cenefa
estolón
fanón
giraldete
gremial
paño de hombros
planeta
racional
tunicela

s. celebrante
sacerdote
oficiante
preste
ministro
monaguillo
terno

s. **oficiar** (V.)
misar
celebrar
revestirse
decir misa
cantar misa
rezar
binar
consagrar
sumir
consumir
alzar
elevar
incensar
consagrar
comulgar
bendecir
confesar
perdonar
doblar
ofrecer
renovar
ayudar a misa

s. misa mayor
misa cantada
misa solemne
misa parroquial
misa nueva
misa conventual
misa rezada
misa privada
misa de difuntos
misa votiva
misa del gallo
misa del alba
misa de los cazadores
misa de aniversario
misa de cabo de año
misa de réquiem
misa de cuerpo presente
misa de purificación
misas gregorianas

s. oír misa
ya te lo dirán de misas
como en misa
no saber de la misa la media
ver en qué pararán estas misas
la misa, dígala el cura
ser misas de salud

r. En misa, ni charla ni risa ■ Hacer tanta falta como los perros en misa ■ Por oír misa y dar cebada, nunca se perdió jornada

misacantano

s. **sacerdote** (V.)
clérigo
oficiante
celebrante
ministro
evangelista
eclesiástico

misal

s. devocionario
breviario
eucologio
libro de horas

(V. **misa)**

misantropía
s. **retraimiento** (V.)
tristeza
melancolía
huraña
insociabilidad (V.)
hosquedad
introversión
atrábilis
aislamiento
ascetismo
aflicción (V.)
pesimismo
arisquez
apartamiento
reclusión
egoísmo

a. *alegría*
sociabilidad
cordialidad
filantropía

misántropo
s. triste
amargado
arisco
retirado
huraño
insociable (V.)
aislado
solitario (V.)
atrabiliario
intratable
sombrío
pesimista
hosco
melancólico
retraído (V.)
esquivo
introvertido (V.)

(V. **misantropía**)

a. *filántropo*
sociable
amable
cordial

misario
(V. **monaguillo**)

miscelánea
s. **mezcla** (V.)
unión
revoltijo (V.)
amalgama
mixtura
mesa revuelta
varia
amasijo
variedad

s. *orden*
separación
homogeneidad
uniformidad

misceláneo
s. **revuelto** (V.)
mixto
mezclado (V.)
compuesto
vario
variado
diverso

(V. **miscelánea**)

a. *homogéneo*
igual
puro

miserable
s. mísero
misérrimo
pobre (V.)
desharrapado
piojoso
descamisado
parvífico
desgraciado
infeliz
infortunado
pinchaúvas
atacado
menguado
deplorable
corto
exiguo
alcanzado
astroso
raquítico
débil
escaso
desdichado
desventurado
menesteroso
indigente
necesitado

s. **abatido** (V.)
desmoralizado
desalentado
desbragado
derrotado
transido
acobardado
aplastado

s. tacaño
avaro (V.)
codicioso
mezquino (V.)
roñoso
agarrado
cicatero
cutre
sórdido (V.)
rotoso
ruin

s. **abyecto** (V.)
perverso (V.)
criminal
granuja
canalla
despreciable

(V. **miseria**)

a. *rico*
poderoso
acaudalado
feliz
dichoso
afortunado
animoso
animado
envalentonado
triunfante
lanzado
resuelto
generoso
espléndido
gastador
honrado
noble
virtuoso
ejemplar
digno

miserere
(V. **canto**)

(V. **salmo**)

miseria
(V. **desdicha**)

s. desgracia
infortunio
pena
infelicidad
trabajo
desventura
deshonra
lacería (V.)

s. **pobreza** (V.)
necesidad (V.)
pelonería
escasez
pequeñez (V.)
mezquindad (V.)
poquedad (V.)
desharrapamiento (V.)
penuria
retraso (V.)
ruindad

s. **avaricia** (V.)
sordidez (V.)
roñosería
tacañería

s. **suciedad** (V.)
piojería (V.)
tiña (V.)

a. *fortuna*
bienandanza
riqueza
esplendidez
generosidad
aseo

misericordia
s. caridad
compasión (V.)
lástima
piedad
miseración
bondad
ternura
humanidad
aflicción
conmiseración
alafia
abnegación
santidad

s. **clemencia** (V.)
perdón (V.)
gracia
absolución
redención
indulgencia

a. *dureza*
inhumanidad
impiedad
inflexibilidad

misericordioso
s. **compasivo** (V.)
humanitario
piadoso
tierno
benigno
sensible
humilde
indulgente (V.)
comprensivo
bondadoso
clemente
caritativo
altruista
propicio
filántropo
virtuoso
limosnero

(V. **misericordia**)

a. *duro*
inhumano
inclemente
vicioso

mísero
(V. **miserable**)

(V. **desgraciado**)

(V. **pobre**)

(V. **beato**)

misérrimo
(V. **mísero**)

misión
s. **encargo** (V.)
comisión (V.)
cometido
función (V.)
servicio (V.)
tarea
trabajo (V.)
gestión
labor
ocupación
deber
facultad
poder

s. embajada
delegación
legación
envío
representación (V.)
catequesis
evangelización (V.)
peregrinación
apostolado
predicación
prédica
propaganda (V.)
expedición

s. **territorio** (V.)
provincia
jurisdicción
zona

misionario
(V. **misionero**)

misionero
s. **propagandista** (V.)
misionario
apóstol
evangelizador
propagador
predicador
divulgador
catecúmeno
iluminado
mesías
visionario
vidente

(V. **misión**)

a. *pagano*
gentil
infiel

misiva
c. **comunicación** (V.)
billete
carta (V.)
esquela
aviso
nota
mensaje
escrito
tarjeta

mismo
s. **igual** (V.)
idéntico (V.)
mesmo
semejante
equivalente
parecido
análogo
exacto (V.)
propio
encarnado
ídem
gemelo
hermano
uniforme
congénere
justo
cabal
uno
similar
homogéneo
equiparable
comparable

s. al mismo tiempo
de la misma manera
así mismo
por lo mismo
allí mismo
aquí mismo
es lo mismo
o lo que es lo mismo
por mí mismo
lo mismo que

a. *distinto*
diferente
heterogéneo
opuesto
contrario
otro

misoginia
s. **aversión** (V.) (a las mujeres)
timidez (V.)
cortedad
retraimiento
ascetismo
complejo
soledad
aislamiento

a. *atracción*
osadía
sociabilidad
trato

misógino
s. **tímido** (V.)
corto
retraído
insociable
solitario
ascético

(V. **misoginia**)

a. *mujeriego*
faldero
libidinoso
audaz

misoneísmo
(V. **tradición**)

miss
(V. **señorita**)

mistagogo
(V. **catequista**)

(V. **iniciador**)

mistar
(V. **musitar**)

mistela
(V. **vino**)

misterio
s. arcano
enigma (V.)
hieratismo (V.)
secreto (V.)
sigilo
intriga (V.)
ocultación (V.)
reserva
esfinge (V.)
incógnita (V.)
jeroglífico (V.)
entresijo
tapado
recato
interrogante
interrogación
impenetrabilidad (V.)
profundidad
incomprensión (V.)
densidad

s. **dogma** (V.)
fe
sacramento (V.)
meditación
rezo
rosario (V.)

s. con mucho misterio
hablar con misterio
hacer misterio

a. *claridad*
evidencia
sinceridad
franqueza
publicidad
descubrimiento

misterioso
s. cifrado
oculto (V.)
arcano
disimulado
encubierto (V.)
reservado
raro (V.)
íntimo
secreto (V.)
indescifrable (V.)
incomprensible
dogmático (V.)
impenetrable (V.)
invisible (V.)
ininteligible
enigmático (V.)
sellado
tenebroso (V.)
sibilino (V.)
insoluble (V.)
hondo
insondable (V.)
obscuro (V.)
incógnito
retirado
latente
sigiloso
espectral (V.)
latebroso
confidencial
místico
sibilítico
inexplicable (V.)
esotérico
insondable
incognoscible (V.)
recóndito
mágico
metafísico

(V. **misterio**)

a. *claro*
comprensible
lógico
natural
patente
evidente
descubierto
sincero
franco
comprensible
conocido
sabido
divulgado
propagado

mística
(V. **espiritualidad**)

misticismo
s. mística
arrobo
arrebato
arrebatamiento
anagogía
deliquio
éxtasis (V.)
contemplación
aspiración
espíritu
enajenamiento
meditación
unión
abandono
unción
vida interior
santificación (V.)
revelación
estigma
ascetismo
cristianismo
beatitud
espiritualidad (V.)

(V. **teología**)

a. *materialismo*
indiferencia
frialdad
escepticismo
agnosticismo

místico
s. contemplativo
fervoroso
religioso
enajenado
arrobado
arrebatado
extático
arrobadizo
misterioso
espiritual (V.)
piadoso
sufí

(V. **misticismo**)

a. *frío*
seco
indiferente
agnóstico
escéptico
materialista

mistificar
(V. **falsificar**)

(V. **falsear**)

mistral
(V. **viento**)

mitad
s. **medio** (V.)
metad
medianía
medianidad
bisección
división
hemisferio
bifurcación
dicotomía
subduplo

s. **semi** (V.)
hemi

s. **centro** (V.)
comedio
promedio
divisoria
bisectriz
dicotómico
bífico

a. *entero*
completo
doble
duplo
lado
todo

mítico
s. fantástico
fabuloso
legendario (V.)
mitológico
ficticio
teogónico
imaginario (V.)
divino
deiforme
elíseo

(V. **mito**)

a. *verdadero*
histórico
real

mitigación
s. **moderación** (V.)
dulcificación
atenuación
alivio (V.)
calma
adormecimiento
curación
sosiego
sedación
consuelo (V.)
consolación
suavizamiento
contención
paliación (V.)

a. *exacerbación*
exasperación
enfurecimiento

mitigar-se
s. **moderar** (V.)
amainar
dulcificar
aplacar (V.)
paliar (V.)
atenuar (V.)
aliviar (V.)
atemperar
endulzar
desenconar
calmar
curar
adormecer
tranquilizar
sosegar
consolar
sedar (V.)
suavizar
refrescar (V.)
minorar
templar (V.)

s. desenojar
desenfadar
amansar
tranquilizar (V.)
desarmar
reprimir

(V. **mitigación**)

a. *exacerbar*
exasperar
enfurecer

mitin
(V. **reunión**)

mito
s. **leyenda** (V.)
fábula
tradición
ficción (V.)
saga
símbolo
quimera
superstición
totemismo
alegoría
cuento
invención
mentira (V.)
mitología

a. *realidad*
autenticidad
hecho

mitología
s. **mito** (V.)
teogonía
cosmogonía
saga
musa (V.)
fábula (V.)
paganismo

s. deidad
divinidad
dios
dea
numen
héroe
semidiós
amazona
amorcillo
bacante
dría
cíclope
fauno
ménade
náyade
ninfa
nereida
ondina
sátiro
sirena
tritón
titán
argonauta
euménide
lar
man
oceánida
penate
sílfide
venus (V.)
gnomo
elfo
hada
alrún
valquiria (V.)

s. Averno
Báratro
Estigio
Infierno
Laguna estigia
Helicón
Olimpo
Leteo
Valhalla
Parnaso
Fuente Castalia
Fuente Hipocrena
Elíseo
Erebo
Campos Elíseos
Hades
Oráculo
Orco
Tártaro

mitológico
s. fabuloso
legendario (V.)
imaginario (V.)
inventado
quimérico
fantástico

s. gentil
infiel
pagano
tonante
citereo
dionisíaco
apolíneo
centimano
leteo
pítico
trifauce
triforme
acidalio
agonio
divino
heroico

(V. **mitología**)

a. *real*
prosaico
auténtico
material

mitón
(V. **guante**)

mitra
(V. **gorro**)

(V. **tiara**)

mitrado
(V. **prelado**)

mitridatismo
(V. **inmunidad**)

mitridato
(V. **antídoto**)

mítulo
(V. **mejillón**)

mixtificación
s. mistificación
artificio
engaño (V.)
argucia
enredo
embeleco
adulteración
engañifa
treta
falsificación

a. *realidad*
verdad
sinceridad
autenticidad

mixtificar
s. mistificar
adulterar (V.)
engañar
embaucar
falsificar (V.)
burlar
engatusar
soflamar
trucar
trufar

(V. **mixtificación**)

mixtifori
(V. **embrollo**)

(V. **confusión**)

mixtión
(V. **mezcla**)

(V. **púrpura**)

mixto
s. compuesto
mezclado (V.)
combinado
híbrido
heterogéneo
vario
promiscuo
misceláneo

s. fósforo
cerilla (V.)
candela

s. **mestizo** (V.)

(V. **mixtura**)

a. *simple*
separado
puro
elemental
primario

mixtura
s. **mezcla** (V.)
mezcolanza
composición
mixtión

s. **pócima** (V.)
poción
medicamento
potingue
brebaje
cocimiento
bebedizo
elixir

a. *pureza*
homogeneidad
simplicidad

mixturar
s. **mezclar** (V.)
combinar
confundir
emulsionar
emburujar
champurrar
chapurrear

(V. **mixtura**)

a. *disgregar*
separar

mizo
(V. **gato**)

mnemotecnia
(V. **memoria**)

moaré
(V. **seda**)

mobiliario
s. moblaje
mueblaje
mueble (V.)
menaje
atalaje
enseres
ajuar
efectos (V.)
trastos (V.)
bártulos (V.)
trebejos (V.)
armario (V.)

moblaje
(V. **mobiliario**)

mocador
(V. **pañuelo**)

mocarra
(V. **mocoso**)

mocarse
(V. **sonarse**)

mocedad
s. **juventud** (V.)
pubertad
adolescencia
nubilidad
pubescencia
mancebía
muchachez

s. **inexperiencia** (V.)
inocencia
lozanía (V.)
simplicidad
ingenuidad
romanticismo
entrega
generosidad
limpieza
candor (V.)

s. **licencia** (V.)
travesura (V.)
disipación

a. *vejez*
senectud
malicia
experiencia
seriedad
reflexión

moceril
(V. **juvenil**)

mocero
(V. **mujeriego**)

(V. **libertino**)

mocetón
s. **corpulento** (V.)
chicarrón
hombretón
hombrón
jayán (V.)
recio (V.)
mozancón
pericón
perantón (V.)
zagalón
mozarrón
granadero (V.)
grandón
robusto (V.)
mozallón

a. *enclenque*
escuchimizado
debilucho
alfeñique

moción
s. **movimiento** (V.)
impulso

s. **inclinación** (V.)
propensión
tendencia

s. inspiración
proposición (V.)
propuesta
sugerencia

a. *quietud*
reparo
indiferencia

mocito
s. mocete
mozalbete
muchacho (V.)
mozuelo
mozo
chico
mozalbillo

a. *viejo*

moco
s. mucosidad
humor (V.)
flema
moquillo
mocarro
moqueo
moquita
moquito
vela (V.)
gargajo
esputo
secreción (V.)
expectoración
broncorrea
escupitajo
baba
flujo
pituita
saliva
serosidad (V.)
saburra
albondiguilla
bolita
píldora
pujo
costra
s. apéndice
cresta
pavo (V.)
s. cabo
pabilo (V.)
mecha
s. no ser una cosa moco pavo
llorar a moco tendido
caérsele a uno el moco
no saber quitarse los mocos
quitar a uno los mocos
a moco de candil
buscar a moco de candil
¿es moco de pavo?

mocoso
s. mocosuelo
mocarra
arrapiezo (V.)
chiquillo
s. **viscoso** (V.)
mucoso
pituitoso
pituitario
(V. **moco**)
a. *viejo*
sólido
seco

mocha
(V. **reverencia**)

mochada
(V. **cabezazo**)
(V. **cornada**)

mochales
(V. **chiflado**)

mochar
(V. **desmochar**)

mochete
(V. **cernícalo**)

mochil
(V. **recadero**)
(V. **muchacho**)

mochila
s. morral
macuto
bolsa (V.)
talega
cutama
zurrón
barjuleta
escarcela
tanate
cacerina
zacuto

mochín
(V. **verdugo**)

mocho
s. desmochado
chato
romo (V.)
mondado
pelado (V.)
esquilado
mondo
al cero
afeitado
a. *peludo*
puntiagudo

mochuelo
(V. **lechuza**)
(V. **omisión**) (imprenta)
(V. **fastidio**)

moda
s. **uso** (V.)
esnobismo *
usanza
costumbre
novedad (V.)
boga (V.)
actualidad
modo
hábito
vestido (V.)
estilo (V.)
gusto (V.)
capricho
última moda
tienda de modas
ir a la moda
estar de moda
entrar uno en las modas
moda actual
up to date
a. *desuso*
antigüedad
ridiculez
cursilería
ranciedad
antigualla
olvido

modales
s. formas
modos (V.)
maneras (V.)
ademanes (V.)
educación
posturas
continente
estilo
crianza
principios
conducta
porte
cortesía
idiosincrasia
modo de ser
modo de presentarse
malos modos
buenos modos

modalidad
s. modo
manera
particularidad (V.)
peculiaridad
personalidad
circunstancia
variante (V.)
característica
forma
clase
tipo

modelado
(V. **escultura**)
(V. **relieve**)

modelar-se
s. conformar
configurar (V.)
formar
moldear (V.)
figurar
esculpir (V.)
tallar
cincelar
vaciar (V.)
reproducir
representar
crear
componer
organizar
plasmar (V.)
s. copiar
imitar (V.)
ajustarse (V.)
adaptarse
(V. **modelo**)

modélico
(V. **modelo**)

modelo
s. **ejemplo** (V.)
arquetipo
ejemplar
tipo (V.)
ídolo (V.)
canon
espécimen
patrón (V.)
ideal (V.)
prototipo (V.)
importante
espejo
pauta (V.)
dechado
calaña
parangón
módulo
regla
fórmula (V.)
medida
norma (V.)
tipificación
marco
medida
original (V.)
origen
paradigma (V.)
perfección (V.)
preciosidad
fórmula
luz (V.)
muestra (V.)
precedente
suma
súmmum
s. matriz
minuta
metro (V.)
plantilla
borrador
esqueleto
gálibo
maqueta (V.)
vitola
padrón (V.)
impreso
cartel
cartón
escantillón
formulario
horma
marcador
molde (V.)
unidad (V.)
simulacro
s. **clase** (V.)
tipo (V.)
variedad
variante
s. **maniquí** (V.)
vestido
figurín (V.)
sombrero
s. **perfecto** (V.)
ideal (V.)
hermoso
bello
ejemplar (V.)
único
modélico
clasicismo
imitación (V.)
modelo vivo
servir de modelo
desfile de modelos
a. *reproducción*
copia
uniformidad
imperfecto
feo
trasunto
calco
imitación
plagio
parodia
facsímil

moderación
s. **comedimiento** (V.)
mesura (V.)
compostura
eutrapelia (V.)
regla (V.)
medida
parquedad (V.)
temperancia
morigeración (V.)
discreción
sobriedad (V.)
templanza (V.)
modo (V.)
eufemismo
frugalidad
tino (V.)
modicidad
modestia (V.)
honestidad (V.)
freno (V.)
reportamiento
reportación (V.)
mitigación (V.)
represión
disminución
alivio
mansedumbre (V.)
virtud (V.)
temperación
ponderación (V.)
tolerancia
refrenamiento (V.)
centro
mediocridad
parsimonia (V.)
rienda
atenuación
moralidad
humildad
medianía
contención
continencia
reportamiento
aplacamiento (V.)
ten con ten
paños calientes
término medio
justo medio
medias tintas
prudencia (V.)
cordura
sensatez
templanza
discreción
reflexión
buen sentido
juicio
a. *destemplanza*
descomedimiento
intemperancia
desmesura
insensatez
abuso
atropello
exceso
desenfreno
insensatez
altivez
demasía
violencia
impetuosidad
inmoderación
incontinencia
insensatez
altivez

moderado
s. **compasado** (V.)
comedido (V.)
continente
sobrio
templado (V.)
reposado (V.)
modesto (V.)
módico (V.)
mesurado (V.)
prudente (V.)
avisado
sobrio (V.)
suave
austero
parco (V.)
ponderado (V.)
circunspecto
razonable
centrado
decente
frugal
religioso
regular (V.)
reglado (V.)
morigerado (V.)
modoso
eutrapélico (V.)
novicio
discreto (V.)
módico
sensato (V.)
juicioso
virtuoso (V.)
reflexivo
contenido (V.)
parsimonioso (V.)
(V. **moderación**)
a. *descomedido*
descarado
insensato
fanático
desarreglado
abusivo
inmoderado
excesivo
desmesurado
impetuoso
violento
irreflexivo
lanzado
intemperante
desordenado
desenfrenado
imprudente
irregular
insensato

moderador
s. **árbitro** (V.)
componedor
tercero
suavizador
regulador
ordenador
aligerador
dulcificador
pacificador (V.)
tranquilizador
sosegador
temperante
moderatorio
moderante
conciliatorio
s. poder moderador
(V. **moderación**)
a. *encizañador*
instigador
agravador

moderar-se
s. mesurar
tasar
medir
reglar
amortiguar
corregir
disminuir
temperar
atemperar (V.)
entibiar
regular (V.)
calmar
suavizar (V.)
mitigar (V.)
componer (V.)
atentar
frenar (V.)
aplacar (V.)
morigerar (V.)
aligerar
atenuar
aminorar
reducir (V.)
laxar
ablandar
limitarse
reprimir (V.)
ceñirse
recogerse
comedirse (V.)
reformarse (V.)
ajustar
contenerse
comprimir
reportarse (V.)
quebrantar
recatarse (V.)
modificar (V.)
adormecer
amortecer
aliviar
amainar
apaciguar
aquietar
centrar
constreñirse
controlarse
detenerse
dominarse
enfriar
lenificar

(cont.)

paliar (V.)
rebajar
reducirse
refrenarse (V.)
sujetarse (V.)
temperar
templar (V.)
equilibrar
echar agua al vino
parar los pies
bajar el gallo
comerse los puños
bajar el tono
amansar el trote
aligerar
tener paciencia
sentar la cabeza
parar el carro
recoger velas
ponerse en razón
tener aguante
dar la nota media
poner coto
poner tasa
dar tregua
guardar las formas
poner freno
ser prudente
ser temeroso de Dios
tener sangre de horchata
nadar y guardar la ropa

r. Para hacer las cosas bien, guarda en todo un ten con ten ■ Todo en la vida tiene su medida ■ Acorta tus deseos y alargarás tu salud ■ La mesa pobre, es madre de la salud rica ■ La vejez sana, en la juventud se prepara

(V. **moderación**)

a. *desreglarse*
descomedirse
alborotarse
excitarse
exagerar
abultar
abusar
abalanzarse
acalorar-se

modernidad

s. modernismo
novedad (V.)
actualidad (V.)
renovación
innovación
actualización
remozamiento
restauración

a. *antigüedad*
inmovilismo

modernismo

s. exotismo
esnobismo
innovación
novecentismo
neoclasicismo
dadaísmo
ultraísmo
cubismo
futurismo
impresionismo
expresionismo
romanticismo
stil novo
creacionismo
empirismo
existencialismo
marinismo
pragmatismo
racionalismo
simbolismo
titanismo
estilo (V.)

a. *clasicismo*
tradicionalismo
preceptismo
culteranismo
academicismo
purismo
barroquismo

modernización

s. **renovación** (V.)
rejuvenecimiento
modernidad
actualización
remozamiento
reforma
aggiornamento
evolución
adaptación

a. *envejecimiento*
estancamiento
inmovilismo
antigüedad

modernizar

s. actualizar
renovar (V.)
rejuvenecer (V.)
mejorar (V.)
restaurar
innovar (V.)
reformar
remozar
reponer
poner al día
estar al día
ir a la última

(V. **modernidad**)

a. *envejecer*
pasar
olvidar

moderno

s. **nuevo** (V.)
actual (V.)
último (V.)
renovado
flamante
restaurado
desusado
actualizado
fresco
innovado
remozado
novísimo
neotérico
de moda
de hoy día
de última hornada
recién hecho
contemporáneo
reciente (V.)
novato
novicio
novador
innovador
inexperto
modernista
vanguardista (V.)

(V. **modernidad**)

a. *antiguo*
pasado
anticuado
primitivo
vetusto
añejo
arcaico
ancestral
antañón
atávico
fósil
fosilizado
anacrónico
clásico
milenario
trasnochado
rancio
tradicional
momificado
rupestre
retrospectivo
arqueológico
olvidado

modestia

s. sencillez
obscuridad (V.)
humildad (V.)
pobreza (V.)
parquedad
sobriedad (V.)
austeridad
moderación (V.)
comedimiento
templanza

s. **honestidad** (V.)
recato (V.)
pudor
reserva
vergüenza
decencia (V.)
pudicia
castidad
decoro
compostura (V.)

s. **timidez** (V.)
cortedad
insignificancia
pequeñez (V.)
abatimiento

a. *complejidad*
inmodestia
ostentación
orgullo
engreimiento
vanidad
petulancia
pedantería
jactancia
presunción
vanagloria
fachenda
ufanía
lujo
riqueza
exceso
tono
pisto
suficiencia
altivez
indecencia
impudor
desvergüenza
deshonestidad
impudicia
descompostura
inmoderación
descomedimiento

modesto

s. **obscuro** (V.)

s. **humilde** (V.)
sencillo
pobre (V.)
parco
sobrio (V.)
austero
moderado (V.)
comedido
templado
insignificante (V.)
escaso
falto
mísero

s. **recatado** (V.)
honesto (V.)
pudoroso (V.)
pudibundo
reservado
decente
púdico
decoroso
casto
vergonzoso
puro

s. **tímido** (V.)
pusilánime
corto
pequeño
abatido
apocado (V.)
desconocido (V.)

(V. **modestia**)

a. *altivo*
arrogante
poderoso
rico
inmoderado
sobrado
excesivo
deshonesto
orgulloso
petulante
ostentoso
engreído
pedante
vano
vanidoso
presumido
jactancioso
ufano
lujoso
suficiente
indecente
descarado
atrevido
impúdico
descomedido
animado
famoso

módico

s. **moderado**
limitado
escaso
reducido
parco

s. **barato** (V.)
bajo
rebajado
económico
asequible
de ocasión

s. insignificante
ruin
pequeño (V.)
despreciable

a. *inmoderado*
caro
grande
importante

modificable

s. **deformable** (V.)
variable (V.)
reformable
rectificable (V.)
cambiable (V.)
corregible
modificativo
mudable
alterable
enmendable

(V. **modificación**)

a. *invariable*
fijo
inalterable

modificación

s. **limitación** (V.)
determinación
restricción (V.)
singularización
caracterización

s. crisis
giro
novedad
variación (V.)
alteración (V.)
transformación
cambio (V.)
trueque (V.)
reforma (V.)
rectificación
corrección
enmienda (V.)
moderación
cambiamiento
innovación
mudanza
revolución
renovación
metamorfosis
evolución
variabilidad

a. *estabilización*
inmovilismo
permanencia
conservación
invariabilidad
fijeza

modificar-se

s. **limitar** (V.)
determinar
restringir (V.)
caracterizar
distinguir (V.)
singularizar

s. **cambiar** (V.)
alterar (V.)
variar (V.)
corregir
enmendar
reformar (V.)
moderar (V.)
templar
transformar (V.)
refundir (V.)
transfigurar
rectificar
disfrazar
revolucionar
mudar
innovar
metamorfosear
renovar

(V. **modificación**)

a. *continuar*
permanecer
estabilizar
inmovilizar
conservar
mantener
eternizar

modillón

s. **can** (V.)
canecillo
ménsula (V.)
soporte
sostén
saliente
apoyo
encanamento
cornisa

(V. **arquitectura**)

modismo

s. idiotismo
giro
locución (V.)
expresión (V.)
dicho
modo
peculiaridad
lenguaje (V.)
gramática (V.)
regionalismo (V.)

modista

s. diseñador
modisto
creador

s. **sastra** (V.)
sastre (V.)
costurera
modistilla
aprendiza
oficiala
griseta
midinette

s. maniquí
modelo

s. modistería
confección
vestido (V.)
moda (V.)

modistilla

s. **modista** (V.)
griseta
midinette
aprendiza
oficiala
costurera

(V. **moda**)

modisto

(V. **modista**)

modo

s. **manera** (V.)
forma (V.)
método (V.)
procedimiento
medio (V.)
guisa
proceder
práctica
fórmula
política
sistema
táctica
técnica
norma (V.)
disposición
tranquillo
vía
escuela
receta
regla
orden

s. rito
ceremonia
costumbre (V.)
estilo (V.)
conducta
son (V.)
tenor
curso
sesgo
derrotero
lado
carrera
salida
camino
rumbo
actitud (V.)
criterio
régimen
estado (V.)

s. **carácter** (V.)
naturaleza (V.)
clase (V.)
suerte
variedad
variante
tipo
pelaje
calaña
condición
configuración
índole (V.)
lava
jaez

(cont.)

linaje
madera
natural
raza
ralea
género (V.)
cualidad

s. **aspecto** (V.)
modelo
calidad
arte
circunstancia (V.)
color
coloración
estilo
línea
escuela
genio
idiosincrasia

s. **modales** (V.)
urbanidad
decencia
formas
cortesía
finura
educación
suavidad
templanza
moderación (V.)
discreción
cuidado

s. a modo de
de cualquier modo
de ningún modo
de igual modo
de otro modo
de todos modos
de tal modo que...
en cierto modo
modo de ser
a mi modo
de un modo o de otro
sobre modo
¡qué modo de!

a. *grosería*
ordinariez
desconsideración
descortesía
desprecio

modorra
s. **soñolencia** (V.)
sueño (V.)
letargo (V.)
soñera
flojera
aturdimiento
pesadez
soñarrera (V.)
nebladura
sopor
siesta
cenurosis

a. *despejo*
actividad
vigilia

modorro
s. adormecido
soñoliento (V.)
aletargado
torpe (V.)

s. **ignorante** (V.)
atontado
despistado

(V. **modorra**)

a. *despierto*
espabilado
inteligente

modosidad
(V. **recato**)
(V. **respeto**)
(V. **mesura**)

modoso
s. **respetuoso** (V.)
mesurado
educado
fino
sencillo
humilde
callado
circunspecto
discreto
cortés
compuesto
recatado (V.)

(V. **modosidad**)

a. *descarado*
ordinario
charlatán
grosero

modrego
s. manazas
inhábil
torpe (V.)
desmañado
chapucero
cauque
patoso (V.)

a. *habilidoso*
mañoso

modulación
s. **cadencia** (V.)
cambio
inflexión (V.)
entonación
vocalización
tono (V.)
módulo (V.)
variación
afinación
afinamiento
armonización
empaste
melodía
acorde

a. *desafinación*

modular
s. **vocalizar** (V.)
cantar
variar
entonar (V.)
armonizar
afinar

(V. **modulación**)

a. *desentonar*
desafinar

módulo
s. tipo
regla
ley
canon
medida (V.)
patrón
norma (V.)
paradigma
ejemplo
proporción (V.)
modulación (V.)
intercolumnio (V.)

moduloso
(V. **armonioso**)

modus vivendi
(V. **acuerdo**)

mofa
(V. **burla**)

mofarse
(V. **burlarse**)

mofeta
s. **mamífero** (V.)
zorrillo
chinga
yaguré
yaguané
chingue
mapurite

s. **gas** (V.)

(V. **ventosidad**)

moflete
s. carrillo
papo
cachete
mollete
buchete
mejilla (V.)

s. **gordura** (V.)

a. *delgadez*

mofletudo
s. mejilludo
molletudo
gordinflón
carirredondo
cachetudo
rollizo
cariharto
carilleno
hinchado

(V. **carrilludo**)

(V. **carrillo**)

a. *sumido*
chupado
delgado

mogato
(V. **mojigato**)

mogollón
s. vago
holgazán (V.)
gorrón (V.)
vividor
sopista
chupón
parásito
mogrollo
chupóptero
pegadizo
pegote
sablista
arrimador
de balde
de gorra

s. entremetido
entrometido (V.)
importuno

s. de mogollón

a. *diligente*
activo
trabajador
discreto
oportuno

mogote
s. **montículo** (V.)
otero
altozano
mambla
teta (V.)
cerro

s. **montón** (V.)
hacinamiento
pila
hacina
cúmulo

s. **cuerna** (V.)

a. *planicie*
llanura

mogrollo
(V. **mogollón**)

moharra
(V. **lanza**)

moharracho
(V. **mamarracho**)

mohatra
s. engaño
estafa (V.)
timo
pegata
fraude (V.)
chantaje
trampa
defraudación

s. **usura** (V.)
préstamo

s. venta simulada (V.)

s. caballero de mohatra

a. *honradez*
rectitud
desprendimiento
desinterés
generosidad

mohatrar
s. **engañar** (V.)
estafar (V.)
chantajear
defraudar
truhanear
sablear
trampear
timar (V.)
embaucar

(V. **mohatra**)

a. *cumplir*
devolver
restituir

mohatrero
s. engañador
defraudador
timador (V.)
chantajista
sablista
truhán
embaucador
mohatrón
estafador (V.)

(V. **mohatra**)

a. *honrado*
sincero
recto

mohecer-se
(V. **enmohecer-se**)

mohiento
(V. **mohoso**)

mohín
s. **gesto** (V.)
mueca
visaje
arrumaco
arremuesco
coco
mímica
tic
guiño
hocico
gesticulación
aspaviento
dengue

a. *imperturbabilidad*

mohína
s. descontento
contrariedad

s. despecho
enojo
disgusto
desagrado
desazón
resquemor
rencilla
mosqueo
fanfurriña
pique
atufo
amarulencia
rencor

(V. **enfado**)

a. *contento*
satisfacción
perdón
olvido

mohíno
s. **enojado** (V.)
descontento
mosqueado
picajoso
atufado
enfadado (V.)
triste (V.)
contrariado
lánguido
cabizbajo
cariacontecido
meditabundo
melancólico
airado
sombrío

(V. **mohína**)

a. *alegre*
contento
feliz

moho
s. **hongo** (V.)
mogo
orín
óxido
robín
pátina
herrumbre
verdín
verdete
cardenillo
pavonado
herrín
roña

s. desidia
vagancia
pereza (V.)
gandulería
pigricia
haraganería
ociosidad

s. no criar moho
no dejar criar moho

a. *diligencia*
actividad
trabajo

mohoso
s. **herrumbroso** (V.)
ruginoso
enmohecido
oriniento
florecido
oxidado (V.)
roñoso (V.)
calumbriento
mohiento
eruginoso

s. podrido
putrefacto
rancio (V.)
descompuesto
corrompido
pútrido
séptico
florecido

(V. **moho**)

a. *inoxidable*
bueno
fresco
perfecto

moisés
(V. **cuna**)

mojadura
s. **remojón** (V.)
empapamiento (V.)
remojo
mojada
chapoteo
madefacción
calamiento
rociada (V.)
caladura
fomento

a. *sequedad*
desecación

mojama
s. **atún** (V.)
cecina
adobo
salazón
tasajo

mojar-se
s. calar
humedecer (V.)
remojar (V.)
rezumar
infiltrarse
amerarse
revenirse
apulgararse
despichar
recalar
regar (V.)
rociar (V.)
chapotear
salpicar
llover (V.)
aguar
sumergir (V.)
asperjar
ensopar
humectar
macerar
madeficar
bañar
escaldar
untar (V.)
pringar
embeber
encharcar
estar hecho una sopa
calarse hasta los huesos
poner en remojo
estar chorreando

(V. **mojadura**)

a. *secar-se*
enjugar

hipócrita (V.)
misticón
beato
disimulado
gazmoño (V.)
beatuco
tragasantos
puritano
mogato
timorato
hazañero
escrupuloso (V.)
cobarde
melindroso
monjil
ñoño (V.)
melindre (V.)

(V. mojigatería)

a. *sincero*
comprensivo
religioso
audaz
osado

mojarrilla
(V. jaranero)

moje
(V. salsa)

mojicón
s. bizcocho
bollo (V.)

s. torta
cachete
capón
lapo
sopapo
mamporro
soplamocos
mojí
torniscón
puñetazo (V.)
cachetada
apabullo

a. *caricia*
mimo

mojiganga
s. farsa
burlería
mascarada (V.)
bojianga
fiesta
jolgorio
carnaval
encamisada
bullicio
ensabanada

s. burla (V.)
chanza
bromo
befa
mofa
monserga (V.)

a. *seriedad*
gravedad

mojigatería
s. gazmoñería (V.)
hipocresía (V.)
beatería
mojigatez
ranciedad
puritanismo
melindre
santurronería
teatinería
fingimiento
fanatismo
impiedad
irreligión
intransigencia
falsa religión
pazguatería (V.)
pudibundez (V.)

a. *religiosidad*
sinceridad
humildad

mojigato
s. timorato
pazguato (V.)
santurrón (V.)

mojón
s. hito (V.)
poste (V.)
señal (V.)
indicación
jalón (V.)
indicador (V.)
buega
cavacote
columna
cipo
rollo
testigo
pilar (V.)
coto
dama
hincón
majano
morcuero
muga
muria
piquete
pina
medianedo
hincón
moto
mojonera
divisa
marca
chito
piedra
guardacantón
estaca

s. linde
límite (V.)
término (V.)

s. montón (V.)
mogote

s. catavinos (V.)
catador

mojonar
(V. amojonar)

molde
s. matriz (V.)
mascarilla (V.)
plancha (V.)
plantilla (V.)
troquel (V.)
formaje (V.)
forma (V.)
adobera
vaciado (V.)
cubilete
hembra (V.)
quesera (V.)
flanera
horma (V.)
hormilla
tapial
terraja
balero
bodoquera
clavera
comporta
cuadrado
cuño
encella
encofrado (V.)
esterilla
galápago
gradilla
gravera
lingotera
retiración
punzón
tiral
turquesa (V.)
rielera

s. ejemplo (V.)
modelo (V.)
tipo
módulo
regla
muestra
figura
paradigma

s. como de molde
ni de molde
letra de molde

moldeable
s. maleable (V.)
dúctil (V.)
blando
flexible

s. influible
sugestionable (V.)
impresionable

(V. moldear)

a. *rígido*
inflexible
impertérrito
inmune
duro
cerrado

moldear
s. ahormar
estampar
vaciar (V.)
moldar
fundir (V.)
modelar (V.)
reparar
moldurar
forjar
repujar
acuñar
reproducir
adaptar
crear (V.)
formar (V.)

(V. molde)

moldura
s. bocel (V.)
imposta
cordón
canaladura
ataire
caveto
cinta
cimacio
coronel
friso
gola (V.)
faja
arquitrabe
nervio
nervadura
mediacaña (V.)
troquilo (V.)
junquillo (V.)
collarín
esquino
baqueta
baquetilla
gradevilla
archivolta
crucería
contrapilastra
metopa
agallón
ranura
estría
acodo
tapajuntas
goterón
molduraje
vierteaguas
guardavivo
revoltón
resalto (V.)
esgucio
contario
ménsula (V.)
saliente (V.)
corona
talón (V.)
listón
cimbria (V.)
filete
cornija
cornisa (V.)
canaleto
rostro
ovario
gota
copada

s. astrágalo
basa
escocia
listel
garganta
cavetos
golas
tira
tenia
toro (V.)
talones
platabanda
acuerdo
cuarto bocel

(V. arquitectura)

moldurar
s. bocelar
rebultar
abultar
aterrajar
atairar
moldear (V.)

(V. moldura)

mole
s. volumen
bulto
corpulencia (V.)
masa (V.)
solidez
balumba
tomo
balumbo
cuerpo
grandeza
grandor
magnitud
tonelaje
bloque
porte
montaña
sierra

s. muelle (V.)
blando
suave

a. *pequeñez*
insignificancia
duro

molécula
s. partícula (V.)
elemento
átomo
migaja

s. corpúsculo (V.)
vestigio
residuo
chispa
gota
grano
triza
pellizco
pulgarada
chichota
ostugo
punto
pavesa
mínima
algo

a. *mucho*
abundancia
copia

moledor
s. molendero
aceñero
agarrapador
almazarero
maquilero
pastero
añacal
molinero (V.)
trapichero
molero
cagarrache
cagaaceite
husillero
atizador
necio

s. pesado
cargante (V.)
molesto
latoso
chinchorrero
chinche
incordiante
indiscreto

(V. molienda)

a. *agradable*
simpático
discreto
considerado

moledura
(V. molienda)

moler
s. triturar (V.)
molturar
pulverizar
machacar (V.)
remoler
quebrantar
desintegrar
disgregar
deshacer
majar
prensar
reboñar
comprimir
aplastar
masear
picar
mascar (V.)
aciberar
desmenuzar (V.)
maquilar
arrepistar
hacer polvo
hacer harina

s. cansar
molestar (V.)
cargar
fastidiar
fatigar
maltratar
agotar
extenuar

s. abatir
desfallecer
derribar
aniquilar
destruir (V.)

(V. molienda)

a. *comprimir*
deleitar
contentar
entretener
cuidar
mimar
acariciar
construir
animar

molestar-se
s. asediar (V.)
jorobar (V.)
incomodar (V.)
anegar
amostazarse
zaherir (V.)
martirizar
fastidiar (V.)
hostigar
castigar
excitar (V.)
exasperar
chinchar (V.)
trabajar (V.)
chingar
contrariar (V.)
irritar (V.)
amohinar
impacientar
inquietar (V.)
extorsionar
porrear
potrear
perturbar
maltratar
matraquear
disgustar (V.)
embarazar
ofender (V.)
abrumar (V.)
ofenderse
importunar
estorbar (V.)
escarabajear
apurar
hartar
incordiar
hastiar
aburrir (V.)
encocorar (V.)
desazonar
resentirse (V.)
perseguir (V.)
atormentar
marear (V.)
gibar
jeringar (V.)
embromar
mosconear
atafagar
tarazar
enchilar
acribillar (V.)
moler
estomagar (V.)
cargar
moler
fregar (V.)
majar (V.)
rallar (V.)
heder
roer
zarandear
corromper (V.)
pudrirse (V.)
crucificar
descoyuntar (V.)
amolar
cansar
reventar
estragar (V.)
brear
matar (V.)
sobar (V.)
infernar
apalear
quebrantar (V.)
baquetear (V.)
sitiar (V.)
aspar
vejar
sobrecargar (V.)
sofocar (V.)
mimbrar (V.)

(cont.)

s. dar la lata
ser pesado
quitar la paciencia
dar jaqueca
dar remoquete
consumir la paciencia
dar el tostón
(V. **molestia**)

a. *alegrarse*
deleitar
agradar
encantar
divertir
entretener
aligerar
cuidar
respetar
acariciar

molestia
s. **estorbo** (V.)
fastidio (V.)
incomodo
desacomodamiento (V.)
inconveniencia
extravío
incomodidad (V.)
desasosiego
desagrado
desgana
impertinencia (V.)
disfavor
penitencia
dificultad (V.)
castigo (V.)
enojo
inconveniente (V.)
penalidad (V.)
gajes (V.)
lata
enfado (V.)
aburrimiento
contrariedad
estragamiento (V.)
engorro
cansera
corma
cansancio (V.)
sobrecarga
sobrehueso
pejiguera
incordio
vejación
perjuicio
daño
burla
embarazo
jaqueca
mareo
pesadez (V.)
broma
cabronada
lata
descoyuntamiento
embarazo
aperreo
lacería (V.)
gaita
embeleco
cataplasma (V.)
sinapismo
regomello
regomeyo
droga (V.)
calilla
friega
gurrumía
tequío
vaina
lavativa (V.)
ajobo
chinchorrería (V.)
tabarra
matraca (V.)
tormento
joroba (V.)
martirio
majadura
jácara (V.)
monserga
murga (V.)
preocupación (V.)
inquietud
porra (V.)
cuidado
tribulación
torozón
trastorno (V.)
desasosiego
sobo (V.)
angustia
baqueteo
trabajo

s. **pesadumbre** (V.)
ofensión
agitación
amargura
tristeza

a. *comodidad*
conveniencia
salud
bienestar
alegría
contento
tranquilidad
deleite
agrado
favor
servicio
merced
ayuda
beneficio
gracia
obsequio
socorro
facilidad
ventaja
despreocupación
calma

molesto
s. **incómodo** (V.)
fastidioso (V.)
cargante
molinillo
pesado (V.)
plomo
aguafiestas
antipático
chinche
chinchorrero
cansado
cansador
pegajoso
gravoso (V.)
sobón
embarazoso
desacomodado
disgustado
estomagante (V.)
martirizado
patoso (V.)
mazacote (V.)
mortificante
cancanoso
insoportable (V.)
latoso (V.)
penoso (V.)
oneroso
resentido (V.)
irritante
perjudicial
fatigoso
indispuesto (V.)
agobiante (V.)
aburrido (V.)
engorroso (V.)
amargo
trabajoso
importuno (V.)
cataplasma
gamberro
postema
sinapismo (V.)
mosca (V.)
verruga (V.)
maza
matraco
porra (V.)
dichoso
condenado
desagradable
hediondo (V.)
endemoniado
endiablado (V.)
impertinente (V.)
puñetero (V.)
imposible
maldito
monótono
inaguantable
inacabable
odioso
mortal
letal
premioso (V.)
indignante
insufrible (V.)
ofensivo (V.)
insultante
exasperante (V.)
irritante
mareante
deslumbrador (V.)

(V. **molestia**)

a. *agradable*
simpático
distraído
entretenido
ameno
amable
obsequioso
servicial
oportuno
cómodo
encomiástico
pacificador

molicie
s. flojera
relajación
blandura (V.)
afeminamiento
afeminación
blandicia (V.)
abandono
pereza (V.)
incuria
voluptuosidad
apatía
sensualidad (V.)
irresolución

s. regalo
comodidad (V.)
placer
deleite
gusto
confort
indolencia
gandulería (V.)

a. *sacrificio*
dureza
incomodidad

molido
s. aplastado
triturado (V.)
machacado
pulverizado
molturado
pisado
prensado

s. dolorido
cansado (V.)
deshecho
exhausto
agotado
extenuado
maltrecho (V.)

a. *comprimido*
reposado
descansado
fresco
fuerte

molienda
s. molimiento
morterada
moledura
molturación
machacamiento
machacadura (V.)
moltura
trituración (V.)
empergue
majamiento
pulverización
aplastamiento
desintegración
quebrantamiento
desmenuzamiento
remolimiento
pisado
rotura
presada
molinaje
maquila
puñera

s. almazara
aceña
tahona
trapiche
almirez (V.)
pilón
azud
cárcavo
lagar
presa
mortero
muela (V.)
rueda
piedra
tolva
solera
volandera
voladora

s. **harina** (V.)
salvado
orujo (V.)
alpechín
pulpa
borujo
aguachas
aceite (V.)
papel

s. **molestia** (V.)
fastidio
pesadez

a. *distracción*
amenidad
ventaja

molificar
s. **ablandar** (V.)
suavizar (V.)
lenificar
dulcificar
consolar
mitigar

a. *endurecer*
atirantar
agudizar
agravar

molimiento
(V. **molienda**)

molinero
s. moledor
maquilero
maquilón
agarrafador
husillero
pastero
atizador
cagarrache

(V. **molino**)

molinete
s. molinillo
ruedecilla
ventilador (V.)
aspa
aleta

s. movimiento
vuelta
giro (V.)
golpe
sablazo
volteo
estocada
defensa (V.)

s. **remolino** (V.)
ventolera

s. columna de linguetes
columna del molinete
conchas
contrabita
cabirones
cuerpo con guardainfantes
cruceta de guimbaletes
linguete
palancas
freno
rueda de roquetes
pernos
bocabarras
barbotín o plegador
tambor
uñas
eje de la cruceta
cilindro
bastidor
engranajes
distribución
casco (V.)

(V. **embarcación**)

molinillo
s. **juguete** (V.)
molinete
rehilandera
gallo
voladera
ventolera
rengigata
rodachina
batidora (V.)

s. **vilano** (V.)
corona
borla

s. molino
inquieto (V.)
bullicioso
fuguillas
pesado
molesto (V.)

a. *tranquilo*
sosegado
silencioso
considerado
discreto

(V. **batidora**)

molino
s. molturador
triturador (V.)
aceña
almazara (V.)
molinejo
trapiche
mortero
trujal
atahona
tahona
arrastre
rabil
zangarilla

s. muela
cítola
tarabilla
tolva
solera
aspas
rueda

s. molino de viento
molino de agua
molino de aceite
molino de sangre
molino arrocero

s. ir al molino
estar picado el molino
dar más vueltas que un molino
empatársele a uno el molino
llevar agua al molino
comulgar con ruedas de molino

molondro
s. poltrón
perezoso (V.)
gandul
zote
torpe (V.)
molondrón
ignorante
inculto
cebollo

a. *activo*
inteligente
culto

molso
s. **sucio** (V.)
desgarbado (V.)
desaseado
desangelado
gorrino
descuidado
cochambroso

s. **deforme** (V.)
abultado
hinchado

a. *pulcro*
limpio
garboso
apuesto

moltura
(V. **molienda**)

molturación
(V. **molienda**)

molturar
(V. **moler**)

molusco
s. **marisco** (V.)
cefalópodo
lamelibranquio (V.)
malacología

s. concha
valva
opérculo
tentáculos
manto
casidulina

(cont.)

s. almeja
babosa
berberecho
bígaro
calamar
caracol (V.)
caracola
chipirón
chirla
concha
coquina
dátil de mar
jibia (V.)
jibión
lapa
lápade
limaco
mejillón (V.)
navaja
ostión
ostia
ostra (V.)
ostro
ostrón
pulpo (V.)
sepia
uña
abrojín
abulón
ajobilla
arca de Noé
argonauta
babosilla
balate
bigarro
bocina
boquinegro
broma
burgado
cabra
cambute
cañadilla
caramujo
caraquilla
casis
cauri
chapa
chitón
choco
cigua
clica
conchil
dóllimo
glauco
guadañeta
limaza
lula
lumiaco
macha
margarita
marinero
mítulo
mocejón
muergo
múrice
nautilo
nerita
peñasco
perna
piure
pólipo
púrpura
quitón
taca
tapón
taraza
telina
terebrátula
trompo
verderol
verderón
verdigón
vieira

molla
s. molledo
pulpejo
magro
mollero
mollete
carnosidad (V.)
pulpa
pulpeta
pulpetón

mollar
s. fonje
blando (V.)
frágil
quebradizo
endeble
delicado

s. utilitario
útil (V.)
práctico
conveniente

s. simple
pasmado
pazguato
ingenuo (V.)
cándido
crédulo (V.)
incauto

s. **ganga** (V.)
prebenda
regalo

a. *duro*
resistente
caro
inútil
incrédulo
carestía

mollear
s. **ceder** (V.)
flaquear
aflojar
reblandecerse

s. combarse
encorvarse
doblarse (V.)
curvarse
torcerse
arquearse

a. *resistirse*
enderezarse

molledo
(V. **molla**)

(V. **miga**)

molleja
s. **estómago** (V.)
buche
cachuela
proventrículo

s. **lechecillas** (V.)

mollejón
s. fofo
gordinflón (V.)
gordiflón
cebado
atocinado
barrigón
inflado
grueso
panzudo
mofletudo
mantecoso

s. **blando** (V.)
bonachón
sosegado
tranquilo
pánfilo (V.)
pacífico
cachazudo

pancho
pachorrudo
apacible

a. *delgado*
esquelético
irascible
furioso

mollera
s. seso
sesera
inteligencia (V.)
pesquis
caletre
chirumen
talento
cacumen
cabeza
meollo
testa
cholla
molondro
coco
cachola

s. cerrado de mollera
duro de mollera
secar la mollera
cerrarse la mollera

a. *torpeza*
necedad
bobería

mollete
(V. **moflete**)

(V. **panecillo**)

molletudo
(V. **mofletudo**)

mollizna
(V. **llovizna**)

momentáneo
s. breve
transitorio (V.)
instantáneo
circunstancial
pasajero (V.)
rápido
fugaz
súbito
subitáneo
repentino
provisional (V.)

(V. **momento**)

a. *duradero*
eterno
permanente
prolongado

momento
s. **instante** (V.)
tiempo (V.)
plazo
periodo
hora (V.)
tris (V.)
brinco
segundo
minuto
punto
soplo
santiamén
periquete
relámpago
etapa
rato (V.)
lapso
época

s. **situación** (V.)
circunstancia (V.)
coyuntura

s. **trance** (V.)
ocasión (V.)
oportunidad
actualidad

s. **importancia** (V.)
peso
trascendencia
intensidad

s. álgido
crítico
agudo
oportuno
culminante

s. de momento
a cada momento
al momento
de un momento a otro
por momentos
buen momento
mal momento
desde el momento en que
en cualquier momento
en mal momento
en el momento presente
en el primer momento
en un momento
en este momento
por el momento
sin perder un momento

a. *eternidad*
continuidad
persistencia
intrascendencia
bagatela
fruslería

momia
s. **cadáver** (V.)
esqueleto (V.)
cuerpo
despojos
restos
fiambre
difunto
caromomia

s. **delgado** (V.)
demacrado (V.)
esquelético

a. *grueso*
rollizo
colorado

momificar-se
s. **desecar** (V.)
secar
disecar
embalsamar (V.)
conservar
congelar
atrofiar
acartonar
amojamarse
apergaminarse
acecinarse
atrofiarse
avellanarse

(V. **momia**)

a. *rejuvenecer-se*
hermosear-se
lozanear

momio
s. **magro** (V.)
enjuto
cetrino
flaco

s. **ganga** (V.)
suerte
provecho
propina
ventaja

prima
canonjía
sinecura
mina
prebenda

a. *gordo*
grasiento
desventaja
carestía

momo
s. chirigota
mofa
burla (V.)
alcocarra
diversión
juego
danza
mimo
gesto (V.)
mohín
carnaval
jeribeque

a. *seriedad*
tristeza

mona
(V. **borrachera**)

(V. **bollo**)

(V. **imitadora**)

monacal
s. **conventual** (V.)
monástico
claustral
cenobítico
cenobial
recoleto
profeso
cartujano
abacial
abadengo

(V. **monasterio**)

a. *secular* (V.)
mundano

monacillo
(V. **monaguillo**)

monada
s. monería
gracia
mohín
fiesta
arrumaco
carantoña
zalamería
halago
gesto (V.)
mimo (V.)
lagotería
aspaviento
melindre (V.)

(V. **mono**)

a. *seriedad*
gravedad
frialdad
impasibilidad
contención
sobriedad

monago
(V. **monaguillo**)

monaguillo
s. monacillo
monago
acólito (V.)
escolano
obispillo
monecillo
camilo
ceroferario
cetre

clerizón
ministro
rapavelas
pertiguero
niño de coro
ayudante
chupalámparas
misario
seise (V.)

monarca
(V. **rey**)

monarquía
s. **reino** (V.)
reinado (V.)
realeza
realismo (V.)
corona
imperio
soberanía
principado
señorío

s. monarquía absoluta
monarquía constitucional

a. *república*

monárquico
s. **realista** (V.)
tradicionalista
conservador
derechista
covachuelista

(V. **monarquía**)

a. *republicano*

monasterio
s. **abadía** (V.)
convento
priorato
cenobio (V.)
cartuja
rápita
retiro
claustro
abadiado
residencia
juniorado
escolasticado
beaterio
asciterio

monástico
(V. **monacal**)

monda
(V. **mondadura**)

mondaderas
(V. **despabiladeras**)

mondadientes
s. escarbador
escarbadientes
limpiadientes
palillo (V.)

mondadura
s. cáscara
desperdicio
piel
pellejo
despojo
monda
peladura (V.)
corteza
mondaraja
vaina

mondar

s. descascarar
pelar (V.)
descascarillar
descamisar
repelar
despellejar
escabuchar
pilar
descascar
descortezar
desvainar

s. escombrar
desescombrar
limpiar (V.)
escarbar (V.)
purificar
dragar

s. **podar** (V.)

s. **carraspear** (V.)
toser
esgarrar

s. quitar
privar
robar
escamotear
desvalijar (V.)
rapar
pelar

(V. **monda)**

mondarajas

(V. **mondadura, s)**

mondo

s. **descortezado** (V.)
despellejado
descascarillado
podado
cortado

s. rapado
mondado
mondón
limpio (V.)
pelón
pelado (V.)
puro
sencillo (V.)
simple
morondo

a. *superfluo*
mezclado
compuesto
añadido
peludo

mondongo

s. vientre
tripas
intestinos (V.)
panza
andorga
barriga
vísceras
bandujo

s. **embutido** (V.)
morcillas
longanizas
chorizos

s. hacer el
mondongo

moneda

s. **dinero** (V.)
numerario
metálico
numisma
pieza (V.)
redondo
moa
ceca
guita
caurí
talega
cartucho
arras
saca
oro
plata
calderilla
níquel
perendengue
pápiro
óbolo

s. onza
doblón (V.)
duro
pelucona
peseta
rubia
real
céntimo
maravedí (V.)
realete
realillo
realejo
patacón
peso duro
parpalla
reis
talento (V.)
uncia
vellón
tetradracma
teruncio
sólido
ducado
dólar
libra
franco
escudo (V.)
florín
chelín
penique
peso
marco
cruceiro
rupia
sucre
colón
dracma
corona
bolívar
rublo
piastra
dong
dinar
baht
rand
leu
leone
rial
sol
zloty
guaraní
córdoba
tugrik
dirham
kip
yen
lira
forint
lempira
sen
tálero
siclo
gourde
quetzal
cedí
yuan
won
zaire
riel
lev
kyat
ryal
lek
afgani

s. cantor
impronta
inscripción
leyenda
tipo (V.)
contorno
contramarca
grafila
exergo
feblaje
nimbo
símbolo
anverso
reverso
cara
cruz
talla
patrón
tolerancia
hoja
falta

s. **medalla** (V.)

s. moneda
amonedada
moneda contante
y sonante
moneda corriente
moneda
divisionaria
moneda cortada
moneda de
soplillo
moneda fiduciaria
moneda
imaginaria
moneda forera
moneda jaquesa
moneda metálica
moneda
trabucante
moneda de vellón
moneda falsa
moneda
imaginaria
moneda divisional
papel moneda

s. buena moneda
alterar la moneda
batir moneda
acuñar moneda
labrar moneda
pagar con la
misma moneda
pagar en buena
moneda
ser moneda
corriente

monedear

(V. **amonedar)**

monedero

s. **portamonedas** (V.)
billetero
faltriquera
saquito
bolsillo
bolsa (V.)
cartera

s. monedero falso

monería

s. dengue
lagotería
gracia
mimosería
melindre
gesto gracioso
carantoña

s. **monada** (V.)

s. bagatela
futilidad (V.)
fruslería
nonada
nadería
insignificancia

a. *seriedad*
importancia

monetario

s. **dinerario** (V.)
pecuniario
financiero
crematístico
fiduciario
numerario
económico

(V. **moneda)**

mongolismo

(V. **cretinismo)**

monicaco

(V. **monigote)**

monigote

s. hombrecillo
monicaco
esperpento
muñeco (V.)
títere
pelele
marioneta
fantoche
maniquí
testaferro (V.)
payaso
espantapájaros
espantajo

s. **lego** (V.)
hermano

s. ignorante
zote
rudo
despreciable (V.)
torpe
tosco
tocho

a. *enérgico*
inteligente
culto
despierto

monillo

(V. **chaleco)**

monipodio

s. **confabulación** (V.)
conchabanza
cábala
conspiración
maquinación
connivencia
convenio
intriga
contubernio
hatajo
turba
patulea

a. *claridad*
franqueza
nobleza

monises

(V. **dinero)**

mónita

s. artificio
astucia (V.)
artimaña
cautela
añagaza
hipocresía (V.)

a. *naturalidad*
franqueza
sinceridad

monitor

s. **consejero** (V.)
tutor
custodio
instructor
maestro

s. **celador** (V.)
guardián
vigilante
cuidador

s. **embarcación** (V.)

monitorio

(V. **amonestación)**

(V. **advertencia)**

monja

s. **religiosa** (V.)
monjita
sor
hermana (V.)
madre
novicia
profesa
dueña
postulanta
beata
sergenta
canonesa
freila
recogida
madre general
madre provincial
generala
provinciala
superiora
abadesa
priora
supriora
prelada
comendadora
caridad
reverencia
maternidad
reverenda
tornera
donada
cilleriza
confesa
confesionera
confesionariera
corretora
escucha
lega
fundadora
guarda
mayorala
procuradora
provisora
sacristana
vicaria
clarisa
ursulina

(V. **convento)**

(V. **orden**
religiosa)

a. *seglar*

monje

s. religioso
cenobita (V.)
conventual
fraile (V.)
freile
cartujo
beato
hijo
hermano
padre
anacoreta
solitario
eremita

s. general
patriarca
comendador
ministro general
definidor de la
orden
definidor general
definidor
provincial

s. prelado
prior
prepósito
superior
suprior
abad
abacómite
cenobiarca
rector
corrector
agostero
coadjutor
ropero
síndico
vicario

s. connovicio
monigote
confeso
converso
donado
lego
siervo
hermano
novicio
noviciote
frailuco
frailezuelo
frailecito
neófito
profeso
pasante
presentado
junior
seminarista
derviche
calender

s. guardián
exorcista
admonitor
agonizante
campero
cillerero
refitolero
síndico
refectolero
obrero
operario
racionero
agostero
alforjero
asistente
custodio
definidor
discreto
mayordomo

s. recoleto
trapense (V.)
regular
descalzo
mendicante
hospitalario
profeso
seráfico
sarabaíta
calzado
aseglarado
bigardo

(V. **convento)**

(V. **orden** religio-
sa)

monjil

(V. **recatado)**

(V. **ñoño)**

mono
s. **mamífero** (V.)
cuadrúmano
cuadrumano
simio
mico (V.)
antropoide
antropomorfo
chimpancé
gorila
orangután (V.)
pongo
mandril
cepo
olingo
congo
araguato
cay
cotomono
cora
cuati
macaco
magote
lemur
cebú
coaita
cebo
cefo
jimia
celfo
catirrino
zambo (V.)
s. gracioso
bonito (V.)
pulido
perfecto
delicado
hermoso
fino
primoroso
lindo
bello
s. traje (de faena)
s. mono araña
mono aullador
mono negro
mono capuchino
mono sabio
s. ser un mono de imitación
estar de monos
ser el último mono
quedarse hecho un mono
a. *feo*
desagradable
repelente

monocorde
(V. **monótono**)

monóculo
(V. **lente**)

monodia
(V. **canto**)

monofisismo
(V. **herejía**)

monografía
s. **tratado** (V.)
descripción
estudio
memoria
exposición
explicación
relación
cuadro
esquema

monograma
s. **cifra** (V.)
letra
inicial
abreviatura
sello
enlace (V.)
marca
contraste

monolítico
(V. **fuerte**)

monolito
s. piedra
megalito
dolmen
menhir
bloque
monumento (V.)
señal
testimonio

monologar
s. recitar
discursear
monologuear
perorar
declamar
hablar (V.)
platicar
soliloquear
hablar consigo mismo
hablar para su capote
hablar entre sí
decir para su sayo
(V. **monólogo**)
a. *conversar*
dialogar
intercambiar

monólogo
s. soliloquio
aparte
recital
parlamento
discurso
aparte
recitación
tirada
recitado (V.)
a. *conversación*
diálogo

monomanía
s. **manía** (V.)
paranoia (V.)
locura
guilladura
extravagancia
idea fija
capricho
preocupación
obsesión (V.)
zoantropía
aprensión (V.)
pasión
cantinela
pío
demencia
empeño
testarudez
excentricidad
vena
antojo
lunas
enajenación
afición (V.)
cosas
chifladura
s. cada loco con su tema
le da por ahí
a. *lucidez*
talento
despejo

monomaníaco
s. tocado
maníaco (V.)
extravagante
maniático
caprichoso
excéntrico
preocupado
guillado
paranoico (V.)
obsesivo
(V. **monomanía**)
a. *sesudo*
despejado
discreto
razonable

monomaquia
(V. **lucha**)
(V. **desafío**)

monona
(V. **piropo**)

monoplano
(V. **avión**)

monopolio
s. cartel
trust
consorcio
capitalismo
conjunto
monopolización
acaparamiento (V.)
almacenamiento
retención (V.)
exclusiva (V.)
concesión
centralización
privilegio
estanco
renta estancada
acopio (V.)
concentración
a. *concurrencia*
competencia

monopolista
s. **acaparador** (V.)
monopolizador
arrendataria
logrero
atravesador
tercerista
(V. **monopolio**)
a. *competidor*

monopolizador
(V. **monopolista**)

monopolizar
s. **acaparar** (V.)
centralizar
almacenar
acumular
copar
abarcar
estancar
reunir
retener (V.)
fusionar
mancomunar
especular
aprovechar
comerciar
explotar
beneficiarse (V.)
(V. **monopolio**)
a. *concurrir*
rivalizar
competir
descentralizar
repartir

monosabio
(V. **mozo**)
(V. **tauromaquia**)

monote
s. **pasmarote** (V.)
despistado
abstraído
absorto
ensimismado
aturdido
sumergido
rígido
s. **riña** (V.)
alboroto
motín
escándalo
altercado
agarrada
a. *indiferente*
distraído
paz

monotelismo
(V. **herejía**)

monotipia
s. **impresora** (V.)
máquina de componer
s. órgano componedor
teclado
rollo de papel
matrices
bastidor de matrices
aire comprimido
moldes
tipos fundidos
galera
fundidora
perforadora
émbolo del crisol
carro
(V. **imprenta**)

monotonía
s. **uniformidad** (V.)
regularidad
igualdad (V.)
repetición (V.)
pesadez (V.)
hastío
aburrimiento (V.)
repetición
homología
simplicidad
continuidad
fastidio
a. *variedad*
diversión
amenidad
complejidad
interrupción

monótono
s. **uniforme** (V.)
invariable
monocorde
pesado (V.)
salmódico (V.)
continuo
igual (V.)
regular
enojoso
repetido
aburrido (V.)
mortal
simple
latoso
fastidioso
usual (V.)
gris
(V. **monotonía**)
a. *variable*
diverso
divertido
ameno
diferente
complejo

monsergas
s. **impertinencia** (V.)
habladuría (V.)
perorata (V.)
repetición (V.)
retórica (V.)
tabarra (V.)
mojiganga (V.)
romances (V.)
historia
cuento (V.)
fastidio
coplas de Calaínos
copla
s. **confusión** (V.)
fárrago
necedad
lío
embrollo
enredo
a. *veracidad*
autenticidad
realidad
claridad
sensatez

monstruo
s. **engendro** (V.)
aborto
embrión
grotesco
ectópago
fenómeno (V.)
quimera (V.)
capricho
desvarío
leviatán
vestigio (V.)
anormal
deforme
diforme
prodigio
endriago
sátiro (V.)
dragón (V.)
hidra (V.)
ogro (V.)
tarasca (V.)
esperpento
espantajo
inhumano
excesivo
(V. **monstruosidad**)
a. *normalidad*
naturalidad
humanidad
perfección
belleza

monstruosidad
s. **atrocidad** (V.)
deformidad (V.)
aberración
informidad
irregularidad
anomalía
amorfia
deformación
desproporción
inhumanidad
fealdad (V.)
horror
disformidad
anormalidad (V.)
bestialidad
gigantismo
teratología
ectópago
a. *normalidad*
proporción
humanidad

monstruoso
superposición (V.)
deforme (V.)
grotesco
contrahecho
amorfo
informe
molso
colosal
enorme
fantástico
prodigioso
fenomenal
impresionante
desproporcionado
horrible (V.)
horripilante
horroroso
horripilendo
extraordinario
disparatado (V.)
s. bestial
atroz
cruel (V.)
teratológico
leporino
perverso
contranatural
inhumano
antinatural
anormal
(V. **monstruosidad**)
a. *perfecto*
natural
normal
bueno
bello
humano

monta
s. **suma** (V.)
monto
importe (V.)
cuantía
total
relación
precio
adición
s. valor
importancia (V.)
categoría
estimación
calidad
apreciación
s. **remonta** (V.)
acaballadero
s. de poca monta
a. *resta*
insignificancia

montacargas
(V. **ascensor**)

montadero
(V. **poyo**)

montador
s. mecánico
ensamblador
operario

s. seleccionador
ajustador

(V. **mecánica**)

(V. **cinematografía**)

montadura
(V. **montaje**)

(V. **montura**)

montaje
s. engarce
engaste (V.)
engarzamiento
engazamiento
engace
enlace
colocación
montura

s. montadura
estructura
acoplamiento
disposición
ensambladura (V.)
articulación
superposición (V.)

s. erección
construcción (V.)
levantamiento
fabricación
instalación (V.)

s. selección
ajuste
empalme (V.)
unión
juntura
cinematografía (V.)

s. presentación
puesta en escena (V.)
representación (V.)
teatro (V.)
cureña (V.)

a. *desmontaje*

montanear
(V. **pastar**)

montantada
(V. **fanfarronada**)

(V. **multitud**)

(V. **abundancia**)

montante
s. **suma** (V.)
total
importe

s. **espada** (V.)
espadón
tizona
mandoble
chafarote
sable

s. pleamar
flujo
marea (V.)

s. **ventana** (V.)
parteluz (V.)
columnita

s. **travesaño** (V.)
listón
soporte

s. meter el montante

montantear
(V. **jactarse**)

(V. **entrometerse**)

montaña
s. orografía
cordillera (V.)
colina
sierra
alpes
peña
peñón
promontorio
muela
hacho
eminencia
contrafuerte
prominencia
volcán
cordal
morro
picacho
risco
alcor
cerro (V.)
risca
cerrejón
cerrajón
altillo
altozano
otero
oteruelo
medaño
duna
mota (V.)
mambla
mogote
collado
iceberg
morón
peñasco (V.)
nudo
espolón
cerrazón
horcajo
saliente

s. garganta
estrecho
estrechura
desfiladero (V.)
quebrada
congosto
puerto
cingla
alfoz
cañada
encañada
paso (V.)
cañón
portachuelo
gollizo
tollón
boquete
escobio
cortadura

s. cumbre
cima
cresta
picacho
pico
estribación
ladera
ladería
falda
arista
precipicio
declive
nevero

s. **dificultad** (V.)
inconveniente

a. *llanura*
planicie
valle
facilidad
ventaja

montañero
s. alpinista
trepador
deportista (V.)
explorador
excursionista
escalador

(V. **montañismo**)

montañés
s. serrano
lugareño
rústico (V.)

s. alpino
andino
cisalpino
pirenaico
penibético

(V. **montaña**)

a. *ciudadano*
elegante

montañismo
s. alpinismo
andinismo
escalada
deporte (V.)
escalamiento

s. equipo
bastón
pico
piqueta
zapapico
alcotana
anilla móvil
anillo de sujección
mosquetón
bota
pitón
clavija
martillo
correachaleco
pantalón
media
cuerda
gafas
mochila
gorra
saco
piolet

montañoso
s. montuno
montuoso
montañés
alpino
montano
pirenaico
andino
escarpado
salvaje
trasandino
transalpino
rocoso
abrupto (V.)
transpirenaico
traspirenaico
medanoso
serrano (V.)
ondulado

(V. **montaña**)

a. *llano*
liso
plano
suave
uniforme

montar-se
s. **cabalgar** (V.)
encabalgar
jinetear
trotar (V.)
caballear
ahorcajarse
enancarse
enhorcajarse
ruar
montar a mujeriegas
montar a asentadillas
montar a horcajadas
montar a la bastarda
montar a caballo
montar a la brida
montar a escarramanchones
montar a la estradiota
montar a horcajadillas
montar a parrancas
montar a jumentillas
montar a la jineta
montar a sentadillas
montar en cerro
montar en pelo

s. acaballar
cubrir (V.)
copular
aparearse

s. **sobreponer** (V.)
solapar (V.)
asolapar
encapillar
pisar
imbricar (V.)
superponer (V.)
traslapar
encaballar
poner sobre

s. **alcanzar** (V.)
importar
valer
sumar (V.)
ascender
totalizar
elevarse
subir

s. engarzar
engastar (V.)
colocar

s. auparse
subirse (V.)
encaramarse
alzarse

s. **armar** (V.)
amartillar
preparar
ajustar (V.)
ensamblar
acoplar (V.)
articular

s. **empalmar** (V.)
unir
juntar
enlazar
seleccionar
instalar (V.)
poner (V.)
establecer
levantar
comenzar
disponer
arreglar
preparar
fundar (V.)

(V. **montaje**)

s. montar en cólera
montar la guardia
montar la trinchera
tanto monta

a. *desmontar-se*
apear-se
bajar-se
descabalgar
respetar
quitar
retirar
desengastar
desajustar
desarmar
separar

montaraz
s. **silvestre** (V.)
brusco
rústico (V.)
palurdo
rudo
zafio
salvaje (V.)
agreste
indómito
montés
arisco (V.)
cerril
intratable
insociable
fiero
indócil
descortés
descomedido
grosero

(V. **monte**)

a. *fino*
educado
sociable
cordial

monte
s. **soto** (V.)
sotillo
oaquedal
zarzal
morro (V.)
moheda
mohedal
lobera
arcabuzal
lentiscal
carrascal
peñasco (V.)
carrasco
erial (V.)
eriazo
erío
gándara
jaral
pasto
algaba
algaida
alijar
arcabuco
arcabuzal
astillero
chiribital
estivada
palomera
paradina
raña
renoval
roza
sarda
sardón
sebe
sobral
tallar
verdugal

s. espesura
bosque (V.)
boscosidad
fronda
floresta
fosca
maleza (V.)
enramada
boscaje
campo
fragosidad
fraga
manigua
selva
silva
monte bajo

s. calvero
claro
quemado
calvijar
calvitar
cortafuego
faldeo
isla
chamicera
careo
espesar
vendal
concia

s. **talar** (V.)
repoblar
desmontar
apear
aclarar
cortar
rozar
roturar
entresacar
abancalar
empelar
socolar
embosquecer
ensivecerse

s. **montaña** (V.)
colina

s. monte alto
monte bajo
monte cerrado
monte pardo
monte de Piedad
monte de Venus
apostar un monte
correr montes
no todo el monte es orégano
poner a monte una nave
el parto de los montes
ser uno de monte y risa

a. *llanura*
valle
planicie
explanada
meseta
estepa
pampa
sabana

montear
(V. **perseguir**)

(V. **ojear**)

montepío
s. **mutualidad** (V.)
cooperativa
depósito
socorro
ayuda
auxilio

montera
s. **gorro** (V.)
gorra
casquete
boina
cachucha
píleo
papahigo
gorrete
barretina
caperuza
birretina
caperuceta
bicoquín
bicoquete
bonete
solideo
birrete
capelo
mitra
tiara
sombrero

s. **claraboya** (V.)
cristalera

s. ponerse el mundo por montera

montería
s. caza mayor
caza menor
cetrería
cinegética
ballestería
venación
volatería
palomería
cacería
caza (V.)

s. **cazar**
acabestrillar
abarcar
acosar
acechar
batir
encañonar
lacear
levantar
ojear
perseguir
rematar

montero
s. **cazador** (V.)
batidor
perseguidor
ojeador
cetrero
vigilante

s. montero de cámara o de Espinosa
montero mayor

(V. **montería**)

montés
(V. **montaraz**)

montesco
(V. **rivalidad**)

montgolfier
(V. **globo**)

montículo
s. altura
morón
altozano
montecillo
cerrillo
mogote (V.)
montón
túmulo (V.)
elevación
colina
eminencia
terromontero
duna (V.)

(V. **monte**)

a. *hoyo*
hoya
torca

monto
(V. **suma**)

montón
s. **cúmulo** (V.)
mogote (V.)
pila (V.)
acumulación (V.)
acervo (V.)
hacina
rimero
porrada
haza
caramillo
majano
parva
muelo
aglomeración (V.)
telera
colección
congerie
matalotaje
ñaque
alto
tonga
rima
columna
hatajo
arsenal
porción
puñado
puñada
cáfila (V.)
conjunto (V.)
pirámide (V.)
amontonamiento (V.)
jarcia
ovillo
saco (V.)
tinada
pira
conglobación (V.)
granero
provisión
colección
recolección
sima
mojón (V.)
infinidad

s. **muchedumbre** (V.)
multitud
sinnúmero
gentío
tumulto
legión
huestes
tropel
grupo (V.)
ser uno del montón
a montones

a. *escasez*
nada
nadie

montuosidad
s. **aspereza** (V.)
irregularidad
escabrosidad
desigualdad
inclinación
pendiente
cuesta

(V. **monte**)

a. *llanura*
planicie

montuoso
(V. **montañoso**)

montura
(V. **cabalgadura**)

(V. **armadura**)

(V. **arreos**)

monumental
s. **grande** (V.)
enorme
grandioso
fenomenal
colosal
gigantesco
maravilloso
majestuoso
piramidal
impresionante
descomunal
titánico
ingente
extraordinario
admirable
exorbitante
morrocotudo
macanudo
inmenso
sensacional
magnífico
descomunal (V.)
megalítico
esteliforme
arqueológico
ciclópeo
mayúsculo
formidable
señalado
prodigioso
excelente
excesivo

(V. **monumento**)

a. *minúsculo*
insignificante
pequeño
corriente

monumento
s. inscripción
documento
estatua
sepulcro
recuerdo (V.)
memoria
trofeo (V.)
monolito (V.)
túmulo
megalito (V.)
altar
mausoleo
panteón
sepultura
obelisco (V.)
pilón
pirámide (V.)
esfinge
acrópolis
capitolio
estela
arco de triunfo
dólmen
talayote
menhir
anta
fuente
templo

(V. **arquitectura**)

monzón
(V. **viento**)

moña
(V. **borrachera**)

(V. **muñeca**)

(V. **gorro**)

(V. **adorno**)

moño
s. rulo
coca
chufo
rodete (V.)
castaña
castañeta
chongo
papillote
moñajo
zorongo
pelo (V.)

s. **lazo** (V.)
bucle
adorno

s. penacho
copete (V.)
plumero
plumaje

s. paloma de moño
hacerse el moño
ponérsele en el moño
ponerse moños

moquear
s. moquitear
moquetear
segregar (V.)

(V. **moco**)

a. *sonarse*

moquero
(V. **pañuelo**)

moqueta
(V. **alfombra**)

moquete
s. bofetón
puñetazo (V.)
puñada
mojicón
golpe (V.)
remoquete
coscorrón
guantada
guantazo
cachete
cachetada
torta
tortazo
revés
bofetada
soplamocos

a. *caricia*
mimo

moquillo
s. **enfermedad** (animales) (V.)
catarro (V.)

s. gabarro
pepita
tumor (gallinas) (V.)

s. codillo y moquillo

moquita
(V. **moco**)

moquitear
(V. **moquear**)

mora
(V. **retraso**)

(V. **zarzamora**)

morabito
(V. **ermitaño**)

(V. **ermita**)

morada
s. casa
domicilio (V.)
habitación
habitáculo
residencia (V.)
rincón
mansión
estancia
palacio
solar
villa
choza
hogar (V.)
piso
techo
hotel
cuarto
vivienda

s. estancia
permanencia (V.)
estadía
moranza

morado
s. cárdeno
violáceo
violado (V.)
azulado
purpúreo
amoratado
caracho
cinzolín
aberenjenado
jacintino
lila
violeta (V.)
malva
lívido
moracho
nidrio
color (V.)
livor

morador
s. **habitante** (V.)
residente
vecino
domiciliado
inquilino
ocupante
habitador

s. **poblador** (V.)
natural
aborigen
súbdito

(V. **morada**)

a. *nómada*
errabundo
emigrado
extranjero

moradura
s. **cardenal** (V.)
equimosis
costurón
señal
cicatriz
moratón
chirlo
roncha
magulladura
contusión
verdugón
golpe
mancha
moretón

moraga
s. haz
manojo (V.)
brazada
gavilla
puñado
atado
espigas (V.)
morago

moral
s. **ética** (V.)
moralidad
deontología
conciencia (V.)
escrúpulo
delicadeza
obligación
bondad
decencia
dignidad
decoro
honor
entereza
honestidad
honradez (V.)
pureza
lealtad
probidad
pulcritud
limpieza
reparo
remordimiento
miramiento
consideración
circunspección
austeridad
rigidez
sobriedad
puritanismo
integridad
justicia (V.)
virtud
ejemplaridad
fe
rectitud
vergüenza
pudor
espíritu (V.)

s. **norma** (V.)
conducción (V.)
parábola
adagio
aforismo
apotegma
máxima (V.)
enseñanza (V.)
regla
proverbio
dicho
sentencia (V.)
principio
precepto
pensamiento
refrán

s. **ético** (V.)
estricto
riguroso
puro (V.)
puritano
espiritual
inmaterial (V.)
severo
rígido
juicioso
honesto
honrado (V.)
decoroso
pudoroso
decente (V.)
moderado
serio
leal
recto
íntegro (V.)
púdico

(cont.)

honorable
inmaculado
austero
correcto
cumplidor
ejemplar
sano
incorruptible
insobornable
intachable
limpio
justo (V.)
bueno (V.)
sentencioso (V.)
virtuoso (V.)
(V. **moralidad**)

a. *inmoralidad*
indecencia
indelicadeza
suciedad
impureza
impudor
indignidad
deslealtad
relajación
pecado
maldad
injusticia
corrupción
corrupto
amoral
inmoral
pecador
libertino
malo

moraleja
s. **máxima** (V.)
lección
enseñanza (V.)
consejo (V.)
moralidad
experiencia
fábula
conseja
parábola
anécdota
ejemplo

moralidad
s. probidad
austeridad
virtud (V.)
bondad
rectitud
honradez (V.)
integridad
justicia
honor
honorabilidad
conciencia (V.)
delicadeza
conformidad
cumplimiento
entereza
exactitud
hombría de bien
pulcritud
severidad
manos limpias

s. **moraleja** (V.)

a. *inmoralidad*
deshonor
injusticia

moralista
(V. **moralizador**)

moralizador
s. moralista
educador (V.)
ético
dogmático
doctrinal
proverbial
moral
evangélico
sumista
sermoneador
predicador
reformador
evangelizador
catequista
amonestador
aleccionador
virtuoso (V.)
(V. **moral**)

a. *desmoralizador*
corruptor
vicioso
pecador
pecaminoso

moralizar-se
s. predicar
aleccionar (V.)
evangelizar
reformar (V.)
catequizar
sermonear
dogmatizar
legislar
educar (V.)
edificar
(V. **moral**)

a. *desmoralizar-se*
corromper-se
pecar

moranza
(V. **morada**)

morapio
(V. **vino**)

morar
s. **habitar** (V.)
vivir
residir
estar
anidar
parar
ocupar
hallarse
convivir
cohabitar
permanecer (V.)
avecindarse
hospedarse
(V. **morada**)

a. *emigrar*
marchar

moratoria
s. **prórroga** (V.)
demora
dilación
mora
retraso
espera
plazo
aplazamiento
tardanza

a. *anticipo*
adelanto

morbidez
s. **enfermedad** (V.)

s. delicadeza
blandura (V.)
suavidad
lenidad
blandenguería
tersura
flaccidez (V.)

a. *salud*
dureza
aspereza

mórbido
s. enfermizo
morboso (V.)
malsano

s. **blando** (V.)
suave (V.)
lene
tierno
terso
muelle
delicado (V.)
mullido
blandengue
fláccido
(V. **morbidez**)

a. *duro*
áspero
sano

morbilidad
(V. **estadística**)
(V. **enfermedad**)

morbo
(V. **enfermedad**)

morboso
(V. **enfermizo**)
(V. **insano**)
(V. **patológico**)

morca
(V. **sedimento**)

morcar
(V. **cornear**)

morceguillo
(V. **murciélago**)

morcella
(V. **chispa**)

morcilla
s. **embuchado** (V.)
morcón
morcillón
filloga
guarreña
tripote
fiyuela
salchicha
embutido (V.)
morcilla ciega

s. **añadido** (V.)
recurso
gag
espontaneidad
ocurrencia
chiste
golpe
embuchado
invención (V.)
intercalación (V.)

s. mamarracho
gordo (V.)
visión

a. *delgado*
fino

morcón
s. morcillón
morcilla (V.)

s. **gordo** (V.)
rechoncho
gordinflón
ceporro
botijo
tripón
panzudo
rollizo

s. **sucio** (V.)
descuidado
desaseado
adán
abandonado

a. *delgado*
esbelto
limpio
aseado

mordacidad
s. **causticidad** (V.)
picante (V.)
maledicencia
quemazón (V.)
mortificación
acrimonia (V.)
virulencia (V.)
maldad
dicacidad (V.)
sarcasmo
detracción
vejamen
sátira
reticencia
invectiva
diatriba
trágala
zaherimiento (V.)
murmuración
aspereza
acritud (V.)
indirecta
ironía (V.)
cuodlibeto
socarronería
inquina
rencor
mala intención
mala voluntad

a. *benevolencia*
alabanza
madrigal
bondad
franqueza
sinceridad

mordaz
s. **acre** (V.)
picante (V.)
áspero (V.)
corrosivo
reticente
dicante
punzante (V.)
mordicante
irónico (V.)
envenenado (V.)
zaheridor (V.)
venenoso
virulento (V.)
afilado
incisivo (V.)
dicaz (V.)
sangriento
penetrante (V.)
sarcástico (V.)
cruel
libelista
satírico (V.)
sátiro (V.)
malévolo
rencoroso
acerado (V.)
pullista
malhumorado (V.)
matraquista
cáustico (V.)
(V. **mordacidad**)

a. *benévolo*
bondadoso
enaltecedor
franco
sincero
directo
claro

mordaza
s. trapo
bozal
venda (V.)
correa

s. **cepo** (V.)
sujetador
tornillo
mandril

s. **silencio** (V.)
censura
impedimento
obstáculo

a. *publicidad*
conocimiento

mordedor
s. **roedor** (V.)
salvaje
arisco
indomable

s. mordaz
maldiciente (V.)
murmurador
venenoso
satírico
irónico
corrosivo
(V. **mordedura**)

a. *suave*
civilizado
benévolo
complaciente

mordedura
s. mordimiento
dentellada (V.)
mordisco
mordida
tarascada (V.)
bocado
mella
colmillada
tenazada
mordicación
herida (V.)
muerdo
picada
picadura
picotazo
colmillazo
ratadura
roedura (V.)
tarascón
bocanada (V.)
mascada
brocadura

morder
s. mordiscar
mordisquear (V.)
dentellar (V.)
adentellar
apresar
tarascar (V.)
masticar (V.)
mascar
triturar
moler
picotear
picar
tarazar
atarazar
abocadear
remorder (V.)
lesionar
dañar
raer
roer
fizar
desgastar
ratonar
carcomer
rostir
rosigar
corroer
apretar con los dientes
clavar los dientes
tascar el freno
hacer tenaza

s. hincar los dientes
cercenar
descabalar (V.)
desmochar
quitar

s. **mordicar** (V.)

s. **difamar** (V.)
zaherir (V.)
murmurar
satirizar
ironizar

s. morder el anzuelo
morderse la lengua
a muerde y sorbe
muerde cuando habla
estar alguien que muerde
morder el freno
morder el polvo
(V. **mordedura**)

a. *respetar*
ensalzar
alabar
enaltecer
completar
reponer

mordicante
(V. **mordaz**)

mordicar
s. **morder** (V.)
picar (V.)
corroer (V.)
pinchar
(V. **mordedura**)

mordicativo
(V. **corrosivo**)
(V. **picante**)

mordida
(V. **mordedura**)
(V. **soborno**)

mordido
s. **roído** (V.)
picado
mordisqueado
carcomido
dentellado
gorgojoso
apolillado
arratonado
alobadado

s. incompleto
desgastado
desflecado
desfalcado
menoscabado
gastado
limado

s. **escaso** (V.)
falto

a. *nuevo*
impecable
entero
abundante

mordiente
s. **mordedor** (V.)
roedor (V.)

s. mordente
cáustico (V.)
ácido
fijador (V.)
agua fuerte
corrosivo
sales de aluminio
sales de hierro
sales de plomo
sales de estaño
gluten
caseína
tanino
albúmina

mordihuí
(V. **gorgojo**)

mordiscar
(V. **mordisquear**)

mordisco
(V. **mordedura**)

mordisquear
s. **morder** (V.)
mordiscar
dentellear
roer
corroer
carcomer (V.)
desgastar
tascar (V.)
ratonar
lacerar

s. **criticar** (V.)
difamar
murmurar

(V. **mordisco**)

a. *acariciar*
respetar
elogiar
ensalzar

morena
(V. **morrena**)

moreno
s. **negro** (V.)
bronceado
tostado
chicharrón
atezado
bazo
carinegro
bruno
trigueño
quemado
cetrino
cobrizo
endrino
azabachado
obscuro
terroso
oliváceo
aceitunado
pardo
fuliginoso
morenazo
morenote

s. **mulato** (V.)

a. *blanco*
pálido
rubio
claro
blondo
rubicundo
albino

morera
s. mora
moral
zarzamora
moreda
árbol (V.)

morería
(V. **aljama**)

moretón
(V. **moradura**)

(V. **cardenal**)

morfa
(V. **hongo**)

morfeo
(V. **sueño**)

morfina
s. **alcaloide** (V.)
anestésico
analgésico
narcótico (V.)
soporífero
sedante
calmante
tranquilizante
hipnótico

morfinómano
s. drogadicto
drogado
intoxicado (V.)
vicioso
depravado
degenerado

(V. **morfina**)

morfología
s. figura
forma (V.)
estructura
configuración
constitución
hechura
conformación
formato

morganático
(V. **matrimonio**)

morgue
(V. **depósito**) (de cadáveres)

moribundo
s. **agonizante** (V.)
expirante
mortecino
agónico
falleciente
semidifunto
semivivo
sucumbiente
in extremis
in artículo mortis
desahuciado
pereciente
declinante
comatoso

(V. **muerte**)

a. *sano*
vivo
resucitado

morigeración
s. **moderación** (V.)
mesura
comedimiento
sobriedad
parquedad
templanza
parsimonia
prudencia (V.)
continencia
tiento
benignidad
juicio
cordura
circunspección
compostura
discreción

a. *destemplenza*
abuso
descomedimiento
incontinencia

morigerado
s. **mesurado** (V.)
templado
moderado (V.)
contenido
sobrio
parco
comedido
arreglado
frugal
temperado
circunspecto
reservado
prudente (V.)
juicioso

(V. **morigeración**)

a. *descompasado*
destemplado
abusivo
incontinente
insensato

morigerar-se
s. **moderar** (V.)
templar
temperar
contener
mesurar
comedir
amortiguar (V.)
paliar
suavizar
frenar
abstenerse
ayunar
castigarse

(V. **morigeración**)

a. *abusar*
descompasar-se
extralimitar-se
descomedir-se
atiborrar-se

morir-se
s. **expirar** (V.)
fallecer (V.)
finar
agonizar (V.)
acabar (V.)
ultimar (V.)
sucumbir (V.)
transir (V.)
perecer (V.)
palmar (V.)
espichar
acabarse
diñarla
consumirse
boquear
despichar
desahuciar
liar
caer (V.)
faltar (V.)

s. candirse
terminar (V.)
irse (V.)

pasar
extinguirse (V.)
electrocutar
desaparecer (V.)
desvanecerse
torcer la cabeza
estar en capilla
cesar de existir
dar el último suspiro
hincar el pico
estirar la pata
llamarle Dios
dejar de ser
cerrar los ojos
morder el polvo
pagar tributo a la muerte
pasar a mejor vida
quedarse como un pajarito
ir con los pies por delante
estar comido por los gusanos
irse al otro mundo
irse al otro barrio
irse con los angelitos
llegarle la hora
estar de cuerpo presente
estar con Dios
llegar la última hora
yacer entre cuatro cirios
salir de este mundo
liar el petate
doblar la servilleta
dejar el pellejo
entregar el alma
liarlas
diñarla
caer en flor

s. reventar
boquear
matarse
estrellarse
ahogarse
desplomarse
morir con las botas puestas
morir vestido
perder la vida
quedar en el campo
vidriarse los ojos
luchar con la muerte
pagar con el pellejo
caer como chinches
dar la vida
ayudar a bien morir
recomendar el alma
estar a la muerte
estar a las puertas de la muerte
dar las últimas boqueadas
estar en las últimas

s. **cesar** (V.)
apagarse
entorpecerse
insensibilizarse

s. pirrarse
perecerse por
desvivirse (V.)
enamorarse perdidamente
beber los vientos por
enloquecer por

(V. **muerte**)

a. *nacer*
vivir
desdeñar
despreciar
florecer
brotar
surgir
amanecer
parir
alumbrar
reanudar

morisco
(V. **moro**)

morisma
(V. **moro**)

morisqueta
(V. **burla**)

(V. **engaño**)

(V. **ardid**)

morlaco
(V. **toro**)

(V. **cazurro**)

mormonismo
(V. **protestantismo**)

moro
s. **musulmán** (V.)
marroquí
mauritano
rifeño
moruno
sarraceno
islamita
muslime
berberisco
agareno
sarraceno (V.)
berebere
morisco
mahometano
bereber
africano
islamita
ismaelita
moruno
mogrebí
mauro
mudéjar
árabe

s. abencerraje
almogávar
almohade
almorávide
benimerín
nazarí
nazarita
gomel
gomer
tagarino

s. cegrí
cenheguí
tochibí
rahalí

s. aljamía
algarabía
amán
aceifa
baraca
lelilí
cora

s. caftán
jaique
chilaba
aljuba
almejí
almaizalmalafa
malafa
fez

r. A moro muerto, gran lanzada ■ A más moros, más ganancias

s. haber moros en la costa
haber moros y cristianos
el moro Muza
como moros sin señor
moros van, moros vienen

morón
(V. **montículo**)

morondanga
(V. **batiburrillo**)

morondo
(V. **pelado**)

(V. **solo**)

(V. **limpio**)

morosidad
s. tardanza
lentitud (V.)
dilación
retraso
demora (V.)
retardo
moratoria
detención
espera
prórroga
paréntesis
alto
aplazamiento
premiosidad
remisión
delectación

s. **vagancia** (V.)
premiosidad (V.)
pereza (V.)
inactividad
ociosidad
informalidad (V.)

a. *rapidez*
celeridad
adelantamiento
actividad
trabajo
formalidad
puntualidad

moroso
s. **tardo** (V.)
lento
premioso
demorado
tardío (V.)
diferido
atrasado
remiso (V.)

s. maula
ocioso
perezoso
holgazán (V.)
inactivo

s. **deudor** (V.)
retardador
informal (V.)

(V. **morosidad**)

a. *rápido*
activo
adelantado
apresurado
trabajador
anticipado
formal
puntual

morrada
s. **golpe** (V.)
golpazo
costalada
topetazo
testarazo
molondrón
cabezazo
coscorrón

s. **bofetón** (V.)
bofetada
guantada
guantazo

a. *caricia*
mimo

morral
s. bolsa
talego
fardel (V.)
zurrón (V.)
macuto (V.)

s. ceporro
cebollo
grosero (V.)
zote (V.)
zopenco
ordinario
chabacano

a. *fino*
educado
cortés

morralla
s. **chusma** (V.)
gentuza
gentualla
populacho
plebe
cáfila
patulea
caterva
turbamulta
horda
bahorrina
manada

s. **baratija** (V.)
chatarra
fárrago
desechos

s. boliche
purria
destrío
rebuscalla
pescado (V.)

a. *selección*
aristocracia
valía
valor

morrena
s. morena
montón
acumulación
piedras
glaciar (V.)

morrillo
(V. **testuz)**

(V. **nuca)**

morriña
s. nostalgia
tristeza (V.)
melancolía (V.)
añoranza
murria
comalia
zangarriana
cacorra
mal del país
mal de la tierra
pasión de ánimo

a. *alegría*
contento
consuelo

morrión
s. **casco** (V.)
casquete
capacete
celada
borgoñota
yelmo
bacinete
cimera
flama

s. **gorro** (V.)
quepis
chacó
chascás

morro
s. **hocico** (V.)
labios (V.)
boca
belfo
rostro
cara

s. **guijarro** (V.)
piedra

s. **monte** (V.)
picacho
escarpadura
peñasco

s. estar de morros
andar al morro
jugar al morro
estar de morro
troco (expr. fam. Vizc.)

morrocotudo
s. **grande** (V.)
descomunal
fenomenal (V.)
monumental
excesivo
valioso
enorme
considerable
atroz
pistonudo
garrafal
gravísimo
complicado
embarazoso
inaccesible
climatérico
importantísimo
laberíntico
peliagudo
formidable

a. *insignificante*
trivial
mezquino
pequeño

morrocoy
(V. **tortuga)**

morrón
(V. **pimiento)**

(V. **porrazo)**

morrongo
(V. **gato)**

morrudo
s. bocudo
bocón
hocicudo (V.)
bezudo
abultado
morrazos
jetudo
bembón
protuberante
saliente

s. **vulgar** (V.)
grosero
indelicado
soez

s. husmo
goloso (V.)

(V. **morro)**

a. *suave*
liso
delicado
fino

morsa
s. **mamífero** (V.)
(pinnípedo)
rosmaro
elefante marino
foca

(V. **zoología)**

mortadela
(V. **embutido)**

mortaja
(V. **sudario)**

mortal
s. **hombre** (V.)
ser

s. **perecedero** (V.)
caduco
breve
efímero
temporal
transitorio
fugaz

s. **fatal** (V.)
mortífero
cadavérico
letal
funesto
aciago
irremediable
fulminante (V.)
galopante (V.)
fatídico
emético
irreparable
deletéreo
cierto
decisivo
seguro
concluyente
definitivo (V.)

s. **cruel** (V.)
abrumador
pesado
fatigoso

s. penoso
aciago
aburrido (V.)
monótono (V.)
cansado

s. **capital** (V.)
pecado (V.) grave
pecado mortal
señas mortales
salto mortal
herida mortal de necesidad

a. *inmortal*
vivificador
vital
incierto
inseguro
alegre
divertido

mortalidad
s. destrucción
muerte (V.)
mortandad (V.)
fin
caducidad
desaparición

s. **morbilidad** (V.)

a. *permanencia*
vida
principio
inmortalidad

mortandad
s. **mortalidad** (V.)
carnicería (V.)
matanza
sarracina
degollina
destrozo (V.)
escabechina (V.)
hecatombe (V.)
letalidad
matacía
riza (V.)
exterminio
carnaje

r. Ni mueras en mortandad, ni juegues en Navidad

mortecino
s. lánguido
débil (V.)
apagado (V.)
moribundo
desfalleciente
caído
sin vigor
bajo
tenue
exinanido
exangüe
exánime

a. *fuerte*
vigoroso
vivo

morterada
(V. **molienda)**

(V. **disparo)**

mortero
s. **almirez** (V.)
majador
machacador
machaca (V.)
molinillo
conacho
molino
almofariz
molcajete
triturador (V.)
machacadera
majadero
pistadero
pilón

s. macillo
mano
mazo
maza

s. **argamasa** (V.)
pece
mezcla
cemento
hormigón
betón
amasijo
cascajo
casquijo

s. bombarda
obús
cañón (V.)
sacanabo

s. **molienda** (V.)

mortífero
s. mortal
letal (V.)
fatal
destructor
aniquilador
deletéreo
nefasto
funesto (V.)
grave
irremediable
crítico
peligroso (V.)
exterminador
venenoso (V.)
tóxico
contaminado
insalubre
nocivo
perjudicial

(V. **muerte)**

a. *sano*
salubre
beneficioso
ventajoso
saludable

mortificación
s. vejación
aflicción
desazón
zaherimiento (V.)
laceración
refregamiento
disgusto
molestia
daño
dolor
humillación (V.)
castigo
pesadumbre
penitencia (V.)
cilicio (V.)
ayuno (V.)
disciplina
maceración (V.)
tormento
privación
austeridad (V.)
sacrificio (V.)
lastimadura (V.)
incomodidad (V.)
persecución (V.)

a. *deleite*
regalo
apetencia

mortificado
s. **carcomido** (V.)
herido
vejado
humillado (V.)
despreciado
ofendido
lesionado
golpeado (V.)
azotado
crucificado
aspado
flagelado
ciliciado
disciplinante (V.)
anacoreta
nazareno
anacorita
penitente

(V. **mortificación)**

a. *nuevo*
ensalzado
glorificado

mortificador
s. mortificante
zaheridor
insultante (V.)
humillante
atormentador
ofensivo
irritante
injurioso
vejatorio
degradante
ultrajante
agraviante
hiriente
sarcástico
irónico
despectivo
desdeñoso

(V. **mortificación)**

a. *alabancioso*
halagador
ensalzador
obsequioso
lisonjero
adulador
cobista
encomiástico

mortificante
s. **humillante** (V.)
injurioso
vergonzoso
denigrante
degradante
ofensivo (V.)
torturador (V.)
achicharrante
irritante (V.)

(V. **mortificación)**

a. *enaltecedor*
elogioso
inofensivo

mortificar-se
s. **atenacearse** (V.)
martirizarse (V.)
ayunar (V.)
flagelarse
azotarse
disciplinarse
ciliciarse
nazarear
penitenciar (V.)
macerar (V.)
asparse (V.)
amolarse
fastidiarse (V.)
chincharse

s. apesadumbrar
apenar
chinchar
humillar (V.)
vejar (V.)
refregar
afligir
dañar
desazonar
zaherir (V.)
torturar (V.)
ofender
injuriar
pinchar (V.)
punzar
encocorar (V.)
importunar (V.)
morder
herir (V.)
atormentar (V.)
freír (V.)
satirizar
cancerar
rabiar (V.)
escarnecer
censurar
potrear (V.)
jorobar
incomodar (V.)
jeringar
tarazar
hostilizar (V.)
achicharrar
asar
consumir
disgustar

(V. **mortificación)**

a. *regalar-se*
abusar
animar-se
ayudar
halagar
complacer

s. **desazón** (V.)
disgusto
quemazón
inquietud
zozobra

s. soltar la mosca
aflojar la mosca

s. **mosca** (pesca)
pluma de león
bercara
colibrí
reina
nazarena
abrileña
cardenal
habanera
maravillosa
tejana
cascudo
gualdita
sella
torrente
valenciana

s. cazar moscas
picarle a uno la mosca
parecer una mosquita muerta
papar moscas
sacudirse uno las moscas
estar mosca
átame esta mosca por el rabo

r. A olla que hierve, ninguna mosca se atreve ■ Por San Simón, una mosca vale un doblón

mortuorio
s. **fúnebre** (V.)
funerario
luctuoso
tétrico
triste (V.)
sombrío
necrológico
lúgubre

(V. **muerte**)

a. *alegre*
jubiloso
vital

morucho
s. **novillo** (V.)
becerro
eral
embolado

morueco
s. carnero padre
murueco
marón
mardal
mardano
maroto
musmón

moruno
(V. **moro**)

morusa
(V. **dinero**)

mosaico
s. baldosa
baldosín (V.)
azulejo
ladrillo
teja
cerámica
alicatado
mayólica

s. **taracea** (V.)
embutido
tesela
entarimado

mosca
s. **insecto** (V.)
moscardón
moscón
moscarrón
mosca de burro
moscarda
tábano
mosca de la carne
mosca de España
coliguacho
mosca tsetsé
mosquito (V.)

s. **dinero** (V.)

s. **perilla** (V.)
barba

s. **molesto** (V.)
impertinente
posma
latoso
cargante (V.)
pesado

s. **mota** (V.)
mancha
sombra

moscarda
(V. **mosca**)

(V. **cresa**)

moscardón
s. **tábano** (V.)
mosca
moscarda
moscarrón
moscón
avispón
abejón
estro
rezno

s. **zángano** (V.)
impertinente
mosca
cócora
latoso
cargante (V.)

a. *prudente*
mesurado
atinado
ameno
trabajador

moscatel
s. **imbécil** (V.)
inoportuno (V.)
impertinente
pesado
cargante
molesto
intrigante
indiscreto

(V. **uva**)

a. *discreto*
prudente
inteligente

mosco
(V. **mosquito**)

moscón
(V. **moscardón**)

mosconear
(V. **molestar**)

mosqueado
s. **moteado** (V.)

s. **escamado** (V.)
suspicaz (V.)
receloso
ofendido
escarmentado
resentido
sospechante

a. *liso*
confiado

mosquear-se
s. espantar
ahuyentar (V.)
rechazar
apartar
sacudirse

s. **azotar** (V.)
golpear
zumbar
zurrar
pegar

s. responder
replicar (V.)
contestar
redargüir

s. **picarse** (V.)
amoscarse (V.)
amostazarse (V.)
escamarse
molestarse
ofenderse
recelar
sospechar
irritarse
enfadarse (V.)
disgustarse
resentirse
darse por aludido

(V. **mosqueo**)

a. *atraer*
acariciar
callarse
confiar

mosqueo
s. **suspicacia** (V.)
sospecha
recelo (V.)
desconfianza (V.)
resentimiento
disgusto
ofensa
enfado (V.)
irritación
molestia

a. *confianza*
decisión
tranquilidad

mosquero
s. mosquitero
espantamoscas
moscadero
cernaja
aventadero
mosqueador
pala matamoscas
matamoscas

(V. **mosca**)

mosquete
s. **arma** (V.)
espingarda
arcabuz
carabina
rifle
fusil
escopeta

mosquetero
(V. **soldado**)

mosquetón
s. carabina
fusil
arma (V.)

s. culata
cantonera
anilla
disparador
cerrojo
alza
abrazadera inferior
abrazadera superior
afuste
cañón
enchufe de la bayoneta
baqueta
mira

mosquitero
s. mosquero
colgadura
velo
gasa
pabellón
cercha (V.)
espantamoscas (V.)

(V. **mosquito**)

mosquito
s. **insecto** (V.)
cínife
cénzalo
violero
mosco
mosca (V.)
corasí
anofeles
estegomía
zancudo
cagachín
guasasa
cagarropa
huachache
rodador
jején
típula
ventifarel

s. **borracho** (V.)
beodo

a. *sobrio*

mostacilla
(V. **munición**)

mostacho
(V. **bigote**)

(V. **churrete**)

(V. **cabo**)

mostachón
s. bollo
macarrón
pasta (V.)
cientoemboca

mostaza
s. **planta** (V.)
jenabe
ajenabe
ajenabo
alezna
mostazo

s. **especia** (V.)
salsa
adobo
picante
condimento

s. emoliente
cataplasma (V.)

s. cuentas
abalorio (V.)
mostacilla
cuentecilla
bolita
esferilla

s. **amostazarse** (V.)

s. mostaza blanca
mostaza negra
mostaza silvestre
subírsele a uno la mostaza a las narices

a. *calmarse*

mostela
(V. **gavilla**)

mosto
s. **jugo** (V.)
zumo
néctar
extracto
caldo
concentrado
mustaco
uva (V.)
arrope
atestadura
mostazo
esperriaca
dolaje
duelaje
mostillo

mostrable
s. ostensible
representable
presentable (V.)
manifiesto
palmario
patente
palpable
visible
claro
aparente
mostrado (V.)
estético (V.)

a. *escondido*
secreto
feo
repelente

mostrado
s. **mostrable** (V.)
manifiesto (V.)
sabido
expuesto
palmar
declarado
exhibido
publicado
puesto en escena
lanzado a los cuatro vientos
puesto a la vista
vulgarizado

s. hecho
acostumbrado (V.)
avezado
habituado
baqueteado
fogueado
ducho

(V. **muestra**)

a. *escondido*
secreto
desacostumbrado

mostrador
s. **expositor** (V.)
ostentador
presentador
exhibicionista
presentante
pareciente
manifestante
ostensivo

s. **mesa** (V.)
tablero
tabla
vitrina
credencia

s. dedo mostrador

r. De mostrador adentro, ni amistad ni parentesco

(V. **muestra**)

mostrar-se
s. **enseñar** (V.)
exhibir (V.)
exponer
ostentar (V.)
sacar (V.)
exhumar
descubrir (V.)
presentar
manifestar (V.)
poner (V.)
asomar (V.)
desempaquetar
desenvolver
publicar
extender
desplegar
abrir
revelar (V.)
producir
lucir
destapar
extraer
evidenciar
exteriorizar
patentizar
desenmascarar
aflorar
aparecer
atisbarse
denotar
dibujarse
trascender
distinguirse
divisarse
entreverse
proclamar (V.)
notarse (V.)
observarse
ofrecer (V.)
olerse
parecer
palpitar
presentar (V.)
reflejar
registrar
prefigurar (V.)
representar (V.)
ponerse de manifiesto
poner al descubierto
ver la luz
ser patente
tirar de la manta
enseñar los dientes
descubrir la oreja
descubrir el pastel
correr el velo
enseñar las cartas
sacar la cabeza
dar a conocer
haber indicios
salir a la luz
dar en los ojos
hacer ostensible
poner de relieve
dar señales

s. **indicar** (V.)
señalar (V.)
guiar
advertir
aconsejar
orientar

(cont.)

explicar (V.)
encaminar
sugerir
significar (V.)
aclarar
subrayar
apuntar
determinar
fijar
marcar
expresar (V.)
alegar
decir
probar
demostrar (V.)
designar
declarar

(V. **muestra**)

a. *ocultar*
esconder
celar
disimular
omitir
desorientar
callarse
embarullar

mostrenco
s. mestenco
independiente (V.)
mesteño
solo
solitario
aislado

s. **vagabundo** (V.)
errabundo

s. **majadero** (V.)
zote
rudo
ignorante
cebollino
zopenco
torpe
imbécil (V.)
bruto
zafio
lerdo
tosco
inculto

s. **gordo** (V.)
macizo
pesado
corpulento
rollizo

s. bienes mostrencos

a. *dependiente*
propio
conocido
sedentario
culto
delgado

mota
s. ribazo
montículo
cerro
elevación
prominencia
eminencia
montaña (V.)

s. nudillo
granillo
nudo
hilacha
defecto (V.)
tara
pinta (V.)
pelusa

s. **brizna** (V.)
insignificancia
migaja
pulgarada
pizca
partícula
chispa
pellizco

s. **mancha** (V.)
lunar
mosca

mote
s. **sentencia** (V.)
lema
divisa (V.)
frase
tema
máxima
emblema
empresa

s. **apodo** (V.)
sobrenombre
remoquete
denuesto
alias
motete (V.)
baldón
inri
seudónimo

moteado
s. **salpicado** (V.)
sembrado
mosqueado
graneado
saraviado
pintojo
jaspeado (V.)
veteado
pintarrajeado

(V. **mota**)

a. *liso*
limpio

motear
s. jaspear
salpicar
vetear
manchar (V.)
abigarrar
tiznar
abigarrar

(V. **mota**)

a. limpiar

motejador
s. chismoso
criticón (V.)
censor
mortificador
reparón
sátiro
censurador
murmurador

(V. **motejo**)

a. *enaltecedor*
alabador

motejar
s. tildar
acusar (V.)
señalar
criticar (V.)
notar
calificar (V.)
apodar
censurar
intitular
mortificar
zaherir
satirizar
llamar
tachar (V.)
reprobar
desaprobar
reprochar
enjuiciar

(V. **motejo**)

a. *aprobar*
alabar
enaltecer
aplaudir

motejo
(V. **acusación**)

(V. **censura**)

motel
(V. **parador**)

(V. **albergue**)

motete
s. **mote** (V.)
insulto
cantata
sonata
melodía
salmo
composición
música (V.)

motilar
s. rapar
pelar (V.)
afeitar
rasurar
raer
decalvar

motilón
(V. **lego**)

(V. **pelón**)

motín
s. **alboroto** (V.)
jaleo
rebelión (V.)
desorden
tumulto
disturbio (V.)
amotinamiento
alzamiento (V.)
sublevación
asonada
revolución
revuelta
insurrección
plante
sedición
bullanga
jarana
juerga
rebeldía
desobediencia

a. *orden*
paz
pacificación
concordia

motivación
(V. **motivo**)

motivar
s. **causar** (V.)
ocasionar (V.)
originar (V.)
hacer
fundamentar
formar
disculpar (V.)
apoyar
dar lugar
determinar
traer
mover (V.)
pretextar (V.)
inferir
infundir
atribuir
acarrear
producir
ocasionar
armar
suscitar (V.)
influir
razonar (V.)
imprimir
promover
determinar
exponer
imputar
justificar
explicar (V.)
dar fe
dar lugar
dar pie
estar en
mover a
fundarse en
consistir en
achacar a
derivarse de
ser consecuencia natural
tener la culpa de

(V. **motivo**)

a. *inhibir*
contenerse
abstenerse
impedir
refrenarse

motivo
s. motivación
quid (V.)
razón (V.)
pie (V.)
móvil (V.)
fundamento
título
objeto
intento
finalidad
causalidad
justificación
explicación (V.)
influencia
ocasión (V.)
motor (V.)
porqué
pábulo (V.)
objetivo
plataforma
nidal (V.)
autor
artífice
factor
hado
elemento
circunstancia
pretexto (V.)
evento
eventualidad
origen
suscitación
imputación
acusación
disculpa
excusa
impulso
causa (V.)
madre del cordero
causa motiva
motivo suficiente
motivo propio
tener motivos
dar motivos

s. **tema** (V.)
argumento
trama
sujeto (V.)
asunto (V.)
hilo
esquema
margen (V.)

a. *consecuencia*
derivación
inhibición
abstención
arbitrariedad
gratuidad

motocicleta
s. moto
ciclomotor
scooter
motociclo

s. guía
manillar
sillín
pedal de arranque
pedal de freno
cambio de velocidades
horquilla
cuadro
tubo de escape
depósito de gasolina
faro
depósito de aceite
cilindros
amortiguador
velocímetro
puño acelerador
guardabarros
neumáticos
carburador
tubo de admisión
silenciador
ruedas
sidecar

motociclista
(V. **motorista**)

motón
(V. **polea**)

motonave
(V. **embarcación**)

motor
s. mecanismo
máquina (V.)
aparato
dispositivo
artilugio
artefacto
ingenio

s. **carburador** (V.)
bujías
cilindros
émbolos
pistones
acumulador
alternador
magneto
dínamo
turbina (V.)
cigüeñal
transmisión
diferencial
rotor
embrague (V.)
radiador
nodriza
hélice
cárter
leva (V.)
encendido
ventilador
árbol de balancines
válvulas
bloque
segmentos
cojinetes
árbol de levas
distribuidor
bomba de gasolina
bomba del aceite
bomba del agua

s. motor de combustión interna
motor a chorro o reacción
motor nuclear
motor turborreactor
motor cohete
motor pulsorreactor
motor radial
motor en línea recta
motor en V.
motor Diesel o de aceite pesado
motor eléctrico
motor aéreo
motor hidráulico
motor de vapor
motor flotante

s. **motivo** (V.)
fuerza
empuje
impulso
promoción
causa (V.)

s. motriz
movedor
cinético
impulsor (V.)
promotor
propulsor
impelente

(V. **automóvil**)

motora
(V. **gasolinera**)

motorismo
s. motociclismo
conducción
manejo
deporte (V.)

motorista
s. motociclista
corredor
conductor
mecánico
deportista (V.)

motorizar
(V. **mecanizar**)

motril
s. mochil
mozo
recadero (V.)
recadista
muchacho
dependiente (V.)

motriz
s. motor
impulsor (V.)
impelente
propulsor
cinético
automotriz
automotor
locomotor

motu proprio
(V. **espontáneo**)

(V. **voluntario**)

(V. **bula**)

movedizo
s. **portátil** (V.)
mueble
movible
llevadero
volandero
locomovible
móvil
manual
moble
inestable

s. turbulento
travieso
inquieto (V.)
impaciente
intranquilo
excitable
bullicioso
revuelto
excitado
revoltoso
ágil
gracioso
descompasado
danzante
enredador
bullebulle
bullidor
cirigallo
hurguillas
zascandil
circulante (V.)
títere
saltarín
trasto

s. inseguro
oscilante
vacilante
voluble (V.)
versátil
cambiante
veleta
tornadizo
inconstante
variable (V.)
novelero
informal

(V. **movimiento**)

a. *inmueble*
fijo
estable
firme
inmóvil
permanente
serio
grave
tranquilo
parado
lento
pausado
tardo
torpe
sedentario
quieto
inerte
anquilosado
atascado
fiel
constante
invariable
seguro

movedura
(V. **aborto**)

mover-se
s. **activar** (V.)
propulsar (V.)
impeler
guiar
impulsar
accionar (V.)
manejar
conducir
arrancar
funcionar
girar
apalancar
empujar
acelerar
mecanizar
automatizar

s. persuadir
incitar
estimular
fomentar
inducir (V.)
orientar
llevar
inclinar
soliviantar
excitar
animar (V.)
conmover
galvanizar
trastear
alterar
trastornar

s. **motivar** (V.)
originar
provocar
suscitar
desatar
desencadenar
promover
causar
ocasionar
producir (V.)

s. oscilar
trasladar (V.)
saltar
desplazar
cambiar
mudar (V.)
aballar
menear
bambolear
remover (V.)
blandir
tambalear (V.)
tartalear (V.)
bullir (V.)
hervir
sacudir (V.)
hurgar
hormiguear
jugar
batir
cernerse
cernear
correr (V.)
bornear
abanear
acunar
agitar (V.)
deslizar
desalojar
descentrar
quitar
apartar
relegar
arrinconar
ondular
vibrar (V.)
temblar
balancear (V.)
estremecer
convulsionar
ajetrear (V.)
arrastrar
bailar (V.)
danzar
bajar
subir
barzonear
brincar (V.)
brizar
cabecear
campear
celemiñear
fluir (V.)
fluctuar
ladear
latir
serpentear
revolotear
trajinar
vagar
zangolotear
palpitar
revolver
tocar
marchar
mecer
columpiar
contonearse
descoyuntarse
menearse
levantarse
nalguear
anadear
nanear
pulular
rebullir
reptar
resbalarse
caerse
deslizarse
balancearse
cimbrearse
escurrirse
ondear
flamear
sacudir
zarandear

s. **abortar** (V.)

s. caminar
andar (V.)
marcharse (V.)
circular
deambular
irse
pasar
apresurarse
ajetrearse (V.)
afanarse
trabajar
gestionar (V.)
menearse

(V. **movimiento**)

a. *inmovilizar-se*
fijar-se
detener-se
abstenerse
inhibirse
tranquilizar
desanimar
sosegar
respetar
paralizar-se
estancarse

movible
(V. **movedizo**)

movido
s. confuso
borroso (V.)
corrido
velado
desdibujado
nebuloso
desplazado

s. **activo** (V.)
inquieto
sacudido
agitado (V.)
zarandillo

(V. **movimiento**)

a. *nítido*
claro
tranquilo
lento
sosegado

móvil
s. **motivo** (V.)
causa
razón
fundamento
origen
germen
fuente
base
impulso (V.)
objetivo
génesis
inspiración
aliciente (V.)
estímulo
raíz
pretexto

s. **movedizo** (V.)
dinámico (V.)

(V. **movimiento**)

a. *inhibición*
fijo

movilidad
s. gimnasia
ejercicio
oscilación
inestabilidad
agilidad (V.)
ritmo
meneo (V.)
ondulación
vibración
temblor
convulsión
aceleración
mecánica
compás
isocronismo
locomotividad
tropismo
retardación
actividad (V.)
desplazamiento
mutabilidad
fugacidad
fluctuación
facilidad
velocidad
movimiento (V.)

a. *quietud*
reposo
tranquilidad
inmovilidad

movilización
s. **reclutamiento** (V.)
militarización
incorporación
llamada
levantamiento
orden
reunión
congregación

s. acción
actividad (V.)
gestión
movimiento

a. *licenciamiento*
abulia
desgana
inactividad

movilizar-se
s. militarizar
llamar a filas
alzar banderas
levantar en armas
reclutar (V.)
reunir
llamar la quinta
tocar a somatén
abanderar
reunir
armar
hacer levas
incorporar a filas
convocar a filas
poner en pie de guerra

s. **activar** (V.)
mover-se (V.)

(V. **movilización**)

a. *licenciar-se*
abandonar-se
inhibir-se

movimiento
s. **animación** (V.)
agitación
actividad (V.)
acción
tropel (V.)
gentío (V.)
muchedumbre
bullebulle
hormigueo
bullicio
ajetreo (V.)
meneo (V.)
remolino
vivacidad
dinamismo
circulación (V.)
vida
preparativos
trajín (V.)

s. oleaje
balanceo
flujo
torbellino
remolino
marejada
terremoto
vorágine
seísmo
convulsión (V.)
sacudida (V.)
conmoción
traqueteo (V.)
tambaleo (V.)
sacudimiento (V.)
onda
tumbo
vaivén
inestabilidad
temblor

s. tropismo
isocronismo
peristaltismo
latido (V.)
pulsación
palpitación
aleteo
pulso
triquitraque
vibración (V.)
ritmo (V.)
tiempo (V.)
compás

s. **velocidad** (V.)
celeridad
desplazamiento
apresuramiento
cadencia
movedura
moción
carrera
marcha (V.)
evolución (V.)
maniobra
funcionamiento (V.)
meneo
remeneo
impulsión
retranqueo
traslado
oscilación
cambio (V.)
variación
alteración
impulso
aceleración
atraso
adelanto
moción
tránsito (V.)
ejercicio (V.)
tracción
traslación (V.)
transporte
prontitud
ademán (V.)
gesto
contorsión
giro
paso
pirueta
salto (V.)
brinco
cabriola
quiebro
meneo
esguince
respingo
repente
supinación
vaivén
voleo (V.)
vuelta
abducción
corriente
cuarteo
pronación
rotación

s. **dirección** (V.)
rumbo
orientación
tendencia
sesgo
sentido
lado
tropismo (V.)

s. **corriente** (V.)
tendencia
moda
estilo
doctrina (V.)
opinión (V.)
pensamiento
escuela

s. levantamiento
rebelión (V.)
alzamiento
revolución
pronunciamiento
motín
algarada
sublevación

s. movimiento acelerado
movimiento retardado
movimiento continuo
movimiento circular
movimiento diurno
movimiento extraño
movimiento remiso
movimiento de reducción
movimiento militar
movimiento revolucionario
movimiento sísmico
movimiento vibratorio

s. el movimiento se demuestra andando
en movimiento
hacer movimiento

a. *quietud*
sosiego
rutina
parsimonia
frialdad
inmovilidad
estatismo
inercia
inacción
inactividad
abulia
paro
detención
anquilosamiento
parálisis
paralización
estancamiento
atascamiento
remanso
tranquilidad
estabilización
fijeza
permanencia
pausa
parada
tregua
intermisión
alto
intermedio
silencio

moyana
(V. **mentira)**

(V. **ficción)**

(V. **culebrina)**

moyuelo
(V. **salvado)**

moza
s. **criada** (V.)
muchacha (V.)
sirvienta
fregatriz
maritornes
azafata
zagala
chica
fregona
mucama

s. **concubina** (V.)

s. moza de cámara
moza de cántaro
moza de fortuna
moza del partido
buena moza
estar hecha una real moza
sangre moza

r. La moza mala hace al ama brava ■ La moza que con viejo se casa, trátese como anciana ■ Ni moza de mesonero, ni costal de carbonero

mozalbete
(V. **muchacho)**

mozallón
(V. **mocetón)**

mozancón
(V. **mocetón)**

mozarrón
(V. **mocetón)**

mozo
s. **joven** (V.)
chico
muchacho (V.)
mozalbete
mozalbillo
mozallón
mozancón
mozarrón
chicarrón
mozuelo
chiquillo
doncel
efebo
imberbe
adolescente
pubescente
pollo
mancebo
zagal (V.)

s. **soltero** (V.)
núbil
célibe
libre
suelto
puro
casto

s. **gañán** (V.)
ganapán
peón (V.)
costalero
esportillero
cargador
estibador
albarrán
yuguero
revecero
maletero (V.)
sobrancero
cajonero
guadapero
gazpachero
mozo de mulas
mozo de labranza
mayoral (V.)

s. **camarero** (V.)
dependiente
criado (V.)
servidor
sirviente
coime
postillón
rodero
monosabio
mozo de cuerda
mozo de estación

s. mocero
mujeriego (V.)

s. **recluta** (V.)
soldado
militar

s. apoyo
sostén
puntal (V.)
rodrigón (V.)
cabra
percha

s. mozo de escuadra
mozo de almacén
mozo de café
mozo de comedor
mozo de cordel
mozo de espuela
mozo de espolique
mozo de estoque
mozo de mulas
mozo de esquina
mozo de oficio
mozo de paja y cebada

r. De mozo, a palacio; de viejo a beato ■ El mozo y el gallo, un año ■ Mozo de quince años, tiene papo y no tiene manos ■ Ni mozo dormidor, ni gato maullador ■ Ni mozo pariente, ni mozo rogado no lo tomes por criado

a. *viejo*
decrépito
anciano

mu
(V. **muy)**

¡mu!
(V. **mugido)**

muaré
s. moaré
tela (V.)
tejido
seda
paño
lana
algodón

mucama
(V. **sirviente)**

múcaro
(V. **búho)**

muceta
s. **esclavina** (V.)
capirote
almucia
muza
capa
manteleta
chal
cuello
embozo
vuelta

mucilaginoso
s. **pegajoso** (V.)
viscoso
gelatinoso
pringoso
gomoso
pastoso
glutinoso
resbaladizo
adhesivo
adherente
aglutinante

(V. **mucílago)**

a. *seco*

mucílago
s. goma
gelatina
pringue
viscosidad (V.)
pegajosidad
pasta
emulsión
masa
disolución
solución
pegamento

mucosa
s. **membrana** (V.)
revestimiento
epitelio
cutícula
película
tegumento
tela
telilla
túnica

mucosidad
s. moquita
pituita
flemón
flema
moquillo
velas
secreción
humor
moqueo
moco (V.)

mucoso
s. pegajoso
mocoso
mucilaginoso
pastoso
gomoso
viscoso (V.)
secretorio
adherente

(V. **mucosidad)**

a. *seco*

muchacha
s. chica
joven (V.)
adolescente
moza (V.)
tobillera
zagala
polla (V.)
guayabo

s. doncella
virgen
soltera (V.)

s. **criada** (V.)
sirviente
fámula
camarera
doméstica
asistenta
servidora
maritornes

(V. **muchachez)**

a. *vieja*
casada
ama

muchachada
s. **chiquillada** (V.)
niñada
rapazada
chiquillería
nuñería
muchachería
rapacería
recancanilla
travesura (V.)
juego
monería

a. *seriedad*
gravedad

muchachez
(V. **niñez)**

(V. **juventud)**

muchacho
s. **mocito** (V.)
niño
chiquillo
arrapiezo
mocoso
mocosuelo
chaval
churumbel
chacho
pollo
chache
galopín
zagal (V.)
zagalillo
doncel
chicuelo
zagalejo
rapaz (V.)
jovenzuelo
pollito
pituso
zangolotino
pimpollo
pequeño
gurrumino
pitongo
mozo (V.)
mozancón
mozallón
mozarrón
mozalbete
efebo
chavea
chavó
garzón (V.)
joven (V.)
mancebo
rapagón
barbilampiño
mocetón
grandullón
grandón

s. **botones** (V.)
recadero
motril
motil
mensajero
mochil
morillero
chico de los recados

(V. **muchachez)**

a. *viejo*
anciano
senecto
maduro

muchedumbre
s. concentración
colectividad
procesión
plebe
legión
conjunto
enjambre
agolpamiento
cáfila (V.)
tumulto
hormiguero
turba (V.)
muchos (V.)
chusma
sinnúmero
copia
porción
montón (V.)
infinidad
gente (V.)
piélago (V.)
gentío
caterva (V.)
comitiva
séquito
torrente
granizo (V.)
trulla
manada
caravana
hervidero
abundancia
masa
muchachería
afluencia (V.)
multitud (V.)
tropel (V.)
concurrencia (V.)
profusión
huestes
inmensidad
plaga
romería
reunión (V.)
aglomeración (V.)
barullo
embotellamiento
oleada
ola
horda
jubileo
auditorio
bulla
afluencia
apreturas
agolpamiento
ejército
medio mundo
río
riada
bocanada de gente
ciento y la madre
todos, hasta el gato
como sardinas en banasta

a. *soledad*
aislamiento
dispersión
escasez
individuo
pocos

mucho, s
s. **abundante** (V.)
copioso
profuso
bastante
considerable
rico
colmado
extremado
exagerado
incontable
innúmero
infinito
excesivo
demasiado
grande (V.)
importante (V.)
diverso
variado
crecido
cuantioso
innumerable
sinfín (V.)
ubérrimo
superlativo
pingüe
pródigo
denso
cumplido
colmado
inagotable
inconmensurable
superabundante
sumo
nutrido
numeroso (V.)
dilatado
inmenso
opíparo
tirado
atestado
atiborrado
cuajado
lleno
harto (V.)
cubierto
recargado
rebosante
rezumante

s. sumamente
sobremanera
excesivamente
asaz
en extremo
en exceso
sobradamente
en grado sumo
en gran manera
en demasía
de sobra
veras (de) (V.)
copiosamente
ubérrimamente
ampliamente
de lo lindo
la mar de
muy mucho
al por mayor
a saciedad
a tente bonete
a cántaros
sin cuento
sin duelo
en cantidad
a capazos
a miles
a manos llenas
a más y mejor
a patadas
a puñados
a porrillo
a rabiar
a más no poder
más que un diablo
como un descosido
largo y tendido
a manta
a manojos
a mares
hasta los ojos
hasta la bandera
sin fin
a espuertas
en alto grado
en grado superlativo
a granel
a destajo
por junto
a montones
a tutiplén
hasta los topes
totalmente

(cont.)

intensamente
hasta las cejas
a centenadas
a centenares
a millones
a carretadas
a chorros
a fanegadas
de lo lindo
ciento y la madre
locamente
muy
doblemente
considerablemente
desmesuradamente

s. montón
cúmulo
copia
profusión
abundancia (V.)
cantidad
saciedad
exceso
demasía
exuberancia
riqueza
fertilidad
raudal
afluencia
plétora
abundamiento
abismo
fárrago
multitud (V.)
muchedumbre (V.)
ola
oleada
plaga
porrada
acopio
acumulación
aglomeración (V.)
balumba
amontonamiento
gentío
hervidero
lluvia
mar
maremágnum
hervidero
horror
infinidad
masa
granizada
alud
aluvión
archipiélago
chaparrón
caudal
lleno
mina
peste
pelotón
torrente
tropel
turbión
río
riolada
torbellino
miríada (V.)
sima
suma
sinfín
piélago
racha

s. **abundar** (V.)
sobrar (V.)
rebosar (V.)
rezumar
inundar
llover
aglomerarse (V.)
agolparse
llenar
plagar

nadar en
pulular
bullir

s. mucho será que
como mucho
era mucho
muy mucho
ni mucho menos
mirárselo mucho
ser mucho

r. Mal de muchos, consuelo de tontos

a. *poco*
escaso
falto
contado
insuficiente
raro
limitado
insignificante
pequeño
parco
sobrio
moderado
parvo
templado
corto
finito
uno
solitario
escasez
defecto
pobreza
falta
parvedad

muda

s. **cambio** (V.)
evolución
renovación
transformación
metamorfosis
variación

s. **mudanza** (V.)

s. paso
tránsito (V.)
salto

s. remuda
ropa (V.)
ajuar
prendas
trapos

a. *permanencia*
fijeza

mudable

s. **cambiable** (V.)
cambiadizo
mudadizo
mutable
modificable
alterable
movible
vertible
trasladable (V.)
convertible
metamorfósico
reformable
transfigurable
transmutable
transformable (V.)
reformable

s. veleidoso
voluble (V.)
versátil
inconstante (V.)
inconsecuente
tornadizo
variable
cambiante
veleta
volátil
antojadizo
caprichoso
lunático
novelero
carnero

(V. **mudanza)**

a. *firme*
inmutable
constante
fiel

mudadizo

s. proteico
cambiante
inconsecuente
variable (V.)
mudable
voluble
versátil
tornadizo
veleidoso
inconstante
ligero
caprichoso (V).
inestable
informal
vario

(V. **mudanza)**

a. *constante*
fiel
permanente
sincero
leal
estable
profundo
consecuente
formal

mudanza

s. **cambio** (V.)
muda
remuda
mudamiento
traslado (V.)
traslación
transporte (V.)
instalación
marcha
salida
trasiego
traspaso
ida
venida
tránsito
partida
viaje
llegada
mutación

s. **reforma** (V.)
cambiazo
enmienda
corrección (V.)
alteración (V.)
innovación
renovación
variación
inversión (V.)
transposición
modificación
trastueque
evolución (V.)
accidente
conmutación
demudación
vaivén

s. **inconstancia** (V.)
veleidad
versatilidad
volubilidad
infidelidad (V.)
frivolidad
palinodia
novelería

s. hacer mudanza
estar de mudanza
deshacer la mudanza

a. *firmeza*
permanencia
constancia
inmutabilidad
inalterabilidad
fidelidad

mudar-se

s. **cambiar** (V.)
remudar (V.)
variar (V.)
volver (V.)
trocar
permutar
transformar (V.)
invertir
modificar
trastrocar
demudar
convertir (V.)
transmudar
virar
torcerse (V.)
evolucionar (V.)
tornar
traducir
metamorfosear
transmigrar
reducir
desviar
corromper
desfigurar
disfrazar
diferenciar
innovar
progresar
deformar
tergiversar
rectificar (V.)
enmendar
corregir
relevar
sustituir (V.)
alterar (V.)
parar en
pasar a
dar en
limpiar (V.)
asear (V.)
mudar la ropa
cambiarse de ropa

s. **trasladarse** (V.)
marcharse
mover-se (V.)
asentarse
instalarse (V.)
cambiarse
salir
irse
transitar
partir
viajar

s. **trasegar** (V.)
sublimarse
volatilizarse
fundirse
solidificarse
evaporarse
licuarse
liquidarse

s. mudar de aires
mudar la color
mudar de camisa
mudar de piel
mudar la voz
mudar el semblante
mudar la pluma
mudar de parecer
mudarse de casa

(V.) **mudanza)**

a. *permanecer*
fijar
continuar
seguir
persistir
perseverar
perdurar
estancarse
mantener
conservar
quedarse

mudez

s. **mutismo** (V.)
silencio (V.)
sigilo
afonía
reserva
taciturnidad
reticencia
sordomudez
afasia
alalia

s. **mímica** (V.)
gesto
gesticulación
pantomima
ademán

a. *lengua*
lenguaje
sonido
habla
verbo

mudo

s. **callado** (V.)
silencioso (V.)
taciturno
sigiloso
tácito
silente
reservado
insonoro
cerrado
misántropo
lacónico
de pocas palabras

s. **afónico** (V.)
áfono
sordomudo

s. mapa mudo
letra muda
perro mudo
a la muda
hacer hablar a un mudo

(V. **mudez)**

a. *hablador*
charlatán

mueble

s. **trasto** (V.)
armatoste
trebejo
traste
chisme
cascajo
belez
prenda
trebejuelo
alhaja
utensilio (V.)
cachivache
chirimbolo
avíos
equipo

s. **mobiliario** (V.)
moblaje
efectos
útiles
trebejos

s. bienes muebles

s. **mesa** (V.)
silla (V.)
asiento
mesita
mesilla
escritorio
armario (V.)
entredós
aparador
consola
cama (V.)
sofá
sofá cama
cómoda
estante
trinchero (V.)
estrado
vargueño
paragüero (V.)
bargueño (V.)
tocador
paje
coqueta
butaca
comodín
biblioteca
librería (V.)
sillón
mesita de noche
taburete
banca
banqueta
banco
banquillo
vitrina
lámpara
pantalla
candil
máquina de coser
máquina de escribir
estrado
gabinete
atril
jardinera
repisa
ménsula
biombo
candelabro
chimenea
brasero
estufa
tapicería
alfombra
cortinaje
ajuar (V.)

mueca

s. visaje
gesto (V.)
mohín
alcocarra
contorsión (V.)
monería
dengue
mimo
parajismo
gestillo
aspaviento
melindre
jeribeque
garambainas
guiño
cucamona
ausión
coco (V.)

a. *impasibilidad*

muecín

s. almuédano
almuecín
salmodiante
invocador
sacerdote (V.)

muela

s. **diente** (V.)
quijal
molar
remolón
muela del juicio
muela cordal

s. **piedra** (V.)
disco
rueda
amoladera
volandera
trituradora

s. **cerro** (V.)
montículo
montaña

s. rueda
corro (V.)
juego
estar alguien que echa las muelas
tener ya la muela del juicio

r. Dios da nueces al que no tiene muelas ■ Al que le duela la muela que se la saque

muelle
s. **dársena** (V.)
puerto (V.)
dique (V.)
dock
rompeolas
quebrantaolas
malecón
espigón
escollera
desembarcadero
atracadero
descargadero (V.)
andén
tajamar
muro
muralla
embarcadero (V.)
resorte (V.)
espiral
suspensión
fleje
alambre
ballesta
calzo
cuerda
golpetillo

s. **suave** (V.)
delicado
mole (V.)
elástico (V.)
mollicio
tierno (V.)
mullido
esponjoso
cómodo
blando (V.)
fino
reblandecido (V.)
fofo
fláccido
laxo
regalado
refinado
mórbido
sensual
regalón (V.)
voluptuoso

a. *áspero*
duro
incómodo
grosero
rígido
inflexible
rudo
denso
basto
turgente
virtuoso
sobrio
moderado

muerdo
(V. **bocado**)

muerte
s. **fallecimiento** (V.)
óbito
defunción
occisión
finamiento
fatal desenlace
acabamiento (V.)
expiración (V.)
perecimiento
amortecimiento
partida (V.)
desaparición
trance
postrimería (V.)
tránsito (V.)
paso
jornada
ultimación (V.)
última hora
sueño eterno
mortalidad (V.)
destrucción
parca
hora suprema
eutanasia
electrocución
amortiguamiento
amortiguación
terminación (V.)
caída (V.)
extinción (V.)
pérdida (V.)
el último suspiro
las últimas boqueadas
el último estertor
muerte natural
muerte prematura
muerte senil
muerte violenta
muerte a mano armada
muerte a mano airada
fusilamiento (V.)
homicidio (V.)
asesinato (V.)
martirio (V.)
suicidio (V.)
destrucción
ruina (V.)
estrago
aniquilamiento
asolamiento
desfallecimiento
inanición
boqueada

s. **agonía** (V.)
asfixia
estertor
últimos momentos
carfología
sarrillo
últimos auxilios
extremaunción
auxilios espirituales
viático
artículo de la muerte
in artículo mortis
recomendación del alma
buena muerte

s. capilla ardiente
exequias (V.)
entierro
sepultura
tártaro (V.)
esqueleto
la parca
la cierta
la descarnada
cruz

s. **baja** (V.)
víctima

s. muerte chiquita
a vida o muerte
sentenciado a muerte
sentenciado de muerte
estar a la muerte
volver de la muerte a la vida
sentir uno la muerte cerca

r. Más vale dejar en la muerte al enemigo, que pedir en la vida al amigo. ■ Muerte no venga, que achaque no tenga

s. ser de mala muerte
biología

a. *vida*
nacimiento
principio
resurrección
reconstrucción
florecimiento

muerto
s. **difunto** (V.)
cadáver
esqueleto
finado
extinto
exangüe (V.)
inanimado
corvado
víctima (V.)
mártir
interfecto
occiso
atacado
baraustado
premuerto
apuñalado
expirante
sucumbiente
falleciente
marchito (V.)
mortecino
apagado
moribundo
agonizante
mortecino
semivivo
medio muerto
decaído
desvaído
sin vida
acabado
suicida (V.)
yerto (V.)
seco (V.)
exinanido

s. callarse como un muerto
flores muertas
cal muerta
cuerpo muerto
marea muerta
aguas muertas
naturaleza muerta
plaza muerta
tocar a muerto
estar más muerto que vivo
estar muerto de miedo
rezar por los muertos
hacerse el muerto
levantar un muerto
pesar como un cuerpo muerto

r. El muerto al hoyo, y el vivo al bollo

(V. **muerte**)

a. *vivo*
activo
vivaz
resurrecto
resucitado
nuevo
renovado
existente
viviente
animado
orgánico
palpitante

muesca
s. rebaje
entalla
entalladura (V.)
corte
escopleadura (V.)
cran
farda
hueco
concavidad
mortaja
escotadura
uña
tajo
sección
incisión
melladura
portillo (V.)
muñonera

muestra
s. **modelo** (V.)
ejemplar
molde
semeja
tipo
regla
espécimen (V.)
prototipo
pauta
patrón (V.)
original
indicativo (V.)
módulo
horma
dechado
muestrario
calaña
norma

s. **indicio** (V.)
prueba (V.)
señal (V.)
demostración (V.)
justificación
testimonio
ejemplo
evidencia
comprobación

s. **letrero** (V.)
rótulo
título
anuncio
etiqueta
signo
albarán
insignia (V.)
indicador (V.)
cartel
marbete
aviso
inscripción

s. **fragmento** (V.)
porción
retal
trozo
pedazo

s. **exposición** (V.)
feria
exhibición
muestrario
competición
concurrencia
revista

s. **porte** (V.)
presencia
aspecto
ademán
apostura
prestancia
modales
continente

s. hacer muestra
servir de muestra
para muestra basta un botón
por la muestra se conoce el paño
tomar a muestra
enseñar una muestra
pasar muestra

a. *copia*
ocultación

muestrario
s. selección
colección (V.)
serie
conjunto
repertorio (V.)
surtido
grupo
variedad
muestra

muévedo
(V. **aborto**)

mufla
(V. **horno**)
(V. **crisol**)

muftí
(V. **juez**)

muga
(V. **mojón**)
(V. **límite**)

mugido
s. **bramido** (V.)
brama
barrito
berrido
gruñido (V.)
rugido
aullido
bufido
gamitido
llamada
grito
ululato
voz (V.)
¡mu!

mugidor
(V. **mugiente**)

mugiente
s. **rugiente** (V.)
bramador
tonante
tempestuoso
ruidoso
ululante
mugidor
gruñidor
aullador
rugidor

(V. **mugido**)

a. *callado*
silencioso

múgil
(V. **mújol**)

mugir
s. **bramar** (V.)
rugir
resonar
gruñir
tronar
bufar
aullar
berrear
ulular
llamar
tronar
aturnear
roncar
remudiar
rabiar (V.)

s. **quejarse** (V.)
dolerse

(V. **mugido**)

a. *callar-se*
silenciar
aguantar-se
contener-se

mugre
s. **suciedad** (V.)
churre
pringue
roña
porquería
grasa (V.)
cochambre
basura
guarrería
inmundicia
mancha

a. *limpieza*
pulcritud
higiene

mugriento
s. mugroso
sucio (V.)
pringoso
grasiento (V.)
churretoso
roñoso
cochambroso
guarro
inmundo
puerco
manchado
cochino
nauseabundo
repugnante
asqueroso
cerdo
desastrado

(V. **mugre**)

a. *limpio*
pulcro
higiénico
impoluto

mugrón
s. **sarmiento** (V.)
acodo
codal
tallo (V.)
vástago
rastro (V.)
pámpano
greña
provena
vid (V.)

mugroso
(V. **mugriento**)

mujer
s. **hembra** (V.)
varona (V.)
niña
doncella
mulier
gachí
adulta
dama (V.)
anciana
venus
eva
faldas
matrona
hija
hermana
tía
cuñada
abuela
suegra
compañera
consorte
señora
casada
pareja
esposa (V.)
costilla
cónyuge
cara mitad
media naranja
meona
guaricha
tusa
sobrina
prima

(cont.)

parienta
beldad
hermosura
heroína
palmito
hurí
añazona
señorita
vampiresa
valquiria
ninfa
bello sexo
sexo débil
ciudadana
marimacho
marisabidilla
pendón
mujerzuela
bachillera
mujerona
virago
súcubo
dueña
matrona
madre (V.)
nuera
novia
meretriz
sufragista

s. obstetricia
ginecología

s. mujer de su casa
mujer de digo y hago
mujer de armas tomar
mujer mundana
mujer perdida
mujer del arte
mujer de vida airada
la dulce enemiga
el ángel del hogar
mujer de mal vivir
mujer de gobierno
mujer de la vida
más que un dueño

r. La mujer y el vino, sacan al hombre de tino ■ La mujer compuesta, saca al marido de otra puerta ■ La mujer y la viña, da al hombre alegría ■ Casa sin mujer y barca sin timón, lo mismo son ■ Ni mujer de otro, ni coces de potro ■ La mujer y el vidrio, siempre están en peligro ■ Las mujeres corren delante de los ratones y detrás de los hombres ■ Mujer enojada, pantera irritada ■ Dios nos ha dado mujeres para amarlas y paciencia para aguantarlas ■ Mujer hermosa, mujer vanidosa ■ La mujer bigotuda, de lejos se la saluda ■ Mujer con bigote, no necesita dote ■ A la mujer fea, el oro la hermosea

a. *hombre*
varón
macho
sexo feo

mujeriego
s. **mujeril** (V.)
afeminado
femenil
femenino

s. cupido
faldero
mocero
tenorio (V.)
donjuán
mozo
braguetero
conquistador
mujerero
burlador
seductor
perico
putero
putañero
rufián

s. rijoso
lujurioso
libidinoso
desenfrenado
vicioso
concupiscente
sensual
perdido
disipado
liviano
calavera (V.)

(V. **mujer**)

a. *varonil*
casto
misógino
virtuoso

mujeril
s. mujeriego
amaricado
amariconado
mariquita
virginalero
femenil
femenino (V.)
amujerado
adamado
afectado
delicado
grácil
sutil

(V. **mujer**)

a. *varonil*
duro
fuerte

mujerona
s. virago
sargentona
matrona
maritornes
marimacho (V.)

s. **robusta** (V.)
corpulenta
jamona (V.)
pandorga (V.)

(V. **mujer**)

a. *femenina*
pequeña
delicada

mujerzuela
(V. **prostituta**)

mújol
s. galúa
liza
lisa
locha
múgil
cabezudo
matajudío
capitón
pez (V.)

mula
s. **caballería** (V.)
acémila
huebra
candonga
almífora
recua

s. mula de paso
mula cabañil
mosca de mula
írsele a uno la mula

r. Ni mula con tacha, ni mujer sin raza ■ Quien quiera mula sin tacha, ándese a pata

s. ir como una mula de carga

a. *mulo*

mulada
(V. **recua**)

muladar
s. **estercolero** (V.)
basurero
vertedero
sumidero
pocilga
zahurda
chiquero
corte
albañal
corral

(V. **mula**)

mulato
s. **mestizo** (V.)
híbrido
cruzado
mezclado
bastardo

s. **moreno** (V.)
negro
ñapango
obscuro

a. *puro*
castizo
rubio
albino

múleo
(V. **calzado**)

muleque
(V. **esclavo**)

mulero
s. **arriero** (V.)
acemilero
chalán
trajinero
yegüero
mozo de mulas
mayoral
mulante
muletero
mulatero
yegüerizo (V.)

(V. **mulo**)

muleta
s. ayuda
apoyo
sostén (V.)
palo
bastón
muletilla
trasto (V.)

s. muleta de torero
pase de muleta
burlar al toro con la muleta
tener muletas
andar con muletas

muletilla
s. **muleta** (V.)

s. **estribillo** (V.)
lenguaje
repetición (V.)
reiteración
insistencia
matraca
lata
cantinela
tranquillo
bordón
bordoncillo
empuñadura (V.)
machaconería

a. *desistimiento*

muleto
(V. **mulo**)

muletón
(V. **franela**)

mulo
s. **caballería** (V.)
acémila
muleto
macho (V.)
machuelo
quinceno
mohíno
burdégano
burreño
lechuzo
mulato
cebadero
bestia de carga
animal de tiro
burro
asno

r. Mulo cojo e hijo bobo lo sufren todo

a. *mula*

multa
s. **castigo** (V.)
penalidad (V.)
pena (V.)
sanción
punición
recargo (V.)
gravamen
correctivo
comiso
garrama
derrama
escarmiento
achaque
alamina
degüella
coto
caloña
recepta
indemnización
imposición
confiscación

a. *gratificación*
perdón
recompensa
condonación

multar
s. **castigar** (V.)
sancionar
punir
penalizar
imponer
pechar
gravar
recargar
confiscar
decomisar
indemnizar
escarmentar (V.)
corregir
penar

(V. **multa**)

a. *condonar*
perdonar
recompensar
gratificar

multicolor
s. irisado
cromático
abigarrado
coloreado
colorido
polícromo (V.)
vario
multicromo
animado (V.)

a. *unicolor*
triste
solitario
monocolor
liso

multicopista
s. copiador
copiadora
policopia
hectógrafo
autocopista

s. prensa
rodillo
gelatina
tinta

multiforme
s. vario
polimorfo
variado (V.)
diverso
heterogéneo
desparejo
desigual
disímil

(V. **forma**)

a. *uniforme*
igual
homogéneo

multimillonario
s. potentado
acaudalado
archimillonario
rico (V.)
creso
nabab
poderoso
opulento
hacendado

(V. **millonario**)

a. *pobre*
desvalido
necesitado

múltiple
s. vario
variado (V.)
pluriforme
polifacético (V.)
diverso (V.)
complejo
múltiplo
multíplice
plurívoco
multiforme
plural
repetido (V.)

(V. **multiplicidad**)

a. *único*
sencillo
solo
uno

multiplicación
s. doblamiento
duplicación
triplicación
dualidad
duplicidad
redoblamiento
redobladura
triplicación
triplicidad
cuadruplicación
quintuplicación
sextuplicación
septuplicación
potencia
cuadrado
cubo
acrecentamiento
reproducción
repetición
calidoscopio
cálculo

s. multiplicando
multiplicador
factor
coeficiente
producto
potencia
múltiplo
submúltiplo
doble
triple
cuádruple
quíntuple
séxtuple
quíntuplo
cuádruplo
óctuplo
nónuplo

s. crecimiento
aumento
proliferación (V.)
desarrollo

a. *división*
reducción
disminución

multiplicar-se
s. **proliferar** (V.)
reproducir (V.)
procrear
aumentar (V.)
enjambrar
propagar
acrecer

s. afanarse
desvelarse
cundir
esforzarse (V.)
procurar

s. doblar
duplicar
redoblar
triplicar (V.)
cuadruplicar
quintuplicar
centuplicar
reduplicar
sextuplicar
septuplicar
decuplicar
octuplicar
llevar
elevar a potencias
hallar el producto

(V. **multiplicación**)

a. *dividir*
reducir
disminuir

multiplicidad
(V. **diversidad**)
(V. **variedad**)

multitud
s. **afluencia** (V.)
aglomeración (V.)
mucho (V.)
muchedumbre (V.)
gentío
gente (V.)
turba (V.)
horda
tropel
tropa (V.)
pandilla
hatajo (V.)
cáfila
manifestación
demostración
asistencia
espectadores
hormiguero
inmensidad (V.)
masa
hervidero (V.)
pueblo
barahúnda
público
chusma
corrillo
bandada
patulea
enjambre
concurrencia
concurso
aglomeración
auditorio
oleada (V.)
legión (V.)
romería
jubileo (V.)
tumulto
asistencia
presentes
caterva
caravana
flota
cohorte
turbamulta
trulla
s. **abundancia** (V.)
numerosidad (V.)
plétora
profusión
exceso
cantidad
infinitud
infinidad (V.)
raudal
exuberancia
porrada
torrente (V.)
nubada
nublado (V.)
aluvión
montantada
a. *soledad*
ausencia
individuo
uno
unidad
escasez
defecto
falta
poco
poquedad

multitudinario
s. **popular** (V.)
general
público
tumultuario (V.)
profuso
pletórico
atropellado
masivo
animado
(V. **multitud**)
a. *solitario*
privado

mullido
s. **blando** (V.)
esponjoso
hueco
ahuecado
elástico
mórbido
muelle
suave
laxo
holgado
cómodo (V.)
flexible
descansado
a. *duro*
rígido
tieso
denso
incómodo
prieto

mullir
s. **ablandar** (V.)
engorar
aocar
ahuecar
esponjar
emblandecer
enternecer
suavizar
enhuerar
s. **cavar** (V.)
s. muñir
arreglar (V.)
acordar
a. *endurecer*
apelmazar
estropear
disentir
desconvenir

muna
(V. **tributo**)

mundanal
s. **mundano** (V.)
terreno
terrenal
humano
mortal
perecedero
efímero (V.)
transitorio
(V. **mundo**)
a. *espiritual*
celestial
eterno
duradero

mundanalidad
s. mundanidad
mundanería
frivolidad (V.)
superficialidad
trivialidad
futilidad
vanidad
a. *espiritualidad*
profundidad

mundano
s. **sociable** (V.)
profano (V.)
mundanal
vano
superficial
trivial
frívolo (V.)
fútil
vacío
vacuo
sofisticado (V.)
elegante (V.)
petimetre
libertino
sensual
s. cosmopolita
experimentado (V.)
conocedor
vividor
baqueteado
corrido
fogueado
(V. **mundo**)
a. *espiritual*
huraño
insociable
esquivo
virtuoso
local
inexperto
ignorante
ingenuo

mundial
s. **general** (V.)
universal (V.)
ecuménico
católico
internacional (V.)
cosmopolita
planetario
interestatal
s. dondequiera
doquier
cualquier tierra de garbanzos
todo el mundo
todas partes
(V. **mundo**)
a. *local*
particular
privado
nacional

mundicia
(V. **limpieza**)

mundificar-se
(V. **limpiar-se**)
(V. **purificar-se**)

mundillo
s. **mundo** (V.)
círculo
corrillo
ambiente (V.)
medio
sector
camarilla
grupo
ámbito
s. **almohadilla** (V.)
bolo
bolillo
encaje de bolillos (V.)
s. **planta** (V.)
mundo
sauquillo
geldre
bola de nieve
s. **brasero** (V.)
calentador
secadero
hornillo
estufilla
calientacamas

mundo
s. materia
cosmos
caos
demiurgo
macrocosmos
orbe (V.)
tierra (V.)
globo (V.)
universo (V.)
naturaleza (V.)
elementos
geografía (V.)
cosmología
cosmogonía
cosmografía
infinito
espacio
vacío
totalidad
creación (V.)
cielo
esfera (V.)
mundo mayor
planeta
suelo (V.)
s. **humanidad** (V.)
género humano
habitantes de la tierra
raza
sociedad
s. siglo
secularización
enemigo del alma
s. **baúl** (V.)
baúl mundo
cofre
s. **mundología** (V.)
cortesía
educación
experiencia (V.)
savoir faire
sofisticación (V.)
finura
exquisitez
s. **mundillo** (V.)
s. mundo antiguo
mundo centrado
mundo moderno
medio mundo
el otro mundo
nuevo mundo
todo el mundo
desterrar del mundo
echar al mundo
hundirse el mundo
ser una cosa del otro mundo
morir para el mundo
retirarse del mundo
irse por esos mundos de Dios
rodar por el mundo
venir uno al mundo
ver mundo
cosas del mundo
a. *nada*
infinitud
grosería

mundología
s. **experiencia** (V.)
veteranía
conocimiento
trato (V.)
sociabilidad
educación
finura
elegancia
exquisitez
cortesía
soltura (V.)
(V. **mundo**)
a. *inexperiencia*
ignorancia
desconocimiento
grosería
insociabilidad

munición, es
s. **pertrechos** (V.)
armamento
bastimento
provisión (V.)
s. carga
metralla (V.)
perdigón (V.)
batería
mostacilla
pólvora
polvorín
balas
bombas
bombas incendiarias
bombas de plástico
balas explosivas
pepinillos
granadas
bombas de mano
fulminante
proyectil (V.)
explosivo (V.)
s. municiones de boca
municiones de guerra

municionar
s. amunicionar
proveer
abastecer (V.)
pertrechar
armar (V.)
suministrar
aprovisionar
enviar
dotar de
(V. **munición**)
a. *desproveer*
desguarnecer

municipal
s. metropolitano
local (V.)
comunal
urbano
consistorial
concejil
edilicio (V.)
comunitario
corporativo
vecinal (V.)
s. **guardia** (V.)
guri
chiva
(V. **municipio**)
a. *general*

municipalidad
(V. **municipio**)

munícipe
(V. **vecino**)
(V. **concejal**)

municipio
s. municipalidad
ayuntamiento (V.)
concejo
merindad
cabildo
consistorio
mancomunidad
asamblea
junta
alcaldía
corporación
alfoz
principalía
consejo de ciento
alhoz
comuna
comunidad
república
villa
ciudad
concejalía
regiduría
regidoría
vecindad
fueros
término municipal
territorio (V.)
s. **alcalde** (V.)
concejal
corregidor
edil
munícipe
pregonero
macero
burgomaestre

munificencia
(V. **generosidad**)
(V. **fastuosidad**)

munificente
(V. **munífico**)

munífico
(V. **generoso**)
(V. **fastuoso**)

munúsculo
s. **baratija** (V.)
regalito
insignificancia (V.)
menudencia
propina
pequeño obsequio
pequeñez
minucia
a. *importancia*
grandeza

muñeca
s. **articulación** (V.)
juego
brazo (V.)
mano (V.)
s. carpo
trapecio
trapezoide
hueso cuadrado
hueso piramidal
hueso escafoides
hueso ganchoso
hueso grande
hueso semilunar
hueso pisiforme
s. **muñeco** (V.)
s. muñequilla
pelota
lío
bulto
barnizador
hisopillo (V.)
hisopo
trapo
s. mozuela
linda
delicada
presumida
frívola
s. menear las muñecas

muñeco
s. muñeca
pepona
muñequito
figurilla
figura (V.)
juguete (V.)
tentetieso (V.)
siempretieso
tentemozo
polichinela
títere (V.)
tentempié
bausán
botarga
frailecito
matihuelo
maniquí (V.)
espantajo
estafermo
pandorga
espantapájaros
brujilla
chihuahua
judas
fantoche
dominguillo
moña

s. **pelele** (V.)
robot
monigote (V.)

s. androide
autómata (V.)
robot
ludión
afeminado
mequetrefe
chisgarabís
mozuelo
pollo
insubstancial
frívolo

a. *viril*
varonil
sesudo
profundo

muñequera
(V. **venda**)

muñequilla
(V. **muñeca**)

muñidor
s. **intrigante** (V.)
entrometido
intermediario
tercero
enredante
enredador
chismoso

s. **gestor** (V.)
abogador
cofradero
gerente

a. *discreto*
respetuoso

muñir
s. manejar
preparar (V.)
facilitar
arreglar
amañar (V.)
disponer

s. concertar
llamar
convocar (V.)
reunir

a. *obstaculizar*
dificultar
impedir
dispersar

muñón
s. **trozo** (V.)
tocón
tuco
amputación
bulto
parte
sección
corte
protuberancia
residuo (V.)

muralla
s. **muro** (V.)
murallón
baluarte
fortificación (V.)
fortaleza
cercado
cerca
defensa
bastión
protección

murallón
(V. **muralla**)

murar
(V. **amurallar**)

murceguillo
(V. **murciélago**)

murciélago
s. murciégalo
murceguillo
morciguillo
morceguilla
vampiro (V.)
vespertillo
panique
alípede
alípedo
macrófilo
quiróptero
mamífero (V.)

murcielaguina
(V. **estiércol**)

murga
s. lata
tabarra
ruido (V.)
molestia (V.)
fastidio
impertinencia

s. banda
charanga
serenata (V.)
comparsa
orquestina

a. *tranquilidad*
silencio
amenidad

murmujear
(V. **murmurar**)

murmullo
s. **cuchicheo** (V.)
susurro (V.)
murmurio
rumor (V.)
bisbiseo
susurrido
runrún
rute
mormullo
ruido (V.)
murmureo

s. **son** (V.)
melodía
sonido

a. *clamor*
griterío

murmuración
s. **comadreo** (V.)
parlería (V.)
murmurio
rezongo
bisbiseo
rumor (V.)
trónica (V.)
refunfuño
refunfuñadura (V.)
censura
crítica (V.)
cuchicheo (V.)
parladuría
chisme (V.)
detracción
reprobación
platillo (V.)
comidilla (V.)
fábula
cotorreo (V.)
maledicencia (V.)
descrédito
susurración
calumnia
zaherimiento
ladrido
mentidero
narración (V.)
comentario
rociada (V.)
tole tole
chiste
chascarrillo
dicho de las gentes
dicho
cuentos
dimes y diretes
hablillas
falso testimonio
malas lenguas
lenguas viperinas

a. *alabanza*
ensalzamiento
silencio

murmurador
s. **difamador** (V.)
chismoso (V.)
cotilla
indiscreto
hablador
lioso
cuentista
censor
susurrón (V.)
murmujador
murmurón
criticón (V.)
mordaz
bocón
maldiciente (V.)
mala lengua
lengua viperina
lengua de víbora
lengua de escorpión
lengua de hacha
lengua serpentina
lengua de sierpe
zoilo
secretista
pregonero (V.)
juzgamundos
triscón
tijera (V.)
navaja
mordedor

(V. **murmuración**)

a. *ensalzador*
enaltecedor
alabador

murmurante
s. rumoroso
cantarín
susurrante
murmujeante
bisbiseante
suave (V.)
leve
ligero
sordo

(V. **murmullo**)

a. *fuerte*
estrepitoso
ruidoso
fragoroso

murmurar
s. **susurrar** (V.)
arrullar
bisbisear
balbucear
divulgar (V.)
rumorear (V.)
cuchichear (V.)
farfullar
refunfuñar (V.)
runrunear
zumbar
sisear
rezongar
mascullar (V.)
gruñir (V.)
borbollar
borbotar
gorgotear
cantar
murmujear
rajar (V.)
musitar (V.)
murmullar
murmurear

s. **criticar** (V.)
censurar
calumniar (V.)
imputar
comentar (V.)
difamar (V.)
intrigar (V.)
despellejar
desollar
zaherir
morder
maldecir (V.)
desacreditar (V.)
chismorrear
cotillear
comadrear
morder
conversar (V.)
hablar
hincar el diente
hablar entre dientes
poner como chupa de dómine
poner como hoja de perejil
sacar el pellejo
desollarle a uno vivo
meterse en vidas ajenas
sacarle a uno las túrdigas
poner como un trapo
cortar un sayo
cortar un traje
sacar a relucir los trapos sucios
señalar con el dedo
poner como no digan dueñas
poner de oro y azul
quitar la piel
poner verde
poner de vuelta y media
andar de boca en boca
dar que hablar

(V. **murmuración**)

a. *elogiar*
alabar
ensalzar
disculpar
defender
callar

muro
s. **cerca** (V.)
tabique
pared (V.)
tapia (V.)
paredón
valla (V.)
barrera
muralla (V.)
defensa
barbacana
trinchera
vallado
panel (V.)
lienzo
entrepaño (V.)
cortafuego
testero
tapial
mampuesto (V.)
albarrada
respaldo (V.)
azor
dique (V.)
espolón
diente (V.)
duba

s. **broquel** (V.)
escudo

s. **obstáculo** (V.)
impedimento
dificultad

s. muro de contención
muro infranqueable

a. *facilidad*
posibilidad

murria
s. melancolía
malhumor
tristeza (V.)
tedio
esplín
abatimiento (V.)
fastidio
desánimo
languidez
nostalgia
pena
cacorra
flato
taima
aburrimiento
hastío
desgana
cancamurria
postración

a. *alegría*
contento
diversión
ánimo

murrio
s. murrioso
triste (V.)
abatido (V.)
desanimado
desmoralizado
malhumorado
aburrido
lánguido
melancólico (V.)
nostálgico
apenado
hastiado
desganado
postrado

(V. **murria**)

a. *animado*
animoso
alegre
contento
divertido

murta
(V. **arrayán**)

mus
s. **baraja** (V.)
amarraco
amarreco
órdago (V.)
envido

musa, s
s. camena
castálidas
hipocrénides
piérides
pegásides
anónides
tespíades
pimpleídes
helicónides

s. **inspiración** (V.)
numen
ingenio
poesía (V.)
fantasía
sugerente
lira
plectro (V.)
ciencias liberales
arte (V.)
humanidades

s. soplarle a uno la musa
entender la musa

s. pímpleo
cabalino
pegáseo
aonio
castalio
pierio
heliconio

s. Clío, musa de la Historia
Euterpe, musa de la Música
Talía, musa de la Comedia
Melpómene, musa de la Tragedia
Terpsícore, musa de la Danza
Erato, musa de la Poesía Lírica
Polimnia, musa de la Retórica y arte de Escribir
Urania, musa de la Astronomía
Calíope, musa de la Elocuencia y Poesía heroica

musaraña
s. musgaño
bicho
sabandija
animalejo
animalillo
insecto

s. nubecilla (del ojo)
telaraña (V.)

s. **contrahecho** (V.)
anormal
fachoso

(cont.)

s. estar pensando en las musarañas
mirar a las musarañas

a. *esbelto*
escultural
normal

musculado

(V. **musculoso**)

muscular

s. **musculoso** (V.)
aponeurótico
tendinoso
intramuscular
ligamentoso
tetánico

(V. **músculo**)

a. *raquítico*

musculatura

s. corpulencia
carnadura
encarnadura
cuerdas
fibras
fortaleza (V.)
desarrollo

a. *raquitismo*
debilidad

músculo

s. landercilla
babilla
babada
miolema
murecillo
sarcolema
aponeurosis
tendón
inserción
nervio
diafragma (V.)
ligamento
carne valiente
lengua (V.)

s. músculo abductor
músculo aductor
músculo pronador
músculo supinador
músculo flexor
músculo extensor
músculo antagonista
músculo inspirador
músculo constrictor
músculo respirador
músculo espirador
músculo serrato
músculo complexo
músculo esplénico
músculo esplenio
músculo lagarto
músculo masetero
músculo deltoides
músculo muñón
músculo cigomático
músculo sóleo
músculo dorsal
músculo pectoral
músculo trapecio
músculo radial
músculo cubital
músculo subscapular
músculo bíceps
músculo braquial
músculo tríceps espinal
músculo tríceps braquial
músculo diafragma
músculo piramidal
músculo glúteo
músculo gemelo
músculo bíceps femoral
músculo tríceps femoral
músculo sartorio
músculo del sastre
músculo isquiofemoral
músculo tendón de Aquiles
músculo lumbrical
músculo esfínter
músculo estriado

musculoso

s. fornido
fuerte (V.)
nervudo
membrudo
vigoroso
lacertoso
muscular
robusto
musculado
corpulento
recio
atlético (V.)
pujante
poderoso
forzudo

(V. **músculo**)

a. *débil*
raquítico
enclenque

muselina

(V. **tela**)

museo

s. oploteca
pinacoteca (V.)
galería
exposición
sala
lasón
colección (V.)
gliptoteca
palacio de las Artes
Gabinete de Historia Natural
acopio
escuela
clase
aula

muserola

s. sobarba
brida (V.)
correa

musgaño

(V. **musaraña**)

musgo

s. **planta** (V.)
verdín
liquen
liquien
helecho
moho
bacteria
pulmonaria
licopodio
empeine
lapa
parásito (V.)
urchilla
caspa
musco

música

s. melodía
armonía
harmonía
solfa
canto
recitado
tonalidad
ritmo
modo
cuadrivio
filarmonía
polifonía (V.)
melomanía
musicomanía
instrumentación

s. música religiosa
música sagrada
música instrumental
música de cámara
música de concierto
música dramática
música de baile
música ratonera
música militar
música de iglesia
música vocal
música celestial
música clásica
música moderna
música flamenca
música de jazz
tono
son
acorde
fuga (V.)
sonido (V.)
neuma
ligado
intervalo
sostenido
puntillo
calderón
pausa
parada
silencio
suspiro
aspiración
compás
coma
leima
ritmo
cadencia
movimiento
consonancia
aire
andante
andamento
presto
alegreto
andantino
cantable
adagio
largo
maestoso

s. tono
semitono
tono mayor
tono menor
semitono menor
semitono mayor
semitono cromático
semitono diatónico
semitono enarmónico
ditono
semidítono
tercera
tritono
cuarta
tetracordio
quinta
diatesarón
diapasón
metrónomo
diapente
hexacordo
sexta
sexta aumentada
sexta diminuta
séptima
séptima aumentada
séptima diminuta
octava
décima
decena
quincena

s. sensible
dominante
subdominante
superdominante
tónica
supertónica

s. escribir
componer
armonizar
instrumentar
pautar
orquestar
transcribir
cifrar
digitar
consonar
corear
afinar
desafinar
leer
repentizar
improvisar
solfear
sincopar
transportar
bajar el tono
bajar el punto
cantar (V.)
tocar
tañer
sonar
preludiar
interpretar
ejecutar
matizar
arpegiar
trinar
ligar
picar
modular
atacar
acompañar
entrar
rascar
toquetear
ensayar
nota
nota musical
cifra
signo
figura
do
re
mi
fa
sol
la
si
ut
sostenido
bemol
blanca
negra
corchea
semicorchea
partitura
pentagrama
tetragrama
clave
llave
barra
corchete
clave de sol
clave de fa
escala (V.)
escala cromática

s. composición
pieza (V.)
obertura
preludio
interludio
intermedio
final
concierto
introducción

s. estudio
rondó
sonata
concierto
tocata
sinfonía
pastoral
oratorio
fantasía
rapsodia
juguete
salmo
salmodia
canto llano
oración
balada
cantata
ópera
ópera cómica
opereta
melodrama
drama lírico
zarzuela
género chico
sonatina
tonadilla
aire popular
motete (V.)
canción
himno
aria
cavatina
nocturno
romanza
pavana
serenata (V.)
alborada
gavota
jácara
mayos
pastorela
trípili
danzón
folía
trova
siesta
polonesa
tarantela
pasacalle
pasodoble
retreta
marcha real
marcha militar
vals
minueto
chacona
polka
polca
foxtrot
tango
habanera
jarabe
zorongo
zarabanda
javera
granadinas
flamenco (V.)
cante hondo
cachucha (V.)
zapateado
guajira
danzón
guaracha
canción de cuna
nana
jota
zortzico
zorcico
muñeira
alborada
gallegada
tirana
mazurka
minué
chotis
rigodón
rock and roll
Terpsícore
danza (V.)
jazz (V.)
orquesta (V.)
instrumento (V.)
templador (V.)
músico (V.)
caja de música
reloj de música
libro de música
papel de música
con música y acompañamiento
no estar para músicas
con la música a otra parte
ir la música por dentro
dar música a un sordo
la música, para quien la entiende
la música amansa a las fieras
ser música celestial

r. La música y la poesía no sufren medianía

musical

s. armonioso
melodioso (V.)
armónico
moduloso
homófono
cónsono
ritmado
instrumental
coral
inarmónico
acordado
pausado
silencioso
rítmico
medido
métrico
metrificado
sinfónico
acompasado
instrumentado
unísono
modulado
consonante
bemolado
polifónico

(V. **música**)

musicalidad

s. **armonía** (V.)
eufonía
melodía
suavidad
dulzura
cadencia
ritmo
acorde
afinación
sonoridad

(V. **música**)

a. *aspereza*
inarmonía

musicastro

s. **músico** (V.)
rascatripas
pitoflero
murguista
charanguero
musiquillo

(V. **música**)

a. *virtuoso*

músico
s. compositor
autor
maestro
intérprete
ejecutante
artista
solista
concertista
acompañante
director
profesor
bajo
chantre
concertino
contrapuntista
maestro de capilla
menestril
ministril
tocador
virtuoso
pianista
violinista
violoncelista
trompeta (V.)
batería
clarinete
contrabajo
clavicordista
guitarrista
organista
corneta
flautista
gaitero
trompa (V.)
trombón
oboe
tambor

s. **musicastro** (V.)

s. melómano
musicógrafo
musicólogo
musicómano
filarmónico (V.)
sinfónico

(V. **música)**

musicólogo
s. melómano
musicógrafo
musicómano
musicomaníaco
filarmónico
compositor
instrumentista
maestro
concertista

(V. **música)**

musicomanía
s. melomanía
filarmonía
afición (V.)

(V. **música)**

a. *musicofobia*

musitar
s. susurrar
bisbisar (V.)
mascullar (V.)
mascujar
chuchear
cuchichear
mistar
murmujear
balbucear
farfullar
murmurar (V.)

a. *gritar*
chillar

muslime
(V. **musulmán)**

muslo
s. **pierna** (V.)
pospierna
pernil
anca
pata
jamón
zanca
extremidad
remo
babada
babilla
cuja

s. **ingle** (V.)
bragada
entrepierna (V.)

s. **fémur** (V.)

mustiar-se
s. amustiar
marchitar (V.)
languidecer
amohinar
decaer
ajarse
consumirse
abochornarse
agostarse
secarse
pasarse
aborrajarse
ahornagarse
anublarse
asolanarse
enmustiarse
deslucirse
empalidecer

s. entristecer
contristar
compungir
abatirse (V.)

a. *reverdecer*
mejorar
lucir
hermosear
alegrar
complacer
animarse

mustio
s. murrio
pasado
pachucho (V.)
consumido
chafado
laxo
marchito (V.)
lacio
deslucido
ajado
desmadejado
blando
pálido (V.)
seco (V.)
pocho

s. melancólico
triste (V.)
doliente
lánguido (V.)
cuitado
morriñoso
apenado
cabizbajo
viejo
desmayado
desalentado
decaído
mohíno
decadente

a. *floreciente*
lozano
contento
alegre
alborozado
fresco

musulmán
a. **árabe** (V.)
mahometano
muslime
moro (V.)
mogrebí
mauritano
rifeño
mozárabe
mudéjar
islámico
maronita
muladí
agareno
islamita
druso
gazí
sofí
ismaelita
sarraceno
marroquí

s. mauro
abadí
abasí
abencerraje
tagarino
tochibí
almogataz
almohade
almorávide
nazarí
nazarita
amirí
cegrí
cenhegí
benimerín
berberisco
beréber
edrisí
rahalí

s. almuédano
almuecín
alfaquí
alaroza
almotacén
muftí
muecín
jalifa
caíd
jeque
imán
jerife
almocrí
califa
emir
nabab
valí
visir
santón
sufí
motacén
ulema
sultán
nádir
nabí
amín
derviche
faquí
gazí
jedive
morabito
ámel
calender
chauz

s. **corán** (V.)
alcorán
sura
zalá
azalá

s. ramadán
égira (V.)
hégira
héjira

s. hurí
serrallo (V.)
harem
eunuco

a. albornoz
turbante
jaique
chilaba
rahalí
aljuba
almaizal
alquicel
malafa

s. **mezquita** (V.)
aljama
alminar
mihrab
rábida
rápita

muta
(V. **jauría)**

mutable
s. reformable
cambiable (V.)
proteico
mudable
permutable

(V. **mutación)**

a. *inmutable*
fijo
permanente
cierto

mutación
s. alteración
reforma
innovación
torna
vuelta
conmutación
muda
tornamiento
trastrueco
cambio (V.)
modificación
variedad
transfiguración (V.)
transformación

s. **mudanza** (V.)
metamorfosis

a. *permanencia*
inmutabilidad
persistencia
fijeza

mutilación
s. ablación
amputación (V.)
corte
recesión
cercenamiento
truncamiento
tronca
separación
invalidez
inutilización
incapacidad
disminución
menoscabo (V.)
manquedad (V.)

a. *totalidad*
indemnidad

mutilado
s. imposibilitado
corado
cortado
mútilo
incompleto
lisiado (V.)
quebrado
desorejado (V.)
corto
descabalado
amputado
cercenado
estropeado
roto
cuto
eunuco
cojo
inválido (V.)
disminuido
tullido
manco
trunco

(V. **mutilación)**

a. *sano*
indemne
intacto
entero
completo

mutilar
s. **lisiar** (V.)
capar (V.)
resecar
cercenar
incapacitar
cortar (V.)
amputar (V.)
quitar
circuncidar (V.)
desorejar
desnarigar
truncar
romper
desmembrar (V.)
disminuir (V.)
rebajar
castrar

s. estropear
romper
fragmentar
descabalar (V.)
deteriorar

(V. **mutilación)**

a. *conservar*
mantener
componer

mutis
a. desaparición
evasión
salida (V.)
retirada
marcha
huida

s. pausa
silencio (V.)
mutismo

s. hacer mutis

a. *entrada*
ruido
voz

mutismo
s. mudez
silencio (V.)
reserva
discreción
pausa
mutis
sigilo
secreto
sequedad

s. *cotillería*
charlatanería
ruido
publicidad

mutual
(V. **mutuo)**

mutualidad
s. **cooperativa** (V.)
montepío
asociación
agrupación
sindicato
mutual

mutualista
(V. **socio)**

mutuo
s. mutual
recíproco (V.)
correlativo
bilateral
sinalagmático
alterno
social (V.)
solidario
correspondiente
intercambiable
alternativo
alternado
sucesivo
comerciante

(V. **mutualidad)**

a. *unilateral*
personal
singular

muy
s. sumo
superlativo
asaz
bastante
sobrado
demasiado
harto
mucho (V.)
suficiente
extremadamente
en sumo grado
muy mucho
excesivo
mu
so (V.)
sobremanera
ultra (V.)
de veras

a. *poco*
escaso
insuficiente

nabab
(V. **gobernador)**
(V. **multimillonario)**

nabí
(V. **profeta)**

nabo
s. coyocho
colza
grelos
bunio
planta (V.)
s. **raíz** (V.)

nácar
s. nácara
nacre
nacarón
concha de perla (V.)
madreperla

nacarado
s. **irisado** (V.)
anacarado
nacarino
nacáreo
brillante
pulido
terso
(V. **nácar)**
a. *opaco*
deslucido

nacencia
s. **nacimiento** (V.)
s. **tumor** (V.)
bulto (V.)
excrecencia
apostema
nacida
landre
divieso
grano

nacer
s. venir al mundo
ver la luz
dar a luz
encarnar
renacer
resucitar
engendrar
echar al mundo
parir (V.)
s. **surgir**
brotar (V.)
despuntar
germinar
empezar (V.)
retoñar
rebrotar
tallecer
s. sobrevenir
dejarse ver
aparecer (V.)
s. deducirse
derivarse (V.)
dimanar (V.)
provenir (V.)
descender
criarse
emanar
seguirse
resultar
principiar (V.)
arrancar
suceder
salir
r. Aún no ha nacido, y ya estornuda ■ No con quien naces, sino con quien paces ■ De morir hay mil modos, de nacer uno solo
s. nacer para algo.
(V. **nacimiento)**
s. *morir*
acabar
finar

nacida
(V. **nacencia)**

nacido
s. nato
hijo (V.)
natío
s. **propio** (V.)
apto
a propósito
adecuado
capaz
idóneo
s. indígena
aborigen (V.)
autóctono
oriundo
originario
vernáculo
natural (V.)
s. alma nacida
bien nacido
mal nacido
(V. **nacimiento)**
a. *inepto*
inadecuado
incapaz

naciente
s. principiante
primero (V.)
incipiente
reciente
renaciente
nuevo
inicial (V.)
saliente (V.)
fresco
flamante
recién hecho
recién salido
s. **oriente** (V.)
levante
este
orto
(V. **nacimiento)**
a. *moribundo*
acabado
poniente

nacimiento
s. **origen** (V.)
fuente
principio
brote
salida (V.)
aparición
germinación
inicio
creación
orto (V.)
venida
vida
eclosión
llegada
derivación
nacida
nacencia
s. natal
Natividad
Navidad (V.)
natalidad
natalicio
parto (V.)
natío
s. portal
belén (V.)
s. **cuna** (V.)
raza
familia
prole
linaje (V.)
extracción
crecimiento
palingenesia
hijos
descendientes
a. *muerte*
fin
acabamiento
ascendencia

nación
s. **país** (V.)
patria (V.)
estado (V.)
territorio (V.)
tierra
pueblo (V.)
gente (V.)
habitantes
ciudadanos
terruño
territorialidad
dominios
clima
límites
frontera
suelo natal
metrópoli
s. nacionalidad
raza
casta
población
ciudadanía (V.)
paisanaje
naturaleza
origen
s. **potencia** (V.)
monarquía
república
regencia
s. **pabellón** (V.)
heptarquía
confederación
imperio
reino

nacional
s. vernáculo
regional
patrio (V.)
propio
territorial (V.)
s. **estatal** (V.)
gubernativo
oficial
gubernamental
público
administrativo
s. oriundo
natural
nativo (V.)
originario
compatriota
súbdito
habitante
ciudadano
hijo
racial
(V. **nacionalidad)**
a. *internacional*
ajeno
extranjero
exótico
extraño
apátrida

nacionalidad
s. peculiaridad
carácter
origen
naturaleza (V.)
autoctonía
paisanaje
ciudadanía
raza
nacimiento
s. nacionalización
naturalización
s. abanderamiento
patria (V.)
(V. **nación)**
a. *internacionalidad*
extranjería

nacionalismo
s. **patriotismo** (V.)
regionalismo
patriotería
provincialismo
civismo
chauvinismo
jingoísmo
altruismo
chovinismo
exaltación patriótica
xenofobia
separatismo (V.)
nazismo
fascismo
(V. **nación)**
a. *internacionalismo*
xenofilia

nacionalista
s. **patriota** (V.)
patriotero
tradicionalista
chauvinista
xenófobo
regionalista
fanático
jingoísta
nazi
separatista (V.)
fascista
(V. **nacionalismo)**
a. *internacionalista*
xenófilo

nacionalización
s. estatificación
socialización (V.)
incautación (V.)
apropiación
confiscación
s. naturalización
(V. **nación)**
a. *liberalización*
devolución

nacionalizar-se
s. **socializar** (V.)
incautarse (V.)
estatificar
apropiarse
confiscar
controlar
dirigir
s. **naturalizarse** (V.)
(V. **nacionalización)**
a. *liberalizar*
descentralizar
devolver

nada
s. nulidad
nadie
ausencia (V.)
cero
ápice
nadilla
carencia de ser
negación
tampoco (V.)
cosa mínima
poquísimo
ninguno
escasez
inexistencia (V.)

(cont.)

s. **quimera** (V.)
ficción
sueño
ensueño
fantasía
entelequia
apariencia
simulacro
ofuscación

s. de ningún modo
en absoluto
por nada
en nada
de ninguna manera
ni por asomo
ni sombra
ni señales
¡ahí es nada!
por nada

r. Lo poco es poco, pero nada, es menos ▪ Hombre de nada ¡no es nada!

s. nada más ni nada menos.

s. ni por el forro
ni para un remedio

a. *todo*
cantidad
verdad
realidad

nadador

s. bañista
buceador
almirante
nadante
zambullidor (V.)
natatorio

r. El mejor nadador es del agua ▪ Al mejor nadador se lo lleva el río ▪ Quien mejor nada, muere en el agua

(V. **natación**)

nadar

s. bucear
bracear
flotar (V.)
sobrenadar
zambullirse (V.)
somormujar
bañarse (V.)
emerger
hacer pie
mantenerse a flote
hacer la plancha
hacer el muerto
perder pie
perder tierra

s. **abundar** (V.)
sobrar

s. nadar y guardar la ropa
nadar en la abundancia
nadar entre dos aguas

(V. **natación**)

a. *sumergirse*
hundirse
carecer
faltar
escasear

nadería

s. pijotería
baratija
oropel
frusleria (V.)
papanduja
patarata
pamplina
tontería
bobada
futesa
pijotería
accesorio
cirigaña
ajaspajas
ardite
ápice
pequeñez
nonada
insignificancia (V.)

a. *importancia*
categoría
mucho

nadie

s. ninguno
ninguna persona
nada (V.)

s. nadilla
insignificante (V.)
desharrapado
quídam (V.)
un don nadie
no ser nadie

s. **desierto** (V.)
deshabitado (V.)
ni un alma
ni un bicho viviente

a. *alguien*
importante
habitado
acompañado

nadilla

(V. **nadie**)

naife

(V. **diamante**)

nailon

(V. **nilón**)

naipe, s

s. **juego** (V.)
cartas (V.)
baraja (V.)
cuaderno
bueyes
buyes
huebra
boyuda
quínola (V.)
espillantes
lucas
maselucas

s. palo
punto
pinta
oros
copas
bastos
espadas
figura
as
dos
tres
cuatro
cinco
seis
siete
ocho
nueve
sota
caballo
rey
comodín
perica
marica
copeta
pendanga
perico
pericón
cuadros
corazones
hojas
rombos
muestra
triunfo
carta falsa
baceta

s. descarte
mona
brisca
julepe
siete y media
azar
bacará
bridge
bácigа
malilla
mala
robo
encarte
fallo
baldo
acuse
canto

s. **barajar** (V.)

s. **jugar** (V.)

s. peinar los naipes
florear el naipe
acudir al naipe
naipe de mayor
naipe de tercio

naire

(V. **domador**)

naja

(V. **serpiente**)

najarse

(V. **marcharse**)

¡najencia!

(V. **¡fuera!**)

nalga, s

s. asentaderas
trasero (V.)
posaderas (V.)
polisón
posa, s
nalgatorio
asiento
tras
culo (V.)
traspontín
traspuntín
fondillo
culete
ancas (V.)
cachas
rulé
tabalario
tafanario
salvohonor
mapamundi
as de oros
popa
canco
glúteo
rabel
trascorral
pompis

a. *vientre*

nalgada

s. **pernil** (V.)

s. **azote** (V.)
azotazo
culada
soba
somanta
paliza
empentón
golpe (V.)
vapuleo
paliza

a. *caricia*

nalgudo

(V. **culón**)

nalguear

s. **andar** (V.)
contonearse (V.)
anadear
cimbrearse
mover el pompis
nanear

(V. **nalga**)

a. *pararse*
detenerse

nana

s. **canto** (V.)
arrullo (V.)
cántico
canturreo
tarareo
tonadilla
acunamiento
canción de cuna
pupa

s. **abuela** (V.)
yaya

s. **nodriza** (V.)
niñera (V.)
ama seca

s. hacer nana
más viejo que la nana
del año de la nana

a. *joven*
silencio

nanear

(V. **contonearse**)

nao

(V. **embarcación**)

napias

(V. **nariz**)

naque

(V. **ñaque**)

naranja

s. **agrio** (V.)
lima
cítrico
mandarina
tangerina
bergamota
toronja
naranjilla

s. gajo
tajadilla
luquete

s. naranja agria
naranja cajel
naranja zajaría
naranja california
naranja clementina
naranja nável
naranja de Orihuela
naranja sanguina
naranja Washington
naranja de grano de oro

s. **cúpula** (V.)

naranjada

(V. **bebida**)

(V. **ordinariez**)

naranjo

s. naranjero
limero
naranjal
limonero

s. **rudo** (V.)
ignorante (V.)
zote
cerril
cebollo
palurdo
tosco

(V. **naranja**)

a. *fino*
cortés
culto
pulido

narcisismo

s. egolatría
vanidad
presunción
afectación
afeminamiento
yo (V.)

a. *humildad*
sencillez

narciso

s. **flor** (V.)
trompón

s. **presumido** (V.)
fatuo
preciado
ninfo
marica
vanidoso
ególatra (V.)

(V. **narcisismo**)

a. *humilde*
sencillo

narcosis

s. narcotismo
somnolencia (V.)
insensibilidad
letargo
sopor
modorra
embotamiento
hipnosis
adormecimiento
inconsciencia
anestesia
sueño

a. *estímulo*
sensibilidad
vivacidad
despertar
consciencia

narcótico

s. **soporífero** (V.)
somnífero (V.)
estupefaciente (V.)
dormitivo
sedante
calmante
hipnótico (V.)
soporoso
narcotizador
letargoso
droga
barbitúrico
tranquilizante
aletargante
analgésico
alcaloide (V.)
anestésico
estupefactivo

s. cocaína
codeína
morfina (V.)
opio (V.)
marihuana (V.)
ayahuasa
beleño
hipnal
heroína
hachís
sulfonal
narceína
narcotina

(V. **narcosis**)

a. *excitante*
estimulante

narcotismo

(V. **narcosis**)

narcotizar

s. **adormecer** (V.)
hipnotizar
aletargar
calmar
tranquilizar
embeleñar
amodorrecer
amodorrar
anestesiar
embotar

(V. **narcosis**)

a. *espabilar*
excitar
despertar

nardo

s. tuberosa
vara de Jesé
espicanardo
espicanardi
planta (V.)
narciso

narguile

(V. **pipa**)

narigón

s. narigudo
narizotas
narizota
narizón
napias
naso
nasudo

(V. **nariz**)

a. *chato*

narigudo

(V. **narigón**)

nariz
s. narices
nares
napias
naso
pavías
trompa (V.)
hocico
morro

s. cornete
caballete
fosa nasal
ventana
ala
esfenoides
etmoides
coana
membrana pituitaria
silla turca
ollar
vómer
vegetaciones
mucosidad
moco
moquita

s. aguileña
perfilada
roma
aquilina
respingona
chata
respingada
recta
remachada
aventada
apapagayada
braca
cariaguileña
chinga
leptorrina
nacha

s. moquero
pañuelo (V.)
mocador
mocadero
payacate

s. **estornudo** (V.)
respiración
enfriamiento
catarro (V.)
coriza
constipado
romadizo
resfriado
rinoplastia
epistaxis
gangosidad
rinitis
platirrinia
otorrinolaringología

s. **olfato** (V.)
aroma
olor

s. **sonarse** (V.)
estornudar (V.)
oler (V.)
ganguear
husmear

s. dar en la nariz
por narices
dejar con un palmo de narices
dar a alguien con la puerta en las narices
hacer nariz
hacerle a uno las narices
llenársele a uno las narices de mostaza
meter las narices en alguna cosa
no ver más allá de sus narices
torcer uno la nariz
tener a alguien montado en las narices

r. Hombre narigudo, ingenio agudo ▪ Hombre narigudo, hombre sesudo ▪ Tontos narigudos, pocos o ninguno

narizón
(V. **narigón**)

narizotas
(V. **narigón**)

narrable
s. **narrativo** (V.)
contable
explicable
comentable
relatable
descriptible

(V. **narración**)

a. *inerrable*
inexplicable

narración
s. **cuento** (V.)
historia
relato (V.)
referencia (V.)
exposición
noticia (V.)
informe (V.)
versión
leyenda (V.)
murmuración (V.)
descripción
narrativa
recontamiento
relación (V.)
autobiografía
aventuras
novela
historieta
viaje
apólogo
fábula
parábola (V.)
odisea
cronicón
detalle
periplo
tradición (V.)
conseja
habladuría
trova
cuadro
contexto
conmonitorio
historial (V.)
chilindrina
suceso
sucedido
chiste
chascarrillo
chisme (V.)
burlería
acta
discurso
antigualla
anécdota
contexto
memorias
hagiografía
mito
milagrería
diario
dietario
epopeya
gesta
saga

s. trama
argumento
desenlace
dato
detalle
episodio (V.)
moraleja
pormenor
nudo
ribete

narrador
s. cuentista
historiador
novelista
cronista (V.)
fabulista
relator (V.)
relatador
parabolano
relatante
fabulador
tradicionista
recitador

(V. **narración**)

narrar
s. **contar** (V.)
relatar (V.)
referir (V.)
decir
detallar
pormenorizar
historiar (V.)
minimizar
exagerar
disminuir
tergiversar
relacionar
exponer
novelar
recontar
fabular
recitar (V.)
extenderse
menudear
escribir
representar
explicar
detallar (V.)

(V. **narración**)

a. *callar*
silenciar

narrativa
s. gracia (para narración)
explicaderas (V.) (para narración)
habilidad (para narración)
destreza (para narración)
elocuencia (V.)
facundia

(V. **narración**)

a. *torpeza*

narrativo
s. narratorio
expositivo
tradicional
legendario
leyendario
narrable (V.)
fabuloso
apológico
esópico
expresivo (V.)
descriptivo (V.)
informativo

(V. **narración**)

a. *inexpresivo*
indescriptible

narratorio
(V. **narrativo**)

narria
s. carretilla
carromato
rastra (V.)
mierra
carretoncillo
trineo
troica
esquí
patín
patín de ruedas
carrito

nasa
s. garlito
buitrón
encañizada
cesta (V.)
cesto
vasija
cambín
nansa
catanga
colla

nasal
s. **gangoso** (V.)
ininteligible
imperfecto
defectuoso
obscuro

(V. **nariz**)

a. *claro*
inteligible

naso
(V. **narizotas**)

nasudo
(V. **narigudo**)

nata
s. película
crema (V.)
natilla
espuma
flor
telilla
tona

s. **exquisitez** (V.)
excelencia
delicia
notabilidad
excelsitud
selección

s. joya
alhaja
tesoro

s. flor y nata

a. *plebe*
vulgaridad
populacho

natación
s. **baño** (V.)
inmersión
zambullida
buceo
nadadura
flotación
salvamento
socorrismo
olimpíada
competición
deporte (V.)

s. estilos
espalda
mariposa
braza
mixto
crawl
delfín
over o sobre el costado

s. saltos
salto de salida
salto de competición
salto ordinario adelante
salto ordinario atrás
salto inverso
salto adentro
salto medio tirabuzón adelante
salto mortal
salto del ángel
salto de la carpa
salto de la navaja

s. nadadero
playa (V.)
piscina (V.)
estanque

s. nadadera
calabaza
salvavidas
vejiga
chaleco salvavidas

s. **nadador** (V.)

s. natátil
a nado

s. **nadar** (V.)

s. natación sincronizada
natación subacuática
natación de superficie con aletas

natal
(V. **nacimiento**)

(V. **nativo**)

natalicio
(V. **nacimiento**)

(V. **cumpleaños**)

natalidad
(V. **nacimiento**)

(V. **demografía**)

naterón
(V. **requesón**)

natillas
s. crema
dulce (V.)
golosina

s. leche
azúcar
huevos
canela

natío
(V. **nativo**)

(V. **nacimiento**)

Natividad
(V. **nacimiento**)

(V. **Navidad**)

nativo
s. natío
natural
nato
nacido
natal
oriundo
terrígeno
aborigen (V.)
indígena (V.)
nacional
patrio (V.)
autóctono
originario (V.)
hijo

s. **innato** (V.)
propio
conforme
espontáneo

(V. **Natividad**)

a. *forastero*
extranjero
extraño
exótico
impropio

natura
(V. **naturaleza**)

natural
s. connatural
congénito
ingénito
innato (V.)
hereditario
de nacimiento

s. **nativo** (V.)

s. verdadero
auténtico (V.)
sincero
real
puro
genuino (V.)
espontáneo (V.)
substancial (V.)
ínsito
icástico

s. ingenuo
sencillo (V.)
campechano
abierto
familiar
directo
veraz
cándido
candoroso
franco
llano (V.)
simple
inocente

(cont.)

s. **normal** (V.)
corriente
justificable (V.)
evidente (V.)
comprensible
lógico (V.)
habitual
regular
acostumbrado
común
ordinario
usual
tradicional

s. **instinto** (V.)
inclinación
propensión

s. genio
temperamento
índole
carácter (V.)
temple (V.)
condición
constitución
disposición
idiosincrasia

s. día natural
hijo natural
orden natural
ciencias naturales
al natural
copiar del natural

(V. **naturaleza**)

a. *académico*
amanerado
adquirido
artificial
forastero
extranjero
complicado
artificioso
ilógico
extraño
raro
inaudito
desusado
falsificado
exótico
falso
indirecto
postizo
sintético
insincero
afectado
inasequible
malicioso
reticente
complicado
picardeado
anormal
ilógico
insólito
extraordinario
nuevo

naturaleza
s. **esencia** (V.)
virtualidad
substancia
natural
natura
mesmedad
principio
ser (V.)
existencia
materia (V.)
entidad
orden
virtud
propiedad
calidad (V.)
disposición
atributo
peculiaridad
característica
contextura
condición

s. **índole** (V.)
carácter (V.)
complexión
genio
temperamento (V.)
temple
humor
manera
modo (V.)
entraña
conducta
fondo
capacidad
distintivo
dotes
idiosincrasia
personalidad
especie
clase (V.)
género
grupo
tipo
pelaje
constitución

s. ciudadanía
nacimiento
nacionalidad (V.)
origen
patria

s. **instinto** (V.)
tendencia
propensión
inclinación
atracción
predisposición
vocación

s. **estado** (V.)
sexo (V.)

s. **universo** (V.)
creación
elementos
mundo
cosmos
tierra (V.)

s. naturaleza muerta
romper la naturaleza
carta de naturaleza
por naturaleza
ser de la misma naturaleza

r. Lo que la naturaleza da, nadie lo puede negar ■ Lo que natura no da, Salamanca no presta ■ La naturaleza siempre saca la cabeza

a. *nada*
caos

naturalidad
s. ingenuidad
sencillez (V.)
pureza
simplicidad (V.)
franqueza
lisura
libertad (V.)
llaneza (V.)
afabilidad
sinceridad
abertura
candidez
desenvoltura (V.)
confianza (V.)
campechanía
familiaridad
esparcimiento
espontaneidad (V.)
conformidad
candor
inocencia
de buena fe
a la pata llana
con el corazón en la mano
llaneza, sin pecar de bajeza

r. Llaneza en tu trato, a todos hará grato ■ Vale más sencillez y decoro, que mucho oro ■ La demasiada llaneza, engendra menosprecio

a. *hipocresía*
afectación
astucia
cuquería
complicación
ceremonia
violencia
cohibimiento
vergüenza
timidez
represión
estiramiento
excentricidad
extravagancia
rareza
hinchazón
ampulosidad
cursilería
melindre
repulgo
empaque
ñoñería
altivez

naturalismo
(V. **realismo**)

naturalista
s. **científico** (V.)
geólogo
biólogo
entomólogo
botánico
paleontólogo

naturalización
(V. **nacionalización**)

(V. **aclimatación**)

naturalizar-se
s. **nacionalizarse** (V.)
ganar ciudadanía
tomar carta de naturaleza
admitir
extranjerizarse

s. **aclimatar** (V.)
habituar
adaptar
arraigar
acomodar
introducir
establecer (V.)
asentar
acostumbrar

(V. **naturalización**)

a. *rechazar*
repeler
extrañar
desarraigar

naturismo
(V. **vegetarianismo**)

(V. **homeopatía**)

(V. **desnudismo**)

naturista
s. nudista
vegetariano
elemental (V.)
sencillo
instintivo
vital
silvestre
selvático

(V. **naturismo**)

naufragar
s. **hundirse** (V.)
zahondar
varar
zozobrar (V.)
sumirse
tragarse
abismarse
anegarse
sumergirse (V.)
hacer agua
irse a pique

s. **fracascar** (V.)
frustrarse
malogarse
derrumbarse
arruinarse

(V. **naufragio**)

a. *flotar*
elevarse
salvar
triunfar
vencer
lograr

naufragio
s. **hundimiento** (V.)
inmersión
zozobra (V.)
encalladura
varada (V.)
anegamiento
siniestro
abordaje
pérdida
desastre
desgracia (V.)
ruina
catástrofe
salvavidas (V.)
tragedia (V.)

s. **fracaso** (V.)
frustración
malogro
derrumbe

a. *flotamiento*
recuperación
salvamento
fortuna
logro
éxito
triunfo

náufrago
s. **víctima** (V.)
naufragante
infortunado
desamparado
hundido (V.)
abandonado

(V. **naufragio**)

a. *salvado*
protegido
afortunado

náusea
s. **angustia** (V.)
malestar
ansia
basca (V.)
nausiosis
vómito (V.)
amago
regurgitación
arcada

s. **asco** (V.)
repugnancia
aversión
disgusto
fastidio (V.)
hámago
flato
repulsión
vértigo
vahído
espasmo

a. *atracción*
agrado

nauseabundo
s. **repugnante** (V.)
asqueroso
vomitador (V.)
inmundo
repelente
repulsivo
fastidioso

s. nauseoso
nauseativo
vomitivo (V.)
vomitorio
vómico
emético
porráceo

(V. **náusea**)

a. *atractivo*
seductor

nausear
s. lanzar
basquear
arquear
devolver
provocar
desembuchar
lanzar
repugnar (V.)
marearse
vomitar (V.)

(V. **náusea**)

a. *contenerse*
reprimirse
atraer

nauta
(V. **navegante**)

náutica
(V. **navegación**)

náutico
(V. **naval**)

nava
(V. **valle**)

(V. **llanura**)

navaja
s. **cuchillo** (V.)
faca
cuchilla
cortaplumas
machete
machetona
hoja
charrasca
daga
puñal
sacabuche
escarbador
perica
gañivete
semanario
verduguillo
tajaplumas
herramienta

s. muelle
cacha
releje
virola
golpetillo

s. **difamador** (V.)
murmurador
criticón
chismoso

s. navaja de afeitar
navaja cabritera

a. *ensalzador*
elogiador

navajada
(V. **navajazo**)

navajazo
s. **cuchillada** (V.)
navajada
puñalada
machetazo
jiferada
herida (V.)

(V. **navaja**)

navajo
(V. **charco**)

naval
s. náutico
marino
marítimo
marinero
oceánico
transatlántico

(V. **navegación**)

a. *terrestre*

nave
s. nao
navío
buque
vapor
bajel
barcaza
bastimento
galeón
embarcación (V.)
pabellón (V.)

s. cobertizo
pabellón
crujía
local
recinto
crucero
girola
almacén (V.)
salón
nave de iglesia
nave central

s. quemar las naves
nave de San Pedro

navecilla
(V. **incensario**)

navegable

s. practicable
circunnavegable
dragado
profundo
hondo

(V. **navegación**)

a. *impracticable*

navegación

s. **embarcación** (V.)
embarco
embarque
reembarque
desembarco
desembarque
matriculación
trasbordo
transbordo
transporte
registro
cargo
carga
cargamento
cargazón
provisión
abarrote
malalotaje
flete
planchada
embarcadero
desembarcadero
armada (V.)
marina
náutica
procedencia
abanderamiento
salida
destino
arribada
arribaje
puerto (V.)
fondeadero
base
escala
estala
recalada
atracada
aterraje
lazareto
cuarentena
visita de sanidad
visita de aspectos
astillero
arsenal
grada de construcción
dique
carenero
varadero
navegación por estima
navegación astronómica
navegación de altura
mareaje
franquía
pilotaje
practicaje
cabotaje
maniobra
distancia
latitud
longitud
altura
compensación
variación
perturbación
circunnavegación
periplo
travesía
crucero
campaña
barcada
viaje
conserva
trinquelada
empopada
matrícula
carta
marcación
almanaque náutico
cuaderno de bitácora
estima
abordaje
avería
trompis
trompada
costura
ratadura
zafacoca
vía de agua
naufragio (V.)
salvación
flotación
salvamento
zozobra
encalladura
varadura
braceaje
bobina
horizonte
dirección
derrotero
rumbo
derrota
cía
ciaboga
ciaescurre
barcaje
saloma
zaloma
zafarrancho
zafada
baldeo
lampaceo
quinto
humazo
barcarola
enrolamiento
singladura
rota
ruta
mareaje
mora
demora
resguardo
punto de estima
marcha
nudo
milla
braza
cable
estela
carrero
aguaje
botadura
zarpa
desatracada
arrancada
leva
levada
viada
abalizamiento
barlovento
sotavento
sobreviento
abatimiento
ortodromía
loxodromía
cambiada
guiñada
guiña a dura
voltejeo
cambiada
embatada
estrepada
balance
balanceo
bandazo
cabezada
cabeceo
cuchareo
bordo
bordada
arfada
escora
socollada
orza
rabeo
rabeada
recalcada

s. **brújula** (V.)
rosa náutica o de los vientos
cuadrante de reflexión
cuadrante de reducción
aguja giroscópica
derrotero
boya
detenta
sextante
quintante
octante
ballestilla
axiómetro
alidada
virote
clinómetro
sonaja
barómetro (V.)
aguja náutica
compás
acompañante
reloj marino
reloj de longitud
rol
código de señales
regimiento
amortiguador
corredera
compás de bitácora
compás de marear o azimutal
círculo de marcar
taxímetro
lantia
cronómetro
ampolleta
anteojo
telégrafo marino

s. **navegante** (V.)

s. navegar
circunnavegar
embarcar
reembarcar
desembarcar
saltar a tierra
tomar tierra
enchar en tierra
trasbordar
transbordar
desfondar
zallar
barquear
matricular
registrar
abanderar
abarrotar
singlar
armar
fletar
transfretar
trasfretar
cruzar
surcar
asurcar
marear
marinar
marinear
patronear
pilotar
pilotear
tripular
destripular
enrolar
esquifar
desarmar
botar
zarpar
desatracar
arrancar
desaferrar
levar anclas
levarse
largar
abrir
abitar
desabordarse
alzar velas
dar vela
hacer a la vela
largar velas
tender velas
hacerse a la mar
hacer rumbo
ponerse a sobreviento
correr
estar a sobreviento
arribar
sotaventarse
aprovechar
correr de latitud
baquear
nortear
ganar el viento
ir en bonanza
bordear
arranchar
dar bordadas
bojar
rendir una bordada
hurtar el viento
navegar a la cuadra
tomar una embarcación por la lúa
virar
revirar
cambiar
contravirar
guiñar
contraguiñar
montar
escapular
doblar
despuntar
rebasar
perlongar
andar costa a costa
barajar la costa
barajar
ir costa a costa
tomar
tomar por avante
tomar la vuelta de tierra
bolinear
barloventear
ir de bolina
navegar de bolina
voltejear
ceñir
venir al viento
capear
capear el viento
correr un temporal
temporejar
correr fortuna
correr a palo seco
ir de través
costear
regatear
salir
entrar
granjear
ganar
irse al garete
fachear
ponerse en facha
ponerse a la capa
esperar a la capa
estarse a la capa
estar a la corda
atravesarse
pairar
trincar
irse al garete
ganar
desfondar
barrenar
salcar
desaguar
dar barreno
echar a pique
echar a fondo
hundir
achicar
regir
gobernar
balancear
cabecear
arfar
machetear
rabear
encabritarse
brandar
colear
aconchar
puntear
trasorcear
partir el puño
orzar
empopar
apopar
aproar
singlar
ir a la ronza
bolinear
recalcar
roncear
dormirse
azorrarse
entumecerse
hocicar
amorrar
empoplar
escorar
encostarse
arronzar
derrotarse
abatir
abatir el rumbo
decaer
devalar
davalar
destorcerse
sotaventarse
empeñarse
verilear
acularse
escollar
encallar
dar a la costa
acantilar
tocar
arar
aterrarse
tropezar
varar
amorrar
izar
adrizar
arrizar
enderezar
guindar
embalsar
largar
aflojar
abarloar
aballestar
adujarse
palmearse
cantar
frenillar
adrenillar
amadrinar
desguindar
lampacear
baldear
zafar
desobstruir
formejar
desbancar
agalear
picar
abordar
embicar
pasar por ojo
trompear
quebrantarse
aventarse
desvaírse
abrumarse
encapillarse
naufragar
hacer agua
ahogarse
fracasar
zozobrar
dar lado
dar de lado
arribar
rendir
rendir el borde
abordar
abocar
acostar
recalar
hacer escala
aportar
tomar puerto
agarrar el puerto
abalizar
aboyar
abretonar
acalabrotar
acollar
aferrarse
ponerse al habla
barloar
abarloar
acostar
abordar
atracar
pallear
formejar
atoar
espiar
invernar
ensenarse
ensenar
abrigar
fondear
refrescar

r. Quien no tuviere qué hacer, arme navío o tome mujer ■ Quien no sabe de mar, no sabe de mal ■ Quien navega en tiempo fuerte, dos pasos va de la muerte ■ Jornada de mar no se puede tasar

navegante

s. navegador
nauta
circunnavegador
mareante
marinante
marino (V.)
tripulante
hombre de mar
lobo de mar
hijo del agua
naonato
patrón
piloto
práctico
piloto de puerto
práctico del puerto
batelero
botero
marinero (V.)

(V. **navegación**)

navegar

s. **embarcarse** (V.)
viajar (V.)
zarpar
hacerse a la mar
levar anclas
desatracar
largar el trapo
hacerse a la vela
marinar
timonear (V.)
pilotar
marear (V.)
circunnavegar
transfretar
cruzar
bogar (V.)
fletarse
surcar (V.)
hender
pasar el charco

(cont.)

patronear
tripular
equipar
enrolar
alzar velas
largar velas
desabocar
engolfarse
franquearse
rumbear
derrotar
marchar
abalizarse
cinglar
singlar
salearse
corregir el rumbo
virar en redondo
cuartear la aguja
hacer rumbo
arribar
baquear
ganar el viento
ir en bonanza
nortear
correr de latitud
sotaventarse
estar a sobreviento
bolinear
barloventear
ir de bolina
virar
revivar
cambiar
contravirar
hurtar el viento
navegar a la cuadra
navegar de bolina
capear el viento
capear el temporal
correr un temporal
temporejar
correr a palo seco
pairar
trincar
irse al garete
costear
regatear
ir de costa a costa
doblar
aproar
montar
bojar
varar
encallar
acantilar
dar a la costa
abordar
abocar
acostar
hacer escala
tomar puerto
aportar
atracar
abarloar
barloar
aferrarse
embicar
hacer agua
zozobrar
embarrancar
dar de lado
fondear
abrigar
ensenar
ensenarse
palmear
atoar
bordear
orzar
sotaventarse

(V. **navegación**)

naveta
(V. **incensario**)

(V. **cajón**)

navicert
(V. **permiso**)

Navidad
s. **Natividad**
Nacimiento del Señor

s. Advenimiento
Adoración
Epifanía
Nochebuena
Reyes Magos
Pascua (V.)

s. nacimiento
portal
belén
villancico
pandereta
zambomba
chanzoneta
acebo
abeto
árbol de Navidad
muérdago
turrón
aguinaldo
estrenas

s. ¡Feliz Navidad!
tener muchas navidades

r. No alabes ni desalabes hasta siete navidades

naviero
s. armador
fletador (V.)
consignatario
avituallador

(V. **navío**)

navío
(V. **embarcación**)

naya
(V. **desván**)

(V. **entrepiso**)

náyade
(V. **ninfa**)

nazareno
(V. **penitente**)

nazareo
(V. **nazareno**)

nazarí
(V. **musulmán**)

nazarita
(V. **musulmán**)

nazi
(V. **nacionalista**)

(V. **totalitario**)

nazismo
(V. **política**)

(V. **nacionalismo**)

názula
(V. **requesón**)

neblí
(V. **milano**)

(V. **halcón**)

neblina
(V. **niebla**)

neblinoso
s. **brumoso** (V.)
nublado
cerrado
nebuloso
caliginoso
acelajado
vaporoso
turbio
espeso

(V. **niebla**)

a. *abierto*
claro
despejado

nebro
(V. **enebro**)

nebulón
s. **hipócrita** (V.)
taimado (V.)
fingido
santurrón
camandulero
falso
cazurro
misticón

a. *sincero*
veraz

nebulosidad
s. lobreguez
tetriquez
sombra (V.)
bruma
celaje
obscuridad (V.)
tiniebla
neblina
nube (V.)
crepúsculo
humo

(V. **niebla**)

a. *claridad*
luz
transparencia

nebuloso
s. **neblinoso** (V.)
nublado (V.)
borroso
brumoso
obscuro (V.)
acelajado
nuboso

s. lóbrego
sombrío
tétrico (V.)
umbrío

s. **problemático** (V.)
incomprensible
confuso (V.)
incierto
difícil
abstruso
vago
gris
complicado
enrevesado

(V. **niebla**)

a. *despejado*
alegre
fácil
claro

necedad
s. **estupidez** (V.)
tontería (V.)
inepcia (V.)
idiotez
memez
sandez
vacuidad
vaciedad
simplicidad
simpleza
torpeza (V.)
vanidad (V.)
nesciencia
presunción (V.)
vulgaridad
imbecilidad
insensatez (V.)
atontamiento (V.)
abobamiento
estultez
botez
ofuscación
oquedad
fatuidad (V.)
desatino
ciempiés (V.)
porrería (V.)
estulticia
bobería
estolidez
incultura (V.)
inexperiencia
mentecatería
mentecatez
embrutecimiento
atrocidad
despropósito (V.)
majadería (V.)
quijotada (V.)
badajada
frialdad (V.)
pendejada
barbaridad
impertinencia (V.)
borricada
burrada (V.)
niñería
despropósito
pamema
pampirolada (V.)
patochada (V.)
pampringada
asnada (V.)
tochedad
jangada
perogrullada (V.)
zampoña

r. Más vale un día del discreto, que toda la vida del necio ■ Cuando un necio se sube de hombros es un asombro ■ No hay ningún necio que no encuentre su compañero ■ La primera parte del necio es tenerse por discreto ■ El necio siempre está contento ■ Desprecio y caridad contra la necedad ■ Si quieres matar a un sabio, ponle un necio al lado

a. *sensatez*
conocimiento
acierto
sabiduría
ingenio
razón
discreción
inteligencia
juicio
discernimiento
agudeza
tacto
profundidad
seso
experiencia

necesaria
(V. **urinario**)

necesario
s. **forzoso** (V.)
preciso (V.)
fatal (V.)
imprescindible
insustituible (V.)
imperioso
obligatorio (V.)
indeclinable
absoluto (V.)
esencial (V.)
inexcusable
obligado (V.)
urgente (V.)
oportuno (V.)
básico
fundamental
inaplazable (V.)
irreemplazable (V.)
ineludible
vital
irrefregable
involuntario
indefectible
irremediable
automático
maquinal
inapelable
inevitable (V.)
infalible
indispensable

s. útil
provechoso (V.)
utilitario
estratégico (V.)
beneficioso
lucrativo
ventajoso
productivo
fructífero
favorable
eficaz

(V. **necesidad**)

a. *azaroso*
casual
contingente
voluntario
inútil
superfluo

a. *secundario*
innecesario
prescindible
ocioso
excusado
vano
sobrado

neceser
s. **estuche** (V.)
maletín
caja
fin de semana

necesidad
s. indefectibilidad
indispensabilidad
coacción
obligación (V.)
menester (V.)
deber
exigencia
precisión (V.)
requisito
condición

s. **apuro** (V.)
aprieto
urgencia
imperativo (V.)
ahogo
angustia
escasez (V.)
falta
carestía
privación (V.)
penuria (V.)
pobreza (V.)
déficit
limitación
insuficiencia
miseria (V.)
estrechez
desnudez
hambre
sed (V.)
inopia
carencia (V.)
falta

s. **desdicha** (V.)
fatalidad
destino (V.)
azar
sino
hado
suerte
evacuación (V.)
deposición
excreción

s. necesidad de medio
necesidad de precepto
necesidad extrema
necesidad grave
necesidad grave espiritual
necesidad mayor
necesidad menor
hacer de la necesidad virtud
la necesidad tiene cara de hereje
obedecer a la necesidad
la necesidad carece de ley

r. La necesidad enseña más que la Universidad ■ Donde hay necesidad, no puede haber libertad ■ De la necesidad, nace el consejo

a. *facultad*
desahogo
abundancia
superfluidad
gollería
garambaina
paja
hojarasca
follaje
ociosidad

necesitado

s. **indispensable** (V.)
obligado

s. **pobre** (V.)
pobrete
menesteroso
pordiosero
desdichado (V.)
indigente
desvalido
falto (V.)
hambriento
gandido (V.)
desheredado
inope
mísero
tronado
arrastrado
escaso
atrasado
pelado
lacerioso
aporreado
pelón
proletario
pelele
más pobre que las ratas
no tener donde caerse muerto
no tener nada que llevarse a la boca

(V. **necesidad**)

a. *voluntario*
rico
desahogado
poderoso

necesitar

s. **precisar** (V.)
requerir (V.)
urgir (V.)
obligar (V.)
apremiar
compeler
coartar
constreñir
solicitar
exigir (V.)
condicionar
pedir
ser necesario
ser preciso
ser menester
no tener más remedio
haber menester
no poder más

s. absorber
consumir (V.)
requerir
emplear

s. **carecer** (V.)
escasear (V.)
faltar
empobrecer
pobretear
arruinarse
no tener
estar falto
ser más pobre que las ratas
estar sin blanca
estar a dos velas
no tener un real
estar a la cuarta pregunta
tener hambre
estar en la miseria
estar con el cielo y la tierra
no alcanzar
necesitar Dios y ayuda
comerse los codos de hambre

(V. **necesidad**)

a. *sobrar*
exceder
abundar
bastar
despilfarrar
permitir
autorizar
prescindir
excusar

necio, a

s. **tonto** (V.)
tontinaco
tontaina
tontuco
tontucio
pavitonto
tontiloco
atontado
lelo
alelado
lila
lilaila
gilí
lerdo
memo
cretino
idiota
zote
obtuso
morral
cipote
estúpido (V.)
badulaque
majadero
insensato (V.)
mentecato (V.)
mastuerzo
mendrugo (V.)
calabacín
canelo
baboso
chancleta
bobo
bodoque
bobalicón
babanca
abobado
bobón
bobote
bobazo
bobarrón
bobalias
bobatel
cebollo
idiota
imbécil
simple (V.)
simplón
simplicio
ingenuo
cándido
candoroso
badajo
mameluco
bozal
bolo
badea
incauto (V.)
borrego
sandio
soso (V.)
ganso
desaborido
insulso
babieca
pollino
batueca
topo
gofo
incapaz
tardo
zampabollos
zampatortas
guaje
pandero (V.)
pavitonto
pavisoso
melón
panoli
chocho
primo
otaria
mochuelo
tocho
zanguango
dundo
panarra
nango
desubstanciado
sinsubstancia
ababol
sansirolé
beoncio
babanca
beocio
meliloto
cantimpla
zamacuco
motolito
ñoño
bausán
bamba
bambania
buruzo
bolino
bolonio
boto
papirote
zafio
mochales
zurumbático
pavo
fantoche
vacío (V.)
vacuo
nulo (V.)
tupido (V.)
tolondro
afectado
presumido (V.)
vanidoso (V.)
vano (V.)
estólido
estulto
obtuso
burro (V.)
borrico
asno
animal
bestia
bestezuela
alimaña
rudo
pendejo
congrio
bruto (V.)
mostrenco
modrego
borrego
zopenco
zambombo
tarugo
cerrado
torpe
patoso
alcornoque
atún
zoquete
mandria
papanatas (V.)
disparatado
pasmarote
pasmón
papamoscas
distraído
pasmado (V.)
estólido
desgraciado
supino (V.)
nesciente
imprudente
desatinado
danzante
botarate
gaznápiro
aturdido
despistado
mamacallos
inculto (V.)
cateto
pueblerino
ignorante (V.)
menguado
porro
parado (V.)
pazguato
estafermo
cacaseno
incauto
incivil
inconsciente
paleto
palomo (V.)
zafio
mochales

s. cerrado de mollera
tonto de capirote
corto de alcances
alma de cántaro
falto de razón

r. Quien con necios ha de entender, muy avisado ha de ser ■ Mal muy recio es tener que servirse de bobos y necios ■ Harto necio, ni para fraile es bueno ■ Las ofensas del necio se pagan con desprecio ■ Entre bobos anda el juego ■ El bobo, si es callado, por sesudo es reputado

a. *inteligente*
sabio
listo
despierto
prudente
avispado
pícaro
agudo
sensato
razonable
sencillo
humilde
llano
astuto

necrolatría

(V. **adoración**)

(V. **culto**)

necrología

s. escrito
elegía (V.)
nenia
epicedio
oración fúnebre

s. nota
noticia
esquela (V.)
aviso
referencia
notificación
homenaje
biografía

a. *omisión*
olvido

necromancia

(V. **adivinación**)

necrópolis

(V. **cementerio**)

necropsia

(V. **autopsia**)

necroscopia

(V. **autopsia**)

necrosis

s. gangrena
mortificación
destrucción
corrupción
desintegración
enfermedad (V.)

néctar

s. elíxir
licor (V.)
ambrosía
jugo
líquido
extracto
zumo

nefandario

(V. **sodomita**)

nefando

s. **abominable** (V.)
execrable
repugnante
indigno
ignominioso (V.)
torpe
vil
indecible (V.)
odioso
infame
infando
perverso
vergonzoso
nefario

a. *elogiable*
honorable
digno
noble

nefario

(V. **nefando**)

nefasto

s. funesto
desgraciado (V.)
perjudicial
adverso
desastroso
aciago
ominoso
triste
desventurado
lamentable
deplorable
siniestro
fatal
fatídico
infausto
catastrófico
calamitoso
desafortunado

a. *afortunado*
alegre
venturoso
feliz

nefrítico

s. urinario
renal (V.)

s. cólico nefrítico
piedra nefrítica
palo nefrítico

nefritis

(V. **inflamación**)

(V. **riñón**)

negación

s. refutación
negativa
repulsa
oposición (V.)
opugnación
nugación
non
no
objeción (V.)
plante (V.)
retractación (V.)
neguilla
nones
desmentido (V.)
impugnación
denegación
contradicción (V.)
reticencia
reniego

s. **ocultación** (V.)
disimulación
escondimiento

s. **carencia** (V.)
falta
incapacitación (V.)
ausencia
vacío
privación (V.)
inexistencia
parvedad
insuficiencia
déficit
defecto

s. en absoluto
ni imaginarlo
ni por mientes
por nada del mundo
te equivocas
ni por asomo
naranjas de la China
¡de dónde!
de ninguna manera
ni mucho menos
ni por lo más remoto
ni remotamente
ni por pienso
¡narices!
ni pensarlo
ni por el forro
ni por sombra
ni soñarlo
ni en sueños
ni a tiros
no, por cierto
por supuesto que no
no es eso
¡nada de eso!
¡cuéntaselo a tu abuela!
dos negaciones afirman

a. *afirmación*
confirmación
sí
publicidad
exceso
sobra
demasía
consentimiento
permiso
autorización
aceptación
aprobación
admisión

negado

s. **incapaz** (V.)
torpe (V.)
necio
obtuso
zoquete
inepto
atrasado
retrasado
incompetente
ignaro
animal

(V. **negación**)

a. *listo*
preparado
ágil
capaz

negar-se

s. **denegar** (V.)
repulsar
contrariar
esquivar
renegar (V.)
excluir
refutar (V.)
contradecir (V.)
desmentir (V.)
protestar (V.)
abnegar
cabecear
objetar (V.)
anular
controvertir
rebatir
regatear (V.)
repudiar
apostatar
desertar
desengañar
replicar
revocar
invalidar
prohibir (V.)
impedir
privar
obstaculizar
descalificar
vedar
cancelar
oponerse (V.)
exonerar
volverse atrás
poner el veto
recoger velas
poner en duda
decir no
retractarse
desechar
desdeñar
esquivar
excusarse
repugnar
rechazar (V.)
desairar (V.)
rehusar (V.)
cerdear
hacerse de rogar
no admitir
no dignarse
hacer un feo
cerrarse a la banda
echar con cajas destempladas
ponerse de uñas
dar calabazas

s. **ocultar** (V.)
disimular
esconderse
solapar
velar
disfrazar
encubrir

s. **eludir** (V.)
retraerse
esquivar
evitar
soslayar
hurtarse
huir
excusarse (V.)
sacudirse
encogerse de hombros
negarse a sí mismo

(V. **negación**)

a. *afirmar*
confirmar
manifestar
admitir
aprobar
cohonestar
permitir
autorizar
aceptar
acceder
consentir
creer
favorecer

negativa

s. nolición
mentís (V.)
denegación (V.)
rechazamiento (V.)
obstinación
calabazas
prohibición
oposición
repugnancia
desobediencia
recusación
protesto (V.)

(V. **negación**)

a. *afirmación*
consentimiento
obediencia
accesión

negativo

s. **contradictorio** (V.)
privativo
improcedente
inadmisible
inaceptable
dañino
perjudicial (V.)
destructivo
dañoso
nocivo
maligno
desventajoso
lesivo
malo
pernicioso
contrario
riguroso
rígido
inflexible
severo
inexorable
inclemente
mordaz
crítico

s. placa
película (V.)
imagen
fotografía (V.)
grabado

(V. **negación**)

a. *positivo*
afirmativo
favorable
ventajoso

negligé

(V. **bata**)

(V. **descuidado**)

negligencia

s. **desidia** (V.)
imprevisión
indiligencia
dejadez
flojedad
inanición
omisión
descuido (V.)
olvido
inadvertencia
distracción
imprudencia
indolencia
haraganería (V.)
dejamiento
desinterés
desgana
inacción
despreocupación
morosidad
desaplicación
frescura
pereza
abandono (V.)
apatía (V.)
frialdad
vagancia
desaliño
oscitancia
abulia
imprevisión

r. Cuidados malos, matan al amo ■ A quien se duerme, la hacienda se le duerme ■ Llave que en muchas manos anda, nada guarda ■ Tras la poca diligencia, viene la mala ventura

a. *atención*
cuidado
diligencia
interés
aplicación
dedicación
concentración
actividad
preocupación
dinamismo
previsión

negligente

s. dejado
abandonado (V.)
perezoso
holgazán
vago
flojo
desaplicado
omiso
tibio
imperfecto
desidioso
gandul
vainazas
apático (V.)
perdulario
incurioso
pigre
pigro
abúlico

s. **descuidado** (V.)
despreocupado
indiferente
desganado
informal

(V. **negligencia**)

a. *activo*
trabajador
atento
preocupado
aseado
cuidadoso
diligente
aplicado

negligible

(V. **nimio**)

negociable

s. bursátil
endosable
adquirible
vendible (V.)
trapasable
disponible
permutable
mercantilizado
metalizado
comerciable (V.)

(V. **negocio**)

negociación

s. acuerdo
pacto (V.)
convenio
transacción (V.)
conversación
encuentro
entrevista
compromiso
componenda
tratado (V.)
alianza
ajuste
contrato (V.)
arreglo
entendimiento
encargo
negocio (V.)
trabajo
operación
diligencia
jugada

a. *desacuerdo*
discrepancia
ruptura
hostilidad
diferencia
inhibición

negociado

s. oficina
dependencia
sección (V).
gestoría
despacho
departamento

negociador

s. gestor
compromisario
firmante
intermediario
intercesor
componedor
delegado
representante
embajador
enviado
mandatario
diplomático (V.)
comisionado
parlamentario (V.)

(V. **negociación**)

negociante

s. **intermediario** (V.)
chalán (V.)
negociador
especulador (V.)
simoníaco
importador
exportador
mercader
viajante
mercante
estraperlista
explotador (V.)
mayorista
minorista
comisionista
baratero
corredor
consignatario
mercachifle (V.)
traficante
comerciante (V.)

(V. **negocio**)

negociar

s. **especular** (V.)
tratar (V.)
traficar (V.)
comerciar (V.)
vender (V.)
comprar
mercar

s. descontar
ajustar
traspasar
ceder
endosar (V.)
operar (V.)
enajenar

s. convenir
pactar (V.)
diligenciar
parlamentar (V.)
ventilar
reconocer
traslimitar
garantizar
representar
comprometerse

s. trapisondear
estraperlear
trapichear (V.)
cambalachear
trujamear
chomar
chalanear
regatear (V.)

(V. **negocio**)

a. *romper*
desconvenir

negocio

s. **transacción** (V.)
venta (V.)
actividad
trato
acción
quehacer
tráfago
tráfico (V.)
simonía
acomodo
empleo
ocupación (V.)
colocación
oficio
carrera
industria
comercio (V.)
trabajo
especulación (V.)
tarea
labor
estraperlo (V.)
profesión
menester
ministerio
ejercicio
empresa (V.)
servicio
encargo
cuidado
cargo
faena
afán

s. dependencia
pretensión
gestoría
agencia
tratado
operación (V.)
asunto (V.)
negociación (V.)
trato
menester
compromiso

s. utilidad
provecho
ganga (V.)
interés
comisión
filón
beneficio (V.)
ganancia
lucro
rendimiento
ocasión
gajes
dividendo
oportunidad (V.)
fruto
estipendio

s. liquidación
quiebra
crisis
arbitraje
aval
arqueo
activo
pasivo
caja
capital
dinero
efectos
cartera
papel
fondos
presupuesto
valores
títulos
cuenta
debe
haber
descuento
emisión
endoso
especulación
giro
libramiento
préstamo
empréstito
protesto
inventario
inversión
gasto
pignoración
prima
jugada
cotización
bolsa
saldo
seguro
traspaso
transferencia
vencimiento
circulación

s. abonaré
letra
cheque
cupón
cédula
acción
billete
bono
póliza
pagaré
recibo
resguardo
talón
talonario
efecto

s. negocio redondo
un buen negocio
bonito negocio
mal negocio
negocio sucio
ir a su negocio
hacer alguien su negocio
hacer un buen negocio

(cont.)

r. Negocio que no deja, se deja. ■ Si el amigo no quieres perder, con él negocios no has de tener

a. *inactividad*
pasividad
ociosidad
pérdida
ruina

negocioso
s. **diligente** (V.)
activo (V.)
cuidadoso
emprendedor
avisado
vivo
dinámico
atento
celoso

(V. **negocio)**

a. *negligente*
descuidado

negrear-se
s. **obscurecerse** (V.)
denegrir
ennegrecerse
renegrirse
renegrear
negrecer
tiznar (V.)
negreguear
teñir de negro
tintar de negro
ahumar
alcoholar
atezar

a. *blanquear*
palidecer
decolorar

negrero
s. **esclavista** (V.)
traficante
cruel
despiadado
pirata (V.)
déspota
tiránico
opresor (V.)
explotador

(V. **negro)**

a. *compasivo*
bueno
abolicionista

negro
s. bruno
obscuro (V.)
negral
negruzco (V.)
denegrido
endrino
azabachado
atezado
ahumado
tostado
renegrido (V.)
ennegrecido (V.)
negruno
nigrescente
tinto (V.)
retinto
quemado
chamuscado
fuliginoso
negroide
sable
tapetado
atramento
fusco

s. tizne
negral
humo (V.)
carbón (V.)
hollín
tizón
ébano
tinta negra
luto (V.)
individuo negro
de raza negra
prieto
primo

s. **sombrío** (V.)
triste (V.)
melancólico
mustio
disgustado
infeliz
infausto
desventurado (V.)
aciago
apurado
angustiado
comprometido
hosco

s. **ajado** (V.)
deslucido
deslustrado
mate
decolorado
desteñido

s. africano
moreno (V.)
mulato
negroide
bozal
merienda de negros
negro animal
negro de la uña
tener el alma negra

r. Aunque negros, no tiznamos. ■ El que es negro de nación, no lo emblanquece el jabón. ■ Negro de cien años, aún no está cano

s. ponerse negro
tener la negra

(V. **negrura)**

a. *blanco*
claro
alegre
risueño
lustroso
vivo

negrura
s. **obscuridad** (V.)
negror
betún
tinieblas (V.)
negrota
atezamiento
sable
ennegrecimiento
endrina
azabache
ébano
sombra
carbón
lobreguez
umbría
ceguera
penumbra
noche (V.)

s. **pesimismo** (V.)
abatimiento
tristeza

a. *claridad*
blancor
blanco
luz
alborada
optimismo
ánimo
alegría

negruzco
s. pardusco
moreno
negro (V.)
atezado
obscuro

(V. **blanquecino)**

neguilla
s. **planta** (V.)
candileja
neguillón
lucérnula
arañuela

s. **picardía** (V.)
astucia
taimería

a. *ingenuidad*
candidez

negus
(V. **emperador)**

nema
s. cierre
sello (V.)
lacre

némesis
(V. **venganza)**

(V. **justicia)**

némine discrepante
(V. **acuerdo)**

nemoroso
s. **boscoso** (V.)
selvático
silvestre
enselvado
selvoso
frondoso
lujuriante
umbrío
denso
espeso
exuberante

a. *desértico*
seco
claro

nene
(V. **niño)**

nenúfar
s. golfán
ninfea
ninfeácea
escudete
cobertera
zapalota
taropé
planta (V.)
azucena

neo
(V. **nuevo)**

neófito
s. **bautizado** (V.)
converso
convertido
profeso
prosélito

s. nuevo
novato
novicio (V.)
inexperto
principiante
incipiente
novel
reciente

a. *pagano*
infiel
experimentado

neoplasia
(V. **cáncer)**

(V. **tumor)**

nepotismo
s. **favoritismo** (V.)
arbitrariedad (V.)
predilección
preferencia
privanza
privilegio
favor

a. *justicia*
equidad
rectitud
concurso

nequicia
(V. **maldad)**

(V. **perversidad)**

nereida
(V. **sirena)**

neroniano
(V. **sanguinario)**

nervadura
s. resalte
saliente
reborde
ribete
moldura
nervios
armazón (V.)

s. bóveda
hoja

nervio
s. tendón
cordón
nerviecillo
nervecillo
nervezuelo
axón
neurona
ganglio
placa
cilindroeje
neuroeje
plexo
plexo sacro
plexo solar
aponeurosis
anastomosis
filete nervioso
haz fibroso (planta)

s. **medula** (V.)

s. nervio ciático
nervio óptico
nervio vago
nervio facial
nervio acústico
nervio crural
gran simpático
nervio de buey

nervio maestro
neuritis
neurosis
cataplexia
ataxia
baile de san Vito
corea
enervación
ciática
neurastenia
histerismo
histeria
hipocondría
hemiplejía

s. **repeluzno** (V.)
escalofrío (V.)
resurtida
salto
bote

s. **cuerda** (V.)
fibra
cordoncillo
hilo
cadena

s. **filete** (V.)
penca
vena

s. **moldura** (V.)
resalte
saliente

s. **energía** (V.)
ánimo
vigor
fuerza
resistencia (V.)
vitalidad
eficacia
ímpetu
reciedumbre (V.)
brío
arranque
empuje
alma (V.)
corazón
valor (V.)
ánimo (V.)
actividad (V.)
decisión
impulso
atrevimiento (V.)
osadía
gallardía

s. poner los nervios de punta
atacar los nervios
crispar los nervios
alterar los nervios a alguien

r. Por males de nervios nunca se tocó a muerto.

a. *apatía*
debilidad
indolencia
abulia
desánimo
timidez

nerviosidad
s. nerviosismo
nervosidad
inquietud (V.)
azoramiento
intranquilidad
desasosiego
excitación (V.)
exaltación
exacerbación
frenesí
alteración
perturbación
neurosis
sensibilidad (V.)
histerismo (V.)
impaciencia (V.)
precipitación
agitación (V.)
descontento
angustia

(V. **nervio)**

a. *tranquilidad*
sosiego
inalterabilidad
mesura
paciencia
moderación
quietud
calma
serenidad

nerviosismo
(V. **nerviosidad)**

nervioso
s. correoso
tendioso
fibroso (V.)
nerveo
nervoso
ganglionar
vasomotor

s. **histérico** (V.)
neurasténico (V.)
neurálgico
atáxico

s. excitable
irritable
sensible
impresionable (V.)
irascible (V.)
iracundo
intranquilo (V.)
colérico

s. fuerte
vigoroso
nervudo
vivo
enérgico (V.)
musculoso
membrudo

(V. **nervio)**

a. *apático*
blando
débil
sosegado
tranquilo
calmo

nervosidad
s. nerviosidad (V.)
enervación
inervación
nervosismo
nerviosismo
excitación (V.)
entusiasmo

s. **histerismo** (V.)
neurosis
eretismo
convulsión
tic
neurastenia
neuritis
neuralgia

s. **flexibilidad** (V.)
ductilidad

s. **fuerza** (V.)
eficacia
contundencia

(V. **nervio)**

a. *tranquilidad*
impasibilidad
dureza

nervoso
(V. **nervioso**)
(V. **fibroso**)

nervudo
s. robusto
fuerte (V.)
fornido
membrudo
vigoroso
animoso
enérgico
fibroso (V.)
trabado (V.)
(V. **nervio**)
a. *débil*
impotente
enclenque

nervura
(V. **encuadernación**)

nesciencia
(V. **ignorancia**)
(V. **necedad**)

nesciente
(V. **ignorante**)
(V. **necio**)

nesga
s. neja
sesga (V.)
pieza (V.)
camas
cambas
cuchillo
tira (V.)
vuelo
añadido
triángulo

nesgado
(V. **sesgado**)
(V. **oblicuo**)

nestorianismo
(V. **herejía**)

nestoriano
(V. **hereje**)

net
(V. **red**)
(V. **tenis**)

neto
s. desnudo
limpio (V.)
puro
nítido
terso
inmaculado
claro (V.)
límpido
diáfano
saneado (V.)
transparente
s. **líquido** (V.)
saldo
deducido
s. peso neto
beneficio neto
en neto
a. *empañado*
sucio
en bruto

neuma
(V. **notación**)
(V. **música**)

neumático
s. **rueda** (V.)
cámara
cubierta
llanta
tubular
goma
placa de asiento
banda de rodadura
telas cauchutadas
telas divisorias
ranuras antideslizantes
telas de refuerzo
cerco
borde
funda del cerco
talón
relleno
s. **bomba** (V.)
bombín
s. neumático de baja presión
neumático sin cámara
s. campana neumática
máquina neumática
pistola neumática
martillo neumático
correo neumático
(V. **automóvil**)

neumatosis
(V. **flatulencia**)

neumoconiosis
(V. **tisis**)
(V. **silicosis**)

neumonía
(V. **pulmonía**)

neurálgico
s. central
vital (V.)
básico
fundamental (V.)
principal
a. *secundario*
auxiliar

neurastenia
s. neurosis
manía
enfermedad (V.)
s. **depresión** (V.)
abatimiento
inquietud
excitación
ansiedad
perturbación
trastorno
inquietud
rareza
excentricidad
nerviosidad
emotividad
tristeza
(V. **neurona**)
a. *sosiego*
calma
tranquilidad
equilibrio

neurasténico
s. neurótico
neurópata
anormal
trastornado
nervioso (V.)
melancólico
(V. **neurastenia**)
a. *tranquilo*
normal
equilibrado

neuritis
(V. **inflamación**)
(V. **nervio**)

neurona
(V. **célula**)
(V. **nervio**)

neuróptero
(V. **insecto**)

neurosis
(V. **neurastenia**)

neurótico
(V. **neurasténico**)

neutral
s. **imparcial** (V.)
objetivo (V.)
equitativo
justo
ecuánime
equilibrado (V.)
recto
justiciero
insobornable
desapasionado
neutro (V.)
marginado
indiferente
frío
gris
indefinido
s. **pacifista** (V.)
neutralista
abstencionista
(V. **neutralidad**)
a. *parcial*
injusto
partidario
beligerante
hincha
apasionado
adicto
secuaz
simpatizante
actuante

neutralidad
s. **imparcialidad** (V.)
justicia
rectitud
ecuanimidad
desapasionamiento
objetividad (V.)
frialdad
indiferencia
abstención (V.)
apartamiento
marginación
ambigüedad
equilibrio
a. *beligerancia*
intervención
partidismo
favoritismo
parcialidad
sectarismo
apasionamiento
militancia
simpatía

neutralismo
(V. **abstencionismo**)
(V. **pacifismo**)

neutralista
(V. **abstencionista**)
(V. **neutral**)

neutralización
(V. **anulación**)
(V. **equilibrio**)

neutralizar
a. debilitar
contrarrestar (V.)
contraponer
anular (V.)
oponer
dificultar
estorbar
compensar
equilibrar (V.)
contrapesar
igualar
impedir
contener
evitar
(V. **neutralización**)
a. *facilitar*
desequilibrar
favorecer

neutro
s. **ambiguo** (V.)
híbrido
mixto
gris
anfibio
indefinido
indiferente
indeciso
indeterminado
vago
nulo
estéril
irresoluto
impreciso
neutral (V.)
imparcial (V.)
gris (V.)
incoloro
inodoro
impersonal
indistinto
medio (V.)
(V. **neutralidad**)

a. *parcial*
preciso
evidente
claro
decidido
rotundo
activo
determinado
definido

neutrón
(V. **átomo**)

nevada
s. **precipitación** (V.)
nevazo
nevasca
nevazón
nevisca
falisca
nevuca
ventisca
torva (V.)
cellisca
alud
avalancha
ventisco(a)
lurtes
argayo
temporal
inclemencia
(V. **nieve**)
a. *calor*
sol

nevado
s. claro
nevoso
nivoso
níveo
ventiscoso
blanco (V.)
albo
escarchado
s. **cubierto** (V.)
oculto
(V. **nieve**)
a. *despejado*

nevar
s. neviscar
ventiscar
cellisquear
ventisquear
algaracear
trapear
escarchar
caer nieve
descargar el nublado
cubrir
tapar
precipitarse (V.)
(V. **nieve**)
a. *desnevar*
fundirse
ablandar

nevasca
(V. **nevada**)

nevera
s. fresquera
frigorífico (V.)
congeladora
refrigerador
heladera
helero
s. **despensa** (V.)
depósito
s. nevera eléctrica
nevera de hielo

nevero
s. nevera
glaciar (V.)
helero
ventisquero
conchesta
nieves perpetuas
(V. **nieve**)

nevisca
(V. **nevada**)

neviscar
(V. **nevar**)

nexo
s. **lazo** (V.)
vínculo (V.)
unión (V.)
enlace
nudo (V.)
ligadura
atadura
conexión
afinidad
correspondencia
familiaridad
parentesco
a. *desvinculación*
desunión
separación
repulsión
extrañeza

nial
(V. **almiar**)

niara
(V. **pajar**)

nicociana
(V. **tabaco**)

nicotina
(V. **alcaloide**)
(V. **tabaco**)

nictalopía
(V. **visión**)

nictitación
(V. **parpadeo**)

nicho
s. **hueco** (V.)
cavidad (V.)
concavidad
oquedad
hornacina (V.)
celdilla
alvéolo
hoyo
cuenca
capilleta
vacío
mihrab
columbario
sepultura (V.)
a. *convexidad*

nidada
s. huevos
cría (V.)
puesta
pollada (V.)
(V. **nido**)

nidal
s. **ponedero** (V.)
ponedor
palomar
palomera
gallinero (V.)
avispero
colmena

s. guarida
morada
refugio (V.)
abrigo
casa
patria
hogar
escondrijo (V.)
escondite

s. principio
causa
origen
motivo (V.)
fundamento

(V. **nido**)

nido
s. nidal
nidada
ponedero
pajarera
termitero
colmena
adrián
avispero
tasín
grajero
grillera
hormiguero
comejonera
comejera
conejera
gallinero
palomar
palomera
muda
hornilla
celdilla

s. escondrijo
cubil
guarida
madriguera (V.)
cueva
cavidad
hueco
refugio

s. cado
semillero
germen (V.)
centro
vivero
origen (V.)

s. **hogar** (V.)
casa
vivienda
albergue
morada
techo

s. nido de urraca
nido de águilas
caerse de un nido

a. *raso*
intemperie
exterior

niebla
s. cejo
neblina
bruma
humo (V.)
calina (V.)
calígine
dorondón
fosca
añublo
vaho (V.)
brumazón
meona
vaharina
boira
nube (V.)
borrina
marea
brisa
calima
sabara
camanchaca
gris
nebulosidad
obscuridad
turbiedad (V.)

s. **confusión** (V.)
galimatías
lío
vaguedad
tenebrosidad
sombra

s. munición
perdigón (V.)

s. **madrugada** (V.)
(germ.)

r. Niebla rabuda, al tercer día muda ■ Nieblas en alto, agua en bajo ■ Niebla ratera, buen día espera ■ La neblina, del agua es vecina ■ Niebla en el valle, gente a la calle ■ Año de neblinas, año de harinas

a. *claridad*
diafanidad
claro
despejo

niel
s. **taracea** (V.)
embutido
incrustación
demasquinado

nieto
s. **descendiente** (V.)
vástago
sucesor
retoño
bichozno
biznieto
bisnieto
tataranieto
transbisnieto
chozno
cuadrinieto
rebisnieto
pariente (V.)

a. *abuelo*

nieve
s. nevisca
cellisca
nevada (V.)
precipitación
meteoro (V.)
temporal
tormenta
alud
argayo
avalancha
remolino
ventisco
ventisca
aguanieve
torva
lurte
falispa
glaciar
ventisquero
helero

s. ampo
copo (V.)
bola de nieve

s. **deporte** (V.)
esquí
trineo
zueco
telesilla
telesquí
silla
patín
raqueta
galocha
haloza
barajón

s. **blancura** (V.)
pajarita de las nieves
Quedarse más blanco que la nieve

s. punto de nieve

r. Si nieva en enero, no hay año fullero. ■ Buena es la nieve, si en su tiempo viene. ■ Año de nieves, año de bienes

a. *negrura*
suciedad
obscuridad
sequía

nigromancia
(V. **magia**)

(V. **hechicería**)

nigromante
(V. **hechicero**)

(V. **brujo**)

nihilismo
s. **anarquismo** (V.)
negación
escepticismo
desgobierno
caos
aniquilación
acracia

níhil obstat
(V. **aprobación**)

niké
(V. **victoria**)

nilón
s. nailon
naylon
plástico
fibra (V.)
tejido
nylon

nimbar
s. circuir
rodear (V.)
orlar (V.)
aureolar (V.)
laurear
coronar
ceñir
resplandecer

(V. **nimbo**)

a. *despreciar*
obscurecer

nimbo
s. **aureola** (V.)
halo
corona (V.)
aréola
cerco
lauréola
diadema
círculo
anillo
resplandor (V.)
fulgor
brillo
admiración (V.)

s. **nube** (V.)
cúmulo

a. *opacidad*
obscuridad
desprecio

nimiedad
s. prolijidad
minuciosidad (V.)
detalle
puerilidad (V.)
cortedad
circunloquio
pomposidad
amplitud
escasez
levedad (V.)
parvedad
exigüidad
bagatela
ampulosidad
ruindad
miseria
inutilidad
pobreza
menudencia

s. pequeñez
insignificancia (V.)
tris
brizna
tilde (V.)
migaja
nonada
pellizco
punta
paja
arista
fruslería
futesa
niñada (V.)
exceso
demasía
nadería

a. *sencillez*
seriedad
importancia
concisión

nimio
s. **excesivo** (V.)
detallado
pomposo
ampuloso
dilatado
amplio
machacón
prolijo (V.)
difuso
largo
latoso
minucioso (V.)

s. **insignificante** (V.)
mísero
escaso
fútil
ruin
pobre
leve (V.)
parvo
nulo
inútil
banal
mezquino
bizantino
ocioso
pueril (V.)
tacaño
miserable
agarrado
trivial
irrisorio
ridículo (V.)
negligible

(V. **nimiedad**)

a. *conciso*
extractado
generoso
grande
importante

ninfa
s. náyade
nereida
sirena (V.)
hespérida
dríada
napea
hamadríada
sílfide
oréada
ondina
oceánida
potámide
apsara
xana
hénide
híada

s. **prostituta** (V.)

s. **crisálida** (V.)
palomilla

s. ninfa Egeria

ninfea
(V. **nenúfar**)

ninfo
(V. **ególatra**)

(V. **narciso**)

ninfomanía
(V. **lujuria**)

ningún, o
(V. **nadie**)

(V. **nada**)

(V. **cero**)

niña
s. **infanta** (V.)
chiquita
chiquilla
muñeca
meona
cría
nena
rapaza
pitusa
muchacha
zagala

s. **pupila** (V.)
niña de los ojos
querer algo como a la niña de sus ojos

r. Niña, viña, peral y habar, difíciles son de guardar

a. *vieja*
anciana

niñada
s. rapacería
niñería
chiquillada
muchachada
chicada
puerilidad (V.)
nimiedad (V.)
bobada
trivialidad
necedad
monería
travesura
juego
rapazada
pequeñez (V.)
niñez

a. *madurez*
reflexión
sensatez

niñear
(V. **travesear**)

(V. **jugar**)

niñera
s. ama
aña
nodriza (V.)
muchacha
criada (V.)
tata
ñaña
nurse
zagala
rollona
rolla
cenzaya
chacha
orzaya
nana
alzadora
ama seca
ama de cría

(V. **niño**)

niñería
(V. **niñada**)

niñez
s. muchachez
infancia (V.)
inocencia
puericia
pañales
pequeñez (V.)
lactancia
pubertad
minoridad
menor edad
albor de la vida

s. **niñería** (V.)
pañal (V.)

s. **principio** (V.)
inicio
comienzo

(V. **niño**)

a. *vejez*
fin
acabamiento

niño

s. bebé
rorro
mamón
párvulo
nene
crío
chaval
chavea
chico (V.)
chiquillo (V.)
chiquito
chiquilín
chicuelo
chacho
mozo
zagal
rapaz
pituso
churumbel
impúber
lampiño (V.)
angelito
angelote
infante (V.)
criatura
muñeco
mozuelo
muchachuelo
gurrumino
rapazuelo
galopín
chicote
meón
chamaco
pebete
pollito
mocoso
joven (V.)
hombre (V.)
descendiente
hijo
peque
pequeño
guagua
guayate
guayabo
macaco
pibe
pillete
pillo
llorón
lactante
menor (V.)

s. dentición
destete
difteria
poliomielitis
garrotillo
raquitismo
coqueluche
tos ferina
sarampión
sapillo
parálisis

s. cuna
pollera
tacataca
andadores
andaniño
carretilla
parque
chupete
pañales
babero
bragas
chichonera
ombliguero
mantilla
pelele
culero
pechero
gorro
faja

s. inexperto
bisoño (V.)
inexperimentado
novato
aprendiz (V.)
pipiolo
novicio

s. impulsivo
precipitado
travieso (V.)
irreflexivo
inconsiderado
alocado

s. juego de niños
niño pitongo
niño zangolotino
niño de la Doctrina
niño de coro
niño de la bola

s. desde niño
como niño con zapatos nuevos

r. Dicen los niños en el solejar, lo que dicen los padres en el hogar ■ Los niños y los locos siempre dicen la verdad ■ Quien con niños se acuesta, ensuciado amanece

(V. **niñez**)

a. *viejo*
veterano
experimentado
reflexivo
ducho

níquel

s. alpaca
nicopirina
niquelina
nicomelana
cuproníquel
niquelocre
aleación (V.)

s. calderilla
dinero (V.)

a. *metal*

niquiscocio

s. ancheta
negocillo
negocejo
chilindrina
bagatela
frusleria (V.)
bicoca

a. *empresa*
importancia

nirvana

s. **aniquilación** (V.)
gracia (V.)
beatitud
bienaventuranza
gloria
paraíso
felicidad
divinidad

níscalo

s. **hongo** (V.)
mízcalo
robellón
rebollón
seta (V.)

níspero

s. míspero
néspera
nispolero
néspilo
niéspera
niéspola
níspola
fruto (V.)

nitidez

s. **limpieza** (V.)
pureza
tersura
brillo
pulimento
transparencia (V.)
limpidez
claridad
nitor
diafanidad
resplandor

s. destreza
perfección
pericia (V.)
maestría

a. *obscuridad*
impureza
suciedad
torpeza

nítido

s. **limpio** (V.)
puro
terso (V.)
límpido
claro (V.)
lamido
pulido
perfecto
transparente (V.)
resplandeciente
bruñido
inmaculado
brillante
aseado
nidio
intacto
inviolado
impoluto
curioso
neto
morondo
mondo

(V. **nitidez**)

a. *sucio*
maculado
impreciso
nebuloso
obscuro

nitrato

s. nitro
caliche
azoato
abono (V.)
fertilizante

s. nitrato de Chile
nitrato sódico

nítrico

s. nitro
nitrógeno
nitroso
azoico
nitrito
nitrobencina
nitrocelulosa
ácido nítrico
celulosa nítrica
colodión

(V. **salitre**)

nitro

(V. **salitre**)

nitrógeno

s. **elemento** (V.)
ázoe
gas (V.)
metaloide

s. nitrógeno mineral
nitrógeno orgánico
nitrógeno amoniacal

nitroglicerina

(V. **explosivo**)

nivel

s. **horizontalidad** (V.)
plano
plan (V.)
llanura
rasante
línea de flotación
cota
altura (V.)
marca
sector (V.)
señal
raya
medida
elevación
horizonte
grado
extremo
límite
margen
nivelación

s. calidad
categoría (V.)
valor
standard

s. clinómetro
codo
nivelador
taqueómetro

s. nivel de agua
nivel de aire
nivel de albañil
nivel del mar

s. al nivel de
al nivel del mar
estar al mismo nivel
paso a nivel

a. *desnivel*

nivelación

s. **horizontalidad** (V.)
enrase
rasante
desmonte
allanamiento
explanación

s. emparejamiento
emparejadura
empate (V.)
estabilización
igualamiento

s. **nivel** (V.)

s. nivelación barométrica
nivelación hipsométrica
nivelación geodésica

a. *verticalidad*
desempate
desestabilización

nivelado

s. **horizontal** (V.)
llano
liso (V.)
igualado
recto
plano
explanado
allanado
apaisado
chato
lleno
rellenado

s. monótono
igual (V.)
uniforme

s. equiparado
compensado
contrarrestado
empatado
igualado
parejo
equilibrado (V.)
semejante
parecido

(V. **nivel**)

a. *vertical*
montuoso
desigual
alargado
quebrado
escarpado
abrupto
variado
opuesto
contrario

nivelar-se

s. **allanar** (V.)
alisar
aplanar
explanar (V.)
achatar
enrasar
uniformar
envasar (V.)
rellenar (V.)
suavizar
apaisar
aplastar
chafar
rasar

s. **equiparar** (V.)
igualar (V.)
equilibrar (V.)
compensar
contrarrestar
responder (V.)
empatar (V.)
emparejar
desentramparse (V.)
desmontar (V.)

(V. **nivel**)

a. *desnivelar*
elevar
rebajar
descompensar
desequilibrar
entramparse

níveo

s. **blanco** (V.)
inmaculado
nivoso
nevoso
nevado
ventiscoso
lechoso
albo

(V. **nieve**)

a. *obscuro*
negro

no

s. **negación** (V.)

s. ¡quiá!
de ninguna manera
¡ni hablar!
en absoluto
ni por asomo
ni por pienso
por nada
¡jamás!
ca
nones
ni mucho menos
por nada del mundo
nequáquam
estar de que no
no sin
no bien
o si no
y quieras que no
¿a que no?
no bien
no, sino
no tal
no más
tener no sé qué

r. El no siempre se lleva consigo

a. *si*
afirmación

nobiliario

(V. **noble**)

noble

s. grande
aristócrata (V.)
príncipe
caballero (V.)
infanzón
ricohombre
hidalgo (V.)
ricohome
hijodalgo
hijosdalgo
cruzado
senescal
señor (V.)

s. **linajudo** (V.)
aristócrata
aristocrático
distinguido (V.)
principal
caballeroso
caballeresco
grande
generoso
preclaro
honorable
patricio (V.)
señorial (V.)
señoril
infanzonado
gentilhombre (V.)
duque
marqués
condestable
encopetado
ilustre
nobilísimo
de alto copete
granado
noblote
solariego
ahidalgado
nobiliario
digno
gótico
señorío
aseñorado
leal (V.)
excelente
respetable (V.)
doncel

s. honroso
estimable
excelente
superior
levantado (V.)
sublime (V.)
augusto
alto
encumbrado

s. **idealista** (V.)

s. arte noble
ópalo noble
de noble cuna
noble veneciano

(cont.)

r. No es noble el que es descastado

(V. **nobleza**)

a. *indigno*
vil
plebeyo
bajo
despreciable
abyecto

nobleza

s. **aristocracia** (V.)
hidalguía (V.)
hidalguez
infanzonía
ricahombría
crema
principalidad (V.)
título (V.)
proceridad (V.)
caballerosidad
sangre azul
grandeza de España
boyardo
prosapia
señorío (V.)
linaje (V.)
condición
dignidad (V.)
calidad
abolengo
blasón (V.)
pergaminos
alcurnia
calidad
esplendor
superioridad
distinción

s. generosidad
magnanimidad
sublimidad (V.)
altruismo (V.)
grandeza
quijotismo

s. ser grande de España
tomar la almohada
velar armas
ceñir la espada
calzar espuela
ser de abolengo
de rancio abolengo
tener pergaminos

s. tela de damasco
nobleza obliga

r. La nobleza y el vino con el mucho tiempo se afinan ■ La nobleza es antigua riqueza ■ ■ Por armas o por letras se alcanza la nobleza ■ La nobleza ganada vale más que la heredada

a. *vileza*
abyección
inferioridad
vulgaridad
bajeza
plebeyez

noblote

(V. **noble**)

(V. **franco**)

noceda

(V. **nogueral**)

nocente

(V. **culpable**)

(V. **nocivo**)

noción

s. **idea** (V.)
concepto (V.)
entendimiento
discernimiento
conciencia
institución

s. **manual** (V.)
compendio
cartilla
epítome
generalidad (V.)

nociones

s. abecé
iniciación
rudimentos
fundamentos
noticias
principios
baño
palillos
elementos (V.)
barniz

a. *ignorancia*
desconocimiento
ampliación
culminación

nocividad

s. **daño** (V.)
perjuicio (V.)
peligro (V.)
lesión
desventaja
ponzoña
veneno (V.)
tóxico
peste
malignidad
perversidad
insania
insalubridad (V.)

a. *ventaja*
beneficio
bondad
favor

nocivo

s. **perjudicial** (V.)
pernicioso
pestífero (V.)
dañino
dañoso (V.)
malo (V.)
maléfico
dañable
insalubre
malsano (V.)
venenoso
ponzoñoso
lesivo
enconoso
dañador
nocente
nuciente
ofensivo
arruinador
pecaminoso
endemoniado
desfavorable
deletéreo (V.)

(V. **nocividad**)

a. *beneficioso*
saludable
bueno
inofensivo

noctámbulo

s. **trasnochador** (V.)
noctívago
nocherniego
nocharniego
anochecedor
licnobio
nictálope
callejero

(V. **noche**)

a. *madrugador*

noctiluca

(V. **luciérnaga**)

noctívago

(V. **noctámbulo**)

nocturno

s. anochecedor
nocturnal
nocturnino
noctámbulo (V.)
trasnochador (V.)

s. solitario
triste
melancólico
taciturno
mustio
callado
negro
sombrío (V.)
tenebroso
misántropo
retraído

s. **serenata** (V.) (mús.)

a. *diurno*
alegre
comunicativo

noche

s. anochecer
crepúsculo (V.)
sombras
negrura (V.)
obscuridad (V.)
tinieblas
sonochada
vela
vigilia
queda
capa
retreta
caída de la tarde
caída del día
puesta de sol
crepúsculo vespertino
altas horas
anochecido
las tantas
noche cerrada
sueño
modorra

s. **tristeza** (V.)
obscuridad
melancolía
tenebrosidad
tinieblas (V.)
brumas
sombras
incertidumbre
misantropía
soledad
sentencia de muerte (germ.)

s. noche buena
noche de verbena
noche toledana
noche cerrada
noche vieja
al hilo de la media noche
de noche cerrada
buenas noches
de la noche a la mañana
pasar la noche de claro en claro
hacerse de noche
pasar la noche en vela

r. Lo que de noche se hace, a la mañana aparece. ■La noche se ha hecho para descansar, y el día para trabajar ■ De noche todos los gatos son pardos ■ A mala noche, colchón de vino ■ La noche es buena consejera

a. *día*
claridad
amanecer
alegría
luz

nocherniego

(V. **noctámbulo**)

nochizo

(V. **avellano**)

nodriza

s. aña
ama (V.)
ama seca
aña seca
nutriz
criandera
pasiega
madre de leche
ama de cría

a. *nana*
chacha
mama

nódulo

s. tumor
bulto (V.)
nudo
dureza (V.)
lobanillo
quiste
tubérculo (V.)
excrecencia
turgencia
concreción

s. núcleo
masa
volumen
acumulación (V.)
pella
aglomeración
depósito

nogal

s. **árbol** (V.)
noguera
noguerón
nogueral
noceda
nocedal
nogueredo

s. nuez
carriona
coca
sonante
nuez ferreña

s. escuezno
bizna
nuégado
pierna de nuez
ruezno
tastaña
cariedón
concho

s. escueznar

r. Palo de nogal, que quiebra costilla y no hace señal. ■ Quien nogal pone, de su fruto no come.

nogalina

(V. **tinte**)

nogueral

(V. **nogal**)

nolición

s. **voluntad** (V.)
resistencia
repugnancia
negativa
repulsa
renuencia
repulsión
noluntad
rebeldía
desobediencia
intransigencia
indocilidad

a. *acatamiento*
obediencia
aceptación

noli me tángere

(V. **prohibición**)

noma

(V. **gangrena**)

nómada

s. trotamundos
trashumante (V.)
vagabundo (V.)
bohemio
deambulante
merodeador
inestable
errante (V.)
nómade
errático
andadero
gitano
migratorio
sin domicilio fijo
caminante
peregrino

(V. **nomadismo**)

a. *estable*
asentado
habitante
enclavado
de pie quieto
sedentario
fijo

nomadismo

s. **vagabundeo** (V.)
trashumancia
desarraigo
peregrinación
traslado
bohemia
inestabilidad
trashumación

a. *asentamiento*
quietud
permanencia
arraigo

nombradía

s. **fama** (V.)
brillo
renombre
nombre (V.)
celebridad
popularidad
realce
esplendor
nota (V.)
crédito
notoriedad (V.)
estimación
exaltación
merecimiento
título
lucimiento
aceptación
autoridad
excelencia

a. *ignorancia*
olvido
desconocimiento
anonimato

nombramiento

s. proclamación
denominación
nominación
designación (V.)
llamamiento

s. **elección** (V.)
distinción
investidura
ascenso
candidatura

s. documento
despacho
credencial
cédula (V.)
título (V.)

s. santo
advocación
bautismo
días
alusión personal
mote
alias
apodo
seudónimo

(V. **nombre**)

a. *omisión*
destitución
cese

nombrar-se

s. **titular** (V.)
denominar (V.)
nominar
bautizar (V.)
designar (V.)
apellidar (V.)
apodar
mencionar
intitular
llamar (V.)
motejar
calificar
aludir
mentar (V.)
referir (V.)
tratar (V.)
sacar mote
poner mote
hacer mención
hacer mérito
substantivar
confirmar
poner nombre
sacar de pila
trasnombrar
tener seudónimo
usar alias

(cont.)

s. **elegir** (V.)
proclamar
sacar (V.)
seleccionar
investir
colocar
poner (V.)
asignar
ascender
distinguir
señalar
escoger
requerir

s. diplomar
otorgar
titular (V.)

(V. **nombre**)

a. *omitir*
olvidar
callar
ignorar
cesar
destituir

nombre

s. substantivo
llamada
denominación (V.)
apelativo
pronombre
apellido
cognomento
gracia
apelativo
advocación
patronímico
onomástica (V.)
prenombre
nombre de pila
sobrenombre
renombre
epíteto (V.)
mote
seudónimo
apodo
alias

s. **fama** (V.)
celebridad
nombradía (V.)

s. delegación
autoridad
poder
facultad
título (V.)
representación
encargo

s. contraseña
santo y seña
señal
razón social
membrete (V.)
epígrafe
encabezamiento
título
firma (V.)

s. **inicial** (V.)
anagrama
monograma
enlace
abreviatura
cifra
clave

s. sinonimia
toponimia
topónimo
homonimia
onomancia

s. nombre abstracto
nombre adjetivo
nombre apelativo
nombre colectivo
nombre comercial
nombre numeral
nombre genérico
nombre postizo
nombre de pila
nombre substantivo
nombre propio
nombre común
hacer honor al nombre
poner nombre
no tener nombre
romper el nombre

r. El nombre, ni quita ni pone ■ Mejor es el buen nombre que muchas riquezas

a. *gramática*
substantivo
anónimo
anonimato
desconocimiento
desautorización

nomenclador

(V. **nomenclátor**)

nomenclátor

s. nomenclador
índice
catálogo
lista (V.)
nomenclatura
repertorio
nómina
directorio
guía
relación
tabla
enumeración

nomenclatura

s. léxico
vocabulario (V.)
repertorio
enumeración
lista
relación

nomeolvides

(V. **miosotis**)

nómina

s. **lista** (V.)
relación
catálogo
registro
índice
enumeración
plantilla (V.)
detalle

s. **reliquia** (V.)
amuleto (V.)

s. cobrar la nómina
estar en nómina

nominación

(V. **nombramiento**)

nominador

(V. **elector**)

nominal

s. figurado
simbólico
falso (V.)
representativo
irreal
honorario
teórico (V.)
imaginario

s. nominativo
denominativo
titular (V.)
onomástico
homónimo
sinónimo
patronímico
unívoco
epónimo
antónimo

(V. **nombre**)

a. *real*
auténtico
material
natural

nominar

(V. **nombrar**)

nominativo

(V. **nominal**)

non

s. **impar** (V.)
desigual
dispar
desparejo
desparejado

s. **negación** (V.)
nones
no

s. quedar de non
estar de non
de non
andar de nones
jugar a pares y nones

a. *par*
igual
parejo
afirmación
sies

nonada

s. poco
pizca
muy poco
fruslería (V.)
bagatela
pequeñez
nadería
chuchería

a. *mucho*
algo
importancia

nonagenario

s. noventón
valetudinario
anciano (V.)
senil
edad (V.)

a. *joven*
adolescente

nonato

s. **inexistente** (V.)
no nacido
no sucedido
ingénito (V.)

a. *existente*
nacido

nonio

s. nonius
Vernier
reglilla
limbo graduado

non plus ultra

s. súmmum
supremo
sumo (V.)
el no va más
lo mejor
no más allá
máximo (V.)

a. *mínimo*
inferior

non sancto

s. perdulario
maleante (V.)
de mal vivir
de vida airada

a. *virtuoso*

nopal

(V. **chumbera**)

noquear

(V. **vencer**)

(V. **derribar**)

noray

s. bita
proís (V.)
amarradero
cáncamo
hincón

nordeste

s. brisa
gregal
viento nordeste (V.)

a. *horizonte*
sudeste

nórdico

s. norteño
boreal
septentrional (V.)
ártico
hiperbóreo

a. *meridional*

noria

s. azud
aceña
arte
cenia
ñora
azuda
azacaya
nora
rueda (V.)
aguaducho
malacate (V.)
cigoñal
anoria

s. cangilón
draga (V.)
pozo (V.)
riego (V.)
arcaduz
aguador
abrazador
andaraje
aspa
artesilla
peón
sobrecruz
tiento
guía
guiadera
marrana
puente
dar vueltas a la noria

norma

s. plantilla
escuadra
regla (V.)
guía (V.)
falsilla
pauta
renglón
horma

s. **modelo** (V.)
canon
criterio (V.)
principio (V.)
conducta
sistema
orden (V.)
método
procedimiento
medida (V.)
escuela
arte
divisa
fórmula
receta (V.)
rúbrica
rito
técnica
formalidad
patrón
política
precepto
uniformidad (V.)
ejemplo
gobierno
instrucción (V.)
línea
lema
orientación
ejemplo (V.)
modo (V.)
régimen
vía
requilorio
regulación (V.)
pie
módulo (V.)
ritual
sección

s. constitución
reglamento (V.)
código (V.)
estatuto
ordenanza (V.)
directorio (V.)
prontuario
moral (V.)
costumbre (V.)
disposición (V.)
decálogo
máxima (V.)
etiqueta
corrección
ortodoxia

s. **normal** (V.)
tipificado (V.)

s. **normalizar** (V.)

s. seguir una norma
dar una norma

a. *anarquía*
desorden
desconcierto
caos
irregularidad
heterodoxia
anomalía
anormalidad

normal

s. **natural** (V.)
usual
habituado
acostumbrado (V.)
rutinario
vulgar
corriente
común
regular (V.)
frecuente
lógico (V.)
ordinario
diario
proverbial
regular
cotidiano
conforme
de siempre
por costumbre
razonable

s. estatuido
estatuario
sistemático
regulado
ritual
convenido
convencional (V.)
reglamentado

(V. **normalidad**)

s. escuela normal
diapasón normal

a. *insólito*
inaudito
extraño
anormal
oblicuo
desusado
irregular
extraordinario
anárquico
desordenado

normalidad

s. normalización
regularidad (V.)
orden (V.)
costumbre (V.)
uso
regla
rutina
naturalidad
habitualidad
legalidad
armonía (V.)
sensatez
juicio

a. *irregularidad*
desuso
anormalidad

normalización

s. regularización
restablecimiento
encauzamiento
enderezamiento
reposición
reanudación
regulación (V.)
standardización
estandardización
reglamentación
tipificación
ordenación
homologación

(V. **normalidad**)

a. *ruptura*
desorganización
anarquía
anormalidad

normalizar-se
s. regular
regularizar (V.)
ordenar (V.)
encauzar (V.)
enderezar (V.)
encarrilarse (V.)
preceptuar
arreglar (V.)
pautar
metodizar
habituar
establecer
organizar
modular
aplantillar
(V. **norma)**
a. *desordenar-se*
desorganizar-se
irregularizar-se

normativo
s. regular
regulado
preceptivo (V.)
sistemático
formal
legal
ritual
(V. **norma)**
a. *irregular*
ilegal

nornordeste
(V. **viento)**
(V. **horizonte)**

nornoroeste
(V. **viento)**
(V. **horizonte)**

noroeste
(V. **viento)**
(V. **horizonte)**

norte
s. septentrión
horizonte (V.)
polo ártico
s. bóreas
aquilón
tramontana
cierzo
viento (V.)
s. camino
rumbo
dirección (V.)
guía
objeto
fin
meta
orientación
finalidad
s. estrella del norte
viento del norte
grama del norte
ser el norte de uno
a. *sur*
mediodía

norteño
s. nórdico
septentrional
ártico
boreal
hiperbóreo
s. escandinavo
germánico
s. cántabro
cantábrico
(V. **norte)**
a. *meridional*
austral

nosocomio
(V. **hospital)**

nostalgia
s. **ausencia** (V.)
separación (V.)
añoranza (V.)
melancolía (V.)
memoranza
remembranza
pasión de ánimo
morriña
vacío (V.)
soledad
tristeza (V.)
pesar
pena
s. mal del país
mal de la tierra
evocación
saudade
recuerdo
a. *olvido*
serenidad
alegría
presencia
indiferencia

nostálgico
s. **añorante** (V.)
melancólico (V.)
triste (V.)
evocador
apesadumbrado
hipocondríaco
apenado
afligido
contristado
ausente
(V. **nostalgia)**
a. *alegre*
indiferente
insensible
sereno

nostramo
(V. **contramaestre)**

nota
s. marca
seña (V.)
señal (V.)
apunte (V.)
apuntación
inscripción
acta
acotación
llamada
contraseña
característica
apostilla
advertencia
observación
postilla
dato
colofón
glosa
notación
comentario
interlineado
minuta
explicación (V.)
indicación (V.)
borrador
brevete
apuntamiento
adición
apéndice
asiento
anotación
escolio
guión
prontuario
margen
gravedad
dificultad
reparo
censura
crítica
tilde
tacha (V.)
desaprobación (V.)
s. **reputación** (V.)
fama
concepto
crédito
reparo
nombradía (V.)
prestigio
s. **calificación** (V.)
resultado
valoración
evaluación
estima
puntuación
s. **estilo** (V.)
característica
personalidad
s. comunicación
aviso (V.)
volante (V.)
informe
suelto
gacetilla
anuncio
mensaje (V.)
prevención
reporte
aclaración (V.)
memo
memorándum
notificación
referencia
vale (V.)
vide
escala musical
signo musical
fusa
semifusa
corchea
negra
redonda
blanca
breve
semibreve
semicorchea
apoyatura
cuadrada
longa
mínima
máxima
semimínima
do
re
mi
fa
sol
la
si
ut
a
b
c
e
f
s. bemol
agudo
ligado
natural
discorde
dominante
disonante
subdominante
sostenido
semisostenido
tónica
superdominante
figurado
falsa
sensible
semicopado
doble sostenido
sobreagudo
s. trémolo
síncopa
mordente
apoyatura
grupetto
seisillo
sextillo
tresillo
s. nota marginal
nota verbal
nota musical
nota aclaratoria
nota diplomática
nota oficiosa
caer en nota
ser de mala nota
la nota del día
libro de notas
dar la nota discordante
de nota
digno de nota
a. *omisión*
fama
tilde
aprobación
anonimato

nota bene
(V. **atención)**

notabilidad
s. distinción
relevancia
fama (V.)
notoriedad (V.)
dignidad
estima
s. **eminencia** (V.)
portento
personalidad (V.)
figura
lumbrera
dignatario
personaje
patricio
héroe
a. *insignificante*
anonimato
vulgar
corriente
desconocido

notable
s. importante
extraordinario (V.)
grande
trascendental
interesante
trascendente
memorable (V.)
capital
considerable
admirable (V.)
curioso
valioso
respetable (V.)
sobresaliente (V.)
superior
vital
culminante
fundamental
granado (V.)
aventajado
destacado
ilustre
conspicuo
señalado (V.)
relevante (V.)
señero
valioso
singular
raro (V.)
desusado
esencial
atendible
remarcable
principal
famoso (V.)
cardinal
precipuo (V.)
fabuloso
grandioso
primordial
distinguido (V.)
substancial
excelente
excesivo
s. **personaje** (V.)
notabilidad
persona notable
reunión de notables
moro notable
(V. **notabilidad)**
a. *insignificante*
desconocido
desapercibido
corriente
vulgar
anónimo
despreciable

notación
s. **signo** (V.)
escritura
alfabeto
anotación
clave
neuma

notar-se
s. **anotar** (V.)
marcar
señalar
acotar
datar
apuntar (V.)
interlinear
asentar
alistar
inscribir
encartar
escribir
registrar
encabezar
s. **sentir** (V.)
advertir
reparar
apreciar
observar (V.)
enterarse (V.)
percatarse (V.)
percibir (V.)
distinguir
comprobar
señalar
ver
oír (V.)
establecer
captar
coger
conocer
despertar
descubrir
encontrar
entrever
adivinar (V.)
saber (V.)
apercibirse
vislumbrar
pescar
pillar
fijarse
filar
recoger
aprehender
leer
hallar
caer en la cuenta
darse cuenta
no escaparse algo
dar en
abrir los ojos
s. censurar
desacreditar (V.)
infamar
desprestigiar
incriminar
tildar
tachar
reprobar
reprender
desaprobar
deshonrar
s. **aparecer** (V.)
manifestarse (V.)
mostrarse (V.)
acusarse
acentuarse
traslucirse (V.)
transparentarse
ser patente
rezumar (V.)
haber indicios
hacerse notar
salir a la cara
dar en la nariz
saltar a la vista
dar en los ojos
s. **diferenciarse** (V.)
distinguirse (V.)
sobresalir
predominar
particularizarse
dominar
preponderar
llamar la atención
hacerse notar
(V. **nota)**
a. *omitir*
ignorar
elogiar
ensalzar
aprobar
honrar
desaparecer
ocultarse
igualarse

notarial
s. legal
oficial
autenticado
legalizado (V.)
certificado
registrado
garantizado
legitimado
(V. **notario)**
a. *ilegal*
oficioso
falso

notario
s. fedatario
tabelión
secretario
protonotario
adul
actuario
cartulario
curial
pasante
abreviador
fiel de los hechos

s. **escribiente** (V.)
amanuense
contratante
escribano

s. acta notarial
protocolo
bastardelo
minutario
documento

s. **legalizar** (V.)
autenticar
legitimar
garantizar
certificar

noticia
s. suceso
novedad (V.)
referencia
confidencia
reseña (V.)
indicación
parte
participación
nueva
especie (V.)
pasto (V.)
reporte
crónica
revista
gacetilla (V.)
juicio
escopetazo
repaso
publicación (V.)
aviso
comunicación (V.)
mensaje
carta
reportaje
narración (V.)
ficción
despacho
conocimiento
luz
manifestación
testimonio
revelación
observación
dictamen
reportaje
dato (V.)
resorte (V.)
entrefilete
comunicado
informe
información
hecho
alcance
advertencia
juicio
declaración

s. **rumor** (V.)
bluff
chisme (V.)
son
hablilla
bulo
escopetazo
bomba (V.)
píldora
infundio (V.)

s. no tener la menor noticia
atrasado de noticias

r. Las malas nuevas no corren: vuelan ■ Las malas nuevas corren que se las pelan ■ Las noticias malas traen alas; las buenas no se oyen apenas

a. *desconocimiento*
ignorancia
verdad

noticiar
s. **notificar** (V.)
pregonar
indicar
referir
reseñar
rumorear
escribir
comunicar (V.)
anotar
despachar
revelar
manifestar
testimoniar
conocer
sacar a la luz
dar conocimiento
exponer
advertir
prevenir
orientar
iniciar
intimar
publicar
expresar
requerir
amonestar
criticar
censurar
albriciar
orientar
denunciar
difamar (V.)
decir
declarar
acusar
relatar (V.)
delatar
andar en lenguas
correr de boca en boca
estar informado
correr rumores
producir alarma
adelantar noticias
adelantarse a los hechos
decir secretos a voces
cacarear una cosa
ser una gacetilla
hablar sin reservas
hacer una revelación

(V. **noticia**)

a. *callar*
ignorar
esconder
silenciar

noticiario
(V. **filme**)
(V. **información**)

noticiero
s. confidente
revelador
alarmista
novelero
reportero
cronista
reseñador
gacetillero
avisador
chismoso
hablador
charlatán
portanuevas
revistero
escritor
periodista (V.)
murmurador
articulista
nuncio
voceador
pregonero
propagandista

s. **periódico** (V.)

(V. **noticia**)

a. *callado*
silencioso
encubridor
reservado

notición
s. bulo
infundio
patraña
exageración (V.)
paparrucha
pajarote
caso
suceso
escándalo (V.)
noticia sensacional

(V. **noticia**)

a. *bobada*
relleno
verdad
insignificancia

noticioso
s. sabedor
enterado (V.)
conocedor
erudito
sabio
versado
técnico
perito
instruido
docto
culto
entendido
competente
impuesto

(V. **noticia**)

a. *ignorante*
inculto
desconocedor

notificación
s. **circular** (V.)
participación
comunicación
aviso (V.)
instrucción
anuncio
requerimiento
amonestación
publicación
manifestación

s. nombramiento
cédula
documento (V.)
despacho

(V. **nota**)

notificar
s. **participar** (V.)
informar
imponer
instruir
enterar
comunicar (V.)
avisar
anunciar (V.)
prevenir
significar
manifestar
intimar (V.)
noticiar (V.)
denunciar
prevenir
advertir
dar parte
poner en conocimiento
poner al corriente
hacer saber
dar razón
dar aviso
poner sobre aviso
hacer una citación

(V. **notificación**)

a. *esconder*
callar
inadvertir
silenciar

noto
s. **austro** (V.)
noto bóreo

s. espúrio
bastardo (V.)
ilegítimo
natural

s. **notorio** (V.)
sabido
público
conocido

a. *legítimo*
ignorado

notoriedad
s. celebridad
popularidad (V.)
fama (V.)
prestigio
predicamento
reputación
renombre
notabilidad (V.)
gloria
nombradía (V.)
aplauso

a. *anonimato*
desconocimiento

notorio
s. **conocido** (V.)
vulgar
divulgado
cierto
evidente (V.)
palmario
manifiesto
patente
perceptible (V.)
visible (V.)
claro (V.)
noto
averiguado
sonado
patentizado
declarado
exhibido
vulgarizado
propagado
probado
perogrullesco
sabido de todos
a la luz del día
cacareado
público (V.)

s. arte notorio
delito notorio
recurso de injusticia notoria

(V. **notoriedad**)

a. *incierto*
confuso
dudoso
obscuro

novador
s. **invencionero** (V.)
inventor
inventador
descubridor
fraguador
trazador
novator
creador
fabricador

s. **innovador** (V.)
modernista
quimerista
fantástico
novelesco
idealista

a. *conservador*
rutinario

novatada
s. **broma** (V.)
chapetonada
bisoñada
pipiolada
inocentada (V.)
jugada
jugarreta
chasco
engaño
pega
plancha
ridículo
inexperiencia (V.)
escarmiento
percance
dificultad

s. pagar la novatada

a. *veteranía*
experiencia
seriedad

novato
s. **nuevo** (V.)
novel
bisoño (V.)
novicio
principiante
primerizo (V.)
guillote (V.)
inmaduro (V.)
inexperto (V.)
pipiolo
mocoso
pituso
mozuelo
tortolito
boquirrubio
niño
joven (V.)
tierno (V.)
neófito
imperito
aprendiz (V.)

(V. **novatada**)

a. *experto*
viejo
veterano
curtido

novedad
s. **moda** (V.)
sorpresa
extrañeza
originalidad (V.)
creación
singularidad
esnobismo
modernidad (V.)
actualidad
primicia
admiración
invención
innovación (V.)
nueva

s. mutación
cambio (V.)
alteración
mudanza
variación
variabilidad
trueque

s. **noticia** (V.)
ocurrencia
choz
torete

a. *antigüedad*
vulgaridad
imitación
uniformidad
persistencia
desconocimiento

novedoso
(V. **nuevo**)

novel
(V. **novato**)

novela
s. **literatura** (V.)
historia
cuento
narración
romance
folletín (V.)
novelón
fábula
historieta
leyenda
tragedia
drama
sainete
entremés
tragicomedia
comedia
acción
fantasía

s. **mentira** (V.)
patraña
embuste
fantasía
invención
bulo
bola
paparrucha
ficción (V.)

s. novela corta
novela histórica
novela romántica
novela caballeresca
novela por entregas
novela picaresca
novela de costumbres
novela realista
libros de caballerías

r. No hay novela que no tenga algo de historia, ni historia que no tenga algo de novela

a. *verdad*
realidad
efectividad

novelar
s. contar
narrar
escribir (V.)
historiar
fabular
referir (V.)
conferenciar
escribir novelas
contar cuentos
contar patrañas
tener una imaginación volcánica
tener fantasía

(V. **novela**)

a. *callar*

novelería
s. **ficción** (V.)
fantasía (V.)
quimera
mentira
capricho
volubilidad
inconstancia
frivolidad
chisme (V.)
paparrucha
habladuría

(V. **novela**)

a. *verdad*
realidad
fidelidad
profundidad

novelero
s. **chismoso** (V.)
novelesco
cuentista
fantástico
fantasioso (V.)
romancesco
caballeresco

s. inconstante
variable
versátil
voluble (V.)
caprichoso (V.)
antojadizo
veleidoso
casquivano

(V. **novelería**)

a. *realista*
exacto
permanente
constante

novelesco
s. fingido
inventado
irreal
fabuloso (V.)
fantástico
novelero (V.)
romanesco
romancesco
soñador
picaresco
sentimental
exaltado
maravilloso
sorprendente
interesante (V.)
ficticio
folletinesco (V.)
singular
idealista
romántico (V.)
imaginativo (V.)

(V. **novela**)

a. *realista*
materialista
prosaico
vulgar

novelista
s. **escritor** (V.)
literato
prosista
cuentista
novelador
estilista
creador
narrador

(V. **novela**)

novelón
(V. **folletín**)

(V. **mamotreto**)

novena
s. **rezo** (V.)
ofrenda (V.)
ofrecimiento
promesa
sufragio

(V. **novena**)

novenario
s. ejercicio (devoto)
culto (religioso)
sufragio (V.)
exequias (V.)
funeral
misas

(V. **novena**)

novia
(V. **novio**)

noviazgo
s. amorío
idilio (V.)
devaneo
conquista
coqueteo
flirt
enamoramiento (V.)
compromiso (V.)
promesa
palabra de casamiento
relaciones
festejo
corte
cortejo
amartelamiento

s. comprometerse
tener relaciones
prometerse (V.)
conquistar
decir que sí
pedir la mano
pescar
dar el sí
pelar la pava
entrar en casa
cortejar (V.)
festejar
enamorar (V.)

(V. **novio**)

s. *ruptura*
soltería
desavenencia

noviciado
s. educación
aprendizaje
formación (V.)
preparación
tirocinio (V.)
pasantía
instrucción
prueba
enseñanza (V.)
ensayo
espera

a. *profesión*
maestría
experiencia

novicio
s. novato
nuevo
principiante (V.)
incipiente
iniciado (V.)
inexperto
novel
tirón

s. seminarista
lego (V.)
aspirante
educando
estudiante
neófito (V.)
recatado (V.)
discreto

(V. **noviciado**)

a. *veterano*
curtido
experto
mundano

novilunio
(V. **luna**)

novillada
s. **lidia** (V.)
corrida
becerrada
capea
algarrada

s. **novillero** (V.)

s. **novillo** (V.)

novillero
s. torerillo
lidiador
torero (V.)

(V. **novillo**)

novillo
s. **toro** (V.)
becerro
eral
torillo
vaquilla
capeón
magüeto
utrero
juvenco
morucho

s. **ternero** (V.)

s. **cornudo** (V.)
consentido
cabrón

s. hacer novillos

novio, a
s. pareja
carillo
amor
pretendiente (V.)
enamorado
prometido (V.)
futuro (V.)
romántico
galán (V.)
desposado
esposado
recién casado
esposo
marido
costilla
media naranja

r. Baja novia la cabeza, si pretendes entrar en la iglesia ■ Mientras novia, reina, cuando mujer, esclava

s. compuesta y sin novio

s. tardar en componerse más que una novia
pedir uno a la novia
sacar la novia por el vicario
conseguir novio

(V. **noviazgo**)

novísimo
(V. **nuevo**)

(V. **último**)

nubada
s. **chubasco** (V.)
aguacero
chaparrón
nubarrón
barda
nubarrada
nublado
nube de lluvia

s. cantidad
abundancia (V.)
hormiguero
masa
turba
gentío
tropel

a. *escampada*
escasez
falta

nubarrada
(V. **nubada**)

nube
s. nubosidad
arrumazón
nebulosidad (V.)
nublo
nublado (V.)
nubarrón
nubecilla
ráfaga
barda
borreguillo
cúmulo
estrato (V.)
meteoro (V.)
nimbo (V.)
celaje (V.)
cepa
gata
cirros
carneros
borregos
arreboles
cargazón
cerrazón
niebla (V.)
cirro
capote
cielo borreguero
cielo encapotado
día pardo
panza de burra
nube de verano
nube de lluvia

s. mantilla
velo (V.)
gasa
chal
tela (V.)
montón
abundancia
enjambre
afluencia (V.)
aglomeración (V.)
caterva

s. **disgusto** (V.)
disturbio
contrariedad

s. mosca
mancha (V.)
musaraña
sombra
telaraña (V.)

s. nubes de Magallanes
estar en las nubes
andar en las nubes
poner a alguien por las nubes
remontarse uno a las nubes
estar por las nubes
descargar una nube
ser una nube de verano

r. Cielo aborregado pronto espesado ■ Nubes y vientos, sin llover de cierto ■ Nubarrones en tierra, bonanza en el mar ■ Arreboles al amanecer, agua o viento al anochecer ■ Alba roja, capa moja ■ Cielo aturbonado, corrientes por todos lados ■ Norte oscuro, vendaval seguro ■ Nubes con puesta de sol, no faltará chaparrón

a. *raso*
claro
escasez
falta
placer
despreocupación

nubecilla
(V. **nube**)

núbil
s. **casadero** (V.)
conyugable
viripotente
púber (V.)
pubescente
virgen
en sazón
apto (para matrimoniar)
maduro

(V. **nubilidad**)

a. *inmaturo*
impúber

nubilidad
s. pubescencia
pubertad (V.)
madurez
virginidad
sazón

a. *niñez*
inmadurez

nublado
s. **nube** (V.)
nubada
nubarrada
nubarrón

s. **cerrado** (V.)
cubierto (V.)
nublo
nebuloso
nuboso (V.)
nublado
ñubloso
lluvioso (V.)
sombrío (V.)
nubloso
anubarrado
acelajado
empedrado
anochecido
encapotado (V.)
aborregado
encapotamiento (V.)
chubascoso
gris (V.)
plomizo
velado (V.)
obscuro
oscurecido
ceniciento
cargado
fosco (V.)
sucio
plomizo (V.)
turbio
amenazador

s. **peligro** (V.)
amenaza
enfado (V.)
hostilidad
hosquedad

s. **multitud** (V.)
enjambre
montón
aglomeración (V.)
caterva
abundancia

s. descargar el nublado
pasar el nublado

(V. **nube**)

a. *claro*
despejado
descubierto
caricia
tranquilidad
amistad
escasez
falta

nublar-se
s. **enturbiar** (V.)
anublar
añublar
anubarse
encelajarse
cargarse
encapotarse (V.)
cerrarse
aturbonarse
achubascarse
afiscarse
afoscarse
ennegrecerse
enfoscarse (V.)
aborrascarse (V.)
emborrascarse (V.)
enmarañarse
aborregarse
arrumarse
enfurruñarse
lanchar
trastornar (V.)
amenazar (V.)
empeorar
entoldarse (V.)
ponerse gris
estar obscuro
estropearse el tiempo
amenazar lluvia

(V. **nube**)

a. *abrir-se*
aclarar
despejarse
desencapotarse

nubloso
s. **nublado** (V.)

s. adverso
desgraciado (V.)
contrario
nefasto
triste (V.)
melancólico

(V. **nube**)

a. *despejado*
favorable
alegre
afortunado

nubosidad
(V. **nube**)

(V. **obscuridad**)

nuboso
(V. **nublado**)

nuca
s. cogote
cerviz
testuz (V.)
gollete
morrillo
cuello (V.)
cerviguillo
pestorejo
tozuelo
tozo
occipucio

nuciente
(V. **nocivo**)

(V. **perjudicial**)

nuclear
(V. **atómico**)

núcleo
s. alma
substancia (V.)
almilla
eje
entraña (V.)
centro (V.)
corazón
foco
medula
cogollo
cepa
yema (V.)
tripas
tronco (V.)
interior (V.)
interioridad
miga
masa

s. **almendra** (V.)
semilla (V.)
hueso (V.)
güito
fruto

s. **átomo** (V.)

s. **corpúsculo** (V.)
nucléolo
cromatina

s. núcleo atómico
núcleo celular
núcleo de población

nucleón
(V. **protón**)

(V. **neutrón**)

nudillo
s. **artejo** (V.)
articulación
juntura
ñudillo
dedo (V.)

(V. **nudo**)

s. pegar con los nudillos
dar a alguien con la badila en los nudillos

nudismo
(V. **desnudismo**)

nudista
(V. **desnudista**)

nudo
s. ñudo
lazo
ligamiento
ligadura
trancahílo
atadura (V.)
lazada
paternóster
unión
nexo (V.)
vínculo (V.)
enlace
gorupo
cañuto
trabazón
entrelazamiento
cabo
yugo
eslabón
ligamen
gaza
empalme (V.)
presilla (V.)
oqueruela
dogal
conexión

s. ahorcaperros
lasca
gordiano
marino
ciego
de tejedor
de tripas
ballestrinque
balso
barril
barrilete
barrilillo
corredizo
doble
sencillo
de envergue
boca de lobo
as de guía
de gaza
de lobo
gorupo
gorlita
de rizo
margarita
piña

s. tumor
bulto (V.)
abultamiento

s. **cruce** (V.)
conexión
coyuntura

s. **mancha** (V.)
punto
tronco
tallo
rama

s. **dificultad** (V.)
duda
enredo
intriga (V.)
trama

s. **razón** (V.)
causa
motivo
origen (V.)

s. **milla** (V.)
hacérsele a alguien un nudo en la garganta
ser el nudo gordiano

r. Un nudo en la bolsa y dos en la boca ■ Sastre que nudo no dio, puntada que perdió

a. *desenlace*
desligadura
separación
facilidad
claridad
solución
consecuencia
sucesión

nudoso
s. **rugoso** (V.)
desigual
áspero (V.)
sarmentoso (V.)
ñudoso

(V. **nudo**)

a. *suave*
liso

nuégado
s. **pasta** (V.)
hormigo
alajú
gachas
alegría

(V. **hormigón**)

nueva
(V. **novedad**)

nuevo
s. **moderno** (V.)
flamante (V.)
fresco (V.)
reciente (V.)
novísimo
novedoso
actual
neo
calentito
joven (V.)
original (V.)
naciente
lozano (V.)
virgen
inmaculado
impoluto

s. novicio
bisoño
novato (V.)
neófito
novel
inexperto
principiante

s. **diferente** (V.)
desconocido (V.)
distinto
extraño
insólito (V.)
ignorado
ajeno
anónimo
extranjero
forastero

s. **inesperado** (V.)
eventual
casual (V.)
revolucionario (V.)
nuevo rico
arribista
snob
advenedizo (V.)

s. de nuevo
ser nuevo en la plaza
borrón y cuenta nueva

(V. **novedad**)

a. *viejo*
pasado
transnochado
antiguo
ajado
veterano
acabado
gastado
usado
vetusto
desgastado
deteriorado
raído
curtido
experto
experimentado
maestro
conocido
esperado
causal

nuez
s. semilla
fruto (V.)
almendra
concho
bizna
gajo
escuezno
tastana
ruezno

s. **nogal** (V.)
noceda
noguera
nocedal

s. prominencia
laringe (V.)
cartílago
manzana
bocado de Adán

s. nuez moscada
nuez vómica
nuez lisa
nuez encarcelada
nuez de corojo
nuez de tagua
nuez ferreña
ser más el ruido que las nueces
salirse a uno la nuez cocona

r. Dios da nueces al que no tiene muelas y muelas al que no tiene nueces ■ Mucho ruido y pocas nueces

nueza
s. **planta** (V.)
(cucurbitácea)
nuerza
brionia
aguilonia
silonia
anorza

s. nueza blanca
nueza negra

nugatorio
s. **engañoso** (V.)
capcioso
ilusorio
frustráneo
fingido
falso
frívolo
insubstancial
aparente
irreal
seductor
decepcionante
equívoco

a. *cierto*
real
corroborativo

nulidad
s. invalidación
anulación (V.)
caducidad
destitución
desautorización
liberación
derogación
revocación
rescisión
irritación
casación
abolición
canceladura
cancelación (V.)
letra muerta
contraorden
contraescritura
contracédula
abrogación
prescripción (V.)

s. ineptitud
calamidad (V.)
inutilidad (V.)
ignorancia
incapacidad
esterilidad

s. **necedad** (V.)
desastre
impotencia (V.)
invalidez (V.)
torpeza (V.)
inepcia
incompetencia (V.)
infructuosidad
estupidez
desmaña
insuficiencia

a. *vigencia*
validez
autorización
confirmación
vigor
utilidad
capacidad
habilidad
competencia
sensatez

nulo
s. **inválido** (V.)
ilusorio
írrito
ninguno
dirimente
abolido
no válido
revocado
derogado
anulado (V.)
prescrito (V.)
cancelado (V.)
rescindido
abrogado
inexistente
desvirtuado

s. **necio** (V.)
inepto
inútil (V.)
torpe (V.)
incapaz
ineficaz (V.)
ignorante

(V. **nulidad**)

a. *válido*
hábil
útil
inteligente
servible
legal
autorizado
legítimo

numen
s. deidad
inspiración (V.)
musa
estro
imaginación
genio (V.)
ingenio
estímulo
caletre
magín
chirumen
cacumen
creación

a. *torpeza*
incapacidad

numeración
a. anotación
notación
ordenación
número
apunte
marca
cifra
enumeración
foliación (V.)
paginación
inscripción
tabla
algoritmia

s. **orden** (V.)
alineación
clasificación (V.)
distribución
disposición
sistematización
sucesión (V.)
serie

(cont.)

s. numeración decimal
numeración arábiga
numeración romana

(V. **número**)

a. *desorden*
anarquía
omisión

numerar-se
s. enumerar
cifrar
marcar
paginar
foliar (V.)
señalar
apuntar
ordenar (V.)
clasificar
marcar
notar
poner por orden

(V. **número**)

a. *omitir*
saltar-se
faltar
desordenar

numerario
(V. **dinero**)

numérico
s. numeral
numerario
matemático
abundante (V.)

(V. **número**)

a. *aproximado*
escaso

número
s. **cifra** (V.)
guarismo (V.)
alguarismo
algoritmo
letra numeral
signo
símbolo
notación
expresión
representación

s. magnitud
cantidad (V.)
gramático (V.)
plural
singular
cuantía
conjunto
total
parte
cuota
cupo
medida
proporción
importe

s. **categoría** (V.)
clase
condición

s. número concreto
número abstracto
número complejo
número dígito
número entero
número quebrado
número mixto
número dual
número arábigo
número cósico
número compuesto
número simple
número capicúa
número singular
número plural
número atómico
número par
número impar
número plano
número romano
número cardinal
número ordinal
número primo
número primero
número sólido
número perfecto
número deficiente
número superante
número sordo
número denominado
número incomplejo
número decimal
número racional
número irracional
número homogéneo
número heterogéneo
número fraccionario
número inconmensurable
número equivalente
número escaso
número de orden
número de registro
sin número
hacer número
llamar a un número
de número
hacer números
tomarle el número cambiado a uno
el número uno

r. Es más el número de los simples que el de los prudentes ■ Uno es número pero no hace número

a. *nada*
ausencia
carencia
falta

numerosidad
s. **multitud** (V.)
enjambre
abundancia (V.)
exceso
cuantía
diversidad
cantidad
profusión
copia
infinidad
infinito
multiplicidad
pluralidad
copiosidad
conjunto
innumerable
inagotable
nubada
número
multitudinario

(V. **número**)

a. *escasez*
falta
ausencia

numeroso
s. infinito
innumerable
excesivo
abundante (V.)
prolífico
nutrido (V.)
profuso
populoso
copioso
incalculable (V.)
considerable
cuantioso (V.)
sinnúmero
mucho (V.)
repetido
múltiple
crecido
incontable
inagotable
muchos
compacto
multitudinario
complejo
variado
desmedido

s. **armonioso** (V.)
proporcionado
rítmico
cadencioso
medido

(V. **numerosidad**)

a. *escaso*
insignificante
falto
desproporcionado

numisma
(V. **moneda**)

numismática
s. acuñación
amonedación
monedería
glíptica
braceaje
brazaje

(V. **moneda**)

nunca
s. **jamás** (V.)
no (V.)
tampoco (V.)
calendas griegas
en la vida
nunca jamás amén
nunca más
ad calendas graecas
en todos los días de mi vida
en todo lo que me resta de vida
el día del juicio
cuando la rana críe pelos
una y no más
nunca en la vida
ninguna vez
en la vida
en ningún tiempo
el cuento de nunca acabar
tarde, mal y nunca

r. Más vale tarde que nunca

a. *siempre*

nunciatura
s. **representación** (V.)
embajada
abreviaduría
abreviaturía
legacía

s. tribunal de la Rota

s. Rota de la nunciatura apostólica
auditor de la nunciatura

(V. **nuncio**)

nuncio
s. faraute
legado
delegado
ablegado
ministro
representante (V.)
emisario
mensajero (V.)
enviado
legado pontificio
dignatario de la iglesia
mediador
mandado
plenipotenciario
diplomático

s. anuncio
señal
presagio
augurio (V.)
aviso (V.)
síntoma
predicción
agüero

s. nuncio apostólico

nupcial
s. **matrimonial** (V.)
conyugal
connubial
esponsalicio
marital

(V. **nupcias**)

a. *solteril*

nupcias
s. **casamiento** (V.)
matrimonio
enlace
esponsales
desposorios
himeneo
casorio
coyungo
unión
conyugio
boda
maridaje
maridanza
vínculo
lazo eterno
connubio
contrato matrimonial
vínculo matrimonial
bendiciones nupciales
sociedad conyugal

a. *soltería*
celibato
castidad
virginidad

nurse
(V. **niñera**)

(V. **institutriz**)

nutria
s. marta
ludria
lutria
nutra
güillín
huillín
lataz
mamífero (V.)

nutricio
(V. **nutritivo**)

nutrición
s. **alimentación** (V.)
sustento
cebamiento
caquexia
asimilación (V.)
cacoquimia
discrasia
distrofia
nutrimiento
amamantación
lactancia
amamantamiento
nutrimento

s. **fisiología** (V.)

a. *desnutrición*
depauperación
extenuación
debilitamiento

nutrido
s. **abundante** (V.)
profuso
pletórico
colmado
atestado
atiborrado
abarrotado
numeroso (V.)

s. **alimentado** (V.)
cebado
rozagante (V.)
vigoroso

(V. **nutrimiento**)

a. *escaso*
ayuno
falto
hambriento
debilitado
débil

nutrim(i)ento
(V. **alimento**)

nutrir-se
s. **alimentar** (V.)
mantener (V.)
cebar
atarugar
sobrealimentar
atestar
aforrar
rellenar
asimilar
sostener
amamantar
lactar
atiborrar
apaniaguar
colmar
reconfortar
comer (V.)

s. fortalecer
acrecentar
vigorizar
reforzar
robustecer (V.)
acrecer
aumentar

(V. **nutrición**)

a. *desnutrir-se*
debilitar-se
depauperar-se
extenuar-se

nutritivo
s. **alimenticio** (V.)
alimentoso
nutricio
sustancioso (V.)
nutrimental
vigorizante
vitaminado
suculento
substancial
trófico
cibal
reconfortante
vigorizante
cibario
fortificante (V.)
atréptico
alible
analéptico

(V. **nutrición**)

a. *insubstancial*
deslavazado
inocuo
debilitante

nutriz
(V. **nodriza**)

nútulo
(V. **mejillón**)

nylon
(V. **nilón**)

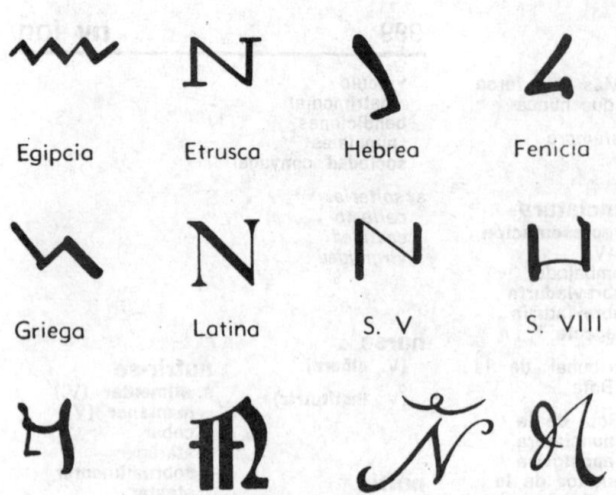

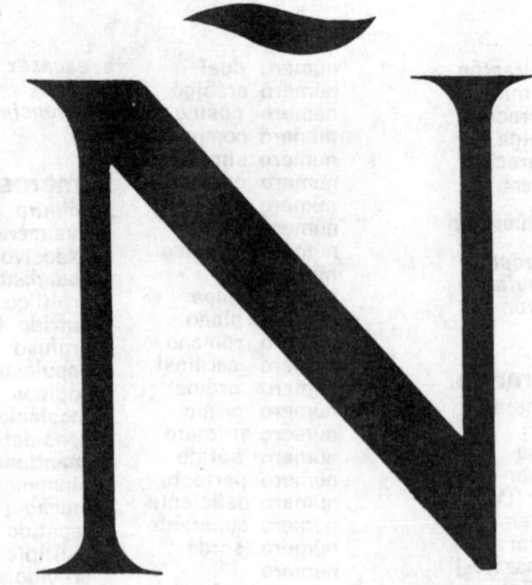

ñacurutú
(V. **lechuza**)

ñame
(V. **batata**)

ñandú
(V. **avestruz**)

ñapango
(V. **mestizo**)
(V. **mulato**)

ñaque
s. **basura** (V.)
naque
desperdicios
residuos
fárrago
cachivaches
cachivachada
broza (V.)
maula
plepa
chafalonía
cupia
retobo
ripio
trasto (V.)
a. *substancia*

ñiquiñaque
(V. **pícaro**)
(V. **despreciable**)

ñoclo
s. **bizcocho** (V.)
melindre
hojaldre

ñoñería
s. **timidez** (V.)
ñoñez
cortedad
apocamiento
melindre (V.)
pusilanimidad
encogimiento
dengue
cuitamiento
sosería (V.)
sosera
zoncería (V.)
simpleza
tontería
bobería
cobardía
gazmoñería
afectación
sensiblería (V.)
escrúpulo
a. *decisión*
viveza
actividad
sagacidad

ñoñez
(V. **ñonería**)

ñoño
s. remilgado
melindroso (V.)
cuitado
sensiblero (V.)
quejica
quejicoso
cojicoso
quejumbroso
delicado (V.)
jeremías
llorón
llorica
lamentoso
s. **soso** (V.)
insubstancial
insustancial
alelado
lerdo
cebollino
simple
asustadizo
aburrido
vacío (V.)
huero
hueco
s. pusilánime
corto
poquita cosa
poquito
recatado (V.)
mojigato (V.)
timorato
corito
cuitado
perplejo
apocado
s. **caduco** (V.)
chocho (V.)
vejete
vejestorio
achacoso
enfermizo
delicado
(V. **ñoñería**)
a. *decidido*
vivo
activo
fuerte
robusto

ñu
(V. **antílope**)

ñublado
(V. **nublado**)

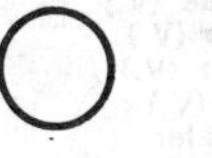

Egipcia Etrusca

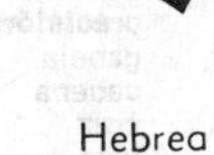

Hebrea Fenicia

Griega Latina S. V S. VI

S. XIII Gótica Española Americana

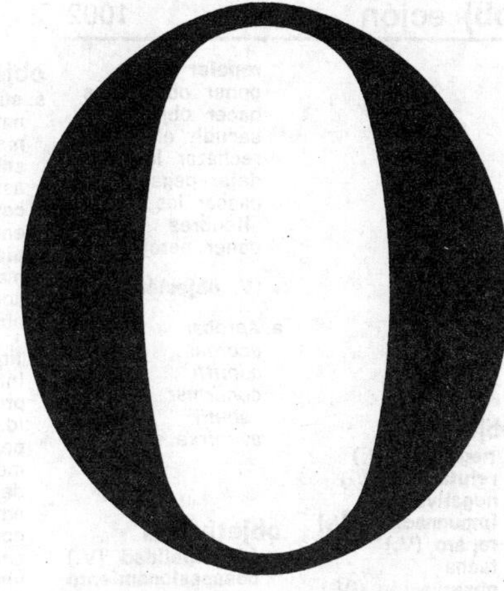

oasis
s. reposo
respiro
descanso
tregua
alivio (V.)
consuelo
refugio

s. palmeral
manantial
hontanal
chortal
remanal
sombra
algaida
vergel (V.)

a. *aglomeración*
barullo
desierto

obcecación
s. **ofuscación** (V.)
empecinamiento
ceguera
emperramiento
ceguedad
obnubilación
testarudez
terquedad
obnubilidad
tema
manía
obstinación

s. **prejuicio** (V.)
velo
confusión
deslumbramiento

a. *claridad*
diafaneidad
clarividencia
comprensión

obcecado
s. **terco** (V.)
testarudo (V.)
tozudo
obstinado
insistente (V.)
porfiado
emperrado
obsesionado
ofuscado (V.)
turbado
obseso (V.)
alucinado
errado
ciego (V.)
confundido
perturbado
empeñado
encastillado
empecinado

(V. **obcecación**)

a. *comprensivo*
flexible
juicioso

obcecarse
s. obcegarse
obstinarse
ofuscarse (V.)
arrebatarse
empeñarse
emperrarse
chiflarse
empecinarse
deslumbrarse
obsesionarse
alucinarse
obnubilarse
embairse
alucinarse

(V. **obcecación**)

a. *liberarse*
reflexionar

obduración
(V. **obstinación**)

obedecedor
(V. **obediente**)

obedecer
s. **acatar** (V.)
observar (V.)
cumplir (V.)
cumplimentar
someterse (V.)
respetar (V.)
prestarse
subordinarse
disciplinarse
transigir
inclinarse
escuchar
ceder
oír
asentir
seguir
obtemperar
bajar la cabeza
agachar la cabeza
bajar la vista
bajar los ojos
estar a la devoción de
estar bajo el dominio de

s. **dimanar** (V.)

r. Más vale obedecer que sacrificar ■ Quien no sabe obedecer, no sabe mandar

■ La obediencia es la más alta de las ciencias ■ Obedecer es amar ■ Obediencia y penitencia, son paz de la conciencia

(V. **obediencia**)

a. *desobedecer*
desacatar
indisciplinarse
sublevarse
rebelarse

obediencia
s. obedecimiento
sumisión (V.)
acatamiento
obsecuencia
humildad
conformidad
respeto (V.)
elasticidad (V.)
servilismo
sujeción (V.)
observancia (V.)
subordinación (V.)
disciplina
cumplimiento (V.)
docilidad (V.)
maleabilidad (V.)
dependencia
humillación (V.)
cohibición
reverencia
sometimiento (V.)
mansedumbre (V.)

s. precepto (en órdenes religiosas)
permiso (V.) (en órdenes religiosas)
oficio (en órdenes religiosas)
empleo (en órdenes religiosas)

s. obediencia ciega
obediencia debida
a la obediencia
acatar obediencia
dar la obediencia

r. La obediencia cumple y no juzga

a. *desobediencia*
desacatamiento
subversión
sublevación
desacato

obediente
s. **sumiso** (V.)
dócil (V.)
bienmandado
obedecedor
rendido
maleable (V.)
cumplidor
manso (V.)
borrego
acatador
pasivo
subordinado
esclavo
obsecuente
obedencial
obedecible
observante (V.)
disciplinado (V.)
reverente
respetuoso (V.)
vasallo
servicial
manejable (V.)
servil
sometido
dúctil

(V. **obediencia**)

a. *díscolo*
desobediente
indisciplinado
rebelde
insumiso

obelisco
s. monolito
cipo
pilar
columna
obelo
monumento (V.)
aguja
poste

s. **señal** (V.)
signo
anotación

obenque
(V. **cabo**)
(V. **estay**)

obertura
s. **introducción** (V.)
introito
preludio (V.)
entrada
principio
comienzo
preliminar

(V. **música**)

a. *coda*
final

obesidad
s. corpulencia
adiposis
carnaza
carnosidad
grasa
grosura
grosor (V.)
adiposidad
pesadez
polisarcia
humanidad
gordura (V.)

a. *delgadez*
escualidez

obeso
s. **ventrudo** (V.)
corpulento
pesado
gordinflón
grueso
orondo
cachigordo
voluminoso
abultado
gordinflas
regordete
rechoncho
repolludo
tripudo
barrigón
inflado
rollizo
carnoso
adiposo
cipote
túrgido
turgente
mantecoso
gordo (V.)

(V. **obesidad**)

a. *flaco*
delgado
escuálido

óbice
s. estorbo
obstáculo (V.)
impedimento
embarazo
dificultad
inconveniente (V.)
rémora
tropiezo
pantano
valla
valladar
traba
barrera
escrúpulo
entorpecimiento

a. *facilidad*
desembarazo
favor
ventaja

obispado
s. obispalía
diócesis (V.)
archidiócesis
arquidiócesis
episcopado

s. **cátedra** (V.)
sede
silla

(V. **obispo**)

obispo
s. **prelado** (V.)
padre de la Iglesia
doctor de la Iglesia
príncipe de la Iglesia
pastor
patriarca
arzobispo
primado
jerarca

s. obispillo

s. pontífice

s. obispo electo
obispo auxiliar
obispo sufragáneo
obispo metropolitano
obispo regionario
obispo de anillo
obispo de título
obispo comprovincial
obispo de la primera silla
obispo in pártibus
obispo in pártibus infidélium

s. trabajar para el obispo

r. Obispo por ventura y rey por natura ■ Obispo sin capelo, arcediano de Toledo

óbito
(V. **muerte**)

repeler (V.)
poner obstáculos
hacer objeciones
sacudir el polvo
rechazar la pelota
dejar pegado
cascar las liendres
poner peros

(V. **objeción**)

a. *aprobar*
acordar
admitir
confirmar
asentir
avenirse

objeción
s. **negación** (V.)
refutación (V.)
negativa
impugnación (V.)
reparo (V.)
tacha
observación (V.)
advertencia
opugnación
obstancia
oposición
contradicción
dificultad (V.)
réplica (V.)
redargución
replicato
respuesta
contrariedad
confutación
pega
discrepancia
obyecto
desacuerdo
discusión
inconveniente (V.)
pero (V.)
indicación
censura
crítica (V.)
condenación
desaprobación
objeción de conciencia

a. *conformidad*
asentimiento
aprobación
favor
ventaja
acuerdo
elogio

objetable
s. **discutible** (V.)
criticable
censurable
dudable
dubitable

(V. **objeción**)

a. *indiscutible*
indudable

objetar-se
s. **negar** (V.)
refutar (V.)
oponer (V.)
contestar
contradecir (V.)
impugnar
redargüir (V.)
rechistar (V.)
confutar
argüir
rechazar
instar
replicar (V.)
responder (V.)
argumentar (V.)
triturar
controvertir
condenar
censurar (V.)
criticar
opugnar (V.)
desmentir
resistir

objetividad
s. **imparcialidad** (V.)
desapasionamiento (V.)
equilibrio
ecuanimidad
frialdad
desinterés
justicia
neutralidad (V.)
honradez (V.)
honestidad
integridad
corrección
deportividad

a. *parcialidad*
beligerancia
favoritismo
apasionamiento
injusticia
deshonestidad
subjetividad
interés

objetivo
s. fin
finalidad (V.)
designio
ambición
proyecto
empeño
meta (V.)
ideal
mira (V.)
deseo (V.)
guía (V.)
destino
eje
centro
blanco (V.)
punto
hito
intención (V.)
tendencia (V.)
causa
propósito (V.)
objeto (V.)

s. desinteresado
desapasionado (V.)
imparcial (V.)
frío
impersonal (V.)
ecuánime
neutral (V.)
equilibrado (V.)

s. **lente** (V.)
visor (V.)
teleobjetivo (V.)
zoom

s. **blanco** (V.) (mil.)

(V. **objetividad**)

a. *apasionado*
parcial
impresionable
beligerante
interesado
desigual
subjetivo

objeto
s. **sujeto** (V.)
naturaleza
materia (V.)
substancia (V.)
asunto
cosa (V.)
ente
pieza (V.)
masa
concreción
obra

s. fin
intento
propósito (V.)
idea
pensamiento
mente
decisión
empresa
empeño
conato
vista
mira
intríngulis
objetivo
término
sentido
logro
dirección
rumbo
camino
ruta

s. **accesorio** (V.)
materia de una ciencia
sujeto de una ciencia
objeto de atribución

oblación
s. **ofrenda** (V.)
sacrificio (V.)
oblada
ofrecimiento
sufragio
promesa
donación

s. oblación a la curia

oblada
(V. **oblación**)

oblata
s. **limosna** (V.)
estipendio

s. **hostia** (V.) (antes de consagrar)
forma (antes de consagrar)
vino (antes de consagrar)

s. **religiosa** (V.)
monja

(V. **oblación**)

oblea
s. **hostia** (V.)

s. estrato
lámina (V.)
hoja

s. medicina
sello (V.)
píldora

oblicuar
s. desviar
inclinar (V.)
reclinar
desaplomar
retreparse
declinar
marchar en diagonal (mil.)

(V. **oblicuidad**)

a. *enderezar*
aplomar
ir derecho

oblicuidad
s. **sesgo** (V.)
inclinación (V.)
través
soslayo
bies
cruce
desvío
refilón
torcimiento
sesgadura (V.)
torcedura
caída
desnivelación
apartamiento
diagonal (V.)

a. *rectitud*
derechura

oblicuo
s. **sesgado** (V.)
atravesado
nesgado
diagonal (V.)
transversal
inclinado (V.)
torcido
escorado
desviado
esquinado
escorzado
desnivelado
caído
apartado
cruzado
arriostrado
enviajado

s. al bies
de costado
de través
de soslayo
en diagonal
de lado
de refilón
de reojo
al sesgo

(V. **oblicuidad**)

a. *derecho*
recto
directo
perpendicular

obligación
s. **deber** (V.)
cometido (V.)
compromiso (V.)
exigencia
imposición
necesidad (V.)
responsabilidad (V.)
vínculo
obligatoriedad (V.)
correspondencia
atadero
empeño (V.)
gravamen (V.)
peso
empleo
cargo
profesión
juramento
competencia
suscripción
reconocimiento
coacción (V.)
precepto
servidumbre
apremio
precisión (V.)
gabela
cadena
cruz
lazo
atadura
obediencia
sumisión
trabajera (V.)
gabarro
contrato (V.)
convenio
documento
condición

s. **título** (V.)
deuda (V.)

s. **incumbencia** (V.)
miramiento
carga
reserva

s. estar lleno de obligaciones
obligaciones familiares
constituirse una obligación
obligación alternativa
obligación civil
obligación mancomunada
obligación de probar
obligación natural
obligación solidaria
obligación pura
obligación aplazada

r. Antes es la obligación que la devoción ■ Cuando la obligación se roga, se deroga ■ Si quieres evitar obligaciones déjate de desazones

a. *derecho*
libertad
facultad
desconexión

obligado
s. comprometido
contratado
reconocido
agradecido (V.)
deudor
debido

s. **forzoso** (V.)
obligatorio
reglamentario (V.)
necesario (V.)
ineludible
cogido
inexcusable
imprescindible
coactivo
violento (V.)
preceptivo
preciso

s. **abastecedor** (V.)
veedor
provisor

s. **solo** (V.) (música)
monodia
voz cantante

(V. **obligación**)

a. *desagradecido*
ingrato
libre
potestativo
voluntario
opcional
facultativo

obligar-se
s. apremiar
mandar (V.)
imponer (V.)
coaccionar
coactar
tenerse (V.)
pactar (V.)
referir (V.)
traer (V.)
compeler
aceptar
forzar (V.)
exigir (V.)
necesitar (V.)
constreñir
cohechar
coercer
impeler
violentar
abrumar
acorralar
gravar
comprometer (V.)
encargar
contratar
ligar
cargar
asumir
mancomunar
solidarizarse (V.)
responsabilizarse
precisar (V.)
responder de (V.)
entrecoger
atar
exhortar
mover
acuciar
acosar
apretar
asediar
intimar
juramentarse
apurar
arrastrar (V.)
boicotear
empeñarse
dominar (V.)
disciplinar
encargarse (V.)
presionar
responsabilizarse
someter (V.)
remolcar (V.)
conminar
deber (V.)
poner (V.)
empujar
encerrar
regir (V.)
sitiar
sujetar (V.)

s. meter en cintura
sentar las costuras
hacer fuerza
apretar las clavijas
poner un dogal al cuello
hacer presión
hacerse responsable
no tener más remedio que
tomar sobre sí
echarse sobre las espaldas
tener cogido por el estómago
echarse al hombro
sitiar por hambre
poner un puñal en el pecho
llevar a remolque
ganar la voluntad
coger la palabra
cargar con
pechar con
atarse las manos
llenarse de obligaciones

(cont.)

s. **servir** (V.)
favorecer (V.)
obsequiar
agradecer (V.)
reconocer

s. **corresponder** (V.)
competer
tocar
incumbir (V.)
pertenecer
vincular

(V. **obligación**)

a. *liberar*
librar
exonerar
consentir
permitir
rebelarse
indisciplinarse
desdeñar
despreciar
zafarse
apartarse
separarse
desvincularse

obligatoriedad
s. necesidad
exigencia (V.)
apremio
sujeción
imposición
intimación
exhortación
coacción (V.)
constricción
carga
violencia
atadura
compromiso (V.)
imperativo
compulsión
servidumbre
vínculo
lazo
disposición
responsabilidad
incumbencia (V.)
deber (V.)
deuda
competencia
obligación (V.)
indispensabilidad

a. *voluntariedad*
libertad
consentimiento
liberación

obligatorio
s. **necesario** (V.)
forzoso (V.)
indispensable
imprescindible
inevitable
exigible
compulsivo
impuesto
imperioso
imperativo (V.)
ineludible
preciso (V.)
insoslayable
coactivo (V.)
coercitivo
comisorio
mandado
debido
inexcusable
fijo
inexorable
inevitable
oneroso
solidario
subsidiario
forzado (V.)
obligado
preceptivo (V.)

(V. **obligación**)

a. *libre*
voluntario
evitable
soslayable
facultativo
potestativo

obliteración
s. **obstrucción** (V.)
embarazo
oclusión
obturación
cierre
atasco
tapón

a. *abrimiento*
desatascamiento

obliterar
s. atascar
taponar
obturar
cerrar
embarazar
inutilizar
encerrar
cegar
atorar

s. **obstruir** (V.)

(V. **obliteración**)

a. *abrir*
desatascar

oblongo
s. alongado
prolongado
alargado (V.)
estirado
tenso
tendido
luengo
longitudinal
elíptico

a. *ancho*
apaisado
ensanchado

obnubilación
(V. **obcecación**)

obnubilar
s. **obcecarse** (V.)
ofuscar
confundir

s. nublar
obscurecer (V.)
velar
ensombrecer

(V. **obnubilación**)

a. *comprender*
ceder
clarear
despejar

óbolo
s. **donativo** (V.)
dádiva
donación
ayuda
entrega
contribución
subvención
cantidad
caridad

s. **moneda** (V.)

s. escrúpulo
insignificancia
pequeñez (V.)

a. *importancia*
abundancia

obra
s. **manufactura** (V.)
trabajo (V.)
faena
labor
tarea (V.)
hazaña
cutio (V.)
compostura
oficio
arte
empresa (V.)
industria

s. **libro** (V.)
volumen
composición
ejemplar
tomo

s. **construcción** (V.)
edificio (V.)
fábrica
reforma
arreglo

s. **producto** (V.)
resultado
fruto
realización (V.)
creación
resultado

s. acción
medio
virtud

s. **poder** (V.)
mediación
intercesión
intervención (V.)

s. obra de caridad
obra coronada
obra de fábrica
obra del Escorial
obra exterior
obra de manos
obra de misericordia
obra de romanos
obra de micos
obra manual
obra exterior
obra pía
obra prima
obra en pecado mortal
obra muerta
obra pública
maestro de obras
buena obra
de obra
alzar de obra
hacer una buena obra
poner por obra
poner manos a la obra
sentarse la obra
tomar uno una obra
obra saca obra

r. Obras son amores, y no buenas razones ■ Obra empezada, medio acabada ■ Obra del común, obra de ningún ■ Ni obra buena, ni palabra mala ■ La obra es la que alaba al maestro ■ Lo que tenemos fallece, y el buen obrar no perece ■ Las obras, son las sobras ■ Cada uno obra como quien es

a. *inactividad*
holganza

obrador
s. **taller** (V.)
estudio
laboratorio
gabinete
herrería

s. **trabajador** (V.)
activo

(V. **obra**)

a. *gandul*
pasivo

obraje
(V. **fabricación**)

obrajero
(V. **capataz**)

obrar
s. **hacer** (V.)
activar
gestionar
senderear
operar
trabajar (V.)
componer
maniobrar
manipular
maquinar
intervenir
imprimir

s. **construir** (V.)
edificar
fabricar
reconstruir
reformar
reparar

s. **actuar** (V.)
portarse
comportarse
conducirse (V.)
proceder

s. **defecar** (V.)
exonerar (el vientre)
evacuar

s. estar
hallarse (V.)
encontrarse
obrar en poder de
obrar con cautela
obrar de concierto

(V. **obra**)

a. *descansar*
holgar
vaguear
retener

obrepción
(V. **ocultación**)

(V. **falsedad**)

obrero
s. **trabajador** (V.)
artesano
menestral (V.)
operario
jornalero (V.)
productor (V.)
asalariado
ganapán
peón (V.)
bracero
brazo
proletario (V.)
obrajero
soldador (V.)
trabajante
laborante
agostero
aprendiz
destajista
estajero
camilucho
destripaterrones
quintero
tareero
esquirol
griseta
manobre
loguero
pilero
mitayo

s. **cuadrilla** (V.)
brigada
equipo
sindicato (V.)
dotación
gremio
huelga (V.)
paro
jornada

(V. **obra**)

s. obrero de villa

r. Obreros a no ver, dineros a perder ■ Quien mal hace, obrero coge

obscenidad
s. **deshonestidad** (V.)
indecencia (V.)
impudicia (V.)
lascivia
lubricidad
líbidine
verdura
liviandad
inconveniencia
procacidad
impureza
impudor
inmoralidad
suciedad (V.)
vicio
sensualidad
escabrosidad
villanía
torpeza
sordidez
sicalipsis
pornografía
erotismo
profanidad
concupiscencia

a. *honestidad*
decencia
pudibundez
virtud
pureza
pudor
moralidad
limpieza

obsceno
s. lúbrico
procaz
lascivo (V.)
impudente
inconveniente (V.)
libertino
escabroso (V.)
pornográfico (V.)
lujurioso (V.)
sórdido (V.)
verde (V.)
libidinoso
inmoral (V.)
deshonesto (V.)
impúdico (V.)
sensual
licencioso
torpe (V.)
sucio (V.)
picante (V.)
villano (V.)
malicioso (V.)
pecaminoso (V.)
concupiscente
indecente (V.)
descocado
hediondo

(V. **obscenidad**)

(V. **sexualidad**)

a. *casto*
decente
honesto
puro

obscurantismo
s. atraso
incultura
ignorancia (V.)
analfabetismo
postergación
tinieblas (V.)
ignorantismo
ultramontanismo
reaccionarismo

a. *cultura*
conocimiento
desarrollo
ilustración
progreso
adelanto
instrucción

obscurecer-se
s. **ensombrecer** (V.)
entenebrecer
enlobreguecer
alobreguecer
empalidecer (V.)
lobreguecer (V.)
anublar
nublar
enlutar
afoscar
enfoscar
entenebrar
fuscar
infuscar
opacar
obscurar
apagar (V.)
ennegrecer
negrear-se (V.)
sombrear (V.)
atezar
teñir
ahumar
cerrar
encapotarse
cubrirse
eclipsarse
ocultar
obnubilar (V.)
empañar
enturbiar (V.)
deslustrar
deslucir
ajarse
atardecer
anochecer (V.)

s. confundir
ofuscar (V.)
trabucar
turbar
cegar
tergiversar (V.)
embrollar
desconcertar
empequeñecer
ocultar (V.)
enmascarar (V.)
envolver

(V. **obscuridad**)

(cont.)

a. *amanecer*
clarear
despejar
levantar
lucir
abrillantar
comprender
clarificar
solucionar
aclarar
aparecer
desenmascarar

obscurecimiento

s. **ensombrecimiento** (V.)
ennegrecimiento
eclipse
ocultación
apagón (V.)
corte
interrupción
apagamiento
entenebrecimiento

(V. **obscuridad**)

a. *esclarecimiento*
reanudación
prosecución

obscuridad

s. oscuridad
tinieblas (V.)
negrura (V.)
lobreguez (V.)
niebla
cerrazón (V.)
sombra (V.)
tenebrosidad (V.)
nebulosidad (V.)
opacidad
negrura
invisibilidad
nubosidad (V.)
celosía
opacidad (V.)
umbría
penumbra (V.)
bruma
nublo
nubarrón
crepúsculo
obscuración
noche (V.)
eclipse
apagón
apagamiento
caligine

s. **ofuscación** (V.)
abstración
galimatías
embrollo
ambigüedad
incomprensión
babel (V.)
lío
incertidumbre
enigma
complicación
ocultación
ofuscamiento
tergiversación

s. bajeza
humildad (V.)
plebeyez
vulgaridad
modestia (V.)

s. **ignorancia** (V.)
desconocimiento
incógnita
cerrazón
ceguera
atraso

r. De noche todos los gatos son pardos ■ A obscuras, todo es negro

a. *luz*
claridad
día
esclarecimiento
comprensión
vista
nobleza
cultura

obscuro

s. **calinoso** (V.)
oscuro
hosco
tenebroso (V.)
nublado
cerrado
bruno
negro (V.)
invisible
brumoso
opaco
lóbrego (V.)
pardo (V.)
retinto
fosco (V.)
apagado
eclipsado
caliginoso (V.)
obscurecido
umbroso
umbrío
mate
tapetado
cegado
sombreado
sombrío (V.)
sombroso
soturno
luctuoso
cavernoso
enlutado
entenebrecido
nebuloso (V.)
crepuscular
anochecido
nocturno
vespertino
tarde
tardecido
mediocre (V.)
anónimo (V.)
modesto (V.)
insignificante
humilde
plebeyo
desconocido (V.)
vulgar
bajo

s. **confuso** (V.)
ininteligible
crespo (V.)
difícil (V.)
lioso
ambiguo (V.)
ofuscado
fusco (V.)
tergiversado
incierto
complicado (V.)
ocultado
oculto
celado
impreciso (V.)
sibilino
abstracto
secreto
equívoco
inexplicable
metafísico (V.)
misterioso (V.)
logogrífico
turbio (V.)
sospechoso (V.)
incomprensible
insondable
divagador (V.)
peligroso
temeroso
azaroso
aventurado (V.)
expuesto
alarmante

s. sombreado (pint.)

s. como boca de lobo
sin luz
como el alma de Judas
estar obscuro

r. En lo obscuro, todo es turbio ■ En lo obscuro nada esta seguro

(V. **obscuridad**)

a. *claro*
abierto
brillante
linajudo
noble
conocido
comprensible
concreto
seguro
indudable
cierto
fácil
destacado
ilustre

obsecración

(V. **ruego**)

obsecrar

(V. **rogar**)

obsecuencia

s. **amabilidad** (V.)
condescendencia (V.)
obediencia (V.)
docilidad
flexibilidad
disciplina
mansedumbre
sumisión

a. *desobediencia*
desacato
indocilidad
rebelión
grosería

obsecuente

s. **amable** (V.)
sumiso
obediente (V.)
condescendiente (V.)
dócil
manso
disciplinado

(V. **obsecuencia**)

a. *rebelde*
díscolo
indócil
grosero

obsequiar-se

s. dar
donar
regalar (V.)
ofrecer (V.)
ofrendar
entregar
dedicar
legar
dejar
agraciar
favorecer
gratificar
subvencionar
conceder
proporcionar
suministrar
dispensar

s. **invitar** (V.)
convidar
agasajar (V.)
homenajear
servir (V.)
lisonjear (V.)
contemplar
cumplimentar
festejar
feriar (V.)
saludar (V.)
acoger
recibir
mimar
galantear
requebrar (V.)
cortejar
coquetear
halagar
ser cortés
ser amable
ser atento
rendir pleitesía
colmar de atenciones
llevar en palmillas
recibir bajo palio

besar la mano
hacer el rendibú
doblar el espinazo
quedar bien
mostrar afecto
hacer el amor
hacer la corte

(V. **obsequio**)

a. *desdeñar*
despreciar
rechazar
omitir
olvidar
descuidar
recibir
retener
dificultar

obsequio

s. **regalo** (V.)
donativo
legado
crecimiento
ofrenda (V.)
dádiva
cesión
gratificación
óbolo
limosna
propina
subvención
contribución
ayuda
aguinaldo
regalamiento (V.)
presente

s. **homenaje** (V.)
fineza (V.)
festejo
agasajo (V.)
halago
lisonja (V.)
rendimiento (V.)
deferencia
complacencia
hornazo
fiesta (V.)
servicio
amabilidad
afabilidad
rendimiento
invitación (V.)
atención
galanteo
ágape
banquete
comida
alboroque
alifara
contenta
cacharpari
convite (V.)
lifara
maesa
refresco
merienda

(V. **obsequiosidad**)

a. *desprecio*
desdén
rechazo
repulsa
grosería
indelicadeza
descortesía
omisión
olvido

obsequiosidad

s. oficiosidad
amabilidad (V.)
zalamería (V.)
servilismo
atención
galantería (V.)
halago
cortesía (V.)
corte
sumisión
condescendencia
lisonjeamiento
adulación
gatatumba
rendimiento

(V. **obsequio**)

a. *desatención*
descortesía
grosería
desdén

obsequioso

s. afectuoso
cariñoso
rendido
cortesano
cortés
fino
amable (V.)
afable
deferente
atento
condescendiente
halagador
delicado
detallista
galante
educado
servicial (V.)
lisonjero
caballeroso
oficioso
solícito (V.)
cumplido
distinguido
comedido
ceremonioso
sumiso
reverente
zalamero

s. dadivoso
generoso
espléndido
gentil
complaciente (V.)
próvido
desprendido
desinteresado
munífico
regalador

(V. **obsequio**)

a. *descortés*
desatento
cicatero
roñoso

observable

(V. **perceptible**)

(V. **apreciable**)

observación

s. **advertencia** (V.)
indicación (V.)
aviso (V.)
exhortación
consejo (V.)
reflexión
sugerencia
insinuación
opinión
información
nota
aclaración (V.)
rectificación
miramiento
cuidado
observancia
curiosidad
notificación
nota
anotación

s. **reparo** (V.)
inconveniente (V.)
objeción (V.)
amonestación (V.)
corrección
reprimenda
admonición

s. **investigación** (V.)
curiosidad
vigilancia
examen (V.)
comparación
inspección
sondeo
indagación
introspección (V.)
escrutinio
análisis
crítica

s. vista
visibilidad
punto de observación
reconocimiento (V.)

a. *descuido*
distracción
omisión
inadvertencia
elogio

observador

s. asistente
espectador (V.)
vigía
curioso (V.)
atento
fisonomista (V.)
contemplativo
mirador (V.)
contemplador
veedor
oyente (V.)
mirón (V.)
agudo (V.)
atendedor
expectante
inspector
interventor (V.)
examinador
explorador (V.)
investigador
inquisidor
supervisor (V.)
escudriñador
vigilante (V.)

s. **enviado** (V.)
delegado

(V. **observación**)

a. *despreocupado*
desdeñoso
irreflexivo
distraído
abstraído
torpe

observancia
s. **cumplimiento** (V.)
reverencia
honor
acatamiento (V.)
disciplina
satisfacción (V.)
regla
fidelidad
lealtad
respeto
sumisión
escrupulosidad
legalidad
cuidado
obediencia (V.)
celo
guarda
puntualidad
regularidad (V.)
exactitud

s. regular observancia
poner en observancia

(V. **observación**)

a. *indisciplina*
descuido
incumplimiento
desobediencia
desacato

observante
s. **cumplidor** (V.)
celoso
disciplinado
obediente (V.)
formal
serio
asiduo
fiel
escrupuloso
cuidadoso
justo
respetuoso
recto
leal
reverente
acatador

(V. **observancia**)

a. *desobediente*
insumiso
rebelde
informal
incumplidor
abúlico
descuidado

observar-se
s. **examinar** (V.)
atender (V.)
mirar (V.)
ver
contemplar
fijarse (V.)
estudiar
advertir (V.)
espiar
acechar (V.)
investigar
escudriñar
explorar
husmear
olfatear
alertar
atalayar
celar
catar
cerner
curiosear (V.)
controlar
fisgar (V.)
inspeccionar
sondear
tantear
registrar
reconocer
merodear (V.)
repasar
atisbar
ojear
otear
vislumbrar
columbrar
divisar
vigilar (V.)
avizorar
avistar
descubrir
ser todo ojos
ser todo oídos
no pestañear
no perder ripio
estar en todo
andar con cien ojos
estar a la mira
abrir los ojos
poner atención
no perder detalle
estar a la que salta
no quitar la vista de
estar pendiente de
aguzar los sentidos
no quitar ojo
no perder de vista
estar ojo avizor
estar alerta
hacer la guardia
dormir con un ojo abierto
aguzar la atención
beber las palabras
tener puestos los cinco sentidos
estar pendiente de
no quitar los ojos de

s. **indicar** (V.)
opinar (V.)
reparar
impugnar (V.)

s. **acatar** (V.)
cumplir (V.)
obedecer (V.)
respetar (V.)
guardar
reverenciar
satisfacer
cuidar
ejecutar
realizar
seguir
hacer penitencia
observar las leyes
observar los votos

s. **notarse** (V.)
percibirse (V.)
saber (V.)
percatarse (V.)
reconocer (V.)
advertirse
aparecer
apreciarse

(V. **observación**)

a. *desatender*
descuidar
omitir
olvidar
abandonarse
desinteresarse
despreocuparse
desobedecer
rebelarse
indisciplinarse
inadvertir

observatorio
s. atalaya
mirador (V.)
registro
contemplatorio

(V. **observación**)

obsesión
s. inquietud
preocupación (V.)
pesadilla
desvelo
tema
prejuicio
idea fija
ofuscación
manía (V.)
paranoia (V.)
monomanía (V.)
manía persecutoria
obstinación
guilladura
antojo
temor (V.)
chifladura
barreno
cocolía
obcecación

a. *ecuanimidad*
sensatez
serenidad
despreocupación

obsesionado
s. temoso
ofuscado
obnubilado
cegado
enceguecido
obcecado
obstinado
obseso
poseído
fascinado
alucinado
preocupado (V.)
maniaco

(V. **obsesión**)

a. *despreocupado*
indiferente
sereno
comprensivo
clarividente

obsesionar-se
s. **preocupar** (V.)
ofuscar (V.)
perturbar
obnubilar
obstinarse (V.)
emperrarse
encastillarse
cegarse
enceguecer
angustiar (V.)
abrumar
fascinar
hipnotizar
alucinar
obcecar
insistir (V.)

(V. **obsesión**)

a. *despreocupar-se*
sosegar-se
serenar-se
despertar-se
abandonar

obsesivo
s. obseso
alucinante
fijo (V.)
insistente (V.)
repetido
reiterativo
deslumbrador
ofuscador
perturbador
maniaco (V.)

(V. **obsesión**)

a. *ligero*
despreocupado
descansado

obseso
s. obsesivo
obcecado (V.)
obnubilado
terco (V.)
tozudo
tenaz
empeñado
emperrado
encastillado
empecinado
maniaco (V.)
maniático
ofuscado (V.)
errado
alucinado
ciego
cegado
fascinado
poseso
poseído
loco
neurótico
insistente

(V. **obsesión**)

a. *comprensivo*
flexible
despreocupado

obsoleto
(V. **anticuado**)

(V. **desusado**)

obstaculizar
s. entorpecer
interponer (V.)
dificultar (V.)
paralizar (V.)
impedir (V.)
obstruir
torpedear (V.)
embarazar
abarrancar
oponerse
impugnar
trabar
atar
estorbar (V.)
limitar (V.)
tropezar
topar
sujetar (V.)

(V. **obstáculo**)

a. *facilitar*
favorecer
evitar
eludir

obstáculo
s. **contrariedad** (V.)
impedimento (V.)
estorbo (V.)
interposición (V.)
pero (V.)
embarazo (V.)
oposición (V.)
óbice (V.)
prohibición (V.)
tope (V.)
limitación
china
traba (V.)
opendículo
escollo
banco
reparo
incompatibilidad
atajadero
dificultad (V.)
freno
coartación
atadero
baruca
pantano
inconveniente (V.)
tropiezo (V.)
obstrucción (V.)
dique (V.)
quite
presa
atolladero
atasco
nudo
atascamiento
veto (V.)
interrupción (V.)
monte
valla (V.)
valladar (V.)
coto
barrera (V.)
avería
trinchera
alambrada
cerca
muro (V.)
barricada

a. *facilidad*
desatasco
fluidez
ventaja

obstancia
(V. **objeción**)

obstante (no)
s. sin embargo
a pesar de
aunque (V.)
empero (V.)
sin perjuicio de
pese a

obstar
s. estorbar
impedir (V.)
imposibilitar
empecer
dificultar
obstaculizar
embarazar
ser óbice

s. repugnar
contradecir
oponerse (V.)
obviar (V.)
ser contrario

(V. **obstancia**)

a. *facilitar*
avenirse
acordar
favorecer

obstetricia
s. **medicina** (V.)
cirugía (V.)
fisiología
tocotecnia
embriología
ginecología
docimasología
tocología

s. embarazo
gestación
presentación
parto (V.)
alumbramiento
puerperio
sobreparto

s. distocia
versión podálica
cesárea
sinfisiotomía
ruptura de aguas
eclampsia
fiebre puerperal
aborto

s. fórceps
potro
pelvímetro
tocómetro
tocodinamómetro
incubadora
paridera
alezo

s. obstetra
tocólogo
comadrón
comadrona
matrona
partera
médico
cirujano

s. parturienta
primeriza
primípara
secundípara
multípara
puérpera
malparida
encaecida
ovovípara
vivípara
ovópara
cadañera

s. nonato
aborto
abortivo
puerperal
distócico

s. parir
(V. **mujer**)

obstinación
s. **encaprichamiento** (V.)
testarudez (V.)
tozudez (V.)
tenacidad (V.)
porfía (V.)
resistencia
pertinacia (V.)
contumacia (V.)
obcecación
petera
tema (V.)
rabieta (V.)
renuencia
obduración
insistencia (V.)
reluctancia
empecinamiento (V.)
birria
tesón
endurecimiento (V.)
desobediencia
cabezonada
testarronería
cabezonería
pesadez
empeño (V.)
intransigencia
testarada
aferramiento
impertinencia
tesonería
ofuscación (V.)
entereza (V.)
manía (V.)
perseverancia (V.)
inflexibilidad (V.)
cerrilismo
cerrazón
firmeza
dureza
fanatismo
sectarismo
exclusivismo (V.)
capricho (V.)
reincidencia (V.)
terquería
obduración
aberración
terquedad (V.)

(cont.)

s. antes quebrar que doblar
cada loco con su tema
temas son postemas

a. *flexibilidad*
docilidad
blandura
comprensión
cesión

obstinado

s. **acérrimo** (V.)
baturro
tozudo (V.)
pertinez (V.)
contumaz (V.)
emperrado
duro
tieso
terco (V.)
renuente
codorro
temoso
testarudo
recalcitrante (V.)
intransigente
incorregible (V.)
incansable
pesado (V.)
rebelde (V.)
indómito (V.)
empecinado
porfiado (V.)
cabezota
cabezudo
cervigudo
impenitente (V.)
inexpugnable (V.)
taimado (V.)
samugo
necio
burro
borrico
temático
incontrastable (V.)
empeñado (V.)
empeñoso (V.)
caprichoso (V.)
samarugo
sordo
cabezón
terne
persistente (V.)
perseverante (V.)
voluntarioso (V.)
machacón

r. Al terco verás perecer, por no dar su brazo a torcer ■ Muerto sí, más no rendido ■ Villano terco y cazurro nunca cae de su burro ■ Hombre porfiado, necio consumado ■ Terco que terco, a lo que deseo me acerco

(V. **obstinación**)

a. *dócil*
blando
comprensivo
remiso
flexible

obstinarse

s. **encasquetarse** (V.)
entercarse (V.)
terquear
recalcitrar (V.)
empeñarse (V.)
emperrarse
aberrarse
obcecarse
porfiar (V.)
aferrarse
insistir (V.)
machacar
atrincherarse
tomar tema
encastillarse (V.)
metérsele en la cabeza
encalabrinarse
persistir
rebelarse (V.)
perseverar (V.)
revolcar-se (V.)
mantenerse
discutir (V.)
obsesionarse (V.)
taimarse
entecarse
sugestionarse
afirmarse
empecinarse (V.)
aguantar
mantenerse en sus trece
tener constancia
ser consecuente
ser pertinaz
ser un machacón
cerrarse a la banda
no dar su brazo a torcer
preferir perder a ceder
dar coces contra el aguijón
ser inflexible
no inmutarse
dar en la manía
tener manías
estar en sus trece
ser contumaz
tener tesón
persistir en el error
ponérsele entre ceja y ceja
no apearse de su burro
tener la cabeza dura

(V. **obstinación**)

a. *condescender*
ceder
transigir
doblegarse
comprender

obstrucción

s. **atasco** (V.)
taponamiento (V.)
tapadura (V.)
oclusión
estreñimiento
atolladero
ocupación
cierre
atascamiento
retención (V.)
detención
cerramiento
opilación
atolladero
estacada
atoramiento
obliteración
tapón
vólvulo (V.)
estancamiento (V.)
embotellamiento
estrechez
ahogo
obturación

s. **fanatismo** (V.)
sectarismo
apasionamiento
veto
oposición
prohibición
censura
denegación
impedimento (V.)
dificultad (V.)
rémora (V.)
obstáculo (V.)
embarazo
entorpecimiento
atarugamiento
intercepción (V.)
escollo (V.)
estorbo
traba

s. **congestión** (V.)
atresia
embolia (V.)
infarto (V.)
trombosis

a. *facilidad*
fluidez
favor
desatasco
desopilación
comprensión
flexibilidad
objetividad
autorización
permiso
desembarazo
liberación

obstruido

s. atascado
taponado
ciego (V.)
obturado
atrancado (V.)
cerrado (V.)
obstaculizado
infartado
ocupado (V.)
entorpecido
tupido
acotado
tapado
interceptado
prohibido (V.)
ocluso
embozado (V.)

(V. **obstrucción**)

a. *facilitado*
destaponado
desatascado

obstruir-se

s. atarugar
atascar (V.)
tapar (V.)
cerrar (V.)
taponar (V.)
obliterar
atorar
cegar
obturar
entupir (V.)
ocluir
encallar
varar
embozar (V.)
embarrancar
interceptar (V.)
atracar
aturar
embotellar (V.)
estancar (V.)
azolvar
enrunar
trancar
cangar
opilar
atravesar
entupir

s. imposibilitar
estorbar (V.)
dificultar (V.)
impedir (V.)
contraponer
obstaculizar
opugnar
congestionar (V.)
embarazar
censurar

(V. **obstrucción**)

a. *abrir*
facilitar
desatascar
destaponar
destapar
liberar
favorecer
obviar
desobstruir

obtemperar

s. acatar
aceptar
someterse
consentir
transigir (V.)
respetar
conformarse
reconocer
admitir
asentir

(V. **obedecer**)

a. *rebelarse*
desobedecer
desacatar
disentir
rechazar

obtención

s. **logro** (V.)
alcance
consecución (V.)
ganancia
lucro
beneficio
goce
adquisición (V.)
conseguimiento
cosecha
resultado (V.)
conquista
consecuencia
fruto
producto (V.)
partido
provecho (V.)
utilidad (V.)

s. **producción** (V.)
confección
elaboración
fabricación
manufactura
transformación
creación (V.)
proceso
evolución
desarrollo
ejecución
realización (V.)
preparación

a. *fracaso*
frustración
pérdida
perjuicio

obtener

s. lograr
conseguir (V.)
reportar (V.)
alcanzar
cosechar
mamarse
agenciar
ganar (V.)
adquirir (V.)
arrancar
sacar (V.)
extraer
conquistar
disfrutar
adjudicarse
apoderarse
posesionarse
percibir
recibir (V.)
lucrarse
beneficiarse
atrapar
cazar
calzarse
granjearse
hacerse con
merendarse
pescar
recoger
recolectar
salirse con
sacar partido
cantar victoria
sacar tajada
llegar y besar el santo
poner una pica en Flandes
sacar provecho

s. **producir** (V.)
elaborar
confeccionar
fabricar
manufacturar
transformar
preparar
ejecutar
realizar (V.)
crear (V.)
hacer
salir (V.)

(V. **obtención**)

a. *fracasar*
frustrarse
descuidar
desatender
perder
desperdiciar
ceder

obtento

(V. **renta**)

obturación

(V. **obstrucción**)

obturador

s. **cierre** (V.)
tapa
tapón
válvula (V.)
taco
corcho
espiche
tarugo
oclusivo

s. **disco** (V.)
placa
cortinilla

(V. **obturación**)

a. *escape*
abertura

obturar

(V. **obstruir**)

obtuso

s. chato
mellado
mocho
romo (V.)
despuntado
boto
porro
achaflanado

s. **torpe** (V.)
lerdo
ceporro
zote
limitado (V.)
memo
cebollo
cebollino
rufo
tardo (V.)
cerril
cerrado
burro
zafio
tosco
tonto
memo
estúpido

s. ángulo obtuso
triángulo obtuso

a. *puntiagudo*
agudo
inteligente
listo
vivo

obús

s. granada
proyectil (V.)
cañón
mortero
arma (V.)

obvención

s. **retribución** (V.)
gratificación
propina
remuneración
emolumento
gaje (V.)
plus
premio
subsidio
utilidad
rendimiento

a. *descuento*
deducción

obvencional

(V. **retributivo**)

(V. **subsidiario**)

obviar

s. rehuir
apartar
evitar
prevenir
remover
quitar de en medio
eludir (V.)
zanjar
remediar
escurrir el bulto
esquivar
soslayar (V.)
sortear (V.)
orillar

s. **obstar** (V.)

a. *entorpecer*
afrontar
avenirse

obvio

s. llano
sencillo (V.)
fácil
claro (V.)
notorio
manifiesto
hacedero
visible
patente
evidente (V.)
corriente
ejecutable
libre
cierto
comprensible
palmario
indiscutible (V.)

a. *difícil*
incomprensible
raro
confuso
dudoso
discutible

obyecto
(V. **interpuesto**)

(V. **objeción**)

(V. **réplica**)

oc
(V. **lengua**)

oca
s. **ave** (V.)
ánsar
ánade
anadón
anadino
anadeja
ansarón
ansarino
juta
auca
quetro
ganso
pato (V.)

s. **juego** (V.)
cartón
casillas
ríos
pozos
dado

ocasión
s. **coyuntura** (V.)
momento (V.)
oportunidad (V.)
época
tiempo (V.)
sazón (V.)
hora
circunstancia (V.)
casualidad (V.)
posibilidad (V.)
congruencia
encrucijada
lance
resquicio
lugar (V.)
ocurrencia
suceso (V.)
trance (V.)
fecha
situación (V.)
particularidad
eventualidad
coincidencia (V.)
incidencia
medio
resquicio (V.)
proporción (V.)
comodidad
vez (V.)
asidero
margen
pretexto (V.)
tris
motivo (V.)
pie
materia (V.)
peligro
riesgo
aventura
evento
albur
amenaza
exposición

s. **ganga** (V.)
baratura
momio
breva
negocio
mina
sinecura
saldo (V.)
provecho
facilidad (V.)
ventaja (V.)
oportunidad

s. coger la ocasión por los pelos
comprar algo de ocasión
aprovechar la ocasión
con ocasión de
no haber ocasión
dejar escapar la ocasión
dar ocasión
en algunas ocasiones
quitar la ocasión

r. La ocasión la pintan calva ■ La ocasión hace al ladrón ■ Quien quita la ocasión quita el peligro ■ La ocasión llega, llama y no espera ■ La ocasión no admite dilación

a. *carestía*
perjuicio
desventaja

ocasional
s. adventicio
circunstancial
eventual (V.)
esporádico
casual (V.)
provisional
fortuito
accidental (V.)
contingente
temporal
incidental (V.)

(V. **ocasión**)

a. *causal*
general
permanente
intencionado
voluntario

ocasionar
s. **originar** (V.)
causar (V.)
irrogar (V.)
producir
suscitar
acarrear (V.)
acontecer
traer (V.)
sobrevenir
determinar
crear
costar (V.)
motivar (V.)
excitar
mover
promover
provocar (V.)
soliviantar

s. **arriesgar** (V.)
aventurar
exponer
poner en peligro
correr un riesgo

(V. **ocasión**)

s. *apaciguar*
impedir
precaver-se
evitar
obstaculizar

ocaso
s. puesta de sol
anochecer
atardecer (V.)
crepúsculo vespertino
caída de la tarde
oscurecer

s. oeste
occidente (V.)
poniente

s. **decadencia** (V.)
acabamiento
postrimería
declivio
declinación
decaimiento
descaimiento
menoscabo
languidecimiento
terminación
cese
cesación
menopausia (V.)
desaparición
muerte (V.)
desmoronamiento (V.)
vejez (V.)

a. *amanecer*
este
oriente
esplendor
comienzo
auge

occidental
s. ponentino
ponentisco
hespérido

a. *oriental*

occidente
s. **oeste** (V.)
poniente
ocaso (V.)

a. *oriente*

occipucio
(V. **cogote**)

(V. **nuca**)

occisión
(V. **muerte**)

occiso
(V. **muerto**)

oceánico
s. **marítimo** (V.)
marino
atlántico
marinero
abisal
náutico
naval
transatlántico
pelágico

(V. **océano**)

a. *terrestre*
continental

oceánida, s
(V. **ninfa, s**)

océano
s. **mar** (V.)

s. **inmensidad** (V.)
extensión
grandeza
vastedad
infinidad
infinitud
piélago

s. océano Atlántico
océano Pacífico
océano Índico
océano Boreal
océano Austral

oceanografía
s. **ciencia** (V.)
batimetría
agua
mar
fondo marino
relieve o topografía marinos
biología marina
zoogeografía

s. sedimentación
mareas
flora
fauna

s. botella hidrográfica
botella Nansen
botella Van-Dorhn
termómetro de inmersión
corrontómetro
mareógrafo
perforador
draga
manga
filtrador
televisión submarina
buque oceanográfico
batíscafo
batiscopio
batímetro
batómetro
batireómetro
batitermógrafo
batisfera

(V. **océano**)

ocelo
(V. **ojo**)

(V. **mancha**)

ocio
s. ociosidad
desocupación (V.)
asueto
reposo
quietud (V.)
inacción
descanso (V.)
holgazanería (V.)
inactividad (V.)
holganza (V.)
vaguería
molicie
vagancia
abstención
descuido
tregua
retiro (V.)
gandulería
bausa
barzón
jubilación
huelga
abandono
dejadez
vagar (V.)
satis
punto
horas muertas
ratos perdidos
galbana
bordonería
vidorra (V.)
disponibilidad
domingo
vacación (V.)
veraneo (V.)
pasatiempo (V.)
entretenimiento
diversión
recreo
espera

s. perder el tiempo
la buena vida
vago de real orden

r. Ocio, ni para descansar ■ La ociosidad es madre de todos los vicios ■ Para los que viven mano sobre manos, siempre es Domingo de Ramos

a. *actividad*
trabajo
diligencia
ímpetu

ociosidad
(V. **ocio**)

ocioso
s. inocupado
cesante (V.)
inactivo (V.)
quieto (V.)
vacante
descansado
desocupado
jubilado
contemplativo
inerme
parado

s. perezoso
vago (V.)
gandul
polizón (V.)
holgazán
capigorrón
haragán
holgado
desaplicado (V.)
candiletero
vagabundo
zanguayo
zangón
bausán
bordonero
azotacalles
indolente (V.)
calmoso
reposado
lánguido
torreznero

s. **inútil** (V.)
insubstancial
vano
estéril
baldío
insignificante
señorito
vacío
innecesario (V.)
inservible
ineficaz
infecundo
despreciable
mandria
tumbado a la bartola
papando moscas
mirando a las musarañas
con la boca abierta
vago de real orden
paseársele el alma por el cuerpo
más quieto que un poste

r. A mocedad ociosa, vejez trabajosa ■ Cuerpo tendido no cría comba ■ Quien huelga, no medra

(V. **ocio**)

a. *activo*
trabajador
diligente

oclocracia
(V. **gobierno**)

(V. **plebe**)

ocluir-se
(V. **cerrar-se**)

(V. **obstruir-se**)

oclusión
(V. **obstrucción**)

(V. **cierre**)

ocote
(V. **pino**)

ocozoal
(V. **serpiente**)

ocre
s. sil
tostado
pardo (V.)
amarillento
almagre
amarillo (V.)
barquillo
ante
beige
caqui
canela
crudo
crema
tabaco
terroso
sepia
hueso
habana
marfil
manteca
nogal
moreno
siena
paja
color (V.)

s. bazo
calamocha

octavilla
s. cuartilla
hoja
panfleto
libelo
folleto
pasquín
nota
escrito
propaganda
impreso (V.)

s. **estrofa** (V.)

octavín
(V. **flautín**)

octogenario
(V. **anciano**)

ocular

s. **lente** (V.)
cristal
vidrio

s. **visual** (V.)
palpebral
oftálmico
oftalmológico

(V. **ojo**)

oculista

s. **médico** (V.)
oftalmólogo
óptico

(V. **ojo**)

ocultación

s. ocultamiento
encubrimiento
enmascaramiento (V.)
vela (V.)
camuflaje (V.)
mimetismo (V.)
disfraz (V.)
disimulo (V.)
transposición
desfiguración
negación (V.)
emboscamiento
envoltura
soterramiento

s. **desaparición** (V.)
apartamiento
enclaustramiento
arrinconamiento
eclipse (V.)
desaparecimiento
clandestinidad (V.)
incógnito
secreto (V.)
misterio (V.)
anónimo
engaño (V.)
encierro
reconditez (V.)
doblez
discreción
arcano
enigma
entresijo (V.)
incógnita
interioridades
intríngulis
sigilación
paliación (V.)
sigilo (V.)
subrepción
reticencia
estratagema
silencio
recato
omisión
obrepción
subrepción
emboscada

s. escondrijo
madriguera
nido
nidal
escondite (V.)
huronera
rincón
refugio
tesoro
sanctasanctórum
ladronera
latebra
cachulera

s. **careta** (V.)
rebozo (V.)
máscara
pantalla (V.)
biombo (V.)
cortina (V.)
tapujo
nube
tapadera (V.)
tapa
velo (V.)

a. *manifestación*
aparición
descubrimiento
exposición
presencia
notoriedad
publicidad
ostentación
gala
alarde
exhibición

ocultamiento

(V. **ocultación**)

ocultar-se

s. **esconder** (V.)
tapar (V.)
encerrar
disimular (V.)
fingir (V.)
encubrir (V.)
cubrir
engañar (V.)
recubrir
cifrar
camuflar
velarse (V.)
celar (V.)
enterrar (V.)
envolver
entapujar
desaparecer
disfrazar (V.)
embozar (V.)
guardar
atesorar
encapotar
cerrar
echar la llave
enclaustrar
transponer
hacer furo
emparedar (V.)
sepultar
soterrar
encovar (V.)
internar
retirar
solapar (V.)
recatar (V.)
encapuchar
zaboyar

s. **callar** (V.)
omitir (V.)
abismar
negar (V.)
sacramentar (V.)
silenciar
enmudecer

s. **hurtarse** (V.)
emboscarse (V.)
zafarse
hundirse
achantarse
zambullirse
desaparecer
obscurecer-se (V.)
encavarse
amagarse
esconderse (V.)
internarse
trasconejarse
sepultarse
eclipsarse (V.)
salvar-se (V.)
ponerse a resguardo
guardar la cara
no dar la cara
guardar el incógnito
hacer la agachadiza
ocultarse a las miradas
andar con zapatos de fieltro
haber gato encerrado

(V. **ocultación**)

a. *manifestar*
decir
descubrir
destapar
publicar
exhibir

ocultismo

s. **espiritismo** (V.)
metapsíquica
teosofía
cábala
gnosis
alquimia
prestidigitación
mitología
superstición
predicción
adivinación
hechicería (V.)
astrología

s. telepatía
levitación
arcano
magia

oculto

s. ocultado
ignorado (V.)
disimulado (V.)
profundo
escusado
callado (V.)
encubierto
repuesto (V.)
retirado (V.)
clandestino (V.)
encubridizo
camuflado
disfrazado
misterioso (V.)
laberíntico
impenetrable
incognoscible
indescifrable
inaveriguable
cifrado
invisible
implícito
larvado
recóndito
escondido (V.)
encerrado (V.)
tapado
enmascarado
emboscado
agazapado
apostado (V.)
disfrazado
embozado (V.)
eclipsado
desaparecido
obscuro
tenebroso
negro
hermético
cerrado
latebroso
desconocido
inédito
latente (V.)
sinuoso
soterrado
furtivo (V.)
secreto (V.)
profundo
enterrado
enclaustrado
internado
socavado
sepultado
sibilítico
incomprensible (V.)
abstruso
subrepticio (V.)
esotérico (V.)
anónimo (V.)
confidencial
en secreto
al oído

(V. **ocultación**)

a. *visible*
notorio
manifiesto
descubierto
desenterrado
patente
expuesto
mostrado
exhibido
público
exteriorizado

ocupación

s. **actividad** (V.)
quehacer (V.)
labor
acción
diligencia
faena
tarea
trabajo (V.)
afán
deber
función
cometido (V.)
actuación
asunto (V.)
negocio (V.)
ejercicio
ejercitación
tráfago
dependencia
embargo
obligación
fajina
trajín (V.)
acomodo (V.)
acudidero
atención
cargo
oficio (V.)
profesión (V.)
ciencia
arte
destino
colocación (V.)
carrera
empleo (V.)
enchufe
prebenda (V.)
menester (V.)
puesto
servicio
recado
conducta
proceder
deporte
sacerdocio
industria
ministerio

s. apoderamiento
toma
conquista (V.)
adueñamiento
dominación
usurpación (V.)
apropiamiento
adquisición
robo
maquis
colaboracionismo (V.)
quisling
resistencia

a. *desempleo*
ocio
paro
inactividad
cese
dimisión
renuncia
abandono
abdicación
holganza
vacación
licencia
permiso
liberación

ocupado

s. **atareado** (V.)
agobiado (V.)
abrumado
empleado
lleno
azacaneado
enfrascado
abismado
aperreado
engolfado
aplicado
apurado
atosigado
embebido
ajetreado
pleno
preñado
obstruido (V.)
dedicado

s. activo
trabajador (V.)
diligente
laborioso

s. invadido
conquistado (V.)
tomado
asaltado
capturado
apresado
despojado

(V. **ocupación**)

a. *desocupado*
libre
ocioso
zanguayo
vago
parado
holgazán
tranquilo
cómodo
inactivo
resistente
maquis

ocupante

(V. **habitante**)

(V. **inquilino**)

(V. **enemigo**)

ocupar-se

s. **trabajar** (V.)
atarearse (V.)
aplicarse
dedicarse (V.)
ponerse
consagrarse
entregarse
darse a
echarse
enfoscarse
enfrascarse (V.)
dejarse
embalumarse (V.)
engolfarse
vacar
responsabilizarse
atarearse
dejarse

s. **apoderarse** (V.)
conquistar (V.)
invadir (V.)
enseñorearse (V.)
adueñarse
apropiarse
coger (V.)
usurpar
tomar posesión

s. **ejercer** (V.)
profesar
emplear (V.)
encargar
comisionar
manipular
atender
servir (V.)
abarcar
extenderse (V.)
industriar
comerciar
intervenir
actuar
desempeñar (V.)
ministrar
darse de alta
entrar en
echar por
maniobrar
funcionar
cumplir su obligación
entrar en funciones
hacer ejercicio
dedicarse al arte
operar
tomar parte
quemarse las cejas
romperse la cabeza
traer entre manos
estar ocupado
ocupar una posición
tener vocación
ejercer la carrera
estar colocado

s. **llenar** (V.)
habitar (V.)
vivir
colmar
poseer
instalarse
acomodarse
establecerse (V.)
situarse
estorbar (V.)
embarazar
molestar
embalumar

s. considerar
meditar (V.)
examinar
reflexionar

(V. **ocupación**)

a. *holgazanear*
dejar
abandonar
descansar
salir
desocuparse
deshabitar
desentenderse
liberar
ceder
echar
despedir
facilitar

ocurrencia

s. **emergencia** (V.)
acaso
coyuntura
acaecimiento
suceso (V.)
acontecimiento
encuentro
ocasión (V.)
contingencia
oportunidad

s. **agudeza** (V.)
chiste (V.)
idea (V.)
frase
cosa
pensamiento
caída

(cont.)

salida (V.)
pronto
jangada
golpe (V.)
dicho (V.)
viveza
sagacidad
picardía
ingenio (V.)
perspicacia
fantasía
imaginación (V.)
inspiración
originalidad
donaire
gag (cine)
lenguaje (V.)

a. *necedad*
torpeza

ocurrente
s. **ingenioso** (V.)
agudo
chistoso
dicharachero
oportuno (V.)
chusco
sagaz
inspirado
regocijante (V.)
gracioso (V.)
salado (V.)
genial (V.)
decidor

(V. **ocurrencia**)

a. *despistado*
soso
ganso
patoso
torpe

ocurrir-se
s. pasar
suceder (V.)
acontecer
acaecer
sobrevenir (V.)
venir
salir (V.)
ocasionar
verificarse
efectuarse
terciarse
resultar (V.)
cumplirse
tener lugar
darse una cosa
darse una circunstancia

s. **ofrecerse** (V.)
mediar (V.)
prevenirse (V.)
anticiparse (V.)
acertar (V.)
salir al encuentro
asaltar (V.)
saltear (V.)
estallar

s. acudir
recurrir (V.)

s. **coincidir** (V.)
concurrir (V.)

s. pensar
imaginar (V.)
antojarse (V.)
pasar por las mientes
proyectar
suponer
idear (V.)

(V. **ocurrencia**)

a. *fallar*
frustrar

oda
s. cántico
verso
loa
exaltación
glorificación
poema (V.)
alabanza
apología

odalisca
(V. **esclava**)

odiar-se
s. **antipatizar** (V.)
aborrecer
repugnar (V.)
maldecir
reñir (V.)
abominar
execrar
desamar
entirriar
detestar (V.)
discutir
devorarse (V.)
enemistar
tener ojeriza
tener mala voluntad
tener tirria
indigestársele a alguien
estomagar
querer mal
mirar con malos ojos
tener entre ojos
mirar mal
ser incompatible
guardar rencor
guardársela a uno
ser enemigo acérrimo
tener aversión a
dar de patadas
no poder sufrir a alguien
no poder ver a alguien ni en pintura
odiar con los cinco sentidos

(V. **odio**)

a. *amar*
agradar
atraer
simpatizar
apreciar

odio
s. **abominación** (V.)
animosidad (V.)
repugnancia (V.)
resentimiento
rencor (V.)
aversión (V.)
manía
tirria (V.)
tema
aborrecimiento (V.)
desamor (V.)
disfavor
ira
hiel (V.)
envidia
inquina
enemistad
sensación (V.)
malquerencia (V.)
fila
livor
odiosidad
desprecio
fobia
acrimonia
rabia
xenofobia (V.)
saña
hincha
querella
incompatibilidad
hostilidad
ojeriza
antipatía
encono

a. *amor*
simpatía
afecto
agrado
cariño
ternura
adoración
idolatría
ley
devoción
inclinación
querer
enamoramiento

odioso
s. **antipático** (V.)
irritante
repugnante
repelente (V.)
enemigo
detestable (V.)
execrable
desamable
vitando
hostil
malévolo
impopular
indigno
rencoroso
adversario
aborrecible
duro
injusto

(V. **odio**)

a. *estimado*
simpático
agradable
atrayente
amistoso
adorable
entrañable

odisea
s. **penalidad** (V.)
trabajos
afanes
aventura
hazaña
empresa
riesgo
tragedia
drama
sufrimiento (V.)
martirio
sacrificio
persecución
éxodo
fuga
huida

a. *dicha*
felicidad
paz

odómetro
s. podómetro
contador (V.)
taxímetro

odontalgia
(V. **dolor**)

(V. **diente**)

odontología
s. odontotecnia
odontogenia
medicina (V.)
diente (V.)
estomatología
ortodoncia
periodoncia
prostodoncia
endodoncia
paidodoncia
cirugía bucal
patología bucal
dentistería

s. odontorragia
odontoma
absceso
picadura
caries
flemón
mella
melladura
sarro
tártaro
limosidad
guijón
piorrea
neguilla
neguijón
toba
tosca

s. extracción
cemento
puente
corona
empaste
prótesis

s. fresa
torno
descarnador
orificador
botador
rizagra
pelícano
pulicán
llave
gatillo

odontólogo
s. estomatólogo
dentista (V.)
médico-dentista

(V. **odontología**)

odorante
(V. **odorífero**)

odorífero
s. odorante
odorable
aromático (V.)
oloroso
fragante
balsámico
perfumado
odorífico

(V. **olor**)

a. *desodorante*

odorífico
(V. **odorífero**)

odre
s. odrina
pellejo (V.)
boto
cuero
bota (V.)
azacán
botillo
zaque
corambre
cantimplora
borracha
barquino
zaca
fuelle
piezgo
recipiente (V.)

s. empegar
desempegar
empajolar
encerotar

s. **borracho** (V.)

a. *sobrio*

odrería
s. botería
pipería
botamen

(V. **odre**)

odrina
(V. **odre**)

oesnoroeste
(V. **horizonte**)

(V. **viento**)

oessudoeste
(V. **horizonte**)

(V. **viento**)

oeste
s. **occidente** (V.)
ocaso
poniente
ueste
horizonte (V.)

s. **viento** (V.)

a. *oriente*
este
levante
saliente
naciente

ofendedor
(V. **ofensor**)

ofender-se
s. **agraviar** (V.)
ultrajar
infamar (V.)
arrollar
herir (V.)
espinar
vulnerar (V.)
faltar
baldonar
denostar
afrentar (V.)
maltratar (V.)
atropellar
provocar
molestar
injuriar (V.)
insultar (V.)
difamar
atacar
deshonrar (V.)
vilipendiar
humillar (V.)
recriminar
zaherir (V.)
improperar
fastidiar
jorobar
chinchar
atormentar
contrariar
renegar
contrapuntear
desplacer
enojar
desagradar (V.)
jeringar
burlar
delinquir (V.)
insolentarse
despreciar
desairar
escarnecer
menospreciar
despreciar (V.)
vejar (V.)
dañar
agredir
denigrar
faltar
renegar
lastimar (V.)
provocar
abochornar
descomedirse
desacreditar (V.)
avergonzar (V.)
golpear

s. **molestarse** (V.)
disgustarse
amoscarse
amostazarse
picarse (V.)
resentirse (V.)
irritarse
incomodarse
enfadarse (V.)
saltar
brincar
mosquearse
escamarse
sospechar
recelar
coscarse

s. zurrar la badana
mojar la oreja
sacar la lengua
sacar de quicio
poner como chupa de dómine
poner las orejas coloradas
sacar los trapos sucios
decir sapos y culebras
dar una bofetada
escupir en la cara
poner como un trapo
soltarse la lengua
poner como no digan dueñas
poner de vuelta y media
maltratar de palabra
tener unas palabras
faltar al respeto
tomar a mal
sentirse herido
llevar a mal
darse por sentido
darse por ofendido
tomar a pecho
tomar por donde quema

(V. **ofensa**)

a. *elogiar*
apreciar
alabar
estimar
mimar
acariciar
amistarse
congraciarse
sosegarse

ofendículo
(V. **obstáculo**)

ofendido
s. insultado
ultrajado
picado
picajoso
quejoso
resentido
rencoroso
amoscado
mosqueado
escamado
receloso
reservado
afrentado
molesto
sospechoso
sospechante
incomodado
agraviado
burlado
molesto
injuriado
reticente
vituperado
susceptible
quisquilloso
humillado (V.)
herido
despreciado
zaherido
vilipendiado

s. darse por ofendido

(V. **ofensa**)

a. *alabado*
elogiado
honrado
ensalzado
confiado
franco
apreciado
estimado
querido

ofensa
s. contumelia
injuria (V.)
agravio
insulto (V.)
sobra
resentimiento (V.)
herida (V.)
afrenta (V.)
zaherimiento
descomedimiento
inri
diatriba
oprobio
delito (V.)
crimen (V.)
tuerto
baldón
desaire
agraviamiento
burla
irrisión
descaro
irreverencia (V.)
impertinencia (V.)
inconveniencia
demasía
invectiva
ultraje
dicterio
vituperio
insolencia (V.)
atrevimiento
desvergüenza
palabrota
palabrada
ofensión
sonrojo
vejamen (V.)
desprecio (V.)
entuerto
amostazamiento
daño (V.)
vilipendio
humillación (V.)
vejación (V.)
escarnio (V.)
anónimo
coz
grosería (V.)
desaguisado
descuerno
burrada
tarascada
menosprecio (V.)
rabotada
crudeza
pulla
puyazo
pinchazo
chocarrería
crudeza
descortesía (V.)
desalabanza
reniego
bestialidad
maldición
blasfemia (V.)
provocación (V.)
improperio
maltrato
salvajada
picardía
obscenidad
palabras gruesas
palabras mayores
palabras malsonantes

a. *elogio*
alabanza
mimo
caricia
reverencia
devoción

ofensión
(V. **agravio**)

(V. **daño**)

(V. **molestia**)

ofensiva
s. **ataque** (V.)
agresión
asalto
acometida
empuje
irrupción
arremetida
marcha
invasión
incursión
correría
embate
lucha
combate
guerra

a. *retirada*
huida
fuga
resistencia

ofensivo
s. **injurioso** (V.)
denigrante
ultrajante (V.)
ultrajoso
humillante (V.)
afrentoso
degradante
bochornoso
indigno
vilipendioso
vituperioso
vejatorio (V.)
agravioso
agravante
insultante (V.)
agresivo
dañoso
insolente (V.)
contumelioso
ignominioso
mortificante (V.)
duro
sangriento
sangrante
irrespetuoso
grosero (V.)
malsonante
molesto (V.)
irritante
ofendedor
ofensor (V.)
infamante

(V. **ofensa**)

a. *inofensivo*
agradable
inocuo
elogioso

ofensor
s. **irrespetuoso** (V.)
ofendedor
agresivo (V.)
agraviador
injuriador
injuriante
baldonador
denostador
insultador
humillador
ultrajador (V.)
violador (V.)
sangriento
renegador
afrentador
dañoso
ponzoñoso
perverso
descomedido
ofensivo (V.)

(V. **ofensa**)

a. *alabador*
elogiador
respetuoso

oferente
s. **donante** (V.)
dador
donador
legador
donatario
generoso (V.)
espléndido
prometedor
obsequioso

(V. **ofrenda**)

(V. **oferta**)

a. *receptor*
avaro
cicatero

oferta
s. **ofrecimiento** (V.)
promesa (V.)
presente

s. **voto** (V.)
dádiva
don
donativo
invitación (V.)
convite
dedicatoria
manda
ofrenda (V.)
estipulación
regalo
consagración
proposición (V.)
propuesta
compromiso
garantía
obligación

s. **venta** (V.)
puja (V.)
precio

a. *aceptación*
demanda
compra

ofertar
(V. **ofrecer**)

ofertorio
(V. **misa**)

office
(V. **oficio**)

oficial
s. **estatal** (V.)
autorizado
oficioso (V.)
público (V.)
divulgado (V.)
legal (V.)
gubernativo
gubernamental
administrativo
representativo
nacional
formal (V.)
reconocido

s. escribiente
empleado
funcionario (V.)
secretario
encargado
experto
mancebo

s. **militar** (V.)
sobrecargo
alférez
teniente (V.)
capitán

s. subalterno
menestral
artesano
trabajador (V.)

s. **concejal** (V.)
regidor
alcalde

s. **carnicero** (V.)
tablajero

s. **verdugo** (V.)

s. oficial mayor
estudiar por oficial

a. *privado*
particular

oficiante
s. preste
sacerdote (V.)
celebrante
misacantano

oficiar
s. **celebrar** (V.)
solemnizar
concelebrar
cantar misa
decir misa
ayudar
salmodiar (V.)

s. **actuar** (V.)
ejercer
ejecutar
realizar
intervenir
terciar
mediar
arbitrar
prestarse
avenirse
hacer de

s. **comunicar** (V.)
informar

(V. **oficio**)

a. *abstenerse*
inhibirse
silenciar

oficina
s. **despacho** (V.)
escritorio (V.)
bufete
administración
comisaría
estudio
laboratorio
agencia
departamento
ministerio
negociado
secretaría (V.)
subsecretaría
dirección
subdirección
habilitación
intervención
tesorería
caja
contaduría
contabilidad
cancillería (V.)
gobierno
intendencia
inspección
centro
organismo
prefectura (V.)
comandancia
capitanía
ayundantía
notaría
aduana
registro
archivo
legación
decanato
delegación
casa (V.
covachuela
factoría
taller
gabinete
gimnasio
imprenta
obraje

oficinal
(V. **medicinal**)

(V. **farmacéutico**)

oficinesco
(V. **burocrático**)

oficinista
s. **escribiente** (V.)
empleado (V.)
burócrata
chupatintas
covachuelista
oficial
funcionario
auxiliar
ayudante
pasante
amanuense
cagatintas
dependiente
tenedor de libros
cajero
mecanógrafo
taquígrafo
estenógrafo
dactilógrafo
taquimecanógrafo
jefe de administración
jefe de negociado
secretario (V.)
oficial mayor

(V. **oficina**)

oficio, s
s. **profesión** (V.)
ocupación (V.)
empleo
arte
artesanía
cargo
ministerio
trabajo (V.)
industria
comercio
acción
gestión (V.)
función (V.)
labor (V.)
quehacer
menester
tarea
mester
actividad (V.)
colocación
puesto
destino
plaza
acomodo
papel
beneficio

s. artesano
obrero
artífice
menestral
transportista
maquinista
fogonero
bombero
conductor
telefonista
teletipista
telegrafista
radiotelegrafista
cartero
mensajero
recadero
cuartillero
cobrador
taquillero
hilandero
tejedor
tintorero
bobinador
ajustador
espartero
sastre
cortador
peletero
modista
sombrerero
tapicero
modelista
bordador
hormero
zapatero
talabartero
guarnicionero
fundidor
laminador
trefilador
moldeador
matricero
recocedor
templador
herrero
martillador
forjador
estirador (metales)
mecánico de precisión
relojero
joyero
orfebre
platero
fontanero
soldador
galvanizador
ajustador mecánico
montador mecánico
mecánico reparador
chapista
armador
electricista

(cont.)

reparador de radio y televisión
antenista
reparador de electrodomésticos
carpintero
ebanista
aserrador
tonelero
trabajador del corcho
pintor
empapelador
estuquista
decorador
albañil
solador
yesero
vidriero
cementador
techador
calderero
ajustador de tubos
cajista
impresor
tipógrafo
corrector de pruebas
estereotipador
electrotipista
grabador de imprenta
fotograbador
encuadernador
alfarero
ceramista
moldeador de vidrio
moldeador de arcilla
moldeador tallista
esmerilador de vidrio
pulidor de vidrio
decorador
ceramista y vidriero
molinero
maquilero
panadero
pastelero
cervecero
vinatero
galletero
turronero
caramelero
heladero
barquillero
buñolero
churrero
bollero
confitero
repostero
chocolatero
salazonero
ahumador
congelador
cocedor
conservero
cocinero
matarife
carnicero
chacinero
salchichero
butifarrero
morcillero
tripicallero
choricero
lechero
requesonero
mantequero
quesero
harinero
catador de vinos
pescadero
destilador
moledor
calandrador
tostador
trabajador del papel
trabajador del cartón
trabajador del tabaco
tabaquista
cigarrero
cestero
confeccionador de neumáticos
vulcanizador
trabajador de plásticos
curtidor
desbastador
pellejero
fotógrafo
revelador
retocador
fabricante de instrumentos musicales
guitarrero
violero
organero
afinador
tallador de piedra
grabador en piedra litográfica
colchonero
guantero
empacador
etiquetador
ascensorista
operador cinematógrafo
operador de grúas
operador de montacargas
operador terraplenador
engrasador
aceitador
cargador
peón
guarda
mayordomo
sirviente
ama de llaves
camarero
mozo
cantinero
tabernero
limpiador
barbero
peluquero
maquillador
lavandero
planchador
limpiador en seco
embalsamador
enterrador
asentador
huevero
licorista
pelliquero
pielero
alfombrista
algodonero
bisutero
cacharrero
carbonero
cerero
cuchillero
encajero
ferretero
florista
frutero
horchatero
jabonero
jamonero
lencero
leñador
estanquero
pañero
papelero
tahonero
verdulero
saquero
mielero
piñonero
granjero
oleicultor
arrocero
horticultor
arboricultor
naranjero
viticultor
ganadero
avicultor
cunicultor
apicultor
floricultor
jardinero
bulbicultor
aceitunero
aceñero
agavillador
almariero
allegador
aparvador
aventador
azufrador
bieldador
desbarbador
escardador
guadañador
layador
podador
recogedor
recolector
segador
sembrador
sulfatador
vitivinicultor
despampanador
hortelano
olivarero
remolachero
trillador
vendimiador
viñador
agarrochador
apacentador
pastor
boyero
borriquero
cabestrero
cabrerizo
cabrero
capador
capador de colmenas
cebadero
mamporrero
mulero
ordeñador
porquerizo
potrero
trasquilador
vaquero
yuntero
yegüero
colmenero
enjambrero
sericicultor
injertador
abaleador
bracero
cavador
gavillador
regante
regador
vareador
acequiador
acequiero
albercador
alberquero
esquilador
establero
fumigador
aperador
perrero
cazador
zorrero
alimañero
trampero
montero
ojeador
pescador
pescador de alta mar
pescador de bajura
pescador de agua dulce
patrón de pesca
redero
almadrabero
atunero
angulero
mariscador
esponjero
arponero
mejillonero
piscicultor
ostricultor
leñador
hachero
descortezador
talador
escuadrador
aserrador de monte
cubicador
maderero
armadiero
ganchero
tronzador
carbonero
destilador
remasador
resinero
silvicultor
repoblador
guarda forestal
montanero
guardabosque
minero
cantero
barretero
picador (minas)
salinero
calcinero
perforador
chavetero
rozador
sondeador
barrenista
barrenero
cartuchero
entibador
pegador (minas)
ademador
aladrero
bolero (salinas)
escombrero
picapedrero
posteador (minas)
arenero
canalero
cablista
lampistero
prensador
terraplenista
terrerista
tolvero
zafrero
cochero
tartanero
acarreador
carrero
acemilero
arriero
carretero
volquetero
torrero
sirgador
cambiatroles
fanalero
semaforista

s. **herramienta** (V.)

s. **escrito** (V.)
comunicado
comunicación (V.)
breve
carta
memorándum
expediente
protocolo
registro
minuta
legajo
nota
manuscrito
despacho

s. office
antecocina
recocina

s. **rezo** (V.)
oración
oficio divino
completas
laudes
maitines
prima
tercia
sexta
nona
nocturno
salmo

s. de oficio
cada uno a su oficio
gajes del oficio
sin oficio ni beneficio
oficio de difuntos
oficio parvo
oficio de boca
auto de oficio
prebenda de oficio
oficio de república
oficio de escribano
Santo Oficio
consultor del Santo Oficio
buenos oficios
tener un buen oficio
oficio quita vicio

r. Oficio de concejo, honra sin provecho ▪ Oficio de manos, no le parten hermanos ▪ Quien tiene oficio, tiene beneficio ▪ Oficio ni traje, no manchan linaje ▪ No tomes por oficio, lo que el rico tiene por vicio ▪ Ni arroyo sin piedras ni oficio sin quiebras ▪ Quien sabe arte y tiene gracia, ninguna tierra le es madrastra

a. *desocupación*
paro
desempleo
inactividad

oficiosidad

s. **cuidado** (V.)
solicitud
diligencia
laboriosidad
aplicación
esmero
cumplimiento

s. **indiscreción** (V.)
entremetimiento (V.)
inoportunidad
entrometimiento
intrusión
discreteo (V.)
intromisión (V.)
mangoneo
mediación
charlatanería

a. *desinterés*
abandono
descuido
discreción
abstención

oficioso

s. cuidadoso
solícito
esmerado
complaciente (V.)
servicial (V.)
diligente
hacendoso
laborioso
acomedido
oficial

s. importuno
indiscreto (V.)
hazañero
entrometido
intruso
entremetido (V.)
intermediario
componedor
mediador
intercesor
charlatán
metija
chisgarabís
mangoneador

s. eficaz
provechoso (V.)
contundente
eficiente
activo
útil

s. manifacero
facilitón
simplista

(V. **oficiosidad**)

a. *descuidado*
abandonado
chapucero
discreto
ineficaz
indiferente

ofidio

(V. **reptil**)

ofrecer-se

s. **prometer** (V.)
ofrendar
ofertar
regalar
donar
dar (V.)
brindar (V.)
prestar (V.)
invitar (V.)
convidar
proponer (V.)
sugerir
insinuar
entregar
traer (V.)
obsequiar (V.)

s. **consagrar** (V.)
dedicar (V.)
sacrificar
resignarse
hacer votos

s. manifestar
mostrar (V.)
exponer
exhibir
enseñar
señalar
patentizar
presentar (V.)

s. **deparar** (V.)
procurar
proporcionar (V.)
vender (V.)
presentar
plantear
mandar (V.)

s. **entregarse** (V.)
rendirse
someterse
darse
servir (V.)
dedicarse (V.)
comprometerse (V.)
obligarse

(cont.)

s. presentarse
ocurrir (V.)
suceder
sobrevenir
antojarse

s. traer al retortero
decir con la boca chica
apuntar y no dar
meter por los ojos
tener en la memoria
ser todo jarabe de pico

(V. **ofrecimiento**)

a. *aceptar*
recibir
pedir
solicitar
rechazar
negarse
esconder
denegar

ofrecido

s. prometido
ofrendado
propuesto
brindado
invitado (V.)

s. dedicado
inmolado
consagrado
sacrificado (V.)

(V. **ofrecimiento**)

a. *denegado*
hurtado
negado
rechazado

ofrecimiento

s. **dedicación** (V.)
propuesta
promesa
promisión (V.)
prometimiento
oferta (V.)
proposición
invitación (V.)
palabra
convite
estipulación
envite (V.)
brindis (V.)

s. **puja** (V.)

s. compromiso
juramento
voto (V.)
ofrenda (V.)
dedicatoria (V.)
buenas palabras
el oro y el moro
música celestial
simple promesa
santa palabra
cumplido

a. *negación*
negativo
abstención
inhibición

ofrenda

s. presente
homenaje (V.)
ofrecimiento (V.)
sacrificio (V.)
donación
oferta (V.)
obsequio (V.)
regalo (V.)
dádiva
limosna
estipendio
servicio
demostración
honra
dedicatoria (V.)
voto (V.)
testimonio
acto
cumplido
premio
recompensa
compensación
sufragio (V.)
entrega (V.)
holocausto
renuncia

s. **oración** (V.)
exvoto (V.)
oblación (V.)
oblada
libación
libamiento
libamen
don
oblada
monda
novena (V.)
colibo
presentalla
roge
bodigo

a. *petición*
negativa
negación
repudio
rechazo
abstención
inhibición

ofrendado

s. votivo
entregado (V.)
dedicado
consagrado
sacrificado
inmolado
donado
brindado

(V. **ofrenda**)

a. *retenido*
rechazado
denegado

ofrendar

s. **ofrecer** (V.)
regalar (V.)
obsequiar
destinar
libar
ofrecer un exvoto
sufragar
sacrificar (V.)
contribuir
colaborar
ayudar
auxiliar

(V. **ofrenda**)

a. *denegar*
rechazar
abstenerse

oftalmía

(V. **inflamación**)

(V. **ojo**)

oftalmología

s. **medicina** (V.)
cirugía (V.)
ojo (V.)

s. cataratas
glaucoma
cargazón
blefaritis
conjuntivitis
coroiditis
ceguera
iritis
gota serena
leucoma
lagrimeo
tracoma
amaurosis
ambliopía
diplopía
exoftalmía
dacriocistitis
discromatopsia
retinitis
queratitis
surumpe
miosis
midriasis
sufusión
pesadez
ofuscamiento
fístula lagrimal
mancha
ectasia
escleritis
estafiloma

s. astigmatismo
presbicia
miopía
hipermetropía
acromatopsia
daltonismo
estrabismo
nictalopía
fotofobia

s. mosca
telaraña
tela
chiribitas
mancha
nube
musaraña
albugo
rija
berrueco
uva
uña
orzuelo
reparo
calaza
dragón
paño
pajazo
fosfeno
estafiloma
granizo

oftalmólogo

(V. **oculista**)

ofuscación

s. azoramiento
obcecación (V.)
ofuscamiento
alucinación (V.)
perturbación
alucinamiento
obscuridad (V.)
tinieblas
obstinación (V.)
confusión
equivocación (V.)
fascinación (V.)
ceguedad (V.)
obnubilación
velo
turbación
tartamudeo (V.)
trastorno
enajenamiento
enajenación
turbieza
imaginación (V.)
pasmo
pasión (V.)
locura (V.)
preocupación (V.)
alienación
luminosidad
incomprensión
error
deslumbramiento (V.)

a. *serenidad*
claridad
clarividencia
comprensión
desapasionamiento
flexibilidad
razón
lucidez
penetración
pesquis
agudeza
perspicacia
sagacidad

ofuscado

s. **obseso** (V.)
apasionado (V.)
ciego (V.)
deslumbrado
cegado
alucinado (V.)
terco
errado
equivocado
turbado
obcecado (V.)
perturbado
turbio
nebuloso
obnubilado
fascinado (V.)
confuso
enajenado
loco
maniático
maníaco
trabucado
confundido
tientaparedes
atolondrado (V.)
aturdido

(V. **ofuscación**)

a. *sereno*
claro
reflexivo
juicioso
objetivo
desapasionado
sensato
razonable
clarividente
lúcido
perspicaz
sagaz

ofuscamiento

(V. **ofuscación**)

ofuscar-se

s. **obsesionar** (V.)
obcecar
obstinarse
alucinar (V.)
confundir
obscurecer (V.)
cegar (V.)
perturbar (V.)
turbar
despistar
obnubilar
encandilar
entorpecer
atontar
abobar
embobar
embair
enajenarse
enloquecer
fascinar (V.)
conturbar
apasionar (V.)
deslumbrar (V.)
pasmar
sugestionar (V.)
engañarse (V.)
admirar (V.)
engañar
errar
desorientar (V.)
aturdir
trabucar (V.)
equivocarse (V.)
insistir
chiflar
tener una venda en los ojos
amontonarse el juicio
no saber por dónde se anda
perder el juicio
quedarse perplejo
ver visiones
no hacer cosa con cosa
no dar pie con bola
faltarle un tornillo

(V. **ofuscación**)

a. *serenar-se*
reflexionar
meditar
aclarar-se
esclarecer
discernir

ogro

s. **monstruo** (V.)
gigante
coloso
fantasmón
coco
espantajo

s. **feo** (V.)
horrible
horroroso
desagradable
repugnante
repelente

s. **feroz** (V.)
fiero
bárbaro
cruel (V.)
inhumano
salvaje
fierabrás
insociable
intratable

s. **glotón** (V.)
goloso
comilón

a. *hermoso*
pigmeo
enano
humano
sociable
amable
sobrio

¡oh!

s. ¡ah!
¡vaya!
¡vamos!
¡caramba!
¡huy!
¡cáspita!
¡arrea!
¡caray!
¡admirable!
¡estupendo!
¡maravilloso!
¡magnífico!
¡extraordinario!
¡pasmoso!

oíble

(V. **audible**)

oída, s

s. **audición** (V.)
auscultación
percepción
escucha

s. oído
escuchado
por referencias
por noticia
de oídas

a. *silencio*
sordera

oídio

s. **hongo** (V.)
cenizo
cenicilla
ceniza
ceñiglo

oído

s. **audición** (V.)
percepción
sentido (V.)
atención (V.)
escucha
aptitud

s. oreja
tímpano (V.)
estribo
yunque
caracol
trompa de Eustaquio
tambor
vestíbulo
alveario
cóclea
conducto auditivo externo
conducto auditivo interno
pabellón auricular
mastoides
membrana timpánica
rampa vestibular
rampa timpánica
nervio auditivo
laberinto

s. cera
cerumen
cerilla
endolinfa

s. otitis
otosclerosis
sordera
disecea
otorrea
otalgia
mastoiditos
otorrinolaringología
mondaoídos
escarbaorejas
mondaorejas

s. altavoz
trompetilla
auricular
estetoscopio

s. abrir los oídos
aguzar los oídos
ser todo oídos
dar oídos
aplicar los oídos
decir algo al oído
hacer oídos de mercader
no dar oídos
regalar a uno el oído
tener buen oído
tener mal oído
entrarle por un oído y salirle por otro
alargar el oído
al oído

(cont.)

r. A palabras necias, oídos sordos

s. duro de oído
¡oído al parche!
tardo de oído
duro de oído
zumbarle a alguien los oídos
cerrar los oídos a algo
decir al oído
llegar una cosa a oídos de alguien
pegarse al oído

a. *sordera*
silencio

oidor
s. auditor
juez (V.)
togado
ministro togado
magistrado (V.)

oír
s. **escuchar** (V.)
sentir (V.)
percibir (V.)
advertir
notar (V.)
auscultar
entreoír
trasoír
entender
enterarse
prestar atención
tener oído
ser todo oídos
aguzar las orejas
estar pendiente
no perder ripio
hacerse cargo
tener un oído de tísico
sentir crecer la hierba
afilar el oído
sentir el vuelo de una mosca
oír buenas razones
ser bien oído
como quien oye llover
oír campanas y no saber dónde
como lo oye usted
oír, ver y callar
no oírse el vuelo de una mosca
tener que oír

s. **atender** (V.)
admitir
otorgar
conceder
acceder
prestar oídos
acoger (V.)

(V. **oído**)

a. *desoír*
ignorar
desconocer
ensordecer
aturdir

ojal
s. ojete
presilla
alamar
agujero (V.)
abertura (V.)
corte
fiador
ollado
ojaladura
recamo
brandeburgos
ollao

¡ojalá!
s. ¡amén!
¡que así sea!
¡Dios lo quiera!
¡que ocurra!
¡que suceda!

ojeada
s. **mirada** (V.)
vistazo
intuito
atisbo
visura
vista
columbrón
atisbadura
repaso

s. echar una ojeada

(V. **ojo**)

a. *descuido*
inatención

ojeador
s. **vigía** (V.)
mirón
observador
cazador (V.)
montero
batidor
acosador
ahuyentador

(V. **ojeo**)

ojear
s. **cazar** (V.)
acosar
batir (V.)
levantar
montear
perseguir
espantar (V.)
echar
alejar
apartar
asustar
acorralar

s. **mirar** (V.)
vigilar
fisgar
examinar
repasar
guipar
trasojar
atisbar
columbrar
divisar
inspeccionar (V.)

s. aojar
embrujar (V.)
encantar

(V. **ojeo**)

a. *atraer*
descuidar
abandonar
despreocuparse
exorcizar

ojeo
s. acoso
batida (V.)
acorralamiento
seguimiento
persecución
ahuyentamiento
caza (V.)

ojera, s
s. mancha
círculo
cerco (V.)
marchitez
moradura

(V. **ojo**)

ojeriza
s. **aborrecimiento** (V.)
odio
enemistad
manía
tirria
antipatía (V.)
inquina
resentimiento
enemiga
aversión (V.)
animosidad
fobia
ira
furia
desprecio
rencor
atragantamiento
fila
tema
enojo
hincha
animadversión
mala voluntad
roña
cocolía

a. *simpatía*
cariño
afición
amistad

ojeroso
s. trasojado
ajado
marchito (V.)
macilento
pálido
exangüe
triste (V.)
agotado
ojerudo

(V. **ojeras**)

a. *fresco*
lozano
alegre
animado

ojete
s. **agujero** (V.)
ojal
ollao
ollado
abertura

s. **ano** (V.)
esfínter

ojito
(V. **atención**)

(V. **cuidado**)

ojiva
(V. **arco**)

ojival
(V. **gótico**)

ojizaino
(V. **bizco**)

ojo, s
s. luceros
fanales
rayos
clisos
avizores
columbres
güellos
ocelo
brasas encendidas
vistoso
quemantes
visante

s. **lumbrera** (V.)
pupila (V.)
niña
globo
niñeta
iris
conjuntiva
córnea
córnea transparente
córnea opaca
aranea
adnata
genilla
esclerótica (V.)
lo blanco del ojo
humor ácueo
humor vítreo
cristalino
cámara anterior del ojo
cámara posterior del ojo
retina (V.)
nervio óptico
órbita
papila
cuenca
lagrimal
comisura
uña
bastoncillo
espongioblasto
carúncula lagrimal
rabo del ojo
rabillo del ojo
ángulo del ojo
pata de gallo
párpado
pálpebra
pestaña (V.)
ceja

s. ojos de besugo
ojos saltones
ojos hundidos
ojos tiernos
ojos blandos
ojos vivos
ojos rasgados
ojos inyectados
ojos lánguidos
ojos vivarachos
ojos turbios
ojos de carnero degollado

s. ojo de gallo
ojo de pollo
ojo de perdiz
ojo de boticario
ojo de buey
ojo del toro

s. astigmatismo
presbicia
miopía
hipermetropía
estrabismo
daltonismo
fotofobia
nictalopía
acromatopsia
glaucoma
cataratas
blefaritis
gota serena
conjuntivitis
leucoma
rija
amaurosis
ambliopía
cargazón
ceguera
coroiditis
diplopía
exoftalmía
miosis
midriasis
tracoma
retinitis
mosca
musaraña
nube
orzuelo
tela (V.)
telaraña
granizo
chiribitas
estafiloma
pajazo
legaña (V.)

s. colirio
abéñula
oftalmia

s. **ver** (V.)
mirar (V.)
pestañear
guiñar
cucar
entornar
abrir
cerrar
bizcar
bizquear
embizcarse
encandilar
hablar con los ojos
torcer la vista
trabar la vista
mirar de través
mirar de soslayo
mirar contra el gobierno
mirar de frente
hacer chiribitas los ojos
alegrársele a uno los ojos
tener a alguien entre ojos
ser el ojito derecho de alguien
bajar los ojos
mirar con buenos ojos
estar con cien ojos
bailarle los ojos
echar mal de ojo
salir por un ojo de la cara

s. la niña de los ojos
en un abrir y cerrar de ojos
ojo avizor
alzar los ojos al cielo
echar el ojo encima
taparse los ojos
tener el ojo más grande que la tripa
ojo por ojo, diente por diente
ser el ojo derecho de alguien
volver los ojos a alguien
no levantar los ojos
poner el ojo en algo
que salta a los ojos
mirar con el rabillo del ojo
no pegar ojo
no quitar ojo
no saber dónde tiene los ojos
no tener ojos más que para
ojos que te vieron ir
ver la paja en el ojo ajeno
como pedrada en ojo de boticario
poner los ojos en blanco
saltar algo a los ojos
a cierra ojos
a ojo
a ojo de buen cubero
a ojos cerrados
a ojos vistas
abrir los ojos a alguien
andarse con cien ojos
meterse por el ojo de una aguja
no cerrar los ojos
con mis propios ojos
cerrar los ojos a algo
en un abrir y cerrar de ojos
entre ojos
guiñar un ojo
como a los ojos de su cara
cuatro ojos
dar un ojo de la cara por algo
devorar con los ojos
mirar con otros ojos
hablar con los ojos
meter algo por los ojos a alguien
dormir con los ojos abiertos
¡dichosos los ojos!
encandilársele los ojos a alguien
hasta los ojos

s. **vista** (V.)
oftalmología (V.)
manantial (V.)

s. **agujero** (V.)
bocallave
malla
hondón (V.)
colador
tul
orificio

s. **arco** (V.)

s. **perspicacia** (V.)
sagacidad
intuición

s. **cuidado** (V.)
atención (V.)
tacto

r. Ojos que no ven, corazón que no siente
■ Más ven cuatro ojos que dos
■ Cría cuervos y te sacarán los ojos
■ El ojo del amo engorda al caballo

a. *ceguera*
tinieblas
torpeza
descuido

ojuelos
(V. **anteojos**)

okey
(V. **conforme**)

ola
s. **mar** (V.)
onda
cabrillas
palomillas
borregos
cachón
palomas
mareta
vaga
embate
embatada
oleada
ondulación
maretazo
rompiente
reventazón
marejada
roción
cabrilleo
escancana
escarceo
marola
resaca
marullo
trapisonda
tasca
buey
golpe de mar
batiente
s. **afluencia** (V.)
abundancia
aglomeración
a. *escasez*
falta

olaje
(V. **oleaje**)

oleada
s. **oleaje** (V.)
multitud (V.)
muchedumbre
masa
gentío (V.)
porrada
torbellino
raudal
caterva
nubarrada
nubarrón
agolpamiento
tropel (V.)
infinidad
(V. **ola**)
a. *escasez*
penuria
soledad
falta

oleaginoso
s. **aceitoso** (V.)
grasoso
grasiento
oleoso (V.)
pringoso
graso
pringue
oleario
aceitado
oleado
mantecoso
lubrificante
(V. **óleo**)
a. *seco*
astringente

oleaje
s. **escarceo** (V.)
olaje
oleada
ondulación
ondeo
marea
marejada (V.)
cabrilleo
marejadilla
marola
resaca (V.)
salsero
resalsero
chapullete
mar sorda
mar gruesa
mar alta
mar brava
mar de fondo
mar de leva
mar tendida
(V. **ola**)
a. *calma*
bonanza

olear
(V. **viaticar**)
(V. **sacramentar**)

óleo
s. **aceite** (V.)
olio
oleína
unto
lubrificante
s. Santos óleos
extremaunción (V.)
viático
sacramentos
s. pintura al óleo
andar al óleo
estar al óleo

oleoducto
s. **tubería** (V.)
conducción
transporte (V.)
pipe-line
s. pozo
sondeo
bomba
depósito
puerto
refinería
(V. **petróleo**)

oleografía
(V. **grabado**)

oleoso
s. oleaginoso
aceitoso (V.)
graseoso
grasoso
grasiento
graso
untoso
lipoideo
seboso
lubrificante
resbaladizo
suave
(V. **óleo**)
a. *seco*

oler-se
s. olfatear
olisquear
oliscar
percibir
ventear
sentir (V.)
notar
advertir
aspirar
gulusmear
husmear (V.)
gazmiar
ventar
barruntar
s. respirar
trascender
exhalar (V.)
olorizar
echar
transminar
remanar
arrojar
despedir (V.)
dar
desprender
emitir
s. odorizar
aromar
embalsamar
aromatizar (V.)
perfumar (V.)
sahumar
curiosear (V.)
inquirir
buscar
investigar
averiguar
perquirir
s. **apestar** (V.)
heder (V.)
carcavinar
corromper
atufar
viciar
asfixiar
ahogar
s. barruntar
sospechar (V.)
figurarse (V.)
recelar
temer
mosquearse
amoscarse
presumir
augurar
pronosticar
adivinar (V.)
s. **parecerse** (V.)
semejarse
s. oler donde guisan
no oler bien una cosa
oler a chamusquina
(V. **olor**)

olfacción
(V. **olfateo**)

olfatear
(V. **oler**)
(V. **rastrear**)
(V. **sospechar**)
(V. **curiosear**)

olfateo
s. merodeo
husmeo (V.)
pesquisa
averigüación (V.)
escudriñamiento
rastreo
curiosidad (V.)
investigación
s. **olfato** (V.)
venteo
olfacción
aspiración
exhalación
venteo
percepción
s. **sospecha** (V.)
barrunto
adivinación
(V. **olor**)
a. *desinterés*
abandono
desdén
descubrimiento

olfativo
(V. **olfatorio**)

olfato
s. percepción
sentido (V.)
olfateo
olfacción
venteo
s. tafo
fato
viento
s. **sagacidad** (V.)
instinto (V.)
intuición (V.)
perspicacia
astucia
inspiración
corazonada
sutileza
penetración
(V. **olor**)
a. *insensibilidad*
torpeza
entumecimiento

olfatorio
s. olfativo
odorífero
oledero
odorífico
oliente
acre
agudo
subido
alegre
sensorial (V.)
oloroso
(V. **olfato**)
a. *inodoro*
desodorante
neutro

olíbano
(V. **incienso**)
(V. **gomorresina**)

oligarquía
s. **gobierno** (V.)
(de minorías)
pandilla
círculo
camarilla
autocracia
triunvirato
a. *democracia*

oligofrenia
s. idiocia
idiotez (V.)
retraso mental
imbecilidad (V.)
infantilismo
a. *desarrollo*
inteligencia

olimpíada
s. **juego** (V.)
fiesta
competición (V.)
justa
prueba
s. **atletismo** (V.)
maratón
salto (V.)
lanzamiento (V.)
carrera (V.)
natación (V.)
halterofilia (V.)
lucha
boxeo (V.)
pentalón
piragüismo
vela
fútbol (V.)
hockey
baloncesto (V.)
balonmano
voleibol
waterpolo
esgrima
hípica
judo
arco
hockey sobre hierba

olímpico
s. grandioso
solemne
soberbio
soberano
sumo
supremo
divino
celestial
celeste
inmortal
majestuoso (V.)
imponente
altivo (V.)
engreído
altanero
soberbio
orgulloso
despectivo (V.)
s. corona olímpica
antorcha olímpica
juegos olímpicos
(V. **olimpíada**)
a. *humilde*
sencillo
modesto

olimpo
s. **cielo** (V.)
paraíso
edén
empíreo
Campos Elíseos
Walhalla
morada de los dioses paganos

olio
(V. **óleo**)

oliscar
(V. **olfatear**)

olisquear
(V. **oliscar**)

oliva
(V. **aceituna**)
(V. **paz**)
(V. **lechuza**)

oliváceo
(V. **verdoso**)

olivarero
s. oleícola
olivícola
olivero

olivo
(V. **árbol**)
s. olivera
manzanillo
oliva
arbequín
acebuche
aceituno
oleastro
empeltre
lechín
s. plantonar
estacada
olivar
lagar
bancal
toconal
garrotal
s. cerner
tramar
varear
encapachar
entrujar
ordeñar
desvaretar
escamujar
esmuñir
esmuir
s. olivo acebucheño
olivo manzanilla
olivo silvestre
s. tomar el olivo
r. Olivos para heredados, pero no para comprados ■ Olivo y aceituno, todo es uno
s. **madera** (V.)
s. **aceituna** (V.)

ológrafo
s. autógrafo
manuscrito
caligráfico
escrito (V.)
de puño y letra
testamentario

olor
s. **aroma** (V.)
fragancia (V.)
esencia
bálsamo
perfume
aromaticidad
efluvio
emanación
vaharada (V.)
exhalación (V.)
s. miasma
tufo
fetidez (V.)
husmo
tafo
tufillo
tufarada
olisca
hedor (V.)
fedor
cochambre
peste
catinga
hediondez
sobaquina
corrupción
pestilencia
mal olor
olor a muerto

(cont.)

s. **promesa** (V.)
esperanza (V.)
barrunto (V.)
indicio
oferta
señal
suposición
sentido (V.)
sospecha (V.)

s. **fama** (V.)
reputación
opinión
concepto
honra
renombre

s. jabón de olor
rosa de olor
estar uno al olor

r. Ni de estiércol buen olor, ni de hombre vil, honor. ■ Prenda que mal huele, nadie la quiere ■ No hay tal olor como el de un habar en flor

s. al olor de
en olor de santidad

a. *desodorante*
desesperanza
anonimato
desconocimiento

oloroso
s. **aromático** (V.)
aromoso
perfumado (V.)
fragante (V.)
balsámico
olorífero
odorífero
odorífico
odorante
olfativo
olfatario
oliente
oledero

(V. **olor**)

a. *desodorante*
pestilente
hediondo
neutro
inodoro

olvidadizo
s. amnésico
desmemoriado (V.)
despistado
abandonado
distraído (V.)
aturdido
olvidado
negligente
desatento
inadvertido
desconsiderado (V.)

s. **ingrato** (V.)
descastado
desleal
desagradecido (V.)

(V. **olvido**)

a. *atento*
memorión
cumplido
agradecido
leal

olvidado
s. despreciado
relegado
arrinconado
callado
omitido
cicatrizado
postergado (V.)
desdeñado
preterido
desatendido
negado
desaparecido
borrado
ido
desvanecido
descuidado
enterrado (V.)
muerto
abandonado
soterrado
oxidado (V.)

(V. **olvido**)

a. *presente*
vigente
actual
vivo
resurrecto
resucitado

olvidar-se
s. **perder** (V.)
abandonar (V.)
dejar
extraviar (V.)
arrinconar (V.)
marginar (V.)
postergar (V.)
relegar (V.)
desdeñar
desagradecer (V.)
descuidar
desatender
desasistir (V.)
preterir (V.)
omitir (V.)
enterrar
incomunicar (V.)
negligir
cancelar (V.)
cicatrizar (V.)
desconocer
pasar
indultar (V.)
saltar (V.)
desimaginar
perdonar (V.)
desvanecer
desaprender
desenseñar
desacordar
callar

s. desentrenarse
desaprender
borrarse (V.)
desvanecerse
desconsiderar (V.)
irse
desdibujarse
trascordarse
perderse
distraerse (V.)
despistarse
desmemoriarse (V).
desacordarse
dejar de lado
perder la memoria
echar en saco roto
caer en el olvido
echar tierra a un asunto
dejarse en el tintero
hacer borrón y cuenta nueva
írsele de la memoria
írsele la burra
perder el hilo
tener la cabeza a pájaros
estar remoto
hacerse el olvidadizo

r. Con las glorias se olvidan las memorias ■ Lo pasado perdonado pero no olvidado ■ Quien olvidar procura, más recuerda ■ Lo olvidado, ni agradecido ni pagado ■ Más vale odiado, que olvidado. ■ Olvidaos de los que olvidan ■ A lo ido, olvido ■ Si lo que sabías diste al olvido, nada has aprendido ■ A mala cabeza, buenas piernas ■ Injurias olvidadas, injurias remediadas

(V. **olvido**)

a. *recordar*
cuidar
acordarse
conocer
añorar
evocar
rememorar
conmemorar
inspirar
sugerir

olvido
s. **perdón** (V.)
pérdida (V.)
abandono (V.)
extravío (V.)
omisión (V.)
distracción (V.)
negligencia
amnesia
ignorancia (V.)
desatención
descuido
desasistencia (V.)
aturdimiento
atolondramiento
ligereza
imprevisión
desmemoria
preterición (V.)
inadvertencia
relegación
postergación
desconocimiento
desuso (V.)
prescripción
carpetazo
cancelación
paralización (V.)
arrinconamiento
desvanecimiento
despiste
postergación (V.)
paramnesia
desacuerdo
cicatrización
incomunicación (V.)

s. indiferencia
desamor
ingratitud (V.)
desagradecimiento
repudio
desdén
salto (V.)
desprecio
egoísmo

s. entregar al olvido
no hay muerte como el olvido

r. Si tomas amigos nuevos, no te olvides de los viejos ■ A lo ido, olvido

a. *recuerdo*
memoria
cuidado
recordación
retentiva
memento
añoranza
nostalgia
remembranza
evocación
reminiscencia
inspiración
sugerencia
conmemoración

olla
s. **cacerola** (V.)
pucherete
marmita
cazoleta
perol
pote
piñata
calboche
piñata
recipiente
carca
canco
cajete

s. cocido
guiso (V.)
guisote

s. **remolino** (V.)
torbellino
vórtice

s. olla podrida
olla de campaña
olla de grillos
olla de cohetes
olla de fuego
olla carnicera

s. las ollas de Egipto

r. Donde buenas ollas quiebran, buenos cascos quedan ■ Olla de muchos, mal mejida y peor cocida ■ No hay olla tan fea que no tenga su cobertera ■ A la olla que hierve ninguna mosca se atreve ■ No hay buena olla, con agua sola ■ Nadie conoce a la olla como el cucharón ■ Olla que mucho hierve, sabor pierde ■ Olla sin sal, haz cuenta que no tienes manjar

s. olla exprés
hacer a uno la olla gorda

ombligo
s. hueco
depresión
cicatriz
cordón umbilical

s. **centro** (V.)
mitad
medio
núcleo
corazón
meollo
médula
foco (V.)

s. ser el ombligo del mundo
encogérsele a uno el ombligo
haberle cortado el ombligo a alguien

omega
(V. **final**)

omento
(V. **redaño**)

ominar
(V. **presagiar**)

ominoso
s. azaroso
aciago
abominable (V.)
vitando
execrable
odioso
calamitoso
detestable
fatal
infausto
funesto
trágico
fatídico
lamentable
siniestro
de mal agüero
indigno
vergonzoso
deshonroso
desgraciado

a. *alegre*
fausto
feliz
honroso
beneficioso

omisión
s. **exclusión** (V.)
supresión (V.)
oscitancia
abstención
descuido
distracción (V.)
negligencia
abandono
incumplimiento (V.)
olvido (V.)
falta (V.)
inadvertencia
supresión
enajenación
indeliberación
imprevisión (V.)
laguna (V.)
salto (V.)
mochuelo (imprenta)
vacío
brinco
hueco
ausencia
parcialidad
informalidad (V.)
fallo (V.)
incuria
pérdida (V.)
dejadez (V.)
desidia
flojedad
pereza
pretermisión
flojera
indolencia
haraganería

s. pecado de omisión

r. Más males causa el no hacer, que el hacer

a. *atención*
cuidado
celo
recuerdo
advertencia
mención
citación
alusión
referencia
inclusión
memoria
recuerdo
actividad

omiso
s. dejado
flojo
vago
descuidado (V.)
negligente
abandonado
pigre
desaliñado
tibio
desidioso (V.)
incurioso
remiso

s. omitido
olvidado
sobreentendido
elíptico

s. hacer caso omiso

(V. **omisión**)

a. *atento*
cuidadoso
curioso
explícito
claro

omitir-se
s. **incumplir** (V.)
dejar (V.)
abandonar
desatender
descuidar
olvidar (V.)
prescindir (V.)
suprimir (V.)
saltarse (V.)
despreocuparse
abstenerse
preterir
pretermitir
pasarse (V.)
excluir (V.)
despreciar
truncar
dejar fuera
pasar por alto
no dar entrada
dejar incompleto
dejar en la puerta
dar con la puerta en las narices
dejar en blanco
saltarse a la torera
dar por inútil
licenciar
dejar cesante
callar
reservar (V.)
ocultar (V.)
silenciar (V.)
pasar en silencio
comer
brincar
no guardar memoria
hacer caso omiso
dejar en el tintero

(V. **omisión**)

(cont.)

a. *atender*
cuidar
encajar
tener presente
recordar
nombrar
incluir
considerar
mencionar
mentar
citar
aludir
referirse

ómnibus
s. autobús
coche
diligencia
autocar
carruaje
coche de línea
auto de línea
camioneta
trolebús
vehículo (V.)
coche de viajeros

omnímodo
s. **absoluto** (V.)
total
integral
completo
general
totalitario
todopoderoso (V.)

a. *parcial*
relativo

omnipotencia
s. superioridad
soberanía
absolutismo (V.)
dominación
poderío
poder absoluto
supremacía (V.)
mando
imperio
potestad
autoridad
poder omnímodo
poder de Dios

a. *impotencia*
inferioridad
sumisión
sometimiento
dependencia
vasallaje

omnipotente
s. **Dios** (V.)
Todopoderoso

s. **poderoso** (V.)
supremo (V.)
superior
absoluto (V.)
sumo
altísimo
dominante
preponderante
soberano
irresistible
influyente

(V. **omnipotencia**)

a. *inferior*
débil
subordinado

omnipresencia
(V. **ubicuidad**)

omnipresente
(V. **ubicuo**)

omnisapiente
(V. **omnisciente**)

omnisciencia
(V. **sabiduría**)

omnisciente
s. omnisapiente
omniscio
sapientísimo
sabio (V.)
docto
erudito
universal

(V. **omnisciencia**)

a. *inculto*
analfabeto

omniscio
(V. **omnisciente**)

omnívoro
(V. **voraz**)

omoplato
s. omóplato
espalda (V.)
espaldilla (V.)
paletilla
escápula
hueso (V.)

onagro
(V. **asno**)

onanismo
s. masturbación
autoerotismo
vicio (V.)
placer solitario
goce sexual
paja

a. *abstinencia*
contención
coito
virtud

oncejo
(V. **vencejo**)

oncología
(V. **cancerología**)

onda
s. **rizo** (V.)
tirabuzón
sortija
tupé
ondulación (V.)
bucle
arco
curva
curvatura (V.)
meandro
sierpe
gaza
festón
lóbulo (V.)

s. reverberación
oscilación
movimiento
vibración (V.)
serpenteo
culebreo
fluctuación
oleaje
agias
bationdeo

s. **radiación** (V.)
refracción
difracción
difusión
propagación
reflexión
interferencia
distorsión
frecuencia
onda corta
onda media
onda larga
onda normal
onda eléctrica
onda etérea
onda hertziana
onda estacionaria
onda ultracorta
onda sonora
onda electromagnética

s. cortar las ondas
irse la onda
coger onda
no pescar onda

a. *derechura*
rectitud

ondeante
s. ondulante
ondulatorio
tremolante
fluctuante
flameante
sinuoso
flexuoso
flexible
movedizo
flotante
oscilante

(V. **onda**)

a. *fijo*
inmóvil

ondear
s. ondular
undular
flotar (V.)
oscilar
serpentear
serpear
culebrear
festonear
agitar
cabrillear
rielar
temblar
tremolar (V.)
flamear (V.)
mecerse
columpiarse
fluctuar (V.)

(V. **onda**)

a. *inmovilizar*
detenerse
pararse

ondeo
(V. **ondulación**)

ondina
(V. **ninfa**)

ondulación
s. **peinado** (V.)
permanente
tocado
onda (V.)
rizo
tirabuzón
caracol
bucle
rizado (V.)

s. undulación
sinuosidad (V.)
vericueto
tumbo (V.)
zigzag (V.)
retorcimiento (V.)
tortuosidad

s. **oscilación** (V.)
fluctuación (V.)
serpenteo
ondeado
ondeo
flameo
vibración (V.)
curvatura (V.)
oleaje
sinuosidad
cabrilleo
agitación
mecedura (V.)
bationdeo
caracoleo
zarandeo
traqueteo
espiral
onda
culebreo
arabesco

a. *derechura*
lisura
tiesura
fijeza

ondulado
s. **rizado** (V.)
encaracolado
ensortijado
crespo
encrespado
ondeado
enroscado

s. irregular
desigual
sinuoso (V.)
flexuoso
serpentino
tortuoso (V.)
zigzagueante
ondeante
serpenteado (V.)
retorcido
flameante
culebreante
fluctuante
tremolante

(V. **ondulación**)

a. *recto*
tieso
enhiesto
derecho
picudo
quebrado
aserrado
lacio
liso

ondulante
s. **vibratorio** (V.)
tremolante (V.)
undulatorio
vibrante (V.)
ondulatorio
undulante
fluctuante (V.)
undoso (V.)
undante
serpenteante (V.)
flexuoso (V.)
flexible
cimbreante
undívago
ondeante
ondulado (V.)

(V. **onda**)

a. *recto*
derecho
inflexible
rígido
tieso

ondular
s. **rizar** (V.)
encaracolar
ensortijar

s. hacer eses
zigzaguear (V.)
serpear
serpentear (V.)
culebrear
undular
vibrar (V.)
tremolar
ondear (V.)
mimbrear (V.)

(V. **ondulación**)

a. *enderezar*
desrizar

ondulatorio
(V. **ondulante**)

oneroso
s. **insoportable** (V.)
molesto
pesado (V.)
incómodo
atosigante
fastidioso
engorroso
chinchorrero
chinchoso
latoso
importuno
inoportuno
cargante
molestoso
enojoso
abusivo
caro (V.)
costoso
dispendioso
lujoso
exorbitante
gravoso (V.)

s. causa onerosa (for.)

a. *agradable*
cómodo
barato

ónice
s. **ágata** (V.)
menfita
ónix
ónique

onicomancia
(V. **adivinación**)

(V. **uña**)

onírico
(V. **sueño**)

(V. **ensoñado**)

oniromancia
(V. **adivinación**)

(V. **sueño**)

ónix
(V. **ónice**)

onomancia
(V. **adivinación**)

(V. **nombre**)

onomástica
s. santo
aniversario (V.)
celebración
conmemoración

s. patronímico
apelativo
nombre (V.)
(de pila)

onomástico
(V. **patronímico**)

(V. **aniversario**)

onomatopeya
s. **imitación** (V.)
remedo
reproducción
sonido (V.)
retórica

s. ran rataplán
chinchín
tarará
tuturutú
tantarantán
talán talán
tan tan
tararí
tintirintín
tururú
tintín
tintineo
ris ras
tic tac
tic
tric
trique
tris
triquitraque
chacachaca
chiquichaque
chis chas
frufrú
runrún
quiquiriquí
pío pío
pum
paf
cataplán
cataplum
trata trapa
chacarrachaca

oosfera
(V. **célula**)

opacar
(V. **velar**)

(V. **obscurecer**)

opacidad
s. **obscuridad** (V.)
intransparencia
turbiedad (V.)
mate
velo (V.)
paño (V.)
deslustre (V.)
cortina
pantalla
sombra (V.)
nube
catarata
niebla
caligine
caliginidad
vaguedad
empañadura (V.)

a. *transparencia*
brillo
luz
diafanidad

opaco
s. gris
caliginoso
sombrío
velado (V.)
esmerilado (V.)
mate
tenebroso
umbrío
deslustrado (V.)
intransparente
turbio (V.)
obscuro
nebuloso
nublado

s. **triste** (V.)
melancólico (V.)
mustio
lúgubre
tétrico
entenebrecido

(V. **opacidad**)

a. *transparente*
alegre
diáfano
claro
cristalino
traslúcido

opado
s. **enfático** (V.)
finchado
vano (V.)
ampuloso
grandilocuente
enfático
pomposo
engreído
hinchado (V.)

a. *sencillo*
sobrio
deshinchado

opalescencia
s. **brillo** (V.)
brillantez
lustre
irisación (V.)
tornasol
refulgencia

a. *deslustre*
deslucimiento
apagamiento

opalescente
s. iridiscente
irisado
brillante (V.)
traslúcido (V.)
tornasolado (V.)
refulgente
jaspeado
brillante
lechoso (V.)
blanquecino
opalino

(V. **opalescencia**)

a. *apagado*
deslucido
mate
marchito
obscuro

opalino
(V. **opalescente**)

ópalo
s. **opalescencia** (V.)
opalescente (V.)
opalino
opalizar
iris
sílice (V.)
mineral (V.)
ópalo de fuego
ópalo de girasol
ópalo noble
ópalo transparente

opción
s. selección
disyuntiva
alternativa (V.)
dilema
iniciativa
decisión
preferencia
adopción
capricho
escogimiento
deseo
derecho (V.)
esperanza
aspiración
problema
elección (V.)
predilección
expurgo
quintaesencia
antología
trío
certamen
concurso
votación
compromiso
candidatura
voto
referéndum
sufragio
plebiscito

s. **facultad** (V.)
libertad
privilegio
derecho
expectativa

a. *coacción*
obligación
fuerza

ópera
s. tetralogía
drama musical
drama lírico
poema musical
melodrama

(V. **música**)

s. opereta
zarzuela
ópera cómica
ópera bufa
libreto de la ópera
música de ópera
cantante de ópera

operación
s. acción
trabajo (V.)
manipulación (V.)
actuación (V.)
ejecución
efectuación
realización
obra
procedimiento

s. **negocio** (V.)
suma (V.)
resta (V.)
multiplicación
división
trato
giro
convenio
negociación
contrato
tratado
especulación

s. **intervención** (V.) (quirúrgica)
cura
extirpación
trepanación (V.)

s. ejercicios
maniobras (V.)
marchas

a. *inoperancia*
vagancia
gandulería

operacional
(V. **operativo**)

operador
s. **cirujano** (V.)

s. **trabajador** (V.)
manipulador
ejecutor
operante
obrador
fautor
promotor
practicante
mano oculta

(V. **operación**)

a. *holgazán*
vago
inoperante

operar
s. extirpar
intervenir (V.)
rajar
trasplantar (V.)
sajar
cortar
abrir

s. **actuar** (V.)
ejecutar
laborar (V.)
realizar
practicar
efectuar
obrar
elaborar
manejar (V.)
manipular (V.)
ocuparse
industriar
mezclarse
interesarse
participar

s. **negociar** (V.)
pactar
tratar
especular
comerciar
contratar

s. ejercitar
maniobrar (V.)
marchar
ir de marcha
ir de maniobras

(V. **operación**)

a. *abstenerse*
inhibirse
romper

operario
(V. **trabajador**)
(V. **productor**)

operativo
s. operacional
operante
táctico (V.)
estratégico
ejecutivo
activo (V.)
agente
ejecutor
obrante
operador
eficaz (V.)

(V. **operación**)

a. *ineficaz*
inoperante
pasivo

operatorio
(V. **quirúrgico**)

opérculo
(V. **tapadera**)

opereta
s. zarzuela

(V. **ópera**)

operoso
(V. **activo**)
(V. **trabajoso**)

opilación
s. **obstrucción** (V.)
impedimento (V.)
atasco
atascamiento

s. **hidropesía** (V.)

s. **amenorrea** (V.)

a. *desobstrucción*
abertura
flujo

opilar-se
(V. **obstruir-se**)

opimo
s. **rico** (V.)
abundante (V.)
fértil (V.)
copioso
cuantioso
fructífero
fecundo
fructuoso
feraz
valioso
godeño
considerable
pingüe
profuso
larguero
beneficioso
productivo
redituable

a. *estéril*
improductivo
nulo
desdeñable
pobre
escaso

opinable
s. **discutible** (V.)
calificable
criticable
estimable
considerable
censorio
enjuiciable
conceptuable
aconsejable

(V. **opinión**)

a. *indiscutible*
irrefragable
evidente
palmario

opinante
s. **crítico** (V.)
enjuiciador (V.)
censor
censurador
reputante
corrector
interventor
magistrado
juez
calificador
proponente

(V. **opinión**)

opinar
s. **enjuiciar** (V.)
censurar
criticar
juzgar (V.)
decir (V.)
pensar (V.)
calificar
considerar
parecer (V.)
apreciar
sentir (V.)
dictaminar
discurrir
creer (V.)
explicar
explanar
aclarar
exponer
glosar
comentar
acotar
aleccionar
entender
instruir
aconsejar
suponer
convencer
informar (V.)
votar (V.)
dilucidar
entender
observar (V.)
reputar
manifestar
interpretar
valorar
sentir
discernir
discutir
conjeturar
librar
fallar
emitir
existimar
tener por
dar el fallo
dar su voto
hacer comentarios
dar parecer
parecerle a uno
tener opinión
poner de relieve
dar su opinión
formar juicio
casarse con su opinión
andar uno en opiniones

r. La opinión del roto, siempre se tiene en poco ■ Uno piensa el valiente y otro el prudente ■ La opinión es la reina del mundo ■ Cuantos hombres, tantos pareceres ■ Quien con muchos ha de entender, muchos juicios ha menester ■ En lo dudoso, más vale el parecer ajeno que el propio

(V. **opinión**)

a. *callar*
inhibirse
desinteresarse
silenciar
abstenerse

opinión
s. **juicio** (V.)
crítica
parecer (V.)
discernimiento
acuerdo
convicción
sentencia
voz (V.)
voto (V.)
interpretación
glosa
anotación
tesis (V.)
acotación
concepto (V.)
vista
razón
razonamiento
idea (V.)
conjetura
impresión (V.)
resolución
dilucidación
prejuicio
criterio
suposición
sentir
plácito (V.)
dictamen
creencia
credo
informe
sentir
decisión
movimiento (V.)
enjuiciamiento
consejo
aviso
consulta (V.)
sufragio (V.)
ponencia
conjetura
veredicto
decisión
pensamiento
doctrina
explicación
deducción
demostración
comentario
comento
ilustración
solución
respuesta
encuesta (V.)

s. **fama** (V.)
reputación
predicamento
voz pública
renombre
notoriedad
celebridad
crédito (V.)
aureola
popularidad

s. opinión pública
andar en opiniones
tener una buena opinión de uno
eso va en opiniones
opinión acertada
opinión de importancia
tener formada una opinión

r. Cada uno interpreta las cosas a su gusto ■ Tres españoles, cuatro opiniones

a. *abstención*
inhibición
desinterés
silencio
descrédito

opio
s. **narcótico** (V.)
alcaloide
estupefaciente
aletargante
tóxico
láudano

s. dar el opio a alguien

opíparo
s. **abundante** (V.)
copioso
suculento
sabroso
gustoso
goloso
espléndido (V.)
substancioso
orgiástico
abundoso
deleitoso
manjar de dioses
bueno
magnífico

a. *insípido*
desagradable
mezquino
escaso

opitulación
(V. **auxilio**)

(V. **ayuda**)

(V. **protección**)

oploteca
(V. **museo**)

(V. **arma**)

oponente
s. **contrario** (V.)
contrincante
adversario
opositor (V.)
competidor
rival (V.)
émulo
antagonista
enemigo
opuesto (V.)
hostil

(V. **oposición**)

a. *favorable*
amigo
cordial
amistoso
aliado

oponer-se
s. resistir
reaccionar (V.)
rechazar
excluir
contrariar (V.)
objetar (V.)
impugnar (V.)
reclamar
dificultar
contrarrestar (V.)
encarar
poner (V.)
afrontar (V.)
separar
disentir
opugnar (V.)
negarse (V.)
contrariar (V.)
protestar
disgregar
repeler (V.)
contradecir (V.)
tropezar (V.)
desacordar
desaprobar (V.)
rebatir (V.)
refutar (V.)
atacar (V.)
discrepar
desconformar
desavenir
contraponer
enfrentar
recalcitrar
obstar (V.)
implicar
cruzarse
pelearse
repugnar
argumentar
enfrentar-se (V.)
encontrar-se (V.)
carearse
sublevarse
impedir (V.)
embarazar
desajustar
malquistar
discutir
competir (V.)
estorbar (V.)
frenar (V.)
neutralizar
interponerse (V.)
prohibir (V.)
vetar (V.)
vedar
hostilizar (V.)
diverger
dividir
chocar (V.)
combatir (V.)
disputar
desunir
ser opuesto
ir en contra
ir contra
verse las caras
estar en frente
no estar de acuerdo
no ponerse de acuerdo
estar en contradicción
estar en desacuerdo
meter cizaña
ir contra corriente
llevar la contraria
llevar a juicio
poner a pleito
tomarla con...
cortar el paso
ser el reverso de la medalla
ser diferente
estar como el perro y el gato
estar enfrente
presentar batalla
poner inconvenientes
meterse por medio
dar el pecho
ponerse por medio
aguantar a pie firme
poner trabas
tenérselas tiesas a uno

s. **achacar** (V.)
atribuir
imputar
colgar
culpar

(V. **oposición**)

a. *favorecer*
facilitar
coincidir
comprender
asentir
afirmar
acordar
aceptar
someterse
acceder
permitir
autorizar
ceder
consentir
abandonar
rendirse
desentenderse
zafarse

oponible
s. **impugnable** (V.)
rechazable
objetable
discutible
recalcitrante
criticable
contrario
adversario
antagonista
incompatible
opuesto
refractario

(V. **oposición**)

a. *indiscutible*
favorable
irrefragable

oportunidad
s. **ocasión** (V.)
entrada (V.)
sazón
posibilidad (V.)
conveniencia
coyuntura (V.)
puntualidad
pie
congruencia (V.)
procedencia
coincidencia (V.)
pertinencia
caso
circunstancia (V.)
resquicio (V.)
proporción
pretexto
capacidad (V.)
momento
discreción (V.)
fecha
plazo
lance
asidero
exactitud
simultaneidad
azar
jornada
punto
término
caso
tris
urgencia
casualidad (V.)
margen
trance (V.)
suceso
sazón
tempestividad
incidencia
eventualidad
situación
propiedad
ocurrencia
conformidad
acierto
instante
pulso
momento crítico
día crítico
punto de caramelo
momento oportuno
buena ocasión
sesión
tiempo (V.)
estación
tiempo favorable
golpe estratégico
punto sensible
como pedrada en ojo de boticario
como agua de mayo
a tiempo
en el clavo
como llovido del cielo

r. A cada cosa le llega su tiempo ■ Cada obra tiene su hora ■ A cada cerdo le llega su San Martín ■ Coyuntura, madre de ventura ■ Cada acción tiene su sazón ■ Al caramelo y a los asuntos, darles su punto ■ Quien quita la ocasión, quita el peligro ■ De la ocasión, nace la tentación ■ Perder la buena coyuntura, es cosa dura ■ Ocasión perdida, para siempre ida ■ Quien cuando puede no quiere, cuando quiere no puede ■ El hierro caliente, se dobla fácilmente

s. **ganga** (V.)
momio
saldo
liquidación
negocio (V.)
breva
especulación
utilidad (V.)
provecho
ventaja

a. *inoportunidad*
contratiempo
desacierto
impertinencia
inconveniencia
incongruencia
anacronismo
improcedencia
carestía

oportunismo
s. acomodo
adaptación (V.)
sazón
conveniencia (V.)
aprovechamiento
posibilismo
congruencia
contemporización
provecho
utilidad

(V. **oportunidad**)

a. *desventaja*
inoportunidad
ingenuidad
desinterés
altruismo

oportunista
s. positivista
aprovechado (V.)
sopista (V.)
ventajista (V.)
enchufado
pancista (V.)
estraperlista
utilitario
chaquetero
arribista
logrero (V.)

(V. **oportunismo**)

a. *altruista*
generoso
desinteresado
leal
ingenuo

oportuno
s. ocasional
tempestivo (V.)
puntual
exacto (V.)
justo
propicio (V.)
procedente (V.)
necesario (V.)
conveniente (V.)
correspondiente (V.)
idóneo
adecuado (V.)
cómodo (V.)
acertado (V.)
congruente (V.)
cumplido
discreto (V.)
estratégico
ajustado
providencial (V.)
certero (V.)
clavado
crítico
pertinente (V.)
indicado
propio (V.)
apropiado (V.)
coyuntural
llovido del cielo
a tiempo
como anillo al dedo
en buena hora
a punto
como pedrada en ojo de boticario
pintiparado
a propósito
muy puesto en su punto

s. **ocurrente** (V.)
gracioso
chistoso
afortunado
donoso
agudo
ingenioso
feliz
inspirado

(V. **oportunidad**)

a. *inoportuno*
patoso
inadecuado
intempestivo
inexacto
desacertado
incongruente
impropio
impertinente
inconveniente
extemporáneo
improcedente
anacrónico
contraproducente
negativo
soso
desafortunado
sandio
torpe

oposición
s. contraposición
antagonismo (V.)
desacuerdo (V.)
contradicción (V.)
antilogía
antinomia
implicación
resistencia (V.)
repugnancia (V.)
contrariedad (V.)
impugnación
opugnación
antítesis (V.)
discordia
contienda
contrabalanza
choque
enemistad
rivalidad (V.)
obstáculo (V.)
colisión (V.)
pugna (V.)
cuestión
lucha
encuentro (V.)
enfrentamiento (V.)
batalla
polémica
discusión
conflicto (V.)
contraste (V.)
contra (V.)
dilema
disyuntiva
empatadera
incongruencia (V.)
barrera
veto (V.)
prohibición (V.)
negativa
negación (V.)
resistencia
traba
arrostramiento (V.)
embarazo
dique
contrapeso
contrabalanza
antipatía
aborrecimiento
rebeldía
reacción (V.)
contrarresto (V.)
paradoja
enemistad
impedimento
incompatibilidad (V.)
antiperístasis
opugnación
plante (V.)
cuestión
dualidad
disconformidad (V.)

s. **concurso** (V.)
examen (V.)
prueba
convocatoria
ejercicios

s. **minoría** (V.)
grupo
facción

a. *acuerdo*
conformidad
aprobación
facilidad
asentimiento
rendición
sometimiento
atracción
amistad
paz
pacificación
autorización
permiso
ventaja
simpatía
compatibilidad
entendimiento
incomparecencia
ausencia

opositar
s. **examinarse** (V.)
concurrir
concursar (V.)
participar
intervenir
contender
luchar
rivalizar (V.)
aspirar
pretender

(V. **oposición**)

a. *abstenerse*
inhibirse

opositor
s. **examinando** (V.)
contrincante
aspirante
pretendiente
rival (V.)
concursante (V.)
contendiente

s. contradictor
oponente (V.)
contraponedor
opugnador
repugnante
contrastante
émulo
antípoda
antagonista (V.)
reluctante
reclamante
obstruccionista
el reverso de la medalla
montescos y capuletos
enemigo
contrario (V.)
litigante
parte contratante
opuesto

(V. **oposición**)

a. *favorecedor*
protector
defensor
favorable
amigo

opresión
s. hegemonía
caudillaje
dominación (V.)
subyugación (V.)
imperio
tiranía (V.)
abuso
despotismo (V.)
autocracia
dictadura
mando
arbitrariedad
supremacía
predominio
autoridad
imposición
severidad
fuerza
superioridad
intolerancia
absolutismo (V.)
sojuzgamiento

s. avasallamiento
sujeción (V.)
vejación
sumisión
apremio
intransigencia
servidumbre
dependencia
esclavitud (V.)
sometimiento
vasallaje
aherrojamiento
caciquismo
imperialismo (V.)

s. **apretura** (V.)
peso
contracción
comprensión (V.)
presión
presura (V.)
carga
tensión
tirantez
aplastamiento
estrechez

s. **ahogo** (V.)
asma (V.)
congoja
sofocación
angustia

a. *libertad*
desahogo
alivio
democracia
liberación
emancipación
descompresión
ensanchamiento
ligereza

opresivo
s. **sofocante** (V.)
asfixiante (V.)
angustioso (V.)
acongojante
abrumador
irrespirable
tenso
cargado
tirante
aplastante

s. **intolerante** (V.)
abusivo (V.)
excesivo
dominante
arbitrario
intransigente
tiránico (V.)
vejatorio
esclavizador

(V. **opresión**)

a. *liberador*
suavizador
aliviador
emancipador
comprensivo
flexible
conciliador
transigente
tolerante

opresor
s. **tirano** (V.)
déspota (V.)
negrero (V.)
sacrificador
severo
cruel
cacique (V.)
sojuzgador
subyugador (V.)
amo
soberano
absolutista
dictador
vejador
autócrata
avasallador (V.)

s. despótico
tiránico
intolerante
dictatorial
opresivo
exigente
dominante
dominador

s. sofocante
angustioso
irritante

(V. **opresión**)

a. *blando*
magnánimo
liberal
comprensivo
tolerante
transigente
flexible

oprimido
s. sojuzgado
avasallado
dominado
humillado
subyugado (V.)
aplastado
forzado
supeditado
tiranizado
sujeto (V.)

(V. **opresión**)

a. *liberado*
alzado
libre
rebelde
insurrecto

oprimir-se
s. **asfixiar** (V.)
aplastar
estrujar (V.)
comprimir
atenazar (V.)
apretar (V.)
apretujar
astreñir
heñir
agobiar
ahogar (V.)
atar
ligar
vendar
reducir
hacer presión
hacerse un ovillo
estar como sardinas en banasta
estar prensado
estrangular
estar como piojo en costura

s. **dominar** (V.)
domeñar
esclavizar (V.)
engrillar
sojuzgar
subyugar (V.)
hundir
tiranizar (V.)
avasallar (V.)
aherrojar
martillar
molestar
acongojar (V.)
domar (V.)
sujetar (V.)
acogotar
agarrotar
vejar
maltratar (V.)
despotizar
vencer
derribar
imperar
señorear
abusar (V.)
someter (V.)
afligir
esquilmar
meter en cintura
apretar las clavijas
meter en un puño
poner entre la espada y la pared
hacer coacción
hacer tragar
hacer violencia
meter en cintura
dominar por la fuerza

r. Con zapato muy justo, nadie anda a gusto

a. *libertar*
soltar
aflojar
suavizar
emancipar
liberar
transigir
tolerar

oprobiar-se
s. vilipendiar
deshonrar (V.)
avergonzar (V.)
infamar
difamar (V.)
vejar
humillar
manchar
menguar
deslustrar
vituperar
incriminar
burlar
estigmatizar
deshonorar
mancillar (V.)
baldonar
amancillar
profanar
desacreditar (V.)

(V. **oprobio**)

a. *honrar*
ensalzar
alabar

oprobio
s. estigma
deshonra (V.)
baldón (V.)
vilipendio
ignominia
vejación
difamación (V.)
vergüenza (V.)
desdoro
mancha
deslustre
sambenito
fango
burla
vileza
vituperación
mancilla
mengua
descrédito (V.)
infamia
abyección
ruindad
villanía
profazo
ultraje

a. *honra*
alabanza
enaltecimiento
crédito
nobleza
dignidad

oprobioso
s. **afrentoso** (V.)
deshonroso (V.)
indigno
humillante
infamatorio
denigrante
infamante
escandaloso
vilipendioso
ignominioso
denigrativo
injurioso
oprobioso
vergonzoso (V.)

(V. **oprobio**)

a. *alabancioso*
honroso
noble
digno

optación
(V. **deseo**)

optar
s. cooptar
elegir (V.)
inclinarse
adoptar
preferir (V.)
triar
seleccionar
decidir
aspirar (V.)
pretender
esperar
aguardar
señalar
acotar
escarmenar
estar a la expectativa
tener en perspectiva
echar la vista
entrar en un empleo
entrar en una dignidad
tener derecho a
estar pendiente de
estar abocado a
inclinarse por

s. nombrar
destinar (V.)
ingresar
acceder

(V. **opción**)

(V. **optación**)

a. *renunciar*
desdeñar
abstenerse
rechazar
cesar
valir

optativo
s. **voluntario** (V.)
facultativo
potestativo
discrecional
personal
libre
prudencial
espontáneo

(V. **opción**)

a. *obligatorio*
forzoso
riguroso

óptica
s. **física** (V.)
dióptrica
catóptrica
micrografía
astronomía (V.)
topografía (V.)
fotografía (V.)
fotometría
actinometría
catoptroscopia
visión (V.)

s. difracción
refracción
reflexión
incidencia
distorsión
dispersión
interferencia
polarización
polaridad
espejismo
convergencia
divergencia
aberración cromática
aberración de esfericidad
proyección
astigmatismo
anastigmatismo
cromatismo
fluorescencia
acromatismo
refrangibilidad
definición
colimación

s. miopía
hipermetropía
presbicia

s. onda luminosa visual
rayo (V.)
índice de refracción
ángulo de reflexión

s. espectro
imagen
foco
fantasmagoría
ilusión óptica
arco iris
cáustica

s. lente
anteojos (V.)
microscopio
telescopio
cámara
cámara obscura
cámara clara
cámara lucida
linterna mágica
caleidoscopio
periscopio
prisma
reflector
estereoscopio
cosmorama
cristal
heliógrafo
fosforoscopio
polarímetro
polariscopio
optómetro
cinematografía (V.)
colimador
retículo
fotómetro
cratícula
astigmómetro
deflector
micrógrafo
pantalla (V.)
cárcel
candela
espejo (V.)
platina
portaobjetos
proyector
actinómetro
episcopio
mundonuevo
tutilimundi
totilimundi
panorama
espectroscopio
estereóscopo
espintariscopio

(cont.)

s. **luz** (V.)
lustre
brillo
brillazón
luminiscencia
fosforescencia
fluorescencia
transparencia (V.)
onda luminosa
obscuridad (V.)
sombra (V.)
opacidad
medida (V.)
dioptría

s. **óptico** (V.)

s. enfocar
radiar
emitir
irradiar
proyectar
reflejar
refractar
refringir
iluminar
acromatizar
polarizar
despolarizar

óptico

s. catóptrico
dióptrico
refractivo
refracto
virtual
focal
visual (V.)
horoptérico
catadióptrico
monorrefringente
birrefringente
difrangente
acromático
cromático
espectral
ultraviolado
ultrarrojo
micrográfico
fotométrico
calidoscópico
actinométrico
espectroscópico
fantasmagórico
dextrógiro
levógiro
fotológico

s. **oculista** (V.)
oftalmólogo
comerciante en objetos de óptica
ángulo óptico
nervio óptico
plano óptico
telégrafo óptico

(V. **óptica**)

optimate

(V. **prócer**)

optimismo

s. **euforia** (V.)
confianza
esperanza (V.)
ilusión (V.)
entusiasmo
ánimo (V.)
regolaje
elación
humor
fe
certeza
certidumbre
fantasía
afán
aliento
ingenuidad
convicción
brío
aliento
alegría (V.)

r. Cuando todo sale bien el optimismo es un lujo; cuando sale mal, una necesidad

a. *pesimismo*
desánimo
desaliento
desesperanza
tristeza

optimista

s. **eufórico** (V.)
feliz (V.)
alegre (V.)
confiado
ingenuo (V.)
animoso
iluso (V.)
convencido
cierto
ilusionado (V.)
favorable (V.)
esperanzado
afanoso
ardoroso
entusiasta
impulsivo

(V. **optimismo**)

a. *pesimista*
triste
desconfiado
desanimado
desalentado

óptimo

s. **perfecto** (V.)
inmejorable (V.)
fenomenal
bonísimo
mejor
insuperable
excelente
excelso
estupendo
magnífico
inapreciable
impecable
imponderable
irreprochable
cabal
celestial
próspero
opulento (V.)

a. *pésimo*
fatal
horrible
malísimo
detestable
deplorable
funesto
infame

opuesto

s. antagónico
antónimo
rival
adversario
antitético
antípoda
contrario (V.)
encontrado (V.)
enfrentado
disyuntivo (V.)
paradójico
enemigo (V.)
discorde (V.)
incompatible (V.)
desafecto (V.)
adversario
refractario (V.)
rebelde
inconciliable
diferente
distinto (V.)
resistente (V.)
reacio (V.)
desigual
disímil
contrapuesto
reluctante
reductante
divergente
contencioso
recalcitrante (V.)
contrincante
incongruente (V.)
contradictorio (V.)
oponente (V.)
revés
hostil (V.)
repugnante
el polo opuesto
a contramano
el reverso de la medalla
diametralmente opuesto
en campo contrario
ángulos opuestos

(V. **oposición**)

a. *igual*
exacto
idéntico
semejante
coincidente
afecto
amistoso
amigo
sinónimo
acorde
compatible
sumiso
convergente
favorable

opugnación

s. refutación
contradicción
impugnación (V.)
réplica
objeción
ataque

(V. **oposición**)

a. *confirmación*
acuerdo
conformidad
aprobación

opugnador

s. contradictor
refutador
impugnador (V.)
contradictorio
refutatorio
discutidor
inverso
objetante
implicatorio
adversario
opuesto

(V. **opugnación**)

a. *confirmador*
conformista
aprobatorio
defensor
conciliador
componedor

opugnar-se

s. **oponerse** (V.)
dificultar
obstruir (V.)
contraponer
enfrentar
encontrar

s. batallar
asaltar (V.)
luchar
combatir (V.)
asediar
atacar (V.)

s. **refutar** (V.)
redargüir
contradecir
repugnar
objetar (V.)
discutir
negar
impugnar (V.)
contrastar
rechazar
afrontar
debatir
resistir
replicar
desmentir
rebatir
llevar la contraria
hacer cara
ir a la compra
ponerse en frente
no estar conforme

(V. **opugnación**)

a. *ayudar*
acordar
conformar
defender
avenir
asentir
admitir

opulencia

s. prosperidad
caudal
bienes
fortuna (V.)
bienestar
burguesía
dineral
hacienda
tesoro

s. **riqueza** (V.)
plétora
exuberancia
copiosidad
superabundancia
abundancia (V.)
demasía
copia
acopio
exageración
exorbitancia
fecundidad
filón
cantera

a. *escasez*
derroche
insignificancia
pobreza

opulento

s. **rico** (V.)
acaudalado (V.)
afortunado
atesorado
poderoso
ricachón
fúcar (V.)
adinerado
granido
economizado

s. poderoso
abundante (V.)
superabundante
colmado
coleccionado
surtido
aprovisionado
profuso (V.)
ubérrimo
sobrado (V.)
pletórico
copioso
fecundo
considerable
exuberante
lujuriante
lujoso (V.)
pululante
espléndido
óptimo (V.)

(V. **opulencia**)

a. *escaso*
pobre
desprovisto
mísero

opúsculo

s. obrita
folleto (V.)
monografía
ensayo
estudio
glosa
comentario

oque (de)

s. gratuitamente
gratis (V.)
de balde
de gracia
de bóbilis
por su linda cara
por sus ojos bellidos

a. *pagando*
oneroso

oquedad

s. **vacío** (V.)
agujero (V.)
orificio
cavidad (V.)
depresión
abertura (V.)
intersticio
foramen
buraco
huraco
taladro
horado
cala
ahuecamiento
hueco (V.)
tueco
excavación
mella
coquera

s. **necedad** (V.)
tontería
vaciedad (V.)
insubstancialidad (V.)
sandez
futilidad
palabras huecas
palabras vanas

a. *macizo*
espesor
redondez
densidad
interés
sensatez

oración

s. **rezo** (V.)
plegaria (V.)
rogativa
rogación
deprecación
súplica (V.)
voto
preces
jaculatoria (V.)
invocación
ruego (V.)
imploración
ofrenda (V.)
zalá
azalá
rosario
vía crucis
estaciones
letanía
letanía de los santos
letanía de la Virgen
letanía lauretana
padrenuestro
Pater noster
ave maría
gloria
credo
salve
ángelus (V.)
alabado
bendito
hora santa
horas
trisagio
novena
maitines
laudes
confíteor
misa
culto (V.)
piedad
unción
devoción
actos piadosos
prácticas religiosas
canto religioso
canto llano
salmo
antífona
sufragio (V.)
salmodia
responso
miserere
recomendación del alma
predicación
sermón
plática
homilía
novena
octavario
triduo

s. **discurso** (V.)
arenga
parlamento
frase (V.)
paréntesis
disertación
conferencia
lección
cláusula
parlamento
habla
proposición (V.)
explanación
exposición
explicación
comentario
declamación
crítica
glosa
monserga

s. oración gramatical

s. casa de oraci
oración de ci
oración vocal
oración menta
romper las oraciones

r. Oración de perro, no va al cielo ■ Sube al cielo la oración y baja de allí la bendición ■ Muchos amenes llegan al cielo ■ A Dios rogando y con el mazo dando ■ Oración devota y corta es la que más importa

a. *imprecación*
blasfemia
maldición
execración
reniego
taco
juramento
silencio

oráculo
s. **vaticinio** (V.)
profecía (V.)
adivinación (V.)
auspicio
presagio
horóscopo (V.)

s. grafólogo
zahorí
anabí
cohen
vate
augur
arúspice
adivinador
adivino
vidente
profeta
sabio (V.)
nigromante (V.)

s. **consulta** (V.)
respuesta
réplica

orador
s. **discursante** (V.)
predicador
disertador
declamador
tribuno (V.)
conferenciante (V.)
retórico
disertante
arengador
parlante (V.)
perorante
charlatán
recitador
hablador (V.)
hablista
locutor (V.)
repentista
perorador
verboso
panegirista
monitor
abogado
demóstenes
cicerón
pico de oro
orador sagrado
orador político
orador académico
orador popular
orador callejero
orador forense
orador militar
polemista
demagogo
elocuente (V.)

(V. **oración**)

oral
s. **verbal** (V.)
parlante (V.)
hablado
enunciado
expresado

s. digestivo
bucal (V.)

s. de boca en boca

(V. **oración**)

a. *mudo*

orangután
s. **mono** (V.)
antropoide
antropomorfo
primate
simio
jocó
pongo

s. **feo** (V.)
horroroso
peludo (V.)

a. *hermoso*
barbilampiño

orante
rezador
devoto (V.)
piadoso
beato
arrodillado (V.)
implorante
rogante (V.)
suplicante

(V. **oración**)

a. *descreído*
ateo
impío
levantado
erguido

orar
s. rogar
rezar (V.)
implorar
invocar
pedir
adorar
deprecar
hablar con Dios
pedir a Dios
suplicar (V.)
devotar

s. **perorar** (V.)
predicar
declamar
hablar (V.)
discursear
disertar
arengar
panegirizar
apostrofar
tronar
improvisar
exponer
explicar
amanerarse
perderse
alargarse

(V. **oración**)

a. *renegar*
callar
silenciar
execrar
maldecir
condenar
blasfemar

orate
s. chiflado
ido
maniático
demente
chalado
guillado
enajenado
loco (V.)
insensato (V.)

a. *juicioso*
cuerdo
sensato

oratoria
s. **elocuencia** (V.)
locución
improvisación
facundia
labia
verborrea
fogosidad
arrebato
retórica
predicación
discurso (V.)
verbosidad (V.)
dialéctica (V.)
razonamiento
lenguaje
sermón
peroración
perorata
declamación (V.)
charla
progimnasma
conferencia
catilinaria
diatriba
invectiva
defensa
proclama
literatura (V.)

s. arte oratoria
oratoria sagrada
oratoria
académica
oratoria
científica
oratoria política
oratoria forense
oratoria militar

s. **estilo** (V.)
ademán
actitud
expresión
acción
aticismo
pronunciación
claridad de
expresión
concisión
prolijidad

a. *silencio*
inexpresividad
mudez
mutismo

oratorio
s. **capilla** (V.)
ermita
santuario
adoratorio
eremitorio
templo

s. **elocuente** (V.)
facundo
afluente
diserto
altílocuo
altisonante
tonante
sonoro
grandilocuo
gradilocuente
tribunicio
demostino
ciceroniano
exhortatorio

(V. **oración**)

(V. **oratoria**)

a. *deslucido*
deshilvanado
torpe
mudo
silencioso
inexpresivo

orbe
s. **mundo** (V.)
esfera
globo
tierra
universo
planeta
creación

s. **redondez** (V.)
círculo
esfericidad

orbicular
s. esférico
redondo (V.)
circular
lenticular
orondo
cilíndrico
anular

(V. **orbe**)

a. *recto*
derecho

órbita
s. curva
camino (V.)
trayectoria (V.)
elipse
parábola
recorrido
vuelo
perigeo
perihelio

s. **ámbito** (V.)
esfera
campo (V.)
área
zona
dominio
círculo
espacio
actividad

s. **cavidad** (V.)
cuenca (V.)
concavidad
hueco
oquedad
agujero

(V. **orbe**)

orco
(V. **infierno**)

órdago
s. envite
mus (V.)

s. de órdago
excelente
extraordinario (V.)
asombroso
colosal
magnífico
soberbio
espléndido
estupendo

ordalías
(V. **juicio**)

(V. **prueba**)

orden
s. **autoridad** (V.)
jerarquía
normalidad (V.)
armonía (V.)
paz (V.)
seguridad
tranquilidad
concierto
disciplina
conservadurismo
regularidad
equilibrio
policía (V.)
euritmia

s. **organización** (V.)
método
sistema
sistematización
coordinación
articulación
vertebración
encauzamiento
ordenación
clasificación
estructura
estructuración
reglamentación
estatuto
regulación (V.)
gusión
orientación
funcionamiento

s. sucesión
serie (V.)
formación
situación
colocación (V.)
posición
instalación
ubicación
alineación
distribución
gradación
grado (V.)
lugar
puesto
vez (V.)
turno (V.)
relación (V.)
seriación
paginación
numeración (V.)
clase
rango
línea
grupo
fila
retahila
hilera
ringlera
cola
carrera
teoría
procesión
escala
índice
razón
proporción
ritmo (V.)

s. **norma** (V.)
regla
mando (V.)
mandado
razón (V.)
decreto (V.)
mandato (V.)
imposición
obligación
aviso
bando
ley
edicto
disposición (V.)
exigencia
ordenanza
precepto
dictamen
pedido
encargo
advertencia
prescripción
mandamiento
decisión
dahir
ucase
circular
bula
exhortación
consigna (V.)
contraorden
resolución
conminación
reglamento
estipulación
decálogo

s. cofradía
congregación (V.)
comunidad
instituto
regla
hábito
hermandad
institución
cristianismo

s. **condecoración**
(V.)
cruz
recompensa
premio
medalla

s. **estilo** (V.)
modo
forma
arquitectónico
dórico
jónico
corintio

s. a la orden
dictar órdenes
en orden
orden del día
estar a la orden
del día
llamar al orden
poner en orden
de orden de
en orden a
sin orden ni
concierto
circular órdenes
del orden de

a. *desorden*
confusión
caos
anarquía
galimatías
desbarajuste
desconcierto
barullo
desorganización
convulsión
alteración
indisciplina
rebeldía
desquiciamiento
perturbación
trastorno
revuelo
sublevación
agitación
intranquilidad
revolución
fregado
desmán
algarada
disturbio
tumulto
desarticulación
obediencia
sumisión
cumplimiento

órdenes
s. órdenes mayores
órdenes menores

s. *órdenes militares*
Santiago
Calatrava
Alcántara
Montesa
San Antonio Abad
Jarra
Jarretera
Merced
Temple
Toisón de Oro
Hospital
San Juan
San Juan
Bautista
San Juan de
Jerusalén
San Juan de Malta
Legión de Honor

s. *órdenes*
religiosas
agustiniano
agustino
antonino
antoniano
asuncionista
barnabita
benito
benedictino
bernardo
betlemita
calasancio
camilo
camaldulense
carmelita

(cont.)

carmelitano
capuchino
cartujo
celestino
cisterciense
cluny
cluniacense
concepcionista
dominico
escolapio
filipense
franciscano
iñiguista
isidoriano
jerónimo
jesuita
marianista
marista
mendicante
mercedario
mercenario
mínimo
mostense
oblato
Opus Dei
paúl
premostratense
premonstratense
recoleto
redentorista
sacramentino
salesiano
seráfico
sulpiciano
teatino
tercero
trapense
trinitario
adoratriz
clarisa
oblata
salesa
servita
teresa
teresiana
trinitaria
ursulina

ordenación
s. ordenamiento
reglamentación
coordinación (V.)
disposición
organización (V.)
disciplina
norma
regla
régimen
normalización
regularidad
arreglo
agrupación
combinación
clasificación (V.)
legalización
uniformidad
unificación
sistematización
compaginación
distribución
colocación
dirección
formación
reorganización
metodización
ordenanza (V.)
táctica
distinción
colección (V.)
alternación
cuadro sinóptico
resumen
registro
archivo
protocolo (V.)
catálogo
lista
tarifa
tabla
distribución
alternación
constitución
funcionamiento
estructura
gradación
escalafón
escala cerrada

(V. **orden**)

a. *confusión*
desconcierto
inversión
interrupción
alteración

ordenado
s. **metódico** (V.)
dispuesto
atento
arreglado (V.)
cuidadoso
meticuloso
reglado
mesurado (V.)
sistemático
dirigido
clasificado
orientado
gobernoso
disciplinado
preceptivo (V.)
organizado
estatuido

s. **sacerdote** (V.)
tonsurado

(V. **orden**)

a. *anárquico*
caótico
desordenado
negligente
descuidado
indisciplinado

ordenador
s. organizador
coordinador
compaginador
reformador
acomodador
disponedor
regulador (V.)
orientador
formador
concertador
unificador
repartidor
distribuidor
preparador
ordenante
ordinal

s. computador
ordenadora (V.)

(V. **orden**)

a. *desorganizador*
desbaratador
alterador

ordenadora
s. **ordenador** (V.)
computador
cerebro electrónico
calculadora (V.)
procesadora

ordenamiento
(V. **ordenación**)

ordenancista
s. **riguroso** (V.)
escrupuloso
minucioso
detallista
quisquilloso
dictatorial
tiránico
rígido
severo
mandón
formalista (V.)
legalista (V.)

(V. **ordenanza**)

a. *flexible*
comprensivo
transigente

ordenanza
s. método
ordenación (V.)
concierto
reglamento (V.)
estatuto
norma (V.)
disciplina
precepto
mandamiento

s. **asistente** (V.)
subalterno
machacante
bedel
mandadero
escudero
servidor (V.)
esbirro
sayón

a. *acatamiento*
cumplimiento
superior

ordenar-se
s. **sistematizar** (V.)
coordinar (V.)
reglamentar (V.)
disciplinar
subordinar (V.)
organizar (V.)
concertar
orillar
alfabetizar (V.)
compaginar
acomodar
normalizar (V.)
reformar
ajustar
componer
dirigir
distribuir (V.)
metodizar (V.)
prescribir (V.)
arreglar (V.)
aviar
disponer
permitir
tejer
enderezar
casar
concretar
desenredar (V.)
desembrollar
trabajar (V.)
orientar
concertar (V.)
aparejar
paginar
sellar
estilar
jalonar
foliar
alinear
formar
colocar
disciplinar
clasificar (V.)
escalonar
archivar (V.)
catalogar
reglar
contar
numerar (V.)
revistar
eslabonar
formar en línea
señalar puesto
pasar revista
poner en regla
hacer la numeración
poner en fila

s. **mandar** (V.)
decidir
decretar (V.)
reglamentar
disciplinar
regular (V.)
establecer (V.)
comandar
legislar (V.)
gobernar (V.)
prescribir
conminar

s. profesar
recibir las órdenes, la tonsura
tonsurarse

(V. **orden**)

r. Quien sus tareas ordena, en trabajar no halla pena ■ Vive reglado y pierde cuidado

a. *desordenar*
desorganizar
indisciplinarse
abigarrar-se
descolocar
descompaginar
descomponer
desajustar
enredar
cumplir
obedecer
someterse

ordeñar
s. **exprimir** (V.)
extraer
esmuir
esmuñir
muir
estrujar
vaciar (V.)
sacar (V.)
agotar
comprimir
esquilmar
explotar (V.)

(V. **ordeño**)

a. *llenar*
colmar
perder

ordeño
s. extracción
estrujamiento
obtención
agotamiento
explotación
succión
provecho
ganancia

a. *pérdida*
entrada

ordinariez
s. **descortesía** (V.)
incorrección
incivilidad
plebeyez (V.)
salvajismo
vulgaridad (V.)
rustiquez
grosería (V.)
naranjada
charrada
aspereza
brutalidad
barbaridad
babazas
ignorancia
bajeza
desatención
paletería
chabacanería (V.)
rabotada
palabrota
obscenidad
porquería
rudeza
zafiedad (V.)
mal gusto

s. con el pelo de la dehesa
falta de respeto
falta de educación
modales groseros
malos modos

a. *finura*
cortesía
consideración
respeto

ordinario
s. **común** (V.)
regular
corriente
vulgar (V.)
normal
particular
habitual (V.)
general
frecuente
acostumbrado
usual
diario
familiar
llano
simple
sencillo
fácil
trivial
sabido
extendido
vulgarizado
admitido
insignificante

s. **plebeyo** (V.)
grosero (V.)
bajo
soez
bruto
zafio
descortés
basto
corronchoso
cosaco (V.)
adocenado
hortera
recargado (V.)
sayagües
brutal
bárbaro
salvaje
inelegante
inculto
ramplón
chabacano (V.)
chocarrero
villano (V.)
bufo
incivil
malcriado
maleducado

s. **recadero** (V.)
mensajero
cosario
mandadero
correo
arriero
propio
cartero
portador

s. **prelado** (V.)
obispo
nuncio
obispo diocesano
internuncio

s. de ordinario

(V. **ordinariez**)

a. *extraordinario*
casual
raro
importante
cortés
educado
noble

orear-se
s. **ventilar** (V.)
secar
airear (V.)
solear (V.)
refrescar
desventar
tender (V.)
desenmohecerse
tomar el aire
deshumedecer
desecar
enjugar

(V. **oreo**)

a. *mojar*
humedecer
encerrar
velar

orégano
s. **planta** (V.)
díctamo
aproxis
crético

s. no todo el monte es orégano

oreja
s. **oído** (V.)
orejeta
aurícula
pulpejo (V.)
orejuela

s. **lengüeta** (V.)

s. **asa** (V.)
adulador (V.)
chismoso (V.)
cuentista
charlatán
cizañero
lioso

s. bajar las orejas
agachar las orejas
ver las orejas al lobo
pabellón de la oreja
corredor de oreja
oreja de mar
oreja marina
oreja de monje
oreja de ratón
aguzar la oreja
enseñar la oreja
hacer uno orejas de mercader
lo oreja junto a la teja
mojar la oreja
ponerle a uno las orejas coloradas
tirar de las orejas
repartir orejas

a. *prudente*
callado

orejeado
(V. **prevenido**)

orejear
(V. **remolonear**)

orejuela
(V. **asa**)

orenga
(V. **varenga**)
(V. **cuaderna**)

oreo
(V. **aireación**)
(V. **ventilación**)

orfanato
s. orfelinato
inclusa
albergue
casa cuna
casa de expósitos
cuna
hospicio
asilo (V.)

orfandad
s. inhospitalidad
soledad
desabrigo
aislamiento
desamparo
abandono (V.)
desgracia
separación

a. *familia*
amparo
protección

orfebre
s. **joyero** (V.)
platero (V.)
orífice
oribe
orive
artífice (V.)

orfebrería
s. **platería** (V.)
artesanía
joyería
cincelado
grabado
filigrana (V.)
orfe
percocería

orfelinato
(V. **orfanato**)

orfeón
(V. **coral**)

organdí
s. algodón
bófeta
bofetán
tela (V.)

orgánico
s. organizado
vivo
biológico (V.)
animal
vegetal
somático
viviente (V.)
vital

s. **armónico** (V.)
consonante
unido
conjuntado

(V. **organismo**)

a. *inorgánico*
inanimado
muerto
mineral

organillo
s. **piano** (V.)
pianillo
pianola
aristón
órgano de manubrio

organismo
s. criatura
ser (V.)
ente
individuo
cuerpo (V.)
espécimen
forma
animal
planta
biología (V.)

s. **entidad** (V.)
institución (V.)
cámara
ateneo
corporación
colectividad
junta
organización (V.)
estructura
casino
centro
reunión (V.)
círculo (V.)
club
consejo
consorcio
cuerpo
instituto
junta
mancomunidad
sindicato
municipio (V.)
mutualidad

organización
s. **orden** (V.)
ordenación (V.)
sistema (V.)
sistematización
estructura (V.)
estructuración
aparato (V.)
tren (V.)
método
instauración
disposición
orquestación (V.)
colocación
alineación
formación (V.)
serie
codificación (V.)
clasificación (V.)

s. **organismo** (V.)
servicio (V.)
institución (V.)
sociedad

a. *desorganización*

organizado
(V. **orgánico**)

organizador
s. ordenador
creador (V.)
gerente
reformador
instaurador
fundador (V.)
promotor (V.)
introductor
productor
coordinador (V.)
dinámico (V.)
activo
planificador (V.)

(V. **organización**)

a. *desorganizador*
pasivo
vago
espectador

organizar-se
s. **fundar** (V.)
instituir
establecer (V.)
crear (V.)
estatuir
instaurar
introducir
constituir (V.)
instalar
armar
arreglar (V.)
emprender (V.)
promover (V.)
ordenar (V.)
coordinar (V.)
aviar
ajustar
sistematizar (V.)
relacionar (V.)
metodizar (V.)
estructurar (V.)
armonizar
orquestar (V.)
combinar
producir (V.)
planear (V.)
proyectar (V.)
codificar (V.)
preparar (V.)
juntar
disponer
asociar (V.)
dirigir
regularizar
regular (V.)
concretar
reformar
reorganizar
tramar (V.)

(V. **organización**)

a. *desorganizar-se*
disolver-se
desunir-se
desordenar-se

órgano
s. **armonio** (V.)
organillo (V.)
muérgano
clavicordio
clavicímbano
clavicímbalo
claviórgano
realejo
sinfonía
concertina
piano
órgano expresivo
órgano de manubrio

s. tecla
teclado
pedal
caja
contra
secreto
fuelle
árbol
ventilla
entonadera
bocarón
mancha
doblemano
tubo
registro
clarín
flautado
celeste
caño
depósito
orio
tapadillo
nasardo
bombardo
eco
doblete
trémolo
voz humana
diapasón
contras
trompetería
cañutería
cañonería

s. **portavoz** (V.)
medio
instrumento
relación
conducto
representante (V.)

s. **cuerpo** (V.)
víscera
aparato (V.)
parte (V.)
pulmón (V.)
vulva (V.)

s. órganos de Móstoles

orgasmo
s. eretismo
espasmo
clímax (V.)
exaltación
convulsión
culminación
polución
eyaculación (V.)

a. *aplacamiento*
enervamiento

orgía
s. **desenfreno** (V.)
festín
bacanal (V.)
banquete
comilona
cuchipanda
convite
borrasca
saturnal (V.)
borrachera
zahora
garzonía
escándalo
disipación
desvergüenza
crápula
inmoralidad
libertinaje
juerga (V.)
francachela

a. *seriedad*
misantropía
austeridad
sobriedad
castidad
recato

orgiástico
s. borrascoso
escandaloso
inmoral
libertino
desenfrenado (V.)
saturnal
bacante
lujurioso
lascivo
juerguista (V.)
disipado
desvergonzado
crapuloso
vicioso

(V. **orgía**)

a. *serio*
grave
sobrio
contenido
virtuoso
austero
sobrio
casto
recatado

orgullo
s. **vanidad** (V.)
soberbia (V.)
altanería (V.)
humos (V.)
inmodestia
fatuidad
hinchazón
quijotismo (V.)
postín
pote
ínfulas (V.)
desdén (V.)
tufos (V.)
tiesura (V.)
aires
dignidad (V.)
humillos
fueros
presunción (V.)
ahuecamiento
insolencia (V.)
endiosamiento
impertinencia (V.)
fatuidad
inflación
confianza
suficiencia (V.)
entonación
fachenda
envanecimiento
vanagloria
jactancia
arrogamiento (V.)
ensoberbecimiento (V.)
vanistorio
pedantería
afectación
elación (V.)
imperio (V.)
ufanía
lozanía (V.)
fantasía
entono
pisto
penacho
suficiencia
virolismo
alas
copete
amor propio
empaque
puntillo
tono
pretensión
fanfarronería
tramontana (V.)
alarde
alharaca
falsa modestia
capita de santidad

s. contento
satisfacción (V.)
gozo
honra
prez
dignidad (V.)

r. Con el aire se hincha el odre, y con la vanidad el hombre ■ Quien menos se afana, más se ufana ■ Cuando el asno es muy asno, entonces se tiene por caballo ■ Quien menos vale, más presume ■ Una que hago y tres más que me apunto, son cuatro en junto ■ Quien piensa que todo lo merece, nada agradece ■ Sabio es quien escucha, y necio quien se escucha

a. *humildad*
sencillez
modestia
insignificancia
deshonor
insatisfacción

orgulloso
s. **altivo** (V.)
engreído
vanidoso (V.)
altanero (V.)
hueco
lozano (V.)
ufano
arrogante (V.)
tieso (V.)
olímpico
hinchado
finchado
almidonado
infatuado
envirotado
soplado (V.)
inpertinente (V.)
fanfarrón
runflante
copetudo
crestudo
pechisacado
rozagante
pedante
presuntuoso (V.)
empecinado
megalómano (V.)
estirado (V.)
insolente (V.)
inmodesto
soberbio (V.)
empingorotado
gallito
engallado
empampirolado
orondo
satisfecho
cogolludo
encastillado (V.)
parado (V.)
entonado (V.)
lomienhiesto
ensoberbecido
endiosado
desmedido
jactancioso
fatuo
fiero (V.)
lomienhiesto
como un pavo real
señorito de pan pringado
señorito de pega
con muchos moños
con muchas ínfulas
más tieso que un ajo

s. **satisfecho** (V.)
contento
ufano

(V. **orgullo**)

a. *sencillo*
humilde
modesto
campechano
descontento
insatisfecho

oribe
(V. **orífice**)

orientación
s. **situación** (V.)
colimación
mano (V.)
latitud
edificio (V.)
meridiano
paralelo
verticidad (V.)
posición
disposición

s. recomendación
explicación
informe
imposición
consejo (V.)
adiestramiento
instrucción
testimonio
referencia (V.)
razón

s. **dirección** (V.)
tropismo
guía
tendencia (V.)
encarrilamiento
encauzamiento
enfoque (V.)
rumbo (V.)
derrotero
sesgo (V.)
sentido (V.)
encaminamiento
curso (V.)

s. puntos cardinales
brújula (V.)

a. *desorientación*
desviamiento
despiste
extravío
desvío
pérdida
descarrío
digresión
divagación

orientador
s. **guía** (V.)
consejero (V.)
asesor
adiestrador
encauzador
instructor
director

(V. **orientación**)

a. *desorientador*

orientar-se
s. **situar** (V.)
colocar
instalar
emplazar
disponer
poner
acomodar
ordenar
distribuir
ubicar
alinear
arreglar

s. **dirigir** (V.)
guiar (V.)
enderezar (V.)
encarrilar
encaminar
encauzar
enderezar

s. adiestrar
instruir
informar (V.)
aconsejar (V.)
indicar
enterar
asesorar
recomendar
avisar
sugerir
dar (V.)

s. **regirse** (V.)
gobernarse

(V. **orientación**)

a. *desorientar-se*
descarriar-se
extraviar-se
perder-se
desencaminar-se
desviar-se
despistar-se
divagar
desaconsejar

oriente
s. este
levante
saliente
naciente (V.)
orto (V.)

s. **viento** (V.)
orco

s. **brillo** (V.)
de perlas

s. **juventud** (V.)

s. Extremo Oriente
gran oriente

a. *occidente*
vejez

orífice
s. **artesano** (V.)
artista
artífice (V.)
orfebre
joyero
orespe
oribe
orive
orebce

orificio
s. **agujero** (V.)
boquete
boca
hoyo
buraco
bura
taladro (V.)
tronera
ojete
meato (V.)
foramen
resquicio
ojo
ojal
ano
suelo (V.)

a. *entaponamiento*
taponadura

oriflama
s. pendón
estandarte (V.)
bandera
banderín
guión
enseña
gonfalón

orifrés
(V. **galón**)

origen
s. **principio** (V.)
raíz (V.)
causa (V.)
comienzo
manantial
venero
germen
nacimiento (V.)
fuente
vivero
semilla (V.)
semillero
embrión
génesis (V.)
iniciación
inicio
madre
padre
paternidad
antecedencia
prioridad
arranque
anterioridad
umbral
dimanación
emanación
tronco
base
fundamento (V.)
motivo
motivación
parte
cimiento
nudo
atribución
número
albor
amanecer
alborada
procedencia (V.)
sucesión
etimología
arranque
nido
cabecera
brote
derivación
substrato
derivo
desde

s. estirpe
linaje
ascendencia
cabeza
cuna (V.)
procedencia
pedigree
familia
generación (V.)
extracción
apellido
venero
abolengo (V.)
raza
cepa

s. patria
país
naturaleza (V.)
oriundez

a. *fin*
término
acabamiento
muerte
desaparición
anochecida
desenlace
posterioridad

original
s. procedente
proveniente
oriundo
originario (V.)
primordial (V.)
dimanante
vernáculo
autóctono
primigenio
fontal
genesíaco
genético
gentilicio

s. único
extraordinario
sin igual
insólito
inimitable
singular (V.)
raro (V.)
extraño (V.)
nuevo (V.)
curioso
excéntrico (V.)
ridículo (V.)
personal
particular (V.)
inédito (V.)
propio
peculiar (V.)
propio
prístino (V.)
extravagante (V.)
novedoso
especial (V.)
señalado
genial
inventado
creado
característico
típico (V.)
interesante
inusitado
no vulgar
nada común
distinto (V.)
revolucionario (V.)
diferente
separado (V.)

s. **modelo** (V.)
prototipo
arquetipo
módulo
símbolo
muestra
patrón
ejemplar
horma
dechado
pauta

s. **manuscrito** (V.)
borrador

s. **fantástico** (V.)
soñador
imaginativo
quimérico
visionario
iluso
ilusorio
caprichoso
inspirado
alucinado
fabuloso

(V. **originalidad**)

a. *vulgar*
corriente
normal
frecuente
copia
común
manido
trillado
trasnochado
visto
sabido
prosaico
chabacano
ramplón

originalidad
s. creación
personalidad (V.)
novedad (V.)
singularidad (V.)
peculiaridad
rareza (V.)
extrañeza
particularidad (V.)
moda
esnobismo
snobismo
estilo (V.)
carácter (V.)
imaginación (V.)
fantasía
inventiva
inspiración
capricho
utopía
quimera
autenticidad (V.)
novelería
especialidad (V.)
genialidad (V.)
sabiduría
talento
ingenio
ruido (V.)
vena poética
talento artístico
fantasía creadora
modo especial

a. *imitación*
vulgaridad
plagio
copia
rutina
ramplonería

originar-se
s. **motivar** (V.)
influir
causar (V.)
provocar
determinar
producir (V.)
suscitar (V.)
ocasionar (V.)
obrar
promover
engendrar (V.)
crear
introducir
brotar
asomar (V.)
crecer
suscitar (V.)

s. **resultar** (V.)
ser (V.)
proceder (V.)
derivarse (V.)
seguirse
resultar
brotar
dimanar (V.)
comenzar (V.)
arrastrarse (V.)
arrancar
provenir
deducirse
emanar
repercutir
trascender
venir a parar
tener principio
remontarse a

(V. **origen**)

a. *acabar*
concluir
morir
extinguirse
impedir

originario
s. **original** (V.)
oriundo
procedente (V.)
nativo (V.)
proveniente (V.)
aborigen
propio
vernáculo
solariego (V.)
genético
poblador
hijo
paisano
vecino
compatricio
conciudadano
coterráneo
compatriota
indígena
connacional

s. **causante** (V.)
promotor

s. primigenio
primario
primitivo
primero (V.)
inicial
inaugural
preparatorio
preliminar

(V. **origen**)

a. *forastero*
ajeno
extraño
extranjero
secundario

orilla
s. **margen** (V.)
orillo
extremo
remate
límite
reborde
pujamen
arista
marbete
vera (V.)
perfil
extremidad
hirma
borde (V.)
canto
acera (V.)
término
arcén
filo
hilo
fimbria
rebaba
arista
saliente
moldura
fleco
tira
tremó
festón
cenefa
espuenda
faja
banda
esquina
canto
filete
orla
orladura

s. **costa** (V.)
litoral
ribera (V.)
glacis
riba
márgenes
ribazo
marina
ripa
playa

s. a la orilla
orilla de
salir uno a la orilla

a. *centro*
interior

orillar
s. arrimarse (a la orilla)
bordear (V.)
cantear
orlar (V.)
costear
marginar

s. desenredar
disponer
concluir
acabar
terminar
liquidar
zanjar
finiquitar
decidir
solventar
solucionar (V.)
ordenar
arreglar (V.)
desenredar

(cont.)

s. esquivar
evitar (V.)
soslayar

(V. **orilla)**

a. *centrar*
continuar
seguir
enredar
afrontar
encarar

orillo
s. hirma
rebaba
remate
tira
arista
cenefa
fimbria
burlete
cadillo
fleco
vendo

(V. **orilla)**

orín
s. mogo (ant.)
herrumbre (V.)
moho
cardenillo
óxido
verdete
verdín
roña
humedad
oxidación

s. **orina** (V.)

orina
s. orín
meados
meada
pis
chis
pipí
necesidad
aguas menores
evacuación
excreción
micción (V.)

s. urea
ácido úrico
arenas
arenillas
piedra
cálculo
albuminuria
diabetes
estranguria
fosfaturia
glucosuria
poliuria
pujo
hematuria
incontinencia
cromaturia
disuria
diuresis
melanuria
oliguria
tisuria
uromancia
uretritis

s. **riñón** (V.)
vejiga
uretra (V.)

orinal
s. vaso
recipiente (V.)
vasija (V.)
bacinilla
bacinete
bacín
servicio (V.)
tito (V.)
servidor
tiesto
chata
perico
beque
dompedro
sillico
tiorba
escupidera (V.)
galanga
urinario (V.)
mingitorio
potro
retrete
tibor
zambullo

(V. **orina)**

orinar-se
s. mear
desbeber
jar (germ.)
expeler la orina
hacer pis
hacer aguas
hacer sus necesidades
hacer pipí
evacuar (V.)

(V. **orina)**

a. *retener*

oriniento
s. oxidado
enmohecido
mohoso
herrumbroso (V.)
roñoso
robinoso

s. embotado
entorpecido (V.)
empolvado
duro
torpe

(V. **orín)**

a. *brillante*
refulgente
ágil
útil

orinque
(V. **cabo)**

oriol
(V. **oropéndola)**

oriundez
(V. **procedencia)**

oriundo
(V. **originario)**

orla
s. fres
orladura
viñeta
dibujo
cifra
ornamento
adorno
cenefa
vainica (V.)
aureola (V.)
escudo (V.)
fimbria
contorno
grafila
limbo
cierre

s. borde
orilla (V.)

orlar
s. **adornar** (V.)
ribetear (V.)
festonear
orillar (V.)
rematar
nimbar (V.)
aureolar
marginar
contornear

(V. **orla)**

ornamentación
s. **adorno** (V.)
decoración (V.)
ornamento
gala
aderezo
ornato
decorado
realce
arreglo
atavío
arquitectura (V.)
moldura
ménsula

a. *desnudez*
sobriedad
sencillez

ornamentador
s. decorador
escayolista
escultor
empapelador
pintor
papelista
adornista
escaparatista
tramoyista

(V. **ornamentación)**

ornamental
s. **decorativo** (V.)
adornado
engalanado
afiligranado
historiado
festoneado
rococó
barroco
agallonado
denticulado
plateresco
churrigueresco
románico
oriental
ojival

(V. **arquitectura)**

(V. **ornamento)**

a. *sencillo*
sobrio
desnudo

ornamentar
s. revestir
estriar
alindar
festonear
cubrir
aplicar
decorar (V.)
pintar
escayolar
empapelar
almendrar
azulejar
agramilar
istriar
engrafiar
estatuar
modelar
incrustar
paramentar
afiligranar
axornar
ornar
alhajar
amueblar
guarnecer
engalanar
emperifollar
arrear
apañar
acicalar
arreglar
embellecer
enguirnaldar

(V. **ornamento)**

(V. **ornamentación)**

a. *despojar*
desenjaezar
descomponer

ornamento
s. ornato
alegoría
atributo
adorno (V.)
medallón
modillón
remate
fresco
ménsula
cornisamento
jambaje
crestería
friso
rodapié
artesonado
blasón
trofeo
moldura
aplicación
sobrepuesto
panel
arrocabe
espejo
guarnición
guarnimiento
gallón
florón
cariátide
gárgola
mascarón
canéfora
greca
atlante
bicha
estatua
escultura
jarrón
voluta
arquivolta
contravoluta
acanaladura
encaracolado
arquitectura (V.)

s. vestiduras sagradas
prendas
atributos
cualidad (V.)
virtudes

a. *sobriedad*
sencillez
simplicidad

ornar
(V. **ornamentar)**

ornato
(V. **ornamento)**

oro
s. metal amarillo
metal precioso
sol
cachucho
piedra filosofal
mina mayor
mineral (V.)

s. oro nativo
oro batido
oro molido
oro mate
oro coronario
oro obrizo
oro de tíbar
oro guañín
oro en polvo
oro fulminante
oro potable
pan de oro
librillo de oro
pepita de oro
palacra
crisopeya
palacrana
quijo
oro verde
oro musivo
oro alemán

s. **dinero** (V.)

s. como un oro
como los chorros del oro
oros son triunfos
poner como oro y azul
valer tanto oro como pesa
como oro en paño
el oro
ni por todo el oro del mundo
prometer el oro y el moro

r. No es oro todo lo que reluce ■ Oro es lo que oro vale

orobias
(V. **incienso)**

orografía
(V. **relieve)**

(V. **montaña)**

orón
(V. **serón)**

orondo
s. **barrigudo** (V.)
hondo
grueso
robusto

s. hinchado
hueco (V.)
fofo
esponjado
ahuecado
vacío
esponjoso (V.)

s. presumido
ufano (V.)
presuntuoso
satisfecho
engreído (V.)
empingorotado
pimpante

a. *macizo*
seco
enjuto
sencillo
humilde

oropel
s. **vanidad** (V.)
relumbrón
bambolla
cursilería
apariencia (V.)

s. **bisutería** (V.)
quincalla
imitación (V.)
bicoca
chuchería
baratija
fruslería

s. **adorno** (V.)
avío
afeite
arreglo
requisito
maquillaje

a. *autenticidad*
verdad
realidad
refinamiento
exquisitez
abandono

oropéndola
s. **ave** (V.)
virio
oriol
lútea
papafigo
víreo

orozuz
s. **planta** (V.)
regaliz
paloduz
palo duz
palo dulce
alcazuz
regalicia
rabazuz

orquesta
s. **banda** (V.)
conjunto
grupo
agrupación
música (V.)

s. director
violines
violas
violoncelos
contrabajos
clarinetes
flautas
oboes
cornos
trompas
tubas
trombones
piano
arpa
percusión

a. *solista*

orquestación
s. **instrumentación** (V.)
dirección
arreglo
organización (V.)

(V. **orquesta)**

orquestar
s. **instrumentar** (V.)
arreglar
ejecutar
acompañar
componer
interpretar
s. **organizar** (V.)
guiar
dirigir
fomentar
aleccionar
(V. **orquesta**)
a. *desorganizar*

orquídea
s. **planta** (V.)
orquidácea
satirión
vainilla
compañón de perro

orquitis
(V. **inflamación**)
(V. **testículo**)

orsay
(V. **fuera** de juego)

ortega
s. **ave** (V.)
corteza
churra

ortiga
s. **planta** (V.)
cania
achune
pringamoza
moheña
s. ortiga menor
ortiga de pelotillas

orto
s. **oriente** (V.)
levante
naciente
saliente
aparición (V.)
s. **nacimiento** (V.)
salida
emersión
a. *poniente*
occidente
puesta
ocaso
muerte

ortodoxia
s. **pureza** (V.)
verdad
autenticidad
veracidad
fidelidad (V.)
lealtad
apego
rectitud
escrupulosidad
severidad
dogma
conformidad (V.)
obediencia
a. *heterodoxia*
falsedad
desapego
rebeldía

ortodoxo
s. **fiel** (V.)
leal
apegado
conforme (V.)
obediente
puro
adicto
dogmático (V.)
íntegro
veraz
escrupuloso
severo
rígido
inflexible
intolerante
s. cristiano separado
(V. **ortodoxia**)
a. *heterodoxo*
desleal
impuro
insumiso
flexible
protestante
disconforme

ortografía
s. corrección
conocimientos (del idioma)
cacografía
fonetismo
acentuación
puntación
puntuación
ortografía fonética
ortografía degradada
ortografía en perspectiva
s. delineación en alzada
ortografía geométrica
ortografía proyecta
perspectiva lineal
(V. **gramática**)

ortología
(V. **pronunciación**)

ortopedia
(V. **rehabilitación**)
(V. **recuperación**)

ortóptero
(V. **insecto**)

oruga
s. **larva** (V.)
insecto (V.)
gusano (V.)
mariposa (V.)
teña
tiña (V.)
cuca
cuco
ruqueta
gata
pintón
royega
rosquilla
s. vehículo
cadena (V.)
llanta

orujo
s. **pellejo** (V.)
hollejo
residuo (V.)
casca
brisa
bagazo
borujo
sapa
fraile
clazol
caspia
cospillo
magma
sansa
cibera
resto
piel
fruto (V.)
s. aceite de orujo
r. De orujo exprimido, nunca mosto corrido

orvallar
(V. **lloviznar**)

orvallo
(V. **llovizna**)
(V. **rocío**)

orza
(V. **vasija**)
(V. **tinaja**)
(V. **embarcación**)

orzaga
s. **planta** (V.)
salgadera
salgada
armuelle
marismo
álimo

orzar
s. inclinar
embicar
virar
aproar (V.)

orzaya
(V. **niñera**)

orzuelo
s. **trampa** (V.)
ratonera
cepo
s. grano
divieso
absceso (V.)

osadía
s. jactancia
desvergüenza (V.)
descaro (V.)
desfachatez
audacia (V.)
valor (V.)
empuje
bizarría (V.)
temeridad
valentía (V.)
alas
atrevimiento
insolencia (V.)
desenvoltura
riesgo
brío
espíritu
demasía
imprudencia
arriscamiento
descoco
tupé
desahogo
resolución
acometividad
a. *apocamiento*
timidez
cobardía
miedo
respeto
prudencia
temor

osado
s. arriesgado
atrevido
descomedido
descarado (V.)
imprudente
resuelto
valeroso
valiente (V.)
animoso
arrojado
trabucaire (V.)
arriscado
trabucante
audaz (V.)
temerario
insolente (V.)
bragado
resoluto
valentón
fanfarrón
(V. **osadía**)
a. *tímido*
miedoso
apocado
temeroso
cobarde
respetuoso
medroso

osamenta
s. **esqueleto** (V.)
armazón
restos
fósiles
momias
carcasa
a. *carne*

osar
s. decidirse
animarse
arriesgarse
atreverse (V.)
afrontar
emprender
crecerse
arrojarse
tomar
coger
aventurarse
intentar
resolverse
estar resuelto
tener valor
ser firme
tener voluntad
ser audaz
no pararse en barras
arrancarse por derecho
ir a Roma por todo
jugarse el todo por el todo
jugarse la cabeza
(V. **osadía**)
a. *temer*
arredrarse
acobardarse
intimidarse

osario
s. **sepultura** (V.)
cárcava
calavernario
osar
osero
huesera
calvero
carnero

oscilación
a. centelleo
variación
movimiento
sacudimiento (V.)
tintineo
bamboleo (V.)
vibración (V.)
balanceo (V.)
cabeceo
vaivén (V.)
fluctuación
agitación
temblor
tumbo
pulsación
latido
flotación
ondulación (V.)
sinuosidad
mecido
movilidad
oleaje
resaca
flujo y reflujo
péndulo
mareas
corriente
curso
traqueteo
nutación
ritmo
abaniqueo
aneaje
barquinazo
mecedura
vacilación (V.)
duda (V.)
indecisión
irresolución
temor
volubilidad
frivolidad
desequilibrio
a. *estabilidad*
inmovilidad
permanencia
decisión
obstinación

oscilante
s. bamboleante
basculante (V.)
fluctuante
vibrante (V.)
alternativo
vibratorio (V.)
movedizo
móvil
pululante
translaticio
cambiante
tembloroso
undulante
flotante
ebullente
pendular (V.)
oscilatorio
mecedor
peneque
(V. **oscilación**)
a. *inmóvil*
quieto

oscilar
a. **bambolearse** (V.)
moverse
revolucionar
evolucionar
ondear
marchar
cabecear
ir
volver
andar
contonearse
mullir
pulular
columpiarse
bailar
fluctuar (V.)
titilar (V.)
temblar (V.)
zigzaguear
hamaquear
bandearse
cunearse
mecerse (V.)
balancearse (V.)
bascular (V.)
vibrar (V.)
tabalear
briznar
anear
arrollar
agitar
tremolar
titubear
cunar
cunear
brizar
pivotar
moverse alternativamente
alternar
variar los precios
agitarse el mar
ir y venir
s. **vacilar** (V.)
variar
tener la cabeza a pájaros
cambiar como el viento
(V. **oscilación**)
a. *permanecer*
paralizar
estacionarse

oscilatorio
(V. **oscilante**)

oscitancia
(V. **descuido**)
(V. **inadvertencia**)

ósculo
(V. **beso**)

oscuridad
(V. **obscuridad**)

oscurantismo
(V. **obscurantismo**)

oscuro
(V. **obscuro**)

óseo
s. **huesudo** (V.)
huesoso
osudo
ososo
osecico
osificado
resistente
duro
esquelético
osteógeno
osteológico
s. **marfileño** (V.)
ebúrneo
(V. **hueso**)
a. *carnoso*
pulposo

osera
(V. **guarida**)

osero
(V. **osario**)

osezno
(V. **oso**)
(V. **cachorro**)

osificación
s. **calcificación** (V.)
encallecimiento
endurecimiento (V.)
consolidación
(V. **hueso**)
a. *descalcificación*
ablandamiento

osificarse
s. **calcificarse** (V.)
endurecerse (V.)
encallecerse
consolidarse
transformarse
(V. **osificación**)
a. *descalcificarse*
ablandarse

ósmosis
s. **penetración** (V.)
paso
difusión
presión
endósmosis
exósmosis
a. *obstrucción*
cierre

oso
s. **plantígrado** (V.)
osezno
mamífero (V.)
s. **peludo** (V.)
feo (V.)
velludo (V.)
s. oso blanco
oso hormiguero
oso colmenero
oso marítimo
oso marino
oso marsupial
oso negro
oso pardo
oso polar
s. hacer el oso
a. *barbilampiño*
hermoso

ostaga
(V. **cabo**)

¡oste!
(V. **¡oxte!**)

osteítis
(V. **inflamación**)
(V. **hueso**)

ostensible
s. **manifiesto** (V.)
palpable (V.)
claro (V.)
público
visible
patente
aparente
palmario
palmar
evidente
notorio
declarado (V.)
(V. **ostentación**)
a. *escondido*
secreto
obscuro
impalpable
dudoso

ostensivo
(V. **ostentoso**)

ostensorio
(V. **custodia**)
(V. **eucaristía**)

ostentación
a. **apariencia** (V.)
aspecto (V.)
manifestación
aparato (V.)
pompa (V.)
exhibición (V.)
tren
viento
boato (V.)
pisto
tronío (V.)
lujo (V.)
postín
alarde (V.)
bombo (V.)
lustre
etiqueta
ceremonía
ufanía
fasto
gala (V.)
fausto
suntuosidad
magnificencia
exteriorización
revelación
despliegue (V.)
fastuosidad
pavonada (V.)
bambolla
fachenda
guapeza (V.)
barrumbada
derroche
exhibicionismo
facha
autoridad (V.)
oropel
relumbrón (V.)
rimbombancia
rumbo (V.)
soberbia (V.)
vanidad
presunción (V.)
riqueza
s. **pedantería** (V.)
jactancia (V.)
fanfarronada
afectación
fanfarria
pavoneo (V.)
farfolla
pomposidad
petulancia
vanagloria
fantochada (V.)
s. con bombo y platillo
a. *intimidad*
recato
modestia
sencillez
naturalidad
discreción
sobriedad
moderación
humildad
ocultación

ostentar
s. **exhibir** (V.)
exponer
mostrar (V.)
alardear (V.)
hacer gala
manifestar
tremolar (V.)
patentizar (V.)
dar a conocer
presentar
farolear
pavonear
presumir (V.)
lucir (V.)
fachendear
gallear
gallardear
rimbombar (V.)
cacarear
vocear
fantasear
postinear
blasonar
fingir
afectar
darse aires
tener empaque
ir estirado
endiosarse
ser vanidoso
darse tono
ser más presumido que un pavo real
hacer alarde
ser finchado
ser presuntuoso
s. **poseer** (V.)
detentar
r. No ostentes tu lujo ante la pobreza; que les darás dentera. ■ No te ufanes de tu bien ante los chicos; pero ante el envidioso paséaselo por los hocicos
(V. **ostentación**)
a. *ocultar*
esconder
inhibirse
recatarse
humillarse
moderarse
reprimirse

ostentoso
s. **aparatoso** (V.)
ostentativo
ostensivo
fastuoso (V.)
espectacular
teatral
pomposo (V.)
lujoso (V.)
grandioso
regio
suntuoso
espléndido
magnífico
rimbombante (V.)
s. afectado
ufano
alardoso
fachendoso
guapo (V.)
petulante
jactancioso (V.)
ostentado
fanfarrón
falso
pretencioso (V.)
blasonador
cacareador
preciado
enfático
tieso
postinero
presuntuoso (V.)
endiosado
finchado
ruidoso
jaranero
estrepitoso (V.)
bullanguero
(V. **ostentación**)
a. *sobrio*
sencillo
humilde
callado
recatado
discreto
moderado
inadvertido
intimo
tranquilo

osteolito
(V. **fósil**)
(V. **hueso**)

osteoma
(V. **tumor**)
(V. **hueso**)

ostiario
(V. **clérigo**)

ostra
s. **lamelibranquio** (V.)
molusco (V.)
ostia
ostión
ostrón
ostro
s. aburrirse como una ostra

ostracismo
s. **destierro** (V.)
proscripción
exclusión
ausencia
extrañamiento
apartamiento (V.)
desaparición
huida
relegación
postergación
a. *acogimiento*
homenaje
regreso
reincorporación

ostro
s. molusco
ostra (V.)
ostrón
ostión
s. púrpura
(V. **zoología**)

ostugo
(V. **rincón**)
(V. **pizca**)

otacusta
(V. **espía**)
(V. **chismoso**)

otalgia
(V. **dolor**)
(V. **oído**)

otáñez
(V. **escudero**)

oteador
s. **vigilante** (V.)
observador
escudriñador
centinela
vigía
cuidador
a. *descuidado*
distraído
negligente

otear
s. **mirar** (V.)
ver
vigilar
atalayar
avizorar
columbrar
vislumbrar
divisar
distinguir
registrar (V.)
dominar
escudriñar (V.)
catar
fisgar
fisgonear
curiosear
observar
percibir
descubrir
buscar (V.)
examinar
a. *descuidar*
inhibirse
abandonarse
despreocuparse

otelo
(V. **celoso**)

otero
s. altozano
montículo
alcor
cerro (V.)
colina
mogote
terromontero
loma
alcudia
collado
altillo
cantón
montecillo
a. *llanura*
planicie
llano

otitis
(V. **inflamación**)
(V. **oído**)

otomán
(V. **tela**)

otomana
s. **diván** (V.)

otoñal
s. autumnal
tardío (V.)
otoñizo
decadente
s. **maduro** (V.)
pasado
veterano
añejo (V.)
vetusto
conservado
cuarentón
jamona
s. belleza otoñal
(V. **otoño**)
a. *primaveral*
lozano
joven

otoñarse
(V. **sazonarse**)

otoñizo
(V. **otoñal**)

otoño
s. **estación** (V.)
otoñada
entretiempo
s. **melancolía** (V.)
tristeza
s. **madurez** (V.)
veteranía
tardío (V.)
experiencia
s. **meteorología** (V.)
a. *primavera*
lozanía
frescor
alegría

otorgamiento
s. permiso
concesión (V.)
gracia
merced
licencia
consentimiento (V.)
anuencia
autorización
consenso
cesión
donación
acuerdo
conferimiento
condescendencia
asenso (V.)
s. **testamento** (V.)
última voluntad
disposición
promesa
estipulación
testamentifacción
s. **rúbrica** (V.)
firma
a. *denegación*
prohibición
impedimento
veto

otorgante
s. otorgador
concedente
donante (V.)
cedente
contratante
(V. **otorgamiento**)
a. *receptor*
cesionario
recipiendiario

s. los otros
otro que tal
otro que te pego
no ser otro que
por otra parte
el otro mundo
la otra vida
otro tanto
uno tras otro
uno y otro
no haber otro remedio

a. *mismo*
igual
repetido
propio
nosotros

otorgar

s. **asentir** (V.)
ceder
conceder (V.)
permitir (V.)
conferir
acordar
consentir
dispensar (V.)
acceder
licenciar
condescender
facultar
atorgar
dar

s. estipular
disponer (V.)
prometer
establecer
roborar (V.)
testar

s. **firmar** (V.)
rubricar

(V. **otorgamiento**)

a. *prohibir*
quitar
negar
rehusar
vetar
denegar

otorrea

(V. **secreción**)

(V. **oído**)

otorrinolaringología

(V. **medicina**)

(V. **garganta**)

(V. **nariz**)

(V. **oído**)

otro

s. **diverso** (V.)
diferente (V.)
distinto (V.)
otre
otri
desemejante
tercero
nuevo
moderno
demás

s. **ajeno** (V.)
extraño (V.)
original
dispar
separado

s. **prójimo** (V.)

s. variedad
multiplicidad
pluralidad (V.)

otrora

(V. **antes**)

(V. **entonces**)

otrosí

(V. **además**)

ova

s. lama
alga (V.)
ajomate

s. ova de río
ova marina

ovación

s. **aplauso** (V.)
alabanza
aprobación (V.)
palmas
palmadas (V.)
hurras
vivas
triunfo
felicitación
homenaje
loa
delirio
frenesí
entusiasmo

a. *pateo*
abucheo
pataleo
silbo
desaprobación
repulsa

ovacionar

s. **aclamar** (V.)
aplaudir
alabar
enaltecer
loar
exaltar
glorificar
aprobar (V.)
admirar
palmotear
vitorear
entusiasmarse

(V. **ovación**)

a. *desaprobar*
censurar
rechazar
abuchear
patear
silbar
repeler

oval

s. ovalado
aovado
ovoide
elíptico
curvado
ovoideo

(V. **óvalo**)

a. *recto*

ovalado

(V. **oval**)

óvalo

(V. **elipse**)

ovante

(V. **victorioso**)

ovario

(V. **matriz**)

oveja

s. **cordero** (V.)
carnero
borrego
morueco
atona
artuña
sacadera
merino
machorra
garria
calamorra
mamífero (V.)
res (V.)

s. balar
amorecer
topar
topetar
acarrarse
tozar

s. panza de oveja
oveja negra
oveja renil

s. oveja descarriada

r. Encomendar las ovejas al lobo ■ Cada oveja con su pareja ■ ■ Oveja chiquita, cada año es corderita ■ Oveja que bala, bocado pierde ■ Oveja harta, de su rabo se espanta ■ Ovejas y abejas, en tus dehesas ■ Quien tiene ovejas tiene pellejas

ovejero

s. cabrero
cabrerizo
pastor (V.)
apacentador
mayoral
zagal
rabadán

(V. **oveja**)

overo

s. **amarillento** (V.)
blancuzco
blanquecino
pardo
claro

s. velado
turbio (V.)
huero

ovil

(V. **aprisco**)

ovillar-se

s. **enrollar** (V.)
arrollar
liar
envolver
devanar (V.)

s. **acurrucarse** (V.)
encogerse
contraerse
asobinarse
recogerse
plegarse
apelotonarse

s. **confundirse** (V.)
turbarse
embarullarse (V.)

(V. **ovillo**)

a. *desovillar-se*
desenrollar-se
estirar-se
aclararse

ovillo

s. **rollo** (V.)
pelota (V.)
bola
bolo
lío
ovillejo
madeja (V.)
vuelta
bobina
carrete

s. maraña
confusión (V.)
enredo
embrollo
tropel
aglomeración
revoltijo (V.)
montón
hacina
multitud

s. hacerse un ovillo
quedar hecho un ovillo

a. *claridad*
orden
pureza
escasez

ovino

s. ovejuno
lanar
merino

(V. **oveja**)

óvulo

s. **huevo** (V.)
cigoto
oosfera
célula
micrópilo
nuececilla
germen
embrión (V.)

oxalme

(V. **salmuera**)

oxear

(V. **ahuyentar**)

oxiacanta

(V. **espino**)

oxidación

(V. **enmohecimiento**)

oxidado

s. mohoso
enmohecido (V.)
embotado
enrobinado
ruginoso
verdón
cardenillo
eruginoso
tomado
herrumbroso (V.)
enroñado

s. **olvidado** (V.)
muerto

s. **estropeado** (V.)
deteriorado
anquilosado
tomado (V.)
dañado
inutilizado

(V. **óxido**)

a. *brillante*
nuevo
presente
recordado
útil
ágil

oxidar-se

s. **enmohecer** (V.)
enroñar
orinecer
herrumbrarse
aherrumbrar
enrobinarse
tomarse
estropearse
anquilosarse (V.)
inutilizarse
dañar
atascar
tomar (V.)

(V. **oxidación**)

a. *limpiar*
desenmohecer
acondicionar

óxido

s. **herrumbre** (V.)
verdín
herrín
orín
moho
cardenillo
almagre
caspa
cadmía
alquifol
itria
litargirio (V.)
litina
verdete
robón
roña
rubín
robín
mogo
masicote

oxigenarse

s. **airearse** (V.)
ventilarse (V.)
respirar
purificarse
reanimarse
reconfortarse
vivificarse

(V. **oxígeno**)

oxígeno

s. metaloide
gas (V.)
oxigenación
oxigenado
ozona
ozono
ozonómetro

¡oxte!

s. ¡oste!
¡ox!
rechazo (V.)
interjección

s. sin decir oxte ni moxte

a. *aprobación*

oyente

s. asistente
libre
alumno (V.)

s. presente
observador (V.)
espectador
radioescucha

(V. **oído**)

a. *oficial*
ausente

pabellón

s. **cobertizo** (V.)
nave (V.)
tienda (de compaña)
carpa
tinglado
templete (V.)
abrigadero
abrigo
abrigaño
cabaña
tejavana
tabernáculo
quiosco
alfaneque
hangar
cabañal
stand
glorieta

s. **quinta** (V.)
finca
cortijo
casa de campo
chalet
torre
masía

s. **colgadura** (V.)
marquesina
baldaquín
dosel (V.)
cortinaje
estandarte
enseña
bandera (V.)
insignia
guión
pendón

s. **nación** (V.)

s. amparo
patrocinio
protección (V.)

s. resalto (arq.)
saliente (arq.) (V.)

s. pabellón de la oreja

s. el pabellón cubre la mercancía

a. *desamparo*
desabrigo
desmantelamiento

pabilo

s. **mecha** (V.)
pábilo
torcida
matula
pajuela
traque
cuerda
seta
moco (V.)
costra
morcella
cordón
filamento

pablar

(V. **hablar**)

pábulo

s. comida
alimento (V.)
pasto (V.)
sustento
mantenimiento
manutención

s. **fundamento** (V.)
motivo (V.)
base
pie
pretexto
fomento (V.)

s. dar pábulo a

a. *inexistencia*

paca

s. **fardo** (V.)
lío
bulto
saco
bala
atado
bolsa
paquete
envoltorio

s. **roedor** (V.)
guatusa
tepezcuinte
tanate
capa

pacado

(V. **tranquilo**)

pacato

s. **tímido** (V.)
mego
pacífico (V.)
encogido
bonachón
apacible
tranquilo
simple
simplón
blando
suave
moderado
dengoso
irresoluto
cobarde
arredrado
asustadizo (V.)

a. *audaz*
atrevido
osado
enérgico
desenvuelto

pacedura

(V. **pasto**)

(V. **apacentamiento**)

pacer

s. **pastar** (V.)
repacer
herbajar
tascar
rozar
ahojar
ramonear (V.)
rustrir
campear
yacer
comer
salegar
repastar
carear

s. **roer** (V.)
gastar (V.)
carcomer
corroer
consumir
desgastar

s. pastorear
apastar
apacentar (V.)

(V. **pacedura**)

paciencia

s. **caridad** (V.)
aguante (V.)
sufrimiento (V.)
conformidad (V.)
tenacidad (V.)
constancia (V.)
tesón (V.)
longanimidad
mansedumbre
flema (V.)
ecuanimidad (V.)
tragaderas
estoicismo (V.)
filosofía
condescendencia
entereza
disimulo
disimulación
padecimiento (V.)
correa
cuajo
consentimiento
inmutabilidad
tranquilidad (V.)
apacibilidad (V.)
sosiego
calma (V.)
espera (V.)
aguante

s. tardanza
pachorra
morosidad
bollo
calma
espera
perseverancia (V.)
serenidad (V.)
resignación (V.)
tolerancia (V.)
acabar con la paciencia de uno
estar en el banco de la paciencia
probar la paciencia
consumirle la paciencia
tentar la paciencia

r. Con paciencia se gana el cielo

s. tolerar
transigir (V.)
aguantar (V.)
sufrir (V.)
soportar
moderar
calmar
serenarse
tener aguante
tener correa
tener flema
sostener
sobrellevar
tolerar
permitir
resignarse
disimular
consentir
contemporizar
achantarse
ir tirando
bajar la cabeza
tragar saliva
tragar quina
aguantar mecha
hacerse de miel
tener sangre de horchata
quedarse tan tranquilo
quedarse como si tal cosa
revestirse de paciencia
encogerse de hombros
hacer de tripas corazón

a. *ira*
impaciencia
desesperación
intransigencia
enojo
rabia
furia
frenesí
exasperación
iracundia
paroxismo
arrebato
saña
coraje
indignación

paciente

s. **tolerante** (V.)
transigente
sufrido
probado
pasivo
conforme
ecuánime (V.)
tranquilo
sereno
impasible
pacífico (V.)
inmutable
tenaz (V.)
tesonero (V.)
resignado (V.)
Job (V.)
pacienzudo
pachorrudo
cachazudo
flemático (V.)
templado
frío
estoico (V.)
longánimo
magnánimo
sumiso
calmoso
yunque (V.)
inmutable

s. **cornudo** (V.)
cabrón
consentidor
manso
consentido (V.)

s. **enfermo** (V.)
doliente
dolorido

(V. **paciencia**)

a. *inquieto*
nervioso
impaciente
intransigente
irascible
furioso
iracundo
desesperado
rabioso
enojado
fuguillas
frenético
exasperado
arrebatado
sañudo
corajudo
indignado
activo
intolerante
sano
curado

pacienzudo

(V. **paciente**)

pacificación

s. **apaciguamiento** (V.)
reconciliación (V.)
sosiego
tranquilidad (V.)
acercamiento
paz (V.)
mediación
intercesión
trato
componenda
negociación
arreglo (V.)
entendimiento
tranquilizamiento
serenamiento
amansamiento
dulcificación
suavización
aquietamiento
mitigación
calma
desarme (V.)
amistad
quedamiento

s. **sometimiento** (V.)
dominación
pacifismo (V.)

a. *lucha*
cizaña
guerra
belicosidad
beligerancia
desasosiego
intranquilidad
solevantamiento

pacificador

s. **reconciliador** (V.)
conciliador (V.)
negociador
apaciguador
mediador
tercero
intercesor
pacífico (V.)
tranquilizador
sosegador
componedor
moderador (V.)
mitigador
parlamentario
árbitro
embajador
enviado
juez
pacifista

(cont.)

(V. **pacificación**)
a. *luchador*
soliviantador
encizañador
belicoso
beligerante
partidario
guerrero

pacificar-se
s. **apaciguar** (V.)
sosegar
tranquilizar (V.)
aquietar (V.)
desenfadarse (V.)
amistar
calmar
aplacar
reconciliar (V.)
desarmar (V.)
amainar
mitigar
dulcificar
separar
terciar
intervenir
mediar
arbitrar
parlamentar
acordar
concertar
concordar
conciliar (V.)
pactar
ordenar
componer
arreglar
s. poner paz
cesar las hostilidades
desarmar
hacer las paces
no romper lanzas con nadie
meter paz
s. **someter** (V.)
conquistar
dominar
(V. **pacificación**)
a. *enzarzarse*
reñir
luchar
irritarse
sublevarse
soliviantar
armarse

pacífico
s. **tranquilo** (V.)
sosegado
calmoso
quieto
apacible (V.)
manso
benigno
sereno
reposado
dulce
plácido (V.)
pánfilo
afable
grato
bonachón
pacificador (V.)
cachazudo
paciente (V.)
pausado
pacato (V.)
pacifista
(V. **pacificación**)
(V. **paz**)
a. *irascible*
violento
belicoso
inquieto
beligerante

pacifismo
s. **pacificación** (V.)
benevolencia
condescendencia
transigencia
serenidad
neutralismo
paz (V.)
amistad
amor
a. *belicosidad*
belicismo
beligerancia
guerra
enemistad
odio
hostilidad

pacifista
s. **pacificador** (V.)
neutral (V.)
transigente
condescendiente
inerme
inofensivo
tranquilo
plácido
dócil
(V. **pacifismo**)
a. *bélico*
belicoso
guerrero
intervencionista
agresivo
agresor
intransigente
ofensivo
rebelde

pación
(V. **pasto**)

paco
(V. **francotirador**)

pacotilla
s. **mercancía** (V.)
mercadería
ancheta
s. **baratija** (V.)
quincalla
oropel
desecho
zupia
bazofia
chapucería
imperfección (V.)
sobrante
fruslería
s. de pacotilla
hacer alguien su pacotilla
estar hecha una cosa de pacotilla
a. *perfección*
calidad
excelencia

pacotillero
(V. **traficante**)
(V. **buhonero**)

pactación
(V. **pacto**)

pactar
s. **negociar** (V.)
apalabrar
concertar
tratar
condicionar
celebrar
armonizar
estipular
acordar (V.)
convenir (V.)
contratar
escriturar
ajustar
avenirse
acomodarse
aliarse
entenderse
unirse
reconocer
condescender
contemporizar (V.)
transigir (V.)
condescender
temperar
componer
obligarse (V.)
conchabarse
conjurarse
comprometerse
atreguar
coludir
capitular (V.)
rendirse
darse la mano
firmar
presentar bandera blanca
entablar negociaciones
firmar un pacto
llegar a un acuerdo
venir a un acuerdo
hacer un pacto
(V. **pacto**)
a. *desligarse*
desunirse
oponerse
romper
hostilizar
desentenderse
desconvenir
desavenirse
resistirse
alejarse
separarse
ignorarse
discrepar
disentir
querellarse
denunciar
dividirse
escindirse

pacto
s. rendición
capitulación (V.)
negociación (V.)
convenio
transación
concierto
contrato (V.)
estipulación
pactación
tratado (V.)
alianza
contemporización
trato
acuerdo (V.)
entendimiento
compromiso
alianza (V.)
consentimiento
ajuste
armisticio
tregua
paz
componenda (V.)
emplasto
concomitancia
concordia
avenencia
iguala
voto
juramento
promesa
arreglo (V.)
inteligencia
armonía
modus vivendi
s. pacto leonino
pacto comisorio
pacto de cuotalitis
pacto de retro
pacto de no agresión
pacto sucesorio
pacto de familia
s. renunciar al pacto
a. *desacuerdo*
diferencia
discrepancia
desavenencia
disconformidad
cisma
rompimiento
ruptura
disensión
discordia
hostilidad
escisión
conflicto
querella
desunión
separación
alejamiento
división

pachá
(V. **bajá**)

pachón
s. pancho
cachazudo
pánfilo
tranquilo
pachorrudo
flemático (V.)
lento (V.)
tardo
pamposado
calmoso (V.)
pausado
a. *vivo*
activo
diligente
rápido
ágil

pachorra
s. **flema** (V.)
cachaza
calma
tranquilidad (V.)
indolencia
apatía
abulia
premiosidad
cuajo
morosidad
lentitud (V.)
tardanza
parsimonia
dilación
pelmacería (V.)
s. con su santa pachorra
a. *actividad*
agilidad
rapidez
diligencia

pachorrudo
(V. **pachón**)

pachucho
s. papandujo
maduro (V.)
mustio (V.)
ajado
pasado (V.)
trasnochado
sobado
s. blando
alicaído (V.)
flojo (V.)
lacio
desmadejado (V.)
desgalichado
desganado
decaído
enclenque
enfermizo (V.)
débil
valetudinario
achacoso
fofo
blandengue
abatido
a. *sano*
lozano
fresco
animoso
fuerte
duro

padecer
s. **penar** (V.)
sufrir (V.)
angustiar
doler
soportar
aguantar (V.)
tolerar
sentir
intranquilizar (V.)
sobrellevar
resistir
sostener
pasar
experimentar
expiar
lastar
aceptar
percibir
acusar
digerir
conformarse (V.)
resignarse
condescender
transigir
disimular
acongojar
afligir
lacerar (V.)
torturarse
atormentarse (V.)
atribularse
concomerse
reconcomerse
disgustar (V.)
enfermarse
pasar las de Caín
pasar la pena negra
llegar al alma
apurar el cáliz
llevar a rastras
pasar privaciones
estar en un ¡ay!
apurar la copa de la amargura
pasar mucho
pasarlo mal
dar tormento
aguantar carros y carretas
pasar por las horcas caudinas
tocar en la herida
(V. **padecimiento**)
a. *ignorar*
alegrarse
contentarse
consolarse
rebelarse
sosegarse
rechazar
repeler
descansar

padecimiento
s. **sufrimiento** (V.)
amargura
penalidad (V.)
tristeza
angustia
zozobra
fatiga
desventura
tormento (V.)
resignación
aguante
agravio (V.)
sinsabor
pasión (V.)
sensibilidad
pasibilidad
daño
mal
dolencia (V.)
susceptibilidad
pasividad
paciencia (V.)
adversidad
desgracia
tribulación
afanes
disgusto (V.)
desgracia (V.)
lágrimas
infortunio
dolor (V.)
espina
sinsabor
calvario
herida
ansia
ansiedad
aflicción
cuita
congoja
queja
pena (V.)
miseria
muerte
desesperación
pesadumbre (V.)
procupación (V.)
penalidad
intranquilidad
desazón
desdicha
disgusto
purgatorio
infierno
privación
cruz
carga
trabajo
revés
golpe
dogal
angustia (V.)
estoicismo
lástima
malaventura
infortunio
martirio
pasión
suplicio
malestar
mengua
vía crucis
la pena negra
las vacas flacas
las duras
(cont.)

a. *alegría*
contento
gozo
júbilo
desagravio
dulzura
dicha
suerte
felicidad
recompensa
premio
sosiego
calma
tranquilidad
ventura
seguridad
consuelo
rebelión
sublevación
bien
ventaja
salud
impaciencia
risa
despreocupación

padilla
(V. **sartén)**
(V. **horno)**

padrastro
s. **padre** (V.)
obstáculo
impedimento
inconveniente
estorbo
s. repelo
respigón
pellejo (V.)
s. atalaya
dominación (V.)
monte
s. **fiscal** (V.)
r. Guárdete Dios del diablo, y a tus hijos de padrastro ■ Padrastro, ni en los dedos
a. *facilidad*
ventaja

padrazo
(V. **padre)**

padre
s. progenitor
papá
papaíto
papi
papuchi
papa
padrazo
padrastro
principal
amo
cabeza de familia
jefe de familia
autor de (mis, tus, sus, etc., días)
s. tata
taita
s. compadre
padrino (V.)
s. autor
inventor
creador (V.)
s. Santísima Trinidad (Primera Persona)
Papa
religioso
fraile
sacerdote (V.)
s. **antecesor** (V.)
ascendientes
antepasados
abuelos
progenitores
mayores
s. Padre Eterno
Santo Padre
Padres de la Iglesia
padre de familia
padre adoptivo
padre putativo
padre de pila
padre conscripto
padre espiritual
padre de almas
padre apostólico
padre de concilio
padre de provincia
padre de pobres
padre de la Patria
padre de mancebía
padre del yermo
padre Nuestro Beatísimo Padre
s. tener el padre alcalde
de padre y muy señor mío
no casarse ni con su padre
r. Contra un padre no hay razón ■ Al padre, si fuera bueno sírvele; si fuera malo, súfrele ■ Si de buenos hijos quieres ser padre, sé buen padre ■ Hombre discreto, padre perfecto ■ De padre cojo, hijo renco ■ Sin padre ni madre ni perro que le ladre ■ Cada uno de su padre y de su madre
(V. **paternidad)**
a. *hijo*
descendiente
vástago
retoño

padrear
(V. **generar)**
(V. **engendrar)**

padrejón
(V. **histerismo)**

padrenuestro
(V. **oración)**

padrina
(V. **madrina)**

padrinazgo
s. **protección** (V.)
ayuda
apoyo
sostén
mecenazgo (V.)
amparo
influencia
(V. **padre)**
a. *desamparo*
abandono

padrino
s. valedor
protector (V.)
bienhechor
patrocinador (V.)
fiador
tutor
patrono
mecenas
fiador
ahijador
amparador
compadre (V.)
paraninfo
proco
casamentero (V.)
adoptador (V.)
favorecedor
(V. **padre)**
a. *ahijado*
protegido

padrón
s. catastro
amillaramiento
nómina
empadronamiento (V.)
encabezamiento (V).
censo (V.)
lista (V.)
capitación
vecindario
s. muestra
dechado
patrón (V.)
modelo (V.)
ejemplar
ejemplar
tipo
s. columna
pilar
obelisco (V.)
s. infamia
desdoro
mancilla
nota (mala)
baldón (V.)
deshonra (V.)
vergüenza
a. *honra*
vergüenza
nobleza
enaltecimiento

padronazgo
(V. **patronato)**

paella
(V. **arroz)**

paga
s. **salario** (V.)
sueldo (V.)
emolumento
retribución
estipendio (V.)
asignación (V.)
mes
mesada
jornal
semanal
soldada
remuneración
subsidio
sobordo
honorarios
gajes
premios
travesía (V.)
s. satisfacción
reparación
expiación (V.)
s. **recompensa** (V.)
correspondencia
agradecimiento
gratitud
s. **pago** (V.)
pagamento
libramiento
amortización
comisión
subvención
s. paga de tocas
paga indebida
r. La mala paga, aunque sea en paja ■ Paga adelantada, paga viciosa
a. *exacción*
descuento
deducción
ingratitud

pagable
(V. **pagadero)**

pagadero
s. reembolsable
pagable
remunerable
gratificable
s. **barato** (V.)
discreto
moderado
(V. **pago)**
a. *impagable*
prohibitivo
caro
excesivo
oneroso

pagado
s. **abonado** (V.)
satisfecho (V.)
s. presumido
envanecido (V.)
satisfecho
creído (V.)
vano
orgulloso
presuntuoso
narciso
(V. **pago)**
a. *debido*
sencillo
natural
humilde

pagador
s. **cajero** (V.)
tesorero (V.)
habilitado (V.)
ordenador de pagos
administrador
(V. **pago)**

pagaduría
s. **caja** (V.)
ordenación
administración
pagadero
habilitación
ordenación
tesorería (V.)
(V. **pago)**

paganía
(V. **paganismo)**

paganismo
s. paganía
gentilidad
idolatría (V.)
irreligión (V.)
ateísmo
herejía
descreimiento
incredulidad
escepticismo
agnosticismo
impiedad
fetichismo
infidelidad
superstición
politeísmo
a. *creencia*
religiosidad
fe
credulidad

pagano
s. **hereje** (V.)
gentil (V.)
idólatra (V.)
infiel (V.)
incrédulo
escéptico
descreído
ateo
irreligioso
politeísta
fetichista
réprobo
(V. **paganismo)**
a. *creyente*
religioso
fiel

pagar
s. **abonar** (V)
adeudar
devolver (V)
saldar (V.)
satisfacer (V.)
entregar
gastar
remunerar (V.)
costear (V.
cumplir
sufragar
rendir (V.)
estipendiar (V.)
cubrir (V.)
ingresar
solventar (V.)
cancelar
enjugar
apoquinar
descontar
amortizar (V.)
extinguir
retribuir
asalariar (V.)
reembolsar
tributar (V.)
pechar (V.)
entregar
pitar
indemnizar (V.)
situar
consignar
desembolsar (V.)
anticipar
prestar
socorrer
auxiliar
subvencionar
escotar
enterar
cotizar (V.)
s. sacudir la tela
rascarse el bolsillo
saldar cuentas
rendir parias
dar cuartos
dar aire al bolsillo
ir a tocar teja
ir a medias
hacer el gasto
redondear la hacienda
recoger un vale
tirar la casa por la ventana
tener un agujero en la mano
s. cumplir
sufrir
satisfacer
expiar (V.)
reparar
purgar
s. **corresponder** (V.)
quererse
amarse (V.)
recompensar
agradecer
prenderse (V.)
aficionarse
encariñarse
inclinarse
s. ufanarse
jactarse (V.)
envanecerse
s. pagar justos por pecadores
pagar al contado
pagarlas todas juntas
r. Paga lo que debes, sabrás lo que tienes ■ Quien quiera comer la rosca, suelte la mosca
s. pagar en buena moneda
¡ya me las pagarás!
pagar con buenas palabras
(V. **pago)**
a. *adeudar*
deber
cobrar
quebrar
desfalcar
quitar
odiar
desentenderse
despegarse
humillarse

pagaré
s. **documento** (V.)
letra (V.)
obligación
abonaré
compromiso
s. pagaré a la orden

pagaya
(V. **remo)**

pagel
s. **pez** (V.)
breca
breque
pajel
rubiel
sama
pagro
besuguete

página
s. **plana** (V.)
carilla
hoja (V.)
folio
papel
anverso
recto
reverso
galerada
portada (V.)
contraportada
dorso
blanco
margen
retiración
cabeza
pie
birlí
acordeón
abierta
ancho
anchura
minipágina
oreja
paginación
primera página
cabecenín
cabecera
lomo
medianil

s. lance
suerte
trance
peripecia
hecho
episodio
suceso (V.)
percance
acontecimiento
periodo
vida
historia

paginación
(V. **numeración)**

(V. **página)**

paginar
(V. **numerar)**

(V. **foliar)**

pago
s. **abono** (V.)
liquidación
pagamento
pagamiento
reintegro
reembolso (V.)
recompensa
retribución
paga (V.)
entero
comisión
plazo (V.)
saldo (V.)

s. premio
satisfacción (V.)
recompensa
purga
expiación (V.)
desquite
revancha

s. **distrito** (V.)
región
comarca
territorio
alfoz
aldea (V.)

s. carta de pago
papel de pagos
dación de pago
dar el pago
dar mal pago
hacer un pago
en pago de

a. *insolvencia*
informalidad
desfalco

pagoda
(V. **templo)**

(V. **ídolo)**

pagro
s. pez
sesí
pargo
cecí
guachinango
pagel

paila
(V. **caldero)**

pailebote
(V. **goleta)**

paipai
(V. **abanico)**

pairo (al)
s. inmóvil
quieto (V.)
parado
detenido

(V. **navegación)**

país
s. **nación** (V.)
pueblo
territorio (V.)
comarca
provincia
terruño (V.)
región (V.)
estado (V.)
potencia
imperio
reino
monarquía
corona
tierra (V.)
patria (V.)
pueblo
paraje

s. pintura
dibujo
fotografía
paisaje (V.)

s. tela del abanico
papel del abanico
piel del abanico

a. *extranjero*

paisaje
s. **paraje** (V.)
panorama (V.)
vista (V.)
perspectiva (V.)
horizonte (V.)
campo
campiña
espectáculo

s. **pintura** (V.)
dibujo
acuarela
cuadro (V.)
marina
óleo

paisajista
s. **pintor** (V.)
artista
acuarelista
dibujante
decorador
paisista

(V. **paisaje)**

paisano
s. comprovinciano
coterráneo
conterráneo
compatriota (V.)
compatricio
conciudadano
connacional
convecino

s. **campesino** (V.)
aldeano
pueblerino
paleto
provinciano (V.)

s. **civil** (V.)

a. *extranjero*
ciudadano
militar

paisista
(V. **paisajista)**

paja
s. **tallo** (V.)
pajuela
pajón
picosa
bálago
pajada
pajuzo
pajaza
pajuz
tamo
granzones
ajaspajas
borra

s. broza
superficialidad (V.)
hojarasca (V.)
rastrojo (V.)
maleza
suelo
relleno
inutilidad
trilla
brizna
nimiedad (V.)

s. mozo de paja
y cebada
paja brava
paja centenaza
paja cebadaza
paja de agua
paja de camello
paja de esquinanto
paja de Meca
paja larga
paja trigaza

s. buscar uno la
paja en el oído
en quítame allá
esas pajas
no dormirse uno
en las pajas
no pesar una paja
no importar una
paja
sacar pajas de
una albarda

r. Ver la paja en el ojo ajeno y no ver la viga en el propio ■ Paja nueva y cebada vieja ensanchan la pelleja ■ Paja trigaza no entra en mi cuadra ■ Por guardar paja y vinagre, no se ha perdido nadie ■ Quien guarda paja guarda plata

a. *hondura*
profundidad
utilidad

pajada
(V. **pienso)**

pajado
(V. **pajizo)**

pajar
s. henazo
almiar
pajera
montonera
depósito (V.)
hórreo
granero
pajería
cija (V.)
boquera
henil (V.)
niara
balagar

r. Pajar viejo arde más presto

s. **paja** (V.)

pájara
(V. **pájaro)**

(V. **pelandusca)**

(V. **cometa)**

pajarear
s. **cazar** (V.)
s. **haraganear** (V.)
gandulear
vagabundear
deambular
holgazanear
gallofear
zanganear
pindonguear
cazcalear
vagar
bordonear
pendonear

(V. **pájaro)**

a. *ocuparse*
trabajar
activar

pajarel
(V. **pardillo)**

pajarera
s. **jaula** (V.)
nido (V.)
adrián
grajero
encierro

(V. **pájaro)**

pajarero
s. festivo
bromista (V.)
jaranero
alegre
juerguista
gracioso
chancero
entretenido

s. **abigarrado** (V.)
multicolor
vistoso
vivo
chillón

(V. **pájaro)**

a. *serio*
formal
grave
circunspecto
aburrido
lúgubre
discreto
monocolor
monótono
grisáceo

pajarilla
(V. **bazo)**

pájaro
s. **ave** (V.)
volátil
avecilla
pajarillo
pajarraco
pajarote
pajaruco
pajarito
pájara
pajarico
pajarería
bandada
nidada

s. conirrostros
dentirrostros
tenuirrostros
trogloditas
fisirrostros
canoras
cantoras

s. **ruiseñor** (V.)
filomena
filomela
chercán

s. **verderón** (V.)
verderol
verdezuelo
verdecillo
acatéchili
cañamero

s. canario
canaria
canario flauta
canario silvestre
talín

s. **jilguero** (V.)
silguero
estornino (V.)
sirguero
pintacilgo
pintadillo
sietecolores
colorín
cardelina
síu
golorito
gorrión
gorriona
gorriato
gurriato
guacho
guácharo
guacharro

pardal
copetón
conoto

s. alondra
copetuda
alhoja
aloa
aloya
tojo
calandria
caladre
zurriaga
sucinda
subigüela
gulloria
aguzanieves
galerita
terrera
carabinera
copada
vejeta
tova
totovía
cogujada
cugujada
caminante
pizpita
pezpita
pezpítalo
pizpitillo
chirivía
doradillo
sanantona
motacilla
motolita
andarríos
avecilla de las
nieves
pajarita de las
nieves
pisondra
nevereta
nevatilla

s. **oriol**
oropéndola
turpial
turupial
trupial
papafigo (V.)
virio
pinzón (V.)
pinzón real
piñonero
catachín
pinchón
virio
vireo

s. **mirlo** (V.)
mirla
merla
miruella
miruello
cenzonte
sinsonte
campanero

s. **tordo** (V.)
tordo de agua
tordo serrano
tordo mayor
torda
tordella
tordillo
chirlomirlo
furare
cagaaceite
zorzal
tordo alirrojo
malviz
malvis
ceoán
golondrina
andorina
andolina
andarina
salangana
vencejo (V.)
oncejo
progne
avión
falcino
arrejaque
arrejaco

(cont.)

s. pardillo
pardal (V.)
pardilla
pajarel
pintarrojo
petirrojo
pechirrojo
camachuelo
pechicolorado
loica
lloica

s. pájaro mosca
pájaro resucitado
tomineja
tominejo
tentenelaire
rundún
tucuso
colibrí
chupaflor
chupamirto

s. régulo
abadejo
avica
ruin
castañeta
cerrajerillo
reyezuelo (V.)

s. trepatroncos
holleca
ollera
herreruelo
herrerillo
cerrojillo

s. moscareta
papamoscas
pájaro moscón
muscaria
muscicapa
doral

s. **urraca** (V.)
hurraca
cotorra
picaza
picaza chillona
picaza manchada
picaraza
pega
picazo
gayo
caudón
alcaudón
desollador
marica
blanca
picagrega
rabilargo
gálgulo
mohino
tapaculo
pega reborda

s. cuervo
corvato
corvino
corvecino
corvecito
cuerva
cuervo
merendero
cacalote
chova
arrendajo
rendajo
grajo
graja
grajuelo
gayo
gallo de monte
glayo

s. estornino
papafigo
papahigo
picafigo
becafigo
tordancha

s. **paro** (V.)
paro carbonero
fringilago
monje

s. curruca
upupa
arrendajo
mosquita
abubilla
avefría
ave fría
ave tonta
ave del paraíso
pájaro tonto
pájaro solitario
pájaro loco
pájaro trapaza
pájaro del sol
frailecillo
cristofué
cuicacoche
clarín de la selva
mariposa
moscareta
muscaria
arandillo
yaacabó
rabo de junco
pipí
pitpit
cardenal
azulejo
sabanero
guácharo
papagayo de noche
trile
totí
turca
piquituerto
allonín
bengalí
hortelano
ciensayos
cabrero
carrizo
ave lira
yal
pitirre
colilarga
colegial
zanate
chucao
torito
tijuil
urutau
araguirá
tapaculo
tomeguín
sietecolores
negrito
toche
gallo de roca
gallito
loica
tigre
agüio
fio
fio fio
pidén
cazadora
celestina
totorero
trabajador

s. pájaro burro
pájaro carpintero
pájaro arañero
pájaro bobo
pájaro niño
pájaro polilla

s. trino
gorjeo
gorgorito
piar

s. **pícaro** (V.)
sagaz
astuto
taimado
cauteloso
cuco
zorro
pajarraco
pillo

s. ser un pájaro de cuenta
saltar el pájaro del nido
ser un pájaro gordo

r. Más vale pájaro en mano que buitre volando ■ Chico pájaro para tan grande jaula ■ Matar dos pájaros de un solo tiro ■ Pájaro viejo no entra en jaula ■ Más vale pájaro en mano que ciento volando ■ Pájaro que escucha el reclamo, escucha su daño ■ Pájaros de agosto, gordos como tordos ■ Pájaro triguero, no entres en mi granero

pajarota

s. **bulo** (V.)
pajarotada
notición
paparrucha
patraña
mentira
rumor
chisme
calumnia
infundio
hablilla
cuento
fantasía

a. *verdad*
realidad

pajarotada

(V. **pajarota**)

pajarraco

s. pajaruco
pajarruco
pajarote
pájaro (V.)

s. disimulado
astuto (V.)
zorro
truhán
maligno

a. *sincero*
noble

paje

s. **doncel** (V.)
menino
mancebo
criado (V.)
criadillo
escudero
fámulo
pajecillo
ayo

(V. **familiar**)

s. **mueble** tocador (V.)

s. paje de armas
paje de bolsa
paje de cámara
paje de escoba
paje de guion
paje de hacha
paje de jineta
paje de lanza

pajear

(V. **conducirse**)

pajecillo

(V. **paje**)
(V. **palanganero**)

pajel

(V. **pagel**)

pajizo

s. pajado
pajoso
amarillo (V.)
amarillento
dorado
desteñido
hirsuto

(V. **color**)

pajolero

(V. **maldito**)

pajuela

s. **mecha** (V.)
yesca (V.)
torcida
luquete
aluquete
auláquida
alguaquida
sulfonete

(V. **paja**)

pala

s. **paleta** (V.)
espátula
badil
badila (V.)
rasera
espumadera (V.)
estrelladera
batidera (V.)
laya
zapa (V.)
cuchara
achicador
palustre
esquiparte
vertedor
lengüetilla
álabe
coa
cogedor
sacudidor (V.)
echadera
fija
librador
raqueta
recogedor
herramienta (V.)

s. **diente** (V.)

s. **raqueta** (V.)
cesta
juego de pelota

s. **calzado** (V.)
cara
empella
capellada
cabecera
empeña

s. **remo** (V.)

s. sonda
sonsaca
astucia (V.)
sondeo

s. **destreza** (V.)
habilidad (V.)

s. **llave** (instrumento)

s. pala corta
pala de cuchara
pelota a pala
meter la pala
pala del timón
pala del zapato
meter uno su media pala

r. La pala en el granero y el arado en el terreno

palabra

s. **vocablo** (V.)
voz (V.)
voquible
verbo (V.)
término (V.)
dicho
dicción
metaplasmo
expresión (V.)
lenguaje (V.)
locución
terminación
terminajo
terminote

s. semántica
significación
sinonimia
paronimia
significado
homografía
homofonía
paranomasia
onomatopeya
etimología
palíndromo
terminología
fonación
léxico (V.)

s. tecnicismo
arcaísmo
neologismo
galicismo
vulgarismo
barbarismo
anglicanismo
americanismo
provincialismo
solecismo
modismo
incorrección del lenguaje

s. **gramática** (V.)
ortografía
prosodia
pronunciación

s. elocuencia
verbo
discurso
facundia
labia
locuacidad
verbosidad
oratoria
retórica
grandilocuencia
peroración
perorata

s. texto
pasaje
oración

s. **promesa** (V.)
oferta
afirmación
juramento
obligación
compromiso
pacto
ofrecimiento

s. dar su palabra
palabra de Dios
santa palabra
palabra de rey
palabra de matrimonio
palabra ociosa
palabra preñada
palabra pesada
palabras al aire
palabras de buena crianza
palabras de oráculo
palabras de ley
palabras mayores
a medias palabras
las siete palabras
palabra de honor
en una palabra
persona de palabra
coger la palabra a uno
dejar a uno con la palabra en la boca
mantener su palabra
no tener palabra
en pocas palabras
medir las palabras
quitar la palabra de la boca
comerse las palabras
decir en dos palabras
mantener uno su palabra
no decir palabra
palabra por palabra
de palabra
llevar la palabra
pedir la palabra
bajo palabra de honor
tomar la palabra
no cruzarse la palabra
no decir palabra
las palabras se las lleva el viento
conceder la palabra

r. La mejor palabra es la que queda por decir ■ Ni palabra mala ni obra buena ■ A palabras necias, oídos sordos

a. *incumplimiento*
decepción

palabrada

(V. **palabrota**)

palabreo

(V. **palabrería**)

palabrería

s. verborrea
locuacidad (V.)
cháchara
insubstancialidad (V.)
parlería
pico
labia
retórica (V.)
verbosidad
charlatanería (V.)
retahíla
jarabe (V.)
faramalla
trápala
broza
charla
hojarasca (V.)
prosa (V.)
follaje (V.)
monserga
picotería
vanilocuencia
garla
palique
palabreo
habladuría
chismografía
filatería
palabrerío
explicaderas (V.)
fraseología (V.)

(cont.)

a. *tartamudez*
premiosidad
trabalenguas
discreción
mutismo
silencio

palabrerío
(V. **palabrería**)

palabrero
s. palabrista
charlatán (V.)
hablador (V.)
verboso
facundo
charlista
parlero
prometedor (V.)
parlanchín
gárrulo
chacharero
boquirroto
faramallero
picotero
informal (V.)
(V. **palabrería**)
a. *balbuciente*
tartamudo
premioso
formal
mudo
silencioso
callado
discreto

palabrimujer
(V. **afeminado**)

palabrista
(V. **palabrero**)

palabrota
s. palabrada
terminajo
taco
terminacho
grosería (V.)
ajo
blasfemia (V.)
palabro
juramento
terno (V.)
maldición
insulto (V.)
a. *florilegio*
elogio
piropo
terneza

palace
(V. **palacio**)

palacete
(V. **palacio**)

palaciego
s. áulico
palaciano
cortesano (V.)
palatino (V.)
gentilhombre
real
noble
aristocrático
(V. **palacio**)
a. *humilde*
sencillo
popular
plebeyo

palacio
s. **residencia** (V.)
mansión
vivienda (V.)
casa
edificio (V.)
casona
pazo
casa solariega
alcázar (V.)
castillo
palacete
real sitio
casa real
basílica
capitolio
heredad
palace
s. cámara
antecámara
caballeriza
guardarropa
zaguanete
salón del trono
aposento de corte
bujiería
cámara real
capilla real
cerería
cava
cocina de boca
panetería
sausería
regalada
saleta
guardajoyas
frutería
jardines
parterre
fuentes
s. dar palacio
echar a palacio
hacer uno palacio
tener palacio
r. Las cosas de palacio van despacio
a. *choza*
cuchitril
chamizo
zahurda
aduar
cubil
pocilga
chabola
perrera

paladar
s. bóveda
cielo (V.)
(de la boca)
palatal
úvula (V.)
palatino (V.)
s. **gusto** (V.)
sabor (V.)
sapidez
dejo
s. **sensibilidad** (V.)
cultura
tacto
buen gusto
finura
delicadeza
refinamiento
s. hablar al paladar
a. *insensibilidad*
vulgaridad

paladear
s. probar
beber (V.)
gustar (V.)
libar
relamerse
gozar
degustar
saborear (V.)
catar
tastar
s. **recrearse** (V.)
apreciar (V.)
discernir
estimar
valorar
tener buen gusto
tener gusto refinado
ser un exquisito
(V. **paladeo**)
a. *despreciar*
rechazar
repugnar
abstenerse
ayunar

paladeo
s. **saboreo** (V.)
degustación
cata
prueba
libación
s. **apreciación** (V.)
estimación
valoración
discernimiento
recreación (V.)
placer
a. *desprecio*
asco
repugnancia
repulsión

paladín
s. **héroe** (V.)
defensor (V.)
defendedor
sostenedor
campeón
luchador
mantenedor
paladino
guerrero
gladiador
combatiente
caballero cruzado
ángel bueno
a. *cobarde*
pusilánime
tímido

paladino
s. público
claro (V.)
patente
manifiesto
evidente
palmario
noto
notorio
sabido
secreto a voces
a. *obscuro*
escondido
confuso

palafrén
s. **caballo** (V.)
(dócil)
corcel
cabalgadura
montura

palafrenero
s. lacayo
criado (V.)
rodrigón
escudero
cochero
espolique
escolta
sota
picador
mozo
postillón
arrenquín
caballerizo
(V. **palafrén**)
a. *señor*
amo

palanca
s. palanqueta
leva (V.)
pértiga
palo (V.)
perpalo
barra (V.)
barreta
mangueta
espeque (V.)
garrote
pedal (V.)
aliviador
guimbalete
ceprén
arrancaclavos
torniquete
pie de cabra
cric
s. brazo
punto
fulcro
hipomoclio
hipomoclión
punto de apoyo
tecla (V.)
s. recurso
favor
valimiento
intercesión
mano
influencia (V.)
protección
s. **fortín** (V.)
fortificación
s. **palanquín** (V.)
s. **ganzúa** (V.)
a. *desamparo*
abandono
desprecio

palangana
s. palancana
jofaina (V.)
zafa
lavabo (V.)
aljofaina
lavamanos (V.)
cofaina
aguamanil
aljafana
almofía
aljebena
aljebana
bidé
tazón
lebrillo
pajecillo
s. artesa
pila
pilón
jarro
jarra
palanganero

palanganero
(V. **palangana**)

palanqueta
(V. **palanca**)

palanquín
s. **silla** (V.) (de manos)
andas
litera
basterna
camilla
ronzal
angarillas
parihuelas
s. **faquín** (V.)
ganapán
mozo de cuerda

palastro
s. plancha
chapa
lámina
hoja
placa (V.)

palatino
s. **palaciego** (V.)
palaciano
cortesano
áulico
s. palatal
paladial
paladar (V.)
(V. **palacio**)

palco
s. **balcón** (V.)
platea (V.)
compartimiento
aposento
división
departamento
sección
localidad
antepecho
antepalco
s. **tabladillo** (V.)
cubillo
palenque
empalizada
s. palco escénico
palco platea
palco proscenio

palenque
s. **valla** (V.)
cercado
cerco
cerca
estacada
empalizada
s. tablado
plataforma
coso
liza
arena
plaza
escenario
ruedo
estadio
s. **palco** (V.)
palestra (V.)

paleontología
s. **ciencia** (V.)
geología
biología
botánica
fósiles
paleobotánica
paleofitología
paleozoología
paleobiogeografía
paleobiología
paleoecología
paleotología
paleofisiología
paleoicnología
paleogeografía
paleoclimatología
s. paleontología de invertebrados
paleontología de vertebrados
paleontología lingüística
paleontología cuantitativa
paleontología estratigráfica

paleozoico
s. devónico
carbonífero
cámbrico
silúrico
pérmico
(V. **geología**)

palestra
s. palenque
arena (V.)
circo
coso
ruedo
plaza
campo
estadio
s. **lucha** (V.)
justa
pugna
lidia
combate
duelo
reto
desafío
torneo (V.)
liza (V.)
s. juegos florales
fiestas literarias

paleta
s. **pala** (V.)
badil
espumadera
espátula (V.)
badila
badilla
llana
palustre (V.)
lengüetilla
rasera
rasero (V.)
fija
álabe
voladera

paletilla
(V. **omóplato**)
(V. **palmatoria**)

paleto
s. **rústico** (V.)
aldeano
zafio
burdo
palurdo
pardal (V.)
labriego
cerril
tosco (V.)
zampatortas
isidro
cateto
grosero
churro
cuico
lugareño (V.)
(cont.)

guanaco
forano
meleno
patán
pueblerino (V.)
gaznápiro (V.)
grullo
provinciano (V.)
dominguero
payo
páparo
campesino (V.)

s. **ignorante** (V.)
inculto
encogido (V.)

s. **gamo** (V.)

a. *fino*
culto
elegante
educado
refinado
mundano

paletó
(V. **gabán**)

(V. **levita**)

paletón
(V. **llave**)

pali
(V. **lengua**)

paliación
s. **encubrimiento** (V.)
ocultación
disimulo (V.)
excusa
disculpa
velamiento

s. alivio
calma
atenuación
mitigación (V.)
apaciguamiento
disminución
paliativo (V.)
consuelo
descanso
suavidad
lenitivo
remedio

a. *delación*
descubrimiento
exacerbación
aumento

paliar-se
s. **encubrir** (V.)
disimular (V.)
cohonestar
disculpar (V.)
justificar
ocultar
velar
excusar
cubrir
dorar (V.)
exculpar
enmascarar
solapar
apaliar

s. aminorar
atemperar
amainar
templar
debilitar
mitigar (V.)
suavizar
calmar
disminuir
aquietar
aliviar (V.)
ablandar
serenar
dulcificar
apaciguar
dorar
contrarrestar
atenuar (V.)
moderar (V.)

s. ir a menos
hacer cesar
contemporizar

(V. **paliación**)

a. *evidenciar*
descubrir
desvelar
aumentar
exacerbar
agudizar
recargar
agravar
excitar
culpar
acusar

paliativo
s. **calmante** (V.)
sedante
suavizante
emoliente
atenuante (V.)
sedativo
dulcificante
balsámico
curativo
refrescante

s. paliatorio
solapado
subrepticio
encubierto (V.)

(V. **paliación**)

a. *excitante*
exacerbante
agravante
descubierto
público

paliatorio
(V. **paliativo**)

palidecer
s. **empalidecer** (V.)
enlividecer
emblanquecer
enmarillecer
amarillear (V.)
blanquear
descolorar
decolorar (V.)
desvaírse (V.)
borrarse
deslucir

s. **demudarse** (V.)
demacrar
desencajarse
turbarse
conturbarse
inmutarse
alterarse

(V. **palidez**)

a. *colorar*
colorear
obscurecer
sonrojarse
enrojecer
ruborizarse
serenarse
sosegarse

palidez
s. **lividez** (V.)
palor
amarillez
blancura (V.)
blancor
decoloración (V.)
marchitamiento (V.)
mustiez
anemia
debilidad
demacración (V.)
ajamiento
inmutación
turbación
clorosis
acromatismo
descoloramiento

a. *color*
cromatismo
lozania
rubor
sonrojo
fortaleza
sosiego

pálido
s. **blanquecino** (V.)
empalidecido
lívido (V.)
descolorido (V.)
amarillo
paliducho
macilento (V.)
exangüe
demacrado (V.)
desvaído
borroso
incoloro
apagado
anémico
clorótico
pocho (V.)
débil
flojo
lánguido
demudado (V.)
apagado
empañado
cadavérico (V.)
maganto
desvaído (V.)
decaecido

s. deslucido
desanimado
inexpresivo
mustio (V.)
soso

(V. **palidez**)

a. *vigoroso*
colorado
arrebatado
expresivo
lozano

palillero
(V. **mango**)

(V. **plumilla**)

palillo, s
s. limpiadientes
mondadientes (V.)
escarbadientes
escarbador
punta
tecla (V.)

s. **bolillo** (V.)
encaje

s. palique
charla (V.)

s. **rudimentos** (V.)
nociones

s. insubstancial
accesorio (V.)
auxiliar
elemental
despreciable
baladí

s. **flaco** (V.)
delgado
esquelético

s. tocar todos los palillos
palillo de barquillero o de suplicaciones
el palillo de la gaita
hecho un palillo

(V. **palo**)

a. *silencio*
ampliación
importante
grueso

palimpsesto
s. **manuscrito** (V.)
papiro
pergamino
documento
tablilla
escrito

palíndromo
(V. **capicúa**)

palingenesia
(V. **regeneración**)

(V. **resurrección**)

palinodia
(V. **retractación**)

palio
s. **dosel** (V.)
baldaquín
baldaquino
pabellón
colgadura
toldo (V.)
resguardo
cubierta

s. **capa** (V.)
balandrán
manto (V.)
túnica

s. recibir bajo palio
correr el palio

palique
s. habladurías
conversación
charla (V.)
cháchara
faramalla
diálogo
garrullería
charlatanería
parla
garla
comadreo
parloteo
labia
facundia
talla
parlería
cuerda
cotilleo

s. dar palique

a. *silencio*
secreto
discreción

paliquear
(V. **charlar**)

palitroque
(V. **palo**)

(V. **banderilla**)

paliza
s. zurra
tunda
vapuleo (V.)
apaleamiento (V.)
felpa (V.)
tundición
tundidura
solfa
zurribanda
tollina
golpeadura
somanta
azotaina
soba
capote (V.)
meneo
sobo (V.)
tolena
zamanca
capuana
sepancuantos
friega (V.)
zumba
lampreada
azotina
majadura
varapalo
bejuqueada
cascadura (V.)
escurribanda
metido
flagelación
matadero (V.)
julepe
reventadero (V.)
galopeada
leña (V.)
sabatina
solfa
solfeo
sopapina
sotana
tocata (V.)
trepa
tollina
zamanca
manta (V.)
pega

s. azotamiento
castigo (V.)
vuelta (V.)
repaso

s. **derrota** (V.)
trabajo (V.)
esfuerzo
cansancio (V.)

s. como si me hubiesen dado una paliza

a. *caricia*
mimo
halago
triunfo
comodidad
recompensa

palizada
(V. **empalizada**)

palma
s. **planta** (V.)
palmera
palmito
palmiche
macagüita
areca
nipa
palmitera
palma real
palma indiana
palma de Indias
palma negra

s. bonga
buri
buli
catey
carandero
latania
támara
carosiero
coyol
miraguano
yuraguano
sotole
yagua
nipa
yatay
yarey
moriche
chaguarama
chaguaramo
rota
roten
sagú
rafia

s. palma brava
palma cana
palma enana
junco de Indias
junquillo
caña de Indias
caña de Bengala
cocotero
coco de Indias

s. **palmar** (V.)
datilero

s. **mano** (V.)

s. recompensa
laurel
gloria (V.)
triunfo
fama
galardón
victoria
homenaje
aplauso (V.)

s. llevar en palmas
andar uno en palmas
como la palma de la mano
llevarse la palma
liso como la palma de la mano
recibir con palmas

a. *frustración*
fracaso
desprecio
desdén
anonimato
pateo
censura
abucheo

palmada
s. **golpe** (V.)
manotazo
manotón
guantazo
tortazo
bofetada
bofetón

s. **aplauso** (V.)
vítores
ovación (V.)
aclamación
vivas
chasquido
ruido

(V. **palma**)

s. dar palmadas en la espalda

a. *caricia*
abucheo
pateo

palmar
s. **palma** (V.)
palmeado
palmífero
palmado
palmeral

s. claro
patente
evidente
palmario (V.)

s. **morir** (V.)
diñarla
espichar

s. ser más viejo que un palmar

a. *obscuro*
embrollado
nacer

palmario
s. **evidente** (V.)
claro (V.)
comprensible
notorio
palpable (V.)
visible
manifiesto
cierto
ostensible
palpario
palmar
paladino
a la vista
más claro que el agua
más claro que la luz
comprensible

a. *secreto*
obscuro
equívoco

palmatoria
s. candil
candelero (V.)
paletilla
lamparilla
capuchina
quinqué
bujía
almenara
vela (V.)
lucerno

s. **palmeta** (V.)

s. ganar uno la palmatoria

palmear
s. palmotear
aplaudir (V.)
celebrar
animar
alegrarse
manotear

s. **golpear** (V.)
azotar

s. **avanzar** (V.)
arrastrar
empujar
trasladar

(V. **palma**)

a. *abuchear*
patear
censurar
acariciar
inmovilizar

palmera
(V. **palma**)

palmeta
s. palmatoria
férula (V.)
vara (V.)
regla
tabla
tablilla

s. palmetazo

s. golpe de palmeta
ganar la palmeta

palmetazo
(V. **golpe**)

(V. **palmeta**)

palmiche
(V. **palma**)

palmito
s. margallón
palma (V.)

s. faz
cara (V.)
rostro
jeme
gracia (V.)

s. tipo
figura
cuerpo
facha
garbo
donosura

a. *contrahecha*
adefesio

palmo
(V. **medida**)

(V. **pequeñez**)

palmotear
(V. **palmear**)

palmoteo
(V. **aplauso**)

(V. **regocijo**)

palo
s. **vara** (V.)
porra (V.)
tronco
varilla (V.)
junco
caña
listón (V.)
madero (V.)
berlinga
verga (V.)
palote (V.)
cayado
banderilla (V.)
cachava
marrillo
palitroque
pértiga (V.)
pica
tiento (V.)
garrocha
varal
varizo
tocho
tallo
vareta
trangallo (V.)
rodrigón
apoyo
arboladura
jalón
hinco (V.)
tranca
mango
cachola
aguijada
tarja
stick

s. **puntero** (V.)
barra (V.)
larguero
carlanca
esteva
fusta
báculo
zampa
gancho
bichero
tara
cogedera
macana
zanco
zanca (V.)
tirso
taco (V.)
estaca (V.)
estacón
listonera
tentemozo
bimbalete
pilote

s. **arboladura** (V.)

s. **suplicio** (V.)
garrote (V.)
horca

s. estacazo
paliza
varazo
trancazo
golpe (V.)
lapo (V.)
bastonazo
garrotazo
porrazo (V.)
mandoble
zurriagazo
zurrido
mandoble
varapalo

s. **alcándara** (V.)

s. palo áloe
palo rosa
palo Campeche
palo del Brasil
palo de águila
palo blanco
palo cochino
palo de bañón
palo de ciego
palo de favor
palo de Fernambuco
palo de la baraja
palo de planchar
palo dulce
palo macho (mar.)
paloduz
palo mayor
palo nefrítico
palo santo
palos flamantes

s. a palo seco
cada palo aguante su vela
dar una manta de palos

s. doblar a uno los palos
caérsele a uno los palos del sombrajo
dar palos de ciego
terciar uno el palo

r. De tal palo, tal astilla

paloma
s. **ave** (V.)
tórtola (V.)
palomo (V.)
torcazo
sisella
azulona
tojosita
buchona
cama
camao
concuna
cutusa
urpila
yuré
gura
pichón (V.)
collareja
cuculí
colipava
coliteja
palomino
paloma zorita
paloma zura
paloma zurana
paloma zurita
paloma tripolitana
paloma palomariega
paloma real
paloma rizada
paloma de toca
paloma monjil
paloma moñuda
paloma de moño
paloma buchona
paloma calzada
paloma duenda
paloma mensajera
palomo zarandalí
palomo zumbón
palomo ladrón
paloma brava
paloma torcaz
paloma hiel

s. zurear
arrullar
cantalear
hacer la rueda

r. Quien tiene un zurital tiene un caudal ■ Zurito asado, buen bocado ■ Palomo que se pega al palomar, no se quiere mojar ■ Del pichón las alas, y del cordero las magras

s. colombofilia
colombófilo

palomadura
(V. **ligadura**)

palomar
s. caseta
casilla
nido (V.)
refugio
criadero (V.)

s. alborotar el palomar

(V. **paloma**)

palometa
s. **pez** (V.) (acantopterigio)
japuta
castañola
jurel

(V. **zoología**)

palomilla
s. **mariposa** (V.)
pajarilla
paulilla

s. sostén
apoyo
escuadra (V.)
estante
tablilla
rinconera

palomina
(V. **excremento**)

palomino
(V. **palomo**)

(V. **excremento**)

(V. **mancha**)

palomita
(V. **roseta**)

(V. **maíz**)

palomo
s. pichón
palomino
buchón
paloma (V.)

s. estúpido
necio (V.)
simple
mentecato
bobo
simplón
cándido
inocente (V.)
ingenuo

a. *inteligente*
avispado
despierto
vivo

palote
s. **palo** (V.)
palillo
baqueta

s. **trazo** (V.)
garabato
rasgo
raya
línea

s. Perico de los palotes

paloteado
s. **danza** (V.)
paloteo

s. **riña** (V.)
disputa
marimorena

a. *acuerdo*
paz

palpable
s. real
material (V.)
tangible (V.)
sobadero
táctil
tocable
tocante
tangente

s. **palmario** (V.)
indudable
claro (V.)
demostrable
probado
verdadero
irrefutable
elocuente
evidente
ostensible (V.)
perceptible (V.)

a. *intocable*
impalpable
confuso
secreto
inasequible

palpación
(V. **palpamiento**)

palpador
s. **manoseador** (V.)
tentador
tocante
pulsador
hurgador
sobón
magreador
acariciador
tentón
tacteador
manipulador
manipulante

(V. **palpamiento**)

palpadura
(V. **palpamiento**)

palpamiento
s. palpadura
tocamiento (V.)
toque
toqueteo
tentón
manoseo
hurgamiento
magreo
frote
rozamiento
sobo
sobeo
cosquilleo
sobadura
sobamiento
sobajadura
sobajamiento
caricia
restregamiento
tiento
palpación

a. *abstención*

palpar-se
s. **tocar** (V.)
hurgar
sobar (V.)
toquetear
rozar
manosear (V.)
manejar
tentar (V.)
manipular
tentalear
acariciar (V.)
resobar
sobajar
apalpar
pulsar
frotar
probar (V.)
tastar
rascar
cosquillear
magrear (V.)

s. **tantear** (V.)
ir a tientas
andar a tientas

s. **evidenciar**
demostrar
conocer
comprender

(V. **palpamiento**)

a. *abstener-se*
desconocer
ignorar

pálpebra
(V. **párpado**)

palpitación
s. **latido** (V.)
pulso
pulsada
pulsación
tictac
contracción
dilatación
golpe
sístole
diástole

s. **estremecimiento**
jadeo
ahogo
angustia

a. *insensibilidad*
calma
sosiego

palpitante
s. fatigado
anhelante
jadeante (V.)

s. emocionante
interesante
conmovedor
cálido
cordial
vivo (V.)
viviente
vivaz
penetrante
pulsátil (V.)
punzante
actual (V.)

(V. **palpitación**)

a. *indiferente*
insensible
frío

palpitar
s. golpear
contraerse
dilatarse
latir (V.)
pulsar

s. estremecerse
jadear
trepidar (V.)

s. conmoverse
emocionarse
vivir
mostrarse

(V. **palpitación**)

a. *sosegar-se*
calmar-se

pálpito
(V. **corazonada**)

(V. **presentimiento**)

palpo
(V. **apéndice**)

paludamento
(V. **manto**)

palúdico
s. palustre
pantanoso (V.)
lacustre
cenagoso
lagunero
mefítico
estancado
miasmático
infeccioso
malsano
corrompido
contagioso
dañoso
perjudicial

s. **febril** (V.)
ardoroso
calenturiento

(V. **paludismo**)

a. *seco*
desecado
árido
sano
saludable

paludismo
s. **fiebre** (V.)
cuartanas
tercianas
malaria
anofeles
enfermedad (V.)

palurdo
s. **cateto** (V.)
aldeano
zafio
paleto
tosco
cerril
babazas
zopenco
basto
moroño
rudo
grosero
incivil
tardo
pánfilo
bobo
alelado
pazguato
imbécil
descortés
patán
villano (V.)
idiota
lerdo
desmañado
payo
patán
meleno
rústico

a. *culto*
delicado
cortés
urbano

palustre
s. espátula
llana
fija
lengüetilla
paleta (V.)

s. **pantanoso** (V.)
estancado

a. *seco*
desecado

pamela
(V. **sombrero**)

pamema
s. **simpleza** (V.)
bobada
tontería
paparrucha
majadería
insignificancia (V.)
nadería
futilidad
necedad
fruslería

s. **pamplina** (V.)
fingimiento
melindre
ficción
pampringada
paripé
aspaviento
insinceridad (V.)
panecillo

a. *importancia*
sinceridad
autenticidad
inteligencia
cordura

pampa
(V. **llanura**)

pampanaje
(V. **hojarasca**)

pampanilla
(V. **taparrabos**)

pámpano
s. **sarmiento** (V.)
pimpollo
hoja
hojuela
hojilla
vástago
retoño
brote (V.)
zarcillo (V.)
pámpana

s. **salpa** (V.)
boga
pez (V.)

pampirolada
s. **necedad** (V.)
simpleza
estupidez
majadería (V.)
patochada
tontería
bobada
pamplina
pamema
insubstancialidad
vaciedad

s. **despropósito** (V.)
disparate
papirolada

a. *cordura*
razón
hondura

pamplina
s. **remilgo** (V.)
melindre (V.)
aspaviento
pamema (V.)
dengue
escrúpulo
necedad
payasada
capricho
facecia
nimiedad
insignificancia (V.)
futilidad
manía
lisonja
obsequio
insinceridad (V.)
inoportunidad
insubstancialidad
nadería
paparrucha
fruslería

s. **planta** (V.)
álsine
zadorija
zapatilla de la reina
pamplina de agua
pamplina de canarios

a. *importancia*
cordura
sensatez
sinceridad

pamplinero
s. **carantoñero** (V.)
melindroso
melindres
caprichoso
alabancioso
remilgado (V.)
dengoso
delicado
escrupuloso
maniático
cumplido
insincero (V.)
falso
necio
pamplinoso

(V. **pamplina**)

a. *serio*
sensato
elegante
sobrio
cuerdo
inteligente

pamplinoso
(V. **pamplinero**)

pamposado
s. **vago** (V.)
flojo
poltrón
pachorrudo
desidioso
haragán

a. *activo*
trabajador

pampringada
(V. **rebanada**)

(V. **despropósito**)

pan
s. masa
pasta
plasta
mistura
borona
molleta
galleta
artife
artifara
hartón
moyana
canil
cantuda
andada
hallullo
jallullo
hallulla
marquiartife
segundillo
morena
perruna
toña
soma
arepa
fisga
tortuca
talo

s. corteza
miga
migaja
migajón
molleta
molla
molledo
regaño
canto
cantero
canterete
currusco
corrusco
pico
canterito
libreta
hogaza (V.)
barra
ceneque
chusco
bollo
cuartal
gallofa
trenza
cuerno
rollo
criadilla
mollete
francesilla
rosca
trena
suegra
catuto
bodigo
morrocote
doblero
telera

s. pan de molde
pan candeal
pan de flor
pan de munición
pan de Viena
pan francés
pan aflorado
pan sentado
pan bazo
pan floreado
pan ázimo
pan ácimo
pan cenceño
pan de poya
pan subcinericio
pan pintado
pan mediado
pan negro
pan de molde

s. galleta
bizcocho
costra
barquillo
oblea
hostia
cañutillo
suplicación
zoquete
churrusco
farallo
carolo
codorno
esmola
sequete
migaja
miaja
migajón
menjuela
regojo
regojuelo
zato
pedazo
mendrugo

s. rebanada
tostada
picatoste
mantecada
untada
torrija
melada
tostón
torreja
zurrusco
sopetón
sopón
sopas
pampringada
pringada
sopicón
soponcio
mánfanos
tiborna

s. migas
sopas
gazpacho

s. bocadillo
emparedado
sandwich
companage
compango
cundido
cabañería

s. ensopar
bizcochar
desmigar
desmigajar
mojar
untar
sopar
sopear
sopetar
empapar
cuscurrear
tostar
pringar
panificar (V.)

s. **panificación** (V.)

s. Pan Eucarístico
Pan de Ángeles
pan bendito
a pan y manteles
comer el pan de los niños
hacer un pan como unas tortas
no comer uno el pan de balde
no haber pan partido
repartir una cosa como pan bendito
ser una cosa pan y miel
ser una cosa el pan nuestro de cada día
contigo, pan y cebolla
buscar pan de trastrigo
con su pan se lo coma
a pan y agua
por un pedazo de pan
ser tortas y pan pintado
tierra de pan llevar
hacer un pan como unas hostias
ganarse el pan
el pan nuestro de cada día
más bueno que el pan

r. Los duelos con pan, son menos ■ A pan duro, diente agudo ■ Pan ajeno, caro cuesta ■ Pan con pan comida de tontos ■ Por mucho pan, nunca mal año ■ Quien da pan a perro ajeno, pierde el pan y pierde el perro ■ Pan negro y vino acedo, sostiene la casa en peso ■ Al pan reciente, abrirle el gollete ■ Pan de panadera gusta mucho y poco alimenta ■ No hay torta que no cueste un pan ■ A buen hambre no hay pan duro ■ Al pan, pan, y al vino, vino ■ Dame pan y dime tonto ■ Cada hijo que nace trae un pan bajo el brazo

pana
(V. **tela**)

panacea
s. **remedio** (V.)
curalotodo
sanalotodo
lenitivo
droga
bálsamo
poción
elixir (V.)
pócima
filtro
bebedizo
solución (V.)

s. panacea universal

a. *imposibilidad*
impedimento
obstáculo

panadería
s. **tahona** (V.)
horno
pastelería
amasadero
barredero
padilla
estrado
masera
horno de poya
horno de campaña
calahorra
apagador
panera
hintero
red

(V. **pan**)

panadero
s. tahonero
tahonera
atahonero
artifero
amasador
panetero
arrobero
hornero
cocolero
galletero
barquillero
pastelero
suplicacionero
molletero
canastero
hostiero

(V. **pan**)

panadizo
s. **absceso** (V.)
grano
forúnculo
panarizo
paroniquia
sietecueros
inflamación
purulencia
infección
uñero

panal
s. avispero
colmena (V.)
tártano
bresca
espejuelo
escarzo
secón
tarro

(V. **abeja**)

panarra
s. **necio** (V.)
cándido
candoroso

s. vago
dejado
flojo
haragán (V.)
poltrón
perezoso
desidioso

a. *inteligente*
vivo
activo
trabajador

panatela
(V. **bizcocho**)

panca
(V. **abanico**)

pancarpia
(V. **corona**)

pancarta
(V. **cartel**)

pancista
s. **acomodaticio** (V.)
oportunista (V.)
positivista
arribista
arrivista
aprovechador
aprovechado
utilitario
práctico
ventajista
egoísta
vivales
interesado
chaquetero
comodón
ambicioso
chupóptero
al caldo y a las tajadas

a. *altruista*
desinteresado
desprendido

pancracio
(V. **lucha**)

pancha
(V. **vientre**)

pancho
(V. **besugo**)

(V. **flemático**)

(V. **tranquilo**)

panda
(V. **galería**)

(V. **claustro**)

(V. **pandilla**)

pandear-se
(V. **combar-se**)

pandectas
(V. **compendio**)

(V. **código**)

pandemia
(V. **epidemia**)

pandemónium
s. algarabía
bulla (V.)
escándalo
algazara
confusión (V.)
maremágnum
gritería
anarquía
tiberio
caos

a. *silencio*
tranquilidad
sosiego
calma

pandeo
(V. **alabeo**)

panderada
(V. **majadería**)

pandereta
(V. **pandero**)

panderete
(V. **tabique**)

pandero
s. **instrumento** (V.)
pandereta
sonaja (V.)
pandera
adufe

s. **necio** (V.)
charlatán (V.)
hablador
parlanchín
chacharero

s. **cometa** (V.)
birlocha
juguete (V.)

a. *callado*
silencioso

pandiculación
(V. **desperezo**)

pandilla
s. liga
unión (V.)
junta
concilio
reunión
asociación

s. **confabulación** (V.)
contubernio
aconchabamiento
complicidad

s. **gente** (V.)
caterva
cuadrilla (V.)
ronda (V.)
panda
gavilla
gazapera (V.)

grupo
tertulia
camarilla
carpanta
corrillo
hato
hatajo
horda
bandada
chusma
tropel
tropa (V.)

a. *desunión*
alejamiento
separación
soledad

pandillero
s. **delincuente** (V.)
gángster
bandido (V.)
salteador
pandillista

s. **gamberro** (V.)
incivil
inculto

(V. **pandilla**)

a. *culto*
educado
respetuoso

pandorga
s. **mujerona** (V.)
sargentona
corpulenta
rolliza
voluminosa
gorda (V.)
pesada
perezoso (V.)

s. **estafermo** (V.)
muñeco (V.)
autómata
figurón

a. *flaca*
activa

panecillo
(V. **pan**)

panegírico
s. loa
alabanza
elogio (V.)
apología
encomio
aplauso
exaltación (V.)
glorificación
enaltecimiento
homenaje
halago
adulación
coba
aclamación

a. *censura*
crítica
ataque
reprobación
ofensa
diatriba
catilinaria
denigración

panegirista
s. **elogiador** (V.)
encomiador
loador
encomiasta
enaltecedor
ensalzador
apologista
alabador
entusiasta

(V. **panegírico**)

a. *denigrador*
censor
criticón

panel
s. paño
división
compartimento
moldura
cuarterón (V.)
sección (V.)
tabla
madero
tablero
faja
muro (V.)
puerta

s. panel de control
cuadro
indicador (V.)

panera
s. canasta
cesta (V.)
talego
bolsa
bandeja
nasa
tinaja
escriño

s. **troje** (V.)
cámara

(V. **pan**)

panetela
(V. **cigarro**)

panfilismo
(V. **ingenuidad**)

(V. **bondad**)

(V. **bobaliconería**)

pánfilo
s. **cachazudo** (V.)
pachorrudo
pazguato
panoli
pausado
lento
tardo
desidioso
calmoso
parado
alelado
flemático
pancho
abobado
lánguido
flojo
soso
pesado
necio (V.)
mollejón (V.)

s. juego
burla (V.)

a. *activo*
rápido
diligente
vivo

panfletista
(V. **libelista**)

panfleto
(V. **libelo**)

(V. **folleto**)

paniaguado
s. favorecido
protegido (V.)
favorito (V.)
allegado
amicísimo
predilecto
dilecto

s. mercenario
criado (V.)
asalariado

a. *protector*
amo

pánico
s. **espanto** (V.)
canguelo
temor (V.)
terror (V.)
pavura
pavor
jindama
sobresalto

a. *serenidad*
valor
tranquilidad

panícula
(V. **inflorescencia**)

(V. **panoja**)

paniego
s. candeal
candial
albarico
albarejo
bregado
miguero
ácimo
blanquillo
aflorado
floreado
sentado
leudo
artófago
metido en harina

s. panero

(V. **pan**)

panificación
s. **masa** (V.)
amasado
horneado
panadeo
panadería
hornería
hornada
cochura
hornaje
recentadura
levadura
poya
cocción (V.)

(V. **pan**)

panificar
s. **amasar** (V.)
panadear
lleudar
leudar
aleudar
fermentar
recentar
heñir
cocer
gramar
hornear (V.)
ahornar
venirse
escalfar
descanterar

(V. **pan**)

panique
(V. **murciélago)**

paniquesa
(V. **ardilla)**

panizo
s. **planta** (V.)
mamoso
bonizo

panocha
(V. **panoja)**

panoja
s. panícula
espiga
mazorca (V.)
panocha
s. **ristra** (V.)
colgajo

panoli
(V. **memo)**

panoplia
s. **armadura** (V.)
s. **trofeo** (V.)
colección (armas)
escudo
tabla
armería
lancera

panorama
s. **cuadro** (V.)
paisaje (V.)
vista (V.)
visión (V.)
panorámica
espectáculo (V.)
diorama
cosmorama
neorama
perspectiva
s. naturaleza
horizonte (V.)

panorámico
s. **general** (V.)
total
extenso
grandioso
de conjunto
(V. **panorama)**
a. *parcial*
fragmentario

pantagruélico
s. **exorbitante** (V.)
descomedido
exuberante
descomunal
desbordante
desmesurado
s. **comilón** (V.)
bebedor
glotón
goloso
guloso
insaciable
a. *mesurado*
comedido
sobrio

pantalones
s. **vestido** (V.)
pantalón
calzón
calzas
bragas
pololos
zahones
bombachos
bombachas
calzoneras
follados
afollados
shorts
zamarros
delanteras
gregüescos (V.)
chaparreras
pedorreras
zaragüelles
trusas
valones
alares
embudos
botarga
enagüetas
taleguilla
fondillo
pañete
pijama
calzoncillos
s. taparrabos
calembé
butifarra
calcillas
calzas atacadas
calzas bermejas
calzacalzón
s. calzón corto
pantalón largo
s. pernil
bragueta
pernera
trampa (V.)
trampilla
portañuela (V.)
alzapón
tiro
entrepiernas
bragadura
fondillos
hondillos (V.)
culera
cachirulo
rodillera
botica
pretina
trabilla
tirante
trincha
jarretera
charretera
s. ponerse los pantalones
llevar los pantalones

pantalla
s. lámpara
mampara (V.)
antipara
alaroz
biombo
cancel
parabrisas
quitasol
sombrilla (V.)
transparente
tulipa
iconostasio
globo
reflector
sombra
sombrajo
visera
tapadera
nube
persiana
toldo
tornavoz
cubierta
filtro

ocultación (V.)
cinematógrafo (V.)
óptica (V.)

pantanal
(V. **pantano)**

pantano
s. **embalse** (V.)
lago (V.)
laguna
marisma (V.)
almarjal
pantanal
trampal (V.)
certeneja
paular
charco (V.)
marjal (V.)
ciénaga
tolle
aguachar
aguazal
depósito
tremedal
lodazal
chapatal (V.)
regajo
chilanco
guadal
estero
pecinal
torco
bache
lagareta
lagarejo
navazo
restañadero
lapachar
pólder
paúl (V.)
paular
balsete
estuario
s. barrero
pangal
lodazal
cenagal
tajamar (V.)
nava
navajo
buhedo
bodón
poza
atascadero
balsar
bañadera
s. atolladero
dificultad (V.)
s. **empantanar** (V.)
pantanar
encharcar
aguachar
aguazar
embalsar
alagar
inundar
embarquinar
a. *sequedal*
yermo
facilidad

pantanoso
s. lacustre
palustre
paludoso
cenagoso
alagadizo
palúdico (V.)
anegadizo
uliginoso
fangoso (V.)
tremedal (V.)
(V. **pantano)**
a. *seco*
yermo
desecado
árido

panteón
(V. **mausoleo)**

pantera
(V. **leopardo)**

pantógrafo
s. diágrafo
dibujo (V.)
s. reglas articuladas
punta
estilete
lápiz
escala

pantomima
s. **remedo** (V.)
mímica
imitación
representación
entretenimiento
pasatiempo
juguete cómico
títere (V.)
ficción (V.)
simulación (V.)
farsa
comedia
parodia (V.)
mimesis
caricatura
gesto
ademán
expresión
actitud
a. *autenticidad*
veracidad

pantomimo
(V. **mimo)**
(V. **bufón)**

pantorra
(V. **pierna)**

pantorrilla
(V. **pierna)**

pantufla
s. pantuflo
chinela
escarpín
zapatilla (V.)
babucha
chancleta
chapín
babucha
sandalia

panza
s. tripa
vientre (V.)
barriga
andorga
abdomen
panzón
pancho
sorra
timba
bandullo
mondongo
estómago
baúl
pancha
s. **convexidad** (V.)
curva
abultamiento
curvatura
s. despanzurrar
despancijar
s. panza de burra
panza de oveja
panza al trote
panza en gloria
r. De la panza sale la danza
a. *concavidad*
hueco

panzada
s. saciedad
tripada
atracón
hartazgo (V.)
empipada
hartura
hartada
tupitaina
tupa
hartazón
atiborramiento
(V. **panza)**
a. *sobriedad*
comedimiento
ayuno

panzón
(V. **panzudo)**

panzudo
s. abultado
barrigudo
barrigón
panzón
gordo (V.)
ventrudo (V.)
(V. **panza)**
a. *esbelto*
delgado
liso

pañal
s. **envoltura** (V.)
sabanilla
culero
fajero
braga
empapador
mantilla (V.)
candonga
empañadura
fajos
envueltas
metedor
metido
metidillo
talega (V.)
s. **cuna** (V.)
origen
familia
s. **niñez** (V.)
principio
s. de pañales
estar en pañales
no haber salido de pañales

pañalón
(V. **descuidado)**

pañizuelo
(V. **pañuelo)**

paño
s. **purificador** (V.)
sabanilla
tela (V.)
tejido (V.)
lienzo
mantel (V.)
fieltro (V.)
toalla (V.)
pardillo
pañete
buriel
vellorí
vellorín
villorín
vicuña
alpaca
cheviot
estambre
sedán
castorina
velarte
contray
lanilla
lana
terciopelo
casinete
boquín
angorina
bayeta
aljofifa
pana
limiste
raja
raja de Florencia
s. **pared** (V.)
lienzo
tabique
muro
s. colgadura
tapiz (V.)
s. blanqueado
tupido
acipado
enlucido (V.)
s. suciedad
opacidad (V.)
impureza
s. materia
asunto (V.)
tema
cuestión
s. **mancha** (V.)
rubor
s. paño berbí
paño de Arrás
paño de cáliz
paño de púlpito
paño de tumba
paño dieciocheno
paño de lampazo
s. ser el paño de lágrimas
andar con paños calientes
conocer el paño
s. estar al paño
desplegar el paño (mar.)
ser del mismo paño
en paños menores
haber paño que cortar
r. Quien se viste de ruin paño, dos veces se viste al año ■ Paño fino, antes roto que vencido ■ El buen paño en el arca se vende

pañol
s. **compartimiento** (V.) (mar.) (V.)
división
casilla
almacén
depósito
departamento
sección
panol
corrulla
corulla

s. pañolero

pañoleta
s. **chal** (V.)
toquilla
mantón
capidengue
pañuelo
pañolón

s. **corbata** (V.)

pañolón
(V. **mantón)**

pañosa
(V. **capa)**

pañoso
s. **andrajoso** (V.)
zarrapastroso
remendado
ajado
sucio (V.)
adán
desaliñado
mugriento
(V. **paño)**

a. *atildado*
nuevo
limpio

pañuelo
s. pañizuelo
moquero
mocador
sonadero
mocante
lienzo
trapo
fazoleto
mocadero
sudadero
sonador
payacate
lenzuelo

s. **mantón** (V.)
toquilla (V.)
mantoncillo
foulard
fular (V.)
serenero
pañolón
zorongo
vincha
cachirulo

s. fleco
bordado
cenefa

s. pañuelo de hierbas
pañuelo de bolsillo
pañuelo de mano

s. agitar el pañuelo

papa
s. Pontífice
Sumo Pontífice
Romano Pontífice
Padre Santo
Santo Padre
Santidad
Su Santidad
Vicario de Cristo
Vicediós
Vicecristo
Cabeza de la Iglesia
Representante de Cristo en la Tierra
Pastor Universal
Pastor Supremo
Sumo Pastor
Beatitud
Beatísimo

s. Vaticano
Cátedra de San Pedro
Silla de San Pedro
Santa Sede
mitra
autoridad
báculo
tiara
anillo del Pescador
fanón
camauro
orario
palio
solio
mula
silla gestatoria

s. cónclave
consistorio

s. bula
breve

s. **encíclica** (V.)
decreto
rescripto pontificio
dispensa
concordato
decretales
conservatoría
motu proprio
ex cáthedra
extravagante
monitorio

s. Papado
Antipapado
Pontificado
Antipontificado

s. camarlengo
camarero
canciller
cardenal
Secretario de Estado
clérigo de cámara
nuncio
internuncio
legado pontificio
nepote
guardia suiza

s. apostólico
pontifical
papal

s. ser más papista que el Papa

s. papas
patata (V.)
sopas
papillas
gachas

papá
(V. **padre)**

papada
s. sobarba
sotabarba
pliegue
doble mentón
carnosidad
abultamiento
barbilla (V.)
chalcha
cogullada
papo
perigallo (V.)
papadilla

papadilla
(V. **papada)**

papado
(V. **pontificado)**

papafigo
s. **pájaro** (V.)
becafigo
picafigo
papahígo
oropéndola

papagayo
s. **loro** (V.)
cotorra
guacamayo (V.)
cacatúa
periquito
perico (V.)
ave (V.)

s. como un papagayo

papahuevos
(V. **papanatas)**

papal
s. **pontificio** (V.)
pontifical (V.)
pontificado
papalino
papable
apostólico
vaticano
romano

(V. **papa)**

papalina
s. sombrero
gorro (V.)
birrete
bonete
cofia (V.)
cachucha
montera
papahígo
bicoquete
bicoqueta
bicoquín

(V. **borrachera)**

a. *sobriedad*

papamoscas
(V. **papanatas)**

papanatas
s. simple
crédulo (V.)
cándido (V.)
simplicio
bobalicón
bobo (V.)
tontaina
badulaque
sansirolé
mentecato
pazguato (V.)
papatoste
papahuevos
pasmado (V.)
papamoscas
payo
pánfilo
alelado
babieca (V.)
ingenuo
candoroso
cateto
necio (V.)
alma de Dios
alma de cántaro
pelele

a. *listo*
inteligente
espabilado

papanatería
(V. **papanatismo)**

papanatismo
(V. **estupidez)**
(V. **credulidad)**

papandujo
s. **maduro** (V.)
pasado
pachucho
blando (V.)
pocho

s. bagatela
nadería
fruslería (V.)

a. *lozano*
sano
importancia

papar
(V. **jamar)**

paparrabias
(V. **cascarrabias)**

paparrasolla
(V. **demonio)**
(V. **coco)**

paparrucha
s. **majadería** (V.)
necedad
tontería
bobada
estupidez
sandez
memez
desatino
dislate
insubstancialidad
vaciedad
absurdo

s. engendro
centón
chapuza
chapucería (V.)
birria
mamarracho
mamarrachada (V.)

s. **bulo** (V.)
chisme
notición
mentira (V.)
patarata
falsedad
infundio (V.)

a. *sensatez*
cordura
perfección
verdad
realidad

papasal
(V. **chuchería)**

papatoste
(V. **papanatas)**

papazgo
(V. **papado)**

papel
s. hoja
rol
pliego
página
impreso
plana
cuartilla
folio
volante
octavilla
cuaderno (V.)
cuadernillo
mano
resma
resmilla
rollo
bala
legajo
bolsa
cucurucho (V.)
sobre
cartapacio
envoltorio

s. papel continuo
papel de mano
papel de tina
papel de barba
papel de marca
papel vergé
papel verjurado
papel vergueteado
papel cuché
papel de escribir
papel de envolver
papel pluma
papel tela
papel secante
papel de fumar
papel de calcar
papel florete
papel de seda
papel de estraza
papel carbón
papel de culebrilla
papel de añafea
papel de filtro
papel quebrado
papel costero
papel atlántico
papel blanco
papel en blanco
papel timbrado
papel sellado
papel pautado
papel cuadriculado
papel de luto
papel pintado

s. **credencial** (V.)
título
manuscrito

s. ministerio
cargo (V.)
carácter
posición
encargo
cometido
función (V.)
labor (V.)
tarea
actuación

s. **representación** (V.)
personaje (V.)
actor
cómico

s. albarán
billete
boleta
boleto
boletín
bono
cédula
cupón
comunicación
documento
periódico
palimpsesto
carta
impreso (V.)
invitación
participación
esquela
tarjeta
ficha
manuscrito
papeleta
resguardo
vale
fotografía (V.)
talón

s. precinta
tarja
volante

s. confetti
serpentina
pajarita
recorte

s. cartón
cartulina
teleta
secante
papiro (V.)
pergamino

s. cuarto
octavo
dieciseavo
decimoctavo
folio
holandesa
atlas
marquilla

s. cara
dorso
respaldo
lomo
margen
carilla
plana
llana

s. corondel
casilla
filigrana
cuadrícula
pauta

s. perforado
verjurado
rayas
puntizón
renglonadura

s. plegadera
cesto
papelera
cambucho

s. calandria
guillotina
malleto
pudridor

s. **dinero** (V.
valores
acciones
títulos

(cont.)

s. calandrar
satinar
glasear
esquinzar
desguinzar
desbarbar
batir
arrepistar
imprimir

s. representar un buen papel
hacer un buen papel
traer uno los papeles mojados
invertirse los papeles

r. Al papel y a la mujer lo que le quieran poner

papelear
(V. **revolver**)

(V. **presumir**)

papeleo
s. **papelorio** (V.)
trámite
expedientes
tramitación (V.)
burocracia
inconvenientes
traba (V.)
impedimentos
complicación

(V. **papel**)

a. *sencillez*
simplicidad
facilidad

papelera
s. **escritorio** (V.)

s. papelería
cartonería
fábrica (V.) (de papel)

s. **cesto** (V.) (de papeles)
cambucho
cesta

(V. **papel**)

papelero
s. cartonero
papelista
satinador
levador
apartador
laurente

s. farolero
fantoche (V.)

(V. **papel**)

a. *discreto*
sencillo

papeleta
s. comprobante
recibo
ficha (V.)
tarjeta
cédula (V.)
esquela
talón
cheque
contraseña
entrada
resguardo
vale (V.)
voto (V.)

s. **traba** (V.)
dificultad (V.)
obstáculo
brete

s. papeleta de defunción
papeleta de empeño
papeleta del Monte

a. *facilidad*

papelón
s. **fantoche** (V.)
figurón
presumido
pretencioso
finchado
hinchado
vano

s. **ridiculez** (V.)
ridículo
mamarrachada (V.)
extravagancia

(V. **papel**)

a. *sencillo*
discreto
natural
lucimiento
sensatez
moderación
cordura

papelonear
(V. **farolear**)

(V. **presumir**)

papelorio
s. **papeleo** (V.)
fárrago
mezcolanza
montón
pila (de papeles)

papelucho
(V. **libelo**)

papera, s
s. **bocio** (V.)
parotiditis
escrófulas
lamparones
tumor

papero
(V. **puchero**)

(V. **papilla**)

papiloma
(V. **epitelioma**)

(V. **tumor**)

papilla
s. **masa** (V.)
papero
papas
gachas (V.)
puches
crema

s. cautela

s. dar papilla
echar la primera papilla

(V. **astucia**)

a. *torpeza*

papiro
s. hoja
pergamino
pliego
papel (V.)
lámina

papirotazo
s. papirotada
golpe (V.)
capirotazo
coscorrón
molondrón
capón
puñetazo
capirote
macoca
toba (V.)
floretada
tincazo
tincanque

(V. **papo**)

a. *caricia*

papirote
s. **papirotazo** (V.)
coquetazo

s. **tonto** (V.)
bodoque
zoquete
mendrugo

(V. **papo**)

a. *listo*
avispado
inteligente

papismo
(V. **catolicismo**)

papista
(V. **católico**)

papo
s. **buche** (V.)
papada (V.)

s. papera
bocio (V.)

s. **hueco** (V.)
bulto
abultamiento (V.)

s. papo de viento
estar una cosa en papo de buitre
hablar de papo

r. Una en el papo y otra en el saco

papón
(V. **coco**)

(V. **demonio**)

papujado
(V. **abultado**)

(V. **hueco**)

pápula
s. erupción
pústula
tumorcillo (V.)
costra

paquear
(V. **disparar**)

paquebote
s. paquete
paquebot
vapor
buque
correo (V.)
embarcación (V.)

paqueo
(V. **disparo**)

paquete
s. **manojo** (V.)
haz
cucurucho
envoltorio
rebujo (V.)
lío (V.)
atadizo
fardo (V.)
bulto (V.)
atadijo (V.)
atado
mazo
fardel
bala
fardaje
embalaje
abarrote
bajote
encolado
paca
tanate
balón
baleta
frangote
cajetilla
cartucho

s. **paquebote** (V.)

s. **presumido** (V.)
peripuesto
compuesto
petimetre (V.)
pisaverde
lindo
elegante
lechuguino

s. paquete ciego
paquete postal

a. *dejado*
desharrapado
desastrado

paquidermo
s. proboscidio
mamífero (V.)
cerdo
elefante
rinoceronte (V.)
hipopótamo
tatabro
saíno
pécari
tapir (V.)
báquira
jabalí

par
s. similar
igual (V.)
exacto
semejante
equivalente
parecido
parejo
simétrico

s. **pareja** (V.)
dúo
mancuerna
dos
binca
doble
revezo
yugada
duplicidad
gemelos
pareado
pareo
emparejadura
bipartición
duplo
ambo
yunta
tronco (V.)
tiro

s. **placenta** (V.)

s. **título** (V.)
lord
senador

s. cámara de los Pares
a la par
jugar a pares y nones
sin par
a pares
abrir de par en par

r. A la par es negar y tarde dar

a. *desigual*
diferente
uno

parabién
s. pláceme
felicitación (V.)
congratulación
gratulación
enhorabuena
norabuena
brindis
cumplido
agasajo

a. *descortesía*
indiferencia

parábola
s. historia
narración (V.)
cuento
fábula
enseñanza (V.)
moraleja
máxima (V.)
apólogo
alegoría
metáfora (V.)
símbolo (V.)
comparación
figura

s. **curva** (V.)

parabolano
(V. **gladiador**)

(V. **cristiano**)

(V. **mentiroso**)

(V. **eclesiástico**)

parabolizar
s. **simbolizar** (V.)
ejemplificar
representar
encarnar
figurar
personificar
(V. **parábola**)

parabrisas
s. guardabrisas
guardaviento
cortavientos
cristal
protección
resguardo (V.)
brisera
brisero
(V. **automóvil**)

paracaídas
s. capota
sombrilla
seda
tela
lona

(V. **aeronáutica**)

paracentesis
(V. **punción**)
(V. **vientre**)

paracronismo
(V. **anacronismo**)

parachoques
s. amortiguador
tope
barra
defensa
resguardo
protección (V.)

(V. **automóvil**)

parada
s. frenazo
alto
interrupción
detención (V.)
paradero (V.)
descanso
espera
atranco
estancación
permanencia
inactividad
pausa (V.)
suspensión
quietud
cese
fin
término
inacción
escala (V.)
etapa

s. **estacionamiento** (V.)
aparcamiento
punto
estación

s. **parador** (V.)
mansión
fonda
hotel

s. **desfile** (V.)
formación
relevo
revista
maniobra
marcha
tránsito (V.)
carrera
evolución
exhibición

s. guardia

s. **remonta** (V.)
acaballadero

s. azud
presa (V.)

a. *marcha*
movimiento
actividad
prosecución

paradera
(V. **compuerta)**
(V. **red)**

paradero
s. alojamiento
dirección
señas
sitio
lugar
residencia (V.)
domicilio (V.)
escondite
refugio
s. **destino** (V.)
final
término
meta
s. **estado** (V.)
situación (V.)
posición
s. **parada** (V.)
escala
apeadero
fondeadero
estación (V.)

paradigma
s. **ejemplo** (V.)
modelo (V.)
ejemplar
muestra
tipo
dechado
espécimen
prototipo

paradisíaco
s. **delicioso** (V.)
maravilloso
celestial (V.)
olímpico
empíreo
perfecto
dichoso
glorioso
divino
celeste
(V. **paraíso)**
a. *horrible*
infernal

paradislero
(V. **cazador)**
(V. **chismoso)**

parado
s. **detenido** (V.)
inmóvil
quieto (V.)
firme
estacionado
estancado
estantío
paralizado
suspendido
aparcado
estático
interrumpido
derecho
tieso
en pie
de plantón
de pie quieto
s. **desocupado** (V.)
desacomodado
inactivo (V.)
desempleado
ocioso
cesante (V.)
vacante
huelguista (V.)
s. **tímido** (V.)
corto
pacato
pazguato
remiso (V.)
callado
pánfilo
timorato
corito
pasmarote
ave fría
s. **cohibido** (V.)
bobo (V.)
s. soso
encogido
s. **confuso** (V.)
vacilante
sorprendido (V.)
pasmado
s. **orgulloso** (V.)
engreído
petulante
(V. **paro)**
a. *móvil*
dinámico
activo
ágil
lanzado
atrevido
ligero
osado
claro
firme
humilde
sencillo

paradoja
s. **contradicción** (V.)
extravagancia
especiota
exageración
absurdo (V.)
disparate
sofisma
contrasentido
singularidad
rareza
incompatibilidad
a. *lógica*
razón
naturalidad
sensatez
compatibilidad

paradójico
s. chocante
contradictorio (V.)
extravagante
absurdo (V.)
exagerado
excesivo
erróneo
falso
disparatado
paradojo
(V. **paradoja)**
a. *racional*
normal
lógico
natural
sensato

parador
s. hostal
fonda
hotel
hostería
posada (V.)
albergue
mesón
venta
ventorro
ventorrillo
figón
tambo
parada
motel

parafraseador
s. glosador
comentarista (V.)
escoliasta
exégeta
comentador
intérprete
disertador
(V. **paráfrasis)**

parafrasear
s. glosar
comentar (V.)
ampliar
amplificar
explicar
apostillar
desenvolver
escoliar
disertar
perorar
argumentar
interpretar (V.)
revelar
elucidar
ilustrar
s. parodiar
remedar
imitar (V.)
seguir
reproducir
(V. **paráfrasis)**
a. *complicar*
obscurecer
callarse
ocultar

paráfrasis
s. **comentario** (V.)
glosa
explicación
escolio
exégesis
amplificación
disertación
aclaración
interpretación (V.)
traducción
apostilla
ampliación
elucidación
revelación
s. parodia
imitación (V.)
reproducción

paragoge
(V. **metaplasmo)**

parágrafo
(V. **párrafo)**

paraguas
s. quitaguas
s. quitasol
sombrilla
guardasol
parasol
s. varilla
regatón
contera
puño
goma
tela
resorte
vástago
bastón

paraguaya
(V. **melocotón)**

paragüero
s. perchero
bastonero
burro
mueble (V.)
(V. **paraguas)**

parahusar
(V. **taladrar)**

parahúso
(V. **barreno)**

paraíso
s. cielo
gloria (V.)
corte celestial
reino de los cielos
edén (V.)
elíseo
empíreo
olimpo
Walhalla
séptimo cielo
nirvana
lugar maravilloso
s. gallinero (teatro)
general (teatro)
cazuela (teatro)
piso alto (teatro)
galería (V.)
s. paraíso terrenal
paraíso de los bobos
entrada de paraíso
ave del paraíso
árbol del paraíso
granos del paraíso
a. *infierno*
horror

paraje
s. sitio
estancia
punto
lugar (V.)
parte
situación
emplazamiento
territorio
andurrial
recinto
local
rincón
plaza
localidad
paisaje (V.)
s. colocación
disposición (V.)
estado
posición
postura
ocasión

parajismero
(V. **gesticulador)**

parajismo
s. mueca
gesto
gesticulación (V.)
visaje
mímica
a. *impavidez*
impasibilidad

paralelar
s. **comparar** (V.)
parangonar
semejar
equivaler
hacer paralelo
(V. **paralelismo)**
a. *diferenciarse*
oponerse

paralelismo
s. equivalencia
correspondencia
analogía
comparación (V.)
similitud
equidistancia
correlación
concordancia
afinidad (V.)
s. paralela
equidistancia
pentagrama
paralelepípedo
pauta
a. *discrepancia*
separación

paralelo
s. relacionado
equiparable
comparable (V.)
equidistante
correspondiente
s. cotejo
correspondencia
comparación (V.)
semejanza
símil
analogía (V.)
parangón
conformidad
(V. **paralelismo)**
a. *discrepante*
disimil
transversal
diagonal
cruzado
secante

paralelogramo
s. **polígono** (V.)
cuadrado
rombo
romboide
rectángulo

parálisis
s. poliomielitis
entumecimiento (V.)
atonía
envaramiento
hemiplejía
atrofia
acinesia (V.)
letargia
letargo
invalidez (V.)
privación
impedimento
inmovilidad (V.)
paraplejía
paresia
diaplejía
anquilosis
catalepsia
perlesía
adinamia
quietud (V.)
inanición
insensibilidad
inmovilización
mutilación
tullimiento (V.)
s. parálisis infantil
parálisis asfíctica
parálisis facial
parálisis completa
parálisis bulbar
parálisis progresiva
parálisis espasmódica
parálisis espástica
parálisis funcional
parálisis incompleta
parálisis nerviosa
parálisis obstétrica
parálisis temporal
parálisis vasomotora
parálisis orgánica
parálisis isquémica
a. *desentumecimiento*
excitación
desperezo
vigor

paraliticado
(V. **paralítico)**

paraliticarse
s. insensibilizarse
atrofiarse
paralizarse
entumecerse (V.)
desmayarse
anestesiar (V.)
agarrotarse
engarabitarse
desfallecer
mutilar
invalidar
perder el sentido
sufrir una parálisis
dar un ataque
(V. **parálisis)**
a. *desentumecerse*
estirarse
moverse

paralítico
s. **inválido** (V.)
tullido (V.)
mutilado
baldado
impedido (V.)
yerto
anquilosado
perlático
hemiplegio
contrahecho
paraliticado
entelerido
patitieso
clueco
poliomielítico
atrofiado
parapléjico
parapléctico
entorpecido (V.)
imposibilitado (V.)
(V. **parálisis)**
a. *desentumecido*
desentumido
recuperado

paralización
s. **inmovilización** (V.)
detenimiento (V.)
suspensión
marasmo
estancamiento
entorpecimiento
inmovilidad
sujeción (V.)
quietud
enmohecimiento
embotamiento
entumecimiento (V.)
truncamiento
paro (V.)
estorbo
detención
bloqueo
parada
aniquilamiento
agotamiento

s. **olvido** (V.)
abandono

s. deterioro
avería (V.)

(V. **parálisis**)

a. *marcha*
movimiento
actividad
agilidad

paralizar-se
s. **entumecer** (V.)
tullir (V.)
atrofiar (V.)
anquilosar
trabar (V.)
inutilizar
lisiar
agarrotar
inmovilizar (V.)
baldar
insensibilizar
impedir
pasmar
embotar
apolillarse
embargar

s. **detener** (V.)
suspender
interrumpir
obstaculizar (V.)
entorpecer
parar (V.)
cortar
estropear
deteriorar
cesar
estancar
bloquear
estorbar (V.)
impedir (V.)
enmohecerse
cerrar
averiarse (V.)
calarse (automóvil)

(V. **paralización**)

a. *continuar*
marchar
funcionar
mover-se
favorecer
facilitar
promover

paralogismo
s. **sofisma** (V.)
error
falsedad
argucia

a. *verdad*

paramentar
s. **adornar** (V.)
acicalar
embellecer
ornamentar
emperifollar
alindar
empavesar

(V. **paramento**)

a. *afear*
desguarnecer

paramento
s. **adorno** (V.)
ornamento
colgadura
decoración
revestimiento
cortinaje
arambel
tapiz

s. sobrecubiertas
mantillas
gualdrapa (V.)

s. **vestido** (V.)

s. **lienzo** (V.)
(pared)
cara (piedra sillar)
superficie

paramera
(V. **páramo**)

páramo
s. yermo
desierto
landa
sabana
paramera
calvero
puna
erial (V.)
pedregal
desmonte
campo raso
eriazo
barbecho
estepa
travesía
llanura

a. *bosque*
vergel
selva

parangón
s. **comparación** (V.)
semejanza
parecido
paralelo
equivalencia
equiparación
similitud
semblanza (V.)

a. *diferencia*

parangonar-se
s. **comparar** (V.)
cotejar
confrontar
parear (V.)
parificar
paralelar
relacionar
equiparar (V.)
medir
asimilar
compulsar
equivaler (V.)
igualar
coincidir
asemejar
correlacionar

(V. **parangón**)

a. *desemejar*
diferenciar

paraninfo
s. **salón** (V.)
sala
aula
recinto
anfiteatro
aula magna
universidad (V.)

s. **padrino** (V.)
(boda)

s. **mensajero** (V.)
(felicidad)
nuncio
anunciador

paranoia
s. **monomanía** (V.)
manía
obsesión (V.)
demencia
locura (V.)
chifladura
alucinación
fantasía

a. *equilibrio*
sensatez
cordura

paranoico
s. maníaco
maniático
monomaníaco (V.)
obseso
obsesivo
demente
loco (V.)
exaltado
chiflado
demencial

(V. **paranoia**)

a. *cuerdo*
equilibrado
sensato
normal

paranomasia
(V. **paronomasia**)

parapetarse
s. resguardarse
protegerse (V.)
atrincherarse
abroquelarse
cubrirse
guardarse
guarecerse
acorazarse
defenderse (V.)
ocultarse
abrigarse
reforzarse
esconderse
precaverse
blindarse

s. **resistirse** (V.)
oponerse
excusarse (V.)
pretextar
escudarse
justificarse

(V. **parapeto**)

a. *descubrirse*
salir
rendirse
ofrecerse
favorecer
facilitar

parapeto
s. **terraplén** (V.)
trinchera
defensa (V.)
resistencia (V.)
protección
apoyo
barricada (V.)
antepecho (V.)
valla
valladar
fortín
fuerte
barrera (V.)
garita
pretil
nido
brocal
blindaje
merlón
resguardo
reparo
empalizada
línea fortificada
posición estratégica
lugar inexpugnable
balaustrada
reparo

s. **pared** (V.)
mampara
biombo
baranda

paraplejía
(V. **parálisis**)

parapléjico
(V. **paralítico**)

parapoco
s. apocado
tímido
corto
pazguato
simple
simplón
simplicio
apagado
pusilánime (V.)
huraño
misántropo
insignificante (V.)

a. *decidido*
osado
atrevido
importante

parar-se
s. **detener** (V.)
contener
impedir (V.)
sujetar
frenar (V.)
atajar
estorbar
obstaculizar
inmovilizar (V.)
embarazar
dificultar
atrancar
atascar
paralizar (V.)
interrumpir
empantanar
suspender
retener

s. dilatar
demorar (V.)
retrasar
atrasar

s. **estacionar** (V.)
aparcar
acampar
quedarse (V.)
posarse
plantarse (V.)
fondear (V.)
varar
anclar
encallar

s. descansar
yacer (V.)
reposar
sentarse
sosegarse
tranquilizarse

s. hospedarse
residir
alojarse (V.)
habitar
vivir
pernoctar

s. **recaer** (V.)
tocar
heredar
corresponder (V.)

s. **convertirse** (V.)
transformarse
llegar a
venir en
acabar en
reducirse

s. **preparar** (V.)
disponer
aprestar
reparar (V.)
prevenir

s. **acabar** (V.)
cesar (V.)
terminar
concluir
fenecer
finalizar
finiquitar

s. calarse (automóvil)
detenerse (V.)
averiarse (V.)
estropearse

s. no poder parar
sin parar
venir a parar en
¡dónde va a parar!
ir a parar a
no parar
parar de
parar mal
no parar hasta
parar en seco
parar el golpe
no pararse en barras
hacer parada y fonda
parar en la cárcel

(V. **parada**)

a. *continuar*
seguir
favorecer
facilitar
promover
andar
caminar
marchar
apresurar
aplazar
irse
transitar
circular
deambular
comenzar
arreglarse
mantenerse

parasitismo
s. entozoología
parasitología
dulosis
plaga (V.)

s. **inutilidad** (V.)
gorronería (V.)
abuso
explotación
aprovechamiento

a. *utilidad*
colaboración
desinterés
generosidad

parásito
s. epizoario
endoparásito
entozoario
comensal
ectoparásito
radicícola
inquilino
hematozoario
pleófago

s. chinche
pulga
pulgón
piojo
triquina
ácaro
abuje
lombriz
ladilla
filaria
bacteria
sarna
rezno
nigua
sínfilo
acantocéfalo
anopluro
anquilostoma
duela
garrapata (V.)
filoxera
pique
pirgüin
saguaipe
solitaria
sote
sotuto
tenia
tiña

s. almuérdago
añublo
agraz
cuscuta
epítimo
roya
tizón
tiñuela
carboncillo
cenicilla
cenizo
helecho (V.)
moho
marojo
musgo (V.)
muérdago
curujey
liga
hongo (V.)
rascalino
mildeu
oídio
cornezuelo

s. **inútil** (V.)
chupotero
chupóptero
chupón
gorrón (V.)
gorrista
sablista (V.)
sopista
mogrollo
parchista
guagüero
aprovechado
vividor (V.)
abusón
recomendado (V.)
explotador
huésped (V.)

(cont.)

s. **interferencia** (V.)

(V. **parasitismo**)

a. *útil*
servible
ventajoso
generoso
desinteresado
trabajador

parasol
s. **sombrilla** (V.)
quitasol
guardasol

(V. **umbela**)

parástade
(V. **pilastra**)

parata
(V. **terraza**)

parca
(V. **muerte**)

parcela
s. parte
porción (V.)
partícula (V.)
ápice
lote (V.)
quiñón (V.)
trecho (V.)
triza
partecilla

s. hijuela
solar (V.)
terreno
pago
término

a. *latifundio*
mucho
cuantía

parcelar
s. **dividir** (V.)
fraccionar (V.)
partir
repartir
fragmentar
separar
medir

(V. **parcela**)

a. *mantener*
conservar
sumar
aumentar
agregar

parcial
s. **incompleto** (V.)
inacabado
fraccionario
fragmentario
integral
partitivo
integrante (V.)
local (V.)
diviso
divisionario
divisional
imperfecto
truncado
unilateral (V.)
quebrantado
roto

s. **apasionado** (V.)
improcedente
subjetivo
indebido
inmoral
leonino
inmerecido
tendencioso (V.)
injusto (V.)
ilegal
arbitrario (V.)
violento
torcido
particular

s. **partidario** (V.)
seguidor
secuaz
allegado
sectario

(V. **parcialidad**)

a. *completo*
cabal
integro
justo
moral
imparcial
total
entero
pleno
general
global
absoluto

parcialidad
s. **preferencia** (V.)
favoritismo (V.)
privilegio
desigualdad
unilateralidad
injusticia (V.)
distinción
nepotismo
bandería
arbitrariedad (V.)
chovinismo
partidismo (V.)
apasionamiento (V.)
exclusivismo
pasión (V.)
prejuicio
personalismo
fanatismo
improcedencia
abuso
inclinación
componenda
sectarismo
partido (V.)
particularidad
defensa
protección
valimiento
proselitismo (V.)
apego
propensión
inmoralidad

s. amistad
familiaridad
intimidad
afecto
partido
simpatía (V.)

s. secta
partido
camarilla (V.)
agrupación

a. *imparcialidad*
justicia
equidad
ecuanimidad

parcidad
(V. **parquedad**)

parco
s. **escaso** (V.)
corto
escueto
insuficiente
templado
limitado
raquítico
falto
tasado
módico
pobre
mezquino
roñoso
mirado
exiguo
parsimonioso
ahorrativo
parcísimo

s. frugal
abstemio
abstinente
sobrio (V.)
morigerado
religioso
reglado
moderado (V.)

(V. **parquedad**)

a. *abundante*
largo
generoso
inmoderado
regalado
desenfrenado

parchazo
(V. **burla**)

parche
s. emplasto
cataplasma (V.)
bizma
pegote
ungüento
pegado (V.)

s. **remiendo** (V.)
pedazo
trozo
pieza
culera
codera
rodillera
sobrepuesto
recosido
compostura
botana

s. **retoque** (V.)
revoque
brochazo
corrección

s. piel
pellejo
tambor (V.)

s. poner un parche
pegar un parche
¡oído al parche!

r. Ponerse el parche antes que salga el grano

parchista
(V. **sablista**)

pardal
s. camachuelo
gorrión (V.)
pardillo
pajarel
petirrojo
pechirrojo
pechicolorado
pájaro (V.)

s. **aldeano** (V.)
paleto (V.)
cateto
isidro

s. **leopardo** (V.)

s. taimado
astuto (V.)
zascandil
bellaco
socarrón
ladino

a. *elegante*
fino
culto
sincero
recto

pardillo
(V. **pardal**)

pardo
s. **ocre** (V.)
grisáceo
obscuro (V.)
terroso
plomizo
ceniciento
sombrío
pardusco
canelo
sucio
musco
nublado
fusco
amusco
blavo
leonado (V.)
marrón
zaíno
castaño
acabellado
gilvo (V.)
beige
musgo

s. **leopardo** (V.)

s. gramática parda
irse de picos pardos
de noche todos los gatos son pardos
camisa parda
monte pardo

a. *claro*
brillante

parduzco
(V. **pardo**)

parear
s. aparear
juntar (V.)
emparejar
casar
hermanar

s. cotejar
parangonar (V.)
igualar
paralelar
comparar (V.)

s. banderillear

a. *desigualar*
diferenciar
distinguir
diversificar

parecer
s. **opinión** (V.)
criterio
concepto
entedimiento
creencia
consejo (V.)
dictamen
informe
sugerencia
sugestión
juicio
sentimiento
pensamiento
entender
consideración
voto
expresión
afirmación
idea
declaración
manifestación
plácito (V.)

s. **aspecto** (V.)
trazas
impresión
apariencia

s. por el buen parecer
a mi parecer
al parecer

s. hacer efecto

s. **asemejarse** (V.)
igualarse (V.)
equipararse
parangonarse
compararse
semejar (V.)
asimilar
heredar
recordar a
tirar (V.)
salir a
aproximarse (V.)
acercarse (V.)
evocar
darse un aire
imitar
relacionar
inclinarse
rayar en
correr parejas

(V. **parecer**)

(V. **parecido**)

a. *desaparecer*
esfumarse
ocultarse
esconderse
perderse
callar
silenciar
ignorar
diferenciarse
distinguirse

parecer-se
s. **aparecer** (V.)
mostrarse
salir (V.)
presentarse
surgir
lucir
descubrirse
manifestarse
resurgir
rozar (V.)
comparecer

s. **hallarse** (V.)
encontrarse (V.)
opinar (V.)
juzgar
enjuiciar
reputar
suputar
sentir
creer
querer (V.)
considerar
pensar (V.)
estimar
asimilar
emitir
exponer

s. **aparentar** (V.)
simular
figurar (V.)
pasar por
presentarse como
oler (V.)
tener apariencia de
pasar plaza de
resultar

s. tener visos de

parecido
s. **semejante** (V.)
similar (V.)
afín
parejo (V.)
comparable
semejable
gemelo
sosia
pariente
paralelo
propio
hermano
pintiparado
conforme
exacto
idéntico
análogo
homogéneo
fachado
uniforme
símil
semejado
aproximado (V.)
copia
parigual
cuate

s. **semejanza** (V.)
conformidad
simil
similitud (V.)
homogeneidad
paronomasia
paronimia

s. **atisbo** (V.)
analogía
maridaje
afinidad
parejura
sombra (V.)
parangón
vislumbre
atavismo
parentesco
aire (V.)
retrato (V.)
aproximación
copia
escupitajo (V.)
sosia
igualdad (V.)
uniformidad
mimetismo
cotejo
paralelo
vecino (V.)
vecindad (V.)
trasunto
tipo
sabor (V.)
fotografía
imitación
remedo
parangón
lobos de la misma camada
a su imagen y semejanza
como dos gotas de agua
su media naranja
cortados por el mismo patrón

a. *diferente*
opuesto
dispar
disímil
discrepancia
heterogeneidad

pared
s. **muro** (V.)
paredón
medianería
plomada
tabique (V.)
paño (V.)
tapia (V.)
lienzo
tapial
jorfe
dique
duba
panel
entrepaño
traviesa (V.)
acítara
antepecho (V.)
parapeto (V.)
valla
cortafuego
hostigo
tapicería
cercado
contrafuerte
pilastra
gatera
mamparo
colaña
cantón
rinconera
antosta
gavera
pilca
encajonado
espaldón
muralla
murallón
hastial
macizo
s. pared maestra
pared medianera
pared de carga
pared horma
de pared a pared
darse uno con la pared
entre cuatro paredes
las paredes oyen
pared por medio
pegado a la pared
descargar las paredes
hablar a la pared
arrimarse uno a las paredes
como si se hablara con la pared de enfrente

paredaño
s. vecino
contiguo (V.)
limítrofe
inmediato
pegado a
colindante
a. *lejano*
distante

paredón
(V. **pared**)

pareja
s. **par** (V.)
dos
dúo (V.)
dualidad
apareamiento
yunta
complemento
ambo
duplo
emparejadura
desdoblamiento
casal
mancuerna
pareo
cobre
binca
revezo
collera
s. **compañero** (V.)
bailarines
matrimonio
novios
partenaire
yunta (V.)
correr parejas
en parejas
r. Cada oveja con su pareja
a. *unidad*
rival

parejo
s. parejado
igual (V.)
similar
semejante
parecido (V.)
s. **llano** (V.)
liso (V.)
terso
uniforme
plano
parigual
regular
suave
raso
leve
s. por parejo
por un parejo
(V. **par**)
a. *desigual*
distinto
áspero

parejura
(V. **parecido**)
(V. **paridad**)

paremia
(V. **proverbio**)
(V. **sentencia**)

paremiología
s. refranero
sentencia (V.)
refrán
aforismo
proverbio
adagio
anejin
paremia
brocárdico

parénesis
s. **amonestación** (V.)
consejo
reprensión
monición
a. *alabanza*
felicitación

parentación
(V. **funeral**)

parentela
(V. **pariente**)

parentesco
s. **vínculo** (V.)
conexión
relación (V.)
unión
lazo (V.)
enlace
tendencia
intimidad
simpatía
liga
ligazón
analogía
s. **afinidad** (V.)
consanguinidad (V.)
entronque
alianza
herencia
sacramento
familia
cognación (V.)
connotación (V.)
entroncamiento
compadrazgo
cuñadía
primazgo
sobrinazgo
deudo
s. **grado** (V.)
filiación (V.)
apellido
atavismo
s. adopción
tutela
patronímico
a. *diferencia*
separación

paréntesis
s. alto
cese
inciso (V.)
interrego (V.)
pausa (V.)
digresión
interrupción (V.)
descanso
s. **oración** (V.) (incidental)
frase (incidental)
s. **signo** (V.) (ortográfico)
notación
s. abrir el paréntesis
cerrar el paréntesis
hacer un paréntesis
a. *reanudación*
prosecución

parergon
(V. **aditamento**)
(V. **complemento**)

paresia
(V. **parálisis**)

paria
s. intocable
indio (V.)
ilota
esclavo (V.)
apátrida
s. ruin
plebeyo (V.)
canalla
gurrumino
gentuza
golfo
pelagatos
echacantos
roto
gitano
rufián
andrajo
vil
excluido (V.)
repudiado
desheredado
a. *personaje*
noble
distinguido
estimado
considerado

parida
s. parturienta
puérpera
paridora
multípara
primípara
secundípara
cadañera
madre (V.)
(V. **parto**)
a. *estéril*

paridad
s. **igualdad** (V.)
equivalencia
exactitud
parejura
paralelismo
uniformidad
s. cotejo
comparación (V.)
equiparación
a. *disparidad*
desigualdad
diversidad

pariente
s. deudo
allegado
agnado
consanguíneo
cognado
afín
familiar (V.)
ascendiente
descendiente
emparentado
relacionado
heredero
colateral
transversal
vinculado
antecesor
antepasado
yerno (V.)
tía (V.)
cuñado
biznieto
hermano (V.)
compadre
concuñado
madrastra
primo
predecesor
sucesor
vástago
tataradeudo
nieto (V.)
s. cuna
parentela
familia (V.)
hogar
casa
clan
dinastía
tribu
apellido
extracción
linaje
genealogía
raza (V.)
orígen
línea
grado
filiación
s. parecido
semejante (V.)
similar
s. **marido** (V.)
mujer (V.)
parienta
(V. **parentesco**)
a. *ajeno*
extraño
intruso
advenedizo
particular
diferente
desigual

parificar
(V. **demostrar**)
(V. **ejemplificar**)

parigual
(V. **parecido**)
(V. **igual**)

parihuela, s
s. **camilla** (V.)
bayarte
cibiaca
árguenas
argueñas
angarillas (V.)
andas
hamaca
litera

paripé
(V. **presunción**)
(V. **simulación**)

parir
s. expulsar
desembarazar-se
dar a luz
alumbrar (V.)
desocupar
nacer (V.)
librar (V.)
despachar
mover
malparir
abortar
expeler el feto
romper aguas
estar de parto
salir de su cuidado
artuñar
acostar
estar con dolores
tener la barriga en la boca
amover
salir de cuentas
echar
engendrar
concebir
procrear
aovar
s. **explicar** (V.)
razonar
explanar
desarrollar
ampliar
expresar
s. idear
crear (V.)
producir (V.)
hacer
formar
inventar
descubrir
s. **publicar** (V.)
salir a la luz
s. **obstetricia** (V.)
(V. **parto**)
a. *morir*
fenecer
acabar
callar
silenciar

paritario
(V. **igualitario**)

parla
s. **conversación** (V.)
charla
garla
secreteo
parloteo
parleta
verbosidad
verborrea
faramalla
a. *silencio*
mutismo

parlador
s. **hablador** (V.)
conversador
facundo
parlón
garlador
charlista
conferenciante
orador
(V. **parla**)
a. *callado*
silencioso

parladuría
(V. **habladuría**)

parlamentar
s. **conversar** (V.)
ajustar
tratar
negociar (V.)
dialogar
conferenciar
discutir
entrevistarse
concertar
capitular
hablar (V.)
parlamentar
deliberar
concordar
ponerse de acuerdo
poner a discusión
(V. **parlamento**)
a. *callar*
silenciar
desconvenir
discrepar

parlamentario
s. **emisario** (V.)
enviado
mensajero
embajador
legado
nuncio
delegado
plenipotenciario
pasavante
negociador (V.)

s. senador
diputado (V.)
procurador
congresista
legislador
representante

s. senatorial
consistorial
comicial
bicameral
colegislador
legislativo (V.)
constituyente

(V. **parlamento**)

parlamento
s. **asamblea** (V.)
conclave
Concilio
Cortes
Congreso
Cámara
Dieta
Comicio
Senado
ágora
Convención
Diputación
Ayuntamiento
Generalidad
Duma
Comisión
Mesa
estamento
Cuerpos Colegisladores
Folkething
Reichstag
Junta de Procuradores
Congreso de Diputados
Cámara de los lores
Cámara de los comunes
Asamblea Legislativa

s. razonamiento
oración
discurso (V.)
arenga
proclama
alocución
peroración
perorata
recitado (V.)

a. *silencio*

parlanchín
s. palabrero
charlatán (V.)
palabrista
gárrulo (V.)
chacharero
parolero
faramallero
parlaembalde
boceras
cotorra
bocazas
charlista
garlador
parlero
lenguado
hablador (V.)
picotero
trápala
tarabilla
verboso
lenguaraz
boquiabierto
picudo
grajo
jarro
filatero
fodolí
deslenguado
respondón
descosido
parlón
orador
predicador
conversador
bocón (V.)
boquiblando
boquirrubio
descarado
imprudente
indiscreto (V.)
inoportuno
entremetido

(V. **parla**)

a. *callado*
taciturno
lacónico
prudente
discreto
silencioso

parlante
s. **oral** (V.)
hablado

s. **elocuente** (V.)
expresivo
locuaz
facundo
parlón

s. conferenciante
orador (V.)
pico de oro
discurseador
charlista
conversador

s. armas parlantes (blasón)
cabezas parlantes

(V. **parla**)

a. *premioso*
lacónico
silencioso
callado

parlar
s. **hablar** (V.)
charlar
parlotear
rajar
picotear
paular
pablar
garlar
chismorrear
chacharear
charlotear
charlatanear
desembanastar
desembuchar
badajear
cascar
cotorrear
chistar
rechistar
contestar
responder
vocear
susurrar
murmurar
predicar
perorar
platicar
fabular
soliloquear
darle a la sin hueso
dar palique
hablar por los codos
meter baza
gastar palabras
ser locuaz
no cerrar el pico
estar de chismorreo

s. **revelar** (V.)
ser indiscreto
ser inoportuno
fastidiar

(V. **parla**)

a. *callar*
enmudecer
silenciar

parlatorio
s. conversación
charla
parladuría (V.)

s. **locutorio** (V.)
cabina
libratorio

parlería
s. chisme
cotilleo (V.)
cuento
murmuración (V.)
hablilla
habladuría
charla

a. *discreción*
silencio

parlero
(V. **parlanchín**)

parleta
(V. **charla**)

parlón
(V. **parlanchín**)

parlotear
(V. **parlar**)

parloteo
(V. **charla**)

parma
(V. **escudo**)

parné
s. peculio
guita
mosca
pecunio
metálico
moneda
dinero (V.)

paro
s. **suspensión** (V.)
interrupción
pausa (V.)
detención (V.)
paralización
tregua
intervalo
freno
entorpecimiento
atasco
intermedio
complicación
término
acabamiento
descanso
cesación
inacción
ocio
supresión
fin

s. **huelga** (V.)
desempleo (V.)
cesantía
inactividad (V.)
revuelta
desorden
desocupación (V.)
paro forzoso

s. alionín
herrerillo
carbonerica
monje
fringilago
pájaro (V.)

a. *continuación*
prosecución
movimiento
actividad
acción
trabajo

parodia
s. **imitación** (V.)
remedo
fingimiento
simulacro
disfraz
copia
repetición
contrahechura
burla (V.)
caricatura
pantomima (V.)
bufonada
arlequinada
sal cómica
mala interpretación
ingenio cómico
imitación burlesca
farsa

a. *originalidad*
autenticidad
realidad

parodiar
(V. **imitar**)

(V. **caricaturizar**)

parodista
s. imitador
mimo
caricato
actor
cómico
bufón
farsante
simulador
fingidor

(V. **parodia**)

a. *original*

parola
s. **labia** (V.)
parlería
verbosidad
verborrea
charla (V.)
facundia
locuacidad (V.)
parleta
charlatanería
bachillería
explicaderas
despachaderas
garrullería
broza
faramalla
verbo
prosa
desparpajo (V.)
desenvoltura
filatería
picotería
parolina
fraseología
decideras

a. *discreción*
silencio
cortedad
timidez

parolero
(V. **charlatán**)

paronimia
(V. **semejanza**)

parónimo
(V. **semejante**)

paroniquia
(V. **panadizo**)

paronomasia
s. paranomasia
aliteración
agnominación
paronimia
semejanza (V.)
parecido

a. *desemejanza*
diferencia

parotiditis
(V. **paperas**)

paroxismo
s. **accidente** (V.)
acceso
violencia (V.)
ataque (V.)
síncope
extenuación
alteración
exacerbación
enconamiento
inflamación
ira
excitación
exaltación (V.)
arrebato
cólera
furia
encendimiento
fiebre
irritación
enardecimiento
fogosidad
efervescencia
acaloramiento
exasperación
frenesí (V.)

a. *suavidad*
placidez
sosiego

parpadear
s. **pestañear** (V.)
guiñar (V.)
bizquear
gesticular
bizconear
torcer la vista
volver los ojos
ocluir
encandilar
poner los ojos en blanco
mover los ojos
mover los párpados

(V. **parpadeo**)

a. *inmovilizar*

parpadeo
s. pestañeo
guiño (V.)
gesticulación
guiñada
nictación
bizqueo
cuqueo
encandilamiento
guiñadura
caída de ojos
nictitación

a. *inmovilidad*

párpado
s. membrana
piel
repliegue
pálpebra

s. pestaña
conjuntiva
lagrimal
comisura
bolsa
calaza
uva
orzuelo
conjuntivitis
lagoftalmía
ectropión

s. **parpadear** (V.)

(V. **ojo**)

parpalla
s. **moneda** (V.)
parpallota
perpejana
pataca

parpallota
(V. **parpalla**)

parque
s. coto
cercado
vedado
dehesa
quinta

s. **jardín** (V.)
zoológico (V.)
bosque

s. **almacén** (V.)
depósito
pósito
factoría
dock

s. parque de artillería
parque de atracciones
parque móvil
parque nacional
parque zoológico

parqué
(V. **entarimado**)

parquedad
s. **parsimonia** (V.)
templanza
circunspección
parcidad
austeridad (V.)
prudencia
sobriedad (V.)
frugalidad
parcedad
mesura
abstinencia
sencillez
modestia
seriedad
severidad
reserva
moderación (V.)

s. economía
tacañería (V.)
mezquindad
baratura (V.)
avaricia
avidez
ahorro
escasez

a. *exceso*
exageración
abuso
derroche
dilapidación
generosidad
prodigalidad

parquet
(V. **parqué)**

parra
s. lebrón
parriza
parrón
cepa
cepón
vid (V.)
labrusca
parral
emparrado (V.)
bejuco (V.)

s. parra de Corinto
subirse uno a la parra
hoja de parra

parrafada
s. parrafeo
discurso (V.)
jácara
charla (V.)
conferencia
conversación
explicación
manifestación
confidencia
secreteo

s. echar una parrafada

(V. **párrafo)**

a. *silencio*
discreción

parrafear
(V. **charlar)**

(V. **secretear)**

parrafeo
(V. **parrafada)**

párrafo
s. parágrafo
aparte
frase (V.)
oración
artículo
período (V.)
enunciado
división
palabras
discurso

s. **signo** (V.)
calderón

s. párrafo aparte
echar un párrafo
echar párrafos

parral
s. emparrado
enrejado
armazón
bacelar
bacillar

s. **viña** (V.)

(V. **parra)**

parranda
s. parrandeo
fiesta
jarana
holgorio
jolgorio
juerga (V.)
jaleo (V.)
farra
bullicio
jollín
diversión (V.)
romería
bulla
francachela
trulla
rumbo
tambarria

s. **rondalla** (V.)
comparsa

a. *aburrimiento*
languidez
fastidio

parrandear
s. **divertirse** (V.)
juerguearse
regodearse
explayarse
farrear
correrla
holgarse
escandalizar
jaranear
bromear
andar de parranda
ir de juerga
alborotar el cotarro
alborotar el cortijo
armar jarana

(V. **parranda)**

a. *aburrirse*
languidecer
disgustar-se
hartar-se

parrandeo
(V. **parranda)**

parrandero
s. parrandista
juerguista (V.)
jaranero
zaragatero
fandanguero
mitotero
bullanguero
escandaloso
verbenero
vividor
derramasolaces
embullador
alborotador
alegre
divertido (V.)
carabero
libertino
mujeriego
calavera

(V. **parranda)**

a. *triste*
aburrido
melancólico

parrandista
(V. **parrandero)**

parresia
(V. **lisonja)**

parricida
(V. **homicida)**

parricidio
(V. **homicidio)**

parrilla
s. **asador** (V.)
barbacoa
rejilla
emparrillado
enrejado
armazón
broqueta

s. **jarra** (V.)

parro
(V. **voz)**

(V. **pato)**

párroco
s. sacerdote
cura
abad
plébano
rector
vicario
coadjutor
doctrinero
padre
prior
ecónomo
sotacura
eclesiástico (V.)

(V. **parroquia)**

a. *seglar*

parrocha
(V. **sardina)**

parroquia
s. feligresía
iglesia (V.)
templo
aneja
anejo
abadía
anteiglesia
rectoral
pila
sagrario
curato
colación
territorio
manso
sanctórum
rectoral
rectoría
clero
congregación

s. **clientela** (V.)
parroquiano
consumidores
compradores
público
asiduos

s. cumplir con la parroquia

parroquiano
s. **feligrés** (V.)
devoto
congregante
fiel
concurrente

s. **cliente** (V.)
parroquia
asiduo
abonado
comprador
consumidor
adquirente
público
marchante (V.)

(V. **parroquia)**

parsimonia
s. **moderación** (V.)
frugalidad
parcidad
parquedad (V.)
economía
ahorro
prudencia (V.)
escasez
mesura
sobriedad
templanza
avaricia (V.)
mezquindad
morigeración
circunspección
discreción
prudencia

s. **calma** (V.)
tranquilidad
cachaza
premiosidad (V.)
tardanza (V.)
pachorra
meticulosidad
lentitud (V.)
cuajo
flema
apatía
pelmacería (V.)

a. *exceso*
exageración
dilapidación
derroche
rapidez
actividad
inmoderación
imprudencia

parsimonioso
s. **moderado** (V.)
frugal
parco
económico
ahorrativo
prudente (V.)
mesurado
sobrio (V.)
mezquino
avariento
avaricioso
morigerado
circunspecto
discreto
escaso
cicatero

s. **calmoso** (V.)
tranquilo
cachazudo
pachorriento
meticuloso
lento (V.)
flemático
apático
pelma
minucioso
cuidadoso

(V. **parsimonia)**

a. *exagerado*
excesivo
imprudente
inmoderado
derrochador
dilapidador
generoso
activo
dinámico
rápido

parsismo
(V. **mazdeísmo)**

parte
s. **algo** (V.)
algunos

s. **tracto** (V.)
porción (V.)
pieza (V.)
fracción (V.)
pedazo (V.)
triza (V.)
cacho
retazo
repartimiento (V.)
retal
sobra
rescaño
residuo
viruta
segmento (V.)
estrofa (V.)
sección
tramo (V.)
sector (V.)
jirón
astilla (V.)
partícula
parcela
lote (V.)
escote (V.)
pie
ramo
cabo
punta
detalle (V.)
accesorio
división
pormenor
molécula
elemento (V.)
ápice
fase
tranco
cuota
tercio (V.)
brizna
pizca
sección
sector
derrama
partija
partición
chispa
pieza (V.)
ala
miembro
extremidades

s. roncha
rebanada (V.)
tajada (V.)
rodaja
raja
gajo
ración (V.)
miga
migaja
cantero
mordisco
gota
ingrediente
grano
pavesa
átomo

s. **participación** (V.)
sociedad
asociación

s. **título** (V.)
concepto
apartado
sección
división (V.)
capítulo
versículo (V.)
artículo
libro
párrafo
epígrafe
renglón
palabra
letra

s. **litigante** (V.)
querellante
contendiente
pleiteador
denunciante

s. **participante** (V.)

s. paraje
sitio
lugar (V.)
punto
lado
zona (V.)
puesto

s. **partícipe** (V.)
fautor
actor

s. partido
partida
facción (V.)
bando
bandería

s. **comunicación** (V.)
cédula
aviso
carta
telegrama
telefonema
orden
noticia
despacho
radiograma
comunicado

s. **origen** (V.)
procedencia

s. **órgano** (V.) (de la generación)

s. parte alícuota
parte actora
parte de la oración
parte del mundo
parte de fortuna
parte de rosario
parte inferior
parte superior
parte integrante
parte integral

(cont.)

s. partes pudendas
sus partes
partes vergonzosas
a partes iguales
en parte
dar el parte
ir por partes
nombrar partes (for.)
llamarse a la parte
no parar en ninguna parte
poner uno de su parte
tener parte en...
tomar parte en algo
llevarse la mejor parte
la parte del león
por todas partes se va a Roma

r. El que parte y reparte, se queda con la mejor parte ■ En todas partes cuecen habas ■ A, cada uno su parte ■ Nunca segundas partes fueron buenas

a. *todo*
completo
cabal
conjunto
totalidad

parteluz
(V. **columna)**

partenaire
(V. **pareja)**

partencia
(V. **partida)**
(V. **marcha)**

partenogénesis
(V. **reproducción)**
(V. **división)**

partera
(V. **comadrona)**

parterre
(V. **jardín)**

partesana
(V. **alabarda)**

partible
s. **divisible** (V.)
fraccionable
separable
distribuible
quebradizo (V.)

(V. **partición)**

a. *duro*
indivisible
inseparable

partición
s. repartición
repartimiento
reparto (V.)
división (V.)
partimento
fraccionamiento (V).
distribución
partija
partimiento
herencia (V.)
destrozo
exfoliación
sección
troceo
parcelación
troceamiento
desmembración
despedazamiento
dicotomía

a. *unificación*
unión
conservación

participación
s. cooperación
coparticipación
colaboración (V.)
intervención
implicación
compartimiento
aportación
condolencia
contribución
parte (V.)
cotización
suscripción
ayuda
auxilio
solidaridad
complicidad
concurso
asistencia
consorcio
condominio
copropiedad
reciprocidad (V.)
concurrencia
sociedad
asociación (V.)
comunión
repartición

s. noticia
comunicación (V.)
aviso
parte
notificación
nota
invitación
despacho
tarjeta

s. parte
billete (V.)
décimo
interés
acción
boleto

a. *oposición*
desvinculación
separación
alejamiento
salida
abstención
inhibición
ausencia
insolidaridad
silencio
incomunicación

participante
s. **parte** (V.)
componente
elemento
factor
pieza
integrante

s. **colaborador** (V.)
coadyuvante
copartícipe
partícipe (V.)
implicado (V.)
cooperador
asociado
ayudante
militante
compañero
cómplice (V.)
socio (V.)
solidario
aparcionero
coautor
coagente
parcionero
asistente
copropietario
auxiliar
contribuyente

s. concurrente
manifestante (V.)
rival
competidor (V.)
inscrito
jugador

(V. **participación)**

a. *abstencionista*

participar
s. **intervenir** (V.)
colaborar (V.)
compartir (V.)
terciar
mediar
mojar
asociarse
cooperar
comulgar
repartirse
suscribirse
promiscuar
interesar
entremeterse
tomar parte
entrar en
meter la nariz
sacar tajada
meter baza
ir a la parte
ir a pérdidas y ganancias
ir a partes iguales

s. **notificar** (V.)
comunicar (V.)
oficiar
advertir (V.)
significar
avisar (V.)
informar

s. **invitar** (V.)
anunciar
interesar
noticiar
enterar
dar parte
dar aviso
poner en conocimiento
poner en antecedentes
hacer saber

(V. **participación)**

a. *desentenderse*
despreocuparse
abstenerse
inhibirse
callar-se
silenciar-se

partícipe
s. **participante** (V.)
particionero
parte (V.)
interesado (V.)
copartícipe
colaborador
copropietario
mediero
fautor
parte
condueño
condominio
aparcero
comunero

s. **cómplice** (V.)
copartícipe
codelincuente

s. comadre
compadre
consorte

(V. **participación)**

partícula
s. **parte** (V.)
parcela (V.)
molécula (V.)
brizna
pizca
miga
migaja
chispa (V.)
gota
grano
parte
porción
átomo (V.)
corpúsculo
ápice
añico
polvo
serrín
viruta
hollín
arena
arenilla
astilla
limaduras
raspaduras
rayaduras

s. partícula atómica
protón
electrón
mesón (V.)
molécula (V.)
neutrino
neutrón
positrón

s. partícula alfa
partícula beta

a. *totalidad*
conjunto
cantidad
indivisibilidad

particular
s. **especial** (V.)
peculiar (V.)
distintivo
privativo
característico
personal
privado (V.)
individual (V.)
representativo
técnico
inconfundible
circunstancial
específico
extraño
extraoficial (V.)
extravagante
local (V.)
circunscrito
anormal (V.)
prodigioso
portentoso
propio (V.)
respectivo
original (V.)
casuístico
aislado
separado
innato
esencial
típico
especioso
parcial
concreto
diferenciado
exclusivo
diferente
diferenciado
congénito
solo
singular
único
individual
raro (V.)
extraordinario

s. **asunto** (V.)
materia
punto
tema
motivo

(V. **particularidad)**

s. de particular
en particular
nada de particular

a. *general*
común
usual
corriente
genérico
público
universal
indistinto
indiferenciado
habitual
vulgar
vago
inconcreto
abstracto

particularidad
s. **especialidad** (V.)
singularidad (V.)
individualidad
atributo
detalle
distintivo (V.)
carácter
característica (V.)
esencia (V.)
cachet
seña
tinte
peculiaridad (V.)
casuismo
originalidad (V.)
rareza
escolasticismo
sello
extrañeza
extravagancia
distinción (V.)
diferencia
modalidad (V.)
diferenciación
tecnicismo
aspecto
personalidad
estado
especialización (V.)
determinación
originalidad
rasgo
circunstancia (V.)
anormalidad (V.)
irregularidad (V.)

a. *generalidad*
vulgaridad

particularismo
(V. **individualismo)**
(V. **egocentrismo)**
(V. **independencia)**

particularizar-se
s. **singularizar** (V.)
especializar
especificar
personificar (V.)
distinguir
determinar
detallar (V.)
pormenorizar
asignar
definir
designar
concretar (V.)
aislar
individualizar (V.)
exceptuar (V.)
adaptar
caracterizar (V.)
apropiar

s. **especializarse** (V.)
distinguirse (V.)
sobresalir
destacarse
descollar
resaltar

(V. **particularidad)**

a. *generalizar*
popularizar
indeterminar

partida
s. **marcha** (V.)
ausencia (V.)
salida (V.)
ida
leva (V.)
viaje
despedida
éxodo
retirada
evacuación
traslación
destierro
encaminamiento
partencia

s. **asiento** (V.)
registro
concepto
epígrafe
capítulo
renglón
anotación (V.)
apunte

s. **banda** (V.)
cuadrilla (V.)
timba (V.)
guerrilla (V.)
pandilla
panda
patrulla (V.)
facción (V.)
maquis
bandería
marca
mesnada (V.)
bando
montonera
parcialidad

s. porción
cantidad (V.)
parte

s. **remesa** (V.)
expedición
envío
género
mercancía

s. certificado
renglón (V.)
documento
certificación (V.)
copia
fe

s. parte
lugar (V.)
sitio
puesto

(cont.)

s. **mano** (V.)
juego (V.)
partido
match
tirada
lance
jugada
pasada (V.)

s. **muerte** (V.)
defunción
óbito
fallecimiento

s. partida serrana
partida doble
partida de campo
partida de caza
mala partida
hacer una mala partida
comerse uno la partida
ganar la partida
punto de partida
las Siete Partidas

a. *llegada*
arribo
arribada
entrada
venida
advenimiento
recepción
nacimiento

partidario

s. **adicto** (V.)
secuaz (V.)
simpatizante (V.)
prosélito (V.)
seguidor
acólito (V.)
forofo
hincha (V.)
afecto
aficionado
fan
fanático
inclinado
amigo (V.)
allegado (V.)
incondicional (V.)
admirador (V.)
consagrado
guerrillero
hueste (V.)
correligionario
satélite
epígono
servidor
devoto
compañero
colega
entusiasta
ferviente
discípulo (V.)
afiliado
apegado
banderizo
mesnadero (V.)
fiel (V.)
leal
faccionario
doctrinario (V.)
parcial (V.)
satélite
sectario (V.)
solidario
soldado
suizo
siervo
gregario
esbirro
prosélito
inclinado
acérrimo
apasionado
emboscado (V.)
neófito

(V. **partido**)

(V. **partidismo**)

a. *enemigo*
adversario
opuesto
tránsfuga
desleal
disidente
discrepante
cismático
imparcial
objetivo
desapasionado
desertor
disidente

partidismo

s. beligerancia
sectarismo (V.)
apasionamiento
fanatismo
proselitismo
entusiasmo
parcialidad (V.)
bandería
camarilla
secta
taifa
campo
comunión
credo
hueste
facción (V.)
quinta columna

s. tirios y troyanos
güelfos y gibelinos
giles y negretes
capuletos y montescos
bejaranos y portugaleses
blancos y rojos

a. *imparcialidad*
objetividad
neutralidad
oposición

partido

s. **roto** (V.)
cuarteado
tronco (V.)
dividido (V.)
diviso
truncado (V.)
despedazado
destrozado
geminado
fragmentado
troceado
descuartizado
desmembrado
rajado
hendido
frangido
cortado
en mil pedazos
añicos
trizas
polvo

s. desprendido
liberal
franco
generoso (V.)
dadivoso

s. **parcialidad** (V.)
bandería
bando
camarilla
capilla
taifa
corro
grupo
hueste
facción (V.)
clan
secta
cotarro
congregación
comunión
agrupación
reunión

s. lucha
juego (V.)
competición

s. **encuentro** (V.)

s. provecho
ventaja (V.)
utilidad
beneficio
interés
conveniencia
aplicación
prestigio
simpatía

s. **influencia** (V.)
amparo
protección
auxilio
ayuda (V.)
favor

s. **trato** (V.)
concierto
convenio
apuesta (V.)
ajuste
pacto
contrato
acuerdo

s. medio
forma
procedimiento
conducta (V.)
sistema
método
mediación

s. distrito
jurisdicción
territorio (V.)
administración

s. **decisión** (V.)
determinación
resolución
opinión
disposición
fallo
decreto
sentencia

s. partido judicial
partido ganado
partido robado
cabeza de partido
darse al partido
tomar partido
mujer de partido
escudo partido por banda (blas.)
ser un buen partido

a. *nuevo*
entero
cicatero
imparcialidad
inutilidad
pérdida
desventaja
desamparo
desacuerdo
indecisión

partidura

(V. **crencha**)

partimiento

(V. **partición**)

(V. **marcha**)

partiquino

s. **cantante** (V.)
comparsa
extra
figurante
maldito
racionista
comprimario

a. *divo*
principal
protagonista

partir-se

s. dimidiar
dividir (V.)
segmentar
bifurcar
separar
cortar (V.)
trocear
fragmentar
mediar
demediar
compartir
repartir
frangir
parcelar
hijuelar
subdividir
prorratear
racionar
cuartear (V.)
romper (V.)
rajar (V.)
hender
cachar (V.)
seccionar
trocear
cascar
retazar
tarazar
tazar
tronzar (V.)
tronchar (V.)
abrir
roturar
talar
tajar
disgregar
machacar
descuartizar
deshacer
desmigajar
desmigar
hacer polvo
hacer añicos
hacer tiestos
escindir
desmenuzar
escacharrar
quebrantar
moler
picar
triturar
rallar
desmoronar
exfoliar
descomponer

s. **salir** (V.)
marcharse (V.)
guillarse
pirarse
alejarse
arrancar (V.)
emigrar (V.)
despedirse
zarpar (V.)
alarse
najarse
mudarse
ausentarse
expatriarse
retirarse
irse
tomar las de Villadiego
salir por pies

s. coger la maleta
estar con el pie en el estribo
embarcar
tomar el portante
coger el hatillo
liar el hato
levar anclas
liar los bártulos
tomar el petate
coger el avión
irse de naja
alzar el vuelo

s. **desbaratar** (V.)
desconcertar
anonadar

s. **repartir** (V.)
distribuir (V.)

s. partir por el eje
partir abierto
partir cerrado
partir la cara
estar a partir un piñón
partir de cero
partir por medio
a partir de

a. *unir*
componer
volver
sumar
llegar
acantonar-se
quedarse con

partisano

(V. **guerrillero**)

partitura

(V. **texto**)

(V. **música**)

parto

s. alumbramiento
nacimiento (V.)
parición
presentación

s. **embarazo** (V.)
secundípara

s. puerperio
distocia
sobreparto
eflujo
efluxión
mueso
entuertos
loquios
tuertos
cesárea
eclampsia puerperal
fiebre puerperal

s. fórceps
pelvímetro
potro

s. **obstetricia** (V.)
tocología (V.)
ginecología (V.)

s. **feto** (V.)
parto doble
mal parto
parto revesado
parto derecho

s. **creación** (V.)
obra
fruto
producto

s. el parto de los montes

a. *muerte*
aborto

parturienta

s. parida
madre (V.)
multípara
primípara
primeriza
secundípara
malparida
cadañera
puérpara
embarazada

(V. **parto**)

párulis

(V. **flemón**)

(V. **encía**)

parva

s. **mies** (V.)
trilla (V.)
abaleo
trigla
trilladura
despajadura
apaleo
despajo
avienta
abaleo
aparvamiento
avientamiento

s. montón
abundancia (V.)
mucho

s. afrailar la parva
salirse de la parva

r. Estierca y escarda, y cogerás buena parva

a. *escasez*
penuria
falta
carencia

parvedad

s. **pequeñez** (V.)
poquedad
cortedad
tenuidad
levedad
escasez (V.)
parvidad
exigüidad
nimiedad

s. **sobriedad** (V.)
ayuno

a. *abundancia*
glotonería

parvenu

(V. **advenedizo**)

parvidad

(V. **parvedad**)

parvificar

(V. **achicar**)

(V. **escatimar**)

(V. **escasear**)

parvificencia

(V. **escasez**)

(V. **tacañería**)

parvífico
s. **miserable** (V.)
mezquino
leve
escaso (V.)
tenue
corto
ahorrativo
cutre
roñoso

(V. **parvificencia**)

a. *generoso*
abundante
espléndido

parvo
s. mínimo
pequeño (V.)
corto
leve
escaso (V.)
tenue
exiguo
insignificante

s. **resumido** (V.)
sucinto
abreviado
reducido

s. oficio parvo
materia parva

(V. **parvedad**)

a. *aumentado*
grande
abundante

parvulario
(V. **escuela**)

parvulez
(V. **pequeñez**)

(V. **candidez**)

párvulo
s. **niño** (V.)

s. joven
imberbe
barbilindo
barbilampiño
pequeño (V.)

s. **ingenuo** (V.)
candoroso
cándido (V.)
crédulo
simple
simplón
inocente

s. **humilde** (V.)
cuitado
sencillo

s. **escolar** (V.)
colegial
estudiante

(V. **parvulez**)

a. *mayor*
maduro
orgulloso
pícaro
corrido
experimentado

pasa
(V. **uva**)

pasable
(V. **aceptable**)

(V. **mediano**)

pasabola
(V. **billar**)

pasacalle
s. **marcha** (V.)
pasodoble
tamborrada (Vizc.)
baile
tonada
pieza
aire

pasacólica
(V. **cólico**)

pasada
s. **fechoría** (V.)
abuso
diablura
travesura
mala pasada

s. **capa** (V.)
mano (V.)
repaso
aplicación

s. **paso** (V.)
cruce
tránsito

s. **desfile** (V.)
recorrido
ida
marcha
venida

s. **partida** (V.)
lance
juego

s. **cosido** (V.)
refuerzo
puntada

s. jugar una mala pasada
dar una pasada

a. *seriedad*
formalidad

pasadera
(V. **pasarela**)

pasadero
s. llevadero
tolerable (V.)
regular
pasable
aceptable
admisible
mediano
soportable
medianejo
mediocre
razonable (V.)
sufrible
trivial
moderado

s. pasadera
vadeable (V.)
transitable
practicable

s. **transitorio** (V.)
perecedero
pasajero (V.)

(V. **paso**)

a. *intolerable*
insoportable
insufrible
eterno
intransitable

pasadizo
s. **pasaje** (V.)
pasillo (V.)
galería
travesía
callejón
portillo
coladero
tránsito (V.)
ándito
recoveco
cañón
puerto
garganta
desfiladero
angostura
estrecho
paso (V.)
cañada
contadero

pasado
s. **antigüedad** (V.)
anterioridad
ayer
ancianidad
retrospección
retroactividad
la vida pasada
tradición (V.)
el ayer
lo antiguo
la prehistoria

s. **pretérito** (V.)
lejano
remoto
anterior
inactual
antiguo (V.)
caduco
retrospectivo
antepasado
manido (V.)
retroactivo
próximo
vencido
antaño
trasnochado

s. **ascendiente** (V.)
antepasado (V.)

s. fiambre
pocho
ajado
maduro (V.)
pachucho (V.)
podrido (V.)
rancio
marchito (V.)

s. **desertor** (V.)
tránsfuga
la vida pasada
militar pasado
fruta pasada

r. El mal ya pasado, dulce es contado ■ Cuando ya es pasado, es el bien apreciado ■ Lo pasado, al olvido sea dado

a. *presente*
futuro
mañana
verde

pasador
s. matutero
contrabandista (V.)
metedor
estraperlista
alijador

s. aldaba
cerrojo (V.)
pestillo
perno (V.)

s. aguja
alfiler (V.)
agujón
espadilla (V.)
rascamoño
chaveta
fiador
broche (V.)
imperdible
sujetador
recogeabuelos

s. **colador** (V.)
coladero
filtro
manga
cedazo

s. botón
gemelos (V.)
botoncillo

pasagonzalo
(V. **pescozón**)

pasaje
s. **pasadizo** (V.)
camino
comunicación
portillo (V.)
pasadero
estrechura
travesío
vado
coladero
túnel
abertura
puente (V.)
salida
entrada
transbordo
enfoscadero
vadera
esguazo

s. billete
impuesto (V.)
peaje (V.)
arbitrio
gravamen
precio (V.)

s. paraje
lugar (V.)
sitio
punto
paso

s. fragmento
parte
trozo (V.)

s. **episodio** (V.)
texto
fragmento
antífona
oración
discurso

s. viajeros
pasajero (V.) (barco)
turistas

s. **callejón** (V.)
ronda
callejuela
portel
portillo
recoveco
cantón

s. cambio de tono (mús.)
cambio de voz (mús.)

pasajero
s. **concurrido** (V.)
transitado
frecuentado
céntrico
animado

s. raudo
veloz
momentáneo (V.)
fugaz
transitorio (V.)
efímero
corto
circunstancial
accidental
provisional
pasadero (V.)
temporal
breve (V.)
perecedero (V.)
frágil
deleznable (V.)
inconstante
vano
caduco
precario
voladero

s. **viajero** (V.)
turista
caminante
viandante
excursionista
explorador
peregrino
polizón
transeúnte
pasante
pasaje (V.)

s. peatón
transeúnte

(V. **paso**)

a. *solitario*
estacionado
eterno
duradero

pasamanar
s. **adornar** (V.)
galonear
trencillar
encordonar
guarnecer con galones

(V. **pasamanería**)

pasamanería
s. pasamano
tejido (V.)
cordonería
vestido (V.)
galoneadura

s. galón
trencilla
cordón (V.)
fleco
cinta
vivo
sutás
trencillo
franja
esterilla
cartusana
agremán
borla
borlón
cordoncillo
madroño
bordado (V.)
hilo
cinta (V.)
flocadura
entredós
cañutillo
rapacejo
canelón
engandujo
bellota
ojo de perdiz
trencellín

s. **encaje** (V.)
escarchado
sardineta
bricho
cairel
cadejo
alamar
felpilla
ramo
cadejo
pompón
gusanillo
ribete
serreta
tachón
alfardilla
bastoncillo
campanilla
entorchado
flecha

pasamanero
s. galoneador
cordonero
trencillista
mercero
tapicero (V.)

(V. **pasamanería**)

pasamano
s. **pasamanería** (V.)
encordonado
floqueado
galonado
fresado
trenzado

s. baranda
barandal
barandilla (V.)
andarível
asidero
balaustrada

pasante
s. oficinista
escribiente
auxiliar
ayudante (V.)
amanuense
asistente
secretario
meritorio
tagarote (V.)

s. **pasajero** (V.)

(V. **pasantía**)

a. *principal*
jefe

pasantía
s. aprendizaje
noviciado
ayudantía (V.)
auxiliaría

pasaportar
s. **licenciar** (V.)
expedir
tramitar pasaportes
visar
dar pasaporte

s. expulsar
despedir
despachar (V.)
destituir

(V. **pasaporte**)

a. *admitir*
reingresar
acceder

pasaporte
s. pasavante
salvoconducto
pase (V.)
visado
autorización
permiso (V.)
seguridad
licencia
permisión

s. carné
carnet
cédula
aval
credencial
certificación
documentación (V.)

pasar-se
s. **andar** (V.)
transitar
circular
recorrer
desfilar (V.)
caminar
traspasar (V.)
atravesar (V.)
trasvolar
viajar
franquear
cruzar
entrar (V.)
vadear
travesar
salvar
saltar
esguazar
trashumar (V.)
trasladar
transmontar
vadear (V.)
colar
doblar
ir y venir
surcar
romper
trasroscar
hender

s. vencer
remontar
exceder
aventajar (V.)
superar (V.)
sobrepasar
sobrepujar
adelantar
pasar de la raya

s. penetrar
introducir (V.)
contrabandear (V.)
alijar
estraperlear
meter

s. **transferir** (V.)
mandar
enviar
remesar
remitir
trasladar
cambiar
mudar
transportar (V.)
llevar
transmigrar (V.)

s. sufrir
tolerar (V.)
soportar (V.)
aguantar
transir (V.)
padecer
sobrellevar

s. **acariciar** (V.)
tocar
manosear
pasar la mano

s. **colar** (V.)
cerner
filtrar (V.)
cribar (V.)

s. **tragar** (V.)
deglutir
engullir
beber
comer

s. **creer** (V.)
aprobar (V.)
aceptar
admitir (V.)
tolerar

s. **callar** (V.)
silenciar
omitir (V.)
ocultar
esconder
negligir
disimular
perdonar
dispensar
olvidar
hacer la vista gorda

s. **leer** (V.)
repasar (V.)
aprender
estudiar

s. ayudar
auxiliar
acompañar
hacer la visita
pasar la visita

s. **contagiarse** (V.)
pegarse
comunicarse
extenderse
propagarse (V.)

s. **mudar** (V.)
trocar
evolucionar
cambiar

s. **vivir** (V.)
subsistir
ir pasando
vegetar (V.)
durar
resistir
mantenerse
tirar

s. **ocurrir** (V.)
suceder
acontecer
transcurrir (V.)
devenir

s. **morir** (V.)

s. cesar
acabarse
finalizar (V.)

s. enranciarse
pudrirse (V.)
estropearse
marchitarse (V.)
reblandecerse

s. **desertar** (V.)
abandonar
huir (V.)
evadirse
cambiar la casaca

s. **consumirse** (V.) (la lumbre)
agotarse
apagarse

s. **excederse** (V.)
extralimitarse
descomedirse
desmedirse
destemplarse

s. pasar por la imaginación
pasarse de listo
pasar por alto
pasarse al bando contrario
pasarse de la raya
pasar de largo
pasarlo bien
tener un buen pasar

r. Quien no pasa por la calle de la Pasa, no se casa

s. pasar uno por encima
pasar el tiempo
pasar a mejor vida
pasar de contrabando

(V. **paso**)

a. *estacionarse*
estancarse
permanecer
devolver
detenerse
perder
atrasarse
salir
sacar
recibir
entrar
rebelarse
reaccionar
respetar
atragantarse
rechazar
desaprobar
protestar
oponerse
recordar
fijarse
permanecer
faltar
nacer
resistir
comenzar
quedarse
durar
persistir
comedirse
moderarse

pasarela
s. **puente** (V.)
puentecillo
escala
tabla
plancha
pasadera

pasatiempo
s. **distracción** (V.)
entretenimiento (V.)
diversión
ocio (V.)
trástulo
devaneo (V.)
esparcimiento
solaz
recreo
placer
afición
inclinación
conversación
tertulia
reunión
espectáculo (V.)
juego (V.)
deporte

s. **acertijo** (V.)
retruécano
ovillejo
crucigrama
logogrifo
palabras cruzadas
puzzle
quisicosa
solitario
rompecabezas
jeroglífico
charada
problema
fuga de vocales
acertijo
acertajo
cosicosa
trabalenguas
juego de ingenio
juego de prendas
juego de palabras
juego de sociedad

s. por pasatiempo

a. *aburrimiento*
fastidio
bostezo
tedio
hastío

pasavante
(V. **pasaporte**)

(V. **permiso**)

pasavolante
s. **chapuza** (V.)
chapuz
imperfección
marrullería

s. **rapidez** (V.)
prisa
arrebato
tropel
tropelía (V.)
celeridad
velocidad

a. *perfección*
cuidado
pausa

Pascua
s. Resurrección
Nacimiento
Navidad (V.)
Epifanía
Adoración
Pentecostés
Venida

s. Pascua del Espíritu Santo
Pascua Florida

s. dar las pascuas
de Pascuas a Ramos
estar como unas pascuas
santas pascuas
hacerse la pascua
hacer la pascua a uno

pase
s. **permiso** (V.)
vale (V.)
licencia
autorización
aprobación
consentimiento
venia
placet
anuencia
afirmación

s. **pasaporte** (V.)
salvoconducto (V.)
exequátor
visado

s. aval
credencial (V.)
documentación
título
carta blanca
invitación (V.)

s. **finta** (V.)
amago

a. *prohibición*
negativa
veto
oposición

paseante
s. excursionista
viajante
viajero (V.)

s. vago
vagabundo
trotacalles
trotamundos
errante
vagante
desocupado (V.)

(V. **paseo**)

a. *trabajador*
activo
ocupado

pasear-se
s. corretear
transitar (V.)
deambular (V.)
vagar
caminar
callejear (V.)
errar (V.)
andar (V.)
recorrer
salir
airearse
orearse
rondar
barzonar
rondar la calle
dar una vuelta
dar un paseo
estirar las piernas
dar barzones
tomar el aire
tomar el sol
sacar de paseo
pasear a caballo

(V. **paseo**)

a. *enclaustrar-se*
encerrar-se

paseata
(V. **paseo**)

paseíllo
(V. **exhibición**)

(V. **tauromaquia**)

paseo
s. **andadura** (V.)
paseata
caminata (V.)
salida
escapada
ejercicio (V.)
cabalgada
pavonada (V.)
equitación
bordada
vagabundeo
callejeo

s. itinerario
garbeo
recorrido
viaje (V.)
excursionismo
camino

s. plaza
calle
rambla
parque
jardín
ronda
avenida (V.)
espolón
andén
vial
prado
paseadero
acirate
alameda
chopera

s. enviar a paseo
ir a paseo
salir de paseo
sacar de paseo
¡andad a paseo!

(V. **paso**)

a. *detención*
quietud
inmovilidad

pasible
s. **sensible** (V.)
susceptible
víctima
sufrible
estoico (V.)
mártir

a. *insensible*
impasible

pasiflora
(V. **pasionaria**)

pasillo
s. galería
corredor (V.)
pasadizo (V.)
carrejo
pasaje
crujía
claustro
triforio
mirador
solana
arcada
pérgola
travesía
columnata
túnel
angostura
atajo
garganta
hoz
desfiladero
paso
recoveco
callejón

pasión
s. **padecimiento** (V.)
sufrimiento
pasión de Cristo
sermón
Evangelio

s. sentimiento
perturbación
fuego
incendio (V.)
llama
entusiasmo (V.)
arranque
paroxismo
vehemencia (V.)
ceguera
calor
transporte
fiebre
acaloramiento (V.)
efusión
delirio
fervor

(cont.)

locura
violencia (V.)
efervescencia
ímpetu (V.)
desfogue
excitación
ardor
fanatismo (V.)
furor
arrebato
impaciencia (V.)
nerviosidad
ofuscación (V.)
patetismo (V.)
alteración
apasionamiento (V.)
acceso
acometida
ataque
arrechucho
ceguedad
encendimiento
gusanera
incendio
rapto
fuga (V.)
volcán (V.)
turbulencia
exaltación (V.)
desbordamiento
exceso
exageración
inflamación

s. **amor** (V.)
afecto
inclinación
parcialidad (V.)
querencia
afición
manía
preferencia (V.)
afección
predilección
favoritismo
cariño
propensión
tendencia
cebo

s. **erotismo** (V.)
deseo
apetito
lujuria
concupiscencia (V.)

s. líbido

s. **arbitrariedad** (V.)
parcialidad
desequilibrio
injusticia

s. pasión de ánimo
pasión no quita conocimiento
pasión nubla el conocimiento
Semana de Pasión
pasión volcánica
baja pasión

r. Más es vencer pasiones que domar leones ■ Donde habla la pasión calla la razón

a. *pasividad*
frialdad
indiferencia
desinterés
apatía
desgana
abulia
aversión
repulsión
sosiego
apaciguamiento
ecuanimidad
justicia
equilibrio

pasional

s. entusiasta
vehemente (V.)
impulsivo (V.)
ardiente
volcánico
fanático
paroxístico
intenso
apasionado
amoroso (V.)
delirante

(V. **pasión**)

a. *frío*
indiferente
apático
abúlico

pasionaria

s. pasiflora
pasionera
granadilla
murucuyá
planta (V.)

pasitrote

(V. **trote**)

pasividad

s. paciencia
padecimiento
sufrimiento
sensibilidad
pasión
pasibilidad
susceptibilidad
indiferencia (V.)
inmovilidad
inacción (V.)
abulia (V.)
cachaza (V.)
inercia
neutralidad
despreocupación
quietud
calma (V.)
inactividad (V.)
apatía
displicencia
indolencia

a. *acción*
actividad
resistencia
interés
dinamismo
beligerancia

pasivo

s. **apático** (V.)
abúlico
indiferente
frío
distante
contemplativo (V.)
parado
sedentario (V.)
platónico
ojalatero
inactivo
estático
inmóvil
impasible
quieto (V.)
insensible (V.)
inerte
neutral
despreocupado
displicente
despreciativo
paciente
transigente
indolente
perezoso
holgazán (V.)
sufrido
pasible
víctima
jubilado (V.)
retirado

s. **deuda** (V.)
débito
gravamen
gastos

s. capital pasivo
voz pasiva
situación pasiva
resistencia pasiva
clases pasivas
sujeto pasivo
derechos pasivos

(V. **pasividad**)

a. *activo*
actuante
operante
operativo
ejecutante
dinámico
diligente
vivo
impaciente
inquieto
interesado
sensible
beligerante
intransigente
crédito
haber
ingresos

pasmado

a. **bobo** (V.)
necio
tonto (V.)
atontado
papanatas (V.)
embobado
alelado
zoquete
sandio
majadero
pasmarote (V.)
mentecato
babieca
pánfilo
bobalicón
simple
papahuevos
papamoscas
zorzal
pazguato (V.)
paparote
papatoste

s. **asombrado** (V.)
atónito (V.)
sorprendido (V.)
deslumbrado
extrañado (V.)
maravillado
estupefacto (V.)
frío
paralizado
patidifuso
patitieso
turulato (V.)
tirulato
turbado (V.)
pegado
k. o.
extasiado (V.)

(V. **pasmo**)

a. *listo*
avispado
despierto
inteligente
vivo
impasible
inmutable
insensible
aplomado

pasmar-se

s. atontar
abobar
embobar (V.)
atolondrar
encandilar (V.)
maravillar (V.)
asombrar (V.)
embelesar
extasiar
suspender
admirar (V.)
sugestionar
aturdir
embazar
encantar
enajenar
embarazar
deslumbrar (V.)
trastornar
turbar
sorprender (V.)
tumbar (V.)
conturbar
desorientar
quedarse atónito
sacar de tino
volver tarumba
quedarse con la boca abierta
quedarse despatarrado
dejar embobado
quedarse estupefacto
dejar de piedra
quedarse de una pieza
quedarse turulato
quedarse helado

s. **helarse** (V.)
congelarse
inmovilizarse (V.)
acatarrarse (V.)
aterirse (V.)
desfallecer
matar-se (V.)
desmayarse (V.)
embeberse
secarse
coger un pasmo
helársele el corazón

s. **empañarse** (V.) (pintura)
deslucirse
decolorarse
desvairse
enturbiarse (V.)

(V. **pasmo**)

a. *serenar-se*
tranquilizar-se
despreciar
calentarse
reponerse
recuperarse
aclararse

pasmarota

s. **espaviento** (V.)
contorsión
pataleta
pasmarotada
embazadura
gesticulación
ademán
asombro (V.)

a. *impasibilidad*
quietud
tranquilidad
impavidez

pasmarote

s. maxmordón
estafermo (V.)
monigote
muñeco
espantajo (V.)
mamarracho
adefesio

s. alelado
atontado (V.)
turulato
abobado
pasmado (V.)

(V. **pasmo**)

a. *avispado*
listo
vivo

pasmo

s. **asombro** (V.)
admiración
sorpresa (V.)
enajenamiento
embobamiento (V.)
embeleso (V.)
estupefacción
suspensión
deslumbramiento
arrobo
maravilla (V.)
éxtasis (V.)
sugestión
aturdimiento
alelamiento
extrañeza
papanatismo

s. frío
resfriado
enfriamiento (V.)
constipado
catarro (V.)
acceso
ataque
hielo

s. **tétanos** (V.)

s. coger un pasmo de pasmo

a. *impasibilidad*
impavidez
insensibilidad
recuperación
calentamiento

pasmón

s. **necio** (V.)

s. **torpe** (V.)
alelado
atontado
embobado
abobado
bobo

(V. **pasmo**)

a. *inteligente*
despierto
vivo

pasmoso

s. **asombroso** (V.)
maravilloso (V.)
prodigioso
estupendo
sorprendente
portentoso
admirable (V.)
conmovedor
raro
milagroso
inaudito (V.)
sensacional
llamativo
chocante
espantoso
abracadabrante (V.)

s. **espasmódico** (V.) (med.)

(V. **pasmo**)

a. *vulgar*
corriente
común

paso

s. **zancada** (V.)
tranco
trancada
movimiento
marcha (V.)

s. **espacio** (V.)
medida
distancia (V.)
longitud

s. **huella** (V.)
pasito
pisada (V.)
calca
marca
señal
rastro
vestigio

s. **trote** (V.)
galope
entrepaso
zancada (V.)
pasitrote
pasilargo
pasicorto
portante
trenzado
trotonería
portantillo
galucha
huello
paso campero
paso corto
paso ligero
paso lento
paso militar
paso adelante
paso atrás
paso de armas
paso de danza
paso de ambladura
paso de andadura
paso de costado
paso de la madre
paso castellano
paso sentado
paso franco
paso de carga
paso grave
paso de comedia

s. travesía
tránsito (V.)
camino (V.)
vereda
atajo
valle (V.)
pasada (V.)
servicio (V.)
abra (V.)
collado (V.)
montaña (V.)
azagador
cortadura
tranco (V.)
vado (V.)
pasadizo
senda
sendero
garganta
cañón
desfiladero (V.)
encañada
encañizada
puerto (V.)

s. **salida** (V.)
entrada
acceso
abertura (V.)
puerta (V.)
portillo (V.)
comunicación

(cont.)

s. diligencia
gestión (V.)
demanda
empresa
solicitación
trámite (V.)
recado
gestión

s. autorización
licencia
permiso (V.)

s. **peldaño** (V.)

s. **trance** (V.)
situación (difícil)
dificultad
contingencia
suceso (V.)
lance
episodio (V.)
aventura
sucedido
acontecimiento

s. **repaso** (V.)
estudio
explicación
discurso (V.)

s. **vuelta** (V.)
giro
tornillo (V.)
tuerca (V.)

s. **puntada** (V.)
repaso
cosido
hilván

s. comedieta
juguete
pieza breve
obra
comedia (V.)
escenificación

s. **aire** (V.)
garbo
porte
marcha
elegancia
gallardía

s. **progreso** (V.)
adelantamiento
avance
ascenso
adelanto
cambio
traspaso (V.)
transformación
transición (V.)
transmigración (V.)
transcurso (V.)

s. **ritmo** (V.)
pirueta
giro
vuelta
baile (V.)

s. **escultura** (V.)
Pasión de Cristo
Semana Santa
Vía Crucis
costalero
banzo
estante
guizquero

s. **quedo** (V.)
silencioso
callado
sordo
suave
a la chita callando
en voz baja
paso del Ecuador
paso de comedia
paso de peatones
paso de la hélice
ir al paso
ir a buen paso
acortar el paso
a cada paso
a pocos pasos
ceder el paso
cerrar el paso
dejar paso
coger el paso
marcar el paso
por sus pasos contados
dar un mal paso
salir del paso
a este paso
aligerar el paso
dar paso a
dar pasos
dar los primeros pasos
enderezar los pasos a
más que a paso
a paso de tortuga
paso a nivel
a paso de buey
a pasos agigantados
abrir paso
de paso
no dar un paso sin
dar un paso en falso
dar un paso atrás
salir del paso
paso a paso
¡un paso al frente!
venir al paso
seguir los pasos a alguien
pillar de paso
salir al paso
sentar el paso
servidumbre de paso
a paso largo
a paso llano
a paso tirado
cada paso es un gazapo
hacer uno el paso por los mismos pasos
sacar de su paso a uno
volver uno sobre sus pasos

a. *interrupción*
detención
parada
retroceso
impedimento
obstáculo
quietud
inmovilidad
inactividad
inoperancia
prohibición
veto
facilidad
atraso
ruidoso
estrepitoso

pasodoble
(V. **baile**)

(V. **marcha**)

(V. **música**)

paspartú
(V. **recuadro**)

(V. **ganzúa**)

pasquín
s. **cartel** (V.)
placarte
edicto
anuncio
cedulón (V.)
s. **anónimo** (V.)
libelo (V.)
folleto (difamatorio)
impreso (difamatorio)

pasquinada
(V. **sátira**)

(V. **crítica**)

passe-partout
(V. **paspartú**)

pássim
s. aquí y allí
en todas partes
en distintos lugares
por doquier

pasta
s. **masa** (V.)
masilla
mazacote
empaste (V.)
plasta (V.)
pâté
crema
cuzcuz
alcuzcuz
cuscús
alfitete
gurullo
celulita
macarrones
tallarines
espagueti
fideos (V.)
canalones

s. **pastel** (V.)
papilla
batido
pulpa
grumo (V.)
engrudo (V.)
mucílago
gachas (V.)
puches
sémola
pastosidad
natilla
hojaldre (V.)
polvorón
buñuelo (V.)
bizcocho (V.)
broa
ñodo
bollo (V.)
budin
torta
bizcotela
galleta (V.)
mostachón
melindre

s. **riqueza**
dinero (V.)

s. cubierta
encuadernación (V.)

s. pasta de papel
pasta de trapos
pasta de chocolate
pasta italiana
pasta española
ser de buena pasta
tener pasta flora
encuadernación de buena pasta

a. *pobreza*
escasez
indigencia

pastar
s. **pacer** (V.)
apacentar (V.)
ramonear
rumiar
pastear
montanear
pastorear
repacer
herbajar
rozar
tascar
campear
agostar
salegar
rustrir
alimentar
herrenar

(V. **pasto**)

pastear
(V. **pastar**)

pastel
s. **dulce** (V.)
tarta (V.)
tartaleta
bizcocho
golosina
pastelillo
buñuelo (V.)
merengue (V.)
vol-au-vent
pudín (V.)
ramillete (V.)
bartolillo
torta (V.)
flan
aguja
empanada (V.)
costrada
hojaldre
relleno
yema
coco

s. **pasta** (V.)
pan

s. **trampa** (V.)
engañifa
fullería
trapacería (V.)
amaño
enjuague
conchabanza
chanchullo (V.)
arreglo (V.)
pacto
convenio
contemporización
tongo
tamal
componenda
apaño
lío
embrollo

s. **chapucería** (V.)
chapuza
imperfección
birria
adefesio

s. cachigordo
gordo (V.)
bajo

s. pintura
lápiz (V.)
clarioncillo
dibujo

s. descubrir(se) el pastel

a. *honradez*
lealtad
fidelidad
claridad
desacuerdo
discrepancia
diferencia
perfección
esbelto

pastelear
s. **contemporizar** (V.)
transigir
blandear
ceder
claudicar
chanchullear
pactar
arreglar
conchabarse

(V. **pastel**)

a. *resistir-se*
rebatir
oponer-se
disentir

pasteleo
s. **convenio** V.)
transacción
trampa
chanchullo
contemporización
embrollo (V.)
artimaña
amaño
mangoneo
gitanería

(V. **pastel**)

a. *claridad*
franqueza
honestidad
fair-play

pastelería
s. **confitería** (V.)
repostería (V.)
bombonería
dulcería
bizcochería
bollería
panadería
dulcería (V.)

(V. **pastel**)

pastelero
s. **repostero** (V.)
hojaldrista
dulcero
confitero (V.)
bollero
hornero
tamalero
panadero

s. **chanchullero**
transigente
blando
acomodaticio
contemporizador (V.)
conformista

(V. **pastel**)

a. *intransigente*
recto
honrado

pasterización
(V. **esterilización**)

(V. **purificación**)

pasterizar
s. esterilizar
purificar
higienizar
pasteurizar

(V. **pasterización**)

a. *impurificar*
contaminar

pasteurizar
(V. **pasterizar**)

pastiche
(V. **imitación**)

(V. **copia**)

pastilla
s. **tableta** (V.)
onza
caramelo
oblea

s. gragea
cápsula
píldora (V.)
comprimido

s. pastilla de chocolate
pastilla de caramelo

pastizal
s. prado
pradera
pradería
pasto (V.)
herbazal
majada
campo
dehesa
pasturaje
pastadero

pasto
s. **alimento** (V.)
comida
sustento
ceba
tala
apacentamiento

s. **dehesa** (V.)
pastura
pacedura
pación
herbazal
herrén
hierbal
pastizal (V.)
braña
montanera

s. herbaje
forraje
ramoneo
hierba (V.)
yerba
pienso (V.)
zacate
heno
grano
paja
moyuelo
salvado
semilla
riza
salgue

s. hecho
noticia (V.)
ocasión
fomento
pábulo (V.)
incentivo

s. pasto espiritual
pasto verde
pasto seco
a pasto
a todo pasto
de pasto

pastor
s. **zagal** (V.)
mayoral
caporal
ganadero
vaquero (V.)
vaquerizo
cabrero
ovejero (V.)
mulero
porquero
rehalero
borreguero
hatero
tropero
yegüerizo
boyero
rabadán
albarrán
apacentador
abrevador
cabañero
ayuda
porquerizo
adulero
ahijador
aldrán
apartador
cabrerizo
campista
campañista
dulero
carnerero
manadero
guardacabras
revecero
sabanero
vaciero
sarruján

s. vaqueiro de alzada

s. morral
zurrón
pellico
cucharal
aceitero
cedras
cachava
cayada
cayado
hatada
gancho
porruda
bramadera

s. apacentar
acabañar
pastar
pastorear
apitar

s. **cabaña** (V.)
tugurio
majada

s. prelado
sacerdote (V.)
el Buen Pastor
pastor de almas

r. Pastor carabero hace al lobo carnicero ■ El pastor come la oveja y viste la pelleja

pastoral
s. **pastoril** (V.)
pecuario
pastoricio
gregal
trashumante
rebañego
cabañil
revecero
horro
agropecuario
campero
mesteño
precorino

s. **bucólico** (V.)
idílico

s. **égloga** (V.)
bucólica

s. **encíclica** (V.)
carta pastoral

(V. **pastor**)

pastorear
(V. **pastar**)

(V. **apacentar**)

pastoreo
s. pastoraje
pacedura
apacentamiento (V.)
ramoneo
cebado
pastoría (V.)
mayoralía

(V. **pasto**)

pastoría
s. **pastoreo** (V.)
pastoraje
pacedura
volteada
apacentamiento
apiaradero
esquileo
rodeo
estabulación
mayoralía
granjería
ganadería (V.)

(V. **pasto**)

pastoricio
(V. **pastoril**)

pastoril
s. pastoral
pastoricio
bucólico (V.)
campestre
apacible
campesino
idílico (V.)
sencillo
natural

(V. **pastor**)

a. *ciudadano*
urbano
complejo

pastoso
s. grumoso
cremoso
pringoso
espeso (V.)
denso
viscoso (V.)
blando
blanducho
blandujo
fangoso
suave
mucilaginoso
adhesivo
pultáceo (V.)
semifluido

s. agradable (voz)

(V. **pasta**)

a. *duro*
consistente
seco
fluido

pastura
(V. **pasto**)

pasturaje
(V. **pastizal**)

pata
s. **zanca** (V.)
pierna (V.)
pernil (V.)
garra
gamba
pinza (V.)
remo
cabo
pernaza
perneta
extremidad
palillo
mano

s. brazuelo
lacón
jarrete
rodilla
tarso
muslo
pernil
candado
corvejón
corva
garrón
pezuña (V.)
zancarrón
tibia

s. **pie** (V.)
base
apoyo
soporte

s. despernar
desjarretar
herrar
patiquebrar
encojar

s. pata de gallo
pata de cabra
pata de palo
pata de león
pata chula
pata galana
mala pata
a cuatro patas
a la pata la llana
meter la pata
estirar la pata
patas arriba
poner de patas en la calle
salir con una pata de gallo
tener mala pata
echar la pata
echar las patas por alto
a la pata coja
a pata
con las patas de atrás
por debajo de la pata
patas abajo

pataco
(V. **patán**)

patada
s. **puntapié** (V.)
coz
pateo
golpe
coceadura
pateadura
sacudida
golpazo
volea
porrazo
culatada

s. pasos
gestión (V.)
actividad

s. estampa
pista (V.)
huella
rastro (V.)
pisada
marca
señal
impronta

s. a patadas
dar cien patadas una cosa
dar la patada
dar una patada a alguien
dar patadas por algo

(V. **pata**)

a. *caricia*
mimo

patalear
s. **patear** (V.)
zanquear
triscar (V.)
espurrir
zambear
pernear (V.)
dar patadas
piafar
cocear
armar una pataleta

s. **rabiar** (V.)

(V. **patada**)

a. *acariciar*
mimar
cuidar
sosegarse

pataleo
s. pateo
patadas
abucheo (V.)
reprensión
censura
protesta (V.)
rechifla
reprobación
desaprobación
ruido
estrépito (V.)
pateadura
escándalo
escandalera

(V. **pata**)

a. *aprobación*
elogio
silencio
tranquilidad

pataleta
s. excitación
furia
rabieta (V.)
perra
ataque (V.)
convulsión
pasmarota
nervios
patatús
soponcio
telele
berrinche
disgusto (V.)

a. *calma*
alegría
contento

patán
s. aldeano
rústico (V.)
campesino
paleto
gañán (V.)
payo
cateto
pataco
palurdo
pueblerino
campirano
pastor
ovejo

s. **grosero** (V.)
zafio
ordinario
zoquete
tosco
inculto
descortés
ignorante (V.)
soez
ineducado
tosco
pardillo
tío (V.)

a. *civilizado*
culto
refinado
cortés
educado

patanería
s. **rustiquez** (V.)
rusticidad
palurdería
rustiqueza
selvatiquez
aldeanismo
gañanería
patanismo
catetismo

s. **grosería** (V.)
ordinariez
zafiedad
ignorancia (V.)
tochedad
torpeza
tosquedad
inhabilidad
vulgaridad
simpleza

a. *educación*
urbanidad
finura
cortesía

patarata
(V. **fruslería**)

(V. **carantoña**)

patas
(V. **pateta**)

(V. **diablo**)

patata
s. tubérculo
batata
solanácea
planta (V.)
papa (V.)
criadilla
pataca
s. patatero
patatar
patatal
patatería

patatín-patatán (que)
s. **disculpa** (V.)
argucia
excusas

patatús
s. **desmayo** (V.)
ataque
convulsión
desfallecimiento
síncope
accidente (V.)
telele
soponcio (V.)
rapto (V.)
vahído
acceso
pataleta

a. *recuperación*

pâté
(V. **pasta**)

pateadura
(V. **pataleo**)

(V. **reprensión**)

patear
s. **protestar** (V.)
maltratar (V.)
criticar
censurar
abuchear
silbar
reprobar (V.)
condenar
vituperar
execrar
cocear

s. **patalear** (V.)
taconear
pisotear
zapatear (V.)
anadear
andar mucho
escarbar (V.)
entrepernar
piafar (V.)
espatarrarse
esparrancarse
estirar
cruzar
alargar
encajar

s. encolerizarse
irritarse (V.)
repatear

s. gestionar
afanarse (V.)

(V. **pateadura**)

a. *alabar*
ensalzar
descansar
acariciar
sosegarse
calmarse

patena
s. **bandeja** (V.)
platillo
fuente

s. más limpio que una patena

patentar
s. **registrar** (V.)
inscribir
licenciar
inventar
presentar
legalizar

(V. **patente**)

patente
s. **evidente** (V.)
visible
claro
público
sabido
expuesto
expreso
escueto
conocido
notorio
perceptible
paladino
incontrovertible
concebible
s. **privilegio** (V.)
despacho
título
tributo (V.)
licencia (V.)
exclusiva (V.)
ventaja
cédula
documento
testimonio
registro (V.)
título
acreditativo
s. invención
invento (V.)
hallazgo
intento
solución
máquina
medios
proyecto
trazo
arbitrio
recurso
s. patente de invención
patente de corso
patente de navegación
patente de sanidad
patente industrial
patente sucia
patente limpia
patente en blanco
a. *desconocido*
obscuro
imperceptible

patentizar
s. **evidenciar** (V.)
exponer
ostentar (V.)
revelar
aclarar
exteriorizar
mostrar
exhibir
sacar a la luz

(V. **patente**)

a. *ocultar*
disimular
esconder

pateo
(V. **protesta**)
(V. **pataleo**)

paternal
s. **paterno** (V.)
parental
patrio (V.)
s. comprensivo
indulgente
bondadoso (V.)
cariñoso
solícito
esmerado
casero
benévolo
benigno
bueno

(V. **padre**)

a. *rígido*
duro
inflexible

paternidad
s. **origen** (V.)
descubrimiento
creación
prioridad
concepción
producción
s. **tratamiento** (V.)
(eclesiástico)

(V. **padre**)

paterno
s. **paternal** (V.)
íntimo
cariñoso
sufrido
sacrificado
protector
afectuoso
entrañable (V.)

(V. **padre**)

a. *seco*
rígido
egoísta
extraño

paternóster
(V. **padrenuestro**)
(V. **nudo**)

pateta
s. patillas
diablo (V.)
mandinga
s. cojitranco
patizambo
patituerto (V.)

(V. **pata**)

a. *ángel*

patético
s. **triste** (V.)
dramático
enternecedor
emotivo
emocionante
conmovedor
trágico (V.)
impresionante
desgarrador
tierno
melancólico
turbador
sentimental
doloroso
angustioso
melodramático (V.)

(V. **patetismo**)

a. *alegre*
animado
alentador
consolador
gozoso
jubiloso

patetismo
s. **tristeza** (V.)
melodrama
drama
dramatismo (V.)
emoción
angustia (V.)
pasión (V.)
emoción
emotividad
sentimiento
melancolía
ternura
tragedia
dolor
sufrimiento
padecimiento
a. *alegría*
gozo
júbilo
sosiego
consuelo
satisfacción

patibulario
s. perverso
siniestro
terrible (V.)
feroz
monstruo
avieso
repugnante
espantoso
horrible
horripilante
desagradable
despiadado
criminal (V.)

(V. **patíbulo**)

a. *bueno*
agradable
compasivo

patíbulo
s. **suplicio** (V.)
horca (V.)
cadalso
garrote
tablado (V.)
silla eléctrica
condena
a. *premio*
honor
indulgencia
perdón

paticojo
s. **cojo** (V.)
patituerto (V.)
rengo
zambo
patizambo
cojitranco
patojo
cambado
pateta
renco
candín
zanquituerto
perniturto
pata galana
pata chula
pata coja
chueco
claudicante
choco

(V. **pata**)

patidifuso
(V. **pasmado**)
(V. **asombrado**)

patilla
s. **barba** (V.)
chuletas
balcarrotas
mechón
vello
pelo
s. **grapa** (V.)
s. levantar a uno de patillas
r. Patilla y cruzado, y vuelta a empezar

patín
s. patineta
patinete
deslizador
esquí (V.)
trineo (V.)
tobogán
bobsleigh
s. patín de ruedas
patín de cuchilla
patín de carreras
patín de hockey
patín con mordazas

(V. **patinaje**)

pátina
s. lustre
tono (V.)
brillo
viso
aspecto
apariencia
decoloración (V.)
pavonado (V.)

patinado
s. pulimentado
pulido (V.)
lustroso
brillante
barnizado
s. viejo
usado
gastado
envejecido (V.)
sobado
s. **entonado** (V.)
con solera

(V. **pátina**)

patinaje
s. **deporte** (V.)
deslizamiento (V.)
evolución
pirueta
trébol
espiral
curva simple
águila grande
serpiente o curva en forma de S
el tres
el doble tres
el lazo
el contra tres
la vuelta
la contravuelta
los lentes
el pico
s. patinaje artístico
patinaje con vela
patinaje en pareja
patinaje en solitario
patinaje de velocidad
patinaje libre

(V. **patín**)

patinar
s. **deslizarse** (V.)
esquiar
resbalar
evolucionar
derrapar
escurrirse
s. **equivocarse** (V.)
errar
colarse

(V. **patín**)

a. *acertar*

patinazo
s. deslizamiento
evolución
resbalón (V.)
frenazo (V.)
s. **indiscreción** (V.)
desacierto
equivocación (V.)
coladura
yerro
error

(V. **patín**)

a. *acierto*
discreción

patio
s. **portal** (V.)
patinillo
patinejo
patín
luna
cenador
impluvio
almizcate
exedra
claustro
huerto
corraliza
corral (V.)
jardín
s. **platea** (V.)
preferencia
butacas
cazuela
cavedio
luneta
cancha (V.)
s. patio de Monipodio

patitieso
s. yerto
exánime (V.)
desmayado
inanimado
exinanido
sin sentido
s. estupefacto
turulato
extasiado
petrificado
patidifuso
extrañado
boquiabierto
sorprendido (V.)
extático
admirado
absorto
s. **engreído** (V.)
erguido
tieso
afectado (V.)
estirado (V.)
a. *consciente*
despreocupado
sencillo

patituerto
s. estevado
patizambo
perniturto
pateta (V.)
paticojo (V.)
s. **torcido** (V.)
desviado

(V. **pata**)

a. *derecho*
recto

patizambo
(V. **patituerto**)

pato
s. **ave** (V.)
oca (V.)
añadeja
pata
anadón
anadino
fusca
ganso (V.)
cisne
curro
parro
quetro
lavanco
alavanco
corconera
carraco
ansarón
ansarino
navarro
canquén
auca
juta
ganso bravo
s. pato negro
pato silvestre
pato cuchara
pato de flojel
cola de pato
s. llevar el pato al agua
ser un pato mareado
tener pato
salga pato o gallareta
r. El pato y el lechón, del cuchillo al asador
■ Pato, ganso y ansarón tres cosas suenan y una son

patochada
s. mamarrachada
majadería
tontería
gansada
idiotez
memez
disparate (V.)
bobada
mentecatada
sandez
necedad (V.)
ordinariez
dislate
estupidez
desbarro
especiota
enflautada
ciempiés
descabellamiento
a. *acierto*
cordura
finura

patógeno
s. morboso
infeccioso (V.)
nocivo
pernicioso
contagioso
dañoso
perjudicial
enfermizo

a. *sano*
higiénico
benéfico
inocuo

patología
s. **medicina** (V.)
patogenia
nosología
ginecología
morbosidad
enfermedad (V.)
patonomía
patopoyesis
patopsicología
patoanatomía
patobiología
patogénesis
patogenicidad
patognomía
patografía

s. patología celular
patología externa
patología funcional
patología humoral
patología interna
patología quirúrgica

patológico
s. **morboso** (V.)
enfermizo (V.)
enfermo
anormal
anómalo
malsano
obsesivo

a. *normal*
sano

patoso
s. sombrón
molesto (V.)
cargante
pesado (V.)
atosigante
engorroso
enfadoso
aburrido
chinchoso
impertinente (V.)
desangelado
desgraciado
soso
desgarbado (V.)
simplón
papamoscas
friático
zángano (V.)
ganso (V.)
guasón (V.)
malapata
mala sombra
insubstancial (V.)
hebón
modrego (V.)

a. *gracioso*
ocurrente
ingenioso
agudo

patraña
s. pamplina
pamema
bulo
invención
mentira (V.)
cuento
infundio
enredo (V.)
calumnia
filfa
jácara
patarata
macana
pajarota
píldora
camelo
fábula
rondalla
borrego
trónica
embrollo (V.)
engañifa

a. *verdad*
realidad

patrañero
s. **mentiroso** (V.)
camelista
trolero
embustero
infundioso
macanero
macaneador
pataratero
chismoso
cuentista
jacarero
bulista
pamplinero
trapacero

(V. **patraña**)

a. *veraz*
sincero

patria
s. **nación** (V.)
pueblo
país (V.)
tierra (V.)
suelo (V.)
suelo natal
cuna
lugar
ciudad
terruño (V).

s. **nacionalidad** (V.)
ciudadanía
origen
naturaleza
naturalidad
abanderamiento

s. pueblo
gente
raza (V.)
Estado
potencia
metrópoli

s. **patriotería** (V.)

s. añoranza
saudade
morriña
nostalgia

s. pabellón
bandera
himno

s. ostracismo
migración
éxodo
exilio
destierro
deportación
expatriación
repatriación

s. desterrado
apátrida
exiliado
emigrante
inmigrante
expatriado
repatriado
indiano
proscrito

s. paisano
compatriota

s. confinar
desterrar
exiliar
deportar
emigrar
expatriar
proscribir
internar
repatriar
desarraigarse
desnaturalizarse
extrañar

s. patria potestad
patria chica
madre patria
merecer la patria
hacer patria
padre de la patria
patria celestial

a. *extranjero*

patriarca
s. **jefe** (V.)
jeque
cabeza
anciano
sabio
genearca

s. **prelado** (V.)
obispo
fundador (orden religiosa)

s. **influyente** (V.)
autoridad
prestigioso
respetado

s. como un patriarca

patriarcal
s. familiar
tradicional
primitivo
ancestral (V.)

s. **viejo** (V.)
anciano
antiguo
rancio
anticuado
añejo

s. **benévolo** (V.)
solícito
cuidadoso
próvido
sencillo
afectuoso

s. majestuoso
venerable (V.)
respetable

(V. **patriarca**)

a. *nuevo*
moderno
descuidado

patriciado
s. nobleza
aristocracia
señorío (V.)
clase
raza
títulos

(V. **patricio**)

a. *pueblo*
plebeyez

patricio
s. aristócrata
noble (V.)
señor
prócer (V.)
notable
hidalgo
título nobiliario

s. senador
padre de la patria

s. patricio romano

(V. **patriciado**)

a. *plebeyo*
vulgar

patrimonial
s. **hereditario** (V.)
familiar
atávico
comunitario (V.)
personal
propio
patrio

s. **dinerario** (V.)

(V. **patrimonio**)

a. *privado*
particular
individual
extraño

patrimonio
s. **herencia** (V.)
sucesión
hacienda
dote (V.)
bienes
propiedad
fortuna (V.)
dominio
riqueza
peculio
alodio
heredad
dominio

s. mayorazgo
mejora
manda
legado
legítima
cuarta marital
quinta
divisa
espolio
cabal

s. conservación
usufructo (V.)

s. patrimonio real
constituir patrimonio
gastarse el patrimonio

patrio
s. **nacional** (V.)
propio
comunitario
patrimonial
paternal (V.)
patriótico (V.)
natural
nativo (V.)
indígena
vernáculo (V.)
oriundo
autóctono

(V. **patria**)

a. *extranjero*
extraño
forastero

patriota
s. fiel
leal
devoto
defensor
patricio
nacionalista (V.)
tradicionalista
patriotero (V.)
héroe
xenófobo

(V. **patria**)

a. *traidor*
réprobo
desleal
apátrida
xenófilo

patriotería
s. chovinismo
chauvinismo
fanatismo
xenofobia (V.)
intransigencia
apasionamiento
jingoísmo
patrioterismo
patria
patriotismo (V.)

a. *xenofilia*

patriotero
s. chovinista
chauvinista
xenófobo (V.)
fanático
intransigente
apasionado
jingoísta
exaltado
patriota (V.)

(V. **patriotería**)

a. *xenófilo*

patriótico
s. **patrio** (V.)
nacional
tradicional
tradicionalista
nacionalista
fervoroso
entusiástico
benéfico
constructivo

(V. **patriotismo**)

a. *extranjero*
extranjerizante
apagado
antipatriótico

patriotismo
s. regionalismo
civismo (V.)
tradicionalismo
provincialismo
amor a la patria
fervor por la patria
respeto por la patria
nostalgia por la patria
añoranza por la patria

s. patrioterismo
patriotería (V.)
chauvinismo
nacionalismo (V.)

(V. **patria**)

a. *antipatriotismo*
xenofilia

patrocinador
s. **protector** (V.)
guardián
auxiliador
favorecedor
amparador
defensor
padrino (V.)
valedor
recomendante
benefactor
bienhechor
mecenas

s. patrono
tutor

(V. **patrocinio**)

a. *enemigo*
contrario
adversario

patrocinar
s. **auspiciar** (V.)
auxiliar
ayudar (V.)
beneficiar
asistir
apoyar
favorecer
preconizar
defender (V.)
proteger (V.)
amparar
sostener
apadrinar
recomendar
financiar
socorrer
garantizar
respaldar
resguardar
acoger
hacer buenos oficios
dar la mano
echar un cable
ser su ángel tutelar
dar ánimos
salir fiador
ser paladín de
interesarse por
sacar la cara por

(V. **patrocinio**)

a. *desentenderse*
acusar
rechazar
perseguir
desamparar
contrariar
obstaculizar

patrocinio
s. **arrimo** (V.)
protección (V.)
apoyo
advocación
respaldo
defensa
favor
socorro
recomendación
ayuda (V.)
abrigo
guarda
garantía
asistencia
valimiento
padrinazgo
auspicio (V.)
salvaguardia
beneficio
mediación
intercesión
tutela

a. *desamparo*
abandono
acusación
imputación
obstáculo

patrón
s. **santo** (V.)
titular
protector

s. patrono
defensor
padrón (V.)
abogado
patronero

s. **amo** (V.)
señor
posadero (V.)
burgués
director
principal
empresario (V.)
maestro
manager
cacique
caudillo
capitán
arráez
guía
pupilero
mayor

s. dechado
prototipo (V.)
original
figurín
muestra (V.)
modelo (V.)
calaña (V.)
molde
horma
pauta
escantillón
ejemplo
norma
conducta
regla
tipo
plantilla (V.)
medida
maqueta
falsilla
metro (V.)

s. patrón de barco
cortado por el mismo patrón
servir de patrón
patrón de bote
patrón de lancha
baratería de patrón
tener como patrón

r. Donde hay patrón, no manda marinero

a. *subordinado*
súbdito
copia
reproducción

patronato
s. consejo
fundación (V.)
corporación
organismo
sociedad
institución
asociación
centro

s. **protección** (V.)
patrocinio
auspicio
patronazgo

a. *desamparo*
desinterés

patronazgo
(V. **patronato**)

patronear
(V. **mandar**)

patronero
(V. **patrono**)

patronímico
s. onomástico
apellido (V.)
nombre
apelativo

patrono
(V. **patrocinador**)

(V. **patrón**)

patrulla
s. **partida** (V.)
ronda
escuadra
escuadrilla
piquete (V.)
destacamento
guardia
escuadrón
grupo
avanzadilla
flotilla
flota de reconocimiento
servicio de costa
batallón
cuadrilla de vigilancia

patrullar
s. **vigilar** (V.)
rondar (V.)
reconocer
recorrer
inspeccionar
custodiar
guardar
velar

(V. **patrulla**)

a. *abandonar*
descuidar

patrullero
(V. **vigilante**)

patulea
gentualla
hez
canalla
chusma (V.)
ralea
gitanería
caterva
turba
hato
morralla
hampa
soldadesca (V.)
plebe
granujería
marranalla
zurriburri
taifa
gavilla
maleantes
populacho

a. *selección*
aristocracia
nobleza
exquisitez

patullar
(V. **pisotear**)

(V. **gestionar**)

(V. **conversar**)

paúl
s. fangal
pantano (V.)
paular
barrizal
cenagal
atolladero
balsar
bañadera

a. *páramo*
erial

paular
(V. **paúl**)

paulatino
(V. **pausado**)

(V. **lento**)

paulina
(V. **reprensión**)

(V. **anónimo**)

pauperismo
(V. **pobreza**)

paupérrimo
s. **misérrimo** (V.)
pobrísimo
pelado
inope
mísero
miserable
pelón
pobre (V.)

(V. **pauperismo**)

a. *potentado*
rico
poderoso

pausa
s. flema
calma (V.)
silencio (V.)
pachorra
cuajo
cachaza
sosiego
roncería
tardanza

s. interrupción
parada (V.)
descanso (V.)
intervalo (V.)
alto
paro (V.)
detención
parada
reposo
paréntesis (V.)
cesura (V.)

s. a pausas
hacer pausa
hacer un alto

a. *actividad*
rapidez
prisa
ininterrupción
continuidad

pausado
s. **lento** (V.)
flemático
calmoso
tranquilo
cachazudo
despacioso
pánfilo
reposado
tardo
torpe
pesado
roncero
lánguido
lerdo
moroso
paulatino
tardío
acompasado
calmudo
tardón
indolente
pando
soñoliento
pazguato
cachazudo
corroncho
escalonado
sentado
paulatino
perceptible

(V. **pausa**)

a. *rápido*
pronto
activo

pausar
s. detener
cesar
interrumpir (V.)
retardar (V.)
espaciar
distanciar
contener
calmar

s. **acompasar** (V.)
sincronizar
cronometrar

(V. **pausa**)

a. *proseguir*
aligerar
activar
descompasar
continuar
seguir

pauta
s. **modelo** (V.)
norma
guía (V.)
falsilla
ejemplo
patrón
original
dechado
prototipo
medida
regla (V.)
compás
raya
falsarregla
seguidero

a. *extravagancia*
rareza
exclusividad

pautar
s. **rayar** (V.)

s. **regular** (V.)
reglar
modelar
guiar (V.)
ejemplarizar
normalizar
acompasar
marcar

(V. **pauta**)

a. *singularizar*
destacar
sobresalir

pava
(V. **fuelle**)

(V. **pavo**)

pavada
s. **manada** (V.) (de pavos)

s. memez
insulsez
bobada
tontada
necedad
sosera
mentecatez
sosería (V.)
mentecatería
ñoñez
ñoñería

a. *agudeza*
ingenio
gracia

pavana
(V. **danza**)

(V. **música**)

pavés
(V. **escudo**)

pavesa
s. favila
chispa
cardeña
aligato
monjas
bolisa
chiribita
ceniza (V.)

s. menudencia
pizca (V.)
insignificancia
partícula
pequeñez

s. **débil** (V.)
extenuado
flaco
exinanido

s. ser una pavesa
estar hecho una pavesa

a. *grandeza*
fuerte
robusto

pavidez
(V. **pavor**)

pávido
s. gallina
apocado (V.)
miedica
miedoso (V.)
atemorizado
amedrentado
formidoloso
entelerido
espantado
aterrorizado
acobardado
amilanado
acollonado
follón
cangalla
pavorido
despavorido
encogido

(V. **pavidez**)

a. *valiente*
audaz
bravo

pavimentación
(V. **pavimento**)

pavimentar
s. adoquinar
empedrar (V.)
solar (V.)
entramar
entarimar
enguijarrar
empedrar
enlosar (V.)
entarugar
encintar
sobresolar
asfaltar (V.)
enrasillar
embaldosar
enladrillar (V.)
losar
tillar
macadamizar
alosar
embotijar
enlanchar
entarugar
acuchillar
abrillantar
encerar

(V. **pavimentación**)

pavimento
s. pavimentación
adoquinado
solado (V.)
empedrado (V.)
esfaltado
piso (V.)
suelo (V.)
entarugado
embaldosinado
afirmado
firme
enladrillado
tillado
tablado
parqué
enguijarrado
solada
solería
hormigonado
carretera
encachado
tarima
empedrado
empedramiento
embaldosado
alquitranado
encachado
entarimado
cementado
calzada
recubrimiento

s. alfombra
sintasol
linóleo (V.)
linóleum
enmoquetado

s. **asfalto** (V.)
macadam (V.)
terrazo
ladrillo
baldosa (V.)
losa
balasto
baldosín
mosaico
loseta
piedra
madera
alcatifa
alhambrilla
arcosa
cuña
chanto
solería
tarugo

s. presunción
postín
pavoneo
pisto
pompa
pote
boato
ostentación (V.)
facto
fausto
bambolla
alarde
fatuidad
farolería

a. *sencillez*
humildad

pavipollo
(V. **pavo**)

pavisoso
s. desangelado
alelado
soso (V.)
sombrón
patoso
ñoño
tonto
memo
desgraciado
pavitonto

a. *gracioso*
dicharachero
oportuno

pavitonto
(V. **pavisoso**)

(V. **necio**)

pavo
s. pava
pavipollo
pavón
gallipavo
pavezno
guajalote
guanajo
pavipavo
guanana
chumpipe
garullo
ave (V.)

s. abanico
rueda
pompa
cresta
moco (V.)
piña
carúncula
escobeta
coral

s. graznar
gluglutear
titar

s. **soso** (V.)
parado
estúpido
estulto
necio
imbécil

s. moco de pavo
ser un pavo
comer pavo
subírsele a uno el pavo
pelar la pava

a. *gracioso*
ocurrente
audaz
atrevido

pavonada
s. distracción
recreo
paseata
paseo (V.)
excursión
caminata
bordada
esparcimiento

pavonado
s. negruzco
negrosco
azulado (V.)
obscuro

s. pavón

pátina (V.)

pavonar
(V. **barnizar**)

pavonear-se
s. farolear
ostentar
presumir (V.)
gallear
contonearse
lucir
alardear
blasonar
gallardear
fantasear
fachendear (V.)
cacarear
vanagloriarse
envanecerse
ufanarse
engreírse (V.)
eructar
pagarse
preciarse
rimbombar (V.)
jactarse
gloriarse
picarse
enorgullecerse
farolear
exhibirse
hacerse propaganda
alabarse

s. **entretener** (V.)
excitar
ofrecer

a. *menospreciar-se*
despreciar-se
aburrir

pavoneo
s. **ostentación** (V.)
jactancia
envanecimiento
fanfarronada
presunción (V.)
vanagloria
lucimiento
alarde
exhibición
cacareo
engreimiento
pavonada

s. **contoneo** (V.)

a. *humildad*
menosprecio
sencillez
desprecio

pavor
s. **miedo** (V.)
horror
terror (V.)
jindama
pavidez
pavura
temor
espanto
alarma
angustia
cerote
asombro
tragantona
grima
cobardía
temblor
pusilanimidad
inquietud
escalofrío
mieditis
desmayo
acoquinamiento
amedrentamiento
desmoralización
huida

a. *audacia*
valentía
heroicidad
ánimo

pavorido
(V. **despavorido**)

pavoroso
s. terrorífico
terrífico
espantoso (V.)
horrible
horrísono
trágico
terrible
espantable
fiero
torvo
ansioso
inquieto
angustioso
sobresaltado
desalentado
tremendo
fiero
feroz
peligroso
consternado
tremebundo
truculento
espeluznante
formidoloso
apocalíptico
impresionante
imponente
aterrador
hórrido
despeluznante (V.)

(V. **pavor**)

a. *agradable*
atractivo
maravilloso
seductor
tranquilizador
sosegador
calmante

pavura
(V. **pavor**)

payasada
s. **broma** (V.)
chocarrería
farsa
comedia
comedieta
extravagancia
mamarrachada
pamplina
graceada
ridiculez (V.)
tontería

a. *seriedad*
mesura
severidad
gravedad
austeridad

payaso
s. **cómico** (V.)
caricato
tonto
clon
clown
pierrot
títere (V.)
gracioso
bufón (V.)
fantoche
mamarracho (V.)
moharracho
saltimbanqui
volatinero
titiritero
saltabanco
chusco
contorsionista
histrión (V.)
catimbao
augusto (V.)

(V. **payasada**)

a. *serio*
grave
austero
severo

payo
(V. **paleto**)

(V. **papanatas**)

paz
s. **tranquilidad** (V.)
calma
serenidad
amistad (V.)
concordia (V.)
acuerdo (V.)
silencio (V.)
sosiego
afabilidad
unión
oliva
perdón (V.)
tregua
cordialidad
armisticio (V.)
reconciliación
amán
conciliación (V.)
armonía (V.)
reposo
quietud
pacificación (V.)
alianza
pacto
pacifismo (V.)
orden (V.)
quietud (V.)
unión
apacibilidad
salutación
neutralidad

s. paloma de la paz
bandera de la paz
bandera blanca
iris de paz
moro de paz
paz octaviana
a la paz de Dios
dejar en paz
descansar en paz
la paz se ha de comprar
ir en paz
poner paz
estar en paz
quedar en paz

r. Más vale morir en paz que vivir en guerra ■ Aquí paz y después gloria ■ Más vale buena guerra que mala paz ■ Haya paz duradera, y que sea lo que Dios quiera

a. *guerra*
conflicto
discordia
hostilidad
enemiga
ruptura
agitación

pazguatería
s. **papanatismo** (V.)
ñoñería
ñoñez
memez
necedad
alelamiento
simpleza
majadería (V.)
embobamiento
pudibundez
remilgo
circunspección
mojigatería (V.)
gazmoñería

a. *inteligencia*
viveza
agilidad
ingenio
listeza
audacia

pazguato
s. **papanatas** (V.)
pánfilo
bobo (V.)
memo
necio
pasmado (V.)
asustadizo
remilgado
mojigato (V.)
gazmoño
mogato
timorato
tímido
corto
monjil
ñoño
pudibundo
remirado
lelo
zoquete
atontado
bobalicón
sandio
simple
majadero
pasmarote
babieca
mentecato

(V. **pazguatería**)

a. *listo*
vivo
avispado
inteligente
audaz
lanzado

pe a pa (de)
s. de punta a cabo
de cabo a rabo
de corrido
de carrerilla
sin dejar coma
de memoria
enteramente
completamente

a. *parcialmente*
fragmentariamente

pea
(V. **borrachera**)

peaje
s. **derecho** (V.)
impuesto
canon
pago
tasa
pasaje (V.)
tributo
carga
portazgo (V.)
pedaje

a. *gratuidad*
franquía

peal
(V. **inútil**)

(V. **despreciable**)

peana
s. base
pie
plataforma (V.)
pedestal (V.)
tarima (V.)
peaña
basamento
apoyo
fundamento
grada
estrado

s. Adorar el santo por la peana

peatón
s. **peón** (V.)
caminante
andante
viandante (V.)
andorrero
viante
ambulante
deambulante
transeúnte (V.)
paseante
andariego
andarín
vagabundo (V.)
errante
infante
caballero andante

s. **correo** (V.)
ordinario
mensajero
propio
cartero
valijero
estafeta

a. *sedentario*
inmóvil
contemplativo

pebetero
s. **perfumador** (V.)
incensador
incensario
fumigador

pebre
(V. **salsa**)

(V. **pimienta**)

pebuco
(V. **calcetín**)

peca
s. lunar
efélide
mancha (V.)
(de la piel)
mota
lentiga

pecado
s. **debilidad** (V.)
culpa (V.)
caída
infracción
imperfección
deficiencia
flaqueza
falta (V.)
flaco
yerro
pecadillo
vicio (V.)
maldad (V.)
exceso
defecto
deuda
talega
costal
saco
escándalo
venialidad
desliz (V.)
ocasión
tentación
impiedad
simonía
irreligión
apostasía
herejía
perversión (V.)

s. pecado venial
pecado mortal
pecado original
pecado nefando
pecado habitual
pecado de omisión
pecado de comisión
pecado material
pecado capital
pecado contra natura
pecado de escándalo
pecado contra naturaleza

s. caso reservado
caso de conciencia

s. ira
lujuria
pereza
gula
envidia
avaricia
soberbia

r. Mejor es deuda vieja que pecado nuevo ■ Pecado encubierto, medio imaginado, medio cierto ■ Pecado confesado, medio perdonado ■ Quien hace el pecado, siervo es del pecado ■ Los pecados son cadena; unos eslabones a otros se agregan ■ Pecado de boca, pecadillo de gente loca ■ Pecado de mucho bulto no puede estar siempre oculto

a. *bondad*
santidad
virtud
perfección
arrepentimiento
confesión
conversión
penitencia
inocencia

pecador, a
s. autor
violador
penitente
malo (V.)
infractor
pecante
culpable (V.)
nefando
relapso
nefandario
pecadorizo
pecadorcillo
perverso (V.)
pervertidor (V.)

s. iracundo
lujurioso
soberbio
envidioso
avariento
perezoso
goloso
talega (V.)
vicioso (V.)

s. **ramera** (V.)

(V. **pecado**)

a. *bueno*
justo
perfecto
santo
virtuoso
contrito
arrepentido
inocente

pecaminoso
s. **inmoral** (V.)
corrompido
censurable (V.)
indecente
obsceno (V.)
nefando
deshonesto
impuro
tentador
vergonzoso
bochornoso
picaresco (V.)
liviano
peligroso
sexualidad (V.)

(V. **pecado**)

a. *virtuoso*
intachable
limpio
puro
decente
moral
honesto

pecar
s. **culpar-se** (V.)
faltar (V.)
infringir (V.)
errar
ofender a Dios
caer en
desmerecer
contaminar
quebrantar (la ley de Dios)
maliciar
prevaricar
pervertir
perjurar
abjurar
apostatar
corromperse
degradarse
enviciarse
degenerarse

s. tender a
tirar a
propender (V.)
tropezar (V.)
simpatizar
excederse
faltar a las reglas
dar motivo a castigo

a. *regenerarse*
arrepentirse
perfeccionarse
santificarse
expiar

pécari
(V. **saíno**)

peccata minuta
s. **pequeñez** (V.)
insignificancia
imperfección
defecto
falta (V.)
error
vicio leve
falta sin importancia

a. *importancia*
virtud

pecina
(V. **cieno**)

(V. **fango**)

pecinal
(V. **ciénaga**)

(V. **piscina**)

pecíolo
(V. **pedúnculo**)

pécora
(V. **res**)

(V. **prostituta**)

pecorea
s. pillaje
saqueo
robo (V.)
hurto
rapiña
latrocinio
truhanería
arreada
abigeato
atraco
saquería
garrama
sangría

s. parranda
diversión (V.)
farsa
chacota
jarana
bulla

a. *devolución*
restitución
aburrimiento
seriedad

pectoral
s. torácico
precordial
pulmonar
costal
respiratorio
mamario

s. insignia
distintivo
cruz (V.)
crucifijo

(V. **pecho**)

pecuario
s. **ganadero** (V.)
vacuno
equino
ovino
bovino
porcino
caprino

(V. **ganado**)

peculado
(V. **desfalco**)

peculiar
s. **propio** (V.)
característico (V.)
distintivo
particular (V.)
privativo
esencial
especial (V.)
original (V.)
típico (V.)
singular
personal
único
exclusivo
diferenciado (V.)
específico
raro (V.)
distinto
sui géneris
unívoco
solo
casuístico
circunstancial
representativo

(V. **peculiaridad**)

a. *común*
general
corriente
vulgar

peculiaridad
s. **particularidad** (V.)
característica (V.)
personalidad
originalidad
idiosincrasia
especificación
distintivo (V.)
singularidad
especialidad
propiedad
diferencia
exclusividad
rareza
carácter
color
colorido
tipismo

a. *generalidad*
vulgaridad

peculio
(V. **dinero**)

(V. **patrimonio**)

pecunia
(V. **dinero**)

pecuniario
(V. **dinerario**)

pechar
s. **pagar** (V.)
tributar
escotar
contribuir
abonar

s. **asumir** (V.)
apechugar (V.)
cargar con
responsabilizarse

(V. **pecho**)

a. *desentenderse*
rechazar

pechera
s. **plastrón** (V.)
peto
chorrera (V.)
espetera (V.)

(V. **pecho**)

pechero
s. **plebeyo** (V.)
servil
villano

s. **babero** (V.)
babador
babadero
baberol
babera

(V. **pecho**)

a. *noble*

pechina
s. **concha** (V.)

s. **venera** (V.)

s. peche
enjuta
harrado
albanega
aloaria
cúpula (V.)
arco
triángulo
arquitectura (V.)

pechirrojo
s. pechocolorado
pechiencarnado
pardillo
petirrojo

(V. **pecho**)

pechisacado
s. **engreído** (V.)
arrogante
altanero
soberbio
tieso
ensoberbecido
orgulloso

(V. **pecho**)

a. *humilde*
sencillo

pecho
s. **busto** (V.)
tórax (V.)
pechuga
tetilla
espetera
pechera
escote
mama (V.)
teta (V.)
seno (V.)
pechuelo
descote
chepo
mesotórax
región pectoral
región precordial
región subclavia
costillar
caja torácica
pulmones
ubre (V.)
cuerpo (V.)

s. **valor** (V.)
valentía
fortaleza
esfuerzo
ardor
animosidad
constancia

s. **tributo** (V.)
impuesto
contribución

s. **voz** (V.)

s. abrir el pecho
dar el pecho
do de pecho
abierto de pecho (caballo)
a pecho descubierto
entre pecho y espalda
no quedarse nada en el pecho
a lo hecho, pecho
¡pecho a tierra!
tomar el pecho
tomar a pecho

a. *cobardía*
timidez

pechuga
s. **pendiente**
repecho
cuesta (V.)
costera
rampa

s. **pecho** (V.)
cocán

a. *llano*
llanura

pechugón
s. **empujón** (V.)
empentón
ímpetu
achuchón
impulso
encontronazo
golpe en el pecho

s. **esfuerzo** (V.)
afán
denuedo

(V. **pecho**)

a. *caricia*
desánimo
desaliento

pechuguera
(V. **tos**)

pedagogía
s. **enseñanza** (V.)
didáctica
instrucción (V.)
educación
formación
aleccionamiento

pedagógico
s. **educativo** (V.
instructivo (V.)
formativo
didascálico
didáctico
ilustrativo
dogmático
académico
aleccionador

(V. **pedagogía**)

a. *demoledor*
embrutecedor

pedagogo
s. **maestro** (V.)
educador (V.)
profesor (V.)
mentor
ayo
consejero
asesor
experto

(V. **pedagogía**)

a. *educando*
alumno

pedaje
(V. **peaje**)

pedal
s. **palanca** (V.)
barra
apoyo
placa
mecanismo
acelerador

pedalear
s. correr
lanzarse
acelerar (V.)
montar (en bicicleta)
girar
avanzar
desplazarse

(V. **pedal**)

pedante
s. **petulante** (V.)
enfático (V.)
amanerado
purista
engolado
empalagoso
relamido
redicho (V.)
sabiondo (V.)
suficiente (V.)
afectado
dogmático (V.)
resabido (V.)
pomposo
altilocuente
alatinado
campanudo
doctoral
dómine (V.)
engreído (V.)

s. engolillado
petimetre
pisaverde
pedantesco
tieso
estirado
boquirrubio
peripuesto
jactancioso
inmodesto (V.)
cargante
impertinente (V.)
necio
sabelotodo
lechuguino
terminista
fingido
facistol
físico

s. **marisabidilla** (V.)
licenciado (V.)
letrado (V.)

(V. **pedantería**)

a. *sencillo*
natural
modesto
desenvuelto

pedantería
s. **afectación** (V.)
jactancia
vanidad
orgullo
inmodestia (V.)
ampulosidad
énfasis (V.)
entono (V.)
pomposidad
letraduría
vacuidad
desdén
bachillerada
suficiencia
necedad
fatuidad
ostentación (V.)
petulancia
amaneramiento
engolamiento
empalago
sabihondez
engreimiento
estiramiento
tiesura
prosopopeya
dogmatismo (V.)
presunción (V.)

a. *sencillez*
humildad
naturalidad
modestia

pedantesco
(V. **pedante**)

pedazo
s. **trozo** (V.)
cacho
pieza (V.)
parte (V.)
apartijo
lote
tramo
trecho (V.)
triza
parcela
jirón
andrajo (V.)
porción
fragmento (V.)
tarugo (V.)
sección
tajada
loncha
bocado (V.)
rodaja
mordisco
mendrugo (V.)
pizca
roedura
raja
gajo
lonja
fracción
partícula
gota
migaja
añico
esquirla
astilla
rueda
brizna (V.)
rebanada (V.)
caliche
tiesto
cortada
miga
muestra
porción
piltrafa
retal (V.)
retazo
segmento

s. a pedazos
hecho pedazos
caerse a pedazos
morirse por los pedazos de
un pedazo de pan
por un pedazo de pan
saltar algo en pedazos
pedazo de mi alma
pedazo de carne
pedazo de alcornoque

a. *totalidad*
integridad
todo
completo

pederasta
s. invertido
homosexual (V.)
marica
sodomita (V.)
bujarrón
desviado
cúcubo

(V. **pederastia**)

a. *heterosexual*

pederastia
(V. **homosexualidad**)

pedernal
s. **sílice** (V.)
sílex
piedra
cuarzo (V.)

s. eslabón
yesca (V.)
esquero

s. **duro** (V.)
cruel (V.)
resistente
granítico
despiadado

a. *blando*
tierno
generoso
humano

pedestal
s. **peana** (V.)
base
basamento
cimiento
fundamento
podio (V.)
plinto
contrabasa
rebanco
embasamiento
orlo
columna
acrotera
supedáneo
torés
estilóbalo
zócalo (V.)
espira
nacela
zoco
peaña
plataforma
apoyo (V.)
sustento
soporte
pie
sostén
basa
neto

a. *capitel*
cornisa
remate

pedestre
s. peatón
caminante
corredor
a pie
carrera pedestre

s. **vulgar** (V.)
adocenado
inculto
llano
sencillo
corriente
bajo
chabacano (V.)
ramplón
popular
sobado
trillado
ordinario

a. *singular*
especial
exquisito

pedículo
(V. **pedúnculo**)

pediculosis
(V. **infestación**)

(V. **piojo**)

pedicuro
(V. **callista**)

pedido
s. **encargo** (V.)
comisión
solicitación
solicitud
petición (V.)
gestión
requerimiento
ruego
súplica
exigencia
demanda (V.)
reclamación
postulación
cuestación
instancia

s. **tributo** (V.)
pago
impuesto

a. *ofrecimiento*
oferta
denegación
negativa

pedidor
s. cuestor
peticionario (V.)
solicitador
solicitante
rogante (V.)
rogador
demandador
demandante
impetrador
impetrante
aspirante
pretendiente
pretensor
candidato
reclamante
reclamador
interpelante
deprecante
orador

(V. **petición**)

a. *dador*
oferente

pedigree
(V. **genealogía**)

pedigüeño
s. **mendigo** (V.)
pedigón
sacacuartos
gorrón
pidón
pidiente
mogollón
pidientero
gallofo (V.)
sablista (V.)
sacadineros
parásito
postulante (V.)
agonioso
vergonzante (V.)
mangante
petardista
inoportuno
cargante
pordiosero
pedidor (V.)

(V. **petición**)

a. *poderoso*
generoso

pediluvio
(V. **baño**)

(V. **pie**)

pedimento
(V. **petición**)

pedir
s. **mendigar** (V.)
sablear (V.)
pordiosear
limosnear
mangar
insistir
sacar
gorrear (V.)
asediar
implorar
postular (V.)
ir de puerta en puerta
hacer uno la temblona

s. reclamar
reivindicar (V.)
impetrar
rogar (V.)
suplicar (V.)
rezar (V.)
recabar (V.)
instar
orar
exorar
exhortar
perorar
conjurar
pugnar
recuestar
pretender
exigir (V.)
demandar (V.)
recetar
encargar
comisionar
ordenar
pretender
sugerir
advertir
acudir
cortejar (V.)
liberar
encomendarse
embestir (V.)
apelar
llamar
recurrir a
acorrer
interpelar
apelar
invocar
acogerse a
echar un guante
pedir justicia
llamar a las puertas de
echar una instancia
hacer una instancia
estrecharse con
echarse a los pies
apretar la mano
hacer plegarias
alzar las manos al cielo
pedir clemencia
pedir juego
pedir cartas
pedir parecer

s. **desear** (V.)
interesar
querer (V.)
apetecer (V.)
ansiar

r. Ni pidas a quien pidió, ni sirvas a quien sirvió

(V. **petición**)

a. *dar*
prestar
devolver
ofrecer
conceder
abstenerse
renunciar

pedo
(V. **ventosidad**)

pedorrera
(V. **flatulencia**)

pedorro
s. zullenco
pedorrero
ventoso
flatulento (V.)

(V. **pedo**)

pedrada
s. cantazo
canterazo
guijarrazo
chinazo
golpe (V.)
hondazo (V.)
golpazo
herida
contusión

s. chinita
indirecta (V.)
pulla
zaherimiento

s. incomodidad
disgusto (V.)

s. lazo
adorno (V.)

s. como pedrada en ojo de boticario
a pedradas

r. Pedrada contada, nunca ganada

(V. **piedra**)

a. *caricia*
mimo
elogio
agrado

pedrea
s. apedreamiento
escaramuza
alboroto
refriega
desorden
lucha (V.)
arca
petrera
s. pedrisco
granizada (V.)
s. **premio** (V.)
lotería (V.)
a. *paz*
calma
tranquilidad
sosiego

pedregal
s. cantizal
canchal
pedriscal
pedroche
peñascal
pedriza
cantera
desgalgadero (V.)
carrascal
pedrera
peñascal (V.)
cascajar
roquedal
erial
gorronal
desierto
rollar
guijarral
gleba
(V. **piedra**)

pedregoso
s. pétreo
guijarroso
guijarreño
petroso
pedrizo
guijeño
cascajoso
rocoso
lapídeo
lapidoso
pedriscal
áspero
duro (V.)
granítico
desigual
abrupto
árido
desértico (V.)
(V. **pedregal**)
a. *llano*
suave
blando

pedrera
s. pedriza
cantera
pedregal
roquedal
yacimiento (V.)
cantal
cantizal
cascajal
guijarral
morrena
rollar
(V. **piedra**)

pedrería
(V. **joyería**)

pedrisco
s. **granizo** (V.)
pedrisca
piedra
pedrisquero
pedrada

pedriza
(V. **pedregal**)

pedrizo
(V. **pedregoso**)

pedrusco
s. canto
guijarro (V.)
galga (V.)
chinarro
guija
china
(V. **piedra**)

pedúnculo
s. pedículo
rabo (V.)
rabillo (V.)
pezón (V.)
tallo (V.)
apéndice
prolongación
cabillo
palo
pecíolo
filodio

peer-se
(V. **ventosear**)

pega
(V. **dificultad**)
(V. **chasco**)
(V. **paliza**)

pegadizo
s. **contagioso** (V.)
fácil (V.)
s. **gorrón** (V.)
aprovechado
pegote
arrimadizo
cargante
parásito
pelma
convidado
pegajoso
s. **postizo** (V.)
artificial
falso
unido
fingido
agregado
sobrepuesto
superpuesto
añadido
s. **engomado** (V.)
glutinoso
emplástico
grasiento
aglutinante
(V. **pegamiento**)
a. *inmune*
natural
separado
liso
difícil
generoso
munífico
auténtico
seco

pegado
s. **parche** (V.)
pegote
soldado (V.)
emplasto
bizma
s. **confuso** (V.)
pasmado
asombrado
patidifuso
ignorante (V.)

(V. **pegamiento**)
a. *sapiente*
enterado
aclarado

pegadura
(V. **pegamiento**)

pegajosidad
(V. **viscosidad**)
(V. **empalago**)

pegajoso
s. peguntoso
gomoso
untuoso
gelatinoso
craso
viscoso (V.)
adherente
adhesivo
aglutinante
pegadizo
cohesivo (V.)
pringoso
pegante
grumoso (V.)
glutinoso (V.)
mucilaginoso (V.)
grasiento
s. **contagioso** (V.)
comunicativo
pegadizo
infeccioso
vicioso
s. meloso
suave
atractivo
agradable
blando
afectuoso
afable
obsequioso
almibarado
remilgado
melifluo
s. **sobón** (V.)
pelota
pelotillero
pegote
halagador
gorrón
arrimadizo
empalagoso (V.)
chinchorrero
cargante
pesado
lento (V.)
(V. **pegamiento**)
(V. **pegasojidad**)
a. *liso*
despegado
inmune
frío
seco
distante
desagradable
despreocupado

pegamento
(V. **adhesivo**)

pegamiento
s. adhesión
adherencia
unión
cohesión
encoladura
pegadura
enviscamiento
encolamiento
soldadura
consistencia
textura
aglutinación
coherencia
conglutinación

a. *desunión*
separación
despegamiento

pegamoide
s. hule
linóleo
sintasol
plástico
impermeabilización (V.)

pegar-se
s. **adherir** (V.)
aglutinar
unir (V.)
encolar (V.)
engomar (V.)
soldar (V.)
sujetar (V.)
consolidar
superponer (V.)
enligar
enviscar (V.)
engrudar
fijar
apelotonar
apegostrar
s. **coser** (V.)
juntar (V.)
ligar
prender
enganchar
encadenar
fajar
fijar
arrimar
atar
meter (V.)
enlazar
consolidar
prender
emparchar
vincular
lazar
lacrar
clavar
anudar
engrillar
lañar
s. **contagiar** (V.)
infectar
inficionar
contaminar
comunicar
transmitir
s. castigar
maltratar (V.)
zumbar (V.)
zurrar (V.)
apalear
abofetear (V.)
sacudir (V.)
atizar (V.)
asestar
saltar (V.)
tirar (V.)
golpear (V.)
propinar
s. **impresionar** (V.)
afectar
s. **quemarse** (V.)
tostarse
requemarse
soflamarse
rustirse
adherirse (a la cazuela)
s. agregarse
gorronear (V.)
incorporarse (V.)
introducirse
entremeterse
s. **chocar** (V.)
tocar
incidir
herir
s. **prender** (V.)
arraigar

s. **convenir** (V.)
rimar
coincidir
armonizar (V.)
corresponder (V.)
sentar (bien o mal)
s. **aficionarse** (V.)
habituarse
acostumbrarse
s. **chasquear** (V.)
burlar
engañar (V.)
pegársela a uno
(V. **pegamiento**)
a. *desunir*
despegar
separar
soltarse
desprenderse
desligarse
desclavar
desanudar
desenganchar
desvincular
descoser
desencolar
desatar
inmunizar
desinfectar
descontaminar
fijar
limitar
acariciar
mimar
sosegar
dar
ofrecer
entregar
abstenerse
rozar
evitar
desarraigar
discrepar
rechazar
aseverar
evidenciar
confiar

pegata
(V. **estafa**)
(V. **engaño**)

pegote
s. emplasto
pegatoste
apósito
parche (V.)
cataplasma
bizma
chapucería (V.)
empega
pegado
gacheta
oblea
hostia
s. guisote
bodrio
gachas
bazofia (V.)
frangollo
s. gorrista
gorrón (V.)
gorrero
chupóptero
s. **añadido** (V.)
pastiche
(V. **pegamiento**)
a. *manjar*
perfección
desprendido
generoso

pegotear
(V. **invitarse**)
(V. **abusar**)

pegueta
(V. **pejiguera**)
(V. **fastidio**)

pegujal
(V. **peculio**)
(V. **bienes**)

pegujalero
(V. **labrantín**)

peinada
(V. **peinado**)

peinado
s. peinada
tocado (V.)
peinadura
adorno (V.)
arreglo (del pelo)
compostura
cardado
atusamiento
ondulación (V.)
ondulado
permanente (V.)
marcado
rizado
batido
lavado
s. cabello
bucle
rizo
tupé
flequillo
caracol
raya (V.)
crencha
cresta
trenza
tufo
sortija
tirabuzón
chufo
coca
castaña
cerquillo
coleta
copete
quiqui
moño
onda
cola de caballo
carrera
s. **peine** (V.)
batidor
lendrera
caspera
carmenador
secador
tenacillas
rizador
rulo
mediacaña
calamistro
cinta
clip
gancho
diadema
horquilla
peineta

(cont.)

redecilla
sujetador
recogeabuelos
espadilla
crepé
postizo
prendido
lazo
pasador
apretador
fijador
goma
gomina
brillantina
loción
crecepelo
champú
pasador

(V. **pelo**)

peinador
s. **bata** (V.)
batín
mañanita
deshabillé
quimono
salto de cama
toalla (V.)
lienzo

s. **tocador** (V.)

(V. **peine**)

peinar-se
s. batir
cardar
crinar
ondular
marcar
rizar
atusarse
carmenar
repeinar
traspeinar
desenredar
desembrollar
desenmarañar
alisar
acicalar (V.)
limpiar (el pelo)

s. cortar
escarpar (V.)
quitar (piedra)

s. **rozar** (V.)
tocar
besar

(V. **peinado**)

a. *despeinarse*
enredar

peine
s. **carmenador** (V.)
escarpidor
lendrera
batidor
peina
partidor
peinador
canal
peinilla
escureta
estuche
caspera
peinecillo
peineta
zarranja

s. recogeabuelos
carda
rebotadera
almohaza

s. púa
puado
guardilla
forzal

s. **astuto** (V.)
zorro
taimado
ladino
camastrón
peje
pillo
marrajo
travieso
zascandil
perillán

s. empeine

s. cabello

r. Peine encorvado, cabello enhebrado

(V. **peinado**)

a. *torpe*
bobo
honesto
tranquilo
lento

peineta
(V. **peine**)

peje
s. astuto
zorro
pillo
granuja (V.)
desaprensivo
hábil

a. *torpe*
bobo
honrado

pejepalo
(V. **bacalao**)

pejiguera
s. **fastidio** (V.)
dificultad
molestia
incomodidad
cansera
lata
hueso
pesadez (V.)
aperreo
jácara
chinchorrería
calilla
trabajo
trabajera (V.)
impertinencia
engorro
joroba
tabarra
cabronada
pegueta
puñeta

a. *comodidad*
facilidad
amenidad
diversión

pelada
(V. **peladera**)

peladera
(V. **calvicie**)

peladilla
s. **confite** (V.)
china
canto
guija
piedrecilla
alcorza

s. **almendra** (V.)
garrapiñada

s. **guijarro**
pedrusco

pelado
s. **calvo** (V.)
pelón
lampiño (V.)
liso
mondo (V.)
lirondo
rapado (V.)
trasquilado (V.)
despellejado (V.)
morondo
motilón
raso (V.)
recortado (V.)
roso (V.)

s. **mocho** (V.)
desmochado
despojado
árido (V.)
desértico
solitario
solo (V.)
desnudo
descubierto
escueto (V.)
limpio
liso
llano
yermo
inhóspito
claro

s. gastado
raído (V.)
marchito
ajado
usado

s. pelanas
pelón
pelagatos (V.)
pobre (V.)
insignificante (V.)

(V. **peladura**)

s. pelo
número pelado
letra pelada
a grito pelado
bailar el pelado

a. *peludo*
velloso
velludo
fértil
feraz
habitado
nuevo
rico
importante

peladura
s. **mondadura** (V.)
recorte
cáscara
corteza

s. **corte** (V.)
pela
trasquiladura (V.)
trasquilón
pelado
despellejadura (V.)
mesadura
remesón
tonsura
corona
coronilla
descalvación
repelación
rapadura (V.)

s. desmoche
tala (V.)

(V. **pelo**)

pelafustán
s. holgazán
maula
perezoso
gandul
perdido (V.)
vago
desidioso
nadie
don nadie
haragán
dejado
apático
gandumbas
rompehoyos

s. **pelagatos** (V.)
pelanas
desgraciado

a. *trabajador*
activo
dinámico
rico
importante

pelagallos
(V. **pelagatos**)

pelagatos
s. paria
pobrete
pobretón (V.)
miserable
mísero
ruin
vaina
despreciable
insignificante (V.)
pelagallos
pelacañas
pinchauvas
quídam
pelgar
pelafustán
pelón
zarramplín
desvalido
pordiosero

s. **pelado** (V.)
ganapán
don nadie
pelafustán (V.)

a. *rico*
influyente
poderoso

pelagianismo
(V. **herejía**)

pelágico
s. **abismal** (V.)
abisal
hondo
profundo (V.)
oceánico

a. *superficial*

pelaire
(V. **cardador**)

pelaje
s. calaña
índole
jaez
naturaleza (V.)
ralea
cualidad
calidad

estilo
aspecto
traza
pinta
facha
vitola
pergeño
disposición
categoría (V.)

s. **pelambre** (V.)
pelamen

(V. **pelo**)

pelambre
s. pelaje
pelo (V.)
pelambrera
cabello
mechón
melena
guedeja
vedija
vello
pelusa
cerneja
crin
lanas
lanosidad

a. *calvicie*
alopecia

pelambrera
s. **pelambre** (V.)

s. peladera
pelonía
pelona
calvicie (V.)
alopecia (V.)
pelarela
dicocia
caspa
tricomicosis
canicie

s. **tiña** (V.)

(V. **pelo**)

pelamesa
(V. **riña**)

pelanas
(V. **inútil**)
(V. **despreciable**)

pelandusca
(V. **ramera**)

pelantrín
s. **labrantín** (V.)
pegujalero
labradorcillo

pelar-se
s. **rapar** (V.)
trasquilar
cortar (V.)
depilar
motilar (V.)
decalvar
afeitar
entresacar
tonsurar
rasurar (V.)
recortar (V.)
despatillar
repelar (V.)
arrancar (V.)
desmoñar
atusar
alisar
descañonar
desmelenar

s. **desplumar** (V.)
despeluchar

s. **mondar** (V.)
descortezar (V.)
limpiar
descascarar
descascarillar
descamisar
excoriar
rabilar
pilar
desgranar
copinar
descorchar
despellejar (V.)
desollar
desnudar (V.)
escoriar

s. **robar** (V.)
desplumar
desvalijar

s. pelarse uno de fino
ser duro de pelar
pelarse de frío
pelar la pava

(V. **peladura**)

a. *crecer*
cubrir
poblar
espesar

pelarela
(V. **calvicie**)

pelazga
(V. **riña**)

peldaño
s. **escalón** (V.)
escalerón
grada
estribo
paso
huella
grado
sardinel
gualdera
zanca (V.)
escalera (V.)

s. mampirlán
mampelaño
mapernal

pelea
s. **lucha** (V.)
contienda
riña (V.)
combate
tomate
bronca
disputa
melee
batalla
escaramuza
lance
refriega
liza
pugna
pugilato
guerra
altercado
conflicto (V.)
enfrentamiento
enemistad
hostilidad
discordia
desavenencia
rivalidad
enemiga
controversia
discusión
discrepancia
ataque
acometimiento
disgusto
resistencia

(cont.)

s. afán
trabajera
fatiga (V.)
aperreo
trabajo
castigo
ajobo
ajetreo (V.)
esfuerzo
agobio
actividad
dinamismo

a. *paz*
calma
concordia
amistad
avenencia
acuerdo
conformidad
apaciguamiento
simpatía
comprensión
coincidencia
comodidad
facilidad
descanso
sosiego

peleador
s. batallador
luchador (V.)
combatiente
combativo
agresivo
bélico
belicoso
pendenciero (V.)
provocador
ofensivo
camorrista
fanfarrón
chulo
impulsivo
fogoso
alborotador
quisquilloso
susceptible
reñidor
peleón
discutidor
contradictor
peleante

(V. **pelea**)

a. *pacificador*
pacífico
tranquilo
suave
apaciguador

pelear-se
s. batallar
luchar
guerrear
combatir
contender
enfrentarse
reñir (V.)
chocar (V.)
pugnar (V.)
hostilizar
llevar la contraria
habérselas con
hacer armas
entablar polémica
darse de tortas
pegarse
llevarse como perros y gatos

s. oponerse
dominarse
resistir (V.)
vencerse

s. **enemistarse** (V.)
desavenirse
separarse
llevarse mal
regañar (V.)
disputar
indisponerse
agarrarse
pegarse

s. **discutir** (V.)
disentir (V.)

s. sacrificarse
trabajar
esforzarse (V.)
luchar por
afanarse (V.)
matarse
azacanarse
emprender
abordar
meterse en
ponerse manos a la obra
entregarse a un trabajo
activar un asunto
dar impulso a

(V. **pelea**)

a. *pacificar*
apaciguar
amigarse
avenirse
rendirse
concordar
acordar
simpatizar
descansar
holgazanear
inhibirse
asentir
aprobar
coincidir

pelechar
s. **restablecerse** (V.)
mejorar
medrar (V.)
recuperarse
ganar

s. echar el pelo (animales)
echar la pluma

a. *empeorar*
agravarse
perder
despeluchar-se

pelele
s. monigote
muñeco (V.)
juguete (V.)
espantajo
espantapájaros
bausán
títere (V.)
fantoche
polichinela
maniquí (V.)
monicaco
hominicaco
dominguillo
quisling
hombre de paja
robot
autómata

s. **mequetrefe** (V.)
simple
infeliz
desgraciado
inútil
pelagatos

a. *importante*
despierto
inteligente
temperamental

pelendengue
(V. **arrequives**)

peleón
(V. **pendenciero**)

peleona
(V. **riña**)
(V. **borrachera**)

pelerina
(V. **esclavina**)
(V. **toquilla**)

pelete
(V. **pobre**)

peletería
s. industria
manguitería
curtiduría (V.)
tenería
pellejería
adobería
jifería
peletero (V.)

(V. **piel**)

peletero
s. manguitero
pelambrero
curtidor (V.)
zurrador
blanquero
noquero
caninero

s. **peletería** (V.)

(V. **piel**)

pelgar
(V. **pelagatos**)

peliagudo
s. escabroso
difícil (V.)
complicado (V.)
embarullado
apurado
enrevesado
intrincado
endiablado
climatérico
espinoso
embarazoso
laborioso
diestro

s. **sutil** (V.)
apto
hábil
mañoso (V.)

a. *fácil*
sencillo
inútil

pelícano
s. **ave** (V.)
alcatraz
pelicano
platalea
tocotoco

película
s. **piel** (V.)
cutícula
penículo
farfara
telilla
membrana
laminilla
capa (V.)
costra
pellejo
hollejo (V.)
escama
cascarilla
binza (V.)
bizna
nata
tela (V.)
túnica (V.)
lámina (V.)
superficie
cutis

s. **filme** (V.)
fotografía (V.)
cinta
film
documental
no-do
noticiario
reportaje
negativo (V.)
positivo
rollo
guión
argumento
metraje
rodaje
cortometraje
microfilme
largometraje
cinematógrafo (V.)

s. película muda
película sonora o hablada
película en color
película en blanco y negro
película de dibujos animados

a. *endocarpio*
meollo
tuétano

peliforra
(V. **ramera**)

peligrar
s. **periclitar** (V.)
amenazar (V.)
fluctuar
estar en peligro
correr peligro
correr riesgo
verse apurado
pender de un hilo
estar sobre un volcán
estar con el agua al cuello
jugarse la vida
ver las orejas al lobo
dar un mal paso
no estar seguro
estar en un brete
estar con el alma en un hilo
tocar a rebato

s. **arriesgarse** (V.)
desgraciarse
descuidarse
amagar
alarmarse
arriscarse
exponerse
aventurarse (V.)
sacrificarse
dar un traspiés
meterse en la boca del lobo
comprometerse (V.)
venderse
perderse
tentar a Dios
correr un albur
estar en el aire
olerle la cabeza a pólvora
no cantar victoria
tocarle la china
agarrarse a un clavo ardiendo
poner pies en polvorosa
arrojarse al mar

(V. **peligro**)

a. *asegurarse*
garantizar
evitar
eludir
soslayar
rehuir
salvar
superar
sortear
escudar
inmunizar
guardar
proteger
vigilar

peligro
s. **amenaza** (V.)
riesgo (V.)
albur
contingencia (V.)
inseguridad
exposición (V.)
aventura
trance
sacrificio
inminencia
discrimen (V.)
azar
escollo (V.)
ventura
ocasión
vaivén
incertidumbre
avispero
despeñadero
borrasca (V.)
nublado (V.)
dificultad (V.)
aprieto
conflicto
s.o.s.
apuro
imprudencia
alarma
rebato
necesidad
derrumbadero
casualidad
eventualidad
peligrosidad
nocividad (V.)
desgracia (V.)
abocamiento
jaque (V.)
amago
desconfianza
temeridad
osadía
incerteza
inestabilidad
emergencia
tormento de justicia
falta de seguridad
caso fortuito
mala ventura
mal paso
lo desconocido
falta de equilibrio
parte débil

s. correr peligro

r. Peligros no pueden faltar, ni en la tierra ni en el mar ■ Dios nos libre de quien nos acecha ■ A mal camino, darse prisa ■ Huir del peligro es cordura, y no temerlo es locura ■ Donde no hay riesgo, no se gana mérito ■ Cuando el diente va más seguro, topa en duro ■ Del pie a la mano, las lía el más sano ■ Quien ama el peligro perecerá en él

a. *seguridad*
certeza
garantía
evitación
soslayo
superación
confianza
solvencia
inmunidad
custodia
vigilancia
invulnerabilidad
guardia

peligrosidad
(V. **peligro**)

peligroso
s. azaroso
aventurado (V.)
arriesgado (V.)
comprometido (V.)
riesgoso (V.)
alarmante
temible (V.)
apurado (V.)
amenazador
resbaladizo (V.)
climatérico
inseguro
inestable
casual
fortuito
accidental
desventurado
desgraciado
obscuro
turbio (V.)
apretado
incierto
falso
temerario
osado
resbaladizo
quebradizo
vulnerable
espinoso
difícil (V.)
delicado
temeroso (V.)
terrorífico
aterrador
pavoroso
contraproducente
malo (V.)
apurado
contingente
comprometido
expuesto (V.)
grave (V.)
explosivo (V.)
mortífero (V.)
turbulento
violento
irascible
levantisco
aventurero
indeseable
temible
indómito
subversivo
revolucionario
rebelde
tumultuoso
belicoso
querelloso
pendenciero

(V. **peligro**)

(cont.)

a. *seguro*
protegido
pacífico
impune
inmune
cierto
solvente
invulnerable
fácil

pelillo
s. **levedad** (V.)
nimiedad
menudencia
puntillo
fruslería
insignificancia (V.)
susceptibilidad
cojijo
resquemor

s. contrariedad
desazón
enojo
disgusto (V.)

(V. **pelo**)

s. no tener pelillos en la lengua
pararse uno en pelillos
reparar uno en pelillos
echar pelillos a la mar

a. *importancia*
gravedad
contento
agrado

pelilloso
s. puntilloso
picajoso
quisquilloso (V.)
aguafiestas
cojijoso
susceptible
reparón
melindroso (V.)
exigente
delicado (V.)
amargo
cominero

(V. **pelillo**)

a. *indiferente*
importante
descuidado
impasible
tibio
insensible

pelirrojo
s. **taheño** (V.)
barbitaheño
bermejo (V.)

(V. **pelo**)

pelma
s. pelmazo
pesado
lento (V.)
tardo
cachazudo
posma
calmoso
parado
remiso
pachorrudo
torpe
porrón
flemático
calmudo

s. pesado
plomo
chinchorrero
cargante (V.)
molesto
importuno
inoportuno
incordio (V.)
indigesto (V.)
fastidioso (V.)
chinchoso
chinche

s. apretado
aplastado
chafado
comprimido (V.)
maza (V.)
mazacote (V.)
compacto (V.)

(V. **pelmacería**)

a. *activo*
diligente
rápido
oportuno
agradable

pelmacería
s. **fastidio** (V.)
parsimonia (V.)
tardanza
indolencia (V.)
pasividad
posma
pesadez (V.)
lentitud (V.)
roncería
pachorra (V.)
porrería
pelmez

a. *diligencia*
actividad
rapidez
agilidad
amenidad

pelmazo
(V. **pelma**)

pelo
s. **cabello** (V.)
barba (V.)
bigote
pestaña
ceja
vello (V.)
vellosidad
pendejo
pelambrera
pelambre (V.)
pelusa
plumón
mechón
pegujón
pegullón
vedija (V.)
madeja
cerda
ceda
seda
pelotón

s. crin
copete
tusa
valona
barba
pelote
castor
cerneja
calcha
remolino
guedeja
lana
pelaje
tejido (V.)
bucle
caracol
trenza (V.)
coleta
flequillo
cerquillo
tupé
melena
moño (V.)
rizo (V.)
onda
cresta
mata de pelo
patilla
penacho
viejos
tolanos
aladares
casquete
cola de caballo
rebujo
rebullo
sortija
valona
lanosidad
tirabuzón
capa
alpaca
conejuna
porcípelo
postizo

s. rubio
moreno
castaño
cano
rojo
pelirrojo
rubicundo
rufo
taheño
hirsuto
liso
ondulado
rizado
híspido
sedoso

s. **peludo** (V.)

s. **grieta** (V.)
defecto
raya

s. **tris** (V.)
miaja

s. **fibra** (V.)
(madera)
fibrosidad

s. **insignificancia** (V.)
nadería
pequeñez
fruslería

s. pelo de la dehesa
pelo de aire
pelo de camello
pelo de cofre
pelo de Judas
pelo malo
con pelos y señales
no fiarse un pelo
a medios pelos
estar al pelo
buscar el pelo al huevo
ir a contra pelo
cortar un pelo en el aire
echar pelo
montar al pelo
no tener pelos en la lengua
soltarse uno el pelo
tomar el pelo
ser de pelo en pecho
hacerse el pelo
gente de medio pelo
en pelo
no tener un pelo de tonto
ponerse los pelos de punta
echar el mal pelo fuera
encender el pelo
estar en un pelo algo
estar hasta los pelos
lucir el pelo
ni un pelo
tener pelos en el corazón
quitar el pelo de la dehesa
no tocar un pelo de la ropa
cuando la rana críe pelo
sin venir a pelo

a. *calvicie*
alopecia
perfección
importancia

pelón
(V. **pelado**)

pelona
(V. **pelambrera**)

pelonería
s. **miseria** (V.)
pobreza
escasez
penuria
piojería
indigencia
inopia

a. *riqueza*
abundancia
copiosidad

pelonía
(V. **pelambrera**)

peloso
(V. **peludo**)

pelota
s. **bola** (V.)
bala
balón
esfera (V.)
esférico
ovillo (V.)
pelotón
pelotilla

s. **grumo** (V.)
apelotonamiento

s. **ramera** (V.)

s. **juguete** (V.)
juego (V.)
balompié
fútbol (V.)
tenis (V.)
golf (V.)
quiniela
frontón (V.)
ping-pong (V.)
mallo
polo
baloncesto (V.)
balonmano
hockey (V.)
críquet
rugby

s. pala
raqueta
palo
cesta
pelota

s. rebote
revés
volea
saque
tiro
balonazo
pelotazo
bote
falta
gol
tanto
pase
pasavoleo
voleo

s. campo
cancha
frontón
trinquete
pista
estadio

s. estar la pelota en el tejado
no tocar pelota
estar en pelota
devolver la pelota
como una pelota
echarse la pelota

pelotazo
s. balonazo
golpe (V.)
patada
golpazo
impacto

(V. **pelota**)

pelotear
s. señalar
repasar
cotejar
comprobar (V.)
justificar

s. **jugar** (V.)
botar
rebotar
lanzar
rechazar
sacudir
calentar
volver
encolar
dar
recibir
pedir
arrojar

s. **reñir** (V.)
disputar
pelearse
discutir
controvertir
contender

(V. **pelota**)

a. *descuidar*
reconciliarse
convenir
acordar
pacificar

pelotera
(V. **riña**)

pelotilla
(V. **adulación**)

(V. **pelota**)

pelotillero
(V. **adulador**)

pelotón
s. rebullo
grumo (V.)
apelotonamiento (V.)

s. **aglomeración** (V.)
gentío
s. escuadra
cuerpo
grupo (V.)
patrulla
conjunto
unidad
destacamento
avanzadilla
sección
comando

(V. **pelota**)

a. *fluidez*
soledad
vacío

pelouse
(V. **césped**)

peluca
s. pelucón
peluquín
bisoñé
postizo (V.)
añadido
perico
periquillo
cabellera
cairel
añadido
casquete
cabello (V.)

s. riña
reprimenda
amonestación
felpa
filípica
sermón
reprensión (V.)
admonición
metido
regaño
reconvención

(V. **pelo**)

a. *alabanza*
elogio

pelucona
(V. **moneda**)

peluche
(V. **felpa**)

peludo
s. **velludo** (V.)
velloso
peloso
piloso
híspido
crespo
cotudo
lanoso
cerdoso
mechoso
cerdeño
orangután (V.)
oso (V.)
cernejudo
sedeño
grenchudo
pelilargo
pelitieso
melenudo (V.)
lanudo
hirsuto
denso
espeso
enmarañado
barbudo (V.)
patilludo
cerrado
tupido
roso
vellido
cabelludo (V.)

(V. **pelo**)

(cont.)

a. *calvo*
pelado
intonso
barbilampiño
lampiño

peluquería
s. barbería
tocador
salón

s. sillón
espejo
cepillo
peine
navaja
brocha
tijeras
secador
servilleta
bacía
maquinilla
jabonera
peineta
hornillo
alumbre
loción
brillantina
laca
colonia
polvera
tenacillas
suavizador
esponja
vitrina
compresa
jofaina
lavabo
taburete
tohalla
peinador
fijador
crema
redecilla
horquilla
pinzas
bigudí
esmalte
lima
limpiauñas
pulidor
polvos
cosmético
champú

s. afeitada
afeitado
corte de pelo
ondulación
rizado
lavado
manicura
masaje
peinado
enjabonado
tinte
depilación

s. maestro
peluquero (V.)
oficial
manicura
masajista
enjabonador

(V. **pelo**)

(V. **cabello**)

peluquero
s. **barbero** (V.)
fígaro
rapador
rapista
depilador

(V. **peluquería**)

peluquín
(V. **peluca**)

pelusa
s. **envidia** (V.)
celos

s. lanosidad
vello (V.)
pelo
pelillo
pelusilla
bolitas (de la lana)
flojel
tamo (V.)
borra (V.)

a. *caridad*
generosidad
indiferencia
calva

pelvis
s. bacinete
cadera (V.)
cuerpo (V.)
anatomía

s. tronco
anillo óseo
cóccix
sacro
coxal
sínfisis

s. pelvis mayor o falsa
pelvis menor o verdadera

pella
s. pellada
pelota
pegote
masa (V.)
amalgama
bola
bolita
yeso (V.)
amasijo
tiento
galapágo
porción
grumo

s. **aglomeración** (V.)
grupo
multitud
conjunto
muchedumbre

s. montante
importe (V.)
suma
dinero (V.)

a. *escasez*
soledad

pellada
(V. **pella**)

pelleja
(V. **pellejo**)

(V. **ramera**)

pellejería
s. guarnicionería
curtiduría
curtidos (V.)
tafiletería
desolladero
peletería
sobadero
tenería
pelletería

(V. **pellejo**)

pellejero
s. **curtidor** (V.)
guarnicionero
peletero
sobador
zurrador
manguitero
pergaminero
correero
antero
guadamacilero
corambrero

(V. **pellejo**)

pellejo
s. pelleja
piel (V.)
padrastro (V.)
cuero (V.)
vellón
vitela
pergamino
película
orujo (V.)
hollejo
hojuela
cáscara
tela
camisa
piltrafa
parche (V.)
túnica
calucha
fárfara
vaina
tabina
corambre
odre (V.)
brizna
binza

s. **borracho** (V.)

s. quedarse en el pellejo
dejar el pellejo
pagar uno con su pellejo
salvar el pellejo
quitar el pellejo

pellejudo
(V. **arrugado**)

(V. **fláccido**)

pellica
(V. **piel**)

(V. **zamarra**)

(V. **colcha**)

pellico
(V. **zamarra**)

pelliza
s. **zamarra** (V.)
pellico
pellica
pello
cazadora
dormán
guerrera
chaqueta (V.)
chamarreta
chamarra

pellizcar
s. **picar** (V.)
picotear
pizcar
repizcar
cacarañar
mordisquear
pecilgar
coger (V.)
tomar
apretar
agarrar
retorcer (V.)
pinchar
sobar

(V. **pellizco**)

a. *acariciar*
dejar
suavizar

pellizco
s. rapelón
repisco
pulgarada (V.)
sobo
torniscón
pecilgo

s. **miaja** (V.)
pizca (V.)
pizco
chispa
gota
menudencia
trozo
insignificancia
bocadito
polvo (V.)
pelluzgón

s. pellizco de monja

a. *caricia*
suavidad
abundancia

pena, s
s. correctivo
castigo (V.)
sanción
penalidad (V.)
penitencia
corrección
condena
escarmiento
multa (V.)
expiación
punición
justicia
merecido
arresto
presidio
inhabilitación
prohibición
prisión
encarcelamiento
destierro

s. **lástima** (V.)
tristeza (V.)
amargura
desventura (V.)
sufrimiento (V.)
dolor (V.)
congoja
inquietud
cuidado
aflicción (V.)
pesar (V.)
duelo
traspaso (V.)
purgatorio
nostalgia
condenación
llanto (V.)
pesadumbre (V.)
congoja
angustia
tormento
mortificación
zozobra
ansiedad
agonía
ahogo
ansia
zangarriana
via crucis
herida (V.)
flagelo
cruz
cuita
murria
morriña
hiel (V.)
hipocondría
atribulación
añoranza
espina
melancolía
desdicha
desconsuelo (V.)
tribulación (V.)
consternación
desgracia (V.)
saudade
sinsabor
desplacer (V.)
puñalada
punzada (V.)
padecimiento (V.)
clavo
martelo
carga
lacería (V.)
quillotranza (V.)
desabrimiento
quebranto
escozor
lágrima (V.)
píldora
cancamurria
desengaño
llaga (V.)
compasión (V.)

s. molestia
trabajo (V.)
cansancio
cansera
dificultad
agobio
ajobo
mesticia
fatiga (V.)
aperreamiento
ajetreo

s. **duelo** (V.)
velo
luto (V.)
brazalete
crespón (negro)
penacho
penachera
pluma

s. pena accesoria
pena capital
pena aflictiva
pena correccional
pena de daño
pena de la vida
pena leve
pena grave
pena ordinaria
pena pecuniaria
pena del talión
pena negra
pena de muerte
última pena
penas de cámara
a duras penas
allá penas
valer la pena
sin pena ni gloria
pasar la pena negra
pasar las penas del purgatorio
ahogar las penas
so pena de
no merecer la pena
bajo pena de
avivar la pena
pasar pena por algo

a. *perdón*
amnistía
absolución
indulto
olvido
conmutación
alivio
alegría
contento
satisfacción
comodidad
despreocupación
indiferencia

penacho
s. cimera
airón
pompón
plumón
garzota
plumero
pluma (V.)
penachera
remate (V.)
penachuelo

s. **adorno** (V.)
tocado
atavío
aderezo

s. **vanidad** (V.)
soberbia (V.)
engreimiento
ensoberbecimiento

a. *sencillez*
humildad
modestia

penado
s. **condenado** (V.)
preso
delincuente (V.)
recluso
presidiario
forzado
galeote
corrigendo
reo
convicto
prisionero
culpable
acusado
rebelde
criminal
procesado

s. **penoso** (V.)
arduo
trabajoso (V.)
difícil
triste (V.)
acongojado
afligido

(V. **pena**)

a. *absuelto*
inocente
fácil
ligero
alegre
contento

penal
s. procesal
penable
punible
punitivo
patibulario
disciplinado
penitenciario (V.)
disciplinario
criminal

s. **cárcel** (V.)

(V. **penalidad**)

a. *inocente*

penalidad
s. **castigo** (V.)
pena (V.)
condena
penitencia
vindicta
talión
derecho
sanción
censura
apercibimiento
inhabilitación
amonestación
reprensión
correctivo
confiscación
multa (V.)
comiso
prisión
destierro
encierro
encarcelamiento
s. **penuria** (V.)
incomodidad
molestia (V.)
inconveniencia
enojo
fastidio (V.)
mortificación
pejiguera
contrariedad
aflicción
disgusto (V.)
desgracia (V.)
sufrimiento
falta
apuro
padecimiento (V.)
fatiga (V.)
pobreza
miseria
escasez
dificultad
indigencia
insuficiencia
adversidad
abrojo
azote
afán
desventura
malandanza
revés
sinsabor
trabajo
calamidad
contratiempo (V.)
desgracia
fatalidad
infortunio
golpe
odisea (V.)
malaventuranza
valle de lágrimas
vida perra
vida aperreada
(V. **pena**)
a. *perdón*
absolución
indulto
amnistía
premio
gloria
gusto
contentamiento
comodidad
facilidad

penalty
(V. **falta**)
(V. **sanción**)

penante
(V. **penoso**)

penar
s. **castigar** (V.)
multar (V.)
suplicar
matar (V.)
escarmentar
condenar (V.)
s. **padecer** (V.)
sufrir
atormentar
angustiar
aguantar
tolerar
expiar
agonizar
endurar
martirizar
doler
torturar
enfermar
incurrir
lanzar
s. **entristecerse** (V.)
afligirse
angustiarse
apesadumbrarse
s. **ansiar** (V.)
querer
desear vivamente
penar por
(V. **pena**)
a. *premiar*
alegrarse
contentarse
recompensar
perdonar
indultar
amnistiar
rebelarse
desdeñar
rechazar
despreciar

penates
s. **dios, es** (V.)
familia (V.)
lares
manes

penco
s. **caballo** (V.)
jamelgo
jaco
rocín
gurrufero
matalón
cuartago
caballejo
caballería
oblea
s. **torpe** (V.)
holgazán (V.)
vago
despreciable (V.)
inútil
a. *hábil*
ágil
trabajador
activo

pendanga
(V. **ramera**)

pendejo
s. **pelo** (V.)
(del pubis)
vello
cabello
s. **cobarde** (V.)
pusilánime (V.)
calzonazos
infeliz
desgraciado
a. *valiente*
arriscado
audaz

pendencia
s. fullona
reyerta
riña (V.)
contienda
disputa
altercado
pelea
gresca
pelotera
porfía
jollín
jaleo
desorden (V.)
camorra
bronca
batalla
agarrada
alboroto
trifulca
trapatiesta
discusión (V.)
cuestión
pleito
gazapina
rivalidad
debate
querella
oposición
discrepancia
chamusquina
mazagatos
agarrada
a. *acuerdo*
paz
tranquilidad
sosiego

pendenciar
s. **reñir** (V.)
disputar
discutir
contender
altercar
pelear
lidiar
controvertir
malquistar
hostilizar
pleitear
cuestionar
alborotar
debatir
oponer
estar en desacuerdo
armar jaleo
meter cizaña
(V. **pendencia**)
a. *concordar*
entenderse
apaciguarse
pacificar

pendenciero
s. **matón** (V.)
chulo
bravucón
discutidor
provocador (V.)
matasiete
agresivo (V.)
pugnaz
matachín
alborotador
guerrero
belicoso
quimerista
buscarruidos
valeroso
pleitista
comprometedor (V.)
camorrista
reñidor
rijoso
batallador
quisquilloso
soplador
peleante
peleador
contrario
peleón
botafuego
rencilloso
díscolo
bochinchero
refertero
broquelero
desafiante
macarelo
guapo
rajabroqueles
(V. **pendencia**)
a. *manso*
pacífico
tranquilo
corto
tímido
cobarde
suave

pendentif
(V. **colgante**)

pender
s. **colgar** (V.)
pingar
suspender (V.)
pesar
caer
gravitar
cernerse
descender
s. **depender** (V.)
esperar (V.)
tardar
diferir
aplazar
retrasar
demorar
a. *subir*
resolver
anticipar

pendiente
s. colgandero
péndulo (V.)
suspendido (V.)
colgante (V.)
pensil (V.)
péndulo
colgado
s. **suspenso** (V.)
inconcluso (V.)
incompleto
indeciso
inacabado (V.)
indefinido
irresuelto
retrasado (V.)
aplazado (V.)
diferido
infinito
s. **joya** (V.)
arete
aro
zarcillo (V.)
arracada (V.)
roseta
perendengue (V.)
pinjante
verduguillo
gradiente
abridores
s. **cuesta** (V.)
declive
subida (V.)
glacis (V.)
costanera
costana (V.)
terraplén (V.)
abajadero (V.)
rampa (V.)
costana
inclinación (V.)
bajada
desnivel (V.)
costanilla
ribazo (V.)
ladera (V.)
vertiente (V.)
s. vencido
retrepado
recuesto
empinado (V.)
repecho (V.)
resayo
talud (V.)
pino (V.)
escarpado
recto
desnivelado
pendío
ladeado
inclinado (V.)
a. *derecho*
tieso
enhiesto
acabado
completo
suave

pendil
(V. **manto**)
(V. **candil**)

péndola
(V. **péndulo**)
(V. **pluma**)

pendolista
s. escribiente
calígrafo (V.)
pendolario
escribano (V.)
memorialista
amanuense
rotulista
copista

pendón
s. **estandarte** (V.)
guía
bandera (V.)
divisa
insignia
enseña
confalón
grímpola
cataviento
gallardete
flámula
jirón
alán
oriflama
empavesado
s. **holgazana** (V.)
disoluta
licenciosa
prostituta (V.)
s. pendón caballeril
pendón de Castilla
pendón morado
pendón posadero
pendón puñal
pendón y caldera
alzar pendón
seguir el pendón
a. *decente*
honesta
activa
trabajadora

pendonear
s. pindonguear
callejear (V.)
vagar
deambular
errar
holgazanear (V.)
holgar
(V. **pendón**)
a. *encerrarse*
celarse
enclaustrarse
trabajar
activar

pendular
s. oscilante
oscilatorio
fluctuante
basculante
alternativo
variable (V.)
tambaleante
proteico
cambiante
movedizo
bamboleante
(V. **péndulo**)
a. *firme*
fijo
seguro
igual
permanente

péndulo
s. **pendiente** (V.)
péndola
péndula
perpenículo
compensador
regulador
s. varilla
eje
lenteja
badajo
esferilla
s. péndulo sidéreo
péndulo eléctrico
péndulo de compensación
péndulo balístico
péndulo de torsión
péndulo compensado

pene
s. falo
verga
miembro (V.)
(viril)
méntula
genital (V.)
pudencio
pudendo
pica
pijo
picha
polla
pichina
boticario
pilila
pistola
pistolón
pito
aparato
carajo
chorra
cipote
cosa
lapicero
minga
minina
pájaro
pera
s. bálano
haba (V.)
glande
prepucio (V.)
surco balanoprepucial
uretra
s. priapismo
fimosis
a. *vulva*

peneque
(V. **borracho**)

penetrabilidad
s. **penetración** (V.)
accesibilidad
permeabilidad
filtrabilidad
impregnabilidad
diafanidad
transparencia

a. *impenetrabilidad*
salida

penetrable
s. **permeable** (V.)
transparente (V.)
diáfano
translúcido
transluciente
trasluciente
traslúcido
límpido

s. fácil
claro (V.)
comprensible

(V. **penetración**)

a. *impermeable*
incomprensible
difícil
opaco

penetración
s. atravesamiento
penetrabilidad (V.)
inserción (V.)
introducción (V.)
embutimiento
enclavamiento
implantación
empotramiento
encaje
inyección
osmosis (V.)
impregnación
inclusión (V.)
engastamiento

s. **entrada** (V.)
incursión (V.)
irrupción (V.)
correría
infiltración (V.)
invasión (V.)
acceso
progreso
trascendencia (V.)
avance
paso
profundización (V.)

s. talento
sagacidad (V.)
inteligencia
comprensión (V.)
juicio
estudio
criticismo
agudeza (V.)
perspicacia
pesquis
intuición
sutilidad
ingenio
cacumen
discernimiento
imaginación
clarividencia
lucidez

a. *exclusión*
salida
arrancamiento
expulsión
retroceso
torpeza
incapacidad
torpor
estupidez
estulticia

penetrador
s. agudo
inteligente (V.)
sutil
perspicaz
fino
ingenioso (V.)
psicólogo
talentoso
penetrante (V.)
vivo
despierto
psicólogo

(V. **penetración**)

a. *torpe*
romo
ceporro
estulto

penetrante
s. **hondo** (V.)
profundo (V.)
trascendido
abismal

s. afilado
aguzado (V.)
hendiente
puntiagudo

s. fuerte
estrepitoso (V.)
vivo
subido (V.)
desgarrador
estruendoso
agudo (V.)
ensordecedor (V.)
hiriente
elevado
escandaloso
sonante
resonante
gritón
chillón

s. **mordaz** (V.)
perspicaz
inteligente
despierto
vivo
sagaz (V.)
sutil
penetrador (V.)
herida
penetrante
ojos penetrantes

(V. **penetración**)

a. *romo*
suave
bajo
obtuso
superficial
epidérmico
torpe
estulto
tonto

penetrar-se
s. **entrar** (V.)
acceder
ingresar
pasar
irrumpir (V.)
admitir
acoger
introducirse (V.)
adentrar (V.)
invadir
filtrarse
insertarse
internar-se (V.)
colarse

s. **meter** (V.)
embeber
calar
impregnar
clavar
hincar
incidir (V.)
empaparse
infiltrar
invadir (V.)
traspasar
implantar
encajar
empotrar
inserir
incluir (V.)
enclavar
insuflar
engastar
inyectar
montar

s. herir
sentir (V.)
sufrir
afectar (V.)
acusar
recibir
doler

s. intuir
comprender (V.)
profundizar (V.)
ahondar
descifrar
entender (V.)
calar (V.)
distinguir
enterarse
interpretar
augurar
atinar
enfocar
prever
concluir
inferir
deducir
discernir
adivinar
percibir (V.)
conocer
alcanzar
asimilar
percatarse (V.)
darse cuenta
tener ojo clínico
pescarlas al vuelo

(V. **penetración**)

a. *salir*
sacar
expulsar
echar
resistir
arrancar
retroceder
desclavar
desencajar
desmontar
respetar
insensibilizarse
acorcharse
desatinar
errar
equivocarse
desconocer

penicilina
(V. **antibiótico**)

penígero
(V. **alado**)

península
s. peñíscola
quersoneso
penisla
istmo
procurrente
morro
promontorio
cabo
punta

a. *golfo*
bahía
rada
ensenada

penique
(V. **moneda**)

penisla
(V. **península**)

penitencia
s. **mortificación** (V.)
pena
penalidad
castigo (V.)
purgatorio (V.)
azote
disciplinas
flagelo
maceración
austeridad
martirio (V.)
cilicio (V.)
maceramiento
ayuno
oración

s. contrición
atrición
dolor
pesar
arrepentimiento (V.)
enmienda
abrojo
confesión (V.)

s. penitencia
canónica
penitencia
pública
hábito de
penitencia
cumplir la
penitencia
hacer penitencia

a. *alivio*
perdón
condonación
placer
desenfreno
descomedimiento

penitenciar
s. **castigar** (V.)
corregir
condenar
sancionar
encarcelar

s. **mortificarse** (V.)
expiar
disciplinarse
ayunar
orar
macerarse
nazarear
confesar
reconciliar
cumplir la
penitencia

s. oír en confesión
perdonar
absolver
tener manga ancha
ser de manga
ancha
tener buenas
absolvederas

(V. **penitencia**)

a. *perdonar*
indultar
premiar
recompensar
aliviarse
descomedirse

penitenciaría
s. penal
cárcel
presidio
prisión (V.)
correccional

s. tribunal
eclesiástico
dignidad de
penitenciario

penitenciario
s. **penal** (V.)
carcelario
correccional

s. eclesiástico
presbítero
canónigo (V.)
confesor (V.)
director
espiritual
cardenal

(V. **penitenciaría**)

penitente
s. mortificado
confesado
confesando
confesante
magdalena (V.)
arrepentido (V.)
disciplinante
remiso
austero (V.)
flagelado
ayunador
flagelante (V.)
nazareno
cofrade
anacoreta (V.)
santón (V.)
cenobita
eremita
dolorido
contrito
azotado
emparedado
aspado
sacrificado
modesto
costalero
banzo
estante

(V. **penitencia**)

a. *impenitente*
rebelde
mundano
contumaz
recalcitrante

penol
s. **punta** (V.)
extremo
extremidad
verga (V.)
percha
peñol

s. a toca penoles

penoso
s. **duro** (V.)
arduo (V.)
trabajoso
fatigoso (V.)
difícil
incómodo (V.)
laborioso
rudo
costoso
pesado (V.)
ímprobo
intrincado
peligroso
penado (V.)
peliagudo
espinoso
esforzado (V.)
apurado
oneroso
molesto (V.)
ingrato
interminable
insoportable
riguroso (V.)

s. **triste** (V.)
doloroso (V.)
terrible
angustioso
afligido
congojoso
injusto
deplorable
lamentable
irritante
patético
cruel
lacrimoso
penante
desconsolador (V.)
desgarrador
lancinante
luctuoso (V.)
mortal
lastimoso

s. **presumido** (V.)
vanidoso
encopetado
barbilindo
currutaco

(V. **pena**)

a. *fácil*
suave
cómodo
grato
agradable
soportable
tolerable
atractivo
sencillo
alegre
jubiloso
justo
generoso
riente
descuidado
humilde
abandonado
negligente

pensador
s. erudito
filósofo (V.)
sabio

s. reflexivo
pensativo (V.)
absorto
meditabundo
cogitabundo
cogitativo
ensimismado

(V. **pensamiento**)

a. *irreflexivo*
superficial
desinteresado

pensamiento
s. intelecto
inteligencia (V.)
mente (V.)
raciocinio
mentalidad (V.)
reflexión (V.)
razón
especulación (V.)
cogitación (V.)
atención
meditación
ponderación
examen
cerebro
cavilación
mientes
elucubración
consideración
introspección
pienso
juicio
caletre (V.)
pesquis

(cont.)

s. idea
concepto
plan
proyecto (V.)
designio
intención (V.)
programa
aspiración
propósito
intento
bosquejo
concepción
opinión

s. proverbio
frase
máxima (V.)
sentencia
refrán
aforismo
dicho (V.)
adagio
duda
malicia
recelo
sospecha (V.)
conjetura
barrunto
presunción (V.)

s. tener el pensamiento en otra parte
veloz como el pensamiento
no pasarle a uno por el pensamiento
en un pensamiento
encontrarse uno con los pensamientos

r. Los buenos pensamientos, han sido antes buenos sentimientos ■ Mucho vuela el viento, pero más el pensamiento

a. *ofuscación*
desinterés
estulticia
superficialidad
vaciedad

pensante
(V. **pensativo**)

pensar
s. **reflexionar** (V.)
cavilar
meditar (V.)
razonar (V.)
especular (V.)
ponderar
cogitar
excogitar
calcular
considerar (V.)
recapacitar
discurrir (V.)
juzgar
repasar
examinar
observar
preocuparse
ver
rumiar
ahondar
profundizar
elucubrar
creer (V.)
repensar
descabezar
entender
abismarse
ensimismarse
abstraerse
colegir
deducir (V.)
inferir
concebir
concentrarse
deliberar
estudiar
filosofar
descornarse
temer (V.)
torturarse
tantear
presumir
parecer (V.)
presuponer
preconcebir (V.)
digerir
asimilar
entender
opinar (V.)
descrismarse
despestañarse
enfrascarse
inducir
madurar
medir
masticar
penetrar
quillotrar
raciocinar (V.)
reconcentrarse (V.)
recogerse
relacionar
reparar
asumir
devanarse los sesos
romperse la cabeza
consultar con la almohada
dar vueltas a la cabeza
meterse en la cabeza
calentarse los cascos
tener en cuenta
tener en la mente
parar mientes en
tener presente

s. **imaginar** (V.)
idear (V.)
fantasear
planear
proyectar (V.)
bosquejar
inventar (V.)
acariciar
intentar
tratar (V.)
tramar
urdir
fraguar
trazar
concebir
soñar
ilusionarse
premeditar
discurrir (V.)
enfocar
hilar (V.)
tejer (V.)
trastear

s. **sospechar** (V.)
suponer (V.)
recelar
dudar
maliciar
escamarse
olerse

s. **alimentar** (V.)
cebar
dar pienso
sin pararse a pensar
sin pensarlo
dar que pensar
si bien se piensa
dar en pensar
cuando menos se piensa salta la liebre
ni pensarlo
pensar bien de
dar una cosa que pensar

r. Piensa mal y acertarás ■ Piensa mal y te irá bien ■ Pensar no es saber, como mirar no es ver

(V. **pensamiento**)

s. *ofuscar-se*
atolondrar-se
distraer-se
desinteresar-se
inhibir-se
confirmar
confiar

pensativo
s. **reflexivo** (V.)
cogitabundo (V.)
meditabundo (V.)
meditativo
caviloso
ensimismado
concentrado
reconcentrado
contemplativo
discursivo
cabizcaído
pensante
preocupado (V.)
imaginativo
pensador (V.)
sumido

(V. **pensamiento**)

a. *distraído*
atolondrado

penseque
s. **error** (V.)
descuido
ligereza
yerro
omisión
distracción

s. **excusa** (V.)
perdón

a. *cuidado*
atención
meditación
acusación

pensil
s. **pendiente** (V.)
colgante

s. **jardín** (V.)
edén
paraíso
vergel

pensión
s. **retribución** (V.)
asignación
renta (V.)
ingreso (V.)
canon
censo
juro
renta vitalicia
beca
donación
subvención
incongrua
retiro
sueldo
violario
jubilación (V.)
viudedad (V.)
orfandad
supervivencia
subsidio
cesantía
turrón
ayuda

s. **pupilaje** (V.)
hospedaje (V.)
hospedería
casa de huéspedes
residencia
colegio mayor
fonda
pensionado
internado (V.)

pensionado
s. **huésped** (V.)
pensionista
jubilado
rentista
cesante
becario (V.)
pensionario
pasivo
inválido
clases pasivas

s. **internado** (V.)
colegio
seminario

(V. **pensión**)

a. *patrón*
externado

pensionar
s. **jubilar** (V.)
becar
subvencionar (V.)
ayudar
asignar
apensionar
costear (V.)

(V. **pensión**)

pensionista
s. **jubilado** (V.)
rentista (V.)
retirado
inválido
pensionario
subsidiado
subvencionado
becario (V.)

s. **interno** (V.)
alumno
seminarista
pupilo
huésped (V.)
alojado
albergado

s. mediopensionista

(V. **pensión**)

s. *activo*
externo
patrón

pentacordio
(V. **lira**)

pentágono
(V. **polígono**)

pentágrama
s. pentagrama
pautado
rayado (V.)

s. espacio
línea

s. **corchea** (V.)

(V. **música**)

penumbra
s. **obscuridad** (V.)
tenuidad
media luz
crepúsculo
anochecido
eclipse

a. *claridad*
luz
aurora

penuria
s. **escasez** (V.)
carencia
falta
ausencia
insuficiencia (V.)
mezquindad
carestía
cortedad
exigüidad
parvedad

s. **pobreza** (V.)
indigencia
inopia
apuro
necesidad (V.)
hambre
estrechez
desgracia
abandono
indiferencia
desnudez
miseria
desdicha
penalidad (V.)

a. *abundancia*
sobra
demasía
riqueza
opulencia
bienestar

peña
s. peñasco
roca (V.)
peñón
risco
risca
roquedo
tolmo
alcor
morro
pedrusco
cerro
picacho

s. grupo
tertulia
círculo
corro
club
casino
reunión (V.)
asociación (V.)

s. peña viva
ser duro como una peña
dádivas quebrantan peñas

peñascal
s. guijarral
lanchar
pedregal (V.)
pedrera
cascajar
cantal
cantorral
glera
llera
apedreadero
gorronal
roquedal (V.)
canchal
pedriza
cantizal
berrocal
carcabonera

(V. **peña**)

peñasco
s. morro
castro
pedrusco
cabezo
toyo
berrueco
faya
farellón
berrueco
escollo (V.)
promontorio
risco (V.)
vericueto
cancho
cebrero
cerro
pico
peñón
montaña (V.)
monte (V.)
escobio
peñol
galayo
huaico
roquedo
tolmo (V.)
tormo
sierro

(V. **peña**)

peñascoso
s. **rocoso** (V.)
pedregoso
pedrizo
petroso
cascajoso
guijarroso
cantoso
cantalinoso
rupestre
roquero
riscoso
roqueño
escabroso
enriscado
abrupto (V.)

(V. **peña**)

peñola
(V. **pluma**)

peón
s. **peatón** (V.)
transeúnte
caminero

s. infante
soldado (V.)

s. bracero
mozo (V.)
obrero (V.)
trabajador
jornalero
operario
faenero
menestral
asalariado
pilero
manobre

s. peonza
trompo (V.)
perinola
pulga
espigo
moninfla

s. chancho
pieza (ajedrez)

s. **colmena** (V.)

s. peón de albañil
peón caminero
peón de brega

peonada
(V. **trabajo**)

(V. **jornal**)

peonía
(V. **saltaojos**)

peonza
s. **trompo** (V.)
trompón
trompa (V.)
galdrufa
zaranda
bujaína
perinola
moninfla
peón
tanguillo
juguete
giroscopio (V.)

s. travieso
bullicioso (V.)

a. *serio*
grave

peor
s. repero
malo (V.)
malísimo
inferior (V.)
ínfimo (V.)
bajo
vil
detestable
deficiente
execrable
inferior
desdeñable
pésimo
peyorativo

s. peor que peor
tanto peor
cada vez peor

r. Salir de Guatemala y entrar en Guatapeor ■ Ir de Herodes a Pilatos ■ Ir de mal en peor

a. *mejor*
superior
bueno
noble
apreciable

peoría
s. **empeoramiento** (V.)
menoscabo
detrimento
recaída
agravación
degeneración
reclinación

a. *mejoramiento*
mejoría

pepino
s. cohombro
cucurbitácea
planta (V.)
pepe

s. no importar un pepino

pepita
s. **semilla** (V.)
simiente
pipa
hueso
güito
tito (V.)
cuesco
núcleo
corazón

s. **moquillo** (V.)
gabarro
tumorcillo

s. no tener pepitas en la lengua

pepitoria
s. **mezcla** (V.)
batiburrillo
revoltijo
fárrago
caos
embrollo
desorden
maremágnum

s. **guiso** (V.)

a. *orden*
claridad
rectitud
pureza

pepón
(V. **sandía**)

pepona
(V. **muñeca**)

(V. **robusta**)

pepsina
(V. **fermento**)

pequeñez
s. **insignificancia** (V.)
menudencia
peccata minuta (V.)
minucia (V.)
nimiedad
niñada (V.)
chilindrina (V.)
chamuchina
levedad
parvedad (V.)
bagatela
poquedad
palmo
puño (V.)
frusleria
óbolo (V.)
bobada
telaraña (V.)
nadería
pamplina
futileza
bicoca
gurrumina
cominería
trivialidad
brizna (V.)
algo (V.)
átomo
chispa
comina
partícula
pizar
pinta
migaja
mota
polvo
cortedad
exigüidad
falta
escasez (V.)
modestia (V.)
pobreza

s. ruindad
bajeza
mezquindad (V.)
vileza
canallada
miseria (V.)
ridiculez (V.)

s. infancia
parvulez
niñez (V.)

a. *grandeza*
importancia
gravedad
abundancia
demasía
riqueza
copiosidad
nobleza
alteza
vejez
senectud
senilidad
ancianidad

pequeño
s. **diminuto** (V.)
minúsculo
breve
módico (V.)
mínimo (V.)
corto (V.)
escaso (V.)
nimio
menudo (V.)
tamañito
parvo
limitado
meñique
microscópico
reducido (V.)
tenue
desmedrado
fino
flaco
estrecho
manual
portátil
enano (V.)
pigmeo
figurilla (V.)
liliputiense
raquítico
enteco
canijo
poco (V.)
exiguo
insignificante (V.)
insuficiente (V.)
deficiente
irrisorio
delicado
desmirriado
ahogado
chico
tamaño (V.)
débil
homeopático
inapreciable
imperceptible (V.)
ínfimo
infinitesimal
invisible
adimensional
impalpable
justo
recogido (V.)
pobre
ridículo
menor (V.)
minuto
parco
arrancapinos
pituso
títere
bajo
bajito
renacuajo (V.)
gnomo

s. **chico** (V.)
chiquillo
chiquitín
chiquirritín
párvulo
pequeñuelo
pequeñín
chicuilicuatro
chiquilín
chicorrotín
chicorrín
crío
infante
niño
criatura
nene
rorro
gurrumino
galopín
chaval

s. **innoble** (V.)
mezquino (V.)
vil
bajo
ruin (V.)
miserable
mísero

(V. **pequeñez**)

a. *grande*
importante
voluminoso
desmesurado
enorme
ingente
colosal
gigantesco
extenso
vasto
espacioso
inmenso
amplio
desmedido
descomunal
abrumador
aplastante
abundante
exorbitante
inmanejable
desarrollado
fuerte
poderoso
superior
grave
mayor
alto
tremendo
garrafal
astronómico
formidable
mayúsculo
infinito
noble
elevado
viejo
crecido

pera
s. **fruta** (V.)
peruetano
bergamota
ocal
musquerola
mosquerola
abubo
ayugo
pero
cermeña
caruja
perojo
asadero
mosqueruela
pera almizcleña
pero calabacil
pera verdiñal
pera ahogadiza
pera en dulce
como peras en tabaque
dar para peras
pedir peras al olmo
partir peras con uno
poner las peras al cuarto

s. **bombilla** (V.)

s. perilla
barba (V.)

s. **prebenda** (V.)
enchufe
regalo

peraile
(V. **cardador**)

peral
s. **árbol** (V.)
cermeño
avuguero
donguindo
peruétano
paruétamo
bergamoto
guadapero

(V. **pera**)

peralte
s. **desnivel** (V.)
declive
elevación
altura
rampa
inclinación

perantón
s. **mirabel** (V.)
abanico

s. gigante
espingarda
tagarote
cangallo
mocetón (V.)
jayán
pendón
gigantón

a. *enano*
pequeño

percal
s. **tela** (V.)
lienzo
cocó
calicó
percalina

s. ser del mismo percal

percalina
(V. **percal**)

percance
s. ventaja
utilidad
gaje (V.)
provecho
lucro
producto

s. **contratiempo** (V.)
perjuicio
accidente (V.)
peripecia
chasco
avería (V.)
daño
revés
mal
desventura (V.)

a. *desventaja*
facilidad
ventura
beneficio

percatarse
s. **percibir** (V.)
reparar
pillar (V.)
advertir (V.)
considerar
notar (V.)
pensar
observar (V.)
apreciar
conocer
saber
cuidar
distinguir
ver
señalar
establecer
comprobar
penetrar (V.)
captar
caer en
apercibirse
descubrir
despertar
diquelar
pillar
recoger
fijarse
hallar
filar
pescar
enterarse
darse cuenta
echar de ver
pescarlas al vuelo
estar en el ajo
caer en la cuenta
parar mientes
tomar nota
tomar conciencia
no escaparse

a. *ignorar*
desapercibir
inadvertir
descuidar

percebe
s. **escaramujo** (V.)
marisco
cirrópodo
crustáceo (V.)

s. papanatas
tonto (V.)
zoquete
torpe
mentecato

a. *inteligente*
avispado
listo

percepción
s. **sentido** (V.)
impresión
sensación (V.)
aprensión (V.)
aprehensión
imagen
conocimiento
representación
perspicacia
impacto
clarividencia
inteligencia
discernimiento
penetración
comprensión
juicio
apreciación
telepatía
idea (V.)

s. pasión
sentimiento (V.)
dolor
placer
emoción

s. cobro
recaudación (V.)
ingreso
recepción
entrada

a. *indiferencia*
torpeza
pago

(V. **percepción)**

a. *inadvertir*
despreciar
descuidar
ignorar
pagar
ingresar
abonar
dar
distribuir

perceptible
s. **visible** (V.)
apreciable (V.)
inteligible
sensible (V.)
ostensible
observable
audible (V.)
marcado (V.)
pronunciado (V.)
manifiesto
perceptivo
notorio (V.)
conocido
patente
palpable (V.)
aparente
claro

(V. **percepción)**

a. *invisible*
imperceptible

perceptivo
(V. **sensible)**

(V. **inteligente)**

percibir
s. **sentir** (V.)
oír (V.)
tocar
oler
escuchar
gustar
encontrar (V.)
saborear
palpar
ver (V.)
columbrar
distinguir
avistar
avizorar
experimentar
aprehender
notar (V.)
advertir (V.)
observar (V.)
apreciar
descubrir
percatarse (V.)
entrever
divisar
apercibir
establecer
señalar
comprobar
reparar

s. **enterarse** (V.)
conocer
comprender
entender
leer (V.)
saber (V.)
adivinar
discernir
penetrar (V.)
intuir (V.)
interpretar
alcanzar

s. **cobrar** (V.)
tomar (V.)
recibir (V.)
recaudar
recoger
ingresar
recolectar
embolsar
colectar

percibo
(V. **cobro)**

(V. **recaudación)**

percocería
(V. **orfebrería)**

percudido
s. **sucio** (V.)
ajado (V.)
sobado
ajetreado
rozado
gastado
deslustrado
manoseado
arguellado
retestinado
roñoso

a. *limpio*
lustroso
nuevo
reluciente

percudir
s. estropear
ajar (V.)
deslustrar
empañar
marchitar
menoscabar
sobar
manosear
ensuciar (V.)
resobar
aporrear
deslucir
maltratar
arguellar
retestinar

a. *mejorar*
lozanear
limpiar
lustrar
arreglar

percusión
s. golpeo
golpe (V.)
choque
batimiento
golpeteo
tableteo
martilleo
sacudida
embate
topetazo
porrazo
pulsación
tañido (V.)
repercusión (V.)
repiqueteo
martillazo (V.)

percusor
s. martillo
percutor
gatillo
llave
detonador
disparador (V.)

percutir
s. **golpear** (V.)
golpetear
dar
chocar
batir
vibrar
sacudir (V.)
herir
topar
petar
dar
martillar
cutir
vibrar
pulsar
tañir
repicar

(V. **percusión)**

a. *rozar*
acariciar

percutor
(V. **percusor)**

percha
s. perchero
pechero
gancho
clavijero
colgador (V.)
paragüero
bastonero
alcándara
burro
alcándora
galán de noche
tendedero
palo
cetro
varal
verga (V.)
espetera
capero
cuelgacapas
astillero
guindaste
cruz
sostén (V.)
colgadero (V.)

s. cuerda
correa
grúa
cabria
guindaste
guizque
horca
tiracuello
tiracol
charpa

perchar
s. cardar
carmenar (V.)
repasar
escarmenar

perchero
(V. **percha)**

percherón
(V. **caballo)**

perdedor
s. **arruinado** (V.)
quebrantado
damnificado
perjudicado
perdulario
perdidoso
malparado
dañado
fracasado
víctima (V.)
frustrado
desafortunado
infortunado
hundido
menoscabado
siniestrado

(V. **pérdida)**

a. *ganador*
ganancioso
victorioso
triunfante
beneficiado

perder-se
s. dejar
olvidar (V.)
abandonar
extraviar (V.)
traspapelar (V.)
descuidar (V.)
omitir
confundir (V.)
preterir
desatender
malograr
malparar
quebrantar
jugar
desaprovechar
desasimilar
malgastar
dilapidar
derrochar (V.)
caer (V.)
decaer (V.)
inutilizar
derramar
zozobrar
naufragar
decentar
destronar
derrocar
tronar
arruinarse
disminuir (V.)
desperdiciar (V.)
desaparecer
trasconejar
enajenar

s. **deshonrar** (V.)
desacreditar
corromper (V.)
descaminar
pervertir
viciar (V.)
depravar
trastornar
adulterar
deteriorar
destruir
torcer
frustrar
perjudicar
dañar (V.)
descalabrar
arruinar
falsear

s. **deslucir** (V.)
decolorar (V.)
empañar
manchar
desteñir
deslavazar
estropear

s. encoger
mermar
menguar (V.)
achicar
sangrar (V.)
reducirse

s. **empeorar** (V.)
perjudicarse (V.)

s. **extraviarse** (V.)
confundirse (V.)
despistarse
embarullarse
desorientarse (V.)
desviarse (V.)
descarriarse
obcecarse
conturbarse
sobresaltarse
apasionarse
desaparecer
olvidarse
arruinarse (V.)

s. perder los estribos
perder el juicio
perder la razón
perder peso
perder el tiempo
perder la memoria
perder el respeto
perder de vista
perder el compás
perder la vida
perder la calma
perder la cuenta
perder la chaveta
perder el conocimiento
perder la confianza
perder terreno
perder el tino
perder la vergüenza
tener que perder
echarse a perder
no tener nada que perder
no perder ripio
salir perdiendo

(V. **pérdida)**

a. *encontrar*
recuperar
hallar
recobrar
rehacerse
ganar
triunfar
derrotar
vencer
aprovechar
topar
tropezar
regenerar
recordar
cuidar
atender
ahorrar
reponer
aumentar
honrar
purificar
elevar
mejorar
progresar
beneficiar
enriquecer
lucir
aumentar
crecer
calmarse
reencontrarse

perdición
s. **ruina** (V.)
pérdida
perdimiento
destrucción (V.)
caída
daño (V.)
perjuicio (V.)
menoscabo
quiebra
hundimiento
decadencia (V.)
fracaso
bancarrota
descalabro
frustración
fin
revés
desgracia
infortunio
adversidad

s. disipación
descarrión
libertinaje (V.)
vicio (V.)
desarreglo
envilecimiento
desenfreno
desbaratamiento
depravación
desorden
corrupción (V.)
deshonestidad
inmoralidad
extravío (V.)
condenación (V.)

a. *fortuna*
beneficio
premio
éxito
triunfo
regeneración
elevación
esplendor
auge
suerte
moralidad
purificación

pérdida
s. **olvido** (V.)
abandono
desatención
negligencia
descuido
omisión (V.)
extravío (V.)

s. **perjuicio** (V.)
quebranto (V.)
daño (V.)
menoscabo
quiebra (V.)
privación (V.)
carencia
falta
mal (V.)
detrimento
percance
desventaja
malogro
desaparición (V.)
frustración
lesión
varapalo (V.)
yactura (V.)
merma (V.)
ruina (V.)
déficit (V.)
desgaste
derroche
desgracia
deuda
caducidad
prescripción (V.)
desperdicio
calamidad
muerte (V.)

s. destrozo
avería
naufragio
accidente (V.)
siniestro
avería (V.)

s. baja
bajada
escape (V.)
salida (V.)
fuga (V.)
filtración
sangría (V.)
hemorragia

s. pérdidas y ganancias
no tener pérdida algo
no hay pérdida sin queja

r. No se pierde nada, porque lo que uno pierde, otro lo halla

(cont.)

a. *memoria*
recuerdo
vigencia
cuidado
atención
encuentro
recuperación
acopio
ganancia
lucro
beneficio
ventaja
utilidad
provecho
producto
interés
rendimiento
alza
cotización
rehabilitación
riqueza
alta

perdido
s. **libertino** (V.)
perdulario
vicioso (V.)
calavera
extraviado (V.)
juerguista
perdis
degenerado
tarambana
sinvergüenza
inmoral
crápula
crapuloso
mujeriego
jugador
borracho
despilfarrado (V.)
balarrasa
bala perdida

s. **vagabundo** (V.)
despistado
errante
descaminado
pelafustán (V.)
desorientado
fracasado

s. malogrado
irrecuperable (V.)
arruinado (V.)
malparado
descalabrado

s. loco
entusiasmado (V.)
aficionado
apasionado
enamorado

s. ser un perdido
estar perdido por
a fondo perdido
a ratos perdidos

(V. **pérdida**)

a. *virtuoso*
moral
serio
grave
formal
decente
orientado
acaudalado
indiferente

perdidoso
(V. **perdedor**)

perdigar
(V. **preparar**)

(V. **socarrar**) (perdices)

(V. **rehogar**) (perdices)

perdigón
s. grano
plomo
bolita
esferilla
balín
munición (V.)

s. pollo
perdiz (V.)
cría

s. niebla

perdigonada
(V. **disparo**)

perdiguero
(V. **perro**)

perdis
s. **perdido** (V.)
perdulario (V.)
sinvergüenza
calavera
vicioso
chisgarabís

s. *virtuoso*
bueno
honesto

perdiz
s. **ave** (V.)
perdigón (V.)
garbón
igualón
chochín
perdigana
urú
estarna
rey de banda
perdiz real
perdiz blanca
perdiz cordillerana
perdiz patiblanca
perdiz pardilla
perdiz blancal

s. oler a perdiz
perdiz en campo raso
ojo perdiz

s. piñonear
castañetear
alambrear
cuchichiar
ajear
embarrarse
buitrino
buitrón
boezuelo
calderuela
alero
orzuelo

r. En enero, busca la perdiz su compañero ■ La perdiz es perdida si caliente no es comida ■ La perdiz por el pico se pierde ■ Perdiz azorada, medio asada ■ Siempre perdices cansan ■ La perdiz y la camuesa, por Navidad es buena ■ Perdices y frailes, a pares

perdón
s. **absolución** (V.)
remisión
gracia (V.)
indulto (V.)
indulgencia (V.)
merced (V.)
paz (V.)
olvido (V.)
condonación (V.)
remisión (V.)
conmutación
alafia
misericordia (V.)
rehabilitación
exculpación
cuartel (V.)
clemencia
compasión (V.)
amnistía (V.)
generosidad
jubileo (V.)
buen corazón
manumisión
tolerancia
derogación (de una pena)
exculpación
venia (V.)
relevación
parce
primilla

s. con perdón
no tener perdón de Dios

r. Al pecado, perdón; al servicio, galardón ■ El perdón sobra, donde el yerro falta ■ A la primera, perdón; a la segunda, con el bastón ■ Perdón y cuenta nueva

a. *castigo*
inmisericordia
severidad
condenación
represalia
venganza
vindicta
revancha
memoria
desquite
intolerancia
inculpación

perdonable
s. **disculpable** (V.)
justificable
lógico
comprensible
dispensable (V.)
tolerable
razonable
condonable
excusable
explicable
venial (V.)
ligero
remisible

(V. **perdón**)

a. *imperdonable*
irrazonable
inexcusable
grave
incomprensible

perdonador
s. remisorio
absolvente
condonante
perdonante
condescendiente (V.)
comprensivo
generoso
clemente
misericordioso
indulgente (V.)
madraza
padrazo
buenazo

(V. **perdón**)

a. *intransigente*
duro
inmisericorde

perdonar-se
s. **redimir** (V.)
absolver (V.)
indultar (V.)
levantar (V.)
liberar (V.)
condonar (V.)
exonerar
olvidar (V.)
agraciar
eximir
rehabilitar
amnistiar (V.)
borrar
dispensar
exceptuar
comprender
condescender
relevar
remitir (V.)
dispensar (V.)
disculpar
humanizar (V.)
reconciliar (V.)
indulgir
exculpar
disimular
rebajar
tolerar (V.)
levantar el castigo
alzar
consentir
santificar (V.)
pasar por alto
rebajar la pena
poner en libertad
manumitir
sobreseer
hacer la vista gorda
aflojar la cuerda
ser indulgente
tener clemencia
perdonar el hecho
tener manga ancha
pasar por alto
renunciar a un derecho
tener la mano blanda

(V. **perdón**)

a. *castigar*
condenar
reprimir
sentenciar
obligar
vengarse
desquitarse
recordar
resarcirse
cobrarse
acusar

perdonavidas
s. **bravucón** (V.)
valentón
baladrón
chulo
tragahombres
matasiete
jaque
majo
guapo
farfantón
rompeesquinas
baratero
curro
matachín
chulapón
matamoros
capitán araña
terrorista
espantaocho

a. *cobarde*
tímido
pusilánime

perdulario
s. abonado
negligente
apático (V.)
desaliñado
dejado
desastrado
perdido
calavera
perdis (V.)

(V. **perdición**)

a. *diligente*
cuidadoso
virtuoso

perdurabilidad
(V. **eternidad**)

(V. **inmortalidad**)

perdurable
s. estable
duradero (V.)
eterno (V.)
inmortal
imperecedero
sempiterno
perenne
pertinaz
perpetuo (V.)
permanente
perennal
permaneciente
inacabable
inextinguible
indisoluble (V.)
diuturno
fijo

(V. **perdurabilidad**)

a. *pasajero*
perecedero
fatal
transitorio
fugaz
fugitivo
terreno
interino

perduración
(V. **duración**)

(V. **persistencia**)

perdurar
s. **durar** (V.)
permanecer
inmortalizar (V.)
subsistir
mantenerse
continuar
eternizar
perpetuar
vivir (eternamente)
persistir

(V. **perduración**)

a. *acabar*
morir
fenecer

perecear
s. retrasar
dilatar
demorar
aplazar
diferir (V.)
preterir

s. **holgazanear** (V.)
zanganear
haraganear
zascandilear
vaguear
remolonear (V.)
roncear
flojear
mangancear
gandulear
pasar el rato
perder el tiempo
matar el tiempo
tumbarse a la bartola
no dar golpe

(V. **pereza**)

a. *activar*
adelantar
diligenciar
trabajar

perecedero
s. temporal
pasajero (V.)
breve
corto
efímero
fugaz
incierto
caduco
mortal (V.)
frágil
transitorio
precario
corto
vano
marchitable
voladero

s. **necesidad** (V.)
miseria (V.)
estrechez
pobreza

(V. **perecimiento**)

a. *perdurable*
eterno
abundancia
riqueza

perecer-se
s. **morir** (V.)
expiar
terminar
sucumbir
fenecer
diñarla
palmarla
cumplir
caer
finalizar
fallir
declinar
caducar
boquear
cesar
espichar
accidentarse
despichar

s. **decaer** (V.)
enviciarse
ser una ruina

s. **ansiar** (V.)
apasionarse
desear (V.)
suspirar por
anhelar
desvivirse (V.)
morirse por
apetecer
enloquecer por
pirrarse

(V. **perecimiento**)

(cont.)

a. *vivir*
nacer
surgir
salvar-se
regenerarse
desinteresarse
despreciar
desdeñar
rechazar

perecimiento
(V. **fallecimiento)**

peregrinación
s. peregrinaje
viaje (V.)
excursión
andadura
romería (V.)
procesión (V.)
bordonería
periplo
itinerario
travesía
jornada
trayecto
caminata
andanza
aventura
éxodo
cruzada
odisea
emigración
huida
romeraje
vela

s. voto
promesa
penitencia
expiación
martirio
persecución

s. calabaza
concha
bordón
venera
burjaca
burchaca
peche
pechina
cuenco

s. romero
peregrino (V.)

peregrinaje
(V. **peregrinación)**

peregrinante
(V. **peregrino)**

peregrinar
s. **recorrer** (V.)
errar
viajar
vagar
rodar (V.)
andar
caminar
deambular
aventurarse
emigrar
cruzar
sacrificarse

s. **gestionar** (V.)
activar
buscar

(V. **peregrinación)**

a. *abandonarse*
quedarse
holgazanear

peregrino
s. peregrinante
cruzado
penitente
romero (V.)
palmero
velero

s. **viajero** (V.)
viajante
caminante
excursionista
viandante
vagabundo
visitante
turista
emigrante

s. **pasajero** (V.)
(aves)

s. **extraño** (V.)
raro (V.)
exótico
insólito
singular (V.)
especial
extraordinario (V.)
infrecuente
inacostumbrado

s. precioso
primoroso (V.)
perfecto (V.)
excelente
esmerado
delicado

(V. **peregrinación)**

a. *natural*
normal
corriente
vulgar

perejil
s. apiol
condimento (V.)

s. **arrequive** (V.)
adorno
fruslería

perencejo
(V. **perengano)**

perendeca
(V. **ramera)**

perendengue
s. **pendiente** (V.)
colgante
arrequive
adorno
cairel
arete
zarcillo
pelendengue

s. **baratija** (V.)
fruslería
fantasía
friolera
chuchería
minucia
bagatela

s. **moneda** (V.)

a. *importancia*
consideración
valor

perengano
s. fulano
mengano
zutano
perencejo
robiñano

perennal
(V. **perenne)**

perenne
s. perennal
perpetuo (V.)
incesante
continuo (V.)
inmarcesible (V.)
ininterrumpido
inagotable
persistente
permanente
imperecedero
inmortal
eterno
superviviente (V.)
constante
vivaz
inacabable (V.)
incesable

(V. **perennidad)**

a. *pasajero*
fugaz
mortal
transitorio
fugitivo
finito

perennidad
s. **eternidad** (V.)
perpetuidad
inmortalidad
perdurabilidad
continuidad (V.)
permanencia
persistencia
constancia
ininterrupción
pertinacia
estabilidad
fijeza
subsistencia
indestructibilidad
renovación
siempre (V.)
indisolubilidad (V.)

a. *caducidad*
interrupción
intermitencia
transitoriedad

perentoriedad
s. urgencia
prisa
apremio (V.)
premura
acuciamiento
vehemencia
indispensabilidad
apuro
exigencia
determinación (V.)
decisión

a. *lentitud*
pereza
morosidad

perentorio
s. **urgente** (V.)
apremiante (V.)
conminativo (V.)
preciso
terminante
concluyente
apurado
decisivo
definitivo (V.)
imperioso
indispensable (V.)
inminente (V.)
inaplazable (V.)
imperativo (V.)
tajante
cortante
necesario

(V. **perentoriedad)**

a. *dilatorio*
aplazable
indefinido

pereza
s. negligencia
tedio
apatía (V.)
languidez
bausa (V.)
haraganería
morosidad (V.)
roncería (V.)
holgazanería (V.)
inacción
inercia (V.)
inanición
pigricia (V.)
zangarriana (V.)
ocio
quietud (V.)
ociosidad
zanguangada
desidia
descuido
indolencia
indiligencia (V.)
pachorra
galbana
abulia (V.)
dejadez (V.)
tedio
abandono (V.)
molicie (V.)
aplanamiento
modorra
soñolencia (V.)
poltronería (V.)
somnolencia
desaplicación (V.)
calma (V.)
flojera
soñarrera
lentitud (V.)
hobachonería
tuna
gandaya
carpanta
moho (V.)
atonía
acidia
faranga
zanganería
cancheo
arlotería
vagancia (V.)
parsimonia
ignavia
camastronería
apoltronamiento
gandulería
cansera
flojedad (V.)
remolonería
sacudir la pereza

r. Contra pereza, diligencia ■ Tumbada está la pereza y ni a palos se endereza ■ Tras un día de fiesta, otro de pereza ■ Para la pereza, cada día es fiesta ■ La pereza nunca hizo nobleza ■ Pereza, llave de pobreza ■ Contra pereza, tranca gruesa

a. *diligencia*
trabajo
actividad
aplicación
solicitud
agilidad
prontitud
prisa
rapidez
dinamismo
celeridad

perezoso
s. **lento** (V.)
tardo
vago (V.)
poltrón (V.)
roncero (V.)
ocioso
holgazán
haragán
galfarro (V.)
desidioso
desaplicado (V.)
culero
pesado
dormilón (V.)
galbanoso
apoltronado
pachorrero
dejado
pigre
molondro
jergón (V.)
harón
cuartazos
holgón
remolón
remiso
retardado (V.)
arlote
panarra
soñoliento (V.)
galbanero
agalbanado
inútil (V.)
zanguango (V.)
apático (V.)
indolente (V.)
blando
acidioso
zangandungo
ablandabrevas
inerte
abúlico (V.)
dejativo
desmayado
varinazas
vilordo
poncho (V.)
maula
flojo (V.)
candongo
echado
molondro (V.)
pandorga (V.)
badea
badana
calmoso (V.)
rezagado
mandria
ignavo
gandumbas
cimarrón
hobachón
canchero
gandul
follón (V.)
falso
remiso (V.)
remolón

r. El mozo perezoso por no dar un paso, da ocho ■ Los viajes del perezoso, doble trabajoso

a. *activo*
diligente
rápido
aplicado
servicial
dinámico
pronto
trabajador
solícito
expedito

perfección
s. **adelanto** (V.)
progreso (V.)
mejora
limpieza (V.)
mejoramiento (V.)
acabamiento
adelantamiento
impecabilidad (V.)

s. excelencia
bondad
primor
delicaleza
belleza (V.)
finura
garbo
filili
esmero
hermosura (V.)
gracia (V.)
filigrana.

s. **modelo**
prototipo (V.)
meta
adulto
madurez
plenitud
aire
cenit (V.)
colmo (V.)
pureza
ideal (V.)
preciosidad (V.)
refinación (V.)
conclusión (V.)
cumplimiento
sazón (V.)
perfectibilidad
lleno
últimos toques
lo definitivo
cenit
culminación
complemento

r. Sin pero, sólo Dios del cielo ■ No está en lo que se haga presto sino en que se haga bien hecho ■ Lo bien hecho da al oficio honra y provecho

a. *imperfección*
retroceso
estancamiento
defecto
lunar
falta
pero
tacha
lacra
tara
reliquia
demérito
chapucería
anomalía
anormalidad
deficiencia
mácula

perfeccionado
(V. **perfeccionar)**

perfeccionador
s. afinador
progresivo
perfectible
perficiente
perfectivo

(V. **perfección)**

a. *empeorador*
regresivo

perfeccionamiento
s. **mejora** (V.)
mejoría
progreso (V.)
adelanto
desarrollo (V.)
incremento
aumento
corrección
refinamiento
afinamiento
aquilatamiento
procedimiento
retoque
coronamiento
invención
invento
conclusión
beneficio
impulso
toque
complemento
acendramiento

(V. **perfección)**

a. *empeoramiento*
demérito
regresión
retraso
tara

perfeccionar-se
s. **acabar** (V.)
afinar
refinar (V.)
redondear (V.)
pulir
limar (V.)
consumar
culminar (V.)
coronar (V.)
ultimar (V.)
desarrollar
retocar (V.)
terminar (V.)
corregir (V.)
suavizar
beneficiar
mejorar (V.)
dignificar (V.)
progresar (V.)
adornar
perfilar
aprimar
regenerar (V.)
completar (V.)
concluir (V.)
madurar (V.)
sazonar (V.)
puntualizar (V.)
perpulir
sutilizar
aquilatar (V.)
idealizar
embellecer
depurar (V.)
rematar (V.)
hermosear
purificar
acrisolar
retocar
acendrar
adelantar
prosperar (V.)
alambicar
bordar
dar los últimos toques
dar cabo
dar cima
dar la última pincelada
dar la última mano
poner a punto
corregir un defecto
llegar al colmo
dar un repaso
rectificar

(V. **perfección)**

a. *abocetar*
estancarse
detenerse
vaciar-se
estropear
perjudicar

perfectibilidad
s. **defecto** (V.)
imperfección (V.)
tacha
mancha
deficiencia
insuficiencia
carencia
falta

(V. **perfección)**

a. *virtud*
superioridad
suficiencia
abundancia

perfectible
s. mejorable
reformable (V.)
superable (V.)
deficiente (V.)
defectuoso
imperfecto
falto
carente
escaso
insuficiente (V.)
reprochable
atacable
incorrecto
impuro

(V. **perfección)**

a. *imperfectible*
perfecto
abundante
suficiente
irreprochable
puro
correcto
inatacable
rotundo
refinado

perfecto
s. puro
modelo (V.)
clásico (V.)
bello
hermoso
especioso (V.)
correcto
excelente
irreprochable (V.)
inimitable
peregrino (V.)
inigualable
maravilloso
paradigmático
único
maestro
logrado (V.)
admirable

s. **acabado** (V.)
cumplido
lleno (V.)
absoluto
clavado
maduro
hecho
terminado
perfilado (V.)
cabal (V.)
consumado (V.)
sazonado (V.)
finiquito
apurado
cuadrado
redondo

s. ideal
celestial
maravilloso
hermoso
célico
óptimo (V.)
magistral (V.)
divino
fantástico

s. pulido
limpio (V.)
esmerado
intachable (V.)
irreprochable
insuperable (V.)
impecable (V.)
con todo detalle
de buena ley

(V. **perfección)**

a. *imperfecto*
vulgar
incompleto
abocetado
chapucero

perfidia
s. **maldad** (V.)
falacia
deslealtad
traición (V.)
alevosía (V.)
falsedad
insidia
canallada
infidelidad (V.)
maquiavelismo
bellaquería
vileza
intriga
disimulo
perjurio
engaño
apostasía
mala fe
alta traición
prodición
infidencia
disimulo
fingimiento

a. *lealtad*
honradez
sinceridad
nobleza

pérfido
s. infiel
felón (V.)
desleal
traidor (V.)
falso (V.)
perjuro
insidioso
alevoso
traicionero
fementido
desertor
renegado
capcioso
inconfidente
falaz
vil
bellaco
villano
infame
reptante (V.)
trepador

(V. **perfidia)**

a. *noble*
leal
fiel
sincero

perfil
s. lado
silueta (V.)
delineación (V.)
contorno
rasgo
límite
raya
línea
canto

s. **adorno** (V.)
borde
reborde
vivo
trazo (V.)

s. **retoque** (V.)
estilización
remate

s. de perfil
de medio perfil
corromper los perfiles
tomar perfiles
hacer una figura de perfil

a. *frente*

perfilado
s. **completo** (V.)
claro
nítido
limpio
pulcro
formado
esmerado
contorneado
rematado
perfecto (V.)
pulido (V.)
retocado (V.)
preciso (V.)
acabado
detallado

s. **alargado** (V.)
largo
estrecho

(V. **perfil)**

a. *impreciso*
vago
imperfecto
borroso
achatado
ancho

perfilar-se
s. **precisar** (V.)
acabar
detallar
completar (V.)
contornear (V.)
perfeccionar
afinar
rematar (V.)
retocar (V.)
pulir

s. **acicalarse** (V.)
esmerarse
maquillarse
retocarse
emperejilarse
arreglarse
aderezarse
hermosear
engalanar
emperifollar
afeitarse
componerse
rasurarse
ladearse
embellecerse

s. **manifestarse** (V.)
concretarse
aparecer (V.)
sobresalir

(V. **perfil)**

a. *desaliñarse*
desasear
ajar
desaparecer
ocultarse
esconderse

perfomance
(V. **actuación)**
(V. **resultado)**

perforación
s. **taladro** (V.)
agujero (V.)
horadación
orificio
boca
brecha
barrenamiento
horado
boquete
entradero
abertura (V.)
hoyo
orificio
hueco
cavidad
pozo
mina
túnel
foso
trepanación
excavación
atravesamiento
penetración
agujereamiento
trepanación (V.)
profundización
sondeo (V.)
investigación (V.)

a. *taponamiento*
tapadura
cerramiento
oclusión

perforador
s. penetrador
excavador
agujereador
escariador
barrena
fresa
taladro (V.)
broca
trépano
taladradora (V.)
sonda

(V. **perforación)**

perforar
s. **horadar** (V.)
atravesar (V.)
traspasar (V.)
ojetear
trepar
trepanar (V.)
calar
barrenar
profundizar (V.)
agujerear
taladrar (V.)
excavar

(V. **perforación)**

a. *tapar*
taponar
cerrar
ocluir
cegar

perfumado
s. **oloroso** (V.)
fragante (V.)
aromático
bienoliente
embalsamado
balsámico
fumigado
aromatizado
aromado
sahumado (V.)
odorante
aromoso
suave
grato

(V. **perfume)**

a. *apestoso*
nauseabundo
pestilente

perfumador
s. perfumero
perfumista
algaliero
aromatizador (V.)
embalsamador

s. sahumador
pebetero (V.)
pulverizador (V.)
esenciero
fumigatorio
perfumadero
turiferario (V.)
bujeta
poma
junciera
pomo (V.)
incensador (V.)

(V. **perfume)**

perfumar-se
s. **embalsamar** (V.)
aromatizar (V.)
fumigar
embalsamar
sahumar (V.)
aromar
perfumear
algaliar
odorar
oler bien (V.)
incensar (V.)
sublimar
emanar
exhalar

(V. **perfume)**

a. *apestar*
heder
infestar

perfume
s. **fragancia** (V.)
aroma (V.)
lavanda
esencia (V.)
colonia
efluvio
emanación
bálsamo (V.)
olor
sahumerio (V.)
desodorante
agua de rosas
almizcle
flores de olor
buen olor
exhalación
incienso (V.)

a. *hedor*
pestilencia
tufo

perfunctorio
(V. **descuidado)**
(V. **chapucero)**

perfusión
(V. **baño)**
(V. **untura)**

pergamino
s. vitela
cartulario (V.)
piel (V.)
papiro

s. **documento** (V.)
título
nobleza (V.)

s. pergamino de paño
en pergamino

pergeñar
s. **bosquejar** (V.)
preparar
disponer
ejecutar
confeccionar
trazar (V.)
combinar
arreglar
aderezar
organizar
colocar
ordenar
esbozar
concebir (V.)

(V. **pergeño**)

a. *desarreglar*
desordenar
detallar
precisar
concretar

pergeño
s. **aspecto** (V.)
traza
apariencia (V.)
disposición
porte
rasgo
vitola
pergenio
facha
empaque
figura
planta
genio

pérgola
s. emparrado
armazón
galería
jardín (V.)
cenador
mirador
terraza
quiosco
glorieta
techumbre
techado

períbolo
(V. **atrio**)

pericarpio
s. endocarpio
epicarpio
sarcocarpio
mesocarpio (V.)
fruto (V.)

pericia
s. **habilidad** (V.)
maña
maestría (V.)
industria
aptitud
solercia
sabiduría
práctica
agilidad
ingenio
arte
capacidad
soltura
idoneidad
experiencia (V.)
técnica
conocimiento
nitidez (V.)
tacto
tiento
competencia
tino
buenas manos
disposición

s. **estratagema** (V.)
sutileza
trasteo
amaño

a. *impericia*
inutilidad
torpeza
desconocimiento
ignorancia
ineptitud
incapacidad
incompetencia

periclitar
s. **peligrar** (V.)
arriesgar
declinar (V.)
decaer (V.)
caducar
degenerar
menguar
envejecer
hundirse
desvalorizarse
ir a menos
desaparecer

a. *elevar*
subir
renacer
revigorizar
rejuvenecer

perico
s. postizo
tupé (V.)
peluca
tocado

s. **abanico** (V.)
pericón
perantón
paipai

s. sillico
orinal (V.)
tito

s. **papagayo** (V.)
periquito
mariquita

s. juanete
palo (V.)
vela (V.)

pericón
(V. **abanico**)

(V. **danza**)

periferia
s. **circunferencia** (V.)
contorno
perímetro
perfil
derredor

s. aledaños
alrededores (V.)
cercanías
extramuros (V.)
afueras
proximidades
extrarradio
extramuros
suburbios

a. *centro*
corazón
núcleo
meollo
tuétano
medula
foco
ombligo
epicentro
interior

periférico
s. circundante
envolvente
lindante
adyacente
contiguo
limítrofe
vecino
yuxtapuesto
próximo
inmediato
exterior
suburbano (V.)
externo

(V. **periferia**)

a. *interno*
interior
lejano
alejado

perifollos
s. **adorno** (V.)
arrequives
alhaja (V.)
tocado
aderezos
galas
garambainas (V.)
ornamentos

perifonear
s. **transmitir** (V.)
radiar (V.)
propagar
difundir
emitir
divulgar

(V. **perifonía**)

perifonía
(V. **radiotelefonía**)

perífrasis
s. circunloquio
circunlocución
rodeo (V.)
perífrasi
ambigüedad
giro
evasiva
digresión

a. *claridad*
evidencia
sinceridad

perigallo
s. **papada** (V.)
pliegue
pellejo
arruga (V.)

s. **cinta** (V.)
lazo
perifollo

s. **larguirucho** (V.)
cangallo
mocetón
espingarda
pendón
mocetón
tagarote
gigantón
gigante
espigado (V.)

a. *tersura*
estiramiento
rechoncho
enano

perigeo
(V. **órbita**)

(V. **luna**)

perihelio
(V. **órbita**)

(V. **planeta**)

perilla
s. **barba** (V.)
barbilla
mosca
chiva

s. **perinola** (V.)
esferilla
pera
adorno (V.)

s. de perillas

perillán
s. **bribón** (V.)
truhán
pícaro (V.)
astuto
pillo
bellaco
golfo
truchimán
ñiquiñaque
socarrón
gatallón
granuja
marrullero

a. *noble*
bueno
sincero

perímetro
s. contorno
ámbito (V.)
periferia (V.)
exterior
límite
circunferencia
círculo (V.)
derredor
borde
redondez

a. *interior*
centro

perínclito
s. heroico
grande
insigne
inclito (V.)
ilustre
glorioso
excelso
eminente
famoso
relevante

a. *oscuro*
desconocido
vulgar

perineo
s. rafe
torillo
ano (V.)

(V. **cuerpo**)

perinola
s. **perilla** (V.)

s. **peonza** (V.)
guazapa

s. pequeña (mujer)
vivaracho (V.)
(mujer)

perinquina
(V. **antipatía**)

períoca
(V. **argumento**)

(V. **resumen**)

periodicidad
s. tiempo
ritmo (V.)
orden
espacio
curso
transcurso
tracio
lapso
intervalo (V.)
ciclo
serie
etapa
regularidad
puntualidad

a. *salto*
paréntesis
vano

periódico
s. papel
diario (V.)
rotativo (V.)
gaceta (V.)
revista
hoja
ilustración
semanario (V.)
mensual (V.)
suplemento
boletín
órgano
noticiero
monitor
hebdomadario
magazine

s. sección
columna
plana
anuncio
editorial
crónica
artículo
artículo de fondo
información
ecos
ecos de sociedad
sucesos
demografía
reseña
crítica
comunicado
remitido
encarte
inserción
insertación
gacetilla
suelto
colaboración
folletín
necrología
esquela

s. publicar
redactar
colaborar
insertar
inspirar

s. **periodismo** (V.)

s. **periodista** (V.)

s. redacción
administración
suscripción
faja
paquetero
callejero
suplementero
quiosco
gacetero

s. **habitual** (V.)
regular (V.)
alternativo
turnado
fijo
repetido (V.)
asiduo
frecuente
reiterado
normal
recurrente (V.)

periodismo
s. crónica
reportaje
información
noticia
editorial
artículo (V.)
comentario
ensayo
entrevista
gacetilla
fondo
comunicado
anuncio
entrefilete
nota
suelto
remitido
adaptación
adelanto
afiche
alcance
análisis (información)
anécdota
avance
antología
anuncio de apoyo
anuncio principal
añadido
apostilla
entrada
entradilla
arreglo
versión
serial
colaboración
ecos
cartelera
tapagujeros
limosna
rataplán (llamada)
slogan
cita
boletín
bocadillo
boceto
borrador
bosquejo
briefing
canard
bulo
caricatura
carta
colaboración
coloquio
comic
comix
comunicación
condensación
crítica
crónica negra
crónica roja

(cont.)

crónica local
croniquilla
cuento
cuestionario
chiste
delantal
digesto
encuesta
refrito
extracto
flash
folletín
folletón
anónimo
carta al director
obituario
lágrima (necrología)
esquela
picota
perla
libelo
fondo
fotonovela
fotorreportaje
gaceta
gacetilla
glosa
historieta
introducción
leyenda
publirreportaje
mensaje
mentís
miscelánea
noticiario
noticiero
original
panfleto
pasquín
pisotón
plagio
polémica
recensión
relato
relleno
réplica
reseña
resumen
rocambolismo
rumor
serie
serpiente de verano
suceso

s. reporterismo
diarismo
corresponsalía
redacción
circulación
tirada
suscripción
censura
abono
administración
agencia
agregaduría de prensa
antecedentes
embargo
archivo
articulismo
atribución
background
gratificación
cadena de periódicos
campaña
capítulo
cast
publicidad
circulación
cobertura
codificación
código
conferencia de prensa
correspondencia
corresponsalía
crédito
difusión
directorio
distribución
documentación
edición
embargo
exclusiva
fuente
red
futuro
libro de futuro
archivo de futuro
inserción
gabinete
gaceterismo
inserción
intercalación
mass-media
medios de comunicación
mesa de redacción
morgue (archivo necrológico)
propaganda
redacción
registro
reporterismo
rueda de prensa
sección
secuestro
sensacionalismo
amarillismo
amarillo (periódico)
servicio
suscripción
télex
teletipo
tirada
actualidad
tipografía
recuadro
sección
hoja de cierre
roja de estilo
diagrama
cartel
consultorio
enfoque
estilo
género
grafismo
ilustración

s. columna
página (V.)
antetítulo
sobretítulo
cabeza
cabecera
título
letra (V.)
arranque
copete
headline
logotipo
columnaje
columnaria
compaginación
complemento
comprensibilidad
confección
portada
contraportada
cubierta
dibujo
entrega
extraordinario
fascículo
ladillo
suplemento
separata
sumario
tabloide
tijeretazo
titulación
viñeta

s. ahueque
ajuste
letra
calderón
antígrafo
página
rataplán
balón
globo
bandera
banderilla
banda
cintillo
tira
faja
bitácora
bloque
mancheta
marco
recuadro
membrete
montaje
oreja
pase
penacho
percha
picota
pie
rotativo
sábana (formato
falda
faldón
bobina
maqueta
bombo
bombonera
layout (maqueta)
bridge
bruma
bulldog
centimí
epígrafe
epigrafía
escalera
cinta
cliché
clisé
cola
columnaje
cornisa
corte

s. **tipografía** (V.)

s. **periodista** (V.)

s. **periódico** (V.)

periodista
s. director
editor
redactor
colaborador
noticiero
revistero
gacetillero
foliculario
gacetero
diarista
cronista
reportero
plumífero
articulista
currinche
corresponsal
informador
escritor
folletinista
revistero de salón
revistero de toros
repórter
revistero de teatro
crítico
enviado
comentarista
agregado de prensa
autor
firma
anónimo
panfletista
seudónimo
agente publicitario
amarillista
ensayista
asesor
fotógrafo de prensa
auxiliar de redacción
ayudante de redacción
biógrafo
vendedor
codificador
columnista
comentarista
confeccionador
corrector
enviado especial
costumbrista
novel
principiante
diarista
dibujante
distribuidor
entrevistador
eventual
free laacer
fundador
gatekeeper
gerente
humorista
caricaturista
ilustrador
moderador
polemista
portavoz
revisor
revistero
secretario de redacción
subdirector
taquígrafo
diagramador

(V. **periodismo**)

período
s. **fase** (V.)
etapa
lapso (V.
pausa
ciclo (V.)
estado
división
espacio
grado
estadio
época
temporada
campaña (V.)
plazo
duración
tiempo (V.)
extensión
curso
decurso
instante
paso
momento
parte
diuturnidad
tracio
transcurso
edad (V.)

s. **párrafo** (V.)
cláusula
frase (V.)
oración
locución
parágrafo
proposición
enunciado
expresión
discurso (V.)

s. regla
menstruo
menstruación (V.)
mes
menorragia
desopilación
sanguina
evacuación
hemorragia
desove

a. *continuidad*
ininterrupción
menopausia
falta

peripatético
s. aristotélico

s. **ridículo** (V.)
extravagante
absurdo
descabellado
incongruente

a. *serio*
importante
lógico
razonable

peripecia
s. **lance** (V.)
incidente (V.)
ocurrencia
aventura
caso (V.)
accidente
episodio
escena
acaecimiento
caso
suceso (V.)
trance
circunstancia
drama
odisea
desgracia
tragedia

a. *previsión*
providencia

periplo
(V. **circunnavegación**)

peripuesto
s. lechuguino
emperejilado
ataviado
endomingado
compuesto
atildado
pulido
acicalado (V.)
coquetón
currutaco
emperifollado
lamido
enguedejado
pinturero
de punta en blanco
paquete
relamido
dije (V.)

a. *desastrado*
desaliñado
adán
desaseado

periquear
(V. **callejear**)

periquete
s. tris
santiamén
instante
momento
segundo
relámpago
deprisa (V.)
enseguida
rápido
soplo (V.)

a. *lento*
tardo

periquito
s. papagayo
pericón
perico
cotorra
guacamayo
loro
ave (V.)

perisología
(V. **pleonasmo**)

perista
(V. **comprador**)

(V. **robo**)

perístasis
(V. **argumento**)

(V. **tema**)

peristilo
s. **galería** (V.)
columnata
propileo
atrio
pérgola
intercolumnio
crujía
soportal
calustro

peritación
(V. **peritaje**)

peritaje
s. peritación
evaluación (V.)
estimación
valoración
cálculo
informe (V.)
estudio
trabajo
tasa
labor
juicio
opinión
consideración
conocimiento

s. **título** (V.)
técnica
especialización
carrera

perito
s. **técnico** (V.)
experto
especialista
experimentado
capaz
apto
sabio
conocedor
versado
ducho (V.)
competente
idóneo
cursado
corrido
entendido
avezado
inteligente
empírico
catador
tasador (V.)

(V. **peritaje**)

a. *incapaz*
incompetente
inexperto

peritoneo
s. epiplón
membrana
redaño
pliegue
repliegue
cifac
· cifaque
entresijo
vientre (V.)
omento
mesenterio (V.)

s. omental
meseraico

s. paracentesis
laparotomía
peritonitis

peritonitis
(V. **inflamación**)

(V. **peritoneo**)

perjudicado
s. **víctima** (V.)
damnificado
dañado
afectado
lesionado
menoscabado
perdedor
lastimado
castigado
herido
arruinado
desfavorecido

(V. **perjuicio**)

a. *beneficiado*
favorecido
ganancioso
ganador
agraciado

perjudicar-se
s. **dañar** (V.)
damnificar (V.)
lesionar (V.)
menoscabar (V.)
agraviar
quebrantar
baldar
pervertir
arruinar (V.)
sabotear (V.)
afectar
lacrar (V.)
empozonar
desvalorizar
hundir
malear
atropellar
castigar
desgraciar (V.)
descalabrar (V.)
lastimar (V.)
inquietar
sacrificar
desconvenir
desfavorecer
reventar
empeorar
deteriorar (V.)
ajar
perder (V.)
estropear (V.)
destroncar (V.)
fastidiar (V.)
vulnerar
reventar
hacer daño
extorsionar (V.)
querer mal
hacer un mal
tercio
tirar al degüello
ir con mala idea
levantar
calumnias
hacer traición
hacer un flaco
servicio
cortar las alas
embromar
carnear

r. No hay muchos años sin muchos daños ■ No todo año trae daño

(V. **perjuicio**)

a. *beneficiar*
favorecer
perdonar
convenir
respetar
ganar
lucrarse

perjudicial
s. **nocivo** (V.)
dañino (V.)
dañoso
malo (V.)
malsano
insano
deletéreo
mortífero
pernicioso (V.)
lesivo (V.)
nefasto
inadecuado (V.)
negativo (V.)
adverso
contrario (V.)
contraproducente
(V.)
contraindicado
(V.)
perjudicante
agravante
insalubre
pestífero (V.)
maléfico (V.)
infecto
nuciente (V.)
ponzoñoso
enconoso
infernal
desfavorable (V.)
desventajoso (V.)
ofensivo
arruinador
ruinoso (V.)
desaconsejable
inconveniente (V.)
injurioso
calumnioso
hostil
molesto
agravante
funesto
mortal
dañable (V.)
desacertado
desafortunado
desconvenible
suicida (V.)
gravoso
oneroso
fatal
desastroso
catastrófico
damnificador (V.)

(V. **perjuicio**)

a. *beneficioso*
ventajoso
favorable
aconsejable
sano
benigno
salutífero
indicado
salubre
acertado
afortunado
conveniente
útil
fructuoso
provechoso
bueno
saludable
lucrativo
ganancioso
productivo
interesante

perjuicio
s. **daño** (V.)
lesión
maleficio (V.)
menoscabo (V.)
detrimento (V.)
mengua
jugada (V.)
desventaja (V.)
detrimento
inconveniente (V.)
corrupción
contraindicación
(V.)
malparanza
deterioro (V.)
quebranto (V.)
castigo
roncha (V.)
avería
tequio
desgaste
decadencia
nocividad (V.)
descalabradura
(V.)

s. cusca
estropicio
extorsión
malogro
contratiempo (V.)
extravío
pérdida (V.)
estrago
damnificación (V.)
vulneración (V.)
tuerto (V.)
agresión
hostilidad
ofensa
venganza
injuria
sabotaje (V.)
agravio
desprecio
descrédito
zaherimiento
molestia
impedimento
percance
corrupción
accidente
perdición (V.)
desdicha
maldad (V.)
ultraje
calamidad
desastre
catástrofe (V.)
incomodidad
falta (V.)
engorro
murmuración
calumnia
burla

s. sin perjuicio de

a. *ventaja*
favor
bien
beneficio
regalo
conveniencia
acierto
utilidad
provecho
ganancia
lucro
producto
prebenda
momio
canonjía
enchufe
breva
bicoca

perjurar
s. abjurar
jurar (V.)
pecar
prevaricar
incumplir (V.)
falsear
renegar (V.)
traicionar
apostatar
mentir

(V. **perjurio**)

a. *perseverar*

perjurio
s. apostasía
infidelidad (V.)
traición
deslealtad
incumplimiento
(V.)
prevaricación
mentira
falsedad (V.)
prevaricato
retractación
juramento (en
falso)
reserva mental
restricción mental
reticencia
felonía

a. *lealtad*
sinceridad
pureza
perseverancia
juramento

perjuro
s. desleal
traidor (V.)
apóstata
sacrílego (V.)
renegado (V.)
infiel (V.)
perjurador
falso (V.)
incumplidor
relapso

(V. **perjurio**)

a. *fiel*
leal

perla
s. **aljófar** (V.)
margarita
rostrillo
rostrillo grueso
rostrillo menudo
medio rostrillo
medio rostrillo
grueso
medio rostrillo
mejor

s. berrueco
barrueco

s. nácar
madreperla
concha
concha de perla

s. oriente
unión
engaste
asientos
fantasías
cadenillas
hilo de perlas
collar

s. **joyería** (V.)
quilatera
placer
aljofarar
engastar
aquilatar
montar

s. de perlas

r. Las perlas, quien sabe estimarlas es quien debe tenerlas

perlesía
(V. **parálisis**)

permanecer
s. **durar** (V.)
perdurar
mantenerse
conservarse (V.)
subsistir (V.)
pervivir
seguir (V.)
continuar (V.)
estacionarse (V.)
estabilizarse
resistir (V.)
aguantar
sojornar
quedar (V.)
sostenerse
residir
fijarse
habitar
estar (V.)
afincarse
vivir
morar (V.)
establecerse
arraigar
persistir (V.)
perseverar (V.)
aguantar
eternizarse
perpetuarse (V.)
sujetarse
afirmarse
insistir
recordar (V.)

(V. **permanencia**)

a. *abandonar*
pasar
irse
marcharse
rendirse
abdicar
alterar
cambiar
transformar
renovar
evolucionar
variar
transmutar
trasladarse
modificar
revolucionar
rejuvenecer
olvidar
mudar
metamorfosearse
desaparecer
extinguirse

permanencia
s. **duración** (V.)
perduración
perpetuación
perpetuidad (V.)
inmanencia
eternidad (V.)
existencia
persistencia
invariabilidad
inalterabilidad
(V.)
estadía
permansión
estabilidad (V.)
estabilización
estacionamiento
inmutabilidad
constancia
conservación (V.)
tradición
perseverancia
insistencia
quietud (V.)
asiento
morada (V.)
arraigo
sujeción
validez
vigencia
invariación
resistencia
aguante
subsistencia (V.)
afirmación
firmeza
establecimiento
residencia
continuación (V.)

a. *accidentalidad*
transitoriedad
inestabilidad
fugacidad
temporalidad
paso
mutabilidad
cambio
abandono
ausencia
marcha
abdicación
rendición
alteración
renovación
variación
mutación
transmutación
modificación
evolución
revolución
olvido
desaparición
extinción
transición
intermitencia
paréntesis
giro
crisis
altibajo
vicisitud
transformación
inestabilidad
metamorfosis
vaivén
veleidad
interinidad
provisionalidad
fugacidad

permanente
s. persistente
permaneciente
fijo
invariable (V.)
duradero (V.)
inmutable
imperturbable
estable (V.)
indeleble
intacto
inalterable
vivaz
vivo
firme
eterno (V.)
perpetuo (V.)
irreducible
irremediable
incurable
incesante
imborrable

(cont.)

interno (V.)
irrevocable
indisoluble
sempiterno
eviterno
inacabable
inmanente
constante (V.)
continuo (V.)
estático
habitual
crónico
endémico (V.)
arraigado (V.)
perenne
perennal
incesante
indeleble (V.)
inquebrantable
asentado
consistente
continuado (V.)
estático (V.)
estacionario
durable
firme
impermutable
inalterable (V.)
indestructible
subsistente
superviviente
inveterado
sostenido (V.)
seguido (V.)
definitivo
de plantilla

s. ondulación
peinado (V.)
tocado

(V. **permanencia**)

a. *pasajero*
accidental
interino
transitorio
provisional
temporal
fugaz
amovible

permeabilidad

s. **filtración** (V.)
embebimiento
absorbimiento
penetración
absorbencia
empapamiento
resorción
imbibición
inconsistencia
porosidad (V.)
absorción (V.)
ósmosis
exósmosis

a. *impermeabilidad*
rechazo
impenetrabilidad
densidad

permeable

s. **absorbente** (V.)
penetrable (V.)
filtrable
traspasable
embebedor
impregnable
poroso (V.)
esponjado
esponjoso
osmótico
transparente

(V. **permeabilidad**)

a. *impermeable*
tupido
denso
impenetrable
compacto

permisible

s. **permitido** (V.)
autorizado
autorizable
legal
tolerable (V.)
plausible
razonable
lícito (V.)
libre
factible
bueno
realizable
hacedero
posible (V.)
permisivo

(V. **permiso**)

a. *irrealizable*
prohibido
desautorizado
intolerable
ilícito

permisión

(V. **permiso**)

permisivo

(V. **permisible**)

permiso

s. **autorización** (V.)
viabilidad
obediencia (V.)
conformidad (V.)
pase (V.)
otorgamiento
libertad (V.)
consentimiento (V.)
asenso
beneplácito (V.)
plácet
exequátur
carta blanca
venia (V.)
licencia (V.)
condescendencia
recésit (V.)
concesión
aquiescencia
conformidad
pasaporte (V.)
salvoconducto (V.)
visado
pasavante
paso (V.)
connivencia
privilegio (V.)
aprobación (V.)
prórroga (V.)
paciencia
delegación
facultad
anuencia
licitud
poder (V.)
autorizamiento
complacencia
tolerancia (V.)
permisión
fiat
transmisión (V.)
patente
guía
despacho
impetra
dimisorias
navicert
certificado
ejecutoria
alternativa
espaldarazo

s. **vacación** (V.)

a. *negativa*
veto
denegación
impedimento
prohibición
oposición
obstáculo
repulsa
abstención
tabú
interdicción
privación
inhabilitación
trabajo

permitido

s. **consentido** (V.)
legítimo (V.)
tolerado
tolerable
pasado
aprobado
reconocido
otorgado
confirmado
conforme (V.)
ratificado
aceptado
convenido
admitido
comprometido
accedido
de acuerdo
permitidero
permisible (V.)

(V. **permiso**)

a. *denegado*
prohibido
ilegítimo
disconforme

permitir-se

a. **autorizar** (V.)
consentir (V.)
dejar (V.)
desvedar
acceder (V.)
posibilitar
asentir
aprobar (V.)
reconocer
confirmar
otorgar (V.)
facultar
agraciar
concordar
mimar (V.)
contratar
conformar
tolerar (V.)
condescender
desacotar
ajustar
ratificar
confirmar
conceder (V.)
licenciar (V.)
complacer (V.)
ungir
habilitar
visar (V.)
ceder
aplaudir
prometer
ungir
dispensar (V.)
admitir (V.)
garantir
cerrar los ojos
dar carta blanca
aflojar las riendas
hacerse el loco
otorgar poderes
prestarse a
dar suelta
dar pasaporte
dar patente
dejar vía libre

(V. **permiso**)

a. *denegar*
prohibir
vetar
oponerse
impedir
obstar
interceptar
obstaculizar
negarse
rechazar
repeler
inhabilitar
desautorizar
disentir

permuta

s. **cambio** (V.)
trueque (V.)
permutación
conmutación
intercambio
canje (V.)
renovación
rescate
turno (V.)
compraventa (V.)
reciprocidad
retorno
compensación
cambalache
trocamiento
chama
garda
trueco
tracamundana
vuelta
recambio
trapicheo
transferencia

a. *conservación*
fijeza
inmutabilidad

permutable

s. **canjeable** (V.)
cambiable (V.)
intercambiable
negociable
transferible
reemplazable (V.)
renovable
rescatable
permutante
conmutativo
trocante
trocable (V.)

(V. **permuta**)

a. *intransferible*
fijo
inmutable

permutación

(V. **permuta**)

permutar

a. **cambiar** (V.)
canjear (V.)
trocar (V.)
renovar
conmutar (V.)
rescatar
feriar
intercambiar
cambalachear
escamotear
prestidigitar
traspasar
traficar
contratar
conchabar
trujamanear
conchabear
variar
alternar (V.)

(V. **permuta**)

a. *permanecer*
conservar
retener

pernear

s. **patalear** (V.)
patear

s. impacientarse
irritarse (V.)
incomodarse
rabiar

s. fatigarse
cansarse
preocuparse
andar
caminar
gestionar (V.)
activar
aperrearse

a. *descansar*
tumbarse
abandonarse
calmarse
sosegarse

pernera

(V. **pernil**)

(V. **pantalón**)

pernicioso

s. **maligno** (V.)
dañoso
perjudicial (V.)
peligroso
funesto
nocivo
grave
malo (V.)

s. fiebre perniciosa

a. *beneficioso*
favorable

pernil

s. anca
muslo
pata (V.)
cuarto trasero
jamón (V.)
lunada
nalgada (V.)

s. pernera
pantalón (V.)

pernio

(V. **gozne**)

(V. **sabañón**)

pernituerto

s. **zambo** (V.)
cojo (V.)
patituerto
patizambo
torcido
desviado
deforme

(V. **pierna**)

a. *recto*

perno

s. **pasador** (V.)
barra
hierro
varilla
clavija
tornillo (V.)
redoblón
sotrozo
fijador
espiga (V.)
eje
roblón

s. arandela
tuerca
remache

pernoctar

s. posar
dormir (V.)
pasar la noche
hacer alto
parar
pernochar (ant.)
alojarse
trasnochar (V.)
hospedarse
parar
refugiarse
detenerse
retirarse

a. *despertarse*
velar

pero

s. **defecto** (V.)
mancha
mácula

s. **objeción** (V.)
obstáculo (V.)
dificultad

s. **mas** (V.)
aunque
empero (V.)
no obstante
sin embargo
sino que
por más que
a reserva de
bien que

s. poner peros
sin un pero

a. *perfección*
facilidad

perogrullada

s. axioma
evidencia (V.)
verdad (notoria)
grullada

s. **necedad** (V.)
bobada
simpleza
tontería

s. verdad de
Perogrullo

a. *sobreentendido*
reticencia
inteligencia

perogrullesco

(V. **evidente**)

(V. **notorio**)

(V. **vulgar**)

perol

(V. **vasija**)

(V. **caldero**)

peroné
(V. **hueso**)

(V. **pierna**)

peroración
s. conversación
discurso (V.)
charla
razonamiento
conferencia
oración
lección

s. **final** (V.)
epílogo (V.)
conclusión
perorata (V.)

a. *silencio*
exordio

perorante
(V. **orador**)

perorar
s. **hablar** (V.)
declamar
discursear
conversar
charlar
exponer
aleccionar
recitar
entonar
razonar
sermonear
insistir
abogar

s. **suplicar** (V.)
orar (V.)
pedir

(V. **peroración**)

a. *callar*
silenciar
dar
otorgar

perorata
s. lata
sermón
monserga (V.)
matraca
tabarra
insistencia
cháchara
soflama (V.)
alocución
alegato
arenga
razonamiento
peroración (V.)

a. *silencio*
amenidad

perpendicular
s. normal
recto

s. tieso
derecho
eréctil
rígido
vertical
parado
como un palo
como una vela
a plomo

a. *horizontal*

perpendículo
(V. **plomada**)

(V. **péndulo**)

perpetración
s. realización
consumación (V.)
ejecución
intervención
actuación
comisión

a. *abstención*
inhibición

perpetrar
s. **cometer** (un delito)
consumar (un delito)
realizar (V.)
ejecutar
hacer
intervenir
mediar
participar
incurrir
llevar a cabo
incidir

(V. **perpetración**)

a. *abstenerse*
inhibirse

perpetuación
s. perduración
duración (V.)
perdurabilidad
perennidad
eternidad
conservación (V.)
mantenimiento
preservación
prolongación
susbsistencia
pervivencia
persistencia
continuación
continuidad
resistencia
reproducción (V.)
permanencia

s. **conmemoración** (V.)
glorificación
celebración
recordación

(V. **perpetuidad**)

a. *fin*
acabamiento
fugacidad
temporalidad
momentaneidad
transitoriedad
olvido

perpetuar-se
s. **durar** (V.)
perdurar
subsistir
sobrevivir
eternizar
persistir
resistir
permanecer (V.)
conservar (V.)
mantener
alargar
prolongar (V.)
preservar
continuar
seguir
proseguir
inmortalizar
reproducir (V.)
heredar
transmitir
vincular
ir más allá
hacerse crónico
haber para rato
ir para largo

s. celebrar
conmemorar (V.)
glorificar
exaltar
recordar

(V. **perpetuación**)

a. *acabar-se*
desaparecer
morir
olvidar

perpetuidad
s. **eternidad** (V.)
perdurabilidad
inmortalidad
perennidad
perpetuación
infinitud
permanencia (V.)
perduración
pertinacia
memoria
radicación
tradición
continuidad
duración (V.)

a. *mortalidad*
caducidad
olvido
desaparición
provisionalidad
fugacidad
temporalidad
transitoriedad
momentaneidad
interinidad

perpetuo
s. inmortal
eterno (V.)
imperecedero
duradero (V.)
durable
perenne (V.)
perennal
perdurable (V.)
sempiterno
coeterno
eternal
inmarcesible
inmanente
inmemorial
infinito
inagotable
inacabable
interminable
permanente (V.)
incesante
constante
imborrable
indeleble
continuo
indestrutible
persistente
resistente
fijo
estable
pertinaz
vitalicio
inextinguible
eviterno
secular

(V. **perpetuidad**)

a. *caduco*
perecedero
finito
pasajero
efímero
momentáneo
transitorio
interino
fugaz
inestable
volandero
temporal
acabable
mortal
provisional

perplejidad
s. **extrañeza** (V.)
duda (V.)
vacilación
indecisión
titubeo
irresolución (V.)
turbación (V.)
indeterminación
escepticismo
desconcierto
embarazo
sorpresa
desorientación (V.)
escrúpulo
pregunta
dubio
hesitación
confusión (V.)
dilema
suspensión
fluctuación
asombro
apuro
despiste
inseguridad
incerteza

a. *decisión*
seguridad
resolución
certeza

perplejo
s. **irresoluto** (V.)
confuso (V.)
titubeante
dudoso (V.)
vacilante (V.)
desorientado
preocupado
apurado
turbado (V.)
desconcertado (V.)
extrañado (V.)
asombrado
embarazado
sorprendido
irresoluble
indeterminado (V.)
vago
incrédulo
suspenso
aturdido
indeciso (V.)
estupefacto

(V. **perplejidad**)

a. *determinado*
decidido
seguro
resuelto
firme

perquirir
s. indagar
investigar (V.)
escudriñar
examinar
escrutar
buscar (V.)
oler
sondear
examinar
ahondar
olfatear
catar
olisquear
oliscar
huronear
fisgonear
aquilatar
fisgar

(V. **perquisición**)

a. *hallar*
encontrar
descubrir
revelar

perquisición
s. busca
investigación (V.)
indagación
pesquisa (V.)
búsqueda (V.)
sondeo
olfateo
tanteo
reconocimiento
fisgoneo
fiscalización
sonsaca
atención
curiosidad
examen
inspección
escudriñamiento
prueba

a. *hallazgo*
descubrimiento
revelación

perquisidor
s. pesquisidor
investigador
inquiridor
indagador (V.)
pesquisante
buscador
explorador
inquisidor
zahorí
fiscal
sabueso
policía
detective
echadizo
escudriñador
fisgón
inspector
examinador
informador
descubridor
desenvolvedor
escrutador

(V. **perquisición**)

perra
s. chucha
cuza
perro (V.)

s. **rabieta** (V.)
pataleta
llanto
berrinche
corajina
furia

s. **borrachera** (V.)

s. perra chica
perra gorda
soltar la perra
coger una perra

a. *alegría*
contento
sosiego
sobriedad

perrada
(V. **perrería**)

perrera
s. encierro
jaula (V.)
casilla
recinto

s. pesadez
trabajo (V.)
extenuación

s. perra
rabieta (V.)

(V. **perro**)

a. *libertad*
facilidad
comodidad
sosiego
consolación

perrería
s. perrada
jauría (V.)
muta
recova
traílla
treílla
curruca
busca

s. trastada
picardía
jugarreta (V.)
judiada
mala pasada
jugada

(V. **perro**)

a. *nobleza*
bondad

perrero
s. montero
jaleador
echaperros
aperreador
cazador
lacero
canicularío

(V. **perro**)

perro
s. **mamífero** (V.)
perra (V.)
can
canecillo
chucho
quiltro
gozque
dogo
cuz
cachorro
cancerbero
tuso
chusquel
perruno
cadilla
perrezno
cuzco

s. perro de ayuda
perro de busca
perro de ventor
perro de ojeo
perro alforjero
perro bucero
perro de casta
perro faldero
perro rastrero
perro lucharniego
perro ganadero
perro guión
perro de muestra
perro quitador
perro cobrador
perro de caza
perro de Terranova
perro de aguas
perro chino
perro de lanas

(cont.)

perro zorrero
perro raposero
perro jateo
perro de engarro
lebrel
alano
galgo
bulldog
lebrero
chihuahua
lulú
pachón
perdiguero
conejero
jabalinero
zorrero
zarcero
sabueso (V.)
cárabo
blanchete
podenco
mastín
San Bernardo
policía
braco
braquete
dogo
danés
ardero
albarraniego
raposero
jateo
perro de presa
perro japonés

s. morder
ladrar
tarascar
ladrear
latir
hipar
gruñir
grañir
rabiar
arrufarse
cazar
zarcear
buscar
apernar
matear
tocar
portar
zamarrear

s. azuzar
huchear
incitar
enviscar
apitar
jalear
atraillar
destraillar
encarnizar
embozar
acollarar

s. collar
bozal
frenillo
garabato
matacán
zarazas
trabanco
taragallo
moyana
canil
carranca
carlanca
carranza
perrera

s. canino
perruno
canelo
cazador
ventor
ventero
ventoso
venadero
jabalinero
apodencado
galgueño
moloso
atravesado
cachondo
rabioso
careador
barcino

s. **ladrido** (V.)

s. a otro perro con ese hueso
cara de perro
a espeta perros
atar los perros con longaniza
como perros y gatos
morir como un perro
tratar como a un perro
como perro por su casa
más fiel que un perro
llevar una vida de perros

r. El perro y el niño, donde ven cariño ■ Como el perro del hortelano, que ni come ni deja comer ■ Por un perro que maté, me llamaron mataperros ■ Al perro flaco todo se le vuelven pulgas ■ El perro con rabia de su amo traba ■ Perro ladrador, poco mordedor ■ Muerto el perro, se acabó la rabia ■ Perro alcucero, nunca buen conejero

perruno
(V. **perro**)

persecución
s. **seguimiento** (V.)
caza (V.)
perseguimiento
busca (V.)
batida
alcance
carrera
acoso
hostigamiento (V.)
rastreo
acorralamiento
ojeo
cacería
acosamiento
asechanza
arrinconamiento
asendereamiento
pista

s. **importunación**
padecimiento
mortificación (V.)
amenaza
vejación
insistencia (V.)
molestia
repetición
reiteración

a. *abandono*
desistimiento
liberación
huida

perseguido
s. hostigado
seguido
fugitivo (V.)
huido
buscado
acosado
amenazado
acorralado
sitiado
rastreado

s. importunado
vejado (V.)
humillado
apremiado
combatido
expatriado
mortificado

s. **pretendido** (V.)
deseado
intentado
procurado
ambicionado

(V. **persecución**)

a. *libre*
dispensado
eludido
eximido
ensalzado
favorecido
frustrado
rechazado

perseguidor
s. seguidor
rastreador
buscador (V.)
cazador (V.)
acosador
hostigador
ojeador
acechador
vigilante
husmeador
inquiridor
inquisidor
indagador (V.)
investigador
polizonte
policía

s. **azote** (V.)
martillo (V.)
tormento
castigador

(V. **persecución**)

a. *fugitivo*
perseguido
seguido
acosado

perseguimiento
(V. **persecución**)

perseguir
s. **hostigar** (V.)
dispersar (V.)
cazar (V.)
montear
acosar (V.)
seguir (V.)
asenderear
husmear
ojear
buscar (V.)
rastrear (V.)
apretar
afanar
abacorar
hostigar
acechar
alcanzar
estrechar
arrinconar
acometer
acorralar
correr (V.)
asenderar
correr en pos
seguir la pista
buscar el bulto
pisar los talones
echar tras
dar caza
no dejar ni a sol ni a sombra
seguir los pasos

s. **pretender** (V.)
proseguir
continuar
desear
aspirar a
perseverar (V.)
no cejar
tener tesón

s. apremiar
importunar (V.)
excitar
atormentar
abrumar (V.)
molestar (V.)
amenazar
provocar
irritar
fatigar
oprimir
humillar
vejar
maltratar
expatriar
aprisionar

s. **insistir** (V.)
repetirse (V.)
renovarse
reiterarse

(V. **persecución**)

a. *abandonar*
dejar de
desistir
desinteresarse
ceder
cejar
salirse
huir
escapar
liberar
sosegar
calmar
cuidar
mimar
ensalzar

perseverancia
s. **permanencia** (V.)
constancia (V.)
firmeza
entereza
lealtad (V.)
voluntad (V.)
porfía
obstinación (V.)
persistencia
apego
asiduidad
insistencia (V.)
intransigencia
decisión
tenacidad
tesón (V.)
tranquilidad
duración
paciencia (V.)
diuturnidad
contumacia
terquedad
tozudez

a. *desistimiento*
inconstancia
negligencia
apatía
dejadez
abandono
veleidad

perseverante
s. **constante** (V.)
firme (V.)
incansable
consecuente
paciente
férreo
tesonero (V.)
asiduo
durable
persistente
empeñoso
insistente
resistente
voluntarioso (V.)
leal
sufrido
porfiado
resuelto
contumaz
permanente
tenaz (V.)
cumplidor
aplicado
laborioso (V.)
trabajador
infatigable
obstinado
animoso

(V. **perseverancia**)

a. *inconstante*
negligente
desaplicado
vago
versátil
descuidado
débil
veleidoso
veleta
mudadizo
cambiante

perseverar
s. **persistir** (V.)
insistir (V.)
reservar (V.)
repetir (V.)
reiterar
machacar
remachar
seguir (V.)
proseguir
continuar (V.)
permanecer (V.)
resistir
mantener
reanudar
sostener (V.)
obstinarse (V.)
emperrarse
luchar (V.)
aplicarse
entregarse a
perseguir
prolongar
extender
durar
perpetuar
esperar (V.)
encastillarse
aguantar
llevar adelante
no volver la cara
tener constancia
mantenerse en sus trece
no volverse atrás
remover Roma con Santiago
sacar de debajo de tierra

(V. **perseverancia**)

a. *abandonar*
desistir
dejar de
flaquear
descuidar
desinteresarse
salirse
negligir
desalentarse
desanimarse
descorazonarse
desertar

persiana
s. **celosía** (V.)
cortina (V.)
toldo
enjaretado
corredera
cancel
rejilla
contraventana

s. tablillas
cuerda
garrucha
cadenilla
cinta
fleje
guía
manivela
tambor

s. persiana veneciana
persiana enrollable
persiana de tablillas móviles

persignar-se
s. **cruzar** (V.)
santiguarse (V.)
signar

s. hacerse cruces
admirarse (V.)
extrañarse
sorprenderse
pasmarse

persistencia
s. **constancia** (V.)
continuidad
continuación
permanencia
insistencia (V.)
asiduidad
tenacidad (V.)
perseverancia
resistencia
pertinacia (V.)
contumacia
ahínco
resolución
decisión
firmeza
tesón
perpetuación
perduración
perennidad
inmortalidad
pervivencia
eternidad
voluntad (V.)
inmutabilidad
paciencia

s. erre que erre
hala, hala
dale que dale

a. *abandono*
inconstancia
desistimiento
volubilidad
versatilidad
fugacidad
interrupción
dejadez
indecisión

bicho viviente
alma
alma viviente
prójimo
semejante
un tal
un tercero
Fulano (V.)
Mengano
Zutano
Perengano
Perico el de los palotes
cristiano
habitante
mortal
huésped
sujeto
prójimo
vecino
los nacidos
generación
público
auditorio
gente
gentío
muchedumbre
plebe
vulgo
tribu
horda
cábila
cáfila
pandilla
chusma

persistente

s. **insistente** (V).
tozudo
obstinado (V.)
terco
paciente
tenaz
constante (V.)
recalcitrante
perenne
testarudo
pertinaz
eterno
continuo

(V. **perseverante)**

(V. **persistencia)**

a. *inconstante*
voluble
dejado
caprichoso
abandonado

persistir

s. continuar
seguir (V.)
proseguir
permanecer (V.)
subsistir
sobrevivir
mantenerse
eternizarse
inmortalizarse
durar (V.)
perdurar
insistir (V.)
repetir
pervivir
perseverar (V.)
renovarse
aguantar mecha
tener aguante
tener paciencia
tener tesón

s. empeñarse
emperrarse
entregarse a
aplicarse (V.)
hacer hincapié

(V. **persistencia)**

a. *renunciar*
cejar
desistir
abandonar
vacilar
fluctuar
dejar de variar

persona

s. ser humano
hombre (V.)
mujer (V.)
individuo
alguien (V.)
criatura
ser
humano
particular
quisque
quídam
sujeto (V.)
sursum corda

s. **feto** (V.)

s. **raza** (V.)

s. **personaje** (V.)

s. persona humana
persona jurídica
persona grata
persona social
persona torpe
persona agente
primera, segunda, tercera persona
de persona a persona
hacerse uno persona
en persona

s. aceptar personas
ser una mala persona
no ser persona

r. A persona beoda no fíes tu bolsa

a. *nadie*
cosa
objeto
efecto
útil
animal

personaje

s. **ilustre** (V.)
figura (V.)
lumbrera
personalidad (V.)
notabilidad
eminencia (V.)
portento
héroe
dignatario
patricio
espadón (V.)
figurón
notable (V.)
magnate
optimate
primate (V.)
señor
señorón (V.)
prohombre (V.)
prócer (V.)
archipámpano
sursum corda
gente gorda
gobernante

s. **actor** (V.)
protagonista
galán
héroe
papel (V.)
comediante
cómico
figurante
intérprete

s. ser
individuo
persona (V.)

a. *nadie*
vulgar
desconocido

personal

s. **subjetivo** (V.)
propio (V.)
particular
singular
privado
privativo
individual
peculiar
original
característico
íntimo
interno (V.)
exclusivo
típico (V.)
representativo
distintivo
único
sólo
inconfundible
diferente
distinto
unipersonal (V.)

s. empleados
trabajadores
obreros
nómina
servicio
servidumbre
gente
cuadrilla
cuerpo
dotación (V.)
elenco
reparto
escuadra
equipo (V.)
plantilla (V.)
tripulación
escalafón

(V. **persona)**

a. *general*
común
objetivo

personalidad

s. **identidad** (V.)
idiosincrasia
carácter (V.)
temperamento
naturaleza
individualidad (V.)
sello
índole
distintivo
particularidad (V.)
detalle
diferencia
temple
genio
calidad
astro (V.)
estilo
subjetividad
manera
modo
solera (V.)
notabilidad (V.)
originalidad (V.)

s. **filiación** (V.)
identificación
señas
ficha
datos
referencias
antecedentes
estado civil

s. **personaje** (V.)
notabilidad

(V. **persona)**

a. *vulgaridad*
adocenamiento
apocamiento
desconocimiento

personalismo

(V. **egoísmo)**

personalista

(V. **egoísta)**

personalizar

(V. **personificar)**

personarse

s. **reunirse** (V.)
avistarse

s. presentarse
comparecer (V.)
avistarse
entrevistarse
apersonarse
descolgarse
ubicar
acudir (V.)
asistir
aparecer
visitar
asomarse
hacerse presente
exhibirse
introducirse

(V. **persona)**

a. *esconderse*
ocultarse
desaparecer
ausentarse

personería

s. personalidad
capacidad (V.) (legal)
representación (legal)

a. *incapacidad*

personificación

s. **individualización** (V.)
encarnación (V.)
representación (V.)
materialización
símbolo (V.)
iconología
imagen
incorporación
idea
figura
expresión
prosopopeya

a. *abstracción*

personificar

s. **individualizar** (V.)
personalizar
representar
encarnar
incorporar
particularizar (V.)
simbolizar (V.)
figurar
materializar

s. **aludir** (V.)
citar
insinuar

(V. **personificación)**

a. *abstraer*
omitir

perspectiva

s. **representación** (V.)
configuración
proyección (V.)
programa (V.)
proporción
escorzo
escorzado
anamorfosis
plano
figura
disposición
geometría (V.)
estereografía
superficie
dimensión

s. **distancia** (V.)
lejanía
alejamiento
degradación
óptica

s. **paisaje** (V.)
espectáculo
vista
relieve
visión (V.)
escenografía

s. **aspecto** (V.)
apariencia
traza
probabilidad (V.)
posibilidad
contingencia
eventualidad
matiz
fase

s. **futuro** (V.)
faceta

s. perspectiva lineal, cónica o central
perspectiva axonométrica
perspectiva caballera
perspectiva isométrica
perspectiva aérea

s. tener en perspectiva

perspicacia

s. **agudeza** (V.)
astucia
ojo (V.)
pesquis (V.)
vista (V.)
previsión
pupila
olfato
perspicacidad
sutilidad
sagacidad (V.)
visión (V.)
talento
ingenio
discernimiento
entendimiento
inteligencia (V.)
lucidez
intuición
perceptibilidad
percepción
finura
paladar
imaginación
penetración
matrería (V.)

a. *torpeza*
bobería
necedad

perspicaz

s. **agudo** (V.)
sagaz (V.)
fino
ingenioso
sutil
penetrante
inteligente (V.)
listo
águila
lince
clarividente (V.)
profundo
despierto
vivaracho (V.)
precoz
avispado
talentudo
zahorí (V.)
lépero
caladizo
chispeante
penetrador
instintivo (V.)
refinado
despejado
matrero (V.)
vidente
genial
lúcido
intuitivo

(V. **perspicacia)**

a. *torpe*
necio
obstuso

perspicuidad

s. **claridad** (V.)
transparencia (V.)
nitidez
limpieza
tersura
franqueza
sinceridad
llaneza
sencillez
precisión (V.)
sobriedad
exactitud
justeza

a. *ambigüedad*
confusión
inexactitud
vaguedad

perspicuo

s. **claro** (V.)
transparente (V.)
terso
manifiesto
sencillo
sobrio
preciso (V.)
evidente
conciso
inteligible (V.)
comprensible
exacto
justo
aclaratorio
concreto
propiamente dicho
con las palabras justas
con los puntos sobre las íes

(V. **perspicuidad)**

a. *confuso*
enigmático
difuso
vago
incompatible

persuadir-se
s. **convencer** (V.)
impresionar
obligar
seducir (V.)
fascinar
mover
sugestionar
quebrantar (V.)
arrastrar
argumentar
inducir (V.)
demostrar
inspirar
inculcar
subyugar (V.)
hechizar
imbuir (V.)
sugerir
encasquetar
decidir
catequizar (V.)
inclinar
aconsejar (V.)
requerir
traer (V.)
exhortar
reducir
captar
prevenir
vencer
infiltrar-se
influir
asegurar
mostrar

s. abrir brecha
llevar ideas
meter en la cabeza

s. abrir los ojos
sacar del error
poner delante de los ojos
poner a la vista
dejarse llevar de
pesar en el ánimo
ejercer influencia
tener predicamento

(V. **persuasión**)

a. *dudar*
disuadir
desengañar
fracasar

persuasión
s. **convicción** (V.)
convencimiento (V.)
sugestión
certeza
demostración
prueba
atracción
argumentación
afirmación
captación
incitación
razonamiento
evidencia
explanación
exhortación
coacción
consejo (V.)
sugerimiento

s. **influencia** (V.)
labia
fascinación
ascendiente
hechizo
predicamento
seducción
ascendiente
elocuencia (V.)
proselitismo
influjo
persuasiva

s. aprehensión
juicio
aprensión
inducción (V.)

a. *duda*
ineficacia
disuasión
fracaso
frustración
desengaño

persuasivo
s. **convincente** (V.)
sugestivo
sugestionador
elocuente (V.)
contundente (V.)
catequizador
convencedor
exhortatorio
suasorio
sutil
subyugante
persuasor
seductor (V.)
persuadidor
convencido
eficaz
influyente
convicto
más blando que la cera
palabritas mansas
seductor
determinante

(V. **persuasión**)

a. *contraproducente*
ineficaz
disuasivo

persuasor
(V. **persuasivo**)

pertenecer
s. **corresponder** (V.)
atañer
tocar
incumbir
caber (V.)
alcanzar
concernir (V.)
respectar
referirse
afectar (V.)
recaer
revertir
parar
caer
adjudicar
importar
competer
conectarse
vincularse

s. **ser** (V.) de
integrar
poseer (V.)
depender
acatar
subordinarse
sujetarse
someterse

(V. **pertenencia**)

a. *desligarse*
librarse
desposeer

perteneciente
s. **correspondiente** (V.)
tocante
concerniente (V.)
referente
relativo
atañedero

s. **propio** (V.)
patrimonial
inalienable
dominical
solariego
apropiable

(V. **pertenencia**)

a. *ajeno*
indebido
impropio
extraño

pertenencia
s. dominio
propiedad (V.)
apropiación
copropiedad
nuda propiedad
adquisición
donación
participación

s. hacienda
renta
bienes
título
juro
riqueza (V.)
ahorro
herencia
usufructo
capital
posesión (V.)

s. concesión
pertenecido
arrugia

s. dependencia
accesorio
complementario

a. *expropiación*
pobreza

pértiga
s. **vara** (V.)
palo
pértica
mástil
bastón
percha
rama
asta
caña
cayado
bichero (V.)
arpeo
gancho
trole (V.)
garrocha
pica
cloque
garlocha
pinga
sacaliña
tiquín
gavilán
berlinga
saltadero (V.)

pertiguero
(V. **eclesiástico**)

pertinacia
s. **obstinación** (V.)
terquedad
contumacia
testarudez
tozudez
renuencia
porfía
empeño
tenacidad
tesón
persistencia (V.)
proterva
cabezonería
resistencia

s. **duración** (V.)
permanencia
subsistencia

a. *negligencia*
resignación
variabilidad
abandono
desistimiento

pertinaz
s. terco
tozudo
obstinado (V.)
porfiado
contumaz
recalcitrante (V.)
impertinente
temático
férreo
rebelde (V.)
tieso
testarudo
renuente
reacio
porfión
protervo
porfiador

s. persistente
duradero (V.)
permanente
perdurable
resistente

(V. **pertinacia**)

a. *inconstante*
voluble
variable
efímero

pertinencia
s. **oportunidad** (V.)
conveniencia (V.)
adecuación
congruencia
coyuntura
sazón
conformidad (V.)
aptitud
eficacia
propiedad
puntualidad

a. *inoportunidad*
inconveniencia
incongruencia

pertinente
s. **conveniente** (V.)
oportuno (V.)
apropiado
conforme
propio
congruente
apto
adecuado (V.)
debido
puntual

s. **referente** (V.)
concerniente
perteneciente
correspondiente
relativo
tocante
conducente
a propósito
concomitante
conectado
relacionado

(V. **pertinencia**)

a. *incongruente*
impertinente
inoportuno
inconveniente
ajeno
extraño

pertrechar-se
s. abastecer
proveer (V.)
habilitar
preparar
equipar
ofrecer
dotar
aprovisionar
aparejar
surtir
proporcionar
avituallar
bastimentar
esquifar
acanchar
suministrar
municionar (V.)
dar abasto

(V. **pertrecho**)

a. *gastar*
consumir
desatender

pertrechos
s. abastos
víveres (V.)
municiones (V.)
armamento
equipo
útiles
instrumental
maquinaria
forraje

s. vituallas
provisiones
suministros
enseres
alimentos
avíos
repuestos
raciones
dotación
herramientas
aparejo (V.)

perturbación
s. turbación
alteración (V.)
trastorno (V.)
trastornamiento
anarquía
incomodidad
subversión
convulsión
sacudimiento (V.)
desorden
inquietud
desconcierto
desorganización
desarreglo
alboroto (V.)
movimiento
rebelión
bullicio
escándalo
desasosiego (V.)
huelga
revuelo
cataclismo
confusión
efervescencia
belén
bochinche
disturbio
interferencia (V.)
turbulencia
polvareda
revolución
motín
interrupción (V.)
extorsión (V.)
sedición
asonada
conflagración (V.)
rebato
conmoción
remolino
manifestación
revuelta
tumulto
turbulencia
amotinamiento
pronunciación
golpe de Estado
estado de alarma
estado de guerra
estado de sitio
ley marcial

a. *orden*
paz
tranquilidad
organización

perturbado
s. soliviantado
inquieto
revuelto
alborotado (V.)
rebelde
azaroso
turbio
conturbado
accidentado
borrascoso
desequilibrado
tocado (V.)
loco (V.)
trastornado (V.)

(V. **perturbación**)

a. *tranquilo*
pacífico
sosegado
cuerdo

perturbador
s. **alborotador** (V.)
revolucionario
tumultuoso
tumultuario
amotinador
escandaloso
bullanguero
faccioso
demagogo
levantisco
indócil
rebelde (V.)
subversivo
incendiario
revoltoso
desordenador (V.)
travieso (V.)
aguafiestas
bullicioso
malcontento
inquieto (V.)
convulsivo (V.)
turbulento (V.)

(V. **perturbación**)

a. *tranquilo*
pacífico
sereno

perturbar-se
s. escandalizar
amotinar
rebelarse
trastornar (V.)
soliviantar
escandalizar
alterar (V.)
levantarse (V.)
agitar (V.)
desordenar
alborotar
conflagrar (V.)
desarreglar
inquietar
intranquilizar
interrumpir
turbar
subvertir (V.)
aguar
desgobernar (V.)
ofuscarse (V.)

(cont.)

disturbar (V.)
armarse la gorda
alborotar el cortijo
echarse a la calle
estar en armas
andar el diablo suelto
armar jarana
haber tomate
hacer de las suyas

(V. **perturbación**)

a. *pacificar*
sosegarse
aquietarse
normalizarse
tranquilizar

perulero
(V. **alfarero**)

perversidad
s. **perversión** (V.)
malignidad
malevolencia
depravación
protervia (V.)
nequicia
perfidia
pravedad
iniquidad (V.)
nequicia
zuna
livor
improbidad
vicio
satanismo
odio
crueldad
maleficencia
iniquidad
protervidad
enormidad (V.)
salvajada
amoralidad
desalmamiento
impenitencia
animadversión
mordacidad
dureza
inhumanidad
barrabasada (V.)

a. *benevolencia*
bondad
justicia
virtud
rectitud

perversión
s. **perversidad** (V.)
pervertimiento
empeoramiento
escándalo
fechoría
jugada
treta
desafuero
maldad (V.)
corrupción (V.)
bellaquería
pecado
delito (V.)
veneno (V.)
soborno
inmoralidad
impureza (V.)
falsedad
vicio (V.)
depravación
libertinaje
estragamiento
amoralidad
desenfreno
envilecimiento
descarrío
contaminación
canceración
corrupción
degeneración (V.)
emponzoñamiento
envenenamiento (V.)
maleamiento
malignidad
daño (V.)

s. **homosexualismo** (V.)
homosexualidad
inversión
pederastia
sodomía
tribadismo
sadismo
masoquismo (V.)
lesbianismo
bestialismo
masturbación

a. *virtud*
bondad
probidad
rectitud
pureza
moralidad
nobleza
limpieza
heterosexualidad

perverso
s. **maldito** (V.)
barrabás
maligno
depravado (V.)
degenerado
corrompido (V.)
disoluto (V.)
satánico (V.)
protervo (V.)
avieso (V.)
descomulgado (V.)
siniestro (V.)
amoral
malvado (V.)
nefasto
miserable
nefario
engendro (V.)
inicuo
mal nacido
canalla
estragador
malignante
malandrín
escandaloso
licencioso
adúltero
pervertido (V.)
salvaje
perdido
pecador (V.)
pérfido
descerrajado (V.)

(V. **perversión**)

a. *virtuoso*
inocente
bueno

pervertido
s. **perverso** (V.)
corrompido
abellacado
inmoral
engendro
Judas
Caín
enviciado
maleado
estragado
extraviado (V.)
depravado (V.)
bastardeado
bandido
vicioso (V.)
resabiado (V.)
facineroso
demonio
diablo
Lucifer
fierabrás
malvado
desordenado (V.)
descaminado (V.)
descarriado (V.)
endemoniado
desviado
endiablado

s. **homosexual** (V.)
invertido
sádico
masoquista
sodomita
lesbiana

(V. **perversión**)

a. *regenerado*
bueno
virtuoso
heterosexual

pervertidor
s. escandalizador
desmoralizador
depravador
prevaricador
pecador (V.)
estragador
piedra de escándalo
emponzoñador
perverso (V.)

(V. **perversión**)

a. *regenerador*
moralizador

pervertir-se
s. depravar
enviciar-se (V.)
malignar
corromper (V.)
malear
desmoralizar (V.)
degenerar (V.)
perturbar
trastornar
envilecer (V.)
macular
contaminar (V.)
inficionar
infectar (V.)
contagiar
viciar (V.)
encenagarse (V.)
maliciar (V.)
descarriar (V.)
descaminar
bastardear
estragar
estropear (V.)
rebajarse
prostituir (V.)
desedificar
escandaliza
malvarse
dañar (V.)
desnaturalizar
apestar
encenagar
echar a perder
falsear
inocular (V.)
adulterar
envenenar (V.)

s. **extraviarse** (V.)
decaer
arredomarse
resabiarse
desheredarse
malearse (V.)
torcerse (V.)

(V. **perversión**)

a. *perfeccionar-se*
purificar-se
regenerar-se

pervigilio
(V. **insomnio**)

(V. **vigilia**)

pervivencia
(V. **continuidad**)

(V. **persistencia**)

pervivir
(V. **continuar**)

(V. **sobrevivir**)

pervulgar
(V. **divulgar**)

pesa
s. **peso** (V.)
equilibrio
contrapeso
contrabalanza
plomo
cerate
pesa dineral
pesante
pilón
librador
pesga
lenteja
plomada (V.)

pesada
s. **peso** (V.)
repeso
balanceo
romaneo
tara
ponderación
carga (V.)

pesadez
s. **peso** (V.)
pesantez
gravedad
gravitación

s. pesadumbre
atontamiento
modorra (V.)
somnolencia
cargazón
desazón (V.)
sueño
aturdimiento (V.)
cansera
cansancio

s. **fastidio** (V.)
molestia
aburrimiento (V.)
monotonía
tedio
rollo
lata
posma
plomo
pejiguera
tostón
tabarra
monserga
cargantería
petardo
matraca
mareo
sonsonete
trabajo
muerte
porra

s. **insistencia** (V.)
impertinencia (V.)
terquedad
tozudez
testarudez
porfía
machaconería
machaquería
cantilena
cachaza
porrería
pelmacería
instancia
mosconeo
gurrumina
chinchorrería
majadería
obstinación (V.)
empalago
matraquería

a. *levedad*
ligereza
agilidad
vivacidad
viveza
actividad
diligencia
diversión
entretenimiento
amenidad
conformidad
aceptación
condescendencia
resignación
tolerancia
doblegamiento
transigencia

pesadilla
s. opresión
angustia (V.)
congoja (V.)
dificultad
fatiga

s. ensueño
sueño (V.)
delirio
alucinación (V.)
desvarío (V.)
onirismo
visión
incubo (V.)
espejismo
mampesada
mampesadilla

s. **preocupación** (V.)
disgusto
contrariedad
horror
drama
desastre
pánico
catástrofe
tragedia

a. *desahogo*
alivio
suspiro
realidad
materialidad
tranquilidad
sosiego
despreocupación
satisfacción
agrado

pesado
s. ponderal
ponderoso (V.)
oneroso (V.)
gravoso
denso (V.)
gravativo
espeso
bruto
neto
macizo
mazacote (V.)
plomizo
sobrecargado
importante (V.)
recargado
indigesto (V.)
pesante
grávido (V.)
grueso
gordo (V.)

s. intenso
plomo (V.)
profundo
plúmbeo (V.)
soporífero (V.)
languidescente
plomífero (V.)
somnífero (V.)
lánguido
adormecedor
monótono (V.)
mareador

s. **lento** (V.)
tardo (V.)
calmoso (V.)
cachazudo
pachorrudo
minucioso (V.)
balumboso
inacabable (V.)
posma (V.)
pánfilo
patoso
ganso
pelma
tardío
retardado
tardón
flemático

s. **fastidioso** (V.)
latoso (V.)
molesto (V.)
angustioso
inaguantable
difícil (V.)
farragoso (V.)
fatigoso (V.)
fatigante
deprimente
empalagoso (V.)
extenuante
impertinente (V.)
enfadoso
cansoso
chinchorrero
porra (V.)
aburrido (V.)
matraco
machacón (V.)
porfiado (V.)
incómodo
insoportable
agobiante
desagradable
abrumador
cansino
enojoso
penoso (V.)
mostrenco
tedioso
inoportuno
agotador
obstinado (V.)
patoso (V.)
zote
torpe (V.)
palurdo
idiota
imbécil
memo
atontado (V.)
mazacote
alelado
estúpido (V.)
zamarro
rudo
asno
bestia
inepto
burro

(cont.)

s. **áspero** (V.)
violento
insufrible
fuerte
doloroso
ofensivo
desabrido
duro (V.)
grave (V.)

a. *ligero*
liviano
flaco
rápido
activo
dinámico
agradable
simpático
oportuno
ameno
ingrávido
etéreo
aéreo
volátil
leve
sutil
fino
ameno
ágil
agradable
superficial
claro
vivificador
animador
inteligente
despierto
suave
blando
soportable
amable

pesadumbre

s. **preocupación** (V.)
disgusto
desazón (V.)
molestia (V.)
fatiga
sentimiento
pesar (V.)
resquemor (V.)
pesadilla
importunación
impertinencia
aflicción
arrepentimiento
dolor (V.)
púa (V.)
pena (V.)
padecimiento (V.)
molestia
agravio
remordimiento (V.)
abatimiento
cuidado
inquietud
congoja
sufrimiento
duelo
tristeza (V.)

s. **pesadez** (V.)

(V. **peso**)

a. *alegría*
gozo
júbilo
satisfacción
contento
despreocupación
desagravio
ligereza

pésame

s. **duelo** (V.)
condolencia (V.)
compasión
queja
suspiro
dolor
llanto
péname
manifestación de duelo
cortejo fúnebre
acompañamiento
adhesión
simpatía
tríbulo (V.)

a. *felicitación*
parabién
pláceme
albricias
enhorabuena
congratulación

pesantez

s. **pesadez** (V.)
gravedad (V.)
gravitación
gordura (V.)
ponderosidad

s. **importunación** (V.)
molestia (V.)
carganteria

(V. **peso**)

a. *comodidad*
delgadez
agrado
ingravidez

pesar

s. consternación
dolor (V.)
sentimiento (V.)
atrición
pena (V.)
arrepentimiento (V.)
remordimiento (V.)
pesadumbre (V.)
angustia
duelo
disgusto
trastorno
trago
píldora (V.)
molestia
compunción (V.)
contrición
reproche
penitencia
tormento
amargura

(V. **peso**)

a. *alegría*
contento
júbilo
paz
sosiego
tranquilidad
despreocupación

pesar-se

s. lastrar
medir
evaluar (V.)
sopesar
balancear
oncear
romanear
romanar
tomar a pulso
tomar al peso
equilibrar (V.)
contrapesar
enfielar
afielar
apesgar
brumar
engravecer
contrastar
ponderar (V.)
cargar
gravitar (V.)
tener gravedad
tener peso

s. **abrumar** (V.)
disgustar (V.)
agobiar (V.)
angustiar
agravar
apoyarse
equiponderar
acongojar
afligir
inquietar (V.)

s. **dolerse** (V.)
arrepentirse (V.)
apesadumbrarse
enojar
molestar
fatigar
importunar (V.)
remorder
caer mal

s. considerar
examinar (V.)
dar razones

s. **influir** (V.)
actuar
intervenir

s. pese a quien pese
mal que me pesa
aunque me pese
pesarle a uno la vida

(V. **peso**)

a. *alegrar*
contentar
satisfacer
agradar
sosegar
tranquilizar
desenojar
descuidar
inhibirse

pesaroso

s. acongojado
triste (V.)
entristecido
arrepentido (V.)
remiso
sentido
dolorido
afligido (V.)
mustio
lánguido
disgustado (V.)
apenado
dolido
consternado
abatido
abrumado
apesadumbrado
inquieto
molesto

(V. **pesar**)

a. *contento*
satisfecho
alegre
despreocupado
obstinado
contumaz

pesca

s. **captura** (V.)
redada
almadraba
bol
costera
copo
almona
pesquera
pesqueróa
atunara
apostal
cala
caladero
lance
perchel
encañizada
cañal
cañaliega
tiritaño
corral
paranza
escosa
bolichada
veda
cacea
calamento
placer
ribazón
balagre
nasa
cambero
pozo
banco
pretor
cofazo
lercha
albarsa
chistera

s. arte
aparejo
buitrón
butrón
botrino
carriego
buitrino
vulturín
jarcia
cazarete
cañal
cañaliega
sobogal
cazonal
atunar
nasa
nansa
otarra
catanga
mascarana
garlito
lampuguera
tralla
tarrafa
trasmallo
buche
rasgal
jeito
morralla
bigorrella
pantasana
cobarche
albareque
gánguil
ballestilla
angazo
arpón (V.)
arrejaque
caña
candelero
cambín
besuguero
fisga
tridente
cítora
espinel
enmalle
curricán
velo
volantín
raña
raño
potera
garfio
bichero
cloque
rascle
fondo
guadañeta
madrillera
estacha
gancho
mediomundo
garabeta
nasón
red (V.)
colla
filera
anzuelo (V.)
hamo
melgarejo
angazo
retel
tesón
garramincho
salabre
tirafuera
esquilero
valla
palangre
rejoncillo
rastrillo
horquilla
lombricera
buldo
cesto
cascabel
plomo
sacadora

s. ancorel
boya
tralla
calón
calimote
coarcho
cingleta

s. carnada
carnaza
lombriz
mosca
cebo
bayo
afreza
güeldo
raba
macizo

s. freiduría
marisquería
pescadería

s. salazón
escabeche
chacarona
frescal
tinapá
salón
moraga
mauraca
cobre
panoja

s. bou
ballenero
balandro
trainera
bonitolera
bonitera
jábega
palangranero
gánguil
calera
dogre
chincharrero
falucho
bote

s. pescado
marisco (V.)
pez
foca
ballena
pieza
pez azul
atún
sardina
boquerón
anchoa
albácora
roncador
doncella
serrano
raya
besugo
cherne
salmón
pulpo
calamar
volador
chipirón
jibión
castañola
merluza
congrio
mero
espetón
pintarroja
lenguado
gallo
tiburón
caballa
sardineta
espadín
bacalao o abadejo
acedía
langostino
gamba
rodaballo
arenque
barbada
romero
langosta
hipogloso
lota
ostra
percebe
merlán
pescadilla
barbo
rape
trucha
salmonete
bonito
jurel
japuta
pancho
chanquete
lubina
almeja
berberecho
mejillón
angula
anguila
sepia
caracol
bogavante
cigala
carabinero
tenca
lucio
carpa
pez espada
dorada
barbarín
berrueta
cabra
cabracho
chirla
breca
vieira

s. **pescar** (V.)

s. **pescador** (V.)

s. pesca de altura
pesca de bajura
pesca costera
pesca de arrastre
pesca litoral
pesca submarina
pesca eléctrica
pesca con caña
pesca con jábega

pescadería

s. freiduría
perchel
remojadero
moraga
tabal
espetón

(V. **pesca**)

pescadero

s. tendero
fresquero
playero
sardinero
freidor

(V. **pescado**)

(cont.)

sardinero
besuguero
playero
camaronero
marisquero
mariscador
ballenero
cañero
charrán
jabegote
jabeguero

(V. **pesca**)

pescado
s. **pez** (V.)

s. salmón
trucha
merluza
pescadilla
bonito
atún
japuta
zapatero
caballa
sarda
sardo
besugo
jurel
sardina
chicharro
boquerón
anchoa
dentón
dorada
bacalao
rape
mújol
anguila
angula
pez espada
congrio
lamprea
arenque
chanquete
pagel
abadejo
pencho
breca
carpa
corvina
maciza
lenguado
salmonete
gallo
mero
rodaballo
lubina
pescada

s. **marisco** (V.)

s. **conservas** (V.)

s. cogido
atrapado (V.)
agarrado
encerrado
enredado
morralla (V.)

s. cola de pescado
conserva de pescado
espina de pescado
comida de pescado

r. Del pescado, el mero y de las carnes, el carnero

pescador
s. marinero
arponero
almatrero
coquinero
aljerifero
palangrero
truchero
sabalero
arráez
armador
atunero
bolichero

pescante
s. **asiento** (V.)
banco
tabla
madero

s. **soporte** (V.)
sostén
sustentáculo
aparejo
serviola
tramoya
saliente
barra
palo
percha

pescar
s. cacear
encarnar
enverbascar
rastrear
desenmallar
arponear
macizar
embalar
mariscar
fisgar
enjuagar
amorgar
calar
cloquear
dar carrete
dar estacha
echar las redes
lanzar la caña de pescar
echar el anzuelo
picar el anzuelo
pescar de bayo
pescar de candil

s. **coger** (V.)
capturar
agarrar (V.)
sorprender
lograr (V.)

(V. **pesca**)

a. *soltar*
desprenderse

pescozón
s. **golpe** (V.)
cogotazo
pestorejón
pasagonzalo
collazo
sopapo
lapo
pescozada
manotazo
manotada
puñetazo
bofetada
palmada
cachete
mojicón

(V. **pescuezo**)

a. *caricia*
roce

pescudar
(V. **averiguar**)

(V. **preguntar**)

pescuezo
s. **garganta** (V.)
cogote
cocote
gaita (V.)
cerviz
morrillo
degolladero
cerviguillo
pestorejo
nuca
papada
occipucio
nuez
yugular
tozo
gollete
cuello (V.)

s. **soberbia** (V.)
orgullo (V.)
vanidad

s. estirar el pescuezo
retorcer el pescuezo
apretar el pescuezo

a. *sencillez*
humildad

pescuño
s. **cuña** (V.)
arado (V.)
esteva
reja
dental

pesebre
s. pocilga
corral
caballeriza
pesebrera
pesebrejo
comedero
dornajo (V.)
presepio
artesa
arrendadero
cajón
cazarra
cubil
estala
esquilmo
cama
pajuz
cuadra
establo (V.)

s. **belén** (V.)
nacimiento

s. conocer el pesebre

peseta
(V. **moneda**)

pésete
s. **juramento** (V.)
terno
blasfemia
maldición (V.)
reniego
insulto
execración

a. *elogio*
halago

pesetero
s. **interesado** (V.)
ávido (V.)
voraz
aprovechado
sórdido

(V. **peseta**)

a. *desinteresado*
generoso

pesiar
(V. **renegar**)

(V. **maldecir**)

pesimismo
s. desánimo
misantropía
tristeza (V.)
bilis
hiel
amargura
pena
desanimo
ictericia
derrotismo
languidez
melancolía
desesperación
escepticismo
duda (V.)
abatimiento
desilusión
atrabilis
hipocondría
desconsuelo
depresión
negrura

s. **filosofía** (V.)

a. *alegría*
optimismo
confianza

pesimista
s. desanimado
desilusionado
triste (V.)
lánguido
desconfiado
hipocondríaco
atrabiliario
desesperado
melancólico
amargado
mustio
misántropo
desesperanzado
abatido (V.)
sombrío (V.)
aburrido
lúgubre

(V. **pesimismo**)

a. *alegre*
confiado
ilusionado
esperanzado
optimista

pésimo
s. **malo** (V.)
malísimo
deplorable
rematado
horrible
detestable
atroz
irremediable
peyorativo
despreciable
ful
infame
de pacotilla
funesto
infernal
fatal (V.)

s. *óptimo*
bueno
buenísimo
inmejorable
perfecto
excelente
superior
magnífico
espléndido

peso
s. pesantez
pesadez
gravedad (V.)
gravitación
pesadumbre
ponderosidad
preponderancia
carga (V.)

s. cargazón
fardo
zaborda
lastre (V.)
pesada
masa
materia
contrapeso
ponderación
medida
repeso
romaneo
tara (V.)
destara
zahorra
apesgamiento
agobio
balanceo
desonce
brumamiento
cargo
volumen
añadido
añadidura
maquila
cahíz
millar
támara
fajo
alcoba
contraste
pote

s. kilo
quilo
kilogramo
quilogramo
hectogramo
decagramo
gramo
decigramo
centigramo
miligramo
tonelada
quintal
tonel macho
salma
libra
arroba
libreta
arrate
arrelde
cuartilla
docena
centipondio
onza
adarme
arienzo
tomín
silícua
bes
cuarterón
áureo
grano
óbolo
escrúpulo
dracma
carobo

s. quilate
moneda (V.)
dinero
duro
ochava
cate
pico
chinanta
contrín
tael
condrín
marco
manjelín

s. **balanza** (V.)
romana
báscula
carrazón
pilón
pesacartas
tragaperras
roseta
balanza de Roberval
baiancín
peso de cruz
fiel
pesilo
astil
brazo
plato
platillo
fil
ojo
caja
alcoba
alcobilla
lengüeta
candela
calamón
guindaleta
pesa(s)
pesga
plomo
contrapeso
equilibrio
pilón
cerate

s. pesador
balanzario
almotacén
contraste
brumador
abrumador
ponderador
corredor del peso
maestro de la balanza
fiel contraste

s. pesante
oneroso
ponderal
ponderoso
grave
gravativo
ponderable
imponderable
neto
bruto
quintalero
arrobero
centrobárico
baricéntrico
leve
en bruto
en canal
en fiel
de repeso

s. **pesar** (V.)

s. **obligación** (V.)
deber
cruz
carga

s. **pesadumbre** (V.)
preocupación
gravamen (V.)
trabajo
castigo

s. valor
fuerza
efectividad
eficacia (V.)
entidad
importancia (V.)
razón

s. peso específico
peso atómico
peso bruto
peso corrido
peso duro
peso de artifara
peso neto
peso real
peso de cruz
peso ensayado
peso fuerte
peso medio
peso welter
peso ligero
peso pluma
peso gallo
peso sencillo

(cont.)

s. de peso
en peso
a peso
se cae de su peso
tomar a peso
llevar el peso de algo
a peso de oro
hacer peso
el peso de la justicia

r. Peso y medidas quitan al hombre fatigas

a. *ingravidez*
ligereza
tenuidad
frivolidad
insignificancia
despreocupación
recompensa
ineficacia

pespuntar
(V. **pespuntear**)

pespunte
s. puntada
costura (V.)
hilván
hilvanado
labor
cosido
rematado
zurcido

s. medio pespunte
mirar pespunte

pespuntear
s. pespuntar
coser (V.)
recoser
labrar
zurcir
rematar
hilvanar

(V. **pespunte**)

a. *descoser*
soltar

pesquerir
(V. **indagar**)

pesquis
s. **talento** (V.)
intuición
penetración
inteligencia
magín
listeza
perspicacia (V.)
ingenio
entendederas
juicio
sagacidad
agudeza
picardía

a. *memez*
estulticia
estupidez
nulidad
torpeza

pesquisa
s. **indagación** (V.)
investigación (V.)
sondeo
gestión
inquisición (V.)
búsqueda
rastreo
examen
análisis
averiguación
escudriñamiento
diligencias
consulta
busca
perquisición (V.)

a. *desinterés*
indiferencia
abandono

pesquisar
s. **indagar** (V.)
investigar (V.)
ahondar
rastrear
gestionar
buscar
informarse
husmear
explorar
examinar
averiguar
gestionar
olfatear
escudriñar
preguntar (V.)
rebuscar
analizar

(V. **pesquisa**)

a. *desentenderse*
abandonar
inhibirse
descuidar

pestaña
s. filamento
pelo
ojo (V.)

s. reborde
orilla
borde (V.)
vivo
saliente
filo
filete

s. no mover una pestaña
no pegar pestaña

pestañear
s. **parpadear** (V.)

s. **vivir** (V.)
tener vida
alentar

s. no pestañear
sin pestañear

(V. **pestaña**)

pestañeo
(V. **parpadeo**)

peste
s. **enfermedad** (V.)
plaga (V.)
virus
morbo
epidemia (V.)
epizootia

s. **fetidez** (V.)
hediondez
hedentina
hedor
pestilencia
fetor
tufo (V.)
tafo
mal olor
husmo
corrupción (V.)

s. **exceso** (V.)
abundancia (V.)
cantidad
plaga
profusión

s. echar pestes
peste bubónica
peste levantina
decir pestes de alguien

a. *fragancia*
aroma
escasez

pestífero
s. apestoso
maloliente
repugnante
pestilente
hediondo
fétido (V.)
podrido
putrefacto
pestilencial

s. dañino
perjudicial (V.)
venenoso
pernicioso
dañoso
catingoso
corruptor
nocivo (V.)

(V. **peste**)

a. *aromático*
perfumoso
sahumado
beneficioso

pestilencia
(V. **peste**)

pestilencial
(V. **pestífero**)

pestilente
(V. **pestífero**)

pestillo
s. pasador
cerrojo
cerrador (V.)
colanilla
pasador
barra
barreta
cerradura (V.)
aldaba
aldabilla
gancho
falleba (V.)
fiador
tranca

s. golpe
picaporte
resbalón
resorte
cajetín

pestiño
(V. **golosina**)

pestorejo
(V. **nuca**)

pestorejón
(V. **pescozón**)

pestuga
(V. **látigo**)

pesuña
(V. **pezuña**)

petaca
s. estuche
cajeta
pitillera
cigarrera
tabaquera (V.
tabaco (V.)

s. hacer la petaca

petalismo
(V. **destierro**)

pétalo
s. hoja
hojilla
corola (V.)
ala
sépalo
espuela

s. anisopétala
apétala
monopétala
polipétala
dipétala
gamopétala

petar
s. **agradar** (V.)
simpatizar
gustar (V.)
complacer (V.)
enamorar
atraer
contentar
deleitar
satisfacer
alegrar

a. *desagradar*
molestar
disgustar

petardear
(V. **estafar**)

(V. **sablear**)

petardero
(V. **petardista**)

petardista
s. sablista
gorrón
estafador (V.)
tramposo (V.)
petate
trampista
zascandil
timador
cuentista
sacadineros

s. petardero
soldado (V.)

(V. **petardo**)

a. *serio*
honrado

petardo
s. traca
morterete
cohete (V.)
explosivo (V.)
pirotecnia (V.)
estafa (V.)
trampa
sablazo
cuento

s. **pesadez** (V.)
lata (V.)
posma

a. *honradez*
seriedad
amenidad

petate
s. **esterilla** (V.)
camastro

s. **bártulos** (V.)
lío (V.)
equipo
bulto
equipaje
atadijo

s. **insignificante** (V.)
(persona)
chisgarabís
despreciable

s. petardista
estafador (V.)
mentiroso (V.)
embaucador

s. liar el petate

a. *serio*
veraz
sincero
honrado
importante

petenera
(V. **cante**)

petera
(V. **riña**)

(V. **obstinación**)

peterete
s. **golosina** (V.)
gollerías
chucherías
chirlomirlos
laminerías
golmajerías

petición
s. **pedido** (V.)
pedidura
petitoria
pedimento
colecta
demanda (V.)
postulación (V.)
cuestación (V.)
mendicación
guante
cuesta
préstamo
gorronería (V.)
sablazo (V.)
pido
daca
mendicidad

s. oración
súplica (V.)
ruego (V.)
imprecación
rogativa (V.)
conjuro
rogación
plegaria
preces
solicitud (V.)
clamoreo
instancia
reivindicación
reclamación
pretensión
exigencia
instancia (V.)
interpelación
porfía
importunación
solicitación
obsecración

a. *orden*
mandato
donación
entrega

peticionario
s. **solicitante** (V.)
pretendiente
aspirante
demandante (V.)
signatario
firmante
interesado
postulante (V.)
suplicante
pedidor (V.)
petitorio (V.)

(V. **petición**)

a. *donante*
dador

petifoque
(V. **foque**)

petigrís
(V. **ardilla**)

(V. **piel**)

petimetre
s. **figurín** (V.)
pisaverde
presumido (V.)
lechuguino
barbilindo
currutaco
paquete (V.)
filistrín
virote (V.)
gomoso (V.)
lindo
dandi (V.)
elegante (V.)
afectado
fifiriche
bello (V.)

a. *sencillo*
adán
descuidado

petitoria
(V. **petición**)

petitorio
s. **peticionario** (V.)
solicitante

s. petición
insistencia (V.)
impertinencia

s. rogatorio
rogativo (V.)
propiciatorio
impetratorio

s. **deprecativo** (V.)
deprecatorio
memorialesco

s. **cuaderno** (V.)
lista
relación
vademécum (V.)

(V. **petición**)

gasoleno
queroseno
kerosene
copé
lucilina
canfín
cracking
acetileno
etileno
propileno
butadieno
butileno
tolueno
xileno
brea
fenol
estireno
etanol
glicerol

peto
s. coraza
coselete
armadura (V.)
pechera
protección
revestimiento

s. **babero** (V.)

petral
(V. **correa**)
(V. **guarnición**)

pétreo
s. petroso
pedregoso
peñascoso
rocoso (V.)
roqueño
roquero
guijeño
guijarreño
guijoso
petrífico
pedrizo
pedroso
cascajoso
pedernalino
duro (V.)
fuerte
(V. **piedra**)
a. *blando*
poroso

petrificación
(V. **endurecimiento**)
(V. **asombro**)

petrificar-se
s. anquilosar
endurecer (V.)
fosilizar
solidificar
lapidificar
empedrar

s. **asombrar** (V.)
dejar inmóvil
quedarse como una piedra
no poder reaccionar
(V. **petrificación**)
a. *ablandar*
licuar

petróleo
s. **combustible** (V.)
hidrocarburo (V.)
carburante
gasolina (V.)
nafta
esencia
benzol
bencina (V.)
benceno
parafina
vaselina

s. yacimiento
capa
pozo
sondeo
perforación
prospección
oleoducto
refinación
refinería
destilación
decantación
fraccionamiento
filtración
centrifugación
quinqué

s. petróleo bruto o crudo
petróleo nafténico
petróleo bituminoso o asfáltico

s. térmico
catalítico

petrolero
(V. **barco**)
(V. **revolucionario**)

petroso
(V. **pétreo**)

petulancia
s. **presunción** (V.)
vanidad (V.)
descaro
humos
atrevimiento (V.)
engreimiento (V.)
fatuidad
afectación
fantochada (V.)
jactancia
osadía
barrumbada
elación
ronca
pedantería
pisto
ínfulas
insolencia
a. *sencillez*
humildad
naturalidad

petulante
s. **insolente** (V.)
creído
jactancioso
sentencioso (V.)
presumido (V.)
engreído (V.)
fatuo (V.)
vanidoso
postinero
pinturero
fachoso
alabancioso
desahogado
procaz

alardoso
aparatoso
ufano
empampirolado
presuntuoso
vendehúmos
vano
osado
fantasmón
pedante (V.)
afectado
(V. **petulancia**)
a. *sencillo*
modesto
humilde

peúco
(V. **escarpín**)

peyorativo
s. desdeñoso
despectivo
despreciativo (V.)
ofensivo
insultante
humillante
a. *elogioso*
lisonjero
laudatorio

pez
s. **pescado** (V.)
peje
jaramugo
pecezuelo
ganoideos
sollo (V.)
esturión (V.)
cascué
murena
marión
marón

s. *ciclóstomos*
lamprea
lampreílla

s. *escómbridos*
castañeta
vertebrado

s. *selacios*
escualo
mielga (V.)
lija (V.)
marrajo
escrita
pejegallo
pez emperador
pez martillo
pez sierra
torpedo (V.)
tolla
perro marino
raya
tiburón (V.)
trimielga
marsopa (V.)
alecrín
mustela
náufrago
selacio (V.)
águila
obispo
pastinaca
carite
cazón
escuadro
lamia
pintarroja
priste
tembladera
tintorera

s. *teleósteos*
anacantos
bacalao (V.)
abadejo
acedía
lenguado (V.)
tapaculo

merluza (V.)
pescadilla
rodaballo
solla
faneca
barbada
luz
pijota
romero
rombo

s. *teleósteos*
acantopterigios
arangorri
atún (V.)
barbo
besugo (V.)
bonito (V.)
boga
breca
caballa
chicharro
chopa
chocha de mar
corvina
dorada
emperador
gallo
gobio
japuta (V.)
jurel
lubina
mero (V.)
mújol
pajel (V.)
palometa (V.)
pancho
pez espada
rape (V.)
róbalo (V.)
salmonete
tenca
toñina
tonina
trucha de mar
volador
albacora
alfanje
araña
corvo
coto
lucio
lucerna
cherna
chacarona
jifia
merlo
mojarra
arnillo
baboso
cangüeso
dorado
doradilla
guachinango
milano
baila
bajonado
dongo
cordilla
golondrino
rescaza
rescacio
trigla
torillo
candil
capitón
biza
bobo
barbo de mar
berbero
escorpión
escombro
pegador
bonítalo
breque
budión
cabezudo
cabrilla
fice
espadarte
jurel
liza
lisa
lobarro
ceo
cepola
chiribita

cadoce
escaro
centrisco
cubera
dentón
castañola
rubio (V.)
salpa
salema
escorpena
emperador
escarcho
escorpina (V.)
gallina de mar
gallito del rey
matajudío
mullo
pagro
pargo
milano
pámpano (V.)
cabezudo
golondrina
golondrino
lampuga
pejerrey
perca
pez volador
priste
raño
tordo de mar
tardanaos
trompetero
zorzal marino
zapatero

s. *teleósteos*
lofobranquios
hipocampo
caballito de mar
aguja

s. *teleósteos*
plectognatos
erizo
rueda (V.)
chapín
cochino
troco
tambor
chiribico
orbe
cofre
roda
pez ballesta
pez luna

s. *teleósteos*
fisóstomos
locha
anchoa (V.)
anchova
anguila (V.)
anguilla
angula
anguilo
arenque (V.)
barbo
boga
bocarte
breca
boquerón
carpa
congrio (V.)
sábalo
trucha
alacha
albur
aladroque
alece
eperlano
timo
timalo
alosa
tenca
bagre
bermejuela
esguín
negrilla
zurubí
mandí
cacho
cachuelo
bical
caramel
capelán
catibo
celán

salmón
sardina (V.)
sardineta
sardina arenque
parrocha
picón
saboga
charal
comiza
dardo
farra
gimnoto
guajacón
lasún
lancurdia
murgón
siluro
surubí
loina
lorcha
lobo
lisa
martina
trancho
zafio
varga
zaparda (V.)
olomina
morena
murgón
reo
picón
siluro

s. *de agua dulce*
carpa (V.)
barbo
gobio
lamprea
lamprehuela
lampreílla
tenca
vieja
comiza
guasa
ronco
sarda
guabina
dajao
corroncho
lisa
olomina
torito
tararira
peto
picuda
pacú
peto
picón
zaparda (V.)
tepemechín
pilvén
siluro

s. aleta
cola
escama
raspa
espina
agalla
branquia
ventrecha
vejiga natatoria
lechaza
lecha
freza
hueva
ovas
gañiles
ijada
opérculo

s. **banco** (V.)
arribada
arribazón
bando
bandada
ribazón
cardume
acuario
pecera
vivero
cetaria
piscifactoría
ictiología
ictiografía

(cont.)

s. estar pez en algo
estar como pez en el agua
picar el pez
salga pez o salga rana

(V. **zoología**)

r. El pez que busca el anzuelo, busca su duelo ■ Por la boca muere el pez

s. brea
alquitrán (V.)
trementina
colofonia
resina
goma

r. Quien a la pez se llega, algo se le pega ■ Quien toca la pez, tiznado sale ■ A quien anda con pez, la mano no le des

pezón

s. mama
mamelón
mamila
teta (V.)
tetilla
aréola
círculo mamario
extremidad
botón

s. rabo
rabillo
pedúnculo (V.)

s. **punta** (V.)
extremo
saliente (V.)
protuberancia (V.)
pico
cabo

s. mastitis

pezpalo

(V. **bacalao**)

pezpita

(V. **aguzanieves**)

pezuña

s. pesuña
pesuño
carnicol
empeine
tapa
suelo
pulpejo
talón
ranilla
palma
zapatilla
casco
chátara
vaso
pata (V.)
mano
uña

s. bisulco
fisípedo

piada

(V. **imitación**)

piadoso

s. benigno
misericordioso
caritativo
humano
incruento (V.)
generoso
compasivo (V.)
bondadoso
bueno
dulce
afable
un bendito
corazón de manteca
de miel
como un padre
ángel bueno
padre de los pobres

s. **religioso** (V.)
reverente (V.)
devoto (V.)
pío (V.)
ferviente
fervoroso
místico
beato
creyente (V.)

(V. **piedad**)

a. *inhumano*
brutal
insensible
duro
ateo
impío

piafar

s. atabalear
patear (V.)
escarbar
pisotear
agitarse
rascar

pianista

s. concertista
solista
ejecutante
intérprete
músico

(V. **piano**)

piano

s. pianoforte
fortepiano
pianola
colín
clave
clavicordio
clavicémbalo
clavecímbano
cémbalo
espineta (V.)
manicordio
organillo (V.)
órgano
monacordio

s. tecla
teclado
pedal
macillo
fieltro
sordina
apagador
martinete
secreto
batiente
clavillo
clavijero
tapa
atril
marco metálico
bordón
tiple
atrape
palanca
pilote
mecanismo
caja de resonancia
llave de afinar

s. teclear
tocar
aporrear

s. piano de cola
piano vertical
piano de manubrio
piano de media cola

(V. **instrumento**)

(V. **música**)

pianoforte

(V. **piano**)

pianola

(V. **piano**)

pian, piano

(V. **despacio**)

piar

s. chillar
gritar
llamar
clamar
piular
cantar (V.)
cacarear
chiar
chirlear
chirriar
pipiar
piolar

s. **ansiar** (V.)
anhelar
suspirar por
desear
desvivirse (V.)

a. *silenciar*
callarse
rechazar
desdeñar

piara

(V. **manada**)

piastra

(V. **moneda**)

pibe

(V. **niño**)

pica

s. aguijada
vara (V.)
chuzo (V.)
garrocha (V.)
asta
alabarda
aguja
rejón
frámea
chozón
garrochón
garlocha
azagaya
bayoneta
astil
venablo
puya
partesana
suizón
forchina
ronca
botavante
dardo
lanza (V.)
pértiga

s. poner una pica en Flandes

picacho

s. punta
pico
cima (V.)
aguja
cúspide
vértice
cumbre
remate
cresta
corona

a. *base*
ladera
llanura
valle

picada

s. picotazo
punzada
pinchazo
picotada
punzadura
mordedura
picadura (V.)

picadillo

s. picado
guiso (V.)
guisado
adobo
desmenuzamiento
trituración
relleno
salpicón (V.)

picado

s. picoteado
apolillado (V.)
mordido
raído
corroído
pinchado (V.)
punzado
cariado (V.)
estropeado

s. **ofendido** (V.)
disgustado (V.)
resentido
humillado

a. *nuevo*
flamante
intacto
halagado

picador

s. varilarguero
piconero
rejoneador
garrochista
caballista
alanceador
torero (V.) a caballo

s. **domador** (V.)
adiestrador
amansador
chalán

s. **tajo** (V.)

picadura

s. picada
punzada
pinchazo (V.)
picotazo
punción
caries (V.)
roncha
sarpullido
haba
habón

s. horadación
agujero (V.)
perforación
corrupción
polilla

s. **tabaco** (V.)

picajón

(V. **picajoso**)

picajoso

s. picajón
escamado
quisquilloso (V.)
susceptible (V.)
irritable
puntilloso
pulguillas
tufillas
enojadizo
receloso
mosqueado

a. *sufrido*
manso
tranquilo

picante

s. **acre** (V.)
acerbo
cáustico
corrosivo (V.)
mordiente
quemajoso
raspante
penetrante
agrio
avinagrado
fuerte
intenso
urticante
excitante
ácido

s. condimentado
sazonado (V.)
compungivo
salado

s. **mordaz** (V.)
satírico
punzante
burlesco
irónico
dicaz
burlón
sarcástico (V.)
agudo
desenfadado

s. **escabroso** (V.)
picaresco
verde

s. **inmoral** (V.)
obsceno (V.)
atrevido
pecaminoso
malicioso (V.)
pícaro
subido de color

s. **acrimonia** (V.)
acerbidad
mordacidad (V.)
virulencia
dicacidad
sarcasmo
pimienta
gracia

s. palabras picantes
dicho picante

r. Quien come picante, granos tendrá al instante

a. *insípido*
soso
suave
dulce
benévolo
serio
moderado
recatado
discreto
circunspecto
caritativo
moral
inocente
cándido
suavidad
seriedad

picaño

(V. **remiendo**)

(V. **granuja**)

picapedrero

s. **cantero** (V.)
tallista
dolador

(V. **piedra**)

picapleitos

s. rábula
leguleyo (V.)
abogado (V.)
abogadillo
tinterillo

picaporte

s. falleba
pasador
aldaba (V.)
llamador
llavín
aldabón
manivela (V.)
resbalón
grapón
nariz
pestillo

picar-se

s. **pinchar** (V.)
herir
acribillar
punzar
clavar
pellizcar (V.)
cortarse

s. **rejonear** (V.)
alancear
agarrochar
agarrochear
garrochar
garrochear

s. **picotear** (V.)
mordicar (V.)
morder
hormiguear (V.)
cosquillear (V.)
desazonar
escocer
enchilarse
resquemor (V.)
inquietar
enojar
tener picores
tener comezón
tener prurito
rascar

s. cortar
partir
machacar
desmenuzar (V.)
trinchar
triturar (V.)
pulverizar
moler
majar
cariarse
tronzar
desmoronar
desmigajar

(cont.)

s. **excitar** (V.)
incitar
estimular
espolear (V.)
aguijonear
soliviantar
mover
empujar
pinchar
provocar
instigar

s. tocar
rozar
llegar
repicar (V.)
rayar (V.)
raspar (V.)

s. **ofenderse** (V.)
molestarse
agraviarse
enfadarse
disgustarse
carcomerse
apolillarse
agriarse
resentirse
apuntarse
torcerse
enfurruñarse
mosquearse (V.)
requemarse (V.)
presumir (V.)
jactarse (V.)
enorgullecerse
vanagloriarse
envanecerse
contrapuntearse
preciarse
alabarse

s. **estropearse** (V.)
repuntarse (V.)
pudrirse
agujerearse (V.)
avinagrarse (V.)
dañarse
gusanear (V.)

s. **calentar** (V.)
(el sol)

s. **agitarse** (V.)
(el mar)
encresparse (V.)

s. picar muy alto
picar el anzuelo

r. Todo pica para sanar, menos los ojos que pican para enfermar

a. *aplacar*
calmar
soportar
curar
unir
disuadir
sosegar
alegrarse
humillarse
enfriarse

picardear

s. enredar
retozar (V.)
travesear
revolver
bellaquear
tunantear
pillear
bribiar
pendonear
picarizar
birbar
bribonear (V.)
tunear

s. **resabiarse** (V.)
enviciarse
acostumbrarse mal
apicararse

(V. **picardía**)

s. *moderar*
sosegar
respetar
purificarse

picardía

s. granujería
malicia (V.)
ruindad
neguilla
vileza (V.)
engaño
astucia (V.)
argucia
perrería
travesura
picardihuela
pillada
retrechería (V.)
pillería
chulada
bellaquería
golfería
guarrada
canallada
marranada
villanía
cabronada
trastada
bribonada (V.)
cuquería (V.)
tunería
bajeza
chanada
charranada (V.)
bellacada
gatada (V.)
fraude
superchería
trampa
trápala
timo
estratagema
mala pasada
partida serrana
mala partida
mala jugada
golpe de mano
junta de pícaros

s. burla
broma (V.)
travesura (V.)

s. denuesto
injuria (V.)
palabrada
palabrota
insulto (V.)

a. *nobleza*
honradez
bondad
seriedad
claridad
alabanza
elogio

picardihuela

(V. **picardía**)

picaresca

s. **hampa** (V.)
truhanería
tuna (V.)
rufianería
juglería (V.)
bajos fondos
engaño
tunería
astucia
malicia
enredo (V.)
granujería
golfería
sinvergonzonería
picarismo

(V. **picardía**)

a. *honradez*
rectitud
moralidad
sinceridad

picaresco

s. buscón
rufianesco
truhanesco
engañoso
engañador
astuto
hampón (V.)
tuno
vagabundo (V.)
sinvergüenza
golfo (V.)
pecaminoso (V.)
sicalíptico

(V. **picaresca**)

a. *honrado*
recto
trabajador
veraz
sincero

picarismo

(V. **picaresca**)

picarizar

(V. **picardear**)

pícaro

s. astuto
pillo
granuja
golfo (V.)
chico (V.)
belitre
bergante
artero
vil (V.)
alfanate
ruin
tacaño (V.)
tuno
tunante
buscón
zascandil
retrechero
engañoso
bajo
doloso
desvergonzado
charrán
ribaldo
taimado
sagaz (V.)
alfarnate
infame
aporreado
cuco
mantés
ladino
vivales
vivo
quídam
badulaque
ñiquiñaque
modrego
paria
malcriado
arrastrado
zorro
zorrastrón
galopo
galopín (V.)
pillete
pillastrón
industrioso (V.)
zamacuco
sollastre
pilluelo
coscón
truhán (V.)
chalán
guitón
vagabundo (V.)
randa
cañón
ratero
guitarrón (V.)
guaja
bribón (V.)
perillán
rufián
peje
ganforro
gatallón
garulla
sinvergüenza (V.)
desaprensivo
descarado
travieso
bufón
juglar (V.)
listo
barbián
hábil
dañoso
malicioso (V.)
socarrón
canalla
arlote
villano
disimulado
zanguango
engañador
embustero (V.)
mentiroso
picaño
enredador
picarón

s. no ser puñalada de pícaro

r. Más medra el pillo que el hombre sencillo ■ Quien sale pillo, la mitad tiene ganada para rico ■ Ni a pícaro descalzo, ni a hombre callado, ni a mujer barbada le des posada

(V. **picardía**)

a. *señor*
caballero
honrado
honesto
noble
veraz
sincero
trabajador
torpe

picarón

(V. **pícaro**)

picatoste

s. **tostada** (V.)
tajada
rebanada
torrija
rodaja (de pan)

picaza

(V. **urraca**)

picazón

s. quemazón
picor (V.)
comezón (V.)
prurito
urticaria
hormigueo
reconcomio
concomio
rascazón (V.)
desazón (V.)
pica pica

s. **disgusto** (V.)
enojo (V.)
sinsabor
resentimiento (V.)
molestia
desabrimiento
atufamiento

a. *suavidad*
contento
alegría

pick-up

s. fonocaptor
brazo
fonógrafo
tocadiscos
gramófono (V.)

picle

(V. **encurtido**)

pico

s. boca
morro
hocico (V.)
rostro
mandíbula

s. dentirrostro
leptorrino
fisirrostro
cornirrostro
tenuirrostro

s. cresta
cúspide
cima (V.)
picacho
pináculo
cumbre
copa
cofa
remate
altura (V.)
promontorio
alto
elevación
torre
corona
aguja
vértice
monte
montaña (V.)

s. **zapapico** (V.)
herramienta (V.)
piocha
piqueta
picola

s. **labia** (V.)
palabrería
facundia
locuacidad
lengua
oratoria
verborrea
persuasión
soltura
habilidad
habladuría

s. **saliente** (V.)
desigualdad (V.)
punta (V.)
extremo
extremidad

s. cabo
cola
rabo
mango
apéndice

s. **borde** (V.)
vertedero
canal
pitorro
pico de oro
de pico
salir algo por un pico
hacer el pico
darse el pico
perderse por el pico
tener mucho pico
andar de picos pardos
cerrar el pico
hincar el pico

s. cortado a pico
pico por sí
a pico de jarro
llevarse a uno en el pico
poner en pico
pico a viento
no perderá por su pico

r. Donde otro mete el pico mete tú el hocico ■ La perdiz por el pico se pierde

a. *llanura*
valle
falda
ladera
torpeza
discreción
silencio

picoleta

(V. **pistero**)

picón

(V. **burla**)

(V. **incitación**)

(V. **carbón**)

picor

s. **comezón** (V.)
prurito (V.)
picazón (V.)
enrojecimiento
irritación
escozor (V.)
desazón
molestia
sarpullido
urticaria
hormigueo (V.)
cosquillas (V.)
cocimiento
rascazón
resquemo (V.)
resquemor
reconcomio
sensibilidad
habón

a. *suavidad*
alivio

picota

s. **columna** (V.)
rollo (V.)
viga
poste
pilar
madero
suplicio (V.)

s. cúspide
pico
cima (V.)

s. poner a alguien en la picota

a. *llanura*

picotazo

(V. **picada**)

picotear-se
s. **picar** (V.)
pinchar
herir
golpear
acribillar
agujerear
morder

s. **golosinear** (V.)
probar
picar
husmear

s. **charlar** (V.)
parlar
cotorrear

s. **reñir** (V.)
disputar
insultarse (V.)

(V. **pico**)

a. *acariciar*
cuidar
respetar
curar
abstenerse
callarse
avenirse
elogiarse

picotería
s. **charlatanería** (V.)
habladuría
verborrea
parola
charla
palique
parloteo

a. *silencio*
discreción

picotero
s. **charlatán** (V.)
filatero
parlero
lenguaraz
parlanchín
chacharero
faramallero
garlador
conversador
boquirroto
boquirrubio
picudo
chismorrero
chismoso
murmurador
criticón
verborrero
lengua viperina
suelto de lengua

(V. **picotería**)

a. *callado*
silencioso
discreto

pictograma
(V. **signo**)

pictórico
s. **pintoresco** (V.)
gráfico (V.)
escénico
polícromo
pictográfico
iconográfico
escenográfico
encáustico
representativo
artístico (V.)

picudo
s. **puntiagudo** (V.)
afilado

s. **hocicudo** (V.)
morrudo

s. **charlatán** (V.)

s. **espetón** (V.)
pincho

s. *chato*
romo
callado
silencioso
discreto

pichana
(V. **escoba**)

pichanga
(V. **escoba**)

pichel
(V. **jarra**)

(V. **vasija**)

pichelingue
(V. **pirata**)

pichón
s. **cría** (V.)
pollo
palomo
palomino
paloma (V.)

s. tiro de pichón

pidientero
(V. **pedigüeño**)

(V. **mendigo**)

pídola
(V. **juego**)

(V. **salto**)

pidón
(V. **pedigüeño**)

pie
s. piecezuelo
piececito
pisante
queso
pinrel
pata (V.)
peana
casco
patita
bajos
extremos (V.)
extremidades
cabos
garra (V.)
zarpa

s. dedo
uña
tarso
metatarso
planta
pierna (V.)
empeine (V.)
garganta
peine
llave del pie
dedo gordo
huesos del pie
talón (V.)
calcaño
calcañar
calcañal
carcañal
garrón
zancajo
astrágalo
cangallo
gollizo
gollizno

s. callo
callosidad
calloso
dureza
ojo de gallo
clavo
ojo de pollo
sabañón
escrúpulo
juanete
callicida
pediluvio
callista
pedicuro

s. **base** (V.)
peana
basa
fundamento (V.)
apoyo
principio
pirriquio (V.)
origen
germen
embrión

s. tallo
tronco (V.)
árbol

s. **metro** (V.)
versificación
yambo

s. **sedimento** (V.)
poso
hez
zurrapa
motivo (V.)
ocasión
causa

s. **medida** (V.)
regla
uso
estilo (V.)
planta
modo

s. pie de imprenta
pie de una carta
llave del pie
pie de paloma
pie ambulacral
pie de becerro
pie de gibao
pie de liebre
pie forzado
al pie de la letra
buscar tres pies al gato
besar los pies
arrastrar los pies
poner pies en polvorosa
¿pies para que os quiero?
caer de pies
entrar con buen pie
salir por pies
cojear del mismo pie
nacer de pie
dar el pie y tomar la mano
dar pie
de pies a cabeza
en pie de guerra
estar a los pies de uno
echarse a los pies de los caballos
estar al pie del cañón
a pie juntillas
írsele los pies a uno
meter el pie
no dar pie con bola
no tener ni pies ni cabeza
pie a tierra
saber de qué pie cojea
no llegarle a uno ni a la planta del pie
echarse a los pies
vestirse uno por los pies
volver pie atrás
sacar uno los pies de las alforjas
estar en pie
no tenerse de pie
meter el pie en algo
no poner uno los pies en el suelo
sacar a uno con los pies por delante
ni pies ni cabeza
parar los pies
poner pies en polvorosa
atado de pies y manos
de pie de banco
hacer algo con los pies
no hacer pie
saber de qué pie cojea
a pie de obra
a pie enjuto
a pies juntillas
con buen pie
a pie firme
con pies de plomo
buscarle tres pies al gato
estar con un pie en el estribo
poner pies en pared
tomar pie de una cosa
perder pie
estar con un pie en la sepultura
vestirse por los pies

a. *mano*
fin
suspensión
inoportunidad

piedad
s. **caridad** (V.)
lástima
humanidad (V.)
comprensión
amor
cariño
generosidad
cordialidad
voluntad
filantropía
querencia
misericordia
conmiseración (V.)
clemencia
bondad
altruísmo
desinterés
favor
merced (V.)
gracia
perdón
compunción
ternura
emoción (V.)
compasión (V.)
sensiblería
sentimiento (V.)
sensibilidad

s. devoción
religiosidad (V.)
fervor
veneración
virtud
sufragio (V.)
caridad

s. obra de piedad
Monte de Piedad

a. *dureza*
inhumanidad
impiedad
crueldad
irreligiosidad

piedra
s. pedrusco
pedrezuela
piedrecita
canto (V.)
guijarro
cantal
morrillo
grava (V.)
balasto
cascajo
guijo (V.)
lastre
turrón
roca (V.)
veta
vena
peña
peñón
pedrejón
china
taba (V.)
chinarro
cancho (V.)
canto rodado
almendra
peñasco
risco
risca
rollo
bloque
arista
laja (V.)
lastra (V.)
sillar (V.)
losa (V.)
lápida
muela (V.)
adoquín
matacán (V.)
aerolito
basalto
pórfido
berilo
piedra viva
peña viva
peñol
piedra berroqueña
piedra de cantería
piedra ollar
granito
mármol (V.)
traquita
tranquero
fonolita
sílice (V.)
cuarzo
jaspe
serpentina
diáspero
diaspro
asperón
cancagua
arcosa
estalactita
estalagmita
caliza
mampostería (V.)
mampuesto (V.)
yeso
dovela
monolito (V.)
menhir
sopeña
piedra preciosa
joya (V.)
turquesa
topacio
zafiro
diamante
esmeralda
ágata
coral
granate
jade
jacinto
jacinto de Compostela
serpentina
ámbar
ámbar negro
aguamarina
balaj
balaje
turmalina
serpentina
melamita
lapislázuli
ónice
ónix
ópalo
ópalo noble
ópalo girasol
perla
sanguinaria
ácates
aguacate
alaqueca
cornalina
cornerina
diásporo
diaspro
diáspero
espinela
heliotropo
llanca
olivino
hidrófana
ojo de gato
peridoto
venturina
zafirina
piropo
piedra de sangre
berilo
calaíta
carbunclo
carbúnculo
cianita
cianea
crisoprasa
crisopacio
carbonado
cardeña
plasma
prasio
prasma
rubí
rubinejo
rubicela
iris
nácar
nicle
naife
menfita
cepita
ceramita
crisoberilo
colofonita
corindón
restañasangre
sardónica
sardónice
sardonio
tibe
eufótida
crisólito
crisólito de los volcanes
crisólito oriental
chorlo
almendra
crisoberilo
amatista
calcedonia
berilo

s. **pedrera** (V.)

(cont.)

s. **cálculo** (V.)

s. piedra de alumbre
piedra de amolar
piedra de la luna
piedra de lumbre
piedra de azufre
piedra amoladera
piedra pómez
piedra bornera
piedra franca
piedra melodreña
piedra palmeada
piedra dura
piedra afiladera
piedra aguzadera
piedra de escopeta
piedra bezar
piedra de Moca
piedra de pipas
piedra de las Amazonas
cartón piedra
carbón de piedra
piedra calaminar
piedra de rayo
piedra filosofal
piedra preciosa
piedra falsa
piedra imán
piedra inga
piedra judaica
piedra lipes
piedra meteórica
piedra rodada
piedra seca
piedra voladora

s. tirar la piedra y esconder la mano
poner la primera piedra
hacer hablar a las piedras
no dejar uno piedra sobre piedra

s. ser piedra de escándalo
señalar con piedra blanca
menos da una piedra
a piedra y lodo
quedarse la piedra
levantarse hasta las piedras
ablandar las piedras
ser piedra de toque
señalar con piedra negra
comulgar con piedra de molino

r. Piedra movediza nunca moho cobija

piel

s. epidermis
dermis
tez (V.)
cutis (V.)
cutícula
tegumento
panículo
película (V.)
membrana (V.)
papila
prepucio (V.)
queratina
corion
camisa
epitelio
célula pigmentaria
escama

s. **ampolla** (V.)
alopecia
arruga (V.)
barrillo
lunar (V.)
barro
bolsa
callo
callosidad
dureza
eczema
equimosis
grieta
grano (V.)
verruga
pupa
pústula
peca
exantema
dermitis
escovedura
escoriación
desolladura
despellejadura
alhorre
algorra
angioma
cardenal (V.)
moradura
señal
forúnculo
postilla
rubéola
rubefacción
tumor (V.)
tiña
roña
roséola
llaga
lepra
herpe
lobanillo
antojo
buba
bubón
sarna
quiste
excrecencia
padrastro
carne de gallina
cabrillas
caspa
carnosidad
comezón
prurito
picor
erupción
dermatitis (V.)
dermatosis
descamación
efélide
exantema
espinilla
exfoliación
hoyo
mancha
lupus
ojo de gallo
pata de gallo
paño
petequia
sarpullido
urticaria
úlcera (V.)
viruela (V.)
discromía
discromanía
varicela
zóster
erisipela
escarlatina
esclerodermia
vejiga
papiloma
sífilis
sarampión (V.)
seborrea

s. **fruto** (V.)
pericarpio
epicarpio

s. monda
mondadura
corteza (V.)
cáscara
vaina
cascarilla
cubierta
recubrimiento (V.)
fárfara
envoltura
túnica
forro
mondarajas
hollejo
peladura
pelarza

s. **cuero** (V.)
badana
pellejo (V.)
curtido
copina
corderillo
pellica
pelleta
pelleja
badana
ante
armiño
astracán
becerro
cordero
carnero
cabritilla
visón (V.)
petigrís
tafilete (V.)
marta
marta cibellina
zorro
gamuza
almizclero
baldés
abortón
vaca
vaqueta
corambre
zalea
zamarea
zape
boxcalf
caracul
charol
chinchilla
ganeta
jineta
lija
zapa
vitela
cordobán
dóngola
pergamino (V.)
piel de Rusia

s. **vellón** (V.)
vellocino (V.)
toisón

s. grano
flor
carnaza
pelo
pelaje
pelambre

s. **peletería** (V.)
marroquinería
calzado (V.)
curtiduría
tenería
guarnicionería

s. ser de la piel del diablo
dar uno la piel
dejarse la piel en algo
quitar la piel a alguien
perder la piel

piélago

s. **mar** (V.)
océano
ponto
espacio
inmensidad
vastedad
abismo
charco

s. **muchedumbre** (V.)
copia
abundancia (V.)

a. *escasez*
falta
carencia
estrechez

pienso

s. pastura
hierba
yerba
verde
herbaje
herbazal
herrén
forraje (V.)
braña
pajado
pación
paja
heno
zacate
semilla
grano
moyuelo
salvado
salgue
riza
montanera
ramón
zacatón
subcierna
pasto (V.)
alimento
pensamiento (V.)
ni por pienso

pierna

s. **miembro** (V.)
gamba
pernaza
perneta
pata (V.)
garra
remos
cabos
extremidad (V.)
zanca (V.)
anca

s. **pie** (V.)
tobillo (V.)
canilla
espinilla
pantorrilla
pantorra
rodilla
muslo
corva
jarrete (V.)
pospierna
pernil
ingle
ingre
horcajadura
talón de Aquiles
entrepierna
sóleo
zancarrón
jamón
tibia (V.)
peroné
fémur
hueso (de la pierna)

s. **zanquilargo** (V.)

s. pierna de nuez
a pierna suelta
echar a uno la pierna encima
hacer piernas
ponerse sobre las piernas

r. A malas piernas, buenas muletas ■ De las ranas y de las feas, las piernas ■ Más valen piernas de unas, que caras de otras

pierrot

(V. **payaso**)

pietismo

(V. **protestantismo**)

pieza

s. **pedazo** (V.)
trozo
parte (V.)
fragmento
elemento (V.)
porción
cacho
fracción
corte
segmento
sección
división
resto

s. **remiendo** (V.)
nesga (V.)
cuadradillo
cuchillo
tela

s. **moneda** (V.)
ficha (V.)
chapa
disco
redondel
corona
bolillo
trebejo

s. mueble
alhaja
utensilio
objeto (V.)
herramienta (V.)
recambio (V.)
repuesto
accesorio

s. sala
aposento
habitación (V.)
cuarto
estancia
alcoba
dormitorio
recinto

s. **partitura** (V.)
tocata (V.)
obra musical
composición musical
danza (V.)
baile
obra teatral
sainete (V.)

s. ser una buena pieza
pieza única
pieza de convicción
pieza oratoria
pieza de recibo
echar una pieza a algo
quedarse de una pieza
tocar una pieza
pieza por pieza
vender por piezas
ser de una sola pieza
dos piezas

a. *totalidad*
integridad

pífano

s. **flautín** (V.)
caramillo
pito
pífaro
flauta

(V. **instrumento**)

(V. **música**)

pifia

s. **equivocación** (V.)
error
torpeza
metedura de pata
fallo
descuido
desacierto (V.)
disparate
golpe en falso
coladura
indiscreción (V.)
marro
chasco
plancha
zarramplinada
cagada
columpio
ridículo
burla
escarnio
rechifla

a. *acierto*
exactitud

pifiar

s. marrar
equivocarse (V.)
chasquearse
columpiarse
descuidarse
confundirse
disparatar
fallar (V.)
desatinar
dar un golpe en falso
meter la pata

(V. **pifia**)

a. *acertar*
atinar

pigmentado

s. coloreado
teñido (V.)
tintado
entintado
matizado
jaspeado
tornasolado
irisado
pintado

(V. **pigmento**)

a. *descolorido*
desteñido

pigmento

s. tinte
color (V.)
colorante (V.)
adobo
tornasol
matiz
jaspe
pintura
minio (V.)

s. antociana
melanina
clorofila

pigmeo

s. cretino
semihombre
enano (V.)
liliputiense
tozo
gnomo

(cont.)

s. pequeño
diminuto
bajo
insignificante (V.)
raquítico
renacuajo

a. *gigante*
importante
considerable
grande

pignoración
s. **empeño** (V.)
hipoteca
prenda

s. venta
traspaso
cesión (V.)
transferencia

a. *desempeño*
devolución

pignorar
s. hipotecar
empeñar (V.)
tomar en prenda

s. **vender** (V.)
ceder
transferir
traspasar

(V. **pignoración**)

a. *desempeñar*
devolver
recibir

pigre
s. tardo
negligente
desidioso
pigro
holgazán (V.)
poltrón
vago
perezoso
zángano
cachazudo
flojo
lento
gandul
calmoso
calmudo

(V. **pigricia**)

a. *activo*
trabajador

pigricia
s. **holgazanería** (V.)
vaguería
flojera
pereza (V.)
negligencia
desidia
vagancia
ociosidad
haraganería
desaliño
dejadez (V.)
morosidad
tardanza
lentitud (V.)
poltronería
desaplicación
galbana
flojedad

a. *actividad*
rapidez
diligencia

pigro
(V. **pigre**)

píhua
(V. **abarca**)

pihuela, s
s. **atadura** (V.)
correa

s. **dificultad** (V.)
obstáculo
estorbo
impedimento

s. grillos
esposas
grilletes (V.)

a. *facilidad*
libertad

piído
s. **voz** (V.)
pío
piada
pío-pío
piulido
pipío
pitido
trino
gorjeo

s. **imitación** (V.)
plagio
eco
repetición

a. *originalidad*

pijotería
s. **chinchorrería** (V.)
molestia
menudencia (V.)
impertinencia
desagrado
pesadez
lata
fastidio (V.)
carga
pejiguera

a. *agrado*
oportunidad
importancia

pijotero
s. **chinchorrero** (V.)
molesto (V.)
cargante
pesado
desagradable
inoportuno
importuno
indiscreto
chinche
impertinente (V.)
cansado
aburrido

(V. **pijotería**)

a. *agradable*
oportuno
ameno

pila
s. gavilla
montón (V.)
apilamiento
rimero
acervo
revoltillo
acumulación (V.)
pilada
hacinamiento
machón
poste (V.)
pilastra (V.)

s. pilón
fuente
bañera
recipiente
abrevadero
lavadero
cuenco
tonga
alto

s. **parroquia** (V.)
feligresía

s. **acumulador** (V.)
batería (V.)
generador
electrólito
grafito
aislante
chapa de cinc
chapa de cobre
ácido
ión positivo
ión negativo
corriente
envoltura
colector grafitado
despolarizante
papel electrolítico

s. reactor
pila atómica
pila seca
pila solar
pila termoeléctrica
pila de gas
pila de concentración
pila patrón
pila holandesa o refinadora

pilar
s. columna
columnata
poste (V.)
mojón (V.)
señal (V.)
hito
pilastra (V.)
picota
pilote
pilón
cipo
anta
pilastrón
pilarejo
espolón
contrafuerte
macho
machón (V.)

s. **base** (V.)
cimiento
fundamento (V.)
asiento
sostén (V.)

pilastra
s. **columna** (V.)
pilar (V.)
parástade
contrafuerte
macho
botarel
estípite
estribo
columnata
traspilastra
contrapilastra
tradós
rafa
cadena
espolón
entibo
antas
aleta
pegollo
cipo (V.)
pila (V.)

(V. **arquitectura**)

píldora
s. **gragea** (V.)
pílula
comprimido
pastilla (V.)
bolita
oblea
tableta

s. pesadumbre
aflicción
pesar (V.)
angustia (V.)

s. embuste
patraña
mentira (V.)
chisme
bulo

s. tragarse la píldora
dorar la píldora
píldora alefangina

pilón
(V. **abrevadero**)

(V. **lavadero**)

(V. **pilar**)

pilongo
s. extenuado
macilento (V.)
flaco (V.)
esmirriado
escuálido
ajado
escuchimizado

s. castaña pilonga

a. *fuerte*
robusto

píloro
s. portanario
abertura
estómago (V.)
intestino
duodeno

s. piloritis
piloralgia
pilorismo
piloroestenosis
piloroptosis

(V. **cuerpo**)

piloso
(V. **peludo**)

pilotaje
s. **navegación** (V.)
guía
conducción (V.)
gobierno
mando (V.)
dirección

pilotar
s. **conducir** (V.)
guiar
dirigir
gobernar
mandar
conducir a puerto
llevar a puerto
timonear
pilotear
navegar

(V. **pilotaje**)

pilote
(V. **madero**)

(V. **pilar**)

piloto
s. nauta
conductor (V.)
nauchel
nauchero
timonel
batelero
capitán
capitán de navío
oficial de derrota
práctico
aviador (V.)
marino (V.)
director
guía
monitor
maestro

s. piloto de altura

(V. **pilotaje**)

piltrafa
s. sobras
residuo
despojo
desperdicio (V.)
pellejo
desecho
piltraca
restos
inmundicia

s. **pingajo** (V.)
harapo
retazo
andrajo

pillada
(V. **pillería**)

pillaje
s. **robo** (V.)
latrocinio
saqueo (V.)
rapiña
botín
despojo (V.)
depredación
concusión
estafa (V.)
rapto
engañifa
truhanería
jugarreta
ratonera
estraperlo
cohecho
desvalijamiento
salto (V.)
malversación
saco
sica
garrama
peculado
pecorea
expoliación

a. *restitución*
devolución

pillar
s. **robar** (V.)
desvalijar
rapiñar
saquear (V.)
afanar
galimar
garfiñar
malversar
distraer
desfalcar
cohechar
depredar
pecorear
cangallar
distraer
trincar
limpiar
churimangar
mangar
engañar
sustraer
ratear
sisar
soplar
despojar

s. **sorprender** (V.)
agarrar (V.)
prender
atrapar
apresar
coger
aprehender
capturar
cazar
pescar
descubrir (V.)

s. **percatarse** (V.)
darse cuenta
fijarse

s. **adquirir** (V.)
contraer (V.)
agarrar
coger
pescar

s. **conseguir** (V.)
obtener
lograr

s. **atropellar** (V.)
alcanzar
revolcar
derribar
tirar
arrastrar

(V. **pillaje**)

a. *devolver*
restituir
dar
soltar
desechar
respetar

pillastre
(V. **pillo**)

pillería
s. pillada
bribonada (V.)
granujada
canallada
bellaquería
tunantada
picardía
trastada
perrería

s. **engaño** (V.)
fraude
estafa

s. **travesura** (V.)
chiquillada
trastada

a. *inocencia*
candidez
simpleza
honradez

pillete
s. granuja
golfo (V.)
bribón
galopín
pícaro
pilluelo
mataperros
cipote

(V. **pillo**)

(V. **pillería**)

a. *bueno*
honrado
trabajador

pillo
s. pillín
pillastre
pillastrón
pilluelo
perillán
ladino
tunante
tuno
astuto (V.)
listo
granuja (V.)
taimado
canalla
desvergonzado (V.)
pícaro (V.)
estraperlista
descarado
sagaz
tramposo
malvado
truhán
belitre
zamarro
guaja
travieso
mangante
pendón
badulaque
fiche
golfo (V.)
trapisondista
marrullero
ratero
carterista
fullero
trapacero
timador
rufián (V.)
charrán
gentuza
gentualla
maleante
(V. **pillete**)
a. *bueno*
honrado
trabajador
virtuoso
íntegro
leal
recto
probo
decente
digno
justo
fiel
moral

pilluelo
(V. **pillete**)

pimentón
(V. **pimiento**)
(V. **especia**)

pimienta
s. **especia** (V.)
pimentero
pebre
cayaya
cari
quisa
s. pimienta cayena
pimienta blanca
pimienta negra
pimienta inglesa
pimienta loca o montés
pimienta silvestre
pimienta de Tabasco
pimienta de Chiapa
(V. **pimiento**)

pimiento
s. pimentón
morrón
ají
chile
chiltipiquín
guindilla (V.)
cerecilla
tornachile
jeremía
ñora
ñoro
pimiento picante
pimiento de bonete
pimiento de las Indias
pimiento de cornetilla
pimiento verde
pimiento rojo
pimiento de hocico de buey
pimiento loco
pimiento montano
pimiento morrón
pimiento silvestre
s. ponerse colorado como un pimiento

pimpante
(V. **flamante**)
(V. **orondo**)
(V. **saludable**)

pimplar
(V. **beber**)

pimpollo
s. brote
vástago
retoño
tallo
cogollo
renuevo
capullo (V.)
botón
s. **joven** (V.)
pollo
mozo
mocetón
jovencita
mocita
s. **flamante** (V.)
atractivo
a. *viejo*
anciano
repelente

pinabete
(V. **abeto**)

pinacoteca
s. galería
museo (V.)
exposición
colección
sala
salón
(V. **pintura**)

pináculo
s. picacho
cima (V.)
altura
alto
fastigio
cornisa
corona
cresta
s. sublimidad
excelencia
excelsitud
magnificencia
grandeza
apogeo (V.)
auge
ápice
colmo
a. *inferioridad*
insignificancia
llanura
decadencia

pinar
s. pineda
abetal
pinatar
pinarejo
pincarrascal
pinedo
pimpollar
pimpollada
pinsapar
pinada
pinatada
(V. **pino**)

pinaza
(V. **embarcación**)

pincel
s. **brocha** (V.)
brochón
brochuela
cerdamen
pincelote
pincelillo
empastador
espátula
asta
ensolvedera
brocha gorda
s. hecho un pincel
(V. **pintura**)

pincelada
s. **toque** (V.)
brochazo (V.)
trazo
carácter
expresión
rasgo
s. descripción
explicación
detalle (V.)
s. dar la última pincelada
(V. **pincel**)

pincelar
(V. **pintar**)
(V. **retratar**)

pincerna
(V. **copero**)

pinchado
s. **picado** (V.)
punzado
picoteado
agujereado
clavado (V.)
aguijado
pungido
pespunteado
mosqueado
manchado
apulgarado
moteado
(V. **pinchazo**)
a. *nuevo*
indemne
íntegro

pinchadura
s. punzadura
pinchazo (V.)
picadura
trinchadura
alfilerazo
puntillazo
saetazo
flechazo
puntilla
estocada
lanzada
puyazo
puñalada
cuchillada
cornada
balazo
arponazo
espinadura
salpullido
r. Si te pinchares, chúpate el dedo, y sanarás luego

pinchar-se
s. espichar
herir (V.)
agujerear
punzar (V.)
aguijar
clavar (V.)
morder
punchar
guinchar
lancear
picar (V.)
pungir (V.)
apuñalar
piquetear
espinar (V.)
taladrar
flechar
cornear
empitonar
garrochar
banderillear
rejonear
barrenar
chuzar
s. excitar
incitar (V.)
mover
soliviantar
mortificar (V.)
provocar (V.)
estimular
mover
enojar
azuzar
atizar
instigar
empujar
animar
alentar
avivar
irritar
zaherir (V.)
(V. **pinchadura**)
a. *tranquilizar*
disuadir
contener
apaciguar
consolar
agradar

pinchaúvas
s. **mísero** (V.)
infeliz
desgraciado
despreciable (V.)
mequetrefe
insignificante
mínimo
s. pilluelo
ratero (V.)
granuja
a. *importante*
notable
considerable
honrado
digno

pinchazo
s. **pinchadura** (V.)
aguijonazo (V.)
punzada (V.)
picadura (V.)
alfilerazo
puntura
navajazo
lanzada (V.)
cuchillazo
herida (V.)
incisión
corte
perforación
punción (V.)
puya
puyazo (V.)
rejo
estocada (V.)
rejón
banderillazo
acupuntura
garrochazo
s. **reventón** (V.)
pinchadura
accidente
avería

pinche
s. **ayudante** (V.)
marmitón (V.)
galopín
aprendiz
mozo
sollastre
catasalsas
auxiliar
asistente
criado
recadero
lazarillo
fregona
fregatriz
maritornes
a. *principal*

pinchito
(V. **aperitivo**)
(V. **variante**)

pincho
s. aguijón
punta (V.)
punzón
puya
lanza
sable
aguja
aguijada (V.)
espeque
chuzo
estilete
rancajo
rejo
rejón
banderilla
vara
espina (V.)
piqueta
alfiler
tachuela
barrena
garfio
pica
pincha
navaja
lezna
clavo
apículo
ápice
púa (V.)
espuela
espetón (V.)
guincho
estoque
espada
florete
dardo
flecha
saeta
cuchillo
puñal
s. ufano
presumido (V.)
peripuesto
elegante
galopillo
a. *desastrado*
abandonado
descuidado

pindonga
s. trotacalles
callejera (V.)
haragana
paseandera
errabunda
vagabunda
a. *casera*
doméstica

pindonguear
s. **callejear** (V.)
pendonear
vagar (V.)
ruar
ir y venir
salir y entrar
pasear
deambular
(V. **pindonga**)
a. *encerrarse*
clausurarse

pineda
(V. **pinar**)

pingajo
s. trapo
trapajo
harapo (V.)
andrajo (V.)
guiñapo
pingo
colgajo
calandrajo
pendajo
arrapiezo
piltrafa
arambel
jirón (V.)
desgarrón
jerapellina
rasgón
carlanga
gualdrapa
argamandel
remiendo
trapillo
hilacha
desflecadura
a. *nuevo*
impecable
totalidad

pingajoso
(V. **andrajoso**)

pinganitos (en)
s. **próspero** (V.)
afortunado
encumbrado
elevado
en buena situación

pingar
(V. **pender**)
(V. **gotear**)
(V. **saltar**)
(V. **inclinar**)

pingo
(V. **ramera**)
(V. **pingajo**)

pingonear
(V. **callejear**)

pingoneo
(V. **callejeo**)

pingorota
(V. **altura**)
(V. **cima**)

pingorote
(V. **saliente**)

pingoroto
(V. **pingorota**)

pingorotudo
(V. **alto**)
(V. **empinado**)
(V. **empingorotado**)

ping-pong
s. tenis de mesa
tablero
red
pelota
puntos
palas
(V. **deporte**)

pingüe
s. mantecoso
craso
graso
gordo (V.)
grasiento
grasoso

s. **abundante** (V.)
copioso
grande
cuantioso
considerable
ubérrimo
fecundo
(V. **pinguosidad**)

a. *magro*
escaso

pingüedinoso
(V. **grasoso**)
(V. **gordo**)

pingüino
s. pájaro bobo
pájaro niño
ave (V.)

pinguosidad
s. crasitud
grasa
gordura (V.)
untuosidad
graseza
mantecosidad

s. **abundancia** (V.)
fertilidad
fecundidad

a. *delgadez*
magrez
escasez

pinillo
s. ayuga
mirabel (V.)
girasol
perantón
hierba artética

pinitos
s. pasitos
tanteos
andar (vacilante)

s. **progreso** (V.)
ensayo (V.)
prueba

s. hacer pinitos

pinjante
s. **dije** (V.)
arete
pendiente
colgante
zarcillo
candonga
arracada

s. **adorno** (V.)

pino
s. curibay
cibaje
abeto
pincarrasco
pincarrasca
pinastro
candalo
pinato
pinocho
pinsapo
ocote
pimpollo
aznacho
pino piñonero
pino albar
pino negral
pino negro
pino doncel
pino real
pino blanquillo
pino royo
pino melis
pino pudio
pino de Cuenca
pino de Valsain
pino cascalbo
pino salgareño
pino rodeño
pino gallego
pino marítimo
pino bravo
pino alerce
pino carrasco
pino carrasqueño
pino manso
pino tea
pino blanco
pino resinero
pino pinocho
pino pinsapo
pino pincarrasco

s. **conífera** (V.)

s. piña
pinocho
escama
resina
corteza
toza
piñón
hoja
púa
escama
tamujo
alhumajo
borrajo
coraznada
roña
madera (V.)
pinar (V.)
sangrar
resinar
escandalar

s. **pingorotudo**
derecho
enhiesto
tieso
envarado
pendiente (V.)
costanero
escarpado (V.)
pingado
vertical
precipitoso (V.)
abrupto

s. ser como un pino

a. *torcido*
bajo
llano

pinocho
(V. **pino**)

pinrel
(V. **pie**)

pinsapo
(V. **pino**)

pinta
s. sinvergüenza
despreciable (V.)
ruin

s. **mota** (V.)
lunar
señal
peca
rodal
ojeras
chapa
gota
lamparón
tacha
mancha (V.)

s. **aspecto** (V.)
presencia
vitola
traza
pelaje
faz
cara
catadura
facha

a. *honrado*
suciedad

pintado
s. **iluminado** (V.)
teñido
coloreado
matizado
moteado
jaspeado
manchado

s. arreglado
maquillado
compuesto (V.)
decorado

(V. **pintura**)

a. *desteñido*
despintado
incoloro
abandonado
desaseado
adán
dejado

pintamonas
s. pintorzuelo
chapucero (V.)
torpe
novato
profano
mal pintor
embadurnador
chafalmejas
pintor de brocha gorda
(V. **pintura**)

a. *maestro*
perfeccionista

pintar
s. pintarrajar
pintarrajear
pintorrear
manchar
pincelar
dibujar (V.)
bocetar
policromar
colorir
copiar
cuadrar
abocetar
miniar
iluminar
repintar
retocar
perfilar
entonar
embadurnar
tiznar
encajar
destacar
realzar
sombrear
aballar
esfumar
esbatimentar
enmatecer
escorzar
estilizar
colorar
cubrir
recubrir (V.)
esmaltar
revocar
tatuar
emborronar
repintar
desdibujar
estampar
ilustrar
delinear
detallar
acabar
empastar
untar (V.)
imprimar
tachar
borrar
barnizar
embetunar
enjalbegar
encalar
pintar al óleo
pintar a la acuarela
pintar con soltura
pintar de memoria
pintar al natural
pintar del natural
pintar a la aguada
pintar paisajes
preparar el lienzo
dar una mano
dar una pincelada
dar brochazos
pintar al agua fuerte

grabar
pintarse la cara
pintarse los labios
pintarse los ojos
darse colorete

s. **describir** (V.)
relatar
contar
escribir
enseñar
exponer
explanar
explicar
informar
detallar
particularizar
planear
trazar
circunstanciar

s. fingir
exagerar (V.)
agrandar
engrandecer
ponderar
abultar
desorbitar

s. **significar** (V.)
valer
importar

s. sentar
cuadrar (V.)
colorearse (frutos)
madurarse (V.)
sazonarse

s. pintar como querer
pintárselas solo para algo

r. La ocasión la pintan calva
(V. **pintura**)

a. *callar*
silenciar
moderar

pintarrajear-se
(V. **pintar**)

pintear
(V. **lloviznar**)

pintiparado
s. apropiado
adecuado (V.)
propio
oportuno
conveniente
provechoso
útil
pintipuesto
a propósito

s. **semejante** (V.)
afín
igualado
parecido

a. *inoportuno*
inapropiado
impropio
distinto
opuesto
diferente
contrario

pintiparar-se
s. equipparar
comparar (V.)
asemejar
parecer
salir (V.)
igualar

s. **adecuar** (V.)
corresponder

a. *diferenciar*
diferir

pintor
s. **artista** (V.)
pintora
acuarelista
pastelista
dibujante
colorista
coloridor
pincel
decorador
grabador
paisajista (V.)
miniaturista
templista
fresquista
sombreador
empastador
iluminador
retocador
marinista
retratista (V.)
escenógrafo
delineante
restaurador
embadurnador
pintamonas (V.)
pintor de historia
pintor de costumbres
pintor de paisajes
pintor de marinas
pintor de batallas
pintor de batalla
pintor de brocha gorda
pintor de cámara
pnitor decorador
pintor de figura
pintor de frescos
pintor de puertas
pintor revocador
pintor escenógrafo
pintor impresionista
pintor expresionista
pintor abstracto
pintor concreto
pintor cubista
pintor futurista
pintor dadaísta
pintor realista
pintor surrealista
pintor purista
(V. **pintura**)

pintoresco
s. **agradable** (V.)
gracioso
animado
atractivo
vivo
típico (V.)
curioso
placentero
deleitoso
atrayente
grato
folklórico
expresivo
extravagante (V.)
disparatado
vistoso
pictórico (V.)
(V. **pintura**)

a. *desagradable*
monótono
aburrido
vulgar

cacería
naturaleza muerta
abstracto
efigie
modelo
perfil
medio perfil
figura
imagen (V.)
busto
desnudo
caricatura
academia
escenografía
diorama
caroca

pintura

s. estampa
lámina
lienzo
cuadro (V.)
tela
fresco
cartón
mural
retablo
tapiz
tríptico (V.)
díptico
tabla
cobre
copia
repetición
reproducción
placa
plancha
plana
plano

s. imprimación
empaste
aparejo
encoladura
plastecido
baño
mano
veladura
media tinta
sombreado
barnizado
embarnizadura
rechupado
encolado
embije
dibujo (V.)
boceto
bosquejo
esbozo
emborronamiento
mancha
apunte
estudio
croquis
rasguño
trazos
líneas
ensayo

s. **color** (V.)
tono
empaste
claroscuro
contraluz
sinfonía
matiz
sombra
realce
luz
toque
plumeado
pátina
tinta (V.)
media tinta
pincelada
pasta
gradación
encarnación (V.)
degradación

s. **retrato** (V.)
paisaje (V.)
miniatura
marina (V.)
vista
panorama
historia
bodegón
flores
frutas

s. **asunto** (V.)
composición (V.)
encuadre
dibujo
perspectiva
impresionismo
surrealismo (V.)
ordenación
proporción
movimiento
anatomía
relieve
expresión
parecido
fondo
primer término
lejanía
ambiente

s. **pincel** (V.)
paleta
tiento
tablota
caballete
maniquí
imprimadera
vejiga
pincelero
grafito
lápices
carboncillo
óleo
acuarela
aguarrás
barniz (V.)
carbón
pasta
ceras
aguada
tintas
anilinas
albayalde
esplendor
trocatinte
pastel
rotulador
encáustica
chamberga
temple
sarga
pintura a dos visos
pintura a la chamberga
pintura a la encáustica
pintura al temple
pintura al pastel
pintura al óleo
pintura cerífica
pintura de aguazo
pintura de mosaico
pintura de porcelana
pintura embutida
pintura de miniatura
pintura tejida
pintura rupestre
pintura figulina
pintura vítrea

s. no poder ver a alguien ni en pintura
parecer una pintura

r. La pintura y la guerra, mírala desde fuera

pinturero

s. lechuguino
presumido (V.)
jacarandoso
marchoso
jactancioso
postinero
fachendoso
fachendón
farolero
afectado

a. *sencillo*
humilde
natural
adán

pínula

s. tablilla
mirilla (V.)
varilla
dióptra
visual

pinza, s

s. tenacillas
tenazuelas
sujetador
llave (V.)
herramienta (V.)

s. pellizco
pliegue (V.)

s. boca
sacabala
forcípula
pata (V.)

s. tener que coger con pinzas
no sacar una cosa a alguien ni con pinzas

pinzón

s. **pájaro** (V.)
catachín
triguera
pinchón
piñonero

s. pinzón real

piña

s. **pino** (V.)
ananás
fruto
cono
estróbilo

s. apiñamiento
aglomeración (V.)

s. piña americana

piñata

(V. **olla**)

piñón

s. **semilla** (V.)
simiente
almendra
pino (V.)

s. engranaje
rueda (V.) dentada

s. piñón libre
piñón fijo

s. estar a partir un piñón

pío

s. místico
devoto
religioso (V.)
caritativo
piadoso (V.)
fervoroso
ferviente
bondadoso
misericordioso
caritativo
bueno
benigno
compasivo (V.)
beato
timorato
jaculatorio
cristiano
temeroso
santo
espiritual
bendito
virtuoso

s. **voz** (V.) (de ave)

s. **ansia** (V.)
vehemencia
deseo

s. monte pío
obra pía

(V. **piedad**)

a. *impío*
incrédulo
irreverente
desdén

piocha

(V. **zapapico**)

piogenia

(V. **pus**)

piohemia

(V. **septicemia**)

piojento

(V. **piojoso**)

piojería

s. piojera
miseria (V.)
lendrero

s. escasez
miseria
poquedad
menudencia
pizca
insignificancia (V.)

(V. **piojo**)

a. *abundancia*
cantidad

piojo

s. **insecto** (V.)
ortóptero (V.)
piejo
piojuelo
cáncano
carángano
caranga
gao
picón
liendre (V.)
pediculosis
parásito
piojillo

s. piojo de mar
piojo pegadizo
piojo resucitado

s. como piojo en costura

piojoso

s. piojento
lendroso
pedicular

s. **mezquino** (V.)
avaro
avariento
tacaño
roñoso
miserable (V.)
cicatero
agarrado
judío
ruin

s. **sucio** (V.)
asqueroso
astroso
andrajoso
harapiento

(V. **piojo**)

a. *generoso*
dadivoso
pulcro
limpio

pionero

(V. **precursor**)

(V. **explorador**)

piorrea

(V. **gingivitis**)

(V. **pus**)

(V. **encía**)

pipa

s. boquilla
cachimba (V.)
cachimbo
narguile
cazoleta
chibuquí
calumet
pipa turca

s. **cigarro** (V.)
tabaco (V.)

s. pipiritaña
flauta (V.)

s. **espoleta** (V.)

s. pepita
simiente
grano
semilla (V.)

s. **tonel** (V.)
barrica
bocoy
cuba
candiota
barril
tina
casco

pipar

(V. **fumar**)

pipe-line

(V. **oleoducto**)

pipermín

(V. **menta**)

pipiar

(V. **piar**)

pipiolo

s. novato
joven (V.)
principiante
inexperto (V.)
novicio
novel
mocito
jovenzuelo

a. *experto*
veterano
hombre

pipiripao

(V. **banquete**)

pique

s. **resentimiento** (V.)
desazón
resquemor
disgusto
enojo
molestia
enfado
desagrado
desplacer
pesadumbre
escozor

s. **rivalidad** (V.)
emulación (V.)
amor propio
estímulo (V.)

s. a pique de
echar a pique
irse a pique
estar de pique

a. *amistad*
afecto
abandono
negligencia
desinterés
agrado

piqué

(V. **tela**)

piqueta

(V. **zapapico**)

piquete

s. grupo
patrulla (V.)
conjunto
soldados

s. **herida** (V.)
golpe
pinchazo
punzadura

pira

s. fogata
fuego
hoguera (V.)
falla
almenara
alcandora
iluminaria
rogo

piragua

s. bote
batel
canoa
lancha
chinchorro
chalupa
pinaza
falúa
esquife
junco
dorna
barca
calque
barquía
cachucha
tancal
artesa
almadía
acal
embarcación (V.)

piramidal
s. **colosal** (V.)
fenomenal
extraordinario (V.)
enorme
sorprendente
desmesurado
maravilloso
excepcional
(V. **pirámide)**
a. *insignificante*
pequeño
vulgar
común

pirámide
s. sólido
cuerpo
poliedro
s. base
cara
triángulo
vértice
cúspide
geometría (V.)
s. **monumento** (V.)
tumba
sepulcro
s. **montón** (V.)
acervo
s. pirámide truncada
pirámide cónica
pirámide regular

pirarse
s. escaparse
marcharse
huir (V.)
esfumarse
irse (V.)
a. *volver*
quedarse

pirata
s. **corsario** (V.)
bucanero
filibustero (V.)
ladrón (V.)
corso
aventurero
pichelingüe
bandido
contrabandista
alijero
asaltante
s. bandera negra
patente de corso
s. **plagiario** (V.)
imitador
s. **cruel** (V.)
despiadado
malvado
sanguinario
negrero (V.)
malandrín
forajido
(V. **piratería)**
a. *original*
honrado
humano
caritativo

piratear
s. **robar** (V.)
corsear
apresar
capturar
asaltar
abordar
atacar
saquear (V.)
perseguir
(V. **piratería)**
a. *respetar*
devolver

piratería
s. pillaje
robo (V.)
corso (V.)
saqueo (V.)
botín
incursión
despojo
contrabando
abordaje
ataque
persecución
s. **hurto** (V.)

pirético
(V. **febril)**

pirexia
(V. **fiebre)**

pirita
s. **mineral** (V.)
marcasita
margajita
leberquisa
marquesita
mispíquel
calcopirita
pirrotina
hierro (V.)
s. pirita de cobre
pirita arsenical
pirita magnética
pirita marcial
pirita blanca
pirita de níquel

pirograbado
(V. **grabado)**

pirolatría
(V. **culto)**
(V. **fuego)**

piromancia
(V. **adivinación)**

piromaníaco
(V. **pirómano)**

pirómano
(V. **incendiario)**

pirómetro
(V. **termómetro)**

piropear
s. requebrar
halagar
adular (V.)
alabar (V.)
florear (V.)
madrigalizar
galantear (V.)
chicolear
echar una flor
regalar el oído
decir finezas
(V. **piropo)**
a. *ofender*
denigrar

piropo
s. **requiebro** (V.)
flor
alabanza (V.)
halago
chicoleo (V.)
fineza
galantería
finura
cortejo
lisonja
lindeza (V.)
madrigal
monona
ternura
terneza (V.)
quillotro
adulación (V.)
s. **carbúnculo** (V.)
s. **rubí** (V.)
granate
a. *ofensa*
grosería

piróscafo
(V. **embarcación)**

pirosis
s. fermentación
dispepsia
digestión (V.)
ardor
ardentía
acidez
quemazón
regurgitación
rescoldera
eructo
flatulencia

pirotecnia
s. fuegos artificiales
fuegos de artificio
árbol de fuego
toro de fuego
trueno gordo
petardo (V.)
mortero
cohete (V.)
castillo de fuego
bengala
buscapiés
buscanieguas
follón
estrellón
girándula
rapapiés
traca (V.)
triquitraque
volador
garbanzo
olla de fuego
tora
trabuca
carcasa
cargador
carretilla
chupinazo
traqueo
s. pirotécnico
polvorista
cohetero
s. encohetar
cebar

pirotécnico
(V. **pirotecnia)**

piroxilina
(V. **pólvora)**

pirrarse
s. pirriarse
desvivirse (V.)
perecerse
anhelar
despepitarse
morirse
enamorarse
enloquecer
desear
beber los vientos
por
suspirar por
a. *despreciar*
renunciar

pirriarse
(V. **pirrarse)**

pírrico
(V. **maltrecho)**
(V. **engañoso)**

pirriquio
s. **pie** (V.)
periambo
pariambo
poesía (V.)

pirroniano
(V. **pirrónico)**

pirrónico
(V. **escéptico)**

pirronismo
(V. **escepticismo)**

pirueta
s. voltereta
vuelta (V.)
cabriola (V.)
volatín (V.)
salto
brinco
bote
jeribeque
campaneo
contorsión
giro
quiebro (V.)
s. **contemporización** (V.)
habilidad
quiebro
cambio (V.)
a. *quietud*
inmovilidad
lealtad

piruetear
s. **saltar** (V.)
brincar
voltear
contorsionar
botar
retozar
corvetear
s. **contemporizar** (V.)
cambiar (V.)
rectificar (V.)
mudar
estar en la cuerda floja
cambiar de chaqueta
chaquetear
(V. **pirueta)**
a. *retenerse*
atenerse
perdurar
aferrarse
encastillarse

piruja
s. libre
vivaracha
pizpirita
desenvuelta (V.)
alegre
dicharachera
avispada
despejada
traviesa
bullanguera
deshonesta (V.)
a. *mustia*
lánguida
triste
honesta
seria
tímida

pirulí
(V. **caramelo)**

pirulo
(V. **boliche)**
(V. **botijo)**

pis
(V. **orina)**

pisada
s. **pista** (V.)
pisadura
holladura
huella (V.)
paso (V.)
pisa
pisotón
pisoteo
pataleo
zarpada
zarpazo
coz
zaparrazo
zaparrada
taconeo (V.)
patada
puntapié
s. seguir las pisadas de alguien

pisadera
(V. **lagar)**

pisar
s. **hollar** (V.)
sopear
patear
rehollar
pisotear
taconear
calcar (V.)
patullar
conculcar
repisar
patalear
apisonar
rehollar
atropellar
estampar
tropezar
deszocar
s. **apretar** (V.)
estrujar
apisonar
ajar
s. **tocar** (V.)
(música)
s. **despreciar** (V.)
escarnecer
humillar
ofender
maltratar (V.)
abatir
postergar (V.)
s. atropellar
infringir (V.)
quebrantar
vulnerar
s. **andar** (V.)
saltar
correr
s. **anticiparse** (V.)
quitar
(V. **pisada)**
a. *alabar*
enaltecer
acatar
obedecer

pisaverde
s. amanerado
lechuguino (V.)
cotorrón
currutaco
afeminado
lindo
adamado
presumido (V.)
amariconado
amaricado
virote
chisgarabís
gomoso
barbilindo
mariquitolis
a. *machote*
viril
adán
abandonado

piscator
(V. **almanaque)**

piscina
s. pecina
pecinal
estanque (V.)
baño (V.)
pecera
acuarium
alberca
pileta
laguna
aljibe
s. piscina probática

piscolabis
s. refacción
refrigerio (V.)
tentempié
puntal (V.)
aperitivo
colación
refrigeración
bocadillo

piso
s. **pavimento** (V.)
suelo (V.)
solado (V.)
pavimentado
pavimentación
enladrillado
empedrado
embaldosado
enguijarrado
asfaltado
entarimado
ensolado
encachado
afirmado
firme
asfalto
macadán
tablado
tillado
tarima
(cont.)

s. alfombra
linóleum
estera
linóleo
moqueta
sintasol

s. casa
cuarto
domicilio
entrepiso (V.)
habitación
vivienda (V.)
morada
apartamento
residencia
hogar

s. **suela** (V.)
calzado

pisotear
(V. **pisar)**

(V. **atropellar)**

(V. **infringir)**

pisotón
(V. **pisada)**

pista
s. señal
estela
huella (V.)
pisada (V.)
rastro
patada (V.)
indicio (V.)
vestigio
traza
marca
signo
paso

s. camino
vía
carretera (V.)
explanada

s. circo
picadero
hipódromo (V.)
velódromo

s. surco
banda
faja
cinta
grabación (V.)
disco
magnetófono
cinematógrafo
pista sonora

s. seguir la pista
pista de tenis
pista de aterrizaje
pista de patinaje
pista de baile

pistacho
(V. **alfóncigo)**

pistadero
(V. **mortero)**

pistar
s. **machacar** (V.)
prensar
aprensar
exprimir
estrujar
sacar el jugo

pistero
(V. **vasija)**

pistilo
s. gineceo
brin
hebra
carpelo
estilo
estigma
ovario (V.)
flor (V.)

pisto
s. revuelto
mezcla
confusión (V.)
desorden
revoltijo

s. **fritada** (V.)
jugo
substancia
frito (V.)

s. **postín** (V.)
tono
ciquitroque

s. darse pisto

a. *orden*
sencillez
humildad

pistola
s. **arma** (V.)
revólver
pistolete
milanés
cachorrillo
metralleta
browning

s. cacha
culata
cañón
gatillo
disparador
cilindro
cargador
seguro
eyector
recámara

s. **aerógrafo** (V.)

s. **martillo** (V.)
(neumático)
soplete (V.)

s. pistola
ametralladora
pistola de arzón
pistola de bolsillo
pistola de cinto

pistolera
s. **estuche** (V.)
funda
cañonera
tapafunda
cinto
canana
correa

(V. **pistola)**

pistolero
s. bandido
atracador (V.)
malhechor
asaltante
terrorista (V.)
delincuente
asesino
forajido
anarquista
gangster
gunman

(V. **pistola)**

a. *policía*

pistoletazo
s. disparo
tiro (V.)
explosión
estampido
estallido
detonación
s. **herida** (V.)

(V. **pistola)**

pistolete
(V. **pistola)**

pistón
s. **émbolo** (V.)
cilindro (V.)
disco
llave
varilla

s. **cápsula** (V.)
fulminante
cartucho
mixto

s. escopeta de
pistón
fusil de pistón

pistonudo
s. **tremendo** (V.)
morrocotudo
fenomenal
estupendo
maravilloso
colosal
magnífico (V.)

a. *horrible*
desagradable

pistoresca
(V. **puñal)**

pistraje
s. pistraque
bodrio
brebaje (V.)
comistrajo
bazofia (V.)
potaje

a. *manjar*
exquisitez

pistura
(V. **machaca-
miento)**

(V. **estrujamiento)**

pita
s. abucheo
protesta (V.)
pitada
chifla
rechifla (V.)
silba (V.)

pateo
bronca
silbidos
pitos
pitidos
alboroto
desagrado
desaprobación (V.)

s. **planta** (V.)
maguey
cabuya
pitera
abacá
agave
henequén
cocuí
cocuy
carruata
caraguatá
cardo
cardón
cháguar
ixtle
hilaza
fibra
sisal
lechuguilla

s. **gallina** (V.)

s. bolita
cantillo
pitón

a. *aprobación*
aplauso

pitada
s. **pita** (V.)
silbateo
clarinada
pitido (V.)
trompetazo
chiflido
tabarra
lata
joroba
zanganada

s. salida (de tono)
inoportunidad (V.)
intemperancia (V.)

a. *ovación*
aplauso
oportunidad
consideración
discreción

pitanza
s. distribución
ración (V.)
reparto (V.)

s. **comida** (V.)
pasto
nutrición
vitualla

s. **precio** (V.)
coste
importe
estipendio

a. *hambre*
ayuno
depauperación

pitaña
(V. **legaña)**

pitañoso
(V. **legañoso)**

pitar
s. **silbar** (V.)
tocar
soplar
rechiflar (V.)

patear
protestar (V.)
desaprobar (V.)
abuchear
alborotar
patalear
abroncar
escandalizar

(V. **pita)**

a. *aplaudir*
ovacionar
aprobar

pitarra
(V. **legaña)**

pitarroso
(V. **legañoso)**

pitcher
(V. **lanzador)**

pitido
s. **sonido** (V.)
pitada (V.)
silbo
silbido (V.)
señal
soplido
toque
llamada
chiflido
pita
pío

(V. **pito)**

a. *silencio*

pitillera
(V. **petaca)**

pitillo
s. **cigarro** (V.)
cigarrillo
pito
colilla

pítima
(V. **cataplasma)**

(V. **borrachera)**

pito
s. silbo
silbato (V.)
chiflo
chifle
flauta
sirena (V.)
caramillo
cornamusa
chiflato
chifladera

s. **pita** (V.)
bronca
rechifla

s. **castañeta** (V.)
sonido

s. **taba** (V.)
cantillo
güito
hueso
bolita
juego (V.)

s. **vasija** (V.)
botijo
canario
rejiñol

s. cigarrillo
cigarro (V.)
tieso (V.)
erguido
derecho
arrecho
ufano

s. pitos flautos
pito real
por pitos o flautas
no importar un
pito
no tocar pito
no valer un pito,

r. Cuando pitos,
flautas; cuando
flautas, pitos

a. *aprobación*
aplauso
encorvado
torcido

pitoche
(V. **insignifi-
cancia)**

pitoflero
(V. **chismoso)**

(V. **entremetido)**

(V. **musicastro)**

pitón
s. **cuerno** (V.)
bulto (V.)

s. pico
pitorro (V.)
apículo
ápice
cogujón

s. renuevo
retoño
botón
brote (V.)

s. **serpiente** (V.)

pitonisa
s. **adivina** (V.)
jorguina
encantadora
hechicera (V.)
adivinadora
maga
mágica

s. **sacerdotisa** (V.)
profetisa (V.)
sibila
pitia
vestal

pitorrearse
(V. **burlarse)**

pitorreo
(V. **burla)**

(V. **guasa)**

pitorro
s. **pitón** (V.)
pico (V.)
protuberancia
apéndice
caño (V.)
canal
tubo

pitote
(s. **insignificancia)**

(V. **escándalo)**

pituita
(V. **mucosidad**)
(V. **secreción**)

pituitario, a
s. pituitoso
mucoso
mocoso
viscoso (V.)
glándula pituitaria
hipófisis
membrana pituitaria
membrana mucosa
secretor
secretorio

pituso
(V. **niño**)

piular
(V. **piar**)

piulido
(V. **piído**)

pivot
(V. **pivote**)

pivotar
(V. **girar**)
(V. **oscilar**)

pivote
s. **eje** (V.)
punta
apoyo (V.)
extremo
espiga
gorrón
fulcro
espigón
pivot

píxide
s. copón
vaso
cajita (para Sagradas Formas)
cáliz (V.)
receptáculo

pizarra
s. **roca** (V.)
ampelita
esquisto (V.)
talquita
carleta
cayuela
s. aguilón
teja (de pizarra)
s. **encerado** (V.)
tablero
hule

pizarroso
s. **hojoso** (V.)
apizarrado
pizarreño
empizarrado
pizarrero
(V. **pizarra**)

pizca
s. **miaja** (V.)
pellizco (V.)
chispa
pavesa (V.)
ostugo
grano
gota
insignificancia
menudencia
partícula
lágrima (V.)
fragmento
parte
porción
triza (V.)
átomo
molécula
fruslería
pulgarada
s. ni pizca
a. *mucho*
todo

pizpireta
s. **vivaracha** (V.)
ligera
expresiva (V.)
veleidosa
coqueta
ufana
casquivana
aguda
lista
presumida
a. *seria*
grave
torpe

placa
s. **lámina** (V.)
estrato
plancha (V.)
película
chapa (V.)
capa
costra
escama (V.)
lasca
hoja (V.)
pletina
laja
plaqueta
plaqué (V.)
zarzo
tabica
tablero
palastro (V.)
lata
medalla (V.)
s. **clisé** (V.)
filme
celuloide
s. **disco** (V.)
s. **letrero** (V.)
anuncio
indicación

placarte
s. **cartel** (V.)
bando
edicto
ordenanza
anuncio
aviso

placear
s. publicar
propagar
divulgar
manifestar
pregonar
anunciar (V.)
difundir
vocear (V.)
decir a los cuatro vientos
dar un cuarto al pregonero
echar las campanas al vuelo
s. **vender** (V.)
(V. **plaza**)
a. *ocultar*
callar

pláceme
s. **felicitación** (V.)
elogio
parabién
enhorabuena
norabuena
brindis
congratulación
a. *pésame*

placenta
s. parias
pares
decidua
secundinas
s. útero
cordón umbilical
embarazo (V.)
parto

placentero
s. ameno
agradable (V.)
alegre
regalado (V.)
apacible
suave
confortable
animado
divertido
placiente
amenoso
delicioso (V.)
deleitable
deleitoso
plácido
atractivo
amable
risueño
acogedor
regocijado
recreativo
gracioso
afable
gustoso (V.)
encantador
grato
gayo
placiente
confortante
delectable
gozoso
placible (V.)
satisfactorio
ledo
muelle
sensual (V.)
voluptuoso (V.)
lujoso
cómodo
(V. **placer**)
a. *desagradable*
molesto
triste
desapacible

placer
s. **mina** (de oro) (V.)
arrugia
filón
banco
arenal
yacimiento
s. **agrado** (V.)
alegría (V.)
dicha
gozo (V.)
embriaguez
encanto
deleite (V.)
goce (V.)
dulzura
delicia
bienestar
holganza (V.)
regocijo
júbilo
felicidad
delectación
regosto
regalamiento (V.)
regalo (V.)
regusto
regodeo
gusto (V.)
fruición (V.)
distracción
molicie
fiesta
sibaritismo
epicureísmo (V.)
gloria (V.)
diversión
contentamiento
júbilo
recreo (V.)
expansión
refocilación
aplacimiento
contentamiento
comodidad
confort
éxtasis
arrobamiento
s. concupiscencia
erotismo
incontinencia
gula
lujuria
vicio (V.)
sensualidad (V.)
disipación
hedonismo (V.)
epicureísmo
voluptuosidad (V.)
profanidad
apetito
liviandad
s. consentimiento
voluntad (V.)
beneplácito
asentimiento
anuencia
permiso
aquiescencia
a placer
casa de placer
r. A placeres acelerados, dones acrecentados ■ Los placeres son por onzas, y los males por arrobas ■ Placer bueno, no cuesta dinero; placer malo, siempre es caro ■ Placer no quita comer ■ Placer no comunicado no es bien logrado ■ Por echar una cana al aire, no se perdió nadie ■ Mientras dura el deleite, no se envejece
a. *dolor*
disgusto
tristeza
amargura
denegación

placer-se
s. **disfrutar** (V.)
saborear
gustar (V.)
agradar (V.)
gozar (V.)
maravillar
deleitar
regalar
enajenar
complacer
arrobar
embriagar
paladear
extasiar
festejar
hechizar
lisonjear
recrear
s. regodearse
regocijarse
entusiasmarse
contentarse
regalarse (V.)
recrearse (V.)
divertirse
congratularse
complacerse
caérsele la baba
estar en su centro
bañarse en agua de rosas
tratarse a cuerpo de rey
no caber en sí de contento
ir a gusto en el machito
darse buena vida
experimentar placer
caer en gracia
ser de rechupete
(V. **placer**)
a. *disgustarse*
sufrir
amargarse
aburrir
rechazar

placero
(V. **callejero**)
(V. **desocupado**)

plácet
s. **aprobación** (V.)
venia
consentimiento
conformidad
aquiescencia
a. *desaprobación*
rechazo
desconformidad

placeta
(V. **plazoleta**)

placibilidad
s. **calma** (V.)
sosiego
tranquilidad
dulzura
paz
quietud
placidez (V.)
serenidad
bonanza
flema
paciencia
mansedumbre
suavidad
benignidad
benevolencia
bondad
espera
a. *intemperancia*
irascibilidad
inquietud

placible
s. **agradable** (V.)
dulce
placentero (V.)
pacífico
quieto
calmo
sereno
bonancible
flemático
tranquilo (V.)
paciente
benevolente
bondadoso
suave
manso
(V. **placibilidad**)

a. *desapacible*
agrio
incómodo
malevolente
malévolo
arriscado

placidez
s. **felicidad** (V.)
sosiego
tolerancia
transigencia
dulzura (V.)
serenidad
calma (V.)
moderación
compostura
templanza
mansedumbre
magnanimidad
paciencia
flema
placibilidad (V.)
beatitud (V.)
tranquilidad (V.)
afabilidad
a. *agresividad*
intemperancia
intranquilidad

plácido
s. **tranquilo** (V.)
paciente
calmoso
moderado
dulce
sereno (V.)
impasible
templado
flemático
obediente
humilde
manso
magnánimo
pacífico
afable
amable
impávido
inalterable
reposado
quieto
pacífico (V.)
calmoso
estoico
sumiso
sosegado
grato
agradable (V.)
ameno
deleitoso
placentero
apetecible
apacible (V.)
beatífico
(V. **placidez**)
a. *inquieto*
intranquilo
excitado
turbulento
desagradable
agitado
arriscado

plácito
s. **parecer** (V.)
dictamen
juicio
sentido
opinión (V.)
informe
diagnóstico

plaga
s. calamidad
catástrofe
desgracia
epidemia
infortunio
desastre
peste (V.)
azote (V.)
labe
daño (V.)
ruina
castigo
fatalidad
desventura
estrago
desolación
miseria
sequía (V.)

s. **enfermedad** (V.)
llaga
accidente
úlcera

(V. **herida**)

s. contratiempo
pesar
trabajo
perturbación
vejación
plétora
abundancia (V.)
copia
profusión
cantidad
multitud
diluvio
enjambre
legión
cúmulo
montón
enormidad
inmensidad
raudal
caterva
manada
lluvia
aluvión
granizada
helada
sequía
tormenta

s. langosta
filoxera
alheña
callueso
añublo

s. tizón
gorgojo
insecto (V.)
barrenillo
procesionaria
cuco
chiza
royega
quemadura (V.)
chahuistle
corocha
gangrena
gotera
roya
rabia
rozadura
taladrilla

a. *bienestar*
progreso
salud
contento
dicha
escasez
falta
carencia

plagado
s. **lleno** (V.)
atestado
invadido
rebosante
desbordante
cargado
cubierto

s. **herido** (V.)
castigado (V.)
erizado (V.)
apestado
arruinado

(V. **plaga**)

a. *escaso*
vacío
falto
sano

plagar-se
s. **llenar** (V.)
cubrir
erizar (V.)
rebosar
desbordar
invadir (V.)
atestar
llover
pulular

s. **llagar** (V.)
arruinar
apestar (V.)

(V. **plaga**)

a. *vaciar*
escasear
faltar
carecer
beneficiar
sanar

plagiar
s. **copiar** (V.)
imitar (V.)
fusilar (V.)
remedar
robar
falsificar
reproducir
apropiarse

(V. **plagio**)

a. *inventar*
crear

plagiario
s. copista
imitador (V.)
falsificador (V.)
falseador
parodista
remedador
calcador
ladrón
maquietista
pirata (V.)

(V. **plagio**)

a. *innovador*
original
creador

plagio
s. **imitación** (V.)
remedo
copia (V.)
fusilamiento (V.)
reproducción
refrito
apropiación
calco
robo
piratería

a. *inédito*
original
creación

plan
s. **empresa** (V.)
proyecto (V.)
idea
programa (V.)
intención
propósito
designio (V.)
cuestionario
estructura
cañamazo (V.)
especulación
combinación (V.)
combina
convenio
sistema (V.)
intriga
previsión
deseo
maniobra (V.)
conjura (V.)
ensayo
tanteo
pulsación
ardid (V.)

s. **apunte** (V.)
traza (V.)
bosquejo
trazo
síntesis
extracto
borrador
borrón
minuta
esquema
planteamiento (V.)
diseño
boceto
resumen
cuadro
sinopsis

s. **plano** (V.)

s. altitud
altura
nivel (V.)

s. **plantilla** (V.)
cuadro
personal

s. a plan
a todo plan
en plan de
hacer plan

plana
s. **llana** (V.)
herramienta
aplanadora

s. hoja
página (V.)
folio
cara
haz
carilla
anverso
reverso

s. **planicie** (V.)

s. plana mayor
a toda plana
a plana y renglón
enmendar la plana
cerrar la plana

planada
(V. **planicie**)

plancha
s. lámina
placa (V.)
chapa
hoja
tabla
tablero
palastro
lata
cubierta
recubrimiento

s. **escala** (V.)
pasarela

s. **molde** (V.)
estereotipia
grabado
impresión
galvanoplastia

s. **torpeza** (V.)
error
ridiculez (V.)
equivocación (V.)
desacierto
pifia
coladura
pata
chambonada
indiscreción
malogro
yerro
zarramplinada
chasco (V.)
vergüenza
metedura de pata
planchazo

s. *utensilio*
albardilla
agarradero
traílla (V.)
empuñadura
revestimiento
lámpara de control
termostato
resistencia
zapata
conmutador
humectador
hendedura para botones

s. plancha eléctrica
plancha de carbón
plancha de vapor
plancha de hierro
plancha de agua
plancha de blindaje
plancha de viento

s. hacer la plancha
hacer una plancha

planchada
s. **embarcadero** (V.)
pasarela
escala (V.)
tablazón
puentecillo
tabla
plataforma

planchado
s. tableado
plegado (V.)
laminado
apisonado
aplanado
allanado
aplastado
prensado
chafado
asentado
liso (V.)
llano

(V. **plancha**)

a. *arrugado*
rugoso
contraído
ondulado
fruncido

planchar
s. **desarrugar** (V.)
alisar
estirar (V.)
asentar
allanar
almidonar
encañonar (V.)
aplastar
comprimir
prensar
chafar
estrujar
aplanar
extender (V.)
laminar
arreglar
acondicionar
abrillantar
alechugar
aplanchar
escarolar
plisar
plegar

s. humedecer
mojar

s. **chapar** (V.)

(V. **plancha**)

a. *desplanchar*
arrugar

planchazo
s. **indiscreción** (V.)
torpeza (V.)
yerro
equivocación (V.)
plancha

a. *acierto*
habilidad
discreción

planchear
(V. **blindar**)

planeador
(V. **avión**)

planear
s. **proyectar** (V.)
fraguar
maquinar
hilvanar
urdir
planificar
forjar
preparar
combinar
madurar
premeditar (V.)
bocetar
trazar
preconcebir (V.)
formar
diseñar
organizar (V.)
urbanizar (V.)
intentar
plantear (V.)
calcular
apuntar
esbozar
sugerir
presentar
suscitar
exponer
fijar
plantificar
dirigir
plantar
establecer (V.)
estatuir
fundar
instaurar
implantar
crear
instituir
instalar

s. descender (el avión)
volar (V.)
evolucionar

(V. **plan**)

(V. **planeo**)

a. *realizar*
efectuar

planeo
s. **vuelo** (V.)
flotación
descenso
deslizamiento
evolución

planeta
s. **astro** (V.)
asteroide
satélite (V.)
cuerpo celeste
Luna
perihelio

s. Saturno
Marte
Júpiter
Urano
Neptuno
Plutón
Mercurio
Venus
Tierra
Ceres
Palas
Cibeles
Héspero
Fósforo
Vesta
Véspero
Juno

s. fase
órbita
apogeo
elongación
perigeo
perihelio
conjunción
revolución
oposición
sínodo

s. planeta superior
planeta exterior
planeta primario
planeta secundario
planeta inferior

(V. **astronomía**)

planetario
s. astral
celestial
mundial
universal
saturnal
mercurial
hespérido
interplanetario

s. **bóveda** celeste (V.)

s. **diferencial**
satélites
corona
piñones
árbol
automóvil (V.)

(V. **planeta**)

planga
s. planco
dango
águila
alcatraz
clanga
pulla
zanga
ave (V.)

planicie
s. **llanura** (V.)
mancha
meseta
sabana
estepa
llano
llanada
plana
planada

a. *cordillera*
montaña

planificador
s. **organizador** (V.)
proyectista
creador
creativo
trazador
forjador
autor
calculista
dibujante
delineante
ordenador

(V. **planear**)

planificar
(V. **planear**)

plano
s. **llano** (V.)
superficie (V.)
extensión
explanada
explanación
llanura (V.)
allanamiento
arrasamiento
nivelación
aplastamiento
achatamiento

s. chato
aplastado
romo
igual
liso
raso
achatado
yacente (V.)
aplomado
horizontal (V.)
como la palma de la mano

s. **plan** (V.)
secuencia

s. **mapa** (V.)
carta
traza (V.)
trazado (V.)
superficie plana
número plano
plano de nivel
plano horizontal
plano vertical
plano geométrico
plano óptico
levantar un plano
dar de plano

s. **geometría** (V.)

a. *montañoso*
desigual
agudo

planta
s. **vegetal** (V.)
alga (V.)
helecho (V.)
liquen
hongo (V.)
moho
bacteria (V.)
árbol (V.)
arbusto
matorral
hortaliza (V.)
legumbre (V.)
hierba (V.)
mata
abrojo
flora
césped

s. **bosque** (V.)
arboleda (V.)
prado
pasto
sembrado
plantación
plantel
huerto (V.)
jardín (V.)
seto
monte
verde
mancha
macizo
maleza
tríbulo

s. **cultivo** (V.)
agricultura (V.)

s. **botánica** (V.)
fitología
fitotecnia
taxonomía
horticultura
floricultura
arboricultura
silvicultura
dasonomía
virología
algología
liquenología
briología
muscología
pteridología

s. *criptógamas*
briófitos
esquizofíceas
flageladas
dinoflageladas
diatomeas
clorofíceas
carófitos
feofíceas
líquenes (V.)
helechos (V.)
musgos (V.)
hongos (V.)
algas (V.)
rodofíceas
mixomicetes
macromicetes
micromicetes
pteridófitos
uredinales

s. *fanerógamas*
gimnospermas
angiospermas
monocotiledóneas

s. *dicotiledóneas*
apétalas
dialipétalas
gamopétalas

s. *constitución*
células
citoplasma
membrana
condriosomas
vacuolas
núcleo
retículo nuclear
jugo nuclear
nucléolo
plastos
cloroplastos
cromoplastos
amiloplastos
membrana de secreción
celulosa
fibras
vasos

s. *tejidos*
tejidos formadores
tejidos nutricios
tejidos conductores
tejidos protectores

s. *raíz*
zona terminal
zona de crecimiento
zona pilífera
zona de ramificación
raíz primaria
raíz secundaria
raíz adventicia
raíz normal
raíz pivotante
raíz fasciculada
raíz tuberosa

s. *tallo*
ramas
hojas
flores
frutos

s. nudos
entrenudos
yemas axilares
yema terminal

s. leñoso
tronco
estipe o estípite

s. herbáceo
cañas
cálamos
volubles
trepadores
anuales
perennes

s. tallos modificados
rizomas
tubérculos
bulbos

s. *hojas*
limbo (nerviaciones)
pecíolo (rabillo)
vaina

s. *hojas simples*
uninervias
paralelinervias
penninervias
palminervias

s. aciculares
aflechadas
acorazonadas

s. enteras
dentadas
hendidas
partidas

s. *hojas compuestas*
pinnadas
palmado-compuestas
trifoliadas

s. aisladas
alternas
verticiladas
opuestas

s. caducas
persistentes

s. savia
semilla
esporas

s. *flor*
pedúnculo floral
rabillo o receptáculo
cáliz (sépalos)
corola (pétalos)
androceo (estambres)
gineceo (carpelos)
verticilos florales
periantio
óvulo
semilla

s. apétala
desnuda
gamosépalo
dialisépalo
gamopétalas
dialipétalas
liliáceas
amariposadas
rosáceas
cruciformes
liguladas
acampanadas
personadas

s. *fruto*
pericarpio
semilla
exocarpio
mesocarpio
endocarpio

s. *frutos secos*
aquenios
gariópside
glande
polispermos
silicua
legumbre

s. *frutos carnosos*
pomo
baya
drupa
hesperidio
pepónide

s. *semilla*
radícula
tallito
gémula
cotiledones
tegumentos
almendra

s. *familias*
abietáceas
- **abeto** (V.)
- alerce
- aznacho
- cedro
- pinabete
- **pino** (V.)
- sapino

acantáceas
- acanto
- branca ursina
- carmentina
- hierba giganta
- yuquilla

aceráceas
- arce
- plátano falso
- rompecaldera
- sacatinta
- sácere
- sicómoro

alismatáceas
- alisma
- azúmbar
- damasonio
- lirón
- llantén de agua
- saetilla
- sagitaria

amarantáceas
- amaranto
- guirnalda
- jaboncillo
- papagayo
- sandiego
- sempiterna

amarilidáceas
- agave o pita
- azucena de Buenos Aires
- caraguatá
- **cardo** (V.)
- flor de lis
- henequén
- maguey
- narciso
- pita

amigdaláceas
- acacia bastarda
- endrino

anacardiáceas
- acajoiba
- anacardo
- turbinto
- terebinto
- almáciga
- lentisco
- árbol de incienso
- cornicabra
- marañón
- zumaque

anonáceas
- anona
- chirimoyo
- guanábano

apocináceas
- adelfa
- hierba doncella
- laurel rosa
- rododafne

aquifoliáceas
- acebo
- agrifolio
- asa
- mate

aráceas
- alcatraz
- aro
- cala
- culebrilla o dragontea
- jarillo
- lirio de agua
- serpentaria
- zumillo

araliáceas
- aralia
- **hiedra** (V.)

aristoloquiáceas
- aristoloquia
- áscaro
- oreja de fraile

artocarpáceas
- árbol del pan
- guarumo
- macagua

asclepiadáceas
- algodoncillo
- árbol de la seda
- berza de perro
- cornicabra
- oxipétalo
- vencetósigo

balsamináceas
- balsamina
- miramelindros
- nicaragua

beogoniáceas
- begonia

berberidáceas
- agracejo
- bérbero
- garbanzón

betuláceas
- abedul
- aliso
- alno
- avellano
- hojaranzo

bignoniáceas
- bignonia
- cañahuate
- caroba
- jacarandá

bitneriáceas
- cacao

bixáceas
- achiote o achote
- bija
- urucú

bombacáceas
- baobab
- ceiba

borragináceas
- buglosa
- ceriflor
- consuelda
- heliotropo
- lengua de buey
- miosotis
- nomeolvides
- palo de rosa
- vainilla

bromeliáceas
- ananás
- caraguata
- piña americana
- piñuela

burseráceas
- talmácigo
- palo de campeche
- tacamaca

buxáceas
- boj

cactáceas
- biznaga
- candelabro
- cardón
- galán de noche
- nopal
- pitajaña

cannabáceas
- **cáñamo** (V.)
- lúpulo

cannáceas
- achira
- cañacoro

caparidáceas
- alcaparra
- carbonero
- tápana

caprifoliáceas
- actea
- madreselva
- mundillo
- sabuco
- saúco
- sauquillo
- yezgo

(cont.)

caricáceas
- papagayo
- papayo

cariofiláceas
- álsine
- betónica
- clavel
- clavellina
- colleja
- gariofilea
- herbada
- jabonera
- lanaria
- neguilla
- nevadilla
- pegamoscas
- quebrantapiedras
- sanguinaria
- saponaria
- tiratiros

celastráceas
- bonetero
- celastro
- evónimo

celtidáceas
- almez
- tala

cigofiláceas
- abreojos
- abrojo
- guayacán
- vera

cingiberáceas
- ajengibre
- cardamono
- cojate
- jengibre

ciperáceas
- capicatí
- castañuela
- estoquillo

cistáceas
- alcayuela
- jara
- tamarilla

combretáceas
- avellana de la India
- escobilla
- júcaro
- mirobálano

commelináceas
- cañutillo

compuestas
- abrótano
- acahual
- achicoria
- ajonjera
- alazor
- alcachofa
- altamisa
- ambrosía
- amelo
- amor de hortelano
- artemisa
- arzolla o abrepuño
- aquilea
- **azafrán** (V.)
- barbaja
- brea
- brótano
- cabezuela
- camomila
- cardencha
- cardillo
- cardo
- cempoal
- cineraria
- clavel
- condrila
- crisantemo
- dalia
- damasquina
- diente de león
- doncel
- endivia
- escarola
- estragón
- flamenquilla (maravilla)
- gigantea
- **girasol** (V.)
- helenio
- hierba cana
- hierba guardarropa (abrótano)
- hierba lombriguera
- hierba romana
- hierba de Santa María
- hierba sarracena
- huacatay
- lampazo
- **lechuga** (V.)
- manzanilla
- maravilla
- margarita
- matricaria
- maya
- milenrama
- ojo de buey
- oreja de ratón
- olivarda
- pelitre
- romerillo
- salsifí
- santónica
- siempreviva
- tabaco de montaña
- tagarnina
- tomillo blanco
- tornasol (girasol)
- trompeta de amor (girasol)
- tupinambo
- tusilago
- uña de caballo
- vellosilla
- zuazón

coníferas
- aguín
- ahuehué
- araucaria
- cedro amargo
- cedro blanco
- curí

convolvuláceas
- albohol
- batata
- boniato
- cambute
- camote (boniato)
- cazahuate
- correhuela
- cuscuta
- dondiego de día
- epítimo
- jalapa
- mechoacán
- moniato (papa dulce)
- ruibarbo blanco
- suspiro
- tacuache

cornáceas
- albellanino
- cornejo
- durillo
- sangüeño
- sanguino

crasuláceas
- matacallos
- siempreviva mayor
- telefio
- sombrerillo

crucíferas
- alboquerón
- alhelí
- aliaria
- balsamita (jaramago)
- balsamita mayor (berro)
- berro
- berza
- carraspique
- coclearia
- **col** (V.)
- colza
- jaramago
- jenabe
- lombarda
- mastuerzo
- matacandil
- **mostaza** (V.)
- naba
- nabo
- naguapate
- oruga
- pan y quesillo
- rabanillo
- rabaniza
- **rábano** (V.)
- ruca
- sisimbrio
- yuyo

cucurbitáceas
- aguilonia
- alficoz (cohombro)
- blasamina
- brionia
- calabacilla
- **calabaza** (V.)
- cayapona
- cogombrillo
- cohombro
- coloquíntida
- cundeamor
- curuguá
- guaje
- **melón** (V.)
- nueza blanca
- **pepino** (V.)
- **sandía** (V.)
- secua
- silonia
- tabaco
- tarralí
- tuera

cupresáceas
- cedro de España
- cipariso
- **ciprés** (V.)
- **enebro** (V.)
- grojo
- jabino
- junípero
- sabina
- secoya
- tuya

cupulíferas
- **alcornoque** (V.)
- **castaño** (V.)
- coscoja
- **encina** (V.)
- **roble** o robre (V.)

dileniáceas
- carey
- vacabuey

dioscoreáceas
- aje
- guanquí
- ñame
- ube

droseráceas
- drosera
- rosolí

ebenáceas
- abenuz (ébano)
- camagón
- caqui
- **ébano** (V.)
- estoraque

eleagnáceas
- árbol del Paraíso

equisetáceas
- cola de caballo

ericáceas
- arándano
- aguavilla
- albedro (madroño)
- albihar (manzanilla loca)
- azalea
- bermejuela
- berozo (brezo)
- escobilla
- gayuba
- madroño
- meruéndano
- ráspano
- rododendro
- rosadelfa (azalea)
- urce (brezo)
- uvaduz (gayuba)

eritroxiláceas
- arabo
- coca

escrofulariáceas
- algarabía
- asarina
- becerra (dragón)
- boca de dragón (dragón)
- calceolaria
- candelaria
- **digital** (V.)
- dragón
- escobilla
- escrofularia
- gallocresta
- gordolobo
- linaria
- topatopa
- verbasco
- verónica

esmiláceas
- **espárrago** (V.)
- esparraguera

esterculiáceas
- abroma
- cola
- guácima
- estiracáceas
- aceitunillo

euforbiáceas
- agáloco
- alipata
- árbol de la cera
- candelilla
- cascarillo
- colliguay
- díctamo
- euforbio
- folio
- frailecillo
- golondrina
- higuera del diablo
- jabillo
- lechetrezna
- mandioca
- **manzanillo** (V.)
- mercurial
- noguerela
- palmacristi (ricino)
- peregrina
- **piñón** (V.)
- pringamoza
- **ricino** (V.)
- siringa
- tamujo
- tapaculo
- tártago
- yacio

fagáceas
- **alcornoque** (V.)
- carbizo (roble)
- carrasca (encina)
- coyán
- **encina** (V.)
- **haya** (V.)
- jaro
- quejigo
- rebollo
- **roble** (V.)
- tornadizo (alcornoque)

fitoloacáceas
- anamú
- bellasombra
- ombú
- pircún

gencianáceas
- canchalagua
- centaura
- cruciata
- genciana
- hiel de la tierra

geraniáceas
- aguja
- alfiler
- cardenal (geranio)
- **geranio** (V.)
- pico de cigüeña

gramináceas
- adacilla
- almorejo
- **alpiste** (V.)
- **arroz** (V.)
- **avena** (V.)
- ballico
- ballueca
- **bambú** (V.)
- briza
- bromo
- cálamo
- camalote
- camelote
- **caña** (V.)
- caña amarga
- caña de azúcar
- caña brava
- caña dulce
- cañutillo
- carricera
- carrizo
- **cebada** (V.)
- cebadilla
- **centeno** (V.)
- chamiza
- cizaña
- daza
- esquenanto
- espinacardo
- flechilla
- grama
- gramalote
- gramilla
- guizazo
- **heno** (V.)
- hierba fina
- hierba de limón (esquenanta)
- hierba de punta (espiguilla)
- junco oloroso
- lágrima de David
- lapa (almorejo)
- luello (cizaña)
- **maíz** (V.)
- melca (sorgo)
- **mijo** (V.)
- paja brava
- pajón
- panizo
- pata de gallo
- quila
- rabo de zorra
- rompesacos
- sacasebo
- sahína (sorgo)
- **sorgo** (V.)
- tembladera
- teocinte
- **trigo** (V.)
- triguera
- vallico
- yabuna
- zahína
- zaragüelles
- zarcillitos

gutíferas
- androsemo (todabuena)
- árbol de María
- ásciro
- calaba (calambuco)
- castellar (todabuena)
- copeisillo
- copey
- corazoncillo
- gutagamba
- hierba de San Juan (corazoncillo)
- hipérico
- mamey
- mangostán
- ocuje
- tacamaca
- todabuena
- todasana

hipocastanáceas
- castaño de Indias

iridáceas
- ácora bastardo
- **azafrán** (V.)
- cacomite
- callecalle
- efémero
- estoque
- flor de la maravilla
- gladíolo
- íride
- lirio hediondo
- lis
- nuño
- trique

juglandáceas
- **nogal** (V.)
- tocte

juncáceas
- **junco** (V.)
- tule

labiadas
- abejera (toronjil)
- agripalma
- aguavientos
- ajedrea
- ajote
- albahaca
- alfábega
- alhucema (espliego)
- almoradux
- amárago (sándalo)
- amaro
- aneote (toronjil)
- azaya (cantueso)
- betónica
- calamento
- camedrio
- candilera
- cantueso
- cardíaca (agripalma)
- cidronela (toronjil)
- clonopodio
- consuelda menor
- díctamo

(cont.)

- esclarea (amaro)
- escordio
- **espliego** (V.)
- gallocresta
- hierbabuena
- hisopillo
- hisopo
- maro
- marrubio
- mastranzo
- matagallos (aguaviento)
- matapulgas (mastranzo)
- **mejorana** (V.)
- melisa (toronjil)
- morquera
- **orégano** (V.)
- ortiga muerta
- orvalle (gallocresta)
- pachulí
- pinillo
- poleo
- polio (zamarrilla)
- **romero** (V.)
- saldorija
- salvia
- samarilla
- sándalo
- sarilla (mejorana)
- senserina (tomillo)
- serpol
- tarrago
- tomaza
- **tomillo** (V.)
- zabatán
- zamarrilla

lardizabaláceas
- pilpil

lauráceas
- aguacate
- alcanfor
- alcanforero
- bauyúa
- belloto
- canelero
- canelo
- canelillo
- cigua
- covalonga
- **laurel** (V.)
- lauro
- palto (aguacate)
- pillopillo
- sasafrás
- sigua
- volador

leguminosas
- abey
- abreojos (gatuña)
- **acacia** (V.)
- acle
- adraganto (tragacanto)
- alacranera
- alama
- albahaquilla
- albaida
- albolga
- alcarceña
- alcacuz
- alfalfa
- alfiler
- algarroba
- algarrobo
- algarrobilla
- alholva
- aliaga (aulaga)
- almorta
- altramuz
- **alubia** (V.) (judía)
- alverja (arveja)
- amarillo
- angelín (pangelín)
- añil
- árbol del amor (ciclamor)
- ardeviejas (aulaga)
- árgoma
- arnacho (gatuña)
- aromo
- arveja
- asiento de pastor
- asnacho (gatuña)
- astrágalo (tragacanto)
- aulaga
- ben
- borne
- brasil
- brasilete
- brusca
- bucare
- cabello de ángel
- cacahué, cacahuete
- calambac
- cambroño (piorno)
- campano
- cañafístula
- caracolillo
- carao
- carretonero (trébol)
- cascalote
- cativo
- cauba
- cebil
- ceibo
- cenízaro
- chipilín
- chocho (altramuz)
- ciclamor
- cinacina
- cítiso
- clarín
- codeso
- cojobo
- copaiba
- copalillo
- copayero
- copinol
- coral
- cují
- culén
- curbaril
- dividivi
- dormidera
- encorvada
- entracomo (altramuz)
- erizo
- erizón (asiento de pastor)
- ervilla
- escajo
- escoba
- escobera (retama)
- escorpioide (alacranero)
- espantalobos
- esparceta (pipirigallo)
- **espino** (V.)
- faique
- faurestina
- fenogreco
- fréjol (judía)
- fríjol (judía)
- frijolillo
- galega
- gáraba (aulaga)
- **garbanzo** (V.)
- garrofero (algarrobo)
- gatuña
- gayomba
- ginesta (retama)
- granadillo
- granévano (tragacanto)
- guabo (guamo)
- guacalote
- guacamaya (espantalobos)
- guachapelí
- guacia (acacia)
- guama
- guamacaste
- guamo
- guandú
- guaracaro
- guarango (dividivi)
- guiri (tojo)
- ipil
- **guisante** (V.)
- **haba** (V.)
- **habichuela** (V.) (judía)
- hediondo
- herén
- higueruela
- hiniesta (retama)
- índigo (añil)
- jabí
- jiquilete
- **judía** (V.)
- **lenteja** (V.)
- maní (cacahuete)
- meliloto
- mielga (alfalfa)
- mimosa
- nacascolo
- narra
- ñandubay
- oreja de negro (timbó)
- orozuz (regaliz)
- palhuén
- palo dulce (regaliz)
- pangelín
- peonía
- pie de liebre
- piorno (codeso)
- pipirigallo
- quebracho
- quinchoncho
- **regaliz** (V.)
- retama
- rica (alholva)
- robinia
- ruda cabruna
- sabicú
- samán
- sambrano
- sándalo rojo
- sapán
- sarapia
- sen
- sensitiva
- sibucao
- sicamor (ciclamor)
- **soja** (V.)
- tagasaste
- tamarindo
- tamarugo
- tara
- tembladerilla
- tengue
- tentabuey (gatuña)
- timbó
- tindalo
- tocino
- tojo
- torteruelo
- tragacanto
- trébol
- trifolio
- uña de gato (gatuña)
- urape
- veza (algarroba)
- vinal
- visco
- yaba
- yeros
- zulla

lemnáceas
- lenteja de agua

licopodiáceas
- licopodio

liliáceas
- acibar (áloe)
- ajipuerro
- **ajo** (V.)
- ajo porro (puerro)
- albarranilla
- almizcleña
- áloe
- ascalonia (chalote)
- asfódelo (gamón)
- aspidistra
- azabara (áloe)
- azucena
- baya (matacandiles)
- bretaña (jacinto)
- brusco
- **cebolla** (V.)
- cebolla albarrana
- cebolla escalonia (chalote)
- cebollana
- cebolleta
- cebollino
- ceborrincha
- chalote
- china (zarzaparrilla)
- cólquico
- cozolmeca
- drago
- eléboro blanco
- escalonia (chalote)
- escila
- escobino
- esquila
- falangia
- gamón
- guacamote (yuca)
- hermodátil (quitameriendas)
- izote
- **jacinto** (V.)
- jusbarba
- laurel alejandrino
- leche de gallina
- lináloe
- lirio blanco (azucena)
- lirio de los valles (muguete)
- maqui
- martagón
- matacandiles
- muguete
- nardo
- olivastro de Rodas (áloe)
- quitameriendas
- **puerro** (V.)
- rocambola
- sello de Salomón
- sueldacostilla
- tuberosa (nardo)
- tulipa o tulipán
- uva de raposa
- vara de Jesé (nardo)
- vedegambre
- veratro
- yuca
- zabida (áloe)
- zarzaparrilla

lináceas
- cárbaso (lino)

litráceas
- arroyuela
- banaba
- salicaria

lobeliáceas
- quibey
- tabaco del diablo (tupa)

logoniáceas
- cabalonga (haba de San Ignacio)
- pañil
- salvilora

lorantáceas
- agraz (marojo)
- almuérdago (muérdago)
- casaisaco
- guate
- liga
- muérdago
- marojo
- tagua

magnoliáceas
- badián
- canelillo
- ficus (magnolio)
- guarimán
- magnolio

malpigiáceas
- carne de doncella
- chaparro
- nance
- peralejo

malváceas
- abelmosco
- abutilón
- acalia (malvavisco)
- aleluya
- algalia
- **algodón** (V.)
- altea (malvavisco)
- ambarina
- amor al uso
- camelo
- caulote
- damajagua
- dongón
- gumamela
- majagua
- malva
- malvarrosa
- **malvavisco** (V.)
- pilapila
- quingombó
- tamajagua (damajagua)
- tarasa
- vara de San José

marantáceas
- arrurruz
- sagú
- yuquilla

melastomatáceas
- cordobán
- sulfatillo

meliáceas
- acederaque (cinamomo)
- **caoba** (V.)
- caobilla
- caobo
- carapa
- catigua
- ciguaraya
- **cinamomo** (V.)
- guabán
- santol
- yamao

mirsináceas
- camagua
- capororoca
- tapacamino

mirtáceas
- almendrón
- alpamato
- arazá
- árbol del clavo
- arrayán
- cambuí
- cayeputi
- chequén
- clavero
- **eucalipto** (V.)
- giroflé (clavero)
- grajo
- granado
- guabirá
- guayabo
- juvia
- luma
- macupa
- malagueta
- mirto
- murtilla
- ñipe
- petra
- pitanga
- serrasuelo
- temu
- tepú
- uñi
- yambo

monimiáceas
- boldo
- peumo

moráceas
- amate (higuera)
- brevera
- **higuera** (V.)
- higuerón
- jagüey
- macagua
- moral
- morera
- nanjea
- palo de hule
- setica
- sicómoro
- tataibá
- yagruma (hembra)

musáceas
- abacá
- banano
- cambur
- patajú
- **plátano** (V.)
- ravenala

nepentáceas
- nepente

nictagináceas
- arrebolera (dondiego)
- dengue
- dompedro
- **dondiego** (V.)
- donjuán
- don Pedro
- maravilla
- tostón

ninfeáceas
- azucena de agua
- cobertera (nenúfar)
- escudete
- golfán
- loto
- nelumbio
- **nenúfar** (V.)
- ninfea
- taropé
- zapalota

oenoteráceas
- fucsia
- onagra
- rodalán

oleáceas
- acebuche
- alcana
- alheña
- aligustro
- **cinamomo** (V.)
- diamela (jazmín)
- flejar
- **fresno** (V.)
- gemela (jazmín)
- **jazmín** (V.)
- labiérnago
- ligustro (**alheña**)
- lila
- oliva
- **olivo** (V.)
- sampaguita
- sao (labiérnago)

(cont.)

orobancáceas
- hierba frailera
- hierba tora
- orobanca

orquidáceas
- compañón de perro
- flor de la abeja
- frailes
- guaria
orquídea (V.)
- salep
- satirión
- torito
- vainilla

oxalidáceas
- acederilla
- acetosilla
- aleluya
- balimbín
- bilimbín
- camia
- carambola (carambolo)
churco
- culle
- oca
- rimú
- vinagrillo

palmáceas
- areca
- bonetero
- bonga
- burí (bulí)
- caña de Bengala
- caña danta
- caña de Indias (rota)
- carandaí (caranday)
- carandero
- carostero
- catey
- chaguarama
- chonta
- chontaduro
- **coco** (V.)
- cocotero
- copro
- coquino
- corojo (corozo)
- coyol
- cuspa
- datilera
- guano
- hijuela
- junco de Indias
- junquillo
- laña
- latania
- macaguita
- mantequero (corozo)
- marfil vegetal
- margallón
- miraguano
- moriche
- nipa
- pacaya
- palasán
- **palma** (V.)
- palmera
- palma brava
- palma cana
- palma enana
- palma indiana
- palma negra
- palma real
- palmiche
- palmito
- pambil
- pijibay
- rafia
- rota (roten)
- sagú
- seje
- sotole
- tagua (corozo)
- támara
- toquilla
- yagua
- yarey
- yatay
- yolillo
- yuquilla
- yuruguano (miraguano)
yuruma

pandanáceas
- bombonaje

papaveráceas
- ababa
- ababol
- abibollo
- adormidera
- **amapola** (V.)
- argemone
- celidonia
- fumaria
- glaucio
- golondrinera
- pamplina
- zadorija

pasifloráceas
- curubo
- granadilla
- murucuyá
- pasionaria

piperáceas
- betel
- congona
- cubeba
- macazuchil
- matico
- pimentero

plantagináceas
- arta
- carmel
- coniza
- estrella
- estrellamar
- hierba pulguera
- lancéola
- llantén
- pulguera
- quinquenervia
- zaragatona

plantanáceas
- banana
- banano
- pácul
- **plátano** (V.)

plumbagináceas
- belesa
- plumbago

poleoniáceas
- cantú
- polemonio

poligaláceas
- chacate
- lechera amarga
- polígala
- quelenquelen
- ratania

poligonáceas
- acedera
- acederilla
- acetosilla
- achitabla
- altamandría
- bistorta
- británica
- centinodia
- cocolobo
- correhuela
- correyuela
- duraznillo
- hierba pejiguera
- rebárbaro
- rapóntico
- romaza
- **ruibarbo** (V.)
- ruipóntico
- sanguinaria mayor
- uvero
- vinagrera

primuláceas
- artanica
- artanita
- escarlata
- lisimaquia
- murajes
- oreja de oso
- pamplina de agua
- pamporcino
- primavera
- tentabuey

proteáceas
- ciruelillo
- grevillo
- notro
- piune
- radal

quenopodiáceas
- alcanforada
- álimo
- almajo
- almarjo
- apasote
- armajo
- armuelle
- ayuga
- barrilla
- biengranada
- carambillo
- caramillo
- cenizo
- ceñiglo
- coquino
- epazote
- escobilla
- hierba hormiguera
- jijallo
- marismo
- matojo
- mirable
- orzaga
- quinua
- pazote
- perantón
- pinillo
- **remolacha** (V.)
- sabonero
- saladilla
- salado
- salgada
- salgadera
- salicor
- sampa
- sapillo
- sapina
- sargadilla
- sayón
- sisallo
- tamojo
- tarrico
zagua

ramnáceas
- aladierna
- aladierno
- alaterno
- aliso negro
- alitierno
- arraclán
- azufalto
- azufeifo
- cambrones
- carey
- carrasquilla
- cáscara
- ceanoto
- coronillo
- guínjol
- guinjolero
- jinjolero
- ladierno
- lanterno
- loto
- mesto
- nazareno
- nevadilla
- piquilín
- sangredo
- sangricio
- sanguino
- tralhuén
- trebo
- yáquil

ranunculáceas
abrepuños
acónito (V.)
- aguileña
- aján
- ajenuz
- albarraz
- anapelo
- anémona
- anemone
- angélico
- apio caballar
- apio cimarrón
- apio equino
- apio de ranas
- araña
- arñuelo
- botón de oro
- cabeza de perro
- calta
- celidonia menor
- centella
- clemátide
- eléboro
- espuela de caballero
- **estafisagria** (V.)
- francesilla
- guileña
- hepática
- hierba ballestera
- hierba belida
- hierba centella
- hierba piojera
- marimoña
- matalobos
- neguilla
- pajarilla
- pardal
- pelícanos
- peonía
- pulsatilla
- ranúnculo
- rosa albardera
- rosa de rejalgar
- saltaojos
- sardonia
- tamínea
- trabas
uva lupina
- velorta
- vilorta
- vilorto
- virigaza

resedáceas
- gualda
- reseda

rizoforáceas
- candelón
- mangle

rosáceas
- acacia cavenia
- acafresna
- acerolo
- agrimonia
- agrimoña
- albaricoquero
- alberchiguero
- **almendro** (V.)
- anserina
- arán
- argentina
- asarero
- azarollo
- bergamoto
- bollén
- canario
- capulí
- cerezo
- cerillo
- cermeño
- cincoenrama
- cinquenfolio
- **ciruelo** (V.)
- consuelda roja
- cormiera
- cuajaní
- endrino
- escaramujo
- **espino** (V.)
- estela
- estelaria
- eupatorio
- filipéndula
- fragaria
- frambueso
- **fresa** (V.)
- fresón
- frutilla
- griñolera
- guayo
- guillomo
- guindo
- laurel cerezo (laurel real)
- lauroceraso
- loro
- macuca
- maguillo
- maíllo
- majuelo
- manzano
- melocotonero
- membrillero
- míspero, níspero
- mojera
- mostellar
- mostajo
- níspero
- nispolero
- pacón
- paraguayo
- pata de león
- **peral** (V.)
- peruétano
- pie de león (peral)
- pimpinela
- piruétano
- pruno
- quillay
- quinquefolio
- reina de los prados
- **rosal** (V.)
- sabinilla
- sanguisorba
- serbal
- serbo
- sieteenrama
- silva
- sorbo
- tejocote
- tormentilla
- ulmaria
- **zarza** (V.)

rubiáceas
- agalla
- amor de hortelano
- asperilla
- bancal
- bejuquillo
- cafeto
- carapicho
- carato
- caruto
- cerillo
- cuajaleches
- cuarango
- dagame
- **espino** (V.)
galio
- gardenia
- genipa
- granza
- guaicurú
- ipecacuana
- jagua
- jazmín de India
- lengua de gato
- nilad
- paraguatán
- presera
- quino
- rubia
- rubilla
- timbiriche

rutáceas
- alárgama
- alharma
- ayúa
- azamboero
- bergamoto
- cayutana
- cidrera
- cidro
- cuaba
- cuspa
- díctamo blanco o real
- enrubio
- fresnillo
- harma
- jaborandi
- limero
- limonero
- mandarino
- **naranjo** (V.)
- pitao
- ruda
- toronjo
- zamboero

saceráceas
- arce
- sácere

salicáceas
- **álamo** (V.)
- álamo blanco (lombardo)
- álamo negro (temblón)
- bardaguera
- **chopo** (V.)
- mimbrera
- pobo
- saciña
- salguera
- salzmimbre
- sarga
- sargatillo
- sauce
- sauce blanco
- sauz
- tiemblo
- tremol
- tremolín

salsoláceas
- **acelga** (V.)
- betarraga
- bledo
- espinaca
- **remolacha** (V.)
- saladilla

santaláceas
- celinda
- celindo
- escobizo
- guardalobo
- quinchamalí
- **sándalo** (V.)

sapindáceas
- aguedita blanca
- amol
- besico de monja
- farolillo
- guaraná
- jaboncillo
- pacón
- palo cajá
- paraparo
- paulinia
- rumpiata
- salab
- tiquistiquis
- yaicuaje

(cont.)

sapotáceas
- ácana
- aguay
- argán
- caimito
- canistel
- carolina
- chicozapote
- ciguapa
- cocuy
- covalonga
- cuyá
- erguén
- lúcumo
- matajos
- saiyú
- sapote
- tempisque
- zapote
- zapotillo

saxifragáceas
- calderilla
- casis
- celinda
- grosellero
- **hortensia** (V.)
- jeringuilla
- quiaca
- saxafrás
- saxifraga
- tarco
- teniú
- tetilla
- tiaca

simarubáceas
- ailanto (árbol del cielo)
- alquequenje
- arto
- barniz del Japón
- cambronera
- coralito
- cuasia
- maque
- palo blanco
- simaruba
- yanilla
- zumaque del Japón

solanáceas
- alquequenje
- beleño
- belladona
- berenjena
- borrachero
- camacero
- camambú
- cambronera
- chamico
- dulcamara
- estramonio
- floripondio
- galán de día
- galán de noche
- guindillo
- hierba mora
- huévil
- **mandrágora** (V.)
- natri
- palqui
- **patata** (V.)
- petunia
- pichi
- **pimiento** (V.)
- rocote
- solano
- tabacón
- tapa
- tapete
- tomate
- tomatillo
- túnica de Cristo
- vejiguilla

tamaricáceas
- atarfe
- tamarisco
- tamariz
- taraje
- taray

taxáceas
- tejo

teáceas
- te
- camelia

terebintáceas
- agracejo
- aguaraibá
- aguedita
- alfóncigo
- alfónsigo
- fustete
- marañón
- quina de la tierra

tifáceas
- **anea** (V.)
- bayón
- enea (anea)
- espadaña
- gladio
- tome
- tule

tiliáceas
- capulina
- carapico
- carapicho
- patagua
- teja
- tila
- **tilo** (V.)

timeláceas
- adelfilla
- bolaga
- daguilla
- lauréola
- loriguillo
- matagallina
- matapollo
- salamunda
- sanamunda
- **torvisco** (V.)

tropeoláceas
- canario
- capuchina

ulmáceas
- álamo negro o negrillo
- olmo

umbelíferas
- ácula
- alcarevea
- ahogaviejas
- amarguera
- ameos
- ami
- amor
- aneldo
- aneto
- angélica
- **anís** (V.)
- apacoral
- apio
- arestín
- arracachá
- arrurruz
- arsáfraga
- asafétida
- azanoria
- bardana menor
- berrera
- biznaga
- cadillo
- cañaheja
- cardo corredor
- cerafolio
- ceragallo
- cicuta
- ciguapate
- cilantro
- comino
- coriandro
- culantro
- chirivia
- empetro
- enante
- eneldo
- eringe
- ervato
- esmirnio
- etusa
- férula
- fistra
- gingidio
- hinojo marino
- imperatoria
- laserpicio
- llareta
- macuca
- matabuey
- oreoselino
- quijones
- pánace
- panul
- pastinaga
- **perejil** (V.)
- perfoliada
- perifollo
- peucédano
- sanícula
- servato
- tapsia
- tembladerilla
- **zanahoria** (V.)
- zucurco
- zumillo

urticáceas
- albahaquilla de río
- cania
- cañarroya
- chichicaste
- ortiga
- parietaria
- pringamoza
- ramio

valerianáceas
- alfeñique
- espicanardi
- espicanardo
- milamores
- valeriana

verbenáceas
- agnocasto
- alecrín
- carbonero
- cedrón
- espina de pescado
- filigrana
- hierba luisa
- hierba sagrada
- luisa
- mangle blanco
- pechiche
- pimienta loca
- pimentilla
- pimiento loco
- reina luisa (luisa)
- repo
- sandialahuén
- sandilla
- sauzgatillo
- tarumá
- teca
- verbena

violáceas
- pensamiento
- suspiro
- trinitaria
- viola
- violeta

vitáceas
- boqui
- cogullera
- labrusca
- parra (vid)
- parriza
- pilpil
- ubi
- vid

yuglandáceas
- pacaya

s. *aplicación y usos*
bebidas
- achiote
- **ajenjo** (V.)
- bija
- burí
- coyol
- henequén (pita)
- **manzano** (V.)
- paulinia
- pita
- quinua
- zarzaparrilla

carbones
- arraclán (aliso negro)
- **brezo** (V.)
- bonetero
- carrasca
- **encina** (V.)
- sangredo
- yana

comestibles
- acedera
- aleluya
- **acelga** (V.)
- acerolo
- achicoria
- agracejo
- agrimonia
- aguacate
- **ajo** (V.)
- ajonjolí
- ajopuerro
- albaricoquero
- alberchiguero
- **alcachofa** (V.)
- alcaparra
- algarroba
- alharma
- **almendro** (V.)
- almendrón
- almez
- almorta
- altramuz
- **alubia** (judía) (V.)
- ambrosía
- anacardo
- ananás
- **anís** (V.)
- apio
- arándano
- araucaria
- árbol del pan
- arísaro
- **arroz** (V.)
- arrurruz
- arvejón
- ascalonia (chalote)
- azufaifo
- **bambú** (V.)
- banana
- banano
- baobab
- batata
- berenjena
- bergamoto
- berro
- berza
- betarraga (remolacha)
- boldo
- boniato
- burí
- **cacahuete** (V.)
- **cacao** (V.)
- **cafeto** (V.)
- calabaza
- cambur
- camueso (manzano)
- caña de azúcar
- caparra (alcaparra)
- caquí
- cardillo
- **cardo** (V.)
- **cebada** (V.)
- **cebolla** (V.)
- cebolleta
- cebollino
- **centeno** (V.)
- **cerezo** (V.)
- cidro
- ciruelo
- coco (cocotero)
- cohombro
- **col** (V.)
- colleja
- colocasia
- condrila
- chalote
- chicoria (achicoria)
- chipile
- chirimoyo
- chirivía
- chocho (altramuz)
- datilera
- **encina** (V.)
- endivia
- endrino
- escarola
- **espárrago** (V.)
- **espinaca** (V.)
- frambueso
- fríjol (judía)
- **fresa** (V.)
- fresón
- **garbanzo** (V.)
- garbanzón
- garrofero
- **girasol** (V.)
- grosellero
- guacamote
- guanábano
- guayabo
- guindo
- **guisante** (V.)
- **haba** (V.)
- **habichuela** (judía) (V.)
- **higuera** (V.)
- **judía** (V.)
- **lechuga** (V.)
- **lenteja** (V.)
- **limonero** (V.)
- lombarda
- loto
- lúcumo
- madroño
- **maíz** (V.)
- majuelo
- mandarina
- mandioca
- mangle
- mango
- maní (cacahuete)
- **manzano** (V.)
- marañón
- melocotonero
- **melón** (V.)
- melloco
- membrillero
- milamores
- millo (maíz)
- míspero (níspero)
- moniato (boniato)
- morera
- mostellar
- naba
- **nabo** (V.)
- **naranjo** (V.)
- níspero
- **nogal** (V.)
- nopal
- ñame
- oliva
- **olivo** (V.)
- orozuz (regaliz)
- **palma** (V.)
- palo dulce (regaliz)
- panizo
- papa dulce (boniato)
- paraguayo
- **parra** (vid) (V.)
- pastinaca
- **patata** (V.)
- **pepino** (V.)
- **peral** (V.)
- pilpil
- **pimiento** (V.)
- **pino** (V.)
- piña americana (ananás)
- pitanga
- **plátano** (V.)
- pruno (ciruelo)
- puerro
- quila
- quinua
- **rábano** (V.)
- rabiacana
- rampete
- **regaliz** (V.)
- **remolacha** (V.)
- sagú
- salsifí
- **sandía** (V.)
- serbal
- sésamo
- sicómoro (higuera)
- silva (zarza)
- soja
- **sorgo** (V.)
- tagarnina
- tempisque
- tiratiros (colleja)
- **tomate** (V.)
- tornasol (girasol)
- toronjo
- **trigo** (V.)
- trompeta de amor (girasol)
- tupinambo
- ulluco
- uvero
- verdezuela (colleja)
- **vid** (V.)
- yaca
- yambo
- yuca
- yuquilla
- zahína
- **zanahoria** (V.)
- zapote
- **zarza** (V.)

condimentación y especias
- acedera
- **ajo** (V.)
- alcaparra
- alcaravea
- alforfón
- alharma
- aliaria
- **anís** (V.)
- **azafrán** (V.)
- calalú
- canelo
- cilantro
- clavero
- comino
- culantro
- dragoncillo (estragón)
- giroflé (clavero)
- guindillo
- hierbabuena
- hisopillo
- jaboncillo
- jenabe
- jengibre
- **laurel** (V.)
- menta
- morquera
- **mostaza** (V.)
- **perejil** (V.)
- perifollo
- pimentero
- **pimiento** (V.)
- puerro
- **tomillo** (V.)
- vainilla

(cont.)

curtientes
- **abedul** (V.)
- agrimonia
- alerce
- cebil
- dividivi
- emborrachaca-bras
- **espino** (V.)
- **eucalipto** (V.)
- mangle
- peralejo
- **roble** (V.)
- rus
- tengue
- ulmo
- visco
- zumaque

decoración
- arrayán
- **flores** (V.)
- pacaya

obtención de grasas
- ben
- carapa
- charneca (lentisco)
- erguén
- **coco** (V.)
- colza
- corozo
- crotón (ricino)
- díctamo blanco
- **girasol** (V.)
- higuera del diablo
- higuerilla (ricino)
- **lentisco** (V.)
- **lino** (V.)
- mantequero
- oliva
- **olivo** (V.)
- palmacristi (ricino)
- piñón
- **ricino** (V.)
- tártago de Venezuela
- yagua

infusiones
- abiar (manzanilla loca)
- camomila (manzanilla)
- coca
- guanina
- luisa
- **manzanilla** (V.)
- manzanilla loca
- mate
- nevadilla
- pazote
- poleo
- sanguinaria
- té

insecticidas
- albarraz
- **estafisagria** (V.)
- hierba piojera
- mastranzo
- matapulgas
- petra
- sarapia
- taminia
- zabatán

jabonosas
- albada (jabonera)
- algazul
- almario
- barrilla
- caramillo
- carurú
- choloque
- guácima
- hierba jabonera
- jabonera
- jaboncillo
- lanaria (jabonera)
- marismo
- matojo
- orzaga
- palo de jabón
- palqui
- quillay
- salado
- salgada
- salgadera
- salicor
- sapillo
- sapina
- saponaria (jabonera)
- sisallo
- tamojo (matojo)
- tarrico (caramillo)
- zagua

jardinería
- **acacia** (V.)
- acacia blanca
- acónito
- adelfa
- agracejo
- aguileña
- ajedrea
- albahaca
- alerce
- alfalfa arborescente
- algarrobo loco (ciclamor)
- alhelí
- alicanto
- amarantina
- amaranto
- amarilis
- amelo
- anémona
- aralia
- árbol de Judas
- árbol del Paraíso
- aromo
- áster
- azalea
- **azucena** (V.)
- azucena de agua (nenúfar)
- balsamina
- becerra (dragón)
- begonia
- berberís
- bonetero
- cala
- caléndula
- camalote
- cambutera
- camelie
- camelo
- canillero
- capuchina
- caracola
- carbonera
- cardenal (geranio)
- carraspique
- castaño de Indias
- cauba
- cedro
- ciclamor
- cimbalaria
- cineraria
- cinta
- clarín
- **clavel** (V.)
- clavelito
- clavellina
- cobertera (nenúfar)
- convólvulo (enredadera)
- copetuda
- corona imperial
- cortadera
- **crisantemo** (V.)
- culebrilla
- chiribita
- dalia
- diamela (jazmín)
- díctamo
- **dondiego** (V.)
- dondiego de día
- dondiego de noche
- dragón
- dragontea
- durillo
- enredadera
- espuela de caballero
- estoque
- estrellada
- evónimo
- falsapimienta
- farolillo
- ficus (magnolio)
- flor de amor (amaranto)
- flor del embudo (cala)
- flor de la maravilla
- floripondio
- francesilla
- galán de día
- gallega
- gardenia
- geranio
- **girasol** (V.)
- gladiolo
- granadilla
- guirnalda
- guisante de olor
- heliotropo
- **hiedra** (V.)
- hierbabuena
- hierba romana
- hojaranzo (adelfa)
- **hortensia** (V.)
- jacarandá
- jacinto
- **jazmín** (V.)
- jeringuilla
- junquillo
- lágrima de David
- **laurel** (V.)
- lila
- lirio
- lis (lirio)
- luisa
- madreselva
- magnolio
- malva arbórea
- malvarrosa
- maravilla
- margarita
- marimoña
- martagón
- matalobos (acónito)
- maya
- **mejorana** (V.)
- milamores
- minutisa
- miosotis
- mirabel
- mirasol (girasol)
- moco de pavo
- muguete
- mundillo
- **narciso** (V.)
- **nardo** (V.)
- neguilla
- **nenúfar** (V.)
- ninfea
- níspero del Japón
- nomeolvides (miosotis)
- orquídea
- **palmera** (V.)
- palmiche
- papagayo
- parra virgen
- pasionaria
- paulonia
- pelargonio (geranio)
- pelitre
- pensamiento (trinitaria)
- peonía
- perpetua
- petunia
- pinillo
- pinsapo
- pipirigallo
- **plátano** (V.)
- primavera
- ramillete de Constantinopla
- raspilla
- reina de los prados
- reseda
- rododafne (adelfa)
- rododendro
- rosa albardera
- rosa francesa
- rosa maldita
- rosadelfa (azalea)
- rosal
- ruda cabruna
- saltaojos
- **sándalo** (V.)
- sandiego
- sangre de Francia (crisantemo)
- santimonia
- sauquillo
- serpentaria
- sicamor
- siempreviva
- sófora
- suspiro
- taragontía
- teja
- tejo
- tilo
- tornasol (girasol)
- trinitaria (pensamiento)
- trompón (narciso)
- tuberosa (nardo)
- tulipán
- turbinto
- vara de José (nardo)
- vellorita
- viuda
- yedra (hiedra)
- yuca
- zapalota (nenúfar)
- zumillo (dragontea)

maderables
- **abedul** (V.)
- **abeto** (V.)
- abey
- ablano (avellano)
- acajú
- acebo
- acebuche
- acederaque (cinamomo)
- agracejo
- agrifolio (acebo)
- ailanto
- **álamo** (V.)
- albaricoquero
- alerce
- alipata
- aliso
- anacardo
- árbol de la cera
- árbol del cielo
- **arce**
- arraclán
- ateje
- avellano
- aznacho (pino rodeno)
- berberís
- boj, boje
- boldo
- brasil
- **brezo** (V.)
- cada (enebro)
- cambará
- campano
- **caoba** (V.)
- caobana
- caobilla
- caobo caranday
- carbizo (roble)
- carey
- **castaño** (V.)
- castaño de Indias
- cedro
- cedro amargo
- cedro blanco
- cedro de España (sabina)
- ceiba cenicero
- cerezo
- **cinamomo** (V.)
- ciprés
- **ciprés** (V.)
- ciruelillo
- copalillo
- curbaril
- cornejo
- cuajaní
- cuajará
- curbaril
- crébol
- chopo
- cuyá (álamo temblón)
- durillo
- **ébano** (V.)
- **encina** (V.)
- **enebro** (V.)
- enrubio
- espinillo
- **espino** (V.)
- eucalipto
- fabo (haya)
- flejar (fresno)
- gorbiza (brezo)
- guabico
- guayaco
- **haya** (V.)
- higuerón
- jabí
- jagua
- junípero (enebro)
- **lentisco** (V.)
- marañón
- mostellar
- nanjea
- negrillo (olmo)
- ñandubay
- **nogal** (V.)
- notro
- ocote
- **olivo** (V.)
- **olmo** (V.)
- palo cajá
- palo de rosa
- pambil
- paraguatán
- patagua
- pelú
- pinabete (abeto)
- **pino** (V.)
- pino alerce
- pino rodeno
- pino laricio
- **plátano** (V.)
- pobo (álamo blanco)
- quiebrahacha (jabí)
- raulí
- repo
- **roble** (V.)
- sabina
- sácere (arce)
- **sándalo** (V.)
- sangüeño
- sanguino
- sapan (sibucao)
- sarapia
- sasafrás
- sibucao
- sicómoro
- suche
- tabacón
- tacamaca
- tala
- teca
- teja
- tejo
- temu
- tepú
- tiaca
- tiemblo (álamo temblón)
- tilla
- **tilo** (V.)
- timbó
- tindalo
- tipa
- trompillo
- tuya
- urce (brezo)
- urunday
- vacabuey
- vera
- volador
- vomitel
- yacal
- yamao
- yanilla
- yaya
- zapote
- zumaque del Japón

masticatorias
- betel
- bonetero
- coca
- medicinales

antiescorbúticas
- lepidio
- draba
- matacandil

antiespasmódicas
- abrótano hembra
- alfeñique
- valeriana
- abejera
- toronjil
- maro
- maravilla
- **mejorana** (V.)
- **manzanilla** (V.)
- peonía
- rosa de rejalgar
- tila
- almaro
- amáraco
- almorabú
- asa fétida
- asafétida
- hierba luisa
- aneote
- matricaria
- melisa
- molle
- moradux
- sarilla
- sampsuco
- hoja de limón
- mayorana
- artemisa
- artemisia
- flamenquilla
- flor de muerto
- oráculo del campo

antihelmínticas
- pangelín
- angelín
- santónico
- santónica
- semencontra
- abrótano hembra
- helecho hembra
- coralina
- pitao
- hierba lombriguera
- tomillo blanco
- tanaceto

antidrópicas
- cólquico
- cuscuta
- escarlata
- murajes

antirrábicas
- escarlata
- murajes

antirreumáticas
- curbaril
- copalillo
- copinol
- cólquico
- brusca
- lechera amarga
- guaco
- polígala

antituberculosas
- candelaria
- candelera
- gordolobo
- verbasco
- biengranada

antivenéreas
- ceanoto
- naguapate

aperitivas
- achicoria
- arnacho
- aznacho
- aznallo
- camarroya
- detienebuey
- gatuna
- gatuña
- pamplina de agua
- sandialahuén
- tentabuey
- uña de gato

astringentes
- agrimonia
- celidonia
- tormentilla
- **roble** (V.)
- salicaria
- olivarda
- caulote
- tormentila
- hierba doncella
- pie de león
- pangue
- sieteenrama
- milenrama
- aleluya
- arroyuela
- altarreina
- atabaca
- bistorta
- cabeza de perro
- estela
- matico
- sello de Salomón
- pan y quesillo

contra cálculos
- boldo,
- lepidio
- quebrantapiedras
- sasafrás
- saxafrás
- saxifraga

contra callos
- celidonia
- hierba callera
- hierba de las golondrinas
- hirundinaria
- matacallos
- telefio

calmantes-narcóticas
- ababo
- abibollo
- adormidera
- ababa
- estramonio
- **mandrágora** (V.)
- **amapola** (V.)
- hierba mora
- servato
- chamico
- estramonio
- borracho
- lechuga silvestre
- uva de raposa
- tararaco
- solano
- tapa

cauterizantes-cicatrizantes
- almácigo
- altabaquillo
- amaro
- árnica
- atabaca
- atanasia
- atarraga
- bácara
- balsamina
- bolaga
- cestellar
- cativo
- correhuela
- díctamo
- doradilla
- esclarea
- hierba callera
- hierba romana
- llarete
- matagallina
- miramelindos
- olivarda
- onoquiles
- palomilla
- pañil
- pimpinela mayor
- sanicula
- sello de Salomón
- siderita
- tabaco de montaña
- telefio
- todabuena
- torvisco

contra el cólera
- guaco

cordiales
- ancusa
- argamula
- buglosa
- covallaría
- dedalera
- digital
- estrofanto
- guaruma
- guarumo
- lengua de buey
- lirio de los valles
- melera
- muguete

depurativas
- zarzaparrilla
- china
- quinchamalí
- asfódelo
- gamón
- dulcarama
- dulzarama
- pilapila
- linaria

diuréticas
- apio caballar
- escorzonera
- alquequenje
- vejiga de perro
- vejiguilla
- agauja
- gayuba
- aguavilla
- ami
- ameos
- costa
- caña agria
- cojate
- esmirnio
- fistra
- farolillo
- perejil macedonio
- sanguisorba
- pingopingo
- pichi
- uruga
- pimpinela

emenagogos
- matricaria
- **perejil** (V.)
- artemisa
- arugas
- expillo
- **azafrán** (V.)
- turubí

emolientes
- acalia
- albahaquilla de río
- alcacuz
- altea
- emate
- cañarroya
- cañilero
- cicimate
- copayero
- escoba babosa
- hierba cana
- jenabe
- **lino** (V.)
- malvavisco
- martagón
- meliloto
- **mostaza** (V)
- nevadilla
- ombligo marino
- oreja de abad (o monje)
- orozuz
- palo dulce
- parietaria
- pitao
- **regaliz** (V.)
- sabuco
- sabugo
- **saúco** (V.)
- sanguinaria menor
- sebestén
- sombreillo
- suzón
- tapsia
- trébol oloroso
- zumillo
- zuzón

contra erupciones
- ceje

estimulantes
- almaro
- **azafrán** (V.)
- díctamo blanco
- llareta
- maro

estomacales-digestivas
- ajedrea
- albahaquilla de Chile
- atanasia
- boldo
- cilantro
- hierba lombriguera
- hierba luisa
- hierba romana
- hisopillo
- jedrea
- llareta
- luisa
- **manzanilla** (V.)
- morquera
- murtilla
- peumo
- quelenquelen
- reina luisa
- salvia
- senserina
- **tomillo** (V.)

febrífugas
- quino
- **manzanilla** (V.)
- paulina
- paulinia
- sulfatillo
- aguedita
- cascarillo
- centaura mayor
- apacorral
- aleluya
- camedrio
- **eucalipto** (V.)
- covalonga
- camarú
- cedrón
- chuquiragua
- ditá
- cuspa
- genciana
- duraznillo

- gavilana
- graciola
- natri
- reina de los prados
- oráculo del campo
- simaruba
- roble de Orán

hemostáticas
- guaritoto
- lisimaquia
- pan y quesillo
- **roble** (V.)

oftálmicas
- eufrasia
- golondrina
- haba del calabar
- mezquite

pectorales
- alcacuz
- cinoglosa
- fárfara
- hiedra terrestre
- lapilla
- lengua de perro
- lengua cerval
- orozuz
- palo dulce
- pulmonaria
- radal
- **regaliz** (V.)
- sebestén
- tusilago
- viniebla
- viravira
- zapatas

crecimiento del pelo
- **abrótano** (V.)
- abrótano macho
- boja
- brótano
- guardarropa
- hierba
- guardarropa
- ulaguiño

purgantes
- artanica
- bejuquillo
- británica
- cabalonga
- cardo santo
- cayapona
- ciclamino
- coloquíntida
- crotón
- curibay
- díctamo blanco
- eléboro negro
- euforbio
- haba de San Ignacio
- higuera del diablo
- **ipecacuana** (V.)
- lauréola hembra
- linaria
- mercurial
- palmacristi
- pillopillo
- pamporcino
- piñón
- querva
- **ricino** (V.)
- ruibarbo
- ruipóntico
- sen
- tamarindo
- tártago
- trique
- tuatúa
- tuera

relajantes
- **belladona** (V.)

sudoríferas
- ababa
- ababol
- abibollo

- almácigo
- **amapola** (V.)
- bejuquillo
- borraja
- china
- díctamo banco
- guayaco
- ipecacuana
- jaborandi
- lodoñero
- malva
- palqui
- pimpinela
- sabuco
- sambrano
- sasafrás
- **saúco** (V.)
- verónica
- viola
- violeta
- zarzaparrilla

tónicas
- **ipecacuana** (V.)
- romaza
- achicoria
- toronjil
- verónica
- abejera
- hierba luisa
- milenrama
- hisopillo
- orégano
- salvia
- pimpinela
- sanguisorba
- lúpulo
- mosquera
- sementónica
- tomillo
- serpol
- ulmaria
- altarreina
- aneota
- pie de león
- genciana
- gavilana
- aquilea
- senserina
- serpentaria virginiana
- reina de los prados
- abejera
- acajú
- apacorral
- camarroya
- bejuquillo
- cañagria
- cáscara sagrada
- cidronela
- dictamo
- blanco
- hoja de limón
- británica
- centaura mayor
- melisa
- reina luisa

vomitivas
- bejuquillo
- graciola
- haba de San Ignacio
- **ipecacuana** (V.)
- pillopillo
- tártago

pegamentos-adhesivos
- acebo
- **alfóncigo** (V.)
- caulote
- condrila
- consuelda
- caulote
- charnega
- **lentisco** (V.)
- lino
- malva
- muérdago
- pistachero
- sebestén
- suelda
- zaragatona

pinturas-tintes
- achiote
- agalla
- alazor
- alheña
- aligustre
- **añil** (V.)
- aquifolio
- areca
- azafrán
- bija
- bugalla
- buyo
- carapa
- ceiba
- cinamomo
- cúrcuma
- chapico
- dividivi
- espino
- glasto
- gualda
- gutagamba
- hierba pastel
- índigo
- jiquilete
- manzanilla loca
- mirobálano
- nogal
- nogal de la cochinilla
- onoquiles
- orcaneta amarilla
- palo brasil
- palo de Campeche
- pangue
- piñón
- póquil
- queule
- retama de tintes
- **roble** (V.)
- **rubia** (V.)
- sándalo rojo
- tempate
- urucú

setos
- **arrayán** (V.)
- **boj** (V.)
- boje
- bonetero
- cambronera
- cardón
- cinacina
- evónimo
- mirto
- nopal
- trebo
- urape

trepadoras
- aguilonia
- balsamina
- bejuco
- betel
- cambute
- capuchina
- caracola
- caracolillo
- clemátide
- convólvulo
- farolillo
- glicinia
- granadilla
- guisante de olor
- **hiedra** (V.)
- jagüey
- jazmín real
- liana
- lúpulo

(cont.)

- madreselva
- maravilla
- nueza
- pasionaria
- peonía
- pilpil
- pitahaya
- pitajaña
- pringamoza
- suspiro
- trinitaria
- uvayema
- vainilla
- **vid** (V.)

venenosas
- **acónito** (V.)
- adelfa
- albarraz
- baladre
- borrachuela
- botón de oro
- celidonia menor
- ciática
- **cicuta** (V.)
- cizaña
- copey
- **estafisagria** (V.)
- gordolobo
- laurel cerezo
- lauroceraso
- laurel rosa
- manzanillo
- matalobos
- parra virgen
- ranúnculo
- rododafne
- tupa
- tararaco
- verbasco

s. plantador
jardinero
horticultor
agricultor
fitotécnico
hortelano
floricultor
botánico
ecólogo
fitólogo
taxonomista
batólogo
hieraciólogo
rodólogo
arboricultor
fruticultor
silvicultor

plantación
s. plantío
plantía
plantel
planta
vivero
criadero
vergel
cultivo (V.)
siembra (V.)
sembrado (V.)
sembradío
jardinería (V.)
bancal
estufa
jardín
huerta
injertera
viveral
temprano
calva

s. **árbol** (V.)
planta (V.)

s. encepe
postura
repoblación
replantación
trasplante
desqueje
encepe
propiedad
marqueo
finca (V.)
latifundio
heredad
terreno (V.)
campo
dominio
predio
rancho
hacienda
tierras

(V. **planta**)

plantador
s. **agricultor** (V.)
agrónomo
granjero
cultivador
hortelano
ranchero
terrateniente
hacendado
latifundista
propietario

(V. **planta**)

plantar-se
s. **hincar** (V.)
sembrar (V.)
trasplantar (V.)
cultivar
laborar
replantar
trasponer
esquejar (V.)
desquejar
comarcar
amugronar
hacer postura
cavar
injertar
poblar
repoblar
acodar
enterrar
asentar
meter
introducir
poner
colocar
clavar
fijar

s. **dejar** (V.)
abandonar (V.)
desairar
burlar
dar esquinazo
dejar plantado
propinar
dar
asestar (V.)
golpear
soltar
pegar
plantificar

s. largar
decir (V.)
cantar
espetar (V.)
encajar
endilgar
fundar
establecer (V.)
instituir

s. **detenerse** (V.)
pararse (V.)
estacionarse
oponerse
rebelarse (V.)
hacer la guardia
sostener la esquina
sostener el árbol
quedarse plantado
estar de pie, quieto

s. **presentarse** (V.)
llegar
aparecer

r. Antes plantar, que edificar ■ Quien planta a hoya, planta y goza ■ Quien planta palma o noguera, no espere coger fruto de ella

(V. **planta**)

a. *desarraigar*
cortar
marcharse

plantario
(V. **plantel**)

plante
s. **oposición** (V.)
enemiga
negación (V.)
complot
conspiración
conchabanza
conjura
confabulación (V.)
reclamación
reivindicación
exigencia
pretensión
enfrentamiento
paro
huelga (V.)
piquete
resistencia
abandono (V.)
dejación
tregua
rechazo
encierro
rebelión (V.)
insurrección
firmeza
intransigencia
lucha
lock-out

a. *sometimiento*
trabajo
acatamiento
rendición
capitulación
claudicación
disciplina
continuación

planteamiento
s. planteo
plan (V.)
proyecto
idea
concepción
planteo
esbozo
tanteo
programa (V.)
designio
propósito
trazado
ordenación

s. **exposición** (V.)
propuesta
proposición (V.)
sugerencia
explicación
disposición

s. **establecimiento** (V.)
desarrollo
ejecución
creación
fundación
instauración
implantación

a. *inhibición*
negligencia
indiferencia
teoría

plantear
s. concebir
idear
planear (V.)
tantear
trazar
esbozar
diseñar
bosquejar
proyectar (V.)

s. implantar
establecer (V.)
instituir
ejecutar
poner en práctica
realizar

s. **proponer** (V.)
exponer (V.)
sugerir
suscitar
explicar

(V. **planteamiento**)

a. *teorizar*
descuidar
desinteresarse

plantel
s. plantío
criadero
vivero
invernadero
semillero (V.)
cración
origen
formación (V.)
sementera
almáciga
plantario

s. **escuela** (V.)
preparación
reunión
agrupación

(V. **planta**)

planteo
(V. **planteamiento**)

plantificar-se
s. plantar
dar
pegar
propinar (V.)
golpear
soltar
endilgar
enjaretar
espetar
decir (V.)
largar

s. implantar
planear
establecer (V.)
instituir
fundar

s. plantarse
aparecer (V.)
llegar
colocarse
caer
arribar
dejarse caer
presentarse (V.)
volver

a. *recibir*
callar
teorizar
irse
desaparecer
marcharse

plantígrado
s. **mamífero** (V.)
insectívoros
primates
roedores
oso
tejón
pizote
coatí
cuatí
mapache
perico ligero

(V. **zoología**)

plantilla
s. **suela** (V.)
soleta
recubrimiento
forro
cuero
corcho
palmilla

s. **guía** (V.)
gálibo (V.)
patrón (V.)
regla
rasero
escantillón
horma
molde (V.)
módulo
perfil
contorno
forma
chantillón
vitola
montea

s. **plano** (V.)
plan (V.)
planta

s. **nómina** (V.)
personal (V.)
lista
escalafón (V.)
relación
enumeración
registro

s. **fanfarronada** (V.)
jactancia
presunción
petulancia
arrogancia
vanidad

s. de plantilla

a. *modestia*
humildad

plantillero
(V. **bravucón**)

(V. **insolente**)

plantío
s. **plantación** (V.)
planta
plantel
vivero
criadero
semillero
vergel
cultivo
sembradío
laborable (V.)

plantón
s. pimpollo
arbolito
estaca (V.)
rama
rampollo
esqueje

s. soldado
centinela (V.)
guardia (V.)
guarda

s. demora
espera (V.)
esquinazo (V.)
acecho
retraso (V.)
estar de plantón
dar un plantón

plañidera
s. sollozante
llorona (V.)
gritona
endechadera
ayeadora (V.)
alharaquienta
gemidora
como una Magdalena

(V. **plañido**)

a. *reidora*
alegre

plañidero
s. **lloroso** (V.)
llorón (V.)
lacrimoso (V.)
jeremías
lúgubre
quejoso
quejumbroso
lastimero (V.)
quejicoso
triste
querelloso
gemebundo
gemidor
sollozante
suspirante
fúnebre (V.)
sombrío
anegado en llanto
desconsolado

(V. **plañido**)

a. *alegre*
contento
humorista
reidor

plañido
s. gemido
lloro
planto
llanto (V.)
sollozo (V.)
lamentación (V.)
súplica
gimoteo
jeremiada
plañimiento
cojijo
zollipo
queja (V.)
ay
clamor
lloriqueo

a. *regocijo*
alborozo
alegría
resignación

plañir
s. **gemir** (V.)
gimotear
llorar (V.)
lloriquear
lamentarse (V.)
sollozar
hipar
ayear
endechar
clamar
quejarse (V.)
suspirar
dolerse
gruñir
lastimarse
apenarse
entristecerse
plantear
derramar lágrimas
verter lágrimas
romper a llorar
estar hecha un mar de lágrimas

(V. **plañido**)

a. *regocijarse*
alegrarse
divertirse
resignarse

plaqué
s. **placa** (V.)
chapa
baño
recubrimiento (V.)
chapeado

plaquín
(V. **cota)**

plasma
s. líquido
albumoide
sangre (V.)
linfa (V.)

plasmador
s. **Dios** (V.)
creador (V.)
forjador
moldeador
escultor
formador
(V. **plasma)**

plasmar
s. **formar** (V.)
modelar (V.)
forjar
hacer
concebir
esculpir
tallar
crear (V.)
(V. **plasma)**
a. *deshacer*
destruir

plasta
s. plaste
pasta (V.)
mazacote
gacha
papilla
magma
pegote
barro
emplasto
emplaste
lodo
argamasa
arcilla
s. plepa
buñuelo
sotreta
chapuz
aborto
chapucería (V.)
pegote
tosquedad
birria (V.)
bodrio
a. perfección

plaste
(V. **plasta)**

plastecer
s. emplastecer
tapar con plaste
llenar con plaste
cerrar con plaste
cubrir con plaste
(V. **plaste)**

plástica
s. **escultura** (V.)
arte (V.)
dibujo
concepción
realización
estructura
disposición
contextura
s. cerámica
alfarería
artes plásticas

plasticidad
s. maleabilidad
ductilidad (V.)
flexibilidad
docilidad
blandura
(V. **plástica)**
a. *dureza*
rigidez
inflexibilidad

plástico
s. decorativo
artístico (V.)
figurativo
descriptivo (V.)
formativo
concreto
cerámico
s. **blando** (V.)
dúctil
moldeable
muelle
amasable
plastoso
pastoso
macerado
s. substancia
artificial
material
sintético
arcilla
cemento
cal
baquelita
plexiglás
ebonita
galalita
celuloide
nilón
nailon
celulita
a. *duro*
rígido
inflexible

plastrón
s. **defensa** (V.)
protección
resguardo
s. **pechera** (V.)
peto
chorrera
s. **corbata** (V.)

plata
s. **metal** (V.)
argento (V.)
alcamor
alpaca
mina
rosicler
mineral (V.)
dinero (V.)
riqueza
alhaja
s. plata agria
plata bruneta
plata crónea
plata de piña
plata gris
plata labrada
plata quebrada
plata nativa
plata roja
plata seca
s. bodas de plata
siglo de plata
limpio como la plata
hablar en plata
r. Plata quebrada, de su peso no pierde nada
a. pobreza

platabanda
(V. **arriate)**
(V. **parterre)**
(V. **moldura)**

plataforma
s. **peana** (V.)
tablado (V.)
tarima (V.)
tribuna (V.)
palenque
escenario
entarimado
tinglado
púlpito (V.)
estrado
s. apariencia
colorido
pretexto (V.)
tema
motivo
expediente
disculpa
causa
excusa (V.)
s. ideal
causa
trampolín (V.)
impulso
medio (V.)
encubrimiento

platal
(V. **dineral)**
(V. **riqueza)**

plátano
s. pácul
banana
banano
cambur
cambur topocho
cambur amarillo
plátano guineo
plátano falso
s. platanar
platanal
platanero
bananal
bananero

platea
s. **palco** (V.)
preferencia
patio (V.)
butacas
balconcillo

plateado
s. argentado
argentífero
argentino
argéntico
(V. **plata)**

platear
s. **platinar** (V.)
blanquear
blanquecer
argentar
gratar
nielar
afiligranar
dar un baño de plata
recubrir de plata
(V. **plata)**

platería
s. argentería
joyería (V.)
orfebrería (V.)
percocería
tienda (de objetos de plata)
taller (de joyería)
obrador (de joyería)
calle (de joyería)
barrio (de joyería)

platero
s. argentario
argentero
joyero (V.)
artífice
orífice
orfebre (V.)
percocero
hornacero
planador
s. **asno** (V.)
(V. **plata)**

plática
s. **conversación** (V.)
coloquio
charla
palique
diálogo
conciliábulo
cháchara
parrafada
discreteo
chisme
murmuración
tertulia
s. **sermón** (V.)
prédica (V.)
exposición
razonamiento
discurso
conferencia
homilía
disertación
a. *mutismo*
silencio
secreto

platicar
s. **hablar** (V.)
conversar
discutir
tratar (V.)
dialogar
s. **sermonear** (V.)
predicar
evangelizar
razonar
conferenciar
disertar
discursear
(V. **plática)**
a. *callar-se*
silenciar
esquivar

platillo
s. **plato** (V.)
escudilla
macerina
platel
flamenquilla
mancerina
s. **murmuración** (V.)
comidilla
chisme
dicho
habladuría
fábula
s. instrumento (mús.)
címbalo
sonaja (V.)
s. platillo volante
dulce de platillo
a. *discreción*

platina
s. **soporte** (V.)
volante
plato
disco
placa
plataforma
mesa
s. **tocadiscos** (V.)
microscopio (V.)
imprenta (V.)

platinar
(V. **platear)**

platino
s. **metal** (V.)
s. contacto
yunque
martillo
ruptor
delco
distribuidor
automóvil (V.)

plato
s. platina
platillo (V.)
ataifor
pátera
esparraguera
ensaladera
tarina
gacha
bandeja (V.)
fuente
escudilla (V.)
patena
cubierto (V.)
s. vianda
manjar
comida (V.)
guiso
s. **adorno** (V.) (arq.)
ornato
s. plato llano
plato sopero
plato de postre
plato hondo
plato compuesto
plato montado
plato trinchero
ser plato de segunda mesa
comer en un mismo plato
entre dos platos
no haber roto un plato
ser un plato fuerte
pagar los platos rotos
servir los platos
tiro al plato
plato del día
platos típicos

plató
s. **escenario** (V.)
estudio
estrado
escena
recinto

platónico
s. **espiritual** (V.)
honesto
desinteresado
ideal (V.)
romántico
sentimental
puro
decente
casto
moral
virtuoso
quijotesco
a. *deshonesto*
interesado
aprovechado
material
materialista

platonismo
s. **espiritualidad** (V.)
idealismo (V.)
quijotismo
desinterés
pureza
romanticismo
altruismo
a. *materialismo*

plausibilidad
s. **justificación** (V.)
merecimiento (V.)
dignidad
integridad
excelencia
s. recomendación
atención (V.)
encargo
encomienda
admisión
a. *indignidad*
desmerecimiento

plausible
s. alabable
loable (V.)
imitable (V.)
digno (V.)
laudable (V.)
meritorio
ponderable (V.)
aprobable
s. posible
probable
atendible (V.)
aceptable
admisible
recomendable (V.)
sancionable (V.)
(V. **plausibilidad)**
a. *indigno*
inadmisible
inaceptable

playa
s. arenal
grao
playado
ribera (V.)
playón
playuela
playazo
costa
litoral
orilla
riba
borde
margen
mar (V.)
a. *interior*
rompiente

play-back
(V. **previo**)

plaza
s. plazoleta
plazuela
placita
placeta
placetuela
glorieta (V.)
azoguejo
azogue
ágora
altozano
antuzano
foro (V.)
paseo
terrero
ruedo (V.)
coso (V.)

s. **mercado** (V.)
feria
ferial
lonja
zoco
zacatín

s. **fortaleza** (V.)
ciudadela
fuerte
fortificación
plaza fuerte

s. terreno
espacio (V.)
lugar
sitio
hueco
puesto
asiento

s. **empleo** (V.)
oficio
destino
cargo
dignidad
rango
jerarquía
condición
ministerio

s. **asiento** (V.)
anotación

s. **población** (V.)
ciudad
villa
pueblo

s. gente de plaza
caballero en plaza
plaza de armas
plaza de abastos
plaza del mercado
plaza baja
plaza de capa y espada
plaza montada
plaza viva
plaza de toros
sentar plaza
asentar plaza
ceñir la plaza
echar en la plaza
en la plaza pública
hacer plaza
sacar plaza
salir a la plaza
romper plaza
correr la plaza
socorrer la plaza

plazo
s. **vencimiento** (V.)
término (V.)
tiempo (V.)
fecha
prescripción
caducidad
expiración
cesación
cuota
interrupción
pago (V.)

s. demora
aplazamiento (V.)
moratoria
dilación
prórroga
tregua
cortesía
espera
respiro
intervalo

s. **cita** (V.)
citación
emplazamiento
emplazo
llamamiento
señalamiento

s. vender a plazos
comprar a plazos
vencer los plazos

r. No hay plazo que no se cumpla, ni deuda que no se pague

plazoleta
(V. **plaza**)

pleamar
s. plenamar
marea (alta) (V.)
creciente
flujo
aguas llenas

a. *bajamar*

plebe
s. **pueblo** (V.)
vulgo (V.)
burguesía
vulgacho
gente
populacho (V.)
proletariado
villanaje
masa
populazo
oclocracia
hampa
multitud
balburria
zurriburri
gente vil
gavilla
turba
clase baja
carne de cañón
de baja estofa
estado llano
los desheredados
canalla
gente de poco pelo
hez
chusma (V.)
morralla

a. *aristocracia*
nobleza

plebeyez
s. **ordinariez** (V.)
grosería
chabacanería
vulgaridad (V.)
villanía (V.)
vileza (V.)
villanaje
demagogia (V.)

a. *educación*
finura
nobleza
exquisitez

plebeyo
s. **grosero** (V.)
vil (V.)
llano
hampesco
populachero (V.)
innoble
ordinario (V.)
burdo
soez
vulgar (V.)
prosaico (V.)
pedestre
popular (V.)
inculto

s. **proletario** (V.)
chulo
paria (V.)
chulapo
rastrero
chispero
majo
pechero (V.)
cacipardo
rocero
menudo (V.)
manolo
chuleta
ciudadano
cogotudo
pícaro
roto
lepero
humilde (V.)
sencillo
popular
advenedizo

(V. **plebe**)

a. *noble*
educado
aristócrata
distinguido
refinado
exquisito

plebiscito
s. **sufragio** (V.)
elección
votación
referéndum (V.)
consulta popular (V.)
comicio
conclave
concilio
selección
nombramiento
resolución
acuerdo

plectro
(V. **inspiración**)

(V. **púa**)

plegable
s. flexible
enrollable (V.)
dúctil (V.)
plegadizo
blando
muelle
fofo
abollable
doblegable
acomodaticio (V.)
desmontable

(V. **plegadura**)

a. *duro*
tieso
inflexible
rígido

plegadera
s. plegador
cuchillo (V.)
rasgador
instrumento
abrecartas
cortapapeles
abridor

plegadizo
(V. **plegable**)

plegado
s. **doblado** (V.)
plisado
arrugado (V.)
escarapelado
escarolado
planchado (V.)
carrujado
gandujado
fruncido
ondeado
ondulado
encañonado
encarrujado
arremangado
tableado
enjaretado
redoblado
abarquillado
tableado

(V. **plegadura**)

a. *liso*
rígido
desplegado
inflexible
desarrugado

plegador
(V. **plegadera**)

plegadura
s. plegamiento
cañón
plisado
repliegue
fruncimiento
tableado
dobladura
pliegue (V.)
arrugamiento
encogimiento
dobladura
doblez
dobladillo
tabla
jareta
frunce
encañonado
alforza
alhorza
fuelle
candil

a. *lisura*
tersura
alisamiento

plegamiento
(V. **plegadura**)

plegar-se
s. **descorrer** (V.)
plisar
doblar (V.)
alechugar
tablear
fruncir (V.)
rizar
encañonar
arrugar (V.)
coarrugar
rugar
cerrar (V.)
remangar
arremangar
abarquillar
encanutar
escarolar
ondear
ondular
gandujar
planchar
engurruñar

s. encuadernar

s. **acomodarse** (V.)
ceder (V.)
someterse
doblegarse
humillarse
doblar la cerviz
doblar el espinazo
avenirse
acostumbrarse
amoldarse
inclinarse
replegarse

s. plegar los labios
replegar banderas
fruncir el entrecejo
estar hecho una pasa
estar encogido

(V. **plegadura**)

a. *estirar-se*
alisar
resistir-se
rebelar-se
abrir-se
mantener-se

plegaria, s
s. invocación
oración (V.)
súplica
ruego
deprecación
rezo
jaculatoria
preces (V.)
rogativas
rosario
ángelus
toque de oración
devociones

a. *imprecación*
denuesto
maldición

pleguete
(V. **zarcillo**)

pleiteador
s. demandante
pleiteante
litigante
querellante
contendiente
pleitista (V.)

s. **abogado** (V.)
letrado
picapleitos

(V. **pleito**)

a. *pacífico*

pleiteante
(V. **pleiteador**)

(V. **pleitista**)

pleitear
s. **litigar** (V.)
contender
disputar
discutir
querellarse
denunciar
entablar
incoar (V.)
procesar
debatir

s. **reñir** (V.)
enemistarse

(V. **pleito**)

a. *solucionar*
acordar
avenirse

pleitesía
s. **sumisión** (V.)
acatamiento
reverencia (V.)
homenaje
sometimiento
supeditación

s. pacto
avenencia (V.)
acuerdo
concierto
convenio

s. rendir pleitesía
hacer pleitesía
cometer pleitesía

a. *rebeldía*
rebelión
desobediencia
insurrección
desavenencia

pleitista
s. enredador
embrollón
camorrista
revoltoso
disputador
polemista
batallador
pendenciero (V.)
reñidor

s. picapleitos
litigante
querellante
pleiteador (V.)
pleiteante

(V. **pleito**)

a. *pacífico*
tranquilo
comedido

pleito
s. demanda
controversia
litigio (V.)
proceso
juicio (V.)
querella
pendencia
desavenencia
litispendencia
diferencia
disputa (V.)
contención
discusión
causa

s. batalla
lucha (V.)
contienda (V.)
combate
riña (V.)

s. pleito civil
pleito criminal
pleito de acreedores
pleito de justicia
pleito homenaje
a pleito
arrastrar el pleito
contestar uno el pleito
ganar uno el pleito

r. En pleito claro, no ha menester escribano

(cont.)

s. poner pleito
poner a pleito
salir con el pleito
tener mal pleito
ver uno el pleito mal parado

a. *acuerdo*
avenencia
paz

plenamar
(V. **pleamar**)

plenario
s. lleno
cumplido
entero (V.)
completo
cabal
absoluto
íntegro
pleno (V.)
integérrimo

s. indulgencia plenaria
juicio plenario

a. *falto*
incompleto

plenipotenciario
s. ministro
embajador
enviado
representante
diplomático (V.)
delegado
legado
encargado
mandado

plenitud
s. **totalidad** (V.)
integridad
indemnidad
llenura
llenez
pleno
abarrotamiento
completo

s. **apogeo** (V.)
colmo

s. **abundancia** (V.)
copia
saciedad
plétora
repleción
henchimiento
preñez
exceso (V.)
hartura
saturación

a. *parcialidad*
escasez
falta
carencia
ausencia
poquedad

pleno
s. completo
plenario (V.)
repleto
colmado
colmo
atestado
cuajado
abarrotado
atiborrado
ocupado
lleno (V.)
llenero
henchido
macizo
sobrecargado
atarugado
preñado
saturado
saciado
hasta las heces
hasta los topes
hasta los bordes
de cabo a rabo
de punta a cabo

s. junta
asamblea
reunión (V.)
consejo
concejo
asamblea general
asamblea plenaria
plena cimbra
sede plena

(V. **plenitud**)

a. *parcial*
escaso
incompleto
insuficiente
vacío
falto
carente
ausencia

pleon
(V. **abdomen**)

pleonasmo
s. redundancia
repetición (V.)
exceso
reiteración
superfluidad
insistencia
perisología

a. *exactitud*
precisión
defecto
falta

plepa
s. birria
cataplasma (V.)
calamidad
imperfección (V.)
defecto (V.)
basura
desastre
engorro
aborto
alifafe
achaque (V.)
ruina
sobra
buñuelo
chapuza
cargazón
incomodidad

s. **achacoso** (V.)
enfermizo
defectuoso (V.)
calamitoso
anómalo
estropeado
monstruoso
imperfecto (V.)
engorroso
incómodo

a. *perfección*
salud
bienestar
perfecto
sano

plesiosauro
(V. **reptil**)

pletina
(V. **placa**)

plétora
s. **abundancia** (V.)
hartura
plenitud
pluralidad (V.)
superabundancia
cargazón
exceso (V.)
caudal
extravasación
afluencia
profusión
lleno
llenura (V.)
acopio
sobra
creces

s. plenitud (de sangre)
hinchazón (V.)
grosura
henchimiento (V.)

a. *escasez*
pequeñez
falta
carencia

pletórico
s. pleno
lleno (V.)
saturado
exuberante (V.)
superabundante (V.)
colmado
henchido
cargado
cuajado
repleto
saturado
fuerte

(V. **plétora**)

a. *vacío*
falto
carente
escaso

pleura
(V. **membrana**)

(V. **pulmón**)

pleuresía
s. pleurodinia
pleuritis
dolor de costado
enfermedad (V.)

s. pleuresía falsa
pleuresía aguda
pleuresía biliar
pleuresía costal
pleuresía crónica
pleuresía diafragmática
pleuresía doble
pleuresía enquistada
pleuresía fibrinosa
pleuresía gangrenosa
pleuresía hemorrágica
pleuresía metaneumónica
pleuresía interlobular
pleuresía ocenosa
pleuresía plástica
pleuresía pulmonar
pleuresía purulenta
pleuresía seca
pleuresía serosa
pleuresía serofribrinosa
pleuresía tífica
pleuresía visceral

plexiglás
(V. **plástico**)

plexo
s. **red** (V.)
ramificación
retículo
filamentos (entrelazados)
anastomosis

s. plexo sacro
plexo solar

pléyade
s. legión
generación
hornada
falange
séquito
grupo (V.)
conjunto (V.)
puñado
celebridades

s. cúmulo (de estrellas)
pléyadas
pléyades

plica
s. **sobre** (V.)
(cerrado)
pliego (lacrado)
cubierta (sellada)
lema

pliego
s. capilla
cuadernillo
hoja (V.)
cartapacio
memorial
documento (V.)
oficio
carta
página

s. pliego común
pliego de cargos
pliego de descargo
pliego de condiciones
pliego prolongado
pliego de cordel

pliegue
s. **doblez** (V.)
repliegue
volante (V.)
pliego
plegadura (V.)
pinza (V.)
arruga (V.)
plisado
flexura
plegado
tableado
tabla
frunce (V.)
fruncido
dobladillo (V.)
jareta
fuelle (V.)
cogido
repulgo
alforza
tontillo
falda (V.)
ondulado
ondulación
lorza
rizo
rizamiento
remango
bullón
cangilón
buche
cañón
surco (V.)
encogimiento (V.)
contracción
señal
raya (V.)
trazo (V.)

s. curvatura
rueda
ranura
ángulo

a. *estiramiento*
tersura
lisura

plinto
(V. podio)
s. base
basa
basamento (V.)
embasamiento
pedestal
latastro
torés
zócalo
acrotera
orlo
asiento

(V. **arquitectura**)

plisado
(V. **pliegue**)

plisar
(V. **plegar**)

(V. **fruncir**)

plomada
s. peso
pesa (V.)
perpendículo
vertical (V.)
aplomo
plomo
verticalidad

s. **sonda** (V.)

s. **azote** (V.)
disciplinas

plomear
(V. **acertar**)

plomería
(V. **techumbre**)

plomífero
s. **pesado** (V.)
plúmbeo
cargante
soporífero
aburrido (V.)
soso
latoso
plúmbeo

(V. **plomo**)

a. *divertido*
agradable
ágil
entretenido

plomizo
s. **gris** (V.)
grisáceo
plúmbeo (V.)
nublado (V.)
cerrado
obscuro
anubarrado
cargado
plomoso
plumboso
saturnino
plúmbico

(V. **plomo**)

a. *abierto*
azul
claro
despejado

plomo
s. **metal** (V.)
albayalde
litargirio (V.)
minio
galena
cerusita
almártaga
almártega
azarcón
masicote
saturno
cerusa

s. plomos
fusibles
cortacircuitos (V.)

s. **pesado** (V.)
cargante
aburrido (V.)
fastidioso

s. a plomo
ir con pies de plomo
plomo blanco
plomo córneo
plomo sulfatado

a. *entretenido*
divertido
ágil

pluma
s. excrecencia
pelo
penacho (V.)
plumilla
chupón
plumión
plumaje
airón
moño
cresta
copete
cola
rémige
flojel
aguadera
cobija
cobertera
cuchillo
remera
timonera
pincel

s. cañón
astil
barba
mástil
piñón
cendal
ocelo
ojo

s. **edredón** (V.)
almohada
almohadón
cojín
cobertor
boá

(cont.)

s. cálamo
estilográfica
péñola
péndola
canutero
cañutero
bolígrafo
cañonera
palillero
portaplumas
estilo
estilete
calzador
pena
tirador

s. plumilla
punto
plumín
cargador
depósito
capuchón
sujetador
émbolo

s. escritura
destreza
habilidad
literatura (V.)
periodismo

s. aire
ventosidad (V.)
pedo

s. a vuela pluma
al correr de la pluma
echar buena pluma
vivir de la pluma
tener buena pluma
pluma bien cortada
a pluma
dejar correr la pluma
hacer a pluma y pelo
llevarle la pluma a uno
sin plumas y cacareando

plumada
(V. **plumazo**)

plumado
s. plumoso
plumífero
penígero
moñudo
moñón
penachudo
acollarado
empenachado
emplumado

(V. **pluma**)

a. *desplumado*

plumaje
s. copete
plumero (V.)
plumazón
plumería
plumerío
plumajería
plumada
penacho
cresta
moño
penachuelo
garzota
látigo
cogote
martinete
piocha
llorón
collar
golilla
marabú
airón

s. adorno de plumas
clases de plumas

(V. **pluma**)

plumazo
s. **trazo** (V.)
rasgo
plumada
tachadura
raya

s. **colchón** (V.)
almohada

s. **abolición** (V.)
anulación
supresión
prohibición

s. de un plumazo

(V. **pluma**)

a. *permiso*
autorización

plumazón
(V. **plumaje**)

plúmbeo
s. **pesado** (V.)
cargante
machacón (V.)
aburrido
plomizo (V.)
fastidioso

s. ponderoso
saturado
macizo
cargado
gravoso (V.)
oneroso

(V. **plomo**)

a. *ligero*
divertido

plumero
s. **escoba** (V.)
escobilla
limpiadera
plumas
zorros (V.)

s. **plumaje** (V.)

s. vérsele a alguien el plumero

plumier
caja
estuche (V.)

plumífero
(V. **escritor**)

(V. **periodista**)

plumilla
(V. **pluma**)

plumín
(V. **pluma**)

plumista
(V. **escribiente**)

plumón
s. **pluma** (V.)
plumilla

s. edredón
almohadón
colchón (V.)

plum-cake
(V. **bizcocho**)

plural
s. vario
múltiple
numeroso
diverso
dual

(V. **pluralidad**)

pluralidad
s. numerosidad
multiplicidad (V.)
diversidad
multitud
mayoría
copia
abundancia (V.)
sinfín
sinnúmero
innumerabilidad
inmensidad
infinidad
complejidad (V.)
muchedumbre
constelación
conjunto (V.)
colectividad
pléyade
plantel
vivero
serie (V.)
rebaño
manada
enjambre
jauría
centón (V.)
acervo
grupo
equipo (V.)
tanda
cuadrilla
caterva
bandada
otro (V.)

a. *unidad*
singularidad
individualidad
escasez

pluralizar
s. **generalizar** (V.)
diversificar
atribuir
imputar
achacar
cargar

(V. **pluralidad**)

a. *singularizar*
particularizar
individualizar

plus
s. aditamento
añadido (V.)
sobresueldo
gratificación
propina (V.)
gajes
dieta
sobrepaga
regalía
adehala
viático
subvención
extra (V.)
obvención
agujeta
paga extraordinaria
compensación

a. *deducción*
descuento
rebaja

plusvalía
s. encarecimiento
sobreprecio
incremento
aumento (V.)
valor (V.)
valorización (V.)

a. *depreciación*
descenso

plúteo
s. **estante** (V.)
tabla
cajón
anaquel (V.)
andén
entrepaño
andana
estrada
vasar
repisa
poyo
balda
ménsula
velonera
modillón
rinconera

plutocracia
(V. **gobierno**)

(V. **capitalismo**)

pluvia
(V. **lluvia**)

pluviómetro
s. pluvímetro
pluviógrafo
udómetro

s. colector
gráfico o tambor giratorio
estilete inscriptor
sifón
depósito
flotador
masa
cubeta
leva
fondo perforado
gatillo
cremallera

s. pluviómetro de lectura directa
pluviómetro registrador

(V. **lluvia**)

pluvioso
(V. **lluvioso**)

pobeda
(V. **alameda**)

población
s. estadística
demografía (V.)
maltusianismo
vecindario
populación
habitantes (V.)
poblador (V.)
sociedad (V.)

s. urbe
ciudad (V.)
corte
localidad (V.)
pueblo (V.)
aldea (V.)
plaza (V.)
municipio
centro
emporio
cabeza
almarcha
alzada
poblacho
poblado
villorrio
villa (V.)
puebla
pola
burgo
aldehuela
aldeorro
aldeorrio
lugar (V.)
arrabal
ínsula
caserío
cabañal

s. afueras
extramuros
intramuros
suburbio
barrio
barriada
distrito
cuartel
judería
morería

s. aduar
anejo
zafería
ranchería (V.)
valle

s. parroquia
feligresía
iglesia
capitalidad
municipio
merindad (V.)
anfictionía
hansa
ansa
confederación (V.)
cabeza de partido
partido
villazgo
capitalidad (V.)
universidad

s. casco de la población
densidad de población
radio de la población

a. *desierto*
campo

poblado
(V. **población**)

(V. **populoso**)

poblador
s. **habitante** (V.)
morador (V.)
residente
vecino
ciudadano
natural
súbdito
paisano
lugareño
cortesano
aldeano
villano
pueblerino
feligrés
parroquiano
arrabalero

s. colono
colonizador (V.)
pionero
adelantado
fundador
precursor
explorador
conquistador
emigrante

(V. **población**)

poblar-se
s. **habitar** (V.)
urbanizar
colonizar (V.)
edificar
fundar
asentarse
establecerse
plantar
repoblar (V.)

s. **crecer** (V.)
ocupar
llenar (V.)
aumentar
incrementarse
procrear
inmigrar

(V. **población**)

a. *emigrar*
despoblar
deshabitar
vaciar

pobo
(V. **álamo**)

pobre
s. pobretón
necesitado (V.)
mendigo (V.)
menesteroso (V.)
indigente
pobrete
paupérrimo (V.)
impróspero
alcanzado
desacomodado
pobrezuelo
inope
desheredado (V.)
sopista
arruinado (V.)
proletario (V.)
tronado (V.)
apurado
mísero
miserable (V.)
aporreado
arrastrado
hospiciano
asilado
pelagatos
zampalimosnas
derrotado (V.)
pelado
desvalido
pelete
ganapán
pelarruecas
descalzo

(cont.)

pelagatos
descamisado (V.)
desnudo (V.)
decadente
lacerioso
pelón
galdido
pícaro
pordiosero
pidientero
brodista
mameluco
guitón (V.)
lázaro
agosto
acogido
corto de medios
pobre de solemnidad
pobre vergonzante
más pobre que las ratas
de poca ropa

s. **falto** (V.)
subdesarrollado (V.)
escaso (V.)
retrasado (V.)
raquítico
mezquino (V.)
pequeño
poco (V.)
corto
insignificante (V.)

s. desgraciado
desdichado (V.)
infeliz
triste
humilde
infortunado
desamparado
desvalido
insignificante
modesto (V.)

s. pobre (de espíritu)
bueno
bonachón
sencillo (V.)
humilde (V.)
modesto
pacífico
cándido

s. abogado de pobres
padre de los pobres
pata de pobre
informador de pobre

r. Al pobre el sol se lo come ■ Del pobre, la bolsa, con poco dinero, rebosa ■ Pobre porfiado, saca mendrugo ■ Ni por pobre te rebajes, ni por rico te ensalces ■ El pobre y el cardenal todos van por igual ■ En estómago de pobre todo cabe ■ Al pobre que pleitea, nunca le viene buena sentencia ■ Quien poco tiene, poco puede ■ Sano y sin dinero, medio enfermo

(V. **pobreza)**

a. *acaudalado*
rico
potentado
abundante
feliz
contento
afortunado
opulento
importante
adinerado
capitalista
rentista
opulento
millonario
creso
fúcar
hacendado
terrateniente

pobrería
(V. **pobretería)**

pobreta
(V. **ramera)**

pobrete
(V. **pobre)**

(V. **desdichado)**

(V. **inútil)**

pobretear
(V. **mendigar)**

pobretería
s. **pobreza** (V.)
pobrería
miseria
necesidad
penuria
mezquindad
tacañería (V.)
exigüidad
escasez
pobrismo
pauperismo
proletariado
chinaca

s. asilo
asilo de ancianos
refugio
hospital de sangre
casa de esgrimidores
casa de beneficencia
albergueria

a. *riqueza*
abundancia
desahogo
generosidad

pobretón
(V. **pobre)**

pobreza
s. pobretería
miseria (V.)
indigencia
pauperismo
mendiguez
estrechez (V.)
penuria (V.)
necesidad (V.)
ruina
ahogo
mengua (V.)
piojería
pordioseo (V.)
privación
pelonería
lacería
inopia
desnudez
carestía
hambre
apuro
infortunio
desvalimiento (V.)
desgracia
subdesarrollo (V.)
desdicha
fatiga

s. **falta** (V.)
ausencia
escasez (V.)
insuficiencia (V.)
mediocridad
retraso (V.)
decadencia (V.)
carencia
disminución
insignificancia
modestia (V.)
humildad (V.)

s. pobreza de espíritu

r. Pobreza no es vileza ■ Pobreza merecida, menos compadecida ■ La suma pobreza es haber tenido riqueza ■ Ni te abatas por pobreza, ni te ensalces por riqueza ■ Pobreza nunca alza cabeza

a. *riqueza*
opulencia
abundancia
hacienda
bienes
pecunia
capital
dineral
numerario
caudal
patrimonio
mina
tesoro
generosidad
magnanimidad
exceso
sobras
felicidad
suficiencia
hartazgo

pocilga
s. **establo** (V.)
porqueriza
lagareta
cochiquera
basurero
cuchitril
chiquero
cuadra (V.)
zahurda
corral (V.)
cocha
gorrinera
corte
teña

s. **tugurio** (V.)
leonera
desván
trastero
nido

s. **suciedad** (V.)

a. *palacio*
limpieza
higiene

pocillo
(V. **jícara)**

(V. **tinaja)**

pócima
s. **brebaje** (V.)
cocimiento
poción
potingue
apócima
apócema
electuario
julepe
bebida medicinal
medicamento
bebedizo
narcótico
tósigo
veneno
filtro
bálsamo
infusión (V.)
mixtura (V.)

poción
(V. **pócima)**

(V. **infusión)**

poco
s. **escaso** (V.)
limitado
exiguo (V.)
mínimo
insuficiente (V.)
parco
corto
breve
ruin
módico
diminuto
chico
tasado
contado
sobrio
ralo
parvo
moderado
relativo
templado
incompleto
roído
leve
sutil
avaro
restringido
imperceptible
insignificante
ínfimo
encogido
mermado
raquítico
apretado
homeopático
irrisorio
casi
apenas
mediano
contado
deficiente
reducido
raro
carente
justo
roído
pobre (V.)
pequeño (V.)
mezquino
minúsculo
triste
ridículo
menguado

s. **algo** (V.)
algún
asomo
ápice
adarme
piojería
punta
puñado (V.)
nada
miseria
bagatela
fruslería
insignificancia
ausencia
miaja (V.)
tantico
tris
pizca
poquito
grano (V.)
gota (V.)
chispa
polvo
ribetes
sorbo
suspiro
miga
brizna (V.)
nonada
átomo
atisbo
pellizco
pequeñez
partícula
brote
barrunto
limosna
jota
poquedad
tilde
parvedad
nimiedad
moderación
parquedad
cortedad
sobriedad
mezquindad
merma

s. a poco que
por poco
un tantico
a pocas
poco más o menos
de poca monta
de poco más o menos
tener en poco
poco a poco
como hay pocos
para poco
dentro de poco
a poco de
con poco que
estar en poco
falta poco para

r. Lo poco agrada, lo mucho enfada ■ Muchos pocos hacen un mucho

s. de poca monta
poca lacha
de pocas palabras
sobre poco más o menos

(V. **poquedad)**

a. *mucho*
suficiente
completo
rebosante
abundante
pletórico
numeroso
múltiple
excesivo
copioso
bastante
asaz
harto
incalculable
infinito
ilimitado
vario
muchedumbre
abundancia
hervidero
montón
enjambre
cúmulo
pluralidad
maremágnum
arsenal
infinidad
copiosidad
exceso
demasía

póculo
(V. **vaso)**
(V. **bebida)**

pocho
s. **marchito** (V.)
lacio
lánguido
deslucido
ajado (V.)
podrido (V.)
estropeado
deteriorado

s. **pálido** (V.)
descolorido
desvaído
apagado
desmejorado
achacoso
enfermizo

s. **triste** (V.)
abrumado
abatido (V.)
desalentado
desanimado
desmoralizado
cariacontecido

a. *lozano*
rozagante
nuevo
fresco
verde
lucido
brillante
colorado
moreno
vivo
alegre
jocundo
animado

poda
s. **corta** (V.)
tala (V.)
expurgo
desmoche (V.)
remolda
escamonda (V.)
resalvo
fraga
podo
ramoneo
acopadura
podazón
podadura

s. ramojo
chasca
ramulla
chabasca
frasca
rosigo
ramón

s. **podadera** (V.)

podadera
s. hoz
calabozo
calagozo
corvillo
podón
bodollo
cazcorvo
márcola

s. gancho
uña
pulgar
perchón
guía
tetón

(V. **poda)**

podadura
(V. **poda)**

podar
s. **cortar** (V.)
talar (V.)
repodar
romper
ramonear
frailear
fradar
escamujar
remoldar
castrar
chapodar (V.)
cachipodar
mochar
desmochar (V.)
recortar (V.)
compodar
escandalar
desramar
maestrear
acotar
purgar
acopar
desmarojar
limpiar (V.)
escamondar
desvahar
desliñar
rapuzar
deschuponar (V.)
desvastigar
afrailar
enfaldar
olivar
aparrar
mondar
cortar a casco
quitar ramas
desroñar
cercenar (V.)

s. **suprimir** (V.)
escatimar
corregir
terciar (V.)
economizar
reducir (V.)
limitar
disminuir

(V. **podadura**)

a. *repoblar*
crecer
aumentar
ampliar
añadir

podenco
(V. **perro**)

poder
s. **mando** (V.)
poderío (V.)
autoridad (V.)
potestad (V.)
absolutismo
jurisdicción
soberanía
arbitrio
albedrío
preponderancia
superioridad
imperio (V.)
señorío
autocracia
omnipotencia
prepotencia (V.)
supremacía
jerarquía
dominio
voz (V.)
gobierno (V.)

s. **potencia** (V.)
fuerza (V.)
empuje
pujanza
influencia (V.)
energía (V.)
eficacia
nervio
virtud
privanza
ascendiente
amistad
ambición

s. **eficacia** (V.)
facultad (V.)
posibilidad
habilidad
capacidad (V.)
recurso (V.)
aptitud
valía
diligencia
empeño
obra (V.)
arte
eficiencia
peso
importancia
valor

s. licencia
autorización (V.)
procuración (V.)
privilegio (V.)
prerrogativa
salvoconducto
carta blanca
poderes
delegación
exención
atribución
permisión
permiso (V.)

s. **saber** (V.)
valer (V.)
tomar
asumir
reasumir
influir
intervenir
ser capaz de

s. tener facilidad para
tener habilidad para

s. ser posible
ser factible
tener tiempo
ser dable
ser verosímil
ser el todo
ser viable

s. **lograr** (V.)
alcanzar
obtener
disfrutar
agenciarse
merecer
conseguir (V.)
realizar
llevar a la práctica
poner en obra
ser capaz de extenderse a
hacer figura

s. poder absoluto
poder arbitrario
poder constituyente
poder ejecutivo
poder legislativo
poder liberatorio
poder moderador
poder real
a poder de
a su poder
caer debajo del poder de uno
caer en poder de las lenguas
por poder
el poder de Dios
de poder a poder
dar un poder
en poder de
no poder ver a uno ni en pintura
no poder menos
a más no poder
no poder con su alma
no poderse valer

r. El que hace lo que puede, no está obligado a más ■ Si no puedes lo que quieres, quiere lo que puedas

s. no poder tragar

a. *dependencia*
subordinación
debilidad
incapacidad
desautorización

a. *ignorar*
fantasear
impedir
obstaculizar
abandonar
ceder
abstenerse
frustrar-se

poderdante
s. otorgador
amo
dispensador
dador
comitente
principal (V.)
jefe

(V. **poder**)

a. *poderhabiente*
apoderado

poderhabiente
s. **delegado** (V.)
apoderado
autorizado
factor
ejecutor
institutor
representante
administrador
facultado
concesionario
comisionado
mandatario

(V. **poder**)

a. *poderdante*

poderío
s. **poder** (V.)
jurisdicción
empuje

s. vigor
fuerza (V.)
facultades
eficacia
hacienda
riquezas
bienes
influencia

a. *impotencia*
debilidad
pobreza

poderoso
s. **potente** (V.)
omnipotente (V.)
imperial (V.)
todopoderoso
omnímodo
soberano
prepotente (V.)
irresistible
grande
prestigioso
influyente (V.)

s. **rico** (V.)
acaudalado
potentado (V.)
opulento
pudiente
potísimo
adinerado
creso

s. **magnífico** (V.)
excelente
grande (V.)
fuerte
autoritario
prestigioso
cacique
jefe
pájaro gordo
importante (V.)
activo
eficaz (V.)
enérgico (V.)
resistente (V.)
vehemente
ardiente
valiente
valeroso
heroico
intenso
hombre de pelo en pecho
hombre de punto
fervoroso

s. remedio poderoso

r. Poderoso caballero es don dinero

(V. **poder**)

a. *miserable*
pobre
débil
insignificante

podio
s. basa
base
basamento
pedestal (V.)
latastro
orlo
rebanco
plinto
torés
estilobato
repisa
plataforma

podómetro
s. **contador** (V.)
cuentapasos
cuentavueltas
odómetro
hodómetro
tacómetro
odógrafo

podón
(V. **podadera**)

podre
(V. **podredumbre**)

podrecer-se
(V. **pudrir-se**)

podredumbre
s. podre
podredura
podrecimiento
putrefacción (V.)
podrición
pus (V.)
materia
virus
purulencia
pudrimiento
sepsia
corrompimiento
descomposición
fermentación
carroña
gangrena
ulceración
cáncer
enranciamiento
corrupción (V.)
corrompimiento
impureza
agusanamiento
consunción
hedor
ascosidad
bacteria

s. **inmoralidad** (V.)
corruptela
relajamiento

s. pena
desazón (V.)
pesadumbre
inquietud
desasosiego

a. *pureza*
frescor
incorrupción
desinfección
moralidad

podredura
(V. **podredumbre**)

podrido
s. pútrido
putrefacto (V.)
infecto
pultáceo (V.)
carroño
pocho (V.)
descompuesto (V.)
purulento
corrompido (V.)
rancio (V.)
pasado (V.)
corrupto
gusarapiento
caronchoso
averiado
inficionado
dañado
macarro
gangrenado (V.)
tocado (V.)
gangrenoso
viciado (V.)
fermentado
mohoso
canceroso
impuro
contaminado
desvirtuado
intoxicado
emponzoñado
palúdico
enconado
tósigo
tábido

(V. **podredumbre**)

a. *fresco*
sano
puro
desinfectado
cauterizado
incorrupto
moral

podrigorio
(V. **achacoso**)

podrir-se
(V. **pudrir-se**)

poema
s. verso
poesía (V.)
balada (V.)
tonada
cantata
cantiga
alborada
himno
balata
elegía
soneto
lira
gesta
epopeya (V.)
romance (V.)
saga
rapsodia (V.)
égloga
oda (V.)
idilio
loa (V.)
ditirambo
trova
dolora
carmen
madrigal
purana
serrana
serranilla
salmo
nenia
anacreóntica
sátira
parodia
salmo
bucólica
villancico

s. poema épico
poema sinfónico
poema lírico

a. *prosa*

poesía
s. poética
cuadernavía
cancionero
poema (V.)
juglería
trova (V.)
verso (V.)
gaya ciencia
lirismo (V.)
lírica (V.)
numen
plectro
inspiración
idilio (V.)
musa (V.)
estro
lira
sonido
rima
zéjel
ritmo (V.)
cadencia
consonancia
asonancia
licencia (V.)
medida
compás
composición
metrificación
estrofa (V.)
estrambote
pirriquio
romance
canto
villancico (V.)
soneto (V.)
décima
octava
quintilla
serrana
serranilla
cuarteta
seguidilla
cuarteto
redondilla
pareado
terceto
recitado
literatura (V.)

(cont.)

s. **encanto** (V.)
atractivo
placidez
dulzura
paz
suavidad
deleite

s. poesía épica
poesía lírica
poesía dramática
poesía bucólica
poesía religiosa
poesía erótica
poesía profana
poesía litúrgica
poesía teatral
poesía cantable

a. *prosa*
repulsión

poeta
s. poetisa
vate (V.)
bardo
juglar (V.)
rapsoda (V.)
cancionero
trovador (V.)
rimador
versificador
recitador
rimero
coplero
romancero
juglaresca
cantor
versista
metrista
metrificador
sonetista
epigramista
romancerista
lírico
aedo
almea
escaldo
cisne
felibre
trovero
poética

(V. **poesía**)

a. *prosista*

poética
(V. **poesía**)

poético
s. retórico
rítmico
versificado
bucólico
elegíaco
rapsódico
erótico
heroico
homérico
sáfico
lírico (V.)
épico
dramático
satírico
idílico (V.)
literario (V.)
epitalámico
ditirámbico
anacreóntico
pastoral
madrigalesco
epigramático
aristofánico
élego
goliardesco
genetlíaco
eclógico
pastoril
mélico
horaciano
pindárico
petrarquista

(V. **poesía**)

a. *prosaico*

poetizar
s. **cantar** (V.)
versificar (V.)
trovar
metrificar
medir
rimar
componer
discantar
aconsonantar
parodiar
gongorizar
improvisar
sonetear
escandir
asonantar
componer versos
decir versos
recitar
consonar
montar los versos
soplar la musa
remontarse a las nubes
estar en vena poética
endechar
salmodiar
ser poeta
glosar en verso
calzar el coturno
cantar a la luna
idealizar
embellecer (V.)
sublimar
ensalzar

(V. **poesía**)

a. *materializar*
rebajar
hundir
afear

pogróm
(V. **matanza**)

poker
(V. **póquer**)

pola
(V. **puebla**)

polaca
(V. **uniforme**)

polacra
(V. **embarcación**)

polaina
s. sobrecalza
cubrenieves
antipara
sobrebota
media calza
botín
briche
trabilla
cáliga
gralla
cañiceras
avampiés
sobreempeine
calzado (V.)

polarización
(V. **concentración**)

polarizar
s. **reflejar** (V.)
refractar (V.)
s. **concentrar** (V.)
reunir
atraer
captar
absorber

(V. **polarización**)

a. *despolarizar*
repeler
dispersar

polca
(V. **danza**)

(V. **música**)

polea
s. **garrucha** (V.)
rueda (V.)
aparejo (V.)
andarivel
carrucha
guindaste
polipasto
polispasto
cuadernal
violín (V.)
motón
poleame
pasteca
carretillo
carrillo
cenal
galápago
estrellera
gaviete
trapa
monopastos
talla
tecle
perigallo
retorno (V.)
garruchuela
topa
serviola

s. garganta
ranura
cajera
roldana (V.)
reclame
eje
ojo
corona
rodete
guarnimiento
tiro
tira
burel
tambor
acanaladura
andullo
ostaga
trócola
trocla
vigota
acollador

s. aparejar
encajerarse
gargantear
engazar
guarnir
laborear
tocar
encarrillarse
elevar
suspender

s. polea fija
polea combinada
polea movible
polea simple
polea loca
polea tensora

(V. **embarcación**)

poleadas
(V. **gachas**)

poleame
(V. **polea**)

polémica
s. **discusión** (V.)
querella
alteración
disputa
dialéctica
pelotera
agarrada
debate (V.)
controversia (V.)
razonamiento
porfía
discordia
rivalidad
poliorcética
lid
apuesta
defensa

a. *acuerdo*
paz
armonía
conformidad

polémico
s. **dialéctico** (V.)
controvertible
discutible
argumentativo
debatible

(V. **polémica**)

a. *indiscutible*
concluyente
definitivo

polemista
s. **dialéctico** (V.)
discutidor (V.)
disputador
porfiado
altercador
altercante
propinante
orador
locuaz
rival
hablador
contendiente
combativo (V.)
controversista

(V. **polémica**)

a. *pacificador*
callado
silencioso

polemizar
s. desafiar
discutir (V.)
debatir
argumentar
controvertir (V.)
disputar
razonar
pelear
litigar
cuestionar
argüir
combatir (V.)
porfiar (V.)
insistir
pelotear
replicar
rivalizar
apostar
tener una agarrada
batirse el cobre
andar a la gresca
buscar la lengua
medir las armas
tener un choque
armar zambra
armar camorra
andar a la greña
tener unas palabras con

(V. **polémica**)

a. *pacificar*
acordar
convenir
ceder

polen
s. polvillo
granos
gránulos

s. antera
estambre
flor (V.)
fecundación

polenta
(V. **gachas**)

poleo
s. jactancia
presunción (V.)
vanidad
postín
pisto
junciana
farfalla
petulancia
fatuidad

a. *sencillez*
humildad

poliandria
(V. **matrimonio**)

(V. **familia**)

policía
s. **guardia** (V.)
gendarmería
comisaría
prevención (V.)
orden (V.)
público
fuerza pública
vigilancia (V.)
somatén
mano fuerte
seguridad
reglamento
regla
orden

s. agente
comisario
inspector
vigilante (V.)
alguacil (V.)
corchete
policía secreta
policía urbana
policía judicial
policía gubernativa
agente de policía
alguacil de ayuntamiento
guardia municipal
miquelete
miñón
carabinero
guardia urbano
policía secreta
guardia de la circulación
guardia del tráfico
policía de carretera
rondín
detective (V.)
gendarme
escolta
guardaespaldas
polizonte
guindilla
esbirro
chapa
cachimbo
sabueso (V.)
sheriff
cancerbero

s. **cortesía** (V.)
finura
urbanidad
educación
buena crianza
buenos modos

s. **limpieza** (V.)
pulcritud

a. *desorden*
caos
negligencia
inseguridad
delincuente
malhechor
descortesía
grosería
suciedad

policiaco
s. policial
autoritario (V.)
despótico
opresivo
vigilante

(V. **policía**)

a. *libre*
democrático

policial
(V. **policiaco**)

policlínica
(V. **consultorio**)

policromar
(V. **colorear**)

(V. **pintar**)

policromo
s. tornasolado
abigarrado
coloreado
polícromo
irisado (V.)
teñido
pigmentado
matizado
vivo
llamativo
pintado
multicolor (V.)
vistoso (V.)
azotado
discolor
variado
mezclado

a. *apagado*
monótono
descolorido

polichinela
s. pulchinela
muñeco (V.)
títere (V.)
fantoche
payaso
pierrot
arlequín

polidipsia
(V. **sed**)

poliedro
s. cuerpo
sólido
geometría (V.)

s. cubo
tetraedro
icosaedro
octaedro
dodecaedro
prisma
pirámide

s. ángulo
cara
vértice
plano
arista
diagonal

s. poliedro regular
poliedro irregular
poliedro cóncavo
poliedro convexo

polifacético
s. **vario** (V.)
variado
heterogéneo
múltiple (V.)
diverso
proteico

a. *único*
igual
monótono

polifagia
(V. **hambre**)

polifonía
s. **música** (V.)
armonía
discanto
diafonía
combinación
pluralidad
contrapunto (V.)
órganum
fabordón
sinfonía
motete
rondel
conducto
hocheto
cópula
cantilena
coronada
repetición
canon
contrapunto doble

a. *monodía*
homofonía

poligamia
(V. **matrimonio**)

(V. **familia**)

poliglota
s. políglota
poligloto
plurilingüe
lenguaraz

polígono
s. figura
superficie
geometría (V.)

s. multilátero
paralelogramo
cuadrilátero
decágono
dodecágono
endecágono
eneágono
heptágono
hexágono
octógono
pentágono
trapecio (V.)
triángulo (V.)
hexángulo
nonágono
octágono
pentadecágono
sexángulo
undecágono

s. ángulo
lado
apotema
altura
perímetro
vértice

s. polígono convexo
polígono cóncavo
polígono regular
polígono irregular
polígono curvilíneo
polígono inscrito
polígono ochavado

poligrafía
(V. **criptografía**)

polígrafo
s. **escritor** (V.)
erudito (V.)
sabio
publicista
folicularío
autor

a. *ignorante*
inculto

polilla
s. mariposa
mariposilla
larva
teruvela
medusa (V.)
alevilla
tínea
curú
insecto (V.)

s. **taladro** (V.)

s. **apolillar** (V.)
picar

polimatía
(V. **sabiduría**)

polinización
s. **fecundación** (V.)
fertilización
difusión
propagación
reproducción

(V. **polen**)

a. *infecundidad*

polinizar
(V. **fecundar**)

poliomielitis
(V. **parálisis**)

polipasto
(V. **polispasto**)

pólipo, s
s. coral
medusa
madrépora
hongo marino
balate
alción
alcionito
anemone de mar
criadilla de mar
hidra
erizo de mar
cohombro de mar
aguamar
aguamala
aguaverde
acalefo

s. **pulpo** (V.)

s. **tumor** (V.) (med.)
fibroma
excrecencia
carnosidad
vegetaciones (V.)

polisarcia
(V. **obesidad**)

polisemia
(V. **significado**)

polisón
s. **miriñaque** (V.)
armazón
ahuecador
almohadilla
entramado
falda (V.)

s. **nalgas** (V.)

polispasto
s. polipasto
tripasto
cuadernal
poleame
motonería
aparejo (V.)

(V. **polea**)

politeísmo
s. herejía
paganismo
idolatría
gentilidad
gentilismo
sabeísmo
fetichismo
religión (V.)

a. *monoteísmo*

política
s. Estado
autoridad
administración
gobierno (V.)
legalidad
constitución
régimen
instituciones
razón de Estado
referéndum
plebiscito
votación
opinión pública
derecho político
forma de gobierno
golpe de Estado
rebelión
garantías constitucionales
revolución
reacción
restauración

s. politiquería
cacicazgo
autoritarismo
monarquismo
republicanismo
falangismo
socialismo (V.)
demagogia
terrorismo
sindicalismo
comunismo
absolutismo
totalitarismo
fascismo (V.)
oligarquía
nazismo
hitlerismo
stalinismo
leninismo
abstencionismo
acracia
autonomismo
feudalismo
aislacionismo
liberalismo
anexionismo
racismo
doctrinarismo
oportunismo
unitarismo
autonomismo
fenianismo
furierismo
sansimonismo
intervencionismo
cantonalismo
bolchevismo
maoísmo
nacionalismo
carlismo (V.)
bonapartismo
colaboracionismo
individualismo
catalanismo
dinastismo
imperialismo
industrialismo
marxismo
nihilismo
totemismo
tradicionalismo
derecha
integrismo
militarismo
neocatolicismo
presidencialismo
progresismo
patriarcado
radicalismo
separatismo
segregacionismo
pangermanismo
paneslavismo
extremismo (V.)
conservadurismo (V.)
panislamismo
panamericanismo
democratización
rebeldía
anarquismo
desorden
regionalismo
autonomía
caciquismo
oportunismo
individualismo
centralismo
federalismo
maquiavelismo
feminismo
clericalismo
burocratismo
derechismo
izquierdismo
centrismo
extremismo

s. **arte** (V.)
habilidad
traza
gramática parda
astucia (V.)

s. **cortesía** (V.)
urbanidad
finura
buena crianza
corrección
civilidad
educación
buenas maneras
buenos modos

s. **político** (V.)

a. *grosería*
incultura
torpeza

político
s. **estatal**
gubernamental
gubernativo (V.)
ministerial
social
público
general
administrativo
oficial
legal

s. **estadista** (V.)
gobernante (V.)
dirigente
líder
jefe
director
mandatario
hombre de Estado
hombre público
figura
personaje
tribuno
propagandista
legislador
ejecutivo
politicón
politicastro
politiquero

s. maquiavelista
cacique
oportunista
derechista
izquierdista
centrista
extremista
autoritario
abstencionista
absolutista
dictatorial
totalitario
monárquico
carlista
tradicionalista
carca
carcunda
retrógrado
realista
legitimista
dinástico
moderado
republicano
liberal
integrista
separatista
catalanista
segregacionista
fascista
falangista
patriota
patriotero
chauvinista
guiri
clerical
centralista
federalista
regionalista
vizcaitarra
secesionista
demócrata
demagogo
radical
anticlerical
marxista
comunista
libertario
anarquista
maoísta
ácrata
nihilista
exaltado
rojo
bolchevique
revolucionario
mesócrata
progresista
reformista
posibilista
constitucional
doctrinario
apostólico
antimonárquico
antirrepublicano
anticomunista
antifascista
antimarxista
carbonario
cristino
conservador
cavernícola
oligarca
isabelino
doceañista
fusionista
requeté
trabucaire
ultramontano
güelfo
gibelino
girondino
jacobino
jaimista
nacionalsocialista
nazi
libertario
soviético
hitleriano
mussoliniano
stalinista
leninista
socialista
socialdemócrata
socialcristiano
reaccionario
obstruccionista
tory
whig
unionista
juanista
individualista

s. acomodaticio
camaleón
tiralevitas
pancista
maromero
calculador
chaquetero
marrullero
astuto
hábil
cuco
vendido
arribista
tránsfuga
desleal
traidor
contemporizador

s. **cortés** (V.)
fino
urbano
culto
cívico
cumplido
diplomático
educado
comedido
atento
flexible
correcto

(V. **política**)

a. *impolítico*
apolítico
privado
ilegal
gobernado
ciudadano
súbdito
leal
fiel
firme
grosero
descortés
cerril
inculto
incivil
ordinario
desatento
incorrecto

politicón
(V. **ceremonioso**)
(V. **político**)

politiquear
s. contemporizar
maniobrar
resellarse
intrigar (V.)
caciquear
conspirar
cabildear
trapichear
manejar
complotar
s. liberalizar
centralizar
democratizar
mediatizar
hacer política
(V. **política**)
a. *abstenerse*
inhibirse

politiqueo
s. manejo
intriga (V.)
maquinación
enredo
maniobra
embrollo
apaño
connivencia
complicidad
lobby
politiquería
caciquismo
(V. **política**)
a. *inhibición*
abstencionismo

politiquería
(V. **politiqueo**)

póliza
s. **sello** (V.)
timbre
reintegro
tributo (V.)
impuesto (V.)
s. **documento** (V.)
justificante
libranza
papeleta
contrato (V.)
guía

polizón
s. **viajero** (V.)
(clandestino)
llovido
furtivo
s. **ocioso** (V.)
haragán
desocupado
curioso
a. *ocupado*
trabajador
activo

polizonte
(V. **policía**)

polo
s. **centro** (V.)
fundamento
base
s. **extremo** (V.)
cabo
borne
altura de polo
polo geográfico
polo negativo
polo positivo
polo magnético
polo ártico
polo antártico
polo austral
polo boreal
polo de desarrollo
s. de polo a polo
ser los polos opuestos

pololos
(V. **pantalones**)

polonés
(V. **polaco**)

poltrón
s. gándul
flojo
perezoso (V.)
holgazán
molondro
marmota (V.)
tumbón
comodón
holgachón
sedentario (V.)
(V. **poltronería**)
a. *activo*
trabajador
dinámico

poltrona
(V. **sillón**)

poltronería
s. vagancia
pereza (V.)
gandulería
flojedad
comodidad
holgazanería
haronía
gandalla
vagabundeo
a. *actividad*
esfuerzo
trabajo

polución
s. derrame
flujo
efusión (V.)
semen (V.)
corrida
salida
s. **contaminación** (V.)
suciedad
inmundicia
mancha
impureza (V.)
corrupción
a. *retención*
limpieza
claridad

poluto
s. **manchado** (V.)
inmundo
contaminado (V.)
asqueroso
puerco
roñoso
cochino
churriento
cochambroso
pringoso
(V. **polución**)
a. *limpio*
inmaculado
impoluto
puro

polvareda
(V. **polvo**)

polvera
s. **estuche** (V.)
caja
cajita
recipiente
receptáculo
s. borla
espejo
gasa
funda
(V. **polvo**)

polvete
(V. **coito**)

polvificar
(V. **pulverizar**)

polvo
s. velo
nube
arenilla
polvareda
tolvanera (V.)
ceniza
tamo
serrín
aserrín
pulgarada (V.)
pellizco (V.)
pizca
povisa
polvos (de tocador)
limaduras
harina
carcoma
carbonilla
menudencia
trituración
s. coito
s. oro en polvo
carbón en polvo
tabaco en polvo
polvos de arroz
polvos de batata
polvos de capuchino
polvos de tierra
polvos de cartas
polvos de Juanes
los polvos de la madre Celestina
polvos de salvadera
hacer una cosa polvo
estar hecho polvo
sacar del polvo
levantar del polvo
sacudir el polvo
sacudir el polvo de los pies
r. Aquéllos polvos, trajeron estos lodos ■ Polvo eres y en polvo te has de convertir
s. somos polvo
pasar el polvo
reducir a polvo
morder el polvo
echar un polvo
limpio de polvo y paja

pólvora
s. **polvorín** (V.)
nitrocelulosa
explosivo (V.)
piroxilina
propergol
s. fuegos artificiales
pirotecnia
s. pólvora de papel
pólvora de fusil
pólvora de cañón
pólvora de guerra
pólvora de algodón
pólvora de mina
pólvora de caza
pólvora detonante
pólvora fulminante
pólvora progresiva
pólvora viva
pólvora sorda
pólvora sin humo
algodón pólvora
s. rayo
centella
s. polvorilla
cascarrabias (V.)
fuguilla
pulguillas
geniazo
s. **vehemencia** (V.)
actividad
viveza
entusiasmo
enardecimiento
s. correr la pólvora
gastar la pólvora en salvas
mojar la pólvora
no haber inventado la pólvora
volar con pólvora
s. tirar con pólvora ajena
r. Pólvora y tiempo se vuelan como el viento ■ Pólvora poca y munición hasta la boca
a. *indolente*
apático
tranquilo
pacífico

polvoraduque
(V. **salsa**)

polvorear
s. derramar
diseminar (V.)
esparcir
extender
empolvar
empolvorar
espolvorar
espolvorear (V.)
despolvorear
espolvorizar
sacudir el polvo
esparcir el polvo
s. moler
triturar
polvificar
rallar
machacar
pulverizar (V.)
hacer polvo
(V. **polvo**)
a. *concentrar*
recoger

polvoriento
s. polvoroso
pulverulento (V.)
pulvífero
arenoso (V.)
cenizoso
sabuloso
sucio (V.)
arrinconado (V.)
abandonado
olvidado
(V. **polvo**)
a. *concentrado*
limpio
vigente

polvorilla
(V. **irritable**)
(V. **enojadizo**)

polvorín
s. depósito
santabárbara (V.)
pañol
recámara
almacén
s. **pólvora** (V.)
cebador

polvorista
(V. **pirotécnico**)

polvorizar
(V. **espolvorear**)
(V. **pulverizar**)

polvorón
(V. **pasta**)
(V. **bollo**)

polvoroso
(V. **polvoriento**)

polla
s. **gallina** (V.)
pita
s. mocita
muchacha (V.)
mujercita
jovencita
pollita
s. **pene** (V.)
a. *adulta*

pollada
s. **nidada** (V.)
pollazón
descendencia (V.)
crías
(V. **pollo**)

pollastre
(V. **pollo**)

pollazón
(V. **pollada**)

pollear
(V. **presumir**)

pollera
s. castillejo
corral
andador (V.)
andaniño
nido
recoveco
s. **falda** (V.)

pollino
s. burro
asno (V.)
rucio
borrico
s. zote
bruto (V.)
ignorante
ceporro
cebollo
rústico
palurdo
ruche
rucho
agreste
burdo
torpe (V.)
negado
tosco
a. *inteligente*
culto
listo
hábil

pollito
(V. **pollo**)
(V. **muchacho**)

pollo
s. **cría** (V.)
pollito
polluelo
pavipollo
anadino
anadón
ansarino
ansarón
palomino
capón
pito
pollancón
retoño
pichón
perdigón
chochín
cigoñino
pichón
tito
calceto
pavezno
perdigana
marucho
galpito
gavinote
guacho
guácharo
garullo
nacatete
s. nidada
pollada (V.)
incubación (V.)

(cont.)

s. **señorito** (V.)
pollastre
jovencito
muchacho
mocito
jovenzuelo
imberbe
pimpollo
pollito
adolescente

s. **astuto** (V.)
taimado
zorro
ladino
sagaz (V.)

s. esputo
gargajo (V.)
escupitinajo

s. pollo tomatero
ojo de pollo
culo de pollo
calentura de pollo
estar hecho un pollo

r. Pollo de enero, cada pluma vale un dinero

s. sudar como un pollo
sacar pollos
sígueme pollo

a. *viejo*
maduro
ingenuo
cándido
simple

poma
(V. **manzana)**

(V. **perfumador)**

pomada
s. **ungüento** (V.)
vaselina
crema
brillantina
mixtura
cosmético (V.)
fijapelo
fijador
glicerina
cerato
colerén
grasa
betún
unto
untura
potingue
embrocación
bálsamo

pomarada
(V. **manzanar)**

pomo
s. frasco
bote
bujeta
perfumador (V.)
poma
ampolla
vaso

s. agarrador
tirador (V.)
remate
bola
puño (V.)
extremo

pompa
s. **fausto** (V.)
rumbo
lujo
esplendor (V.)
ostentación (V.)
fastuosidad
solemnidad
derroche
postín
aparato
magnificencia
oropel
alarde
apoteosis
riqueza
gala
teatralidad
exhibición
bambolla
estruendo
majestad
gandeza
espectáculo
relumbrón
lucimiento
suntuosidad
pavonada
boato
tren
soberbia (V.)
pomposidad
tramontana
procesión solemne
a todo tren
lujo asiático
ceremonia
rango

s. esfera
ampolla
burbuja (V.)
ahuecamiento

s. **bomba** (V.)
elevador

s. pompa de jabón
pompas fúnebres
hacer pompa de algo

a. *modestia*
sencillez
moderación
comedimiento
humildad
discreción

pompático
(V. **pomposo)**

pompearse
s. pomponearse
presumir
pavonearse
envanecerse (V.)
lucirse
ostentar
guapear
postinear
ahuecarse
hincharse
alardear
jactarse
vivir a lo grande
vivir como un príncipe
echar la casa por la ventana
vivir a todo tren

(V. **pompa)**

a. *humillarse*
moderarse
limitarse
rebajarse

pompis
(V. **nalgas)**

pompón
s. **borla** (V.)
cairel
fleco
penacho
colgante
adorno (V.)
bola
bolita

pomponearse
(V. **pompearse)**

pomposidad
s. **lujo** (V.)
derroche
ostentación (V.)
fastuosidad
alarde
magnificencia
bambolla
floripondio (V.)
vanidad (V.)

s. altisonancia
grandilocuencia (V.)
ampulosidad (V.)
hinchazón
afectación
presuntuosidad
barroquismo
exageración (V.)
rimbombancia

(V. **pompa)**

a. *sencillez*
naturalidad
simplicidad
humildad
modestia
moderación
elegancia
circunspección
medida

pomposo
s. fastuoso
ostentoso (V.)
vanidoso
vistoso
rumboso
majestuoso
lujoso (V.)
bambollero
pompático
magnífico
señorial
suntuoso
aparatoso (V.)
fastoso
espléndido
soberbio
solemne
esplendoroso
fantástico
teatral
espléndido
regio
principesco
grave
autorizado
generoso

s. hueco
hinchado (V.)
extendido
inflado
huero
vano
presumido
vanidoso (V.)
afectado
almidonado
presuntuoso (V.)
pretencioso

s. **altisonante** (V.)
recargado
barroco
adornado
enfático
exagerado (V.)
ampuloso (V.)
churrigueresco
campanudo
rimbombante
grandilocuente (V.)

(V. **pomposidad)**

a. *sencillo*
humilde
pobre
modesto
elegante
natural
moderado

pómulo
s. malar
hueso (V.)
mejilla (V.)

ponche
(V. **bebida)**

ponchera
s. vaso
bol
vasija (V.)
recipiente

(V. **ponche)**

poncho
s. **apacible** (V.)
manso
pacífico

s. **perezoso** (V.)
dejado
flojo
manso
vago
haragán
tumbón
gandul
negligente

s. **capote** (V.)
manta (V.)
capa
abrigo
manto

a. *activo*
trabajador
peligroso
belicoso

ponderable
s. **loable** (V.)
encomiable
plausible (V.)
elogiable

s. **medible** (V.)
mensurable

(V. **ponderación)**

a. *imponderable*
criticable
infinito
inmensurable

ponderación
s. **elogio** (V.)
alabanza (V.)
encomio
loa
aprobación
aspaviento (V.)
aplauso
enaltecimiento
engrandecimiento
exageración (V.)
encarecimiento
piropo
énfasis (V.)

s. **equilibrio** (V.)
mesura
prudencia (V.)
reflexión
circunspección
sensatez
razón
cordura
orden
sobriedad
atención
cuidado
consideración
proporción
exactitud
igualdad
orden
justicia
compensación
medida
moderación (V.)
discreción

a. *crítica*
censura
desaprobación
ataque
insulto
desproporción
desequilibrio
desmesura
desenfreno
injusticia
apasionamiento
desmedida
inmoderación

ponderado
s. justo
equilibrado (V.)
sensato
meticuloso
sobrio
ordenado
arreglado
cuidadoso
mesurado (V.)
retenido
contenido
ecuánime
cuerdo
moderado (V.)
exacto
equitativo
prudente
discreto (V.)

(V. **ponderación)**

a. *exaltado*
exagerado
desordenado
desmesurado
desorbitado
desmedido
desequilibrado
inmoderado

ponderador
s. exagerado
adulador (V.)
exagerador
extremoso
aparatoso
excesivo
ponderativo (V.)

s. compensador
examinador (V.)

(V. **ponderación)**

a. *denigrador*
comedido
discreto

ponderar-se
s. **reflexionar** (V.)
pesar (V.)
estudiar
medir
contar
examinar (V.)
considerar

s. **exagerar** (V.)
alabar (V.)
encomiar
elevar
deificar (V.)
adular
hinchar
loar
aumentar
enaltecer
encarecer
celebrar
decantar (V.)
cacarear
pintar
aplaudir
cargar las tintas
echar por arrobas
tener mucho cuento
tirar de largo
poner por las nubes
pasarse de la raya
dar importancia
ver con cristales de aumento

s. **equilibrar** (V.)
contrapesar
ser ecuánime
compensar
ser exacto

(V. **ponderación)**

a. *denigrar*
rebajar
humillar
desequilibrar
descompensar

ponderativo
s. **encomiástico** (V.)
exagerado (V.)
extremoso
desmesurado
extremado
radical
hiperbólico
aparatero
enaltecedor
excesivo

(V. **ponderador)**

(V. **ponderación)**

a. *denigrativo*
discreto
moderado
criticador

ponderosidad
(V. **pesantez)**

(V. **gravedad)**

(V. **circunspección)**

ponderoso
s. macizo
pesado (V.)
grave

s. atento
circunspecto
cuidadoso
serio
prudente (V.)
formal
solemne
sentencioso
gravedoso
afectado
sensato (V.)

(V. **ponderosidad)**

a. *ingrávido*
frívolo
desatento
insensato
imprudente

ponedero
s. **nido** (V.)
nidal (V.)
ponedor
pollera
pollero
incubadora
gallinero

ponedor
(V. **ponedero)**

(V. **postor)**

ponencia
(V. **informe)**

ponente
s. relator
informador
magistrado
informante
dictaminador
procurador
defensor
proponente (V.)

(V. **ponencia)**

ponentino
s. vespertino
crepuscular
occidental (V.)
ponentisco

a. *matutino*
oriental

poner-se
s. **situar** (V.)
colocar (V.)
estacionar
instalar
ubicar
depositar (V.)
aparcar
acomodar
aplicar (V.)
arrimar
adaptar
meter
asentar
sujetar
afianzar
anteponer
apostar
componer
constituir
dejar (V.)
deponer
descansar
disponer
arreglar
preparar
ordenar
alinear
orientar
emplazar
plantar
introducir
estibar
encajar
establecer
exponer
imponer
montar
yuxtaponer
sobreponer
superponer
substituir
adscribir
agregar
incluir
adoptar

s. cotizar
allegar
contribuir (V.)
colaborar
ayudar
escotar
concurrir
suscribir

s. **apostar** (V.)
jugar
cruzar
exponer
arriesgar
echar
señalar

s. **imponer** (V.)
obligar (V.)
estrechar
reducir
constreñir
precisar

s. echar
soltar (el huevo)
producir (V.)
deponer

s. **asignar** (V.)
imponer
nombrar (V.)
dar

s. **oponerse** (V.)
dificultar
impedir

s. **establecer** (V.)
instalar
montar (V.)
fundar

s. **mostrar** (V.)
presentar
exponer

s. **representar** (V.)
dar
hacer
echar
escenificar

s. **confiar** (V.)
dejar
abandonar

s. **calcular** (V.)
estimar
contar

s. maltratar
enfrentarse (V.)
denostar

s. **vestirse** (V.)
ataviarse
prepararse
arreglarse
componerse
adornarse
colocarse
enjaretarse

s. **mancharse** (V.)
tiznarse
ensuciarse
llenarse de
manchas

s. aplicarse
entregarse (V.)
consagrarse
afanarse
dedicarse (V.)
disponerse
esforzarse

s. **ocultarse** (V.)
(astros)
trasladarse
trasponerse

s. plantarse
llegar (V.)
situarse
ir
encaminarse

s. **rivalizar** (V.)
competir
desafiar

s. poner huevos
poner sitio
poner colorado
poner bien
poner en su sitio
poner en duda
poner en claro
poner a bien
poner por delante
poner por escrito
poner de
manifiesto
poner en berlina
poner como no
digan dueñas
poner en la calle
poner carne
de gallina
poner cara de
circunstancias
poner dificultades
poner en el
disparadero
poner casa
poner de su
cosecha
poner en canción
poner en contacto
poner a
contribución
poner al
descubierto
poner los dientes
largos
poner por las
nubes
poner por ejemplo
poner en guardia
poner a flote
poner por obra
poner empeño
poner en
funciones
poner en
funcionamiento
poner en hora
poner orden
poner el grito en
el cielo
poner pies en
polvorosa
poner en
evidencia
poner en escena
poner interés
poner en juego
poner por caso
poner cátedra
poner en limpio
poner por las
nubes
poner los ojos en
poner freno
poner en fuga
poner empeño
poner esmero
poner las manos
en el fuego
poner en marcha
poner las peras al
cuarto
poner una pica
en Flandes
ponerse de
acuerdo
ponerse al
corriente
ponerse de vuelta
y media
ponerse como
chupa de dómine
ponerse las botas
ponerse por medio
ponerse de punta
en blanco
ponerse en cabeza
ponerse en cura
ponerse de largo
ponerse a mal con
ponerse a bien
con
ponerse en guardia
ponerse en
camino
ponerse al frente
ponerse de parte
de
ponerse chulo
ponerse a cubierto
ponerse a la
defensiva
ponerse en manos
de
ponerse a la capa
ponerse en cobro

a. *quitar*
retirar
sacar
descolocar
desordenar
desarreglar
separar
apartar
alejar
desmontar
obviar
evitar
soslayar
suprimir
eliminar
desprender
omitir
prescindir
excluir
abstenerse
inhibirse
autorizar
ampliar
aumentar
retener
obstruir
facilitar
ocultar
esconder
desconfiar
elogiar
desnudarse
desvestirse
limpiarse
abandonarse
desaparecer
entregarse
rendirse

poney
(V. **caballo)**

pongo
(V. **orangután)**

poniente
s. **occidente** (V.)
ocaso
oeste

s. céfiro
viento (V.)

s. sombrero

a. *levante*

póntico
(V. **cáustico)**

(V. **áspero)**

pontificado
s. papado
papazgo
silla apostólica
tiara (V.)
solio pontificio
sede apostólica
vicaría
dignidad
pontificia
cátedra de
San Pedro

s. tiempo
era
etapa
reinado (V.)

(V. **catolicismo)**

a. *antipapado*

pontifical
s. **papal** (V.)
pontificio
vaticano
rescriptorio

s. de pontifical
bendición
pontifical

(V. **pontificado)**

pontificar
s. dictar
preconizar
adorar
recibir bajo palio
dogmatizar (V.)

(V. **pontífice)**

a. *ceder*

pontífice
(V. **papa)**

pontificio
s. **papal** (V.)
pontifical
vaticano
apostólico
romano
santo

(V. **pontífice)**

ponto
(V. **mar)**

pontocón
(V. **puntapié)**

pontón
s. **gabarra** (V.)
gabarrón
lanchón

s. pasadizo
puente (V.)

s. pontón flotante

ponzoña
s. **veneno** (V.)
tósigo
tóxico
virus
filtro

a. *antídoto*
antitoxina

ponzoñoso
s. tóxico
deletéreo
nocivo
dañino
venenoso (V.)
perjudicial
virulento
tosigoso
mortífero
triacal
mefítico

(V. **ponzoña)**

a. *antídoto*
beneficioso
saludable

pool
(V. **fusión)**

(V. **unión)**

popa
s. **atrás** (V.)
bovedilla
casco (V.)

s. **nalgas** (V.)

s. castillo de popa
viento en popa

a. *proa*

popa
s. **codaste** (V.)
quilla
sobrequilla
contraquilla
varengas
curva coral
dormidos
buzardas
timón (V.)
bitácora
palo de mesana
carlinga de
mesana
baos del sollado
baos de la batería
baos de la
cubierta superior
baos de la toldilla
cabrestante mayor
porta de la
batería
tambucho de la
escala
camarotes de
oficial
cámara
pañoles
lastre
santabárbara
amurada
barraganete
entrepuente
groera
prensaestopas
casco (V.)

(V. **embarcación)**

popar
s. despreciar
menospreciar (V.)
desairar
denigrar

s. **acariciar** (V.)
halagar
mimar
cuidar
regalar
agasajar (V.)

a. *apreciar*
maltratar

pope
(V. **sacerdote)**

popelín
(V. **popelina)**

popelina
(V. **tela)**

populación
(V. **población)**

populachería
(V. **popularidad)**

populachero
s. **popular** (V.)
vulgar
arrabalero
plebeyo (V.)
chamagoso
inculto
trivial
ordinario
insubstancial
ramplón
pedestre
fácil

(V. **populachería**)

a. *fino*
culto
selecto
aristócrata
noble
escogido

populacho
s. **plebe** (V.)
vulgo
chusma (V.)
canalla
gentuza
gentualla
turba
horda
morralla
cáfila
hez
patulea

(V. **pueblo**)

a. *aristocracia*
nobleza
selección

popular
s. nacional
verbenero (V.)
folklórico (V.)

s. **comunero** (V.)
vulgar
común (V.)
general
bajo
público
corriente
populachero (V.)
adocenado
multitudinario (V.)
ramplón
simple
difundido (V.)
trillado
extendido
ordinario
plebeyo (V.)

s. **querido** (V.)
considerado
estimado
admirado
afamado
aplaudido
en boga
respetado

(V. **popularidad**)

a. *selecto*
impopular
desconocido
detestado
exquisito
individual
restringido

popularidad
s. aplauso
fama
crédito
estima
favor
renombre (V.)
gloria
predicamento
auge
estimación (V.)
notoriedad
boga
celebridad
reputación (V.)
nombradía
difusión
divulgación (V.)
populachería
simpatía

a. *impopularidad*
restricción
anonimato
obscuridad

popularizar-se
s. **estimar** (V.)
afamar
acreditar
aplaudir
enaltecer
glorificar (V.)
afamar
renombrar
realzar
encumbrar
encomiar
alabar
loar
ponderar
divulgar (V.)
extender
generalizar
publicar
vulgarizar (V.)
difundir

(V. **popularidad**)

a. *denigrar*
desconocer-se
desacreditar
restringir
limitar

populoso
s. poblado
frecuentado
lleno
concurrido
abarrotado
animado
abundoso
nutrido
copioso
hormigueante
bullicioso
tumultuoso
crecido
numeroso

(V. **población**)

a. *solitario*
abandonado
desierto
desanimado
escaso

popurrí
(V. **mezcla**)

poquedad
s. **fruslería** (V.)
miseria (V.)
escasez (V.)
cortedad
exigüidad
nimiedad
pizca

s. **timidez** (V.)
apocamiento (V.)
encogimiento
pusilanimidad
cobardía
bajeza (V.)
temor
cuitamiento
retraimiento
bajeza de ánimo

a. *abundancia*
generosidad
osadía
atrevimiento

póquer
s. poker
baraja (V.)
naipes
cartas
juego (V.)

s. palo
comodín
escalera de color
repóquer
escalera real
color
full
escalera
trío
figuras
pareja
doble pareja
farol

porcada
(V. **cochinada**)

(V. **porquería**)

porcelana
s. **cerámica** (V.)
biscuit
bizcocho
loza
china
mayólica

s. caolín
cuarzo
feldespato
esmalte
vidriado
capa
recubrimiento
maduración
moldeo
cocción
decoración

s. **recipiente** (V.)
vajilla (V.)

porcentaje
s. **proporción** (V.)
ración (V.)
tanto por ciento
parte
prima
participación
comisión
derechos
promedio

porcino
(V. **porcuno**)

porción
s. fragmento
trozo
parte (V.)
rótula
tranco
segmento
cacho
triza
migaja
resto
residuo
astilla
viruta
eslabón
parcela (V.)
escalón
tramo
partida
apartijo
almorzada
puñado (V.)
tajada
loncha
rebanada
bocado
miembro
jirón

s. multitud
montón
sinnúmero
muchedumbre
infinidad
infinitud

s. **dosis** (V.)
cuota (V.)
ración (V.)
lote
participación
reparto (V.)
legítima
cuarta

a. *total*
completo
todo
escasez
falta

porcuno
s. porcino
suino
suideo
cerdoso
porcel

(V. **puerco**)

porche
s. soportal
cobertizo (V.)
pórtico (V.)
zaguán
atrio
vestíbulo
alporchón
andén
arcada (V.)
galería
entrada
portal

pordiosear
s. limosnear
pobretear
mendigar (V.)
mendicar
bordonear

s. suplicar
instar
solicitar
rogar
insistir (V.)
pedir

(V. **pordioseo**)

a. *dar*
entregar

pordioseo
s. mendicación
mendicidad (V.)
limosneo
demanda
solicitud
pordiosería
indigencia
vagancia
pobreza (V.)
gorronería
oración de ciego

a. *donación*
limosna
entrega
dádiva
regalo

pordiosero
s. **mendigo** (V.)
pobre
mendicante
mangante
indigente
pidientero
menesteroso
desvalido
mísero
sablista
gorrón
pedigüeño
desheredado
inope
necesitado
gallofero
guitón
sopista
pobretón
lázaro
lazarillo
tronado
catrintre
cachimbo

(V. **pordioseo**)

a. *potentado*
rico
generoso
dador
donante

porfía
s. **disputa** (V.)
riña (V.)
altercado
discusión
debate
controversia
diferencia
polémica
discordia
lucha
matanza (V.)

s. **obstinación** (V.)
pertinacia
insistencia (V.)
empeño (V.)
machaconería
machaquería
emperramiento
encastillamiento
manía
tesonería
tesón
renuencia
matraca (V.)
constancia
repetición
reiteración
intransigencia (V.)
competencia
rivalidad (V.)
emulación
ofuscación
tozudez (V.)
contumacia
terquedad
testarudez
tenacidad
pugna
empecinamiento
pesadez
fanatismo
entereza
molestia

s. a porfía

r. Porfía mata venado, no cazador cansado
■ En porfías bravas, desquicíanse las palabras

a. *paz*
acuerdo
convenio
transigencia
condescendencia
abandono
comprensión
flexibilidad
contemporización

porfiado
s. pertinaz
contumaz
insistente (V.)
tozudo (V.)
cabezón
pesado (V.)
testarudo
renuente
recalcitrante
reacio (V.)
machacón
temoso
porfioso
porfiador
duro (V.)
férreo
tenaz
reñido (V.)
tesonero
cabezota
maniático
terne
temoso
rebelde
porfiador
ceporro
emperrado
discutidor
cervigudo
necio
obstinado (V.)

(V. **porfía**)

a. *condescendiente*
tolerante
transigente
contemporizador
razonable
flexible
comprensivo
ágil

porfiador
s. tenaz
rebelde
tesonero
insistente (V.)
persistente
constante
atascado
entestado
discutidor (V.)
polemista
samugo
codorro
testarrón
reñidor (V.)

(V. **porfía**)

a. *pacificador*
contemporizador
condescendiente
acatador
disciplinado

porfiar
s. discutir
altercar
reñir (V.)
disputar
contender
polemizar (V.)

(cont.)

s. **obstinarse** (V.)
machacar
machaconear
repetir
reiterar (V.)
insistir (V.)
importunar
entercarse
encaprichar-se (V.)
empecinarse
porrear
macear
majar (V.)
instar
matraquear (V.)
tenacear (V.)
tozar
empeñarse
obcecarse
encastillarse
seguir en sus trece
ofuscarse
emperrarse
hacer hincapié
no apearse del burro

(V. **porfía**)

a. *pacificar*
condescender
ceder
desistir
abandonar
contemporizar

porfolio
(V. **álbum**)

pormenor
s. **detalle** (V.)
referencia (V.)
particularidad
dato
reseña
enumeración
circunstancia
particularidad
accidente
relación
descripción (V.)
especificación
puntualización
deslinde

s. **minucia** (V.)
nimiedad
menudencia
pequeñez
insignificancia

a. *ampliación*
generalización
generalidad
importancia

pormenorizar
s. **detallar** (V.)
narrar
describir (V.)
enumerar
reseñar
contar
particularizar
especificar (V.)
puntualizar
relacionar
deslindar
referir
dar pelos y señales
contar ce por be

(V. **pormenor**)

a. *generalizar*
silenciar
callarse

pornografía
s. inmoralidad
obscenidad (V.)
impudicia
grosería
lujuria
profanidad
sensualidad
concupiscencia
deshonestidad
indecencia
desvergüenza
liviandad
torpeza
placer
vicio
impureza
escabrosidad
erotismo

s. sexy-shop

a. *pureza*
moralidad
honestidad
delicadeza
castidad
decencia

pornográfico
s. impúdico
obsceno (V.)
inmundo
licencioso
grosero
erótico
lujurioso
corrompido
sucio
torpe
sórdido
sicalíptico
hediondo
escabroso
deshonesto (V.)
libertino
verde
lúbrico
sexualidad (V.)

(V. **pornografía**)

a. *moral*
edificante
honesto
decente
casto

poro
s. espacio
intervalo
intersticio (V.)
abertura
agujero
orificio
hueco
ojo

(V. **porosidad**)

a. *compacto*
densidad
consistencia
denso

porosidad
s. esponjosidad
permeabilidad (V.)
filtrabilidad
ligereza

(V. **poro**)

a. *densidad*
impermeabilidad
consistencia

poroso
s. **esponjoso** (V.)
permeable (V.)
absorbente
ligero
agujereado
abierto (V.)
perforado
hueco (V.)
embebible
filtrable

(V. **porosidad**)

a. *denso*
compacto
impermeable
lleno

porque
s. ya que
puesto que
dado que
visto que
pues que
como
debido a
en vista de
por lo que
por la razón de que
a causa de
por causa de

a. *contrariamente a*

porqué
s. explicación
fin
razón (V.)
causa (V.)
motivo
móvil
objeto
fundamento
finalidad

s. **cantidad** (V.) (fam.)
porción

a. *sinrazón*
absurdidad

porquera
(V. **guarida**)

porquería
s. cochambre
cochinada (V.)
basura
inmundicia
suciedad (V.)
mugre
bazofia
mierda
roña
ascosidad
guarrada
porcada
bahorrina

s. indecencia
villanía
inmoralidad (V.)
gorrinería (V.)
torpeza
impudicia
vileza
trastada (V.)
bribonada

s. **grosería** (V.)
desatención
descortesía (V.)
ordinariez

s. chuchería
nimiedad
baratija (V.)
trivialidad
pamplina
pizca

s. golosina (nociva)
bazofia
comiducha

a. *limpieza*
moralidad
finura
cortesía
importancia
magnificencia
nobleza
atención
importancia
valor
exquisitez

porqueriza
(V. **pocilga**)

porquerizo
s. porquero
guarrero
pastor (V.)
porcarizo
rey
varitero

(V. **puerco**)

porquero
(V. **porquerizo**)

porra
s. **maza** (V.)
cachiporra
clava
palo (V.)
garrote
garrota
bastón
estaca
vérgano
cayada
rompecabezas
ferrada
tronco
chivata
martillo

s. **vanidad** (V.)
jactancia
presunción
farfolla
pisto
postín

s. **molesto** (V.)
importuno
inoportuno
pesado (V.)
porfiado
churro (V.)
tejeriño

s. lata
pesadez
molestia (V.)

s. hacer porra
ser una porra
¡porra!
¡a la porra!

a. *humildad*
sencillez
oportunidad
agrado
entretenido
distraído
flexible

porrada
s. porretada
montón
abundancia (V.)
hatajo
acumulación
acervo
exceso
conjunto

s. **disparate** (V.)
necedad
tontería

s. **porrazo** (V.)
trastazo
golpe

(V. **porra**)

a. *escasez*
falta
sensatez
caricia

porrazo
s. porrada
bastonazo
palo (V.)
mazazo
garrotazo
estacazo
vergajazo
trompazo (V.)
costalada
golpe (V.)
batacazo
trastazo
talegazo
culada
morrón
golpetazo
caída
zambombazo
trompicón
tarja

(V. **porra**)

s. *caricia*

porrear
(V. **molestar**)

(V. **insistir**)

porrería
s. **necedad** (V.)
disparate
tontería
memez
estupidez
bobería
mentecatez
sandez
idiotez

s. lentitud
tardanza
pesadez (V.)
cachaza
calma
lata

a. *sensatez*
diligencia
rapidez
distracción

porreta (en)
(V. **desnudo**)

porretada
(V. **porrada**)

porrillo (a)
s. **abundantemente** (V.)
en abundancia
a manos llenas
a tutiplén
copiosamente

a. *escasamente*
cortamente

porrino
(V. **puerro**)

(V. **simiente**)

porro
(V. **tosco**)

(V. **necio**)

porrón
s. botella
vasija (V.)
botijo (V.)
redoma

s. pelma
pelmazo
cachazudo (V.)
pachorrudo
tardo
lento (V.)
calmoso
pesado

a. *diligente*
rápido

porta
s. puerta
abertura (V.)
ventanilla
portillo
hueco
portañola
tronera
cañonera
portezuela
mandilete
batiporte (V.)

portaaviones
s. portahelicópteros
embarcación (V.)
portaviones

s. pista de despegue
pista de apontizaje
catapulta

portable
(V. **portátil**)

portacaja
(V. **cinturón**)

(V. **tambor**)

portada
s. **fachada** (V.)
frontis
frontispicio
frente
cara
frontal
exterior
pilón

s. **página** (V.) (primera)
portadilla
fachada
anteportada

s. **tapa** (V.)
anverso (V.)
faz
haz
envés

a. *reverso*
anverso
cruz
culo
revés

portadera
s. **recipiente** (V.)
cuba
tina
aportadera
tabal
comporta

s. cacaxtle
carga (V.)

portadilla
(V. **portada**)

portador
(V. **transportador**)

(V. **dador**)

portaestandarte
(V. **abanderado**)

portafusil
(V. **correa**)
(V. **fusil**)

portahelicópteros
(V. **portaaviones**)

portaje
(V. **portazgo**)

portal
s. **vestíbulo** (V.)
porche
zaguán
pórtico
soportal
atrio (V.)
patio (V.)
cobertizo
portegado
portón
portalejo
zaguanete
entrada (V.)
puerta
portalada
casapuerta
pérgola
hastial
exedra
peribote
cancela
cancel
hall
estragal

s. portal de Belén

a. *interior*

portalada
(V. **portón**)

portalámparas
s. casquillo
boquilla
enchufe hembra
diablo
robacorriente
electricidad (V.)

s. portalámparas de rosca
portalámparas de bayoneta
portalámparas con interruptor
portalámparas de clavija
portalámparas con toma de corriente
portalámparas para intemperie

portalón
(V. **portón**)

portamantas
s. portamanteo
manga
bolsa (V.)
maletín
correa (V.)

(V. **manta**)

portamonedas
s. cartera
monedero (V.)
bolso
bolsa
billetero
chauchera
bolsillo
calcetín
bolsita

portanario
(V. **píloro**)

portanuevas
(V. **correveidile**)

portañola
(V. **tronera**)

portañuela
s. **bragueta** (V.)
alzapón
trampa
trampilla
manera
tapabalazo
pantalón (V.)

portaplumas
s. **mango** (V.)
manguillero
palillero
canutero
calzador

(V. **pluma**)

portar-se
s. **llevar** (V.)
conducir
traer (V.)
acarrear
transportar

s. **conducirse** (V.)
comportarse (V.)
proceder
manejarse
gobernarse
actuar (V.)
obrar
practicar
gastarlas

s. **lucirse** (V.)
distinguirse (V.)
vencer
triunfar

a. *permanecer*
abstenerse
inhibirse
fracasar
frustrar

portátil
s. portable
manejable (V.)
manejero
trasladable (V.)
manual (V.)
movible
movedizo (V.)
transportable
llevadero
locomovible
conductible
acarreadizo
volante
desarmable
desmontable
moble
inestable
móvil
ágil
cómodo
ligero (V.)
manuable

(V. **porte**)

a. *inmóvil*
estable
fijo
inmanejable
pesado
incómodo

portaviandas
s. fiambrera
tartera
cacerola (V.)
tortera
nevera portátil

portaviones
(V. **portaaviones**)

portavoz
s. altavoz
micrófono
bocina (V.)

s. **jefe** (V.)
cabecilla
caudillo
director
leader
líder
corifeo
representante (V.)
delegado
vocero (V.)
enviado
órgano (V.)

(V. **voz**)

a. *subordinado*
representado

portazgo
s. portaje
peaje (V.)
tasa
tributo
derecho
canon

(V. **porte**)

portazo
s. **golpe** (V.)
estrépito
desaire (V.)
desprecio

s. **despedida** (V.)
marcha

s. dar un portazo

(V. **puerta**)

a. *suavidad*
discreción
aprecio
estimación

porte
s. **conducta** (V.)
compostura
prestancia
desenvoltura
presencia
exterioridad
continente
pinta
traza
comporte
actitud
ademán
maneras
aspecto (V.)
apariencia
aire
postura
andares
modales
facha

s. calidad
muestra (V.)
prestancia
lustre
gallardía
nobleza

s. **capacidad** (V.)
grandeza
importancia
tamaño (V.)

s. acarreo
llevada
transporte (V.)
conducción
porteo

porteador
s. **transportista** (V.)
transportador
acarreador
trajinero
trajinante
conductor
chófer
mozo
mozo de cuerda
ajobero
alhamel
faquín (V.)
cosario
ordinario
arriero (V.)
mensajero (V.)
maletero
recadero (V.)
palanquín
soguero
ganapán
costalero
carrero
carretero
chalán
yegüero
cargador
caletero
capachero
fardero
soguilla
esportillero
cacaxtelro

(V. **porte**)

a. *receptor*

portear
(V. **transportar**)

portento
s. **prodigio** (V.)
admiración
maravilla (V.)
grandiosidad
excelencia
milagro (V.)
fantasmagoría
genialidad
alucinación
acontecimiento
pasmo
primor
esplendor

a. *normalidad*
naturalidad
vulgaridad
insignificancia

portentoso
s. **prodigioso** (V.)
maravilloso (V.)
increíble
grandioso
emocionante
pasmoso
milagroso (V.)
impresionante
mágico
fenomenal
sorprendente (V.)
excepcional
fabuloso
extraordinario (V.)
sensacional (V.)
deslumbrante
genial
exorbitante
piramidal
legendario
disparatado
monstruoso
excéntrico
extraño
inusitado
terrorífico

(V. **portento**)

a. *normal*
vulgar
común
insignificante

porteo
(V. **transporte**)

portería
s. pabellón
garita (V.)
zaguán
pieza
zaquizamí
cuchitril
zaguanejo
conserjería (V.)
quiosco
casilla
ancillo

s. **meta** (V.)
deporte (V.)

portero
s. bedel
conserje (V.)
guarda
ujier
usier
guardián
mayordomo
chauz
hujier
porterejo
plantón

s. meta
guardameta (V.)
goalkeeper
cancerbero

(V. **portería**)

portezuela
(V. **puerta**)
(V. **trampilla**)

portfolio
(V. **porfolio**)

pórtico
s. vestíbulo
claustro
soportal (V.)
antetemplo
alfagia
compás
galilea
anteiglesia
atrio (V.)
pérgola
porche (V.)
portalada
cobertizo
galería (V.)
marquesina
arquería (V.)
columnata (V.)
exedra
estragal
propileo
zaguán (V.)

portilla
s. barrera
cancilla (V.)
paso
abertura (V.)
portillera
portillo
portezuela

portillo
s. **postigo** (V.)
puerta (V.)
portón
portal
portalejo
rastrillo
vomitorio
abertura (V.)
salida
gatera
traspuerta
cancel
cancela
poterna
falsete
trampa
escotilla
escotillón
portela
torno
boquera
vano
portillera
torniquete
ventanillo
puerta secreta
puerta trasera
puerta falsa
puerta excusada
portezuela
lobera
ventanuco
ventano
tragaluz

s. **pasaje** (V.)
camino
paso (V.)
pasillo
estrecho
pasadizo

s. vacío
mella
muesca (V.)
agujero
hendedura (V.)

s. **resquicio** (V.)
luz
posibilidad

(V. **puerta**)

portón
(V. **puerta**)

portulano
(V. **atlas**)
(V. **puerto**)

porvenir
s. **futuro** (V.)
fortuna
posteridad
posterioridad (V.)
lejanía
espera
suerte (V.)
azar
retardación
venidero
predicción
suceso
la otra vida
el otro mundo
expectación
expectativa
tiempo próximo
la vida eterna
el más allá
s. amenaza
ofrecimiento
augurio
previsión (V.)
amago
s. advenidero
ulterior (V.)
venidero (V.)
eventual
expectante
pendiente
aplazado
diferido
en embrión
en germen
en expectativa
en cierne
por hacer
predispuesto
s. carrera
posición (V.)
destino
ocupación
a. *pasado*
ayer
presente

¡porvida!
s. **juramento** (V.)
voto
blasfemia
taco
reniego
terno
palabrota

pos (en)
s. **detrás** (V.)
después de
tras
a continuación
seguido de
inmediato
en seguida
seguidamente
a. *antes*
delante

posa
s. redoble
repique
doble
toque
campaneo (V.)
clamor
s. **descanso** (V.)
reposo
quietud
s. posaderas
nalgas (V.)
a. *silencio*
actividad

posada
s. morada
vivienda
casa
habitación (V.)
domicilio
hogar
s. **mesón** (V.)
hospedería
hostal
fonda
hotel
hostería (V.)
albergue (V.)
cobijo
diversorio
parador (V.)
fonducho
venta (V.)
refugio
taberna
figón
caserna
tambo
s. mesonaje
hospedaje
alojamiento (V.)
campamento (V.)

posaderas
s. **nalgas** (V.)
asentaderas
tafanario
nalgatorio
culo
traspuntín
tras
trasero
posas
rabel
bullebulle
fondillo
culete
pompis
ano
sieso

posadero
s. **hospedero** (V.)
mesonero (V.)
hostelero
hotelero
fondista
ventero (V.)
figonero
patrón (V.)
anfitrión
huésped
(V. **posada**)
a. *hospedado*
cliente

posar-se
s. permanecer
retratarse (V.)
s. **alojarse** (V.)
hospedarse
pararse
pernoctar
parar
habitar (V.)
s. **descansar** (V.)
asolarse (V.)
sosegarse
tranquilizarse
reposar
detenerse (V.)
sentarse (V.)
aquietarse
asentarse
serenarse
s. dejar
soltar (V.)
descargar
s. **sedimentarse** (V.)
depositarse
aconcharse
decantarse

a. *marcharse*
inquietarse
removerse

posas
(V. **posaderas**)

posdata
s. postdata
nota
apostilla (V.)
acotación
añadido (V.)
observación
aclaración
carta (V.)
a. *encabezamiento*

pose
s. **postura** (V.)
apariencia
actitud
ademán
gesto
porte
continente
aire
voz
s. **afectación** (V.)
empaque
prosopopeya
amaneramiento
fingimiento
a. *naturalidad*
llaneza
sencillez

poseedor
s. posesor
poseyente
amo
dueño (V.)
propietario
tenedor (V.)
titular
portador
usufructuario
beneficiario
comprador
habiente
fideicomisario
sucesor
poderhabiente
s. poseedor de buena fe
tercer poseedor
(V. **posesión**)
a. *desprovisto*
carente
falto
necesitado
vendedor

poseer
s. **tener** (V.)
haber
detentar
usufructuar
disfrutar (V.)
conservar (V.)
obtener
lograr
conseguir (V.)
gozar de
posesionarse
adjudicar
contar con
disponer de (V.)
ostentar (V.)
ser de
pertenecer
adquirir
investir
instalarse
amelgar
beneficiarse

s. **dominar** (V.)
saber (V.)
conocer
s. **abusar** (V.)
cohabitar
deshonrar
folgar
forzar
violar (V.)
seducir (V.)
yacer
fornicar
copular
tirar-se (V.)
ventilar
aparearse
dormir con
acostarse con
(V. **posesión**)
a. *carecer*
necesitar
devolver
frustrar
vender
desconocer
ignorar
respetar

poseído
(V. **poseso**)
(V. **engreído**)

posesión
s. **colonia** (V.)
dominio
feudo
s. **disfrute** (V.)
pertenencia (V.)
dominio
propiedad (V.)
usufructo
condominio
tenencia (V.)
adquisición
detentación
poder
manos
participación
asentamiento
conservación (V.)
consolidación
dominio útil
censo
s. heredad
finca
predio
hacienda (V.)
s. incautación
posesión civil
posesión de mala fe
posesión clandestina
posesión de buena fe
posesión natura
posesión pretoria
posesión turbativa
posesión vel cuasi
posesión violenta
recobrar la posesión
retener la posesión
aprehender la posesión
tomar posesión
dar posesión
a. *independencia*
abandono
cesión
renuncia
carencia

posesionar-se
s. otorgar
aposesionar
adjudicar (V.)
aplicar
investir (V.)
instalarse (V.)
asentar
dar posesión
reintegrar
mantener
tomar posesión
incautarse
apropiarse
sentar sus reales
apoderarse (V.)
(V. **posesión**)
a. *abandonar*
dejar
ceder
desposeer

poseso
s. poseído
endemoniado (V.)
energúmeno
embrujado
hechizado
epiléptico
demente
lunático
exaltado
endiablado
furioso
obsesionado
desaforado
ciego
(V. **posesión**)
a. *apacible*
tranquilo
cuerdo
sensato
exorcizado

posesor
(V. **poseedor**)

posibilidad
s. **probabilidad** (V.)
contingencia (V.)
eventualidad (V.)
facilidad
apariencia (V.)
facultad (V.)
medio (V.)
potencia (V.)
compatibilidad
aptitud
poder
verosimilitud (V.)
contingente
virtualidad (V.)
viabilidad (V.)
peripecia
casualidad (V.)
s. acaso
suceso
inminencia
riesgo
resquicio (V.)
peligro
futuro
coyuntura
evento
ocasión (V.)
salida
oportunidad (V.)
resquicio
portillo
s. medios
bienes
posibles
riqueza (V.)
hacienda
caudal
fortuna

a. *imposibilidad*
impotencia
dificultad
obstáculo
traba
absurdidad
absurdo
quimera
utopía
inverosimilitud
incompatibilidad
ineptitud
inoportunidad
pobreza
indigencia
carencia

posibilitar
(V. **facilitar**)
(V. **permitir**)

posible
s. **probable** (V.)
virtual (V.)
aleatorio
eventual (V.)
contingente
acaecedero
verosímil (V.)
permisible (V.)
factible (V.)
viable (V.)
vadeable (V.)
dable (V.)
admisible
fácil
realizable (V.)
asequible (V.)
concebible (V.)
cómodo
agible
potencial
ejecutable
exequible
franqueable (V.)
expugnable (V.)
creíble
accesible
vencible (V.)
hacedero
practicable (V.)
operable
acontecedero
averigüable
s. hacer uno lo posible
ser posible
no ser posible
poco es lo posible
cabe en lo posible
(V. **posibilidad**)
a. *imposible*
utópico
inconcebible
irrealizable
inverosímil
impracticable
inasequible
increíble
quimérico
soñado
inviable
improbable
inadmisible
inaccesible

posición
s. **actitud** (V.)
postura (V.)
disposición
talante
estado
ademán

s. **situación** (V.)
porvenir (V.)
colocación (V.)
emplazamiento
ubicación (V.)

s. **categoría** (V.)
clase
casta
pasar
porvenir
nivel
esfera
condición (social)

s. **reducto** (V.)
punto
trinchera
cota
colina
loma
fortificación (V.)

s. **supuesto** (V.)
suposición
hipótesis

s. posición militar
falsa posición
buena (mala) posición
posición desahogada
deposición
en posición
ocupar distintas posiciones
absolver posiciones

a. *indecisión*
inexistencia
seguridad
realidad

positivismo
s. **materialismo** (V.)
realismo (V.)
empirismo
utilitarismo
oportunismo
eficacia (V.)
evidencia
efectividad
provecho (V.)
ventaja
beneficio
pragmatismo
validez

a. *idealismo*
desinterés
utopía
quimera
quijotismo

positivista
s. **positivo** (V.)
empírico
realista (V.)
materialista
pancista
utilitario
utilitarista
oportunista
comodón
práctico
(V. **positivismo**)

a. *idealista*
desinteresado
soñador
quijotesco
leal

positivo
s. seguro
cierto (V.)
palpable
serio
axiomático
claro
tangible
afirmativo
evidente
irrebatible
inopinable
concreto
indubitable
patente
verdadero
efectivo (V.)
auténtico
real (V.)
positivista (V.)
incontestable
incuestionable
matemático
infalible

s. **práctico** (V.)
sustantivo
provechoso (V.)
pragmático
ventajoso
utilitario
constructivo (V.)
oportunista
válido

a. *incierto*
inseguro
dudoso
ideal
inútil
irreal
negativo

pósito
s. **depósito** (V.)
almacén
cooperativa
silo
asociación
cilla
alfolí
alholí
granero (V.)

positrón
s. positón
electrón (positivo)
antielectrón
partícula
átomo (V.)

a. *electrón*

positura
(V. **postura**)

posma
s. pachorra
cachaza
cuajo
flema (V.)
pesadez (V.)
lentitud
roncería

s. cachazudo
lento
tardo
flemático (V.)
pachón
reposado
tranquilo
calmoso
pesado (V.)
postema (V.)

a. *diligencia*
actividad
prontitud
rápido
dinámico
ágil

poso
s. **sedimento** (V.)
zurrapa
heces (V.)
remanente
sarro
resto (V.)
asiento
madre (V.)
horrura
borra
zupia (V.)
fondón
fondillón
residuo
turbiedad
solada
lía
lías
huella (V.)
suelo (V.)
concho

s. reposo
quietud (V.)
sosiego
tranquilidad
descanso (V.)

a. *totalidad*
suspensión
inquietud

posponer
s. **diferir** (V.)
aplazar
atrasar
retardar
rezagar
retrasar (V.)

s. **postergar** (V.)
relegar
despreciar
preterir (V.)
rebajar (V.)
menospreciar
humillar (V.)
olvidar
hacer caso omiso
no hacer caso
estar de más
ser el último mono

s. **sacrificar** (V.)
supeditar
subordinar (V.)
(V. **posposición**)

a. *anteponer*
anticipar
adelantar
estimar
exaltar
ensalzar
apreciar
considerar
realzar

posposición
(V. **aplazamiento**)
(V. **postergación**)
(V. **supeditación**)

posta
s. **tajada** (V.)
rodaja
pedazo
cacho
bocado
loncha

s. perdigón
bala (V.)
balín
munición

s. dinero
puesta
envite (V.)

s. **tarjeta** (V.)
tarjetón
letrero

s. **adorno** (V.)
greca

s. **centinela** (V.)
alguacil
apostadero
puesto
vigilancia

s. comunicación
correo (V.)
parte
estafeta
paquete
valija

s. silla de postas
corneta de posta
legua de posta
casa de postas
maestro de postas
por la posta
a posta
correr la posta
hacer posta

postal
s. **correo** (V.)

s. filatélico
estafetil

s. tarjeta postal
carta postal
giro postal
casilla postal

poste
s. **madero** (V.)
piedra
soporte
sustentación
sostén (V.)
mojón (V.)
columna
pila (V.)
pilar (V.)
mástil
hito
hincón
hinco (V.)
estaca
cucaña
pértiga
percha
fuste
buzón
rollo
puntal
palo
noray
bita
brenca
guardacantón (V.)
pilote
pilón
proís
madrina

s. aviso
indicador
señal (V.)
señalizador
aviso

s. **castigo** (V.)

s. oler el poste
ser un poste
asistir al poste
parecer un poste
llevar poste

postema
s. **absceso** (V.)
tumor
úlcera

s. **posma** (V.)
molesto
inoportuno

a. *oportuno*

postemero
(V. **lanceta**)

postergación
s. **preterición** (V.)
olvido (V.)
relegamiento
relegación (V.)
exclusión
segregación
alejamiento
omisión
rechazo
tachón
humillación (V.)
menosprecio
desconsideración
perjuicio
arrinconamiento
retiro
desdén
desprecio
confinamiento
desatención

s. **aplazamiento** (V.)
retraso
atraso
prórroga
tardanza
retardo
moratoria
demora (V.)
dilación
suspensión
posposición

a. *recuerdo*
recordación
presencia
vigencia
preferencia
ensalzamiento
encumbramiento
adelantamiento

postergado
s. relegado
humillado
preterido
retrasado (V.)
rezagado
oprimido
pospuesto
perjudicado
a la retaguardia
excluido
incomprendido (V.)
eliminado
repudiado
alejado
olvidado (V.)
el último mono
como si no existiera
(V. **postergación**)

a. *ensalzado*
engrandecido
glorificado
recordado

postergar
s. **arrinconar** (V.)
preterir (V.)
humillar
olvidar (V.)
marginar (V.)
omitir
excluir
posponer (V.)
subordinar (V.)
supeditar (V.)
perjudicar
disgregar
distanciar
alejar
pisar (V.)

s. retrasar
aplazar
prorrogar
retardar (V.)
diferir (V.)
demorar (V.)
(V. **postergación**)

a. *ensalzar*
nombrar
incorporar
adelantar
anteponer

posteridad
s. **futuro** (V.)
mañana
porvenir
humanidad
suerte
hado

s. **familia** (V.)
descendencia
sucesión (V.)
progenie
herencia
perpetuación
posterioridad (V.)

a. *pasado*
pretérito
anterioridad
recuerdo
ascendencia

posterior
s. **ulterior** (V.)
postrero
subsiguiente
siguiente (V.)
consecutivo
sucesivo
seguido (V.)
subsecuente
postrer
detrás (V.)
último (V.)
trasero (V.)
zaguero
rezagado
dorsal (V.)
postrimero
zorrero
extremo

s. cola
culata
trasera
trasero
popa
popel
retaguardia (V.)
rabo
zaga
(V. **posterioridad**)

a. *anterior*
delantero
primero
vanguardia

posterioridad
s. **sucesión** (V.)
serie
continuación
orden
turno
tanda
preterición
seguimiento
resultado
posteridad (V.)
alternación
vicisitud
efecto
consecuencia

(cont.)

s. **futuro** (V.)
porvenir (V.)
posposición
tornaboda
día siguiente
extremidad
ultimidad

s. **zaga** (V.)
zaguera
zaguero
revés
reverso
tras
culata
trasera
talón
último
respaldo
envés (V.)
dorso
vuelta
cola
rabo
desinencia
sufijo
colofón
epílogo
posdata
pie
popa
retaguardia

a. *anterioridad*
principio
comienzo
vanguardia

posternarse
(V. **prosternarse)**

postfijo
(V. **sufijo)**

postigo
s. contrapuerta
puerta (V.)
puertecilla
portillo (V.)
uzo
traspuerta

s. **ventano** (V.)
contraventana (V.)
ventanillo
ventanuco
frailera
cuarterón
puertaventana
lucero (V.)
mirilla
trampilla

s. puerta falsa
puerta accesoria
puerta trasera

postilla
s. pústula
pupa
costra (V.)
escara

postillón
s. mozo
jinete
guía (V.)
conductor
lacayo
servidor

(V. **posta)**

postín
s. **pisto** (V.)
entono
alarde
lujo (V.)
fausto (V.)
fachenda
farol
jactancia
vanidad
afectación
presunción (V.)
ostentación
importancia
junciana
fatuidad
ufanía
pedantería
presuntuosidad
elegancia (V.)

a. *sencillez*
modestia
naturalidad

postinear
(V. **presumir)**

postinero
s. **presumido** (V.)
jactancioso
ufano
alardoso
farolero
entonado
fastuoso
pedante
afectado (V.)
fatuo
engallado
petulante
pretencioso
pinturero
vanidoso
empaquetado
poseído
estirado
lujoso (V.)

(V. **postín)**

a. *sencillo*
humilde
natural

postizo
s. artificial
añadido
falso (V.)
pegadizo (V.)
sobrepuesto
prótesis (V.)
superpuesto
artificioso
forzado (V.)
ficticio
imitado (V.)
agregado
substituible (V.)
supuesto
inconveniencia (V.)
falsificado
engañoso
de bullarengue

s. **peluca** (V.)
peluquín
cabellera
bisoñé
añadido

a. *verdadero*
legítimo
propio
auténtico
real

postor
s. **licitador** (V.)
apostador
ponedor
concursante
participante
pujador
licitante (V.)
concurrente
oferente

s. al mejor postor

postración
s. **abatimiento** (V.)
debilidad (V.)
decaimiento
desaliento
desánimo
humillación
desengaño
desfallecimiento
languidez
extenuación
aplanamiento
enfermedad
prosternación
timidez
temor
cobardía
inacción
desvanecimiento
agobio
inanición
aflicción
echada (V.)

a. *ánimo*
vigor
valor

postrar-se
s. **abatir** (V.)
derribar (V.)
rendir
inclinar

s. **humillar** (V.)
desfallecer
languidecer (V.)
debilitar (V.)
desanimar
desalentar
deprimir
decaer
enfermar
afligir
abandonar
acobardar
aplanar
extenuar (V.)
desvanecerse

s. **arrodillarse** (V.)
hincarse
prosternarse
adorar
venerar
respetar
inclinarse
saludar
ponerse de hinojos

(V. **postración)**

a. *erguir-se*
levantar-se
animar-se
vigorizar-se
fortalecer-se

postre
s. postrero
pos
último (V.)
postremo

s. **complemento** (V.)
golosina
fruta
dulce
queso
helado
especias
sobrecomida
sobremesa

s. a la postre
a los postres
a postre
para postre

a. *primero*
anterior

postremo
(V. **postrero)**

postrer
(V. **postrero)**

postrero
s. postrer
postremo
posterior
zaguero
último (V.)
postrimero
postrimer
postre
postrenco
final
póstumo
ulterior
extremo

a. *primero*
anterior

postrimería, s
s. ocaso
muerte (V.)
fin
decadencia
agonía
final (V.)
acabamiento
conclusión
consumación
desenlace

s. novísimo

a. *principio*
comienzo
nacimiento

postrimero
(V. **postrero)**

postulación
s. solicitud
petición (V.)
póstula
demanda (V.)
súplica
cuestación
cuesta
petitorio
recaudación
colecta
póstula

a. *entrega*
dádiva
limosna

postulado
s. **supuesto** (V.)
principio
proposición
razonamiento (V.)
base
fundamento

postulador
(V. **postulante)**

postulante
s. postulador
solicitante
demandante
pretendiente
candidato (V.)
aspirante
rogante
rogador
inquisidor
interrogante
reclamante
pretensor
cuestor
solicitador
instante
interpelante
peticionario (V.)
demandador
s. sablista
pedigüeño (V.)
mendigo
sacacuartos
mendicante
suplicante
parásito
agonioso

(V. **postulación)**

a. *dador*
oferente

postular
s. solicitar
demandar
suplicar
pedir (V.)
reclamar
rogar
instar
aspirar
deprecar
pretender
impetrar
clamar
mendigar
sonsacar
sablear
reivindicar
recaudar (V.)
limosnear
recolectar
recuestar
cuestar

(V. **postulación)**

a. *dar*
entregar
ofrecer

póstumo
s. **último** (V.)
ulterior
final
superviviente
postrimero
sucesivo
posterior
postrero

a. *primero*
anterior

postura
s. **posición** (V.)
actitud (V.)
colocación (V.)
pose (V.)
textura
positura
estado
apoyo
ajuste
orden
orientación
disposición
aspecto
dirección
horizontalidad
verticalidad
superposición
salida
entrada
bajada
adelantamiento
atraso
inversión
instalación

s. aire
forma
modo
ubicación

s. pacto
convenio
ajuste
trato
tratado
estipulación
s. puja
apuesta
envite
jugada
juego
puesta

s. postura de sol
hacer postura
plantar de postura

potabilidad
s. depuración
limpieza
pureza
esterilización
saludabilidad
transparencia

a. *suciedad*

potable
s. puro
limpio
depurado
bebible (V.)
bebedero
bebedizo
saludable
esterilizado

s. agua potable
oro potable

(V. **potabilidad)**

a. *impuro*
contaminado
impotable

potaje
s. sopa
caldo (V.)
legumbres
fabada (V.)
guisado
guiso
estofado
guisote
cocido

s. brebaje
bebida (V.)
calalú
potingue (V.)

s. **mezcla** (V.)
mezcolanza
batiburrillo
revoltijo
amasijo
frangollo
confusión
ensalada

a. *pureza*
unicidad

potámide, s
s. **ninfa** (V.)
náyade
sílfide
ondina
nereida
sirena

potar
s. contrastar
igualar (V.)
empatronar

s. **beber** (V.)
catar
libar

pote
s. vasija
vaso (V.)
cubilete
tarro
bote
recipiente
tiesto
maceta

s. cacharro
lata
puchero (V.)
horma
marmita
olla

potencia
s. **poder** (V.)
fuerza (V.)
fortaleza
vigor
aliento
puños
predominio
imperio
dominación
señorío
pujanza (V.)
reciedumbre
exponente (V.)
valor
capacidad (V.)
vehemencia
furia
grandeza
intensidad
calibre
empuje
plenitud
robustez
violencia
energía
eficacia
memoria
entendimiento
voluntad
posibilidad (V.)

s. **nación** (V.)
estado
soberanía
potestad

s. elevar a potencia
de potencia a potencia
pura potencia
en potencia
lo último de potencia

a. *impotencia*
debilidad
incapacidad

potencial
s. capacidad
posibilidad
aptitud
poder
energía (V.)
potencia

s. **condicional** (V.)
probable
eventual
capaz
apto
latente (V.)
larvado (V.)
encubierto
disimulado
contenido
teórico

(V. **potencia**)

a. *debilidad*
impotencia
seguro
cierto
claro

potenciar
s. **desarrollar** (V.)
incrementar
favorecer
aumentar (V.)
fortificar
cubicar
fortalecer

(V. **potencia**)

a. *debilitar*
disminuir
atenuar

potentado
s. **soberano** (V.)
monarca
rey
príncipe
tirano
déspota

s. hacendado
poderoso (V.)
pudiente
millonario
rico
ricachón
ricacho
pudiente
magnate
grande
acaudalado
potestad
opulento

(V. **potencia**)

a. *pobre*
humilde
miserable
mísero

potente
s. **poderoso** (V.)
vigoroso
viripotente
prepotente
eficaz
energético (V.)
pujante
eficiente
operante
operoso
operable
vivo
vivaz
ardiente
fuerte (V.)
activo
pudiente
valiente
valeroso
indómito
animoso
esforzado
fornido
rollizo
fortacho
brioso
rufo
membrudo
nervudo
esforzado
osado
heroico
intenso
vehemente
impulsivo
corpulento
ciclópeo
espléndido
insigne
majestuoso
formidable
deslumbrante
ferviente
soberano
potísimo
robusto
hercúleo
machote
terne
ardoroso
ardiente

s. **grande** (V.)
inmenso
desmesurado
fenomenal
abultado
desmedido
enorme

(V. **potencia**)

a. *débil*
impotente
enclenque
limitado
insignificante

poterna
s. rastrillo
puerta (V.)
abertura
portillo

potestad
s. **dominio** (V.)
poder (V.)
facultad
jurisdicción
mando
autoridad (V.)
señorío
señoreaje
enseñoreamiento
prepotencia
ascendiente

s. **potentado** (V.)

s. **potencia** (V.)

s. **prerrogativa** (V.)
privilegio
virtud (V.)
exención
permisión
permiso
autorización
carta blanca
atribución (V.)

s. potestad tuitiva
patria potestad

a. *prohibición*
debilidad

potestativo
s. libre
facultativo (V.)
optativo
voluntario (V.)
espontáneo
privativo
propio
prudencial
discrecional (V.)

(V. **potestad**)

a. *obligatorio*
necesario
preciso
sujeto

potetería
(V. **zalamería**)

(V. **carantoña**)

potetero
(V. **zalamero**)

(V. **carantoñero**)

potingue
s. **potaje** (V.)
pócima
droga
mejunje (V.)
bebedizo
botica
brebaje
bebida (V.)
bebistrajo
mezcolanza
mazacote (V.)

a. *manjar*
exquisitez

potísimo
(V. **poderoso**)

(V. **importante**)

potpurri
(V. **popurrí**)

potra
s. **potranca** (V.)
yegua

s. **hernia** (V.)

s. **suerte** (V.)
fortuna
azar
chiripa
dicha
chamba
ventura
éxito

a. *desventura*
desgracia

potranca
s. potra
yegua
jaca
potro (V.)

potrear
s. lozanear
retozar (V.)
chozpar
triscar
juguetear

s. **molestar** (V.)
jeringar
fastidiar
incomodar
mortificar (V.)
jorobar
amolar
chinchar
engorrar
baquetear

(V. **potro**)

a. *amustiar*
agradar

potril
(V. **dehesa**)

potrilla
s. **viejo** (V.)
viejo verde
camastrón (V.)
cotorrón

a. *joven*
lozano

potro
s. **caballo** (V.)
jumento
jaco
tuzón
tusón
potranca (V.)
yegua
corcel

s. **silla** (V.)

s. **orinal** (V.)

s. molestia
disgusto
tormento (V.)

a. *contento*
alegría

potroso
s. suertoso
afortunado (V.)
chambón
bienafortunado
dichoso
chiripero
feliz

s. **herniado**
hernioso

(V. **potra**)

a. *desgraciado*
infeliz
infortunado

poyata
(V. **repisa**)

(V. **anaquel**)

poyato
(V. **terraza**)

(V. **bancal**)

poyo
s. poyete
poyal
arrimadero
banco (V.)
pueyo
montador
montadero
tajo
tejuelo
apeadero (V.)
estrado
sitial
posadero
piedra
asiento (V.)
alhamí

poza
s. charca
alberca
pozuela
lagunajo
balsa
certeneja
charco (V.)
hoya
estanque
jagüey
cenagal
barrizal

pozal
(V. **cubo**)

(V. **brocal**)

(V. **tinaja**)

pozo
s. foso
hoyo (V.)
excavación
depresión
hueco
tiro (V.)
oquedad
bache
agujero
perforación
túnel
mina
trinchera
cacimba
zonote
jagüey
cenote
hoya
sima
poza
aljibe

s. arce
brocal
pozal
marrano

s. **noria** (V.)
acetre

s. bodega
sentina (V.)
depósito

s. pozo airón
pozo negro
pozo de lobo
pozo artesiano
pozo de ciencia
pozo sin fondo
caer algo en un pozo

práctica
s. **experiencia** (V.)
costumbre (V.)
ejercicio (V.)
habilidad (V.)
trabajo (V.)
aplicación
baquía (V.)
ejercitación
acción
usanza (V.)
maña
rutina
pericia
praxis
destreza (V.)
competencia
conocimiento
recurso
uso
tradición
adiestramiento

s. modo
método (V.)
sistema
dirección
praxis
empirismo
orden
estilo

s. uso hace maestro

r. Al hombre obtuso, hácelo agudo el uso ■ Haciendo y deshaciendo se va aprendiendo ■ Vale más una onza de práctica que una libra de gramática ■ Quien practicando no aprende, poco talento tiene

a. *inexperiencia*
teoría
desconocimiento
inacción

practicable
s. hacedero
factible
realizable
posible (V.)
ejecutable
cómodo
manejable
fácil
viable
práctico
abrible

s. **transitable** (V.)
libre
expedito
franqueable
despejado
abierto
desembarazado
(V. **práctica**)

a. *imposible*
irrealizable
difícil
incómodo
impracticable
intransitable
cerrado
infranqueable

practicante
s. **ayudante**
sanitario (V.)
enfermero
auxiliar
sanitario
sangrador (V.)

s. **ejercitante** (V.)
alumno
ayudante
estudiante

s. **mancebo** (V.)
tablajero
ministrante
(V. **práctica**)

practicar
s. **ejercer** (V.)
ejecutar
actuar
obrar
trabajar (V.)
ejercitar (V.)
seguir (V.)
usar
cultivar (V.)
desplegar
manejar
familiarizarse
enseñarse
maniobrar
debutar
habituar (V.)
hacer prácticas
avezarse
acostumbrarse
instruirse
adiestrarse
cultivarse
abrir (V.)
perforar
pasar
(V. **práctica**)

a. *vaguear*
abandonar-se
holgar
cerrar
obturar

práctico
s. **provechoso** (V.)
útil (V.)
cómodo
funcional (V.)
material (V.)
beneficioso
conveniente
aprovechable
utilizable
disponible

s. **positivo** (V.)
pragmático
empírico
real
realista (V.)
pancista
materialista (V.)
utilitario
efectivo (V.)
eficiente

s. cursado
experto
preparado
hábil
diestro
mañoso
ducho
versado
conocedor
perito
baqueteado
baquiano
enseñado
idóneo
madrigado
habilidoso
competente
técnico (V.)
dispuesto
apañado
astuto
experimentado (V.)
avezado
habituado
acostumbrado
habitual
resoluto (V.)
fogueado
(V. **práctica**)

a. *inexperto*
bisoño
incompetente
inútil
perjudicial
inconveniente
inutilizable
negativo
idealista
teórico
torpe

practicón
s. corrido
veterano (V.)
experto
perro viejo
trujimán
trujamán
camándulas
avezado
fogueado
curtido
(V. **práctica**)

a. *pipiolo*
imberbe
neófito
novicio

pradera
s. pradería
prado (V.)
tundra
pradal
braña
majada
fenal
herbazal
camba
cespedera
paseo

a. *montaña*
erial
desierto
yermo

prado
s. camba
dehesa (V.)
majada
pradejón
hondonal
verdinal
ahijadero
pradera
pastos
herbazal (V.)
césped
hierba
braña
gallón
rodil
larra
sel
garria
campo
campiña
llano
llanura
cespedera
fenal

s. prado de guadaña
grama de prados
reina de los
prados

pragmática
s. **ley** (V.)
decreto
orden
declaración
mandato
edicto
proclama

prasma
(V. **ágata**)

pravedad
s. iniquidad
maldad (V.)
malignidad
depravación
inmoralidad (V.)
corrupción
crueldad
nequicia
perfidia
deshonestidad
degeneración

a. *bondad*
moralidad
virtud

pravo
s. **malo** (V.)
indigno
vicioso
deshonesto
pérfido
cruel
depravado (V.)
vil
inicuo
protervo
nefario
maligno
degenerado
malvado
perverso
(V. **pravedad**)

a. *bueno*
moral
virtuoso
humano

praxis
(V. **práctica**)

preámbulo
s. **exordio** (V.)
prólogo (V.)
prefacio (V.)
preparación (V.)
introducción (V.)
preliminar (V.)
comienzo
prolegómenos (V.)
prelusión
preludio (V.)
prolusión
exposición
presentación (V.)
nociones

s. **rodeo** (V.)
digresión
circunloquio
perífrasis

a. *epílogo*
final
desenlace

prebenda
s. **renta** (V.)
canonjía (V.)
beneficio (V.)
dote
beca
sinecura
ración (V.)
dignidad

s. empleo
cargo
acomodo
ventaja (V.)
ganga (V.)
provecho
gaje
lucro
momio
enchufe
ocupación (V.)
bicoca
adquisición
oportunidad
breva
chollo
cucaña
jauja
gollería
mina
pera (V.)
viña
ancheta
buen bocado
mamandurria

a. *pérdida*
desventaja
perjuicio

prebendar
(V. **beneficiar**)
(V. **dotar**)

preboste
(V. **presidente**)

precario
s. **transitorio** (V.)
efímero (V.)
frágil
inestable
instable
inseguro (V.)
perecedero
fugaz
inconstante
deleble
ocasional
escaso (V.)
apurado

a. *duradero*
estable
abundante
seguro
firme
eterno

precaución
s. **prudencia** (V.)
cuidado (V.)
cautela (V.)
recado (V.)
recaudo (V.)
cuarentena (V.)
reserva (V.)
previsión (V.)
moderación
caución (V.)
prevención (V.)
evitación
circunspección
preparación
miramiento (V.)
garantía (V.)
recato
mimo
disimulo
astucia
evasiva
sospecha
plan
trazado
croquis
estudio
trazado
seguridad
confianza
advertencia
consejo
recámara
medias tintas
aviso
anuncio
advertencia
reticencia

r. Hombre prevenido vale por dos ■ Más vale buena cautela que mal consejo ■ A dicho que no conozcas, no le pises la cola ■ Precaución y caldo, a nadie hacen daño

a. *imprevisión*
irreflexión
descuido
imprudencia
desconfianza
franqueza
sinceridad

precaucionarse
s. cautelarse
prevenirse
asegurarse
precaverse (V.)
guardarse
recatarse
(V. **precaución**)

a. *descuidarse*
fiarse

precaver-se
s. **precaucionarse** (V.)
cautelar-se (V.)
prever
preservar
evitar (V.)
eludir
remediar
prevenir (V.)
mirar
advertir
caucionar (V.)
obviar
esquivar
soslayar
huir
rehuir
salvar
sortear
excusar
ahorrar
evadir
remediar
componer
conjurar
reparar
libertar
reservarse
guardarse (V.)
parapetarse
estar sobre aviso
estar a la expectativa
estar a la capa
tener zozobra
tener en perspectiva
estar pendiente de
curarse en salud
estar a la que salta
estar a la mira
estar de imaginaria
estar de reserva
verlas venir
huir de la quema
escurrir el bulto
guardar la ropa
estar ojo avizor
dormir con un ojo abierto
estar con el alma en un hilo
estar con la mosca en la oreja
escarmentar en cabeza ajena
parar el golpe
hacer la guardia
esconder el cuerpo
no ponerse a tiro
ponerse a cubierto
guardar las espaldas

r. Más vale rodear, que tropezar ■ Quien bien cierra su puerta, duerme a pierna suelta ■ Quien guarda la llave, guarda la nave
(V. **precaución**)

a. *aventurar*
arrostrar
confiar
fiarse
abandonarse

precavido
s. **previsor** (V.)
présago
presumido
husmeante
sospechoso
adelantado
anticipado
prevenido
presentido
espectante
tenido
alarmado
cauto (V.)
cauteloso (V.)
receloso
reticente
desconfiado
discreto
guardado
prudente (V.)
reservado (V.)
advertido
circunspecto
(V. **precaución**)

a. *imprevisor*
abierto
indiscreto
imprudente
atrevido
desprevenido
confiado

precedencia
s. **anterioridad** (V.)
prioridad (V.)
anteposición
anticipo
antecedente
preparación
prevención
fundamento
origen

s. **superioridad** (V.)
preferencia
preeminencia
eminencia
supereminencia
presidencia
predominio
primacía
preponderancia
descollamiento
descuello
delantera
autoridad

a. *posterioridad*
inferioridad
subordinación
dependencia

precedente
s. **antecedente** (V.)
previo
primero
preliminar
antepuesto
anticipado
precursor
precitado
preconcebido
predestinado
antedicho
antepuesto
delantero
primigenio
primicerio
primerizo
primario
proal
proel
premiso
preinserto
precoz
precipitado
delantero
susodicho
sobredicho
príncipe
referencia
semejanza
ejemplo (V.)
modelo
práctica

s. sin precedente

(V. **precedencia)**

a. *consecuente*
siguiente
seguidor

preceder
s. anticipar
anteceder
antever
antevenir
preexistir (V.)
adelantar
encabezar (V.)
antepasar
predeterminar
aventajar
prefijar
avanzar
madrugar
principiar
conducir
guiar
tomar la delantera
ir delante
ir a la cabeza
mostrar el camino
dar motivo
anunciar
emprender
inventar
revelar
idear
prologar
presagiar
profetizar

s. **sobresalir** (V.)
descollar
superar (V.)
aventajar
predominar
eclipsar
destacarse
exceder
rebasar
dominar
presidir
prevalecer
preponderar
trascender
culminar
triunfar
brillar
distinguirse
dignificarse
vencer
avanzar

(V. **precedencia)**

a. *retrasar-se*
suceder
seguir
subordinar
degenerar

preceptista
s. maestro
consejero
instructor
profesor
dómine
preceptor (V.)

(V. **precepto)**

a. *alumno*
discípulo

preceptivo
s. **ordenado** (V.)
reglado
regulado
organizado
regular
ritual
sistemático
dispuesto
formal
formular
normativo (V.)
pautado
estatuario
metódico
reglamentado

s. **obligatorio** (V.)
legal
legítimo

(V. **precepto)**

a. *desordenado*
anárquico
desorganizado
voluntario

precepto
s. **mandamiento** (V.)
voz (V.)
mandado
yusión
orden
regla (V.)
decálogo
prescripción (V.)
ordenación
disposición (V.)
principio
ordenamiento
ordenanza
ley
decreto
recomendación
criterio
edicto
sentencia
consigna
bula
pauta
norma
guía
sistema
instrucción
acuerdo
derecho
código
rito
receta
rúbrica
etiqueta
formalidad
divisa
vía

s. **régimen** (V.)
disciplina (V.)
regularidad
normalidad
formulismo
arreglo
ortodoxia

s. iguala
mira
línea
cartabón
cuadradillo
plantilla
pauta
falsilla
escuadra
aspilla
tirador
rasero
rasera

s. día de precepto
necesidad de precepto
precepto formal de obediencia
cumplir con el precepto
precepto negativo

a. *desorden*
irregularidad
desarreglo
anarquía
desgobierno

preceptor
s. **maestro** (V.)
mentor
ayo
pasante
tutor
monitor
pedagogo
instructor (V.)
educador
servidor (V.)
dragomán
guía
auxiliar
consejero
director
preceptista (V.)

(V. **precepto)**

a. *alumno*
discípulo

preceptuar
s. establecer
regular (V.)
determinar
reglamentar
disponer (V.)
prescribir (V.)
sistematizar
mandar (V.)
estatuir
formalizar
normalizar
recetar
aconsejar
moralizar
disciplinar

s. aplantillar
igualar (V.)
echar la regla

(V. **precepto)**

a. *desreglar*
desoír
desobedecer
descomponer
desordenar
desorganizar
alterar

preces
s. **rezos** (V.)
oraciones
súplicas
ruegos (V.)
jaculatorias
plegarias (V.)
demandas
impetraciones
imploraciones
suplicaciones
instancias
votos

s. **desprecio** (V.)

precesión
(V. **reticencia)**

preciado
s. apreciable
precioso
excelente
apreciado
estimado
valioso (V.)
querido (V.)
amado

s. **caro** (V.)

s. vanidoso
presumido (V.)
jactancioso
pagado
presuntuoso
fatuo
vano
ufano
glorioso
pedante
postinero
infatuado
blasonador

(V. **precio)**

a. *despreciado*
despreciable
sencillo
modesto
insignificante
barato

preciar-se
s. apreciar
agradar
valorar (V.)
reputar (V.)
encarecer
estimar
evaluar
ajustar
justipreciar
pedir
tasar
tantear (V.)
amillarar
considerar (V.)
concertar
dar valor
ser de precio
no tener precio

s. **presumir** (V.)
alabarse (V.)
jactarse (V.)
ufanarse
engreírse
relamerse
pagarse
vanagloriarse
infatuarse
alardear
fanfarronear
ensoberbecerse
dárselas
darse tono
engallarse
blasonar
fachendear
darse pote
darse postín

(V. **precio)**

a. *despreciar*
depreciar
humillarse

precintar
s. **sellar** (V.)
lacrar
marchamar
estampar
estampillar
timbrar (V.)
cerrar
garantizar (V.)
asegurar
ceñir
marcar
señalar
emplomar (V.)

(V. **precinto)**

a. *abrir*
desellar

precinto
s. precinta
fleje (V.)
marchamo
garantía (V.)
ligadura
sello (V.)
lacre
marbete
tira
cinta
cordón
sujetador (V.)
atadura

precio
s. **apreciación** (V.)
valor (V.)
ser (V.)
valía (V.)
valorización
cotización
valoración (V.)
importe (V.)
coste
estimación
pasaje (V.)
tasa (V.)
significación
consideración
significado
justiprecio
retasa
ajuste
premio
flete (V.)
tarifa (V.)
tasación
derechos
ganancia
alquiler
adehala
pago
señal
remuneración
arancel
pitanza (V.)
comisión
sobreprecio
encuarte
importe
monto
postura
alaminazgo
costo
monta
escandallo
emolumentos
honorarios

s. galardón
premio (V.)
prez

s. **sacrificio** (V.)
menoscabo
esfuerzo (V.)
costa
pérdida

s. **carestía** (V.)
encarecimiento
subida
rebaja
dumping (V.)
bajada
baratura
descuento
remate
depreciación (V.)
abaratamiento
barato

s. abrir precio
dar precio
alzar el precio
no tener precio
poner a precio
tener en mucho precio

r. Lo que sabe bien a la boca, sabe mal a la bolsa ■ A veces cuesta más el salmorejo que el conejo ■ Más cuesta el ajo que el pollo ■ Todo tiene su precio, y todo lo compra el dinero

preciosidad
s. preciosura
belleza (V.)
hermosura
ricura
lindeza
encanto
beldad
guapura
guapeza
primor

s. amenidad
hechizo
sortilegio
sublimidad
graciosidad
idealidad
perfección (V.)
sugestividad
seducción
fascinación
embeleso
admiración
embrujo
seducción
maravilla (V.)

a. *fealdad*
antipatía
imperfección
desprecio
indiferencia

precioso
s. excelente
exquisito
primoroso
magnífico
delicioso
ameno
hermoso (V.)
bonito (V.)
bello (V.)
sublime
perfecto
peregrino
pulcro
gracioso
atractivo
sugestivo
pulido

s. **raro** (V.)
caro
preciado
apreciado
costoso
rico
estimado
valioso (V.)
inestimable
importante
valorado
imponderable
inapreciable
único
maravilloso
raro ejemplar
de mucho valor
edición numerada

s. **gracioso** (V.)
chistoso
divertido
agudo
donoso
festivo
decidor
dicharachero
ocurrente
entretenido

(V. **preciosidad**)

a. *feo*
despreciable
desagradable
desestimado
inadvertido
aburrido

preciosura
(V. **preciosidad**)

precipicio
s. **declividad** (V.)
despeñadero (V.)
derrumbadero (V.)
tajo (V.)
caída (V.)
barranco (V.)
sima
altura
declive
abismo (V.)
cantil
acantilado
voladero
escarpa
escarpadura (V.)
salto
barranca
precipitadero
vertiente
pendiente
hondonada

a. *llano*
planicie
llanura

precipitación
s. **apremio** (V.)
prisa
rapidez (V.)
apresuramiento
presura
prontitud
aceleración
ímpetu
festinación
aturdimiento
brusquedad
atropellamiento
atropello (V.)
tropel
atolondramiento (V.)
ardor
irreflexión (V.)
inconsideración
inconsciencia
temeridad
imprudencia
arrebato
fogosidad
vértigo
velocidad
ligereza
desatino
imprevisión (V.)
nevada (V.)
rocío
granizo
escarcha
lluvia (V.)
nieve
precipitación atmosférica

s. precipitado
sedimentación
decantación

a. *pausa*
calma
tranquilidad
serenidad

precipitado
s. **atropellado** (V.)
impetuoso
rápido (V.)
violento
vehemente
impulsivo
descomedido
nervioso
alocado (V.)
desbocado
arrebatado
irreflexivo (V.)
atolondrado (V.)
súbito
raudo
veloz
acelerado
ligero
ágil
impetuoso
brioso
vertiginoso (V.)
alígero
atronado
aturdido
desaliñado
desatinado
desatado
imprudente (V.)
frangollón
farfullero
impremeditado
inconsciente
desenfrenado

s. **caído** (V.)
lanzado
tirado
despeñado
arrojado

s. **sedimento** (V.)
residuo
poso
vestigios
heces
depósito

(V. **precipitación**)

a. *calmoso*
tranquilo
parsimonioso
templado

precipitar-se
s. derrumbar
despeñar
arrojar (V.)
derribar
tirar
lanzar (V.)
abalanzarse (V.)
echarse

s. atropellar
acelerar (V.)
apremiar
enjaretar
frangollar
arrebatar
empujar
apresurar (V.)
impacientarse (V.)
saltar
espolear
desbocarse
galopar
aprestar
anticiparse
desenfrenarse
embarullar
farfullar
zaragatear
guachapear
dispararse
producir reacción química

s. **nevar** (V.)

(V. **precipitación**)

a. *serenarse*
calmarse
tranquilizarse
detenerse
contenerse

precipitoso
s. pendiente
resbaladizo (V.)
peligroso
arriesgado
escarpado
vertical
erecto
pino (V.)
empinado

(V. **precipitación**)

a. *suave*
fácil
seguro
firme
recto
horizontal

precipuo
s. **notable** (V.)
señalado
principal (V.)
destacado
singular
importante

a. *vulgar*
corriente

precisar
s. fijar
concretar
puntualizar (V.)
determinar (V.)
especificar (V.)
delinear (V.)
aquilatar (V.)
delimitar
encauzar
señalar
formalizar
deslindar
establecer
explicar (V.)
detallar (V.)
perfilar (V.)

s. **obligar** (V.)
exigir
coaccionar
compeler
constreñir
definir (V.)
estrechar
violentar
medir (V.)
reducir

s. **urgir** (V.)
necesitar (V.)
requerir
carecer
faltar
hacer falta
ser necesario
ser menester
ser de rigor
concurrir
no tener más remedio
ser indispensable
tener precisión
estar falto de
ser urgente

(V. **precisión**)

a. *indeterminar*
esbozar
confundir
apuntar
permitir
sobrar
abundar

precisión
s. **obligación** (V.)
menester
fuerza
necesidad (V.)
indispensabilidad
apremio (V.)
exigencia
deber
condición
falta
requisito

s. **exactitud** (V.)
determinación
rigor
minuciosidad
aquilatamiento
certeza
fidelidad
regularidad
puntualidad (V.)
claridad (V.)

s. rigurosidad
exactitud (V.)
concisión (V.)
distinción
delimitación
estrictez
fidelidad
laconismo (V.)
brevedad
perspicuidad (V.)

s. de precisión
arma de precisión
reloj de precisión
aparato de precisión

a. *futilidad*
ociosidad
confusión
inexactitud
prolijidad
incertidumbre
imprecisión

preciso
s. **necesario** (V.)
indispensable
menester
vital
forzoso
obligatorio (V.)
fatal
imperioso
imprescindible
esencial
útil
inexcusable
insubstituible
irremplazable
urgente
inevitable
ineluctable
obligado
provechoso

s. **puntual** (V.)
fijo
cierto
definido
determinado (V.)
fiel
clasificativo
justo
certero (V.)
matemático
escrupuloso
clavado
minucioso
perfilado (V.)
cabal
verdadero
verídico
lindo
detallado
dogmático
evangélico
axiomático
demostrado
auténtico
palmario
evidente
riguroso (V.)
conciso
exacto (V.)
textual
concluido
abreviado
categórico
estricto (V.)
claro (V.)
resumido
perspicuo (V.)
concluyente
conciso
restricto
rotundo
taxativo
explícito
distinto (V.)

(V. **precisión**)

s. vivir con lo preciso
no tener lo preciso

a. *innecesario*
gratuito
fútil
inexacto
impreciso
prolijo
pomposo
abstracto
caprichoso
difuso
desvaído

precitado
s. **antedicho** (V.)
aludido
referido
mencionado
ya citado
repetido
anterior
sobredicho

a. *innombrado*
silenciado

precito
s. condenado
maldito
impío
réprobo (V.)
renegado
apóstata

a. *bueno*
fiel

preclaro
s. esclarecido
principal
ilustre (V.)
ínclito
perínclito
afamado
conspicuo
insigne (V.)
notable
reputado
sobresaliente
magnífico
memorable
egregio
glorioso
célebre (V.)
admirado

a. *anónimo*
desconocido
insignificante

precocidad
s. **anticipación** (V.)
prontitud
prematuridad
adelanto
promesa
primicia
verdor
agraz
inexperiencia

a. *atraso*
retardo
experiencia

preconcebido
s. reflexionado
pensado
meditado
premeditado (V.)
deliberado (V.)
madurado
prejuzgado
rumiado
repensado
considerado
estudiado
anticipado
planeado
proyectado

a. *impensado*
irreflexivo
espontáneo

preconcebir
s. madurar
planear (V.)
proyectar
pensar (V.)
meditar
reflexionar
premeditar (V.)
deliberar
anticipar
considerar
prejuzgar (V.)
estudiar

a. *desconsiderar*
descuidar
postergar

preconización
(V. **encomio**)

(V. **auspicio**)

preconizar
s. **encomiar** (V.)
alabar
ensalzar
apoyar
reconocer
celebrar (V.)
exaltar
defender
ponderar
elogiar

s. aconsejar
recomendar
auspiciar (V.)
patrocinar

(V. **preconización**)

a. *rebajar*
vituperar
censurar
criticar
humillar
desaconsejar
atacar

preconocer
s. **prever** (V.)
antever
sospechar
presentir (V.)
predecir (V.)
recelar
temer
vaticinar
augurar
conocer
advertir
imaginar

a. *equivocarse*
errar
desconocer

precoz
s. **anterior** (V.)
avanzado
adelantado (V.)
aventajado
anticipado
prometedor (V.)
inexperto
prematuro (V.)
prodigio
verde (V.)
tierno
crudo
abortivo
cerollo
zorollo
rodrejo

s. niño prodigio

(V. **precocidad**)

a. *tardo*
retrasado
atrasado
maduro
pasado
experimentado

precursor
s. **primero** (V.)
avanzado (V.)
inventor (V.)
guía
profeta (V.)
mensajero
anticipador
preopinante
premonitorio (V.)
anunciador
heraldo
predecesor
anterior
antepasado
antecesor (V.)
nuncio
progenitor
iniciador
pionero
adelantado

a. *descendiente*
seguidor
continuador
sucesor

predecesor
(V. **precursor**)

predecible
(V. **previsible**)

predecir
s. revelar
anunciar (V.)
pronosticar (V.)
predeterminar (V.)
presagiar (V.)
adivinar (V.)
profetizar (V.)
antedecir
avisar (V.)
anticipar (V.)
vaticinar (V.)
intuir
presentir
suponer (V.)
agorar
preconocer (V.)
prejuzgar (V.)
conjeturar
acertar
ominar
hadar
echar las cartas
dar el corazón
tener sospecha
darle el aire de
tomar la delantera
sentar precedente
decir la buenaventura
consultar el destino
consultar los dados

(V. **predicción**)

a. *desconocer*
equivocarse

predestinación
s. **fatalismo** (V.)
fatalidad
sino
destino (V.)
hado
suerte
destinación
determinación
estrella
gracia (V.)
preordinación
azar

a. *albedrío*
inseguridad
incertidumbre

predestinado
s. **elegido** (V.)
señalado
escogido
seleccionado
destinado
nacido
consagrado
iluminado
reservado

s. **cornudo** (V.)
cabrón
consentidor

(V. **predestinación**)

a. *vulgar*
corriente
riguroso
estricto

predestinar
s. **elegir** (V.)
anunciar
hadar
preelegir
tocar
proponer
destinar (V.)
predefinir
preordinar
iluminar
marcar
consignar
consagrar (V.)
reservar
señalar (V.)
sentenciar
diputar
estar escrito
estar de Dios
estar sentenciado
nacer para
ser fatal
ser indefectible
leer el porvenir
destinar anticipadamente

(V. **predestinación**)

predeterminación
(V. **predicción**)
(V. **anticipación**)

predeterminar
s. **predecir** (V.)
anticipar
adelantar
augurar
adivinar (V.)
resolver
establecer

(V. **predeterminación**)

a. *equivocar-se*
errar

prédica
s. predicación
homilía
doctrina
plática (V.)
exhortación
sermón (V.)
alocución
discurso
evangelización
arenga
panegírico
perorata
peroración
reprensión
filípica
regañina

a. *silencio*

predicación
(V. **prédica**)

predicador
s. predicante
apóstol (V.)
misionero
sermoneador (V.)
evangelista
evangelizador
canónigo magistral
perorador
jatib
orador
maestro
propagandista
catequista
echacuervos (V.)

(V. **prédica**)

predicamento
s. **autoridad** (V.)
consideración
estima
fama (V.)
reputación
prestigio (V.)
influencia (V.)
dignidad
categoría (V.)
opinión
boga
auge
celebridad
nombre
aureola
notoriedad
crédito

a. *obscuridad*
descrédito
anonimato

predicar
s. evangelizar
misionar
catequizar (V.)
sermonear (V.)
platicar
arengar
perorar
razonar
loar
incensar
publicar
observar
disertar
instruir
enseñar

s. **reprender** (V.)
exhortar
amonestar
regañar
recomendar
aconsejar

(V. **prédica**)

a. *ensalzar*
alabar
silenciar
callar
descarriar

predicción
s. **profecía** (V.)
vaticinio (V.)
adivinanza
augurio
pronóstico (V.)
presagio (V.)
adivinación (V.)
buenaventura (V.)
anuncio
nuncio
señal
prenuncio
telepatía
sospecha
agüero
previsión
suposición
conjetura
prefiguración
auspicio
programa
promesa
presentimiento
predeterminación
celaje
jofor

s. almanaque
calendario (V.)
piscator
horóscopo (V.)

r. Los vivos lo verán, que los muertos no podrán ■ Golpe cantado, muchas veces errado

a. *yerro*
equivocación

predilección
s. **preferencia** (V.)
privanza
cariño
confianza
valimiento
amor
parcialidad
favoritismo (V.)
nepotismo
amistad
inclinación (V.)
prelación
propensión
precedencia
favor (V.)
gracia
elección
predisposición
distinción
protección (V.)

a. *aversión*
odio
desagrado
repulsión
objetividad
imparcialidad

predilecto
s. **preferido** (V.)
querido
señalado
favorito (V.)
valido
privado
protegido
privilegiado
mimado
amado
favorecido
preferente (V.)
distinguido
elegido

(V. **predilección**)

a. *relegado*
arrinconado
despreciado
olvidado
rechazado
menospreciado
execrado
enemigo

predio
s. heredad
hacienda
propiedad (V.)
dominio
posesión
finca
tierra
inmueble
feudo
alodio
solar
latifundio
estancia
cortijo
arrendamiento

s. predio dominante
predio sirviente
predio rústico
predio urbano

predisponer
s. **influir** (V.)
inclinar (V.)
aprestar
preparar
disponer
propender (V.)
prevenir
tender
simpatizar
bienquistar
malquistar
antipatizar
animar
persuadir
convencer
inculcar
inducir
mover
imbuir
impresionar
sugestionar
hechizar

(V. **predisposición**)

a. *aborrecer*
desviar
descarriar
abstenerse

predisposición
s. inclinación
diátesis
propensión
tendencia (V.)
destinación
influencia
devoción
reparación
atracción
preferencia (V.)
facilidad
vocación
gusto
querencia
debilidad
apresto
proclividad
predominio (V.)
premoción

a. *aborrecimiento*
dificultad
torpeza
repulsión

predispuesto
s. **inclinado** (V.)
prono
proclive
propenso
dispuesto
tendente
animado
imbuido
favorable (V.)
fácil
abierto
simpatizante
cercano a
apegado
adepto
bienquisto
malquisto

(V. **predisposición**)

a. *opuesto*
contrario
enemigo
adverso
adversario
renuente
desfavorable

predominante
s. sobresaliente
dominante
preponderante (V.)
preeminente
prevaleciente
influyente (V.)
prestigioso
prestigiado
aventajado
superior
elevado
fuerte
(V. **predominio**)
a. *obscuro*
vulgar
débil
apocado
inadvertido
desprestigiado
inferior

predominar
s. prevalecer
preponderar (V.)
imperar (V.)
dominar
presidir (V.)
reinar (V.)
soberanear
señorear
domeñar
sujetar
someter
sojuzgar
influir (V.)
mandar
poder
dominar (V.)
descollar
sobresalir
destacar
aventajar
superar
(V. **predominio**)
a. *someterse*
obedecer
depender

predominio
s. señorío
reinado (V.)
dominio (V.)
imperio
fuerza
superioridad
supremacía (V.)
primacía
preferencia
predisposición (V.)
ventaja
auge
mejoría
ascendiente
dominación
preponderancia (V.)
influjo
potestad
poder
ascendencia
influencia (V.)
culminación
hegemonía
fuerza (dominante)
presidencia
autoridad
a. *sometimiento*
independencia
inferioridad
dependencia

preeminencia
s. **privilegio** (V.)
exención
supremacía (V.)
preponderancia
prerrogativa
ventaja
preferencia (V.)
valimiento
distinción
gracia
prioridad
proceridad
primacía
altura (V.)
eminencia
a. *inferioridad*
subordinación
dependencia
desventaja

preeminente
s. sobresaliente
sumo
supremo
culminante
superior (V.)
eminente
preexcelso
descollante
insigne
destacado (V.)
alto
superior
honorífico
exaltado
excelente
relevante
distinguido
notable
eximio
(V. **preeminencia**)
a. *bajo*
inferior
insignificante
vulgar

preexcelso
s. ilustrísimo
grande
eminentísimo
excelso
preeminente (V.)
eximio
ilustre
famoso
honroso
conspicuo
excelentísimo
egregio
honorífico
superior
insigne
grande
preclaro
sublime
a. *insignificante*
obscuro
desconocido

preexistencia
s. **anterioridad** (V.)
existencia (V.)
prelación
precesión
antelación
precedencia
a. *supervivencia*
posterioridad

preexistente
s. **existente** (V.)
anterior (V.)
precedente
antecedente
antecesor
prioritario
predecesor
previo
precursor
conocido
(V. **preexistencia**)
a. *sobreviviente*
posterior
sucesor
desconocido
seguidor

preexistir
s. **existir** (V.)
preceder (V.)
anteceder
anteponer
anticipar
aventajar
(V. **preexistencia**)
a. *seguir*
suceder
sobrevivir

prefacio
s. **preámbulo** (V.)
principio
prolegómeno
prefación
galeato
advertencia
encabezamiento
preparación
introducción (V.)
introito
preludio
isagoge
preliminares (V.)
antecedente
a. *epílogo*
fin

prefecto
s. **autoridad** (V.)
jefe
magistrado
juez
comandante
inspector (V.)
gobernador (V.)
gobernante
(V. **prefectura**)

prefectura
s. **jurisdicción** (V.)
territorio
provincia
zona
comarca
s. **cargo** (V.)
jerarquía
posición
s. **oficina** (V.)
dependencia

preferencia
s. **predilección** (V.)
distinción
acepción
valimiento
privanza
nepotismo
prelación
prioridad (V.)
primacía (V.)
selección (V.)
favoritismo (V.)
tendencia (V.)
parcialidad (V.)
pasión (V.)
debilidad (V.)
predominio
particularidad
perrogativa
diferencia
discriminación (V.)
afecto
superioridad
exención
ventaja (V.)
favor
gracia
superposición (V.)
supremacía
preeminencia (V.)
inclinación
predisposición (V.)
tendencia
elección
dilección (V.)
propensión
boga
personalismo
s. patio
platea (V.)
butacas
delantera
a. *hostilidad*
repulsión
menosprecio
postergación
olvido

preferencial
(V. **preferente**)

preferente
s. preferencial
predominante
preponderante
prevaleciente
dominante
predilecto (V.)
distinguido
preeminente
aventajado
superior (V.)
influyente
destacado
ventajoso
supremo (V.)
mejor (V.)
(V. **preferencia**)
a. *inferior*
desventajoso
relegado
dependiente
menospreciado

preferible
s. **deseable** (V.)
predilecto
primero
mejor (V.)
superior (V.)
favorable
aventajable
apetecible
beneficioso
(V. **preferencia**)
a. *peor*
inferior
despreciable

preferido
s. **predilecto** (V.)
favorito
dilecto
valido
privilegiado
favorecido
querido
escogido
seleccionado
mimado
elegido (V.)
benjamín
protegido
selecto (V.)
distinguido
quillotro
bienquisto
(V. **preferencia**)
a. *menospreciado*
relegado
rechazado
malquisto

preferir
s. **anteponer** (V.)
elegir (V.)
aventajar
seleccionar (V.)
distinguir (V.)
favorecer
proteger
mimar (V.)
preponer (V.)
anticipar
privar
tener debilidad por
estar por
inclinar (V.)
predominar
tener predilección por
ser preferido
llevarse la palma
elevar
dignificar
s. **desear** (V.)
optar (V.)
ansiar
querer
(V. **preferencia**)
a. *postergar*
odiar
menospreciar
relegar
rechazar

prefigurar-se
s. predecir
anticipar (V.)
adelantar
suponer
conjeturar
concebir
mostrar (V.)
s. **figurarse** (V.)
representarse
imaginarse
a. *posponer*
retrasar

prefijar
s. **determinar** (V.)
señalar
fijar
predefinir
predeterminar
preestablecer
organizar
anteponer
predisponer
establecer
precisar
prefinir
estipular
a. *indeterminar*
abandonar
descuidar
posponer

prefijo
(V. **afijo**)

prefulgente
s. lúcido
resplandeciente
brillante
rutilante
deslumbrante
refulgente (V.)
deslumbrador
a. *opaco*
obscuro

pregón
s. **discurso** (V.)
anuncio (V.)
bando
proclama (V.)
notificación
aviso
advertencia
divulgación
promulgación
publicación
edicto
información
alocución
mando
mandato
s. **amonestaciones** (V.)
r. Tras cada pregón, azote
s. pregón literario
a. *silencio*

pregonar
s. proclamar
manifestar
publicar (V.)
divulgar
anunciar (V.)
vocear (V.)
propagar
cotillear
murmurar
informar
enterar (V.)
advertir
señalar
notificar (V.)
promulgar
s. ensalzar
alabar
encomiar (V.)
elogiar
adular
aplaudir
exaltar
glorificar
s. **proscribir** (V.)
bandear
(V. **pregón**)
a. *callar*
omitir
denigrar
autorizar
silenciar

pregonero
s. **anunciador** (V.)
divulgador
informador
notificador
proclamador
vocedor (V.)
difundidor
s. **murmurador** (V.)
indiscreto
cotilla
s. dar un cuarto al pregonero
(V. **pregón**)
a. *discreto*
callado
prudente
silencioso

pregunta
s. **interrogación** (V.)
cuestionario
cuestión
demanda (V.)
examen
interpelación (V.)
consulta
interrogatorio
curiosidad (V.)
duda
pescuda
pesquisa
encuesta
consulta
problema
pega
quisicosa
catecismo
inquisición
apóstrofe
sofistería
indagación
curioseo
escudriño

r. Del hombre que mucho pregunta, mal se barrunta ■ Mucho enseña, quien bien pregunta ■ Quien no duda, ahorra preguntas ■ Quien pregunta lo que no debe, oye lo que no quiere ■ A preguntas necias, oídos sordos ■ Más preguntas hará un necio, que responderán cien discretos

a. *contestación*
respuesta
réplica

preguntar-se
s. **interrogar** (V.)
interpelar
demandar (V.)
consultar
examinar
indagar
articular
investigar (V.)
demandar
inquirir
interviuar
pesquisar (V.)
perquirir
sonsacar
interesarse
abordar
pescudar
apostrofar
dirigirse a hacer preguntas
solicitar
entrar en consulta
hacer una consulta
pedir cuentas
hacer un llamamiento
pedir explicaciones

s. preguntando se llega a Roma

r. El preguntar no es errar, si no es necio el preguntar ■ Preguntar es no querer ignorar ■ Para el camino no errar o saberlo o preguntar ■ Preguntando preguntando, se hace el ignorante sabio ■ Quien duda y pregunta, la verdad busca

(V. **pregunta**)

a. *contestar*
responder
replicar
fallar
rechistar

preguntón
s. fiscalizador
preguntador
inquiridor
inquisidor
investigador
interrogador
interrogante
indiscreto (V.)
inoportuno
importuno
ganzúa (V.)
curioso (V.)
catequístico
interrogativo
impertinente
demandante
entremetido (V.)
fiscal

(V. **pregunta**)

a. *contestón*
respondón
respondedor
contestador
discreto
prudente

prehistoria
s. **principio** (V.)
comienzo
amanecer
albores
protohistoria

s. hacha
piedra de rayo

s. menhir
dolmen (V.)
monolito
megalito
crónlech
círculo
anta
eplito
lichaven

s. **fósil** (V.)

s. edad de piedra
edad de los metales
paleolítico
neolítico
mesolítico
eneolítico

prehistórico
s. antiquísimo
antediluviano
vetusto
troglodítico
troglodita (V.)
paleolítico
neolítico
mesolítico
eneolítico
paleontológico
rupestre (V.)

(V. **prehistoria**)

prejuicio
s. preferencia
parcialidad
ofuscación
aprensión (V.)
obcecación (V.)
prevención
preocupación (V.)
obsesión
juicio (V.)
pesadilla
temor (V.)
escrúpulo (V.)
rutina
costumbre
prevención (V.)
error
ofuscación
intolerancia
antojo
arbitrariedad
prejudicio
costumbre
respetos humanos
convencionalismo
espíritu de cuerpo
el qué dirán
falsa interpretación
absurdo
cavilosidad
preocupación
cuidado
inquietud
previsión
respeto

a. *despreocupación*
razonamiento
opinión
parecer
dictamen
concepto
impresión
imparcialidad
objetividad

prejuzgar
s. **juzgar** (V.)
preconcebir (V.)
presumir
figurarse
imaginarse
predecir (V.)
adelantar
recelar
analizar
calificar
enjuiciar
criticar
estimar
opinar
examinar
estudiar
desconfiar
ofuscarse
errar
equivocarse
preocuparse
imbuirse
sugestionarse
captar
predisponer
influir
aventurar (V.)
desconocer

(V. **prejuicio**)

a. *reflexionar*
madurar
asegurarse
confiar

prelacía
(V. **prelatura**)

prelación
s. primacía
anticipación (V.)
prioridad

preferencia (V.)
tiempo
antecedencia
antelación

a. *posterioridad*
preterición

prelado
s. pontífice
papa
santo padre
cardenal (V.)
obispo (V.)
conciliar (V.)
arzobispo (V.)
pastor
párroco
capellán
clérigo
padre de la Iglesia
padre de almas
doctor de la Iglesia
príncipe de la Iglesia
mitrado
nuncio
pronuncio
datario
ordinario (V.)
jerarca
patriarca (V.)
legado
auditor
exarca
asistente
coadministrador
prior
priora
abad
superior
capellán mayor
capellán de los ejércitos
vicario
vicario general castrense
vicario general de los ejércitos
metropolitano
su ilustrísima
diocesano
canciller mayor

prelatura
s. prelacía
patriarcado
patriarcal
pontificado
primado
primazgo
arzobispado
obispado
obispalía
episcopado
mitra
dignidad
episcopalismo

s. cardenalato

preliminar
s. **preámbulo** (V.)
proemio
proemial (V.)
prefación
principio
introito
prefacio (V.)
tiento
entrada

s. antecedente
anterior
preparación (V.)
preparatorio
inicial (V.)
primordial
básico

a. *epílogo*
coda
fin
posterior
final
auxiliar
secundario

preludiar
s. **anunciar** (V.)
iniciar
introducir
comenzar (V.)
empezar
preparar
dar el tono

s. probar
ensayar (V.)
arpegiar

(V. **preludio**)

a. *acabar*
terminar
finalizar

preludio
s. prelusión
principio
inicio
entrada
introducción (V.)
preámbulo (V.)

s. arpegio
ensayo (V.)
prueba
acorde

s. **obertura** (V.)
sinfonía

a. *coda*
final

prelusión
(V. **preludio**)
(V. **preámbulo**)

prematuro
s. inmaturo
anticipado (V.)
verde
tierno
precoz (V.)
crudo
apresurado
antuviado
temprano (V.)
premiso
rápido
tempranero
esbozado
abocetado
alboreado
abortado
abortivo
anterior

a. *maduro*
retrasado
lento
completo

premeditación
s. recapacitación
deliberación (V.)
reflexión (V.)
madurez
reflexión
tanteo
preparación
previsión
proyecto

s. con premeditación y alevosía
a sabiendas

a. *irreflexión*
imprevisión
espontaneidad
improvisación

premeditado
s. **deliberado** (V.)
preconcebido (V.)
adrede
planeado
pensado
preparado
rumiado
urdido
tramado
madurado
estudiado
proyectado
meditado
calculado
consciente
intencionado
intencional (V.)

(V. **premeditación**)

a. *improvisado*
espontáneo
irreflexivo
imprevisto

premeditar
s. **meditar** (V.)
reflexionar (V.)
preparar
madurar
proyectar
rumiar
planear (V.)
catar
pensar
preconcebir (V.)
organizar
proponerse
estudiar
tramar
urdir

(V. **premeditación**)

a. *despreocuparse*
improvisar

premiado
s. laureado
galardonado (V.)
remunerado
gratificado
glorificado
honrado
recompensado
distinguido
diplomado
agraciado
favorecido
coronado

s. aspirante
pretendiente
candidato (V.)

(V. **premio**)

a. *degradado*
castigado
sancionado
humillado
obscurecido

premiador
s. galardonador
glorificador
enaltecedor

(V. **premio**)

a. *denigrador*

premiar
s. **recompensar** (V.)
laurear
galardonar (V.)
homenajear
enaltecer
remunerar (V.)
honrar (V.)
gratificar
coronar
compensar
glorificar
satisfacer (V.)
condecorar (V.)
merecer
reportar (V.)

(V. **premio)**

a. *denigrar*
rebajar
humillar
castigar
sancionar
condenar
multar

première
(V. **estreno)**

premio
s. recompensación
recompensa (V.)
gratificación
galardón (V.)
distinción
honor (V.)
honra
gloria
corona
lauro
laurel
flor natural
homenaje
concesión
enaltecimiento
alabanza
satisfacción
accésit
remuneración
merecimiento (V.)
pago
coronamiento
prima (V.)
plus
reintegro (V.)
demasía
sobreprecio
gala
trofeo (V.)
copa
palma
merced
precio
mención
beneficio
triunfo (V.)
talla (V.)
aplauso
atijara
contenta
ovación
parce
vuelta al ruedo
condecoración (V.)
medalla
diploma
compensación
enmienda
encomienda
matrícula de honor
cruz

s. **lotería** (V.)
quiniela
sorteo
rifa
pedrea

s. premio gordo
primer premio
a premio

r. El premio estimula el ingenio ■ Premio tardío no merece ser agradecido ■ La codicia del premio hace agudo al lerdo

s. premio de consolación
premio extraordinario

a. *castigo*
humillación
sanción
pena
correctivo
merecido
punición
palo
penitencia
multa
penalidad
condena
expiación
escarmiento
mortificación
vergüenza
deshonor
palo
martirio

premiosidad
s. **lentitud** (V.)
calma
tranquilidad
pachorra
morosidad (V.)
cachaza
tardanza
dilación
parsimonia (V.)
dificultad
torpeza
pesadez
rigidez (V.)
severidad
engorro
embarazo
afectación (V.)

a. *rapidez*
agilidad
flexibilidad
sencillez
naturalidad
ligereza
velocidad

premioso
s. ajustado
apretado (V.)
estrecho (V.)
encogido
ceñido
angosto

s. gravoso
molesto (V.)
cargante (V.)
pesado

s. **apremiante** (V.)
acuciante
acucioso
perentorio

s. rígido
estricto (V.)
severo
riguroso
mesurado (V.)
austero

s. **lento** (V.)
tardo
calmoso
pausado
despacioso (V.)
dificultoso
engorroso
indolente
torpe (V.)
remiso
burocrático
retardado (V.)
parsimonioso

s. embarazado
rebuscado
afectado (V.)
repulido
estudiado

(V. **premiosidad)**

a. *holgado*
agradable
flexible
rápido
sencillo
natural

premisa
s. **proposición** (V.) (lóg.)

s. **indicio** (V.)
señal
signo
índice
síntoma
vestigio
inferencia
antecedente (V.)

s. premisa mayor
premisa menor

premiso
s. **prevenido** (V.)
propuesto
enviado
preparado
anticipado (V.)
adelantado
presupuesto
previo (V.)

a. *pospuesto*
posterior

premoción
(V. **predisposición)**
(V. **tendencia)**

premonición
s. **presentimiento** (V.)
sospecha
corazonada
advertencia
conjetura
barrunto
anuncio
anticipación

a. *posterioridad*
realidad

premonitorio
s. **precursor** (V.)
precedente
anticipado
adelantado
indicador
anunciador

(V. **premonición)**

a. *posterior*
sucesivo

premura
s. **prisa** (V.)
apuro
aprieto
agobio
instancia
urgencia (V.)
prontitud
perentoriedad
apremio
ligereza
precipitación
atropello
compulsión
diligencia

a. *calma*
lentitud
pachorra
cachaza

prenda, s
s. **garantía** (V.)
fianza (V.)
prueba
caución
aval
carga
hipoteca
rehén
rahina
crédito
canje
señal
dita
arras
acidaque
seguro
depósito
recaudo
resguardo
precinto
anticresis

s. joyas
alhajas
enseres
muebles
ajuar
útiles
utensilios (V.)
ropas (V.)
piezas
jaez
idoneidad
atributo (V.)
dote
cariño (V.)
amor
virtud
perfección
cualidad (V.)
temple
ánimo
personalidad
rasgos

s. dejar en prenda
prenda pretoria
juego de prendas
hacer prenda
meter prenda
sacar prenda
rescatar una prenda
soltar prenda

r. Prenda que come, ninguno la tome

a. *desempeño*
desconfianza
nada
defecto

prendar-se
s. **garantizar** (V.)

s. **agradar** (V.)
satisfacer
placer
pagarse (V.)
gustar (V.)
deleitar

s. encariñarse
enamorarse (V.)
entusiasmarse
amartelarse
chiflarse
enloquecer
derretirse
pirrarse
enquillotrarse
chalarse
endevotarse
aficionarse (V.)
gregarse
encapricharse

(V. **prenda)**

a. *desagradar*
aborrecer
odiar

prendedero
(V. **prendedor)**

prendedor
s. prendedero
broche (V.)
alfiler
imperdible
gancho
fíbula
aguja

s. **joya** (V.)
alhaja

(V. **prendimiento)**

prendedura
s. pinta
galladura (V.)
mancha

prender-se
s. asir
agarrar (V.)
sujetar (V.)
coger (V.)
aferrar
encepar
tomar (V.)
aprehender (V.)
sujetar
apiolar
cazar
pescar
trabar (V.)
apercollar
empuñar

s. encarcelar
apresar (V.)
detener
enchiquerar
enchironar

s. **enredarse** (V.)
engancharse (V.)
enzarzarse
liarse
agarrarse
acoplarse
adherirse
pegarse (V.)
fijarse

s. cubrir
copular (V.)
fecundar

s. **arraigar** (V.)
enraizar
agarrar
injertar (V.)
medrar (V.)
prosperar
encepar
echar raíces

s. arreglar
ataviar (V.)
componer
presumir

s. arder
encenderse (V.)
propagarse (V.)
inflamarse
quemarse
prender fuego
abrasar
avivar
comunicarse

(V. **prendimiento)**

a. *soltar*
liberar
libertar
aflojar
desenredarse
desengancharse
separarse
desarraigar
fracasar
abandonarse
apagar

prendería
s. chamarilería
ropavejería
compraventa
cambalache
cambullón
sastrería
casa de préstamos
Monte de Piedad
joyería
tienda (V.)
rastro
trapería (V.)

prendero
s. buhonero
cambalachero
gitano
ropavejero
tendero
chamarilero (V.)
trapero (V.)
prestamista
usurero
traficante (V.)
comerciante

(V. **prendería)**

prendimiento
s. arresto
encarcelamiento
captura
detención
prisión (V.)
apresamiento
encierro
aprehensión

a. *libertad*
liberación

prensa
s. **máquina** (V.)
compresora
apisonadora
estampadora
impresora
troquel
troqueladora
apelmazadora
calandroa
tórculo
trujal

s. árbol
bancada o plato fijo
cargo
briaga
husillo
palanca
telera
marrano
empergue
platina
estampa
tornillo
balancín
volante
bastidor
cilindro
émbolo
martillo pilón
laminadora

(cont.)

s. **imprenta** (V.)
periódicos
redacción (V.)
revistas
diarios
semanarios
publicación (V.)
periodismo (V.)
rotativas
noticieros
órganos

s. **prensar** (V.)

s. dar a la prensa
meter en prensa
sudar la prensa
tener buena o mala prensa
en prensa

prensar
s. **comprimir** (V.)
apretar (V.)
apretujar
exprimir
estrujar
imprimir (V.)
aprensar (V.)
ceñir
estrechar
estampar
aplastar
apelmazar
aprisionar
astringir
cilindrar
pisotear
apisonar
pisonear
azocar
aplastar
atestar

(V. **prensa**)

a. *aflojar*
soltar
ensanchar

prensil
s. **agarrador** (V.)
asidor
aferrador
cogedor
aprehensor
aprehensorio
cogedero
empuñador
empuñadura
prensor

preñada
s. **embarazada** (V.)
fecundada
grávida (V.)
encinta
ocupada
jeda
paridora
gestante
fertilizada

(V. **preñez**)

preñado
s. embarazado
cargado
lleno (V.)
ubérrimo
exuberante
rebosante
fecundo
copioso (V.)
atestado
colmado
nutrido
abundante (V.)
rico
sobrecargado
repleto
potente
prolífico
feraz

(V. **preñez**)

a. *estéril*
vacío
escaso
falto
pobre

preñar
s. **fecundar** (V.)
fertilizar
cubrir
aparearse
montar
copular
ayuntarse
empreñar
embarazar (V.)

(V. **preñez**)

a. *abortar*
esterilizar

preñez
s. **embarazo** (V.)
empreñación
gestación (V.)
vientre
gravidez
fecundidad
reproducción
concepción
achaque
preñado
estado de buena esperanza
tripa
vientre

s. **confusión** (V.)
dificultad
lío
obscuridad
enredo
desbarajuste

s. **aborto** (V.)

a. *esterilidad*
orden
claridad

preocupación
s. **inquietud** (V.)
intranquilidad (V.)
insomnio (V.)
ansia
ansiedad
cuidado
desazón (V.)
excitación
nerviosidad
nerviosismo
desasosiego
cavilosidad
pesadumbre (V.)
pesadilla (V.)
malestar (V.)
impaciencia (V.)
congoja
neurosis
alarma
conmoción
angustia (V.)
turbación
sofoco
torozón
tribulación (V.)
manía
obsesión (V.)
duda
sospecha
mortificación
ofuscación
monomanía
espina
losa
temor (V.)
tormento
entrecejo (V.)
remordimiento (V.)
quitasueño
padecimiento (V.)
quebradero de cabeza (V.)
quimera
quillotro (V.)
sombras (V.)
miedo (V.)

s. **prejuicio** (V.)
anticipación
previsión
aprensión (V.)
escrúpulo
rutina
obsesión (V.)
inclinación
interés (V.)
cuidado
afecto
desvelo (V.)
curiosidad
dedicación
entrega

a. *despreocupación*
tranquilidad
calma
sosiego
alegría
descuido
abandono
incuria
dejadez
imprevisión

preocupado
s. ensimismado
abstraído (V.)
absorto (V.)
reconcentrado
pensativo (V.)
meditabundo
cabizbajo
intranquilo (V.)
inquieto (V.)
obsesionado (V.)
desvelado
ansioso
angustiado
atribulado
ceñudo
receloso (V.)
maniático
monomaníaco
turbado (V.)
conturbado
maganta
ofuscado
acongojado
alarmado (V.)
cogitabundo
impaciente (V.)
desasosegado
nervioso
excitado
conmocionado
perturbado
afligido
dudoso
reticente
neurótico
agitado

(V. **preocupación**)

a. *despreocupado*
tranquilo
desentendido
alegre
optimista
calmo
confiado
paciente
sosegado
seguro
firme

preocupar-se
s. **inquietar** (V.)
intranquilizar (V.)
desasosegar
alarmar
conmocionar
atribular
sospechar (V.)
angustiar
perturbar
agitar
acongojar
obsesionar (V.)
excitar
afligir
ofuscar
desvelar
reconcomer
irritar
remorder
absorber
ansiar
desazonar (V.)
quemar
mortificar
importar
cavilar

s. **prevenir** (V.)
anticipar
preparar (V.)
adelantar

s. **interesarse** (V.)
entregarse
dedicar
cuidar (V.)
desvelarse
encargarse
impacientarse (V.)
apesadumbrarse
requemarse
reconcomerse (V.)
derretirse
acalorarse
atormentarse (V.)
turbar (V.)
apurarse (V.)
angustiarse
torturarse
tomar a pecho
llevarse un sofocón
complicarse la vida
ir de cabeza
dar que pensar
tomarse un mal rato
tener clavada una espina

(V. **preocupación**)

a. *despreocupar-se*
tranquilizar-se
calmar-se
sosegar-se
aquietar-se
desentenderse
alegrar-se
desprevenir-se
desinteresar-se
reconcentrarse

preparación
s. **prevención** (V.)
disposición
preparativo
preparamento
aparato
aparejo
apresto
proyecto (V.)
previsión (V.)
provisión
organización
acondicionamiento (V.)
aparejamiento
negociación
elaboración (V.)
sistematización
medida
introducción (V.)
preámbulo (V.)
parasceve
providencia
propedéutica
ensayo
intento
ordenación
planeamiento
amasijo
preparamiento
adiestramiento
desarrollo
gestación (V.)
distribución
comienzo (V.)
habilitación
trama
planeamiento
aparato
preliminar (V.)
premisa
prólogo

s. arreglo
avío
aderezo
adobo (V.)
aliño
apresto

s. preparado
incubación (V.)
experimento (V.)
prueba
cálculo

s. **enseñanza** (V.)
entrenamiento (V.)
aprendizaje
instrucción
estudio
cultura
sabiduría

a. *improvisación*
abandono
dejadez
espontaneidad
irreflexión
repentización
precipitación
impremeditación
incultura

preparado
s. **dispuesto** (V.)
prevenido (V.)
listo (V.)
pronto (V.)
ataviado
guisado (V.)
aparejado
presto

s. documentado
apto
competente (V.)
capacitado (V.)
instruido
culto
educado
experimentado
baqueteado
conocedor

s. droga
medicamento (V.)

(V. **preparación**)

a. *desprevenido*
improvisado
espontáneo
indocumentado
ignorante
incompetente

preparamiento
(V. **preparación**)

preparar-se
s. **ambientar** (V.)
acomodar (V.)
facilitar (V.)
disponer (V.)
aparejar (V.)
preocupar (V.)
prevenir (V.)
apercibir (V.)
aprontar
proporcionar (V.)
agenciar (V.)
predecir
informar
imprimar (V.)
arreglar (V.)
principiar (V.)
organizar (V.)
acondicionar (V.)
programar (V.)
parar (V.)
alistar
ordenar
maquinar
urdir
planear
cocer (V.)
incubar (V.)
proyectar (V.)
elaborar (V.)
cebar
vacunar (V.)
aliñar
aderezar (V.)
arreglar
cocinar
guisar
condimentar
conrear
pertrechar
perdigar
predisponer
hacer
poner
entablar
ocurrir
combinar
tramar
muñir (V.)
amasar
aviar
alistar

s. emperejilarse
aparatarse
remangarse
arreglarse (V.)
maquillarse
empolvarse
pintarse
vestirse

s. **enseñar** (V.)
instruir
capacitar (V.)
entrenar (V.)
educar (V.)
ilustrar
desasnar
informar
enterar

s. tomar medidas
afilar las uñas
preparar una emboscada
estar sobre aviso
traer en la manga
traer entre manos
poner al corriente
poner en conocimiento
poner al tanto
dar carrera

(V. **preparación**)

a. *improvisar*
realizar
olvidar-se
desaliñar
omitir
desorganizar
desordenarse
abandonar

preparativo, s
s. planes
proyectos (V.)
trámites
arreglos
disposiciones
previsiones

s. **preparatorio** (V.)

a. *sueños*
fantasías

preparatorio
s. preparativo
iniciador (V.)
educativo
inicial
básico (V.)
auxiliar
prologal
preventivo (V.)

(V. **preparación)**

a. *final*
principal

preponderancia
s. **predominio** (V.)
hegemonía
consideración
preeminencia
superioridad (V.)
autoridad
prestigio
primacía
influencia (V.)
superación
elevación
abundancia

a. *inferioridad*
dependencia
relajamiento
escasez

preponderante
s. **predominante** (V.)
preeminente
superior (V.)
influyente (V.)
influente
aventajado
descollante
prestigioso
hegemónico
sobresaliente
elevado
decisivo
reinante
imperante
considerado
aclamado
elegido
prevaleciente
importante
abundante (V.)
frecuente (V.)

(V. **preponderancia)**

a. *insignificante*
dependiente
inferior
raro
escaso
infrecuente

preponderar
s. pesar
aventajar
exceder
superar (V.)
eclipsar
predominar (V.)
prevalecer
influir (V.)
dominar
determinar
decidir
sobresalir
destacar
descollar
crecer
abundar
extenderse
dilatarse
imperar (V.)
reinar (V.)
elevar
regir
llevarse la palma
ir a la cabeza
estar por encima de
batir la marca

(V. **preponderancia)**

a. *depender*
remitir
desmerecer
faltar
escasear

preponer
s. **preferir** (V.)
anteponer (V.)
eleccionar
escoger
distinguir
destacar
resaltar
colocar
señalar

(V. **preposición)**

a. *posponer*
despreciar
menospreciar
retrasar
olvidar

preposición
s. prefijo
partícula
régimen
afijo (V.)

s. partícula prepositiva
preposición inseparable

s. a
con
de
en
por
sin
sobre
tras
par
para
bajo
so
ante
entre
cabe
desde
hasta
hacia
según
contra
ex

s. **gramática** (V.)

prepósito
s. principal
primero
presidente (V.)
director
jefe (V.)
superior

a. *subordinado*
dependiente

preposteración
s. cambio
trastorno
trastrueque (V.)
inversión
subversión
desorden (V.)
embrollo
perturbación
injusticia

a. *orden*
ordenación
claridad
justicia
rectificación
continuidad
reposición

preposterar
s. trastocar
trastornar (V.)
revolver
invertir (V.)
desordenar
perturbar
embrollar
subvertir

(V. **preposteración)**

a. *colocar*
ordenar

prepóstero
s. cambiado
trastrocado (V.)
revuelto
invertido
trocado
perturbado
desordenado (V.)
enrevesado

(V. **preposteración)**

a. *ordenado*
restablecido
repuesto

prepotencia
s. potencia
fuerza
poder (V.)
poderío
mando
dominación
superioridad (V.)
dominio
energía

a. *inferioridad*
debilidad
dependencia
servidumbre

prepotente
s. **poderoso** (V.)
fuerte
dominador
superior (V.)
dominante
enérgico
subyugador
opresor
potente

(V. **prepotencia)**

a. *inferior*
siervo
dependiente
débil

prepucio
s. **piel** (V.)
pellejo
bálano
capullo
capillo
glande
pene (V.)

s. circuncisión
fimosis

prerrogativa
s. **privilegio** (V.)
gracia
exención
atributo (V.)
merced
regalía (V.)
patente
dignidad (V.)
potestad (V.)
permisión
permiso
distinción (V.)
inmunidad
franquicia
liberación
exclusión (V.)
dispensa
ventaja (V.)
favor
derecho
preferencia
preeminencia
poder
libertad
valimiento
importancia

a. *inferioridad*
desventaja
igualdad
objetividad
imparcialidad
inclusión
prohibición
menosprecio

presa
s. **botín** (V.)
robo
conquista
despojo
rapiña
expugnación
captura
trofeo
pillaje
resto
caza
rehén

s. **tajada** (V.)
porción
trozo
pedazo
loncha

s. **colmillos** (V.)
dientes

s. **dique** (V.)
embalse (V.)
pantano
acequia (V.)
ataguía
atajadero
atochada
parada
tepe
esclusa
empalomado
azud
bordo
bocal
torrecilla
tajamar
puerto
represa (V.)
mota
pesquera
tambre
represa
alza
palizada

s. compuerta
toma (V.)
adufa
trenque
tablacho
alquezar
bocacaz
parada (V.)
paradera
torga
tijera
entrepuerta
tajadera
templadera
tornadero
traviesa
aliviadero
evacuador
alternador
reja
turbina
divergente
grúa

s. **llave** (V.)
zancadilla (V.)
postura
empujón
impulso
sujeción

s. perro de presa
buena presa
buscar la presa
caer a la presa
hacer presa
presa de caldo
presa y pinta

a. *devolución*
totalidad

presagiar
s. **pronosticar** (V.)
augurar
vaticinar (V.)
agorar
presentir (V.)
predecir (V.)
barruntar
antedecir
prever
esperar
confiar
anunciar (V.)
augurar
prometer
hadar
inaugurar
ominar
adivinar (V.)
profetizar
auspiciar
conjeturar
suponer
figurarse
imaginarse
revelar
adelantarse
dar el corazón

(V. **presagio)**

a. *errar*
equivocarse

presagio
s. augurio
profecía
augur
presentimiento (V.)
aruspicina
arúspice
vaticinio (V.)
conjetura
prenuncio
pronóstico
oráculo
horóscopo
señal (V.)
adivinanza
intuición
anuncio (V.)
agüero
acierto
prefiguración
buenaventura
sinario
juicio
auspicio (V.)
presciencia (V.)
figuración
premonición
predicción (V.)
escama
temor
adivinamiento
agorería
premonición
signo
indicación

a. *equivocación*
yerro
error

presbicia
s. hipermetropía
presbiopía
vista cansada
defecto
imperfección

présbita
s. présbite
hipermétrope

(V. **presbicia)**

presbiteriano
(V. **protestante)**

presbítero
s. **sacerdote** (V.)
reverendo
plébano
plebano
cura párroco

presciencia
s. **adivinación** (V.)
presagio (V.)
vaticinio
augurio
revelación
predicción
profecía
acierto

a. *equivocación*
error

prescindible
s. **innecesario** (V.)
excusable
excluible
inadmisible
evitable
desterrable
excluso
salvo
sustituible
reemplazable

a. *inevitable*
imprescindible
preciso
necesario

prescindir
s. **desentenderse** (V.)
excluir
eliminar
quitar
retirar (V.)
exceptuar (V.)
expulsar
abstraer (V.)
desembarazarse (V.)
separar
repudiar
renunciar (V.)
evitar
suprimir
rehuir
privar
preterir
apartar (V.)
desprenderse (V.)
borrar
desechar (V.)
desterrar
relegar
posponer
desheredar
abstenerse
privarse
despreciar (V.)
arrinconar
rechazar
posponer
dejar fuera
dar de baja
no contar con
hacer caso omiso
dejar a salvo
dar de lado
mandar al cuerno
callar
omitir (V.)
silenciar
abandonar
dejar
abstraer
dar al olvido

a. *considerar*
incluir
poner
contar con

prescribir
s. **preceptuar** (V.)
ordenar (V.)
dictar
constituir
determinar
arreglar
disponer (V.)
regularizar
destinar (V.)
acordar
fijar
señalar
recetar
establecer

s. **caducar** (V.)
finalizar
concluir (V.)
acabar
vencer (V.)
extinguirse
terminar
anularse (V.)
perderse
mermarse
menguarse
disminuir
borrarse
expirar
vencer
inutilizar

(V. **prescripción**)

a. *acatar*
obedecer
prorrogar
continuar

prescripción
s. **disposición** (V.)
orden
mandato
acuerdo
constitución
determinación
precepto (V.)
fórmula
receta (V.)

s. **pérdida** (V.)
caducidad (V.)
expiración (V.)
vencimiento (V.)
conclusión
extinción (V.)
término
nulidad (V.)
anulación (V.)
usucapión
fin
consumo

s. **introducción** (V.)
proemio
epígrafe

a. *acatamiento*
obediencia
prórroga

prescrito
s. anulado
caducado
nulo (V.)
tardío
cesado
pasado
terminado
acabado
extinguido
vencido (V.)
(V. **prescripción**)

a. *vigente*
actual
presente

presea
s. filigrana
alhaja (V.)
prenda
gala
regalo
adorno
aderezo
perifollo

presencia
s. **asistencia** (V.)
existencia
estado
audiencia
estancia
permanencia
comparecencia
residencia
audiencia
quedada
ubicuidad (V.)
detención
aparición
manifestación
mansión
residencia

s. cara
apariencia (V.)
talle
figura
aspecto (V.)
aire
planta
porte
empaque
continente
pelaje
garbo
pompa
fausto
representación
lujo (V.)
boato
presentación (V.)
careo
visita
entrevista
venida (V.)

s. presencia de ánimo
de buena presencia
acción de presencia
presencia de Dios

a. *ausencia*
sencillez
humildad

presencial
s. asistencial
asistente
presente
omnipresente
concurrente
compareciente
residente

s. testigo presencial

(V. **presencia**)

a. *ausente*

presenciar
s. estar
asistir (V.)
ubicar
obrar
existir
quedarse
detenerse
yacer
figurar
encontrarse
hallarse
situarse
frecuentar
permanecer
concurrir
ver (V.)
atestiguar
testimoniar
comparecer
observar
mirar
contemplar
estar presente
ser testigo
dar la cara
hacerse presente
personarse

(V. **presencia**)

a. *ausentarse*
ignorar
marcharse
abandonar

presentable
s. digno
correcto
conveniente
limpio
aseado
pulcro

s. **curioso** (V.)
decoroso
decente (V.)
grave
íntegro
discreto
cortés
mostrable

(V. **presencia**)

a. *indigno*
sucio
roto
grosero
impresentable

presentación
s. **manifestación** (V.)
muestra
mostración
muestrario
escaparate
exhibición
ostentación
ostensión
revelación
exteriorización
demostración (V.)
inauguración (V.)
asistencia
comparecencia
presencia (V.)
permanencia
gala
representación
estreno
debut
fiesta
descubrimiento

s. **introducción** (V.)
saludo (V.)
venia
cortesía
ceremonia
conocimiento

s. **preámbulo** (V.)
prólogo
proemio

a. *ocultación*
ausencia
epílogo
incomparecencia

presentador
s. showman
locutor
exhibidor
introductor (V.)
expositor
explicador
telonero
anunciador
anunciante

(V. **presentación**)

presentalla
(V. **exvoto**)

presentar-se
s. **exhibir** (V.)
ostentar
mostrar (V.)
introducir (V.)
preparar
desplegar
descubrir
destapar
exteriorizar
exponer
lucir
ofrecer (V.)
enseñar
demostrar
hacer ver
someter (V.)
dar a conocer
poner de relieve
hacer presente
hacer gala
hacer patente
echar a los cuatro vientos

s. ofrecer
regalar (V.)
obsequiar
dar

s. exponer
explicar (V.)
explanar
introducir
anunciar
planificarse (V.)
ir (V.)
asistir
personarse
revelarse (V.)
plantar-se (V.)
comparacer (V.)
reaparecer (V.)
venir (V.)
acudir
descolgarse
ubicarse
aparecer (V.)
hacerse presente
dejarse ver
dejarse caer
ofrecerse
comparecer en juicio

s. presentarse en público
presentar excusas

(V. **presentación**)

a. *ocultar*
callar
silenciar
ausentarse

presente
s. **asistente** (V.)
concurrente
espectador
testigo
ubicuo (V.)
circunstante
compareciente

s. **actual** (V.)
reciente
moderno
vigente
corriente
contemporáneo
existente
del momento
del día
usual
del tiempo

s. **regalo** (V.)
dádiva
obsequio
don
joya
alhaja
fineza
ofrenda

s. época presente
tiempo presente
al presente
de cuerpo presente
mejorando lo presente
por la presente
palabras de presente
participio de presente

(V. **presencia**)

a. *ausente*
antiguo
pasado
anterior
extemporáneo

presentimiento
s. **premonición** (V.)
corazonada (V.)
sospecha
suposición
previsión (V.)
barrunto
presagio (V.)
intuición
superstición
augurio
revelación
instinto
agüero
adivinación (V.)
aviso
anuncio
prenuncio
conjetura
telepatía
pálpito

a. *imprevisión*
equivocación
error

presentir
s. **adivinar** (V.)
agorar
sospechar (V.)
prever (V.)
sentir (V.)
intuir (V.)
presagiar (V.)
preconocer (V.)
barruntar
pronosticar
conjeturar
remusgar
dar el corazón
tener el pálpito de
ponerse en guardia
tener sospecha
olérselo
estar con la mosca en la oreja
no tenerlas todas consigo

(V. **presentimiento**)

a. *equivocarse*
errar

presepio
(V. **pesebre**)

preservación
s. **protección** (V.)
mantenimiento
custodia
amparo
salvaguardia
resguardo
defensa
conservación (V.)
cobertura
garantía
blindaje
escolta
guardia
defensiva
abrigo
patrocinio
cubrimiento
tutela (V.)
atención
vigilancia
acordonamiento

a. *desamparo*
desatención
desvalimiento
abandono

preservador
s. **conservador** (V.)
custodio
protector
defensor
vigilante (V.)
cuidador
preventivo (V.)

(V. **preservación**)

a. *negligente*
descuidado

preservar-se
s. amparar
proteger (V.)
defender
guardar (V.)
salvaguardar
blindar
salvar
garantizar
cubrir
abrigar
guarecer
cobijar
apoyar
convoyar
escoltar
resguardar
patrocinar
conservar (V.)
mirar por
tener cuidado
poner cuidado
tutelar
apadrinar
poner a salvo
poner a cubierto
cuidar

(V. **preservación)**

a. *abandonar*
descuidar
desamparar

preservativo
s. condón
goma
funda
cubierta
protección (V.)

presidencia
s. directiva
jefatura
directorio
mesa
superioridad (V.)
gobierno
decanato
mando
guía
junta
cabecera

presidente
s. soberano
monarca
rey
jefe (V.)
director
vicepresidente
gobernador
usía
hermano mayor
prepósito (V.)
jefe
director
decano
rector
superior (V.)
líder
guía
conductor
cabeza
preboste
canciller
regente
autoridad
dignatario
cabecilla
principal
speaker

(V. **presidencia)**

a. *subordinado*
inferior

presidiable
s. **carcelario** (V.)
encarcelable
culpable
ladrón
bandido
asesino
criminal

(V. **presidio)**

a. *inocente*

presidiar
s. guardar
guarnecer (V.)
defender
reforzar
guarnicionar

(V. **presidio)**

a. *abandonar*
desguarnecer
debilitar

presidiario
s. **recluso** (V.)
encarcelado
preso
prisionero
cautivo
penado
enrejado
confinado
esposado
desposado (V.)
galeote
corrigendo
quincenario
incomunicado
emparedado
forzado (V.)
cómitre
gente del rey
gente de su Majestad
gente forzada
aherrojado
treno
arrestado
detenido
condenado
encerrado
bajo siete estados
bajo siete llaves

(V. **presidio)**

a. *libre*
libertado
inocente

presidio
s. **reclusión** (V.)
cautiverio
penal
penitenciaría
penales
galeras
remo
gurapas
penas
trabajos
trabajos forzados
banco
cadena
condena
encierro
prisión
arresto
prisión preventiva
cárcel (V.)

s. castillo
fortaleza (V.)
fortificación

s. destacamento
guarnición (V.)
guardia
retén
defensores

(V. **prisión)**

a. *libertad*
liberación

presidir
s. **mandar** (V.)
regir
dirigir (V.)
gobernar
legislar
decretar
ordenar
guiar
disponer
regentar (V.)
tutelar
llevar
conducir
arbitrar
orientar
encabezar

s. imponer
influir (V.)
predominar (V.)
dominar
prevalecer
ejercer

(V. **presidencia)**

a. *obedecer*
acatar
someterse

presilla
s. alamar
cordoncillo
cordón
costurilla
trencilla
tita
cinta
galón
vuelta
ojal
lazo
anilla (V.)
gaza
lazada
seno
vaga
vilera
recamo
nudo (V.)

presión
s. **apretón** (V.)
apretujamiento
apretura
estrujón
compresión (V.)
apisonamiento
peso
atirantamiento
prensamiento
molienda
machacadura
machucadura
estrujamiento
fuerza (V.)
empuje
opresión
estrechamiento
aplastamiento
apelmazamiento
prensadura
tensión (V.)
aprieto
apretamiento

s. **medidas** (V.)
atmósfera
baria
bar
pieza
estenio
pascal
newton

s. **apremio** (V.)
influencia (V.)
coacción (V.)
insistencia
coerción
conminación
imposición
meteorología (V.)

a. *relajamiento*
aflojamiento
imparcialidad

presionar
s. exprimir
apretar (V.)
apretujar
comprimir
estrujar
tensar
aplastar
prensar

s. coaccionar
obligar
forzar
violentar
influir (V.)
conminar

(V. **presión)**

a. *aflojar*
suavizar
soltar
ceder
abstenerse
inhibirse
permitir
dejar

preso
(V. **presidiario)**

prestación
s. **préstamo** (V.)

s. **servicio** (V.)
deber
obligación
azofra
asistencia
distribución
trabajo
compensación
auxilio
ayuda (V.)

s. **renta** (V.)
tasa
canon
impuesto (V.)

s. prestación personal

a. *inhibición*
abstención
desasistencia

prestador
(V. **prestamista)**

prestamista
s. especulador
prestador
prendero
empeñero
usurero (V.)
mohatrero
mutuante
comodante
ditero
aviador
matatías
judío
acreedor

(V. **préstamo)**

a. *prestatario*
deudor

préstamo
s. **crédito** (V.)
cesión (V.)
empréstito
prestación
pignoración
prestimonio
adelanto
mohatra
avío
dita
manlieva
sablazo (V.)
anticipo
financiación
hipoteca
garantía
comodato
mutuo

s. casa de préstamo
préstamo a la gruesa

a. *deuda*
débito

prestancia
s. porte
gallardía (V.)
elegancia
distinción (V.)
donaire
gracia
garbo
atractivo
gusto
figura
facha (buena)
belleza
estilo

s. dignidad
superioridad
excelencia (V.)
grandeza
calidad

a. *adefesio*
birria
fealdad
vulgaridad
ramplonería
insignificancia

prestante
s. **excelente** (V.)
notable
superior
digno
grande
magnífico

(V. **prestancia)**

a. *malo*
indigno
despreciable
inferior

prestar-se
s. entregar
emprestar
prestir
empeñar
pedir
usurear (V.)
fiar (V.)
adelantar
anticipar (V.)
pignorar (V.)
bistraer
hipotecar
dar
dejar
aviar
pedir
mohatrar
petardear
pulir
lastrar
sablear

s. socorrer
ayudar
auxiliar
contribuir
facilitar (V.)
procurar
suministrar
proporcionar
asistir
aprovechar
beneficiar
servir (V.)
ser útil

s. ensancharse
extenderse
cundir (V.)
dar de sí

s. **ofrecerse** (V.)
avenirse
conformarse
resignarse
allanarse
dedicarse (V.)

(V. **préstamo)**

a. *abandonar*
negar
devolver
amortizar
desempeñar
redimir

prestatario
s. comodatario
mutuario
mutuatario

(V. **préstamo)**

a. *prestamista*

preste
(V. **clérigo)**

presteza
s. **prontitud** (V.)
brevedad
rapidez
dinamismo
ímpetu
festinación
alacridad
ligereza
prisa (V.)
aceleración
presura
diligencia (V.)
actividad
vivacidad
soltura (V.)
urgencia
resolución
agilidad (V.)
precipitación
agudeza
subitaneidad
instantaneidad
brevedad
relámpago
premura

a. *lentitud*
parsimonia
vagancia
irresolución

prestidigitación
s. **truco** (V.)
escamoteo (V.)
habilidad (V.)
destreza
engaño
ilusionismo
espectáculo (V.)
trampa
tropelía
fascinación
embeleco
mano (V.)
tejemaneje
juego de manos
brujería
apariencia
ocultamiento
magia
ocultismo
arte de magia
masecoral
s. doble fondo
varita mágica
polvos de la madre Celestina
conejo blanco
chistera
cubilete

prestidigitador
s. ilusionista
escamoteador (V.)
charlatán
tropelista
histrión
malabarista
truquista
tramposo
embelecador
cubiletero
salamanquero
fullero
jugador de manos
titiritero
prestímano
(V. **prestidigitación**)

prestigiador
(V. **embaucador**)

prestigiar
s. **acreditar** (V.)
honrar (V.)
aureolar (V.)
realzar
afamar
autorizar
considerar
estimar
influir
reputar
(V. **prestigio**)
a. *desprestigiar*
desacreditar
rebajar

prestigio
s. sortilegio
magia
fascinación (V.)
engaño (V.)
ilusión
embaucamiento
prestidigitación
s. fama
ascendiente (V.)
preponderancia
autoridad
raigambre (V.)
crédito (V.)
representación (V.)
reputación
valimiento
influjo
influencia (V.)
renombre
celebridad
honra
respeto (V.)
lustre (V.)
aureola
popularidad
importancia
predicamento (V.)
cartel
a. *desprestigio*
deshonra
obscuridad

prestigioso
s. **acreditado** (V.)
influyente (V.)
influente
famoso (V.)
célebre
popular
poderoso
valioso
preponderante
afamado
reputado
autorizado (V.)
virtuoso
pudiente
conocido
válido
renombrado
sonado
bienquisto
poderoso
pudiente
(V. **prestigio**)
a. *desprestigiado*
desconocido
humilde

prestímano
(V. **prestidigitador**)

presto
s. **pronto** (V.)
veloz
rápido (V.)
urgente
ligero (V.)
raudo
arrebatado
vertiginoso
célere
suelto (V.)
alado
resuelto
presuroso
febril
impetuoso
precipitado
momentáneo
fugaz
recio
ágil (V.)
alado
liberal
expeditivo
expedito
s. **diligente** (V.)
dispuesto (V.)
activo
resuelto
eficaz
valioso
listo (V.)
hábil
habilidoso
vigilante (V.)
diestro
preparado
decidido
mañoso
aparejado
s. de presto
rápidamente
con presteza
en un abrir y cerrar de ojos
(V. **presteza**)
a. *lento*
pausado
tranquilo
parsimonioso
tardo
inhábil
desconcertado

presumible
s. **previsible** (V.)
sospechable
maliciable
conjeturable
posible
factible
presunto
comprensible
probable (V.)
hacedero
asequible
juzgable
(V. **presunción**)
a. *improbable*
imprevisible
insospechable
imposible

presumido, a
s. **vanidoso** (V.)
petulante
petimetre
presuntuoso
alabancioso
relamido
ostentoso
pomposo
orgulloso (V.)
caballerete
desvanecido
vacío
vano
ventoso
relimpio
fachendoso
ufano (V.)
farfantón
pincho
fantasioso
ensoberbecido
soberbio
virote
fantástico
fantoche
encopetado
preciado
lechuguino
estúpido
cacareador
pisaverde
fanfarrón
postinero
aparatoso
bravucón
blasonador
alardoso
suficiente
pinturero
farol
farolero
figurón
farolón
hueco
necio
papelero
endiosado
glorioso
engreído
narciso
satisfecho
creído (V.)
preciado
pretencioso
jactancioso (V.)
ostentoso
gallo
chulo
empingorotado
mico
engallado
inmodesto (V.)
paquete
coquetón
refitolero
tieso
currutaco
vanaglorioso
curro
pavo real
flamenco
(V. **presunción**)
a. *sencillo*
humilde
natural
modesto
discreto
callado
circunspecto

presumir
s. **sospechar** (V.)
juzgar
conjeturar
barruntar
indicar
figurarse
suponer (V.)
deducir
prever
creer
oliscar
olisquear
husmear
olerse
maliciar
imaginar
s. alardear
tontear
ufanarse
reputarse
pavonearse
fachendear
vanagloriarse (V.)
enorgullecerse
engreírse (V.)
pagarse
picar
lucir
garbear
preciarse (V.)
gloriarse
infatuarse
fanfarronear
farolear
cacarear
postinear
pollear
guapear
envanecerse (V.)
encopetarse
jactarse
hombrear
chulear
contonearse
gallardear
papelear
papelonear
repicar
ostentar
encastillarse
hacer el paripé
blasonar
ponerse moños
escupir doblones
darse pote
tener pretensiones
r. De la noche chichirimoche, a la mañana chichirinada ■ La rana se encanta de lo bien que canta ■ Llamaos siquiera conde de Cervera
s. ser presumido como gallo de cortijo
ser presumido como un pavo real
ser más tieso que un ajo
(V. **presunción**)
a. *ignorar*
desconocer
equivocarse
errar
callar
humillarse
rebajarse
despreciarse
menospreciarse

presunción
s. **asomo** (V.)
sospecha (V.)
suposición
barrunto
pensamiento (V.)
conjetura
confianza (V.)
creencia
s. **desgarro** (V.)
alarde
vanidad (V.)
vanagloria
ostentación (V.)
pavoneo (V.)
humos (V.)
ínfulas (V.)
gala
fanfarronería (V.)
pedantería (V.)
enjuague
paripé
baladronada
orgullo (V.)
soberbia
presuntuosidad
entonación
elación
tufo (V.)
postín (V.)
farol (V.)
poleo (V.)
fantasía (V.)
boato
engreimiento
fatuidad
tontería
penacho
ventolera
petulancia (V.)
impertinencia (V.)
necedad (V.)
estupidez (V.)
inmodestia (V.)
contoneo (V.)
pedantería
jactancia
afectación
a. *desconocimiento*
modestia
humildad
sencillez
menosprecio

presunto
s. **probable** (V.)
supuesto
conjetural
presupuesto
sospechoso
indiciario
presumible
(V. **presunción**)
a. *fijo*
exacto
improbable

presuntuosidad
(V. **presunción**)

presuntuoso
(V. **presumido**)

presuponer
s. **suponer** (V.)
conjeturar
reconocer
aceptar
admitir (V.)
asentir
dar por ratificar
s. **presupuestar** (V.)
calcular
computar
descontar (V.)
(V. **presuposición**)
a. *disentir*
desconvenir
rechazar

presuposición
(V. **suposición**)

presupuestar
s. **presuponer** (V.)
calcular (V.)
computar
valorar
evaluar (V.)
determinar
tantear
determinar
(V. **presupuesto**)

presupuesto
s. presuposición
conjetura
hipótesis
postulado
sospecha
creencia
suposición (V.)
s. **causa** (V.)
motivo
pretexto (V.)
supuesto
s. cálculo
cómputo (V.)
importe
cuenta
evaluación (V.)
coste
tanteo
avance
avanzo
s. capítulo
concepto
partida
renglón
título
ingresos
gastos
balance
a. *equivocación*
error
denegación

presura
s. **opresión** (V.)
angustia (V.)
aprieto
congoja
desazón
ansia
presión
apremio
agobio
s. prisa
presteza (V.)
s. ahínco
porfía
tenacidad (V.)
empeño
firmeza
insistencia
tesón
afán (V.)
a. *tardanza*
desidia
sosiego
abandono

presuroso
s. **apresurado** (V.)
diligente
activo
rápido
decidido
raudo
febril
vivo
presto (V.)
desalado (V.)
(V. **presura**)
a. *lento*
tardo
holgazán

pretencioso
(V. **presumido**)

pretender
s. solicitar
aspirar (V.)
reclamar (V.)
reivindicar (V.)
ansiar
desear (V.)
alentar (V.)
anhelar
codiciar
ambicionar
pedir
proponer (V.)
querer (V.)
tirar-se (V.)
apetecer
andar tras
perseguir (V.)
exigir
s. **procurar** (V.)
intentar
tratar
apuntar
(V. **pretensión**)
a. *desistir*
renunciar
abandonar
desentenderse

pretendido
s. pseudo
supuesto (V.)
ilusorio
mentiroso
engañoso
falso
quimérico
aparente
ilusivo
imaginario
fabuloso
fementido
irreal
seductor
sedicente
gratuito
s. **perseguido** (V.)
ambicionado
a. *cierto*
real
evidente
tangible
frustrado

pretendiente
s. **aspirante** (V.)
solicitante (V.)
candidato
pretensor
suplicante (V.)
instante
peticionario
reclamante (V.)
s. **cortejador** (V.)
novio (V.)
galanteador
enamorado (V.)
rondador
proco
(V. **pretensión**)
a. *desdeñoso*
desinteresado
titular

pretensión
s. empeño
solicitación
reclamación
voluntad
intención (V.)
petición
demanda
aspiración (V.)
intento
propósito
exigencia
designio
reivindicación
porfía
instancia
embajada
vanagloria (V.)
gollería
a. *renuncia*
rechazo
abandono

pretensiones
s. **pujos** (V.)
ambiciones
deseos
ganas
ínfulas (V.)
anhelos
sueños
vanagloria (V.)
impertinencias
a. *modestia*
humildad

pretericíón
s. pretermisión
relegación
arrinconamiento
exclusión (V.)
olvido (V.)
silencio
omisión
abandono
descuido
postergación (V.)
rebajamiento
dejación
desprecio
desamparo
menosprecio
a. *preferencia*
prioridad
vigencia
presencia
inclusión
recuerdo
amparo
estimación

preterir-se
s. relegar
descuidar
pretermitir
olvidar (V.)
omitir
excluir (V.)
eliminar
exceptuar
separar
rebajar
postergar (V.)
arrinconar
desamparar
menospreciar
posponer (V.)
desechar
hacer caso omiso
pasar por alto
dejar fuera
quedarse a la luna de Valencia
darle con la puerta en las narices
(V. **pretericíón**)
a. *incluir*
preceder
anteponer
seleccionar
preferir
recordar
estimar

pretérito
s. ido
distante
retrospectivo (V.)
retroactivo
sucedido
pasado (V.)
caducado
lejano
remoto
vencido (V.)
antiguo
distante
s. **ayer** (V.)
anterioridad
el pasado
s. pretérito imperfecto
pretérito perfecto
pretérito pluscuamperfecto
tiempo pretérito
participio de pretérito
a. *futuro*
próximo
inmediato

pretermisión
(V. **omisión**)
(V. **pretericíón**)

pretermitir
(V. **preterir**)
(V. **omitir**)

pretextar
s. alegar
achacar
colorir
colorear (V.)
asacar
cohonestar
excusarse (V.)
disculparse (V.)
dorar
justificar (V.)
defenderse
sobredorar
valerse
motivar (V.)
acogerse
velar
mentir (V.)
similar
fingir
aparentar
invocar
disimular
ocultar
explicar
salirse (V.)
evadirse
(V. **pretexto**)
a. *sincerarse*
admitir
reconocer
sostener

pretexto, s
s. **excusa** (V.)
garambaina (V.)
rebozo (V.)
tapujo (V.)
motivo (V.)
ocasión (V.)
causa
achaque (V.)
velo
disculpa (V.)
capa (V.)
salida
triquiñuela (V.)
subterfugio (V.)
asidero (V.)
pie
comodín (V.)
plataforma (V.)
callejón
máscara (V.)
argucia (V.)
fingimiento
mentira (V.)
cuento (V.)
evasión (V.)
evasiva (V.)
regate
expediente (V.)
resquicio
disimulo (V.)
apariencia
razón
voz (V.)
presupuesto (V.)
suposición
son (V.)
agarradero
asilla
ocultación
justificación (V.)
margen (V.)
solapa (V.)
rodeo (V.)
efugio
regate
s. bachillerías
romances
pamplinas
chánchàrras
máncharras
paparruchas
pamplinas
aspavientos
a. *sinceridad*
realidad
reconocimiento
confesión
verdad

pretil
s. valla
vallado
pared
muro
mampuesto
antepecho (V.)
balaustrada
baranda (V.)
pasamano
brocal
barbacana
colaña
andarivel
acitara
acrotario
cercado
rastel
balcón

pretina
s. cinto
cinturón (V.)
cinturilla
ceñidor (V.)
cincha
correa
sujetador
traba
talabarte
tira
banda
s. meter en pretina
trincha (V.)

pretor
s. **magistrado** (V.)
juez
gobernador
propretor

pretorianismo
(V. **militarismo**)

prevalecer
s. **sobresalir** (V.)
dominar (V.)
superar
sobrepujar
descollar
aventajar
preponderar
prevaler
aumentar
predominar
crecer
dilatarse
medrar
correr
despuntar
señorear
brillar
resaltar
destacar
señalarse
imponerse (V.)
adelantar
valer
s. **vencer** (V.)
ganar
prender
reinar
arraigar (V.)
imperar (V.)
a. *someterse*
rebajarse
humillarse
perder

prevaler-se
s. valerse
servirse
utilizar
aprovecharse (V.)
aventajar
beneficiarse
prevalecer (V.)
a. *desaprovechar*
perjudicarse

prevaricación
s. **infracción** (V.)
transgresión
violación
vulneración
contravención
delito
falta
abuso (V.)
exceso
concusión (V.)
estafa
quebranto (V.)
incumplimiento
inobservancia
ilegalidad
infidelidad
deslealtad
prevaricato
a. *observancia*
lealtad
moralidad
virtud
honestidad
honradez
cumplimiento

prevaricador
s. estafador
delincuente (V.)
transgresor
incumplidor
infractor (V.)
quebrantador
contraventor
concusionario
(V. **prevaricación**)
a. *honrado*
cumplidor
leal
virtuoso

prevaricar
s. **estafar** (V.)
contravenir
violar
delinquir
infringir (V.)
faltar
transgredir
quebrantar (V.)
incumplir
pecar
quebrar por
cometer injusticia
s. **desvariar** (V.)
desbarrar
delirar
disparatar
desatinar
dispararse
(V. **prevaricación**)
a. *cumplir*
obedecer
respetar
observar

prevención
s. **precaución** (V.)
anticipación
profilaxis (V.)
previsión (V.)
vacuna (V.)
inmunización
vacunación (V.)
seguro
disposición (V.)
medida
contramedida
providencia
aprontamiento
advertencia
prudencia (V.)
aviso (V.)
apercibimiento
organización
preparativos
preparación (V.)
provisión (V.)
garantía
cautela
cuidado
vigilancia
desconfianza
recelo
barrunto
aprensión
temor
suspicacia
prejuicio (V.)
duda

s. **policía** (V.)
guardia
vigilancia (V.)
cuartelillo
puesto (V.)

a. *improvisación*
imprevisión
confianza

prevenido
s. **preparado** (V.)
enterado
apercibido
previsor (V.)
premiso (V.)
anticipado
cuidadoso
próvido
advertido (V.)
avisado
arreglado
elaborado
planeado
tramado
organizado
orejado
predispuesto
alerta
cauteloso (V.)
amasado
sobre aviso
en guardia

s. abundante
lleno
suministrado
provisto

(V. **prevención**)

a. *despreocupado*
descuidado
carente
desprovisto

prevenir-se
s. **preparar** (V.)
aparejar
pertrechar
aprontar
disponer (V.)
aprestar
asegurar (V.)
aviar (V.)
apercibir
aprevenir
aderezar
arreglar
tramar
prever (V.)
proyectar
planear
organizar
condicionar
establecer
advertir (V.)

s. **avisar** (V.)
entablar
informar
madrugar (V.)
adelantar
participar
notificar
comunicar

s. imbuir
impresionar
preocupar
inducir (V.)
turbar
pasar

s. **ocurrir** (V.)
acaecer
sobrevenir
acontecer

s. **estorbar** (V.)
impedir (V.)
eludir
evitar (V.)
esquivar
cautelar
obstaculizar
entorpecer
dificultar
preocupar (V.)

s. disponerse
prepararse (V.)
armarse
precaucionarse
aparecer
aguzar los oídos
afilar los dientes
estar sobre aviso
parapetarse
precaverse (V.)
guardar (V.)

(V. **prevención**)

a. *desprevenirse*
desconocer
inadvertir
ignorar
despreocuparse
callar
silenciar
favorecer
facilitar

preventivo
s. **profiláctico** (V.)
preparatorio (V.)
provisorio
preservador (V.)
protector
defensor
amparador
tutelar
anticipado (V.)

(V. **prevención**)

a. *favorecedor*
favorable
retrasado

prever
s. **adivinar** (V.)
conocer (V.)
barruntar
vaticinar (V.)
agorar
prenunciar
preconocer (V.)
augurar
anunciar (V.)
predecir
profetizar
prevenirse (V.)
evitar (V.)
precaver
prenotar
presumir
oler
oliscar
sospechar
pronosticar
presentir (V.)
conjeturar
adelantarse
revelar
figurarse
imaginarse
presagiar
percatarse
darle a uno algo en la nariz
tener una corazonada
verlas venir
estar con la mosca en la oreja
estar a la expectativa
estar a la mira

(V. **previsión**)

a. *equivocarse*
errar
sorprender
desprevenir

previo
s. **anterior** (V.)
anticipado
antecedente
adelantado
primero
preliminar
precursor
play-back
primario
antepuesto
preinserto
delante
prior
premiso (V.)
cuestión previa
autorización previa

a. *posterior*
pospuesto
último
consecuente

previsible
s. predecible
posible
presumible (V.)
conjeturable (V.)
probable (V.)
imaginable (V.)
pronosticable
forzoso
evitable (V.)
fatal

(V. **previsión**)

a. *imprevisible*
improbable
inimaginable

previsión
s. **precaución** (V.)
prudencia (V.)
reserva
cautela
garantía
prevención (V.)
atención
cálculo
reflexión
preparación (V.)
sigilo
desconfianza
remusgo

s. **presentimiento** (V.)
sospecha
prenoción
presciencia
duda
suposición
pronóstico (V.)
anuncio (V.)
precognición
predicción
premeditación
prognosis
creencia
conjetura
barrunto
corazonada
pronosticación
premonición
indicación
instinto
aviso
advertencia
porvenir (V.)
calendario
almanaque
cabañuelas
parte meteorológico
predicción del tiempo

a. *irreflexión*
imprevisión
sorpresa
ignorancia
desconocimiento
imprudencia

previsor
s. pronosticador
conjeturador
calculador (V.)
barruntador
profeta
sagaz
presciente

s. cauto
precavido (V.)
madrugador
prevenido (V.)
prudente (V.)
avisado (V.)
apercibido
circunspecto
advertido
cauteloso
astuto

(V. **previsión**)

a. *incauto*
imprevisor
confiado
imprudente

previsto
s. preconcebido
dscontado
conocido (V.)
sabido
supuesto
sobresabido
predicho
anunciado (V.)
avisado
conjeturado
pronosticado
presentido

(V. **previsión**)

a. *imprevisto*
repentino
espontáneo
inesperado
desprevenido
sorprendido

prez
s. estimación
honor (V.)
distinción
honra
gloria
fama
consideración
nobleza
notoriedad
rango
pro
alcurnia

a. *obscuridad*
descrédito
desconsideración
deshonor
vilipendio

prieto
s. ceñido
prensado
comprimido
apretado (V.)
apretujado
tupido
atestado
estrujado

s. **negro** (V.)
negruzco
obscuro
gris marengo
retinto

s. **avaro** (V.)
roña
tacaño
roñoso
mezquino
mísero
escaso
codicioso

a. *flojo*
suelto
holgado
generoso
blanco
pálido

prima
s. pariente
familiar
allegada
primo (V.)

s. recompensa
gratificación
premio (V.)
indemnización
sobreprecio
precio
regalo
plus
momio
excedente
sobresueldo
estímulo
comisión
cuota (V.)
tasa

a. *descuento*
deducción
castigo
pena

primacía
s. excelencia
superioridad (V.)
supremacía
preponderancia
preferencia (V.)
preeminencia
prioridad
prima
ventaja (V.)
sublimidad
principado (V.)
excelsitud
culminación
altura
cima

s. **antelación** (V.)

a. *inferioridad*
insignificancia
desventaja

primada
s. **tontería** (V.)
engaño (V.)
embeleco
ingenuidad (V.)
estupidez
trampa
necedad

a. *sagacidad*
agudeza
inteligencia

primado
s. **superior** (V.)
prelado
principal
peeminente
primero
obispo
arzobispo
cardenal
sacerdote (V.)

primario
s. **elemental** (V.)
primitivo (V.)
grosero
rudimentario
sencillo
embrionario
antiguo
viejo
vetusto
anticuado

s. **primero** (V.)
primordial
fundamental (V.)
básico
principal
preferente

a. *compuesto*
complicado
complejo
nuevo
reciente
secundario
auxiliar

primate
s. **jefe** (V.)
caudillo
jefe
líder
dirigente
prócer
cabecilla
noble
magnate
prohombre
personaje (V.)
figura

s. **antropoide** (V.)
antropomorfo
simio
mono
mico
primate catarrino
primate platirrino

(V. **primacía**)

a. *villano*
plebeyo
vulgar
subordinado

primavera
s. **estación** (V.)
entretiempo
s. hermosura
belleza
colorido
juventud (V.)
vigor
fuerza
sazón
frescor
frescura
floración
lucimiento
florecimiento (V.)
renacimiento
esplendor
lustre
alegría (V.)
s. panoli
primo
bobo
necio
ingenuo
r. La primavera, la sangre altera
meteorología (V.)
a. *otoño*
tristeza
vejez
decrepitud
listo
vivo

primaveral
s. vernal
templado
renacido
florecido (V.)
juvenil
coloreado
hermoso
joven (V.)
vigoroso
alegre (V.)
fresco
nuevo
reciente
(V. **primavera)**
a. *otoñal*
invernal
decrépito
triste
agostado

primerizo
s. **novato** (V.)
inexperto
principiante (V.)
bisoño
novel
neófito
inhábil
novicio
s. primípara
(V. **primero)**
a. *baqueteado*
corrido
experto
veterano

primero
s. **as** (V.)
inicial (V.)
inaugural (V.)
preliminar
primicial
primario (V.)
incipiente
originario (V.)
primitivo (V.)
iniciativo
primogénito
primógeno
primo
primado
s. **principal** (V.)
puntero (V.)
delantero (V.)
precursor (V.)
excelente
sobresaliente
descollante
superior (V.)
grande
prístino
primordial
preferente
fundamental
s. germinal
naciente (V.)
elemental
s. antes
previo
delante
a primeros
de primera
lo primero es lo primero
a las primeras de cambio
r. El que da primero, da dos veces
a. *postrero*
final
inferior
después
anterior

primicia
s. **principio** (V.)
comienzo
antecedente
preferencia
primacía
inicio
privilegio (V.)
exclusividad (V.)
preferencia
ventaja
fruto (primero)
anticipación
s. **tributo** (V.)
(V. **primero)**
a. *final*
fin
acabamiento
desventaja

primigenio
s. original
originario (V.)
primitivo (V.)
primero
inicial
a. *último*

primitivo
s. autóctono
originario
oriundo
tribal
tribual
original
antiguo (V.)
viejo
vernáculo
genético
genesiáco
prehistórico
s. **rudo** (V.)
tosco
cerril
rudimentario
salvaje (V.)
chanflón
s. inicial
primero (V.)
primario (V.)
primigenio (V.)
prístino
primordial (V.)
primógeno
fontal
original
s. **simple** (V.)
sencillo
natural
ingenuo (V.)
llano
pintura primitiva
lotería primitiva
ser muy primitivo
a. *actual*
perfeccionado
contemporáneo
educado
último
maduro
evolucionado

primo
s. prima
familiar
pariente (V.)
cognado
agnado
s. **primoroso** (V.)
excelente (V.)
perfecto
sublime
cuidado
exquisito
selecto
precioso
s. incauto
cándido (V.)
bobalicón
memo (V.)
simple
simplón
simplicio
ingenuo (V.)
pazguato
alelado
s. **negro** (V.)
s. obra prima
danza prima
prima tonsura
primo hermano
primo carnal
primo cormano
hacer el primo
coger de primo
tomar por primo
ser un primo
(V. **primero)**
a. *extraño*
insignificante
desdeñable
vivo
avispado
listo
incrédulo
pícaro

primogénito
s. primero
mayorazgo (V.)
heredero
sucesor
legatario
beneficiario
hijo mayor (V.)
a. *segundogénito*

primogenitura
s. progenitura
mayorazgo (V.)
herencia
heredad
prerrogativa
privilegio
a. *desventaja*
segundogenitura

primor
s. maestría
cuidado (V.)
esmero
perfección
pulidez (V.)
destreza
habilidad
finura (V.)
filili
delicadeza (V.)
curiosidad
exquisitez (V.)
artificio
maña
gracia
mimo
monería
tacto
filigrana (V.)
suavidad
buen tono
canela en rama
a. *imperfección*
chapucería
descuido

primordial
s. originario
primitivo (V.)
principal (V.)
esencial
primario
fundamental (V.)
original (V.)
capital
básico
sustancial
a. *secundario*
eventual
accidental

primorear
(V. **esmerarse)**

primoroso
s. **delicado** (V.)
fino
perfecto
excelente
esmerado (V.)
prodigioso (V.)
valiente (V.)
primo (V.)
cuidadoso
cuidado
pulido (V.)
lindo
selecto
superfino (V.)
exquisito (V.)
peregrino (V.)
pulcro
bonito
bello
grácil
ligero
gracioso
elegante
atractivo
agradable
hermoso
precioso
afiligranado
s. **hábil** (V.)
habilidoso
diestro (V.)
(V. **primor)**
a. *imperfecto*
feo
inhábil

princesa
s. alteza
soberana (V.)
reina
infanta (V.)
noble
aristócrata
primogénita
sucesora
heredera
descendiente

principada
s. **alcaldada** (V.)
polacada
abuso (de autoridad)
extorsión
desconsideración
exceso
(V. **príncipe)**
a. *moderación*
mesura
prudencia

principado
s. territorio
principazgo
dominio
comarca
heredad
delfinado
soberanía (V.)
s. **primacía** (V.)
ventaja
superioridad
(V. **príncipe)**
a. *inferioridad*
desventaja

principal
s. **importante** (V.)
fundamental
preferente
capital
substancial
básico (V.)
enjundioso
trascendental
señalado
apreciable
primario
primordial (V.)
importante
inexcusable
cardinal
matriz
clave
central (V.)
esencial (V.)
especial (V.)
saliente
primero (V.)
s. notable
granado
respetable
precipuo
distinguido (V.)
famoso
ilustre (V.)
esclarecido
grande
valioso
sobresaliente (V.)
superior
director (V.)
jefe
patrono
delegante
poderdante (V.)
gerente
maestro
amo
directivo
s. manjar principal
nave principal
contaduría principal de Marina
a. *secundario*
accesorio
insignificante
humilde
subordinado
adjetivo
incidental
anecdótico
adicional

principalidad
s. **esencialidad** (V.)
influencia
superioridad
dignidad
eficacia
precisión
especialidad (V.)
suficiencia
respetabilidad
grandeza
poder
magnitud
proceridad
majestad
mayoridad
autoridad
nobleza (V.)
trascendencia
consideración
importancia (V.)
alcance
fundamento (V.)
peso
meollo
busilis
vigor
fuerza
potencia
fuste
fortaleza
a. *insignificancia*
ineficacia
vulgaridad
debilidad
inferioridad

príncipe
s. **infante** (V.)
alteza
delfín
elector (V.)
kronprinz
zarevitz
dux
soberano
heredero
primogénito
emir
califa
diadoco
miramamolín

principesco
s. real
magnífico
soberano (V.)
fabuloso
lujoso (V.)
fastuoso
suntuoso
generoso
magnánimo
s. supremo
cesáreo
mayestático
majestuoso (V.)
dinástico
(V. **príncipe)**
a. *sencillo*
humilde
miserable

principiante
s. novel
novicio (V.)
novato
pipiolo
aprendiz (V.)
debutante
currinche
incipiente (V.)
inexperto (V.)
practicante
neófito
aspirante
bisoño
barbiponiente
primerizo (V.)
educando
muletilla
(V. **principio**)
a. *ducho*
diestro
experto
baqueteado

principiar
s. **iniciar** (V.)
empezar (V.)
querer (V.)
encabezar (V.)
incoar
promover
intentar
bosquejar (V.)
lanzar
preludiar
exordiar
embocar
fundar (V.)
establecer
inaugurar
apuntar
brotar
florecer
entablar
criar
romper
trabar
mover
estrenar (V.)
debutar
instalar
originar
investir
crear
emanar de
erigir
elevar
preparar (V.)
abrir
sembrar
propagar
propalar
lanzar
soltarse a
abrir camino
estrenarse
poner manos en
poner la primera piedra
echar a andar
hacer público
salir a la luz
echar los cimientos
ponerse en camino
poner manos a la obra
ponerse en pie
ponerse en acción
dar la primera noticia
hacer boca
romper el hielo
levantar el telón
descorrer la cortina
tirar de la manta
s. **nacer** (V.)
surgir
salir
dar a luz
r. Bien principiado, medio camino andado ■ Para que tus obras salgan con acierto princípialas con acuerdo ■ A mal empezar, peor acabar ■ El empezar es la mayor dificultad
(V. **principio**)
a. *acabar*
finalizar
morir
consumar
rematar
coronar
concluir
extinguir

principio
s. **borde** (V.)
comienzo (V.)
dimanación (V.)
germen (V.)
ab initio
esbozo
prehistoria (V.)
encabezamiento (V.)
iniciativa
implantación
origen (V.)
causa
advenimiento
iniciación (V.)
apertura
arranque
entrada
exordio
proemio
prólogo
prefacio
preámbulo
preliminar
preludio
prolegómeno
introducción (V.)
inauguración
estreno (V.)
inexperiencia (V.)
primicia (V.)
chispazo
estallido
patente
causa
arranque
oriente
anterioridad
alfa
desde
cabeza
incoación
apertura
advenimiento
anuncio
motivo
germinación
seminario
institución
erección
alba
albor
amanecer
umbral (V.)
debut
instalación
s. pimpollo
vástago
simiente (V.)
botón
yema
cuna
nacimiento
parto
génesis
alumbramiento
generación
brote (V.)
semilla
huevo
ovario
larva
embrión (V.)
s. **infancia** (V.)
niñez
balbuceo
s. **fundamento** (V.)
base
basa
cimiento (V.)
s. precepto
norma (V.)
regla
máxima
tesis
conducta
s. al principio
de principios
a principios de
del principio al fin
en principio
r. El principio es la mitad del fin ■ Principio quieren las cosas ■ Todos los principios son desabridos
a. *fin*
acabamiento
muerte
extinción
conclusión
epílogo
término
consumación
caducidad
remate
coronamiento
golletazo
postdata
acabamiento
colofón
tope
límite
postrimería
ocaso
disolución

pringado
(V. **pringoso**)

pringar
s. mojar
tiznar
engrasar (V.)
untar (V.)
manchar (V.)
empavinar
emporcar
s. deshonrar
mancillar
denigrar (V.)
baldonar
difamar
infamar
vilipendiar
herir
amancillar
desacreditar (V.)
(V. **pringue**)
a. *limpiar*
enaltecer
honrar
alabar

pringón
s. pringoso
cochino
sucio (V.)
asqueroso
s. lámpara
lamparón
churrete
mancha (V.)
mácula
borrón
tiznón
(V. **pringue**)
a. *limpio*
pulcro
inmaculado

pringoso
s. **grasiento** (V.)
sucio (V.)
asqueroso
marrano
cochino
churretoso
seboso (V.)
untuoso (V.)
manchado
maculado
puerco
cerdo
mugriento
chancho
desaseado
pringado
s. pesado
fastidioso (V.)
(V. **pringue**)
a. *limpio*
pulido
aseado
inmaculado
ligero
ameno

pringue
s. **grasa** (V.)
unto (V.)
tocino
sebo
aceite
alquitrán
manteca
s. **suciedad** (V.)
porquería
marranada
mugre
churre
herrumbre
moho
verdín
tiznón
a. *sequedad*
limpieza
pulcritud
aseo

prior, a
s. abad
superior (V.)
rector (V.)
dignatario
director (V.)
prelado
párroco
primado
pastor
sacerdote
eclesiástico

priorato
s. monasterio
abadía
rectoría
convento
parroquia
territorio (V.)
zona
s. **título** (V.)
dignidad
priorazgo
(V. **prior**)

prioridad
s. **anterioridad** (V.)
antelación
precedencia (V.)
primacía
s. **preferencia** (V.)
preeminencia
ventaja
preponderancia
prerrogativa
a. *posterioridad*
desventaja
imparcialidad

prioste
(V. **mayordomo**)

prisa
s. celeridad
presteza (V.)
premura (V.)
velocidad
perentoriedad
viveza
urgencia (V.)
precipitación
acucia
presura
embarullamiento
expedición (V.)
emergencia
subitaneidad
apresuramiento
acuciamiento
arranque
soltura
instantaneidad
alacridad
vehemencia
aguijadura
despachaderas
atosigamiento
fugacidad (V.)
carrera
vuelo
corrida
escapada
angustia (V.)
vértigo (V.)
avanzada
rebato
aceleración
apremio (V.)
impaciencia (V.)
escape
tropel (V.)
tropelía (V.)
galope
trote
ímpetu
furor (V.)
furia
marcha forzada
a todo vapor
a toda máquina
a toda mecha
a la desbandada
fuga precipitada
a todo trapo
a rienda suelta
a todo gas
como el rayo
como el viento
r. Quien de prisa fue, de prisa volvió ■ Lo que de prisa se hace despacio se llora ■ Quien de prisa vive, de prisa muere ■ A más prisa, más vagar ■ Vísteme despacio, que tengo prisa
s. a prisa
darse prisa
estar de prisa
dar prisa una cosa
correr prisa
a toda prisa
s. de prisa y corriendo
a. *lentitud*
parsimonia
cachaza
pasividad
calma
pachorra

priscal
(V. **aprisco**)

priscilianismo
(V. **herejía**)

prisión
s. **mazmorra** (V.)
cárcel (V.)
chirona
gayola
galera
trápana
saladero
calabozo
sagena
brete
cuartelillo
ergástula
correccional
prevención
checa
campo de concentración
penitenciaría (V.)
reformatorio
penal
presidio
baño
caponera
s. encierro
reclusión (V.)
encarcelamiento
detención
arresto
aherrojamiento
aprisionamiento
prendimiento (V.)
apresamiento
captura
pena
condena
cautividad
cautiverio
quincena
galeras
trabajos forzados
cadena perpetua
s. esposas
cadena
grillete
grillos
hierros
prisiones
rejas
cuerda
capuchón
ferropea
fierros
pihuelas
collera
s. cariño
afecto (V.)
afección
amor
s. prisión preventiva
prisión mayor
prisión menor
prisión celular
en prisión
reducir a prisión
a. *liberación*
libertad
repulsión

prisionero
s. preso
presidiario
raptado (V.)
cautivo (V.)
arrestado
detenido
encarcelado
rehén (V.)
recluso
condenado
enrejado
galeote
copado

(V. **prisión**)

a. *libre*
liberado
libertado

prisma
s. poliedro
romboedro

s. caras o bases
paralelogramos
vértices
polígonos

(V. **geometría**)

prismáticos
s. anteojos
binoculares
largavistas
gemelos

s. ocular
lente
espejo
enfoque
tubos
estuche

(V. **óptica**)

prístino
s. antiguo
primero
primitivo
original (V.)
primigenio

a. *moderno*

privación
s. **falta** (V.)
ausencia
carencia
necesidad (V.)
escasez (V.)
deficiencia
mancamiento
penuria
negación (V.)
miseria

s. **prohibición** (V.)
interdicción (V.)
destitución
veda (V.)
deposición (V.)
remoción
exclusión
pena
sacrificio (V.)
castigo

s. despojo
desposeimiento
usurpación (V.)
confiscación
expolio
robo
hurto
exacción
evicción
pérdida (V.)
saqueo
pillaje
expropiación

r. La privación es causa del apetito

a. *abundancia*
plétora
copia
exceso
riqueza
sobra
demasía
autorización
restitución
devolución
permiso

privado
s. **reservado** (V.)
personal
familiar
íntimo (V.)
peculiar
particular (V.)
privativo
exclusivo

s. **favorito** (V.)
valido (V.)
predilecto
preferido
escogido
expoliado

s. **desposeído** (V.)
destituido
desvalijado
ayuno
desprovisto (V.)

(V. **privación**)

a. *público*
detestado
restituido

privanza
s. confianza
favoritismo (V.)
preferencia
favor (V.)
gracia
valimiento (V.)
honra
predilección
distinción
nepotismo
metimiento (V.)

s. **intimidad** (V.)
exclusividad

a. *desconfianza*
desgracia
imparcialidad
generalidad
publicidad

privar-se
s. **despojar** (V.)
desheredar (V.)
usurpar
expoliar
excluir
quitar
robar
piratear
confiscar
tomar
desproveer
prohibir
vedar
arruinar
frustrar
hurtar
destituir
saquear
perder
carecer
suspender
expropiar (V.)
sustraer
estafar
guindar
desposesionar
desaviar
desplumar
carmenar
birlar
chupar
mermar
desheredar
desnudar
pelar
dejar en camisa
dejar en la calle
dejar en pelota
dejar con un palmo de narices
chupar la sangre

s. **prohibir** (V.)
interdecir (V.)
estorbar
impedir (V.)
embarazar
renunciar (V.)
prescindir
inhibirse

s. **abstenerse** (V.)

s. **gustar** (V.)
hechizar
chiflar
marearse
desvanecerse (V.)

s. perder el sentido
ayunar
quitarse de la boca
sacrificarse (V.)

(V. **privación**)

a. *devolver*
tener
permitir
detestar
gozar
disgustar
participar
gozar

privativo
s. **propio** (V.)
peculiar
característico
personal
exclusivo (V.)
singular
particular
individual
privado
especial
específico

(V. **privanza**)

a. *general*
común

privilegiado
s. **superior** (V.)
predilecto
preferido
favorito
elegido
aventajado
especial
escogido
privado
valido
notable
extraordinario
excelente
excusado
inviolable
excepcional (V.)
inmune
ermunio
único
primero
distinguido
favorecido (V.)
preferente
afortunado (V.)
paniaguado
mimado

(V. **privilegio**)

a. *desafortunado*
desgraciado
desapercibido
ignorado
inferior

privilegio
s. exclusividad
prerrogativa
ventaja (V.)
poder (V.)
libertad (V.)
dispensa (V.)
pase
favor
gracia
derecho (V.)
concesión (V.)
patente (V.)
exclusiva (V.)
inmunidad (V.)
fuero (V.)
entrada
distinción
bula (V.)
liberación
primicia (V.)
preferencia
monopolio
exención (V.)
aquiescencia
permisión
franquicia
regalía (V.)
indulto
parcialidad
merced (V.)
preeminencia (V.)
diploma (V.)
excepción
extraterritorialidad (V.)
permiso (V.)
provecho
utilidad
dispensación
mayorazgo (V.)
villazgo
carta forera
carta foral
carta de gracia

s. concertador de privilegios
hidalgo de privilegio
privilegio convencional
privilegio de introducción
privilegio de invención
privilegio favorable
privilegio del fuero
privilegio gracioso
privilegio real
privilegio personal
privilegio remuneratorio
privilegio local
privilegio odioso
privilegio rodado

r. Privilegio particular no hace ley general

a. *desventaja*
daño
prohibición
veto
imparcialidad
postergación
preterición
olvido

pro
s. **provecho** (V.)
utilidad
favor (V.)
gracia

progreso (V.)

s. **antes** (V.)
delante
anterior

s. hombre de pro
buena pro
el pro y el contra
en pro de

a. *contra*
perjuicio
contrario
después

proa
s. **roda** (V.)
alefriz
contrarroda
buzarda
pernos de la buzarda
asta
apóstoles
espaldón
cuadernas de reviro
tablón del forro
bao
varenga
sobrequilla
pie de roda
espolón
branque
contrabranque
delantera
tajamar (V.)
prora
proíz
proís
gambota
brazal
pescante de gata
abitón
manigueta
ensamble de quilla
curva
bitón
casco (V.)

s. mascarón de proa
mastelero de proa
viento de proa
figurón de proa
poner proa a
poner la proa a algo o a alguien

(V. **embarcación**)

a. *popa*

probabilidad
s. **posibilidad** (V.)
evento
eventualidad
contingencia
inminencia
apariencia
hipótesis
credibilidad
casualidad
ocasión
verosimilitud (V.)
riesgo
pretexto
fundamento
oportunidad
recurso
apariencia
suposición
perspectiva (V.)
acaso
certidumbre

a. *imposibilidad*
improbabilidad
infalibilidad
inverosimilitud
dificultad

probable
s. **posible** (V.)
natural
contingente (V.)
viable
dable
hacedero
acaecedero
verosímil (V.)
plausible
factible
aparente
presunto (V.)
supuesto
fácil
presumible (V.)
asequible
admisible
aleatorio
hipotético
verisímil
creedero
aceptable
concluyente
fidedigno
eventual
putativo
compatible
previsible (V.)

(V. **probabilidad**)

a. *improbable*
inasequible
imposible
difícil
infalible

probado
s. **experimentado** (V.)
justificado
acreditado
demostrado (V.)
realizado
ensayado
comprobado
auténtico
acendrado
acrisolado
garantizado
fundado
evidente (V.)
notorio
textual
alegado

s. **sufrido** (V.)
avezado
ducho
baqueteado
acostumbrado

(V. **prueba**)

a. *infundado*
incierto
inexperto
novicio

probador
(V. **probatorio**)

probanza
(V. **prueba**)

probador
evidenciable
demostrador
comprobante
verificador

(V. **prueba**)

a. *negador*
contrario

probatura
(V. **prueba**)

probeta
s. tubo
vasija (V.)
vaso
recipiente

s. **cubeta** (V.)

probar
s. **certificar** (V.)
demostrar (V.)
experimentar (V.)
justificar
saber (V.)
hacer ver
persuadir
convencer
compulsar (V.)
contrastar (V.)
examinar
comprobar (V.)
verificar (V.)
patentizar
evidenciar
testimoniar (V.)
testificar (V.)
salvar (V.)
atestiguar
razonar
contestar
acrisolar
ejemplarizar
alegar
sentar-se (V.)
aducir
citar (V.)
traer
autorizar
contextuar

s. **gustar** (V.)
catar (V.)
tastar
paladear
saborear (V.)
degustar (V.)
golosinear (V.)
libar
chuparse los dedos
relamerse

s. **intentar** (V.)
ensayar (V.)
tratar de
apuntar
pretender
aspirar a
tantear

s. sentar
favorecer (V.)
beneficiar
ir bien algo a alguien
resultar

s. **palpar** (V.)
tentar
pulsar
pulsear (V.)
tirar (V.)

(V. **prueba**)

a. *abstenerse*
inhibirse
callarse
repeler
disgustar
perjudicar
fallar

probatorio
s. **demostrativo** (V.)
acreditativo
testifical (V.)
justificativo

probidad
s. **integridad** (V.)
rectitud (V.)
hombría
honradez (V.)
honestidad
honorabilidad (V.)
delicadeza
ecuanimidad
virtud
delicadeza
escrupulosidad
lealtad
decencia
seriedad
moralidad

a. *deshonestidad*
fraudulencia
inmoralidad

problema
s. **duda** (V.)
cuestión (V.)
dilema (V.)
dificultad (V.)
rompecabezas
enigma (V.)
pega
quebradero (V.)
punto
trance (V.)
quisicosa
asunto
jeroglífico
incógnita (V.)
secreto
pregunta
acertijo
adivinanza
adivinación
teorema
proposición
charada
planteamiento
logogrifo
pasatiempo
dublo
obscuridad
alternativa
investigación
incertidumbre
impasse

a. *solución*
juicio
facilidad
evidencia
claridad
certeza
certidumbre
seguridad

problemático
s. enigmático
incierto (V.)
dudoso (V.)
cuestionable
ambiguo
insoluble
incomprensible
inseguro
irresoluble
discutible (V.)
dubitable
dudable
confuso
nebuloso (V.)
indeciso
difícil
disputable
hipotético
conjetural

(V. **problema**)

a. *cierto*
seguro
evidente
incontestable
soluble
fácil

probo
s. moral
honrado (V.)
inflexible
irreprochable (V.)
íntegro
escrupuloso
bondadoso
recto
leal

(V. **probidad**)

a. *deshonesto*
abyecto
desleal

procacidad
s. **grosería** (V.)
insolencia (V.)
desfachatez
osadía
atrevimiento
desvergüenza (V.)
cinismo (V.)
petulancia
indecencia (V.)
desgarro
licencia
impudencia
descomedimiento
desahogo
descoco
irascibilidad
furia
tupé
frescura
caradura

a. *comedimiento*
prudencia
honestidad
pudor

procaz
s. **deslenguado** (V.)
descocado
insolente (V.)
cínico (V.)
grosero (V.)
provocativo
descarado
desvergonzado (V.)
injurioso
malhablado
desollado
osado
liso
raído
atrevido
licencioso
trafalmejas
desfachatado
inverecundo
caradura

(V. **procacidad**)

a. *comedido*
discreto
vergonzoso
honrado
tímido
fino

procedencia
s. dimanación
origen (V.)
nacimiento
fuente
comienzo
venida (V.)
raíz
oriundez
naturaleza
filiación (V.)
antecedente
dimanación (V.)
ascendencia
advenimiento
extracción
cuna
principio
derivo
anterioridad
precedencia
cimiento
causa
derivo
etimología
punto de partida
punto de origen

s. **conformidad** (V.)
oportunidad
pertinencia
aprobación
aquiescencia

a. *improcedencia*
destino
fin
dirección
inconformidad
negativa

procedente
s. **originario** (V.)
dimanante
proveniente
prístino
oriundo
derivado
anterior
precursor
antecedente

s. **arreglado** (V.)
oportuno (V.)
de acuerdo
razonable (V.)
justo (V.)
conforme
apropiado
mandado
adecuado
correspondiente

(V. **procedencia**)

a. *improcedente*
inadecuado
disconforme
inoportuno
injusto

proceder
s. **dimanar** (V.)
provenir (V.)
descender
derivar (V.)
arrancar (V.)
resultar (V.)
suceder (V.)
emanar (V.)
originarse (V.)
venir (V.)
seguir-se (V.)
remontarse
promanar
salir (V.)
descender
nacer
iniciarse (V.)
haber (V.)
comenzar
empezar

s. portarse
comportarse (V.)
obrar
manejarse
pajear (V.)
trocarse
actuar
llevarse
gobernarse

s. continuar
ser conforme
estar de acuerdo
tener razón
corresponder (V.)
aconsejar

s. **conducta** (V.)
gobierno
modos
maneras
comportamiento (V.)
costumbre
vida
paso
ruta
táctica
conducción (V.)

a. *causar*
detenerse
pararse
concluir
terminar
abstenerse
desaconsejar

procedimiento
s. **medio** (V.)
marcha (V.)
forma
curso
conducta
método (V.)
manera (V.)
forma
sistema (V.)
actuación
solución (V.)
traza (V.)
guisa
disposición
tenor
receta (V.)
modo (V.)
orden
medios
estilo
escuela
formalismo
ordenanza
rumbo
vía (V.)
fórmula
régimen
política
táctica (V.)
arbitrio
técnica
práctica
rito
ceremonia
trámite (V.)
arte
camino
expediente
conducto (V.)
línea
recurso
traza
vía
proceso (V.)
práctica
regla

a. *abstención*
inhibición
abulia
inoperancia
inactividad
suspensión
interrupción
abandono

procela
(V. **tempestad**)

proceloso
s. **tempestuoso** (V.)
tormentoso
borrascoso
aborrascado
riguroso
inclemente
huracanado
turbulento
agitado (V.)

(V. **procela**)

a. *calmado*
sereno
calmo
quieto
tranquilo

prócer
s. elevado
aristócrata
distinguido
encopetado
ilustre
prohombre (V.)
optimate
magnate (V.)
noble (V.)
dignatario
patricio (V.)
personaje (V.)
prócero
república (V.)
encumbrado
alto
insigne
eminente

s. caudillo
jefe (V.)

(V. **proceridad**)

a. *insignificante*
anónimo
desconocido
humilde
subordinado

proceridad
s. descollamiento
altura (V.)
eminencia (V.)
elevación
altitud
cumbre
cima

s. vigor
lozanía (V.)
pujanza
incremento (V.)
verdor
viveza
vitalidad (V.)
energía

s. distinción
prestancia
dignidad (V.)
nobleza (V.)
personalidad

a. *bajura*
debilidad
impotencia
sencillez
humildad

procesado
s. **encausado** (V.)
encartado
acusado
enjuiciado
inculpado
reo (V.)

(V. **proceso)**

a. *absuelto*
sobreseído
inocente

procesamiento
(V. **proceso)**

procesar
s. inculpar
encartar
acusar
enjuiciar (V.)
empapelar
achacar
fallar
dictaminar
encausar (V.)
sumariar
reclamar
prevenir
abocar
asumir
acumular
fulminar el proceso
formar autos
dictar sentencia

(V. **proceso)**

a. *absolver*
sobreseer

procesión
s. **sucesión** (V.)
semana (V.)
desfile (V.)
marcha
serie (V.)
teoría
comitiva
manifestación
carrera
paseo
peregrinación (V.)
concurrencia
fila
hilera
séquito
acompañamiento
letanía
rosario
rogaciones
romería (V.)
entierro
columna
cortejo

s. paso
andas
banzo
costalero
bancero
crucero
cruciferario
nazareno
sayón
penitente
capirote
tulipa
túnica
enagua
rosario
saeta
parada
palio
pendón
paño
samaritana
turbas
palma
ramos
flores
pétalos

s. gigante
gigantón
cabezudo
tarasca
coca
gomia
tazaña

s. pompa
culto
festividad
Semana Santa

s. ir de procesión
andar de procesiones

r. No hay procesión sin tarasca ■ Ir la procesión por dentro ■ No se puede repicar e ir en la procesión

proceso
s. **procedimiento** (judicial) (V.)
causa
atestado
pleito
sumario
enjuiciamiento (V.)
autos
juicio (V.)
demanda
procesamiento
reclamación

s. **desarrollo** (V.)
sucesión
curso
evolución (V.)
transcurso
paso
tramitación (V.)
carrera
mecanismo (V.)
progreso (V.)

s. méritos del proceso
proceso en infinito
vestir el proceso
fulminar el proceso

a. *avenencia*
acuerdo
estancamiento
interrupción
paréntesis
cesación

proclama
s. aviso
pregón (V.)
publicación
alocución
declaración (V.)
anuncio
arenga
exhortación
manifestación
manifiesto (V.)
bando
programa
cartel
edicto (V.)
letrero
información
pasquín
divulgación

s. amonestaciones

s. correr las proclamas
decir las proclamas

a. *silencio*
reserva
mutismo

proclamación
s. **anuncio** (V.)
publicación
revelación
descubrimiento
divulgación
declaración

s. investidura
nombramiento (V.)
coronación
elección

s. demostración
muestra
atestiguación
testimonio (V.)
prueba

a. *secreto*
misterio
desconocimiento
anonimato
rechazo
retención
negación
reserva

proclamar-se
s. promulgar
anunciar (V.)
vocear
mostrar (V.)
pregonar
denunciar
revelar
publicar (V.)
declarar (V.)
propagar
informar
hablar
sermonear

s. **ungir** (V.)
elegir
aclamar (V.)
vitorear
ovacionar
nombrar
coronar
popularizar
saludar (V.)

(V. **proclamación)**

a. *callar*
ocultar
deponer
omitir
rechazar

proclive
s. **inclinado** (V.)
propenso
dispuesto (V.)
atraído
expuesto
aficionado
inclinado
tendiente

(V. **proclividad)**

a. *ajeno*
contrario
hostil

proclividad
s. **inclinación** (V.)
tendencia (V.)
querencia
afición
atracción
propensión
devoción

a. *hostilidad*
rechazo
incompatibilidad
divergencia

proco
(V. **pretendiente)**
(V. **enamorado)**

procónsul
(V. **gobernador)**

procreación
s. **engendramiento** (V.)
germinación
propagación
producción
fructificación
multiplicación
reproducción
fecundación
generación (V.)
parto

a. *limitación*
aborto
esterilización

procreador
s. generador
gestante
gestador
creador (V.)
autor
progenitor
engendrador
reproductor

(V. **procreación)**

a. *engendrado*
generado
creado

procrear
s. **engendrar** (V.)
parir
multiplicar
fecundar
propagar
fructificar
germinar
reproducirse (V.)
generar
verbenear (V.)
padrear
frutecer
concebir
reengendrar
dar a luz

(V. **procreación)**

a. *abortar*
esterilizar
limitar

procura
(V. **procuración)**

procuración
s. **poder** (V.)
procura
procuraduría
mandato
encomienda
delegación
encargo
diligencia
personería
representación
substitución
administración

s. **atención** (V.)
cuidado
esmero (V.)
escrupulosidad
celo
interés
actividad
entusiasmo
asiduidad

a. *descuido*
abandono
desinterés

procurador
s. **apoderado** (V.)
administrador
agente
encargado
intendente
celador
abogado (V.)
representante
diligenciero
personero
substituto
delegado (V.)
excusador
poderdante

s. procurador en Cortes
procurador a Cortes
procurador astricto
procurador del Reino
procurador de pobres
procurador síndico general
procurador síndico personero

r. Procurador cojo, pleito perdido ■ Quien dijo procurador mejor dijera proculadrón

(V. **procuración)**

a. *representado*

procurar-se
s. **representar** (V.)
bastantear
facilitar
administrar
tantear
diligenciar (V.)
probar
ensayar
agenciar
gestionar
intentar (V.)
trabajar
pretender (V.)
encaminar
proponer (V.)
negociar
cabildear
tratar
lograr (V.)
mediar
pesquisar
comerciar
traficar

s. **proporcionarse** (V.)
agenciarse

(V. **procuración)**

a. *abandonar*
descuidar
obstaculizar
impedir
abstenerse

prodición
(V. **traición)**

prodigalidad
s. **despilfarro** (V.)
derroche (V.)
disipación
malbarato
largueza
generosidad (V.)
dilapidación
liberalidad
dispendio
desperdicio
largición
desparramo
manirrotura

s. **abundancia** (V.)
acopio
exuberancia
profusión
exorbitancia
multitud
consumo
cantidad
plétora

a. *egoísmo*
cicatería
roñosería
escasez

prodigar-se
s. despilfarrar
gastar
disipar
dilapidar
dispendiar
desbaratar
desparramar
superabundar (V.)
derrochar (V.)
regalar
malgastar (V.)
tirar
malrotar
malmeter
dar
perder
colmar
esparcir
dar aire
tirar por la ventana
tirar de largo
dar a manos llenas
tener un agujero en la mano
gastar la hacienda
dar vuelo al dinero

s. **excederse** (V.)
multiplicarse
darse
esforzarse (V.)
azacanarse
empeñarse
pasarse
sobrepasarse

(V. **prodigalidad)**

a. *contenerse*
ahorrar
restringir
escatimar
limitarse
atesorar
precaverse

prodigio
s. **portento** (V.)
maravilla
milagro (V.)
fenómeno (V.)
asombro
pasmo
excelencia
primor
prodigiosidad
ostento
quimera
máquina
señal (V.)
parto

(cont.)

s. **magia** (V.)
adivinación (V.)
telepatía
predicción
enajenamiento
ocultismo
amuleto
talismán

a. *vulgaridad*
banalidad
futilidad

prodigioso
s. **maravilloso** (V.)
milagroso (V.)
fantástico
pasmoso
portentoso (V.)
sensacional
excelente
sobrenatural (V.)
asombroso
extraordinario
fenomenal
mirífico (V.)
sobrehumano
estupendo
anormal
quimérico
admirable (V.)
indecible (V.)
nunca visto
sorprendente
inesperado
bajado del cielo
inconcebible
excelente
bello
ideal
exquisito
primoroso (V.)
sublime

(V. **prodigio**)

a. *vulgar*
anodino
corriente

pródigo
s. liberal
generoso (V.)
espléndido
derrochador (V.)
malgastador (V.)
manirroto
gastador
malrotador
despilfarrador
dadivoso
desordenado
derramado (V.)
profuso
magnánimo

(V. **prodigalidad**)

a. *avaro*
económico
ahorrador
roñoso
mezquino

pródromo
(V. **síntoma**)

producción
s. **fabricación** (V.)
elaboración (V.)
manipulación
creación
procreación
fecundación
obtención (V.)
engendro
fecundidad
industria (V.)
rendimiento
reproducción
productividad
productibilidad
acción
realización (V.)
manufactura
resultado
producto (V.)

a. *consumo*
inoperancia
improductividad
inacción
paro

producir-se
s. **hacer** (V.)
fabricar (V.)
trabajar (V.)
traer (V.)
venir (V.)
inventar
crear (V.)
procrear
forjar
poner (V.)
parir (V.)
engendrar (V.)
criar (V.)
cultivar (V.)
gestar
generar (V.)
elaborar
llevar fruto
fructificar (V.)
sacar (V.)
fundar
multiplicar
enjambrar
echar (V.)
dar fruto (V.)
dejar (V.)

s. **rentar** (V.)
obtener (V.)
reportar (V.)
rendir (V.)
redituar
sacar beneficio

s. **resultar** (V.)
procurar
originar (V.)
realizar (V.)
mover (V.)
ocasionar
provocar
suceder (V.)
desencadenar
causar (V.)

s. exhibir
presentar
manifestarse
valer-se (V.)
expresarse (V.)
probar
comprobar
dar razones
presentar pruebas
razonar
darse a entender

(V. **producción**)

a. *consumirse*
perder
deshacer
evitar
callarse

productividad
s. producto
rendimiento (V.)
logro
obtención
creación
fructificación
eficacia
provecho (V.)
beneficio
resultante
resultado
utilidad
realización
feracidad
fecundidad
fertilidad

(V. **producción**)

a. *pérdida*
ineficacia
infecundidad

productivo
s. **fértil** (V.)
fructífero (V.)
fecundo
feraz
fructuoso
producible
producidor

s. **provechoso** (V.)
remunerador (V.)
retributivo (V.)
vicioso
lucrativo
beneficioso
remunerativo (V.)
rentable (V.)
redituable
reproductivo

(V. **productividad**)

a. *estéril*
improductivo
infructuoso
ruinoso
perjudicial

producto
s. artículo
especie (V.)
obra (V.)
producción (V.)
hechura (V.)
manufactura
elaboración
género (V.)
parto
trabajo
provecho
fruto
mercancía (V.)
labor
faena
cosecha (V.)
objeto

s. **provecho** (V.)
provento
beneficio
lucro
renta (V.)
rédito
rendimiento (V.)
utilidad (V.)
obtención (V.)
interés
ganancia
resultado (V.)
fructificación (V.)
resultante (V.)

(V. **producción**)

a. *pérdida*
desventaja

productor
s. trabajador
obrero (V.)
fabricante (V.)
elaborador
industrial
producidor
produciente
artesano
jornalero
asalariado
operario
bracero
proletario
criador
causal

(V. **producto**)

a. *vago*
parado
jubilado
consumidor

proemial
s. **preliminar** (V.)
prologal
propedéutico
isagógico

(V. **proemio**)

a. *final*
epilogal

proemio
s. prólogo
prefacio
exordio
prolegómenos
introito
preludio
preámbulo
galeato
isagoge
prefación
introducción (V.)
entrada
advertencia

a. *epílogo*
final

proeza
s. heroicidad
hazaña (V.)
acción
arrojo
temeridad
osadía
valentía
hombrada (V.)
gallardía
majeza
guapeza
empresa
rasgo
serga

a. *cobardía*
timidez
pusilanimidad

profanación
s. profanamiento
profanidad
sacrilegio (V.)
perjurio
violación (V.)
blasfemia (V.)
mofa
escarnio
apostasía
irreverencia (V.)
irreligión
holladura (V.)
mundanería
laicismo
secularización
violación
desfloración
deshonra
insulto (V.)
contaminación

a. *religión*
respeto
reverencia
acatamiento
veneración
purificación
reconciliación

profanado
s. violado
deshonrado
envilecido
escarnecido
quebrantado
desflorado
descubierto (V.)

(V. **profanación**)

a. *purificación*
santificado
respetado
honrado
estimado

profanador
s. **sacrílego** (V.)
apóstata
impío
irreverente
escarnecedor
mofador
violador (V.)
perjuro
blasfemo

(V. **profanación**)

a. *reverente*
respetuoso
observante
fiel

profanamiento
(V. **profanación**)

profanar
s. **deshonrar** (V.)
violar
degradar
envilecer
quebrantar
funestar
desdorar
deslucir
secularizar (V.)
escarnecer
contagiar
corromper
prostituir
desflorar
hollar (V.)
mofarse
burlarse
insultar (V.)
blasfemar (V.)
desacreditar
despreciar
irreverenciar

(V. **profanación**)

a. *reverenciar*
respetar
consagrar
purificar
reconciliar
acreditar
honrar

profanidad
s. **profanación** (V.)

s. **secularización** (V.)
laicismo (V.)
temporalidad (V.)
mundanalidad
mundanería
mundo
siglo
boato
pompa
fausto (V.)
exceso
vanidad

s. **obscenidad** (V.)
relajo
deshonestidad (V.)
inmoralidad
vicio

a. *espiritualidad*
moralidad
humildad
sencillez
moderación
discreción
virtud
honestidad

profano
s. **mundano** (V.)
seglar (V.)
secular (V.)
temporal
carnal
terrenal
terreno
secularizado (V.)
laico
civil

s. **libertino** (V.)
licencioso
descocado
desvergonzado
deshonesto
concupiscente

s. **irreverente** (V.)
inverecundo
sacrílego (V.)
impío
irreligioso
impiadoso
ateo
apóstata
antiteo
lego (V.)
ceporro
zote
palurdo
indocto
indocumentado
ignorante (V.)
rudo
incivil

(V. **profanidad**)

a. *espiritual*
sagrado
honesto
reverente
piadoso
docto
sabio

profazador
s. **chismoso** (V.)
cuentista
mentiroso
alcahuete
bulero
comadrero
noticiero
parlero
marañero
enredador (V.)
lioso
cizañero

(V. **profazamiento**)

a. *serio*
cometido

profazamiento
(V. **profazo**)

profazar
s. **censurar** (V.)
acusar
abominar (V.)
incriminar
desacreditar
(V. **profazamiento**)
a. *alabar*
honrar
acreditar

profazo
s. profazamiento
censura (V.)
crítica
abominación (V.)
descrédito
deshonra
maledicencia
a. *honra*
alabanza
crédito
elogio

profecía
s. pronóstico
predicción (V.)
oráculo
augurio
presentimiento
sinario
aruspicina
juicio
pronosticación
precognición
agüero
vaticinio
previsión
conjetura
auspicio
adivinación (V.)
adivinanza
anuncio
telepatía
horóscopo
presciencia
prenuncio
agorería
la vida futura
el mañana
a. *equivocación*
yerro
error

proferir
s. hablar
declarar
decir
pronunciar (V.)
prorrumpir (V.)
emitir (V.)
clamar
soltar (V.)
endilgar
vomitar
exclamar
alegar
enunciar
a. *callar*
silenciar
omitir

profesante
s. **ejercitante** (V.)
facultativo
practicante
titular
profesional
profesor (V.)
actuante
(V. **profesión**)
a. *parado*
inactivo

profesar
s. ejercitar
ejercer (V.)
practicar
ocuparse
tributar (V.)
trabajar (V.)
actuar
cultivar
desempeñar (V.)
ministrar
administrar
atender
intervenir
abarcar
obrar
operar
laborar
oficiar
asistir
cumplir su deber
cumplir su obligación
estar empleado
encargarse de
actuar de
manipular
darse de alta
meterse a
seguir una carrera
ingresar
dedicarse a
sentar cátedra
enseñar
explicar
adoctrinar
dar clase
instruir
preparar
dar lección
ilustrar
s. **creer** (V.)
reconocer
sentir (V.)
declarar
confesar
querer
sentir inclinación
sentir afecto
s. meterse cura
ingresar en un convento
(V. **profesión**)
a. *holgar*
oír
seguir
abominar
odiar
abstenerse
inhibirse

profesión
s. **empleo** (V.)
carrera
ocupación (V.)
menester
actividad (V.)
vida
arte
industria
estudio (V.)
quehacer
facultad
función
puesto
situación
trabajo (V.)
ejercicio
acomodo
comercio (V.)
tarea
cargo
oficio (V.)
faena
tráfago
afán
cometido
cuidado
responsabilidad
colocación
ministerio (V.)
s. inclinación
vocación (V.)
afición
sacerdocio
confesión
creencia
idea
sentimiento (V.)
pensamiento
religión
fe
demostración (V.)
s. hacer profesión de fe
a. *holganza*
vagancia
inactividad
desinterés
abulia
desocupación
abstención
inhibición

profesional
s. **experto** (V.)
perito
ducho
entendido
capacitado
idóneo
diestro
conocedor
competente
manual
titular (V.)
facultativo
administrativo
científico
artista
escrito
laboral
gremial (V.)
maestro
profesor
universitario
burocrático
especialista
(V. **profesión**)
a. *amateur*
aficionado

profeso
s. iniciado
neófito
adepto
seguidor
discípulo
ingresado
religioso (V.)
novicio
(V. **profesión**)

profesor, a
s. **maestro** (V.)
mentor
catedrático
educador (V.)
pedagogo (V.)
explicador (V.)
dómine
instructor
lector (V.)
intitutor
monitor
ilustrador
letrado
erudito
hombre de letras
filósofo
magistral
padre de la Iglesia
doctor de la Iglesia
académico
enciclopedista
ateneísta
suplente
auxiliar
profesante (V.)
ayudante
s. **guía** (V.)
mentor
ayo
preceptor
tutor
entrenador (V.)
profesor de Universidad
profesor de Instituto
profesor de 1.ª enseñanza
profesor de 2.ª enseñanza
profesor de música
profesor de equitación
profesor de lenguas
profesor de esgrima
(V. **profesorado**)
a. *alumno*
educando
discípulo
colegial

profesorado
s. claustro
cuerpo docente
profesores
educadores
maestros
catedráticos
pedagogos

profeta
s. profetizante
profetizador
vate
precursor (V.)
provicero
vidente (V.)
agorero
nabí
vaticinador
pronosticador (V.)
arúspice
augur
clarividente
hechicero (V.)
sortílego
grafólogo
nigromante (V.)
zahorí (V.)
(V. **profecía**)

profético
s. augural
adivinatorio (V.)
présago
sibilino (V.)
sibilítico
délfico
fatídico
aciago
ominoso
vatídico
anunciado
predicho
previsto
mágico
adivinado
quiromántico
nigromántico
iluminado
inspirado
(V. **profecía**)
a. *equivocado*
errado

profetisa
s. sibila
pitonisa (V.)
adivinadora
hechicera
saga
echadora de cartas
bruja
(V. **profecía**)

profetizar
s. **predecir** (V.)
presagiar
anteceder
vaticinar
augurar
agorar
adivinar
pronosticar
prefigurar
presumir
conjeturar
prever
indicar
anunciar (V.)
presentir
hadar
echar las cartas
(V. **profecía**)
a. *errar*
equivocarse

proficuo
(V. **útil**)
(V. **provechoso**)

profiláctico
s. **preventivo** (V.)
higiénico (V.)
preservativo
protector
(V. **profilaxis**)

profilaxis
s. desinfección
prevención (V.)
purificación
desinsectación
depuración
higiene (V.)
preservación
esterilización
a. *contaminación*
contagio
suciedad

prófugo
s. tránsfuga
huidor
desertor (V.)
huido (V.)
fugitivo (V.)
fugado
evadido
a. *leal*
perseguidor

profundidad
s. **hondura** (V.)
fondo
calado
cavidad
abismo
depresión
oquedad
bajura (V.)
sima
puntal
despeñadero
tumba
concavidad
bajío
longitud (V.)
tiro
hondón
barranco
zanja
desmonte
cuenca
catacumbas
subterráneo (V.)
precipicio
furnia
salto
hoya
penetración
abarrancadero
el quinto infierno
centro de la tierra
inmensidad
intimidad
el fondo del alma
subconsciente
a. *eminencia*
cima
cúspide
altura
superficialidad

profundización
s. ahondamiento
excavación
penetración (V.)
perforación
sondeo
taladramiento
investigación
s. **ampliación** (V.)
desarrollo (V.)
análisis
fiscalización
(V. **profundidad**)
a. *reducción*
disminución

profundizar
s. barrenar
ahondar (V.)
calar
adentrar
hundir
penetrar (V.)
zahondar
taladrar
agujerear
perforar (V.)
cavar
excavar (V.)
profundar
sondar
sondear
sumergir
hundir
no hacer pie
enterrar
socavar
fondear
arraigar
internarse (V.)
sepultar
dragar
s. discurrir
analizar (V.)
examinar
investigar (V.)
indagar
escudriñar
escrutar
tratar (V.)
sonsacar
pensar
reflexionar
meditar
meterse en honduras
hacer indagaciones
estar en el secreto
llegar al meollo
(V. **profundidad**)
(cont.)

a. *surgir*
emerger
elevar
subir
alzar

profundo
s. **cóncavo** (V.)
hondo (V.)
ahondado
perforado
dragado
excavado
cavado
alto
abismal
pelágico (V.)
hueco
recóndito
deprimido
socavado
subterráneo
cavernoso
minado
sumergido
inmergido
buceado
insondable (V.)

s. **íntimo** (V.)
interior
intenso
impenetrable
oscuro

s. **extenso** (V.)
vasto
denso
penetrante (V.)
inteligente (V.)
agudo
sagaz
concienzudo
gutural (V.)
recio
vivo (V.)
acentuado

s. **insufrible** (V.)
intolerable
inaguantable

s. **humilde** (V.)
respetuoso
rendido

(V. **profundidad**)

a. *superficial*
elevado
alto
exterior
claro
reducido
limitado
torpe
débil
tolerable
impertinente
somero
rasante
epidérmico
cortical

profusión
s. **abundancia** (V.)
exceso
copia
superabundancia
plétora
exuberancia
muchedumbre
desbordamiento
colmo
raudal
infinidad
exageración
aflujo
porrada
enormidad
legión
liberalidad
prodigalidad
riqueza
cardumen
enjambre

a. *escasez*
tacañería
carencia
falta

profuso
s. pródigo
abundante (V.)
copioso
ubérrimo
cuantioso
considerable
pródigo
generoso
colmado
fecundo
lujuriante
abarrotado
pletórico
multitudinario
rico
exuberante
innúmero
nutrido
numeroso
dilatado
grávido
plagado
concurrido
inmenso
populoso
opulento (V.)

(V. **profusión**)

a. *escaso*
ahorrado
pobre
estéril

progenie
s. tronco
casta
linaje (V.)
generación
familia
abolengo
antepasados
antecesores
ascendientes
padres
dinastía
raza
alcurnia
prosapia
solar
hogar
cepa
progenitura
progenitores
prole (V.)

a. *descendencia*

progenitor
s. **antepasado** (V.)
ascendiente
padre
madre
abuelo
bisabuelo
tatarabuelo
genitor
retatarabuelo
cabeza
pariente
antecesor
precursor
predecesor

(V. **progenitura**)

a. *descendiente*
hijo
nieto
biznieto

progenitura
(V. **progenie**)

(V. **primogenitura**)

prognatismo
(V. **saliente**)

(V. **mandíbula**)

prognosis
(V. **pronóstico**)

programa
s. **plan** (V.)
planteamiento (V.)
proyecto (V.)
programación
sistema
doctrina
esquema
borrador
boceto
sumario
horario (V.)
itinerario (V.)
minuta
exposición
línea
bosquejo
conducta
declaración (V.)
orden
perspectiva (V.)
información
guíon

s. **anuncio** (V.)
pasquín
prospecto
aviso
bando
edicto

s. **asignaturas** (V.)
materias
disciplinas
cuestionario (V.)

a. *imprevisión*
indeterminación
ambigüedad
imprecisión

programación
(V. **programa**)

programar
s. planear
proyectar (V.)
preparar (V.)
arreglar
sistematizar
exponer (V.)
declarar
ordenar
pensar
estudiar
incluir

(V. **programa**)

a. *imprecisar*
indeterminar

progresar
s. **prosperar** (V.)
adelantar (V.)
mejorar (V.)
acrecentar
evolucionar
desarrollar (V.)
ascender
perfeccionar (V.)
encumbrarse
desenvolverse
florecer
medrar
subir (V.)
crecer
aumentar
expandir
ampliar (V.)
intensificar
germinar
regenerar
renovar
valorizar (V.)
aventajar
enmendar
corregir
rejuvenecer
hermosear
civilizar (V.)
cultivar
avanzar
ganar terreno
echar la pata
tomar la delantera
subir como la espuma
crecer a ojos vista
subir de punto
hacerse rico

(V. **progreso**)

a. *retroceder*
atrasarse
arruinarse
decrecer
menguar
hundirse
arruinarse
fracasar
frustrar
disminuir
empeorar
detenerse
estancarse
quedarse
descender
reducir
envejecer

progresión
s. aumento
ascenso
progreso
desarrollo (V.)

s. **serie** (V.)
proporción
graduación
cantidad
factorial

s. progresión aritmética
progresión geométrica
progresión ascendente
progresión descendente

a. *disminución*
descenso

progresismo
(V. **liberalismo**)

progresista
(V. **liberal**)

progresivo
s. **adelantado** (V.)
avanzado
desarrollado (V.)
evolucionado
medrado
mejorado
pujante
floreciente
creciente (V.)
próspero (V.)
audaz
atrevido
moderno

s. **gradual** (V.)
paulatino
continuo
creciente
escalonado
lento
uniforme
imperceptible
sucesivo

(V. **progreso**)

a. *regresivo*
decreciente
atrasado
retrasado
débil
ruinoso
tímido
modesto
anticuado
discontinuo
intermitente

progreso
s. **florecimiento** (V.)
adelanto (V.)
adelantamiento
perfeccionamiento (V.)
mejoramiento (V.)
expansión
evolución
mejora (V.)
auge
pro (V.)
desarrollo (V.)
prosperidad
acrecentamiento (V.)
paso (V.)
pasitos
perfección (V.)
avance
medro
superación (V.)
vanguardia (V.)
proceso (V.)
cultura
civilización (V.)
ascenso
escalada (V.)
subida (V.)
empujón
marcha
mejoría
avanzada
progresión
escalafón
encumbramiento
boom
envite (V.)
impulso

a. *retroceso*
descenso
empeoramiento
incultura

prohibente
(V. **prohibitivo**)

prohibición
s. **supresión** (V.)
anulación
veto (V.)
negativa
veda (V.)
privación
coto
limitación (V.)
vedamiento
represión (V.)
interdicción (V.)
interdicto
freno
proscripción (V.)
cortapisa (V.)
abstención
inhabilitación (V.)
denegación
abolicionismo
exclusión
privación (V.)
obstáculo (V.)
interrupción (V.)
oposición (V.)
tabú
entredicho (V.)
repudio
repulsa
ilegalidad
contravención
restricción
contraindicación
contrabando
noli-me-tangere

a. *permiso*
autorización
ayuda
consentimiento
licencia
venia
aquiescencia
aprobación
beneplácito

prohibido
s. **ilegal** (V.)
indebido
ilícito (V.)
malo
injusto
denegado
negado
vedado (V.)
acotado (V.)
clandestino (V.)
inmundo
impedido
interdicho
repudiado
censurado
invalidado
contraindicado (V.)
obstruido (V.)

(V. **prohibición**)

a. *válido*
autorizado
legal
justo
permitido
lícito
admitido
concedido
tolerado

prohibir-se
s. **impedir** (V.)
vedar (V.)
abolir
interdecir
inhabilitar (V.)
inhibir (V.)
torpedear (V.)
privar (V.)
desterrar
negar (V.)
denegar (V.)
condenar
excomulgar (V.)
tabuizar
anular
revocar
excluir (V.)
entorpecer
evitar
reprimir
restringir (V.)
invalidar
proscribir (V.)
desterrar (V.)
suprimir (V.)
condicionar
obstaculizar
contraindicar

(cont.)

extrañar
incapacitar (V.)
exiliar
deportar
vetar (V.)
quitar
limitar (V.)
oponerse (V.)
censurar (V.)

(V. **prohibición)**

a. *permitir*
dejar
autorizar
repatriar
conceder
consentir
despachar
facultar
tolerar
acceder
complacer

prohibitivo
s. prohibente
prohibitorio
desmedido
excesivo (V.)
exorbitante
desmesurado
exagerado
disparatado
caro (V.)
inasequible
abusivo
desmedido
inmoderado

(V. **prohibición)**

a. *asequible*
barato
moderado
comedido
razonable

prohijamiento
s. **adopción** (V.)
prohijación
apadrinamiento
acogimiento
afiliación
arrogación
aceptación
tutela (V.)
patrocinio
protección
ayuda
solidaridad

a. *repudio*
rechazo
abandono
exclusión
desamparo

prohijar
s. **adoptar** (V.)
ahijar
tutelar (V.)
admitir
acoger
recoger
proteger
amparar
patrocinar
apadrinar
afiliar
ayudar
socorrer
defender (V.)

(V. **prohijamiento)**

a. *repudiar*
rechazar
abandonar
desamparar
desheredar
excluir

prohombre
s. **prócer** (V.)
primate
personaje (V.)
figura
magnate
personalidad
eminencia
noble
patricio
lumbrera
portento
héroe

a. *vulgaridad*
quídam
desconocido
humilde
plebeyo

proís
s. **amarra** (V.)
noray
hincón
mojón
amarradero
cáncamo
bita
bitón
bolardo
poste
proíz

prójima
(V. **ramera)**

prójimo
s. **próximo** (V.)
fulano (V.)
camarada
semejante (V.)
hermano (V.)
otro (V.)
no tener prójimo

r. Al prójimo, como a ti mismo ■ Al prójimo, contra una esquina

a. *extraño*
enemigo

prolapso
s. **descenso** (de un órgano) (V.)
caída
aflojamiento
salida

prole
s. **descendencia** (V.)
sucesión
progenie (V.)
familia
hijos
camada
lechigada
ventregada
retoños
generación
vástagos
criaturas
cachorros

a. *ascendencia*
padres

prolegómenos
s. advertencia
prolegómeno
preliminar
prólogo
exordio
introito
introducción (V.)
preludio

(V. **preámbulo)**

a. *epílogo*
final

proletario
s. menestral
obrero (V.)
trabajador
asalariado
jornalero
productor
artesano

s. **plebeyo** (V.)
vulgar
indigente
pobre (V.)

s. proletario de corbata

a. *capitalista*
rico
amo
burgués
patrono

proliferación
s. **multiplicación** (V.)
desarrollo (V.)
reproducción (V.)
generación
producción
divulgación
extensión
difusión
abundancia (V.)
propagación
incremento
aumento (V.)
crecimiento
irradiación
dispersión

a. *disminución*
reducción
limitación
escasez
estancamiento

proliferar
s. aumentar
crecer
ramificarse
reproducirse
extenderse
abundar
irradiar
expandirse
bullir
brujulear
hormiguear
desarrollarse
dispersarse
difundirse (V.)
divulgarse
pulular
multiplicarse
fecundar

(V. **proliferación)**

a. *limitarse*
circunscribirse
disminuir
restringirse
confinarse

prolífico
s. fértil
fecundo (V.)
prolífero
reproductor
fructífero
fructuoso
generador
potente

(V. **proliferación)**

a. *estéril*
infecundo
improductivo
yermo

prolijidad
s. pomposidad
anfibología
ambigüedad
obscuridad
difusión
nimiedad
ambages
redundancia
fárrago
amplificación
fraseología
filatería
superfluidad (V.)
follaje
hojarasca
prosa
floridez
exceso (V.)
pleonasmo
paráfrasis
circunloquio (V.)
rodeo
longuería (V.)
pormenorización
pormenor
circunlocución
reparo
detalle (V.)
esmero
cuidado
escrupulosidad
minuciosidad (V.)
exactitud (V.)
meticulosidad
lata
pesadez (V.)
tabarra
impertinencia
molestia
chinchorrería
circunspección

a. *sencillez*
claridad
concisión
parquedad
descuido
brevedad

prolijo
s. ampuloso
artificioso
redundante
difuso (V.)
machacón
extenso (V.)
latoso (V.)
lato
pleonástico
detallado (V.)
nimio (V.)
dilatado (V.)
largo
extendido
farragoso
divagador (V.)
detallista
perifrástico
ambagioso
hablador
charlatán
aburrido
cuidadoso
esmerado (V.)
pulido
perfilado
cuidado
premioso
minucioso (V.)
pesado
molesto
inoportuno
impertinente (V.)
importuno
latoso
cargante
entremetido
molesto
chinche

(V. **prolijidad)**

a. *sencillo*
concreto
conciso
agradable
descuidado
oportuno
somero

prologar
s. preludiar
introducir (V.)
encabezar
comenzar
iniciar
advertir
anotar
exponer
comentar

(V. **prólogo)**

a. *concluir*
epilogar

prólogo
s. **comienzo** (V.)
preludio
preliminar
introducción (V.)
prefacio
loa (V.)
proemio
preámbulo (V.)
comienzo

a. *epílogo*
conclusión

prolongable
s. **extensible** (V.)
dilatable (V.)
estirable
alargable

s. aplazable
postergable
diferible
prorrogable (V.)

(V. **prolongación)**

a. *fijo*
inaplazable
improrrogable

prolongación
s. **alargamiento** (V.)
prolongamiento
extensión
continuación
estiramiento
ampliación (V.)
amplificación
difusión
dilatación (V.)
aumento
tirón
estirón

s. cola
apéndice (V.)
suplemento
agregado

s. **prórroga** (V.)
aplazamiento
larga
retardamiento
moratoria
dilación
continuación
demora

a. *reducción*
acortamiento
abreviación
anticipación

prolongado
s. **continuado** (V.)
seguido
extendido
estirado
prorrogado
retardado
largo (V.)
diluido
amplio
longar

s. luengo
longo
oblongo
alargado (V.)
alongado
longísimo
protráctil

(V. **prolongación)**

a. *acortado*
achatado
ancho

prolongamiento
(V. **prolongación)**

prolongar-se
s. **alargar** (V.)
extender
dilatar
estirar
alongar
estirajar
aluengar
conservar (V.)
crecer
ampliar (V.)
amplificar
tender
tirar
rodear

s. **aplazar** (V.)
perpetuar
prorrogar (V.)
retardar
retrasar
diferir
demorar
atrasar

(V. **prolongación)**

a. *acortar*
encoger
abreviar
anticipar

proloquio
(V. **proposición)**

(V. **sentencia)**

prolusión
(V. **introducción)**

promanar
(V. **provenir)**

promediar
s. **repartir** (V.)
igualar (V.)
nivelar
equivaler
estibar
equilibrar
rasar
compensar
comediar
contrapesar
dividir
prorratear
distribuir (V.)
dosificar
partir

(cont.)

s. interponerse
intervenir (V.)
mediar (V.)
terciar
ajustar
interceder
intermediar

(V. **promedio)**

a. *desnivelar*
desequilibrar
conservar
descompensar
abstenerse
inhibirse

promedio

s. cociente
término medio
mitad
medio
media (V.)
centro
nivel
proporción (V.)

a. *total*

promesa

s. ofrecimiento
esperanza (V.)
oferta (V.)
prometimiento
sonrisa
palabra (V.)
promisión
protesta (V.)
convite
envite
invitación
proposición
compromiso (V.)
empeño
buenas palabras

r. Lo prometido es deuda

s. **voto** (V.)
exvoto
ofrenda
fe
manda
salva (V.)
don
oblación

s. **señal** (V.)
augurio (V).
indicio
signo
muestra
vislumbre
síntoma
manifestación
olor (V.)
testimonio

s. convenio
juramento (V.)
ofrecimiento
ofrecimiento solemne
contrato

s. promesa solemne
simple promesa
promesa de casamiento
hacer promesas

a. *olvido*
incumplimiento
omisión
evitación
desacuerdo

prometedor

s. **halagüeño** (V.)
risueño
agradable
sonriente
conveniente
sugestivo (V.)
promisorio
satisfactorio

s. **vaticinador** (V.)
augur
palabrero (V.)
oferente
ofrecedor
ofreciente
dedicatorio

s. **precoz** (V.)
adelantado
competente
preparado
capacitado

(V. **promesa)**

a. *desagradable*
incumplidor
elusivo
retrasado
incompetente

prometer-se

s. **anunciar** (V.)
brindar
ofrecer (V.)
proponer
augurar (V.)
dedicar
ofrendar
licitar
convidar
deber
apalabrar
consentir
ilusionar (V.)
suscribirse
dar palabra
dar buenas palabras
dar esperanzas
dar largas
dar jarabe de pico
quedar en
protestar
jurar (V.)
asegurar (V.)
aseverar
convenir
pactar
certificar
ratificar
empeñar la palabra
hacer un contrato
darse palabra de casamiento

s. **esperar** (V.)
hacer voto
consagrarse (V.)
ofrecerse
obligarse
comprometerse
hacer una ofrenda
ofrecer en holocausto

s. prometérselas muy felices

r. Ve en lo que te metes si algo prometes ■ El hombre prudente piensa bien lo que promete ■ Nunca prometas cosa de que te arrepientas ■ De prometer a dar, hay unas leguas de mal andar ■ Quien todo lo promete todo lo niega ■ Quien más promete, menos cumple

(V. **promesa)**

a. *negar*
resistirse
rechazar
eludir
desembarazarse
evitar
incumplir
desdecirse

prometido

s. **futuro** (V.)
novio (V.)
pretendiente
desposado

s. **ofrecido** (V.)
brindado
invitado
propuesto
ofrendado

(V. **promesa)**

a. *rechazado*
denegado

prometimiento

(V. **promesa)**

prominencia

s. **elevación** (V.)
saliente (V.)
eminencia
relieve (V.)
protuberancia (V.)
bulto
turgencia
grano
realce
abolladura
resalto
joroba
barriga (V.)
hinchazón
abultamiento (V.)
empino
nudosidad
convexidad
abombamiento
lomo
montículo
teso
monta
puntal
rediente
caballón
muela

s. **preponderancia** (V).
relevancia

a. *cavidad*
profundidad
llanura
superficialidad
insignificancia

prominente

s. **saliente** (V.)
turgente
abultado (V.)
elevado
hinchado
abombado
convexo
túrgido
papujado
sobresaliente
saltón
engordado

s. eminente
ilustre (V.)
destacado

(V. **prominencia)**

a. *liso*
deprimido
hundido
profundo
cóncavo
vulgar
desconocido

promiscuación

(V. **promiscuidad)**

promiscuar

s. **mezclar** (V.)
revolver
confundir (V.)
embarullar
desordenar
amalgamar
enredar
perturbar
emburujar
equivocar
involucrar (V.)
emulsionar
combinar

(V. **promiscuidad)**

a. *ordenar*
distinguir
separar
discriminar
respetar

promiscuidad

s. promiscuación
mezcla (V.)
confusión (V.)
reunión
mezcolanza (V.)
entremezcladura
entrevero
hacinamiento
mixtura
mistión
amontonamiento
enredo
desbarajuste
diversidad
batiburrillo
revoltillo
pasta
pepitoria
miscelánea
amalgama
fárrago
aleación
ingrediente
conglomerado
conglobación
componente
substancia
materia

a. *selección*
distinción
discriminación
pureza
homogeneidad

promiscuo

s. heterogéneo
mixturado
mezclado (V.)
revuelto
surtido
misceláneo
entremezclado
entreverado
impuro
confuso (V.)
mixtificado
ambiguo
metalado
impreciso
indiferente

(V. **promiscuidad)**

a. *separado*
ordenado
clasificado
puro
homogéneo
preciso
claro
discriminado

promisión

s. promesa
ofrecimiento (V.)
oferta
juramento
compromiso
palabra
confianza

a. *negación*
olvido
omisión
incumplimiento

promisorio

(V. **prometedor)**

promoción

s. **reemplazo** (V.)
serie (V.)
curso
hornada (V.)
pléyade
quinta

s. **impulso** (V.)
lanzamiento (V.)
empuje
desarrollo (V.)
impulsión

s. **ascenso** (V.)

a. *desidia*
desinterés
degradación

promontorio

s. **altura** (V.)
elevación
montón
punta
cabo
peñasco (V.)

s. **amontonamiento** (V.)
bulto (V.)
volumen
hacinamiento

a. *llanura*
lisura
superficie

promotor

s. **organizador** (V.)
impulsor (V.)
animador
autor
fundador
promovedor
iniciador (V.)
generador
factor
inspirador
principiador
causante (V.)
fautor
alentador
excitador
lanzador
realizador
pitcher

s. promotor fiscal
promotor de la fe

(V. **promoción)**

a. *desidioso*
desdeñoso

promovedor

(V. **promotor)**

promover

s. **fomentar** (V.)
originar
iniciar (V.)
labrar (V.)
propulsar (V.)
impulsar (V.)
suscitar
meter
comenzar
principiar
empezar
impeler
lanzar (V.)
empujar
fundar
organizar (V.)
inspirar

s. elevar
ascender (V.)
levantar
mejorar (a una persona)
subir de categoría

(V. **promoción)**

a. *abandonar*
desanimar
frenar
desistir
rebajar
degradar

promulgación

s. difusión
publicación (V.)
divulgación (V.)
propagación
revelación
propaganda
vulgarización
bando
proclama
anuncio
generalización
edición
proclamación

s. sanción
aprobación (V.)

a. *reserva*
retinencia
discreción
desaprobación

promulgador

s. **gobernante** (V.)

s. **divulgador** (V.)
publicador
propagador
revelador
difusor
vulgarizador
propagandista

(V. **promulgación)**

a. *censor*

promulgar

s. **dictar** (V.)
propagar
propalar
divulgar (V.)
decretar (V.)
legislar (V.)
publicar (V.)
pervulgar
revelar
generalizar
difundir
extender
notificar
poner en circulación
esparcir una noticia
dar a los cuatro vientos
hacer público
hacer propaganda
publicar bandos
hacer saber

(cont.)

s. **aprobar** (V.)
sancionar (V.)
a. *callar*
silenciar
derogar
revocar

prono
s. **tumbado** (V.)
echado
s. inclinado
aficionado (V.)
entusiasta
devoto
admirador
apegado
a. *vertical*
apagado
hostil
desinteresado

pronombre
s. **gramática** (V.)
s. *pronombres personales*
yo-mí-me
tú-ti, contigo-te
él
ella, sí, consigo-lo-la-ello
nosotros-nos
vosotros-vos
ellos
ellas
los-las-les-se
s. *pronombres posesivos*
mío, mi
mía, mi
tuyo, tu
tuya, tu
suyo, su
suya, su
míos, mis
mías, mis
tuyos, tus
tuyas, tus
suyos, sus
suyas, sus
nuestro, nuestros
nuestra, nuestras
vuestro, vuestros
vuestra, vuestras
s. *pronombres demostrativos*
éste
ésta
esto
ése
ésa
éstos
estas
ésos
esas
aquél
aquélla
aquellas
aquellos
aquéllas
s. *pronombres interrogativos*
qué
cuál
quién
cuánto
s. *pronombres relativos*
que
quien
cual
cuyo
cuanto
s. *pronombres indefinidos*
alguien
nadie
cualquiera
quienquiera
uno
cualesquiera
quienesquiera
unos
algo
nada

pronosticación
(V. **pronóstico**)

pronosticador
(V. **profeta**)
(V. **adivino**)

pronosticar
s. anunciar
barruntar
antedecir
augurar
anunciar
denunciar (V.)
presagiar (V.)
vaticinar
adivinar
agorar
augurar
intuir
predecir (V.)
presentir
hadar (V.)
dar el corazón
echar las cartas
consultar los dados
profetizar
prevenir
precaver
(V. **pronóstico**)
a. *equivocarse*
errar

pronóstico
s. **predicción** (V.)
sinario (V.)
augurio (V.)
profecía
adivinanza
prenuncio
barruntamiento
sospecha
conjetura
anuncio
pronosticación
corazonada
telepatía
presentimiento
vaticinio
auspicio (V.)
previsión (V.)
indicación
barrunto
señal
prefiguración
s. horóscopo
calendario
meteorología (V.)
almanaque
s. juicio (médico)
diagnóstico
prognosis
diagnosticación (V.)
a. *equivocación*
error
yerro

prontitud
s. **brevedad** (V.)
presteza (V.)
celeridad (V.)
velocidad (V.)
alacridad
aceleración (V.)
viveza
presura
instantaneidad
vértigo
priesa
galope
escape
impetuosidad
s. **agudeza** (V.)
arranque
gracia
perspicacia
vivacidad (V.)
desenvoltura
listeza
sagacidad (V.)
penetración
rapidez mental
s. torbellino
despachaderas
laboriosidad
actividad (V.)
disposición
ardor
vigor
ánimo
impulso
empeño
ahínco
vehemencia (V.)
furia
apremio (V.)
vitalidad
a. *retardo*
lentitud
retraso
parsimonia
simpleza

pronto
s. **veloz** (V.)
rápido (V.)
acelerado
ágil
ligero
repentino
súbito (V.)
temprano (V.)
vivo
diligente
precipitado
activo
recio
expeditivo
resuelto
febril
dinámico
impulsivo
vehemente
apremiante
urgente
listo (V.)
preparado (V.)
dispuesto
alerta
vigilante
alistado
s. **arranque** (V.)
impulso
ímpetu
ataque
flechazo
alifafe
dolama
aje
violencia
arrebato (V.)
embestida
acometida
inspiración
golpe
improvisación (V.)
improviso
rapto
arrechucho
exabrupto
salida
oportunidad
tino
s. ahora
ya
enseguida
presto (V.)
aína
cedo
prontamente
a prisa
en seguida
inmediatamente
luego
de repente
de paso
al instante
al contado
al minuto
al trote
a marcha forzada
a más andar
acto seguido
a destajo
de un soplo
en un santiamén
en caliente
sin parar
al pronto
a galope tendido
en un decir Jesús
de improviso
al momento
al punto
en un tris
s. primer pronto
al pronto
de pronto
por de pronto
tener un pronto
a. *lento*
tardo
pesado
parsimonioso
indolente

prontuario
s. síntesis
compendio (V.)
resumen
manual (V.)
breviario
vademécum (V.)
guía (V.)
epítome
tratado (V.)
esquema
extracto
suma
sinopsis
opúsculo
colección
repertorio
a. *ampliación*

pronunciación
s. cadencia
acento (V.)
vocalización
lenguaje (V.)
articulación (V.)
silabeo
enunciación
eufonía
prolación
entonación
declamación
habla
emisión (voz)
dicción
modulación
manifestación
retórica
oratoria
fonación
prolación
fonética (V.)
fonología
prosodia
dejo
tono
tonillo (V.)
dejillo
s. aspiración
énfasis
hiato
asimilación
compresión
elisión
enclisis
yeísmo
sinalefa
disimilación
palatalización
rotacismo
proclisis
sonorización
triptongo
diéresis
diptongo
sinéresis
s. balbuceo
ceceo
sonido (V.)
seseo
tartamudeo
tartajeo
deletreo
s. **pronunciar** (V.)
s. ortología

pronunciado
s. agudo
marcado (V.)
señalado
acentuado
recalcado
subrayado
abultado
prominente
descarado
acusado (V.)
perceptible (V.)
a. *imperceptible*
mínimo
suave

pronunciamiento
s. militarada
rebelión (V.)
sublevación
cuartelada
asonada
amotinamiento
motín
alzamiento
revolución
insurrección
sedición
algarada
s. **sentencia** (V.)
dictamen
juicio
resolución
decisión (V.)
declaración
mandato
condena
determinación
a. *lealtad*
disciplina
acatamiento
respeto
abstención

pronunciar-se
s. **articular** (V.)
emitir
deletrear
decir (V.)
silabear
modular
proferir (V.)
acentuar
cargar
declarar
trabucarse
encasquetar
subrayar
recalcar
hablar
balbucir
balbucear
tartajear
tartamudear (V.)
aspirar
nasalizar
palatizar
herir
chapurrear
chapurrar
ganguear
trabarse
cecear
sesear
zacear
farfullar
vocear
entonar
boquear
ganguear
enunciar
nasalizar
s. **determinar** (V.)
resolver (V.)
decidir
mandar
decretar
juzgar
sentenciar (V.)
declarar
condenar
s. **sublevarse** (V.)
insurreccionarse
rebelarse
amotinarse (V.)
alterar el orden
hacer traición
levantarse en masa
(V. **pronunciación**)
(V. **pronunciamiento**)
a. *callar*
obedecer
someterse
acatar
respetar

propagación
s. **generación** (V.)
siembra (V.)
difusión (V.)
extensión
reproducción
diseminación
dispersión (V.)
proliferación
divulgación
esparcimiento
expansión
generalización
transmisión
irradiación
comunicación
desparramamiento
desarrollo
publicación (V.)
circulación
dilatación (V.)
comunicación
s. efluvio
infección (V.)
onda
radiación (V.)
a. *ocultamiento*
silencio
limitación

propagador
(V. **propagandista**)

propaganda
s. **publicidad** (V.)
publicación
difusión (V.)
divulgación
información
expansión
comunicación
predicación
propagación
vulgarización
resonancia (V.)

(cont.)

reclamo
radiodifusión
televisión
retransmisión
proselitismo
misión (V.)
cruzada
anuncio
cebo
cartel
entrega
octavilla
prospecto
panfleto
discurso
escrito
mitin

s. a bombo y platillos

a. *silencio*
ocultamiento
callada
limitación
censura

propagandista

s. **divulgador** (V.)
propagador
publicista
revelador
vulgarizador
misionero (V.)
apóstol
transmisor
informador
pregonero
predicador
propalador
difundidor
difusor
activista
agitador
revolucionario
demagogo
prosélito
secuaz
seguidor
partidario
hincha
portavoz
vocero

(V. **propaganda)**

a. *silenciador*
callado
censor
contrario

propagar-se

s. **difundir** (V.)
prender-se (V.)
expandir (V.)
esparcir (V.)
extender
desarrollar
divulgar (V.)
vocear
lanzar (V.)
infundir (V.)
publicar (V.)
pasar (V.)
transmitir (V.)
retransmitir
popularizar
comunicar
enseñar
pregonar
circular
revelar
descubrir
irradiar
infectar (V.)
vulgarizar
transcender
dispersar
ramificar (V.)
manifestar
expresar
poner al tanto
poner al corriente
poner en circulación
correr un rumor
poner en circulación
generalizar

s. **reproducirse** (V.)
multiplicarse
ramificarse
procrear
acrecentarse
desarrollarse (V.)
contagiarse
engendrar
generar
proliferar
retoñar
crecer
aumentar

(V. **propaganda)**

a. *callar*
ocultar
silenciar
restringir
limitar
censurar
abortar
obstaculizar
obstruir

propagativo

s. propagante
trascendental
comunicativo (V.)
comunicable
extensivo
echadizo
de boca en boca
a voz en cuello
público y notorio

(V. **propagación)**

a. *cerrado*
limitado

propalar

s. **difundir** (V.)
divulgar
propagar
pregonar
publicar
esparcir
comunicar
emitir
vocear
extender
contar

a. *silenciar*
callar
limitar
restringir

propasado

(V. **insolente)**

(V. **descarado)**

propasar-se

s. **exagerar** (V.)
extralimitarse
excederse (V.)
descomedirse
descararse (V.)
pasarse de rosca
salirse
desmedirse
abusar (V.)
desvergonzarse
desmandarse
desaforarse
insolentarse (V.)
desmesurarse
desatarse
deslenguarse
atreverse
tomar (V.)

s. rebasar
adelantar (V.)
aventajar
pasarse de los límites
avanzar

s. familiaridades
confianzas
libertades

a. *comedirse*
frenarse
moderarse
retrasarse
contenerse

propender

s. **inclinarse** (V.)
tender (V.)
tirar a (V.)
aficionarse
simpatizar (V.)
preferir
predisponer (V.)
interesarse
desear
querer
gustar
ser apto para
nacer para
tener vocación
tener el vicio de
tener afición a
pecar por (V.)
apegarse
inclinarse
ladearse
arregostarse
enviciarse
encapricharse
apasionarse
engalgarse
engolosinarse
tener predilección por

(V. **propensión)**

a. *rechazar*
repeler
asquear
disgustar
aborrecer

propensión

s. **tendencia** (V.)
predisposición
afición
inclinación (V.)
preferencia
flaco
fuerte
simpatía (V.)
interés
devoción
vocación (V.)
afección
cariño
amor
apego
instinto
voluntad
deseo
querencia
atracción
arregosto
costumbre
vicio
temple
naturaleza
idiosincrasia
proclividad
gusto
natural
debilidad (V.)
humor
intento
conato
apasionamiento
adhesión
comidilla
estilo
vena
genio
disposición
actitud
mañas
adaptación
la cabra tira al monte
ser el flaco

r. Apenas nacida, ya la pulga salta y pica ■ Quien hurta la onza, hurtará la arroba ■ Quien hizo una, hará ciento ■ Árbol que torcido creció, nunca se enderezó ■ Todas las agujas miran al norte

a. *aversión*
aborrecimiento
desgana
desinterés

propenso

s. **propicio** (V.)
predispuesto (V.)
tendencioso
aficionado
apegado
expuesto
amigo
simpatizante
querencioso
afiliado
adicto
adepto
devoto
secuaz
solidario
partidario
banderizo
afecto
sujeto
proclive
apto
inclinado (V.)
abonado
acostumbrado
fanático
vulnerable
habitual
abonado
receptivo (V.)
pronto
tendente (V.)
genial
característico
idiosincrático
natural
llamado a
tirando a
vicioso de
entusiasta

(V. **propensión)**

a. *contrario*
ajeno
desinteresado
desafecto

propiciación

(V. **benevolencia)**

(V. **disposición)**

(V. **sacrificio)**

propiciar

s. atraer
conquistar
favorecer (V.)
apoyar
inclinar a
patrocinar
respaldar (V.)
predisponer
engatusar
lisonjear (V.)
ganarse a uno
ganarse la voluntad de

s. **suavizar** (V.)
aplacar
atenuar
calmar (V.)
pacificar
serenar
ablandar
poner como un guante

(V. **propiciación)**

a. *oponerse*
obstruir
obstaculizar
repeler
irritar
enfurecer
encorajinar

propiciatorio

(V. **favorable)**

(V. **complaciente)**

propicio

s. dispuesto
inclinado a
favorable (V.)
servicial
predispuesto
propenso (V.)
útil
próspero
satisfactorio (V.)
dispuesto
complaciente
amable
accedente
benévolo (V.)
suave
benigno
leve
próvido (V.)
bondadoso
oportuno (V.)
bienintencionado
adecuado (V.)
pertinente

(V. **propiciación)**

a. *contrario*
inútil
despiadado

propiedad

s. renta
capital
hacienda (V.)
bienes
patrimonio
heredad
herencia
haber
cortijo
finca (V.)
latifundio
predio (V.)
terreno (V.)
inmueble (V.)
feudo (V.)
pertenencia (V.)
dominio (V.)
nuda propiedad
dominio eminente
dominio directo
copropiedad
apropiación
adquisición
donación
participación
feudalismo (V.)
mayorazgo
posesión (V.)
vínculo (V.)
conservación
usufructo

s. natural
naturaleza
carácter
esencia
virtud (V.)
cualidad (V.)
peculiaridad
personalidad
disposición
rasgo
nota
atributo (V.)
estilo
naturalidad
modo de ser

s. ajuste
semejanza
rigor (V.)
pureza
exactitud (V.)
precisión
imitación
realidad
conveniencia
rigurosidad
claridad
sencillez
eficacia
legitimidad

r. De lo que eres señor, eres mantenedor ■ Nadie tiene en lo ajeno más de lo que quiere el dueño ■ Hacienda ajena no es heredera ■ A cada cual le gusta lo suyo ■ El agua de mi pozo, es mejor que la del otro ■ Mal se aprovechan cuatro de un zapato ■ Lo que es de muchos es de pocos

a. *pobreza*
indigencia
miseria
impropiedad
vulgaridad
inexactitud

propietario

s. amo
dueño (V.)
copropietario (V.)
señor
posesor
poseedor
hacendado (V.)
rico
potentado
mayorazgo
empresario
jefe
principal
casero (V.)
terrateniente (V.)
latifundista
patrón
patrono
heredero
nudo propietario
medianero
profesor
registrador
jurista

(V. **propiedad)**

a. *inquilino*
arrendado
trabajador

propileo
s. pórtico
vestíbulo (V.)
peristilo
columnata
entrada
portada
arcada
atrio
galería

propina
s. **regalo** (V.)
adehala
plus (V.)
extra
gajes
momio
gratificación (V.)
recompensa (V.)
unto
merced
alfileres
papeleta
añadidura (V.)
ganancia
refacción (V.)
juanillo
robla
mangas
ventaja
jamona
dádiva
agasajo
sobresueldo
sobrepaga
botijuela
óbolo
prima
remuneración (V.)
aguinaldo (V.)
regalía
estrena
chorrada
caída
maula (V.)
ñapa
soborno (V.)
vendaje
chorretada

propinar
s. proporcionar
suministrar
dar
administrar (V.)
dar a beber

s. atizar
golpear
zumbar
plantificar (V.)
descargar
largar
asestar (V.)
pegar
maltratar (V.)
asentar
encajar
arrimar

s. desembolsar
remunerar (V.)

(V. **propina**)

a. *recibir*
acariciar

propincuidad
(V. **proximidad**)

propincuo
s. **próximo** (V.)
cercano
allegado
pariente
vecino
contiguo
(V. **proximidad**)

a. *lejano*
ajeno
extraño

propio
s. inherente
ínsito
tocante
correspondiente (V.)
patrimonial
perteneciente (V.)
apropiado
jurisdiccional (V.)
inalienable
intransferible
cabal
solariego
saneado
particular (V.)

s. **peculiar** (V.)
único (V.)
substancial (V.)
consubstancial
privativo (V.)
característico (V.)
especial (V.)
singular (V.)
substantivo (V.)
específico
esencial (V.)
exclusivo (V.)
individual (V.)
inconfundible
taxativo
innato (V.)
personal (V.)
nacido (V.)
típico
genuino (V.)
distintivo

s. conveniente
adecuado (V.)
oportuno (V.)
conforme
natural
apto
acomodado
ajustado
apropiado
idóneo
bueno para
a propósito
debido
natural
intrínseco (V.)
real
legítimo

s. **mismo** (V.)

s. recadero
mandadero
mensajero (V.)
enviado
ordinario
ganapán

s. amor propio
nombre propio
feudo propio
quebrado propio
fracción propia
propia estimación
bienes propios
al propio
de motu propio

(V. **propiedad**)

a. *ajeno*
vulgar
inadecuado
inoportuno
impropio
inconveniente
improcedente
extraño

proponedor
(V. **proponente**)

proponente
s. proponedor
ponente (V.)
formulante
indicador
presentador
presentante
sugeridor (V.)
sugerente
postulante
pretendiente
organizador
oferente
insinuante
expositor (V.)
asesor
opinante (V.)

(V. **proposición**)

proponer-se
s. presentar
brindar
dirigirse (V.)
ofrecer (V.)
insinuar
prometer
expresar
exponer (V.)
someter (V.)
plantear (V.)
sugerir (V.)
proyectar
planear
organizar
intentar
designar
procurar
planificar
asesorar (V.)
indicar (V.)
tramar
formular
opinar

s. determinar
acometer (V.)
decidirse
diligenciar
emprender
iniciar
abordar
resolver
empezar
comenzar
aventurar (V.)
arriesgar
intentar (V.)
presentar argumentos
hacer una proposición
apuntar
desear
querer (V.)
pensar
gestionar (V.)
ambicionar
catar
mirar
observar
pretender (V.)
dirigir
procurar (V.)
destinar
encaminar
enderezarse
consultar
premeditar
llevar la mira
tratar de poner los puntos

(V. **proposición**)

a. *aceptar*
desaconsejar
disuadir
desentenderse
callar
abandonar
abstenerse
inhibirse

proporción
s. **relación** (V.)
armonía (V.)
ritmo
simetría (V.)
promedio (V.)
euritmia
cadencia
correspondencia (V.)
ponderación
canon
proporcionalidad
equilibrio
graduación (V.)
consonancia
medida
módulo (V.)
igualdad
tamaño
escala
razón
dimensión (V.)
contingente
prorrateo
porcentaje (V.)
escote
cupo
magnitud
regla
ley
norma
tanto por ciento
parte alícuota
comparación
ley
disposición
compás

s. **ocasión** (V.)
coyuntura (V.)
oportunidad
caso
lance
circunstancia
coincidencia
tiempo
conveniencia

s. proporción aritmética
proporción geométrica
proporción armónica
proporción continua
proporción menor
proporción mayor
a proporción
ser una buena proporción
tomar una cosa mucha proporción

r. De tal pedazo, tal retazo ▪ De tal feria, tal ganancia ▪ Tal será mi pagar, como sea tu cantar ▪ De tal palo, tal astilla ▪ Tal para cual ▪A buen trabajo, buen descanso ▪ A grandes males, grandes remedios

a. *desproporción*
inoportunidad
desequilibrio
asimetría
desmedida
desmesura

proporcionado
s. **armonioso** (V.)
armónico
equilibrado (V.)
simétrico (V.)
proporcional
conforme
medido
ponderado
igual
compensado
conveniente
atemperado
prudente (V.)
discreto
regular (V.)
correspondiente
inherente
relacionado
concordante
conforme
dispuesto
adecuado
ajustado

s. **apto** (V.)
idóneo
competente
capaz
suficiente

(V. **proporción**)

a. *desproporcionado*
desigual
desmesurado
desequlibrado
irregular
inadecuado
inepto
incapaz

proporcional
s. equitativo
ajustado (V.)
adecuado
conforme (V.)
correspondiente (V.)
igual
equilibrado
conveniente
proporcionado
distributivo (V.)

(V. **proporción**)

a. *desigual*
desproporcionado
injusto
inadecuado

proporcionalidad
(V. **proporción**)

proporcionar-se
s. **preparar** (V.)
equilibrar (V.)
compartir
prorratear
nivelar
compasar
acompasar
ajustar
procurar (V.)
adecuar (V.)
ofrecer (V.)
estibar
pesar
sopesar
simetrizar
escotar
distribuir
corresponder (V.)
ratear

s. **proveer** (V.)
suministrar (V.)
facilitar (V.)
dar (V.)
brindar (V.)
surtir
deparar (V.)
abastecer
aprontar (V.)
subvenir
aviar (V.)
equipar
aprovisionar
poner a disposición
dar facilidades

(V. **proporción**)

a. *desequilibrar*
desajustar
desproporcionar
desnivelar
quitar
desarmar
rehusar
retirar

proposición
s. **propuesta** (V.)
oferta (V.)
ofrecimiento
invitación
insinuación
sugerencia
proloquio (V.)
sugestión
promesa
convite
indirecta
consejo
consulta
planteamiento (V.)
exposición (V.)
proyecto
iniciativa
moción (V.)
indicación
propósito (V.)
intención
ánimo

s. **oración** (V.)
teoría (V.)
enunciación (V.)
palabra
frase
premisa
concepto
teorema
afirmación
silogismo
dialéctica
proposición disyuntiva
proposición afirmativa
proposición negativa
proposición hipotética
proposición particular
proposición incidental
proposición universal

s. hacer una proposición
barajar una proposición
absolver las proposiciones

a. *negativa*
abstención
inhibición

propósito
s. esfuerzo
ahínco
ánimo
intención (V.)
idea
mira
intento (V.)
táctica (V.)
proyecto (V.)
proposición (V.)
objetivo (V.)
objeto
fin (V.)
plan
empresa
decisión
maquinación
propuesta
aspiración
finalidad
móvil
designio (V.)
pensamiento
mente (V.)
materia
tema
asunto
plataforma
terreno
argumento
síntesis

s. a propósito
de propósito
fuera de propósito

a. *irreflexión*
realización
ligereza
precipitación

propuesta
s. **proposición** (V.)
ofrecimiento
promesa
invitación
idea
proyecto (V.)
negocio
iniciativa (V.)
oferta
policitación
plan
supuesto
argumentación
planeamiento
insinuación
exhortación
candidatura
opción
propósito
consulta (V.)

a. *respuesta*
réplica
contestación
denegación

propugnación
(V. **amparo**)

(V. **apoyo**)

(V. **defensa**)

propugnar
s. amparar
defender (V.)
apoyar
respaldar
propulsar (V.)
escudar
resguardar
auxiliar
favorecer

(V. **propugnación**)

a. *desamparar*
impugnar
atacar
rebatir
objetar
refutar

propulsar
s. **promover** (V.)
impeler
impulsar (V.)
empujar
mover (V.)
lanzar
despedir
desplazar
forzar
navegar
avanzar
marchar
propugnar (V.)

s. **repulsar** (V.)
rechazar (V.)
desechar
revocar
denegar
repudiar

(V. **propulsión**)

a. *acoger*
recoger
aceptar
favorecer

propulsión
s. **impulso** (V.)
impulsión (V.)
lanzamiento
empuje
empujón
empellón
empentón
tracción
reacción
repulsa (V.)

s. aviones de propulsión a chorro

a. *acogimiento*

propulsor
s. **impulsor** (V.)
hélice
ala
paleta
bastidor
armadura
rueda
tambor
máquina
helicómetro
cenefa
remo
máquina
tractor

s. promotor
protector
alentador
patrocinador
favorecedor
mecenas

(V. **propulsión**)

a. *obstructor*
desanimador
desalentador

prorrata
s. escote
cupo
cuota (V.)
porción
contingente
parte
reparto
proporción
cuenta
contribución
distribución
partición
división
cantidad
asignación
prorrateo

a. *totalidad*

prorratear
s. **repartir** (V.)
proporcionar
escotar (V.)
distribuir
ratear
dividir
promediar
asignar
partir
contribuir

(V. **prorrata**)

prorrateo
s. reparto
distribución
repartición (V.)
proporcionalidad
rateo
proporción
partición
división
prorrata (V.)

a. *totalidad*
desproporción

prórroga
s. prorrogación
retardo
tiempo (V.)
aplazamiento (V.)
dilación
retardamiento
retraso (V.)
demoración
alargamiento
moratoria (V.)
sobrestadia
espera (V.)
suspensión
permiso (V.)
plazo

s. **prolongación** (V.)
continuación
consecución

a. *cumplimiento*
abreviación
anulación
fin

prorrogable
s. ampliable
aplazable
demorable
retardable
prolongable (V.)
dilatable

(V. **prorrogación**)

a. *improrrogable*
inaplazable
fijo

prorrogación
(V. **prórroga**)

prorrogar
s. **alargar** (V.)
ampliar
dilatar
extender
aplazar (V.)
atreguar
demorar
atrasar
retrasar (V.)
retardar
diferir
esperar
prolongar (V.)
suspender
seguir
continuar
remitir
proseguir
permitir
eternizar

(V. **prórroga**)

a. *terminar*
finalizar
anticipar
adelantar

prorrumpir
s. estallar
emitir (V.)
manar
lanzar (V.)
saltar
salir
surgir
irrumpir
brotar
afluir

s. exclamar
aclamar
gritar
decir
proferir (V.)
vociferar
soltar el chorro

a. *callar*
destilar

prosa
s. **vulgaridad** (V.)
materialidad

s. verbosidad
verborrea
prolijidad
palabrería (V.)
parola
parolería
dicharacho
tópicos
lugares comunes
rebuscamiento
lenguaje
lira

a. *idealidad*
elegancia
espiritualidad
poesía

prosaico
s. **vulgar** (V.)
chabacano
trivial
ramplón
tosco
chanflón
material (V.)
banal
pedestre
insulso
bajo
vil (V.)
roncero
adocenado
manido
plebeyo (V.)
inelegante
popular
común
sobado
trillado

(V. **prosaísmo**)

a. *elegante*
espiritual
poético
elevado

prosaísmo
s. **vulgaridad** (V.)
chabacanería
materialidad
ordinariez
trivialidad
insulsez
ramplonería
frivolidad
inelegancia
adocenamiento
idiotismo
modismo
lugar común
tópico
frase hecha

a. *lirismo*
idealidad
elegancia

prosapia
s. **linaje** (V.)
estirpe
abolengo
cuna
sangre
familia
alcurnia
blasón
importancia (V.)
casta
ralea

a. *plebeyez*

proscenio
s. tablado
escena (V.)
escenario
parte anterior
candilejas

s. palco proscenio

proscribir
s. expulsar
deportar
desterrar (V.)
exilar
exiliar
expatriar
confinar
relegar
extrañar
arrojar
pregonar (V.)
prohibir (V.)
vedar
entredecir
excluir
impedir
anular

(V. **proscripción**)

a. *repatriar*
autorizar
permitir
favorecer
incluir

proscripción
s. expatriación
extrañamiento
deportación
exilio
destierro (V.)
ostracismo

s. veda
vedamiento
prohibición (V.)
veto
interdicción

a. *repatriación*
autorización
permiso

proscrito
s. expulsado
expatriado
desterrado (V.)
exilado
exiliado

s. bandido
bandolero
delincuente (V.)
condenado
encartado
pregonado

(V. **proscripción**)

a. *repatriado*
inocente
exculpado
exonerado

prosecución
s. **continuación** (V.)
seguimiento
proseguimiento
prolongación
insistencia
ininterrupción
persistencia
reanudación
subsistencia

s. **acoso** (V.)
persecución
caza
cerco

a. *interrupción*
paréntesis
abandono
dejación

proseguir
s. **seguir** (V.)
continuar (V.)
avanzar
subsistir
proceder
ir delante
reanudar
persistir
insistir
repetir
eslabonar
perpetuar
depender
ir detrás
sucederse
subordinar
seguir el hilo
venir después

(V. **prosecución**)

a. *interrumpir*
detener
hacer alto

proselitismo
s. propaganda
propagación
publicidad
partidismo (V.)
sectarismo
afiliación
fanatismo
entusiasmo
vehemencia
ardor
pasión
apasionamiento
celo
afán
esfuerzo
empeño
ímpetu
doctrina
enseñanza
parcialidad (V.)
tendenciosidad

a. *imparcialidad*
objetividad

prosélito
s. **partidario** (V.)
seguidor
entusiasta
afiliado
simpatizante (V.)
adepto
asociado
adicto
secuaz
solidario
convertido
incondicional
discípulo (V.)
banderizo
pandillero
contertulio
parcial
hincha
sectario
infiel
faccionario
pandillista
satélite
catecúmeno (V.)
de reata

(V. **proselitismo**)

a. *enemigo*
contrario
objetivo
desapasionado
imparcial

prosista
s. **literato** (V.)
escritor
prosador
estilista
redactor
publicista
hablista
purista
novelista
cronista
periodista
foliculario
ensayista

(V. **prosa**)

a. *poeta*
trovador
vate
rapsoda
coplero
juglar

prosodia
s. fonología
fonética
ortología
ortofonía
acentuación

(V. **pronunciación**)

prosografía
(V. **descripción**)

prosopopeya
s. **personificación** (V.)
tono
altivez
entono
afectación (V.)
pompa
engolamiento (V.)
presunción
tiesura
aplomo
empaque
miramiento
énfasis
coranvobis
solemnidad
pedantería

a. *sencillez*
naturalidad

prospección
s. **exploración** (V.)
investigación
estudio
búsqueda
descubrimiento

s. sondeo
perforación
yacimiento
subsuelo

s. prospección geofísica
prospección eléctrica
prospección gravimétrica
prospección magnética
prospección sísmica

prospectar
(V. **explorar**)

(V. **investigar**)

prospecto
s. **anuncio** (V.)
exposición
impreso
folleto
cédula
octavilla
proclama
pasquín
proyecto
programa
rótulo
catálogo

prosperar
s. **ascender** (V.)
progresar (V.)
florecer (V.)
avanzar
desarrollar (V.)
adelantar
perfeccionar (V.)
encumbrarse
encaramarse (V.)
enriquecerse (V.)
aumentar (V.)
medrar (V.)
mejorar (V.)
ganar (V.)
triunfar (V.)
destacar
imponerse (V.)
prevalecer
cuajar
sobresalir
salir a flote
tomar incremento
llegar al colmo
tener potra
tener estrella
sonreír la fortuna
nacer de pie
echar buen pelo
hacer baza
salirle todo a pedir de boca
estar de buenas
tener buena racha
dar en el clavo
estar en vena
hacer una jugada maestra

(V. **prosperidad**)

a. *fracasar*
perder
arruinarse
fallar

prosperidad
s. fortuna
felicidad (V.)
estrella
progreso
adelanto
potra
auge (V.)
éxito (V.)
dicha
florecimiento (V.)
boga
bonanza (V.)
ventura (V.)
alegría
bienandanza
buenandanza
buenaventuranza
bienestar (V.)
medro
crecimiento (V.)
medra
paz
cultura
civilización
suerte
ganancias
abundancia
brillo
esplendor
apogeo (V.)
plenitud
bendición
cenit
bonanza
triunfo (V.)
incremento
engrandecimiento
perfeccionamiento
desarrollo (V.)
brillantez
plétora
jauja
cumbre
pujanza
trampolín
riqueza (V.)
poder

a. *decadencia*
adversidad
desdicha
desventura
malaventura
fracaso
frustración
declinación
postrimería
acabamiento
decrepitud
ocaso
crisis
ruina
debilidad
miseria
pobreza

próspero
s. **progresivo** (V.)
prosperado
avanzado
fecundo
desarrollado (V.)
civilizado
adelantado
floreciente (V.)
opulento
florecido
exuberante
dichoso
favorable (V.)
halagüeño
satisfactorio (V.)
prolífico
feliz (V.)
rico (V.)
afortunado
propicio
boyante (V.)
bonanzoso
venturoso
medrado (V.)
pinganitos, en (V.)
poderoso
pletórico

(V. **prosperidad**)

a. *infeliz*
decadente
ruinoso
desdichado
mísero
pobre
débil
fracasado
atrasado

próstata
s. **glándula** (V.)

s. **uretra** (V.)
vejiga
semen
eyaculación

s. prostatitis
prostatorrea
prostatectomía

prosternación
(V. **postración**)

(V. **reverencia**)

prosternarse
s. posternarse
arrodillarse
humillarse
postrarse (V.)
hincarse de hinojos
inclinarse
venerar
adorar

(V. **prosternación**)

a. *levantarse*
alzarse

prostíbulo
s. lupanar
ramería
burdel
manfla
putaísmo
lenocinio
fornicio
mancebía
casa de putas
casa de camas
casa de trato
casa de citas
casa de prostitución
serrallo
harén
manfla

(V. **prostitución**)

prostitución
s. ramería
trata (V.)
putatismo
putaísmo
amancebamiento (V.)
mancebía
meretricio
alcahuetería (V.)
chanfaina
rufianesca
fornicación
vida airada
putería (V.)
trata de blancas

s. relajación
envilecimiento
degeneración
deshonra
corrupción
degradación
deshonestidad
vicio
humillación (V.)

a. *honradez*
incorruptibilidad
rectitud

prostituir-se
s. falsear
corromper (V.)
degradar
pervertir (V.)
envilecer
mancillar
amancebarse (V.)
deshonrar (V.)
desvirgar
degradar
humillar
desacreditar
degenerar

s. descarriarse
rebajarse (V.)
arrastrarse
menoscabarse
enviciarse (V.)

(V. **prostitución**)

a. *ennoblecer*
purificar
honrar
ensalzar
regenerarse

prostituta
s. meretriz
pájara
mujerzuela
araña
peliforra
cortesana
furcia
horizontal
pindonga
hetera
gaya
hetaira
cellenca
fulana
puta (V.)
coja
pécora
zorra (V.)
zorrón
cocotte
iza
daifa
tía (V.)
pupila
socia
pellejo
buscona
zurrona
churriana
tusona
gamberra
callonca
germana
rodona
calientacamas
rabiza
pelandusca
cantonera
mujer de mal vivir
mujer pública
moza de fortuna
mujer pecadora
mantenida
entretenida
zaraza
sota
golfa
ramera
amiga
querida
querindonga
chuquisa
ninfa
pecadora
zurrupio
pendón (V.)
pingo
prójima
suripanta
baldonada
capulina
coscolina
desorejada
maturranga
peliforra
mujer del punto
tusa
tunanta
gabasa
halconera
mujer airada
moza del partido
lumia
maraca
mondaria
perdida
mujer de mala nota
mundaria
pobreta
pelota
pendanga
putaña
candonga
cerda
cochina
mozcorra
pingona
perendeca
galocha
chipichusca
loba
pajillera
pesetera
piculina
putiplista
putona
putorra
socia
tipa
zorrupia
tirada
maturranga

(V. **prostitución**)

a. *virtuosa*
virgen
honrada
incorruptible
decente
casta

protagonista
s. **héroe** (V.)
intérprete
actor
interlocutor
personaje
estrella
principal
actriz
importante (V.)

a. *comparsa*
extra

protagonizar
s. interpretar
representar (V.)
actuar
figurar
desempeñar

prótasis
s. **exposición** (V.)
explicación
epitasis
s. **antecedente** (V.)
hipótesis
apódosis

protección
s. **custodia** (V.)
amparo (V.)
defensa
ayuda (V.)
áncora
seguridad (V.)
tutela (V.)
auxilio
refugio
acogida
escudo
amistad
égida
abrigo
cobijo
garantía (V.)
conservación (V.)
arrimo
protectoría
encomienda
mecenazgo
patronato
padrinazgo
colaboración
valimiento
agarraderas
auspicio
recomendación
influencia
(V.)
calor
cubierto
respaldo
resguardo
predilección
reparo
socaire
sombra
sostén
salvación
salvaguardia
solidaridad
inclinación
palanca
soporte
pabellón
aldaba
intercesión
mediación
patrocinio
autoridad (V.)
firmeza
totemismo
invernadero
s. manutención
beca
ayuda
subsidio (V.)
subvención (V.)
apoyo
mano
socorro
s. **envoltura** (V.)
condón
preservativo
manguito
coraza
delantal
armadura
s. **muralla** (V.)
dique
blindaje
valladar
s. escolta
acompañamiento
guardaespaldas
s. cortaviento
espinillera
espaldera
parachoques (V.)
tope
escalón
escabel
a. *desamparo*
desvalimiento
persecución
soledad
enemistad
hostilidad
inseguridad
ataque
crítica
debilidad
opresión
tiranía
desprecio
frialdad

protector
s. **colaborador** (V.)
padrino (V.)
tutor (V.)
defensor (V.)
patrón
favorecedor (V.)
solidario (V.)
amparador (V.)
protectriz
paladín
fiador
quijote
valedor (V.)
mantenedor
patrocinador (V.)
bienhechor (V.)
guardián
tutelar (V.)
abogado (V.)
campeón
guardaespaldas
mecenas
preservador
sostenedor
bordón
sostén (V.)
favoreciente
paño de lágrimas
preceptor
brazo (V.)
mediador
salvador (V.)
ángel bueno
(V. **protección**)
a. *enemigo*
perseguidor
opresor
tirano

protectorado
s. mandato
dominio (V.)
posesión
feudo
colonia
fideicomiso
territorio
soberanía
a. *metrópoli*

proteger-se
s. **amparar** (V.)
apadrinar
patrocinar (V.)
guardar
favorecer (V.)
socorrer (V.)
ayudar
auxiliar
colaborar
asegurar
garantizar
salvaguardar
defender (V.)
abrigar
preservar
atender
acoger
mantener
prevenir
tutelar (V.)
salvar
tapar
cubrir
escudarse
subvencionar
subvenir
inmunizar
respaldar
velar
beneficiar
alentar
fomentar
acompañar
escoltar
mirar por
auspiciar
recomendar
influir
valerse
propugnar
envolver
encubrir
convoyar
acorrer
arrodelar
fortificar
adargar
sostener
apoyar (V.)
guiar
cobijar
resguardar
dirigir
refugiarse
guarecerse (V.)
parapetarse (V.)
resguardarse (V.)
escudarse
atrincherarse
recurrir a
s. prestar auxilio
buscar arrimo
interesarse por
mirar por
cubrir las espaldas
hacer sombra
dar la mano
echar una mano
dar el brazo
intervenir en pro de
salir fiador
ser paladín de
sacar de apuros a
estar bajo la tutela de
depender de
blindar
tener buenas aldabas
tener buenas agarraderas
estar a merced de
tener buen padrino
tener buena sombra
tener a Dios en su seno
(V. **protección**)
a. *abandonar*
perseguir
oponerse
desamparar
estorbar
oprimir
tiranizar

protegido
s. **favorito** (V.)
valido
preferido
ahijado
recomendado (V.)
paniaguado (V.)
pupilo
cliente
protegido
escoltado (V.)
bordado
seguro (V.)
blindado
(V. **protección**)
a. *abandonado*
desvalido
desamparado

proteico
s. **cambiante** (V.)
vacilante
versátil
evolutivo
veleidoso
voluble (V.)
antojadizo
inconsecuente
inconstante (V.)
a. *firme*
seguro
constante

protervia
s. **perversidad** (V.)
maldad (V.)
rebeldía
obstinación
obturación
contumacia
arrogancia
petulancia
impertinencia
vileza
malignidad
ruindad
nequicia
sevicia
protervidad
a. *bondad*
modestia
humildad
sencillez

protervidad
(V. **protervia**)

protervo
s. malo
perverso (V.)
contumaz
pertinaz
malvado (V.)
impenitente
empedernido
obstinado
orgulloso
soberbio
inicuo
rebelde
réprobo
nefario
recalcitrante
relapso
guijeño
(V. **protervia**)
a. *bueno*
humilde
sencillo
bondadoso

prótesis
s. **substitución** (V.)
reparación
corrección
reemplazo
s. **postizo** (V.)
ortopedia (V.)
aparato
órgano artificial
s. adición
derivación

protesta
s. bronca
desacuerdo (V.)
reniego
reprobación
protestación
reproche (V.)
oposición
desaprobación
desautorización
crítica
afeamiento
abucheo
reclamación (V.)
reparo
respingo
vituperio
condenación
distingo
escándalo (V.)
refunfuñadura (V.)
lamentación
réplica (V.)
queja (V.)
quejido
pita (V.)
chifla
rechifla
silba (V.)
pateo
sofión
repulsa (V.)
pataleo (V.)
chicheo
s. **promesa** (V.)
oferta
ofrecimiento
propuesta
declaración jurídica
justificación
s. protesta de mar
canción protesta
hacer una protesta
a. *aprobación*
aplauso
acuerdo
ovación
aclamación
clamor
consentimiento
alabanza
elogio

protestación
(V. **protesta**)

protestante
s. **crítico** (V.)
gruñon (V.)
reparón
criticón
censor
censurador
reprobador
sublevado
opositor
indignado
murmurador
maldiciente
tijera
lengua viperina
lengua de hacha
desautorizante
s. luterano
calvinista
jansenista
puritano
metodista
pietista
anglicano
anabaptista
confesionista
hugonote
conformista
cuáquero
presbiteriano
evangélico
sacramentario
ritualista
hereje (V.)
reformista
cismático
ubiquitario
evangelista
mormón
ritualista
temblador
s. consubstanciación
sínodo
reforma
herejía
(V. **protestantismo**)
a. *católico*
resignado
conformista

protestantismo
s. **reforma** (V.)
herejía (V.)
anglicanismo
luteranismo
calvinismo
presbiterianismo
anabaptismo
cuaquerismo
cuakerismo
ritualismo (V.)
pietismo
jansenismo
cisma
puritanismo
metodismo
evangelismo
heterodoxia
mormonismo
(V. **religión**)
a. *catolicismo*
ortodoxia

protestar
s. confesar
negar (V.)
declarar
profesar
aseverar
afirmar (V.)
certificar
sostener
insistir (V.)
deponer
dogmatizar
sermonear (V.)
prometer
s. **rebelarse** (V.)
renegar (V.)
replicar (V.)
sublevarse
indignarse
oponerse
quejarse (V.)
enfurecerse contra
refunfuñar (V.)
refutar
respingar (V.)
contestar
criticar
descontentar
condenar
rumiar (V.)
afear
reprochar
reclamar (V.)
revolver (V.)
vituperar
censurar
desautorizar
(cont.)

s. **silbar** (V.)
abuchear
abroncar (V.)
gruñir (V.)
clamar (V.)
gritar
pitar (V.)
chiflar
patear
chichear
patalear
chillar (V.)

(V. **protesta**)

a. *aceptar*
admitir
ovacionar
someterse
resignarse
aguantar
aplaudir
aclamar
aprobar
consentir

protesto
s. **negativa** (V.)
reclamación
requerimiento (V.)
testimonio
protestación
protesta
diligencia

s. letra de cambio

a. *aceptación*

protestón
s. sermoneador
protestante
silbador
quejoso
quejica
gruñón (V.)
criticón
acusador
censurador
anatematizador
reprensor
descontento
descontentadizo
rebelde (V.)
disconforme
contrario
oponente

(V. **protesta**)

a. *favorecedor*
aprobador
halagador
aclamador
contento
favorable
sometido
aplaudidor

protocolario
s. **ceremonioso** (V.)
formulista (V.)
ritual
formal
formulario (V.)
solemne
cortés
urbano
etiquetero
diplomático
pomposo
aparatoso
grave
fastuoso
ampuloso
afectado

(V. **protocolo**)

a. *natural*
sencillo
directo

protocolizar
s. **archivar** (V.)
protocolar
incorporar

(V. **protocolo**)

protocolo
s. **documento** (V.)
escrituras
testimonio escrito
pruebas
acta (V.)
acuerdos

s. **ceremonia** (V.)
etiqueta (V.)
ritual
formulismo (V.)
regla
cortesía
ceremonial
urbanidad
ordenación (V.)
solemnidad (V.)
aparato
fausto
fasto
rito (V.)
pompa

a. *naturalidad*
sencillez

protón
s. partícula
átomo (V.)
carga positiva
núcleo
nucleon

a. *antiprotón*
electrón

protoplasma
(V. **célula**)

prototipo
s. arquetipo
muestra
modelo (V.)
espécimen (V.)
ejemplo
dechado
tipo
perfección (V.)
ejemplar
representación (V.)
patrón (V.)
paradigma
ideal
tipo
patrón
norma
canon
belleza
pauta
molde
espejo (V.)

a. *adefesio*
fealdad
imperfección

protozoario
(V. **protozoo**)

protozoo
s. protozoario
microbio (V.)
microorganismo
animálculo
ameba
amiba
infusorio (V.)
rizópodo
chilomonas
espiroqueta (V.)
espiroqueto
esporozoo
radiolario
treponema
tripanosoma
flagelado
parásito
foraminífero
mónada
mónera
metazoo
coccidio

s. sarcomastigóforo
esporozoo
cilióforo

s. cilio
flagelo
seudópodo
miofribilla

protuberancia
s. **saliente** (V.)
pezón (V.)
bulto (V.)
sobresaliente (V.)
tumor
gibosidad
bollo
promontorio
prominencia (V.)
alto
realce
resalte
relieve
abombamiento
turgencia
convexidad
eminencia
joroba
abolladura
hinchazón
abultamiento
levantamiento
elevación

a. *lisura*
llanura
concavidad
oquedad
hundimiento
entrante

protuberante
s. abultado
saliente (V.)
convexo
prominente
abollado
hinchado
abombado
saltón (V.)

(V. **protuberancia**)

a. *liso*
entrante
cóncavo
hundido
llano

provecer
(V. **aumentar**)

provecto
s. adelantado
antiguo
ducho
aprovechado (V.)
diligente
aplicado

s. **viejo** (V.)
caduco
carcamal
maduro (V.)
senil
decrépito
anciano
machucho
calamocano
serondo
matusaleno
cotorrón
valetudinario
añoso

a. *joven*
imberbe
aprendiz
principiante

provecho
s. **utilidad** (V.)
resultado (V.)
ganancia (V.)
renta
beneficio (V.)
éxito (V.)
valor (V.)
filón (V.)
precio
fruto
producto (V.)
productividad (V.)
ganga
partido
vendimia (V.)
ventaja (V.)
granjeo
zumo (V.)
usura
conveniencia (V.)
comodidad
esquilmo
ganada
granillo (V.)
asimilación (V.)
aprovechamiento
adelantamiento
lucro
rendimiento (V.)
usufructo (V.)
dividendo
comisión
gajes
logro
servicio (V.)
obtención (V.)
interés (V.)
jugo (V.)
eficacia
pez
pro (V.)
proveza
usufructo
positivismo (V.)
hombre de provecho
buen provecho
de provecho

r. No hay provecho sin daño, ni daño sin provecho

a. *pérdida*
inutilidad
inconveniencia
desventaja
perjuicio
incomodidad
atraso

provechoso
s. **beneficioso** (V.)
lucrativo
útil (V.)
práctico (V.)
ventajoso (V.)
redituable
rentable
interesante
servicial
fructuoso
jugoso (V.)
proficuo
positivo (V.)
conveniente (V.)
remunerativo
valioso
precioso
cuestoso
eficiente
idóneo
utilitario
ganancioso
aplicable
cómodo
efectivo
necesario (V.)
oficioso (V.)
fértil
feraz
fructífero
productivo (V.)
reproductivo

(V. **provecho**)

a. *ineficaz*
inservible
inútil
baldío
ruinoso
perjudicial
desventajoso
negativo
ruinoso
incómodo
infructífero
infructuoso
improductivo

proveedor
s. guarnecedor
abastecedor
suministrador (V.)
provisor
aprovisionador
abastero
surtidor (V.)
furriel
asentador
asentista
veedor
despensero
municionero
dotador
veedor
almacenista
acaparador
aposentador
frumentario
provisor
vivandero
distribuidor
consignatario
administrador
agente
avituallador
recadero
armador

(V. **provisión**)

proveeduría
s. veeduría
administración
mercado (V.)
plaza
abastos
lonja
supermercado
tienda
puesto
suministro
distribución (V.)
agencia
abastecimiento
aprovisionamiento
despensa
almacén (V.)

proveer-se
s. **suministrar** (V.)
abastecer
pertrechar
guarnecer
municionar
dotar
avituallar
vituallar
aprovisionar (V.)
facilitar
proporcionar (V.)
equipar (V.)
repostar
surtir (V.)
aviar
suplir
habilitar (V.)
acomodar
fardar
armar (V.)
reunir
juntar
abastar
bastir
bastimentar
esquifar
fornir
fornecer
servir
suplir
surtir
vestir

s. **decidir** (V.)
disponer
resolver
diligenciar
acomodar
solucionar
tramitar
despachar
solventar
cargar
preparar
confiar
prevenir
arreglar

(V. **provisión**)

a. *privar*
quitar
descargar
desabastecer
desproveer
desguarnecer
inhabilitar
negar

proveído
s. decisión
resolución (judicial) (V.)
trámite (judicial)

provena
(V. **mugrón**)

proveniente
s. descendiente
originario (V.)
procedente de
derivado
dimanante
oriundo
resultante
provinente

provenir
s. nacer
venir de
proceder (V.)
emanar
dimanar
manar
arrancar
brotar
pulular (V.)
promanar
descender (V.)
ser oriundo de
originarse
salir
surgir
resultar
seguirse
derivar
principiar en

a. *acabar*
finalizar
morir
concluir

provento
s. renta
producto (V.)
fruto
ganancia
rédito
utilidad (V.)

a. *pérdida*
perjuicio

proverbial
s. **axiomático** (V.)
paremiológico
aforístico
conceptuoso
sentencioso
gnómico

s. notorio
sabido (V.)
habitual
común
tradicional (V.)
legendario (V.)
acostumbrado
conocido (V.)
usual
corriente
característico
singular

(V. **proverbio**)

a. *ignorado*
desconocido
raro
desacostumbrado
exótico

proverbio
s. **máxima** (V.)
sentencia (V.)
adagio
aforismo
dicho (V.)
axioma
precepto
regla
moraleja
frase
refrán
pensamiento
símbolo
representación
concepto
principio
precepto
regla
apotegma
modismo
enseñanza
paremia

provicero
s. adivinador
adivino
vaticinador
augur

(V. **profeta**)

providencia
s. hado
suerte (V.)
azar
destino (V.)
sino
fatalidad
estrella
albur
ventura
acaso
fortuna
casualidad (V.)
predestinación
vocación
eventualidad
Dios
voluntad divina

s. medida
disposición (V.)
resolución (V.)
mandato
orden
precaución
prevención
provisión (V.)
distribución
arreglo
coordinación
remedio

providencial
s. **casual** (V.)
propicio
predestinado
favorable
salvador
beneficioso
oportuno (V.)
feliz
dichoso
venturoso
adecuado
apropiado
pertinente

(V. **providencia**)

a. *fatal*
desgraciado
desfavorable

providenciar
s. **dictaminar** (V.)
sentenciar
disponer (V.)
resolver
señalar
disputar
decretar
imponer
disciplinar
encargar
conminar
reglar
legislar
ordenar
disponer
asignar
consignar
diputar

a. *obedecer*
someterse
cumplir

providente
(V. **próvido**)

próvido
s. **avisado** (V.)
providente
previsor
cuidadoso
sagaz
prudente (V.)
cauteloso
prevenido (V.)
cauto
mirado
remirado
hábil
diestro
listo
apañado
mañoso
diligente (V.)
meticuloso

s. **propicio** (V.)
favorable
feliz
benévolo
benigno (V.)

a. *irreflexivo*
incauto
desmañado
manazas
descuidado
aciago
desgraciado
perjudicial
desfavorable

provincia
s. estado
territorio (V.)
departamento
comarca
distrito
taha
marca
comitado
cantón
jurisdicción
demarcación
división
distrito
término
localidad
región
mancomunidad
vilayato

provincial
s. regional
comarcal
territorial (V.)
cantonal
jurisdiccional
comital
local

s. **religioso** (V.)
fraile
monje

(V. **provincia**)

provinciano
s. isidro
atrasado (V.)
cursi
paleto (V.)
ridículo
simple
rústico
burdo
ordinario
simplón
aldeano
tosco
pueblerino
vulgar
inculto

s. **paisano** (V.)
comprovinciano

(V. **provincia**)

a. *cortesano*
capitalino
culto
fino
educado
delicado
foráneo

provinente
(V. **proveniente**)

provisión
s. abastecimiento
avituallamiento
racionamiento
almacenamiento
depósito
reserva
acopio (V.)
surtido
suministro (V.)
abasto (V.)
vitualla (V.)
recado (V.)
avío
existencias
matalotaje
equipo
anona
víveres
pertrechos
munición (V.)
municionamiento
municiones de
boca
pósito
forraje
prevención (V.)
subsistencia
despensa (V.)
merienda (V.)
mochila
talega
viático (V.)
alforja
repuesto (V.)
arreglo
retén (V.)
tren
alimento
preparativo
aprestos
equipo
equipaje
fornitura (V.)
suministro

s. precaución
providencia (V.)
disposición

s. provisión de
fondos
provisión de
alimentos
tener
provisiones

a. *escasez*
penuria
pobreza
falta
miseria

provisional
s. circunstancial
temporal (V.)
interino (V.)
fugaz
transitorio
pasajero
accidental (V.)
transeúnte
meritorio
actual
momentáneo (V.)
provisorio
inestable
eventual
precario
efímero

s. **inseguro** (V.)
incierto
amovible

s. libertad
provisional

a. *duradero*
eterno
fijo
definitivo
seguro
firme
estable
permanente
estable

proviso (al)
s. al instante
al punto
enseguida (V.)
rápidamente
aína
seguidamente
en caliente

a. *después*
posterior(mente)

provisor
(V. **proveedor**)

provisorio
(V. **provisional**)

provocación
s. **incitación** (V.)
excitación
coquetería (V.)
desafío
reto (V.)
ofensa (V.)
bravata
incitamiento
instigación
duelo
insulto
guante
procacidad
inquina
enfado
pinchazo
interpelación
querella
punzada
oposición
enfrentamiento
pugna
lance

a. *calma*
tranquilidad
paz
amistad

provocador
s. **comprometedor**
(V.)
incitador (V.)
inductor
concitador
alborotador
fanfarrón
pendenciero (V.)
bravucón
camorrista
chulo
matón
discutidor
guapo
majo
belicoso
buscarruidos
guerrero (V.)
instigador (V.)
flamenco
gitano
retador
braveador
buscamurgas
revoltoso
revolucionario (V.)
incendiario
provocativo (V.)
subversivo
excitable
impetuoso
perturbador
violento
colérico
agresivo
levantador

(V. **provocación**)

a. *pacificador*
flemático
manso
apacible

provocar
s. azuzar
excitar (V.)
instigar (V.)
irritar
rebelarse (V.)
incitar (V.)
inducir
pinchar (V.)
hurgar
concitar
estimular
coquetear (V.)
tentar
contonearse (V.)
exacerbar
luchar (V.)
espolear
aguijar
halconear
apremiar
insultar
enfurecer (V.)
hostigar
mover
retar
desafiar (V.)
buscar-se (V.)
agitar
refluir
remover
revolucionar (V.)
turbar
revolver
perturbar

s. **causar** (V.)
inducir
promover
suscitar
ocasionar (V.)
producir
originar
motivar
determinar
engendrar
crear
producir

s. arrojar
devolver
vomitar (V.)
basquear

s. ayudar
auxiliar
facilitar (V.)
colaborar

(V. **provocación**)

a. *apaciguar*
pacificar
sosegar
aquietar
parar
detener
impedir

provocativo
s. **provocador** (V.)

s. excitante
incitante (V.)
cachondo
insinuante (V.)
estimulante
tentador
sugerente
interesante
descarado
desenvuelto (V.)
deshonesto (V.)
halconero
indecente
impúdico (V.)
desvergonzado
caradura

(V. **provocación)**

a. *inofensivo*
repulsivo
repelente
honesto
vergonzoso
decente

proxeneta
s. mediador
tercero
alcahuete (V.)
correveidile
tercerón
echacuervos
enflautador

s. celestina
trotaconventos
cobertera
encandiladora
comadre
encubridora
tercera

(V. **proxenetismo)**

proxenetismo
s. **alcahuetería** (V.)
rufianería
trata de blancas
tráfico de blancas
mediación
tercería

a. *honor*
honestidad

proximidad
s. **cercanía** (V.)
vera (V.)
vecindad
inmediación (V.)
contigüidad (V.)
inminencia (V.)
propincuidad
víspera
avecindamiento
adyacencia
lindero
tangencia
contacto
actualidad
modernidad
víspera

a. *lejanía*
antigüedad

proximidades
s. arrabales
suburbios
contornos
cercanías
aledaños
alrededores (V.)
periferia
extramuros
extrarradio
inmediaciones

a. *lejanías*

próximo
s. **aproximado** (V.)
cercano (V.)
vecino (V.)
convecino
comarcano
anejo
contiguo
susano
propincuo (V.)
anexo
junto (V.)
inmediato (V.)
paredaño
medianero
adyacente
inminente (V.)
mediato
yuxtapuesto
limítrofe
superpuesto
pegado
ensamblado
fronterizo
adherido
adherente
cosido
adjunto
confinante
tocante
frontero
colindante (V.)

s. **prójimo** (V.)
pariente
allegado

s. **futuro** (V.)
anterior
posterior
venidero
afín (V.)
parecido
semejante
similar
gemelo
hermano

s. próximo pasado
Próximo Oriente

(V. **proximidad)**

a. *lejano*
distante
apartado
remoto
último
distinto
diferente

proyección
s. disparo
lanzamiento (V.)
impulso
empuje
empujón
propulsión
fuerza
envión
arrastre

s. influjo
influencia (V.)
sombra
imperio
efecto
predominio
poder
ascendiente
peso
autoridad

s. **perspectiva** (V.)
representación
figura
mapa
carta
dibujo
esquema
imagen
planta

s. proyección cónica
proyección octogonal
proyección axonométrica

s. cámara
linterna
pantalla
cabina
película
episcopio
epidiáscopo

proyectante
(V. **proyectista)**

proyectar
s. dirigir
lanzar (V.)
impulsar
arrojar
despedir
dar movimiento
dar un envite
disparar
descargar

s. **idear** (V.)
trazar
bosquejar (V.)
imaginar
planear (V.)
reflexionar
pensar (V.)
urdir
fraguar
concertar (V.)
programar (V.)
discurrir
inventar
bosquejar
esbozar
emborronar
borronear
planificar
maquinar
premeditar
meditar
forjar
rumiar
tramar
trazar
concebir (V.)
complotar
plantear (V.)
tantear
acariciar
proponer
ingeniarse
inventar
indicar
señalar
ensayar
combinar (V.)
probar
madurar
preparar

s. **reflejar** (V.)
iluminar
irradiar (V.)
enfocar

s. **exhibir** (V.)
echar
rodar
dar
filmar
poner
representar (V.)

(V. **proyección)**

a. *retener*
atraer
frenar
impedir
abstenerse
inhibirse
realizar

proyectil
s. **bala** (V.)
balín
saeta
guijarro
piedra
bodoque
plomo
ángel
bomba
palanqueta
cohete
almendra
pelota
peladilla
dardo
flecha (V.)
venablo
torpedo
bolaño
alcancía
carcasa
bidón
perdigón
posta
granada (V.)
obús (V.)
bomba (V.)
cohete
bomba de mano

s. cartucho
carga
munición (V.)
mostaza
mostacilla
ojiva
cebo
cápsula
culote
casquillo
calibre
viento
tiro
mira
metralla
bote de metralla
explosivo
taco
fulminante
espoleta
dado
espiga
pipa
boquilla
collarín

(V. **artillería)**

proyectista
s. **diseñador** (V.)
proyectante
dibujante (V.)
proyectador
calculista
fraguador

s. imaginador
imaginativo
soñador
fantástico
idealista
arbitrista (V.)

(V. **proyecto)**

proyecto
s. **idea** (V.)
propósito (V.)
plan (V.)
planteamiento
preparación (V.)
planificación
designio (V.)
concepción
intento (V.)
tentativa
aspiración (V.)
sueño
deseo
utopía
fantasía
maquinación
especulación
asunto (V.)
finalidad (V.)
objetivo
invento
elucubración
cálculo
imaginación
ideal
intriga
rumia
programa
intención
pensamiento (V.)
tentativa
presupuesto
supuesto
propuesta (V.)
minuta
cábala
ánimo
quimera
intención (V.)
minuta
ponencia
perspectiva

s. **maqueta** (V.)
bosquejo (V.)
borrador
boceto
croquis
esquema (V.)
esqueleto
traza
trazado
plano
cálculo
diseño
apunte
esbozo
inicio (V.)

a. *realización*
ejecución
obra
hecho
resultado
producto
fruto
consumación
prueba
experiencia
demostración
terminación
concreción

proyector
s. **linterna** (V.)
reflector
foco
faro
fanal
aparato

s. lámpara
espejo
lente
crono
pantalla esmerilada
portaobjeto
condensador
difusor
persiana
disco
filtro
tambor dador
tambor receptor
mecanismo de arrastre
ventilador
obturador
lector de sonido
mecanismo de expulsión
almacén
engranaje
alimentador
objetivo del diáscopo
objetivo del epidiáscopo
ventanilla
motor
célula fotoeléctrica
amplificador

(V. **cinematografía)**

proyectura
(V. **voladizo)**

(V. **saliente)**

prudencia
s. **sensatez** (V.)
cordura (V.)
acierto
tino
tacto
formalidad
sabiduría
tiento
pulso
mesura
prevención (V.)
discernimiento
juicio
conocimiento (V.)
seriedad
comedimiento (V.)
templanza (V.)
precaución (V.)
refrenamiento
previsión (V.)
ecuanimidad
aplomo
cautela (V.)
recato
reflexión
talento
seso
razón (V.)
entereza
tranquilidad
medida
equilibrio
ponderación (V.)
reserva (V.)
reticencia
sindéresis
morigeración (V.)
circunspección
parsimonia (V.)
moderación (V.)
compostura
fortaleza (V.)
discreción (V.)
corrección
sentido común
buen juicio
dominio de sí
vista de lince
pie de plomo
ten con ten
tira y afloja

r. A más años, más prudencia ■ Más vale onza de prudencia, que arroba de ciencia ■ La prudencia es madre de la ciencia ■ Quien tiene qué perder, con prudencia debe proceder

(cont.)

reflexivo
precavido (V.)
circunspecto
grave
sereno
atinado
próvido (V.)
recatado
morigerado (V.)
atentado
avisado
modesto
templado

r. Al prudente le es preciso estar siempre sobre aviso ■ Del prudente nace el providente ■ Sólo el prudente es sabio

(V. **prudencia**)

a. *imprudencia*
alocamiento
irreflexión
insensatez
indiscreción
inconveniencia
temeridad
audacia
avilantez
arrojo
ligereza
estulticia
sandez
curiosidad
impertinencia
inmoderación
abuso
desatino
descompostura
desacierto
informalidad
desmesura
descomedimiento
destemplanza
imprevisión

a. *imprudente*
alocado
impetuoso
insensato
necio
irreflexivo
indiscreto
temerario
audaz
arrojado
estulto
curioso
impertinente
inmoderado
desmedido
desacertado
desmesurado
descomedido

prudencial
s. aproximativo
potestativo
facultativo
razonable (V.)
prudente (V.)

s. cálculo
prudencial

(V. **prudencia**)

a. *irrazonable*
imprudente

prudente
s. **aconsejado** (V.)
moderado (V.)
prudencial (V.)
sesudo
proporcionado (V.)
cuerdo (V.)
sensato
comedido (V.)
silencioso
formal
razonable
juicioso (V.)
recomendable
machucho
reservado
remirado
cauto (V.)
previsor (V.)
equilibrado
mesurado (V.)
ponderado
ponderoso (V.)
discreto (V.)
sentado
cordato
considerado
parsimonioso (V.)
aplomado
sentado
regular
sabio
atinado
ecuánime
filósofo
templado
frugal (V.)
maduro

prueba
s. cata
catadura (V.)
toque
experiencia
experimento
ensayo (V.)
probatura
saboreo
probación
probanza
reporte
tentativa (V.)
tanteo
análisis
test
reconocimiento
tienta
verificación
galerada (V.)
exploración
investigación
estudio
indagación

s. argumento
razón
alegación (V.)
testimonio (V.)
razonamiento
documento
fundamento
justificación
autoridad
muestra (V.)
indicio
señal
evidencia
explicación
prenda
espécimen
exponente
cita
texto
salva
manifestación
compulsación (V.)
comprobación (V.)
demostración (V.)
coartada
afirmación
confrontación
comprobante (V.)
corroboración
confirmación

s. **sufrimiento** (V.)
pena
dolor
amargura
tristeza
infortunio
desgracia
revés
trago
cáliz
peripecia
lucha
purgación
desdicha
desventura

s. ordalías
probatoria
juicio de Dios
ley caldaria

s. prueba de imprenta
prueba de indicios
prueba indiciaria
prueba negativa
prueba positiva
prueba semiplena
prueba tasada
poner a prueba
de prueba
recibir a prueba
a cala y a prueba

r. Sin pruebas, nada creas

a. *abstención*
inexperiencia
inhibición
realización
ejecución
duda
injustificación
alegría
placer
suerte
fortuna
asomo
barrunto
conjetura
suposición
amago
sospecha

prurigo
(V. **erupción**)

prurito
s. comezón
picor (V.)
picazón
escozor (V.)
desazón
urticaria
hormigueo
irritación
cosquillas
cosquilleo
enrojecimiento

s. deseo
afán
anhelo (V.)
manía
ansia (V.)
pasión
pretensión
sed
apetencia
ardor
gana
avidez (V.)
reconcomio
resquemor

a. *suavidad*
insensibilidad
moderación
desgana
apatía
frialdad

pseudo
(V. **seudo**)

psicoanálisis
s. asociacionismo
sicoanálisis
freudismo
freudiano
tratamiento
examen
exploración
análisis (V.)
introspección
catarsis
psicoterapia (V.)
psiquiatría (V.)
psicometría
purga
sublimación

s. mente
inconsciente
subconsciente
instinto
pulsión
tendencia
libido
conciente-preconsciente
alma

(V. **psicología**)

psicoanalítico
(V. **psicoanálisis**)

psicología
s. sicología
metapsíquica
caracterología
psicoanálisis

s. neurastenia
neurosis
neuritis
psicosis
psicopatía

s. carácter
alma (V.)
mente (V.)
espíritu
constitución
naturaleza
tipo (V.)
personalidad
temperamento (V.)
instinto
complejo (V.)
trauma
introspección
funcionalismo
conductismo

psicológico
s. sicológico
psiquíco
anímico
espiritual
interior
introspectivo
moral
característico
temperamental
típico

(V. **psicología**)

psicólogo
s. **sagaz** (V.)
conocedor
sutil
experto
penetrante
perspicaz
sicólogo

s. especialista
asesor
consejero
educador

(V. **psicología**)

psicópata
s. **enfermo** (V.)
neurótico
desequilibrado
orate
demente
loco (V.)
vesánico
chiflado
neurasténico
trastornado
orate
lunático
maniático
sicópata

(V. **psicopatía**)

a. *sano*
equilibrado
cuerdo

psicopatía
s. **enfermedad** (V.)
trastorno
desequilibrio
locura (V.)
demencia
psicosis
sicosis
vesania
perturbación
chifladura
manía
neurastenia
ciclotimia
sicopatia
psicalia
psicanopsia
psicastenia
psicataxia
psiclampsia
psicocinesia
psiconosis
psicoepilepsia
psicolepsia
psiconeurosis
psiconosema
psicoparesis
psicoplejía
psicorritmia
psicrofobia
psiquinosis

psicosis
(V. **psicopatía**)

psicoterapia
s. **tratamiento** (V.)
sugestión
persuasión
hipnosis
psicoanálisis (V.)
reeducación
apoyo
confidencia
diálogo
explicación
catarsis
abreacción
tratamiento conductista
sicoterapia

(V. **medicina**)

psique
(V. **alma**)

psiquiatra
s. alienista
neuropsiquiatra
neurólogo
especialista
siquiatra

(V. **psiquiatría**)

psiquiatría
s. neuropsiquiatría
neurología
psicoterapia
psicoanálisis (V.)
siquiatría

(V. **medicina**)

psíquico
s. **espiritual** (V.)
inmaterial
anímico
interior
mental
psicológico
moral
inmaterial
síquico

(V. **psique**)

a. *somático*
material
físico
exterior

psitacismo
(V. **enseñanza**)

(V. **memoria**)

psora
(V. **roña**)

pterodáctilo
(V. **reptil**)

(V. **fósil**)

ptialina
s. tialina
fermento (V.)
diastasa
glucosa
amiasa
almidón
dextrina
saliva (V.)

(V. **ptialismo**)

ptialismo
s. tialismo
secreción (V.)
fermentación (V.)
salivación

púa
s. plectro
uña
espiga (V.)
pincho (V.)
punta (V.)
aguja
espina
clavete
aguijón
pincha
puncha (V.)
puya
vástago

s. pelo
pelillo
cerda (V.)

s. **sentimiento** (V.)
resentimiento
resquemor
pesadumbre (V.)
enfado
disgusto
hiel
mosca

(cont.)

s. sagaz
ladino
sutil (V.)
astuto (V.)
diablo
zancarrón
pieza
granuja
desaprensivo

s. sacar la púa al trompo
saber cuántas púas tiene un peine

a. *conformidad*
consuelo
placer
torpe
honrado

púber
s. **adolescente** (V.)
púbero
pubescente
viril
viripotente
mozo
núbil (V.)
joven

(V. **pubertad**)

a. *impúber*
impotente
viejo

pubertad
e. **adolescencia** (V.)
mocedad
pubescencia
juventud
nubilidad (V.)
sexualidad

a. *vejez*
madurez

pubescencia
(V. **pubertad**)

pubescente
(V. **púber**)

(V. **velloso**)

pubis
(V. **vientre**)

publicable
s. notificable
revelable (V.)
transmisible
divulgable
difundible
expresable
denunciable

(V. **publicación**)

a. *impublicable*
indecible
inconfesable

publicación
s. **edición** (V.)
impresión
inserción (V.)
divulgación (V.)
información
expresión
difusión
propagación (V.)
vociferación
circulación
campaña
cruzada
manifiesto
proclamación
promulgación (V.)
manifestación
anunciación
curso
acto
carta abierta

s. libro
periódico
revista
semanario
diario
folleto
anuario
almanaque
memoria
memorial
programa
proclama
prospecto
prensa (V.)
gaceta
bando (V.)
pregón
boletín
cartel
rotativo
impreso
pregón
cédula
órgano
rótulo
letrero
pasquín
circular
esquela
cartelera
folletín
chapa
placa
listín
anales

s. **noticia** (V.)
noticia
rumor
murmullo
murmuración
chisme
cuento
fábula
patraña
son
historia
relato
gaceta
noticiero
chismografía
voz de la calle
opinión pública
cacareo
la noticia del día
secreto a voces
rumor alarmante
reclamo
resonancia
escándalo
anuncio (V.)
bombo
publicidad
propaganda

a. *silencio*
ocultación
secreto
reserva
discreción

publicado
s. inserto
aparecido
editado
impreso
anunciado
proclamado
divulgado
difundido
pregonado
propalado
distribuido
lanzado

(V. **publicación**)

a. *inédito*
desconocido
limitado

publicador
s. **divulgador** (V.)
promulgador
propalador
publicista
anunciante
anunciador
pregonero
chismoso
nuncio
bramador
paraninfo

(V. **publicación**)

a. *reservado*
discreto
silencioso

publicar
s. **difundir** (V.)
anunciar (V.)
insertar (V.)
circular
promulgar (V.)
generalizar
noticiar
salir (V.)
aparecer (V.)
pervulgar
divulgar (V.)
dar a la estampa
poner en letras de molde
poner en los papeles
poner en circulación
pregonar
informar (V.)
decir
descubrir
mostrar
comunicar
participar
revelar (V.)
declarar
demostrar
notificar
avisar
denunciar
contar
dar cuenta
poner al corriente
reseñar
transmitir
ventilar
dar aviso
dar razón
esparcir una noticia
dar publicidad
airear
vociferar
gritar
vocear
pregonar (V.)
proclamar (V.)
propagar (V.)
propalar
derramar
sembrar
esparcir
ventilar
cotillear
murmurar
chismorrear
sembrar
parir (V.)
echar
correr de boca en boca
ser la comidilla
dar un cuarto al pregonero
lanzar a los cuatro vientos
echar un bando
andar en coplas
ser del dominio público
hacer público
poner de manifiesto
sacar a la luz pública
correr la voz
hacerse eco
andar en lenguas
echar las campanas al vuelo
sacar a la vergüenza pública
dar que hablar
tener resonancia

s. **editar** (V.)
imprimir (V.)
lanzar
tirar
copiar
distribuir
circular
insertar
dar a la estampa
poner en letras de molde
poner en los papeles
poner en circulación
sacar a la luz

(V. **publicación**)

a. *callar*
secretear
silenciar
ocultar
guardarse
reservarse
prohibir
censurar
retener

publicidad
s. información
anuncio (V.)
cartel
reclamo (V.)
letrero
difusión (V.)
edicto
revelación
bando
bombo
propaganda (V.)
proclama
manifiesto
informe
mensaje
carta abierta
comunicación
declaración
escrito

s. prensa
radio
televisión
radiodifusión
telégrafo
teléfono

a. *silencio*
secreto
desconocimiento

publicista
s. **escritor** (V.)
periodista
cronista
autor
literato
prosista
ensayista
polígrafo
anunciante

(V. **publicación**)

público
s. **sabido** (V.)
conocido
divulgado
divulgable (V.)
respetable
sonado
notorio (V.)
extendido
difundido
famoso
paladino
exotérico (V.)
popular
visto

s. **oficial** (V.)
estatal
legal
gubernativo
gubernamental
comunal
administrativo
nacional
representativo
vecinal

s. **vulgar** (V.)
común
normal
corriente
cotidiano
habitual
frecuente
ordinario
general (V.)

s. **gente** (V.)
gentío
muchedumbre
asistencia (V.)
pueblo
masa
espectadores
senado
auditorio (V.)
oyentes
presentes
concurrentes
asistentes

s. **clientela** (V.)
parroquia
adictos

s. dar al público
de cara al público
en público
ser del dominio público
opinión pública
documento público
hombre público
orden público
voz pública
poderes públicos
establecimiento público
mujer pública
servicio público

(V. **publicación**)

a. *privado*
secreto
reservado
desconocido
limitado
ignorado
particular
extraordinario
excepcional
familiar
oficioso
ausencia
soledad

puchada
(V. **cataplasma**)

(V. **gachas**)

puchero, s
s. olla
cazuela
marmita
cacerola
papero
pote (V.)
vasija (V.)
recipiente
perol

s. **cocido** (V.)
comida (V.)
alimento

s. sollozos
gemidos
lloros (V.)
zollipos
gestos (V.)
muecas
jeribeques
visajes

s. oler a puchero de enfermo
empinar el puchero
volcar el puchero
salírsele a uno el puchero
dar el pucherazo
hacer pucheros

puches
s. **gachas** (V.)
sopas
papas
masa
papilla
empuches

pudding
(V. **pudín**)

pudendo
s. **torpe** (V.)
feo
vergonzoso (V.)
nefando
afrentoso
inmoral
deshonesto
deshonroso

s. **pene** (V.)

s. partes pudendas

(V. **pudibundez**)

a. *honroso*
honesto
moral

pudibundez
s. afectación
ñoñería
cursilería
mojigatería (V.)
pudor
puritanismo
exageración
pudicia

a. *naturalidad*
impudor
desvergüenza

pudibundo
(V. **pudoroso**)

pudicicia
s. **honestidad** (V.)
castidad
decencia
pudor (V.)
vergüenza
pudibundez
modestia
decoro
recato
moderación
reserva
dignidad
honor
honra
virtud (V.)
pureza
inocencia

a. *deshonestidad*
indecencia
impudicia
desvergüenza
inmodestia
pecado
indignidad

púdico
s. **casto** (V.)
honesto (V.)
pudibundo
pudoroso (V.)
recatado
modesto
decoroso
decente
puro
continente
platónico

(V. **pudicicia**)

a. *deshonesto*
impúdico
indecente

pudiente
s. **rico** (V.)
acaudalado
potentado
poderoso
magnate
hacendado
acomodado
creso
opulento
millonario

(V. **poder**)

a. *pobre*
mísero
desvalido
necesitado

pudín
s. budín
tarta
bizcocho
pastel (V.)
pudding

pudor
s. miramiento
castidad (V.)
modestia
timidez
decoro (V.)
candor
pudicicia (V.)
pudibundez
recato (V.)
decencia (V.)
moderación
vergüenza (V.)
honestidad (V.)
virtud (V.)
rubor
recogimiento
respeto

a. *deshonestidad*
osadía
desvergüenza
indecencia
torpeza
descoco

pudoroso
s. **púdico** (V.)
casto
pudibundo
recatado (V.)
modesto (V.)
mojigato
decoroso
honesto (V.)
ñoño
cursi
honrado
mirado
moderado
vergonzoso (V.)
ruborizado
digno
respetable
exagerado
afectado

(V. **pudor**)

a. *impúdico*
indecente
descocado
desvergonzado
sinvergüenza
indigno
inmodesto
indecoroso
deshonesto

pudredumbre
(V. **podredumbre**)

pudrición
(V. **putrefacción**)

pudridero
s. depósito (de cadáveres)
podridero
cámara
panteón (V.)

(V. **putrefacción**)

pudrimiento
(V. **putrefacción**)

pudrir-se
s. podrir
corromperse (V.)
descomponerse (V.)
consumirse
agusanarse
caroncharse
alterarse (V.)
alunarse
abombarse
desintegrarse
fermentar (V.)
avinagrarse
averiarse (V.)
deteriorarse (V.)
estropearse (V.)
oler
heder
pasarse (V.)
empodrecer
cariar
gangrenarse
ulcerarse
contaminarse
inficionarse
viciarse
picarse
encarroñarse
macarse (V.)
dañarse (V.)
acamarse
calamonarse
podrecer
echarse a perder
viciarse (V.)
calecerse

s. impacientarse
reconcomerse
irritarse
disgustarse
molestar (V.)
exasperar (V.)

s. ¡que se pudra!
no pudrirse una cosa en el cuerpo

(V. **putrefacción**)

a. *conservar-se*
preservar-se
congelar
esterilizar
salar
ahumar
escabechar
disecar
entretener
divertir
calmar
sosegar
tranquilizar

puebla
(V. **pueblo**)

pueblerino
s. aldeano
provinciano
lugareño (V.)
paleto (V.)
isidro
palurdo
foreto
campesino (V.)
rústico
pardillo
tosco
ordinario
burdo
atrasado
sencillo
elemental
payo
cateto
rural

(V. **pueblo**)

a. *ciudadano*
urbano
cortesano
fino
delicado

pueblo
s. **nación** (V.)
país
patria
estado
terruño

s. **población** (V.)
poblado
aldea (V.)
villorrio
lugar
villa
pola
puebla
caserío
parroquia
municipio
burgo
merindad
partido
alquería
cortijo
rancho
casar
ranchería
toldería

s. tribu
raza (V.)
clan
familia
ralea
casta
linaje
ascendientes
antepasados
horda
cabila
humanidad (V.)
gente(s) (V.)
habitantes
población
nativos
indígenas
pobladores
vecinos
ciudadanos
vecindario
súbditos
público

s. vulgo
plebe (V.)
populacho
chusma
gentuza
proletariado
democracia (V.)
villanaje
turba
hampa
villanería

s. anglosajón
sajón
anglo
franco
germano
galo
indio
judío
magiar
mauritano
persa
samoyedo
tagalo
vascón
vasco
vándalo
aaronita
agareno
alano
amonita
amorreo
arameo
astur
bárbaro
bátavo
benimerín
benjamita
bético
calmuco
camita
cántabro
caribe
carpetano
cartaginés
celta
celtíbero
chino
cimbro
cusita
edomita
efraimita
epirota
eslavo
esquimal
fenicio
filisteo
galaadita
galileo
godo
gomel
grisón
guanche
hebreo
hérulo
heteo
suevo
tartesio
turcomano
turdetano
túrdulo
vácceo
valaco
visigodo
volsco
ámalo
arévaco
autrigón
ártabro
balto
basterna
bastetano
bisalta
cambriano
caporo
carcamán
carnio
caspio
cato
cauco
cavaro
cenete
cerretano
cibarco
cimerio
contestano
cosetano
cuado
deitano
dólope
druso
edetano
edrisí
edrisita
hierosolomitano
hitita
hotentote
huno
ibero
idumeo
ilergete
inca
iroqués
ismaelita
israelita
itálico
jebuseo
jerosolimitano
lacedemón
lacedemonio
lacón
laconio
letón
licio
longobardo
madianita
marcomano
maronita
medo
moabita
normando
oretano
osco
parsi
parto
pelasgo
quirguiz
recabita
ruteno
sabeo
sabino
salio
samaritano
efrateo
esloveno
garamanta
gépido
getulo
gotón
grisón
hérnico
hircano
ilercavón
indigete
lacetano
layetano
lestrigón
marso
masageta
masamuda
masieno
masilio
nabateo
occitano
occitánico
odrisio
peonio
pésico
querusco
salentino
samosatense
santón
sécuano
sicambro
sicano
silingo
sogdiano
solimitano
tugiense
tungro
uscoque
várdulo
folklore (V.)

s. pueblo elegido
pueblo de mala muerte

r. Chico pueblo, grande infierno ■ El que vive en los pueblos, se empobrece, se envejece y se envilece

a. *urbe*
ciudad
capital
corte
emporio
metrópoli
población
nobleza
aristocracia

puente
s. **pontón** (V.)
pontana
pasarela (V.)
planchada
pasadera
viaducto
acueducto
plancha
tablazón
plataforma
pontecilla
alcantarilla
cuna
gallipuente
sambuca
pasaje (V.)
funicular
transbordador
teleférico

s. andén
estribo
acitara
ojo
arcada
tajamar
pretil
nariz
cuchillo
pila
aleta
manguardia
aguja
cigoñal
cabezal
péndola
báscula
péndolas
tímpano
suelo
montea
arco
macho
pilar
anclaje
cable
arranque
espolón
encachado
baranda
antepecho

(cont.)

s. **vacación** (V.)
prolongación
asueto
fiesta

s. puente de barcas
puente colgante
puente levadizo
puente cerril
puente aéreo
puente giratorio
puente oscilante
puente pivotante
puente trasbordador
puente basculante
puente de los asnos
cabeza de puente

s. hacer puente
calar el puente
día puente
hacer la puente de plata

r. A enemigo que huye, puente de plata

a. *vado*
río
trabajo

puerco
s. **cerdo** (V.)

s. mugriento
sucio (V.)
asqueroso
roñoso
repugnante
desaseado
inmundo
desaliñado

s. **grosero** (V.)
descortés
ordinario
vulgar

s. **ruin** (V.)
interesado
agarrado
miserable
tacaño (V.)
avaro
cicatero
venal (V.)
sobornable
corruptible

s. puerco espín
puerco jabalí
puerco de mar
puerco montés
puerco marino
echar margaritas a puercos

r. A cada puerco le llega su San Martín ■ Al más ruin puerco, la mejor bellota ■ Puerco fiado gruñe todo el año

a. *limpio*
aseado
aliñado
compuesto
generoso
espléndido
pródigo
delicado
fino

puericia
s. niñez
infancia (V.)
minoría
menoría
muchachez

s. candidez
inocencia (V.)
pureza

a. *madurez*
adolescencia
vejez

puericultura
s. pediatría
crianza
lactancia
amamantamiento
maternidad
casa cuna
gota de leche
hospicio
inclusa

s. puericultor
pediatra

(V. **medicina**)

pueril
s. aniñado
inocente
tierno
pequeño
impúber
infantil (V.)
cándido
ingenuo (V.)
crío
candoroso

s. **trivial** (V.)
vano (V.)
fútil
baladí
nimio (V.)
simple
infundado (V.)
iluso (V.)

(V. **trivialidad**)

a. *maduro*
senil
importante
malicioso
retorcido

puerilidad
s. chicada
niñada (V.)
niñería
chiquillada (V.)
infantilidad
muchachada
rapazada
travesura
juego
monería

s. candidez
inexperiencia
inocencia (V.)
candor
ingenuidad (V.)

s. **trivialidad** (V.)
bobada
bobería
tontería
nadería
nimiedad (V.)
simplicidad
simpleza
futilidad
futileza
inanidad
bagatela
futesa

a. *malicia*
perversidad
gravedad
importancia

puérpera
s. parturienta
parida
madre (V.)

(V. **parto**)

puerperio
s. sobreparto
convalecencia

s. fiebre puerperal
eclampsia

(V. **parto**)

puerro
s. **planta** (liliácea) (V.)
porrino
ajo porro
porro
ajotrino
ajipuerro

s. porral

s. puerro silvestre

puerta
s. **abertura** (V.)
portecilla
puertecilla
portezuela
portón
contrapuerta
postigo (V.)
puertaventana
vomitorio
compuerta
vierteaguas
paso (V.)
entrada (V.)
vestíbulo
cancilla
cancela
salida (V.)
pórtico
portillo (V.)
portada
portalada
cancel
mampara
portalón
escotilla
gatera
rastrillo
trampilla
poterna (V.)
trampa
falsete
cancilla
vano
tranquera
tranquero
torno
ventanillo
persiana
ventanuco
ventano

s. jamba
quicio
armazón
dintel (V.)
hoja (V.)
lado
lindel
lintel
cabecero
cargadero
umbral
sobrecejo
batiente
larguero
contrapilastra
cerco
marco
contramarco
jambaje
quicial
falleba
pomo
tranco
pasador
pestillo
cerrojo
cierre
cerradura
tranquillo
trinquete
aldaba
aldabón
llave
bisagra
zapata
gozne
llamador
timbre
mirilla
entrepaño (V.)
tablero
ventanillo
tambanillo
panel
painel
ataire
chambaina
burlete
nariz
montante
alféizar
alfeiza
fajón
mocheta
marquesina
telar

s. puerto

s. puerta abierta
puerta accesoria
puerta falsa
puerta excusada
puerta franca
puerta reglar
puerta secreta
puerta trasera
puerta cochera
puerta Santa
puerta sublime
puerta vidriera
a las puertas de la muerte
a puerta cerrada
a puertas
por puertas
cerrársele a uno todas las puertas
ir de puerta en puerta
escuchar detrás de la puerta
dar con la puerta en las narices
echar las puertas abajo
enseñarle a uno la puerta de la calle
llamar a la puerta
fuera de puertas
poner a uno en la puerta de la calle
salir uno por la puerta de los carros
entrar por la puerta falsa
entrar por la puerta grande
poner puertas al campo

r. Casa con dos puertas, mala es de guardar ■ Cuando una puerta se cierra, cientos se abren

puertaventana
(V. **postigo**)

puerto
s. **fondeadero** (V.)
desembarcadero
puertecillo
portezuelo
proís
proíz
apostadero
embarcadero
atracadero
dársena
caño
canal
antepuerto
andén
dique (V.)
muelle (V.)
ostial
esclusa
pantalán
noray
bolardo
portulano
escollera
rompeolas
quebrantaolas
amarradero
cangilón
ensenada (V.)
estuario
draga
bocana
mar (V.)
costa (V.)
astillero (V.)
rada
escala
bahía
golfo (V.)
grao
malecón
abra

s. puerto de montaña
paso (V.)
desfiladero (V.)
garganta
quebrada

s. asilo
amparo
refugio
apoyo
salvaguardia
abrigo (V.)
posada
venta
hospedería
refugio

s. portulano

s. puerto de arribada
puerto franco
puerto resguardado
puerto de mar
puerto fluvial
arribar al puerto
tomar puerto
salir a puerto de claridad
arribar a puerto de salvación
ir a puerto seguro
puerto de arrebatapas

s. salir del puerto
llegar a puerto
enfilar el puerto

a. *desamparo*
abandono

pues
s. puesto que
ya que
por consiguiente
por lo tanto
en vista de que
luego
¿cómo?

s. pues que
¿y pues?

puesta
s. cantidad
apuesta (V.)
envite (V.)
postura
jugada
apunte
chacho
envido
golpe
órdago
partida
enchilada
posta
encimada
envido
pároli
fondo
pozo
reenvite
resto
repuesto
vale
vaca
traviesa

s. ficha
tanto
punto

s. **ocaso** (V.)
atardacer
crepúsculo
anochecer
anochecida
oscurecer
puesta de sol

s. estreno
montaje (V.)
escenificación
presentación
atrezzo
vestuario
decorado
decoración
bambalinas
puesta en escena
representación (V.)

a. *amanecer*
amanecida
alborecer
alba

puesto
s. **lugar** (V.)
sitio
situación
paraje
posición
espacio
punto
rincón
zona
emplazamiento
terreno

s. **empleo** (V.)
cargo
destino
oficio
ocupación
menester
plaza
dignidad
ministerio
función
cometido
encargo
colocación (V.)
acomodo

(cont.)

s. tienda
tiendecilla
baratillo
quiosco
tenderete
barraca
mercado (V.)
stand
tabanco
cajón
caseta (V.)
casilla
garita
garito
tabla
caramanchel
garabito
malbaratillo
tabanco
tablajería
trucha

s. **remonta** (V.)
acaballadero

s. centinela
vigilancia (V.)
destacamento
prevención (V.)
guardia (V.)
apostadero
espera
tiradero

s. **estado** (V.)
disposición
situación

s. **pues** (V.)

s. tener buen puesto
puesto en el burro
estar en su puesto
guardar el puesto
puesto en razón
subir de puesto

a. *desempleo*
desocupación

puff
(V. **asiento**)

púgil
s. pugilista
gladiador
luchador (V.)
contendiente
combatiente
boxeador (V.)
rival
adversario
contrincante

(V. **pugilismo**)

pugilato
s. **pugna** (V.)
campeonato
contienda
lucha (V.)
rivalidad
boxeo
riña
combate
asalto
pelea
batalla
disputa (V.)
discusión
pugilismo (V.)

a. *paz*

pugilismo
s. **boxeo** (V.)
lucha
contienda
combate
pugilato (V.)

pugilista
(V. **púgil**)

pugna
s. **porfía** (V.)
obstinación
cabezonería
cabezonada
enfrentamiento
competición
lucha (V.)
pelea
combate
desafío
reto
batalla
oposición (V.)
hostilidad
esfuerzo
rivalidad (V.)
antagonismo
pugilato
diferencia
discrepancia
regateo (V.)

a. *acuerdo*
paz
entendimiento
concordia
consenso
abandono
conformidad

pugnante
(V. **pugnaz**)

pugnar
s. batallar
luchar (V.)
pelear
contender
competir
rivalizar (V.)
discrepar
oponerse
recalcitrar (V.)
desafiar
enfrentarse
disputar
combatir

s. **esforzarse** (V.)
porfiar
insistir
bregar
quimerar
procurar
instar
solicitar
intentar (V.)
pretender
trabajar
desvelarse
aplicarse
afanarse
matarse

(V. **pugna**)

a. *pacificar*
renunciar
abandonar
acordar
convenir

pugnaz
s. violento
pugnante
agresivo (V.)
batallador
luchador
belicoso (V.)
pendenciero
camorrista
reñidor
provocador
acometedor

s. **contrario** (V.)
enemigo
opuesto
adversario

(V. **pugna**)

a. *amigo*
pacífico
inofensivo
tranquilo

puja
s. **subasta** (V.)
licitación
almoneda
tasación
concurso
competencia

s. **mejora** (V.)
aumento
ofrecimiento
oferta (V.)
alzamiento
subida
remate
requinto
tanteo

s. **esfuerzo** (V.)
forcejeo (V.)
forcejón
intento
empuje
impulso
pechugón

a. *rebaja*
abandono
incomparecencia
abstención

pujador
s. postor
licitador (V.)
licitante (V.)
ponedor
rematante
mejor postor
mayor postor
requintador
concursante
concurrente
participante

(V. **puja**)

pujamen
(V. **orilla**)

(V. **vela**)

pujante
s. poderoso
fuerte (V.)
vigoroso
floreciente (V.)
potente (V.)
forzudo
brioso (V.)
robusto

(V. **pujanza**)

a. *débil*
impotente
apagado
raquítico
estéril
infructuoso

pujanza
s. **fuerza** (V.)
impulso
potencia (V.)
poder
vigor (V.)
fortaleza
robustez
ardimiento
energía
reciedumbre
brío (V.)
florecimiento (V.)
desarrollo

a. *decaimiento*
debilidad
impotencia

pujar
s. pugnar
forcejear (V.)
esforzarse (V.)
progresar
impulsar
adelantar
desarrollar
empujar

s. **vacilar** (V.)
detenerse
mascullar

s. licitar
aumentar (V.)
elevar
sobrepujar
mejorar (V.)
subir (V.)
tantear
subastar (V.)

s. **exceder** (V.)
aventajar

(V. **puja**)

a. *debilitar*
abandonar
bajar
depreciar
retroceder

pujo, s
s. gana
anhelo
tenesmo
ansia (V.)
deseo
vehemencia
afán
apetencia

s. aspiraciones
ambiciones
pretensiones (V.)
hambre
conato

s. a pujos

a. *abulia*
desgana
desdén
renuncia
desánimo
humildad

pulcritud
s. prolijidad
esmero
cuidado
pulidez (V.)
escrupulosidad
aseo (V.)
atildamiento (V.)
primor

s. finura
estilismo
buen tono
delicadeza
excelencia
belleza (V.)
honradez

a. *suciedad*
dejadez
indelicadeza

pulcro
s. **atildado** (V.)
esmerado
limpio (V.)
aseado (V.)
cuidadoso (V.)
relamido
pulido (V.)
acicalado (V.)

s. fino
delicado
bello (V.)
hermoso
honrado
exquisito
selecto
como la plata
como los chorros del oro

(V. **pulcritud**)

a. *desaseado*
sucio
dejado
torpe
grosero
feo
desastrado

pulchinela
(V. **polichinela**)

pulga
s. **insecto** (V.)
díptero
parásito

s. pulga acuática
pulga de mar
buscar las pulgas a uno
echar a uno la pulga detrás de la oreja
hacer de una pulga un camello, o un elefante
no aguantar pulgas
sacudirse uno las pulgas
tener pulgas
tener malas pulgas

r. Hay muchas maneras de matar pulgas

pulgar
s. **dedo** (gordo) (V.)
pipeta
pólex
pólice

s. menear los pulgares

pulgarada
s. polvo
pellizco (V.)
pizca

s. pulgada
papirotazo (V.)

pulgón
s. **insecto** (V.)
hemíptero
parásito
piojuelo
saltón

pulguillas
s. tufillas
polvorilla
bullicioso
geniazo
pólvora
cascarrabias (V.)
malas pulgas
susceptible (V.)

a. *tranquilo*
bonachón
pacífico

pulidez
s. **pulcritud** (V.)
filigrana
atildamiento
arreglo
primor (V.)
preciosismo
detalle
retoque
acabado

s. brillo
brillantez
bruñimiento
pulimento

s. **cortesía** (V.)
educación
delicadeza
finura
amabilidad
atención

a. *abandono*
descuido
apatía
abulia
opacidad
descortesía
grosería
indelicadeza
desatención

pulido
s. **afectado** (V.)
relamido
refitolero
presumido
repulgado
retocado
afiligranado
atildado
lamido
mono
perfilado (V.)
cuidadito
cursi
cuco
primoroso (V.)
soplado
superferolítico
acicalado

s. educado
cortés (V.)
fino
delicado (V.)
atento
amable

(cont.)

s. lustroso
laqueado
brillante (V.)
terso
liso
pulimentado
barnizado
patinado (V.)
afinado
charolado
satinado
suave
alisado
bruñido
limado
lijado

s. **pulcro** (V.)
limpio
arreglado
minucioso
detallista
preciosista
perfecto

(V. **pulidez**)

a. *natural*
descuidado
abandonado
abúlico
apático
descortés
grosero
tosco
ordinario
áspero
arrugado
opaco
apagado
sucio
desaseado
imperfecto

pulidor
s. pulidero
bruñidor
suavizador
brocha (V.)
muñequilla

s. lima
cepillo (V.)
fresa
lija
lijadora
esmeril
piedra pómez
zapa

(V. **pulimento**)

pulimentar
(V. **pulir**)

pulimento
s. pulido
pulidez
brillo (V.)
abrillantamiento
tersura
abrillantado
lustre
lustrado
esmerilado
afinado
lijado
alisado
suavizado
bruñido
acepillado
barnizado
lacado
acabado
apomazado

a. *deslucido*
opacidad
veladura
aspereza
rugosidad

pulir-se
s. pulimentar
abrillantar (V.)
esmerilar (V.)
bruñir (V.)
laquear
agatizarse
esturgar
apomazar
escafilar
limar
lijar (V.)
suavizar (V.)
terminar (V.)
afinar
dolar
desbastar
alcorzar
acepillar (V.)

s. adornar-se
componer-se
aderezarse
instruirse (V.)
perfeccionarse
refinarse (V.)
afinarse
educarse

s. **hurtar** (germ.)
(V.)

(V. **pulimento**)

a. *empañar*
embastecer
ensuciar
descomponer-se

pulmón
s. **órgano** (V.)
víscera
entraña
bofe
chofe
bofena
liviano (V.)

s. bronquio
pleura
lóbulo
mediastino

s. respiración
asma
enfisema
tuberculosis (V.)
tos (V.)
pulmonía
pneumonía
pleuresía
pleurodinia
empiema
pleuritis
perineumonía

s. **voz** (V.)
vozarrón

s. pulmón de acero
pulmón marino

pulmonado
(V. **pulmonar**)

pulmonar
s. respiratorio
bronquial
pulmonado
pleurítico
pleural
asmático
perineumónico
neumónico
pulmoníaco
bronconeumónico

s. pleura pulmonar
catarro pulmonar

(V. **pulmón**)

pulmonía
s. bronconeumonía
perineumonía
neumonía
pneumonía

(V. **pulmón**)

pulpa
s. **masa** (V.)
molla
mollar
amasijo
pasta
gacha
papilla
mazacote
plasta
carne

s. **médula** (V.)
tuétano

pulpejo
s. **talón** (V.)

s. masa
carnosidad (V.)
lóbulo
prominencia
lobulillo
dedo (V.)
mollar
mano (V.)
oreja (V.)

púlpito
s. **plataforma** (V.)
antepecho
balconcillo
ambón
almimbar
predicadera
predicatorio
tribuna (V.)
sugesto

s. paño
sombrero
peana
columna
ménsula
barandilla
escalera
tornavoz

s. **iglesia** (V.)

pulpo
s. octópodo
cefalópodo
molusco (V.)
raña

s. poner a alguien
como un pulpo

pulposo
s. **carnoso** (V.)
pastoso
blando
fofo
jugoso
tierno

(V. **pulpa**)

a. *seco*
duro

pulsación
s. pulsada
palpitación
latido (V.)
salto (V.)
percusión
diástole
sístole
contracción
dilatación
movimiento
temblor
golpe
ritmo
tecleo

(V. **pulso**)

pulsador
s. esfigmógrafo
esfigmómetro
pulsímetro

s. interruptor
botón (V.)
llave
clavija
mando
palanca
tecla (V.)

(V. **pulsación**)

pulsar
s. **latir** (V.)
palpitar
percutir
contraerse
dilatarse
acompasar

s. tañer
teclear (V.)
tocar (V.)
rasguear
golpear
palpar
sonar

s. oprimir
apretar (V.)
tocar
presionar

s. **compulsar** (V.)
comprobar
tantear (V.)
sondear
sonsacar

(V. **pulsación**)

pulsátil
s. **palpitante** (V.)
pulsativo
percutor
latente

(V. **pulso**)

a. *fijo*
inmóvil
apagado

pulsear
s. pugnar
combatir
luchar
competir (V.)
hombrear
probar (fuerza)
(V.)
esforzarse

(V. **pulso**)

a. *renunciar*

pulsera
s. anillo
aro (V.)
arete
argolla
armella
manilla
ajorca
esclava
brazalete (V.)
cerco
almanaca
puñete
filis
esposas

s. **venda** (V.)
muñequera

s. **mechón** (V.)
guedeja

s. pulsera de
pedida

pulso
s. **pulsación** (V.)

s. muñeca
puntería (V.)
firmeza (V.)
seguridad
tiento (V.)
cuidado
tino (V.)
acierto
prudencia
mano (V.)
esfigmo

s. pulso rítmico
pulso arrítmico
pulso alternante
pulso filiforme
pulso sentado
pulso formicante
pulso serrátil
pulso serrino

s. a pulso
sacar a pulso
levantar a pulso
tomar el pulso a
algo
quedarse sin
pulso

a. *vacilación*
inseguridad
desacierto

pultáceo
s. **pastoso** (V.)
pulposo
blando
fofo
laxo
blanduzco

s. **podrido** (V.)
gangrenado (V.)
corrupto

a. *denso*
duro
fresco
sano

pulular
s. retoñar
brotar (V.)
echar (renuevos)

s. **provenir** (V.)
originarse
proceder
nacer
salir

s. **hormiguear** (V.)
bullir (V.)
revolotear
agitarse
hervir
moverse
proliferar
diseminarse
abundar (V.)
multiplicarse
reproducirse

a. *morir*
agostarse
limitarse
escasear

pulverización
s. polverización
polvoreamiento
molturación
molienda
empolvoramiento
polvorizamiento

s. **atomización** (V.)
desintegración
(V.)
polvo
polvillo

s. **vaporización** (V.)
llovizna
rociadura

s. **destrucción** (V.)
aniquilación
ruina
desaparición

a. *concentración*
densificación
solidificación
creación

pulverizador
s. **rociador** (V.)
perfumero
perfumador (V.)
frasco
atomizador
vaporizador
boquilla
spray
pistola

(V. **pulverización**)

pulverizar
s. polvorizar
polvorear (V.)
polvificar
majar
moler
triturar (V.)
machacar
molturar
rallar
vaporizar
atomizar
desintegrar
desmenuzar

s. **rociar** (V.)
proyectar
desparramar
diseminar
esparcir

s. **destruir** (V.)
aniquilar

(V. **pulverización**)

a. *solidificar*
concentrar
adensar
crear
retener

pulverulento
s. **polvoriento** (V.)
polvoroso
harinoso
machacado
molido
desintegrado
desmenuzado

(V. **polvo**)

a. *limpio*
entero

pulla
s. guasa
broma (V.)
befa
chacota
vaya
chunga
cuchufleta
chafaldita
fisga
remoque
chanza
remoquete
indirecta
rehilete
zaherimiento
rentoy
chirigota
retintín
indirecta
chufla

s. **burla** (V.)
escarnio
arañazo (V.)
afrenta
agudeza (V.)

a. *seriedad*
respeto
circunspección
torpeza

pullman
(V. **ferrocarril**)

(V. **autocar**)

pull-over
(V. **jersey**)

puna
s. **meseta** (V.)
páramo
altitud
erial
altiplanicie

a. *llanura*

punción
s. **pinchazo** (V.)
pinchadura
picadura
punzada
paracentesis
incisión
acupuntura
puntura
pungimiento
aguijonazo
punzadura

punch
(V. **puñetazo**)

puncha
s. **púa** (V.)
espina (V.)
pincha
aguja
alfiler
punta

punchar
(V. **punzar**)

pundonor
s. delicadeza
dignidad
respeto
honor (V.)
honra
punto
puntillo (V.)
decoro
vergüenza (V.)
fama
prez
decencia
hombría
caballerosidad (V.)
formalidad
escrupulosidad
honradez
honorabilidad
seriedad
crédito (V.)
buena fe
amor propio
propia
estimación
buen crédito
palabra de honor
conciencia
nobleza
honrilla

a. *informalidad*
deshonor
indelicadeza
deshonra
desvergüenza

pundonoroso
s. decente
celoso (V.)
caballero
digno (V.)
decoroso
puntilloso
respetable
honrado
orgulloso
delicado
susceptible
sensible
formal
noble
sincero
caballeroso
puntoso
cumplidor (V.)
consciente

(V. **pundonor**)

a. *indelicado*
grosero
truhán
villano
arrastrado

pungente
s. lacerante
punzante (V.)
picante
pinchante
punzador
mortificante

(V. **punción**)

a. *sedante*
calmante

pungimiento
(V. **punción**)

pungir
s. picar
pinchar (V.)
punzar (V.)
punchar
herir (V.)
clavar
aguijonear
espinar
ortigar
guinchar
aguijar
mordicar

s. herir las pasiones

(V. **pungimiento**)

a. *calmar*
suavizar

punible
s. **exonerable** (V.)
castigable
condenable (V.)
censurable
vituperable (V.)
reprobable
sancionable (V.)
reprochable
criticable
penable
penitenciario
indigno (V.)
bajo
despreciable
vergonzoso
setenado
vil

(V. **punición**)

a. *perdonable*
condonable
elogiable
plausible
honroso
digno

punición
s. merecido
escarmiento
penitencia
sanción
condena
castigo (V.)
correctivo

a. *premio*
perdón
condonación

punir
(V. **castigar**)

punitivo
s. **correctivo** (V.)
penitenciario
disciplinario
penal
correccional
ejemplar
sancionador
castigador (V.)

(V. **punición**)

a. *perdonable*
perdonador
recompensador

punta
s. **púa** (V.)
pincho (V.)
puncho
puncha
pico
aguijón (V.)
cornijal
repunta
clavo (V.)
espina (V.)
carranza
pancha
farpa
calce
espigón
picote
pica
penol (V.)
diente
erizo
horquilla
rejo
puya (V.)
rejón
gorguz
lanza
arpón
pitón
punzón
lezna
aguijada (V.)
cuerno
picote
pingorote
espuela
asta
puntera

s. apéndice
ángulo (V.)
arista
extremo (V.)
cresta
esconce
rincón
remate (V.)
borde
guincho
espolón

s. picacho
cumbre (V.)
eminencia
promontorio
cima (V.)
pico (V.)
cabo (V.)

s. **cuerno** (V.)
pezón (V.)
pitón

s. **algo** (V.)
poco
pizca

s. entado en punta
puntas con cabeza
punta de diamante
punta de París
punta seca
acabar en punta
agudo como punta de colchón
estar de punta
sacar punta a algo
estar uno hasta la punta de los pelos
tener algo en la punta de la lengua
afilar la punta
perro de punta y vuelta
toro de puntas
a punta de lanza

a. *chato*
romo
achatado
aplanado
falda
ladera
llanura
valle

puntada
s. **hilván** (V.)
cosido
zurcido
costura (V.)
pespunte
embastecosedura
punto
paso (V.)
basta
pasillo
puntarracada

s. hilo
hebra
aguja
dedal

s. **indirecta** (V.)
alusión (V.)
pinchazo
insinuación
eufemismo
vareta
rodeo
pulla
ironía
sutileza
agudeza
ocurrencia

(V. **punto**)

a. *directa*
acusación
grano
torpeza

puntal
s. contrafuerte
madero
poste
arrimadizo
horca (V.)
horcón
mozo (V.)
tentemozo
rodrigón (V.)
bimbalete
callapo
espetón
horquilla
madrina
tutor
contrete
empenta
entibo
espeque
mástil (V.)
pie derecho
támbara
contrapunta
tornapunta
estantal
percha
pilastra
pilar
tanganillo
pilote
columna
palo
tronco
madero (V).

tablón
estribo
pata
arrimo
rodriga
estampida
estampidor
perconteo

s. **soporte** (V.)
apoyo (V.)
ayuda
refuerzo (V.)
sostén (V.)
cimiento
base
fundamento
sustentáculo
tentemozo

s. **altura** (barco) (V.)

s. **piscolabis** (V.)
aperitivo
merienda
tentempié

a. *desamparo*
abandono
inseguridad
banquete

puntapié
s. **patada** (V.)
golpe (V.)
coz
cocedura
pateo
pataleo
porrazo
pontocón
puntera
puntillazo
zapatazo
puntillón
chut

s. a puntapiés

a. *caricia*

puntarracada
(V. **puntada**)

puntazo
(V. **cornada**)

(V. **herida**)

puntear
s. marcar
señalar (V.)
dibujar
pintar
grabar

s. **tocar** (la guitarra) (V.)
pulsar

s. **comprobar** (V.)
compulsar
verificar

s. **coser** (V.)
dar puntadas

(V. **punto**)

puntera
s. **remiendo** (V.)
sobrepuesto
contrafuerte
capellada
pala

(cont.)

s. **puntapié** (V.)
patada

s. **punta** (V.)
delantera

s. **contera** (V.)
protección
capuchón

puntería
s. **tino** (V.)
destreza
pulso (V.)
acierto (V.)
vista
ojo
habilidad
certería
mano

s. tener buena puntería
afinar la puntería
dirigir la puntería

s. echar líneas (fig.)

a. *desacierto*
torpeza
yerro

puntero
s. **palo** (V.)
punzón
vara
varita
caña
tiento

s. **sobresaliente** (V.)
primero (V.)
destacado
cabeza

(V. **punta**)

a. *último*
común
vulgar

puntiagudo
s. buido
afilado (V.)
picudo (V.)
agudo (V.)
aguzado
penetrante
picudillo
narigudo
reagudo
erizado
hirsuto
espinal
espinoso
espíneo
arpado
farpado
festoneado
acuminado
apuntado
cónico
incisivo
dentado
dentellado

(V. **punta**)

a. *plano*
chato
embotado
romo

puntilla
s. blonda
encaje (V.)
pincho
descabello (V.)
puñal (V.)
machete
cachetero
puntillero
cuchillo

s. hacer puntilla
ponerse de puntillas
dar la puntilla

puntillazo
(V. **puntapié**)

puntillero
(V. **cachetero**)

puntillo
s. **pundonor** (V.)
honor
honra
honrilla (V.)
orgullo
celo
vergüenza
dignidad
amor propio
reparo

s. **signo** (V.)
música (V.)

a. *deshonor*
indignidad
desvergüenza

puntilloso
s. chinchorrero
chinche
quisquilloso
susceptible (V.)
meticuloso
minucioso
reparón
melindroso
picajoso
delicado (V.)
irritable
puntoso

(V. **puntillo**)

a. *tranquilo*
pacífico
desaprensivo
insensible
abúlico
indiferente

punto
s. marca
señal (V.)
trazo

s. **lugar** (V.)
puesto
sitio
paraje
localidad
situación
emplazamiento
parte
espacio
zona
esfera
posición
asentamiento
localización
territorio
recinto
término
medio

s. puntada
lazada
nudo
costura
calceta (V.)
bastilla
tricot
cadeneta
hilván
diente de perro
repulgo
pespunte
tejido (V.)
incrustación
lomillo
género (de punto)
vuelta
menguado
crecido
pasada
canalé
elástico
carrera
desmalladura
enganchón
encogido

s. **asunto** (V.)
cuestión
tema
extremo
materia
tesis
argumento
aspecto

s. **grado** (V.)
intensidad
tono
tanto (V.)

s. **quid** (V.)
meollo
secreto
importancia

s. parada
estacionamiento (V.)
puesto
espera
stop
término (V.)

s. estado
fase (V.)
situación
oportunidad
sazón (V.)

s. **fin** (V.)
intento

s. punto de sutura
punto de aguja
punto de media
punto de cruz
arco de medio punto
coche de punto
arco de todo punto
punto cardinal
punto accidental
punto céntrico
punto crítico
punto de apoyo
punto de la cuestión
punto de caramelo
punto de costado
punto de distancia
punto de fantasía
punto de fábrica
punto de observación
punto de partida
punto equinoccial
punto de vista
punto de interrogación
punto final
punto radiante
punto musical
punto por encima
punto de pelota
punto visual
puntos suspensivos
punto y aparte
dos puntos
a buen punto
calzar muchos puntos
estar a punto
llegar a punto
ser la hora en punto
sin faltar punto ni coma
poner el punto sobre la i
no perder punto
dar el punto a un plato

puntoso
(V. **puntilloso**)
(V. **pundonoroso**)

puntuación
s. nota
calificación (V.)
apreciación
valoración
cálculo
aptitud
tanteo
estima

s. **signos** (V.)
señales
trazos

s. coma
punto
punto y coma
dos puntos
puntos suspensivos
interrogación
admiración
paréntesis
corchete
colon
comillas
raya o guión
punto y raya
guión pequeño
doble raya

s. gramática

puntual
s. diligente
rápido
pronto
exacto (V.)
preciso (V.)
cumplidor (V.)
matemático (V.)
metódico
formal (V.)
cumplido
minucioso
escrupuloso
detallado
cierto
cabal
verdadero
seguro
indudable
indubitable
positivo
estricto
conforme (V.)
adecuado
conveniente

(V. **puntualidad**

a. *informal*
incierto
inadecuado

puntualidad
s. **regularidad** (V.)
precisión (V.)
exactitud (V.)
estrictez
cumplimiento
severidad
asiduidad
escrupulosidad
formalidad (V.)
cuidado
diligencia
rigurosidad
matemática

s. seguridad
certidumbre (V.)
conformidad

a. *informalidad*
inexactitud
imprecisión

puntualización
s. precisión
determinación
especificación
concreción
detalle
aclaración
exactitud (V.)
análisis
aquilatamiento

(V. **punto**)

a. *imprecisión*
vaguedad
equívoco
inexactitud
indeterminación
aproximación
generalización

puntualizar
s. pormenorizar
concretar (V.)
delimitar
detallar (V.)
determinar
establecer
precisar (V.)
señalar
estipular
fijar
formalizar
deslindar (V.)
recalcar
matizar
aclarar (V.)
esclarecer
centrar
analizar
especificar
particularizar
aquilatar
poner algo en su punto
poner los puntos sobre las íes
ir por partes

s. **perfeccionar** (V.)
pulir
acabar
finalizar
dar la última mano

(V. **puntuación**)

a. *generalizar*
indeterminar

puntuar
s. **marcar** (V.)
anotar
señalar

s. **sumar** (V.)
anotarse (V.)
obtener
apreciar
valorar (V.)
calificar
registrar

(V. **puntuación**)

a. *anular*
borrar
quitar
restar

puntura
(V. **punzada**)

punzada
s. **pinchazo** (V.)
puntada
picadura
punción
punzadura
puntura
aguijonazo
pinchadura
incisión
pungimiento
piquete
herida (V.)
acupuntura
acupuntadura
picotazo
sarpullido
picor
roncha
aguijadura
aguijonadura
dolor
latido
agujetas
ramalazo
cimbrón

s. **pena** (V.)
tristeza
aflicción
arrepentimiento (V.)
remordimiento

a. *insensibilidad*
indiferencia
alegría
bienestar

punzador
(V. **punzante**)

punzante
s. agudo
picante
lacerante
hiriente
penoso
hondo
punzador
pungitivo
pungente (V.)
compungivo (V.)
sutil
doloroso
roedor
violento

(cont.)

s. satírico
mordaz (V.)
cáustico
burlón
zaheridor
dicaz
sarcástico
epigramático
virulento

(V. **punzada**)

a. *elogiador*
grato
suave
consolador
agradable
emoliente

punzar
s. **pinchar** (V.)
picar
punchar
pungir (V.)
repicar
herir (V.)
lancinar (V.)
mordicar
ortigar
espinar
aguijar
aguijonear
estimular
espolear
acribillar
guinchar
rejonear
trinchar
afilar
clavar
flechar
lacerar
entrar a cuchillo
entrar a la bayoneta
aguzar
estoquear
barrenar
atravesar

s. **apenar** (V.)
remorder
mortificar (V.)

(V. **punzada**)

a. *acariciar*
cuidar
endulzar
curar
respetar
consolar
alegrar

punzón
s. troquel
buril (V.)
estilete
lezna (V.)
estilo (V.)
aguja
sacabocados

s. pitón
cuerno (V.)

puñada
(V. **puñetazo**)

puñado
s. **porción** (V.)
conjunto
poco (V.)
cantidad
manojo (V.)
pellizco
pelluzgón
cerda
manada
manípulo (V.)
falcada
cerpa
repelón
maña
grupo

s. a puñados
¡buen puñado de moscas!

a. *escasez*
pizca

puñal
s. cachetero
estilete (V.)
almarada
puntilla (V.)
daga (V.)
higüela
cuchillo (V.)
rejón
gumía
arma blanca
almavar
puñalejo
pistoresa
canjiar
kanchar
broncha
verdugo
verduguillo
machete
trincheta
faca
navaja

s. poner a uno el puñal en el pecho

puñalada
s. navajazo
navajada
estocada
cuchillada
alfanjazo
machetazo
herida (V.)

s. pesadumbre
angustia (V.)
golpe
puñalada de misericordia
puñalada trapera
coser a puñaladas
puñalada de pícaro

(V. **puñal**)

a. *caricia*
consuelo
ánimo

puñeta
(V. **pejiguera**)

(V. **chinchorrería**)

puñetazo
s. porrazo
golpe (V.)
puñada
puñete
tortazo
moquete (V.)
remoquete
metido
combo
manotazo
guantazo
bofetada
mojicón (V.)
jetazo
torta
mamporro
revés
punch
trompada

(V. **puño**)

a. *caricia*
respeto

puñete
s. **puñetazo** (V.)

s. **manilla** (V.)
pulsera
ajorca
aro
arete

(V. **puño**)

puñetería
(V. **minuciosidad**)

(V. **fastidio**)

(V. **bobada**)

puñetero
s. **cargante** (V.)
fastidioso
latoso
quisquilloso
exigente
reparón
molesto (V.)
difícil

s. **malo** (V.)
malintencionado
maldito (V.)
pícaro

(V. **puñeta**)

a. *comprensivo*
divertido
fácil
bueno

puño
s. **mano** (cerrada) (V.)

s. **manga** (V.)
cartera
vuelta
lechuguilla
tira

s. **empuñadura** (V.)
pomo (V.)
cazoleta
arriaz
taza
recazo

s. **mango** (V.)
asidero
agarradero
manubrio
cacha

s. **esfuerzo** (V.)
fuerza
valor
ánimo (V.)

s. cortedad
estrechez
pequeñez (V.)
escasez
insignificancia

s. hombre de puños
tener buenos puños
apretar los puños
jugarla de puños
meter el corazón en un puño
tener a alguien en un puño
a puño cerrado
comerse los puños
como el puño
como puños
de mi puño y letra
por mis puños
partir al puño

a. *desánimo*
abulia
comodidad
desgana
abundancia
espaciosidad
anchura
capacidad

pupa
s. **pústula** (V.)
úlcera
erupción
costra (V.)
postilla
roncha
llaga
excoriación
calentura

s. **daño** (V.)
dolor
nana (V.)

pupila
s. abertura
iris (V.)
niña
ojo (V.)
genilla
guinilla

s. miosis
midriasis

s. **perspicacia** (V.)
agudeza

s. **ramera** (V.)

a. *torpeza*

pupilaje
s. hospedaje
fonda
hospedamiento
acogimiento
pensión (V.)
casa de huéspedes
cobija
cobijamiento
hospitalidad
hospicio

s. precio (del hospedaje)

pupilo
s. **huérfano** (V.)

s. **huésped** (V.)
pensionista
alojado
realquilado
posante
cliente (V.)
interno

(V. **pupilaje**)

a. *externo*
patrón

pupitre
s. **mesa** (V.)
escritorio
buró
bufete

puré
s. **sopa** (V.)
pasta
gacha
papilla
crema
plasta

pureza
s. pudicicia
candor
pudor
castidad
integridad (V.)
abstinencia
honestidad
limpieza (V.)
virginidad (V.)
santidad (V.)
incorruptibilidad
simplicidad
inocencia (V.)
modestia
continencia
incorrupción (V.)
doncellez
azucena (V.)
flor (V.)

s. casticidad
casticismo
puridad
quilate
purismo
ortodoxia (V.)
exactitud
autenticidad (V.)
legitimidad
perfección
fineza (V.)
tersura

a. *deshonestidad*
impudor
perversión
corrupción
mixtificación
impureza
adulteración
mezcolanza
degeneración
prostitución

purga
s. **purgante** (V.)
catártico
depurador
medicamento
laxante

s. **depuración** (V.)
catarsis
purificación
eliminación

a. *suciedad*
nombramiento

purgación
(V. **menstruación**)

(V. **blenorragia**)

purgante
s. purgatorio
purgativo
purga (V.)
colagogo
vomitivo
laxante (V.)
evacuante (V.)
drástico (V.)
depurativo (V.)
magnesia
tartago
calomelanos
catolicón
diacatolicón
crémor
limonada
sal de higueras
epsomita
agua de Carabaña
catártico
aperiente
agar-agars
solutivo
farmacopea (V.)

(V. **planta**)

(V. **farmacia**)

purgar
s. eliminar
destituir (V.)

s. mundificar
limpiar (V.)
purificar (V.)
depurar
acrisolar

s. padecer
expiar (V.)
satisfacer

s. **evacuar** (V.)
expulsar
expeler
laxar (V.)

(V. **purga**)

a. *nombrar*
ensuciar
premiar
ocluir
atascar
absolver
perdonar

purgatorio
s. **purgante** (V.)
purgativo

s. sufrimiento
dolor
penitencia (V.)
expiación (V.)
trabajo
penalidad

s. ánimas del purgatorio

a. *cielo*
paraíso

puridad
(V. **pureza**)

(V. **secreto**)

(V. **reserva**)

purificación
s. **clarificación** (V.)
purgación
depuración (V.)
saneamiento (V.)
desinfección
acendramiento
desinsectación
catarsis (V.)
refinación
descontaminación
lustración
pasterización
quinta esencia
agua lustral

s. lavatorio (de la misa)

s. **fiesta** (de N.ª Señora) (V.)
candelaria
candelera

a. *infección*
suciedad
corrupción

purificado
s. refinado
depurado
decantado
acendrado
alambicado
expurgado
limpio (V.)
filtrado
acrisolado
puro
rehabilitado

(V. **pureza**)

a. *impuro*
sucio
adulterado
turbio
manchado

purificador
s. cáliz
paño (V.)
lienzo

s. purificante
lustral (V.)
purificatorio
jordán

s. **detergente** (V.)
detersivo
purgador
depurador
catártico
curativo

(V. **purificación**)

a. *corruptor*

purificante
(V. **purificador**)

purificar-se
s. **limpiar** (V.)
lavar (V.)
deterger
expurgar (V.)
deshollinar
purgar (V.)
defecar
desembarazar
absterger
desobstruir
copelar (V.)
mundificar
desinfectar
fumigar

s. acendrar
encendrar
refinar (V.)
pulir
lustrar
apurar

s. cribar
filtrar
cerner
dragar
destilar
clarificar
rectificar (V.)
alambicar (V.)
decantar
quintaesenciar
acrisolar (V.)
aquilatar
sublimar

s. **sanear** (V.)
higienizar
lustrar (V.)
desinfectar

s. perfeccionar
exorcizar (V.)
depurar (V.)
santificar
rehabilitar

(V. **purificación**)

a. *manchar*
ensuciar
obstruir
infectar
inficionar
mezclar
pecar
endemoniar
corromper
prostituir
adulterar
falsear
viciar
contaminar
degenerar
desvirtuar

purificatorio
(V. **purificador**)

Purísima
s. Virgen María
Inmaculada
Concepción

purismo
(V. **casticismo**)

(V. **estilismo**)

purista
s. **estilista** (V.)
castizo (V.)
refinado
esmerado
elegante

s. afectado
amanerado (V.)
pedante
petulante
rebuscado
hablador
retórico

(V. **purismo**)

a. *foráneo*
sencillo

puritanismo
(V. **protestantismo**)

puritano
s. **rígido** (V.)
austero
estricto
sobrio (V.)
recto
severo
riguroso (V.)
rigoroso
abstinente
penitente
místico
inflexible
exigente
intransigente
ñoño
tartufo
hipócrita (V.)
mojigato

s. **presbiteriano** (V.)

(V. **puritanismo**)

a. *flexible*
laxo
condescendiente
comprensivo
transigente
amplio
sincero

puro
s. **acendrado** (V.)
exento
mero
solo (V.)
simple
exacto
límpido
natural
genuino (V.)
terso
propio
limpio (V.)
purificado

s. **justo** (V.)
desinteresado
recto
sano
moral (V.)
correcto

s. **casto** (V.)
inocente
candoroso
cándido
intacto (V.)
íntegro
santo (V.)
virgen (V.)
inmaculado (V.)
virginal (V.)
ideal (V.)
perfecto (V.)
incorrupto (V.)

s. legítimo
depurado (V.)
correcto
castizo
estilista

s. auténtico
cigarro (V.)
habano
tagarnina
veguero

s. químicamente puro
cigarro puro
alma pura
matemáticas puras
estilo puro

(V. **pureza**)

a. *impuro*
mezclado
deshonesto
adulterado
incorrecto
mixtificado
falsificado
falseado
compuesto
mezclado
corrupto
corrompido
contaminado
bastardeado
degenerado
prostituido
desvirtuado
híbrido
desnaturalizado
foráneo
inexacto
sucio
injusto

púrpura
s. **rojo** (V.)
encarnado
granate
mixtion
violado

s. **ostro** (V.)

s. **sangre** (poét.) (V.)

s. **dignidad** (V.)
empleo
imperio
cardenalato
consulado

purpurado
(V. **cardenal**)

purpúreo
s. purpurino
encarnado
rojo (V.)
coccíneo

(V. **púrpura**)

purria
s. purriela
resto (V.)
desperdicio
morralla (V.)
morondanga
destrío

s. **chusma** (V.)
gentuza
gentualla
plebe

a. *selección*
nobleza

purriela
(V. **purria**)

purulencia
(V. **supuración**)

purulento
s. ponzoñoso
maligno
virulento
supurativo (V.)
supurante
piógeno
llagado

(V. **purulencia**)

a. *sano*

pus
s. **humor** (V.)
podre (V.)
materia (V.)
purulencia
supuración
virus (V.)
podredumbre (V.)

s. forúnculo
absceso (V.)
bolsa
tumor (V.)
úlcera
golondrino
grano
empiema
clavo
fístula

s. piogenia
otorrea
piorrea
piohemia
empiema

pusilánime
s. **corito** (V.)
cobarde (V.)
tímido (V.)
miedoso (V.)
caco
para poco
cohibido
parado
timorato
mierdica
apocado
encogido (V.)
corto
miedica
cuitado (V.)
desdichado (V.)
menguado
calzonazos
medroso
mandria
ñoño
mirmidón
cangalla
gurrumino
acoquinado
meticuloso
pendejo
angustiado (V.)
baldragas
asustadizo (V.)

(V. **pusilanimidad**)

a. *fanfarrón*
atrevido
audaz
valiente
arrojado

pusilanimidad
s. **cobardía** (V.)
mengua
apocamiento
debilidad
gallinería
timidez (V.)
desánimo
encogimiento (V.)
cortedad
miedo (V.)
ñoñería
irresolución
debilidad
melindre
pavura
retraimiento
incertidumbre
desanimación
desaliento
sobresalto

a. *valentía*
osadía
atrevimiento
audacia
entereza
temple

pústula
s. vejiga
vejiguilla
viruela
úlcera (V.)
postilla
pupa (V.)
costra
calentura (V.)
carbunco
escara
granillo
llaga (V.)
buera

puta
s. cortesana
meretriz
hetaira
horizontal
zorra
prostituta (V.)
(V. **putaísmo**)

pasarlas putas

r. Puta la madre, puta la hija, puta la manta que las cobija ■ Ayer putas, hoy comadres

a. *casta*
honrada
decente
honesta

putada
(V. **trastada**)

putaísmo
(V. **putería**)

putañero
(V. **putero**)

putería
s. **prostitución** (V.)
puterío
putanismo
putaísmo
putañismo
meretricio
ramería
chanfaina
lujuria
fornicación
trata
vida airada

s. roncería
arrumaco
soflama
carantoña (V.)
fiesta
caricia
mimo

a. *honestidad*
decencia

a. *virtuoso*
reprimido

puto
(V. **invertido)**
(V. **sodomita)**

putero
s. putañero
calavera (V.)
faldero
vicioso
perdido
mujeriego
inmoral
torpe
(V. **putería)**

putrefacción
s. **corrupción** (V.)
descomposición (V.)
agusanamiento
podredumbre
podredura
fermentación
desintegración
veneno
ponzoña
pudridez
pudrimiento
sepsia
pudrición
ulceración
inmundicia
podre
carroña (V.)
detrito (V.)

a. *sanidad*
salud
desinfección
lozanía
frescor

putrefacto
s. pútrido
podrido (V.)
descompuesto (V.)
corrompido (V.)
infecto
carroño
pocho
rancio
gusarapiento
gusanoso (V.)
macarro
séptico
purulento
apestado
nauseabundo
fétido
repugnante
corrupto
alterado
consumido
mohoso
fermentado
desintegrado
inmundo
gangrenado
ulcerado
hediondo
(V. **putrefacción)**

a. *fresco*
lozano
sano
puro

pútrido
(V. **putrefacto)**

puya
s. vara
pica
punta (V.)
garrocha (V.)
rejón
púa
gorguz
pértiga
lanza
asta

puyazo
s. **pinchazo** (V.)
rejonazo
herida
lanzada
picadura
golpe (V.)
garrochazo
(V. **puya)**

puzzle
(V. **rompecabezas)**

quanta
(V. **cuanto**)

quebrada
s. angostura
estrecho
desfiladero
cañón
callejón
barranco (V.)
quebradura (V.)
hocino
portillo
quiebra
hondonada
aspereza (V.)
cortadura
depresión

a. *llanura*
planicie

quebradero
s. cavilación
preocupación (V.)
problema (V.)
inquietud
perturbación
dificultad
inconveniente
dilema
conflicto
traba
tropiezo

s. quebradero de cabeza

a. *despreocupación*
facilidad
sosiego
solución

quebradizo
s. frangible
frágil (V.)
rajable (V.)
endeble
rompible
partible (V.)
saltadizo
bronco (V.)
deleznable
delicado (V.)
quebrajoso
resquebradizo
feble
rompedero
elástico
mollar
cristalino (V.)
vidrioso
vítreo
enfermizo (V.)

(V. **quebrantamiento**)

a. *resistente*
fuerte
duro
sólido
sano

quebrado
s. **fallido** (V.)
en bancarrota
en quiebra

s. partido
roto (V.)
chascado
en trozos

s. **fraccionario** (V.)

s. escabroso
abrupto (V.)
desigual
áspero
barrancoso
anfractuoso
accidentado (V.)
tortuoso
zigzagueante (V.)
encarnado
infranqueable
quebrantable
fragoso

s. **herniado** (V.)
hernioso
potroso

s. quebrantado
débil (V.)
debilitado
enfermo
quebrantado
números quebrados
verso quebrado
azúcar quebrada
quebrado propio
quebrado impropio
quebrado compuesto
quebrado decimal

(V. **quebradura**)

a. *floreciente*
entero
nuevo
llano
sano

quebradura
s. **rotura** (V.)
quebrantamiento (V.)
fractura
quiebra
explosión
reventón
estropicio
destrozo
desgarro
rasgadura
rasgón
cisura
brecha
fisura
división
tronchamiento
piquete

s. abertura
grieta (V.)
hendedura
abruptuosidad
anfractuosidad
quebrada (V.)

s. **hernia** (V.)

a. *arreglo*
compostura

quebraja
(V. **grieta**)

quebrajar
(V. **resquebrajar**)

quebrajoso
(V. **quebradizo**)

quebrantadura
(V. **quebrantamiento**)

quebranta-huesos
(V. **águila**)

quebranta-miento
s. **quebradura** (V.)
quebrantadura
quebramiento
fractura (V.)
rompimiento
ruptura (V.)

s. **debilitamiento** (V.)
deterioro
suavizamiento

s. omisión
violación (V.)
infracción
vulneración
incumplimiento
transgresión
culpa
falta
abuso
atentado
delito
exceso
ilegalidad
desobediencia
desafuero
tropelía
atentado
contravención
desafuero
desmán
inobservancia

a. *arreglo*
compostura
cumplimiento
respeto
acatamiento
observancia

quebrantar-se
s. **romper** (V.)
separar
dividir
tronchar
despedazar
partir
fracturar
escacharrar
trizar
astillar
fragmentar
quebrar (V.)
cascar
hender
rajar
rasgar
tronchar
despedazar
moler
triturar
aplastar
machacar
majar

s. profanar
violar (V.)
violentar
vulnerar
infringir
traspasar
desobedecer
incumplir
forzar
prevaricar (V.)
transgredir (V.)
resistir
funestar
desdorar
deshonrar

s. amortiguar
templar
mitigar
suavizar (V.)
disminuir
debilitar (V.)

s. **molestar** (V.)
cansar
fatigar
deprimir
agotar
extenuar (V.)
hartar
enervar

s. compadecerse
apiadarse (V.)
contristarse

s. **persuadir** (V.)
inducir
amainar
ablandar (V.)
convencer

s. **anular** (V.)
revocar
desautorizar
enfermarse (V.)
resentirse (V.)
lastimarse
flaquear
ceder

(V. **quebrantamiento**)

a. *reparar*
arreglar
endurecer
consagrar
respetar
enderezar
sanar
cumplir
observar

quebranto
s. **dolor** (V.)
menoscabo
perjuicio (V.)
pérdida (V.)
deterioro
merma
menosprecio
déficit
ruina

s. descaecimiento
agotamiento (V.)
laxitud
flojera
debilidad
surmenaje
fatiga

s. **abatimiento** (V.)
compasión (V.)
aflicción
pena
conmiseración
desaliento (V.)
desánimo

s. **prevaricación** (V.)
quebranto de moneda
duelos y quebrantos

a. *beneficio*
ganancia
ventaja
aprecio
energía
fuerza
ánimo
alegría
consuelo

quebrar-se
s. **quebrantar** (V.)
romper (V.)
rajar
cascar
frangir
desportillar
desgolletar
destrozar
trocear
fragmentar
tronchar
despedazar
desmenuzar
hendir

s. **ajar** (V.)
empalidecer (V.)
decolorar

s. **doblar** (V.)
torcer
encorvar
curvar
plegar
arquear
hacer un quiebro

s. **interrumpir** (V.)
torcer (V.)
desviar (V.)
estorbar
oponerse
dificultar
entorpecer

s. **estropear** (V.)
afear
marchitar
deslustrar
envejecer

s. **ceder** (V.)
enfriarse
entibiarse
enemistarse
distanciarse
flaquear
transigir (V.)
doblegarse
replegarse

s. **arruinarse** (V.)
suspender pagos
cesar (V.)
hundirse
fracasar
frustrarse

(cont.)

s. **herniarse** (V.)
relajarse

s. **vencer** (V.)
superar (V.)
sobreponerse
triunfar
violentar

s. **incumplir** (V.)
infringir

r. Antes quebrar que doblar ■ Quiébrase la soga por lo más delgado ■ No se quiebra por delgado, sino por gordo y mal hilado

(V. **quebrantamiento)**

a. *enderezar*
facilitar
excitar
embellecer
intimar
resistir
prosperar
rehacerse
enriquecerse
unir
componer
reparar
colorear
mejorar
proseguir
rejuvenecer
fracasar
respetar
cumplir
observar

queche
(V. **embarcación)**

quechemarín
(V. **embarcación)**

queda
s. silencio
recogimiento
reclusión
retiro (V.)

s. **toque** (V.)
aviso
atención
campanada

a. *salida*
barullo
escándalo
trato

quedamiento
(V. **apaciguamiento)**

quedar-se
s. acordar
convenir (V.)
avenirse
decidir
pactar

s. **permanecer** (V.)
restar (V.)
sobrar (V.)
subsistir
sobrevivir
plantarse
resultar
seguir

s. **estar** (V.)
detenerse
parar (V.)
morar
residir

s. **caer** (V.)
emplazarse
situarse
estar
ubicarse (V.)

s. acabar en
resultar (V.)
devenir

s. **faltar** (V.)
subsistir
chorrear (V.)
restar
durar (V.)

s. **dejar** (V.)
respetar
resistir (V.)
persistir
retraerse
mantenerse (V.)
aguantar
continuar

s. **guardarse** (V.)
retener (V.)
apropiarse (V.)
apoderarse
adquirir

s. ¿en qué quedamos?
no quedamos a deber nada
quedarse atrás
quedarse helado
quedarse con uno
quedarse con dos palmos de narices
quedarse muerto
quedar en tablas
quedarse con la boca abierta
quedar bien o mal
quedar algo a deber
quedar en nada
quedar otra
quedarse en blanco
quedarse a obscuras
quedarse in albis
quedarse en blanco

a. *discrepar*
desconvenir
romper
irse
seguir
mudarse
marcharse
partir
pasar
continuar
proseguir
rendirse
abandonar
dar
devolver

quedo
s. lento
paso (V.)
quieto (V.)
silencioso
suave (V.)
callado
bajo
despacio (V.)

s. en voz baja
en susurros
poco a poco
con tiento
quedo a quedo
de quedo

a. *móvil*
rápido
escandaloso
alto
turbulento

quéfir
(V. **leche)**

quehacer
s. **ocupación** (V.)
trabajo (V.)
tarea
faena
negocio
arte
industria
labor
empleo
función (V.)

a. *cesantía*
desocupación
vagancia
paro

queja
s. **lloro** (V.)
llanto
lamentación (V.)
gemido (V.)
lamento
plañido (V.)
jeremiada
quejido
clamor
quejumbre
suspiro
tristeza
dolor
ayes
¡ay!
lástima
elegía
trenos
sollozo
grito
cojijo

s. desazón
resentimiento
enojo
disgusto (V.)
amargura
cuita
quemazón (V.)
descontento

s. **querella** (V.)
reclamación
protesta (V.)
desaprobación
reproche
reparo

r. Más vale buena queja que mala paga

s. formar queja
recurso de queja

a. *contento*
satisfacción
alegría
risa
regocijo
contento
satisfacción
gratitud
consuelo
elogio
alabanza
aprobación

quejar-se
s. gimotear
gemir (V.)
llorar (V.)
exhalar
lloriquear
suspirar
sollozar (V.)
clamar (V.)
plañir (V.)
prorrumpir
dolerse (V.)
lamentarse (V)
ulular
sentirse
lastimarse (V.)
amargarse
quillotrarse
apenarse
resentirse
estar en un grito
gruñir
mugir (V.)
murmurar
balar
refunfuñar
rezongar
protestar (V.)
reclamar (V.)
querellarse (V.)
gazmiarse (V.)
asparse
renegar de (V.)
arrepentirse
adolecerse
regañar
maldecir (V.)
aquejar
malhumorar (V.)
poner el grito en el cielo
romper a llorar
quejarse de vicio
dar quejas de uno

r. Las grandes penas, no se quejan

(V. **queja)**

a. *contentarse*
alegrarse
reírse
celebrar
regocijarse
consolarse
admitir
asentir
aprobar
elogiar
alabar
bendecir

quejica
(V. **quejicoso)**

quejicoso
s. **llorón** (V.)
clamoroso
lastimero
gimoteador
jeremías (V.)
quejica
protestón
melindroso
quejoso (V.)

(V. **queja)**

a. *regocijado*
alegre
risueño
sobrio
duro

quejido
s. **lamento** (V.)
lamentación
queja
grito
plañido
lástima
¡ay! (V.)
alarido
sollozo (V.)
llanto
balido (V.)
gruñido
protesta
exclamación
interjección
suspiro (V.)

(V. **queja)**

a. *regocijo*
alegría
risa
felicitación
júbilo

quejigo
s. cajiga
roble (V.)
barda

s. quejigal
quejigar

quejoso
s. lacrimoso
gemidor
lamentador
lloraduelos
lastimero
quejicoso (V.)
querelloso
quejumbroso
lloroso (V.)
sollozante
gemebundo
cojicoso
lamentoso
lamentuoso
clamoso
luctuoso
elegíaco
ñoño
delicado
melindroso
doliente
clamoroso (V.)
quejilloso
gimoteador
suspirante
pesimista
elegíaco
plañidero
querelloso
protestón

s. **disgustado** (V.)
resentido (V.)
agraviado
descontento
ofendido (V.)
mosqueado
amoscado
apesarado
quemado
frito
sensible
insatisfecho

(V. **queja)**

a. *contento*
alborozado
alegre
gozoso
satisfecho

quejumbre
(V. **queja)**

quejumbroso
(V. **quejoso)**

quelonio
s. **reptil** (V.)
tortuga (V.)
galápago
carey

quema
s. **cremación** (V.)
quemazón
ustión
fuego
llama
incendio (V.)
hoguera
ardimiento
ignición (V.)
abrasamiento
flagrancia
candencia
volcán
deflagración
agostamiento
chamusquina
combustión (V.)
socarrina
carbonización

s. huir de la quema
a quema ropa

a. *hielo*
refrigeración
apagamiento

quemadero
s. **crematorio** (V.)
quemado
pasado
horno (V.)
caldera
fogón
lumbre
hornilla
mufla
jábega
auto de fe
hoguera (V.)

(V. **quema)**

quemado
s. **incendiado** (V.)
incinerado
abrasado
achicharrado
combusto (V.)
tostado
chamuscado
consumido (V.)
pasado
reducido a cenizas
al rojo
al rojo blanco
cauterizado
fundido

s. **irritado** (V.)
furioso
enojado
enfadado (V.)
picado
frito
resentido

(V. **quemazón)**

a. *incólume*
intacto
refractario
tranquilo
calmado

quemador
s. **incendiario** (V.)
inflamativo
quemante
comburente
abrasador (V.)
encendiente
ardiente
flagrante
candente
rusiente
férvido
tórrido
ignescente
ignífero
pirógeno
abrasante

(cont.)

s. **caldera** (V.)
mechero
pulverizador
mazut
copela
placa candente
ventilador
rosca
transportadora
(V. **quemazón**)
a. *refrigerador*

quemadura
s. chamusco
chamusquina (V.)
socarra
socarrina
resquemo
cremación
incineración
ignición
calcinación
mechazo
s. ampolla
llaga (V.)
señal (V.)
s. **tizón** (V.)
honguillo
plaga (V.)
a. *enfriamiento*
refrigeración

quemante
s. quemador
abrasador (V.)
abrasante
inflamatorio
ígneo
comburente
ardiente
candente
(V. **quemazón**)
a. *refrigerante*
helador
gélido

quemar-se
s. abochornar
abrasar (V.)
chamuscar
incendiar (V.)
escaldar
calcinar (V.)
tostar (V.)
achicharrar (V.)
cocer
hervir
socarrar
foguear
afogarar
arder
alquitranar
devorar
inflamarse
consumirse
fundir
calentar (V.)
causticar
requemar
carbonizar
incinerar (V.)
encender
destruir
agostar
secar
picar
torrar
pegarse (V.)
ahornarse
asurar
cauterizar (V.)
deflagrar
sollamar
s. **herir** (V.)
llagar
señalar (V.)
ulcerar
erosionar
s. picar
escocer
hormiguear
punzar
doler
s. **derrochar** (V.)
malbaratar
malvender
rebajar
destruir (V.)
saldar (V.)
abaratar
s. impacientarse
enojarse
enfadarse (V.)
desazonarse
irritarse
consumirse (V.)
apasionarse
alterarse
anublarse
acalorarse
echar chispas
asarse
tener mucho calor
(V. **quema**)
a. *enfriar-se*
congelarse
refrigerarse
encarecer
tranquilizarse
calmarse

quemazón
s. **quema** (V.)
s. picor
comezón (V.)
irritación
ardor
s. indirecta
mordacidad (V.)
pulla
sarcasmo (V.)
remoquete
puntada
s. **resquemor** (V.)
resentimiento
resquemazón
rencilla
queja (V.)
s. quema
saldo (V.)
barato
baratillo
liquidación (V.)
a. *benevolencia*
amistad
subida
elogio
alabanza
consuelo
remedio
aceptación

quepis
s. **gorro** (V.)
gorra
visera
teresiana
chacó
ros

querella
s. **riña** (V.)
debate (V.)
discordia
pendencia
reyerta
pelea
altercado
discusión
disputa
cuestión
contienda
pelotera
rencilla
marimorena
bronca
s. **litigio** (V.)
pleito
demanda
acusación
queja (V.)
reproche
protesta
a. *acuerdo*
concordia
paz
aceptación
elogio
reconciliación
avenimiento

querellante
s. **litigante** (V.)
litigioso (V.)
pleiteante
demandante
denunciante
oponente
contendiente
parte
adversario
reclamante
querelloso
(V. **querella**)

querellar-se
s. **reñir** (V.)
altercar
pelear
contender
cuestionar
quejarse (V.)
s. **litigar** (V.)
pleitear
denunciar
acusar
reclamar (V.)
demandar (V.)
(V. **querella**)
a. *apaciguarse*
pacificarse
acordar
renunciar
avenirse
reconciliarse

querelloso
(V. **querellante**)
(V. **quejumbroso**)

querencia
s. **inclinación** (V.)
tendencia
afinidad
pasión
afecto (V.)
atracción (V.)
propensión
tiro
a. *despego*
desvío
diferencia
rechazo
repulsión

querencioso
(V. **tendente**)
(V. **propenso**)
(V. **afín**)

querendón
(V. **amante**)
(V. **cariñoso**)

querer
s. **cariño** (V.)
amor (V.)
afecto
estimación
afección
ternura
dilección
apego
veneración
a. *odio*
desdén
enemistad
hostilidad

querer-se
s. **amar** (V.)
adorar
idolatrar
venerar
reverenciar
apreciar
estimar
respetar
enamorarse (V.)
apasionarse
prendarse
perecerse por
derretirse por
chalarse
morirse por
s. **desear** (V.)
intentar (V.)
aspirar (V.)
ambicionar
apetecer
pretender (V.)
codiciar
procurar
esforzarse
ansiar
anhelar
suspirar por
acariciar
s. **decidir** (V.)
disponer
empeñarse en
proponerse (V.)
venir en gana
dar la gana
resolver
determinar
tener la voluntad de
s. encapricharse
antojarse (V.)
aficionarse
darse a
s. **pedir** (V.)
requerir (V.)
exigir (V.)
obligar
mandar
reclamar
necesitar
s. **aceptar** (V.)
conformarse
avenirse
asentir
acordar
convenir
estar de acuerdo
consentir (V.)
dignarse
acceder
servirse
s. **principiar** (V.)
intentar
comenzar
parecer (V.)
decidirse
esperar
pretender
como quiera que
como así me lo quiero
donde quiera que
querer bien o mal
cuando quiera que
dejarse querer
Dios lo quiera
querer decir
¡qué quieres!
¡que si quieres!
quieras que no
¿qué más quieres?
por lo que más quieras
queriendo
sin querer
¿qué quieres decir?
r. Querer es poder ■ Quien bien quiere bien obedece ■ Quien bien te quiere, te hará llorar ■ Cuando uno no quiere, dos no riñen ■ Quien todo lo quiere todo lo pierde ■ Quien bien quiere, tarde olvida
a. *despreciar*
desdeñar
odiar
aborrecer
rechazar
enfriarse
distanciarse
separarse
abandonar
menospreciar
rechazar
repeler
desistir
resignarse
conformarse
desencapricharse
permitir
autorizar
conceder
desconvenir
discrepar
disentir
negarse

queresa
(V. **larva**)

querida
(V. **amante**)

querido
s. **amante** (V.)
amigo
amado (V.)
s. **respetado** (V.)
popular (V.)
preciado (V.)
rico (V.)
apreciado
caro
estimado (V.)
dilecto
ídolo
bienquisto (V.)
carillo
(V. **querer**)
a. *odiado*
despreciado

querindonga
(V. **amante**)

quermes
s. **insecto** (V.)
hemíptero
carmes
carmín
cochinilla
grana
alquermes
kermes

quermese
(V. **verbena**)

queroseno
(V. **petróleo**)

quersoneso
(V. **península**)

querubín
s. querub
querube
serafín
ángel (V.)
s. **hermoso** (V.)
bello
bonito
gracioso
a. *feo*
desangelado

querva
(V. **ricino**)

quesera
s. formaje
adobera
esterilla
encella
estremijo
entremiso
expremijo
cincho
vasija (V.)
molde (V.)
(V. **queso**)

quesero
s. **caseoso** (V.)
caseico
ojoso
asadero
ciego
s. fabricante de quesos
vendedor de quesos
(V. **queso**)

queso
s. **manteca** (V.)
leche (V.)
cuajada
naterón
formaje
sardineta
catrinte
ojo
patagrás
boruga
requesón
almojábana
názula

s. queso manchego
queso de nata
queso de bola o de Holanda
queso de Villalón
queso de hierba
queso de Cabrales
queso de Brie
queso de Burgos
queso de Camembert
queso de Parma
queso de Roquefort
queso gallego
queso francés
queso fresco
queso de Gruyère

s. queso frito
queso de cerdo
dárselas con queso
dedos de queso
sombrero de medio queso
ácaro del queso
tablero de medio queso

quevedos
(V. **anteojos**)

¡quia!
s. ¡qué va!
¡de ningún modo!
¡no!
¡imposible!
¡ni hablar!
¡increíble!
¡ca!

quicial
(V. **quicio**)

quicio
s. **marco** (V.)
rincón (V.)
quicial
quicialera
jamba
jambaje
engargolado
mangueta
puerta (V.)
ventana (V.)

s. sacar de quicio
estar fuera de quicio
salirse de quicio

quid
s. **esencia** (V.)
motivo (V.)
detalle (V.)
busilis
clave (V.)
toque (V.)
fallo (V.)
miga
meollo
tuétano
intríngulis
dificultad (V.)
nudo
punto
interés (V.)
jugo (V.)

quídam
s. don nadie
sujeto (V.)
uno
cualquiera (V.)
cualesquiera
quienquiera
quisque
alguien
alguno
ente

s. ser despreciable
ser **insignificante** (V.)

a. *importante*
personaje
figura

quid divínum
s. **inspiración** (V.)
musa
soplo
voz del cielo
estro

quid pro quo
s. confusión
equívoco
equivocación (V.)
error
yerro

s. **equivalencia** (V.)
compensación

a. *verdad*
desigualdad

quiebra
s. **rotura** (V.)
abertura
grieta
quebradura
fisura
fractura (V.)
hendidura
hendedura

s. menoscabo
pérdida (V.)
yactura
deterioro

s. **bancarrota** (V.)
crac
ruina
deuda (V.)
barquinazo (V.)
insolvencia
embargo
alzamiento
falencia
apremio
suspensión de pagos
concurso de acreedores
pleito de acreedores

s. quiebra fraudulenta
quiebra culpable
quiebra fortuita
declararse en quiebra
estar en quiebra

a. *integridad*
florecimiento
auge
ventaja
crédito

quiebro
s. **finta** (V.)
ladeo
regate
ademán (V.)
esguince (V.)
cuarteo
esquive
escape
amago
desguince
pirueta (V.)
recorte
quite (V.)
sesgo
marro (V.)
galleo

s. **lance** (toreo) (V.)
suerte (toreo)

s. **gorgorito** (V.)
gallo

a. *inmovilidad*
quietud
impavidez

quienquiera
(V. **cualquiera**)

quietar-se
(V. **aquietar-se**)

quietismo
s. inactividad
inercia
inacción (V.)
quietud (V.)
pasmo
contemplación (V.)

a. *acción*
movilidad

quieto
s. **parado** (V.)
pasmado
inmóvil (V.)
quedo (V.)
fijo
inamovible
pairo, al (V.)
tieso
inmueble
inmoto
clavado
petrificado
inanimado
inalterable
inerme
inactivo (V.)
inmovible
inconmovible
estable (V.)
detenido
estacionario
pasivo (V.)
como el mármol
de una pieza

s. **tranquilo** (V.)
pacífico
sosegado
inactivo
reposado
ocioso (V.)
calmoso
sedentario
surto

(V. **quietud**)

a. *móvil*
movible
activo
intranquilo
nervioso
bullicioso

quietud
s. estabilidad
inmovilidad (V.)
permanencia (V.)
inacción
equilibrio
firmeza
inalterabilidad
estatismo
quietismo (V.)
estacionamiento
pasividad
adinamia
estancamiento
inmutabilidad
pereza (V.)
jolito (V.)
fijeza
letargo
inanición
sosiego (V.)
ocio (V.)
nirvana
reposo (V.)
descanso (V.)
paz (V.)
suavidad
tranquilidad (V.)
poso (V.)
sueño
holganza
parálisis (V.)
catalepsia
entumecimiento
anquilosis
marasmo
atrofiamiento
invalidez

a. *actividad*
movimiento
nerviosismo
movilidad
intranquilidad

quijada
s. quijar
quijal
mandíbula (V.)
maxilar
barbada
carraca
carrillada
carretilla
carrillera

quijera
s. correa
tentemozo
cabezada
frontalera
muserola
guarnición (V.)

quijones
s. planta
ácula
pie de gallina
ahogaviejas

quijotada
s. sacrificio
altruismo (V.)
heroicidad
bondad
abnegación (V.)
desinterés
ingenuidad
locura (V.)
demencia
necedad (V.)
hidalguía
entrometimiento (V.)
quijotería

(V. **quijote**)

a. *egoísmo*
materialismo
ruindad
juicio
picardía
discreción

quijote
s. **arnés** (V.)
armadura (V.)

s. caballero
hidalgo (V.)
señor

s. **soñador** (V.)
idealista (V.)
puntilloso
grave
serio
defensor
juez
entrometido (V.)
quijotesco

a. *villano*
pancista
materialista
ruin
plebeyo
discreto
moderado

quijotería
(V. **quijotada**)

quijotesco
(V. **quijote**)

quijotismo
s. caballerosidad
señorío
idealismo (V.)
romanticismo
pundonor
hidalguía (V.)
exageración
desinterés
presuntuosidad
engreimiento
orgullo (V.)

(V. **quijote**)

a. *materialismo*
moderación
ruindad
humildad
sencillez

quilates
s. **valor** (V.)
valía
pureza (V.)
perfección
primor
excelencia
superioridad
magnificencia

s. **medida** (V.)
peso (V.)

a. *insignificancia*
imperfección
inferioridad

quilma
(V. **saco**)

quilo
s. **linfa** (V.)
humor

s. **kilo** (V.)

s. sudar el quilo

quilogramo
(V. **kilogramo**)

quilométrico
(V. **kilométrico**)

quilla
s. pieza
casco (V.)
embarcación

s. talón
sobrequilla
zapata
alefriz
roda
codaste
carlinga

s. quilla de balance
quilla de pantoque o estabilizadora
quilla de deriva
quilla falsa

quillotra
(V. **concubina**)

(V. **amante**)

quillotranza
s. **apuro** (V.)
conflicto (V.)
complicación
amargura (V.)
tribulación
pena (V.)
desventura
obstáculo

a. *alegría*
sencillez
facilidad
consuelo
desahogo

quillotrar-se
s. **excitar** (V.)
avivar
estimular
incitar
hostigar

s. **enamorar** (V.)
cautivar
seducir
galantear (V.)

s. **meditar** (V.)
estudiar
cavilar

s. **adornar**
engalanar
componerse
ataviarse
hermosear
embellecerse

s. **quejarse** (V.)

(V. **quillotro**)

a. *suavizar*
desalentar
disuadir
desdeñar
desaliñar
descomponer-se
contentar-se
resignarse

quillotro
s. **excitación** (V.)
estímulo (V.)
incentivo
hostigamiento
aliento

s. **atisbo** (V.)
indicio
señal (V.)
síntoma
signo
muestra
vislumbre

(cont.)

s. **amorío** (V.)
enamoramiento
devaneo
flirteo
requiebro (V.)
galantería
piropo
arremuesco

s. quebradero (de cabeza)
preocupación (V.)
inquietud
cuidado
desvelo

s. **adorno** (V.)
gala
atavío

s. amigo
favorito (V.)
amante (V.)
querido
enamorado
amancebado
preferido

a. *desaliento*
desdén
descuido
grosería
ordinariez
sencillez
desnudez
enemigo
rechazado

quimera

s. engendro
monstruo (V.)
sirena
dragón
ogro
tritón
unicornio
centauro
basilisco
leviatán
hipogrifo
endriago
arpía
esfinge
cancerbero
monocerote
monoceronte
gigante
cíclope
hidra
anfisbena
fénix
grifo

s. mitología
ocultismo
superstición
ficción
invención
pesadilla
imaginación
improbabilidad (V.)
fantasía (V.)
inexistencia (V.)
nada (V.)
cuento
sospecha
aprensión (V.)
ilusión (V.)
desvarío
visión (V.)
utopía (V.)
capricho
alucinación
fábula
delirio
ensueño (V.)
sueño (V.)

s. pendencia
riña (V.)
desavenencia (V.)
repique
gresca
agarrada

a. *realidad*
verdad
paz
acuerdo
avenencia

quimérico

s. **ilusorio** (V.)
fantástico (V.)
fabuloso
imaginario (V.)
utópico (V.)
fingido
legendario
irreal
mitológico
imposible (V.)
inexistente
monstruoso
irrealizable
aparencial
ficticio
quimerino
ensoñado
improbable (V.)

(V. **quimera**)

a. *material*
real
veraz
posible
factible
realizable

quimerino

(V. **quimérico**)

quimerista

s. **iluso** (V.)
novelero
fantástico (V.)
utópico
fantasioso
fantaseador
imaginativo
soñador (V.)
idealista
absurdo
desatinado
delirante

s. **pendenciero** (V.)
buscarruidos
camorrista
matón
refertero
bochinchero

(V. **quimera**)

a. *realista*
prosaico
tranquilo
pacífico

química

s. **ciencia** (V.)
alquimia
fisicoquímica
electroquímica
bioquímica
fotoquímica
termoquímica

s. halografía
halología
cristalografía

s. **análisis** (V.)
catálisis
destilación (V.)
condensación (V.)
diálisis
cristalización
electrólisis
hidratación
hidrólisis
precipitación
sublimación
baño
fusión
fermentación
saturación
reacción
reacción en cadena
oxidación
sublimación
infusión
combustión
combinación
sacarificación
sobresaturación
saturación
crioscopia
colorimetría
eflorescencia
circulación
delitescencia
digestión
fijación
actinismo
síntesis
emulsión
alcalescencia
disolución
alcalización
lixiviación
lapidificación
carburación
acción de presencia
cadmía
cohobación
disociación
salificación
cocción
transvasación
descarburación
desoxidación
desoxigenación
deshidratación

s. afinidad
alcalinidad
actinismo
homología
atracción
cohesión
alotropía
florescencia
isomería
basicidad
polivalencia
polimorfismo

s. símbolo
valencia
notación
fórmula
nomenclatura

s. **materia** (V.)
cuerpo (V.)
elemento (V.)
compuesto
substancia
especie
radical
ión

s. esencia
aguas madres
extracto
extracto acuoso
espíritu
emulsión
precipitado
mezcla
flema
magma
flogisto
anión
catión
electrólito
isótopo

s. **alambique** (V.)
decantador
cubeta
estufa
filtro
matraz
horno
soplete
bureta
retorta
tubo de ensayo
alargadera
bureta
dializador
pipeta
cápsula
alcalímetro
eudiómetro
cucúrbita
catalizador
fundente
menstruo
tornasol
aludel
vaso de reencuentro
agitador
ozonómetro
reactivo
sahumador
laboratorio
experimento
investigación

s. álcali
alcaloide
base
radical
ácido (V.)
aldehído
anhídrido
bisulfato
bisulfuro
bisulfito
fosfato
fosfuro
hiposulfato
protosulfuro
sulfato
sulfito
sulfuro
superfosfato
arseniuro
fluoruro
ferrocianuro
percloruro
arsenito
seleniuro
hidrocarburo
carburo
yoduro
cloruro
cianuro
óxido
bióxido
peróxido
protóxido
tritóxido
sesquióxido
trióxido
deutóxido
oxalato
sal (V.)
sal neutra
sal amoniaca
sobresal
amoniaco
sosa
soda
potasa
salitre
yeso (V.)
bicarbonato
carbonato
azoato
borato
bórax
bromuro
cacodilato
clorato
fulminato
alcohol
tartrato
clorhidrato
formiato
citrato
salicilato
nitrato
muriato
hidroclorato
picrato
piróxilo
éter
hidrácido
hidrato
perborato
permanganato
prusiato
mofeta
silicato
vitriolo
benzoato
oleato
trona
valerianato
urato
borraj
borra

s. agua
agua fuerte
agua regia
yodoformo
aceite esencial
aceite de vitriolo
aceite volátil
amonio
vitriolo azul
vitriolo blanco
vitriolo amoniacar
vitriolo verde
barrilla
barita
magnesia
sulfato de cobre
colcótar
cal
caparrosa blanca
caparrosa verde
caparrosa azul
caparrosa roja
caliche
cloroformo
salitre
sal infernal
sal de acederas
sal de Saturno o de plomo
sal de perla
sal de nitro
espíritu de sal
gas hilarante
leche de tierra
sublimado
almohatre
almojatre
almocrate
copaquira
natrón
aluminato
árbol de Marte
piedra lipes
itría
glucina

s. adrenalina
albúmina
albumen
atropina
cafeína
caseína
celulosa
colesterina
dextrina
estearina
fibrina
lanolina
lecitina
pectina
ptomaína
urea
absentina
acetona
almidón
cianato
alcanfor
cloral
citrina
cloroformo
crémor
cetrarina
formol
gelatina
estricnina
hámago
guayacol
mentol
tártaro
tanino
rasuras
urea
pectosa
liga
levulosa
margarina
sacarosa
resina
teína
yohimbrina
veratrina
nicotina
nitrocelulosa
salicina
canelina
amigdalina
atropina
carotina
castorina
catartina
cedreno
cato
cianato
carbol
carbodinamita
ámago
antocianina
acetilo
carburo
carbón (V.)
carbolíneo
nitroglicerina
teobromina
tártaro
goma (V.)
resina (V.)
gomorresina
grasa
gutapercha
caucho
celuloide
cera
gelatina
petróleo (V.)
gasolina
gas de los pantanos
bencina
benzol
benceno
cedróleo
gasoleno
metano
nafta
nitrobencina
parafina
mentol
mucílago
naftalina
creosota
glicerina
hidroquinona
sacarosa
alquitrán
alquitrán mineral
alcoholato
aldehído
apiol
lisol
gomenol
cúrcuma
alizarina
fenacetina
acetileno
bromoformo
lactosa
teobromina
papaína
noctilucina
esparteína

s. **hormona** (V.)
vitamina (V.)
anticuerpo
aminoácido
toxina
antígeno
proteína
albuminoide

(cont.)

s. sintético
analítico
químico

s. albuminoideo
albuminoso
alcalino
alcaloideo
anhidro
cinámico
básico
acetoso
amoniacal
amiláceo
arsenical
casitérido
lábil
cristalino
inestable
amorfo
azoico
benzoico
cinámico
cérido
naciente
neutro
anfígeno
halógeno
haloideo
hidroclórico
homólogo
irreductible
isótopo
isómero
isógono
metal (V.)
metaloide
polimorfo
sólido
coloidal
coloideo
cristaloide
dextrógiro
halógeno
sódico
cálcico
azoico
potásico
antimonial
clorhídrico
oxhídrico
benzoico
amiláceo
nitrogenado
nitroso
nítrico
reductor
catalítico
monovalente
univalente
ambivalente
silícico
acético
titánico
abséntico
amónico
amoniacal
ciánico
yódico
yodado
granular
eflorescente
fenicado
fosfático
fosfórico
fosfatado
sulfuroso
sulfúrico
sulfhídrico
tánico
málico
alotrópico
laminoso
oxidante
carburante
desoxidante
desoxigenante
flogístico
carbónico
inoxidable
levógiro
líquido
complejo
compuesto
electrólito
electropositivo
electronegativo
barrillero
sosero
cálcico
muriático
casitérido

s. alcalizar
acidificar
analizar
disociar
reducir
disolver
resolver
carburar
dializar
alcalinizar
azoar
oxigenar
desoxidar
hidratar
deshidratar
ozonizar
hidrogenar
destilar (V.)
precipitar
rectificar
saturar
atacar
oxidar
salificar
combinar
condensar
descomponer
electrolizar
extraer
carbonatar
cristalizar
descarbonatar
descarburar
digerir
lixiviar
desflemar
cohobar
caseificar
eflorecerse
moler
dulzurar
sulfatar
evaporar
granular
calcinar
neutralizar
yodurar
alcanforar
metalizar
lapidificar
enlejiar

s. química orgánica
química inorgánica
química biológica
química física
química descriptiva
química analítica
química aplicada
química industrial
química agrícola
química farmacéutica
química médica
química pura
química sintética

quimono
s. **túnica** (V.)
bata
salto de cama
clámide
kimono

s. batín
veste
peinador
prenda

quina
s. quinterna
quinterno
acierto (V.)
lotería (V.)
cartón

s. **gálbano** (V.)
quino
calisaya
quinina
cascarilla
cincona
quinaquina
chinchona
cuarango
cuspa

s. tragar quina

quinao
(V. **réplica**)

quincalla
s. **baratijas** (V.)
bagatelas
fruslerías
bujerías
chucherías
frioleras
mercería (V.)

a. *valor*
valía

quincallería
s. ferretería
mercería
tienda (V.)
boliche

(V. **quincalla**)

quincallero
s. **buhonero** (V.)
quinquillero
pacotillero
tripicallero
cangallero
gorgotero
tilichero
cajero
vendedor (V.)
tendero (V.)
falte
mercero

(V. **quincalla**)

quincena
(V. **detención**)

(V. **retribución**)

quincenal
s. bisemanal
quincenario
regular
periódico

(V. **quincena**)

quiniela, s
(V. **pelota**) (vasca)

(V. **apuesta, s**)

quínola
s. guinolillas
lance
baraja (V.)
naipes (V.)
palo
brincho
flux

s. **extravagancia** (V.)
rareza

s. estar de quínolas

a. *naturalidad*
vulgaridad
normalidad

quinqué
(V. **lámpara**)

(V. **sagacidad**)

quinquenio
(V. **tiempo**)

quinta
s. **reemplazo** (V.)
recluta
alistamiento
leva
enganche
reclutamiento
sorteo
generación (V.)

s. **finca** (V.)
propiedad
pabellón (V.)
inmueble
quintería
hotel (V.)
torre (V.)
hocino
villa (V.)
carmen
casal
cigarral
cortijo
masía
pazo
rancho
gañanía
estancia
hormazo
mas
masa
masada
masería
quintana
rafal

s. entrar en quintas

quintaesencia
s. **extracto** (V.)
pureza
refinamiento (V.)
primor
superfino
el colmo
el summun

a. *vulgaridad*
inferioridad

quintaesenciado
(V. **exquisito**)

(V. **depurado**)

quintaesenciar
s. **depurar** (V.)
refinar
extractar
pulir
alambicar
sutilizar
apurar
perfeccionar

(V. **quintaesencia**)

a. *estropear*
impurificar
mezclar

quintañón
(V. **centenario**)

quintería
s. cortijo
granja
masía
alquería
caserío (V.)
masada
casa de labor
casa de campo
rancho

(V. **quinta**)

quintero
s. **granjero** (V.)
agricultor
labrador
labriego
colono

(V. **quinta**)

quintilla
(V. **estrofa**)

quinto
s. soldado
recluta (V.)
sorchi
caloyo
militar

quiñón
s. **parcela** (V.)
porción
parte
tierras
terreno (V.)

quiosco
s. kiosco
templete (V.)
pabellón
cenador
pérgola
emparrado
glorieta
mirador
merendero (V.)

s. puesto
tenderete (V.)
aguaducho
puestecillo

s. quiosco de periódicos
quiosco de flores
quiosco de necesidad

quiquiriquí
s. **voz** (V.)
gallo (V.)

s. gallito
chulito
presumido
jactancioso (V.)

s. **tupé** (V.)
mechón
rizo
quiqui

a. *corto*
tímido

quiromancia
s. superstición
adivinación (V.)
brujería
hechicería
mano (V.)

quiromante
s. quirólogo
adivinador
adivino (V.)

(V. **quiromancia**)

quiromántico
s. nigromántico
cabalístico (V.)
augural (V.)

s. augur
brujo
adivino (V.)

(V. **quiromancia**)

quiroteca
(V. **guante**)

quirúrgico
s. quirurgo
operador
cirujano

s. operatorio

(V. **cirugía**)

quirurgo
(V. **cirujano**)

quisicosa
s. adivinanza
enigma
problema
sutileza
charada
dificultad
acertijo (V.)
cosicosa
quesiqués

a. *solución*

quisling
(V. **traidor**)

(V. **pelele**)

quisquilla
s. **engorro** (V.)
dificultad (V.)
reparo
melindre
delicadeza
tropiezo

s. **camarón** (V.)
esquila
gamba

s. pequeñez
insignificancia (V.)

a. *facilidad*
grandeza
importancia

quisquilloso
s. puntilloso
picajoso (V.)
melindroso
repeloso
pelilloso (V.)
meticuloso (V.)
reparón
delicado (V.)
exigente
cosquilloso (V.)
irascible
susceptible (V.)
caramilloso
irritable
sensible
(V. **quisquilla**)
a. *indiferente*
pacífico
tranquilo
descuidado

quistarse
(V. **congraciarse**)
(V. **indisponerse**)

quiste
s. **tumor** (V.)
vejiga
zurrón
bulto
lupia
s. quiste sebáceo
quiste hidatídico

quita
s. **liberación** (V.)
(deudas)
remisión (V.)
(deudas)
quitación
quitamiento
perdón
s. quita y espera

quitamanchas
(V. **limpieza**)
(V. **tinte**)

quitamotas
(V. **adulador**)
(V. **servil**)

quitanza
(V. **finiquito**)

quitapelillos
(V. **adulador**)
(V. **servil**)

quitapesares
(V. **consuelo**)
(V. **distracción**)

quitar-se
s. **separar** (V.)
arrancar
eliminar
desalojar
remover
extirpar
suprimir (V.)
extraer
excluir (V.)
anular
cortar
retirar
exceptuar (V.)
apartar (V.)
tirar (V.)
restar
disminuir
cercenar
desmochar
descabalar
despegar
mutilar
s. arrebatar
despojar (V.)
tomar
coger
hurtar
desposeer
escamotear
apoderarse (V.)
privar
bolsear
desapoderar
birlar
desnudar
desplumar
saquear
arramblar
limpiar (V.)
llevarse
sonsacar
confiscar
embargar
enajenar
expropiar
usurpar
detentar
estafar
menoscabar
desaparejar
robar (V.)
s. **impedir** (V.)
obstaculizar
estorbar
evitar (V.)
negar
obstruir
oponerse
obstar
s. **desaparecer** (V.)
alejarse
irse
marcharse
abandonar
salir
dejar
s. **eludir** (V.)
evitar
sacudirse (V.)
ahorrar
s. derrocar
destituir (V.)
eliminar
cesar
abolir
suprimir
despedir
despachar
echar
deponer
s. **derogar** (V.)
eximir (V.)
abogar
anular
s. de quita y pon
quitar de la cabeza
quitar hierro
quitar el hipo
¡quítate de ahí!
quitar de enmedio
quitar de la vista
quitar el sueño
quitar la teta
quitar el sentido
sin quitar ni poner
quitarse de encima
a. *unir*
pegar
adherir
alojar
juntar
agregar
añadir
sumar
incluir
poner
meter
aproximar
aumentar
devolver
proporcionar
facilitar
proveer
aparecer
venir
asumir
reponer
nombrar
readmitir
promulgar

quitasol
s. **sombrilla** (V.)
parasol
guardasol
paraguas

quitasueño
(V. **desvelo**)
(V. **preocupación**)

quite
s. finta
amago
regate (V.)
esguince
lance
quiebro (V.)
parada
escape
efugio
s. amparo
ayuda
defensa (V.)
s. ir al quite
estar al quite
no tener quite
a. *desamparo*
ataque

quitinoso
s. **duro** (V.)
resistente
córneo (V.)
a. *débil*
blando

quito
(V. **exento**)
(V. **libre**)

quizá
s. probablemente
quizás
acaso (V.)
posible
tal vez
por ventura
puede ser
posiblemente
quien sabe
pudiera ser
a. *seguro*
cierto
fijo

quórum
(V. **validez**)
(V. **votación**)

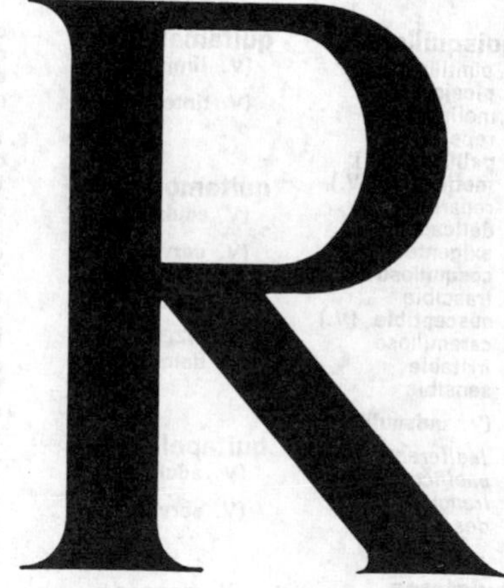

raba
(V. **cebo**)

rabadán
(V. **mayoral**)

rabadilla
s. extremidad
curcusilla
cóccix
obispillo
crepón
mitra
coxis

rabanera
s. **verdulera** (V.)
s. **rabisalsera** (V.)
malhablada
ordinaria
tarasca
farota
farotona
descarada
sota
soleta
a. *fina*
comedida
educada

rabanillo
s. **rábano** (V.)
rabanete
rábano silvestre
s. **desdén** (V.)
esquivez
desabrimiento
aspereza (V.)
despego
s. deseo
vehemencia (V.)
ansia
ardor
pasión
a. *agrado*
desinterés
desgana

rábano
s. **rabanillo** (V.)
hortaliza
raíz (V.)
planta (V.)
s. importar una cosa un rábano
¡un rábano!
r. Tomar el rábano por las hojas

rabasaire
(V. **colono**)

rabel
s. posaderas
asentaderas
nalgas (V.)
s. **laúd** (V.)
gaitilla
rabelejo

rabí
(V. **rabino**)

rabia
s. adipsia
hidrofobia
s. **furia** (V.)
ira
frenesí
enfado
irritación (V.)
furor
cólera
coraje
corajina
fiereza
berrinche (V.)
impaciencia
rabieta
enojo
indignación
desesperación
pique
rencilla
quemazón
aborrecimiento
rencor
disgusto
ceño
gruñido
perra
entripado
refunfuño
concomimiento
reconcomio (V.)
tener rabia
tomar rabia
morir de rabia
tener rabia a una persona
r. De rabia mató la perra
a. *serenidad*
tranquilidad
contento
calma

rabiar
s. **mortificar** (V.)
irritarse (V.)
encolerizarse (V.)
enfurecerse
impacientarse
enojarse
enrabietarse
desesperarse
encorajinarse
patalear
exasperar (V.)
enfadarse
gritar
chillar
trinar
bufar
patear
patalear (V.)
bramar
mugir (V.)
rugir
rezongar
refunfuñar
estar iracundo
ser irascible
tener mala sangre
tener bilis
estar mal templado
enloquecer de rabia
tener malas pulgas
echarlo todo a rodar
estar de malas
ser intemperante
morder
remorderse (V.)
enrabiarse
concomerse
entigrecerse
reconcomerse (V.)
ponerse furioso
ser un salvaje
estar hecho una fiera
tirarse de los pelos
echar chispas
quemársele la sangre
echar espumarajos
crujir los dientes
enverdecer de ira
s. estar a rabiar
s. tener hidrofobia
(V. **rabia**)
a. *apaciguarse*
tranquilizarse
serenarse
pacificarse

rábida
(V. **convento**)
(V. **fortaleza**)

rábido
(V. **rabioso**)

rabieta
s. disgusto
capricho
berrinche (V.)
berrenchín
enfado
lloro (V.)
enojo
impaciencia
perra (V.)
pataleo
perrera (V.)
rebufe
petera (V.)
regaño
entruchado
coraje
corajina
pataleta (V.)
(V. **rabia**)
a. *serenidad*
tranquilidad
paz
placidez

rabietillas
(V. **cascarrabias**)

rabillo
s. pezón
pedunco
pedúnculo (V.)
pecíolo
s. **cizaña** (V.)
joyo
bonachuela
trabilla
(V. **rabo**)

rabino
s. rabí
maestro
doctor
sacerdote hebreo
(V. **judaísmo**)

rabión
s. corriente
rápido (V.)
torrentera
torrente (V.)

rabioso
s. hidrófobo
rábido
s. colérico
furioso (V.)
airado
crespo
enojado
enfadado
furibundo
iracundo
rencoroso
frenético
enfurecido
enfierecido
esquinado
poseído
irascible
violento (V.)
vidrioso
picajoso
desmedido
violento
fuerte
irritable
irritado
agrio
avinagrado
salvaje
brutal
feroz
vengativo
sañudo
intratable
desmedido
furiente
impaciente
enloquecido
atrabiliario
demente
de atar
sañudo
encolerizado (V.)
(V. **rabia**)
a. *sano*
tranquilo
pacífico
tratable
simpático

rabisalsera
s. **desenvuelta** (V.)
viva
vivaracha
dicharachera
moscana
farota
descarada (V.)
rabanera (V.)
de armas tomar
de rompe y rasga
carota
desvergonzada
descocada
atrevida
a. *tímida*
encogida
timorata
vergonzosa

rabo
s. **cola** (V.)
hopo
s. rabillo
cabo
penca
pedúnculo (V.)
s. **mango** (V.)
apéndice
rabera
s. estrella de rabo
rabo de junco
rabo del ojo
rabo de lagartija
con el rabo entre piernas
rabos de gallo
rabo de zorra
coger por el rabo
faltar el rabo por desollar
atar una mosca por el rabo
mirar por el rabo del ojo
volver de rabo
r. De rabo de puerco, nunca buen virote

rabón
s. colín
rabicorto
choco
tuso
sinrabo
anuro
reculo
curto
francolino
chingo
chucuto
(V. **rabo**)
a. *rabilargo*

raboseada
s. raboseadura
ajamiento (V.)
manoseo
sobo
sobeo
uso
desaliño
raboseado
sobajadura
chafadura

rabosear-se
s. **ajar** (V.)
sobar
manosear
tocar
gastar
estropear (V.)
desaliñar
deshilachar
deslucir
rozar
amancillar
toquitear

a. *reparar*
restaurar
renovar

rabotada
s. **coletazo** (V.)
coleada
raboteo

s. **insolencia** (V.)
destemple
grosería (V.)
impertinencia
ex abrupto
incorrección
desatención
andanada
sofión
bufido
aspereza

a. *finura*
amabilidad
delicadeza
atención

rabotear
s. **desrabotar** (V.)
desrabar
derrabar
descolar
sorrabar
escodar

(V. **rabo**)

rábula
s. charlatán
picapleitos
abogadillo (V.)
tinterillo
abogado de secano
abogado indocto
sacamuelas
soplacausas

s. **leguleyo** (V.)
jurisconsulto (V.)

raca
(V. **anilla**)

racamento
s. racamenta
raca
anilla (V.)
collar (V.)
collarín
bastardo
vertello

s. **verga** (V.)
mástil (V.)

racial
s. **étnico** (V.)
etnográfico
nacional
peculiar
propio
característico

a. *extranjero*
forastero

racimar-se
(V. **arracimar-se**)

racimo
s. **inflorescencia** (V.)
infrutescencia (V.)

s. **conjunto** (V.)
aglomeración
colgajo (V.)
manojo (V.)
arlo
ristra (V.)
ramillete
grupo
carpa
gajo (V.)
cencerrón
gancha
redrojo (V.)
raspa
garpa
tirso

s. **uva** (V.)

a. *dispersión*
unidad

raciocinación
s. **raciocinio** (V.)
razonamiento (V.)
deducción
juicio
ilación
sutileza
especulación
reflexión
argumento
lógica
metafísica
entendimiento
inferencia
discurso
cordura
lucubración

a. *irreflexión*
aturdimiento
ligereza

raciocinar
s. reflexionar
juzgar
pensar (V.)
razonar (V.)
discurrir
entender
colegir
deducir
educir
hilar
tejer
argumentar
sutilizar
cogitar
inquirir
filosofar
discursar
discursear
imaginar
inventar
maquinar
trastear
sintetizar
sentar premisas
sacar consecuencias
sacar en claro
rayar la luz de la razón
asistir la razón a uno
tener muchos alcances
estar en razón
asociar ideas
concentrar el pensamiento

(V. **raciocinación**)

a. *sofisticar*
falsear
obcecarse
desatinar

raciocinio
s. criterio
sorites
lógica
razón (V.)
entendimiento
discreción
argumentación
racionalidad
sindéresis
inteligencia
consecuencia
discurso (V.)
pensamiento
raciocinación (V.)
razonamiento
cavilación

a. *obcecación*
bobería
disparate
sinrazón
intuición
presentimiento
corazonada
adivinación

ración
s. **distribución** (V.)
cantidad (V.)
talega
porción (V.)
parte (V.)
medida
tasa
racionamiento
cupo
asignación

s. razón
cuota (V.)
porcentaje (V.)
prorrateo
cupo

s. **prebenda** (V.)
canonjía
sinecura
pitanza (V.)

a. *conjunto*
completo
totalidad
desventaja

racionabilidad
(V. **racionalidad**)

racional
s. **razonable** (V.)
justo
lógico (V.)
equitativo
exacto (V.)
fundado (V.)
procedente
plausible
derecho
incuestionable
razonado
probable
cierto
ecuánime
claro

s. cantidad racional
maestre racional
maestro racional
horizonte racional

(V. **razón**)

(V. **racionalidad**)

a. *improcedente*
injusto
ilógico
absurdo
irracional
desatinado

racionalidad
s. **lógica** (V.)
coherencia
raciocinación
racionabilidad
sindéresis
cordura
discreción
rectitud
inteligencia (V.)
lucubración
elucubración
especulativa
entendimiento
sensatez

(V. **razón**)

a. *indiscreción*
irreflexión
irracionalidad
insensatez
incoherencia

racionalismo
s. **materialismo** (V.)
kantismo
leibnizianismo
lockianismo
neocriticismo
neokantismo
hegelianismo
volterianismo
cinismo
determinismo
cartesianismo
positivismo (V.)
realismo (V.)

a. *idealismo*
espiritualismo
altruismo
misticismo
quijotismo

racionalista
s. materialista
librepensador
volteriano
cartesiano
kantiano
hegeliano
determinista
irreligioso

(V. **racionalismo**)

a. *idealista*

racionamiento
s. **tasa** (V.)
reparto (V.)
cupo
distribución
proporción
restricción
asignación
medida
limitación
suministro (V.)

a. *desmedida*
inmoderación
derroche
dilapidación
retención

racionar
s. **repartir** (V.)
tasar (V.)
medir
partir
limitar
asignar

s. **suministrar** (V.)
distribuir (V.)
dotar
proporcionar
proveer

(V. **racionamiento**)

a. *derrochar*
dilapidar
quedarse
retener

racismo
s. **exclusivismo**
racial (V.)
discriminación
segregacionismo
segregación
nazismo

(V. **raza**)

a. *indiscriminación*
generalización

racista
s. segregacionista
fanático
nazi
intolerante (V.)
intransigente

(V. **racismo**)

a. *transigente*
comprensivo

racha
s. **ráfaga** (V.)
espacio
lapso
período
brevedad
serie

s. **afluencia** (V.)
copia
abundancia
torbellino

s. **raja** (V.)
rajadura

a. *duración*
escasez

rada
s. abrigo
bahía
ensenada (V.)
abra
fondeadero
broa
ancón
anconada
angra
cala
caleta
concha
seno
saco
puerto
golfo (V.)

radar
s. radar
aparato (V.)

s. emisor de ondas
receptor
osciloscopio catódico
generador de impulsos
tubo catódico
antena
conmutador
magnetrón
bobinas deflectoras
pantalla
máser

s. radar de vigilancia
radar de persecución
radar de aterrizaje
radar de tiro o de artillería
radar de acercamiento
radar panorámico
radar meteorológico
radar anticolisión
radar altimétrico
radar primario
radar secundario

radiación
s. irradiación
propagación (V.)
fosforescencia
refracción
ardentía
luminiscencia
fulgor
fulguración
refulgencia
esplendor
reverberación
fulgurancia
fulgencia
infrarrojos
lucimiento
iluminación
láser
onda (V.)

a. *obscuridad*
sombra
lobreguez

radiactividad
s. **física** (V.)
desintegración
fisión
átomo (V.)
reacción nuclear
emanación
energía (V.)
emisión
radiación electromagnética
actividad
período
isótopo radiactivo
irradiación

s. *unidades de reactividad*
curio
rep
rad
roentgen
rutherford

s. *familias radiactivas*
serie del torio
serie del U-Ra (uranio-radio)
serie del actinio

s. *radioelementos*
curio
americio
plutonio
neptunio
uranio
protactinio
torio
actinio
radio
francio
astatio
polonio
bismuto
plomo
talio

s. constante radiactiva
equilibrio radiactivo
campo magnético

s. reactor
ciclotrón
pila atómica
quemador de uranio

(cont.)

s. radiactividad natural
radiactividad artificial
radiactividad alfa
radiactividad beta
radiactividad gamma

radiador
s. **refrigerador** (V.)

s. coraza
parrilla
tubos
aletas
tapón
grifo
tubo de desagüe
ventilador
racores

s. radiador tubular
radiador de panal
radiador de láminas de agua

s. calefactor
calorífero

s. llave
elementos
purgador
resistencia
termostato
reflector parabólico

(V. **automóvil**)

radiante
s. **brillante** (V.)
refulgente
luminoso (V.)
resplandeciente (V.)
rutilante
radioso
centelleante
coruscante
luciente
reluciente
fúlgido
lúcido
fulgente
nítido
flamante
rútilo
argénteo
argentado
espejado
fulgurante
deslumbrador
lucífero
esplendente
esplendoroso

s. contento
feliz (V.)
alegre
satisfecho (V.)
campante
animado
eufórico (V.)
entusiasmado
complacido
jubiloso
encantado

s. punto radiante
calórico radiante
radiante de felicidad

(V. **radiación**)

a. *apagado*
mate
empañado
obscuro
lóbrego
triste
desanimado
disgustado

radiar
s. transmitir
difundir (V.)
divulgar
notificar
perifonear (V.)
publicar

s. brillar
lucir
refulgir
rutilar
coruscar
relucir
refulgir
espejear
fulgurar
deslumbrar
irradiar (V.)
alumbrar
emitir (V.)
chispear
relampaguear
chisporrotear
fosforecer
titilar
destellar
reflejar
refractar

s. tratar con Rayos X

(V. **radiación**)

a. *omitir*
silenciar
callar
obscurecer
apagarse
empañarse

radicación
s. estancia
establecimiento (V.)
permanencia
asentamiento
afincamiento
localización
arraigo (V.)

a. *marcha*
desarraigo

radical
s. **completo** (V.)
drástico
definitivo (V.)
enérgico (V.)
eficaz (V.)
infalible
tajante
absoluto
total
soberano
inapelable
contundente
aplastante
galopante (V.)
violento
duro
excesivo
concluyente (V.)
rápido
rudo

s. **fundamental** (V.)
esencial
primordial
substancial
básico

s. **extremista** (V.)
avanzado
revolucionario
progresista

s. raigal
radicoso

(V. **radicalismo**)

a. *relativo*
parcial
transitorio
suave
accidental
secundario
relativo
conservador

radicalismo
s. **extremismo** (V.)
sectarismo
intransigencia
fanatismo
puritanismo
integrismo
progresismo

a. *eclecticismo*
contemporización
conservadurismo

radicar-se
s. **arraigar** (V.)

s. **establecerse** (V.)
situarse
encontrarse
hallarse
estar
vivir
permanecer
localizarse
afincarse
quedarse

(V. **radicación**)

a. *desarraigarse*
ausentarse

radícula
(V. **raíz**)

radio
s. **línea** (V.)
recta
geometría (V.)

s. **rayo** (V.)
rueda (V.)
cubo
eje
llanta

s. **hueso** (V.)

s. **radiodifusión** (V.)
radiofonía
radiotelegrafía
telecomunicación
televisión
radiograma

s. **receptor** (V.)
radiorreceptor
emisión
retransmisión
transmisión
sintonización
programa
serial
sintonía
nota de sintonía

s. altavoz
auricular
tierra
micrófono
detector
excitador
antena
cohesor
transmisor
transistor
superheterodino
amplificador
sintonizador
rejilla

s. frecuencia
frecuencia modulada
onda
onda corta
onda media
onda larga
onda normal
ciclo
kilociclo

s. distorsión
fading
parásito

s. estudio
emisora
regulación
control
grabación
equipo móvil

s. radio de acción
radio de población
radio vector
radio de la plaza

(V. **electrónica**)

radío
s. **errante** (V.)
vagabundo
ambulante
errabundo

a. *sedentario*
fijo

radioactividad
(V. **radiactividad**)

radiodifusión
s. emisión
transmisión (V.)
radiación
radiofonía
audición
espacio
programa
radio (V.)
emisora (V.)

radioescucha
s. radioyente
oyente (V.)
escucha
auditorio

(V. **radio**)

radiofonía
(V. **radiodifusión**)

radiografía
s. **rayos X** (V.)
placa
negativo
clisé

s. difracción
gammagrafía
autorradigrafía
radiograma
tomografía

radiograma
s. marconigrama
mensaje (V.)
transmisión
telegrafía
telefonía sin hilos
despacho
telegrama
radiotelegrama

radiorreceptor
s. **radio** (V.)
aparato
captador
reproductor
transmisor
receptor

s. receptor de galena
antena
detector de galena
auricular
bobina de antena
bobina de acorde
tierra
condensador de acorde

s. receptor de amplificación directa
antena
amplificador de alta frecuencia
amplificador de baja frecuencia
altavoz
tierra

s. receptor superheterodino
antena
cambiador de frecuencia
amplificador de frecuencia inmediata
detector
amplificador de baja frecuencia
altavoz
tierra

radioscopia
s. **examen** (V.)
diagnóstico
investigación
inspección
rayos X
radiografía
radiología

radioso
(V. **radiante**)

radiotelefonía
s. **comunicación** (V.)
radio
transmisión (V.)
ondas hertzianas
cables hertzianos
perifonía
radioteléfono
radioemisora
receptor

radiotelegrafía
(V. **transmisión**)

raedura
s. **raspadura** (V.)
raspado
recorte
limadura
serrín
esquirla
brizna (V.)
astilla
aserrín
pajilla
cascote
despojos
raimiento
legración
legradura
legrón
raspamiento
rasuramiento
escombro
ralladura

a. *totalidad*
integridad

raer-se
s. arañar
quitar
arrancar
acuchillar
ralear (V.)
rapar (V.)
raspar (V.)
frotar
rozar (V.)
pulir
legrar

s. **rasar** (V.)
extirpar (V.) (un vicio o mala costumbre)
eliminar

(V. **raedura**)

a. *suavizar*
dejar

ráfaga
s. **afluencia** (V.)
abundancia
racha (V.)
raza (V.)
ramalazo
vaharada (V.)
fugada
ventada
ventolera
oleada
torbellino (V.)
borrasca
vendaval (V.)
tromba
ciclón
galerna
huracán
sobrevienta

s. **andanada** (V.)
ametrallamiento
salva
descarga
fuego
disparos
tiros

s. **nubecilla** (V.)
brillo
golpe de luz

a. *bonanza*
calma
céfiro
aura

rafe
s. saliente
alero (V.)

s. **relieve** (V.)
resalte
cordoncillo
nervio

s. **rugosidad** (V.)
torillo
costura
perineo (V.)
escroto

rafia
s. **fibra** (V.)
hebra

s. **palmera** (V.)
yolillo

ragadía
(V. **resquebrajadura**)
(V. **grieta**)

raglán
(V. **abrigo**)

ragout
(V. **guisado**)

rahalí
(V. **campesino**)

rahez
s. rafez
refez
soez (V.)
vil
despreciable (V.)
rastrero
bajo
s. **barato** (V.)
insignificante
s. **fácil** (V.)
a. *apreciable*
noble
digno
caro
difícil

raid
(V. **incursión**)
(V. **vuelo**)
(V. **batida**)

raído
s. **estropeado** (V.)
gastado
desgastado (V.)
usado (V.)
tazado
deslucido
ajado
rozado
viejo (V.)
roso
deteriorado
marchito
sobado
maltratado
s. raso
rapado
raspado
legrado
rasurado
escarpado
rallado
lijado
limado
raedizo
raíble
pelado (V.)
s. **desvergonzado** (V.)
desenvuelto
libre
descarado
atrevido
descomedido
descocado
insolente
fresco
desfachatado
inverecundo
(V. **raedura**)
a. *nuevo*
lustroso
flamante
comedido
tímido
digno
mesurado

raigambre
s. **arraigo** (V.)
s. antecedentes
tradición (V.)
amistades
prestigio (V.)
consideración
solidez
estabilidad (V.)
consistencia
firmeza
consolidación (V.)
fortaleza
solera (V.)
prosapia
abolengo
base
fundamento
(V. **raíz**)
a. *desarraigo*
inconsistencia
inestabilidad
debilidad
desprestigio

raigón
(V. **raíz**)

raíl
(V. **riel**)

raimiento
s. raspadura
raedura (V.)
s. descaro
desvergüenza (V.)
descoco
libertinaje
desfachatez
descomedimiento
insolencia (V.)
avilantez
atrevimiento
a. *respeto*
comedimiento
timidez
deferencia

raíz
s. raigón
bulbo (V.)
raiceja
raicilla
cepa
radícula
raicita
rizoma
tubérculo
trenca
rejo
barbas
barbajas
fibra
fibrilla
encepe
cebolla
s. nabo
naba
nabiza
nabo gallego
bunio
rábano (V.)
rabanillo
rabanete
remolacha
zanahoria (V.)
azanahoria
azenoria
brezo (V.)
betarraga
betarrata
degüello
chirivía
escorzonera (V.)
rapónchigo
salsifí
salsifí de España
salsifí negro
rabicana
frailillos
haba de Egipto
quilquil
ruibarbo
galanga
ube
colocasia
regaliz
regaliza
regalicia
alcazuz
palo dulce
palo de rosa
raíz rodia
cálamo aromático
lampatán
espicanardo
cálanis
oca
caví
china
secácul
turbino
ratania
cacomite
cúrcuma
tángano
cedoaria
cedoaria larga
cedoaria amarilla
catibia
s. **origen** (V.)
índice (V.)
raigambre
fundamento
cimiento
base (V.)
vivero
semantema
causa
fuente
nacimiento
comienzo
razón
s. bienes raíces
raíz cuadrada
raíz cúbica
raíz del moro
raíz irracional
raíz sorda
cortar de raíz
a raíz de
echar raíces
tener raíces
a. *tallo*
consecuencia
fin

raja
s. entalle
resquebrajadura
racha (V.)
hendedura (V.)
quebradura
quebrada
grieta (V.)
abertura
fisura
raya
junta
juntura
rendija
falla
ranura
rotura
zanja
intersticio (V.)
cisura
incisión
corte
s. **rodaja** (V.)
rebanada (V.)
tajada
corte
loncha
lonja
cortar a rajas
sacar uno raja
hacer rajas
hacer rajas y capirotes
paño grueso
raja de Florencia
a. *soldadura*
unión
totalidad
integridad

rajá
(V. **soberano**)
(indio)

rajable
s. resquebrajable
astillable
quebradizo (V.)
hendible
partible
s. **débil** (V.)
maleable
delicado
delgado
(V. **raja**)
a. *duro*
fuerte
inastillable

rajabroqueles
s. pendenciero
camorrista
peleón
chulo
guapo
matón
fanfarrón (V.)
majo
bravucón
valentón
a. *pacífico*
tranquilo

rajadura
(V. **hendedura**)

rajar-se
s. abrir
resquebrajar
hender (V.)
partir (V.)
agrietar (V.)
cascarse
quebrar
quebrajar
cuartearse
exfoliar
romper (V.)
astillar
cortar
dividir
s. charlar
cascar
hablar
murmurar (V.)
cotillear
garlar
chacharear
s. mentir
fanfarronear (V.)
exagerar
bravear
guapear
jactarse
baladronear
desistir (V.)
fallar (V.)
flaquear
abandonar
incumplir
desdecirse (V.)
arrepentirse (V.)
eludir
evitar
rectificar (V.)
retractarse
huir
desertar
(V. **raja**)
a. *unir*
soldar
pegar
componer
callar
silenciar
omitir
moderar
insistir
proseguir
empeñarse
cumplir
quedarse

rajatabla (a)
s. estrictamente
rigurosamente
inflexiblemente
absolutamente
a. *libremente*

rajuela
(V. **lastra**)

ralea
s. **jaez** (V.)
especie
calidad
género
clase (V.)
laya
pelaje
estofa
tela
s. **raza** (V.)
casta
alcurnia
sangre
linaje
cepa
cuna
pelaje

ralear
s. aclararse
espaciarse
raerse (V.)
adelgazarse
clarearse (V.)
desgastarse
dispersarse
debilitarse
s. arralar
ardalear
enralecer
terrear
encalvecer
ajarse (V.)
fallar (V.)
(V. **raleza**)
a. *adensar*
agruparse
fortalecerse
granar
fructificar

ralentizar
(V. **frenar**)

raleza
s. calvero
calvijar
calvitar
claro (V.)
rasa
clara
clapa
rodal
s. **rareza** (V.)
raridad
separación
porosidad
a. *densidad*
espesura
cerrazón

ralo
s. sobado
raído
gastado
raro (V.)
s. adrado
disperso
poroso
distanciado
separado
espaciado (V.)
hueco
claro (V.)
(V. **raleza**)
a. *nuevo*
corriente
junto
apretado
espeso
tupido

rallador
s. rallo
raspador (V.)
s. hoja
agujeros cortantes
asa
(V. **ralladura**)

ralladura
s. **surco** (V.)
hendidura
hendedura
ranura
estría
s. limadura
brizna
raedura (V.)
raspadura
a. *totalidad*
integridad

rallar
s. triturar
desmenuzar (V.)
limar
frotar (V.)
restregar
rascar
pulir
acuchillar
picar
escarpar
raspar (V.)
s. **molestar** (V.)
fastidiar
chinchar
incordiar
importunar
encocorar
dar la lata
dar el rollo
ser un rollo
incomodar
(V. **ralladura**)
a. *suavizar*
agradar
deleitar
satisfacer

rallye
(V. **cita**)
(V. **carrera**)
(automóvil)

rama
s. **brote** (V.)
ramo (V.)
ramita
ramito
ramilla
vara (V.)
tallo (V.)
gajo
vástago (V.)
acodo
sarmiento (V.)
mugrón
tronco (V.)
álabe
cepo
latiguillo
camal
palo
reviejo
serpollo
rampollo
cándalo
tángano
abarra
tronco

s. **ramificación** (V.)
bifurcación
ramal
desvío
subordinación
subdivisión
derivación (V.)
sucursal (V.)

s. descendencia
linaje (V.)
árbol genealógico

s. andarse uno por las ramas
plantar de rama
asirse uno a la rama
ir de rama en rama
rama colateral
quien corta la rama
coge la rama
ser canela en rama
algodón en rama
rama comunicante
en rama
cupones en rama

r. Bendita sea la rama que al tronco sale

ramada
(V. **ramaje**)

ramaje
s. ramón
ramazón
ramada
enramada
follaje (V.)
forraje
fronda
frondosidad
boscaje
ramojo
ramujo

ramiza (V.)
desmocho
leña (V.)
poda
frasca
broza (V.)
copa
chasca
desbrozo
chapodo
escamujo
breñal
ramulla
hojarasca
coscoja

(V. **rama**)

a. *erial*
desierto

ramal
s. ronzal
cabestro (V.)
brida
rienda
cabo (V.)
cuerda
cincha

s. **ramificación** (V.)
bifurcación (V.)
desvío
desviación
cruce
derivación (V.)
cruz
divergencia
estribación (V.)
separación

s. a ramal y media manta

(V. **rama**)

a. *unificación*

ramalazo
s. **golpe** (V.)
vergajazo
palo
costurón
moradura
verdugón
señal (V.)
contusión
chirlo
vestigio

s. dolor
agujetas
punzadura
punzada
pinchazo
acometida (V.)

s. **ráfaga** (V.)
racha
rayo (V.)

a. *caricia*
insensibilidad
ausencia

ramalillo
(V. **rienda**)

ramazón
(V. **ramaje**)

rambla
s. ramblazo
ramblizo
ramblar
cauce (V.)
torrente (V.)
torrentera
barranco (V.)
lecho
suelo
álveo

s. **corriente** (V.)
(agua)

s. **avenida** (V.)
paseo
bulevar

ramera
(V. **prostituta**)

ramería
(V. **prostíbulo**)

ramificación
s. **bifurcación** (V.)
ramal (V.)
rama (V.)
hijuela (V.)
brazo
vástago
divergencia
cruce
cruz
horquilla
bivio
trivio
cuatrivio
horcadura
alejamiento
apartamiento
separación

s. **consecuencia** (V.)
derivación (V.)
inferencia

a. *unificación*
antecedente

ramificar-se
s. bifurcarse
separarse
dividirse (V.)
subdividirse
disgregarse

s. **propagarse** (V.)
proliferar (V.)
extenderse (V.)
propalarse
intensificarse
incrementarse
retoñar
esparcirse

(V. **ramificación**)

a. *unirse*
juntar-se
contener
restringir

ramillete
s. **ramo** (V.)
bouquet

s. **conjunto** (V.)
grupo
agrupación
selección
flor y nata
la crema
la flor

s. colineta
pastel (V.)

s. ramillete de Constantinopla

ramiza
s. chasca
chabasca
ramaje (V.)
ramojo
encendaja
ramulla
ramón
chapodo
rosigo
frasca
desmocho
ramas cortadas

ramo
s. **rama** (V.)

s. conjunto
ramillete
manojo (V.)
buqué
pomo

s. **ristra** (V.)
división (V.)
sector
sección
grupo
parte

s. principio
(enfermedad)
brote (V.)

s. vender al ramo
ramo del viento
ramo de locura
Domingo de Ramos

a. *separación*
central

ramonear
s. ahojar
pastar
pacer (V.)
pastorear
apacentar

(V. **ramoneo**)

ramoneo
(V. **apacentamiento**)
(V. **pasto**)

rampa
s. **pendiente** (V.)
subidero
declive
cuesta
arrastre
repecho
chapera
palenque
talud (V.)
declivio
declividad
inclinación (V.)
surtida
plano inclinado
subida
bajada
ladera
vertiente
gradiente
desnivel (V.)
costanilla
caída
depresión
escarpa

s. **calambre** (V.)

a. *llano*
llanura
horizontalidad

ramplón
s. **tosco** (V.)
vulgar (V.)
ordinario
zafio
adocenado
plebeyo
basto
grosero
desaliñado (V.)
charto
inculto
pedestre
chabacano
chambón
cateto
paleto
cazurro
chafallón

s. zapatudo
calzado (tosco)

s. a ramplón

(V. **ramplonería**)

a. *fino*
exquisito
pulido
selecto

ramplonería
s. **tosquedad** (V.)
vulgaridad (V.)
ordinariez
zafiedad
adocenamiento
plebeyez
grosería (V.)
desaliño (V.)
chabacanería
paletería
cazurrería
rudeza
chocarrería

a. *exquisitez*
finura
delicadeza
selección
distinción

ramplús
(V. **taco**)

rampollo
(V. **plantón**)
(V. **rama**)

ramulla
(V. **ramiza**)

rana
s. **batracio** (V.)
sapo
sapillo
ruleta
renacuajo (V.)
zapatero
atepocate
girino
samarugo
cabezudo
cuchareta
guarisapo

s. **juego** (V.)
chapa
sapo

s. **ránula** (V.)
tumor

s. rana marina o pescadora
rana de zarzal
salir rana
cuando la rana críe pelos
no ser rana

r. Canta la rana, y no tiene pelos ni lana

s. unto de rana

rancajo
s. **pincho** (V.)
púa
astilla
aguja
espina (V.)
punta
puncha
esquirla

ranciedad
s. rancidez
antigüedad (V.)
anticualla
veteranía
clasicismo
tradición
solera

s. **descomposición** (V.)
enranciamiento

a. *modernismo*
modernidad
novedad
frescor

rancio
s. rancioso
añejo
pasado
podrido (V.)
mohoso (V.)
putrefacto

s. proyecto
viejo (V.)
decrépito
demodé
antiguo (V.)
tradicional
trasnochado
retrógrado (V.)
atrasado (V.)
conservador
reaccionario (V.)
vetusto
arcaico
engolillado

s. pringue
tocino (V.)
suciedad (V.)
grasa

(V. **ranciedad**)

a. *reciente*
moderno
actual
nuevo
fresco

rancuroso
(V. **demandante**)
(V. **ofendido**)

ranchería
s. **poblado** (V.)
aldea
suburbio
campamento

(V. **rancho**)

ranchero
s. granjero
colono (V.)
criador
ganadero
cultivador
propietario
hacendado

(V. **rancho**)

rancho
s. guisado
comida (V.)
bazofia
menestra

s. **choza** (V.)
chabola
albergue
cabaña
chamizo

(cont.)

s. **granja** (V.)
alquería
hacienda
casa de campo
finca de labor
plantación

s. alborotar el rancho
asentar el rancho
rancho de Santa Bárbara
hacer rancho aparte
formar el rancho
la hora del rancho

randa
s. **ratero** (V.)
ladronzuelo
caco
ladrón

s. **granuja** (V.)
pillete
pícaro
truhán
astuto
desaprensivo
hábil

s. **encaje** (V.)

a. *honrado*
íntegro
virtuoso
torpe

rangífero
(V. **reno)**

rango
s. casta
nivel
clase
jerarquía
categoría (V.)
índole
condición
copete
sangre
raza
blasón

s. **aristocracia** (V.)

s. rumbo
esplendidez
ostentación
generosidad (V.)

a. *plebeyez*
cicatería

ranking
(V. **categoría)**

(V. **clasificación)**

ránula
s. rana
tumor (V.)
carbunco
sapillo
barbilla

ranura
s. **estría** (V.)
canal
surco
raja
hendedura (V.)
hendidura
entalle
muesca
cárcel
jable
galce
engargolado
gárgol
corredera
abertura
canaladura
acanaladura
alefriz
desgranamiento
gargallo
rebajo
rendija
fenda
corte
boquete
incisión

a. *juntura*
unión

ranzón
(V. **rescate)**

rapabarbas
s. **barbero** (V.)
desuellacaras
peluquero
rapista
fígaro
rapador

rapacería
s. muchachada
rapazada (V.)
rapacidad (V.)
niñería
chiquillada
mocosería

s. **rapiña** (V.)
latrocinio
ladrocinio

a. *gravedad*
seriedad
honradez

rapacidad
s. **rapacería** (V.)
hurto
latrocinio
saqueo
expoliación
despojo

s. ambición
avaricia (V.)
ansia
codicia
apetencia
avidez
usura (V.)
cicatería
gazmoñería

a. *honradez*
devolución
desinterés
generosidad

rapado
s. afeitado
trasquilimocho
rasurado
pelado (V.)
esquilado
trasquilado
recortado
tundido
al rape
al rafe
a ras

(V. **rapadura)**

a. *corto*
crecido
melenudo

rapador
(V. **rapabarbas)**

rapadura
s. rasuración
afeitada
rasura
rape (V.)
rapamiento
peladura (V.)
tonsura
corona
coronilla

rapagón
s. joven
imberbe (V.)
lampiño
barbilampiño
barbilindo
jovenzuelo

a. *barbudo*
barbado

rapapiés
(V. **buscapiés)**

rapapolvo
s. reprimenda
felpa
filípica
reprensión (V.)
riña
regaño
regañina
sermón
bronca
peluca
zurrapelo
admonición
trepe
repaso
catilinaria
sepancuantos
censura
diatriba
invectiva

a. *elogio*
alabanza

rapar
s. **pelar** (V.)
afeitar (V.)
cortar
rebanar
raer (V.)
rasurar
tonsurar
decalvar
esquilar
motilar
trasquilar
mondar

s. arrancar
quitar
robar (V.)
hurtar
mangar
despojar

(V. **rapadura)**

a. *devolver*
restituir

rapavelas
(V. **sacristán)**

(V. **monaguillo)**

rapaz
s. chico
muchacho (V.)
crío
niño
rapazuelo
mocoso
mocosuelo
mozuelo
chicuelo
chiquilicuatro
chaval
chavea
chiquillo
arrapiezo
zagal
rapacejo
mozo
mozalbete

s. **avaro** (V.)
avaricioso
avariento
codicioso
ávido
cleptómano
rapiñador
rapante
estraperlista
ladrón (V.)
usurero (V.)
ave rapaz

r. Cuida bien lo que haces y no te fíes de rapaces

(V. **rapacería)**

a. *viejo*
adulto
generoso
honrado
pródigo

rapazada
s. muchachada
chiquillada (V.)
diablura
travesura (V.)
rapacería (V.)
trapacería
diablería

(V. **rapaz)**

a. *seriedad*
gravedad

rape
s. rasura
corte
afeitado
rapadura (V.)
rapamiento
rapado

s. pejespalo
pejesapo
pez (V.)

s. al rape

rapé
s. **tabaco** (V.)
fosique
estornutatorio
fusique

s. pulgarada
narigada

rapidez
s. prontitud
celeridad
velocidad (V.)
festinación
prontitud
ligereza (V.)
escape
prisa (V.)
priesa
diligencia (V.)
fogosidad
instantaneidad
actividad (V.)
aceleración
presteza
soltura
vertiginosidad
precipitación (V.)
aceleramiento
desenfreno
carrera
presteza
presura
apresuramiento
vivacidad
viveza
subitaneidad
impetuosidad
vértigo
urgencia
pasavolante (V.)
alacridad
ímpetu
intensificación (V.)
a galope tendido
a todo vapor
a rienda suelta
a toda máquina
como alma que lleva el diablo
de prisa y corriendo
visto y no visto
impetuosidad

a. *lentitud*
parsimonia
calma
flema
tardanza
premiosidad

rápido
s. deprisa
veloz (V.)
presto (V.)
fugaz
ágil
presuroso
precipitado (V.)
súbito
inmediato (V.)
vertiginoso
alado
repentino
acelerado
raudo
momentáneo
somero (V.)
pronto (V.)
apresurado
ligero (V.)
diligente (V.)
resuelto (V.)
aligero
febril
listo
vivo (V.)
expedito
célere
impetuoso
brusco (V.)
acucioso
activo
sumarísimo
expeditivo (V.)
arrebatado
arrebatoso
incontinenti (V.)
dinámico
atropellado
violento

s. **rabión** (V.)
corriente
torrentera
torrente

s. volando
en volandas
zumbando
a toda marcha
como un rayo
como un relámpago
a toda velocidad
visto y no visto
en un decir amén
a espetaperros
en un decir Jesús
sin sentir
por arte de birlibirloque
en un dos por tres
en un abrir y cerrar de ojos
a remo y vela
a marchas forzadas
a buen paso
a paso de carga
a pasos agigantados
en un periquete
en un santiamén
a toda prisa
en un soplo
como por encanto
en una escapada
en menos que canta un gallo
a galope
a toda mecha
a galope tendido
a toda prisa
como el viento
en volandas
en dos zancadas
en un instante
a paso ligero
como el pensamiento
a todo trapo
sin tardar
ni visto ni oído
al vuelo

(V. **rapidez)**

a. *premioso*
lento
despacio
tardo
calmoso
pausado
despacioso
cansino
paulatino
pelma

rapiña
s. despojo
expoliación
robo (V.)
hurto
ratería
saqueo
latrocinio
botín
rapacería (V.)
rapacidad
avidez
cupidez
usura (V.)

a. *devolución*
generosidad
esplendidez

rapiñador
(V. **rapaz)**

rapiñar
s. **hurtar** (V.)
quitar
expoliar
arrebatar
mangar
despojar
apandar
arrapar
cangallar
sustraer
saquear (V.)
pillar
ratear
garfiñar
gatear
trincar
auñar
raspar
pellizcar
(V. **rapiña**)
a. *devolver*
restituir

rapista
(V. **barbero**)

rápita
(V. **rábida**)

raposa
s. **zorra** (V.)
vulpeja
s. uva de raposa
cada raposa guarda su cola
r. Si mucho sabe la raposa, más sabe quien la toma

raposear
s. camelar
engaitar
engañar (V.)
engatusar
socaliñar
enlabiar
embaucar
encandilar
embelecar
(V. **raposa**)
a. *desengañarse*
desdeñar

raposeo
(V. **raposería**)

raposería
s. **engaño** (V.)
treta
camelo
ardid (V.)
trampa (V.)
raposeo
engatusamiento
socaliña
timo
encandilamiento
(V. **raposo**)
a. *verdad*
nobleza
sinceridad
honradez

raposo
s. **zorro** (V.)
raposa macho
s. **taimado** (V.)
astuto (V.)
artero
timador
tramposo (V.)
engañoso
engatusador
embaidor
encandilador
s. raposo ferrero
a. *noble*
veraz
sincero

raposuno
(V. **zorruno**)

rapport
(V. **informe**)

rapsoda
s. vate
poeta (V.)
juglar
trovador
rapsodista
bardo
cantor
declamador (V.)
aedo
coplero
trovero
(V. **rapsodia**)

rapsodia
s. **poema** (V.)
poesía
versos homéricos
s. pieza (musical)
s. **centón** (V.)
colección
recopilación

raptado
s. secuestrado
retenido
forzado
recluido
encerrado
detenido
rehén
preso
prisionero (V.)
engañado
robado
arrebatado
(V. **rapto**)
a. *raptor*
secuestrador
liberador
libre
devuelto

raptar
(V. **secuestrar**)
(V. **robar**)

rapto
s. vehemencia
impulso
arrebato (V.)
arranque
pronto
s. **éxtasis** (V.)
arrobo
arrobamiento
ensimismamiento
enajenamiento
embeleco
embeleso
s. **secuestro** (V.)
robo (V.)
s. **patatús** (V.)
telele
síncope
a. *cachaza*
serenidad
calma
devolución
recuperación

raptor
(V. **secuestrador**)

raquero
(V. **ratero**)

raqueta
s. **pala** (V.)
paleta
vilorto
s. **jaramago** (V.)
s. **barajón** (V.)
s. raqueta de tenis
juego de raqueta

raquídeo
s. **vertebral** (V.)
espinal
sacroccocígeo
lumbar
dorsal
cervical
(V. **raquis**)

raquis
s. **columna** (V.)
(vertebral)
espinazo
espina dorsal
vértebras

raquítico
s. endeble
arguellado
alfeñique
débil (V.)
enclenque
gurrumino (V.)
mezquino
redrojo (V.)
esmirriado (V.)
desmedrado (V.)
pequeño
regojo (V.)
ruin (V.)
corto
pobre
sarnoso
vomitado
depauperado (V.)
ruinoso (V.)
flaco (V.)
flojo
agostizo
escuchimizado (V.)
exiguo
chico
escaso (V.)
exiguo (V.)
anémico
canijo
encanijado (V.)
renacuajo (V.)
sabandija
cobarde
imbécil
inválido
sietemesino
enfermizo (V.)
(V. **raquitismo**)
a. *fuerte*
robusto
sano
vigoroso
abundante

raquitismo
s. **debilidad** (V.)
encanijamiento
degeneración
mezquindad
anemia
fragilidad
enflaquecimiento (V.)
delgadez
retraso
atraso
escualidez
hipostenia
depauperación (V.)
astenia
atonía
deficiencia
escasez (V.)
exigüidad
enanismo (V.)
a. *robustez*
fortaleza
salud
desarrollo
abundancia

rara avis
s. **rareza** (V.)
singularidad
excepción (V.)
peculiaridad
incongruencia
capricho
a. *vulgaridad*
generalidad
congruencia

rarefacción
s. enrarecimiento
rarificación
contaminación
dispersión
expansión
dilatación
a. *clarificación*
depuración
contracción

rarefacer
s. **enrarecer** (V.)
rarificar
contaminar
expandirse
dilatarse
dispersarse
(V. **rarefacción**)
a. *clarificar*
depurar
encogerse
contraerse

rareza
s. **raleza** (V.)
raridad
extravagancia (V.)
originalidad (V.)
exotiquez
exoticidad
excentricidad (V.)
singularidad
particularidad
anormalidad
anomalía (V.)
incongruencia
extrañeza (V.)
curiosidad
ridiculez
quínola
peculiaridad
genialidad
capricho
manía
trastorno
fantasía
paradoja
guilladura
chaladura
locura
trastorno
excepcionalidad
inverosimilitud (V.)
infrecuencia (V.)
milagro
monstruosidad
notabilidad
pasmo
sorpresa
asombro
rara avis (V.)
a. *vulgaridad*
normalidad
congruencia

raridad
(V. **rareza**)

rarificarse
(V. **enrarecer-se**)

raro
s. **inconsistente** (V.)
tenue (V.)
ralo (V.)
rarefacto
claro
vaporoso
disperso
hueco (V.)
esponjoso
dilatado
espaciado
delgado
s. **extraño** (V.)
excéntrico (V.)
anormal
anómalo (V.)
extraordinario (V.)
peregrino
excepcional (V.)
sobresaliente
insigne
notorio
extravagante (V.)
sorprendente
caprichoso
curioso
único (V.)
insólito
inusitado (V.)
insospechado
particular (V.)
desembarazado (V.)
inesperado (V.)
especial (V.)
singular (V.)
infrecuente (V.)
contado
esotérico
original (V.)
fantástico
desacostumbrado (V.)
inaudito (V.)
fabuloso
portentoso
precioso (V.)
milagroso
exótico (V.)
desusado
exclusivo (V.)
genial
paradójico
contradictorio
monstruoso
deforme
incongruente
difícil (V.)
peculiar (V.)
ridículo (V.)
accidental
chocante
estrambótico
estrafalario
peregrino (V.)
esporádico
increíble
inconcebible (V.)
inexplicable (V.)
incomprensible (V.)
absurdo (V.)
deforme
desusado
desconocido
improbable (V.)
inverosímil (V.)
notable (V.)
pasmoso
rara avis
impresionante
interesante (V.)
intrigante
misterioso (V.)
sospechoso (V.)
insigne
sobresaliente
s. **loco** (V.)
demente
chalado
maníaco
lunático
ido
guillado
neurasténico
trastornado
(V. **rareza**)
a. *vulgar*
acostumbrado
normal
corriente
común
usual
habitual
frecuente
endémico
ordinario
sabido
abundante
cuerdo
sensato

ras
s. **igualdad** (V.)
nivelación
llanura
rasante
llaneza
línea
s. al ras
ras con ras
a. *desigualdad*
desnivelación

rasa
s. **raso** (V.)
llanura (V.)
altiplanicie
meseta
s. **raleza** (V.)
abertura (V.)
s. hacer tabla rasa

rasante
s. **igualador** (V.)
igualitario
s. tangente
rastrero (V.)
s. inclinación
nivelación (V.)
línea
caída
ángulo
declive
altura
s. tiro rasante
cambio de rasante

rasar
s. **enrasar** (V.)
alisar (V.)
nivelar
equiparar
equilibrar
compensar
igualar
contrapesar
balancear
promediar
abalanzar
s. **rozar** (V.)
lamer
tocar
besar
raer
s. arrasar
destruir (V.)
a. *desnivelar*
desigualar
descompensar
construir
respetar

rasarse
s. **aclararse** (V.)
limpiarse
despejarse (V.)
desencapotarse
clarecer
clarear
abrirse
a. *oscurecerse*
encapotarse

rascadera
(V. **rascador**)

rascador
s. almohaza
rasqueta
cepillo (V.)
muñequilla
frotador
rascadera
estropajo
s. **aguja** (V.)
rascamoño
espadilla
peina
pasador
(V. **rascadura**)

rascadura
s. **restregadura** (V.)
restregamiento
frotamiento
frotadura
frotación
estregón
estregadura
restregón
estregamiento
fricción (V.)
frote
ludimiento
refregadura
refregón
rascamiento
friega
fregado
raspadura
rozamiento
roce
pulimento
sobado
sobadura
curtido
erosión
masaje

rascar-se
s. fregar
refregar (V.)
frotar (V.)
refrotar
arañar (V.)
rozar (V.)
fricar
restregar (V.)
curtir
bruñir
pulir
sobar
limar
lijar
ludir
cepillar
acepillar
raspar (V.)
rasar
raer
desgastar
confricar
frisar
peinar-se
friccionar-se
coscarse
escarbar (V.)
concomerse
escozarse
rasguñar (V.)
r. El comer y el rascar, todo es empezar ■ Quien quisiere placer y pesar comience a rascar ■ Cuando el picar nació, el rascar comenzó
s. tener uno qué rascar
(V. **rascadura**)
a. *acariciar*
suavizar

rascazón
s. **picazón** (V.)
comezón
escozor
prurito
quemazón
resquemor
picor

rasero
s. rasera
raedor
nivel
paleta (V.)
s. por el mismo rasero

rasgado
s. **roto** (V.)
desgarrado
destrozado
hendido
quebrado
despedazado
desgajado
deteriorado
deshilachado
estropeado
rajado
desbaratado
arrancado
raído
harapiento
(V. **rasgadura**)
a. *indemne*
nuevo
completo
íntegro
intacto

rasgador
s. desgarrador
rompedor (V.)
destrozador
desmallador
(V. **rasgadura**)
a. *zurcidor*
componedor

rasgadura
s. rasgón
jirón
siete
rotura (V.)
desgarrón (V.)
desgajadura
hendidura
raja
cortadura
calandrajo
herida
andrajo
desgajadura
pingo
guiñapo
harapo
estallido
explosión
quebranto
reventón
brecha
a. *arreglo*
compostura
unión

rasgar-se
s. romper
resquebrajar
desgarrar (V.)
deshilar
deshilachar
descalabrar
herir
descalandrajar
hacer pedazos
hacer añicos
hacer cisco
cercenar
disgregar
seccionar
cortar
partir por dos
tronchar
tronzar
carpir
cachar
arrancar
atarazar (V.)
rajar
ajironar
morder
dentellear
rasguñar
arañar
rascar
s. **rasguear** (V.)
tocar
(V. **rasgadura**)
a. *unir*
componer
arreglar
pegar
reparar
acariciar

rasgo, s
s. **trazo** (V.)
tilde
rasgueo (V.)
adorno
plumazo
perfil
s. cualidad
carácter (V.)
nota
personalidad
distinción
atributo
característica
peculiaridad
s. heroicidad
gallardía (V.)
gesto
ademán
actitud
valentía
guapeza
s. acción
afecto
expresión
facción (del rostro)
aire
cara
fisonomía (V.)
catadura
señas
apariencia (V.)
semblante
pinta
porte
a. *indeterminación*
imprecisión
cobardía

rasgón
s. **desgarrón** (V.)
siete
jirón (V.)
rotura
roto
(V. **rasgadura**)
a. *compostura*

rasgueado
(V. **rasgueo**)

rasguear
s. **tocar** (V.)
interpretar
pulsar
tañer
bordonear
puntear
rasgar (V.)
zangarrear
rozar
acariciar
s. garrapatear
escribir (V.)
emborronar
trazar
rayar
(V. **rasgueo**)

rasgueo
s. toque
rasgueado
tañimiento (V.)
tiento
pulsación
s. garrapateado
garrapateo
rasgo (V.)
emborronamiento
trazo (V.)

rasguñar
s. rascar
arañar (V.)
escarbar
rascar (V.)
carpir
herir
rascuñar
señalar
arpar
dilacerar
rasgar
s. bocetar
tantear
esbozar
bosquejar
diseñar (V.)
hacer un apunte
dibujar
(V. **rasguño**)
a. *terminar*
perfeccionar
acariciar

rasguño
s. **arañazo** (V.)
rasgadura
zarpazo
roce
uñada
urañada
erosión
rasguñadura
excoriación
rasponazo
rozadura (V.)
lusión
rasguñón
rasguñuelo
rascuño
aruño
raspadura (V.)
s. **bosquejo** (V.)
apunte
diseño
boceto
(V. **rasgadura**)
(V. **rasgueo**)
a. *caricia*
terminación
consumación

raso
s. **liso** (V.)
suave (V.)
llano (V.)
romo
terso
lene
mondo
pelado (V.)
lampiño
raído
descubierto
desembarazado
calvo
expedito
libre
s. **despejado** (V.)
aclarado
claro
libre
soleado
s. **sencillo** (V.)
común
corriente
simple
s. **lleno** (V.)
colmado
s. satén
tela (V.)
seda
tejido arrasado
s. **rasa** (V.)
cielo raso
al raso
campo raso
bala rasa
soldado raso
clérigo raso
raso chorreado
a. *áspero*
accidentado
quebrado
desigual
escarpado
encapotado
nublado
extraordinario
vacío

raspador
s. **cuchillo** (V.)
rasqueta
raedor
raedera
rallador
lima
rallo
escarpelo
(V. **raspamiento**)

raspadura
s. raspamiento
raedura (V.)
raimiento
rectificación (V.)
rasuración
tachadura
rasura (V.)
legradura
legración
raspado
limadura
arañazo (V.)
rasguño (V.)
lijadura
brizna (V.)
ralladura
alisadura
despalmaduras
a. *suavidad*
caricia

raspamiento
s. raedura
raspadura
raimiento
fricción
roce
desgaste
deterioro
s. picor (vino)
avinagramiento
picadura
aspereza
a. *suavidad*
caricia

raspar
s. **alisar** (V.)
allanar
suavizar (V.)
limar
lijar
restregar (V.)
frotar
roer (V.)
raer (V.)
borrar (V.)
rozar (V.)
escarpar
desgastar (V.)
apomazar
acuchillar
legrar
rascar (V.)
rallar (V.)
ludir
rasar
s. **picar** (V.)
alampar
escocer
quemar

(cont.)

s. **hurtar** (V.)
robar
mangar
churimangar
rapiñar
despojar
limpiar
(V. **raspadura**)
(V. **raspamiento**)
a. *acariciar*
devolver
restituir

raspilla
(V. **miosotis**)

raspón
(V. **rasponazo**)

rasponazo
s. raspadura
magullón (V.)
excoriación
erosión
señal
herida (V.)
arañazo
zarpazo
marca
escocedura
irritación
raspón
rozadura (V.)
a. *caricia*
suavidad

rasposo
s. **áspero** (V.)
picado
avinagrado
basto
a. *fino*
suave

rasqueta
(V. **raspador**)

rastacueros
s. **advenedizo** (V.)
caradura
vividor
golfo (V.)
golfante
fatuo
vulgar
a. *digno*
noble
honrado

rastel
(V. **baranda**)

rastra
s. **grada** (V.)
rastrillo (V.)
s. **recogedor** (V.)
cogedor
s. **narria** (V.)
estirazo
mierra
corsa
s. **ristra** (V.)
sarta
sartalejo
sartal
cuelga
s. rastro
huella (V.)
vestigio
s. castigo
restitución
indemnización (V.)
s. a rastras
andar a rastras
a. *impunidad*
premio
recompensa

rastreador
s. guía
explorador (V.)
batidor
echadizo
reconocedor
inquiridor (V.)
averiguador
observador
(V. **rastreo**)

rastrear
s. explorar
batir
reconocer (V.)
guiar
conducir
observar
escudriñar
sondear
averiguar
buscar (V.)
perseguir (V.)
arrastrar
seguir
inquirir (V.)
preguntar
ratear
olfatear (V.)
ventar
rastrar
s. **volar** (V.) (a ras de tierra)
rozar
(V. **rastreo**)
a. *abandonar*
desinteresarse
extraviarse
perderse

rastreo
s. **búsqueda** (V.)
escudriñamiento
exploración
inquisición
sondeo (V.)
perquisición
indagación
busca
batida
a. *abandono*
dejadez

rastrero
s. **reptante** (V.)
campero
s. **bajo** (V.)
vil
indigno
lacayo
servil
reptil (V.)
servilón
ratero (V.)
sumiso
abyecto
innoble (V.)
terrero
alquiladizo
terrero
miserable
tiralevitas
lameculos
mezquino (V.)
obsequioso
ruin
bajuno
lacayil
vulgar
s. **rasante** (V.)
s. planta rastrera
vuelo rastrero
perro rastrero
sabina rastrera
a. *noble*
digno
orgulloso

rastrillar
s. **limpiar** (V.)
aparvar
recoger
hacer parva
traillar

rastrillo
s. rastrilla
traílla
tralla
rufa
rastra (V.)
rastro
recogedor (V.)
rodillo
trapa
allegador
aparvadera
tragaz
horquilla (V.)
púa
grada
cogedera
recogedero
angazo
retablillo
azada
s. compuerta
estacada (V.)
verja
puerta de hierro
pieza de la cerradura
reja
s. pisada
huella
rastro (V.)

rastro
s. **rastrillo** (V.)
s. señal
indicio
reliquia
pista
vestigio (V.)
huella (V.)
traza (V.)
sendero
reguero (V.)
signo (V.)
marca (V.)
pasos
patada (V.)
estela (V.)
rastra
rodera
rodada
holladura
pisada
surco (V.)
cicatriz (V.)
estigma
s. mugrón
sarmiento
s. **matadero** (V.)
s. alcalde del rastro
rastro de la corte
dejar rastro
seguir el rastro
ni rastro

rastrojal
s. erial
rastrojera
terreno (sin arar)
campo (baldío)
maleza (V.)
(V. **rastrojo**)

rastrojo
s. riza
rispión
restrojo
paja (V.)
pajonal
gabijón
campo segado
s. sacar a uno de los rastrojos
en rastrojo

rasura
s. rapadura
rape
tonsura
rapamiento
afeitado (V.)
rasuración
raedura
raspadura (V.)
raspamiento
raimiento
legración
legradura

rasuración
(V. **rasura**)

rasurado
s. **afeitado** (V.)
barbirrapado
barbihecho
tonsurado
decalvado
desbarbado
rapado
depilado
(V. **rasura**)
a. *barbudo*
barbado

rasurar
s. **afeitar** (V.)
rapar
cortar el pelo
pelar (V.)
depilar
decalvar
desbarbar
tonsurar
barbirrapar
barbihacer
hacer la barba
dar un rape
descañonar
jabonar
mesar
remesar
despostillar
(V. **rasura**)

rata
s. **ratón** (V.)
roedor (V.)
ratona
guarén
campañol
pericote
s. **pelusa** (V.)
s. faltriquera (germ.)
s. **ratero** (V.)
caco
s. piel de rata
rata de agua
rata de mar
rata de trompa
más pobre que las ratas
tener el pelo de rata

raté
(V. **fracasado**)
(V. **resentido**)

ratear
s. **disminuir** (V.)
rebajar
s. **distribuir** (V.)
prorratear
partir
repartir (V.)
equilibrar
escotar
s. **gatear** (V.)
arrastrarse
andar a gatas
bolsear
s. robar
rapiñar
hurtar (V.)
sisar
raspar
despojar
soplar
s. ratonar
desmurar
roer (V.)
a. *aumentar*
pisar
restituir
quedarse con
retener

rateo
(V. **prorrateo**)

ratería
s. hurto
robo (V.)
latrocinio
ladronicio
s. pillería
tunantada
gatada
bellacada
perrería
jugarreta
mezquindad (V.)
humillación
trastada
picardía
ruindad
vileza
desaprensión (V.)
golfería (V.)
a. *honradez*
nobleza
dignidad
restitución
devolución

ratero
s. hurtador
descuidero
caco
manilargo
gatillo
raquero
randa
gato
ladrón (V.)
rata
garduño
s. **rastrero** (V.)
despreciable
ruin
innoble
pinchaúvas
s. ave ratera
águila ratera
(V. **ratería**)
a. *honrado*
digno
honesto
elevado
noble

ratificación
s. **confirmación** (V.)
aprobación
sanción
validación (V.)
legalización
revalidación
adhesión
prueba
demostración
reafirmación
ratihabición
certificación
corroboración (V.)
reelección (V.)
a. *anulación*
desaprobación
denegación
rechazo

ratificar-se
s. **confirmar** (V.)
aprobar
reafirmar (V.)
convalidar
corroborar (V.)
revalidar
sancionar
legalizar
favorecer
mantener
reelegir (V.)
defender (V.)
acreditar
sostener (V.
otorgar
afirmar
hacer coro
fortalecer
adherirse (V.)
asentir
reafirmar
refrendar
firmar
reconocer
subscribir
dar la venia
dar asenso
otorgar
(V. **ratificación**)
a. *anular*
desaprobar
rectificar
revocar
rechazar

ratificatorio
s. confirmatorio
corroborante (V.)
corroborativo
otorgante
conformante
confirmado
válido
(V. **ratificación**)
a. *invalidado*

ratigar
(V. **atar**)
(V. **asegurar**)
(V. **cargar**)

ratita
(V. **escardillo**)

rato
s. pausa
soplo
instante
tiempo corto
lapso
momento (V.)
santiamén
periquete
tris
racha
espacio de tiempo

s. un buen rato
mucho rato
pasar el rato
a ratos
de rato en rato

s. matrimonio rato (confirmado)

ratón
s. **roedor** (V.)
mamífero (V.)
rato
campañol
cururo
laucha
mur
minero
laucha
degu
guarén
taltuza
rata (V.)
sorce
pericote

s. **cepo** (V.)
ratonera
raticida
humazo

s. oreja de ratón
ratón de archivo
ratón de biblioteca
ratón almizclero

r. Ratón que no sabe más que un horado, presto es cazado ■ Más vale ser cabeza de ratón que cola de león ■ Ratones, arriba; que todo lo blanco no es harina

ratonar
s. **roer** (V.)
mordisquear
morder
carcomer
desgastar
desmenuzar

(V. **ratón**)

a. *respetar*

ratonera
s. **cepo** (V.)
lazo
trampa

s. **madriguera** (V.)
gatera
agujero
escondrijo
hueco

s. **celada** (V.)
ardid
artificio
engaño (V.)

(V. **ratón**)

s. caer en la ratonera
ratonera de agua

rauco
(V. **ronco**)

(V. **bronco**)

raudal
s. exceso
abundancia (V.)
afluencia
torrente
profusión
avenida
plétora
diluvio
aluvión
torbellino
exuberancia
lluvia (V.)
tempestad
inundación
nubarrón
catarata

s. a raudales

a. *escasez*
menudencia
pequeñez
mezquindad

raudo
(V. **veloz**)

rauta
(V. **ruta**)

(V. **camino**)

ravioles
(V. **fideos**)

raya
s. **línea** (V.)
trazo (V.)
pliegue (V.)
filo
filamento
lista
rayita
rayuela
guión
tilde
vena
renglón
tachadura
muesca
corte
raja
vírgula
virgulilla
tira
banda
arista
estría (V.)

s. **límite** (V.)
confín
horizonte
término
extremo
linde
fin
frontera (V.)
meta
lindero

s. **guión** (V.)
vírgula

s. **cortafuego** (V.)
vereda
camino

s. **tanto** (V.) (en el juego)
punto

s. perfil
rasgo
arruga (V.)

s. **peinado** (V.)
crencha
carrera (V.)
partidura

s. manta
pez (V.)

s. raya del pelo
hacer una raya
juez de raya
dar quince y raya
hacer rayas
echar una raya
pasarse de la raya
no tocar raya
tres en raya
mantenerse a raya
raya de mulo

rayado
s. **estriado** (V.)
pentagrama
listado (V.)
rayoso
alistado
tigrado
veteado
cebrado
vetado
listeado
barrado
barreado
fibroso
filiforme

s. cañón rayado
papel rayado
tela rayada

(V. **raya**)

a. *liso*

rayano
s. **contiguo** (V.)
lindante
confinante
frontero
limítrofe
divisorio
intermedio
circunscrito
pegado
colindante
próximo
cercano
vecino

s. **semejante** (V.)
parecido
casi igual

(V. **raya**)

a. *lejano*
distante
alejado
distinto

rayar
s. listar
linear
tirar (V.)
trazar (V.)
marcar
picar (V.)
señalar (V.)
varetar
subrayar
vetear
pautar
reglar
surcar
delinear
renglonear
enristrar
subrayar
enfilar
alinear
trazar rayas
tachar

s. **lindar** (V.)
limitar (V.)
colindar
confinar
dividir
alindar
acotar
demarcar
sobresalir (V.)
despuntar
descollar
distinguirse (V.)
superar
exceder
resaltar

s. **amanecer** (V.)
alborear
despuntar el día
rayar el día

s. **asemejarse** (V.)
parecerse
conformar

(V. **raya**)

a. *deslindar*
desmarcar
separar
discrepar

rayo
s. **meteoro** (V.)
centella (V.)
chispa (V.)
culebrina
vibración (V.)
relámpago
destello
centellón
fulguración
trueno
fulminación
exhalación (V.)
fulgencia
refulgencia
fulgurancia
fogonazo
resplandor
resol

s. **radio** (V.)
varillaje
línea
barra

s. lince
águila
genio
agudo
sagaz (V.)

s. polvorilla
bullebulle
vivaz
bullicioso (V.)
vivaracho
veloz (V.)
raudo

s. estrago
infortunio
desgracia (V.)
castigo (V.)
desdicha
fatalidad

s. **ramalazo** (V.)
agujetas
picotazo
punzadura
clavo

s. corona de rayos
piedra de rayo
rayo de calor
rayo de luz
rayo de luna
rayo láser (V.)
rayo directo
rayo incidente
rayo principal
rayo reflejo
rayo textorio
rayo verde
rayo visual
rayo refracto
rayos infrarrojos
Rayos X
radiografía (V.)

r. Echar rayos y centellas ■ Quien oye el trueno, no teme al rayo

a. *obscuridad*
tiniebla
simple
necio
fortuna
lento
torpe

rayón
(V. **tejido**)

raza
s. ascendencia
linaje (V.)
origen
dinastía
tribu (V.)
cabila
familia (V.)
casta (V.)
ralea (V.)
especie
estirpe
grey (V.)
género
pueblo (V.)
patria (V.)
nación
clan
horda
clase
cepa
alcurnia
progenie
prosapia
rama

s. *blanca* o *caucasoide*
nórdica
esteeuropea
báltica o eslava
alpina
dinárica
mediterránea
anatolia
armenoide
turánida
sudoriental, árabe o semita
indoafgana
ainu

s. *negra* o *melánida*
melanoafricanos
- guineana
- congoleña
- sudanesa
- nilótica
- surafricana
melanohindúes
melanésicos
- papúas
- caledonianos
- melanésicos

s. *amarilla, xantoderma* o *mongol*
normongol
centromongol
surmongol
deuteromalaya
siberiana
indonesia
polinesia
esquimal
amerindios

s. *razas primitivas*
australiana
pigmea
bosquimanos
otentotes
vedas

s. amestizado
atravesado
cholo
cruzado
cuarterón
mestizo (V.)
mixto
morisco
mulato
ochavón
pardo
roto
zambo
zambaigo

s. etnología
etnografía
antropología
antropometría
atavismo
módulo

s. racismo
segregación
discriminación
apartheid
exclusivismo

s. semitismo
paneslavismo
pangermanismo
latinismo
judaísmo
nazismo
panamericanismo

s. monogenismo
poligenismo

s. **eugenesia** (V.)
calipedia

s. étnico
racial
etnográfico
etnológico
gentilicio
atávico
ancestral
hereditario

s. **calidad** (V.)
clase
categoría
estilo
persona

s. de raza
tener raza
ser de raza
tener mucha raza
de mala raza

s. **grieta** (V.)
raya
hendidura
raja

s. rafa
ráfaga (V.)
rayo (luz)

rázago
(V. **arpillera**)

razón

s. **raciocinio** (V.)
racionalidad
inteligencia (V.)
mente (V.)
entendimiento (V.)
discernimiento
lógica
juicio (V.)
reflexión
pensamiento
comprensión
especulación
especulativa
elucubración
lucubración
deducción
discurso
razonamiento
ilación
afirmación
negación
sutileza
perspicacia
agudeza
facultad
penetración
alcance
capacidad
caudal
intelecto
espíritu
alma
lucidez
sensatez
cacumen
intuición (V.)
criterio
madurez
responsabilidad
sentido (V.)
seso
sesera
substancia
conjetura
metafísica

s. **argumento** (V.)
demostración
explicación (V.)
prueba
testimonio
justificación (V.)
ejemplo
referencia (V.)
argucia
definición
dilema
hipótesis
falacia
ilación
inducción
supuesto
considerando
suposición
silogismo
síntesis
sorites
sofisma
tautología
pretexto
excusa (V.)

s. **motivo** (V.)
móvil
causa (V.)
porqué (V.)
fundamento (V.)
motivación
base
germen
cimiento
fuente
principio
nudo (V.)
raíz
fondo

s. **justicia** (V.)
equidad
rectitud
racionalidad
verdad (V.)
derecho (V.)
acierto
tino
prudencia (V.)
tacto
moderación
cordura
tiento
poder
convicción
seguridad
ponderación
serenidad
desapasionamiento
solidez
ecuanimidad
sensatez
equilibrio
buen sentido
sano juicio

s. pragmatismo
apriorismo
empirismo (V.)
orden (V.)
sistema
experiencia
método

s. **mando** (V.)
derecho
voz (V.)
poder
título
influencia
fuerza

s. **aviso** (V.)
recado
noticia

s. **antecedente** (V.)
consecuente (V.)

s. fracción
quebrado
cociente
división (V.)

s. razón aritmética
razón geométrica
razón de Estado
razón de cartapacio
razón de pie de banco
razón natural
razón social
razón directa
razón inversa
meter en razón
tener razón
alcanzar la razón
asistir la razón
dar razones
cargarse de razón
ponerse en razón
quitar la razón
tomar razón
a razón de
atender a razones
¡con razón!
por su cuenta y razón
dar la razón
puesto en razón
perder la razón
atenerse a razones
hacer entrar en razón
fuera de razón
uso de razón

r. La razón no tiene más que un camino ■ A la larga más puede la razón que el cañón ■ Donde media razón, no vale autoridad

a. *sinrazón*
irreflexión
incomprensión
torpeza
incapacidad
irresponsabilidad
injusticia
desigualdad
inconsecuencia
desacierto
imprudencia
desmesura
inmoderación
insensatez
inseguridad
desequilibrio
obediencia
sometimiento
desconocimiento

razonable

s. **prudente** (V.)
sensato (V.)
racional (V.)
lógico (V.)
prudencial (V.)
inteligente
comprensible (V.)
legítimo
justo (V.)
legal
arreglado
derecho
procedente (V.)
sostenible
asequible
equitativo (V.)
normal
razonado (V.)
bastante
moderado
juicioso (V.)
mediano
cuerdo
cordato
regular
suficiente
sobrio
conveniente
convenible
bueno
llevadero
pasadero
plausible
equilibrado
acordado

(V. **razón**)

a. *imprudente*
insensato
irrazonable
incomprensible
ilógico
injusto
disparatado
severo
rígido

razonado

s. procedente
argumentado
lógico
deductivo
persuasivo
fundado
razonable (V.)
juicioso
premeditado
derecho
justo
plausible

(V. **razón**)

a. *ilógico*
injusto
improcedente
irrazonable
injustificado

razonador

s. deductivo
inductivo
ilativo
analítico (V.)
sintético
discutidor
polemista
sofista
casuista
razonante
explicador (V.)
ergotista
lógico
litigante
impugnador
abogado
defensor
argumentador
discursivo
especulativo
aclaratorio
convincente
explicativo (V.)
aclaratorio
persuasor
explicador
dialéctico (V.)
embrollón
liante
repeloso
quisquilloso
reparón

(V. **razón**)

a. *contradictor*

razonamiento

s. aclaración
argumento (V.)
demostración
explicación (V.)
prueba
especulación
precisión
refutación
impugnación
tergiversación
ilación
inferencia
lógica (V.)
lucubración
redargüición
tesis
conclusión
postulado (V.)
especificación
silogismo
discurso
dialéctica
argumentación
persuasión
justificación
comentario
raciocinación (V.)

(V. **razón**)

a. *sofisma*
arguciа
paradoja
contradicción
contrasentido
antinomia

razonar

s. **discurrir** (V.)
argumentar (V.)
raciocinar
dilucidar
argüir
redargüir
deducir (V.)
hablar
conversar
resumir
proponer
distinguir
explicar
disertar (V.)
inferir (V.)
reflexionar
demostrar (V.)
exponer
aducir
alegar (V.)
generalizar
persuadir
explanar
adoctrinar
doctrinar
enseñar
aclarar
analizar (V.)
plantear
proponer
establecer
considerar
raciocinar (V.)
convencer
resolver
rebatir
responder
contestar
refutar
motivar (V.)
justificar (V.)
controvertir
probar
confrontar
litigar
pleitear
pensar (V.)
sutilizar
tejer
ergotizar
silogizar
definir (V.)
hacer la contra
sacar consecuencias
sentar premisas
sacar en claro
asistir la razón a uno
darse cuenta
poner en claro
despejar la incógnita
atenerse a razones
dar con la clave
ver el fondo
dar con ello

(V. **razón**)

a. *disparatar*
desbarrar
desaprobar
protestar
tergiversar
falsear

razzia

s. **incursión** (V.)
correría
algarada
irrupción
invasión

s. pillaje
botín
saqueo (V.)
sarracina
ratería

a. *huida*
orden

reacción

s. **resistencia** (V.)
contraataque (V.)
oposición (V.)
revulsión
repulsión (V.)
repercusión
resaca
rebote
reflejo (V.)
colisión
disentimiento
rebeldía
intransigencia
choque (V.)
retroacción
contraposición
arrostramiento (V.)
contracorriente
contrarresto
repliegue
reactivación
recuperación
reposición
recobro

s. **tradicionalismo** (V.)
conservadurismo
carcundia
ultramontanismo
carlismo
bunker

s. reacción en cadena
reacción neutra

a. *sometimiento*
pasividad
radicalismo
inmovilidad

reaccionar

s. **responder** (V.)
encajar
reanimarse (V.)
reanudar
mudar
cambiar
transformarse
mejorar
renovarse
evolucionar (V.)
progresar
reactivar

s. **oponerse** (V.)
resistir
negarse
rebelarse
repeler
contrarrestar (V.)
rechazar (V.)
opugnar
obstinarse
empecinarse
desobedecer
revolverse contra

(V. **reacción**)

a. *pararse*
quedarse
inmovilizarse
retroceder
empeorar
agravarse
facilitar
acoger
favorecer
rendirse
someterse
obedecer

reaccionario

s. **retrógrado** (V.)
retardatario (V.)
carca
carcunda
rancio (V.)
apegado
tradicionalista
carlista
cavernícola
conservador (V.)
apostólico
ultramontano
ultraconservador

(V. **reacción**)

a. *avanzado*
revolucionario
ácrata

reacio
s. **remolón** (V.)
rebelde
indócil
inobediente
porfiado (V.)
terco (V.)
reluctante (V.)
contrario
opuesto (V.)
renegón
remiso (V.)
regañadientes, a (V.)
gruñón
resistente (V.)
refractario (V.)
duro
reincidente (V.)
tenaz
renitente
cereño
desabrido
reactivo
rezongón
rezongador
indisciplinado
maldispuesto
retuso
respondón
zorronglón
renuente

(V. **reacción**)

a. *sumiso*
obediente
dócil
disciplinado

reactancia
(V. **resistencia**)

reactivación
s. regeneración
renovación (V.)
insistencia
reacción (V.)
solicitud
exigencia
petición

a. *abandono*
dejadez
inhibición

reactivar
(V. **regenerar**)

(V. **reaccionar**)

reactor
s. **pila** atómica (V.)
quemador de uranio

s. fisión
desintegración
átomo (V.)

s. combustible nuclear
moderador
reflector
barras de control
caloportador o fluido
refrigerante
blindaje biológico
sistema de carga y descarga
sistema de canales

s. **avión** (V.)
estatorreactor
turborreactor
pulsorreactor

reafirmación
(V. **ratificación**)

(V. **confirmación**)

(V. **consolidación**)

reafirmar-se
s. **ratificar** (V.)
aseverar
confirmar (V.)
sancionar
corroborar
hacer hincapié
revalidar

s. asegurar
apoyar
aferrar
consolidar (V.)
afianzar (V.)

(V. **reafirmación**)

a. *rectificar*
modificar
aflojar
soltar

reagravación
(V. **empeoramiento**)

(V. **recaída**)

reagravarse
s. **empeorar** (V.)
desmejorar
recaer (V.)
reincidir
declinar
perder
reagudizarse

(V. **reagravación**)

a. *mejorar*
reponerse
recuperarse
ganar

reagudización
(V. **reagravación**)

reagudizar-se
(V. **reagravarse**)

reajustar
s. **reorganizar** (V.)
reformar
renovar
cambiar
modificar
actualizar
rectificar (V.)

(V. **reajuste**)

a. *respetar*
dejar

reajuste
s. **reorganización** (V.)
reforma
renovación
rectificación
cambio
modificación
ajuste
actualización

a. *respeto*
abstención
inmovilismo

real
s. **regio** (V.)
realista
soberano
principesco
noble
palatino
palaciego
áulico

s. bonísimo
espléndido
suntuoso
opulento
estupendo
excelente (V.)
magnífico (V.)

s. campo
feria (V.)
campamento
lugar

s. moneda

s. **existente** (V.)
efectivo (V.)
auténtico
verdadero (V.)
positivo (V.)
cierto
relativo (V.)
innegable
verídico
histórico (V.)
serio
práctico
corpóreo
material
objetivo
substantivo
concreto
tangible
indiscutible
incontestable

s. campo real
águila real
pendón real
palma real
jazmín real
asentador real
derecho real
Consejo Real de España
moneda de real
real de ardite
real de plata
real de plata doble
real de plata vieja
real fuerte
el real de la feria
asentar los reales
alzar el real

(V. **realeza**)

(V. **realidad**)

a. *plebeyo*
abstracto
irreal
incierto
falso
imaginario
malo
despreciable
indigno
pobre
fantástico
quimérico
ideal
fabuloso
inventado

realce
s. saliente
prominencia
adorno
labor
relieve (V.)

s. lustre
esplendor (V.)
brillo (V.)
título
dignidad
estimación
lauro
lucimiento
grandeza
importancia (V.)
nombradía
reputación
honra
popularidad

s. bordar de realce

a. *obscuridad*
insignificancia

realdad
(V. **realeza**)

realeza
s. dignidad
soberanía (V.)
grandiosidad
magnificencia
esplendor
boato
majestad (V.)
poder
pompa
suntuosidad

s. realidad
realdad
monarquía (V.)
corona
trono (V.)

a. *sencillez*
humildad
mezquindad
ensueño
figuración
república

realidad
s. existencia
esencia (V.)
vida
ser
realeza
ente
criatura
entelequia
monada
cosa
objeto
sustancia
substancia
presencia
concreción

s. estado
acción
suceso
veras
concreción
verdad (V.)
importancia (V.)
sustantividad
substantividad
efectividad
objetividad
subsistencia
materialidad
sinceridad (V.)
verdad (V.)
naturalidad
propiedad
ingenuidad

s. en realidad
es la pura realidad

a. *irrealidad*
abstracción
ideal
falsedad
apariencia
ensueño
ilusión
figuración
fantasía
quimera
espiritualidad
imaginación
invención
ideal
fábula
capricho
visión
fantasmagoría
aparición
espejismo
entelequia
representación
alucinación
ficción
artificio
fingimiento
simulación

realismo
s. **autenticidad** (V.)
crudeza (V.)
tremendismo
verismo
naturalismo
precisión
actualismo
materialismo (V.)
objetividad
positivismo (V.)
exactitud
veracidad
existencialismo (V.)

s. **monarquía** (V.)
realeza

a. *idealismo*
abstracción
espiritualismo
republicanismo

realista
s. **práctico** (V.)
efectivo (V.)
empírico
pragmático
positivo
auténtico (V.)
verdadero (V.)
sensato (V.)
cabal
realístico
acertado
conocedor
avezado
descarnado (V.)
positivista (V.)
materialista (V.)
versado
objetivo

s. **monárquico** (V.)
tradicionalista
absolutista

(V. **realismo**)

a. *teórico*
falso
caprichoso
figurado
quimérico
visionario
republicano

realístico
(V. **realista**)

realizable
s. **ejecutable** (V.)
viable (V.)
asequible
practicable
hacedero
posible (V.)
factible
agible
creable
elaborable (V.)
hacedero
sencillo (V.)

(V. **realización**)

a. *irrealizable*
imposible
inasequible
inviable

realización
s. **ejecución** (V.)
perpetración
actuación (V.)
celebración
procedimiento
práctica
marcha
formación
obtención (V.)
elaboración (V.)
composición
construcción
curso
establecimiento
interpretación
producción (V.)
fabricación
cumplimiento
satisfacción (V.)
fundación
gestión
activación
evacuación
verificación (V.)
resultado
hecho (V.)
labor
faena
tarea
misión
trabajo
producto
obra (V.)

s. **saldo** (V.)
liquidación
rebaja
venta
descuento

a. *abstención*
destrucción
incumplimiento
abandono
inoperancia
aumento
carestía

realizar-se
s. **hacer** (V.)
efectuar (V.)
ejecutar (V.)
verificar
desarrollar (V.)
obrar
rehacer
verificar (V.)
practicar
corporificar
restablecer
perpetrar (V.)
producir (V.)

(cont.)

obtener (V.)
fabricar
forjar
elaborar
construir
cometer
acabar
cuajarse
cumplir (V.)
establecer
cumplimentar
fundar
engendrar
confeccionar
plasmar
materializar (V.)
gestionar
evacuar (V.)
activar
laborar
manejar
cometer
suceder (V.)
tener lugar
llevar a efecto
poner a efecto
vender (V.)
saldar
liquidar (V.)

(V. **realización**)

a. *abstenerse*
incumplir
abandonar
comprar
destruir

realme
(V. **reino**)

realquilado
(V. **cedido**)

(V. **alquilado**)

realquilar
(V. **subarrendar**)

realzar-se
s. acentuar
subrayar
enaltecer
encumbrar
levantar (V.)
aumentar
engrandecer (V.)
erguir
alzar
destacar (V.)
aclamar
relevar
glorificar
alabar (V.)
elogiar
sublimar
entronizar
relevar
encaramar
avalorar

s. **bordar** (V.)
(a realce)
labrar

s. **resaltar** (V.)
(pint.)
dar luz (pint.)

(V. **realce**)

a. *humillar*
rebajar
denigrar
ensombrecer

reanimación
s. renacimiento
aliento
restablecimiento (V.)
refrescamiento
confortación
reconfortación
fortificación
fortalecimiento
tonificación (V.)
reposición
vigorización
rehabilitación
estimulación
curación
convalecencia
recuperación
desentumecimiento (V.)
resurgimiento
resurrección
robustecimiento
renovación
reactivación
galvanización
reacción
vivificación
revivificación

a. *debilitación*
desánimo
desmoralización
postración
abatimiento
desaliento
agravación
recaida

reanimar-se
s. **reavivar** (V.)
vivificar
refrescar (V.)
refrigerar (V.)
renacer (V.)
restablecerse (V.)
confortar (V.)
reconfortar (V.)
alentar
fortificarse
fortalecer (V.)
desahogarse (V.)
robustecer
tonificar (V.)
estimular
espolear
renovar (V.)
fomentar
devolver
restituir
reponerse (V.)
reaccionar (V.)
rehabilitar
sanar
curar
cuidar
convalecer
animar (V.)
consolar (V.)
sobreponerse
recuperarse
recobrarse
recrecer (V.)
rehacerse
resucitar
resurgir (V.)
alegrar

(V. **reanimación**)

a. *debilitar-se*
desanimar-se
postrarse
abatir-se
agravarse
desalentar-se

reanudación
(V. **prosecución**)

(V. **continuación**)

reanudar
s. restablecer
recomenzar
continuar (V.)
seguir (V.)
proseguir
renovar (V.)
retornar
regresar (V.)
volver (V.)
reorganizar
renacer
reemprender
restaurar
reasumir

(V. **reanudación**)

a. *detenerse*
acabar
interrumpir
cesar

reaparecer
s. **volver** (V.)
presentarse (V.)
regresar
exhibirse
mostrarse
tornar
retornar
reencarnar (V.)
reanudar
remanecer
renacer
resucitar (V.)
resurgir (V.)
rebrotar (V.)
reproducirse
revivir
recaer (V.)

(V. **reaparición**)

a. *quedar-se*
desaparecer
ocultar-se
morir
agravar-se

reaparición
s. **regreso** (V.)
vuelta
retorno
renacimiento
reproducción (V.)
exhibición
presentación
reanudación (V.)
continuación
resurrección
rebrote
recidiva
metástasis
recaída (V.)

a. *desaparición*
ocultación
muerte
agravación

reargüir
(V. **redargüir**)

rearmar-se
s. **armar** (V.)
reforzar
equipar
aumentar
incrementar
militarizar

(V. **rearme**)

a. *desarmar-se*

rearme
s. militarización
refuerzo (V.)
fortalecimiento
aumento
(armamento)

(V. **desarme**)

a. *desmilitarización*

reasumir
(V. **reanudar**)

(V. **recuperar**)

reata
s. hilera
fila (V.)
columna
recua

s. traílla
cuerda (V.)
correa

reato
(V. **resto**)

(V. **pena**)

reavivar-se
s. vivificar
revivificar (V.)
vigorizar
reanimar (V.)
alentar
rehabilitar
confortar
renovar (V.)
excitar
avivar
galvanizar (V.)

a. *debilitar-se*
apagar-se

rebaba
s. **reborde** (V.)
embotamiento (V.)
filván
resalto
barba
despunte
sobra
saliente
filete
ribete

rebaja
s. **disminución** (V.)
descuento (V.)
desgravación
rebajamiento
abaratamiento (V.)
deducción
baja
merma
mengua
reducción (V.)
resta
sustracción
depreciación
deterioro
saldo
liquidación
regateo
quema
abajamiento

a. *aumento*
subida
encarecimiento
gratificación
suma

rebajamiento
s. **humillación** (V.)
envilecimiento
degradación (V.)
menosprecio
subestimación
desprecio (V.)
afrenta
ultraje (V.)
mancilla
exoneración
escarnecimiento
menoscabo

a. *enaltecimiento*
honra
elogio
alabanza

rebajar-se
s. **desvalorizar** (V.)
disminuir (V.)
mermar
desgravar (V.)
decrecer
sustraer
descender
abajar (V.)
abaratar (V.)
saldar
baratear
rebatir
liquidar (V.)
quemar
deteriorar
depreciar
menguar
amenguar
bonificar (V.)
substraer
descontar (V.)
despreciar
atenuar
achicar
achatar
desmontar (V.)
debilitar
aplastar
desmochar
cortar
recortar
abreviar
mellar
pelar
repelar
rapar
matar (V.)
restringir
escatimar

s. subestimar
humillar (V.)
degradar (V.)
despreciar
posponer (V.)
menospreciar (V.)
parvificar
trivializar
envilecer
abatir
minimizar
empequeñecer (V.)
rebatir
avergonzar
afrentar (V.)
ofender
insultar
ultrajar
mancillar
prostituirse (V.)
exonerar
destituir (V.)
escarnecer
menoscabar
infravalorar
desentronizar
desinflar
subvalorar
no tomar en serio
tomar a broma
no dar importancia
quitar importancia
quitar hierro

(V. **rebaja**)

(V. **rebajamiento**)

a. *encarecer*
aumentar
incrementar
alabar
elogiar
enaltecer
apreciar
estimar
valorar

rebajo
s. ranura
surco
acanaladura
canal (V.)
raja
corte
hendedura
hendidura
releje
muesca

a. *relieve*

rebalsa
s. **remanso** (V.)
balsa
estanque
embalse

rebalsar-se
s. **embalsar** (V.)
estancar (V.)
detener
estacionar
empantanar
empozar
reunir
concentrar
remansar

(V. **rebalsa**)

a. *soltar*
abrir

rebalse
(V. **estancamiento**)

rebanada
s. loncha
rodaja (V.)
roncha (V.)
torrija
tostada
rueda
raja (V.)
lonja (V.)
cortada
sección
corte
tajada (V.)
pedazo (V.)
porción
trozo
parte (V.)
pampringada

a. *todo*
totalidad

rebanar
s. **cortar** (V.)
seccionar
tajar
sajar
amputar
cercenar
segar
truncar
partir
separar
mutilar
rebanear

(V. **rebanada**)

a. *unir*
juntar
pegar

rebañaderas
s. **gancho** (V.)
garfio
gario
arrebañaderas
garabato

rebañadura, s
s. **restos** (V.)
sobras
desperdicios
limaduras
residuos
a. *totalidad*

rebañar
s. **arrebañar** (V.)
apurar (V.)
recoger
replegar
limpiar
aprovechar
(V. **rebañadura)**
a. *dejar*
sobrar
despreciar

rebaño
s. jauría
bandada
tropel
manada (V.)
yeguada
piara
recua
hato
cabaña
ganadería (V.)
vacada
torada
rehala (V.)
pavada
tropa
tropilla
s. **grupo** (V.)
congregación
reunión (V.)
grey (V.)
feligresía
agrupación
conjunto (V.)
fieles (V.)
mayoralía

rebasamiento
s. **exceso** (V.)
desborde
rebase
rebasadura
copete
colmo
derramamiento
derrame
desbordamiento (V.)
extralimitación
trespasación
traspasamiento
a. *falta*
defecto
escasez
respeto
limitación

rebasar
s. **exceder**
sobresalir
colmar
traspasar
extralimitarse (V.)
rebosar
desbordarse (V.)
salirse
romperse
sobrepasar
saltar
derramarse
sobrepujar
salvar (V.)
propasarse
descomedirse
descocarse
(V. **rebasamiento)**
a. *contener-se*
comedirse
limitarse
escasear
faltar

rebate
(V. **choque)**
(V. **encuentro)**

rebatible
s. controvertible
discutible (V.)
refutable (V.)
impunable
infundado (V.)
inconsistente
flojo
débil
inconsecuente
(V. **rebatimiento)**
a. *irrebatible*
concluyente
indiscutible
fundado

rebatimiento
s. **impugnación** (V.)
contrarréplica
refutación
rechazo
resistencia
discusión
oposición
a. *asentimiento*
afirmación
admisión
acuerdo
aprobación

rebatir
s. **rechazar** (V.)
resistir (V.)
repeler
apartar
desalojar
contrarrestar
oponerse (V.)
vencer
s. **reforzar** (V.)
redoblar
fortalecer
intensificar
s. reducir
deducir
rebajar (V.)
descontar
s. **refutar** (V.)
impugnar (V.)
contradecir
contrariar
confutar
reherir
guerrear (V.)
argumentar
desviar (V.)
(V. **rebatimiento)** (esgr.)
a. *confirmar*
atacar
acatar

rebato
s. llamamiento
concentración
aviso
tañido
convocación
alarma (V.)
s. ataque
refutación
combate (V.)
acometimiento
discusión
somatén
encuentro
s. tocar a rebato
de rebato
a. *tranquilidad*
paz

rebeco
s. **gamuza** (V.)
ante
antílope
gacela

rebelar-se
s. insubordinarse
incitar (V.)
agitar
azuzar
hostigar
urdir
tramar
planear
proyectar
perturbar
provocar (V.)
alborotar
amotinar
conspirar
alzarse
levantarse
desmandarse (V.)
sublevarse (V.)
indisciplinarse
resistirse (V.)
protestar (V.)
reincidir
desobedecer (V.)
plantarse (V.)
soliviantar (V.)
enfurecerse
insurrecionarse
insurgir
revolverse
desbocarse
desenfrenarse
pronunciarse
enfrentarse
encararse
negarse
oponerse
insolentarse (V.)
echarse a la calle
usurpar el mando
usurpar el trono
no tener rey ni Roque
perder los estribos
faltar al respeto
(V. **rebeldía)**
a. *someter-se*
acatar
obedecer
disciplinar
domar
respetar
humillarse
rebajarse

rebelde
s. **amotinado** (V.)
insurrecto (V.)
insurgente
levantisco (V.)
subversivo
faccioso (V.)
sublevado
jacobino
incendiario
sedicioso (V.)
pistolero
refractario
perturbador (V.)
revolucionario
conspirador
trabucaire
agitador
contraventor
mambís
conjurado
s. **desobediente** (V.)
insumiso
indócil (V.)
inobediente
inadaptable (V.)
contumaz (V.)
insubordinado
recalcitrante
resistente (V.)
protervo
soliviantado
reacio
independiente (V.)
descontento
terco
obstinado (V.)
tenaz
tozudo
rebeldía
renuente (V.)
difícil (V.)
duro (V.)
vulnerador (V.)
protestón (V.)
insolente (V.)
insumiso
bravío
desmandado
díscolo
incorregible (V.)
indomesticable
indomable
irreducible (V.)
indómito (V.)
ingobernable (V.)
inmanejable
revoltoso (V.)
inquieto (V.)
malmandado
travieso (V.)
zahareño
turbulento
tumultuoso
pertinaz (V.)
tesonero
levantisco
indisciplinado (V.)
salvaje
(V. **rebeldía)**
a. *dócil*
domesticado
obediente
sumiso
servil
sometido
respetuoso
disciplinado
contento
gobernable
serio
tranquilo
sosegado

rebeldía
s. obstinación
contumacia (V.)
oposición
indisciplina (V.)
descontento
desobediencia (V.)
reincidencia
porfía
terquedad
desprez
indocilidad
renuencia
indomabilidad
porfía
soliviantamiento
insumisión
insolencia (V.)
sublevación (V.)
travesura (V.)
agitación
provocación
rebelión (V.)
insubordinación
inadaptación
individualismo (V.)
a. *sumisión*
acatamiento
respeto
sometimiento
subordinación
obediencia
disciplina

rebelión
s. **rebeldía** (V.)
subversión
conjura
conspiración
contravención (V.)
indocilidad (V.)
insubordinación
protervia
inobediencia
delito (V.)
contumacia
anarquía
levantamiento
pronunciamiento (V.)
revolución
alzamiento
movimiento
intriga
plante (V.)
motín (V.)
alboroto
sublevación (V.)
militarada
conjuración (V.)
guerra civil
perturbación
revuelta
sedición
algarada
cuartelada
solevación
solevamiento
confabulación (V.)
insumisión
insurrección
asonada
indisciplina (V.)
turbulencia
desobediencia (V.)
a. *obediencia*
sumisión
acatamiento
lealtad
fidelidad
respeto
servilismo
humillación
sometimiento
subordinación
vasallaje
disciplina

rebenque
s. **látigo** (V.)
fusta
vergajo
vara
azote
tralla
anguila de cabo
frenillo
s. **cuerda** (V.)
cabo

rebina
s. tercia
cava
segunda bina
vid (V.)

rebisabuelo
(V. **tatarabuelo)**

rebisnieto
(V. **tataranieto)**

reblandecer-se
s. **ablandar** (V.)
ablandecer
emblandecer
enllentecer
mullir
remullir
mollificar
enternecer
maznar
lenificar
amollentar
laxar
sobar
molificar
macerar
manir
ahuecar
relajar
esponjar (V.)
chafar
(V. **reblandecimiento)**
a. *endurecer-se*
acerar-se

reblandecido
s. **maduro** (V.)
blando (V.)
papandujo
muelle (V.)
mollar
blandujo
blanducho
fofo (V.)
ternezuelo
tierno
pocho
macerado
flexible
maleable
acolchado
acolchonado
dúctil
enguatado
guateado
s. **afeminado** (V.)
débil (V.)
entorpecido
degenerado
(V. **reblandecimiento)**
a. *resistente*
inflexible
rígido
duro
viril

reblandecimiento
s. morbidez
molificación
blandura
ablandamiento (V.)
maceración
maceramiento
enternecimiento
lenificación
emblandecimiento
degeneración
afeminamiento (V.)
debilidad
a. *endurecimiento*
vigorización
robustecimiento
virilidad

vertedero
desaguadero
alcantarilla
colector
aliviadero

a. *oclusión*
taponamiento

reblar
s. titubear
vacilar
retroceder (V.)
dudar (V.)
oscilar
titubar
fluctuar (V.)
cejar

a. *decidirse*
empecinarse
resistir

rebocillo
(V. **mantilla**)

(V. **toca**)

rebolludo
s. repolludo
macizo (V.)
pesado
gordo
rechoncho (V.)
torpe

a. *delgado*
fino
ligero

rebombar
(V. **retumbar**)

reboño
(V. **cieno**)

reborde
s. borde
rebaba (V.)
saliente (V.)
faja
orillo
cornisa
alero
ala
moldura
filete
banda
marco
resalte
relieve
estría
remate
solapa
doblez
dobladillo
refuerzo
hendidura
cordoncillo
labio
filete
margen

a. *centro*
vértice

rebosadero
s. **derramadero** (V.)
compuerta
salida
albañal
albañar
abertura
desagüe (V.)

rebosadura
s. derrame
derramamiento (V.)
desbordamiento (V.)
desborde
rebose
efusión
chorro
rebosamiento
inundación (V.)
dispersión
segregación
riada
arriada
filtración
transvasación
vertimiento
efusión

a. *sequía*
contención
taponamiento
absorción

rebosamiento
(V. **rebosadura**)

rebosante
s. **abundante** (V.)
sobrante (V.)
sobrado
redundante (V.)
excesivo
sobrelleno
rico
repleto
desbordante
holgado
cargado
lleno (V.)
colmado
resplandeciente (V.)

(V. **rebosadura**)

a. *falto*
escaso
vacío
carente
pobre

rebosar
s. desparramar
inundar (V.)
rebasar
reverter
exceder (V.)
trasverter
redundar (V.)
salirse (V.)
derramarse
destilar (V.)
desbordarse (V.)
fluir
irse
verterse (V.)
vomitar
caerse
extravasarse
difluir
desparramarse
segregar
trasvenarse
abantar
sobrellenar
colmar
llenar (V.)
henchir
abundar (V.)
sobrar (V.)
(V. **rebosadura**)

a. *recoger*
taponar
contener
limitar
escasear
faltar
vaciar

rebotación
(V. **rebote**)

rebotadera
(V. **peine**)

rebotado
(V. **rebotar**)

(V. **abandonado**)

rebotadura
(V. **rebote**)

rebotar
s. saltar
botar (V.)
resaltar
surtir
repercutir (V.)
percutir
resurtir (V.)
rebojar
retroceder
brincar
volverse (V.)
doblarse
remachar
despedir
rechazar (V.)

s. **alterar** (V.)
(el color)
cambiar

s. **sofocar** (V.)
turbar
conturbar (V.)
aturdir
atemorizar

s. embotar
entorpecer
redoblar
doblar (V.)

(V. **rebote**)

a. *admitir*
permanecer
sosegarse
acoger

rebote
s. brinco
bote (V.)
rebotadura
rebotación
reculada (V.)
salto (V.)
resurtida (V.)
resalto
consecuencia (V.)
efecto
rechazo (V.)
choque (V.)
retroceso
retruque (V.)
repercusión
percusión

s. de rebote

rebotica
s. **trastienda** (V.)
rebotija
rebotiga
dependencia
recámara

rebozado
s. albardado
enalbardado
bañado (en huevo)
cubierto
recubierto
envuelto (V.)
empanado (V.)
enharinado

(V. **rebozo**)

rebozar
s. cubrir
envolver (V.)
tapar
embozar (V.)
encubrir
recubrir

s. albardar
empanar (V.)
arrebozar
bañar (con huevo)
enharinar
emborrizar
enalbardar (V.)

(V. **rebozo**)

a. *destapar*
descubrir
aclarar

rebozo
s. **embozo** (V.)
embozamiento
envoltura
envolvimiento
recubrimiento
rebujo
ocultamiento (V.)
encubrimiento (V.)
tapamiento
tapadura

s. **rodeo** (V.)
pretexto (V.)
ambage
disculpa
tapujo
triquiñuela
retrechería
simulación (V.)
disimulo
digresión
fingimiento
socapa

s. sin rebozo(s)

a. *claridad*
franqueza
sinceridad
destapamiento

rebrotar
s. **retoñar** (V.)
abrotoñar
revenar
brotar
reaparecer
nacer
crecer

(V. **rebrote**)

s. *agostarse*
secarse
marchitarse

rebrote
s. resalvo
brote (V.)
retoño (V.)
renuevo
bederre
hijuelo
vástago
tallo
ramita
cogollo
hijo
capullo
estolón

a. *agostamiento*
marchitamiento

rebudiar
(V. **roncar**)

(V. **jabalí**)

rebufar
s. **bufar** (V.)
soplar
resoplar (V.)
exhalar
jadear

(V. **rebufe**)

a. *absorber*
inhalar

rebufe
s. bufido
resoplido
soplido
jadeo
estertor

rebujado
s. cubierto
tapado
arrebujado (V.)

s. **desordenado** (V.)
envuelto
enmarañado (V.)
enredado
confuso
liado

(V. **rebujo**)

a. *destapado*
ordenado
claro

rebujar-se
s. envolverse
reburujarse
taparse
arrebujar-se (V.)
desordenar (V.)
enmarañar
enredar (V.)
liar
confundir
revolver
embrollar
confusionar

(V. **rebujo**)

a. *ordenar*
desenmarañar
desenredar
destapar-se

rebujiña
s. bullicio
alboroto (V.)
jaleo
escándalo (V.)
algarada
algazara
zalagarda
rebullicio
rebumbio
trapatiesta
barbulla
grita
rebujina

a. *tranquilidad*
quietud

rebujo
s. **embozo** (V.)
disfraz
envoltura
rebozo

s. lío
envoltorio (V.)
reburujón (V.)
bulto
paquete (V.)
fardo
apelotonamiento (V.)
apelmazamiento
pegujón
rebullo

rebullicio
s. **barullo** (V.)
algazara
alboroto (V.)
agitación
jaleo (V.)
jolgorio
algarabía
escandalera
bulla
confusión

a. *tranquilidad*
silencio
paz

rebullir
s. **bullir** (V.)
moverse
menearse
agitarse (V.)
removerse
inquietarse
alterarse
estremecerse
alborotarse
escandalizar (V.)
zarandearse
sacudirse
reñir

(V. **rebullicio**)

a. *tranquilizar*
sosegar
pacificar
calmar
aquietar

rebumbio
(V. **barullo**)

reburujar-se
(V. **rebujar-se**)

reburujón
s. **rebujo** (V.)
guiñapo
bola
lío
mazacote
envoltorio
rebullo
paquetucho
cucurucho
chapucería (V.)

rebusca
s. sondeo
análisis
examen
indagación (V.)
escudriñamiento
exploración
rebuscamiento (V.)

s. **desecho** (V.)
sobras
desperdicios
residuo (V.)
restos

a. *hallazgo*
totalidad

rebuscado
s. postizo
falso
melifluo (V.)
ficticio
pulido
perfilado
amanerado (V.)
afectado (V.)
estudiado
cuidado
elegante
preciosista
literario
conceptuoso
efectista
complicado
terminista
repulido
artificioso
fingido
superferolítico

(V. **rebuscamiento**)

a. *natural*
sencillo
auténtico
espontáneo
directo

rebuscallas
(V. **restos**)

rebuscamiento
s. fingimiento
falsedad
ficción
amaneramiento (V.)
afectación (V.)
preciosismo
exotismo
atildamiento
meticulosidad
conceptismo
artificio
ampulosidad
manerismo
fingimiento
rebusca (V.)

a. *sencillez*
autenticidad
naturalidad
elegancia
espontaneidad

rebuscar
s. averiguar
curiosear
buscar (V.)
escudriñar (V.)
inquirir
explorar
escrutar
examinar
sondear
indagar (V.)
registrar
huronear
fisgonear
analizar
farabustear

s. cerrebojar
espigar
coger
recoger (V.)

(V. **rebusca**)

a. *encontrar*
abandonar
dejar
soltar

rebutir
(V. **embutir**)

(V. **rellenar**)

rebuznar
s. **roznar** (V.)
ornear
escandalizar
llamar (V.)
gritar (V.)

(V. **rebuzno**)

a. *callarse*

rebuzno
s. roznido
grito
voz (V.)
llamada
escándalo (V.)

(V. **asno**)

a. *silencio*
callada
tranquilidad

recabar
s. conquistar
merecer
conseguir (V.)
lograr
alcanzar
obtener
sacar

s. **pedir** (V.)
exigir
demandar
reclamar (V.)

a. *denegar*
rechazar
frustrar
fracasar

recabdación
(V. **recaudación**)

recabdar
(V. **recaudar**)

(V. **agarrar**)

recadero
s. **ordinario** (V.)
recadista
dependiente
botones
mandadero
groom
muchacho
mensajero (V.)
sobajanero
propio
tornero
ganapán (V.)
factótum
cosario
demandadero
ordenanza
mozo
emisario (V.)
enviado
alcahuete
correveidile
arriero
edecán
tornero
repartidor (V.)
porteador (V.)
trajinero
trajinante
transportista
alhamel
bigorro
encomendero
faraute
mochil
motril
mozo de cordel
mozo de cuerda

(V. **recado**)

recado
s. carta
encomienda
mensaje (V.)
encargo (V.)
misiva
servicio
favor
cometido
comunicación
aviso (V.)
comisión
continental
misión
respuesta
aviso

s. **recuerdo** (V.)
evocación
memoria
remembranza

s. **regalo** (V.)
presente
obsequio
dádiva

s. surtido
provisión (V.)
compra

s. **precaución** (V.)
seguridad
cautela
miramiento
cuidado
recaudo

s. **útiles** (V.)
utensilios

a. *olvido*
recepción
descuido

recaer
s. agravarse
desmejorar (V.)
empeorar (V.)
perder
declinar
recrudecer (V.)
reagudizarse
reagravarse

s. **incurrir** (V.)
reincidir (V.)
reiterar
parar (V.)
repetir
reaparecer (V.)
insistir
volver a las andadas

s. **dirigirse** (V.)
afectar (V.)
recibir
percibir
lograr
obtener
beneficiarse
favorecerse
cargar

s. **dar** (V.)
abrirse (V.)
comunicar

(V. **recaída**)

a. *mejorar*
progresar
restablecerse
recuperarse
evitar
corregir
entregar
perjudicarse

recaída
s. **reincidencia** (V.)
reiteración
repetición (V.)
insistencia
reaparición (V.)
recidiva

s. **empeoramiento** (V.)
agravamiento
reagravación
reagudización
agravación
retroceso
desmejoramiento
hundimiento
declive
recrudescencia (V.)

a. *mejoría*
recuperación
restablecimiento
progreso

recalada
s. **llegada** (V.)
arribo
entrada
fondeamiento
ameramiento
anclamiento
arribada
penetración
fondeo

a. *salida*
desamarre

recalar
s. arribar
llegar (V.)
fondear
anclar
amerar
entrar
penetrar

s. **empapar** (V.)
calar

(V. **recalada**)

a. *partir*
zarpar

recalcar-se
s. **repetir** (V.)
reiterar
machacar
retacar
redundar
subrayar
acentuar (V.)
insistir (V.)
hacer hincapié
volver a la carga
no cejar
dar la tabarra

s. **apretar** (V.)
comprimir
abarrotar (V.)
llenar

a. *desistir*
soslayar
soltar
suavizar
vaciar

recalcitrante
s. **obstinado** (V.)
incorregible (V.)
contumaz
terco
porfiado
pertinaz (V.)
impenitente
reacio
reincidente (V.)
empedernido
empecinado
relapso
inveterado
resistente
opuesto (V.)

a. *flexible*
comprensivo
razonable
favorable

recalcitrar
s. **retroceder** (V.)
volverse
recular

s. **resistir** (V.)
obstinarse (V.)
oponerse
pugnar (V.)
desobedecer
rebelarse
indisciplinarse
protestar
empecinarse

a. *adelantar*
ir
continuar
obedecer
disciplinarse
someterse
rendirse

recalentar
(V. **calentar**)

recalmón
(V. **calma**)

recalvastro
(V. **calvo**)

recalzar
(V. **aporcar**)

(V. **reforzar**)

recamado
s. **bordado** (V.)
labrado
adornado
a realce
afiligranado
constelado
tachonado
realzado

a. *sobrio*
sencillo

recamar
s. realzar
bordar (V.)
labrar
adornar
afiligranar
constelar

recámara
s. sala
cuarto (V.)
cámara

s. **depósito** (V.)
hornillo

s. **reserva** (V.)
cautela (V.)
precaución
discreción
prudencia
sigilo
trastienda

s. **ánima** (V.)
hueco

a. *imprevisión*
imprudencia
indiscreción

recambiar
(V. **cambiar**)

(V. **substituir**)

recambio
s. **accesorio** (V.)
repuesto (V.)
suplemento
complemento
reserva
pieza (V.)
agregado

a. *principal*

recamo
s. galón
cordoncillo
alamar (V.)
trencilla
tira
broche (V.)

recancamusa
(V. **engaño**)

recancanilla
(V. **énfasis**)

(V. **retintín**)

recantación
(V. **palinodia**)

(V. **retractación**)

recantón
(V. **guardacantón**)

recapacitar
s. pensar
recordar
meditar
resumir
rememorar
reflexionar (V.)
sintetizar
recapitular
compendiar
revisar
repasar
decir para su sayo
decir para su coleto
decir para su capote

a. *distraerse*
despistarse

recapitulación
s. **resumen** (V.)
compendio (V.)
revista
síntesis
inventario
repetición
revisión
sumario
recensión
extracto
epítome
minuta
condensación
epílogo (V.)
condensar

a. *ampliación*
desarrollo

a. *aligerar*
aliviar
disminuir
bajar
vaciar

recargo
s. **aumento** (V.)
incremento
subida
encarecimiento (V.)
sobreprecio
multa (V.)
gravamen (V.)
elevación
alza
especulación
impuesto
imposición
tasa

s. **sobrecarga** (V.)
exceso

s. **inculpación** (V.)
reconvención
imputación
cargo
acusación

a. *rebaja*
descenso
defecto
falta
exculpación

recapitular
s. **resumir** (V.)
compendiar (V.)
sintetizar
epilogar (V.)
sincopar
epitomar
reducir
trasuntar
recordar
repetir
inventariar (V.)
repasar
revisar
extractar
abreviar
minutar
sumar
cifrar
condensar
(V. **recapitulación**)

a. *olvidar*
ampliar
prologar

recargado
s. barroco
pomposo
churrigueresco
rococó
afiligranado
bizantino
charro
complicado
excesivo (V.)
profuso
exuberante
abigarrado (V.)
sobrecargado
estridente
chillón (V.)
ordinario (V.)
vulgar
pesado
historiado (V.)
amazacotado
exagerado

a. *sencillo*
simple
elegante
desnudo
sobrio
severo

recargar
s. **acumular** (V.)
llenar
extremar (V.)
aumentar (V.)
doblar
agravar
sobrecargar
amazacotar
abarrotar
abrumar
cuajar (V.)
embalumar
acumular
agobiar

s. adornar (con exceso)
entarascar
exornar
emperifollar (V.)
empapirotar
abigarrar (V.)
complicar

recatado
s. reservado
cauto (V.)
circunspecto
prudente (V.)
discreto
modoso (V.)
reservado
juicioso
precavido
chuzón

s. honesto
decente
pudibundo
pudoroso (V.)
decoroso
casto (V.)
modesto (V.)
púdico
ñoño
decente
novicio
monjel
(V. **recato**)

a. *imprudente*
indiscreto
impúdico
deshonesto
indecente

recatar-se
s. **ocultar** (V.)
cubrir
recubrir
encubrir
esconder
disimular (V.)
celar
entapujar

s. **moderarse** (V.)
refrenarse
comedirse (V.)
controlarse
dominarse (V.)
(V. **recato**)

a. *descubrir*
desenmascarar
lanzarse
arriscarse
descontrolarse
descomedirse

recato
s. cautela
reserva (V.)
discreción
comedimiento
prudencia (V.)
circunspección
ocultación
disimulo

s. **honestidad** (V.)
vergüenza
pudor (V.)
decoro (V.)
modestia (V.)
pudibundez
castidad
pudicicia
recatamiento
decencia (V.)
modosidad
composición
recogimiento (V.)

a. *indiscreción*
imprudencia
descaro
deshonestidad
impudor

recauchutar
(V. **regenerar**)
(V. **renovar**)

recaudación
s. recaudo
recaudamiento
cuestación
cobro
cobranza (V.)
colecta (V.)
percepción (V.)
recibo
colectación
reembolso
retención
exacción
ingreso
entrada (V.)
tributo
postulación
recabdación

a. *pago*
entrega
abono
salida

recaudador
s. **cobrador** (V.)
colector
receptor
habilitado
aduanero
almojarife
alcabalero
derechero
portazguero
exactor
recolector
agente
inspector
requisador
peajero
factor
consumero
pontazguero
publicano
rodero
fiel
forero
mampostero
serviciador
sacamantas
tablajero
lechuzo
lezdero
mayoral (V.)
(V. **recaudación**)

a. *pagador*

recaudar
s. **cobrar** (V.)
percibir
recibir
colectar (V.)
cuestar
recoger (V.)
embolsar
recolectar
imponer
postular (V.)
tributar
ingresar
reembolsarse
recabdar
reintegrarse

a. asegurar
custodiar (V.)
guardar (V.)
vigilar
(V. **recaudación**)
(V. **recaudo**)

a. *pagar*
entregar
abonar
abandonar
descuidar

recaudo
s. **recaudación** (V.)

s. cuidado
precaución (V.)
custodia
seguridad
garantía (V.)

s. **fianza** (V.)
caución

s. **recado** (V.)
documento

s. poner a buen recaudo

a. *pago*
descuido
inseguridad

recebo
s. **grava** (V.)
arenilla
guijo
balasto
cascajo
rocalla
casquijo
arena

recechar
(V. **acechar**) (caza)

recejar
(V. **recular**)

recelamiento
(V. **recelo**)

recelar-se
s. preocuparse
temer (V.)
sospechar (V.)
desconfiar (V.)
maliciar (V.)
dudar
barruntar
remusgar
celar
pensar
mosquearse
reconcomerse (V.)
escamarse
olerse
guardarse
reservarse (V.)
escamondarse
cabrearse
sollisparse
reservarse
no tenerlas todas consigo
estar sobre aviso
oler a quemado
oler a chamusquina
tener entre ceja y ceja
ser mal pensado
tener indicios de
darle a uno en la nariz
tener entre ojos
dar en qué pensar
hacérsele a uno los dedos huéspedes
inspirar desconfianza

r. Quien buen caballo y bella mujer tiene, justo es que recele

s. **excitar** (V.) (caballos)
incitar
calentar

a. *confiar*
fiarse
despreocuparse
afirmar
tranquilizarse
calmarse
enfriar

recelo
s. barrunto
sospecha (V.)
malicia (V.)
indicios
olor
aprensión
suspicacia
susceptibilidad (V.)
desconfianza (V.)
mosqueo (V.)
temor (V.)
resquemor
cuidado
conjetura
asomo
presunción
suposición
miedo
duda
reconcomio (V.)
cabreo
rescoldo (V.)
escama (V.)
desasosiego
prejuicio
prevención (V.)
incredulidad
espina (V.)
celos
recelamiento
escrúpulo
manía (V.)
asomo
difidencia
animosidad
dubitación
cavilosidad (V.)

a. *confianza*
seguridad
tranquilidad
despreocupación
calma
sosiego

receloso
s. **desconfiado** (V.)
celoso (V.)
suspicaz
malicioso (V.)
escaldado (V.)
mosqueado
amoscado
escamado (V.)
temeroso
avispado
astuto
escamón (V.)
matrero
difidente
sospechoso
reservado (V.)
escarmentado
inconfidente
cazurro
desengañado
preocupado (V.)
caviloso
avisado
abanto
escrupuloso (V.)
susceptible
(V. **recelo**)

a. *confiado*
tranquilo
seguro
despreocupado
torpe

recensión
s. **cotejo** (V.)
comparación
compulsación

s. **reseña** (V.)
noticia
nota
crítica (V.)
información
juicio
descripción

recentadura
(V. **levadura**)

recental
s. recentín
lechal (V.)
cría
cordero (V.)
ternera (V.)

a. *pascual*

recentarse
(V. **renovarse**)

recepción
s. **admisión** (V.)
ingreso (V.)
participación
recibo
entrada
aceptación
permiso

s. **recibimiento** (V.)
acogida
acogimiento
bienvenida
saludo
visita (V.)
admisibilidad
recibo
suscepción
llegada (V.)

s. **ceremonia** (V.)
fiesta (V.)
reunión
besamanos
conmemoración
gala
festejo
homenaje
baile
banquete
velada
convite
sarao
solemnidad
función
agasajo

(cont.)

s. finiquito
sintonización
apropiación
conocimiento
cargareme
carta de pago
ápoca
factura (V.)
resguardo (V.)
vale
tornaguía
quitanza
lasto
liberación
contento

a. *marcha*
despedida
salida
cese
expulsión
rechazo
luto
recato
retiro
alejamiento
insociabilidad
abonaré

receptáculo

s. **recipiente** (V.)
vasija (V.)
saco
funda
caja (V.)
estuche
bolsa
bolsillo
bolso (V.)
cápsula
cazoleta
vaso (V.)
cavidad
tálamo
cuenco
cacharro
bote
pote
envase
urna

s. **acogida** (V.)
refugio (V.)
asilo
amparo

a. *abandono*
desamparo

receptador

s. **encubridor** (V.)
ocultador
cómplice
tapadera

a. *delator*
soplón
denunciante

receptar

s. ocultar
encubrir (V.)
acoger
esconder
tapar

s. **acoger** (V.)
recibir

a. *denunciar*
descubrir
despedir
expulsar

receptivo

s. recibidor
recibidero
admisible
aceptable
afín
propenso (V.)
proclive

(V. **recepción**)

a. *inadmisible*
contrario
opuesto

recepto

s. **refugio** (V.)
retiro
asilo (V.)
seguro
hospicio

a. *desamparo*
inseguridad

receptor

s. **radiorreceptor** (V.)
radio (V.)
recibidor
recibiente
cesionario
destinatario (V.)
beneficiado
donatario (V.)
aceptante (V.)
aceptador

s. **recipiente** (V.)
receptáculo
receptador
bomba aspirante
recogedero
recogedor
cosechero

(V. **recepción**)

a. *consignatario*

recésit

s. descanso
recreo (V.)
recle
recreación
solaz
paz
sosiego
esparcimiento
permiso (V.)
recre

a. *trabajo*

receso

s. **separación** (V.)
desvío
apartamiento
alejamiento
desviación (V.)
descamino
descarrío

s. intervalo
suspensión (V.)
vacación (V.)
cesación
pausa

s. receso del Sol

a. *acercamiento*
unión
aproximación
continuación

receta

s. composición
mezcla
confección
fórmula (V.)
prescripción (facultativa)
orden
récipe
nota escrita

s. relación
nota
memoria
lista (V.)
catálogo
cuenta (V.)

s. **norma** (V.)
sistema
procedimiento (V.)
secreto
tratamiento

recetar

s. prescribir
ordenar
escribir (una receta)
formular (V.)
dictar
disponer
fijar
enunciar
aconsejar

s. **pedir** (V.)
solicitar

(V. **receta**)

a. *desaconsejar*
dar
conceder

recetario

s. **formulario** (V.)
vademécum
prontuario

s. **farmacopea** (V.)

(V. **receta**)

recibí

(V. **recibo**)

(V. **fórmula**)

recibidor

s. **gabinete** (V.)
antesala
recibimiento (V.)
vestíbulo (V.)
hall
antecámara
entrada

s. **receptor** (V.)

recibimiento

s. **recepción** (V.)
acogida (V.)
bienvenida
recibo
admisibilidad
admisión
ingreso
visita
aceptación

s. sala
recibidor (V.)

a. *expulsión*
evacuación
deportación

recibir

s. **aceptar** (V.)
receptar
percibir (V.)
tomar
coger (V.)
admitir (V.)
prohijar
aparar
llegar
incluir
adoptar
abrazar
acoger (V.)
visitarse
recoger
absorber
tolerar
cosechar
apropiar (V.)
hacerse cargo
cargar con
abrir la mano
recibir con los brazos abiertos
hacer el rendibú

s. sustentar
sostener (V.)
apoyar
soportar
aguantar

s. **obtener** (V.)
percibir
cobrar (V.)
heredar (V.)
dar audiencia
dar acogida
dar la bienvenida

s. recibir bajo palio
recibir con todos los honores

(V. **recepción**)

a. *rechazar*
negar
despedir
entregar
dar
pagar
adjudicar
ceder
donar
regalar
conceder
endosar
endilgar
ofrecer
traspasar
transferir
remitir
enviar
remesar
cursar
mandar
expedir
girar
librar
despachar
exportar

recibo

s. **recibimiento** (V.)
visita (V.)

s. **resguardo** (V.)
descargo
talón
bono
vale
cupón
recibí
descargo
conocimiento
cargaréme (V.)
finiquito
liberación
carta de pago
acuse (de recibo)
justificante (V.)
documento (acreditativo)
comprobante (V.)
garantía (V.)
albarán
documento
escrito formado

s. estar de recibo
ser de recibo

(V. **recepción**)

a. *entrega*
devolución
despido
negativa

recidiva

(V. **recaida**)

(V. **repetición**)

reciedumbre

s. **vigor** (V.)
poder
fortaleza (V.)
fuerza
firmeza
energía (V.)
potencia
empuje
impulso
moral
ánimo
espíritu
alma
vitalidad (V.)
robustez (V.)
corpulencia
nervio (V.)
fibra
tenacidad
dureza
resistencia
musculatura
reciura
rigor

a. *debilidad*
languidez
desánimo
flojedad

reciente

s. lozano
nuevo (V.)
fresco (V.)
fragante
flamante (V.)
actual (V.)
moderno (V.)
contemporáneo
tierno (V.)
calentito
recentísimo
recién salido del cascarón
recién hecho
recién salido del horno
acabado de hacer
de última hornada
la última moda
la última palabra

s. cercano
inminente
contiguo
inmediato (V.)
vecino
próximo
recién
modernamente
ahora
ayer
antes de ahora
hace poco
ya
en puertas
poco ha
no ha mucho
de ayer acá
de ayer a hoy
de poco tiempo a

a. *viejo*
pasado
estropeado
antiguo

recinto

s. **lugar** (V.)
estancia
espacio (V.)
perímetro
circuito
contorno
circunscripción
cercado
vallado
coto
patio
heredad
ámbito
paraje
cámara
celda
aprisco
cercado
corral (V.)
solar
parque
encierro
estadio
cubículo
local
habitación (V.)
palenque

recio

s. **fuerte** (V.)
vigoroso
membrudo
potente
musculoso
fortacho
mocetón (V.)
fornido
forzudo
rollizo
hercúleo
nervudo
pujante
brioso
valiente
robusto (V.)
grande
gordo
grueso
corpulento
corpudo
abultado
orondo
redondo
nalgudo
espeso

s. áspero
duro (V.)
grave
desagradable
insoportable (V.)
desabrido
penoso
intenso
violento (V.)
agrio
seco
acre
quisquilloso

s. **riguroso** (V.)
extremado
desapacible
rígido

s. **veloz** (V.)
célere
impetuoso (V.)
acelerado
raudo
rápido

(V. **reciedumbre**)

a. *endeble*
débil
flaco
agradable
cordial
templado
suave
lento

récipe

s. **receta** (V.)

s. **desazón** (V.)
disgusto
inquietud

a. *contento*

cestillo
cesto
chocolatera
colodro
convoy
copa
copón
crátera
cuba
cubeta
cubo
cubilete
cuchara
cucurucho
cuenca
cuenco (V.)
cuerna
cuero
damajuana
dornajo
dulcera
embalaje (V.)
escriño
espuerta (V.)
esportón
escudilla
esenciero
estuche
fiambrera
florero
frasco
frasca
frutero
fuente
funda (V.)
galletero
gamella
garrafa
garrafón
gachumbo
hidria
hucha
jarra
jabonera (V.)
jarro
jarrón
jícara
jofaina
lata
lavafrutas
lavaojos
lebrillo
lechera
licorera
maceta
majador
mantequera
matraz
mortero
mostacera
odre (V.)
olla
ordeñadero
orinal (V.)
orza
palangana
pebetero
pecera
pellejo
perfumador
perol
pipa
pipeta
pistero
plato
pocilla
portadera
polvera
pomo
ponchera
porrón
pote
pozal
probeta
puchero (V.)
redoma (V.)
regadera
relicario
retorta
saco
salero (V.)
salsera
salvadera
sarria
sartén (V.)
sera
serón
sifón
sopera
talega
talego
tanque
tarro
tartera
taza
tazón
termo
terriza
terrizo
tetera
tibor
tiesto
tina
tinaja
tinajón
tetera
tolva
tonel (V.)
tortera
urna
vaina (V.)
venencia
vinagrera
zafra

s. lagar
depósito (V.)
cauce
estanque
canal
embalse
presa
rezumadero
pila
trujal
pilón
artesa
arcaduz
caldera
cisterna
acuario
balsa
pozo
jagüey

s. cuello
asa
gollete
barriga
panza
culo
fondo
pico
pitón
pitorro
tapa
suelo
asiento
cobertera
borde
corcho

recipiendario
s. **admitido** (V.)
aceptado
nuevo
novicio
miembro (V.)
integrante
componente

recipiente
s. **envase** (V.)
continente (V.)
vasija (V.)
vaso
receptáculo (V.)
receptor (V.)
cacharro
pote
vejiga
cápsula
cerámica (V.)
porcelana (V.)
vajilla (V.)

s. aceitera
aguamanil
alcancía
alcarraza
alcuza
ánfora
artesa
bacía
bacín
balde
balón
bandeja
barreño
barrica
barril
besuguera
bidé
bidón
bocoy
bol
bolsa (V.)
bombona
bota
bote
botella
botija
botijo
boto
búcaro
cacerola
cacillo
cafetera
caja (V.)
cajón
calabaza
caldera
caldero
cáliz
cangilón
cántara
cantarilla
cántaro (V.)
cantimplora
caña
capazo
cápsula
cartucho
casco
catavino
cazo
cazuela
cenicero
cepillo
cesta

reciprocación
(V. **reciprocidad**)

reciprocar
s. **corresponder** (V.)
responder
intercambiar
permutar
alternar (V.)
cambiar
canjear
cambalachear
contratar
traficar
dar y tomar
darse la mano
turnar (V.)
sucederse
comerciar
trocar
compensar

(V. **reciprocidad**)

a. *permanecer*
discordar
disentir
rechazar
diferenciar

reciprocidad
s. asociación
correspondencia
correlatividad
reciprocación
relatividad (V.)
mutualidad
relación (V.)
ayuda (V.)
correlación
interdependencia
intercambio (V.)
permuta
compensación (V.)
alternación (V.)
amistad
permutación
canje
alternancia
respuesta
concordancia
negociación
cambio
comercio

r. Hasta el aire, quiere correspondencia ■ Como midieres, serás medido ■ A quien te alabare tu villa, alábale su ciudad ■ Sembrar para coger y coger para sembrar ■ Ayuda y te ayudarán, honra y te honrarán ■ A una buena obra, corresponde con otra ■ Favorece a quien te favoreció y olvida a quien te olvidó ■ Donde las dan, las toman

a. *abandono*
desinterés
discrepancia
diferencia
discordancia
rechazo

recíproco
s. **relacionado** (V.)
relativo (V.)
mutuo (V.)
respectivo (V.)
correspondiente (V.)
bilateral
entre (V.)
correlativo
viceversa
mutual
intercambiable
sinalagmático
alternativo
alternado
permutable
trocable
canjeable
internacional
alterno
compensado

s. **inverso** (V.)
contrario

s. a la recíproca

(V. **reciprocidad**)

a. *unilateral*
diferente
discrepante
desvinculado
ajeno

recitación
s. **declamación** (V.)
recitado
lectura
conjugación
conferencia
dicho (V.)
teatro
entonación
oratoria
parlamento
cantinela
canturria
melopea
melopeya
catilinaria
romance
juglería (V.)
salmodia
monserga
dicción
letanía
monotonía
elegía
glosa
oración (de ciego)
monólogo (V.)
conjuro
cuento
discurso (V.)
relación
referencia
comentario
narración (V.)
enumeración
relato (V.)
parlamento (V.)

a. *silencio*
callada

recitado
(V. **recitación**)

(V. **composición**) (musical)

recitador
s. **declamador** (V.)
narrador
poeta
vate
actor (V.)
juglar
lector
cantor
orador
recitante
romancero

(V. **recitación**)

recital
(V. **lectura**)

(V. **concierto**)

recitante
(V. **recitador**)

recitar
s. **hablar** (V.)
declamar (V.)
decir (V.)
rezar
enunciar
conjugar
cantar (V.)
dictar
monologar
decorar
discantar
salmodiar
pronunciar
entonar
repetir
representar
leer
escucharse
ensayar
s. **relatar** (V.)
contar
referir
explicar
narrar (V.)

(V. **recitación**)

a. *callar*
omitir
silenciar

reciura
(V. **reciedumbre**)

(V. **rigor**)

reclamación
s. petición
ruego (V.)
exigencia (V.)
solicitud
reivindicación (V.)
demanda (V.)
derecho
protesta (V.)
oposición
interpelación (V.)
queja
reproche
desaprobación
contradicción
reprobación
lamentación
pretensión
súplica (V.)
reparo
reclamo
condena
crítica
censura
cargo
acusación (V.)

a. *concesión*
aprobación
asentimiento
elogio

reclamante
s. exigente
demandante (V.)
protestante
demandador
protestatario
pedigüeño
solicitante (V.)
querellante
querellador
requeriente
solicitante
postulante
pretendiente (V.)

(V. **reclamación**)

a. *condescendiente*
aceptante

reclamar
s. pedir
exigir (V.)
solicitar
intimar (V.)
demandar (V.)
apelar (V.)
pretender (V.)
reivindicar (V.)
requerir
recabar (V.)
conminar
emplazar
interpelar
clamar
compeler
obligar
invitar
protestar (V.)
reprochar (V.)
reprender
criticar

(cont.)

censurar
quejarse (V.)
querellarse (V.)
lamentarse
insistir
oponerse
buscar
llamar

r. quien lo suyo reclama a nadie agravia

(V. **reclamación)**

a. *conceder*
dar
permitir
elogiar
aprobar
asentir
perdonar
desistir

reclame

(V. **anuncio)**

(V. **aviso)**

reclamo

s. voz
canto
señuelo
espejismo
atracción (V.)
cancamusa
llamada (V.)
atractivo
sugestión
incentivo (V.)
aliciente
aguijón
estímulo

s. **publicidad** (V.)
propaganda
pregón
campana

s. **chilla** (V.)
ave amaestrada
voz de ave

s. **reclamación** (V.)

s. acudir uno al reclamo

r. Quien no anuncia cada día, no vende la mercancía

a. *silencio*
desánimo
secreto
desconocimiento
rechazo

recle

(V. **vacación)**

(V. **recésit)**

reclinar-se

s. **apoyar** (V.)
inclinar (V.)
recostar-se (V.)
retreparse (V.)
descansar
sostener
apuntalar
echarse
torcerse
ladearse
cargarse
adosar

a. *enderezar*
alzar
despegarse
separarse
erguirse

reclinatorio

s. propiciatorio
silla (V.)
banco

s. **apoyo** (V.)
respaldo
sostén
balaustrada
baranda

recluir-se

s. confinar
enceldar
enrejar
enclaustrar
encerrar
encarcelar (V.)
asilar (V.)
internar
secuestrar
aprisionar (V.)
aislar (V.)
abandonar
hospitalizar (V.)
emparedar
arrestar (V.)
retener (V.)
prender
enchiquerar
emparedar
enchironar
enjaular
boicotear
alejarse
separarse

(V. **reclusión)**

a. *libertar*
soltar
rescatar

reclusión

s. **arresto** (V.)
encerramiento
encerradura
internamiento (V.)
encierro
retiro
abandono
aislamiento (V.)
secuestro
retención
presidio (V.)
prisión (V.)
alejamiento
encarcelamiento

a. *liberación*
libertad
rescate
trato
sociabilidad

recluso

s. **preso** (V.)
presidiario (V.)
condenado
convicto
prisionero
cautivo
confinado
penado
encerrado
incomunicado
aislado (V.)
forzado
reo
galeote
enrejado (V.)
internado
celular
recogido
acogido
asilado
enclaustrado
secuestrado

(V. **reclusión)**

a. *libre*
suelto
liberado
libertado

recluta

s. conscripto
mílite
mozo (V.)
soldado (V.)
caloyo
militar (V.)
bisoño
sorche
quinto (V.)
enganchado
incorporado
enrolado
alistado
leva
miliciano
conscripto
miliciano
sorchi

s. bandera de recluta
recluta disponible
caja de recluta

(V. **reclutamiento)**

a. *licenciado*

reclutamiento

s. reemplazo
conscripción
alistamiento
leva (V.)
incorporación (militar)
arreada
lista
movilización (V.)
enganche (V.)
bandera
quinta
banderín de enganche
enganche

a. *licenciamiento*

reclutar

s. inscribir
incorporar
enhestar
alistar (V.)
enganchar (V.)
levar
enrolar
movilizar (V.)
levantar (V.)

s. buscar (adeptos)
apandillar (V.)
reunir

a. *licenciar*
despedir

recobrar-se

s. redimir
rescatar
recuperar (V.)
reembolsar
restaurar
resarcir
tornar
reconquistar (V.)
reintegrar (V.)
devolver (V.)
rehabilitar
restituir
sacar
readquirir
desquitar
reintegrar
amortizar
represar
cobrar
desempeñar

s. **restablecerse** (V.)
mejorarse
reponerse (V.)
convalecer (V.)
tranquilizarse
reponerse
fortalecerse
rehacerse (V.)
volver en sí
aliviarse
recuperarse (V.)
sobreponerse

(V. **recuperación)**

a. *perder*
abandonar
empeorarse
agravarse
acentuarse

recocer-se

s. requemar
chamuscar
pegarse

s. caldear
templar (los metales)

s. atormentarse
consumirse (V.)
angustiarse
recomerse
agostarse
concomerse (V.)

a. *apaciguarse*
contentarse

recocido

s. requemado
chamuscado
recocho

s. **experimentado** (V.)
ducho
diestro
versado
perito

a. *crudo*
inexperto
ignorante

recochinearse

(V. **burlarse)**

(V. **ensañarse)**

recochineo

s. **burla** (V.)
chacota
ludibrio
ensañamiento (V.)
refinamiento

a. *seriedad*
moderación
discreción
generosidad

recocho

(V. **recocido)**

recodarse

(V. **acodarse)**

recodo

s. revuelta
ángulo
cantonada
esquina (V.)
rincón
rinconera
vuelta
torcedura
rodeo
recoveco (V.)
meandro
curva
sinuosidad (V.)
torno
caney
codo (V.)

a. *rectitud*
derechura

recogeabuelos

(V. **pasador)**

(V. **peineta)**

recogedor

s. pala
rastra (V.)
cogedor (V.)
colector (V.)
acumulador
acaparador
arrebañador
recogedera
acopiador
aspirador
aspiradora
rastrillo (V.)

recoger-se

s. **acopiar** (V.)
conectar
sintonizar (V.)
acumular
reunir (V.)
juntar (V.)
tomar
ahorrar (V.)
amontonar
recolegir
almacenar
congregar
aunar
apañar
acoger
acoplar
embalsar (V.)
coger (V.)
cosechar (V.)
añascar
recolectar (V.)
vendimiar
varear
batojar
ordeñar
apalear
espigar
racimar
rebuscar (V.)
acubilar

s. **encoger** (V.)
estrechar
arremangar (V.)
enrollar
fruncir (V.)
ceñir

s. **guardar** (V.)
allegar (V.)
encerrar
alzar
recaudar (V.)
poner (al cobro)
recibir

s. **albergar** (V.)
asilar (V.)
acoger
encerrar
enclaustrar
internar

s. **suspender** (V.)
retirar

s. aislarse
incomunicarse (V.)
retirarse (V.)
enclaustrarse
acostarse (V.)

s. **abstraerse** (V.)
ensimismarse
meditar
reconcentrarse
evitar

a. *tirar*
dispersar-se
desparramar-se
abandonar-se
ensanchar-se
derrochar-se
libertar
vender
salir-se
distraerse
solazarse

recogida

(V. **recolección)**

recogido

s. **retirado** (V.)
aislado
apartado
recluido
alejado
solitario (V.)
retraído
encerrado
ensimismado (V.)
reconcentrado
arremangado

s. **reducido** (V.)
pequeño (V.)
replegado
escaso

(V. **recogimiento)**

a. *acompañado*
sociable
libre
grande
extendido

recogimiento

s. allegamiento
recogida
recolección (V.)
cosecha (V.)
acumulación
provisión
monopolio
depósito

s. **aislamiento** (V.)
apartamiento
abstracción (V.)
clausura
retiro (V.)
retraimiento

s. reflexión
meditación (V.)
unción
devoción
reconcentración
oración

s. **honestidad** (V.)
recato (V.)
vergüenza

a. *dispersión*
abandono
libertad
entretenimiento
distracción
deshonestidad
desvergüenza

recolección

s. **cosecha** (V.)
siega (V.)
vendimia (V.)
trilla (V.)
agosto
verano
cogida
recogida
cogecha
cogienda
coniecha
chapisca
rosa
guilla
pimienta

s. recolector
segador (V.)
agricultor (V.)
vendimiador
agostero

s. guadaña
hoz
manganilla
allegader
zanga
gorguz
aportadera
cuévano
portadera
talega
sacadera

s. espiga
racimo
espigajo
redrojo
redruejo
cencerrón
brusco

s. **recopilación** (V.)
resumen (V.)
compilación
compendio
acopio (V.)
acumulación
reunión
congregación
aglomeración
almacenamiento
amontonamiento
atesoramiento

s. **devoción** (V.)
unción
recogimiento (V.)
veneración
piedad (V.)
convento (V.)
monasterio
claustro
casa de ejercicios

s. **cobranza** (V.)
cobro
recaudación
exacción
recaudo

a. *siembra*
barbecho
ampliación
impiedad
pago
abono

recolectar

s. **cosechar** (V.)
segar (V.)
vendimiar (V.)
espigar
abalear
alzar
coger (V.)
recoger (V.)
abatojar
antecoger
varear
agarrotear
batojar
balear
arrancar
aventar
cribar
dimir
esmuir
esmuñir
trillar
despinochar
despancar
destusar

s. **recopilar** (V.)
compendiar
resumir

s. **acopiar** (V.)
reunir
almacenar
acumular
aglomerar
atesorar
amontonar
congregar
amasar
aglutinar

s. **cobrar** (V.)
recaudar

(V. **recolección**)

a. *sembrar*
arar
barbechar
dispersar
ampliar
extender
derrochar
pagar
abonar

recolector

(V. **recaudador**)

(V. **cosechero**)

(V. **agricultor**)

recolegir

(V. **recoger**)

recoleto

s. **monje** (V.)

s. **austero** (V.)
sobrio
retirado (V.)
alejado
modesto
recatado (V.)
humilde
apacible
tranquilo
moderado
decoroso
digno
honesto
solitario (V.)
solo (V.)
ensimismado
introvertido

(V. **recolección**)

a. *mundano*
sociable
acompañado
extrovertido

recomendable

s. estimable
apreciable
elogiable (V.)
plausible (V.)
merecedor
aconsejable (V.)
encomiable
meritorio
conveniente (V.)
prudente (V.)
propicio
digno
acreedor
íntegro
capacitado
probo
honrado
leal
fiel

(V. **recomendación**)

a. *indigno*
despreciable
imprudente
desleal
censurable
desaconsejable

recomendación

s. **alabanza** (V.)
elogio
ensalzamiento

s. petición
influencia (V.)
intercesión
apoyo
protección (V.)
padrinazgo
súplica
instancia
valimiento
presión
cuña
sinecura
momio
ventaja (V.)
canonjía
enchufe
acomodo
favoritismo (V.)
breva

s. **advertencia** (V.)
aviso
exhortación (V.)
sugerencia
invitación (V.)
consejo
ruego
admonición
insinuación
indirecta
observación
empeño (V.)
encargo (V.)
comisión
encomienda
observancia

a. *crítica*
censura
desamparo
ineficacia
desventaja
inconveniente
perjuicio
objetividad
desinterés

recomendado

s. beneficiado
favorecido (V.)
privilegiado
protegido (V.)
parásito (V.)
enchufista (V.)
enchufado
convidado
vago
holgazán

(V. **recomendación**)

a. *desamparado*
trabajador
activo

recomendar

s. elogiar
alabar
ensalzar (V.)
enaltecer
poner en los cuernos de la luna a alguien

s. **influir** (V.)
interceder
proteger (V.)
amparar
presionar
acomodar
enchufar
apoyar
apadrinar
favorecer (V.)
suplicar
mediar (V.)
hablar por
presentar
interponer
ayudar (V.)

s. **aconsejar** (V.)
indicar
advertir
avisar
exhortar
sugerir
invitar (V.)
rogar
insinuar
observar
encargar (V.)
confiar
encomendar (V.)
comisionar
cuidar

(V. **recomendación**)

a. *criticar*
censurar
desamparar
perjudicar
abstenerse
desconfiar
desconsiderar

recomenzar

(V. **reanudar**)

recomerse

(V. **concomerse**)

recompensa

s. **premio** (V.)
lauro
propina (V.)
retribución
palma
galardón
pago (V.)
remuneración (V.)
atijara (V.)
distinción
mención
devolución (V.)
indemnización
merced (V.)
beneficio
adehala
prima
compensación (V.)
vuelta (V.)
retorno (V.)
accésit (V.)
torna
laurel
flor natural
mención honorífica
corona
palio
condecoración (V.)
encomienda
collar
medalla
satisfacción (V.)
ovación
triunfo
gloria
justicia (V.)

r. A cada cual según sus obras ■ Acá o allá, cada uno su merecido tendrá ■ Cual el mérito, tal la recompensa ■ El premio estimula el ingenio ■ Premio tardío, no merece ser agradecido ■ Servir sin galardón no es honra sino baldón

a. *castigo*
correctivo
sanción
escarmiento
expiación
penitencia
pena
postergación

recompensar

s. remunerar
satisfacer (V.)
retribuir
premiar (V.)
galardonar
gratificar
compensar (V.)
coronar
estimular
indemnizar
satisfacer
devolver (V.)
condecorar (V.)
satisfacer
honrar (V.)
laurear
enaltecer
resarcir
favorecer

(V. **recompensa**)

r. No hagas merced por afición, ni castigues por pasión ■ Quien premia al malo adula al diablo

a. *castigar*
deshonrar
desacreditar
sancionar
escarmentar
expiar
postergar
denigrar

recomponer-se

s. **rehacer** (V.)
remendar
pegar
componer
arreglar (V.)
apañar
reparar (V.)
reformar
remediar
restaurar
renovar

s. **acicalarse** (V.)

a. *desarreglar*
descomponer
estropear
abandonarse

reconcentración

s. **abstracción** (V.)
recogimiento (V.)
ensimismamiento (V.)
aislamiento
desconfianza
reserva (V.)
éxtasis
embeleso
inmersión
enfrascamiento

a. *dispersión*
expansión
distracción

reconcentrado

s. **abstraído** (V.)
ensimismado (V.)
abismado
inmerso
introvertido
pensativo
reflexivo
reservado (V.)
tímido

(V. **reconcentración**)

a. *expansivo*
distraído
comunicativo
extrovertido

reconcentrar-se

s. **concentrar** (V.)
agrupar
reunir (V.)
juntar

s. adensar
espesar
condensar (V.)
reducir

s. excluir
limitar (V.)
apurar

s. callar
disimular (V.)
ocultar
disfrazar
encubrir
fingir

s. **introducir** (V.)
internar
encerrar

s. aislarse
abstraerse (V.)
ensimismarse (V.)
extasiarse
embebecerse
embelesarse
sumergirse
abismarse
enfrascarse
engolfarse
pensar (V.)
meditar
reflexionar
absorberse

(V. **reconcentración**)

a. *desconcentrar*
separar
desunir
aclarar
clarificar
liquidar
licuefacer
incluir
ampliar
revelar
sincerarse
sacar
soltar
dispersarse
distraer-se
despertar

reconciliación
s. **acuerdo** (V.)
arreglo (V.)
trato
componenda
entendimiento (V.)
comprensión
pacificación (V.)
avenencia
perdón
aproximación
restablecimiento
olvido
apaciguamiento (V.)
intercesión
mediación
componenda
remisión
contentamiento
reunión
reanudación
prosecución
continuación
borrón y cuenta nueva
pelillos a la mar

a. *separación*
alejamiento
hostilidad
enemistad
incomprensión
enemiga
rencor
desacuerdo
desavenencia
beligerancia

reconciliador
s. **pacificador** (V.)
apaciguador (V.)
tercero
intercesor (V.)
mediador
aproximador
componedor

(V. **reconciliación**)

a. *rencoroso*
beligerante
hostilizador

reconciliar-se
s. acordar
arreglar (V.)
avenirse
perdonar (V.)
condonar
olvidar
comprender
amigarse
despartir (V.)
aproximarse
unirse
hablarse
mediar
interceder (V.)
pacificar (V.)
apaciguar (V.)
componer (V.)
renovar
restablecer
reanudar
continuar
proseguir
reunir
contentar
terciar
aliarse
desenfadar (V.)
desatufarse
desamorrarse
tender un puente
echar pelillos a la mar
volver al seno de la Iglesia

s. sacralizar
santificar (V.)
confesarse (V.)

(V. **reconciliación**)

a. *alejar-se*
separar-se
extrañar-se
enemistar-se
hostilizar
reñir
enzarzar-se
abstenerse

reconcomerse
s. concomerse
encolerizarse (V.)
maldecirse
atormentarse (V.)
angustiarse
agitarse
impacientarse
acorarse
preocuparse (V.)
rabiar (V.)
acongojarse
recomerse
resentirse
disgustarse
desazonarse
inquietarse
sospechar
recelar (V.)
desconfiar

(V. **reconcomio**)

a. *sosegarse*
calmarse
aquietarse
tranquilizarse
despreocuparse
consolarse
alegrarse
confiar

reconcomio
s. angustia
rabia (V.)
irritación
tormento
resquemor (V.)
agitación
impaciencia (V.)
preocupación
congoja
acongojamiento (V.)
resentimiento
disgusto
desazón (V.)
regomello
nerviosismo
recelo (V.)
sospecha
desconfianza
nerviosidad
descontento (V.)

s. **prurito** (V.)
afán
deseo (V.)
ansia
anhelo
apremio

a. *tranquilidad*
sosiego
calma
quietud
despreocupación
consolación
confianza
desinterés
indiferencia

recondenarse
(V. **maldecirse**)

(V. **exasperarse**)

reconditez
s. extrañamiento
apartamiento
alejamiento (V.)
ocultación (V.)
reserva
profundidad
secreto
entresijo (V.)
intimidad (V.)
encubrimiento
disimulación

a. *descubrimiento*
publicidad
aproximación
conocimiento

recóndito
s. **apartado** (V.)
oculto
reservado
interno (V.)
profundo
escondido (V.)
hondo
íntimo (V.)
arcano (V.)
secreto
impenetrable
inabordable
incognoscible
ininteligible
incomprensible
latente
abstruso (V.)
furtivo

(V. **reconditez**)

a. *fácil*
presente
público
conocido
comprensible
superficial

reconfortación
(V. **confortación**)

reconfortante
s. restaurante
vigorizante
reparador
cordial
vivificante
fortalecedor
calmante
confortante
confortador
tranquilizante
refrescante
refrigerante
roborante
vigorizador (V.)

(V. **reconfortación**)

a. *debilitante*
extenuante
agotador
enervante

reconfortar
s. **reanimar** (V.)
vivificar (V.)
alegrar
animar
alentar
consolar (V.)
roborar (V.)
confortar
aliviar
calmar
tranquilizar
sosegar
fortalecer (V.)

a. *desalentar*
entristecer
contristar
desanimar
debilitar

reconocer
s. **examinar** (V.)
escrutar
conocer (V.)
comprobar
investigar
inspeccionar (V.)
observar (V.)
verificar
chequear
revistar
revisar
registrar
rastrear (V.)
sondear
tantear
cachear
fiscalizar
adentrar
mirar (V.)
visar (V.)
ver
vigilar (V.)
atalayar
explorar
medir
estudiar
ensayar
atender
identificar (V.)
averiguar
inquirir
repasar
buscar
visitar

s. acatar
aceptar
admitir (V.)
jurar (V.)
asentir
sincerar
confesar (V.)
conceder (V.)
convenir (V.)

s. **recordar** (V.)
acordarse
distinguir
evocar
rememorar

s. **considerar** (V.)
advertir (V.)
contemplar
reputar (V.)
juzgar
pesar
aquilatar
medir
enfocar
alambicar
experimentar

s. **agradecer** (V.)
corresponder
retribuir

(V. **reconocimiento**)

a. *obviar*
omitir
olvidar
desconocer
negar
rechazar
disentir
desagradecer

reconocido
s. **agradecido** (V.)
grato
obligado
deudor
adepto
leal
fiel

s. acatado
admitido

s. **identificado** (V.)
registrado
examinado
contrastado
comprobado

s. pan agradecido
estómago agradecido

r. No es bien nacido quien no es agradecido ■ Como San Bruno, que da el ciento por uno

(V. **reconocimiento**)

a. *desmemoriado*
ingrato
desagradecido
rechazado
omitido
olvidadizo

reconocimiento
s. **agradecimiento** (V.)
gratitud
satisfacción
complacencia
lealtad
fidelidad
obligación

s. **observación** (V.)
estudio
examen (V.)
investigación (V.)
escudriñamiento
agnición
conocimiento
exploración (V.)
descubierta (V.)
revista
ensayo (V.)
vigilancia
inspección (V.)
registro (V.)
cacheo
tanteo
palpación
requisa
búsqueda
mirada
visita
contemplación
análisis (V.)

s. **contraseña** (V.)
identificación (V.)
verificación
comprobación
confesión (V.)
admisión
asentimiento
concesión
aceptación (V.)
acatamiento

s. **recuerdo** (V.)
evocación
memoria
reminiscencia
remembranza

a. *ingratitud*
desagradecimiento
descuido
omisión
abandono
desinterés
apatía
inhibición
negación
rechazo
repulsión
rebeldía
olvido

reconquista
s. **recuperación** (V.)
conquista
reocupación
recobro
redención (V.)
rescate
cruzada
reivindicación
irredentismo (V.)
reclamación
devolución
restauración
reparación
liberación
desquite
restablecimiento

a. *pérdida*
abandono
sojuzgamiento
expulsión

reconquistar
s. **recobrar** (V.)
recuperar (V.)
devolver
redimir (V.)
reocupar
reivindicar
reclamar
rescatar
reintegrar
libertar
liberar
restaurar
desquitarse
restablecer
reparar
invadir

(V. **reconquista**)

a. *perder*
abandonar
expulsar
desocupar

reconstitución
(V. **reconstrucción**)

reconstituir
s. **rehacer** (V.)
reconstruir (V.)
restablecer
reorganizar

s. **curarse** (V.)
fortalecerse
regenerarse (V.)
recobrarse
vigorizarse

(V. **reconstitución**)

a. *deshacer*
debilitar
destruir

reconstituyente
s. **fortalecedor** (V.)
reconfortante
confortante (V.)
vigorizante
estimulante
tranquilizante
analéptico
tónico (V.)
cordial
medicamento
remedio
roborante (V.)

(V. **reconstitución**)

a. *enervante*
debilitante
excitante

reconstrucción
s. reedificación
restauración
reconstitución
reparación (V.)
arreglo
recuperación
restablecimiento
rescate

s. **reproducción**
reiteración
síntesis
repetición

a. *demolición*
destrucción
derribo

reconstruir
s. **reedificar** (V.)
rehacer (V.)
reparar
restablecer
renovar
arreglar
componer
restaurar
recuperar
recobrar
redimir
levantar
rescatar
alzar

s. **reconstituir** (V.)
reproducir (V.)
completar
sintetizar
revivir
repetir

(V. **reconstrucción**)

a. *demoler*
destruir
derribar

reconvención
s. amonestación
reproche
reprensión (V.)
riña
cargo
admonición (V.)
advertencia
apercibimiento
censura
increpación
rapapolvo
réspice
regañina
recorrido (V.)
crítica
sermón
sermoneo
afeamiento
corrección

s. **demanda** (V.)
queja

a. *alabanza*
aprobación
aplauso
asentimiento

reconvenir-se
s. reprochar
reprender (V.)
recriminar
reñir (V.)
regañar
apostrofar
advertir
amonestar (V.)
aconsejar
apercibir
afear
increpar
recriminar
argumentar
bronquear
matraquear
reprobar
corregir
criticar
echar en cara
demandar (V.)

(V. **reconvención**)

a. *alabar*
aplaudir
aprobar

recopilación
s. compilación
compendio (V.)
selección
florilegio
antología
recolección (V.)
colección
excerpta
resumen (V.)
extracto
digesto
sinopsis
condensación
refundición (V.)
excerta
repertorio
colección (V.)

a. *ampliación*
dispersión

recopilar
s. **resumir** (V.)
compendiar
coleccionar
reunir (V.)
aunar
refundir (V.)
allegar
acopilar
compilar
antologizar
recolectar (V.)
extractar
seleccionar

(V. **recopilación**)

a. *desunir*
ampliar
dispersar
ampliar

¡recórcholis!
(V. **¡caramba!**)

record
(V. **marca**)

recordable
s. inolvidable
evocable
memorable (V.)
inmemorial
rememorable
memorando
eternizable
digno de recuerdo

(V. **recordación**)

a. *olvidable*

recordación
s. remembranza
rememoración
recuerdo (V.)
exhumación (V.)
memoria (V.)
reminiscencia
mención

a. *olvido*

recordador
s. memorioso
memorión
monitor
recordante
evocador (V.)
memorante
conmemorante

(V. **recordación**)

a. *olvidadizo*

recordante
(V. **recordador**)

recordar
s. **conmemorar** (V.)
memorar (V.)
sonar
grabar (V.)
acordarse
remembrar
retener
semejar
mencionar (V.)
recapitular
resucitar
repasar
decir (V.)
aludir
invocar
perpetuar
rememorar (V.)
imaginar (V.)
permanecer (V.)
evocar (V.)
membrar
reconocer (V.)
recapacitar
desenterrar (V.)
reconstruir
traer a la memoria
echar la vista atrás
echar en cara
renovar la herida
hacer memoria
refrescar la memoria
traer a las mientes
parar mientes
tener presente
estar en el recuerdo
conservar la memoria
no echar en saco roto
contar con
saber de carretilla
ser un memorión
recapitular
pensar
idear (V.)
meditar
tener a la vista
repisar
refrescar (V.)
conservar (V.)
despertar (V.)
revivir (V.)
exhumar (V.)
desadormecer

(V. **recordación**)

a. *olvidar*
despistarse
negligir
silenciar
callar

recordativo
s. conmemorativo
rememorativo
conmemoratorio
mnemotécnico
memorable (V.)

(V. **recordación**)

a. *olvidado*

recordatorio
s. **memorativo** (V.)
aviso (V.)
advertencia
comunicación
nota
memorándum (V.)
vademécum
vade
agenda
cuaderno
lista
apuntamiento
apunte

s. **documento** (V.)
inscripción
monumento
estela
vestigio

s. **celebración** (V.)
festividad
aniversario
santo
cumpleaños
conmemoración
bodas de plata
bodas de oro
bodas de platino
centenario

s. **estampa** (V.)

(V. **recordación**)

recorrer
s. **correr** (V.)
ir (V.)
venir (V.)
deambular
transitar
pasar
andar (V.)
deambular
rodear
atravesar
caminar
viajar
cruzar
vagar
peregrinar (V.)
trotar
callejear
explorar
circular
trasladarse
barrer
escurrir
visitar
lustrar

s. **repasar** (V.)
remendar
arreglar

s. **recurrir** (V.)
acudir

(V. **recorrido**)

a. *detenerse*
pararse
deteriorar

recorrido
s. itinerario
viaje
ruta (V.)
trayecto (V.)
cruzada
trazado (V.)
trecho
vía
calca
tira
línea
arriate
trayectoria
vuelo

s. carretera
carrera
pista
calzada
autopista
rúa
senda
vereda
atajo
trocha
fragosidad
bajada
arteria
ronda
rodero
atajuelo
alcorce
derechera
vía férrea
camino de hierro
vía del tren
puerto
cruce
desvío
ramal
cañada
vereda
camino (V.)
avenida
paseo
calle
rambla
rampa
cuesta
parque

s. **viaje** (V.)
travesía
periplo
vuelo
andadura
cabalgada
cabalgata
marcha
tránsito
expedición
excursión
carrera
correría
jornada
vuelta
turismo
curso
gira
peaje
emigración
inmigración
éxodo

s. **repaso** (V.)
repasata
regaño
reconvención (V.)

a. *detención*
parada
permanencia
alabanza
elogio
loa

recortado
s. irregular
desigual (V.)
desparejo
serrado
dentado
cercenado
cortado (V.)
micho
desmochado
rapado
afeitado
pelado (V.)
mutilado
trinchado
truncado
inciso
seccionado
segado
escindido

(V. **recortadura**)

a. *regular*
igual
parejo
entero

recortadura
s. retal
resto
retazo
corte (V.)
recorte (V.)
restante
remanente
excedente
sobrante
hilachas
piltrafa
pedazo
perfil
división
sección
raja
muñón
corta
cisura
chirlo
tajadura
taladura
desmoche
desmochadura
mutilación
circuncisión
cercenadura

recortar
s. **cortar** (V.)
cercenar
pelar (V.)
rapar
mondar
talar
desmochar
afeitar
esquilar
segar
repelar
podar (V.)
truncar
retozar
perfilar
atusar
tusar
mutilar
disecar
bisecar
sajar
trinchar
tajar
tronzar
trasquilar
amputar
rasurar
tonsurar
destruncar
roer
rabotear
guillotinar
tijeretear
troquelar
destoconar
despuntar
descabezar
mochar
rallar
picar
camochar
cimar
entertallar
desvirar

s. **disminuir** (V.)
empequeñecer (V.)
limitar (V.)
ajustar
menguar
arreglar

(V. **recorte**)

a. *respetar*
aumentar
incrementar
agrandar
engrandecer
crecer
desajustar

recorte, s
s. **recortadura** (V.)
truncamiento
poda
cercenamiento
corte (V.)
sección

(cont.)

s. residuos
virutas
limadura
desperdicios (V.)
sobrante (V.)
raeduras
fragmentos
trozos
esquirlas
pedazos
desperdicios

a. **suelto** (V.)
noticia (V.)
artículo
comentario
copia

s. **quiebro** (V.)
regate

a. *totalidad*
integridad
principal

recoser
s. zurcir
remendar
arreglar
componer
repasar
coser (V.)

(V. **recosido)**

recosido
(V. **cosido)**

(V. **zurcido)**

recostar-se
s. **apoyar** (V.)
adosar
ladear
inclinar
sostener (V.)
retrepar
reclinar (V.)
afirmar
descansar (V.)
sustentar
acostar

a. *enderezar-se*

recoveco
s. **vuelta** (V.)
revuelta (V.)
recodo (V.)
rodeo
torcedura
sinuosidad
rincón
meandro
curva (V.)
ángulo
esquina

s. **escondrijo** (V.)
escondite
madriguera

s. artilugio
artificio
evasiva
fingimiento (V.)
trampa (V.)
ardid
maña
simulación
reserva (V.)
reticencia
retorcimiento (V.)

a. *rectitud*
derechura
descubierta
verdad
sinceridad
honradez

recre
(V. **recle)**

recreable
s. divertido
distraído
entretenido
solazoso
placentero
agradable
cómico
gozable
recreativo (V.)

a. *aburrido*
latoso

recreación
s. divertimiento
solaz
diversión (V.)
holgorio
jolgorio
pasatiempo
recreo (V.)
placer
distracción (V.)
entretenimiento
deleite
paladeo (V.)
regocijo
alegría
bureo
fiesta
esparcimiento
descanso
asueto
reposo
jaleo
jarana
parranda
refocilación
refocilo
regalo
holganza (V.)
ociosidad
juerga
farsa
broma
jollín
chacota
bullicio
alboroto (V.)
disipación
regocijo
satisfacción
farra
devaneo
francachela

a. *aburrimiento*
fastidio
desanimación
tabarra

recrear-se
s. regenerar
rehacer (V.)
renacer

s. **distraerse** (V.)
divertirse (V.)
entretenerse
juerguearse
animarse
refocilarse (V.)
placerse (V.)
complacerse (V.)
paladear (V.)
deleitarse
gozar (V.)
regocijarse (V.)
burlarse
regodearse (V.)
solazarse
remirarse
descansar
alegrarse
regalarse (V.)
esparcirse
satisfacerse
saborear (V.)
chancear
festejar
saltar
jugar
brincar
bromear
loquear
retozar
correr
hacer cabriolas
estar de asueto
pasar el tiempo
hacer locuras
ser travieso
pasarlo bien
echar una cana al aire
celebrar una fiesta
estar de juerga
andar de gallo
estar en sus glorias
irse de bureo
armar la marimorena
meterse en harina
meterse en juerga
ser un viejo verde

(V. **recreación)**

(V. **recreo)**

a. *destruir*
aburrir-se
hastiarse
fastidiarse
enojarse

recreativo
s. entretenido
divertido
distraído
ameno
grato
interesante
agradable
animado
placentero
variado
regocijante
interesante
alegre
beneficioso
bueno
esparcido
disipado
orgiástico
gracioso
gozoso (V.)
humorístico
jocoso
festivo (V.)
donoso
donairoso

(V. **recreación)**

a. *aburrido*
pesado
latoso
mustio
apagado
lánguido

recrecer-se
s. **crecer** (V.)
acrecer
acrecentar
aumentar (V.)
ampliar
añadir
amplificar
engrosar
agrandar
reforzar
desenvolver
alzar
engrandecer
adicionar
incrementar
hinchar
engordar
ensanchar

s. **acentuarse** (V.)
tomar cuerpo
subir de punto
hacer espuma

s. cobrar bríos
reanimarse (V.)
esponjarse
confortarse
vigorizarse
restablecerse

(V. **recrecimiento)**

a. *decrecer*
disminuir
debilitarse

recrecimiento
s. ampliación
acrecentamiento
incremento
engrandecimiento
robustecimiento
medra
crecimiento (V.)
gordura
hinchazón
adición (V.)
desarrollo
dilatación
ensanchamiento

a. *decrecimiento*
disminución
adelgazamiento

recreo
s. **recreación** (V.)
distracción (V.)
fiesta
placer (V.)
solaz (V.)
asueto
entretenimiento
vacación (V.)
holganza

s. paz
tranquilidad (V.)
reposo
descanso
recésit (V.)

a. *tristeza*
intranquilidad
trabajo
aburrimiento

recriar
(V. **criar)**

(V. **cebar)**

(V. **redimir)**

recriminación
s. **reproche** (V.)
reprensión (V.)
reprimenda
filípica
reprobación
sermón
observación
amonestación
admonición
acusación (V.)
afeamiento
vituperio (V.)
advertencia
regañina
hacer cargos
recomendación
exhorto
corrección
reconvención
censura

a. *aprobación*
elogio
enaltecimiento
alabanza

recriminar-se
s. **reprochar** (V.)
regalar (V.)
reñir (V.)
amonestar
reconvenir
increpar
afear
advertir
aconsejar
apercibir
corregir
censurar
avisar
exhortar
hacer cargos
hacer reparos
dar un repaso
reprender
acusar

(V. **recriminación)**

a. *aprobar*
alabar
elogiar
felicitar
ensalzar

recrudecer-se
s. **aumentar** (V.)
agravar (V.)
empeorar
enconar
redoblar
intensificar (V.)
reanudar
crecer
acentuar
extender
agrandar
repetir
ahondar
avivar
excitar
recaer (V.)
retroceder

(V. **recrudecimiento)**

a. *disminuir-se*
debilitar-se
decrecer
apagar-se
mejorar-se

recrudecimiento
s. **aumento** (V.)
incremento
redoblamiento
intensificación (V.)
agrandamiento
recrudescencia (V.)
agravación (V.)
empeoramiento
encono
acentuación
crecimiento
extensión
repetición
reanudación

a. *mejoría*
mejora
disminución
debilitamiento
decrecimiento

recrudescencia
s. **recrudecimiento** (V.)
excitación
redoblamiento
retroceso
reanudación
recaída (V.)

a. *mejoría*
debilitación
disminución

recta
s. sagita
flecha
radio

(V. **geometría)**

rectangular
s. cuadrilongo
rectángulo
cuadrangular
cuadriforme

(V. **rectángulo)**

rectángulo
s. cuadrángulo
cuadrilongo
paralelepípedo
paralelogramo
cuadrilátero

rectificable
s. **modificable** (V.)
corregible
revisable
retractable (V.)
reformable
transformable
variable
mejorable
remediable
refutable
discutible

(V. **rectificación)**

a. *invariable*
fijo
incorregible
irremediable
irrefutable
terminante
concluyente
indiscutible

rectificación
s. **corrección** (V.)
enmienda (V.)
reforma
modificación
mejora
enderezamiento
perfeccionamiento
mejoramiento
toque
retoque
alteración
revisión
progreso
remedio
reparación
cambio
transformación (V.)
innovación
variación
revocación

s. contradicción
retractación (V.)
rebatimiento
refutación (V.)
desdecimiento

s. lima
limadura
desbaste
raspadura (V.)

s. **ajuste** (V.)
medición

(cont.)

s. **arrepentimiento** (V.)
abjuración
apostasía

a. *ratificación*
enquistamiento
corroboración
aprobación
confirmación
revalidación
refrendo
repetición
reiteración
reincidencia
desajuste

rectificar-se

s. **corregir** (V.)
subsanar (V.)
modificar
mudar (V.)
reformar
mejorar
enderezar
piruetear (V.)
perfeccionar
reajustar (V.)
enmendar (V.)
emendar

s. **enderezar** (V.)
alinear
encarrilar
encauzar

s. **ajustar** (V.)
retocar (V.)
pulir
rajar (V.)
limar
desbastar
raspar
acabar
reparar
enmendar
complementar
suplementar
rehacer
repasar
expurgar

s. **purificar** (V.)
mejorar
acrisolar
acendrar
contradecir (V.)
refutar (V.)
rebatir

s. **arrepentirse** (V.)
abjurar

s. cambiar de opinión
apearse de su burro
de sabios es mudar de opinión
dar el brazo a torcer

r. Mudar de consejo es de sabios y de viejos ■ Si conoces que vas perdido, muda consejo y camino ■ Nada hace quien lo hecho deshace

(V. **rectificación)**

a. *insistir*
ratificar
curvar
confirmar
estropear
repetir

rectilíneo

(V. **recto)**

rectitud

s. enderezamiento
derechura (V.)
línea
horizontalidad
regla
verticalidad
tirantez
dirección
llanura

s. **justicia** (V.)
honradez (V.)
integridad
sinceridad
imparcialidad
formalidad
honestidad (V.)
legalidad
probidad (V.)
moralidad
equidad
severidad
conciencia
honorabilidad
dignidad
hombría de bien
buena fe
rígidez

a. *tortuosidad*
desviación
torcimiento
injusticia
parcialidad
indignidad
ilegalidad
arbitrariedad

recto

s. **derecho** (V.)
vertical
erecto
directo (V.)
flechado
alineado
encarrilado
enderezado
acuerdado
seguido
erguido
horizontal
perpendicular
a cordel
a plomada
rectilíneo
tieso
rígido
pernituerto

s. **justo** (V.)
severo
equitativo
íntegro
probo
imparcial
razonable
entero
ajustado
justiciero
honrado (V.)
bienintencionado (V.)
estricto
ejemplar
legal
regulado

s. línea recta
ángulo recto
seno recto
cono recto
folio recto
camino recto

(V. **rectitud)**

a. *curvo*
torcido
sinuoso
ondulado
curvo
injusto
parcial

rector

s. decano
comisario
dirigente
superior
presidente
director (V.)

s. cura
párroco
prelado
prior (V.)
abad (V.)
prefecto
corrector

(V. **rectorado)**

rectorado

(V. **dirección)**

recua

s. arria
reata
tropa
cabaña
traílla
harria
mulada
muletada
yeguada
tropilla
manada (V.)
caterva
pandilla
cáfila
serie (V.)

s. **teoría** (V.)
conjunto
sucesión

recuadrar

s. **cuadrar** (V.)
cuadricular
encuadrar
encasillar (V.)
encerrar
encajar
insertar
incluir (V.)
circunscribir

(V. **recuadro)**

a. *sacar*
separar

recuadro

s. **marco** (V.)
lienzo
artesón
mazonera
panel
passe-partout
parpartú

s. **encuadre** (V.)
encuadrado
casilla
compartimiento (V.)
cuadrícula
división (V.)

recuaje

(V. **tributo)**

recubierto

s. envuelto
protegido
forrado
chapado
blindado
acorazado
rebozado
revestido (V.)
tejado
entibado
enlucido
tapizado
empapelado
pintado
superpuesto
imbricado
resguardado

s. alicatado
cromado
dorado
plateado
niquelado
bañado
sobredorado
galvanizado

(V. **recubrimiento)**

a. *descubierto*
destapado
raso

recubrimiento

s. **revestimiento** (V.)
forro (V.)
funda (V.)
pavimento
vaina (V.)
tela (V.)
camisa
albardilla
capa (V.)
cobertura
cáscara (V.)
cubierta
corteza (V.)
enlucido
solado
entibado
placa
tegumento
envoltura (V.)
pintura
tejado
teja (V.)
costra
caparazón
fratasado
hojuela
piel (V.)
plaqué (V.)
cromado
niquelado
dorado
sobredorado
plateado
pavón
pavonado
impermeabilización (V.)
galvanización (V.)

recubrir-se

s. **cubrir** (V.)
revestir (V.)
tapar (V.)
cobijar
forrar (V.)
retejar
acorazar
alicatar
vestir
enharinar
albardar
rebozar
almibarar
melar
entarimar
imprimar (V.)
empastar
empaquetar
entablillar
entapujar
empapelar
enlatar
arrebujar
envolver (V.)
confitar
garapiñar
retobar
pavonar
empavonar
empavesar
incrustar
encorar
encostrar
entobar
galvanizar (V.)
vidriar
laminar
encajar
empedrar
empanar
empañar
empañetar
emparedar
empegar
tapizar
velar
embozar
encaperuzar
encasquetar
encapuchar
encapirotar
tocarse
arrebujar
arropar
enmascarar
encubrir
disfrazar
abrigar
resguardar
alicatar (V.)
azulejar
solar (V.)
tejar
bañar (V.)
blindar
chapar
enlucir
platear
dorar
sobredorar
cromar
niquelar
entorchar
emboñigar
embarrar
empajar
empapelar
empergaminar
encauchar
encamisar
encespedar
enfoscar
enterrar
espartar
pintar (V.)

(V. **recubrimiento)**

a. *descubrir-se*
despojar-se
destapar-se
desvestir-se
desempapelar
desenvolver-se
desempedrar
desempeñar
desvelar-se

recudir

(V. **responder)**

(V. **retroceder)**

(V. **acudir)**

(V. **pagar)**

recuelo

(V. **café)**

(V. **lejía)**

recuento

s. repaso
arqueo (V.)
inventario
cuenta (V.)
cálculo
escrutinio
enumeración
balance
control (V.)
verificación
comprobación (V.)
cotejo
cómputo

a. *indiferencia*

recuerdo, s

s. **recordación** (V.)
memoria (V.)
acordanza
mención
remembranza (V.)
reminiscencia (V.)
membranza
huella (V.)
vestigio (V.)
evocación (V.)
repaso
presencia
rememoración
invocación
retentiva
souvenir
alusión (V.)
sugerencia
sugestión
acuerdo
recado
nostalgia
saludos (V.)
resonancia
reconocimiento (V.)

s. aniversario
ceremonia
conmemoración (V.)
centenario
santo
cumpleaños
bodas de plata
bodas de oro
bodas de diamante

s. **monumento** (V.)
obelisco
cipo
estela
columna
memento
trofeo
inscripción
cruz

s. **agenda** (V.)
carnet
carné
apuntación
chuleta
vademécum
recordatorio

s. **regalo** (V.)
obsequio
gentileza
atención
presente
dádiva
ofrenda

a. *olvido*
amnesia
desaparición
muerte

recuero

(V. **arriero)**

recuesta

(V. **requerimiento)**

(V. **gestión)**

(V. **desafío)**

recuestar
(V. **requerir**) (amores)
(V. **pedir**)
(V. **desafiar**)

recuesto
(V. **pendiente**)
(V. **cuesta**)

reculada
s. **retroceso** (V.) retirada retrocesión retrogradación regresión retorno regreso
s. **rebote** (V.) repercusión rechazo repercutida retracción repulsa
s. **retractación** (V.) rectificación palinodia
a. *avance ratificación confirmación*

recular
s. **retroceder** (V.) volver retornar retrogradar retrechar retraerse recejar descorrer desandar refluir retirarse tesar rechazar alejarse volver para atrás volver grupas poner pies en polvorosa tocar a retirada volver pie atrás
s. resurtir rebotar repercutir refluir **rechazar** (V.) retraer repulsar regolfar
s. **ceder** (V.) cejar **transigir** (V.) flaquear someterse claudicar renunciar
(V. **reculada**)
a. *avanzar fluir ratificar mantener*

recuperable
s. recobrable resarcible reembolsable reversible **reintegrable** (V.) reivindicable **aprovechable** (V.) redimible utilizable útil práctico valedero
(V. **recuperación**)
a. *irrecuperable irreversible inutilizable inaprovechable*

recuperación
s. recobro reversión **reembolso** (V.) cobranza compensación desquite liberación **reivindicación** (V.) desempeño **rescate** (V.) **redención** (V.) **reconquista** (V.) reparación **restauración** (V.) restauro represa retroventa mohatra resarcimiento **rehabilitación** (V.) reintegro reintegración vindicación pago expiación
s. mejora **salvamento** (V.) **restablecimiento** (V.) cura reeducación curación convalecencia reacción alivio regeneración adelanto ortopedia
a. *pérdida quebranto perjuicio agravación*

recuperador
s. recuperativo rescatador **restaurador** (V.) restaurante recobrante reconquistador cobrador pagador
(V. **recuperación**)
a. *agravador*

recuperar-se
s. **reivindicar** (V.) **recobrar** (V.) resarcirse reasumir vindicar **redimir** (V.) libertar expiar librar pagar reparar **rescatar** (V.) **reintegrar** (V.) **reconquistar** (V.) **reembolsar** (V.) **reincorporar** (V.) retirar amortizar desquitarse desempeñarse **salvar** (V.) liberarse desentramparse **rehabilitarse** (V.)
s. recobrarse **regenerarse** (V.) **mejorarse** (V.) **restablecerse** (V.) fortalecerse convalecer reanimarse rehacerse serenarse curarse **reponerse** (V.) aliviarse
(V. **recuperación**)
a. *perder perjudicarse desmejorarse empeorarse agravarse*

recuperativo
s. restaurador rescatador
s. **tonificante** (V.) tonificador fortificante **recuperador** (V.)
(V. **recuperación**)
a. *excitante*

recurrente
s. **repetido** (V.) **periódico** (V.) reiterado
s. **demandante** (V.) litigante reclamante pretendiente suplicante solicitante
(V. **recurso**)
a. *irregular intermitente salturario demandado*

recurrir
s. **buscar** (V.) acudir **ocurrir** (V.) apelar pedir **remediar** (V.) **solicitar** (V.) pretender requerir reclamar **suplicar** (V.) preguntar interrogar **acogerse** (V.) llamar invocar echar toda la carne al asador echar mano de tocar un registro hacer uso de tocar todos los palillos sacar el Cristo
s. **litigar** (V.) entablar **demandar** (V.) interponer pleitear
s. **repetirse** (V.) **recorrer** (V.) volver reiterarse reincidir
s. valerse emplear servirse de hacer uso de
a. *abandonar inhibirse abstenerse aprobar conceder permanecer*

recurso, s
s. **apelación** (V.) **demanda** (V.) cuestión requerimiento interrogatorio alzada impugnación casación **redención** (V.) **remedio** (V.) revisión interrogación
s. informe llamamiento exhorto **efugio** (V.) diligencia requisitoria vista pleito escrito expediente memorial procedimiento solicitud instancia petición **trámite** (V.) **solución** (V.) previsión manera modo careo sumario litigio vuelta retorno retrogresión vado
s. **disponibilidad** (V.) capital **bienes** (V.) **fortuna** (V.) **medios** (V.) hacienda dinero posibles posibilidades
s. mando **poder** (V.) agarraderas **medio** (V.) arbitrío fuerza gobierno
s. **subterfugio** (V.) ingenio salida **astucia** (V.) inventiva talento ideas traza sutileza
s. **gracia** (V.) **simpatía** (V.) belleza personalidad donaire **desparpajo** (V.) chispa sal
s. recurso de amparo recurso de aclaración recurso contencioso administrativo recurso de apelación recurso de casación recurso de fuerza recurso de injusticia notoria recurso de queja recurso de nulidad recurso de reforma recurso de responsabilidad recurso de revisión recurso de súplica recurso de mil y quinientas
a. *pobreza escasez miseria simpleza*

recusable
s. **censurable** (V.) **impugnable** (V.) rechazable inaceptable repudiable rehusable desechable denegatorio denegable declinante **discutible** (V.) refutable objetable **inadmisible** (V.)
(V. **recusación**)
a. *aceptable admisible plausible indiscutible inobjetable*

recusación
s. inadmisión **repulsa** (V.) rechazamiento objeción reprobación desestimación exclusión expulsión arrinconamiento repudio repudiación excepción abstención despedida eliminación relegación
a. *aceptación aprobación admisión recibimiento*

recusar
s. denegar **rechazar** (V.) exceptuar repulsar expulsar eliminar despreciar objetar apartar **repudiar** (V.) despedir destituir relegar renunciar despachar rehuir declinar devolver excluir arrojar arrinconar rehusar alejar negar opugnar redargüir **refutar** (V.) **impugnar** (V.)
(V. **recusación**)
a. *aceptar aprobar admitir incluir*

rechace
(V. **rechazo**)

rechazamiento
s. **censura** (V.) **condena** (V.) apartamiento repulsión destitución repudio repudiación renuncia expulsión exclusión desestima dimisión dejación desaire despedida tacha reparo desdén abrenuncio **antipatía** (V.) rechazo **recusación** (V.) **repugnancia** (V.) desaprobación mentís **negativa** (V.)
a. *admisión aceptación aprobación conformidad atracción*

rechazar
s. **repeler** (V.) **resistir** (V.) **recular** (V.) **rehusar** (V.) rehuir **ahuyentar** (V.) **alejar** (V.) apartar **negar** (V.) **rebotar** (V.) detener **propulsar** (V.) desalojar echar despedir relanzar **declinar** (V.) **repudiar** (V.) **recusar** (V.) chocar abominar despachar cocear calabacear eliminar exceptuar **desechar** (V.) desestimar arrinconar renunciar excomulgar **denegar** (V.) **despreciar** (V.) devolver escupir disculparse repoyar espantar **excusarse** (V.)

(cont.)

protestar
contradecir
refutar
rechistar (V.)
contestar
censurar (V.)
reherir
condenar (V.)
opugnar
reargüir
repugnar
impugnar (V.)
reaccionar (V.)
replicar
rebatir (V.)
desmentir
repulsar (V.)
repugnar (V.)
reflejar (V.)
retundir
suspender
desaprobar (V.)
objetar
enfrentarse
desairar (V.)
desdeñar (V.)
vencer
derrotar
cerrar los oídos
dar con las puertas en las narices
mandar con viento fresco

(V. **rechazamiento**)

a. *atraer*
abrazar
admitir
aceptar
acoger
acatar
acceder
aprobar
confirmar

rechazo

s. choque
rebote (V.)
salto
devolución (V.)
vuelta
retroceso (V.)
bote
despido
repudio (V.)
repercusión (V.)
percusión
relance
impulso
brinco
reherimiento
rechazamiento
rechace
oxte (V.)

a. *atracción*
acogimiento

rechifla

s. **protesta** (V.)
desaprobación (V.)
repulsa
burla (V.)
pitorreo
zumba
mofadura
silba (V.)
choteo
abucheo (V.)
chifla
pita (V.)
pateo
pataleo
bronca
escándalo
escandalera
escarnio
mofa
alboroto
risas

a. *aplauso*
aclamación
alabanza
elogio
aprobación
éxito

rechiflar-se

s. **silbar** (V.)
pitar (V.)
patear
protestar (V.)
desaprobar (V.)
abroncar
burlarse (V.)
pitorrearse
mofarse
ridiculizar
befar
embromar
abuchear
patalear
alborotar
escarnecer
escandalizar
reírse

(V. **rechifla**)

a. *aplaudir*
elogiar
aclamar
aprobar

rechinamiento

s. rechinido
chirrido (V.)
crujimiento
gruñido
estridor
chillido
rozamiento
estridulación
rechino
chirriamiento
gruñimiento
ruido (desagradable)
roce
crujido (V.)
chasquido
estridencia
dentera
repeluzno

a. *suavidad*
ductilidad
sedosidad
engrase

rechinante

s. **chirriante** (V.)
crujiente
crepitante
resonante
chillón
ruidoso (V.)
quejumbroso
desapacible
destemplado
rechinador

(V. **rechinamiento**)

a. *suave*
engrasado
silencioso
templado

rechinar

s. **crujir** (V.)
ronchar
rozar
gruñir
chirriar (V.)
estridular
chillar
zurrir
crepitar

(V. **rechinamiento**)

a. *suavizar*
engrasar

rechino

(V. **rechinamiento**)

rechistar

s. chistar
enfrentarse
objetar (V.)
oponerse
impugnar (V.)
contradecir
hablar
contestar
responder
encararse
repeler
rechazar (V.)

a. *obedecer*
asentir
someterse
aprobar
admitir
acceder

rechoncho

s. **gordo** (V.)
barrigudo (V.)
tripudo
regordete
achaparrado
chaparro
rollizo
gordinflón
orondo
obeso
cachigordo
robusto
tripón
talega
culón
atocinado
aparrado
rebolludo
repolludo (V.)
tapón
retaco (V.)
cuadrado
bajo (V.)
zoquete
bamboche
topocho
cambuto
potoco
catimbao
cipote
recoquín
zamborotudo
zamborondón
morcón
paturro

a. *esbelto*
estilizado
delgado
alto

rechupete (de)

s. **bueno** (V.)
exquisito (V.)
excelente
estupendo
delicado
delicioso
extra
soberbio
superior
agradable
pistonudo
maravilloso
macanudo
de marca mayor
de lo bueno, lo mejor
de campanillas
de pe pe y doble u

a. *desagradable*
detestable
repugnante

red

s. urdimbre
malla (V.)
enrejado
redecilla
rejilla
tejido
retículo (V.)
contramalla
contramalladura
ojo
redejón
cope
filarete
gandaya
tela metálica

s. aparejo
almadraba
aljerife
jábega (V.)
boliche
albareque
gánguil
traína
esparavel (V.)
mandil
retel
samaruguera
trabuque
trasmallo
almancebe
manganeta
cáñamo
araña
plexo (V.)
net
albéntola
alcoba
traína
almatroque
camaronera
cedazo
contramalla
redeña
chinchorro
atunara
bol
caladera
cercote
enmalle
barbero
cercote
manga (V.)
filera
salmonera
sabalera
salabardo
tirafuera
retel
tirona
nansa
sardinal
brancada
cinteta
cintagorda
cinta
lampuguera
cambera
espinel
vulturín
cazonal
remanga
lamparilla (V.)
perchel
traíña
redeña
arañuelo
redejón
butrón
buitrón
buitrino
almadraba de buche
paradera
paradera ciega
paradera espesa
paradera clara
pantasana
jurdia
cinteta
redaje
tarraya
atarraya
cobarcho
red del aire
red de pájaros
red de jorrar
red de jorro
red barredera
red gallundera
red sabogal
red de cazonal

s. **redar** (V.)
plomo
corcho
boya
gallo

s. **redero** (V.)

s. **verja** (V.)
reja

s. **ardid** (V.)
treta
artimaña
garlito (V.)
astucia (V.)
trampa (V.)
engaño
asechanza
lazo
celada
emboscada

s. redecilla
cofia (V.)
jaulilla
albanega
tela metálica
teleta
hamaca

s. **sistema** (V.)
servicio
organización
a red barredera
distribución (V.)
red de ferrocarriles
caer en la red
echar la red
tender las redes

r. Aunque muchas mallas tienen, por una se empiezan a hacer las redes

a. *nobleza*
sinceridad
verdad

redacción

s. **escrito** (V.)
composición
escritura
obra
expresión
poema
transcripción
representación

s. **despacho** (V.)
sala
oficina
escritorio
prensa (V.)
periódico

redactar

s. **escribir** (V.)
componer
crear
narrar
describir
consignar
extender
expedir
apuntar
trazar
pergeñar
rasguear
estilar
novelar
expresar
prosificar
refundir
copiar
transcribir
tomar razón

(V. **redacción**)

redactor

s. **escritor** (V.)
narrador
novelista
poeta
pendolista
memorialista
periodista
editor
revistero
gacetillero
articulista
corresponsal
cronista
reportero
comentarista

(V. **redacción**)

redada

s. invasión
incursión
batida (V.)
ocupación
detención (V.)
arresto
apresamiento

s. bol
lance (V.)
bolichada

s. **bandada** (V.)
banda
grupo
conjunto
pandilla
hatajo

(V. **red**)

a. *liberación*

redaño, s

s. peritoneo
epiplón
mesenterio (V.)
entresijo
omento

s. fuerza
valor (V.)
brío
vigor
energía (V.)
potencia
fortaleza
osadía
decisión (V.)

a. *temor*
pusilanimidad
timidez
cobardía

redar

s. echar (la red)
pescar
cazar (con red)
enredar
remallar
contramallar

(V. **red**)

redargución
s. contestación
refutación
contradicción
opugnación
rebatimiento
confutación
reclamación
rectificación
disentimiento
discordia
discordancia
contra
retorcimiento
rechazamiento
impugnación (V.)

a. *asentimiento*
aprobación
admisión

redargüir
s. **impugnar** (V.)
rebatir
refutar (V.)
combatir
contradecir
disentir
objetar (V.)
discordar
reargüir
oponerse
rechazar
contestar
opugnar
retorcer (V.)
(V. **redargución)**

a. *aprobar*
admitir
acceder
consentir

redecilla
(V. **red)**
(V. **bonete)**

rededor
s. **contorno** (V.)
marco
límites
periferia
redor
ámbito
perímetro
cercanía
proximidad

s. **cerca** (V.)
alrededor
al rededor
en rededor
en torno
junto

a. *lejos*
lejanía

redejón
(V. **red)**

redención
s. protección
liberación (V.)
independencia
rescate
satisfacción
recuperación (V.)
desagravio
emancipación
salvación (V.)
sufragio (V.)
defensa
reconquista (V.)
manumisión
conmutación
expiación
regeneración (V.)
luición
libramiento
licenciamiento

s. **recurso** (V.)
escapatoria
refugio
efugio
remedio

a. *esclavitud*
dependencia
sujeción
sometimiento

redentor
s. **Jesucristo** (V.)

s. **salvador** (V.)
emancipador
liberador
libertador (V.)
manumisor
protector
defensor
alfaqueque
rescatador (V.)
redimidor
alhaqueque

s. mercedario
trinitario

(V. **redención)**

a. *esclavizador*
tirano

redero
s. pescador
jabegote
jabeguero
cazador (con red)

(V. **red)**

redhibición
s. **anulación** (V.)
restitución (V.)
devolución
reintegro
retorno
reembolso
reintegración
retrocesión
reemplazo
torna
remisión
retroventa
retrovendición

a. *apropiación*
admisión

redhibir
s. **anular** (V.)
devolver
restituir
retrovender
retornar
reintegrar
reembolsar
tornar

(V. **redhibición)**

a. *admitir*
apropiarse

redhibitorio
s. reintegrable
restituible (V.)
devolutivo
restitutorio
retrovendible
reversible

(V. **redhibición)**

redicho
s. afectado
pomposo
campanudo
enfático
doctoral
resabido
pedante (V.)
amanerado
sabihondo
engolado
repipi

a. *natural*
sencillo

redil
s. apero
aprisco (V.)
cortil
toril
majada
telera
ovil
encerradero
aprisquero
corral
bache
chiquero
refugio
resguardo

redilar
s. arredilar
amajadar (V.)
apriscar
estabular
acubilar
redilcar
encorralar
redilear

(V. **redil)**

a. *soltar*

redimible
s. rescatable
exonerable (V.)
liberable
emancipable
eximible

(V. **redención)**

a. *irredimible*

redimir-se
s. **librar** (V.)
liberar (V.)
desyugar
libertar
sacar
rescatar (V.)
recriar
rehabilitar (V.)
exonerar
eximir
despenar
emancipar
manumitir
desobligar
regenerar (V.)
desoprimir
reconquistar (V.)
desatar
franquear (V.)
licenciar
perdonar (V.)
reivindicar (V.)
salvar (V.)
desatar
recuperar (V.)
destrabar
desentrampar
remediar
reparar
vindicar
purgar
expiar
pagar
soltar (V.)
dejar libre
poner en libertad
extinguir una obligación
sacar de la esclavitud

(V. **redención)**

a. *esclavizar*
oprimir
sujetar
tiranizar

redingote
s. levita
levitón
abrigo
capote (V.)
gabán
sobretodo

rédito
s. **renta** (V.)
ganancia
beneficio (V.)
provecho
interés
producto
rendimiento
tanto por ciento
provento
lucro
dividendo
fruto

a. *pérdida*
quebranto

redituable
(V. **rentable)**

redituar
s. producir
rentar (V.)
rendir
beneficiar
fructificar

(V. **rédito)**

a. *perder*
arruinar

redivivo
s. resurgido
reaparecido
resucitado (V.)
aparecido

a. *muerto*

redoblado
s. **redoble** (V.)
rataplán
tamborileo
tañido

s. duplicado
doblado
aumentado (V.)
acrecentado
incrementado
remachado (V.)

a. *disminuido*
reducido

redobladura
(V. **redoblamiento)**

redoblamiento
s. redoblado
redobladura
redoble
aumento (V.)
duplicación
duplicidad
doble

s. tamborileo
redoble (V.)
rataplán

a. *disminución*

redoblar
s. agrandar
intensificar (V.)
aumentar (V.)
doblar
reduplicar (V.)
duplicar

s. **repetir** (V.)
bisar
rebinar
binar
reiterar
insistir
remachar (V.)

s. **tocar** (V.)
percutir
golpear
tamborear
tamborilear (V.)
(V. **redoblamiento)**
(V. **redoble)**

a. *disminuir*
reducir
desistir
abandonar

redoble
s. **redoblado** (V.)
percusión
tamborileo (V.)
tamborilada
rataplán
tañido
toque (de tambor)
(V. **redoblamiento)**

a. *disminución*

redoblegar
(V. **doblegar)**

redoblón
(V. **perno)**

redolente
(V. **dolorido)**

redoliente
(V. **doloroso)**

redolor
(V. **dolor)**

redoma
s. damajuana
frasco
frasca
botija
garrafa
bombona
garrafón
cubeta
pipa
porrón
boteja
matraz

s. **vasija**
recipiente

s. redoma encantada
azúcar de redoma

redomado
s. **taimado** (V.)
cauteloso
astuto (V.)
ladino
hábil
zorro
sagaz
socarrón
listo
arredomado
fistol
retobado
disimulado (V.)
prudente

a. *ingenuo*
franco
simple
natural

redonda
(V. **comarca)**
(V. **dehesa)**
(V. **nota)** (musical)

redondeado
s. ovalado
oval
curvado
combado
esférico
esferoidal
discoidal
torneado
redondete
elíptico
anular

s. **redondo**
circular
(V. **redondez)**

a. *derecho*
recto
plano

redondear-se
s. **curvar** (V.)
tornear
arredondar
ovalar
combar
abombar

s. **igualar** (V.)
bastantear
robar
descontar
añadir

s. **sanear** (negocios)
liberar
descargarse (deudas)
redimir

s. **completar** (V.)
pulir
apurar
perfeccionar (V.)
terminar

s. **enriquecerse** (V.)
beneficiarse
embolsarse
lucrarse

s. redondear por defecto
redondear por exceso

(V. **redondez)**

a. *enderezar*
estropear
entramparse

redondel
s. circunferencia
círculo (V.)
cinturón
aro
anillo

s. plaza
arena
ruedo (V.)

s. **capa** (V.)

redondez
s. esfericidad
curvatura (V.)
braquicefalia
rosca
cinturón
redondel
redondón
órbita
disco
globo
circunferencia
ovillo
esfera
orbe (V.)
plato
platillo
rueda
concavidad
convexidad
voluta
corro
anillo
círculo (V.)
rollo
enrollado
enroscado
loncha
bola (V.)
borujón
burujón
rulo
cilindro
aro
óvalo
elipse
arco
bóveda

a. *derechura*
rectitud

redondilla
s. **estrofa** (V.)
cuarteta
serventesio
cuarteto
verso
poesía

s. letra redondilla

redondo
s. cilíndrico
circular (V.)
esférico (V.)
esferoidal
globular (V.)
orbicular (V.)
redondeado (V.)
orondo
torneado
curvo (V.)
convexo
cóncavo
oval
discoidal
elíptico
redondete
lenticular
ovalado
anular
abombado
combado
curvado

s. claro
rotundo (V.)
escueto
sin rodeo
diáfano
comprensible
fácil
evidente
completo (V.)
perfecto
manifiesto
palpable
tangible
moneda (V.)
dinero

s. en redondo
de redondo
letra redonda
viaje redondo

(V. **redondez)**

a. *cuadrado*
recto
derecho
lineal
plano
dudoso
incierto

redopelo
s. **contrapelo** (V.)
rodapelo
redropelo

s. **riña** (V.)
disputa
pelea
trifulca
altercado

s. a redopelo
traer al redopelo

a. *paz*
sosiego
tranquilidad

redro
s. tras
detrás (V.)
atrás
pos

s. anillo (en las astas del ganado lanar)

a. *delante*

redrojo
s. racimillo
racimo (V.)
redruejo
cencerrón
racima

s. **desmedrado** (V.)
raquítico (V.)
endeble
débil
birria
canijo (V.)
enclenque
escuchimizado
enteco
fifiriche

a. *fuerte*
robusto
desarrollado

reducción
s. **rebaja** (V.)
rebajamiento
deducción
descuento (V.)
deducimiento
baja
aminoración
aminoramiento
disminución
decrecimiento
merma
menoscabo
achicamiento
degradación
acortamiento
decremento
descrecimiento
mengua
tara
desfalco
substracción
descenso
depreciación
substracción
resta
pérdida
caída
quebranto
restricción
desvalorización
retracción (V.)
deterioro

s. condensación
compendio
resumen (V.)
abreviación
extracto
síncopa
sinopsis

s. maqueta
miniatura

s. apócope
síncopa
elipsis

a. *aumento*
crecimiento
desarrollo
intensificación
agrandamiento
ampliación

reducible
s. **decreciente** (V.)
menoscabado
disminuible
amenguadero
menguante (V.)
minorativo
mordido
diminutivo
mermable
restable
achicable
transformable (V.)
modificable

(V. **reducción)**

a. *aumentable*
progresivo
fijo

reducido
s. **disminuido** (V.)
apretado
ajustado
mermado
moderado
menoscabado
rebajado
declinado
aminorado

s. **pequeño** (V.)
exiguo
escaso
parvo
circunscrito
restringido (V.)
ceñido
referido
chico
corto
estrecho
angosto

s. localizado
limitado (V.)
recogido (V.)
circunscrito
restringido

(V. **reducción)**

a. *aumentado*
amplio
grande
exagerado
ilimitado
ampliado

reducir-se
s. amenguar
acortar
cortar
podar (V.)
menguar
aminorar
rebajar
disminuir (V.)
achicar (V.)
atenuar
menoscabar
desinflamar (V.)
tasar
estrechar
contraer
minorar
ajustar
apretar
ceñir
comprimir
encoger
restringir (V.)
mutilar
circunscribir
cercenar
descontar
sisar

s. **resumir** (V.)
condensar
abreviar (V.)
sincopar
simplificar (V.)
sintetizar
adelgazar

s. debilitar
aplacar
mitigar
estrechar
ahilar
moderar
suavizar
quitar hierro
moderar (V.)
echar agua al fuego
apagar
terminar (V.)
vencer
someter (V.)
domar
domeñar
sujetar
dominar
esclavizar
subordinar
humillar
subyugar

s. **cambiar** (V.)
alterar
mudar

s. **convencer** (V.)
persuadir
atraer

s. **convertir** (V.)
consistir
ajustarse
resultar (V.)
resolverse
revertir

s. reducir a la mínima expresión
reducir al silencio
reducir a un común denominador
reducir a la nada
reducir a polvo

(V. **reducción)**

a. *ampliar*
aumentar
ensanchar
desenvolver
fortalecer
insubordinar
permanecer
abultar
hinchar
propagar
extender
difundir
expandir
esparcir
contagiar
trascender
cundir

reducto
s. **fortificación** (V.)
blocao
defensa
matacán
torre
refugio
posición (V.)
cota
cueto
cobertizo
garita
cubo
albarrada
ladronera
reductio
alcolea
guarida

redundancia
s. **énfasis** (V.)
ampulosidad
exceso (V.)
sobra
copia
abundancia
plétora
superabundancia
sobreabundancia
demasía
superfluidad (V.)
repetición (V.)
reiteración
tautología
insistencia
iteración
machaconería (V.)

a. *falta*
escasez
parquedad
utilidad
variedad

redundante
s. ampuloso
hinchado
enfático (V.)
pomposo
prosopopéyico
rebosante (V.)
difuso
efuso

s. **repetido** (V.)
reiterativo
reiterado
iterativo
insistente

s. recargado
retórico
barroco
excesivo

s. **superfluo** (V.)
sobrante (V.)

(V. **redundancia)**

a. *parco*
sencillo
conciso
escueto
útil

redundar
s. **exceder** (V.)
rebosar (V.)
salirse
fluir
refluir (V.)
derramarse
rebasar

s. acarrear
resultar (V.)
acusar (V.)
refundir
influir
provocar
actuar
obrar
originar
venir a parar
revertir
ocasionar
motivar
irrogar (V.)

(V. **redundancia)**

a. *escasear*
faltar
reducir

reduplicar
s. **aumentar** (V.)
redoblar (V.)
reincidir
repetir
reiterar
intensificar (V.)

a. *disminuir*
acortar
abreviar

reedición
(V. **reimpresión)**
(V. **repetición)**

reedificar
s. **reconstruir** (V.)
rehacer (V.)
restablecer
reconstituir
volver a edificar

a. *derribar*
demoler

reeditar
(V. **reimprimir)**
(V. **repetir)**

reeducación
(V. **rehabilitación)**
(V. **recuperación)**

reeducar
s. **enseñar** (V.)
rehabilitar (V.)
recuperarse
desarrollar
adiestrar
restablecer
restaurar
regenerar
reponer

(V. **reeducación)**

a. *abandonarse*
inhibirse

reelección
s. **ratificación** (V.)
confirmación
restauración
renovación (V.)
reafirmación

a. *denegación*
negativa

reelegir
s. **elegir** (V.)
confirmar
renovar (V.)
ratificar (V.)
reafirmar
restaurar
nombrar
designar
restituir

(V. **reelección)**

a. *denegar*
rechazar

reembolsar
s. **devolver** (V.)
pagar
reintegrar (V.)
reponer
compensar
restituir (V.)
indemnizar
reemplazar
volver
entregar
recuperar (V.)

(V. **reembolso)**

a. *recibir*
cobrar
retener

reembolso
s. **reintegro** (V.)
reintegración (V.)
devolución (V.)
pago (V.)
abono
reposición
compensación
restitución
indemnización (V.)
reemplazo
recuperación (V.)
entrega
rescate

s. contra
reembolso

a. *recepción*
recibo
cobro
retención

reemplazable
s. renovable
sustituible (V.)
renovable
cambiable
permutable (V.)
suplantable
relevable
intercambiable
postizo
de recambio
de repuesto
a prevención

(V. **reemplazo)**

a. *insubstituible*
irreemplazable
fijo
permanente

reemplazante
sucesor (V.)

s. **suplente** (V.)
substituidor
sucedáneo
auxiliar
pasante
procurador
vicario
interino
testaferro
representante
lugarteniente
comisario
comisionado
legado
delegado
internuncio
mercenario
portavoz
apoderado
editor
supleausencias
relevo
esquirol
pericón
alter ego
suplantador

(V. **reemplazo)**

a. *fijo*
permanente

reemplazar
s. **substituir** (V.)
suplir
suceder (V.)
permutar
renovar (V.)
cambiar (V.)
relevar
representar
apoderar
delegar (V.)
comisionar
servir
revezar
remudar
desbancar
auxiliar
retirar
subrogar
hacer las veces
llevar la firma
estar en el pellejo
de otro
hacer de
cambiar por
servir de fiador
ser responsable

(V. **reemplazo)**

a. *continuar*
mantenerse
proseguir
fijar
permanecer

reemplazo
s. **cambio** (V.)
relevo
substitución (V.)
renovación
suplantación
metonimia
sucesión (V.)
suplección
subrogación
revezo
regencia
promoción (V.)
suplencia
lugartenencia
interinidad
remuda
poderes
delegación (V.)
comisión
veces
tutoría
muda
reposición
renovación

s. **quinta** (V.)
reclutamiento
recluta
leva
alistamiento
incorporación
militar
sorteo (V.)

a. *permanencia*
inamovilidad
continuación
inmutabilidad
licenciamiento
licencia

reemprender
(V. **reanudar)**

reencarnación
s. **resurrección** (V.)
regeneración
resurgimiento (V.)
transformación
materialización
personificación
reaparición

a. *muerte*
desaparición
olvido

reencarnar
s. **resucitar** (V.)
resurgir
encarnar (V.)
renacer
reaparecer (V.)
regenerarse
materializar
personificar
transformarse
convertirse

(V. **reencarnación)**

a. *morir*
desaparecer
olvidar

reencuentro
s. **choque** (V.)
batalla
guerra
lance
contienda

s. **encuentro** (V.)
reunión (V.)
cita
coincidencia
concurrencia
asistencia
casualidad (V.)
cruce

a. *paz*
ausencia
fatalidad

reestreno
(V. **estreno)**

refacción
s. refección
aperitivo
tentempié (V.)
refrigerio
piscolabis
colación (V.)
bocadillo
comida (ligera)
merienda

s. **gratificación** (V.)
indemnización
adehala

s. **propina** (V.)
añadido

s. arreglo
reparación (V.)
restauración
reparación

a. *banquete*
ayuno
comilona
descuento
resto
deterioro

refajo
s. saya
enagua
falda (V.)
faldellín
zagalejo
fustán
debajero
sotaní
gonete
medriñaque
tirana

refalsado
s. **falso** (V.)
hipócrita
ficticio
engañoso (V..)
mendaz
engañador

a. *sincero*
veraz
auténtico

refección
(V. **refacción)**

refectolero
(V. **refitolero)**

refectorio
(V. **comedor)**

referee
(V. **árbitro)**

referencia
s. **narración** (V.)
relación (V.)
orientación (V.)
remisión
nota
señal (V.)
cita (V.)
mención (V.)
crónica
detalle
observación
anales
acta
escrito
reseña
versión
anécdota
cuadro
pormenor (V.)
leyenda
historieta
alusión (V.)
chisme
oída, s (V.)
vide
murmuración
hablilla
advertencia
contexto
argumentación
dialéctica
reversión
imputación

s. semejanza
dependencia
relación (V.)
correlación (V.)
proporción

s. **informe** (V.)
dato
recomendación
calificación
noticia
testimonio (V.)
razón (V.)
información (V.)
certificado

a. *desconocimiento*
olvido
omisión

referéndum
s. consulta
votación
plebiscito (V.)
sufragio
comicio
elección (V.)
aprobación

s. **despacho** (V.)
instrucción

referente
s. atinente
relativo a (V.)
concerniente
pertinente (V.)
relacionado
referido
mencionado
sobredicho
vinculado
conexo
correspondiente
tocante a
perteneciente

(V. **referencia)**

a. *extraño*
ajeno
diferente

referimiento
(V. **relato)**

(V. **relación)**

referir-se
s. describir
relatar (V.)
narrar (V.)
contar
historiar
novelar (V.)
reseñar
citar
decir
puntualizar
detallar
especificar
mentar
analizar
pormenorizar
hablar
exponer (V.)
explicar

s. **remitir** (V.)
dirigir
encaminar (V.)
enviar
llevar

s. relacionar
encadenar
ligar
enlazar
conectar
vincular
deducir
atribuir (V.)
afectar (V.)
atañer (V.)
tocar a
corresponder
concernir (V.)
competer
entrar
ir con
pertenecer
relacionarse (V.)
tangir
rezar (V.)
obligar (V.)
versar
respectar
tener que ver con
depender

s. **mencionar** (V.)
apuntar
aludir (V.)
citar (V.)
tratar (V.)
considerar
insinuar
sugerir
manifestar
decir
aplicar
hablar de
ocuparse
nombrar (V.)
señalar

(V. **referencia)**

a. *omitir*
callar
silenciar
separar
alejar
confundir
independizar
extrañar
desvincular

refertar
(V. **reñir)**

refertero
s. quimerista
reñidor
pendenciero (V.)
bravucón
chulo
camorrista
buscarruidos
provocador
fiero
matasiete
perdonavidas
baratero
duelista
farolero

(V. **refierta)**

a. *tranquilo*
pacífico
tímido

refierta
(V. **reyerta)**

refilón (de)
s. **oblicuo** (V.)
de soslayo
de pasada
de lado

a. *de frente*
frontal

s. **depurado** (V.)
clarificado
acrisolado
filtrado
afinado (V.)
purificado (V.)
cribado
decantado
abrillantado
barnizado

(V. **refinación)**

a. *vulgar*
tosco
ordinario
sencillo
simple
ingenuo
abandonado
negligente
indiferente
tirado
descuidado
inculto
descortés
despreciable
impuro
imperfecto
bueno
bondadoso
impurificado
natural

refinación

s. refinadura
purificación (V.)
expurgación
depuración (V.)
refinamiento
purga
clarificación
refino
decantación
cribado
craqueo
cracking
lavado
limpieza (V.)
filtrado
afino
destilación
perfección (V.)
acabado
refinado
tamizado
pulimento
abrillantamiento

a. *impurificación*
elementalidad
simplicidad
imperfección
suciedad

refinado

s. **delicado** (V.)
fino (V.)
exquisito (V.)
primoroso
elegante
selecto
distinguido
culto
cortés
suave
sibarita (V.)
epicúreo
pulido
minucioso
detallista
regalado
mundano
conocedor
sensual
atildado
escogido
quintaesenciado
alambicado
alquitarado
señor
señorial
remilgado
enfático
excelente
rebuscado
perfecto
puro

s. **cruel** (V.)
demoníaco
diabólico
sagaz
astuto
ladino
taimado
pícaro
sutil (V.)

refinadura

(V. **refinación)**

refinamiento

s. **delicadeza** (V.)
exquisitez (V.)
elegancia (V.)
perfección
finura (V.)
esmero (V.)
cuidado
sofisticación
distinción
perfeccionamiento
quintaesencia (V.)
primor
pulcritud
preciosismo
puntillismo
afectación
rebuscamiento
epicureísmo
sensualidad
mundanidad
soltura
regalo
cortesía
cultura
educación
sibaritismo (V.)
suavidad

s. **refinación** (V.)

s. **crueldad** (V.)
sevicia
encarnizamiento
ensañamiento (V.)
malicia
maldad
astucia

a. *vulgaridad*
ordinariez
tosquedad
imperfección
naturalidad
sencillez
simplicidad
ingenuidad
abandono
descuido
negligencia
indiferencia
incultura
descortesía
bondad
generosidad
perdón
olvido

refinar-se

s. clarificar
purificar (V.)
quintaesenciar
pulir (V.)
cribar
depurar (V.)
cuidar
lavar
limpiar
cracar
acrisolar
craquear
acendrar
acabar (V.)
perfeccionar (V.)
purgar
expurgar (V.)
colar
tamizar
acepillar
desbastar
terminar
esmerilar
limar
suavizar
abrillantar
barnizar

s. afinarse
mejorarse (V.)
esmerarse (V.)

(V. **refinamiento)**

a. *empeorar*
impurificar-se
descuidar
dañar

refinería

s. **fábrica** (V.)
planta
instalación
complejo
industrial
factoría

(V. **refinación)**

refino

(V. **refinación)**

refirmar

(V. **apoyar)**

(V. **ratificar)**

(V. **confirmar)**

refitolero

s. entremetido
entrometido (V.)
salsero
cominero (V.)
mangoneador
fodolí
cocinilla
camasquince
chisgarabís
catacaldos
entrador
refectolero
zascandil
fisgón
indiscreto (V.)
cotilla
curioso

s. **pulido** (V.)
afectado
acicalado (V.)
presumido

a. *discreto*
circunspecto
prudente
comedido
retraído
callado
abandonado
desastrado
sencillo

reflectante

s. **reflexivo** (V.)
reflector
iridiscente
tornasolado
fulgurante
irradiante
reverberante (V.)
iluminador
brillante
coruscante
irradiador
luminiscente
reflexión

(V. **reflejo)**

a. *opaco*
velado

reflectar

(V. **reflejar)**

reflector

s. **reflectante** (V.)
reflexivo

s. **espejo** (V.)
reverbero
pantalla
foco
faro
luz
fanal
farol
linterna

s. **telescopio** (V.)

s. reflector de
antena

(V. **reflexión)**

reflejar-se

s. **reverberar** (V.)
reflectar
repercutir (V.)
rechazar (V.)
irradiar
devolver (V.)
rebotar
lanzar
proyectar (V.)
destellar
polarizar (V.)
brillar (V.)
fulgurar
emitir
espejarse (V.)
espejear (V.)
refractar

s. **reflexionar** (V.)
pensar
meditar

s. **manifestar** (V.)
patentizar
mostrar
expresar (V.)
descubrir
traslucir (V.)
evidenciar
aparecer
reproducir

(V. **reflejo)**

(V. **reflexión)**

a. *retener*
permanecer
ocultar
celar

reflejo

s. centelleo
destello
reverberación (V.)
espejeo
espejismo
reflexión
refracción (V.)
repercusión
reacción (V.)
devolución
rebote
choque (V.)
flama
resol
escardillo (V.)
cardillo
rata
ratita
color (V.)
viso
aguas
irradiación
fulgor
rechazo
vislumbre (V.)
eco
centella
cambiante
tornasol
brillo (V.)
luz (V.)
juego (V.)

s. idea
imagen (V.)
muestra
representación
figuración
símbolo
sombra
duplicado

s. **inconsciente** (V.)
automático (V.)
involuntario (V.)
espontáneo
instintivo
intuitivo
irreflexivo
maquinal (V.)
mecánico
innato
natural
condicionado
indeliberado
impensado

(V. **reflexión)**

a. *oscuridad*
absorción
retención
desemejanza
deliberado
consciente
intencionado
voluntario
provocado
artificial
reflexivo
pensado

reflexión

s. atención
consideración (V.)
cavilación (V.)
cálculo
meditación
pensamiento (V.)
introspección (V.)
introversión
examen (V.)
recapacitación
concentración
reconcentración
recogimiento
abstracción
cogitación
quebradero
ponderación
monólogo
razonamiento
juicio
cerebración
retiro
quillotro
estudio (V.)
premeditación
(V.)
idea
especulación

s. sugerencia
aviso
reparo
cautela
advertencia (V.)
prudencia
consejo (V.)
juicio
madurez (V.)
cordura
indicación
círculo de
reflexión
ángulo de
reflexión

a. *despreocupación*
imprudencia
irreflexión
precipitación
extroversión
desatención
indiferencia

reflexionar

s. **pensar** (V.)
mirar (V.)
reflejar (V.)
considerar (V.)
especular (V.)
meditar (V.)
cavilar (V.)
discurrir
rumiar
recapacitar (V.)
reconcentrarse
ensimismarse
preocuparse
deliberar
premeditar
detenerse
comedir
examinar (V.)
observar
profundizar
juzgar
tantear
madurar (V.)
abismarse
abstraerse
discurrir
masticar
digerir (V.)
percatar
recogerse
quillotrar
pesar
ponderar (V.)
filosofar
trasnochar
deducir
analizar
remirar (V.)
estudiar (V.)
discernir
discutir
criticar
dudar
dubitar
prestar atención
concentrar el
pensamiento
devanarse los
sesos
romperse la
cabeza
romperse los
cascos
dar vueltas a algo
hablar consigo
decir para sí
ocuparse en
parar mientes
consultar con la
almohada
ser fecundo en
ideas
dar su parecer
asociar las ideas
poner el
pensamiento en
alguna cosa

(cont.)

dar vueltas a la imaginación
estar pensativo
ver los pros y los contras de algo
buscar una solución
ser caviloso
pararse a pensar
no perder detalle

r. No te alargues a hablar sin que proceda el pensar ■ Entiende primero u habla postrero ■ A pregunta apresurada, respuesta bien pensada ■ El pensar, despacio, el obrar rápido ■ Lo bien pensado, no sale errado ■ Quien se detiene en pensar no quiere errar ■ La noche es buena consejera ■ Resolución bien tomada, la que se consulta con la almohada

(V. **reflexión**)

a. *descuidarse*
aturdirse
despistarse
despreocuparse
desatender
inadvertir

reflexivo

s. **introspectivo** (V.)
introverso
reflejo
reflectante (V.)

s. **deliberado** (V.)
preconcebido
pensativo (V.)
pensador
ponderativo
cogitativo
meditativo
meditabundo (V.)
cabizbajo
juicioso
inteligente
contemplativo
mirado
considerado
remirado
concienzudo (V.)
ponderado
calculador
cabizcaído
prudente
maduro (V.)
reposado
avisado (V.)
sabio
discreto

(V. **reflexión**)

a. *arrebatado*
alocado
aturdido
insensato
atolondrado
irreflexivo
automático
precipitado
espontáneo

refluir

s. **resultar** (V.)
redundar (V.)
repercutir
influir
causar
provocar (V.)
motivar
ocasionar

s. **volver** (V.)
retroceder (V.)
regolfar (V.)
retirarse
rebotar
recular

(V. **reflujo**)

a. *avanzar*
continuar
irse
desaparecer
alejarse
inhibir

reflujo

(V. **bajamar**)

refocilación

s. refocilo
contento
contentamiento
alegría
diversión (V.)
regodeo (V.)
solaz
expansión
gozo
deleite
alborozo
buen rato
pasatiempo
recreo
bureo (V.)

a. *aburrimiento*
tristeza
lata
pesadumbre

refocilar-se

s. **regodear** (V.)
alegrar
divertir (V.)
gozar
contentarse
entretener
expansionarse
recrearse (V.)
deleitar
alborozar
solazarse
gustar
saborear
paladear
armar jarana
estar de juerga
estar alegre
tener buen humor
sentir júbilo
saltar de alegría
estar en sus glorias

(V. **refocilación**)

a. *aburrir-se*
languidecer
bostezar
entristecer-se
contristar-se

refocilo

(V. **refocilación**)

reforma

s. **mejora** (V.)
reorganización (V.)
reformación
restauración
reparación
restablecimiento
modificación (V.)
mejoramiento
perfección
revisión
corrección (V.)
enmienda
progreso
remozamiento
renovación (V.)
innovación
transformación (V.)
reposición
establecimiento
evolución (V.)
mutación
mudanza (V.)
metamorfosis
refundición (V.)
luteranismo
protestantismo (V.)
heterodoxia

a. *conservación*
inmutabilidad
continuidad
catolicismo
ortodoxia

reformable

s. **transformable** (V.)
reversible
mutable (V.)
mudable
cambiable
cambiadizo
rectificable
alterable
corregible
mejorable
perfectible (V.)
renovable

(V. **reforma**)

a. *inmutable*
fijo
firme
inalterable
irreversible
inmejorable

reformador

s. reformista
innovador
revolucionario (V.)
renovador (V.)
modificador
instaurador
progresista
regenerador
reparador
audaz
temerario
atrevido
avanzado (V.)

(V. **reforma**)

a. *inmovilista*
conservador
retrógrado
tímido
circunspecto
prudente

reformar-se

s. **rehacer** (V.)
restablecer
reedificar
reconstruir

s. reparar
arreglar
restaurar
renovar (V.)
modificar (V.)
reorganizar (V.)
cambiar (V.)
apañar
quitar
perfeccionar
corregir
reponer
poner en orden
revolucionar (V.)
suprimir (V.)
quitar
minorar
cercenar
retirar
disminuir
rebajar
destituir
extinguir
deshacer
derogar (V.)
enmendarse (V.)
corregirse
modificarse
remozarse (V.)
mejorarse (V.)
moralizarse (V.)
contenerse
reportarse
moderarse (V.)
reponerse
arreglarse
comportarse
morigerarse

(V. **reforma**)

a. *conservar-se*
mantener-se
desmoralizar-se
desenfrenar-se
retrasar-se

reformatorio

s. **correccional** (V.)
disciplinario
internado
penal
encierro
asilo

s. **correctivo** (V.)
punitivo
disciplinario

(V. **reforma**)

a. *impune*
recompensable

reformista

(V. **reformador**)

reforzado

s. fortificado
fortalecido (V.)
vigorizado
engrosado
espesado
robustecido
consolidado (V.)
afianzado
reparado (V.)
acrecentado
endurecido
apuntalado
acentuado (V.)

(V. **refuerzo**)

a. *debilitado*
estropeado
apolillado
desmedrado

reforzamiento

(V. **refuerzo**)

reforzar-se

s. intensificar
arreciar
aumentar (V.)
engrosar
acrecentar
espesar
añadir (V.)
recoser

s. **fortalecer** (V.)
reparar
acentuar (V.)
arreglar
endurecer
vigorizar
intensificar (V.)
robustecer (V.)
fortificar

s. **apoyar** (V.)
socalzar
proteger (V.)
apuntalar
recalzar
reparar
guarnecer (V.)
consolidar
zunchar
afianzar (V.)

s. **animar** (V.)
alentar
esforzar
reanimar
confortar
dar ánimos
rebatir (V.)
renovar (V.)
rejuvenecer (V.)
remozar
entonar
tonificar

(V. **refuerzo**)

a. *disminuir*
rebajar
debilitar
desanimar
desalentar
envejecer
desamparar

refracción

s. refrangibilidad
cambio (dirección de la luz)
modificación (dirección de la luz)
radiación
reflejo (V.)
desvío (V.)
reverberación (V.)
espejismo (V.)
ángulo de refracción
ángulo de incidencia
rayo incidente
rayo refracto

s. refracción astronómica
refracción sísmica
refracción geodésica

refractar

s. refringir
variar (radiaciones)
alterar
cambiar
modificar
desviar
despedir
devolver
polarizar (V.)

(V. **refracción**)

a. *retener*

refractario

s. **resistente** (V.)
ignífugo
ininflamable
incombustible (V.)

s. amianto
dolomita
asbesto
talco
magnesita
giobertita
espejuelo

s. piedra refractaria
horno refractario

s. rebelde
reacio (V.)
opuesto (V.)
contrario
enemigo
incompatible
inadaptable (V.)
respondón
pugnante
antagónico
renitente
renuente
testarudo
remiso (V.)
irreductible
desobediente
contumaz
insumiso
torpe (V.)

(V. **refracción**)

a. *inflamable*
dócil
sumiso
obediente

refrán

s. proverbio
sentencia (V.)
dicho
paremia
aforismo
máxima
frase
fórmula
regla
moraleja
pensamiento
adagio
agudeza
apotegma
símbolo
epifonema
brocárdico
tonada
canción
estribillo (V.)
lenguaje
paremiología (V.)

s. tener refranes para todo
tener muchos refranes

r. No hay refrán que no sea verdadero

refranero

(V. **paremiología**)

refregadura

(V. **refregamiento**)

refregamiento
s. **mortificación** (V.)

s. manoseo
estrujamiento
refregadura
friega (V.)
restregamiento
restregadura (V.)
rascadura
frotamiento (V.)
frotadura
refregón
rascamiento
estregadura
estregamiento
restregón
sobo
roce
fricción

a. *suavidad*
abstención
caricia
respeto
consuelo

refregar
s. **restregar** (V.)
refrotar
frotar (V.)
friccionar
estrijar
manosear
sobar
rascar (V.)
estrujar
amasar
masajear
estregar
ludir

s. **mortificar** (V.)

(V. **refregamiento)**

a. *suavizar*
rozar
acariciar
olvidar
consolar

refregón
(V. **refregamiento)**

refrenable
s. contenible
reprimible
sofrenable
parable
corregible
reducible
sujetable

(V. **refrenamiento)**

a. *incontenible*
irrefrenable
lanzado
imparable
irreprimible

refrenada
(V. **refrenamiento)**

refrenadura
(V. **refrenamiento)**

refrenamiento
s. refrenada
reducción
contención (V.)
sujeción
freno (V.)
detención
parada
alto
detenimiento

s. limitación
circunspección
moderación (V.)
discreción
regla
medida
prudencia (V.)
continencia
refrenada
templanza
comedimiento
refrenadura

a. *imprudencia*
descomedimiento
inmoderación
desmán
corrupción
instigación
incitación

refrenar-se
s. **frenar** (V.)
contener
detener (V.)
sujetar (V.)
sofrenar
parar
tener-se (V.)
reducir

s. **reprimir** (V.)
cohibir
moderar (V.)
corregir
templar (V.)
atemperar
reportarse (V.)
domeñar
domar (V.)
reglar
embozar (V.)
comedir
limitar
ceñir
restringir
aguantar
mesurar
medirse
vencerse
callarse
reformar
comportarse
apaciguarse
parar el carro
recoger velas
atenerse a la ley
tascar el freno
aguantar mecha
resistir el nublado

(V. **refrenamiento)**

a. *desbocarse*
desmendarse
descomedirse
soltarse
rebelarse
protestar
incitar
instigar

refrendación
(V. **refrendo)**

refrendar
s. **garantizar** (V.)
avalar
respaldar
autorizar (V.)
firmar (V.)
aprobar
testificar
legalizar
permitir
revisar
dar el visto bueno
dar permiso
confirmar

(V. **refrendación)**

a. *desaprobar*
denegar
desautorizar
prohibir
vetar

refrendo
s. refrendación
aprobación
aval (V.)
garantía
autorización (V.)
acreditación
firma
permiso
confirmación
legalización
validez
revisión

a. *denegación*
desautorización
prohibición
veto

refrescante
s. **refrigerante** (V.)
refrigerativo
refrigerador
enfriante
refrescador
resfriante
mitigante
mitigador
sedante
calmante (V.)
vigorizante

(V. **refresco)**

a. *calorífero*
abrasador
caliente
asfixiante
sofocante

refrescar-se
s. **refrigerar** (V.)
enfriar (V.)
congelar
helar
resfriar (V.)
abanicar
desvahar

s. **mitigar** (V.)
calmar
tranquilizar
sedar
moderar
atemperar
vigorizar
disminuir
tomar el fresco
beber

s. **renovar** (V.)
recordar (V.)
reproducir
evocar
memorar
revivir
desenterrar
despertar
renacer
reavivar
reanimar (V.)
vivificar
volver la vista atrás

(V. **refresco)**

a. *calentar-se*
acalorarse
inquietar-se
olvidar-se

refresco
s. **bebida** (V.)
libación
limonada
naranjada
horchata
sangría
aguamiel
gaseosa (V.)
granizado
hidromiel
zarzaparrilla
coca-cola
pepsi-cola
cerveza
agua tónica
jarabe
zurra
agraz
almendrada
agua de cebada
aloja
carraspada
garapiña
garnacha
grog
hipocrás
mistela
perada
sorbete
helado
vinagrada

s. quiosco
aguaducho
puesto

s. **refrigerio** (V.)
piscolabis
aperitivo
tentempié

refriega
s. batalla
combate (V.)
contienda
disputa (V.)
choque
encuentro
pelea
riña (V.)
tiroteo (V.)
encuentro
escaramuza
reyerta
estratagema
sarracina
conflicto

a. *paz*
armonía
sosiego
calma

refrigeración
s. aire acondicionado
clima artificial

s. refriamiento
refrescadura
enfriamiento (V.)
aterimiento
congelación

s. **refrigerio** (V.)

a. *calentamiento*

refrigerador
s. frigorífico
nevera
congelador
refrigeradora
radiador

s. **refrigerante** (V.)

s. refrigerador por absorción
refrigerador por compresión
refrigerador de eyección
s. refrigerante

(V. **refrigeración)**

a. *calorífero*
calentador

refrigerante
s. **refrescante** (V.)
enfriador
resfriador
congelador
atemperante
refrigerador

s. serpentín
corbato
ventilador
aletas

s. refrigerante de tiro forzado
refrigerante de tiro natural

(V. **refrigeración)**

a. *calentador*

refrigerar-se
s. congelar
refriar
enfriar (V.)
refrescar (V.)
pasmar
helar
aterir

s. alentar
animar
atemperar (V.)
reponerse
reforzar
reparar
vigorizar
reanimarse (V.)

(V. **refrigeración)**

a. *calentar*
desalentar
abrasar

refrigerio
s. **colación** (V.)
refección
refacción
piscolabis (V.)
aperitivo
refresco (V.)
tentempié
cocktail
merienda (V.)
lunch
bebida

s. **alivio** (V.)
consuelo (V.)
confortación
refrigeración
beneficio
ayuda
causeo
bálsamo
lenitivo

a. *ayuno*
desconsuelo
perjuicio

refringir
(V. **refractar)**

refrito
s. **imitación** (V.)
repetición
copia
frangollo
revoltillo (V.)
refundición
combinación
centón
recopilación
pastiche
s. **frito** (V.)
fritura
condimento

a. *original*
originalidad

refrotar
(V. **refregar)**

(V. **restregar)**

refuerzo
s. remiendo
arrimo
apoyo (V.)
sostén
estribo
reparo
seguridad (V.)
robustecimiento (V.)
firmeza
resistencia
rearme (V.)
consolidación
contrafuerte
reforzamiento
abrazadera (V.)
socalce
casquilla
ruedo (V.)
ribete (V.)
escudo
escudete
cartela
jimelga
codal
gabita
remonta
precinta
hombrillo
botarel
arbotante
puntal (V.)
recalzo
pilastra
macho
machón
manguito
firme
estantal

s. socorro
ayuda (V.)
auxilio
protección
concurso
colaboración (V.)
cooperación
contribución
concurso
favor
subsidio
sufragio
amparo
asistencia

(V. **retén)**

a. *inestabilidad*
debilidad
desamparo
indiferencia

refugiado
s. **asilado** (V.)
exiliado
exilado
desterrado
extrañado
expatriado (V.)
deportado
acogido
emigrante
inmigrante
desarraigado

(V. **refugio)**

a. *repatriado*
regresado

refugiar-se
s. **acoger** (V.)
amparar
auxiliar
salvar (V.)
admitir
socorrer
asistir
anidar
asilar
guarecer
proteger (V.)
cobijar (V.)
subvenir
salvaguardar
sufragar

s. **esconderse** (V.)
ocultarse
resguardarse
apañolarse
retirarse
acogerse
asilarse
retraerse (V.)
retirarse (V.)
defenderse (V.)
guarecerse (V.)
ser el paño de lágrimas
ponerse a buen recaudo
ponerse en cobro
tomar puerto

(V. **refugio**)

a. *perseguir*
desasistir
desamparar
exponerse
descubrirse
salir

refugio
s. **asilo** (V.)
acogida
amparo (V.)
auxilio
retiro (V.)
ayuda (V.)
protección (V.)
acogimiento
regazo (V.)
seno (V.)
consuelo
remedio (V.)
hospitalidad
hospicio
inclusa
casa cuna
cofradía
puerto
guarida
escondite
arrimo
mano
talanquera
pabellón
albergue (V.)
abrigo
manida
cobijamiento
receptáculo
cotarro
recepto
patrocinio
valimiento
agarraderas
aldabas
intercesión
habitación (V.)
hospedaje
defensa (V.)
seguridad (V.)
retraimiento
salvamento
secreto (V.)
cobertizo
chabola (V.)
hogar
nido (V.)
nidal (V.)
agujero
cueva (V.)
maquis

a. *desamparo*
hostilidad
indiferencia
abandono

refulgencia
s. **brillo** (V.)
resplandor
fulgor
relumbrón
esplendor
fulgencia
fosforescencia
brillantez
lucimiento
fulguración
destello
centelleo
tersura

a. *opacidad*
obscuridad
veladura

refulgente
s. **brillante** (V.)
resplandeciente
radiante
fulgente
fúlgido
luminoso
esplendente
coruscante
cegador
luminoso
tornasolado
lustroso (V.)
rútilo
rutilante (V.)
esplendoroso
espléndido
relumbrante
relumbroso
luciente
lucidor
reluciente
espejado
relampagueante
chispeante
prefulgente

(V. **refulgencia**)

a. *opaco*
apagado
velado
nebuloso

refulgir
s. **brillar** (V.)
resplandecer
coruscar
fulgurar
lucir
rutilar (V.)
iluminar
chispear
relumbrar
esplender
titilar
espejear
arder
llamear
alumbrar
irradiar (V.)
radiar
lustrar
fulgir
fucilar
cabrillear
rielar
rutilar
irisar
destellar
foguear
relucir

(V. **refulgencia**)

a. *obscurecer*
nublarse
eclipsar
apagar
entenebrecer
velarse

refundición
s. **reforma** (V.)
transformación
modificación
cambio
mejora

s. **condensación** (V.)
compendio
resumen
recopilación (V.)
amalgama
mezcla
fusión (V.)

a. *respeto*
inmutabilidad
ampliación
discriminación
separación

refundir
s. **modificar** (V.)
rehacer (V.)
reformar
fundir (de nuevo)
rehundir

s. unir
fusionar (V.)
amalgamar
recopilar (V.)
reunir
comprender
incluir
resumir (V.)
compilar

s. **redundar** (V.)
resultar

(V. **refundición**)

a. *respetar*
desunir
reparar

refunfuñadura
s. mascullamiento
murmuración (V.)
rezongamiento
gruñido (V.)
bufido
mascullo
mascujamiento
rezongo
refunfuño
protesta (V.)
reproche (V.)
regaño

a. *ruido*
estruendo
grito
elogio
alabanza

refunfuñar
s. criticar
reprochar
renegar (V.)
murmurar (V.)
zumbar
gruñir (V.)
sisear
mascullar
rezongar
lamentarse
quejarse
rumiar (V.)
reñir
mascujar
hablar entre dientes
protestar (V.)
enfadarse
bufar (V.)
regañar (V.)

(V. **refunfuñadura**)

a. *gritar*
hablar alto
alabar
elogiar
contenerse
calmarse
sosegarse

refunfuño
(V. **refunfuñadura**)

refutable
s. **rebatible** (V.)
discutible (V.)
impugnable (V.)
rechazable
contestable
insostenible
indefendible
combatible
controvertible (V.)
inconsistente
infundado

(V. **refutación**)

a. *aceptable*
admisible
irrefutable
sostenible
indiscutible
incontrovertible
consistente
irrebatible

refutación
s. ataque
oposición
objeción (V.)
rebatimiento
impugnación (V.)
reherimiento
opugnación
repulsa
redargución
confutación (V.)
denegación
rechazo
réplica (V.)
mentís (V.)
negativa
controversia (V.)
pateadura
revolcón
resistencia
contradicción
enmienda
desmentido
quinao
rectificación (V.)
respuesta (V.)

a. *aprobación*
satisfacción
acuerdo
afirmación

refutar
s. **contradecir** (V.)
oponer (V.)
rebatir (V.)
argumentar
objetar (V.)
confutar (V.)
opugnar (V.)
impugnar (V.)
redargüir (V.)
replicar
recusar (V.)
discutir
rectificar (V.)
rechazar
resistir
repeler
negar (V.)
controvertir
reherir
combatir (V.)
protestar
denegar
replicar
responder
mosquear
criticar
hostigar
instar
atacar (V.)
desmentir (V.)
confundir (V.)
confutar
desaprobar
disentir
discordar
retrucar

s. dejar pegado
votar en contra
ponerse en frente
hacer la contra
llevar la contraria
sacudir el polvo
cascar las liendres
dar un revolcón
pararle los pies
estrellarse con
no tener que decir

(V. **refutación**)

a. *aprobar*
admitir
asentir
acordar
convenir
afirmar
acoger
favorecer

regacear
(V. **arregazar**)

regadera
s. rociadera
almarraza
almarraja
almanaza
almanaja
roseta
alcachofa
hurtagua
manga de riego
regadero (V.)
dispersador

s. **reguera** (V.)

(V. **riego**)

regadero
s. regona
regadera (V.)
reguera (V.)
acequia
canal
cauce
colector
conducto
surco
bocacaz
noria
bomba
codera
boquera

regadío
s. regadizo
regable
fértil (V.)

s. **cultivo** (V.)
sembrado
sembradío
parcela
terreno (V.)
huerta
huerto
plantío
plantación
granja

(V. **riego**)

a. *secano*
yermo

regadizo
(V. **regadío**)

regado
(V. **rociado**)

regadura
(V. **riego**)

regajo
s. regajal
charco (V.)
aguachal
charca
bache
lagunajo

s. arroyuelo
arroyo
torrente
regato (V.)
riachuelo
estero
esteral

regala
(V. **borde**)

(V. **casco**) (embarcaciones)

regalado
s. **barato** (V.)
de balde
gratis
dado
obsequiado
ofrecido
gratuito (V.)
gracioso
donado
concedido
dispensado
dedicado
de bóbilis bóbilis
por su cara linda
de oque
a ufo

s. **suave** (V.)
delicado
halagador
acariciador
ameno
amenoso
gayo
fileno
placentero (V.)
exquisito
sabroso
deleitoso
agradable
cómodo (V.)
malacostumbrado

(V. **regalo**)

(cont.)

legar
mandar
halagar
lisonjear
festejar
conceder
ofrecer
ofrendar (V.)
contribuir
conferir
festejar
feriar
dispensar
dedicar (V.)
presentar
hacer regalos
untar el carro
dar propina
sobornar con regalos
placer-se (V.)
divertirse
recrearse (V.)
alegrarse
festejarse
regocijarse
deleitarse (V.)
satisfacerse
refocilarse
solazarse
gozar
reconfortarse
tratarse a cuerpo de rey
darse la vida padre
darse buena vida
pasárselo en grande
no reparar en gastos

r. A caballo regalado, no hay que mirarle el diente ▪ Lo regalado, todos lo reciben con agrado ▪ Cosa bien regalada, no es perdida, sino bien guardada

s. darse una vida regalada

a. *caro*
quitado
desagradable
antipático
ingrato
incómodo

regalador

s. **donante** (V.)
donador
obsequiador
obsequioso
agasajador
agasajante
donatario
espléndido (V.)
generoso
liberal
rumboso

(V. **regalo**)

a. *cicatero*
roñoso
tacaño
avaro

regalamiento

s. **obsequio** (V.)
donación
gratificación
agasajo (V.)
cortesía
fineza
presente

s. **placer** (V.)
comodidad (V.)
confort
buena vida
vida padre
cuerpo de rey
sibaritismo

(V. **regalo**)

a. *regateo*
cicatería
incomodidad
desventura

regalar-se

s. **dar** (V.)
obsequiar (V.)
entregar
donar
favorecer
dadivar
sobornar (V.)
agasajar (V.)
dejar

s. **derretir** (V.)
chorrear
destilar
rezumar
fluir

r. Quien regala, algo espera o algo paga ▪ Quien regala bien vende, si quien recibe lo entiende

(V. **regalo**)

a. *recibir*
acoger
pedir
vender
negar
retener
cicatear
aburrirse
desesperarse
moderarse
secar

regalaría

(V. **regalo**)

regalía

s. concesión
merced
franquicia
excepción
exención
privilegio (V.)
preeminencia
prerrogativa (V.)
ventaja

s. **gajes** (V.)
sobresueldo
gratificación
plus
prebenda
enchufe

a. *desventaja*
igualdad
objetividad
indiferencia

regaliz

s. regalicia
regaliza
orozuz
paloduz
palo dulce
planta (V.)

regalo

s. **cortejo** (V.)
obsequio (V.)
donación (V.)
entrega
botijuela
agasajo (V.)
presente (V.)
oferta
merced (V.)
cortesía
fineza
detalle
ofrenda (V.)
adehala
adiafa
don
propina (V.)
soborno (V.)
gratificación
recado
recuerdo (V.)
aguinaldo
reyes
jamona (V.)
contenta (V.)
donativo
regalaría
regalamiento
chorrada
alfileres
ferias
albricias
marzas
joya
cuelga
limosna
óbolo
soborno
sangría
subvención
añadidura (V.)
ayuda
estrena (V.)
cesión
liberalidad

s. gusto
placer (V.)
complacencia
goce
dicha
alegría
deleite
vidorra
molicie
gozo
comodidad (V.)
conveniencia
bienestar (V.)
confort
sibaritismo

s. **delicadeza** (V.)
exquisitez
excelencia
delicia

r. Todo regalo trae algo debajo ▪ Todo regalo se paga caro ▪ Bizcochos de monja y regalitos de aldea, déselos Dios a quien los desea

a. *recepción*
penitencia
castigo
daño
perjuicio
disgusto
incomodidad
desagrado
venta
préstamo

regalón

s. **epulón** (V.)
enviciado (V.)
comodón (V.)
voluptuoso
muelle (V.)
holgachón (V.)
holgón
sibarita (V.)
blando
malacostumbrado
canónigo
sardanápalo
consentido
sardanapalesco
mimado (V.)
malcriado
favorito
preferido
mantecón
torreznero
convidado
zángano
glotón

(V. **regalo**)

a. *incómodo*
activo
trabajador
virtuoso
zurrado
asaetado

regañadientes (a)

s. **reacio** (V.)
remiso
disgustado
contrariado
hostil
opuesto
de mala gana
a la fuerza
refunfuñando

a. *deseoso*
servicial
obsequioso

regañamiento

(V. **regaño**)

regañar

s. **gruñir** (V.)
refunfuñar (V.)
renegar (V.)
reñir (V.)
reprender (V.)
reprochar
amonestar
sermonear
censurar
afear
recriminar (V.)
acusar
apercibir
increpar
reconvenir
criticar
censurar
atacar
reprobar

s. **disputar** (V.)
contender
pugnar
bregar
chocar
lidiar
armarla

s. **enemistarse** (V.)
pelearse (V.)
enfadarse (V.)
irritarse
indisponerse
malquistarse
enojarse
alejarse
distanciarse
separarse
romper (V.)
divorciarse

(V. **regaño**)

a. *amistarse*
apaciguarse
amistar
reconciliar
alabar
elogiar
aplaudir

regañina

(V. **regaño**)

(V. **trifulca**)

regaño

s. regañina
sermón
sermoneo
reproche (V.)
amonestación
censura
reconvención
reprensión (V.)
regañamiento
riña (V.)
repaso (V.)
repasada
admonición
reprimenda
reñidura
rociada
bronca
repasata
sepancuantos
bufido
filípica
trifulca
crítica
increpación
correctivo
moralización

a. *elogio*
alabanza
loa
aplauso
aprobación
piropo

regañón

s. protestón
gruñón (V.)
roncero (V.)
reprendiente (V.)
reprochón
sermoneador
censor
retrobón
renegón
renegado (V.)
quisquilloso
chinchorrero

(V. **regaño**)

a. *alabador*
elogiador

regar

s. aguar
rociar (V.)
irrigar (V.)
mojar (V.)
absterger (V.)
baldear
sorregar
encambijar
remojar
abrevar
jaricar
salpicar
bañar
empapar
rujiar
adrar
canalizar (V.)
correntiar
asperjar
asperjear
humectar
humedecer
imbibir
duchar
encharcar
inundar (V.)
llover
ensopar
esparcir
desparramar
derramar (V.)
verter
chorrear

(V. **riego**)

a. *secar*
resecar
desecar

regata

s. **carrera** (V.)
competición
prueba
pugna
lucha
competencia
rivalidad
certamen
(V. **deporte**)

regate

s. esquive
parada
quite (V.)
lance
quiebro (V.)
escorzo
esguince
marro
finta (V.)
escape
dribling
amago

s. **habilidad** (V.)
efugio
pretexto

a. *torpeza*
rigidez

regateador

s. regatero
regatón
zarracatín
cicatero (V.)
baratero
ahorrador
escatimador

(V. **regateo**)

a. *generoso*
pródigo
desinteresado
liberal

regatear

s. **chalanear** (V.)
trapichear
cicatear (V.)
discutir
debatir
gitanear
mercadear
mercar
comerciar (V.)
tratar
negociar (V.)
baratear
gambetear
escatimar (V.)
recatear
recatonear
insistir

s. **soslayar** (V.)
evitar
driblar (V.)
eludir
esquivar (V.)
sortear
burlar (V.)
pasar
escaparse

(cont.)

s. **restringir** (V.)
escasear
rehusar (V.)
economizar
negar (V.)
privar
rebajar

r. Quien bien regatea, bien su dinero emplea ■ Con garrida tendera, nadie regatea

(V. **regateo**)

a. *abundar*
convenir
ceder
cejar
quedarse
afrontar
asumir
ampliar
afirmar
conceder

regateo

s. chalanería
trapicheo
regatería
regatonería
regatonía
trato
discusión
porfía
ahorro
economía
baratería
pugna (V.)
compra
venta
tira y afloja
reducción
rebaja (V.)
descuento

a. *generosidad*
liberalidad
desinterés
prodigalidad
aumento

regato

s. **regajo** (V.)
regajal
reguera
arroyuelo (V.)
surco
reguero
brazo
torrentera
rápido
riachuelo
acequia
corriente
regacho
arroyo

regatón

s. **casquillo** (V.)
virola
contera
cuento
puntera

s. hierro
gancho (V.)
punta
bichero (V.)

regazo

s. gremio
halda
enfaldo
falda (V.)

s. **refugio** (V.)
amparo
cobijo
consuelo (V.)
seno (V.)
ayuda

a. *desamparo*
desconsuelo

regencia

s. administración
gobierno (V.)
dirección
mando
jefatura
tutela (V.)
representación

s. **substitución** (V.)
ínterin

regeneración

s. **restablecimiento** (V.)
restauración (V.)
reconstitución
renacimiento
renovación (V.)
mejora (V.)
perfeccionamiento
reforma
innovación
corrección (V.)
palingenesia
recuperación
reivindicación
salvación
redención (V.)
enmienda
corrección

a. *vicio*
corrupción
degeneración
depravación
perversión
adulteración
espurio
declinación
empeoramiento
descaecimiento

regenerar-se

s. **renovar** (V.)
reconstituir (V.)
restablecer
mejorar (V.)
reformar
reconstruir
restaurar
recauchutar
rehacer
reactivar
reconfortar
reparar
rehabilitar (V.)
arreglar
recuperar (V.)
redimir (V.)
salvar
corregir (V.)
enmendar
reeducar
recobrar
reivindicar
renacer
perfeccionar (V.)
innovar

(V. **regeneración**)

a. *enviciar-se*
envilecer-se
declinar
pervertir
empeorar
depravar

regentar

s. **regir** (V.)
gobernar (V.)
administrar
mandar
tutelar (V.)
dirigir
presidir (V.)
conducir
llevar
guiar
desempeñar
ejercer (V.)
ejercitar

s. imponer
dominar (V.)
avasallar
sojuzgar

(V. **regencia**)

a. *servir*
obedecer
liberar
alzarse
rebelarse

regente

s. rector
tutor
gobernante (V.)
gobernador
administrador
regidor

s. **magistrado** (V.)
catedrático

s. **mancebo** (V.)
encargado

s. **substituto** (V.)
reemplazante
representante

(V. **regencia**)

a. *regido*
gobernado
súbdito
principal

regicidio

(V. **magnicidio**)
(V. **atentado**)

regidor

s. **concejal** (V.)
edil (V.)
consejero
gobernante
munícipe
cabildante
cabildero

régimen

s. dirección
gobierno (V.)
administración
reglamentación
constitución
reglamento
sistema (V.)
regla
precepto (V.)
orden
trato
política

s. **dieta** (V.)
privación
moderación
templanza
sobriedad
parquedad
tratamiento
medicación
ayuno
abstinencia
cura

a. *anarquía*
desorden
desorganización
abuso
exceso
glotonería

regimiento

s. mando
gobierno
administración
ayuntamiento (V.)
regiduría
regidoría

s. cuerpo
agrupación
unidad
tropa
milicia (V.)
coronelía

regio

s. majestuoso
magnífico (V.)
ostentoso
fastuoso
mayestático
espléndido
suntuoso
imponente (V.)
grandioso
soberbio
munífico
grande
señorial
principesco
lujoso
fastoso

s. palatino
real (V.)
soberano
imperial
morbo regio
agua regia

a. *sórdido*
vulgar
humilde
plebeyo

región

s. área
zona (V.)
país (V.)
nación
comarca
territorio (V.)
demarcación
provincia

s. región de Plutón
región inculta
regiones heladas

regional

s. comarcal
territorial (V.)
provincial
departamental

s. **local** (V.)
particular
típico
folklórico

(V. **región**)

a. *nacional*
general

regionalismo

s. localismo
provincialismo
modismo (V.)

s. **separatismo** (V.)
autonomía (V.)
estatuto
separación
nacionalismo
federalismo
cantonalismo

a. *unidad*
unionismo
dependencia

regionalista

s. autonomista
separatista
segregacionista
cantonalista
cantonal

(V. **regionalismo**)

a. *centralista*
nacionalista

regir-se

s. **regentar** (V.)
reinar (V.)
dirigir
gobernar

s. **reglamentar** (V.)
determinar
reglar (V.)
establecer

s. encarrilar
virar
orientar (V.)
obedecer (la nave)

s. **evacuar** (V.)
defecar

s. actuar
funcionar (V.)
obrar
estar vigente
obligar (V.)
estar en pie
estar en uso
estar en vigor
ser válido
servir (V.)
valer (V.)
validar

s. exigir
requerir (V.)
necesitar
demandar

s. **guiar** (V.)
llevar
conducir
manejar

(V. **regencia**)

a. *obedecer*
someterse
desorientar
retener
abolir
dar
descarriar

registrado

(V. **registrar**)

registrador

s. **buscador** (V.)
perquisidor
perseguidor
rebuscador
buscón

s. funcionario
inspector (V.)

s. registrador de la propiedad

(V. **registro**)

registradora

s. calculadora
caja (V.)
sumadora

s. tecla
brazo de sumas
manivela o brazo giratorio
indicador de suma total
palanca
piñón
segmento
cuña
excéntrica
árbol de levas
piñón de sumas parciales
piñón de sumas totales
ticket
teclado
cinta de papel

s. **magnetófono** (V.)
grabadora

(V. **registro**)

registrar

s. mirar
examinar (V.)
inspeccionar (V.)
reconocer
revolver
cachear (V.)
esculcar
buscar (V.)
rebuscar
espigar
otear (V.)
rastrear
explorar
andar a la caza
irse uno a ojeo
sondear
hacer un registro
sacar de debajo de la tierra

s. **catalogar** (V.)
anotar (V.)
notar
copiar
sentar
inventariar (V.)
inscribir (V.)
alistar (V.)
abanderar (V.)
asentar
contraseñar
encasillar
apuntar
escribir
archivar (V.)
afiliar
encartar
recibir
consignar
controlar
matricular (V.)
patentar (V.)
facturar
librar
empadronar
talonar
formular
extractar
transcribir
señalar

s. **grabar** (V.)
imprimir

s. **suceder** (V.)
acaecer

(V. **registro**)

a. *desinteresarse*
anular
borrar

s. echar uno todos los registros
tocar todos los registros
tener más registros que un misal

a. *abandono*
descuido
indiferencia
anulación
baja

registro

s. libro
cuaderno (V.)
becerro
obituario
padrón
trapacete
subscripción
índice (V.)
lista (V.)
matrícula
diario
copia

s. **archivo** (V.)
anales
protocolo
inventario (V.)
catálogo
catastro

s. **inscripción** (V.)
patente (V.)
matriculación
abanderamiento
asiento (V.)
apunte
anotación
cédula
albalá
carta real
glosa
resguardo

s. busca
rebusca
búsqueda (V.)
examen (V.)
investigación
reconocimiento (V.)
cacheo
rebuscamiento
ojeo
palpación
rastreo
inspección (V.)
exploración
observación
incursión (V.)
batida

s. **grabación** (V.) (sonido)

s. nota (música)
tecla

s. **llave** (V.)
válvula
regulador

s. registro civil
registro de actos de última voluntad
registro de aprovechamiento de aguas
registro de la propiedad
registro de la propiedad intelectual
registro de la propiedad industrial
registro de pliegos
registro mercantil

regla

s. cuadradillo
plantilla
cartabón (V.)
aspilla
tirador
calibre
ságoma
escuadra
planchuela
pauta (V.)
cercha
falsilla
doble decímetro
iguala
renglón
rasero
corondel
mira
bramil
cintrel
dioptra
gnomón
mordante
escantillón

s. **norma** (V.)
estatuto
constitución
reglamento
principio
precepto (V.)
máxima
regulación (V.)
concierto
razón
mandato
canon (V.)
compás (V.)
guía
sistema (V.)
medida
criterio (V.)
modelo
derecho
ordenanza
código
disciplina (V.)
arte
modo
fórmula (V.)
receta
rúbrica
rito (V.)
técnica (V.)
formalidad
etiqueta
orden sacramental
frase sacramental
método
hábito (V.)
uniformidad
habitud
ejemplo
costumbre

s. **moderación** (V.)
templanza
tasa
morigeración

s. **menstruación** (V.)

s. regla de tres simple
regla de tres compuesta
regla de aligación
regla de compañía
regla de falsa posición
regla lesbia
regla magnética
arco a regla
echar la regla
a regla
en regla
salirse de la regla
no hay regla sin excepción
regla y compás, cuanto más, más
estar todo en regla
por regla general
(V. **reglamentación)**

a. *desorden*
desconcierto
desenfreno
indisciplina
anarquía
batiburrillo
inmoderación
destemplanza
menopausia

reglado

s. reglamentado
acompasado
compasado (V.)
regularizado
normalizado
regulado

s. codificado
preceptuado
ordenado

s. **moderado** (V.)
sobrio (V.)
frugal
mesurado
metódico
morigerado
templado
contenido
reprimido
(V. **reglamentación)**

a. *desacompasado*
desordenado
irregular
desenfrenado
exagerado

reglaje

s. **regulación** (V.)
ajuste (V.)
punto
rectificación
correción
reajuste
puesta a punto (motor)

a. *desajuste*

reglamentación

s. **regulación** (V.)
orden
disciplina
normalidad
costumbre
formalismo
formulismo
régimen
unificación
codificación (V.)
estatuto
ordenación
reglamento (V.)

a. *irregularidad*
anarquía
desorden

reglamentar

s. **ordenar** (V.)
arreglar
regular
regularizar
acordar
sistematizar (V.)
preceptuar
regir (V.)
establecer
protocolizar
estatuir
convenir
legalizar (V.)
reglar (V.)
codificar
(V. **reglamentación)**

a. *desordenar*
desorganizar

reglamentario

s. **obligado** (V.)
establecido
ordenado
legislativo (V.)
convenido
preceptuado
establecido
reglado
sistemático
legal (V.)
normal
protocolario
reglamentado
dispuesto

s. **formulario** (V.)
(V. **reglamento)**

a. *antirreglamentario*
ilegal
opcional
voluntario
caprichoso

reglamento

s. orden
estatuto
articulado
convenio
ordenamiento
ordenación
ley
tratado
ordenanza (V.)
precepto
reglamentación (V.)
protocolo
código
instrucción
contrato
norma (V.)
pauta
sistema
regulación
articulación (V.)

a. *anarquía*
desorden
ilegalidad

reglar-se

s. **regular** (V.)
ajustar (V.)
reajustar
rectificar
corregir
poner a punto (motores)

s. **reglamentar** (V.)
ordenar
preceptuar
sistematizar
condicionar

s. **trazar** (V.)
medir
rayar
aplantillar

s. acomodarse
adaptarse (V.)
someterse
atemperarse
reducirse
comedirse
reformarse

s. **regirse** (V.)
guiarse
conducirse
ajustarse

(V. **reglaje)**

(V. **reglamentación)**

a. *desajustar-se*
desarreglar
destemplarse
descomedirse
rebelarse

regleta

s. corondel
plantilla
planchuela
falsilla
cintrel
aspilla
tirador
cercha
alidada

(V. **regla)**

regocijado

s. alborozado
divertido
alegre (V.)
jubiloso
exultante
gozoso
ufano
radiante
contento
satisfecho
entusiasta
placentero
divertido
distraído
godible
jocundo
animado
risueño
jovial
optimista
campante
pimpante
con cara de pascua
con la risa en los labios
fuera de sus casillas
con cara de fiesta
en sus glorias

(V. **regocijo)**

a. *triste*
mustio
lloroso
aburrido
lánguido
cariacontecido
desanimado
murrio
descontento
pesimista
aguafiestas
cenizo

regocijador

(V. **regocijante)**

regocijamiento

(V. **regocijo)**

regocijante

s. regocijador
alegre (V.)
chistoso (V.)
letífico
letificante
hilarante (V.)
gracioso (V.)
quitapesares
animador
alborotador
jovial
divertido (V.)
jaranero
juerguista
retozón
descacharrante
decidor
ocurrente (V.)
juguetón
jacarero
bromista
bailador
solazoso
humorista
de carácter jovial
de buen humor
dispuesto a la juerga
rebosando alegría

(V. **regocijo)**

a. *triste*
descontento
pesimista
depresivo
aguafiestas

regocijar-se

s. **alegrar** (V.)
alborozar (V.)
divertir (V.)
entretener
gozar
brincar
palmotear
regodearse (V.)
solazarse
animar
holgarse
embromar
retozar
chotearse
recrearse (V.)
satisfacer
reírse (V.)
entusiasmar
exultar
deleitar (V.)
refocilarse
complacerse
ufanarse
contentarse
festejar
juerguearse
armar jaleo
estar de broma
saltar de alegría
soltar la carcajada
tener unas copas de más
echar las campanas al vuelo
hacer gracia
hacer reir
dar risa
batir palmas
estar de juerga
armar jarana
echar una cana al aire
andar de picos pardos
festejar el santo
dar saltos de alegría
divertirse de lo lindo
estar en sus glorias

(cont.)

volverse loco de alegría
estar más contento que unas pascuas
estar más alegre que unas castañuelas
estar de fiesta
echar las campanas al vuelo
tener buenos golpes
hacer reir a un muerto
reirse de su sombra
estar de bulla
hacer el gasto
ser travieso
hacer locuras
ir de fiesta
refocilarse
ser la alegría andando
verlo todo de color de rosa
sentir júbilo

(V. **regocijo**)

a. *entristecer-se*
aburrir-se
sufrir
llorar
desconsolar-se

regocijo
s. **alegría** (V.)
jocundidad
contento (V.)
júbilo
fiesta (V.)
escorrozo (V.)
satisfacción
optimismo
delicia
embriaguez
jovialidad
cordialidad
escarceo
juego
deleite
animación
palmoteo
placer
jolgorio
holgorio
felicidad
dicha
alborozo
refocilo
regodeo (V.)
godeo
entusiasmo
alegrón
algazara (V.)
alacridad
risa (V.)
hilaridad (V.)
bulla
diversión (V.)
alboroto (V.)
fruición
bulla
jarana
gozo
gusto
titiritaina
gaudeamus
contentamiento
regocijamiento
agrado
humorismo
excitación
alegrón
juerga (V.)
orgía
huelga
festín
festejo
jubileo
buen humor
buen temple
escarceo
jugueteo
bailoteo
mascarada
carnaval
chacota
chicoleo
banquete
comilona
regodeo

a. *fastidio*
lamentación
disgusto
tristeza
amargura
murria
hastío
cansancio

regodearse
s. **alegrarse** (V.)
complacerse
deleitarse
entusiasmarse
contentarse
regocijarse
refocilarse (V.)
recrearse (V.)
holgarse
regalarse
recrearse
alborozarse
estar en sus glorias
disfrutar
gozarse
relamerse

(V. **regodeo**)

a. *lamentarse*
disgustarse
angustiarse

regodeo
s. solaz
fiesta
diversión
refocilación (V.)
refocilo
gozo (V.)
algazara
placer
alborozo
jocundidad
alegría
deleite
expansión
regocijo (V.)
regusto (V.)
saboreo
escorrozo (V.)
paladeo

a. *aburrimiento*
monotonía
lamentación
hastío
bostezo

regojo
s. **mendrugo** (V.)
cuscurro
corrusco
cantero
pedazo
cacho

s. regojuelo
retaco (V.)
pequeñajo
gorgojo
raquítico (V.)

a. *alto*
hombrón
espigado
robusto

regolaje
(V. **optimismo**)

regoldar
(V. **eructar**)

regolfar
s. **refluir** (V.)
repercutir
remansar
retroceder (V.)
estancarse (V.)
detenerse
desviarse
repercutir

(V. **regolfo**)

a. *avanzar*
fluir
salir

regolfo
s. retroceso
vuelta
reflujo

s. **golfo** (V.)
remanso (V.)
cala
caleta
recodo
seno

regomello
(V. **molestia**)

(V. **reconcomio**)

regordete
s. rechoncho
grueso
barrigudo
obeso
chaparro
retaco
rollizo
cuadrado
repolludo
achaparrado
tonelete
cachigordo
gordo (V.)

a. *esbelto*
delgado
estilizado
larguirucho

regostarse
(V. **arregostarse**)

(V. **aficionarse**)

regosto
(V. **arregosto**)

(V. **afición**)

regraciar
(V. **agradecer**)

regresar
s. **volver** (V.)
tornar
retornar (V.)
virar
venir
llegar
resurtir
reanudar (V.)
reintegrarse (V.)
repatriar (V.)
revolver
reingresar
retroceder
retrogradar
retirarse
reemprender

(V. **regreso**)

a. *alejarse*
marcharse
salir

regresión
s. **retroceso** (V.)
retrocesión
retrogradación
reculada
retirada
contramarcha
involución
huida
rebote
rechazo
repercusión
repercudida
retracción
reflujo
bajamar
ojeada retrospectiva
marea baja
vuelta a las andadas
paso atrás

s. **empeoramiento** (V.)
agravación

a. *progreso*
adelanto
avance
mejoría

regreso
s. **retroceso** (V.)
vuelta (V.)
retorno
tornada
tornadura
repatriación
retornamiento
reingreso
reaparición (V.)
regeneración
tornaviaje
venida (V.)
torna
reintegro
llegada
venida
reanudación (V.)
recuperación

a. *ida*
marcha
alejamiento
distanciamiento

regüeldo
(V. **eructo**)

(V. **cardencha**)

reguera
s. acequia
canal (V.)
cauce
reguero
almatriche
conducto
codera
clavijera
regona
bocaz
bocacaz
colector
surco
boquera
regadero
regato
regadera (V.)
riego

reguero
s. corriente
arroyo (V.)
arroyuelo
chorro
riachuelo
regato
cauce
riatillo
bazo
s. trazo
rastro (V.)
vestigio
señal
residuo

s. reguero de pólvora

regulación
s. **normalización** (V.)
reglamento
código
reglaje (V.)
norma (V.)
orden (V.)
sistema
ley
regla (V.)
estatuto
reglamentación (V.)
ordenanza
precepto
instrucción
ordenación
canon
medida (V.)
derecho
maltusianismo

a. *anarquía*
desorden
desmedida

regulador
s. regulativo
regularizador
reglamentador
ordenador (V.)
termostato (V.)
organizador
moderador
componedor
normalizador
reformador
modificador
suavizador

s. mecanismo
servomecanismo
flotador
relé
relevador

s. regulador de frecuencia
regulador antifading
regulador de tensión
regulador de intensidad
regulador de presión
regulador de velocidad
regulador de temperatura

(V. **regulación**)

regular
s. regulado
ajustado
regularizado
arreglado
medido
moderado (V.)
metódico (V.)
uniforme (V.)
uniformado
reglado
reglamentado
igual (V.)
talcualillo
exacto
razonable
limitado
acompasado
cadencioso
sistemático
correcto
proporcionado (V.)
periódico (V.)
continuo (V.)
seguido
normal (V.)
común
estable
permanente
usual
puntual
natural
frecuente
habitual
semanal
general
universal
tradicional
diario
ritual
canónico
preciso
repetido
reiterado

s. **mediocre** (V.)
vulgar
mediano (V.)
tibio
corriente
trivial
adocenado
prudente (V.)
intermedio
moderado (V.)
limitado
indiferente
ramplón
pasadero
aceptable
regularcillo
ni fu ni fa
ni bueno ni malo
así así

s. **reglar** (V.)
reglamentar
ajustar
computar
uniformar
acompasar
armonizar
regularizar
arreglar
pautar (V.)
aplantillar
normalizar
preceptuar (V.)
disciplinar
ordenar (V.)
organizar (V.)
modificar
moderar (V.)
reformar
medir (V.)
legalizar (V.)
estatuir
formular
codificar
sistematizar
establecer
mandar
graduar (V.)
controlar (V.)
por lo regular

(V. **regularidad**)

(cont.)

a. *irregular*
asimétrico
desigual
amorfo
deforme
disforme
desajustado
excelente
extraordinario
caprichoso
desmedido
desordenado
desacompasado
desproporcionado
saltuario
artificial
impreciso
inaceptable
desreglar
desajustar
desordenar
desorganizar

regularidad
s. **ritmo** (V.)
cadencia (V.)
uniformidad (V.)
orden
periodicidad
método (V.)
precisión
exactitud
puntualidad (V.)
regulación
normalidad (V.)
equilibrio
disciplina
observancia (V.)
obediencia

a. *irregularidad*
desobediencia
desorden

regularizador
(V. **regulador**)

regularizar
(V. **regular**)

regulativo
(V. **regulador**)

régulo
s. reyezuelo
tirano
déspota
señor
soberano (V.)
monarca
jefe
gobernador (V.)
dominante

a. *vasallo*
esclavo

regurgitación
(V. **eructo**)

(V. **vómito**)

regurgitar
s. **eructar** (V.)
devolver
vomitar (V.)
expeler
expulsar
arrojar
lanzar
repetir (V.)

(V. **regurgitación**)

a. *retener*
refrenar
sujetar

regusto
s. **sabor** (V.)
saborcillo
aroma
deje
dejo
gustillo
regodeo (V.)
resabio

s. **impresión** (V.)
sensación
impacto

rehabilitación
s. **reivindicación** (V.)
redención
desagravio (V.)
salvación
satisfacción
reparación (V.)
enmienda
resarcimiento
restablecimiento (V.)
reincorporación
readmisión
restitución
depuración (V.)
reposición
indemnización
reeducación
recuperación (V.)
recobro
rescate
vindicación
reconstrucción
reedificación
ortopedia
prótesis

a. *destitución*
cese
despido
descarrío
perdición

rehabilitado
s. **depurado** (V.)
reivindicado
repuesto
vindicado
rehecho
recuperado
reconocido
reingresado
restituido
indemnizado
redimido
recobrado
reparado
restablecido

(V. **rehabilitación**)

a. *expulsado*
desvirtuado
destituido
condenado

rehabilitar-se
s. **reivindicar** (V.)
vindicar
depurar (V.)
purificar
regenerar (V.)
restituir
restablecer
reponer
reinstalar
rehacer (V.)
salvar
redimir (V.)
recobrar
rescatar
recuperar (V.)
reparar
enmendar
corregir
reeducar (V.)
resarcir
desagraviar (V.)
indemnizar

(V. **rehabilitación**)

a. *destituir*
deponer
descarriar
denigrar
enviciar

rehacer-se
s. **refundir** (V.)
reparar
reponer
reformar (V.)
reconstruir (V.)
recomponer (V.)
restaurar
restablecer
rehabilitar (V.)
reedificar (V.)
repasar (V.)
reconstituir (V.)
renovar

s. **restablecerse** (V.)
sobreponerse
fortalecerse
reanimarse
recrearse (V.)
recobrarse (V.)
calmarse
sosegarse
serenarse
aplacarse
tranquilizarse
recuperarse

a. *destruir*
derribar
debilitarse
angustiarse

rehala
s. **rebaño** (V.)
manada
hato
tropa
tropilla
tropel
arreala
reala

s. dula
almaje
vecería
vecera

s. **rehalero** (V.)

rehalero
(V. **mayoral**)

rehén
s. prenda
garantía (V.)
fianza
seguro
recaudo

s. **prisionero** (V.)
retenido
encerrado
secuestrado

a. *secuestrador*
canjeado
liberado

rehenchir
(V. **rellenar**)

reherimiento
(V. **rechazo**)

(V. **refutación**)

reherir
(V. **rechazar**)

(V. **refutar**)

rehervir-se
(V. **hervir**)

(V. **encolerizarse**)

(V. **fermentar**)

rehilandera
(V. **molinillo**)
(juguete)

rehilar
(V. **temblar**)

(V. **zumbar**)

rehilete
s. **flecha** (V.)
flechilla
banderilla (V.)
estoque
garapullo
vara
gallito
repullo
reguilete

s. **volante** (V.)
juguete (V.)
gabote
gallo

s. **pulla** (V.)
zaherimiento
burla
agudeza
ironía
indirecta

a. *elogio*
alabanza
torpeza

rehogar
s. sazonar
estofar
dorar
cocinar
cocer
recocer
guisar (V.)
adobar
asar
perdigar (V.)
sofreír
saltear
freír (V.)

rehollar
(V. **pisotear**)

(V. **maltratar**)

rehoyo
s. rehoya
hoyo
barranco (V.)
barranquera
pozo
barranca
hoyada
cárcava

rehuida
(V. **evitación**)

(V. **aislamiento**)

rehuir
s. soslayar
eludir (V.)
denegar
rehusar (V.)
sortear
esquivar (V.)
ladearse (V.)
cerdear
retirar
repugnar
rechazar
excusar
encogerse de hombros
huir de la quema
dar de lado
pasar por alto
sacudirse las moscas

s. **aislarse** (V.)
apartarse
retraerse (V.)
hurtarse (V.)

(V. **rehuida**)

a. *aceptar*
presentarse
afrontar
tratar
encararse
relacionarse

rehundir
(V. **refundir**)

(V. **derrochar**)

rehusar
s. **esquivar** (V.)
excusar
regatear (V.)
rechazar (V.)
menospreciar
recusar
rehuir (V.)
apartar
negarse (V.)
desestimar (V.)
oponerse
desechar
repeler
rechinar
repudiar
repulsar
declinar
renunciar
dedignar
dejar
desinteresarse
contrariar
declinar
desairar
despreciar (V.)
dejar
despedir
devolver
dimitir
denegar
excluir
exceptuar
dar de lado
no entrar en la combinación
no interesar
dar calabazas

a. *aceptar*
admitir
acoger
apreciar
estimar
favorecer
recibir
coger
arrostrar
adherirse
tomar
adoptar
subscribir
aprobar
apencar
apechar
apechugar
cargar con
afrontar

reíble
(V. **risible**)

reichstag
(V. **asamblea**)

(V. **cortes**)

reidor
s. **alegre** (V.)
gozoso
chacotero
bromista
risueño (V.)
divertido
burlón
payaso
cómico
guasón (V.)
optimista
zumbón
carialegre
satisfecho
festivo
placentero

(V. **risa**)

a. *triste*
lloroso
cariacontecido
pesimista

reimpresión
(V. **reedición**)

(V. **reproducción**)

reimprimir
s. reeditar
reinsertar
reproducir (V.)
hacer copias
sacar copias
hacer fotocopias
fotocopiar

(V. **reimpresión**)

reina
s. soberana
emperatriz
princesa
señora (V.)
majestad
gobernante

s. pieza
dama
ajedrez (V.)

(V. **reinado**)

reinado
s. **superioridad** (V.)
predominio (V.)
dominio
imperio
monarquía (V.)
mando
autoridad (V.)
potestad
pontificado (V.)
dominación
regencia
corregencia
correinado
realeza
reinazgo

s. jornada
interregno
dinastía (V.)
sucesión
época (V.)
lapso
plazo

(V. **reino**)

a. *inferioridad*
sometimiento

reinante
s. **actual** (V.)
existente
dominante (V.)
predominante
moderno
imperante
presente
gobernante

(V. **reino**)

a. *reino*
pasado
antiguo
pretérito
inactual

reinar
s. **regir** (V.)
gobernar (V.)
mandar
imperar
dominar
dirigir
imponerse
someter
señorear

s. **predominar** (V.)
sobresalir
prevalecer
resaltar
destacar

s. **haber** (V.)
existir (V.)

(V. **reino**)

a. *obedecer*
abdicar
dimitir
ceder

reincidencia
s. **repetición** (V.)
reiteración
insistencia
contumacia (V.)
torna
iteración
recaída (V.)
terquedad
agravamiento
obstinación (V.)
rebeldía
porfía
soliviantamiento

a. *enmienda*
corrección
reparación
flexibilidad
abandono

reincidente
s. relapso
contumaz (V.)
repetidor
reiterador
rebelde
terco
recalcitrante (V.)
obstinado
refractario
indisciplinado
indócil
desobediente
insumiso
reacio (V.)
renuente
reiterativo

(V. **reincidencia**)

a. *dócil*
obediente
sumiso
escarmentado
flexible
novato

reincidir
s. **repetir** (V.)
reiterar
iterar
recaer (V.)
insistir
incurrir (V.)
rebelarse (V.)
desobedecer
indisciplinarse
insubordinarse
obstinarse (V.)
reanudar
volver a las andadas
volver a caer
volver a la misma
llover sobre mojado

(V. **reincidencia**)

a. *escarmentar*
desistir
abandonar

reincorporación
s. vuelta
reintegración (V.)
reposición
restitución
devolución (V.)
regreso
restablecimiento
rehabilitación
reinstalación
reingreso

a. *reclamación*
retención
sujeción

reincorporar-se
s. devolver
restituir (V.)
reponer
reintegrar
reingresar
reinstalar
restablecer (V.)
rehabilitar
volver
regresar
recuperar (V.)

(V. **reincorporación**)

a. *retener*
mantener
negar
sujetar

reingresar
(V. **reincorporar**)

reingreso
(V. **reincorporación**)

reino
s. **territorio** (V.)
feudo
reinado (V.)
dominio
país
nación
realeza
gobierno
realme
monarquía (V.)
soberanía (V.)
imperio
dinastía
mando

s. **ámbito** (V.)
dominio
terreno
campo (V.)
especialidad
marco
extensión

reinstalación
(V. **reincorporación**)

reinstalar
(V. **reincorporar**)

reinstaurar
(V. **restablecer**)

reintegrable
s. **restituible** (V.)
recuperable (V.)
redimible
rehabilitable
reparable
reversible
resarcible
reembolsable
cobrable

(V. **reintegración**)

a. *irrecuperable*
irreparable
irreversible
incobrable

reintegración
s. **devolución** (V.)
restitución (V.)
reposición
reversión
resarcimiento
reintegro (V.)
satisfacción
compensación
equivalencia
reincorporación (V.)
recuperación
redención
rehabilitación
reembolso (V.)
abono
pago
indemnización

a. *retención*
conservación

reintegrar-se
s. satisfacer
pagar
devolver (V.)
restituir (V.)
desquitarse (V.)
restablecer
reponer (V.)
reconstituir
reconstruir
resarcir (V.)
compensar
recuperar (V.)

s. **recobrarse** (V.)
compensarse
reembolsarse (V.)

s. **reincorporarse** (V.)
regresar (V.)

(V. **reintegración**)

a. *apropiarse*
quedarse
retener
conservar

reintegro
s. **reintegración** (V.)
pago
entrega
abono
premio (V.)
devolución
reembolso (V.)
compensación
equivalencia
liquidación
restitución (V.)

s. póliza
timbre
documento (V.)
instancia

a. *retención*
conservación

reír-se
s. **gozar** (V.)
sonreír
descuajaringarse
carcajear
desternillar
estallar
mear-se
soltar el trapo
soltar una carcajada
romper a reír
morirse de risa
reventar de risa
mover a risa
descoyuntarse de risa
soltar la risa

s. **burlarse** (V.)
chancearse
humillar
ofender
ridiculizar
mofarse
bromear
embromar
servir de irrisión
poner en ridículo
satirizar
caricaturizar
parodiar
poner en berlina
poner en solfa
tomar el pelo

(V. **risa**)

a. *llorar*
entristecerse
gemir
gimotear
sollozar
hipar
plañir
suspirar
lagrimear

reis
(V. **moneda**)

reiteración
s. **repetición** (V.)
iteración
reincidencia
frecuencia
insistencia (V.)
reproducción
recidiva
recaída
redundancia
reposición
reedición
frecuentación

a. *variación*
variedad
abandono
dejación

reiterado
s. reiterativo
repetido (V.)
frecuente
iterado
reproducido
machacado
redoblado
redundante
insistente (V.)
obstinado
terco (V.)
contumaz
renovado
periódico
machacón (V.)
pesado
repetidor (V.)
posma
regular

(V. **reiteración**)

a. *variado*
ligero
dejado
abandonado

reiterar
s. **repetir** (V.)
iterar
redoblar
insistir (V.)
reproducir
machacar
replicar
redundar
redecir
renovar (V.)
reincidir
instar
porfiar (V.)
reafirmar
confirmar
hacer hincapié
volver a la carga
volver a la misma canción

(V. **reiteración**)

a. *desistir*
dejar
abandonar
variar

reiterativo
(V. **reiterado**)

reivindicación
s. **reclamación** (V.)
pretensión
reclamo
demanda
petición
exigencia (V.)
derecho
protesta
queja
solicitud

s. **recuperación** (V.)
irredentismo (V.)
redención
resarcimiento
recobro
restitución (V.)
rescate (V.)
desagravio
reparación
rehabilitación (V.)
vindicación
devolución
sufragismo (V.)

a. *renuncia*
dejación
abandono
desistimiento
retención
conservación
denegación
negativa

reivindicado
s. **irredento** (V.)
solicitado
pedido
exigido
pretendido
reclamado
ambicionado

s. **rehabilitado** (V.)

(V. **reivindicación**)

a. *denegado*
rechazado
destituido
condenado

reivindicar
s. **exigir** (V.)
pretender (V.)
pedir (V.)
solicitar
reclamar (V.)
demandar
conminar
protestar
requerir
compeler
exhortar
apremiar
instar
invitar

s. vindicar
recuperar (V.)
recobrar
redimir (V.)
resarcir
reparar
rehabilitar (V.)
restituir
desagraviar (V.)

(V. **reivindicación**)

a. *abandonar*
dejar
desistir
renunciar
entregar
retener
conservar
denegar
rechazar

corriente amplificada
flujo de electrones
manantial eléctrico

s. **esterilla** (V.)
labor
tejido

rejiñol
(V. **pito**)
(V. **botijo**)

rejitar
(V. **vomitar**)

rejo
s. rejón
punta (V.)
aguijón (V.)
pincho
asta de madera
púa

s. **fuerza** (V.)
robustez (V.)
hombría
valentía

s. radícicula
raicilla

a. *pusilanimidad*
cobardía

rejoneador
(V. **torero**)
(V. **jinete**)
(V. **lidiador**)

rejonear
s. **torear** (V.)
picar (V.)
pinchar
lidiar (V.)
herir
aguijonear
varear
(V. **rejoneo**)

rejoneo
(V. **toreo**)
(V. **lidia**)

rejuela
(V. **rejilla**)
(V. **brasero**)

rejuvenecedor
s. renovador
restaurador (V.)
tónico
tonificante
vigorizante
reparador
refrescante
vivificador
enérgetico
reverdeciente
(V. **rejuvenecimiento**)
a. *envejecedor*

rejuvenecer-se
s. **remozar** (V.)
refrescar
reparar
renovar (V.)
modernizar (V.)
vigorizar
reverdecer (V.)
enjordanar
enmocecer
robustecer
juvenecer
recuperarse
fortalecer
reanimar
redimir
restablecerse
entonar
vivificar
actualizar
aniñarse
lozanearse
reforzar (V.)
tonificar
revivir (V.)
(V. **rejuvenecimiento**)

a. *envejecer-se*
acartonar-se
debilitar-se

rejuvenecimiento
s. **renovación** (V.)
remozamiento (V.)
reparación
restauración
restablecimiento
redención
vivificación
robustecimiento
tonificación
recuperación
endurecimiento
reanimación
modernización (V.)
actualización
reverdecimiento

a. *envejecimiento*
acartonamiento
debilitación

relación, es
s. **correspondencia** (V.)
concomitancia
ilación (V.)
unión (V.)
inherencia (V.)
coherencia (V.)
vínculo (V.)
enlace
trabazón
afinidad (V.)
analogía (V.)
razón
proporción (V.)
engranaje
dependencia
contacto
consonancia
asonancia
conformidad
comercio (V.)
comparación
concernencia
causa (V.)
orden (V.)
trato (V.)
respecto(a) (V.)
acoplamiento
diferencia
connotación
encadenamiento (V.)
relatividad
correlatividad
reciprocidad (V.)
pertinencia
pertenencia
coincidencia
conexión
correlación
aligación
armonía (V.)
articulación (V.)
semejanza
igualdad (V.)
atingencia
entendimiento
reunión
eslabonamiento
causalidad (V.)
comunicación (V.)
concadenación
concatenación
concordancia
congruencia
connivencia
contigüidad
lazo
liaison
ligazón
nexo
maridaje
paralelismo
proximidad
parentesco (V.)
familiaridad

s. **asociación** (V.)
sociedad
red
organización
conjunto
sistema

s. relato
cuento
referencia (V.)
informe
narración (V.)
descripción
referimiento
memoria
explicación
reseña

s. **lista** (V.)
catálogo
índice (V.)
elenco
reparto
enumeración
rol
sobordo
inventario (V.)
repertorio
padrón
nómina
estadillo
censo
letanía
minuta
menú
factura

s. raigambre
amistad (V.)
amigos
trato (V.)
conocimientos (V.)
influencias
noviazgo (V.)

s. hacer relación de
relación jurada
relaciones formales
relaciones amorosas
relaciones ilícitas
estar en buenas relaciones
en relación a

a. *desconexión*
desunión
independencia
incoherencia
incongruencia
desvinculación
enemistad
separación
contrariedad
oposición
desemejanza
disconformidad
desarticulación
desigualdad
incomunicación
lejanía
disolución
desorganización
silencio

relacionado
s. concerniente
conexo
inherente
ilativo
referente
vinculado
correspondiente
concomitante
relativo a
tocante a
perteneciente
propio
referido
vecino
afín
atinente
recíproco (V.)
coherente
congruente
respectivo
pertinente

s. acerca de
a propósito de
en consideración a
con referencia a
en lo relativo a
con respecto a
en vista de
por lo que hace a
en lo concerniente a
relatado
contado
expuesto
explicado
reseñado
testimoniado
narrado

s. sociable
influyente (V.)
conocido
(V. **relación**)

a. *ajeno*
extraño
inconexo
desvinculado
impropio
incoherente
incongruente
omitido
callado
insociable
desconocido

relacionar-se
s. **competer** (V.)
atañer
concernir (V.)
respectar
afectar
conectar
empalmar
incumbir
importar
corresponder (V.)
coincidir (V.)
referirse (V.)
rozar con
engranar
enlazar
rezar con
tocar
tener que ver con
venir al caso
darse la mano con
ir con
correr con
pertenecer

s. **alternar** (V.)
tratarse (V.)
acoplar
encadenar
enlazar (V.)
conexionar (V.)
vincular
trabar
comparar (V.)
engranar
depender
connotar
coordinar (V.)
emparentar
concordar
concomitar
casar
codearse
combinar
concatenar
concadenar
sumar
reunir
unir (V.)
deducir (V.)
inferir
eslabonar (V.)
engarzar (V.)
entrelazar
inferir
ligar
juntar (V.)
organizar (V.)
asociar
introducirse
referir
asemejarse
parecerse (V.)

s. describir
contar
narrar (V.)
referir
explicar
recitar
informar
relatar (V.)

s. alistar
catalogar (V.)
contar
matricular
empadronar
certificar
inventariar (V.)
coleccionar
enumerar
enrolar
facturar
articular
reglamentar
(V. **relación**)

a. *separar*
desunir
desvincular
desconectar
destrabar
aislarse
encerrarse
desengranar
retener
desligar
desorganizar
silenciar
callar
omitir
tachar
borrar
desarticular

relajación
s. relax
relajo
laxitud (V.)
relajamiento
laxación
flojedad (V.)
aflojamiento
debilitamiento (V.)
debilidad
atonía
flaccidez

s. **esparcimiento** (V.)
diversión
descanso

s. **alivio** (V.)
atenuación
disminución
suavidad
desahogo

s. **hernia** (V.)
rotura
distorsión

(cont.)

s. depravación
maldad
inmoralidad (V.)
libertinaje
descarrío (V.)
vicio
desenfreno
corrupción
licencia (V.)
disolución (V.)

a. *tensión*
agarrotamiento
fortaleza
ánimo
cansancio
bondad
virtud
moralidad

relajado
s. **débil** (V.)
flojo
laxo (V.)
enervante
letal
atónico
debilitado

s. depravado
estragado
envilecido
vicioso (V.)
corrompido
libertino (V.)
descerrajado

(V. **relajación**)

a. *fuerte*
animado
animoso
virtuoso
bueno

relajamiento
(V. **relajación**)

relajar-se
s. **laxar** (V.)
aflojar (V.)
ablandar
debilitar (V.)
enervar
extenuar
cansar
derrengar
distender (V.)
desahogar (V.)
paliar
calmar (V.)
tranquilizar
sosegar
aliviar (V.)
disminuir
destensar
amollar
claudicar
desgastarse
resquebrajarse
descansar (V.)
atenuar
suavizar
lenificar

s. **herniarse** (V.)
quebrarse
romperse

s. **corromperse** (V.)
enviciarse (V.)
envilecerse
estropearse (V.)
estragarse
desenfrenarse
soltarse (V.)
desmandarse
viciarse
descarriarse
depravarse
malearse (V.)
aseglararse
aseglarizarse

s. divertirse
solazarse (V.)
entretenerse

(V. **relajación**)

a. *fortalecer-se*
animar-se
estirar-se
cansar-se
agarrotar-se
tensar-se
endurecer-se
aumentar
acentuar-se
agravar-se
regenerar-se
mejorar-se
perfeccionar-se
aburrir-se

relajo
(V. **relajación**)

relamer-se
s. **saborear** (V.)
lamer
rechupar
gozar (V.)
chuparse los dedos
lamerse los labios

s. **acicalarse** (V.)
arreglarse
componerse
afeitarse
rasurarse

s. **jactarse** (V.)
regodearse
gloriarse (V.)
pavonearse
presumir (V.)
ufanarse
farolear
ensoberbecerse

a. *rechazar*
disgustar
desplacer
abandonarse
humillarse
rebajarse

relamido
s. **acicalado** (V.)
afectado
pulido
compuesto
recompuesto
atildado
pulcro
vano
lamido (V.)
estirado
remilgado (V.)
almidonado
repulido
presumido (V.)
peripuesto
emperifollado

a. *natural*
abandonado
desastrado
adán

relámpago
s. fulgor
centella
chispa
fulminación
resplandor (V.)
chispazo
exhalación
meteoro (V.)
relampagueo
culebrina
relumbrón (V.)
fucilazo
fusilazo
refusilo
fulguración
descarga
rayo (V.)

s. agudeza
ingenio (V.)
viveza (V.)

a. *oscuridad*
tinieblas
torpeza

relampagueante
s. fulgurante
radiante
fulminante
fulminador
fulminoso
fulmíneo
fulgural
centelleante
brillante (V.)
cegador
chispeante
resplandeciente (V.)
deslumbrante

s. vivaz
colérico (V.)
irascible
iracundo

s. **agudo** (V.)
ingenioso (V.)
vivo
ocurrente

(V. **relámpago**)

a. *tenebroso*
obscuro
nublado
calmo
sosegado
torpe

relampaguear
s. fulminar
fucilar
fulgurar
centellear
chispear
brillar (V.)
resplandecer (V.)
coruscar
deslumbrar
brillar los ojos
hacer chiribitas los ojos

(V. **relámpago**)

a. *obscurecer*
nublar
apagarse

relampagueo
(V. **relámpago**)

relance
(V. **casualidad**)

(V. **rechazo**)

relanzar
(V. **rechazar**)

relapso
(V. **reincidente**)

(V. **renegado**)

relatar
s. declarar
contar
noticiar (V.)
narrar (V.)
describir
informar (V.)
relacionar (V.)
explicar
exponer
reseñar
mencionar
notificar
decir
recitar (V.)
detallar
referir (V.)

(V. **relato**)

a. *callar*
omitir
silenciar

relatividad
s. relativismo
comparación (V.)
referencia
concernencia
contacto
reciprocidad (V.)
conformidad
coherencia
atingencia
contingencia
correlación (V.)
dependencia
pertenencia
indeterminación (V.)
limitación

s. teoría de la relatividad

a. *incoherencia*
determinación
extrañeza

relativismo
s. relatividad
agnosticismo
limitación
temporalidad
realidad
concreción
determinismo
positivismo
pragmatismo
vitalismo
existencialismo
criticismo

(V. **filosofía**)

a. *universalidad*
universalismo
idealismo

relativo
s. relacionado
atinente
atañente
perteneciente
correspondiente (V.)
referente (V.)
tocante
conforme
análogo
conexo
atañadero
afín
concerniente
concomitante
congruente
coherente
respectivo (V.)
dependiente
conexo
vecino
recíproco (V.)
correlativo

s. **condicional** (V.)
limitado (V.)
circunscrito
subordinado
condicionado
incidental
accidental
comparativo
concreto
real (V.)
material (V.)
temporal (V.)
restringido
indeterminado
indefinido
contingente
aferente
mudable
variable
irregular
subordinado

s. **cierto** (V.)
algo de
poco (V.)

(V. **relación**)

a. *ajeno*
extraño
absoluto
incondicional
distinto
contrario
independiente
rotundo
tajante
terminante
definitivo
concluyente
pleno
ilimitado
invariable
inconcreto
ideal
definido
regular
invariable
fijo
permanente
mucho

relato
s. **narración** (V.)
recitación (V.)
exposición
explicación
información (V.)
descripción
reseña
referencia
referimiento
detalle (V.)
pormenor
crónica
cronicón
cuento
historia
historieta
novela
anécdota
fábula
leyenda
conseja
viaje
informe
memorias
hablilla
murmuración
chiste
chascarrillo
chisme
cuento de viejas
versión

a. *silencio*
omisión

relator
s. **narrador** (V.)
cronista
cuentista
explicador
descriptor
informador
historiador
novelista
parabolano
expositor
charlista
orador
murmurador
relatante
referente
relatador
reseñador

(V. **relato**)

relax
(V. **relajación**)

relay
(V. **relé**)

relé
s. relay
relevador
disyuntor
regulador
interruptor
distribuidor
mando
relevo

s. solenoide
armadura
circuitos
contacto
bobina
electroimán
válvula termoiónica

(V. **electricidad**)

releer
s. estudiar
repasar (V.)
empollar
aprender (de memoria)
empaparse
asimilar
repetir (V.)
profundizar
ahondar
embeberse
aplicarse
analizar
aprenderse
enterarse

a. *holgazanear*
abandonarse

relegación
s. deportación
expulsión
destierro (V.)
expatriación
extrañamiento
confinamiento

s. desprecio
postergación (V.)
arrinconamiento
posposición
apartamiento
olvido (V.)
humillación

a. *repatriación*
aprecio
consideración
memoria
recuerdo
recordación
vigencia

relegar-se
s. extrañar
desterrar (V.)
deportar
confinar
expatriar
aislar

s. **apartar** (V.)
arrinconar
despreciar
olvidar (V.)
posponer
excluir
repulsar
rechazar
eliminar
deponer
dar de lado
repudiar
humillar

(V. **relegación)**

a. *repatriar*
aceptar
considerar
reconocer
admitir
ensalzar
recordar

releje
s. **surco** (V.)
carrilada
carrilera
rodada
rodera
relej

s. **sarro** (V.)
limosidad
tártaro
saburra

relente
s. **humedad** (V.)
sereno (V.)
escarcha
rocío
niebla
vaho

s. **frescura** (V.)
desenfado
descaro
burla
sorna (V.)
tapujo
socarronería

a. *sequedad*
calidez
seriedad
consideración

relevación
s. liberación
alivio (V.)
absolución
excusa
perdón
exención (V.)
gracia
perdón

a. *castigo*
carga
vigencia
inclusión

relevante
s. **sobresaliente** (V.)
descollante
superior
excelente
eximio
selecto
inmejorable
magnífico
inapreciable
inestimable
extraordinario
notable (V.)

a. *corriente*
vulgar
insignificante

relevar-se
s. exonerar
perdonar
excusar
eximir (V.)
absolver
liberar (V.)
dispensar
descargar

s. **socorrer** (V.)
ayudar
auxiliar
remediar
apañar

s. **exaltar** (V.)
engrandecer
realzar
enaltecer
honrar (V.)
elevar
glorificar

s. **substituir** (V.)
reemplazar (V.)
(guardia)
cambiar
turnar-se (V.)
mudar
jubilar
revezar
suplir (V.)
permutar
suplantar
destronar (V.)
cambiar por
resaltar (V.)
realzar
acentuar
contrastar
intensificar
poner en relieve
dar bulto

(V. **relevo)**

(V. **relieve)**

a. *acusar*
cargar
cumplir
castigar
abandonar
humillar
mantener
desprestigiar
desvirtuar

relevo
s. **cambio** (V.)
substitución (V.)
reemplazo
renuevo
turno (V.)
mudanza
permuta

s. **soldado** (V.)
guardia
centinela (V.)
vigía
licenciamiento
(V.)

a. *mantenimiento*
retención
fijeza
permanencia

relicario
s. **estuche** (V.)
caja
cofrecillo
joyero

s. **dije** (V.)
guardapelo
medallón
medalla
tahalí
teca
reliquiario

(V. **reliquia)**

relieve
s. resalte
resalto (V.)
bulto
saliente (V.)
realce (V.)
modelado
perfil
rafe
anáglifo
prominencia (V.)
orografía
topografía
protuberancia
abultamiento
elevación
convexidad
lomo
incuso
mazonería
circunvolución
moldura

s. alto relieve
bajo relieve
medio relieve

s. **importancia** (V.)
sobresaliente (V.)
mérito
renombre (V.)
valía
grandeza
esplendor
magnitud
magnificencia
brillo

s. **sobras** (V.)
residuos
restos (V.)
sobrantes
escurriduras
posos
barreduras
poner en relieve
dar relieve a algo

a. *concavidad*
oquedad
hendidura
humildad
insignificancia
totalidad

religión
s. creencia
fe
misterios
Evangelio
dogma (V.)
doctrina
credo
culto (V.)
teología (V.)
convicción
convencimiento
piedad
religiosidad
devoción
unción
virtud
moralidad
cumplimiento
cristología
observancia
fervor
adoración
recogimiento
confesión
ley de Dios
liturgia
teogonía
precepto
redención
salvación
iglesia (V.)
templo
santidad
misión
propaganda
proselitismo
propagación
doctrina (V.)
confesionista
evangelización
apostolado
conversión
milagro
taumaturgia
Dios (V.)
respeto
veneración
ortodoxia
heterodoxia
mandamiento
tradición
ley
misticismo
reliquia
tabú
éxtasis
vocación
herejía (V.)
metempsícosis
hierología
hierografía
superstición
librepensamiento

s. **Biblia** (V.)
Corán (V.)
Avesta
Talmud (V.)
Tora
Veda
Purana
Zendavesta
Tárgum
Zoroastro

s. **cristianismo** (V.)
cristiandad
catolicismo (V.)
catolicidad
protestantismo
(V.)
judaísmo (V.)
vedismo
islamismo (V.)
budismo (V.)
brahmanismo (V.)
confucionismo
confucianismo
sintoísmo
hinduismo (V.)
mazdeísmo
sabeísmo
pasismo
zoroastrismo
preadamismo
adventismo
babismo
druidismo
luteranismo
calvinismo
mahometismo
vedismo

s. deísmo
teísmo
monoteísmo
politeísmo (V.)
paganismo
helenismo
gentilidad
metodismo
animismo
dualismo
antropomorfismo
emanantismo
fetichismo
ocultismo
panteísmo
racionalismo
totemismo
superstición
zoolatría

s. **religioso** (V.)

a. *impiedad*
incredulidad
ateísmo
laicismo
idolatría
cisma
profanación
herejía
fanatismo
intolerancia
beatería
camandulería
santurronería
controversia
duda
agnosticismo
escepticismo
abjuración
apostasía
simonía
irreverencia
tibieza
indiferencia
blasfemia
libertinaje
impiedad
racionalismo

religiosa
s. madre
oblata
sor
sergenta
adoratriz
salesa
ursulina
clarisa
canonesa
menoreta
servita
trinitaria
teresa
teresiana
benita
carmelita
concepcionista
dominica
esclavas
asuncionista
agustina
bernarda
franciscana
mercedaria
paulina
sierva de Jesús
sierva de María
monja (V.)

(V. **religión)**

a. *seglar*

religiosidad
s. **devoción** (V.)
piedad (V.)
unción
fervor
celo
cumplimiento
observancia
convencimiento
fe
creencia
dogma

s. puntualidad
exactitud (V.)
precisión
rigor
estrictez
escrupulosidad
(V.)

(V. **religión)**

a. *impiedad*
irreverencia
negligencia
dejadez
tibieza
ateísmo
escepticismo
agnosticismo
indiferencia
librepensamiento
iconoclastia
incredulidad
gentilidad
paganismo
panteísmo
teofobia

religioso
s. ordenado
fraile
monje
sacerdote (V.)
profeso (V.)
definidor
siervo
provincial
novicio
terciario
congregacionista

s. devoto
fervoroso
piadoso (V.)
pío (V.)
justo
fiel
místico
fanático
creyente
confesional
ascético
asceta
virtuoso

s. cumplidor
escrupuloso (V.)
metódico
concienzudo
minucioso
exacto (V.)
puntual

s. **parco** (V.)
moderado (V.)
frugal
mesurado
humilde
lugar religioso
arquitectura
religiosa

(V. **religiosidad)**

a. *seglar*
irreverente
impío
negligente
incumplidor
descomedido
descreído
escéptico
agnóstico
despreocupado
tibio
indiferente
librepensador
iconoclasta
antirreligioso
ateo
incrédulo
gentil
pagano
panteísta
teófobo

relimpio
s. **limpio** (V.)
pulcro
pulquérrimo
relamido
presumido (V.)
impecable
escrupuloso
detallista
exagerado

a. *sucio*
desaseado
desastrado
abandonado

relinchar
s. chillar
vocear
alborotar (V.)
quejarse
avisar

(V. **caballo)**

relincho
s. relinchido
soplido
resoplido
bufido
roznido
hin
voz (V.)

s. alboroto
queja
aviso
grito (V.)

reliquia
s. **resto** (V.)
vestigio
traza
huella
señal (V.)
fragmento
pieza
dije
paz
relicario
santificación
lígnun crucis
sepulcro
tahalí
teca
muelle
nómina

s. **secuela** (V.)
lacra
achaque (V.)
dolor
infortunio
deficiencia

s. anacronismo
antigualla (V.)
estafermo
vejestorio
ranciedad

a. *juventud*
novedad

reloj
s. cronómetro
cronógrafo
horómetro
hora (V.)
horario
metrónomo
reloj de péndulo
reloj de péndola
reloj de pulsera
reloj de repetición
reloj de campana
reloj de longitudes
reloj magistral
reloj marino
reloj de sol
reloj de arena
reloj de bolsillo
reloj de agua
reloj solar
saboneta
clepsidra
ampolleta
cuadrante
callana
reloj calendario
reloj de pared
reloj plano
reloj extraplano
reloj despertador

s. minutero
segundero
cuerda
llave
cubo
pesa
rueda catalina
muelle
aguja
escape
lenteja
caracol
péndola
péndulo
penteja
compensador
espiral
volante
eje
árbol de ruedas
disparador
áncora
registro
sordina
repetidor
esfera
manecilla
saeta
sonería (V.)
campana
mano
caja
tapa

s. relojera
cadena
pulsera
leontina
leopoldina

s. gnomón
índice
estilete
estilo
polo gnomónico
radio de los signos
trigono
venero
dar cuerda
señalar
dar la hora
marchar
marcar
adelantar
atrasar

s. relojero

s. relojería (arte)
gnomónica

s. relojería (tienda)

s. como un reloj
contra reloj

(V. **tiempo**)

relso
(V. **terso**)

(V. **limpio**)

reluciente
s. resplandeciente
brillante (V.)
deslumbrante
relumbrante
fosforecente
fulgurante
esplendoroso
centelleante (V.)
lucífero
relumbroso
pulido
terso
pulimentado
barnizado

s. **saludable** (V.)
gordo (V.)
lucido

s. *opaco*
apagado
deslustrado
esmerilado
delgado
desmirriado

relucir
s. **resplandecer** (V.)
brillar (V.)
deslumbrar
fosforecer
centellear
tornasolar (V.)
lucir
espejear
reflejar-se

s. **abrillantar** (V.)
pulir
bruñir
barnizar

s. resaltar
sobresalir (V.)
destacar
sacar a relucir

a. *deslustrar*
apagar
amortiguar
oscurecerse
humillar

reluctancia
s. **resistencia** (V.)
renuencia
repulsa
oposición
repugnancia (V.)
rebeldía
testarudez
porfía

a. *sumisión*
conformidad
atracción
docilidad

reluctante
s. **opuesto** (V.)
reacio (V.)
remiso
renuente (V.)
indócil
testarudo
renitente
porfiado
rebelde
indisciplinado
refractario
contrario
enemigo

(V. **reluctancia**)

a. *sumiso*
dócil
disciplinado
favorable

relumbrante
s. reluciente
impresionante (V.)
resplandeciente (V.)
fulgurante
brillante (V.)
luciente
lúcido
deslumbrante
relumbroso

(V. **relumbre**)

a. *obscuro*
apagado
sencillo
humilde

relumbrar
s. **brillar** (V.)
resplandecer (V.)
relucir
coruscar
cegar
chispear
deslumbrar
rutilar

a. *obscurecer*
apagarse

relumbre
(V. **relumbrón**)

relumbrón
s. relumbre
relumbro
destello (V.)
fulgor
centelleo
resplandor
relámpago (V.)
chispazo
brillo

s. **lujo** (V.)
oropel
efectismo (V.)
aparato
apariencia
ficción
exageración
ostentación (V.)
falsedad

s. de relumbrón

a. *obscuridad*
realidad
sencillez
humildad
autenticidad

rellano
s. descansillo
descanso
meseta
plataforma
tramo
escalera (V.)
mesa (V.)
mesilla (V.)
puntido
camarín
cambarín
camparín
desembarco

s. **terraza** (V.)
llano

rellenar
s. **llenar** (V.)
rebutir
colmar (V.)
atracar
atarugar
inundar
repletar
calafatear (V.)
cegar
inflar
embutir
trufar
embotar
atochar
algodonar
ocupar
atiborrar
emborrar
saturar
rehenchir
macizar (V.)
enfundar
envasar
entarquinar
atrabancar
concentrar
reconcentrar
apretar
poblar
empastar (V.)
henchir (V.)
completar (V.)
meter (V.)
rebosar
empajar
empiantillar
enmasillar
mechar
tabicar
enripiar
estopar
hartar
zaboyar
atascar
bugir
entarquinar

s. terraplenar
cegar
explanar
refundir (V.)
allanar (V.)
alisar
nivelar (V.)
tapar

s. estar hasta los topes
llenar hasta el borde
no caber un alfiler
hartar de comida

(V. **relleno**)

a. *vaciar*
desocupar
desinflar
desembotar
desapretar
desnivelar
destapar

relleno
s. cebado
abarrotado
completo
inflado
colmado
saturado (V.)
cargado
sobrecargado
sobresaturado
atestado
pleno
saciado
sacio
harto (V.)
pletórico
copioso
repleto
rebosante
denso
macizo
falsío
grávido
preñado
colmo

s. **picadillo** (V.)
tripa

s. **superfluo** (V.)
sobrante
innecesario
hojarascoso

s. **empaste** (V.)
henchimiento (V.)
de relleno

a. *vacío*
hueco
esencial
substancial
importante

remachado
s. **clavado** (V.)
fijo
unido
sujeto
atornillado
roblonado
afianzado
hincado
machacado
redoblado (V.)
doblado

s. ancho
chato (V.)
romo
aplastado
llano

s. **acentuado** (V.)
subrayado
recalcado
repetido
reiterado
marcado

(V. **remache**)

a. *suelto*
flojo
fino
puntiagudo
omitido
olvidado

remachar
s. machacar
clavar
roblar (V.)
aplastar
roblonar
doblar (V.)

s. afianzar
recalcar
robustecer
sujetar (V.)
asegurar (V.)
fortalecer
insistir (V.)
confirmar
acentuar
repetir (V.)
subrayar

(V. **remache**)

a. *debilitar*
separar
desunir
desclavar
omitir
olvidar
abandonar

remache
s. **roblón** (V.)
clavo
robladura
pieza
sujeción
sujetador
tornillo
perno (V.)
clavija

s. remache hendido
remache explosivo
remache expansible
remache hueco
remache de dos piezas

remador
(V. **remero**)

remadura
s. remamiento
singladura
cingladura
boga (V.)
ciaboga
cia
bogada
palada
paletada
avance (V.)

(V. **remo**)

a. *retroceso*

remallar
(V. **tejer**)
(V. **zurcir**)

remamiento
(V. **remadura**)

remanal
(V. **hontanar**)

remanecer
(V. **reaparecer**)

remanente
s. **resto** (V.)
residuo (V.)
restante (V.)
sobrante (V.)
exceso
desecho
despojo
sobras
escoria
rastrojo
recortes
raeduras
sedimento
poso
heces
desperdicios
cenizas
s. **vestigio** (V.)
huella
s. **saldo** (V.)
liquidación
a. *carencia*
falta
totalidad

remanga
(V. **red**)

remangar-se
(V. **arremangar-se**)
(V. **prepararse**)

remango
s. presteza
vivacidad (V.)
prontitud
alacridad
decisión (V.)
disposición
resolución
energía
a. *lentitud*
torpeza
indecisión
desgana

remansarse
s. **embalsarse** (V.)
estancarse
empantanarse
encajonarse
atascarse
detenerse (V.)
pararse
aquietarse
estacionarse
suspenderse
concentrarse
regolfarse
(V. **remanso**)
a. *fluir*
correr
desembocar
desbordarse

remanso
s. **rebalsa** (V.)
restaño (V.)
balsa (V.)
tojo
torna
meandro
recodo
vado
regolfo
pozo
poza
hoya
laguna
codazo
olla
remolino
s. pachorra
lentitud (V.)
roncería
pasta
flema (V.)
posma
a. *rápido*
corriente
actividad
rapidez

remar
s. **avanzar** (V.)
bogar (V.)
halar
batir
paletear
singar
sirgar
silgar
ciar
cinglar
proejar
acorullar
remar contra corriente
(V. **remo**)
a. *retroceder*

remarcable
(V. **notable**)

remarcar
s. **marcar** (V.)
subrayar (V.)
destacar
acentuar
recalcar
reseñar
notar
señalar
a. *omitir*
olvidar

rematado
s. **incurable** (V.)
insalvable
irremediable
fatal (V.)
irreparable
perdido
desesperado
s. **travieso** (V.)
informal
bullicioso
malo
(V. **remate**)
a. *curable*
remediable
esperanzado
formal
serio

rematamiento
(V. **remate**)

rematar
s. **matar** (V.)
eliminar
suprimir
aniquilar
exterminar
destruir
ultimar
liquidar
finiquitar
descabellar
dar la puntilla
dar el golpe de gracia
coser a puñaladas
poner fin
s. finalizar
perfilar (V.)
terminar (V.)
concluir
completar
perfeccionar (V.)
consumar
afianzar
asegurar
cerrar
colmar
coronar
apurar
s. **agotar** (V.)
consumir
s. **adjudicar** (V.)
licitar
subastar (V.)
pujar
vender
tranzar
liquidar
(V. **remate**)
a. *perdonar*
respetar
comenzar
iniciar
empezar
sobrar
exceder
adquirir
retener

remate
s. **fin** (V.)
término
conclusión (V.)
coronamiento
rematamiento
acabamiento
acabado
s. **complemento** (V.)
adorno (V.)
penacho (V.)
airón
apéndice
extremo
final
s. acrotera
veleta
linterna
coronación
tambanillo
copete
frontón (V.)
boliche
perinola
bola
punta (V.)
esfera
resalto (V.)
crestería
bolo
bolillo
capitel
cabo (V.)
mocho
tímpano
contera
chirimbolo
chapitel
fastigio
frontispicio
herrete
moldura
pináculo
gablete
pomo
pirindola
pirulo
manzana
manzanilla (V.)
mojinete
perilla
perinola
arquitectura (V.)
s. **adjudicación** (V.)
subasta (V.)
puja
almoneda
licitación
venta
liquidación (V.)
tranza
concurso
oferta
s. dar remate
a remate
de remate
por remate
para remate
a. *comienzo*
inicio
principio
pie
base
compra
retención

remecer-se
(V. **mecer-se**)
(V. **balancear-se**)

remedable
s. parodiable
imitable (V.)
copiable
comparable
fingible
(V. **remedo**)
a. *inimitable*
incomparable

remedador
s. **imitador** (V.)
parodista
caricato
maquietista
mimo
cómico
falseador
burlón
bromista
(V. **remedo**)
a. *serio*
original
personal

remedar
s. **imitar** (V.)
fingir
arremedar
parodiar
contrahacer
bromear
burlarse (V.)
ridiculizar (V.)
copiar (V.)
falsificar
emular
asemejar
plagiar
fusilar
hurtar
tomar
inspirarse en
seguir las huellas
hacer pantomima
hacer reproducción
arrendar
hacer caricatura
tomar por modelo
(V. **remedo**)
a. *honrar*
respetar
considerar
innovar
crear
cambiar
idear
inventar

remediable
s. **curable** (V.)
reparable (V.)
corregible
mejorable
evitable (V.)
subsanable
salvable
reformable
restaurable
renovable
enmendable
rectificable
perfectible
compensable (V.)
(V. **remedio**)
a. *irremediable*
incurable
irreparable
incorregible
inevitable
insalvable

remediar-se
s. **corregir** (V.)
compensar
reparar
subsanar (V.)
obviar
encauzar
obviar
enderezar
salvar
rectificar
componer
curar (V.)
rehacer
evitar (V.)
impedir (V.)
perfeccionar
arreglar (V.)
remendar
solucionar
reformar
renovar
modernizar
sanear (V.)
retejar
soldar
componer
pegar
coser
zurcir
reconstruir
recomponer
apuntalar
s. **auxiliar** (V.)
ayudar (V.)
proteger
socorrer
aliviar
brindar
arbitrar
facilitar (V.)
ofrecer
proporcionar
recurrir (V.)
echar una mano
dar la mano
dar limosna
ser el paño de lágrimas
prestar ayuda
poner remedio
interceder en favor
(V. **remedio**)
a. *deteriorar*
empeorar
destruir
estropearse
abandonar
desatender
privar
desamparar
desinteresarse
despreciar
negar
obstaculizar

remedio
s. medicamento
medicina (V.)
específico
régimen
panacea (V.)
cura
tratamiento
triaca
teriaca
antídoto
antibiótico
ortopedia
droga
fármaco
elíxir
preparado
tónico
receta
tópico
reconstituyente
poción
sanalotodo
pócima
brebaje
solución
ungüento
paños calientes
menjurje
mejunje
potingue
recurso (V.)
alivio (V.)
s. enmienda
corrección
correctivo
desagravio
reparación (V.)
subsanación
saneamiento (V.)
satisfacción
explicación
compensación (V.)
rectificación
revisión
componedad
arreglo (V.)
solución (V.)
pacto
perfeccionamiento
conciliación
conversión
s. **auxilio** (V.)
maná
ayuda
beneficio
favor
socorro
consuelo
refugio (V.)
dádiva
remiendo
laña
salida
medio

(cont.)

r. El mejor remedio es procurar siempre el medio ■ Quien no adoba gotera, hace casa entera ■ Para el mal que hoy acaba, no es remedio el de mañana ■ Un mal quita otro mal ■ Mal apremiante, el remedio al instante

s. remedio heroico
no haber más remedio
no quedar otro remedio
no tener ni para un remedio
ser el remedio peor que la enfermedad

s. no tener remedio

s. poner remedio
sin remedio
no haber más remedio que

a. *empeoramiento*
deterioro
estropeamiento
impedimento
obstáculo
abandono
desamparo
desprecio
desinterés
indiferencia
mal
error
enfermedad
tóxico

remedo

s. calco
copia (V.)
imitación (V.)
simulacro
mímica (V.)
parodia
caricatura
burla (V.)
mimo
mono
pantomima (V.)
refrito
fusilamiento
bufonería
fingimiento
farsa
chuzonería (V.)
trasunto
duplicado

a. *originalidad*
personalidad
creación
invención
seriedad
elogio
alabanza

remembranza

s. evocación
reminiscencia
recuerdo (V.)
memoración
invocación
rememoración
conmemoración
reverdecimiento

a. *amnesia*
olvido
omisión

remembrar

(V. **rememorar)**

rememoración

(V. **remembranza)**

rememorar

s. remembrar
recordar (V.)
evocar (V.)
invocar
acordarse
repasar
recapitular
recapacitar
sugerir
revivir
resucitar
reconstruir
retener
citar
mencionar
aludir
tener presente
hacer memoria
volver la vista atrás
refrescar la memoria
revivir el pasado

(V. **rememoración)**

a. *olvidar*
desaparecer
omitir

remendado

s. recosido
cosido
zurcido (V.)
compuesto
apañado
pañoso
reforzado
reparado

s. **manchado** (V.)
a manchas

(V. **remiendo)**

a. *nuevo*
estropeado
deteriorado

remendar

s. reforzar
remontar
recoser
zurcir (V.)
componer
soletar
recomponer
arreglar (V.)
apañar
apedazar
repasar (V.)
coser (V.)
chafallar
poner un remiendo
echar piezas
hacer un recosido
dar puntadas
poner un refuerzo

s. rectificar
enmendar (V.)
corregir

s. destinar
aplicar (V.)
acomodar
apropiar
completar (V.)

(V. **remiendo)**

a. *romper*
destrozar
corromperse
estropearse
estropear
deteriorar
faltar

remendón

(V. **zapatero)**

(V. **sastre)**

(V. **chafallón)**

remeneo

(V. **meneo)**

(V. **movimiento)**

remero

s. lanchero
batelero
remador
remante
bogante
botero
bogador
bogavante
parel
proel
tercerol
espalder
galeote
marinero
alier
bagarino
remiche
talamite
buenaboya

(V. **remo)**

remesa

s. **envío** (V.)
remisión
expedición (V.)
partida (V.)
facturación
transporte
exportación
pedido
carga
paquete
bulto
giro

a. *recepción*
recibo
importación

remesar

s. **enviar** (V.)
mandar
expedir (V.)
facturar (V.)
remitir
exportar

(V. **remesa)**

a. *recibir*

remiche

(V. **remero)**

(V. **galeote)**

remiendo

s. **pieza** (V.)
parche (V.)
costura
cosido (V.)
recosido
arreglo (V.)
culera
añadidura
compostura
reparación
zurcido (V.)
enmienda
composición
codera
refuerzo
rodillera (V.)
puntera (V.)
cuchillos
picaño
chafallo (V.)
jerapellina
capellada
plantilla
medias suelas
soldadura
empalme
soleta
botana
corcusido
cuchillo
entrepiernas
fondillos
pedazo
pegote
talonera

r. Vestido remendado, dinero ahorrado ■ Más vale remiendo feo que bonito agujero ■ Con remiendo del mismo paño echarás atrás el año

a. *andrajo*
destrozo
deshecho

rémige

(V. **pluma)**

remilgado

s. lamido
pulido
repulido
afectado (V.)
recompuesto
amanerado
redicho
sofisticado
pedante
melindroso (V.)
melindrero
blandengue
rebuscado
dengue
dengoso
relamido (V).
melifluo
alfeñicado
cursi
ñoño
pamplinero (V.)

(V. **remilgo)**

a. *natural*
sencillo
negligente
abandonado
despreocupado
fino
elegante
sobrio

remilgar-se

s. amanerarse
fingir
denguear
falsearse
afectarse
presumir
sofisticar
asustarse
escandalizarse
melindrear
empalagarse
mimar (V.)
hacer pamemas
hacer ascos
hacer espavientos
hacerse el interesante
darse tono
darse aires de
darse importancia
ser un dengue
ser un mojigato

(V. **remilgo)**

a. *sincerarse*
franquearse
abrirse
expansionarse

remilgo

s. **afectación** (V.)
amaneramiento
melindre (V.)
cursilería
ñoñez
ridiculez
dengue (V.)
escrúpulo (V.)
mojigatería
capricho
rebuscamiento
fingimiento
apariencia
presuntuosidad
pedantería
blandenguería
melifluidad
pamplina (V.)
tontería
hazañería

a. *naturalidad*
sinceridad
sencillez
humildad
despreocupación
abandono
figura
elegancia
sobriedad

rémington

(V. **fusil)**

reminiscencia

s. **recuerdo** (V.)
evocación
remembranza
memoria
rememoración
invocación
alusión
sugerencia
presencia

s. **influencia** (V.)
regusto
sabor

a. *olvido*
omisión
independencia

remirado

s. sensato
prudente (V.)
esmerado
escrupuloso
cuidadoso
mesurado
sesudo
templado
reflexivo
ponderado
avisado
previsor
equilibrado
circunspecto (V.)
minucioso

a. *alocado*
insensato
imprudente
irreflexivo
imprevisor
negligente

remirar-se

s. **mirar** (V.)
contemplar
fijarse (V.)
insistir
observar
espiar
vigilar

s. **cuidar** (V.)
ponderar
esmerarse (V.)
medir
pesar
considerar
reflexionar (V.)
preocuparse
tantear

s. **gustar** (V.)
recrearse (V.)
complacerse
gozar

a. *descuidar*
despreocuparse
rechazar
disgustarse

remisible

s. dispensable
conmutable
perdonable (V.)
remitible
condonable

(V. **remisión)**

a. *condenable*
imperdonable

remisión

s. **envío** (V.)
remesa
expedición
remite

s. **referencia** (V.)
indicación

s. **perdón** (V.)
gracia
absolución
indulto
quita (V.)
condonación (V.)
indulgencia
conmutación
eximición
dispensa
exención

s. **diferimiento** (V.)
retraso
aplazamiento
atrasamiento
posposición

s. **disminución** (V.)
baja
retroceso
descenso

a. *recepción*
desconocimiento
impiedad
castigo
pena
condena
severidad
adelantamiento
aumento
subida

remiso

s. **reacio** (V.)
refractario (V.)
flojo
dejado
recalcitrante
renuente (V.)
tardo
lento (V.)
calmoso
moroso (V.)
calmudo
repropio
pachorrudo
torpe (V.)
moroso
parado (V.)
perezoso (V.)
tímido
irresoluto
remolón (V.)
corto
pusilánime
indeciso
vacilante
cobarde
perplejo

(V. **remisión**)

a. *decidido*
resuelto
activo
favorable
asequible
abierto
flexible

remitente

s. comisionista
intermediario
agente

s. expedidor
librador
cosario

s. fiebre remitente

(V. **remisión**)

a. *receptor*
destinatario

remitir

s. **enviar** (V.)
remesar
llevar (V.)
expedir
mandar
facturar
ceder
despachar (V.)
consignar
exportar
reenviar
reexpedir

s. eximir
libertar
condonar
perdonar (V.)
alzar
quitar
indultar
indulgir
liberar
dispensar (V.)

s. **aplazar** (V.)
diferir (V.)
dejar
suspender
dilatar
demorar
retardar
retrasar (V.)
ceder (V.)
disminuir (V.)
aplacar
debilitar
bajar

s. **referir** (V.)
indicar

s. **referirse** (V.)
atenerse (V.)
aludir
sujetarse
limitarse
someterse

s. a las pruebas me remito

(V. **remisión**)

a. *recibir*
acoger
condenar
incluir
abreviar
adelantar
diligenciar
aumentar
arreciar
desconocer

remo

s. **pala** (V.)
zagual
espadilla
canalete
paleta
aleta
bayona
pluma
canalí
tercerol
bueceye
parel
gaón
pagaya
propulsor

s. esquipazón
esquifazón
palamenta

s. escálamo
escalmo
estrobo
horquilla
tolete
chumacera

s. asidor
luchadero
empuñadura
guión
pala
manigueta

s. galeras
banco
remiche
bancada

s. **remar** (V.)
remero (V.)

s. **remadura** (V.)

s. **deporte** (V.)
olimpiada (V.)
regata
skiff
doble scull
dos sin timonel
dos con timonel
cuatro sin timonel
cuatro con timonel
ocho con timonel

s. brazo
extremidad (V.)
pata
pierna
ala

s. penalidad
castigo (V.)
trabajo
extenuación

s. a remo
al remo
a remo y sin sueldo
a remo y vela
meter el remo

remoción

s. eliminación
destitución (V.)
cese
apartamiento
traslado
desplazamiento
separación
privación
expulsión
exclusión
despedida

s. **extirpación** (V.)
arrancamiento
arrancadura
removimiento

a. *rehabilitación*
reposición
permanencia

remojar

s. humedecer
mojar (V.)
humectar
empapar (V.)
ensopar
migar (V.)
calar
bañar
irrigar
salpicar
chapuzar
regar (V.)
aguar
rociar
bautizar
espurriar
sumergir
inmergir
llover
chorrear
echar en remojo
poner en remojo

s. convidar
celebrar
invitar
festejar (V.)

(V. **remojón**)

a. *secar*
resecar
airear
evaporar
omitir

remojo

(V. **mojadura**)

remojón

s. remojo
chapuzón
mojadura (V.)
empapamiento
baño
ducha
irrigación
riego (V.)
inmersión
espurreo
imbibición
zambullida
afusión

a. *secamiento*

remolacha

s. betarrata
betarraga
azúcar (V.)

s. remolacha forrajera

remolar

(V. **carpintero**)

remolcador

(V. **embarcación**)

remolcar

s. **arrastrar** (V.)
halar
atoar
toar
sirgar
llevar
acarrear
impeler
tirar de (V.)
conducir
empujar
trasladar
deslizar
jorrar
transportar
jovar

s. **inducir** (V.)
obligar (V.)
conminar
forzar
violentar

(V. **remolque**)

a. *detener*
estancar
respetar

remoldar

(V. **podar**)

remolinear-se

(V. **arremolinar-se**)

remolino

s. **tromba** (V.)
tolvanera
vorágine (V.)
torva
torbellino (V.)
turbulencia
vórtice
vuelta (V.)
manga
tifón
borrasca (V.)
hova
huracán (V.)
ciclón
olla (V.)
gorfe

s. **disturbio** (V.)
alteración
desorden (V.)
confusión (V.)
tumulto
efervescencia
aglomeración
gentío
amontonamiento
molinete (V.)

a. *calma*
calma chicha
paz
tranquilidad
sosiego

remolón

s. **reacio** (V.)
haragán
vago
indolente
gandul
descuidado
perezoso (V.)
tardo
roncero
remiso (V.)
fofo
bausán
molondrón
tumbón
muelle
apático
inactivo
entumecido
embotado
poltrón
apoltronado
torpe
zopenco
rezagado
cachazudo
pachorrudo
tranquilo
pigre
maula
flojo
hacerse el remolón

a. *activo*
trabajador
vivo
movido
dinámico

remolonear

s. zanganear
holgar
holgazanear (V.)
gandulear
perecear
vaguear
roncear
orejear
callejear
zascandilear
resistirse (V.)
rezagarse
apoltronarse (V.)
juguetear
deambular (V.)
hacerse el remolón
perder el tiempo
ir tirando
ir pasando
llegar el último
hacerse el sordo
no darse por aludido
encogerse de hombros

(V. **remolón**)

a. *trabajar*
moverse
activar
diligenciar

remolque

s. **arrastre** (V.)
acarreo
transporte
traslado
atoaje
sirga
conducción

s. jardinera
caravana
rulota
roulotte
vagón
tractor

s. cabo
maroma
cuerda
cadena
sirga

s. llevar a remolque
a remolque
dar remolque

remonta

s. acaballadero
monta (V.)
puesto (V.)
parada (V.)

s. **cría** (V.)
(caballerías)
compra

s. mulas
caballería (V.)
caballos
milicia (V.)

remontar-se

s. **subir** (V.)
ascender
despegar (V.)
alzarse
volar (V.)
encumbrarse
escalar
elevarse (V.)
gatear

s. **superar** (V.)
vencer (V.)
progresar
mejorar
adelantar
aventajar
perfeccionar
compensar

s. **ensalzar** (V.)
elevar
sublimar
encumbrar
poner en los cuernos de la luna

s. **espantar** (V.)
acosar
hostigar
hacer huir

s. **remendar** (V.)
renovar
recomponer
echar suelas

s. **engreírse** (V.)
engallarse
ensoberbecerse
enorgullecerse

s. **retroceder** (V.)
retrotraerse
datar de (V.)
pertenecer a

s. **ascender** (V.)
sumar (V.)
totalizar

(V. **remonta**)

a. *bajar*
descender
empeorar
fracasar
humillar
censurar
retener
acoger
estropear
rebajarse

remoque

(V. **pulla**)

remoquete
s. puñada
moquete
puñetazo (V.)
tortazo
soplamocos
sopapo
guantazo
golpe (V.)

s. **pulla** (V.)
agudeza
indirecta
trágala
quemazón
pinchazo
dardo
ironía
dicacidad
sarcasmo (V.)
ironía

s. **apodo** (V.)
nombre
galanteo
cortejo
coqueteo

s. dar remoquete

a. *caricia*
consideración
torpeza
elogio

rémora
s. **lastre** (V.)
impedimento
escollo
contratiempo
atasco
tropiezo
dificultad (V.)
atranco
entorpecimiento (V.)
traba
remolonería
entumecimiento
pesadez
obstáculo
obstrucción (V.)
pega
tardanaos
gaicano

a. *ayuda*
facilidad
actividad
prisa
ventaja

remorder-se
s. **morder** (V.)

s. pesar
doler
inquietar
desasosegar (V.)
atormentar
torturar (V.)
punzar
corroer
picar
lamentar
desazonar (V.)
deplorar
sentir (V.)
preocupar
apenar (V.)
penar
arrepentirse (V.)

s. **concomerse** (V.)
reconcomerse
envidiar
rabiar (V.)

(V. **remordimiento**)

a. *tranquilizar-se*
consolar-se
calmar-se
sosegar-se
alegrar-se
despreocupar-se
congratular-se

remordimiento
s. **arrepentimiento** (V.)
pesar (V.)
dolor
sentimiento (V.)
inquietud (V.)
tormento
preocupación (V.)
desasosiego
desazón (V.)
roedura (V.)
pesadumbre (V.)
aflicción
pena
ansiedad
resquemo (V.)
malestar
descontento
sinsabor
contrición (V.)
penitencia
disgusto
compunción

a. *paz*
sosiego
consuelo
calma
tranquilidad
alegría
despreocupación
placer
contentamiento

remoto
s. distante
apartado
lejano (V.)
retirado
en lontananza
lejos
alejado
ultra

s. **antiguo** (V.)
viejo
arcaico
pretérito
pasado
milenario (V.)
inmemorial
legendario
tradicional
rancio
provecto
vetusto
desusado
antiquísimo
antediluviano
fósil
momificado
petrificado
arquetípico
de antaño
de otra época
de otro tiempo
de épocas pasadas
inmemorable
inveterado

s. **improbable** (V.)
incierto

a. *actual*
nuevo
próximo
probable
presente
cierto
seguro
cercano
moderno

remover-se
s. **mover** (V.)
revolver (V.)
escarbar (V.)
menear
batir
agitar
hurgar
sacudir

s. **quitar** (V.)
solucionar (V.)
obviar
evitar (V.)
rehuir
eludir
prevenir

s. **extirpar** (V.)
arrancar

s. **destituir** (V.)
deponer
despedir
relevar
suspender
excluir
derrocar
echar
exonerar
relevar
inhabilitar
retirar
expulsar

s. desplazar
trasladar (V.)
cambiar
relevar
eliminar
quitar

s. **activar** (V.)
mover
promover
ocuparse de funcionar

s. revolver
investigar (V.)
descubrir

(V. **remoción**)

a. *respetar*
abstenerse
inhibirse
mantener
inmovilizar
parar
detener
asumir
afrontar
rehabilitar
reponer
readmitir
permanecer
fijar
abandonar
despreocuparse

removimiento
(V. **remoción**)

remozamiento
(V. **renovación**)

(V. **reforma**)

(V. **rejuvenecimiento**)

remozar-se
s. **renovar** (V.)
rejuvenecer (V.)
reverdecer
reformar (V.)
reponer
robustecer
fortalecer
vigorizar
vivificar
innovar
reparar
arreglar (V.)
restituir
rehabilitar
regenerar
acicalar
restablecer
resurgir (V.)

(V. **remozamiento**)

a. *envejecer-se*
enfermar-se
anticuarse
debilitar-se
dejar-se

rempujar
(V. **arrempujar**)

(V. **empujar**)

rempujo
(V. **esfuerzo**)

rempujón
s. **empujón** (V.)
impulsión
empentón
achuchón
pechugón
envite
envión
propulsión
arrastramiento

a. *atracción*
tirada

remuda
s. muda
mudanza (V.)
cambio (V.)
substitución (V.)
relevo
reemplazo
reposición

a. *permanencia*
estabilidad
inmovilidad
fijeza

remudar-se
s. **mudar** (V.)
cambiar (V.)
substituir
reemplazar
relevar
reponer

(V. **remuda**)

a. *permanecer*
quedar-se

remudiar
(V. **mugir**)

remugar
(V. **rumiar**)

remuneración
s. **gratificación** (V.)
recompensa (V.)
retribución (V.)
pago
donación
beneficio
propina (V.)
privilegio
compensación
retorno (V.)
aguinaldo
sueldo
salario
precio
soldada
jornal
mesada
haberes
paga
dieta
estipendio
iguala
derechos
honorarios
asistencia
anata
mes
mensualidad
semana
quincena
estancia
hechuras
luminarias
haberes
subvención
viático
gastos de representación

a. *exacción*
descuento
deducción

remunerador
s. remunerativo
compensador
gratificador
gratificante
lucrativo (V.)
ganancioso
retribuyente
retributivo (V.)
beneficioso (V.)
ventajoso
provechoso
fructuoso
productivo (V.)
rentable
rendidor
útil
rendidor
conveniente (V.)
valioso

(V. **remuneración**)

a. *perjudicial*
ruinoso
infructuoso
desventajoso

remunerar
s. **retribuir** (V.)
recompensar (V.)
galardonar
premiar (V.)
pagar (V.)
gratificar
estipendiar
asalariar
devengar
indemnizar
correr
propinar (V.)
compensar
producir

(V. **remuneración**)

a. *deber*
quitar
privar
deducir
descontar

remunerativo
(V. **remunerador**)

remuneratorio
(V. **remunerativo**)

remusgar
s. barruntar
sospechar (V.)
suponer
maliciar
conjeturar
prever
alertar
columbrar
temer
recelar
presentir
desconfiar
celar
amoscarse

(V. **remusgo**)

a. *asegurar*
confiar
afirmar

remusgo
s. barrunto
conjetura
sospecha (V.)
recelo
presentimiento
desconfianza
malicia
temor

s. **viento** (V.) (frío)
vientecillo
cierzo

a. *seguridad*
confianza

renacentista
s. **estilo** (V.)
arquitectura (V.)
plateresco
manuelino
barroco
rococó
isabelino
churrigueresco
neoclásico

(V. **renacimiento**)

renacer
s. reaparecer
volver
retoñar
resucitar (V.)
reverdecer
revivir (V.)
avivar
revivificar
florecer
renovarse (V.)
resurgir (V.)
reanimarse (V.)
continuar
restaurar

(V. **renacimiento**)

a. *morir*
matar
marchitar
desaparecer

renacimiento
s. reaparición
resurrección
retorno
resurgimiento
regeneración
renovación (V.)
palingenesia
reanudación
continuación
vivificación
florecimiento
restauración
reanimación

s. **retoño** (V.)
floración
botón
botonadura
reverdecimiento

s. **estilo** (V.)
renacentista (V.)

a. *muerte*
desaparición
marchitamiento
agostamiento
permanencia
inmovilismo

renacuajo
s. **cría** (V.)
larva (V.)
bicho
gusarapo
zapatero
cabezudo
girino
atepocate
cuchareta
guarisapo
samarugo
rana (V.)
batracio (V.)

s. **pequeño** (V.)
raquítico (V.)
enclenque
sacabuche (V.)
pigmeo
esmirriado
enteco
canijo
debilucho

a. *robusto*
fuerte
desarrollado
gigante

renal
s. suprarrenal
nefrítico
arriñonado
reniforme

s. cólico renal
(V. **riñón**)

renard
(V. **zorro**) (piel)

rencilla, s
s. altercado
riña (V.)
conflicto
discordia (V.)
pique
tiquismiquis
repelo
trifulca
culebra
quemazón
cachetina
contienda
polémica
rifirrafe
desavenencia

a. *paz*
tranquilidad
amistad
sosiego
pacificación

rencilloso
s. **pendenciero** (V.)
susceptible (V.)
picajoso
repeloso
pejiguera
rencoroso
cojijoso
quisquilloso
enconoso
camorrista
discutidor (V.)
(V. **rencilla**)

a. *pacífico*
tranquilo
calmo
amistoso

renco
(V. **cojo**)

rencor
s. **odio** (V.)
fobia
resentimiento (V.)
encono (V.)
inquina
maldad
animadversión (V.)
rabia
desprecio
menosprecio
malevolencia
hincha
enemiga
saña
omecillo
tirria
despecho (V.)
desavenencia
antipatía
ojeriza
hostilidad (V.)
antagonismo
rivalidad
acritud
acrimonia
repugnancia
mala voluntad
odio africano
mala condición
mala intención

r. Hombre agraviado, nunca desmemoriado ■ Agravio no olvidado, no perdonado ■ Hombre rencoroso, apártate de él como de un leproso ■ Poco ama el que trae a la memoria la ira pasada ■ A quien me hizo un desaguisado, no quiero verlo ni pintado

a. *simpatía*
afecto
generosidad
benevolencia
bondad
caridad
amistad

rencoroso
s. malévolo
odioso
hostil
antipático
malintencionado
vengativo (V.)
vengador
vindicativo
resentido (V.)
iracundo
irreconciliable
encarnizado
duro
sañudo (V.)
aborrecible
abominable
cruel (V.)
xenófobo
virulento
torvo
violento
testarudo
esquinado
repeloso
rencilloso
quisquilloso
enconado (V.)
retorcido
encarnizado
(V. **rencor**)

a. *indulgente*
bueno
caritativo
amigo
simpático
amable

renda
(V. **bina**)
(V. **renta**)

rendaje
(V. **correaje**)
(V. **guarnición**)

rendar
(V. **binar**)

rendez-vous
(V. **cita**)
(V. **entrevista**)

rendibú
s. **acatamiento** (V.)
agasajo (V.)
fiesta (V.)
rendimiento
entrega
capitulación
halago (V.)
atención
lisonja

a. *desprecio*
desdén
indiferencia
rebeldía

rendición
s. **entrega** (V.)
acatamiento
sumisión (V.)
capitulación
derrota
humillación
subyugación
acato
dependencia
resignación (V.)
esclavitud
subordinación
pleitesía
pleito
obediencia
servilismo
bajeza
depreciación
vencimiento
postración

a. *rebeldía*
resistencia
enfrentamiento
lucha
oposición
victoria
liberación
desacato
independencia

rendido
s. obediente
humillado
acatado
servil
esclavo
esclavizado
vasallo
sumiso (V.)
subyugado
jusmeso
s. obsequioso
galante (V.)
enamorado (V.)
sumiso
atento
cortés

s. **cansado** (V.)
fatigado
roto
agotado
fatigoso
cansino
extenuado (V.)
molido
(V. **rendición**)

a. *rebelde*
indócil
grosero
descortés
enérgico
descansado

rendija
s. ranura
raja
grieta (V.)
fenda
abertura (V.)
hendija
resquicio
fisura
intersticio
rehendija
boquete
cortadura
resquebrajadura
mella
juntura

a. *continuidad*
unión

rendimiento
s. **desmayo** (V.)
extenuación
desfallecimiento
fatiga
cansancio (V.)
rendición
decaimiento
descaecimiento
laxitud

s. rendición
subordinación
sumisión (V.)
sometimiento
humildad
servicio (V.)
acatamiento

s. **obsequiosidad** (V.)
galantería (V.)
fineza
cortesía
enamoramiento

s. **utilidad** (V.)
beneficio
producto (V.)
ganancia (V.)
producción
renta
rédito
jugo (V.)
usufructo (V.)
lucro
fruto
dividendo
productividad (V.)
provecho (V.)

a. *restablecimiento*
reanimación
actividad
descanso
rebeldía
descortesía
pérdida
desventaja
perjuicio

rendir-se
s. rentar
producir (V.)
fructificar
lucrar (V.)
beneficiar
redituar
aprovechar
dar
compensar
ocasionar
convenir
cundir (V.)
lucir (V.)
sumar
multiplicar

s. **vencer** (V.)
guerrear (V.)
someter (V.)
subyugar
claudicar (V.)
sucumbir (V.)
capitular (V.)
humillar (V.)
sujetar
obligar
ceder (V.)
transigir
entregar
acatar
doblegar
desistir
cejar
debelar
supeditar
jusmeter
avenirse
resignarse
amansarse
obedecer
abandonar
pactar
parlamentar
arriar bandera
dejarse vencer
rendir parias
rendir las armas
sacar bandera blanca
salir con banderas desplegadas
doblar la cerviz
doblar la rodilla
humillar la cabeza
morder el polvo
hincar el pico
rajarse
ahocicar
abandonar el campo
flaquear
rendir la espada
darse a partido
pasar por las horcas caudinas

s. **extenuarse** (V.)
cansarse (V.)
fatigarse (V.)
postrarse
agotarse
derrengarse (V.)
abatirse
desfallecer
molerse
tundir
deslomarse
jadear
trabajar (V.)
reventarse

s. **vomitar** (V.)
devolver
arrojar
provocar
basquear
trasbocar

s. entregar
devolver (V.)
restituir
ofrendar
ofrecer
dar
s. **traspasar** (V.)
transmitir
(V. **rendición**)
(V. **rendimiento**)

a. *perder*
perjudicar
faltar
escasear
resistir
rebelarse
aguantar
soportar
afrontar
arrostrar
asumir
defender
oponerse
persistir
sostenerse
mantenerse
descansar
restablecerse
reanimarse
retener
recibir
quedarse

rene
(V. **riñón**)

renegado
s. negado
relapso
apóstata
elche
desertor
abjurador
renegador
chaquetero
traidor (V.)
perjuro (V.)
descreído
desleal (V.)
infiel
fementido
pérfido
enaciado
tragafees
blasfemo
muladí

s. desabrido
gruñón (V.)
áspero
desagradable
quisquilloso
malhumorado
regañón (V.)
refunfuñón
renegón
cascarrabias
rezongón
susceptible (V.)
protestón
murmurador
chismoso
maldiciente
(V. **reniego**)

a. *fiel*
leal
agradable
amable
dulce
bienhumorado
optimista

renegar
s. renunciar
desertar
traicionar (V.)
apostatar
abandonar (V.)
abominar
negar (V.)
abjurar (V.)
repudiar
pasarse
detestar

(cont.)

convertirse
retractarse
arrepentirse
apartarse
alejarse
cesar
aborrecer
volver la casaca
cambiar la chaqueta

s. blasfemar
perjurar (V.)
maldecir (V.)
insultar
injuriar
jurar
execrar
pesiar
imprecar
vituperar
criticar

s. **gruñir** (V.)
refunfuñar (V.)
protestar (V.)
mascullar
murmurar
regañar (V.)
rezongar (V.)
rezar (V.)
atosigar
quejarse (V.)
rumiar (V.)

(V. **reniego**)

a. *afirmar*
permanecer
quedarse
aferrarse
insistir
acoger
bendecir
venerar
alabar
ensalzar
elogiar
obedecer
ayudar

renegrido
s. **negro** (V.)
ennegrecido
negruzco
oscuro
sucio (V.)

a. *blancuzco*
limpio
blanco

reneta
(V. **escoplo**)

renglera
(V. **fila**)

renglón
s. **línea** (V.)
raya
titulillo

s. **partida** (V.)
ramo
sección
parte
capítulo (V.)
apartado
división
sector
departamento
concepto

s. **escrito** (V.)
letras

s. a renglón seguido
entre renglones
leer entre renglones
quedarse algo entre renglones
dejarlo entre renglones
a plan y renglón

rengo
(V. **cojo**)

reniego
s. **maldición** (V.)
blasfemia (V.)
voto
taco
palabro
palabrota
terno
derreniego
rezongo (V.)
execración
peste
venablo
juramento
vituperio

a. *elogio*
respeto
alabanza
bendición

renitencia
(V. **repugnancia**)

renitente
(V. **reacio**)

reno
s. ciervo
alce
anta
rangífero
rengífero
tarando
cérvido
caribú
mamífero (V.)

renombrado
s. **conocido** (V.)
afamado
nombrado
acreditado
reputado
prestigioso
sonado
célebre
famoso (V.)
bienfamado
mentado
distinguido
inmortal
ilustre
egregio
señalado
preclaro
esclarecido
ínclito
excelso
popular
insigne
glorioso
principal
caracterizado
memorable
magno
notable

(V. **renombre**)

a. *desconocido*
humilde
ignorado
impopular
insignificante
anónimo

renombre
s. **fama** (V.)
gloria
honra
celebridad (V.)
reputación
crédito
honor
opinión
estima
prez
consideración
aureola
nombradía
popularidad (V.)
merecimiento
prestigio
relieve
realce
nombre
halo
esplendor
lustre
brillo
triunfo
precio
exaltación
lauro

a. *descrédito*
desconocimiento
impopularidad
anonimato

renovable
s. cambiable
intercambiable
reversible
substituible
reemplazable
permutable
reparable
repetible
restituible (V.)

(V. **renovación**)

a. *irrepetible*
irreparable
permanente
fijo
insubstituible

renovación
s. **renuevo** (V.)
reposición
reforma (V.)
rehabilitación
restablecimiento
restauración
reconstrucción
retorno
renacimiento (V.)
progreso
transformación
revolución (V.)
regeneración (V.)
resurrección
reorganización (V.)
reedificación
reproducción
reelección (V.)
repetición
reaparición
reestructuración
reanudación
rejuvenecimiento (V.)
reverdecimiento
remozamiento
brote
retoño
criamiento
rescoldo
cambio
reemplazo
reactivación (V.)
modernización (V.)

r. El espejo roto, no admite más remiendo que comprar otro ■ Hojas se van, y hojas vendrán

a. *conservación*
permanencia
persistencia
inmovilismo

renovador
s. **restaurador** (V.)
reparador
renovante
regenerador
reconstituyente
remozador
rejuvenecedor
depurativo
purificador
instaurativo
modificador
instaurador
reconstructor
reformador (V.)
audaz
moderno
revolucionario (V.)
progresista

(V. **renovación**)

a. *inmovilista*
conservador

renovar-se
s. revolucionar
modernizar (V.)
progresar
restaurar (V.)
reformar (V.)
reorganizar (V.)
reconstruir
restablecer
reinstalar
rehabilitar
reflorecer
retoñar (V.)
rebrotar
reintegrar
reponer (V.)
reparar
regenerar (V.)
recauchutar
remontarse
refrescarse (V.)
reforzar (V.)
remozarse (V.)
reverdecer (V.)
rejuvenecerse (V.)
modernizarse

s. **reanudar** (V.)
continuar
reelegir (V.)
proseguir

s. **reemplazar** (V.)
remudar
cambiar
trocar

s. **reiterar** (V.)
reeditar
repetir
insistir

s. **resurgir** (V.)
resucitar (V.)
renacer (V.)
reanimar (V.)
mejorar (V.)
recentarse
revivir (V.)
reproducirse
revivificar
reavivar (V.)

(V. **renovación**)

a. *conservar-se*
mantener-se
permanecer
quedar-se
detener-se
parar-se
envejecer-se
desistir-se
desaparecer

renovero
s. logrero
usurero (V.)
judío
mohatrero
gitano

a. *generoso*
honrado

renquear
(V. **cojear**)

renta
s. utilidad
beneficio (V.)
provecho
rendimiento
interés (V.)
producto (V.)
devengo
ingreso (V.)
ganancia (V.)
fruto
rentabilidad
título
cupón
provento
prebenda (V.)

s. **pensión** (V.)
retiro
anualidad
encomienda
asistencia
alimentos
remuneración
jubilación
quitación
rédito (V.)
canon
censo
anata
prestación (V.)
quitación
renda
alquiler (V.)
arriendo
arrendamiento
locación

s. atrasos
corridos
fábrica (V.)
capital
renglón
obtente
posibles
medios
riqueza (V.)
seguros
valor
títulos de la Deuda

s. renta de sacas
hacimiento de rentas
renta general
renta rentada
renta vitalicia
a renta
hacer rentas
mejorar las rentas
meterse uno en la renta del excusado

r. Más vale renta que venta ■ Ares o no ares, renta me pagues

a. *pérdida*
perjuicio
pago

rentable
s. útil
provechoso
productivo (V.)
beneficioso
conveniente
rentoso
redituable
fructífero
lucrativo (V.)

(V. **renta**)

a. *perjudicial*
desventajoso
inútil
infructuoso

rentar
s. proporcionar
lucrar (V.)
rendir
producir (V.)
fructificar
redituar (V.)
valer
devengar
arrendar
aprovechar
dar
beneficiar

(V. **renta**)

a. *arruinar*
perjudicar
perder

rentero
s. **arrendatario** (V.)
colono (V.)
casero
tributario
quintero
locatorio

a. *arrendador*
dueño

rentista
s. jubilado
pensionista (V.)
vitalicista
alimentista
alimentario

s. hacendado
burgués (V.)
potentado
capitalista
rico (V.)

(V. **renta**)

a. *menesteroso*
indigente

rentoso
(V. **rentable**)

rentoy
(V. **baraja**) (juego)

(V. **jactancia**)

(V. **desplante**)

(V. **pulla**)

renuencia
s. rebeldía
reluctancia
renitencia
repugnancia
indocilidad
resistencia (V.)
oposición
repulsa
antagonismo
hostilidad

a. *avenencia*
docilidad
sumisión
acogimiento
obediencia

renuente
s. contrario
reacio
remiso (V.)
refractario
renitente
repropio
indócil
desobediente
opuesto
reluctante (V.)
antagónico

(V. **renuencia**)

a. *dócil*
obediente
favorable
dispuesto
sumiso

renuevo
s. pitón
pezón
capullo
vástago
brote (V.)
retoño (V.)
tallo (V.)
retallo (V.)
serpollo
hijo
pimpollo
vástiga
remocho
yema

(V. **renovación**)

renuncia
s. **abandono** (V.)
dejación
desistimiento (V.)
renunciamiento
renunciación
resignación (V.)
despedida
dimisión (V.)
abdicación
cese
cesión (V.)
dejada
dejo
desasimiento
declinación
retirada
remoción

s. **retiro** (V.)
jubilación

s. **transmisión** (V.)
entrega

s. claudicación
sacrificio (V.)
abnegación (V.)
desprendimiento
entrega
privación
voto
holocausto (V.)
inmolación (V.)
concesión

a. *permanencia*
vigencia
readmisión
conservación
retención
egoísmo

renunciable
s. dejable
abandonable
transmisible (V.)
desaprobable
inaceptable
dimitente
transferible
declinable

(V. **renuncia**)

a. *irrenunciable*
intransferible

renunciación
(V. **renuncia**)

renunciamiento
(V. **renuncia**)

renunciante
s. cesante
resignante
dimisionario
dimitente
dejador
renunciador

(V. **renuncia**)

a. *aceptante*
permanente
fijo

renunciar
s. **abandonar** (V.)
desistir (V.)
sobreseer
dimitir (V.)
abdicar (V.)
declinar
resignar (V.)
retirarse
cesar
despedirse
jubilarse
arrinconarse
deponer
desechar
separarse
alejarse
ceder (V.)
transmitir
desasirse
quitarse
enajenar (V.)
soltar
rechazar
despreciar
repudiar
desertar
abjurar (V.)
ahorcar los hábitos
colgar los hábitos
soltar la carga
levantar la mano

s. **privarse** (V.)
sacrificarse (V.)
inmolar (V.)
prescindir (V.)
dejar (V.)
despojarse (V.)
desapropiarse
deshacerse de
desprenderse de
desposeerse

(V. **renuncia**)

a. *permanecer*
resistir
quedarse
aferrarse
retener
conservar
mantener
persistir
aceptar
acoger
apropiarse
apoderarse
tomar
coger
admitir

renuncio
(V. **mentira**)

(V. **contradicción**)

reñido
s. desamigado
indispuesto (V.)
enemistado (V.)
enfadado
peleado
enojado
enfurecido
contrario
frío
hostil (V.)
tirante
enemigo

s. **porfiado** (V.)
sangriento
duro
encarnizado
disputado (V.)
empeñado (V.)
vivo
feroz
sañudo
virulento
recio
acalorado
enconado
rabioso

(V. **riña**)

a. *amistoso*
amigo
tranquilo
sosegado
abandonado
desistido

reñidor
s. zaragatero
belicoso
pendenciero (V.)
agresivo
agresor
bravucón
discutidor
sañudo
amonestador
reprensor
peleón
porfiador

(V. **riña**)

a. *apaciguador*
pacificador
sosegador
aplacador

reñidura
s. regaño
reprensión (V.)
sermón
regañina
reprimenda
repaso
bronca
sermoneo
repasata
filípica
rapapolvo
peluca
felpa
broncazo

(V. **riña**)

a. *paz*
elogio
alabanza
enaltecimiento
aplauso

reñir
s. **pelear** (V.)
batallar (V.)
guerrear (V.)
altercar
recriminar (V.)
disputar (V.)
discutir (V.)
chocar
pleitear (V.)
bregar
trapisondear
pendenciar (V.)
picotear (V.)
envedijarse (V.)
tronar (V.)
desamistarse (V.)
lidiar
asir
porfiar (V.)
pelotear (V.)
tropezarse (V.)
armarla
refertar
reyertar
zamarrear
litigar (V.)
querellarse (V.)
embregarse
enzarzarse (V.)
empelotar
pugnar
repiquetear
luchar (V.)
zurrar-se
combatir
forcejear (V.)
agarrarse
acapizarse
trabarse
barajar
rifar
ir a las manos
tener mal vino
armar la de San Quintín
tener unas palabras
venir a las manos
irse de la lengua
medir las armas
darse de palos
andar a golpes
haber más que palabras
llegar a las manos
llegar la sangre al río
andar a la greña
haber gresca
armar un tinglado
tirarse los trastos a la cabeza
sacudirse estopa

s. **reconvenir** (V.)
amonestar
reprender (V.)
sermonear
rifar (V.)
regañar (V.)
increpar
sotanear
sofrenar
afear la conducta
decir unas palabras
corregir

s. **enemistarse** (V.)
tarifar (V.)
desavenirse
indisponerse
disgustarse
enfadarse (V.)
malquistar (V.)
desamigarse
romper la amistad
romper las relaciones
estar de monos
irse cada uno por su lado

s. reñir de bueno a bueno

r. Para reñir como para casarse, es necesario que haya dos

(V. **riña**)

a. *pacificar*
amigarse
unirse
ponerse a buenas
reconciliarse
desistir
aplaudir
elogiar
alabar
ensalzar
loar
enaltecer

reo
s. culpable
delincuente (V.)
culpado
inculpado
penado
condenado
encartado (V.)
acusado
penitente
criminal
malhechor
violador
convicto
confeso
incriminado
penante
forzado
agresor
procesado (V.)
forajido
ejecutado

s. vez
turno (V.)
tanda
rueda

a. *virtuoso*
bueno
juez
árbitro
jurado

reóforo
(V. **clavija**)

(V. **borne**)

reojo (de)
s. de **soslayo** (V.)
sesgadamente
través (V.)
oblicuamente
disimuladamente

a. *directamente*

reorganización
s. restauración
restablecimiento
mejora
distribución
reparto
reordenación
redistribución
reforma (V.)
renovación (V.)
reparación
reconstrucción
mejoramiento
reajuste (V.)

a. *desorden*
empeoramiento

reorganizar
s. ordenar
mejorar
reajustar (V.)
regularizar
reconstruir
restablecer
reparar
renovar (V.)
modificar
cambiar
redistribuir
reformar (V.)
regular
refundir
rehabilitar
restaurar (V.)

(V. **reorganización**)

a. *empeorar*
desordenar
desorganizar

reóstato
s. regulador
resistencia (V.)
electricidad (V.)

s. cursor
guía
resistencia
bornes
bobina
electrodos

repacer
(V. **pastar**)

repajolero
(V. **maldito**)

repanchigarse
(V. **repantigarse**)

repantigarse
s. **sentarse** (V.)
arrellanarse (V.)
acomodarse
arrepanchigarse
repanchigarse
estirarse
aclocarse
apoltronarse
descansar (V.)

a. *levantarse*
enderezar-se

reparable
s. **remediable** (V.)
rectificable
enmendable
evitable
subsanable
corregible
componible
curable
reformable

(V. **reforma**)

a. *irreparable*
incorregible
irremediable
incurable

reparación
s. obra
soldadura
reparo
saneamiento (V.)
arreglo
compostura
reforma
reconstrucción (V.)
renovación
remedio (V.)
apaño
remiendo
enmienda
reparamiento
recorrido
adobo
carena
restauración (V.)
refección
refacción (V.)
remonta
corrección

s. **compensación** (V.)
desagravio (V.)
excusa
resarcimiento
satisfacción (V.)
providencia
reparamiento
venganza (V.)
expiación
rehabilitación (V.)
indemnización
represalia (V.)

a. *abandono*
destrucción
agravio
ofensa

reparado
s. remediado
reformado
apañado
arreglado
reconstruido
reforzado (V.)
remozado
renovado
rehecho
compuesto
proveído
restaurado
adobado
corregido
apuntalado
soldado

s. **bizco** (V.)

(V. **reparación**)

a. *destruido*
estropeado
descompuesto
debilitado

reparador
s. **restaurador** (V.)
reconstructor
arreglador
renovador
componedor
remediador

s. tonificante
reconfortante (V.)
fortificante
confortador
vivificador
vigorizador
fortalecedor

s. reparón
chinchorrero (V.)
quisquilloso
faltón

(V. **reparación**)

a. *destructor*
debilitante
benévolo
tolerante
condescendiente
transigente

reparar
s. componer
remendar
renovar
rehacer
restaurar (V.)
arreglar (V.)
remediar
recomponer (V.)
consolidar
rehabilitar
subsanar
corregir
aperar
modernizar
lañar
soldar
sanear
consolidar
reedificar
reconstruir
aderezar
repasar
zurcir

s. **percatarse** (V.)
fijarse
notar
percatarse
mirar (V.)
reflexionar
atender (V.)
pensar
observar
advertir (V.)
considerar

s. **contenerse** (V.)
reportarse
suspenderse
moderarse

s. remediar
ayudar
rehabilitar
auxiliar
resarcir (V.)
purgar
expiar
compensar (V.)
desagraviar (V.)

s. **restablecerse** (V.)
curarse
sanar
reconfortarse
vigorizarse
reparar fuerzas
fortalecerse
mejorar (V.)
reponerse (V.)

s. **pararse** (V.)
descansar
tomar fuerzas
echar un trago
hacer un alto

(V. **reparación**)

a. *descomponer*
abandonar
estropearse
desatender
inadvertir
omitir
agraviar
cansarse
enfermar
proseguir
continuar

reparo, s
s. **reparación** (V.)
arreglo
compostura

s. **defensa** (V.)
resguardo
protección (V.)
abrigo
parapeto

s. **objeción** (V.)
pero
observación (V.)
advertencia
nota
crítica
censura
amonestación
tacha
discrepancia (V.)
duda

s. reserva
óbice
dificultad (V.)
desacuerdo
tiquismiquis
inconveniente
escrúpulo
indecisión

s. **vergüenza** (V.)
timidez
apuro
aprensión (V.)
miramiento (V.)

s. parada
quite
esgrima (V.)

s. **mancha** (V.)
(ojo)
defecto
señal

s. poner reparos
hacer reparos
sin reparo

a. *abandono*
descuido
destrucción
desamparo
afirmación
certeza
acuerdo
facilidad
elogio
alabanza
aplauso
decisión
desvergüenza
resolución
desconsideración

reparón
s. reparador
quisquilloso
chinchorrero (V.)
criticón (V.)
censor
faltón
ponefaltas
minucioso (V.)
detallista
puntilloso
escrupuloso
chinche
meticuloso
ridículo (V.)

(V. **reparo**)

a. *benévolo*
indulgente
tolerante
transigente
comprensivo

repartible
s. asignable
adjudicable
distribuible
divisible (V.)
prorrateable
promediable
repartidero

(V. **repartición**)

a. *indivisible*

repartición
(V. **repartimiento**)

repartidor
s. **distribuidor** (V.)
despensero
distribuyente
partidor
distributor
dispensador

s. **recadero** (V.)
recadista
mensajero
correo
paquetero

(V. **repartición**)

repartimiento
s. repartición
reparto
tontina
distribución (V.)
encabezamiento
amillaramiento
asentamiento
derrama (V.)
contingente
capitación
asignación
adjudicación (V.)
prorrateo (V.)
división (V.)
donación
dosificación
partición (V.)
participación
racionamiento (V.)
entrega (V.)
otorgamiento
proporción
clasificación (V.)
separación
contribución (V.)
carga
gravamen
tributo (V.)

s. contingente
parte (V.)
porción (V.)
cuota
lote
partida
hijuela (V.)
pitanza (V.)
pitancería
partija
ración

s. mano
vuelta
ronda (V.)

s. **elenco** (V.)

a. *acaparamiento*
monopolio
retención
unificación
unión
totalidad
agrupación

repartir-se
s. **dividir** (V.)
partir (V.)
dosificar
parcelar
seccionar
racionar (V.)
promediar
separar (V.)
esparcir (V.)
adjudicar (V.)
distribuir (V.)
dispensar
asignar
donar
dar (V.)
entregar
suministrar (V.)
proporcionar
servir (V.)
prorratear (V.)
promediar (V.)
impartir
otorgar

clasificar (V.)
ratear (V.)
alijar
amillarar
compartir
derramar
terciar
hacer partes
hacer una derrama
tener parte
llevar parte

s. **corresponder** (V.)
tocar
caber
concernir

(V. **repartición**)

a. *acaparar*
retener
monopolizar
unificar
unir
aunar
sumar
totalizar
agrupar

reparto
(V. **repartimiento**)

(V. **elenco**)

repasadera
(V. **garlopa**)

repasar
s. insistir
pasar (V.)
recorrer (V.)
volver (V.)
repetir (V.)

s. **rehacer** (V.)
perfeccionar
corregir (V.)
enmendar
retocar
rectificar
mejorar (V.)
subsanar
rematar
pulir

s. **enseñar** (V.)
hojear (V.)
estudiar (V.)
releer (V.)
revisar (V.)
inspeccionar

s. compulsar
verificar
comprobar (V.)
examinar

s. **coser** (V.)
zurcir
recoser
remendar (V.)
planchar

(V. **repaso**)

a. *olvidar*
estropear
holgazanear
abandonar
descuidar
descontrolar

repasata
(V. **riña**)

(V. **reprimenda**)

repaso
s. **revisión** (V.)
verificación
inspección
examen (V.)
reconocimiento
paso

s. **estudio** (V.)
lectura
leída
ojeada
repetición (V.)

s. rectificación
retoque (V.)
remate
mejora
culminación

s. repasata
reprimenda
regañina
recorrido (V.)
censura
regaño (V.)

s. dar un repaso

a. *descuido*
descontrol
desinterés
abandono
olvido
dejadez
elogio
alabanza
aplauso

repatriación
(V. **regreso**)

repatriar-se
s. **regresar** (V.)
(patria)
devolver
restituir
volver
reintegrar
retornar

(V. **repatriación**)

a. *expatriar-se*
desterrar-se

repechar
(V. **subir**)

(V. **ascender**)

repecho
s. escarpa
cuesta
pendiente (V.)
subida (V.)
rampa
costanera
reventón
declive
declivio
desnivel
vertiente

s. a repecho

a. *bajada*
llanura

a. *atraer*
acoger
aceptar
admitir
facilitar
favorecer
conceder
apreciar
estimar
agradar
halagar

repelar
s. descañonar
carmenar
desmochar (V.)
pelar (V.)
cortar
recortar
atusar
arrancar el pelo
tirar del pelo
s. trotar
s. cercenar
disminuir (V.)
quitar
a. *crecer*
aumentar

repelente
s. repugnante
asqueroso
repulsivo (V.)
inadmisible
despreciable
recusable
recusador
recusante
desagradable (V.)
nauseabundo
infecto
sucio
innoble
odioso (V.)
a. *atractivo*
agradable
limpio
apreciable
fascinante
seductor
cautivador

repeler
s. **rechazar** (V.)
arrojar
lanzar
echar
repudiar (V.)
retundir
rehusar
apartar
desechar
desdeñar
repulsar
relanzar
renunciar
recusar
declinar
desairar
despreciar
despachar
echar fuera
s. contradecir
impugnar
opugnar
objetar (V.)
argüir
oponerse (V.)
negar
denegar
refutar
despreciar
asquear
s. **repugnar** (V.)
aborrecer
odiar
desagradar
(V. **repelo**)

repelo
s. **contrapelo** (V.)
al revés
s. **riña** (V.)
reyerta
escaramuza
s. desagrado
asco (V.)
repugnancia (V.)
desabrimiento
hastío
disgusto
repelencia
resistencia
a. *paz*
atractivo
agrado

repelón
s. **tirón** (V.)
(pelo)
s. presilla (tejidos)
encogimiento (V.)
enganchamiento
s. **pellizco** (V.)
pelluzgón
s. **carrera** (V.)
(caballos)
s. a repelones
batir el repelón
de repelón
a. *caricia*
estiramiento

repeloso
s. **quisquilloso** (V.)
puntilloso
irritable
cojijoso
rencilloso
susceptible (V.)
picajoso
delicado
(V. **repelo**)
a. *indulgente*
indiferente
benévolo

repelús
improvisar (V.)
(V. **repeluzno**)
(V. **repugnancia**)

repeluzno
s. **escalofrío** (V.)
temblor
sacudida
estremecimiento
calofrío
repelús
repelo
contracción
alteración
nervio (V.)
s. susto
miedo (V.)
repugnancia (V.)
asco

a. *calor*
calma
sosiego
tranquilidad
atracción
hechizo
valor

repensar
s. reflexionar
meditar (V.)
madurar
estudiar
considerar
dar vueltas a un asunto
pensar en lo mismo
a. *improvisar*
repentizar

repente (de)
s. **indeliberación** (V.)
inesperadamente
impensadamente
subitamente
imprevistamente
de **improviso** (V.)
de **pronto** (V.)
de sopetón
de rebato
en un decir amén
de la noche a la mañana
sin encomendarse a Dios ni al diablo
al instante
en menos que canta un gallo
a. *lentamente*

repentino
s. **fulminante** (V.)
inesperado (V.)
instantáneo
súbito (V.)
rápido (V.)
impensado
desprevenido (V.)
pronto
improvisado (V.)
inopinado
subitáneo
imprevisible (V.)
imprevisto (V.)
insospechado
sorprendente
insospechable
incogitado
supitaño
in promptu
momentáneo
rondón, de
inesperado
como caído del cielo
sin más ni más
a. *deliberado*
calmoso
premeditado
lento
previsto

repentista
s. **improvisador** (V.)
repentizador
compositor
versolari (Viz.)

repentización
s. improptu
improvisación (V.)
invención (V.)
creación
irreflexión
apronte amiento
ejecución

rapidez
facilidad
a. *maduración*
reflexión
dificultad
premiosidad

repentizar
s. enjaretar
improvisar
inventar (V.)
crear
aprontar
aprestar
arbitrar
actuar sobre la marcha
decir de ovillejo
actuar sobre el terreno
obrar a la buena de Dios
adaptarse (V.)
acomodarse
(V. **repentización**)
a. *pensar*
madurar
reflexionar

repercusión
s. **consecuencia** (V.)
alcance
repercutida
efecto (V.)
secuela
derivación
ramificación
desenlace
trascendencia (V.)
influencia (V.)
resultado
producto
fruto
resultas
contragolpe
s. **resonancia** (V.)
eco
publicidad
retumbo
rimbombo (V.)
reflejo
reverbero
reverberación (V.)
s. choque
rebote
rechazo (V.)
repulsión
percusión (V.)
desvío
a. *intrascendencia*
silencio
atracción

repercutir
s. **trascender** (V.)
influir (V.)
resultar
causar (V.)
implicar
derivar
ejercer
actuar
afectar
intervanir
obrar
contribuir (V.)
participar
atañer
concernir (V.)
traer cola
tener consecuencias
venir a parar
s. **resonar** (V.)
retumbar (V.)
retundir
atronar
rimbombar (V.)
percutir

transmitir
hacer eco
s. **rebotar** (V.)
chocar
retrucar
repeler
rechazar
desviarse
s. **reflejar** (V.)
reverberar (V.)
reflectar
(V. **repercusión**)
a. *eludir*
evitar
inhibir
retener
silenciar
apagar
callar
atraer
absorber

repertorio
s. **colección** (V.)
recopilación
compilación
catálogo
muestra (V.)
lista (V.)
índice
inventario
s. **prontuario** (V.)
libro abreviado
s. repertorio de aduanas
repertorio de un concertista

repetición
s. **insistencia** (V.)
reiteración (V.)
reincidencia (V.)
pertinacia
contumacia
invariabilidad (V.)
menudeo
reproducción (V.)
repaso (V.)
reanudación
recaída (V.)
frecuentación
asiduidad
costumbre
alternación
período
periodicidad
continuación
continuidad
multiplicación
recidiva
repiqueteo
abundancia
cantilena
cantinela
segunda edición
lata
tópico (V.)
monserga (V.)
monotonía (V.)
aburrimiento
pesadez
redundancia (V.)
regosto
vicio
reposición (V.)
imitación (V.)
matraca
copia (V.)
rutina (V.)
serie
obsesión
rima
ritmo
reaparición
dicho
s. bordón
eco (V.)
ritornelo
trémolo
estribillo (V.)
compás
repique

muletilla (V.)
tranquillo
tabarra
salmodia
insistencia
s. aliteración
epímone
datismo
tautología
anáfora
perisología
epanalepsis
pleonasmo
iteración
cacofonía
batología
epítome
epanástrofe
conversión
concatenación
epístrofe
expolición
geminación
epanáfora
epanadiplosis
s. **aniversario** (V.)
cumpleaños
vejez
conmemoración
efemérides (V.)
recuerdo
recordación
memoración
s. **frecuencia** (V.)
ciclo (V.)
intervalo
intermitencia
vuelta (V.)
ritmo
serie (V.)
ronda
turno (V.)
oscilación
s. **reedición** (V.)
reimpresión (V.)
s. de repetición
reloj de repetición
a. *variación*
variedad
pluralidad
diferenciación
desigualdad
abandono
entretenimiento
ruptura
olvido

repetido
s. **frecuente** (V.)
redundante (V.)
insistente
incesante (V.)
periódico
cíclico
iterativo
manoseado (V.)
machacón
rítmico
habitual
continuado
recurrente (V.)
periódico (V.)
rutinario (V.)
reiterado (V.)
asiduo
pertinaz
contumaz
reincidente
renovado
múltiple (V.)
acostumbrado (V.)
reiterativo
cacofónico
acostumbrado
uniforme
cotidiano
plural
trillado
traído y llevado

(cont.)

s. anual
mensual
bienal
bimensual
quincenal
quindenial
quinquenal
semanal
diario
bimestral
bisemanal
semestral
secular
trienal
tricenal
trimestral
trisemanal
trieñal

s. duplicado
doble
calcado
copiado (V.)
reproducido
imitado

s. con repetición
día por día
año tras año
de nuevo
otra vez
antedicho
antes mencionado
de ida y vuelta
a veces
de tiempo en tiempo
a fuerza de
a ratos
una y otra vez
¡dale bola!
erre que erre
suma y sigue
¡y dale!

(V. **repetición**)

a. *único*
sólo
aislado
raro
desacostumbrado
insólito
infrecuente
sencillo
original

repetidor

s. **insistente** (V.)
reiterativo (V.)
machacón
latoso
machaca
repitiente
loro
repetido
porfiado

(V. **repetición**)

a. *prudente*
callado

repetir-se

s. **reiterar** (V.)
volver (V.)
releer (V.)
reincidir (V.)
iterar
decir (V.)
insistir (V.)
bisar
corear
duplicar (V.)
doblar
redoblar (V.)
frecuentar (V.)
porfiar
machacar
remachar (V.)
recalcar (V.)
perseverar (V.)
subrayar
redundar
reproducir (V.)
tornar
soler
revolver
instar
recurrir (V.)
alternar (V.)
perseguir (V.)
repasar (V.)
repiquetear
repicar
recalcar
reponer
reeditar
menudear (V.)
asegundar
binar
triplicar
cuadruplicar
concatenar
enfatizar (V.)
retornar
repercutir
replantar
rehacer
imitar (V.)
copiar (V.)
remover
renovar
volver a las andadas
hacer lo mismo
remachar en el clavo
adquirir un hábito
tener una muletilla
ser la eterna canción
oírlo a todas horas

s. devolver
reversar
regurgitar (V.)
repetirse la comida

r. No vuelven los que mueren, pero las cosas sucedidas, de nuevo suceden ■ Lo que fue, será; y lo que se hizo, se hará

(V. **repetición**)

a. *desistir*
abandonar
dejar
crear
retener
replantear

repicar-se

s. doblar
voltear
tañer (V.)
repiquetear (V.)
sonar (V.)
resonar

s. **picar** (V.)
triturar (V.)
desmenuzar
machacar
trinchar
dividir

s. jactarse
presumir (V.)
alardear
fanfarronear
preciarse
echar humos

(V. **repique**)

a. *silenciar*
humillarse

repinaldo

(V. **manzana**)

repinarse

(V. **elevarse**)

repintarse

s. **pintarrajearse** (V.)
maquillarse
emperifollarse
acicalarse
presumir (V.)
emperejilarse

a. *abandonarse*

repipi

s. **redicho** (V.)
petulante
sabelotodo
marisabidilla
resabido
fatuo (V.)
sabihondo

a. *sencillo*
discreto
humilde

repique

s. redoble
tañido (V.)
sonido (V.)
volteo
doble
posa
repiqueteo
repiquete
campaneo
clamor
campanilleo
campanillazo
rebato
tableteo
tintineo
alarma (V.)

s. cuestión
altercación
quimera
altercado
riña (V.)
pelotera
escaramuza

a. *silencio*
paz
tranquilidad

repiquetear-se

s. voltear
tañer
repicar (V.)
redoblar
sonar
resonar
tamborilear
tocar
tocar las castañuelas
atabalear
tabalear
teclear
golpear

s. **reñir** (V.)
ofenderse

(V. **repiqueteo**)

a. *pacificar*
tranquilizarse
callarse

repiqueteo

(V. **repique**)

repisa

s. vasar
estante (V.)
rinconera
ménsula (V.)
palomilla
anaquel
estantería
tabla
apoyo
soporte (V.)
plúteo
poyata

repisar

s. **apisonar** (V.)

s. **insistir** (V.)
porfiar
reiterar

s. encomendar
recordar (V.)
hacer memoria
inculcar (V.)

a. *desistir*
olvidar

repiso

(V. **arrepentido**)

repizcar

(V. **pellizcar**)

replantar

(V. **repoblar**)

(V. **trasplantar**)

replanteamiento

(V. **replanteo**)

replantear

s. **cambiar** (V.)
modificar
alterar

s. **trazar** (V.)
planear
dibujar

(V. **replanteo**)

a. *insistir*
repetir

replanteo

s. replanteamiento
cambio (V.)
modificación
alteración

s. **trazado** (V.)
planteamiento
plano
croquis
dibujo

a. *permanencia*
fijeza
duración

repleción

s. hartura
hartazgo
hartazón
saciedad (V.)
lleno
colmo
abundancia (V.)
plétora
plenitud
atestamiento
atiborramiento

a. *escasez*
vaciedad
hambre
falta
ausencia
vacío

replegaduras

(V. **arrebañaduras**)

replegar-se

s. **plegar** (V.)
doblar (V.)

s. **arrebañar** (V.)

s. **retirarse** (V.)
retroceder (V.)
recogerse
retreparse
encogerse
alejarse
ceder
irse
marcharse
recular
huir
desandar
desviarse
eludir
batirse en retirada
escurrir el bulto

s. **aislarse** (V.)
encerrarse

(V. **repliegue**)

a. *estirar*
desplegar
avanzar
resistir
llegar
alternar
tratar

repletar-se

s. **llenar** (V.)
atiborrar
hartar
colmar
saciar
desbordar
atestar (V.)
rebosar
rellenar
henchir
inflar
preñar
cebar

(V. **repleción**)

a. *vaciar*
desocupar
desinflar
agotar
descargar
extraer
sacar

repleto

s. **lleno** (V.)
relleno
colmado
atiborrado
hinchado
pletórico
desbordante
rebosante
pleno
henchido
atestado (V.)
abundante (V.)
hasta los topes
de bote en bote

s. grávido
preñado (V.)
macizo

s. tifo
saciado (V.)
harto (V.)
cebado
satisfecho
ahíto
gordo (V.)
lustroso

(V. **repleción**)

a. *vacío*
hueco
falto
escaso
ingrávido
famélico
hambriento
flaco

réplica

s. contestación
respuesta (V.)
alegato
replicato
objeción (V.)
argüición
mentís
quinao
desmentido
tapaboca
impugnación
oposición
contraposición
obyecto
reconvención
discusión
distingo
manifestación
declaración
revelación
indicación
confesión
testimonio
afirmación
corroboración
negación
refutación (V.)
protesta (V.)
argumentación (V.)
descaro
desobediencia (V.)
despachaderas
replicato

s. **duplicado** (V.)
copia (V.)
calco
facsímil
reproducción

a. *proposición*
acuerdo
conformidad
obediencia
sumisión
facilidad
original

replicador

s. **respondón** (V.)
replicón
rezongón
murmurador

s. **contradictor** (V.)
argüidor
opositor
interlocutor
respondedor (V.)
replicante
contendiente
respondiente

(V. **réplica**)

a. *callado*
aprobador
sumiso
obediente

replicante

(V. **replicador**)

s. **retirada** (V.)
retrocedimiento

a. *avance*
resistencia
llegada
trato
sociabilidad
tersura
despliegue
estiramiento

replicar
s. contestar
objetar (V.)
argüir
reponer
argumentar (V.)
discutir
oponer
contradecir (V.)
rechazar
responder (V.)
rebatir
respingar (V.)
redargüir
impugnar
censurar
criticar (V.)
rezongar
murmurar
opugnar
retrucar
mosquear (V.)
duplicar (V.)
triplicar
retrucar
repetir
controvertir
refutar
desobedecer (V.)
confutar
protestar (V.)
denegar
hacer la contra
devolver la pelota
llevar la contraria
sacudirse las pulgas
no callarse

(V. **réplica)**

a. *asentir*
callar
preguntar
someterse
obedecer
aguantar

replicato
(V. **réplica)**

replicón
(V. **respondón)**

repliegue
s. **retroceso** (V.)
retirada (V.)
reculada
huida
alejamiento
desvío
aislamiento (V.)
derrumbamiento
derrumbe
vuelta
regreso

s. **doblez** (V.)
pliegue (V.)
dobladillo
dobladura
plisado
tableado
frunce
ondulación
rizo
rugosidad
arruga

repoblación
s. **colonización** (V.)
asentamiento
desarrollo
instalación
migración
emigración
inmigración
trasplante
traslado

s. **cultivo** (V.)
forestación

s. repoblación forestal

a. *descolonización*
arruinamiento
marcha
abandono
abandonamiento

repoblar
s. **colonizar** (V.)
asentarse (V.)
instalarse
afincarse
fomentar
desarrollar
inmigrar
emigrar
trasladar
trasplantar

s. **cultivar** (V.)
sembrar
plantar
poblar (V.)
replantar

(V. **repoblación)**

a. *descolonizar*
arruinar
abandonar
marcharse
descuidar
arrancar
despoblar

repollo
s. **col** (V.)
coliflor
berza
lombarda
hortaliza

repolludo
s. aparrado
achaparrado
topocho
chaparro
rechoncho (V.)
gordo
abultado
hinchado

(V. **repollo)**

a. *alto*
esbelto

reponer-se
s. restablecer
reinstalar
restituir (V.)
reformar
reintegrar (V.)
refrescar
reemplazar
restaurar
rehabilitar
reparar (V.)
reconstruir
rehacer
renovar (V.)
regenerar
reducir
arribar

s. oponer
replicar (V.)
responder
argüir

s. **repetir** (V.)
reanudar
retrotraer (for.)

s. **recobrarse** (V.)
reconfortarse
vigorizarse
sanar
aliviarse
fortalecerse
fortificarse
reanimarse (V.)
recuperarse (V.)
mejorarse
robustecerse
resucitar (V.)

s. **serenarse** (V.)
tranquilizarse
sosegarse (V.)
animarse
calmarse
aquietarse
templarse

(V. **reposición)**

a. *abolir*
deponer
quitar
asentir
acordar
debilitarse
empeorar
enardecerse
desanimarse

reportación
s. reportamiento
sosiego
moderación (V.)
serenidad (V.)
calma
tranquilidad (V.)
circunspección
comedimiento
sensatez
mesura
quietud
reposo
paz

a. *inquietud*
sobresalto
inmoderación
desasosiego
intranquilidad
insensatez

reportaje
s. **información** (V.)
reseña
interview
entrevista
artículo
crónica
gacetilla

s. **película** (V.)
documental

reportamiento
(V. **reportación)**

reportar-se
s. engendrar
crear
producir (V.)
obtener (V.)
causar
beneficiar (V.)
agenciar

s. **llevar** (V.)
traer (V.)
transportar
acarrear
retraer
portear

s. **retribuir** (V.)
pagar
recompensar
remunerar
premiar (V.)

s. **informar** (V.)
reseñar
escribir

s. **refrenarse** (V.)
reprimirse
contenerse
calmarse (V.)
sofrenarse
apaciguarse
moderarse (V.)
dominarse
sujetarse
vencerse

(V. **reportamiento)**

a. *excitarse*
alterarse
perder
abandonar
deber
adeudar

reporte
s. **noticia** (V.)
reportaje

s. cuento
patraña
bulo
chisme (V.)
habladuría
hablilla
historia

s. **prueba** (V.)
litografía (V.)

a. *silencio*
verdad
veracidad

repórter
(V. **reportero)**

reportero
s. informador
gacetillero
articulista
corresponsal
cronista
revistero
corresponsal
periodista (V.)

(V. **reportaje)**

reposado
s. **lento** (V.)
calmoso
tardo
pausado

s. quieto
apacible
sentado (V.)
sosegado (V.)
calmo
tranquilo (V.)
sereno
plácido
manso
pacífico
impávido
inmutable
imperturbable
juicioso (V.)
reflexivo
moderado (V.)
surto

(V. **reposo)**

a. *rápido*
diligente
veloz
agitado
nervioso
intranquilo
irreflexivo
desapacible
inquieto

reposar-se
s. **descansar** (V.)
holgar
respirar
detenerse
parar
sosegar (V.)
desahogarse
sentarse
hacer un alto
dar suelta
estarse quieto

s. **descansar** (V.)
dormir (V.)
dormitar
tumbarse
echarse
dar una cabezada
echarse un sueño
adormecerse
amodorrarse
acostarse

s. morir
yacer (V.)
estar enterrado
dormir el último sueño

s. posarse
sedimentarse (V.)
sentarse
depositarse

s. aliviarse
holgarse
aquietarse
calmarse
sosegarse
tranquilizarse (V.)
apaciguarse

(V. **reposo)**

a. *trabajar*
moverse
agitarse
desasosegarse
vivir
alterarse
actuar

reposición
s. reforma
restablecimiento (V.)
reinstalación
renovación
renuevo
reconstitución
restauración (V.)
reconstrucción
repetición (V.)
reversión
reprise
instauración
reintegración
reembolso
regeneración
resurrección
renacimiento
rejuvenecimiento
reestreno (V.)
reedición
repuesto
rehabilitación
retorno
vuelta
reversión
reproducción

a. *abolición*
destrucción
permanencia
fijeza

reposo
s. calma
tranquilidad
relajamiento
inmovilidad (V.)
quietud (V.)
placidez
paz
letargo
siesta (V.)
sopor
detención
sueño
sosiego
poso
respiro
asueto
descanso (V.)
serenidad
moderación

a. *inquietud*
zozobra
movimiento
desasosiego
intranquilidad
actividad
agitación

repostar
(V. **proveer)**

(V. **suministrar)**

reposte
(V. **despensa)**

repostería
s. confitería
bombonería
dulcería
pastelería (V.)
bizcochería
bollería
panadería
mantequería
charcutería
botillería
fresquería

repostero
s. confitero
pastelero (V.)
panadero
bollero

s. **tapiz** (V.)
tapicería
colgadura
paño

(V. **repostería)**

repoyar
(V. **repudiar)**

(V. **rechazar)**

repoyo
(V. **repudio)**

(V. **sobras)**

reprender
s. **reñir** (V.)
corregir
amonestar
vituperar
reconvenir (V.)
criticar (V.)
predicar (V.)
increpar (V.)
desloar
reprochar (V.)
reprobar
vapulear
gritar
retar
solfear
afear
regañar (V.)
sosañar
catonizar
zamarrear
zaherir (V.)
bronquear
enjabonar (V.)
desaprobar
censurar
escarmentar
acusar
enrostrar
sofrenar
matraquear
sotanear
apercibir
emprender
sermonear
poner la mano
leer la cartilla
poner como chupa de dómine
poner como un trapo
calentarle las orejas
poner a caldo
poner de vuelta y media
llamar al orden
echarle el toro
dar una lección
apretar las clavijas
cantarle las cuarenta
llamar a capítulo

r. No quieras reprender lo que en ti echan de ver. ■ Más aprovecha al sabio ser reprendido que al loco ser herido. ■ Quien me corrige, bien me dirige. ■ A palabras recias, abajar las orejas. ■ A culpa grave, reprensión suave. ■ Quien ha de reprender, de todo vicio ha de carecer

(V. **reprensión**)

a. *alabar*
elogiar
encomiar
enaltecer
aplaudir
loar
ensalzar

reprendiente
s. **regañón** (V.)
corregidor
reprochador
castigador
increpador
censurador
reprochón
censurista
vituperante

(V. **reprensión**)

a. *elogiador*
enaltecedor

reprensible
s. **criticable** (V.)
vituperable
censurable
corregible
vituperoso
criticable
reprobable (V.)
reprehendible
incalificable
blasfemable
reconvenible
increpable
condenable
inconveniente
malo

(V. **reprensión**)

a. *loable*
elogiable
alabable
plausible

reprensión
s. **recriminación** (V.)
riña (V.)
sermón (V.)
vituperio
censura
reprimenda
repasata
reproche
regaño (V.)
andanada
repulsa
reñidura (V.)
increpación (V.)
filípica
apercibimiento
afeamiento
reconvención (V.)
sofrenada
serretazo
observación
catilinaria
palmetazo
rociada (V.)
bufido
recorrido
vapuleo
reprobación (V.)
corrección
consejo
bronca
rapapolvo (V.)
réspice
gruñido (V.)
latigazo (V.)
pateadura
salmorejo
sepancuantos
pulla
capítulo
castigo (V.)
escarmiento
vejamen
sermoneo
sofión
fraterna
paulina
mano
felpa (V.)
resplandina
responso (V.)
meneo (V.)
crítica (V.)
admonición (V.)
solfeo
soba
carena
julepe
jaleo (V.)
lejía (V.)
peluca (V.)
matraca (V.)
sobarbada
repaso
zurrapelo
mesilla
metido (V.)

a. *elogio*
alabanza
aplauso
enaltecimiento
piropo
aprobación
encomio
ensalzamiento
felicitación

represa
(V. **presa**)

(V. **embalse**)

(V. **represión**)

represalia
s. **represión** (V.)
venganza (V.)
vindicación
desagravio
compensación
satisfacción
castigo (V.)
reparación (V.)
desquite
vindicta
reparación
resarcimiento
revancha
talión
amenaza
expiación
hostilidad
respuesta (V.)

s. ojor por ojo
ley de Talión
mal por mal

r. Donde las dan, las toman

a. *perdón*
generosidad
olvido
indulto
condonación
amistad

represar-se
s. **embalsar** (V.)
rebalsar
estancar
entibar
encauzar
detener (V.)
estacionar

s. **reprimirse** (V.)
dominarse
refrenarse
contenerse

(V. **represa**)

a. *soltar*
dejar
desahogarse
desmandarse

representación
s. **imagen** (V.)
efigie
símbolo (V.)
personificación
figura (V.)
muestra
figuración (V.)
ejemplo (V.)
estampa
perspectiva (V.)
emblema
retablo (V.)
retrato (V.)
aspecto (V.)
signo (V.)
prototipo (V.)
gráfica
grafía
gráfico (V.)
encarnación
imaginación
idea (V.)
ideograma (V.)
alegoría
atributo
alusión
simulacro (V.)
incorporación

s. **importancia** (V.)
significación (V.)
jerarquía
influencia
personalidad
autoridad (V.)
dignidad
prestigio
reputación
clase
categoría (V.)

s. **delegación** (V.)
poderes
suplencia (V.)
reemplazo
suplantación
sustitución
legación (V.)
nunciatura (V.)
lugartenencia
relevo
veces
sucesión
mandato
autorización (V.)
embajada
procuración
encargo (V.)
encomienda
cambio
misión (V.)
revezo
remuda

s. **teatro** (V.)
función
revista (V.)
comedia
actuación (V.)
puesta
papel
montaje (V.)
drama
velada
gala
sesión
espectáculo

s. en representación de
por representación

a. *realidad*
autenticidad
abstracción
insignificancia
desprestigio
jefatura
centralismo

representador
(V. **representante**)

representante
s. **actor** (V.)
cómico
comediante
mimo
representador
histrión

s. **delegado** (V.)
agente (V.)
emisario (V.)
síndico (V.)
sustituto (V.)
viajante
suplente
poderhabiente
lugarteniente
corresponsal
sucesor
revezo
substituidor
teniente
suplente (V.)
portavoz (V.)
órgano (V.)
vicario
apoderado
suplantador
testaferro
pasante
nuncio (V.)
internuncio
suplefaltas
supleausencias
representador
comisionista
comisionario
alter ego
compromisario (V.)
distribuidor (V.)
comisionado
portavoz
diputado
embajador

s. **diplomático** (V.)
cónsul
dignatario (V.)

(V. **representación**)

a. *principal*
jefe

representar-se
s. **aparentar** (V.)
parecer
semejar
imitar
simular
tener aspecto de

s. **encarnar** (V.)
simbolizar (V.)
figurar (V.)
personificar
personalizar
ejemplarizar (V.)
incorporar
materializar
constituir

s. **exponer** (V.)
marcar (V.)
mostrar (V.)
enseñar
describir (V.)
informar
proyectar (V.)
declarar
referir
decir
narrar
explicar
mostrar
manifestar

s. **significar** (V.)
suponer (V.)
entrañar
equivaler
implicar
importar

s. reemplazar
sustituir (V.)
substituir
suplir
suplantar
suceder (V.)
apoderar
autorizar (V.)
subrogar
relevar
ejecutar
comisionar
delegar (V.)
procurar (V.)
revezar
servir
cambiar
mudar
conmutar
garantizar
servir de fiador
ponerse en lugar de
ser figura decorativa
ser cabeza de turco
hacer las veces de

s. **interpretar** (V.)
declamar
decir
recitar
actuar
trabajar
desempeñar
poner
doblar
protagonizar (V.)
caracterizarse
poner en escena
escenificar (V.)
salir de
farsar
encarnar
hacer de
echar (V.)
fingir

s. **imaginarse** (V.)
figurarse
presentarse
recordar
suponerse

(V. **representación**)

a. *tener*
abstraer
silenciar
ocultar
callar
presidir
retener
prohibir
inhibirse
olvidarse

representativo
s. **característico** (V.)
típico
personal
particular
propio
específico
definido
manifiesto
significante
evidente
claro
gráfico
descriptivo

s. **figurativo** (V.)
figurado
honroso
ideográfico (V.)
honorífico (V.)
imaginario
simbólico
teórico

(V. **representación**)

a. *general*
impersonal
vulgar
impropio

represión
s. **freno** (V.)
refrenamiento
contención
moderación
detención
represa
coacción
coerción
limitación
cohibición
aguante
sofrenada

(cont.)

prohibición (V.)
doma
dique
retraimiento
restricción

s. **represalia** (V.)
venganza

a. *libertad*
permiso
autorización

represivo

s. represor
coercitivo (V.)
restrictivo
limitativo
prohibitivo
dominante
abusivo
vengativo (V.)
violento

(V. **represión**)

a. *generoso*
facultativo
autorizado
libre

represor

s. moderador
limitador
coaccionador
restrictivo
represivo (V.)

(V. **represión**)

a. *comprensivo*
generoso
liberal

reprimenda

(V. **reprensión**)

reprimir-se

s. **refrenar** (V.)
represar (V.)
frenar
medir (V.)
sofrenar
contener (V.)
dominar (V.)
cohibir
moderar (V.)
detener
sujetar (V.)
someter
aguantar (V.)
limitar
domar (V.)
vencer
comprimir
coercer
aplacar
mesurarse (V.)
domeñar
apaciguar
reportar
constreñir
reducir
forzar
violentar
templar
detener
impedir (V.)
oponerse
obstaculizar
paralizar
atar corto
dar marcha atrás
cortar el vuelo
quitar alas
tirar de la rienda
aguantar mecha

s. **castigar** (V.)
penar

(V. **represión**)

a. *desahogar-se*
desfogar-se
desmandar-se
estallar
soltar-se
lanzar-se
acalorar-se
estimular
fomentar
perdonar

reprise

(V. **reposición**)

(V. **aceleración**)

reprobable

s. criticable
reprochable
censurable (V.)
incalificable
condenable
reprensible (V.)
malo
inconveniente
repudiable
vituperable
repudiable
punible
recriminable
mal visto

(V. **reprobación**)

a. *plausible*
loable
alabable
elogiable
bueno
irreprochable
conveniente

reprobación

s. **reprensión** (V.)
vituperio
desautorización
desaprobación (V.)
tacha
tilde
distingo
censura (V.)
reproche (V.)
motejo
silba
condenación
condena
maldición
anatema
acusación (V.)
protesta
chifla
rechifla
burla
grita
siseo
pateo
pita

s. cate
suspenso (V.)
descalificación (V.)
inadmisión

a. *aprobación*
admisión
elogio
calificado
aprobaco

reprobado

s. vituperado
criticado
censurado (V.)

s. **descalificado** (V.)
suspendido
cateado
suspenso (V.)
eliminado
colgado

(V. **reprobación**)

a. *alabado*
elogiado
aprobado
bueno
admitido

reprobador

s. denigrador
censor (V.)
reprochador
quisquilloso
criticón
condenador
reparón
criticador
vituperador
catón
reventador

(V. **reprobación**)

a. *alabador*
elogiador

reprobar

s. condenar
censurar (V.)
vituperar
denigrar
desaprobar (V.)
tachar
execrar
desechar
reprochar (V.)
afear
desautorizar
patear (V.)
silbar
burlar
maldecir
reconvenir
desengañar
reparar
hacer notar
abuchear
gritar
fustigar
acusar
fiscalizar
dar por malo
enviar a paseo
echar un jarro de agua fría
echar en cara
rechazar de plano
no estar de acuerdo
votar en contra
no admitir
ponerse de frente
poner el veto
hacer oposición

s. descalificar
suspender (V.)
catear
colgar
revolcar
repetir curso
dar calabazas
dejar para setiembre
cargarse a uno

(V. **reprobación**)

a. *elogiar*
alabar
congratular
aceptar
aprobar
pasar

réprobo

s. execrable
maldito
condenado (V.)
hereje
prescrito
excomulgado
descomulgado
demonio
infernal
endemoniado
precito (V.)
dañado
protervo

(V. **reprobación**)

a. *bueno*
bendito
angelical
divino
celestial

reprochable

(V. **reprobable**)

reprochador

(V. **reprobador**)

reprochar-se

s. **reprobar** (V.)
recriminar (V.)
regañar
reprender (V.)
afear
execrar
repuchar
fustigar
flagelar
acusar
condenar
anatematizar
tildar
enrostrar
zurrar
reconvenir
censurar (V.)
desaprobar (V.)
reclamar (V.)
tachar
vituperar
desautorizar
sermonear
reñir
increpar
argüir
corregir
amonestar
apercibir
refrotar
refregar
retraer (V.)
retar (V.)
disgustarse (V.)
enfadarse
echar en cara
cantar las cuarenta
echarse encima
hacer cargos

(V. **reproche**)

a. *alabar*
elogiar
aprobar
aplaudir
ensalzar

reproche

s. **censura** (V.)
crítica
recriminación (V.)
regaño
apercibimiento
reconvención
anatema
desautorización
desaprobación (V.)
réspice
protesta (V.)
tacha
tilde
nota
maca
afeamiento
vapuleo (V.)
regañina
sermón
vituperio
queja (V.)
refunfuñadura (V.)
reprensión (V.)
reprimenda
condena
reparo
reprobación (V.)
reprensión

a. *alabanza*
elogio
aprobación
aplauso

reproducción

s. **copia** (V.)
maqueta (V.)
calco
fotocopia (V.)
imitación (V.)
duplicado
refrito
calcomanía
xerografía
remedo
plagio
reconstrucción (V.)
representación
falsificación

s. difusión
propagación
multiplicación
desarrollo
proliferación (V.)
fertilidad
crecimiento
crianza
criamiento
perpetuación (V.)
generación (V.)
reduplicación
producto
reaparición (V.)
progresión
reimpresión
repetición (V.)
duplicación
fecundidad
fisiología (V.)
fecundación
gemación
germinación
crecimiento
partenogénesis
metástasis
endogénesis
escisión
división

s. estambre
estigma
pistilo
estilo
ovario
gineceo
polen
periantio
perigonio
antera
androceo
carpelo
borlilla
nectario
oosfera

s. **germen** (V.)
semilla (V.)
simiente
yema
esqueje
espora (V.)
mugrón
plantón
rejo
estaca
acodo
flor (V.)

a. *original*
unidad
extinción
acabamiento
disminución
esterilidad
infecundidad

reproducir-se

s. **producir** (V.)
estereotipar
reimprimir (V.)
imitar (V.)
copiar (V.)
fotograbar (V.)
plagiar
xerografiar
calcar
remedar
representar
reconstruir (V.)
falsificar

s. difundir
propagar
desarrollar (V.)
enjambrar
multiplicar (V.)
proliferar (V.)
perpetuar (V.)
cundir
pulular
hacer
retoñar (V.)
procrear (V.)
nacer
generar
engendrar (V.)
renacer
propagar (V.)
resucitar
verbenear
crecer
criar (V.)
fecundar
germinar

s. **repetir** (V.)
recalcar
insistir (V.)
retraer (V.)
porfiar
machacar
reiterar

(V. **reproducción**)

a. *inventar*
crear
degenerar
exterminar
disminuir
dejar
abandonar
desistir
limitar

reproductivo

(V. **productivo**)

(V. **provechoso**)

reproductor

s. **imitador** (V.)
copista
remedador
falsificador
calcador

s. **prolífero** (V.)
propagador
fértil (V.)
gemíparo
generador
regenerador
semental (V.)
garañón
verraco
morueco

(V. **reproducción**)

a. *original*
artista
estéril
infecundo

repropio
(V. **remiso**)
(V. **renuente**)
(V. **indócil**)

reps
(V. **tela**)

reptación
(V. **arrastramiento**)

reptante
s. **sinuoso** (V.)
serpenteante
deslizante
zigzagueante

s. rastrero
pérfido (V.)
vil
ambicioso (V.)
apetente
anhelante

s. **planta** (V.)
(V. **reptación**)

a. *directo*
recto
franco
sincero
desinteresado
indiferente

reptar
s. **arrastrarse** (V.)
serpentear
culebrear
deslizarse
avanzar
zigzaguear
andar
rozar
(V. **reptación**)

a. *volar*
correr
saltar

reptil
s. ofidio
quelonio (V.)
anfisbena
saurio (V.)
serpiente (V.)
dinosaurio
plesiosaurio
diplodoco
pterodáctilo
tarasca
eslizón (V.)
iguanodonte
camellón
lagarto (V.)
tortuga (V.)
víbora (V.)
vertebrado (V.)

s. concha
coraza
camisa
caparazón
résped
lengua
(protáctil)

s. **servil** (V.)
rastrero (V.)
bajo
traidor
pérfido

s. basilisco
furia
bruja
arpía
monstruo
trasgo
incubo
súcubo
colérico
irritado
furioso
enfurecido

a. *noble*
digno
leal

república
s. **democracia** (V.)
Estado (V.)
gobierno (V.)
comunidad
electividad
elección

s. Parlamento
Constitución
Senado
presidencia

s. república
parlamentaria
república
presidencialista
república
literaria
república de las
letras

a. *monarquía*
tiranía
totalitarismo

republicano
s. **democrático** (V.)
popular
representativo
repúblico
(V. **república**)

a. *monárquico*

repúblico
(V. **prócer**)
(V. **estadista**)

repuchar-se
(V. **reprochar**)
(V. **arrepentirse**)
(V. **acobardarse**)

repudiación
(V. **repudio**)

repudiar
s. **recusar** (V.)
rechazar (V.)
impugnar
expulsar
olvidar
desconocer (V.)
excluir
apartar
repeler (V.)
aborrecer
abandonar (V.)
desairar
repoyar
desechar
reprobar
despreciar (V.)
desheredar
dar de lado
sentir
repugnancia
poner obstáculos
poner
impedimentos
negar
omitir
desatender

s. **divorciarse** (V.)
separarse
abandonar
desmaridar
desunirse
romper los lazos
vivir separados
(V. **repudio**)

a. *aceptar*
admitir
casarse
acogerse
afirmar
reunirse

repudio
s. repudiación
repulsa (V.)
rechazo (V.)
repulsión
renuncia
eliminación
repugnancia
aborrecimiento
rechazamiento
arrinconamiento
expulsión (V.)
exclusión
negativa
desestimación
desconocimiento
relajación
apartamiento
dejación
repoyo
abandono (V.)
desaire
desvinculación
incompatibilidad
desdén
desprecio
impugnación
recusación
relegamiento
abominación
alejamiento
separación (V.)
divorcio (V.)

a. *acogimiento*
acogida
admisión
recibimiento
aceptación
cordialidad
protección
amparo
aprobación

repudrir-se
(V. **corroer-se**)
(V. **concomer-se**)

repuesto
s. **restablecido** (V.)
restituido
renovado
devuelto
substituido
cambiado
nuevo
reparado
rehabilitado
reformado
restaurado
repasado

s. **oculto** (V.)
retirado
apartado
escondido (V.)
recóndito
secreto
alejado

s. retenido
provisión (V.)
accesorio
reserva (V.)
retén (V.)
mampuesto
recambio (V.)
aparador
mesa auxiliar

s. de repuesto
(V. **reposición**)

a. *recaído*
depuesto
abandonado
desprovisto
aparecido
visible
conocido

repugnancia
s. vómito
angustía
náusea
asco (V.)
basca
vómito (V.)
indigestión (V.)

s. **aversión** (V.)
contra
repulsión
disgusto (V.)
escrúpulo
antipatía
incompatibilidad (V.)
desapego
oposición (V.)
reluctancia
repelo (V.)
renuencia
renitencia
desabrimiento
refunfuño
nolición
desapego
tedio
aborrecimiento
respingo
roncería
rezongo
réplica
replicato
desgana
oposición
odio (V.)
contradicción
desgana
desabrimiento
tirria
rechazamiento (V.)
resistencia (V.)
repelus
desagrado
violencia
repulsión (V.)
repulsa (V.)
repeluzno (V.)

a. *retención*
agrado
simpatía
atractivo
atracción
apego
gusto
placer
favor

repugnante
s. **repulsivo** (V.)
hediondo (V.)
repelente
feo
sucio (V.)
nauseabundo (V.)
asqueroso (V.)
innoble
desagradable (V.)
infecto (V.)
fétido
indeseable
desabrido
antipático
reacio
renitente
aborrecible
nauseativo
indecente (V.)
(V. **repugnancia**)

a. *bonito*
atractivo
agradable
simpático
limpio
decente
adorable
favorable

repugnar
s. **asquear** (V.)
rehuir
rechazar (V.)
nausear (V.)
repeler (V.)
rehusar
roncear
resistir (V.)
violentar-se
oponer
cocear
excluir
antipatizar
disgustar (V.)
desagradar (V.)
rezongar
regatear
replicar
gruñir
regruñir
resentirse
refunfuñar
respingar
retrucar
rezar
zafarse
negarse
odiar (V.)
ofender
incomodar
oponerse
rechinar
doler
cerdear
asquear
revolver las
tripas
dar cien patadas
sentir náuseas
dar asco
rechinar los
dientes
dar repeluznos
poner los pelos
de punta
ser repulsivo
no poder soportar
ser incompatible
(V. **repugnancia**)

a. *atraer*
agradar
aceptar
simpatizar
gustar
complacer
amar
admitir
acoger

repujado
s. **labrado** (V.)
cincelado
de relieve
esculpido
tallado

repujar
s. **labrar** (V.)
marcar
abollonar
abollar (V.)
tallar
cincelar (V.)
esculpir
realzar
bocelar
escamar
grabar
resaltar (V.)
(V. **repujado**)

repulgado
(V. **afectado**)
(V. **melindroso**)

repulgo
s. hilván
pespunte
pasada
dobladillo (V.)
borde
cenefa
greca
recosido
corcusido

s. **afectación** (V.)
repipi
repulido
vanidad (V.)
remilgo
escrúpulo
melindre
aspaviento

a. *naturalidad*
sencillez

repulido
s. peripuesto
recompuesto
pulido
acicalado (V.)
terminado
acabado
engalanado
emperifollado
recompuesto
emperejilado
relamido
afectado (V.)
estirado
melifluo
lamido
soplado
repipi
amanerado
repulgado
rebuscado
cursi
pinturero

a. *dejado*
abandonado
desidioso
sencillo
natural

repulir-se
s. **acicalar** (V.)
emperejilar
componerse
arreglarse
retocar
engalanar
adornar
emperifollar

a. *abandonarse*
dejarse
descuidar-se

repulsa
s. **repudio** (V.)

s. **maldición** (V.)
reacción (V.)
repugnancia
protesta (V.)
propulsión (V.)
recusación (V.)
condena
remoción
desdén (V.)
destitución
denegación

s. **reprimenda** (V.)
riña
amonestación

a. *aceptación*
acogimiento
admisión
aprobación
elogio
rehabilitación

repulsar
s. despreciar
desechar
rechazar (V.)
desterrar
destituir
desbancar
desdeñar
repeler
negar
propulsar (V.)
lanzar
relanzar
desdeñar
desairar
destituir
resistir
rehuir
arrojar
tirar
apartar
volver
devolver
despachar
denegar (V.)
arrojar
apartar
despedir
excluir (V.)

s. **divorciar** (V.)

(V. **repulsa**)

a. *admitir*
aceptar
acoger
aprobar
afirmar
favorecer
incluir
impedir
recoger
acercar
rehabilitar
readmitir
reunirse

repulsión
s. aversión
antipatía
repugnancia (V.)
tirria
desvío
disgusto
reacción (V.)

s. **asco** (V.)
angustia
basca

a. *atracción*
simpatía
agrado

repulsivo
s. asqueroso
repugnante (V.)
asqueante
repelente (V.)
rechazador
sucio
horrible
horripilante
recusante

(V. **repulsión**)

a. *agradable*
limpio
atractivo
atrayente

repullo
s. **respingo** (V.)
sobresalto
impresión
estupor
sorpresa (V.)
ramalazo
desconcierto
consternación
imprevisión
trabucazo
susto
confusión
temor
intranquilidad

s. **rehilete** (V.)
banderilla
garapullo

a. *tranquilidad*
imperturbabilidad
previsión
claridad

repunta
s. **punta** (V.)
cabo

s. **indicio** (V.)
manifestación
síntoma
atisbo (V.)
señal
barrunto
asomo
vislumbre
pista

s. quimera
contienda
desazón (V.)
resquemor
intranquilidad
preocupación
disgusto

a. *desconocimiento*
indiferencia
tranquilidad
despreocupación

repuntar-se
s. **comenzar** (V.)
principiar
aparecer (V.)
manifestarse
despuntar (V.)

s. **ascender** (V.)
(marea)
descender (V.)
(marea)

s. **picarse** (V.)
agriarse

s. **amostazarse** (V.)
resentirse
mosquearse

(V. **repunta**)

a. *acabar*
concluir
desaparecer
endulzarse
tranquilizarse

reputación
s. renombre
consideración (V.)
prestigio
nombradía
gloria
honra
prez
fama (V.)
crédito (V.)
celebridad
nota (V.)
merecimiento
auge
boga (V.)
popularidad (V.)
opinión
aplauso
notoriedad
standing
brillo
lucimiento
palma
blasón
esplendor
realce
estimación
predicamento
enaltecimiento
concepto (V.)
aureola

a. *descrédito*
impopularidad
deshonor
desconocimiento
desprecio
desprestigio

reputado
(V. **conocido**)

(V. **excelente**)

reputar-se
s. juzgar
estimar (V.)
calificar
considerar (V.)
aplaudir
brillar
lucir
preciar (V.)
valuar
valorar
conceptuar
reconocer (V.)
ponderar
apreciar
acreditar
autorizar
enaltecer
creer
opinar
atribuir (V.)

(V. **reputación**)

a. *descalificar*
humillar
despreciar
desestimar
desconocer

requebrajo
(V. **requiebro**)

requebrar
s. cortejar
piropear
galantear (V.)
lisonjear (V.)
adular
obsequiar (V.)
alabar
halagar
incensar
mimar
admirar
florear
acariciar
obsequiar
regalar
hacer finezas
echar flores
decir piropos
escribir cartas de amor
pasear la calle
decir ternezas
mirar con amor
dedicar sonrisas

(V. **requiebro**)

a. *insultar*
denostar
despreciar
criticar
censurar
atacar

requemamiento
(V. **resquemo**)

requemar-se
s. **quemar** (V.)
calcinar
tostar (V.)
torrar
retostar
turar
socarrar
soflamar
resquemar
ennegrecer (V.)
oscurecer
resecar

s. **picar** (V.)
arder
escocer (V.)
pinchar
cosquillear
punzar
agriar

s. **estropearse** (V.)
amustiarse (V.)
agostarse
secarse

s. **atormentarse** (V.)
concomerse (V.)
disgustarse
preocuparse
afligirse
dolerse
consumirse
angustiarse (V.)
resentirse

(V. **requemamiento**)

a. *enfriar*
clarear
emblanquecer
suavizar
adulcorar
refrescarse
florecer
verdear
lozanear
reverdecer
alegrarse
contentarse
tranquilizarse
serenarse

requemazón
(V. **resquemo**)

requemo
(V. **reconcomio**)

requeridor
s. demandador
demandante
solicitante (V.)
solicitador
querellador
querellante
intimador
intimante
exigente
amonestador
recuestador
requirente (V.)
requiriente

(V. **requerimiento**)

a. *requerido*

requerimiento
s. exhorto
aviso (V.)
requisitoria (V.)
demanda (V.)
recuesta
mandato
orden
mandamiento
obligación
imposición
protesto (V.)
intimación (V.)
interrogatorio
información
manifestación
pregunta
amonestación (V.)
intimidación
examen
invitación

s. **exigencia** (V.)
petición
requisito (V.)
formalidad
condición

a. *contestación*
respuesta
fallo
ruego
sentencia
informalidad

requerir
s. **intimar** (V.)
intimidar
avisar (V.)
amonestar
advertir (V.)
notificar
prevenir
instar
interrogar
querer (V.)
inquirir

s. reconocer
examinar (V.)
advertir
observar

s. **solicitar** (V.)
interpelar (V.)
pretender
regir (V.)
invitar (V.)
precisar
pedir
demandar
necesitar (V.)
recuestar

s. **convencer** (V.)
inducir (V.)
persuadir
incitar
instigar
empujar
exhortar
requerir de amores

(V. **requerimiento**)

a. *renunciar*
disuadir
responder
desconocer
descuidar
dar
conceder
prescindir
abstenerse
inhibirse
impedir

requesón
s. cuajo
cuajada
naterón
názula
almojábana
boruga
cáseo
recocta
queso (V.)
leche (V.)
caseación

requeté
(V. **carlismo**)

(V. **tradicionalismo**)

requetebién
(V. **magnífico**)

(V. **estupendo**)

requiebro
s. flor
lisonja (V.)
piropo (V.)
halago
mimo
galantería (V.)
madrigal
garatusa
adulación
caricia
cortejo
caroca
galanteo (V.)
alabanza
quillotro (V.)
ternura
terneza
chichisbeo
garzonería
martelo
arremuesco
enamoramiento
carantoña
chicoleo
requebrajo
agasajo
lindeza

a. *ofensa*
insulto
grosería

réquiem
(V. **funeral**)

requilorio, s
s. **requisito** (V.)
formalidad
condición

s. **rodeo** (V.)
indirecta
bambolla
ramaje
circunloquio (V.)

s. adorno
arrequives (V.)
nimiedad
futileza
nadería
bobada
insignificancia

(cont.)

a. *informalidad*
sinceridad
crudeza
franqueza
importancia
naturalidad
sencillez
sobriedad

requintar
s. superar
sobrepujar
aventajar (V.)
exceder (V.)
rebasar
aumentar (V.)

s. **subir** el tono (V.)
(cuerdas)

a. *disminuir*
reducir
mermar

requirente
s. **requeridor** (V.)
interesado
pretendiente
aspirante
suplicante

(V. **requerimiento**)

requisa
s. requisición
confiscación (V.)
expropiación
embargo
incautación (V.)
requisición
decomiso
aprehensión
apropiación
despojo
retención
expoliación
usurpación

s. **revista** (V.)
inspección (V.)
examen
revisión
repaso
recuento
comprobación

a. *devolución*
satisfacción
rehabilitación
descuido
despreocupación

requisador
s. incautador
embargador
confiscador
aprehensor
expoliador
exactor
recaudador (V.)

(V. **requisa**)

a. *requisado*
incautado

requisar
s. **apoderarse** (V.)
embargar
incautarse (V.)
comisar
decomisar
confiscar (V.)
recoger
descaminar
retener
usurpar
apropiarse
aprehender
expoliar

(V. **requisa**)

a. *devolver*
reponer
retribuir

requisición
(V. **requisa**)

(V. **requisitoria**)

requisito
s. cualidad
solemnidad (V.)
formalidad (V.)
requilorio
condición (V.)
circunstancia
precisión
requerimiento
obligación
indispensabilidad
menester
regla
procedimiento
cláusula
trámite (V.)
estipulación
necesidad
detalle
particularidad
ajilimójili
arrequives

s. cortapisa
limitación (V.)
traba
barrera
restricción

a. *facilidad*
informalidad
omisión

requisitoria
s. **requerimiento** (V.)
interpelación
pregunta
interrogación
requisitorio
requisición

a. *respuesta*
contestación

res
s. **animal** (V.)
cuadrúpedo
rumiante
cabeza
pécora
bestial
ganado (V.)
bestia
vaca (V.)
toro (V.)
cabra (V.)
buey (V.)
ternero (V.)
carnero (V.)
cordero (V.)
oveja (V.)

s. corral
aprisco (V.)
cercado
vallado

s. **carne** (V.)

s. res lanar
res vacuna
res de vientre
res bovina

resabiado
(V. **enviciado**)

(V. **pervertido**)

resabiar-se
s. malograrse
estragarse
malacostumbrarse
enviciarse (V.)
picardear (V.)
pervertirse

s. **disgustarse** (V.)
intranquilizarse
desazonarse

s. **saborear** (V.)
deleitarse
degustar

(V. **resabio**)

a. *enmendarse*
enderezarse
tranquilizar-se
contentar-se
rechazar
desagradar
repugnar

resabido
s. **pedante** (V.)
presuntuoso
sabelotodo
sabihondo
afectado
presumido
redicho
repipi

a. *sencillo*
natural

resabio
s. **vicio** (V.)
lacra
defecto (V.)
falta
achaque
perversión
fallo
menoscabo
tacha
mancha
maula
mala costumbre
maña (V.)

s. **sabor** (V.)
regusto
dejo
señal (V.)
rastro
sello

s. **desazón** (V.)
desabrimiento
amargura
intranquilidad
disgusto (V.)

a. *virtud*
perfección
limpieza
contento
tranquilidad
sosiego

resaca
s. **retroceso** (V.)
flujo
aflujo
corriente
marea
bajamar
oleaje (V.)

s. **desazón** (V.)
malestar
borrachera (V.)

s. **letra** (V.)
(cambio)

a. *sosiego*
sobriedad

resalado
(V. **gracioso**)

resaltar
s. rebotar
botar (V.)
saltar (V.)
resurtir
repercutir
retroceder

s. **destacar** (V.)
distinguirse (V.)
sobresalir (V.)
descollar
despuntar
relevar (V.)
señalarse
presidir
preponderar
dominar
aventajar
diferenciarse
prevalecer
resalir

s. **abultar** (V.)
abombarse
alzarse
levantarse
engrosarse

s. **repujar** (V.)
realzar (V.)
labrar
cincelar
abollar

(V. **resalto**)

a. *quedarse*
confundirse
rebajar
allanar

resalte
(V. **resalto**)

resalto
s. **rebote** (V.)
rechazo
choque
bote
salto
brinco
resurtida

s. **saliente** (V.)
relieve (V.)
prominencia
convexidad (V.)
saledizo
proyección
retecho
elevación
relevación
retallo
almohadilla
moldura (V.)
ménsula
pestaña
rebaba
resalte
reborde
cordoncillo
repisa
lóbulo
lomo
caballete
tajamar
proa
ornamentación
adorno (V.)
sobrepuesto
ceja
retallo (V.)
filo
punta
remate (V.)
saledizo
salidizo
vuelo
voladura
arimez
banda
filete
junquillo
baqueta
bordón
cimbria
listel
releje
protuberancia
eminencia
prominencia
turgencia
bulto
abultamiento (V.)
repujado
labrado
exuberancia
exorbitancia
picos
almohadillado

a. *concavidad*
hendidura
oquedad
ranura
surco
arruga
hundimiento
rodada
rendija

resalvo
(V. **vástago**)

(V. **poda**)

resanar
(V. **restaurar**)

resarcible
s. recompensable
compensable (V.)
indemnizable
restituible (V.)
reparable
subsanable
enmendable
contrarrestable
neutralizable

(V. **resarcimiento**)

a. *irreparable*
perjudicial

resarcimiento
s. **compensación** (V.)
reparación
cambio
enmienda
desagravio
indemnización (V.)
neutralización
desquite (V.)
reparación
contrabalanceo
devolución (V.)
restitución
garantía
equilibrio (V.)
complemento
igualación
equivalencia
recompensa

a. *daño*
perjuicio
retención
desequilibrio

resarcir-se
s. **restituir** (V.)
indemnizar (V.)
devolver (V.)
igualar
compensar (V.)
recompensar
enmendar
reintegrar (V.)
subsanar
desagraviar
remediar
reparar (V.)
suplir
completar
recuperar
equilibrar (V.)
equivaler

s. recobrarse
desquitarse (V.)
reintegrarse
cobrarse
recuperarse
vengarse (V.)
rescatar

(V. **resarcimiento**)

a. *quedarse con*
quitar
descompensar
retener
dañar
perjudicar
desequilibrar

resayo
(V. **pendiente**)

(V. **talud**)

resbaladero
(V. **resbaladizo**)

resbaladizo
s. lábil
escurridizo (V.)
resbaloso
deslizable
resbaladero
deslizante
deslizadero
liso
resbalante
lúbrico
suave
vidrioso (V.)
húmedo
aceitoso
brillante
precipitoso
nidio

s. **comprometido** (V.)
difícil
peligroso (V.)
equívoco
indiscreto
delicado

s. licencioso
vicioso
lúbrico
pornográfico
lascivo (V.)
verde
libidinoso

(V. **resbalamiento**)

a. *áspero*
adherente
pegadizo
fácil
seguro
claro
casto

resbalamiento
(V. **resbalón**)

resbalar-se

s. **escurrirse** (V.)
deslizarse (V.)
rodar
ronchar
rasar
esbarar
desvarar
esborregar
deleznarse
esmuciarse
irse
precipitarse
írsele los pies
arrastrarse
ratear

s. **patinar** (V.)
esquiar
ir en trineo

s. viciarse
caer
pecar
incurrir
incidir
reincidir
equivocarse (V.)
errar
pifiar
chasquearse

(V. **resbalón**)

a. *mantenerse*
regenerarse
adherirse
pegarse
agarrarse
acertar

resbalón

s. resbalamiento
escurrimiento
deslizamiento (V.)
patinazo (V.)
traspié
desplazamiento
tropiezo (V.)
costalón
escullón
esvarón

s. **indiscreción** (V.)
desacierto (V.)
equivocación (V.)
yerro
error
chasco
pifia
metedura de pata

s. picaporte

a. *adhesión*
mantenimiento
agarre
acierto

resbaloso

(V. **resbaladizo**)

rescaño

(V. **resto**)
(V. **fragmento**)

rescatador

s. **salvador** (V.)
libertador
redentor (V.)
vencedor
defensor
protector
conquistador

(V. **rescate**)

a. *tirano*
pervertidor
vencido
sometido

rescatar-se

s. **recuperar** (V.)
recobrar
reconquistar
redimir (V.)
liberar (V.)
salvar
libertar

s. **restituir** (V.)
devolver (V.)
desempeñar (V.)
reintegrar
reembolsar
resarcir
reanudar
reivindicar
desquitarse
restablecer

s. **cambiar** (V.)
trocar
permutar
canjear

(V. **rescate**)

a. *retener*
conservar
mantener
encarcelar
perder

rescate

s. **recuperación** (V.)
restitución (V.)
reconquista
redención
liberación (V.)
salvación (V.)
salvamento (V.)
resarcimiento
reivindicación (V.)
reclamación
restablecimiento
reanudación
reparación
ranzón

s. **desempeño** (V.)
devolución (V.)
recobro

s. **compensación** (V.)
pago
reembolso (V.)
entrega (V.)
suma
dinero

a. *retención*
conservación
irredentismo
encarcelamiento
permanencia
recepción

rescindible

s. retractable
revocable
cancelable
invalidable
derogable
anulable

(V. **resición**)

a. *irrevocable*
fijo
resuelto

rescindir

s. **abjurar** (V.)
abolir
invalidar (V.)
deshacer
desvirtuar
cancelar
anular (V.)
derogar
terminar (V.)
revocar
disolver
amortizar
abdicar
cesar
dejar sin efecto
suspender
suprimir

(V. **rescisión**)

a. *confirmar*
concertar
promulgar
mantener
sostener

rescisión

s. **anulación** (V.)
derogación
invalidación (V.)
disolución
amortización
abdicación
abolición
cancelación (V.)
cancelamiento
casación
desvirtuamiento
abandono
supresión
suspensión
revocación (V.)
inhabilitación
conclusión

a. *convalidación*
confirmación
continuación
conservación
mantenimiento
vigencia

rescoldera

(V. **pirosis**)
(V. **ardor**)

rescoldo

s. **fuego** (V.)
ascua
brasa (V.)
tizón
chispa
calibo
borrajo
ceniza

s. **recelo** (V.)
escrúpulo
escozor
escarabajo
disgustillo
reconcomio
resquemor (V.)
resentimiento

a. *apagamiento*
confianza
tranquilidad
olvido

resecación

s. agostamiento
desecación
marchitamiento (V.)
mustiez
secamiento

s. **sed** (V.)
deshidratación
anadipsia
polidipsia

a. *humedad*
humedecimiento
frescor
florecimiento

resecar-se

s. **cortar** (V.)
extirpar
amputar
seccionar
erradicar
suprimir
eliminar

s. secarse
agostarse
amustiarse
ajarse
marchitarse (V.)
desecarse
requemarse

(V. **resección**)

a. *respetar*
añadir
suturar
lozanear
reverdecer
florecer

resección

s. **corte** (V.)
sección
amputación (V.)
erradicación
extirpación
extracción
eliminación
supresión

a. *sutura*
cosido

reseco

s. ajado
marchito (V.)
agostado
mustio
requemado
desecado
sediento (V.)
agrietado
estéril
yermo (V.)
resequido
desequido

s. **flaco** (V.)
delgado
amojamado
momificado

a. *lozano*
fértil
verdeante
fresco
fecundo
florido
grueso
gordo
terso

resellarse

(V. **cambiar**) (de partido, chaqueta)

resentido

s. **ofendido** (V.)
molesto (V.)
enfadado (V.)
disgustado
picado
quejoso (V.)
dolido (V.)
quemado
agraviado
mosqueado
agraviado
raté
irritado
susceptible
suspicaz (V.)
contrariado
decepcionado

s. **envidioso** (V.)
rencoroso (V.)
vengador
amargado
mortificado

(V. **resentimiento**)

a. *conforme*
desagraviado
confiado
animoso
sosegado
alegre
perdonador
generoso

resentimiento

s. **ofensa** (V.)
agravio
rencor (V.)
animosidad
entruchado
tirria
resquemor
quemazón
enojo
resquemo (V.)
rescoldo
queja (V.)
entripado
fila
inquina
veneno
envenenamiento (V.)
antipatía
aborrecimiento
disgusto
irascibilidad
mala voluntad
acritud
corrosión
aspereza
contrariedad
aversión
pesar
desplacer
descontento (V.)
indignación
rabia
decepción
envidia (V.)
suspicacia
animosidad
hostilidad
furor
enfado (V.)
desengaño
desilusión
picazón (V.)
pique (V.)
desavenencia
diferencia
cuestión
amarulencia
animadversión
susceptibilidad
dolor

a. *perdón*
olvido
generosidad
desagravio
simpatía
satisfacción
avenencia
alegría
serenidad

resentirse

s. flaquear
debilitarse (V.)
desmayar
retentar (V.)
dolerse (V.)
aflojarse
desfallecer (V.)
languidecer
quebrantarse (V.)
aplanarse
consumirse (V.)
desmejorarse

s. **ofenderse** (V.)
agraviarse
envidiar (V.)
molestarse (V.)
enojarse
amostazarse
disgustarse (V.)
enfadarse (V.)
mosquearse
irritarse
gazmiarse
picarse
contrapuntear
amoscarse
quejarse (V.)
contrariarse
apenarse
sentirse
decepcionarse
llevar a mal
tomar a mal
estar dolido
quedar defraudado
quedar desilusionado
estar escamado
tener diferencias
recibir una ofensa
herir en lo más hondo

(V. **resentimiento**)

a. *fortalecerse*
recuperarse
contentarse
alegrarse
perdonar
olvidar
desagraviar
satisfacer
avenirse
serenarse
sosegarse

reseña

s. inspección
revista (V.)
examen

s. juicio
recensión (V.)
crítica
nota
apreciación
criterio
opinión
dictamen
resumen (V.)
noticia (V.)
información
narración
descripción (V.)
detalle
suelto

s. **señal** (V.)
indicio

a. *omisión*
abandono
descuido
inexistencia
carencia
ampliación
desconocimiento

reseñar

s. **inspeccionar** (V.)
examinar
revistar (V.)

s. narrar
describir (V.)
contar
detallar
referir
resumir (V.)
subrayar
informar (V.)
relatar
hacer una crónica
a explicar
enjuiciar (V.)
criticar
anotar

(V. **reseña**)

a. *omitir*
callar
descuidar
ignorar
abstenerse

reserva, s
s. **cautela** (V.)
discreción (V.)
comedimiento
recato (V.)
prudencia (V.)
puridad
circunspección (V.)
sigilo (V.)
seriedad (V.)
moderación
tibieza
silencio (V.)
hermetismo (V.)
secreto (V.)
taciturnidad
pudicicia
tino
miramiento
consideración
precaución (V.)
trastienda
intimidad
chiticalla
confianza
recoveco (V.)
tortuosidad
entresijo
interioridad

s. **reticencia** (V.)
salvedades
excusas
tibieza
cortapisas
limitaciones
restricciones
recámara (V.)
reconcentración (V.)

s. **repuesto** (V.)
recambio
stock
depósito
provisión
disponibilidad
almacenamiento (V.)
acaparamiento
acopio (V.)
acumulación
retén (V.)

s. fondos
base
ahorro (V.)
economía (V.)
baceta
provisiones
sanctasantórum

s. **custodia** (V.)
guarda
protección
defensa

s. **jubilación** (V.) (milicia)
retiro

s. reservación
previsión
compromiso
apartamiento (V.)
disponibilidad (V.)
encargo (V.)

s. **salvedad** (V.)
excepción (V.)
anomalía
particularidad
condición (V.)

s. de reserva
sin reservas
a la reserva
escala de reserva
sección de reserva
reserva mental
a reserva de que
pasar a la reserva

a. *imprevisión*
imprudencia
indiscreción
inmoderación
publicidad
noticia
conocimiento
exterioridad
franqueza
sinceridad
locuacidad
gastos
dilapidación
consunción
abandono
desamparo
descuido
negligencia
vigencia
indiferencia
desinterés
generalidad

reservación
(V. **reserva**)

reservado
s. **cauteloso** (V.)
retraído (V.)
comedido
cauto
callado
recatado
silencioso (V.)
comedido
reticente (V.)
hermético (V.)
cazurro
chiticalla
prudente
inexpresivo (V.)
ladino
parco
marrajo
retorcido (V.)
suspicaz
mirado
discreto
reservón
im péctore
carlancón
reservón
secreto (V.)
receloso (V.)
desconfiado (V.)
solapado
diplomático
camastrón
taimado
sinuoso
discreto (V.)

s. **serio** (V.)
circunspecto (V.)
disimulado
reconcentrado (V.)
precavido (V.)
sigiloso
guardado
sagaz
moderado
sobrio

s. **secreto** (V.)
confidencial (V.)
privado (V.)
íntimo

s. **depositado** (V.)
ahorrado
guardado
previsto

s. **retrete** (V.)

s. escusado

s. **compartimiento**
apartamiento
casilla

s. vía reservada
caso reservado
de pronóstico reservado
asiento reservado
departamento reservado

(V. **reserva**)

a. *abierto*
indiscreto
hablador
expansivo
locuaz
parlanchín
confiado
claro
expresivo
imprudente
público
conocido

reservar-se
s. apartar
guardar (V.)
retener (V.)
separar
conservar
encargar (V.)
comprometer
hacer una reserva

s. **callar** (V.)
omitir (V.)
silenciar (V.)
ocultar
encubrir
tapar
velar
esconder (V.)
recelar
cautelarse
no soltar prenda
tener en el buche
tener reservas mentales
mostrarse reticente

s. **ahorrar** (V.)
economizar
almacenar (V.)
acumular
recoger
aprovisionar
acopiar (V.)
acaparar
monopolizar

s. **retrasar** (V.)
dilatar
aplazar
diferir
retardar
prolongar

s. **dispensar** (V.)
relevar
exceptuar (V.)
condicionar
hacer una salvedad

s. precaverse
desconfiar (V.)
resguardarse
recelarse (V.)
maliciarse
escamarse
prevenirse
resguardar (V.)

s. **mantenerse** (V.)
conservarse
resistir
prolongarse
perseverar (V.)

(V. **reserva**)

a. *disponer de*
distribuir
facilitar
sacar
hablar
descubrir
publicar
expansionarse
anunciar
propalar
gastar
derrochar
dilapidar
adelantar
confiar
descuidar
rendirse
igualar

reservón
(V. **reservado**)

(V. **malicioso**)

reservorio
(V. **depósito**)

resfriado
s. frío
catarro (V.)
coriza
refrior
constipado
acatarrado
constipación
enfriamiento (V.)
romadizo
pasmo
fluxión
muermo
mormera
mucosidad
estornudo
tos
resfriamiento
gripe
destemple
resfrío

a. *calentamiento*

resfriamiento
(V. **resfriado**)

resfriar-se
s. **refrescar** (V.)
templar
entibiar
atemperar
congelar
helar
refrigerar
enfriar (V.)

s. **acatarrarse** (V.)
constiparse
arromadizarse
romadizarse
airearse
toser
estornudar
enfriarse

s. **entibiarse** (V.)
alejarse

(V. **resfriado**)

a. *calentar-se*
acalorar-se
arder
acercarse
avenirse

resfrío
(V. **resfriado**)

resguardar-se
s. **defender** (V.)
preservar
proteger (V.)
acoger
esconder
salvaguardar
abrigar
guarecer
amparar
cautelar
prevenir
asegurar (V.)
acarrarse
escoltar
tapar
convoyar
reparar
espaldonar
auxiliar
valerse
cuidar
estar alerta
hacer espaldas
poner cuidado
poner atención
dormir con un ojo abierto
estar a la mira
no perder de vista
estar ojo avizor
estar prevenido
ponerse a cubierto
ir con cien ojos
guardar las espaldas
reservar-se (V.)

(V. **resguardo**)

a. *entregar-se*
exponer-se
desamparar-se

resguardo
s. **seguridad** (V.)
guardia
amparo (V.)
protección (V.)
abrigo (V.)
auxilio
cobijo
defensa (V.)
respaldo
refugio
cobertura
prevención
apoyo (V.)
reparo
guarda
garantía (V.)
espaldera
coraza
cogotera
cazoleta
socaire
cobija
abrigadero
abrigaño
defensión
parabrisas (V.)
escolta
convoy

s. **guardia** (V.)
vigilancia (V.)
custodia (V.)
aduana
puesto

s. **documento** (V.)
recibo (V.)
talón
recepción (V.)
comprobante (V.)
boleto
contraseña
billete
matriz
cupón
vale
acuse
papeleta
bono
justificante
tornaguía

a. *desamparo*
indefensión
riesgo
peligro
negligencia
descuido
desinterés

residencia
s. sede
habitación (V.)
vivienda
morada (V.)
casa
lugar
edificio
mansión
hogar
estancia (V.)
domicilio (V.)
piso

s. **dirección** (V.)
señas
paradero (V.)
refugio
nido
lar
solar
techo
posada
hostería
hospedería
hostal
hotel
apartamento
pensión
hostería
parador
quinta
pazo
carmen
cigarral
cortijo
hocino
masía
caserío
casería
villa
quintana
alquería
torre
castillo
palacio (V.)
quiosco
aula
rincón
chiscón
asiento

s. casa de Jesuitas

residencial
s. **lujoso** (V.)
elegante
selecto
distinguido
tranquilo (V.)
recoleto
apartado

(V. **residencia**)

a. *obrero*
proletario
vulgar
fabril

residenciar
s. **capitular** (V.)
tomar cuenta
llamar a capítulo
pedir cuentas
hacer cargos
exigir responsabilidades
llevar a la barra
traer a capítulo

a. *inhibir*

residente
s. **habitante** (V.)
morador
afincado
poblador
domiciliado (V.)
vecino
inquilino
afincado
asentado
arrendatario
colono

(V. **residencia**)

a. *ausente*

residir
s. vivir
morar
habitar (V.)
estar
hallarse
domiciliar (V.)
parar
encontrarse
radicar
albergarse
asentarse
permanecer
alojarse
anidar
ocupar
posesionarse
arraigarse
acimentarse
poner casa
naturalizarse
establecerse
tener casa abierta
sentar sus reales
estar de pie quieto
estar de asiento
tomar carta de naturaleza
tomar carta de ciudadanía
echar raíces

(V. **residencia**)

a. *marcharse*
ausentarse
viajar
trasladarse
mudarse
cambiarse

residual
s. **sobrante** (V.)
excedente (V.)
secundario
fraccionario
remanente
fecal

(V. **residuo**)

a. *carente*
principal
escaso

residuo, s
s. **resto** (V.)
trozo
pedazo
sobrantes (V.)
sobra
cizalla
piltrafa
jirón
zupia
morralla
basura (V.)
trapajo
harapo
andrajo
rincón
despojo
desechos (V.)
relieves
desperdicios (V.)
heces
gandalla
sedimento
bazofia
remanente (V.)
rescoldo
cenizas (V.)
retal
retazo
rezago
limo
barro
poso
salpicaduras
zaborra
reliquia
zurrapas
saldo
colilla
cortadura (V.)
viruta
rastrojo
esquirla
limaduras (V.)
serrín
aserrín
cepilladura
astilla
raeduras
brizna
pajilla
arista
hilacha
rebanaduras
arrebañaduras
troncho
cascote
matacán
vestigios (V.)
hueso (V.)
ripio (V.)
mondaduras
cortezas
huesos
codillo
carroña
esqueleto
tocón
muñón (V.)
estropajo
detrito
estiércol
secreción
deyección
evacuación
cáscara
pellejos
orujo (V.)
zafra
rebusca (V.)
excrementos
detritus
escoria
cribado (V.)
serojo
seroja
piltrafa
broza
escurriduras
escamocha
sobejos
purriela
bagazo

s. todo tiene desperdicio

r. Lo que deja mi vecina, lo halla mi gallina ■ El fuego es el padre de la ceniza ■ Se gastó el acero, pero queda el hierro ■ Donde hubo lumbre, hallarás brasa

a. *primicia*
lo primero
lo principal
conjunto
totalidad

resignación
s. **paciencia** (V.)
mansedumbre
conformidad (V.)
aguante
docilidad
conformismo
flema
pasividad
filosofía (V.)
humildad
acatamiento
docilidad
allanamiento
rendimiento
rendición (V.)
sometimiento (V.)
impasibilidad
filosofía
resigna
soportación
tolerancia
estoicismo
sufrimiento
condescendencia
transigencia
flexibilidad

s. **renuncia** (V.)
renunciamiento
renunciación
dimisión (V.)
abandono
dejación
deserción
cese

a. *rebeldía*
resistencia
inconformismo
aceptación
permanencia
vigencia

resignado
s. **dócil** (V.)
paciente (V.)
sumiso
rendido
filósofo
filosófico (V.)
humilde
conforme (V.)
conformado
conformista
manso
contentadizo
transigente
flexible
avenible
acatante
doblegado
sometido
santo
sufrido
estoico
pasivo

(V. **resignación**)

a. *indócil*
rebelde
renuente
inconformista
impaciente
desobediente
insumiso
disconforme
inflexible

resignar-se
s. claudicar
renunciar (V.)
abandonar
dimitir (V.)
dejar
entregar (V.)
rehusar
declinar

s. condescender
prestarse
someterse (V.)
humillarse
avenirse
allanarse
darse
doblegarse
sujetarse
arreglarse
aguantarse
consentir (V.)
contentarse (V.)
jorobarse
chincharse
conformarse (V.)
achantarse
soportar
fastidiarse
sacrificarse (V.)

(V. **resignación**)

a. *continuar*
seguir
mantenerse
permanecer
aceptar
rebelarse
resistir-se

resina
s. **secreción** (V.)
goma (V.)
gomorresina (V.)
oleorresina
bálsamo
barniz (V.)
almáciga
adhesivo
almástica
almaste
zopisa
asa
cipe
sandáraca
savia (V.)
grasilla
laca (V.)
goma laca
brea
colofonia
brea seca
brea grasa
copal
pánace
láudano
pez
pez blanca
pez negra
pez naval
pez de Borgoña
pez griega
alhorre
trementina
elemí
cúrcuma
lupulino
serapino
alquitrán (V.)
opobálsamo
ámbar
ámbar gris
ámbar pardillo
bálsamo de Judea
bálsamo de la Meca
bálsamo del Canadá
bálsamo del Perú
bálsamo de María
bálsamo de calaba
bálsamo de copaiba
bálsamo de Tolú
aceite de María
cáncamo
cascol
cedreleón
pánace
opopónaco
opopónace
opopánax
opopónaca
euforbio
tacamaca
tacamaca común
tacamaca angélica
estoraque
miera
caraña
abetinote
ámbar
benjuí
mástique
caucho
electro

s. **resinación** (V.)
resinar (V.)

resinación
s. **secreción** (V.)
sangría
sudor
pega
peguera
extracción (de resina)
beneficio (de resina)

(V. **resina**)

resinar
s. **segregar** (V.)
sangrar (V.)
sudar
extraer (resina)
empegar
entallar
beneficiar (resina)
resinificar

(V. **resina**)

resinoso
s. resinífero
peguero
empecinado
resinero
teoso
almastigado
masticino

(V. **resina**)

a. *seco*

resisa
(V. **impuesto**)

resistencia
s. **fuerza** (V.)
aguante (V.)
vigor
solidez (V.)
entereza
consistencia (V.)
firmeza
fortaleza (V.)
correa
seguro
nervio (V.)
poder
ánimo
espíritu
potencia
poderío
brío
eficacia
impedancia
empuje
invulnerabilidad (V.)
robustez (V.)
vitalidad (V.)
pujanza
fibra
dureza (V.)
tenacidad
subsistencia
reciedumbre
duración (V.)
sufrimiento
barricada (V.)
parapeto (V.)
enzarzada
murete
tala
palizada
barrera (V.)

s. **repugnancia** (V.)
renuencia (V.)
reluctancia
rozamiento
repulsa
oposición (V.)
antagonismo
rebeldía
maquis
inmunidad (V.)
reóstato (V.)
renitencia
negativa
obstrucción
defensa
forcejeo
reacción (V.)
reactancia
desobediencia (V.)
intransigencia (V.)
indocilidad
afrontamiento
enfrentamiento
obstinación
pertinacia
contumacia
terquedad
contrarresto
tirantez
obduración
arrastramiento
severidad
desafío (V.)

s. **conductor** (V.) (electricidad)

s. resistencia pasiva
resistencia de materiales
resistencia práctica
hacer resistencia
tener mucha resistencia
de resistencia
oponer resistencia
línea de menor resistencia

a. *debilidad*
fragilidad
endeblez
desánimo
rendición
achantamiento
renuncia
dejación
abandono
pasividad
indiferencia
admisión
ductilidad
flexibilidad
doblegamiento
resignación
ineficacia
inconsistencia
blandura
blandenguería
agrado
atracción
concordancia
acuerdo
afirmación
obediencia
transigencia
comprensión

resistente
s. **fuerte** (V.)
vigoroso
sólido (V.)
consistente (V.)
firme
inmune (V.)
coriáceo
incansable
infatigable
compacto
denso
robusto (V.)
poderoso (V.)
brioso
eficaz
aguantador
fibroso
nervudo
entero
potente
férreo
acerado
metálico (V.)
granítico
pujante
invulnerable
incombustible
animoso (V.)
decidido
correoso
vital
tenaz (V.)
recio
macho (V.)
rudo
duradero (V.)
eterno
de batalla
de mucho trote
refractario (V.)
de cal y canto
duro de pelar
sufrido

s. **rebelde** (V.)
opuesto (V.)
contrario
renuente
reluctante
terco
contumaz
tesonero
antagónico
testarudo
desobediente (V.)
intransigente
obstinado
inflexible
severo
desafiante
remiso
remolón
reacio (V.)

(V. **resistencia**)

a. *blando*
blandengue
débil
inconsistente
frágil
endeble
pasivo
indiferente
dúctil
flexible
resignado
conforme
transigente
obediente
comprensivo
fugaz
favorable

resistero
s. **siesta** (V.)

s. resol
resistidero
bochorno (V.)
canícula
solanera
solana
insolación
resolana
tostadero
asadero

a. *fresco*

resistible
s. **soportable** (V.)
aguantable
sufrible
tolerable (V.)
sostenible
llevadero
pasadero

(V. **resistencia**)

a. *insoportable*
inaguantable
irresistible
insufrible
intolerable

resistir-se
s. **repugnar** (V.)
oponer
contrarrestar
rechazar (V.)
pugnar
luchar (V.)
forcejear (V.)
rebatir (V.)
impedir
bregar
pelear (V.)
rebelarse (V.)
pugnar
lidiar
renquear
remolonear (V.)
parapetarse (V.)
respingar (V.)
defenderse
contradecir
impugnar
desafiar (V.)
permanecer (V.)
afrontar
contrastar
reaccionar
sostener
plantarse
mantener (V.)
arrostrar
desafiar
recalcitrar (V.)
revolverse (V.)
volverse
desobedecer (V.)
hacer frente
cuadrarse
hacer cara
enseñar los dientes
enseñar las uñas
ponerse de frente
dar el pecho
cerrarse a la banda
no dar su brazo a torcer
no cejar
mantenerse tieso
hacerse fuerte
tenerlas tiesas
hacerse de rogar
mantenerse en sus trece
salir al encuentro
no cejar

s. sufrir
soportar (V.)
aguantar
encajar (V.)
tolerar (V.)
sobrellevar
quedar (V.)
capear (V.)
tener correa
digerir
admitir
asquear

s. **durar** (V.)
subsistir

(V. **resistencia**)

a. *desistir*
ceder
someter-se
renunciar
consentir
abandonar
rendirse
dejar
cesar
favorecer
consumirse

resobado
(V. **manido**)

(V. **trillado**)

resol
s. reverbero
reverberación (V.)
reflejo
espejeo
luz (V.)
centelleo

s. **calor** (V.)
bochorno (V.)
solanera
resolana
carasol
resistero

a. *apagamiento*
lobreguez
oscuridad
frío
frialdad

resoli
(V. **rosoli**)

resoluble
s. fragmentable
divisible (V.)
escindible
fisible
fraccionable
separable

s. **soluble** (V.)

a. *indivisible*
insoluble

resolución
s. **solución** (V.)
resultado (V.)
desenlace (V.)
satisfacción
subsanación
aclaración
clave
averiguación
Deus ex Machina

s. **decisión** (V.)
sentencia (V.)
disposición
conclusión
auto
decreto
providencia (V.)
proveído (V.)
propósito
plan
proyecto
fallo
dictamen (V.)
determinación
acuerdo (V.)
inferencia

s. **valor** (V.)
audacia (V.)
arrojo
osadía
atrevimiento
arrestos
denuedo
empuje
firmeza
energía
bizarría
guapeza
intrepidez
brío
gallardía
dominio
aplomo
insolencia
demasía
copete
tupé
valentía
designio
voluntad

s. **actividad** (V.)
viveza (V.)
prontitud
diligencia (V.)
rapidez
presteza
alacridad
ligereza

s. **separación** (V.)
fragmentación
división
disgregación (V.)
en resolución
tomar una resolución
resolución fatal
con resolución
a ultranza

a. *desconocimiento*
incógnita
ignorancia
espera
sobreseimiento
abstención
expectativa
demora
indecisión
cobardía
timidez
cortedad
pusilanimidad
inactividad
lentitud
tardanza
pesadez
unión
reunión

resolutivo
s. resolvente
resolviente
detumescente
emoliente (V.)
supurante
supurativo
discusivo
resolutorio

(V. **resolución**)

a. *inflamatorio*

resoluto
s. **acertado** (V.)
adivinado
despejado (V.)
explicado
definido
terminado
tramitado
desenredado
averiguado
resuelto (V.)

s. sintetizado
abreviado
resumido (V.)
compendiado
compendioso
sintético
recapitulado
reducido
sinóptico
breve

s. versado
experto
hábil
diestro
expeditivo (V.)
experimentado
ducho
práctico (V.)
adiestrado

(V. **resolución**)

a. *insoluble*
incomprensible
indeciso
extenso
dilatado
ampliado
inhábil
inexperto
irresoluto

resolutorio
s. **decisivo** (V.)
concluyente
terminante
tajante
categórico (V.)
determinante
crítico

(V. **resolución**)

a. *indeciso*
vacilante

resolver-se
s. determinar
decidir (V.)
venir (V.)
solventar
solucionar (V.)
revertir (V.)
zanjar
absolver
despachar (V.)
acertar
expedir
adivinar
terminar
dirimir (V.)
despejar
averiguar (V.)
descifrar
determinar
arreglar
dilucidar
despejar
aclarar
subsanar
facilitar
desenlazar
descubrir
desenredar
soltar
disipar
orillar
ventilar

s. arbitrar
diligenciar (V.)
analizar
decidir (V.)
examinar
decretar (V.)
acordar
proveer
sentenciar
adoptar
deliberar
disponer
pronunciar (V.)
establecer
despachar

s. **madurar** (V.)
ablandar
cocer

s. sintetizar
resumir (V.)
compendiar
abreviar
epilogar
recapitular
reducir
acortar

s. **aniquilar** (V.)
destrozar
acabar
deshacer
destruir

s. **disolver** (V.)
desvanecer
disipar
evaporarse
disgregarse (V.)

(V. **resolución**)

a. *complicar*
dejar (pendiente)
ampliar
hacer
abstenerse
abandonar
adensar
aparecer
crear
endurecer

resollar
s. **jadear** (V.)
respirar (V.)
alentar
bufar
soplar
anhelar
gruñir
gañir (V.)
runflar
resoplar
hipar (V.)
rebufar
ahogarse
sofocarse
roncar (V.)

s. **informar** (V.)
noticiar

(V. **resuello**)

a. *ignorar*
silenciar
callar

resonancia
s. **sonido** (V.)
eco (V.)
repercusión (V.)
retintín
rimbombancia
zumbido
retumbo (V.)
rechino
rimbombo (V.)
tañido
canto
campaneo
rumor
susurro
runrún
ruido
pitada
chirrido
murmullo
murmurio
altisonancia
sonoridad (V.)
voz
siseo
silbido
silbato
pitido

(cont.)

s. propagación
divulgación (V.)
publicación
bombo
reclamo
expansión
generalización
propaganda (V.)
fama (V.)
difusión
influencia (V.)
consecuencia
efecto
importancia (V.)

a. *silencio*
insonoridad
olvido
mutismo
afonía
limitación
insignificancia
intranscendencia

resonante
s. ensordecedor
retumbante
sonoro (V.)
rimbombante (V.)
estentóreo
estrepitoso
clamoroso (V.)
escandaloso
ruidoso
detonante
atronador (V.)
estruendoso
explosivo
tonante
rechinante
silbante
sibilante
trepidante
rumoroso
ecoico
sonante
resonador

s. **acústico** (V.)
polífono
otacústico
unísono
fonográfico
auditivo

(V. **resonancia**)

a. *silencioso*
sordo
mudo
callado

resonar
s. **sonar** (V.)
repercutir (V.)
retumbar (V.)
hacer eco
escandalizar
silbar
detonar
explotar
descargar
tronar (V.)
pitar
rimbombar (V.)
rugir
roncar
tintinear
repicar
retiñir
tabletear
retronar
traquetear
zumbar
repiquetear
repicar
rechinar

(V. **resonancia**)

a. *silenciar*
acallar
callar

resoplar
(V. **resollar**)

resoplido
s. **jadeo** (V.)
respiración (V.)
espiración
aliento
estertor
resuello
ronquido
resoplo
rebufo
anhelo

s. **bufido** (V.)
exabrupto (V.)
gruñido
malhumor

a. *suavidad*
buenhumor
amabilidad

resorte
s. **muelle** (V.)
fleje (V.)
ballesta
espiral
fuelle
tensor
tirantes
ligas
elástico (V.)
ballenas
pelota
punto
arco
contramuelle
compás
cuerda
suspensión

s. **influencia** (V.)
medio
valimiento
mano
privanza
amistades
poder
medios

s. tocar todos los resortes

a. *inflexibilidad*
desamparo

respaldar-se
s. **apoyar** (V.)
proteger (V.)
mantener
defender (V.)
ayudar
auxiliar
favorecer
amparar
sostener
secundar
sustentar
abogar
alentar
animar
fomentar
patrocinar
propugnar
confirmar
garantizar (V.)
escudarse (V.)
propiciar (V.)

(V. **respaldo**)

a. *desamparar*
abandonar
desinteresarse
inhibirse
criticar
atacar

respaldo
s. reverso
dorso (V.)
revés
envés
vuelta
contrahaz
cruz

s. **espaldar** (V.)
espaldera
respaldar
espalda (V.)
muro (V.)
descanso

s. apoyo
protección (V.)
soporte
favor
defensa
auxilio

a. *anverso*
cara
desamparo
abandono
abstención

respaldón
(V. **dique**)

respectar
(V. **referirse**)

(V. **concernir**)

respectivo, s
s. **correspondiente** (V.)
concerniente
relativo (V.)
tocante
atinente
atañadero
conexo
afín
pertinente
perteneciente
referido
dependiente
sendos
vinculado

s. **recíproco** (V.)
mutuo
proporcional
personal
distributivo
comparativo (V.)
individual
equitativo
característico

a. *ajeno*
extraño
salvo
independiente
general
común

respecto
s. **correspondencia** (V.)
afinidad
relación (V.)
atingencia
razón
proporción
concernencia

s. al respecto
con respecto a
a ese respecto
relacionado con (V.)
en cuanto a
tocante a (V.)

a. *divergencia*
ajeno a

résped
(V. **malevolencia**)

(V. **lengua**) (serpientes)

(V. **aguijón**) (abejas)

respetabilidad
s. **respeto** (V.)
virtud
dignidad (V.)
honorabilidad
importancia (V.)
seriedad
majestad
consideración
autoridad (V.)
honor
categoría
magnificencia
grandeza
nobleza
proceridad
poder
fama
representación
recato
decencia (V.)
solemnidad (V.)

a. *vulgaridad*
indignidad
bajeza
insignificancia
humildad
deshonor
irrespetuosidad
indecencia
irreverencia
desconsideración
desacato

respetable
s. grande
importante (V.)
considerable (V.)
extenso
vasto
amplio
tremendo
imponente (V.)

s. **digno** (V.)
loable
majestuoso
admirable
maravilloso
sublime
noble (V.)
reverenciable
acatable (V.)
admisible
calificado
grave
sagrado
notable (V.)
inapreciable
pundonoroso
serio
honorable (V.)
circunspecto
caracterizado
autorizado
considerado
venerable (V.)
augusto (V.)
apreciable
venerando
decente
aceptable
decoroso
expectable
serio
honrado (V.)
solemne
íntegro
sobrio
obediente
respetado (V.)
recatado
admirado
afamado
célebre
famoso (V.)
preeminente

s. **público** (V.)
asistencia
clientela
espectadores

(V. **respeto**)

(V. **respetabilidad**)

a. *pequeño*
vulgar
insignificante
reducido
limitado
indigno
despreciable
abyecto
aborrecible
indecente
desdeñable
desconsiderado
innoble
desobediente
irreverente
indecoroso
venal
desconocido

respetado
s. afamado
autorizado
bienquisto
apreciado
considerado (V.)
estimado (V.)
querido (V.)
reverenciado
santo
respetable (V.)
venerable

(V. **respeto**)

a. *malquisto*
despreciado

respetador
s. **respetuoso** (V.)
respetoso
reverente
reverenciador
honrador
deferente
cortés (V.)
educado

(V. **respeto**)

a. *grosero*
irrespetuoso
insolente

respetar
s. **acatar** (V.)
venerar (V.)
reverenciar (V.)
obedecer (V.)
someterse (V.)
subordinar
tributar
inclinarse
cumplimentar (V.)
rendirse
observar (V.)
postrarse
saludar
adorar
honrar (V.)
enaltecer
estimar
considerar (V.)
beatificar
agasajar
obsequiar
admirar
homenajear
mirar
tolerar
amar
ponderar
deferir
descubrirse
tener consideración
rendir homenaje
rendir armas
batir banderas
hacer los honores
hacer genuflexiones
hacer el rendibú
rendir pleitesía
doblar el espinazo
besar la mano
mirar con respeto
rendir honores
quitarse el sombrero
besar la tierra que otro pisa
presentar sus respetos a uno

(V. **respeto**)

a. *despreciar*
rechazar
rebelarse
insolentarse
indisciplinarse
desacatar
atropellar
abusar
deshonrar
mofarse
burlarse
desobedecer
escarnecer
ironizar
profanar
caricaturizar
pitorrearse
chunguearse
propasarse
descomedirse
extralimitarse

respeto
s. **acatamiento** (V.)
observancia
cumplimiento (V.)
sumisión (V.)
acato
feudo
fidelidad
lealtad
postración
prosternación
humillación
humildad
esclavitud
modosidad
inclinación
reverencia (V.)
obediencia (V.)
fetichismo
tabú
respetuosidad
pleitesía
tributo
culto
veneración (V.)
rendimiento
rendibú
genuflexión
enaltecimiento
honores
saludo
admiración (V.)
devoción (V.)
tolerancia (V.)
fervor
tratamiento (V.)
circunspección
veneración (V.)
etiqueta

(cont.)

deferencia (V.)
ceremonial
atención
honor (V.)
homenaje (V.)
distinción
miramiento
aprecio
consideración (V.)
solicitud
afecto
comedimiento
amor
adoración (V.)
recato
mesura (V.)
cortesía (V.)
urbanidad

s. **autoridad** (V.)
aureola
importancia (V.)
decoro
majestad
representación
prestigio (V.)
seriedad

s. **miedo** (V.)
temor
aprensión

s. campar uno por sus respetos
estar de respeto
vela de respeto
sitio de respeto
respetos guardan respetos
respeto de sí mismo
perder el respeto a alguien
respeto a las conveniencias
respetos humanos
faltar el respeto a alguien

r. A gran señor, gran honor ■ A gran señorazo, gran sombrerazo

a. *desobediencia*
desacato
irreverencia
irrespetuosidad
desprecio
indisciplina
insolencia
grosería
desconsideración
burla
escarnio
ironía
sátira
mofa
zumba
sarcasmo
befa
ludibrio
inri
descomedimiento
profanación
descaro
descortesía
sacrilegio
pitorreo
familiaridad
guasa
extralimitación
libertades
valor

respetuosidad
(V. **respeto**)

respetuoso
s. **considerado** (V.)
caballeroso
cortés (V.)
fino
educado
atento (V.)
deferente
respetador (V.)
afable
amable
mirado
complaciente
condescendiente
ceremonioso
legalista (V.)
cumplido (V.)
cuidadoso
reverente (V.)
comedido
mesurado
obediente (V.)
serio
humilde (V.)
devoto
modoso (V.)

(V. **respeto**)

a. *irrespetuoso*
grosero
desconsiderado
descortés
rudo
desatento
indiferente
irreverente
descomedido
desobediente
iconoclasta
profanador
sacrílego

réspice
s. **exabrupto** (V.)
desabrimiento (V.)
gruñido
respingo
destemplanza
aspereza (V.)
adustez

s. **riña** (V.)
regañina
reprensión (V.)
reprimenda
rociada
recorrido
bronca
afeamiento

a. *agrado*
amabilidad
elogio

respigón
(V. **padrastro**) (pellejo)

respingada
(V. **respingona**)

respingar-se
s. sacudirse
gruñir
cocear
saltar (V.)
corcovear
estremecerse
brincar
menearse

s. **resistirse** (V.)
oponerse
protestar (V.)
repugnar
refunfuñar
replicar (V.)
sublevarse
rezongar
regruñir
repugnar

s. **levantarse** (V.)
elevarse

(V. **respingo**)

a. *pararse*
inmovilizarse
acatar
obedecer
callarse

respingo
s. nerviosismo
sobresalto (V.)
sacudida
encabritamiento (V.)
resurtida
bote
salto (V.)
conmoción
repullo (V.)
estremecimiento
brinco
contracción

s. rezongo
refunfuño
protesta (V.)
aspereza
desabrimiento
gruñido (V.)
enfado
despego (V.)
roncería
brusquedad
exabrupto (V.)
bufido

s. **acortamiento** (V.) (prendas)

a. *quietud*
agrado
amabilidad
acatamiento
tranquilidad

respingona
s. respingada (nariz)
arremangada
alzada
levantada
recogida
braca
roma

respirable
s. oxigenado
ventilado
aireado
sano
limpio (V.)
puro

(V. **respiración**)

a. *contaminado*
irrespirable
sucio

respiración
s. aspiración
inhalación
respiro
succión
espiración
ventilación
suspiro (V.)
inspiración

s. **aliento** (V.)
vaho
vaharada
resuello (V.)
resoplido (V.)
resoplo
ronquido (V.)
hálito
rebufe
ocena
huelgo
alentada
estornudo
ahogo
opresión
jadeo
flema
anhélito
sobrealiento
acezo
fatiga
ahoguío
asma (V.)
difteria (V.)
asfixia
sofocación
tos (V.)
apnea
disnea
ahogamiento
soroche
angustia
puna
sarrillo
estertor
crepitación
sollozo
hipo
singulto
hipido
bostezo (V.)
carraspeo
casmodia
estornudo (V.)
garrotillo
agonía
crup
jadeo
suspiro
congoja
coqueluche
opresión
pleuresía
pulmonía
neumoconiosis
soplo

s. **boca** (V.)
bronquio (V.)
laringe (V.)
tráquea (V.)
pulmón (V.)
nariz (V.)
garganta
pecho
branquia
pleura
estigma
agalla

s. traqueotomía
intubación

s. quedarse sin respiración
fisiología

respiradero
s. abertura
agujero
conducto (V.)
tragaluz
tronera
barvera
boquete
lumbrera
extractor (aire)
ventilador

s. **ventosa** (V.)

s. **respiro** (V.)
respiración (V.)

respirar
s. aspirar
inspirar
inhalar
insuflar
espirar
exhalar
resollar (V.)
alentar (V.)
resoplar (V.)
acezar
carlear
gañir
roncar (V.)
desalentarse
jadear (V.)
toser
estornudar (V.)
carraspear
hipar
sollozar
suspirar
asorocharse
apunarse
atufarse
ahogarse
suspirar (V.)
abochornarse
alentar
asfixiarse
bostezar (V.)
bufar
acezarse

s. animarse
tranquilizarse
sosegarse
esperanzarse
descansar (V.)
reposar
cobrar
aliento
aliviarse

s. **hablar** (V.)

s. sin respirar
respirar con dificultad

(V. **respiración**)

a. *preocuparse*
asfixiarse
morir
callarse

respiro
s. **alivio** (V.)
tranquilidad
sosiego
calma
paz
descanso (V.)
aplacamiento
desahogo
respiradero
reposo

s. prórroga
tregua (V.)
alto
pausa

(V. **respiración**)

a. *disgusto*
intranquilidad
trabajo
preocupación
continuación

resplandecencia
(V. **resplandor**)

resplandecer
s. **brillar** (V.)
lucir
relucir (V.)
prelucir
relumbrar (V.)
iluminar (V.)
alumbrar
fulgurar (V.)
fosforecer
relampaguear (V.)
radiar
emitir
destellar
irradiar
centellear
rutilar
rielar
chispear
flagrar
esplender
esclarecer
clarificar
titilar
refulgir
coruscar
espejear
cabrillear
deslumbrar
arder
clarear

s. **sobresalir** (V.)
destacar
aventajar
resaltar
descollar
despuntar
distinguirse

(V. **resplandor**)

a. *obscurecer*
apagarse

resplandeciente
s. **brillante** (V.)
deslumbrante
deslumbrador
fúlgido
fulgurante (V.)
fulgente
relumbrante (V.)
reluciente
lucífero
radioso
radiante (V.)
parpadeante
coruscante
fosforescente
claro
luminoso (V.)
fluorescente
llameante
cegador
chispeante
resplendente
centelleante
iluminado
esplendoroso
esplendente
relampagueante (V.)
espejeante
rutilante
irradiante
ardiente
titilante
destelleante
rebosante (V.)
eufórico
flamante (V.)

(V. **resplandor**)

a. *obscuro*
apagado
sombrío
tenebroso

resplandecimiento
(V. **resplandor**)

resplandina
(V. **reprensión**)

resplandor

s. resplandecencia
brillo (V.)
fulguración
fulgor (V.)
luminosidad
luminiscencia
resplandecimiento
albor
claridad
relumbro
refracción
reflexión
ardentía
fluorescencia
fosforescencia
refulgencia
centelleo
aureola (V.)
nimbo (V.)
halo (V.)
relámpago (V.)
rayo
lampo
relumbre
fogonazo (V.)
reflejo
titilación
chispa
transparencia
lucidez
blancura
flash
destello (V.)

s. **luz** (V.)
luna
sol
aurora
alba
crepúsculo
ascua
luminaria
lumbrera
luz zodiacal
lucería
lumbraria
lámpara
foco

s. **fuego** (V.)
luciérnaga
fuegos fatuos
gusano de luz
fuego de San Telmo
cocuyo

s. **esplendor** (V.) (fig.)
pompa
lustre
relumbrón
manifestación
ostentación
lujo

a. *opacidad*
obscuridad
tiniebla
sencillez
vulgaridad

respondedor

s. **replicador** (V.)
interlocutor
replicante
respondiente
objetador
objetante
contestador
correspondedor

s. aval
garante (V.)

(V. **respuesta**)

a. *conforme*
afirmativo

responder

s. **contestar** (V.)
replicar (V.)
alegar
manifestar
argumentar (V.)
argüir
expresar
declarar
revelar
afirmar
indicar
corroborar
demostrar
objetar (V.)
reponer
retrucar
resolver
acudir
satisfacer
aclarar
confesar
protestar
criticar
rebatir
censurar
impugnar
rechazar
contradecir
negar
opugnar
impugnar
oponer
reargüir
reciprocar
recudir
retorcer
chistar
rechistar
devolver la pelota
llevar la contraria
dar la callada por respuesta
decírselo uno todo

s. certificar
garantizar (V.)
avalar
fiar
garantir
asegurar (V.)
dar fianza
endosar
obligarse (V.)
comprometerse
proteger
defender
salir responsable
salir fiador
hacer cargo
echarse al hombro
responder por uno

s. **reaccionar** (V.)
corresponder
acusar (V.)
agradecer
sentir
denunciar
reconocer

s. motivar
justificar
corresponder (V.)

s. proporcionar
equilibrar
compensar
nivelar (V.)
contrarrestar
guardar
proporción

(V. **respuesta**)

a. *preguntar*
inquirir
averiguar
callarse
silenciar
interrogar
demandar
interpelar
abordar
admitir
alabar
desamparar
descompensar

respondón

s. contestón
descarado (V.)
rezongón
descomedido
deslenguado
insolente (V.)
descortés
replicador (V.)
replicón
desatento
desconsiderado
retobado
protestón

(V. **respuesta**)

a. *callado*
sumiso
dócil
comedido
mesurado

responsabilidad

s. **compromiso** (V.)
deber (V.)
obligación (V.)
carga
cometido
conciencia
consciencia
incumbencia
culpabilidad
cumplimiento (V.)
atadero
vínculo
juramento
servidumbre
peso
competencia
exigencia
tarea
culpa
cadena
cruz
gravamen
necesidad

s. fianza
solidaridad (V.)
garantía (V.)
deuda
empeño
contrato
convenio
restitución
resarcimiento

s. **madurez** (V.)
solvencia (V.)
juicio
sensatez (V.)
seriedad
formalidad (V.)

a. *irresponsabilidad*
irreflexión
incumplimiento
insolvencia
insensatez
desamparo

responsabilizarse

(V. **obligarse**)

(V. **garantizar**)

responsable

s. **culpable** (V.)
autor (V.)
perpetrador
causante
reo
fautor

s. **comprometido** (V.)
solidario
garante
garantizador (V.)
avalista
fiador
subsidiario
obligado
confiador

s. **cumplidor** (V.)
sensato
recto
maduro
consciente (V.)
consecuente
fiel
puntual
juicioso
cabal
solvente
formal (V.)

s. **encargado** (V.)
gestor
jefe
apoderado
administrador
delegado
ejecutivo
ejecutor
comisionado
representante
principal

s. **achacable** (V.)

(V. **responsabilidad**)

a. *irresponsable*
inocente
víctima
desentendido
libre
mandado
dependiente
subordinado
ajeno

responso

s. responsorio
funeral (V.)
rezo (V.)
oración
ruego
oficio de difuntos

s. sermón
reprensión (V.)
reprimenda
filípica

a. *elogio*
alabanza

responsorio

(V. **responso**)

respuesta

s. **contestación** (V.)
satisfacción
réplica (V.)
objeción
solución (V.)
consulta
recado
afirmación
negación
oráculo
discusión
replicación
replicato
fallo
sentencia
contrarréplica
rectificación
redargüición
aceptación
conformidad
acuerdo
resolución
dictamen
aprobación
correspondencia
vuelta de correo
veredicto
resultando
contradicción
refutación (V.)
manifestación
declaración
expresión
demostración
revelación
indicación
argumento
argumentación (V.)
confesión
contragolpe
contraataque
mentís
alegato (V.)
protesta
censura
crítica
oposición
refutación
impugnación
rechazo
consulta
evasiva
dúplica
represalia (V.)
solución

s. bufido
exabrupto (V.)
andanada
coz
patada
tarascada
desplante (V.)
destemplanza
réspice
estufido
respingo
resoplido

s. derecho de respuesta
respuesta adecuada
respuesta categórica
dar la callada por respuesta
comenzar por respuesta

a. *pregunta*
interrogación
demanda
interpelación
silencio
proposición

resquebrajadura

s. **grieta** (V.)
raja
boquete
fractura
oquedad
resquebrajo
resquebrajamiento
resquebraja
intersticio
fenda
abertura (V.)
exfoliación
resquicio
fisura
gotera
ragadía

a. *lisura*
tersura
unión
integridad

resquebrajamiento

(V. **resquebrajadura**)

resquebrajar-se

s. **agrietar** (V.)
fracturar
abrir (V.)
quebrajar
resquebrar
quebrar
exfoliar
rajar
cuartear
saltar (V.)
romper (V.)

(V. **resquebrajadura**)

a. *tapar*
cerrar
unir

resquebrajo

(V. **resquebrajadura**)

resquebrar

(V. **resquebrajar**)

resquemar

s. requemar
quemar
picar (V.)
arder
escocer (V.)

s. requemar
desazonar (V.)
disgustar (V.)
enfadar
irritar
inquietar
intranquilizar
desasosegar
enojar
desagradar

(V. **resquemo**)

a. *suavizar*
agradar
contentar

resquemazón

(V. **resquemo**)

resquemo

s. requemamiento
resquemazón
resquemor (V.)
quemazón
disgusto (V.)
sinsabor
desazón (V.)
resentimiento (V.)
malestar
remordimiento (V.)
pesadumbre
desasosiego
reconcomio

s. **picor** (V.)
calor
picazón
ardor
escozor (V.)

s. tufo
tufarada (V.)
mal olor
olor (a chamusquina)
sabor (malo)

a. *contento*
tranquilidad
sosiego
olvido
inocencia
suavidad
aroma

resquemor
s. **resquemo** (V.)
reconcomio (V.)
remordimiento (V.)
tormento
angustia
desazón
quemazón (V.)
pesadumbre (V.)
molestia
disgusto
pena
incomodidad
gusanillo (conciencia)
culpa (V.)
acusación
enfado
sospecha (V.)
picazón
rescoldo (V.)

a. *olvido*
inocencia
agrado
bienestar
tranquilidad

resquicio
s. **grieta** (V.)
intersticio
abertura (V.)
resquebrajadura
claro
hueco
hendedura
espacio
juntura
rendija
ranura
estrechez

s. **posibilidad** (V.)
ocasión (V.)
coyuntura
oportunidad (V.)
pretexto
motivo
escape
portillo (V.)
efugio
solución (V.)
salida

a. *continuidad*
juntura
soldadura
unión
inoportunidad
imposibilidad

resta
s. **substracción** (V.)
sustracción
deducción
minoración
descuento
detracción
disminución (V.)
diferencia (V.)
exclusión

s. substraendo
minuendo
menos
residuo
resto

s. **operación** (V.)
cuenta
cálculo

s. **restar** (V.)

(V. **aritmética**)

a. *suma*
aumento

restablecer-se
s. reponer
restituir
reparar (V.)
reinstaurar
reinstalar
restaurar (V.)
rehacer
regenerar
reavivar
rehabilitar
reincorporarse (V.)
volver
devolver
renovar
resucitar
reedificar
reconstruir
refrescar
reanudar

s. mejorarse
reanimarse (V.)
rejuvenecerse
revivir
resurgir (V.)
aletear (V.)
remozarse
retoñar
curarse (V.)
sanar
recuperarse (V.)
convalecer (V.)
fortalecerse
pelechar (V.)
recobrarse (V.)

(V. **restablecimiento**)

a. *quitar*
destituir
derrocar
destruir
decaer
empeorar
morir

restablecido
s. repuesto
recuperado
curado (V.)
aliviado
recobrado
regenerado

s. **devuelto** (V.)
restituido
renovado
reinstaurado
restaurado
rehabilitado
rehecho
reconstruido
reanudado

(V. **restablecimiento**)

a. *permanente*
persistente
invariable
estático
crónico
fijo
arraigado

restablecimiento
s. reparación
rehabilitación (V.)
reposición (V.)
restitución
reedificación
devolución
renuevo
restauro
reconstitución
regeneración (V.)
arreglo
reintegración
reembolso
reanudación
reconquista

s. **recuperación** (V.)
mejora
restauración
cura
curación (V.)
convalecencia (V.)
recobramiento
rejuvenecimiento
salud
mejoría (V.)

a. *abandono*
destrucción
empeoramiento
enfermedad
muerte

restado
(V. **valiente**)

restallar
s. chocar
chascar (V.)
chasquear
estallar
triscar
restañar
latiguear (V.)
crujir (V.)
restrallar
chirriar
rechinar
crepitar
resonar
fustigar (V.)

(V. **restallido**)

a. *silenciar*

restallido
s. **ruido** (V.)
crujido (V.)
estallido
chirrido
crepitación
rechinamiento
chasquido (V.)
choque
¡crac!

a. *silencio*

restante
(V. **resto**)

restañadero
(V. **estuario**)

restañar
s. **restallar** (V.)

s. **detener** (V.)
estancar
contener (V.)
atajar
obstruir
obturar
parar
represar
cortar (V.)
interrumpir

(V. **restaño**)

a. *soltar*
abrir
dejar
desobstruir

restañasangre
s. **ágata** (V.)
cornalina
alaqueca

restaño
s. **detención** (V.)
atajamiento
estanque
estancamiento (V.)
contención (V.)
corte
interrupción
s. **embalse** (V.)
estanque
remanso (V.)
represa
reembalse
cadoza
regajo
regato

a. *precipitación*
salida

restar
s. sustraer
substraer (V.)
descontar (V.)
deducir
disminuir (V.)
sacar
tomar
diezmar
detraer (V.)
mermar
rebajar
cercenar
acortar
destarar
quintar
desquitar

s. faltar
sobrar (V.)
quedar (V.)
exceder

(V. **resta**)

a. *sumar*
aumentar

restauración
s. **reparación** (V.)
reconstrucción
arreglo
compostura
retoque (V.)
recuperación (V.)
recobro
recobramiento
fortalecimiento

s. **reposición** (V.)
restablecimiento
rehabilitación
reinstalación
establecimiento
reconstitución
regeneración (V.)

a. *destrucción*
empeoramiento
deposición
revocación

restaurador
s. restablecedor
renovador (V.)
rehabilitador
recuperador (V.)
reconstructor
retocador (V.)
tradicionalista
reconstituidor
restituidor

s. reconfortante
reparador (V.)
tonificante
vigorizante
rejuvenecedor

(V. **restauración**)

a. *destructor*
ruptor
revolucionario
enervante
excitante

restaurante
s. hostal
restorán
comedor (V.)
parador
tasca
hostería
taberna
bodegón
mesón
fonda
snack-bar
casa de comidas
auto servicio

s. **reconfortante** (V.)
fortificante
reparador
reconstituyente
estimulante

(V. **restauración**)

a. *enervante*
debilitador

restaurar
s. **reorganizar** (V.)
reanudar
restablecer (V.)
recobrar
recuperar
reponer
restituir

s. **reparar** (V.)
renovar (V.)
reconstruir
arreglar (V.)
componer
retocar (V.)
reformar
repintar
resanar
cuidar

(V. **restauración**)

a. *morir*
demoler
destruir
derrocar
desarreglar
abandonar

restinga
(V. **bajío**)

restitución
s. **devolución** (V.)
reposición
reversión (V.)
reintegración (V.)
reembolso
torna
remisión
reintegro (V.)
entrega
rescate (V.)
retorno (V.)
vuelta
redención
renuevo
restauración
renovación
redhibición (V.)
reanudación
rehabilitación
restablecimiento
reconstrucción
indemnización
reivindicación (V.)

r. Sin restitución, no hay salvación

a. *retención*
apropiación
usurpación
escamoteo
privación
incautación
presa

restituible
s. reintegrable
resarcible
redhibitorio
compensable
devolutivo
restitutorio
recobrable
reembolsable
renovable (V.)
recuperable

(V. **restitución**)

a. *irrestituible*
irrecuperable

restituido
s. **devuelto** (V.)
repuesto
reintegrado
reembolsado
restablecido
rehabilitado (V.)
reconstruido
redimido
rendido
renovado
reanudado
restaurado

(V. **restitución**)

a. *quitado*
robado
usurpado
fijo
degradado

restituir
s. **devolver** (V.)
reponer
reintegrar (V.)
reembolsar (V.)
retornar
rendir
redimir
restablecer
reconstruir
rehabilitar
reincorporar (V.)
reanudar
tornar
volver
compensar (V.)
renovar
reponerse (V.)
restaurar
reparar
resarcir (V.)
indemnizar
satisfacer
revertir (V.)
recobar
rescatar (V.)

r. Hurtar es gustoso; restituir, penoso ■ Quien hurta y no restituye, de salvarse huye

(V. **restitución**)

a. *retener*
quedarse
usurpar
apropiarse
quitar
hurtar
substraer
robar
desposeer
despojar
privar
depredar
escamotear

resto, s
s. **resta** (V.)
saldo (V.)
residuo (V.)
fracción
parte
excedente (V.)
remanente (V.)
vestigio (V.)
señal (V.)
albaquía
trozo
pedazo
huella (V.)
demás
relieve

s. **cadáver** (V.)
despojos
muerto
cuerpo
restos mortales

s. restos
sobras
desperdicios (V.)
sobrantes
sedimentos
detrito
detritus (V.)
poso (V.)
heces
bagazo
basura (V.)
destrío
excrementos (V.)
broza (V.)
escombros
escurriduras (V.)
morralla
huesos
migajas
orujo
purria (V.)
rebañaduras (V.)
caspicias
rescaño
rebuscallas
retal
retazo
chorreo
restante
reato
tetón
rebusca
tocón
zaborra
cenizas (V.)
carbonilla
granza (V.)
desechos
escurrimbres
gabazo
gancho
hojuela
lavazas
reliquias (V.)
muñón
ruinas (V.)

s. echar el resto
hacer de resto
cierta suma
resto abierto
envidar el resto

a. *principal*
totalidad
suma
integridad

restorán
(V. **restaurante**)

restregadura
s. **frotamiento** (V.)
restregamiento
refregón
refregamiento (V.)
fricción
rascadura (V.)
confricación
frote
roce
rascamiento
restregón
estregón
ludimiento
masaje

restregamiento
(V. **restregadura**)

restregar-se
s. estregar
fregar (V.)
refregar (V.)
transfegar
rascar (V.)
frotar (V.)
fricar
revolcar
rozar
frisar
rasar
friccionar
escarbar
raer
ludir
afretar
refrotar
raspar (V.)
lijar (V.)
limar
pulir
esmerilar
desgastar
limpiar (V.)
bruñir (V.)
luir
coludir
masajear
dar masaje

s. **sobar** (V.)
lamer
besar
acariciar
cosquillear
manosear (V.)

s. coscarse
rozarse (V.)
escozarse
mancharse

(V. **restregadura**)

a. *suavizar*
maltratar
limpiarse

restregón
s. **rozadura** (V.)
raspadura
fregamiento
refregón
frotación
frote
rascamiento
ludimiento
lavado
fricción
bruñido
sobado
sobeo
sobadura
roce
arañadura
mancha
frotamiento (V.)

(V. **restregadura**)

a. *caricia*

restricción
s. **limitación** (V.)
obstáculo
impedimento
barrera
tasa
salvedad (V.)
cortapisa
acotación
coartación
capadura
reserva
sobriedad (V.)
modificación (V.)
disminución
reducción
prohibición
negación

a. *extensión*
ampliación
licencia
libertad
abuso
autorización
permiso

restrictivo
s. ceñido
restricto
limitado
limitativo (V.)
taxativo
restringido
limitable
represivo
restringente
condicional (V.)
prohibitivo
tasado
circunscrito

(V. **restricción**)

a. *ilimitado*
libre
general
autorizado

restricto
s. restringido
limitado (V.)
ceñido (V.)
preciso
condicionado
tasado
coartado

(V. **restricción**)

a. *infinito*
ilimitado
general

restringido
s. **limitado** (V.)
exceptuado
condicionado
circunscrito (V.)
delimitado
acotado
tasado
reducido (V.)
ceñido
reservado
coartado
prohibido
confinado
supeditado
restrictivo

(V. **restricción**)

a. *ilimitado*
amplio
extenso
extensivo
general
libre
autorizado
permitido
ampliado

restringir-se
s. **limitar** (V.)
estipticar
cicatear
tasar
coartar
condicionar
modificar (V.)
ceñir (V.)
delimitar
cercar
acotar
estacar
amojonar
alindar
confinar
jalonar
circunscribir (V.)
mojonar
amelgar
circunferir
localizar (V.)
restriñir
escatimar (V.)
reducir (V.)
regatear (V.)
prohibir (V.)

s. **estrecharse**
apretarse
concentrarse
ceñirse
atarse
reducirse

(V. **restricción**)

a. *extender-se*
generalizar-se
abrir-se
ampliar-se
ensanchar-se
autorizar-se
permitir-se

restriñimiento
s. **contracción** (V.)
estreñimiento
constricción
astricción (V.)
encogimiento
crispamiento
corrugación
tiritona

a. *dilatación*
distensión

restriñir-se
s. **astringir** (V.)
contraer (V.)
atrofiar
estrechar (V.)
estriñir
estipticar
sincopar
contraer

s. acortar
achicar
disminuir
condensar
apretar (V.)
consumirse
embeberse
obligar
forzar
coartar
ceñir
constreñir (V.)
compeler

(V. **restriñimiento**)

a. *soltar*
abrir
libertar
dilatar

resucitado
s. **Cristo** (V.)

s. aparecido
aparición (V.)
fantasma
espectro
redivivo (V.)
vampiro

s. pájaro resucitado
piojo resucitado

a. *muerto*
difunto
cadáver

resucitar
s. **reaparecer** (V.)
reencarnar (V.)
renacer (V.)
reavivar
revivir (V.)
resurgir (V.)
reanimar
sobrevivir
vivificar
revivificar
renovar (V.)
regenerar
reponerse (V.)
reanimarse
restablecerse
galvanizar
vitalizar

(V. **resurrección**)

a. *morir*
desaparecer
olvidar
pasar
aniquilar
exterminar
hundirse
empeorarse

resudación
s. rezumadero
resudor
trasudor
transpiración
rezumamiento
filtración
escurridura

a. *sequedad*

resudar-se
s. **sudar** (V.)
transpirar
rezumar (V.)
trasudar
destilar
filtrarse
escurrirse
exudar

(V. **resudación**)

a. *resecar*
retener

resudor
(V. **resudación**)

resuelto
s. **decidido** (V.)
determinado
terminante
arriesgado
arriscado
valiente (V.)
atrevido (V.)
intrépido
osado
audaz (V.)
lanzado
denodado (V.)
temerario
imprudente
barbián
resoluto (V.)
ufano
hombre de armas
tomar
hombre bragado
gallote

s. **diligente** (V.)
expedito (V.)
ágil
veloz
rápido (V.)
pronto
célere
emprendedor
dispuesto

s. **sanseacabó** (V.)
solucionado
ventilado (V.)

(V. **resolución**)

a. *timorato*
tímido
apocado
indeciso
cobarde
lento
pendiente

resuello
s. acezo
jadeo (V.)
respiración (V.)
resoplo
resoplido
aliento (V.)
hálito
alentada
ronquido (V.)
rebufe
huelgo
ocena
suspiro
estornudo
aspiración
boqueada
espiración
silbo
silbido
bramido
asma
flato
aire
viento
ventosidad

s. meterle a uno el resuello en el cuerpo
quedarse sin resuello

a. *vacío*

resulta, s
s. **resultado** (V.)
repercusión
consecuencia (V.)
efecto (V.)
secuela
resultancia
resultante
fruto
alcance
producto
rastra
trascendencia
derivaciones

s. veredicto
fallo
juicio
sentencia
conclusión
acuerdo (V.)
medida

s. **vacante** (V.)

s. de resultas

a. *antecedente*
precedente
desacuerdo
ocupación

resultado
s. **resulta** (V.)
resultancia
saldo (V.)
producto (V.)
fruto (V.)
suma
provecho (V.)
utilidad
efecto (V.)
consecuencia (V.)
derivación (V.)
trascendencia
secuela
ilación
consecución
deducción
ramificación
solución
resolución (V.)
desenlace (V.)
conclusión
fin
alcance
corolario
emanación
sino
suerte
éxito (V.)
porvenir
logro (V.)
futuro
perfomance
futuridad
destino
suceso (V.)
carambola
rastro
secuela
estela
marca

a. *causa*
motivación
antecedente
origen

resultancia
(V. **resultado**)

resultando
s. base
causa
fundamento (V.)
composición (de lugar)
consulta
concepto (V.)
juicio
criterio
jurisprudencia
sentencia (V.)
considerando (V.)

resultante
s. resultado
producto (V.)
efecto (V.)
vector (V.)
consecuencia
secuela
desenlace
conclusión
fruto

(V. **resultado**)

a. *premisa*
antecedente

resultar
s. **derivar** (V.)
deducirse (V.)
seguirse
proceder (V.)
trascender
repercutir
arrojar
reflejar
implicar
alcanzar
concluir
redundar (V.)
inferirse
salir
determinar
consistir
sentar (V.)
acabar (V.)
cuajar
nacer
originarse (V.)
refluir
concluir
ceder
ir
quedar (V.)
recoger
reducirse a (V.)
responder
traducirse (V.)
revertir
sacar
rematar
terminar
venir a parar (V.)
ser consecuencia de
traer cola
hacer efecto
hacer o dejar huella
surtir efecto
llegar a una conclusión

s. **producir** (V.)
rendir
fructificar
salir
beneficiar (V.)
favorecer
recompensar
triunfar
ganar
obtener

s. **armonizar** (V.)
corresponder
ir con
sentar

s. **ocurrir** (V.)
suceder (V.)
descubrirse (V.)
manifestarse
mostrarse
aparecer
evidenciarse
comprobarse
convertir

s. salir
costar (V.)
representar

s. resaltar
resurtir (V.)
saltar
retroceder
chocar
retrucar (V.)
agradar (V.)
placer
gustar

(V. **resultado**)

a. *retener*
desconocer
ignorar
pararse
detenerse
perjudicar
perder
arruinar
chocar
desagradar

resumen
s. **compendio** (V.)
sinopsis
extracto (V.)
substancia
substanciación
esquema
síntesis (V.)
epítome (V.)
manual
excerpta
excerta
abreviación (V.)
epílogo (V.)
argumento (V.)
concisión (V.)
repertorio
vademécum
breviario
prontuario
epígrafe (V.)
guión
reseña (V.)
comentario
súmulas
epilogación
croquis
plan
perioca
norma
reglamentación
recapitulación (V.)
suma
sumario (V.)
acortamiento
condensación
digesto (V.)
esquema
recolección (V.)
simplificación
recopilación (V.)
reducción (V.)
trasunto
recorte
poda
corte
cifra
elementos
esqueleto
esencia
excepta
enquiridión
guión
remediavagos
cuadro sinóptico
resunta
coletilla

s. en resumen

a. *ampliación*
extensión
detalle
agrandamiento

resumido
s. extractado
breve (V.)
conciso (V.)
condensado
concreto
epilogado
cifrado
esquemado
desnudo
somero
sucinto
sintetizado
sintético
sinóptico
recapitulado
abreviado
reducido
restricto
resoluto (V.)
sincopado
compendioso (V.)
sobrio
sumario
parvo (V.)

(V. **resumen**)

a. *ampliado*
detallado
extenso
barroco
profuso

resumir-se
s. **extractar** (V.)
abreviar (V.)
concretar
resolver (V.)
ceñirse
compendiar
sintetizar (V.)
recopilar (V.)
reseñar (V.)
recapitular
epilogar
sincopar
cifrar
compendizar
sumar (V.)
condensar
limitar
constreñir
trasuntar
simplificar
aligerar
esquematizar
generalizar (V.)
cortar
recortar
podar
reducir (V.)
compilar
refundir (V.)
substanciar
acortar
definir
encerrar
substanciar
sucintarse

(V. **resumen**)

a. *ampliar*
detallar
extenderse

resurgimiento
s. reaparición
renacimiento
florecimiento
regeneración
revivificación
palingenesia
resurrección (V.)
reencarnación (V.)

a. *consunción*
muerte
decadencia

resurgir
s. **reaparecer** (V.)
resucitar (V.)
retornar
volver
renacer (V.)
revivir
reencarnar
renovar (V.)
rehabilitar
restituir
remozar (V.)
florecer (V.)
proseguir
continuar
perpetuar

s. **reanimarse** (V.)
revivir
recuperarse
restaurarse
reavivarse
restablecerse (V.)
mejorarse

(V. **resurgimiento**)

a. *decaer*
declinar
desaparecer
arruinarse
consumirse
morir
languidecer
marchitarse
empeorarse
abatirse

resurrección
s. renacimiento
reencarnación (V.)
reaparición
resurgimiento (V.)
perpetuación
regeneración
revivificación
anabiosis
palingenesia

s. cuerpo glorioso
ave fénix
Pascua de Resurrección
Domingo de Resurrección
Resurrección de la carne
Juicio final
eternidad

a. *muerte*
desaparición
condenación
olvido

resurtida
s. **sobresalto** (V.)
rebote (V.)
rechazo
bote
choque
retroceso
rebotadura
resalto
retroceso

a. *tranquilidad*
impavidez

resurtir
s. saltar
botar
rebotar (V.)
rechazar
resaltar
sobresaltar
retroceder (V.)
repercutir
repercudir
regolfar
refluir
resultar (V.)

(V. **resurtida**)

a. *retener*
acoger
quedarse

retablo
s. **altar** (V.)
tablamento
pintura
talla
imagen
representación
escultura

s. crestería
ala
predela
mesa
base

s. historia
suceso (V.)
acaecimiento
representación (V.) (teatral)
episodio

(V. **arquitectura**)

s. angelón de retablo
retablo de duelos o de dolores

retacar
(V. **recalcar**)

(V. **apretar**)

retaco
s. **enano** (V.)
gordinflón
gordiflón
rechoncho (V.)
regordete
bajo
bamboche
gordo
regojo (V.)
chaparro
tozo
corta de talla
potoco
currutaco

s. **escopeta** (V.)

a. *alto*
esbelto
delgado

retador
s. **provocador** (V.)
provocante
retante
ofensor
desafiante (V.)
desafiador
reñidor
bravucón
pendenciero
buscarruidos

(V. **reto**)

a. *timorato*
cobarde
pusilánime

retaguardia
s. rezaga
rezago
zaga (V.)
retaguarda
rezagamiento
final
posterioridad
postergación
detrás
en cola
posterior (V.)
a la zaga
al final
destacamento

s. **tropa** (V.)

a. *vanguardia*
frente

retahíla
s. ensarta
serie (V.)
sarta
conjunto
rosario
ringlera
ringla
letanía
renglera
sucesión
hilera
fila
trabazón
hilazón
lista
catálogo
inventario (V.)
teoría

a. *interrupción*
corte

retajadura
(V. **corte**)
(V. **circuncisión**)

retajar
s. **cortar** (V.)
circuncidar (V.)
retazar
rebanar
circundar
disecar
bisecar
recortar
(V. **retajadura**)
a. *unir*
juntar

retajo
s. **corte** (V.)
tajo
tajamiento
tajadura
cercenadura
retazo
circuncisión
cercenamiento
sajamiento
amputación
rebanadura
rebanamiento
disecación
bisecación
abscisión
cospe
ablación
cesura
cisura
a. *unión*
soldadura

retal
s. retazo
recorte
pedazo (V.)
recortadura
trozo
fragmento
parte
sobrante
sobras
desperdicio (V.)
desgay
retajo
maula (V.)
trapo (V.)
desperdicio
s. **centón** (V.)
amasijo
amontonamiento
mezcolanza
a. *totalidad*
integridad

retallar
(V. **retoñar**)

retallo
s. retoño
pimpollo
vástago
botón
brote (V.)
renuevo (V.)
remocho
hijo
brota
vástiga
tallo
esqueje
gajo
s. **resalto** (V.)
(arq.)
saliente
prominencia
a. *metido*

retama
s. **planta** (V.)
ginesta
hiniesta (V.)
escobera
genista
cisco
herraj
retamo
verdasca
gayomba
retama blanca
retama común
retama de escobas
retama de tintes
retama de olor
retama de tintoreros
retama macho
retama negra
s. mascar retama

retar
s. **desafiar** (V.)
intimidar
amenazar
provocar (V.)
envidar (V.)
arrostrar
afrontar
enfrentarse
oponerse
encararse
pugnar
jactarse
bravuconear
incitar
luchar
competir
fanfarronear
s. **acusar** (V.)
imputar
s. **reprochar** (V.)
reprender
reñir
reconvenir
afear
s. tirar el guante
arrojar el guante
enviar los padrinos
echar en cara
(V. **reto**)
a. *aplacar*
apaciguar
sosegar
elogiar
alabar

retardación
s. **atraso** (V.)
retraso
demora (V.)
aplazamiento
retardo
dilatación
prórroga
prorrogación
tregua
tardanza
espera (V.)
remisión
pausa
intervalo
plazo
morosidad
estadía
sobrestadía
descanso
lentitud
entretenida
diferimiento
remolonería
pereza
lentitud
dilación (V.)
mora
poltronería
embarazo
freno (V.)
detención
a. *urgencia*
adelantamiento
anticipación
ligereza
rapidez
prisa

retardado
s. **atrasado** (V.)
diferido
demorado
aplazado (V.)
moroso
tardío
redrojo
preterido
postergado
s. idiota
retrasado (V.)
deficiente
imbécil
anormal (V.)
subnormal
falto
cretino
mongólico
débil mental
s. lento
premioso (V.)
perezoso (V.)
tardo
remolón
vago
cansino
(V. **retardación**)
a. *adelantado*
temprano
verde
inmaturo
desarrollado
activo
rápido

retardador
s. retardatorio
dilatorio (V.)
retardatriz
retardativo
tardador
moroso (V.)
tardo
rezagante
fuerza retardatriz
(V. **retardación**)
a. *promotor*
actuante
activo

retardar-se
s. atrasar
retrasar (V.)
aplazar
diferir
dilatar
rezagarse
posponer
postergar (V.)
demorar
preterir
frenar (V.)
detener
entorpecer (V.)
prorrogar
embarazar
atreguar
eternizar
remitir
descansar
pausar (V.)
enlerdar
encarpetar
roncear (V.)
perecear
trasladarse
trasnochar
emperezar
dar largas
llegar tarde
gastar el tiempo
ganar tiempo
venir con retraso
dar a la cuerda
no tener prisa
ir a paso de tortuga
dar tregua
hacer tiempo
alargar el plazo
ser el cuento de nunca acabar
quedarse estacionado
pegársele las sábanas
ir para largo
hacerse tarde
dar hilo a la cometa
llegar al ite misa est
(V. **retardación**)
a. *adelantar*
cumplir
avivar
acelerar
abreviar
urgir
promover
animar
anticipar
activar
precipitar
apresurar
impulsar
aligerar

retardatario
s. inmovilista
reaccionario (V.)
covachuelista
carca
carcunda
retrógrado (V.)
rezagado
atrasado
obscurantista
s. **retardador** (V.)
(V. **retardación**)
a. *adelantado*
progresista
revolucionario

retardo
(V. **retardación**)

retartalillas
s. **charlatanería** (V.)
retahila
cháchara
filatería
verborrea
chorro de palabras
a. *silencio*
mutismo
sobriedad
moderación

retazar
(V. **trocear**)

retazo
(V. **retal**)
(V. **trozo**)

retel
(V. **red**)

retemblar
s. **temblar** (V.)
titilar
temblequear
tembletear
vibrar
trepitar
trepidar (V.)
rehilar
s. **estremecerse** (V.)
castañetear
tiritar
palpitar
dentellar
calofriarse
azogarse
dar diente con diente
dar tiritones
tener una tiritona
a. *sosegarse*
calentarse
resistir

retén
s. **repuesto** (V.)
prevención
provisión (V.)
depósito
acopio
reserva (V.)
s. centinela
guardia
custodia (V.)
cuidado
guardián
refuerzo (V.)
destacamento (V.)
a. *escasez*
falta
negligencia
abandono

retención
s. **detención** (V.)
detenimiento
retenimiento
reserva
conservación
contenencia
suspensión
inmovilización (V.)
atasco
atascamiento
obstrucción (V.)
entorpecimiento
retraso
dilación
ocupación
s. **secuestro** (V.)
arresto
prisión
s. acaparamiento
monopolio (V.)
bloqueo
concentración
masita (V.)
confiscación
decomiso
retracto (V.)
s. **garantía** (V.)
presa
represalia
prisionero
rehén
a. *liberación*
libertad
generalización
suelta

retener
s. **conservar** (V.)
tener
memorizar (V.)
guardar (V.)
sujetar
atraer (V.)
mantener
preservar
estancar (V.)
represar
detener (V.)
impedir (V.)
recluir (V.)
interceptar
quedar (V.)
empantanar
encadenar (V.)
reservar (V.)
suspender
cortar
atajar
contener
inmovilizar
dificultar
paralizar
aferrar
atascar
obstruir
retardar (V.)
s. **monopolizar** (V.)
acaparar (V.)
bloquear
centrar
concentrar
confiscar (V.)
decomisar
intervenir
secuestrar
congelar
requisar
absorber (V.)
embargar
quedarse con (V.)
polarizar
ocupar
reconcentrar
(V. **retención**)
a. *soltar*
dar
distribuir
librar
proveer
facilitar
repartir
devolver
desobstruir
rechazar
desbloquear

retenimiento
(V. **retención**)

retentar
s. **resentirse** (V.)
amenazar
amagar (V.)
rondar
presentar (síntomas)
reproducirse (enfermedad)
a. *resistir*

retentiva
s. noticia
evocación
recuerdo
recordación
reminiscencia
rememoración
remembranza
repaso
memoria (V.)

a. *olvido*
desaparición
evanescencia
ausencia

retesamiento
s. atiesamiento
endurecimiento
resistencia
tirantez (V.)
reteso
atirantamiento

a. *ablandamiento*
suavización

retesar-se
s. **endurecer** (V.)
atiesar
atirantar (V.)
resistir
entiesar
temblar
tesar
aballestar

(V. **retesamiento**)

a. *ablandar*
aflojar
distender
suavizar

retestín
(V. **suciedad**)

(V. **roña**)

retestinar
(V. **ensuciar**)

(V. **percudir**)

reticencia
s. **evasiva** (V.)
reserva (V.)
(mental)
omisión
restricción
tapujo
medias palabras
rodeo (V.)
embozo
ambages
ambigüedad
equívoco (V.)
insidia
insinuación (V.)
rehilete
indirecta (V.)
retintín
alusión
recancanilla
tono
tonillo
precesión
ironía (V.)

a. *franqueza*
sinceridad
descaro
insolencia
claridad

reticente
s. **reservado** (V.)
ambiguo
evasivo (V.)
insincero
indirecto
sarcástico
irónico (V.)
insidioso
insinuante
alusivo

(V. **reticencia**)

a. *franco*
claro
sincero
directo

retículo
s. retícula
malla (V.)
contramalla
contramalladura
tejido (V.)
enrejado
ojo
gandaya
redejón
cope
filarete
red (V.)
trama
urdimbre

retina
s. membrana
capa
cubierta
recubrimiento
ojo (V.)

s. bastoncillo
papila
cono
nervio óptico
mielina
mácula

retintín
s. **sonsonete** V.)
sonido
soniquete
son
tonillo
repiqueteo
tintineo
eco
repique
repercusión

s. **énfasis** (V.)
reticencia
ironía (V.)
sarcasmo
afectación
amaneramiento
indirecta
pulla (V.)
recancamilla

a. *naturalidad*
sencillez
claridad
franqueza

retinto
s. renegrido
ennegrecido
cárdeno
oscuro (V.)
castaño

a. *claro*
blancuzco

retiñir
s. **resonar** (V.)
tintinear
repiquetear
sonar
percutir

a. *apagar* (sonido)
silenciar

retirada
s. **retroceso** (V.)
retrocesión
huida
repliegue (V.)
desbandada
estampía
reculada
escapada
desvío
derrota
alejamiento
derrumbe
vuelta (V.)
marcha
traslación
retorno
regreso

s. **retreta** (V.)
toque (V.)

s. **retiro** (V.)
recogimiento
clausura
incomunicación
aislamiento (V.)
reclusión
apartamiento
encerrona
soledad

a. *avance*
ataque
progresión
adelantamiento
ganancia
sociabilidad
compañía
comunicación

retirado
s. separado
escondido (V.)
oculto (V.)
apartado
lejano (V.)
desviado
solitario
horro
desierto
abandonado
alejado
enterrado
distante
extremo

s. **huraño** (V.)
insociable (V.)
suelto
abandonado
abstraído
recogido (V.)
recoleto (V.)
enclaustrado
incomunicado
cartujo
ermitaño
misántropo (V.)
filósofo

s. **aislado** (V.)

s. **jubilado** (V.)
excelente

(V. **retiro**)

a. *cercano*
próximo
acompañado
sociable
activo

retiramiento
(V. **retiro**)

retirar-se
s. **apartar** (V.)
separar (V.)
quitar
alejar (V.)
distanciar
desviar
desalojar (V.)
echar
despojar
coger
apoderarse
privar
desposeer
evitar
sacar
restar
birlar
tomar
usurpar
arrumbar (V.)
arrinconar
desechar (V.)
excluir (V.)
prescindir (V.)
eliminar
rechazar
encerrar
aislar
incomunicar
relegar
olvidar
recluir
reservar
ocultar
esquivar

s. **retroceder** (V.)
replegarse (V.)
huir
escaparse
recular

s. **jubilarse** (V.)
licenciarse
apartarse
dejar
renunciar
abandonar

s. **esconderse** (V.)
guarecerse
refugiarse (V.)
abrigarse
defenderse
ocultarse
aislarse (V.)
recogerse (V.)
acostarse (V.)
desaparecer
retraerse (V.)
perderse
desviarse
abandonar
irse a un
convento
dejar el mundo
meterse religioso
hacerse ermitaño
hacerse monje
enterrarse en
vida
meterse en su
concha
ser misántropo
vivir en la
soledad
retirarse a la vida
privada
hacer vida
monástica
recluirse
profesar
morir para el
mundo
no dejarse ver
venderse caro

(V. **retirada**)

a. *acercar-se*
aproximar
trabajar
añadir
avanzar
aparecer
relacionarse

retiro
s. **aislamiento** (V.)
soledad (V.)
apartamiento
renuncia (V.)
retiramiento
retirada (V.)
misantropía
retraimiento (V.)
alejamiento
encierro
destierro
esquividad
esquivez
reclusión
abandono
encerrona
incomunicación
(V.)
exclusión (V.)
recogimiento (V.)
separación
claustro
clausura
queda (V.)

s. **refugio** (V.)
abrigo
amparo (V.)
cobijo
resguardo
protección
defensa
guarida
celda
ermita
prisión
cárcel

s. **jubilación** (V.)
licenciamiento
ocio (V.)
licencia
abandono
excedencia
pensión

s. retiro espíritual
día de retiro

a. *sociabilidad*
asistencia
relación
comunicación
intimidad
desamparo
actividad
trabajo
activo
presencia
ejercicio

reto
s. **envite** (V.)
desafío (V.)
cartel
duelo
concurso
apuesta
certamen
lance
encuentro
lucha
esgrima
combate

s. **provocación** (V.)
amenaza (V.)
conminación
intimidación
jactancia
fanfarronada
bravuconería
bravata

a. *acuerdo*
avenencia
pacificación
elusión
evitación
humildad
sencillez

retocado
s. **corregido** (V.)
modificado
restaurado
acabado
enmendado
rectificado
mejorado (V.)
perfilado (V.)

(V. **retoque**)

a. *inacabado*
abandonado
dejado

retocador
s. **restaurador** (V.)
corrector
corregidor
modificador

(V. **retoque**)

retocar
s. **arreglar** (V.)
modificar
corregir
perfeccionar (V.)
restaurar (V.)
pulir
acabar (V.)
perfilar (V.)
limar (V.)
transformar
rectificar (V.)
completar
dar la última
mano
dar el toque final
dar la última
pincelada

(V. **retoque**)

a. *dejar*
abandonar

retoñar
s. **brotar** (V.)
reverdecer
rebrotar (V.)
retoñecer
reproducirse (V.)
entallecer
renovar (V.)
retallecer
pimpollecer
reflorescer
ahijar
pimpollear
apimpollarse
amacollarse
abrotoñar
serpollar
retallar
florecer

(V. **retoño**)

a. *agostar-se*
secar-se
marchitar-se
languidecer

retoño
s. **brote** (V.)
vástago
hijo (V.)
renacimiento
renuevo (V.)
vástago
vástiga
serpollo
retallo
mugrón
botón
pitón
verdugón
cogollo
raijo
hijato
gamonito
súrculo
brota

(cont.)

sierpe
rebrote (V.)
chupón
barbado
estolón
bornizo
fornecino
follón
s. **descendiente** (V.)
sucesor
hijo
heredero
vástago
a. *antepasado*
progenitor
padre
antecesor

retoque
s. mejora
corrección (V.)
arreglo
modificación
restauración (V.)
parche (V.)
perfil (V.)
transformación
pincelada
perfeccionamiento
última mano
acabado (V.)
repaso (V.)
s. **amenaza** (V.)
amago
a. *dejación*
negligencia
indiferencia
abandono

retor
(V. **tela**)
(V. **lienzo**)

retorcedura
(V. **retorcimiento**)

retorcer-se
s. **torcer** (V.)
enroscar (V.)
rizar (V.)
encorvar
curvar
incurvar
enarcar
combar
abangar
alabear
arquear
encrespar
abarquillar
entortar
corcovar
ensortijarse
doblar
bornearse
pandear
arrugar
pellizcar (V.)
retortijar
entorchar
enchuecar
gibar
emburujar
engarabatarse
encarrujarse (V.)
torsionar
contorsionar
entorcer
contraerse
revolcarse (V.)
agitarse (V.)
s. retornar
redargüir (V.)
tergiversar (V.)
responder
interpretar mal
(V. **retorcimiento**)
a. *enderezar*
atiesar
alisar
extender

retorcido
s. conceptuoso
complicado
difícil
barroco
s. **curvo** (V.)
curvado (V.)
corvo
curvilíneo
combo
alabeado
arqueado
combado
ondulado
tuerto
pandeado
abarquillado
crispado
doblado
enroscado
contraído
ensortijado (V.)
encogido
rizado (V.)
oval
convulsionado
contorsionado
ovalado
parabólico
helicoidal
sinuoso
tortuoso
encrespado
rosqueado
ensenado
retorsivo
retuerto
voltizo
retuerto
borneadizo
contorsionado
s. **maquiavélico** (V.)
tergiversador
maligno
artificioso
retórico (V.)
fino
torvo
tortuoso (V.)
reservado (V.)
hosco
sinuoso (V.)
avieso
maligno
astuto
zorro
hipócrita (V.)
camastrón
violento (V.)
siniestro
taimado
falso
reservado
cauteloso
reticente
disimulado
atormentado
retuerto
solapado
mal bicho
persona de cuidado
s. tergiversado
exagerado (V.)
equivocado
erróneo
(V. **retorcimiento**)
a. *enderezado*
tieso
elemental
derecho
leal
sincero
serio
llano
honesto
franco
recto
directo
abierto
noble
fácil
veraz

retorcimiento
s. retorcedura
retorcijo
sinuosidad
ondulación (V.)
combadura
torcedura
curvadura
doblamiento
vencimiento
tortedad
curvatura (V.)
retorsión
arqueamiento
contorsión (V.)
abarquillamiento
torcijón
retortijón (V.)
enroscadura
rosca
rizo (V.)
tirabuzón
voluta
sortija
pandeo
abultamiento
escorzo
desviación
s. **maquiavelismo** (V.)
zorrería
artificio
rebuscamiento
astucia
cautela
disimulo
trastienda
tortuosidad (V.)
malignidad
sinuosidad
entretelas
entresijos
recoveco (V.)
a. *derechura*
enderezamiento
tiesura
llaneza
sencillez
sinceridad
franqueza

retórica
s. rebuscamiento
conceptuosidad
alambicamiento
altisonancia
amaneramiento
retoricismo
afectación (V.)
lirismo
culteranismo
cultismo
perifraseo
gongorismo
elación
retruécano
carientismo
sofistería
tropo
cultería
tropología
alegorismo
eutrapelia
discurso
oratoria (V.)
énfasis
polémica
debate
elocuencia
lenguaje (V.)
literatura (V.)
persuasión
convicción
convencimiento
argumentación
captación
prosopopeya
evasiva
s. **monserga** (V.)
palabrería (V.)
facundia
verborrea
labia
fárrago
a. *sencillez*
naturalidad
sobriedad
desnudez
inexpresividad
moderación

retoricar
s. alambicar
almibarar
amanerarse (V.)
altisonar
gongorizar
perifrasear
gerundiar
metaforizar
exornar
discursear (V.)
polemizar
cultiparlar
hablar (con énfasis)
arcaizar
remontarse a las nubes
hiperbolizar
exagerar
(V. **retórica**)
a. *moderarse*
contenerse

retórico
s. **elocuente** (V.)
grandilocuente
charlista
orador
polemista
versificador
cultiparlista
altisonante
enfático
declamador
declamatorio
afectado (V.)
hinchado
hueco
redundante
rebuscado
arcaizante
purista (V.)
gerundiano
campanudo
literario (V.)
ampuloso (V.)
pomposo
almibarado
terminista
cultero
culterano
alambicado
sofista
retorcido (V.)
simbolista
rimbombante
(V. **retórica**)
a. *sencillo*
elegante
natural
sobrio
discreto
moderado
inexpresivo

retornar
s. **regresar** (V.)
volver (V.)
recudir
venir
llegar
retrogradar
resurtir
recular
tornar
retroceder (V.)
huir
retirarse
replegarse
rebotar
reemprender
reanudar
s. **devolver** (V.)
restituir
reembolsar
reponer
restablecer
redimir
ofrecer
entregar
reemplazar
s. **retorcer** (V.)
(V. **retorno**)
a. *marchar*
seguir
continuar
avanzar
retener
quedarse con

retornelo
(V. **repetición**)

retorno
s. **vuelta** (V.)
regreso
reversión
retroacción
venida
torna
tornada
tornaviaje
repatriación
reanudación
regresión
retroceso (V.)
retrocesión
huida
fuga
repliegue
retiro
s. paga
recompensa (V.)
satisfacción
gratificación
remuneración (V.)
retribución
s. **cambio** (V.)
trueque
permuta
canje
s. **devolución** (V.)
reintegro
restitución (V.)
redención
reembolso
reposición
reemplazo
s. motón
polea (V.)
polipasto
a. *marcha*
ida
partida
retención
apropiación

retorsión
(V. **retorcimiento**)

retorta
s. **alambique** (V.)
vasija
matraz
alcatara
destilador
alquitara
redoma
s. **tela** (V.)
tejido

retortero (al)
s. a mal traer
alrededor (V.)
de acá para alla
sin sosiego
de la ceca a la meca
de un lado para otro
s. traer al retortero
llevar al retortero

retortijar
(V. **retorcer**)
(V. **ensortijar**)

retortijón
s. **retorcimiento** (V.)
contorsión
convulsión
crispamiento
contracción (V.)
retorcijón
retorsión
acceso
espasmo
punzada
pinchazo
torozón
torzón
torcijón
estorcijón
s. retortijón de tripas
a. *relajamiento*
distensión

retozador
(V. **retozón**)

retozadura
(V. **retozo**)

retozar
s. **jugar** (V.)
saltar (V.)
brincar
potrear (V.)
travesear (V.)
corretear
diablear
refocilarse
hacer cabriolas
dar saltos
triscar
ser travieso
hacer locuras
juerguearse
divertirse (V.)
chozpar
s. **excitarse** (V.)
removerse
exaltarse
acalorarse
apasionarse
amarse (V.)
coquetear (V.)
picardear (V.)
besarse
arrullarse
cohabitar
(V. **retozo**)
a. *apaciguarse*
tranquilizarse
aquietarse
entristecerse

retozo
s. **salto** (V.)
brinco
carrera
correteo
jugueteo
juego
diversión
travesura (V.)
triscamiento
agitación
diablura
equilibrio
juerga
jarana
cabriola (V.)
payasería
refocilo
refocilación
locura
retozadura
corrida
zapateta
gracia

s. **coqueteo** (V.)
amartelamiento
abrazo
caricia
sobeo
manoseo (V.)
arrullo (V.)
cohabitación (V.)
cópula
unión

s. *tranquilidad*
sosiego
tristeza
desanimación
languidez
inmovilidad
seriedad
abstención
inhibición
rechazo
insensibilidad
sequedad

retozón
s. **saltarín** (V.)
triscador
juguetón (V.)
retozador
corretón
contento
divertido (V.)
alegre
bullicioso
contento
juvenil
jaranero
jovial
travieso (V.)

s. **gimnasta** (V.)
acróbata
circense
coreógrafo
bailarín

(V. **retozo**)

a. *tranquilo*
quieto
lánguido
mustio
triste
serio
apagado

retracción
s. **contracción** (V.)
reducción (V.)
encogimiento
merma
mengua
disminución

s. *extensión*
ampliación
aumento

retractable
s. **rectificable** (V.)
denegable
rescindible (V.)
revocable
anulable

(V. **retractación**)

a. *ratificable*
fijo
irrevocable

retractación
s. **rectificación** (V.)
enmienda
rescisión
anulación (V.)
reculada (V.)
palinodia
recantación
contraorden (V.)
contraaviso
retratación
abjuración (V.)
confíteor
apostasía
negación (V.)
arrepentimiento (V.)
desdecimiento
denegación (V.)
incumplimiento
revocación
inconstancia
deslealtad
recantación

a. *ratificación*
persistencia
contumacia
empecinamiento
empeño
terquedad
lealtad
fidelidad
conformidad
confirmación
constancia
vigencia

retractar-se
s. retirar
desdecirse (V.)
rectificar (V.)
revocar
desmandar
contramandar
contraordenar
desavisar
anular
rajarse
retroceder (V.)
flaquear
enmendar
corregir
rescindir
denegar
confesar
volverse atrás
dar contraorden
llamarse Andana
llamarse a engaño

s. renegar
abjurar (V.)
apostatar
arrepentirse (V.)
incumplir
cantar la palinodia

s. **retraer** (V.)
ejercer (derecho de retracto)

(V. **retractación**)

a. *ratificar*
confirmar
persistir
insistir
empecinarse
empeñarse
cumplir

retracto
s. retroventa
tanteo
saca
derecho
retención (V.)
recuperación
retrovendición

a. *entrega*
devolución

retraer-se
s. **aislarse** (V.)
retirarse
retroceder
huir
ocultarse
desviarse
esquivar (V.)
arrinconarse
rehuir (V.)
escapar
alejarse
incomunicarse
eludir (V.)
evitar
guarecerse
esconderse
ocultarse
amadrigarse
refugiarse (V.)
acogerse
enconcharse

s. **disuadir** (V.)
apartar
desaconsejar
desengañar
retractar
desanimar

s. **reprochar** (V.)
echar en cara
acusar
retirar (V.)
esconder (V.)
encoger
ocultar
meter

s. **quedarse** con (V.)
recuperar
retrovender
ejercitar (derecho de retracto)

s. recordar
reproducir (V.)
imaginarse (V.)
figurarse
traer (a la imaginación)

(V. **retraimiento**)

a. *relacionarse*
comunicarse
tratarse
frecuentar
salir
entrar
aparecer
exhibirse
mostrarse
arrostrar
empecinarse
emperrarse
alentar
alabar
elogiar
sacar
entregar
olvidar

retraído
s. retirado
apartado (V.)
aislado
asilado
enclaustrado
solitario (V.)
refugiado
reservado
escondido
recoleto
solo
horro
señero
incomunicado (V.)
abandonado
como un hongo
como alma en pena

s. anacoreta
monje
cartujo
cenobita
ermitaño
recoleto
huraño (V.)
búho
misántropo (V.)
filósofo
troglodita

s. **tímido** (V.)
corto
pusilánime
reservado (V.)
introvertido
hermético
callado
silencioso
insociable (V.)
mormujo
introvertido (V.)
esquivo
torvo

(V. **retraimiento**)

a. *acompañado*
mundano
sociable
extrovertido
tratable
asequible
relacionado
amable
audaz
descarado
resuelto
lanzado
amigable
amistoso
cordial
locuaz
dicharachero
voceras
jaranero
divertido
bromista
juerguista

retraimiento
s. **inhibición** (V.)
recogimiento
retiro (V.)
incomunicación (V.)
soledad (V.)
destierro
reserva
refugio
clausura (V.)
escondite
guarida
encierro
nido
convento
casa de ejercicios

s. timidez
pusilanimidad (V.)
cortedad
insociabilidad (V.)
introversión
misantropía (V.)
agorafobia
hurañía
misoginia
ascetismo
pesimismo
tristeza
hipocondría

a. *claustrofobia*
comunicación
sociabilidad
atrevimiento
extroversión
trato
mundología
mundanidad
audacia
alegría
optimismo
animación
jolgorio

retranca
(V. **galga**)

(V. **freno**)

(V. **ataharre**)

retranquear
s. **bornear** (V.)
mirar (V.)
alinear

s. moverse (fachadas, edificios)
trasladarse
transportar
deslizarse (V.)
situar
colocar
emplazar (V.)
retroceder (V.)

(V. **retranqueo**)

retranqueo
(V. **movimiento**)

(sillares, fachadas, etc.)

(V. **alineación**)

(sillares, fachadas, etc.)

retransmisión
(V. **comunicación**)

(V. **transmisión**)

(V. **emisión**)

retransmitir
s. repetir
reproducir
trasladar
transmitir (V.)
enterar
avisar
comunicar (V.)

s. **emitir** (V.)
radiar
perifonear
televisar
difundir (V.)
divulgar

(V. **retransmisión**)

a. *silenciar*
callar
retener
incomunicar

retrasado
s. **atrasado** (V.)
diferido (V.)
demorado
retardado (V.)
aplazado
postergado (V.)

s. **inculto** (V.)
pobre (V.)
miserable
decaído
ignorante

s. **pendiente** (V.)
amontonado

s. **endeudado** (V.)
empeñado
alcanzado
entrampado

s. **idiota** (V.)
imbécil
anormal (V.)
débil mental
deficiente
subnormal

(V. **retraso**)

a. *adelantado*
anticipado
culto
desarrollado
cultivado
rico
actual
reciente
desentrampado
normal

retrasar-se
s. atrasar
diferir (V.)
reservar (V.)
demorar (V.)
aplazar
dilatar (V.)
prorrogar (V.)
preterir
rezagar
retardar (V.)
tardar (V.)
postergar
posponer (V.)
relegar
suspender (V.)
dejar
capear
detener (V.)
emperezar (V.)
endurar
engorrar
enlerdar
remitir (V.)
remolonear
roncear
transferir
trasladar
trasnochar
eternizar
obstaculizar
impedir
entretener (V.)
entorpecer
dar largas
hacerse el remolón
dejar de un día para otro
ganar tiempo
perder tiempo
andar con dilatorias
llegar tarde

s. decaer
aminorar
retroceder (V.)
perder terreno
quedarse atrás
rezagarse (V.)
engorrarse

(cont.)

s. **endeudarse** (V.)
entramparse
adeudarse

(V. **retraso)**

a. *adelantar*
anticipar
avanzar
progresar
autorizar
activar
favorecer
aumentar
abonar
cumplir
desentramparse

retraso

s. **dilación** (V.)
atraso
demora
diferimiento
aplazamiento
prórroga (V.)
retardo
retardamiento
atrasamiento
retardación
dilatación
tregua
plazo
suspensión (V.)
detención (V.)
interrupción
paréntesis
postergación
dilatoria
entorpecimiento
obstáculo
impedimento
espera (V.)
plantón (V.)
estadía
esquinazo (V.)
inducia
remisión
tropezón
mora
rezago
largas

s. **miseria** (V.)
pobreza (V.)
incultura (V.)
decaimiento
degeneración
ignorancia

a. *anticipación*
adelanto
adelantamiento
urgencia
prisa
continuación
prosecución
desarrollo
mejora
cultura
avance
riqueza
regeneración

retratar-se

s. copiar
fotografiar (V.)
pintar
dibujar
esculpir
pincelar
imitar
representar
posar (V.)

s. **describir** (V.)
detallar
delinear
especificar
definir
explicar

(V. **retrato)**

a. *desfigurar*
omitir

retratista

s. **pintor** (V.)
dibujante (V.)
escultor
acuarelista
artista

s. **fotógrafo** (V.)
retratador

(V. **retrato)**

retrato

s. **fotografía** (V.)
pintura (V.)
dibujo (V.)
escultura (V.)
efigie
imagen (V.)
representación
figura
copia
impresión
estampa
lámina
mascarilla
busto
cabeza
caricatura
miniatura
vera efigie
silueta
grupo

s. **parecido** (V.)
semejanza

s. de frente
del natural
sedente
yacente
de perfil

s. original
modelo
copia

s. **descripción** (V.)
detalle
semblanza (V.)
definición
identificación
especificación

s. **espejo** (V.)

retrechar

s. recular (caballo)
retroceder (V.)
retraerse
volver grupas
volver atrás
retrasarse

a. *avanzar*
continuar

retrechería

s. **picardía** (V.)
habilidad (V.)
engaño
tapujo
artificio
disimulo
maña
malicia
socarronería
taimería

s. mimo
mimosería
zalamería (V.)
lagotería
piropo
madrigal
encanto (V.)
simpatía

a. *nobleza*
sinceridad
llaneza
repulsión
aversión
antipatía

retrechero

s. pícaro
granuja (V.)
hábil (V.)
taimado
disimulado
solapado (V.)
zorro
zorrocloco
engañoso
socarrón

s. mimoso
zaragatero
zalamero (V.)
lagotero
atractivo (V.)
atrayente
simpático
sugestivo

(V. **retrechería)**

a. *noble*
llano
sencillo
repelente
antipático
hosco

retrepado

s. apoyado
reclinado
recostado
trepado
inclinado
sostenido
sustentado
adosado
repantingado
arrellanado (V.)
extendido
descansado
echado

a. *levantado*
vertical

retreparse

s. echarse
apoyarse
arrellanarse (V.)
reclinarse (V.)
recostarse
adosarse
sostenerse
repantingarse
descansar
treparse

a. *levantarse*
incorporarse

retreta

s. señal
toque (V.)
clarinazo
trompetazo

s. **retirada** (V.)
repliegue
huida

a. *avance*

retrete

s. **letrina** (V.)
común
excusado (V.)
secreta
garita (V.)
servicio (V.)
water-closet
evacuatorio
beque
urinario
privado
cagadero
latrina
quiosco de
necesidad

s. **reservado** (V.)
inodoro (V.)
lavabo (V.)
el cién
pozo negro
necesaria

s. depósito
cadena
bombillo
taza (V.)
tabla
tapa
mangueta
desagüe
tubería
flotador
rollo
papel higiénico
desodorante

retribución

s. **remuneración**
(V.)
gratificación (V.)
asignación (V.)
estipendio (V.)
congrua
pago
pagamiento
prima
indemnización
sueldo (V.)
haberes
jornal (V.)
ingresos
dieta
obvención (V.)
paga
honorarios (V.)
premio
compensación
salariado
salario (V.)
emolumentos
prest
sobresueldo
gajes (V.)
derechos
masita
comisión
alafa
ganancias
aniaga
mensualidad
pensión (V.)
semana
quincena (V.)
sobordo
soldada
plus
extra
devengo
terzuelo
temporalidad
extraordinaria
acumulación

s. nómina
lista civil

s. íntegro
efectivo
nominal
minuta (V.)
mondo
pelado
descuento
deducción
líquido

a. *deuda*
débito
impago

retribuir

s. **pagar** (V.)
remunerar (V.)
subvencionar
gratificar (V.)
indemnizar
reportar (V.)
recompensar
recudir
socorrer
ayudar
galardonar
premiar
compensar
asignar
sufragar

s. **corresponder** (V.)
agradecer
compensar (V.)
devolver

(V. **retribución)**

a. *cobrar*
adeudar
debitar
percibir

retributivo

s. **remunerador** (V.)
remuneratorio
remunerativo
retribuyente
compensatorio
productivo (V.)
compensador
fructífero
útil
beneficioso
ventajoso
ganancioso
obvencional

(V. **retribución)**

a. *improductivo*
perjudicial
desventajoso

retroacción

(V. **retroceso)**

retroactividad

(V. **influencia)**

(V. **pasado)**

retroceder

s. **retirarse** (V.)
recular (V.)
retrechar (V.)
recejar
remontar (V.)
recalcitrar (V.)
retrogradar
retranquear (V.)
desandar (V.)
retrasar (V.)
recejar
destejer (V.)
descorrer (V.)
descaminar
refluir (V.)
rebotar
repercutir
repercudir
recudir
resurtir (V.)
regolfar
volver grupas
echarse atrás
echar pie atrás
hacerse atrás
revolver

s. **huir** (V.)
rechazar
repeler
repulsar
relanzar
rebatir
retornar (V.)
revocar
reherir
replegarse (V.)
abandonar (V.)
escapar
esquivar
eludir
evitar
volverse
retrotraer
ciar
cejar
reblar
ceder
flaquear (V.)

s. **arrepentirse** (V.)
asustarse (V.)
desdecirse
rajarse
chaquetear
retractarse (V.)
voltear-se (V.)
recoger velas
volverse atrás
vacilar
desistir (V.)

(V. **retroceso)**

a. *avanzar*
adelantar
progresar
ganar
conquistar
mantenerse
resistir
empecinarse
aferrarse
porfiar
insistir

retrocesión

s. **devolución** (V.)
entrega
restitución
reintegro
reposición
compensación

s. **retroceso** (V.)

a. *retención*
conservación

retroceso

s. retrocesión
retrogresión
regresión (V.)
reversión
rechazo (V.)
revuelta
retorno (V.)
reflujo
resaca (V.)
reflejo
contrarréplica
rebote
retrogradación
revoco
repercusión
repercudida
coz
contramarcha
regolfo
retracción
repulsa
retirada (V.)
retreta
repliegue (V.)
vuelta
cía
retro
retroacción
regreso (V.)
atrás
salto atrás

(cont.)

marcha atrás
huida
escapada
escapatoria
desbandada
reculada (V.)
abandono (V.)

s. **decadencia** (V.)
degeneración
atraso
declinación
empeoramiento

a. *avance*
mejora
adelantamiento
insistencia
empecinamiento
porfía
progreso
desarrollo
ganancia
cultura
regeneración
florecimiento

retrogradación
s. retracción
regresión (V.)
retrocesión
repercusión
retroceso (V.)

a. *avance*
adelanto
progreso

retrogradar
(V. **retroceder**)

retrógrado
s. **rancio** (V.)
reaccionario (V.)
atrasado
cavernícola
carca
conservador
retardatario (V.)
atrasado

(V. **retrogradación**)

a. *avanzado*
progresista
revolucionario

retrospectivo
s. **pretérito** (V.)
evocador
pasado
recapitulador
sugerente

a. *presente*
actual

retrotraer-se
(V. **suponer**)

(V. **retroceder**)

(V. **remontarse**)

retroventa
(V. **retracto**)

retroversión
(V. **desviación**)

(V. **trastorno**)

retrucar
(V. **devolver**)

(V. **repercutir**)

(V. **refutar**)

retruécano
s. inversión
conmutación (V.)
cambio

s. **chiste** (V.)
juego de palabras
chascarrillo
chanza
agudeza
ocurrencia
lance
historieta
calambur

a. *seriedad*
torpeza

retruque
s. retruco
rebote (V.)
choque
rechazo
reculada (V.)
retroceso
devolución

s. **envite** (V.)

a. *parada*
detención

retuerto
(V. **retorcido**)

retumbante
s. escandaloso
resonante
rimbombante
campanudo
atronador (V.)
sonante
fragoroso
rugiente (V.)
estruendoso
ensordecedor
tronero
tronitoso
estrepitoso
estridente
ruidoso (V.)

s. **aparatoso** (V.)
pomposo
ostentoso
relumbrante
enflautado
recargado
enfático
grandilocuente (V.)

(V. **retumbo**)

a. *silencioso*
callado
modesto
sencillo

retumbar
s. **sonar** (V.)
resonar (V.)
estallar
tronar
restallar
rimbombar (V.)
rebombar
rembombar
rebumbar
rumbar
atronar (V.)
escandalizar
ensordecer
latiguear
bramar
rugir
mugir
gritar
vociferar
grandisonar
rechinar
repercutir (V.)

(V. **retumbo**)

a. *callar*
silenciar

retumbo
s. rugido
bramido
mugido
estruendo (V.)
trueno
estallido
estampido
estridencia
estridor
resonancia (V.)
rimbombo
rugido
chillido
explosión
resonación
estrépito

s. **alboroto** (V.)
bullicio
griterío

a. *silencio*
tranquilidad

retundir
s. **rellenar** (V.)
igualar
allanar (V.)

s. repercutir
repeler (V.)
rechazar

a. *vaciar*
admitir
acoger

reuma
s. reumatismo
lumbago
decenso
enfermedad (V.)

s. reuma articular
reuma apoplético
reuma blenorrágico
reuma cardíaco
reuma cerebral
reuma crónico o gotoso
reuma deformante
reuma inflamatorio
reuma muscular
reuma nudoso
reuma tuberculoso
reuma visceral
salicilato
reumacilato
reumasán
reumatina
reumatol

reumatismo
(V. **reuma**)

reunión
s. **unión** (V.)
fusión (V.)
concentración
aglutinación
apiñamiento
aglomeración (V.)
amontonamiento
agrupamiento
ayuntamiento
confluencia
convocatoria (V.)
congregación
integración (V.)
convocación
conjunto (V.)
ateneo
conglobación
montón (V.)
grupo

s. **asociación** (V.)
junta
emparejamiento (V.)
reencuentro (V.)
partido
capilla
círculo
entidad
cuerpo
cuadrilla
comisión
cofradía
sociedad (V.)
orden
equipo
organismo (V.)
asamblea (V.)
consejo
corporación (V.)
comité
concilio
congreso
cabildo
simposio
simposium
consistorio
junta (V.)
sesión
logia (V.)
tenida
club
rueda
ayuntamiento
mitin
pleno (V.)
comunión
partido
alianza (V.)
confabulación
cámara
piña
coro

s. **camarilla** (V.)
capilla
capillita
corro
corrillo
corrincho
tertulia (V.)
rancho
casino
taifa
cenáculo
cóctel
mentidero
velorio
velatorio
pandilla
peña (V.)
clan (V.)
familia
tute
tizonera
conventículo
velada
alcoba
carava
coluvie
esfoyaza
fogón
horuelo
panda

s. **fiesta** (V.)
cachupinada
guateque
baile
sarao (V.)
cóctel
sesión
concierto
conferencia
recital
velada
excursión
verbena
kermés
kermesse
té
visita
merienda
banquete
homenaje

s. bandada
hato
ganado (V.)
enjambre
cabaña
vacada
yeguada
hatajo
nube
manada
reata
rebaño (V.)
piara
recua
porrada
diluvio
tropa
tropilla
abundancia
profusión
montón
muchedumbre (V.)

s. público
concurrencia (V.)
asistencia
encuentro (V.)
concurso
clientela
oyentes
socio
miembro
participante

a. *desunión*
separación
dispersión
diseminación
divergencia
aislamiento
independencia
soledad
diferencia
baja
dimisión

reunir-se
s. **juntar** (V.)
unir (V.)
concentrar
compilar
colegir
colectar
arañar
apilar
apandillar
acuadrillar
arrimar
arracimar
congregar (V.)
agrupar
centrar
acabildar
atropar
ayuntar
aglomerar
conglomerar
apiñar
agavillar
afluir
confluir
asociarse (V.)
englobar
conglobar
allegar
arrancharse
casarse (V.)
fusionar
aglutinar
confluir
acaudillar
acaparar (V.)
acopiar
sumar (V.)
adicionar
agregar
adunar
adhibir
añadir (V.)
aliarse (V.)
almacenar (V.)
refundir
ligar
coordinar
unificar
reconcentrar (V.)
recopilar (V.)
completar
componer
centralizar
atesorar
incorporar
hacinar
integrar
recoger (V.)
reclutar

s. asistir
personarse (V.)
concurrir
entrevistarse (V.)
encontrarse
festejar (V.)
celebrar
agasajar
coincidir (V.)
toparse
avistar
verse
abocar
citarse
rodearse (V.)
llamarse (V.)
convocar (V.)
ajuntarse
avisar

(V. **reunión**)

a. *separar-se*
alejar-se
disociar-se
dispersar-se
diseminar-se
esparcir-se

reválida
(V. **revalidación**)

revalidación
s. **confirmación** (V.)
ratificación
corroboración
convalidación (V.)
reválida
pase
validez (V.)
aprobación

a. *desaprobación*
rechazo
denegación
suspenso
descalificación

revalidar-se
s. **confirmar** (V.)
ratificar
corroborar
sancionar
convalidar (V.)
dar valor
comprobar
aprobar (V.)
pasar (un examen de reválida)
recibirse
diplomarse

(V. **revalidación**)

a. *rectificar*
suspender
descalificar
rechazar
denegar

revancha
(V. **desquite)**

revelable
s. publicable
confesable (V.)
divulgable
claro
evidente
manifiesto
transparente
ostensible

(V. **revelación)**

a. *impublicable*
inconfesable
indecible

revelación
s. manifestación
declaración
información (V.)
confidencia (V.)
descubrimiento (V.)
revelamiento
soplo
indicio
confesión (V.)
divulgación (V.)
propalación
publicación
difusión
señal
acusación
descubierta
presagio
desembrollo
anuncio
indiscreción
testimonio
manifestación divina

a. *ocultación*
misterio
reserva
silencio
discreción

revelado
s. comunicado
infuso
descubierto
mostrado
manifiesto (V.)
aparecido
visto
exhibido
expuesto
evidenciado

s. baño
filtro
positivado
negativo
tanque
revelador (V.)
paro
fijador
cubeta
reloj
pinzas
tijeras
goma
humectante
vaso graduado
embudo
tira de prueba
fotómetro
contraste bajo
contraste alto
guantes
probetas
temperatura
tiempo
baño de blanqueo
lavado
fijado
baño estabilizador
analizador de color
fotografía (V.)

a. *oculto*
reservado
escondido

revelador
s. **expresivo** (V.)
elocuente
demostrativo
indicador
sintomático
manifiesto
informativo (V.)
explicativo
peculiar
característico (V.)
significativo
propio
personal

s. revelante
revelandero
indiscreto (V.)
imprudente
hablador (V.)
oficioso
descosido
voceras
charlatán
parlanchín

s. **fotografía** (V.)
revelado
disolución
substancia reductora
metol
amidol
ácido pirogállico
hidroquinona

s. substancia conservadora
sulfito de sodio
metabisulfito de potasio
substancia aceleradora
álcalis
sosa
bórax
potasa cáustica
carbonato de sodio o de potasio
substancia retardadora
bromuro de potasio

(V. **revelación)**

a. *inexpresivo*
soso
general
silencioso
callado
misterioso
secreto
reservado

revelamiento
(V. **revelación)**

revelandero
(V. **iluminado)**

(V. **revelador)**

revelar-se
s. **descubrir** (V.)
declarar (V.)
manifestar (V.)
contar
desvelar (V.)
comentar
parlar
decir (V.)
divulgar
propalar
pregonar
confiar
publicar (V.)
señalar
indicar
explicar (V.)
inspirar (V.)
acusar
testimoniar
teologizar
denunciar
avisar (V.)
desembuchar
berrear
desenmascarar
desentrañar
mostrar (V.)
enseñar
traducir

s. **aparecer** (V.)
traslucirse
exhibirse
exponerse
presentarse (V.)
asomarse
lucirse
evidenciarse
desabrochar
transparentarse
franquearse (V.)
abrirse
denunciarse

s. correr el velo
vaciar el saco
vaciar el costal
abrir el corazón
descubrir el secreto
confesar de plano
cantar de plano
irse de la lengua
irse del pico
soltar prenda
dar un cuarto al pregonero
tirar de la manta

s. revelar una fotografía

(V. **revelación)**

a. *ocultar*
callar
silenciar
secretear
encubrir
esconder
camuflar
limitar
ausentarse
desaparecer
evaporarse
cerrarse

revellín
(V. **fortificación)**

revenar
(V. **rebrotar)**

revendedor
s. zarracatín
intermediario (V.)
tercero
mediador
medianero
comisionista
traficante
especulador (V.)
oportunista
logrero
ventajista
distribuidor
comerciante (V.)
detallista
abarrera

(V. **reventa)**

a. *comprador*
adquirente

revender
s. **mediar** (V.)
vender (V.)
especular (V.)
trapichear
trajinar
distribuir
encarecer

(V. **reventa)**

a. *comprar*
adquirir

revenimiento
s. encogimiento
consunción (V.)

s. fermentación
avinagramiento (V.)
acidez
acedación
acidulación
reblandecimiento
agostamiento (V.)

s. retractación
cesión (V.)

s. **hundimiento** (V.) (mina)

a. *expansión*
estiramiento
reverdecimiento
retención

revenirse
s. **fermentarse** (V.)
picarse
emblandecerse
estropearse
agriarse (V.)
acidularse
acedarse
agrazar

s. **encogerse** (V.)
consumirse (V.)

s. retractarse
ceder (V.)
rectificar

s. **agostarse** (V.)
secarse

(V. **revenimiento)**

a. *extenderse*
expandirse
estirarse
mantenerse
florecer
reverdecer
lozanear

reventa
s. **mediación** (V.)
venta (V.) (al detall)
venta (al por menor)
comisión
trapicheo
tráfico
comercio (V.)
especulación
encarecimiento

a. *compra*
adquisición

reventadero
s. **paliza** (V.)
trabajo
tute
fatiga (V.)
cansancio
cansera
ajobo
matadero
ajetreo (V.)
molestia

s. escabrosidad
cuesta (V.)
dificultad
aprieto
incomodidad
reventón (V.)

a. *comodidad*
descanso
llanura

reventar-se
s. quebrarse
abrirse (V.)
resquebrajarse
romperse (V.)
estallar (V.)
triturarse
traquear
dar un estallido
dar un reventón
desmoronarse
explotar

s. crujir
detonar (V.)
estrumpir
crepitar
traquetear
deflagrar
volar (V.)
atronar

s. **brotar** (V.)
nacer
salir
saltar (V.)

s. ansiar
anhelar
codiciar (V.)
suspirar por
desear con vehemencia
destripar (V.)
deshacer
desbaratar (V.)
aplastar

s. **cansarse** (V.)
fatigarse
extenuarse (V.)
agotarse

s. **molestar** (V.)
encocorar
fastidiar
enfadar
chinchar
importunar (V.)

s. **dañarse** (V.)
perjudicarse

s. **morir** (V.)

(V. **reventón)**

a. *cerrarse*
juntarse
arreglarse
apagarse
frustrar
abortar
despreciar
rechazar
declinar
hacer
construir
descansar
agradar
placer
divertir
beneficiarse
vivir
sobrevivir

reventón
s. reventazón
explosión
bombazo
chupinazo
descarga
estruendo (V.)
voladura
rayo
cañonazo
detonación
deflagración
estampido
estallido (V.)
petardo
tronido
estrépito

s. cuesta
pendiente
reventadero (V.)

s. trabajo
fatiga (V.)
dificultad (V.)
aprieto
obstáculo
pejiguera

s. **avería** (V.)
pinchazo (V.)
rotura (V.)
clavel reventón
ojos reventones
dar un reventón

a. *silencio*
llano
llanura
descanso
comodidad
facilidad
arreglo
reparación

rever
(V. **revisar)**

reverberación
s. **reflejo** (V.)
soflama
resol (V.)
refracción (V.)
reverbero
iridescencia
llamarada
irisación
destello
tornasol
destello
luminosidad
irradiación
repercusión (V.)
espejeo (V.)
brillo

a. *opacidad*
obscuridad
absorción

reverberante
s. reflectante
brillante (V.)
reflector
espejeante
centelleante

(V. **reverberación)**

a. *opaco*
mate
deslustrado

reverberar
s. **reflejar** (V.)
destellar
brillar (V.)
repercutir (V.)
espejear
repercutir
reflectar
refractar
rechazar
centellear

(V. **reverberación)**

a. *ensombrecer*
obscurecer
absorber

reverbero
s. **espejo** (V.)
reflector

s. **farol** (V.)

s. **horno** (V.)
infiernillo
cocinilla

s. **reverberación** (V.)

reverdecer-se
s. revivir
renovarse (V.)
esponjarse
envigorecer
renacer
regenerar
remozarse
enverdecer
rejuvenecer (V.)
rehabilitar
lozanear (V.)
florecer

(V. **reverdecimiento)**

a. *abrasarse*
agostarse
amustiarse
envejecer
ajarse
secarse
aviejarse

reverdecimiento
(V. **renovación)**

(V. **rejuvenecimiento)**

reverencia
s. **devoción** (V.)
respetuosidad
respeto (V.)
veneración (V.)
consideración
pleitesía (V.)
acatamiento
prosternación
acato
sumisión
obediencia

s. **inclinación** (V.)
cabezada
sombrerazo
cortesía (V.)
genuflexión (V.)
gorrada
bonetazo
venia
salutación
mocha
gatatumba
ceremonia (V.)
zalema
cumplido
saludo (V.)

s. **tratamiento** (V.)

a. *desacato*
irreverencia
desobediencia
ofensa
insulto
grosería
desprecio

reverenciar
s. considerar
respetar (V.)
venerar (V.)
servir (V.)
acatar
someterse
obedecer
descubrirse
inclinarse
saludar (V.)
estrechar la mano
rendir honores
besar la mano
inclinar la rodilla
doblar el espinazo
doblar la cintura
doblar la rodilla

s. **honrar** (V.)
adorar
beatificar
idolatrar (V.)
rendir honores

s. **celebrar** (V.)
festejar
conmemorar

(V. **reverencia)**

a. *ofender*
insultar
desobedecer
rebelarse
despreciar
desacatar

reverente
s. **devoto** (V.)
piadoso (V.)
pío
temeroso
religioso

s. educado
deferente
atento
respetuoso (V.)
considerado
sumiso (V.)
obediente

(V. **reverencia)**

a. *irrespetuoso*
impío
grosero
irreverente
rebelde
insumiso
desobediente
desconsiderado

reversar
(V. **vomitar)**

(V. **repetir)** (sabores)

reversible
s. **cambiable** (V.)
versátil
variable
transformable (V.)
alterable
mudable

s. **curable** (V.)
recuperable

(V. **reversión)**

a. *irreversible*
fijo
invariable
incurable

reversión
s. **restitución** (V.)
devolución
vuelta
restablecimiento
reintegración

a. *mantenimiento*
fijeza
retención

reverso
(V. **revés)**

(V. **cruz)**

reverter
(V. **rebosar)**

revertir
s. **volver** (V.)
restituirse (V.)
reintegrarse
devolver
recaer
restablecerse

s. **resolverse** en (V.)
acabar en
resultar (V.)
traducirse en

s. **redundar** (V.)
repercutir

(V. **reversión)**

a. *retener*
conservar
detenerse
proseguir

revés
s. zaga
vuelta (V.)
dorso (V.)
reverso
espalda
inverso
envés (V.)
posterioridad
través
contra
contrario
viceversa
contrahaz
cruz (V.)
redopelo
redropelo
rodapelo
subversión
parte opuesta del otro lado

s. cachete
bofetada (V.)
cahetada
tortazo
puñetazo
golpe

s. **desgracia** (V.)
infortunio
accidente
desastre
contratiempo (V.)
percance
fracaso

s. cambio
cambiazo (V.)
transformación (V.)
vuelta
mudanza
revuelta

s. al revés
del revés
revés alto
al revés me las calcé

r. Al revés te lo digo para que me entiendas

a. *derecho*
haz
cara
anverso
caricia
suerte
éxito
triunfo
fijeza
constancia

revesa
s. **astucia** (V.)
camándula
camastra
zorrería (V.)

s. corriente
marea (V.)
escancana
resaca
estoa
repunte
macareo
pororoca

revesado
s. **complicado** (V.)
ininteligible
difícil (V.)
intrincado (V.)
enrevesado
obscuro
enredado
endiablado
peliagudo

s. **travieso** (V.)
pertinaz
enredador
revoltoso (V.)
indomable
indómito
insubordinado
desobediente
indócil

a. *fácil*
sencillo
obediente
dócil

revesar
s. arrojar
devolver
provocar
regurgitar
vomitar (V.)
lanzar
volver
desembuchar

(V. **revesa)**

a. *retener*
contenerse

revesino
s. **baraja** (V.)
juego (V.)

s. cabo
carambola
napolitana
mohíno

s. cortar el revesino

revestido
s. cubierto
vestido (V.)
encobertado
enlanado
embozado
arrebujado
encofrado
encorozado
tapado

s. **revocado** (V.)

s. engalanado
acicalado (V.)
recompuesto
emperejilado

s. envanecido
engreído (V.)
endiosado

s. **recubierto** (V.)
forrado

(V. **revestimiento)**

a. *descubierto*
abandonado
descuidado
humilde
sencillo

revestimiento
s. **recubrimiento** (V.)
revoco (V.)
capa (V.)
cubierta
envoltura
integumento
investidura
encalado (V.)
encostradura
encofrado (V.)
baño
costra
lubricación
cobertura
cobija
caparazón
tapadura
sobrecubierta
paramento
entalamadura
toba
rebujo
embozo
forro
funda
untadura
empegadura
cubrimiento
solapo (V.)

revestir-se
s. **recubrir** (V.)
encofrar (V.)
revocar
solar (V.)
retobar
encalar (V.)
enlucir
entapizar
empapelar
entoldar
almibarar
confitar
escarchar
embetunar
abetunar
encauchar
entamar
recamar
empergaminar
incrustar
abovedar

s. **engalanar** (V.)
empavesar
emperejilar
acicalar
recomponer
vestirse (V.)

s. **imbuirse** (V.)
dejarse llevar
asumir
acorazarse

s. envanecerse
engreírse (V.)
endiosarse
enorgullecerse
ensoberbecerse
infatuarse

s. revestirse de paciencia

(V. **revestimiento)**

a. *descubrirse*
desnudarse
desembozarse
humillarse

revezar
(V. **substituir)**

(V. **relevar)**

revisar
s. **examinar** (V.)
rever
repasar (V.)
inspeccionar (V.)
reconocer
observar
revistar
escrutar
estudiar
explorar
registrar
tantear
considerar

s. **verificar** (V.)
comprobar
fiscalizar
regular
corregir (V.)

(V. **revisión)**

a. *descuidar*
abandonar
desatender
despreocuparse

revisión
s. **examen** (V.)
repaso (V.)
inspección (V.)
observación
escrutamiento
escrutinio
escudriñadura
estudio
reflexión
exploración
registro
tanteo
consideración

s. verificación
comprobación
fiscalización
control
regulación

a. *descuido*
desinterés
indiferencia
abandono
despreocupación

revisor
s. **inspector** (V.)
veedor
reveedor
comprobador
examinador
controlador
fiscalizador
verificador
supervisor

(V. **revisión)**

revista
s. **desfile** (V.)
parada
formación (V.)
alarde
exhibición
carrera
muestra
reseña

(cont.)

s. **inspección** (V.)
examen (V.)
revisión
control
verificación
mirada (V.)
observación
requisa (V.)

s. **publicación** (V.)
semanario
magazine
hoja (V.)
boletín
órgano
tebeo
portavoz
periódico
figurín

s. **representación** (V.) (teatral)
baile
canto
música
variedades
pieza (teatral)
juguete
vodevil

s. revista de comisario
revista de inspección
revista militar
pasar revista

a. *descuido*
indiferencia

revistar
(V. **examinar**)
(V. **revisar**)
(V. **desfilar**)

revistero
(V. **reportero**)

revivificación
(V. **resurrección**)
(V. **reanimación**)

revivificar
s. **reavivar** (V.)
vivificar (V.)
reanimar
reconfortar
vigorizar
regenerar
volver a la vida
renacer a la vida
generar
multiplicarse
(V. **revivificación**)

a. *debilitar*
languidecer
marchitarse
decaer

revivir
s. **resucitar** (V.)
renacer (V.)
resurgir
revivificar
reanimar
renovarse (V.)
remozar
rejuvenecer (V.)
restablecerse
reencarnar
recuperarse

s. **recordar** (V.)
rememorar
invocar
evocar
reconstruir
recapitular

a. *decaer*
languidecer
marchitarse
morir
acabar
desaparecer
empeorar
olvidar

revocabilidad
(V. **revocación**)

revocable
s. **anulable** (V.)
rescindible
cancelable
prescriptible
derogable
(V. **revocabilidad**)

a. *irrevocable*
definitivo
fijo
imprescriptible

revocación
s. revocabilidad
anulación (V.)
cancelación
abrogación (V.)
derogación
abolición
invalidación
redhibición
casación
disolución
rescisión (V.)
cese
prohibición
retractación
contraorden
contraescritura
contracarta
desautorización
liberación
desmandamiento
desvirtuación
desdecimiento

s. **revocadura** (V.)

a. *persistencia*
vigencia
validez
ratificación
confirmación
aprobación
abandono

revocado
s. cubierto
revestido
enjalbegado (V.)
enlucido
estucado
enyesado
blanqueado
pintado

s. **anulado** (V.)
abrogado
derogado
invalidado
abolido
cancelado
rescindido
(V. **revoque**)
(V. **revocación**)

a. *deslucido*
sucio
vigente
reinante
corriente
resurgir

revocador
s. anulador
anulativo
revocativo
revocante
revocatorio
rescisorio
abolicionista
derogatorio (V.)
(V. **revocación**)

s. estucador
pintor
escayolista
enlucidor
encalador
albañil (V.)
(V. **revocadura**)

a. *vigente*

revocadura
s. enlucido
blanqueo
revoco
revoque
enlucimiento (V.)
encaladura
arreglo
compostura
lavado
pintura
estucado
enjabelgadura

a. *descuido*
incuria
abandono
deterioro

revocar
s. rescindir
anular (V.)
retractar
desdecirse (V.)
desautorizar
abrogar (V.)
cancelar
abolir (V.)
derogar
irritar
invalidar
reformar
abdicar (V.)
desvirtuar
neutralizar
disolver
quebrantar
dejar sin efecto
volverse atrás
cambiar de parecer
mudar de opinión

s. **disuadir** (V.)
desistir (V.)
retraer
apartar
desanimar
(V. **revocación**)

s. **pintar** (V.)
enlucir (V.)
estucar
enjalbegar
encalar
dar de llana
arreglar
(V. **revocadura**)

a. *confirmar*
ratificar
aprobar
promulgar
persistir
valer
abandonar
descuidar

revoco
(V. **revocadura**)
(V. **retroceso**)

revolcar-se
s. **tirar** (V.)
derribar
maltratar (V.)
pisotear
pisar
revolver

s. **derrotar** (V.)
confundir
ganar
aniquilar
triunfar
dar un baño

s. **humillar** (V.)
afrentar
ofender
mortificar
abochornar
bajar los humos
dar en la cresta
dar con la badila en los nudillos
dar un revolcón
dar un sofión

s. reprobar
suspender (V.)
catear
eliminar
dejar para septiembre
dar calabazas

s. **restregarse** (V.)
revolverse
frotarse
volquearse
ensuciarse
echarse (V.)
tirarse
retorcerse (V.)
rozarse

s. **obstinarse** (V.)
encastillarse
emperrarse
(V. **revolcón**)

a. *levantar*
acariciar
mimar
cuidar
preocuparse
someterse
ensalzar
apreciar
aprobar
pasar
limpiarse
alzarse

revolcón
s. revuelco
derribo (V.)
pisoteo
empujón
maltrato
restregón
meneo

s. **derrota** (V.)
confusión
aniquilación
triunfo

s. **humillación** (V.)
escarmiento
afrenta
mortificación
ofensa
bochorno

s. **suspenso** (V.)
cate
calabaza

s. dar un revolcón

a. *levantamiento*
caricia
cuido
mimo
sometimiento
ensalzamiento
aprobación
aprobado

revolotear
s. **volar** (V.)
volitar
alear
aletear
mariposear
batir (alas)
agitar (alas)
(V. **revoloteo**)

a. *descender*
bajar
aterrizar
posarse

revoloteo
s. **vuelo** (V.)
aleteo
mariposeo
agitación (V.)
revuelo

a. *descenso*
aterrizaje
bajada
sosiego

revoltijo
s. enredo
revuelto
revoltillo
confusión (V.)
mezcla (V.)
mezcolanza
batiburrillo
embrollo
caramillo
trampantojo
enmarañamiento
maraña
fárrago
surtido
matalotaje (V.)
popurrí
argamasa
frangollo
miscelánea
menestra
ensalada
tótum revolútum
ovillo (V.)
candinga
pote
rancho
mixtura
mixtifori
pisto
desorden (V.)
potaje
amasijo
tripas
trenza

a. *orden*
método
disposición
pureza
claridad

revoltillo
s. **revoltijo** (V.)
mezcla
miscelánea
refrito
fárrago
amasijo
batiburrillo
ensalada
mezcolanza
tótum revolútum

s. **fritada**
pisto
guiso (V.)

a. *sencillez*
elementalidad
pureza
unidad

revoltoso
s. **rebelde** (V.)
sedicioso
insurrecto
provocador (V.)
alborotador (V.)
perturbador
revolucionario
turbulento
sublevado
amotinador
levantador
amotinado
faccioso
agitador

s. **revuelto** (V.)
enredador (V.)
indisciplinado
inquieto
embrollador
perturbador
zarandillo
vivo
vivaracho
travieso (V.)
bullicioso
saltarín (V.)
retozón
tararira
tarabilla
manifacero
metomentodo
revesado (V.)
(V. **revolución**)

a. *pacífico*
tranquilo
sumiso
conservador
serio
formal
sosegado
quieto
discreto
moderado

revolución
s. sedición
rebeldía
agitación
sublevación (V.)
insurrección
amotinamiento
asonada
disturbio (V.)
revuelta (V.)
fronda
algarada
insubordinación
alteración
barricada
anarquía
subversión
levantamiento
rebelión
zaragata
izquierda (V.)
guerra civil
golpe de Estado
desorden (V.)
cataclismo (V.)

(cont.)

s. giro
rotación (V.)
movimiento giratorio (astr.)
vuelta (V.)
revuelta
molinete
borneo

s. **conmoción** (V.)
sacudida
trastorno (V.)
cambio (V.)
modificación
innovación
convulsión
transformación
novedad
renovación (V.)
transmutación
mutación
perturbación

a. *contrarrevolución*
paz
disciplina
obediencia
reacción
conservadurismo
tradicionalismo
tranquilidad
inmovilismo
evolución
proceso
bunker

revolucionar-se

s. **sublevar** (V.)
amotinar
alborotar
soliviantar
agitar (V.)
provocar (V.)
insurreccionar
levantar
rebelarse
revolverse
excitar (V.)
conspirar
conjurarse
convulsionar
perturbar
trastocar
echarse a la calle
levantarse en armas
echarlo todo a rodar
poner todo patas arriba
no haber orden ni concierto

s. **cambiar** (V.)
transformar
modificar
transmutar
adelantar
progresar
reformar (V.)

s. **girar** (V.)
dar vueltas

(V. **revolución**)

a. *obedecer*
disciplinar
someter
conservar
mantener
observar
evolucionar
inmovilizar
permanecer
atrasar
detenerse

revolucionario

s. **rebelde** (V.)
sedicioso
insurrecto
sublevado
amotinado
subversivo (V.)
inconformista
agitador (V.)
provocador (V.)
alborotador
revoltoso
turbulento (V.)
conjurado
conspirador
tumultuoso
incendiario
petrolero
levantisco
juntero
pistolero
terrorista
levantador (V.)
malcontento
anarquista
nihilista
comunista
extremista

s. innovador
avanzado
renovador (V.)
transformador
adelantado
reformador (V.)
nuevo (V.)
original (V.)
desusado
creador
inventor

(V. **revolución**)

a. *disciplinado*
obediente
sumiso
sometido
tranquilo
pacífico
conservador
retrógrado
reaccionario
carca
carcunda
tradicionalista
cavernícola
atrasado
inmovilista
evolucionista
viejo

revólver

(V. **pistola**)

revolver-se

s. **remover** (V.)
mover
agitar (V.)
menear
trasegar
batir (V.)
hurgar
zarandear
mezclar
bullir
andar en
trasfregar

s. **escarbar** (V.)
registrar
buscar
investigar (V.)
husmear
trastear
mirar
remirar

s. **desordenar** (V.)
conmocionar
mudar
desarreglar
desquiciar
papelear
trastornar (V.)
embrollar (V.)
enredar
cucharetear
complicar
convulsionar

s. reflexionar
imaginar
discurrir
cavilar (V.)
meditar
pensar

s. **excitar** (V.)
alterar
sublevar
alzar
perturbar
provocar (V.)
amotinar
revolucionar
indignar (V.)

s. indisponer
enemistar (V.)
distanciar

s. envolver
arrebujar
arropar
tapar
cubrir

s. **girar** (V.)
rotar
dar vueltas

s. nublarse
encapotarse
aborrascarse
cambiar (V.) (el tiempo)

s. **enfrentarse** (V.)
oponerse
encararse (V.)
reaccionar
resistir (V.)
acusar
atacar (V.)
quejarse
protestar (V.)

(V. **revolvimiento**)

a. *aquietar*
inmovilizar
sosegar
respetar
abstenerse
descuidar
ordenar
arreglar
someterse
obedecer
pacificar
arreglarse
acercarse
reconciliar
admitir
desenvolver
destapar

revoque

(V. **revocadura**)

revuelo

s. conmoción
perturbación
convulsión
desorden
revolución
tumulto
torbellino (V.)
alboroto
agitación (V.)
trastorno
turbación
inquietud
intranquilidad
revulsión
sacudida
subversión
descontento (V.)

s. **vuelo** (V.)
revoloteo
movimiento

a. *calma*
orden
tranquilidad
sosiego
rutina
quietud
inmovilismo

revuelta

s. alboroto
algarada
alteración
sedición
sublevación
agitación
motín
rebeldía
turbulencia
asonada
revolución (V.)
marimorena
riña (V.)
disputa
disensión

s. desvío
vuelta (V.)
cambio de dirección
mudanza
cambio
recoveco (V.)
esquina
recodo

a. *paz*
tranquilidad
acuerdo
recta

revuelto

s. **turbio** (V.)
mezclado (V.)
misceláneo (V.)
mixturado

s. **trastornado** (V.) (tiempo)
agitado
encapotado
aborrascado
cambiante
alterado
variable (V.)

s. **inquieto** (V.)
turbulento (V.)
travieso (V.)
revoltoso
tumultuoso

s. **excitado** (V.)
irritado
alborotado
conmocionado
trastornado
trastabillado
perturbado

s. **intrincado** (V.)
difícil (V.)
enrevesado
revesado
trastocado
abstruso

s. **desordenado** (V.)
desarreglado
descompuesto
modificado
cambiado
derribado

(V. **revolución**)

a. *claro*
posado
puro
sereno
apacible
bonancible
quieto
sentado
serio
comedido
circunspecto
fácil
pacífico
ordenado
arreglado
fijo

revulsión

(V. **congestión**)

(V. **inflamación**)

revulsivo

s. revulsorio
cáustico
vesicante
vejigatorio
agente
ventosa
cataplasma
cantáridas
planta (V.)

(V. **revulsión**)

rey

s. monarca
soberano (V.)
emperador
príncipe
káiser
césar
sultán
micado
mikado
jedive
sha
señor (V.)
majestad
regente
coya
margrave
emir
elector
faraón (V.)
negus
hospodar
inca
zar
reyezuelo

s. delfín
príncipe heredero
príncipe de Asturias
diadoco
infante
kronprinz
zarevitch
pretendiente

s. autoridad
dinastía (V.)
sucesión (V.)
regencia
interregno
cetro
corona
trono
solio
manto
púrpura
dalmática
diadema
palio
sello real
tabardo
palacio
real sitio

s. áulico
carolingio
borbónico
alfonsino
augusto
merovingio
austria
ungido
real
egregio
católico
cristianísimo
fidelísimo
regio
soberano

s. chambelán
gentilhombre
dama de honor
menina
palatino
camarero
camarista
azafata
grande
acemilero
senescal
gaudarnés
heraldo
montero
palafrenero
protomédico
protonotario
sumiller
ujier
dignatario
canciller
capellán
cortesano
privado
favorito
valido
guardia de corps
alabardero
armero
batidor
alférez
caballerizo
camarlengo
cerero
continuo
copero
contralor
guardajoyas
guardamujer
limosnero
maestro de ceremonias
mayordomo mayor
repostero
rey de armas
sobrestante
veedor

s. camarilla
corte
cuarto civil
cuarto militar
casa civil
casa militar
zaguanete
casa real
casa del rey
gabinete

s. recepción
audiencia
besamanos
lista civil

s. **reinar** (V.)
abdicar (V.)
empuñar el cetro
acceder al trono
ceñir la corona

s. rey de banda
rey de codornices
rey de los trigos
rey de los romanos
rey de gallos
Rey de Reyes
Reyes Magos
pedir rey
alzar rey
servir al rey
venderse al rey
ni quito ni pongo rey
ni rey ni roque
roscón de reyes
de tiempos del rey que rabió
tener un rey en el cuerpo

(cont.)

r. Donde está el rey, está la corte ■ No temer a rey ni a roque ■ A rey muerto, rey puesto ■ Allá van leyes, do quieren reyes

(V. **reino)**

(V. **reinado)**

a. *súbdito*
vasallo
ciudadano

reyerta

s. **brega** (V.)
bronca
pelea
pendencia
altercado
cuestión
trifulca
disputa
sarracina
zurribanda
zaragata
pelotera
zipizape
cisco
trapatiesta
escándalo
discusión
escaramuza
riña (V.)
pelotera
refierta
agarrada
tope

a. *paz*
concordia
calma

reyezuelo

s. **rey** V.)

s. **pájaro** (V.)
avica
ruin
castañeta
cerrajerillo
epecha

rezaga

(V. **retaguardia)**

rezagado

s. calmoso
lento (V.)
tardo
cachazudo
culero
negligente
atrasado (V.)
zaguero
último
postrero
distanciado (V.)
apartado
remolón
pesado
pánfilo
retardado
tardío
flemático

(V. **rezaga)**

(V. **rezago)**

a. *rápido*
vivo
activo
diligente
presto

rezagar-se

s. remolonear
retrasar (V.)
retardar
atrasarse
demorar
dejar atrás
tardar

s. suspender
aplazar (V.)
olvidar
abandonar
diferir

s. apartar
separar (V.)
excluir
echar fuera
quedarse atrás
dejar fuera
perder terreno

(V. **rezaga)**

(V. **rezago)**

a. *adelantar-se*
avanzar
proseguir
continuar
juntar

rezago

(V. **retraso)**

(V. **residuo)**

(V. **retaguardia)**

rezar

s. **orar** (V.)
invocar
rogar (V.)
adorar
impetrar
implorar
pedir (V.)
suplicar
meditar
recogerse
devotar
hablar con Dios
invocar a Dios
hacer estaciones
hacer las estaciones
oír Misa
hacer la recomendación del alma
desgranar el Rosario
leer el Oficio Divino

s. **recitar** (V.)

s. **gruñir** (V.)
refunfuñar
rezongar
murmurar
protestar
mascullar
hablar entre dientes
decir
renegar (V.)
eso no reza conmigo

s. **referirse** (V.)
aplicarse

r. Bien reza, pero mal ofrece ■ Como rezas medres

(V. **rezo)**

a. *callar*
blasfemar
maldecir
admitir
acoger

rezno

s. **larva** (V.)
rosón
estro
moscardón (V.)

s. **ricino** (V.)

rezo, s

s. plegaria
invocación
impetración
adoración
ruego
súplica (V.)
deprecación
petición
voto
preces (V.)
devoción (V.)
zala
imploración
rogativa (V.)
salmo
salmodia
canto religioso
sacrificio
ofrenda
penitencia
vida espiritual
piedad
unción
religión
devoción
misa (V.)
oración (V.)
culto (V.)
gracias
zalá
zabazala
azalá
barahá
acción de gracias
acto de contricción
antífona
angelus
dies irae
jaculatoria
señor mío Jesucristo
padrenuestro
credo
pater nóster
avemaría
gloria
confíteor
letanía (V.)
rosario (V.)
ensalmo
alabado
aleluya
bendito
estación
fervorín
maitines (V.)
hora santa

s. responso
sufragio
tedéum
exequias
decenario
quinario
triduo
trisagio
vía crucis
oficio divino (V.)
responsorio
novena (V.)
funeral
honras fúnebres
horas
novenario
salmo
sabatina
vigilia
visita de altares
amén

s. **devocionario** (V.)
breviario
eucologio
libro de misa
epacta
añalejo
burrillo
marial

s. almuecín
almuédano
muecín
imán

a. *blasfemia*
maldición
ateísmo
impiedad

rezón

(V. **ancla)**

rezongador

(V. **rezongón)**

rezongar

s. **renegar** (V.)
protestar
refunfuñar
gruñir (V.)
murmurar
mascujar
mascullar
bufar
rumiar
verraquear
retobar
susurrar
hablar entre dientes
hablar quedo
rutar

a. *aceptar*
conformar-se
callar
admitir
aprobar
bromear

rezongo

s. **reniego** (V.)
murmuración
refunfuño
protesta
mascullamiento
gruñido (V.)
regaño
queja
lamento
reproche

a. *agrado*
aceptación
discreción
conformidad
aprobación

rezongón

s. **gruñón** (V.)
refunfuñador
mascullador
protestón
retobador
rezongador
rezonglón
rutón
carrañón
refunfuñón
renegón

(V. **rezongo)**

a. *callado*
sumiso
amable

rezumadero

s. sudadero
destilador
filtro
gotera
filtrador
coladero
escurridor

rezumar-se

s. **exudar** (V.)
filtrarse (V.)
sudar (V.)
resudar (V.)
calar
recalarse
infiltrarse
transpirar (V.)
escurrirse (V.)
gotear
trasvinarse
deslizarse
perder
transpirar
trasminar
extravenarse
llorar (V.)
destilar (V.)
manar (V.)
pasarse
salirse (V.)
trasmanar
trazumarse

s. **traslucirse** (V.)
notarse (V.)
traducirse
advertirse
transparentarse
adivinarse

a. *secarse*
estancarse
absorber
ocultarse

rhum

(V. **ron)**

ría

s. río
desembocadura (V.)
estuario
boca
desagüe
fiordo
entrada
embocadura

a. *nacimiento*
manantial
origen

riachuelo

s. **río** (V.)
arroyo (V.)
arroyuelo
riacho
regato
reguero
reguera
riatillo
afluente
subafluente
regajo
brazo de río

riada

s. **crecida** (V.)
avenida (V.)
torrentera
anegación
diluvio
aluvión
arriada
arroyada
aguada
rambla
ramblazo
correntía
inundación (V.)
ejarbe
macareo
desbordamiento
anegamiento

a. *sequía*

riba

(V. **orilla)**

(V. **ribazo)**

ribaldería

(V. **granujada)**

ribaldo

s. bribón
bellaco
pícaro (V.)
rufián
baratero
chulo
ruin
villano

(V. **ribaldería)**

a. *cándido*
bueno
inocente

ribazo

s. declive
talud
terraplén
pendiente (V.)
riba
zopetero
cembo
ripa

a. *llano*
llanura

ribera

s. **crilla** (V.)
margen
borde
riba
ribacera
zopetero
ribazo
ribazón
ribero
camino de sirga

s. costa
cantil
acantilado
litoral
rompeolas
rompiente
batiente
frontón
declive
contracosta
balsadero
balsadera
playa (V.)
playón
playazo
playuela
grao
arenal (V.)
estuario
estero
marea
estero
ensenada (V.)
marisma
albufera
playa baja
bajío

s. huerto
huerta (V.)
cigarral
vergel
vega

s. maestro de ribera
carpintero de ribera
codo de ribera
andar de ribera
en ribera
volar la ribera

ribereño

s. **costero** (V.)
costanero
costeño
litoral
marginal
marino
marítimo
riberano
riberiego

(V. **ribera)**

a. *interior*

ribete
s. galón
cinta (V.)
greca (V.)
borde
franja
orla
filo
orilla
orillo
reborde
filete
biés
vivo
farpa
festón
fleco
encaje
entredós
hirma
remate
s. **refuerzo** (V.)
acrecentamiento
aumento
añadidura (V.)
s. **indicio** (V.)
conjetura
atisbos (V.)
asomos
sospecha

ribetear
s. **orlar** (V.)
bordear
festonear
galonear
rematar
adornar
cercar
cabecear
(V. **ribete**)

ricacho
(V. **rico**)

ricachón
(V. **ricacho**)

ricino
s. higuerilla
crotón
higuereta
palmacristi
cherva
querva
rezno
higuera del infierno
higuera infernal
carapato
planta (V.)
aceite de ricino

rico
s. **lujoso** (V.)
noble
linajudo
pudiente (V.)
adinerado
acaudalado
ricachón
indiano
enriquecido
ricacho
ricote
opulento
acomodado
poderoso (V.)
sobrado
millonario
multimillonario
dineroso
nabab
creso
latifundista
fúcar
mecenas
capitalista
plutócrata
burgués
holgado
rentista
granido
lauto
godeño
godizo
amillonado
s. **abundante** (V.)
copioso
valioso (V.)
fértil
abundado
caudaloso
feraz
florido
próspero (V.)
fecundo
pingüe
exuberante
exúbero
ubérrimo
frondoso
floreciente
fastuoso
magnífico
ulmen
s. gustoso
sabroso (V.)
agradable
apetitoso (V.)
exquisito (V.)
excelente
delicado
regalado
de chuparse los dedos
s. simpático
querido (V.)
cariño
(V. **riqueza**)
a. *pobre*
menesteroso
miserable
arruinado
escaso
desagradable
insípido
repugnante
antipático
odiado

ricohombre
s. **noble** (V.)
hidalgo
caballero
aristócrata
gentilhombre
a. *villano*
plebeyo

rictus
s. **contracción** (V.)
crispamiento
contorsión
gesto (V.)
espasmo

ricura
(V. **exquisitez**)
(V. **preciosidad**)

ridiculez
s. fantasía
ridículo
risibilidad (V.)
irrisión (V.)
bufonada
adefesio
mamarrachada
histrionismo
(V.)
torpeza
vanistorio
plancha (V.)
burla (V.)
escarnio
visión
comicidad
payasada (V.)
arlequinada
patarata
cursilería
caricatura
jerigonza
broma
especiota
excentricidad
disparate
parodia
chuscada
extravagancia (V.)
papelón (V.)
s. pizca
pequeñez (V.)
nimiedad
mezquindad
insignificancia
escasez
a. *seriedad*
sencillez
elegancia
importancia

ridiculización
s. escarnio
burla (V.)
sátira
caricatura
zaherimiento
mofa
befa
desaire
desprecio (V.)
menosprecio
irrisión
garambainas
mamarrachada
solfa
(V. **ridiculez**)
a. *alabanza*
elogio
honra
glorificación
consideración
aprecio
estima

ridiculizar-se
s. **avergonzar** (V.)
mofarse
zaherir
burlarse (V.)
reírse (V.)
caricaturizar
parodiar
chancearse
satirizar (V.)
embromar
remedar (V.)
escarnecer
bufonizar
tomar el pelo
poner en berlina
poner en ridículo
hacer el ridículo
hacer el oso
poner en solfa
hacer figuritas
ser el hazmerreír
hacer el payaso
hacer el tonto
servir de irrisión
hacer el paso
(V. **ridiculez**)
a. *alabar*
ensalzar
admirar
apreciar

ridículo
s. absurdo
grotesco (V.)
risible (V.)
tragicómico
chusco
estrafalario
fachoso
fachendoso
esperpento (V.)
macarrónico
irrisible
caricaturesco
despachurrado
hazmerreír
adefesio (V.)
espantajo
carnavalesco
mamarracho (V.)
estafermo
visión
cursi
tipejo
solfa
figurón
títere
raro (V.)
facha
cachivache
calandrajo
moharracho
histrión
ñaque
necio
bufo (V.)
bufón
extravagante (V.)
chocarrero
desagradable
antiestético
deforme
peripatético (V.)
grosero
tosco
superferolítico
estrambótico
irrisorio (V.)
original (V.)
raro
rancio
bicho
ente
fantoche
figura
figurón
arlequín
payaso
cachivache
monigote
cómico (V.)
gracioso
divertido
célebre
desairado (V.)
despreciable (V.)
carriel
s. **escaso** (V.)
mezquino
corto
pobre
trivial
menudo
pequeño
insignificante (V.)
nimio
exiguo
insuficiente
limitado
menguado
diminuto
minúsculo
s. **melindroso** (V.)
puntilloso
reparón (V.)
meticuloso
quisquilloso
finolis
delicado
hacer el ridículo
poner en ridículo
en ridículo
quedar en ridículo
r. De lo sublime a lo ridículo no hay más que un paso
(V. **ridiculez**)
a. *serio*
grave
elegante
sencillo
importante
abundante
abandonado
indiferente

riego
s. regadura
irrigación (V.)
abstersión
aspersión
sorriego
rociamiento (V.)
baldeo
inundación
correntía
jarique
alema
humedecimiento
ducha
empapamiento
remojo
remojón (V.)
impregnación
salpicadura
aguacibera
almoceda
dúa
tandeo
tanda
s. **embalse** (V.)
canalización
traída
balsa
estanque
arca de agua
depósito
acequia
canal (V.)
regata
reguera (V.)
zanja
surco
presa
azud
tepe
alcorque
socava
aceña
bomba
noria (V.)
regadera
manga
manguera
s. regar
a. *secado*
desecado
sequía

riel
s. raíl
vía
corredera
carril
encachado
entrevía
ferrocarril (V.)
s. **barra** (V.)
barrita
viga
estrígil

rielar
s. lucir
reflejar
cabrillear (V.)
coruscar
titilar
destellar
fucilar (V.)
rebrillar
resplandecer
relucir
espejear
rutilar
fulgurar
irisar
chispear
brillar (V.)
s. **temblar** (V.)
estremecerse
a. *apagarse*
aquietarse

rienda
s. correa
cabo
cincha
correaje
guarnición (V.)
brida (V.)
bozal
cabestro
sobrerrienda
bozo
bridón
cabezón
camal
falsarrienda
ramal
ramalillo
guías
diestro
ronzal
freno
cucarda
dogal
tirante
s. **contención** (V.)
moderación
continencia
temperancia
morigeración
prudencia
freno (V.)
s. **dirección** (V.)
gobierno
conducción
dominio
mando
autoridad
tutela
guía
s. aflojar las riendas
a rienda suelta
obedecer las riendas
soltar la rienda
tener las riendas
tirar de la rienda
volver riendas
dar rienda suelta
correr a rienda suelta
a toda rienda
empuñar las riendas
ganar las riendas
llevar las riendas
a. *inmoderación*
intemperancia
imprudencia
desmesura
libertad
libertinaje
anarquía

riente
s. **alegre** (V.)
reidor
radiante
risueño (V.)
gozoso (V.)
jubiloso
regocijado
hilarante
alborozado
exultante
jovial

(V. **risa**)

a. *triste*
sombrío
pesimista

riesgo
s. **peligro** (V.)
contingencia
arrisco
exposición
inseguridad
albur
ocasión
ventura (V.)
aventura (V.)
trance
vaivén
borrasca
azar (V.)
dificultad (V.)
escollo (V.)
lance
inminencia
avispero
despeñadero
conflicto
apuro
alarma
acaso
ensayo
compromiso (V.)
evento
eventualidad
propensión
posibilidad
probabilidad
a riesgo y ventura
correr un riesgo
seguro a todo riesgo
a riesgo

a. *seguridad*
certeza
confianza
impunidad

riesgoso
s. aventurado
arriesgado (V.)
inseguro
aventurado
expuesto
comprometido
borrascoso
inminente
eventual
apurado
paretado
temible
resbaladizo
propenso
contingente
desigual
obscuro
peligroso (V.)

(V. **riesgo**)

a. *seguro*
impune
cierto

rifa
s. **riña** (V.)
enemistad
hostilidad

s. sorteo
tómbola
lotería (V.)
kermesse
juego
azar
suerte
fortuna

s. premio
billete
décimo
número
papeleta
bombo

a. *amistad*
paz

rifar-se
s. regalar
sortear (V.)
echar
jugar
echar a suertes
echar a la lotería
hacer quinielas

s. contender
pelearse
enemistarse
reñir (V.)
disputarse

(V. **rifa**)

a. *pacificar-se*
amigarse
dejar

rifarrafa
(V. **vendedora**)

(V. **cantinera**)

rifirrafe
(V. **bulla**)

(V. **gresca**)

rifle
(V. **fusil**)

rigidez
s. **tirantez** (V.)
tiesura
endurecimiento
inflexibilidad (V.)
rezura
envaramiento
tensión (V.)
erección
dureza (V.)
solidez
agarrotamiento (V.)
firmeza
consistencia
anquilosamiento
esclerosis
tortícolis
tétanos
trismo
turgencia
reciura
tenacidad
resistencia
fortaleza
aterimiento
entumecimiento
paralización
pasmo
premiosidad (V.)

s. **severidad** (V.)
rigurosidad
austeridad
intransigencia
rigorismo
estrictiquez
exactitud (V.)
intolerancia
temple
incomprensión
inexpresividad
frialdad (V.)
disciplina
rigor (V.)

a. *blandura*
ductilidad
flexibilidad
inconsistencia
debilidad
desentumecimiento
benevolencia
comprensión
dulzura
tolerancia
inexactitud
expresividad
calor
indisciplina

rígido
s. envarado
inflexible (V.)
tirante
tenso
teso
eréctil
duro (V.)
recio
endurecido
acorchado
indurado
anquilosado
calloso
diamantino
pétreo
tirante
agarrotado (V.)
inquebrantable
entumecido (V.)
correoso
entumido
tieso (V.)
erecto (V.)
frío
consistente
esclerótico
firme
fuerte
aterido (V.)
erguido (V.)
espástico
híspido
hirsuto
inmóvil (V.)
yerto (V.)
pasmado
paralizado

s. **inexpresivo** (V.)
estricto
riguroso (V.)
severo (V.)
austero (V.)
intolerante
intransigente
inflexible
disciplinado
inexorable
inconmovible
ejemplar
frío
justo
exacto (V.)
ecuánime
tenaz
exigente (V.)
puritano (V.)
de manga estrecha

(V. **rigidez**)

a. *blando*
flexible
dúctil
maleable
flojo
débil
comprensivo
benigno
generoso
acomodaticio
expresivo
general
lato
indisciplinado
tolerante
anárquico
caluroso
inexacto
libre

rigor
s. brusquedad
severidad (V.)
escrupulosidad
energía
rigurosidad
estrictez
rigorismo
estrechez
energía
reciura
rigidez (V.)
austeridad (V.)

s. **aspereza** (V.)
dureza (V.)
intolerancia (V.)
acrimonia
inflexibilidad
acritud
despecho (V.)
crueldad
coraje

s. **intensidad** (V.)
intensión
vehemencia

s precisión
propiedad (V.)
exactitud (V.)
exigencia
pureza
puridad

s. **inflexibilidad** (V.)
anquilosamiento
endurecimiento
rigidez
tiesura (V.)
agarrotamiento
parálisis

s. **inclemencia** (V.)
crudeza
reciura
temperaturas extremas
frío intenso
calor abrasador

s. en rigor
ser de rigor
ser el rigor de las desdichas
hablar con rigor
de rigor

a. *blandura*
benevolencia
flexibilidad
impropiedad
suavidad
generosidad
tolerancia
bonanza

rigorismo
s. **formalismo** (V.)
rigurosidad
inflexibilidad
severidad
austeridad
puritanismo
intransigencia
intolerancia
estrictez
crudeza
dureza
inexorabilidad
incomprensión
academicismo (V.)
rigor (V.)
exageración

a. *suavidad*
blandura
transigencia
comprensión
mesura

rigurosidad
(V. **rigor**)

riguroso
s. rigoroso
inexorable
severo (V.)
inflexible (V.)
estricto (V.)
cruel
penoso (V.)
extremado
austero (V.)
duro (V.)
rudo
recio (V.)
sólido
intolerante
puritano (V.)
enérgico
implacable (V.)
férreo
roqueño
diamantino
firme (V.)
consistente
tieso
roblizo
disciplinado (V.)
ordenancista (V.)
inconmovible
insobornable
intransigente
rígido (V.)
crudo
acre

s. **preciso** (V.)
exacto
cabal
fiel
justo
ajustado
detallado
perfilado

s. **minucioso** (V.)
nimio
puntilloso
escrupuloso (V.)
meticuloso
matemático (V.)
cuidadoso

s. **inclemente** (V.)
extremado (V.)
extremoso
brusco
cambiante
variable
glacial
desapacible
helador
gélido
tórrido
abrasador
intenso
frígido
crudo
helado

(V. **rigurosidad**)

a. *blando*
suave
flexible
generoso
dúctil
agradable
mesurado
discreto
tolerante
benévolo
débil
inconsistente
flojo
transigente
desobediente
indisciplinado
inexacto
vagoroso
impreciso
infiel
injusto
negligente
descuidado
indiferente
abúlico
clemente
bonancible
templado
medio
fijo
apacible
dulce

rija
s. pendencia
alboroto
escándalo
trifulca
gresca
bronca
zaragata
riña (V.)
jaleo

s. **fístula** (V.)
lágrima (V.)

a. *paz*
armonía
tranquilidad

rijador
(V. **rijoso**)

rijo
(V. **lujuria**)

rijosidad
(V. **lujuria**)

rijoso
s. **pendenciero** (V.)
susceptible (V.)
alborotador
escandaloso
rencilloso
contendiente

s. rijador
lujurioso (V.)
sensual
lascivo
libidinoso
carnal
voluptuoso
concupiscente
cachondo
inquieto
baboso (V.)
salido

(V. **rijosidad**)

a. *pacífico*
templado
casto
reprimido
frío
continente
abstinente
virginal

rilar
(V. **tiritar**)
(V. **temblar**)

rima
s. consonancia
asonancia (V.)
consonante
ritmo (V.)
verso (V.)

s. acopio
montón
pila
rimero (V.)

a. *prosa*
escasez

rimar
s. **versificar** (V.)
consonar
aconsonantar
asonantar
armonizar
concordar (V.)
pegar

s. no rimar
(V. **rima**)

rimbombancia
s. **rimbombo** (V.)
retumbancia
altisonancia
resonancia

s. **ostentación** (V.)
afectación
jactancia
pavoneo
fastuosidad
boato
hinchazón
exageración
ampulosidad
fatuidad
finchamiento
solemnidad (V.)
aparato(sidad)
grandilocuencia (V.)

a. *silencio*
discreción
sencillez
moderación
humildad
naturalidad

rimbombante
s. fragoroso
estruendoso
resonante (V.)
retumbante
atronador
estrepitoso
altisonante
altísono
campanudo

s. **afectado**
teatral
empampirolado
exagerado
grandilocuente (V.)
ampuloso
fastuoso
ostentoso (V.)
fatuo
finchado
exorbitante
petulante
blasonante
aparatoso (V.)
llamativo
jactancioso
hueco
hinchado
solemne (V.)

(V. **rimbombancia**)

a. *callado*
silencioso
discreto
sencillo
corriente
llano
humilde
mesurado
natural

rimbombar
s. atronar
altisonar
retumbar (V.)
rebombar
resonar (V.)
repercutir (V.)

s. **ostentar** (V.)
presumir
pavonearse (V.)
envanecerse
exagerar
jactarse

(V. **rimbombancia**)

a. *silenciar*
callar
apagar
moderar

rimbombo
s. **resonancia** (V.)
rimbombe
retumbo
repercusión (V.)
eco (V.)
resonancia
altísono
resonación
rimbombancia (V.)

a. *silencio*
calma
paz
sosiego

rimero
s. amontonamiento
montón (V.)
caterva
pila
cúmulo
rima
mogote
pilada
acervo
ñaque
porrada
tonga
alto
telera
hacina
raudal

a. *escasez*
poquedad

rimmel
(V. **afeite**)

rincón
s. recodo
sucucho
rinconera (V.)
esquina (V.)
esquinazo
recoveco
entrante
ángulo
zigzag
cornijón
cornijal
ancón
socucho
ostugo
codo
quicio (V.)
comisura
canto
torno
cantón
chaflán
arista
rinconada

s. **escondite** (V.)
escondrijo

s. **casa** (V.)
habitación
domicilio
cuartucho (V.)
escondrijo
madriguera
chiribitil
nido

s. resto
residuo (V.)
remanente
sobrante

s. muebles de rincón
meterse en su rincón

rinconada
(V. **rincón**)

rinconera
s. cantonera
estante (V.)
rincón (V.)
repisa
vasar
balda
mensula
mensulilla
anaquel
soporte

ring
(V. **cuadrilátero**)
(V. **boxeo**)

ringla
(V. **ringlera**)

ringlera
s. hilera
fila (V.)
ringla
ringle
renglera
rosario
hilada
ristra
riestra
sarta
serie (V.)
cola
línea
ringlero
liño
sucesión
formación
cadena
columna

a. *interrupción*
discontinuidad

ringorrangos
s. extravagancia
exceso
arrequives (V.)
superfluidad (V.)
adorno

s. **trazo** (V.)
(exagerado)
escritura

a. *necesidad*
utilidad
sobriedad
austeridad

rinoceronte
s. unicornio
abada
bada
paquidermo (V.)

rinoplastia
(V. **cirugía**)
(V. **naríz**)

riña
s. **incidente** (V.)
alboroto (V.)
trifulca
gresca (V.)
greña (V.)
bronca (V.)
rencilla (V.)
cuestión
contienda
zafarrancho
pelea (V.)
pugna
repique
desafío
camorra (V.)
trapatiesta
confusión
gazapera
mazagatos
lucha (V.)
zalagarda
bolina
zipizape
algarada
combate
borrasca
batalla
confusión
chamusquina
desorden
encuentro
jarana
fullona
jollín
repelo
revuelta (V.)
quimera (V.)
lid
tremolina
zurribanda
tormenta
tasquera
altercado
pelotera
peleona
arrancasiega
agarrada (V.)
discusión (V.)
escarapela (V.)
encuentro
pleito (V.)
querella (V.)
porfía (V.)
petera
pelazga
reyerta (V.)
rifa (V.)
redopelo (V.)
brega
zurra
lance (V.)
tropiezo
bronquina
competencia
tope
ataque
fullona (V.)
rabieta
rebate
sanfrancia
rompimiento (V.)
rija
disgusto
ruptura
zacapela
zafarrancho
tasquera
trapisonda
zalagarda (V.)
zaragata
réspice
repulsa
reprensión (V.)
regañina
rapapolvo
regaño (V.)
sarracina (V.)
reconvención
disputa (V.)
escaramuza
forcejeo (V.)
batalla
liza
pugilato
refriega (V.)
acontecimiento
hostilidad
rivalidad
conflicto
marimorena
controversia
altercado
escándalo (V.)
cisco
tomate
cacao
bulla
cachetina
caramillo
pleito
polémica
peleona
porfía (V.)
rencilla
quimera (V.)
choque
danza
repasata
repelo (V.)
repique
desafío
escarapela
escurribanda
follisca
pelotera
pendencia (V.)
guerra (V.)
lance (V.)
jaleo (V.)
mitote
pitote
patasca
paloteado
petrera
pelamesa
repunta
rifirrafe
suiza
tambarimba

a. *paz*
pacificación
acuerdo
amistad
conformidad
sosiego
tranquilidad
entendimiento
concordia

riñón
s. ren
rene
riñonada
lomo
región lumbar

s. cápsula
atrabiliaria
cápsula renal
cápsula
suprarrenal
glándula
suprarrenal
uréter
pelvis
emulgente
pirámides
renales
sustancia
cortical
arteria renal
vena renal
grasa
papila renal
cáliz
columna de Bertin
arteria y vena interlobular
área cribiforme
zona medular
glomérulo
tubos colectores

s. **orina** (V.)
renina
eritropoyetina

s. lumbago
pielitis
cólico nefrítico
nefritis
cálculo
piedra
litiasis (V.)
uremia
nefrosis
riñón flotante
mal de Bright

s. riñón artificial

s. **cogollo** (V.)
corazón
centro
interior
núcleo
fundamento (V.)

s. **intradós** (V.)
bóveda (V.)
arco (V.)

s. costar algo un riñón
pegarse una comida al riñón
tener el riñón bien cubierto
tener riñones
riñones de conejo

a. *complemento*
trivialidad
insignificancia

río
s. **corriente** (V.)
agua
guad
riachuelo
torrente
roza
rivera
cañada
arroyo
ría
regato
reguero
arroyada
arroyuelo
clamor
rambla
zubia
rabión
fragüin
regajo
vía fluvial
afluente

(cont.)

s. brazo
barra
arenal
alfaque
borde
boca
estuario
desembocadura
delta
fuente
origen
manantial
nacimiento
madre
angostura
cauce
margen
orilla
canal
estero
fondo
meandro
raudal
recodo
curva
remanso
remolino (V.)
ribera
restaño
vado
cabecera
cancha
cuenca
cañón
cadozo
foz
hoz
hocino
horcajo
horqueta
huerta
valle (V.)
vega
isla
pozo
sable
sotillo
arboleda
soto
cascada
catarata
rápido
caudal
chorrera
contracorriente

s. caudaloso
creciente
crecido
correntoso
afluente
alto
seco
subafluente
vadeable
invadeable
encajonado
tributario
torrencial

s. avenida
crecida
estiaje
desbordamiento
inundación
sequía
riada
pororoca
ejarbe
huaico
menguante
retirada
légamo
horrura

s. balsa
almadía
pontón

s. puente
andarivel
pasadera
sondaleza

s. correr
verter
afluir
confluir
arrollar
bañar
desaguar
desbordarse
crecer
desembocar
encajonarse
hincharse
menguar
pasar
perderse
descargar

s. **abundancia** (V.)
profusión
caudal
afluencia
raudal
plétora

s. a río revuelto

s. apear el río
vadear un río

r. A río revuelto, ganancia de pescadores ■ Pescar en río revuelto ■ Cuando el río suena, agua lleva ■ No llegar la sangre al río ■ No crece el río con agua limpia ■ Bañarse en el río Jordán ■ Donde va más hondo el río, hace menos ruido ■ Río y camino, malos vecinos ■ Ni río por vecino, ni viña junto a camino ■ Tierra de gran río, gente de mucho brío

s. hidrografía
geografía (V.)

a. *escasez*
falta
ausencia
pobreza

riostra

s. **travesaño** (V.)
pieza
jabalcón
refuerzo (V.)
cuarterón

s. riostrar

ripa

(V. **orilla**)

(V. **ribazo**)

ripio

s. **residuo** (V.)
escombros
sobras
fragmentos
escoria
chatarra
desperdicio (V.)

s. **superfluidad** (V.)
palabrería
hojarasca (V.)
broza

s. astilla
cascote
cascajo (V.)
doladura
esquirla
partícula
rancajo

s. dar ripio a la mano
no perder ripio
meter ripio

a. *esencia*
base
importancia
fundamento

riqueza

s. **enriquecimiento**
abundancia (V.)
tesoro
prosperidad (V.)
fortuna
patrimonio
pertenencia (V.)
bienestar
opulencia (V.)
plétora
profusión
fertilidad
colmo
bienes
demasía
renta (V.)
infinidad
dinero (V.)
trigo (V.)
caudal (V.)
holgura
hacienda
medios
posibilidad (V.)
posibles
emporio
oro
plata
platal
Potosí
Jauja
India
atesoramiento

s. **lujo** (V.)
exuberancia
generosidad
esplendor (V.)
largueza
saciedad
esplendidez
derroche
llenura
cualidades
atributos (V.)
dotes
virtudes

s. la riqueza hace el linaje
riqueza imponible

r. Riqueza, trabajosa de ganar y penosa de dejar ■ La riqueza por poco empieza ■ Al rico le viene más riqueza y al pobre más pobreza

a. *miseria*
pobreza
escasez
falta
necesidad
humildad
cicatería

risa

s. risada
risotada
risita
risilla
risica
risoteo
riso
hilaridad
regocijo (V.)
alegría (V.)
jolgorio
sonrisa
sonriso
cosquilleo
carcajada (V.)
carcajeo
risibilidad
rictus
mueca
flujo de reír
desternillarse de risa
cara de risa
boca de risa
risa falsa
risa contagiosa
risa de conejo
mondarse de risa
caerse de risa
comerse la risa
descoyuntarse de risa
reventar de risa
morirse de risa
hacer risas
tomar a risa
llorar de risa

r. De la risa al duelo, un pelo

s. pasar de la risa al llanto
mearse de risa
risa sardónica
risa sarcástica
risa de conejo
risa falsa

a. *seriedad*
gravedad
llanto
lágrimas

risca

(V. **risco**)

risco

s. **aspereza** (V.)
risca
peña
peñasco (V.)
cerro
picacho
escarpadura
acantilado
tormo
tolmo
farellón
castro
roca
morro
llambría
faya
roquedo
berrueco
quebradura
jorfe
despeñadero
molejón
mogote

a. *llanura*

riscoso

s. escarpado
escabroso
arriscado
roqueño
rocoso (V.)
peñascoso
enriscado
rupestre
abrupto

(V. **risco**)

a. *llano*
suave

risibilidad

s. **ridiculez** (V.)
hilaridad
jocosidad (V.)
alegría
irrisión (V.)
diversión
chiste
burla (V.)
chacota
broma
extravagancia
sátira
histrionismo
humorismo
pujo
parodia
socarronería
bufonada
donaire
caricatura
farsa
ironía
gracia
cosquilleo

(V. **risa**)

a. *seriedad*
gravedad
tristeza
llanto

risible

s. **divertido** (V.)
alegre
jocoso
cómico
ridículo (V.)
irrisorio (V.)
festivo
irrisible
chocarrero
gracioso
burlesco
chistoso
caricaturesco
irónico
hilarante
extravagante
reíble

(V. **risibilidad**)

a. *serio*
grave
solemne

risión

(V. **irrisión**)

risotada

(V. **carcajada**)

ríspido

s. **arisco** (V.)
desabrido
brusco (V.)
rudo
riguroso
austero
rígido
malhumorado (V.)

a. *amable*
agradable
suave
bienhumorado

ristra

s. ringlera
fila
serie (V.)
hilera
sarta (V.)
ramo
cadena
rosario
arlo
chape
carraza
cuelga
colgajo
horca (V.)
panoja (V.)
horco
orco
rastra (V.)
tirada
línea
sucesión
riestra
racimo (V.)
runfla
trenza

a. *salto*
interrupción
unidad

ristre

(V. **armadura**)

risueño

s. sonriente
riente (V.)
reidor (V.)
satisfecho
festivos
alegre (V.)
placentero
contento (V.)
sonrisueño
carialegre
gozoso
propicio
agradable
deleitable
divertido

s. **halagüeño** (V.)
próspero
óptimo
favorable (V.)
feliz
prometedor (V.)
propicio
afortunado
grato
boyante

(V. **risa**)

a. *serio*
grave
desagradable
desafortunado
triste
oscuro
desfavorable
ingrato
sombrío

rítmico

s. **cadencioso** (V.)
acompasado (V.)
armonioso
métrico
mesurado (V.)
periódico
constante
acosonantado
asonante
sincopado
estrófico
encadenado

s. espondaico
trocaico
ecoico
jámbico
yámbico
dactílico
anapéstico
coriámbico

s. música rítmica
acento rítmico

(V. **ritmo**)

a. *desacompasado*
inarmónico
disonante

ritmo
s. **compás** (V.)
movimiento (V.)
cadencia (V.)
tiempo (V.)
ciclo
velocidad (V.)
periodicidad (V.)
armonía (V.)
medida
repetición
acento
euritmia
síncopa
alternación
paso (V.)
escansión
metrificación
versificación
poética (V.)
rima (V.)
regularidad (V.)
metro
tic-tac

s. **simetría** (V.)
armonía
equilibrio
regularidad
concierto
jerarquía
disciplina
estructura
orden (V.)
tenor

s. trabajar con ritmo

a. *arritmia*
disonancia
desconcierto
desorden
desproporción

rito
s. **ceremonia** (V.)
ritual
regla (V.)
ceremonial
culto (V.)
protocolo (V.)
solemnidad
norma
costumbre (V.)
etiqueta
pompa
consagración
servicio
acto
sesión
función
conmemoración
celebración
liturgia (V.)

s. rito doble
rito semidoble
rito abisinio
rito católico
rito oriental
rito simple
rito copto

ritornelo
(V. **estribillo**)

ritual
(V. **rito**)

ritualismo
(V. **formalismo**)
(V. **protestantismo**)

rival
s. **imitador** (V.)
competidor (V.)
contrario (V.)
luchador (V.)
adversario
contrincante
justador (V.)
antagonista
enemigo (V.)
emulador
concurrente
contendiente
émulo (V.)
oponente (V.)
disidente
opuesto
hostil
concursante
desafiante
combluezo
opositor (V.)
coopositor

(V. **rivalidad**)

a. *aliado*
amigo
compañero
favorable

rivalidad
s. **oposición** (V.)
competición
contienda
antagonismo (V.)
enemistad
pugna (V.)
concurrencia
pique (V.)
desafío (V.)
concurso
apuesta
porfía (V.)
emulación (V.)
contra
celos (V.)
contrariedad
envidia
liza
contención
disyuntiva
competencia
hostilidad
indisposición (V.)
discrepancia
animadversión
antipatía
desavenencia
odio
lucha (V.)
equiparación (V.)

s. Abencerrajes y Cegríes
Capuletos y Montescos
tirios y troyanos
güelfos y gibelinos
agramonteses y beamonteses
giles y negretes
blancos y negros
bejaranos y portugaleses

a. *amistad*
alianza
concordia
acuerdo
avenencia
indiferencia
amor
simpatía
abandono
desistimiento
rendición

rivalizar
s. **pugnar** (V.)
envidiar (V.)
equiparar (V.)
luchar
contender
opositar (V.)
desafiar (V.)
emular (V.)
ponerse
oponerse
competir (V.)
concursar
porfiar
apostar
hombrear (V.)
seguir el ejemplo
ponerse a compás de
declarar la guerra
subirse a las barbas
pisar los talones
hacer la competencia
picarse
hacer carreras

(V. **rivalidad**)

a. *ceder*
abandonar
desistir
favorecer
ausentarse
rendirse
rajarse

rivera
(V. **río**)
(V. **arroyo**)

riza
s. **destrozo** (V.)
estrago
degollina
escabechina
matanza
desastre
zafarrancho
mortandad (V.)

s. **rastrojo** (V.) (cebada)

s. residuo

s. hacer riza

a. *respeto*
arreglo

rizado
s. rizoso
ensortijado (V.)
crespo
encarrujado
ondulado (V.)
crispado
rufo
curvo
retorcido (V.)
briscado
escarolado
grifo

(V. **rizo**)

a. *liso*
lacio
recto

rizador
s. bigudí
rulo
ondulador
tenacillas
chufo
calamistro
papillote
mediacaña
chicho

(V. **rizo**)
(V. **rizamiento**)

rizamiento
s. encrespamiento
ondulación
ensortijamiento
rizo (V.)

a. *estiramiento*

rizar-se
s. fruncir
ensortijar (V.)
encaracolar
ondular (V.)
rufar
encrespar
escarolar
retorcer (V.)
encarrujar
arrufar
caracolear
engrifar
ondear
alechugar
acanalar
planchar
encañonar
enchinar
engarzar (V.)
enridar
entortijar
torcer

(V. **rizo**)

a. *alisar*
arrizar
desrizar
estirar

rizo
s. moño
pelo (V.)
bucle (V.)
sortija (V.)
onda (V.)
tirabuzón
enrizado
caracol
canelón
colocho
chongo
caracolillo
canelón
retorcimiento (V.)
rizamiento (V.)
cogotera
churo
cresta
crespo
copete
pasa
lechuga
perico
periquillo
rufo
tufo
quiquiriquí
quiqui
tupé

s. **rizador** (V.)

s. rizar el rizo

rizoma
(V. **raíz**)
(V. **tallo**)

rizoso
(V. **rizado**)

roano
s. ruano
rosillo
rojizo
oscuro
grisáceo
blancuzco

robadera
(V. **traílla**)

robadizo
(V. **arroyada**)

robador
(V. **ladrón**)

robaliza
(V. **róbalo**)

róbalo
s. robalo
lubina
lobina
céfalo
robaliza
llubina
llobarro
lobarro
pez (V.)

robamiento
(V. **arrobamiento**)

robaperas
(V. **vagabundo**)
(V. **mangante**)

robar
s. auñar
escamotear (V.)
piratear (V.)
gatear (V.)
timar (V.)
substraer (V.)
escamotar
apandar
usurpar (V.)
latrocinar (V.)
arrear
aliviar
murciar
gallinar
garfiñar
carmenar (V.)
mariscar
bolsear
trabajar (V.)
saquear (V.)
estafar (V.)
descuidar
escalar (V.)
despellejar
saltear (V.)
garduñar
abigear
despojar (V.)
privar
fillear
bailar
raptar
desfalcar (V.)
defraudar (V.)
pelar (V.)
ratear
rapar (V.)
secuestrar
bolsear
untarse
pringarse
apoderarse
distraer (V.)
mangar
sisar
llevarse
tomar (V.)
limpiar (V.)
sangrar
hurtar (V.)
atracar (V.)
asaltar
ladronear
rapiñar
coger
malversar (V.)
desvalijar (V.)
latrocinar
sacar
pillar (V.)
expoliar
depredar
afanar
birlar
desnudar
desplumar (V.)
mondar
pulir
quitar (V.)
soplar
apañar
apañuscar
arrapar
arrear con
carmenar
descañonar
escarzar
capear
despabilar (V.)
gatear
guachapear
pecorear
raspar
trincar
ensuciarse las manos
chupar del bote
untarse las manos
ir a la raspa
ir por los caminos
dejar en camisa
dejar en pelota
salir al camino
echar el guante
tener las uñas afiladas
no ser manco

s. **embelesar** (V.)
hechizar
encantar

s. **cobrar** (V.) (caro)
engañar

s. **redondear** (V.)
achaflanar (V.)
despuntar
achatar

(V. **robo**)

a. *devolver*
reponer
restituir
reintegrar
defraudar
desencantar
pagar
regatear
agudizar
afilar

robín
(V. **herrumbre**)

robinia
(V. **acacia**)

robiñano
(V. **perengano**)
(V. **cualquiera**)

robla
(V. **comida**)
(V. **propina**)
(V. **tributo**)

s. estar como un roble

r. Robles, palmas y pinos todos somos primos

a. *débil*
enfermo
delicado
enfermizo
alfeñique

robladura

(V. **remache**)

roblar

s. achatar
remachar (V.)
roblonar
doblar
aplastar
sujetar

(V. **robladura**)

a. *enderezar*
desroblar

roble

s. **madera** (V.)
árbol (V.)
robre
carvallo
carvajo
carvayo
tocorno
jaro
carrasca
quejigo
talaya
encina (V.)
carbizo
cajiga
melojo
chaparra
rebollo

s. agalla
bellota
cascabillo
cascabullo
glande
escriño
breva
melosilla
rosijo
brugo
montanera
zanga
mida
cecidia
cerno
zonzorro

s. robleda
robledal
robredo
robledar
robledo
quejigal
coscojal
cajigal
carrascal
carrasquera
carvajal
carvallar
encinar

s. **fuerte** (V.)
resistente
sólido
sano
saludable

s. roble albar
roble villano
roble negral
roble carrasqueño
roble borde
roble de Orán

roblizo

s. **robusto** (V.)
recio
duro
resistente
fuerte (V.)
vigoroso
forzudo
tenaz
terne
cereño

(V. **roble**)

a. *blando*
débil
flojo

roblón

s. **clavo** (V.)
remache (V.)
clavija
perno

s. **lomo** (V.)
tejado (V.)

s. cobija
teja (V.)

s. tejo
baldosa
juego (V.)

roblonar

(V. **roblar**)

robo

s. **hurto** (V.)
estafa (V.)
timo (V.)
fraude (V.)
engaño
saqueo (V.)
malversación (V.)
pillaje (V.)
rapacidad
pecorea
desfalco (V.)
secuestro
rapto
ratería (V.)
piratería (V.)
escamoteo
rapiña (V.)
perista
saqueamiento
despojo
expolio
salteo
usurpación (V.)
atraco
rapacería
uña
apaño
cleptomanía
limpia
sisa
sangría (V.)
capeo
concusión
peculado
paulina
chantaje
latrocinio (V.)
roncha
ladrocinio
cuatrería
garfiña
expoliación
garsina
substracción
distracción (V.)
depredación
garrama
abigeato
desvalijamiento
botín
presa
rapto
arreada
escalo(a) (V.)
filtración
irregularidad
ladronería
trasquilón
tiro
manos ligeras
manos listas

a. *devolución*
restitución
reposición
reintegro

roboración

(V. **reconfortación**)

(V. **corroboración**)

roborante

s. fortificante
confortante
reconfortante (V.)
vigorizante
reconstituyente (V.)
tonificante
estimulante
tonificador
calmante
vigorizador
robustecedor

(V. **roboración**)

a. *emoliente*
adelgazante
debilitante
enervante

roborar-se

s. **fortalecer** (V.)
fortificar
robustecer
vigorizar
tonificar
reconfortar (V.)
estimular
robrar
serenar
entonar
calmar

s. **confirmar** (V.)
reforzar
robrar
rubricar
otorgar (V.)
suscribir
corroborar (V.)
afirmar
ratificar
asegurar
afianzar
entibar

(V. **roboración**)

a. *debilitar*
excitar
denegar
desanimar
desmentir

robot

s. **autómata** (V.)
pelele (V.)
muñeco
androide

robra

(V. **alboroque**)

robrar

(V. **roborar**)

robusta

s. **mujerona** (V.)
mozancona
mocetona
fortachona
pepona
frescachona

(V. **robustez**)

a. *canija*
debilucha
enclenque
enana

robustecedor

(V. **fortalecedor**)

(V. **vigorizador**)

robustecer-se

s. **fortalecer** (V.)
fortificar
vigorar
vigorizar (V.)
esforzar
reforzar (V.)
entesar
endurecer
revigorizar
nutrir-se
tonificar
remozar
entonar (V.)
envaronar
avivar
rejuvenecer
reanimar
consolidar
animar
reverdecer
refrescar
arreciar
acerar
corroborar
roborar
alimentar
sustentar
resistir
inmunizar (V.)
mantener
hacerse fuerte
tener fuerza
ser duro como un roble
ser de hierro
dar robustez

(V. **robustecimiento**)

a. *debilitar-se*
encanijar-se
adelgazar
afeminar-se
ablandar-se
enervar-se

robustecimiento

s. **fortalecimiento** (V.)
consolidación
fortificación
endurecimiento
tonificación
reanimación
remozamiento
refuerzo (V.)
reverdecimiento
rejuvenecimiento
alimentación

(V. **robustez**)

a. *debilitamiento*
ablandamiento
reblandecimiento
envejecimiento
mustiez

robustez

s. **fuerza** (V.)
vigor (V.)
fortaleza
dureza
firmeza
resistencia (V.)
vigorosidad
nervio
músculo
musculatura
robusteza
vitalidad
reciura
estrenuidad
reciedumbre (V.)
salud
lozanía
pujanza
poder
poderío
virtud
vis
ánimo
aliento
espíritu
energía
puños
fibra
encarnadura
brío
dinamismo
tono
rejo (V.)
carnadura
canilla
elasticidad
coraje
actividad
tensión
fuerza física
fuerza muscular
fuerza bruta
fuerza vital
robusticidad
robustidad

(V. **robustecimiento**)

a. *debilidad*
flojedad
endeblez

robusto

s. **fuerte** (V.)
vigoroso (V.)
rollizo
endurecido
duro
forzudo
fornido (V.)
tieso
entero
lozano
membrudo
hercúleo
recio (V.)
firme
rufo (V.)
toroso
terete
toral
terne
costillludo
sano
coloradote
resistente (V.)
trabado
morocho
trepado
jampón
enérgico
roblizo (V.)
acérrimo
bruto
poderoso
potente
elástico
nervioso
nervudo
dinámico
frescachón (V.)
activo
adiano
macho
machote
lacertoso
musculoso
corpulento (V.)
grandullón (V.)
pujante
rebolludo
gigantesco
formidable
atlético
titánico
sólido
lucido (V.)
apretado
borricote
doble
fortacho
saludable (V.)
fortachón
macizo
mocetón (V.)
chicarrón
salvaje
zagalón
rehecho
roblizo
hombretón
hombrachón
estrenuo
torete
membrudo
guijarreño
flamenco (V.)
mozallón
pellín
ñeque
de pelo en pecho
como un roble
de acero
como un toro

(V. **robustez**)

a. *enclenque*
débil
delgado
fifiriche
flojo
esmirriado
raquítico
blando
canijo
flaco
escuchimizado
enteco
blandengue
afeminado
feble
alfeñique
anémico

roca

s. **peña** (V.)
peñasco
peñón
roquedo
tolmo
tormo
cantil
escollo
risco
risca
islote
castro
molejón
farallón

s. **piedra** (V.)
veta
pizarra (V.)
laja
granito (V.)
losa
rocalla
caliza

s. roca eruptiva
roca sedimentaria
roca metamórfica
roca viva
roca sonora

s. **geología** (V.)
mineral (V.)

rocada
(V. **copo**) (rueca)

rocadero
s. armazón
envoltura
rueca (V.)
capillo
cartapel

s. coroza
capirote (V.)
castigo
afrenta (V.)

rocalla
(V. **roca**)

(V. **abalorio**)

roce
s. rozadura
rozamiento (V.)
frotamiento (V.)
frote
frotación
fricción
fricación
friega
fregado
restregón
rascadura
ludimiento
refregadura
estregadura
erosión
fricazón
refregón
desgaste
ajamiento
masaje (V.)
raedura
amasamiento
sobo (V.)
toque (V.)
estrujamiento
manoseo
caricia
beso

s. **trato** (V.)
comunicación
amistad
relación
frecuentación (V.)
asiduidad
familiaridad
convivencia
conocimientos

s. roces
disgustos (V.)
discusiones
desavenencias
contrariedades
violencia
hostilidad

a. *suavidad*
tenuidad
sedosidad
enemistad
aislamiento
insociabilidad
avenencia
satisfacción

rociada
s. rociadura
salpicadura (V.)
aspersión
hisopeo
salpique
aspersorio
asperges
rociamiento (V.)
rocío (V.)
ducha
baño
remojo
mojadura (V.)
llovizna
riego
irrigación

s. suelta
dispersión (V.)
diseminamiento
siembra
desbandada
difusión
esparcimiento
lanzamiento

s. **reprensión** (V.)
vapuleo
sermoneo
regañina
riña
reconvención

s. **murmuración** (V.)
hablilla
chismorreo
maledicencia
cotilleo
crítica

a. *secado*
secamiento
absorción
retención
limitación
encomio
alabanza
elogio
piropo
discreción
reserva
moderación
cautela

rociado
s. salpicado
regado
duchado
mojado
bañado
irrigado
bautizado
húmedo (V.)
chorreado
llovido
remojado

s. espolvoreado
diseminado
derramado

(V. **rociadura**)

a. *seco*
desecado
concentrado

rociador
s. salpicador
pulverizador (V.)
aspersor
proyector
irrigador
atomizador
vaporizador
spray
pistola
inyector

(V. **rociadura**)

rociadura
(V. **rociada**)

rociamiento
s. **riego** (V.)
asperges
rociada (V.)
roción
rujiada
salpicón
aljófar
gota
aspersorio
humedecimiento
mojadura
remojadura
rociadura
salpicadura (V.)

a. *secamiento*
absorción

rociar-se
s. duchar
mojar (V.)
asperger
lloviznar
salpicar (V.)
regar (V.)
hisopear
asperjar
rosar
pulverizar (V.)
polvorear
espolvorear (V.)
espolvorizar
despolvorear
estufarrar
bautizar
rujiar
dispersar
diseminar (V.)
esparcir (V.)
derramar
escobazar
crispir
hisopar
espurrir
espurrear (V.)
humedecer
bañar

(V. **rociada**)

a. *secar-se*
absorber-se
reunir

rocín
s. **caballo** (V.)
caballejo
rocino
rocinante
jamelgo
matalón
penco
cuartago
sotreta
cuatropeo
mulo

s. **ignorante** (V.)
rudo
zafio
tosco (V.)
grosero
patán
paleto
cateto
rústico
zote
ordinario
lerdo
torpe

a. *culto*
inteligente
cultivado
fino
exquisito
delicado

rocinante
(V. **rocín**)

rocío
s. **escarcha** (V.)
helada
sereno
aljófar
relente
rosada
orvallo
humedad
cencio
marea (V.)
cencellada
aguada
escarche
helada blanca
rociada (V.)

s. **llovizna** (V.)
lluvia pasajera
sirimiri

roción
(V. **salpicadura**)

rococó
(V. **barroco**)

rocoso
s. yermo
guijarroso
pedregoso
peñascoso (V.)
pétreo (V.)
riscoso (V.)
roqueño (V.)
roquero
enriscado (V.)
rupestre
petroso
arriscado
áspero (V.)
escabroso
árido

(V. **roca**)

a. *suave*
llano
fértil

roda
s. branque
roa
proa (V.)
quilla

s. **robla** (V.)
tributo

rodada
s. **surco** (V.)
señal (V.)
impresión
rastro
huella (V.)
carril
hendedura
hendidura
carrilada
rodera
releje
lendel
andel
estría
ralladura
ranura
pliegue
reguero
carrero
cauce
marca
hueco

(V. **rueda**)

rodaja
s. **rebanada** (V.)
raja (V.)
loncha
lonja
tajada
filete
gajo
corte
hoja
roncha
tejoleta
luquete

s. **disco** (V.)
ruedecilla
roldana
garrucha
rueda (V.)
rondana
albacara
rodancha
alfardón
chiqueadores
arandela

a. *totalidad*

rodaje
s. **filmación** (V.)

s. **uso** (V.)
(vehículos)
rodamiento
prueba
ensayo
aclimatación
amoldamiento
adaptación
carrera (V.)

s. **engranaje** (V.)
ruedas
rodamiento

(V. **rueda**)

rodal
(V. **mancha**)

rodamiento
s. **cojinete** (V.)
chumacera
bolas
rodillo
máquina (V.)

s. rodamiento de
bolas
rodamiento de
agujas
rodamiento de
rodillos
cilíndricos
rodamiento de
rodillos
troncónicos

rodapié
s. paramento
cubierta
zócalo (V.)
friso

s. **enrejado** (V.)
tabla
celosía

rodar
s. rular
rolar
rutar
girar (V.)
voltear
correr
rotar
bornear
rodear
rondar (V.)
virar
ronchar
resbalar
volquearse
remolinarse
desdar
circular
tornear
contornear (V.)
perfilar
arrollar
trastumbar
versar

s. **vagar** (V.)
merodear
vagabundear
deambular
errar
viajar
peregrinar (V.)
recorrer

s. **existir** (V.)
subsistir
haber

s. **abundar** (V.)
rebosar
hervir en
pulular

s. **trasladarse** (V.)
mudarse
cambiarse

s. filmar
fotografiar (V.)
impresionar
hacer cine
proyectar (filmes)

s. **correr** (V.)
(vehículos)
usar
probar
pilotar
conducir (V.)

s. echar todo a
rodar
rodar por alguien

(V. **rodaje**)

a. *detenerse*
pararse
fijarse
asentarse
carecer
faltar
escasear

rodeado
s. envuelto
cercado
sitiado (V.)
asediado
encerrado
tapiado
vallado
acordonado
acorralado
circuito
circundado

s. festoneado
galoneado
ribeteado
orlado

s. circunscrito
limitado (V.)
acotado
aislado
incomunicado
orillado

(V. **rodeo**)

a. *liberado*
libre
ilimitado
ampliado
comunicado

rodear-se
s. **cercar** (V.)
circundar
nimbar (V.)
circunvalar
aureolar
acordonar
sitiar
asediar
envolver (V.)
aislar

(cont.)

arrinconar
incomunicar
cerrar
abrazar
confinar
acotar
limitar
circunscribir
vallar
tapiar
ceñir (V.)
abarcar
acorralar
bojar
bojear
estrechar
ribetear
flanquear (V.)
festonear
galonear
fajar
bordear (V.)
circuir
circunnavegar
contornar
contornear

s. **esquivar** (V.)
evitar
orillar
eludir
rehuir
desviarse
ladear
alejarse
torcer
divagar (V.)
separarse
parafrasear
pretextar
andar con rodeos

s. **atar** (V.)
juntar
asegurar
sujetar

s. **tardar** (V.)
demorarse
alargar
dar un rodeo

s. revolverse
rebullirse
volverse (V.)
removerse

s. **reunir** (V.)
disfrutar
contar con
disponer

(V. **rodeo**)

a. *liberar*
libertar
soltar
atravesar
asumir
afrontar
acortar
atajar
desatar
pararse

rodela
(V. **escudo**)

rodeo
s. **desviación** (V.)
desvío
descarrío
descamino
laberinto
extravío
dédalo
guiñada
recoveco
virada

s. dilación
circunloquio
digresión
disimulo
efugio
escape
arrodeo
torno
vuelta (V.)
contorneo
circunducción
requilorio (V.)
ambages (V.)
circunvolución
divagación (V.)
triquiñuela
zigzag
diversión
garabateo
perífrasis (V.)
evasiva
tergiversación
prolijidad
pretexto (V.)
ambigüedad (V.)
digresión (V.)
tardanza
preámbulo (V.)
reticencia (V.)
cháncharras
embozo
garambaina
rebozo (V.)
tapujo (V.)
retrechería
sanguaraña
vaguedad (V.)
insinuación (V.)
indirecta
alusión

s. andar con rodeos
dar rodeos
andarse por las ramas
irse por los cerros de Úbeda
sin rodeos

s. *rectitud*
derechura
acortamiento
abreviación
rapidez
atajo
través
claridad
franqueza
crudeza
concisión
exabrupto

rodera
(V. **rodada**)

rodete
s. **rosca** (V.)
rueda
rodilla
rodillera
rueño
yagual
tasín
sorqui

s. **moño** (V.)
copete
castaña
tocado
peinado
trenza

rodilla
s. **articulación** (V.)
rótula (V.)
hinojo
unión
rodillera
genojo
genollo

s. rótula
cápsula sinovial
sinovia
choquezuela
corva
ligamentos
cóndilos
menisco (V.)
cabeza del peroné
espacio rotuliano
bolsa infrarrotuliana
carilla articular de la rótula
hueco poplíteo
fémur
tibia

s. ponerse de rodillas
hincarse de rodillas
a media rodilla
de rodilla en rodilla
doblar la rodilla

s. rodete
paño
fregona
bayeta (V.)
trapo

s. la rodilla de Mariquita que mancha más que limpia

rodillera
s. **remiendo** (V.)
pieza
retal
trozo
pedazo

s. **abombamiento** (V.) (pantalón)
bolsa
abultamiento
deformación

s. **herida** (V.) (rodilla)
cicatriz

(V. **rodilla**)

rodillo
s. **cilindro** (V.)
laminadora (V.)
rollo
tambor

s. **rollo** (V.) (cocina)
mano
rodo
rollete
fruslero
ruello
ruejo
uslero
rulo (V.)
polín

s. de rodillo a rodillo

rodo
s. mantilla
manteo
falda (V.)
faldellín
faldón

s. **rodillo** (V.)
apisonadora

s. a rodo

rodrigar
s. arrodrigar
arrodrigonar
enrodrigonar
enrodrigar
apuntalar (V.)
sostener

(V. **rodrigón**)

a. *aflojar*
soltar
desatar

rodrigón
s. **soporte** (V.)
palo
estaca
vara
caña
rodriga
sujetador (V.)
puntal (V.)

s. **acompañante** (V.)
preceptor
tutor
escolta (V.)
criado
mozo (V.)

roedor
s. **mamífero** (V.)
ratón (V.)
paca (V.)
angustioso
punzador
turbador (V.)
desazonador (V.)
intranquilizante
corroedor
atormentador
perturbador
patético
agitador

s. **mordiente** (V.)
cáustico
mordicativo
mordaz
mordedor (V.)
mordicante

(V. **roedura**)

a. *tranquilizante*
sosegador
consolador

roedura
s. picadura
mordisco
dentellada
bocado
ratadura
mordedura (V.)
mordimiento

s. **desgaste** (V.)
roce
deterioro

s. **desazón** (V.)
angustia
tormento
agitación
reconcomio
malestar (V.)
remordimiento
escrúpulo
conciencia

a. *respeto*
caricia
chupada
consuelo
tranquilidad

roer
s. mordisquear
fizar
comer (V.)
mordicar
ratear (V.)
apolillar
carcomer (V.)
ratonar (V.)
corroer (V.)
descantillar
raer
desgastar (V.)
gastar
rustir
picar
pacer
picotear
bromar
rosigar
raspar (V.)

s. molestar
atormentar (V.)
fastidiar
perturbar
pinchar
perturbar
afligir
punzar
intranquilizar
desazonar (V.)
atosigar
concomer
recomer

(V. **roedura**)

a. *tranquilizar*
suavizar
contentar
acariciar
consolar
sosegar

rogación
(V. **rogativa**)

(V. **letanías**)

rogante
s. **orante** (V.)
rezador
beato
devoto
pío

s. **pedidor** (V.)
suplicante
deprecador
impetrante
postulante

(V. **rogación**)

a. *impío*
dador
donante

rogar
s. orar
rezar (V.)
pedir (V.)
suplicar (V.)
adorar
invocar
implorar
impetrar
instar
invitar
interceder
deprecar
exhortar (V.)
recuestar
postular
conjurar
llamar
acudir
apelar
impartir
exorar
solicitar
clamorear (V.)
obsecrar
pretender
pordiosear

(V. **rogativa**)

a. *conceder*
donar
dar
ofrecer
exigir
reclamar

rogativa
s. **ruego** (V.)
rogación
impetración
invocación
solicitud
súplica (V.)
petición (V.)
imploración
invitación
intercesión
mediación
exhortación (V.)
postulación
llamamiento
apelación
plegaria
rezo (V.)
letanía
velaciones
guillatún
oración (V.)
conjuro
preces

a. *exigencia*
reclamación
abstención
impiedad
ofrecimiento
donación

rogativo
s. **petitorio** (V.)
suplicatorio
impetrante
invocador
solicitante
postulador
postulante
rogatorio
exhortatorio
exhortativo

(V. **rogativa**)

a. *obligatorio*
voluntario

rogo
(V. **pira**)

(V. **hoguera**)

roído
s. mordisqueado
dentellado
mordido (V.)
apolillado
arratonado
carcomido (V.)
alobadado
gorgojoso
desgastado

s. **escaso** (V.)
mezquino (V.)
despreciable
exiguo
parvo
corto
poco
pobre
limitado
falto
mísero
tacaño
miserable

(V. **roedura**)

a. *completo*
íntegro
abundante
copioso
generoso
derrochador
espléndido

rojear
s. **enrojecer** (V.)
colorear
embermejar
enrubescer
sonrojar (V.)
ruborizar
almagrar
arrojar
embermejecer
enalmagrar
enrojar
escaldar
rubificar
rubricar
herrumbrar

(V. **rojez**)

a. *emblanquecer*
blanquear
palidecer
empalidecer

rojez
s. **enrojecimiento** (V.)
señal
marca
huella
mancha
eritema
arrebol
carmín
colorete
fuego
grana
púrpura
rubor (V.)
sonrojo
pigmentación
rubefacción (V.)
rubicundez (V.)

s. **izquierdismo** (V.)
comunismo
anarquismo

(V. **rojo**)

a. *palidez*
blancor
blancura
descoloramiento
conservadurismo
derechismo

rojillo
(V. **izquierdista**)

rojizo
(V. **rojo**)

rojo
s. colorado
carmesí (V.)
sanguíneo
amaranto
rubro
encarnado
púrpura (V.)
purpúreo (V.)
coralino
cinabrio
granate (V.)
grance
encarnadino
bermejo
bermellón
escarlata
encendido
almagrado
gules
carmín
carminoso
coral
corinto
roso
rúbeo
grana
ígneo
cárdeno
rubí (V.)
abrasilado
rubio
rufo
rubicundo
aborrachado
tinto (V.)
encarnado
almagre
sanguíneo
coccíneo
rosicler
rubescente
rojeante
rua
rojizo
rosillo
rosáceo
rojete
ruano
rubicundo
buriel
rúbeo
cobrizo
lacre
rubre
colorete
arrebol
rojicle
albín
alconcilla
almazarrón
múrice
almánguena
azarcón
minio

s. rojillo
izquierdista (V.)
comunista
socialista
anarquista
libertario
republicano
al rojo
al rojo vivo
al rojo blanco
al rojo cereza
poner rojo a alguien

(V. **rojez**)

a. *blanco*
pálido
descolorido
conservador
derechista
tradicionalista
cavernícola

rol
(V. **lista**)

(V. **papel**)
(representación)

rolar
(V. **rodar**)

(V. **girar**)

roldana
s. rodaja
garrucha
rueda (V.)
ruedecilla
trocla
galápago
polea (V.)
cuadernal
motón
tambor

roldar
(V. **rondar**)

(V. **circular**)

rolde
(V. **corro**)

(V. **círculo**)

roleo
(V. **voluta**)
(arquitectura)

rollar
(V. **enrollar**)

(V. **pedregal**)

(V. **gordo**)

rollizo
(V. **robusto**)

rollo
s. **cilindro** (V.)
rodillo (V.)
rulo
tambor
eje
pieza
zurullo

s. **columna** (V.)
pilar
límite
picota (V.)

s. **ovillo** (V.)
madeja (V.)
lío
carrete
bobina
pelota
vuelta
aduja

s. lata
tabarra (V.)
pejiguera
pesadez (V.)
fastidio
aburrimiento
monserga

s. **rosca** (V.)
pan (V.)
bollo

s. **tronco** (V.)
(árbol)
madera en rollo
ser un rollo

a. *agrado*
encanto
distracción

rollona
(V. **niñera**)

romadizarse
(V. **acatarrarse**)

romadizo
(V. **catarro**)

romana
s. **balanza** (V.)
peso
báscula
balancín

s. fiel
carrazón
alcoba
caja
calamón
alcobilla
candela
fil
pilón
roseta
guindaleta
lengüeta
tragaperras

romance, s
s. **lengua** (V.)
vulgar
latín (V.)
castellano
español
catalán
gallego
mallorquín
valenciano
francés
grisón
lemosín
lengua de oc
lengua de oil
provenzal
rético
retorrománico
retorromano
italiano
sardo
toscano
valón
valaco
portugués
rumano
romanche
neolatino
románico

s. verso
poema (V.)
jácara (V.)
galerón
letra

s. **monsergas** (V.)
excusas
pretextos
habladurías (V.)
circunloquios
bachillerías
evasivas
cuentos
historias
necedades

s. **amorío** (V.)
noviazgo
galanteo
coqueteo
idilio
corte
festejo
aventura
flirteo

s. hablar en romance
en buen romance
romance de ciego
romance de gesta
romance corto
romance heroico

a. *prosa*
claridad
franqueza
ruptura
pasión

romancear
(V. **traducir**)
(al romance)

romancero
s. **colección** (V.)
(romances)
recitador (V.)
(romances)

s. cuentista
hablador (V.)
pesado
charlatán (V.)
mitómano

(V. **romance**)

a. *discreto*
callado

romancesco
(V. **novelesco**)

romanear
(V. **pesar**)
(en romana)

románico
(V. **romance**)

(V. **estilo**)

romanticismo
s. **idealismo** (V.)
sentimentalismo
fantasía
sensiblería
melancolía
patetismo
novelería

s. generosidad
quijotismo (V.)
desinterés
altruismo (V.)
filantropía

a. *clasicismo*
realidad
materialismo
egoísmo
interés
realismo

romántico
s. **novelesco** (V.)
romancesco
romanceresco

s. **sensible** (V.)
patético
sentimental (V.)
apasionado (V.)
pasional
fantástico
arrebatado
entusiasta

s. filántropo
generoso
quijotesco
quijote
caballeresco
caballeroso
altruista (V.)
filantrópico
idealista (V.)
desinteresado

(V. **romanticismo**)

a. *clásico*
realista
materialista
interesado

romanza
(V. **aria**)

rombo
(V. **cuadrilátero**)

romboedro
(V. **prisma**)

romería
s. **peregrinación** (V.)
procesión (V.)
romeraje
marcha
viaje
bordonería

s. **feria** (V.)
fiesta
diversión

s. **afluencia** (V.)
concurrencia
muchedumbre
gentío
multitud

r. A las romerías y a las bodas, van las locas todas ■ Romería de cerca, mucho vino y poca cera

a. *regreso*
escasez
ausencia

romero
s. **peregrino** (V.)
penitente
palmero
andariego

s. bordón
esclavina
venera
concha

(V. **romería**)

romo
s. **despuntado** (V.)
embotado
pompo
boto
chato
achaflanado
porro
braco
mocho (V.)
mellado
embolado
aplastado (V.)

s. modrego
torpe (V.)
rudo
obtuso (V.)
tosco
zafio

a. *agudo*
afilado
culto
inteligente
fino
buido
narigudo

rompecabezas
s. enigma
problema
acertijo (V.)
charada
pasatiempo
quisicosa
crucigrama
adivinanza
jeroglífico
logogrifo
puzzle
juego
entretenimiento
misterio

s. **garrote** (V.)
clava
arma (V.)
porra
palo
tranca

a. *solución*
defensa

rompedor
s. quebrador
quebrantador
despedazador
machacador
demoledor (V.)
rasgador (V.)
destrozón
partidor
quebrante
rompiente

(V. **rompimiento**)

a. *cuidadoso*
escrupuloso
constructivo

rompedura
(V. **rotura**)

rompegalas
(V. **descuidado**)

(V. **andrajoso**)

rompehielos
(V. **embarcación**)

rompenecios
(V. **egoísta**)

(V. **aprovechado**)

rompeolas
s. escollera
dique (V.)
malecón (V.)
cantil
quebrantaolas
muelle
pantalán
acantilado
tajamar
rompiente

rompepoyos
(V. **vagabundo**)

(V. **holgazán**)

romper-se
s. **quebrar** (V.)
quebrantar (V.)
fracturar (V.)
partir (V.)
tronzar
cascar (V.)
destrozar
agrietar (V.)
rasgar
partir
cortar
trozar
trocear
tronchar
descacharrar
desgajar
separar
machacar
cachar
astillar
estropear (V.)
rajar (V.)
hender
desbaratar (V.)
saltar (V.)
destruir (V.)
triturar (V.)
carpir
arpar
moler
desmenuzar
aplastar (V.)
desnucar (V.)
trizar
trisar
desgajar-se (V.)
tazar
forzar
descerrajar (V.)
escacharrar (V.)
fragmentar (V.)
espachurrar (V.)
deshacer (V.)
resquebrajar (V.)
descomponer
desgarrar
descoyuntar
despedazar
zalear
destrizar
deteriorar
mellar
desconchar (V.)
desgastar
desportillar (V.)
desfondar
escalfar
estrellar (V.)
chascar
fraccionar
hacer polvo
hacer añicos
hacer tortilla
hacerse mil pedazos

s. **roturar** (V.)
artigar
arar

s. **interrumpir** (V.)
regañar (V.)
cortar (V.)
pararse
hacer un alto

s. **empezar** (V.)
salir
irrumpir
abrirse (V.)
brotar
reventar (V.)
estallar (V.)
prorrumpir
iniciar
principar

s. **anular** (V.)
desdecirse (V.)
infringir
desligarse

s. **atravesar** (V.)
abrirse (paso)
deshacer

s. romper filas
romper el día
romper el hielo
romper con uno
romper a llorar
romper aguas
romper el bautismo
romper la cara
romper la cabeza
romper la crisma
romperse la cabeza
romperse los codos
romper el fuego
romper las hostilidades
romper lanzas
romper por todo
de rompe y rasga
el que rompe, paga

(V. **rompimiento**)

a. *componer*
arreglar
reparar
construir
hacer
unir
juntar
continuar
proseguir
terminar
acabar
concluir
mantenerse
cumplir

rompible
s. **frágil** (V.)
delicado
lábil
quebradizo (V.)
deteriorable
triturable
destruible
fragmentable
seccionable

(V. **rompimiento**)

a. *irrompible*
fuerte
duradero

rompiente
(V. **bajío**)

(V. **escollo**)

rompimiento
s. **boquete** (V.)
rotura (V.)
rompedura
confracción
fractura (V.)
quebradura
hendimiento (V.)
estropicio
siete
estrapalucio
quebrantadura
quebrantamiento
quiebra
efracción
explosión
reventón
destrozo (V.)
rasgón
desgarrón
piquete
mella
cisura
raja
estallido

s. **desavenencia** (V.)
enemistad
cuestión
diferencia
riña (V.)

a. *arreglo*
compostura
avenencia
amistad

ron
s. rhun
rum
aguardiente
bebida (V.)
ruhm

s. melaza
zumo de caña

ronca
s. **arma** (V.)
partesana

s. **bramido** (V.)
(ciervo)
brama
gamitido
celo (V.)
petulancia
bravata (V.)
jactancia (V.)
amenaza
bravuconería

a. *timidez*
cortedad
sencillez

roncal
(V. **ruiseñor**)

roncar
s. **respirar** (V.)
jadear
silbar
resollar (V.)
hacer ruido

s. gamitar
(ciervo)
gañir
rebudiar
aullar
bramar (V.)
rugir
ulular
gruñir (V.)

s. **enronquecer** (V.)
estar afónico
tomarse la voz
echar roncas
desgañitarse
desgañirse

s. bravear
jactarse (V.)
amenazar
envalentonarse

(V. **ronca**)

(V. **ronquido**)

a. *silenciar*
callar
suavizarse

roncear
s. dilatar
entretener
aplazar (V.)
haraganear
apoltronarse
remolonear
retardar (V.)
emperezarse
morosear

s. **halagar** (V.)
carantoñear
lagotear
mimosear
adular
lisonjear
incensar
hacer mimos

(V. **roncería**)

a. *adelantar*
activar
aligerar
desairar
criticar
atacar
censurar
insultar

roncería
s. **lentitud** (V.)
tardanza (V.)
haraganería
pereza (V.)
poltronería
posma
ronce
pachorra
cachaza
pelmacería
remolonería

s. cariño
mimo
halago (V.)
fiesta
carantoña
lagotería
adulación (V.)
lisonja
incienso

a. *ligereza*
diligencia
actividad
rapidez
desaire
desprecio
insulto
crítica

roncero
s. **tardón** (V.)
pesado
lento (V.)
haragán
poltrón
perezoso (V.)
tardo
pigre
regañón
vago
flemático
cachazudo
pachorrudo
pancho
pando
parado
moroso

s. embaucador
adulador (V.)
lisonjero
mimoso (V.)
cariñoso
halagador

s. desabrido
cascarrabias
regañón (V.)
malhumorado

(V. **roncería**)

a. *ligero*
diligente
activo
despreciativo
displicente
agradable
amable

ronco
s. cascado
carrasposo
áfono
afónico (V.)
rauco
gutural (V.)
bronco
enronquecido
tomado (V.)
cavernoso

s. **áspero** (V.)
rudo
tosco
bruto
basto

(V. **ronquera**)

a. *suave*
fino
agudo

roncha
s. **bulto** (V.)
equimosis
erupción (V.)
rojez
enrojecimiento
sarpullido
irritación
eritema
exantema
rarefacción
verdugón
cardenal (V.)

s. rodaja
rebanada (V.)
loncha

s. **perjuicio** (V.)
robo
desventaja
engaño

s. levantar ronchas

a. *hoyo*
unidad
totalidad
beneficio
ventaja

ronchar
(V. **resbalar**)

(V. **rodar**)

(V. **ronzar**)

(V. **rechinar**)

ronda
s. custodia
vigilancia (V.)
escucha
guardia (V.)
avanzada
avanzadilla
rondín
relevo
piquete
pareja
centinela
patrulla
vigía
retén
escolta
destacamento
pelotón

s. estudiantina
rondalla (V.)
conjunto (musical)
orquestina
serenata

s. corro
corrillo
pandilla (V.)
grupo

s. **turno** (V.)
vez
vuelta (V.)
serie
suerte
distribución (V.)
repartimiento
tanda
rueda
sucesión

s. agasajo
convite (V.)
invitación

s. **camino** (V.)
carretera
avenida
vía de circunvalación
paseo

s. toro de ronda
ir de ronda
hacer ronda
coger la ronda

a. *indiferencia*
descuido
negligencia
imprevisión
interrupción

rondador
s. **cortejador** (V.)
galanteador
zascandil
galán
enamorado

(cont.)

s. **merodeador** (V.)
errabundo
vagabundo
callejero
paseandero
furtivo (V.)
sospechoso

s. vigía
sereno
vigilante (V.)
centinela
guardia
escolta

(V. **ronda**)

a. *indiferente*
desinteresado
sedentario
descuidado

rondalla
s. **ronda** (V.)
tuna
estudiantina
orquestina
agrupación
grupo
parranda (V.)
comparsa
conjunto (musical)

s. invención
cuento
paparrucha
fantasía (V.)
chisme (V.)

a. *verdad*
certeza
realidad

rondar
s. **vigilar** (V.)
guardar
hacer la guardia
estar de centinela
estar de vigía
velar
patrullar (V.)
relevar
zumbar (V.)
custodiar

s. deambular
callejear (V.)
ruar
pasear la calle
galantear
cortejar (V.)
requebrar
pelar la pava
guardar la esquina
hacer la rosca
hacer el oso

s. **seguir** (V.)
asediar (V.)
molestar
importunar
encocorar

s. dar vueltas
voltear
rodar (V.)
roldar
turnar (V.)

s. amagar
amenazar (V.)
retentar

(V. **ronda**)

a. *descuidar*
agradar
dormir
alejarse
desentenderse

rondín
(V. **ronda**)

rondón (de)
(V. **repentino**)

ronquear
s. jadear
enronquecer (V.)
carraspear (V.)
gañir
estar afónico
tomarse la voz
tener carraspera
gruñir
hablar (ronco)

(V. **ronquera**)

a. *vocear*
gritar

ronquedad
(V. **ronquera**)

ronquera
s. **afonía** (V.)
ronquez
enronquecimiento
tajada
carraspera (V.)
voz tomada
voz ronca
voz cascada
ronquedad
aspereza (V.)
profundidad

a. *suavidad*
limpieza (voz)
claridad (voz)

ronquido
s. jadeo
resuello (V.)
estertor
gañido
gruñido
respiración (V.)
sonido (bronco)
carraspeo
silbido

(V. **ronquera**)

a. *suspiro*

ronronear
s. ronquear
gruñir
cuchichear
bisbisear (V.)
murmullar
murmurar
marrullar
susurrar (V.)
runrunear

s. **desazonar** (V.)
inquietar
remorder

(V. **ronroneo**)

a. *gritar*
chillar
hablar alto
callar
consolar
tranquilizar

ronroneo
s. **ruido** (V.)
gruñido
bisbiseo (V.)
cuchicheo
runruneo
runrún
rumor
murmullo
murmurio
susurro (V.)
murmureo

s. **desazón** (V.)
remordimiento

a. *grito*
silencio
tranquilidad
sosiego
consuelo

ronzal
s. ramal
cabestro (V.)
brida
camal
jáquima
bozal
diestro (V.)
bozo
freno

s. **palanquín** (V.)
cabo (V.)

ronzar
s. ronchar
mascar (V.)
masticar
roznar
quebrar
crujir (V.) (comiendo)
rechinar
rucar
rustir

s. mover (con palancas)

roña
s. **sarna** (V.)
psora
escabies

s. **suciedad** (V.)
inmundicia
porquería
mugre
pringue
retestín
cochambre

s. **herrumbre** (V.)
óxido
verdín
robín
cardenillo
moho (V.)
roya
pátina

s. **daño** (V.)
perjuicio
mal

s. **tacañería** (V.)
roñería
avaricia
roñosería
miseria
escasez
mezquindad
sordidez (V.)
ruindad

s. **ardid** (V.)
picardía
sagacidad
maulería
treta
zorrería
astucia
zanguanga
trampa

s. **antipatía** (V.)
tirria (V.)
ojeriza
hostilidad
enemiga

a. *limpieza*
pulcritud
beneficio
ventaja
bien
generosidad
esplendidez
nobleza
simpatía
torpeza
amistad
amor

roñería
s. avaricia
tacañería (V.)
sordidez
mezquindad
miseria
escasez
ruindad
cicatería
estrechez
roñosería

(V. **roña**)

a. *esplendidez*
largueza
generosidad
filantropía

roñica
(V. **roñoso**)

roñosería
(V. **roñería**)

roñoso
s. roñica
tacaño (V.)
cutre
gurrumino
avaro
miserable (V.)
mezquino
roña
agarrado
apretado
escatimoso
mísero
cicatero
de puño cerrado

s. tiñoso
sarnoso (V.)
escabioso

s. puerco
sucio (V.)
sórdido
mugriento
asqueroso
gorrino
cochino
cochambroso
cochambre
oxidado
mohoso (V.)
herrumbroso (V.)

(V. **roñería**)

(V. **roña**)

a. *espléndido*
generoso
sano
pulcro
limpio

ropa
s. **vestido** (V.)
veste
traje
vestidura
ropilla
ropaje
indumentaria
indumento
prenda
jaez
ajuar
pelaje
paños
sedas
vestuario
ropeta
vestimenta
muda (V.)

s. **tela** (V.)
género
tejido
trapo
paño

s. ropa blanca
ropa de viaje
ropa hecha
ropa talar
ropa de cama
ropa de mesa
ropa limpia
ropa sucia
a quema ropa
nadar y guardar la ropa
de poca ropa
de buena ropa
poner a uno como ropa de pascua
tentar la ropa
palpar la ropa
tener mucha ropa
haber ropa tendida
no tocarle la ropa a alguien

r. La ropa sucia se debe lavar en casa

a. *desnudez*

ropaje
s. veste
vestido (V.)
vestidura
vestimenta
indumento
terno
jaez
indumentaria

s. **expresión** (V.)
ademán
lenguaje (V.)
forma

(V. **ropa**)

a. *desnudez*

ropavejería
(V. **prendería**)

ropavejero
s. **prendero** (V.)
chamarilero
trapero
ropero
batero
empeñero
buhonero
tripicallero

(V. **ropavejería**)

ropería
s. **ropero** (V.)
tienda
almacén
guardarropa

(V. **ropa**)

ropero
s. **armario** (V.)
aparador
cómoda
estante
gaveta
cuarto
habitación
guardarropa (V.)

(V. **ropa**)

ropilla
s. **vestido** (V.)
jubón (V.)
camisola
sayuela
prenda
ropón
manzanilla
ropeta

(V. **ropa**)

ropón
s. **vestido** (V.)
capote
sayal
gabán
capa
túnica
toga
sayo (V.)
falduario
andulario
clámide
peplo
cástula
dalmática
gramalla
hopa
pretexta
balandrán
sotana
cogulla
chilaba
marlota
ropilla
hopalanda (V.)

(V. **ropa**)

roque
(V. **torre**) (ajedrez)

roquedal
s. riscal
peñascal (V.)
roqueda
canchal
roca
roquedo
roquero
pedriza
cascajar

roquedo
(V. **roca**)

roquefort
(V. **queso**)

roqueño
s. **rocoso** (V.)
pétreo
granítico
duro (V.)
diamantino
tenaz
recio
inquebrantable
irrompible

(V. **roca**)

a. *blando*
frágil
rompible
débil

roqueta
(V. **torre**) (fortificación)

roquete
(V. **sobrepelliz)**

rorro
s. nene
criío
niño (V.)
bebé
baby
angelito
mamón
mamoncete
criatura
llorón
guagua
mamoncillo
churumbel
chiquitín
chiquirritín

ros
s. **gorro** (V.)
leopoldina
teresiana
chacó
gorra

rosa
s. **flor** (V.)
cabezuela
escaramujo
capullo
pimpollo
botón

s. roseta
mancha (V.) (piel)

s. **suavidad** (V.)
tersura

s. **rosetón** (V.)
(arquitectura)

s. **rosado** (V.)
carmín
sonrosado

s. rosa del azafrán
rosa de Jericó
rosa albardera
rosa de té
rosa de rejalgar
rosa francesa
rosa de Alejandría
rosa de musgo
rosa francesa
rosa maldita
rosa ocal
rosa de pitiminí
rosa de los vientos
rosa náutica
como las propias rosas
bañarse en agua de rosas
como una rosa
como las propias rosas

r. No hay rosas sin espinas

rosado
s. sonrosado
rosáceo
carmín (V.)
róseo
rosillo
colorado
rosa
rosicler
carne de doncella
sabino
rosmarino

(V. **rosa)**

rosal
s. **planta** (V.) (rosa)
mosqueta
alcaracache
escaramujo (V.)
gabarda
galabardera
zarzaperruna
gavanzo
agavanzo
carmín

s. rosal amarillo
rosal de Alejandría
rosal de pitiminí
rosal castellano
rosal blanco
rosal de olor
rosal de cien hojas
mosqueta silvestre
rosal silvestre
rosal perruno

(V. **rosa)**

rosario
s. **sarta** (V.)
serie (V.)
ringlera
sartal
sucesión
encadenamiento
cadena
ristra
retahíla
recua
hila
hilera

s. oración
rezo (V.)
preces
salterio (V.)
corona
decenario
tercio
letanía
misterio (V.)
Avemaría
cruz
cuenta de perdón
gloria patri
diez
padrenuestro

s. **cuenta** (V.)
contal
cañacoro
coco
abalorio

s. **espinazo** (V.)
columna (vertebral)
rezar una parte de rosario

r. El rosario al cuello y el diablo en el cuerpo ■ Acabar como el rosario de la aurora

a. *interrupción*
corte
vacío

rosarse
s. sonrojarse
enrojecer
sonrosarse (V.)
ponerse como la gran
ponerse colorado
ponerse como una amapola

(V. **rosa)**

a. *empalidecer*

rosbif
(V. **asado)**

rosca
s. **bollo** (V.)
rosco
roscón
rosquilla (V.)
pan
torta (V.)
roge
torcido
masa

s. **rodete** (V.)

s. **rollo** (V.)
espiral (V.)
torcido
masa
círculo
resalto
tornillo (V.)
hélice (V.)
giro
tuerca (V.)
vuelta
filete
fileteado
terraja (V.)
rosca hembra
rosca macho

s. rosca de Arquímedes
entrar en rosca
pasarse de rosca
hacer la rosca a alguien
hecho una rosca

roscar
s. enroscar
aterrajar (V.)
terrajar
arroscar
atornillar
filetear
enrollar
arrollar
moldurar

(V. **rosca)**

a. *desenroscar*
estirar

rosco
(V. **roscón)**

roscón
s. **rosca** (V.)

s. cero
suspenso (V.)
nota desfavorable
rosco

s. roscón de Reyes

a. *aprobado*

roseta, s
s. palomitas
maíz (V.)
cabritos
palomillas

rositas
rosas
cacalote
esquite
cancha blanca

s. **sortija** (V.)
pendiente (V.)

(V. **rosa)**

rosetón
s. rosa
florón (V.)
roseta
adorno (V.)

s. ventanal
ventana (V.) (circular)
tragaluz
vidriera
lucerna
cristalera

rosicler
s. **claridad** (V.)
rosado (V.)
aurora
amanecer (V.)
alba
crepúsculo (matutino)

s. plata roja

a. *atardecer*
crepúsculo (vespertino)

rosillo
(V. **rosado)**

rosmaro
(V. **morsa)**

roso
s. raído
calvo
pelado (V.)
liso
raso

(V. **rojo)**

a. *peludo*

rosoli
s. rosolí
resolí
resoli
ratafía
licor (V.)

s. aguardiente
café o anís
azúcar
canela

rosón
(V. **rezno)**

rosquilla
s. rosqueta
golosina (V.)
pasta
rosca (V.)
dulce

s. **oruga** (V.)
larva (V.)

rostir
(V. **asar)**

rostritorcido
(V. **enfadado)**

(V. **disgustado)**

rostrizo
(V. **lechón)**

(V. **tostón)**

rostro
s. **cara** (V.)
facciones
semblante (V.)
imagen
fisonomía (V.)
aire
jeta
aspecto
talante
continente
figura
visaje
gesto
perfil
expresión
catadura
facies
aspecto

s. **pico** (V.)
pitón
apículo
ápice
dar en rostro
conocer el rostro
a rostro firme
volver uno el rostro
torcer el rostro
tener rostro
echar en rostro

rota
(V. **derrota)**

rotación
s. **vuelta** (V.)
giro (V.)
giramiento
revolución (V.)
volteo
borneo
curva
desvío
rodeo
viraje
circunvolución
traslación
movimiento
molinete

s. rotación de cultivos

a. *quietud*
fijeza
inmovilidad

rotante
(V. **rotatorio)**

rotar
(V. **rodar)**

rotativa
s. **imprenta** (V.)
máquina impresora

s. tintero
cilindro portador
cilindro de presión
bobina
molde
plegadora
cortadora

s. rotativa tipográfica
rotativa flexográfica
rotativa de huecograbado
rotativa offset
rotativa offset de bobinas

rotativo
s. **periódico** (V.)
diario
publicación
noticiero
hoja
gaceta
boletín

rotatorio
s. circulatorio
giratorio (V.)
circunvalatorio
rotante
movible
deslizable
circulante

(V. **rotación)**

rôti
(V. **asado)**

roto
s. licencioso
libre
libertino (V.)
inmoral
sinvergüenza

s. **deshecho** (V.)
cascado
estrellado (V.)
escacharrado
desportillado (V.)
fracturado
quebrado (V.)
dividido (V.)
quebrantado
rasgado (V.)
desgarrado
triturado (V.)
destrozado (V.)
descompuesto
resquebrajado
desbaratado
carcomido (V.)
rajado
partido (V.)
abierto
molido
maltrecho (V.)
estropeado

s. derrotado
deshilachado
pingajoso
andrajoso (V.)
harapiento
trapajoso
haraposo
calandrajoso
desarrapado
astroso
desaliñado (V.)
descosido
remendado

s. siete
tomate
andrajo
remiendo
desgarrón (V.)

s. nunca falta un roto para un descosido
pagar los platos rotos

(V. **rotura)**

(cont.)

a. *moral*
ordenado
decente
nuevo
flamante
entero
presumido
compuesto
arreglado
elegante

rotor
s. aspas
aletas
planos
rotatorios
árbol
mecanismo
helicóptero (V.)
s. rodete
rueda (V.)
(de álabes)

rotoso
(V. **desharrapado**)
(V. **miserable**)

rótula
s. articulación
rodilla (V.)
choquezuela
hueso (V.)
s. trocisco
porción (V.)

rotulación
s. titulación
título
inscripción
marca
etiqueta
rótulo (V.)

rotular
s. **titular** (V.)
intitular
sobrescribir
poner rótulos
publicar
marcar
encabezar
rubricar
diseñar
(V. **rotulación**)

rótulo
s. rotulación
rétulo
rotulata
título (V.)
epígrafe
inscripción
letrero (V.)
anuncio
encabezamiento
transparente
título
muestra
tejuelo
etiqueta (V.)
cartel (V.)
rubro
rúbrica
lema
aviso
lápida
membrete (V.)
epitafio
titulación

rotundidad
s. **curvatura** (V.)
esfericidad
orondez
s. **claridad** (V.)
conclusión
precisión
concisión
determinación
firmeza
contundencia
a. *plano*
obscuridad
imprecisión
vaguedad

rotundo
s. **redondo** (V.)
esférico
curvo
orondo
s. sonoro
lleno (V.)
ampuloso
vibrante
rodado
s. **terminante** (V.)
preciso
claro (V.)
concluyente (V.)
conclusivo
decisivo
definitivo
concluso
perentorio
inconcuso
exacto
tajante
categórico
firme
(V. **rotundidad**)
a. *recto*
plano
silencioso
impreciso
dudoso
indefinido

rotura
s. **ruptura** (V.)
rompimiento (V.)
rasgadura (V.)
rasgado
rompedura
estrago
quebradura (V.)
fractura
efracción
confracción
brecha
estallido
cisura
destrozo
reventón
rasgamiento
desgarrón (V.)
quebranto
quiebra (V.)
estropicio (V.)
desbaratamiento
estrapalucio
abertura
desconchadura
contrarrotura
escacharramiento
hendedura
derribo
desgajadura
golletazo
falla (V.)
mella (V.)
dilaceración
piquete
cascadura
cascamiento
interrupción (V.)
s. refracción
corte
sección
falla
avería (V.)
desgarre
descomposición
r. Vasija lañada y amistad reconciliada, valen poco o nada ■ Nunca falta un roto para un descosido
a. *integridad*
arreglo
unión
compostura

roturación
(V. **arado**)

roturar
s. **arar** (V.)
labrar (V.)
artigar
barbechar
desbocar
surcar
remover
binar
enrejar
arromper
escaliar
rozar
talar
panificar
socolar
romper (V.)
cultivar (V.)
(V. **roturación**)

rouge
(V. **carmín**)
(labios)

roulotte
(V. **remolque**)

round
(V. **asalto**)
(boxeo)

roya
s. hongo
parásito (V.)
sarro
herrumbre (V.)
alheña
pimiento
chahistle
rabia
plaga
s. **tabaco** (V.)
(enfermedad del árbol)

royega
(V. **oruga**)

royo
s. **inmaduro** (V.)
(fruta)
verde
crudo (V.)
a. *pasado*
maduro

roza
(V. **surco**)
(V. **hendidura**)

rozadera
(V. **rozón**)

rozado
s. **arañado** (V.)
señalado
restregado
frotado
lamido
tocado
acariciado
sobado
friccionado
s. raído
destrozado
manoseado
ajado
desgastado (V.)
erosionado
estropeado
excoriado
(V. **rozamiento**)
a. *tundido*
magullado
nuevo
pimpante
indemne

rozadura
s. **rozamiento** (V.)
deterioro (V.)
desgaste (V.)
s. **escocedura** (V.)
arañazo (V.)
herida
rasponazo (V.)
chasponazo
excoriación (V.)
sahorno
lesión
magullón
señal
erosión (V.)
irritación
desolladura
despellejadura
escorchón
colusión
escocido
sentadura
pelado
peladura
rascadura
estregadura
estregamiento (V.)
raspadura
rasguño (V.)
restregón (V.)
a. *suavidad*
caricia
cuidado
mimo
cosquillas

rozagante
s. **vistoso** (V.)
llamativo
satisfecho
ufano (V.)
contento
orgulloso
rutilante
brillante
arrogante (V.)
jarifo
presumido
altivo
altanero
envarado
envirotado
s. **saludable** (V.)
nutrido (V.)
sano
fuerte
a. *disgustado*
abatido
humilde
deslucido
enfermizo
débil

rozamiento
s. **frotamiento** (V.)
frote
restregón
roce (V.)
rozadura (V.)
estregadura
friega
estrujamiento
refregón
lijadura
s. **fricción** (V.)
tangencia
resistencia (V.)
s. **discusión** (V.)
disensión
enemistad
enfado (V.)
discordia
aversión
rivalidad
violencia
a. *suavidad*
caricia
deslizamiento
concordia
amistad
apego

rozar-se
s. **tocar** (V.)
acariciar (V.)
cosquillear
pasar
lamer (V.)
besar
rasar (V.)
juntar (V.)
deslizarse
peinar (V.)
rabosear
sobar
masajear
s. **raer** (V.)
raspar (V.)
escarbar
artigar
escaliar
socalar
desbrozar
desembarazar
limpiar
frotar (V.)
restregar (V.)
estregarse (V.)
friccionar
manosear
ajar
desgastar (V.)
refregar
fregar
rascar (V.)
erosionar
excoriar (V.)
magullar
arañar (V.)
s. estriar
acanalar (V.)
hender
ahondar
abrir
s. **limpiar** (V.)
(terrenos)
desmontar
desmajolar
chapear
empelar
socolar
desmatar
desboscar
s. **pastar** (V.)
ramonear
cortar
s. trabucarse
embarazarse
confundirse
equivocarse (V.)
embrollarse
tartamudear (V.)
tartajear
s. **estropearse** (V.)
deteriorarse
s. **herirse** (V.)
escocerse
concomerse
cascarse
escorzarse
frotarse
s. **tratarse** (V.)
relacionarse
visitarse
comunicarse
alternar (V.)
roturar (V.)
s. **parecerse** (V.)
asemejarse
semejarse
salir a
tirar a
(V. **roce**)
(V. **rozamiento**)
a. *maltratar*
pegar
suavizar
tapar
cubrir
ensuciar
descuidar
abandonar
dejar
respetar
acertar
atinar
curar
mejorarse
inhibirse
ausentarse
aislarse
retirarse
esconderse
diferenciarse

roznar
s. **mascar** (V.)
masticar
rumiar
ronzar
crujir (V.)
(comiendo)
s. **rebuznar** (V.)
escandalizar
(V. **roznido**)
a. *tragar*
sorber
callar

roznido
(V. **rebuzno**)

rozno
(V. **borriquillo**)
(V. **asno**)

rozo
s. **roza** (V.)
s. **leña** (V.)
(menuda)
ramiza
chasca
hierba
chabasca
ramojo
ramulla
encendaja
s. **comida** (V.)
s. ser de buen rozo

rozón
(V. **guadaña)**

rúa
(V. **calle)**

ruano
s. trotacalles
vagabundo
deambulante
paseante
callejero (V.)
roano
rondador
errabundo
azotacalles
s. rosillo (caballos)
rojizo (V.)
roano
obscuro
a. *trabajador*
ocupado
sedentario
quieto

ruar
s. **callejear** (V.)
deambular
vagabundear
pasear
trotar
rondar
errar
pingonear
cantonear
vagar
bordonear
andar (V.)
(V. **rúa)**
a. *ocupar-se*
trabajar
asentarse
detenerse
quedarse

rubefacción
s. **rubicundez** (V.)
enrojecimiento
sonrojo
sonrojamiento
rojez (V.)
a. *palidez*
blancor
blancura

rúbeo
s. **rubio** (V.)
rojizo
carminoso
rojo
encarnado
rubescente
colorado
rubicundo
sanguíneo
(V. **rubicundez)**
a. *pálido*
blanco

rubescente
(V. **rúbeo)**

rubeta
(V. **rana)**

rubí
s. **piedra** (V.)
(preciosa)
granate
gema
carbúnculo
balaj
balaje
cabujón
rubín
carbunclo
piropo (V.)
jacinto oriental
topacio del Brasil
espinela
corindón
s. **rojo** (V.)
grana
carmesí
escarlata

rubia
(V. **automóvil)**
(V. **peseta)**
(V. **planta)**

rubiales
(V. **rubio)**

rubicundez
s. **rojez** (V.)
enrojecimiento
rubefacción (V.)
rubor (V.)
sonrojamiento
trastorno
congestión (V.)
a. *palidez*
descongestión

rubicundo
s. **rubio** (V.)
rojizo (V.)
pelirrojo
colorado
encendido (color)
vivo
sanguíneo
(V. **rubicundez)**
a. *pálido*
apagado

rubio
s. blondo
rubicundo
rubiales
rubro
rúbeo (V.)
róseo
bermejo (V.)
rubial
rútilo
rubicán
sonrosado
catire
catiro
oxigenado
leonado
rucio
platino
taheño
rútilo
áureo
pelirrojo
albino
rufo (V.)
dorado
a. *moreno*
obscuro
atezado
tostado
negro
bronceado

rublo
(V. **moneda)**

rubor
s. rojo
rojez (V.)
encarnado
sonrojo (V.)
bochorno (V.)
soflama
erubescencia
rubicundez (V.)
fuego
rubicundo
fogaje
llamarada (V.)
pavo
abochornamiento
colores
calores
sofoco (V.)
encendimiento (V.)
s. **vergüenza** (V.)
timidez
modestia
candor
candidez
empacho
turbación
confusión (V.)
corrimiento
humildad
retraimiento
poquedad
colorado como la amapola
como la grana
a. *palidez*
desvergüenza
desfachatez
cinismo
descaro
inmoralidad

ruborizado
s. arrebolado
avergonzado (V.)
vergonzoso (V.)
pudibundo (V.)
pudoroso
embarazado
verecundo
rojo de vergüenza
corrido
tímido
confuso (V.)
atolondrado
abochornado
confundido
sonrojado
(V. **rubor)**
a. *procaz*
desvergonzado
desenvuelto
tranquilo

ruborizar-se
s. enrojecer
abochornarse (V.)
sonrojarse (V.)
encenderse (V.)
sofocarse (V.)
soflamarse
correrse
ponerse colorado
ponerse como un tomate
ponerse como un pimiento
sofocarse
amoscarse
amostazarze
avergonzarse (V.)
confundirse
azararse
azorarse
conturbarse
turbarse (V.)
azarearse
sobresaltarse
empacharse
afrentarse
morirse de vergüenza
bajar los ojos
caérsele la cara de vergüenza
no saber donde meterse
quedarse pegado
quedarse corrido como una mona
ir con el rabo entre piernas
(V. **rubor)**
a. *palidecer*
serenarse
sosegarse
destemplarse
desvergonzarse
descararse

ruboroso
s. ruborizado
enrojecido
colorado (V.)
rojo
encarnado
erubescente
soflamado
encendido
abochornado
s. **vergonzoso** (V.)
tímido
candoroso
verecundo
amilanado
acholado
avergonzado (V.)
(V. **rubor)**
a. *pálido*
desenvuelto
descarado
desvergonzado
cínico

rúbrica
s. **firma** (V.)
signatura
trazo
rasgo
señal
marca
sello
estampilla
autógrafo
otorgamiento (V.)
s. capítulo
sección
encabezamiento
título
epígrafe (V.)
rótulo
rubro
s. reglas (culto)
ceremonial (V.)
ritos
s. de rúbrica
ser de rúbrica
poner la rúbrica
rúbrica fabril
rúbrica sinópica
rúbrica lemnia

rubricar
s. **firmar** (V.)
signar
escribir
estampillar
sellar
trazar
autografiar
s. **subscribir** (V.)
autorizar
legalizar
refrendar
ratificar
aprobar
visar
testimoniar (V.)
(V. **rúbrica)**
a. *desamparar*
prohibir
vedar
desaprobar

rubro
(V. **rojo)**
(V. **rúbrica)**

rucio
s. pardo
blanquecino (V.)
canoso (V.)
entrecano
s. pollino
rucho
borrico
jumento
asno (V.)

ruche
(V. **monises)**
(V. **pollino)**

rucho
(V. **pollino)**

rudeza
s. torpeza
brusquedad (V.)
rudez
tosquedad (V.)
rustiquez
bronquedad
grosería
aspereza (V.)
descortesía
ordinariez
desabrimiento
violencia
brutalidad
zafiedad
dureza
incultura (V.)
ignorancia
a. *finura*
delicadeza
cortesía
comprensión
cultura
sabiduría

rudimentario
s. **elemental** (V.)
rudimental
primario
básico
superficial
tosco
fundamental
embrionario (V.)
limitado
primitivo
simple
sencillo
anticuado
atrasado
(V. **rudimento)**
a. *acabado*
perfecto
complicado
profundo
difícil
moderno
adelantado
perfeccionado

rudimento, s
s. **embrión** (V.)
germen (V.)
noción (V.)
fundamento
iniciación
esbozo (V.)
comienzo
inclinación
institución
s. comienzos
principios
catecismo
elementos (V.)
fundamentos
inicio (V.)
abecé
capa
palillos (V.)
barniz
tinte
tintura
nociones (V.)
a. *fin*
conclusión
ampliación
desarrollo
detalle
profundización

rudo
s. **áspero** (V.)
basto
tosco (V.)
ordinario
burdo
bronco
bruto
violento (V.)
rugoso
romo
escabroso
carrasposo
s. **grosero** (V.)
primitivo (V.)
gañán (V.)
patán
grotesco
cerril
cafre
agreste
zopenco
torpe (V.)
terco
ganapán (V.)
corronchoso
ignorante (V.)
inculto
zote
obtuso
zafio
zarrio
ceñudo
boto
mazorral
naranjo (V.)
zambombo
duro
descortés
cernícalo (V.)
bestia
burro
bucéfalo (V.)
animal
chabacano
ramplón
(cont.)

s. rencoroso
brutal (V.)
duro (V.)
acerbo
ceñudo
difícil (V.)
violento
brusco (V.)
súbito
desapacible
riguroso
impetuoso
cerrero
maturrango

(V. **rudeza)**

a. *fino*
refinado
cortés
amable
apacible
agradable
sociable
culto
sapiente
mundano
elegante

rueca

s. **rueda** (V.)
rocada
rocadero (V.)
rocador
cartapel
capillo

s. **huso** (V.)
copo

rueda

s. **disco** (V.)
círculo
corona
arandela (V.)
garrucha
polea (V.)
rueca (V.)
trocla
volante
tambor
rotor
roldo
roldana (V.)
rodezno
rodezuela
volante
albacara
álabe
andaraje
sobarbo
carraca
tabanque
linterna
plataforma
tiovivo
rodachina
satélite
aro (V.)
redondel
anillo
anilla

s. **rodaja** (V.)
loncha
lonja
tajada
rebanada
oblea
hostia

s. **corro** (V.)
corrillo
circuito
círculo
redondel

s. **turno** (V.)
vez
tanda

s. **automóvil** (V.)
neumático (V.)
banda
mangueta
buje
tapacubo
telar
zapata del freno
llanta (V.)
cama
calce
pina
rayo
radio (V.)
eje
cubo
manga
vilorta
pestaña
gorrón
piñón
engranaje
bocín
cámara
camba
cambón
cambucha
cubierta
pezón
sortija
cerco
cincho
camón
camonadura
estornija
maza
loriga
recalzón
salvabarros
guardabarros
torillo
tambor

s. bloqueo
freno
trinquete
escape
detención
parada
reventón
pinchazo
presión

s. calzar
centrar
equilibrar
enllantar
engranar
hinchar
enejar
endentar
bloquear
frenar
reventar

s. rueda dentada
rueda de molino
rueda catalina
rueda de la fortuna
rueda de Santa Catalina
rueda de presos
rueda libre
rueda hidráulica
rueda motriz
rueda directriz
rueda de paletas
rueda hiperbólica
rueda maestra
rueda de cangilones

s. chupar rueda
escupir rueda
deshacer la rueda
escupir en rueda
hacer la rueda
traer en rueda

r. Ande la rueda y coz con ella ■ No comulgar con ruedas de molino ■ Tragárselas como ruedas de molino ■ Clavar la rueda de la fortuna ■ Con una rueda no anda un carro

ruedo

s. **círculo** (V.)
redondel (V.)
circunferencia

s. **plaza** (V.) (toros)
arena
coso

s. **contorno** (V.)
borde (V.)
límite
cerco
término
circuito

s. ronda
alrededores (V.)
afueras

s. **refuerzo** (V.) (vestidos)
forro (V.)
rodeo
contorneado

s. **estera** (V.)
esterilla
felpudo
limpiabarros
arrimadillo
baleo
alfombra (V.)
felpo
peludo
redor
chipa
bayón
panero
pajote

s. a todo ruedo

a. *cuadrado*
cuadrilátero

ruego, s

s. **petición** (V.)
rogación
exhortación (V.)
solicitud (V.)
suplicación
súplica (V.)
obsecración
instancia
invitación (V.)
imploración
impetración
pedido
postulación
encargo
gestión

s. porfía
insistencia
reclamación (V.)
exigencia
memorial
pretensión
queja
interpelación
orden
requerimiento

s. **oración** (V.)
rezo
preces (V.)
jaculatoria
plegaria
invocación
rogativa
voto

a. *concesión*
licencia
otorgamiento
adjudicación
cesión
dejación
blasfemia

rueño

(V. **rodete)**

ruezno

(V. **corteza)**
(nuez)

rufián

s. **chulo** (V.)
mantenido
alcahuete (V.)
mediador
cabrón
traficante
tratante de blancas
baratero
gorrón
garitero
aprovechado
canaca
gancho
lenón
taita
ribaldo
padre de mancebía
rufo
charinol
engibador

s. **granuja** (V.)
miserable
infame
despreciable (V.)
perverso
canalla
pillo (V.)
bribón (V.)
jayán
rufezno
estafador (V.)
chantajista
villano
traidor
birlesco
bellaco (V.)
hampón
pícaro
sinvergüenza
truhán (V.)
malandrín
bergante
lunfardo
flamenco
maromo
marchoso
perdido
ruin
rufiancete

(V. **rufianería)**

a. *noble*
caballero
caballeroso
caballeresco
digno
hidalgo
prócer
altruista
señor

rufianear

(V. **chulear)**

(V. **alcahuetear)**

rufianería

s. **alcahuetería** (V.)
chulería
medianería
baratería
trata de blancas
tráfico de blancas

s. **bellaquería** (V.)
bajeza
ruindad (V.)
bribonada
bribonería
canallada
truhanería
vileza
sinvergonzonería
infamia
granujería
granujada (V.)
estafa
chantaje
villanía
picaresca

a. *nobleza*
señorío
caballerosidad
moralidad
dignidad
hidalguía
altruismo

rufianesca

(V. **hampa)**

rufo

s. **rubio** (V.)
rojo
bermejo
pelirrojo
choco

s. **rizado** (V.)
crespo
ensortijado
encarrujado
encrespado

s. **robusto** (V.)
erguido
derecho
tieso (V.)
fortacho

s. **vistoso** (V.)
rozagante
resplandeciente
majo
arrogante
ufano (V.)
satisfecho

s. **fanfarrón** (V.)
chulo
jactancioso

a. *liso*
estirado
tirante
débil
inclinado
encorvado
apagado
humilde
sencillo

ruga

(V. **arruga)**

rugby

s. juego
deporte (V.)

s. pelota o balón oval
placage
melée
gol de campo
tiro de penalización
drop-goal
touche
ensayo
aperturas
puerta o portería
barra transversal
postes
in-goal
scrummage
conversión o transformación
penalty
línea de meta

s. delanteros o paquete
defensa o zagueros

rugido

s. **voz** (V.)
berrido
grito (V.)
bramido (V.)

s. estruendo
trueno
retumbo
estrépito
fragor
ruido (V.)

a. *silencio*
calma

rugidor

(V. **rugiente)**

rugiente

s. rugidor
mugiente (V.)
bramador (V.)
aullador
rechinante
chirriante
rumoroso
fragoroso
estruendoso
retumbante (V.)
estrepitoso
escandaloso
hirviente
atronador (V.)
arrollador
estridente
horrísono
horrisonante

(V. **rugido)**

a. *callado*
silencioso
apagado
susurrante
suave

ruginoso

(V. **herrumbroso)**

rugir

s. **bramar** (V.)

s. **crujir** (V.)
chillar
rechinar
retumbar
atronar
escandalizar
chirriar
vocear (V.)
gritar (V.)

s. **traslucirse** (V.)
conocerse
notarse
descubrirse

(V. **rugido)**

a. *silenciar-se*
callar-se
suavizar
ocultar-se
desconocer-se

rugosidad
s. **aspereza** (V.)
arruga (V.)
pliegue
frunce
estría
desigualdad (V.)
remetido
dobladillo
surco
magullamiento
rafe (V.)
grano
imperfección
escabrosidad

a. *tiesura*
estiramiento
tersura
lianura
lisura
igualdad

rugoso
s. **áspero** (V.)
arrugado (V.)
plegado
plisado
fruncido
desigual (V.)
nudoso (V.)
ondulado
encrespado
crespo
rizado
escabroso
desnivelado
imperfecto
granuloso
estriado

(V. **rugosidad**)

a. *igual*
tenso
liso
llano
tieso
terso

ruibarbo
s. rabárbaro
rapóntico
ruipóntico
ruipóntico indígena
ruipóntico vulgar
planta (V.)
poligonácea
purgante
ruibarbo blanco
mechoacán
mechoacán negro
jalapa

ruido
s. **sonido** (V.)
fragor (V.)
zumbido
estridencia
rechinamiento
crujido
estridor
chirrido
explosión
detonación
zumbo
estallido
trueno
retumbo
portazo
estrépito (V.)
clamor (V.)
estampido
zurrido
taponazo
carabinazo
escopetazo
restallido (V.)
zambombazo
bombazo
tiro
estruendo (V.)
fragor
repiqueteo
martilleo
golpeteo
rechino
rechinamiento
rechinico
chasquido (V.)
tronido
cacharrazo
castañetazo
castañeteo
rumor
murmullo (V.)
silbido
runruneo
ronroneo (V.)
runrún
susurro
tableteo
tictac
traquido
trueno
tantarantán
trapa trapa
zipizape
voz
¡bum!
chis chas
chischás
chisss
¡paf!
¡plum!
¡pum!
ran rataplán
rataplán
tac
tan tan
talán talán
tictac
tintín
tintirintín
tric
trac trac
tras tras
triquitraque
tris
traqueteo
zas
zis zas
trapa
cataplán
cataplín
cataplum
chacachaca
chacarrachaca
chapaleteo
chiquichaque

s. cantinela
canturreo (V.)
murga (V.)
serenata
entonación
voz (V.)

s. litigio
pendencia
discordia
pelea
escándalo (V.)
chillería
zafarrancho
barahúnda
batahola
cencerrada
bullicio (V.)
tiritaina
pataleo
bolina
palmoteo
tiberio
taconeo
barbulla
herrería
zarabanda
baluma
rugido (V.)
escandalera
vocerío
vociferación
trápala
alboroto (V.)
algarabía
zambra
bulla
juerga
jaleo (V.)
abucheo
aquelarre
bochinche
boruca
bullanga
cisco
caramillo
delirio
estrapalucio
estropicio
gallinero
follón
trapatiesta
tremolina
pandemónium
guirigay
greguería
manicomio
liorna
gritería (V.)
trapisonda
zalagarda
jollín
mitote
marimorena
tempestad
olla de grillos
trulla
traca
tracamundana

s. **aparato** (V.)
apariencia (V.)
boato
superficialidad
ficción
simulación
exageración (V.)

s. **rumor** (V.)
novedad
hablillas
noticia
nueva
chisme (V.)
cotilleo
bulo

s. **extrañeza** (V.)
rareza
originalidad (V.)
esnobismo
singularidad

s. hacer ruido
meter ruido
armar ruido
querer ruido
quitarse de ruidos
ruido de fondo
lejos del mundanal ruido

r. Mucho ruido y pocas nueces ■ Ser más el ruido que las nueces ■ Fingir ruido por venir a partido

a. *silencio*
mutismo
paz
tranquilidad
sosiego
calma
concordia
sencillez
avenencia
naturalidad
humildad
autenticidad
vulgaridad
discreción

ruidoso
s. atronador
tonante
ensordecedor (V.)
estridente (V.)
discordante
fragoroso (V.)
retumbante
estallante
detonante (V.)
sonoro
sonado
zumbador
rechinante
crujiente
estruendoso (V.)
horrísono
chirriante
rechinante (V.)
alharaquiento
rimbombante
áspero
fuerte
desagradable

s. **escandaloso** (V.)
murmurador
vocinglero
mugiente
ladrador
estentóreo
verbenero
bullicioso (V.)

(V. **ruido**)

a. *silencioso*
tranquilo
pacífico
mudo
calmo
sosegado

ruin
s. bajo
vil (V.)
despreciable (V.)
sacapelotas
bajuno
menguado (V.)
abyecto
miserable (V.)
indigno (V.)
malvado
rufián
mezquino (V.)
malo (V.)
innoble
rastrero
malandrin
alevoso
carcamán
fregado
bellaco
pillo
echacuervos
sinvergüenza (V.)
canalla (V.)
puerco
sucio
chuchumeco
desalmado

s. débil
desmedrado
pequeño (V.)
raquítico (V.)
enclenque
humilde
escuchimizado
enfermo
canijo
encanijado

s. **avaro** (V.)
avariento
cutre
mezquino
roña
roñoso
tiñoso
tacaño (V.)
miserable
cicatero
avaricioso
avariento
agarrado
zurriburri
sórdido (V.)

s. **falso** (V.) (animal)
de malas mañas

r. Rogar a ruines ■ De ruin a ruin y medio ■ En nombrando al ruin de Roma, en seguida asoma ■ Un ruin ido, otro venido ■ El ruin cuanto más le ruegan, más se ensancha ■ Quien al ruin favorece, pronto se arrepiente

(V. **ruindad**)

a. *digno*
honrado
grande
robusto
generoso
espléndido
noble

ruina, s
s. **destrucción** (V.)
quiebra
pérdida (V.)
desolación
perdición (V.)
devastación
catástrofe
fin
decadencia
vuelco
quebranto
merma
aniquilamiento
detrimento
hundimiento (V.)
desplome (V.)
bancarrota
fracaso (V.)
perdición
daño
destrozo
menoscabo
barquinazo
decaimiento
terminación
ancianidad
muerte (V.)
antigüedad
regresión
descenso

s. **restos** (V.)
reliquias
vestigios
escombros
cascotes

r. De casa que amaga ruina se van los ratones y las golondrinas

s. batir en ruina
quedarse en la ruina

a. *lozanía*
prosperidad
pujanza
construcción
apogeo
juventud

ruindad
s. **maldad** (V.)
falsedad
vileza (V.)
indignidad
canallada
bribonada
bajeza
infamia
rufianería (V.)
bellaquería
perversidad
abominación
abyección (V.)
ignominia
vilantez
villanía
indelicadeza

s. avaricia
tacañería (V.)
mezquindad
pobretería
miseria
roñosería
cicatería
sordidez (V.)
roñería
usura

r. Al puerco y a la rana dejarlos en su charca ■ Fiéme del ruin y me arrepentí ■ De ruines, ni señor ni servidor ■ Quien ruin es en su casa, ruin es en la plaza ■ Ruindad de natura, siempre dura ■ Ruindades vencen señales

a. *dignidad*
honradez
bondad
generosidad
esplendidez

ruinoso
s. **destartalado** (V.)
arruinado (V.)
desmantelado
decadente (V.)
cadente
estropeado
viejo (V.)
decrépito
desolado
devastado
asolado
fracasado
deshecho

s. escuchimizado
desmedrado
raquítico (V.)
enclenque
enfermizo
desmedrado
pequeño

s. costoso
caro
gravoso
dispendioso

s. **dañino** (V.)
desgraciado
perjudicial (V.)
nocivo
dañoso

(V. **ruina**)

a. *floreciente*
pujante
saneado
sano
barato
grande
robusto
beneficioso

ruiseñor
s. roncal
filomela
filomena
petirrojo
colirrojo
lucina
roncal
pájaro (V.)

rular
(V. **rodar**)

rulé
(V. **nalgas**)

ruleta
s. **juego** (V.)
biribí
bisbís

s. rueda
bolita
número
pleno
plato
tablero
paño
casillas
pair
impair
rouge
noir
passe
manque
croupier
rien ne va plus!

rulo
s. bola
rodillo (V.)
cilindro
piedra
hataca
fruslero

s. **rizador** (V.)

rumbo
s. **dirección** (V.)
derrotero
ruta (V.)
orientación
camino (V.)
arrumbamiento
senda
crucero
travesía
bordada
sesgo (V.)
derrota
periplo
campaña
carrera
viaje

s. pompa
ostentación (V.)
lujo (V.)
boato
gala
aparato
suntuosidad
magnificencia
derroche (V.)
fasto
fastuosidad
esplendor
esplendidez (V.)
tronío
fanfarria
generosidad (V.)
liberalidad
esplendidez
desprendimiento
garbo
dadivosidad
desinterés

s. **parranda** (V.)
rumba
juerga

a. *desorientación*
humildad
sencillez
miseria
cicatería
seriedad

rumboso
s. magnífico
pomposo
lujoso (V.)
aparatoso
ostentoso
suntuoso
espléndido (V.)
lúcido
fastuoso

s. **generoso** (V.)
desprendido
rumbón
liberal
dadivoso
desinteresado
derrochón (V.)
manilargo
manirroto
munífico
munificente
bizarro
garboso (V.)
magnánimo

(V. **rumbo**)

a. *pobre*
humilde
sencillo
miserable
avaro
tacaño

rumí
(V. **cristiano**)

rumia
s. **masticación** (V.)
rumiadura

s. ronca
brama (V.)
gamitido
ronquido

s. rezongo
refunfuño (V.)
gruñido

s. **cavilación** (V.)
reflexión
trama
proyecto (V.)
plan
urdimbre

a. *trago*
sorbo
silencio
mudez
desgana
abandono
irreflexión

rumiante
s. rumiador
bóvido
ganado (V.)
antílope

s. jirafa
camello
dromedario
dromedal
bisonte
garañón
búfalo
uro
cebú
ñu
cervicabra
gacela
gacel
gamuza
venado
ciervo
anta
cervato
ante
danta
alce
reno
caribú
gamo
gama
corzo
guanaco
cebra
llama
cohobo
vicuña
alpaca
berrendo
pelea
nyala
duiker
bongo
cob
sitatunga
alcelafo
cabra
damalisco
oribí
impala
hipotrago
kudú
suni
oryx
hiemosco
okapi

s. tragúlidos
cérvidos
jiráfidos
antilocápridos
bóvidos
mamíferos

s. ventrón
abomaso
cuajar
libro
redecilla
panza
bonete
herbera
hebrero
herbario
omaso
retículo

s. cuajo
bezaar
bezoar

rumiar
s. mordisquear
tascar
ramonear
mascar
masticar (V.)
triturar
desmenuzar

s. remugar
roncar
bramar (V.)
rebramar
amblar
gamitar

s. **renegar** (V.)
refunfuñar (V.)
rezongar
mascullar
mascujar
protestar (V.)

s. **considerar** (V.)
examinar
meditar (V.)
pensar
estudiar
remachar
cavilar
reflexionar (V.)
tramar (V.)
planear
proyectar (V.)
urdir

a. *respetar*
abstenerse
sorber
tragar
suspirar
admitir
acceder
aprobar
abandonarse
abstenerse
descuidar

rumor
s. díceres
abejorreo
runrún
runruneo
murmullo (V.)
murmurio
susurro (V.)
zumbido
ruido (V.)
tole tole
voz (V.)
bisbiseo
son
mareta (V.)

s. hablilla
fama (V.)
chisme (V.)
murmuración (V.)
faloria
habladuría
cuento
comadreo
gallofa
borrego
patraña
infundio (V.)

s. **difusión** (V.)
noticia (V.)
eco (V.)
repercusión
resonancia
publicidad
publicación

a. *silencio*
discreción
verdad
certeza

rumorear-se
s. **sonar** (V.)
runrunear
murmurar (V.)
comadrear
cuchichear
secretear
bisbisear
comentarse
cotillear
susurrar (V.)
divulgar (V.)
circular
correr
lanzar
promover
informar (V.)
publicar
esparcirse
decir
repercutir
andar de boca en boca

(V. **rumor**)

a. *callar-se*
silenciar-se
limitar-se
censurar-se
prohibir-se
retener-se

rumoroso
s. **murmurante** (V.)
susurrante
cantarín
siseante
sibilante
sonoro (V.)

s. vagoroso
suave (V.)
continuado
plácido
tranquilo
tenue (V.)
leve

(V. **rumor**)

a. *callado*
silencioso
inaudible
fuerte

runa
(V. **escritura**)

runfiar
(V. **resoplar**)

runfla
s. colección
serie (V.)
clase
sucesión
retahíla
ciclo
tirada
acumulación (V.)
ristra

runflante
(V. **ufano**)

(V. **orgulloso**)

runrún
(V. **rumor**)

runrunear-se
(V. **rumorear-se**)

runruneo
(V. **rumor**)

rupestre
s. **rocoso** (V.)

s. **prehistórico** (V.)
paleolítico
cavernario
antediluviano

rupia
(V. **moneda**)

(V. **úlcera**)
(sifilítica)

rupicapra
(V. **gamuza**)

ruptor
s. delco
interruptor (V.)
distribuidor

s. encendido
chispa
bujía
condensador
cápsula
martillo
leva
platino o contacto
yunque
tapa
cabeza
dedo o pipa
eje
caja
contrapesos de avance automático
tornillo excéntrico
corriente (batería)

(V. **automóvil**)

(V. **motor**)

ruptura
s. **disolución** (V.)
rotura (V.)
quiebra
confracción
rompimiento
quebrantamiento (V.)
desavenencia (V.)
enemistad
separación (V.)
riña (V.)
discordia
pelea

a. *arreglo*
unión
avenencia
amistad

rural
s. agrario
aldeano
agreste (V.)
pastoril
bucólico
pastoral
apacible
rústico (V.)
rustical
rusticano
campal
labriego
campesino
campero
campestre (V.)
natural
sencillo
apacible

s. **tosco** (V.)
torpe
zafio (V.)
inculto
grosero (V.)
burdo
analfabeto
gañán
salvaje
vulgar
bárbaro
pueblerino
paleto
iletrado

a. *urbano*
cortés
culto
ciudadano
fino
cultivado

rus
(V. **zumaque**)

rusiente
(V. **incandescente**)

(V. **candente**)

ruso
(V. **soviético**)

rustical
(V. **rural**)

rusticano
(V. **rústico**)

rusticidad
s. **tosquedad** (V.)
ordinariez
rustiquez
rustiqueza
selvatiquez
rudeza
zafiedad (V.)
incultura
salvajismo
patanería (V.)
tochedad
torpeza (V.)
grosería
bastedad
bronquedad
simplicidad

a. *finura*
cortesía
cultura
refinamiento
educación

rústico
s. **tosco** (V.)
elemental
primario
burdo (V.)
rudo
grosero (V.)
ordinario
zafio
descortés
inculto
basto (V.)
térreo
selvático

s. **paleto** (V.)
palurdo
pueblerino
cateto
patán (V.)
isidro
aldeano (V.)
lugareño
labriego
babazorro
campesino
labrador
paisano
payés
villano
bacallar
barbaján
cortezudo
campirano
capipardo
charro
guanaco
foráneo
foreto
forano
matiego
machín
meleno
pataco
orejón
churro
páparo
payo

s. **campestre** (V.)
pastoril
rural (V.)
agreste (V.)
rustical
montaraz (V.)
rusticano
montañés
natural
bucólico
apacible
plácido
sencillo

s. con el pelo de la dehesa

(V. **rusticidad**)

a. *culto*
fino
refinado
cultivado
urbano
ciudadano

rustiquez
(V. **rusticidad**)

rustir
(V. **asar**)

(V. **tostar**)

ruta
s. **rumbo** (V.)
camino (V.)
itinerario (V.)
recorrido (V.)
derrotero
vía (V.)
rota
rauta
sendero
vereda
trayecto (V.)
periplo
viaje (V.)
dirección
órbita

s. **carretera** (V.)
autopista

s. **conducta** (V.)
proceder (V.)
sistema
procedimiento

rutiar
(V. **atar**)
(caballerías)

(V. **callejear**)

rutilante
s. **brillante** (V.)
relumbrante
fulgurante
llameante
chispeante
luminoso
deslumbrante
radiante
fulgente
coruscante
refulgente (V.)
espejado
esplendoroso
fúlgido
cabrilleante
rútilo
fucilante
rielante

a. *opaco*
apagado
obscuro

rutilar
s. **refulgir** (V.)
chispear
refulgir
centellear
brillar (V.)
cabrillear
coruscar
fulgurar
llamear
resplandecer
rielar
fucilar
titilar
relucir
relampaguear
espejar

a. *obscurecer*
apagarse
languidecer

rútilo
(V. **rutilante**)

(V. **áureo**)

(V. **rubio**)

rutina
s. **costumbre** (V.)
hábito
fórmula (V.)
regla
práctica
habitud
usanza
moda
imitación (V.)
tranquilo
repetición (V.)
empirismo
inercia (V.)
formulismo (V.)
vezo
de carretilla
de carrerilla

a. *novedad*
rareza
desuso
interés
originalidad
iniciativa

rutinario
s. **acostumbrado** (V.)
inveterado
común (V.)
trillado
usual
habitual (V.)
cursado
rutinero
maniático
ritual
avezado
maquinal
tradicional
mecánico
automático
instintivo (V.)
gregario (V.)
talludo
empírico
repetido (V.)
imitado
corriente
simplista
sólito

s. **indiferente** (V.)
apático (V.)
desganado
inerte
aburrido
cachazudo
trivial

(V. **rutina**)

a. *raro*
original
desacostumbrado
inhabitual
infrecuente
insólito
interesado
activo
actuante

ruzafa
s. **jardín** (V.)
parque
vergel
pensil
arrizafa
carmen

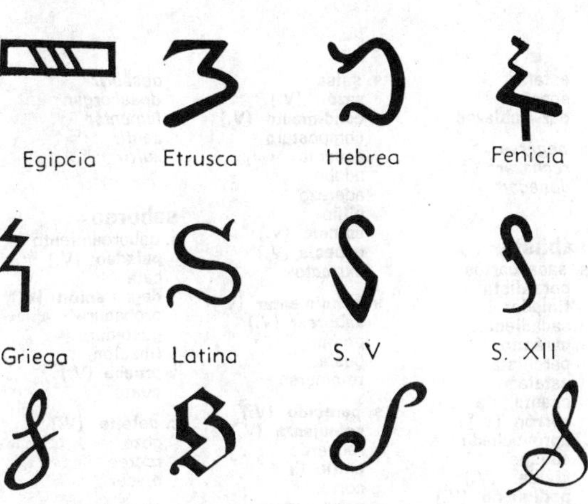

sabalera
(V. **red**)

sábalo
s. trisa
saboga
alosa
almona
pez (V.)

sabana
s. **llanura** (V.)
planicie
paramera
páramo
llanada
sabanazo
saco
sartenejal
llano
explanada
estepa
tundra
pampa
llanada
pradera
landa

a. *montaña*
altura

sábana
s. **cubierta** (V.)
sabanilla
lienzo
sabano
embozo
paloma
manta
colcha
alba
cama (V.)
sudario

s. manto

s. **espuerta** (V.)
sarria
red (de esparto)

s. sábana santa
pegársele a uno las sábanas

sabandija
s. reptil
insecto
cojijo
musaraña
bicho (V.)

s. **despreciable** (V.)
miserable
rufián
granuja
golfo
zascandil

s. flaco
raquítico (V.)
enteco

a. *digno*
honrado
noble
fuerte
desarrollado
corpulento

sabanilla
(V. **sábana**)
(V. **paño**) (altar)

sabañón
s. friera
inflamación (V.)
espolón
pernio
eritema
tumefacción
hinchazón
congestión
congelación

s. comer como un sabañón

sabatismo
(V. **descanso**)

sabatizar
(V. **descansar**)

sabaya
(V. **desván**)

sabedor
s. **sabio** (V.)
instruido
enterado
certero
entendido
sabiente
conocedor (V.)
docto
cierto
consabidor
consciente (V.)
documentado
sapiente
noticioso
avezado
experimentado
experto
versado
perito

s. **cómplice** (V.)

(V. **sabiduría**)

a. *indocto*
ignorante
lego
inocente

sabeísmo
(V. **religión**)

sabelianismo
(V. **herejía**)

sabelotodo
(V. **sabihondo**)

saber
s. **poder** (V.)
notar (V.)
conocer (V.)
entender (V.)
dominar
distinguir (V.)
constar
suponer (V.)
descubrir (V.)
penetrar
discernir
interpretar
creer
opinar
pensar
juzgar
alcanzar
intuir
percibir (V.)
concebir
descifrar
enterarse (V.)
comprender
percatarse
observar (V.)
advertir (V.)
poseer (V.)
estar al corriente
estar fuerte
tener conocimientos
echar de ver
estar en el secreto
saber al dedillo
llegar a la conclusión
darse por enterado
calzar muchos puntos
estar al tanto de
estar al cabo de la calle
estar en autos de
ser culto
ser ilustrado
tener experiencia
ser maestro en
ser erudito
darse cuenta
saber de buena tinta
estar en el ajo
saber de qué pie cojea alguien
no perder ripio
pasarse de listo
saber más que Lepe
ser un ratón de biblioteca
meterse los libros en la cabeza
ser persona de estudios
comerse los libros
estar al tanto
ser muy sagaz
tener ciencia infusa
a saber

r. Al saber le llaman suerte ■ El que las sabe, las tañe ■ No saber de la misa, la media ■ Quien poco sabe, presto la reza ■ El saber no ocupa lugar ■ Más vale saber que haber

s. saber de todo
no saber por donde se anda
vete a saber
a saber si
es a saber
no saber nada
no saber qué decir
cualquiera sabe
falta saber si
al menos que yo sepa
no saber la cartilla
saber a cuerno quemado
no saber una jota
saberse al dedillo
no saber alguien lo que tiene
saber a demonios
saber más que Merlín
no saber a nada una cosa
no sé qué te diga
no saber dónde meterse
¡quien sabe!
quien sabe si
saber más que siete
saber uno lo que se hace
¿se puede saber?
que yo sepa
para que lo sepas
saber uno lo que se dice
a mi leal saber y entender
sin saber cómo
catar
probar (V.)
paladear
gustar
saborear (V.)
degustar
tener sabor a
tener gusto a

s. **acomodarse** (V.)
sujetarse
adaptarse

(V. **sabiduría**)

a. *ignorar*
desconocer
inadaptar-se
olvidar
ocultar
abstenerse
rebelarse

saber
s. ciencia
conocimiento
cultura (V.)
sabihondez
erudición (V.)
sapiencia
inteligencia
facultad
experiencia
estudio
omnisciencia
cognición
intuición
barniz
nociones
idea
información (V.)
doctrina
teoría

(V. **sabiduría**)

a. *ignorancia*
incultura
desconocimiento

sabidillo
(V. **sabihondo**)

sabido
s. **notorio** (V.)
público (V.)
consabido
conocido
familiar
leído
versado
entendido
trivial
trillado (V.)
corriente
natural
molido
proverbial (V.)
ordinario
comprensible
inteligible
pionero
en boca de todos

s. **sabio** (V.)

(V. **saber**)

a. *ignorado*
desconocido
ignoto
oculto

sabidor
(V. **sabio**)

sabiduría
s. **ciencia** (V.)
conocimiento (V.)
pericia
conciencia (V.)
erudición
cultura (V.)
ilustración
sapiencia
instrucción
literatura
humanidades
ideas
seso
sesudez (V.)
caletre
cordura (V.)
fondo
criticismo
noticia
tino
arte notoria
arte angélico
notoriedad
certidumbre
convicción
penetración
idea
análisis
comprensión
maestría
perfección
penetración
polimatía
poligrafía
bagaje
arsenal
cognición

(cont.)

ciencia infusa
erudición (V.)
experiencia
fuerte
información
omnisciencia
preparación
fundamento
pericia
empirismo
dogmatismo
pragmatismo
enciclopedia
emporio
estudios
educación (V.)
fondo
adelanto
doctrina (V.)
dominio

(V. **saber**)

a. *ignorancia*
incultura
analfabetismo
agnosia
ineptitud
nesciencia
necedad
imprudencia
pedantería
desconocimiento
impericia
incomprensión
imperfección
inexperiencia
superficialidad
atraso
obscurantismo
ineducación
ingenuidad
duda

sabiendas (a)

(V. **premeditación**)
(con)

sabihondez

(V. **pedantería**)

sabihondo

s. sabidillo
marisabidilla
sabelotodo
presumido
pedante (V.)
pedantesco
rabisalsero
gaceta
doctoral
redicho
resabido
leído y escribido
pilonero
sesudo
erudito a la violeta

(V. **saber**)

(V. **sabihondez**)

a. *humilde*
sencillo

sabina

s. **árbol** (V.)
trabina
cedro de España

s. sabiba albar
sabiba roma
sabiba rastrera

sabio

s. **docto** (V.)
lumbrera (V.)
culto
ilustrado
conocedor (V.)
sabido
pensador
humanista
instruido (V.)
sabedor (V.)
sabidor
investigador
experto
erudito (V.)
sapiente
sabiente
sesudo
salomón
competente
fénix
omnisciente (V.)
omnisapiente
omniscio
universal
inteligente (V.)
perito
letrado
preparado
oráculo (V.)
amauta
alfaquí
general
pozo de ciencia
hombre de buenas letras
hombre de provecho
buen sastre
sesudo (V.)
prudente
cuerdo
juicioso
mandarín
avisado
profesor
inventor
historiador
ateneísta
académico
lingüista
gramático
polígrafo
séneca
luminar
maestro
científico
rabí
autoridad
enciclopedia
entendido (V.)
salomón
descubridor
estudioso
investigador (V.)
intelectual (V.)
polifacético
politécnico

r. De sabios es cambiar de opinión ■ El sabio en su retiro y el villano en su rincón ■ El sabio pobre es más rico que el poderoso si es borrico ■ Más vale ser sabio que aparentarlo ■ De sabios es tomar consejo ■ El sabio y la vela, por alumbrar a otros se queman ■ Sabio que solo sabe para sí, no vale un maravedí

(V. **sabiduría**)

a. *inculto*
ignorante
analfabeto
ignaro
zote
profano
indocto
lego
indocumentado
iletrado
inepto
nesciente
pez

sablazo

s. **herida** (V.)
codeo
banderillazo
petardo
corte
cintarazo
mandoble
golpe
doble
estocada
chincharrazo
cintarazo
cimbronazo
alfanjazo
escarcinazo

s. **petición** (V.)
solicitud
pedigüeñería
gorronería (V.)
cala
metido
préstamo (V.)
exigencia
pretensión
guante
requerimiento
abuso

s. dar un sablazo
vivir del sablazo

(V. **sable**)

a. *caricia*
negativa

sable

s. **arma** (V.)
espada (V.)
chafarote
abanico
campilán
charrasca
cris
catana
espadón
mandoble
alfanje
machete
catán
charrasco
cimitarra
gumía
escarcina
yatagán

a. *color*
negro
heráldica

sablear

s. **pedir** (V.)
mangar
mendigar (V.)
pordiosear
trampear (V.)
pedigüeñear
gorronear
abusar
parasitar
petardear
arrimarse
aprovecharse (V.)
esquilmar (V.)
estafar
engañar
dar sablazos

a. *negarse*
rechazar
denegar

sablista

s. sacacuartos
petardista
timador
sacadientes
parásito (V.)
parchista
estafador
chantajista
gorrón (V.)
aprovechado
abusón
vividor (V.)
pedigüeño (V.)
mangante
sopista
convidado

(V. **sablazo**)

a. *trabajador*
generoso
inocente
cándido

saboga

(V. **sábalo**)

saboneta

(V. **reloj**)

sabor

s. **gusto** (V.)
regosto
sentido
gustillo
dejo (V.)
saborcillo
sapidez (V.)
paladar (V.)
saborete
saboreo
degustación
paladeo
gustadura
gustación
aroma
dejillo
boca
bouquet
tasto
embocadura
punta
herrumbre
resabio (V.)
resquemor
sazón
empireuma
impresión
sensación

s. acre
amargo
ácido
agrio
áspero
agridulce
desagradable
picante
fuerte
rancio
salado
sabroso
ahumado
aguachento
asperillo
apetitoso
delicioso
exquisito
fino
dulce
delicado
empalagoso
gustoso

s. salsa
sazón (V.)
condimento (V.)
compostura
esencia
adobo
aderezo
aliño
sainete (V.)
especia (V.)
extracto

s. **condimentar** (V.)
saborear (V.)
probar
gustar
relamerse

s. **parecido** (V.)
semejanza (V.)
recuerdo
estilo (V.)
corte
naturaleza
carácter

s. **deseo** (V.)
voluntad
gusto
preferencia

a. *insipidez*
insulsez
diferencia
indiferencia

saboreador

s. **catador** (V.)
gustador
degustador
gastrónomo
catacaldos
goloso
guloso
gourmand
gourmet

(V. **saboreo**)

a. *indiferente*
sobrio
abstemio

saboreamiento

(V. **saboreo**)

saborear

s. **resabiar** (V.)
gustar
paladear (V.)
saber (V.)
catar
probar (V.)
relamerse (V.)
libar
regostarse
gozar comiendo
chuparse los dedos
tastar
golosear
tomar el gusto

s. **condimentar** (V.)
salar
sazonar
guisar
asaborgar
aderezar
salpimentar
salpresar
sainetear
aherrumbrar

s. **recrearse** (V.)
gozar
admirar
deleitarse (V.)
relamerse

(V. **saboreo**)

a. *repugnar*
asquear
aborrecer
rechazar
desabrir
desaborgar
lamentar
sentir
sufrir

saboreo

s. saboreamiento
paladeo (V.)
cata
degustación (V.)
probadura
gustadura
libación
prueba (V.)
gusto

s. **deleite** (V.)
gozo
recreo
placer

(V. **sabor**)

a. *abstención*
sobriedad
desabrimiento
sufrimiento
disgusto
desazón

sabotaje

s. daño
perjuicio (V.)
deterioro
desperfecto
menoscabo
quebranto
entorpecimiento (V.)
paralización
detrimento
estrago
avería (V.)
inutilización

a. *beneficio*
facilidad
ventaja
recuperación
ganancia

saboteador

(V. **entorpecedor**)

(V. **terrorista**)

sabotear

s. **entorpecer** (V.)
obstaculizar
inutilizar
averiar (V.)
destrozar
estropear
perjudicar (V.)
deteriorar
dañar
romper
arruinar

(V. **sabotaje**)

a. *facilitar*
cooperar
beneficiar
allanar

sabroso

s. **substancioso** (V.)
gustoso
suculento (V.)
sápido
sazonado
delicioso
rico
apetitoso
exquisito
dulce
deleitoso
deleitable
ambrosiano

(cont.)

excelente
grato
saboroso
sabrido
divino
gustable
bueno (V.)
delicado
saporífero
salado
fuerte
empalagoso
agridulce
ahumado
aderezado

s. **gracioso** (V.)
picante
salado

s. ocurrente
malicioso
verde

(V. **sabor**)

a. *insípido*
soso
desaborido
insulso
insubstancial
inexpresivo
hueco
torpe

sabuco
(V. **saúco**)

sabueso
s. rastreador
investigador
indagador
pesquisidor
olfateador
fiscalizador
indagador
policía (V.)
espía
vigía
detective
hurón (V.)

s. **perro** (V.)
sabueso
can
dogo

sabugo
(V. **saúco**)

sábulo
(V. **arena**)

sabuloso
(V. **arenoso**)

saburra
(V. **sarro**)

saburroso
(V. **sarroso**)

saca
s. sacamiento
sacada
extracción (V.)
desenterramiento
exhumación
extirpación
desenrollamiento

s. **transporte** (V.)
exportación

s. **copia** (V.)
duplicado

s. **retracto** (V.)
tanteo

s. **saco** (V.)
fardo
costal
talega
talego
fardel

s. alcalde de saca
renta de sacas
estar de saca

a. *introducción*

sacabala
(V. **pinzas**)

sacabera
(V. **salamandra**)
(batracio)

sacabocados
s. tenazas
punzón (V.)
sacabocado
taladro
herramienta (V.)

s. **treta** (V.)
ardid
trampa
argucia (V.)
medio
procedimiento
arma
resorte
añagaza

a. *nobleza*
sinceridad
limpieza

sacabuche
s. **trombón** (V.)
trompeta (V.)
instrumento
músico

s. **renacuajo** (V.)
raquítico
chisgarabís
títere
chiquilicuatro
mequetrefe (V.)
zascandil
danzante

a. *serio*
formal
corpulento
fuerte

sacaclavos
s. tenazas
alicates
pinzas
arrancaclavos
desclavador
uña
pata de cabra
botador
menestrete
sacabrocas
herramienta (V.)

sacacorchos
s. sacatapón
abridor
tornillo
tirabuzón
descorchador

s. sacar algo a uno
con sacacorchos

sacacuartos
s. sacadineros
gorrón (V.)
sablista
engañabobos
vividor (V.)
petardista
timador
sacamuelas
aprovechado

a. *incauto*
ingenuo
cándido

sacadineros
s. **engañifa** (V.)
timo
socaliña
estafa (V.)
engaño
fraude

s. engañabobos
timador (V.)
sablista
petardista
enlabiador
farandulero
sacacuartos

a. *sinceridad*
nobleza
ingenuo
inocentón
incauto

sacafaltas
(V. **criticón**)

sacaliña
(V. **socaliña**)

(V. **garrocha**)

sacamanchas
(V. **quitamanchas**)

sacamantas
(V. **recaudador**)

sacamantecas
(V. **asesino**)

(V. **bravucón**)

sacamuelas
s. saltabanco
hablador (V.)
cotorra
charlatán
curandero (V.)
embaucador
garlador
palabrero
trapisonda
parlador

s. **dentista** (V.)
odontólogo
sacamolero

a. *callado*
corto
discreto
silencioso
comedido

sacapelotas
(V. **ruin**)

(V. **despreciable**)

sacapotras
(V. **cirujano**)
(malo)

sacapuntas
s. afilalápices
cortalápices

sacar
s. **extraer** (V.)
arrancar (V.)
desaguar
vaciar (V.)
quitar
abrir
desenterrar (V.)
exhumar
descubrir (V.)
desenvainar (V.)
desenfundar
desempolvar
desencajonar
desenjaular
expulsar
apartar
tirar (V.)
separar
alejar
despojar
tomar
coger
arrebatar
privar
desposeer
remover
usurpar
retirar
desplumar
desembolsar
absorber
sorber
chupar
achicar
transportar
agotar
asomar
desatascar
desatornillar
desencajar (V.)
exclaustrar
succionar
substraer (V.)
ordeñar (V.)
estrujar
trasegar

s. **deducir** (V.)
colegir
inferir
descifrar
solucionar (V.)
sonsacar (V.)
descubrir (V.)
hallar
conocer
averiguar
resolver

s. lograr
alcanzar
conseguir
obtener (V.)
ganar (V.)
lucrarse
tener suerte

s. **producir** (V.)
crear
inventar (V.)
concebir

s. publicar
mostrar (V.)
enseñar
exhibir (V.)
lucir
manifestar
revelar
exponer
indicar

s. citar
nombrar (V.)
mencionar (V.)
mentar
aludir
referirse
sacar a relucir

s. **excluir** (V.)
eliminar
marginar
exceptuar (V.)
descartar
separar

s. **fotografiar** (V.)
retratar

s. **elegir** (V.)
designar (V.)
votar
sortear
nombrar
salir elegido

s. **adquirir** (V.)
comprar
sacar una entrada

s. **aventajar** (V.)
exceder
superar

s. **alargar** (V.)
ensanchar (V.)
sacar la costura

s. **apodar** (V.)
atribuir
tildar
poner mote

s. sacar a bailar
sacar adelante
sacar en limpio
sacar la solución
sacar de quicio
sacar en claro
sacar de la nada
sacar a relucir
sacar de sí a
alguien
sacar tajada
sacar provecho
sacar ventaja
sacar con
tirabuzón
sacar de tino
sacar las uñas
sacar a colación
sacar los trapos
sucios a relucir
sacar a la
vergüenza
pública
sacar de apuros

a. *meter*
introducir
poner
incluir
ingerir
encerrar
encajar
incrustar
enquistar
embotar
embutir
empotrar
clavar
injertar
inocular
insuflar
inyectar
infundir
infiltrar
inculcar
imbuir
insertar
adentrar
intercalar
enjaular
cerrar
enterrar
cubrir
ocultar
esconder
envainar
admitir
ingresar
acercar
aproximar
devolver
embolsar
rechazar
atornillar
retener
desconocer
ignorar
perder
fracasar
malograr
callar
celar
silenciar
olvidar
incluir
unir
contar con
abstenerse
atrasar
retrasar
acortar
reducir

sacarificación
(V. **edulcoración**)

sacarificar
(V. **edulcorar**)

(V. **azucarar**)

sacarina
s. sacarol
sacarinol
sacarinosa
edulcorante
azúcar (V.) de
hulla
sacarosa
glúcido

sacarosa
(V. **azúcar**)

(V. **sacarina**)

sacasillas
s. importuno
inoportuno
impertinente
metemuertos
entremetido (V.)
metementodo
actor
comicastro (V.)

a. *oportuno*
prudente

sacatapón
(V. **sacacorchos**)

sacerdocio
s. ministerio
(sagrado)
estado
(eclesiástico)
consagración
(sacerdotal)
dignidad
(sacerdotal)
ejercicio
(sacerdotal)
clero (V.)
clerecía
cleriguicia
cura de almas
presbiterado
presbiterato
clericato
curato
hierocracia
clericalismo
teocracia
culto (V.)
vocación
(religiosa)

a. *siglo*
mundo

parabolano
muecín
mago
título
augur
mistagogo
gimnosofista
flamen
séviro augustal
imán
druida
coribante
cultrario
victimario

s. sacerdote augustal
simple sacerdote
sumo sacerdote
príncipe de los sacerdotes

(V. **sacerdocio**)

a. *lego*
seglar

sacerdotal

s. eclesiástico
presbiterial
clerical (V.)
diaconal
hierático
artado
arctado
levítico

s. orden sacerdotal

(V. **sacerdocio**)

a. *seglar*
secular
lego

sacerdote

s. **clérigo** (V.)
cura (V.)
eclesiástico (V.)
capellán
párroco
padre (V.)
predicador
confesor (V.)
mosén
preste
abate
presbítero (V.)
fraile (V.)
arcipreste
religioso (V.)
canónigo
prelado
primado (V.)
obispo (V.)
arzobispo
abuna
cardenal
papa
misionero
director espiritual
cura de almas
oblato
celebrante
consagrado a Dios
ungido
ordenado
misacantano
oficiante (V.)
epistolero
evangelistero
seminarista
colegial capellán
ordenando
ordenante
tonsurado
prior
rector
vicario
cura ecónomo
coadjutor (V.)
obituario
colector

s. **pastor** (V.)
pastor protestante
rabino
bracmán
bonzo
pope
lama (V.)
dalai-lama
brahmán
pontífice
sumo sacerdote

sacerdotisa

s. diaconisa
papisa
vestal (V.)
druidesa
ménade
pitonisa (V.)
ancilla
vidente
sibila (V.)

(V. **sacerdocio**)

a. *seglar*

saciable

s. **empalagoso** (V.)
empachoso
ahitable
abarrotable
henchible
hartable
llenable
saturable

(V. **saciedad**)

a. *insaciable*

saciado

s. lleno
repleto (V.)
ahíto
atracado
empachado
harto (V.)
satisfecho (V.)
cebado
relleno
atiborrado
sacio
tofo
saturado (V.)

(V. **saciedad**)

a. *hambriento*
famélico
falto
escaso
vacío
necesitado

saciar-se

s. moderar
aplacar
calmar
hartar (V.)
llenar
saturar (V.)
ahitar
atracar
empachar
atiborrar
atipar
empapar
cebar
rellenarse
colmar
abrevar
satisfacer (V.)
empapujar
atarugar
repletar
atestar
empiparse
tupirse
empapuzarse
matar (V.) el hambre
sacar tripa de mal año
darse una panzada
darse un atracón
quedarse satisfecho
saturarse de comida
comer hasta reventar
coger un empacho
comer a dos carrillos
matar el gusanillo
matar el hambre
estar hasta el gollete

(V. **saciedad**)

a. *hambrear*
apetecer
apagar
escasear
faltar
vaciar

saciedad

s. **satisfacción** (V.)
empalago
empalagamiento
atiborramiento
saturación (V.)
hartura (V.)
hartazgo
atracón
hartada
hartazón
panzada
indigestión (V.)
tripada
abuso (V.)
exceso (V.)
asiento
tupa
tupitaina
asco
empipada
empacho
cansancio
hastío
embotamiento
borrachera
colmo
repleción (V.)
gula (V.)

a. *necesidad*
hambre
falta
escasez
finitud

sacio

(V. **saciado**)

saco

s. valija
saca
bolsa (V.)
morral
zurrón
zacuto
saquete
macuto
mochila
guangocho
costal (V.)
fardelejo
chuspa
coracha
churlo
cebadera
quilma
churla
corachín
talega
taleguilla
cutama
manta
paniego

s. **saqueo** (V.)
desvalijamiento
sacomano
despojo
robo
hurto

s. gabán
hopa
abrigo
chaqueta (V.)
chaquetón
sobretodo

s. **montón** (V.)
hato
pila

s. abra
rada
bahía (V.)
ensenada

s. entrar a saco
poner a saco
meter a saco

r. No echar en saco roto ■ No ser saco de paja ■ El saco vacío no puede mantenerse en pie

a. *devolución*
restitución
escasez

sacomano

(V. **saqueo**)

sacramental

s. **indeleble** (V.)
imborrable

s. habitual
acostumbrado (V.)
consagrado (V.)
ritual
ordinario

s. auto sacramental
sigilo sacramental
palabras sacramentales
absolución sacramental

(V. **sacramento**)

a. *borrable*
inhabitual
insólito

sacramentar

s. convertir
comulgar
consagrar (V.)
ungir
transubstanciar

s. **viaticar** (V.)
administrar (los últimos sacramentos)
olear (V.)
bautizar (V.)
guardar
esconder
ocultar (V.)
disimular (V.)

(V. **sacramento**)

a. *excomulgar*
descubrir
mostrar

sacramento

s. **bautismo** (V.)
confirmación
confesión (V.)
penitencia
viático (V.)
comunión (V.)
eucaristía (V.)
extremaunción (V.)
matrimonio (V.)
orden sacerdotal

s. carácter
signo (V.) sensible
palabras
cristianismo (V.)

s. **misterio** (V.)
secreto (V.)
juramento
voto

s. Santísimo Sacramento
Sacramento del altar
morir con todos los Sacramentos
incapaz de Sacramento
recibir los Sacramentos
los últimos Sacramentos
materia del Sacramento

a. *excomunión*
deviedo
entredicho

sacratísimo

(V. **sagrado**)

sacrificadero

s. **matadero** (V.)
ara (V.)
altar
pira
dolabro
fóculo
cultrario
pátera
piscina probática

(V. **sacrificio**)

sacrificado

s. **mártir** (V.)
víctima (V.)
inmolado
reo
ofrecido
olvidado
dado de lado
sufrido (V.)
resignado
sumiso
conformista
paciente
idealista (V.)
abnegado (V.)
ajetreado
aperreado
arriesgado
burro de carga
carne de cañón
pagano

(V. **sacrificio**)

a. *opresor*
victimario
rebelde
sacrificador
inmolador

sacrificador

s. sacrificante
inmolador
cultrario
opresor (V.)
verdugo
sacerdote

(V. **sacrificio**)

a. *sacrificado*
mártir
víctima
reo

sacrificar-se

s. **ofrendar** (V.)
ofrecer
inmolar (V.)
consagrar (V.)
pagar
libar (V.)
dedicar (V.)
litar
lustrar
propiciar

s. **matar** (V.)
degollar
decapitar
guillotinar

s. **renunciar** (V.)
privarse (V.)
exponerse
arriesgarse
sufrir (V.)
someterse
sujetarse
aguantarse
conformarse
resignarse (V.)
quitarse
padecer
abandonar
matarse (V.)
abnegarse
posponer (V.)

(V. **sacrificio**)

a. *excusar*
perdonar
impedir
respetar
redimir
liberar
rebelarse
quedarse con
disfrutar
gozar

sacrificio

s. **inmolación** (V.)
martirio (V.)
ofrenda (V.)
holocausto (V.)
expiación (V.)
ofrecimiento
pago
oblación (V.)
propiciación
libación
libamiento
litación
lustración
libamen
cruz
voto
víctima
mola
precio (V.)

s. **matanza** (V.)
degollina
hecatombe (V.)
muerte

s. **abnegación** (V.)
renunciamiento
desinterés
privación (V.)
abandono
desprendimiento

(cont.)

entrega (V.)
consagración
generosidad (V.)
filantropía
ideal (V.)
idealismo (V.)
esfuerzo (V.)
abandono
quijotada
mortificación (V.)
peligro
riesgo
renuncia (V.)
renunciación

s. eucaristía
misa (V.)
hostia (V.)
ofrenda
culto (V.)

s. Santo Sacrificio
Sacrificio del altar
sacrificio incruento

a. *beneficio*
ventaja
ganancia
comodidad
abstención
inhibición
interés
egoísmo
avaricia
codicia

sacrilegio
s. violación
perjurio
blasfemia (V.)
profanación (V.)
abominación
irreverencia
impiedad
apostasía
perversión
herejía
escarnio
pecado mortal
vandalismo

a. *adoración*
veneración
respeto
lealtad
fidelidad
ortodoxia
mantenimiento
arrepentimiento

sacrílego
s. **blasfemo** (V.)
impío
irreverente (V.)
profanador (V.)
perjuro (V.)
hereje
heterodoxo
apóstata
blasfemador
infiel
irrespetuoso
excomulgado
profano (V.)
vándalo
abominable
renegado
violador
transgresor
corruptor

(V. **sacrilegio**)

a. *devoto*
leal
fiel
puro
respetuoso
observante
cumplidor
adorador
ortodoxo
arrepentido

sacrismoche
(V. **desastrado**)

sacristán
s. monaguillo
escolano
monacillo
monago
acólito (V.)
misario
ceroferario
cetre
cetrero
apagavelas
obispillo
campanero
ayudante (V.)
pertiguero
cánulo
clerizón
sacrista
sacristanejo
chupacirios
chupalámparas
rapavelas
fiscal
sacrismoche
perrero
diácono
camilo
seise
crucero
ayuda de oratorio
infante de coro
niño de coro

s. **tontillo** (V.)
faldellín

s. sacristán mayor
sacristán de amén
ser un bravo sacristán

r. Los dineros del sacristán, volando vienen y volando se van

(V. **sacristanía**)

a. *sacerdote*

sacristanía
(V. **sacristía**)

sacristía
s. sacristanía
escolanía
iglesia

s. cajonera
pertiguería

(V. **sacristán**)

sacro
(V. **sagrado**)

sacrosanto
(V. **sagrado**)

sacudida
s. **conmoción** (V.)
sacudión
sacudidura
convulsión (V.)
zarandeo
estremecimiento (V.)
sacudimiento
temblor (V.)
vibración
choque
golpe
percusión
repercusión
agitación
meneo
tirón (V.)
traqueteo
barquinazo
descarga
concusión
cimbronazo
seísmo
tantarantán
voladura (V.)
terremoto (V.)
temblor
zapatazo
vaivén
tumbo
cambalada
cambalud
estrechón
socollada
crispación
sobresalto
movimiento (V.)
zamarreo (V.)
espasmo
alteración
escalofrío (V.)
repeluzno

a. *quietud*
calma
tranquilidad
reposo
inmovilidad
paralización
apacibilidad

sacudido
s. crispado
agitado (V.)
zarandeado
movido (V.)
trepidante
traqueteado
batido
chapoteado
estremecido (V.)
azogado
convulso (V.)
palpitante
bullente
efervescente
meneado
caceado
bazuqueado

s. **áspero** (V.)
intratable
indócil
díscolo
desagradable

s. **atrevido** (V.)
audaz
resuelto
desenfrenado
desenfadado
decidido (V.)
expeditivo

(V. **sacudida**)

a. *quieto*
dócil
irresoluto
tímido

sacudidor
s. **zorro** (V.)
vara
bayeta
escoba
escobón
escobilla
pala
paleta
trapo
rodilla
limpieza

(V. **sacudimiento**)

sacudidura
(V. **sacudimiento**)

sacudimiento
s. **terremoto** (V.)
sacudida
sacudidura
convulsión
zarandeo
movimiento (V.)
meneo
trepidación (V.)
temblor (V.)
estremecimiento
tremor
sobresalto (V.)
revuelta
revolución
conmoción
zangoloteo
palpitación
salto
agitación (V.)
turbulencia
inquietud
perturbación (V.)
alboroto
vibración
palpitación
pulsación
efervescencia (V.)
bullebulle
latido
ebullición

s. **golpe** (V.)
oscilación (V.)
revuelo
revoloteo
danza
batido
batidura
contorsión
brinco
pirueta
cabriola
pataleta
furia
mareta
marejada
maretazo
maremoto
oleada
bationdeo
zaleo
zangoloteo

a. *quietud*
tranquilidad
sosiego
paz
calma
inmovilidad
reposo
inercia

sacudión
(V. **sacudida**)

sacudir-se
s. **mover** (V.)
remover
menear
batir
zangotear
blandir
tremolar
ondear
titilar
perturbar
convulsionar
temblar (V.)
estremecer (V.)
percutir (V.)
trepidar
temblequear
valvenear
vacilar
emocionar (V.)
alterar
conmover
latir
bullir
palpitar
hervir
pulular
revolotear
saltar
triscar
brincar
palmotear
manotear
verguear
vibrar
sobresaltar
oscilar
solmenar
agitar (V.)
alterar (V.)
chocar
percutir
revolucionar
revolver
zarandear
zangolotear
conmocionar

s. tundir
apalear (V.)
batanear
varear (V.)
zurrar
mantear (V.)
pegar (V.)
vapulear
zamarrear
asestar
abofetear
abanear
batucar
batuquear
bazucar
soguear

s. **ahuyentar** (V.)
arrojar
echar
tirar
apartar (V.)
rechazar

s. **quitarse** (V.)
librarse
desembarazarse (V.)
descargarse
esquivar (V.)
eludir
evitar
rehuir

s. sacudirse el mocho

(V. **sacudida**)

(V. **sacudimiento**)

a. *aquietar*
inmovilizar
posar
dejar
calmar
sosegar
tranquilizar
afirmarse
enervar
aplacar
consolar
acariciar
atraer
acercar
aproximar
afrontar
encararse

sachadura
(V. **escarda**)

sachar
s. **escardar** (V.)
sallar
carpir
arrancar
limpiar

(V. **sachadura**)

sádico
(V. **cruel**)

(V. **lúbrico**)

sadismo
(V. **crueldad**)

(V. **lubricidad**)

(V. **perversión**)

saeta
s. saetilla
rehilete
jara
vira
saetón
sagita
flecha (V.)
dardo (V.)
arma arrojadiza
ballesta (V.)
ballestón

s. pasador
repullo
virote
viratón
cometa

s. **aguja** (V.)
manecilla (V.)
minutero
varilla

s. **brújula** (V.)

s. **copla** (V.)

s. **jaculatoria** (V.)
oración

s. echar saetas uno

saetazo
(V. **flechazo**)

(V. **disparo**)

saetear
s. asaetar
asaetear (V.)
disparar (V.)
ballestear
alancear
rehilar
enherbolar
enhastillar
flechar
(V. **saeta**)

saetera
s. **aspillera** (V.)
tronera
ventanilla (V.)
ballestera
cañonera
portañola
barbacana
buhedera

(V. **saeta**)

saetero
s. ballestero
flechero
flechador (V.)
asaetador
sagitario
fundibulario
pedrero
hondero
arquero (V.)

s. panal saetero

(V. **saeta**)

saetilla
(V. **manecilla)**
(V. **saeta)**

saetín
(V. **clavo)**
(sin cabeza)

saetón
(V. **saeta)**

saga
(V. **leyenda)**
(V. **hechicera)**

sagacidad
s. **malicia** (V.)
acierto (V.)
imaginación
intuición (V.)
sutileza
perspicacia (V.)
astucia (V.)
refinamiento
malabarismo
cautela
trascendencia
taimería (V.)
política
solercia
prudencia
calidad
picardía
finura (V.)
talento
viveza
cacumen
lucidez
cazurrería
artería
agudeza (V.)
maña
clarividencia (V.)
cazurria
matrería
centella
prontitud (V.)
ojo clínico
penetración (V.)
viveza (V.)
vista
quinqué
olfato (V.)
a. *ingenuidad*
sinceridad
obtusidad
torpeza
ceguera

sagaz
s. **claro** (V.)
clarividente (V.)
pícaro (V.)
perspicaz (V.)
psicólogo (V.)
peje
prudente
diestro (V.)
cazurro
agudo (V.)
astuto
largo
fino
licurgo (V.)
lúcido (V.)
penetrante (V.)
imaginativo
intuitivo (V.)
ladino
avispado
solerte
vivo
rayo (V.)
precavido
listo (V.)
sutil
lince (V.)
previsor
inteligente (V.)
presciente
barruntador
rastreador
pollo
sensato
ardiloso
refinado
taimado (V.)
trascendido
despierto
travieso (V.)
candongo
guachinango
conchudo
truchiman
cauteloso
socarrón
(V. **sagacidad)**
a. *ingenuo*
sencillo
obtuso
insensato
ababol
torpe
ciego
tonto
tardo

sagita
s. **recta** (V.)
espada
arco (V.)
s. **clave** (V.)
sillar (V.)
s. **saeta** (V.)

sagitario
(V. **saetero)**
(V. **constelación)**
(V. **zodiaco)**

sagrado
s. **divino** (V.)
sacro
sacrosanto
santo (V.)
santificado
bendito (V.)
canonizado
consagrado
sacratísimo
beato
beatificado
hierático (V.)
bienaventurado
inmaculado
venerable
respetable
s. **inviolable** (V.)
improfanable
intangible (V.)
s. **asilo** (V.)
refugio
amparo
auxilio
s. acogerse uno a sagrado
a. *profano*
despreciable
desacreditado
execrable
desamparo

sagrario
s. **tabernáculo** (V.)
sanctasanctórum
retablo
altar (V.)
relicario
conopeo
trono (V.)

sahornarse
s. rozarse
escocerse (V.)
excoriarse
escaldarse
ludirse
irritarse
(V. **sahorno)**
a. *suavizar*
curar
mitigar
calmar

sahorno
s. excoriación
rozadura (V.)
escocedura (V.)
erosión
irritación
erosión
a. *suavización*
mitigación

sahumado
s. incensado
perfumado (V.)
aromatizado
embalsamado
s. ahumado
curado (V.)
s. **aumentado** (V.)
mejorado (V.)
perfeccionado
(V. **sahumerio)**
a. *apestado*
hediondo
hediente
crudo
disminuido
empeorado

sahumador
(V. **perfumador)**
(V. **incensario)**

sahumar
s. **perfumar** (V.)
incensar
aromar
aromatizar
empajolar
fumigar (V.)
purificar
embalsamar (V.)
mirlar
empajolar
s. **ahumar**
turibular
curar (V.)
(V. **sahumerio)**
a. *apestar*
heder
encrudecer

sahumerio
s. sahumadura
sahúmo
perfume (V.)
fumigación (V.)
incensada
aroma
humo
incienso (V.)
a. *peste*
hedor

saín
s. **grasa** (V.)
obesidad
grosura
sebo (V.)
gordo
gordura
crasitud
unto
pringue
s. **suciedad** (V.)
a. *delgadez*
limpieza

sainar
s. engordar
cebar
atiborrar
alimentar
(V. **saín)**
a. *adelgazar*
enflaquecer

sainete
s. comedieta
entremés (V.)
atelana
obra cómica
pieza (V.) cómica
juguete cómico
s. **salsa** (V.)
condimento (V.)
aperitivo
aderezo
adobo
aliño (V.)
jugo
especia
s. **sabor** (V.) (buen)
delicadeza
exquisitez
bocadillo
s. **golosina** (V.)
bocadito
s. **adorno** (V.)
realce
gracia (V.)
primor
mérito
a. *drama*
abandono
dejadez

saíno
s. **mamífero** (V.)
(paquidermo)
pécari
báquira
tatabro
tatabra
(V. **zoología)**

saisón
(V. **temporada)**

sajador
s. jasador
sangrador (V.)
curandero
barbero
cirujano
físico
s. escarificador
bisturí (V.)
cuchillo
(V. **sajadura)**

sajadura
s. saja
corte (V.)
jasa
jasadura
cortadura
incisión (V.)
disección
cisura
sangría (V.)
tajo
tajadura
sección
chirlo
tijeretazo
a. *sutura*
cierre
cicatrización

sajar
s. jasar
cortar (V.)
retajar
seccionar
abrir
tajar
disecar
hender
sangrar (V.)
extirpar
escarificar
(V. **sajadura)**
a. *cerrar*
suturar
cicatrizar

sal
s. salobridad
salmuera
salumbre
salero
salín
albina
sardioque
sulfato (V.)
sal común
cloruro de sodio
sal gema
salsedumbre
s. **atractivo** (V.)
gracia (V.)
salero
encanto (V.)
simpatía (V.)
sombra
sandunga
garbo (V.)
donosura
chispa
donaire
ingenio (V.)
viveza
sal ática
aticismo
agudeza
gracejo
s. agua sal
espíritu de sal
espuma de la sal
flor de la sal
sal amoniaca
sal de acederas
sal de cocina
sal de mesa
sal de régimen
sal de nitro
sal marina
sal gema
sal infernal
sal de perla
sal de plomo
sal de piedra
sal pedrés
sal tártara
s. con su sal y pimienta
deshacerse como la sal
tener la sal por arrobas
poner sal en la mollera
no alcanzar la sal al agua
volverse sal y agua
a. *sosera*
adustez
desabrimiento
desgarbo
sosería
torpeza

sala
s. saleta
estancia
pieza
aposento
salón
gabinete
recibimiento
recibidor
living-room
aula
recinto
antecámara
crujía
tarbea
habitación (V.)
sitio de estar
cuarto de estar
teatro (V.)
cine
local
paraninfo
patio de butacas
sala de baile
sala de fiestas
hacer sala
guardar sala
oficial de sala
ujier de sala
sala de batalla
sala de justicia
sala de Indias
sala del crimen
sala de gobierno
sala de Millones
sala de vacaciones

salabardo
(V. **red)**

salacidad
(V. **lujuria)**

salacot
(V. **sombrero)**

salado
s. salmuera
salino (V.)
salobre
salífero
salobral
fuerte (V.)
picante
cargado
curado (V.)
acecinado
sabroso (V.)
salobreño
saladillo
salinero

(cont.)

s. **gracioso** (V.)
chistoso (V.)
garboso
saleroso
sandunguero
donoso
ocurrente (V.)
divertido
ingenioso (V.)
agudo
ático
chispeante
donairoso
genial
burlesco
simpático

(V. **sal**)

a. *soso*
crudo
desabrido
dulce
patoso
torpe
antipático

saladura
s. **salazón** (V.)
salmuera
saladería
salacocho
cecina
conservas

(V. **sal**)

a. *crudeza*

salamandra
s. **batracio** (V.)
salamanquesa
salamadria
salamanqueja
salamántiga
sacabera
tiro
vaquigüela

s. **estufa** (V.)
calorífero

salar
s. condimentar
sazonar (V.)
curar (V.)
acecinar
salgar
tocinar
salpresar
conservar (V.)
ensalobrarse
salobrar
echar en sal
poner en salmuera

(V. **sal**)

a. *endulzar*
suavizar

salariado
(V. **retribución**)

salariar
(V. **asalariar**)

salario
s. **paga** (V.)
estipendio
retribución (V.)
sueldo
mensualidad
devengo
emolumento
mayoralía
estipendio
honorarios
gajes
soldada
haber
jornal
mesada
semana

salaz
(V. **lujurioso**)

salazón
s. saladería
saladura (V.)
desecación (V.)
preparación
saladero
conserva (V.)
cecina
salmuera
jamón
mojama
salón
cecial
chanca
charquecillo
arenque
carnes
pescados

(V. **sal**)

salchicha
(V. **embutido**)

salchichón
(V. **embutido**)

saldar
s. **liquidar** (V.)
finiquitar
pagar (V.)
abonar
satisfacer (V.)
rematar
quemar (V.)
vender
malvender (V.)
regalar
realizar
solventar

(V. **saldo**)

a. *deber*
adeudar

salderita
(V. **lagartija**)

saldo
s. **liquidación** (V.)
pago (V.)
realización (V.)
finiquito (V.)
abono

s. **resultado** (V.)
remanente (V.)
sobrante
retal
resto (V.)

s. **ganga** (V.)
ocasión (V.)
baratillo
baratura
purria
quemazón (V.)
macana (V.)

s. **liberación** (V.)

a. *deuda*
carestía
sujeción

salearse
(V. **navegar**)

saledizo
(V. **saliente**)

salero
s. **recipiente** (V.)
especiero
pote
vaso

s. sal
gracia (V.)
donosura
garbo
sombra
sandunga
chispa
agudeza
simpatía (V.)
donaire
ingenio (V.)
humor

(V. **sal**)

a. *sosería*
ñoñez
sosera
antipático
patoso
torpe

saleroso
s. **gracioso** (V.)
garboso
sandunguero (V.)
salado
chistoso
simpático (V.)
jacarandoso
agudo
ocurrente
donoso
ingenioso
sembrado
garrido

(V. **sal**)

a. *patoso*
soso
simple
desabrido
atontado
sosera

saleta
(V. **sala**)

salida
s. **partida** (V.)
marcha (V.)
ida (V.)
alejamiento
huida
evasión (V.)
despedida (V.)
ausencia
mutis (V.)
fuga
filtro (V.)
éxodo
escape
surtido
egreso
escapatoria
expatriación
destierro
expulsión (V.)
emigración
migración
paseo
viaje
excursión

s. **evacuación** (V.)
desembocadura (V.)
paso (V.)
puerto
puerta (V.)
boca (V.)
agujero (V.)
salidero
abertura (V.)
embocadura
desemboque
desagüe

s. **derrame** (V.)
efusión
derramamiento
exudación (V.)
exósmosis
extravasación
egresión
erupción (V.)
explosión
flujo (V.)
sangradura (V.)
hemorragia (V.)
desbordamiento
dispersión
pérdida (V.)
rebose

s. emersión
bocanada (V.)
borbotón
borbollón
borborito
borbor

s. origen
fuente (V.)
manantial
surtidor
surgidor

s. **chorro** (V.)
vena
goteo (V.)
chorreo
lagrimeo
gasto
borboteo

s. amanecida
amanecer (V.)
orto
nacimiento (V.)
levante
aurora
levada

s. **recurso** (V.)
pretexto
subterfugio (V.)
efugio (V.)
escapatoria
excusa
disculpa (V.)
justificación
solución (V.)
habilidad
elusión
argumento

s. **ocurrencia** (V.)
ingeniosidad
gracia (V.)
chiste
agudeza
sutileza

s. **venta** (V.)
oportunidad
colocación

s. **descubierta** (V.)
ataque
acometida
arrancada

s. **saliente** (V.)
resalto
resalte

s. salida de baño
callejón sin salida
salida de teatro
buena salida
salida de pie de banco
encontrar salida para todo
no tener otra salida
salida de tono
tener salida a

a. *llegada*
arribo
penetración
presencia
acercamiento
bienvenida
regreso
admisión
acceso
inmigración
adentramiento
invasión
irrupción
incursión
introducción
infiltración
filtración
ingreso
retorno
devolución
retención
oclusión
cierre
ósmosis
concentración
inmersión
fin
término
compra
inmovilidad
guardia
expectativa
entrante
afrontamiento
mantenimiento
firmeza
sinceridad
franqueza
torpeza
sosería

salidero
(V. **callejero**)
(V. **andariego**)

salidizo
(V. **saledizo**)

salido, a
(V. **saliente**)
(V. **cachonda**)
(V. **rijoso**)

saliente
s. abultamiento
convexidad
relieve (V.)
resalte
salida (V.)
resalto (V.)
bulto (V.)
elevación (V.)
eminencia
excrecencia
pabellón (arq.)
prominencia (V.)
protuberancia (V.)
saledizo
voladizo
vuelo (V.)
pezón (V.)
grano
borde
reborde (V.)
remate
filo
punta
traste
pestaña
pingorote
espiga
lomo
ceja
diente
rebaba
proyección
proyectura
filete
refuerzo
altura
pico (V.)
monte

s. **desigualdad** (V.)
escalón
estriberón
pitón
moldura (V.)
morro
nariz
punta
uña
vástago (V.)

s. levante
este (V.)
orto
oriente
naciente (V.)

s. **protuberante** (V.)
prominente (V.)
salido (V.)
abultado (V.)
afilado
prognatismo
puntiagudo
abombado
convexo
giboso
jorobado
hinchado (V.)
surgente
emergente

s. manifiesto
destacado (V.)
visible (V.)
exterior
aparente

s. a la vista
sobresaliente (V.)
evidente

(V. **salida**)

a. *concavidad*
hundimiento
llano
lisura
igualdad
entrante
poniente
hundido
cóncavo
romo
liso
recto
inadvertido
vulgar

salina
s. salegar
saladar
mina (V.)
salero
espumero
lódano
salobral
salega
alfolí
salga

(V. **sal**)

borbollar
romper
descubrirse
prorrumpir
gotear
chorrear
lagrimear

s. amanecer
despuntar
comenzar
clarear
despuntar

s. **pretextar** (V.)
excusarse
disculparse
justificarse
eludir (V.)
evitar
argumentar
solucionar

s. **ocurrir** (V.)
sobrevenir
resultar
quedar en
pasar
acontecer
acaecer
destaparse con (V.)

s. importar
costar (V.)
salir por
resultar en

s. **parecerse** (V.)
semejarse
asemejarse
tirar a
tener un aire

s. **pintipararse** (V.)
arreglarse
componerse
salirse con la suya
lograr
obtener (V.)
conseguir

s. **apartarse** (V.)
separarse
faltar
cesar
librarse (V.)
desembarazarse (V.)
deshacerse de

s. **proceder** (V.)
dimanar de
venir de
originarse

s. **deducirse** (V.)
inferirse
desprenderse
colegirse

s. **publicarse** (V.)
editar
aparecer

s. a lo que salga
salga lo que salga
salga el sol por Antequera
salga por donde saliere
salirse por la tangente
salir cara una cosa
salir pitando
salir echando pestes
salir adelante
salir bien o mal una cosa
salir malparado
salir por
salir por peteneras
salir por los cerros de Úbeda

salino
s. salinero
salífero
salado (V.)
saladillo
salobre
salobral
salobreño

s. de pintas blancas
manchado (res)

(V. **sal**)

salir-se
s. **partir** (V.)
irse (V.)
marchar (V.)
alejarse
evadirse (V.)
huir
fugarse
escapar
egresar
viajar
extraviarse
ausentarse (V.)
despedirse
emigrar
desterrarse
exiliarse
expatriarse
abandonar
desembarcar (V.)
dejar
retirarse
hacer mutis
zarpar

s. **evacuar** (V.)
desembocar (V.)
pasar
desaguar
derramarse
verterse
rezumar (V.)
desbordarse
fluir
dispersarse
rebosar (V.)
trasvinar
gotear
vaciar
perder
exudar (V.)
mojar
inundar
afluir

s. surgir
aparecer
presentarse
mostrarse
resurgir
emerger
manifestarse
brotar
nacer
asomar
emerger
aflorar
manar
saltar
venir
dimanar
surtir
borboritar

salir el tiro por la culata
salir con vida
salir fiador
salir por un ojo de la cara
salir al paso
salir del paso
salir rana
salir con el rabo entre las piernas
salir por un pico
salir a la cara
salirse los colores a la cara
salir a luz
salir alguien por un registro
salir por pies
salir las cuentas
salir de cuentas

(V. **salida**)

a. *regresar*
retornar
entrar
ingresar
acceder
penetrar
admitir
venir
llegar
acudir
acercarse
aproximarse
detener
presentarse
pasar
meterse
adentrarse
invadir
franquear
irrumpir
infiltrar
introducir
filtrarse
colarse
traspasar
retener
cerrar
tapar
ocluir
obstruir
recoger
concentrar
reunir
meter
desecar
absorber
chupar
sorber
desaparecer
ocultarse
esconderse
ponerse (sol)
anochecer
atardecer
encararse
arrostrar
afrontar
responsabilizarse
asumir
diferenciarse
fracasar
frustrarse
cargar con
prohibir

salisipan
(V. **embarcación**)

salitral
s. salitroso
salitrado
nitroso
nítrico

s. nitral
nitrería
salitrera
salitrería

(V. **salitre**)

salitre
s. nitro
afronitro
caliche
alatrón
arenillas
barrero
barrera
nitro cúbico
nitrato de Chile
nitrato de potasio
espuma de nitro
salitre de sosa

salitrería
(V. **salitral**)

saliva
s. **secreción** (V.)
baba (V.)
babaza
espumajo
espumarajo (V.)
escupitajo
humor (V.)
esputo (V.)
flema
gargajo
salivazo (V.)
gallo

s. diastasa
tialina
ptialina (V.)

s. **salivación** (V.)

s. **escupidera** (V.)
salivadera

s. **salivar** (V.)

s. gastar saliva en balde
tragar saliva
no pasar la saliva por la garganta

salivación
s. **secreción** (V.)
insalivación
tialismo
ptialismo
babeo
sialismo
sialorrea
expectoración

(V. **saliva**)

salivar
s. insalivar
babosear
desbabar
babear
ensalivar
espumajear
espumarajear
escupir (V.)
gargajear
echar
espumarajos
espurrear
desflemar

(V. **saliva**)

a. *secar*
desalivar

salivazo
s. **escupitajo** (V.)
escupitiñajo
gargajo
espumajo
espumarajo
salivajo
esputo
escupido
flema (V.)
ostra
baba

escupidura
babazo
gargozada
escupitina
espadañada
gallo
gorgozada

(V. **saliva**)

a. *retención*

salivera
s. **cuenta**
mastigador
coscojos
sabores
freno (V.)
(caballo)

salma
(V. **tonelada**)
(barcos)

(V. **medida**)
(capacidad)

(V. **albarda**)

salmear
(V. **salmodiar**)

salmo
s. loor
cántico
alabanza
rezo
canto (V.)
salmodia (V.)
letanía
responso
miserere
de profundis
salterio
canto llano
canto religioso
liturgia

s. salmo gradual
salmo de David
salmo penitencial
cantarle a uno los salmos
saber uno su salmo

salmodia
s. tabarra
canturreo
melopea (V.)
canto (monótono)
mosconeo
repetición
tarareo
zumbido
lata
monserga

(V. **salmo**)

a. *melodía*
armonía

salmodiar
s. modular
salmear
cantar (V.)
(monótonamente)
rezar
oficiar (V.)
entonar
decir misa
cantar misa
decir responsos

s. repetir
tararear (V.)
mosconear

(V. **salmo**)

a. *callar*

salmódico
s. cadencioso
monótono (V.)
igual
regular
repetido

(V. **salmo**)

a. *variado*
desigual
ameno

salmón
s. esguín
bical
becal
amuje
murgón
gorzón
pez (V.)
(teleósteo)

r. Mejor cabeza de sardina que cola de salmón

salmonete
s. trigla
trilla
barbo de mar
mulla
pez (V.)
(acantopterigio)

salmorejo
(V. **salsa**)

(V. **gazpacho**)

(V. **reprimenda**)

(V. **escarmiento**)

salmuera
s. **salazón** (V.)
salobridad
aguasal
salumbre
salsedumbre
oxalme

(V. **sal**)

salobre
(V. **salado**)

salomón
(V. **sabio**)

salón
s. **sala** (V.)
aula
tarbea
crujía
paraninfo (V.)
nave

s. **exposición** (V.)
muestra
feria
exhibición

s. **salazón** (V.)

s. salón de actos
salón de sesiones
salón de fiestas
salón de té

salpa
s. salema
pámpano (V.)
pez (V.)
(acantopterigio)

salpicado
s. **rociado** (V.)
espurreado
esparcido
irrigado
aspergeado
asperjado
regado (V.)
bautizado
pulverizado
s. **manchado** (V.)
picado
tigrado
atigrado
abigarrado
pecoso
cebrado
jaspeado (V.)
tachonado
moteado (V.)
matizado (V.)
(V. **salpicadura**)
a. *seco*
desecado
igual
uniforme

salpicador
s. **rociador** (V.)
regadera
hisopo (V.)
aspersorio
pulverizador
regadura
(V. **salpicadura**)

salpicadura
s. salpicón
salpique
rociadura (V.)
rocíon
rociamiento (V.)
rociada (V.)
rocío
aspersión
asperges
riego
irrigación (V.)
bautizo
chorro
lluvia
chorreo
chapoteo
salsero
s. cascarria
cazcarria (V.)
zarria
zarrapastra
zarpa
tachonado
mancha (V.)
tizne
chapoteo
barro
cieno
a. *desecación*
limpieza

salpicar
s. rujiar
regar (V.)
irrigar
esparcir (V.)
pulverizar
asperjar
aspergear
rosar
hisopar
hisopear
espurriar
espurrear
estufarrar
bautizar
espolvorear
lanzar (V.)
crispir
escarchar (V.)
arrojar (V.)
asperglar
zarpear
s. **rociar** (V.)
mojar
chapotear
manchar (V.)
tiznar
(V. **salpicadura**)
a. *secar*
desecar
limpiar

salpicón
s. **salpicadura** (V.)
s. **picadillo** (V.)
picado
adobo
aderezo
comida
guiso (V.)
desmenuzamiento

salpimentar
s. especiar
aliñar
sazonar (V.)
adobar
aderezar (V.)
conservar
s. **amenizar** (V.)
deleitar
encantar
divertir
guasearse
entretener
asainetear
a. *descuidar*
aburrir

salpullido
(V. **sarpullido**)

salsa
s. sopa
caldo (V.)
jugo (V.)
adobo
moje
condimento (V.)
sainete (V.)
caldillo
unto
ahogo
salpicón
alioli
ajilimójili
aderezo
guiso (V.)
aliño
especias
zumo
aguadillo
ajada
ajete
salmorejo
ajonuez
pebre
mahonesa
mayonesa
bayonesa
bechamel
besamel
vinagreta
pebrada
jinestada
escabeche
almendrada
ají
ajiaco
ajiaceite
pebre
almodrofe
polvoraduque
sainete
zampalopresto
bechamela
besamela
jerricote
tomatícán
treballa
mostaza
mojo
jirofina
oruga
nogada
papirolada
pampirolada
mostillo
s. salsa blanca
salsa rubia
salsa mayordoma
salsa tártara
salsa verde
salsa picante
salsa americana
s. estar en su propia salsa
r. Ser el perejil de todas las salsas ■ La mejor salsa es el hambre ■ Más vale la salsa que los caracoles

salsear
(V. **entrometerse**)

salsera
s. recipiente
salserilla
salseruela
taza
vasija
(V. **salsa**)

salserilla
(V. **salsera**)

saltabancos
s. histrión
volatinero
saltabancos
saltimbanco
titiritero (V.)
saltimbanqui
payaso
bufón
saltiembanco
saltador
s. **charlatán** (V.)
sacamuelas
buhonero
embaucador
farsante
tarambana
zascandil (V.)
mequetrefe (V.)
a. *serio*
discreto
formal

saltabardales
s. **inquieto** (V.)
saltaparedes
saltabarrancos
saltarín
saltacharquillos
travieso (V.)
juguetón
impetuoso
a. *quieto*
tranquilo
pacífico
formal

saltacabrilla
s. **juego** (V.)
pídola
a latiguillo
(V. **salto**)

saltacharquillos
(V. **afectado**)
(V. **amanerado**)

saltadero
s. valla
trampolín (V.)
pértiga (V.)
salto
alzadera
s. **surtidor** (V.)
(V. **salto**)

saltadizo
s. **quebradizo** (V.)
débil
frágil (V.)
delicado
(V. **salto**)
a. *fuerte*
consistente
duro
resistente

saltador
s. saltimbanqui
saltarín
saltante
saltor
saltón
acróbata (V.)
trapecista
atleta
saltígrado
capricante
saltabarrancos
brincador (V.)
comba
cuerda
(V. **salto**)

saltaembancos
(V. **saltimbanqui**)

saltagatos
(V. **saltamontes**)

saltamontes
s. **insecto** (V.)
(ortóptero)
saltapajas
saltaprados
saltón
caballeta
cigarrón
saltarén
saltagatos
langosta (V.)
saltigallo

saltaojos
s. peonia
peonía
planta (V.)
ranunculácea
leguminosa
rosa albardera
rosa de rejalgar
rosa maldita
rosa montés

saltapajas
(V. **saltamontes**)

saltaparedes
(V. **travieso**)
(V. **aturdido**)
(V. **alocado**)

saltaprados
(V. **saltamontes**)

saltar
s. corvetear
piruetear
botar (V.)
brincar (V.)
retozar (V.)
rebotar
pingar
respingar (V.)
corcovear
gambetear
triscar
chozpar
cabrear
danzar (V.)
cabriolar (V.)
caracolear
tomar carrerilla
hacer piruetas
hacer cabriolas
dar volteretas
jugar a la comba
dar volatines
hacer carrera de obstáculos
andar a la pata coja
s. palpitar
sobresaltarse
excitarse (V.)
irritarse
s. **omitir** (V.)
olvidar (V.)
pasar
pasar por alto
pasar en silencio
hacer caso omiso
saltarse a la torera
s. relegar
eludir (V.)
evitar
dejar
s. precipitarse
arrojarse
lanzarse (V.)
tirarse
dar un salto
s. **desprenderse** (V.)
caerse
arrancarse
irse
soltarse (V.)
s. prorrumpir
estallar (V.)
destaparse (V.)
franquearse
no poder más
rebelarse
s. trasponer
atravesar (V.)
salvar
cruzar (V.)
franquear
traspasar
zanquear
atacar
arremeter
s. **romperse** (V.)
resquebrajarse (V.)
quebrantarse
desconcarse
saltar en pedazos
s. **estallar** (V.)
explosionar
explotar
detonar
reventar (V.)
volar (V.)
descargar
destruirse
s. **destacarse** (V.)
resaltar (V.)
distinguirse (V.)
sobresalir
saltar a la vista
hacerse notar
s. saltar a la comba
saltar la barrera
saltar por todo
saltar a la cara
saltar a la torera
saltarse la tapa de los sesos
estar a la que salta
r. Donde menos se piensa salta la liebre
(V. **salto**)
a. *detener-se*
parar-se
aquietarse
sosegarse
tranquilizarse
calmarse
recordar
mencionar
aludir
evocar
abstenerse
quedarse
permanecer
retener
contenerse
dominarse
resistir

saltarelo
(V. **baile**)

saltarén
(V. **saltamontes**)

saltarín
s. **bailarín** (V.)
danzante
danzarín
volatinero
saltimbanqui
s. aturdido
travieso (V.)
alocado
retozón (V.)
juguetón
revoltoso (V.)
inquieto
(V. **salto**)
a. *serio*
sesudo
tranquilo
quieto
sentado

saltarregla
(V. **escuadra**) (falsa)

saltaterandate
(V. **bordado**)

saltatrás
(V. **tornatrás)**

saltatumbas
(V. **clérigo)**

salteador
s. bandolero
saqueador
enmascarado
ladrón (V.)
atracador (V.)
devastador
violador
criminal
asaltante
depredador

s. salteador de caminos

(V. **salteamiento)**

a. *honrado*
noble
decente
digno

salteamiento
(V. **asalto)**

saltear
s. desvalijar
asaltar (V.)
robar (V.)
acometer (V.)
atacar
atracar (V.)
sorprender
saquear
devastar
violar
salir al camino
salir al encuentro

s. sobrecoger
sobrevenir (V.)
ocurrir (V.)
asustar
sorprender (V.)

s. dorar (comidas)
rehogar (V.)
sofreír

(V. **salteamiento)**

a. *defender*
devolver
perseguir
detener

salterio
s. Biblia
Antiguo Testamento
salmos

s. **breviario** (V.)
libro de coro
oficios divinos

s. **rosario** (V.)
rezo
avemarías

s. dulcémele
saltérion
instrumento (V.) (música)
psalterium
santir
pisantir

saltigallo
(V. **saltamontes)**

saltimbanqui
s. **acróbata** (V.)
titiritero
volatinero
payaso

s. **saltaembancos** (V.)

salto
s. corveta
brinco (V.)
bote (V.)
brinquillo
respingo (V.)
brinquiño
saltación
cabriola (V.)
zapateta
acrobacia (V.)
voltereta
sacudida
gambeta
pídola
pirueta
cuarteo (V.)
balotada
corcovo (V.)
rebote (V.)
chozpo
juego
retozo (V.)
volatín (V.)
carrera
zancada
valla
trampolín
altibajo
batuda
impulso
carrerilla

s. **olimpíada** (V.)
steeple-chase
jugueteo
tranco

s. **diferencia** (V.)
cambio (V.)
mutación
variación
tránsito
discontinuidad
transformación

s. **hueco** (V.)
falta
laguna (V.)
olvido (V.)
omisión (V.)
inadvertencia
descuido
paso
negligencia
error

s. **pulsación** (V.)
palpitación
latido
movimiento (V.)
rebenque
excitación

s. torrente
catarata (V.)
chorro
cascada
caída (V.)
despeñadero
precipicio
derrumbadero

s. **asalto** (V.)
pillaje (V.)
robo
botín
saco

s. **ascenso** (V.)
subida
promoción
mejora

s. salto de agua
salto atrás
salto de la trucha
salto de mata
salto de mal año
salto del ángel
salto de cama
salto y encaje
salto de valla
salto de carnero
salto mortal
salto de longitud
salto de pértiga
salto con potro
salto de altura
salto lateral
salto de frente
salto rodado
de salto
en un salto
a saltos
de un salto
a salto de mata
andar a saltos
dar saltos de alegría
cazar al salto

a. *permanencia*
fijeza
quietud
reposo
continuidad
continuación
persistencia
presencia
recuerdo
cuidado
corrección
remanso
degradación
descenso

saltón
s. **abultado** (V.)
saliente
protuberante (V.)
prominente
convexo
grande

s. **crudo** (V.)
sancochado

s. moscarda
cresa (V.) (del tocino o jamón)

s. **saltador** (V.)
saltarín

s. ojos saltones
pulso saltón

(V. **salto)**

a. *liso*
entrante
hundido
cóncavo
pasado
hecho

salubre
(V. **saludable)**

salubridad
(V. **salud)**

(V. **higiene)**

salud
s. energía
vitalidad
higiene
salubridad
sanidad (V.)
lozanía (V.)
robustez
vigor
fuerzas
euforia (V.)
eutaxia
buena disposición

s. estado de gracia
salvación (V.)

s. libertad
contento
bienestar (V.)

s. **saludo** (V.)
cortesía

s. a su salud
curarse en salud
beber a la salud de...
vender salud

r. Para poca salud, ninguna ■ La salud no tiene precio ■ Salud y alegría, belleza cría ■ Salud y pesetas, es la salud completa ■ Todos somos sanos, hasta que enfermamos ■ La salud no es conocida, hasta que es perdida ■ Quien salud no tiene, de todo bien carece

a. *enfermedad*
malestar
debilidad
apagamiento
marchitez
languidez
condenación
malestar
descontento

saluda
(V. **besalamano)**

(V. **comunicación)**

saludable
s. vital
sano (V.)
fuerte
sonrosado
robusto (V.)
vigoroso (V.)
rozagante (V.)
fresco
salutífero
pimpante
salubre
salubérrimo
lozano
reluciente (V.)
lujuriante
potente
terne
tieso
rubicundo
morocho
frescachón
inmune
eufórico (V.)
eucrático
higiénico
alegre
contento

s. provechoso
fructífero
ventajoso
benéfico
favorable
beneficioso (V.)
conveniente
propicio
curativo

(V. **salud)**

a. *enfermo*
insano
perjudicial
achacoso
débil
enclenque
mustio
apagado
perjudicial
desmejorado
quebrantado
pestífero
insalubre
malsano
antihigiénico
pestilente
dañino
mefítico

saludador
s. embaucador
hechicero
curandero (V.)
ensalmador
embaidor
charlatán
matasanos

(V. **salud)**

a. *médico*

saludar
s. **reverenciar** (V.)
cumplimentar (V.)
descubrirse
cumplir
congratular
felicitar
recibir
visitar
ver
entrevistarse
festejar (V.)
obsequiar (V.)
encomendarse
abrazarse
estrecharse
inclinarse
destocarse
inclinarse
gesticular
dar la mano
dar los buenos días
dar la bienvenida
presentar armas
hacer reverencias
estrechar la mano
agitar la mano
dar un sombrerazo
enviar saludos
agitar el pañuelo
presentar sus respetos

s. acoger
proclamar (V.)

(V. **saludo)**

a. *despedirse*
desacatar
incumplir
atacar
criticar
censurar
repelerse
rechazar
repudiar

saludo, s
s. **cortesía** (V.)
tratamiento (V.)
cumplido
salutación
presentación (V.)
saludación
salva (V.)
reverencia (V.)
bienvenida
cabezada
zalema
sombrerada
recuerdos (V.)
venia
inclinación (V.)
visita
recepción
ceremonia
congratulación (V.)
besamanos
apretones de manos
cordialidad
atenciones

s. ¡salud!
¡hola!
¡salve!
memorias (V.)
expresiones (V.)

s. **ademán** (V.)
sombrerazo
gorrada
bonetazo
bonetada
guindamaina
espontonada

s. saludo militar
saludo a la voz
saludo de cortesía
saludo con banderas

a. *grosería*
desatención
descontento
olvido
despedida
partida
¡adiós!
¡abur!

salutación
(V. **saludo)**

salutífero
(V. **saludable)**

salva
s. **saludo** (V.)
bienvenida
aplausos
vítores
aclamación (V.)
palmadas

s. descarga
cañonazo (V.)
andanada (V.)
fuego
disparos

s. **prueba** (V.)
cata
ensayo
pregustación
creencia

s. **juramento** (V.)
promesa (V.)
palabra
prometimiento
afirmación

s. salva de aplausos
hacer la salva
salva sea la parte
señor de salva
gastar la pólvora en salvas

a. *descortesía*
maldición
resistencia
oposición
silencio
incumplimiento

salvabarros
(V. **rueda)**

(V. **automóvil)**

salvable
s. realizable
superable (V.)
fácil (V.)
asequible
posible
dominable
hacedero
franqueable
vadeable
vencible
reductible
conquistable

s. **evitable** (V.)
eludible
sorteable
soslayable
esquivable

(V. **salvación)**

a. *insalvable*
insuperable
inasequible
infranqueable
invencible
irreductible
ineludible
insoslayable
inevitable

salvación
s. **emancipación** (V.)
liberación
manumisión
rescate (V.)
libertad
huida
fuga

s. salvamento
protección (V.)
inmunidad
invulnerabilidad
garantía (V.)
indemnidad
defensa
puerto
refugio
asilo
iglesia
amparo (V.)
abrigo
resguardo
seguridad (V.)
tutela
ayuda
favor
patrocinio

s. parapeto
talanquera
pretil
barandilla
muro
dique
barrera (V.)

s. **amuleto** (V.)
talismán
fetiche

s. **redención** (V.)
Gloria
Cielo
eternidad
salud
bienaventuranza
áncora de salvación
tabla de salvación

a. *sujeción*
sometimiento
tiranía
condenación
maldición
desamparo
inseguridad
vulnerabilidad
indefensión
muerte
olvido

salvado
s. **cascarilla** (V.)
moyuelo
acemite
rollón
frangollo
afrecho
bren
ahechaduras
aechaduras
cerniduras
hormigo
salón
moyana
cerealina
tástara
menudillo
cáscara

salvador
s. **Redentor** (V.)
Jesucristo (V.)

s. defensor
protector (V.)
bienhechor
guardián
amparador
libertador (V.)
liberador (V.)
fiador
corredentor
rescatador (V.)

s. El Salvador del mundo
Deus ex máchina

(V. **salvación)**

a. *demonio*
malhechor
enemigo
tirano

salvaguardar
(V. **salvar)**

(V. **proteger)**

(V. **garantizar)**

salvaguardia
s. salvaguarda
pasaporte
sagrado
salvoconducto (V.)
pase
pasavolante
pasavante
carta-guía
aval
seguro

s. **seguridad** (V.)
protección (V.)
defensa
acogimiento
ocultación
asilo
garantía (V.)
custodia (V.)
amparo
guarda
cuidado
celo
resguardo
escolta (V.)
atención
desvelo
vigilancia

a. *desamparo*
inseguridad
negligencia
descuido

salvajada
s. bestialidad
animalada
burrada
brutalidad
barbaridad (V.)
salvajería
incultura (V.)
incivilidad

(V. **salvajismo)**

a. *humanidad*
cultura
civilidad

salvaje
s. cafre
caníbal
fiero
bárbaro (V.)
antropófago
irracional
beduino
indio
negro
vándalo

s. bestia
animal
bruto (V.)
brutal (V.)
inhumano
fiera
violento (V.)
bestial
vandálico
abestiado
feroz (V.)
cimarrón
asnal
indómito (V.)
indomado
indomesticable
incivil
zulú
inculto (V.)
burro
rudo
arisco (V.)
selvático (V.)
áspero
bárbaro (V.)
zafio
zahareño
intratable
cerrero
montaraz (V.)
insociable
necio
agreste
bravío
montés
primitivo (V.)
silvestre (V.)
chúcaro

s. **abrupto** (V.)

(V. **salvajismo)**

a. *humano*
culto
civil
sociable
civilizado
fino
cortés

salvajismo
s. **ferocidad** (V.)
salvajada
salvajería
salvajez
vandalismo (V.)
inhumanidad
barbarie
irracionalidad
bestialidad
canibalismo
violencia (V.)
brutalidad (V.)
antropofagia (V.)
fiereza
crueldad
ensañamiento
cafrería
obscurantismo

s. **incultura** (V.)
incivilidad
rudeza
descortesía (V.)
grosería
embrutecimiento
insociabilidad

a. *cultura*
civilidad
humanidad
finura

salvamento
s. salvación
liberación
recuperación (V.)
rescate (V.)
ayuda
socorro (V.)
apoyo
asistencia
refuerzo
defensa
cooperación
expedición
empresa
incursión
batida
descubierta
protección

a. *peligro*
riesgo
desamparo
abandono
desasistencia
insolidaridad
indiferencia
desinterés

salvar-se
s. **librar** (V.)
proteger (V.)
amparar
salvaguardar
asegurar
defender (V.)
socorrer (V.)
recuperar
ayudar
liberar
cooperar
contribuir
guardar
recoger
acoger
guarecer
reforzar
apoyar
esconder
ocultar (V.)
refugiar (V.)
preservar
patrocinar
favorecer
escapar (V.)
librarse (V.)
superar (V.)
huir
redimir (V.)
fomentar
salvar el pellejo
poner pies en polvorosa
ponerse a salvo
ponerse a cubierto
agarrarse a un clavo ardiendo
ver los toros desde la barrera
arribar a puerto seguro
tener las espaldas bien cubiertas
escapar de milagro
ver el cielo abierto
volver a nacer

s. **disculpar** (V.)
justificar (V.)
excluir
exceptuar (V.)
evitar

s. **rebasar** (V.)
pasar
atravesar (V.)
franquear
saltar
vencer
escalar
trasponer
traspasar
vadear
cruzar

s. **sanar** (V.)
convalecer
mejorar
estar fuera de peligro
recuperarse (V.)
reponerse

s. morir en gracia de Dios
alcanzar la Gloria bendita
morir con los Sacramentos

s. **probar** (V.)
catar (V.)
ensayar
pregustar

s. **sobresalir** (V.)
aventajar
destacar
encimar
vencer (V.)
superar

s. ¡sálvese el que pueda!

(V. **salvación)**

a. *desamparar*
abandonar
entregar
dejar
quedarse
condenarse
perecer
empeorar
morir
incluir
asumir
arrostrar
abstenerse

salvavidas
s. **flotador** (V.)
guindola (V.)
corcho
bote hinchable
cámara
boya
bote salvavidas
chaleco salvavidas
cinturón salvavidas
bote insumergible
naufragio (V.)

salve
s. **saludo** (V.)
salutación

s. **oración** (V.)
rezo

salvedad
s. **limitación** (V.)
distinción
condición (V.)
excepción (V.)
excusa (V.)
cortapisa
aclaración
justificación
distingo (V.)
reserva (V.)
reticencia
reserva mental
restricción (V.)
explicación
demostración
especificación
reseña
puntualización
precisión

s. hacer salvedad de

a. *generalidad*
facilidad
franqueza
sinceridad
inclusión
Igualdad

salvia
s. **planta** (V.)
ormino
tarrago

salvilla
s. **bandeja** (V.)
platillo
salva
mancerina

salvo
s. campante
ileso (V.)
indemne
incólume
seguro (V.)
libre
horro
sano
inmune
libertado
viviente
firme
fijo
inatacable
inexpugnable
invulnerable
imperdible
inviolable
inamovible

s. **exceptuado** (V.)
omitido
excluso
excluido
excepto (V.)
menos (V.)
aparte

s. sano y salvo
a salvo
dejar a salvo
en salvo
salir a salvo
quedar a salvo
salvo que
salva sea la parte

(V. **salvación)**

a. *perjudicado*
herido
enfermo
dañado
incluido
comprendido

salvoconducto
s. **pase** (V.)
pasaporte
permiso (V.)
licencia
autorización
venia
visado
aprobación
credencial
pasavante
aval
despacho
documento (V.)
documentación
salvaguardia (V.)
seguridad (V.)

sama
(V. **pajel**)

sámago
s. albura
blancura
líber
madera (V.)

samaritana
(V. **enfermera**)

samaritano
(V. **misericordioso**)

samarugo
(V. **obstinado**)
(V. **cazurro**)

samaruguera
(V. **red**)

sambenitar
s. **infamar** (V.)
difamar
desacreditar (V.)
mancillar
deshonrar
estigmatizar
ensambenitar
amancillar
vituperar
profanar
colgar un sambenito
(V. **sambenito**)
a. *honrar*
enaltecer
elogiar
encomiar

sambenito
s. **infamia** (V.)
deshonra (V.)
descrédito
desprestigio
vituperio
estigma
deshonor
censura (V.)
a. *honra*
crédito
prestigio
honor
encomio

samblaje
(V. **ensambladura**)

sambuca
(V. **arpa**)

samovar
(V. **tetera**)

sampán
(V. **embarcación**)

sampsuco
(V. **mejorana**)

samuga
(V. **jamugas**)

samugo
(V. **obstinado**)
(V. **cazurro**)

samurai
(V. **guerrero**)

sanable
s. **curable** (V.)
viable
saludable
sanativo
sanitario
higiénico
salutífero
curativo
(V. **sanidad**)
a. *incurable*
grave
antihigiénico

sanalotodo
s. curalotodo
panacea (V.)
pócima
remedio (V.)
bálsamo
bebedizo
ungüento amarillo
ungüento mágico
(V. **sanidad**)

sanar
s. **curar** (V.)
mejorar
restablecerse
reponerse
convalecer (V.)
recuperarse
recobrarse
resucitar
esponjarse
fortalecerse
aletear
desempeorarse
pelechar
levantarse
salir
reaccionar
hacer crisis
vender salud
cobrar fuerzas
levantar cabeza
sentar bien
volver a la vida
rebosar salud
estar fuerte
ir al Jordán
ir trampeando
(V. **sanidad**)
a. *empeorarse*
desmejorarse
agravarse
morir

sanatorio
s. leprosería
enfermería (V.)
clínica
hospital (V.)
residencia sanitaria
casa de salud
casa de reposo
convalecencia
nosocomio
balneario
consultorio
dispensario
casa de socorro
lazareto
manicomio (V.)
(V. **sanidad**)

sanción
s. **estatuto** (V.)
ley (V.)
ordenanza
reglamento
precepto
norma
s. **confirmación** (V.)
aprobación (V.)
autorización
anuencia
permisión
legitimidad (V.)
conformidad
asentimiento
venia
s. pena
castigo (V.)
correctivo
condena
penalidad
penalty
a. *denegación*
desautorización
prohibición
ilegitimidad
premio
recompensa

sancionable
s. ilegal
punible (V.)
castigable
condenable
s. **autorizable** (V.)
permisible
confirmable
ratificable
aprobable
plausible (V.)
(V. **sanción**)
a. *loable*
alabable
premiable
legal

sancionado
(V. **castigado**)
(V. **depurado**)

sancionar
s. **castigar** (V.)
punir
condenar
penar
expulsar
corregir
prohibir
inhabilitar
s. **autorizar** (V.)
valer (V.)
aprobar
respaldar
promulgar
confirmar (V.)
homologar
consagrar
ratificar
convalidar
permitir
acceder
conceder
decretar (V.)
ordenar
legitimar (V.)
(V. **sanción**)
a. *premiar*
recompensar
aplaudir
desautorizar
rectificar
prohibir
rechazar
negar

sancocho
s. **bazofia** (V.)
comistrajo
bodrio
potaje
rancho
guisote
frangollo
batiborrillo
potingue
a. *banquete*
festín
manjar

sancta
(V. **santuario**)

sanctasantórum
s. sagrario
tabernáculo
santuario (V.)
s. **intimidad** (V.)
arcano (V.)
secreto
reconditez
misterio
s. **excelencia** (V.)
delicia
desiderátum
a. *generalidad*
publicidad
desprecio

sanctus
(V. **misa**)

sanchopancesco
(V. **materialista**)
(V. **acomodaticio**)

sandalia
s. **calzado** (V.)
cacle
caite
chancleta
alpargata
coturno
chalala
guarache
abarca
babucha
chinela
pantufla
cotiza
quinfa
ojota
suela

sándalo
s. azándar
almorabú
almoraduj
almoradux
moradux
sandalino
planta (V.)
herbácea
labiada
sándalo rojo
árbol (V.)
papilionáceo
madera (V.)

sandáraca
(V. **resina**)
(V. **rejalgar**)

sandez
(V. **necedad**)
(V. **despropósito**)

sandía
s. cuchuña
angurria
badea
pepón
melón de agua
albudeca
zandía
chilacayote
cidra cayote
chirigaita
planta (V.) (cucurbitáceas)

sandio
(V. **majadero**)
(V. **tonto**)

sandunga
s. **gracia** (V.)
salero
garbo
donaire (V.)
gracejo
galanura
jocosidad
sombra
gachonería
atractivo
gallardía
encanto
hechizo
gancho
seducción
sal
a. *insulsez*
patosería
repulsión

sandunguero
s. atractivo
saleroso (V.)
brioso
gracioso (V.)
chusco
divertido
garboso
simpático (V.)
chirigotero
loquesco
guasón
bromista
salado
jaranero
parrandista
(V. **sandunga**)
a. *soso*
insulso
torpe

sandwich
(V. **bocadillo**)

saneado
s. **libre** (V.)
productivo
neto (V.)
sin cargas
conveniente
s. **limpio** (V.)
depurado
higiénico
(V. **sanidad**)
(V. **saneamiento**)
a. *gravoso*
caro
desventajoso
sucio

saneamiento
s. sanidad
fumigación (V.)
purificación (V.)
limpieza (V.)
salubridad
desecamiento
s. **remedio** (V.)
reparación (V.)
arreglo
compostura
restauración
remiendo
(V. **sanidad**)
a. *suciedad*
insanidad
descomposición

sanear
s. arreglar
componer
remediar (V.)
restaurar
redondear (V.)
recomponer
remendar
reparar (V.)
s. **limpiar** (V.)
higienizar (V.)
asear
purificar (V.)
deterger
desinfectar
desecar (V.)
s. **indemnizar** (V.)
redrar
(V. **saneamiento**)
a. *descomponer*
estropear
infectar
perder

sanedrín
(V. **tribunal**)
(V. **consejo**)

sanfrancia
(V. **riña**)

sangradera
s. bisturí
lanceta (V.)
s. **caz** (V.)
acequia
abertura
compuerta (V.)
(V. **sangre**)

sangrador
s. cirujano
enfermero
sajador (V.)
jasador
practicante (V.)
s. **sanguijuela** (V.)
s. sangrador del común
(V. **sangre**)

sangradura
s. **sangría** (V.)
corte
cisura
incisión
flebotomía

s. abertura
salida (V.)
desagüe
avenamiento

(V. **sangre)**

a. *taponamiento*
oclusión
cierre
obturación

sangrante
(V. **cruento)**

(V. **cruel)**

(V. **ofensivo)**

sangrar
s. **abrir** (V.)
cortar (V.)
sajar (V.)
jasar

s. **resinar** (V.)

s. sisar
robar
hurtar (V.)
escamotear
apandar
abusar

s. **desaguar** (V.)
avenar
desangrar

s. **perder** (V.)
gotear (V.)
rezumar
verterse
fluir
exudar

s. **desangrarse** (V.)
ensangrentar
tener el mes
menstruar (V.)
tener hemorragia
echar sangre
chorrear sangre

(V. **sangre)**

a. *cerrar*
taponar
ocluir
devolver
desecar
retener

sangre
s. **humor** (V.)
líquido
linfa
flujo
crúor
púrpura

s. colesterina
suero
plasma (V.)
anticuerpo
hemoglobina
glóbulo (V.) rojo
hematíes
albúmina
leucocito
eritrocito
colesterina
colesterol
fibrina
hemocianina
plaqueta

s. **vena** (V.)
vaso
corazón
capilar
arteria

s. coágulo
cuajarón

s. **hemorragia** (V.)
menstruación
epistaxis
hemoptisis
pujo
pujamento
hematemesis
metrorragia
efusión

s. trombo
trombosis
congestión
apoplejía
derrame
cianosis
embolia
hipertensión
hipotensión
plétora
hemofilia
hemopatía
septicemia
anemia
extravasación
clorosis
hematuria
leucemia
variz
almorrana
escorbuto
estasis
pionemia
loanda
hematoma
piohemia
leucocitemia
flebitis
hemorroide
hiperemia
sufusión

s. circulación
riego sanguíneo
pulso
latido

s. hemostasis
flebotomía
puntura
sangría
transfusión
desfibrinación
restañadura

s. sangre venosa
sangre arterial
sangre roja
sangre negra

s. **familia** (V.)
casta
linaje (V.)
raza
estirpe
parentesco
abolengo
lazo
vínculo

s. sangre fría
sangre azul
sangre generosa
sangre de Francia
sangre de espaldas
sangre en ojo
sangre ligera
sangre de horchata
sangre pesada
sangre gorda
alegrar la sangre
subírsele a uno la sangre a la cabeza
quedarse sin sangre
bajársele la sangre a los talones
bullirle a uno la sangre
escribir con sangre
escupir sangre
hacer mala sangre
igualar la sangre
beber la sangre
sacar sangre
no llegar la sangre al río
criar mala sangre
freírle la sangre
chuparle la sangre
pudrirle la sangre
justicia de sangre
hervor de la sangre
llamada de la sangre
pura sangre
a primera sangre
a sangre caliente
a sangre fría
bautismo de sangre
chorrear sangre
correr la sangre
dar su sangre por algo
delito de sangre
escribir con sangre
hacer sangre
hacerse sangre
hervir la sangre en las venas
hospital de sangre
no tener sangre en las venas
tinto en sangre
lavar con sangre una ofensa
sudar sangre
limpieza de sangre
llevar en la masa de la sangre
no quedar sangre en las venas

sangría
s. **sangradura** (V.)
jasadura
sajadura (V.)
incisión
corte (V.)
desangramiento (V.)
ensangramiento
derrame (V.)
efusión
colada
flujo
menstruación (V.)
hemorragia (V.)
epistaxis
metrorragia
hemoptisis
cuajarón
hematemesis

s. **robo** (V.)
hurto
extracción
sisa

s. **bebida** (V.)
refresco
zurra
mezcla

s. **corte** (V.) (resinar)
incisión
brecha

s. **pérdida** (V.)
gasto
extracción

r. Lo mismo son sangrías que ventosas

(V. **sangre)**

a. *retención*
devolución
ganancia

sangriento
s. sangrante
sanguinolento (V.)
ensangrentado
sanguíneo
sanguífero
sanguino
sanguinoso

s. cruel
cruento
mortífero
feroz
brutal
inhumano
sanguinario
atroz
salvaje
bestial
encarnizado
despiadado
injusto
maligno

s. ofensivo
injurioso
insultante
ultrajante
humillante
sonrojante

(V. **sangre)**

a. *generoso*
incruento
humano
pacífico
justo
piadoso
bondadoso
elogioso
encomiástico

sangriza
(V. **menstruación)**

sangüesa
(V. **frambuesa)**

sanguijuela
s. lombriz
gusano (V.)
anélido
sanguisuela
sanguja
sangonera

s. chupón
chupóptero
aprovechón
aprovechado
usurero (V.)
explotador
sangrador
negrero
sablista
vividor
embaucador
prestamista

(V. **sangre)**

a. *desinteresado*
generoso
dadivoso
espléndido

sanguina
(V. **lápiz)**

(V. **dibujo)**

sanguinario
s. **feroz** (V.)
vengativo
fiera
inhumano
cruel (V.)
neroniano
duro
insensible
desalmado
despiadado
sádico
carnicero
brutal
bestial
inexorable
feral
iracundo
monstruoso

(V. **sangre)**

a. *humano*
pacífico
bueno
bondadoso
blando

sanguíneo
s. **congestivo** (V.)
apoplético
encarnado (V.)
excitable
rubicundo
bermejo
colorado
rojo

(V. **sangre)**

a. *pálido*
macilento
exangüe

sanguinolento
s. ensangrentado
sangriento (V.)
sangrante
empapado
teñido
inyectado
sanguinoso

(V. **sangre)**

a. *exangüe*

sanguja
(V. **sanguijuela)**

sanidad
s. **salubridad** (V.)
higiene
limpieza
cuidado
servicios
normas

s. **salud** (V.)
lozanía
robustez
fortaleza

s. sanidad exterior
fortaleza interior
sanidad civil
sanidad militar
sanidad marítima
patente de sanidad
visita de sanidad

a. *insalubridad*
pestilencia
enfermedad
debilidad

sanies
s. sanie
icor (V.)
humor

sanitario
s. **higiénico** (V.)
salubre
salutífero
sano (V.)
saludable
beneficioso

s. **enfermero** (V.)
auxiliar (médico)
ayudante (médico)

(V. **sanidad)**

a. *insalubre*
insano
pestífero
malsano
dañino

sano
s. **saludable** (V.)
salubre
higiénico (V.)
salutífero
bueno (V.)
puro
limpio
aseado

s. **fuerte** (V.)
robusto
lozano (V.)
fresco
tieso
rubicundo
frescachón (V.)
íntegro
intacto (V.)
incólume
viable
inmune
entero (V.)
eucrático

s. **católico** (V.)
bueno (V.)
honrado (V.)
bien dispuesto
recto
sincero

s. cortar por lo sano
sano y salvo

(V. **sanidad)**

a. *antihigiénico*
insano
infectado
enfermizo
malo

sanseacabó
s. **resuelto** (V.)
decidido
concluyente
liquidado
finiquitado
terminado
concluido

(V. **acabamiento)**

a. *indeciso*
vacilante
vigente

sans façon
(V. **descaro)**

(V. **atrevimiento)**

(V. **despreocupación)**

sansirolé
(V. **bobo**)

sansón
(V. **fuerte**)
(V. **hércules**)

sans-souci
(V. **despreocupado**)

santabárbara
s. **polvorín** (V.)
pañol
cámara
arsenal
depósito
almacén (explosivos)
s. volar la santabárbara

santería
(V. **santidad**)

santero
(V. **limosnero**)
(V. **beato**)
(V. **cómplice**)

santiamén (en un)
s. **instante** (V.)
segundo
periquete
tris
momento
minuto
soplo
visto y no visto
en un abrir y cerrar de ojos
a la velocidad del rayo
en un decir Jesús
en menos que canta un gallo
en un dos por tres
en un decir amén

santidad
s. **pureza** (V.)
virtud (V.)
bondad (V.)
santería
santimonia
abnegación
edificación
regeneración
conversión
bienaventuranza
beatitud (V.)
beatificación
canonización
glorificación
perfección
ejemplaridad
misticismo
gracia (V.)
fe
caridad
amor
ascetismo
espiritualidad
contemplación
sublimidad
integridad
impecabilidad
santificación (V.)
conmemoración
comunión de los santos
gloria
cielo
adoración
culto
temor de Dios
gracia divina
belleza espiritual
s. **santo** (V.)
s. **santificar** (V.)
s. en olor de santidad
a. *pecado*
corrupción
condenación
infierno
profanación
profanidad
maldición
materialismo
mundanidad

santificable
s. canonizable
beatificable
consagrable
venerable (V.)
en olor de santidad
s. **justificable** (V.)
disculpable
(V. **santificación**)
a. *execrable*
condenable
maldito
aborrecible
injustificable

santificación
s. **glorificación** (V.)
canonización
beatificación
consagración (V.)
exaltación
honra
advocación
incorrupción
reliquia (V.)
martirio
estigma
exvoto
ofrenda
martirologio
panegírico
patronazgo
corona
trono
aureola
efigie
imagen
altar
culto
éxtasis
misticismo (V.)
ascetismo (V.)
contemplación
(V. **santidad**)
a. *condenación*
maldición
perdición

santificador
s. santificante
santificativo
postulador
edificante
edificativo
justificador
glorificador (V.)
s. hagiógrafo
hagiólogo
(V. **santificación**)
a. *vicioso*
pecaminoso
maldito
perdido
condenado

santificante
(V. **santificador**)

santificar-se
s. deificar
edificar
beatificar
divinizar
purificar
honrar
exaltar
venerar
coronar
ofrendar
canonizar (V.)
consagrar (V.)
nimbar
aureolar
glorificar (V.)
bendecir (V.)
hacer penitencia
estar tocado por la gracia
ser santo
estar en olor de santidad
ganar la gloria
estar bendito
honrar a Dios
hacer penitencia
salvar
regenerar
reconciliar (V.)
s. justificar
disculpar (V.)
exculpar
abonar
defender
absolver
perdonar (V.)
(V. **santificación**)
a. *pecar*
corromper-se
degenerar-se
culpar-se
condenar-se
atacar
criticar

santiguar-se
s. **signar** (V.)
persignar (V.)
hacerse cruces
hacer la señal de la cruz
s. golpear
maltratar (V.)
castigar
martirizar
s. **asombrarse** (V.)
maravillarse
pasmarse
escandalizarse (V.)
a. *acariciar*
mimar
premiar
desinteresarse

santimonia
(V. **santidad**)

santiscario (de mi)
(V. **imaginación**)
(V. **inventiva**)

santo
s. beatífico
inviolable
puro (V.)
sagrado (V.)
sacrosanto
bienaventurado
elegido
perfecto
ejemplar
san
augusto
justo (V.)
santidad
predestinado
beato
venerable
canonizado
doctor
confesor
mártir
virgen
patrono (V.)
fundador
mediador
intercesor
apóstol
patriarca
padre de la Iglesia
virtuoso
almo
divino
sacro
consagrado
beatificado
santificado
respetable
bendito
inmaculado
virginal
coronado
beatífico
glorificado
glorioso
ascético
místico
contemplativo
sublime
espiritual
celestial
celícola
seráfico
abogado
mártir
s. **milagroso** (V.)
maravilloso (V.)
curativo (V.)
medicinal
saludable
salutífero
s. hagiografía
santoral
s. **imagen** (V.)
estatua
efigie
s. dibujo
estampa (V.)
retrato
grabado (V.)
viñeta
fotografía
reproducción
s. festividad
aniversario
conmemoración
cumpleaños
onomástica (V.)
s. **consigna** (V.)
señal
seña
clave
s. ¿a santo de qué?
dar el santo y seña
no ser santo de su devoción
írsele el santo al cielo
Santa Espina
santo varón
santos óleos
santas pascuas
no acordarse ni del santo de su nombre
encomendarse a todos los santos
comerse los santos
hueso de santo
Lugares Santos
por obra y gracia del Espíritu Santo
¡por todos los santos!
rendir el santo
Santa Sede
Semana Santa
Santo Sudario
Santo Sepulcro
Sábana Santa
santo y bueno
r. Alzarse con el santo y la limosna ■ Cargar uno con el santo y la limosna ■ Dar uno con el santo en tierra ■ Llegar y besar el santo ■ Rogar al santo, hasta pasar el tranco ■ Entre santa y santo, pared de cal y canto ■ Quitar un santo para poner otro ■ Quedarse para vestir santos ■ Adorar al santo por la peana ■ Desnudar a un santo para vestir a otro ■ Como a un santo Cristo, un par de pistolas
(V. **santidad**)
a. *condenado*
maldito
pecador
impío
diabólico
renegado
perdido
vicioso
endemoniado
profano

santón
s. **asceta** (V.)
anacoreta
eremita
ermitaño
cenobita
penitente (V.)
coba
zagüía
s. **santurrón** (V.)
hipócrita (V.)
tartufo
beato
s. **cacique** (V.)
personaje
figurón
mandón
mandamás
jefe
(V. **santidad**)
a. *mundano*
sociable
auténtico
veraz
sincero
esclavo
sometido

santoral
s. martirologio
calendario (V.)
hagiografía (V.)
hagiología
legendario
leyenda
leyenda áurea
libro de coro
almanaque
(V. **santidad**)

santuario
s. **ermita** (V.)
iglesia (V.)
templo
capilla
oratorio
colegiata
templete
abadía
monasterio
convento
cenobio
s. sancta
sanctasantórum (V.)
sagrario
tabernáculo
(V. **santo**)

santurrón
s. **beato** (V.)
santón (V.)
mojigato (V.)
tartufo
santulón
santucho
místico
misticón
hipócrita (V.)
pío
beatuco
tragasantos
gazmoño
fanático
fariseo
farisaico
(V. **santurronería**)
a. *piadoso*
sincero
humilde
abierto

santurronería
(V. **beatería**)
(V. **mojigatería**)

saña
s. furor
crueldad
ira (V.)
furia (V.)
rencor
ensañamiento (V.)
violencia
virulencia
encono
hincha
fiereza
vesania
encarnizamiento
soberbia
veneno
inquina
mohína
mosqueo
carraña
a. *apacibilidad*
suavidad
dulzura
afecto

sañudo
s. **rencoroso** (V.)
enconado (V.)
iracundo (V.)
encarnizado (V.)
vengador (V.)
virulento
violento
sañoso
cruel (V.)
malo
maligno
rabioso
furioso
vesánico
duro
áspero
avinagrado
agrio
irritable
atrabiliario
irascible
airado
(V. **saña**)
a. *pacífico*
tranquilo
amable
agradable
afectuoso

sapenco
(V. **caracol**)

sapidez
s. **sabor** (V.)
gusto (V.)
boca
paladar
sabrimiento
saborimiento
saborete
saborcillo
paladeo
a. *insipidez*
insulsez
insustancial

sápido
s. **sabroso** (V.)
gustoso (V.)
suculento
goloso
apetitoso
agradable
saporífero
(V. **sapidez**)
a. *insulso*
insípido
desagradable

sapiencia
(V. **sabiduría**)

sapiente
(V. **sabio**)

sapino
(V. **abeto**)

sapo
s. **batracio** (V.)
(anuro)
escuerzo (V.)
rana
calamita
escorzón
sapillo
sapete
tanque
guacharo
zapatero
renacuajo
s. **suerte** (V.)
chiripa
chamba
s. sapo marino
ojos de sapo
echar sapos y culebras
pisar el sapo
sapo de cuatro ojos

saponáceo
(V. **jabonoso**)

saponaria
(V. **jabonera**)
(planta)

saponoso
(V. **jabonoso**)

saporífero
(V. **sápido**)

saque
s. **lanzamiento** (V.)
tiro
tirada
impulso
proyección
bote
envión
s. tener buen saque
a. *retención*

saqueador
s. salteador
depredador
desvalijador
usurpador (V.)
atracador
ladrón (V.)
pirata
corsario
asaltante
merodeador
(V. **saqueo**)
a. *honrado*
honesto
decente

saqueamiento
(V. **saqueo**)

saquear
s. **robar** (V.)
desvalijar (V.)
rapiñar (V.)
saltear
piratear (V.)
asaltar
atracar
apañar
merodear
pillar (V.)
depredar
latrocinar
usurpar
expoliar
despojar
entrar a saco
afanar
arrear con todo
incendiar
destruir
apoderarse de todo
pecorear
garbear
repartirse el botín
hacer granjería
(V. **saqueo**)
a. *respetar*
restituir
devolver
perdonar

saqueo
s. **robo** (V.)
pillaje (V.)
saco (V.)
desvalijamiento
rapiña
asalto
atraco
merodeo (V.)
latrocinio
expolio
usurpación
despojo
granjería
salteamiento
depredación
pecoreo
ladrocinio
salteo
sacomano
pilla
pecorea
capeo
saqueamiento
rapacidad
rapacería
piratería (V.)
ladronicio
ladronería
abigeato
arreada
razzia
a. *devolución*
restitución

sarampión
s. **enfermedad** (V.)
erupción (V.)
colorín
chincual
s. **piel** (V.)

sarao
s. **reunión** (V.)
festejo
recepción
gala
fiesta (V.)
baile
a. *insociabilidad*

sarasa
(V. **afeminado**)

sarcasmo
s. causticidad
sátira (V.)
mordacidad
burla (V.)
ironía
sutileza (V.)
befa (V.)
quemazón (V.)
escarnio (V.)
remoquete (V.)
punzadura
picotazo
retintín
mofa (V.)
rehilete
acrimonia
cinismo
agresividad
epigrama
veneno
pulla
dicacidad
crueldad
hiel
a. *amabilidad*
delicadeza
cumplimiento
encomio
elogio

sarcástico
s. **mordaz** (V.)
cáustico
irónico (V.)
satírico (V.)
picante (V.)
punzante
burlón (V.)
ironista
epigramático
sardónico
venenoso
agresivo
violento
virulento
zaheridor
dicaz
pullista
cuchufletero
acerado
zumbón
(V. **sarcasmo**)
a. *amable*
adulador
delicado
encomiástico

sarcia
s. **carga** (V.)
fardaje
fardería
bulto
paca
recua

sarcocele
(V. **tumor**)
(V. **testículo**)

sarcófago
s. **sepulcro** (V.)
sepultura (V.)
pudridero
tumba
monumento
túmulo
panteón
nicho

sarcoma
(V. **tumor**)
(V. **cáncer**)

sarcótico
(V. **cicatrizante**)

sarda
(V. **caballa**) (pez)

sardana
(V. **danza**)

sardanapalesco
(V. **glotón**)
(V. **vicioso**)
(V. **regalón**)

sarde
(V. **bieldo**)

sardina
s. **pez** (V.)
(malacopterigio)
arenque
parrocha
alacha
boquerón
bocarte
bojeta
caramel
s. sardina arenque
geranio de sardina
como sardinas en banasta
la última sardina de la banasta
arrimar el ascua a su sardina
entierro de la sardina
apaleador de sardinas
echar otra sardina
r. Sardina que lleva el gato, tarde o nunca vuelve al plato

sardineta
s. **galón** (V.)
entorchado
alamar
trencilla
insignia (V.)
adorno
s. **golpe** (V.)
latigazo
a. *caricia*

sardónice
s. sardónica
ágata (V.)
sardónice
sardonio
sardo
sardio

sardónico
(V. **afectado**)
(V. **forzado**)
(V. **sarcástico**)

sarga
s. **tela** (V.)
estameña
sagatí
pequín
quinete
jerga
s. **mimbre** (V.)

sargantana
(V. **lagartija**)

sargantesa
(V. **lagartija**)

sargazo
(V. **alga**)
(feofícea)

sargenta
s. sergenta
religiosa (V.)
(lega)
s. mujerona
corpulenta (V.)
virago
hombruna (V.)
sargentona
marimacho (V.)
maritornes
déspota
s. **alabarda** (V.)
(V. **sargentía**)
a. *delicada*
debilucha
exquisita
femenina

sargentear
s. mandar
gobernar
capitanear (V.)
mandonear (V.)
sojuzgar
imponerse
(V. **sargento**)
a. *obedecer*
someterse

sargentía
s. sargentería
capitanía
sargentía mayor
empleo
oficina
despacho
cargo

sargento
s. suboficial
militar (V.)
mílite
s. mandón
marimandona (V.)
riguroso
severo (V.)
hueso
(V. **sargentía**)
a. *flexible*
comprensivo
ligero

sargentona
(V. **sargenta**)

sarilla
(V. **mejorana**)

sarillo
(V. **devanadera**)

sarmentoso
s. **arrugado** (V.)
huesudo
anguloso
nudoso (V.)
osudo
fibroso
retorcido
nervudo
(V. **sarmiento**)
a. *terso*
orondo
liso

sarmiento
s. **rama** (V.)
tallo (V.) (vid)
jerpa
serpia
serpa
pámpano (V.)
pampanaje
mugrón (V.)
bacillo
cargador
carreña
fornecino
guía
provena
pulgar
rastro
serpia
bollón
greñuela
codal
codadura
sarmentillo
barbado
esforrocino
perchón
sarmentazo
saeta
alargadera
vástago
caballo
cañuto
sarmiento cabezudo

(V. **vid**)

sarna
s. **enfermedad** (V.) (piel)
usagre
caratez
sarnazo
codera
caracha
carache
roña
acariasis
sarna perruna
prurito

s. más viejo que la sarna
ácaro de la sarna

r. Sarna con gusto no pica

sarnoso
s. tiñoso
roñoso (V.)
escabioso
carachento
carachentoso
carachoso

s. **raquítico** (V.)
enclenque
alfeñique

(V. **sarna**)

a. *fuerte*
corpulento

sarpullido
s. salpullido
erupción (V.)
rubefacción
irritación
eritema
inflamación

sarraceno
s. **musulmán** (V.)
árabe (V.)
moro (V.)
mahometano
islámico
ismaelita
agareno
islamita

sarracina
s. **riña** (V.)
camorra
pendencia
trifulca
gresca
querella
zafarrancho
sanfrancia

s. destrozo
matanza (V.)
mortandad

s. **escabechina** (V.)
castigo
eliminación
suspenso (V.)

(V. **sarraceno**)

a. *orden*
paz
sosiego
respeto
aprobado

sarro
s. **costra** (V.)
sedimento (V.)
depósito
limosidad
saburra
toba
relej
releje (V.)
tártaro
concreción (calcárea)

(V. **diente**)

sarroso
s. saburroso
calcáreo
sucio (V.)
residual
tartárico

(V. **diente**)

sarta
s. **serie** (V.)
ristra (V.)
hilera
recua
retahíla
rosario (V.)
sucesión
fila
cadena
ringlera
sartal
hilada
hila
teoría
letanía
cola

a. *unidad*
interrupción
paréntesis

sartén
s. **recipiente** (V.)
estrelladera
padilla
paila
vasija plana

s. tener uno la sartén por el mango
saltar de la sartén y dar en las brasas

saru
(V. **macaco**)

sastra
s. **costurera** (V.)
modista (V.)
alfayata
pantalonera
chalequera
sastresa
albendera
mantera

(V. **sastrería**)

sastre
s. jastre
alfayate
modista
golillero
capotero
costurero
modisto (V.)
batero
prendero
remendón
tarasí
ropavejero
coletero
tailleur

s. jaboncillo de sastre
será lo que tase un sastre
corto sastre
cajón de sastre

(V. **sastrería**)

r. Entre sastres no se pagan hechuras ■ No es mal sastre el que conoce el paño ■ El sastre de Campillo, que cosía de balde y ponía el hilo

sastrería
(V. **confección**)

Satán
(V. **Satanás**)

Satanás
(V. **demonio**)

satánico
s. **diabólico** (V.)
endemoniado
demoníaco
endiablado
perverso (V.)
protervo
infernal
condenado
diableso
blasfemo
sacrílego
depravado
pérfido
maldito (V.)

(V. **satán**)

a. *bueno*
angelical
seráfico
divino
bendito
bondadoso

satanismo
(V. **maldad**)

(V. **perversidad**)

satélite
s. **astro** (V.)
planetoide
cuerpo celeste
planeta (V.)
Luna (V.)
Júpiter
Marte
Neptuno
Urano
Tierra
Mercurio
Venus
Plutón
Temis
Ganímedes
Titán
Febe
Ariel
Umbriel
Titania
Oberón
Tritón

s. satélite artificial
Sputnik
Explorer
Pegasus
Cosmos
Telstar
Relay
Syncom
Intelstat
Molniya
Nimbus
Secor
Vela
Luna 10
Marz 2 y 3
Mariner 9
Lunar Orbiter
Echo 1 y 2
Pageos
San Marco
Tiros

s. **acompañante** (V.)
ad látere
acólito (V.)
compañero
corchete
alguacil
edecán
dependiente (V.)
mercenario
paniaguado
esbirro
sayón
sicario
secuaz
segundón
lacayo
ayudante
seguidor (V.)
partidario

s. sometido (país)
subyugado (V.)
dependiente
subordinado (V.)

s. **barrio**
ciudad

s. rueda (dentada)
diferencial (V.)
engranaje

s. satélites
caja de satélites
cojinetes
palier
piñón de ataque
corona
piñón planetario
árbol
automóvil (V.)

s. ciudad satélite
país satélite

a. *independiente*
jefe
desinteresado

satén
s. satín
tejido
raso
seda
tela (V.)

satín
(V. **satén**)

satinado
s. lustroso
brillante (V.)
sedoso
bruñido
pulido
terso
abrillantado
alisado
laqueado
pulimentado

(V. **satén**)

a. *opaco*
empañado

satinar
s. **alisar** (V.)
abrillantar (V.)
laquear
pulir
pulimentar
bruñir
lustrar
esmerilar
acepillar
alisar
calandrar

(V. **satén**)

a. *empañar*
deslucir

sátira
s. acrimonia
virulencia
epigrama
zaherimiento (V.)
mordacidad
vejamen
indirecta
mordacidad
burla (V.)
ridiculización (V.)
vejamen (V.)
dicacidad
pasquinada
agudeza
chanza
broma
caricatura (V.)
retintín
sarcasmo (V.)
trágala
causticidad
crítica
puya
diatriba (V.)
humorismo (V.)

a. *elogio*
alabanza
loa
encomio

satiriasis
(V. **lujuria**)

satírico
s. **mordaz** (V.)
dicaz
crítico
sarcástico (V.)
cáustico
burlón (V.)
zaheridor
humorista (V.)
burlesco
epigramático
punzante
incisivo
cuchufletero
bromista
chungón
satirizante
acerado
mordicante
pullista
libelista
venenoso
virulento
acre
sátiro
mortificante
agrio
zumbón
chacotero
hiriente

(V. **sátira**)

a. *elogioso*
amable
panegirista
enaltecedor

satirizar
s. criticar
ofender
vejar
martirizar
burlarse (V.)
censurar
ridiculizar (V.)
motejar
freír
flagelar
zaherir
ironizar (V.)
escarnecer (V.)
molestar
abuchear
pinchar
morder
cancerar
candonguear
personalizar
avergonzar
chancearse
caricaturizar
hacer equívocos
poner en ridículo
sacar punta
tener mala intención
reírse de su sombra
tomarle de punto
tomarlo a chunga
tener lengua de hacha
poner en la picota
poner como nuevo
cantarle el trágala
echar coplas
poner banderillas
hacer sarcasmo de
hacer escarnio de

(V. **sátira**)

a. *honrar*
alabar
elogiar
enaltecer

sátiro
s. **lascivo** (V.)
rijoso
libidinoso
concupiscente
lúbrico
incontinente
reprimido (sexual)
desenfrenado
sádico
s. **mordaz** (V.)
satírico
s. **monstruo** (V.)
semidiós
ser mitológico
fauno
(V. **sátira**)
(V. **satiríasis**)
a. *casto*
honesto
equilibrado
elogioso
ninfa

satis
(V. **asueto**)
(V. **descanso**)

satisdación
(V. **garantía**)
(V. **fianza**)

satisfacción
s. **indemnización** (V.)
pago (V.)
cancelación
reparación (V.)
recompensa (V.)
remuneración
reembolso
reintegro
abono
saldo
s. **excusa** (V.)
rectificación
explicación (V.)
descargo
disculpa
aclaración
expiación
desagravio (V.)
s. **presunción** (V.)
vanagloria
orgullo (V.)
soberbia
vanidad (V.)
ensoberbecimiento
s. **gusto** (V.)
placer
tranquilidad
contento
confianza
bienestar
saciedad (V.)
sonrisa
contentamiento
alegría (V.)
complacencia (V.)
ventura (V.)
gozo
deleite
placidez
s. **contestación** (V.)
respuesta
réplica
solución
consulta
s. **cumplimiento** (V.)
observancia (V.)
consecusión
ejecución
realización (V.)
s. para mi satisfacción
reventar de satisfacción
a. *deuda*
incumplimiento
desagrado
humildad
sencillez
tristeza
insatisfacción
descontento
retención
inobservancia
abulia
indiferencia
disgusto
agravio
insolencia

satisfacer
s. **pagar** (V.)
abonar
retribuir
compensar
devolver (V.)
liquidar
cancelar
apoquinar
enjugar
saldar (V.)
escotar
cubrir
costear
socorrer
sufragar
indemnizar
gratificar
s. **agradar** (V.)
contentar (V.)
complacer (V.)
alegrar (V.)
gustar
aplacer
convencer
halagar
elogiar
lisonjear
encomiar
petar
placer
deleitar
entusiasmar
llegar (V.)
alborozar
regodear
ufanar
s. **aquietar** (V.)
sosegar
tranquilizar
calmar (V.)
consolar
aplacar
conformarse (V.)
s. **desagraviar** (V.)
expiar (V.)
subsanar (V.)
reparar
borrar
excusarse (V.)
disculparse (V.)
purgar
resarcir
s. **saciar** (V.)
saturarse (V.)
repletar
impregnarse
atiborrar
hartarse
hincharse
llenarse (V.)
cebarse
colmar (V.)
s. **recompensar** (V.)
premiar (V.)
laurear
coronar
s. **cumplir** (V.)
realizar
solucionar (V.)
solventar
resolver
despachar
aclarar
explicar (V.)
llenar
s. **vengarse** (V.)
desquitarse
resarcirse
s. darse por satisfecho
tomar el desquite
no caber en sí
relamerse de gusto
dar por bien empleado
frotarse las manos
darse por contento
reventar de gozo
(V. **satisfacción**)
a. *deber*
adeudar
desamparar
desagradar
lesionar
herir
censurar
criticar
disgustar
asquear
enfriarse
desanimarse
desalentarse
entristecerse
inquietar
preocupar
rebelarse
negarse
agraviar
insistir
retener
faltar
escasear
vaciar
castigar
dudar
vacilar
incumplir
obstaculizar
perdonar

satisfaciente
(V. **satisfactorio**)

satisfactorio
s. **solvente** (V.)
satisfaciente
soluble
resoluble
s. **agradable** (V.)
grato (V.)
lisonjero
propio
favorable
placentero
ameno
confortable
halagador (V.)
cómodo (V.)
apacible
gustoso
jarifo
próspero (V.)
vistoso
rozagante
conveniente (V.)
provechoso
fructuoso
lisonjero
propicio (V.)
apropiado
adecuado (V.)
conforme (V.)
ventajoso (V.)
eficaz
eficiente
práctico
útil (V.)
aprovechable
decoroso
bueno (V.)
suficiente (V.)
convincente (V.)
a. *insolvente*
insoluble
desagradable
ingrato
impropio
desfavorable
aburrido
pesado
incómodo
desapacible
perjudicial
improductivo
infructuoso
estéril
inadecuado
disconforme
desventajoso
ineficaz
inútil
indecoroso
malo
insuficiente
dudoso

satisfecho
(V. **satisfacción**)
s. descansado
lisonjero
halagüeño
favorable
contento (V.)
eufórico
ufano (V.)
boyante
afortunado
campante (V.)
complacido (V.)
conforme
acorde
tranquilo
aplacado
calmado
sonriente
radiante (V.)
dichoso
como unas mialmas
s. **saciado** (V.)
harto (V.)
colmado
lleno (V.)
ahíto
repleto
atiborrado
atestado
hinchado
saturado
impregnado
s. **presumido** (V.)
hueco (V.)
poseído (V.)
petulante
creído (V.)
presuntuoso
vanidoso
orgulloso (V.)
soberbio
ensoberbecido
vano (V.)
pagado (V.)
s. darse por satisfecho
satisfecho de sí mismo
dejar satisfecho
(V. **satisfacción**)
a. *insatisfecho*
descontento
desfavorable
desgraciado
intranquilo
apagado
desacorde
desafortunado
insaciable
ansioso
vacío
falto
sencillo
humilde

sátrapa
s. **gobernador** (V.) (persa)
s. ladino
astuto (V.)
zorro
culebrón
camastrón
chuzón
zascandil
zorrastrón
taimado (V.)
zorrocloco
s. mandón
despota (V.)
tirano
(V. **satrapía**)
a. *simple*
ingenuo
torpe
noble
liberal
flexible

satrapía
(V. **gobernación**)
(V. **territorio**)

saturación
s. hartura
repleción
copia
hartazgo (V.)
ahitamiento
hartazón
empacho
atracón
rebosamiento
rebose
saciedad (V.)
saciamiento
atiborramiento
empapamiento
impregnación
apuración
colmo (V.)
superproducción
s. **aburrimiento** (V.)
fastidio
a. *gana*
hambre
escasez
falta
vacío
ausencia
entretenimiento

saturado
s. **harto** (V.)
saciado (V.)
colmado
lleno
atiborrado
repleto
ahíto
relleno (V.)
rebosante
intoxicado (V.)
impregnado
cebado
s. **aburrido** (V.)
fastidiado
(V. **saturación**)
a. *insatisfecho*
falto
carente
vacío
entretenido
distraído

saturar-se
s. **hartar** (V.)
saciar (V.)
llenar (V.)
colmar
rebosar
atiborrar
hinchar
henchir
impregnar
ahitar
rellenar
cebar
satisfacer (V.)
inundar
derramar
desbordar
no caber más
colmar la medida
llenar hasta los bordes
s. **aburrir** (V.)
bostezar
fastidiar
(V. **saturación**)
a. *carecer*
faltar
escasear
vaciar
apetecer
distraer

saturnal
s. **fiesta** (V.)
orgía (V.)
bacanal
desenfreno (V.)
aquelarre
francachela
festín
escándalo (V.)
desorden
licencia
(V. **saturno**)
a. *moderación*
circunspección
orden

saturnino
s. **triste** (V.)
melancólico
taciturno (V.)
sombrío
mustio
mohíno
tristón
lánguido
afligido
apesarado
s. **plomizo** (V.)
plúmbeo
(V. **saturno**)
a. *alegre*
optimista
contento
vivo

Saturno
(V. **planeta**)
(V. **plomo**)
(V. **taciturno**)

sauce
s. **árbol** (V.)
(salicáceo)
salce
saz
sauz
sauce blanco
sauce cabruno
sauce llorón
sauce de
Babilonia
desmayo
sargatillo
salciña
saciña
mimbre (V.)
mimbrera
salzimbre
salgar
salguera

saucera
s. sauzal
saucedal
sauceda
salcinar
mimbreral
mimbrera

(V. **sauce**)

saúco
s. **arbusto** (V.)
(caprifoliáceo)
sabuco
cañilero
sabugo

s. saúco falso

saudade
(V. **añoranza**)

(V. **melancolía**)

sauna
s. sudadero
vaporario
baño ruso (V.)
baño turco (V.)
limpieza (V.)
adelgazamiento
(V.)

saurio
s. **reptil** (V.)
lagarto (V.)
cocodrilo
caimán

sautor
(V. **sotuer**)

sauz
(V. **sauce**)

savia
s. **jugo** (V.)
zumo
suco
líquido (V.)
caldo
sanguaza
sangre
sudor
suero
linfa
humor
osmazomo
cazumbre
resina (V.)
viscosidad
goma
secreción

s. fuerza
vida (V.)
energía (V.)
vigor
sangre
potencia
vitalidad
reciedumbre
impulso (V.)
poder

a. *sequedad*
debilidad
flojedad
desánimo

savoir faire
(V. **desenvoltura**)

(V. **mundo**)

saxofón
s. saxófono
instrumento (V.)
(músico)

s. saxofón sopranino
(alto)
saxofón soprano
saxofón contralto
saxofón alto
(sopranino)
saxofón tenor
saxofón barítono
saxofón bajo

saxófono
(V. **saxofón**)

saya
s. **falda** (V.)
basquiña (V.)
fondo
faldellín
faldamenta
refajo
zagal
zagalejo
naguas
enaguas
bajos
fustán
faldeta
jabarda
jaldeta
chircate
tontillo
miriñaque
meriñaque
trascol
hopalanda
vuelos
halda
brial
guardainfante

s. **regalo** (V.)

a. *pantalones*
calzas
calzones
bombachos
zaragüelles

sayagués
s. **tosco** (V.)
grosero
burdo
ordinario (V.)
modrego
chanflón
zafio (V.)
patán
zampatortas
bruto

a. *fino*
educado
cortés

sayo
s. **ropa** (V.)
capote
casaca (V.)
centro
vestidura (V.)
traje
vestimenta
ciensayos
hopalanda
ropilla
sayete
sago
jubón
jabarda
ságula
tapador
sayuelo
sarco
capisayo
túnica
tunicela
mantelete
sotana
toga
garnacha
dominó
hábito

s. sayo bobo
sayo baquero
decir para su sayo
cortar un sayo

r. Debajo del buen
sayo puede haber
un hombre malo ■
Remienda tu sayo
y pasarás tu año

sayón
s. esbirro
alguacil
verdugo (V.)
sicario (V.)
corchete

s. **cofrade** (V.)
penitente (V.)

s. feroz
brutal
cruel (V.)
patibulario

a. *humano*
generoso
bondadoso

saz
(V. **sauce**)

sazón
s. granazón
madurez (V.)
punto
envero
culminación
perfección (V.)
perfeccionamiento
virilidad
cumplimiento
en su punto
en su momento

s. **ocasión** (V.)
coyuntura
oportunidad
lance
conveniencia
circunstancia
proporción
puntualidad
punto crucial
momento crítico
punto de caramelo

s. **sabor** (V.)
gusto
paladeo
aliño
condimento
salpimienta

s. fuera de sazón
a la sazón

r. Más vale sazón
que barbechera ni
binazón

a. *inmadurez*
verdor
inoportunidad
intempestividad
insulsez

sazonado
s. suculento
adobado (V.)
condimentado
gustoso
picante (V.)
sabroso (V.)
aliñado
aderezado

s. **enjundioso** (V.)
expresivo (V.)
substancioso

s. **maduro** (V.)
perfecto (V.)
terminado
culminado
rematado
en su punto

(V. **sazón**)

a. *insulso*
deslavazado
inexpresivo
insubstancial
imperfecto

sazonar-se
c. aliñar
aderezar
condimentar
adobar (V.)
salpimentar (V.)
salar (V.)
escabechar
marinar (V.)
especiar
carnear
sabrosear
guisar
estofar

s. **madurar** (V.)
granar
florecer
fructificar
desarrollarse
crecer

s. **perfeccionar** (V.)
rematar
concluir
extremar
apurar
finiquitar
saldar
poner a punto
estar a punto
tener su punto
otoñarse

(V. **sazón**)

a. *descuidar*
agostar
impedir

scooter
(V. **motocicleta**)

score
(V. **tanteo**)

scherzo
(V. **vivo**) (música)

(V. **gracioso**)
(música)

sebáceo
(V. **seboso**)

sebe
(V. **empalizada**)

(V. **matorral**)

(V. **seto**)

sebo
s. **grasa** (V.)
gordo
unto
pringue
tocino
saín (V.)
gordana
gordura
enjundia
craso
crasitud
adiposidad
manteca
margarina
butino
oleína
churra
sebillo
sainete
lardo (V.)

s. **suciedad** (V.)

s. mostrar el sebo

a. *magrez*
limpieza

seborrea
(V. **secreción**)

(V. **caspa**)

seboso
s. **graso** (V.)
grasoso (V.)
adiposo
lardoso (V.)
pringoso (V.)
pringue
pegajoso
untuoso
untado
enlodado
mantecoso (V.)
aceitoso
sebáceo
rancio
lardero
resinoso
grasiento

s. **sucio** (V.)

(V. **sebo**)

a. *magro*
seco
limpio

secadal
(V. **secano**)

secadero
s. sequero
secador
secadal
berquera
barago
berlinga
mundillo
enjugador
sarda
sardo
varal
tendedero (V.)
tendal
secante (V.)
enjuagadero
tendalero
sahumador

s. **escurridor** (V.)
escurreplatos
escorredero
escorredor

s. **estufa** (V.)
secador
secadora

s. secafirmas

(V. **secamiento**)

secafirmas
s. salvadera
arenilla
papel secante
teleta

(V. **secamiento**)

secamiento
s. **desecación** (V.)
desecamiento
oreo
avenamiento
drenaje
saneamiento
desagüe
achicamiento
arefacción
agotamiento

s. **agostamiento** (V.)
marchitamiento
marchitez (V.)
resecamiento
abrasamiento

s. **acartonamiento**
(V.)
consunción
envejecimiento
(V.)
sequedad
amojamamiento
enflaquecimiento
(V.)
extenuación
delgadez
enjutez

s. **embotamiento**
(V.)
aridez
laconismo (V.)
desagrado
sequedad
hostilidad
antipatía

a. *humedecimiento*
jugosidad
verdor
frondosidad
lozanía
rejuvenecimiento
gordura
inundación
generosidad
agrado
fluidez
amabilidad
simpatía

secano
s. secadal
sequedal (V.)
sequero
sequío
tastana
sequizo
desierto (V.)
travesía
tastana
s. abogado de secano
tierra de secano
(V. **secamiento**)
a. *regadío*
verdor
humedad

secante
s. **absorbente** (V.)
secadero (V.)
secador
chupón
teleta
secativo
desecativo
desecante
salvadera
arenilla
enjugador
secafirmas
s. papel secante
aceite secante
s. **línea** (geom.)
cosecante
s. secante de un ángulo
secante de un arco
(V. **secamiento**)
a. *humectante*

secar-se
s. **enjugar** (V.)
escurrir (V.)
resecar
deshumedecer
evaporar
orear
airear
ventear
desecar (V.)
ventilar
enjutar
aridecer
asolar
desenjugar
lampacear
deshidratar
vaciar (V.)
agotar
desagotar
extraer
cegar
desencharcar
desaguar
arecer
astringir
disecar
solear
drenar (V.)
desaguazar
deflegmar
despichar
achicar
avenar
sacar
desangrar
tender
torcer
retorcer
encañar
entarquinar
sangrar
sanear
s. **enflaquecer** (V.)
apergaminarse (V.)
acecinarse
envejecer (V.)
arrugarse (V.)
amojamarse
acartonarse
extenuarse
descarnarse
consumirse (V.)
avellanarse
s. **marchitarse** (V.)
languidecer (V.)
agostarse
requemarse
abochornarse
asolarse
asurarse
ahornagarse
azurronarse
aborrajarse
amarillear
amustiarse
ajarse
perderse
helarse (V.)
resecarse
pasmarse
s. **endurecerse** (V.)
embotarse
deshumanizarse
insensibilizarse (V.)
encruelecerse
cerrarse
s. **fastidiar** (V.)
aburrir
molestar
importunar
dar la lata
caer pesado
exasperar (V.)
irritar
(V. **secamiento**)
(V. **sequedad**)
a. *mojar*
humedecer
inundar
bañar
regar
remojar
calar
fertilizar
empapar
rociar
baldear
hisopear
asperger
reverdecer
engordar
rejuvenecer
florecer
crecer
lozanear
ablandarse
enternecerse
humanizarse
dulcificarse
suavizarse
entretener
distraer
calmar
sosegar

secatón
(V. **insulso**)
(V. **torpe**)
(V. **desaborido**)

secatura
s. **sosería** (V.)
insulsez (V.)
fastidio
aburrimiento
lata
enfado
hastío
pesadez
(V. **secamiento**)
a. *diversión*
entretenimiento
gracia
salero

sección
s. **corte** (V.)
cortadura
porción
división
ablación
incisión
escisión
separación (V.)
partición
tajo
tajadura
cisura
cercenamiento
amputación
mutilación
sajadura
extirpación
s. **división** (V.)
panel (V.)
departamento
grupo (V.)
capítulo
sector
cuadrante
zona
clase
rama
parte
título
apartado
agrupación
ramo
dependencia
negociado (V.)
grado
s. sección áurea
sección de reserva
sección cónica
a. *unión*
costura
sutura
cicatrización
unidad
conjunto
totalidad

seccionar
s. **cortar** (V.)
dividir (V.)
fragmentar (V.)
dimidiar
escindir
segregar
despedazar
truncar
fracturar
romper
descuartizar
desunir
separar
quebrar
desensamblar
tajar
sajar
extirpar
mutilar
cercenar (V.)
hender
incidir
amputar
(V. **sección**)
a. *unir*
juntar
aunar
suturar
cicatrizar

secesión
s. **separación** (V.)
segregación (V.)
alejamiento
desunión
apartamento
cisma
aislamiento
retraimiento
división
disgregación
desmembración (V.)
separatismo (V.)
divergencia
a. *unión*
acercamiento
reincorporación

secesionista
s. **separatista** (V.)
desmembrador
separador
disociador
cismático
(V. **secesión**)
a. *unionista*

seceso
(V. **evacuación**) (vientre)

seco
s. **desecado** (V.)
escurrido (V.)
enjuto (V.)
reseco
curado
oreado
enjugado
chupado
anhidro
deshidratado
aireado
ventilado
venteado
hidrópico
deshumedecido
evaporado
desaguado
árido
sequeroso
sequizo
secadío
secadio
cegado
desequido
resequido
sediento (V.)
s. **marchito** (V.)
agostado
agostizo
estéril (V.)
verdiseco
puntiseco
sarmentoso
duro
muerto (V.)
vano (V.)
revenido
mustio (V.)
ajado
amarillo
s. **acartonado** (V.)
apergaminado
enflaquecido (V.)
delgado
magro
escuchimizado
acecinado
flaco
extenuado (V.)
consumido
amojamado
azurronado
arrugado (V.)
avellanado
s. **austero** (V.)
rígido
desabrido (V.)
adusto
estricto
riguroso
descariñado
inexpresivo (V.)
lacónico
antipático
áspero (V.)
huraño
intratable
insociable
bronco
tosco
desapacible
rudo
escueto (V.)
s. **escéptico** (V.)
agnóstico
indiferente (V.)
frío
alejado
s. a secas
a palo seco
vía seca
en seco
vino seco
tiempo seco
dejar seco a alguien
ama seca
fruta seca
(V. **secamiento**)
a. *húmedo*
mojado
humedecido
empapado
remojado
bañado
regado
calado
jugoso
baldeado
inundado
rociado
fértil
lozano
floreciente
verde
liso
vigoroso
grueso
desarrugado
rejuvenecido
flexible
abierto
libre
afectuoso
cariñoso
sociable
extrovertido
tratable
amable
locuaz
expresivo
creyente
apasionado

secoya
s. **árbol** (V.) (conífero)
sequoia
wellingtonia

secreción
s. **segregación** (V.)
emunción
exudación (V.)
excremento (V.)
evacuación (V.)
exudado
instilación (V.)
ptialismo (V.)
excreción
goteo
s. **hormona** (V.)
fermento (V.)
lágrima (V.)
transpiración
sudor (V.)
adrenalina
estrógeno
pepsina
semen (V.)
serosidad
bilis (V.)
hiel
icor
humor (V.)
linfa
moco (V.)
mucosidad
otorrea
pituita
tiroxina
pus
saliva (V.)
saburra
seborrea
jugo (V.) gástrico
jugo (V.) pancreático
insulina
legaña (V.)
leche (V.)
lágrima
zumo (V.)
supuración (V.)
orina
miel
fisiología (V.)
s. **resina** (V.)
goma
gomorresina
látex (V.)
caucho (V.)
bálsamo (V.)
ebonita
miera
trementina
viscosidad (V.)
cerina
terebintina
resinación (V.)
s. **secretar** (V.)
a. *absorción*
retención
conservación

secrestación
(V. **secuestro**)

secretar
s. filtrar
rezumar
destilar
sudar
resudar
gotear
transpirar
trasudar
exudar (V.)
resinar
segregar (V.)
evacuar (V.)
eyacular
sangrar
(V. **secreción**)
a. *secarse*
resecarse
retener
absorber

secretaria
s. **empleada** (V.)
ayudante
mecanógrafa
taquígrafa
taquimecanógrafa
(V. **secretaría**)
a. *jefe*
responsable
director

secretaría
s. asesoría
secretariado
oficina (V.)
ministerio
covachuela
covacha
madriguera
escritorio
despacho
agencia
ayudantía

(V. **secreto**)

secretariado
(V. **secretaría**)

secretario
s. **oficinista** (V.)
corresponsal
funcionario
ayudante (V.)
oficial
memorialista
escribano (V.)
actuario
hombre de confianza

s. **ministro** (V.)

s. secretario de despacho
secretario de Estado
secretario judicial
secretario particular

(V. **secretaría**)

a. *jefe*
director
superior

secretear
s. ocultar
urdir
tramar (V.)
parrafear
bisbisear
cuchichear (V.)
murmurar
susurrar
hablar en secreto
ir de tapadillo
salir de incógnito
hablar en voz baja
no decir esta boca es mía
ser reservado
decir confidencias

(V. **secreto**)

a. *propalar*
hablar
contar
franquearse
sincerarse

secreteo
s. murmuración
bisbiseo
cuchicheo (V.)
confidencia (V.)
secreto
misterio
susurración
susurro

a. *publicidad*
claridad
evidencia
franqueza
sinceridad

secreter
(V. **escritorio**)

secreto
s. **enigma** (V.)
misterio (V.)
clave
criptografía
combinación
conciliábulo
confidencia (V.)
clandestinidad
cifra
cifrado
sigilo (V.)
cuchicheo (V.)
interrogante
contraste
tapujo
reserva (V.)
incógnita (V.)
arcano
discreción (V.)
silencio (V.)
arcanidad
disimulo (V.)
entresijo
puridad
chiticalla
escuchita
interioridad

s. **sacramento** (V.)

s. escondite
escondrijo (V.)
rincón
rinconera
cuchitril
subterráneo (V.)
madriguera (V.)
huronera
ratonera
ladronera
laberinto
nidal
nido
cachulera
cueva
refugio (V.)
ocultación (V.)

s. **acertijo** (V.)
adivinanza
rompecabezas

s. escondido
anónimo (V.)
recóndito
sigiloso (V.)
encubierto (V.)
reservado (V.)
confidencial (V.)
clandestino (V.)
latebroso
celadamente
misterioso (V.)
incomprensión (V.)
sibilino
ignorado
desconocido
incognoscible
tapado
oculto (V.)
sinuoso
enigmático (V.)
furtivo (V.)
hermético
indescifrable (V.)
impenetrable (V.)
inescrutable (V.)
impenetrabilidad (V.)
inviolable
sellado (V.)
íntimo
esotérico
invisible
hondo
profundo

s. callado
reservado
silencioso (V.)
discreto (V.)
taciturno
de ultratumba
secreto a voces
secreto de Anchuelo
secreto profesional
secreto de Estado
secreto de naturaleza
secreto de confesión
en secreto
de secreto

r. Secreto es lo que sabemos dos: Dios y yo ■ Lo que pide estar secreto, nadie intente saberlo ■ Secreto bien guardado, el que a nadie se ha confiado ■ El amigo discreto, respeta tu secreto

a. *divulgación*
evidencia
conocimiento
publicidad
evidente
claro
manifiesto
explícito
indiscreto
conocido
público
franco
sincero
divulgado
propalado

secta
s. **doctrina** (V.)
teoría
enseñanza
heterodoxia
herejía (V.)
religión (falsa)
cisma

s. **grupo** (V.)
camarilla
clan
asociación
hermandad
cofradía
liga
pandilla
comunidad (V.)
congregación
sociedad
reunión

a. *pureza*
ortodoxia
creencia
verdad

sectario
s. prosélito
adepto
partidario (V.)
secuaz
satélite
faccionario
sectador
partidista
intransigente (V.)
fanático (V.)
dogmatista
dogmatizante
iconoclasta
iconómaco
irreligioso
parcial
hereje (V.)
acérrimo (V.)

(V. **sectarismo**)

a. *transigente*
contrario
comprensivo
piadoso
ortodoxo

sectarismo
s. **fanatismo** (V.)
partidismo (V.)
intransigencia (V.)
parcialidad
apasionamiento
vehemencia
ceguera
intolerancia (V.)
heterodoxia
exaltación
obcecación
fervor
fogosidad
idolatría
herejía
cisma
disidencia

(V. **secta**)

a. *comprensión*
tolerancia
flexibilidad
sensatez
objetividad
transigencia
frialdad
ortodoxia
pureza
indiferencia

sector
s. **parte** (V.)
división (V.)
porción
fragmento
lote

s. **zona** (V.)
región
emplazamiento
parcela
situación (V.)
lugar (V.)
sitio
punto

s. **esfera** (V.)
nivel (V.)
grado
tramo
medio
círculo

a. *todo*
totalidad
conjunto

secuaz
s. **adepto** (V.)
hincha
fan
partidario (V.)
seguidor
gregario
segundón

a. *principal*
figura
superior
contrario
enemigo

secuela
s. **dependencia** (V.)
consecuencia (V.)
resultado
reliquia (V.)
resulta
deducción
consecución
corolario
efecto (V.)
derivación
alcance
desenlace
fruto

a. *origen*
motivación
principio
antecedente

secuencia
s. **serie** (V.)
sucesión (V.)
orden
continuación
encadenamiento
proceso
ciclo
fase
etapa
cadena
continuidad (V.)
relación

s. **planos** (V.) (cinematografía)

s. prosa **(misa)**

a. *interrupción*
vacío
paréntesis
discontinuidad

secuestración
(V. **secuestro**)

secuestrado
s. **raptado** (V.)
apresado
retenido
recluido
encerrado
detenido
escondido

s. embargado
requisado
incautado

(V. **secuestro**)

a. *liberado*
libertado
devuelto
reintegrado

secuestrador
s. raptor
aprehensor
detentor
apresador
carcelero
violador
delincuente
ladrón
hampón
transgresor
chantajista

s. **embargador** (V.)
embargante
depositario
agente ejecutivo

(V. **secuestro**)
requisador

a. *liberador*
libertador

secuestrar
s. **raptar** (V.)
retener
encerrar
aislar
forzar
detener
llevar
recluir
esconder
engañar
arrancar
arrebatar
robar
chantajear

s. **embargar** (V.)
requisar
aprehender
incautar
decomisar (V.)
apropiarse
depositar (V.)
ejecutar

(V. **secuestro**)

a. *liberar*
libertar
devolver
restituir
permitir
retirar

secuestro
s. **rapto** (V.)
encierro
encarcelamiento
aislamiento
detención
reclusión
violación
engaño
escondite
chantaje

s. **embargo** (V.)
depósito (V.) (judicial)
requisa
requisición
secrestación
retención (V.)
secuestración
incautación
decomiso
apropiación
emparamiento
consignación

a. *liberación*
libertad
devolución
restitución

secular
s. **seglar** (V.)
mundano
terrenal
temporal (V.)
mundanal
laico
profano (V.)
laical
laicista
civil
lego

s. **centenario** (V.)
viejo (V.)
vetusto
antiguo
anciano
veterano
añejo
patriarcal
arcaico

(V. **siglo**)

a. *religioso*
espiritual
nuevo
reciente

secularización
s. **desamortización** (V.)
laicismo
seglaridad
laicización
terrenidad
mundanidad
irreligión
profanidad (V.)
mundanalidad
mundanería
irreligión
transformación
s. **mundo** (V.)
siglo
a. *religión*
conservación
inmutabilidad
espiritualización

secularizado
s. mundano
laico (V.)
civil
lego
profano (V.)
terrenal
desamortizado
(V. **secularización**)
a. *espiritual*
religioso

secularizar-se
s. **desamortizar** (V.)
temporalizar
profanar (V.)
mundanear
cambiar
transformar
desenfrailar
laicizar
aseglararse
aseglarizarse
colgar los hábitos
salirse del convento
volver al mundo
(V. **secularización**)
a. *profesar*
mantenerse
espiritualizar-se

secundar
s. **apoyar** (V.)
auxiliar
favorecer
contribuir
coadyuvar
seguir (V.)
cooperar (V.)
socorrer
complementar
colaborar
ayudar
conllevar
echar una mano
a. *desentenderse*
oponerse
abandonar

secundario
s. adjetivo
inferior (V.)
dependiente
auxiliar
subalterno (V.)
subordinado (V.)
marginal (V.)
anejo
complementario
adjunto
accidental
supletorio
nexo
episódico
mesozoico
consectario
subsiguiente
subsidiario
trivial
dependiente
accesorio (V.)
episódico (V.)
suplente
satélite
subalterno
s. despreciable
trivial
exiguo
insignificante (V.)
mezquino
fútil
s. planeta secundario
luz secundaria
terreno secundario
a. *principal*
necesario
importante
primordial
capital
primero
fundamental

secundinas
(V. **placenta**)

secundípara
(V. **parto**)

sed
s. **ansia** (V.)
avidez
deseo (V.)
apetito
incentivo
apremio
afán
vehemencia
aspiración
ambición (V.)
pasión
s. adipsia
anadipsia
polidipsia
dipsomanía
necesidad (V.)
(de beber)
s. **sequedad** (V.)
deshidratación
desecamiento
desecación
agostamiento
aridez
resecación (V.)
sequía
s. matar la sed
apagar la sed
no dar ni una sed de agua
r. Miráis lo que bebo y no la sed que tengo ■ Quien mucha sed tiene, de cualquier agua bebe ■ Sed de cazador y hambre de pescador
a. *conformidad*
satisfacción
saciedad
hartura
humildad
hidrofobia
jugosidad
verdor
hidratación
fertilidad
lozanía

seda
s. **tela** (V.)
babosa
alcatife
tejido (V.)
trama
orzoyo
pelo
tafetán
raso
satén
torzal
sirgo
torcido
primichón
chiné
chiffón
crespón
fular (V.)
moaré
adúcar
aldúcar
cadarzo
atanquía
filadiz
escarzo
estopa
maraña
portada
mano
frufrú
deshiladiz
cerda
seta
hilo
tejido de seda
seda cruda
seda cocida
seda ahogada
seda verde
seda de capullos
seda de todo capullo
seda redonda
seda conchal
seda ocal
seda de candongo
seda basta
seda porrina
seda floja
seda azache
seda medio conchal
gusano de seda
capullo de seda
mariposa de seda
dejar a alguien como una seda
de seda
de media seda
de toda seda
en abril empieza la seda a revivir
como una seda
r. Cuando se saca la seda, poco queda

sedación
(V. **mitigación**)
(V. **apaciguamiento**)
(V. **tranquilidad**)

sedal
s. **hilo** (V.)
(caña de pescar)
cuerda
redeña
tanza
cordón (V.)
(V. **seda**)

sedán
(V. **automóvil**)

sedante
s. **calmante** (V.)
consolador
sedativo
tranquilizante
anodino
corroborante
calmativo
paliativo
lenitivo (V.)
analgésico
narcótico
barbitúrico
droga
hipnótico
(V. **sedación**)
a. *excitante*
irritante
estimulante

sedar-se
s. **calmar** (V.)
tranquilizar
mitigar (V.)
sosegar
apaciguar
aquietar
serenar
adormecer
paliar
narcotizar
drogar
hipnotizar
(V. **sedación**)
a. *excitar-se*
irritar-se
estimular-se
desasosegar-se

sedativo
(V. **sedante**)

sede
s. **asiento** (V.)
centro
residencia
lugar
domicilio (V.)
sitial
polo
silla
trono (V.)
capital
diócesis
obispado (V.)
jurisdicción
baluarte
s. sede apostólica
sede vacante
sede plena
Santa Sede

sedentario
s. inmóvil
fijo
quieto
aposentado
estacionario (V.)
invariable
inamovible
inmutable
estático (V.)
sentado (V.)
s. **poltrón** (V.)
tranquilo
pasivo (V.)
apacible
inactivo (V.)
indolente
pausado
calmoso
descansado (V.)
cachazudo
a. *nómada*
agitado
errante
errabundo
inquieto
movido
mutable
dinámico
activo
rápido
incansable

sedente
(V. **sentado**)

sedeña
(V. **estopa**)

sedeño
(V. **sedoso**)

sedera
(V. **brocha**)
(V. **escobilla**)

sedería
s. alcaicería
comercio (de seda)
tienda (V.)
(de tejidos)
mercería (V.)
fábrica (de sedas)
(V. **seda**)

sedicente
(V. **pretendido**)
(V. **supuesto**)
(V. **falso**)

sedición
s. revolución
alzamiento
motín
sublevación (V.)
algarada
revuelta
levantamiento
pronunciamiento
tumulto
insurrección
agitación
conspiración
efervescencia
asonada
cuartelada
militarada
a. *orden*
paz
tranquilidad
obediencia
disciplina
sometimiento

sedicioso
s. **rebelde** (V.)
sedicente
amotinado
insurgente
insurrecto
faccioso
sublevado (V.)
revoltoso
turbulento
insubordinado
incendiario
amotinador
levantador
tumultuoso
banderizo (V.)
bullicioso (V.)
(V. **sedición**)
a. *pacífico*
apaciguador
obediente

sediente
(V. **sediento**)

sediento
s. sediente
ansioso
ávido (V.)
anhelante
acucioso
abrasado
deseoso (V.)
anheloso
afanoso
vehemente
apasionado
insaciable
s. hidrópico
sitibundo
seco (V.)
reseco (V.)
necesitado
(de agua)
desecado (V.)
desértico
árido
agostado
dipsómano
hidrófilo
(V. **sed**)
a. *saciado*
harto
ahíto
hidrófobo
verde
jugoso

sedimentación
(V. **decantación**)
(V. **precipitación**)
(V. **sedimento**)

sedimentar-se
s. **depositar** (V.)
precipitar
asentar
decantar
posarse (V.)
clarificar
aclarar
acumularse (V.)
separarse
aconcharse
entarquinarse
s. **calmarse** (V.)
sosegarse
serenarse (V.)
aquietarse
tranquilizarse
reposar
(V. **sedimentación**)
a. *flotar*
sobrenadar
revolver
impurificar
excitarse
irritarse
intranquilizarse

sedimentario
s. zurrapiento
zurraposo
feculento
legamoso (V.)
lodoso
cenagoso
pantanoso

(V. **sedimento**)

a. *flotante*

sedimento
s. **poso** (V.)
borra
lía
solera
sarro
zupia
légamo (V.)
madre
zurrapa
concho
entarquinamiento
lodo
rescoldo
cenizas
asiento
fango
limo
cieno (V.)
gandalla
barro
flor
flema
bazofia
sobras
hondarras
solera
suelo
solada
impureza (V.)
suciedad (V.)
fondo
fondillón
destilación (V.)
líquido (V.)
turbiedad
depósito (V.)
heces
restos
horrura
remanente
broza
cabezuela
pie (V.)
precipitado (V.)
tarquín
cándamo
cargazón
fondón
lama
reboño
pecina
cargadal
enruna
morca
solada
substrato

s. **huella** (V.)
señal

(V. **sedimentación**)

a. *flotación*
olvido

sedoso
s. delicado
muelle
suave (V.)
fino
terso
liso

s. sedeño
sedero
asedado
sérico
aterciopelado

(V. **seda**)

a. *áspero*
ordinario
rugoso

seducción
s. **fascinación** (V.)
atracción (V.)
captación
persuasión
embelesamiento (V.)
coqueteo
embeleco
gachonería (V.)
quillotro
tentación (V.)
conquista
sugestión
engatusamiento
atracción
enamoramiento (V.)
atractivo
mimo
halago
celo
hechizo
encanto (V.)
caricia
agasajo
adulación

s. **soborno** (V.)
señuelo
corrupción
engaño

a. *repulsión*
desilusión
asco
desencanto
indiferencia
decepción
desengaño
desagrado
honestidad

seducido
s. hechizado
subyugado
fascinado (V.)
cautivado
embelesado
atraído
persuadido
absorbido
ilusionado
hipnotizado
embobado
maravillado

s. **enamorado** (V.)
conquistado
desflorado
corrompido
galanteado
desvirgado
forzado
violentado

(V. **seducción**)

a. *seductor*
burlador
desilusionado
despierto

seducir
s. **fascinar** (V.)
captar
atraer (V.)
encantar (V.)
sugestionar
persuadir (V.)
halagar
embelecer
quillotrar
arrastrar
enlabiar
malmeter
insinuar
propiciar
cautivar (V.)
adular
agasajar
arrebatar
entusiasmar
galantear
flechar
alabar
interesar
conquistar
acariciar
embobar
prendar
agradar
engaitar
influir
ilusionar
sugerir
absorber
camelar
embelesar (V.)
hipnotizar
maravillar
enamorar (V.)
embobar

s. perder
corromper (V.)
sobornar (V.)
tentar
engañar
incitar
engatusar
enganchar
burlar (V.)
poseer (V.)
(mujeres)
desflorar (V.)
violar
embaucar (V.)
abusar (V.)

s. echar el gancho
hacer la rueda
hacer el amor
pasear la calle
sorber el seso
hacer tilín

(V. **seducción**)

a. *repugnar*
repeler
desagradar
desilusionar
decepcionar
desengañar
asquear
respetar

seductivo
(V. **seductor**)

seductor
s. **fascinante** (V.)
fascinador
gancho
engolosinador
camelador
atractivo (V.)
atrayente
alpargatilla
seductivo
subyugador
sugestionador
cautivador
cautivante
hechicero (V.)
embrujador (V.)
halagador
enlabiador
congraciante
encantador
sirena
captador
embebedor
captatorio
engañoso
tentador (V.)
sugerente
persuasivo (V.)
absorbente
engatusador
enajenador (V.)
arrebatador
maravilloso

s. **conquistador** (V.)
enamorador (V.)
tenorio
palomo ladrón
donjuán
burlador (V.)
aprovechado
coquetón
cazador
faldero
mujeriego
castigador (V.)
corruptor

(V. **seducción**)

a. *repelente*
desilusionante
decepcionante
repugnante
desagradable
asqueroso
despreciable
inmundo
misógino
desgraciado

sefardí
(V. **judío**)
(español)

sefardita
(V. **sefardí**)

segadera
s. segadora
guadaña
guadañadora
segote
hoz (V.)
sefur
falce
dalle

s. manija
zoqueta
colodra
cachapo
maniquete

(V. **siega**)

segador
s. guadañero
guadañador
dallador
atador
agostero
barcinador
guadañil
guadapero
mavoral
temporero
temporil
temporal
labrador (V.)

(V. **siega**)

(V. **recolección**)

segadora
s. guadañadora
máquina de segar
trilladora
cortadora
cortacéspedes

s. bastidor
ruedas
motor
transmisión
aspas
peine cortador
tambor
silo
sacudidor
rosca
transportadora
alimentador
elevador
elevador de grano
e impurezas
parrilla
parrilla limpiadora
ventilador
cilindro trillador

s. segadora simple
segadora
guadañadora
segadora
agavilladora
segadora trilladora

(V. **siega**)

segar
s. **cortar** (V.)
guadañar (V.)
resegar
recolectar (V.)
dallar
forrajear
henificar
rapuzar
tumbar
tronchar
despanar
espigar
seccionar
talar
cercenar
truncar
barcinar
falcar

s. **igualar** (V.)
unificar
desbarbar

s. **malograr** (V.)
impedir
desilusionar (V.)
frustrar (V.)

s. segar en flor
segar en verde

(V. **siega**)

a. *plantar*
sembrar
desigualar
favorecer
ilusionar

segazón
(V. **siega**)

seglar
s. **laico** (V.)
profano (V.)
mundano
civil
terrenal
secular (V.)
terrenal

(V. **siglo**)

a. *espiritual*
religioso

segmentar
(V. **partir**)

(V. **dividir**)

segmento
s. **parte** (V.)
fracción
fragmento
división
pedazo
trozo
cacho
pieza
tranco
parcela

s. **aro** (V.)
anillo
pistón
junta
cilindro
segmento de freno
segmento rascador
de aceite
automóvil (V.)

a. *totalidad*
conjunto

segote
(V. **segadera**)

segregación
s. **discriminación** (V.)
desunión
secesión (V.)
desglose
desmembramiento
separación (V.)
ramificación
abscisión
desarticulación
disyunción
desmembración
diferenciación

s. **secreción** (V.)
evacuación
sudor (V.)
hipersecreción

s. segregación
racial

a. *igualación*
unificación
agregación
absorción

segregacionismo
(V. **racismo**)

segregacionista
(V. **racista**)

segregar-se
s. destilar
secretar (V.)
rezumar
eyacular (V.)
sudar (V.)
resinar (V.)
transpirar
desprender
despedir
eliminar
moquear (V.)
gotear
evacuar (V.)
excretar
supurar

s. **separar** (V.)
discriminar (V.)
diferenciar (V.)
apartar
despreciar
rechazar
arrinconar
repudiar
expulsar (V.)

s. **seccionar** (V.)
desmembrar
escindir

(V. **segregación**)

(cont.)

a. *absorber*
retener
chupar
libar
aspirar
extraer
contener
unir
apreciar
igualar
acoger
juntar

segueta
(V. **sierra)** (marquetería)

seguida
(V. **seguimiento)**

seguidilla
(V. **estrofa)**
(V. **danza)**
(V. **diarrea)**

seguido
s. **continuo** (V.)
ininterrumpido
incesante (V.)
consecutivo
perpetuo
sucesivo
consecuente
repetido
insistente
permanente (V.)
mantenido
persistente
subsiguiente
final

s. **perseguido** (V.)
acompañado
escoltado

s. **inmediato** (V.)
posterior (V.)
siguiente
junto a
después de

s. **recto** (V.)
directo (V.)
llano
liso (V.)
derecho
invariable

s. acto seguido
a renglón seguido
punto y seguido
pisando los talones
en cola
en pos
(V. **seguimiento)**

a. *discontinuo*
interrumpido
saltuario
solo
anterior
indirecto
torcido

seguidor
(V. **partidario)**
(V. **discípulo)**
(V. **perseguidor)**

seguimiento
s. seguida
continuación
proseguimiento
sucesión (V.)
serie
tanda
orden
ordenación
alternación
consecuencia
resultado
efecto
vicisitud
turno
rastro
huella
estela
cortejo
escolta
séquito

s. **persecución** (V.)
rastreo
caza
búsqueda
acoso
alcance
acorralamiento
acecho
cacería

a. *interrupción*
descuido
negligencia
escapatoria
huida
abandono

seguir-se
s. **perseguir** (V.)
acosar
cazar
acorralar
rastrear (V.)
buscar
rondar (V.)
hostigar
acechar
ojear
husmear
importunar
dar alcance
dar caza
pisar los talones
ir detrás
espiar (V.)
seguir las huellas de

s. **continuar** (V.)
proseguir (V.)
subseguir
reanudar (V.)
prolongar
diferir
prorrogar
mantener
perseverar (V.)
insistir
persistir (V.)
durar (V.)
perpetuar
repetir
posponer
recorrer
permanecer (V.)
empalmar

s. **escoltar** (V.)
acompañar
conducir

s. **secundar** (V.)
apoyar
respaldar
alentar
simpatizar
aprender (V.)
imitar (V.)
copiar
plagiar
remedar

s. **cortejar** (V.)
amartelarse
enamorarse
pretender
pedir
pelar la pava

s. **estudiar** (V.)
cursar
actuar (V.)
ejercer
profesar
practicar (V.)
desempeñar
ejercitar
manejar
negociar
tratar

s. dimanar
derivarse (V.)
nacer
inferirse
deducirse (V.)
suceder
originarse
causar
proceder (V.)
resultar
producirse
sobrevenir
acontecer
suceder
ocurrir
crearse
inducirse

s. **adaptarse** (V.)
conformarse
convenir
plegarse

s. seguir la corriente
seguir el ejemplo
seguir algo su curso
seguir adelante en algo
seguir la pista
seguir los pasos de
seguir en sus trece

r. El que la sigue, la mata
(V. **seguimiento)**

a. *abandonar*
dejar
desistir
anticipar
adelantar
preceder
anteceder
anteponer
desamparar
insistir
diferenciar
retirar
rechazar
reñir
romper con
holgar
inducir
analizar
rebelarse
oponerse

según
s. **conforme** (V.)
depende
como
con arreglo a
en circunstancias
en tal caso
a juzgar por
de ese modo
en todo caso
según y conforme
según y como
llegado el caso
condicionalmente
a menos que
de acuerdo con

segundero
s. indicador
aguja (V.)
saetilla
manecilla
reloj (V.)
(V. **segundo)**

segundilla
(V. **lagartija)**
(V. **campanilla)**

segundo
s. auxiliar
secundario
accesorio (V.)
insignificante
inferior
posterior

s. lugarteniente
ayudante (V.)
auxiliar
suplente
agregado
cooperador
suplementario

s. **tiempo** (V.)

s. batir segundos
sin segundo
segunda enseñanza
el segundo de a bordo
con segundas

a. *primero*
principal
importante
jefe
director
responsable

segundón
s. segundogénito
hijo segundo

s. relegado
postergado
arrinconado
olvidado
(V. **segundo)**

a. *primogénito*
apreciado
importante

segur
s. **hoz** (V.)
hacha
falce
guadaña
podadera
podón
manija
dalla
dalle
colodra
címbara
rozón
segote
hocino

seguridad
s. **certidumbre** (V.)
juramento (V.)
certeza
salvación (V.)
confianza (V.)
evidencia
confirmación
convencimiento
convicción (V.)
fe
firmeza
fijeza (V.)
exactitud
calma
infalibilidad (V.)
tranquilidad

s. **aplomo** (V.)
autodominio
tiento
tino
equilibrio (V.)
pulso
confianza (en sí mismo)

s. **inviolabilidad** (V.)
invulnerabilidad
inmunidad (V.)
incolumidad
indemnidad (V.)
lealtad (V.)
garantía (V.)
seguro (V.)
fieldad
estabilidad (V.)
salvaguardia (V.)
sostén
fianza
póliza
solvencia (V.)
resguardo (V.)
caución
salvoconducto (V.)
licencia
pasaporte
pase
aval
serenidad
cuidado

s. **defensa** (V.)
antepecho
barandilla
refuerzo (V.)
protección (V.)
guarda
recaudo
sujeción (V.)
solidez

s. cobijo
talanquera
asilo
refugio (V.)
puerto
abrigo

s. cerrojo de seguridad
lámpara de seguridad
broche de seguridad
guardia de seguridad
con seguridad
en seguridad
seguridad en sí mismo

a. *inseguridad*
incertidumbre
desconfianza
duda
vacilación
debilidad
inexactitud
desasosiego
falibilidad
casualidad
acaso
capricho
prevención
sospecha
desequilibrio
vulnerabilidad
inestabilidad
insolvencia
descuido
abandono
dejadez
peligro
amenaza
riesgo
exposición
desamparo
endeblez
alarma
desabrigo

seguro
s. **cierto** (V.)
evidente (V.)
indudable (V.)
claro
palmario
irrecusable
irrebatible
patente
positivo
infalible (V.)
innegable
indefectible (V.)
inequívoco
ostensible
notorio
palpable
tangible
fehaciente
convincente
invariable (V.)

s. **fiel** (V.)
leal (V.)
convencido
fanático (V.)
resuelto
decidido
impertérrito
flemático
confiado
perseverante
estable (V.)
inmutable
constante (V.)

s. **protegido** (V.)
sujeto (V.)
tope
resguardado
garantizado (V.)
guardado
defendido (V.)
abrigado
garantido

s. **sólido** (V.)
invulnerable (V.)
inexpugnable (V.)
inviolable (V.)
inatacable
indemne (V.)
incólume
salvo (V.)
sano
inamovible
firme (V.)
recio

s. **forzoso** (V.)
inevitable (V.)
ineluctable
irremediable
insoslayable

s. **aseguramiento**
contrato (V.)
documento
título
compromiso
fianza
tontina
garantía (V.)
pacto
póliza
caución
depósito (V.)
prima
sobreprima
reaseguro
mutualidad

s. **mecanismo** (V.)
muelle
dispositivo
palanca
gatillo
cierre (V.)
resistencia (V.)
bloqueo
fiador (V.)
detector
resorte

(cont.)

s. en seguro
sobre seguro
a buen seguro
de seguro
tener por segura una cosa
seguro de sí mismo
irse del seguro
seguro de vida
seguro de incendios
seguro de enfermedad

(V. **seguridad**)

a. *inseguro*
incierto
dudoso
obscuro
rebatible
recusable
negativo
falible
equívoco
impalpable
intendible
variable
desleal
infiel
inestable
mudadizo
mutable
veleidoso
inconstante
desamparado
atacado
acosado
amenazado
débil
vulnerable
atacable
perdido
evitable
soslayable

seise
s. acólito
escolano
obispillo
cantor (V.)
niño de coro
monaguillo (V.)
infante de coro
misario

seísmo
s. sismo
terremoto (V.)
sacudida
sacudimiento
temblor
convulsión
cataclismo
catástrofe
temblor de tierra
movimiento de tierra
remesón

a. *estabilidad*
firmeza

selacio
s. **pez** (V.) (cartilagíneo)
tiburón
escualo
raya
tintorera

selección
s. **elección** (V.)
preferencia (V.)
escogimiento
separación
discriminación
apartado
elegibilidad
distinción
extracción
clasificación
opción
cogollo (V.)
crema (V.)
élite
quintaesencia
depuración
exquisitez
alquitaramiento
elegancia
nobleza
finura
espuma
flor y nata
flor de la canela
excelencia (V.)
adopción

s. **colección** (V.)
tria (V.)
conjunto
excerpta
antología (V.)
recopilación
florilegio
compendio
repertorio
condensación
extracto (V.)
resumen

s. selección natural
selección a la inversa

a. *indiferencia*
mezcolanza
confusión
vulgaridad
ampliación

seleccionar
s. **elegir** (V.)
escoger
clasificar
expurgar
preferir (V.)
apartar
distinguir
diferenciar
separar
eliminar
discriminar (V.)
extraer
destinar
entresacar
escarmenar (V.)
escrutar
cerner
tamizar (V.)
cribar
espulgar
aechar
limpiar
hacer limpia
triar

s. recopilar
resumir
coleccionar (V.)
extractar
condensar
compendiar (V.)
antologizar

(V. **selección**)

a. *mezclar*
confundir
ampliar

selectivo
(V. **selecto**)

selecto
s. **elegido** (V.)
escogido
preferido (V.)
primoroso
distinguido
seleccionado
noble (V.)
exquisito (V.)
excelente (V.)
atractivo
atrayente
perfecto
superior
mejor (V.)
elegante (V.)
fino (V.)
notable
alambicado
alquitarado
quintaesenciado
soberbio
delicado (V.)
señor
selectivo
refinado

s. flor y nata
canela (V.)
espuma
florido (V.)
élite
crema (V.)
cogollo
de buen tono
de buen gusto
lo mejor de lo mejor

(V. **selección**)

a. *corriente*
vulgar
común
detestable
inferior
ordinario
tosco
grosero
mezclado

selenosis
(V. **mentira**) (mancha uñas)

selfservice
(V. **autoservicio**)

Seltz
(V. **agua**)

selva
s. **bosque** (V.)
espesura (V.)
jungla
floresta
monte
algaba
algaida
fosca
sobral
arboleda
frondosidad (V.)

a. *desierto*
sabana
claro

selvático
s. selvoso
espeso
denso
silvoso
silvático
boscoso (V.)
virgen (V.)
nemoroso
frondoso (V.)

s. **salvaje** (V.)
rústico
tosco
agreste (V.)
rudo
inculto
incivil

(V. **selva**)

a. *claro*
desértico
culto
fino

selvatiquez
s. **espesura** (V.)
frondosidad (V.)
fragosidad
escabrosidad

s. **tosquedad** (V.)
incultura (V.)
incivilidad
rudeza
rusticidad
modreguez
tochedad
rustiquez
rustiqueza

(V. **selva**)

a. *desierto*
llanura
cultura
finura
educación

selvoso
(V. **selvático**)

sellado
s. lacrado
marcado
estampillado
cerrado (V.)
cifrado
plumbado
precintado
secreto (V.)
arcano
sigilación

s. papel sellado

(V. **sello**)

a. *abierto*
público
conocido

sellador
s. timbrador
chanciller
canciller (V.)
guardasellos
canciller mayor
canciller del sello de la puridad

(V. **sello**)

selladura
s. **estampillado** (V.)
sellamiento
sigilación
plomadura
resello
deselladura
precinto
timbrado (V.)
cierre (V.)
sellado

(V. **sello**)

a. *apertura*

sellar
s. **estampillar** (V.)
estampar
signar (V.)
imprimir
timbrar (V.)
grabar
señalar
marcar (V.)

s. **lacrar** (V.)
cerrar (V.)
sigilar (V.)
contrasellar
plomar
emplomar
marchamar
precintar (V.)
resellar
bollar
contrastar

s. **concluir** (V.)
acabar
terminar
finiquitar
poner fin

s. cerrar
tapar (V.)
cubrir
obstruir
condenar
cegar

(V. **sello**)

a. *borrar*
abrir
destapar
comenzar
descubrir
desobstruir
desatrancar

sello
s. **sigilo** (V.)
estampilla (V.)
cajetín
timbre (V.)
sobresello
signáculo
cerógrafo
plomo
marchamo
precinto (V.)
lacre (V.)
rueda
impronta
grabado
plica
monograma
sellador
timbrador
nema
anillo del Pescador
fechador (V.)
troquel
contraste
marca (V.)
leyenda (V.)
ex libris

s. móvil
etiqueta (V.)
póliza (V.)
sello de correos

s. **franqueo** (V.)
saca
estanco
buzón
matasellos
pesacartas
carta
álbum
filatelia

s. **oblea** (V.)
gragea (V.)
pastilla
comprimido
tableta
píldora

s. sello distintivo
sello real
sello de Salomón

semáforo
s. **señal** (V.)
indicación
poste
disco
luz
alarma
seguridad

s. **telégrafo** (V.) (óptico)

semana
s. septenario
hebdómada
semanería
feria
ferial
hebdomadario
setenario
tiempo (V.)

s. domingo
lunes
martes
miércoles
jueves
viernes
sábado
week-end

s. **salario** (V.)
paga
haber
sueldo

s. Semana Santa
Domingo de Ramos
Jueves Santo
Viernes Santo
Sábado Santo
Domingo de Resurrección

s. estación
misterio
oficios
tinieblas
miserere
improperios
lavatorio
mandato
matraca
angélica
monumento
procesión (V.)
vía crucis
tenebrario
aleluya

s. **nazareno** (V.)
costalero
bancero
sayón
penitente
disciplinante

s. semana inglesa
entre semana
la semana que no tenga viernes

semanal
s. semanario
septenario
hebdomadario
ferial
bisemanal
bisemanario
periódico
regular (V.)
semanero

(V. **semana**)

semanario
s. revista
periódico (V.)
hebdomadario
magazine
boletín

(V. **semana**)

semantema
(V. **raíz**)
(palabras)

semántica
s. semasiología
noología
significado (V.)
(palabras)
análisis
componencial
s. semántica lógica
o pura
semántica
generativa
semántica
descriptiva
(V. **lenguaje**)

semasiología
(V. **semántica**)

semblante
(V. **cara**)
(V. **aspecto**)

semblanza
s. **semejanza** (V.)
parangón
comparación
parecido
analogía
afinidad
s. **descripción** (V.)
biografía (V.)
relato
bosquejo
vida
escrito
retrato (V.)
a. *diferencia*
diversidad
desemejanza
omisión
silencio

sembrada
(V. **sembrado**)

sembradera
(V. **sembradora**)

sembradío
(V. **sembrado**)

sembrado
s. sembradío
labrantía (V.)
plantío
arijo
plantación (V.)
sembrada
criadero
bancal
sementera
vivero (V.)
vergel
plantel
cultivo (V.)
sato
socola
senara
pegujal
verdegal
manchón
ricio
mies
melga
amelga
almanta
embelga
calva
clapa
parcela
granja
prado
vega
navazo
almáciga
semillero
(V. **siembra**)
a. *erial*
yermo
desierto

sembrador
s. labrador
cultivador (V.)
agricultor (V.)
campesino
labriego
labrantín
(V. **siembra**)

sembradora
s. **máquina** (V.)
sembradera
calla
catabre
s. bastidor
ruedas
tolva
rueda
distribuidora
tubos
reja
rulo igualador
tablero de púas
distribuidor
s. sembradora de
hileras
sembradora de
voleo
(V. **siembra**)

sembradura
(V. **siembra**)

sembrar
s. **cultivar** (V.)
labrar
plantar (V.)
sementar
resembrar
granear
empanar
amelgar
volear
melgar
matear
marquear
sobresembrar
seminar
diseminar
volear
roturar
rozar
empelar
ralear
verdear
campear
terrear
asemillar
s. **desgranar** (V.)
deshuesar
cascar
descascarillar
cribar
moler
trillar (V.)
descascarar
descascar
descortezar
despepitar
garraspar
pelar
tapiscar
pilar
escomar
s. derramar
esparcir (V.)
difundir
lanzar
arrojar
diseminar
publicar (V.)
divulgar (V.)
propagar
transmitir
predicar
r. Siembra quien
habla y recoge
quien calla ■
Quien bien
siembra, bien
recoge ■ Quien
siembra vientos
recoge
tempestades ■
Nunca dejes de
sembrar por miedo
a los gorriones ■
Si has de segar,
menester es
sembrar ■ El que
siembra, recoge
(V. **siembra**)
a. *cosechar*
recolectar
reunir
callar
silenciar
guardar
reservar
limitar
delimitar

semeja
(V. **semejanza**)
(V. **señal**)
(V. **indicio**)
(V. **muestra**)

semejable
(V. **comparable**)
(V. **parecido**)
(V. **análogo**)

semejante
s. **igualado** (V.)
semejado
similar
parecido (V.)
análogo
homogéneo (V.)
parigual
homólogo
sinónimo (V.)
equivalente
parejo
escupido
afín
idéntico
aproximado
parónimo
vecino (V.)
paralelo
comparable (V.)
propio
aproximado
copiado
imitado (V.)
rayano (V.)
igual
similitudinario
pintiparado (V.)
gemelo
conforme
lobos de la misma
manada
dos gotas de agua
analógico
proporcional
s. **hermano** (V.)
pariente (V.)
congénere
hermanado (V.)
hermanable
connatural
cognado
cercano
vecino
próximo
prójimo (V.)
(V. **semejanza**)
a. *distinto*
diferente
lejano
desigual
incomparable
original
único
impropio
dispar
disconforme
antónimo
desemejante
diverso
diferenciado
opuesto
contrario
dispar
variado
inconfundible

semejanza
s. **congruencia** (V.)
parecido (V.)
similitud
símil (V.)
analogía (V.)
igualdad
homogeneidad
conformidad
identidad
equivalencia
similaridad
cercanía
coincidencia
sabor
consonancia
paridad
homología
semblanza (V.)
concordancia
armonía
apariencia
viso
hermandad
correspondencia
exactitud
afinidad
parejadura
conciliación
parecencia
parangón
parentesco
retrato
copia
imitación
sosia
paronomasia
paronimia
atavismo
aire
semeja
vislumbre
comparación
sombra (V.)
maridaje
referencia
parejura
aproximación
asimilación
aspecto (V.)
tal para cual
r. De diablo a diablo
no va un palmo ■
De pollino a burro,
no va mucho ■ Lo
mismo da a
cuestas que al
hombro
a. *diferencia*
desigualdad
disparidad
originalidad

semejar-se
s. **parecerse** (V.)
asemejarse
compararse
aproximarse
acercarse
corresponderse
(V.)
asimilarse
rozarse
igualarse
identificarse
relacionarse
parangonar
imitar (V.)
remedar
hermanarse
equipararse
parearse
pintiparar
heredar (V.)
rayar
recordar (V.)
sonar
aparentar
equivaler
correr parejas
ser igual
salir a
ser hijo de su
padre
tener un aire
saber
tirar a
tener la misma
cara
ser como dos
gotas de agua
encontrar su
media naranja
ser el vivo retrato
de
darse un aire
ser exacto a
(V. **semejanza**)
a. *diferenciar-se*
deshermanar-se
desigualar-se
variar
diversificar
cambiar
desemejar-se
distar

semen
s. **secreción** (V.)
esperma (V.)
polución (V.)
zoospermo
espermatozoo
espermatozoide
leche
semilla (V.)
simiente
zumo
licor
jugo
testículo (V.)

semental
s. **sementera** (V.)
sembradío
sativo
amelgado
almaciguero
s. padre
garañón
grullo
macho (V.)
morueco
verraco
reproductor (V.)
(V. **semen**)
a. *infecundo*
estéril
impotente

sementar
(V. **sembrar**)

sementera
(V. **sembrado**)
(V. **semillero**)

semi-
s. medio
mitad (V.)
casi
aproximadamente
a. *todo*
total

semibreve
(V. **nota**)
(musical)
(V. **redonda**)

semicírculo
s. hemiciclo
anfiteatro
tribuna
(V. **círculo**)

semicorchea
(V. **nota**)
(musical)
(V. **corchea**)

semidifunto
(V. **desahuciado**)
(V. **moribundo**)

semidiós
s. superhombre
héroe (V.)
semideo
genio
titán
ídolo
triunfador
(V. **Dios**)
a. *vulgar*
cobarde
derrotado

semidormido
(V. **amodorrado**)
(V. **atontado**)

semifluido
(V. **pastoso**)

semifusa
(V. **nota**)
(musical)
(V. **fusa**)

semilla, s
s. simiente
embrión (V.)
germen (V.)
semen (V.)
fruto (V.)
núcleo (V.)
grano
hueso
cuesco
almendra (V.)
güito
pipa (V.)
piñón (V.)
pepita (V.)
gaba
tito
hijuela
zapoyol
polen
binza
cotiledón
grana
granuja
nuez
piñuelo
potajería
s. granos
áridos
cereales
almáciga
camuñas
porrino
s. **origen** (V.)
fuente
principio (V.)
causa (V.)
escuela
doctrina
fundamento
procedencia
reproducción (V.)
a. *consecuencia*
fruto
efecto
resultado

semillero
s. seminario
vivero (V.)
criadero
sementera
plantario
almáciga
almácigo
plantel (V.)
plantío
paragranizo
hoya
venero
s. **origen** (V.)
fuente
cado
nido
manantial
causa (V.)
principio
fundamento
escuela
doctrina
(V. **semilla**)
a. *fin*
consecuencia
efecto
resultado
fruto

semimínima
(V. **nota**) (musical)
(V. **mínima**)

seminario
s. enseñanza
escuela (V.)
colegio
establecimiento docente
s. clase
curso (V.) (superior)
s. **principio** (V.)
fundamento
causa
s. seminario conciliar
(V. **semen**)
(V. **semilla**)
a. *fin*
consecuencia

seminarista
(V. **alumno**)

semiología
(V. **semiótica**)

semiótica
(V. **diagnosticación**) (médica)

semipelagianismo
(V. **herejía**)

semita
(V. **judío**)

semítico
(V. **semita**)

semitismo
(V. **judaísmo**)
(V. **sionismo**)

semitono
s. **tono** (V.) (musical)
intervalo
s. semitono cromático o menor
semitono diatónico o mayor
semitono enarmónico
(V. **música**)

sémola
s. **trigo** (V.) (descascarillado)
cereal (descascarillado)
grañón
hormigo
pasta
sopa (V.)

semoviente, s
(V. **bienes**)
(V. **ganado**)

sempiterno
s. **eterno** (V.)
infinito
inmortal
interminable
perdurable
duradero
durable
perenne
persistente
permanente
imperecedero
s. **siempreviva** (V.) (planta)
a. *finito*
perecedero
mortal

sen
(V. **moneda**) (japonesa)

senado
s. ágora
congreso
cortes
asamblea (V.)
consejo
junta
reunión
cámara
s. auditorio
concurrencia
público (V.)
concurrentes
a. *ausencia*

senador
s. parlamentario
congresista
diputado
asambleísta (V.)
representante
consejero (V.)
par
padre de la patria
padre conscripto
(V. **senado**)

sencillez
s. **facilidad** (V.)
naturalidad (V.)
simplicidad (V.)
candidez
humildad
ingenuidad
llaneza (V.)
franqueza
candor
candidez
espontaneidad
afabilidad
sinceridad
campechanía
confianza
inocencia
abertura
simpleza
pureza
credulidad
buena fe
bobería
s. **sobriedad** (V.)
parquedad
severidad
austeridad (V.)
a. *dificultad*
presunción
altanería
soberbia
complicación
afectación
aparato
abuso
exageración
sofisticación
ostentación
lujo
bambolla
solemnidad
protocolo
ceremonia
espectáculo
suntuosidad
pompa
fastuosidad
boato
magnificencia
fausto
gala
riqueza
provocación
postín
elegancia
hartazgo
saciedad
atiborramiento
descomedimiento
desmedida

sencillo
s. abierto
elemental
fácil (V.)
obvio (V.)
natural (V.)
propio
normal
cándido
ingenuo
familiar (V.)
simple (V.)
realizable (V.)
llano (V.)
raso (V.)
regular
normal
vulgar (V.)
liso (V.)
asequible
soluble
común
campechano (V.)
evidente
corriente (V.)
espontáneo
humilde
tenue
puro
inteligible (V.)
comprensible
incomplexo (V.)
virgen
depurado
inocente
bendito
claro (V.)
limpio
mondo (V.)
escueto
lirondo
desnudo
pobre (V.)
candoroso
pulcro
genuino
afable
incauto
franco
a la pata la llana
a la buena de Dios
como una paloma
casero (V.)
s. severo
parco
sobrio
austero (V.)
clásico
(V. **sencillez**)
a. *original*
difícil
complicado
sofisticado
afectado
rebuscado
suntuoso
lujoso
ostentoso
soberbio
altanero
hinchado
presumido
vanidoso
hueco
florido
barroco
abigarrado
pomposo
aparatoso
espectacular
majestuoso
ceremonioso
protocolario
imponente
cerrado
inasequible
incomprensible
ininteligible
insincero
exagerado
saciado
harto
atiborrado
descomedido

senda
s. **camino** (V.)
sendero
vereda
ronda
rodera
cañada
acceso
ruta
colada
derrota
trocha
trillo
cancha
atajo
recorrido
cabañera
sendera
ramal
hijuela
ceja
s. **conducta** (V.)
proceder
procedimiento
norma
regla

senderear
s. senderar
guiar (V.)
encaminar
dirigir
asenderar
frecuentar
llevar
mostrar
indicar
encarrilar (V.)
orientar
s. **abrir** (V.) caminos
abrir sendas
roturar sendas
s. **inventar** (V.)
discurrir (V.) (originalmente)
obrar (V.) (originalmente)
(V. **senda**)
a. *desencarrilar*
desencaminar
errar
desorientar
persistir

sendero
(V. **senda**)

sendos
s. ambos
respectivos (V.)
mutuos
correspondientes
uno para cada cual
a. *ajenos*
independientes

séneca
(V. **sabio**)

senectud
s. **ancianidad** (V.)
vejez
senilidad
decrepitud
vetustez
longevidad
edad provecta
acartonamiento
senilismo
agerasia
chochez
madurez
canosidad
momificación
decadencia
decaimiento
edad senil
postrimerías de la vida
edad madura
a. *niñez*
juventud
lozanía
mocedad

senescal
(V. **mayordomo**) (palatino)

senescencia
(V. **envejecimiento**)

senil
s. viejo
anciano (V.)
venerable
senecto
patriarca
vetusto
longevo
matusalén
chocho
decrépito
caduco
vejestorio
acabado
abuelo
rancio
acartonado
consumido
jubilado
agotado
arcaico
prehistórico
decano
atrofiado
añoso
gastado
ruinoso
cano
canoso
veterano
clueco
caducante
calamocano
machucho
s. entrado en años
a las puertas de la muerte
como una pasita
(V. **senilidad**)
a. *niño*
joven
mozo
rozagante
lozano
fuerte
vigoroso

senilidad
(V. **senectud**)

senior
s. **mayor** (V.) (en edad)

seno
s. **pecho** (V.)
mama (V.)
busto
teta
ubre
seno craneal

s. **regazo** (V.)
protección
defensa
amparo
recogimiento
refugio (V.)

s. **cavidad** (V.)
hueco
oquedad
concavidad
ahuecamiento
hondura
vano
hoyo
interior
coseno

s. **ensenada** (V.)
golfo
entrante

s. seno de un ángulo
seno de un arco
seno materno
seno de la familia
seno de Abraham

a. *desamparo*
convexidad
saliente

sensación
s. **impresión** (V.)
tacto (V.)
emoción (V.)
percepción (V.)
excitación
experimentación (V.)
experiencia
sensibilidad (V.)
sentido (V.)
sentimiento (V.)
perceptibilidad
representación
conmoción
estremecimiento
sacudida
sorpresa (V.)
sobresalto
padecimiento
efectismo
efecto (V.)
huella
sobrecogimiento
vestigio
recuerdo
reminiscencia
evocación
imagen
seudoestesia

s. afectividad
amor (V.)
placer
gusto
afección
afecto (V.)
cariño
entusiasmo
admiración (V.)
alegría (V.)
optimismo
simpatía
gozo
satisfacción
corazón
alma
aborrecimiento
odio (V.)
antipatía
repulsión
dolor (V.)
pasión
ambición (V.)
celos
comezón
reconcomio
pena
pesadumbre
compasión
contrariedad
vergüenza (V.)
resentimiento
envidia (V.)
entripado
lástima
desprecio (V.)
rencor
remordimiento
disgusto
tristeza (V.)
duelo
escozor
temor
miedo (V.)
locura
humillación (V.)
desazón
insatisfacción
pesar
pesimismo
irritación (V.)
enfado
excitación
nerviosismo
sufrimiento

s. sentimentalismo
sensiblería (V.)
romanticismo
idealismo
susceptibilidad
materialismo
espiritualismo
realismo

a. *insensibilidad*
atonía
impasibilidad
indiferencia
impavidez
frialdad
alejamiento
olvido

sensacional
s. **impresionante** (V.)
extraordinario (V.)
emocionante
fantástico
chocante
pasmoso
asombroso (V.)
admirable
maravilloso
tremendo
enorme
apasionante
espeluznante
sobrecogedor
fenomenal
milagroso
insólito
fantástico
increíble
portentoso (V.)
inesperado
patético
dramático
explosivo (V.)
espectacular

(V. **sensación**)

a. *común*
vulgar
corriente
normal
acostumbrado
habitual
rutinario

sensacionalista
s. **efectista** (V.)
escandaloso (V.)
indiscreto
populachero
impresionante
sensacional
extraordinario
cuentista

(V. **sensación**)

a. *discreto*
mesurado
natural
real
sencillo

sensatez
s. **prudencia** (V.)
tino
razón (V.)
reflexión
cabeza
tacto
pulso
ponderación
asiento
seso (V.)
seriedad
moderación (V.)
mesura
discreción (V.)
juicio (V.)
cautela
cordura
lógica (V.)
sesudez (V.)
consciencia
madurez (V.)
formalidad (V.)
equilibrio
aplomo
circunspección
precaución
sabiduría
objetividad
raciocinio
gravedad
acierto
conocimiento
discernimiento

s. **criterio** (V.)
lucidez (V.)
responsabilidad (V.)
lastre
sesera
substancia (V.)
pesquis
experiencia (V.)
serenidad (V.)
desapasionamiento
frialdad
sindéresis
enjundia
sano juicio
sentido común
buen sentido

a. *insensatez*
irreflexión
alocamiento
demencia
imprudencia
necedad
inoportunidad
sinrazón
dislate
disparate
candor
inocencia
indiscreción
precipitación
estolidez
desmedida
descomedimiento
inmoderación
beligerancia

sensato
s. **prudente** (V.)
equilibrado (V.)
inteligente (V.)
razonable (V.)
cerebral
sesudo (V.)
frío
objetivo
imparcial
cuerdo
juicioso (V.)
sentado (V.)
atinado
acertado
discreto (V.)
circunspecto
moderado (V.)
comedido
oportuno
consciente (V.)
concienzudo
maduro (V.)
meditado
cauto
formado (V.)
cauteloso
sabio
capaz
formal (V.)
serio
grave
reflexivo
precavido
realista (V.)
aplomado
ponderado
aconsejable
ponderoso (V.)
cordato
aguisado
plausible
lógico
procedente
conveniente (V.)
talentudo
sereno

(V. **sensatez**)

a. *insensato*
demencial
demente
alocado
irreflexivo
absurdo
irrazonable
disparatado
imprudente
inoportuno
indiscreto
desquilibrado
necio
torpe
sandio
memo
parcial
beligerante
desatinado
inmoderado
inconsciente
ignorante
desaconsejable
precipitado
zascandil
tarambana

senserina
(V. **tomillo**)

sensibilidad
s. **sentimiento** (V.)
sensación (V.)
perceptibilidad
excitabilidad
susceptibilidad
sentido (V.)
hiperestesia
paladar (V.)
hipersensibilidad
intensidad
agudeza
gusto (V.)
tono
impresión (V.)
pasión
nerviosidad (V.)
ternura (V.)
sensualidad
sensiblería
sentimentalismo
vulnerabilidad (V.)
piedad
compasión
delicadeza (V.)
afectividad
comprensión
emotividad (V.)
suspicacia
impresionabilidad

a. *insensibilidad*
impasibilidad
pasividad
dureza
indiferencia
embotamiento
anestesia

sensible
s. **sensorial** (V.)
influible (V.)
sensitivo
afectivo
alterable
sensiblero (V.)
hiperestético
sentido (V.)
hipersensible
susceptible
sentimental
romántico (V.)
suspicaz
vulnerable

s. **delicado** (V.)
tierno (V.)
impresionable (V.)

s. patente
visible (V.)
manifiesto (V.)
apreciable
aparente
perceptible (V.)
perceptivo
palpable
evidente

s. penoso
pasible (V.)
lamentable (V.)
lastimoso
dolido (V.)
doloroso (V.)
dolorido
doliente
triste
deplorable
desgraciado
enojoso
lamentoso
aflictivo
desolador
desgarrador

(V. **sensibilidad**)

a. *indiferente*
impasible
embotado
insensible
duro
frío
invisible
imperceptible
alegre
gozoso
plausible
favorable

sensiblería
s. sentimentalismo
ternura (exagerada)
sensación (V.)
ñoñez (V.)
ridiculez
cursilada
cursilería (V.)
emotividad (V.)
impresionabilidad
hipersensibilidad
excitación
irritabilidad
excitabilidad
afectividad (V.)

a. *moderación*
crudeza
elegancia
objetividad
indiferencia
frialdad
circunspección
realismo

sensiblero
s. **sentimental** (V.)
tierno (V.)
ñoño (V.)
ridículo
curso
emotivo (V.)
impresionable (V.)
afectivo
hipersensible
excitable
sensible (V.)
delicado (V.)
compasivo
crédulo
blando
frágil
romántico
patético
dulce
efusivo
nervioso
soñador
susceptible

(V. **sensiblería**)

a. *duro*
crudo
frío
insensible
materialista
realista
equilibrado

sensitivo
(V. **sensible**)

sensorial
s. sensitivo
sensorio
sensible (V.)
gustativo
gustatorio
olfativo
olfatorio
acústico
otacústico
táctil
visorio
visual
perceptible
visible
lujurioso

(V. **sensibilidad**)

(V. **sentido**)

a. *insensible*
aletargado
embotado
anestesiado

sensual

s. sensitivo
refinado
sibarita (V.)
epicúreo (V.)
muelle
cómodo
regalado
grato
deleitoso
gozador (V.)
deleitable
mundano
placentero (V.)
profano

s. **voluptuoso** (V.)
lujurioso (V.)
libidinoso
lascivo (V.)
rijoso
cachondo
vicioso (V.)
apasionado
carnal
lúbrico
concupiscente
mujeriego
faldero
venéreo
impúdico
incontinente
mórbido
impúdico
intemperante
erótico
sexual
licencioso
liviano
desenfrenado
deshonesto
inmoral
sensualista
materialista

(V. **sensualidad**)

a. *embotado*
insensible
acorchado
sacrificado
frío
duro
ascético
reprimido
austero
idealista
frígido
misógino
continente
virtuoso
casto
honesto
mortificado
penitente
templado

sensualidad

s. **erotismo** (V.)
sensualismo
lujuria (V.)
lubricidad
cachondez (V.)
concupiscencia
placer (V.)
sensualidad
desenfreno
delectación
voluptuosidad (V.)
libidinosidad
lascivia (V.)
incontinencia

s. **sibaritismo** (V.)
molicie (V.)
lujo
materialidad (V.)
comodidad
carnalidad
carne
materialismo
mundanidad
epicureísmo (V.)
profanidad
positivismo
buena vida
placer
hedonismo
humanidad
regalo

a. *frialdad*
castidad
continencia
honestidad
idealismo
frigidez
ascetismo
mortificación
virtud

sensualismo

(V. **sensualidad**)

sensualista

(V. **sensual**)

sentado

s. **asentado** (V.)
repantingado
arrellanado
muelle
repanchingado
apoltronado
abutacado
sedentario (V.)
sedente
recalcado

s. **sesudo** (V.)
juicioso
serio
quieto
razonable
consciente
reflexivo
reposado (V.)
formal (V.)
sensato (V.)
quieto
tranquilo
sosegado
prudente (V.)
pacífico

s. fijo
establecido (V.)
determinado
fijado
estable (V.)
inmutable
ordenado
estatuido
anotado (V.)
asentado
apuntado
tomado nota
hecho el asiento

(V. **asiento**)

a. *levantado*
impaciente
alocado
aturdido
precipitado
inconsciente
intranquilo
movido
derogado
móvil

sentadura

(V. **matadura**)
(herida)

(V. **señal**)

sentamiento

(V. **asiento**)

sentar-se

s. afirmar
asegurar (V.)
asentar
alisar
enrasar
allanar
igualar
colocar
aplanar
azemar
bornear

s. **establecer** (V.)
determinar (V.)
fijar (V.)
estipular
decretar
razonar
fundar
fundamentar

s. **probar** (V.)
asimilar
caer
cuadrar
convenir
acomodar
venir
ir
lucir
hacer o no
provecho
sentar
(bien o mal)
digerir
resultar (V.)
(bien o mal)
quedar

s. **anotar** (V.)
apuntar
inscribir (V.)
registrar
contabilizar

s. **ajustar** (V.)
acordar
convenir (V.)
contratar

s. **acomodarse** (V.)
retreparse
arrellanarse
recalcarse
apoltronarse
aclocarse
repantingarse (V.)
repanchingarse
asentarse
posarse (V.)
arrodajarse
colocarse
ponerse
descansar (V.)
desahogarse
respaldarse

(V. **asiento**)

a. *desajustar*
debilitar
descolocar
quitar
vacilar
descuidar
perjudicar
omitir
romper
discordar
levantarse
alzarse
erguirse

sentencia

s. dictamen
juicio
fallo (V.)
decisión (V.)
resolución (V.)
parecer
laudo (V.)
locución (V.)
arbitraje
veredicto
moral (V.)
decreto
sanción
edicto
pronunciamiento (V.)
ejecutoria
condena (V.)
castigo (V.)
condenación
escarmiento
pena
punición
disposición
calificación
declaración
determinación
providencia
auto
texto
provisión
encartamiento
tribunal (V.)
resultado (V.)
considerando

s. **máxima** (V.)
aforismo
refrán (V.)
dicho
proverbio (V.)
paremia
proloquio
paremiología (V.)
mote (V.)
frase
moraleja

r. De juez loco, sentencia brava ■ Juez sin conciencia, mala sentencia ■ Juez mal informado, fallo desacertado

s. visto para
sentencia
pronunciar
sentencia
cumplir la
sentencia
sentencia firme
sentencia
definitiva

a. *indulto*
exculpación
absolución
inhibición
abstención
sobreseimiento
cesación
desistimiento
suspensión

sentenciador

(V. **juez**)

sentenciar

s. sancionar
condenar (V.)
dictaminar
decidir (V.)
fallar (V.)
resolver
pronunciar (V.)
arbitrar
laudar
fulminar
juzgar (V.)
enjuiciar
dictar
penar
escarmentar
castigar
expiar
enmendar
corregir
desterrar
encarcelar
infligir
desahuciar
estatuir
establecer (V.)
ventilar
zanjar
decretar
disponer
proveer
determinar
aplicar
destinar (V.)

(V. **sentencia**)

a. *absolver*
perdonar
indultar
inhibirse
abstenerse
sobreseer
cesar
desistir
suspender
interrumpir

sentencioso

s. proverbial
conceptuoso
axiomático (V.)
paremiológico
aforístico
refranero
doctrinal (V.)
moral (V.)

s. **enfático** (V.)
afectado
grave (V.)
afectado
solemne
petulante (V.)
grandilocuente

(V. **sentencia**)

a. *sencillo*
natural

sentido

s. **sensación** (V.)
percepción (V.)
sensibilidad (V.)
capacidad
excitabilidad
facultad
gusto (V.)
tacto (V.)
vista (V.)
olfato (V.)
oído (V.)
paladar
olor (V.)
audición
sabor (V.)
visión
impresión (V.)
dolor
placer
agudeza
intensidad
perceptibilidad

s. **conocimiento** (V.)
discernimiento
juicio (V.)
inteligencia
pesquis
aviso
opinión
entendimiento
lucidez
razón (V.)
comprensión (V.)
sagacidad
capacidad
aptitud
humor

s. **significado** (V.)
significación
acepción (V.)
enfoque (V.)
expresión
valor
indicación (V.)
alcance
extensión
importancia
cohesión
coherencia
fuerza
interpretación (V.)

s. **dirección** (V.)
derrotero
camino
rumbo
orientación (V.)
trayectoria
curso
marcha
tendencia
querencia

s. **sensible** (V.)
suspicaz (V.)
susceptible (V.)
irritable
puntilloso
quisquilloso
picajoso
delicado
resentido
escamado
mosqueado
picado
disgustado
contrariado
ofendido
mortificado
molesto
enardecido

s. afectuoso
tierno
emotivo
emocionante
cariñoso
profundo
hondo
enternecedor
conmovedor
expresivo
patético
sentimental
sensitivo
turbado
cautivado
fascinado

s. amplio
lato
recto
textual
estricto
literal
propio
textual
figurado
peyorativo

s. directo
inverso
positivo
negativo
contrario
favorable

s. buen sentido
sentido común
doble sentido
sin sentido
agudizar los
sentidos
perder el sentido
costar un sentido
valer algo un
sentido
con los cinco
sentidos
dejar a alguien
sin sentido
no tener sentido
una cosa
torcer el sentido
de algo
en buen o mal
sentido
embargar los
sentidos
doble sentido
sentido figurado
sentido del humor
poner los cinco
sentidos en algo

(cont.)

a. *insensibilidad*
indiferencia
incapacidad
embotamiento
acorchamiento
desconocimiento
torpeza
incomprensión
ineptitud
incoherencia
inconsecuencia
insensible
indiferente
frío
objetivo
apático
indiferente
tranquilo
superficial
inexpresivo

sentimental

s. **emotivo** (V.)
delicado
tierno (V.)
sensible
sensiblero (V.)
afectivo (V.)
sensitivo
impresionable
cariñoso
cordial
compasivo
conmovedor
emocionante
pasional
patético
enternecedor
dulce
efusivo
sentido
soñador
romántico (V.)
íntimo
amoroso
generoso (V.)
humano (V.)
idealista (V.)
magnánimo
nervioso
irritable
lacrimoso (V.)
ternejón
ternerón

(V. **romanticismo**)

a. *indiferente*
apático
embotado
inconmovible
materialista
realista
inhumano
duro
cruel
insensible

sentimiento, s

s. **emoción** (V.)
sentir
impresión (V.)
instinto (V.)
sensación (V.)
conmoción
explosión
sensibilidad (V.)
sensiblería
efusión
profesión (V.)
temple (V.)
humor (V.)
estado de ánimo
sentimentalismo
emotividad
cordialidad
disposición
ambiente
credulidad
excepticismo
pasión
afectividad
alegría
delicadeza
efecto
vestigio
huella
percepción (V.)
evocación
recuerdo
reminiscencia

s. **conmiseración** (V.)
compasión (V.)
aflicción
escocedura (V.)
tristeza
pena
púa (V.)
dolor
angustia
sinsabor
disgusto (V.)
pesar (V.)
amargura
tribulación
congoja
pesadumbre
remordimiento (V.)
odio
aborrecimiento
piedad (V.)
lástima
condolencia
entrañas (V.)

a. *insensibilidad*
frialdad
alejamiento
indiferencia
embotamiento
impasibilidad
gozo
felicidad
congratulación

sentina

s. **depósito** (V.)
tanque

s. **cloaca** (V.)
alcantarilla
sumidero
albañal (V.)
escurridero
pozo (V.)

s. **lupanar** (V.)
mancebía
prostíbulo

sentir-se

s. **experimentar** (V.)
percibir (V.)
notar (V.)
advertir
intuir (V.)
apreciar (V.)
reparar
comprobar
penetrar (V.)
percatarse
sufrir
padecer
observar
tributar
soportar
acusar
probar
gustar (V.)
tocar (V.)
oír (V.)
ver (V.)
oler (V.)
palpar

s. **lamentar** (V.)
disgustar
apenar
arrepentirse (V.)
deplorar
temer
desolarse
entristecerse (V.)
angustiarse
condolerse
emocionarse (V.)
remorder (V.)
impresionarse (V.)
compadecerse (V.)
conmoverse
apesadumbrarse
llorar (V.)
afectarse
estremecerse

s. **presentir** (V.)
barruntar
tener (V.)
sospechar (V.)
figurarse (V.)
conjeturar
antever
adivinar
prever
pronosticar
presagiar

s. juzgar
opinar (V.)
dictaminar
enjuiciar
fallar
creer
considerar
parecer
concebir

s. **causar** (V.)
conquistar
atraerse
captarse
inspirar (V.)
ganarse
profesar (V.)
producir
provocar

s. notarse
encontrarse (V.)
hallarse
considerarse
verse

s. resentirse
agrietarse (V.)
consentirse

s. sin sentir
dar que sentir
dejarse sentir
decir lo que siente
sentirse enfermo

(V. **sentimiento**)

a. *embotar-se*
acorchar-se
anestesiar
cloroformizar
aletargar-se
alegrar-se
congratular-se
desentenderse
discurrir
pensar
perder
arreglarse

seña, s

s. **signo** (V.)
señal
indicación (V.)
nota (V.)
detalle
característica

s. **descripción** (V.)
filiación (V.)
ficha
identidad
personalidad

s. jeribeque
gesto (V.)
ademán (V.)
mímica
expresión
manifestación
gesticulación
mueca
actitud
movimiento
aspaviento
esguince
contorsión
visaje
mohín
guiño (V.)
pantomima
codazo
pisotón

s. domicilio
dirección (V.)
residencia (V.)
destino
destinatario
sobrescrito

s. hacer señas
por las señas
por más señas
las señas son mortales
dar el santo y seña
señas personales
por señas
hablar por señas

a. *desconocimiento*
impasibilidad
sobriedad

señal

s. **marca** (V.)
huella (V.)
vestigio
cicatriz (V.)
mancha (V.)
cuño
muesca
punto (V.)
lunar
estigma
traza
rodada (V.)
pisada
reliquia (V.)
surco
signo
pinta
pista
corte
tatuaje
sello
estampilla
verdugón
costurón
costura
lacra
marchamo
ramalazo (V.)
quemadura (V.)
albugo
mano
herida (V.)
impresión (V.)
maca (V.)
matadura
rastro
rodera
restos (V.)
raspadura
sombra
ruina

s. **poste** (V.)
mojón (V.)
hito
jalón
guía
meta
indicador
señalización
boya (V.)
baliza
columna
abeurrea
cipo
obelisco (V.)
testigo
sello
rollo
estela
hacho
cavacote
pilar (V.)
machote
hita

s. almenara
cohete
fuego (V.)
hoguera
ahumada
toque (V.) (militar)

s. acotación
letrero
rótulo
apuntación
inscripción
referencia (V.)
registro
remisión
sentadura
asterisco
aviso
llamada (V.)
nota (V.)
cruz
disco
quillotro (V.)
véase
bis
símbolo
abreviatura
contraste
flecha
indicación (V.)
manecilla
mano
marca (V.)
sello
estampilla
indicador
punto
raya
reclamo

s. **síntoma** (V.)
pródromo
manifestación
barrunto
sospecha
asomo
signo (V.)
ribetes
vislumbre
características
vestigio
conjetura
asomo
anuncio (V.)
resabio (V.)
indicio
reseña
presagio (V.)
prueba
promesa (V.)
repunta
semejas
muestra (V.)
imagen
representación
denotación

s. **anticipo** (V.)
adelanto
paga y señal

s. aguja
puntero
índice (V.)
manecilla

s. **semáforo** (V.)
sirena
telégrafo (V.)
silbido
bandera
linterna
lámpara
linternón
abanico
destello
disco de señales
faro (V.)
helióstato
heliotropo

s. **gesto** (V.)
codazo
ademan (V.)
movimiento
indicación
contraseña

s. **insignia** (V.)
seña

s. **prodigio** (V.)
maravilla
milagro
fenómeno
signatura (V.)
aviso (V.)
orden
contraseña

s. en señal
ni señal
dar como señal
señal de la cruz
señal de tronca
señal de borrica frontina
señal de comunicando
señal de llamada
señal para marcar
señal de tráfico
dar señales de
con pelos y señales

a. *desaparición*
evaporación
dispersión
ocultación
vulgaridad
insignificancia
ausencia
nada

señalado

s. **indicado** (V.)
avisado
probado
signado
predicho
prometido
foliado
paginado
anotado
apuntado
marcado (V.)
estampillado
reseñado
firmado
rubricado
consignado
registrado
inscrito

s. **anunciado** (V.)
manifiesto
pronosticado
conjeturado
probado
prometido

s. conocido
importante (V.)
notorio
evidente
sospechoso (V.)

s. insigne
famoso
ilustre
glorioso
notable
distinguido
granado
notable (V.)

(cont.)

ínclito
singular
afamado
destacado
importante
preclaro
conspicuo
destacado
singular
precipuo

s. herido
tatuado
marcado (V.)

(V. **señal**)

a. *ignorado*
vulgar
corriente
insignificante
desconocido
indeterminado

señalador

s. **detector** (V.)
avisador
indicador
llamador
transmisor
radiotransmisor
radiorreceptor
semáforo

señalamiento

s. **designación** (V.)
síntoma
asomo
anuncio
prueba
fijación
pronóstico
conjetura
indicación (V.)

a. *indeterminación*
suspensión

señalar-se

s. **mostrar** (V.)
indicar (V.)
advertir
tildar (V.)
denotar (V.)
asignar (V.)
aludir
significar (V.)
avisar (V.)
señalizar
quemar (V.)
manifestar
predecir
anticipar
barruntar
anunciar (V.)
reconocerse
deparar
dar (V.)
apuntar (V.)

s. **marcar** (V.)
trazar
tranquilar
rayar (V.)
almagrar
subrayar
imprimir
sellar
estampillar
rotular
precintar
reseñar
manchar
titular
trazar
numerar
anotar
registrar
puntear (V.)
comprobar
especificar
sopuntar
rotular
pintar

s. ahitar
abalizar
señalizar
amojonar (V.)
estacar
delimitar (V.)
alambrar
cercar
jalonar (V.)
diferenciar
clasificar
trazar

s. **herir** (V.)
cortar (V.)
pegar
hacer un rasguño
dejar cicatriz

s. **fijar** (V.)
marcar (V.)
poner
designar (V.)
predestinar
determinar (V.)
establecer
decidir

s. **amagar** (V.)
amenazar

s. **firmar** (V.)
rubricar
suscribir

s. **criticar** (V.)
censurar
aludir
apuntar

s. **distinguirse** (V.)
destacarse
evidenciarse
singularizarse
significarse
lucirse
caracterizarse
despuntar
sobresalir (V.)
destacar
resaltar

s. señalar a alguien con el dedo
señalar con piedra blanca
señalar una fecha

(V. **señal**)

a. *indeterminar*
desconocer
retener
sugerir
esbozar
omitir
descuidar
abandonar
respetar
cicatrizar
abstenerse
realizar
efectuar
elogiar
alabar
encomiar
ignorarse

señalización

(V. **señal**)

señalizar

(V. **señalar**)

señera

(V. **bandera**)

(V. **estandarte**)

señero

s. **solitario** (V.)
aislado
solo
apartado
retirado

s. **único** (V.)
preclaro
insigne (V.)
notable
incomparable
eminente
ilustre
distinguido
ejemplar

a. *acompañado*
sociable
vulgar
insignificante
desconocido

señor

s. **hombre** (V.)
noble (V.)
aristócrata
patricio
caballero
castellano
prócer
notable
señorón
comendador
hidalgo
cortesano
grande (de España)
par (del reino)
título (V.)
boyardo
burgrave
landgrave
daimío
shogún
talkún
carlán
Dios (V.)
emperador
rey (V.)
soberano (V.)
príncipe
gran duque
duque
milord
conde
sir
marqués
barón
ricohombre

s. **amo** (V.)
dueño
propietario
toparca
patrono
autoridad
cacique (V.)
mandamás
jefe
faraute
déspota
dictador
tirano
patriarca
patrón
superior
cabeza
poseedor
principal
titular
hacendado
terrateniente
cabecilla

s. **grande** (V.)
distinguido
importante

s. casa del Señor
Señor de los ejércitos
Señor de cielos y tierra
señor de sí
a tal señor tal honor
descansar en el Señor
ser el dueño y señor
quedar uno señor del campo

s. señor del argamandijo
señor feudal
señor de salva
señor de horca y cuchillo
día del Señor
Nuestro Señor
de padre y muy señor mío
de todo hay en la viña del Señor
Señor Mío Jesucristo
pues, señor
todo un señor

r. Sirve a señor y sabrás de dolor ■ Ninguno puede servir a dos señores ■ Cabe señor ni cabe igreja, no pongas teja ■ Ni quito ni pongo rey, pero sirvo a mi señor ■ Señor sólo es quien lo sabe ser ■ Propio es de señores honrar a los menores

(V. **señorío**)

a. *vasallo*
siervo
esclavo
criado
feudatario

señora

s. **dama** (V.)
damisela
reina (V.)
madama
milady
lady
maestresa
matrona
dueña
ama (V.)
camarera
cortesana
ricahembra
ricafembra
ricadueña
sor
ño

s. **esposa** (V.)
mujer
cónyuge
consorte
compañera
media naranja
costilla
pareja

s. señora de compañía
señora de honor
Nuestra Señora

(V. **señorío**)

a. *mujerzuela*
barragana

señorear

s. **mandar** (V.)
dominar (V.)
adueñarse
disponer
imperar
soberanear
domeñar
enfeudar

s. **someter** (V.)
sujetar
oprimir
apoderarse (V.)
disciplinar
avasallar
sojuzgar
subyugar
esclavizar
vencer
gobernar
tiranizar

(V. **señorío**)

a. *libertar*
aliarse
rebelarse
obedecer

señorial

s. **aristocrático** (V.)
majestuoso
noble (V.)
pomposo
rico
elegante
aseñorado
principesco
ilustre
distinguido
señoril
feudal
linajudo
dominical
solariego

(V. **señorío**)

a. *plebeyo*
vulgar
ordinario

señoril

(V. **señorial**)

señorío

s. **mando** (V.)
dominio (V.)
poder
potestad
imperio
dominación
autoridad
atribución
jurisdicción
dignidad

s. **territorio** (V.)
encartación
feudo
patriciado (V.)
tierras
señoría
señorada
enfeudación
behetría
hacienda
dominio
posesión
pertenencia
condado
ducado
marquesado
baronía
principado
reino

s. **distinción** (V.)
elegancia (V.)
gravedad
nobleza (V.)
mesura
circunspección
humanidad
hidalguía
aristocracia
caballerosidad
finura
majestad
grandeza

(V. **señor**)

a. *plebeyez*
villanía
bajeza
ordinariez

señorita

s. damisela
moza
doncella
damita
ama (V.)
dueña
señora
propietaria
muchacha
miss
dama
acompañanta
trotona
dama de compañía
carabina

s. **soltera** (V.)

(V. **señorío**)

a. *criada*
sirvienta
casada

señoritingo

(V. **señorito**)

señorito

s. **hijo** (V.)
pisaverde
señoritingo
joven (V.)
caballerete
primogénito
heredero
frívolo
lechuguino
pollo (V.)

(V. **señorío**)

a. *sirviente*
criado

señorón

s. **personaje** (V.)
figura
figurón
ricachón
burgués
potentado

(V. **señor**)

a. *quidam*
desgraciado
pobretón

señuelo

s. **cebo** (V.)
carnada
incentivo (V.)
tentación
añagaza (V.)
engaño (V.)
trampa
lazo
engañifa
reclamo
emboscada
estafa
treta
fullería

s. **espejuelo** (V.)
cimbel
gaucho
cimillo
talamera
caer en el señuelo

a. *nobleza*
honradez
sinceridad
claridad

seo
(V. **iglesia**)

(V. **catedral**)

sépalo
s. **pétalo** (V.)
asépalo
gamosépalo
monosépalo
disépalo

sepancuantos
(V. **paliza**)

(V. **reprimenda**)

separable
s. **divisible** (V.)
desglosable
dirimible
desviable
desvinculable
segregable
desprendible
disgregable
apartable
desarticulable
diezmable
arrancable
analizable
desdoblable
desgajable
disociable

(V. **separación**)

a. *inseparable*
indivisible

separación
s. **cisma** (V.)
defección
desbandada
independencia (V.)
libertad
manumisión
reforma
resolución
secesión (V.)
autonomía
emancipación (V.)
abaleadura
autarquía
alducción
desviación
receso
disidencia
desarraigo
dispersión
desmembramiento
disociación
segregación (V.)
enajenamiento
separatismo
descentralización
escisión

s. alejamiento
apartamiento (V.)
destierro (V.)
distanciamiento
ostracismo
marcha
salida
expulsión (V.)
exilio
despedida (V.)
despido
destitución (V.)
exoneración
degradación
rechazo
cesantía
relevo
suspensión
eliminación
retiro
jubilación
licenciamiento
exclusión (V.)
deportación

s. **desunión** (V.)
extracción
desglose
desconexión
inconexión (V.)
discontinuidad
interrupción (V.)
desvinculación (V.)
holgadura
desjuntamiento
desarticulación
desacoplamiento
despegadura
desagregación
divergencia
descomposición (V.)
pulverización
desintegración
desligadura (V.)
dispersión (V.)
substracción
arrancamiento

s. **corte** (V.)
cortadura
amputación
escisión
hendedura
hendidura (V.)
disyunción
división (V.)
tajo
hiato
sección (V.)

s. **clasificación** (V.)
división (V.)
casilla
departamento
análisis
capítulo

s. descuento
deducción (V.)
resto
extracción

s. **espacio** (V.)
frontera
bifurcación
barrera (V.)
distancia (V.)
límite (V.)
muro
pared
abismo
biombo
atajadizo
demarcación
cancel
diafragma
valla
medianería
mar

s. cenáculo
capillita
peña
corrillo (V.)
rancho aparte
exclusión (V.)
escondite

s. **nostalgia** (V.)
saudade
morriña
añoranza (V.)
recuerdo
ensueño
falta
ausencia (V.)

s. **divorcio** (V.)
ruptura (V.)
desavenencia
desligamiento
disentimiento
repulsión
antipatía
incomprensión
disolución
desacuerdo (V.)
repudio
descasamiento

a. *unión*
unidad
retención
conservación
mantenimiento
sometimiento
sujeción
dominio
dominación
concentración
centralización
centralismo
asociación
acercamiento
aproximación
contigüidad
yuxtaposición
cercanía
regreso
admisión
acogimiento
bienvenida
rehabilitación
readmisión
vigencia
inclusión
reingreso
vinculación
lazo
nexo
conexión
relación
continuidad
articulación
agregación
integración
suma
añadidura
mezcla
mezcolanza
recargo
trato
sociabilidad
frecuentación
presencia
avenencia
entendimiento
simpatía
comprensión
afinidad
acuerdo
arreglo
atracción
reconciliación

separado
s. **emancipado** (V.)
independizado
libre (V.)
manumiso
manumitido
autónomo (V.)
autárquico
soberano (V.)
redimido
liberado
cismático
irredento (V.)
rebelde

s. **expulsado** (V.)
arrojado
rechazado
destituido (V.)
despedido
relevado
degradado
eliminado
retirado
jubilado
licenciado
cesante
excluido (V.)

s. **solitario** (V.)
anacoreta
apartado
aislado (V.)
incomunicado
abstraído
retraído
recoleto
independiente
recogido
suelto
retirado

s. **despegado** (V.)
suelto (V.)
descosido
abierto
disgregado
disperso (V.)
disociado
deshilvanado
deslavazado
desunido (V.)
desvencijado

s. **singular** (V.)
uno
único
original (V.)
distinto
extraño
diferente
sin par
personal
individual (V.)
exceptuado
exento
particular

s. **desperdigado** (V.)
esparcido
extendido (V.)
espaciado (V.)
repartido
distanciado
desparramado (V.)

s. divorciado
desunido

(V. **separación**)

a. *sometido*
sujeto
subyugado
dependiente
irredento
admitido
atraído
rehabilitado
vigente
activo
incluido
acompañado
sociable
comunicado
pegado
unido
cosido
asociado
vulgar
común
corriente
general
concentrado
contiguo
yuxtapuesto
inmediato
cercano
casado

separar-se
s. **emanciparse** (V.)
liberarse
libertarse (V.)
independizarse (V.)
manumitirse
desunirse
desmembrarse
desarrimar
segregarse (V.)
enajenarse
descentralizar
escindirse
desligarse
disociarse
desvincularse
desbandarse
abalear
desvariar

s. **apartar** (V.)
alejar (V.)
desterrar (V.)
desviar
extrañar
distanciar (V.)
marcharse
destilar (V.)
salir
segregar
expulsar
exiliar
despedir (V.)
destituir (V.)
degradar
exonerar
cesar
relevar
suspender
eliminar (V.)
quitar (V.)
retirar
jubilar
licenciar
excluir (V.)
deportar
relegar
despachar

s. **desunir** (V.)
disociar (V.)
disgregar
desligar
deshacer
desvariar (V.)
descartar
desenganchar
descoser
destrozar
segregar
desatar
descomponer
extraer (V.)
desglosar
desconectar
interrumpir (V.)
desjuntar
distar (V.)
destrabar
desensamblar
desarticular (V.)
desacoplar
desenclavijar
despegar (V.)
descomponer (V.)
pulverizar
desintegrar (V.)
arrancar
descostarse
desplegar (V.)
soltar (V.)

s. **cortar** (V.)
amputar
escindir
sajar
hender
dividir
romper

s. **clasificar** (V.)
ordenar
seleccionar
agrupar
repartir (V.)
organizar
encasillar
analizar

s. **descontar** (V.)
deducir (V.)
restar
substraer
disminuir

s. **espaciar** (V.)
distanciar
rezagarse (V.)
bifurcar
limitar
delimitar (V.)
demarcar (V.)
vallar
cercar
jalonar
destacar

s. **cribar** (V.)
colar
tamizar
cerner
filtrar (V.)
escardar
revolver
zarandar
triar
desprender
disociar (V.)
disolver
disgregar

s. desperdigar
desagregar (V.)
desparramar
diseminar (V.)
dispersar

s. excluirse
extremarse (V.)
incomunicar
cerrarse
retirarse (V.)
aislarse
ocultarse
desertar
hurtarse
despistarse
esconderse
repeler
rechazar
recluirse (V.)
formar rancho aparte
desaparecer

s. **divorciarse** (V.)
enemistarse (V.)
romper
desligarse
disentir
desavenir (V.)
descasarse
repelerse
repudiarse
dar de lado

(V. **separación**)

a. *someterse*
obedecer
centralizar
unir
asociar
ligar
vincular
juntar
yuxtaponer
acercar
aproximar
regresar
entrar
acoger
rehabilitar
honrar
ascender
continuar
readmitir
incluir
agregar
hacer
rehacer
conectar
enganchar
pegar
coser
reparar
trabar
atar
articular
componer
integrar
acoplar
suturar
descuidar
desordenar
aumentar
recargar
sumar
mezclar
concentrar
apiñar
reunir
comunicar
tratarse
relacionarse
aparecer
avenirse
acordar
reconciliarse

separatismo
s. **secesión** (V.)
autonomía (V.)
separación
regionalismo (V.)
federalismo
desmembración
cisma
escisión
desunión
nacionalismo (V.)
catalanismo
fenianismo
estatuto

a. *unionismo*
unidad
centralismo
unión

separatista
s. **secesionista** (V.)
autonomista (V.)
regionalista
federalista
cismático
nacionalista (V.)
catalanista
vizcaitarra
etarra
feniano
rebelde

(V. **separatismo**)

a. *centralista*
unionista

sepelio
(V. **entierro**)

sepelir
(V. **enterrar**)

(V. **sepultar**)

sepia
s. jibia
calamar
jibión
molusco (V.)
(cefalópodo)

s. colorante
ocre (V.)

septenario
(V. **semanal**)

septentrión
(V. **norte**)

septentrional
s. boreal
ártico
glacial
norteño
nórdico (V.)
hiperbóreo

(V. **septentrión**)

a. *meridional*
austral

septicemia
s. **infección** (V.)
contaminación
contagio
piohemia
colibacilosis
putrefacción

s. bacilos
gérmenes
estreptococos
estafilococos
neumococos
meningococos
gonococos
colibacilos

s. septicemia
gangrenosa
septicemia
puerperal
septicemia
hemorrágica

séptico
s. infecto
infeccioso (V.)
putrefacto (V.)
contagioso (V.)
corrompedor
corruptivo
putrefactivo
nocivo
corrompido

a. *antiséptico*

septuagenario
s. viejo
setentón
anciano (V.)
senil
vetusto
vejestorio

a. *joven*

sepulcral
s. **cavernoso** (V.)
lúgubre (V.)
tumbal
tumulario (V.)
cinerario
profundo
misterioso
sobrenatural
ronco

(V. **sepulcro**)

a. *superficial*
alegre
claro
luminoso

sepulcro
(V. **sepultura**)

sepultador
(V. **sepulturero**)

sepultar-se
s. **enterrar** (V.)
inhumar
incinerar
dar sepultura
sepelir

s. soterrar
cavar
abismar
sumir
esconder (V.)
ocultar
sumergir

s. **yacer** (V.)
reposar
descansar
pudrirse

(V. **sepultura**)

a. *desenterrar*
exhumar
descubrir
levantarse
revivir

sepultura
s. sepulcro
fosa (V.)
huesa (V.)
osario (V.)
tumba (V.)
hoyo (V.)
hoya (V.)
mausoleo (V.)
cenotafio
cárcava
cueva
yacija
pudridero
cementerio (V.)
sarcófago (V.)
túmulo
nicho (V.)
cripta
entierro
enterramiento (V.)
columbario
urna
mauseolo
panteón
hipogeo
catacumba
última morada
asca
ataúd
carnerario
zanja
catafalco
carnero
zagüía
arcosolio
ancuviña
lucillo

s. lápida
estela
losa (V.)
lauda
cipo
inscripción
epitafio
cruz
corona
vaso
lacrimatorio
siempreviva
crisantemo
estatua yacente
cadáver

s. cavar alguien su
propia sepultura

sepulturero
s. sepultador
enterrador (V.)
cavador
zacateca

(V. **sepultura**)

a. *desenterrador*

sequedad
s. **sed** (V.)
sequía
secura
secamiento
estiaje
desecación (V.)
xeroftalmia
desecamiento
evaporación
aridez
verano
agostamiento
enjutez
acartonamiento
marchitamiento
oreo
ahornagamiento
seca
secadero
sequera

s. **aspereza** (V.)
desabrimiento
descortesía (V.)
frialdad
dureza
adustez
destemplanza
laconismo (V.)
displicencia

a. *filtración*
humedad
cortesía
afabilidad

sequedal
s. sequeral
secaral
secadal
secano (V.)
sequío
erial (V.)
sequero

(V. **sequedad**)

a. *regadío*
vergel

sequero
(V. **secano**)

sequía
s. resecación
secura
estiaje (V.)
menguante (V.)
sed
tastana
verano
agostamiento (V.)
desecamiento
marchitamiento
avenamiento
aridez (V.)
sequedad

s. **calamidad** (V.)
desgracia
plaga (V.)

a. *humedad*
creciente
verdor
fertilidad
frondosidad
feracidad
inundación
fortuna

sequío
(V. **secano**)

séquito
s. **cohorte** (V.)
acompañamiento
(V.)
corte (V.)
caravana
comitiva (V.)
tropa
legión
procesión
comparsa
escolta
servicio
legión
gentío
plebe

s. fama
popularidad
aplauso (V.)
benevolencia
encumbramiento

s. serie
consecuencia (V.)
efecto
resultado

a. *soledad*
impopularidad
vulgaridad

ser
s. **esencia** (V.)
naturaleza (V.)
substancia (V.)
materia (V.)

s. **ente** (V.)
individuo
criatura (V.)
persona
unidad
organismo (V.)
sujeto
espécimen
cuerpo
mónada

s. **existencia** (V.)
vida
fenómeno

s. coste
precio (V.)
valor (V.)
estimación (V.)
valoración
evaluación
tasación

s. en su ser
los seres queridos
el ser amado

a. *nada*
nadie
inexistencia

ser
s. **estar** (V.)
existir (V.)
vivir (V.)
residir
yacer
permanecer
durar (V.)
subsistir
coexistir
quedar
obrar
haber
andar
concurrir
hallarse (V.)
militar
florecer
encontrarse
obrar
actuar

s. **servir** (V.)
aprovechar
utilizarse
valer
ser útil
interesar

s. **pertenecer** (V.)
corresponder
consistir (V.)
depender (V.)
afectar
formar
atañer
convenir
tocar
incumbir
cuadrar
formar parte

s. principiar
originarse (V.)
ser oriundo de

s. **suceder** (V.)
transcurrir
pasar
acontecer
ocurrir
acaecer
devenir

s. ¡cómo es eso!
lo que sea sonará
no ser para menos
sea lo que fuere
ser o no ser
soy contigo
a poder ser
aunque solo sea
como si fuera
de no ser
como debe ser
¡cómo ha de ser!
poder ser
puede ser que
de no ser por
cualquiera que sea
no ser para dicho
es más
ser alguien
sea como sea
lo que sea sonará
érase que se era
llegar a ser
lo que sea
siendo así
si es así
si no fuera por
no ser nada
es decir
esto es
manera de ser
no ser nadie
no se que
no vaya a ser que
o sea
todo puede ser
ser lo mismo
ser uno muy suyo
todo lo que no sea
sea quien sea
a no ser que
así sea

a. *desaparecer*
morir
pasar
faltar
apagarse
olvidar
inutilizar
perjudicar
extrañar
desconocer
concluir
terminar

sera
s. serete
serón
orón
horón
serijo
espuerta (V.)
cenacho
saco
saca
capacho (V.)
cesto
cesta
capazo
sarria
esportilla
esportón
corvillo
escriño
canacho
serija
barcal
barcina
herpil
encarre
xudria
cebero
revoco
capacha
esportillo

seráfico
s. etéreo
angélico
angelical (V.)
santo
virtuoso
puro
justo
perfecto

s. **humilde** (V.)
pobre
sencillo
cuitado
modesto

(V. **serafín**)

a. *diabólico*
presuntuoso
rico

serafín
s. **ángel** (V.)
querubín
angelote
angelito
espíritu celestial
bienaventurado

s. **bello** (V.)
hermoso (V.)
sublime
divino
encantador
perfecto
gracioso
agraciado
precioso

a. *demonio*
feo
repulsivo
asqueroso
repelente
terrenal
vulgar

serenar-se
s. **aplacar** (V.)
sosegar
apaciguar (V.)
acallar
tranquilizar (V.)
aquietar
desapasionar
suavizar (V.)
pacificar
sedar
sedimentar (V.)
silenciar
templar
moderar
enfriar (V.)
apagar
consolar (V.)
aliviar
alentar
reanimar
confortar
calmar
adormecer
moderar
equilibrarse (V.)
comedirse
contemporizar
reponerse (V.)

s. aclarar
amainar
mejorar
despejarse (V.)
abonanzar
desencapotarse
sentarse
escampar (V.)
limpiar
abrir

(V. **serenidad)**

a. *excitar-se*
irritar-se
sulfurar-se
intranquilizar-se
agudizar-se
avivar-se
desalentar-se
desanimar-se
enardecer-se
quemar-se
agravar-se
encapotar-se
nublarse
cerrarse

serenata
s. **música** (V.)
romanza (V.)
canción
trova
balada
copla
cántico
cantata
nocturno (V.)
mayo
rondalla
parranda
cencerrada
esquilada
esquinazo
ronda
festejo
homenaje (V.)
diversión

s. murga
cencerrada
pesadez

a. *desdén*
desprecio
diversión

serení
(V. **lancha)**

serenidad
s. **aplomo** (V.)
tranquilidad
sosiego
sensatez (V.)
paz
calma
confianza
ecuanimidad (V.)
indiferencia
equidad
estoicismo
filosofía
despreocupación
paciencia (V.)
placidez
neutralidad
quietud
reposo
apacibilidad
impavidez
dulzura
suavidad
bonanza
espera
sangre fría
valor (V.)
flema (V.)
imperturbabilidad
moderación
reportación
parsimonia
lentitud
dominio (V.)
autodominio
equilibrio
eutimia
desapasiona-
miento
presencia de
ánimo
inalterabilidad
inmutabilidad (V.)
impasibilidad (V.)

a. *intranquilidad*
agobio
prisa
excitación
cobardía
apasionamiento
beligerancia
alteración
descompostura
nerviosidad
desmoralización
turbación
sobresalto
susto
desasosiego
aturdimiento
azoramiento
aturullamiento
confusión
emoción
preocupación
desconcierto
inquietud
temblor
estremecimiento
agitación
convulsión
violencia

sereno
s. **claro** (V.)
despejado (V.)
luminoso
diáfano
bonancible
sin nubes

s. **tranquilo** (V.)
apacible
sosegado
calmado
pacífico
aplomado
quieto
plácido (V.)
manso
desapasionado (V.)
calmo
calmoso
ecuánime
sesgo
suave
indiferente (V.)
objetivo
neutral
suave
fresco (V.)
flemático (V.)
cachazudo
impasible (V.)
imperturbable
frío (V.)
impávido
impertérrito
inmutable
inalterable
absorto
valiente (V.)
firme

s. **relente** (V.)
rocío
helada
escarcha
humedad
intemperie (V.)
cielo raso

s. guarda
vigilante (V.)
rondín
cuidador
guardia nocturno
encargado

s. al sereno
gota serena
dormir al sereno

a. *encapotado*
cerrado
nublado
nuboso
alborotado
levantisco
excitado
apasionado
exaltado
cobarde
turbado
alterado
aturdido
azorado
desconcertado
confuso
nervioso
sobresaltado
estremecido
agitado
preocupado
inquieto
asustado
temeroso
emocionado
azorado
atolondrado
sobrecogido
demudado
aturullado
desencajado
atarugado
tembloroso
trémulo
conmovido
convulso
beligerante
apasionado
subjetivo

serete
(V. **sera)**

sergas
s. hechos
hazañas (V.)
heroicidades
proezas (V.)
rasgos
hombradas
empresas
gestas
obras

a. *vulgaridades*

serial
(V. **folletín)**
(radiofónico)

seriar
s. clasificar
catalogar
separar
discriminar
dividir
agrupar (V.)
seleccionar
escalonar (V.)
ordenar
poner en serie
formar series

(V. **serie)**

a. *desordenar*
desorganizar

sérico
s. suave
sedoso (V.)
terso
fino

(V. **seda)**

a. *áspero*
granulado

serie
s. relación
conjunto (V.)
orden (V.)
sucesión (V.)
encadenamiento
progresión (V.)
curso
vez
ciclo (V.)
rueda
cadena
secuencia (V.)
proceso (V.)
escala
desfile
procesión
comitiva
acompañamiento
lista (V.)
graduación
gradación
matiz
escalonamiento
línea
grupo (V.)
columna
ristra
fila (V.)
hilera
hilada
hilo
catálogo
repertorio
teoría
colección (V.)
promoción
alfabeto
pluralidad
repetición
tirada
tacada
tanda
andana
andanada
batería
ráfaga
tiramira
cola
runfla
runfiada
ala
retahila
letanía
rosario
ringlera
racha
horco
ramo
recua
carrera
calle
cuerda
novenario
reata
rastra
tingla
ringle
seguida
sartal
sarta
serial
tren
tabla

s. en serie
serie inacabable
ser un fuera de
serie

a. *unidad*
interrupción
discontinuidad
ruptura
paréntesis
vano
salto

seriedad
s. **gravedad** (V.)
solemnidad (V.)
circunspección
formalidad (V.)
austeridad
tiesura
fundamento (V.)
sensatez
severidad (V.)
responsabilidad
(V.)
majestad
dignidad
prudencia
reserva (V.)
mesura
entereza
imperturbabilidad
señorío
respeto
decoro
empaque
aplomo
prosopopeya
miramiento
énfasis
cordura
impasibilidad
equilibrio
solvencia (V.)
seguridad
constancia
afectación
coranvobis
discreción
respetabilidad
escrupulosidad
cumplimiento (V.)

a. *informalidad*
imprudencia
insensatez
alboroto
alegría
frivolidad
ligereza
broma
chanza
chirigota

serijo
(V. **sera)**

serio
s. **grave** (V.)
formal (V.)
sentado
compuesto
quieto
tranquilo
pacífico
impávido
circunspecto (V.)
sentencioso
filósofo
sensato
severo (V.)
digno
gravedoso
tieso (V.)
majestuoso
señor
señoril
seco
adusto
desabrido
mesurado
solemne (V.)
importante (V.)
ponderado
consciente
ponderoso
ecuánime
verdadero
efectivo
respetable
adusto (V.)
proceroso
tétrico
cetrino
inexpresivo
reservado (V.)
sobrio
virote
tragavirotes
ceñudo
estirado
engolado
hierático
juicioso
compuesto
maduro
decoroso
desabrido (V.)
austero (V.)
hosco
taciturno
agrio
cumplidor (V.)
puntual
formal
exacto
recto
minucioso
celoso
veraz
escrupuloso
trascendente
principal
urgente
arduo
difícil (V.)
espinoso
comprometido
complicado
delicado
embarazoso

(V. **seriedad)**

(cont.)

a. *alegre*
movido
informal
guasón
bromista
ligero
intranscendente
frívolo
chancero
burlón
chusco
chungón
zumbón
insignificante
sencillo
amable
abierto
franco
incumplidor
abandonado
fácil

sermón
s. **plática** (V.)
prédica (V.)
oración sagrada
discurso sagrado
homilía (V.)
doctrina
panegírico
charla
arenga
exhortación (V.)
palabra de Dios
palabra divina
ejercicios
novena
septenario
sabatina
vespertino
misiones
mandato
salutación

s. habla
idioma
lenguaje (V.)

s. amonestación
reprensión (V.)
filípica
regaño
regañina
sobarbada
sermón de la montaña
sermón de las siete palabras
sermón de tabla

a. *elogio*
alabanza
encomio
adulación
silencio
reserva

sermonar
(V. **sermonear)**

sermoneador
s. **predicador** (V.)
predicante
misionero
apóstol
sermonador
evangelista
evangelizador
echacuervos
canónigo magistral

s. censor
censurador
increpador
regañón (V.)
regañador
gruñón
reprensor
quisquilloso
protestón (V.)

(V. **sermón)**

a. *adulador*
encomiasta
alabador

sermonear
s. arengar
sermonar
predicar (V.)
platicar (V.)

s. **reprender** (V.)
regañar
reconvenir
reprochar
amonestar
reñir
censurar
protestar (V.)
refunfuñar
aconsejar (V.)

(V. **sermón)**

a. *callarse*
silenciar
alabar
elogiar
encomiar
ensalzar
ponderar
admitir

seroja
s. **hojarasca** (V.)
borusca
chasca
chamarasca
serojo
broza

s. **desperdicios** (V.)
resto
sobras
residuos (V.)

serojo
(V. **seroja)**

serón
(V. **sera)**

serondo
(V. **tardío)**

serosidad
s. **humor** (V.)
secreción
pus
pituita
saliva
sinovia
flujo
corrimiento
pujamiento
fluxión
acuosidad
aguanosidad
humorosidad
babilla
baba
destilación
moco (V.)
mucosidad
lágrima
sudor
exudado
suero
derrame

a. *sequedad*
retención

seroso
s. **humoral** (V.)
linfático
flemático
pituitario
pituitoso
flemoso
hidrópico
sudoroso
mucoso
sanguíneo
turgente
atrabiliario
bilioso
colicuativo
baboso
babeante

(V. **serosidad)**

a. *seco*
reseco

serpa
(V. **sarmiento)**

serpear
(V. **serpentear)**

serpenteado
s. **ondulado** (V.)
festoneado
zigzagueado
sinuoso (V.)
flexuoso
culebreado

a. *recto*
directo

serpenteante
s. **ondulante** (V.)
zigzagueante
reptante (V.)
serpeante

(V. **serpenteo)**

a. *directo*
recto

serpentear
s. **ondular** (V.)
zigzaguear
ondear
culebrear
reptar (V.)
serpear
festonear
fluctuar
deslizarse
escurrirse
arrastrarse
curvarse (V.)
hacer eses

(V. **serpenteo)**

a. *enderezarse*

serpenteo
s. ondulación
zigzag (V.)
zigzagueo
deslizamiento
culebreo (V.)

a. *rectitud*
derechura
enderezamiento

serpentín
s. **conducto** (V.)
tubo
caño
espiral
culebra
hélice
alambique (V.)

s. serpentín plano
serpentín de hélice
serpentín de espiral

serpentina
s. tira
banda
cinta (V.)
papel
faja
lista
carnaval (V.)

serpentón
(V. **instrumento)** (músico)

s. boquilla
agujeros
llaves
boca
embocadura

serpia
(V. **sarmiento)**

serpiente
s. **reptil** (V.)
sierpe
ofidio
culebrón
serpentón
pitón
boa
león
crótalo
cobra
víbora (V.)
alicántara
alicante
áspid
sayama
amodita
tragavenado
canacuate
hidra (V.)
sabanera
tara
culebra
cerasta
fara
pitora
chinchintor
bicha
cuaima
nacarina
sirón
ocozal
naja
cascabela
jubo
hipnal
bastardo
coral
papagayo
coralillo
cencuate
majá
drino
mapanare
hemorroo
lución
macaurel
anaconda

s. cascabel
colmillo
résped
réspede

s. **demonio** (V.)
tentación

serpigo
(V. **úlcera)**

serpollar
(V. **retoñar)**

serpollo
(V. **retoño)**

(V. **renuevo)**

serrado
s. cortado
dentado (V.)
dentelado
dentellado
apuntado
sinuoso
irregular

(V. **sierra)**

a. *regular*
liso
recto

serraduras
(V. **serrín)**

serrallo
s. **harén** (V.)
harem
gineceo
encierro
reclusión

s. prostíbulo
lupanar (V.)

s. **musulmán** (V.)

serrana
(V. **poesía)**

serranada
(V. **traición)**

(V. **judiada)**

serranía
s. **sierra** (V.)
montaña
cordillera
cadena montañosa

a. *llanura*

serraniego
(V. **serrano)**

serranilla
(V. **poesía)**

serrano
s. **montañés** (V.)
montañoso (V.)
montés
montaraz
serraniego
campero

(V. **serranía)**

a. *urbano*
ciudadano

serrar
s. aserrar
cortar (V.)
dentar
tronzar
aserruchar
partir
abatir
talar (V.)

(V. **sierra)**

serretazo
(V. **reprensión)**

serrín
s. **limaduras** (V.)
viruta
aserrín
aserraduras
escobina
limalla
ralladura
polvillo
residuo

s. raeduras
serraduras

(V. **sierra)**

serrón
s. **sierra** (V.) (herramienta)

(V. **tronzador)**

serrucho
(V. **sierra)**

servador
(V. **defensor)**

(V. **guardador)**

servible
s. **útil** (V.)
utilizable
aprovechable
aplicable
explotable
provechoso
beneficioso
eficaz

(V. **servicio)**

a. *inservible*
inútil

serviciador
(V. **cobrador)**

(V. **recaudador)**

servicial
s. **obsequioso** (V.)
complaciente
amable
cortés
solícito (V.)
considerado
mirado
oficioso (V.)
cumplido
galante
fino
útil (V.)
educado
esmerado
correcto
servil (V.)

(V. **servicio)**

a. *desatento*
descortés
desconsiderado
incorrecto
borde

servicio

s. **encargo** (V.)
prestación (V.)
trabajo
asistencia
asistimiento
experiencia
actividad
actuación
destino (V.)
función (V.)
misión (V.)
obligación
ministerio
papel
oficio (V.)
ocupación (V.)
utilidad
tercio
aplicación (V.)
empleo

s. **favor** (V.)
ayuda (V.)
beneficio
dádiva
auxilio
subvención
miramiento
consideración
obsequiosidad
gracia
provecho
mérito

s. **servidumbre** (V.)
dependencia
personal
famulato (V.)
criado
fámulo
ayudante
empleado
ama
mozo

s. culto (religioso)
misa (V.)
oficio divino
ceremonia
sacrificio

s. **red** (V.)
distribución (V.)
organización (V.)
cuerpo
corporación
sociedad
entidad
organismo
ordenación
conjunto

s. **retrete** (V.)
excusado
común
lavabo
mingitorio
letrina
evacuatorio
baño
orinal (V.)

s. **lavativa** (V.)
clíster

s. **vajilla** (V.)
cubierto
cristalería (V.)
servicio de mesa
dotación

s. **rendimiento** (V.)
provecho (V.)
utilidad
ganancia
usufructo
beneficio

s. luces
paso (V.)
serventía
descubrición

s. **tributo** (V.)
contribución

s. **acompañamiento**
escudería
escuderaje
asistencia
famulicio
familiatura

s. servicio militar
servicio de armas
servicio doméstico
servicio de lanzas
servicio secreto
servicio activo
servicio divino
servicio de mesa
servicio público
servicio de millones
hacer el servicio
prestar servicio
hacer un flaco servicio
no tener servicio
servicios al Estado

a. *desamparo*
abandono
desempleo
inactividad
jubilación
retiro
desocupación
desasistencia
perjuicio
indiferencia
dirección
jefatura
inhibición
desorganización
pérdida
soledad

servidor

s. sirviente
doméstico (V.)
criado (V.)
lacayo (V.)
mozo
muchacho
mucamo
chino
fámulo
camarero
familiar
estribo
chófer
cochero
paniaguado
dependiente
ayudante
botones
chico de los recados
recadista
recadero
cenzayo
bata
pongo
naborí
menino
escudero (V.)
paje
montero
heraldo
siervo (V.)
inferior (V.)
ordenanza (V.)
gentilhombre
mayordomo
maestresala
veedor
copero
camarero
casa
cubiculario
camarotero
tinelero
anacalo

s. ayo
acompañante (V.)
rodrigón
preceptor (V.)
custodio
lazarillo

s. caballerizo
palafrenero
cebadero
celeminero
espolique
asistente (V.)
mozo de paja y cebada
mozo de caballos
mozo de espuela
mozo de espuelas
mozo de mulas
gañán
muletero
mulatero
manijero
destripaterrones
quintero
collazo
bracero
sobrancero

s. ordenanza
conserje (V.)
bedel
portero
escañero
macero
subalterno

s. **lego** (V.)
donado
hermano
sacristán
muñidor
novelero
trainel

s. **yo** (V.)
menda

s. galanteador
cortejador (V.)
pretendiente
un servidor
su seguro servidor

r. Sirve a señor noble, aunque sea pobre ■ Quien sirve a buen señor, alcanza buen galardón ■ No sirvas a quien te sirvió, ni pidas a quien te pidió ■ En el servicio del servidor está el galardón del señor ■ Por el servidor se conoce a su señor

(V. **servicio**)

a. *amo*
patrono
jefe
director
dueño

servidora

s. criada
doncella
muchacha
chica
moza
niñera
maritornes
azafata
menegilda
ama
ama de llaves
ama seca
aya
camarera
carabina
chacha
china
cocinera
dama
doméstica
fámula (V.)
fregona
fregatriz
lavandera
modista
costurera
mandadera
mucama
nodriza
rollona
señora de compañía
sirvienta
zagala
mondonga
merdellona

(V. **servicio**)

a. *señora*
ama
dueña
principal
señorita

servidumbre

s. personal
dependencia
servicio (V.)
séquito
famulato
criados
esclavitud (V.)
caballeriza
familia (V.)
subalternos

s. **obligación** (V.)
deber
sujeción
esclavitud (V.)
gleba
subordinación
dependencia (V.)
vasallaje
acatamiento
coyunda
dedicación

s. **gravamen** (V.)
carga
gabela
censo
impuesto
canon
servidumbre legal
servidumbre pública
servidumbre forzosa
servidumbre de paso
servidumbre de abrevadero
servidumbre de acueducto
servidumbre de aguas vertientes
servidumbre aparente
servidumbre contínua
servidumbre de luces
servidumbre discontínua
servidumbre positiva
servidumbre negativa

(V. **servicio**)

a. *poder*
derecho
dominio
liberación

servil

s. lacayil
lacayesco
lacayuno
servicial (V.)
escuderil
pajil
tiralevitas
bajuno

s. bajo
humillante
untuoso
rastrero
vil (V.)

s. vergonzoso
abyecto (V.)
infamante
rastrero (V.)
apocado
humilde
esclavo (V.)
reptil (V.)
tímido
corto
encogido
pelotillero

s. gorrón
pegote
vividor
chupón
chupóptero
adulador (V.)
satélite
lameculos
quitamotas
girasol
alzafuelles
gregario
chicharrón
servilón
quitapelillos
servil, ser vil
oficio servil

(V. **servicio**)

a. *altanero*
orgulloso
soberbio
despectivo
digno
despreciador
honroso
libre
censor

servilismo

s. **sumisión** (V.)
adhesión
vasallaje (V.)
servicio
acatamiento
sometimiento
obediencia
adulación (V.)
zalamería

s. bajeza
humillación
envilecimiento
abyección
vileza (V.)
gorronería (V.)
degradación
arrastramiento
indignidad
coba
untuosidad

a. *dignidad*
orgullo
desprecio
soberbia
altanería
honor
crítica

servilón

(V. **servil**)

servilla

(V. **zapatilla**)

servilleta

s. paño
trapo
lienzo (V.)
toalleta

s. estar de servilleta prendida
doblar la servilleta

serviola

(V. **vigía**)

(V. **pescante**)
(ancla)

servir-se

s. **trabajar** (V.)
ocuparse (V.)
emplearse (V.)
militar (V.)
asistir
ayudar (V.)
colaborar
desempeñar (V.)
(un puesto)
cooperar
auxiliar
regir (V.)
ejercer
realizar
favorecer (V.)
hacer
tripular
ejecutar
llevar a cabo
secundar
contratarse
obligarse (V.)
encargarse
alquilarse
colocarse
contratarse
asalariarse
entrar a servir
prestar servicio
estar empleado
estar a compango

s. **valer** (V.)
aprovechar
utilizar (V.)
interesar
ser apto (V.)
ser adecuado
esgrimir (V.)
usar (V.)
acomodar
venir bien
aplicarse
llenar un hueco
sacar de apuros
ser de provecho
prestar utilidad
hacer el papel de

s. **distribuir** (V.)
partir
repartir (V.)
asistir
presentar
traer
ofrecer (V.)
administrar
ministrar
dar
escanciar
verter
suministrar (V.)
proporcionar
entregar
asignar
dosificar
dispensar
colocar
alcanzar

(cont.)

s. **cortejar** (V.)
galantear
requebrar
obsequiar (V.)
festejar
entregarse
darse
dedicarse
hacer el amor
hacer la corte
pasear la calla

s. **adorar** (V.)
reverenciar (V.)
cumplir
dar culto a Dios
decir misa
dedicarse al culto

s. suplantar
suplir (V.)
substituir
reemplazar
hacer las veces de

s. **distribuir** (V.)
jugar
dar las cartas

s. **lanzar** (V.)
(la pelota)
sacar
echar
tirar
arrojar

s. **asignarse** (V.)
acceder (V.)
consentir
autorizar
condescender (V.)
aceptar
tolerar
permitir
avenirse
plegarse a
prestarse (V.)

s. **aprovecharse** (V.)
lucrarse
beneficiarse
ganar
emplear
servirse de
utilizar a (V.)

s. no servir para nada
no servir para descalzar a
servir la mesa
servir los platos
servirse comida o bebida
servir de escarnio
servir de acicate
servir de aguijón
servir de ejemplo
servir de aviso
servir de advertencia

r. A más servir, menos valer ■ Servir lo mismo para un fregado que para un barrido

a. *holgar*
holgazanear
desasistir
inhibirse
desinteresarse
desaprovechar
inutilizar
retener
quedarse con
enfriarse
romper con
abandonar
hurtarse
atacar
abstenerse
representar
personificar
oponerse
negarse
rechazar
prohibir
perder
perjudicarse

servofreno
s. **freno** (V.)
servomando
automóvil (V.)

s. compresor
servomecanismo (V.)
manómetro
cilindros de los frenos
aire comprimido
acumulador
filtro
pedal
bomba

s. servofreno a depresión
servofreno de aire comprimido
servofreno hidráulico

servomecanismo
s. servomotor
servomando
servodirección
servofreno (V.)
cibernética (V.)

sesear
(V. **cecear)**

sesentón
s. sexagenario
viejo
maduro
anciano (V.)
veterano

a. *joven*
adolescente

seseo
(V. **ceceo)**

sesera
s. sesos
mollera
cerebro (V.)
meollo
substancia gris
encéfalo

sesga
s. **nesga** (V.)
bies
corte
atravesado

(V. **sesgadura)**

a. *hilo, ar*

sesgado
s. **oblicuo** (V.)
inclinado
transversal (V.)
al bies
nesgado
abiesado
de soslayo
sesgo
transverso
diagonal
enviajado
cruzado
escorzado
torcido
atravesado
retrepado
soslayo
alamborado
escarpado (V.)
derrengado
trepado
caído
vencido

s. quieto
tranquilo (V.)
reposado
plácido
pacífico

(V. **sesgadura)**

a. *recto*
derecho
intranquilo
excitado

sesgadura
s. declinación
oblicuidad (V.)
sesgo (V.)
bies
revuelta
través
alambor
chaflán
sisa
falseo
desnivel
escora
escorzo
ladeo
derrame
esviaje
desplome
caída
rampa
talud
declive
desviación (V.)
torcimiento
subida
ladera
vertiente
desvío
torcedura
cuneta
apartamiento
divergencia
desviación
diagonal

a. *derechura*
horizontalidad
rectitud

sesgar
s. **cortar** (V.)
(en sesgo)
partir (al bies)
dividir
hender

s. cruzar
atravesar
torcer (V.)
esquinar
inclinar (V.)
desviar
desnivelar
escorzar
desplomar
caer
terciar
ladear (V.)
trincar
declinar
derrapar
nesgar
tumbar
escorar (V.)
reclinar
respaldar
retrepar
orzar
acostarse

s. **sosegar** (V.)
tranquilizar
calmar

(V. **sesgadura)**

a. *enderezar*
rectificar
intranquilizar
inquietar

sesgo
s. inclinación
cariz (V.)
curso (V.)
trayectoria
sentido
dirección
rumbo (V.)
tendencia
orientación (V.)
corriente
marcha
giro
aspecto

s. **quiebro** (V.)
desviación
apartamiento
evasiva (V.)
evasión
corte
ruptura

s. **sesgadura** (V.)
bies
ladeo
chaflán
oblicuidad (V.)
través

s. **sosegado** (V.)
calmo
tranquilo

s. hosco
enfadado (V.)
grave
adusto
serio
agrio
ceñudo
desagradable

s. cortar al sesgo
dar un sesgo a algo
al sesgo

a. *desorientación*
insistencia
derechura
inquieto
desasosegado
alegre
agradable

sesión
s. **consejo** (V.)
junta
concilio
reunión (V.)
matineé
asamblea (V.)
congreso
deliberación
consulta
conciliábulo
tenida
conferencia
asentada
asociación
concentración
coalición
cambio de impresiones
sesión continua
sesión solemne
sesión secreta
abrir la sesión
levantar la sesión

a. *dispersión*
ausencia

seso
s. **cerebro** (V.)
cabeza
inteligencia (V.)
sentido
juicio
madurez
cacumen
meollo (V.)
chirumen
pesquis
caletre
prudencia
sensatez (V.)
cordura
reflexión
gravedad
discreción
circunspección
formalidad
magín

s. beberse el seso
no tener seso
devanarse los sesos
perder uno el seso
tener sorbido el seso a alguien
levantar la tapa de los sesos
tener uno los sesos en los calcañales

a. *tontería*
locura
indiscreción
insensatez
inmadurez
imprudencia
irreflexión

sestear
s. descansar
dormir (V.)
dormitar
reposar
echar un sueño
adormecerse
amodorrarse
adormilarse

s. amarizarse (el ganado)
recogerse
asestar

(V. **siesta)**

a. *trabajar*
velar
salir

sesudez
s. **sensatez** (V.)
cordura (V.)
reflexión
prudencia
discreción
ponderación
sabiduría (V.)
juicio
sabihondez

(V. **seso)**

a. *irreflexión*
memez
insensatez
ignorancia

sesudo
s. **sensato** (V.)
discreto
reflexivo
juicioso
prudente
grave
sabio (V.)
sabihondo
cabal
cuerdo
maduro
talentudo
sentado (V.)
reposado
meolludo
circunspecto
ecuánime
ponderado
ponderoso
inteligente (V.)
talentudo

(V. **sesudez)**

a. *insensato*
imprudente
alocado
ignorante
indiscreto
inmaduro
verde
irreflexivo
alocado

seta
s. **hongo** (V.)
changle
champiñón
níscalo (V.)
mízcalo
trufa
bejín
gurumelo
callampa
cagarria
colmenilla
crespilla
morilla
carraspina
criadilla de tierra
turma de tierra
pedo de lobo

setentón
s. septuagenario
anciano (V.)
senil
viejo
provecto

a. *joven*
adolescente

seto
s. **valla** (V.)
vallado
valladar
cercado (V.)
cerco
tapia
cerca
cierro
alambrada
barda
sebe
estacada
empalizada
amojonamiento
delimitación
deslinde
varaseto
palenque
albarrada
pedriza
ribero
bardal

s. aligustre
zarzal
matorral
cambronera

(cont.)

evónimo (V.)
alheña
arrayán
ligustre
ligustro
várgano
laurel
bonetero
cinacina
trobo
husera
mata
seto vivo

a. *apertura*

seudo
s. pseudo
falso (V.)
supuesto (V.)
engañoso
imaginario
ficticio
ficto
erróneo
hipotético
supositivo
pretendido
falaz
figurado

a. *real*
verdadero
auténtico

seudónimo
s. mote
alias
sobrenombre (V.)
apodo
apodamiento
remoquete

a. *nombre* (verdadero)

severidad
s. rigurosidad
rigor (V.)
dureza (V.)
inexorabilidad
estrictez
justicia
aspereza
intolerancia (V.)
sequedad
seriedad (V.)
inclemencia
mesura
austeridad (V.)
adustez
exigencia
puntualidad
exactitud
puritanismo
intransigencia
exageración
entereza (V.)
inflexibilidad (V.)
reprensión
ceño
crudeza
crueldad
rigorismo
desabrimiento
rigidez (V.)
circunspección
acritud
disciplina (V.)
rectitud
minuciosidad
chinchorrería
acrimonia
autoridad
castigo

a. *benevolencia*
dulzura
transigencia
flexibilidad
comprensión
benignidad
tolerancia
flaqueza
blandura
lenidad
magnanimidad
suavidad
condescendencia
afabilidad
inexactitud
moderación
generosidad

severo
s. grave
serio (V.)
mesurado
duro (V.)
riguroso (V.)
rígido (V.)
cuáquero
cuakero
protestante (V.)
seco
áspero
solemne
imponente
inflexible (V.)
inexorable
justo (V.)
justiciero
adusto
estricto (V.)
puritano
intolerante (V.)
exigente (V.)
premioso
exacto
catón
draconiano
implacable
indoblegable
sargento (V.)
frío
austero (V.)
cumplido
sesudo
insensible
despiadado

(V. **severidad**)

a. *flexible*
comprensivo
bueno
dulce
tolerante
indulgente
benigno
condescendiente
benévolo
blando
afable
magnánimo
sencillo
sensible

sevicia
(V. **crueldad**)

sexagenario
s. sesentón
anciano (V.)
viejo
veterano

a. *joven*
adulto

sexapel
(V. **atractivo**) (sexual)

sex appeal
(V. **sexapel**)

sexo
s. **sexualidad** (V.)
género (V.)
hombre (V.)
macho (V.)
varón (V.)
mujer (V.)
hembra
masculino
femenino

s. ágamo
asexuado
asexual
bisexual
hermafrodita
homosexual
heterosexual
criptógamo
dioico
monoico
fanerógamo
unisexual
líbido
naturaleza

s. órganos genitales
genitales
partes
partes pudendas
vergüenzas
intimidades
encantos íntimos
pene
vulva

s. sexo fuerte
sexo débil
sexo feo
sexo bello

(V. **sexualidad**)

sextante
s. **instrumento** (V.) (astronómico)
arbalestrilla

s. bastidor
limbo graduado
espejos
alidada
anteojo

s. sextante de aviación
sextante de marina

sexteto
(V. **composición**) (musical)

(V. **conjunto**) (musical)

sexual
s. **genital** (V.)
genésico
erótico
venéreo
carnal
instintivo
animal
afrodisíaco
afrodisiaco
amatorio (V.)
fálico
íntimo
epigámico
lascivo
libidinoso
sensual

(V. **sexo**)

(V. **sexualidad**)

sexualidad
s. **amor** (V.)
erotismo
celo (V.)
deseo
apetito sexual
apetito venéreo
sexapel
cachondez
líbido
libídine
lujuria (V.)
goce
placer
vicio (V.)
concupiscencia
ayuntamiento carnal
coito
cohabitación
cópula
fornicación (V.)
cubrimiento
posesión
trato
unión
excitación
deshonestidad
impudicia
furor uterino
satiriasis
obscenidad
sicalipsis
bestialidad

s. **masoquismo** (V.)
sadismo
sodomía (V.)
pederastia
pecado nefando
pecado contra natura
perversión sexual
homosexualidad
masturbación (V.)
onanismo
autoerotismo

s. **adulterio** (V.)
prostitución
ramería
abarraganamiento
amancebamiento (V.)
apaño
enredo

s. **generación** (V.)
pubertad (V.)
edad crítica
fecundación (V.)

s. ayuntar
acostarse
cubrir
cohabitar (V.)
fornicar (V.)
conocer
montar
gozar
poseer
enardecer
putear
fecundar (V.)
halconear
excitar
calentar
provocar
estuprar
abusar
violar
forzar
pervertir
prostituir
raptar
engañar
encornudar
poner los cuernos
poner el gorro

s. **amante** (V.)
concubina
querido
querendón

s. **consentido** (V.)
cabrón
cornudo
complaciente
infiel (V.)
malmaridada
gorrera

s. **pornográfico** (V.)
picante
obsceno (V.)
procaz
verde
sórdido
torpe
verde
deshonesto (V.)
inmoral (V.)
impúdico
escabroso
atrevido
indecente
pecaminoso (V.)
subido de color

(V. **sexo**)

a. *indiferencia*
frialdad
castidad
virtud
continencia
pudor
modestia
vergüenza
honestidad
candor
inocencia
abstención
austeridad
resistencia
impotencia
frigidez

sexy
(V. **atractiva**)

(V. **erótica**)

shah
(V. **soberano**) (persa)

shakehands
(V. **apretón**) (de manos)

shampoo
(V. **champú**)

sheriff
(V. **policía**) (jefe)

(V. **juez**)

sherry
(V. **jerez**) (vino)

shilling
(V. **chelín**)

shimmy
(V. **baile**)

shirt
(V. **camisa**)

shock
(V. **conmoción**)

(V. **choque**)

shocking
(V. **horrible**)

(V. **chocante**)

(V. **vergonzoso**)

shogun
(V. **señor**)

shop
(V. **tienda**)

shorts
(V. **pantalones**) (cortos)

showman
(V. **presentador**)

shrapnell
(V. **granada**) (explosiva)

sí
s. evidentemente
en efecto
claro
desde luego
sin duda
afirmativamente

s. ¡a que sí!
porque sí
¡pues sí que!
sí, pero menos

a. *no*
negación

sialismo
(V. **salivación**)

siameses
(V. **gemelos**) (hermanos)

sibarita
s. sibarítico
refinado (V.)
sensual (V.)
regalón (V.)
comodón (V.)
voraz
epicúreo
epulón (V.)
depurado
elegante
delicado
voluptuoso
materialista
holgachón
muelle

(V. **sibaritismo**)

a. *morigerado*
austero
espiritual

sibarítico
(V. **sibarita**)

sibaritismo
s. epicureísmo
placer
confort
lujo
comodidad (V.)
regalo
refinamiento (V.)
sensualidad (V.)
voluptuosidad
lujuria
molicie
buena vida
vida regalada
lujo oriental
placer de dioses

a. *sencillez*
angustia
vulgaridad
sobriedad
templanza

sibil
(V. **cueva**)
(V. **subterráneo**)
(V. **silo**) (subterráneo)

sibila
s. **sacerdotisa** (V.) sabia profetisa **adivina** (V.) pitonisa bruja **hechicera** (V.) vidente
s. sibila de Cumas

sibilante
s. silbante **agudo** (V.) siseante ceceante cortante **sonido** (V.)
a. *apagado grave*

sibilino
s. enigmático **misterioso** (V.) obscuro indescifrable **profético** (V.) confuso incomprensible inextricable visionario hermético esotérico sibilítico
a. *claro evidente exotérico abierto franco*

sibilítico
(V. **sibilino**)

sic
s. **textual** (V.) literal idéntico así al pie de la letra
a. *diferente desigual distinto*

sicalipsis
(V. **obscenidad**)
(V. **escabrosidad**)

sicalíptico
(V. **picaresco**)
(V. **escabroso**)
(V. **verde**)

sicario
s. **esbirro** (V.) **sayón** (V.) corchete alatés verdugo galafate secuaz mercenario **asesino** (V.) (a sueldo)

siclo
(V. **moneda**) (Israel)

sicoanálisis
(V. **psicoanálisis**)

sicofante, a
s. delator **impostor** (V.) **calumniador** (V.) vituperador detractor zaheridor vejador mordaz cáustico
a. *enaltecedor alabador*

sicología
(V. **psicología**)

sicológico
(V. **psicológico**)

sicólogo
(V. **psicólogo**)

sicomoro
(V. **higuera**)

sicópata
(V. **psicópata**)

sicopatía
(V. **psicopatía**)

sicosis
(V. **psicosis**)

sicoterapia
(V. **psicoterapia**)

sideral
s. sidéreo **astronómico** (V.) astral etéreo estelar

siderurgia
(V. **industria**) (hierro)

sidra
(V. **bebida**) (manzana)

siega
s. segazón segada **mies** (V.) **cosecha** (V.) arrancasiega **cultivo** (V.) recogida cogienda **recolección** (V.) agosto
a. *siembra*

siembra
s. sembradura sementera simienza **plantación** (V.) semencera **sembrado** (V.) diseminación cultivo labor laboreo faena labranza
s. alforfón almendra almorta **cebada** (V.) **centeno** (V.) **trigo** (V.) garbanzo **judía** (V.) lenteja haba guisante **maíz** (V.) sorgo piñón pimienta alpiste alazor algarroba alharma aliaria cebollino cebolla **arroz** (V.) avellana **avena** (V.) anís cacahuete cañamón centinodia cícera cicercha linaza zaragatona mijo mostaza pamplina nabina colza colino coral girasol laserpicio neguilla pionía panizo zahína rabaniza ajonjolí alazor álaga alcaravea alharma alholva nuez vómica nuez de tagua **propagación** (V.) divulgación diseminación
a. *siega recolección cosecha producto fruto limitación*

siempre
s. **eterno** (V.) **perennidad** (V.) eternamente
s. constantemente continuamente perpetuamente para toda la vida invariablemente en todo tiempo en todo caso cuando menos sin excepción sin falta
s. para siempre por siempre siempre que siempre y cuando
a. *nunca jamás*

siempretieso
(V. **tentetieso**) (muñeco)

siempreviva
s. **planta** (V.) (crasulácea)
s. perpetua amarilla siempreviva amarilla siempreviva mayor siempreviva menor hierba puntera
s. **sempiterno** (V.)

sien
s. lado aladar **frente** (V.) temporal **hueso** (V.)

sierpe
(V. **serpiente**)
(V. **colérico**)
(V. **feo**)

sierra
s. **herramienta** (V.) serreta serrezuela segueta serrucho tronzador argallera bracera recura serrón aserradero
s. hoja pelo diente codal armas tarabilla bastidor empuñadura triscador trabador
s. banco cabrilla torno asnilla burro tijera
s. sierra de mano sierra de punta o de calar sierra de trasdós sierra abrazadera sierra de costilla sierra de marquetería sierra de bastidor sierra de recortar sierra plana sierra de jardinero sierra de hilo sierra eléctrica sierra de hoja giratoria sierra de desenyesar (cirugía) sierra de cadena sin fin sierra circular sierra múltiple
s. **cordillera** (V.) **serranía** (V.) **montaña** (V.)
s. de sierra a extremo
r. Cuando la sierra está tocada, en la mano viene el agua
a. *llanura valle planicie*

siervo
s. cautivo villano **ilota** (V.) **esclavo** (V.) collazo **servidor** (V.) mercenario suzarro vasallo pechero burengue greno subalterno
s. **profeso** (V.) congregante cofrade hermano
(V. **servidumbre**)
a. *amo dueño señor jefe*

siesta
s. **reposo** (V.) **sueño** (V.) duermevela meridiana somnolencia sopor soñera modorra amodorramiento canóniga **resistero** (V.) dormir la siesta la hora de la siesta la siesta del carnero echarse la siesta siesta del carnero
a. *insomnio desvelo*

siete
s. descosido roto **desgarrón** (V.) rasgón jirón calandrajo rasgadura
s. de siete suelas de siete leguas tres sietes más que siete
a. *nuevo arreglo cosido zurcido*

sietemesino
s. **canijo** (V.) enclenque enteco **raquítico** (V.) renacuajo desmedrado **débil** (V.) esmirriado birria
a. *robusto fuerte desarrollado*

sífilis
s. **enfermedad** (V.) morbo gálico gálico venéreo mal francés avariosis lúe
s. goma chancro rupia parálisis progresiva

sifón
s. tubo conducto **tubería** (V.) cantimplora
s. **botella** (V.) recipiente

sifosis
(V. **cifosis**)
(V. **joroba**)

sifué
(V. **cincha**) (caballería)

sigilación
(V. **sellado**)
(V. **silencio**)
(V. **ocultación**)

sigilar
s. **sellar** (V.) estampillar marchamar rubricar
s. **callar** (V.) disimular silenciar **esconder** (V.) encubrir entapujar tapar
(V. **sigilación**)
a. *descubrir revelar*

sigilo
s. **sello** (V.)
marca
rúbrica
estampillado

s. **silencio** (V.)
secreto (V.)
ocultación (V.)
escondite
mordaza
tapaboca
disimulo (V.)
discreción
tapujo
simulación
encubrimiento
reserva (V.)
sordina, a la

s. sigilo profesional
sigilo sacramental

a. *indiscreción*
descubrimiento
ruido
franqueza
sinceridad

sigiloso
s. **silencioso** (V.)
callado (V.)
reservado (V.)
discreto
prudente
disimulado (V.)
solapado
secreto (V.)
furtivo
cauteloso (V.)
escondido (V.)
oculto

(V. **sigilo)**

a. *ruidoso*
escandaloso
indiscreto
manifiesto
evidente
descubierto
franco
sincero

sigla
s. **abreviatura** (V.)
letra (V.)
monograma
símbolo (V.)
signo
criptónimo

a. *totalidad*

siglo
s. ciclo
lapso
época
tiempo (V.)
edad
periodo
temporada
centuria
centenario
reinado
era

s. **mundo** (V.)
siglo de oro
siglo de hierro
siglo de plata
siglo dorado
siglo de las luces
por los siglos de los siglos

signar-se
s. **sellar** (V.)
imprimir
firmar (V.)
rubricar
cruzar
suscribir
estampar
estampillar
señalar
marcar
precintar

s. persignarse
santiguarse (V.)
hacerse cruces

(V. **signatura)**

a. *borrar*

signatario
s. **firmante** (V.)
rubricante
infrascrito
suscrito
refrendario
suscritor
parte
compromisario

(V. **signatura)**

signatura
s. **firma** (V.)
rúbrica
sigla
inicial
autógrafo

s. **señal** (V.)
marca
estampilla
acotación
número
orden
cota
inscripción

s. **tribunal** (V.) (Vaticano)

significación
s. **significado** (V.)
idea (V.)
acepción
alcance
sentido
representación (V.)
significancia
identificación

s. **importancia** (V.)
valor (V.)
fuerza
trascendencia
categoría (V.)
clase
enjundia
excelencia
posición (social)

a. *nada*
insignificancia

significado
s. significación
sentido (V.)
acepción (V.)
coherencia
valor (V.)
extensión
característica
sinónimo
semántica (V.)
disemía
polisemia
fuerza
propiedad
implicación (V.)
letra
alegoría
símbolo (V.)
emblema
indicación

s. **importante** (V.)
relevante
destacado
conocido (V.)
reputado
ilustre (V.)
esclarecido
notorio
popular
distinguido
señalado
sobresaliente
considerado

a. *insignificancia*
vulgar
desconocido
común

significador
s. **significativo** (V.)
significante
representativo
característico
connotante
semántico
expresivo
literal
figurado
propio
recto
traslaticio
translaticio
connotativo

(V. **significación)**

a. *inexpresivo*
insignificante

significancia
(V. **significación)**

significante
s. significador
expresivo (V.)
simbólico
característico
representativo (V.)

(V. **significación)**

a. *insignificante*
inexpresivo

significar-se
s. **representar** (V.)
figurar
pintar (V.)
denotar (V.)
ser
decir
simbolizar (V.)
encarnar
sobrentender (V.)
constituir
aparentar
personificar
evidenciar
parecer
comportar
connotar
encerrar
entrañar (V.)
envolver
implicar (V.)
indicar (V.)
equivaler (V.)
expresar (V.)
mostrar (V.)
predecir
señalar (V.)
revelar
valer
traslucir
suponer
importar (V.)
anunciar
aludir
manifestar
establecer
llevar aparejado
llevar implícito
dar a entender
querer decir

s. **sobresalir** (V.)
destacar (V.)
distinguirse (V.)
señalarse
descollar
hacerse notar

(V. **significado)**

a. *omitir*
olvidar
silenciar
callar

significativo
s. característico
expresivo (V.)
elocuente (V.)
revelador
claro
indicador
importante
valioso
representativo
típico
propio
significador (V.)
específico

(V. **significado)**

a. *insignificante*
inexpresivo

signo, s
s. **marca** (V.)
trazo (V.)
carácter
símbolo (V.)
rasgo
letra (V.)
número
cifra
alegoría
enseña
svástica
imagen
mote
tipo
insignia
efigie
sigla
abreviatura
palabra
grafía (V.)
jeroglífico (V.)
fonema
guarismo
indicador
nota
clave
notación (V.)
figura
indicación (V.)
representación (V.)

s. acento
punto
coma
admiración
apóstrofo
puntillo
puntuación (V.)
vírgula
pictograma
calderón
cedilla
corchete
paréntesis
raya
guión (V.)
asterisco
comillas
crema
diéresis
llave
interrogación
párrafo
tilde
rúbrica
gramática

s. **síntoma** (V.)
señal (V.)
pista
huella
rastro (V.)
vestigio
marca
indicio (V.)
detalle
barrunto
dato

s. **seña** (V.)
ademán (V.)
gesto

s. **destino** (V.)
hado
suerte
sacramento
sino
estrella
ventura
fortuna
azar
fatalidad
acaso
augurio
predicción
zodíaco

s. signo natural
signo positivo
signo negativo
signo rodado
signo igual
signo más
signo menos
signos de puntuación
signos de imprenta
signos cabalísticos
signos del Zodíaco

a. *omisión*
desconocimiento
inexpresividad

siguemepollo
(V. **cinta)**

siguiente
s. consecuente
subsiguiente
consecutivo (V.)
subsecuente
sucesor
correlativo
zaguero
posterior (V.)
sucesivo (V.)
ulterior
popel
futuro
venidero
continuador
vecino

(V. **seguimiento)**

a. *anterior*
antecesor

sil
(V. **ocre)**

sílaba
s. **sonido** (V.)
fonema
ritmo
grupo (letras)

s. diptongo
sinéresis
sinalefa
hiato

s. monosílabo
bisílabo
trisílabo
cuadrisílabo
tetrasílabo
pentasílabo
hexasílabo
heptasílabo
octosílabo
eneasílabo
decasílabo
endecasílabo
dodecasílabo
polisílabo

s. sílaba abierta
sílaba cerrada
sílaba breve
sílaba larga
sílaba aguda
sílaba átona
sílaba directa
sílaba inversa
sílaba libre
sílaba tónica
sílaba pretónica
sílaba postónica
sílaba trabada
sílaba mixta

silabario
s. cartilla
catón
abecedario
alfabeto (V.)
abecé

silabear
(V. **deletrear)**

silabeo
(V. **deletreo)**

sílabo
(V. **índice)**

(V. **lista)**

(V. **catálogo)**

silba
s. **pita** (V.)
pitido
silbido
silbatina
pateo
abucheo (V.)
rechifla (V.)
reprobación
siseo
protesta (V.)
chicheo
bronca
escándalo
alboroto

a. *aplauso*
ovación
aprobación

silbador
s. sibilante
silbante
silboso
abucheador (V.)
criticón
reprobador
protestón (V.)

(V. **silba)**

a. *aclamador*
ovacionador

silbante
(V. **sibilante**)

silbar
s. **pitar** (V.)
chiflar
tocar
chuflar
zumbar (V.)
rechiflar (V.)
abuchear (V.)
protestar (V.)
reprobar
sisear (V.)
alborotar
escandalizar
resonar
llamar

(V. **silbido**)

(V. **silba**)

a. *aplaudir*
ovacionar
aclamar
aprobar

silbatina
(V. **silba**)

silbato
s. **pito** (V.)
chiflo
chifla
chiflato
chifle
chifladera
sirena (V.)
silbo
castrapuercos
chiflete
bretador
chiflete
pipa
pipiritaña
pipitaña
suspiro

(V. **silbido**)

silbido
s. **pitido** (V.)
soplido
señal (V.)
toque
llamada
silbo
silba
chiflido
zumbido
pita

s. sonido
sibilante

a. *silencio*
aprobación

silbo
(V. **silbido**)

silenciar
s. **callar** (V.)
enmudecer
omitir (V.)
disimular
esconder
ocultar
acallar
suprimir
velar
tapar
encubrir (V.)
desfigurar
reservarse (V.)
intimidar
amordazar
ensordecer
desdecirse
achantarse
tragarse las palabras
ser mudo
no despegar los labios
no decir palabra
sellar los labios
hacer mutis
guardar silencio

(V. **silencio**)

a. *hablar*
confesar
manifestar
exponer
anunciar
declarar
revelar
pregonar
publicar
proclamar
vaticinar
descubrir
gritar
escandalizar
prorrumpir

silencio
s. **mudez** (V.)
mutismo (V.)
mutis (V.)
enmudecimiento (V.)
sordomudez
insonoridad
elipsis
afonía
afasia
ronquera
taciturnidad

s. laconismo
sequedad
reticencia
reserva (V.)
sigilo (V.)
secreto (V.)
sordina
callada
discreción (V.)
disimulo
supresión
ocultación
sigilación
mordaza (V.)
prudencia
circunspección

s. **paz** (V.)
calma
tranquilidad (V.)
sonsoniche
reposo
sosiego
quietud

s. **pausa** (V.)
intermedio
intervalo (V.)
tregua
interrupción (V.)
silencio sepulcral
silencio de muerte
en silencio
guardar silencio
reducir al silencio
imponer silencio
pasar en silencio
entregar algo al silencio
romper el silencio
¡silencio!

a. *ruido*
sonoridad
vocerío
estruendo
estridencia
fragor
bulla
batahola
explosión
detonación
estampido
estallido
zumbido
abejorreo
mosconeo
sonido
rumor
murmullo
chirrido
crujido
ronquido
silbido
traca
eco
resonancia
divulgación
indiscreción
descubrimiento
publicidad
intranquilidad
desasosiego
inquietud
continuidad

silencioso
s. **mudo** (V.)
afónico
ronco
áfono
sordo (V.)
insonoro

s. **callado** (V.)
reservado (V.)
taciturno
lacónico
tácito
cerrado
secreto (V.)
murmujo
cartujo
sigiloso (V.)
reticente
seco
disimulado
discreto (V.)
cauteloso
prudente (V.)
circunspecto
hosco
huraño
hermético
introvertido
misterioso
cazurro

s. **tranquilo** (V.)
sosegado
silente
pacífico
surto
calmo
quieto

(V. **silencio**)

a. *sonoro*
estruendoso
ruidoso
estridente
fragoroso
explosivo
detonante
rumoroso
suspirante
chirriante
roncador
resonante
divulgador
hablador
indiscreto
imprudente
extrovertido
expresivo
tratable
sociable
abierto
evidente
claro
intranquilo
inquieto
desasosegado

silente
(V. **silencioso**)

silepsis
(V. **discordancia**)

(V. **figura**)
(retórica)

sílex
(V. **sílice**)

sílfide
(V. **ninfa**)

silga
(V. **sirga**)

silgar
(V. **sirgar**)

sílice
s. **piedra** (V.)
mineral (V.)
arcilla (V.)
cuarzo
silicato
quijo
ónix
sílex
pedernal (V.)
prasio
ágata (V.)
ceracate
menfita
moleña
sardónice
sardónica
sardo
silicio
carniola
zafirina
sanguinaria
ópalo
carborundo
trípoli
arena (V.)
roca
nide
hidrófana
ojo de gato
cristal de roca
piedra de Moca
amatista
calcedonia
cornalina
diásporo
diaspro
heliotropo
ónice
topacio
alaqueca
cepita
ceracate
crisopacio
cristobalita
sardio
venturina
plasma
restañasangre
piedra de chispa
piedra de lumbre
piedra de escopeta
piedra de fusil
piedra oniquina
topacio del Brasil
topacio de Hinojosa
jacinto de Compostela
diaspro sanguino
cuarzo ahumado
cuarzo hialino

silicosis
s. **enfermedad** (V.)
neumoconiosis
calcicosis
tisis de los marmolistas

silo
s. almacén
depósito (V.)
granero (V.)
silero
troje
troj
cilla
bodega
hórreo
pósito
sótano
subterráneo
sibil

silogismo
s. **argumento** (V.)
razón
razonamiento (V.)
deducción
lógica (V.)
dialéctica
sorites
abducción
entinema
epiquerema
conclusión
antecedente
premisa
ergotismo

s. mayor
menor
medio

s. modo
figura

s. barbara
ferio
dabitis
celarent
darii

s. baroco
festino
cesare
camestres

s. disamis
ferison
bocardo
daraptí
felapton
datisi

s. dimasis
calemes
fresison
fesapo

silueta
s. **perfil** (V.)
aureola
sombra (V.)
trazo
orla
croquis
figura
contorno (V.)
esbozo
bosquejo
línea
cerco
borde
marco
s. **dibujo** (V.)
cuadro

silvático
(V. **selvático**)

silvestre
s. aldeano
rústico
salvaje (V.)
agreste
selvático
montaraz (V.)
campestre
indómito
indomable
bravío
montés

s. zamarro
inculto (V.)
zafio
bárbaro
borde
basto
charro
vulgar
tosco
bestia
pedestre
cerril
sayagués
jíbaro
espontáneo (V.)
flor silvestre
paloma silvestre

(V. **selva**)

s. *urbano*
educado
fino
culto

silvoso
(V. **selvático**)

silla
s. **mueble** (V.)
asiento (V.)
butaca
mecedora (V.)
sillón
sillín
silleta
sillico
sillita
cadera
galápago
reclinatorio (V.)
jamuga (V.)
escaño
banco
poltrona
traspontín
taburete
confidente
equipal
cadira
banqueta
escabel
catrecillo
biselio
pala
potro

s. respaldo
patas
asiento
enea
anea
rejilla
cojín
palanquín (V.)
solio (V.)
trono (V.)
sitial
sede
silla pontificia

(cont.)

s. silla (de montar)
montura
arreos
aperos
arzón
arnés
guarniciones (V.)
batalla
frontera
tapafunda
bolsa
perilla
correa del maletín
faldón
sobrelomo
cincha
almohadilla
ación
estribo
albarda
albardilla
albardón
acionera
barda
baste
basto
tejuela
grupera
gurupera
borrén
mochila
remonta
blanchete
carona
carcaj
coraza
contrafuerte
fuste

s. silla de manos
silla apostólica
silla bastarda
silla curul
silla de caderas
silla de la reina
silla de posta
silla de tijera
silla gestatoria
silla poltrona
silla jineta
silla turca
silla volante
silla eléctrica
pegársele a uno la silla
dar silla a uno
sentar en la silla eléctrica
hombre de ambas sillas

r. El que fue a Sevilla perdió su silla ■ No ser uno para silla ni para albarda

sillar

s. **piedra** (V.) (labrada)
sillarejo
bloque
cubo
festival
carretal
dovela
perpiaño
salmer
menor
almohada
almohadón
almohadillado

s. hilada
mampuesta
paramento

s. sillar de hoja
sillar de lleno
sillar de apoyo
sillar de esquina

sillería

s. **construcción** (sillares)
muro
pared
paramento
lienzo
paredón
contrafuerte
muralla
aparejo

(V. **sillar**)

silletín

(V. **taburete**)

sillico

(V. **orinal**)

sillín

(V. **silla**)

sillón

s. butaca
butacón
mecedora
dormilona
curul
luneta
calzadora
poltrona

(V. **silla**)

sima

s. profundidad
cavidad (V.)
hondonada
tajo
barranco
fosa
cuenca
espelunca
depresión
furnia
abismo
cañón
despeñadero (V.)
torrentera
precipicio
grieta
concavidad

a. *altura*
elevación
llanura

simbiosis

s. **asociación** (V.)
fusión (V.)
reunión

a. *separación*
alejamiento

simbólico

s. **alegórico** (V.)
emblemático (V.)
figurado
figurativo
metafórico
representativo
característico (V.)
típico
expresivo
honorario (V.)
honorífico (V.)
traslaticio
mitológico
tropológico
supuesto (V.)
ficticio
imaginado
alusivo

(V. **símbolo**)

a. *auténtico*
real
presente

simbolizar

s. **significar** (V.)
representar (V.)
alegorizar
parabolizar (V.)
personificar (V.)
encarnar (V.)
figurar
incorporar
atribuir
aludir
personalizar
compendiar
aparentar
mostrar
parecer

(V. **símbolo**)

a. *generalizar*
diversificar

símbolo

s. **representación** (V.)
significado (V.)
significación
encarnación (V.)
personificación (V.)
incorporación
molde
modelo
compendio (V.)
ejemplo
epónimo
dechado
característica
signo (V.)

s. **alegoría** (V.)
quimera
ideograma (V.)
apólogo
alegorización
fábula (V.)
parábola (V.)
metáfora
tropo
comparación (V.)
prosopopeya

s. emblema
insignia (V.)
distintivo (V.)
enseña
atributo (V.)
efigie (V.)
figura (V.)
mote
cifra
divisa (V.)
blasón
tipo
apariencia

s. **sigla** (V.)
inicial
letra
fórmula (V.)

s. **máxima** (V.)
sentencia
dicho sentencioso

a. *generalización*
realidad
realismo

simetría

s. armonía
proporción (V.)
estética
ritmo (V.)
conformidad
equilibrio (V.)
correspondencia
perfección
orden
método
semejanza
igualdad (V.)
paridad
compensación
regularidad

a. *desequilibrio*
desproporción
asimetría
desigualdad
desemejanza

simétrico

s. análogo
semejante
compensado
proporcionado (V.)
armonioso
equilibrado (V.)
ponderado
mesurado
proporcional
igual
rítmico
conforme
estético

(V. **simetría**)

a. *desproporcionado*
desequilibrado
desigual
asimétrico

simiente

(V. **semilla**)

(V. **semen**)

simienza

(V. **sementera**)

símil

s. aproximación
afinidad
semejanza (V.)
parecido
parangón
cotejo
comparación (V.)

s. semejante
análogo (V.)
parigual
parejo
paralelo
equiparable
similar (V.)

(V. **similitud**)

a. *desemejanza*
diferencia
opuesto
desigual

similar

s. comparable
aproximado
parecido (V.)
parejo
equivalente
substitutivo
conforme
semejante
vecino
próximo
copia
análogo (V.)
homogéneo
analógico
paralelo
imitado
afín
homólogo
símil (V.)

(V. **similitud**)

a. *diferente*
contrario
distinto
dispar

similitud

(V. **semejanza**)

similor (de)

s. **falso** (V.)
aparente
ficticio
fingido (V.)
engañoso
simulado

a. *auténtico*
verdadero

simio

(V. **mono**)

simón

s. **coche** (V.)
manuela
pesetero
carruaje
carricoche

simonía

(V. **negocio**)

(V. **pecado**)

(V. **delito**)

simoníaco

(V. **mercenario**)

(V. **negociante**)

(V. **irreverente**)

simpatía

s. **atracción** (V.)
atractivo
encanto (V.)
donaire
gracia
hechizo
fascinación
jovialidad
ángel
gancho
recurso (V.)
seducción
cordialidad
campechanía
agrado
don de gentes
salero (V.)

s. **apego** (V.)
inclinación
querencia
cariño
propensión (V.)
tendencia (V.)
afecto
amor (V.)
pasión
afición
vocación
parcialidad (V.)
predilección

s. entendimiento
compenetración (V.)
relación
conformidad
afinidad (V.)
consonancia
benevolencia
coincidencia (V.)
conformidad
complacencia
satisfacción

a. *antipatía*
repulsión
rechazo
repugnancia
desagrado
abominación
despego
desprecio
odio
frialdad
oposición
adustez
aspereza
displicencia
inconformidad
insatisfacción

simpático

s. **agradable** (V.)
cordial (V.)
amable
afectuoso
sugestivo
atractivo
gracioso (V.)
sandunguero (V.)
encantador (V.)
saleroso (V.)
divertido
donoso
hechicero
atrayente (V.)
fascinante
cariñoso
seductor
abierto (V.)
campechano (V.)
sencillo
asequible
expresivo
expansivo (V.)
extrovertido
llano
jovial (V.)
sociable (V.)
tratable (V.)
social
cautivador

s. **afín** (V.)
devoto (V.)
leal
adicto
adepto
amigo
partidario
hincha
congraciado

s. tinta simpática
gran simpático

(V. **simpatía**)

a. *antipático*
odioso
insoportable
desagradable
enemigo
huraño
introvertido
áspero
adusto
repugnante
repulsivo
insociable
intratable
displicente
despreciativo
peyorativo
desabrido
soso
aburrido
cerrado
callado
taciturno
opuesto
desafecto

simpatizante
s. **adepto** (V.)
adicto (V.)
hincha
fan
partidario (V.)
fanático
seguidor
acólito
secuaz
satélite
banderizo
discípulo
prosélito (V.)
amigo
esbirro
incondicional
admirador (V.)

(V. **simpatía)**

a. *hostil*
enemigo
opuesto
condicional
desafecto
contrario
despreciativo
objetivo
neutral

simpatizar
s. **congraciarse**
congeniar (V.)
agradar
avenirse
amistarse
relacionarse
atraerse
aquerenciarse
entenderse (V.)
compenetrarse (V.)
coincidir (V.)
comprenderse
confraternizar
hermanarse
aficionarse
propender (V.)
concordar
cautivar
encantar
hechizar
seducir
bienquistarse
ganarse
hacerse con
caer bien
caer en gracia
llevarse bien
hacerse amigos
mirar con buenos ojos

(V. **simpatía)**

a. *antipatizar*
repelerse
odiar
desagradarse
separarse
repugnar (V.)
despreciar
desavenirse

simple
s. aislado
sencillo (V.)
primitivo (V.)
elemental (V.)
puro
pelado
escueto (V.)
incomplejo
incomplexo
sólo (V.)
solitario
único (V.)
uniforme
funcional (V.)
uno
estricto
mero (V.)
neto
mondo
lirondo
incombinable
incompuesto
propio
natural
llano

s. cándido
inocente (V.)
inocentón
ingenuo (V.)
incauto
creyente
crédulo
apacible
absurdo
simplón
manso
irreducible

s. **necio** (V.)
estúpido
bobo
ganso
memo
acebuche
panoli
primo (V.)
sosaina
sonso

s. desabrido
insulso
soso (V.)
insípido

s. interés simple
avería simple
voto simple
simple promesa
cuerpo simple

(V. **simpleza)**

a. *compuesto*
complicado
complejo
abigarrado
híbrido
mixto
zorro
malicioso
listo
sabroso
gracioso

simpleza
(V. **necedad)**

(V. **ingenuidad)**

(V. **insignificancia)**

simplicidad
s. **sencillez** (V.)
elementalidad (V.)
pureza
naturalidad (V.)
limpieza
espontaneidad (V.)
facilidad (V.)
claridad
sinceridad
llaneza
evidencia

s. **unidad** (V.)
homogeneidad
indivisibilidad
singularidad
simplificación

s. **necedad** (V.)
simpleza
tontería
bobada

s. candor
timidez
credulidad
ingenuidad (V.)
humildad
candidez

s. **rusticidad** (V.)
desaliño
tosquedad
ignorancia (V.)
incultura
inexperiencia
desconocimiento

a. *complejidad*
dificultad
artificio
afectación
aparato
complicación
mezcla
heterogeneidad
pluralidad
inteligencia
agudeza
picardía
osadía
atrevimiento
orgullo
finura
cultura
conocimiento
experiencia

simplificación
s. **abreviación** (V.)
reducción
descomposición
aclaración
allanamiento (V.)
compendio
síntesis (V.)
facilidad
separación
resolución
solución
facilitación
expediente

a. *complicación*
abigarramiento
dificultad
complejidad
traba
obstaculización

simplificado
s. reducido
extractado
esquemático (V.)
compendiado
abreviado
resumido
analizado
elemental (V.)
básico
fundamental

(V. **simplificación)**

a. *complicado*
aumentado
ampliado
complejo

simplificar
s. **facilitar** (V.)
aclarar
despejar
desembrollar
abreviar (V.)
desenredar
ayudar
sintetizar (V.)
reducir (V.)
compendiar
resolver
resumir
estilizar
descomponer
allanar (V.)
dilucidar
poner en claro
hacer más fácil
hacer más sencillo

s. separar
analizar (V.)

(V. **simplificación)**

a. *complicar*
dificultar
embrollar
componer
obstaculizar
entorpecer

simplista
(V. **facilitón)**

(V. **rutinario)**

simplón
(V. **bobo)**

(V. **ingenuo)**

simposio
(V. **banquete)**

(V. **reunión)**

(V. **congreso)**

simulable
s. **disimulable** (V.)
ocultable
camuflable
enmascarable

(V. **simulación)**

a. *evidente*
claro

simulación
s. disimulo
teatro (V.)
fingimiento (V.)
falsedad
apariencia (V.)
engaño
rebozo (V.)
fraude (V.)
estratagema
gatatumba (V.)
gatería
gazmoñería
finta
quiebro (V.)
regate (V.)
treta (V.)
pase
paripé
pamema
disfraz
comedia
simulacro (V.)
sofisticación
adulteración
pantomima (V.)
fariseísmo
mojigatería
superchería
encubrimiento
impostura
ficción (V.)
farsa (V.)
teatro
artificio (V.)
dolo
hipocresía (V.)
engaño
guadramaña
estratagema
camelo
carnavalada
finta
remilgo
pataleta
mascarada
cuento
estudio
fantasma
pamplina
zalagarda
solapa
afectación (V.)
trampa
zalamería
ardid (V.)
aspaviento (V.)
astucia (V.)
remilgo

a. *verdad*
sinceridad
franqueza
autenticidad
naturalidad
verosimilitud
revelación
descubrimiento
veracidad

simulacro
s. **simulación** (V.)
apariencia (V.)
ilusión
imagen
idea
especie
representación (V.)
imitación (V.)
copia
calco
fantasía

s. **maniobra** (V.)
adiestramiento
ejercicio
ensayo (V.)
instrucción
práctica
operación
zafarrancho de combate

a. *veracidad*
autenticidad
realidad
inactividad
teoría

simulado
s. **fingido** (V.)
falso
engañoso
afectado
postizo
apócrifo (V.)
encubierto
falaz
putativo
apócrifo
disfrazado
doloso
capcioso
artificial
imitado (V.)
aparente
hipócrita (V.)
farisaico
gazmoño
mojigato
artificioso
mentiroso
zanguayo
fabuloso
fantástico
embustero
farsante
supositicio

(V. **simulación)**

a. *sincero*
verídico
ingenuo
franco
auténtico
real
sincero

simulador
s. **fingidor** (V.)
farsante
engañador
engañoso
impostor
comediante
hipócrita (V.)
falso (V.)
gazmoño
farisaico
fariseo
desleal
tramoyista
imitador
encubridor
insincero
superchero
tramposo

(V. **simulación)**

a. *auténtico*
veraz
sincero
franco
directo
espontáneo
claro
natural

simular
s. artificiar
fingir (V.)
imitar (V.)
afectar
aparentar
representar
camandulear
amagar
falsificar (V.)
suplantar
engañar (V.)
desfigurar
disimular (V.)
pretender
ocultar
burlar
figurar (V.)
embromar
suponer
hacer el paripé
hacerse el sueco
hacerse el sordo

(V. **simulación)**

a. *revelar*
descubrirse
explayarse
aclarar
sincerarse
franquearse

simultanear-se
s. **compaginar** (V.)
coincidir (V.)
sincronizar (V.)
corresponder
combinar (V.)
contemporizar
conjuntar
compartir (V.)
fusionar
cruzar
coexistir
emparejar
participar
ir al unísono
correr parejas
hacer compatible

(V. **simultaneidad)**

a. *discrepar*
diverger
descompaginar
discordar

simultaneidad
s. **coincidencia** (V.)
paralelismo
contemporaneidad
actualidad
coexistencia
presencia
ubicuidad
concurrencia
acompañamiento
combinación
isocronismo
sincronía (V.)
sincronismo
concurso
conjunción
conjunto
compatibilidad (V.)
concomitancia
compaginación (V.)

a. *discrepancia*
antagonismo
incompatibilidad
ausencia

simultáneo
s. **compatible** (V.)
concurrente
coexistente
paralelo
síncrono
isócrono
coincidente (V.)
coetáneo
coevo
concomitante
conjuntado
aunado
concordante
actual
sincrónico (V.)
compartido

(V. **simultaneidad)**

a. *incompatible*
sucesivo
discordante
ausente
separado
seguido
espaciado
escalonado
distanciado

simún
(V. **siroco)**

sin
s. **falto** (V.)
exento
carente (V.)
privado
desprovisto
desguarnecido
incompleto
escaso
ausente

s. fuera de
aparte de
además de
a excepción de

a. *provisto*
con
abundante
completo
presente
incluido

sinagoga
s. **templo** (V.)
aljama

s. **conciliábulo** (V.)
concilio
junta
asamblea
judería (V.)

sinalagmático
(V. **bilateral)**

(V. **recíproco)**

sinalefa
s. **fusión** (V.)
unión
enlace
trabazón
ligazón
vínculo

a. *separación*

sinapismo
s. **cataplasma** (V.)
parche
emplasto
tópico
bizna
pegote
cayanco
emoliente

s. **molesto** (V.)
pesado
cargante (V.)
aburrido

a. *entretenido*
divertido
ligero

sinario
s. **pronóstico** (V.)
sino (V.)
fortuna
predicción
augurio
prenuncio
vaticinio
profecía

a. *realidad*

sinartrosis
(V. **articulación)**
(inmóvil)

sincerar-se
s. **confesar** (V.)
franquearse (V.)
declarar
participar
revelar
descubrir
admitir
desahogarse
reconocer (V.)
desembuchar
cantar
descargarse
reconocer
desembaular
enumerar
justificarse
defenderse
clarearse
abrirse
explayarse
aliviarse
confiarse (V.)
desfogarse
espontanearse
expansionarse (V.)
tener el corazón en la mano
hablar claro
salirle del corazón
cantar las cuarenta
decir las cosas claras
decir las verdades del barquero
no tener pelos en la lengua
decir cuatro frescas
no tener vuelta de hoja
no admitir réplica
ir con la verdad por delante
no tener más que una palabra
poner las cartas boca arriba
quitarse la máscara
cantar las claras
no tener frenillo

(V. **sinceridad)**

a. *ocultar*
esconder
mentir
omitir
simular
disimular
fingir
falsear
afectar
encubrir
camuflar
embozar
disfrazar
paliar
enmascarar

sinceridad
s. **franqueza** (V.)
sencillez
verdad (V.)
veracidad (V.)
ingenuidad
candidez
lealtad
honradez
expansión
naturalidad
confianza (V.)
cordialidad (V.)
familiaridad
campechanía
candor
espontaneidad (V.)
fidelidad
rectitud
pureza
llaneza (V.)
lisura (V.)
buena fe
limpieza de corazón
buena intención
claridad (V.)
descaro
atrevimiento
crudeza (V.)
rudeza
tosquedad
realidad (V.)
seriedad
honestidad
inocencia

s. Ex abundantia cordis

r. Lo que del corazón rebosa, sálese por la boca ■ Lo que pasa por la mente, se viene a los dientes ■ Los niños y los orates dicen las verdades ■ La claridad conserva la amistad ■ Quien dice lo que siente, siente lo que dice ■ Más vale guerra abierta que paz fingida

a. *fingimiento*
falsedad
hipocresía
mentira
deslealtad
ocultación
encubrimiento
ficción
comedia
simulación
disimulo
finta
artificio
doblez
insinceridad
fariseísmo
farsa
enmascaramiento
disfraz

sincero
s. leal
franco (V.)
abierto (V.)
ingenuo
limpio
deseoso
honrado
cordial
cándido (V.)
sentido
veraz (V.)
claro (V.)
expansivo
explícito
comunicativo
llano (V.)
verdadero (V.)
real
justo
formal
natural
espontáneo (V.)
genuino
serio
sencillo

(V. **sinceridad)**

a. *hipócrita*
falso
fingido
desleal
fariseo
simulado
insincero
tartufo
maulero
solapado
postizo
artificial
afectado
embozado
disfrazado
disimulado
convencional
formulario
tortuoso
sinuoso
reservado
reticente

síncopa
s. **supresión** (V.)
metaplasmo
reducción (V.)
abreviación
acortamiento

s. **enlace** (V.)
(música)

a. *ampliación*
separación

sincopado
s. **rítmico** (V.)
movido
movedizo
cortado

(V. **síncopa)**

a. *lento*
quieto

sincopar
s. **suprimir** (V.)
reducir (V.)
abreviar
acortar

s. **enlazar** (V.)
ritmar
ensolver

(V. **síncopa)**

a. *ampliar*
separar

síncope
s. **desmayo** (V.)
mareo
vahído
vértigo
vaguido
vapor
taranta
aturdimiento (V.)
letargo
aletargamiento
convulsión
catalepsia
deliquio
desgana
rapto
soponcio
patatús
telele
desvanecimiento
asfixia
epilepsia
lipotimia
accidente (V.)

a. *recuperación*
vuelta en sí

sincrético
(V. **conciliador)**

sincretismo
(V. **conciliación)**

sincronía
s. sincronismo
coincidencia (V.)
concordancia
coexistencia
concomitancia
simultaneidad (V.)
concurrencia (V.)
paralelismo
adaptación (V.)
acomodación

a. *desigualdad*
diferencia
diversificación

sincrónico
s. **simultáneo** (V.)
unísono
isócrono (V.)
coincidente (V.)
concordante
correspondiente
coexistente
concomitante
igual
combinado
paralelo
concurrente

(V. **sincronía)**

a. *discordante*
desigual
diferente
contrario

sincronismo
(V. **sincronía)**

sincronizar
s. **simultanear** (V.)
coincidir (V.)
concurrir
concordar
equiparar
combinar
uniformar
regularizar
igualar
adaptar (V.)
acomodar (V.)

(V. **sincronía)**

a. *diferenciar*
discordar
diverger
desacomodar

sindéresis
(V. **discreción)**

(V. **acierto)**

(V. **prudencia)**

sindicado
s. **asociado** (V.)
agremiado
unido
confederado
hermanado
ligado
agrupado

(V. **sindicato)**

a. *separado*
desligado
independiente
libre

sindical
s. **gremial** (V.)
corporativo
laboral
comunitario
colectivo
obrero
profesional (V.)

(V. **sindicato)**

a. *liberal*
independiente

sindicalismo
s. **asociación** (V.)
confederación
unión
federación
agremiación
corporativismo
asociacionismo
USO (España)
UGT (España)
ORT (España)
CNT (España)
CC.OO. (España)
CGT (Francia)
CGIL (Italia)
AFL (EE.UU.)
CIO (EE.UU.)
IWW (Internacionales)
FSI (Internacionales)

enchufe
renta
beneficio
gaje
momio
lucro

a. *desventaja*
perjuicio
pérdida
pena

sine die
(V. **indefinido**)

(V. **ilimitado**)

sindicar-se
s. **delatar** (V.)
acusar
denunciar
señalar
tachar
incriminar
tildar
censurar
denostar
sospechar

s. **agrupar** (V.)
asociar (V.)
federar
confederar
agremiar (V.)
afiliar
integrar
componer
aunar
unir
ligar
coaligar
reunir

(V. **sindicato**)

a. *elogiar*
defender
ensalzar
separar
desunir

sindicato
s. organismo (profesional)
gremio (V.)
asociación (V.)
agrupación
federación
confederación
afiliación
junta
liga
hermandad

síndico
s. **administrador** (V.)
delegado
apoderado
supervisor
procurador
liquidador
representante (V.)

síndrome
s. **síntoma** (V.)
manifestaciones
indicios
señales
signos

sinécdoque
(V. **metáfora**)

(V. **tropo**)

sinecura
s. **prebenda** (V.)
canonjía
ventaja (V.)
ganga
bicoca

sine qua non
(V. **condicionado**)

(V. **indispensable**)

sinéresis
s. **contracción** (V.)
reducción
crasis
licencia (poética)

(V. **gramática**)

sinergia
s. **colaboración** (V.) (fisiología)
concurso
correlación
concordancia
unión
concierto

a. *desunión*
separación
independencia

sínfilo
(V. **parásito**) (insectos)

sinfín
s. sinnúmero
innumerable
infinidad (V.)
pluralidad
cúmulo
montón
abundancia
multitud
muchedumbre
cantidad
inmensidad
mucho (V.)
abundancia

a. *escasez*
limitación
poquedad
carencia
falta
inexistencia

sinfonía
s. **composición** (V.) (musical)
concierto
obertura
poema sinfónico
música orquestal
homofonía
antifonía
preludio

s. acorde
colorido
armonía

s. allegro
adagio, largo o andante
scherzo o minué
allegro vivo o rondó

singar
(V. **remar**)

singladura
s. **distancia** (V.) (navegación)
recorrido
derrota
camino

s. **intervalo** (V.) (24 horas)

singlar
(V. **navegar**)

singular
s. **único** (V.)
especial
solo
separado (V.)
sin par
impar
particular
propio (V.)
individual

s. excelente
raro (V.)
extraño
extraordinario
original (V.)
extravagante
peregrino (V.)
excéntrico
misterioso
anormal (V.)
absurdo
sensacional
fenomenal
fuera de lo corriente

s. **individuo** (V.)
vecino
particular
prójimo
sujeto
testigo singular
número singular
en singular
cosa singular

(V. **singularidad**)

a. *plural*
normal
vulgar
corriente
común

singularidad
s. **distintivo** (V.)
propiedad
particularidad (V.)
originalidad (V.)
extrañeza (V.)
curiosidad
extravagancia
esnobismo
excentricidad
distinción
anomalía (V.)
especialidad
rareza
maravilla (V.)
excelencia
prodigio
idiosincrasia

s. incompatibilidad
simplificación
exclusivismo (V.)

a. *vulgaridad*
normalidad
complicación

singularizar-se
s. **destacar** (V.)
descollar
distinguirse (V.)
revelarse
sobresalir
diferenciarse
caracterizarse
señalarse
separarse
particularizarse (V.)
discriminar
seleccionar
mostrarse

(V. **singularidad**)

a. *confundir-se*
generalizar

singulto
(V. **hipo**)

(V. **sollozo**)

sinhueso
(V. **lengua**)

sínico
(V. **gentilicios**) (chino)

siniestra
s. zurda
izquierda
mano (V.)

a. *diestra*
derecha

siniestrado
s. accidentado
perjudicado
averiado
dañado
víctima
herido
destruido
(V. **siniestro**)

a. *indemne*
beneficiado

siniestro
s. **izquierdo** (V.)
zurdo

s. **accidente** (V.)
naufragio
hundimiento (V.)
destrucción
avería
incendio (V.)
muerte
tragedia
desgracia (V.)
incidente
catástrofe
fuego
azote
peste
desastre
hecatombe

s. horrible
avieso
espantable
espantoso
angustioso
funesto (V.)
infeliz
aciago
aterrador
espeluznante
alarmante
desgraciado (V.)
horripilante
horripilendo
trágico
lúgubre

s. **malintencionado** (V.)
vicioso
resabiado
propenso al mal
perverso (V.)
malo
maligno

a. *derecho*
alegría
fortuna
agradable
amable
afortunado
bueno
bondadoso
simpático

sinnúmero
(V. **sinfín**)

sino
s. **destino** (V.)
hado
suerte (V.)
estrella
azar
fortuna
sinario (V.)
fatalidad
predestinación
albur
acaso
ventura
casualidad

s. más que
solamente
tan sólo
sino que
pero

a. *realidad*

sinoble
(V. **sinople**)

sinodático
(V. **tributo**)

sínodo
(V. **concilio**) (eclesiástico)

sinonimia
s. significado
semejanza (V.)
igualdad
equivalencia
analogía (V.)
parecido
paralelismo

a. *antonimia*
disemia
polisemia

sinónimo
s. **semejante** (V.)
igual
equivalente (V.)
parejo
análogo (V.)
paralelo
parecido
mismo
homólogo

(V. **sinonimia**)

a. *antónimo*
contrario
opuesto

sinople
(V. **verde**) (blasón)

sinopsis
(V. **síntesis**)

(V. **conjunto**)

sinóptico
s. breve
resumido (V.)
claro (V.)
compendiado

s. **abarcador** (V.)
de una ojeada
de golpe

(V. **sinopsis**)

a. *confuso*
complicado
ampliado

sinovia
(V. **humor**) (articulaciones)

sinrazón
s. **injusticia** (V.)
desafuero (V.)
error
tuerto
iniquidad
arbitrariedad
atropello (V.)
parcialidad
tiranía
despotismo
alcaldada
contrasentido (V.)
abuso
improcedencia

a. *justicia*
equidad
generosidad
procedencia
imparcialidad
respeto
objetividad
neutralidad

sinsabor
(V. **disgusto**)

(V. **desgracia**)

sinsorgo
(V. **botarate**)

sinsubstancia
(V. **necio**)

(V. **insubstancial**)

sintaxis
s. **coordinación** (V.) (palabras)
construcción
ordenación
reunión
relación

s. sintaxis regular
sintaxis figurada

síntesis
s. **resumen** (V.)
compendio
abreviación
extracto
simplificación (V.)
acortamiento
esquema (V.)
disminución
sumario
prontuario
recapitulación
recorte
corte
digesto
compilación
reducción
guión
suma
esbozo
guión
condensación (V.)
epítome
sinopsis
manual
minuta
balance
bosquejo
epílogo
argumento
trama

s. integración
composición (V.)
reconstrucción (V.)
constitución
producción
creación (V.)
elaboración
reunión
ensayo
experimento

a. *ampliación*
desarrollo
incremento
desintegración
análisis
descomposición
destrucción

sintético
s. **artificial** (V.)
elaborado
adulterado
imitado
industrial
químico
sustitutivo

s. **resumido** (V.)
abreviado
extractado
condensado
recopilado
compendiado
simplificado

(V. **síntesis**)

a. *natural*
auténtico
ampliado
aumentado

sintetizador
s. **instrumento** (V.) (música)

s. teclado
cinta magnética
transistores
osciladores
modificadores
filtros
mezcladores

sintetizar
s. **resumir** (V.)
abreviar
reducir
extractar
simplificar (V.)
compendiar
recortar
disminuir
condensar
recopilar
compilar
recapitular
esquematizar

s. **constituir** (V.)
reconstruir (V.)
substanciar
componer (V.)
reunir
crear
producir
formar
elaborar
preparar
ensayar
experimentar
proyectar

(V. **síntesis**)

a. *ampliar*
desarrollar
desintegrar
descomponer

sintoísmo
s. **religión** (V.) (Japón)
Tenri-kyõ
Konko-kyõ
Ohmo-to-kyõ

s. Kojiki
Nihon Shoki
Kangatari
Amaterasu
Izanagi

s. miko
oshi
kami

s. dioses estatales
dioses celestes

s. sinto de relicarios
sinto de secta

s. sintoísta

síntoma
s. **síndrome** (V.)
pródromo
señal (V.)
signo (V.)
indicio (V.)
manifestación
revelación
barrunto
muestra
asomo
sospecha
rastro
traza
huella

s. síntoma diacrítico

a. *ausencia*
falta
desaparición

sintomático
s. **revelador** (V.)
representativo
característico
demostrativo
propio
manifiesto
peculiar
significativo

(V. **síntoma**)

a. *impropio*
inexpresivo

sintonización
s. conexión
captación
recogida
regulación
recepción (V.)
adaptación
radiar
radio (V.)

sintonizar
s. **captar** (V.)
recoger (V.)
recibir
regular
conectar
vibrar
adaptar (al unísono)

(V. **sintonización**)

sinuosidad
s. vuelta
zigzag
recodo (V.)
anfractuosidad
serpenteo
culebreo
ondulación (V.)
sierpe
tortuosidad
retorcimiento

s. seno
concavidad (V.)
cavidad
cuenco
excavación
entrante

a. *derechura*
convexidad

sinuoso
s. reptante
sinusoide
ondulado (V.)
ondulante
undulante
ondulatorio
caracol
torcido (V.)
serpenteado (V.)
zigzagueante

s. disimulado
taimado
solapado
zorro
tunante
astuto
hipócrita (V.)
retorcido (V.)
tortuoso (V.)

(V. **sinuosidad**)

a. *derecho*
recto
sincero
parejo

sinusitis
(V. **inflamación**)

(V. **seno**) (craneal)

sinvergonzón
(V. **sinvergüenza**)

sinvergüencería
(V. **desvergüenza**)

sinvergüenza
s. sinvergonzón
bribón (V.)
pícaro (V.)
tunante
descarado
desaprensivo (V.)
granuja
fresco (V.)
desvergonzado
desfachatado
crapuloso
desuellacaras
perillán
ladino
canalla
bajo
ruin (V.)
barbián
golfo
villano

(V. **sinvergüencería**)

a. *honrado*
decente
tímido
bueno
bondadoso
vergonzoso
generoso
desinteresado
noble
digno

sionismo
s. semitismo
judaísmo (V.)
hebraísmo
mosaísmo

sionista
(V. **judío**)

sioux
(V. **indio**)

siquiatra
(V. **psiquiatra**)

siquiatría
(V. **psiquiatría**)

síquico
(V. **psíquico**)

siquiera
s. bien que
ya
o
aunque
tan sólo
por lo menos

s. ni siquiera
tan siquiera
ni tan siquiera

sir
(V. **señor**)

(V. **tratamiento**)

sirena
s. **ninfa** (V.)
nereida
náyade
ondina
bicha

s. **silbato** (V.)
silbo
pito (V.)
alarma
chiflo

s. **seductora** (V.) (mujer)
vampiresa

sirga
s. maroma
chicote
cabo
cuerda (V.)
toa
silga

s. **remolque** (V.)

s. camino de sirga
a la sirga

sirgar
s. remolcar
arrastrar (V.)
tirar de
llevar a la sirga
silgar

(V. **sirga**)

a. *empujar*

sirguero
(V. **jilguero**)

sirimiri
(V. **llovizna**)

siringa
(V. **zampoña**)

(V. **flauta**)

sirio
(V. **estrella**)

sirle
s. **excremento** (V.)
cagarruta
sirrica
chirle
sirria

siroco
(V. **viento**)

sirope
(V. **jarabe**)

sirria
(V. **sirle**)

sirte
s. **bajío** (V.)
bajo
banco
secadal
alfaque
arrecife
escollo
rompiente

sirvienta
s. **criada** (V.)
dueña
doncella (V.)
maritornes
mucama
fámula
mayordoma
chacha
asistenta
cocinera
niñera
aya
aña
pincha
ama de llaves
azafata
mandadera
china
fregona
fregatriz
menina
odalisca

(V. **servicio**)

a. *ama*
señora
jefa

sirviente
s. **criado** (V.)
fámulo
camarero
servidor
doméstico
mozo
escudero
mucamo
familiar
tanor
chino
paje
heraldo
asistente
lacayo
montero
menino
mercenario
collazo
sotayuda
mayordomo
maestresala
mozo de comedor
ayuda de cámara

(V. **servicio**)

a. *amo*
jefe
señor

sisa
s. **hurto** (V.)
substracción
ratería
robo
defraudación
engaño
timo

s. **corte** (V.)
merma (V.)
escotadura
escote
sesgadura

a. *devolución*
restitución
sobra

sisador
s. sisón
defraudador
ratero
ladrón
escamoteador
hurtador (V.)

(V. **sisa**)

a. *restituidor*
honrado

sisal
(V. **pita**) (fibra)

sisar
s. **descontar** (V.)
rapiñar
hurtar (V.)
robar
quitar
escamotear
extraer
sangrar
rebajar
escamondar
afanar
ratear
estafar
raspar
substraer

s. sesgar
abiesar
cortar (V.)
mermar (V.)

(V. **sisa)**

a. *aumentar*
devolver
restituir

sisear
s. **chistar** (V.)
chiflar
chichear
silbar (V.)
abuchear (V.)
desaprobar (V.)

a. *aplaudir*
aprobar
callarse

siseo
s. chifla
grita
pita
pitada
pataleo
abucheo (V.)
protesta
desaprobación (V.)
rechifla
desagrado (V.)

a. *aplauso*
aprobación
silencio

sisimbrio
(V. **jaramago)**

sismo
(V. **terremoto)**

sisón
s. **ave** (V.) (zancuda)
avutarda
gallarón
sisa

s. **sisador** (V.)

sistema
s. **plan** (V.)
regla (V.)
método (V.)
organización (V.)
red (V.)
modalidad
medio (V.)
régimen (V.)
usanza
razón
derrotero
actitud
técnica
procedimiento (V.)
sistematización
ordenanza
coordinación
conjunto
fórmula
norma
tenor
disposición
estilo
ordenación
son
guisa
gobierno
condición
cualidad
suerte

s. **doctrina** (V.)
teoría
sistema nervioso
sistema acusatorio
sistema cegesimal
sistema inquisitivo
sistema decimal
sistema astático
sistema planetario
sistema métrico decimal
sistema solar

a. *desorganización*
anarquía

sistemática
(V. **clasificación)**

sistemático
s. **metódico** (V.)
regular
estatutario
ordenado
táctico (V.)
invariable
consecuente
reglamentado
formulado
dispuesto
condicionado
rígido

(V. **sistema)**

a. *anárquico*
inconsecuente
desordenado

sistematización
(V. **sistema)**

sistematizar
s. **organizar** (V.)
ordenar
reglar
regular
normalizar
tasar
metodizar (V.)
reglamentar (V.)
planificar

s. **coordinar** (V.)
eslabonar
enlazar
vincular

(V. **sistematización)**

a. *desorganizar*
desordenar
deteriorar
desvincular

sístole
s. **contracción** (V.)
constricción
contractilidad
crispación
corazón (V.)

a. *asistolia*

sistro
s. cestro
instrumento (V.) (música)

s. varillas
aros o anillos
arco

sitiado
s. atacado
cercado
asediado (V.)
bloqueado
rodeado (V.)
acorralado

(V. **sitio)**

a. *libre*
atacante
sitiador

sitiador
s. **asediador** (V.)
bloqueador
atacante
asaltante (V.)
agresor
beligerante
envolvente (V.)

(V. **sitio)**

a. *sitiado*
defensor

sitial
s. **asiento** (V.)
trono
solio
sede

sitiar
s. aislar
envolver
rodear
asediar (V.)
bloquear
estrechar
asaltar
cercar (V.)
circunvalar
circundar
estrechar
atacar (V.)
acorralar
poner cerco
ceñir la plaza
declarar el bloqueo
poner sitio

s. **hostigar** (V.)
importunar (V.)
atormentar
apremiar
incomodar
molestar (V.)
fastidiar
dar la lata
dar la murga
no dejar ni a sol ni a sombra
dar la matraca

(V. **sitio)**

a. *rendirse*
capitular
romper (el cerco)
liberarse
agradar
exonerar
dejar

sitibundo
(V. **sediento)**

sitio
s. **lugar** (V.)
rincón
espacio
emplazamiento
localidad
situación (V.)
punto
parte
residencia
zona
territorio
paraje
posición
recinto
local
casa campestre
finca
hacienda
solar
estancia

s. **asedio** (V.)
cerco (V.)
bloqueo (V.)
rodeo
fortificación
brecha
acorralamiento
batalla
acometimiento
aislamiento
arrinconamiento
incomunicación
confinamiento
encierro
ataque
hostigamiento

s. quedarse uno en el sitio
dejar a alguien en el sitio
poner sitio
levantar el sitio
hacer sitio
poner a alguien en su sitio
en todos los sitios
ir de un sitio para otro
en cualquier sitio
real sitio
estado de sitio

a. *desbloqueo*
defensa
salida
ruptura (del sitio)
rendición
capitulación
abandono
levantamiento (sitio)

sito
(V. **situado)**

situación
s. **lugar** (V.)
localización (V.)
sitio (V.)
enclavamiento
emplazamiento
sector (V.)

s. **colocación** (V.)
posición (V.)
postura
lado
dirección (V.)
disposición (V.)
orientación
ubicación (V.)
horizonte (V.)
latitud
longitud
altura
asiento
paradero (V.)
distancia (V.)
sobre (V.)
profundidad

s. **actitud** (V.)
estado (V.) (de ánimo)
tesitura
condición
circunstancia
humor
ocasión (V.)
statu quo
fase (V.)
etapa
curso
grado (V.)
avatar
punto
estadio
nivel
estrato
momento (V.)

s. cargo
empleo
puesto
categoría
colocación

s. renta
sueldo
ingresos
salario
jornal
haberes

s. situación activa
situación pasiva
estar en buena o mala situación
situación difícil o apurada
situación económica
situación social
tener una situación
crearse una situación

situado
s. enclavado
ubicado
emplazado (V.)
radicado
sito

s. colocado
empleado (V.)
enriquecido (V.)
acomodado

(V. **situación)**

a. *parado*
desempleado
empobrecido

situar-se
s. **emplazar** (V.)
estacionar
colocar (V.)
localizar (V.)
fijar
ubicar
instalar
poner (V.)
depositar
asentar
plantar
radicar
meter
orientar (V.)
dejar
aposentar
apostarse

s. **depositar** (V.)
asignar
consignar
enviar
abonar

s. **enriquecerse** (V.)
triunfar (V.)
acomodarse
escalonar (V.)
abrirse paso
crearse una posición
tener éxito
llegar

(V. **situación)**

a. *marchar-se*
ir-se
abandonar
largarse
trasladar-se
retirar
cobrar
sacar
empobrecerse
fracasar

sketch
(V. **bosquejo)**

(V. **escena)** (cine)

ski
(V. **esquí)**

sleeping (car)
(V. **vagón)** (coche cama)

slogan
(V. **consigna)**

(V. **frase)**

smoking
(V. **chaqueta)**

snack-bar
(V. **restaurante)** (rápido)

(V. **cafetería)**

snob
(V. **esnob)**

snobismo
(V. **esnobismo)**

so
s. bajo
debajo (V.) de

s. **muy** (V.)
más que

a. *encima*
menos que

soasar
(V. **tostar)**

(V. **asar)**

soba
(V. **paliza)**

(V. **reprensión)**

sobaco
s. axila
islilla
encuentro
hueco
cavidad (V.)

s. **enjuta** (V.)
(arquit.)

sobado
s. manido
manoseado (V.)
sobajado
ajado (V.)
trabajado
mugriento
deslucido
marchito
deteriorado
usado (V.)
gastado
bisunto
maltratado
arruinado
desgastado (V.)

s. **trillado** (V.)
conocido (V.)
vulgar
trivial
pasado
abusado

s. **bollo** (V.)
torta
pan

(V. **sobadura)**

a. *nuevo*
flamante
original
desconocido

sobadura
(V. **sobo)**

sobajadura
(V. **sobo)**

sobajamiento
(V. **sobo)**

sobajanero
(V. **recadero)**

sobajar
(V. **sobar)**

sobajeo
(V. **sobo)**

sobaquido
(V. **hurto)**

sobaquina
(V. **sudor)**
(V. **hedor)**

sobar
s. **manosear** (V.)
sobajar
manipular
palpar (V.)
tocar (V.)
magrear (V.)
toquetear
fregar
acariciar
restregar (V.)
tentar
amasar (V.)
apretujar
apretar
adobar
ablandar

s. **ajar** (V.)
estropear
deteriorar
deslucir
desgastar (V.)
usar
gastar
decolorar
marchitar
arrugar
manchar
arruinar
maltratar

s. **apalear** (V.)
zurrar
castigar
pegar
tundir
vapulear
zarandear

s. **molestar** (V.)
fastidiar
cargar
importunar

(V. **sobo)**

a. *abstenerse*
respetar
inhibirse
rozar
arreglar
componer
acariciar
premiar
recompensar
divertir
entretener

sobarba
s. pliegue
sotabarba
papada (V.)

s. **muserola** (V.)
brida

a. *delgadez*
magrura

sobarbada
s. retención
refrenada (V.)
sacudida
golpe
sofrenada

s. **sermón** (V.)
reprensión (V.)

a. *impulso*
elogio

sobarbo
(V. **álabe)** (batán)

soberanía
s. manumisión
autonomía
emancipación
libertad
autarquía
autarcía
independencia (V.)
reino (V.)
reinado
dominación
dominio
realeza (V.)
señorío
imperio
mando (V.)
regencia
poderío
poder
autoridad
gobierno
dignidad
potencia
preponderancia
supremacía (V.)

s. **majestad** (V.)
alteza
excelencia (V.)
cetro
corona
manto
solio
corte
púrpura

s. imperio
monarquía
tetrarquía
principado (V.)
condado
palatinado
exarcado
cacicazgo
feudalismo
satrapía

s. soberanía
nacional
plazas de
soberanía

a. *dependencia*
inferioridad
protectorado
abdicación
dependencia
sometimiento
sumisión

soberano, a
s. **rey** (V.)
monarca
emperador (V.)
grande
privado
valido (V.)
favorito
majestad
rajá
sha
xah
califa
bey
emir
micado
dux
zar
zariano
káiser
césar
cacique
archipámpano
alamir
amir
caudillo
can
diadoco
exarca
tetrarca
sultán
faraón
jan
jalifa
jeque
jerife
kan
margrave
gran mogol
negus
papa
preste Juan
régulo (V.)
regente
soldán
autócrata
elector
gran elector
cónsul
déspota
tirano
dinasta
miramamolín
podestá
potestad
sátrapa
señor (V.)
vaivoda
dey
coya
toparca
hospodar
inca
inga
gran turco
sofí
jefe supremo
gobernante
estadista

s. delfín
princesa
príncipe
infante
zarevich
czarevitz
kronprinz

s. **imperial** (V.)
regio
principesco (V.)
cesáreo
áulico
dinástico
majestuoso (V.)
espléndido
potentado (V.)
soberbio (V.)
excelente
elevado
grandioso
grande
magistrado (V.)
supremo
mayúsculo
insuperable
singular
fabuloso
extremado

s. **independiente** (V.)
autónomo (V.)
manumitido
libre (V.)
emancipado
autárquico
liberado
separado (V.)
capacitado

(V. **soberanía)**

a. *vasallo*
súbdito
sometido
ciudadano
mediocre
vulgar
regular
insignificante
precario
despreciable
pequeño
dependiente
protegido
tutelado
fideicomiso
aherrojado

soberbia
s. **orgullo** (V.)
altanería (V.)
altivez
imperio (V.)
petulancia (V.)
presunción
vanidad (V.)
ufanía
inmodestia
jactancia
tufos
arrogancia
engreimiento
impertinencia
endiosamiento
suficiencia
hinchazón
aires
afectación
moños
pisto
tono
megalomanía
estiramiento
penacho
alas
insolencia (V.)
hinchazón (V.)
fueros
humos
postín
empaque
entonación
entono
ínfulas
satisfacción

s. **ostentación** (V.)
fausto
lujo
suntuosidad
boato
alarde
pompa (V.)
aparato
lucimiento
deslumbramiento
esplendor

s. **cólera** (V.)
ira (V.)
ventolera (V.)
enfado
arrebato
enojo
arranque
ventolera
furor
irritación

a. *humildad*
modestia
sencillez
placidez
miseria
pequeñez
abatimiento
servidumbre
calma
sosiego
dulzura
paz
quietud

soberbio
s. **orgulloso** (V.)
endiosado
altivo
empinado (V.)
altanero (V.)
hinchado (V.)
soberbioso
pedante
jactancioso
superbo
imperioso
presuntuoso
elato (V.)
dominante (V.)
encrestado (V.)
encastillado (V.)
vanidoso (V.)
ufano
presumido
fatuo
ensoberbecido (V.)

s. **magnífico** (V.)
grandioso
lujoso
pomposo
vistoso
aparatoso
crecido
señorial
espléndido (V.)
fantástico
suntuoso
regio
soberano (V.)

s. **iracundo** (V.)
violento
furioso
fogoso
arrebatado
colérico
insolente (V.)

(V. **soberbia)**

a. *humilde*
sencillo
apacible
pacífico
pésimo
malo
detestable
vulgar
común
miserable

soberbioso
(V. **soberbio)**

sobina
(V. **clavija)**
(V. **clavo)** (de madera)

sobo
s. sobadura
sobajeo
sobajadura
sobajamiento
manoseo (V.)
manoteo (V.)
palpamiento
magreo
roce (V.)
soba
toquiteo
toqueteo
manipulación
manejo
tocamiento (V.)
masaje
friega

s. **paliza** (V.)
tunda
zurra
leña
azotaina
somanta
vapuleo
apaleo
meneo
zurribanda
castigo
tundidura

s. **desgaste** (V.)
uso (V.)
ajamiento
deslucimiento
marchitamiento
decoloración

s. **molestia** (V.)
fastidio
pesadez

a. *respeto*
inhibición
roce
caricia
suavidad
premio
recompensa
lucimiento
integridad
distracción
entretenimiento
agrado
placer

sobón
s. **manoseador** (V.)
pesado
empalagoso (V.)
acariciador
toqueteador
chinchorrero
magreador
tentón
tocante
pelma
fastidioso
pegajoso (V.)
zalamero
besucón
cargante (V.)

s. **holgazán** (V.)
vago
taimado
poltrón
gandul
camastrón
ladino
remolón

(V. **sobo**)

a. *respetuoso*
agradable
fino
diligente
despegado
displicente
trabajador
activo

sobordo
(V. **compulsación**)
(V. **relación**) (cargamento)
(V. **paga**) (adicional)

sobornable
s. **venal** (V.)
corruptible
prevaricador
vendible
comprable
deshonesto (V.)
desleal

(V. **soborno**)

a. *insobornable*
incorruptible
honrado
honesto
leal

sobornado
s. comprado
cohechado
corrompido (V.)
vendido
dadivado
venal (V.)
traidor
infiel
untado
ensuciado

(V. **soborno**)

a. *incorruptible*
leal
honrado
honesto
digno
íntegro
insobornable

sobornador
s. cohechador
recompensador
corruptor (V.)
baratero
prevaricador
engatusador
adulador
lisonjeador
camelista

(V. **soborno**)

a. *sobornado*
corrompido
venal

sobornal
(V. **sobrecarga**)

sobornar
s. **cohechar** (V.)
corromper (V.)
vender
comprar
untar (V.)
degradar
dadivar

s. **seducir** (V.)
captar
conquistar
compensar
regalar (V.)
atraerse
camelar
lisonjear
adular (V.)
engatusar (V.)
dar (V.)
encandilar
arrastrar
convencer
prevaricar
ensuciarse

s. tapar la boca
untar el carro
untar la mano
falsear las guardas
poner precio
ensuciarse las manos

r. Dádivas quebrantan peñas

(V. **soborno**)

a. *rehusar*
rechazar
negarse

soborno
s. **donativo** (V.)
donación (V.)
cohecho (V.)
dádiva
sobornación
corrupción (V.)
mordida
captación (V.)
compra (V.)
venta
propina (V.)
unto
juanillo
engatusamiento

s. delito
injusticia
baratería
venalidad (V.)
seducción (V.)
conquista
regalo (V.)

r. Labios con miel untados, nada han negado ■ Doblones ablandan corazones ■ Ni pierdas derecho, ni tomes cohecho ■ A fuerza de duros caen los más fuertes muros

a. *equidad*
justicia
rectitud

sobra, s
s. **exceso** (V.)
demasía (V.)
abundancia (V.)
plétora
superfluidad
excedente
sobrante
superávit
colmo
pico
relieve (V.)
superabundancia
exuberancia
cabo
exageración
profusión
acopio
opulencia
cantidad
gollería
sobejo
sobejanía

s. desechos
desperdicios (V.)
restos (V.)
retales
hojarasca
escamochos
residuos
repoyo
despojos
saldos
migajas
migas (V.)
zupia
raeduras
caspicias
piltrafas
colillas
bazofia
cáscaras
mondaduras
heces
recortes
reliquias
bazofia

s. **agravio** (V.)
insulto
ofensa (V.)
injuria
injusticia

s. de sobra

a. *escasez*
falta
penuria
carencia
ausencia
insuficiencia
déficit
moderación
totalidad
elogio
lisonja
desagravio
satisfacción
justicia

sobradero
(V. **desagüe**)

sobradillo
s. **tejadillo** (V.)
voladizo
guardapolvo
sobrepuerta

sobrado
s. **demasiado** (V.)
lleno
repleto
sobrante
rebosante
abundante (V.)
exagerado
excedente
superabundante

s. atrevido
descarado (V.)
licencioso
audaz
libertino (V.)
osado
desvergonzado

s. **rico** (V.)
opulento (V.)
hacendado
acomodado
pudiente
poderoso
acaudalado

s. **desván** (V.)
buhardilla
zaquizamí
cámara
sotabanco
entretecho
altillo
vasar

(V. **sobra**)

a. *carente*
falto
moderado
escaso
mermado
tímido
apocado
pobre
necesitado

sobrante, s
s. **remanente** (V.)
residuo (V.)
resto
residual (V.)
rebosante (V.)
exceso
saldo
excedente
sobrazano
redundante
excesivo

s. **inútil** (V.)
inutilidad (V.)
superfluo (V.)
recorte (V.)

(V. **sobras**)

a. *carencia*
falta
útil
necesario

sobrar
s. **abundar** (V.)
exceder (V.)
colmar
superar (V.)
superabundar
resobrar
rebasar
rebosar (V.)
quedar (V.)
restar (V.)
pasar
sobrepasar
aventajar
desbordar
salvar
exagerar
correrse
salirse
extralimitarse
sobreexcederse
sobreabundar
redundar
holgar
sobrepujar

s. **estorbar** (V.)

s. pasarse de la raya
hacer excesos
no tener límite
írsele la mano
salir a borbotones
dar a manos llenas
estar de más
ser ocioso
ser un estorbo

(V. **sobra**)

a. *carecer*
faltar
escasear
retener
quedarse

sobrasada
(V. **embutido**)

sobrazano
(V. **grande**)
(V. **excesivo**)

sobre
s. **encima** (V.)
arriba
supra
super
alto (más)
superioridad (V.)
dominación
culminación
presidencia
situación (V.)

s. acerca de
referente a
concerniente (V.)
relativo a
respecto a
relacionado con

s. **aparte** (V.)
además de
por ende

s. poco más menos
más o menos
aproximadamente (V.)
alrededor de
a ojo de buen cubero
a ojo

s. carta
pliego
carpeta (V.)
plica (V.)
funda
envoltorio
sobreescrito
papel
cubierta
envoltura

s. sello
matasellos
dirección
remite
remitente
plegadera
abrecartas

a. *abajo*
debajo de
inferioridad
extraño
ajeno
a falta de
incluido
incluso
exacto
justo

sobreabundante
(V. **abundante**)
(V. **excesivo**)

sobrealimentación
(V. **cebadura**)

sobrealimentar
(V. **cebar**)
(V. **vigorizar**)

sobreasada
(V. **sobrasada**)

sobrecalza
(V. **polaina**)

sobrecama
(V. **colcha**)

sobrecaña
(V. **tumor**) (caballerías)

sobrecarga
s. **exceso** (V.) (de carga)
recarga
recargo
colmo
demasía
añadidura
sobornal
sobrante
cargazón

s. **sobreprecio** (V.)
impuesto
gravamen
imposición

s. **molestia** (V.)
pesadez
abuso

(V. **carga**)

a. *falta*
defecto
escasez
agrado
placer

sobrecargar
s. **abusar** (V.)
cargar (en exceso)
exceder (V.)
abrumar (V.)
recargar
aplastar
repletar
añadir (V.)

s. **molestar** (V.)
fastidiar

(V. **sobrecarga**)

a. *escasear*
faltar
limitar
moderar
entretener
aliviar
suavizar

sobrecargo
(V. **oficial**) (marina y aviación)

sobrecebadera
(V. **palo**) (marina)
(V. **vela**) (marina)

sobrecejo
(V. **sobreceño**)
(V. **ceño**)
(V. **dintel**)

sobreceño
(V. **ceño**)

sobrecielo
(V. **dosel**)
(V. **toldo**)

sobrecincha
s. sobrecincho
sifué
correa
guarnición (V.)
banda

sobrecogedor
s. **estremecedor** (V.)
horroroso
terrible (V.)
pavoroso
espeluznante
alarmante
escalofriante
espantoso
impresionante
triste
patético
dramático
pasmoso
inquietante
emocionante (V.)
conmovedor
imponente (V.)
(V. **sobrecogimiento**)
a. *agradable*
placentero
consolador
aliviador
alentador
bueno
alegre
tranquilizador
tranquilizante

sobrecoger-se
s. **sorprender** (V.)
amedrentar
alarmar
espantar
pasmar
asombrar
impresionar (V.)
imponer (V.)
apocar
horrorizar (V.)
admirar
intimidar
asustar (V.)
acoquinar
acollonar
acobardar
encogerse
emocionar (V.)
entristecer (V.)
(V. **sobrecogimiento**)
a. *tranquilizar-se*
animar-se
aventurar-se
alegrar-se
sosegar-se
calmar-se
aquietar-se

sobrecogido
s. **estupefacto** (V.)
atónito
sorprendido (V.)
alelado
turulato
espantado
encogido
asombrado
suspenso
enajenado
maravillado
patitieso
patidifuso
helado
paralizado
aterrado (V.)
conmovido (V.)
asustado (V.)
(V. **sobrecogimiento**)
a. *animoso*
impertérrito
impávido
indiferente
frío
calmoso
tranquilo

sobrecogimiento
s. **espanto** (V.)
horror
terror
temor
susto (V.)
miedo (V.)
pasmo
conmoción
emoción (V.)
impresión
intimidación
alarma
turbación
asombro (V.)
sorpresa
a. *calma*
tranquilidad
sosiego
alivio
indiferencia
impavidez
ánimo
frialdad

sobrecomida
(V. **postre**)

sobrecubierta
(V. **forro**)
(V. **cubierta**)

sobrecuello
s. alzacuello
collarín
cuello (V.)

sobredicho
s. antedicho
susodicho
mencionado (V.)
nombrado
citado (V.)
aludido
mentado
a. *omitido*
olvidado

sobredorar
(V. **dorar**)
(V. **disimular**) (culpas)
(V. **disculpar**)

sobreentender
(V. **sobrentender**)

sobreexceder
(V. **sobrexceder**)

sobreexcitación
(V. **excitación**)
(V. **irritación**)

sobreexcitar-se
(V. **excitar-se**)
(V. **irritar-se**)

sobrefalda
(V. **falda**) (corta)

sobrefaz
(V. **sobrehaz**)

sobrefrenada
(V. **sofrenada**)

sobreganar
(V. **adelantar**)
(V. **aventajar**)

sobrehaz
s. sobrefaz
cara (V.)
cubierta (V.)
superficie
apariencia
aspecto (V.) (superficial)
a. *revés*
interior

sobrehueso
s. **tumor** (V.)
s. **molestia** (V.)
carga
fatiga
embarazo
ajobo
pejiguera
trabajo (V.)
a. *ayuda*
comodidad
facilidad

sobrehumano
s. **heroico** (V.)
divino
ejemplar
sobrenatural (V.)
s. pesado
ímprobo
extenuante
agobiante (V.)
agotador
a. *bajo*
vil
terrenal
materialista
fácil
cómodo

sobrejuanete
(V. **palo**) (marina)
(V. **vela**) (marina)

sobrellenar
(V. **rebosar**)
(V. **colmar**)

sobrelleno
(V. **superabundante**)
(V. **rebosante**)

sobrellevar
s. **aguantar** (V.)
tolerar
resistir
sufrir (V.)
resignarse
conllevar
soportar (V.)
conformarse (V.)
tragar
pasar por
digerir
sostener
s. **ayudar** (V.)
aliviar (V.)
auxiliar
colaborar
arrimar el hombro
s. **disimular** (V.)
encubrir
ocultar
suplir (faltas ajenas)
s. eximir
dispensar (V.)
perdonar
librar de
a. *rebelarse*
alzarse
lamentarse
quejarse
desentenderse
desamparar
abandonar
descubrir
incluir

sobremanera
s. sobremodo
sobre manera
a más no poder
hasta las cachas
hasta las narices
hasta la coronilla
s. **muy** (V.)
s. **mucho** (V.)
suprasensible
demasiado
a. *poco*
nada
escaso

sobremano
(V. **tumor**) (caballerías)

sobremesa
(V. **postre**)
(V. **tapete**)
(V. **tertulia**)

sobremesana
(V. **palo**) (marina)
(V. **vela**) (marina)

sobremodo
(V. **sobremanera**)

sobrenadar
s. sobresalir
emerger
flotar (V.)
nadar
sostenerse
permanecer
mantenerse (a flote)
boyar
a. *hundirse*
sumergirse

sobrenatural
s. inexplicable
sobrehumano
milagroso (V.)
supernatural
prodigioso (V.)
mirífico
metafísico
inmaterial
mágico
divino
taumatúrgico
ultraterreno
brujo
extraordinario
estupendo
celestial
fuera de lo corriente
misterioso
fabuloso
asombroso
quimérico
maravilloso
a. *normal*
corriente
vulgar
material
terrenal

sobrenombre
s. apellido
seudónimo (V.)
apodo (V.)
alias
mote
calificativo
designación
remoquete
alcuña
alcuño
renombre
agnombre
agnomento
dictado
apelativo
cognomento
a. *nombre*

sobrentender
s. sobreentender
subentender
suplir
deducir (V.)
colegir
significar (V.)
manifestar
expresar
implicar
figurarse (V.)
desprenderse de
entender
imaginar
inferir
a. *callarse*
silenciar

sobrentendido
s. **virtual** (V.)
tácito
implícito (V.)
hipotético
supuesto
figurado
manifiesto
expresado
a. *real*
claro

sobrepasar
(V. **exceder**)
(V. **superar**)
(V. **aventajar**)

sobrepelliz
s. roquete
sobreveste
giraldete
vestidura
sotana (V.)

sobrepié
(V. **tumor**) (caballerías)

sobreponer-se
s. **superponer** (V.)
aplicar
trasladar
agregar
añadir (V.)
poner
montar (V.)
encabalgar (V.)
meter
incluir
s. **anteponer** (V.)
preferir
s. animarse
reanimarse (V.)
contenerse
dominarse (V.)
refrenarse
superarse
vencerse
sujetarse
moderarse
recuperarse
recobrarse (V.)
mejorarse
señorearse
hacer de tripas corazón
a. *quitar*
retirar
substraer
aliviar
posponer
diferir
desanimarse
derrumbarse
estallar
abandonarse

sobreprecio
s. tasa
aumento (V.)
recargo (V.)
impuesto
encarecimiento (V.)
mejora
sobretasa
sobrecarga (V.)
gravamen
alza
precio
a. *rebaja*
saldo
deducción

sobrepuerta
(V. **galería**) (bastidor,
(V. **colgadura**)

sobrepuesto
(V. **parche**)
(V. **postizo**)

sobrepujar
s. **superar** (V.)
aventajar
rebasar
ganar
exceder
sobrepasar
vencer (V.)
aumentar (V.)
sobresalir

a. *perder*
disminuir
bajar
retrasar

sobrero
s. sobrante (toros)
suplente
de suplemento

sobresabido
(V. **previsto**)

sobresaliente
s. descollante
eminente (V.)
notorio
aventajado
brillante
propincuo
notable (V.)
principal (V.)
sobrepujante
prevaleciente
sobreexcedente
relevante (V.)
importante (V.)
prócero
prócer
superlativo
superior (V.)
excelente
supremo
soberano
espléndido
dominante
destacado (V.)
señalado
ilustre
preponderante
distinguido (V.)

s. coloso
estrella
as
gigante
titán
superhombre
rey
soberano
primate
optimate

s. bulto
abultamiento (V.)
eminencia
excrecencia
moldura
morro
nariz
pezón
pico
pitón
relieve (V.)
protuberancia (V.)
prominencia
puntero (V.)
punta
saliente (V.)
voladizo
vuelo
convexidad (V.)

s. **nota** (V.) (académica)

a. *vulgar*
corriente
común
chato
achatado
llano
cóncavo
inferior
insignificante
desconocido
ignorado
malo
enano
pigmeo
pequeño
aplastamiento
concavidad
suspenso

sobresalir
s. **destacar** (V.)
descollar (V.)
despuntar
resaltar (V.)
señalarse
distinguirse (V.)
sobrepujar
preceder (V.)
adelantarse
aventajar (V.)
exceder (V.)
rebasar
emerger (V.)
presidir
señorear
gallear
empinarse
rayar
campear
encumbrarse
sublimarse
superar
sobreponerse
culminar
vencer
salvar (V.)
pavonear
campar
volar
figurar
prevalecer (V.)
dominar (V.)
abultar
alzarse
brillar (V.)
lucir
resplandecer (V.)
rayar (V.)
relucir
sobrepujar
significarse (V.)
eclipsar
obscurecer
poner el mingo
cortar el bacalao
ser el amo
dar quince y raya
llevarse la palma
hacer sombra
ser el amo del cotarro
ser un hacha
hacerse notar
ser el gallito
echar la pata
calzar muchos puntos
hacer raya
enmendar la plana
no haber quien le tosa a uno
dar cien vueltas

r. Lo más agudo, más pronto despunta ■ Mientras no te señalen con el dedo, no vales un bledo ■ Si no descollaras, no te envidiaran

a. *ignorarse*
desconocerse
inadvertir
empequeñecerse
humillarse
achicarse
atrasarse

sobresaltado
s. **estremecido** (V.)
asustado (V.)
acongojado
turbado
amedrentado
intranquilo
inquieto
temeroso
achantado
acollonado
atemorizado
acoquinado
nervioso
alarmado (V.)

(V. **sobresalto**)

a. *tranquilo*
impertérrito
sosegado
impávido
indiferente

sobresaltar-se
s. **asustar** (V.)
alarmar
intranquilizar (V.)
agobiar
apurar
amedrentar
encocorar
turbar
conturbar
inquietar (V.)
preocupar
atemorizar
intimidar
alterarse
temer
acobardar
estremecerse
desazonar
angustiar
impresionar (V.)
temblar
conmoverse
emocionarse
azararse (V.)

(V. **sobresalto**)

a. *tranquilizar-se*
sosegar-se
apaciguar-se
aquietar-se
despreocuparse

sobresalto
s. **alteración** (V.)
susto (V.)
resurtida (V.)
sorpresa
torozón
temor
turbación
inquietud (V.)
pavor
miedo
intranquilidad
horror
embarazo
ansiedad (V.)
aprensión
escalofrío
alarma (V.)
consternación
pánico
angustia (V.)
terror
terrorismo
azoramiento
inseguridad
espantada
respingo (V.)
alboroto
tragantona
desconcierto
confusión (V.)
campanada
aldabada
agitación (V.)
impresión
emoción
conmoción (V.)
nerviosidad

s. de sobresalto
sacudimiento (V.)

a. *tranquilidad*
parsimonia
entereza
ánimo
calma
sosiego
quietud
despreocupación
valor
coraje
valentía
seguridad
garantía
impunidad
impavidez
indiferencia

sobreseer
s. **suspender** (V.)
detener
interrumpir
desistir (V.)
dejar
cesar
cejar
aplazar (V.)
diferir
abandonar
renunciar (V.)
abolir
suprimir
cancelar
abstenerse
inhibirse

(V. **sobreseimiento**)

a. *seguir*
proseguir
continuar
insistir
fallar
resolver
decidir
pronunciarse
ejecutar
calificar

sobreseimiento
s. **suspensión** (V.)
aplazamiento (V.)
diferimiento
desistimiento
cancelación
cese
abandono
abolición
detención
interrupción (V.)
cesación
inhibición
abstención
renuncia
supresión

a. *prosecución*
continuación
insistencia
fallo
dictamen
resolución
sentencia
calificación
veredicto
laudo
arbitraje
decreto
auto
providencia
pronunciamiento
ejecutoria

sobreseñal
(V. **divisa**)

sobrestadía
(V. **prórroga**)
(V. **indemnización**)

sobrestante
s. ayudante
delegado
capataz (V.)
mayoral
sota
encargado
caporal
cachicán

s. sobrestante de coches

a. *principal*
jefe

sobresueldo
(V. **retribución**) (extra)

sobretendón
(V. **tumor**) (caballerías)

sobretodo
(V. **abrigo**)
(V. **guardapolvo**)

sobrevenida
(V. **advenimiento**)
(V. **acaecimiento**)

sobrevenir
s. advenir
venir (V.)
estallar
acontecer
suceder (V.)
ocurrir
aparecer
surgir
caer
acaecer
pasar
producirse
verificarse
coger
saltar
saltear (V.)
efectuarse (V.)
realizarse
cumplirse
presentarse
llegar
empezar
supervenir
devenir
echarse encima
llegar de improviso
venirse encima
venir de improviso
tocar la china
venir rodada una cosa
venir a la sazón

(V. **sobrevenida**)

a. *prevenir*
precaver
augurar
incumplirse
cesar
desaparecer

sobreveste
(V. **túnica**)

sobrevidriera
(V. **alambrera**)

sobrevienta
s. ventarrón
huracán
ventolera (V.)
ventisca

s. ímpetu
furia (V.)
violencia
arrebato
fogosidad
impetuosidad

s. **sorpresa** (V.)
sobresalto
susto
pasmo
estupor

s. a sobrevienta

a. *calma*
tranquilidad
moderación
comedimiento
mesura

sobreviviente
(V. **superviviente**)

sobrevivir
s. **quedar** (V.)
permanecer
perdurar
pervivir
subsistir
mantenerse
eternizarse
prolongarse

s. **durar** (V.)
continuar
perpetuarse

s. revivir
resucitar (V.)
rebullir
superar
vencer
resistir

s. enterrar a alguien
tener siete vidas

a. *desaparecer*
irse
acabar
morir
caer
abandonar

sobrevolar
s. trasvolar
volar (V.)
pasar
cruzar
atravesar (V.)
deslizarse

(V. **vuelo**)

sobrexcedente
(V. **excedente**)
(V. **sobresaliente**)

sobrexceder
(V. **exceder**)
(V. **superar**)
(V. **aventajar**)

sobrexcitación
(V. **sobreexcitación**)

sobrexcitar-se
(V. **sobreexcitar-se**)

sobriedad
s. **moderación** (V.)
abstención (V.)
templanza
mesura
parvedad (V.)
parquedad (V.)
frugalidad (V.)
abstinencia
continencia
restricción (V.)
comedimiento (V.)
ponderación
modicidad
virtud (V.)
freno
compostura
morigeración
parsimonia
moralidad
temperancia
cautela
ten con ten
modestia (V.)
s. elegancia
sencillez (V.)
naturalidad
a. *desenfreno*
incontinencia
gula
abuso
abigarramiento
exceso
exageración
sofisticación
inmoderación
destemplanza
descompostura
intemperancia
desmesura

sobrio
s. **moderado** (V.)
mesurado (V.)
circunspecto (V.)
morigerado
ponderado
continente
abstemio
abstinente
templado (V.)
comedido
temperante
parco (V.)
frugal (V.)
simple
contenido
reprimido
puritano (V.)
reglado (V.)
sucinto
ajustado
tasado
reglamentado
discreto
parsimonioso (V.)
medido
llano (V.)
sensato
virtuoso (V.)
prudente
formal
enjuto (V.)
serio
austero (V.)
modesto (V.)
lapidario (V.)
severo
escueto (V.)
s. **elegante** (V.)
sencillo
natural
lineal
(V. **sobriedad**)
a. *exagerado*
excesivo
destemplado
desenfrenado
inmoderado
desmesurado
incontinente
descomedido
vicioso
abusador
intemperante
indiscreto
desmedido
insensato
imprudente
alegre
sofisticado
abigarrado
artificial

soca
(V. **taimado**)

socaire
s. **protección** (V.)
abrigo (V.)
refugio
resguardo
defensa (V.)
amparo
s. al socaire de estar o ponerse al socaire
tomar socaire
a. *desamparo*
desabrigo
intemperie

socalce
(V. **refuerzo**)
(V. **apuntalamiento**)

socaliña
s. sacaliña
artificio
ardid (V.)
treta (V.)
habilidad
maña
embaimiento
gatada
amaño
añagaza
engaño (V.)
astucia
estratagema
caula
tracala
manganeta
cuento
trampa
enredo
a. *sinceridad*
verdad
nobleza
rectitud

socaliñar
(V. **sonsacar**)
(V. **engañar**)

socaliñero
(V. **astuto**)
(V. **tramposo**)

socalzar
s. **reforzar** (V.)
consolidar
afianzar
reparar
apoyar
apuntalar
asegurar
(V. **socalce**)
a. *debilitar*
socavar

socapa
s. **apariencia** (V.)
disimulo (V.)
astucia
fingimiento
disfraz
pretexto (V.)
excusa
simulación
a. *realidad*
sinceridad
franqueza

socapiscol
(V. **chantre**)

socarra
(V. **chamusquina**)
(V. **socarronería**)
(V. **socarrón**)

socarrar-se
s. sollamar
perdigar
esturar
chamuscar (V.)
quemar
soflamar (V.)
tostar (V.)
torrar
requemar
retostar
somarrarse
soflamar
asurar
(V. **socarra**)

socarrén
(V. **alero**)

socarrena
s. **hueco** (V.)
espacio
concavidad
oquedad
hoyo
bovedilla
a. *convexidad*

socarreña
(V. **cobertizo**)

socarrina
(V. **chamusquina**)

socarrón
s. guasón
astuto
taimado (V.)
burlón (V.)
solapado
disimulado
malicioso (V.)
tumbón
bellaco
zorro
camastrón
colmilludo
tretero
cazurro (V.)
cuco
conchudo
guacho
guache
coscón
socarra
(V. **socarronería**)
a. *serio*
torpe
noble
digno

socarronería
s. socarra
astucia (V.)
bellaquería
zorrería
maula
disimulo
cautela
taimería
ficción
cuquería
cazurrería (V.)
marrajería
cinismo
s. chanza
burla (V.)
chiste
broma
a. *sinceridad*
seriedad
gravedad
nobleza
dignidad

socava
s. hoyo
boquete
socavación
descalce
socavón
excavación (V.)
cueva
s. **alcorque** (V.)

socavación
(V. **socava**)

socavar
s. **minar** (V.)
ahondar
profundizar
excavar (V.)
zapar
cavar (V.)
agujerear
descalzar
s. **debilitar** (V.)
atacar
disgregar
(V. **socavación**)
a. *cegar*
obstruir
tapar
cubrir
fortalecer
robustecer
defender

socavón
s. **hoyo** (V.)
cueva
agujero
depresión
hueco
hundimiento (V.)
oquedad
zanja
a. *prominencia*
elevación

socaz
(V. **cauce**)

socia
(V. **prostituta**)
(V. **fulana**)

sociabilidad
s. civilidad
expansión
trato (V.)
cortesía
educación
afabilidad
cordialidad (V.)
simpatía
campechanía
llaneza
extraversión
a. *antipatía*
adustez
aborrecimiento
insociabilidad

sociable
s. **tratable** (V.)
comunicable (V.)
comunicativo (V.)
amable
confiado (V.)
civilizado
cordial
conversable
familiar
campechano (V.)
cortés
usual (V.)
mundano (V.)
urbano
servicial
conciliador
comerciable (V.)
franco (V.)
abierto
llano
conversador
sencillo
extrovertido
deferente
expansivo
atento
extravertido
accesible
simpático (V.)
acogedor (V.)
(V. **sociabilidad**)
a. *insociable*
agrio
adusto
despegado
intratable
recoleto
retraído
misántropo
descortés
antipático
huraño
introvertido
callado
cerrado

social
s. gregario
colectivo
general (V.)
estatal
sindical
nacional
municipal
mutuo (V.)
benéfico
(V. **sociedad**)
a. *antisocial*
particular
privado
perjudicial

socialismo
s. fabianismo
laborismo
marxismo
comunismo
colectivismo
sansimonismo
socialdemocracia
mutualismo
fourierismo
cooperativismo
sindicalismo
Internacional
política (V.)
socialismo ricardiano
socialismo científico
a. *capitalismo*

socialista
s. laborista
marxista
comunista
colectivista
socialdemócrata
mutualista
cooperativista
sindicalista
autogestionario
fabiano
(V. **socialismo**)
a. *capitalista*

socialización
s. **nacionalización** (V.)
incautación
expropiación (V.)
estatificación
a. *capitalismo*
individualismo
librecambio

socializar
s. **nacionalizar** (V.)
estatificar
expropiar
incautar
apropiarse
transferir
(V. **socialización**)

sociedad
s. **humanidad** (V.)
generalidad
colectividad (V.)
nación
país
estado
pueblo
población (V.)
gentes
región
familia
grupo
habitantes
semejantes
comunidad
civilización
ciudadanía
(cont.)

s. **asociación** (V.)
compañía
empresa
firma
razón social
trust
consorcio
comercio
entidad
comandita
colegio
consejo
junta
comanditario
casa comercial

s. centro
reunión (V.)
peña
tertulia (V.)
trato (V.)
ateneo
agrupación (V.)
club
círculo
casino
liceo
pandilla
academia
rebotica

s. condición
categoría (V.)
jerarquía
clase
casta (V.)
esfera
estamento

s. cofradía
archicofradía
sindicato
hermandad
pósito
cooperativa
montepío
mutualidad
gremio
agremiación
congregación
federación
confederación
organismo
institución

s. burguesía
burocracia
plebe
lumpen
proletariado
aristocracia
nobleza
oligarquía
clase media
clase trabajadora
estado llano
clase baja
patriarcado
campesinado

s. **asamblea** (V.)
parlamento
cortes
congreso
senado
dieta
cámara
convención
diputación
municipio

s. sociedad anónima
sociedad en comandita
sociedad comanditaria
sociedad por acciones
sociedad limitada
sociedad mercantil
sociedad colectiva
sociedad conyugal
sociedad secreta
Sociedad de Naciones
en sociedad
la buena sociedad
la crema de la sociedad
presentar en sociedad

a. *individualidad*
individuo
sujeto
persona
ente
ciudadano
particular
particularidad
acracia
separación
desunión
retraimiento
soledad
misantropía
despego
aislamiento

socio

s. consocio
inscrito
aliado (V.)
asociado (V.)
comanditario
accionista
mutualista
empresario
sindicado
obligacionista
ateneísta
incorporado
miembro (V.)
afiliado (V.)
adepto
hermano
partícipe
participante (V.)
beneficiario
cofrade
correligionario (V.)

s. socio capitalista
socio industrial

(V. **sociedad**)

sociología

s. relaciones (humanas)
política
economía
humanidad
comunidad
sociedad
etnología
familia
historia
instituciones
ideologías
religión
derecho
arte
cultura
estamentos
técnica
industria
campo
ciudad
psicología
trabajo

Soconusco

(V. **chocolate**)

socorredor

s. **favorecedor** (V.)
cooperador
ayudador
auxiliador
asistente
edecán
fautor
cirineo
cireneo
ayudante
conllevador
auxiliante

(V. **socorro**)

a. *indiferente*
egoísta

socorrer-se

s. secundar
auxiliar (V.)
ayudar
cooperar
favorecer
asistir
salvar (V.)
remediar
subvenir
relevar (V.)
sufragar
aliviar
apoyar
defender
proteger (V.)
subvencionar
contribuir
amparar
acorrer
echar una mano
tender una mano
hacer el bien
dar limosna
echar un capote
hacer causa común
ir a medias
valerse de
recurrir a
arrimar el hombro
ir a una

(V. **socorro**)

a. *abandonar*
dejar
desamparar
desinteresarse

socorrido

s. ayudado
auxiliado
remediado
favorecido (V.)
amparado
defendido
asistido
protegido

s. **manido** (V.)
trillado
vulgar

(V. **socorro**)

a. *abandonado*
desamparado
singular
original

socorro

s. acorro
auxilio (V.)
merced
protección (V.)
salvamento (V.)
favor
donativo
S.O.S.
apoyo
asistencia
defensa (V.)
donación
alivio
remedio
opitulación
áncora
subvención
subsidio
beneficio (V.)
sufragio
caridad
óbolo
contribución
montepío
fautoría
mediación
concurrencia
cooperación
colaboración
grano de arena
obra de caridad

s. provisiones (ejército)
fuerzas (ejército)
refuerzo

a. *abandono*
desamparo
desinterés
egoísmo

socrático

(V. **dialéctico**)

(V. **dialogante**)

socrocio

(V. **cataplasma**)

soda

s. **sosa** (V.)

s. seltz
gaseosa
agua carbonatada
agua de seltz
naranjada
limonada
bebida (V.)

sodomía

s. homosexualismo
pederastia
uranismo
pecado nefando
inversión (sexual)
afeminación
deshonestidad
sexualidad (V.)
homosexualidad
lesbianismo

a. *virilidad*
heterosexualismo

sodomita

s. **marica** (V.)
lesbiana (V.)
tomante
maricón
marimarica
bardaje
invertido (V.)
homosexual
bujarrón
pederasta (V.)
puto
pipa
apio
garzón (V.)
afeminado
nefandario
pervertido (V.)

(V. **sodomía**)

a. *viril*
machote
heterosexual

soez

s. **grosero** (V.)
indigno
vil (V.)
bajo
rastrero
indecente
basto
bajuno (V.)
jifero (V.)
lépero
descortés
maleducado
inculto
cerril
agreste
despreciable
ruin
abyecto
infame
chocarrero
plebeyo
cafre
miserable
astroso
avillanado
tabernario
rahez
malhablado (V.)

a. *fino*
cortés
culto
civilizado
educado
cultivado

sofá

s. banca
diván
otomana
canapé
turca
confidente
sillón
asiento (V.)

sofaldar

s. **levantar** (V.) (la falda)
alzar
descubrir
exponer (V.)
enseñar
arremangar (V.)

a. *bajar*
cubrir
ocultar

sofí

(V. **soberano**)

(V. **tratamiento**)

sofión

s. **reprensión** (V.)
bufido (V.)
grito
desplante
resoplido
sofocón
protesta (V.)
gruñido

s. trabuco (arma)

a. *elogio*
comedimiento
discreción
defensa

sofisma

s. falacia
artificio
engaño
argucia (V.)
falsedad (V.)
trampa
argumentación (V.) (falsa)
razonamiento (falso)
apariencia
retórica
paralogismo (V.)
vaciedad
sutileza

a. *verdad*
evidencia
dogma
exactitud

sofista

s. dialéctico
falsario
sutilizador
charlatán
vocinglero
rábula
falaz (V.)
retórico (V.)

(V. **sofisma**)

a. *callado*
silencioso

sofisticación

s. artificio
falsificación (V.)
falsedad
adulteración

s. **complicación** (V.)
complejidad

s. **afectación** (V.)
remilgo
rebuscamiento
retorcimiento

s. **mundo** (V.)
experiencia
refinamiento (V.)
elegancia
cosmopolitismo

a. *autenticidad*
sinceridad
sencillez
naturalidad
tosquedad
inexperiencia

sofisticado

s. falso
adulterado
artificial
falsificado (V.)
espurio

s. **complicado** (V.)
complejo

s. **afectado** (V.)
remilgado (V.)
rebuscado
alambicado
retorcido

s. **mundano** (V.)
experimentado
cosmopolita
elegante
refinado

(V. **sofisticación**)

a. *auténtico*
sincero
sencillo
simple
natural
grosero
paleto

sofisticar

s. **falsificar** (V.)
adulterar
falsear
viciar

(cont.)

s. paralogizar
tergiversar (V.)
alambicar (V.)
retorcer
quintaesenciar
sutilizar
remilgar (V.)
exagerar
confundir

(V. **sofisticación**)

a. *autenticar*
acreditar
garantizar
moderar
aclarar
evidenciar

sofístico
s. adulterado
falso (V.)
fingido (V.)
rebuscado
amañado
retorcido
exagerado
remilgado
ficto
aparente
engañoso
falaz (V.)
alambicado
afectado (V.)

(V. **sofistiquez**)

a. *verdadero*
legítimo
cierto
natural
moderado
sencillo

sofistiquez
s. apariencia
afectación (V.)
fingimiento (V.)
disimulo
sutileza
falacia
retorcimiento
insinceridad
remilgo
engaño

a. *autenticidad*
sinceridad
franqueza
verdad

soflama
s. **llama** (V.)
reverberación
reflejo

s. **bochorno** (V.)
rubor (V.)
pavo
sofoco
vergüenza
sofocación
encendimiento
ardor

s. **discurso** (V.)
alocución
arenga (V.)
perorata (V.)
oración
sermón

s. arrumaco
roncería
marrullería (V.)
posma
cachaza
zalema

a. *palidez*
obscuridad
silencio
sinceridad
sobriedad

soflamar
s. chamuscar
socarrar (V.)
tostar
requemar
retostar

s. fingir
engañar (V.)
simular
aparentar (V.)
encubrir
hacer creer

s. **avergonzar** (V.)
abochornar
ridiculizar
afrentar
sofocarse (V.)
ponerse colorado
sacar los colores
arengar

(V. **soflama**)

a. *enfriar*
calmarse
tranquilizarse
acreditar
garantizar

soflamero
(V. **charlatán**)

(V. **perorante**)

sofocación
s. **extinción** (V.)
opresión
aplastamiento (V.)
aborto
dominación
apagamiento
obstaculización
represión
contención

s. sofoco
insolación (V.)

a. *levantamiento*
rebelión
expansión

sofocado
s. **acalorado** (V.)
ahogado
asfixiado

s. avergonzado
abochornado
sonrojado
ruborizado
enrojecido
turbado
azorado

s. apagado
extinguido
dominado (V.)
neutralizado

(V. **sofocación**)

a. *vivo*
abierto
ventilado
ensoberbecido
sinvergüenza
fresco
persistente
encendido

sofocante
s. **abrasador** (V.)
abrumador
caliente
asfixiante (V.)
caluroso
tórrido
bochornoso
congestivo
cálido
urente

s. **opresivo** (V.)
irritante (V.)
opresor (V.)
angustiante
angustioso

(V. **sofoco**)

a. *refrescante*
suavizante
tranquilizante
enervante

sofocar-se
s. **apagar** (V.)
neutralizar
dominar
reprimir
aplastar (V.)
oprimir
extinguir (V.)
contener (V.)
ahogar
asfixiar
controlar
impedir
obstaculizar

s. acosar
importunar
molestar (V.)
cargar
atarugar

s. **jadear** (V.)
resollar
acalorarse (V.)
asfixiarse (V.)
achajuanarse
rebotar
arrebatarse

s. **avergonzarse** (V.)
ruborizarse (V.)
abochornarse
enrojecer
turbarse
soflamar (V.)

s. ponerse como un tomate

s. **excitarse** (V.)
irritarse
enfadarse
tomar a pecho algo

(V. **sofocación**)

(V. **sofoco**)

a. *autorizar*
permitir
facilitar
consentir
dejar
aliviar
avivar
ventilar
respirar
refrescarse
palidecer
tranquilizarse
sosegarse
calmarse
aquietarse
moderarse
contenerse
reprimirse

sofoco
s. sofocación
sofocón
sofoquina
calor (V.)
bochorno (V.)
ahogo
asfixia (V.)
opresión
acaloramiento
cansancio (V.)
jadeo
anhelo
calorina

s. **rubor** (V.)
vergüenza (V.)
desazón
disgusto
inquietud
excitación (V.)
irritación
enfado

a. *ventilación*
frescor
frío
frialdad
congelación
descanso
respiración
sosiego
tranquilidad
dignidad

sofocón
s. **disgusto** (V.)
desazón
bochorno
jadeo
cansancio (V.)
vergüenza (V.)
irritación
sofoco

a. *tranquilidad*
calma
descanso

sofoquina
(V. **bochorno**)

sofreír
(V. **freír**)

(V. **rehogar**)

sofrenada
s. **tirón** (V.)
sacudida
sobarbada
serretazo
refrenada
sofrenada

s. **reprensión** (V.)
censura

a. *empujón*
impulsión
impulso
elogio

sofrenar
s. detener
refrenar
frenar
contener (V.)
reprimir (V.)
atajar
moderar

s. abochornar
avergonzar
reñir (V.)
reprender (V.)

(V. **sofrenada**)

a. *empujar*
impulsar
excitar
alabar
elogiar

soga
s. amarra
maroma
cuerda (V.)
chicote
tralla
soguilla
guasca
tomiza
lía
crizneja
baga
guindaleta
liñuelo
libán
filete
hondilla
calabrote
cabo
traílla
esparto (V.)

s. a soga
dar soga
echar la soga tras el caldero
hacer soga
no hay que mentar la soga en casa del ahorcado
quebrar la soga por lo más delgado

sogalinda
(V. **lagartija**)

soguilla
s. **soga** (V.)
trenza
liatón
liaza
pita
bramante

s. soguero
mozo (V.) de cuerda

soi-disant
s. el que dice ser
el supuesto
el que pretende ser
el interesado

soirée
(V. **velada**)

(V. **fiesta**)

soja
s. guisante chino
planta (V.)
leguminosa
pasto
forraje
aceite de soja
leche de soja
queso de soja
harina de soja

sojornar
(V. **permanecer**)

sojorno
(V. **atardecer**)

sojuzgador
s. debelador
tirano (V.)
dictador
avasallador
opresor
déspota
negrero
esclavizador

(V. **sojuzgamiento**)

a. *liberador*
rebelde
insurrecto

sojuzgamiento
s. **sometimiento** (V.)
debelación
subyugación
avasallamiento
dominación (V.)
enseñoreamiento
opresión
esclavitud
abuso
tiranía
dictadura

a. *rebelión*
rebeldía
levantamiento
insurrección
libertad

sojuzgar
s. subyugar
dominar (V.)
avasallar
someter (V.)
esclavizar (V.)
mancipar
debelar
domeñar
oprimir
encadenar
supeditar
tiranizar (V.)
abusar

a. *liberar*
libertar
exonerar
rebelarse
emanciparse

sol
s. Febo
astro (V.)
luz (V.)
día
resplandor
estrella (V.)
Apolo
Helios
gracia de Dios

s. halo
corona
mancha
rayos
cromosfera
fotosfera
arco iris
eclipse
orto
puesta
salida
solsticio
afelio
amanecer
anochecer
saliente
naciente
poniente
ocaso

s. insolación
tabardillo
sofoco
escardillo
cardillo
solana
solanera
baño
radiación

s. **moneda** (V.)
(Perú)

s. **nota** (V.)
(musical)

(cont.)

s. piedra del sol
pájaro del sol
luz del sol
reloj de sol
carrera del sol
mesa del sol
sol de justicia
receso del sol
sol de Indias
sol figurado
al sol naciente
al sol puesto
puesta de sol
arrimarse al sol que más calienta
de sol a sol
dejarse caer el sol
pesar el sol
partir el sol
el sol sale para todos
no dejar a uno ni a sol ni a sombra
salga el sol por Antequera
sentarse al sol
tomar el sol

r. Sol de invierno sale tarde y se pone presto ■ Cuando llueve y hace sol, sale el arco del Señor ■ En sol de invierno, cojera de perro y lágrimas de mujer no hay que creer ■ No hay sol sin arreboles ni muchacha sin amores ■ Sol de febrero, rara vez dura el día entero ■ El sol, las estrellas y los gallos, son los relojes del campo ■ El sol cura el lienzo, y las penas el tiempo

a. *obscuridad*
tinieblas

solacear
(V. **solazar**)

solacio
(V. **solaz**)

solado
s. **suelo** (V.)
revestimiento
enladrillado
pavimentación (V.)
embaldosinado
solería
piso (V.)
enlosado
empedrado
asfaltado
adoquinado
entarimado
entablado
encachado
macadán
entarugado
ladrillado
enladrilladura

solador
s. **albañil** (V.)
arciche
aciche

(V. **solado**)

solana
s. resol
reflejo
reverberación
solanera
solazo
resolana
resistero
calor (V.)
resolana
bochorno (V.)

s. corredor
galería (V.)
mirador
terraza (V.)
solario (V.)

a. *frío*
fresco

solanera
s. solajina
solaje
solazo
insolación (V.)
soleamiento
asoleamiento
solana (V.)

(V. **sol**)

a. *enfriamiento*

solano
(V. **viento**) (este)

solapa
s. cartera
reborde (V.)
doblez (V.)

s. **ficción** (V.)
disimulo (V.)
astucia
hipocresía
falacia
falsedad
fingimiento
socarronería
zorrería
diplomacia
socarra
malicia
reserva

s. de solapa
a solapa

a. *sinceridad*
claridad
rectitud

solapado
s. **taimado** (V.)
fingido
astuto
hipócrita (V.)
redomado
disimulado
zorrastrón
zorro
malicioso
reservado
tortuoso
falso
echadizo
zamacuco
socarrón
espía
diplomático
cauteloso (V.)
maulero
retrechero (V.)
maxmordón
solerte
ladino
cuco

(V. **solapa**)

a. *recto*
leal
sincero
noble

solapar
s. **disimular** (V.)
fingir
engañar
maliciar
ocultar (V.)
velar
reservar
maliciar
falsear (V.)
espiar
desvirtuar
bellaquear
aparentar
encubrir
hacer creer

s. **montar** (V.)
trasladar
asolapar
bardar
cubrir (V.)
recubrir
imbricar (V.)

(V. **solapa**)

a. *sincerarse*
franquearse
autenticar
descubrir
desmontar

solapo
s. **revestimiento** (V.)
traslapo
sobreposición
imbricación
tapa
cubierta
superposición

s. teja
escama
pizarra
tabla

solar
s. cuna
raíz
linaje (V.)
descendencia
casa
familia
fundamento
cepa
alcurnia

s. terreno
asiento
parcela (V.)
espacio
superficie
vivienda (V.)
suelo (V.)
tierra

s. ultrasolar
heliocéntrico
solsticial
circunsolar
helíaco
febeo
sol (V.)

s. casa solar
hidalgo de solar conocido
luz solar
solar para edificar
eclipse solar
astro solar
ciclo solar
mes solar astronómico

s. adoquinar
pavimentar (V.)
enlosar
enrasillar
empedrar (V.)
embaldosinar
adoquinar
revestir (V.)
sobresolar
enladrillar
alosar
entarimar
acuchillar
entarugar
asfaltar
embaldosar
entramar
tillar
macadanizar
ensolar
soletar
recubrir (V.)

s. echar suelas
poner suelas

a. *desempedrar*
descubrir

solariego
s. antiguo
ancestral (V.)
linajudo (V.)
noble
aristocrático

s. **originario** (V.)
familiar (V.)
patrimonial

(V. **solar**)

a. *reciente*
nuevo
advenedizo
ajeno
extraño

solario
s. solarium
terraza (V.)
patio
local
solana (V.)
galería
carasol

(V. **sol**)

solaz
s. **recreo** (V.)
diversión
divertimiento
descanso (V.)
distracción
expansión
placer
consuelo
alivio
esparcimiento (V.)
alegría
gozo
regocijo
recreación
ocio
bureo
solacio
convite
paseo
baile
entretenimiento
espectáculo
viaje
deporte (V.)

a. *aburrimiento*
sopor
trabajo
pesadez

solazar-se
s. regodearse
solacear
desahogarse (V.)
divertir
alegrar
contentar
disfrutar
distraerse (V.)
recrearse
expansionarse
relajarse
descansar (V.)
regocijarse (V.)
refocilarse
esparcirse
entretenerse
estar de asueto
pasarlo bien
hacer deporte
estar en sus glorias
irse de bureo
irse de juerga
dar solaz

(V. **solaz**)

a. *aburrir-se*
trabajar
fastidiar-se

solazo
(V. **solana**)

solazoso
(V. **divertido**)

(V. **regocijante**)

soldada
s. salario
estipendio
sueldo (V.)
paga
haber
jornal
remuneración
devengo
emolumento
honorarios
mensualidad
semana

a. *pago*
abono
ingreso

soldadesca
s. **tropa** (V.)
ejército
banda
caterva
chusma (V.)
turba
patulea
hueste
gavilla
partida
mesnada
canalla
gentualla
partida
cuadrilla
pandilla
horda (V.)
hez

(V. **soldado**)

a. *disciplina*
orden

soldadesco
s. marcial
militar (V.)
armígero
castrense (V.)
ordenancista
cuartelero
gregario
raso
cuartelesco
patatero

s. a la soldadesca

(V. **soldado**)

a. *civil*
individual

soldado
s. táctico
estratega
militar (V.)
tropa (V.)
ejército (V.)
guerrero
hombre de armas
adalid
caudillo
mariscal
general (V.)
coronel
teniente coronel
comandante
capitán
teniente
alférez
brigada
sargento
cabo
soldado de primera
soldado de segunda
soldado auxiliar

s. quinto
recluta (V.)
quintorro
sorche
caloyo
bisoño
guiri
guripa
mozo
soldado raso

s. asistente
peón (V.)
ordenanza
machacante
centinela
banderín
cornetín
cornetín de órdenes
corneta
explorador
batidor
escuadronista
mochilero
cocinero
intendente
forrajeador
remontista
petardero
cuartelero
voluntario

s. miliciano
infante (V.)
artillero
marino
aviador
submarinista
legionario
regular
falangista
cosaco
mameluco
jenízaro
cipayo
zuavo

(cont.)

espadario
almogávar
ascari
áscari
condotiero
mercenario (V.)
cruzado
espahí (V.)
espay
estradiote
guerrillero
maquis
emboscado
lansquenete
mesnadero (V.)
moro
pretoriano
suizo
ulano
combatiente
guerrero (V.)
alabardero
arcabucero
dragón
arquero
ballestero
saetero
flechador
voltígero
bombardero
carabinero
fusilero
gastador (V.)
lancero (V.)
húsar
hondero
fundibulario
granadero (V.)
flechero
hoplita
palikare
falcario
lanza
jinete
caballero
miñón (V.)
miguelete
mozo de escuadra
mosquetero
pontonero
nacional
riflero
somatén
somatenista
trabucaire
rodelero
sagitario
saetero
adarguero
coracero
escudero
almete
algarero
cazador
centurión
bucelario
chucero
escopetero
doncel
hachero
montonero
leude
pedrero
piquero
almogote
petardista (V.)
antiparero
apellidador
ribaldo
castellano
astero
archero
azadonero
zapador
ingeniero
blandengue
herreruelo
zoizo
triario
vélite
coselete
espingardero

s. espada
espadón
espuela
mílite

s. inválido
laureado
reservista
licenciado
patatero
de cuchara
rebajado
veterano
retirado
movilizado
relevo
reenganchado
voluntario
enganchado
conscripto
desertor
prófugo

s. partidario
defensor
seguidor

s. **unido** (V.)
pegado (V.)
adherido
estañado
sujeto
ligado
fijado

s. soldado blanquillo
soldado de infantería
soldado de caballería
soldado de a pie
soldado raso
soldado de pavía
soldado de plomo
soldado de cuota
soldado de haber
soldado cumplido
soldado desmontado
soldado laureado
soldado distinguido
soldado veterano
soldado romano

a. *civil*
suelto
despegado

soldador

s. **obrero** (V.)
fontanero
hojalatero
mecánico
herrero
estañador

s. lamparilla
soplete (V.)
estaño
cautín
soldadora

(V. **soldadura**)

soldadura

s. suelda
unión (V.)
pegadura
amalgama
sutura (V.)
adherencia
ligazón
ensambladura
estañadura
conexión
conglutinación
consolidación
engarce
acoplamiento
calcificación
aleación
junta

s. soldadura autógena o con soplete
soldadura por arco
soldadura por hidrógeno atómico
soldadura por resistencia
soldadura continua
soldadura por aluminotermia
soldadura de forja
soldadura por ultrasonidos

a. *desunión*
separación
desacoplamiento

soldán

(V. **sultán**)

soldar

s. **pegar** (V.)
calcificar
unir (V.)
adherir
conglutinar
conexionar
ligar
coagular
estañar
emplomar (V.)

s. **componer** (V.)
disculpar
enmendar (V.)
corregir

(V. **soldadura**)

a. *despegar*
desunir
acusar
insistir

soleá

(V. **copla**)

(V. **danza**)

soleado

s. asoleado
radiante
alegre (V.)
luminoso (V.)
animado
cálido (V.)
caluroso
claro
agradable

(V. **sol**)

a. *tenebroso*
sombrío
obscuro
triste
desanimado

solear

s. asolear
orear (V.)
ventilar
tender (V.)
secar

(V. **sol**)

a. *ahogar*
humedecer
mojar

solecismo

s. **vicio** (V.) (dicción)
error
falta
incorrección
impureza

(V. **sintaxis**)

soledad

s. soledumbre
apartamiento
aislamiento (V.)
incomunicación (V.)
alejamiento
vacío (V.)
separación
retiro (V.)
destierro (V.)
retraimiento (V.)
recogimiento
viudez
insociabilidad
orfandad
desacompañamiento
desamparo (V.)
clausura
encierro
reclusión
calabozo
abandono
ascetismo
silencio
desanimación

s. lugar solitario
desierto (V.)
yermo
despoblado

s. **melancolía** (V.)
tristeza
pena
pesar
añoranza (V.)
nostalgia
abatimiento
recuerdo
evocación
saudade

s. **soleá** (V.)

a. *acompañamiento*
compañía
sociabilidad
trato
comunicación
séquito
comitiva
escolta
coro
cohorte
gentío
animación
concurrencia
multitud
muchedumbre
afluencia
poblado
alegría
consuelo
contento
olvido

solemne

s. altisonante
imponente
fastuoso
festivo (V.)
ceremonioso (V.)
ceremonial
ritual
mayestático
hierático
litúrgico
pomposo
aparatoso
espectacular
sublime
protocolario
esplendoroso
engolado (V.)
rubriquista
grandioso
majestuoso (V.)
suntuoso (V.)
augusto
grandilocuente
formal
serio (V.)
grave (V.)
tieso
importante (V.)
firme
hinchado
sentencioso
doctoral
lapidario (V.)
campanudo
rimbombante (V.)
hueco
hierático (V.)
dramático
circunspecto
reservado
imponente
enfático (V.)

s. **crítico** (V.)
interesante
crucial
exacto
oportuno

(V. **solemnidad**)

a. *sencillo*
corriente
vulgar
insignificante
común
ordinario
simple
austero
natural
humilde
pobre
deslucido
inexacto

solemnidad

s. **festividad** (V.)
ceremonia (V.)
acto
fiesta (V.)
función
dedicación
ocasión
conmemoración
magisterio (V.)
coronación
inauguración
consagración
celebración
procesión
bendición
formalidad
seriedad (V.)
respetabilidad (V.)
hieratismo (V.)
pompa
boato
ritual
ceremonial
rimbombancia (V.)
etiqueta
protocolo (V.)
requisito (V.)
gala
aparato (V.)
fausto
culto
acto
visita
cortesía
rito
majestad
dignidad
severidad
seriedad
suntuosidad
magnificencia
grandilocuencia
empaque (V.)
énfasis
engolamiento (V.)
pedantería
petulancia
tiesura
rimbombancia
hinchazón
engreimiento
vanidad (V.)
vacuidad
prosopopeya
altisonancia

s. pobre de solemnidad
tonto de solemnidad

a. *austeridad*
pobreza
sencillez
humildad
vulgaridad
insignificancia

solemnizar

s. festejar
celebrar (V.)
conmemorar (V.)
inaugurar
engrandecer
triunfar

s. **honrar** (V.)
aplaudir
glorificar
ensalzar (V.)
alabar
autorizar
encarecer
encumbrar
sublimar

(V. **solemnidad**)

a. *minimizar*
humillar
olvidar
omitir

solenoide

s. **circuito** (V.) (eléctrico)
bobina (V.)

s. espiras
campo magnético o solenoidal
inducción
cilindro

sóleo

(V. **músculo**) (pantorrilla)

soler

s. frecuentar
acostumbrar (V.)
repetir (V.)
reiterar
habituarse
insistir
usar (V.)
hacer
acontecer

a. *desacostumbrar*
olvidar
omitir

solera

s. **abolengo** (V.)
antigüedad
raza
prosapia
raigambre (V.)
clase
jerarquía
personalidad (V.)
peculiaridad

(cont.)

s. **madero** (V.)
encuentro
cruz

s. **lía** (V.) (vino)
madre

s. de solera
vino de solera
tener solera
familia de solera

a. *vulgaridad*
insubstancialidad

solercia
s. **habilidad** (V.)
industria
astucia (V.)
sagacidad
socaliña
maña
mañosería
socarronería
taimería

a. *tosquedad*
inhabilidad
desmaña

solerte
s. **astuto** (V.)
taimado
industrioso
hábil (V.)
mañoso
sagaz (V.)
ladino
agudo

(V. **solercia**)

a. *inhábil*
desmañado
torpe

soletar
s. **solar** (V.)
remendar (V.)
(calcetines)
componer
apañar
echar suelas
poner suelas

soletilla
(V. **bizcocho**)

solevamiento
(V. **sublevación**)

solevantado
(V. **soliviantado**)

solevantar
(V. **soliviantar**)

solevar-se
(V. **sublevar-se**)

solfa
s. signos
(musicales)
solfeo (V.)

s. zurra
paliza (V.)
tunda
vapuleo

s. **ridículo** (V.)
burla

s. poner algo en solfa
tocar la solfa
estar algo en solfa

a. *caricia*
mimo
seriedad
respeto

solfatara
(V. **fumarola**)

solfear
s. **cantar** (V.)
tocar
marcar el compás
vocalizar

s. **zurrar** (V.)

s. **reprender** (V.)

(V. **solfa**)

a. *callar*
acariciar
elogiar

solfeo
s. **canto** (V.)
vocalización
compás (V.)
tocata
solfa
lección

s. do
re
mi
fa
sol
la
si

s. **paliza** (V.)
zurra
varapalo

s. regaño
reprensión (V.)
censura

a. *silencio*
caricia
elogio

solferino
(V. **amoratado**)

solicitación
s. reclamación
memorial (V.)
pretensión
súplica
solicitud (V.)
demanda
gestión
insistencia
pedido
invitación
tentación
petición (V.)

a. *denegación*
desestimación
negativa
aprobación

solicitante
s. candidato
interesado (V.)
peticionario (V.)
suplicante
aspirante
pretendiente (V.)
licitador
solicitador
postulante
reclamante (V.)
requeridor (V.)
anunciante

(V. **solicitud**)

a. *oferente*

solicitar
s. **suplicar** (V.)
procurar
pedir (V.)
gestionar (V.)
agenciar (V.)
negociar
intentar
remover
demandar
interpelar (V.)
importunar
postular
buscar (V.)
invitar
deprecar
atraer
requerir (V.)
diligenciar

s. **apremiar** (V.)
instar
recurrir (V.)
urgir (V.)

(V. **solicitud**)

a. *conceder*
aprobar
denegar
desestimar
entregar
ofrecer

solícito
s. **servicial** (V.)
oficioso
obsequioso (V.)
mirado
considerado
atento
amable (V.)
agradable
afectuoso

s. **cuidadoso** (V.)
esmerado (V.)
escrupuloso
diligente (V.)
activo
extremado
aplicado
afanoso
pronto
útil (V.)
eficaz
rápido

(V. **solicitud**)

a. *borde*
antipático
egoísta
desconsiderado
desagradable
hosco
descuidado
abandonado
abúlico
apático
lento
tardo

solicitud
s. esmero
acucia (V.)
cuidado
diligencia (V.)
atención
cariño
amabilidad (V.)
prontitud
celo
aplicación
mimo
vigilancia
preocupación
amor
escrupulosidad
exactitud
curiosidad
primor
afección

s. **instancia** (V.)
memorial
súplica (V.)
petición (V.)
solicitación (V.)
mensaje
arbitrio
ruego (V.)
petitoria
suplicación
apelación
agencia (V.)

a. *abandono*
descuido
incuria
lentitud
desinterés
despreocupación
rechazo
abulia
apatía
denegación

solidar
(V. **consolidar**)

(V. **solidificar**)

solidaridad
s. **adhesión** (V.)
asociación
responsabilidad
unión
apego
apoyo
concordia
devoción
respaldo
hermandad (V.)
defensa
favor
aval
ayuda
protección (V.)
fraternidad
confirmación
lealtad
amor
fusión
subrogación (V.)
identificación (V.)
causa común

a. *insolidaridad*
egoísmo
alejamiento
repulsa
rechazo
irresponsabilidad
desamparo
deslealtad
separación
hostilidad
indiferencia

solidario
s. **adherido** (V.)
identificado (V.)
responsable (V.)
asociado
copropietario
fiel
leal
devoto
adherente
in sólidum
hermano
fraterno
unido
fusionado
coligado
obligado
mutuo
recíproco
indiviso
copartícipe
mancomunado
federado
avalante
garante
protector (V.)
defensor

(V. **solidaridad**)

a. *insolidario*
egoísta
separado
alejado
desleal
hostil
desentendido
indiferente

solidarizar-se
s. **unirse** (V.)
adherirse (V.)
identificarse (V.)
responsabilizarse (V.)
asociarse
hermanarse
fusionarse
coligarse
obligarse (V.)
avalar
garantizar (V.)
proteger
defender (V.)
respaldar
apoyar
fraternizar
confirmar
secundar
favorecer
abogar
sostener
hacer causa común

(V. **solidaridad**)

a. *desamparar*
abandonar
desentenderse
alejarse
separarse
hostilizarse

solideo
s. **sombrero** (V.)
(eclesiásticos)
casquete
gorro
bonete

solidez
s. fortaleza
dureza
robustez
indisolubilidad (V.)
cohesión
resistencia (V.)
firmeza (V.)
estabilidad (V.)
textura
grumosidad
seguridad
macicez
rezura
reciura
tenacidad
vitrificación

s. **volumen** (V.)
dimensión
tamaño
magnitud
espacio
cuerpo

a. *endeblez*
tenuidad
debilidad
vaporización
blandura
inseguridad
inestabilidad

solidificación
s. **consolidación** (V.)
cementación
coagulación (V.)
condensación (V.)
endurecimiento (V.)
cuajo
cuajadura
cuajarón
cristalización (V.)
congelación
hielo
cuajamiento
concreción
cohesión

a. *licuación*
vaporización
gaseificación
fusión
derretimiento
disolución

solidificado
s. condensado
congelado
helado
sólido (V.)
prieto
endurecido (V.)
fosilizado

(V. **solidificación**)

a. *licuado*
gaseoso
vaporizado
derretido
diluido
fundido

solidificar-se
s. robustecer
endurecer
fosilizar
congelar
cuajar (V.)
fraguar
solidar
coagular (V.)
consolidar (V.)
apretar
macizar
apelmazar
endurecer
petrificar
osificar
cristalizar (V.)
helar
concentrar
vitrificar
cementar
precipitar
condensar

(V. **solidificación**)

a. *licuar-se*
liquidar-se
evaporar-se
ablandar-se
debilitarse
derretir-se
fundir-se
desleir-se
deshacerse
disolverse
diluir-se

sólido
s. **firme** (V.)
solidificado (V.)
macizo (V.)
denso (V.)
duro (V.)
espeso (V.)
consistente
cristalizado
vitrificado
vítreo
resistente (V.)
calloso
recio
irrompible
estable
indisoluble (V.)
córneo
pétreo
marmóreo
férreo
rocoso
apelmazado
grumoso
coaguloso

s. núcleo
coágulo (V.)
cristal
compacto
concreción
cuerpo (V.)

s. estabilizado
inconmovible (V.)
arraigado (V.)
asentado
consolidado (V.)
establecido
prendido
enraizado
afianzado
asegurado
seguro (V.)

s. **moneda** (V.)
(romana)

s. **volumen** (V.)
cuerpo (V.)
(geométrico)
cubo
poliedro
paralelepípedo
prisma
cono
cilindro
esfera
pirámide

(V. **solidez**)

a. *débil*
suelto
poroso
claro
inestable
blando
endeble
líquido
gaseoso
volatizado
desarraigado

soliloquio
(V. **monólogo**)

solimán
(V. **sublimado**)

(V. **veneno**)

solio
s. sede
trono (V.)
silla (V.)
sitial
dosel

s. solio pontificio

solista
s. **intérprete** (V.)
(música)
ejecutante
concertista
artista
cantante (V.)
pianista
violinista
violoncelista
(cello)
flautista
guitarrista
arpista
organista
clarinete
óboe
contrabajo
(bajo)
clavecinista
trompeta
saxo
batería
tamborilero
viola
corneta
vihuelista
virginalista
trompa
timbal
sacabuche

(V. **música**)

a. *orquesta*

solitaria
s. tenia
lombriz
helminto
anélido
verme
gusano (V.)
parásito
(intestinal)

solitario
s. **desierto** (V.)
desamparado
deshabitado
abandonado
yermo
desolador
apartado
separado (V.)
despoblado
muerto
desaparejado
recogido (V.)
aislado
desguarnecido
vacío (V.)
intransitado (V.)
horro
solo (V.)
señero (V.)

s. recluido
enclaustrado
huidizo
apartadizo
incomunicado (V.)
recoleto (V.)
incomprendido (V.)
retraído (V.)
huraño
misántropo (V.)
soledoso
triste
troglodita
desconversable
insociable (V.)
ermitaño
eremita
anacoreta (V.)
austero
asceta
misógino
penitente
monje
cenobita
inaccesible (V.)
hosco
adusto (V.)
desvalido
desabrigado

s. **diamante** (V.)

s. **juego** de cartas
(V.)

a trasmano

s. pájaro solitario
alma solitaria
flores solitarias
paraje solitario

(V. **soledad**)

s. *habitado*
concurrido
sociable
acompañado
poblado
tratable
mundano

sólito
s. frecuente
habitual
acostumbrado
diario
repetido
cotidiano
corriente
normal
usual
común
general

a. *extraordinario*
insólito
desacostumbrado
infrecuente

soliviantado
s. sublevado
exasperado (V.)
levantisco
inquieto (V.)
turbado
nervioso
desasosegado
perturbado
solícito
fuguilla
conmovido
sensible
excitado
irritable
impresionable
solevantado
revoltoso
enardecido
alborotado
amotinado
insubordinado
rebelde
subversivo
contumaz
hostil
sublevado
insurrecto
descontento
indisciplinado
encalabrinado
alterado

a. *pacífico*
sosegado
tranquilo
subordinado
respetuoso
disciplinado
sometido

soliviantar-se
s. **incitar** (V.)
ilusionar (V.)
excitar (V.)
enardecer
impulsar
arengar
instigar
persuadir
inquietar
amotinar
sublevar (V.)
rebelarse (V.)
alborotar (V.)
alterar
mover
inducir (V.)
solevar
empujar
insubordinarse
encalabrinar (V.)
alzarse
volar (V.)
solevantar
revolverse
enzarzarse
enfrentarse
exasperar (V.)
irritar
indignar
engaitar
confitar
encandilar
llenar la cabeza de humo
levantar los cascos
excitar los ánimos
calentar la cabeza
llenar la cabeza de pájaros
poner en canción
dar dentera
sacar de las casillas
a alguien
echarse a la calle

a. *desalentar-se*
desanimar-se
pacificar-se
calmar-se
someter-se
rendirse
obedecer
disuadir
reprimir-se
contener-se
dominar-se
tranquilizar-se

soliviarse
(V. **incorporarse**)

(V. **levantarse**)

solivión
s. solivio
soliviadura
tirón (V.)
estirón
estrepada
esfuerzo

a. *empujón*
retención

solmenar
(V. **agitar**)

(V. **sacudir**)

solo
s. **solitario** (V.)
deshabitado
desierto
desértico (V.)
despoblado
aislado
separado
abandonado (V.)
desolado
yermo
retirado
apartado
vacío
alejado
desguarnecido
lejano
incomunicado

s. **único** (V.)
uno (V.)
desparejado
singular
particular
disparejo
mero (V.)
impar
suelto (V.)
señero
destacado
irrepetible
extraordinario
exclusivo (V.)

s. desvalido
indefenso (V.)
viudo
célibe
desabrigado
derrelicto
desamparado (V.)
huérfano (V.)

s. retraído
huraño (V.)
insociable (V.)
intratable
esquivo (V.)
misántropo
misógino
anacoreta (V.)
búho
monje
cenobítico
troglodita
triste
tímido
apartado
cartujo
cenobita
hurón
recoleto (V.)
soledoso
cenaaoscuras
desconversable
estilita
ermitaño
huerco
Juan Palomo
nocturno

s. **puro** (V.)
mondo
mondo y lirondo
escueto (V.)
sencillo
estricto
riguroso
desnudo
limpio (V.)
morondo
neto
moroncho
simple (V.)
pelado (V.)
seco
a secas

s. **composición** (V.)
(musical)
solo

s. sólo
solamente
tan sólo
únicamente

s. **solitario** (V.)
juego de **baraja**
(V.)

s. sólo con que
sólo que
hacer un solo
dar un solo
ir a solas
tocar un solo
de solo a solo
estar a solas
a solas
aunque sólo sea
no sólo... sino que
quedarse solo
por sí solo

(V. **soledad**)

a. *concurrido*
habitado
poblado
comunicado
frecuentado
animado
vivo
cercano
lleno
atiborrado
plural
variado
común
vulgar
corriente
ordinario
acompañado
parejo
general
par
abrigado
amparado
protegido
sociable
tratable
asequible
alegre
audaz
mundano
impuro
complejo
mezclado
más

solomillo
s. solomo
lomo
entrecuesto (V.)
filete
diezmillo
lomillo
bistec
chuleta
tajada
carne (V.)

soltar-se
s. **liberar** (V.)
libertar
excarcelar
librar
desencarcelar
redimir (V.)
manumitir
indultar (V.)
amnistiar
perdonar
licenciar
emanciparse (V.)
escaparse
largarse (V.)

s. **desatar** (V.)
posar
desligar (V.)
deslabonar
desembarazarse
desatraillar
desanudar
desprender
desenganchar
desunir
desencadenar (V.)
desamarrar
desfajar
desliar
desensartar

(cont.)

desencajar
aflojar (V.)
desabotonar
desabrochar (V.)
desaferrar
desuncir (V.)
desclavar (V.)
desmontar (V.)
desatacar
desasir
desenlazar
separar (V.)
arrancar (V.)
desenredar
destrabar
desacoplar
despegar
saltar (V.)
extraer
quitar
arriar
caerse
dejar
desapretar
desceñir (V.)
descoser
descuajaringar
desencallar
desgranar (V.)
desvencijar
relajarse (V.)

s. **evacuar** (V.)
laxar
aligerar (el vientre)

s. **proferir** (V.)
lanzar (V.)
gritar (V.)
prorrumpir
vocear
confesar (V.)
desembuchar
despotricar (V.)
aclarar (V.)
explicar
descifrar
resolver
cantar
hablar
cantar las cuarenta
decir las verdades del barquero
desahogarse (V.)
desatarse (V.)
descubrirse
disparatar (V.)
desembaular
vomitar

s. **pegar** (V.) (tiros)
asestar

s. **endilgar** (V.)
encasquetar
endosar
cargar
plantar
tirar
espetar (V.)
enjaretar
largar
champar
enhilar
enflautar
chantar

s. **anular** (V.)
relevar
eximir (V.)
derogar

s. **destaparse** (V.)
descolgarse
arrancar
decidirse (V.)
comenzar (V.)
iniciar
animarse
tener soltura
adquirir experiencia

s. soltar la pelleja
soltar la sinhueso
soltar amarras
soltar el chorro
soltar la mano
soltar una indirecta
soltar una puntada
soltar el trapo
soltar el toro
soltar la dificultad
soltar un juramento
no soltar prenda
no soltar palabra
soltar el vientre
soltar una fresca
soltarse a hablar
soltarse a gusto de uno

(V. **suelta)**

a. *encarcelar*
aprisionar
detener
encerrar
retener
quedarse
atar
unir
uncir
ligar
eslabonar
anudar
enganchar
amarrar
fajar
liar
envolver
ensartar
encajar
apretar
estrechar
abotonar
abrochar
aferrar
asir
enlazar
juntar
pegar
trabar
acoplar
meter
izar
ceñir
coser
clavar
encallar
topar
estreñir
contenerse
reportarse
reprimirse
callar
silenciar
moderarse
aguantarse
recibir (un tiro)
quedarse con
regir
existir
subsistir
dudar
vacilar
desanimarse
desalentarse
cortarse

soltera
(V. **soltero)**

soltería
s. doncellez
celibato
libertad (V.)
nubilidad
castidad
virginidad
misoginia
mocedad

a. *matrimonio*
casamiento

soltero, a
s. **célibe** (V.)
solterón
misógino
misógamo
barragán
doncel
mozo (V.)
núbil
casadero
mancebo
libre
suelto
incasable
solitario
virgen
señorita
muchacha

(V. **soltería)**

a. *casado*
viudo
casadero

solterón
(V. **soltero)**

soltura
s. **desenvoltura** (V.)
agilidad (V.)
desparpajo (V.)
facilidad
presteza (V.)
prontitud
pericia
habilidad
gentileza (V.)
experiencia
maña (V.)
destreza
maestría
rapidez
práctica
mundología

s. **libertinaje** (V.)
libertad
desvergüenza
desfachatez
descaro (V.)
desgarro
disolución
inmoralidad
vicio

s. facundia
elocuencia (V.)
gracejo

a. *torpeza*
desmaño
lentitud
pesadez
impericia
circunspección
moderación
virtud
moralidad
sequedad
sobriedad

soluble
s. realizable
fácil (V.)
sencillo (V.)
factible
posible
hacedero
viable (V.)
asequible
accesible
practicable
resoluble
remediable

s. licuable
desleíble
divisible
separable
disgregable
disoluble (V.)

(V. **solución)**

a. *indisoluble*
difícil
irrealizable
inasequible
imposible
irremediable
indivisible
inseparable

solución
s. solubilidad
disolución (V.)
desleimiento (V.)
emulsión (V.)
mezcla
líquido
precipitado
coloide
disolvente

s. **resolución** (V.)
clave (V.)
respuesta (V.)
panacea
remedio (V.)
desenlace (V.)
terminación
vado
conclusión
explicación (V.)
averiguación
definición
despacho
providencia
medida
arreglo (V.)
procedimiento (V.)
medio (V.)
efugio
tramitación
componenda
hallazgo (V.)
satisfacción (V.)
recurso (V.)
remate
fórmula
decisión (V.)
colofón
acuerdo (V.)
compromiso
subterfugio
pretexto
expediente
salida (V.)
alivio
salvación
escapada
escapatoria
escape
evasiva
resquicio (V.)
modus vivendi
Deus ex máchina

s. **paga** (V.)
satisfacción

s. dar una solución
solución de continuidad
no haber solución

a. *indisolubilidad*
dificultad
problema
enigma
misterio
secreto
propuesta
comienzo
adversidad
contrariedad
abono

solucionar
s. solventar
resolver (V.)
salvar
descubrir
arreglar
remediar (V.)
hallar (V.)
vencer (V.)
acertar (V.)
adivinar
discutir
orillar (V.)
concluir
vadear
despachar
determinar
satisfacer (V.)
rematar
enmendar
perfeccionar
decidir
remover
zanjar (V.)
acordar (V.)
convenir
arbitrar
reparar
corregir
enmendar
enderezar
explicar (V.)
aclarar
sacar
desvelar
dar en el clavo

(V. **solución)**

a. *desarreglar*
estropear
trastornar
menoscabar
desorientar
confundir
obscurecer
emborronar
equivocar
errar
complicar

solvencia
s. **responsabilidad** (V.)
crédito (V.)
garantía
medios económicos
prosperidad
arraigo
seguridad (V.)

s. **seriedad** (V.)
honorabilidad
honradez
dignidad

a. *insolvencia*
irresponsabilidad
quiebra

solventar
s. **pagar** (V.)
arreglar (V.)
orillar
finiquitar
saldar (V.)
terminar

s. llegar a un acuerdo
decidir
determinar
solucionar (V.)

(V. **solvencia)**

a. *adeudar*
dificultar
obstaculizar

solvente
s. **responsable** (V.)
acreditado (V.)
próspero
adinerado
cumplidor
formal
serio
satisfactorio (V.)
digno
crediticio

s. **disolvente** (V.)
diluente

(V. **solvencia)**

a. *insolvente*
entrampado
desacreditado
pobre

sollado
(V. **cubierta)** (inferior)

sollar
(V. **soplar)**

sollastre
(V. **pícaro)**

(V. **pinche)** (cocina)

sollisparse
(V. **escamarse)**

(V. **desconfiar)**

sollo
(V. **esturión)**

sollozante
s. gimiente
gemebundo
lloroso (V.)
lloriqueante
doliente
suspirante
quejumbroso

(V. **sollozo)**

a. *riente*
alegre

sollozar
s. condolerse
dolerse
llorar (V.)
estremecerse
gimotear
gemir
clamar
lamentar
lloriquear
quejarse (V.)
hacer pucheros
zollipar
romper a llorar
suspirar
pujar
verter lágrimas
hipar
lamentarse

(V. **sollozo)**

a. *reír*
alegrarse
congratularse
serenarse

sollozo
s. convulsión
estremecimiento
quejido (V.)
lamento
grito
hipo
zollipo
singulto
gemido (V.)
vagido
queja
suspiro
lloro (V.)
llanto (V.)
plañido (V.)
lamentación
lloriqueo
gimoteo
lágrima (V.)

a. *risa*
alivio
alegría
consuelo
satisfacción

soma
(V. **cuerpo**)

(V. **estructura**) (corporal)

somanta
(V. **paliza**)

somardón
(V. **cazurro**)

somarrarse
(V. **socarrarse**)

somarro
(V. **tajada**) (asada)

somatén
(V. **milicia**) (catalana)

(V. **rebato**)

(V. **alboroto**)

somático
s. **corporal** (V.)
orgánico (V.)
físico
anatómico
morfológico

(V. **soma**)

a. *espiritual*
anímico

somatología
(V. **anatomía**)

sombra, s
s. **crepúsculo** (V.)
obscuridad (V.)
penumbra
tinieblas (V.)
tenebrosidad (V.)
umbría
umbráculo
entoldamiento
adumbración
adumbramiento
invisibilidad
sombrajo
claroscuro
esbatimiento
noche
media luz
eclipse (V.)
solombría
opacidad (V.)
sombría
sombraje
nebulosidad (V.)
proyección (V.)
silueta (V.)
contorno
imagen (obscura)
cliché

s. espectro
fantasma (V.)
aparición (V.)
visión
aparecido
imaginación
espantajo
ánima
espanto
asilo (V.)
apoyo
defensa (V.)
ayuda
amparo
toldo (V.)
protección
favor
auxilio

s. **parecido** (V.)
semejanza (V.)
apariencia
vislumbre
afinidad
similitud

s. mancha
defecto (V.)
mácula (V.)
mota
suciedad
lunar

s. **suerte** (V.)
chiripa
potra
fortuna

s. **preocupación** (V.)
pesimismo
inquietud

s. **justicia** (V.)
encierro

s. **clandestinidad** (V.)
secreto
anonimato

s. humor
gracia (V.)
donaire
chiste
gracejo
salero (V.)
ángel
sandunga
garbo
chispa
ingenio (V.)

s. sombra de hueso
sombra de Venecia
sombra de viejo
sombras chinescas
sombras invisibles

s. hacer sombra
estar a la sombra
no ser ni sombra de lo que era
reírse de su sombra
tener buena (o mala sombra)
ni por sombra
ser la sombra de uno
ponerse a la sombra
no tener uno ni sombra
estar como sin sombra

r. El que a buen árbol se arrima, buena sombra le cobija ■ Sol en teja, sombra en cabeza ■ La sombra del nogal, con cuidado has de tomar

s. buena o mala sombra
no fiarse ni de su sombra

a. *luz*
claridad
diafanidad
realidad
abandono
limpieza
realidad
materialidad
desamparo
indiferencia
desemejanza
disimilitud
perfección
desventura
desgracia
despreocupación
alegría
libertad
conocimiento
publicidad
sosería
patosería
inoportunidad
pesadez

sombrajo
s. resguardo
umbráculo
emparrado (V.)
cobertizo (V.)
enramada
entoldado
enrame
enramado
tejado
cobertizo
marquesina
toldo (V.)
pantalla
sombrilla
quitasol

(V. **sombra**)

a. *solana*
solanera

sombreado
s. obscuro
sombroso
sombrío (V.)
umbrío (V.)
umbroso
umbrátil
umbrático
fresco

(V. **sombra**)

a. *soleado*
claro
caluroso

sombrear
s. **obscurecer** (V.)
entoldar
asombrar
esbatimentar
sombrar
ennegrecer

(V. **sombra**)

a. *clarear*
despejar

sombrerazo
(V. **saludo**)

sombrerera
(V. **caja**)

sombrerería
s. bonetería
gorrería
montería
tienda (V.) (de sombreros)
fábrica (V.) (de sombreros)

(V. **sombrero**)

sombrerero
s. gorretero
bonetero
cachuchero
monterero

(V. **sombrero**)

sombrero
s. cachucha
sombrerete
chapeo
gorro (V.)
chistera
bonete (V.)
boina
gorrilla
bolero
galera
bombín
hongo
flexible
castora
bimba
gorra
canariera
güito
clac
fieltro (V.)
chapelete
gorrete
gavión
jipi
jipijapa
panamá
canotier
cachirulo
cordobés
chápiro
serete
papahígo
castoreño
pavero
chambergo
petaso
teja
gorrete
montera
causia
barretina
bicornio
falucho
capirote
camauro
roquete
capelo
chacó
solideo (V.)
birretina
cogulla
coroza
caperuza (V.)
casquete
cucurucho
capuz
capucha (V.)
capuchón
moña
monterilla
papahigo
papalina
bilbaína
birreta
chichonera
escarcela
mitra
tiara
capirucho
rondeño
galera
pamela
toca
capota (V.)
escarcela
cofia
tocado
tricornio
ros
teresiana
morrión
casco
salacot
quepis
fez
turbante
caramiello
chascás
gorra de plato
gorra marinera
sueste

s. sombrero de copa
sombrero hongo
sombrero de pelo
sombrero redondo
sombrero flexible
sombrero de muelles
sombrero cordobés
sombrero calañés
sombrero de ala ancha
sombrero castoreño
sombrero de calañas
sombrero de tres picos
sombrero jarano
sombrero de teja
sombrero jíbaro
sombrero de canal
sombrero de canoa
sombrero de tres candiles
sombrero de candil
sombrero encandilado

s. copa
casco
cubrenuca
fiador
sobrevista
carrillera
bicos
borla
chía
cintillo
velo
velete
ínfulas
galleta
garzota
moña
manto
trencellín
pedrada

s. **saludar** (V.)
cubrirse (V.)
calarse
destocarse (V.)

s. quitarse el sombrero
copa
casco
ala
visera
candil
cinta
pluma
fleco
galón
trencilla
cordón
brida
barbuquejo
barboquejo
barbicacho
barbiquejo
pompón
penacho
airón
escarapela
lazo
flama
látigo
orejera
cogotera
plumero
plumaje
borla
pasamanería

sombría
(V. **sombra**)

sombrilla
s. **quitasol** (V.)
parasol
guardasol
paraguas
toldo
pantalla (V.)
sombrilla de playa

sombrío
s. brumoso
sombroso
umbroso
umbrío
nublado (V.)
ahumado
obscuro (V.)
obscurecido
tenebroso
sombreado (V.)
asombrado
tétrico (V.)
lúgubre (V.)
fúnebre (V.)
lóbrego
opaco
eclipsado
cegado
mate
crepuscular
nocturno (V.)
velado
negro (V.)
vespertino
anochecido
cavernoso
sepulcral

s. **triste** (V.)
apenado
lánguido
disgustado
mustio
hipocondríaco
pesimista (V.)
taciturno
contrito
entristecido
melancólico (V.)
amargado
apesadumbrado
apagado

(V. **sombra**)

a. *claro*
diáfano
soleado
alegre
contento

somero
s. **rápido** (V.)
leve
ligero (V.)
aparente
incipiente (V.)
liviano
sucinto (V.)
insubstancial
suave
compendiado
superficial (V.)
exterior
periférico
mural
plano
convexo
cóncavo

a. *estudiado*
meditado
profundo
hondo
trascendente
importante
inferior

someter-se
s. **disciplinar** (V.)
domeñar
domar (V.)
dominar (V.)
señorear (V.)
humillar (V.)
oprimir (V.)
sojuzgar (V.)
subyugar (V.)
obligar (V.)
forzar (V.)
sujetar
subordinar (V.)
debelar
amansar
acatar
avasallar
esclavizar (V.)
vencer (V.)
reducir (V.)
atar
encadenar (V.)
vincular (V.)
poseer
tiranizar
supeditar (V.)
pacificar (V.)
conquistar (V.)

s. **entregarse** (V.)
sujetarse (V.)
acatar
humillarse
allanarse
rendirse (V.)
docilitar
respetar (V.)
obedecer (V.)
doblegarse
doblarse (V.)
resignarse (V.)
capitular
aflojar
amansarse
avenirse
claudicar
plegarse
depender
intimidarse (V.)
ceder
acomodarse
sucumbir (V.)
darse
sacar bandera blanca
agachar la cabeza
darse por vencido
ponerse en manos de
doblar la rodilla
doblar la cerviz
cantar la palinodia
entrar por el aro
rendir las armas
pasar por todo
recibir órdenes
salir con banderas desplegadas
ponerse en manos de
rendir parias
caer de su burro
hablar por boca de

s. **proponer** (V.)
consultar
exponer (V.)
pedir opinión
formular (V.)
plantear
sugerir
presentar (V.)
consultar (V.)
encomendar

(V. **sometimiento**)

a. *liberar-se*
rebelar-se
alzar-se
anteponer-se
desechar
desobedecer
desoir
despreciar
enquistarse
resistir
sublevar-se
indisciplinar-se
desentenderse

sometido
s. borrego
cazurro
esclavo (V.)
manso
mansurrón
obediente (V.)
dócil (V.)
siervo
humillado (V.)
sumiso (V.)
vasallo
suave
buenecito
rendido
sujeto (V.)
obligado
subyugado
subordinado
dependiente
supeditado (V.)
domado (V.)
dominado
respetuoso
a merced de
boca abajo
como un guante
como una malva
como la manteca
blando como una breva
pendiente de

(V. **sometimiento**)

a. *insumiso*
rebelde
irrespetuoso
desobediente
levantisco
independiente
libre
manumitido
liberado
duro
arriscado
insubordinado
respondón
contestatario

sometimiento
s. **sumisión** (V.)
acatamiento
acato
vasallaje
rendición
subyugación
obediencia (V.)
docilidad
humildad (V.)
sujeción
entrega
allanamiento
claudicación (V.)
subordinación (V.)
humillación (V.)
capitulación
resignación (V.)
esclavitud (V.)
dependencia
represión
opresión
encadenamiento
dominación
doma
derrota (V.)
encartación
pleito
pacto
respeto (V.)
mansedumbre
feudo
homenaje

a. *liberación*
rebeldía
desacato
resistencia
lucha
insubordinación
desobediencia
independencia
libertad
gallardía

somier
(V. **jergón**)

sommier
(V. **somier**)

somnífero
s. dormidero
soporífero (V.)
narcótico (V.)
dormitivo
soporoso
hipnótico
letárgico
comatoso
calmante
sedante
droga (V.)
alucinógeno
estupefaciente
alcaloide
barbitúrico
tranquilizante
aletargante

s. **pesado** (V.)
aburrido (V.)
pelma
pelmazo
cargante
tedioso
molesto
fastidioso

(V. **somnolencia**)

a. *excitante*
estimulante
entretenido
divertido

somnolencia
s. inconsciencia
atontamiento
adormecimiento (V.)
amodorramiento
aletargamiento
soñera
letargo (V.)
soñolencia
marasmo
narcosis (V.)
pereza
pesadez
apoltronamiento
languidez
agotamiento
enervamiento
enervación
sopor
torpeza (V.)
apatía
modorra (V.)
sueño (V.)
aturdimiento

a. *actividad*
ligereza
presteza
desvelo
insomnio
vigilia
despertar

somnoliento
(V. **soñoliento**)

somonte (de)
s. **basto** (V.)
burdo
áspero (V.)
grosero
ordinario
tosco
chabacano
de brocha gorda

a. *fino*
pulido
cortés

somorgujador
(V. **buzo**)

somorgujar
s. **bucear** (V.)
chapuzar
somormujar
sumergir (V.)
zambullir
descender
bajar

(V. **somorgujo**)

a. *flotar*
ascender
subir

somorgujo (a)
s. con **cautela** (V.)
ocultamente
de escondidas
a escondidas

a. *claramente*
sin precaución
a ojos vistas

son
s. **sonido** (V.)
melodía
armonía
murmullo (V.)
s. **noticia** (V.)
voz
fama (V.)
divulgación
resonancia
rumor (V.)
renombre
fama
nombre

s. disculpa
pretexto (V.)
excusa

s. **manera** (V.)
tenor
modo (V.)
talante
guisa
medio
forma
procedimiento

s. bailar uno al son que le tocan
¿a son de qué?
¿a qué son?
ir en son de paz
bailar sin ton ni son
no venir el son con la castañeta
sin son
hablar sin ton ni son
en son de

a. *silencio*
desconocimiento
limitación
incógnito
intencionalidad

sonable
(V. **sonoro**)

sonada
(V. **sonata**)

sonadero
(V. **pañuelo**)

sonado
s. vibrante
armonioso
ruidoso (V.)
escandaloso
sonable
melodioso

s. **famoso** (V.)
afamado
popular
conocido
célebre
renombrado
notable
notorio
noto
mentado
memorable

s. hacer una que sea sonada
ser muy sonado

(V. **son**)

a. *silencioso*
ignorado
desconocido
ignoto

sonaja
s. **platillo** (V.)
cascabel
disco
chapa
rodaja
pandero (V.)
s. **sonajero** (V.)

sonajero
s. sonaja
sonajuela
cascabel
cascabelero
juguete (V.)

sonambulismo
(V. **sueño**)
(V. **inconsciencia**)

sonar-se
s. repercutir
vibrar
resonar (V.)
asonar
zurrir
zurriar
retumbar (V.)
rebombar
tamborilear
silbar
cantar
chillar
tintinear (V.)
susurrar
tronar (V.)
disonar
zumbar
gemir
gritar
vocear
vociferar
clamar
recitar
murmurar
rutar
runflar
rugir
brear
hervir
chascar
chirriar
crujir (V.)
detonar
rechinar
triscar
tabletear
tabalear
castañetear
repicar (V.)
repiquetear
cencerrear (V.)
tronar
bramar
mugir
ladrar
taladrar
taconear
patear
patalear
latiguear
restallar
chasquear
borbollar (V.)
borbotar
roncar

s. **mocarse**
limpiarse (los mocos)
limpiarse (la nariz)
desobstruirse

s. **expresarse** (V.)
citarse
mencionarse (V.)

s. **semejarse** (V.)
asemejarse
parecerse
oler a
tener visos de
pintipararse con

s. acordarse
recordar (V.)
venir a las mientes
rememorar
memorar
reconocer
tener presente

(cont.)

s. **decirse** (V.)
rumorearse (V.)
susurrarse
correr el rumor
hablarse de
divulgarse

s. **tocar** (V.)
pulsar
dar
tañer (V.)
así como suena

(V. **sonido**)

a. *callar*
enmudecer
silenciar
abandonarse
ensuciarse
omitir
diferenciarse
olvidar
desaparecer

sonata
s. **composición** (V.)
(musical)
sonada
sonatina

s. allegro
adagio o andante
scherzo
final

sonatina
(V. **sonata**)

sonda
s. cata
cala
algalia
argalia
bolina
calón
bujía
candelilla
plomada
tienta (V.)
talasómetro
sondaleza
catéter
aspilla
batómetro
escandallo

s. sonar (sonda ultrasonora)

s. asdic

s. **barrena** (V.)
barreno
taladro (V.)
trépano

s. **sondeo** (V.)
sonsacamiento (V.)
buscapiés
rapapiés
trabuca
sonda acanalada
sonda espacial
sonda bismútica
sonda pirométrica
sonda sensitométrica
sonda acústica
sonda rotary
sonda de percusión
sonda sacamuestras

s. hacer una sonda
ir con la sonda en la mano

sondable
(V. **sondar**)

sondaje
(V. **sondeo**)

sondaleza
(V. **sonda**)

sondar
s. **medir** (V.)
sondear
escandallar
fondear (V.)
ahondar
hondear (V.)
pulsar
rastrear

s. averiguar
sonsacar (V.)
buscar
explorar
catar
inquirir (V.)
indagar
vadear
investigar
tantear

(V. **sondeo**)

a. *desinteresar-se*
revelar-se
descubrir-se

sondear
(V. **sondar**)

sondeo
s. **medición** (V.)
fondeo (V.)
buceo
sondaje
rastreo (V.)
tienta
verificación
sonda
exploración (V.)
taladro
perforación (V.)

s. sonsacamiento
sonsaca
averiguación (V.)
tanteo
cautela
indagación (V.)
búsqueda
encuesta (V.)
investigación
examen
escrutinio
estudio
estadística
cateterismo

a. *desinterés*
indiferencia
discreción
desconocimiento

sondormirse
(V. **adormecerse**)

sonería
s. **reloj** (V.)
mecanismo
carillón
campanas

s. rueda disparadora
rueda del macillo
rueda de topes
macillo
timbre
volante de aletas
disparador
barrilete

soneto
s. **composición** (V.)
(poética)
verso
poesía (V.)
poética
poema
estrofa
oda
balada

s. cuartetos
tercetos

sonido
s. **acústica** (V.)
sonoridad
resonancia
vibración
frecuencia
intensidad
reflexión
energía
velocidad
altura
pulsación
escala (V.)
refracción
difracción
interferencia
onda
espectro audible
eco (V.)
ultrasonido

s. **medida** (V.)
bel
belio
decibel
decibelio

s. **son** (V.)
sonete
sonsonete
sonecillo
soniquete
ruido (V.)
estruendo
voz (V.)
retumbancia
lecanomancia
rimbombancia
disonancia
cacofonía
monotonía
onomatopeya (V.)
armonía
resonación
tono
detonación
estampido (V.)
explosión (V.)
trueno
fragor
altisonancia
acento
cadencia
tilín
tañido
timbre
estrépito
zarabanda
barahúnda
algazara
bordoneo
escándalo
repique
rumor
pitido
tintineo
escandalera
griterío
algarabía
portazo
latigazo
zapatazo
zapateta
taconazo
alboroto (V.)
rugido
chapoteo
golpeteo
repique (V.)
repiqueteo
martilleo
tableteo
aldabeo
tijereteo
zumbido
rumor
murmurio
silbido
rechinido
chancleteo
zapateo
pitido (V.)
pitada
frufrú
crujido
tris
zurrido
explosión
pataleo
música (V.)
sibilante
sílaba (V.)
pronunciación (V.)
articulación
deletreo
lectura
canto

s. **fama** (V.)
noticia

a. *silencio*
callada
sigilo
discreción
apagamiento
desconocimiento

soniquete
(V. **sonsonete**)

sonlocado
(V. **alocado**)

sonochar
(V. **trasnochar**)

(V. **velar**)

sonoridad
s. **eco** (V.)
estruendo
sonido (V.)
ruido
resonancia (V.)
armonía
vibración (V.)

a. *apagamiento*
silencio

sonoro
s. **vibrante** (V.)
sonoroso
tonante
resonante (V.)
sonante
sonable
ruidoso (V.)
rumoroso (V.)
retumbante
resonador
rimbombante
zumbador
ecoico
chirriador
estrepitoso
estruendoso
escandaloso
rechinante
atronador
fragoso
fragoroso
agudo
fuerte
alto
grave
bajo
profundo
altisonante
disonante
malsonante
biensonante
dulcísono
undísono
armonioso (V.)
harmonioso
melódico
timbrado
melodioso
eufónico (V.)
cadencioso
cantable
canoro
cantante
entonado
acompasado
auditivo
vocal
emitido
vocalizado
acústico (V.)
fonético (V.)
fonográfico
fonológico
seco
ronco
sordo
áspero
gárrulo
perlero
horrísono

(V. **sonoridad**)

a. *callado*
silencioso
insonoro
apagado

sonoroso
(V. **sonoro**)

sonreír-se
(V. **reírse**)

(V. **favorecer**)

sonriente
s. optimista
prometedor (V.)
gozoso
risueño (V.)
alegre (V.)
contento
placentero
jovial
carialegre
sonrisueño
satisfecho (V.)
simpático
gayo
tentado a la risa
fácil a la risa

(V. **sonrisa**)

a. *triste*
mustio
desagradable
pesimista

sonrisa
s. **risa** (V.) (leve)
riso
sonriso
risita
risica
guiño
mohín
gesto (V.)
visaje
mímica
expresión
satisfacción (V.)
promesa (V.)

s. sonrisa estereotipada
sonrisa amarga
sonrisa triste
con la mejor de las sonrisas

a. *llanto*
tristeza
insatisfacción
desesperanza

sonriso
(V. **sonrisa**)

sonrisueño
(V. **risueño**)

sonrodarse
(V. **atascarse**)
(carruajes)

sonrojar-se
s. **ruborizar** (V.)
abochornar
avergonzar (V.)
enrojecer
sonrosar
rojear
confundir
turbar
conturbar
arrebolarse
abrasarse
correrse
soflamarse
sonrojearse
sonrosarse
sofocarse
encenderse
azorarse (V.)
ofuscarse
ponerse colorado
subirse el pavo
sacar los colores a la cara
ponerse como un tomate
encender la cara

(V. **sonrojo**)

a. *palidecer*
empalidecer
insolentarse
aclararse
tranquilizarse
sosegarse

sonrojo
s. **vergüenza** (V.)
timidez (V.)
bochorno (V.)
abochornamiento
rubor (V.)
calor
encendimiento
erubescencia
llamarada
avergonzamiento
turbación (V.)
empacho
corrimiento
pavo
alfamarada
arrebol
coloretes
azoramiento (V.)

a. *palidez*
desfachatez
desvergüenza
insolencia
tranquilidad

sacar del buche
meter los dedos en la boca
tirar de la lengua
sacar de mentira verdad
hacer cantar
hacer hablar
(V. **sonsacamiento**)

a. *ocultar*
celar
resistirse
silenciar
callar
retener
cerrarse

sonso
(V. **simple**)

(V. **soso**)

sonsonete
s. soniquete
toniquete
tonada
tonillo (V.)
zumbido
musiquilla
sonetillo
retintín (V.)
tonillo
estribillo (V.)
runrún
rumor
cantinela

a. *silencio*
discreción
sobriedad

sonsoniche
(V. **silencio**)

soñación
(V. **ensueño**)

soñador
s. **idealista** (V.)
ensoñador
soñante
romántico
melancólico
crédulo
imaginativo (V.)
quimérico
utópico
fantástico
contemplativo
fantaseador
fantasioso (V.)
iluso (V.)
utopista
quimerista (V.)
onírico
inquieto
quijote
quijotesco
visionario (V.)

(V. **soñación**)

a. *realista*
positivista
materialista

soñar
s. trasponerse
descansar
dormir (V.)

s. ensoñar
trasoñar
fantasear (V.)
pensar
meditar
desear
imaginar (V.)
discurrir
divagar
recordar
revivir
rememorar
evocar (V.)
idealizar
delirar (V.)
acariciar
ambicionar (V.)
desear
desvariar (V.)
crear
ilusionarse (V.)
codiciar
anhelar
hacerse ilusiones
ver todo de color de rosa
echar la imaginación a volar
subirse a las nubes
forjarse ilusiones
hacer castillos en el aire

s. ni soñado
¡ni soñarlo!
soñar a uno
soñar despierto
soñar quimeras

(V. **sueño**)

a. *despertar*
vivir (la realidad)
desilusionarse
decepcionarse
olvidar
razonar
rechazar

soñarra
(V. **soñarrera**)

soñarrera
s. soñera
soñolencia
somnolencia
modorra (V.)
amodorramiento
soñarra
letargo (V.)
aletargamiento
dormida
adormecimiento
zorrera
trasposición
transposición
duermevela
cabezada

(V. **sueño**)

a. *desvelo*
insomnio
despertar

soñolencia
s. somnolencia
sopor (V.)
modorra
letargo
aletargamiento
abotargamiento
torpor
torpeza (V.)
apatía
adormilamiento
cargazón
pesadez
coma
pereza (V.)
inconsciencia (V.)
soñarrera

(V. **sueño**)

a. *acuidad*
desvelo
vigilia
duermevela
insomnio
despertar
ligereza
actividad
consciencia

soñoliento
s. aletargado
somnoliento
dormilón
traspuesto
semidormido
amodorrado (V.)
amodorrido
cabeceador
adormilado
soñolento

s. lento
tardo
torpe
gandul
pesado
perezoso (V.)
lánguido
modorro (V.)

(V. **soñolencia**)

a. *despierto*
activo
rápido
insomne

sopa
s. **caldo** (V.)
sopicaldo
guiso (V.)
aguachirle
consomé
puré
presa
papilla
papas
gachas (V.)
sopón
soponcio
gazpacho
bodrio
calalú
pote
pote gallego
potaje
bizcochada
aguadillo
salmorejo
morteruelo
aguate
causa
pasta

s. fideo
sémola
tallarín
ravioles
canelones
tapioca
gofio

s. sopa de ajo
sopa boba
sopa dorada
sopa de mariscos
sopa de cocido
sopa borracha
sopa de gato
sopa de hierbas
sopa juliana
sopa de vino
sopa de letras
sopa de pan
estar a la sopa boba
estar para comer sopas
calar la sopa
estar hecho una sopa
hacer uno las sopas con su pan
andar a la sopa
caerse la sopa en la miel

r. Sopas y sorber, no puede ser

sopalanda
(V. **hopalanda**)

sopapear
s. sopetear
insultar
abofetear (V.)
cachetear
cascar
moquetear
julepear
maltratar (V.)
golpear
dar de tortas
dar un bofetón
dar un revés

(V. **sopapo**)

s. *acariciar*
halagar
cuidar
mimar

sopapina
s. **paliza** (V.)
zurra
sopapos
tunda
bofetada
masculillo
felpa
azotaina
sepancuantos
solfa

a. *mimo*
caricia
cuidado

sopapo
s. **bofetón** (V.)
cachete (V.)
moquete
revés
torta
tortazo
soplamocos
pescozón
mojicón
mamporro
remoquete
tabanazo
gaznatazo
tabalada
solapo
lapo
pescozón

a. *halago*
caricia
mimo

sopar
s. **ensopar** (V.)
sopear
sopetear
migar (V.)
escudillar
calar la sopa
hacer sopas
mojar
remojar
untar
embeber
empapar

(V. **sopa**)

sopear
s. **pisar** (V.)
hollar
pisotear
apisonar
poner los pies sobre

s. dominar
maltratar (V.)
supeditar
ultrajar
vejar
domar
superar

s. **sopar** (V.)

(V. **sopapo**)

a. *halagar*
mimar
enaltecer
cuidar
respetar
acariciar

sopeña
s. **cavidad** (V.)
hueco
concavidad
depresión
espelunca
hondonada
cueva (V.)
gruta

a. *promontorio*
altura

sopera
s. fuente
recipiente (V.)
vasija

(V. **sopa**)

sopero
(V. **plato**)

sopesar
s. **tantear** (V.)
calcular (V.)
balancear
apreciar

s. **levantar** (V.)
sostener (V.)
mantener

a. *caer*
abandonar

sopetear
(V. **sopar**)

(V. **sopapear**)

sopetón
s. empellón
empujón (V.)
golpe (V.)
rempujón
empentón

s. de sopetón
bruscamente
inesperadamente
súbito (V.)

a. *cuidado*
delicadeza

sopicaldo
(V. **sopa**)

sopista
s. **mendigo** (V.)
oportunista (V.)
gorrón
sablista
mangante
pedigüeño

s. **estudiante** (V.)
(pobre)
brodista
sopón

(V. **sopa**)

a. *opulento*
trabajador
activo

sopitipando
(V. **desmayo**)

(V. **soponcio**)

soplado
s. **hinchado** (V.)
inflado
orondo
hueco
ahuecado
henchido
estirado

s. repulido
compuesto
terminado
acicalado (V.)
recompuesto
pulido
recargado

s. **engreído** (V.)
infatuado
tieso
orgulloso (V.)
enfático
altanero
ensoberbecido
entonado

s. **grieta** (V.)
cavidad
concavidad
oquedad

(V. **sopladura**)

a. *desinflado*
deshinchado
sencillo
desaliñado
modesto
humilde
convexidad
tersura

soplador
s. **vidriero** (V.)
herrero (V.)
follador
afollador
entonador
manchador
palanquero

s. reñidor
alterador
excitador
pendenciero (V.)

s. **aventador** (V.)
fuelle (V.)
soplillo
abanico

(V. **sopladura**)

a. *pacificador*

sopladura
(V. **insuflación**)

(V. **soplo**)

soplamocos
(V. **cachete**)

(V. **sopapo**)

soplar-se
s. bufar
inspirar (V.)
espirar
suspirar (V.)
insuflar (V.)
exhalar
inhalar
afollar
silbar
inflar (V.)
sollar
ventilar (V.)
aventar
correr
ventear
espurrear
espurriar
entonar

s. empacharse
llenarse (V.)
ahitarse
comerse (V.)
zamparse
emborracharse (V.)
embutirse
atiborrarse (V.)

s. sugerir
suspirar (V.)
ayudar (V.)
apuntar (V.)
decir (V.)
secretear
soplonear

s. **engreírse** (V.)
ensoberbecerse (V.)
infatuarse
ahuecarse
envanecerse
entonarse
hincharse
soplonear
chivarse
contar
delatar
chismorrear

s. **birlar** (V.)
robar (V.)
sonsacar
limpiar
sangrar
hurtar
despojar
desvalijar
timar
estafar
engañar (V.)
traicionar
defraudar

s. **abofetear** (V.)
pegar

(V. **sopladura**)

a. *aspirador*
desinflar
deshinchar
comedirse
silenciar
callarse
inhibirse
humillarse
rebajarse
reprimirse
contenerse
devolver
acariciar

soplete
s. **soldador** (V.)
herramienta (V.)
pistola (V.)
fundidor
quemador

s. tubos
boquilla
cámara o mezclador
llaves
arco eléctrico
regulador (de la llama)

s. soplete oxiacetilénico
soplete oxicorte
soplete oxhídrico
soplete de plasma
soplete de hidrógeno
soplete atómico

soplido
(V. **soplo**)

soplillo
s. aventador
baleo
fuelle (V.)
paipai
abanico (V.)
flabelo
ventalle

(V. **soplo**)

soplo
s. silbido
exhalación
sopladura
soplido
insuflación
aliento (V.)
aflato
hálito
vahído
respiración
espiración
inspiración
flatulencia
aire (V.)
viento

s. **delación** (V.)
denuncia
acusación
confidencia
chivatazo

s. tris
momento
instante (V.)
santiamén
periquete (V.)
relámpago
punto

s. en un soplo
dar el soplo
ir con el soplo

a. *desinflamiento*
ocultación
encubrimiento
duración
prolongación

soplón
s. chismoso
chivato
delator (V.)
acusica
acusador
acusetas
acusete
denunciante
correveidile
confidente (V.)
acusón
malsín (V.)
búho (V.)

(V. **soplo**)

a. *encubridor*
noble
leal

soplonear
s. **delatar** (V.)
denunciar
soplar (V.)
descubrir
acusar
revelar
chivatar
chivatear
chivarse

(V. **soplo**)

a. *encubrir*
callar
proteger
ocultar

soplonería
(V. **delación**)

(V. **confidencia**)

soponcio
s. telele
patatús (V.)
desmayo (V.)
ataque
mareo
sopitipando
vahído
síncope
aturdimiento
desvanecimiento
pataleta
convulsión

s. **sopa** (V.)
sopón

a. *recuperación*
vuelta (en sí)
reactivación
actividad

sopor
s. narcotización
narcosis
letargo (V.)
coma (V.)
soñolencia (V.)
somnolencia
modorra
amodorramiento
soñarrera
sueño (V.)
pesadez
adormecimiento (V.)
soñera
azorramiento
torpor
borrachera
fiebre
embotamiento
siesta

s. **aburrimiento** (V.)
lata
molestia

a. *viveza*
insomnio
despabilamiento

soporífero
s. soporífico
tranquilizante
sedante
narcótico (V.)
droga
dormitivo
somnífero (V.)
hipnótico
soporoso
soñoliento
calmante
drogaticio
pesado
letárgico (V.)
letargoso
estupefaciente

s. **latoso** (V.)
pesado (V.)
aburrido (V.)
fastidioso
cargante

(V. **sopor**)

a. *excitante*
divertido
entretenido

soporoso
(V. **soporífero**)

soportable
s. **aceptable** (V.)
aguantable
llevadero (V.)
tolerable (V.)
resistible (V.)
pasable
pasadero
sufrible
sufridero
comportable
digerible
sobrellevadero
transigible
admisible
conllevable
computable

a. *insoportable*
intolerable
insufrible
inaceptable
inadmisible
insostenible
irresistible
molesto

soportal
s. porche
pórtico (V.)
cobertizo (V.)
portal
atrio
zaguán
vestíbulo
galería (V.)
sotechado
portada
ingreso
entrada (V.)
acceso
sopórtico
arcada
hastial
columnata
peristilo
propileo
claustro

soportar
s. **sostener** (V.)
llevar
resistir (V.)
tener
mantener
sustentar
aguantar (V.)
apoyar

s. **sobrellevar** (V.)
conllevar
sufrir (V.)
aguantar
tragar
pasar
endurar
digerir (V.)
resignarse (V.)
tolerar (V.)
rustir
enflautar
permitir
transigir
disimular
conformarse
tragar quina
tragar saliva
llevar la cruz
armarse de paciencia
tener aguante
tener correa
tener tragaderas
tener buena espalda
aguantar mecha

a. *caerse*
soltar
dejar
rebelarse
protestar
alzarse
negarse
reaccionar

soporte
s. **sostén** (V.)
apoyo (V.)
sustentáculo
arrimo
puntal (V.)
atril
trípode
pata
respaldo
columna (V.)
arrimadero
recostadero
pescante
estribadero
platina
estribo
parapeto
entibo
asnilla
apoyadura
apeo
trébede
fundamento (V.)
base (V.)
viga
arbotante
tirante
pilar
cimiento (V.)
poste
rodrigón (V.)
tarugo
repisa (V.)
cuña
cucharetero
sustentación

s. **auxilio** (V.)
sustento
protección (V.)
amparo
defensa
sostén
aval
aliento
ayuda
patrocinio
socorro
confirmación

a. *desamparo*
indiferencia
abandono
desvalimiento

sopórtico
(V. **soportal**)

soprano
s. tiple
voz (V.)
cantante (V.)
superano
sopranista

s. soprano dramática
soprano lírica
soprano ligera
soprano lírico-dramática
mezzo soprano

s. **castrado** (V.)
(hombre)

sopuntar
(V. **señalar**)

sor
s. sóror
hermana (V.)
monja
oblata
religiosa (V.)
novicia
profesa
tratamiento (V.)

sorber
s. tragar
chupetear
absorber (V.)
aspirar (V.)
consumir
mamar
chupar (V.)
succionar
libar
beber
abrevar

s. **engullir** (V.)
ingurgitar

s. **atraer** (V.)
sorber la atención
sorber el seso
encandilar
fascinar (V.)
maravillar

(V. **sorbo**)

a. *expeler*
arrojar
despedir
escupir
echar
lanzar
devolver
repeler
desencantarse
desilusionarse

sorbete
s. **helado** (V.)
mantecado
canuto
polo
refresco (V.)
copete
arlequín
batido
granizado

s. quedarse como un sorbete
estar hecho un sorbete

sorbetón
(V. **sorbo**)

sorbo
s. **succión** (V.)
bebida
chupete
libación
trago (V.)
chupada
chupadura
sorbetón
buche
buchada
chupetón
absorción
aspiración
bocanada
mamada

s. a sorbos

a. *expulsión*
devolución
arrojamiento

sorche
(V. **soldado**)

sorda
s. **ave** (V.) (zancuda)
agachadiza (V.)
agachadera
cogujada
rayuelo

s. guindaleza (mar.)
cabo (V.)

sordera
s. sordez
ensordecimiento
sordedad
sordomudez
disecea
ensordamiento

s. sordera apopletiforme
sordera cerebral
sordera cortical
sordera histérica
sordera mental
sordera laberíntica
sordera psíquica
sordera paradójica
sordera musical
sordera verbal
sordera tóxica

a. *audición*
oído

sordidez
s. **suciedad** (V.)
miseria (V.)
pobreza
ruindad
vileza

s. **avaricia** (V.)
tacañería
mezquindad
rapacidad
ruindad (V.)
roña (V.)
gazmoñería
cicatería

s. **indecencia** (V.)
deshonestidad
impureza
impudicia
impudor (V.)
obscenidad (V.)

a. *limpieza*
generosidad
honestidad
decencia
nobleza
dignidad
largueza
pureza
pudor

sórdido
s. abandonado
sucio (V.)
piojoso
mísero

s. tacaño
avaro (V.)
mezquino (V.)
cutre
rapaz
miserable (V.)
egoísta
usurero
roñoso
pobre
ruin (V.)

s. indecente
deshonesto (V.)
impuro
indecoroso
escandaloso
obsceno (V.)

(V. **sordidez**)

a. *limpio*
generoso
espléndido
honesto
decente
puro
noble
digno
decoroso

sordina (a la)
s. sigilosamente
silenciosamente
con **cautela** (V.)
con **sigilo** (V.)

sordo
s. **tardo** (V.)
teniente
sordomudo
insensible (V.)
ensordecido
impedido
privado
disminuido
defectuoso
duro de oído
como una tapia

s. **silencioso** (V.)
callado
apagado (V.)
sigiloso
insonoro
ahogado
amortiguado
opaco
silente
secreto
lejano
pardo
áspero

s. **indiferente** (V.)
impasible (V.)
insensible
inconmovible
cruel (V.)
desalmado
frío
inflexible
empedernido
inexorable

s. hacerse el sordo
lima sorda
sordo como una tapia
a la sorda
a sordas
pólvora sorda
nos oirán los sordos

(V. **sordera**)

r. No hay peor sordo que el que no quiere oír

a. *audible*
fino (de oído)
sonoro
estruendoso
retumbante
piadoso
benevolente

sordomudez
(V. **sordera**)

(V. **mudez**)

sordomudo
(V. **sordo**)

(V. **mudo**)

sorel
(V. **jurel**)

sorgo
s. **cereal** (V.)
mies (V.)
adacilla
adaza
sahín
panizo negro
ardurán
zahína
alcandía
melca
daza
alcandiga

sorguín
(V. **hechicero**)

sorites
(V. **raciocinio**)

(V. **silogismo**)

sorna
s. **flema** (V.)
lentitud (V.)
cachaza (V.)
posma
pachorra
roncería
pausa
tranquilidad
calma

s. **bellaquería** (V.)
disimulo (V.)
trastienda
maulería
tapujo
relente
capa
socarra
socarronería
doblez
fingimiento

s. **burla** (V.)
ironía

a. *actividad*
viveza
diligencia
sinceridad
nobleza
dignidad
seriedad

soroche
(V. **asma**)

(V. **angustia**)

sóror
(V. **sor**)

sorprendente
s. **impresionante** (V.)
maravilloso
chocante
asombroso (V.)
desusado
inconcebible
inaudito
increíble
sensacional
portentoso (V.)
admirable
extraordinario (V.)
peregrino
fabuloso
inesperado
repentino (V.)
fantástico
milagroso (V.)
raro (V.)
sensacional
tremendo
extraño
insólito
sobrenatural
imprevisto
imprevisible
inexplicable (V.)
insospechado
insospechable
singular
deslumbrante
inverosímil
incomprensible (V.)

(V. **sorpresa**)

a. *natural*
corriente
vulgar
común
abundante
ordinario
esperado
creíble
habitual
acostumbrado
sólito
real
material
previsto
explicable
comprensible
verosímil
despreciable

sorprender-se
s. **maravillar** (V.)
asombrar (V.)
admirar
anonadar
pasmar (V.)
paralizar
destaparse (V.)
sobrecoger (V.)
impresionar (V.)
chocar (V.)
insospechar
desconcertar
conmover
enajenarse
encanarse
turbar (V.)
extrañarse
petrificar
suspenderse
descolgarse
saltar con
dejar con la boca abierta
dejarse caer
caer como una bomba
coger de nuevas
quedarse de una pieza
dejar turulato
dar la campanada
dar el golpe
tirar a uno de espaldas
meter ruido
hacerse uno cruces
quedarse hecho una estatua
quedarse uno muerto

s. **atrapar** (V.)
interprender
prender
descubrir (V.)
coger
cazar
saltear
pillar (V.)
pescar
encontrar (V.)
apresar
localizar
desenmascarar
coger de sopetón
coger con las manos en la masa
coger «in fraganti»
coger a uno en el garlito
coger a uno en el mal latín
coger de sorpresa
buscar las vueltas a uno

(V. **sorpresa**)

a. *prever*
anticiparse
sospechar
explicar
esperarse
ocultar
esconder
liberar
soltar
enmascarar
camuflar

sorprendido
s. **maravillado** (V.)
asombrado (V.)
extrañado (V.)
admirado
patidifuso
turulato
confuso (V.)
petrificado
pasmado (V.)
paralizado
parado (V.)
sobresaltado
desconcertado
impresionado
estupefacto (V.)
conmovido
sobrecogido (V.)
atónito
boquiabierto
clavado
despatarrado
espatarrado
suspenso
frío
helado
patitieso (V.)
suspenso
de una pieza
con la boca abierta
con los ojos muy abiertos

s. **descubierto** (V.)
desenmascarado
cogido
atrapado (V.)
apresado
cazado
pescado
pillado
con las manos en la masa

(V. **sorpresa**)

a. *indiferente*
impertérrito
insensible
claro
tranquilo
sereno
habitual
oculto
escondido
perdido
escapado
libre
desembarazado
liberado

sorpresa
s. **extrañeza** (V.)
estupor
asombro (V.)
pasmo (V.)
sobresalto
trastorno
desconcierto (V.)
susto (V.)
impresión (V.)
alarma
escopetazo
trabucazo
clarinazo
ruido
ramalazo
consternación
confusión (V.)
admiración
golpe
turbación
sobrecogimiento
chasco (V.)
sensación (V.)
imprevisión (V.)
inadvertencia
maravilla
campanada (V.)
conmoción
indeliberación
desengaño (V.)
repullo

s. **exclamación** (V.)
¡díantre!
descubrimiento
estratagema (V.)
trampa
tranquilla
emboscada
trasnochada
encamisada
ensabanada
sobrevienta
malón
golpe de mano
inadvertencia (V.)

a. *indiferencia*
naturalidad
previsión
preanuncio
claridad
serenidad
tranquilidad
conocimiento
advertencia
calma
imperturbabilidad
frialdad

sorqui
(V. **rodete**)

sorrostrada
(V. **insolencia**)
(V. **descaro**)

sorteamiento
(V. **sorteo**)

sortear
s. **rifar** (V.)
encantarar
imbursar
sacar
insacular
salir
tocar
jugar (V.)
intervenir
participar
distribuir (V.)
decidir
regalar
quintar
diezmar
setenar
cantar
adjudicar
cuartear
desencantarar
obtener
tirar
echar a cara y cruz
echar china
echar pajas
echar suertes
probar suerte
entrar en suerte

s. **esquivar** (V.)
capear
obviar
torear
soslayar
eludir (V.)
evitar (V.)
rehuir
escabullirse
lidiar
zigzaguear

(V. **sorteo**)

a. *perder*
asumir
afrontar
enfrentarse

sorteo
s. **rifa** (V.)
sorteamiento
insaculación
imbursación
quinta
lotería (V.)
tómbola
azar (V.)
suerte (V.)

s. urna
bombo
cántaro
rueda
bola
billete
boleto
dados
papeleta
número
tirada
lote
premio

s. quinta
reemplazo (V.)
cupo

sortero
(V. **adivino**)

sortiaria
(V. **adivinación**)

sortija
s. **joya** (V.)
anillo (V.)
aro
alianza
tumbaga
sello
tresillo
verdugo
lanzadera
sortijilla
sortijuela
esposa
cintillo
roseta
pasador
concordia

s. **rizo** (V.)
caracol

s. correr sortija
sortija de pedida

sortilegio
s. atractivo
influencia (V.)
ensalmo
embrujo
hechizo
encantamiento (V.)
embrujamiento
hechizamiento
hechicería (V.)
encanto

s. **adivinación** (V.)
augur
auguración
pronóstico
revelación
profecía
vaticinio
cábala

a. *exorcismo*
desencanto
conjuro
realidad

sortílego
s. augur
adivino (V.)
profeta
hechicero (V.)
mago
brujo
encantador
vaticinador
profeta
merlín
pronosticador
agorero
provicero

(V. **sortilegio**)

a. *exorcista*
realista

s.o.s.
(V. **socorro**)
(V. **peligro**)

sosa
s. soda
óxido de sodio
barrilla
natrón
almarjo
mazacote

s. barrilla
planta (V.)
(aplicaciones químicas)

s. sosa cáustica
sosa boratada
sosa comercial

sosaina
(V. **soso**)
(V. **simple**)

sosañar
(V. **zaherir**)
(V. **reprender**)

sosegado
s. **apacible** (V.)
tranquilo (V.)
flemático
reposado (V.)
calmoso
sereno
quieto (V.)
pacífico
inmutable
frío
plácido
suave
grave
fresco
parado
aplanado
adormecido
impávido
imperturbable
aletargado
sesgo (V.)
indolente
negligente
juicioso
silencioso
lento (V.)

(V. **sosiego**)

a. *alterado*
nervioso
excitado
alocado
travieso
rápido
intranquilo
descuidado
activo

sosegador
s. calmante
tranquilizador (V.)
reparador
restaurador
apaciguador
suavizador
moderador
aplacador

(V. **sosiego**)

a. *desasosegador*
excitante
exasperante

sosegar-se
s. **tranquilizar** (V.)
acalugar
aplacar
pacificar
inmovilizar (V.)
aquietar
apaciguar (V.)
desatufarse
asosegar
desenfadarse (V.)
sedar
sesgar
satisfacer
serenar
moderar

s. **descansar** (V.)
reposar (V.)
dormir
dormitar
sentarse
aplomar
languidecer
aletargarse

s. **reponerse** (V.)
rehacerse
refrenarse
volver en sí

(V. **sosiego**)

a. *acalorar-se*
inquietar-se
excitar-se
destemplar-se
desasosegar-se

sosera
(V. **sosería**)

sosería
s. sosera
pesadez
insipidez (V.)
sonsera
zoncera
zoncería
ñoñez (V.)
desabrimiento
asadura
pato
ñoñería (V.)
puerilidad
aburrimiento (V.)
estupidez (V.)
apatía
patarra (V.)
guasa (V.)
pavo
panfilismo
pavada
secatura
mala sombra
mala pata
mal ángel
simpleza (V.)
insubstancialidad
vacuidad
insulsez

a. *gracia*
salero
garbo
inteligencia
agudeza
distracción

sosia
s. **parecido** (V.)
doble (V.)
gemelo
idéntico

a. *diferente*
distinto

sosiega
(V. **descanso**)
(trabajo)
(V. **trago**)

sosiego
s. **quietud** (V.)
serenidad
calma (V.)
tranquilidad (V.)
moderación
indolencia
inercia
silencio
aplacamiento
descanso (V.)
ocio
espera
cachaza (V.)
placidez
bonanza
confianza
reportación
cesación
vagar
huelga
estancamiento
adormecimiento
postración
letargo (V.)

a. *movimiento*
excitación
actividad
intranquilidad
acceso
agitación
ruido

soslayable
s. evitable
eludible (V.)
sorteable
salvable
esquivable

(V. **soslayamiento**)

a. *insoslayable*
inevitable
ineludible
insalvable

soslayado
s. evitado
evadido (V.)
esquivado
sorteado
hurtado
salvo
rehuido
marginado
de soslayo
de reojo

a. *asumido*
responsabilizado

soslayamiento
s. rodeo
evitación
retraimiento
huida
precaución
substracción
evasión (V.)
escapatoria
escamoteo
escabullimiento
evasiva (V.)
regate
pretexto
subterfugio
sorteo
excusa
apartamiento

a. *afrontamiento*
enfrentamiento
arrostramiento
responsabilización

soslayar
s. atravesar
ladear
oblicuar
sesgar
inclinar (V.)
nesgar
esquinar
trincar

s. sacudirse
evitar (V.)
rehuir
sortear
regatear (V.)
esquivar (V.)
eludir (V.)
obviar (V.)
dar de lado
pasar de largo
pasar por alto
substraer (V.)

(V. **soslayo**)

a. *enderezar*
afrontar
asumir

incoloro
moniato
pasmado (V.)
parado
corto
tímido
bobo (V.)
indefinido (V.)
lacio
ave fría
pan sin sal
mala sombra

(V. **sosería**)

a. *salado*
sabroso
definido
gustoso
substancioso
substancial
gracioso
ocurrente
agudo
sandunguero
divertido
entretenido
garboso
agraciado
inteligente
listo
atrevido
audaz
lanzado
lucido
brillante
expresivo
locuaz
profundo
activo
rápido
fresco
sinvergüenza

soslayo (de)

s. soslayado
sesgado (V.)
sesgo
cruzado
oblicuo (V.)
nesgo
inclinado (V.)
transversal
diagonal
ladeado

s. **de reojo** (V.)
de lado
de pasada
de costado
por encima
al soslayo

a. *derecho*
recto
directo
vertical

soso

s. **insulso** (V.)
anodino
insípido (V.)
desaborido
desabrido
sosaina
desalado
disgustado
badea
disgustoso
hebén
insubstancial

s. **simple** (V.)
vacío
tonto
tontorrón
desangelado
pavo (V.)
ganso
patoso
pavisoso (V.)
zonzo
sonso
ñoño (V.)
patarroso
seco
deslucido
frío (V.)
anodino
chocholo
simplón
necio (V.)
pueril
estúpido
indiferente (V.)
inexpresivo (V.)
apático
abúlico
aburrido (V.)
asadura
calabaza
boniato
desgraciado (V.)
desgraciado
lila
sinsorgo
sinsubstancia
zonzorrión
chirle
desdonado
esaborío
gazmoño

sospecha

s. barrunte
barrunto (V.)
conjetura
aprensión
asomo
presunción (V.)
pensamiento
suposición
indicio (V.)
escama
indicación (V.)
desconfianza (V.)
reconcomio
duda (V.)
olfateo
olor (V.)
suspicacia (V.)
fantasía
cuidado
susceptibilidad
suspección
escrúpulo (V.)
prejuicio
desasosiego
recelo
recelamiento
malicia (V.)
desesperanza
desazón
vislumbre
idea (V.)
suspicacia
miedo (V.)
temor (V.)
prevención
incredulidad
figuración (V.)
imaginación
ilusión
preocupación
intuición (V.)
resquemor (V.)
remusgo
reconcomio
recelo (V.)
quimera
celos (V.)
difidencia
entredicho
escama
espina

s. sospecha fundada

r. Quien mal hizo, sospecha del vecino ■ Quien tiene sospechas rincones busca en rayas derechas ■ El corazón sospechoso no tiene reposo

a. *confianza*
seguridad
garantía
creencia
certeza
indiferencia

sospechar

s. **dudar** (V.)
recelar (V.)
maliciar (V.)
temer
fichar
desconfiar (V.)
remusgar
celar
presumir (V.)
vislumbrar
ver (V.)
barruntar (V.)
olerse (V.)
escamarse
mosquearse
amoscarse
remosquearse
conjeturar
antojarse
imaginar (V.)
idear (V.)
fantasear
suponer (V.)
preocuparse (V.)
reconcomerse
sentir (V.)
prever
presentir (V.)
presagiar
figurarse
forjarse
pensar (V.)
olfatear
indiciar
atisbar (V.)
creer
asustarse (V.)
ventear

s. estar sobre aviso
pensar mal
dar que pensar
abrigar sospechas
dar a uno en la nariz
poner en cuarentena
poner en tela de juicio
hacérsele a alguien los dedos huéspedes
no tragarse la píldora
estar mosca
no oler bien
estar ojo avizor
tener la mosca en la oreja
dar mala espina
traer entre ojos
tener visos de
no tenerlas todas consigo

(V. **sospecha**)

a. *confiar*
creer
garantizar
asegurar
afirmar
convencerse
tranquilizarse
comprobar

sospechoso

s. **desconfiado** (V.)
escamado
suspicaz (V.)
escamón
matrero
escaldado
escarmentado
celoso (V.)
receloso
malicioso
dudoso (V.)
mosqueado
malpensado
maliciable
avispado
difidente
susceptible (V.)
señalado
suspecto
caviloso

s. **raro** (V.)
extraño (V.)
misterioso
equívoco (V.)
incierto (V.)
discutible
inseguro
indicioso
inconfidente
indiciado
fariseo
hipócrita (V.)
emponchado
fichado
turbio (V.)
obscuro (V.)
desusado
anormal (V.)
oculto
secreto
malcarado

s. **furtivo** (V.)
vagabundo
merodeador
maleante (V.)
encausado
encartado
patibulario
elemento sospechoso
malcarado

(V. **sospecha**)

a. *confiado*
cierto
verosímil
seguro
normal
inequívoco
indiscutible
inocente

sostén

s. **soporte** (V.)
apoyo (V.)
sostenimiento
arrimo
base (V.)
fundamento (V.)
sustentación
sustentáculo
cimiento (V.)
suelo (V.)
puntal (V.)
entibo
pilar (V.)
pilastra
columna (V.)
empenta
resistencia
estribo
estribadero
tentemozo
contrafuerte
hinco
asnilla
apeo
arimez
brazo
viga
arbotante
pata
respaldo
tarugo
tirante
poste (V.)
caña
alma
armadura
suspensorio
tiento
muleta (V.)
armazón
arrimadero
bastidor
cayado
bastón
palo
bordón
burro
borriquete
caballo
caballete
esqueleto
macho
horca
horquilla
ménsula (V.)
mástil
percha (V.)
palomilla
marco
estructura
poyo
trípode
rodrigón
trébedes
tornapunta
montura
tinglado
andamio
andarivel
baranda
barandilla
asiento (V.)
codal
pierna
jamba
cariátide
atlante
atril
báculo
basa
repisa
patrón
tijera
morillo
consola
espeque
guardamancebo
marchapié
pedestal
pescante
pie
pivote
plataforma
piedra angular
suelo (V.)
taco
tablado
tanganillo
telamón

s. **ayuda** (V.)
defensa
protección (V.)
socorro
amparo
auxilio
aval
aliento
respaldo
patrocinio
mantenimiento
sustento
alimento (V.)

s. mantenedor
auxiliador
protector (V.)
patrón
padrino
ayudador
mecenas
favorecedor (V.)
sostenedor
amparador
defensor

s. sujetador
ceñidor
corpiño
cubrecorsé
prenda interior
ajustador

a. *desarrimo*
inconsistencia
abandono
desamparo
desasistencia
indiferencia
desinterés

sostenedor

(V. **protector**)

(V. **defensor**)

sostener-se

s. **soportar** (V.)
mantener (V.)
recostarse
sustentar (V.)
apoyar (V.)
asegurar
afirmar
fortalecer
apear
aguantar
apuntalar (V.)
resistir (V.)
sujetar (V.)
cargar
equilibrar
consolidar
reforzar
apontocar
entibar
basar
estantalar
estribar
tener
jabalconar
percontear
recibir (V.)

s. **proteger** (V.)
defender (V.)
ayudar (V.)
auxiliar
socorrer
patrocinar
animar
alentar
cooperar
asistir
favorecer (V.)
alimentar (V.)
subvencionar
pagar
nutrir

s. **mantener** (V.)
sopesar
asegurar (V.)
reafirmar
perseverar (V.)
aseverar
especificar
certificar
testimoniar
declarar
ratificar (V.)
proclamar
insistir

s. **blandir** (V.)
empuñar
esgrimir (V.)
enarbolar
tener (V.)
coger
tremolar
llevar
colgar

s. **resistir** (V.)
perdurar
prolongarse
durar (V.)
eternizarse
mantenerse

(cont.)

perpetuarse
continuar (V.)
proseguir

(V. **sostén**)

(V. **sostenimiento**)

a. *abandonar*
soltar
dejar caer
caerse
derrumbarse
desamparar
desasistir
renunciar
desanimar
desalentar
cejar
desistir
soltar
rechazar
pasar
cesar
interrumpirse
acabar
terminar

sostenido
s. incesante
permanente (V.)
seguido
continuo (V.)
continuado
mantenido
proseguido
consecutivo
constante
ininterrumpido
perseverante
asiduo (V.)
uniforme
proseguido
perpetuo

(V. **sostenimiento**)

a. *interrumpido*
cortado
alternado
salteado

sostenimiento
s. mantenimiento
manutención (V.)
alimentación (V.)
sustento

s. **apoyo** (V.)
apuntalamiento
sostén (V.)

a. *desamparo*
abandono
hambre

sota
(V. **carta**)
(baraja)

(V. **prostituta**)

sotabanco
s. **ático** (V.)
buhardilla
buharda
sobrado
desván (V.)
zaquizamí
tabanco
guardilla
cámara
camarote
bohardilla

a. *sótano*

sotabarba
(V. **barba**)

(V. **papada**)

sotacola
(V. **ataharre**)

sotana
s. hábito
túnica
taladura
loba (V.)
vestidura (V.)
(talar)
sobrepelliz (V.)

s. **somanta** (V.)

a. *caricia*
mimo

sotanear
(V. **reprender**)

(V. **zurrar**)

sotanillo
(V. **sótano**)

sótano
s. túnel
bóveda
cueva (V.)
cava
subterráneo (V.)
cripta
bodega (V.)
catacumba
subsuelo
soterrado
silo
sotanillo

a. *sotabanco*
ático

sotavento
(V. **costado**)
(nave)

sotayuda
(V. **sirviente**)
(palatino)

sotechado
s. porche
soportal (V.)
portada
cochera
tinglado
cobertizo (V.)
techado
alpende
marquesina

sotera
(V. **azada**)

soterrado
(V. **oculto**)

(V. **enterrado**)

soterramiento
(V. **enterramiento**)

(V. **ocultación**)

soterráneo
(V. **soterrado**)

soterraño
(V. **soterrado**)

soterrar
s. **enterrar** (V.)
sepultar (V.)
sumir
sepelir

s. **esconder** (V.)
guardar
encerrar
amagar
recatar
ocultar
encubrir

(V. **soterramiento**)

a. *desenterrar*
descubrir

sotillo
(V. **soto**)

soto
s. sotillo
arboleda (V.)
alameda
chopera
tamaral
boscaje
matorral
zarzal
bosquecillo
floresta
fronda
breñal
maraña
maleza
espesura
monte (V.)

s. batir el soto

a. *desierto*
yermo

sotrozo
s. **pasador** (V.)
aro
anillo
zuncho (V.)

sotuer
s. aspa
sautor
banda
barra
escudo (V.)
(heráldico)

soturno
(V. **triste**) (día)

(V. **obscuro**) (día)

sound track
(de sonido) (cine)

(V. **banda**)

souvenir
(V. **recuerdo**)

soviet
(V. **consejo**)
(ruso)

(V. **comité**)
(ruso)

(V. **asamblea**)
(ruso)

soviético
s. **comunista** (V.)
bolchevique
marxista
ruso

speaker
(V. **locutor**)

(V. **presidente**)
(Cámara de los Comunes)

specimen
(V. **espécimen**)

(V. **muestra**)

speech
(V. **discurso**)

spider
(V. **maletero**)
(coches)

spiegel
(V. **hierro**)
(colado)

spin
(V. **rotación**)
(partículas del átomo)

spleen
(V. **aburrimiento**)

(V. **abulia**)

sport
(V. **deporte**)

sportman
(V. **deportista**)

spot
(V. **filme**)
(publicitario)

sprint
(V. **esfuerzo**)
(carreras)

(V. **impulso**)
(carreras)

sprintar
(V. **acelerar**)

sputnik
(V. **satélite**)
(artificial)

stábat
(V. **himno**)
(a la Virgen)

stadium
(V. **estadio**)

staff
(V. **directiva**)

stand
(V. **caseta**)

(V. **pabellón**)

(V. **puesto**)

standard
(V. **nivel**)

(V. **tipo**)

(V. **uniforme**)

standardizado
(V. **homologado**)

(V. **normalizado**)

(V. **tipificado**)

standing
(V. **categoría**)

(V. **reputación**)

star
(V. **estrella**)
(espectáculo)

starter
(V. **arranque**)
(carburador)

statu quo
(V. **estado**)
(de cosas)

(V. **situación**)
(actual)

steak
(V. **tajada**)
(carne)

(V. **bistec**)

steamer
(V. **barco**)
(de vapor)

steeple-chase
(V. **carrera**)
(de obstáculos)

(V. **salto**)
(de vallas)

steward
(V. **camarero**)

stewardess
(V. **camarera**)

stick
(V. **bastón**)

(V. **palo**)
(deporte)

stock
(V. **reserva**)

(V. **depósito**)

stop
(V. **alto**)

(V. **punto**)

store
(V. **cortina**)

(V. **toldo**)

stout
(V. **cerveza**)
(fuerte)

stress
(V. **tensión**)

strip-tease
(V. **desnudo**)

suasorio
s. **persuasivo** (V.)
persuasor
suasor
seductor
convincente

a. *polémico*
discutible

suave
s. **liso** (V.)
terso (V.)
pulido
brillante
aterciopelado
terciopelado
sedoso (V.)
satinado
raso (V.)
fino (V.)
resbaladizo
jabonoso (V.)
igual
parejo
uniforme
alisado
bruñido
laqueado
lustroso
pulimentado

s. **blando** (V.)
muelle (V.)
regalado (V.)
dulce (V.)
flojo
delicado (V.)
acariciador
grato
mole
incruento (V.)
lene (V.)
mego
mondo
homogéneo (V.)
lampiño
delgado
nidio
móbido (V.)

s. murmurante
rumoroso (V.)
meloso
tranquilo (V.)
sosegado
doncel (V.)
pacífico
quieto
manso (V.)
tibio (V.)
templado (V.)
apacible (V.)
quedo (V.)
benigno
afectuoso

(cont.)

s. **lento** (V.)
moderado
calmoso
gradual (V.)
flemático
pausado
lánguido
retardado
tardo

s. **dúctil** (V.)
manejable
maleable
manual (V.)
manipulable
flexible (V.)
dócil (V.)
fácil
obediente
sumiso

(V. **suavidad**)

a. *áspero*
abrupto
rugoso
basto
fuerte
violento
irritable
duro
rápido
indócil
desapacible
desagradable
brusco

suavidad

s. **lisura** (V.)
rosa
tersura (V.)
pulimento
finura
lenidad
sedosidad
tenuidad
homogeneidad (V.)
llanura
igualdad
ras
lustre
pulidez
limpidez
trasparencia
brillantez
brillo

s. melosidad
dulcedumbre (V.)
dulzura (V.)
delicadeza (V.)
finura
exquisitez
fineza
sutileza
moderación
cuidado
cariño
afabilidad
feminidad (V.)

s. serenidad
docilidad (V.)
obediencia
sumisión
flexibilidad
disciplina
subordinación
humildad
laxitud
lenidad
flojedad
quietud (V.)
calma (V.)
tranquilidad
mansedumbre (V.)
sosiego
tibieza

a. *aspereza*
rugosidad
dureza
indisciplina
rebeldía
actividad
violencia
brusquedad
torpeza
ordinariez
estridencia

suavización

s. suavizamiento
engrase (V.)
lubrificación
afinamiento
alisamiento
pulimento
desbaste
desbastado
acepillado
lijado
esmerilado

s. **apaciguamiento** (V.)
mitigación
moderación
pacificación
sometimiento

(V. **suavidad**)

a. *endurecimiento*
acaloramiento
crispamiento
excitación
enfurecimiento

suavizante

s. edulcorante
emoliente (V.)
expectorante
suavizador
acariciador
abrasivo
crema
encáustico
cepillo
lima
lija
esmeril
piedra pómez
mástique
rulo
pulidor

s. mitigante
calmante
tranquilizante (V.)
planta (V.) (emoliente)

(V. **suavidad**)

a. *irritante*

suavizar-se

s. **pulir** (V.)
alisar
pulimentar
matizar (V.)
igualar
cepillar
acepillar
limar
abrillantar
bruñir (V:)
lijar (V.)
asedar
esmerilar
apomazar
repulir
afinar (V.)
refinar
molificar
enmelar
confitar
azucarar
endulzar (V.)
dulcificar (V.)
allanar
propiciar (V.)
raspar (V.)
azemar
desbastar
engrasar (V.)
lubricar
lubrificar

s. **tranquilizar** (V.)
calmar
apaciguar
sosegar
serenarse (V.)
desembravecer
facilitar (V.)
pacificar
templar (V.)
moderar (V.)
atenuar (V.)
amortiguar
aliviar (V.)
asedar
relajar
lenificar (V.)
laxar
molificar (V.)
aflojar
atemperar
abirritar
disminuir
someter
abemolar
ceder (V.)
quebantar (V.)
debilitar (V.)
dejar como un guante
poner como la seda

(V. **suavidad**)

a. *embastecer*
arrugar
agriar
desasosegarse
intranquilizarse
inquietar
irritar
enfurecer
destemplar
rebelarse
distender
insistir
agravar
reforzar

sub-

s. bajo
debajo (V.)
inferior (V.)
su-
soto-
subst-
sus-
so-
son-
sor-
sos-
subscr-
sota-
soz-

a. *encima*
superior

subalquilar

(V. **subarrendar**)

subalterno

s. **secundario** (V.)
accesorio (V.)
menor
ínfimo
inferior (V.)

s. subordinado
empleado (V.)
oficial
dependiente (V.)
auxiliar (V.)
vasallo
súbdito
sujeto
adjunto
agregado
siervo
seguidor
ayudante
sometido
bedel
conserje
mozo
sirviente
criado
ordenanza
sayón
portero
ujier

a. *principal*
importante
mayor
superior
jefe
director
responsable
patrón
amo

subarrendado

(V. **realquilado**)

subarrendamiento

(V. **subarriendo**)

subarrendar

s. subalquilar
contratar
alquilar
arrendar (V.)
pactar
acordar
realquilar

(V. **subarriendo**)

subarriendo

(V. **subarrendar**)

subasta

s. liquidación
almoneda (V.)
subastación
puja (V.)
licitación (V.)
encante
adjudicación
concurso (V.)
remate (V.)
requinto
compraventa
venta (V.) (pública)
oportunidad
ocasión
lailán
venduta
alzamiento
oferta
mejora
postura
tanteo
contrata (V.)

s. **martillo** (V.)
pliego (de condiciones)

s. **subastador** (V.)

s. en pública subasta

subastación

(V. **subasta**)

subastador

s. **vendedor** (V.)
martillero
adjudicador
rematador
voceador
liquidador (V.)
postor
licitador
licitante
pujador
rematante
requintador
ponedor
mejor postor
mayor postor
adjudicatario
rentero

(V. **subasta**)

subastar

s. **liquidar** (V.)
vender (V.)
almonedar
almonedear
correr
marear
rematar (V.)
requintar
retasar
rebajar
pujar (V.)
hacer postura
citar de remate
adjudicar
mejorar
tantear
tranzar
mejorar la parada
encantar
tasar
licitar
sacar a pública subasta

(V. **subasta**)

a. *comprar*
adquirir
quedarse con

subconsciencia

(V. **inconsciencia**)

(V. **consciencia**)

subconsciente

s. atavismo
instinto
subconsciencia (V.)
consciencia

s. **inconsciente** (V.)
instintivo (V.)
automático
maquinal
mecánico
involuntario (V.)
reflejo
atávico
espontáneo

a. *voluntad*
voluntariedad
consciente
voluntario
indirecto

subdesarrollado

s. rezagado
atrasado (V.)
retrasado
pobre (V.)
primitivo
elemental
mísero
inculto (V.)

(V. **subdesarrollo**)

a. *adelantado*
progresivo
rico
evolucionado
civilizado
culto
industrializado

subdesarrollo

s. **atraso** (V.)
incultura (V.)
retraso
pobreza (V.)
miseria
elementalidad
tercer mundo

a. *adelanto*
progreso
riqueza
industrialización
abundancia
cultura
civilización

súbdito

s. gobernado
ciudadano (V.)
poblador
indígena
natural
habitante
residente
vecino
vasallo (V.)
siervo
tributario
feudatario

a. *extranjero*
señor
amo
gobernante
autoridad

subduplo

(V. **mitad**)

subentender

(V. **sobreentender**)

súber

(V. **corcho**)

(V. **corteza**)

subestimar

(V. **despreciar**)

(V. **disminuir**)

subida

s. **pendiente** (V.)
cuesta (V.)
costanilla
repecho (V.)
costana
repechón
rampa
declive
ladera
talud
escarpa
vertiente
inclinación
desnivel

s. subimiento
escalamiento (V.)
ascensión (V.)
trepa
monta
remonte
gateo
gateado
empinada
elevación

(cont.)

encumbramiento
progresión
encaramamiento
alzadura
vuelo

s. **ascenso** (V.)
mejora (V.)
progreso (V.)
promoción
adelanto
engrandecimiento
acrecimiento
bienestar

s. alza
carestía (V.)
encarecimiento
especulación
sobreprecio
abuso
inflación
exceso
crecida
crecimiento

s. **erección** (V.)
empinamiento
tiesura
erectibilidad
enhiestamiento
enhestadura
replección

s. **intensificación** (V.)
acentuación
agravación
crecimiento
incremento
aumento
acrecida (V.)
pleamar

s. ascensor
elevador
montacargas
grúa
polea
escalera

r. De gran subida, gran caída ■ Cuanto mayor es la subida, tanto mayor es la descendida

a. *bajada*
descenso
abajo
inferioridad
apeamiento
empeoramiento
retraso
atraso
disminución
baratura
deflación
reducción
flojedad
bajamar

subidero

s. montacargas
trepadera
trepador
ascensor (V.)
elevador
montaplatos
montador
escalera

s. grúa
polea
cabria
máquina

s. **rampa** (V.)
altura
pendiente

(V. **subida**)

subido

s. **vivo** (V.)
fuerte (V.)
intenso
penetrante (V.)
excesivo
exagerado
acentuado
profundo
hondo
intolerable
recio
agudo

s. **fino** (V.)
acendrado
exquisito (V.)
puro
excelente

s. **caro** (V.)
costoso
gravoso

s. **envanecido** (V.)
crecido
ensoberbecido (V.)
altivo
arrogante
despótico

s. **espigado** (V.) (plantas)
alto
lozano
trepado

(V. **subida**)

a. *suave*
sutil
impalpable
débil
moderado
superficial
tolerable
tosco
ordinario
malo
ínfimo
barato
sencillo
humilde
bajo
raquítico

subilla

(V. **lezna**) (zapatero)

subimiento

(V. **subida**)

subir-se

s. **ascender** (V.)
gatear
trepar (V.)
escalar
repechar
elevar
engarabitarse (V.)
remontar (V.)
vencer
guindar
encaramarse
levantar (V.)
empinarse
repinarse
alzar
izar (V.)
guindar
volar
encumbrar
erguir
empingorotar
sobrealzar
enaltecer
exaltar (V.)
aliviar
solivar
solaldar
arremangar
tremolar
sobrealzar
superponer
arbolar
apalancar
coger
remangar
soalzar
encopetar
enarbolar
incorporar
enhestar
inhestar
encimar (V.)

s. **crecer** (V.)
elevarse (V.)
aumentar
incrementarse
desarrollarse
adelantar

s. **cabalgar** (V.)
montar

s. **importar** (V.)
costar

s. **encarecer** (V.)
costar caro
aumentar
crecerse
ensoberbecerse (V.)
envanecerse
envalentonarse

s. **espigar-se** (V.) (plantas)
ascender

s. **mejorar** (V.)
pujar (V.)
progresar (V.)
promover
beneficiarse
ganar

s. subirse a la parra
subirse a la cabeza
subir el precio
subir de punto
subir de tono
subirse a las barbas
subirse la sangre a la cabeza
subirse por las paredes
subirse el pavo
subirse el humo a las narices
subirse a predicar

(V. **subida**)

a. *descender*
bajar
apear
arriar
descolgar
agacharse
humillar
arriar
disminuir
decrecer
retrasar
abaratar
acobardarse
empeorar
empobrecerse
perder
perjudicarse

súbito

s. **repentino** (V.)
imprevisto
impensado (V.)
inopinado
instantáneo (V.)
subitáneo
rápido
inmediato
brusco
inesperado (V.)
improviso

s. **sopetón** (V.)
pronto (V.)
arrechucho
ataque

s. **impetuoso** (V.)
precipitado
violento
vehemente (V.)
impulsivo
arrebatado
raudo
vertiginoso

s. de súbito

a. *lento*
tardo
calmoso
esperado
pensado
previsto
premeditado
mediato
directo
suave

subjetivo

s. intransferible
personal (V.)
propio
peculiar
individual
intrínseco
parcial (V.)

a. *general*
común
objetivo
imparcial
impersonal
neutral

sub júdice

(V. **decisión**) (sometido a)

sublevación

s. sublevamiento
motín
solevamiento
alzamiento
militarada
sedición (V.)
rebelión (V.)
pronunciamiento (V.)
insurrección (V.)
revolución (V.)
subversión
insumisión
convulsión
trastorno
cuartelada
levantamiento (V.)
indisciplina
anarquía
desenfreno
asonada
agitación
conmoción
disturbio (V.)
conspiración
rebeldía
revuelta
tumulto
plante

s. comunidades
germanías
la Gloriosa

a. *sometimiento*
sumisión
obediencia
orden
disciplina
aplastamiento
calma
pacificación

sublevamiento

(V. **sublevación**)

sublevar-se

s. hostigar
excitar (V.)
provocar
incitar
insurreccionar (V.)
insubordinar
desobedecer (V.)
insurgir
solevarse
amotinar (V.)
revolucionar (V.)
trastornar
conspirar
perturbar
alborotar
revolver
soliviantar (V.)
desafiar
planear
indisciplinarse (V.)
alzarse
rebelarse (V.)
desmandarse
pronunciarse (V.)
enfrentarse
independizarse
levantarse (V.)
insolentarse
echarse a la calle
alzarse en armas
alzar banderas

s. **irritarse** (V.)
indignarse (V.)
excitarse
encolerizarse
enfurecerse
salirse de sus casillas

(V. **sublevación**)

a. *obedecer*
someterse
subordinarse
contenerse
reprimirse
sufrir
tolerar
aguantar
ordenar
rendirse
calmarse
aquietarse
tranquilizarse
sosegarse

sublimación

s. **deificación** (V.)
encumbramiento
engrandecimiento
exaltación (V.)
glorificación (V.)
enaltecimiento
ensalzamiento
elogio
idealización (V.)

s. **destilación** (V.)
sedimento
cohobación
alambicamiento
volatilización
evaporación
disipación
gasificación (V.)

a. *humillación*
rebajamiento
desdén
degradación
abyección

sublimado

s. deificado
exaltado
engrandecido
glorificado (V.)
enaltecido
magnificado

s. argento vivo
sublimado corrosivo
solimán

(V. **sublimación**)

a. *humillado*
rebajado
despreciado

sublimar-se

s. deificar
enaltecer
glorificar (V.)
magnificar
ensalzar
exaltar (V.)
engrandecer
elevar
ennoblecer
calzar el coturno

s. **destilar** (V.)
alambicar
cohobar
alquitarar
sudar
desflemar
volatilizar (V.)
gasificar (V.)

(V. **sublimación**)

a. *humillar*
menospreciar
despreciar
rebajar
desdeñar
criticar

sublime

s. **noble** (V.)
magnífico
excelente
excelso
grande
estupendo
maravilloso
fabuloso
superior
eminente (V.)
glorioso
culminante (V.)
extraordinario
ideal
trascendental
sobrehumano
inmejorable
elevado (V.)
bellísimo (V.)
insuperable
relevante
poderoso
prodigioso
superfino

(V. **sublimidad**)

a. *malo*
pésimo
desapercibido
insignificante
despreciable
abyecto
vulgar
común
innoble
material

sublimidad
s. excelencia
excelsitud (V.)
maravilla
superioridad
magnificencia
grandeza (V.)
eminencia
gloria
belleza (V.)
majestad
nobleza (V.)
proceridad
dignidad
plenitud
superioridad
notabilidad
celebridad
fama
exaltación
apogeo
beldad
hermosura
distinción
esplendidez
generosidad (V.)
bondad

a. *mediocridad*
pobreza
humildad
sencillez
vulgaridad
abyección
indignidad
vileza
bajeza
fealdad

submarino
s. subacuático
abisal
sumergido
hondo
profundo
marítimo
oceánico
insondable

s. sumergible
ictíneo
batiscafo
barco (V.)

s. periscopio
compartimento estanco
tanques
casco exterior
casco interior
inyectores de aire
válvulas de escape del aire
alerones
hélices
esnórquel
cámara de torpedos
radar
sondas ultrasonoras
hidrófonos
boya telefónica
escotilla de torpedos
cable de rechazamiento
torre de mando
antena
registrador de inmersión
escotilla de escape
lanzagranadas
cañón antiaéreo
carga de profundidad
escalera
tubo lanzatorpedos
palanca de tiro
torre de escape
puente
timón de inmersión
timón de dirección
puerta estanco
registrador de inmersión
candelero
mecanismo del cebo

s. cazasubmarinos
minas antisubmarinas

submúltiplo
(V. **divisor**)

subnormal
(V. **anormal**)

(V. **deficiente**)

(V. **minusválido**)

suboficial
s. **militar** (V.)
(subalterno)
brigada
sargento

subordinación
s. **sumisión** (V.)
acatamiento
acato
dependencia
obediencia (V.)
dedicación
entrega
sujeción
sometimiento (V.)
adhesión
supeditación
pleitesía
vasallaje
orden
disciplina
disposición
resignación
respeto
esclavitud
reducción
claudicación
inferioridad (V.)

a. *rebeldía*
desobediencia
insurrección
liberación
independencia
rechazamiento
indisciplina
resistencia
superioridad

subordinado
s. subalterno
dependiente (V.)
auxiliar (V.)
secretario
inferior (V.)
criado
servidor
siervo
vasallo (V.)
súbdito
ayudante
doméstico
satélite (V.)
sufragáneo

s. **sumiso** (V.)
sometido
supeditado (V.)
entregado
resignado
observante
disciplinado (V.)
claudicante
humillado
secundario (V.)

(V. **subordinación**)

a. *superior*
amo
jefe
director
principal
capataz
patrón
insumiso
insurgente
rebelde
indisciplinado
alzado

subordinar-se
s. **someter** (V.)
supeditar (V.)
avasallar
sujetar (V.)
disciplinar
jusmeter
sojuzgar
esclavizar

s. **posponer** (V.)
postergar (V.)
relegar
depender
despreciar

s. **clasificar** (V.)
ordenar (V.)
relacionar
conexionar
encadenar
vincular
enlazar

s. observar
obedecer (V.)
respetar (V.)
acatar (V.)
adherirse
resignarse
entregarse
humillarse

(V. **subordinación**)

a. *liberar-se*
independizar-se
sublevar-se
ascender
apreciar
desordenar
desobedecer
separarse
desvincularse

subrayar
s. **acentuar** (V.)
insistir (V.)
resaltar
recalcar (V.)
destacar (V.)
señalar
marcar
realzar
remarcar
repetir (V.)
remachar
hacer hincapié
poner énfasis
poner el acento en
poner de relieve
hacer notar
poner de manifiesto
poner en evidencia
llamar la atención
dar importancia
dar relieve
hacer resaltar

s. **rayar** (V.)
tachar
trazar
marcar
señalar

a. *ignorar*
omitir
olvidar

subrepción
s. **ocultación** (V.)
tortuosidad
ilegalidad
ilicitud
ilegitimidad
furtivez
ocultamiento
encubrimiento

a. *licitud*
claridad
descubrimiento

subrepticio
s. **encubierto** (V.)
oculto (V.)
ilícito
tortuoso
ilegítimo
furtivo (V.)
ilegal
secreto
escondido
sibilino
encubridizo

(V. **subrepción**)

a. *claro*
manifiesto
lícito
evidente
descubierto

subrogación
s. reemplazo
reemplazamiento
substitución (V.)
relevo
suplantación
cambio
relevación
solidaridad

a. *continuación*
permanencia
prosecución

subrogar
s. **substituir** (V.)
reemplazar
cambiar (V.)
relevar
mudar
suplantar

(V. **subrogación**)

a. *continuar*
proseguir
permanecer

subsanable
s. corregible
remediable (V.)
reparable
enmendable
rectificable
evitable
previsible
excusable (V.)
disculpable
restituible

(V. **subsanación**)

a. *irremediable*
inevitable
irreparable
incorregible
imprevisible
inexcusable

subsanación
s. **excusa** (V.)
disculpa (V.)
exculpación

s. corrección
enmienda
reparación
rectificación
remedio (V.)
resarcimiento
desagravio
compensación (V.)
restitución
indemnización
resolución (V.)

a. *acusación*
culpa
daño
perjuicio
empeoramiento
insistencia
agravio
repetición
agravación
olvido
omisión

subsanar-se
s. **disculpar** (V.)
exculpar
excusar
disimular (V.)
justificar
eximir

s. **resolver** (V.)
remediar (V.)
solucionar
arreglar
evitar
obviar
impedir
arbitrar
solventar
satisfacer (V.)
rematar

s. **compensar** (V.)
enmendar
rectificar (V.)
resarcir
corregir (V.)
indemnizar
restituir
desagraviar
revistar
prever
perfeccionar
mejorar
enderezar
transformar
rehacer
variar

(V. **subsanación**)

a. *acusar*
criticar
incluir
omitir
olvidar
empeorar
estropear
agravar
acentuar
dañar
perjudicar
insistir
porfiar
reincidir
repetir

subscribir-se
s. **firmar** (V.)
pactar
rubricar (V.)

s. **adherirse** (V.)
avenirse
asentir
apoyar
acceder
ayudar (V.)
aprobar (V.)
ratificar (V.)
afirmar
patrocinar
proteger
comprometerse (V.)
obligarse

s. anotarse
abonarse (V.)
apuntarse
inscribirse (V.)
afiliarse
registrarse
darse de alta
contribuir (V.)
suscribir

(V. **subscripción**)

a. *disentir*
discrepar
separarse
desaprobar
rechazar
negarse
desamparar
desvincularse
repudiar
liberarse
tacharse
salirse

subscrición
(V. **subscripción**)

subscripción
s. **alta** (V.)
inscripción (V.)
suscripción
suscrición
subscrición
registro (V.)
anotación
contrato
afiliación
obligación
compromiso
apuntamiento
abono
contribución (V.)
ayuda
protección

a. *baja*
salida
abandono
desistimiento

subscriptor
s. suscritor
suscriptor
subscritor
abonado (V.)
inscrito
afiliado
registrado
contribuyente
protector

s. interesado
firmante (V.)
subscrito (V.)

(V. **subscripción**)

a. *baja*

subscrito
s. suscrito
firmante (V.)
subscriptor (V.)
infrascrito
signatario
rubricante
refrendario
parte contratante
compromisario

s. registrado
inscrito (V.)
incluido
anotado
afiliado
abonado

(V. **subscripción**)

subscritor
(V. **subscriptor**)

subsecuente
(V. **siguiente**)

subsidiario
s. dependiente
accesorio (V.)
auxiliar
suplementario
complementario
secundario (V.)
suplente (V.)
anexo
adicional
obvencional

(V. **subsidio**)

a. *principal*
independiente
importante
propio

subsidio
s. **subvención** (V.)
ayuda (V.)
auxilio
pago
apoyo
amparo
contribución
socorro
colaboración
asistencia
protección (V.)
donativo
ofrenda
mejora
plus
gabela
dinero
pensión (V.)

s. **impuesto** (V.)
carga
tasa
gravamen
arbitrio
derecho
obligación
canon

a. *desamparo*
desasistencia
abandono
indiferencia
egoísmo
exención
descuento

subsiguiente
(V. **siguiente**)

subsistencia
s. **permanencia** (V.)
duración (V.)
persistencia
vida (V.)
resistencia (V.)
perduración
conservación
estabilidad
preservación
entretenimiento
cuidado (V.)
defensa
protección
sostenimiento
mantenimiento (V.)

s. **alimentos** (V.)
manutención (V.)
alimentación
comida
nutrición
pitanza
comestibles

a. *acabamiento*
fin
muerte
consunción
abandono
incuria
desamparo
indiferencia
desaparición
hambre
necesidad
desnutrición

subsistir
s. **durar** (V.)
perdurar
prolongar
persistir
permanecer (V.)
mantenerse
vivir (V.)
sobrevivir
quedar
conservarse
continuar (V.)
tirar
ir tirando
sostenerse
vegetar (V.)
cuidarse
resistir (V.)
existir (V.)
aguantar
guarir
seguir

s. **alimentarse** (V.)
nutrirse
sostenerse

(V. **subsistencia**)

a. *acabarse*
consumirse
abandonarse
desaparecer
morir
desnutrirse

substancia
s. sustancia
elemento (V.)
materia (V.)
ser (V.)
natura
naturaleza
componente
esencia (V.)
contenido
ingrediente
constituyente
material
compuesto
principio
factor
cuerpo (químico)
mineral
líquido
gas
sólido

s. **interés** (V.)
enjundia
churumo
trascendencia
contenido
alma (V.)
fondo
núcleo (V.)
meollo (V.)
espíritu
quid
miga
toque
busilis
medula (V.)
intríngulis
valor

s. seso
juicio
talento
sensatez (V.)
madurez
caletre (V.)
fundamento

s. **importancia** (V.)
carácter
trascendencia (V.)
cualidad (V.)
inherencia
propiedad
particularidad

s. hacienda
bienes
importancia
valor (V.)
estimación
caudales

s. **jugo** (V.)
zumo
caldo
suco
extracto
néctar
concentrado

s. vitamina
substancia orgánica
substancia gris
substancia blanca
substancia cortical
sin substancia
en substancia
convertir todo en substancia
poca substancia

a. *inexistencia*
nada
insipidez
trivialidad
hojarasca
vaciedad
vanidad
intranscendencia
generalidad
insignificancia
superficialidad
insensatez
tontería
incongruencia
pobreza

substanciación
(V. **resumen**)
(V. **tramitación**)

substancial
s. sustancial
esencial (V.)
importante (V.)
básico
fundamental (V.)
valioso
trascendente
principal
interesante (V.)
enjundioso
denso
medular (V.)
sólido
rotundo
decisivo

s. **propio** (V.)
natural (V.)
inmanente
coesencial
inseparable
congénito
ingénito
intrínseco
ínsito
nacido
nativo
inherente
innato
constitutivo
consubstancial

s. **substancioso** (V.)
recio
nutritivo (V.)
alimenticio (V.)
graso
positivo
fuerte

(V. **substancia**)

a. *insubstancial*
accesorio
secundario
insignificante
intrascendente
auxiliar
insípido
vacuo
desubstanciado
vacío
vano
trivial
superficial
adquirido
impropio
separable
independiente
extrínseco
ajeno
exterior
extraño
negativo

substanciar
s. sustanciar
compendiar
extractar
extraer
resumir (V.)
abreviar

s. **tramitar** (V.)
gestionar
activar
promover

(V. **substanciación**)

a. *ampliar*
extenderse
inhibirse
abandonar
retrasar
demorar
retener

substancioso
s. **nutritivo** (V.)
sustancioso
alimenticio
suculento
sabroso (V.)
caldoso
jugoso (V.)
sazonado
gustoso
apetitoso
exquisito
rico
delicioso
deleitable
substancial (V.)
concentrado
denso
suculento

s. **importante** (V.)
interesante (V.)
enjundioso (V.)
trascendente
valioso

(V. **substancia**)

a. *soso*
insípido
insubstancial
seco
desabrido
desagradable
insignificante
vacío

substantivar
s. valorizar
significar

s. **adjetivar** (V.)
calificar (V.)
gramatiquear
analizar

substantivo
s. sustantivo
nombre (V.)
palabra
ser
objeto

s. **esencial** (V.)
principal
fundamental
básico
substancial

s. **propio** (V.)
inherente
innato
correspondiente
característico
intrínseco
ingénito
inseparable
real
independiente
individual
único
particular

a. *adjetivo*
accesorio
circunstancial
secundario
extrínseco
ajeno
dependiente
impropio
impersonal

substitución
s. sustitución
compensación
conmutación (V.)
cambio
vice
trueque
reemplazo (V.)
relevo (V.)
suplantación (V.)
interinidad
permuta
suplemento
suplencia (V.)
lugartenencia
alternación
regencia (V.)
subrogación
sucesión
remuda (V.)
remudación
revezo
renovación
representación (V.)
suplección
delegación
herencia
muda
recambio
remudamiento
prótesis (V.)

s. substitución vulgar
substitución ejemplar
substitución pupilar
substitución fideicomisaria

a. *permanencia*
efectividad

substituible
s. sustituible
supletorio
permutable
reemplazable
mudable
intercambiable (V.)
cambiable (V.)
suplantable
postizo (V.)
delegable
relevable
de repuesto
a cambio
a prevención
de quita y pon

(V. **substitución**)

a. *insubstituible*
irreemplazable
inmutable
auténtico
fijo

substituidor
(V. **substituto**)

substituir
s. sustituir
reemplazar (V.)
relevar (V.)
cambiar (V.)
mudar
remudar
suplantar (V.)
permutar
canjear
renovar
trocar
suplir (V.)
delegar
representar (V.)
apoderar
auxiliar
regentar
novar
servir
desbancar
doblar
intercambiar
recambiar
revezar
subrogar
alternar (V.)
suceder (V.)
heredar
hacer las veces de
pasarse por
tomar la alternativa
hallarse en el pellejo de otro
ocupar el lugar de

(V. **substitución**)

a. *permanecer*
durar
continuar
persistir
quedarse
encabezar

substitutivo
s. sustitutivo
sucedáneo (V.)
substituto
parecido
similar (V.)
análogo
reemplazante

(V. **substitución**)

a. *original*
auténtico
legítimo
real
verdadero

a. *aumento*
incremento
suma
adición
unión
devolución
restitución
honradez
asunción

substraendo
(V. **resta**)

substraer-se
s. sustraer
restar (V.)
deducir
descontar
mermar (V.)
quitar
rebajar
disminuir
reducir

s. **hurtar** (V.)
robar (V.)
sisar
detraer
guindar
recortar
despojar
quitar
sacar
desfalcar
expoliar
rapiñar
escamotear
timar
estafar
usurpar

s. **evitar** (V.)
eludir (V.)
rehusar
apartar
separar
evadir
sortear
salvar
ahorrar
soslayar (V.)
esquivar
hurtarse
obviar
escapar
rehuir
prevenir

(V. **substracción**)

a. *añadir*
sumar
adicionar
agregar
amontonar
aumentar
reponer
devolver
dar
asumir
afrontar
encarar

substituto
s. substituidor
representante (V.)
sustituto
suplente (V.)
remedión
sucesor
delegado
tapagujeros
suplefaltas
portavoz
pericón
interino
auxiliar
apoderado
mercenario
sobrancero
supleausencias
correturnos
maniquí (V.)
alter ego
accidental
transitorio
transeúnte
esquirol
testaferro
suplantador (V.)
hombre de paja
pasante
teniente
lugarteniente (V.)
regente (V.)
vicario
relevo
vice-

s. **substitutivo** (V.)

s. **heredero** (V.)
sucesor
legatario

(V. **substitución**)

a. *permanente*
fijo
insubstituible
principal
jefe
auténtico
legítimo
titular
numerario
efectivo
real

substracción
s. sustracción
resta (V.)
descuento
diferencia
separación
remoción
disminución
merma
apartamiento

s. **robo** (V.)
sisa
hurto
usurpación
distracción
filtración
escamoteo

s. **evitación** (V.)
evasión

substrato
s. substancia
esencia (V.)
base
fundamento (V.)
meollo
fondo (V.)
trasfondo
origen (V.)
raíz
alma

a. *superficie*
superficialidad

subsuelo
s. **subterráneo** (V.)
hondura
profundidad
capa (tierra)

interior (V.)
interioridad
reconditez
terreno profundo
sótano

(V. **suelo**)

a. *superficie*

subterfugio
s. excusa
pretexto (V.)
efugio
disculpa
recurso
evasiva (V.)
salida (V.)
escapatoria
escape
argucia
triquiñuela
mentira (V.)
falsedad
disimulo
alegato
tergiversación
invocación
traza
medio (V.)
asidero
simulación

a. *franqueza*
claridad
sinceridad
verdad
declaración

subterráneo
s. sibil
caverna (V.)
sótano (V.)
covacha
cripta (V.)
bóveda
catacumba (V.)
bodega
subsuelo (V.)
pasadizo
cueva
mina
silo
excavación
gruta
pozo
trinchera
tumba
cantera
túnel
aljibe
socavón
cantina
cisterna
galápago
furnia
espundio
galería
conejera
hipogeo
profundidad (V.)

s. grutesco
rupestre
profundo (V.)
soterraño
hondo
obscuro
sirnado
abovedado
subyacente
ilegal (V.)
secreto (V.)
furtivo
oculto

a. *superficie*
altura
cumbre
cima
azotea
ático
exterior
superficial
claro

luminoso
liso
legal
conocido

suburbano
s. **periférico** (V.)
cercano
circundante
limítrofe
lindante
arrabalero
exterior
externo

(V. **suburbio**)

a. *céntrico*
interior
central

suburbio
s. aledaños
arrabal (V.)
barrio
afueras (V.)
andurrial
alfoz
extrarradio
extramuros
inmediaciones
cercanía
ensanche
ejido
alijares
periferia
límite
ciudad satélite

a. *centro*

subvalorar
(V. **despreciar**)

(V. **depreciar**)

(V. **disminuir**)

subvención
s. **subsidio** (V.)
pensión (V.)
beca (V.)
gratificación (V.)
contribución
sostén
asistencia
donativo
protección (V.)
financiación (V.)
dotación
ayuda
provisión
suministro
viático (V.)

a. *abandono*
indiferencia
desamparo
desinterés
recaudación
cobro

subvencionar
s. subvenir
sufragar (V.)
costear (V.)
pagar
proveer
suministrar
facilitar
favorecer
ayudar
financiar (V.)
socorrer
auxiliar
proteger (V.)
amparar
remediar
sostener
mantener

acorrer
contribuir
donar
dar
colaborar
atender
pensionar (V.)
becar (V.)
dotar

(V. **subvención**)

a. *desamparar*
abandonar
desasistir
negarse
rechazar
desentenderse

subvenir
(V. **subvencionar**)

subversión
s. **revolución** (V.)
transtorno
levantamiento
insurrección
disturbio
conmoción
suversión
alboroto
motín
revuelta
alzamiento
destrucción
solevación
solevamiento
perturbación
alteración
desorden (V.)
insubordinación
sedición

a. *orden*
disciplina
paz
acatamiento
obediencia
sometimiento

subversivo
s. subversor
suversivo
revolucionario (V.)
revoltoso
sedicioso
insurrecto
amotinado
alzado
alborotador
turbulento
faccioso
rebelde
perturbador
incitante
provocador (V.)

(V. **subversión**)

a. *pacífico*
disciplinado
obediente
sumiso
dócil
tranquilizador

subversor
(V. **subversivo**)

subvertir
s. suvertir
trastornar (V.)
transtornar
trastrocar
revolucionar
alterar (V.)
perturbar (V.)
revolver
amotinar
agitar

tumultuar
alborotar
destruir
desordenar
cambiar
invertir
desordenar

(V. **subversión**)

a. *ordenar*
pacificar
acatar
construir
respetar

subyacente
s. **debajo** (V.)
inferior (V.)
yacente
profundo
hondo
deprimido
oculto

a. *encima*
superior
exterior
descubierto

subyugación
s. **domingo** (V.)
tiranía
dictadura
opresión (V.)
conquista

s. **fascinación** (V.)
seducción
embeleso
sugestión
encantamiento
embrujo
hechizo (V.)
atracción (V.)

a. *sublevación*
liberación
libertad
manumisión
emancipación
repulsión
asco
exorcización

subyugado
s. **dominado** (V.)
sometido
satélite
esclavizado
conquistado
aherrojado
oprimido (V.)

s. **fascinado** (V.)
cautivado
seducido (V.)
embelesado
hipnotizado
sugestionado
encantado
embrujado
hechizado

(V. **subyugación**)

a. *liberado*
libre
alzado
rebelde
insurreccionado
insurgente
desilusionado
despierto
exorcizado

subyugador
s. subyugante
dominador (V.)
dominante
opresor (V.)
conquistador

(cont.)

s. **fascinador** (V.)
fascinante
cautivador
cautivante
seductor (V.)
sugestionador
atractivo
atrayente
sugestivo (V.)
maravilloso
encantador (V.)
hechicero
embrujador
embelesador
incitante

(V. **subyugación)**

a. *liberador*
emancipador
vulgar
repelente
común
exorcizador

subyugante
(V. **subyugador)**

subyugar
s. **esclavizar** (V.)
conquistar (V.)
oprimir (V.)
tiranizar
someter (V.)
sojuzgar
aplastar
domeñar
dominar (V.)
jusmeter
aherrojar
avasallar
derrotar
vencer
sujetar
encadenar
inmovilizar (V.)
aprisionar
vejar
humillar
abusar

s. **fascinar** (V.)
seducir
atraer (V.)
cautivar
encantar
embrujar
hechizar (V.)
maravillar
incitar
embelesar
persuadir (V.)

(V. **subyugación)**

a. *manumitirse*
emanciparse
liberarse
sublevarse
alzarse
rebelarse
repeler
rechazar
asquear
exorcizar

succino
(V. **ámbar)**

succión
s. **absorción** (V.)
sorbo (V.)
sorbetón
libación
bocanada
trago
chupetón (V.)
chupeteo
mamada (V.)
larnetón
lengüetazo
extracción
aspiración
ventosa

a. *expulsión*
devolución
escupidura
espurreo

succionar
s. **absorber** (V.)
libar
sorber
chupar (V.
aspirar
sacar
lamer
mamar
beber (V.)
tragar
hacer el vacío

(V. **succión)**

a. *escupir*
espurrear
expulsar
arrojar
echar
devolver
rechazar

sucedáneo
s. sintético
substitutivo (V.)
reemplazante (V.)
substituto
similar
parecido
artificial
ersatz
copia

a. *original*
puro
auténtico
verdadero

suceder-se
s. **acontecer** (V.)
llegar (V.)
acaecer
ocurrir (V.)
celebrar
pasar
sobrevenir (V.)
transcurrir
resultar (V.)
producirse (V.)
realizarse (V.)
advenir
efectuarse (V.)
registrar (V.)
cumplirse
verificarse
representar (V.)
venir (V.)
empezar
acertar a
caer
atravesarse
darse
devenir
asaltar
estallar
sorprender
nacer
originar
salir
mediar
intervenir
terciarse
ser (V.)
haber (V.)
provocar
desencadenar
desarrollarse (V.)
venir rodado
venirse encima
echarse encima
entrarse por las
puertas
dar paso a
estar al caer

s. **substituir** (V.)
reemplazar (V.)
heredar (V.)
cambiar
turnar
suplir
relevar
suplantar (V.)
trocar
seguir
continuar (V.)
proseguir
prolongar
reanudar
perpetuar

s. **descender** (V.)
proceder (V.)
dimanar
provenir
derivar

s. ¿qué sucede?
por lo que pueda
suceder
lo más que puede
suceder
suceda lo que
suceda

(V. **suceso)**

a. *abortar*
impedir
obstaculizar
evitar
desaparecer
anticiparse
prevenir
prever
diferir
aplazar
retrasar
inhibirse
conservar
permanecer

sucedido
(V. **suceso)**

sucesión
s. decurso
serie (V.)
secuencia (V.)
curso
progresión
proceso
reemplazo (V.)
ciclo
rosario
cadena (V.)
fila
hilera (V.)
escala (V.)
continuación (V.)
seguimiento (V.)
turno (V.)
tanda (V.)
tirada
retahíla
sarta
ristra
orden
numeración (V.)
gradación (V.)
línea
encadenamiento
lista
desarrollo (V.)
gama
procesión (V.)
posteridad (V.)
transcurso
ritmo
racha
herencia (V.)
testamento (V.)
manda
legado
transmisión (V.)
bienes
fortuna
hacienda
usufructo
pertenencias

s. sucesores
herederos
descendencia (V.)
prole
linaje

s. sucesión forzosa
sucesión testada
sucesión
intestada
sucesión
universal

a. *interrupción*
detención
paréntesis
final
acabamiento
ascendencia
legatario
padres

sucesivo
s. seguido
continuado
continuo (V.)
ininterrumpido
incesante (V.)
constante
prolongado
prorrogado
repetido
gradual (V.)
progresivo
encadenado
cíclico (V.)
rítmico
paulatino
espaciado
escalonado
alterno
periódico

s. **posterior** (V.)
ulterior
siguiente (V.)
subsiguiente
subsecuente
inmediato
detrás de
uno tras otro
uno a uno
correlativo

(V. **sucesión)**

a. *distanciado*
discontinuo
intermitente
interrumpido
desordenado
anterior
antecedente

suceso
s. sucedido
acontecimiento
(V.)
ocurrencia (V.)
acaecimiento
hecho
emergencia
contingencia
incidencia (V.)
advenimiento
ocasión (V.)
evento
eventualidad
efemérides (V.)
caso (V.)
accidente (V.)
casualidad
coyuntura
azar
suerte
destino (V.)
fortuna
actualidad
circunstancia (V.)
simultaneidad
oportunidad
especie
andanza
peripecia
aventura (V.)

página (V.)
paso
supervención
encuentro
episodio (V.)
desenlace (V.)
retablo
escena (V.)
drama
tragedia
desventura
desgracia (V.)
comedia
malogro
fracaso
frustración
desastre (V.)
catástrofe
calamidad
cataclismo
contratiempo (V.)
escándalo
hecatombe
odisea
percance
vicisitud (V.)
felicidad
bienandanza
espectáculo
milagro (V.)
maravilla
portento
prodigio
chispazo
aviso
clarinazo
fenómeno
anécdota (V.)
precedente
asunto
andanza
situación
trance
pasaje
relance
cosas
era
experiencia (V.)
historia (V.)
lance
jalón
novedad
prólogo
epílogo
agitación
polvareda
rebullicio
noticia
relato
narración
imprevisto
resultado (V.)
operación
éxito (V.)

a. *inexistencia*
ausencia
nada
inexperiencia
fracaso

sucesor
s. **heredero** (V.)
continuador (V.)
reemplazante (V.)
descendiente
beneficiario
substituto
asignatario
legatario
favorecido
primogénito
mayorazgo

s. **seguidor** (V.)
partidario
discípulo (V.)
alumno
delfín

(V. **sucesión)**

a. *antecesor*
adversario
contrario
opositor

sucesorio
s. **hereditario** (V.)
beneficiario
legatario
transmisible
testamentario
(V.)
legitimario
fiduciario

(V. **sucesión)**

suciedad
s. **inmundicia** (V.)
cochambre
roña
porquería (V.)
impureza
mugre
cochinada
guarrada
cochinería
guarrería
pringue
basura (V.)
desecho
lodo
grasa
cieno (V.)
barro
churre
mancha (V.)
tizne
fiemo
estiércol
mierda (V.)
excremento
desaliño (V.)
polución
contaminación
infección
indecencia
barreduras
chafarrinada
chafarrinón
ascosidad
turbiedad
marranada
gorrinada
gorrinería
ensuciamiento
cochambre (V.)
cochambrería
bocera
sordidez (V.)
mugre (V.)
impureza
roña (V.)
hollín
sedimento
pringue
labe
zarrapastra
escualidez
ranciedad
bascosidad
mucosidad
horrura
marea
boñiga
churre
espesura
costra
saliva

(cont.)

enjuagadura
miseria (V.)
sicote
piojería
albañal
tiznón
retestín
broza
bafea
mostacho
desaseo (V.)
deslucimiento
dejadez
incuria
negligencia
abandono (V.)
desaliño
apatía
abulia
chapuza
chapucería (V.)
churre
churretón
churrete
tiznajo
moho
miseria
polvo
bascosidad
bolisa
bazofia
enruna
broza
caca
borra
pelusa
pelusilla
jamerdana
mucosidad
juarda
jostra
mácula
mostacho
saín
sebo
suarda
sombra
zurrapa
ascosidad
asquerosidad
bardoma
bacinada
bahorrina
palomino
bocera
chibarrón
escombra
espejuelo
lavazas
negro de la uña
sarama
sucedumbre
s. albañal
zahurda
letrina (V.)
retrete
corral
corte
cuchitril
cochiquera
jamerdana
pozo negro
cuadra
establo
muladar
pocilga (V.)
sentina
basurero
cargadal
estercolero
fosquera
s. desaprensión
indelicadeza (V.)
grosería
indecencia
vileza
ruindad
trampa
obscenidad (V.)
ensuciar-se (V.)
s. ensuciador
sucio (V.)
r. Suciedad grande, la que con agua caliente no sale
a. *limpieza*
aseo
higiene
pulcritud
detersión
curiosidad
nitidez
lavado
mundicia
abstersión
cuidado
purificación
nobleza
honradez
moral
delicadeza
franqueza
claridad
pureza
salubridad
sanidad
higiene
nitidez
esterilización
baño
expurgo

sucinto
s. recogido
ceñido (V.)
apretado (V.)
ajustado
oprimido
s. **breve** (V.)
compendiado
compendioso
extractado
somero (V.)
sobrio (V.)
sintético
lacónico
corto
esquemático
restricto
lacón
conciso (V.)
sintético
superficial
ligero
rápido
abreviado
resumido (V.)
escueto
a. *suelto*
amplio
largo
dilatado
extenso
ampliado
excesivo
difuso
confuso

sucio
s. desaseado
descuidado (V.)
desastrado
adán (V.)
abandonado
sórdido
espeso
manchado (V.)
pringoso
pringón
marrano
guarro
cochino
gorrino (V.)
turbio
sobado
manoseado
asqueroso
manchoso
repugnante
puerco
mugriento
polvoriento
pañoso
sarnoso
mugroso
cochambroso
indecente
sarroso
cerdo
indecente
grasiento
impuro
bisunto
poluto
contaminado
pútrido
maloliente (V.)
nauseabundo
escuálido
renegrido
empañado
dejado
apático
abúlico
chancho
frondio
legañoso
merdoso
molso
piojoso
desaliñado
hediondo
jifero
sollado
inmundo
impresentable
vergonzoso
lechón
pazpuerca
acochinado
zarrapastroso
desaliñado
graso (V.)
merdoso
molso
astroso
merdellón
jifero
tiznado
piojoso
contaminado
arguellado
hediondo
impresentable (V.)
repugnante (V.)
repelente
percudido
pegajoso
indecente (V.)
inmundo (V.)
astroso
pringado
saburroso
desidioso
pazpuerca
morcón
s. deshonesto
obsceno (V.)
lujurioso
impuro (V.)
pornográfico
impúdico
desvengonzado
indecoroso
infiel
s. **traicionero** (V.)
desleal (V.)
judas
tramposo (V.)
fullero
vil (V.)
artero
bajo
bajuno
malvado
petardista
ruin (V.)
villano
bellaco
innoble
soez
desaprensivo (V.)
(V. **suciedad**)
a. *limpio*
aseado
saneado
salubre
higiénico
pulcro
nítido
impoluto
inmaculado
curioso
diáfano
lavado
relamido
transparente
pulido
cuidado
purificado
puro
casto
decente
moral
honesto
púdico
decoroso
leal
fiel
noble
digno
honrado
delicado
bondadoso
recto
bueno
virtuoso
inatacable

suco
(V. **jugo**)

sucre
(V. **moneda**)
(Ecuador)

súcubo
s. diablo
demonio (V.)
espíritu maligno
s. invertido
pederasta (V.)
a. *incubo*

sucucho
(V. **rincón**)
(V. **cuchitril**)

súcula
(V. **cabestrante**)

suculento
s. **sabroso** (V.)
gustoso
exquisito
delicioso
jugoso
substancioso
nutritivo
excelente
selecto
delicado
apetitoso
rico
agradable
alimenticio
a. *malo*
desaborido
insulso

sucumbir
s. ceder
someterse (V.)
rendirse (V.)
resignarse
darse
entregarse
capitular
claudicar
humillarse
abandonar
caer
flaquear
desfallecer (V.)
desistir
renunciar
rendir armas
arriar banderas
parlamentar
s. **desaparecer** (V.)
arruinarse
hundirse (V.)
desplomarse
derrumbarse
s. **morir** (V.)
fallecer
expirar
perecer
fenecer
acabar
espichar
palmar
a. *resistir*
oponerse
impedir
insistir
persistir
endurecerse
rebelarse
proseguir
continuar
sobrevivir
reaparecer
levantarse
reconstruirse
renacer
revivir
vivir
comenzar

sucursal
s. agencia
dependencia
estafeta
filial
rama
hijuela
delegación (V.)
representación
sección
anexo
departamento
a. *central*

sud
(V. **sur**)

sudadera
(V. **sudor**)
(copioso)

sudadero
(V. **rezumadero**)
(V. **sauna**)
(V. **sudario**)

sudante
(V. **sudoroso**)

sudar
s. trasudar
exudar (V.)
resudar
desudar
transpirar (V.)
rezumar (V.)
destilar
exhalar
eliminar
excretar
gotear
expeler
bañarse
empapar
segregar (V.)
soltar
mojar
escurrirse
s. trabajar
aperrearse
fatigarse (V.)
cansarse
azacanarse
agotarse (V.)
agobiarse
abrumarse
afanarse (V.)
sudar el quilo
resistirse
dar (V.)
(a la fuerza)
s. hacer sudar
r. Quien suda a su salud ayuda ■ Lo que otro suda, a mí poco me dura ■ Contra malos humores, buenos sudores ■ Mucho no beba quien sudar no quiera
(V. **sudor**)
a. *retener*
comenzar
contener
inhalar
holgar
descansar
holgazanear
negarse

sudario
s. mortaja
sábana
envoltura
envoltorio
hábito
lienzo
sudadero
s. Santo Sudario
(V. **sudor**)

sudatorio
(V. **sudorífico**)

sudestada
(V. **viento**)
(V. **lluvia**)

sudeste
(V. **horizonte**)
(V. **viento**)

sudista
(V. **sureño**)

sudoeste
(V. **horizonte**)
(V. **viento**)

sudor
s. resudor
trasudor
segregación (V.)
humor (V.)
sudación
resudación
transpiración (V.)
diaforesis
hiperhidrosis
secreción (V.)
sudadera
serosidad
humedad
eliminación
sudamina
mador
catinga
hircismo
grajo
sobaquina
anhidrosis
rezumadero
jugo de las plantas
gotas

s. trabajo
fatiga
cansancio (V.)
afán
pena
ahogo
sofocación
ajetreo (V.)
reventadero
agobio
empeño
esfuerzo (V.)

a. *retención*
descanso
tranquilidad
holganza
pereza

sudoriento
(V. **sudoroso**)

sudorífero
(V. **sudorífico**)

sudorífico
s. diaforético
sudatorio
sudorífero
sudoríparo
sudatorio

(V. **sudor**)

sudoroso
s. sudoso
sudoriento
sudante
madoroso
mojado
húmedo (V.)
empapado
fatigado
cansado
agotado (V.)
jadeante
congestionado

(V. **sudor**)

a. *seco*
fresco
descansado

sudra
(V. **casta**) (india)

sudsudeste
(V. **horizonte**)

(V. **viento**)

sudsudoeste
(V. **horizonte**)

(V. **viento**)

suegro, a
s. **familiar** (V.)
padre (político)
madre (política)
consuegro-a

r. Para mí no puedo y devanaré para mi suegro ■ Barre la nuera lo que ve la suegra ■ Cuando fui nuera, nunca tuve buena suegra; en cuanto fui suegra, nuca tuve buena nuera ■ Labor comenzada, no te la vea suegra ni cuñada ■ La que no tiene suegra ni cuñada, ésa es bien casada ■ El estiércol y los suegros, bajo tierra son buenos ■ Padres y hermanos, cerca; suegros y cuñados a cien leguas ■ Amor de suegra y nuera de los dientes afuera ■ Suegra y yerno, medio infierno

a. *yerno*
nuera

suela
s. plantilla
tapa
pieza
recubrimiento
piso (V.)
jostra
cambrillón

s. cuero
crep
crepé
goma
plástico

s. **sandalias** (V.) (religiosos)

s. **zócalo** (V.)
solera

s. **lenguado** (V.)

s. medias suelas
echar medias suelas
de siete suelas
no llegar uno a la suela de los zapatos de otro
bañado de suela

sueldo
s. **retribución** (V.)
estipendio
mes
mesada
jornal
paga (V.)
haber
soldada (V.)
salario
emolumento (V.)
ingreso
gaje
mensualidad (V.)
honorarios
mes
asignación
honorarios
remuneración

s. estar a sueldo
tener buen sueldo
sueldo a libra
sueldo burgalés
sueldo de oro
sueldo menor
sueldo regulador

suelo
s. **tierra** (V.)
terreno (V.)
superficie (V.)
solar (V.)
campo
abajo
astrago
cama
huello
término

s. **territorio** (V.)
país
patria (V.)
mundo (V.)
suelo natal
suelo patrio
nación
cuna
pueblo

s. **pavimento** (V.)
firme
enladrillado
adoquinado
terrazo
empedrado
piso (V.)
entarugado
enlosado
calzada
recubrimiento
entablado
tillado
solado (V.)

s. **orificio** (V.)
agujero
escotillón
trampa
trampilla
fogonadura

s. **asiento** (V.)
culo (V.)
apoyo
sostén (V.)
base

s. **paja** (V.)
grano (V.)
sembrado

s. **poso** (V.)
sedimento
heces

s. alfombra
moqueta
hule
linóleo
estera
losa
baldosa
ladrillo
piedra
canto
tarugo
adoquín
parqué
tablado

s. suelo vegetal
besar el suelo
echarse por los suelos
faltarle a uno el suelo
no pisar el suelo
dar en el suelo
venirse al suelo
arrastrarse por los suelos
dar consigo en el suelo
caerse al suelo
medir el suelo
estar por los suelos
irse algo al suelo
tirar por los suelos
por los suelos
poner los pies en el suelo

r. Cada cabezo hace su sombra en el suelo

a. *aire*
cielo
extranjero
techo
obturación
superficie

suelta
s. liberación
redención
libertad (V.)
manumisión
lanzamiento
emancipación

s. traba
maniota (V.)

s. dar suelta

a. *detención*
reclusión

suelto
s. desabrochado
desabotonado
desenganchado
desprendido (V.)
flojo (V.)
libre
desanudado
desceñido
corredizo
descosido
desgajado
despegado
desvencijado
desligado
desatado
desencuadernado

s. **solo** (V.)
aislado
desparejado (V.)
separado (V.)
descabalado (V.)

s. disgregado
diseminado
disperso (V.)
desparramado
esparcido
a granel

s. **expedito** (V.)
desembarazado
fácil
atrevido (V.)
osado
arriesgado
resuelto
decidido
intrépido

s. independiente
libre (V.)
excarcelado
redimido
liberado (V.)
emancipado
manumitido
incontrolado

s. **hábil** (V.)
diestro (V.)
experto
perito
mañoso
maniobrero
correntio
raudo
veloz
ligero
presto (V.)
ágil

s. **esponjoso** (V.)
blando
muelle

s. **calderilla** (V.)
moneda (fraccionaria)
cambio

s. **artículo** (V.)
comunicado
escrito
noticia
reseña (V.)
recensión
recorte
entrefilete
gacetilla

(V. **soltura**)

(V. **suelta**)

a. *ceñido*
estrecho
atado
abrochado
pegado
unido
acompañado
completo
junto
concentrado
torpe
tímido
corto
encarcelado
preso
manazas
apelmazado
duro

sueño
s. **anestesia** (V.)
sopor
letargo (V.)
dormida
cabezada
siesta
descanso (V.)
morfeo
dormitación
adormecimiento
amodorramiento
modorra (V.)
zorrera
duermevela
somnolencia (V.)
transposición
soñolencia
soñarrera
soñera
canóniga
onírico
oniromancia
siesta del carnero
sueño pesado
noche toledana

s. **sopor** (V.)
coma
narcosis
narcotismo
hipnosis
hipnotismo
hipnótico
síncope
desvanecimiento
sonambulismo
noctambulismo
narcotización
insensibilidad
hipnología

s. deseo
esperanza
ambición (V.)
onirismo
espejismo
ilusión (V.)
quimera (V.)
utopía
ensueño
ideal (V.)
pesadilla (V.)
engaño
anhelo
ficción
alucinación

s. suelo dorado
sueño profundo
no coger el sueño
conciliar el sueño
guardar el sueño
en sueños
ni por sueño
ser un sueño
echar un sueño
espantar el sueño
descabezar un sueño

s. un sueño llama a otro
caerse de sueño
perder el sueño
quitar el sueño
sueño eterno
sueño pesado
el sueño del perro

r. A buen sueño, no hay cama dura

a. *insomnio*
vigilia
despertar
desvelo
realidad
desilusión
desengaño
moderación

suero
s. **humor** (V.)
líquido
disolución

s. suero antidiftérico
suero antivenenoso
suero antitetánico

suerte
s. **destino** (V.)
porvenir (V.)
fortuna
azar (V.)
hado
ventura
lance
sino (V.)
estrella
providencia (V.)
sombra (V.)
signo
rueda
vicisitud
peripecia
acaso
altibajo
suceso
riesgo
fatalidad
albur
casualidad
mudanza
relance

(cont.)

s. **felicidad** (V.)
fortuna
éxito
enhorabuena
dicha
potra
bienandanza
privilegio
chupandina
ventura
buena sombra
buena suerte
golpe de fortuna

s. desdicha
desgracia (V.)
desventura
malandanza
mocho
cenizo (V.)
bicha
sapo
china
mala pata
la negra
mala sombra
mala suerte

s. chamba
chiripa
coincidencia (V.)
carambola
casualidad (V.)
oportunidad
bamba
bambarria
superstición (V.)

s. **condición** (V.)
modo
forma
estilo
estado (V.)
manera (V.)
especie (V.)
clase (V.)
género (V.)
guisa
proceder
conducta
fórmula
táctica

s. **lotería** (V.)
sorteo (V.)
juego
naipes
dados

s. **lance** (V.)
toreo
lidia
tercio

s. tener suerte
tocarle la suerte
caerle la suerte
de suerte que
echar a suertes
traerle suerte
buena suerte
mala suerte
por suerte
a la suerte
de otra suerte
dar suerte
¡buena suerte!
desafiar la suerte
entrar en suerte

r. La suerte de la fea, la hermosa la desea ■ Lo que te ha tocado por suerte, no lo tengas por fuerte

s. suerte y verdad

a. *previsión*
pronóstico
anticipación
desgracia
desventura
infortunio
felicidad
ventura
dicha
realidad

sueste
(V. **sombrero)**
(marinos)

suéter
(V. **jersey)**

sufí
(V. **místico)**
(persa)

suficiencia
s. **aptitud** (V.)
capacidad (V.)
habilidad
idoneidad
competencia
destreza
perfección

s. presunción
engreimiento (V.)
petulancia
pedantería
orgullo (V.)
soberbia
proporción

s. **abundancia** (V.)
cantidad (V.)
saciedad
exactitud
profusión
cardumen

r. Lo bastante, más que lo mucho vale ■ Lo que basta, nunca es poco ■ Nada necesita quien tiene lo bastante ■ Lo que basta, abasta; lo que sobra, harta

a. *torpeza*
incompetencia
ineptitud
incapacidad
escasez
inhabilidad
humildad
falta
carencia

suficiente
s. **bastante** (V.)
abundante
completo
asaz
harto
conveniente
sobrado
algo
preciso
lo necesario
lo justo
lo indispensable
no más

s. apto
bueno
idóneo
capaz
satisfactorio (V.)
hábil
competente
perito
mañoso
habilidoso
útil
apropiado
capacitado
facultado
experto
avezado
diestro
documentado
experimentado

s. **pedante** (V.)
engreído
petulante
orgulloso
despreciativo
magíster díxit
lo dijo Blas, punto redondo
ex cátedra

(V. **suficiencia)**

a. *escaso*
falto
parco
incompleto
insuficiente
sobrado
excesivo
inepto
inhábil
torpe
manazas
bisoño
incompetente
sencillo
humilde
comedido

sufijo
s. **terminación** (V.)
postfijo
afijo pospuesto

a. *prefijo*

sufragáneo
(V. **dependiente)**
(V. **subordinado)**

sufragar
s. favorecer
ayudar (V.)
auxiliar
amparar
apoyar
sostener
proteger
acoger
socorrer
costear (V.)
pagar
satisfacer
subvenir
contribuir
subvencionar (V.)
mantener (V.)
sostener

(V. **sufragio)**

a. *desamparar*
abandonar
desatender
desasistir

sufragio
s. **oración** (V.)
rezo
redención (V.)
ofrenda
novenario
perdón
piedad (V.)
buenas obras
funeral (V.)
exequias
purgatorio
preces

s. **ayuda** (V.)
protección
favor
socorro
auxilio

s. **voto** (V.)
votación
plebiscito
comicios
elección
referéndum
refrendo
nombramiento
nominación
opinión (V.)
dictamen
manifestación
legislatura

s. sufragio universal
sufragio directo
sufragio indirecto
sufragio restringido

a. *olvido*
indiferencia
impiedad
desamparo
desinterés
abstención
inhibición

sufragismo
s. **feminismo** (V.)
liberación (de la mujer)
LIB
igualdad (V.)
reivindicación (V.)

sufrible
s. **soportable** (V.)
tolerable (V.)
aguantable
llevadero
pasadero
sufridero
comportable
resistible
aceptable
digerible

(V. **sufrimiento)**

a. *insoportable*
intolerable
insufrible
inadmisible
inaceptable
irresistible
inaguantable

sufrido
s. **duro** (V.)
resistente
tranquilo
impertérrito (V.)
imperturbable
entero
estoico
impasible (V.)
flemático
sufriente
paciente
sacrificado

s. **resignado** (V.)
manso (V.)
conforme
sumiso
doblegado
sufriente (V.)
apacible
probado
dócil (V.)
conformista
obediente
adaptable
tolerante

s. **cornudo** (V.)
consentido
consentidor
predestinado
cabrón

s. **disimulado** (V.)
resistente

r. Sólo el sabio es rico y valiente el sufrido

(V. **sufrimiento)**

a. *blando*
sensible
impaciente
levantisco
rebelde
insumiso
inflexible
desobediente
intolerante
franco

sufridor
(V. **sufriente)**

sufriente
s. sufridor
paciente
estoico
doliente (V.)
duro
víctima
sufrido (V.)

(V. **sufrimiento)**

a. *insumiso*
rebelde
impaciente

sufrimiento
s. **paciencia** (V.)
aguante
resignación (V.)
estoicismo
simulación
disimulo (V.)
entereza
tragaderas
longanimidad
tolerancia
conformidad (V.)
perseverancia
condescendencia
flema
filosofía
pasividad
mansedumbre
calma

s. **dolor** (V.)
padecimiento (V.)
pena (V.)
mal
dolencia (V.)
achaque
trastorno
molestia
odisea (V.)
malestar
tormento
suplicio
melancolía
angustia
pesadumbre
tortura
enfermedad
prueba (V.)

a. *impaciencia*
intolerancia
placer
gusto
contento
alegría
salud
recreo
refocilación
deleite
satisfacción
complacencia

sufrir
s. **soportar** (V.)
resistir
padecer (V.)
comportar
llevar
sobrellevar (V.)
pasar
vencer
penar
purgar
conllevar
experimentar (V.)
tragarse
someterse
tolerar (V.)
conformarse
amoldarse
digerir
contemporizar
afligirse
sacrificarse (V.)
fastidiarse (V.)
aforrarse
jorobarse
amolarse
achantarse
encabezarse
atormentarse
martirizarse
dar tormento
lamentarse
angustiar
lazrar
sufrir de
hacer sufrir
no poder sufrir a alguien
sufrir pena
sentir tedio
aguantar mecha
tragar saliva
hacerse fuerte
tener estómago
tener buenas espaldas
estar en el banco de la paciencia
poner buena cara
tragar quina
bajar la cabeza
agachar la cabeza
sentir en el alma
ir tirando
pasar por todo

s. disimular
contenerse (V.)
reprimirse
moderarse

(V. **sufrimiento)**

a. *gozar*
alegrarse
rebelarse
disfrutar
recrearse
complacerse
deleitarse
regodearse
refocilarse
despreocuparse

sugerencia
s. **eufemismo** (V.)
inspiración
insinuación (V.)
sugerimiento
indicación (V.)
indirecta
soplo
apunte
consejo (V.)
proposición
sugestión

a. *inhibición*
abstención

sugerente
s. sugestivo
evocador (V.)
sugeridor
alusivo
insinuador
insinuante (V.)
incitante
insinuativo
reticente
musa (V.)
ninfa Egeria
palabritas
mansas
tentador
provocativo
fascinante (V.)
cautivador
proponente

(V. **sugerencia)**

a. *callado*
discreto
repelente

sugeridor
(V. **sugerente)**

sugerir
s. **aconsejar** (V.)
insinuar (V.)
inspirar
seducir
apuntar (V.)
soplar
dictar
verter
proponer (V.)
indicar (V.)
formular
infiltrar
impresionar
aludir
referir
abrir camino
dar a entender
hacer relación
dar relación
dejarse caer

(V. **sugerencia)**

a. *inhibirse*
eludir
callarse

sugestión
s. **sugerencia** (V.)

s. hechizo
persuasión
encantamiento
insinuación
fascinación (V.)
sortilegio
influencia (V.)
hipnotismo
magnetismo
infiltración
obsesión
persuasión
autosugestión
atractivo (V.)
convencimiento
captación

a. *desdén*
displicencia
desagrado
exorcización
realidad
consciencia

sugestionable
s. maleable
influible (V.)
hipnotizable
dominable (V.)
magnetizable
insinuable
persuasible
moldeable

(V. **sugestión)**

a. *inconmovible*
fijo
duro
inflexible

sugestionar-se
s. atraer
influir (V.)
dominar (V.)
fascinar (V.)
cautivar
hechizar
embrujar
magnetizar
hipnotizar
captar
convencer
apoderarse
inspirar (V.)
sugerir

s. obcecarse
obstinarse (V.)
emperrarse
empeñarse
insistir (V.)
cegarse
encandilarse
ofuscarse (V.)
alucinarse
deslumbrarse

(V. **sugestión)**

a. *rechazar*
repeler
desdeñar
desencantar
razonar
comprender
abrirse
admitir
acceder

sugestivo
s. **fascinante** (V.)
encantador
atractivo (V.)
cautivador
embelesador
atrayente
subyugador (V.)
seductor
fascinador
maravilloso
agradable (V.)
llamativo
cautivante
prometedor (V.)
tentador (V.)
sugerente
hechicero-a

(V. **sugestión)**

a. *desagradable*
vulgar
repelente
repulsivo

sugesto
(V. **púlpito)**

(V. **cátedra)**

suicida
s. **muerto** (V.)
occiso
desesperado (V.)
demente
inmolado
desequilibrado
trastornado

s. **dañoso** (V.)
perjudicial (V.)
destructor

(V. **suicidio)**

a. *sensato*
curdo
vivo
beneficioso
ventajoso

suicidarse
(V. **matarse)**

suicidio
s. **muerte** (V.)
inmolación
sacrificio
desesperación
desequilibrio
trastorno
harakiri
haraquiri
autodestrucción
autoeliminación

a. *supervivencia*
abstención
cordura
sensatez

sui géneris
s. original
especial (V.)
singular
particular
distinto
excepcional
impar
peculiar (V.)
propio

a. *común*
vulgar
general

suino
(V. **porcuno)**

suite
(V. **apartamento)**
(hotel)

(V. **composición)**
(musical)

sujeción
s. afianzamiento
seguridad (V.)
atadura
atarugamiento
trabazón
trabamiento
ceñimiento (V.)
ligadura (V.)
afianzadura
vínculo (V.)
firmeza
unión
adherencia
consolidación
fijación (V.)
fijeza (V.)
retención
retenida
contención
acoplamiento
ensambladura
soldadura
aprehensión
presa
aferramiento
enganche
prendimiento
asimiento (V.)
agarre
inmovilización
detención
estancamiento
entorpecimiento
paralización (V.)
incrustación
agarrotamiento
impedimento
abotonamiento
apuntalamiento
amarre
reforzamiento
pegamiento
clavija

s. **esclavitud** (V.)
opresión (V.)
tiranía
obediencia (V.)
dependencia
sumisión
supeditación
aherrojamiento
dominio (V.)
mando
abuso
subordinación
avasallamiento
vasallaje
coacción
yugo
disciplina (V.)
gobierno (V.)
contención
compromiso
cortapisa
freno
coyunda

s. **figura** (V.)
(retórica)
prolepsis
anticipación

a. *separación*
desunión
desatadura
desligadura
debilidad
desacoplamiento
desenganche
liberación
rebelión
emancipación
manumisión
insurrección
desobediencia
independencia
insumisión
insubordinación
ruptura
indisciplina
anarquia
desgobierno
facilidad

sujetador
s. **cinta** (V.)
cinturón (V.)
aro
anillo
zuncho
argolla
cornamusa
ancla (V.)
abrazadera
tirantes (V.)
liga (V.)
faja (V.)
cincha
cincho
pinza
sostén
braguero
cáncamo
estribo
patilla
francalete
fijador
goma
fijapelo
gancho (V.)
borne
botón
cepo
chaveta
hebilla
cuerda (V.)
fiador
gafa
traba
manguito
maniota
tenazas
pretina
cadena (V.)
cabo
cáncamo
ligadura
marchapié
barandilla
reparo
puntada
potro
torno (V.)
viento
zarcillo
remache (V.)
gato
gatillo
tornillo (V.)
laña (V.)
grapa (V.)
precinto (V.)
lacre
arpón
clavo (V.)
clavija (V.)
chaveta
broche (V.)
alfiler
presilla
rodrigón (V.)
palomilla
trinca
pegamento (V.)
cola
sindeticón
mangana
pegual
burro
noray
poste
cabilla
atadero
soporte
imperdible
automático

(V. **sujeción)**

sujetar-se
s. **contener** (V.)
retener
sostener (V.)
detener
asir (V.)
fijar (V.)
enganchar (V.)
refrenar (V.)
agarrar
impedir (V.)
atrillar
entrecoger
encadenar
arrizar
prender (V.)
aprehender
reprimir
trabar (V.)
trincar
asegurar
fijar
esposar
entorpecer
uncir
atar (V.)
juntar (V.)
paralizar
lazar
inmovilizar (V.)
maniatar
afirmar
mancornar
sentar
sustentar
asegurar
afianzar (V.)
capturar
prender
atrancar
trancar
embridar
encorsetar
encepar
aprisionar (V.)
engrilletar
engatillar
atrapar
coger
empotrar
incrustar
lazar
empuñar
agarrotar (V.)
aguantar (V.)
ahorquillar
ajustar
acoplar
acomodar
apretar (V.)
adaptar
impedir
obstaculizar (V.)
encerrar
encorrear
amarrar
apuntalar (V.)
apuntar
embrazar
abrazar
arraigar (V.)
consolidar
ceñir (V.)
cinchar
recibir
sentar

s. clavar
atornillar
pegar (V.)
unir
encolar
remachar (V.)
adherir (V.)
encorchetar
abotonar
enrodrigar
inrodrigonar
ensamblar
engrapar
lañar
engarrafar
enhebillar
enmasillar
enzunchar
falcar
ligar (V.)
lestrar
atenazar

s. **someter** (V.)
oprimir (V.)
subyugar
dominar (V.)
apremiar
mancipar

(cont.)

obligar (V.)
constreñir
coercer
coaccionar
abusar
esclavizar
sojuzgar
supeditar
subordinar (V.)
reglar
gobernar (V.)
amansar
avasallar
frenar (V.)
contener
moderar (V.)
refrenar
reprimir (V.)
atar corto
meter en cintura
apretar las clavijas
apretar los tornillos
hacer entrar en vereda
sentar las costuras
exigir cuentas
poner cortapisas

(V. **sujeción**)

a. *desatar*
desasir
desenganchar
liberar
libertar
soltar
desacoplar
desajustar
aflojar
facilitar
favorecer
desamarrar
desclavar
desatornillar
despegar
desprender
atrancar
desunir
separar
desencolar
desabotonar
rebelarse
alzarse
emanciparse

sujeto

s. **atado** (V.)
asido
clavado (V.)
encadenado
prendido
cogido
trabado
fijo (V.)
firme (V.)
inmovilizado
imposibilitado (V.)
seguro (V.)
estable
inconmovible
fuerte

s. **dominado** (V.)
oprimido (V.)
coaccionado
dependiente
subyugado
supeditado
subordinado
sumiso (V.)
sometido (V.)

s. **persona** (V.)
individuo (V.)
ente
quídam
tipo
fulano
mengano
hombre
ser
prójimo
personaje
actor
actuante
interesado

s. **objeto** (V.)
asunto (V.)
materia
tema
cuestión (V.)
objetivo
trama
motivo (V.)
argumento
tejido

s. **expuesto** (V.)
propenso
sometido

(V. **sujeción**)

a. *libre*
desatado
desasido
desclavado
inseguro
inestable
débil
liberado
emancipado
independiente
rebelde
nadie

sulfamida

(V. **antibiótico**)

sulfato

s. **sal** (V.)
cobre (V.)
caparrosa azul
caparrosa blanca
caparrosa verde
piedra lipis
vitriolo azul
vitriolo blanco
sal de higuera

sulfurar-se

s. **irritar** (V.)
indignar
enfurecer
exasperar (V.)
encolerizar
enojar
enchilar
encorajar
enzuzar
encerrizar
azufrar

a. *calmar-se*
apaciguar-se
sosegar-se

sulfuro

(V. **azufre**)

sultán

s. **emperador** (V.)
(turco)
monarca
príncipe
gobernador
soldán
jalifa

suma

s. **monta** (V.)
montante
agregación
monto
agregado
adición
acrecimiento
acrecentamiento
aumento (V.)
yuxtaposición
anexión
conjunción
colección
total (V.)
recopilación

s. suma y sigue en suma

a. *resta*
diferencia
parte

sumadora

(V. **calculadora**)

sumancio

(V. **marchito**)

(V. **abatido**)

sumando

s. importe
partida
monta
total
conjunto
item
cantidad (V.)
más

(V. **suma**)

a. *minuendo*

sumar-se

s. coleccionar
compendiar (V.)
extractar
recopilar
abreviar
recapitular
concretar
epitomar
resumir (V.)

s. adicionar
reunir (V.)
añadir
remontar (V.)
aunar
juntar
adjuntar
incluir
numerar
agregar
englobar
anexar
anexionar
completar
unir
encimar
superponer
sobreponer
yuxtaponer
aumentar
acrecer
incorporar
acumular
puntuar
completar
apilar
acrecentar
acaudalar
adecenar

s. **importar** (V.)
subir
llegar
ascender
montar (V.)
llevar
valer
hacer
elevarse
componer
calcular
integrar
totalizar
poner en cuenta

s. **apoyar** (V.)
agregarse
seguir
acompañar
asociarse
juntarse
ayudar
adherirse (V.)
afiliarse
hacer corro
ponerse en fila
entrar en filas
estar incluido
entrar en la combinación
incorporarse a
contar con
asociarse con

(V. **suma**)

a. *ampliar*
extender
restar
excluir
quitar
separar-se
darse de baja

sumaria

(V. **sumario**)

sumariar

(V. **procesar**)

sumario

s. **resumen** (V.)
compendio (V.)
síntesis
extracto
recopilación
repertorio
epítome
florilegio
antología
sinopsis
sumaria
epílogo
recapitulación
perioca
argumento
indicio
suma
guión
minuta

s. conciso
lacónico (V.)
compendioso
epitomado
abreviado
rápido
corto
breve (V.)
sucinto
resumido (V.)

s. causa
juicio (V.)
proceso
expediente (V.)
sumaria
caso
pleito
litigio

s. por vía sumaria

a. *ampliación*
meticulosidad
extenso
ampliado

sumarísimo

s. breve
rápido (V.)
corto
grave
fulminante
severo

a. *demorado*
prolongado
venial

sumergible

s. **submarino** (V.)
batiscafo
batisfera
ictíneo
buzo

sumergimiento

(V. **sumersión**)

sumergir-se

s. **hundir** (V.)
zambullirse (V.)
inmergir
capuzar
chapuzar
bañar (V.)
anegar
zahondar
ahondar
calarse
mojarse (V.)
somormujar
somorgujar
naufragar (V.)
empapar
zozobrar
irse a pique
perder pie
irse al fondo
bucear
chapalear
calumbarse
macerar
ahogarse (V.)

s. sumirse
abismarse (V.)
abstraerse (V.)
preocuparse
consumirse
hundirse
concentrarse

(V. **sumersión**)

a. *desplazar*
flotar
nadar
sobrenadar
salir
emerger
sacar
desentenderse
despreocuparse

sumersión

s. inmersión
hundimiento (V.)
zambullida (V.)
sumergimiento
calada
chapuzada
capuzada
baño (V.)
mojadura
aguadilla
capuz
capuzón
calumbo
zambullimiento
chapuzón
naufragio
buceo
zambuzo
demersión

a. *emersión*
flotación

sumidad

s. ápice
altura (V.)
cumbre (V.)
cúspide
extremo
superioridad

a. *bajura*
llanura
pie
hondura

sumidero

s. **desagüe** (V.)
canal
conducto
cañería
desaguadero
alcantarilla
escurridero
abatidero
albañal
cloaca
arbollón
almenara
abatidero
coladero
coladera
boquera
tragadero
canalón
gárgola
conducto
bajada
vierteaguas
cuneta

sumiller

(V. **jefe**)
(palatino)

(V. **gentilhombre**)
(de cámara)

suministrador

s. **proveedor** (V.)
administrador
abastecedor (V.)
surtidor
abastador
aprovisionador
armador
equipador
racionero
procurador
prestador
agenciero
abastero
furriel

a. *consumidor*
cliente
parroquiano

suministrar

s. entregar
repartir (V.)
surtir
abastecer (V.)
abastar
proveer (V.)
aprovisionar
avituallar
reportar
equipar
suplir
equipar

(cont.)

fardar
armar
proporcionar (V.)
procurar
racionar (V.)
servir
subvenir
guarnecer
prestar
agenciar
procurar
contribuir
dar (V.)
administrar

(V. **suministro)**

a. *desguarnecer*
desproveer
desmantelar
retirar
negar

suministro
s. **entrega** (V.)
provisión (V.)
abastecimiento
suministración
aprovisionamiento
racionamiento
equipo
dotación
víveres (V.)
matalotaje
surtimiento
prevención
abasto
avío
acopio
reserva
subsistencia
municionamiento
distribución

a. *consumo*
gasto
retención

sumir-se
(V. **sumergir-se)**

(V. **consumir-se)**

sumisión
s. **sometimiento** (V.)
acatamiento
vasallaje (V.)
acato
esclavitud
cautiverio
humillación
entrega
dedición
demisión
rendimiento
derrota
rendición (V.)
capitulación
dependencia
subordinación (V.)
encartación
sujeción
supeditación
allanamiento
feudo

s. humildad
docilidad (V.)
mansedumbre (V.)
obediencia (V.)
suavidad
resignación
fidelidad
reverencia
pleitesía
servilismo
respeto (V.)
manejabilidad
papanatismo
zalema

r. Al que te puede quitar lo que tienes, dale lo que te pidiere ■ Haz lo que tu amo te manda, y siéntate con él a la tabla ■ Quien de mano ajena come el pan, come a la hora que se lo dan ■ Quien se deja cinchar se deja montar

a. *rebeldía*
insumisión
altanería
indisciplina
desacato
desobediencia
deslealtad
infidelidad
irreverencia

sumiso
s. esclavo
vasallo
sometido (V.)
pobrete
bragazas
sujeto (V.)
subordinado (V.)
obediente
reverente
rendido (V.)
forzado
borrego
disciplinado
acatante
amansado
resignado
mego
dócil (V.)
manejable
bienamado
humilde
obediente (V.)
manso (V.)
fácil
apacible
dulce
suave
reverente
inclinado
fiel
como una malva
como la manteca

(V. **sumisión)**

a. *rebelde*
emancipado
libre
desobediente

súmmum
s. **máximo** (V.)
el **colmo** (V.)
lo sumo
el no va más
la cúspide
vértice
cima
apogeo (V.)
ápice
lo alto

a. *despreciable*
insignificante

sumo
s. **máximo** (V.)
alto
supremo (V.)
altísimo
máximo
gigantesco
enorme
elevado
excesivo
fabuloso
potente
poderoso
superlativo
superior (V.)
non plus ultra
a lo sumo
el Sumo Sacerdote
el Pastor Sumo
de sumo

(V. **sumidad)**

a. *bajo*
inferior
mínimo
insignificante

sumoscapo
(V. **fuste)**
(columna)

suncho
(V. **zuncho)**

sunsirse
(V. **marchitarse)**

suntuario
s. **lujoso** (V.)
suntuoso (V.)
aparatoso
pimposo
caro
costoso
regio
fastuoso
ostentoso

(V. **suntuosidad)**

a. *sencillo*
humilde
modesto
insignificante
pobre

suntuosidad
s. magnificencia
lujo (V.)
fasto
aparato
esplendidez
pompa
ostentación
bambolla
derroche
riqueza
esplendor (V.)
grandeza
boato (V.)
tren (V.)
grandiosidad
alarde
rumbo
fastuosidad
solemnidad
largueza
sublimidad
atuendo
despilfarro

a. *sencillez*
pobreza
modestia
ahorro
mezquindad
humildad

suntuoso
s. **magnífico** (V.)
señorial
lujoso (V.)
regio
opulento
espléndido
pomposo
faustoso
fastuoso
grandote
solemne (V.)
costoso
suntuario
rico
ostentoso
aparatoso
imponente
esplendoroso
esplendente
resplandeciente
profuso
rumboso
teatral

(V. **suntuosidad)**

a. *sencillo*
humilde
miserable
pobre
insignificante

supedáneo
s. **apoyo** (V.)
base (V.)
estribo
soporte
plinto
peana
sostén

supeditación
s. sumisión
dependencia (V.)
opresión
subordinación
posposición
sujeción (V.)
acatamiento
pleitesía
adhesión
inferioridad
reducción
claudicación
resignación
avasallamiento

a. *rebeldía*
liberación
independencia
anteposición
superioridad

supeditado
s. **subordinado** (V.)
oprimido
doblegado
sujeto
avasallado (V.)
subyugado
sometido (V.)
rendido
remiso
acatante
esclavo

(V. **supeditación)**

a. *rebelde*
insumiso
liberado
libre

supeditar-se
s. **someter** (V.)
subordinar (V.)
sujetar
avasallar
doblegar
oprimir
depender
adherir
posponer
postergar (V.)
relegar
ajustar
ordenar
condicionar

(V. **supeditación)**

a. *liberar-se*
rebelar-se
emancipar-se
anteponer-se
preferir-se

super
s. **superior** (V.)
bueno (muy)
excelente

s. **sobre** (V.)
supra
encima

s. **exceso** (V.)
abundancia
demasía

a. *inferior*
detestable
malo
debajo
falta
carencia

superable
s. **salvable** (V.)
mejorable
dominable
recuperable
fácil (V.)
suave
moderado
benigno
perfectible (V.)
asequible
vadeable

(V. **superación)**

a. *insuperable*
inmejorable
inasequible
difícil

superabundancia
s. **exceso** (V.)
colmo
fecundidad
plétora
exuberancia
copiosidad
prodigalidad
demasía (V.)
derroche
sobrecarga
hartura
hacinamiento
excedencia
abundancia (V.)
profusión (V.)
proliferación

a. *escasez*
falta
cicatería
miseria
pobreza
necesidad

superabundante
s. **copioso** (V.)
abundoso
excesivo
exuberante
superfluo
ubérrimo
pletórico (V.)
difuso
profuso
pródigo
abundante (V.)
fecundo
cuantioso

(V. **superabundancia)**

a. *escaso*
necesitado
mísero
pobre

superabundar
s. **abundar** (V.)
exceder (V.)
sobrar
proliferar
prodigar (V.)
llenar
derrochar
derramar
desparramar

(V. **superabundancia)**

a. *escasear*
menudear
faltar
carecer
retener
concentrar

superación
s. **victoria** (V.)
dominio
vencimiento
mejora (V.)
mejoramiento
ventaja (V.)
superioridad (V.)
sobrepujamiento
distinción
excelencia
delantera
preeminencia
rebasamiento
ganancia
progreso (V.)

a. *inferioridad*
retroceso
derrota
pérdida

superar-se
s. **aventajar** (V.)
ganar
vencerse (V.)
sobrepujar
preponderar
sobrepasar
mejorar (V.)
apear
remontar (V.)
eludir (V.)
evadir (V.)
adelantar
ascender
avanzar
perfeccionar
allanar
quebrar (V.)
rendir
derrotar
rebasar
prevalecer
sobreexceder
dominar
encimar
dominar
resaltar
subir (V.)
destacar

(cont.)

corregir
salvar
desigualar
vadear
franquear
reducir
descabezar
someter
preceder
sobrar (V.)
arrollar
sobreexceder
deshacer
rehacerse

(V. **superación**)

a. *fracasar*
frustrar-se
perder
perjudicar-se
retroceder
estropear
retrasar-se

superávit
s. **exceso** (V.)
sobra
beneficio (V.)
excedente
remanente
ganancia
dividendo
provecho

a. *déficit*
pérdida
falta
carencia
defecto

superbo
(V. **soberbia**)

superchería
s. **falsedad** (V.)
engaño
daño (V.)
invención (V.)
fábula
bulo
trola
simulación (V.)
embuste
embustería
artificio
impostura
fraude
delito
dolo
socaliña
falacia
fullería
embeleco
embaimiento
cancamusa
ardid
añagaza
encerrona
engatusamiento
farsa
falsificación
trampa
mohatra
bribia
estafa
engañifa
embolado
emboque
triquiñuela
pretexto
atropello (V.)
injuria
violencia

a. *verdad*
sinceridad
autenticidad
honradez
beneficio
realidad

superchero
s. **embustero** (V.)
impostor (V.)
falsario
simulador (V.)
trolero
delincuente
falaz
fullero
engatusador
estafador
farsante
falsificador
tramposo (V.)
(V. **superchería**)

a. *sincero*
auténtico
honrado
verdadero

superentender
s. **vigilar** (V.)
inspeccionar
investigar
reconocer
intervenir
revisar
gobernar (V.)

a. *descuidar-se*
abandonar

supererogación
(V. **añadidura**)

superferolítico
s. **cursi** (V.)
pulido
delicado
fino
primoroso
rebuscado (V.)
afectado
exquisito
ridículo (V.)

a. *sobrio*
elegante
natural
sencillo
serio

superfetación
(V. **concepción**)
(2.° feto)

superficial
s. **exterior** (V.)
externo (V.)
periférico
somero (V.)
frontal
anterior
visible
mural
aparente (V.)
manifiesto
saliente
alabeado
plano
esférico
cóncavo
convexo
cilíndrico
cónico
reglado
paraboloide
hiperboloide
helicoidal
conoide

s. **áspero** (V.)
liso (V.)
llano
rugoso
resbaladizo (V.)
desigual
nivelado

s. **frívolo** (V.)
insubstancial
ligero (V.)
aparente
elemental
baladí
veleidoso
inconstante
voluble (V.)
fútil (V.)
vano (V.)
hueco
trivial (V.)
insignificante
pueril
liviano
huero
anodino
endeble
infundado
vacuo
vacío (V.)

(V. **superficialidad**)

a. *interior*
interno
profundo
hondo
fundamental
esencial
grave
serio
importante
substancial

superficialidad
s. puerilidad
trivialidad
insubstancialidad
frivolidad (V.)
insensatez
ligereza
paja
veleidad
inconstancia (V.)
apariencia (V.)
vanidad
liviandad
futilidad
bagatela
simpleza
bajura
zarandaja
follaje

a. *sensatez*
seriedad
profundidad
hondura
constancia
importancia
fundamento

superficiario
(V. **usufructuario**)

superficie
s. **espacio** (V.)
extensión (V.)
sobrehaz
sobrefaz
plano (V.)
periferia
cara (V.)
faz
faceta
perímetro
textura
forma
llanura
apariencia (V.)
aspecto (V.)
facha
fachada
cubierta
portada
perfil
frente
frontis
exterior (V.)
exterioridad
superficialidad
anterioridad
posterioridad
aspereza
lisura
redondez
esfera
paraboloide
medida (V.)
área (V.)
cabida
escuadreo
terreno
legua (V.)
geometría (V.)
agrimensura (V.)
topografía (V.)
parcela
suelo (V.)
pared
muro
término
límite
zona
faja
contorno
acre
arada
aranzada
alfaba
almudada
arpende
atahúlla
besana
yugada
braza
flor (V.)
celemín
centiárea
centímetro
cuadrado
hectómetro
cuadrado
kilómetro
cuadrado
metro cuadrado
milímetro
cuadrado
decámetro
cuadrado
decárea
pie cuadrado
deciárea
kiliárea
vara cuadrada
cuartal
cuartera
cuerda
fanega
hanegada
jera
jornal
día de bueyes
legua cuadrada
marjal
loán
mohada
mojada
obrada
palo de pastor
peonada
peonería
peonía
pie cuadrado
yunta
yugada
guiñón

s. de superficie
superficie
terrestre
superficie plana
superficie
alabeada
superficie
cilíndrica
superficie
esférica
superficie curva
superficie
desarrollada
superficie
reglada
superficie
arrollable

a. *interior*
interioridad
hondura
profundidad

superfino
s. perfecto
excelente
superior
muy fino
extrafino
sutil (V.)
delicado
primoroso (V.)
obsequioso

a. *burdo*
grosero
ordinario

superfluencia
(V. **superfluidad**)

superfluidad
s. superfluencia
inutilidad
derroche
abuso
lujo
hojarasca (V.)
exceso (V.)
borra
broza
demasía (V.)
exuberancia
follaje
palabrería
ringorrango
paja
perifollos
opulencia
boato
profusión
gollería (V.)
floreo
relleno
ripio
futilidad (V.)
zupia
zarandajas
moños
garambainas
fárrago
prolijidad (V.)
rodeos
redundancia

r. Quien no tiene ojos, ¿para qué quiere anteojos?

a. *escasez*
substancia
meollo
utilidad
fundamento
sobriedad
necesidad
desnudez

superfluo
s. **innecesario** (V.)
sobrante (V.)
excedente
excesivo
relleno
inútil (V.)
historiado
excusado
ocioso
farragoso
barroco
pleonástico
redundante (V.)
vacuo
recargado
prolijo
supervacáneo
lujoso (V.)
complicado
pomposo
churrigueresco
sobrecargado
fútil

(V. **superfluidad**)

a. *necesario*
útil
importante
sobrio
desnudo

superheterodino
s. **radio** (V.)
radiorreceptor

s. emisor
filamento
placa
rejilla
oscilatriz
circuito oscilante
bobinas de placa

superhombre
s. semidiós
héroe (V.)
titán
gigante
campeón
ídolo
deidad
genio (V.)

a. *homúnculo*
hombrecillo
enano
pigmeo

superior
s. alto
super
cimero (V.)
susano
culminante
empingorotado
preeminente
sobresaliente (V.)
eminente (V.)
sublime
prócer
prócero
privilegiado (V.)
conspicuo
soberano
destacado (V.)
sumo
supremo (V.)
pujante
prevaleciente
excelente (V.)
digno
predominante
importante (V.)
principal (V.)
aventajado
grande
noble

(cont.)

fuerte
admirable
sublime
maravilloso
imponente
impresionante
preferente
superlativo
adelantado
mejor
primero (V.)
mayor (V.)
preferible
primacial
preponderante (V.)
elevado
prepotente
encumbrado

s. **jefe** (V.)
presidente (V.)
rector
primado (V.)
prior (V.)
prelado
maestre (V.)
director
mandamás
abad
patrón
dirigente
líder

(V. **superioridad**)

a. *vulgar*
sencillo
inferior
bajo
subalterno
súbdito

superiora
s. **priora** (V.)
abadesa
prelada
rectora

(V. **superioridad**)

superioridad
s. **ventaja** (V.)
supremacía (V.)
eminencia
preeminencia
primacía (V.)
precedencia
predominio
predominación
predominancia
hegemonía
preferencia
dominio (V.)
presidencia (V.)
superposición
sobrepujamiento
descollamiento
culminación
descuello (V.)
superación
excelencia
superlación
supereminencia
preponderancia (V.)
procerida
prepotencia
dignidad
perfección
mayoría
pináculo
subida
sumidad
cumbre
cima
altura (V.)
vértice
máximo
apogeo (V.)
elevación (V.)
sobre (V.)
exceso (V.)
auge (V.)
cénit
picota
cota
ápice
ventaja (V.)
victoria
record
mejoría (V.)
descollamiento
descuello
límite

s. soberanía
jefatura (V.)
dirección (V.)
mando
gobierno
gerencia
administración
autoridad
poder
reinado (V.)
cetro (V.)

r. Más vale ser señor en cabaña, que siervo en campaña ▪ Vence quien más puede, no quien más razones tiene ▪ Cuando tres se juntan, uno de ellos manda la yunta

s. tener la sartén por el mango
no haber quien le tosa a uno
ser el que corta el bacalao
ser el amo del cotarro

a. *insignificancia*
vulgaridad
inferioridad
desventaja
dependencia
subordinación

superlativo
(V. **superior**)

supermercado
(V. **mercado**)
(autoservicio)

supernumerario
(V. **excedente**)

superponer-se
s. sobreponer
añadir (V.)
recargar
incorporar
aplicar
colocar
cubrir
traslapar
tapar (V.)
montar (V.)
pegar (V.)
solapar
imbricar
encarar

s. **anteponer** (V.)
preferir
favorecer

s. **mezclarse** (V.)
confundirse

(V. **superposición**)

a. *quitar*
retirar
sacar
deducir
descubrir
desmontar
despegar
postergar
despreciar
cuidar

superposición
s. **añadido** (V.)
añadidura
intercalación
traslapo
solapo (V.)
recubrimiento
imbricación
incorporación
colocación
transposición
aplicación
montaje (V.)

s. anteposición
preferencia (V.)
favor

s. **mezcla** (V.)
confusión

a. *descubrimiento*
desmontaje
preferencia
postergación
pureza

superproducción
(V. **saturación**)

(V. **exceso**)

superpuesto
s. sobrepuesto
incorporado (V.)
añadido
cubierto
tapado (V.)
imbricado
traslapado
aplicado
intercalado

(V. **superposición**)

a. *destapado*
descubierto

superrealismo
(V. **surrealismo**)

superstición
s. creencia
credulidad
magia
hechicería (V.)
hipnotismo
totemismo
agüero
adivinación
fetichismo
idolatría
quimera
cábala (V.)
brujería
magnetismo
ilusionismo
espiritismo
martes
trece
talismán
fetiche
tabú
amuleto (V.)
higa
suerte (V.)
alusión
bicha
culebra

a. *religiosidad*
realismo
ortodoxia
escepticismo

supersticioso
s. **crédulo** (V.)
agorero
maniático
fetichista
maníaco (V.)
adivino
espiritista
ilusionista
idólatra
quimerista
mendocino
abusionero

(V. **superstición**)

a. *realista*
incrédulo
escepticismo

supérstite
(V. **superviviente**)

supervacáneo
(V. **superfluo**)

supervalorar
(V. **exagerar**)

supervención
(V. **acaecimiento**)

(V. **suceso**)

supervenir
(V. **sobrevenir**)

supervisar
s. **vigilar** (V.)
controlar
inspeccionar (V.)
comprobar
verificar
fiscalizar
registrar
revisar
intervenir
guardar
observar

(V. **supervisión**)

a. *descuidar*
abandonar

supervisión
s. **inspección** (V.)
vigilancia (V.)
control
verificación
registro
fiscalización
intervención
comprobación
revisión
observación

a. *descuido*
incuria
negligencia
abandono
desinterés

supervisor
s. verificador
revisor (V.)
interventor (V.)
inspector
vigilante
contralor
controlador
fiscalizador
observador (V.)

(V. **supervisión**)

supervivencia
s. **duración** (V.)
resistencia
longevidad (V.)
vida
persistencia
vitalidad
conservación
perennidad
estabilidad
inmutabilidad
aguante
conservación (V.)
persistencia

a. *muerte*
desaparición
extinción
fin
transitoriedad

superviviente
s. sobreviviente
supérstite
náufrago
longevo
duradero (V.)
resistente
perenne (V.)
vital
vopisco
decano

s. **damnificado** (V.)
víctima
afectado

(V. **supervivencia**)

a. *transitorio*
fallecido
muerto
desaparecido
indemne

supinación
(V. **horizontalidad**)

supino
s. **tendido** (V.)
horizontal (V.)
alechigado
espaditendidad
yacente
boca arriba

s. **necio** (V.)
estólido
ignorante
craso

s. decúbito supino
ignorancia supina

(V. **supinación**)

a. *erguido*
vertical
levantado
boca abajo
inteligente
despierto
listo

supitaño
(V. **repentino**)

suplantación
s. **substitución** (V.)
suplencia
impostura (V.)
simulación
fingimiento
engaño
falseamiento
falsificación
estafa
superchería
farsa
reemplazo
mediatización

a. *autenticidad*
verdad
honradez

suplantador
s. **impostor** (V.)
falsario
embaucador
tramposo
farsante
intruso (V.)
simulador
comediante
charlatán
substituto (V.)
reemplazante
suplente (V.)
alter ego

(V. **suplantación**)

a. *auténtico*
verdadero
sincero
fijo

suplantar
s. **engañar** (V.)
falsear
simular (V.)
fingir
embaucar
falsificar
estafar

s. desbancar
desplazar
substituir (V.)
suplir
reemplazar
suceder (V.)

(V. **suplantación**)

a. *autenticar*
continuar
perdurar

supleausencias
(V. **suplefaltas**)

supleción
(V. **suplemento**)

suplefaltas
(V. **suplente**)

suplemental
(V. **suplementario**)

suplementar
(V. **suplir**)

a. *titularidad*
permanencia
duración
jefatura

suplementario
s. suplemental
complementario (V.)
subsidiario (V.)
accesorio (V.)
adicional
anejo
anexo
junto
adjunto
inherente
agregado
adscrito
sumado
incrementado
extra (V.)
añadido

s. ángulo suplementario
arco suplementario

(V. **suplemento)**

a. *fundamental*
primordial
principal
esencial
separado
independiente

suplemento
s. **complemento** (V.)
agregado
aditamento
accesorio
añadido
adición (V.)
coletilla
apostilla
posdata
anexo
ítem
nota
añadidura
aumento

s. reemplazo
supleción
substitución (V.)

a. *principalidad*
fundamento
separación
esencia

suplencia
s. **substitución** (V.)
reemplazo
relevo
cambio
intercambio
trueque
muda
sucesión
suplantación
interinidad
delegación
representación (V.)
vicaría
vicariato

suplente
s. **substituto** (V.)
representante (V.)
reemplazante
suplidor
subsidiario (V.)
vicario
tenuente
delegado
auxiliar
sucesor
suplantador (V.)
interino
supletorio
revezo
esquirol
supleausencias
suplefaltas
tapagujeros

(V. **suplencia)**

a. *principal*
titular
oficial
fijo
permanente

supletorio
s. **accesorio** (V.)
cambiable
extra (V.)
suplente
secundario
suplementario
de recambio
de repuesto

(V. **suplencia)**

a. *principal*
fijo

súplica
s. **oración** (V.)
rezo (V.)
prez
plegaria
letanía
rogativa
ruego (V.)

s. imprecación
invocación
ruego (V.)
petición (V.)
voto (V.)
demanda
impetración
conjuro
imploración (V.)
solicitud
suplicación
recuesta
deprecación
apelación
instancia
exhortación
pedido
queja
pretensión
reclamación (V.)
requerimiento
encargo
interpelación

s. **solicitud** (V.)
memorial
escrito
instancia (V.)
virote

s. a súplicas de

a. *escepticismo*
exigencia

suplicación
(V. **súplica)**

(V. **apelación)** (tribunales)

suplicante
s. deprecativo
demandante
implorante (V.)
invocante
postulante
pedigüeño
solicitante
reclamante
recurrente
peticionario
deprecatorio
aspirante
pretendiente (V.)
firmante
interesado
lloroso
quejoso
impetrante
petitorio

(V. **súplica)**

a. *abstinente*
exigente

suplicar
s. **pedir** (V.)
demandar
rogar (V.)
implorar (V.)
impetrar (V.)
deprecar
invocar
conjurar
exhortar
perorar (V.)
postular
solicitar (V.)
clamorear
instar
importunar
insistir
clamar
aspirar
pretender
interpelar
requerir
recurrir (V.)
encargar
rezar
orar (V.)
llorar
gemir (V.)
quejarse

s. recurrir a
apelar (V.)
acudir a
acorrer

(V. **súplica)**

a. *exigir*
denegar
abstenerse

suplicatorio
(V. **comunicación)** (juez)

(V. **instancia)** (tribunal)

supliciar
s. atormentar
torturar (V.)
condenar
martirizar
ejecutar
degollar
descabezar
decapitar
ahorcar
colgar
crucificar
descuartizar
apalear
enrodar
azotar
empalar
quemar
lapidar
desollar
ahogar

(V. **suplicio)**

a. *acariciar*
mimar
cuidar

suplicio
s. **tormento** (V.)
martirio
tortura
tántalo
palo (V.)
sacrificio
padecimiento
punición
muerte
sufrimiento (V.)
lesión
pena
aureola
inmolación
angustia
persecución
fatiga
mal
daño
perjuicio
dolor
santidad
abnegación
heroísmo
entereza
desgracia
castigo (V.)
patíbulo
picota

s. suplicio de Tántalo

a. *caricia*
cuidado
mimo
consideración

suplido
s. **anticipo** (V.)
adelanto
pago
entrega a cuenta

s. suplementario
facilitado

(V. **suplencia)**

a. *retraso*
devolución
reintegro

suplidor
(V. **suplente)**

suplir
s. **substituir** (V.)
reemplazar
suplementar
completar
compensar (V.)
relevar (V.)
suplantar
cambiar
permutar
renovar
auxiliar
servir (V.)
suceder
delegar (V.)
representar
añadir
facilitar (V.)
suministrar (V.)

s. **sobreentender** (V.)
entender

s. **disimular** (V.)
defender
sacar la cara por

(V. **suplencia)**

a. *permanecer*
durar
denegar
atacar

suponedor
s. teorizante
opinante
especulativo (V.)
teórico
imaginario (V.)
imaginativo

(V. **suposición)**

a. *práctico*
realista

suponer-se
s. **significar** (V.)
entrañar
implicar (V.)
representar (V.)
constituir
evidenciar
personificar
aparentar

s. importar
costar (V.)
ascender a

s. **indicar** (V.)
mostrar
denotar
demostrar

s. **pensar** (V.)
idear (V.)
imaginar (V.)
conjeturar (V.)
presuponer
saber (V.)
sospechar (V.)
creer
figurarse (V.)
entender
antojarse
presumir
opinar
teorizar
considerar
estimar
conceder
incluir
barruntar (V.)
fingir
dar
admitir (V.)
conceder
atribuir (V.)
asentar
inferir
deducir (V.)
predecir (V.)
entrever
calcular (V.)
traslucir
columbrar
apreciar
intuir
vaticinar
retrotraer
adivinar
forjarse
recelar
sobreentender
teorizar
temer
dar por hecho
hacerse cuenta de
dar caso
hacerse cargo
poner por caso
hacer calendarios
leer entre líneas
leer entre renglones
hacer conjeturas
echar cuentas
ir muy lejos
dar por supuesto
caer algo por su base

s. es un suponer
que es de suponer
vamos a suponer
ser de suponer
supongamos que
supuesto que

(V. **suposición)**

a. *desestimar*
rechazar
apoyarse en
comprobar
verificar
ocultar

suposición
s. presunción
figuración (V.)
imaginación
cábala
conjetura (V.)
hipótesis (V.)
hipótesi
deducción (V.)
atribución (V.)
sospecha
barrunto
supuesto
teoría (V.)
creencia
condición
presuposición
presupuesto
predicción
calandrajo
inferencia
cálculo
estimación
intuición
apreciación
antojo
opinión
consideración
vaticinio
tesis
pensamiento
cabildeo
inducción
postulado

s. **calumnia** (V.)
difamación
falsedad
mentira
engaño
impostura (V.)

s. **autoridad** (V.)
lustre
distinción (V.)
talento
representación

a. *realidad*
verdad
comprobación
prueba
elogio
sinceridad
vulgaridad

supositicio
a. **simulado** (V.)
inventado (V.)
fingido
hipotético
ficticio
ficto
seudo
imaginado
supositivo
supósito
supuesto (V.)

(V. **suposición)**

a. *verdadero*
real
auténtico
material

supositivo
(V. **supositicio)**

supositorio
s. cala
ayuda
medicamento (V.)
fármaco

supra-
s. **sobre** (V.)
encima
arriba
más allá

a. *debajo*
abajo

suprasensible
(V. **inmaterial)**

(V **sobrenatural)**

supremacía
s. **superioridad** (V.)
soberanía (V.)
predominio (V.)
omnipotencia (V.)
dominio
dominación
prioridad
hegemonía (V.)
preponderancia
preeminencia
excelencia
descuello
auge
sumidad
culminación
poder
ascendencia (V.)
ventaja
señoría
preferencia
imperio
influencia
influjo
potestad
jerarquía
autoridad

s. palma
cetro (V.)
batuta

a. *inferioridad*
dependencia
desventaja

supremo
s. **superior** (V.)
sumo
potente
soberano
prócero
prócer
superlativo
altísimo
máximo (V.)
culminante (V.)
decisivo (V.)
grande
divino
perfecto
descollante
dominante
preferente (V.)
preeminente
poderoso
omnipotente (V.)
señalado
destacado
conspicuo
eminente
sobresaliente

s. final
último (V.)
definitivo

(V. **supremacía)**

a. *inferior*
ínfimo
despreciable
vulgar
insignificante
débil
primero

supresión
s. **omisión** (V.)
olvido
silencio (V.)
claro
laguna
blanco
paréntesis
obviamiento
tachadura (V.)
eliminación (V.)
desaparición
salto
abolición (V.)

s. **exterminio** (V.)
anulación
prohibición (V.)
degollina
escabechina
desmoche
destrucción (V.)
limpia
expurgo
poda
sarracina
purga
escamocho
extirpación
liquidación
amputación
corte
aniquilación

s. eféresis
elipsis
apócope
elisión (V.)
síncopa

a. *inclusión*
incorporación
añadido
apéndice
recuerdo
noticia
memoria
evocación
respeto
consideración
autorización
aumento
ampliación

suprimir
s. **eliminar** (V.)
abolir
aniquilar (V.)
abrogar
cesar
deshacer
destruir (V.)
excluir
eludir
borrar
desvanecer
extinguir
raer
exterminar
cercenar
extirpar (V.)
ahogar
inhibirse (V.)
truncar
segregar
seleccionar
expulsar
anular (V.)
liquidar
escamotear (V.)
cortar
amputar
alejar
amortizar
anonadar
limpiar de (V.)

purgar
podar (V.)
reformar (V.)
prohibir (V.)
prescindir
separar
quitar (V.)
alejar
arrancar
censurar
descuajar
elidir
erradicar
sincopar (V.)
desarraigar
dar de baja
arrancar de cuajo
dejar fuera
no contar con
hacer caso omiso
quitar de enmedio

s. **omitir** (V.)
silenciar (V.)
olvidar
callar
ocultar
escamotear
tachar (V.)
exceptuar (V.)
saltarse
pasar por alto

(V. **supresión)**

a. *respetar*
añadir
ampliar
mantener
sostener
dilatar
prorrogar
contar con
incluir
fundar
establecer
crear
implantar
estatuir
instaurar
instituir
erigir
instalar
publicar
autorizar
permitir
recordar
evocar
proclamar
nombrar

supuesto
s. **suposición** (V.)
supositicio
posición (V.)
implicación

s. **pretendido** (V.)
pseudo
seudo (V.)
elíptico
sedicente
falso
figurado
simbólico (V.)
imaginario (V.)
teórico (V.)
tácito
presumible
condicional
atribuido
putativo
fingido
problemático
gratuito (V.)
infundado (V.)
hipotético (V.)
postulado (V.)
admisible
aparente
apócrifo

s. por supuesto que
dar por supuesto
supuesto que
¡por supuesto!
dado que

a. *verdadero*
auténtico
cierto
inconcuso
real

supuración
s. mucosidad
derrame
flujo
infección (V.)
humor (V.)
secreción (V.)
purulencia
inflamación
corrimiento
otorrea
piorrea
plogenia
emplema
evacuación

s. supuración
amicrobiana

a. *desinfección*
cura
secamiento

supurante
s. **supurativo** (V.)
supuratorio
purulento
virulento
icoroso
sanioso
piógeno
infectado (V.)
mucoso
llagado

(V. **supuración)**

a. *secante*
desecativo

supurar
s. madurar
s. **infectarse** (V.)
correr
formarse pus
echar pus
segregar (V.)
evacuar
excretar
ablandarse
emolir

(V. **supuración)**

a. *desinfectar*
curar
secar

supurativo
s. emoliente
disolutivo
emplástico
purulento
supurante (V.)
sumor

(V. **supuración)**

suputación
s. **cálculo** (V.)
cómputo
cuenta (V.)
tanteo
cuento
enumeración

suputar
s. **calcular** (V.)
contar
computar
tantear
operar

(V. **suputación)**

sur
s. austral
ostro
mediodía (V.)
austro
antártico
sud
meridional

s. **viento** (V.)

a. *norte*
ártico
septentrional

sura
(V. **capítulo)**
(Corán)

surcar
s. **hender** (V.)
cortar
atravesar (V.)
enfilar
cruzar (V.)
estriar
andar
caminar
navegar (V.)
volar
avanzar

s. **labrar** (V.)
ahondar
arar (V.)
amelgar
asulcar
asurcar
cabecear
romper
roturar
laborear
melgar
azurcar
sulcar
escalar
desrayar
cortar

(V. **surco)**

a. *unir*
juntar

surco
s. corte
estría (V.)
ranura (V.)
cisura
muesca
hendedura (V.)
raya
releje
rebajo
rodada
acanaladura
línea
pliegue (V.)
arruga (V.)
ralladura
hendidura

s. canalillo
cauce (V.)
zanja (V.)
excavación
conducto
depresión
reguera
camellón
caballón
roza
canal

s. **estela** (V.)
carril
rastro (V.)
cuneta
rodera (V.)
huella
rodada
carrilada
senda
sendero

aladrada
aguanal
acirate
carrilada
roderón
tría

s. besana
sembrado
sementera
abesana
torna
haza
tierra

a. *lisura*
llanura
llano

sureño
(V. **meridional)**

sureste
(V. **sudeste)**

surgidero
(V. **fondeadero)**

surgir
s. surtir
brotar (V.)
manar
emerger
nacer
salir
asomar (V.)
revelarse
alumbrar
manifestarse
aparecer (V.)
alzarse
levantarse
presentarse
germinar
materializar
retoñar
florecer
crecer
arrojar

s. **fondear** (V.)
anclar
atracar

a. *desaparecer*
hundirse
ocultarse
levar (anclas)

suripanta
(V. **corista)**

(V. **mujerzuela)**

(V. **prostituta)**

surmenage
(V. **agotamiento)**

suroeste
(V. **sudoeste)**

s. suministrador
abastecedor
proveedor (V.)

(V. **surtimiento)**

surtimiento
(V. **surtido)**

surtir
s. **proveer** (V.)
abastecer (V.)
suministrar
aprovisionar
equipar
mezclar
repartir
distribuir
facilitar
enviar
dotar
guarnecer
prestar
racionar
proporcionar
procurar

s. **brotar** (V.)
saltar
surgir
fluir (V.)
correr
chorrear
caer
salir

(V. **surtimiento)**

a. *retener*
retirar
negar
desmantelar
secarse

surrealismo
s. superrealismo
suprarrealismo
arte (V.)
literatura (V.)
pintura (V.)

¡súrsum corda!
(V. **¡ánimo!)**

sursuncorda
(V. **personaje)**
(importante)

surtida
(V. **salida)**
(puerta falsa)

(V. **fondeadero)**

(V. **varadero)**

surtidero
(V. **buzón)**

(V. **surtidor)**

surtido
s. surtimiento
variedad (V.)
diversidad
colección (V.)
conjunto (V.)
juego
mezcla (V.)
muestrario
repertorio
reunión
serie

s. **variado** (V.)
diverso

a. *igualdad*
uniformidad
igual
análogo
uniforme

surtidor
s. surtidero
manantial (V.)
saltadero
chorro (V.)
vena
hilo
fuente
evacuación
caño
reguero
efusión
salida
ducha
agua
saltadero
surgidor
girándula

s. **depósito** (V.)
(gasolina)

surto
s. **fondeado** (V.)
anclado
ancorado
repostado
varado

s. **tranquilo** (V.)
callado
silencioso (V.)
sosegado
reposado
quieto

(V. **surtida)**

a. *inquieto*
intranquilo

sus-
s. sub-
bajo
inferior (V.)

a. *superior*
alto

susano
(V. **superior)**
(arriba)

(V. **próximo)**
(navegación)

susceptibilidad
s. **suspicacia** (V.)
sospecha (V.)
barrunto
escama
mosqueo
desconfianza
recelo (V.)
duda
conjetura
reconcomio
escrúpulo (V.)
melindre
delicadeza
malicia
prevención
difidencia
resentimiento
sensibilidad

a. *confianza*
seguridad
tranquilidad
equilibrio
serenidad
ponderación

susceptible
s. **impresionable** (V.)
delicado (V.)
picajoso
quisquilloso
desconfiado (V.)
suspicaz (V.)
pelilloso
irritable
melindroso
puntilloso
escamón
irascible
malicioso
escamado
difidente
fastidioso
desengañado
sospechoso (V.)
receloso (V.)
cascarrabias
mosqueado
apitonado
renegado (V.)
chinche
caramilloso
pulguillas
sensible (V.)
vidrioso (V.)
rijoso
cosquilloso
rencilloso
cojijoso
escolimoso (V.)
rencilloso (V.)
sentido
enfadadizo
picajón
repeloso
tufillas
fuguillas

s. apto
capaz (V.)
dispuesto
susceptivo
suficiente
idóneo
capacitado
hábil
adecuado
apropiado

(V. **susceptibilidad)**

a. *sereno*
impasible
pacífico
imperturbable
impertérrito
ponderado
confiado
seguro
insensible
incapaz
inepto
incapacitado
inadecuado

suscitación
(V. **motivación)**

(V. **causa)**

suscitar
s. **provocar** (V.)
promover
levantar
originar (V.)
causar (V.)
determinar
introducir
excitar
soliviantar
producir
ocasionar
motivar (V.)
crear
acarrear
infundir
engendrar
influir
mover

(V. **suscitación)**

a. *evitar*
eludir
eliminar

suscribir-se
(V. **subscribir-se)**

suscrición
(V. **subscripción)**

suscripción
(V. **subscripción)**

suscrito
(V. **subscrito)**

suscritor
(V. **subscriptor)**

susidio
(V. **inquietud)**

suso
(V. **asuso)**

(V. **arriba)**

susodicho
s. antedicho
sobredicho
citado (V.)
aludido
mencionado
antecitado
nombrado
referido
señalado

a. *omitido*
silenciado

suspección
(V. **sospecha)**

suspecto
(V. **sospechoso)**

suspender
s. **colgar** (V.)
enganchar
levantar
arrizar
izar (V.)
ahorcar
enarbolar
alotar
guindar
mantener
pender (V.)
colocar
fijar
afirmar
embalsar

s. **detener** (V.)
interrumpir (V.)
diferir (V.)
retardar
aplazar
parar
cancelar
frenar
obstaculizar
impedir
atajar
limitar
demorar
estancar
inmovilizar
retrasar (V.)
reprimir
romper
prohibir
entorpecer
sobreseer
contener
paralizar
entullecer

s. **admirar** (V.)
embelesar
maravillar
entusiasmar
pasmar
asombrar
aturdir
impresionar
sorprender
embelesar (V.)
embabiecar
embobalicar
entusiasmar
arrobar
enajenar
embargar

s. **reprobar** (V.)
escabechar
calabacear
revolcar
descalificar (V.)
desaprobar
catear
tumbar
dar calabazas
cargarse
dar un cate
colgar
devolver la papeleta en blanco
dejar para septiembre
disciplinar

s. **castigar** (V.)
multar
sancionar
penar
privar
separar
apartar
inhabilitar (V.)
excluir (V.)
expulsar
invalidar
anular

(V. **suspensión)**

a. *descolgar*
bajar
arriar
soltar
continuar
seguir
proseguir
facilitar
movilizar
reanudar
adelantar
autorizar
permitir
despreciar
decepcionar
aprobar
pasar
perdonar
recompensar
incluir
admitir

suspendido
s. **pendiente** (V.)
pendulante
colgado (V.)
colgadero
colgadizo
colgante
en vilo
en volandas
en el eire
flotante

(V. **suspenso)**

(V. **suspensión)**

a. *firme*
descolgado
apoyado
recostado
posado
asentado

suspense
(V. **intriga)**

(V. **angustia)**

(V. **tensión)**

suspensión
s. **interrupción** (V.)
detención
paralización
alto
paro (V.)
cancelación
freno
sobreseimiento
contención
demora (V.)
receso
retraso (V.)
interregno (V.)
prohibición
lock-out
dilatación
cesación
privación
limitación
inmovilización
contención
entorpecimiento
aplazamiento

s. **colgamiento** (V.)
enganche
enganchamiento
apoyo

s. entusiasmo
enajenamiento
maravilla (V.)
asombro (V.)
admiración
pasmo
enajenación
alucinación
embeleco
sorpresa
arrobo (V.)
abstracción
aturdimiento

s. **mezcla** (V.)
lechada
emulsión (V.)
flotación
dilución
solución
líquido

s. ballestas
muelle (V.)
flejes
resortes
amortiguador

s. **castigo** (V.)
privación
pena
sanción
disciplina
multa

(cont.)

inhabilitación (V.)
invalidación
prohibición
cesantía
expulsión

s. suspensión de pagos
suspensión de garantías

a. *continuación*
reanudación
proseguimiento
facilitación
adelantamiento
decepción
indiferencia
desprecio
displicencia
abatimiento
perdón
recompensa
inclusión
habilitación
autorización

suspenso
s. **absorto** (V.)
admirado
asombrado (V.)
atónito
perplejo
pasmado
maravillado (V.)
embelesado
estupefacto
patitieso

s. **inepto** (V.)
pendiente (V.)
eliminado
cateado
cate
revolcado
revolcón
calabaceado
colgado
reprobación
roscón
reprobado (V.)
descalificado
suspendido
sarracina (V.)
escabechina (V.)

(V. **suspensión**)

a. *reflexivo*
indiferente
aprobado

suspensorio
s. **vendaje** (V.)
calzoncillos
taparrabos
calzones
sostén (V.)
suspendedor

(V. **suspensión**)

suspicacia
s. barrunto
sospecha (V.)
conjetura
desconfianza (V.)
escama
matrería
mosqueo
malicia (V.)
prevención
recelo
escrúpulo
temor
duda
aprensión
cuidado
reconcomio
difidencia
prejuicio
delicadeza

susceptibilidad (V.)
tergiversación

a. *confianza*
seguridad
credulidad

suspicaz
s. **desconfiado** (V.)
receloso (V.)
sospechoso (V.
sospechante
malicioso (V.)
temeroso
escamado
escaldado
mosqueado
susceptible (V.)
melindroso
desengañado
matrero
delicado (V.)
mal pensado
resentido (V.)
sentido (V.)

a. *confiado*
candoroso
crédulo
ilusionado
despreocupado
indiferente
insensible

suspirado
(V. **deseado**)

(V. **anhelado**)

suspirar
s. **exhalar** (V.)
dar
lanzar
respirar (V.)
espirar
alentar
soplar (V.)
inspirar
bostezar
sentir
quejarse
afligirse (V.)
lloriquear
gimotear
lamentarse
implorar
apenarse

s. **desear** (V.)
anhelar
codiciar
soñar con
ansiar
amar (V.)
querer
apetecer
pretender
ambicionar (V.)
evocar
recordar
esperar
antojarse
suspirar por alguien

r. Suspira el deseoso; no el satisfecho dichoso ■ Suspirar es esperar

(V. **suspiro**)

a. *retener*
contener
reprimirse
renunciar
olvidar
detestar
aborrecer
odiar

suspiro
s. **exhalación** (V.)
espiración
inspiración
jadeo
respiración (V.)
lamento
queja
quejido (V.)
sollozo
bostezo
alivio (V.)
satisfacción
cansancio
tristeza (V.)

s. **golosina** (V.)
pasta
dulce

s. deshacerse en suspiros
exhalar el último suspiro

r. Lo que no va en lágrimas va en suspiros

sustancia
(V. **substancia**)

sustancial
(V. **substancial**)

(V. **substanciar**)

sustancioso
(V. **substancioso**)

sustantivar
(V. **substantivar**)

sustantivo
(V. **substantivo**)

sustentable
s. sostenible
defendible (V.)
razonable
lógico

(V. **sustentación**)

a. *insostenible*
irrazonable
ilógico

sustentación
(V. **sustentáculo**)

sustentáculo
(V. **sostén**)

sustentamiento
(V. **sustento**)

sustentar-se
s. **sostener** (V.)
soportar
mantener
afirmar
sujetar
afirmar
aguantar
apoyar (V.)
respaldar
consolidar
reforzar

s. ratificar
mantener (V.)
corroborar
reafirmar
defender (V.)
amparar
gobernar (V.)
propugnar
favorecer
abogar por
justificar

s. **alimentarse** (V.)
nutrirse
atiborrarse
mantenerse
criar
(V. **sustento**)

a. *ceder*
soltar
abandonar
desamparar
rectificar
ayunar
desnutrirse

sustento
s. **alimento** (V.)
sostenimiento
mantenimiento (V.)
yantar
pitanza
nutrición
manducación
vianda
comida
crianza
manducatoria
victo

s. sustentamiento
sustentáculo
sostén (V.)
apoyo (V.)

a. *ayuno*
hambre
desamparo

sustitución
(V. **substitución**)

sustituible
(V. **substituible**)

sustituir
(V. **substituir**)

sustitutivo
(V. **substitutivo**)

sustituto
(V. **substituto**)

susto
s. **sobresalto** (V.)
sobrecogimiento
aspaviento
temor (V.)
julepe
alarma (V.)
asombro (V.)
sorpresa (V.)
aldabada
turbación
trabucazo
espanto (V.)
horror
zozobra
impresión
emoción
escalofrío
estremecimiento
miedo (V.)
cobardía
conmoción
agitación
temblor
pavor
cerote
canguelo
timidez
cortedad
pusilanimidad
desbandada
huida
respingo
zalagarda
rebato
sobrevienta
espante
escopetazo
alteración
aprensión
angustia (V.)
preocupación

s. dar un susto al miedo
caerse del susto
llevarse un susto

r. Sustos y disgustos matan a muchos

a. *valor*
tranquilidad
valentía
imperturbabilidad
indiferencia
cachaza
impasibilidad
serenidad
osadía
atrevimiento
resistencia
impavidez
despreocupación

sustracción
(V. **substracción**)

sustraendo
(V. **substraendo**)

sustraer
(V. **substraer**)

susurración
(V. **murmuración**)

(V. **secreteo**)

susurrante
s. cuchicheante
bisbiseante
murmujeante
musitante
murmurante (V.)
bisbiseador
rumoreante
runruneante
balbuciente
runruneador

s. leve
apacible (V.)
suave
tenue (V.)

a. *escandaloso*
ruidoso
fuerte
desapacible

susurrar-se
s. **murmurar** (V.)
bisbisear
ronronear
cuchichear
murmijear
musitar
runrunear
bisbisar
mascullar
balbucear
sisear
farfullar
mistar
zumbar (V.)
rutar
suspirar
decir al oído
decir en voz baja

s. **rumorearse** (V.)
decirse
sonar
correrse
trascender
divulgarse
esparcirse
secretear

a. *gritar*
vocear
escandalizar
proclamar
limitar
silenciar

susurro
s. **murmullo** (V.)
rumor (V.)
murmurio
balbuceo
secreteo
cuchicheo
bisbiseo
farfulla
runrún
ronroneo

s. comidilla
rumor (V.)
chisme
divulgación

a. *grito*
escándalo
ruido
silencio
discreción

susurrón
s. critición
murmurador (V.)
maldiciente
murmurón
mordaz
hiriente
mala lengua
lengua viperina
lengua de víbora

(V. **susurro**)

a. *alabador*
caritativo
elogioso
ponderativo

sutil
s. ingrávido
ático
inmaterial (V.)
delgado
capilar
pua
fino
delicado
superfino
tenue (V.)
suave
exquisito
cruel
taimado
diabólico
inefable
incorpóreo
evanescente
metafísico
refinado
ligero (V.)
vaporoso
grácil
elegante
menudo
gaseoso
volátil (V.)
indefinible
imponderable
etéreo
impalpable (V.)
inaprensible (V.)

s. gracioso
ingenioso (V.)
avispado
intuitivo
clarividente
peliagudo
buido
despejado
agudo (V.)
perspicaz
alambicado
ocurrente
sagaz (V.)
astuto

(V. **sutilidad**)

a. *áspero*
burdo
grosero
torpe
material
basto
vulgar

sutileza
s. sutilidad
agudeza (V.)
finura
ingeniosidad
gracia
perspicacia
astucia
ingenio (V.)
destello
trastienda
quisicosa
intuición (V.)
argucia (V.)
instinto
fineza
paradoja
sofisma
retórica
exquisitez
tacto
aticismo
prontitud
vivacidad
claridad
ironía
sarcasmo (V.)
salida
ocurrencia
causticidad (V.)
sátira
humorada
cinismo
socarronería
puya
indirecta
sofisma
chanza
broma
delicadeza (V.)
evanescencia
ingravidez
levedad
tenuidad (V.)
ligereza
agilidad
penetración
alambicamiento
quintaesencia
gasa
chinada

a. *torpeza*
necedad
memez
grosería
indelicadeza
aspereza
vulgaridad
tosquedad
exabrupto

sutilidad
(V. **sutileza**)

sutilizar
s. **afinar** (V.)
limar
pulir
adelgazar (V.)
refinar
perfeccionar
atenuar
asutilar

s. discurrir
argüir
teorizar
profundizar
sofisticar
alambicar (V.)
conceptuar
falsear
exagerar
pesar el humo
analizar

s. ironizar
punzar
bromear
ingeniarse

(V. **sutileza**)

a. *embastecer*
engrosar

sutura
s. **costura** (V.)
costurón
juntura (V.)
unión
soldadura (V.)
cosido
puntada
cicatriz

s. sutura craneal

a. *separación*
descosido

suversión
(V. **subversión**)

suversivo
(V. **subversivo**)

suversor
(V. **subversor**)

suvertir
(V. **subvertir**)

svástica
s. swástica
esvástica
cruz gamada
diagrama
signo (V.)
alegoría
nazismo

sweater
(V. **jersey**)

symposium
(V. **simposio**)

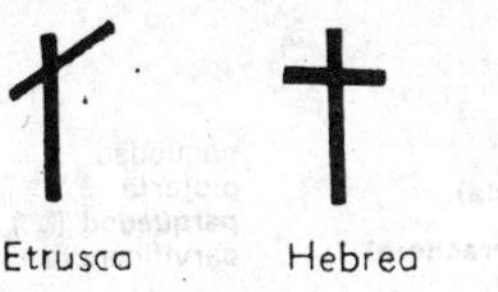

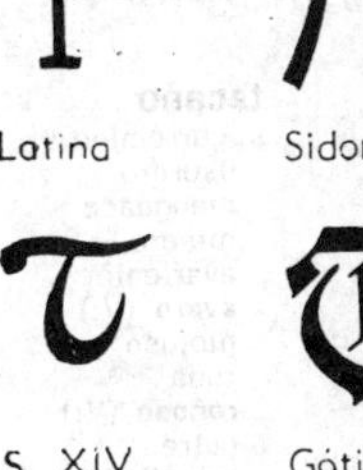

Etrusca Hebrea Fenicia Griega
Latina Sidonia S. V S. X
S. XIV Gótica Española Americana

taba
s. astrágalo
hueso (V.)
chita
pito
taquín
s. **juego** (V.)
carne
carnicol
budil
chuca
chuque
culo
horca
panza
suerte
pencas
saca
s. menear las tabas
tomar la taba
ser un hueso de taba

tabacal
(V. **tabaquería**)

tabaco
s. **planta** (V.)
(solanácea)
rapé
polvo
polvillo
picadura
hebra
capa
capadura
habano
tripa
andullo
boliche
nicociana
labor
virginia
capillo
naco
macuba
quebrado
tirulo
chancuco
horro
desecho
desechito
cuarteroncillo
cuarterón
hoja
calentura
libra
punta
roya
palillo
s. nicotina
betún
fumada
tabaquera
petaca (V.)
cigarro (V.)
pipa (V.)
s. cachazudo
cogollero
s. desbotonar
despalillar
desvenar
empilonar
cabecear
emboquillar
betunear
encajetillar
embotar
encanutar
fumar
torcer
manujear
boletar
elaborar
s. tabaco de hoja
tabaco de somonte
tabaco de regalía
tabaco capero
tabaco moruno
tabaco turco
tabaco peninsular
tabaco holandés
tabaco holandilla
tabaco negro
tabaco rubio
tabaco colorado
tabaco habano
tabaco de vena
tabaco de cucaracha
tabaco cucarachero
tabaco del diablo
tabaco de humo
tabaco de polvo
tabaco maduro
tabaco rapé
tabaco vinagrillo
tabaco de pipa
tabaco de barro
tabaco verdín
tabaco groso
tabaco de palillos
tabaco picado
s. hecho tabaco

tabalada
(V. **tabanazo**)
(V. **tamborilada**)

tabalario
(V. **nalgas**)

tabalear
(V. **tamborilear**)
(V. **repiquetear**)

tabalearse
(V. **balancearse**)

tabaleo
(V. **tamborileo**)

tabanazo
(V. **sopapo**)

tabanco
(V. **puesto**)
(comestibles)

tábano
s. **insecto** (V.)
(díptero)
moscardón
moscón
estro
tsetsé
tabarro
colicoli
coliguacho
cuajicote

tabaque
(V. **cestillo**)
(V. **clavo**)

tabaquera
s. **petaca** (V.)
cigarrera
pitillera
fosique
fusique
cajetilla
tercio
(V. **tabaco**)

tabaquería
s. tabacal
vega
cigarrería
expendeduría
estanco (V.)
fumadero
(V. **tabaco**)

tabaquero
s. tabacalero
tabaquista
cigarrero
cigarrera
estanquero
estanquillero
expendedor
s. **fumador** (V.)
fumante
tabaquista
tabacoso
(V. **tabaco**)

tabaquismo
(V. **intoxicación**)
(tabaco)

tabardete
(V. **tabardillo**)

tabardillo
s. **insolación** (V.)
acaloramiento
tabardete
s. **tifus** (V.)
tifus exantemático
s. **alocado** (V.)
molesto
bullicioso
locuelo
importuno
aturdido (V.)
calavera
tolondrón
trafalmejas
cocoliste
chinchoso
chinchorrero
pesado
latoso
cargante
s. tabardillo pintado
a. *atento*
amable
simpático

tabardo
s. capote
ropón
gabán
zamarra
abrigo (V.)
dalmática (V.)
librea

tabarra
s. **lata** (V.)
molestia
importunación
pesadez
fastidio
chinchorrería
joroba
aperreo
cansera
pejiguera
impertinencia (V.)
engorro
carlanca
friega
mareo
rollo
monserga (V.)
aburrimiento
a. *deleite*
agrado
amenidad

taberna
s. tasca
colmado (V.)
figón (V.)
bodega
tugurio
cantina
buchinche
estanquillo
bar
caramanchel
chingana
bebedero
borrachería
merendero
bodegón (V.)
tambarria
mezquita
ermita
bayuca
vinatería
pulpería
alegría (germ.)
tasquera
difunto de taberna
r. Ya que no bebo en la taberna huélgome en ella ▪ Taberna sin gente, poco vende ▪ Taberna vieja no necesita ramo ▪ Taberna de buen vino hace al tabernero rico

tabernáculo
s. altar
trono
sagrario (V.)
sanctasanctórum
custodia (V.)
s. **tienda** (V.)
(judíos)
fiesta de los Tabernáculos

tabernario
s. **soez** (V.)
vil
villano
rastrero
grosero
bajo
marrano
rudo
basto
ramplón
ordinario
(V. **taberna**)
a. *educado*
fino
delicado

tabernero
s. **bodegonero**
cantinero
vinatero
bodeguero
tasquero
bufiador (germ.)
catavinos
mojón
pulpero
figonero
r. Cuando el tabernero vende la bota, o sabe a pez, o está rota
(V. **taberna**)

tabes
s. **extenuación** (V.)
marasmo
caquexia
enflaquecimiento
adelgazamiento
consunción
a. *fortaleza*
vigor

tabica
(V. **tablilla**)
(V. **placa**)

tabicar
s. tapar
tapiar (V.)
murar
cerrar (V.)
levantar tabiques
emparedar
condenar
obstruir
vallar
tabicarse las narices
(V. **tabique**)
a. *abrir*

tabicón
(V. **tabique**)

tábido
s. **extenuado** (V.)
consumido
débil
enflaquecido
s. **podrido** (V.)
corrompido
(V. **tabes**)
a. *fuerte*
vigoroso
sano
fresco

tabique
s. tabicón
muro
panel
tapia
tapial
pared (V.)
panderete
paredón
parapeto
colaña
jorfe
duba
pilca
pirca
cercado
cerca
valla
vallado
barda
bardal
antepecho
lienzo
atajadizo
encañizada
medianera
mamparo
cortafuego
división
s. tabique de carga
tabique colgado
tabique de panderete
tabique sordo
tabique seco
tabique Rabitz

tabla
s. plancha
lámina
tabica
tablón
tabloncillo
chapa
madera (V.)
madero (V.)
larguero
talocha
tablero
tableta
traviesa
puntal
leño
tajo
viga
tirante
pilar
tarugo
listón (V.)
alza
armazón
tarima
tangán
chapera
cercha
duela
tejamaní
tillo
doga
costero
chilla
foraño
gualdera
tablero
ripia
levadura
tejamanil
tesón
portaleña
valais
portada
tabicón
s. mostrador
mesa (V.)
plúteo
anaquel (V.)
estante
estantería
balda
s. **lista** (V.)
catálogo (V.)
índice (V.)
relación
cuadro
tablilla
tablón (anuncios)
s. **cuadro** (V.)
lámina
tríptico
pintura
icono
s. **valla** (V.) (plaza de toros)
barrera
tercio
s. **escenario** (V.) (teatro)
faja (tierra)
bancal (V.)
tablada
tablar
s. enumeración
baremo (V.)
tarifa
nomograma
efemérides
serie
s. entibar
cerchar
cimbrear
curvar
alabear
tinglar
aserrar
acepillar
empalmar
s. tablas
empate (V.)
paridad
igualdad
igualamiento
equilibrio
hacer tablas
s. tabla de chilla
tabla de gordillo
tabla de gordo
tabla de portadilla
tabla alcaceña
tabla de coto
tabla de canal
tabla bocal
tabla de agua
tabla de capellada
tabla de guindola
tabla de planchar
tabla de lavar
tabla de escantillones
tabla de jarcia
tabla de juego
tabla numularia
tabla de Pitágoras
tabla de río
tabla de salvación
tabla de tiro
tabla de alero
tabla de tabicar
tabla de materias
tabla de aparadura
tablas numéricas
tablas de la Ley
tablas reales
tablas neperianas
tablas de Mendeiev
s. a rajatabla
a raja tabla
hacer tabla rasa
escapar en una tabla
salvarse en una tabla
hacer tablas
quedar en tablas
pisar bien las tablas
tener muchas tablas
ser de tabla una cosa
no saber por dónde van las tablas

tablachina
(V. **escudo**) (de madera)

tablacho
(V. **compuerta**)

tablada
(V. **bancal**)
(V. **tabla**)

tabladillo
s. platea
patio
empalizada
palco
tablado (V.)
armazón
entablado
estrado
entarimado
tarima
plataforma
tinglado

tablado
s. tablazón
tabladillo
tablero
tinglado
entablado
armazón
andamio
plataforma (V.)
palenque
tarima (V.)
tarimón
palco
tendido
tribuna
estrado
balsa
grada
entarimado
escañuelo
escenario
asiento
mostrador
banqueta
silletín
s. **cadalso** (V.)
patíbulo (V.)
cadahalso

tablaje
(V. **tablazón**)
(V. **garito**)

tablajería
(V. **timba**)
(V. **carnicería**) (tienda)

tablajero
(V. **garitero**)
(V. **carnicero**)

tablazón
s. tablaje
tablero
entabladura
entablación
armazón (V.)
tableo
entable
entablado (V.)
suelo
tarima
pavimento
entarimado
abatido
andamiaje
maderamen
andamio
entibación
viguería
recubrimiento
forro (V.)

tablero
(V. **tabla**)
(V. **tablado**)
(V. **casillero**)

tableta
s. **pastilla** (V.)
píldora
comprimido
gragea
cápsula
oblea
s. **tablilla** (V.)
s. **chocolate** (V.)
placa
onza

tabletear
s. **repiquetear** (V.)
chasquear
resonar (V.)
castañetear
entrechocar
(V. **tableteo**)
a. *silenciar*

tableteo
s. **repiqueteo** (V.)
castañeteo
sonido
chasquido
ruido (V.)
a. *silencio*

tablilla
s. tableta
listón (V.)
lámina
plancha
larguero
moldura
barrote
tapajuntas
plúteo
tabica
(V. **tabla**)

tablón
(V. **tabla**)
(V. **borrachera**)

tabú
(V. **prohibición**)

tabuco
s. **cuchitril** (V.)
zaquizamí
cuartucho
chiribitil
sotabanco
chiscón
tugurio
zahurda
covacha
(V. **buhardilla**)
a. *palacio*

taburete
asiento (V.)
banquillo
banquito
escañuelo
banqueta (V.)
alzapiés
tajuelo
tajuela
puf
sentadero
tajo
poyo
poyete
trípode
sillín
sillita
silletín
peana
carriola
escabel

taca
(V. **mancha**)
(V. **alacena**)

tacada
(V. **golpe**) (taco)
(V. **serie**) (carambolas)

tacañear
s. cicatear
regatear
mezquinear
escatimar (V.)
roñosear
escasear
rebajar
(V. **tacañería**)
a. *prodigar*
abundar
regalar
confundir

tacañería
s. roñosería
mezquindad (V.)
avaricia (V.)
codicia (V.)
cicatería
miseria
pobretería
roñería
ruindad
escasez
tiñería
nimiedad
roña (V.)
tiña
poquedad
piojería
parquedad (V.)
parvificencia
a. *abundancia*
generosidad
esplendidez
prodigalidad

tacaño
s. gurrumino
usurero
menguado
mísero
avariento
avaro (V.)
piojoso
roña
roñoso (V.)
cutre
ruin (V.)
manicorto
apretado
judío
matatías
miserable
gallego
prestamista
urraca
ave de rapiña
sórdido
mezquino (V.)
menguado
guardoso
agarrado
estrecho
ahorrador (V.)
transido
zarracatín
teniente
cerracatín
interesado (V.)
s. **astuto** (V.)
pillo
marrullero
taimado
socarra
pícaro (V.)
bellaco (V.)
perillán
trapacista
despreciable (V.)
desventurado
detenido (V.)
puerco
(V. **tacañería**)
a. *gastador*
ahorrador
manirroto
rumboso
desprendido
pródigo
generoso
espléndido
dadivoso
ingenuo
simple
noble

tacar
(V. **manchar**)
(V. **marcar**)

tacita
s. jicarilla
jícara
pocillo
taza (V.)

tácito
s. **callado** (V.)
silencioso
taciturno (V.)
reservado
sigiloso
mudo
secreto

(cont.)

s. **implícito** (V.)
virtual
entendido
supuesto
sobrentendido (V.)
hipotético
omiso
imaginario
incluido
presunto

a. *hablador*
locuaz
expreso
real
explícito
excluido

taciturnidad
s. **tristeza** (V.)
melancolía
pesadumbre
silencio
reserva (V.)
hipocondría
cuita
retraimiento
murria
ensimismamiento
languidez
entristecimiento
adustez
nostalgia

a. *alegría*
contento
locuacidad
expresividad
júbilo

taciturno
s. **callado** (V.)
silencioso
tácito (V.)
ensimismado
triste (V.)
melancólico
cejijunto
saturnino
saturno
lánguido
entristecido
apesadumbrado
cabizbajo
babizcaído
cogitabundo
apesarado
morriñoso
murrio
adusto
nostálgico
tétrico
cartujo (V.)
cerrado (V.)

(V. **taciturnidad)**

a. *alegre*
contento
locuaz
comunicativo
expresivo
tratable
sociable

taco
s. **tarugo** (V.)
tapón (V.)
cuña
coda
clavija
clava
ramplús
zoquete

s. **baqueta** (V.)
tirabala
cerbatana (V.)
trabuco
tiratacos
barra

s. tiento
palo (V.) (de billar)
vara
espadilla

s. **calendario** (V.)
bloc

s. **bocado** (V.)
trago
piscolabis
aperitivo
refrigerio
refracción
tentempié (V.)
bocadillo

s. embrollo
lío
enredo (V.)
complicación
confusión (V.)
obstáculo

s. **juramento** (V.)
voto (V.)
denuesto
palabrón
palabrota
terno
reniego
venablo
blasfemia (V.)
maldición
pestes
¡por vida de!

s. taco de suela
taco seco
taco limpio
soltar tacos
hacerse un taco
dejar hecho un taco a alguien

r. Más vale taco bien echado, que Padrenuestro mal rezado

a. *claridad*
bendición
piropo
elogio

tacón
s. talón
soporte
pieza
suela
ponleví
salto
quebradillo
alza

(V. **calzado)**

taconazo
s. **golpe** (V.) (tacón)
patada
pisotón
pisada
talonazo
taconeo
paso
(V. **tacón)**

taconear
(V. **andar)**

(V. **zapatear)**

(V. **gestionar)**

taconeo
s. **pisada** (V.)
pisoteo
zapateo
zapateado
repiqueteo
ruido

(V. **tacón)**

táctica
s. **medios** (V.)
método (V.)
procedimiento (V.)
sistema
plan
regla
práctica
fin
objetivo
propósito (V.)
arte
ordenanza

s. **estrategia** (V.)
maniobra (V.)
polémica
operación (militar)

s. **tacto** (V.)
diplomacia
habilidad (V.)
astucia
finura

a. *torpeza*
rudeza
inhabilidad

táctico
s. metódico
operativo
sistemático (V.)
calculado
pensado
hábil (V.)
práctico
estratégico (V.)

s. **estratega** (V.)
militar

(V. **táctica)**

a. *impensado*
espontáneo

tacto
s. impresión
sentido (V.)
sensación (V.)
tactilidad
toque (V.)
tiento
tocamiento
palpamiento
palpadura
palpación
asimiento
hurgamiento
manoseo
sobo
sobadura
rozamiento
ajamiento
soba
sobajadura
sobajamiento
frotamiento (V.)
tentón
tangencia
cosquillas
cosquilleo
magreamiento
magreo
tienta
contacto

s. **mano** (V.)
dedos
piel
tentáculos
trompa
antenas
pulso
mano

s. maña
mañosería

s. **habilidad** (V.)
acierto
destreza
disposición
tiento
tino (V.)
táctica (V.)
procedimiento
prueba
ensayo
medida
discreción
delicadeza (V.)
diplomacia (V.)
juicio
mesura (V.)
finura
exquisitez
prudencia
sociabilidad

s. tacto de codos
andar con tacto
falta de tacto

a. *insensibilidad*
inhabilidad
incapacidad
ineptitud
tosquedad
indiscreción
rudeza
grosería

tacha
s. **falta** (V.)
defecto (V.)
descrédito (V.)
mancha
verruga (V.)
tara
anomalía
sombra
lacra
vicio
lunar
inconveniencia
roseta
mácula
manchón
borrón (V.)
tiznón
imperfección
herrumbre
tilde (V.)
pinta
caca
porquería
lamparón
inconveniente
desdoro (V.)
mancilla
censura
reprobación
infamación
mala **nota** (V.)
mala voz

s. **tachuela** (V.)
clavo pequeño

s. **impugnación** (V.)
motivo (legal)
sin tacha

a. *perfección*
pulcritud
honor
favor
crédito
honor
elogio

tachado
s. cruzado
borrado
rayado
excluido (V.)
anulado
suprimido
eliminado

s. tildado
vituperado
inculpado
recriminado
reprochado
censurado
acusado (V.)
calificado (V.)

(V. **tachadura)**

a. *incluido*
comprendido
vigente
añadido
agregado
elogiado
loado

tachadura
s. tachón
raya (V.)
corrección (V.)
enmienda (V.)
borradura
supresión (V.)
anulación
raspadura (V.)
borrón
tilde
rasgo
trazo (V.)
línea

a. *vigencia*
respeto
autorización

tachar
s. **censurar** (V.)
motejar (V.)
calificar (V.)
culpar (V.)
reprochar
notar
recriminar
achacar
incriminar
reprender
tildar (V.)
deshonrar
mancillar
denunciar
delatar
acusar (V.)

s. **borrar** (V.)
raspar
corregir (V.)
suprimir (V.)
emborronar
rayar
anular
enmendar
testar

s. alegar en contra

(V. **tachadura)**

a. *elogiar*
alabar
honrar
respetar
permitir
añadir
subrayar

tachón
s. **tachadura** (V.)

s. **clavo** (V.)
tachuela
calamón
bollón
estoperol

s. **adorno** (V.)
cinta
galón
pasamanería (V.)

tachonado
s. **recamado** (V.)
sembrado
adornado
engalanado
cubierto
salpicado (V.)

(V. **tachón)**

a. *diseminado*
disperso

tachonar
s. **clavetear** (V.)
engalanar
adornar (V.) (cintas, galones)

(V. **tachón)**

tachuela
s. **clavo** (V.)
tachón
tacha
clavete
chinche
chincheta

taf
(V. **tren)**

tafanario
(V. **nalgas)**

tafetán
s. **tela** (V.)
seda (V.)
glasé
catalufa
embutido

s. tafetán de heridas
tafetán inglés

r. Tafetán en enero, señal de poco dinero ■ No estar la Magdalena para tafetanes

tafetanes
(V. **banderas)**

tafia
(V. **aguardiente)** (de caña)

tafilete
s. cuero
cordobán
marroquí
piel (V.) (cabra)
chagrín

tafiletería
s. marroquinería
talabartería
guarnicionería
taller
tienda
curtido (V.)

tafo
(V. **hedor)**

(V. **tufo)**

tafur
(V. **tahúr)**

tagalo
(V. **raza**)

(V. **idioma**)

tagarnina
s. **cigarro** (V.)
(inferior)
puro
veguero
habano
tabaco

tagarino
(V. **morisco**)

tagarote
s. **baharí** (V.)
(ave rapaz)

s. **escribiente** (V.)
escribano
pasante (V.)
calígrafo
pendolista

s. espingarda
cangallo
zangullo
perigallo
perantón
desgarbado (V.)
larguirucho

s. **hidalgo** (V.)
(pobre)

a. *rechoncho*
bajo
buscón
villano

tagarotear
(V. **escribir**)

(V. **caligrafiar**)

taha
(V. **territorio**)

tahalí
s. tahelí
bálteo
talabarte
tiracol
tiracuello
cinturón
chapa
biricú
correa (V.)

s. tahalí de Orión

tahelí
(V. **tahalí**)

taheño
s. **pelirrojo** (V.)
rojizo
barbitaheño
pelo (V.)

tahona
s. atahona
panadería (V.)
horno (V.)
molino

s. asiento de tahona

tahonero
(V. **panadero**)

tahúr
s. tafur
jugador (V.)
fullero
leonero
garitero
baratero
chocarrero
ventajista
matutero
cuco
chamarilero
griego
gitano
timbero
tramposo

(V. **tahurería**)

a. *honrado*

tahurería
s. **timba** (V.)
tablero
tablajería
tablaje
leonería
matite
boliche
coima
cuquería
fullería (V.)
tasca
tafurería
garito (V.)
antro
leonera
matute

taifa
s. **facción** (V.)
bandería
favoritismo
parcialidad
división (V.)

s. **gentuza** (V.)
gentualla

s. **hampa** (V.)
chusma
caterva
partida

s. reinos de taifa

a. *unidad*
objetividad
imparcialidad
selección
distinción
crema

taiga
(V. **bosque**)
(Rusia)

taikún
(V. **señor**)

tailleur
(V. **sastre**)

taimado
s. bellaco
astuto (V.)
sagaz (V.)
tunante
hipócrita
felino (V.)
raposo
zorruno
raposuno
zorro
tortuoso
redomado
zorrastrón
marrullero
sátrapa
caimán
artero
amodorrado
disimulado
tuno
conchudo
ladino (V.)
chuzón
colmilludo
tretero
malhumorado (V.)
falso
farsante
porfiado
obstinado (V.)
sobón
recalcitrante
rebelde
necio
mala pécora
cazurro (V.)
marrajo
bribón (V.)
ratonil
retobado
rodaballo
culebrón
lagarto
lagartón
escatimoso
nebulón
solapado (V.)
tiuque
maxmordón
sutil
pérfido
calculador
navajudo
temoso
soca
socarrón (V.)

(V. **taimería**)

a. *bobo*
cándido
inocente
inocentón
pánfilo
ingenuo
comprensivo
flexible
torpe
basto

taimarse
(V. **obstinarse**)

(V. **callarse**)

(V. **amostazarse**)

taimería
s. socarronería
marrullería
hipocresía (V.)
disimulo (V.)
sagacidad (V.)
perfidia
astucia
zorrería (V.)
tunería
pillastrería
bellaquería (V.)
desvergüenza
cuquería
sutileza
malicia (V.)
picardía

a. *bobería*
candidez
ingenuidad
claridad
franqueza
torpeza

taire
(V. **cachete**)

tajada
s. loncha
lonja
rueda
taja
tasajo (V.)
steak
trozo
parte (V.)
corte
rebanada (V.)
pedazo
presa
posta
fragmento
raja
somarro

s. tos
ronquera (V.)
tosecilla
carraspera

s. **borrachera** (V.)

s. **ventaja** (V.)
provecho
beneficio
lucro

s. sacar tajada
llevar una tajada
hacer tajadas

r. Donde hay tajada, no hace falta rebanada.

a. *sobriedad*
desventaja
pérdida

tajadera
(V. **cuchilla**)

(V. **tajo**)
(madera)

(V. **compuerta**)

tajadero
(V. **tajo**)

tajadura
(V. **tajo**)

tajamar
s. **proa** (V.)
espolón
roda
acrostolio
rostro
brazal
esperón

s. **mascarón** (V.)
nariz
muz

s. **malecón** (V.)
dique

s. **pantano** (V.)
presa
balsa

tajante
s. autoritario
firme
seco
categórico (V.)
cortante
concreto
claro
conciso
incisivo

s. rasgador
cortador
carnicero (V.)

(V. **tajo**)

a. *difuso*
prolijo
flexible
amable
liberal
condescendiente

tajaplumas
(V. **navaja**)

tajar
s. **cortar** (V.)
abrir (V.)
acuchillar
rasgar
partir
dividir
rajar
rebanar
seccionar
herir (V.)

(V. **tajo**)

a. *unir*
cerrar

tajo
s. **corte** (V.)
sección
tajadura
cortadura
machetazo (V.)
tajamiento
cuchillada
cercenamiento
incisión
división
herida
escotadura
chirlo
hendidura
sajadura
sablazo
mandoble
rasgón
brecha
viaje
cortapiés

s. **sima** (V.)
talud
despeñadero
abismo
precipicio (V.)
cortada
escarpadura
escarpa
paso

s. **filo** (V.)
corte
borde
hoja
lámina
punta

s. tarea
trabajo (V.)
faena
labor

s. banqueta
tajuelo
banquillo
taburete (V.)
asiento

s. picador
tajón
tajadero
madera
tabla (V.)
tronco

s. tajo diagonal
treta del tajo
rompido

a. *unión*
curación
cierre
cicatrización
llanura
planicie
embotamiento
descanso

tal
s. **igual** (V.)
semejante
como

s. **cosa** (V.)
alguien (V.)
él
ella
ese
este
aquel
ello
eso
esto
aquello

s. un tal
tal cual
un tal y un cual
con tal de
tal como
no hay tal
¿qué tal?
tal vez
tal o cual
una tal
que si tal y si cual
con tal que
con tal de
tal para cual
tal y cual
tal y tal

tala
s. corta
corte
poda (V.)
desmoche
escamonda
acopadura
podadura
cercenamiento

s. **juego** (V.)
billalda
billarda
estornija
toña
bigarda
birla
palán
marro
escampilla
gambocho
tornela
estornija

talabarte
(V. **cinturón**)

(V. **tahalí**)

talabartería
(V. **guarnicio-nería**)

talabartero
(V. **guarnicionero**)

talado
s. devastado
desmontado (V.)
empelado
arrasado
destruido
desmochado

s. cercenado
cortado (V.)
podado
escamondado

(V. **tala**)

a. *respetado*
entero
integro

taladrado
s. trepado
perforado (V.)
picado
horadado
agujereado
calado
barrenado
avellanado
atravesado
trepanado
fresado
punzado

(V. **taladro**)

taladrador
s. **perforador** (V.)
escariador
agujereador
excavador
taladrante

s. barrena
taladro (V.)

taladradora
s. **taladro** (V.)
trepadora
perforadora

s. taladradora de taller
taladradora de pistola
taladradora radial
taladradora múltiple

s. broca
motor
caja de velocidades
palanca de avance
palanca de gobierno
volante de avance
columna
zócalo

taladrante
s. terebrante
taladrador
agudo (V.)
ensordecedor (V.)
horrísono
atronador
insoportable
doloroso (V.)

(V. **taladrado**)

a. *suave*
soportable
dulce
insensible

taladrar
s. agujerear
atravesar
punzar
horadar
perforar (V.)
barrenar (V.)
parahusar
trepanar
calar
ahondar
avellanar
fresar
apolillar
penetrar

s. alcanzar
llegar
sutilizar
desentrañar
percibir
comprender (V.)
entender

s. **atronar** (V.)
ensordecer
herir (oídos)

(V. **taladro**)

a. *cerrar*
obstruir
condenar
confundir
ignorar
silenciar

taladrilla
(V. **barrenillo**)
(plaga)

taladro
s. ojal
orificio (V.)
perforación (V.)
agujero (V.)
atravesamiento (V.)
trepanación
horadamiento
escalo

s. **barrena** (V.)
barreno
berbiquí
perforador
parahúso
broca
punzón
sacabocados
trincaesquinas
taladradora (V.)
escariador
escoplo
cincel
escofina
rompedera
fresa
trépano
aguja
escariador
lezna
puntero
estaquillador
alesna
chicharra
carraca
lesna
abocardo
calador
sonda
escobina

s. **polilla** (V.)
carcoma
barrenilla

talamite
(V. **remero**)

tálamo
(V. **cama**)
(conyugal)

(V. **receptáculo**)
(botánica)

talanquera
s. muro
barrera (V.)
valla (V.)
pared
reparo
defensa

s. **refugio** (V.)
amparo
seguridad (V.)
protección
garantía

s. hablar desde la talanquera
mirar desde la talanquera

a. *desamparo*
inseguridad

talante
s. **humor** (V.)
estado
ánimo (V.)
disposición
índole
temperamento
forma
estilo
modo
manera
son
guisa
medio
tono
regla
gana
deseo (V.)
arbitrio
aspecto (V.)
semblante
cariz
antojo
voluntad
carácter (V.)

s. estar de buen o mal talante

talar
s. traje
vestidura (V.)
ropaje
hábito
sotana
traje talar

talar
s. **cortar** (V.)
serrar (V.)
podar (V.)
troncar
truncar
desmontar
atorar
destroncar
retajar
tajar
segar
desmochar
escamondar
cercenarfollar
empelar

s. **arrasar** (V.)
destruir (V.)
quemar
derruir
exterminar
devastar
asolar
arruinar

(V. **tala**)

a. *unir*
juntar
construir
respetar

talasocracia
(V. **dominio**) (del mar)

talasofita
(V. **alga**)

talasómetro
(V. **sonda**)

talco
s. **mineral** (V.)
silicato (de magnesio)
espejuelo
fuellar

talcualillo
(V. **regular**)

(V. **mediano**)

tálea
(V. **empalizada**)

(V. **valla**)

talega
s. talego
costal
morral
saco (V.)
bolsa
bolso
fardo
fardel
zurrón
macuto

s. culero
pañal (V.)

s. **dinero** (V.)
caudal
riqueza

s. **ración** (V.)
víveres
provisiones

s. **pecados** (V.)
faltas
conciencia

s. **rechoncho** (V.)
gordo
cachigordo
regordete
saco

talegazo
(V. **caída**)

(V. **porrazo**)

talego
(V. **talega**)

taleguilla
(V. **calzón**)
(toreros)

talento
s. **moneda** (V.)
(griega y romana)

s. **capacidad** (V.)
agudeza
juicio
genialidad (V.)
despejo
entendimiento (V.)
inteligencia (V.)
cabeza
chispa
destreza
aptitud
cacumen
chirumen
intelecto
genio (V.)
pesquis
sutileza
perspectiva
caletre
listeza
mollera
pupila
clarividencia
prontitud
sentido
tino
razón
habilidad (V.)
maña
pericia
lucidez
cerebro
discernimiento
sagacidad
conocimiento
connivencia
capacidad
comprensión
ingenio (V.)

r. Hombre con buen talento, vale por ciento ■ Ninguno de su suerte está contento, y lo están todos de su talento ■ Talento y hermosura rara vez se juntan ■ No hay cosa tan bien repartida como el talento: cada cual del suyo está contento ■ A quien tiene cabeza no le falta capilla

s. gran cabeza

a. *cortedad*
tontería
memez
desconocimiento
torpeza
imbecilidad
estolidez

talentoso
s. **inteligente** (V.)
perspicaz
agudo
capaz (V.)
penetrante
clarividente
lúcido
ingenioso (V.)
sagaz
sutil
despabilado
sesudo
talentudo
genial
diestro
hábil (V.)
comprensivo
juicioso
despejado
chispeante
apto
listo
mañoso

(V. **talento**)

a. *tonto*
estólido
estúpido
torpe
inhábil
manazas
idiota
imbécil
memo
retrasado

talentudo
(V. **talentoso**)

tálero
(V. **moneda**)
(alemana)

talgo
(V. **tren**)

Talía
(V. **musa**)
(Comedia)

talión
s. pena
castigo (V.)
represalia (V.)
desquite
venganza
revancha

r. Ojo por ojo y diente por diente

a. *perdón*
olvido
generosidad

talionar
(V. **castigar**)

(V. **vengarse**)

talismán
s. mascota
amuleto (V.)
reliquia
fetiche
higa
tótem
abracadabra
candorga
bezoar
grisgris
morión
magia (V.)

talma
(V. **esclavina**)

talmud
(V. **judaísmo**)

talocha
s. esparavel
trolla
tabla (V.)
(albañil)
revocadora
igualadora

talofita
(V. **alga**)

(V. **hongo**)

(V. **liquen**)

talón
s. calcañar
calcaño
tarso
planta
prominencia
calcáneo
calcañal
cangallo
zancajo
pulpejo
chambaril
pie (V.)

s. gola
moldura (V.)

s. **documento** (V.)
libranza
pagaré
cheque (V.)
recibo
talonario (V.)
bono
resguardo
cupón
descargo
billete
vale

s. pisar los talones
levantar los talones
talón de Aquiles
apretar los talones
pisarle a uno los talones

talonario
s. libreta
librillo
cuadernillo
cartilla
bloque

(V. **talón**)

talonazo
(V. **golpe**)

(V. **estímulo**)

talpa
(V. **absceso**)
(cabeza)

talud
s. **pendiente** (V.)
rampa (V.)
desnivel
buzamiento
desplome
declive
cuesta
ribazo (V.)
resayo
releje
caída
depresión
vertiente
escarpa

a. *horizontalidad*

talvina
(V. **gachas**)

talla
s. entalladura
entallamiento
talladura
entallo
estatua

s. **escultura** (V.)
grabado
labrado
torso

s. tributo
premio (V.)
rescate (V.)

s. **marca** (V.)
medida

s. altura
estatura (V.)
medida
alzada

s. media talla
talla dulce
a media talla
poner talla

tallador
(V. **grabador**)

talladura
(V. **talla**)

tallar
s. tajar
cortar (V.)
entretallar

s. **esculpir** (V.)
labrar (V.)
grabar (V.)
cincelar
realzar
bocelar
escarpar
entallar
trabajar
repujar
burilar
punzonar
dibujar

s. **medir** (V.)
(estatura)
comprobar
determinar
comparar

s. **tasar** (V.)
valorar
valuar
apreciar

s. cargar
tributar (V.)
imponer
gravar
conservar
intervenir (V.)
mediar
inmiscuirse
dominar (V.)
predominar

(V. **talla**)

a. *unir*
juntar
cerrar
descuidar
eximir
exonerar
desgravar
callarse
contenerse
reprimirse

tallarín
(V. **pasta**)

(V. **macarrón**)

talle
s. **cintura** (V.)

s. **cuerpo** (V.)
tipo
hechuras
figura (V.)
traza
proporción
disposición
apariencia
aspecto (V.)
presencia
continente

s. largo de talle

taller
s. **obrador** (V.)
tienda
fábrica (V.)
manufactura
laboratorio
estudio (V.)
usina
zapatería
oficina
comercio
factoría
despacho

s. **angarillas** (V.)
convoy (V.)
vinagreras
vinajeras
aceiteras

s. **logia** (V.)
(masonería)

s. **escuela** (V.)
seminario

tallista
s. **escultor** (V.)
estatuario
imaginero
modelador
cincelador
grabador
artista
lapidario (V.)
artesano

(V. **talla**)

tallo
s. **planta** (V.)
esqueje (V.)
vástago
renuevo (V.)
brote (V.)
botón
retoño
hijuelo
serpollo
retallo
sierpe
mugrón
chupón
pitón
verdugo
verdugón
rizoma
rebrote
bastón
hijato
talluelo
maslo (V.)
escapo
cuello
troncho
grillo
bederre
follón
gamonito
súrculo
mata
macolla
acodo
cabillo
bohordo
pezón
pimpollo
rama (V.)
vara
caña (V.)
junco
estípite
estolón
paja
palo
peciolo
pedículo
sarmiento (V.)
tronco (V.)
espádice
barbado
rabo
rabillo
zarcillo
yema (V.)
pitaco
bastón
bornizo
branca
follón
latiguillo
pedúnculo (V.)
remocho
pella
resalvo
aljuma
cuje
estabón
mástil (V.)

s. medula
pulpa
entrenudo
ciclo
botica

s. brotar
rebrotar
retallar
agrillarse
entallecer
grillarse
ahijar
apimpollarse
amacollar
retoñar
matear

s. **churro** (V.)
tejeringo

a. *raíz*

talludo
s. **pimpolludo** (V.)
pampanoso
surculado
cauliforme
multicaule
rastrero
lampiño
fructicoso
apanojado

s. **crecido** (V.)
alto
espigado
gigante
medrado
tagarote
desgarbado
larguirucho

s. **maduro** (V.)
pasado

s. **rutinario** (V.)
avezado
acostumbrado
ducho
curtido
enviciado

(V. **tallo**)

a. *seco*
enano
inexperto

tamañito
s. avergonzado
aturdido
confuso (V.)
achicado (V.)
confundido
turulato
patidifuso
perplejo
desconcertado
turbado
abochornado

a. *tranquilo*
sereno
agrandado

tamaño
s. **medida** (V.)
formato (V.)
magnitud (V.)
grandor
cuerpo
altura
porte (V.)
profundidad
marco
compás
extensión
grandeza (V.)
anchura
superficie
volumen
línea
luz
capacidad
grosor
proporción
gradación
longitud
pequeñez
estrechez
escuadría
bulto (V.)
envergadura
dimensión (V.)
número
espesor
corpulencia

s. **enorme**
grande (V.)
descomunal
gigantesco

s. **pequeño** (V.)
minúsculo
diminuto

s. cuarto
octavo
dieciseisavo
folio
holandesa
cuartilla
marquilla

tambaleante
s. **vacilante** (V.)
inseguro
inestable
oscilante
basculante
bamboleante
fluctuante
indeciso (V.)
groggy
titubeante

(V. **tambaleo**)

a. *seguro*
firme
fijo
decidido
categórico

tambalear-se
s. **vacilar** (V.)
moverse (V.)
menearse
tartalear (V.)
oscilar
bambolear
cabecear
trastabillar
cojear
mecer
fluctuar
bandearse
bascular
temblar
inclinarse
tropezar
zigzaguear
zangolotearse
titubear (V.)
dudar

(V. **tambaleo**)

a. *asegurar-se*
afirmar-se
inmovilizar-se
decidir-se

tambaleo
s. **vacilación** (V.)
bamboleo
oscilación
zangoloteo
fayanca
vaivén
balanceo
cabeceo
cavilación
fluctuación
meneo
titubeo (V.)
indecisión
movimiento (V.)
duda (V.)
tropezón

a. *quietud*
inmovilidad
seguridad
firmeza
consistencia
decisión

también
s. **además** (V.)
así
asimismo
igualmente
todavía
aún (V.)
hasta
del mismo modo
de la misma manera
de igual modo
a más
además de esto
en más
cuanto más
incluso

a. *tampoco*
nunca
nada
no

tambor
s. atabal
tamboril
caja (V.)
parche
tambora
marimba
bombo
redoblante
tamborón
tímpano (V.)
timbal (V.)
témpano (V.)
pandera
pandero
pandereta
panderete
nácara
bordón
tango
marimba
candombe
caranga
carángano
cranga
carramplón

(cont.)

s. palillo
baqueta
palo
palote
maza
portacaja

s. rodillo
rollo
aro
cilindro (V.)

s. **tamiz** (V.)
criba

s. disco
rueda (V.)

s. tambor mayor
a tambor batiente
estar tocando el tambor
tambor del freno

tamborear
s. tabalear
tamborilear
tamboritear
redoblar (V.)
panderetear
tañer (V.)
tocar (el tambor)
repicar

(V. **tambor**)

tamboril
s. tamborilete
tamborino
tamborín
tamborete
atabal
atabalejo
atabalete

(V. **tambor**)

tamborilada
s. tamborilazo
tantarantán
rataplán
tamborileo
toque de tambor
redoble (V.)
pandereteo
tam-tam
tabalada
tabaleo

(V. **tambor**)

tamborilear
s. repiquetear
atabalear
redoblar (V.)
tabalear
tamborear (V.)

s. tamboritear
anunciar
divulgar (V.)
proclamar
extender
vulgarizar
publicar
elogiar
ensalzar (V.)
ponderar
encomiar
gritar
celebrar
difundir
alardear
trompetear

(V. **tambor**)

a. *callar*
silenciar
guardar
criticar

tamborileo
(V. **tamborilada**)

tamborín
(V. **tamboril**)

tamiz
s. cedazo
criba (V.)
cribo
cándara
zarandillo
zaranda
harnero
filtro
manga
cernedor
tambor (V.)
cernedera

s. pasar por el tamiz

tamizar
s. **cribar** (V.)
colar
cerner
limpiar
pasar
zarandear

s. **seleccionar** (V.)
escoger

(V. **tamiz**)

a. *descuidar*

tamo
s. **pelusa** (V.)
pelusilla
polvo
flojel
polvillo
borra (V.)
basura
vello
hebra
residuo
guata
lanilla

tamojo
(V. **matojo**)

tampoco
s. **nada** (V.)
nunca (V.)
no
nones
menos (V.)
menos aún

a. *también*
más
algo
siempre
sí

tampón
(V. **almohadilla**)
(tinta)

tamuja
s. **hojarasca** (V.)
chasca
encendaja
borrajo

tan
(V. **tanto**)

(V. **así**)

tanagra
(V. **escultura**)

tanda
s. **turno** (V.)
vez
ciclo
rueda
sucesión (V.)
vueltaperiodo
serie
capa

s. **grupo** (V.)
partida
banda
reunión
corrillo
corro
racimo
caterva
conglomerado
conjunto (V.)
cuadrilla
cantidad
número

s. **serie** (V.)
mano (V.)
manta
tangada
vuelta

s. **labor** (V.)
tarea
tonga

a. *interrupción*
discontinuidad
paréntesis
dispersión
descanso

tángana
(V. **chito**)
(juego)

tanganillas (en)
s. con poca seguridad
vacilantemente (V.)
sin firmeza
con peligro
inseguramente
en peligro

tanganillo
s. palo
piedra
estaca
rodrigón
apoyo (V.)
puntal
muleta

s. **longaniza** (V.)

tangencia
(V. **contigüidad**)

(V. **razonamiento**)

tangencial
(V. **tangente**)

tangente
s. tangencial
conexo
pegado
adyacente
lindante
colindante
vecino
lateral (V.)
rayano
vecino
contiguo (V.)
junto
próximo
tocante (V.)
cotangente
tangente de un ángulo
tangente de un arco

s. escapar por la tangente
salirse por la tangente

(V. **tangencia**)

a. *lejano*
separado
alejado

tangible
s. tocante
tentador
pulsador
palpable (V.)
tocable
táctil
sobadero
sobable
manoseable

s. sensible
perceptible
visible
positivo
asequible
cierto
palmario
real
material (V.)
patente

(V. **tangencia**)

a. *impalpable*
imperceptible
espiritual
inmaterial
invisible
insensible
imaginario

tango
s. **chito** (V.)
(juego)

s. **baile** (V.)
canto
música (V.)
copla

tangón
(V. **botalón**)

tanor
(V. **sirviente**)
(filipino)

tanque
s. **depósito** (V.)
cuba
tonel
aljibe (V.)
vasija
vaso
pozo
cisterna

s. **carro** blindado (V.)
carro de combate
carro de asalto

s. torreta
cañón
mirilla
bandas de oruga
freno de retroceso
plancha blindada
banda reforzada
armamento (V.)

tántalo
(V. **suplicio**)

tantán
(V. **gongo**)

tantarantán
(V. **golpe**)

(V. **sacudida**)

tanteador
s. marcador
medidor
aparato
dispositivo
ábaco (V.),

(V. **tanto**)

tantear
s. ajustar
medir (V.)
comparar (V.)
parangonar
escantillar
hondear
vadear
ahondar

s. **calcular** (V.)
valuar
evaluar
cubicar
estimar
tasar

s. pensar
reflexionar
considerar (V.)
sopesar
meditar
recapacitar
suponer
preciarse
suputar
conjeturar

s. **ensayar** (V.)
probar
examinar (V.)
pulsar
sondear
intentar
explorar
tentar
investigar (V.)
averiguar (V.)

s. **trazar** (V.)
esbozar (V.)
bosquejar

s. **contar** (V.)
llevar la cuenta
apuntar (V.)
señalar
indicar

s. **palpar** (V.)
bordonear
pulsar
rozar
tocar (V.)
manosear

(V. **tanteo**)

a. *desestimar*
descuidar
desconsiderar
abstenerse
acabar
borrar

tanteo
s. **ensayo** (V.)
sondeo
exploración
aproximación (V.)
tienta
tentativa (V.)
cálculo (V.)
evaluación
suputación
medición
comparación (V.)

s. **puntuación** (V.)
número de tantos
puntos
tantos
score

tantico
(V. **algo**)

(V. **poco**)

(V. **considerable**)

tanto, s
s. tan

s. **cantidad** (V.)
número
punto(s) (V.)
llevada
raya
aciertos
dianas
puntuación
gol
baza
unidad
ficha
moneda

s. **copia** (V.)
ejemplar

s. al tanto
a tantos
por el tanto
por tanto
algún tanto
tanto de culpa
ni tanto así
tanto más que
tanto menos que
tanto más cuanto
un tanto
ni tanto ni tan calvo
tanto monta
tanto alzado
tanto por ciento
un tanto a favor
un tanto en contra
algún tanto
hasta tanto que
por un tanto
tanto como
tanto así
ni tanto así
apuntarse un tanto
entre tanto
por tanto
uno de tantos
a tantos de tantos
a las tantas
estar al tanto de
otro tanto
¡y tanto!

r. Unos tanto y otros tan poco

tañedor
s. **tocador** (V.)
pulsador
músico
tabaleador

(V. **tañido**)

cartera (V.)
casquete
funda (V.)
obturador
cierre
cápsula
falsete
opérculo
manguerón
tapabalazo
taco
chuleta
burlete
tapajuntas
tapacosturas

s. **cecina** (V.)
tasajo

s. **aperitivo** (V.)
embutido
loncha
entremés (V.)
colcha (V.)
manta

s. la tapa de los sesos
saltar a uno la tapa de los sesos
entrar en tapas
meter en tapas
levantarse la tapa de los sesos

tañer
s. tabalear
palpar
pulsar
doblar
repicar (V.)
rasguear
sonar
arañar
puntear
herir
voltear
tamborear (V.)
pitar
flautear
atañer
rascar
tocar (V.)

s. tañer de occisa

(V. **tañido**)

tañido
s. tañimiento
volteo
redoble
repiqueteo
repique
repiquete
campaneo
rasgueo
sonido (V.)
son
toque (V.)
percusión (V.)
rebate

a. *silencio*

tañimiento
(V. **tañido**)

taoísmo
s. tao (cielo)
yin
yang

s. Lao-tse
Hwai-nan-tse
Chang-Tao-Ling
Pan Ku
Yü Hwang Shangti

(V. **religión**)

tapa
s. **cubierta** (V.)
portada (V.)
tapadera
tapadero
cobertera
tapón
válvula
grifo
obturador
espiche
bitoque
taperujo
corcho
compuerta (V.)
tapador
tapirujo
patilla

tapaboca
s. tapabocas
bufanda (V.)
chal
pañuelo
echarpe

s. negación
réplica
mentís (V.)
contestación
impugnación
rectificación
objeción
contraposición

s. dar un tapaboca

(V. **tapadura**)

a. *afirmación*
confirmación
ratificación

tapacete
(V. **toldo**)
(barcos)

tapaculo
s. **planta** (V.)
(anacardiácea)
escaramujo (V.)
zarzaperruno
galabardera

s. **pájaro** (V.)

s. **pez** (V.)

tapadera
s. **tapa** (V.)

s. **encubridor** (V.)
disimulado (V.)
opérculo
pantalla
simulador
ocultación (V.)
ocultador
testaferro

s. **velo** (V.)
nube

s. servir de tapadera

a. *soplón*
delator
descubridor

tapadillo (de)
s. a **escondidas** (V.)
con disimulo
a hurtadillas
en la sombra
de ocultis
reservadamente
en silencio

a. *abiertamente*
públicamente

tapadizo
(V. **cobertizo**)

tapado
s. **oculto** (V.)
escondido
velado
superpuesto
cubierto
arropado
rebozado
revestido
disimulado
encubierto
envuelto
forrado
entoldado
resguardado

s. cerrado
obstruido (V.)
atascado
taponado
obturado
atorado
sellado
cegado
tapiado

(V. **tapadura**)

a. *descubierto*
destapado
desarropado
desenmascarado
abierto
desatascado

tapadura
s. tapamiento
abrigo (V.)
vestido (V.)
camisa
capa
caperuza
capota
cobertor
colcha
delantal
manguito
hoja de parra
ropa
sobretodo

s. **baño** (V.)
barniz
mano
capa (V.)
caparazón
cubierta (V.)
embalaje (V.)
embozo
envoltura
forro (V.)
funda (V.)
sobrecubierta
solapa
tapa
tapadera
tapete
toldo
sombrilla
paraguas
urna

s. cápsula
tapón (V.)
bitoque
botana
burlete
cerramiento
corcho
estopa
opérculo
válvula
masilla
mástique
calafateo
obstrucción (V.)
oclusión
obturación
cubrimiento

a. *apertura*
abertura
desopilación

tapagujeros
(V. **albañil**)

(V. **suplente**)

tapajuntas
(V. **mediacaña**)

(V. **listón**)
(moldura)

tapapiés
(V. **brial**)
(vestido)

tapar-se
s. **cerrar** (V.)
interceptar (V.)
tapiar (V.)
obstruir (V.)
atascar
atrancar (V.)
opilar
taponar
cegar
atarugar
sellar (V.)
tupir
atorar
macizar
obturar
cubrir
tabicar
murar
amordazar
encorchar
enfoscar
embutir
calafatear (V.)
recubrir
cazumbrar
condenar
estopar
enchuletar
zulacar
macizar
ocluir
rellenar
zaboyar

s. **arropar** (V.)
abrigar (V.)
envolver (V.)
cubrir (V.)
embozar
tapujar
velar
enmantar
arrebujar
taperujar
entapujar
forrar (V.)
liar
vestir (V.)
encasquetar
resguardar
revestir
rebozar
entoldar
recubrir (V.)
arrebozar
cobijar
encamisar
emburujar
encapuchar
superponer
solapar
enfundar

s. **ocultar** (V.)
esconder
celar
disimular (V.)
disfrazar
velar
guardar
interceptar
nublar
eclipsar
encubrir (V.)
simular
fingir
callar
silenciar
desfigurar
camuflar
recatar
encobijar
embozar
enterrar (V.)
proteger (V.)

(V. **tapadera**)

(V. **tapadura**)

a. *abrir*
destapar
desopilar
desatacar
desatrancar
descubrir
desnudar-se
desenvolver
desvestir
desenfundar
revelar
denunciar
desamparar
proclamar
divulgar
desenterrar
desenmascarar
mostrar
desarropar

taparrabo, s
s. pantalón
pampanilla
calzas
calzón (V.)
calembé
entrepiernas
guayuco
leonas
fallosas
tirantes
butifarras

taperujo
(V. **tapa**)

(V. **desaliño**)

tapetado
(V. **negro**)

(V. **obscuro**)

tapete
s. alfombrilla
trapo
paño
cubierta
cobertor
sobremesa
alcatifa
alquetifa
alquitifa
zofra
catifa
mantel (V.)

s. estar algo sobre el tapete

tapia
s. **pared** (V.)
muro (V.)
tabique
hormaza
tapial
pilca
adobón
duba
barda
valla (V.)
cerca
vallado
estacada
empalizada
pirca
cortafuego
costrada
quincha
gavera
paredón
medianera
lienzo
obra
mamparo
parapeto
panel
muralla
límite (V.)
antepecho

s. a caballo de la tapia
sordo como una tapia

tapiador
(V. **albañil**)

tapial
s. gavera
molde (V.)
costera
codal
costal
aguja
frontera

s. **tapia** (V.)

tapiar
s. emparedar
murar
empalizar
amurallar
cerrar (V.)
encerrar
tabicar (V.)
quincher
vallar (V.)
obstruir
cegar
tapar (V.)
enladrillar

a. *abrir*
descubrir
destapar

tapicería
s. **adorno** (V.)
colgadura (V.)
cortinaje
empalizada
empaliada
ornamento
decoración
ornamentación
caídas
albenda
visillos
cortinón
repostero (V.)
transparente
tules
velos
encajes

(cont.)

estores
tapiz (V.)
dosel
palio
baldaquino
baldaquín
mosquitero
cubrecielo
alcala
paño
alfombra
moqueta
forro
cabellón
guardapuerta
guarnición
cenefa
alzapaño
doselera
galería
fleco
pasamanería

s. *telas* (de tapicería)
eskai
cuero
piel
plástico
cretona
terciopelo
raso
moqueta
tejido (V.)
velvetón
reps

s. cojín
mullido
relleno
muelles
almohadón
cincha
botón
borra
pluma
goma espuma
aguja
pata de cabra
martillo
agremán
cola
pelote
crin
retor

tapicero
s. guarnicionero
guarnecedor (V.)
pasamanero (V.)
alfombrista
forrador
camero
decorador
ebanista

(V. **tapicería**)

tapioca
s. mandioca
fécula (V.)
mañoco
yuca
cazabe
casabe
yare
quitasolillo
harina
sopa (V.)

tapir
s. **paquidermo** (V.)
beorí
danta
gran bestia

tapirujo
(V. **taperujo**)

tapiz
s. repostero
colgadura (V.)
cortina (V.)
cortinaje
cortinilla
cortinón
visillo
estor
paño
guadamecí(l)
paramento
lienzo
guarnición
palio
toldo
dosel
pabellón
zofra
palia
alcala
albenda
arambel
baldaquino
alahilca
harambel
tornalecho
sobrecielo
antecama
antepuerta
compuerta
espaldares
empaliada
guardapuerta
antipendio
estroma
gobelinos

s. **alfombra** (V.)
tapicería (V.)
estera

s. caída
cenefa
anilla
fleco
cercha
galería
barra
alzapaño

tapizar
s. **entapizar** (V.)
encortinar
colgar
entalamar
endoselar
guarnecer (V.)
paramentar
entoldar
emborrar
forrar (V.) (muebles)
cubrir (paredes)
cubrir (el suelo)
alfombrar (V.)
enmoquetar
atiborrar
guarnir
adornar
enfundar
rellenar
rehenchir
mullir
empaliar
encortinar

(V. **tapicería**)

a. *descubrir*
descolgar
desguarnecer
desentoldar

tapón
s. **taco** (V.)
espiche
tapadura (V.)
corcho
tarugo
cierre (V.)
témpano
tapa

s. hila
obturador
burlete (V.)
algodón
gasa

s. **rechoncho** (V.)
gordezuelo
gordinflón
retaco

a. *esbelto*
delgado

taponamiento
s. atarugamiento
atoramiento
obstrucción (V.)
embotellamiento (V.)
atasco (V.)
obstáculo
entorpecimiento
cierre (V.)
interrupción

(V. **tapón**)

a. *desatasco*
desatranco

taponar
s. tapar
cegar
tupir (V.)
cerrar
atorar
obturar
obstruir (V.)
atascar
entorpecer
embotellar
obstaculizar
interceptar
sellar
impedir (V.)

(V. **tapón**)

a. *desobstruir*
facilitar
destapar
abrir
desatascar

taponazo
s. **explosión** (V.)
chasquido
detonación
estruendo
ruido
estrépito

(V. **tapón**)
golpe (V.)

a. *retención*
silencio

tapujarse
(V. **tapar-se**)

tapujo
s. antifaz
embozo (V.)
tapado
disfraz (V.)

s. disimulo
artimaña
engaño (V.)

s. marrullería
trastienda
componenda
solapa
pretexto (V.)
reserva

fingimiento
doblez
intríngulis
maca
fraude
rebozo (V.)
rodeo (V.)
enredo
ambrollo (V.)
trampantojo

a. *sinceridad*
nobleza
franqueza
verdad
certeza

taquera
(V. **estante**) (tacos billar)

taquicardia
s. **aceleración** (V.)
rapidez (cardiaca)
velocidad
frecuencia
latido (V.)

taquigrafía
s. estenografía
estenotipia
escritura (V.)
abreviatura (V.)

taquigráfico
s. **veloz** (V.)
rápido
reducido
abreviado (V.)

(V. **taquigrafía**)

taquilla
s. cabina
garita
quiosco
ventanilla (V.)
casillero (V.)
boletería
despacho (de billetes)

s. papelera
armario (V.)
taquillón

taquín
(V. **taba**)

tara
s. **peso** (V.)
descuento (V.)
reducción
envase
embalaje

s. **estigma** (V.)
defecto (V.)
lacra
falla
degeneración
imbecilidad (V.)
vicio
lunar
anomalía
trastorno
herencia (V.)
deterioro

a. *total*
bruto
perfección

tarabilla
s. **aldabilla** (V.)
cítola (V.)

s. **listón** (V.)
sierra (V.)
tablita
junquillo

s. charlatán
hablador
parlanchín
nervioso
inquieto
alocado
tarambana (V.)

s. matraca
carraca (V.)
bramadera
como una tarabilla

a. *callado*
quieto
tranquilo

taracea
s. **marquetería** (V.)
incrustación
embutido (V.)
taujía
ataujía
damasquinado
mosaico (V.)
encaje
ataracea
filigrana
miel

taracear
s. incrustar
damasquinar
embutir (V.)
filetear
ataracear
marquetar

(V. **taracea**)

tarado
(V. **estropeado**)

(V. **defectuoso**)

(V. **anormal**)

(V. **degenerado**)

tarambana
s. **zascandil** (V.)
alocado
aturdido
calavera (V.)
tabardillo
frívolo
trafamelgas
saltabardales
farote
farota
ligero
irreflexivo
bala perdida
mala cabeza
bullicioso
atronado
tarabilla (V.)
trasto

a. *serio*
sensato
comedido
moderado
formal
circunspecto
juicioso

tarando
(V. **reno**)

tarantela
(V. **música**)

(V. **danza**)

tarántula
(V. **araña**)

tarantulado
(V. **espantado**)

(V. **inquieto**)

tarar
(V. **descontar**) (en el peso)

tararear
s. **cantar** (V.)
canturrear
canturriar
entonar
salmodiar
zumbar
mosconear
silbar

(V. **tarareo**)

a. *silenciar*
callarse

tarareo
s. canturreo
cantar (V.)
mosconeo
entonación
zumbido
cántico
susurro

a. *silencio*

tararí
s. **toque** (V.) (trompeta)
tarará
tarara
tarántara

(V. **onomatopeya**)

tararira
s. bullido
jaleo
chanza
juerga (V.)
algarabía
bulla
algazara
alboroto
alegría (V.)

s. inquieto
revoltoso (V.)
bromista
bullanguero (V.)
alborotado

s. **incredulidad** (V.)
desconfianza

a. *seriedad*
credulidad
sensato
triste

tarasca
s. serpiente
monstruo (V.)
coco
tazaña

s. gomia
glotón (V.)
tragón
engullidor
tragaldabas
bocaza

s. **fea** (V.)
bruja (V.)
descarada
desenvuelta
atrevida
rabisalsera

a. *desganado*
comedido
sobrio
vergonzosa
tímida

tarascada
s. **mordisco** (V.)
tarascón
mordedura
herida
golpe (V.)
arañazo

s. **grosería** (V.)
desatención
ofensa
injuria
descaro
desaire
desabrimiento
mortificación
exabrupto (V.)

(V. **tarasca)**

a. *caricia*
halago
elogio
alabanza
consideración

tarascar
s. **morder** (V.)
atacar (V.)
herir
lesionar
dentellar

(V. **tarasca)**

a. *acariciar*
respetar

tarasi
(V. **sastre)**

taray
s. **arbusto** (V.)
tamarisco
tamariz
taraje
atarfe

tarazana
(V. **atarazana)**

tarazar
a. destruir
partir (V.)
(con los dientes)
atarazar

s. **molestar** (V.)
importunar
afligir
mortificar (V.)
chinchar
inquietar
encocorar
incordiar
fastidiar
dar la lata
ser un pesado

(V. **tarazón)**

a. *agradar*
animar
aquietar
sosegar
consolar

tarazón
(V. **trozo)**

tarbea
(V. **salón)**

tardano
(V. **tardío)**

tardanza
s. **lentitud** (V.)
pereza
calma
posma
cachaza
cuajo
pachorra
pereza
apatía
dilación
demora (V.)
longuería
detención
pausa
duración
inacción
pesadez
premiosidad
morosidad
retraso
palmacería
roncería (V.)
rodeo (V.)
tranquilidad
retardo
flema
asadura
espera
parsimonia (V.)

a. *ligereza*
presteza
rapidez
prisa
celeridad

tardar
s. **demorar** (V.)
retrasar (V.)
detenerse
retardarse
rezagarse
diferir
aplazar
prorrogar
dilatar
remolonear
esperar (V.)
atrasar
estar (V.)
parar
eternizarse (V.)
durar (V.)
perecear
invertir
costar
perpetuarse
rodear (V.)
entretenerse (V.)
alargar
ir despacio
hacerse el remolón
tener cuajo
paseársele el alma por el cuerpo
irse muriendo
gastar flema
llegar tarde
ir para largo
ser pesado
pasarse las horas muertas
andar a paso de carreta
dar un rodeo

s. a más tardar
sin tardar

(V. **tardanza)**

¡A buenas horas mangas verdes!

a. *aligerar*
abreviar
acortar
apresurar
anticipar
adelantar
correr
seguir
continuar

tarde
s. **hora** (V.)
tiempo (V.)
vísperas
sobretarde
puesta de sol
crepúsculo
caída del día
a hora avanzada
después de comer
siesta
vespertino
oraciones
ánimas
anochecer
lubricán
ocaso

s. a las mil y gallo
a las mil y quinientas
a las tantas
a deshoras
a última hora
con retraso
con demora
con tardanza
tardíamente
a altas horas
a hora avanzada

s. retrasadamente
con retraso
con lentitud
con calma
morosamente
a destiempo
a remolque
a empujones
lentamente
mañana será otro día
con demora ■ De tarde en tarde
Tarde piache ■

r. Más vale tarde que nunca ■ Tarde y con daño ■ Tarde sin arrebol, víspera de buen sol ■ Para luego, es tarde ■ Nunca es tarde si la dicha es buena ■ El que no agradece, tarde o temprano perece ■ Tarde, mal y nunca ■ Tardes de marzo, recoge tu ganado

a. *mañana*
noche
pronto
rápidamente
anticipadamente

tardecer
(V. **atardecer)**

tardecica
(V. **anochecido)**

tardinero
(V. **tardo)**

tardío
s. **inoportuno** (V.)
intempestivo
inadecuado
extemporáneo

s. retardado
retrasado
lento (V.)
pausado
largo (V.)
moroso (V.)
atrasado (V.)
calmoso
lato
detenido
cachazudo
pachorriento
flemático
perezoso
remolón
pachorrudo
pánfilo
pesado
remiso
último
postrero
torpe (V.)
tardo (V.)
tardano
tardón
villordo
espacioso
estantío
demorado
diferido

s. retardado
(frutos)
verde (V.)
serondo
serotino
tardano
redrojo
redruejo

s. otoñada
otoñal (V.)
otoño (V.)

r. Tardío pero cierto ■ Poda tardío y siembra temprano: si errares un año, acertarás cuatro

(V. **tardanza)**

a. *adecuado*
oportuno
rápido
adelantado
diligente
avanzado
ágil
temprano
precoz
prematuro
primero
pronto
madrugador
mañanero
activo

tardo
s. **tardío** (V.)
tardinero
moroso (V.)
s. negado
torpe (V.)
zoquete
bobo
necio
retrasado
zopenco
obtuso (V.)
lento (V.)
maxmordón
pesado (V.)

s. **sordo** (V.)
insensible

(V. **tardanza)**

a. *tempranero*
rápido
hábil
diestro
inteligente
ágil
sensible

tardón
s. **tardío** (V.)
s. **informal** (V.)
inobservante
moroso
descuidado
negligente
indiferente (V.)
cachazudo
flemático (V.)

s. **torpe** (V.)

(V. **tardanza)**

a. *adelantado*
precoz
formal
serio
responsable
activo
cuidadoso
hábil

tarea
s. **obra** (V.)
trabajo (V.)
cometido
tanda (V.)
quehacer
faena
tajo
ocupación
afán
cuidado
operación
esfuerzo
ejercicio
estudio
función
peonada
destajo
estajo
fajina
minga
hiera
jera
amasijo
deber
empresa (V.)
cometido
deber
misión
objetivo
fin
tonga
tute
trote
zurra
intento
lucubración
penalidad
laborío

s. poner tarea
hacer la tarea

a. *desocupación*
pasividad
ocio
descanso
paro
inactividad

tareche
(V. **aura)** (ave)

tarifa
s. **arancel** (V.)
tabla
catálogo
lista (V.)
cuadro
índice (V.)
relación
escala

s. **tasa** (V.)
coste
precio (V.)
importe
valor
honorarios
derechos
costo

a. *exención*
franquicia
dispensa

tarifar
s. evaluar
justipreciar
valorar (V.)
valuar
tasar (V.)
calcular
cuantiar

s. **reñir** (V.)
pelearse
enfadarse (V.)
enemistarse
irritarse

(V. **tarifa)**

a. *eximir*
descuidar
amigarse
reconciliarse
tranquilizarse

tarima
s. **tablado** (V.)
entablado
entarimado
estrado (V.)
tillado
pedestal
peana
escabel (V.)
grada
carriola
plataforma (V.)
tribuna
armazón
palenque
andamiaje
tinglado
maderamen

tarja
s. pavés
broquel
adarga
rodela
escudo (V.)
armadura

s. **chapa** (V.)
(contraseña)
tablita

s. **golpe** (V.)
azote
zurra
porrazo (V.)
zurriagazo
latigazo
verdugazo

s. **tarjeta** (V.)

a. *caricia*
cuidado
respeto

tarjeta
s. papeleta
cartulina
cédula
etiqueta
membrete
ficha (V.)
rótulo
rúbrica
tarjetón
billete
invitación
permiso
postal
posta
tarja
tarjetón
s. tarjeta de identidad
tarjeta postal
tarjeta de visita
tarjeta perforada
pasar tarjeta
dejar tarjeta

tarjetero
(V. **billetero**)

tarjetón
(V. **tarjeta**)

tarlatana
(V. **tela**) (algodón)
(V. **muselina**)

tarquín
s. légamo
fango
barro
lodo
cieno (V.)
pecina
a. *polvo*
sequedad

tarquinada
(V. **violencia**) (sexual)

tarrañuela
(V. **tarreña**)

tarraza
(V. **tarro**)
(V. **vasija**)

tarreña
s. tejoleta
castañeta
castañuela (V.)
tarrañuela

tarriza
(V. **barreño**)

tarro
s. **vasija** (V.)
tatarrete
tarraza
pote
bote
escudilla
lata
taza
grasera
cacharro (V.)
vaso

tarso
s. tobillo
talón
calcañar
hueso (V.)
pie (V.)
s. corvejón
garrón
calcha
espolón

tarta
s. golosina
dulce
brazo de gitano
bizcotela
pastel (V.)
colineta
tortada
torta (V.)
tostada
bizcocho
s. **tartera** (V.)
tortero
tortera
fiambrera
s. tarta helada

tártago
s. **purgante** (V).
emético
tártaro
vomitivo
planta (V.) (euforbiácea)
s. **desgracia** (V.)
infortunio
calamidad
s. **broma** (V.)
vaya
chasco
burla
bromazo
a. *fortuna*
suerte
seriedad

tartaja
(V. **tartamudo**)

tartajear
(V. **tartamudear**)

tartajeo
(V. **tartamudeo**)

tartajoso
(V. **tartamudo**)

tartalear
s. **moverse** (V.)
vacilar
bambolear
tambalearse (V.)
oscilar
bascular
temblar
trastrabillar
pendular
s. **turbarse** (V.)
avergonzarse
azorarse
azararse
(V. **tartamudear**)
a. *enderezarse*
erguirse
serenarse
sosegarse

tartaleta
(V. **pastel**)

tartamudear
s. **azorarse** (V.)
s. mascullar
farfullar (V.)
tartajear
encanarse
vacilar (V.)
cancanear
titubear
tartalear
pronunciar (V.)
balbucir
barbotar
balbucear (V.)
gangosear
cecear
gaguecer
chapurrear
trabarse (V.)
rozar
sesear
canconear
gaguear
trastabillar (V.)
farfallear
trastrabarse
(V. **tartamudeo**)
a. *sosegarse*
articular

tartamudeo
s. tartajeo
ceceo
seseo
balbuceo (V.)
cancaneo
chapurreo
gangueo
tartamudez
gaguera
gangoseo
balbucencia
trabalenguas
farfulla
farfulleo
difamia
disfasia
s. **azoramiento** (V.)
turbación
ofuscamiento (V.)
embarazo
nerviosidad
titubeo (V.)
vacilación (V.)
a. *articulación*
claridad (habla)
sosiego
calma
serenidad
seguridad

tartamudez
(V. **tartamudeo**)

tartamudo
s. tartaja
farfalloso
tartajoso
trapajoso
zazo
zazoso
estropajoso
gago
tato
zopas
balbuciente (V.)
gangoso
dificultoso
tardo
lengua de trapo
gagoso
chapurreante
entrecortado (V.)
s. **azorado** (V.)
turbado
ofuscado
embarazado
nervioso
inseguro (V.)
vacilante
apabullado
titubeante
premioso
(V. **tartamudez**)
a. *fácil*
expedito
claro
rápido
seguido
desembarazado
pronto
seguro
tranquilo
osado
atrevido

tartana
s. **carruaje** (V.)
galera
galerada
coche
carricoche
calesa
s. polacra
embarcación (V.)

tartarinesco
(V. **fanfarrón**)

tártaro
s. averno
infierno (V.)
báratro
abismo
antenora
orco
muerte (V.)
s. **tártago** (V.)
s. **sarro** (V.)
s. **costra** (V.)
rasura
sedimento
s. **mogol** (V.)
mongol
a. *cielo*
vida

tartera
s. **tarta** (V.)
merendera
fiambrera (V.)
cacerola
bote
portaviandas
recipiente
cazuela (V.)
tortera
(V. **tarta**)

tartufo
(V. **hipócrita**)
(V. **santurrón**)

taruga
(V. **ciervo**)

tarugo
s. zoquete
pedazo (V.)
taco (V.)
coda
despezo
cuña (V.)
ejión
clavija
tornija
leño
nudillo
escalmo
alza
calce
calzobotana
s. baldosa
baldosín
adoquín (V.)
azulejo
ladrillo

tarumba (volver)
s. confundir
atolondrar
aturdir (V.)
turbar
azarar
atontar
hacer un lío
trastornar
embrollar
a. *serenarse*
tranquilizarse

tasa
s. **tasación** (V.)
precio (V.)
tarifa
racionamiento (V.)
s. pauta
medida (V.)
norma
regla
canon
límite (V.)
tope
coto
escandallo
delimitación
regulación
a. *desmedida*
infinitud
imprecisión
indeterminación

tasación
s. **tasa** (V.)
estima
estimación
justiprecio (V.)
evaluación (V.)
valoración
apreciación
ajuste
tarifa
arancel
adehala
derechos (V.)
honorarios (V.)
emolumentos
arbitrio
impuesto (V.)
plusvalía
contribución
tanteo
a. *exención*

tasador
s. evaluador
estimador
perito (V.)
juez
árbitro
regulador
entendido
experto
(V. **tasación**)

tasajo
s. **cecina** (V.)
salazón
mojama
carnaje
charquí
charque
adobo
s. **tajada** (V.)
trozo
pedazo

tasar
s. **valorar** (V.)
apreciar (V.)
ajustar
estimar
tantear
graduar
cuantiar
pedir
tantear
avaluar
tallar (V.)
concertar
amillarar
tarifar
poner precio
ponerse en razón
calcular
aquilatar
tributar
computar
justipreciar (V.)
avalorar
fijar precio
s. metodizar
regular
ordenar
disponer
arreglar
regularizar
diezmar (V.)
repartir
sistematizar (V.)
distribuir (V.)
s. **racionar** (V.)
reducir
restringir
economizar
opacar
limitar (V.)
circunscribir
ceñirse
coartar
escatimar
ahorrar
(V. **tasación**)
a. *desordenar*
abrir
extralimitarse
ampliar
derrochar
dilapidar

tasca
(V. **taberna**)
(V. **timba**)

tascar
s. espadillar (lino)
espadar
macerar
golpear (V.)
s. ramonear
mascar
triturar
mordisquear (V.)
roer
masticar
dentellar
s. tascar el freno

tasquera
(V. **riña**)

tastar
(V. **palpar**)
(V. **probar**)
(sabores)

tasto
(V. **sabor**)
(desagradable)

tasugo
(V. **tejón**)

tata
(V. **niñera**)
(V. **papa**)

tatarabuelo
s. **abuelo** (V.)
rebisabuelo
transbisabuelo
tresabuelo
a. *tataranieto*

tataradeudo
(V. **antepasado**)
(remoto)

tataranieto
s. **nieto** (V.)
rebisnieto
transbisnieto
trasbisnieto
a. *tatarabuelo*

¡tate!
s. ¡espera!
¡vaya!
¡caramba!
¡córcholis!
¡alto!
¡detente!
¡despacio!

tato
s. **tartamudo** (V.)
s. chacho
hermano (V.)
(mayor)

tatuaje
s. **señal** (V.)
(piel)
marca
dibujo (V.)
grabado
figura

tatuar
s. **marcar** (V.) (piel)
señalar
grabar
dibujar (V.)
colorear
(V. **tatuaje**)

tau
(V. **insignia**)

taumaturgia
sortilegio
prodigio
s. **milagro** (V.)
hechizo
magia
encantamiento
maravilla
a. *naturalidad*
vulgaridad

taumatúrgico
s. **milagroso** (V.)
sobrenatural
maravilloso (V.)
mirífico
prodigioso
extraordinario
fantástico
misterioso
(V. **taumaturgia**)
a. *natural*
vulgar
corriente
material
real

taumaturgo
s. milagrero
mago (V.)
hechicero
encantador
santón
ocultista
cabalista
nigromante
adivino
(V. **taumaturgia**)

taurino
s. taurómaco
tauromáquico
taurófilo
(V. **toro**)

taurómaco
(V. **taurino**)

tauromaquia
(V. **toreo**)

tauromáquico
(V. **taurómaco**)

tautología
s. pleonasmo
repetición
redundancia (V.)
reiteración

taxativo
s. **circunscrito** (V.)
restringido
limitado
preciso
categórico
determinativo
limitativo (V.)
concluyente
textual
conciso
estricto
claro
terminante
concreto
s. *general*
tácito
ilimitado
abstracto
indeciso
indeterminado
inconcreto

taxi
(V. **taxímetro**)

taxidermia
s. **disección** (V.)
embalsamamiento
momificación
disecación
conservación

taxidermista
embalsamador
s. **disecador** (V.)
preservador
conservador
preparador
(V. **taxidermia**)

taxímetro
s. taxi
microtaxi
coche de alquiler
automóvil de
alquiler (V.)
vehículo de
alquiler
s. odómetro
podómetro
contador (V.)
medidor

taxista
(V. **conductor**)
(taxi)

taxonomía
(V. **clasificación**)
(seres)

tayuela
(V. **taburete**)

taza
s. **retrete** (V.)
s. escudilla
jícara (V.)
pocillo
tacita
tazón
jicarón
tachuela
pilche
bernegal
cocharro
albornía
salserilla
mate
tibor
catavino
múrrino
arrebolera
bol
cuenco
vasija (V.)
s. como taza de
plata
amigo de taza de
vino
r. Al que no quiere
caldo, taza y
media

tazado
s. **raído** (V.)
(vestidos)
rozado
viejo (V.)
roto
deslucido
a. *nuevo*
refulgente
rozagante

tazaña
(V. **tarasca**)

tazar-se
(V. **cortar**)
(V. **partir**)
(V. **romperse**)

tazón
(V. **taza**)

té
s. teína
cha
casina
s. infusión
brebaje
manzanilla
bebida (V.)
cocimiento
cocción
tisana
s. mate
pazote
apasote
paico
pizate
hierba del
Paraguay
hierba de Santa
María del Brasil
hierba
hormiguera
s. té chino
té verde
té moro
té negro
té perla
té de jesuitas
té de México
té del Paraguay
té borde de
España
té borde de
Europa
té de río
s. dar el té a
alguien

tea
s. **antorcha** (V.)
hacha
hachón
candela
blandón
cirio
velón
cuaba
astilla
cuelmo
teda
leña
s. teas maritales
levar por la tea

team
(V. **equipo**)

teatinería
(V. **hipocresía**)
(V. **fingimiento**)
(V. **santurronería**)

teatral
s. escénico
dramático (V.)
teátrico
dramatizable
mímico
pantomímico
melodramático
tragicómico
protático
asainetado
sainetesco
cómico
trágico
farandúlico
entremesil
histriónico
plautino
terenciano
mosqueteril
alarconiano
s. **fantástico** (V.)
aparatoso
exagerado (V.)
conmovedor
estudiado
(V. **teatro**)
a. *real*
sobrio
natural
comedido
espontáneo
moderado
verdadero

teatralidad
(V. **teatro**)

teátrico
(V. **teatral**)

teatro
s. escenografía
teatralidad
representación
(V.)
recitación
declamación
actitud
ademán
gesto
mímica
carátula
autoría
histrionismo
farándula
dramatismo
comicidad
s. **espectáculo** (V.)
cuadro escénico
pieza
comedia
drama
tragedia
melodrama
tragicomedia
sainete
entremés
interludio
atelana
pastoral
juguete
pasillo
loa
astracanada
chiste
retruécano
farsa
sketch
show
s. **títeres** (V.)
marionetas
guiñol
zarzuela
ópera
ópera cómica
paso
embuchado
latiguillo
revista
farsa
auto sacramental
parodia
sátira
pantomima
ballet
danza
tonadilla
opereta
género chico
mimo
variedades
literatura (V.)
tetralogía
s. personaje
figura
protagonista
figurón
héroe
heroína
galán
galán joven
papel
papel principal
papel secundario
partiquino
actriz
actor (V.)
comediante
representador
representante
acción
argumento (V.)
diálogo
monólogo
parlamento
peripecia
trama
solución
prólogo
epílogo
deus ex machina
lance
libreto
nudo
mutis
soliloquio
aparte
desenlace
exposición
pie
ensayo
beneficio
homenaje
montaje (V.)
programa
acto
intermedio
cuadro
jornada
mutación
(cont.)

elenco
reparto
repertorio
función
cómico
trágico
farandulero
comparsa
figurante
figuranta
corista
cantante
cómico de la legua
comicastro
mimo
bufo
pantomimo
caricato
excéntrico
histrionista
acompañamiento
coro
corifeo
s. compañía
director de escena
empresario
elenco
farándula
apuntador
apunte
traspunte
estudiante
alzapuertas
metemuertos
morcillero
sacasillas
guardarropa
avisador
escenógrafo
taquillero
tramoyista
alabardero
claque
espectador
concurrencia
reventador
pateador
s. edificio
coliseo
sala de espectáculos
templo de Talía
corral
palenque
tablao
tablao flamenco
sala de fiestas
circo
anfiteatro
s. patio
patio de butacas
palco
sala
platea
butacas
palenque
cazuela
luneta
degolladero
butaca de orquesta
faltriquera
cubillo
antepalco
galería
grada
paraíso
anfiteatro
gallinero
delantera
vomitorio
salida
salida de emergencia
s. **escenario** (V.)
tablado
proscenio
tornavoz
carretón
escena
palco escénico
tablas
concha
candilejas
batería
varal
embocadura
telón
foro
decoración
escenografía
telón de boca
telón corto
telón de foro
bambalinas
bastidor
foso
trasto
aplique
tramoya
máquina
s. vestuario
guardarropía
atrezzo
tonelete
sayo bobo
coturno
s. **simulación** (V.)
cuento
afectación (V.)
teatralidad
farsa
mentira
impostura
imaginación
fingimiento (V.)
aparatosidad
s. camarín
camerino
saloncillo
foyer
bar
taquilla
casilla
despacho de billetes
contaduría
s. representar
interpretar
poner en escena
dar
echar
caracterizar
apuntar
ensayar
leer una comedia
binar
estudiar
estar en escena
pisar bien las tablas
tener muchas tablas
improvisar
a. *naturalidad*
sencillez
realidad

tebeo
(V. **revista**) (infantil)

tecla
s. **pulsador** (V.)
botón
palanca (V.)
clavija
llave
disco
listoncillo
s. detalle
palillo (V.)
cosa
resorte
dificultad (V.)
s. tocar muchas teclas para conseguir algo
dar en la tecla

tecle
(V. **polea**)

teclear
s. imprimir
presionar
tocar (V.)
pulsar (V.)
s. **intentar** (V.)
tantear
probar
ensayar
tentar
poner a prueba
gestionar (V.)
tantear
(V. **tecla**)
a. *abstenerse*
abandonarse
desistir

tecleo
s. **toque** (V.)
pulsación (V.)
presión
mecanografía
escritura
repiqueteo
(V. **tecla**)

técnica
s. tecnología
procedimiento (V.)
método (V.)
regla (V.)
tratado
ciencia
s. **habilidad** (V.)
maña
pericia
práctica
industria
conocimiento
sagacidad
táctica
a. *torpeza*
ineptitud
incapacidad

técnico
s. tecnológico
perito (V.)
erudito
profesional
facultativo (V.)
entendido (V.)
versado
ducho
práctico
enterado
especializado
especialista (V.)
competente
diestro
hábil
experto (V.)
documentado
s. **especial** (V.)
concreto
específico
científico
determinado
profesional
(V. **técnica**)
a. *inexperto*
incompetente
indeterminado
general

tecnocracia
(V. **gobierno**) (de técnicos)

tecnología
(V. **técnica**)

tecnológico
(V. **técnico**)

tectónico
s. **geológico** (V.)
telúrico
terrestre
estructural

techado
(V. **techo**)

techar
s. **cubrir** (V.)
tapar
cerrar
revestir
abovedar
tejar
artesonar
entoldar
resguardar
forrar
recubrir
enrasillar
retejar
empajar
engatillar
cubrir aguas
(V. **techo**)
a. *destechar*
destejar

techo
s. techado
tejado
techumbre
cubierta (V.)
bóveda (V.)
artesonado (V.)
cielo raso
imperial (V.)
cúpula (V.)
contrahecho
cobertizo (V.)
azotea
sobradillo
marquesina
alfarje
baldaquino
bovedilla
dosel
entramado
terraza
umbráculo
refugio
sotechado
tinglado
entalamadura
palio
dosel
bauzado
cadahalso
forjado
revoltón
toldo (V.)
tapadizo
sombrajo
soportal
capota
colmo
tejavana
templete
cañizo
plomería
vigueta
tablizo
plafón
casetón
artesón
florón
s. **hogar** (V.)
casa
morada
cobijo
amparo
a. *suelo*
pavimento

techumbre
(V. **techo**)

teda
(V. **tea**)

tedero
s. almenar
almenara
soporte
(V. **tea**)

tedéum
s. **himno** (V.) (religioso)
cántico
gracias
gratitud
reconocimiento
preces
ceremonia
oficios
te deum

tediar
s. **aborrecer** (V.)
aburrir (V.)
repudiar
desagradar
hastiar
saciar
cansar
enfadar
molestar
disgustar
hartar
incomodar
cargar
(V. **tedio**)
a. *contentar*
agradar
gustar
divertir

tedio
s. **fastidio** (V.)
hastío
hartura
desagrado
molestia
disgusto
cansancio
cansera
galbana
aburrimiento (V.)
murria
rutina
saciedad
esplín
monotonía
aborrecimiento
desanimación
morriña
abandono
bostezo
enojo
prosaísmo
tabarra
lata
a. *diversión*
entretenimiento
agrado
contento
distracción
amenidad
diversión
oportunidad

tedioso
s. aborrecido
aburrido (V.)
enfadoso
pesado
latoso
deprimente
agotador
fatigoso
fastidioso (V.)
molesto
inoportuno
importuno
soporífero
plúmbeo
repugnante
odioso
amerengado
machacón
monótono
inaguantable
estomagante
(V. **tedio**)
a. *distraido*
contento
agradable
oportuno
entretenido
ameno

teenager
(V. **adolescente**)

tegumento
s. **tejido** (V.) (orgánico)
tela
telilla
membrana
binza
recubrimiento (V.)
capa
revestimiento
película
túnica
cápsula
pellejo
epitelio
cutícula
a. *interior*

teinada
(V. **cobertizo**) (ganado)

teísmo
(V. **creencia**) (en Dios)

teja
s. tejado
recubrimiento (V.)
tejoleta
imbricación
tejuela
álabe
canal
canalón
combada
bocateja
agullón
caliche
carruco
cobija
roblón
estora

(cont.)

acroteria
lomera
cañizo
gatera
compluvio
mojinete
romanato
arcatura
guardacalada
lisera
cinta
ala
agua
modillón
armadura
claraboya
cornisa
cornisamento
vertiente (V.)
agua
álabe
aleta
alar
caballete
can
canalón
canelón
canalera
canecillo
lima
gárgola
lomera
morcillo
anillo
chaperón
caballete
galápago
contraarmadura
jaldeta
faldón
falsaarmadura
rafe
tendido
canoa
carenado
socarrén

s. alcatifa
pizarra
empizarrado
talqueza
plomería
calzón
tortada
tejamanil
hacha
sotole
tendel
tejamaní

s. teja árabe
teja plana
teja vanza

s. sombrero de teja
a toca teja
de tejas arriba
de tejas abajo

r. Donde hay teja, hay pelleja ■ De tejas abajo, cada uno vive de su trabajo

tejadillo

s. **tejaroz** (V.)
capota (carruaje)
guardapolvo
protección
cubierta (V.)
tapa

s. **trampa** (V.)
(baraja)
sobradillo

(V. **tejado**)

tejado

s. **techo** (V.)
techumbre
tejadillo
cubierta
cobertizo
revestimiento
cubrimiento (V.)
sobradillo
sotechado
azotea
terraza
terrado
cielo raso
albardilla
albardón
tejaroz
cámica
guardapolvo
plomería
ajaquefa
montera
marquesina

s. alero
teja
buharda
buhardilla
boardilla
bohardilla
desván
zaquizamí
remate
voladizo
veleta
pararrayos
acroterio
acrotera

s. viga
armadura
alcatifa
entrecinta
roblón
lata
almarbate
canterios
ejión
cinta
entrecinta

s. teja
pizarra
cañizo
bocateja
canaliega
aguilón
cinc
canal
luneta
tejoleta
micacita
paja

s. gradilla
gabera
gavera
galápago

s. gotera
goterón

s. casa
edificio (V.)
hogar (V.)
vivienda (V.)

r. Quien tiene tejado de vidrio, no tire piedras al del vecino ■ Tejado de un rato, labor para todo el año

tejar

s. tejera
tejería
alfar
alfarería (V.)
ladrillería

s. **cubrir** (V.)
entejar
retejar
asolar
trastejar
empizarrar
empajar
destejar
cubrir aguas
tomar las aguas
coger las aguas
rematar
deslatar

(V. **tejado**)

(V. **teja**)

tejaroz

s. tejadillo
alero (V.)
aleta
alar
socarrón
alerón
alero corrido
saliente
alero de chaperón

s. vertiente
faldón
tendido
lima
lima hoya
lima tesa

s. canal
canalón
canelón
canalera
canal maestra
gárgola
canoa
bajada
fiador
cañería

(V. **tejado**)

tejedor, a

s. tramador
mallero
urdidor
vellutero
pelaire
peraile
carmenador
batanero
drapero
pañero
sayalero
bancalero
canillero
entretejedor
frisador
tirador
alhaquín
artesano (V.)

s. **telar** (V.)
canillera
urdidora
enrolladora
encajera
blondista
revolvera
anudadora
restauradora
remalladora
calcetera
hilandera
hiladora
devanadora
dobladora
trenzadora
bobinadora
cardadora
engomadora
pulidora
cordonera

(V. **tejido**)

tejedura

s. tejeduría
hilatura
textura
tejido (V.)
apresto
urdidura
trama
frisadura
entretejimiento
engomadura
prensado
carda
planchado
zurcido

tejemaneje

s. habilidad
acción
actividad (V.)
afán
diligencia (V.)
agilidad

s. maquinación
engaño
remango
chanchullo (V.)
intriga (V.)
enredo (V.)
artería
amaño
manejo (sucio)
trampa
cuento
fraude

a. *inactividad*
inacción
torpeza
pereza
claridad
franqueza
nobleza
verdad
sinceridad

tejer

s. **hilar** (V.)
urdir (V.)
tramar (V.)
mallar
remallar
retejer
encanillar
encañar
encañonar
orillar
curar
aprestar
prensar
planchar
engomar
engrasar
desaceitar
varetear
motear
enlizar
echar tela
hacer telas
entrecruzar
entretejer
entrelazar
entrenzar
espolinar
enredar
enramar
desurdir
destramar
desmallar
tranzar
enredar
cruzar
mezclar
adamascar
satinar
biscar
varillar
abatanar
aderezar
mercerizar
tundir
perchar
plegar
cardar
agramar
labrar
aprestar
frisar
felpar
engazar
repasar
tabellar
arcar
bollar
bullar
emborrar
enjebar
emborrizar
atabillar
carmenar
desaceitar
desaprensar
desbruar
desmotar
emprimar
desborrar
despinzar
enramblar
escarmenar
engrasar
escurar
tabellar

s. labrar
discurrir
maquinar (V.)
idear
pensar (V.)
meditar
intrigar (V.)
enredar
armar
engañar

s. tejer y destejer

(V. **tejido**)

a. *destejer*
deshilar
desinteresarse
negarse
abstenerse
inhibirse

tejera

(V. **tejar**)

tejeringo

(V. **churro**)

tejero

s. tejador
retejador
alfarero (V.)

(V. **teja**)

tejido, s

s. **paño** (V.)
lienzo
tela (V.)
género
malla
tejedura (V.)
trama (V.)
textil
acanillado
acanilladura
cañizo
entretejedura
entretejimiento
lencería
tripe
pañería
sedería
punto (V.)
bordado
encaje
zurcido
tapicería (V.)
pasamanería (V.)
pieza
red
retículo
media
ganchillo
crochet
percal
canutillo
pleita
zarzo
empleita

s. *de seda*
crep
crepé
damasco
raso
bengalina
brocado
brochado
brocatel
crespón
chiffón
cendal
rayón
tafetán
tul
terciopelo
pana
felpa
faya
gasa
otomán
reps
fular
foulard
glasé
moaré
muaré
púrpura
piñuela
liberti
muselina
satén
lienzo (V.)
tisú
surá
granito
adamasco
bernia
carmesí
damasquillo
chiné
espumilla
griseta
pequín
primavera
rasoliso
saetín

(V. **seda**)

s. *de algodón*
cretona
damasco
mahón
muletón
popelín
popelina
madapolán
tarlatana
terciopelo
tul
velo
velludillo
velvetón
pana
panamá
crudillo
cutí
piqué
linón
lona
lilaila
nansú
alpaca
opal
curadillo
franela
júmel
percal
burato
estofa
percalina

(cont.)

retor
satén
tusor
batista
bretaña
cambray
cruzadillo
curado
dril
cañamazo
irlanda
organdí
popelina
ruán
toalla
esterilla
duvetina
caqui
céfiro
gabardina
madrás
lustrina
manta
raso
rayadillo
zaraza
quimón
manquín
alcotonia
bierzo
cañiza
bramante
angaripola
allariz
bombariz
bombasí
consolí
canequí
chaconada
bofetán
cotanza
cotonía
estopilla
fustal
indiana
terliz

(V. **algodón**)

s. *de lana*
cachemir
bengalina
casimir
cheviot
chamelotón
estameña
lanilla
tafetán
moqueta
vicuña
astracán
felpa
alpujarra
bellardina
casimira
fresco
gamuza
gamuza
gabardina
jerga
merino
irlanda
moaré
paño
muletón
sayal
tafetán
reps
sarga
terciopela
sempiterna
velarte
vellorí
alepín
castor
castorina
chamelote
camellón
carla
gamella
mediopaño
serafina

(V. **lana**)

s. *de hilo*
batista
esterlín
lino
linón
cendal
retorta
fernandina
indiana
sedeña
bocací
cotoncillo
clarín
ranzal
alcabtea
bucarán
quintín
milán

(V. **hilo**)

s. **pelo** (V.), de
crinolina
alpaca
vicuña
camello
pelo de cabra
chamelotón
camellón
chamelote

s. *de fibra*
abacá
burí
caraguatá
hule
gutapercha
nailon
nylon
yute
poliéster
terlenca
nipis
cáñamo
maguey
pita
pleita
ramio
pelo de camello
pelo de cabra

(V. **fibra**)

s. *de estopa y afines*
estopilla
arpillera
harpillera
marga
saco
estopón
márfaga
retobo
coletón
cañamazo
ceneja
angulema
bayón
ayate
gangocho

(V. **estopa**)

s. **urdimbre** (V.)
estambre
lizo
abeadores
pezuelo
cuerpo
caída
caedura
cadillos

s. aguas
cenefa
cuadro
cordoncillo
espiga
espiguilla
ojo de perdiz
mota
raya
rombo
diagonal
escocés
príncipe de Gales
estampado
lista
lunar
losange
pata de gallo
tornasol
espina de pez
franja
greca
labrado
orla
orladura
pinta

s. **dibujo** (V.)
cara
contrahaz
envés
doblez
revés
lomo
orilla
tundidora
orillo
pelo
alto
ancho
doble ancho
derecho
haz
largo
tinte
apresto

s. carrera
repelón
enganchón (V.)
encogido
encogedura
roto

s. **contrapelo** (V.)
contrahilo
redopelo
redropelo
pospelo
repelo

s. jirón
andrajo (V.)
trapo
retal
pingo
guiñapo
trapajo
retazo
calandrajo

s. impermeable
mezclado
tornasolado
adamascado
liso
estampado
a lunares
a rayas
a pintas
a cuadros
ajedrezado
asargado
arrasado
crudo
indesmallable
lampiño
mosqueado
rameado
pajarero
retorcido
tupido
claro
transparente
sargado
atisuado
sutil

s. **tejer** (V.)

s. tejido adiposo

s. **tegumento** (V.)
tejido
cartilaginoso
tejido conjuntivo
tejido epitelial
tejido fibroso
tejido linfático
tejido nervioso
tejido muscular
tejido óseo
tejido gonocitario
tejido orgánico

s. **ropa** (V.)
vestido (V.)

tejo

s. **chito** (V.) (juego)
teja
baldosa
canto
tejuelo
roblón

s. **infernáculo** (V.) (juego)
pata coja
truque
semana
coroneja
coxcojilla

s. tirar los tejos a alguien

tejoleta

s. **teja** (V.)
barro

s. **rodaja** (V.)
loncha

s. **castañuela** (V.)
tarreña
tejuela

tejón

s. **mamífero** (V.) (plantígrado)
melandro
tasugo
tajugo
mapache

tela

s. **tejido** (V.)

s. **película** (V.)
telilla
tegumento
membrana (V.)
capa
recubrimiento (V.)
revestimiento
binza
nata (V.)
flor

s. **red** (V.)
tiritaña
telaraña (V.)

s. **nube** (V.)
nubecilla
ojo (V.)

s. **asunto** (V.)
tema
materia (V.)
objeto
motivo

s. **enredo** (V.)
embuste (V.)
farsa
maraña
lío
baruca
trampa

s. examen
disputa (V.)
controversia

s. tela de araña
tela metálica
tela de cebolla
tela de punto
tela pasada
tela de saco
tela tonta
poner en tela de juicio
echar tela
haber tela que cortar
haber tela cortada
largar tela
mantener la tela
llegar algo a las telas del corazón
ver algo por tela de cedazo
de esta tela todos tenemos un vestido

r. Tela de un pulgar, tarde va al telar ■ La tela bien tejida, al curar más embebida ■ Sin tela ni contienda de juicio ■ La tela buena, siempre que se lava, se estrena

telamón

s. atlante
estatua
columna (V.)

telar

s. **tejedora** (V.)
máquina tejedora

s. calandria
lanzadera (V.)
varillas
peine
pedales
lizos
enjulio
batán
canilla
carda
prensa
púa
abeador
abucates
abete
alcántara
espolín
urdidor
urdidera
jugadera
templén
alcántara
encuentro
viadera
bastón
bancada
broca
virote
capota
escureta
plegador
palmar
broca
canal
canaleta
cojal
escobilla
premidera
diabla
espinzadera
mano
cárcola
carquerol
contralizo
plegador
cuentahilos
(V. **tela**)

telaraña

s. **nube** (V.)
obscuridad

s. **frusleria** (V.)
insubstancialidad
nimiedad
pequeñez (V.)
futilidad
insignificancia

s. musaraña

s. **tela** (V.)
red

a. *claridad*
importancia
consideración
gravedad

telecomunicación

s. **comunicación** (V.)
transmisión
radio
televisión
teléfono
telégrafo
radar
cibernética
cable
satélite

teledirección

s. telemando
telecontrol

s. antena emisora
antena receptora
emisor de tres canales
gobierno de dirección
gobierno de altura
receptor

teleespectador

s. televidente
auditor
auditorio (V.)
escucha de TV

teleférico

s. **vehículo** (V.)
funicular
transbordador (V.)
telesilla
telesquí

s. cabina
cables
cables tractor
cables portador
polea motora
contrapeso
motores
reductor de contrapeso
torno
brazo suspensor

telefonazo

s. **llamada** (V.)
conferencia
comunicación (V.)
conversación telefónica

(V. **teléfono**)

telefonear

s. descolgar
transmitir
hablar
llamar
comunicarse (V.)
marcar

(V. **teléfono**)

a. *colgar*
interrumpir

telefonema
(V. **comunicación)**
(V. **despacho)**

telefonía
(V. **comunicación)**
(V. **teléfono)**

teléfono
s. **comunicación** (V.)
telefonía
aparato
receptor-
reproductor
auricular
disco
dial
micrófono
fono
conmutador
timbre
electroimán
macillo
línea
membrana
modulación
enchufe
locutorio
cabina
central
teléfono
automático
selector
contador
guía telefónica
amplificador de
corriente o
repetidor
cable coaxial
corriente
portadora
filtro de banda
abonado

telegrafía
(V. **comunicación)**
(V. **telégrafo)**

telegrafiar
s. **comunicar** (V.)
despachar
enviar
mandar
cablegrafiar
emitir
transmitir (V.)
radiografías
(V. **telégrafo)**

telegráfico
s. **veloz** (V.)
rápido
urgente (V.)
sucinto
breve (V.)
resumido
escueto
(V. **telégrafo)**
a. *lento*
ampliado

telégrafo
s. telegrafía
comunicación (V.)
transmisión
telecomunicación
heliógrafo
heliotelegrafía
radiotelegrafía
semáforo
retransmisión
s. antena
detector
receptor
teletipo
transmisor (V.)
excitador
cohesor
vibrador
semáforo
tierra
señal (V.)
duplex
radiotransmisor
red
central
emisor
colector
electroimanes
carro
varillas
rueda portatipos
teleinscriptor
cinta perforada
teleimpresor
telegrama (V.)

telegrama
s. **comunicación** (V.)
despacho (V.)
mensaje
cable
comunicado
cablegrama
nota
parte
circular
radiograma
marconigrama
s. telegrama diferido
(V. **telegrafía)**

telele
(V. **soponcio)**
(V. **desmayo)**

telendo
s. **gallardo** (V.)
airoso
juncal
vivo
animado
donoso
saleroso
atractivo
garboso (V.)
a. *soso*
desgarbado

teleobjetivo
s. **objetivo** (V.)
zoom
s. lente convergente
o frontal
lente divergente
(V. **fotografía)**

telepatía
(V. **percepción)**
(extrasensorial)
(V. **transmisión)**
(pensamiento)

telera
s. **vallado** (V.)
telero
telerón
travesaño
madero
eje

telescopio
s. **anteojo** (V.)
ecuatorial
reflector
refractor
heliómetro
helioscopio
periscopio
s. lente
espejo parabólico
montura
objetivo
ocular
plano focal
aumento
distancia focal
campo
buscador

telesilla
(V. **teleférico)**

telesquí
(V. **teleférico)**

teleta
(V. **secante)**
(papel)

teletón
(V. **tafetán)**

televidente
(V.
teleespectador)

televisar
s. transmitir
emitir
radiar
(V. **televisión)**

televisión
s. **transmisión** (V.)
T.V.
televisor
transmisor
emisión
recepción
antena receptora
antena emisora
modulador
mezclador
amplificador
generador de
exploración de la
imagen
oscilador de A. F.
amplificador de
A. F.
detección
señal video
impulsiones
desviación
vertical
desviación
horizontal
separador
pantalla
fluorescente
tubo catódico
regulador de
luminosidad
regulador de
contraste
canal de señal
canal de
frecuencia
canal líneal
s. **emisora** (V.)
repetidor
estudio

televisor
(V. **televisión)**

telilla
(V. **tela)**
(V. **nata)**

telón
s. **cortina** (V.)
cortinón
cortinaje
tapaescena
decorado (V.)
bastidor
lienzo
forillo
arroje
telón de fondo
telón de boca
telón de foro
telón corto
telón metálico
telón de acero
baja el telón

telúrico
s. **terrestre** (V.)
terreno
terrenal
geológico (V.)
tectónico
físico
planetario

telliz
(V. **caparazón)**

telliza
s. colcha
cobertor
cubrecama
sobrecama (V.)
toalla

tema
s. **motivo** (V.)
tenor (V.)
argumento
asunto (V.)
pensamiento
moción
proposición
teorema
negocio
expediente
tratado
propuesta
teoría
base
premisa
perístasis
sumario
lema (V.)
trama (V.)
fondo
texto
leit motiv
sujeto
hecho
pasaje
síntesis
trozo
esquema
perioca
expediente
lección
capítulo
acto
artículo
programa
eje
grano
especial
s. idea
manía (V.)
obstinación (V.)
porfía
contumacia
pertinacia
terquedad
tenacidad
idea fija
manía
persecutoria
cuestión
especie
plataforma
monomanía
rareza
antojo
prurito
chifladura
birria
barreno
persistencia
iteración
insistencia
s. tema musical
tema celeste
tomar tema
tema de un
discurso
cada loco con su
tema
el tema de la
discusión
a. *olvido*
equilibrio
sensatez
cordura
moderación

tembladal
(V. **tremedal)**

tembladera
(V. **tembleque)**
(V. **vasija)**

tembladero
(V. **tremedal)**

temblador
(V. **tembloroso)**

temblante
(V. **tembloroso)**

temblar
s. **estremecerse** (V.)
moverse
agitarse (V.)
temblequear
retemblar
tremer
tremar
tembletear
trepidar (V.)
retumbar
titilar
tiritar
titiritar
rehilar
centellear
rielar
palpitar
parpadear
calofriarse
oscilar (V.)
ribarse
rilar
temblotear
azogarse
vacilar
titubear (V.)
latir
bullir
hervir
vibrar (V.)
sacudirse (V.)
menearse
dentellar
castañetear
bailar
bambolear
tremolar
catitear
cintilar
contremecer
fluctuar
ondular
ondear
flamear
balancearse (V.)
s. **temer** (V.)
asustarse (V.)
amedrentarse
espantarse
sobrecogerse
destemplarse
s. tener
hormiguillo
dar diente con
diente
dar tiritones
hacer la tiritona
temblar las carnes
temblar como un
azogado
estar temblando
dejar algo
temblando
temblar de
emoción
temblar la voz
hacer temblar
(V. **temblor)**
a. *sosegarse*
serenarse
aquietarse
tranquilizarse
calmarse
arrostrar
desafiar
encararse
afrontar

temblenqueante
(V. **tembloroso)**

tembleque
(V. **temblor)**
(V. **tembloroso)**

temblequear
(V. **temblar)**

tembletear
(V. **temblar)**

temblón
(V. **tembloroso)**

temblor
s. tembleque
estremecimiento (V.)
estremezón
tembladera
estremezo
espeluzno
calofrío
calosfrío
tiritón (V.)
tiritona
carrillada
convulsión
agitación (V.)
trepidación (V.)
balanceo
palpitación
bamboleo
vibración (V.)
parpadeo
escalofrío (V.)
repeluzno
trepidación
palpitación
titilación
tililación
tintineo
centelleo (V.)
trémolo
tremor

s. sacudimiento
sacudida (V.)
terremoto (V.)
maremoto
seísmo
movimiento de tierras
temblor de tierra
sismo
movimiento sísmico

s. pavor
espanto
temor (V.)
susto
miedo

a. *flema*
tranquilidad
valor
serenidad
impasibilidad
quietud

tembloroso
s. tembloso
temblador
temblón
tembleque
temblante
trémulo (V.)
trépido
vibrante (V.)
titilante
tremulento
tremante
tremente
tremulento
estremecedor
trepidante (V.)
tembloso
temblequeante
vibrador
convulso (V.)
palpitante
estremecido (V.)
peneque

s. atemorizado
temeroso (V.)
asustado
sobrecogido
miedoso
cobarde
tímido
sobresaltado
amedrentado
espantado

(V. **temblor)**

a. *tranquilo*
firme
quieto
valiente
arrojado
valeroso

tembloso
(V. **tembloroso)**

temedero
(V. **temible)**

temedor
(V. **temeroso)**

temer-se
s. **asustarse** (V.)
acoquinarse
atemorizarse
alarmarse
aterrarse
aterrorizarse
amedrentarse
sobrecogerse
amilanarse
escamonearse
encresparse
despavorirse
espaventarse
azararse
temblar (V.)
espantarse
estremecerse
inquietarse
intimidarse
preocuparse
desconfiar (V.)
recelar (V.)
sospechar
pensar (V.)
maliciar
escamarse
mosquearse
remusgar
remosquearse
pensar
obsesionarse
figurarse
imaginarse
recatarse
ocultarse
no saber donde meterse
no llegar la camisa al cuerpo
tener más miedo que vergüenza
ponerse los pelos de punta
ciscarse de miedo
quedarse sin respiración
dar diente con diente
no tenerlas todas consigo
encogérsele el ombligo a alguien
temblar de miedo
poner en duda
dar que pensar
estar escamado

r. El corazón que sabe temer, sabe acometer

(V. **temor)**

a. *serenarse*
calmarse
sosegarse
tranquilizarse
aquietarse
confiar
creer
envalentonarse
crecerse

temerario
s. **valiente** (V.)
arriscado
intrépido
osado
atrevido (V.)
arriesgado
arrojado
alocado
bárbaro
insensato
audaz
imprudente (V.)
aventurero
inconsiderado
irreflexivo
fiero
denodado
belicoso
guerrero
decidido
resuelto
bravo
obstinado

s. **infundado** (V.)
inmotivado
aventurado (V.)
ligero de lengua
sin pensar

s. juicio temerario

(V. **temor)**

a. *cobarde*
pusilánime
temeroso
reflexivo
fundado
basado
seguro
sensato
cauto

temeridad
s. **atrevimiento** (V.)
intrepidez
valentía (V.)
arrojo
decisión
bizarría
imprudencia (V.)
diablura (V.)
avilantez
precipitación
brío
desgarro
inconsideración
barbaridad
irreflexión
audacia (V.)
osadía
riesgo
barbaridad
valor
decisión
impertinencia
necedad
alocamiento
ardimiento
arrogancia
denuedo
heroicidad

a. *cobardía*
apocamiento
miedo
temor
cortedad
timidez
cautela
precaución
prevención

temerón
s. **fanfarrón** (V.)
farolero
matón
majo
guapo
farfantón
bravucón (V.)
matasiete
valentón
perdonavidas
baladrón
matamoros
bocón
bocazas
curro
hampón
flamenco
chulo
follón
milhombres

(V. **temeridad)**

a. *modesto*
humilde
sencillo
tranquilo
tímido
corto
cobardón
cauteloso
precavido

temeroso
s. temedor
cobarde (V.)
miedoso (V.)
miedica
temiente
aprensivo
timorato
espantadizo
espavorido
pavorido
despavorido
azorado
receloso
formidoloso
asombradizo
entelerido
acobardado
apocado
pusilánime
medroso
corto
encogido (V.)
tembloroso
escamón
asustadizo (V.)
gallina
timorato
irresoluto
tímido (V.)
meticuloso
corito
receloso

s. **espantoso** (V.)
peligroso (V.)
horrible
temible
miedoso
pavoroso
terrorífico
torvo
horrendo
fiero
tremebundo
imponente
apocalíptico
horripilante

s. más muerto que vivo
pendiente de un hilo

r. Al temeroso, una pulga le parece un oso ■ Al hombre medroso, todo le espeluzna y nada le ayuda

(V. **temor)**

a. *valiente*
arrojado
temerario
osado
atrevido
confiado
sereno
tranquilo
impávido
impasible
inocente
inofensivo
agradable

temible
s. terrible
horrible
horrendo
espantoso
horroroso
tremendo
espeluznante
peligroso (V.)
horripilante
amenazante
tremendo
imponente
obscuro
miedoso
temedero
sospechoso
temeroso
temido
pavoroso
desalentador
sobrecogedor
amedrentador
atemorizador
inquietante
preocupante
desazonador

s. espantable
terrorífico
nocivo
aterrador
truculento
tremebundo
alarmante
impresionante
agobiante

(V. **temor)**

a. *tranquilizante*
inofensivo
agradable
apetecible
bueno
deseable

temido
(V. **temible)**

temor
s. **miedo** (V.)
pavor
amedrentamiento
sobrecogimiento
acoquinamiento
intimidación
cobardía (V.)
vergüenza
horripilación
canguelo
aprensión (V.)
pánico (V.)
mieditis
pavor
pavura
pavidez
horror (V.)
cerote
asco
repugnancia
julepe
medrana
cuita
prevención
pusilanimidad
temblor
inquietud
desasosiego
alarma
rebato
susto (V.)
alboroto
desazón (V.)
repullo
sorpresa
trabucazo
turbación
espantada
tragantona
inseguridad
amenaza (V.)
desaliento
desmoralización
amilanamiento
cuidado
timidez (V.)
fobia

s. **desconfianza** (V.)
duda
recelo (V.)
escama
escrúpulo
fantasía
imaginación
figuración
prejuicio (V.)
preocupación (V.)
obsesión (V.)
quimera
manía (V.)
monomanía
intranquilidad
sospecha (V.)
irresolución
vacilación

r. El miedo guarda la viña

a. *valentía*
valor
temeridad
decisión
arrojo
resolución
serenidad
calma
sosiego
confianza
fe
bravura
despreocupación
tranquilidad
equilibrio

temoso
(V. **obsesionado)**

(V. **testarudo)**

(V. **tenaz)**

témpano
s. carámbano
iceberg
hielo (V.)

s. timbal
tambor (V.)
tamboril

s. **tímpano** (V.)
(arquitectura)

s. corcho
tapón (V.)
(colmenas)
tapa

s. quedarse como un témpano

temperación
(V. **templanza)**
(V. **moderación)**
(V. **alivio)**

temperado
(V. **templado)**

temperamental
s. impulsivo
fogoso
vehemente (V.)
apasionado
ardiente
exaltado (V.)
ardoroso
efusivo
arrojado
alocado
(V. **temperamento)**
a. *frío*
cerebral
moderado
inexpresivo
circunspecto
flemático
reflexivo

temperamento
s. **temple** (V.)
carácter (V.)
naturaleza (V.)
manera
tipo (V.)
índole (V.)
idiosincrasia
psicología
personalidad
constitución (V.)
complexión
tendencia
humor (V.)
conducta
entraña
fondo
genio
s. **temperie** (V.)
temperatura
atmósfera
s. **vehemencia** (V.)
apasionamiento
impulso
fogosidad (V.)
exaltación
efusividad
a. *frialdad*
flema
reflexión
discreción

temperancia
(V. **templaza)**
(V. **moderación)**

temperante
(V. **calmante)**
(V. **moderador)**

temperar
(V. **templar)**
(V. **calmar)**
(V. **aliviar)**

temperatura
s. **calor** (V.)
frío (V.)
calígine
calina
bochorno
sofoco
s. **clima** (V.)
sol
temperie (V.)
tiempo (V.)
(atmosférico)
s. **fiebre** (V.)
calentura
destemplanza
hipertermia
pirexia
décimas
s. **grado** (V.)
nivel
marca
s. benignidad
rigor
templanza
crudeza
s. temperatura crítica
temperatura media, máxima o mínima
s. **termómetro** (V.)
termostato

temperie
s. **atmósfera** (V.)
temperatura (V.)
tiempo (atmosférico)
benignidad
templanza
crudeza
rigor
humedad
sequedad
calor
frío
s. **temperamento** (V.)

tempestad
s. **tormenta** (V.)
temporal
borrasca (V.)
turbión
turbonada
galerna (V.)
ráfaga
tromba (V.)
galerna
tifón
ciclón
tornado
huracán (V.)
aguacero
inclemencia
braveza
vendaval
remolino
procela
diluvio
manga
cerrazón
tronada (V.)
argavieso
ventisca
cellisca
aquilón
chaparrón
torbellino
manguera
viento
granizo
nube
trueno
lluvia
rayo
relámpago
viento
meteoro
nevada
ceraunomancia
s. cantidad
caudal
fortuna (V.)
copia
inundación
raudal (V.)
s. **agitación** (V.)
desorden
disturbio
alteración (V.)
protesta
tumulto (V.)
perturbación
revuelta
s. levantar tempestades
r. Alba manchada, tormenta asegurada ■ Abejas revueltas, tempestad a vueltas ■ Si los pájaros vuelan a poca altura, nube segura ■ Después de la tempestad viene la calma ■ Tempestad de mayo, sequedad en verano
s. quedar reducido a una tempestad en un vaso de agua
a. *calma*
serenidad
tranquilidad
paz
escasez

tempestar
s. **descargar** (V.) (la tempestad)
diluviar (V.)
granizar (V.)
revolverse
aborrascarse
caer chuzos de punta
descargar la tormenta
caer el diluvio
venir el cielo abajo
armarse el granizo
(V. **tempestad)**
a. *calmar*
amainar
serenarse

tempestearse
(V. **encolerizarse)**

tempestividad
(V. **oportunidad)**
(V. **adecuación)**

tempestivo
s. cabal
apropiado
oportuno (V.)
puntual
ocasional
adecuado (V.)
preciso
exacto
en el momento justo
(V. **tempestividad)**
a. *intempestivo*
inoportuno
inadecuado
inexacto

tempestuoso
s. **tormentoso** (V.)
borrascoso
cerrado (V.)
nublado
cubierto
obscuro
ventoso
lluvioso
inclemente
riguroso
cargado
revuelto
torrencial (V.)
proceloso
s. **violento** (V.)
iracundo
irritado
furioso
turbulento
agitado (V.)
impetuoso
fuerte
amenazador
(V. **tempestad)**
a. *claro*
bonancible
sereno
calmo
amainado
suave
bueno
tranquilo

templado
s. dulce
suave (V.)
cálido
temperado
atemperado
tibio (V.)
s. **moderado** (V.)
contenido
parco
prudente
ceñido
sobrio (V.)
serio
temperante
frugal
reglado
mesurado
teñido
eutrapélico
eutropélico
ponderado
sencillo
simple
abstinente
abstemio
continente
s. bragado
valeroso (V.)
impávido
sereno
impasible
audaz
osado
temerario
animoso (V.)
bizarro
intrépido
impertérrito
aplomado
alentado
estoico (V.)
valiente
(V. **templanza)**
a. *extremado*
riguroso
caliente
frío
desaforado
desmesurado
temeroso
miedoso
intemperante
complicado

templador
s. **herramienta** (V.)
tensor
tensador
llave
s. afinador
tocador
martillo
martillejo
música (V.)

templanza
s. **benignidad** (V.) (clima)
s. **moderación** (V.)
parquedad
sobriedad
prudencia (V.)
continencia
morigeración
frugalidad
austeridad
ascetismo
parsimonia
temperancia
temperación
templamiento
eutrapelia
eutropelia
temple
tiento
armonía
consonancia
abstinencia
mesura
formalidad
a. *intemperancia*
incontinencia
imprudencia
abuso
desmesura
inmoderación
exageración
destemplanza
desenfreno
hedonismo
epicureísmo
concupiscencia
sibaritismo

templar-se
s. **atenuar** (V.)
atemperar
suavizar (V.)
moderar (V.)
dulcificar
refrenar (V.)
contener
dominar
sosegar
tranquilizar
calmar
mitigar (V.)
aminorar
adecuar
apaciguar
desacerbar
amainar
refrescar
temperar
s. **entibiar** (V.)
calentar (V.)
avahar
tibiar
canear
encender
s. estirar
tesar (V.)
atirantar (V.)
afinar (V.) (instrumentos de música)
apretar
s. rebajar
mezclar (V.) (colores)
aguar
merar
combinar
(V. **temple)**
(V. **templanza)**
a. *extremar*
exagerar
acentuar
excitar
avivar
enardecer
endurecerse
agravar
enfriar
refrescar
aflojar
desafinar
destemplar

temple
s. tibieza
temperatura (V.)
s. **natural** (V.)
genio
ánimo
estado de ánimo
carácter (V.)
disposición
índole (V.)
humor (V.)
tesitura
arte
talante
temperamento
inclinación
afición
sentimiento (V.)
propensión
s. arrojo
valor (V.)
valentía
osadía
temeridad
audacia (V.)
arriscamiento
entereza (V.)
bravura
s. **afinación** (V.)
afinamiento
s. **dureza** (V.)
elasticidad (V.)
resistencia
flexibilidad
pintura al temple
al temple
estar de buen o mal temple
a. *desánimo*
timidez
miedo
cobardía
pusilanimidad
debilidad
indecisión
desafinamiento
blandura
inflexibilidad

templete
s. **quiosco** (V.)
glorieta
pabellón (V.)
emparrado
pérgola
cenador
mirador
templo
edículo

templista
(V. **pintor)**

templo
s. **iglesia** (V.)
templete
ermita
santuario
larario
basílica
catedral
oratorio
adoratorio
capilla
parroquia
abadía
colegiata
convento
monasterio
cenobio
cartuja
priorato
rábida
seo
tabernáculo
mezquita
pagoda
teocali
teucali
cu
fano
sinagoga
s. **atrio** (V.)
pórtico
ara
propileo
pronaos
sanctasanctórum
fóculo
cela
pastoforio
recitáculo
pilón
períbolo
columna
baptisterio
paraíso
ábside
cripta
s. una verdad como un templo

témporas
(V. **ayuno)**

temporada
s. **tiempo** (V.)
campaña
época (V.)
periodo
etapa
estación
invernada
veraneo
otoñada
pascua
navidad
adviento
vacación (V.)
saison
año (V.)
primavera
verano
otoño
invierno
fecha
plazo
calendario
s. sementera
barbechera
espigueo
florada
escarzo
siembra
siega
poda
cosecha
zafra
deshielo
cosecha
adviento
campaña
vendimia
trilla
varada
escamujo
molienda
rastrojera
matanza
rabotea
esquileo
castra
montanera
San Martín
s. veda
s. de temporada
por la temporada

temporal
s. **temporáneo** (V.)
cronométrico
temporario
contemporáneo
s. temporero
interino
transitorio (V.)
provisorio
perecedero
pasajero
momentáneo
esporádico
provisional (V.)
circunstancial
fugaz
accidental
relativo (V.)
precario
efímero
breve
s. **secular** (V.)
profano
seglar
material
laico (V.)
humano
terrenal (V.)
s. borrasca
tifón
procela
cellisca (V.)
tempestad (V.)
r. Gaviotas en el huerto, temporal en el puerto ■ A la tórtola y al morral, no les engaña el temporal ■ Viento marzal, buen temporal
s. declararse un temporal
sufrir un temporal
capear el temporal
a. *intemporal*
definitivo
imperecedero
eterno
permanente
duradero
fijo
perenne
perpetuo
divino
espiritual
bonanza

temporalidad
s. beneficio
retribución (V.)
recompensa
pago
s. **fugacidad** (V.)
transitoriedad (V.)
interinidad
eventualidad
provisionalidad
s. materialidad
profanidad (V.)
secularización
mundanalidad
mundanería
a. *eternidad*
espiritualidad
divinidad
religiosidad

temporáneo
(V. **temporal)**

temporario
(V. **temporal)**

temporero
(V. **jornalero)**
(V. **interino)** (empleado)

temporil
(V. **temporero)**

temporizar
s. **contemporizar** (V.)
adaptarse (V.)
aquietar
paliar
amoldarse
acomodarse
s. divertirse
solazarse
entretenerse (V.)
recrearse
pasar el tiempo
pasarlo bien
a. *agravar*
acentuar
rebelarse
resistirse
aburrirse

tempranero
(V. **temprano)**
(V. **madrugador)**

temprano
s. madrugador
anticipado (V.)
adelantado
prematuro (V.)
precoz
inmaturo
verde
tempranero
antuviado
pronto (V.)
malogrado
abortado
estropeado
perdido
premiso
a. a primera hora
al alba
mañana
matutino
tempranamente
s. temprano es noche
r. Come poco y cena temprano, si quieres llegar a anciano
a. *rezagado*
moroso
retrasado
tardío
agostado
maduro
pocho
tarde

temulento
(V. **borracho)**

tena
(V. **aprisco)**

tenacear
s. **atenacear** (V.)
agarrar
coger
prender
asir
engafar
sujetar
apretar
torturar
desgarrar
s. insistir
porfiar (V.)
importunar
machacar
volver a la carga
dar la lata
volver a las mismas
perseverar
chantaletear
a. *aflojar*
soltar
desistir
abandonar
dejar
ceder

tenacidad
s. insistencia
perseverancia
persistencia
laboriosidad
constancia (V.)
porfía
energía (V.)
obstinación (V.)
testarudez
pertinacia
terquedad
matraca
lata
pesadez
tesón
fuerza (V.)
resistencia (V.)
paciencia (V.)
aplicación
impenitencia
presura
obturación
terquería
roncería
cabezonería
tozudez
a. *renuncia*
inconstancia
abandono
pasividad
cesación
flexibilidad
impaciencia
volubilidad

tenacillas
(V. **tenazas)**

tenáculo
(V. **aguja)** (cirugía)

tenada
(V. **henil)**
(V. **tinada)**
(V. **cobertizo)**

tenaz
s. **perseverante** (V.)
tesonero (V.)
enérgico (V.)
asiduo
terco
tozudo
leal (V.)
cabezota
aplicado (V.)
testarudo
recalcitrante
rudo
férreo
constante (V.)
inmutable
contumaz (V.)
asiduo
empeñoso
machacón
obstinado
acérrimo (V.)
entero
emperrado
firme (V.)
roncero
inapelable
reacio
temoso
paciente (V.)
pertinaz (V.)
continuo
incansable
s. **fuerte** (V.)
duro
resistente (V.)
consistente
sólido
adherente
inflexible
(V. **tenacidad)**
a. *inconstante*
voluble
débil
blando
flojo
flexible
frágil
quebradizo
rompedizo
inconsistente
elástico
delicado
deleznable
frangible

tenazas
s. **herramienta** (V.)
pinzas
alicates
tenacillas
tenazuelas
dentones
cogedera
gorguz
bruselas
muelles
gato
garfio
gatillo
tornillo
torniquete
gafa
despinzas
cascanueces
sacapiñones
sacaclavos
sujetapapeles
sacacorchos
fórceps
sacabalas
s. brazos
pasador
clavillo
eje
boca
s. no sacar algo a alguien ni con tenazas

tenazuelas
(V. **tenazas)**

tenca
(V. **zaparda)** (pez)

tendajo
(V. **tendejón)**

tendal
(V. **toldo)**
(V. **tendedero)**

tendalera
(V. **tenderete)**

tendalero
(V. **tendedero)**

tendedero
s. tendal
tendalero
secadero (V.)
secador
enjugadero
tenderete

tendejón
s. tendajo
barraca (V.)
cobertizo
tenducho
tinglado
puesto
tugurio (V.)

tendel
(V. **cuerda)** . (albañilería)

tendencia
s. **predisposición** (V.)
vocación (V.)
inclinación (V.)
adhesión
proclividad
intención
instinto (V.)
ambición (V.)
aspiración (V.)
premoción
propensión
preferencia (V.)
interés
apego

(cont.)

querencia
inclín
carácter
afecto (V.)
amor (V.)
gusto
simpatía (V.)
afección
cariño
apasionamiento
asiduidad
ánimo
deseo

s. **orientación** (V.)
dirección (V.)
giro
sesgo
trazado
rumbo
camino
directriz
mira
blanco
objetivo (V.)
guía
finalidad

a. *aversión*
antipatía
desagrado
odio

tendencioso

s. injusto
arbitrario
parcial (V.)
aficionado
adicto
simpatizante
querencioso
fanático
partidario
hincha
partidista
fan
apasionado
tendente
propenso
inclinado
sectario
intransigente

(V. **tendencia**)

a. *adverso*
enemigo
neutral
ecuánime
objetivo
imparcial
justo
desapasionado

tendente

s. tendiente
querencioso
encaminado (V.)
dirigido a
propenso (V.)
destinado
interesado
inclinado (V.)
simpatizante
afín

(V. **tendencia**)

a. *contrario*
opuesto
adverso

ténder

s. **vagón** (V.)
carruaje (auxiliar)
alijo
locomotora (V.)

tender-se

s. **propender** (V.)
tirar (V.) a
inclinarse a (V.)
simpatizar
aquerenciarse
encapricharse

s. interesarse
dirigirse
procurar
encaminarse (V.)
aspirar (V.)
ambicionar (V.)
desear
ir (V.)
marchar
moverse
llevar trazas de
llevar camino de
tener inclinación

s. desdoblar
extender (V.)
estirar
alargar
expandir
dilatar
desplegar (V.)
distender
esparcir (V.)
diseminar
desenvolver
desenrollar
tumbar
tirar
alisar

s. **colgar** (V.)
suspender
pender
airear
orear (V.)
ventilar
solear
secar

s. **enlucir** (V.)
revestir
cubrir
revocar
encalar
enjabelgar
blanquear

s. **instalar** (V.)
colocar
poner

s. **extenderse** (V.)
estirarse
abuzarse
acostarse
echarse (V.)
tumbarse (V.)
arrellanarse
despatarrarse
acomodarse
alastrarse
yacer (V.)
descansar (V.)
relajarse
dormirse
encamarse

s. **descuidarse** (V.)
abandonarse (V.)
negligir
desinteresarse
tumbarse a la bartola
encogerse de hombros

a. *rechazar*
antipatizar
oponerse
doblar
recoger
arrugar
plegar
encoger
conglomerar
reunir
envolver
descolgar
quitar
descolocar
retirar
acurrucarse
levantarse
erguirse
despertarse
interesarse
preocuparse
cuidarse

tendera

(V. **tendero**)

tenderete

s. tenducho
puesto (callejero)
quiosco
cajón
barraca (V.)
tiendecilla
tugurio
garabito
tendalera

s. **tendedero** (V.)

tendero

s. **comerciante** (V.)
vendedor (V.)
buhonero
botiguero
minorista
almacenista
abacero (V.)
cajonero
dependiente
mancebo
aprendiz
motril
quincallero
baratillero
muchacho
mercachifle
hortera
negociante
verdulero, a

s. Al tendero y a la mujer, nunca les falta que hacer

(V. **tienda**)

a. *cliente*
parroquiano
comprador

tendido

s. **echado** (V.)
horizontal
extendido (V.)
tumbado (V.)
espalditendido
supino
yacente
abuzado
acostado
plano
decúbito prono
decúbito supino
encamado
boca arriba
boca abajo

s. carrera
galope (V.)

s. **graderío** (V.)
gradería
grada
andanada
tabloncillo
lavado
colada (V.)

s. **enlucido** (V.)
capa de yeso
capa de cal
capa de mortero

s. tendido de la luz
estar tendido
a galope tendido
a moco tendido

a. *levantado*
tieso
erguido

tendiente

(V. **tendente**)

tendón

s. **ligamento** (V.)
fibra
nervio
haz
cuerda

s. tendón de Aquiles

tenducho

(V. **tenderete**)

tenebrario

s. **candelabro** (V.)
hachero
cirial
vela María

s. Híades
estrellas (V.)

tenebrosidad

s. **sombra** (V.)
cerrazón
lobreguez (V.)
nebulosidad
opacidad
negrura
turbiedad
lobregura
tinieblas
calígine
cerrazón
obscuridad (V.)

a. *claridad*
brillo
transparencia

tenebroso

s. **lóbrego** (V.)
triste (V.)
sombrío
obscuro (V.)
cerrado
caliginoso
cubierto
opaco
nebuloso
negro
fosco
nocturno
lúgubre
tétrico (V.)
fosco
como boca de lobo

s. confuso
ininteligible
misterioso (V.)
escondido (V.)
secreto
oculto
estremecedor
impresionante

(V. **tenebrosidad**)

a. *claro*
alegre
comprensible
evidente
público
inteligible
descubierto
sabido

tenedor

s. **cubierto** (V.)
trinchante
horquilla
trinche
tridente
servicio
horca (V.)

s. **poseedor** (V.)
teniente
habiente
usufructuario
depositario
beneficiario
terrateniente
arrendador
arrendatario
fiduciario
fideicomisario
señor
amo (V.)
dueño

s. tenedor de bastimentos
tenedor de caminos
tenedor de libros

(V. **tenencia**)

a. *poseído*
servidor
criado

teneduría

(V. **contabilidad**)

tenencia

s. **posesión** (V.)
usufructo (V.)
propiedad
disfrute
goce
recepción
depósito

tener-se

s. **mantener** (V.)
sostener
asir (V.)
coger
agarrar
sujetar
aguantar
retener

s. **poseer** (V.)
gozar
obtener
disponer de
atesorar
detentar
haber (V.)
disfrutar
dominar
conservar (V.)
usufructuar (V.)
pertenecer
aprovechar

s. **detener** (V.)
parar
frenar
dominar
refrenar (V.)
sofrenar
sujetar

s. **cumplir** (V.)
guardar
realizar

s. **hospedar** (V.)
incluir (V.)
encerrar
comprender
contener

s. considerar
juzgar (V.)
valuar
estimar
apreciar
reputar
valorar
entender

s. **obligarse** (V.)
comprometerse
asumir (V.)
necesitar (V.)
precisar
haber menester

s. **atenerse** (V.)
adherirse
seguir

s. **enfrentarse** (V.)
dar la cara
resistir
opugnar
mantenérselas tiesas

s. **apoyarse** (V.)
afirmarse
asegurarse
sostenerse (V.)
sujetarse
sentir (V.)
padecer
experimentar (V.)

s. tener dinero
no tenerlas todas consigo
tener algo que perder
tener a menos
tener cuidado
tener presente
tener que ver
tener a cuestas
tenérselas tiesas
tenerse tieso
tener a mano
tener sobre sí
tente mientras cobro
no tener uno dónde caerse muerto
no tener uno ni para empezar
no tener abuela
tener entre ceja y ceja
tener atravesado a alguien
tener ángel
tener a alguien en el bolsillo
tener detalles con alguien
tener efecto
tener consecuencias
tener en cuenta
tener cuidado
tener presente algo
no tener que ver
tenerla tomada con alguien
tener a bien
no tener nada de particular
ten con ten
¿esas tenemos?
no tener uno nada suyo
no tener algo alguien por donde cogerlo
tener en mucho
tener algo pelendengue
tener por cierto
no tenerlas todas consigo

(V. **tenencia**)

r. Quien más tiene más quiere ■ Tanto tienes, tanto vales ■ Todo lo tiene el que nada desea

(cont.)

a. *dejar*
aflojar
desasir
soltar
carecer
escasear
gastar
desaparecer
seguir
proseguir
continuar
liberar
abandonar
cesar
irse
excluir
exceptuar
abstenerse
rechazar
desentenderse
sobrar
desinteresarse
rehuir
evitar
soslayar
caerse
derrumbarse

tenería
(V. **curtiduría**)

tenesmo
(V. **pujo**)

tenguerengue (en)
(V. **inestable**)

(V. **inseguro**)

tenia
s. **gusano** (V.)
(platelminto)
solitaria
helminto
lombriz
anélido
verme
escólex
cisticerco
parásito (V.)
cenuro
ajonjolí

s. listel
filete
moldura (V.)

tenida
(V. **sesión**)
(masónica)

teniente
s. **grado** (V.)
(militar)
oficial (V.)
lugarteniente
alférez

s. **delegado** (V.)
substituto (V.)
comisionado
encargado
ejecutor
subalterno

s. poseedor
tenedor (V.)

s. **sordo** (V.)
tardo

s. **tacaño** (V.)
miserable
escaso
agarrado

s. verde
inmaduro (V.)
(frutos)

s. teniente de alcalde
teniente cura
teniente coronel
teniente general

a. *principal*
agido (oído)
aguzado
generoso
espléndido
maduro

tenis
s. tennis
deporte (V.)
juego (V.)

s. red
cancha
raqueta
net
out
game (juego)
pelota
servicio
línea media
línea de servicio
línea de saque
pasillo
set
deuce
ventaja
sencillo
doble
drive
revés
smash
lob
dejada
lob de revés
passing-shoot

s. tenis de mesa

s. tenista
jugador
deportista

tenista
(V. **tenis**)

tenor
s. **contenido** (V.)
escrito
tema (V.)
texto
contexto
argumento

s. disposición
estilo (V.)
suerte
son
constitución (V.)

s. **cantante** (V.)
cantor

s. **voz** (V.) (media)

s. a este tenor
a tenor de

a. *baritono*
bajo

tenorio
s. **conquistador** (V.)
galanteador
pendenciero
audaz
burlador
Don Juan
tentador
irresistible
donjuán
mujeriego (V.)
castigador
mariposón

a. *serio*
grave
corto
tímido
misógino

tensar
s. estirar
atirantar (V.)
atesar
atiesar
templar
presionar (V.)
distender
tesar
retesar
aballestar
dilatar

(V. **tensión**)

a. *aflojar*
suavizar
soltar

tensión
s. **tirantez** (V.)
tiesura
rigidez (V.)
tesura
retesamiento
reteso
tracción
erección (V.)
distensión
erguidez
dilatación
atirantamiento
presión
tono (V.)
elasticidad
compresión (V.)
alargamiento
fuerza
stress
esfuerzo
suspense

s. **presión** (V.)
voltaje
potencia
(eléctrica)
potencial
(eléctrico)
fuerza
(electromotriz)

s. **angustia** (V.)
intranqulidad
emoción
impaciencia (V.)
zozobra (V.)
violencia (V.)
espera
incertidumbre (V.)
duda
nerviosidad
nerviosismo

s. alta tensión
baja tensión
tensión arterial
tener tensión

a. *flojedad*
suavizamiento
blandura
relajamiento
flexibilidad
debilidad
tranquilidad
certidumbre
quietud
seguridad
certeza
sosiego
serenidad

tenso
s. **tirante** (V.)
estirado
teso
tieso (V.)
duro (V.)
rígido (V.)
erguido
inflexible
resistente
dilatado
elástico
extendido
alargado

distendido
terso (V.)
subtenso
tiesto

s. **angustiado** (V.)
nervioso
inquieto (V.)
intranquilo
preocupado
emocionado
impaciente (V.)

(V. **tensión**)

a. *flojo*
débil
blando
relajado
doblado
flexible
sereno
acortado
tranquilo
calmo
despreocupado
sosegado
indiferente

tensor
s. tensador
tarabilla
templador (V.)
polea
viento
manómetro
atmósfera
elástico
resorte (V.)

(V. **tensión**)

tentación
s. estímulo
instigación
aguijón
incentivo
atracción (V.)
trampa
seducción (V.)
fascinación
acicate
acuciamiento
impulso (V.)
embaucamiento
señuelo (V.)
anzuelo
artificio
excitación
incitación
inducción
instímulo

r. Al ocioso y desocupado tienta el diablo

a. *repugnancia*
repulsión
rechazo
asco
aversión
fortaleza
voluntad
carácter

tentáculo
s. **apéndice** (V.)
tiento
palpo
extremidad
brazo
miembro
prolongación

tentadero
s. **corral** (V.)
aprisco
encerradero
encierro
cercado
tauromaquia (V.)

(V. **tienta**)

tentador
s. **apetecible** (V.)
provocador
provocativo
cautivador
incitador
incitante
quillotrador
encantador
seductor (V.)
fascinador
irresistible
excitante
arrebatador
atrayente (V.)
engañador
tenorio (V.)
sugestionador
sugestivo (V.)
atractivo
estimulante
diablo (V.)

s. hacer de demonio tentador

(V. **tentación**)

a. *repulsivo*
repugnante
asqueroso
repelente

tentalear
(V. **palpar**)

tentar-se
s. **palpar** (V.)
tocar (V.)
tantear
toquitear
manosear
reconocer
restregar
frotar
hurgar
toquetear
manipular
tentalear
pulsar
acariciar (V.)
reconocer
manejar
magrear
sobar

s. **examinar** (V.)
gustar
probar
apreciar
comprobar
ensayar (V.)
intentar
experimentar
tantear

s. instigar
inducir (V.)
excitar
provocar
incitar
seducir
mover
quillotrar
estimular (V.)
concitar
aguzar
enguizcar
fascinar (V.)
soliviantar
promover
aguijonear
espolear
aguijar
acicatear
predisponer
impeler (V.)

s. procurar
intentar
emprender (V.)
tentación (V.)

a. *repeler*
repulsar
repugnar
respetar
rehuir

abstenerse
desinteresarse
desilusionarse
abandonar
desanimar-se
desalentar-se

tentaruja
(V. **manoseo**)

tentativa
s. **intento** (V.)
intentona
proyecto (V.)
gestión
propuesta
diligencia
empresa
empeño (V.)
esfuerzo
afán
impulso
ensayo
pretensión
prueba (V.)
ejecución
deseo
propósito
experimento
reconocimiento
intención (V.)
comprobación
boceto (V.)

s. **examen** (V.)
tanteo (V.)

a. *abandono*
desinterés
indiferencia
fracaso

tentemozo
s. **puntual** (V.)
soporte
apoyo
sostén

s. mozo
palo (V.) (carro)

s. **tentetieso** (V.)
dominguillo

s. **quijera** (V.)
correa
cabezal (caballo)

tentempié
s. refrigerio
refacción (V.)
piscolabis
bocadillo
aperitivo
merienda
taco (V.)
tentetieso (V.)

tentetieso
s. tentempié
pelele
muñeco (V.)
dominguillo
tentemozo
brujilla
siempretieso

tentón
(V. **palpamiento)**

tenue
s. ahilado
ingrávido
velado
ligero
frágil (V.)
débil
vaporoso (V.)
exiguo
fino
sutil (V.)
delicado
delgado (V.)
sencillo
natural
insignificante
grácil
impalpable
etéreo
rumoroso (V.)
susurrante (V.)
flotante
aéreo
vago

s. reseco
magro
flaco (V.)
enjuto
flacucho
delgaducho (V.)
cenceño
hético
espiritado
lamido
mimbreño
escuchimizado
desmedrado
pilongo
raro (V.)

(V. **tenuidad)**

a. *denso*
espeso
grueso
gordo
atocinado
pesado
recio
complicado
importante
robusto

tenuidad
s. **delicadeza** (V.)
raridad
sutileza (V.)
finura
fragilidad
inconsistencia
delicadez
insignificancia (V.)
porosidad
dulzura
delgadez (V.)
gracia
magrez
exquisitez
menudencia
ingravidez
levedad
pequeñez

s. **extenuación** (V.)
consunción
marasmo
adelgazamiento (V.)
emaciación
demacración
enflaquecimiento
afilamiento
debilidad (V.)
atrofia
ahilo
debilitamiento
agotamiento
anemia
postración
cateresis

a. *gordura*
resistencia
densidad
vigor
robustez
fortaleza
pesadez
gravidez
consistencia
grosería
fortaleza
reciedumbre

teñido
s. pintarrajeado
pintado (V.)
tinto (V.)
pigmentado
tornasolado
coloreado (V.)
manchado (V.)
obscurecido
matizado
disimulado (V.)

(V. **teñidura)**

a. *desteñido*
incoloro
abierto

teñidura
s. teñido
tinte (V.)
tinta
tintura
colorante
tinción
retinte
almagradura
enrubio

s. alumbre
fucsina
nogalina
anilina
alizarina
laca
añil
caparrosa verde
azul de metileno
azul de Sajonia
sangre de drago
verdete
orcina
pastel
ferrete
púrpura
cochinilla
múrice
aje
buccino

a. *desteñido*
decoloración

teñir-se
s. **tintar** (V.)
colorear (V.)
pintar
entintar
purpurar
reteñir
alheñar
azumar
engazar
alumbrar
almagrar
añilar
tinturar
estebar
desgomar
enjebar

s. **matizar** (V.)
disimular (V.)
camuflar

(V. **teñidura)**

a. *decolorar*
desteñir
descolorar
descubrir

teobroma
(V. **cacao)**

teocali
(V. **templo)**
(mexicano)

teocracia
(V. **gobierno)**
(sacerdotal)

teodicea
(V. **teología)**
(natural)

teodolito
s. **instrumento** (V.)
topografía (V.)
geodesia
medidor

s. anteojo
orientable
espejo
ocular
bastidor
alidada móvil
limbo horizontal
limbo vertical
microscopio del limbo
niveles
tornillos de ajuste
eje horizontal
nonios
telescopio
nivel de burbuja
rosca niveladora
visor de la escala
marca
ángulo
trípode

teogonía
(V. **generación)**
(dioses)

(V. **mitología)**

(V. **paganismo)**

teologal
s. teológico
divino (V.)
religioso
expositivo
patrístico
casuístico
beatífico
infuso
consubstancial
dignificante
prenatural
escatológico

s. virtud teologal

(V. **teología)**

a. *seglar*
secular
terreno
material

teología
s. **religión** (V.)
cristianismo
mística
escolástica
ascética
escatología
patrística
patrología
apologética
casuística
teodicea
hermenéutica
moral

s. determinismo
monoteísmo
politeísmo
quietismo
tomismo
escolasticismo
teísmo
tradicionalismo
probabilismo
tuciorismo
congruismo
latitudinarismo
molinismo
milenarismo

s. revelación
dogma (V.)
credo
destino
doctrina
gracia
predestinación
estigma
salvación
providencia
condenación
artículo de fe
contemplación
consubstanciación
fe
misterio
tribunal de Dios
tablas de la Ley
reino de Dios
cielo (V.)
paraíso
infierno (V.)
limbo
gloria
muerte
vida eterna
ultratumba
juicio de Dios
juicio final
juicio divino
juicio universal
santidad
bienaventuranza
decálogo
ley de Moisés
Antiguo Testamento
Nuevo Testamento
biblia (V.)
teología dogmática
teología natural
teología pastoral
teología positiva (revelada)
teología moral

s. no meterse uno en teologías

teológico
(V. **teologal)**

teologizar
s. **revelar** (V.)
iluminar
espiritualizar
influir
justificar
imprimir
estigmatizar
santificar
estar en gracia
hablar (sobre teología)
infundir
predestinar
inspirar
ilustrar
recriar
engendrar
visitar
peregrinar
evangelizar
predicar
salvar

(V. **teología)**

teólogo
s. dogmático
Santo Padre
doctor
canónigo
padre de Concilio
padre Conciliar
examinador sinodal
calificador del Santo Oficio
canónigo lectoral
dogmático
casuista
probabilista
escotista
sumista
tomista
latitudinario
panteólogo
congruista
definidor de una orden

(V. **teología)**

teomanía
(V. **manía)**

teorema
s. **proposición** (V.)
tesis
enunciado
demostración
afirmación

teoría
s. **suposición** (V.)
proposición (V.)
presunción
hipótesis (V.)
supuesto
presuposición
sospecha
especulación (V.)
conjetura
elucubración
posibilidad
probabilidad
divagación
fantasía
imaginación
ilusión
teórica

s. **doctrina** (V.)
ciencia
interpretación
creencia
parecer
idea (V.)
tesis (V.)
concepto
utopía
explicación
disquisición
idealismo
conocimiento

s. relación
fila (V.)
recua
reinglera
serie (V.)
hilera
línea
desfile
procesión
comitiva
séquito

s. en teoría
teoría de la evolución
teoría de los cuanta
teoría de la relatividad
teoría corpuscular

a. *empirismo*
realidad
pragmatismo
realismo
experimentación
rutina
demostración
posibilismo
ruptura
vano
paréntesis
interrupción

teórica
(V. **teoría)**

teórico
s. **supuesto** (V.)
supositivo
hipotético (V.)
utópico (V.)
especulativo
ideal
presunto
infundado
imaginario
sistemático
nominal
racional
dudoso
figurado
incierto
contemplativo
reflexivo
doctrinal
doctrinario (V.)
puro
arbitrista
teorista
especulador
teorizante
especulativo
ideólogo (V.)
honorario
idealista (V.)
utopista
iluso (V.)

(V. **teoría)**

a. *práctico*
técnico
pragmática
empírico
realista
posibilista

teorizante
(V. **teórico)**

teorizar
s. **suponer** (V.)
idear
concebir
imaginar (V.)
forjar
especular (V.)
elucubrar
figurarse
pensar
discurrir
reflexionar
fantasear (V.)
divagar (V.)
idealizar

(V. **teoría)**

a. *experimentar*
probar
ensayar
demostrar
ejercitar
realizar
comprobar

teoso
(V. **resinoso**)

teosofía
(V. **iluminismo**)
(V. **ocultismo**)

tepe
s. **tierra** (V.)
torna
césped (V.)
champa
tapín
torga
gallón

tequila
(V. **ginebra**)
(mexicana)

terapeuta
s. **médico** (V.)
curador
curandero
sanador
s. ensalmador
saludador
(V. **terapéutica**)

terapéutica
s. **medicina** (V.)
curación
tratamiento
régimen
medicación
terapia (V.)
cura
método

terapéutico
s. **médico** (V.)
curativo
higiénico
rehabilitador
beneficioso
(V. **terapéutica**)
a. *perjudicial*
nocivo

terapia
s. **terapéutica** (V.)
hidroterapia
sueroterapia
opoterapia
organoterapia
talasoterapia
radioterapia
helioterapia
psicoterapia
fisioterapia

teratología
(V. **anomalía**)
(organismos)
(V. **monstruosidad**)
(V. **deformidad**)

teratológico
(V **monstruoso**)
(V. **anormal**)
(V. **deforme**)

tercerear
(V. **terciar**)
(V. **mediar**)

tercería
s. conciliación
intercesión
intervención
mediación (V.)
arbitraje
injerencia
alcahuetería (V.)
intromisión (V.)
entrometimiento
a. *abstención*
inhibición
respeto
indiferencia

tercero
s. terciador
mediador (V.)
intercesor
intermediario
árbitro
conciliador
amigable
componedor
templagaitas
juez
s. **alcahuete** (V.)
s. tercero en
discordia
(V. **tercería**)
a. *abstinente*
indiferente

tercerola
(V. **fusil**)
(V. **flauta**)

terceto
s. **trío** (V.)
triunvirato
terna
trinca
s. **composición** (V.)
(musical)
conjunto (musical)
s. **estrofa** (V.)
tercerilla

terciado
s. **atravesado** (V.)
sesgado
oblicuo
diagonal
cruzado
inclinado
en bandolera
a. *recto*
vertical
horizontal

terciador
(V. **tercero**)

terciana
(V. **fiebre**)

terciar-se
s. **intervenir** (V.)
interceder
mediar (V.)
inmiscuirse
entremeterse
arbitrar
interponerse
conciliar (V.)
tomar parte
tercerear
reconciliar

s. sesgar
cruzar
atravesar (V.)
inclinar
ladear
s. **dividir** (V.)
(tres partes)
cortar
s. **labrar** (V.)
roturar
s. **podar** (V.)
s. **equilibrar** (V.)
repartir (V.)
distribuir
requintar
s. **suceder** (V.)
acontecer
(V. **tercio**)
a. *abstenerse*
respetar
desequilibrar

terciario
s. **religioso** (V.)
franciscano
dominico
carmelita
(V. **órdenes**)

tercio
s. **milicia** (V.)
regimiento
cuerpo
legión (V.)
batallón
s. **parte** (V.)
fracción
división
s. **rebina** (V.)
cava
bina (segunda)
s. **suerte** (V.)
(tauromaquia)
s. hacer buen tercio
hacer mal tercio
tercio flaco
tercio de fuerza
ganar los tercios
de la espada
mejorado en tercio
y quinto
hacer tercio
a. *conjunto*
todo
totalidad

terciopelado
(V. **aterciopelado**)

terciopelo
s. **tela** (V.)
pana
velludo
vellido
terciopelado
velludillo
veludillo
rizo
felpa (V.)
frisa
orzoyo
encarrujado
catalufa
altibajo
moqueta
veludo
velvetón
pana
tripe

terco
s. testarudo
obstinado (V.)
pertinaz
obseso
cabezota (V.)
cabezón
contumaz
insistente
renuente
reacio (V.)
tozudo
reiterado (V.)
intransigente (V.)
porfiado
obcecado
caprichoso
cachorro
atestado
temoso
empecinado
tieso (V.)
tenaz
duro (V.)
guijeño
férreo
impenitente
irreductible
incorregible
inapelable
impersuasible
pesado
incomprensivo
tosco
irreducible
recalcitrante
fregado
argüidor
(V. **terquedad**)
a. *arrepentido*
corregible
razonable
flexible
transigente
blando
comprensivo

terebinto
s. **árbol** (V.)
cornicabra
albotín

terebrante
(V. **taladrante**)
(V. **doloroso**)

teresiana
(V. **quepis**)

teresiano
(V. **carmelita**)

terete
(V. **robusto**)

tergiversable
s. **deformable** (V.)
violento
torcido
falso (V.)
forzable
eludible
excusable
mutable
alterable
confundible
variable
(V. **tergiversación**)
a. *verdadero*
cierto
invariable

tergiversación
s. **desfiguración** (V.)
elusión
sutileza
falseamiento (V.)
trastrocamiento
deformación
alambicamiento
argucia (V.)
escapatoria
ambigüedad (V.)
efugio
embarazo
retorcimiento
retruécano
malicia
vicio
cambio
confusión
corrupción
pretexto
rodeo
evasiva
enredo
engaño
mentira
falsedad
anfibología
jerigonza
enredo
alteración
contrasentido
error
malevolencia (V.)
suspicacia (V.)
a. *verdad*
sinceridad
autenticidad
franqueza

tergiversador
s. alterador
malicioso
suplantador
corruptor
ambiguo (V.)
retruecanista
mal pensado
retorcido (V.)
deformador
confundidor
(V. **tergiversación**)
a. *recto*
claro
evidente
cierto
sincero

tergiversar
s. forzar
alambicar
torcer (V.)
retorcer
deformar (V.)
sofisticar (V.)
violentar
trabucar
alterar (V.)
intrincar
viciar
envenenar
trovar
cambiar (V.)
bastardear
sutilizar
fruncir
excusar
eludir
falsear (V.)
mixtificar
confundir
embrollar
enredar
corromper
desfigurar (V.)
desnaturalizar
variar
trastrocar
trocar (V.)
desvirtuar
torcer...

tomar en mal
sentido
tomar el rábano
por las hojas
echar a mala parte
interpretar a su
manera
ir muy lejos en
algo
torcer el sentido
tomar algo por
donde quema
(V. **tergiversación**)
a. *explicar*
desentrañar
descifrar
traducir
interpretar
atenerse a
aclarar

teriaca
(V. **antídoto**)
(V. **vacuna**)
(V. **remedio**)

termas
s. **baños** (V.)
caldas
balneario
baños calientes
aguas termales

termes
s. comején
termita
insecto (V.)
(arquíptero)
anay
hormiga blanca
térmite
sepe

térmico
s. cálido
caliente (V.)
caluroso
caldeado
calinoso
estuoso
tropical
a. *frío*
gélido
helado

terminación
s. **fin** (V.)
final
conclusión
clausura
consumación
solución
desenlace (V.)
fenecimiento
muerte (V.)
ocaso
término (V.)
prescripción

(cont.)

extinción
colofón
acabóse
acabamiento
acabijo
acabo
ultimación
clausura (V.)
cierre
liquidación (V.)
epílogo
cesación
declinación
consunción (V.)
agotamiento
resultado
coronamiento
abandono

s. **límite** (V.)
extremo
tope
remate
cabo
punta
extremidad
borde
frontera
resalto
saliente

s. desinencia
sufijo (V.)
morfema
inflexión (V.)
flexión

a. *comienzo*
principio
inicio
empiece
vida
renacimiento
apertura
prólogo
robustecimiento
prosecución
centro
interior
prefijo

terminacho

(V. **palabrota**)

terminal

s. **final** (V.)
último (V.)
postrero
postrimero
posterior
ulterior
extremo
retrasado
zaguero

s. **enchufe** (V.)
clavija

s. **estación** (V.) de término

(V. **terminación**)

a. *primero*
anterior
adelantado
delantero
previo

terminante

s. **final** (V.)
último

s. **categórico** (V.)
tajante
inconcuso
concluyente
claro (V.)
preciso
incondicional
definitivo
apodíctico
explícito
conclusivo
concuso
perentorio
decisivo
convincente
absoluto
rotundo
incuestionable
meridiano
irrefutable

(V. **terminación**)

a. *indeciso*
inseguro
ambiguo
incierto
relativo
dudoso
impreciso
obscuro
cuestionable
refutable

terminar-se

s. **completar** (V.)
acabar (V.)
finir
finiquitar
gastar (V.)
finalizar
clausurar
reducir (V.)
consumar
eliminar
concluir
rebañar
fumarse
desembocar
interrumpir (V.)
rematar (V.)
ultimar
apurar (V.)
agotar (V.)
liquidar (V.)
exterminar (V.)
extinguir
suprimir
sellar
rescindir (V.)
cancelar
salir
zanjar
orillar
clavar
clavetear
cesar (V.)
cerrar
caducar
fallir
despachar
absolver
coronar
ejecutar
lograr (V.)
cumplir
llevar a cabo
echar la llave
dar el cerrojazo
llevar a término
dar cabo a
cerrar la plana
poner el sello
poner punto final
llegar a término
hacer borrón y cuenta nueva
dar de mano
echar el telón
levantar la sesión
dar al traste
dar por concluido
dar las boqueadas
dar cuenta de
poner fin
ir de vencida
venir a parar
parar en
pulir (V.)
retocar
completar
refinar (V.)
dar el último toque
dar la última pincelada
perfeccionar (V.)
perfilar

s. **morir** (V.)
perecer
fenecer
fallecer
consumirse
extinguirse
pasar
llegar a su fin
dar las últimas boqueadas
dar el último suspiro

(V. **terminación**)

a. *iniciar*
comenzar
empezar
principiar
abrir
aumentar
incluir
sobrar
exceder
existir
haber
continuar
seguir
proseguir
florecer
nacer
renacer
renovar
abandonar
descuidar

terminista

(V. **pedante**)

(V. **afectado**)

(V. **rebuscado**)

término

s. fin
final
terminación (V.)

s. territorio
jurisdicción
territorio
zona
región
partido
pago
arrabal
alfoz
comarca
circunscripción (V.)
división
contorno
municipio
ayuntamiento
demarcación

s. **tope** (V.)
extremo (V.)
extremidad
frontera
meta (V.)
confín
lindero
mojón (V.)
divisoria (V.)
hito
separación
límite (V.)
jalón

s. **tiempo** (V.)
plazo (V.)
lapso
curso
extensión
espacio
fecha
intervalo
periodo
caducidad
vencimiento (V.)

s. **expresión** (V.)
vocablo
palabra (V.)
giro
voz
dicho
locución
representación

s. **elemento** (V.)
binomio
trinomio
polinomio

s. **circunstancia** (V.)
puntualización
extremo
punto (V.)
dato
detalle
pormenor
condición (V.)

s. **tono** (V.)
afinación
punto

s. término fatal
término medio
término eclíptico
término positivo
término negativo
término redondo
término probatorio
término perentorio
término extremo
término municipal
términos hábiles
términos necesarios
términos posibles
en último término
en buen término
correr el término
poner término
llevar a término
llevar a buen término
por término medio
estar en buenos o malos términos con alguien
invertir los términos

a. *origen*
principio
inicio
iniciación
comienzo
aurora
imprecisión
perennidad
continuidad
existencia
desconocimiento

terminología

(V. **vocabulario**)

termita

(V. **termes**)

térmite

(V. **termes**)

termitero

(V. **nido**) (termes)

termo

s. **vasija** (V.) (aislante)
frasco
bote
recipiente
cantimplora

s. forro de fieltro
almohadilla
envoltura metálica
tapón
muelle
pared exterior
pared interior
cuña de corcho
vacío

s. **termosifón** (V.)

termómetro

s. **instrumento** (V.)
medidor
temperatura (V.)
pirómetro
piroscopio
eriómetro
termógrafo

s. mercurio
pentano
tolueno
alcohol
escala
columna
índice magnético

s. termómetro de máxima
termómetro de mínima
termómetro centígrado
termómetro Fahrenheit
termómetro Réamur
termómetro diferencial
termómetro de gas
termómetro de resistencia

s. meteorología

termosifón

s. **calentador** (V.)
termo
hervidor

s. circuito
caldeo
columna ascendente
columna descendente
vaso de expansión

termostato

s. **regulador** (V.)
temperatura (V.)
frasco de Dewar

s. regulador
imán
tubo dilatable
tubo no dilatable
contacto móvil
contacto fijo
interruptor
reóstato
muelle
válvula
varilla

terna

s. **trío** (V.)
tres
terceto
triunvirato

s. **lista** (V.)
empleo
elección (V.)

ternasco

s. **cordero** (V.)
recental
cría
cabrito
lechal
borrego

terne

s. **robusto** (V.)
fuerte
sano
saludable
fornido

s. **obstinado** (V.)
terco
perseverante
tozudo
cabezón

s. **bravucón** (V.)
jactancioso
perdonavidas

s. terne que terne

a. *débil*
enclenque
flexible
comprensivo
dúctil
tolerante
transigente
cobardón
tímido
corto

ternero, a

s. **res** (V.)
ternera
chala
recental
becerro
choto
vaquilla
jato
novilla
utrera
magüeta
añojo
chorato
cuatreño
churro
vitela
utrero
eral
sobreañal
terzón
recentín
sobreño
juvenco
vaca (V.)
carne (V.)

ternerón

(V. **sentimental**)

(V. **emotivo**)

terneza

s. **ternura** (V.)

s. **piropo** (V.)
requiebro
flor
lagotería
quillotro
madrigal
galantería (V.)
arremuesco

a. *desabrimiento*
dureza
frialdad
grosería

ternilla
s. **cartílago** (V.)
armazón
lámina
sostén
tejido

terno
s. taco
palabrota (V.)
terminacho
terminajo
voto
juramento (V.)
invectiva
denuesto
reniego
dicterio
blasfemia (V.)
insulto
imprecación
maldición
ajo
atrocidad
exclamación (V.)
sacrilegio
interjección
irreverencia
disparate

s. **traje** (V.)
indumento
vestido
vestidura
atavío
vestimenta
ropaje

a. *elogio*
alabanza

ternura
s. **cariño** (V.)
estima
apego
dulzura (V.)
afecto
amor
piedad
compasión (V.)
devoción
sensibilidad
afección
bondad
agrado
cordialidad
delicadeza
terneza (V.)
simpatía
suavidad
afabilidad
mansedumbre
interés
inclinación
atractivo
generosidad
humanidad
abnegación

s. mimo
requiebro (V.)
piropo
caricia (V.)
flor
adulación

a. *despego*
odio
desabrimiento
animosidad
desagrado
antipatía
frialdad
grosería
ataque

Terpsícore
(V. **musa**)

(V. **música**)

(V. **danza**)

(V. **canto**)

terquear
(V. **obstinarse**)

terquedad
s. **obstinación** (V.)
testarudez
tozudez
terqueza
terquez
tenacidad
pertinacia
contumacia
dureza (V.)
endurecimiento
persistencia
terquería
porfía
petera
pesadez
obduración
manía
prejuicio
cabezonada
ofuscación
rebeldía
insistencia
lata
intransigencia (V.)
empeño

s. **resistencia** (V.)
empecinamiento
obcecación

a. *blandura*
comprensión
condescendencia
docilidad
transigencia
abandono
acatamiento
sumisión

terracota
s. **escultura** (V.)
figurilla
estatuilla
chuchería
barro (V.) (cocido)

terrada
s. **betún** (V.)

s. almagre
ajos
cola
blanquimiento

terrado
(V. **terraza**)

terraja
s. **herramienta** (V.)
rosca (V.)
cojinete
tornillo
filete

s. brazos
peine de dientes
paso
macho
hembra
barra
caja

s. terraja de agujero cerrado
terraja de cojinetes
terraja de brazos o manual
terraja mecánica

terrajar
(V. **roscar**)

terral
(V. **viento**)

terraplén
s. terrapleno
pendiente (V.)
escalón
grada
talud
bancal
parapeto (V.)
muro
reparo
resguardo
defensa (V.)
fortificación
trinchera (V.)
zanja
cuneta
desmonte
desnivel
ribazo

terraplenar
s. **amontonar** (V.) (tierra)
apilar
acumular
levantar

s. **allanar** (V.)
desmontar
abancalar
aplanar
nivelar
excavar

(V. **terraplén**)

terrapleno
(V. **terraplén**)

terráqueo
(V. **terrestre**)

terrateniente
s. agricultor
hacendado
granjero
latifundista
labrador
propietario (V.)
potentado

a. *labriego*
trabajador
asalariado

terraza
s. **azotea** (V.)
terrado
tejado
techo
techado
solana
solario
solanar
ajarafe
galería (V.)
logia
balcón
veranda
corredor
mirador

s. platabanda
arriate (V.)
cenador
glorieta

s. **bancal** (V.)
rellano
albarrada
poyato
parata

s. **jarra** (V.)
jarrón

a. *sótano*
entresuelo

terrazo
(V. **suelo**)

(V. **pavimento**)

terremoto
s. **seísmo** (V.)
sismo
sacudida
conmoción
sacudimiento (V.)
convulsión
temblor (V.)
movimiento
remezón
microsismo
catástrofe (V.)
desastre
hecatombe
cataclismo
estremecimiento
vibración

s. **epicentro** (V.)
sismógrafo
sismómetro

terrenal
s. terreno
terrestre
terráqueo
terrícola
físico

s. **material** (V.)
real
concreto
carnal
tangible

s. **temporal** (V.)
transitorio

(V. **tierra**)

a. *celestial*
eterno
perenne
espiritual
intangible
incorpóreo

terreno
s. terrestre
terráqueo
terrenal (V.)

s. **tierra** (V.)
suelo (V.)
superficie
campo
dehesa
huerta
era
prado
monte
bosque
coto
sembrado
plantación (V.)
cantero
gredal
bermejal
terruño
terruzo
rebujal
aranda
arada
bancal
besana
haza
yugada
pegujal
serna
tramo
mancha
chorra
gredal
senara
barate
amelga
albardón
poyato
solar
parcela

s. terreno de transición
terreno agarrado
terreno franco
terreno del honor
terreno baldío
terreno de labor
descubrir uno terreno
llevar a uno al terreno del honor
perder uno terreno
minarle a uno el terreno
reconocer el terreno
saber el terreno que se pisa

s. páramo
arena
desierto
regadío
césped
ejido
erial
estepa
llanura
faja
gleba
hondonada
jardín
liza
manigua
monte
montaña
nava
palenque
palestra
parque
pastizal
pista
plantación
pólder
puszta
pradera
pomar
puna
quiñón
realengo
solar
taiga

s. ámbito
campo (V.)
contorno
esfera (V.)
medio (V.)
aspecto
espacio
especialidad
actividad
condición
circunstancia
conocimiento

s. capa
veta
mantillo
humus
tierras
formación (geológica)

s. quinta
cigarral
hocino
rancho
estancia
finca (V.)
carmen
alquería
casal
cortijo
torre
propiedad (V.)
latifundio
minifundio
granja

térreo
s. terrizo
terroso (V.)
terreño
terrino
terrero
terrígero

campestre
campal
agreste
rústico (V.)
rural
campesino
terrenal

(V. **tierra**)

a. *ciudadano*
urbano
civilizado

terrero
s. **térreo** (V.)
terrenal

s. **humilde** (V.)
bajo
sencillo
modesto

s. **vil** (V.)
rastrero
villano
bajuno

s. saco terrero

(V. **tierra**)

a. *celestial*
altanero
orgulloso
soberbio
noble
digno
elevado

terrestre
s. terrenal
terreno
terrizo
telúrico
terrícola
terráqueo
geológico
planetario
mundial
físico
material (V.)

(V. **tierra**)

a. *celestial*
espiritual
aéreo
marino
inmaterial

terribilidad
s. terribleza
terriblez
espantosidad
atrocidad (V.)
pavorosidad
espanto
terror (V.)
horror
violencia

a. *agrado*
atractivo
sosiego
tranquilidad

terrible
s. **atroz** (V.)
espantoso
temible
dantesco
brutal
aterrador (V.)
horroroso
espeluznante
truculento
pavoroso
terrífico
horripilendo
horripilante
impresionante
tremebundo
terrorífico
patibulario
espantable
sobrecogedor
trágico

s. **duro** (V.)
cruel (V.)
inhumano
fiero (V.)
violento
acre
agrio
torvo
medroso
miedoso (V.)
áspero
desagradable
repelente
repulsivo
desconsolador
repugnante
temible
sombrío
tétrico
monstruoso
imponente

s. **tremendo** (V.)
enorme (V.)
gigantesco
excesivo
desmesurado
formidable

(V. **terribilidad**)

a. *bello*
atrayente
agradable
placentero
normal
atractivo
grato
magnífico
consolador
humano
tierno
dulce
manso
dócil
insignificante
menudo
pequeño

terriblez
(V. **terribilidad**)

terribleza
(V. **terribilidad**)

terrícola
(V. **terráqueo**)

terrífico
(V. **terrorífico**)

territorial
s. **jurisdiccional** (V.)
nacional (V.)
provincial (V.)
comarcal
regional
municipal
cantonal
departamental

(V. **territorio**)

a. *extranjero*
extraterritorial

territorio
s. **estado** (V.)
nación (V.)
país (V.)
patria
tierra (V.)
zona
región (V.)
colonia (V.)
enclave
lugar (V.)
establecimiento
factoría
jurisdicción (V.)
circunscripción
término
partido
departamento
distrito (V.)
taha
comarca
área
demarcación
espacio
contornos
división
provincia
municipio
continente
suelo (V.)
superficie
terreno
población
terruño
isla
península
marca
hemisferio
protectorado
concejo

s. alfoz
anteiglesia
alcaidía
bailía
bailiazgo
ayuntamiento (V.)
cacicazgo
cantón
encartación
corregimiento
encomienda
guardianía
juzgado
legacía
maestrazgo
merindad
mitra
misión
vicaría
morería
municipio (V.)
partido
pertenencia
satrapía
senescalado
señorío
sexmo
término
priorato
terrazgo
valiato
veguería
vilayato
arcedianato
arcifinio
archidiócesis
diócesis
ducado
archiducado
condado
marquesado
baronía
burgraviato
califato
bajalato
consulado
exarcado
infantado
imperio
infanzonazgo
landgraviato
margraviato
palatinado
patriarcado
reino
república
sultanía
sultanato
tetrarquía
toparquía
virreino
virreinato
vizcondado
capitanía
comandancia
división
castellanía
colación
cora
corte
dominio
pertenencia
propiedad
posesión
compás
pago

terrizo
s. **térreo** (V.)
lebrillo
barreño (V.)
artesa
jofaina
apaste
alcadafe

terromontero
s. cerro
collado
montículo (V.)
montoncillo
montecillo
altura
elevación
colina
altozano
otero
alcor

a. *llano*
planicie

terrón
s. **apelotonamiento** (V.)
masa
montón
tormo
terruño
gleba
gasón
tabón
apelmazamiento

s. pastilla
comprimido (V.)

s. terrón de azúcar
terrón de tierra
a rapa terrón

terror
s. ansiedad
susto
horror
pavura
terribilidad
espanto (V.)
miedo (V.)
pánico (V.)
temor
pavor
pavidez
cobardía
sobrecogimiento
inquietud
consternación

s. revolución
perturbación
conmoción (V.)
revuelta
insurrección
motín
convulsión

s. *serenidad*
intrepidez
valentía
valor
atracción
seducción
paz

terrorífico
(V. **terrible**)

terrorismo
s. subversión
atentado
violencia (V.)
salvajismo
asonada
amenaza (V.)
revolución
convulsión
intimidación
atropello (V.)
sabotaje
secuestro

(V.**terror**)

a. *paz*
tranquilidad
orden
acatamiento
sometimiento

terrorista
s. guerrillero
saboteador
chantajista
raptor
secuestrador
violento
partisano
revolucionario (V.)
nihilista
pistolero
anarquista
dinamitero

(V. **terrorismo**)

a. *pacifista*

terroso
s. **térreo** (V.)
terrizo
empañado
sucio
turbio (V.)
pardo
incoloro
gris (V.)
gredoso
polvoriento

(V. **tierra**)

a. *limpio*
transparente
claro

terruño
s. **país** (V.)
suelo
cuna
comarca
provincia
región
pueblo
patria (V.) (chica)
tierra natal
hogar
procedencia
territorio (V.)

a. *extranjero*

tersar
s. limpiar
pulir
bruñir
abrillantar
limar
alisar (V.)
atezar
pulimentar
resplandecer

(V. **tersura**)

a. *ensuciar*
empañar
arrugar
plegar

tersidad
(V. **tersura**)

terso
s. bruñido
limpio (V.)
brillante
abrillantado
resplandeciente
límpido
brillante
nítido (V.)
aseado
pulimentado
pulido
limado
suave (V.)
liso (V.)
relso
claro (V.)
transparente

s. **fluido** (V.) (estilo)
fácil
comprensible
claro
inteligible
puro (V.)

s. **tirante** (V.)
tenso (V.)
atirantado

(V. **tersura**)

a. *opaco*
empañado
sucio
incomprensible
arrugado

tersura
s. tersidad
limpidez (V.)
brillantez
transparencia
nitidez
limpieza
homogeneidad
lisura (V.)
suavidad (V.)
resplandor
atezamiento

s. facilidad
fluidez (V.) (estilo)
pureza (V.)
claridad

a. *opacidad*
empañamiento
conceptuosidad
confusión
complicación
dificultad
impureza
obscuridad

tertulia
s. **corrillo** (V.)
sociedad
junta (V.)
reunión (V.)
peña
café
club
centro
casinillo
cenáculo
círculo
mentidero
velada (V.)
rebotica
cotarro
grupo
pandilla
panda

s. conversación
discusión
coloquio
charla (V.)
juego
plática
sobremesa
disertación

a. *aislamiento*
soledad
silencio
apartamiento
insociabilidad

tertuliano
(V. **contertulio**)

teruncio
(V. **moneda**)
(romana)

terzón
(V. **ternero**)

terzuela, o
(V. **retribución**)
(canónigos)

(V. **halcón**)

tesar
s. distender
atirantar (V.)
atiesar
estirar
tensar
entiesar
atesar
templar (V.)

s. **recular** (V.)
(los bueyes)

a. *aflojar*
soltar
avanzar

tesela
(V. **mosaico**)

tesina
(V. **tesis**)

tesis
s. **opinión** (V.)
parecer
teoría (V.)
juicio
consideración
noción
suposición
interpretación

s. **memoria** (V.)
estudio
escrito
disertación
texto
erudición (V.)
conclusión
razonamiento
argumento
proposición
exposición
razón
testimonio
tesina

tesitura
s. intensidad
altura (V.) (mús.)
voz

s. **actitud** (V.)
postura
posición
disposición
positura
ánimo (V.)
dirección
tendencia
orientación
humor (V.)

a. *inhibición*

teso
s. **tenso** (V.)
rígido (V.)
atiesado
tieso
estirado (V.)
tirante (V.)
atirantado
tiesto
largado

a. *flojo*
suelto
encogido
relajado

tesón
s. **perseverancia** (V.)
constancia
empeño
pertinacia
insistencia
asiduidad
insistimiento
ahínco
tenacidad
esfuerzo (V.)
firmeza
decisión (V.)
voluntad (V.)
inflexibilidad
persistencia
aplicación
paciencia (V.)
terquedad
testarudez
tozudez
lealtad
fijeza

(V. **tesonería)**

a. *abandono*
cesación
dejación
inconstancia
renuncia
blandura
indecisión

tesonería
(V. **tesón)**

(V. **obstinación)**

tesonero
s. **perseverante** (V.)
constante
empecinado
emperrado
pertinaz
contumaz
insistente (V.)
asiduo
tenaz (V.)
esforzado
firme
decidido (V.)
resuelto
voluntarioso
inflexible
persistente
aplicado (V.)
paciente (V.)
terco
tozudo
leal
fijo
empeñoso

(V. **tesonería)**

a. *inconstante*
blando
indeciso
débil
voluble
caprichoso
flexible

tesorería
s. **administración** (V.)
pagaduría (V.)
caja
dependencia
oficina
tesoro público
hacienda
depositaria

tesorero
s. **administrador** (V.)
cajero
delegado
pagador (V.)
empleado
funcionario
clavero
camarlengo
almojarife
bolsero
amín
recetor
tesaurero

(V. **tesorería)**

tesorizar
(V. **atesorar)**

tesoro
s. **dinero** (V.)
caudal
valores
bienes
fondos
platal
reservas
efectivo
joyas
oro
bolsa
talega
fortuna
mina
hucha
tapado
riquezas
cuartos
activo

s. **erario** (V.)
hacienda
fisco
tesoro público

s. tesoro escondido
escondite
escondrijo (V.)
entierro
gazofilacio
santuario

s. **cariño** (V.)
afecto
ternura

a. *pobreza*
indigencia

test
(V. **prueba)**

testa
s. **testuz** (V.)
cara
frente (V.)
frontis
anverso

s. capacidad
entendimiento
sensatez
prudencia
conocimiento
inteligencia
talento
sesera
cabeza (V.)

a. *reverso*
torpeza
estupidez
incapacidad

testación
(V. **testamento)**

testaférrea
(V. **testaferro)**

testaferro
s. suplantador
substituto (V.)
cabeza de turco
monigote (V.)
palo blanco
testaférrea

a. *interesado*
principal
director

testamentaría
s. **inventario** (V.)
herencia (V.)
disposición
sucesión
bienes
caudal (V.)
reparto
hijuela
partición
abintestato
apertura
abertura

s. **juicio** (V.) (universal)
querella

(V. **testamento)**

a. *recepción*
percepción

testamentario
s. legatario
ejecutor (testamentario)
albacea
cabezalero
fideicomisario
fiduciario
espondalario

s. **sucesorio** (V.)
hereditario (V.)
intestado
testado
heredado
ológrafo
nuncupatorio
inoficioso
sucesible
heredable
troncal
colacionable

(V. **testamento)**

a. *heredero*
beneficiario
testador

testamentifacción
s. **otorgamiento** (V.) (testamentario)
homologación
inventario (V.)
delación
substitución
institución (de herederos)

s. **llamamiento** (V.)
captación
desheredamiento
desheredación
preterición
substitución vulgar
substitución ejemplar
substitución pupilar
substitución fideicomisaria

(V. **testamento)**

a. *herencia*
heredación

testamento
s. declaración
restación
documento
última voluntad
memoria (V.)
codicilo
destín
transmisión (V.)
otorgamiento (V.)
oferta
ofrecimiento
sucesión (V.)
herencia
promesa
donación
dote (V.)
legado
cesión
protocolo
dejación
adjudicación
cédula (testamentaria)
ab intestato
intestado

s. testamento abierto
testamento cerrado
testamento ológrafo
testamento nuncupativo
testamento escrito
testamento sacramental
testamento marítimo
testamento militar
testamento adverado
testamento por comisar
testamento de hermandad
testamento de mancomún

s. Antiguo Testamento
Nuevo Testamento

s. quebrantar el testamento
otorgar el testamento
ordenar el testamento

r. Lo que no pasa por testamento, pasa por codicilo ■ El testamento de la zorra

a. *olvido*
preterición
desamparo
indiferencia
retención
embargo
rescisión
revocación
anulación
privación
denuncia

testar
s. **legar** (V.)
ceder
transmitir (V.)
suceder
otorgar
conferir
reconocer
ordenar
disponer
adjudicar (V.)
donar
dotar (V.)
conceder
ofrecer
prometer
mandar
instituir heredero

s. testificar
atestiguar

(V. **testamento)**

a. *olvidar*
preterir
rescindir
anular
retener
revocar
quebrantar
privar

testarada
(V. **testarazo)**

testarazo
s. testarada
cabezazo (V.)
cabezada
golpe
testada
topetazo
molondrón
morrada
calabazada
golpazo

a. *caricia*
mimo
cuidado

testarrón
(V. **testarudo)**

testarronería
(V. **testarudez)**

testarudez
s. **obstinación** (V.)
cabezonada
porfía
intransigencia
capricho
pertinacia
terquedad
terquería
roncería
obcecación
testarronería
emperramiento
tesón (V.)
ceguera
empecinamiento (V.)

a. *flexibilidad*
docilidad
sometimiento

testarudo
s. testarrudo
pertinaz
obcecado (V.)
tesonero
tozudo
cabezota
caprichoso
temoso
porfiado
entestado
insumiso
emperrado
inapeable
testarrón
encarnizado
voluntarioso
terco
cervigudo
recalcitrante (V.)
reacio
impenitente
tieso
pesado
taimado
intransigente (V.)
cabeciduro
arbitrario
encastillado (V.)

(V. **testarudez)**

a. *dócil*
condescendiente
amoldable
transigente
comprensivo
flexible
sumiso
sometido

teste
(V. **testículo)**

testera
s. testero
frente (V.)
frontis
frontispicio
fachada
exterior
portada
trashoguero
delantera

s. **asiento** (V.) (delantero)

a. *reverso*
espalda
trasera

a. *perjurio*
falso
engañoso
aparente

testero
(V. **testera)**
(V. **muro)**

testicular
s. prostático
prepucial
peniano
seminífero
espermático
seminal
escrotal
inguinal
glandular (V.)
(V. **testículo)**

testículo
s. **glándula** (V.)
teste
gónada
compañón
cojón
criadilla
escritilla
vesícula seminal
bolsa
dídimo
testigo
turma
genitales
sexo
s. glande
escroto
bálano
torillo
rafe
capullo
s. semen
espermatozoides
eyaculación
s. hidrocele
sarcocele
orquitis
criptorquidia
poliorquidia
monorquidia
cojudo
cojonudo
rencoso
chiclán
ciclán
chiglán
a. *ovario*
vagina

testificación
(V. **testimonio)**

testifical
(V. **testimonial)**

testifical
s. testificativo
certificatorio
testificante
demostrativo (V.)
testimonial
expositivo
probatorio (V.)
fehaciente (V.)
acreditativo
testimoniero
testimoñero
(V. **testificación)**

testificante
(V. **testifical)**
(V. **testigo)**

testificar
s. **testimoniar** (V.)
declarar
deponer
explicar
detallar
manifestar
exponer
alegar
atestiguar (V.)
demostrar
probar (V.)
asegurar
afirmar
aseverar
s. **indicar** (V.)
señalar
mostrar
s. **refrendar** (V.)
rubricar
autentificar
certificar (V.)
legalizar
legitimar
(V. **testificación)**
a. *abstenerse*
inhibirse
ausentarse
esconder
ocultar
abandonar
rechazar

testificativo
(V. **testifical)**

testigo
s. **testimonio** (V.)
atestante
certificador
declarante
deponente (V.)
testificador
atestiguante
manifestante
informador
refrendador
testimoniero
refrendario
testificante
testimoñero
compurgador
presente
testigo ocular
testigo visual
testigo de vista
testigo de oídas
testigo abonado
testigo falso
testigo de cargo
testigo de descargo
testigo de excepción
testigo variante
testigo sinodal
s. mojón
dama
hito (V.)
s. **testículo** (V.)
poner por testigo
hacer testigos
examinar testigos
dos testigos matan a un hombre
r. Entre hermano y hermano, dos testigos y un escribano

s. **tribunal** (V.)
a. *ausente*
abstinente
callado
silencioso
discreto

testimoniable
s. certificable
demostrable
proclamable
declarable
explicable
argumentable
justificable
fehaciente
testificante
testificativo
testimonial (V.)
(V. **testimonio)**
a. *injustificable*
inexplicable
incierto
ilegítimo
ilegal

testimonial
s. testifical
testificante
testificativo
legal (V.)
legítimo (V.)
auténtico (V.)
verídico
cierto
certificatorio
documental (V.)
s. **testimonio** (V.)
documento
a. *ilegal*
ilegítimo
falso
incierto

testimoniar
s. **atestar** (V.)
testificar
atestiguar (V.)
declarar
explicar
deponer
expresar
confesar
s. **probar** (V.)
demostrar
evidenciar (V.)
confirmar
proclamar
formular
reiterar
visar
alegar (V.)
jurar (V.)
legitimar (V.)
rubricar (V.)
legalizar
dar fe
poner las manos en el fuego
salir fiador de
tener conciencia
(V. **testimonio)**
a. *inhibirse*
abstenerse
ausentarse

testimoniero
s. testimoñero
impostor
calumniador (V.)
hipócrita (V.)
hazañero
baldoneador
ofensor
injuriador
falso testigo
(V. **testimonio)**

a. *veraz*
honrado
franco
sincero
elogiador

testimonio
s. atestación
atestiguación
atestadura
atestiguamiento
atestado (V.)
certificación (V.)
careo
prueba (V.)
proclamación
justificación
revelación
obtestación
información (V.)
interrogatorio
protesta
alegato
alegación
auténtica
credencial
visto bueno
referencia
testificación
cita
deposición
afirmación
palabra
palabra de honor
juramento (V.)
refrendación
legalización
aseveración
partida
fe
epígrafe
lema
s. **impostura** (V.)
falsedad
calumnia
s. **testigo** (V.)
s. falso testimonio
a. *abstención*
incomparecencia
inhibición
deslealtad
perjurio

testimoñero
(V. **testimoniero)**

testudo
(V. **tortuga)**
(V. **escudo)**

testuz
s. testa
testuzo
frente (V.)
testero
cabeza (V.)
bóveda (craneana)
s. **nuca** (V.)
pestorejo
morrillo
melenera

testuzo
(V. **testuz)**

tesura
(V. **tiesura)**

teta
s. **pecho** (V.)
ubre (V.)
mama (V.)
seno
busto
glándula

s. **pezón** (V.)
aréola
tetilla
leche
s. **mogote** (V.)
montecillo
montículo
mambla
s. teta de vaca
teta de maestra
de teta
dar la teta
niño de teta
dar la teta al asno
mamar una teta
quitar la teta

tetania
(V. **tétanos)**

tétano
(V. **tétanos)**

tétanos
s. **enfermedad** (V.)
pasmo
contracción
rigidez (V.)
convulsión
agarrotamiento
tensión
tetania
tétano

tetar
(V. **amamantar)**

tête-à-tête
(V. **entrevista)**

tetera
s. samovar
cafetera
vasija
recipiente (V.)
pote
(V. **té)**

tetilla
(V. **teta)**
(V. **chupete)**

tetón
s. podadura
rama
gancho
tocón (V.)
muñón
protuberancia
s. **lechón** (V.)
s. asa
orejuela (V.)
mango

tetona
(V. **tetuda)**

tetradracma
(V. **moneda)**

tetraedro
(V. **poliedro)**

tetrágono
(V. **cuadrilátero)**

tetrarca
(V. **gobernante)**

tetrarquía
(V. **territorio)**

tétrico
s. macabro
luctuoso
lóbrego
fúnebre
trágico
triste (V.)
sombrío (V.)
melancólico
tenebroso
funesto
serio
cogitabundo
meditabundo
pesimista
nebuloso (V.)
a. *alegre*
animado
festivo
optimista
agradable
alentador
consolador
risueño
halagador

tetuda
s. tetona
pechugona
opulenta
carnosa
rolliza
exuberante
abundosa
abundante
gruesa (V.)
(V. **teta)**
a. *fláccida*
escurrida
escasa
delgada

teucali
(V. **templo)**

teúrgia
s. **magia** (V.)
hechizo
brujería
encantamiento
hechicería (V.)
ocultismo
a. *realidad*

teúrgo
(V. **hechicero)**

textil
(V. **tejido)**

texto
s. contexto
contenido (V.)
escrito (V.)
dicho
argumento
sentencia (V.)
pasaje
relación
relato
memoria
descripción
tenor
palabras
cita
lugar (V.)
redacción
(cont.)

s. compendio
libro (V.)
manual
obra
partitura
vademécum
volumen
ejemplar
tomo

s. **cuerpo** (V.) (letra)
tamaño

s. libro de texto
fuera de texto
texto sagrado

textual
s. calcado
preciso
literal (V.)
exacto (V.)
idéntico
fiel
sic
propio
al pie de la letra
cé por bé
palabra por palabra
con sus puntos y comas
sin poner ni quitar una coma

(V. **texto**)

a. *tergiversado*
falso
inexacto
distinto
impropio
corregido
amañado
falseado

textura
s. contextura
estructura (V.)
ligamento
tejido (V.)
trama
disposición
trabazón
ligazón
punto
enlace
urdimbre
grano

tez
s. **piel** (V.)
cutis
superficie
epidermis
dermis
pellejo
cuero
tegumento

tezado
(V. **atezado**)

tía
s. **pariente** (V.)
tío (V.)

s. **madrastra** (V.)
comadre

s. ramera
fulana
prostituta (V.)

s. tía abuela
tía carnal
tía segunda

s. cuéntaselo a tu tía
no hay tu tía
quedarse una para tía
a tu tía, que te dé para libros

a. *sobrina*
nuera
fina
cultivada
honesta

tialina
(V. **ptialina**)

tialismo
(V. **ptialismo**)

tiara
s. mitra
corona
gorro (V.)

s. **adorno** (V.)
joya
tocado
alhaja

s. **pontificado** (V.)

tiberio
s. ruido
jaleo (V.)
confusión
escándalo (V.)
escandalera
alboroto
griterío
desorden
trapatiesta
algarabía
zipizape
estruendo
estrépito

a. *tranquilidad*
silencio
paz
sosiego

tibia
s. **hueso** (V.)
espinilla (V.)
pierna (V.)

s. cuerpo o diáfisis
cresta o borde anterior
espina
tuberosidad interna
tuberosidad externa
agujero nutricio
epífisis interior
epífisis exterior
maléolo o tobillo interno
carilla triangular

s. **flauta** (V.)

tibiar
(V. **entibiar**)

tibieza
s. frialdad
reserva (V.)
recelo

s. tibiez
temple (V.)
templanza
calorcillo
suavidad (V.)
benignidad
blandura
blandicia
blandidez
negligencia
descuido
bienestar (V.)
calidez
dulzor

a. *calor*
frialdad
dureza
religiosidad
entrega
dedicación
entusiasmo

tibio
s. fresco
enfriado
templado (V.)
atemperado
suave (V.)
agradable
amoroso
delicado (V.)
afable
lene

s. **escéptico** (V.)
descuidado (V.)
mediano
flojo
desidioso
negligente
indiferente (V.)
incurioso
holgazán (V.)
abandonado
enemistado (V.)
pigre
blando (V.)
perezoso
vago
apático
poner tibio a uno

(V. **tibieza**)

a. *helado*
ardiendo
diligente
activo
apasionado
desagradable
áspero
creyente

tibor
(V. **jarrón**)

tiburón
s. **pez** (V.) (selacio)
lamia
marrajo
tollo
escualo
amia
tintorera
mielga
cazón
lija

s. **ambicioso** (V.)
ventajista
aprovechado (V.)
desaprensivo

a. *comedido*
limitado
noble
humilde
conformadizo

tic
s. **gesto** (V.)
contracción (V.)
crispamiento
convulsión
contorsión
temblor
espasmo

s. tic nervioso

ticket
(V. **billete**)

tictac
s. **ruido** (V.)
compás
ritmo (V.)
marcha (reloj)
tictac
taque

a. *silencio*

tiemblo
(V. **chopo**)

(V. **álamo**) (temblón)

tiempo
s. **duración** (V.)
lapso
transcurso (V.)
trascurso
espacio (V.)
curso
discurso
era (V.)
edad (V.)
intervalo
trecho
término (V.)
tracto
fecha (V.)
ciclo
periodo (V.)
plazo
parte
etapa
grado
fase
paso
fracción
época (V.)
instante
división
tirada
proceso
siglo (V.)
año
mes
semana
quincena
día
minuto
segundo
sentada
asentada
brevedad
medianoche
mediodía
longura
ritmo
suceso
vez (V.)
turno (V.)
milenio
estación (V.)
primavera
verano
otoño
invierno
ayer
hoy
anteayer
pasado
presente
futuro
bienio
trienio
cuadrienio
decenio
quinquenio
lustro
canícula
decenario
década
equinoccio
escolaridad
vacación (V.)
rato
momento (V.)
idus
idos
semestre
trimestre
sesión
eternidad (V.)
evo
héjira
hebdómada
interregno
paréntesis
hueco
vacío
intermedio (V.)
interludio
descanso
lustro
ocasión (V.)
coyuntura (V.)
oportunidad (V.)
sazón
caso
pie
olimpíada
soplo
tirada
temporada (V.)
vida (V.)
existencia
abriles
primaveras
longevidad
siesta
solsticio
yerbas
calendario (V.)
almanaque
anuario
añalejo
cabañuelas
reloj (V.)
cronómetro
cronógrafo
cronoscopio
metrónomo

s. estado atmosférico
ambiente
clima (V.)
cariz
temperatura (V.)
aspecto
intemperie
cielo (V.)
elementos
meteorología (V.)
parte meteorológico
meteoro
temporal
bonanza
nublado
inclemencia
frío
calor
humedad
sequía

s. **fiesta** (V.)
efemérides (V.)
aniversario
centenario
jubileo
cumpleaños
bodas de plata
bodas de oro
bodas de platino
bodas de diamante

s. **periodicidad** (V.)
regularidad
retardo
prórroga (V.)
vencimiento (V.)
tregua
dilación
mora
actualidad (V.)
pasado
futuro (V.)
porvenir
premura
adelanto
sobrestadía

s. calendas
adviento
témpora
nonas
galilea
idus

s. **movimiento** (V.)
ejercicio
compás
ritmo (V.)
actividad
diligencia

s. antiguo
moderno
coetáneo
contemporáneo
pasado
futuro
infinito
inmortal
eterno
perenne
sempiterno
perecedero
transitorio
fugitivo
duradero
estable
constante
efímero
fugaz
imperecedero
perdurable
perpetuo
permanente
vitalicio
vigente
actual
persistente
rancio
pretérito
presente
sincrónico
tardío
tarde (V.)
pronto
simultáneo
temporal
viejo
trasnochado
breve
interminable
absoluto
anterior
posterior
aproximado
actual
antaño
hogaño
corto
escaso
largo
próximo
retrospectivo
corriente
mortal
veloz
ulterior
santo
póstumo
diario
semanal
quincenal
anual
secular
trimestral
semestral
decenal
quinquenal
cuadricenal
bienal
bimensual
bimestral
hebdomadario

(cont.)

mejorar el tiempo
despejar el tiempo
deshojar el tiempo
tener un tiempo de perros
medir el tiempo
no tener tiempo ni para rascarse
sentarse el tiempo

s. con el tiempo maduran las uvas
cada cosa a su tiempo
el tiempo no pasa en balde

s. a su tiempo
fuera de tiempo
a tiempo
confiar una cosa al tiempo
dejar algo al tiempo
con el tiempo
con el tiempo y una caña
malgastar el tiempo
perder el tiempo
pasar el tiempo
sin perder tiempo
gastar tiempo
dar tiempo al tiempo
de algún tiempo a esta parte
de tiempo inmemorial
del tiempo de Maricastaña
del tiempo del rey que rabió
andando el tiempo
de tiempo en tiempo
al correr del tiempo
tener tiempo para todo
y, si no, al tiempo
al mismo tiempo
cierto tiempo
todo el tiempo
meterse el tiempo en agua
en los tiempos que corremos
tomarse tiempo para algo

r. Quien da a tiempo un buen consejo, da más que si diera dinero ■ A mal tiempo, buena cara ■ Más vale llegar a tiempo que rondar un año

s. matar el tiempo
a largo tiempo
fruta del tiempo

a. *nada*

s. bueno
hermoso
bonancible
agradable
apacible
caluroso
suave
templado
dulce
blando
delicioso
despejado
espléndido
estupendo
magnífico
manso
maravilloso
benigno
tropical
tranquilo
sosegado
calmo
sereno
seco
claro
luminoso
soleado

s. malo
desapacible
borrascoso
tempestuoso
cargado
crudo
desabrido
desagradable
frío
riguroso
inclemente
ventoso
húmedo
lluvioso
nuboso
nublado
obscuro
desigual
variable
inseguro
destemplado
feo
revuelto
inestable

s. tiempo crudo
tiempo de Pasión
tiempo pascual
tiempo inmemorial
tiempo presente
tiempo pasado
tiempo futuro
tiempo pretérito
dar tiempo al tiempo
no tener tiempo
acabarse el tiempo
las cosas a su tiempo
acomodarse uno a los tiempos
a largo tiempo
hacer tiempo
entretener el tiempo
andando el tiempo
ir con los tiempos
en todo tiempo
gastar el tiempo

tienda

s. **comercio** (V.)
botica
bazar
puesto
cajón
exposición
baratillo
depósito
factoría
economato
boliche
establecimiento (V.)
lonja
local (V.)
mercado (V.)
sucursal
casatienda
despacho (V.)
expendeduría (V.)
expendio
escritorio
almacén (V.)
cooperativa
bodega
quiosco
tenducho
tendezuela
buchinche
barraca
buhonería
covachuela
mercería
quincalla
ferretería
depositaria (V.)
shop

s. abacería
droguería
zapatería
supermercado
mantequería
comestibles
ultramarinos
cacharrería
prendería
almoneda
buhonería
panadería
tahona
lechería
curtidos
talabartería
casquería
colmado
cuchillería
farmacia
mantequería
mondonguería
pastelería
pescadería
carnicería
tocinería
platería
pulpería
quincallería
sedería
taberna
tasca
vinatería
coloniales
turronería
verdulería
botillería
tabernáculo
zapatería

s. tienda de campaña
lona
carpa
toldo
pabellón
cañonera
alfaneque
tabernáculo
coba
campamento

s. tienda de modas

s. poner tienda
alzar tienda
levantar la tienda
batir tiendas

r. Quien tenga tienda, que la atienda

tienta

s. **tentadero** (V.)
s. sonda
sondeo (V.)
cala
tientaguja
averiguación
prueba (V.)
sagacidad

s. a tientas

tiento

s. **tacto** (V.)
tino (V.)
miramiento
cuidado (V.)
consideración
cautela
atención
circunspección
prudencia
cordura
medida
moderación

s. **pulso** (V.)
firmeza (V.)
seguridad
fijeza

s. **ensayo** (V.) (música)
floreo
prueba
afinación

s. palo
bastón (V.) (ciegos)
bastoncillo
varita
varilla
apoyo

s. **balancín** (V.)
contrapeso
palo (equilibristas)

s. cotoncillo
palo (V.) (pintores)
palillo

s. **golpe** (V.)
trastazo
cachete

s. **cante** (V.)
danza (V.)

s. a tiento
dar un tiento
tomar el tiento
por el tiento
sacar el tiento
usar el tiento
tener tiento
de tiento en tiento

r. Cógelas a tiento y mátalas callando

a. *desconsideración*
indiferencia
descuido
abulia
desatención
inmoderación
inseguridad
caricia

tierno

s. **blando** (V.)
flexible
delicado (V.)
fácil
sensible
suave
muelle
débil
fofo
flojo
esponjoso
elástico
maleable
dócil

s. susceptible
sensible (V.)
sensiblero
sentimental (V.)
impresionable
llorón (V.)
llorica
madrigalesco
sensitivo
propenso al llanto

s. **amoroso** (V.)
cariñoso
afable
dulce
amable
afectuoso
emotivo
compasivo
entrañable
compasivo
piadoso

s. **joven** (V.)
lechal
reciente (V.)
nuevo
novicio
novato (V.)
inexperto
lozano
principiante
verde (V.)
agraz
moderno
actual
recién salido del cascarón
recién hecho
recién salido del horno

s. ojos tiernos
mirada tierna
ser de corazón tierno
pan tierno

(V. **terneza**)

(V. **ternura**)

a. *duro*
inflexible
rígido
insensible
despegado
antiguo
pasado
maduro
cruel

tierra

s. planeta
universo
esfera terrestre
globo terráqueo
orbe
mundo (V.)
superficie terrestre
astro
creación
geoide

s. ecuador
meridiano
paralelo
eje
polo
círculo polar
casquete polar
atmósfera (V.)
ionosfera
estratosfera
troposfera
mesosfera
aerosfera
barisfera
hidrosfera
pirosfera
litosfera
corteza
mar (V.)
trópico
hemisferio
clima (V.)
naturaleza (V.)
geografía (V.)
tectónica
neptunismo
plutonismo

s. **terreno** (V.)
territorio (V.)
suelo (V.)
tepe
piso
campo
superficie
firme

s. **arena** (V.)
arcilla (V.)
greda
barro (V.)
polvo
grava
marga
humus
terrón
cancagua
cieno
siena
cocó
talque
cal (V.)
légamo
sílice
mantillo

s. linde
bancal (V.)
surco (V.)
terraza
lomo
sazón
tempero
abono
agricultura (V.)
campo (V.)

s. **patria** (V.)
país (V.)
nación
región
comarca
alfoz
terruño
distrito
provincia
territorio
pueblo
estado
zona

s. **heredad** (V.)
hacienda
finca (V.)
predio
dominio (V.)
posesión
alodio
granja
rancho
cultivo (V.)
latifundio

s. tierra firme
tierra de pan llevar
tierra de secano
tierra de regadío
tierra de miga
tierra de batán
tierra de Segovia
tierra blanca
tierra roja
tierra tostada
tierra bolar
tierra campa
tierra de Holanda
tierra de Venecia
tierra japónica
tierra vegetal
tierra verde
Tierra Santa
besar la tierra
poner pie en tierra
tomar tierra
poner tierra por medio
echar por tierra
sacar de la tierra
echarse tierra en los ojos

s. no probarle a uno la tierra
perder tierra
morder la tierra
quedarse en tierra
echar tierra a un asunto

(cont.)

caer por tierra
a ras de tierra
dar en tierra con
echarse por tierra
la tierra de María Santísima
ver tierras
tirar por tierra
en cualquier tierra de garbanzos
estar mascando tierra
tierra prometida
remover el cielo y la tierra

r. En la tierra de los ciegos, el tuerto es rey ■ Callar y obrar por la tierra y por el mar ■ De luengas tierras, luengas mentiras ■ En tierra de ciegos, el tuerto es rey

a. *mar*
aire
extranjero

tieso

s. tirante
vertical
estirado
tenso
agarrotado
teso
rígido (V.)
tiesto
firme
envarado
rejíleto
rufo
erecto
erizado
duro
recio
sólido
entero
yerto
empinado
pito
arrecho
robusto
fuerte
saludable

s. valiente
esforzado
valeroso (V.)
decidido
animoso (V.)
osado
atrevido

s. circunspecto
mesurado
comedido
grave (V.)
serio (V.)
severo
austero (V.)
puritano
inflexible

s. **terco** (V.)
tenaz
obstinado (V.)
tozudo
cabezota
pertinaz

s. **orgulloso** (V.)
vanidoso
petulante
envarado
envirotado
empingorotado
altivo
engreído
altanero
arrogante

s. más tieso que un ajo
tenérselas tiesas con alguien
estar más tieso que un huso

(V. **tiesura**)

a. *encogido*
flojo
blando
relajado
endeble
débil
cobarde
informal
dócil
condescendiente
sencillo
humilde

tiesto

s. **recipiente** (V.)
maceta (V.)
macetero
macetón
florero
violetero
jardinera
canco
pote
callana
albahaquero
testeraje

tiesura

s. dureza
rigor (V.)
rigidez (V.)
tesura
tensión (V.)
inflexibilidad
envaramiento
verticalidad
tirantez
estiramiento

s. **seriedad** (V.)
gravedad
afectación (V.)
empaque
orgullo (V.)
soberbia
vanidad
endiosamiento
finchamiento
pose
desdén
sequedad

a. *flojedad*
blandura
flexibilidad
sencillez
humildad
naturalidad

tífico

(V. **tifoideo**)

tiflitis

(V. **inflamación**)

(V. **intestino**) (ciego)

tifo

(V. **tifus**)

(V. **harto**)

tifoideo

s. tífico
exantemático
infeccioso (V.)
contagioso

s. fiebre tifoidea

(V. **tifus**)

tifón

s. **huracán** (V.)
torbellino
tornado
vorágine
manga
tromba (V.)
turbión
ráfaga
argavieso
galerna
ciclón
temporal (V.)
inclemencia

s. monstruo (mitología)

tifus

s. tifo
cólera
tabardillo
fiebre amarilla
peste bubónica
enfermedad (V.)
infección
lentor
fiebre tifoidea

s. tifus asiático
tifus exantemático
tifus de América
tifus de Oriente
tifus levantino
tifus icterodes
tifus petequial

s. **claque** (V.)
alabardero
invitado
aplauso

tigrado

s. **rayado** (V.)
listado
cebrado
manchado
atigrado
escrito

(V. **tigre**)

a. *liso*

tigre

s. **mamífero** (V.) (carnicero)
jaguar

s. **cruel** (V.)
sanguinario
ambicioso (V.)
egoísta

a. *benigno*
generoso
desinteresado

tija

(V. **llave**)

tijera, s

s. **herramienta** (V.)
cizalla
tijerilla
tijeruela
tiseras
esquilador (V.)
tijereta
tijeritas
mordientes
despabiladeras
despavesaderas
aspa

s. clavillo o eje
corte
brazos u hojas
ojos
punta
corte
fiel

s. tijeras para ojales
tijeras de bordar
tijeras de sastre
tijeras para las uñas
tijeras de cirugía
tijeras de bolsillo

s. **murmurador** (V.)
criticón
censurador
lengua viperina

s. silla de tijera
escalera de tijera
tener buena tijera
cortado por la misma tijera
a media tijera
meter la tijera
echar la tijera

r. Quien a mí me trasquiló, con la tijera se quedó

a. *elogiador*
encomiástico
alabador
ensalzador

tijerada

(V. **tijeretazo**)

tijerazo

(V. **tijeretazo**)

tijereo

(V. **tijeretazo**)

tijereta

(V. **zarcillo**) (vid)

tijeretada

(V. **tijeretazo**)

tijeretazo

s. tijeretada
tijereo
tijereteo
tijerada
corte
incisión
sección
esquileo

(V. **tijera(s)**)

tijeretear

s. **cortar** (V.)
cortar el pelo
pelar
rapar
trasquilar
esquilar

s. meter baza
inmiscuirse
entrometerse (V.)

(V. **tijereteo**)

a. *inhibirse*
respetar
desinteresarse

tijereteo

(V. **tijeretazo**)

tijerilla

(V. **tijereta**)

tijeruela

(V. **tijereta**)

tila

s. manzanilla
té
cocción
infusión (V.)
bebida
tisana
calmante
brebaje

tílburi

(V. **carruaje**)

tildar

s. **tachar** (V.)
borrar
enmendar
emborronar
raspar
corregir
eliminar

s. **señalar** (V.)
designar

s. **acusar** (V.)
difamar
infamar
desacreditar
injuriar
mancillar
cauterizar
denigrar
censurar
criticar
dar mala fama
poner en la picota

s. poner tilde a las letras
atildar (V.)

(V. **tilde**)

a. *ensalzar*
alabar
respetar
incluir

tilde

s. **trazo** (V.)
marca
ápice
señal
vírgula (V.)
apóstrofo
rasgo
virgulilla

s. nota
tacha (V.)
baldón
estigma
difamación
mancha (V.)
labe
mancilla
borrón

s. **insignificancia** (V.)
minucia
nimiedad (V.)
bagatela
fruslería
pizca
pequeñez

a. *elogio*
honra
gloria
alabanza
importancia

tilia

(V. **tilo**)

tilín

s. **sonido** (V.)
cascabeleo
campanilleo (V.)

s. hacer tilín
en un tilín
tener tilín

a. *silencio*

tilo

s. **árbol** (V.)
tilia
teja
tila

tilla

(V. **entablado**) (barcos)

tillado

s. entablado
entarimado (V.)
tablado
entarugado
tarima
suelo (V.)
maderamen

tillar

(V. **entarimar**)

(V. **pavimentar**)

timador, a

s. **ladrón** (V.)
estafador (V.)
chantajista
sablista
petardista
mohatrero
trapacista
socaliñero
defraudador
engaitador
colusor
droguista
emprestillador
carterista
sacadineros
engañador
zurrona

(V. **timo**)

a. *honrado*
digno
roble
sincero
auténtico

timar-se

s. **estafar** (V.)
defraudar
chantajear
petardear
sablear
quitar
despojar
robar (V.)
mohatrar
rapiñar
sangrar
soplar
engañar (V.)
sonsacar
afanar
sustraer
socaliñar
pegar un parche
dar el timo de la «estampita»

s. **entenderse** (V.)
guiñarse (ojos)

(V. **timo**)

a. *devolver*
reintegrar
abstenerse
respetar
extrañarse

timba
s. **garito** (V.)
antro (V.)
chirlata
casino
tasca
tahurería
tablaje
mandrache
mandracho
gazapón
boliche
leonera
cubil
burdel
matute
tablajería
casa de juego
timbirimba

s. **partida** (V.) de juego

timbal
s. **tambor** (V.)
atabal
tamboril
tímpano
caldera
nácara

s. **empanada** (V.)

timbirimba
(V. **timba**)

timbrado
s. selladura
estampillado
precinto
marca (V.)
contraste

(V. **timbre**)

timbrador
(V. **sello**)

timbrar
s. estampar
estampillar
sellar (V.)
marcar
señalar
precintar (V.)
rubricar
poner el timbre
franquear

(V. **timbre**)

timbrazo
s. **toque** (V.)
sonido
llamada (V.)

(V. **timbre**)

a. *silencio*

timbre
s. **llamador** (V.)
pulsador
chicharra
avisador
campanilla
gongo
zumbador
cigarra
sonería
timbre eléctrico

s. electroimán
armadura elástica
macillo
tornillo regulador
campanilla
soporte
resorte

s. **sonido** (V.)
metal (V.)
sonoridad
tono (V.)
resonancia
altura
intensidad
fuerza
voz (V.)

s. marca
sello (V.)
estampilla
señal
póliza
precinto
contraste
impuesto
gravamen

s. **insignia** (V.)
escudo
nobleza

s. **hazaña** (V.)
heroicidad
proeza
gesta
gloria

s. timbre de gloria
timbre de voz
timbre móvil

a. *cobardía*
timidez
cortedad

timidez
s. desconfianza
duda
irresolución
miedo (V.)
poquedad
cautela
indecisión
atarugamiento (V.)
cortedad
miramiento (V.)
embarazo
misoginia
dubitación
fluctuación
temor (V.)
desaliento
turbación
vacilación (V.)
apocamiento (V.)
reparo
cobardía (V.)
pobreza de espíritu
encogimiento (V.)
languidez
sonrojo
modestia (V.)
atamiento
vergüenza (V.)
aturdimiento (V.)
cohibimiento (V.)
ñoñería (V.)
pusilanimidad (V.)

s. el qué dirán
falta de brío
tibieza
apatía
acoquinamiento

a. *decisión*
arrojo
valor
entereza
resolución
audacia
osadía
intrepidez
descaro
inverecundia
desvergüenza

tímido
s. **asustadizo** (V.)
achicado
miedica
miedoso (V.)
cohibido
blandengue
alelado
alicaído
menguado
agonías
pusilánime (V.)
apocado (V.)
encogido (V.)
corto (V.)
parado
cuitado
misógino
aturdido
turbado (V.)
azorado
retraído
premioso
cortado
doctrino
inexperto
mamacallos
falto
irresoluto
indeciso
ñoño
modesto (V.)
miserable
medroso
cagado
temeroso (V.)
vergonzoso (V.)
apagado
acoquinado
empachado (V.)
corito
desdichado
consumido
atarugado
escrupuloso
decaído
lánguido
infeliz (V.)
insignificante (V.)
licenciado
vidriera
timorato
parapoco
acobardado
pacato (V.)
cobarde (V.)
humilde (V.)
lebrón
débil
desconfiado
vacilante
indeciso (V.)
irresoluto (V.)
tembloroso
manso
pasivo
lengüicorto
modesto
afeminado
alarmado
insignificante
asustado
miserable
escrupuloso
atacado

(V. **timidez**)

a. *valeroso*
decidido
audaz
resuelto
osado
intrépido
descarado
inverecundo
desvergonzado
atrevido
sinvergüenza
aventurero
arrojado
valiente
valeroso
emprendedor

timo
s. **fraude** (V.)
estafa (V.)
sablazo
engaño (V.)
robo (V.)
escamoteo
limpia
emboque
tocomocho
trampa
socaliña
truco
lazo
celada
camama
embolado
chasco
treta
primada
fullería
embustería
banderillazo
parchazo
dolo
pegata
trapaza
mohatra
chantaje
extorsión
aletazo
gatazo
cuento
embaucamiento

a. *honradez*
honestidad
verdad

timocracia
(V. **gobierno**)

timón
s. mando
gobierno (V.)
autoridad
riendas
jerarquía
dirección
guía

s. **embarcación** (V.)
gobernalle
caña
espadilla
clavo
guarés
leme
gobernáculo
pagaya
aguja
cercha
galdrope
macho
guardín
varón
tambor
axiómetro
rueda
cabilla
pinzote
aguja
timonera
madre
azafrán
cabeza
machos
brazos
hembras
pala
plancha
armazón o alma
casco (V.)
varón
servomotor
mecha
tope
muelle amortiguador
alerón

s. timón de dirección
timón de profundidad o elevación
timón inversor
timón compensado

s. **arado** (V.)
lanza
pértigo
palo

s. empuñar el timón
coger el timón
cerrar el timón a la banda

a. *anarquía*
rebeldía
desorden

timonear
s. **gobernar** (V.)
conducir
llevar
navegar (V.)
dirigir
botar
evolucionar
mandar (V.)

(V. **timón**)

a. *obedecer*
someterse

timonel
s. timonero
conductor
guía (V.)
marino (V.)
marinero
piloto
práctico (de puerto)

(V. **timón**)

timonero
(V. **timonel**)

(V. **arado**)

timorato
(V. **tímido**)

(V. **pazguato**)

timpanismo
(V. **timpanitis**)

timpanitis
(V. **tímpano**)

(V. **flatulencia**)

timpanización
(V. **timpanismo**)

tímpano
s. **membrana** (V.)
tela
telilla
oído (V.)
timpanización
timpanitis
timpanismo

s. tabal
atabal
tambor (V.)
timbal
marimba

s. témpano
frontón (V.)
triángulo
establamento

s. tapa
base
tonel (V.)

tina
s. **recipiente** (V.)
tinaja (V.)
barreño
cuba
caldera
caldero
tino
cubeta
tinajón

s. **bañera** (V.)
baño
pila
artesa

s. papel de tina

tinada
s. **montón** (V.) (leña)
haz (leña)

s. **cobertizo** (V.)
teinada
tenada
boyera
corral
establo
aprisco (V.)

tinaja
s. **tina** (V.)
tinaco
vasija (V.)
pozal
pocillo
acetre
orza (V.)
lebrillo
recipiente
sántara
cántaro
cantarillo
barrica
bernegal
teinada
belez
pondo
trujal

tinción
(V. **teñidura**)

tindalización
(V. **esterilización**)

tindalizar
(V. **esterilizar**)

tínea
(V. **polilla**)

(V. **carcoma**) (madera)

tinelo
(V. **comedor**) (de la servidumbre)

tinglado
s. tablado
bajo techado
armazón
tejavana
cobertizo (V.)
galpón
barraca
galera

s. maquinación
enredo (V.)
artimaña
lío
trampa
artificio
añagaza
intriga (V.)

a. *orden*
franqueza
sinceridad
verdad
nobleza

tinieblas
s. **obscuridad** (V.)
lobreguez
tenebrosidad
sombras (V.)
negrura (V.)
noche (V.)
niebla
opacidad
eclipse
nebulosidad
nube
cerrazón

s. **incultura**
ignorancia (V.)
analfabetismo
obscurantismo (V.)
salvajismo
confusión
atraso
incertidumbre
duda
desconocimiento

s. **maitines** (V.) (Semana Santa)

a. *claridad*
luz
luminosidad
dia
conocimiento
cultura
sabiduria
certidumbre

tino
s. **acierto** (V.)
puntería (V.)
ojo
destreza (V.)
habilidad
seguridad
tiento (V.)
atingencia
pulso (V.)
mano
vista

s. **pacto** (V.)
juicio
cordura
prudencia (V.)
discreción (V.)
moderación (V.)
tiento
equilibrio
ponderación
mesura

s. **tina** (V.)

s. perder el tino
no tener tino
a buen tino
a tino
sin tino
sacar de tino

a. *desacierto*
inseguridad
inhabilidad
torpeza
desequilibrio

tinta
s. pigmento
color (V.)
tinte (V.)
colorante
matiz (V.)
tono
negrura
líquido (para escribir)
tornasol
gama
tinturas
mancha
barniz
empaste
gradación
coloración

s. bugalla
agalla
encausto
encauste
arenilla
chapón
purpurina
polvo de salvadora
grana
cochinilla
azafrán
sándalo
ostro
pastel
alheña
nogalina
palo Campeche
pintura (V.)
anilina
añil
alumbre
ferrete
alazor
achiote
bija
fucsina
quereitrón
cúrcuma
areca
palo Brasil
caparrosa verde
carapa
póquil
nazareno
quintral
tataré
aquifolio
tara

s. tampón
almohadilla
salvadera
papel secante
borrón

s. **valoración** (V.)
valor

s. tinta simpática
tinta comunicativa
tinta de imprenta
tinta china

s. media tinta
medias tintas
correr la tinta
de buena tinta
recargar uno las tintas
meter tintas
medias tintas
sudar tinta
saber algo de buena tinta

r. Con hierro y vinagre, buena tinta se hace

tintar
s. **teñir** (V.)
colorar
colorear

s. mojar la pluma
correrse la tinta

(V. **tinta**)

a. *decolorar*
descolorar
desteñir

tinte
s. **teñidura** (V.)
tintura
almagradura
combinación
mezcla
enrubio
retinte
tinta (V.)
colorante (V.)
nogalina
tono
tonalidad

s. tintorería
quitamanchas

s. engaño
artificio (V.)
capa
barniz (V.)

a. *verdad*
autenticidad

tinterillo
s. empleadillo
chupatintas (V.)
cagatintas
oficinista
dependiente

s. rábula
abogado de secano
picapleitos (V.)
abogadillo
leguleyo

tintín
(V. **tintineo**)

tintinar
(V. **tintinear**)

tintinear
s. tintinar
sonar (V.)
resonar (V.)
entrechocar
(V. **tintineo**)

a. *apagar*
silenciar

tintineo
s. tintín
tintirintín
campanilleo
sonido (V.)
onomatopeya (V.)

a. *silencio*

tinto
s. **teñido** (V.)
coloreado (V.)
agallado
retinto
enturbiado
tintóreo
entintado

s. **rojo** (V.)

s. endrino
negro (V.)
retinto

s. aloque
clarete
vino (V.)

s. a la vuelta lo venden tinto

a. *decolorado*
desteñido

tintorera
(V. **tiburón**)

tintura
s. **barniz** (V.)
teñidura
tinte (V.)

s. pintura
cosmético (V.)
afeite
maquillaje

tinturar
(V. **teñir**)

(V. **informar**) (superficialmente)

tiña
s. **enfermedad** (V.) (piel)
roña
tiñería
pelambrera
acores
favo
eccema

s. arañuelo (colmenas)
gusanillo
oruga (V.)

s. **miseria** (V.)
pobreza
escasez
mezquindad
tacañería (V.)
avaricia

s. más viejo que la tiña

a. *riqueza*
abundancia
generosidad
largueza
despilfarro

tiñoso
s. piojoso
sucio
morboso
roñoso (V.)

s. pijotero
tacaño
ruin (V.)
miserable
sórdido
mezquino (V.)
cutre
avaro (V.)
cicatero
agarrado

s. **afortunado** (V.)

(V. **tiña**)

a. *limpio*
pulcro
dadivoso
generoso
espléndido
desgraciado

tiñuela
(V. **broma**) (molusco)

tío, a
s. familiar
pariente (V.)
tito
avúnculo

s. padrastro

s. tío carnal
tío segundo
tío tercero
tío abuelo

s. so

s. rústico
patán (V.)
paleto
cateto
zafio
grosero
palurdo

s. **tía** (V.)
prostituta (V.)

s. venir el tío Paco con la rebaja
cuéntaselo a tu tía
no hay tu tía

r. Al tío sin hijos, hacedle mimos y regocijos

tiorba
(V. **laúd**)

(V. **orinal**) (de cama)

tiovivo
s. **feria** (V.)
caballitos
rueda (V.)
calesitas
carrusel

s. plataforma
coches
focas
caballitos
música
organillo

tipazo
(V. **tipo**)

tipejo
s. hombrecillo
esperpento
mamarracho (V.)
adefesio
títere
fulano
individuo
zancajo
pelafustán

(V. **tipo**)

a. *hombrón*
personaje
figura

tipiadora
(V. **máquina**) (escribir)

(V. **mecanógrafa**)

tipical
(V. **típico**)

tipicismo
(V. **tipismo**)

típico
s. costumbrista
popular
tradicional (V.)
folklórico

s. **característico** (V.)
representativo
alegórico
simbólico
patente
original (V.)
distintivo
especial
exclusivo
pintoresco
peculiar (V.)
particular
específico
ejemplar
modélico
claro
patente
inconfundible
personal (V.)
idiosincrásico
tipical
typical

(V. **tipismo**)

a. *nuevo*
general
corriente
atipico

tipificado
s. estandarizado
standarizado
normalizado
normal
homologado
uniformizado
igual (V.)
homogéneo
uniformado
invariable
adoptado
convenido

s. **modelo** (V.)
prototipo
norma (V.)
regla

(V. **tipificar**)

a. *desigual*
heterogéneo
variable

tipificar
s. **ajustar** (V.)
conformar
concertar
concordar
normalizar

s. estandarizar
representar
homologar
igualar
homogeneizar
uniformar (V.)
unificar (V.)

a. *desajustar*
discrepar
desavenir
desigualar
variar
diferenciar

tipismo
s. tipicismo
tradicionalismo (V.)
folklore (V.)

(cont.)

costumbrismo
pintoresquismo
peculiaridad
localismo
exclusivismo

(V. **tipo**)

a. *novedad*
modernismo

tiple

s. diva
cantante
soprano (V.)
discantante
tiplisonante

s. **guitarrillo** (V.)

s. **vela** (V.) (mar.)

s. tiple ligera

tipo

s. **modelo** (V.)
ejemplar
muestra
espécimen
prototipo
arquetipo
símbolo
ideal
ejemplo (V.)
representación
molde
horma
dechado
pauta
paradigma
standard
original
patrón

s. **carácter** (V.)
personalidad
contextura
constitución (V.)
psicología
temperamento (V.)
complexión
físico
fisiología
tipo somático
tipo psicosomático
tipología
psicología

s. aire
figura (V.)
talle
cuerpo
traza
hechuras
planta
apostura (V.)
facha
fachenda
fachada
estampa
lámina
pinta
porte
presencia
continente
exterior
pergeño
línea
coranvobis
disposición
proporción

s. **clase** (V.)
índole (V.)
naturaleza
condición
calidad
categoría

s. asténico
débil
linfático
bilioso
cerebral
congestivo
pícnico
nervioso
sanguíneo
somatotónico
atlético
cerebral
fuerte
recio
robusto
extravertido
introvertido
flemático
colérico
melancólico
atrabiliario

s. apuesto
elegante
esbelto
gallardo
gentil
tipazo
fardel
real mozo
chicarrón
buen tipo
gran figura

s. tipejo
extravagante
esmirriado
raquítico
birria
escuchimizado
ente
calandrajo
gordinflas
saco
gachó
fachoso
rechoncho
ridículo
grotesco
mal encarado

s. **moneda** (V.)

s. **letra** (V.) (de imprenta)

tipografía

s. **imprenta** (V.)

s. composición
compaginación
imposición
corrección
arreglo
entintado
impresión
estereotipia
calcografía
autotipia
belinografía
cromolitografía
cromotipografía
electrotipia
cincograbado
cincografía
citocromía
flexografía
huecograbado
fotocalcografía
fotocomposición
fotograbado
fotolitografía
fotomecánica
fototipia
fototipocompo-sición
huecografía
planograbado
rotograbado
serigrafía
sobreimpresión
tetracromía
tricomía
xerografía
litografía
fotoincisión
estereotipia
estereotipo
estampa
monotipia
linotipia
galvanolastia
galvanotipia
fotolito
xilografía
calcografía
electrotipia
electrotipo
tipocromía
bicromía
estampación
clisado
impresión
impresora

tipógrafo

(V. **impresor**)

tiquis

(V. **tiquismiquis**)

tiquismiquis

s. tiquis miquis
tiquis
escrúpulos (V.)
reparos (V.)
melindres
rencillas (V.)
cumplidos
afectaciones
patarata
rendibú
chinchorrerías
miramientos
piques
remilgos
riñas
discusiones

a. *naturalidad*
unanimidad

tira

s. **banda** (V.)
jira
lista
cinta (V.)
faja (V.)
venda

s. **trozo** (V.)
pedazo

s. **franja** (V.)
borde
reborde
cenefa
galón
entredós
margen
friso
vivo
orla
filete (V.)
moldura (V.)
ribete

s. **correa** (V.)
fleje
tirajo
túrdiga
nesga
manípulo
chilpe
mecha
pestaña
precinta
tirilla
cinturón
tirante
corbata
estola
tórdiga
tirante
ínfula
longuetas
tiento
cordón
cincha
trencilla
cíngulo
ceñidor
bandolera
varilla
brazal
vendaje

s. listón
vara (V.)
varilla

s. **trampa** (V.)
asechanza
emboscada
tira bordada
quitar la piel a tiras

a. *nobleza*
sinceridad
limpieza
franqueza

tirabala

s. taco
canuto
juguete (V.)

tirabeque

s. **guisante** (V.)
bisalto
guisante flamenco
guisante mollar

s. **tirador** (V.)

tirabotas

(V. **calzador**)

tirabuzón

s. bucle
caracol
rizo (V.)
sortija

s. **sacacorchos** (V.)
descorchador
sacatapón

s. sacar algo con tirabuzón

tiracantos

(V. **mamarracho**)

tiracol

(V. **tiracuello**)

(V. **correa**) (del escudo)

tiracuello

(V. **tahalí**) (de la espada)

tirachinos

(V. **tirador**) (juguete)

tirada

s. **distancia** (V.)
trecho
extensión
tramo
trayecto (V.)
espacio
tiramira
recorrido
intervalo

s. **serie** (V.)
ristra
tiramira
racha
sarta
cadena
retahíla
fila
hilera
rosario

s. **edición** (V.)
impresión (V.)
lanzamiento
producción
tiraje
número (de ejemplares)

s. **disparo** (V.)
salida
expulsión
lanzamiento (V.)
empujón
repelón

s. tirada aparte de una tirada

a. *interrupción*
paréntesis
vano
vacío
retención

tirado

s. regalado
barato (V.)
de saldo
de ganga
ruinoso
saldado
menospreciado
desvalorado
despreciado

s. **caido** (V.)

s. **fácil** (V.)
comido
letra tirada

a. *caro*
excesivo
erguido
dificultoso
complicado

tirador

s. puño
agarrador
asa (V.)
mango
manubrio
apéndice
pomo
botón
empuñadura
asidero

s. **cordón** (V.)
cadena
campanilla

s. **regla** (V.)
pluma
tiralíneas

s. **juguete** (V.)
horquilla
gomero
hondero
honda
tirachinas
tirabeque
tirachinos
tiragomas

s. **cerbatana** (V.)
honda (V.)
taco

s. **cazador** (V.)
escopeta
deportista
disparador

(V. **tirada**)

tirafondo

(V. **tornillo**)

tiragomas

(V. **tirador**)

tiraje

(V. **tiro**)

(V. **tirada**)

tiralevitas

(V. **adulador**)

tiralíneas

s. **instrumento** (V.)
dibujo (V.)

s. puntas de acero
tornillo graduador
boca
tinta

tiramira

s. **tirada** (V.)

s. sierra
cordillera (V.)
montaña
serranía

s. fila
serie (V.)

tiranía

s. **despotismo** (V.)
absolutismo
poder
yugo
dominación
potencia
imperio
autocracia (V.)
totalitarismo
arbitrariedad
imposición
opresión (V.)
feudalismo
injusticia
crueldad
dictadura
señorío
señoraje
mando
ucase
abuso (V.)
intolerancia
predominio
hegemonía
superioridad
principada
subyugación
avasallamiento
atropello (V.)
supremacía
esclavitud
sometimiento

a. *liberalismo*
libertad
democracia
emancipación
rebelión
justicia
tolerancia
respeto
moderación
observancia
benignidad

tiránico

s. injusto
abusivo
despótico (V.)
absoluto
avasallador
tirano (V.)
exigente
neroniano
draconiano
dictatorial
medieval
dominador
cruel
intolerante
opresivo (V.)
dominante
imperativo
predominante
autocrático
rígido
totalitario
imperioso
sojuzgador
arbitrario
feudal (V.)
liberticida
riguroso
severo

(V. **tiranía**)

a. *liberal*
justo
benigno
demócrata
justo
emancipador
humano

tiranizar

s. imponerse
mandar
abusar
dominar (V.)
sojuzgar (V.)
avasallar
domeñar
soberanear
preponderar
sujetar
someter
imponer
oprimir (V.)
vencer
subyugar
supeditar
aherrojar
sofocar
despotizar
esclavizar (V.)
vejar
entrar a sangre y fuego
enseñar los dientes
tomar por asalto
alzar la voz
mandar a voces
ser señor de horca y cuchillo
poner los pies al cuello
tener la sartén por el mango
meter en cintura
tratar a la baqueta
ser déspota
entrar a cuchillo

(V. **tiranía**)

a. *democratizar*
emancipar
liberar
libertar
tener manga ancha
ser blando

tirano

s. **déspota** (V.)
sojuzgador
avasallador
arbitrario
injusto
autócrata (V.)
dictador
soberano
señor
feudal
esclavizador
dictador (V.)
kan
mandamás
absolutista
opresor (V.)

s. **tiránico** (V.)

(V. **tiranía**)

a. *blando*
liberal
benigno
demócrata
humano

tirante, s

s. **tenso** (V.)
tieso
rígido (V.)
atiesado
subtenso
turgente (V.)
duro (V.)
estirado (V.)
erecto
teso
firme
erguido
resistente
sólido
templado
extendido (V.)
enderezado
extenso (V.)
hinchado

s. **enfadado** (V.)
frío
embarazoso
difícil
violento (V.)
alejado
delicado (V.)
grave
comprometido
espinoso
dificultoso
penoso
enojoso (V.)
serio

s. madero
viga (V.)
listón
barra
soporte (V.)
tabla
pieza
traviesa
puntal
tablón
entibo
fuste
espía
viento
varilla

s. **correa** (V.)
tira
cinto
sostén (V.)
sujetador (V.)
faja
banda
hombrera (V.)
goma
elástico

s. a tirantes largos

(V. **tirantez**)

a. *flojo*
laxo
relajado
caído
suelto
blando
deshinchado
fláccido

tirantez

s. **rigidez** (V.)
retesamiento
estiramiento
tiesura
tesura
reteso
erección
turgencia (V.)
hinchazón
tensión (V.)
inflexibilidad
solidez
consistencia
firmeza
dureza (V.)
resistencia (V.)
extensión
atirantamiento
distensión

s. **violencia** (V.)
enemistad
hostilidad (V.)
enemiga
animadversión
embarazo
disgusto
alejamiento
enfado (V.)
nerviosidad
enojo
incertidumbre
duda
vacilación

a. *flaccidez*
flojedad
relajamiento
suavizamiento
blandura
laxitud
inconsistencia
encogimiento
comodidad
entendimiento
amistad
desenojo
tranquilidad
sosiego
certidumbre
seguridad
acercamiento
contento

tirar-se

s. **arrojar** (V.)
lanzar (V.)
echar (V.)
despedir
impeler
expeler
empujar
propulsar
impulsar
botar
proyectar
descargar
verter (V.)
precipitar
soltar
escupir
vomitar
rociar
salpicar
derramar

s. **derribar** (V.)
demoler
abatir
tumbar
derruir
derrumbar
desmoronar
hundir (V.)
desarmar
desbaratar
volcar
desplomar
devastar
arrasar
asolar
destruir (V.)

s. **disparar** (V.)
fulminar
descargar (V.)
cañonear
ametrallar
fusilar
torpedear
flechar
hacer fuego
apuntar
estallar

s. **derrochar** (V.)
malgastar (V.)
dilapidar
malrotar
malbaratar
desperdiciar
prodigar
despilfarrar
disipar
gastar (V.)
quemar
desaprovechar
liquidar

s. **estirar** (V.)
extender
desdoblar
desencoger
desarrugar

s. **atraer** (V.)
agradar
complacer
tender
inclinarse
propender (V.)
aficionarse (V.)
simpatizar
tirar a
gustar (V.)

s. **arrastrar** (V.)
llevar
conducir
remolcar (V.)
acarrear
impulsar
impeler
bracear
repelar
halar
recoger

s. **acometer** (V.)
atacar (V.)
embestir
abalanzarse
arremeter
asaltar
echarse
precipitarse

s. devengar
ganar (V.)
obtener
sacar (V.)
adquirir
lograr

s. **imprimir** (V.)
editar
publicar
lanzar
reimprimir

s. **manejar** (V.)
esgrimir
dominar

s. **quitar** (V.)
tirar (el fuego)
subir (el humo)
quemar

s. **parecerse** (V.)
semejarse
asemejarse
imitar
pintiparse
tender a (V.)
salir a

s. **aspirar** (V.)
pretender (V.)
ambicionar
desear

s. **tenderse** (V.)
echarse
revolcarse (V.)
tumbarse (V.)
acostarse
yacer
encamarse
caer
descansar

s. **vivir** (V.)
vegetar (V.)
ir tirando
marchar
mantenerse (V.)
conservarse
cuidarse
durar
sobrevivir
renquear
trampear
ir trampeando
ir marchando
ir pasando
pasar
funcionar
rayar (V.)
trazar (líneas)
hacer rayas

s. **ahilar** (V.)
estirar
recudir a hilos (metal)

s. dar
pegar (V.)
estoquear
morder
cocear
propinar (golpes)
maltratar

s. **avenirse** (V.)
someterse
pasar por
envilecerse (V.)
degradarse
humillarse

s. **copular** (V.)
ayuntar
violar
fornicar
poseer (V.) (sexualmente)

s. **dirigirse** (V.)
encaminarse (V.)
enderezarse a
torcer
volverse
conducir
orientarse

s. procurar
probar (V.)
ensayar
hacer por

s. tirar de la manga
tirar la piedra y esconder la mano
tirar de la manta
tirar de la levita
tirar al aire
tirar por la borda
tirar de la cuerda
tirar a degüello
tirar a matar
tirar de la oreja a Jorge
tirar de espaldas
tirar lanzas
tirar por tierra
tirar por los suelos
ir tirando
a todo tirar
a tira más tira
tener un tira y afloja
tirarse de los pelos
tirarse los trastos a la cabeza
tirar a una mujer

(V. **tirada**)

a. *retener*
recoger
coger
tomar
erigir
levantar
construir
reconstruir
edificar
reparar
arreglar
acoplar
respetar
abstenerse
cargar
ahorrar
economizar
restringir
reducir
aprovechar
encarecer
encoger
arrugar
doblar
plegar
rechazar
disgustar
repeler
desagradar
detener
parar
pacificar
inhibirse
evitar
perder
frustrar
fracasar
prohibir
censurar
devolver
reintegrar
restituir
impedir
bajar
pararse
ahogarse
apagarse
diferenciarse
distinguirse
conformarse
limitarse
levantarse
erguirse
triunfar
acariciar
cuidar
rebelarse
desconvenir
disentir
enaltecerse
respetar
reprimirse
abandonar
dejar

tiratacos

(V. **taco**)

(V. **canuto**)

tiratiros

(V. **colleja**)

tiricia

(V. **ictericia**)

culatazo
estampido
carga
descarga
balazo
andanada
estruendo
trueno
salva
fogonazo
choque
pistoletazo
arcabuzazo
cañonazo
escopetazo
flechazo
fusilazo
trabucazo
perdigonada
traquido
bombazo
ballestazo
hondazo
hondada
metrallazo
mosquetazo
tiraje

s. rebufo
lombardada
saetazo
¡pum!

s. **distancia** (V.)
alcance (V.)
echadura
recorrido
trayectoria

s. **longitud** (V.)
ancho
anchura (V.)
holgura (V.)
dimensión
amplitud
largura

s. **escalera** (V.)
tramo (V.)
escalón
descansillo
rellano

s. **ventilación** (V.)
corriente (V.)
(aire)
viento
aire
fuerza
impulsión (V.)
impulso
ascensión

s. **tronco** (V.)
posta
yunta
atelaje
pareja
par (caballerías)

s. **galería** (V.)
pozo (V.)
chimenea
túnel
tubo (V.)
conducto

s. **alusión** (V.)
indirecta (V.)
ataque
crítica (V.)
censura
mención
insinuación (V.)
referencia

s. **chasco** (V.)
burla (V.)
engaño
broma

s. estafa
hurto (V.)
robo
dolo

s. **profundidad** (V.)
hondura
hondonada

tirilla
s. **tira** (V.)
trincha
trabilla
cabillo
rabillo
cabezón

tiritaña
s. **insignificancia** (V.)
nimiedad
frusleria (V.)
ridiculez
nonada
insubstancialidad
bobada
bagatela

s. **tela** (V.) fina

a. *importancia*

tiritar
s. **temblar** (V.)
estremecerse
temblequear
trepidar
castañetear (V.)
dentellar
vibrar
dar diente con diente
rilar

(V. **tiritona**)

a. *serenarse*
apaciguarse
calentarse

tiritera
(V. **tiritona**)

tiritón
(V. **tiritona**)

tiritona
s. tiritera
tiritón
temblor (V.)
sacudida
estremecimiento (V.)
tembladera
frío
fiebre
castañeteo

a. *sosiego*
calma
tranquilidad
calor

tiro
s. **disparo** (V.)
explosión
estallido
fuego (V.)
detonación (V.)
zambombazo

s. **daño** (V.)
perjuicio
desventaja
herida (V.)

s. **lanzamiento** (V.)
arrojamiento
trayecto
chut
distancia

s. tiro de gracia
tiro al blanco
tiro directo
tiro indirecto
tiro a puerta
tiro par
tiro rasante
tiro de pichón
a tiro de ballesta
a un tiro de piedra
de tiros largos
salir el tiro por la culata
matar dos pájaros de un tiro
errar el tiro
no querer ni a tiros
pegar cuatro tiros a alguien
a tiro hecho
ángulo de tiro
hacer tiro
pegarse un tiro
tener tiro (chimeneas)

a. *retención*
ahogo
sofocación
bajada
franqueza
sinceridad
directa
verdad
seriedad
honradez
devolución
superficialidad
beneficio
ventaja

tirocinio
s. **noviciado** (V.)
aprendizaje (V.)
enseñanza
instrucción

a. *veterania*
experiencia

tiroides
(V. **glándula**)

(V. **bocio**)

(V. **metabolismo**)

(V. **crecimiento**)

tirón
s. **aprendiz** (V.)
novicio (V.)
novato
neófito
bisoño
aspirante
principiante

s. **estirón** (V.)
sofrenada
sacudida (V.)
agitación
empujón
impulso
zarandeo
meneo
propulsión
empellón
repelón
golpe
arrastre
solivión
enganchón

s. de un tirón
tirón de orejas
ni a tres tirones

a. *maestro*
veterano
caricia
inmovilidad

tirona
(V. **red**) (pesca)

tirotear-se
s. **disparar** (V.)
tirar
ametrallar
descargar
lanzar
apuntar
hacer fuego
balearse

s. **discutir** (V.)
disentir
atacarse
criticarse (V.)
censurarse

(V. **tiro**)

a. *reprimirse*
abstenerse
asentir
acordar
convenir
elogiarse

tiroteo
s. disparos
balazos
choque
refriega (V.)
encuentro
enfrentamiento
combate
lucha
detonación (V.)

(V. **tiro**)

a. *paz*
tranquilidad
silencio

tiroxina
(V. **hormona**)

tirria
s. **antipatía** (V.)
ojeriza
manía (V.)
monomanía
odio
repulsión
repugnancia
aborrecimiento (V.)
hincha
tema
resentimiento
animadversión
fobia
saña
encono
roña
rabia (V.)

a. *agrado*
afecto
amor
simpatía
atracción

tirso
s. **vara** (V.)
(de Baco)
palo
racimo
fusta
rama
inflorescencia

tirulato
s. abobado
pasmado (V.)
alelado (V.)
atontado
turulato
memo
embobado
aturdido
extasiado
pasmarote
en Babia
en las Batuecas
en Belén con los pastores

a. *despierto*
vivo
inteligente

tisana
s. **infusión** (V.)
bebida
brebaje
cocimiento
caldo
bebistrajo
poción
boldo

tísico
(V. **tuberculoso**)

tisis
(V. **tuberculosis**)

tisú
s. **tela** (V.)
seda
brocado

s. tisú de plata
tisú de oro

tisuria
(V. **incontinencia**)
(orina)

(V. **enfermedad**)

titán
s. sansón
hércules
coloso
ciclópeo
gigante (V.)
superhombre
cíclope

s. **forzudo** (V.)
poderoso
eminencia
águila
sabio

s. grúa gigante

a. *pigmeo*
pequeño
endeble
débil

titánico
s. titanio
colosal (V.)
gigantesco (V.)
ciclópeo
descomunal
grandioso
esforzado
forzudo
prodigioso
enorme
sobresaliente
eminente
fenomenal
extraordinario
grandísimo
monstruoso
desmesurado
hercúleo

(V. **titán**)

a. *pequeño*
mezquino
débil
enano
vulgar
insignificante
corriente
común

títere, s
s. **muñeco** (V.)
fantoche
marioneta
polichinela
pulchinela
pantaleón
guiñol
arlequín
colombina
gnafrón
comedia italiana

s. títeres
volatín (V.)
piruetas
sombras chinescas
circo (V.)
espectáculo
teatro
saltimbanquis
pantomima (V.)

s. **espantajo** (V.)
tipejo
figurilla
monigote
pelele (V.)
monicaco
borrego (V.)
desgraciado
infeliz
mamarracho (V.)
hombrecillo
hominicaco
ridículo
insignificante
payaso (V.)
mequetrefe (V.)
cabeza de turco
hombre de paja

s. hacer títeres
no dejar títere con cabeza
echar los títeres a rodar
no quedar títere con cabeza

a. *elegante*
gallardo
airoso
afortunado
dominante
tiránico
mandón
importante
respetable

titerista
(V. **titiritero**)

titilación
s. titileo
temblor (V.)
centelleo (V.)
estremecimiento
fulgor (V.)
parpadeo
vibración
palpitación
trepidación
agitación
temblequeo
estímulo
excitación

a. *opacidad*
obscuridad
fijeza
sosiego

titilante
s. **tembloroso** (V.)
palpitante
trepidante
refulgente
brillante (V.)
parpadeante
centelleante (V.)
rutilante
esplendente
chispeante
resplandeciente

(V. **titilación**)

a. *fijo*
inmóvil
quieto
obscuro
opaco
apagado

titilar
s. **temblar** (V.)
parpadear
palpitar
vibrar
trepidar
tocar
estimular
excitar
agitar (V.)
oscilar (V.)

s. **centellear** (V.)
brillar (V.)
refulgir
resplandecer
chispear
rutilar
rielar

(V. **titilación**)

a. *fijar*
sujetar
sosegar
apaciguar
detener
parar
obscurecer

titileo
(V. **titilación**)

titirimundi
(V. **cosmorama**)

titiritaina
(V. **confusión**)
(V. **algazara**)

titiritero
s. saltimbanqui
títere
acróbata (V.)
titerista
equilibrista (V.)
funámbulo
saltabanco
volatinero
titerero
cómico

s. **juglar** (V.)
bufón
histrión (V.)
payaso
tonto de circo
farandulero

tito
s. **orinal** (V.)
pico
perico
bacinilla
bacín

s. hueso (frutas)
pepita (V.)
chito
güito

s. **tío** (V.)

titubeante
s. variable
vacilante (V.)
incierto
inseguro
indeciso (V.)
indeterminado
dudoso
fluctuante
irresoluto (V.)
inestable
confuso (V.)
cambiante
turbado
conturbado
perplejo
balbuciente
balbuceante
tartamudo (V.)
tembloroso

(V. **titubeo**)

a. *seguro*
firme
cierto
indubitable
leal
aferrado
constante
sosegado
decidido
resuelto
quieto

titubear
s. cespitar
vacilar (V.)
balbucir
balbucear
tartamudear (V.)
fluctuar
cambiar (V.)
flaquear
hesitar
confundirse (V.)
azorarse
trastabillar
oscilar
tambalearse (V.)
balancear
zozobrar
tropezar
zigzaguear
temblar (V.)
tropezar
perder la estabilidad
andar a tientaparedes
medir el pro y el contra
quedarse parado

(V. **titubeo**)

a. *decidir-se*
confiar-se
resolver
asegurar-se
mantener-se
sosegar-se

titubeo
s. **vacilación** (V.)
duda (V.)
perplejidad
incertidumbre
irresolución (V.)
hesitación
dilema
indeterminación
fluctuación
cambio
turbación (V.)
azoramiento
confusión (V.)
flaqueza
zozobra
trastabilleo
oscilación
balanceo (V.)
tambaleo (V.)
temblor
tropiezo
balbuceo (V.)
tartamudeo (V.)
inseguridad

a. *seguridad*
certidumbre
decisión
resolución
firmeza
consistencia
claridad
sosiego
serenidad

titulado
s. titulizado
investido
diplomado (V.)
graduado (V.)
licenciado
autorizado
reconocido
titular (V.)
experto
técnico
perito

s. **inscrito** (V.)
encabezado
rotulado (V.)
designado

(V. **título**)

titular-se
s. **designar** (V.)
nombrar (V.)
rotular (V.)
intitular
llamar
substantivar
encabezar
epigrafar
marcar
señalar (V.)
indicar

s. licenciar
doctorar
graduarse
diplomar (V.)
autorizar

s. **titulo** (V.)
denominación (V.)
designación
nombre
rótulo
letrero
encabezamiento
cabecera
rúbrica
epígrafe
inscripción
cartel
etiqueta

s. **facultativo** (V.)
profesional (V.)
profesante
titulado

s. nominativo
nominal (V.)
denominativo
determinativo
efectivo (V.)
válido
real
reconocido

(V. **título**)

a. *callar*
ignorar
desconocer
omitir

titulizado
(V. **titulado**)

título
s. designación
rótulo (V.)
lema
concepto
epígrafe (V.)
rúbrica
rubro
inscripción
intitulación
nominación
etiqueta
letrero (V.)
nombre (V.)
calificativo
apodo
mote
motejo
renombre
distintivo
alias

s. causa
motivo
razón (V.)
pretexto
fundamento
origen
derecho (V.)

s. **nombramiento** (V.)
diploma (V.)
intitulación
credencial (V.)
honor (V.)
parte
distinción
tratamiento
empleo
peritaje
valores
bono
obligación
documento (V.)
certificado (V.)
dignidad (V.)
cargo
autorización
titular
testimonio
estudio (V.)
demostración
instrumento

s. linaje
nobleza (V.)
aristocracia

s. papa
cardenal
obispo
prelado
canónigo
sacerdote (V.)
abad
abad mitrado

s. emperador
rey
príncipe
infante
vaivoda
señor
noble
archiduque
duque
ducado
marqués
marquesado
conde
vizconde
barón
lord
par
landgrave
margrave
burgrave
bey
kan
bajá
sha
maharajá
mandarín
rajá
grande de España
caballero cubierto
fendi
efendi
mirza
don
dom
mosén
rector
decano
priorato
doctor
licenciado
bachiller
eminencia
ilustrísima
excelencia (V.)
reverencia
serenísimo
magnífico
ilustre

s. título académico
obispo de título
título al portador
título del reino
título pontificio
título colorado
título lucrativo
título oneroso
título honorífico
justo título
a título de

tiza
s. crayón
espejuelo
escayola
greda
yeso
clarión
gis
arcilla (V.)

tizna
(V. **tizne**)

tiznado
s. **manchado** (V.)
negro
ahumado (V.)
humado
holliniento
fuliginoso
pringado
sucio (V.)
puerco

(V. **tizne**)

a. *limpio*
impoluto
blanqueado

tiznadura
(V. **tizne**)

tiznajo
(V. **tizne**)

tiznar-se
s. negrear
manchar (V.)
ensuciar (V.)
entiznar
ajar
ennegrecer
entilar
mascarar
pringar
emporcar
deslustrar
ahumar (V.)
almagrar
engrasar
enmascarar

s. **mancillar** (V.)
tildar
sambenitar
desacreditar (V.)
denigrar
profanar
censurar
incriminar
difamar (V.)
anublar
baldonar
amancillar

(V. **tizne**)

a. *limpiar*
lustrar
elogiar
ensalzar

tizne
s. tiznadura
mancha (V.)
tiznón
tizna
tizón
humo
hollín
carbonilla
fulígine
fumosidad
suciedad (V.)
mugre
grasa
grasilla
porquería
tiznajo

s. **deshonra** (V.)
deshonor
descrédito (V.)
denigración
baldón (V.)
mancilla

a. *limpieza*
lustre
honra
honor
crédito
elogio

tiznón
s. tiznadura
tizne (V.)
tiznajo
mancha (V.)
ahumada
suciedad (V.)
hollín

a. *limpieza*
pulcritud
lustre

tizo
(V. **tizón**)

tizón
s. tizo
leño (V.)
tronco
rozo
tizne (V.)
tuero
brasa
chamizo
rescoldo (V.)

(cont.)

s. **mancha** (V.)
borrón
deshonra (V.)
descrédito
menoscabo
ofensa
oprobio
quemadura
baldón
jalón

s. carboncillo
hongo (V.)
parásito
nublo

s. a tizón

r. Apagóse el tizón y pereció quien lo encendió

a. *crédito*
honra
elogio

tizona
(V. **espada)**

toa
(V. **maroma)**

toalla
s. tohalla
toballa
tobelleta
peinador
tobaja
fazaleja
hazaleja
lienzo
paño
trapo

s. sobrecama
cubrecama
telliza

s. toalla rusa
arrojar la toalla

toalleta
(V. **servilleta)**
(V. **toalla)**

toar
(V. **remolcar)**
(naves)

toast
(V. **brindis)**

toba
s. **concreción** (V.)
(caliza)
piedra (V.)
(caliza)
tosca
tufo

s. **capa** (V.)
corteza
recubrimiento

s. **costra** (V.)
sarro (V.)

s. capón
papirotazo (V.)
cachete

a. *caricia* (V.)

toballa
(V. **toalla)**

tobelleta
(V. **toalla)**

tobera
s. **abertura** (V.)
conducto
tubo
boca
entrada
manga

s. **horno** (V.)
motor de reacción
cohete (V.)

s. inyectores
cámara de combustión
cuello
divergente
alimentador en ergoles
refrigeración

tobillera
(V. **muchacha)**
(V. **venda)**

tobillo
s. protuberancia
maléolo
garrón
resalte
hueso (V.)

s. **pierna** (V.)
tibia
peroné

s. estar hasta el tobillo

tobogán
s. declive
cuesta
deslizadero (V.)
rampa
pista

s. **feria** (V.)
trineo (V.)
vehículo

toca
s. **manto** (V.)
gorra
gorro
casquete
birrete
sombrero
impla
birreta
solideo
capucha
escarcela
toquería
griñón
rebocillo
rebociño
serenero
toquilla
encarrujado
turbante
brinquiño
brinco
zorongo
caramiello
barbicacho
capidengue
velo (V.)

s. paloma de toca
tocas de viuda

r. Tocas de beata y uñas de gata ■ Dos tocas en un hogar, mal se pueden concertar

tocadiscos
s. fonógrafo
gramófono (V.)
(eléctrico)

s. platina o plato
fonocaptor o lector
amplificador
altavoces o pantallas sonoras
selector de velocidad
brazo
aguja
transformador
motor
eje
circuitos
parada
parada automática
lámparas
transistores
sujetadiscos
retroceso automático
arranque
mandos
mandos del volumen
mandos de agudos
mandos de graves
mandos de mezclas
mandos de balance estereofónico
mandos de filtros

tocado
s. trenzado
peinado (V.)
escofieta
redecilla
jaque
cofia
caramba
perifollo
coto
corona
turbante
diadema
prendido
cinta
lazo
peineta
peina
plumas
horquillas
madroños
mantilla
penacho
plumero
moña
moño
rizos
encajes
guirnalda
joyas
galas
aguja
luneta
gancho
recogeabuelos
pasador
apretador
perigallo
rascador
pino de oro
almirante
sabanilla
pañuelo
gasa
tul

s. **afeite** (V.)

s. **sombrero** (V.)

s. **perturbado** (V.)
medio loco
guillado
maniático
chiflado
lelo
ido

s. **herido** (V.)
enfermo (V.)

s. tocadura
tocamiento (V.)

s. **podrido** (V.)
corrompido
contaminado

s. ataviado
adornado (V.)
peripuesto
engalanado
enjoyado
emperifollado

r. Gran tocado y chico recado

a. *cuerdo*
despierto
sano
desastrado
puro
fresco
incólume

tocador
s. **cómoda** (V.)
coqueta
boudoir
peluquería

s. neceser

s. **peinador** (V.)
peluquero
atusador
escarmenador

s. guitarrista
tocaor
templador
tañedor
violinista
instrumentista (V.)
pianista

tocamiento
s. tocadura
tocado
toque
tentón
palpamiento (V.)
tacto (V.)
rozamiento
contacto
manoteo
palpadura
palpación
tangencia
magreo
manoseo
toqueteo
magreamiento
hurgamiento
sobeo
sobajeo
sobajamiento
sobajadura
sobo (V.)
rozamiento
cosquillas
cosquilleo

s. **inspiración** (V.)
llamamiento
iluminación
vocación
soplo
voz del cielo
llamada de Dios
toque

a. *inhibición*
torpeza

tocante
s. tocador
pulsador
tentador
manoseador
hurgador
cosquilloso
acariciador
acariciante
magreador
sobón (V.)
palpador
sobador

s. tangente
relativo a
tocante a
referente

a. *áspero*
huraño
extraño a
ajeno a

tocar-se
s. **palpar** (V.)
pulsar
tentar (V.)
manosear
manipular
magrear
sobar (V.)
sobajar
sobajear
hurgar
cosquillear
tantear (V.)
resobar
manejar
toquetear
desflorar (V.)
toquitear
apalpar
tantalear
acariciar (V.)
frotar
restregar
rascar
bordonear
trastear
zarandear
zalear

s. **tañer** (V.)
teclear
pulsar (V.)
ejecutar
rozar
guitarrear
puntear
rasguear
trastear
zangarrear
interpretar (V.)
aporrear
cencerrear
repicar
repentizar
improvisar
sonar (V.)
redoblar
doblar
llamar
voltear

s. llegar
arribar (V.)
fondear
alcanzar
pisar
venir
aportar

s. **chocar** (V.)
rozar
golpear
tropezar
herir (V.)
dar
pegar

s. **lindar** (V.)
limitar
rayar
besar
confinar
juntar
unirse
relacionarse

s. **aludir** (V.)
referirse
mencionar (V.)
tratar

s. **ensayar** (V.)
(metales)
probar
comprobar
conocer
experimentar

s. **ajar** (V.)
gastar

s. **impresionar** (V.)
persuadir
inspirar
estimular

s. corresponder
pertenecer
concernir (V.)
atañer
sentir
afectar (V.)
referirse

s. **corresponder** (V.)
repartir
suceder
caer (en suerte)
alcanzar
encumbrar
llegar
turnarse

s. retocar
perfeccionar
acabar
pintar

s. convenir
importar
cuadrar
encajar

s. acicalarse
componerse
vestirse
arreglarse
emperifollarse
peinarse

s. cubrirse
taparse
enjaretarse
encasquetarse

s. tocar la lotería
tocar a diana
tocar alarma
tocar a misa
tocar a maitines
tocar a rebato
tocar a retreta
tocar todos los palillos
tocar de cerca una cosa
tocar a muerto
a toca teja
estar tocado
por lo que toca a
no tocar un pelo de la ropa
tocarle la china a uno
tocar madera
tocar a fuego
de mírame y no me toques
la casa de tócame Roque
(V. **tocamiento)**

a. *respetar*
abstenerse
partir
zarpar
acariciar
recibir
alejar
distanciar
omitir
olvidar
despreciar
renovar
extrañar
evitar
descuidar
desconvenir
abandonarse
descubrirse

tocata
s. **pieza** (V.) (musical)
s. zurra
vapuleo
paliza (V.)
tunda
somanta
solfa
tollina
a. *mimo*
caricia

tocayo
s. homónimo
colombroño
del mismo nombre

tocinar
s. **salar** (V.)
mechar
atocinar
lardear
curar
conservar
(V. **tocino)**

tocinería
s. **tienda** (V.)
carnicería
salchichería
charcutería
chacinería
fiambrería
(V. **tocino)**

tocinero
s. **carnicero** (V.)
salchichero
charcutero
lardero
(V. **tocino)**

tocino
s. lardo
grasa (V.)
gordo (V.)
gordura (V.)
rancio
unto
torrezno
murceo
maharrana
manteca
sebo
laña
albardilla
mecha
témpano
carne (V.)
embutido (V.)
cerdo (V.)
s. tocino ahumado
tocino entreverado
tocino salado
tocino rancio
tocino fresco
tocino añejo
tocino con veta
tocino inglés
tocino bacon
tocino de cielo
tocino saladillo

tocología
(V. **obstetricia)**

tocólogo
s. **médico** (V.)
partero
comadrón
(V. **tocología)**

tocomocho
(V. **timo)**

tocón
s. **tronco** (V.)
choco
tetón
chueca
troncón
tuco
zoca
toza
tueco
trompillo
torgo
remanente
resto (V.)
trozo
cepa
s. **muñón** (V.)
a. *totalidad*

tochedad
(V. **necedad)**

tocho
s. inculto
tosco (V.)
rudo
incivil
lerdo
alelado
tonto
necio (V.)
s. **garrote** (V.)
tranca
estaca
s. toroz
lingote (V.)
barra
a. *culto*
inteligente

todabuena
s. todasana
castellar
androsemo
planta (V.) (gutífera)

todasana
(V. **todabuena)**

todavía
s. **aún** (V.)
no obstante
sin embargo
con todo
pese a
encima de
ésta es la hora
a todas éstas
ésta es la fecha
incluso
a. *nunca*
aún no
sin

todito
(V. **todo)**

todo, s
s. **total** (V.)
todito
conjunto (V.)
totalidad (V.)
integridad
suma
adición
complemento
compuesto
masa (V.)
inclusión
junta
conclusión
suplemento
perfección
indivisibilidad
acumulación
incorporación
entero
bloque
junta
volumen
s. **entero** (V.)
integro (V.)
cabal
global (V.)
cuanto
sano
intacto
indiviso
indivisible
inconsútil
impartible
individual
uno
inseparable
completo
indisoluble
unificado
coronado
consumado
virgen
cencido
sencido
tutti quanti
s. completamente
enteramente
en absoluto
del todo
en bloque
en todo y por todo
en total
cabalmente
de lleno
de raíz
de medio a medio
de punta a cabo
de arriba abajo
de la cabeza a los pies
de cabo a rabo
del principio al final
letra por letra
sin faltar punto ni coma
hasta los topes
de bote en bote
a manos llenas
a borbotones
después de todo
así y todo
en todo caso
con eso y con todo
contra todo(s)
de todas todas
en medio de todo
del todo
a toda costa
en toda la línea
de todas formas
a todo trance
a todo trapo
todo lo contrario
de todo hay en la viña del Señor
no tenerlas todas consigo
ser todo ojos
todos a una
encontrárselo todo hecho
por encima de todo
a Roma por todo
s. a todo tirar
de todo punto
ser alguien el todo
saltar por todo
pagarlas todas juntas
ante todo
sobre todo
de todo y por todo
así y todo
a todas estas
por todos conceptos
estar uno en todo
jugarse el todo por el todo
a todo trance
y todo
todo es uno
a todo esto...
r. A todo señor, todo honor ■ Quien todo lo quiere, todo lo pierde
a. *nada*
parte
pizca
insignificancia
inexistencia
falta
carencia
cero
vacío

todopoderoso
s. **Dios** (V.)
Sumo Hacedor
Ser Supremo
Omnipotente
Creador
s. **omnímodo** (V.)
omnipotente
absoluto
superior
sumo
altísimo
a. *demonio*
inferior

toesa
(V. **medida)** (longitud)

toga
s. **manto** (V.)
túnica (V.)
ropa
ropón
prenda
investidura
clámide
veste
manteo
vestidura (V.)
pretexta
vuelillo
s. toga palmada o picta

togado
(V. **magistrado)**

toilette
(V. **aseo)**
(V. **arreglo)**

toisón
s. **vellón** (V.) (cordero)
vedeja
tusón
guedija
s. **orden** (V.) (caballería)
insignia (V.)
dignidad
s. toisón de oro

toldilla
s. **cubierta** (V.) (barcos)
chupeta
castillo de popa

toldo
s. **techo** (V.)
toldadura
cubierta (V.)
entalamadura
entoldado (V.)
tendal
tapacete
toldura
pabellón
entoldamiento
carpa
sobrecielo
ramado
enramado
sombra (V.)
sombrajo
umbráculo
vela
baldaquino
lona
palio (V.)
colgadura
tienda de campaña
tapanco
algaido
store
s. fatuidad
pedantería
ensoberbecimiento
engreimiento (V.)
soberbia
vanidad (V.)
pompa
a. *suelo*
humildad
sencillez

tole
(V. **bulla)**

tolerable
s. admisible
aguantable
soportable (V.)
sufrible (V.)
conllevable
llevadero (V.)
aceptable
pasable
pasadero
confortable
sufridero
permisible (V.)
resistible (V.)
digerible
mediano (V.)
(V. **tolerancia)**
a. *intolerable*
inadmisible
inaguantable
insoportable
insufrible
inaceptable
irresistible
bueno

tolerancia
s. **condescendencia** (V.)
indulgencia
respeto (V.)
consideración
conformidad (V.)
calma
bondad (V.)
mansedumbre
pasividad
benignidad
tragaderas
generosidad (V.)
aguante
connivencia
flema
blandura (V.)
espera
correa
transigencia (V.)
alafía
filosofía
disimulo
componenda
consentimiento
contemporización
comprensión (V.)
avenencia
convivencia
anuencia
flexibilidad
transigencia
benevolencia (V.)
paciencia (V.)
reconocimiento
compasión
complacencia
disculpa
manga ancha
s. margen
diferencia (V.)
permiso (V.)
separación
r. En la tolerancia se conoce al sabio
s. margen de tolerancia
a. *intolerancia*
inflexibilidad
exigencia
abuso
intransigencia
severidad
incomprensión
desconsideración
impaciencia
disconformidad
malevolencia
prohibición
veto
rechazo
fanatismo
tenacidad
apasionamiento
obstinación
contumacia
tozudez

tolerante
s. **condescendiente**
comprensivo (V.)
paciente (V.)
indulgente
consentidor
consintiente
resignado
sufridor
considerado
benigno
humano
blando
benévolo
flexible
liberal (V.)
abierto
dulce
pasivo
transigente (V.)
pacienzudo
filósofo
filosófico
conforme
complaciente
avenido
flemático
sufrido
respetuoso
consentido
(V. **tolerancia)**
a. *intolerante*
severo

tolerar
s. **soportar** (V.)
aguantar (V.)
sufrir (V.)
conllevar
convivir
transigir (V.)
comportar
resistir (V.)
dejar
consentir
condescender
resignarse
admitir (V.)
permitir (V.)
disimular
tragarse
sostener
contemporizar
pasar por
apechugar
cargar con
apencar
apechar
conformarse
jorobarse
avenirse
compadecerse
complacer
comprender (V.)
aceptar
tascar
sobrellevar
disculpar (V.)
dispensar
excusar (V.)
exculpar
explicar
sobredorar
justificar (V.)
absolver
ceder (V.)
perdonar (V.)
decir amén
tener la manga muy ancha
tener aguante
tener correa
armarse de paciencia
decir a todo que sí
tascar el freno
encogerse de hombros
tener tragaderas
estar en el banco de la paciencia
(V. **tolerancia**)
a. *rechazar*
repulsar
recusar
repeler
prohibir
vetar
impedir
obstaculizar
negar
rebelarse
disentir

tolete
s. **estaca** (V.) (embarcación)
escalmo
escálamo
cabilla
s. **remo** (V.)
estrobo

tolmera
s. tormagal
tormera
tormellera
(V. **tolmo**)

tolmo
s. **peñasco** (V.)
piedra
berrueco
faya
barrueco
tormo
mojón

tolondro
s. tolondrón
chichón (V.)
golpe
bulto
s. **aturdido** (V.)
irreflexivo
desatinado
turumbón
atolondrado
bobo (V.)
tonto
lelo
a. *juicioso*
irreflexivo
listo
atento
inteligente

tolondrón
(V. **tolondro**)

tolva
s. **recipiente** (V.)
receptáculo
caja
cazoleta
cuenco
embudo
orenza
depósito (V.)
tramoya

tolvanera
s. remolino
polvareda (V.)
ventisca
torbellino (V.)
vórtice
ciclón
huracán
vorágine
espiral
vértice
a. *calma*
tranquilidad

tolla
s. tollo
pantano (V.)
tolladar
tremedal
fangal
barrizal
lapachar
lodazal
ciénaga (V.)
charco
a. *secano*
desecación

tollina
(V. **paliza**)
(V. **atún**)

tollo
(V. **tolla**)
(V. **hoyo**) (cazadores)

tollón
(V. **coladero**)
(V. **desfiladero**)

toma
s. **apropiación** (V.)
apoderamiento
apresamiento
presa
botín
conquista (V.)
ocupación
adquisición
rapto
incautación
asalto
araña
rendición
tomadura
usurpación (V.)
detentación
confiscación
admisión
recepción
despojo
robo
expolio (V.)
expoliación
arrebatiña
rebatiña
interceptación
comiso
decomiso
s. **dosis** (V.)
s. **abertura** (V.)
orificio
data
acceso
entrada
derivación (V.)
desviación
toma de corriente
toma de agua
s. **presa** (V.)
llave (V.)
zancadilla
postura
empujón
impulso
s. toma y daca
a. *devolución*
restitución
entrega
renuncia
liberación
expulsión
salida

tomadero
(V. **agarradero**)

tomado
s. **oxidado** (V.)
herrumbroso
s. **ronco** (V.) (voz)
velado
afónico
empañado
acatarrado
(V. **toma**)
a. *limpio*
claro
sonoro

tomador
s. **conquistador** (V.)
arrebatador
usurpador
ocupador
ocupante
apresador
apoderador
detentador
ratero
ladrón (V.)
tomón
tomajón
pillador
arrogador
apropiador
barredero
(V. **toma**)
a. *conquistado*
sometido
subyugado

tomadura (de pelo)
(V. **burla**)
(V. **abuso**)

tomante
(V. **homosexual**) (pasivo)

tomar
s. **coger** (V.)
agarrar
asir (V.)
recoger
capturar
captar
apresar
enganchar
abrazar
quitar
asumir (V.)
reasumir
alcanzar
adquirir (V.)
obtener
recibir
arrancar
arrebatar
acaparar
quitar
acopiar
apañar
barrer
rebañar
abarrer
espigar
escoger
garrapiñar
arrebañar
pellizcar
percibir (V.)
ocupar
conquistar (V.)
expugnar
asaltar
s. **apoderar-se** (V.)
apropiarse (V.)
arrogarse
asimilarse
adueñarse
saltear
forzar
detentar
arramblar
usurpar
apandar
escamotear
hurtar
robar (V.)
estafar
apañar
birlar
posesionarse
requisar
s. echar mano
quedarse con
alzarse con el santo y la limosna
meter la mano
entrar a saco
echar la zarpa
andar a la rebatiña
hincar el diente
s. **alquilar** (V.)
contratar
ajustar
adquirir
contraer
s. **beber** (V.)
tragar
comer (V.)
zampar
s. **emprender** (V.)
encargarse
entregarse (V.)
aplicarse
s. **adoptar** (V.)
asignarse
s. **prender** (V.)
arraigar (V.)
enraizar
s. **elegir** (V.)
escoger
preferir
entresacar
apartar
s. empezar
encaminarse (V.)
dirigirse
s. **oxidarse** (V.)
s. **propasarse** (V.)
excederse (V.)
s. tomar la delantera
tomar por asalto
tomar incremento
tomar la filiación
tomar la pluma
tomar el castigo (taur.)
tomar la iniciativa
tomar una determinación
tomar a mal (o bien) alguna cosa
tomar por
tomar en serio (o a broma)
s. tomarse la molestia
tomarse el trabajo
tomarse la revancha
tomarse sobre sí
tomar una cosa por donde quema
tómate esa
toma y daca
r. Más vale un «toma» que dos «te daré» ■ El que toma, a dar se compromete
(V. **toma**)
a. *soltar*
devolver
restituir
entregarse
rehusar
abandonar
libertar
dejar
desarraigar
abstenerse
detenerse
vacilar
dudar
contenerse
reprimirse

tomate
(V. **roto**)
(V. **pelea**)
(V. **planta**)

tomavistas
(V. **cámara**) (fotográfica)

tómbola
s. **rifa** (V.)
sorteo
azar
juego
lotería
kermese
fiesta (benéfica)

tomento
(V. **vello**) (plantas)

tomentoso
(V. **algodonoso**)

tomillo
s. **planta** (V.) (labiada)
tumo
senserina
s. tomillo blanco
tomillo salsero

tominejo
(V. **colibrí**)

tomismo
(V. **escolasticismo**)
(V. **filosofía**)
(V. **teología**)

tomo
s. ejemplar
libro
volumen (V.)
obra
s. **cuerpo** (V.)
grueso
bulto (V.)
s. **importancia** (V.)
estima
valor
entidad
consideración
trascendencia
s. de tomo y lomo
a. *insignificancia*

tomografía
(V. **radiografía**)

ton
(V. **tono**)

tona
(V. **nata**) (leche)

tonada
s. **canción** (V.)
aire
cántico
tonadilla (V.)
cantar
canto
copla (V.)
melodía
aria
s. **tonillo** (V.)
tono
dejo
sonsonete (V.)

tonadilla
s. tono
musiquilla
canción (V.)
cancioncilla
aire
melodía
cuplé
copla
cantinela
cantata
cantar
salmodia
cantilena
motete
trova
entonación
estribillo
(V. **tonada**)

tonadillera
s. cancionista
cupletista
cantante (V.)
tiple
artista
(V. **tonadilla**)

tonalidad
s. clave
escala
tono (V.)
sonido
s. **matiz** (V.)
gama (V.)
colorido
color
tintura
gradación
coloración
a. *uniformidad*

tonante
s. **ruidoso** (V.)
atronador
estruendoso
retumbante
resonante
sonoro
estentóreo
tronitoso
s. **irascible** (V.)
irritable
irritadizo
(V. **tono**)
(V. **trueno**)
a. *silencioso*
callado
sosegado
apacible

tonar
(V. **tronar**)

tondino
(V. **astrágalo**)
(columna)

tondiz
(V. **borra**)

tonel
s. **envase** (V.)
recipiente (V.)
barrica
cuba
cubeta
tonelete
bocoy
pipa
barril
barrilete
bota
barrilejo
anciote
cántara
cántaro
tina
castaña
belasa
carral
combo
poino
tercerola
candiote
candiota
bajillo
cuarterola
casco
pipote
s. cincho
cello
cinchón
duela (V.)
fleje
jable
tímpano
tapa
fondo
dolaje
frontal
sotalugo
rumo
zuncho
zarcillo
témpano
tesón
tiesta
canilla
espita
bitoque
botana
espiche
s. cotana
gato
doladera
cuchillón
argallera
abonador
liaza
s. **tonelero** (V.)
s. **entonelar** (V.)
tonelería (V.)

tonelada
s. salma
medida (V.)
peso
capacidad
s. **tonelería** (V.)
s. tonelada de arqueo
tonelada de peso
tonelada métrica
tonelada métrica de peso
(V. **tonel**)

tonelaje
s. cabida
capacidad (V.)
volumen
arqueo
aforo
porte
s. derecho
impuesto (V.)
(V. **tonelada**)

tonelería
s. pipería
barrilería
barrilaje
barrilame
carrizada
vasija
cubería
cubilería
bodega
recebo
tonelada
(V. **tonel**)

tonelero
s. barrilero
candiotero
carralero
arquero
cubero
cuchillero
sacafondos
cazumbrón
embarrilador
abonador
pozalero
(V. **tonel**)

tonelete
s. **tonel** (V.)
s. brial
faldellín
falda
armadura (V.)

tonga
(V. **tongada**)

tongada
s. tanda
capa (V.)
lecho
hilada
camada
alfombra
estrato (V.)
cama
tonga
lámina
tanda (V.)
daga
hilera
dómida
sedimento
s. **horizontalidad** (V.)
estratificación (V.)
paralelismo
a. *verticalidad*

tongo
(V. **fraude**)
(V. **trampa**)

tonicidad
(V. **tono**)

tónico
s. **reconstituyente** (V.)
reconfortante
vigorizante
vivificante
estimulante
recuperativo
reforzante
vital (V.)
confortante (V.)
tonificador
vigorizador
remedio (V.)
tonificante
cordial
analéptico
roborante
tonificador
s. **planta** (V.) (tónicas)
farmacopea
a. *debilitante*
perjudicial
enervante

tonificación
s. **fortalecimiento** (V.)
vigorización
robustecimiento
estimulación
estímulo (V.)
fortificación
reanimación (V.)
(V. **tónico**)
a. *debilitamiento*
enervamiento

tonificador
(V. **tónico**)

tonificante
(V. **tónico**)

tonificar-se
s. **fortificar** (V.)
fortalecer
vigorizar (V.)
vivificar
reconfortar
reconstruir
robustecer
reanimar (V.)
endurecer
estimular
entonar
restablecer
recuperar
reforzar
(V. **tónico**)
a. *debilitar-se*
desanimar-se
desmayar-se
decaer
apagar-se
enervar-se

tonillo
s. deje
dejo
acento
soniquete
tonada
sonsonete (V.)
matiz
manera
entonación
énfasis
inflexión
pronunciación (V.)
retintín
(V. **tono**)

tonina
s. **atún** (V.)
s. delfín
marsopa
cetáceo (V.)

tono
s. ton
sonido (V.)
voz (V.)
modo
punto
tonicidad
tonalidad (V.)
semitono
escala
diapasón (V.)
término
elevación (sonido)
altura (sonido)
entonación
acento
énfasis
inflexión
tonillo
modulación (V.)
dejo
timbre
pronunciación
s. **carácter** (V.)
estilo (V.)
(lenguaje)
manera
tinte
colorido
pátina
matiz (V.)
aire
expresión
tendencia
s. **aptitud** (V.)
energía (V.)
fuerza
relieve
vigor
ánimo (V.)
tensión (V.)
(organismo)
tonicidad
estimulación
contracción
receptividad
sensibilidad (V.)
s. vanagloria
importancia
brillo (social)
jactancia
bombo
s. afectado
altisonante
engolado
pedantesco
petulante
enfático
declamatorio
campanudo
grandísono
hinchado
ampuloso
altísono
altilocuente
pomposo
rimbombante
retumbante
s. agresivo
ácido
grosero
acre
agrio
destemplado
vitriólico
irónico
sarcástico
reticente
incisivo
insolente
irritado
s. amable
dulce
comedido
discreto
mimoso
elogioso
s. tono mayor
tono disonante
tono maestro
tono menor
bajar el tono
tono de voz
estar a tono
ponerse a tono
mudar de tono
cambiar de tono
subir el tono
subirse de tono
salida de tono
darse tono
decir una cosa en todos los tonos
de buen tono
fuera de tono
no estar a tono
sin venir a tono
a. *sencillez*
humildad
naturalidad

tonsila
(V. **amígdala**)

tonsura
(V. **rapadura**)
(V. **ceremonia**) (sacerdotal)
(V. **ordenación**) (sacerdotal)

tonsurado
(V. **ordenado**) (sacerdote)

tonsurar
(V. **rapar**)
(V. **ordenar**) (sacerdote)

tontada
(V. **tontería**)

tontaina
(V. **tonto**)

tontarrón
(V. **tonto**)

tontear
s. bobear
presumir (V.)
jactarse
fantochear
s. cortejar
enamorar (V.)
bromear
coquetear
hablar
pelar la pava
flirtear
s. **disparatar** (V.)
rebuznar
hacer tonterías
chuparse el dedo
hacer el tonto
calzar pocos puntos
estar en Babia
estar en el limbo
no tener dos dedos de frente
no haber inventado la pólvora
hacer el indio
hacer el idiota
(V. **tontería**)
a. *humillarse*
rebajarse
romper con
ajuiciar

tontera
(V. **tontería**)

tontería
s. **bobada** (V.)
memez
lerdada
sandez
idiotez (V.)
tontada
tontera
necedad (V.)
tochedad
imbecilidad (V.)
incultura
inexperiencia
mentecata
tontuna
insubstancialidad (V.)
mentecatería
estupidez
primada
insensatez
zoncería
vaciedad (V.)
nadería
insulsez
absurdo
estulticia
ignorancia
torpeza
insuficiencia
disparate (V.)
despropósito

s. fantochada
presunción (V.)
jactancia
vanagloria
gansada

s. chuchería
insignificancia

s. **remilgo** (V.)
melindre
mojiganga
zalamería

a. *importancia*
agudeza
astucia
listeza
cultura
inteligencia
sensatez
ingenio
viveza
vivacidad
agilidad
sagacidad
sutileza
talento
profundidad
cacumen
juicio
seso
moderación
discreción
naturalidad
humildad
sencillez
importancia
seriedad
austeridad
sequedad

tontiloco
(V. **tonto**)

tontillo
s. **miriñaque** (V.)
falda (V.)
polisón
guardainfante
pollera
arandillas
caderillas
ahuecador
cancán
pompa
bullarengue
verdugado
sacristán (V.)
faldellín

tontina
(V. **seguro)**
(V. **reparto)**

tontivano
(V. **tonto)**

tonto
s. **necio** (V.)
bobo
calabaza
soso
lerdo
memo
colonio
percebe
sandio
estulto
zafio
patán
burdo
cateto
capirote
zote
papirote
idiota
imbécil (V.)
porro
balsamina
estúpido (V.)
ceporro
ciruelo
cacaseno
mastuerzo
torpe (V.)
embrutecido
tocho
zopenco
palurdo
tontivano
tontiloco
tontucio
tontarrón
bambarria
majadero
tontaina
zonzo
zompo
cernícalo
lila
inepto (V.)
incoherente
ininteligente
inculto
abderítico
chirrichote
atontado
simple
mentecato
vacío (V.)
vacuo
gedeón
beocio
bobalicón
cerril
negado
botarate
ganso
primo
ingenuo (V.)
cándido
borrico
asno
obtuso
cerrado
tardo
adoquín
alcornoque
insubstancial
moniato
insulso
animal
alelado
bestia
cebollino
calamidad
desdicha
limitado
bozal
calilo
embobado
oligofrénico
esquizofrénico
retrasado
majagranzas
nulidad
pánfilo
estólido
panfilote
gilí
mamacallos
papanatas
papamoscas
melón
mostrenco
papahuevos
microcéfalo
modorro
motolito
bolonio
bausán
cantimpla
moscatel
pavisoso
pasmado (V.)
rocín
pavitonto
pazguato
cretino
zampabollos
sinsubstancia
trincapiñones
zampatortas
zampabodigos
inútil (V.)
infeliz (V.)
patoso

s. hacerse el tonto
dejar tonto a alguien
hacer el tonto
tonto de circo
a tontas y a locas
ave tonta
molde de tontos
tonto de capirote
ponerse tonto
no hay tonto para su provecho
ser más tonto que el que asó la manteca
tonto útil
pájaro tonto

s. Dame pan y llámame tonto

(V. **tontería)**

a. *listo*
inteligente
sagaz
agudo
sutil
fino
perspicaz
astuto
despierto
útil
avisado
espabilado
águila
zorro
talentudo
ingenioso
ágil
despejado
vivaz
vivo
lince
avispado
pizpireto
sensato
juicioso
prudente
discreto

tontucio
(V. **tonto)**

tontuna
(V. **tontería)**

toña
(V. **tala)** (juego)

topa
(V. **polea)**

topacio
s. **piedra** (V.) (preciosa)
gema
cristal
jacinto occidental

s. topacio oriental
topacio de Hinojosa o falso
topacio ahumado
topacio del Brasil

topada
(V. **topetazo)**

topadizo
(V. **encontradizo)**

topar-se
s. topetar
chocar (V.)
tropezar (V.)
topetear
percutir
embestir
pegar
dar
colisionar
estrellarse
precipitarse
golpear
batir
trompicar

s. **encontrar** (V.)
hallar
converger
aparecer

s. **consistir** (V.)
estribar
radicar
dificultar (V.)
embarazar
obstaculizar

(V. **topetazo)**

a. *evitar*
eludir
separar
perder
facilitar

toparca
(V. **señor)**

toparquía
(V. **territorio)**

tope
s. **límite** (V.)
término
extremidad
canto
extremo
remate
borde
final
fin
punta

s. tropiezo
topetón
topetazo
golpe (V.)
choque (V.)

s. **obstáculo** (V.)
impedimento
evitación
estorbo

s. parachoques
pieza
amortiguador
barra
protección (V.)
refuerzo

s. **detención** (V.)
escape
bloqueo
trinquete

s. **seguro** (V.)
tranquilla
trancahílo
carraca
lingüete

s. **reyerta** (V.)
riña
contienda
lucha
refriega
encuentro

s. a tope
estar a tope
llegar al tope
estar hasta el tope
de tope a quilla
de tope a tope
estar uno de tope

a. *centro*
interior
caricia
facilidad
salida
pacificación

topera
(V. **madriguera)**

topetada
(V. **topetazo)**

topetazo
s. topetada
encontronazo (V.)
encontrón
topada
empentón
choque (V.)
mochada
molondrón
topetón
tope
calamonazo
cabezazo (V.)
encuentro
golpe (V.)
golpazo
tropiezo
colisión
trompicón
morocada

a. *evitación*
caricia

topetón
(V. **topetazo)**

tópico
s. **vulgaridad** (V.)
trivialidad
hojarasca
lugar común
clisé
generalidad
ramplonería
nadería
frase hecha
dicho sobado
repetición
vulgar
expresión adocenada
manifestación manida
sentencia rancia
chabacanería
asunto vulgar

s. **apósito** (V.)
colirio
remedio (V.)
toque
ungüento
vendaje
hila
preparado
medicamento (V.) (uso externo)

a. *genialidad*
originalidad
personalidad
exquisitez

topinada
(V. **torpeza)**

topinera
(V. **topera)**

topo
s. mamífero
roedor
taltusa

s. **cegarruta** (V.)
miope
ciego

s. **torpe** (V.)
imbécil
inhábil

a. *águila*
lince
hábil
listo

topografía
s. planimetría
plano
relieve (V.)
superficie (V.)
altimetría
geodesia
agrimensura
fotogrametría
taquimetría
nivelación
topometría
geometría (V.)
mapa
plano de nivel
levantamiento
triangulación
proyección
traza
fototopografía

(cont.)

s. teodolito
alidada
alhidada
cuadrante
nivel
taqueómetro
hipsómetro
pantómetra
telémetro
sextante
curvímetro
clitómetro
eclímetro
mira
mira taquimétrica

s. arbalestrilla
escuadra de agrimensor
cartabón
cuerda
dioptra
heliotropo
helióstato
plancheta
piquete

s. cota
curva de nivel
visual
estación
base
ángulo cenital
divisoria
declinación

s. topógrafo

s. deslindar
amojonar
medir
triangular
parcelar
nivelar
levantar (planos)
acotar
acordelar
amelgar
apear
demarcar

topográfico

s. geodésico
taquimétrico
telemétrico

(V. **topografía)**

topógrafo

s. agrimensor
medidor
geómetra
apeador
geodesta
perito catastral
estadero
cadenero
ingeniero geógrafo
portamira

(V. **topografía)**

topometría

(V. **topografía)**

toponimia

(V. **nombre)**

(V. **geografía)**

topónimo

(V. **nombre)** (lugares)

toque

s. **tacto** (V.)
contacto (V.)
arrimo
caricia (V.)
manoseo
manipulación
roce (V.)
fricción
toquiteo
toqueteo

s. **pincelada** (V.)
señal
cambio
reforma
remate
ajuste
rectificación (V.)
golpe
rasgo
detalle (V.)

s. **llamada** (V.)
señal (V.)
campanada
timbrazo
llamamiento
diana
trompetazo
alborada
generala
fajina
monta
tararí
zafarrancho
rebato
marcha
mando
tropa
retirada
retreta
somatén
clarinazo
clarinada
ánimas
muerto
queda (V.)
apelde
clamor
doblada
posa
asamblea
botasilla
calacuerda
redoble
doble
tañido
campaneo
volteo
rasgueo
tecleo
pulsación

s. **advertencia** (V.)
aviso
amonestación
indicación
apercibimiento
indicador

s. **quid** (V.)
busilis (V.)
meollo
secreto
miga
motivo
detalle
fundamento (V.)
esencia

s. corneta
cornetín
trompeta
clarín
campana
campanilla
gongo

s. toque de atención
toque de alarma
toque de baquetas
toque del alba
toque de luz
toque de difuntos
toque de obscuro
toque de queda
piedra de toque
dar un toque
dar el último toque
dar los primeros toques
a toque de campana

a. *silencio*
alejamiento
separación
discreción

toquetear

(V. **tocar)**

(V. **manosear)**

toquilla

s. **toca** (V.)
pañuelo (V.)
pañoleta
pañolón
echarpe
chal
impla
zorongo
barbicacho
cariñana
rebociño
mantoncillo
capidengue
vergüenza
caramiello
pelerina

toquitear

(V. **toquetear)**

tora

(V. **judaísmo)**

torácico

s. toráxico
pectoral
pulmonar
respiratorio
mamal
costal

(V. **tórax)**

torada

(V. **manada)** (toros)

toral

s. **fundamental** (V.)
principal
esencial
básico
importantísimo
resistente

a. *secundario*
insignificante
débil

tórax

s. **pecho** (V.)
busto
caja
torso (V.)
tronco (V.)
armazón
cavidad costal

s. esternón
costillas
mango del esternón
apéndice xifoides

s. pulmones
tráquea
bronquios
esófago
timo
ganglios regionales
vasos
capa parietal de la pleura

(V. **anatomía)**

torbellino

s. **remolino** (V.)
vorágine
manga
rotación
revuelta
corriente
tolvanera
vórtice
ráfaga
ciclón
espiral
embudo
giro
hoya
poza
rápido
viento

s. multitud
concurrencia
muchedumbre
apelotonamiento
nube
nubada
aglomeración (V.)
turba
revuelo (V.)
conmoción
tumulto
convulsión
revolución
turbulencia
tremolina
jaleo (V.)
confusión (V.)
aturdimiento
bulla
algazara

s. vivo
inquieto (V.)
tarabilla
atropellado
vertiginoso
alocado
aturdido (V.)
desordenado
impetuoso
impulsivo
atolondrado
violento (V.)
apasionado
ardoroso
precipitado
arrojado
lanzado
apresurado
vehemente

a. *inmovilidad*
calma
soledad
ausencia
carencia
sosiego
tranquilidad
calmo
pacífico
juicioso
suave
moderado
circunspecto
discreto
lento
pensativo
frío
cerebral

torca

(V. **hondonada)**

(V. **depresión)** (terreno)

torcedero

(V. **torcido)**

(V. **desviado)**

(V. **torcedor)**

torcedor

s. torcedero
huso (V.)
gancho
alicates

s. **tormento** (V.)
pena
suplicio
pesar
disgusto
contrariedad

(V. **torcedura)**

a. *alegría*
satisfacción
consuelo

torcedura

s. **corcovo** (V.)
contorción
torcimiento
retorcimiento (V.)
retorsión
vencimiento
arqueadura
alabeo
pandeo
alabeamiento (V.)
tortedad
tortura
torsión
vicio (V.)
torcijón
tuerce
inclinación
desviación (V.)
contorsión
detorsión
desvío
torcido
oblicuidad
aguapié
aguachirle
casca
agüetas

s. dislocación
luxación (V.)
distensión
esguince (V.)
distorsión (V.)
descoyuntamiento

a. *enderezamiento*
rectitud
corrección
reducción

torcer-se

s. **doblar** (V.)
pandear
alabear
arquear (V.)
abarquillar
enarcar
combar
curvar (V.)
flexionar
cimbrear
encorvar
jorobar
gibar
corcovar
agacharse
bornear
empandar
cimbrar
enhuecar
acodar
acodillar
cerchar
cerchearse
enchuecar
engarabatar
engarabitar
inclinarse (V.)
ladearse
viciarse
zanquear
derrengar
doblegar
sesgar
pingar

s. retorcer
rizar (V.)
ensortijar
encrespar (V.)
enroscar
triscar
arrollar
enrollar
plegar
liar
atornillar
encarrujar
encaracolar

s. **desviarse** (V.)
girar (V.)
volver
virar (V.)
tirar
vagar
perderse
extraviarse
separarse
apartarse
alejarse

s. **disuadir** (V.)
convencer
corromper
viciar
pervertir (V.)
desviar
descarriar
ir por mal camino

s. cambiar
mudar (V.)
desviar
modificar

s. luxar
dislocarse (V.)
cojear
distender
contorsionarse
retorcerse
descoyuntarse
quebrarse

s. equivocar
tergiversar (V.)
confundir
interpretar mal

s. **enfadarse** (V.)
agriarse
enfurruñarse
disgustarse
torcer el gesto
fruncir el entrecejo
enojarse

s. picarse
estropearse (V.)
revenirse
cortarse (la leche, mayonesa, etc.)
avinagrarse (V.)
apuntarse
repuntarse
corromperse
echarse a perder

s. fracasar
frustrarse (V.)
estrellarse
fallar (V.)
salir mal
venirse abajo

(V. **torcedura)**

(cont.)

encrespado
encogido
pando
izquierdo
alabeado
abarquillado
cacho
desnivelado
doblado
retorsivo
curvilíneo
ondulado
engarabitado
gacho
recostado
serpeante
serpenteante

s. **tuerto** (V.)
patituerto
estevado
zambo
zompo
zopo
befo
escaro
zanquituerto
zancajoso

s. descoyuntado
luxado
distendido
dislocado
accidentado
lesionado

s. injusto
ilegal
parcial
subjetivo
beligerante
confuso
obscuro
depravado (V.)
corrompido
vicioso (V.)
inmoral
libertino
perdido
desordenado
descarriado
desviado
perdido
perdulario
enviciado

s. **rosca** (V.)
rollo
torta
dulce
golosina

(V. **torcedura**)

a. *recto*
derecho
enderezado
ágil
reducido
entablillado
justo
imparcial
claro
virtuoso
puro
moral
digno
decente

a. *enderezar-se*
rectificar
desenroscar
alisar
desrizar
seguir
continuar
proseguir
empecinarse
empeñarse
resistir
mantenerse
enmendarse
corregirse
purificarse
reducir
contraer
entablillar
aclarar
clarificar
entender
comprender
rectificar
apaciguarse
sosegarse
alegrarse
conservarse
triunfar
vencer
alcanzar
lograr

torcida

s. **mecha** (V.)
pabilo
pábilo
matula
algodón
candil

s. **hinchada** (V.)
fanáticos
partidarios

a. *adversarios*
rivales

torcido

s. retorcido
oblicuo
sinuoso (V.)
inclinado (V.)
pendiente
ladeado
declinado
torcedero
desviado
tortuoso (V.)
sesgado
combado
curvado
combo
curvo (V.)
corvo
gurbio
gacho
ovalado
oval
espiral
ensortijado
rizado
voltizo
encorvado (V.)
corcovado
parabólico
helicoidal
encarrujado

torcijón

(V. **retortijón**)

(V. **torozón**)

torcimiento

(V. **torcedura**)

tórculo

(V. **prensa**)

tórdiga

(V. **túrdiga**)

tordillo

(V. **tordo**)

tordo

s. **pájaro** (V.)
estornino
zorzal
malvis
cagaceite
alirrojo
chirlomirlo
chopí
furare
torda
tordella
ceoán
tordillo

s. tordo de agua
tordo de campanario
tordo de Castilla
tordo de mar
tordo loco
tordo mayor
tordo serrano
tordo alirrojo

s. berrendo
grisáceo
pardo
cano
blanco y negro
color (V.)

toreador

(V. **torero**)

torear

s. lidiar
muletear
correr
estoquear
banderillear
brindar
alternar
citar
abrir
capear
gallear
capotear
picar
empitonar
rejonear (V.)
desarmar
colear
parear
garrochar
agarrochar
garrochear
varear
sacar el caballo
sacar limpio el caballo
trastear
engañar
citar
entrar a matar
dar pases
hacer faena
matar
rematar
descabellar
apuntillar
dar pinchazos
aguantar
capotear
degollar
desencajonar
embolar
encabestrar
encajonar
encallejonar
enchiquerar
recibir
sortear
acachetar
ahormar
descordar
mancornar
alegrar
maromar
apealar
cuartear
cosetear
derribar
desarmar
desempeñarse
parear
encohetar
encintar
tomar la vara
tomar el olivo
brindar el toro
brindar la muerte del toro
poner banderillas
dar un lance
cortar la oreja
salir en hombros
salir por la puerta grande
salir a los medios
dar la vuelta al ruedo

s. evitar
eludir (V.)
entretener (V.)
burlarse (V.)
hacer perder el tiempo
marear (V.)
zarandear
cachondearse
engañar (V.)

(V. **toreo**)

a. *afrontar*
asumir
ayudar
tomarse en serio algo
volcarse
entregarse
emprender
acometer

toreo

s. tauromaquia
lidia
toros
corrida
taurios
novillada
becerrada
tienta
faena
encierro
capea
lid
fiesta (V.)
festejo
espectáculo
torería
trasteo
algarrada
capeo
encerrona
vaquillas
vacas
arena
plaza
coso taurino
ruedo
redondel
anillo
tentadero
andanada
barrera
grada
presidencia
música
burladero
contrabarrera
balconcillo
palco
apartadero
arrastradero
chiquero
barreda
corral
encerradero
tendido
talanquera
toril
tabloncillo
enfermería
naya

s. suerte
quiebro
regate
lance
quite
verónica
farol
lanzada
puyazo
puya
vara
rejoneo
volapié
banderilleo
suerte de varas
puyada
muletazo
natural
pecho, de
descabello
trasteo
garrochada
garrochazo
pica
recorte
manoletina
chicuelina
banderillas
muerte
alternativa
paseíllo
capoteo
pinchazo
estocada
puntilla
monosabio
bajonazo
empeño
galleo
golletazo
pase
larga
pase de muleta
salto de campana
tercio
vuelta al ruedo

torera

s. bolero
chaquetilla (V.)
guayabera
chaleco
prenda
fígaro

s. mujer torera
saltarse algo a la torera

(V. **toreo**)

torería

s. toreros
diestros
matadores
(V. **toreo**)

torero

s. diestro
lidiador
matador
toreador
estoqueador
banderillero
picador
rejoneador
novillero
varilarguero
garrochista
cachetero
lancero
espada
maestro
becerrista
peón
puntillero
maleta
maletilla
espontáneo
tancredo
monosabio
alguacilillo
agarrochador
caballero en plaza
chulo
derribador
piconero
sobresaliente
primer espada
chiquero
enterrador
media espada
madrigado
mayoral
botarga
dominguillo
don Tancredo
cuadrilla

s. taurófilo
taurino
taurómaco

s. traje de luces
taleguilla
capa
capa de paseo
capote
capote de brega
montera
mona
moña
coleta
trapo
capote de paseo
capa torera
muleta
espada
banderilla
pica
vara
rejón
puya
banderilla de fuego
vara larga
vara de detener
rejoncillo
muletilla
palo
estoque
puntilla
cachirulo
castañeta
chaquetilla
engaño
garlocha
garrochón
palitroques
rehilete
toro (V.)

(V. **toreo**)

torés

s. **bocel** (V.)
moldura
toro

s. plinto
columna

torete

s. **toro** (V.)
novillo
becerro

s. niño (robusto)
chicharrón
chicazo

s. **dificultad** (V.)
pega
inconveniente
hablillas
actualidad

s. **novedad** (V.)

a. *debilucho*
enclenque
facilidad
pretérito

toril

s. cuadra
redil (V.)
encerradero
corral
establo
(V. **toreo**)

torillo
(V. **toro)**
(V. **becerro)**

toriondez
(V. **celo)**
(res vacuna)

toriondo
(V. **cachondo)**
(res vacuna)

tormenta
s. temporal
borrasca
galerna
tronada
diluvio
aguacero
vendaval
huracán
inclemencia
procela
cellisca
nevada
nevasca
argavieso
turbión
tempestad (V.)
s. desgracia
adversidad (V.)
infortunio
infelicidad
contratiempo
s. **enfurecimiento** (V.)
furia
ira contenida
manifestación violenta
riña (V.)
pugna
a. *calma*
serenidad
suerte
fortuna
gracia
pacificación

tormentaria
(V. **artillería)**

tormentín
(V. **mástil)**
(bauprés)

tormento
s. **tortura** (V.)
crucifixión
suplicio (V.)
padecimiento (V.)
castigo
inquisición
sufrimiento
maltratamiento
punición
pena
desolación
angustia
congoja
tristeza
amargura
aflicción
dolor
cuita
traspaso
martirio (V.)
sacrificio
holocausto
aureola
persecución
inmolación
s. potro
torno
catasta
ecúleo
garrote
rueda
escorpión
tizonazos
hervencia
peine
mancuerda
caballete
caballejo
empulgadera
empulguera
garrucha
cuerda
toca
tenaza
cruz
tornillo
torcedor
espada
hacha
clavijas
polea
s. **desazón** (V.)
molestia
enojo
engorro
fastidio
angustia (V.)
remordimiento
congoja (V.)
fatiga
cuita
aflicción
s. confesar sin tormento
dar tormento
a. *cuidado*
mimo
caricia
exquisitez
desvelo
respeto
benignidad
consideración
alegría
placer
felicidad
fortuna
gracia
contento
satisfacción
consuelo

tormentoso
s. borrascoso
proceloso
tempestuoso (V.)
huracanado
lluvioso
inclemente
aborrascado
nublado
agitado (V.)
(V. **tempestad)**
a. *despejado*
claro
soleado
tranquilo

tormo
(V. **tolmo)**
(V. **terrón)**

torna, s
(V. **devolución)**
(V. **regreso)**
(V. **recompensa)**

tornadera
(V. **bieldo)**

tornadizo
s. mudable
variable (V.)
cambiante
versátil
tornátil
inconstante
voluble (V.)
veleidoso
voltizo
novelero
caprichoso
inconsecuente
a. *constante*
firme
leal
invariable

tornado
(V. **huracán)**

tornalecho
(V. **dosel)**

tornapunta
(V. **puntal)**

tornar
s. **regresar** (V.)
volver
venir
retornar
llegar
repatriarse
reaparecer
reintegrarse
s. **repetir** (V.)
volver a
reanudar
insistir
reemprender
s. **devolver** (V.)
reintegrar
reponer
restituir
s. reponerse
recobrarse (V.)
recuperarse
volver en sí
s. **transformar** (V.)
cambiar (V.)
permutar
trocar
rectificar
(V. **torna)**
a. *quedarse*
marcharse
cambiar
retener
desmayarse
mantener

tornasol
s. **irisación** (V.)
reflejo (V.)
brillo
fulgor
viso (V.)
coloración
matiz
cambiante (V.)
trocatinte
dicroísmo
discroico
s. girasol
s. papel de tornasol
a. *opacidad*

tornasolado
s. **irisado** (V.)
iridiscente
resplandeciente
coruscante
rutilante
brillante
opalescente
refulgente (V.)
cambiante
jaspeado
coloreado
cromático
matizado
(V. **tornasol)**
a. *fijo*
apagado

tornasolar
s. **irisar** (V.)
chispear
radiar
relucir (V.)
relampaguear
colorear
destellar
(V. **tornasol)**
a. *obscurecer*
apagarse

tornatrás
(V. **mestizo)**
(V. **atavismo)**

tornaviaje
(V. **regreso)**

tornavoz
(V. **pantalla)**
(V. **concha)**
(apuntador)

torneadura
(V. **viruta)**

tornear
s. **conformar** (V.)
formar
redondear
pulir
labrar (V.)
alisar
fabricar
s. **girar** (V.)
dar vueltas
s. **cavilar** (V.)
pensar
reflexionar
desvelarse
dar vueltas a la imaginación
estrujarse el magín
s. combatir
luchar
justar (V.)
pugnar
desafiar (V.)
retar
(V. **torno)**
(V. **torneo)**
a. *detenerse*
descuidar
abandonar
apaciguar

torneo
s. **justa** (V.)
liza
competición
combate (V.)
lucha
pugna
concurso
desafío
reto
emulación
prueba
competencia
batalla
cañas
naumaquia
juicio de Dios
s. divisa
arena
coso
paso
parada
armas embotadas
bohordo
sortijas (correr)
lanzas (romper)
palestra (V.)
palenque
tela
golpe
s. mantenedor
campeón
caballero
aventurero
astero
s. **controversia** (V.)
certamen
polémica
oposición
discusión
a. *acuerdo*
paz
incomparecencia
ausencia

tornero
s. mecánico
operario (V.)
torneador
fustero
torneante
trompero
s. demandadero (de monja)
criado (de monja)
recadero (V.)
(de monja)
(V. **torno)**

tornillero
s. **desertor** (V.)
prófugo
huido
tránsfuga
traidor
a. *leal*
fiel

tornillo
s. **clavo** (V.)
tirafondo
perno
remache
armella
hembrilla
cáncamo
s. **hélice** (V.)
rosca
cilindro
paso
perfil
canal
cabeza
diámetro
calibre
s. **tuerca** (V.)
contratuerca
arandela
casquillo
caracola
s. terraja
matriz
macho de aterraja
destornillador
gatillo
galápago
sujetador
atornillador
llave inglesa
gato
torno
husillo
prensa
s. tornillo sin fin
tornillo de rosca golosa
tornillo de ojo
tornillo diferencial
tornillo micrométrico
tornillo de Arquímedes
s. **sacacorchos** (V.)
sacabalas
sacatrapos
s. fuga
deserción (V.)
abandono
huida
defección
traición
s. faltarle a uno un tornillo
apretarle a uno los tornillos
tener flojos los tornillos
hacer tornillo
a. *lealtad*
deber
fidelidad
permanencia

torniquete
s. **ligadura** (V.)
atadura
venda
vendaje
s. **contador** (V.)
contadero
control (V.)
(entradas)
paso
s. **devanadera** (V.)
aspa
s. torniquete hidráulico
torniquete eléctrico

torniscón
s. **golpe** (V.)
cachete
torta
soplamocos
mamporro
revés
mojicón
tornavirón
s. **pellizco** (V.)
a. *caricia*
mimo

torno

s. **máquina** (V.)
malacate
súcula
bartiel
cabria
cabrestante
molinete
calandria
grúa
chigre
güinche
banco

s. bastidor
portaherramientas
bancada
guías
sujetador (V.)
cabezales
carro
motor
cambio de velocidades
mandos
puntas
perro
luneta
husillos
mandril

s. torno de revólver
torno automático
torno de copiar
torno paralelo
torno vertical
torno en el aire
torno diferencial

s. **ventanilla** (V.)
hueco
casilla
estante
armazón
armario (V.)
giratorio

s. **vuelta** (V.)
rodeo (V.)
movimiento (circular)
recodo

s. a torno
en torno a

toro

s. **animal** (V.)
mamífero (V.)
bicho
buey
cornúpeta
res
vaca
astado

s. torada
boyada
vacada
ganado (V.)

s. becerro
torete
torillo
torito
novillo
becerrillo
añojo
vaquilla
cabestro
sobrero
utrero
churro
capeón
jato
eral
magüeto
zamarro
morlaco
capirote
capirucho
aguanés
alcoholado
ojalado
engatillado
tambero
madrigado
chorreado
salino
tinco
sardo
albardado
caracú
jarameño
madrigado
zahonado
aguanés
meleno
pastueño
manso
bragado
bovino
boyal
boyuno
bueyuno
vaquerizo
cansino
becerril
abanto
embolado
bravo
boyante
capeón
morucho
choto
ternero
niñato
cuatreño
recental
recentín
chorato
novillejo

s. berrendo
zaino
listón
caribello
lombardo
ensabanado
gateado
tino
careto
jabonero
tozalbo
overo
meco
amosquilado
botinero
barceno
barcino
bocinero
sirgo
ratino
faldinegro
galano
butiondo
cárdeno
claro
despitonado
afeitado
cunero
furo
jubillo
marrajo

s. cerviz
testuz
asta
cuerno
cuna
melenera
rubios

s. mugido
bramido
bufido
mu
rebufe

s. generación
leche
toriondez

s. cornada
topetazo
topada
cogida
paletazo
rezno
mochada
amurco
empitonamiento
enganchadura
derrote
hachazo
varetazo
topetón

s. mugir
bufar
remudiar
aturnear
acometer
embestir
coger
aconcharse
bramar
cornear
empitonar
enganchar
entrar
escarbar
cabestrear
ramalear
amurcar
amorcar
alastrar
amufar
acogotarse
carretearse
pillar
rebufar
acogotarse
barbear
amusgar
doblar
embrocar
encampanarse
enfrontillarse
revolcar
encunar
vaquear
tomar varas

s. **toreo** (V.)
torear (V.)

s. encabestrar
envacar
afrontilar
acoplar
aguijar
retajar
mancornar
muescar
torcar
desbecerrar
aparear
encajonar
enchiquerar
encohetar

s. **torero** (V.)

s. encierro
vaqueriza
corrala
tartesa
tinada
toril
artesa
destetadera
desjarretadera
pica
garrocha
yugo
trambo
apartadero
bozal
capacho
cernaja
mancuerna
aguijada
virola

s. toro corrido
toro de campanillas
toro de fuego
toro de aguardiente
toro de lidia
toro de muerte
toro de ronda
toro de puntas
toro furioso
toro mexicano
toro bravo

s. bocel
moldura (V.)
torés

s. **fuerte** (V.)
fortacho
fornido
forzudo

s. ciertos son los toros
echarle el toro a uno
ver los toros desde la barrera
haber toros y cañas

(V. **toreo**)

a. *débil*
enclenque
alfeñique

torondo

(V. **chichón**)

(V. **bulto**)

toronja

s. pomelo
naranja
agrio
fruta (V.)
cidro

toronjil

s. toronjina
melisa
abejera (V.)
cidronela

s. sedante
antiespasmódico

(V. **toronja**)

toroso

(V. **robusto**)

(V. **fuerte**)

torozón

s. torcijón
torzón
cólico (V.)
(caballerías)
enteritis
(caballerías)

s. **sobresalto** (V.)
desasosiego
inquietud (V.)
respingo
desazón

a. *calma*
sosiego

torpe

s. desmañado
chapucero
inhábil (V.)
negado
obtuso
limitado
incapaz (V.)
cerrado
insuficiente
tonto (V.)
torpón
pesado (V.)
lento (V.)
cansino
marmolillo
tosco (V.)
gordo
rudo
penco
inepto
remiso
inservible
inútil (V.)
turpe
patoso
pasmón
desgarbado
negado
incompetente
ininteligente
fuñique
inexperto
premioso
nulo
romo
desmanotado
pollino
burro
zángano
asno
animal
bruto (V.)
cerril
desastre
desdicha
calamidad
tropezador
desecho
inepto
parado
aturdido
ignorante
mastuerzo
mostrenco
zote
palurdo
chancleta
gaznápiro
zopenco
lerdo
zamarro
zamacuco
tolondro
gofo
rústico
modorro
modrego
cauque
cerrero
manazas
majagranas
ceporro
sandio
boto
chambón
beocio
bolo
peal
adoquín
embolismático
abanto
alcornoque
pasmarote
pasmón
secatón
tardón
tardío
bato
bodoque
bucéfalo
calabacín
cellenco
camota
morral
mendrugo
marmolillo
chirote
corto
duro
leño
refractario (V.)
molondro
zompo
trompo
topo
zambombo
zoquete
zampatortas
melón
pánfilo
pudendo
estúpido
tardo
estulto
topo
cerrado de mollera
cabeza dura
pedazo de alcornoque
falto de tacto

s. **deshonesto** (V.)
indecoroso
ignominioso
infame
pudendo
lascivo
inmoral
vicioso
vil (V.)
licencioso
lúbrico
obsceno (V.)
canallesco

s. **feo** (V.)
tosco (V.)
desangelado
desaliñado

(V. **torpeza**)

a. *inteligente*
vivo
despierto
ágil
desenvuelto
mundano
hábil
suelto
libre
ligero
astuto
zorro
sagaz
listo
agudo
expedito
virtuoso
decoroso
honesto
bello
hermoso

torpedad

(V. **torpeza**)

torpedeamiento

s. torpedo
disparo (V.)
ataque
lanzamiento

s. **entorpecimiento** (V.)
traba
obstáculo
dificultad

(V. **torpedo**)

a. *facilidad*
ventaja
viabilidad
concesión
oportunidad

torpedear

s. **disparar** (V.)
(torpedos)
atacar
lanzar
arrojar

s. **obstaculizar** (V.)
dificultar
impedir
vetar
prohibir (V.)
cortar
inutilizar
anular
estropear
arruinar (V.)
evitar
eludir

(V. **torpedo**)

a. *retener*
defender
responder
facilitar
propiciar
permitir
autorizar
favorecer
asumir
afrontar

torpedeo
(V. **torpedeamiento)**

torpedo
s. **pez** (V.) (selacio)
tembladera
tremielga
trimielga
vaca tembladera
s. **arma** (V.)
proyectil (V.)
obús
explosivo
siluro
s. carga
proa
popa
espoleta
depósito de aire comprimido
compartimentos estancos
motor
hélices
timón de dirección
timón de profundidad
regulador de profundidad
dirección giroscópica
tubo de lanzamiento
s. torpedo automóvil
torpedo de botalón
torpedo de corriente
torpedo de remolque
torpedo de fondo
torpedo a la ronza
torpedo durmiente
torpedo flotante

torpeza
s. inhabilidad
ineptitud (V.)
deslucimiento
indisposición
desmaña (V.)
desmaño
incompetencia
ignorancia (V.)
necedad (V.)
simpleza
imperfección
aturdimiento
desacierto
error
plancha
vulgaridad
deficiencia
falta de tacto
turpitud
inoportunidad
topinada
rusticidad
rudeza
torpedad
impericia (V.)
metedura de pata
chabacanería
plancha
planchazo
tosquedad
melonada
lentitud
pesadez
tardanza
somnolencia
embotamiento
soñolencia
entumecimiento
languidez
entorpecimiento (V.)
premiosidad
inexperiencia
impericia
torpor (V.)
equivocación
cerrazón
imprevisión (V.)
nulidad
inutilidad (V.)
a. *habilidad*
aptitud
acierto
inteligencia
preparación
experiencia
desenvoltura
mundo
finura
agilidad
desembarazo
claridad
perfección
acuidad
agudeza
sutileza
tacto
oportunidad
pericia
rapidez
premura
utilidad
previsión

tórpido
(V. **entumecido)**

torpor
s. **torpeza** (V.)
entumecimiento (V.)
envaramiento
rigidez
insensibilidad
sopor (V.)
modorra
letargo
a. *flexibilidad*
agilidad
sensibilidad
insomnio
desvelo

torrado
(V. **tostado)**

torrar
(V. **tostar)**

torre
s. **construcción** (V.)
edificio (V.)
campanil
torreón
minarete
torrecilla
atalaya
torrejón
cubo
clochel
crochel
faro
vigía
fortificación (V.)
garita
atalayuela
talayote
campanario
alminar
cúpula
linterna
chapitel
cimborrio
cimorro
aguja
roqueta
roque
rascacielos
castillo
bastida
burche
s. casa de campo
quinta (V.)
s. **figura** (V.) (del **ajedrez)** (V.)
s. torre albarrana
torre del homenaje
torre cubierta
torre de Babel
torre de farol
torre maestra
torre de viento

torrear
(V. **fortificar)**

torrefacción
s. torrado
tostadura
tueste
torradura
cochura
calcinación (V.)
calcinamiento
tostación
tostado (V.)
reverberación
a. *refrigeración*
crudeza

torrefacto
(V. **tostado)**

torrencial
s. **tempestuoso** (V.)
violento (V.)
desencadenado
inundante
inundador
arrasador
impetuoso
tormentoso
incontenible
furioso
caudaloso
s. **abundante** (V.)
copioso
(V. **torrente)**
a. *suave*
dulce
seco
lento
escaso
falto

torrente
s. **río** (V.)
catarata
rápidos
rabión
corriente (V.)
avenida
regato
arroyo
regajo
torrentera (V.)
s. barranco
cañada
quebrada
rambla (V.)
s. **multitud** (V.)
muchedumbre
gente
cantidad (de personas)
masa (humana)
hormiguero humano
abundancia (V.)
s. torrente de voz
torrente circulatorio
a. *sequía*
llanura
soledad
escasez
falta
penuria

torrentera
s. **cauce** (V.)
álveo
madre
lecho
s. **torrente** (V.)

torreón
(V. **torre)**

torrero
s. farero
farolero
vigía (V.)
vigilante
(V. **torre)**

torreznero
(V. **regalón)**
(V. **vago)**

torrezno
(V. **trozo)** (frito de tocino)

tórrido
s. **caluroso** (V.)
abrasador (V.)
canicular
ardiente
quemante
tropical (V.)
sofocante
urente
bochornoso
cálido
caliente
agostador
s. zona tórrida
a. *frío*
helado

torrija
s. torreja
rebanada (V.) (pan)
picatoste
tostada
tajada (pan)
masa frita (V.)
s. pan
leche
almíbar
huevo
vino

torsión
(V. **torcedura)**

torso
s. pecho
busto
tórax (V.)
tronco (V.)
s. **talla** (V.) (sin cabeza)
estatua (sin cabeza)
escultura (sin cabeza)
pintura (sin cabeza)

torta
s. **golosina** (V.)
masa
dulce
bizcocho
hornazo
mantecado
mantecada
bollo (V.)
mona
almorí
tarta
toña
bica
tostada
molleta
regalfa
gaznatada
ensaimada
trenza
suizo
cristina
mojicón
rosco
roscón
rosca
sobada
pastel
coca
torta de reyes
roscón de reyes
melado
pan de aceite
magdalena
macarrón
talo
frisuelo
galleta
confitura
pan sobado
sobada
pastel (V.)
bollería
s. **bofetada** (V.)
cachete
revés
tortazo
sopapo
guantazo
bofetón
s. torta de reyes
torta perruna
costar la torta un pan
dar de tortas
ser tortas y pan pintado
a. *mimo*
caricia

tortada
(V. **tarta)**

tortazo
(V. **bofetada)**

tortera
(V. **cazuela)**

tortero
s. **bollero** (V.)
confitero
pastelero
repostero
s. **cesto** (V.)
canasta
(V. **torta)**

torteruelo
(V. **alfalfa)**

torticero
s. **ilegal** (V.)
injusto (V.)
irrazonable
injustificable
indebido
irregular
arbitrario
a. *legal*
recto
equitativo
justo
razonable
regular

tortícolis
(V. **rigidez)** (cuello)
(V. **dolor)** (cuello)

tortilla
s. fritada
torta
guiso (V.)
s. tortilla francesa
tortilla de patata
tortilla de espárragos
tortilla de espinacas
tortilla de finas hierbas
s. hacer una tortilla con algo
volverse la tortilla

tortillera
(V. **lesbiana)**

tórtola
s. **paloma** (V.)
cocolera
urpila
coquito
cutusa
pichón
zurita

tortolito
(V. **inexperto)**
(V. **novato)**

tórtolo
s. **amartelado** (V.)
enamorado
acaramelado
tierno
galán
cortejador
galanteador
novio
amoroso (V.)
a. *frío*
distante
indiferente

tortuga
s. **reptil** (V.)
(quelonio)
carey
caray
hicotea
jicotea
galápago
garapacho
calapé
morrocoyo
morrocoy
caguama
testudo

s. concha
coraza
carapacho
caparazón
peto

s. tortuga boba
tortuga marina
tortuga pinta
tortuga blanca
tortuga verde
tortuga carey
tortuga franca
tortuga palustre
tortuga de mar
tortuga de cuero
tortuga de concha

tortuosidad
s. **retorcimiento** (V.)
sinuosidad (V.)
anfractuosidad
laberinto
maraña (V.)
confusión
ondulación

s. **cautela** (V.)
desconfianza
hipocresía (V.)
falsedad
disimulo (V.)
astucia
zorrería
reserva (V.)
maquiavelismo
sutileza
refinamiento

a. *derechura*
franqueza
sinceridad
claridad
rectitud
confianza
torpeza

tortuoso
s. **torcido** (V.)
sinuoso (V.)
reptante
serpenteante
serpentino
laberíntico
anfractuoso
enmarañado
meándrico
retorcido (V.)
ondulante
ondulado (V.)
zigzagueante
indirecto

s. **hipócrita** (V.)
solapado
disimulado (V.)
zorro
zorrocloco
cauteloso (V.)
desconfiado
taimado
maquiavélico (V.)
marrullero
sutil
refinado
artero
reservado
reservón
astuto
avieso

(V. **tortuosidad**)

a. *derecho*
recto
sincero
franco
abierto
directo
confiado
torpe
noble
claro

tortura
s. **tormento** (V.)
cepo
martirio

s. **incertidumbre** (V.)
duda
inseguridad
espera
agonía (V.)
inquietud (V.)
preocupación
cuidado
tósigo
tribulación
zozobra
congoja
desazón (V.)
fastidio
angustia
cuita
aflicción
padecimiento

a. *satisfacción*
contento
alegría
placer
seguridad
certidumbre
despreocupación

torturado
s. atormentado
sacrificado
inmolado
preocupado
desazonado
cuitado
angustiado (V.)
atribulado
inquieto (V.)
acongojado
asustado
temeroso
afligido

(V. **tortura**)

a. *salvo*
acariciado
mimado
cuidado
despreocupado
tranquilizado
consolado

torturador
s. torturante
verdugo (V.)
cruel
doloroso
martirizante
lacerante
angustioso (V.)
mortificante (V.)
doloroso
penoso
ansioso
apesadumbrado
desesperante
martirizado (V.)
escocedor
martirizador

(V. **tortura**)

a. *bueno*
consolador
deleitoso
placentero
benigno
tonificante

torturante
(V. **torturador**)

torturar-se
s. **atormentar** (V.)
martirizar
sacrificar
supliciar
inmolar
crucificar
atenazar
aspar
agarrotar
azotar
fustigar
atenacear
acosar
matar
lacerar
hostigar
perseguir

s. **mortificar** (V.)
penar
sufrir
padecer
angustiar (V.)
acongojar
desesperarse
apenar
inquietar (V.)
preocupar
afligir
apesadumbrar
entristecer
remorder (V.)
reconcomer

(V. **tortura**)

a. *consolar*
alegrar
serenar
sosegar
calmar
contentar
acariciar
mimar
cuidar

torunda
s. **apelotonamiento** (V.)
bolita
pelotita
hila
lechino
gasa
algodón

torva
s. **remolino** (V.)
(nieve)
nevada (V.)
cellisca
nevasca
nevazón
tormenta
(de nieve)

torvisca
(V. **torvisco**)

torvisco
s. **planta** (V.)
(timeteláсеа)
torvisca
matagallina
matapollo
bolaga

torvo
s. hosco
tosco
amenazador (V.)
fiero (V.)
avieso (V.)
terrible
iracundo
furioso
malvado (V.)
horrible
horripilante
espantoso
desagradable
patibulario

a. *agradable*
benévolo
simpático
atractivo
benigno
benevolente
suave

torzal
s. trencilla
hilo (V.)
gurbión
cordón
cordoncillo
torcido
torcidillo
hebra retorcida

tos
s. tose
estornudo (V.)
tosecilla
tosidura
coqueluche
carraspeo
expectoración
resfriado
catarro
tajada
espasmo
convulsión
sacudida
acceso
crispación
carraspera
pechuguera

s. tos convulsa
tos convulsiva
tos ferina
tos perruna
tos blanda
tos bronca
tos de pecho
tos de garganta

a. *pulmón*
respiración

tosca
(V. **toba**)

s. tocho

tosco
rudo
bárbaro
grosero (V.)
ordinario
rústico
vulgar
rural
basto (V.)
burro
rocín
inculto
zulú
soez
zambombo
ignorante
zafio
paleto
mogrollo
ramplón
bronco
brozno
mazorral
mazacote
chabacano
chanflón
amondongado
palurdo
terco
zote
zoquetudo
zamborotudo
barbaján
guaso
orejón
maturrango
zamarro
cafre
catana
aburrado
cebolludo
patán
incivil
rastrero
primitivo
rudimentario
silvestre
áspero
agreste
troglodita
torpe (V.)
inculto
imperfecto (V.)
ignorante (V.)
jarocho
villano
villanchón
sayagüés
zoquete
agrio
mal educado
mal criado
salvaje
bestial
insociable
porro

(V. **tosquedad**)

a. *fino*
agradable
educado
culto
refinado
pulido
primoroso
delicado
exquisito
selecto
depurado
retocado

toser
s. **carraspear** (V.)
esgarrar
estornudar
expectorar
crisparse
sacudirse
respirar (V.)

s. no haber quien le tosa a uno

(V. **tos**)

a. *contenerse*
reprimirse

tosigar
(V. **envenenar**)

tósigo
s. tóxico
ponzoña
veneno (V.)

s. **angustia** (V.)
pena
inquietud
zozobra
congoja

a. *antídoto*
alegría
placer

tosigoso
s. intoxicado
emponzoñado
envenenado
venenoso (V.)

s. carrasposo
carraspeante
asmático
anhelante (V.)
jadeante

(V. **tósigo**)

a. *puro*
inofensivo
consolador
sosegador

tosquedad
s. **brutalidad** (V.)
grosería (V.)
brusquedad
zafiedad
bastedad
plebeyez
cerrilidad
descortesía
incivilidad
cerrilismo
patanería
basteza
incultura
rudeza
ignorancia
chabacanería (V.)
ordinariez
ramplonería
paletería
rusticidad
descortesía
aspereza (V.)
selvatiquez
villanía
desabrimiento
laconismo
acritud
displicencia
acrimonia
rustiquez
grosura

a. *finura*
agrado
suavidad
cultura
educación
exquisitez

tostada
s. tajada (pan)
rebanada (V.)
torrija
picatoste
tostón
torta

s. media tostada

(V. **tostadura**)

tostado
s. **asado** (V.)
quemado
carbonizado
torrefacto
dorado (V.)
gratinado (V.)
cocido
horneado
chamuscado
calcinado
achicharrado
requemado
torrado

(cont.)

s. **atezado** (V.)
moreno
curtido (V.)
soleado
asoleado
bronceado (V.)
negro
aceitunado
broncíneo

(V. **tostadura)**

a. *crudo*
blanco
pálido

tostadura
s. tostado
tueste
asado (V.)
horneado
cocido
torrefacción

a. *crudeza*

tostar-se
s. **asar** (V.)
calentar
ahornar
quemar (V.)
dorar (V.)
soasar
cocer (V.)
enhornar
torrefactar
torrar
turrar
rustir
chamuscar
soflamar
achicharrar
carbonizar
sollamar
socarrar
calentar
cocinar
calcinar
rustrir
requemar
sobreasar

s. **atezar** (V.)
asolear
broncear (V.)
curtir (V.)
ennegrecer
obscurecer
dorar
poner moreno

(V. **tostadura)**

a. *enfriar-se*
palidecer-se
empalidecer-se
blanquear-se

tostón
s. **tostada** (V.)

s. **cochinillo** asado (V.)
rostriza
torrado
garbanzo (V.) (tostado)

s. **pesadez** (V.)
lata
fastidio (V.)
aburrimiento
tabarra
rollo
matraca
monserga
pejiguera

a. *entretenimiento*
placer
agrado
diversión

total
s. **totalidad** (V.)
todo (V.)
plenitud
conjunto (V.)
resumen
monta
monto
integridad (V.)
universalidad
colectividad
generalidad (V.)

s. **suma** (V.)
adición
anexión
agregación
complemento

s. **universal** (V.)
absoluto (V.)
completo (V.)
general (V.)
íntegro (V.)
cabal
acabado
consumado
rematado
entero (V.)
único
cumplido
perfecto
apurado
pleno
global
omnímodo
inseparable
indiviso

s. en resumen
en conclusión
en suma
en definitiva
en total

a. *parte*
resto
resta
porción
deducción
ración
participación
componente
elemento
pedazo
jirón
trozo
retazo
cuota
cupo
parcela
sector
detalle
parcial
incompleto
local
fragmentado
fraccionado
episódico

totalidad
s. **total** (V.)
todo (V.)
completez
generalidad
unanimidad
universalidad

a. *parcialidad*
nada

totalitario
s. arbitrario
dominante
absolutista
absorbente (V.)
dictatorial
tiránico
omnímodo
comunista
fascista
nacionalsolialista
único (V.)
nazi

(V. **totalitarismo)**

a. *liberal*
democrático
demócrata
popular

totalitarismo
s. **absolutismo** (V.)
tiranía
dictadura
arbitrariedad
absorción
comunismo
fascismo
nacionalsocialismo
gobierno (V.)

a. *democracia*
liberalismo

totalizar
(V. **sumar)**

tótem
s. **ídolo** (V.)
deidad
talismán (V.)
emblema
efigie
animal
antepasado
ser venerado

(V. **totemismo)**

totemismo
s. **veneración** (V.)
creencia
superstición
culto (V.)
ascendencia
antepasados
protección (V.)
tribu

totilimundi
(V. **titirimundi)**

tótum revolútum
(V. **revoltijo)**

tour
(V. **viaje)**

(V. **excursión)**

tour de force
(V. **esfuerzo)**

(V. **hazaña)**

tournée
(V. **excursión)**

(V. **gira)**

(V. **viaje)**

toxicar
(V. **intoxicar)**

tóxico
s. **veneno** (V.)
ponzoña
tósigo
virus
toxina
pócima
bebedizo

s. **droga** (V.)
estupefaciente
narcótico
soporífero
anestésico
aletargante

s. **venenoso** (V.)
toxicante
ponzoñoso
deletéreo (V.)
infectado
putrefacto
virulento
perjudicial
dañino
intoxicante

a. *pureza*
antídoto
sano
bueno
beneficioso

toxicómano
s. drogadicto
morfinómano
estupefaciente (V.)
cocainómano
vicioso (V.)
morboso
drogado

a. *puro*
abstemio
virtuoso

toxina
(V. **veneno)**

toza
s. **corteza** (V.) (árbol)

s. madero
tocón (V.)
leño

tozo
s. bajo
enano (V.)
achaparrado
rechoncho

a. *alto*
grande
esbelto

tozudez
s. **obstinación** (V.)
terquedad
inflexibilidad
testarudez
tenacidad
empecinamiento
pertinacia
contumacia
cabezonería
empeño
obcecación
ofuscación
capricho
obsesión
impenitencia
resistencia
porfía (V.)
intransigencia
machaconería

a. *flexibilidad*
comprensión
transigencia
cesión
contemporización
aquiescencia
conformidad

tozudo
s. **porfiado** (V.)
obstinado (V.)
inflexible
intransigente
cabezón
tenaz
contumaz
testarudo
terco
ofuscado
caprichoso (V.)
empecinado
emperrado
empeñado
obcecado
obsesionado
impenitente
encaprichado
impertinente

(V. **tozudez)**

a. *transigente*
flexible
comprensivo
contemporizador
aquiescente
conforme
benevolente

tozuelo
(V. **occipucio)**

traba
s. abrazadera
yugo
trabazón
cuña (V.)
lazo (V.)
ligadura (V.)
maniota (V.)
manija
arropea
suelta
trabón
freno
manea
atadura
grillete

s. **dificultad** (V.)
inconveniente
impedimento
estorbo (V.)
embarazo
obstáculo (V.)
constreñimiento
valla
valladar
óbice
entorpecimiento
engorro
papeleo
rémora
lastra
tropiezo

s. **embargo** (V.) (de bienes)
poner trabas
ponerse trabas

a. *favor*
facilidad
ayuda
cooperación

trabacuenta, s
s. **error** (V.)
equivocación
confusión (V.)
trascuenta
falsedad

s. **disputa** (V.)
discusión (V.)
divergencia
lío
controversia
polémica
debate

a. *exactitud*
acierto
acuerdo
claridad
conformidad
paz

trabado
s. **homogéneo** (V.)
coherente (V.)
lógico

s. **nervudo** (V.)
robusto (V.)
fornido
membrudo

s. **espeso** (V.)
concentrado
tupido
denso

s. **ligado** (V.)
atado (V.)
sujeto
atascado
frenado
asegurado
firme
inmovilizado

(V. **traba)**

a. *heterógeno*
incoherente
desigual
ilógico
débil
líquido
desligado
libre
desatado

trabadura
(V. **trabazón)**

trabajado
s. **agobiado** (V.)
aperreado
asendereado
cansado (V.)
molido
cansino
atareado
rendido
extenuado
aplanado
fatigado
atrabajado
despernado
cansío
baqueteado
gastado
encallecido
curtido
aviejado (V.)
hecho migas
hecho polvo
con la lengua fuera
hecho un burro de carga

s. **elaborado** (V.)
cuidado
cuidadoso
detallado
minucioso

(V. **trabajo)**

a. *descansado*
tranquilo
calmo
joven
nuevo
descuidado
indiferente
negligente

trabajador

s. emprendedor
laborioso (V.)
madrugador
diligente (V.)
cumplidor
dispuesto
incansable (V.)
solícito
voluntarioso
afanado
laborante
ocupado
trafagón
activo (V.)
dinámico
aplicado
estudioso (V.)
infatigable
hacendoso
incansable
industrioso
araña
azacán
burro de carga
buscavidas
vividor
yunque
codicioso
hormiga

s. jornalero
obrero (V.)
trabajante
artesano
laborante
asalariado
bracero
proletario
operario
peón
temporero
temporal
encargado
proletario
productor
menestral
operador (V.)
maestro
oficial (V.)
mano (V.)
labrador
colaborador
gañán
aprendiz
maestre
contramaestre
capataz
patrono
destajista
estajista
contratista
jefe
obrajero
sobrestante
mayoral
vaquero
pastor
tornero
listero
minero (V.)
canchero
maletero

(V. **trabajo**)

a. *vago*
parado
inoperante
parásito
gandul
ocioso
lento
haragán
tumbón
zángano
poltrón
convidado
sanguijüela
chupóptero
chulo

trabajar

s. **actuar** (V.)
practicar
gestionar
laborar (V.)
labrar
manipular
elaborar (V.)
colaborar
bregar
afanar
hacer (V.)
obrar (V.)
azofrar
procurar
atrafagar
garbear
lucubrar
cooperar
intentar
fabricar (V.)
producir (V.)
pelear
matarse
ganar
sudar
agenciárselas
aplicarse
esforzarse
estudiar
investigar
aperrearse
dedicarse
ejercer (V.)
perseverar
cultivar
atarearse (V.)
cansarse
ajetrearse
deshacerse
molestarse
aporrearse
desuñarse
emplearse
empeñarse
buscárselas
contribuir
consagrarse a
ejercer
despachar
empujar
laborear
meterse a
ocuparse (V.)
trajinar
sembrar
ponerse a
servir (V.)
acalorarse
agobiarse (V.)
abrumarse
cargar con
luchar
moverse
velar
azacanear
profesar
atosigarse
atrafagarse
multiplicarse
desojarse
despestañarse
remar
apretar
atosigarse
batallar
reventarse
cansarse
embalumarse
ganarse el sustento
sudar sangre
sudar tinta
verse y desearse
costar Dios y ayuda
echar los hígados
descrismarse
romperse la crisma
dejarse la vida
dar vueltas a la noria
echar los bofes
vivir de sus manos
ganarse el pan
empeñarse
meter mano a
arrimar el hombro
tomar sobre sí
comprometerse
traer entre manos
tener entre manos
darse al estudio
ser el alma de
ganarse la vida
sudar el quilo
echar el bofe
sudar la gota gorda
batirse el cobre
llevar la carga
consumir la vida
romperse la cabeza
tragarse los libros
no levantar cabeza
poner de su parte
no descansar
no parar
entregarse al trabajo
proponerse una cosa
luchar a brazo partido
ser emprendedor
andar a la brega
no cejar
ejercitarse en algo
dedicarse en cuerpo y alma
enfrascarse
entregarse (V.)
abismarse
engolfarse
sumirse
enfoscarse

s. **cultivar** (V.)
(tierra)
labrar
laborear

s. **establecerse** (V.)
vender
comerciar
gestionar (V.)
especializarse

s. **insistir** (V.)
persistir
influir (V.)
obrar (V.)

s. **producir** (V.)
rendir (V.)
conseguir
alcanzar

s. practicar
amaestrar (V.)
(caballos)
ejercitar
manejar

s. afanar
robar (V.)
hurtar
apandar

s. **molestar** (V.)
perturbar
inquietar
chinchar
fastidiar
aburrir

s. **actuar** (V.)
(teatro)
figurar
representar
parodiar

(V. **trabajo**)

r. Trabajar y nunca medrar ■ El hombre para trabajar y el ave para volar ■ El trabajar dignifica y ennoblece, el ocio envilece

a. *holgar*
vaguear
gandulear
reposar
descansar
sosegar
vagabundear

trabajera

s. chinchorrería
pejiguera (V.)
joroba
obligación (V.)
trabajo molesto
incomodidad
lata
pesadez
calilla
molestia

a. *facilidad*
gusto
placer

trabajo

s. **actividad** (V.)
labor (V.)
laboreo
obra (V.)
faena
brega
tajo (V.)
ocupación (V.)
tarea (V.)
operación (V.)
quehacer
maniobra
manipulación
elaboración (V.)
cuidado
construcción
fabricación (V.)
creación
confección
ejercicio (V.)
ajetreo
tramojo
trajín
tajo
cuño
afán
diligencia (V.)
cutio
fajina
hazaña
manos
manejo
gestión
empleo (V.)
oficio (V.)
función (V.)
fuerza
mediación
intervención
misión (V.)
deber
cometido (V.)
obligación
incumbencia
empresa
profesión (V.)
responsabilidad
asunto (V.)
campaña
carga
paliza (V.)
empeño
encargo
manufactura
menester
ministerio
práctica (V.)
vela
vigilia
esmero
energía
interés
acción (V.)
actuación (V.)

s. **estudio** (V.)
investigación
análisis
publicación
artículo
tratado
escrito
resumen
ensayo
crítica
literatura
memoria
exposición
examen
lucubración
disertación
tesis
monografía

s. bicoca
canonjía
enchufe
ganga (V.)
prebenda
chapuza

s. **dificultad** (V.)
estorbo (V.)
impedimento
estrechez
miseria
pobreza
necesidad

s. **esfuerzo** (V.)
pena
reventadero
aperreo
perrera
tormento
carga
ajobo
tute
destajo
peonada
tunda
remo
tráfago
trote
enfado (V.)
lata
agotamiento
sobrehueso
sudor
cuita
reventón
pelea
martirio (V.)
enfado
dolor
penalidad
esfuerzo sobrehumano
al pie del cañón
al yunque
en la brecha
dale que dale
arco de iglesia

s. trabajos forzados
trabajo de zapa
tomarse uno el trabajo
el que se enoja tiene dos trabajos

s. trabajo le mando
cercar a trabajos
trabajos caseros
el trabajo aviva el seso

r. Trabajo y economía, es la mejor lotería ■ El trabajo dignifica y robustece; el ocio molifica y envilece ■ Por el trabajo, no hay hombre bajo ■ De Dios abajo, cada cual vive de su trabajo

a. *vagancia*
holgazanería
pasividad
facilidad
abundancia
comodidad
asueto
inacción
inactividad
descanso
reposo
sosiego
incuria
vacación
paro
ocio
ociosidad
respiro

trabajoso

s. **laborioso** (V.)
pesado
costoso
difícil
latoso
penoso
sudoroso
afanoso
molesto
operoso
agobiante
abrumador
ingrato
arrastrado
laboroso
oneroso
ímprobo
defectuoso
fatigoso (V.)
cargante
hueso
fastidioso
ingrato
deprimente
agotador (V.)
serio
extenuante
malo
penado
enojoso

s. enfermoso
enfermizo (V.)
triste
pensativo
macilento
magnato
lánguido

(V. **trabajo**)

a. *fácil*
sencillo
perfecto
saludable
cómodo
ligero
liviano
descansado

trabalenguas

(V. **dificultad**)

trabamiento

(V. **trabazón**)

trabanca

(V. **mesa**)

trabanco

(V. **trangallo**)

trabar-se
s. **sujetar** (V.)
unir (V.)
enlazar
entrabar
enclavijar
prender (V.)
asir
agarrar
inmovilizar
entablar
reunir
coordinar
ligar (V.)
atar
triscar

s. emprender
comenzar (V.)
empeñar
iniciar
inaugurar
acometer

s. **impedir** (V.)
dificultar
paralizar (V.)
embargar
retener
suspender
obstaculizar
evitar

s. condensar
espesar (V.)
adensar
concentrar
tupir
aglomerar

s. **concordar** (V.)
acordar
convenir
adaptar (V.)
ajustar
conformar
concertar
relacionar

s. **tartamudear** (V.)
trastrabarse
tartajear
entorpecerse (la lengua)

s. **enredarse** (V.)
encajarse
incrustarse
entretallarse
introducirse
arraigarse
anclarse

s. **enzarzarse** (V.)
reñir (V.)
disputar
empeñarse (riña)

(V. **trabazón**)

a. *separar-se*
soltar-se
desunir-se
desenlazar-se
desasirse
desligar-se
desatar-se
acabar
facilitar
favorecer
desconcentrar
desconvenir
disentir
desenredar-se
desencajar-se
pacificar-se

trabazón
s. trabamiento
trabadura
enlace
ligazón
juntura
unión (V.)
conexión
sujeción
atadura
contacto
lazo
coordinación (V.)
coherencia (V.)
afinidad
atracción

s. cruce
cruzamiento
amalgama
aleación (V.)
mezcla (V.)
aligación

s. **espesor** (V.)
consistencia
densidad
cohesión (V.)

a. *desunión*
separación
repulsión
liquidez

trabe
(V. **viga**)

trabilla
s. rabillo
medio cinturón
tira
cinta
cincha
banda
franja
tirilla (V.)
ceñidor

trabón
(V. **argolla**)

trabuca
(V. **buscapiés**)

trabucación
(V. **embarullamiento**)
(V. **confusión**)
(V. **trastorno**)

trabucaire
s. **faccioso** (V.)
rebelde
sedicioso
sublevado

s. valentón
valiente
osado (V.)
atrevido
animado
temerario
resuelto
bravucón

a. *pacífico*
sumiso
cobarde
sometido
leal

trabucar-se
s. **trastornar** (V.)
cambiar
revolver
alterar
descomponer
enredar (V.)
desbaratar
embrocar
desordenar (V.)
confundir (V.)
trastrocar
invertir
perturbar
conmover
mudar
variar

s. **ofuscar** (V.)
turbar
embarullarse (V.)
(V. **trabucación**)

a. *ordenar*
organizar
arreglar
enderezar
clarificar
aclarar

trabuco
s. **arma** (V.)
arcabuz
bocarda
retaco
macareno
soflón
mosquete
pedreñal
encaro
bocacha
naranjera

s. trabuco naranjero

trabuquete
(V. **catapulta**)
(V. **traíña**)

traca
s. serie (petardos)
ristra (petardos)
cohetes
pirotecnia (V.)

tracamundana
s. **trueque** (V.)
cambio
cambalache (V.)
mutación
alteración

s. **alboroto** (V.)
baraúnda
lío
algarabía
trapatiesta

a. *invariabilidad*
tranquilidad

tracción
s. atracción
arrastre (V.)
arrastramiento (V.)
remolque
estirón
tirón
atirantamiento (V.)
empuje
estirajón
repelón
tiro
yugo
tronco
tensión
extensión
locomoción (V.)
zaleo
propulsión
transporte

a. *parón*
parada
detención

tracería
(V. **adorno**)
(V. **decoración**)

tracias
(V. **viento**)

tracista
s. **inventor** (V.)
tramoyista (V.)
ordenador
planificador
estructurador
trazador
trazadero

s. **embustero** (V.)
trapacero
trapisondista
(V. **tracería**)

a. *sincero*
veraz

tracoma
(V. **conjuntivitis**)

tracto
s. **trecho** (V.)
parte (V.)
trozo
porción
medida

s. **lapso** (V.)
espacio
tiempo (V.)

tractor
s. **remolque** (V.)
remolcador
propulsor
tiro
máquina (V.)
cabrestante

s. tractor oruga
tractor agrícola

trade mark
(V. **marca** registrada)

tradición
s. conservación
rito
carácter
leyenda (V.)
conseja
romance
fábula
creencia
crónica
herencia espiritual
antigua usanza
pasado (V.)
uso
costumbre (V.)
hábito
práctica
raigambre
herencia (V.)
misoneísmo
arcaísmo
rancio abolengo
habitud
consuetud
historia (V.)
narración
testimonio

a. *modernidad*
novedad
hoy
actualidad
futuro
ruptura

tradicional
s. ancestral
usual
típico (V.)
legendario (V.)
acostumbrado
inveterado
proverbial (V.)
consagrado
sacramental
habitual
normal
cotidiano
de siempre
clásico (V.)
corriente
familiarizado
romancesco
conservado
(V. **tradición**)

a. *nuevo*
extraño
raro
actual

tradicionalismo
s. conservadurismo
moderación
reacción
carlismo
política (V.)

s. costumbrismo
folklorismo
historicismo
tipismo (V.)
(V. **tradición**)

a. *modernismo*
progresismo

tradicionalista
s. **conservador** (V.)
apegado
rancio
carlista
rutinario
reaccionario
costumbrista
(V. **tradición**)

a. *revolucionario*
nuevo
actual
liberal

traducción
s. **versión** (V.)
interpretación (V.)
explicación
transposición
vulgarización
trujamanía
transcripción
composición
paráfrasis
sentido
traslación
redacción
escrito

s. traducción directa
traducción inversa
traducción libre
traducción literal
traducción yuxtalineal

a. *original*

traducir-se
s. **volver** (V.)
trasladar (V.)
verter (V.)
expresar
vulgarizar
interpretar (V.)
glosar
romancear
arromanzar
romanzar
descifrar
parafrasear
construir
explicar
aclarar
esclarecer
dilucidar
trascribir

s. trocarse
mudarse
convertirse (V.)
cambiar
permutar
resultar (V.)
(V. **traducción**)

a. *permanecer*
quedarse en

traductor
s. trujamán
intérprete (V.)
dragomán
versor
truchimán
romanzador
romanceador
glosador
léxico
lexicón
lexicógrafo
comentarista
naguatlato
(V. **traducción**)

traedura
(V. **traída**)

traer
s. **ofrecer** (V.)
servir (V.)

s. **trasladar** (V.)
transportar (V.)
conducir
portear
guiar
importar
traspasar
facturar
reportar
transferir
trasbordar
enviar
acercar
trasplantar
transbordar
portar (V.)
retraer

s. atraer
acercar (V.)
aproximar

s. causar
ocasionar (V.)
acarrear
originar
motivar
producir (V.)
resultar

s. llevar
usar (V.)
vestir (V.)
ponerse
lucir
ostentar
mostrar

(cont.)

s. **obligar** (V.)
exigir
constreñir
imponer
coercer

s. **persuadir** (V.)
convencer
arrastrar
sugestionar
mover

s. llevar entre manos

s. **manejar** (V.)
andar

s. traer entre manos
traer por la calle de la amargura
traer de coronilla
traer de cabeza
traer a uno arrastrado
traer y llevar chismes
traer a mal traer
traer de acá para allá
traer un negocio entre manos

(V. **traída**)

a. *llevar*
alejar
negar
quitarse
ceder
desvestirse
insistir
porfiar

traeres
(V. **atavíos**)

trafagador
(V. **traficante**)

trafagar
(V. **traficar**)

tráfago
(V. **tráfico**)

trafagón
s. trajinante
activo (V.)
hacendoso
buscavidas
trabajador (V.)
afanoso
rápido
expeditivo
aplicado

s. danzante
tarambana (V.)

(V. **tráfago**)

a. *vago*
holgazán
lento
serio

trafalmejas
s. insubstancial
chisgarabís
mequetrefe
bullebulle
argadillo
zarandillo
alocado
saltabancos
chiquilicuatro
zascandil (V.)
danzante
tarambana
títere

a. *serio*
trabajador
sensato

traficante
s. tratante
trafagador
mercader
cambalachero
especulador (V.)
negociador
trapisondista
trapero
prendero
trapichero
trujamán
marchante
vendedor
baratero
pacotillero
buhonero
mercachifle
tendero
mercero
comisionista
comerciante (V.)

(V. **tráfico**)

traficar
s. **comerciar** (V.)
negociar (V.)
trocar
cambiar
vender (V.)
trapichear
especular
mercadear
comprar (V.)
trafagar
remesar
facturar
exportar
importar

s. andar
correr
deambular (V.)
vagabundear
viajar
vagar
errar

(V. **tráfico**)

tráfico
s. negocio
comercio (V.)
cambio
negociación
cambalacheo
operación
transacción
tráfago
intercambio
trato
especulación (V.)
consignación
permuta
trueque
canje
importación
exportación
compraventa
compra
venta

s. **tránsito** (V.)
circulación (V.)
tráfago
paso
movimiento
trata
transporte
viaje
trajín
desfile
caravana
locomoción
embotellamiento
congestión
atasco

s. stop
cruce
semáforo
señal (V.)
prohibición
recomendación
badén
bifurcación

s. guardia de tráfico
policía de tráfico
motorista de tráfico
ambulancia
puesto de socorro

tragacanto
s. astrágalo
goma (V.)
goma adragante
alquitira
granevano
adraganto
adragante
tragacanta

tragacete
(V. **flecha**)

tragaderas
s. **garganta** (V.)
faringe
boca
fauces
gaznate
tragadero

s. **tolerancia** (V.)
credulidad (V.)
ingenuidad
inocencia
aguante
buena fe
estómago
correa
paciencia
conformidad (V.)
manga ancha

a. *incredulidad*
malicia
picardía

tragadero
(V. **garganta**)

tragador
(V. **tragón**)

tragafees
(V. **renegado**)

tragahombres
s. matasiete
bravucón (V.)
chulo
matón
majo
curro
fanfarrón
traganiños
matamoros
rompeesquinas
perdonavidas
farfantón
jaque
pendenciero
camorrista

a. *tranquilo*
cobarde
pusilánime
tímido
corto

trágala
s. canción (política)
zaherimiento (V.)
pulla

s. verdad
remoquete (V.)

s. a la trágala
cantar a uno el trágala

a. *elogio*
lisonja

tragaldabas
(V. **tragón**)

tragaleguas
(V. **andarín**)

tragaluz
s. **claraboya** (V.)
lumbrera
transparente
lucerna
saetera
ventano
ventanuco
ventanilla
agujero
portillo
hueco
ventana (V.)
cristalera

tragamallas
(V. **tragón**)

tragantada
(V. **trago**)

tragantón
(V. **tragón**)

tragantona
(V. **hartazgo**)

(V. **comilona**)

tragaperras
(V. **hucha**)

tragar
s. **embocar** (V.)
cebarse
ingerir (V.)
atracarse
engullir (V.)
deglutir (V.)
embaular
atizarse
embuchar
zamparse
comer
devorar
absorber
beber
ingurgitar
tragonear
atarugarse
atragantarse
jamar
zampar
pasar (V.)
manducar
papar
gandir

s. chupar
absorber (V.)
hundir
abismar
desaparecer

s. **creer** (V.)
admitir
aceptar
dar crédito
soportar
tolerar
aguantar
sufrir
permitir
aceptar
resistir
disimular
no darse por enterado
hacerse el loco
comulgar con ruedas de molino

s. **consumir** (V.)
gastar (V.)
dilapidar
emplear
invertir

s. no tragar a alguien
tragarse todo lo que dicen
tragarse lo que le echen a uno
no tragar un pelo
tragar el anzuelo
tragar quina
tragar camote
tragar saliva
tragarse con la vista

(V. **trago**)

a. *devolver*
arrojar
expulsar
repeler
aparecer
rebelarse
prohibir
ahorrar
economizar

tragasantos
s. devoto
beato (V.)
místico
santurrón
misticón
mojigato
gazmoño
religioso
pío

s. **hipócrita** (V.)
fariseo

a. *irreligioso*
impío
irreverente
sincero

tragavenado
(V. **serpiente**)

tragavino
(V. **embudo**)

tragavirotes
s. **estirado** (V.)
erguido
ensoberbecido
soberbio
endiosado
envanecido
empingorotado (V.)
tieso
enfatuado
huso
serio (V.)
entonado
infatuado
fatuo
orgulloso
solemne

a. *sencillo*
humilde
modesto

tragazón
(V. **tragonería**)

(V. **glotonería**)

tragedia
s. **desdicha** (V.)
infortunio
desastre
fracaso
desgracia (V.)
conflicto
calvario
devastación
desastre
fatalidad
plaga
cataclismo
naufragio (V.)
peste
guerra (V.)

s. **drama** (V.)
dramatismo (V.)
melodrama
poema dramático
género trágico

s. acabar en tragedia

a. *suerte*
fortuna
dicha
felicidad
comicidad
humorismo
sátira
ridiculez
gracia
ironía
jocosidad
alegría
burla
broma
risa
hilaridad

trágico
s. **desgraciado** (V.)
desastroso
deplorable
desdichado
infausto
siniestro
terrorífico
adverso
fatal
impróspero
aciago
infortunado
penoso
nefasto
desventurado
fatídico
catastrófico
ominoso
funesto
triste (V.)
lúgubre
calamitoso
apocalíptico

(cont.)

s. **dramático** (V.)
tragédico
teatral
patético

s. autor dramático
comediante
actor (V.)

(V. **tragedia)**

a. *fausto*
agradable
afortunado
cómico
festivo
jocoso
alegre
bufo
burlesco
satírico
humorístico
hilarante
risible
ridículo
grotesco
gracioso
chocarrero

tragicomedia

s. comedia
melodrama
ficción
farsa (V.)
tragedia

tragicómico

s. cómico
trágico
teatral (V.)
melodramático
jocoserio
aparatoso
ridículo (V.)

(V. **tragicomedia)**

a. *serio*
grave

trago

s. **bebida** (V.)
sorbo (V.)
chorrillo (V.)
deglución
tragantada
ingurgitación
gorgorotada
chispo
asentada
trasiego
ingestión
sosiega
bocado
bocanada
engullimiento
chisquete
taco
lapo
pena

s. **adversidad** (V.)
disgusto (V.)
cuita
desdicha
contrariedad
infortunio
amargura

s. a tragos
echar un trago
tragar amargo
pasar la vida a tragos

a. *devolución*
expulsión
alegría
satisfacción
suerte
dicha

tragón

s. **comilón** (V.)
glotón (V.)
zampabollos
zampatortas
tragador
tragantón
tumbaollas
tragamallas
tragaldabas
zampón
tarasca
epulón
tragallón
insatisfecho
ávido
ansioso
heliogábalo
devorador
gargantúa
hambriento
insaciable
devorador

(V. **tragonería)**

a. *sobrio*
inapetente
ayunador
discreto
moderado

tragonear

(V. **comer)**

(V. **devorar)**

tragonería

s. gula
glotonería (V.)
apetito
avidez
voracidad
insatisfacción
ansia
hambre
hambronería
intemperancia
tragazón
tragonia

(V. **trago)**

a. *inapetencia*
moderación
sobriedad
ayuno

tragonía

(V. **tragonería)**

traición

s. **deslealtad** (V.)
infidelidad (V.)
felonía
engaño
mentira
alevosía (V.)
falsía
malcaso
zancadilla
defección (V.)
intriga
estratagema
trampa
artificio
insidia
perfidia (V.)
prodición
infidencia
retractación
deserción
perjurio
indignidad
ingratitud
falsedad
villanía
infamia
denuncia
apostasía (V.)
delación (V.)
entrega
conjura
maquinación
complot
serranada
colaboracionismo
conspiración
delito
mal
prevaricación
prevaricato
venalidad
asechanza
emboscada
beso de Judas

s. a traición

r. La traición place, mas no el que la hace ■ La traición se paga; y al traidor se mata

a. *lealtad*
fidelidad
constancia
caballerosidad
dignidad
nobleza
hidalguía
rectitud
honestidad
honradez
sinceridad
autenticidad
franqueza

traicionar

s. **denunciar** (V.)
estafar
engañar (V.)
falsear
mentir
renegar (V.)
desertar (V.)
abandonar
apostatar (V.)
huir
dejar en la estacada
no tener palabra
ser desleal
pasarse
retar
maquinar
atraicionar
conspirar
intrigar
delatar (V.)
denunciar
acusar
descubrir (V.)
vender (V.)
entregar
chivatar
chivatear
soplar (V.)
ir con el cuento

(V. **traición)**

a. *ayudar*
defender
encubrir
proteger
quedarse

traicionero

(V. **traidor)**.

traída

s. **canalización** (V.)
conducción
conducto
transporte

traído

s. usado
gastado (V.)
viejo
ajado (V.)
raído
manoseado (V.)
llevado
andado
marchito
deteriorado
deslucido
achurruscado

s. traído y llevado

a. *nuevo*
flamante
joven
lozano
lucido

traidor

s. tránsfuga
confidente
artero
pérfido (V.)
judas
traicionero
vendido
aleve (V.)
infiel (V.)
perjuro (V.)
renegado (V.)
engañador
desertor (V.)
denunciante
zaíno
alevoso
atraidorado
felón (V.)
fementido
falso (V.)
hipócrita
tránsfuga
delator (V.)
soplón
quisling
infidente
magancés
apóstata
sucio (V.)
desleal (V.)
colaboracionista

r. Más vale, amenaza de necio, que abrazo de traidor ■ En las guerras de opinión, el vencido es el traidor ■ Sangre de traidor y huevos de peces, nunca se pierden ■ Donde tres se juntan, uno hace de judas ■ Quien del traidor se fía, lo sentirá algún día ■ El que avisa, no es traidor

a. *leal*
noble
sincero
fiel
constante
firme
noble
digno
auténtico
honrado
seguro

trailer

(V. **avance)**
(anuncio)

traílla

s. **correa** (V.)
cadena
cuerda
tralla
atadura (V.)
cinto
cinturón
traba
correaje
colla
treílla
laja
s. tabla
plancha (V.)
allanadora
niveladora
robadera
explanadora
arrobadera
rufa

s. **jauría** (V.)
pareja (perros)
muta
perrería (V.)

traillar

s. **igualar** (tierras)
allanar (V.)
aplanar
explanar
nivelar

(V. **traílla)**

a. *amontonar*
apilar

trainera

s. **embarcación** (V.)
(de pesca)
lancha
barca
barcaza

traíña

s. **red** (V.)
jábega
mandil
red de fondo

traja

(V. **carga)**
(barcos)

traje

s. **vestido** (V.)
ropaje
indumento
atavío
vestidura
vestimenta
hábito
terno
prenda
ropa
sayo
uniforme (V.)
pelaje
jaez
veste
vestuario
indumentaria

s. traje corto
traje de ceremonia
traje largo
traje de etiqueta
traje de luces
traje de domingo
traje de fiesta
traje de faena
traje de noche

r. Con un buen traje, se cubre un mal linaje

s. cortar trajes

trajín

s. **ajetreo** (V.)
jaleo
lío
confusión (V.)
pandemónium
trajino
zarandeo
traqueteo
ahitación
fajina
idas y venidas
movimiento (V.)
actividad (V.)
brega
s. **ocupación** (V.)
quehacer
afán
esfuerzo
forcejeo
sudor
sinsabor

s. **tráfico** (V.)
tránsito
circulación
tráfago (V.)
viaje

s. trama
conjura (V.)
conspiración
complicidad (V.)

(V. **trajinante)**

a. *tranquilidad*
sosiego
calma
paz
descanso
quietud
reposo
sinceridad
franqueza
claridad

trajinante

s. portador
porteador
acarreador
transportador
transportista (V.)
cosario
ordinario
arriero
trajinero
recadero
recadista
traedor
camionero

s. **zascandil** (V.)
tarambana
entrometido

(V. **trajín)**

a. *discreto*
serio
circunspecto

trajinar

s. **transportar** (V.)
acarrear
portear
trasladar
conducir
llevar

s. **ajetrearse** (V.)
bregar
trabajar
azacanear
afanarse
lidiar
fatigarse
cansarse
sudar
pugnar
luchar
forcejear
moverse
gestionar
ir de la ceca a la meca

(cont.)

s. pingonear
cantonear
bordonear
callejear (V.)
ruar
pasear
deambular (V.)
vagar
vagabundear
errar
transitar
ir de arriba abajo
circular
ir de un lado para otro

(V. **trajín**)

a. *dejar*
holgar
holgazanear
tumbarse
vaguear
fijarse
quedarse
asentarse
detenerse

trajinero
(V. **trajinante**)

tralla
s. **látigo** (V.)
azote
traílla
zurriago
fusta
vergajo
correa

s. soga
cordel
cuerda (V.)

trallazo
s. **latigazo** (V.)
vergajazo
zurriagazo
azote
azotazo
fustazo
lampreazo

s. **chasquido** (V.)
estallido
crujido

(V. **tralla**)

a. *caricia*
cuidado
silencio

trama
s. punto
malla
red
tejido (V.)
entretejido
urdimbre (V.)

s. artificio
confabulación (V.)
dolo
artificio
intriga (V.)
pastel
componenda
maquinación
enredo
conchabanza
maniobra
manejo
complot
cábala
empanada
contubernio

s. asunto
argumento (V.)
tema (V.)
hilo
idea
sumario
materia
síntesis
perístasis

a. *claridad*
franqueza
sinceridad

tramar
s. **urdir** (V.)
pasar (hilos)
tejer (V.)

s. preparar
incubar
confabular
rumiar
maquinar (V.)
conjurar
fraguar (V.)
planear
organizar (V.)
complotar
conchabarse
secretear
conspirar (V.)
forjar (V.)
intrigar (V.)
maniobrar

s. **florecer** (V.)
(los árboles)

(V. **trama**)

a. *destejer*
deshacer
aclarar
sincerarse
descubrir
desorganizar

tramilla
s. cordel
cordón
cordoncillo
mecate
guita
soguilla
cuerdecilla
bramante (V.)

tramitación
(V. **trámite**)

tramitar
s. **diligenciar** (V.)
gestionar (V.)
oficiar
cursar
expedir (V.)
solventar
activar
solucionar
despedir
despachar
facilitar
negociar
resolver
activar
instruir
substanciar

(V. **tramitación**)

a. *dificultar*
entorpecer
demorar
retardar
obstaculizar
aplazar
abandonar

trámite
s. tramitación
gestión (V.)
activación
diligencia
expedienteo
expediente
despacho
procedimiento (V.)
oficio
cometido
substanciación
instrucción
papeleo
formalidad (V.)
cumplimiento
proceso (V.)
recurso (V.)
realización
negocio
comisión
encargo
tarea
servicio
asunto
representación
vía legal
requisito (V.)

s. **paso** (V.)
tránsito
pasaje
traspaso
travesía

a. *abandono*
negligencia
olvido
descuido
obstáculo

tramo
s. trozo
parte (V.)
separación
trecho (V.)
distancia
espacio
intervalo
trayecto (V.)
recorrido

s. ramal
tiro (V.)
escalera (V.)

tramojo
s. **atadijo** (V.)
lazo
ligadura
atadura
vencejo

s. **trabajo** (V.)
preocupación
azacanería
azacanamiento
apuro (V.)
pega

a. *tranquilidad*
despreocupación
flema

tramontana
s. **viento** (V.)
(norte)

s. soberbia
engreimiento
altanería
orgullo (V.)
vanidad (V.)
pompa
altivez
ensoberbecimiento
arrogancia
presunción
tufo
inmodestia
lujo (V.)

a. *sencillez*
humildad
modestia
naturalidad
pobretería

tramoya
s. **tolva** (V.)
(molino)

s. artificio
ingenio
artilugio
máquina
maquinaria (V.)
artefacto
escenografía (V.)
decorado
bambalina

s. **intriga** (V.)
engaño (V.)
enredo
maña
trampa (V.)
disimulo
farsa
ficción
engañifa
faramalla
camama
embuste
falsedad
parchazo
manganilla
burlería
embuchado

a. *autenticidad*
verdad
sinceridad

tramoyista
(V. **embustero**)

(V. **tramposo**)

tramp
(V. **buque**)
(mercante)

trampa
s. **engaño** (V.)
(juego)
fullería (V.)
tahurería
albardilla
brocha
tejadillo
pastel
pego
ballestilla
cernina
cabra
guía
trapacería
chocarrería
ballesta
timo
estafa
flor
floreo
naipe de mayor
naipe de tercio

s. **ardid** (V.)
estratagema (V.)
astucia
artificio
insidia
celada (V.)
sorpresa
asechanza
engaño
fraude (V.)
treta
trepa
zancadilla
emboscada (V.)
tongo
chanchullo
embaucamiento
maquinación
intriga (V.)
añagaza
confabulación
anzuelo
atraso
artimaña
zalagarda
argucia (V.)
artería
truco
martingala
pega
cambullón
arana
jarana
carnada
mácula
carambola
encerrona
capillo
pastel
trampantojo
compadrazgo
embudo

s. **garlito** (V.)
cepo (V.)
red (V.)
lazo (V.)
cebo
armadijo
nasa
artefacto
armatoste
buitrón
liga
tira
ratonera
orzuelo
raposería
losa
lancha
lengüeta
cucarachera
armadia
tramoya
droga
alzapié
callejo
casilla
caravana
malas mañas
tilbe
oncejera
pozo de lobo

s. **deuda** (V.)
débito
impago

s. **puerta** (V.)
recoveco
escotilla (V.)
portillo
trampilla
tapa
escotillón

s. **portañuela** (V.)
bragueta
pantalón (V.)

s. caer en la trampa
llevárselo todo la trampa

s. hacer trampas
trampa adelante

r. Hecha la ley, hecha la trampa ■ Antes que la ley, nació la trampa, y antes el ladrón que la llave del arca

a. *verdad*
autenticidad
honradez
ayuda
cooperación
confianza
crédito

trampal
s. **pantano** (V.)
atolladero (V.)
cenagal
barrizal
ciénaga
lamedal

a. *sequedal*

trampantojo
s. **enredo** (V.)
lío
tapujo (V.)
conchabanza
complicidad
engaño (V.)
farsa
ilusión
trampa

a. *claridad*
sinceridad
verdad
franqueza

trampeador
(V. **tramposo**)

trampear
s. estafar
defraudar
engañar (V.)
abusar
timar
sablear (V.)
petardear
sacar
quitar
pedir
sonsacar
cubiletear
adeudar
entramparse (V.)

s. tirar
vegetar (V.)
ir tirando
ir viviendo
garbear
arrastrarse
ir trampeando
conllevar (V.)
sufrir

(V. **trampa**)

a. *devolver*
restituir
acreditar
triunfar

trampería
(V. **tramposería**)

trampero
s. **cazador** (V.)
alimañero
lacero
huronero
acechador
ojeador
montero
batidor

(V. **trampa**)

trampilla
s. **abertura** (V.)
portañola
portañuela
ventanilla
ventanillo
ventano
postigo
portezuela (V.)
postigo
tapa

(V. **trampa**)

trampista
(V. **tramposo**)

trampolín
s. tablón
plano
plataforma (V.)
plancha
saltadero
salto (V.)

s. **ventaja** (V.)
prosperidad
ascensión
riqueza

a. *desventaja*
pobreza
indigencia

tramposería
(V. **engaño**)

(V. **deuda**)

tramposo
s. farsante
tahúr
fullero
petardista
embustero
embaucador (V.)
estafador (V.)
sablista
defraudador
trampista
superchero
tablajero
fraudulento
garitero
droguista
maula
tracalero
aranero
chupón
timador
mentiroso (V.)
engañador
florero
trampeador
trepador
escamoteador
petate
chanchullero
socaliñero
tramoyista
trapacero
sucio
raposo
zorro

s. **deudor** (V.)

(V. **trampa**)

a. *noble*
sincero
honrado
pagador

tranca
s. **tranquera** (V.)
cancilla

s. palo
bastón (V.)
garrota
verga
cachava
estaca (V.)
vara
cayado
porra
cachiporra

s. **borrachera** (V.)
mona

s. a trancas y a barrancas

a. *sobriedad*
abstención
abstinencia

trancada
s. **zancada** (V.)
paso
tranco

s. bastonazo
trancazo (V.)
golpe

s. en dos trancadas

(V. **tranca**)

a. *caricia*
parada
detención

trancaníl
(V. **nudo**)

trancanil
s. maderos
bao
cuaderna
forro exterior
casco (V.)
embarcación (V.)

trancazo
s. **estacazo** (V.)
trancada
porrazo
palo
bastonazo
garrotazo
estacazo
cachiporrazo
vergazo
cachavazo
leñazo
trastazo
porrada
varejonazo
varapalo
testarazo
golpe (V.)

s. **gripe** (V.)

a. *caricia*
mimo

trance
s. **brete** (V.)
lance
ocasión (V.)
momento (V.)
oportunidad (V.)
apuro (V.)
paso (V.)
aprieto
compromiso (V.)
peligro
riesgo
conflicto
embarazo
dificultad (V.)
necesidad
tribulación
dilema
tragedia
acoso
problema (V.)
ocasión crítica
quillotranza

s. **apremio** (V.)
(deudor)

s. **éxtasis** (V.)
hipnosis
rapto

s. en trance de muerte
a todo trance
trance de armas
trance mortal
en trance de

a. *seguridad*
garantía
tranquilidad
facilidad
desenvoltura
exorcismo

tranco
s. **paso** (V.)
zancada (V.)
trancada
marcha
salto (V.)

s. **umbral** (V.)
escalón
suelo
puerta (V.)
tranquillo

s. a trancos y barrancos
en dos trancos

trangallo
s. **palo** (V.)
carlanca
taragallo
trabanco

tranquear
(V. **apalancar**)

tranquera
(V. **estacada**)

(V. **empalizada**)

tranquero
s. **piedra** (V.)
jamba (V.)
dintel (V.)
puerta
ventana

tranquilar
s. **señalar** (V.)
marcar
rayar

tranquilidad
s. calma
paz (V.)
reposo
sosiego (V.)
quietud (V.)
serenidad
confianza
bienestar
placidez (V.)
recreo
ecuanimidad
ataraxia
descanso
apacibilidad
silencio (V.)
quietación
aplacamiento
reportación
moderación
espera
suavidad
sedación
mansedumbre
neutralidad
entereza
aplomo
cautela
ocio
bonanza
calmaría
calmería
euforia (V.)
equilibrio
orden
normalidad
presencia
recalmón
seguridad
remanso
pacificación
relajación
eutimia
filosofía

s. **flema** (V.)
paciencia (V.)
despreocupación (V.)
lentitud
cachaza
indiferencia (V.)
pachorra
inercia
torpeza
pesadez
premiosidad
frialdad
informalidad
parsimonia
cuajo
imperturbabilidad
lastre
inalterabilidad

s. balsa de aceite
serenidad de conciencia
sangre de horchata
perder la tranquilidad

a. *intranquilidad*
desasosiego
inquietud
trabajo
actividad
movimiento
sobresalto
ruido
estruendo
escándalo
nerviosidad
temor
miedo
agitación
efervescencia
perturbación
marejada
turbulencia
rapidez
celeridad
impaciencia
preocupación
interés
formalidad
excitación
inseguridad
incertidumbre
acaloramiento
emoción
susto
irritación
impresión
aturdimiento
atosigamiento
impaciencia
provocación
pendencia
incomodidad
desconfianza

tranquilizador
s. consolador
confortador (V.)
esperanzador
tranquilizante (V.)
reanimador
sedante
apaciguador
relajante
quietador
sosegador (V.)
aplacador

(V. **tranquilidad**)

a. *excitante*
inquietante
perturbador
turbador

tranquilizante
s. **tranquilizador** (V.)
paliativo
lenitivo
calmante
suavizante
sedativo
barbitúrico
hipnótico
secante
enervante
droga

(V. **tranquilidad**)

a. *excitante*
excitador
agravador
agravante
soliviantador

tranquilizar-se
s. encalmar
aliviar (V.)
sosegar
calmar (V.)
apaciguar (V.)
serenar (V.)
pacificar (V.)
mitigar
aquietar
quietar
adormecer
templar
aplacar
desacerbar
dormir
reposar (V.)
rehacerse
aletargarse
emperezarse
acallar
suavizar (V.)
sedar
asedar
paliar
enfriar
apagar
moderar
confortar
silenciar
reanimar
alentar
reponerse
acalugar
asegurar
despreocuparse
relajarse
reportarse
tener calma
ser flemático
ser ecuánime

(V. **tranquilidad**)

a. *inquietar-se*
preocupar-se
irritar-se
enfurecer-se
soliviantar-se
destemplar-se
intranquilizar-se
enardecer-se
acalorar-se
agitar-se
rebelar-se
alzaprimar-se
agudizar-se
encrespar-se
perturbar-se
despertar-se

tranquilo
s. **sosegado** (V.)
pacífico (V.)
plácido
reposado
placible
quieto (V.)
bonancible
calmo
manso
sesgo
sereno (V.)
sentado
residencial
silencioso (V.)
silente
surto
cariparejo
plácido
juicioso
descansado
descuidado
moderado
descuitado
suave (V.)
calmado
despreocupado
callado
apacible (V.)
aplomado
campante
seguro
dueño de sí
entero (V.)
confiado
afable
firme
ecuánime
eufórico
confianzudo

s. **indiferente** (V.)
tronco
flemático (V.)
surto
frío
fresco
desapasionado
lejano
imperturbable
cachazudo
lento
pachorriento
impertérrito
descarado
parsimonioso
perezoso
abúlico
pacado
apático
indolente (V.)
impávido
calmoso
inmutable
sesgado
inalterable (V.)
impasible (V.)
inmutable
pancho
machucho
pausado
de sangre de horchata
de pasta flora

(V. **tranquilidad**)

a. *intranquilo*
inquieto
preocupado
tarabilla
nervioso
agitado
descompuesto
excitado
acalorado
irritado
desazonado
impresionado
emocionado
asustado
temeroso
desasosegado
aturdido
atosigado
impaciente
reñidor
provocador
pendenciero
rebelde
insumiso
inmoderado
desapacible
incómodo
inseguro
incierto
desconfiado
activo
trabajador

tranquilla
(V. **sonsaca**)
(V. **sorpresa**)
(V. **tope**)

tranquillo
s. **habilidad** (V.)
truco (V.)
maña
práctica
uso
costumbre
estribillo
rutina
coger el tranquillo a algo
a. *torpeza*
desmaña
infrecuencia

tranquillón
s. **mezcla** (V.)
trigo (V.)
centeno (V.)
morcajo
morcacho

transacción
s. **acuerdo** (V.)
convenio
trato (V.)
arreglo
negociación (V.)
concordia
avenencia (V.)
concesión
condescendencia
contemporización
transigencia
asunto
negocio
componenda (V.)
pacto
pastel
pasteleo (V.)
emplasto
compromiso
conciliación
firma
estipulación
a. *desacuerdo*
disentimiento
diferencia
desavenencia
ruptura
intransigencia

transatlántico
s. trasatlántico
transmarino
transoceánico
ultramarino
lejano (V.)
distante
s. **embarcación** (V.)
nave
barco
buque
paquebote
navío
motonave

transbisabuelo
(V. **tatarabuelo**)

transbisnieto
(V. **tataranieto**)

transbordador
s. trasbordador
embarcación (V.)
pontón
lanchón
ferry boat
s. **funicular** (V.)
puente
barquilla
plataforma
(V. **transbordo**)

transbordar
s. trasbordar
transportar
trasladar
pasar
cruzar
atravesar
mudar
transferir
comunicar
(V. **transbordo**)

transbordo
(V. **traslado**)
(V. **transferencia**)
(V. **transporte**)

transcendencia
(V. **trascendencia**)

transcendental
(V. **trascendental**)

transcendente
(V. **trascendente**)

transcender
(V. **trascender**)

transcribir
s. trascribir
trasladar
escribir
copiar (V.)
trasuntar
reproducir
duplicar
extractar
calcar
resumir
arreglar (V.)
(música)
(V. **transcripción**)

transcripción
s. trascripción
traducción (V.)
copia (V.)
trasunto
traslación
reproducción
extracto
resumen
calco
imitación
arreglo (V.)
(musical)
a. *original*

transcurrir
s. trascurrir
pasar (V.)
sucederse (V.)
deslizarse
andar
correr (V.)
mediar (V.)
avanzar
marchar
verificarse
suceder
acontecer
cumplirse
llegar
promediar
huir
distar
haber
invertir
gastar
matar el tiempo
tener tiempo
pasar las horas
tener lugar
hacer tiempo
dar tregua
emplear el tiempo
consumir el tiempo
dar tiempo al tiempo
dejar correr el tiempo
(V. **transcurso**)
a. *detenerse*
pararse
incumplirse
retroceder
quedarse

transcurso
s. trascurso
curso
paso (V.)
decurso
espacio (V.)
lapso
discurso (V.)
era
edad
carrera
sucesión (V.)
temporada
intervalo (V.)
período
época
trecho
asentada
duración
brevedad
tiempo (V.)
avance
marcha
a. *detención*
parada
inmovilización

transepto
(V. **crucero**)
(iglesias)

transeúnte
s. andariego
paseante
viandante (V.)
viajero
caminante
errante
peatón (V.)
deambulante
trashumante
turista
peregrino
excursionista
judío errante
ambulante
transitorio (V.)
temporal
temporero
provisional
provisorio
interino
(V. **tránsito**)
a. *fijo*
definitivo
de plantilla
permanente
sedente

transferencia
s. trasferencia
traspaso (V.)
transbordo
traslado (V.)
transmisión
cesión
abono
pago
cambio
trasiego
s. transferencia de crédito
a. *permanencia*
retención

transferible
(V. **transmisible**)

transferir
s. trasferir
pasar (V.)
llevar
trasladar
traspasar (V.)
transmitir
transvasar
trasegar
s. **diferir** (V.)
retardar
dilatar
retrasar
s. **ceder** (V.)
renunciar
(V. **transferencia**)
a. *adelantar*
aceptar
dejar
permanecer
retener

transfiguración
s. trasfiguración
mutación (V.)
metamorfosis
cambio
transformación (V.)
mudanza
variación
a. *permanencia*

transfigurar-se
s. trasfigurar
mudar
cambiar
transformar (V.)
variar
metamorfosear
transmutar
transmudar
alterar
modificar
(V. **transfiguración**)
a. *permanecer*
quedar

transfixión
s. trasfixión
transverberación
atravesamiento
perforación
Virgen Santísima (dolores de la)
trepanación (V.)

transflor
(V. **transparencia**)
(pintura)

transflorar
(V. **transparentarse**)

transformable
s. convertible
cambiable (V.)
mudable (V.)
reformable
mutable
reversible
abatible
reducible
desarmable
versátil (V.)
desmontable
separable
cómodo (V.)
práctico
(V. **transformación**)
a. *fijo*
inseparable
incómodo

transformación
s. **cambio** (V.)
reforma (V.)
mudanza
vuelta (V.)
conversión (V.)
mutación
conmutación
alteración
crisopeya
innovación
catálisis
evolución (V.)
transformación
progreso
transmudación
metamorfosis
renovación
altibajo
variación (V.)
intermitencia
avatar
transubstanciación
transfiguración
versatilidad
transición (V.)
transmutación (V.)
mudamiento
metástasis
transmigración
revolución
inversión (V.)
revés (V.)
metátesis
volubilidad
veleidad
regeneración
restauración
reorganización
desfiguración
vicisitud
alternativa (V.)
vaivén
crisis
rectificación (V.)
metabolismo
giro
a. *inalterabilidad*
permanencia
continuidad
inmutabilidad
fijeza
apegamiento
tradición
conservación
mantenimiento
lealtad
estabilización
estacionamiento
detención
perduración

transformado
s. **desfigurado** (V.)
cambiado
metamorfoseado
transfigurado
convertido
converso
modificado
evolucionado
corregido
rectificado
alterado
reformado
renovado
innovado
transmutado
variado
transubstanciado
(V. **transformación**)
a. *permanente*
inalterable
parado
detenido
involucionado
igual
inalterable

transformador
s. convertidor
elevador
reductor
aparato (V.)
(eléctrico)
amplificador
rectificador
s. armadura
núcleo de hierro dulce
conductores
culata
círculo magnético
circuito primario
circuito secundario
(V. **electricidad**)

transformar-se
s. tornar
trasformar
mudar (V.)
trocar
cambiar (V.)
alterar
fermentar
modificar (V.)
transfigurar
transmutar
transmudar
trastocar
trastrocar
trastornar
variar
metamorfosear
convertir (V.)
transubstanciar
reformar
rectificar
perfeccionar
evolucionar (V.)
girar
corregir
restaurar
progresar
innovar
canjear
desfigar
adelantar
elaborar
conmutar
(V. **transformación**)
a. *conservar-se*
mantener-se
permanecer
continuar
apegarse a
aferrarse a
durar
perdurar
estabilizar
detener
estacionar
eternizar

transformismo
(V. **evolucionismo)**

transfregar
s. trasfregar
restregar (V.)
refregar
fregotear
revolver
manosear (V.)
frotar
rozar

a. *ordenar*
acariciar
respetar

tránsfuga
s. trásfuga
prófugo
desertor (V.)
escapado
huido
fugitivo
evasor
huidor
tránsfugo
tornillero
traidor
desleal
apóstata
renegado
acomodaticio (V.)
arribista

a. *leal*
fijo
constante

transfundición
(V. **transfusión)**

transfundir
(V. **trasvasar)**

(V. **difundir)**

transfusión
s. trasfusión
trasvase (V.) (líquidos)
transfundición
trasfundición

s. **inyección** (V.) (sangre)
suministro
dosificación
tratamiento

transgredir
s. trasgredir
infringir (V.)
quebrantar (V.)
violar
vulnerar
contravenir
barrenar
traspasar
translimitar
romper
conculcar
hollar
atropellar
prevaricar
desobedecer (V.)
atentar

(V. **transgresión)**

a. *obedecer*
cumplir
observar
respetar
abstenerse

transgresión
s. **infracción** (V.)
quebrantamiento
violación (V.)
vulneración
contravención
ruptura
conculcación
atropello
prevaricación
desobediencia (V.)
atentado
falta
delito
pecado
trasgresión

a. *obediencia*
observancia
respeto
cumplimiento

transgresor
s. trasgresor
contraventor
infractor (V.)
violador
quebrantador
desobediente (V.)
vulnerador
inobservante
rebelde
delincuente
culpable
pecador
irrespetuoso

(V. **transgresión)**

a. *obediente*
respetuoso
observante
virtuoso
cumplidor

transición
s. **paso** (V.)
cambio (V.)
metamorfosis
período
mutación
demudación
mudanza
evolución
transformación (V.)
ruptura

a. *permanencia*
inalterabilidad
continuación

transido
s. abrumado
acongojado (V.)
fatigado
cansado
muerto de consumido
aterido
acabado
apenado
angustiado (V.)
atormentado
atribulado
afligido
desconsolado

s. miserable
cicatero
mezquino
roñoso
ridículo
tacaño (V.)
piojoso
agarrado

a. *animoso*
vigoroso
esforzado
generoso
espléndido

transigencia
s. **tolerancia** (V.)
conformidad (V.)
conformismo
benevolencia
consentimiento
condescendencia
contemporización (V.)
aquiescencia
asenso
anuencia
afirmación
indulgencia (V.)
complacencia
agrado
acomodo
resignación
adaptación
pasteleo
connivencia
complicidad
concesión
deferencia
cesión
otorgamiento
aguante
aceptación
avenencia
conciliación
arreglo
transacción
blandura
blandenguería
debilidad (V.)
claudicación (V.)
capitulación
entrega
eclecticismo

a. *intransigencia*
firmeza
inflexibilidad
intolerancia
disconformidad
repulsa
rechazo
diferencia
inconformismo
negación
negativa
desagrado
resistencia
oposición
desavenencia
dureza
opugnación

transigente
s. contemporizador
accedente
tolerante (V.)
condescendiente
indulgente
benevolente
bonachón
benévolo
complaciente
resignado
entregado
claudicante
aquiescente
conforme
conciliador
blando
blandengue
débil
consentidor
ecléctico

(V. **transigencia)**

a. *intransigente*
intolerable
duro
opositor
rebelde
disconforme
opugnador
contradictor

transigir
s. **aceptar** (V.)
tolerar (V.)
tratar
claudicar (V.)
ceder (V.)
condescender (V.)
atemperarse
convenir
acoplar
ajustar
consentir
contemporizar (V.)
acomodarse (V.)
deferir
humanizarse (V.)
doblarse
doblegarse
prestarse
resignarse
pastelear
franquearse
escuchar
oír
venir
armonizar
capitular
aguantar
prestarse
pactar (V.)
conformarse (V.)
respetar
adaptarse
acceder (V.)
atemperar
flaquear
entregarse
recular
darse

s. **asentir** (V.)
conciliar
avenirse
quebrar
otorgar
conllevar (V.)
pasar por todo
doblar la cerviz
dar por el gusto
venirse a razones
dejarse convencer
llevar un ten con ten
tener paciencia
hacer las paces
llegar a un acuerdo
partir la diferencia
ajustarse a las circunstancias
ser transigente
hacerse de jalea
dar tiempo al tiempo
andar con paños calientes
llegar a un acuerdo

s. **mimar** (V.)
malcriar
enviciar
acostumbrar mal

r. Gran trabajo tiene, quien contentar a todos quiere ■ Con el amigo sé complaciente, si tu conciencia te lo consiente ■ Quien sabe ceder, sabe vencer

(V. **transigencia)**

a. *exigir*
resistirse
negarse
oponerse
ser riguroso
plantarse
rebelarse
contradecir
opugnar
endurecerse
repeler
rechazar
disentir
desagradar

transir
s. desaparecer
pasar (V.)
acabar
morir (V.)
fenecer
finir
finar
fallecer
terminar

(V. **transición)**

a. *continuar*
vivir
proseguir
resistir
perdurar
eternizar

transistor
s. transistrón
tríodo (de cristal)
válvula (V.)
dispositivo electrónico
semiconductor

s. rectificador
interruptor
oscilador
modulador
amplificador

s. emisor, cátodo o filamento
colector, ánodo o placa
base o/ rejilla

s. transistorizado
transistorización

s. **radio** (V.)
receptor
radiorreceptor

s. transistor bipolar
transistor de efecto de campo
transistor uniunión

transistorización
(V. **transistor)**

transistrón
(V. **transistor)**

transitable
s. **practicable** (V.)
abierto
libre
accesible
circulable
expedito (V.)
despejado
desembarazado
vadeable
franqueable
pasable
pasadero
traspasable

s. animado
céntrico
frecuentado (V.)
concurrido
transitado

(V. **tránsito)**

a. *intransitable*
infranqueable
impracticable
cerrado
alejado
triste
desanimado
solitario

transitado
(V. **frecuentado)**

transitar
s. **circular** (V.)
correr
pasar
recorrer
saltar
vadear
caminar
repasar
traspasar
atravesar
andar (V.)
deambular
pasear (V.)
marchar
viajar
salir
entrar
surcar
hender
portear
cruzar
franquear
travesar
salvar
balsear
cabalgar
ascender
errar
peregrinar
vagar
desfilar
ir y venir
dar vueltas
abrir camino
hacer correrías
estirar los pies
desempedrar las calles
ir a patita y andando
callejear
vagar

(V. **tránsito)**

a *sentarse*
quedarse
permanecer
asentarse
pararse
detenerse

tránsito
s. **transporte** (V.)
tráfago
tráfico (V.)
circulación (V.)
movimiento (V.)
locomoción
navegación
circunnavegación
traslación
actividad
trajín
animación
vida

s. **paso** (V.)
comunicación (V.)
camino
cruce
paseo
viaje
entrada
salida
ida
venida

(cont.)

carrera
trayecto
itinerario
recorrido
vuelo
excursión
trámite
travesía

s. corredor
pasillo
pasadizo

s. **traslado** (V.)
(empleos)
paso
muda
cambio

s. alto
parada (V.)
descanso

s. **muerte** (V.)
óbito
fallecimiento
expiración
defunción
desaparición

s. tránsito de la Virgen
ir de tránsito
hacer tránsito
por tránsito

a. *inactividad*
inmovilidad
quietud
permanencia
asentamiento
detención
parada
incomunicación
continuación
prosecución
vida
supervivencia

transitoriedad
s. **fugacidad** (V.)
brevedad
cortedad
caducidad (V.)
interinidad
temporalidad
precariedad
accidentalidad
fragilidad

a. *eternidad*
perdurabilidad
perennidad
permanencia

transitorio
s. **pasajero** (V.)
momentáneo (V.)
pasadero
perecedero
provisional
interino (V.)
caduco
breve
accidental (V.)
efímero
corto
temporal (V.)
fugaz
precario (V.)
circunstancial
transeúnte
accidental
vano
frágil
deleznable
volandero
voladero
transeúnte

(V. **transitoriedad**)

a. *perenne*
permanente
eterno
perdurable
largo
infinito
duradero

translación
(V. **traslación**)

translimitación
(V. **extralimitación**)

translimitar-se
(V. **extralimitarse**)

translucidez
(V. **traslucidez**)

translúcido
(V. **traslúcido**)

transluciente
(V. **trasluciente**)

transmarino
(V. **transatlántico**)

transmigración
s. trasmigración
paso (V.)
traslado
emigración (V.)
cambio
metempsicosis (V.)

a. *inmigración*
permanencia

transmigrar
s. trasmigrar
emigrar (V.)
pasar (V.)
trasladarse
cambiar

(V. **transmigración**)

a. *permanecer*
inmigrar

transmisible
s. trasmisible
transferible
trasferible
traspasable
endosable
cesible
renunciable
enajenable (V.)
alienable (V.)
negociable

s. infeccioso
contagioso (V.)

(V. **transmisión**)

a. *intrasmisible*
intransferible
inalienable

transmisión
s. trasmisión
telepatía
transferencia
traspaso (V.)
renuncia (V.)
cesión (V.)
traspasación
endoso
circulación
envío
delegación
enajenación
enajenamiento
venta
negociación
procesión
transmigración
egresión
traspasamiento
traslado (V.)
traslación
arrastramiento (V.)
transporte (V.)

s. **donación** (V.)
entrega
compraventa
arrendamiento
préstamo
adquisición
alienabilidad
cesibilidad
cesión (V.)
abandono
concesión
licencia (V.)
permiso (V.)
royalty

s. **abdicación** (V.)
testamento (V.)
tradición
legado
sucesión (V.)
beneficio
herencia (V.)

s. **contagio** (V.)
contaminación
infección
propagación
difusión (V.)
comunicación (V.)
audición
radiodifusión
radiotelegrafía
perifonía
radiotelefonía (V.)
emisión
radiación
retransmisión
programa
espacio
televisión (V.)

s. comunicación
mecanismo (V.)
embrague
rueda
árbol o cardan
eje
engranaje
piñones
biela
cigüeñal
correa sin fin
polea
cambio de velocidades
diferencial
cadena
junta cardan
levas
manubrio
automóvil

s. transmisión de bienes
transmisión de poderes
transmisión de movimiento
transmisión de dominio
correa de transmisión

a. *permanencia*
fijeza
fijación
retención
recepción
limitación
cuarentena
reducción
silencio

transmisor
s. **emisora** (V.)
emisor
estación
comunicación (V.)
difusora
aparato
walkie-talkie
radio (V.)
televisión (V.)
telegrafía (V.)
telégrafo

(V. **transmisión**)

a. *receptor*

transmitir
s. trasmitir
trasladar
comunicar (V.)
decir
propagar
difundir (V.)
trasferir
transferir
enviar
inspirar
radiar
retransmitir
televisar
telegrafiar
participar
perifonear

s. **ceder** (V.)
endosar
negociar
transferir
traspasar
alienar
disponer de
pasar
heredar (V.)
legar (V.)
enajenar (V.)

s. **propagar** (V.)
inocular
pegar
infectar
contaminar
contagiar (V.)

(V. **transmisión**)

a. *apropiarse*
retener
quedarse
incomunicar
limitar
delimitar
cercar
impedir

transmudación
(V. **transformación**)

(V. **disuasión**)

(V. **traslado**)

transmudar-se
(V. **transformar-se**)

(V. **disuadir-se**)

(V. **trasladar-se**)

transmutación
s. **evolución** (V.)
renovación
conversión
inversión
transición
transformación (V.)
transmudación

a. *permanencia*
inalterabilidad
conservación
mantenimiento

transmutar-se
s. transmudar
evolucionar (V.)
cambiar
trasmudar
transformar (V.)
trocar

(V. **transmutación**)

a. *permanecer*
quedarse
conservar-se
mantener-se

transoceánico
(V. **transatlántico**)

transparencia
s. trasparencia
claridad (V.)
lucidez (V.)
limpidez (V.)
diafanidad
traslucidez
perlucidez
translucidez
traslucimiento
traslumbramiento
limpieza
transflor
pureza
nitidez (V.)
luminosidad
cendal
trasluz
velo
cristal
vidrio

s. perspicuidad

a. *opacidad*
niebla
suciedad
obscuridad

transparentar-se
s. trasparentar
traslucirse (V.)
entrever
clarearse (V.)
entrelucir
triarse
transflorar
traspintarse
atravesar
trasparecer

s. **insinuarse** (V.)
adivinarse (V.)
notarse
descubrirse (V.)
advertirse
reflejarse
dejar entrever
observarse

(V. **transparencia**)

a. *velar-se*
cubrir-se
ocultar-se
nublar-se
obscurecer-se

transparente
s. **traslúcido** (V.)
trasparente
límpido (V.)
despejado
raso
terso
sereno
nítido (V.)
claro (V.)
diáfano
lúcido (V.)
perlúcido
hialino
trasluciente
limpio
cristalino (V.)
opalino
opalescente
ceroso
puro
vidrioso (V.)
ralo
penetrable
perspicuo
semitransparente

s. **velo** (V.)
cendal
espejo
gasa
tul
visillo
cortina
cristal (V.)
tela
papel

s. **cristalera** (V.)
ventana

(V. **transparencia**)

a. *opaco*
nebuloso
ahumado
mate
esmerilado
empañado
turbio
lechoso
cerrado

transpirable
s. traspirable
absorbente
poroso
respirable
higiénico
eliminable

(V. **transpiración**)

transpiración
s. traspiración
secreción (V.)
excreción
sudor (V.)
trasudación
trasudor
eliminación
sobaquina
catinga
humedad
expulsión

a. *retención*

transpirar
s. traspirar
secretar (V.)
segregar
expulsar
expeler
rezumar (V.)
exhalar
sudar (V.)
resudar
trasudar
brotar
emanar
excretar
eliminar
exudar (V.)
empaparse
humedecerse
perder
calar
gotear
escurrirse
filtrarse

(V. **transpiración**)

a. *retener*
secar
resecar
fijar
obstruir

transplante
(V. **trasplante**)

transponer-se
s. trasponer
trasladar (V.)
cruzar
atravesar
traspasar (V.)
s. **trasplantar** (V.)
s. **ocultarse** (V.)
esconderse
desvanecerse
desaparecer
ponerse (el sol)
s. **adormilarse** (V.)
quedarse dormido
dormitar
amodorrarse
(V. **transposición**)
a. *quedar*
salir
brotar
despertarse
aparecer
amanecer

transportable
(V. **portátil**)

transportación
(V. **transporte**)

transportador
s. portador
transportista (V.)
s. **medidor** (V.)
(ángulos)
círculo graduado
dibujo (V.)
semicírculo

transportamiento
(V. **transporte**)

transportar-se
s. **acarrear** (V.)
trasladar (V.)
transferir
conducir (V.)
enviar
facturar
guiar
acarretear
portear
trajinar (V.)
cargar (V.)
portar
reportar
traer (V.)
llevar (V.)
ajorar
sobarcar
ajobar
pasar
alargar
importar
exportar
mudar
embalar
convoyar
embarcar
transbordar (V.)
escoltar
ir por
ir a por
engalgar
enganchar
aballar
trasplantar
transferir
portear
mandar
transitar
trasvasar
arrastrar (V.)
empujar
pasar
bajar
subir
barrer
cambiar
trechear
convoyar
esportear
carretear
trasegar
sacar (V.)
comunicar (V.)
s. **cambiar** (V.)
(el tono
musical)
s. **enajenarse** (V.)
arrobarse
extasiarse
embelesarse (V.)
pasmarse
sorprenderse
alelarse
suspenderse
(V. **transporte**)
a. *dejar*
detenerse
pararse
permanecer
sobreponerse
superarse
recuperarse
desilusionarse
desencantarse
recobrarse

transporte
s. **acarreo** (V.)
traslado (V.)
transportación
transportamiento
conducción (V.)
tránsito
porte
porteo
traslimitación
traslación
carga (V.)
facturación
envío
transbordo
trasbordo
tracción (V.)
logística
arrastre
arrastramiento (V.)
trasvase
transmisión
trasvasación
exportación
importación
comercio (V.)
convoy
oleoducto (V.)
mudanza
escolta
transferencia
empuje
correo
pasaje
viaje (V.)
ajobo
saca
trajinería
embarque
transbordo
llevada
mudanza (V.)
comunicación
locomoción (V.)
changa
cambio
mensaje
exprés
caravana
trecho
trayecto
itinerario
s. atijara
merced
propina
recompensa
barcaje
camionaje
porte
flete
carretonaje
lanchaje
derecho
comercio
comisión
agencia
línea
conocimiento
guía
póliza
seguro
lleva
hoja de ruta
detasa
sobordo
vehículo (V.)
metro
s. **arrobamiento** (V.)
enajenamiento
éxtasis (V.)
arrobo
rapto
embeleso
arrebato
acceso
enajenación
delirio (V.)
júbilo (V.)
alegría
contento
a. *permanencia*
detención
inmovilidad
recuperación
recobro
desencanto
desilusión
cordura
desprecio
tristeza
descontento

transportista
s. transportador
trasportador
portador
porteador (V.)
cosario
mensajero
factor
conductor
llevador
acarreador
trajinero
fletador
fletante
cargador
mozo
mozo de
equipajes
maletero
ganapán
esportillero
sobajanero
pajero
bagajero
costalero
bancero
changador
caletero
almocrebe
palanquín
recadero
mozo de cuerda
trajinante
trascantón
alhamel
galafate
ajobero
ordinario
maletero
faquín
soguilla
capachero
fardero
arriero (V.)
harriero
canchero
mozo de
estación
recuero
soguero
(V. **transporte**)
a. *destinatario*

transposición
s. **traslación** (V.)
traducción
versión
paráfrasis
s. alteración
trasplante
inversión (V.)
traspuesta
transpuesta
intercalación (V.)
superposición
s. **ocultación** (V.)
desaparición
a. *original*
permanencia
aparición

transpuesto
(V. **dormido**)

transubstanciación
(V. **transformación**)
(V. **conversión**)

transubstanciarse
(V. **transformar-se**)
(V. **convertir-se**)

transvasación
(V. **trasvase**)

transvasar
(V. **trasvasar**)

transvase
(V. **trasvase**)

transversal
s. trasversal
atravesado (V.)
oblícuo
torcido
abiesado
colateral
enviajado
soslayado
cruzado
inclinado
sesgado (V.)
diagonal (V.)
transverso
a. *derecho*
recto

transverso
(V. **transversal**)

tranvía
s. **vehículo** (V.)
coche
vagón
jardinera
cangrejo
remolque
tren
ferrocarril
(urbano)
trolebús
s. plataforma
tope
trole
catenaria
raíl
riel
salvavidas
estribo
s. parada
trayecto
itinerario
línea
billete
taco
abono
s. **tranviario** (V.)

tranviario
s. tranviero
conductor
cobrador
revisor
inspector
(V. **tranvía**)

tranviero
(V. **tranviario**)

tranza
(V. **remate**)
(subastas)
(V. **embargo**)
(bienes)

tranzar
(V. **trenzar**)
(V. **cortar**)
(V. **adjudicar**)
(subastas)

trapa
s. **orden** (V.)
(religiosa)
cisterciense
benedictino
trapense
císter
s. **alboroto** (V.)
ruido (V.)
baraúnda
trápala
jaleo
a. *silencio*
calma
sosiego

trapacear
s. **engañar** (V.)
trampear
timar
embaucar
estafar
engatusar (V.)
embelecar
embrollar
disimular
gitanear
mentir
falsear
enredar (V.)
trapalear
(V. **trapacería**)
a. *sincerarse*
devolver
restituir

trapacería
s. **trampa** (V.)
engañifa
fraude
trapaza
estafa
falsificación
socaliña
mohatra
embuste
pastel (V.)
chisme
engaño (V.)
enredo
farándula
superchería
marrullería
faramallo
a. *sinceridad*
nobleza
verdad
franqueza
dignidad
claridad

trapacero
s. trapalón
trapisondista (V.)
trapacista
falso
falaz
engañoso
pérfido
embrollador
embustero
mohatrero
enredador
embustero
embaucador
engañador (V.)
marrullero
faramallero
tramposo (V.)
(V. **trapacería**)

(cont.)

a. *veraz*
sincero
honrado
digno
franco
claro

trapacista
(V. **trapacero)**

trapajo
(V. **trapo)**

trapajoso
s. descuidado
estropajoso
raído
andrajoso (V.)
desastrado
roto
harapiento
trapiento
farfalloso
desaseado
desarrapado
guiñapiento
pingajoso
distraído
s. **tartajoso** (V.)
gangoso
confuso (V.)
(V. **trapo)**
a. *atildado*
elegante
cuidado
presumido
aseado
claro
inteligible

trápala
s. embuste
chisme (V.)
timo
engaño (V.)
s. **ruido** (V.)
confusión
tropel
jaleo (V.)
algarabía
vocerío
barullo
s. **cárcel** (V.)
s. parlanchín
hablador (V.)
charlatán (V.)
tarabilla
cotorra
locuaz
chachalaca
chismoso
a. *verdad*
silencio
callado
discreto
silencioso

trapalear
(V. **enredar)**
(V. **alborotar)**
(V. **trapacear)**
(V. **charlatanear**

trapalón
(V. **trapacero)**

trapatiesta
(V. **desorden)**
(V. **jaleo)**
(V. **confusión)**
(V. **riña)**

trapaza
(V. **trapacería)**

trapecio
s. **columpio** (V.)
(gimnasia)
barra
cuerda
argolla
s. **cuadrilátero** (V.)
polígono (V.)
s. base
altura
lados
trapecio isósceles
trapecio
rectángulo
s. **músculo** (V.)
espalda
cuello
occipucio
omoplatos

trapense
s. **monje** (V.)
cisterciense
benedictino
(V. **trapa)**

trapería
s. chamarilería
ropavejería
quincallería
tenderete
tugurio
comercio (V.)
tienda
tenducho
prendería (V.)

trapero
s. chamarilero
quincallero
casquero
tripicallero
ropavejero
prendero (V.)
botellero
tendero
comerciante (V.)
basurero (V.)
(V. **trapería)**

trapiche
(V. **molino)**

trapichear
s. **enredar** (V.)
intrigar (V.)
cambalachear
regatear (V.)
porfiar
tratar
negociar (V.)
comerciar
discutir (V.)
agenciárselas
apañárselas
rebuscárselas
trapisondear
(V. **trapicheo)**
a. *aclarar*
admitir
asentir

trapicheo
s. **intriga** (V.)
enredo
cambalache
manejos
tejemaneje
trapisonda
regateo (V.)
discusión
porfía
confusión
complicidad
connivencia
embrollo (V.)
maraña
a. *nobleza*
claridad
franqueza
sinceridad
dignidad
honradez

trapiento
(V. **trapajoso)**

trapillo
(V. **amorío)**
(V. **ahorro)**

trapío
s. **velamen** (V.)
s. **garbo** (V.)
(mujeres)
gracia
aire
planta
brío
s. **gallardía** (V.)
(toros)
bravura (V.)
valentía
coraje
a. *sosería*
desgracia
cobardía

trapisonda
s. **intriga** (V.)
jaleo
lío (V.)
embrollo
confusión
maraña
enredo (V.)
engaño
embuste (V.)
trampa
fraude
estafa
s. **riña** (V.)
zalagarda
bulla (V.)
algarada
agitación
tinterillada
escándalo
baraúnda
pendencia
a. *honradez*
limpieza
claridad
rectitud
verdad
calma
silencio
tranquilidad
orden

trapisondear
s. liar
embrollar (V.)
enredar (V.)
confundir
intrigar (V.)
maquinar
urdir
conspirar
engañar
mentir
embaucar (V.)
enmarañar
estafar
alborotar
reñir (V.)
provocar
(V. **trapisonda)**
a. *moderar-se*
aclarar
clarificar
descubrir
pacificar
sosegar
calmar

trapisondista
s. lioso
intrigante (V.)
embrollón
enredador (V.)
quisquilloso
trapacero (V.)
urdemalas
maquinador
chanchullero
culebrón
liante
embaucador
a. *discreto*
callado
moderado
serio
grave
sincero

trapo
s. **tela** (V.)
tejido
paño
telilla
tejedura
género
textura
s. pingajo
trapajo
harapo (V.)
jirón
calandrajo
pispajo
estraza
estraculla
rodilla
guiñapo
saco
pingo
andrajo
jerapellina
retazo
retal (V.)
trapito
trapería
s. **velamen** (V.)
s. **capote** (V.)
(taur.)
s. poner como un
trapo
trapos de
cristianar
sacar los trapos
sucios a relucir
dejar a uno hecho
un trapo
a todo trapo
soltar el trapo
largar el trapo
(mar.)
navegar a todo
trapo
s. lengua de trapo
hablar de trapos
r. El que ha sido
trapo antes que
mantel, no hay
que fiarse de el

traque
(V. **ventosidad)**

tráquea
s. **garganta** (V.)
garguero
garganchón
asperarteria
caña del pulmón
laringe
bronquios
traquearteria
s. respiración

traquearteria
(V. **tráquea)**

traquetear
s. mover
agitar (V.)
sacudir
zarandear
estremecerse
menear
golpear (V.)
golpetear
cencerrear
chancletear
chacolotear
chapalear
trapalear
zabucar
guachapear
chapear
zangolotear
zangotear
zurrir
retumbar
resonar (V.)
entrechocar
percutir
repercutir
atronar (V.)
zumbar
s. **frecuentar** (V.)
manejar
menudear
(V. **traqueteo)**
a. *aquietar*
tranquilizar
silenciar
acallar

traqueteo
s. tiro
ruido (V.)
sonido
disparo
estruendo
estrépito (V.)
retumbo
resonancia
chasquido
s. sacudimiento
zabuqueo
agitación (V.)
chacoloteo
zarandeo (V.)
chancleteo
meneo
golpeteo
zangoloteo
ajetreo
estremecimiento
movimiento (V.)
sacudida
zascandileo
a. *silencio*
calma
quietud

traquido
s. **ruido** (V.)
estruendo
detonación
estallido
disparo (V.)
tiro
crujido
trique
chasquido (V.)
a. *silencio*

tras
s. **detrás** de (V.)
después de
a continuación de
seguidamente
a raiz de
s. trasero
nalgas (V.)
s. uno tras otro
irse los ojos tras
a. *delante de*
antes que

trasatlántico
(V. **transatlántivo)**

trasbisabuelo
(V.
transbisabuelo)

trasbisnieto
(V. **transbisnieto)**

trasbocar
(V. **vomitar)**

trasbordador
(V. **transbordador)**

trasbordar
(V. **transbordar)**

trasbordo
(V. **transbordo)**

trascabo
(V. **zancadilla)**

trascantón
(V. **guardacantón)**

trascendencia
s. transcendencia
perspicacia
penetración (V.)
sagacidad (V.)
sutileza
astucia
s. **consecuencia** (V.)
gravedad (V.)
resultado (V.)
substancia
efecto
derivación
secuela
repercusión
resultas
importancia (V.)
a. *ingenuidad*
simpleza
causa
antecedente
insignificancia

trascendental
s. transcendental
trascendente
transcendente
importante (V.)
vital
causante
grave (V.)
esencial (V.)
principal
culminante
interesante (V.)
valioso
significativo
básico
imprescindible
influyente
señalado
notable

s. **sublime** (V.)
superior
metafísico
penetrante

(V. **trascendencia)**

a. *intranscendente*
secundario
insignificante
vulgar
inferior
rastrero

trascendente
(V. **trascendental)**

trascender
s. emanar
transcender
penetrar
exhalar (V.)
oler
perfumar
sahumar
aromatizar

s. traslucirse
trasvinarse
comunicarse
propagarse
extenderse (V.)
difundirse (V.)
conocerse
manifestarse
repercutir
propalarse
averiguarse
saberse

s. **comprender** (V.)
penetrar
entender

(V. **trascendencia)**

a. *ocultarse*
ignorarse
retener
limitarse
circunscribirse
reducirse

trascendido
(V. **sagaz)**

(V. **agudo)**

(V. **penetrante)**

trasconejarse
(V. **perderse)**
(objetos)

(V. **ocultarse)**
(la caza)

trascordarse
(V. **olvidarse)**

trascribir
(V. **transcribir)**

trascripción
(V. **transcripción)**

trascuenta
(V. **trabacuenta)**

trascurrir
(V. **transcurrir)**

trascurso
(V. **transcurso)**

trasdoblar
(V. **triplicar)**

(V. **doblar)**
(tres partes)

trasdoblo
(V. **triple)**
(número)

trasdós
(V. **arco)**
(superficie exterior)

(V. **bóveda)**
(superficie exterior)

(V. **pilastra)**

trasechar
(V. **acechar)**

trasegar
s. trasmudar
trastornar
revolver (V.)
turbar
trastear
invertir
confundir
desordenar
trastrocar
enredar
mudar (V.)

s. **trasvasar** (V.)
beber (V.)

(V. **trasiego)**

a. *ordenar*
calmar
armonizar
retener
devolver

trasera
(V. **trasero)**

(V. **culata)**

(V. **zaga)**

trasero
s. **nalgas** (V.)
culo
pompi
posaderas
trasera
posas
asentaderas
fondo
fondillo
tafanario
antifonario
nalgatorio
asiento
posterior
cara inferior
tabalario
mapamundi
bullarengue
pompa
popa
tras

s. **posterior** (V.)
postrero
último (V.)
zaguero
siguiente
furgón de cola
lo último
ulterior

s. **extremidad** (V.)
punta
cola
cabo
retaguardia
fin

s. padres
abuelos
ascendentes (V.)

s. cuarto trasero
puerta trasera
dar en el trasero

a. *delantero*
primero
sucesores

trasferencia
(V. **transferencia)**

trasferible
(V. **transferible)**

trasferir
(V. **transferir)**

trasfiguración
(V. **transfiguración)**

trasfigurar
(V. **transfigurar)**

trasfixión
(V. **transfixión)**

trasformación
(V. **transformación)**

trasformar
(V. **transformar)**

trasfuego
(V. **trashoguero)**

trásfuga
(V. **tránsfuga)**

trasfundición
(V. **transfundición)**

trasfundir
(V. **transfundir)**

trasgo
s. aparición
espectro
duende (V.)
geniecillo
fantasma
fantasmón
engendro
espíritu
vampiro

s. **travieso** (V.)
tarabilla
inquieto
revoltoso
retozón

a. *quieto*
tranquilo
formal
serio

trasgredir
(V. **transgredir)**

trasgresión
(V. **transgresión)**

trasguear
(V. **enredar)**

trasguero
(V. **enredador)**

(V. **travieso)**

trashoguero
s. trasfuego
testero (V.)
arrimador
losa (del hogar)
plancha (del hogar)
tuero

s. holgazán
perezoso

a. *trabajador*
activo

trashojar
(V. **hojear)**
(libros)

trashumación
(V. **nomadismo)**

(V. **vagabundeo)**

trashumante
s. **nómada** (V.)
errante
errabundo (V.)
errático
vagabundo
cañariego
riberiego
ambulante

(V. **trashumación)**

a. *sedente*
permanente

trashumar
s. **pasar** (V.)
errar (V.)
vagabundear
deambular

(V. **trashumación)**

a. *asentarse*
permanecer
quedarse en

trasiego
s. **trasvase** (V.)
decantación
traslado
trasmudación
cambio
mudanza

s. **trago** (V.)
sorbo
bebida
consumición

a. *asentamiento*
fiijeza

trasijado
(V. **flaco)**

traslación
s. translación
traslado (V.)
remoción
transvasación
trasvase
trasiego
transposición
transporte (V.)
tránsito
transmisión
trasmisión
viaje (V.)
marcha
partida
ida
afluencia
tornadura
tornada
llegada
vuelta
venida
regreso
acudimiento

s. **metáfora** (V.)
movimiento (V.)
(astr.)

s. movimiento de traslación
traslación de luz

a. *quietud*
permanencia
inmovilidad

trasladable
s. **mudable** (V.)
movible
transportable
transmisible
portátil (V.)

(V. **traslado)**

a. *inamovible*
fijo

trasladar-se
s. **cambiar** (V.)
mudar
transportar (V.)
correr
desplazarse (V.)
transmitir
llevar (V.)
andar (V.)
ir (V.)
llegar (V.)
mover (V.)
venir (V.)
marchar (V.)
trasmudar
transmudar
remover (V.)
guiar
traspasar
trastear
deslizar
apartar
quitar
desalojar
traspalar
trasegar
trasvasar
portear
trasuntar
acarrear (V.)
endosar
transbordar
trechear
esportear
traer (V.)
dirigirse (V.)
transponer
viajar (V.)
salir
entrar
acudir
nadar
asistir
vagar
deambular
transferir
trajinar
enviar
facturar
escoltar
mandar
empujar
arrastrar
emigrar
expatriarse
desavecindarse
recorrer
trasplantar (V.)
traspalar
rodar (V.)
transponer
ir de la ceca a la meca
llevar a alguien como un zarandillo
mudar de aires
irse con viento fresco
tomar las de Villadiego
cambiar de empleo
cambiar de lugar
cambiar de aires
irse con la música a otra parte

s. **traducir** (V.)
calcar (V.)
trasuntar
copiar
parafrasear
reproducir
vaciar
verter

s. **transportar** (V.)
(música)

(V. **traslado)**

a. *quedarse*
asentarse
permanecer
acantonarse
arraigarse
enraizarse

traslado
s. transbordo
traslación (V.)
transferencia (V.)
mudanza (V.)
cambio
remoción
destitución
ascenso
tránsito
marcha
partida
s. emigración
locomoción
transporte (V.)
migración (V.)
trasplantación
transmisión (V.)
traspaso (V.)
trasposición
transmudación
vectación
trasvase
s. **copia** (V.)
reproducción
duplicación
repetición
versión
trasunto
imitación
s. concurso de traslado
dar traslado de
a. *permanencia*
asentamiento
original

traslapar
s. **montar** (V.)
cubrir
solapar
asolapar
tapar
imbricar
velar
sobreponer (V.)
recubrir
encubrir
colocar
(V. **traslapo**)
a. *desmontar*
descubrir
retirar

traslapo
s. solapo
superposición (V.)
imbricación
recubrimiento (parcial)

traslimitación
(V. **translimitación**)

traslimitar-se
(V. **translimitar-se**)

trasloar
(V. **alabar**)
(V. **encarecer**)

traslucidez
s. translucidez
trasparencia
transparencia (V.)
diafaneidad
limpidez
claridad (V.)
nitidez
a. *opacidad*
obscuridad

traslúcido
s. translúcido
transparente (V.)
trasparente
claro (V.)
diáfano (V.)
límpido
limpio
nítido
trasluciente
s. **opalino** (V.)
esmerilado
alabastrino
alabastrado
(V. **traslucidez**)
a. *opaco*
borroso
difuso
sucio
obscuro

trasluciente
(V. **traslúcido**)

traslucir-se
s. clarearse
notarse
transparentar (V.)
s. **evidenciarse** (V.)
adivinarse (V.)
conjeturarse
sospecharse
divisarse (V.)
entrepare cerse
trasvinarse
verse
advertirse
rezumar
ofrecerse
apreciarse
observarse
revelarse (V.)
reflejar (V.)
insinuarse
rugir
dejar traslucir algo
(V. **traslucidez**)
a. *ocultar-se*
esconder-se
borrar-se

traslumbrar-se
(V. **desaparecer**)
(V. **deslumbrar-se**)

trasmano, a
s. lejano
de lejos
alejado
solitario (V.)
remoto
incómodo
apartado (V.)
desviado
a. *cercano*
céntrico
vecino
próximo

trasmañanar
(V. **diferir**)

trasmigración
(V. **transmigración**)

trasmigrar
(V. **transmigrar**)

trasminarse
(V. **filtrarse**)
(olores)

trasmisible
(V. **transmisible**)

trasmisión
(V. **transmisión**)

trasmitir
(V. **transmitir**)

trasmudación
(V. **trasiego**)

trasmudar
(V. **trasegar**)
(V. **trasvasar**)

trasnochada
s. trasnoche
trasnocho
velada (V.)
vigilia (V.)
noche (anterior)
vigilancia (V.)
s. **sorpresa** (V.)
(nocturna)
a. *despertar*

trasnochado
s. **demacrado** (V.)
enclenque
débil
macilento (V.)
desmejorado
ajado
estropeado (V.)
s. **anticuado** (V.)
rancio
anacrónico
antiguo
extemporáneo
viejo
caducado
pasado de moda
inoportuno
manoseado (V.)
a. *fuerte*
vigoroso
actual
moderno
nuevo
intacto
original

trasnochador
s. noctámbulo
noctívago
nocturno (V.)
nocturnal
calavera (V.)
juerguista (V.)
parrandero
paseandero
(V. **trasnochada**)
a. *madrugador*
mañanero
serio
grave

trasnochar
s. juerguearse
divertirse
correrla
pasar la noche en claro
nocturnear
s. **pernoctar** (V.)
dormir
s. **velar** (V.)
vigilar (V.)
sonochar
reflexionar (V.)
(V. **trasnochada**)
a. *aburrirse*
despertarse

trasnoche
(V. **trasnochada**)

trasnocho
(V. **trasnochada**)

trasnombrar
(V. **confundir**)
(nombres)

trasoír
(V. **oír**)
(equivocadamente)

trasojado
(V. **demacrado**)
(V. **ojeroso**)

trasoñar
(V. **ilusionarse**)

traspalar
(V. **trasladar**)
(con pala)
(V. **escardar**)

traspapelado
(V. **extraviado**)

traspapelar-se
s. **perder** (V.)
extraviar
confundir (V.)
embrollar
equivocarse
embarullar
enredar
trabucar
trastocar
revolver
enredar (V.)
mezclar
a. *encontrar*
aparecer
hallar
acertar
ordenar

trasparecer
(V. **transparentar-se**)

trasparencia
(V. **transparencia**)

trasparentar-se
(V. **transparentar-se**)

trasparente
(V. **transparente**)

traspasable
s. transferible
enajenable (V.)
transmitible
(V. **traspaso**)
a. *intransferible*

traspasador
(V. **infractor**)
pasado
pocho

traspasamiento
(V. **traspaso**)

traspasar
s. **atravesar** (V.)
horadar
perforar (V.)
agujerear
taladrar
ensartar
pasar
engarzar
clavar
pinchar
espetar
meter
penetrar
enjaretar
entrar
s. **pasar** (V.)
vadear (V.)
saltear
franquear
rebasar
salvar
trasponer
transponer
avanzar
s. **ceder** (V.)
transferir (V.)
endosar (V.)
transmitir
trasladar
entregar
vender
negociar
cambiar
renunciar
s. **infringir** (V.)
violar
quebrantar (V.)
abusar (V.)
rebasar
extralimitarse (V.)
propasarse
exagerar
transgredir
vulnerar
rendir
romper
quebrantar
desobedecer (V.)
(V. **traspaso**)
a. *detenerse*
chocar
resistir
quedarse
permanecer
retener
conservar
mantener
guardar
obedecer
observar
acatar
cumplir
contenerse
reprimirse

traspaso
s. **paso** (V.)
cruzamiento (V.)
cruce
franqueo
trasposición
s. **transferencia** (V.)
cesión (V.)
abandono
venta
traslado
traspasamiento
transmisión
renuncia
entrega
legado
herencia
s. **ardid** (V.)
astucia
sutileza
sagacidad
picardía
s. **dolor** (V.)
aflicción
angustia
pena (V.)
congoja
tormento
suplicio
tribulación
s. ayunar al traspaso
a. *permanencia*
quietud
retención
permanencia
ingenuidad
alegría

traspellar
(V. **cerrar**)
(puertas, libros, mano, alas, etc.)

traspié
s. topetazo
topetón
resbalón (V.)
tropezón (V.)
desliz
deslizamiento
s. error
confusión
equivocación (V.)
yerro
pifia
disparate
omisión
gazapo
desacierto (V.)
indiscreción (V.)
s. **zancadilla** (V.)
estorbo
s. dar un traspié
a. *evitación*
acierto
claridad
juicio
sensatez
discreción
facilidad

traspillar-se
s. **traspellar** (V.)

s. **desfallecer** (V.)
languidecer
extenuarse (V.)
agotarse
debilitarse

a. *abrir*
fortalecerse
reanimarse

traspintarse
(V. **engañarse)**
(V. **transparentarse)**

traspiración
(V. **transpiración)**

traspirar
(V. **transpirar)**

trasplantar-se
s. **plantar** (V.)
replantar
mudar
cambiar
esquejar
desquejar
trasponer
transportar
traspasar
remover

s. **trasladar** (V.)
poner
colocar
implantar (V.)

s. intervenir
operar (V.)

s. **desarraigarse** (V.)
desplazarse
trasladarse
mudarse

(V. **trasplante)**

a. *permanecer*
quedar
fijar
arraigar

trasplante
s. transplante
cambio (V.)
mudanza
remoción
permuta
traspaso
extirpación (V.)
implantación (V.)
colocación

s. **intervención** (V.)
(cirugía)
operación

a. *permanencia*
conservación
mantenimiento

trasponer
s. **atravesar** (V.)
salvar
franquear
traspasar
cruzar

a. *quedarse*

traspontín
s. trasportín
traspuntín
sillín (V.)
silla plegable
sillón
suplementario

trasportín
(V. **asiento)**
(suplementario)

traspunte
(V. **apuntador)**

traspuntín
(V. **traspontín)**

(V. **nalgas)**

trasquila
(V. **trasquiladura)**

trasquilado
s. esquilado
pelado (V.)
chamorro
rapado
corto (pelo)

s. menoscabado
incompleto (V.)
reducido
acortado

r. Ir por lana y salir trasquilado

(V. **trasquiladura)**

a. *largo*
melenudo
crecido
completo
aumentado

trasquiladura
s. trasquila
esquiladura
esquila
esquileo
peladura
trasquilón
corte (V.)

s. **menoscabo** (V.)
reducción
disminución

a. *aumento*
incremento

trasquilar
s. marcear
esquilar (V.)
tusar
chamorrar
cortar (V.)
rapar (V.)
pelar
motilar
decalvar

s. **menoscabar** (V.)
disminuir
acortar
reducir
descabalar (V.)
mermar

(V. **trasquiladura)**

a. *aumentar*
completar
incrementar

trasquilimocho
s. trasquilado
tonsurado
rapado (V.)
afeitado

s. pérdida
menoscabo (V.)
disminución

a. *peludo*
melenudo
aumento

trasquilón
s. **trasquiladura** (V.)
chapucería
(corte pelo)
escalera
escalón

s. a trasquilones

a. *perfección*
(corte pelo)

trasroscarse
(V. **pasarse)**
(de rosca)

trastabillado
s. trastrabillado
confuso (V.)
desconcertado
trastocado
desconcertado (V.)
revuelto (V.)
enrevesado
turbio
mezclado

a. *ordenado*
claro

trastabillar
s. trastrabillar
tropezar (V.)

s. tambalear
titubear
vacilar (V.)

s. tartajear
tartamudear (V.)
trabarse (la lengua)
farfullar
balbucear

a. *evitar*
salvar
eludir
afirmarse
asegurarse

trastada
s. **fechoría** (V.)
faena
pillería
pillada
bribonada
picardía
putada
tunantada
canallada (V.)
barrabasada
jangada
judiada
bellaquería
trastería
porquería
villanía
truhanería
mala pasada

s. **travesura** (V.)
diablura
broma

s. **jugada** (V.)
jugarreta
estafa
informalidad

a. *favor*
atención
beneficio
consideración
seriedad
servicio

trastajo
(V. **trasto)**

(V. **inutilidad)**

trastazo
s. **golpe** (V.)
batacazo (V.)
golpetazo
costalada
porrazo
testarazo
topetazo
trancazo
varapalo
golpazo
coscorrón
topetón
morrada
trompazo
cabezada
molondrón
topetada

a. *caricia*
cuidado

traste
s. **trasto** (V.)
inutilidad

s. **saliente** (V.)
(mástil instrumentos música)

s. irse al traste
dar al traste con

a. *utilidad*
empleo
importancia

trastear
a. desordenar
enredar (V.)
revolver
trastocar
embrollar
menear
cambiar
desordenar
zascandilear

s. **tocar** (V.)
(guitarra, bandurria, etc.)

s. **torear** (V.)
dar pases con la muleta

s. **manejar** (V.)
(a alguien)
conducir
dominar
mandar
influir

s. **entretener** (V.)
engañar (V.)

s. **ingeniarse** (V.)
hablar (con ingenio)
encandilar (V.)

(V. **trasteo)**

a. *ordenar*
fracasar
frustrar
aburrir

trastejo
(V. **ajetreo)**

(V. **confusión)**

trasteo
s. **toreo** (V.)
pase
capotazo
muletazo
engaño (V.)

trastería
(V. **trastada)**

(V. **inutilidades)**

(V. **desechos)**

trastero
s. **desván** (V.)
altillo
leonera
guardilla
camarote
cámara

a. *utilidad*
importancia
formal
serio
juicioso
sensato

trastienda
s. **rebotica** (V.)
rebotija

s. **astucia** (V.)
cautela
manejo
política
cacumen
chirumen
malicia (V.)
tapujo
mano izquierda
recámara
reserva (V.)

a. *ligereza*
descuido
torpeza
desmaña

trasto, s
s. **cachivache** (V.)
cacharro
trebejo
armatoste
artefacto
chisme (V.)
bártulo
chirimbolo
juguete (V.)
ñaque
basura
cafetera rusa
chocolatera
cascajo
matraca
carraca
muérgano
féferes
tarantín
triques
maritatas
corotos
enredo
tareco
trastajo
traste

s. **mueble** (V.)
enser
utensilio (V.)
herramienta
útil
artefacto (V.)
avío
apero

s. tarambana
chisgarabís
informal (V.)
bullebulle
zascandil
títere
mequetrefe
tarabilla
botarate (V.)
alocado
engarnio
inútil (V.)
maula

s. **espada** (V.)
(toreo)
muleta (V.)

s. ser un trasto
tirarse los trastos a la cabeza
tomar los trastos

trastocado
s. **trastornado** (V.)
revuelto (V.)
desordenado
desorganizado
revolucionado
cambiado
alterado
desarreglado

a. *ordenado*
organizado
arreglado
calmo

trastocar-se
(V. **trastornar-se)**

(V. **desordenar)**

trastornado
s. **trastrocado** (V.)
revuelto
alterado
leso
trastocado (V.)
invertido (V.)
trabucado
confundido

s. **loco** (V.)
confuso
avergonzado
azarado
perturbado (V.)
ebrio
desconcertado
despistado
chiflado
chalado
guillado
excéntrico
enloquecido
enajenado
desquiciado
faltoso
extraviado
ido
tocado
aletargado
neurasténico
neurótico
lunático

s. disgustado
apesadumbrado
apesarado
pesaroso
desasosegado (V.)
inquieto
dolido
angustiado (V.)

(V. **trastorno)**

a. *juicioso*
ordenado
cuerdo
alegre
contento
calmo
sosegado
tranquilo

trastornar-se

s. **trastocar** (V.)
trastrocar
confundir (V.)
revolver (V.)
desordenar
trabucar
mezclar
desarreglar (V.)
embrollar (V.)
trasmudar
alterar
deshacer
perturbar
turbar
enredar (V.)
traspapelar
invertir
desarticular
desalinear
desbarajustar
descompaginar
estorbar
estropear
desorganizar
desaviar
desbaratar
deshacer
desquiciar
empeorar
perturbar

s. revolucionar
tumultuar
amotinar
alborotar (V.)
sublevar
perturbar
turbar
alterar
extorsionar
enturbiar
subvertir (V.)
sacudir
insurreccionarse
alzarse

s. inquietar
angustiar (V.)
apenar (V.)
disgustar
afligir
emocionar (V.)
conmover
desasosegar
aturdir
conturbar
disturbar
excitar
impresionar (V.)
molestar
nublar (V.)
obscurecer
estorbar

s. **frustrar** (V.)
fracasar
venirse abajo algo

s. **enamorarse** (V.)
apasionarse (V.)
gustar mucho de
aficionarse
azararse
enloquecer por
chiflarse por

s. **enloquecer** (V.)
extraviarse
chalarse
chiflarse
guillarse
disparatar (V.)
desvariar
perturbarse
hacer números
subirse por las paredes
perder la cabeza
perder la chaveta
perder el seso
perder la razón
salirse de sus casillas
sacar de quicio

(V. **trastorno**)

a. *clarificar*
aclarar
ordenar
organizar
articular
compaginar
arreglar
perfeccionar
hacer
mejorar
acatar
someter
aplastar
sujetar
dominar
contrarrestar
animar
consolar
aplacar
calmar
aquietar
tranquilizar
favorecer
alcanzar
conseguir
triunfar
razonar
desilusionarse
desapasionarse
moderarse

trastorno

s. **locura** (V.)
chifladura
guilladura
extravío (V.)
chaladura
excentricidad (V.)
perturbación (V.)
confusión
trabucación
desarreglo (V.)
desasosiego
trastrueque
desazón
destemple
enloquecimiento (V.)

s. **revolución** (V.)
conturbación
asonada
disturbio (V.)
tumulto
motín
subversión
levantamiento
alboroto
alzamiento
insurrección
desorden

s. angustia
pena
dolor
contrariedad
tristeza
inquietud
inconveniente (V.)
perjuicio
conflicto
dificultad (V.)
obstáculo
fastidio
embrollo
complicación (V.)
irregularidad
anomalía
alteración

s. fechoría
jaleo
barrabasada
zalagarda
catástrofe (V.)
huracán
novedad
conmoción (V.)
sacudida
desquiciamiento
destrozo (V.)
disparate
atrocidad
daño (V.)
crisis
desastre
extorsión
estropicio
desaguisado
perjuicio
estrapalucio
zafarrancho
trastada
desbarajuste
desorden
inconveniencia
el diluvio
sorpresa (V.)
estrago
disturbio
intranquilidad
riza
trapatiesta

s. **molestia** (V.)
ahogo
asfixia
ansiedad
asma
agonía
fatiga
desmayo
apnea
congoja
insuficiencia
jadeo
mareo (V.)
opresión
parestesia
prolapso
sofocación
taquicardia
vuelco
desmayo
bostezo
lipotimia
crepitación
disnea
indisposición (V.)
infarto
trombosis
jaqueca
alergia
amenorrea
menopausia
andropausia
cólico
cianosis
estertor
fiebre
grano
inflamación (V.)
irritación (V.)
linfatismo
necrosis
mixedema
edema
opilación
petequia
sarpullido
rubefacción
tos
estornudo
urticaria
usagre
vómito
sopor
tisuria
retroversión
cromaturia
festinación
flema
grano
insolación
leucocitosis
nube
ronquera
retortijón
seborrea
sarrillo
sonambulismo
soroche
telaraña
uremia
vegetaciones
varices
paquidermia
oscitación
estupor

s. trastorno mental

a. *razón*
juicio
sensatez
cordura
claridad
sosiego
calma
quietud
temple
orden
acatamiento
sometimiento
obediencia
consuelo
consolación
alegría
optimismo
ventaja
beneficio
facilidad
regularidad
tranquilidad
paz
quietud
bendición
suerte
normalidad

trastrabarse

(V. **trabarse**) (lengua)

(V. **farfullar**)

trastrabillar

(V. **trastabillar**)

trastrocado

s. prepóstero
invertido
trastocado
trastornado
vuelto
revuelto
loco
trocado
confundido
cambiado

(V. **trastrocamiento**)

a. *justo*
recto
correspondiente
propio

trastrocamiento

(V. **trastrueque**)

trastrocar

s. **trastornar** (V.)
invertir
cambiar (V.)
revolver
voltear
desordenar
invertir
mudar
girar
confundir (V.)
trocar
transformar (V.)

(V. **trastrocamiento**)

a. *enderezar*
ordenar
organizar
permanecer
conservar
mantener

trastrueque

s. trastrocamiento
cambio (V.)
inversión
trastorno (V.)
trueque
confusión (V.)
volteo
preposteración
giro

a. *conservación*
invariabilidad
ordenación
claridad

trastulo

s. **juguete** (V.)
diversión
pasatiempo (V.)
trebejo
muñeco

trasudación

(V. **transpiración**)

trasudar

(V. **sudar**)

(V. **transpirar**)

trasuntar

s. verter
trasladar (V.)
copiar (V.)
transcribir

s. compendiar
resumir (V.)
epilogar
extractar
recopilar
abreviar
recapitular
sintetizar

(V. **trasunto**)

a. *crear*
imaginar
ampliar

trasunto

s. transcripción
copia (V.)
reproducción
imitación
calco
representación
remedo
imagen (V.)

s. **resumen** (V.)
compendio
síntesis
esquema
abreviación
recapitulación
extracto
epílogo

a. *original*
creación
ampliación

trasvasación

(V. **trasvase**)

trasvasar

s. transvasar
trasmudar
trasegar (V.)
envasar (V.)
trasfundir
transfundir
abocar
debrocar
embrocar
decantar
embudar
trasladar (V.)
destilar
zaquear
embotellar

(V. **trasvase**)

a. *retener*
conservar
guardar
mantener

trasvase

s. transvase
trasvasación
transvasación
trasiego (V.)
filtración
decantación
transfusión (V.)
trasfusión
transfundición
extravasación
envase
embotellamiento
derramamiento
traslado (V.)
paso
desviación
cambio

a. *retención*
conservación
mantenimiento

trasvenarse

(V. **derramarse**)

(V. **esparcirse**)

trasver

(V. **atisbar**)

(V. **entrever**)

trasversal

(V. **transversal**)

trasverter

(V. **rebosar**) (líquidos)

trasvinarse

s. verterse
rezumar (V.)
traspasar
trasladar
salirse (V.)
filtrarse
recalarse

s. inferirse
traslucirse (V.)
trascender
notarse

a. *retener*
contenerse
celarse
ocultarse

trasvolar

(V. **sobrevolar**)

trata

s. **tráfico** (V.)
comercio (V.)
negociación
trato
manejo
alcahuetería (V.)
prostitución (V.)

s. trata de blancas
comercio de esclavos
trata de negros

tratable

s. **sociable** (V.)
amable (V.)
cordial
deferente
afable
simpático (V.)
educado
correcto
cortés
atento
delicado
obsequioso
fino
agradable
cumplido
considerado
caballeroso
accesible
mego
esparcido
campechano
alegre
franco
llano (V.)
sencillo

(V. **trato**)

a. *intratable*
desabrido
antipático
grosero
insociable
descortés
incorrecto

tratadista

s. **erudito** (V.)
especialista (V.)
experto
técnico
perito
autor (V.)

(V. **tratado**)

tratado

s. **acuerdo** (V.)
convenio
pacto (V.)
arreglo
ajuste
alianza
negociación (V.)
trato
contrato
compromiso
capitulación
documento (V.)
cambalache
conchabanza
conchabamiento
concordato
cuasicontrato
changa
conjura
complicidad (V.)
juego
componenda
concierto
estipulación

s. asamblea
conferencia (V.)
sesión
consejo
conversación
entrevista (V.)
contacto
diálogo
conversación

s. discurso
escrito
conferencia
libro (V.)
obra
texto
tríptico
ensayo
manual (V.)
cartilla
monografía
breviario
enciclopedia
curso
compilación
epítome
prontuario (V.)
extracto
resumen
compendio (V.)
suma
síntesis
catecismo
elementos
centiloquio
enquiridión
digesto
fundamentos
prolegómenos
instituta
tesauro
tesoro
vademécum

s. **asunto** (V.)
tema
cuestión
problema
tesis
negocio

a. *desacuerdo*
desavenencia
diferencia
ruptura
ausencia
silencio
incomparecencia

tratamiento

s. **medicación** (V.)
régimen
cura (V.)
administración
receta (V.)
psicoterapia
indicación
proceso
procedimiento

s. honores
prerrogativas
dignidad (V.)
respeto (V.)
cortesía
trato (V.)
título
ceremonia
reverencia
gracia

s. alteza
merced
señoría
don
usía
vuecencia
vuecelencia
excelencia
excelentísimo
ilustrísimo
eminentísimo
vuestra merced
usía ilustrísima
alteza real
su eminencia
vuestra señoría
usarced
serenidad
majestad
beatitud
augusto
celsitud
fidelísimo
ilustrísima
gentilhombre
caballero
hidalgo
lord
magnífico
monseñor
reverencia
reverendísimo
reverendo
señor
señoría
santidad
serenísimo
vuesamerced
vueseñoría
caridad
compadre
comadre
cristianísimo
eminencia
fray
frey
gracioso
hermano
lady
milady
milord
safí
madama
maese
merced
seó
seor
señorito
sir
sire
sor
usted
vos
venerable
paternidad
beatísimo padre
primo
usencia
usarced
useñoría
tío
tu
tata
taita
discreto

s. **saludo** (V.)
antefirma (V.)

s. apear el tratamiento

tratante

(V. **comerciante**)

(V. **traficante**)

tratar-se

s. convenir
acordar
pactar
manejar
usar
disponer
pretender
proceder
intentar
ajustar
comprometerse
concertar
estipular
promover
ensayar
gestionar
tramitar
procurar
negociar (V.)
trajinar
manipular
cuidar (V.)
comerciar
conducir
dirigir
guiar
regir

s. **relacionarse** (V.)
comunicarse
conversar
codearse (V.)
intimar
conocerse
visitarse
rozarse
amistar-se (V.)
familiarizarse
alternar (V.)
frecuentar
platicar
introducir
meterse
presentarse
ser sociable
tratar con
estar al habla
ponerse en relaciones
hablar con
entrar en sociedad
entrar en el mundo
estar a bien con
estar en buena armonía
conocer a
tener mano con
tener vara alta con
ser de la camarilla de
estar con
hacerse amigo de
quererse bien
estar enamorado de
hacerse novios
encariñarse con

s. **asistir** (V.)
cuidar (V.)
atender
mangar
operar
aplicar
utilizar
someter
portarse
comportarse
conducirse

s. disputar
conferir
consultar
deliberar
considerar
examinar
estudiar
profundizar (V.)
referirse
discurrir
pensar (V.)
escribir
hablar
versar (V.)
comunicarse

s. llamar
nombrar (V.)
tutear
hablar de
señorear
hermanear
primear
vocear
titular

s. medicinarse
recetarse
ponerse a régimen
observarse
vigilarse

s. tratar de loco
tratar por separado un asunto
tratar bien o mal

(V. **trato**)

(V. **tratamiento**)

a. *desconvenir*
discordar
disentir
discrepar
romper
aislarse
enemistarse
alejarse
enfadarse
separarse
ignorarse
descuidar
desatender
rechazar
silenciar

trato

s. **acuerdo** (V.)
pacto
partido
convenio
convención
contrato (V.)
transacción (V.)
negociación
feria
arreglo
cambalache
amasijo

s. amistad
acceso
relación (V.)
frecuentación
sociabilidad (V.)
entrada
camaradería
unión
roce
confianza (V.)
intimidad (V.)
familiaridad
inteligencia
comprensión
coexistencia
comercio
compadrería
correspondencia
privanza
tarjeteo
comunicación
compañía
gracia
naturalidad
convivencia
contacto
mundología (V.)
mundo
sociedad (V.)
compañerismo

s. cortesía
tratamiento (V.)
título

s. trato de gentes
casa de trato
gente de trato
trato de cuerda
trato carnal
trato doble
trato hecho
trato de nación más favorecida
dar trato
cerrar el trato
¡trato hecho!
romper el trato
no querer tratos con alguien
hacer buenos o malos tratos a alguien

a. *desacuerdo*
desavenencia
ruptura
enemistad
hostilidad
insociabilidad
descortesía

trauma

(V. **traumatismo**)

traumatismo

s. **contusión** (V.)
golpe
cardenal
herida (V.)
lesión (V.)
mortificación
trauma
cardenal
equimosis
moretón
excoriación
erosión
magulladura
desolladura
laceración
llaga
descalabradura
dislocación
fractura
mutilación

a. *indemnidad*

traversa

(V. **estay**) (cabo)

través (al)

s. **inclinación** (V.)
sesgo (V.)
oblicuidad
torcimiento
atravesamiento

s. **desgracia** (V.)
infortunio
revés (V.)
fatalidad

s. **travesaño** (V.)
madero
puntal
muro
parapeto

s. a través
dar al través
echar al través
de través
ir al través
mirar uno de través
de reojo

a. *horizontalidad*
derecho
recto
suerte
fortuna

travesaño

s. travesero
riostra
larguero
travesaña
traviesa
viga
madero
barra (V.)
barrote
cencha
chambrana
montante
cuadral
cuadrante

s. **almohada** (V.)
cabezal

s. al través

travesear
s. niñear
enredar (V.)
jugar
revolver
revolotear
retozar (V.)
trebejar
triscar
juguetear
diablear
picardear
zarabutear
zaragutear
hacer de las suyas
hacer diabluras
tener el diablo en el cuerpo
ser de la piel de Barrabás
ser el mismo demonio
s. **discurrir** (V.)
ingeniárselas
tener ingenio
s. **enviciarse** (V.)
pervertirse
malcriarse
ser desenvuelto
tener malas costumbres
(V. **travesura**)
a. *aquietarse*
aburrirse
pararse
moralizarse
regenerarse

travesía
s. **calle** (V.)
callejuela
callejón
calleja
costanilla
paso
tránsito
cruce
camino
atajo
s. **viaje** (V.)
traviesa
navegación
itinerario
trayecto
recorrido
crucero (V.)
s. torcimiento
torcedura
inclinación (V.)
s. **paga** (V.)
(marino)
viático
a. *rectitud*
derechura
enderezamiento

travestido
(V. **disfrazado**)

travestir-se
(V. **disfrazar-se**)

travesura
s. **diablura** (V.)
juego
jugueteo
trastada (V.)
jugada
enredo (V.)
barrabasada (V.)
chiquillada (V.)
barraganada
picardía (V.)
desobediencia
torería
mocedad (V.)
rebeldía
calaverada
pillería
rubiera
rapazada
muchachada
s. viveza
sutileza
sagacidad
astucia (V.)
agudeza
desenfado
descaro
ingenio
agrado
s. **bullicio** (V.)
alboroto
inquietud
retozo (V.)
atrevimiento
desenvoltura
informalidad
alegría (V.)
a. *quietud*
seriedad
ingenuidad
comedimiento

traviesa
s. **travesía** (V.)
s. **apuesta** (V.)
polla
puesta
s. **madero** (V.)
durmiente
travesaño (V.)
viga
cencha
larguero
s. **armadura** (V.)
(arq.)
pared maestra (V.)
(arq.)

travieso
s. **agitador** (V.)
diablo
endiablado
diablillo
diablejo
juguetón (V.)
niño
pícaro
turbulento
revoltoso
enredador
revuelto
inquieto (V.)
saltarín
vivaracho
saltapardales
saltaparedes
bullicioso
endemoniado
retozón
rematado
empecatado
revesado
enrevesado
atravesado
zaragutero
zarabutero
trasto
desobediente (V.)
alocado
indino
escandaloso
malo (V.)
fierabrás
zarandillo
tarabilla
mataperros
diabólico
manifacero
barrabás
descarado
rebelde (V.)
indócil
revuelto
turbulento (V.)
endemoniado
guerrero
saltabardales
danzante
condenado
retozador
díscolo
duende
maldito
informal (V.)
tremendo
trasguero
trasgo
alegre
de la piel del diablo
s. **perturbador** (V.)
intrigante (V.)
muñidor
s. **malicioso** (V.)
sagaz (V.)
sutil
ingenioso (V.)
agudo
perspicaz
listo
astuto
s. **vicioso** (V.)
deshonesto
lujurioso (V.)
sensual
pervertido
corrompido
libidinoso
disoluto
s. de travieso
línea de travieso
(V. **travesura**)
a. *formal*
serio
grave
bueno
triste
cabizbajo
apagado
pacífico
tranquilo
sentado
juicioso
dócil
obediente
pacificador
claro
ingenuo
cándido
torpe
derecho
puro
virtuoso
honesto

trayecto
s. trecho
trozo
espacio (V.)
tramo (V.)
recorrido
etapa (V.)
tirada
paseana
s. **ruta** (V.)
viaje
itinerario (V.)
trazado (V.)
trayectoria
carrera
distancia
avance
marcha
camino (V.)
jornada
travesía

trayectoria
s. **camino** (V.)
trayecto
carrera
derrota
órbita (V.)
dirección (V.)
línea
itinerario
s. **conducta** (V.)
proceder
orientación
actuación
ejecutoria

traza
s. **aspecto** (V.)
apariencia (V.)
porte
facha
figura
cara
pelaje
pinta
s. **indicio** (V.)
modo
viso (V.)
signo
marca (V.)
talle
huella
pista
s. medio
recurso (V.)
sistema
procedimiento (V.)
treta
plan (V.)
manera
arbitrio
invención
habilidad (V.)
maña
ingenio
manera
s. **plano** (V.)
esbozo
trazado
esquema
planta
gráfico (V.)
boceto
dibujo
proyecto (V.)
s. darse buenas trazas
gente de traza
por las trazas
llevar trazas de
echar trazas
a *ausencia*
desconocimiento
torpeza

trazado
s. dibujo
diseño (V.)
plano (V.)
plan
arreglo
proyecto (V.)
replanteo
s. **trayecto** (V.)
itinerario
dirección
camino
carretera
recorrido (V.)
(V. **trazo**)

trazador
s. **diseñador** (V.)
tracista
organizador
planificador (V.)
organizador
(V. **trazado**)

trazar
s. **señalar** (V.)
marcar
indicar
apuntar
puntualizar
especificar
detallar
pormenorizar
replantear
s. representar
dibujar (V.)
bosquejar
rayar
diseñar (V.)
esbozar
pergeñar
disponer
tantear
organizar
planear
planificar
delinear
perfilar
pintar
calcar
reproducir
abocetar
s. **describir** (V.)
explicar
exponer (V.)
formular
relacionar
definir
s. **idear** (V.)
proyectar (V.)
inventar
imaginar (V.)
madurar
fraguar
reglar
forjar
hilvanar
maquinar
elucubrar
(V. **trazado**)
a. *omitir*
olvidar
generalizar
callarse
abstenerse
inhibirse

trazo
s. **línea** (V.)
rasgo (V.)
rasgueo
trazado
signo
raya (V.)
delineación
pincelada
plumada
plumazo
marca
perfil (V.)
señal
adorno
lista
estría
marca
tilde
tachadura (V.)
palote
letra
caligrafía
ringorrango
s. **carácter** (V.)
fisonomía (V.)
facción
semblante
rasgo (V.)
s. **pliegue** (V.)
(ropaje)
s. trazo magistral
dibujar al trazo

trazumarse
(V. **rezumarse**)

treballa
s. **salsa** (V.)
s. almendras
ajos
pan
huevos
especias
agraz
azúcar
canela

trébede, s
s. **trípode** (V.)
pie
soporte (V.)
aro
sostén
base
moza
mozo
atifle
maripérez
s. gloria
habitación (caldeada)
hipocausto
calefacción (V.)

trebejar
(V. **travesear**)
(V. **jugar**)

trebejo, s
s. accesorios
utensilios (V.)
herramientas
útiles
instrumentos
juguetes
avíos
bártulos (V.)
aparejos
corotos
maritatas
cacharpas
aperos
s. piezas de **ajedrez** (V.)
s. **diversión** (V.)
solaz
pasatiempo
s. **burla** (V.)
chanza
a. *aburrimiento*
seriedad

trébol
s. **planta** (V.)
(herbácea)
meliloto
trifolio
carretonera

(cont.)

s. **cruce** (V.) (de carreteras)

s. trébol hediondo
trébol de cuatro hojas
trébol oloroso

s. buscar el trébol

trece (estar en sus)

s. emperrarse
obstinarse (V.)
entercarse
no dar su brazo a torcer
empeñarse
porfiar
encastillarse

a. *ceder*
allanarse

trecha

(V. **ardid**)

trechear

(V. **transportar**)

trecho

s. **recorrido** (V.)
trayecto
tramo
espacio (V.)
distancia (V.)

s. **tiempo** (V.)
tracto
intervalo (V.)
transcurso

s. **campo** (V.)
trozo (terreno)
parcela (V.)

s. **pedazo** (V.)
porción
trozo
parte

s. de trecho en trecho
a trechos
del dicho al hecho hay mucho trecho

a. *conjunto*
totalidad

trefe

s. **ligero** (V.)
fino
flojo
endeble (V.)
fofo
sutil
vaporoso

s. **falso** (V.)
fingido
ilegal
ilegítimo
adulterino
fementido
supuesto

a. *fuerte*
denso
grueso
legítimo
auténtico
verdadero

trefilar

s. **estirar** (V.) (alambres)
adelgazar (alambres)
reducir (diámetro alambres)

tregua

s. **armisticio** (V.)
paréntesis
interrupción (V.)
parada
cesación
alto el fuego
alto
suspensión
suspensión de armas
aplazamiento (V.)
vacación
licencia
asueto
espera
pausa
descanso (V.)
respiro
intervalo
intermisión
clara
jolito
inducia
ocio
vado
demora
reposo
calma

s. dar tregua

a. *actividad*
trabajo
lucha
movimiento
ininterrupción
prosecución
reanudación

tremante

(V. **tembloroso**)

tremar

(V. **temblar**)

tremebundo

s. **aterrador** (V.)
horrible
espantoso
espantable
horroroso
tremendo (V.)
terrible (V.)
terrorífico
horripilante
truculento
torvo
impresionante
espeluznante
despeluznante
pavoroso
horrífico
formidable
espantable
temible
estremecedor
trémulo
temblante
tembloqueante

a. *agradable*
atractivo
atrevido
grato
sosegador
amable

tremedal

s. **pantanoso** (V.)
marjal
tremadal
trampal
blando
fangal
cenagal (V.)
tolla
barrizal
lamedal
lapachar
fangoso
tembladera
tembladero
tembladal

a. *seco*
duro

tremendismo

s. **realismo** (V.)
crudeza
literatura (V.)

a. *idealismo*
romanticismo

tremendo

s. **tremebundo** (V.)
terrible (V.)

s. **grande** (V.)
enorme
formidable
gigantesco
titánico
fabuloso
colosal
fenomenal
ciclópeo
imponente
excesivo
extraordinario (V.)
monumental
pistonudo
pasmoso
épico
asombroso
inaudito
prodigioso

s. **atroz** (V.)
sorprendente

s. **travieso** (V.)
juguetón
endemoniado

s. echar la tremenda
echar por la tremenda

a. *diminuto*
pequeño
minúsculo
insignificante
vulgar
formal

trementina

s. **aceite** (V.)
miera
trebentina

s. aguarrás
pez
resina (V.)

s. trementina de Quío
trementina de Venecia

tremielga

(V. **torpedo**) (pez)

tremó

(V. **marco**) (de espejo)

trémol

(V. **chopo**)

tremolante

s. fluctuante
flotante
movedizo
ondulante (V.)
ondeante
flameante

a. *quieto*
fijo

tremolar

s. ondular
ondear (V.)
flamear
agitar (V.)
trepidar
enarbolar
abalar
agitar
vibrar
fluctuar
flotar
mover
columpiar
mecer
sacudir
campear

s. **ostentar** (V.)
mostrar
enseñar

a. *detenerse*
pararse
inmovilizarse
ocultar
celar
hurtar a
esconder
recatar

tremolina

s. **jaleo** (V.)
bulla
escándalo (V.)
alboroto
gresca
trapatiesta
zalagarda
confusión
trifulca
algazara
bullicio
tiberio
algarabía
zarabanda
pelea
riña (V.)
tumulto

s. silbido (del aire)
rugido
viento (V.)
torbellino (V.)

a. *paz*
quietud
calma
silencio
sosiego

trémolo

(V. **repetición**) (de notas musicales)

tremor

(V. **temblor**)

trémulo

s. temblante
temblequeante
tremulento
tembloroso (V.)
tremente
tremulante
trepidante
temblón
trépido
estremecido
vibratorio
tembloso

s. agitado
vacilante
epiléptico
convulso
palpitante
nervioso
neurótico
asustado (V.)
temeroso

(V. **temblor**)

a. *tranquilo*
impávido
impasible
ecuánime
firme
valeroso

tren

s. **bagaje**
aparejo
organización (V.)
aparato
prevención
expedición
instrumentos
útiles
máquinas

s. ostentación
pompa
lujo (V.)
fausto (V.)
ringorrango
exhibición
magnificencia
aparato
suntuosidad (V.)

s. carruajes
funicular
vagones
convoy
coches
coches-cama
mercancías
furgón
ferrocarril (V.)
locomotora

s. tren de mercancías
tren botijo
tren ascendente
tren descendente
tren correo
tren de escala
tren taf
tren talgo
tren carreta
tren directo
tren expreso
tren especial
tren mixto
tren ordinario
tren de cercanías
tren ómnibus
tren rápido
tren regular
tren sanitario

s. tren de aterrizaje
tren de vida
a todo tren

a. *sencillez*
humildad
sobriedad

trena

(V. **cárcel**)

trenca

(V. **abrigo**)

(V. **raíz**) (cepas)

trencilla

s. galón
galoncillo
cinta (V.)
ribete
hiladillo
trencillo
trencellín
cintillo
feladiz
tejillo

s. **árbitro** (V.) (fútbol)

treno

(V. **lamentación**)

(V. **canto**) (fúnebre)

trenza

s. **coleta** (V.)
cola de caballo
guedeja
ristra (V.)
cimpa
enrame
trenzado
entretejedura
simpa
chapa
chape
soguilla
cimba
trena
crezneja
huango
rata
mechón
vellón
greña
bucle
rizo
tirabuzón
moño
rodete
trama
melena
pelo (V.)
postizo

trenzado

(V. **trenza**)

(V. **cabriola**) (caballos)

trenzar-se

s. urdir
trabar
tramar
entretejer (V.)
entrelazar
tranzar
entrenzar
enramar
hacer trenzar
acalabrotar
encordelar

(V. **trenza**)

a. *desenlazar*
deshacer

trepa

s. pirueta
voltereta (V.)
salto
brinco
cabriola
vuelta del carnero

s. **adorno** (V.)
guarnición
reborde

(cont.)

s. aguas (en la madera)
irisaciones (en la madera)
ondulaciones (en la madera)

s. **ardid** (V.)
malicia
astucia
artimaña
dolo
estafa
engaño (V.)
chasco
martingala
fraude
manganilla
zancadilla
maturranga
trampa (V.)
estratagema
burla
mosqueta
trápala
magaña
treta

s. zurra

s. **subida** (V.)
escalada

(V. **trepanación**)

a. *inmovilidad*
inercia
ingenuidad
candidez
autenticidad
honradez
caricia
bajada
descenso

trepado

s. **subido** (V.)
alzado
escalado

s. horadado
taladrado (V.)

s. retrepado
echado (V.)
arrellanado
cómodo

s. fornido
fuerte (V.)
vigoroso
rehecho
robusto (V.)

a. *erguido*
tieso
débil
enclenque

trepador

s. **escalador** (V.)
alpinista

s. **arribista** (V.)
tramposo (V.)
astuto
interesado
trepante

trepadora

s. **planta** (V.) (trepadora)
yedra
hiedra
enredadera
pasionaria
madreselva
bejuco
liana
cazuz

s. **taladradora** (V.)

trepanación

s. trepa
perforación (V.)
taladramiento
horadamiento
penetración
agujereamiento

s. **operación** (V.) (cirugía)
intervención (cirugía)

a. *obturación*
suturación
cierre

trepanar

s. taladrar
esquilar
horadar
agujerear
perforar (V.)
penetrar
trepar (V.)
subir (V.)
encaramar
gatear
operar (cirugía)
intervenir

(V. **trepanación**)

a. *cerrar*
obturar
suturar

trépano

s. barrena
perforador
taladro (V.)
escariador
broca (V.)
fresa

(V. **trepanación**)

trepar-se

s. **subir** (V.)
ascender (V.)
encaramarse (V.)
montar
reptar
serpentear
escalar (V.)
gatear (V.)
engarabitarse
engarriarse
esquilar
esgulilar
resquilar
alzarse

s. **encumbrarse** (V.)
triunfar (V.)
conseguir
progresar
mejorar
franquear

s. **trepanar** (V.)
abrir
calar
barrenar

s. **crecer** (V.) (plantas)
agarrarse
enredarse (V.)
emparrarse

s. **retreparse** (V.)
arrellanarse
echarse
tumbarse
tenderse
acostarse

(V. **trepa**)

a. *bajar*
descender
fracasar
frustrarse
cerrar
obturar
suturar
tapar
desenredarse
menguar
erguirse
enderezarse
levantarse

trepidación

s. **temblor** (V.)
conmoción
agitación
vibración (V.)
meneo
convulsión
traqueteo
sacudida
tembleque
estremezo
palpitación
rehilo
sacudimiento

a. *quietud*
impasibilidad
firmeza

trepidante

s. **tembloroso** (V.)
trémulo
trépido
vibratorio (V.)
vibrante (V.)
traqueteante
tembloqueante
convulso
agitado (V.)
palpitante
estremecido
agitado

s. **vertiginoso** (V.)
veloz
rápido
dinámico (V.)
incesante
violento

(V. **trepidación**)

a. *sereno*
fijo
quieto
apacible
inmóvil
lento
suave

trepidar

s. **temblar** (V.)
estremecerse
agitar
vibrar (V.)
rehilar
palpitar (V.)
sacudirse
traquetear
retemblar
vacilar
castañetear
moverse

s. tiritar
tremolar (V.)

(V. **trepidación**)

a. *serenarse*
aquietarse
sosegarse

tres

s. trifurcación
tricotomía
trío
terceto
trinca
triunvirato
trilogía
trienio
trimestre
trinidad
trinomio
terna
triduo
trino
triple
tríplica
tercio
tercero

s. ni a la de tres
regla de tres
ni a tres tirones
tres en raya
no ver tres en un burro
como dos y tres son cinco
buscarle tres pies al gato
de tres al cuarto
tres sietes
¡qué tres pies para un banco!
las tres Marías
cada dos por tres
en un dos por tres
decir cuántas son tres y dos
y tres más
compás de tres por cuatro

tresabuelo

(V. **tatarabuelo**)

tresdoblar

(V. **trasdoblar**)

tresdoble

(V. **triple**)

tresillo

s. sofá
butacas
asiento (V.)
conjunto

s. **juego** (V.) (baraja)
calzón
emperrada

s. **sortija** (V.)
anillo
aro
joya
alhaja

tresnal

(V. **treznal**)

tresnar

(V. **arrastrar**)

treta

s. **ardid** (V.)
astucia
trecha
alicantina
sutileza
habilidad (V.)
artimaña
garatusa
engaño
recurso
truco
estafa
trampa (V.)
martingala
estratagema
chasco
sacabocado
socaliña
manganilla
zambullida
zangamanga
maturranga
añagaza
fingimiento
celada
artificio
trepa
baruca
fraude

s. **finta** (V.) (esgrima)
engaño (V.)
mentira (V.)
recurso
treta de la manotada
treta del arrebatar
treta del llamar
treta del tajo rompido
treta del tentado

s. dar en la treta

a. *sinceridad*
honradez
torpeza

tretero

s. tramposo
engañador
taimado (V.)
astuto (V.)
marrullero
estafador
marrero

(V. **treta**)

a. *sincero*
noble
ingenuo
cándido

treznal

s. tresnal
pila
haz (V.)
montón
garbera
mies (V.)
fajina

tría

s. **selección** (V.)
escogimiento
apartadijo
detracción
elección
preferencia
opción
clasificación (V.)

a. *indistinción*
indeterminación
indiferencia

triaca

s. teriaca
helenio
antídoto (V.)
remedio (V.)
preparado (farmacia)
prevención

a. *veneno*

triángulo

s. **ángulo** (V.)
figura (V.)
geometría (V.)
polígono (V.)
s. base
altura
lados
cateto
coseno
hipotenusa
secante
cosecante
cotangente
tangente
seno
mediana
perpendículo
ángulo
vértice
bisectriz

s. triángulo equilátero
triángulo isósceles
triángulo escaleno
triángulo rectángulo
triángulo acutángulo
triángulo obtusángulo o ambligonio
triángulo oblicuángulo
triángulo ortogonio
triángulo plano
triángulo orcheliano
triángulo cuadrantal
triángulo austral
triángulo boreal
triángulo esférico
triángulo curvilíneo
escuadra
cartabón
frontón
nesga
enjuta
delta
deltoides
cuchillo

triar

s. **seleccionar** (V.)
preferir
escoger
elegir
separar (V.)
entresacar (V.)
reservar
cerner
eliminar (V.)
clasificar
abalear
apartar
optar

(V. **tría**)

a. *desechar*
tirar
retener

tríbada

(V. **lesbiana**)

tribadismo

(V. **lesbianismo**)

tribal

s. tribual
familiar (V.)
primitivo (V.)
salvaje
común

(V. **tribu**)

a. *ajeno*
extraño
civilizado
moderno

tribu
s. clan
familia (V.)
cábila
horda
pueblo
agrupación
grupo
estirpe
casta
caterva
raza (V.)
linaje
cáfila
fratría

tribual
(V. **tribal**)

tribuente
(V. **contribuyente**)

tribuir
(V. **contribuir**)

tribulación
s. **atribulación** (V.)
desgracia (V.)
angustia
pena (V.)
agonía
dolor
disgusto
adversidad
amargura (V.)
sufrimiento
tormento
congoja (V.)
desasosiego
preocupación (V.)
pesadumbre
sinsabor
turbación
desventura
persecución
disgusto

a. *suerte*
alegría
fortuna
sosiego
dicha
ventura
consuelo
despreocupación
indiferencia
frialdad

tríbulo
s. **abrojo** (V.)
pésame (V.)
condolencia
pesar
duelo

a. *parabién*
felicitación
congratulación

tribuna
s. **cátedra** (V.)
grada
plataforma (V.)
estrado
tablado
palenque
púlpito (V.)

s. **galería** (V.)
asientos

tribunal
s. **juzgado** (V.)
justicia (V.)
judicatura
jurado (V.)
dataría
auditoría
foro
fuero
corte
sala
consejo
relatoría
parlamento
cortes
senado
congreso
cancillería
fiscalía
almirantazgo
vicaría
curia
Rota
inquisición
sanedrín
supremo
mesa
magistratura
areópago
audiencia
chancillería
consulado
Casa de Contratación de las Indias
Consejo Real
Consejo de Castilla
Consejo del Reino
Consejo de Indias
Santa Hermandad
Palacio de Justicia
curia romana
diván
pretorio
provisorato
las Salesas
signatura
Tribunal de Dios

s. banquillo
barra

s. acuerdo
acusación
amonestación
apercibimiento
auto
denuncia
enjuiciamiento
exhorto
extradición
incomunicación
purgación
reconvención
apremio
embargo
interdicto
litigio
querella
pleito (V.)
casación
alegación
alegato
audiencia
causa
juicio (V.)
comparecencia
comparición
desistimiento
mandamiento
fallo
veredicto
recurso
competencia
compurgación
conclusión
declaración
confesión
demanda
diligencia
indagatoria
indagatorio
oimiento
providencia
pronunciamiento
requerimiento
requisitoria
resolución
testimonio
prueba
instrucción
informe
contestación
consejo de guerra
cuantía
contumacia
declinatoria
interrogatorio
pesquisa
petición
espera
dúplica
arbitraje
sentencia (V.)
secreta
sumaria
sumario
querella
atestado
autos
edicto
escrito
pedimento
suplicatorio
suplicatoria
traslado
procedimiento
vía
instancia
grado
costas
expensas

s. careo
examen de testigos
delito (V.)
atentado
alevosía
arrebato
allanamiento
premeditación
nocturnidad
obcecación
desprecio de sexo
circunstancia atenuante
circunstancia agravante
circunstancia eximente
coartada
legítima defensa
alibí
castigo (V.)
culpa

s. tribunal de Cuentas
tribunal Supremo
tribunal de casación
tribunal de justicia
tribunal de exámenes
tribunal colegiado
tribunal ad quem
tribunal a quo
tribunal de instancia
tribunal de garantías constitucionales
tribunal de orden público
tribunal de la sentencia
tribunal de la penitencia
tribunal de la conciencia
tribunal de las aguas
tribunal tutelar de menores
tribunal de honor
tribunal de la Rota

s. tribuno
juez (V.)
juez de hecho
fiscal
magistrado
árbitro
abogado (V.)
auditor
relator
procurador
ponente
curial
escribano
alguacil
policía judicial
oficial
ujier
paje
testigo (V.)
acusado
corchete
jurado
ministro
mufti
picapleitos
provisor
ordinario
plumista
secretario judicial
visitador
sayón
acusador
querellante
declarante
procesado
cómplice (V.)
pleiteante
pleiteador
requirente
autor
compareciente
consorte
coacusado
denunciador
denunciante
litigante
demandador
demandante
demandado
encartado
litigante
encubridor (V.)
reo
parte

s. **juzgar** (V.)

tribunicio
(V. **elocuente**)

tribuno
s. **magistrado** (V.)
abogado

s. **orador** (V.) (político)

s. tribuno de la plebe

(V. **tribunal**)

tributación
(V. **tributo**)

tributar
s. **pagar** (V.)
contribuir (V.)
entregar
cotizar
pechar
gravar
repartir
amillarar
apremiar
cargar
empadronar
declarar
encomendar
derramar
feudar
acensuar
tallar
abonar
liquidar
depositar
apechugar

s. **dedicar**
consagrar
profesar (V.)
sentir (V.)

(V. **tributo**)

a. *retener*
adeudar
debitar
eximir
omitir
regatear
esquivar

tributario
s. **súbdito** (V.)
sumiso
dependiente
sujeto
vasallo
feudatario

s. tributante
contributivo (V.)
contribuyente (V.)
arancelario
tributable
alcabalatorio
rentero
vicesimario

s. **afluente** (V.)
confluente
secundario

(V. **tributo**)

a. *independiente*
exonerado
principal
exento

tributo
s. **contribución** (V.)
tributación
gabela
diezmo
arbitrio
derrama
censo (V.)
canon
emolumento
carga
impuesto (V.)
pecho
pechería
portazgo
pasaje
peaje
pontazgo
castillaje
derecho
consumos
fábrica
aduanas
media
capitulación
anata
sinodático
catastro
pedido
manlleva
azaque
subsidio
alfarda
alajor
gravamen (V.)
entrega
pago
pedido
cuota (V.)
catastro
arancel
garrama
servicio
exacción (V.)
infurción
conducho
derecho
primicia
tasa
dacio
patente (V.)
renta
vasallaje
repartimiento
alcabala
puertas
inquilinato
parias
prestación personal
herencia
transmisión de bienes
patrimonio
contingente
amillaramiento
cupo
almojarifazgo
acequiaje
botillería
carneraje
cántaro
recuaje
bovaje
contribución urbana
contribución territorial
contribución rústica
derechos reales
judería
muna
pregonería
robla
robda
roda
valimiento
vajilla

s. timbre
póliza (V.)
sello

s. **hacienda** (V.)
fisco (V.)
fielato
aduana
tesorería

s. recargo
apremio
moratoria
ocultación
declaración de renta
recaudación

s. **dedicación** (V.)
homenaje (V.)
ofrecimiento
ofrenda
consagración
deber
obligación
compromiso (V.)
servidumbre
responsabilidad
deber
exigencia

a. *exención*
desgravamiento
descargar
omisión
olvido
ingratitud
irresponsabilidad

triciclo
(V. **bicicleta**)

triclinio
(V. **diván**)
(V. **lecho**)

tricornio
(V. **sombrero**)

tricot
(V. **punto**)
(labor de)

tricotomía
(V. **división**)
(V. **clasificación**)
(V. **tres**)

tridente
s. **arpón** (V.)
fisga
cetro
horquilla
tenedor

triforio
s. **galería** (V.)
(iglesia)
corredor
pasillo
ventanal
arquería

trifulca
(V. **riña**)

trifurcación
(V. **división**)
(V. **tres**)

trigal
s. **campo** (V.)
trigos
era
sembrado
(V. **trigo**)

trigo
s. **planta** (V.)
(gramínácea)
semilla
pan
trilla (V.)
siembra (V.)
grano
cereal (V.)
espiga
mies

s. dinero
caudal
riqueza (V.)
hacienda

s. candeal
cuchareta
álaga
azulenco
carraón
hembrilla
cascaruleta
escanda
escalla
mijo
ceburro
fiñana
jijona
cañivano
tremés
alforfón
fanfarrón
bascuñana
trigo cascalbo
trigo cañihueco
trigo alonso
trigo aristado
trigo azul
trigo moreno
trigo berrendo
trigo chamorro
trigo durillo
trigo duro
trigo lampiño
trigo garzul
trigo mocho
trigo marzal
trigo pelón
trigo moro
trigo peloto
trigo raspudo
trigo piche
trigo trechel
trigo rubión
trigo sarraceno
trigo salmerón
trigo redondillo
trigo otoñal
trigo seruendo
trigo de invierno
trigo zorollo
trigo de marzo
trigo racimal
trigo del milagro
trigo durillo
trigo duro
trigo de Polonia
trigo de Bona
trigo bornero
trigo lampiño
trigo melar

s. **triguero** (V.)

s. **sémola**
majado
frangollo
covín
cáscara
cascabillo
paja
argaya
harina
salvado
ahechadura
tranquillón
mestina
morcajo
mitadenco
triguillo
morcacho
fisga
farro
escalla
carraón
escaña
escanda
espelta

s. paja
centella
alcaor
mote
hongo

s. granero
alhóndiga
almudí
hórreo
depósito
silo

r. No es lo mismo predicar que dar trigo • No digas que tienes trigo hasta que lo hayas cogido ■ Por mucho trigo nunca es mal año ■ Trigo y cebada, plata quebrada ■ Trigo centenoso, pan provechoso ■ Ni parva en el trigo, ni sospecha en el amigo ■ El trigo encamado llena tu doblado ■ Tras poca cosecha, ruin trigo

a. *pobreza*
penuria
indigencia

trigueño
s. **moreno** (V.)
dorado
tostado
castaño

a. *pálido*
blanco

triguero
s. harnero
criba (V.)
cernedor
cedazo

s. trigo (variedades)
frumentario
frumenticio
candeal
albarigo
albarico
albarejo
desraspado
derraspado
cañivano
raspinegro
arisblanco
arisprieto
arisnegro
ceburro
aventurero
espélteo
tritíceo
(V. **trigo**)

trilogía
(V. **conjunto**)
(V. **tres**)

trilla
s. **recolección** (V.)
trigla
trilladura
abaleo
paleo
despajo
despajadura
traspaleo
avienta
aparvamiento
apaleo
labor
laboreo
faena

s. **granzas**
paja (V.)
ahechaduras
tamo
barcia
echaduras
rabera
terraguero
terrero
rabo

s. **era** (V.)
ejido
alera
terrizo

s. **parva** (V.)
greña
muelo
fraile
parvero
parvada
pez

s. **trillo** (V.)

s. **trillar** (V.)

trilladera
(V. **trilladora**)

trillado
s. **manoseado** (V.)
manido
resobado
sobado (V.)
gastado
usado
vulgar (V.)

s. conocido
sabido (V.)
corriente
visto
trivial (V.)
común
(V. **trilla**)

a. *original*
nuevo
desconocido
inédito
extraordinario

trillador
s. **aventador** (V.)
trillique
acarreador
trilladora (V.)
(V. **trilla**)

trilladora
s. trilladera
trillo
trillador
aventadora
rastrillo
dental
cambiza
aparradero
allegador
allegadera
cañizo
manal
mayal
recogedor
garrote
lenzuelo
bieldo
andaraje
aparvadero
sarria
rastra
tiratrillo
cambizo

s. máquina
trilladora
tambor
parrilla
tolva
varillas
criba
ventilador o soplante
empacadora
prensa
elevador de gavillas
boca
desgranador
sacudidores
cilindros machacadores
segadora trilladora
(V. **trilla**)

trilladura
(V. **trilla**)

trillar
s. retrillar
sembrar (V.)
aparvar
abatear
abieldar
plegar
voltear
tornear
separar
aventar (V.)
abalear
balear
palear
apalear
emparvar
esparvar
traspalar
cambizar
tornear
allegar
rastrillar
despajar
desraberar
desemparvar
soplar
cortar
bieldar
amuelar
ablentar

s. menudear
hollar
frecuentar
acostumbrar (V.)
cursar
ser árido
aburrir
seguir el mismo camino
maltratar (V.)
humillar
pisotear
quebrantar
escarnecer
aplastar
despreciar
(V. **trilla**)
(V. **mies**)

a. *encumbrar*
enaltecer
ensalzar

trillo
s. renzuelo
bieldo (V.)
cambiza
sarria
allegadera
trilladora (V.)
(V. **trilla**)

trinado
(V. **trino**)

trinar
s. gorgoritar
cantar (V.)
gorjear (V.)
hacer trinos

s. **rabiar** (V.)
enfurecerse (V.)
airarse
bufar
encenderse
mugir
rugir
irritarse
pernear
patalear
impacientarse
(V. **trino**)

a. *callarse*
tranquilizarse
amainarse
apaciguarse

trinca
s. **atadura** (V.)
(marina)

s **trío** (V.)
terceto
terna
trinidad
triunvirato
(V. **tres**)

trincaesquinas
(V. **barreno**)

trincafía
(V. **atadura**)

trincapiñones
(V. **botarate**)

trincar
s. apretar
oprimir
sujetar (V.)
trinchar (V.)
atar (V.)
ligar (V.)
ensogar
encordelar
lazar
retener
trabar
asegurar

s. **beber** (V.)
libar
apurar
escanciar
potar
chingar
tragar
refrescar

s. **apresar** (V.)
encarcelar
enchiquerar

a. *desligar*
desatar
aflojar
liberar
devolver
abstenerse

trincha
s. **ajustador** (V.)
(pantalones, chaleco, etc.)
ceñidor
pretina (V.)
tirillas

s. orejas
hebilla
botón

trinchante
(V. **tenedor**)
(V. **trinchero**)

trinchar
s. trocear
dividir (V.)
cortar (V.)
trincar (V.)
sajar
entrecortar
partir
desmenuzar
rebanar
romper
seccionar
capolar

(cont.)

s. **decidir** (V.)
mangonear (V.)
disponer
solventar
solucionar
arreglar

a. *suturar*
dejar
abandonar
someterse
inhibirse
obedecer

trinchera
s. resguardo
defensa (V.)
parapeto
zanja (V.)
reparo
abrigo
contraaproches
baluarte
posición
antestadura
terraplén

s. **gabardina** (V.)
impermeable
chubasquero

a. *descubierta*
desamparo

trinchero
s. trinchante
aparador
armario
mueble (V.)
alacena
despensa
vasar
estante
estantería
trincheo

trinchete
s. chaira
cuchilla (V.)
lezna
navaja

trineo
s. troika
vehículo (V.)
deslizador
tobogán
carricoche
carruaje

s. patines
esquíes

trinidad
s. trimurti
hipóstasis
coigualdad

s. triunviro
triunvirato
trío (V.)
terna

s. Santísima
Trinidad

trino
s. **canto** (V.)
gorgorito (V.)
gorjeo
trinado
gorgoriteo
llamada
ternario
triple (V.)

s. coeterno
coigual
hipostático
paraclético
espirativo
unitario (V.)

(V. **trinidad**)

a. *silencio*
separado

trinquete
s. lengüeta
gatillo
gancho (V.)
traba
garfio
uñeta
diente
freno (V.)
varilla
carraca
linguete

s. **aldabilla** (V.)

s. **mástil** (V.)
verga (V.)
vela (V.)

trío
s. terceto
terna
trinca
trinidad
triunvirato
grupo (V.)
conjunto

(V. **tres**)

triodo
s. tríodo
diodo
díodo
lámpara (V.)
(termoiónica)

s. ampolla
tubo
metálico
cátodo o filamento
ánodo o placa
rejilla
electrodos

tripa, s
s. **vientre** (V.)
barriga
panza
andorga
abdomen
estómago
baúl
mondongo

s. **vísceras** (V.)
intestinos
cordilla
bandullo
tubo digestivo

s. **interioridad** (V.)
meollo
entraña
relleno (V.)
secreto

s. **callos** (V.)
zarajo (V.)
revoltillo
mondongo
tripicallos

s. **embarazo** (V.)
bulto

s. **documentos** (V.)
documentación

s. **abultamiento** (V.)
(vasijas)
relieve
bulto
ensanchamiento

s. tripa de cagalar
sacar las tripas
salírsele a uno las tripas
echar las tripas
reirse las tripas
hacer de tripas corazón
revolver a uno las tripas
sacar la tripa de mal año
gruñido de tripas
gruñir las tripas
¿qué tripa se le habrá roto?
retortijón de tripas
tripas llevan piernas
llenar la tripa
tripa de fraile
sin tripas ni cuajar

r. Tripa vacía, corazón sin alegría ■ Tripa llena, ni bien huye, ni bien pelea

a. *delgadez*
exterioridad
escurrimiento

tripada
s. comilona
hartazgo (V.)
hartada
atracón
panzada
empacho
llenura
repleción

(V. **tripa**)

a. *hambre*
necesidad
sobriedad

tripanosis
(V. **encefalitis**)
(letárgica)

tripanosoma
(V. **protozoario**)

tripanosomiasis
(V. **tripanosis**)

tripartición
(V. **división**)

tripartir
(V. **dividir**)

tripastos
(V. **aparejo**)

tripe
s. **tejido** (V.)
felpa
moqueta
terciopelo

tripero
(V. **faja**)

(V. **comerciante**)

tripicallero
s. casquero
comerciante (V.)

s. **quincallero** (V.)
trapero (V.)
chamarilero
ropavejero

(V. **tripicallos**)

tripicallos
(V. **callos**) (guiso)

triple
s. trasdoblo
tresdoblo
trestanto
triplo
tríplice
múltiplo (V.)
multiplicativo
trino

triplicar
s. trasdoblar
tresdoblar
multiplicar (V.)
reproducir
aumentar
copiar

(V. **triplo**)

a. *dividir*
sustraer
restar

tríplice
(V. **triple**)

triplo
(V. **triple**)

trípode
s. **trébede(s)** (V.)
soporte
base (V.)
basamento
sustento
sostén
base
pedestal
armazón (V.)
banquillo (tres pies)
mesa (tres pies)
pebetero (tres pies)

tripón
(V. **tripudo**)

tríptico
s. **tabla** (V.) (triple)
tablilla (triple)
pintura (V.)
(triple)
grabado (triple)
dibujo (triple)

s. **tratado** (V.)
(tres partes)
escrito
(tres partes)
libro (tres partes)

tripudiante
(V. **danzarín**)

tripudiar
(V. **danzar**)

tripudio
(V. **danza**)

tripudo
s. barrigón
barrigudo
tripón
ventrudo
panzudo
gordinflas
gordinflón
tonel
rechoncho
gordo (V.)
fofo

(V. **tripa**)

a. *delgado*
esbelto

tripulación
s. **marinería** (V.)
dotación
equipo
gente
equipaje (V.)
personal
marinaje
rol
nómina

tripulante
s. **marinero** (V.)
marino
navegante
piloto
miembro
dotación

(V. **tripulación**)

tripular
s. **dotar** (V.)
(de tripulantes)
proveer
integrar
componer
(dotación)

s. **servir** (V.)
trabajar

s. **manejar** (V.)
marinar
conducir (V.)
dirigir

(V. **tripulación**)

trique
s. **traquido** (V.)
estallido
explosión
ruido
estampido
disparo
tiro
trueno

s. a cada trique

a. *silencio*
calma

triquina
s. **gusano** (V.)
(nematelminto)
helminto
parásito (V.)

s. triquinosis

triquiñuela
s. **ardid** (V.)
argucia
evasiva
astucia
circunloquio
efugio
escapatoria
trata
trepa
maturranga
magancería
subterfugio (V.)
asidero
pretexto (V.)
simulación
falsedad
enredo
embrollo
supercheria (V.)
truco
picardía
embeleco
engaño (V.)
artimaña
habilidad

a. *torpeza*
inhabilidad
autenticidad
franqueza
nobleza

tris
s. **sonido** (V.)
ruido
golpe

s. **momento** (V.)
soplo
instante
santiamén
periquete
apenas
pelo (V.)
casi nada
poco

s. **caso** (V.)
situación
trance
suceso
episodio

s. en un tris
tris tras

a. *silencio*
persistencia
eternidad

trisca
(V. **jaleo**)

(V. **bulla**)

triscar
s. **retozar** (V.)
chozcar
travesear
jugar
juguetear
trebejar
corretear

s. **enredar** (V.)
desordenar
mezclar
confundir
embrollar
enmarañar

s. **crujir** (V.)
sonar

(cont.)

s. **torcer** (V.)
(dientes sierra)
doblar
(dientes sierra)
afilar
(dientes sierra)
ensanchar
(dientes sierra)

s. **patalear** (V.)
patear

a. *sosegar*
aquietarse
ordenar
aclarar
silenciar

trisecar
(V. **dividir**)

trisección
(V. **división**)

trismo
(V. **contracción**)
(muscular)

(V. **rigidez**)
(muscular)

triste
s. entristecido
mustio (V.)
marchito
mohíno
desmarrido
apesadumbrado
pesaroso (V.)
afligido
taciturno
acongojado
abatido (V.)
desconsolado
inconsolable
aflicto
atristado
ojeroso
sombrío
maganto
contristado
quejoso
compungido
conturbado
dolorido
amarrido
mustio
murrio
penado
apenado (V.)
disgustado
malhumorado
saturno
saturnino
alicaído (V.)
lloroso
cariacontecido
tristón
nostálgico
melancólico (V.)
descontento
malcontento
lagrimoso
lagrimable
lacrimoso
lacrimeante
cabizbajo
cacoquimio
maciIento
aliquebrado
amargo
nubloso
dolido
hipocondríaco
atormentado
angustiado
desamparado
atribulado
doliente
torturado
desesperado
desdichado
infeliz
cuitado
apesarado
pesimista (V.)
apagado
gris
lúgubre
agobiado
angosto
desmarrido
cetrino
consternado
contristado
contrito
deprimido
deshecho
descorazonado
deprimido
desalentado
pocho
pachucho
plañidero
trasojado
sumancio

s. infausto
deplorable (V.)
desgraciado
lamentable
funesto (V.)
desventurado
doloroso
lúgubre
luctuoso
angustioso
trágico (V.)
aciago (V.)
infortunado
penoso (V.)
penado
abrumador
lloroso
flébil
aflictivo
patético
fúnebre
tétrico
elegíaco
enojoso
agobiador
agobiante
insoportable
deprimente
desagradable
sombrío (V.)
negro
lluvioso (V.)
opaco
murrio
lastimero
tenebroso
cacoquímico
mortuorio
tétrico (V.)

s. pequeño
insignificante
insuficiente
ineficaz
despreciable
mezquino

s. ni un(a) triste
cosa o sucedido

(V. **tristeza**)

a. *alegre*
contento
optimista
feliz
satisfecho
satisfactorio
gozoso
jubiloso
exultante
regocijado
jovial
alborozado
eufórico
jarifo
jocundo
rozagante
consolado
bienhumorado
riente
sonriente
risueño
dichoso
venturoso
feliz
despierto
plausible
afortunado
soportable
animador
claro
soleado
eficaz
grande
importante
considerable
apreciable
suficiente

tristeza
s. tristura
desolación (V.)
congoja
afligimiento
entristecimiento
pena (V.)
sentimiento
añoranza (V.)
suspiro
desplacer
mesticia
ansia
molestia
tribulación
amargura (V.)
compunción (V.)
patetismo
congoja
consternación
taciturnidad
quebranto
sinsabor
cuita
sufrimiento
duelo
melancolía (V.)
noche (V.)
lobregez (V.)
angustia (V.)
murria (V.)
morriña (V.)
amargor
mal humor
desconsuelo
desánimo (V.)
abatimiento
languidez
nostalgia (V.)
hipocondría
desgracia (V.)
pesadumbre
peso
luto
dolor (V.)
aflicción (V.)
consternación
desconsuelo
ahogo
vacío (V.)
agonía
tortura
traspaso
drama
tormento
clavo
duda
desamparo
desdicha
desesperación
abatimiento
contrición
sinsabor
quebranto
sufrimiento
cancamurria
moña
pesar
pesimismo (V.)
zangarriana
lástima
saudade
sensación
engurrio
sombras
negrura
vía crucis

r. Las tristezas del corazón salen al rostro

a. *alegría*
contento
optimismo
satisfacción
felicidad
dicha
ventura
fortuna
suerte
favor
gozo
júbilo
regocijo
jovialidad
jocosidad
alborozo
euforia
consolación
risa
sonrisa
animación
claridad

tristón
(V. **triste**)

tristura
(V. **tristeza**)

triturable
s. **rompible** (V.)
desmenuzable (V.)
machacable
magullable
majable
moledero
pulverizable

s. **masticable** (V.)
mascable

(V. **trituración**)

a. *irrompible*

trituración
s. **molienda** (V.)
moledura
molimiento
molturación
machacamiento (V.)
machacadura
masticación
machucamiento
majado
majadura
majamiento
magullamiento
compresión
granulación
desmenuzamiento (V.)
demolición
desintegración
pulverización

s. **maltrato** (V.)
molestia
crítica (V.)
censura

a. *elogio*
enaltecimiento
halago

triturado
s. **molido** (V.)
machacado
pulverizado
aplastado
roto (V.)
desintegrado
desmenuzado
deshecho
rallado
disgregado

(V. **trituración**)

a. *entero*
íntegro
indemne
salvo
completo

triturador
s. moliente
molturador
molino (V.)
molar
molinillo
batidora
desintegrador
trapiche
pulverizador
trituradora
machacadora
mortero (V.)
rallador
rodillo
rollo
rulo

(V. **trituración**)

triturar
s. **picar** (V.)
reducir
desmenuzar (V.)
disgregar
desmoronar
mascar
deshacer
quebrantar
romper (V.)
machacar (V.)
machucar
majar
moler (V.)
aplastar
pulverizar (V.)
granular
empergar
prensar
molturar
repicar
remoler
comprimir
chascar
arrepistar
magullar
demoler
desintegrar
cascar
cascamajar
chancar
desgranzar
machar
masticar (V.)
rallar
partir
hacer añicos

s. **maltratar** (V.)
abusar
criticar (V.)
censurar
vejar
importunar
molestar
encocorar
ofender

(V. **trituración**)

a. *rehacer*
integrar
construir
agradar
alabar
ensalzar
considerar
cuidar

triunfador
s. dominador
campeón
victorioso (V.)
triunfante
triunfal
vencedor
superante
radiante
invicto
glorioso
debelador
aventajado
ganancioso
ovante
invencible
arrollador
conquistador

(V. **triunfo**)

a. *derrotado*
vencido
sometido
perdedor

triunfal
s. **triunfante** (V.)
triunfador
invicto
victorioso
apoteósico (V.)
exitoso
apoteótico
radiante
clamoroso
glorioso
inmarcesible
brillante
heroico (V.)

s. arco triunfal
llegada triunfal

(V. **triunfo**)

a. *vencido*
vulgar
despreciable

triunfante
(V. **triunfador**)

triunfar
s. **conquistar** (V.)
vencer (V.)
derrotar (V.)
ganar
superar
batir
consagrarse
sobrepujar
debelar
prosperar (V.)
prevalecer
cuajar
conseguir
lograr (V.)
arrollar
reducir
someter
aventajar
abatir
derrocar
dispersar
rechazar

(cont.)

quebrar
dominar (V.)
aplastar
imponerse (V.)
deshacer
trepar (V.)
desbaratar
quedar victorioso
salir vencedor
cantar victoria
estar por encima
sacar ventaja
llegar el primero
llevarse tras sí
llevar la mejor parte
poner en fuga
marchar delante
ganar el premio
abrirse paso
situarse
ganar terreno
cosechar laureles
llevarse la palma
batir el récord

s. **gastar** (V.)
derrochar (V.)
dilapidar
despilfarrar
malgastar
tirar el dinero
gastar con ostentación

(V. **triunfo**)

a. *perder*
encogerse
someterse
achicarse
frustrar
fracasar
alzarse
rebelarse
retener
escatimar
economizar
ahorrar

triunfo

s. **éxito** (V.)
laurel
palma
premio (V.)
corona
victoria (V.)
debelación
lauro
laureola
ganancia
dominio
conquista
vencimiento
ovación
cuartel
epinicio
superación
prosperidad (V.)
superioridad
consecución
logro
eminencia
notabilidad
brillo
esplendor
auge
predominio
distinción
dominación
coronación
consagración (V.)
honra
celebridad
aureola
culminación
remate
copo
gloria (V.)
fama

s. **despojo** (V.)
trofeo (V.)
botín

s. burro
juego (V.)
baraja (V.)

s. costar un triunfo
en triunfo

a. *derrota*
pérdida
fracaso
frustración
desprecio
anonimato
inferioridad
sometimiento
subyugación
esclavitud
apagamiento
crisis

triunvirato

s. junta
magistratura
gobierno (V.)
trío (V.)
terna
trinca
terceto

(V. **tres**)

triunviro

s. **magistrado** (V.)
gobernador
gobernante (V.)

(V. **triunvirato**)

trivial

s. corriente
sabido
conocido
trillado (V.)
sobado
elemental (V.)
manido (V.)
manoseado
común
popular
chabacano
ramplón
adocenado
vulgar (V.)
pedestre
ordinario
populachero
bajo
prosaico
usual
trasnochado

s. **ligero** (V.)
banal
insignificante
superficial (V.)
frívolo (V.)
pueril (V.)
baladí
nimio
infantil
fútil
vano
anodino
huero
epidérmico
vacío
hueco
insubstancial
intrascendente

(V. **trivialidad**)

a. *original*
extraordinario
diferente
único
especial
raro
exótico
extraño
sorprendente
complejo
exquisito
fundamental
importante
profundo
hondo
trascendente
substancial

trivialidad

s. **fruslería** (V.)
nimiedad
insignificancia (V.)
minucia
nonada
frivolidad (V.)
insubstancialidad
intrascendencia
infantilismo
paja
bicoca
bagatela
necedad
bobada
tontería
superficialidad
vacuidad
puerilidad
futilidad
futesa
pijotería
ligereza (V.)
chuchería
friolera
banalidad

s. ordinariez
impertinencia
grosería
ramplonería
chabacanería (V.)
chocarrería
charrería
zampoña
prosaísmo
prosa
tópico
camino trillado
lugares comunes
vulgaridad (V.)
grosería (V.)
elementalidad

a. *importancia*
trascendencia
profundidad
hondura
exquisitez
finura
delicia
delicadeza
originalidad

trivio

(V. **encrucijada**)

(V. **enseñanza**) (gramática, retórica y dialéctica)

triza

s. **pizca** (V.)
migaja
pellizco
pulgarada
partícula
chispa
jirón
ápice
molécula
miga
menudencia
insignificancia (V.)
trozo (V.)
pedazo
porción
fragmento
porción
parte (V.)

s. hecho trizas
hacer trizas algo
hacer trizas a alguien

a. *todo*
totalidad
integridad
abundancia
sobra
importancia

trizar

s. **romper** (V.)
destrizar
destrozar (V.)
estrella
trocear
trozar
despedazar (V.)
desmenuzar
destruir
deshacer
escacharrar
hacer trizas
hacer añicos
hacer pedazos

(V. **triza**)

a. *arreglar*
unir
componer
hacer

trocable

s. **permutable** (V.)
cambiable
intercambiable
canjeable
conmutable
mudable

(V. **trueque**)

a. *intransferible*
fijo
permanente

trocado

s. **cambiado** (V.)
permutado
conmutado (V.)
compensado
canjeado
renovado

(V. **trueque**)

a. *permanente*
fijo

trocamiento

(V. **trueque**)

trocánter

(V. **abultamiento**) (en huesos)

trocar-se

s. **cambiar** (V.)
canjear (V.)
permutar (V.)
cambalachear
trujamanear
intercambiar
negociar
transferir
trapichear

s. **convertir** (V.)
transformar (V.)
mudar
cambiar
invertir
transfigurar

s. **vomitar** (V.)
arrojar
devolver
basquear
provocar
cambiar la peseta
echar las tripas

s. **equivocar** (V.)
tergiversar (V.)
desfigurar
alterar
disfrazar
trastocar

s. **punzón** (V.)
pincho
trépano

s. trocarse los papeles
trocarse el amor en odio

(V. **trueque**)

a. *permanecer*
mantener-se
sostener-se
conservar-se
quedar-se
continuar
seguir
retener
reprimir-se
tragar-se
aclarar
clarificar

trocatinte

(V. **tornasol**)

trocear

(V. **dividir**)

(V. **partir**)

troceo

(V. **división**)

(V. **partición**)

trocla

(V. **polea**)

trócola

(V. **polea**)

trocha

s. camino
vereda
atajo (V.)
sendero (V.)
fragosidad
derrota
travesía
ramal
hijuela
ceja
reventadero
desvío

a. *rodeo*
vuelta

trochemoche (a)

s. a lo loco
desatinadamente
por los cerros de Úbeda
disparatadamente
absurdamente (V.)
sin pies ni cabeza

a. *sensatamente*

trofeo

s. **triunfo** (V.)
galardón (V.)
premio (V.)
recompensa
laurel
palma
corona
palmarés

s. **botín** (V.)
despojo
resto
lucro
ganancia

s. **monumento** (V.)
señal
insignia (V.)
recuerdo
evocación
memoria
conmemoración

s. armas
panoplia (V.)

a. *derrota*
pérdida
olvido

troglodita

s. troglodítico
cavernario (V.)
cavernícola
paleolítico
neolítico
hombre de las cavernas
antediluviano
prehistórico (V.)

s. **bárbaro** (V.)
tosco (V.)
grosero
salvaje
cruel
rudimentario
elemental

s. **insociable** (V.)
intratable
solitario
hosco
hostil

s. **glotón** (V.)
comilón

a. *actual*
moderno
delicado
fino
sociable
abstemio

troglodítico

(V. **troglodita**)

troika

(V. **trineo**)

(V. **vehículo**)

troj, e

(V. **granero**)

trola

(V. **mentira**)

trole

s. **pértiga** (V.)
vara
mástil

s. polea
cuerda
muelles

s. **tranvía** (V.)
trolebús (V.)

s. tomar el trole

s. **músico** (V.)

s. **juguete** (V.)
peón
peonza (V.)
trompo
romanina
galdrufa
tanguillo

s. **hocico** (V.)
nariz (V.)

s. aparato chupador
prolongación muscular
espiritrompa

s. **borrachera** (V.)

s. trompa de Eustaquio
trompa de Falopio
trompa de caza
trompa gallega

a trompa tañida

a trompa y talega

trolebús
(V. **vehículo**)

(V. **autobús**) (eléctrico)

trolero
(V. **mentiroso**)

tromba
s. **tifón** (V.)
ciclón
torbellino
manga (V.)
tempestad
borrasca
remolino (V.)
vorágine
tornado
embudo
espiral

s. tromba de agua

a. *calma*

trombo
(V. **coágulo**) (sangre)

trombón
s. sacabuche
instrumento (música)

s. trombón de varas
trombón de contralto
trombón de tenor
trombón de bajo
trombón de contrabajo

s. trombón de pistones
trombón de contralto
trombón de tenor
trombón de bajo

trombosis
s. **trastorno** (V.)
obstrucción
taponamiento
angina de pecho
infarto
vena (V.)

(V. **trombo**)

trompa
s. **instrumento** (V.) (música)
trompeta
bocina
caracola
cuerna
cuerno
birimbao
turullo
fotuto

trompada
s. embestida
tropezón (V.)
encontrón
trompis
empentón
trompicón
trompazo
choque (V.)
encontronazo (V.)
golpe (V.)
topetón
tropezón
topetazo
pechugón

s. **puñetazo** (V.)
bofetada
bofetón
porrazo
tortazo
puñada
sopapo
mojicón
trompis
moquete
soplamocos
torniscón

a. *evitación*
suavidad
caricia
mimo
cuidado

trompar
(V. **engañar**)

trompazo
s. **golpe** (V.)
caída (V.)
trompón
cabezazo

s. cachiporrazo
porrazo (V.)
trancada
tabanazo
manotazo
varapalo
codazo
cachiporrada
trompada

a. *caricia*
cuidado
mimo
precaución

trompero
(V. **engañoso**)

trompeta
s. **instrumento** (V.) (música)
corneta
clarín
cuerno
cornetín
trompetilla
trompa
flauta (V.)
añafil
sacabuche
tararí
bototo

s. **músico** (V.)

s. **hombrecillo** (V.)
insignificante
despreciable (V.)
miserable

s. trompeta bastarda
trompeta de amor (girasol)

a. *importante* (hombre)
poderoso

trompetada
(V. **clarinada**)

(V. **inoportunidad**)

trompetazo
s. clarinada
trompetada
clangor
estridencia (V.)
pitada
pitido
chiflido
toque (V.)
llamada (V.)
sonido (V.)

(V. **trompeta**)

a. *silencio*

trompicar
(V. **tropezar**)

trompicón
(V. **tropezón**)

trompillar
(V. **tropezar**)

trompis
(V. **trompada**)

trompo
s. trompa
trompón
peón (V.)
peonza
perinola
zaranda
galdrufa
juguete

s. **torpe** (V.)
inhábil
bolo

s. jugar al trompo
bailar el trompo
ponerse como un trompo

a. *hábil*
astuto

trompón
(V. **trompo**)

(V. **narciso**)

tronada
s. **tempestad** (V.)
borrascada
braveza
tronido
trueno (V.)

a. *serenidad*
calma
bonanza

tronado
s. usado
ajado (V.)
marchito
mustio
deteriorado (V.)
roto
raído
estropeado
maltrecho
sobado
manido
manoseado
gastado (V.)
maltrecho

s. **pobre** (V.)
arruinado
esquilmado
arruinado (V.)
de capa caída

a. *nuevo*
floreciente
flamante
intacto
enriquecido
poderoso

tronante
(V. **atronador**)

tronar
s. atronar
tonar
resonar (V.)
retumbar
estallar
detonar (V.)
rugir
mugir

s. **maldecir** (V.)
jurar
despotricar (V.)
invectivar
apostrofar
atacar
descomponerse (V.)
irritarse
encolerizarse (V.)
protestar
apostrofar
enfadarse
reñir (V.)
impugnar
calumniar
acusar
pestar

s. **arruinarse** (V.)
perder
empobrecerse

s. por lo que pudiera tronar

r. Cuando truena, llover quiere

(V. **trueno**)

a. *calmar*
abonanzar
silenciar
reprimir
bendecir
encomiar
elogiar
enaltecer
serenarse
admitir
apaciguar
ganar
enriquecerse

tronca
(V. **truncamiento**)

troncalidad
(V. **herencia**)

troncar
(V. **truncar**)

tronco
s. **truncado** (V.)
trunco
partido (V.)
troncado
quebrado

s. **tallo** (V.)
madero (V.)
leño (V.)
troncho
mondón
tocón
cachopo
choco
chamizo
troza
tronçón
rollo
zoca
tojo
cañón
cepa (V.)
rama (V.)
madera (V.)
trashoguero
rodillo
cazarro
nochebueno
mondón
retoro
rebollo
rungue
tuero
tueco
trompillo
chueca
garrón
torgo

s. cruz
gancho (V.)
pie
nudo
horcadura
garrancho

s. albura
duramen
medula
médula
medura
corteza (V.)
cerne
alburno
alborno
carne
testero
escarzo

s. aserrado
escuadrío
escuadreo
aserrío

s. **tórax** (V.)
torso
caja
pecho
busto
cuerpo (V.) (humano)
badán
canal
conducto (V.)
derivación (V.)
vía
arteria

s. **par** (V.) (caballerías)
pareja
tiro (V.)

s. **origen** (V.)
ascendientes
linaje
raza
familia
estirpe
solar
prosapia
cuna
ralea
sangre
casta
raíz
cepa
abolengo
genealogía (V.)

s. **núcleo** (V.)
meollo
corazón
alma
tuétano
médula

s. **insensible** (V.)
inútil
despreciable (V.)
impasible
tranquilo
negligente
indolente
pasmado
pasmarote
alma de cántaro
corazón de alcornoque

s. tronco de pirámide
tronco de cono
dormir como un tronco
estar hecho un tronco

r. Más vale irse al tronco que no a las ramas

a. *entero*
íntegro
copa
extremidades
descendientes
sucesores
accesorio
sensible
útil
estimable
activo
dinámico
espabilado

tronchar-se
s. **doblar** (V.)
quebrar
truncar (V.)
tronzar (V.)
tranzar
trozar
segar
partir (V.)
romper
frustrar (V.)
quebrantar
talar
desmochar
tronar
cortar
triscar

s. **cansar** (V.)
fatigar

s. troncharse de risa

(V. **troncho**)

a. *unir*
componer
enderezar
conseguir
triunfar
descansar
cuidar

troncho
s. **tallo** (V.)
maslo
rungue
vástago
huilte
(V. **tronco**)

tronera
s. ballestera
cañonera
portañola
trampa
matacán
aspillera (V.)
buhedera
barbacana (V.)
s. **ventano** (V.)
lumbrera
agujero (V.)
portillo
lucerna
tragaluz
ojo de buey
ventanuco
respiradero
s. **juerguista** (V.)
calavera (V.)
perdiz
perdido
vicioso
perdulario
saltabardales
disoluto
mujeriego
farota
sinvergüenza
trueno
tabardillo
(V. **trueno**)
a. *serio*
formal
honesto
sentado
grave
virtuoso
ordenado
misógino

tronga
(V. **manceba**)

trónica
s. chisme
murmuración (V.)
patraña
mentira (V.)
conseja
cuento
bulo (V.)
alcahuetería
historieta
historia
chinchorrería
habladuría
enredo
invención
embolismo
reporte
gallofa
borrego
a. *discreción*
reserva
verdad

tronido
(V. **trueno**)
(V. **tronío**)

tronío
s. **rumbo** (V.)
lujo
boato
ostentación (V.)
pompa
arrogancia
tronido

a. *sencillez*
humildad
naturalidad
discreción

tronitoso
(V. **atronador**)

trono
s. **asiento** (V.)
solio (V.)
silla
sede (V.)
sitial
escaño
poltrona
camón
butaca
gradas
s. **sagrario** (V.)
tabernáculo
altar
s. rey
soberano
monarca
realeza (V.)
corona (V.)
s. **ángel** (V.)
serafines
espíritus
bienaventurados
coro celestial (V.)
s. subir al trono
ocupar el trono
heredar el trono

tronzador
(V. **sierra**)
(herramienta)

tronzar-se
s. dividir
partir (V.)
destrozar
tronchar (V.)
s. **cansarse** (V.)
rendirse (V.)
fatigarse (V.)
quebrantarse
aperrearse
agotarse
abrumarse
estar hecho polvo
estar muerto de cansancio
estar hecho migas
reventarse
extenuarse
deslomarse
a. *reunir*
juntar
unir
descansar
reposar

tropa
s. **milicia** (V.)
hueste
mesnada
soldadesca
ejército
falange
partida
legión
manga
escuadrón
banderín
destacamento
avanzada
avanzadilla
vanguardia
retaguardia
patrulla
ronda
piquete
brigada
regimiento
división
pelotón
guarnición
comando
algara
fuerzas
haz
centuria
tabor
tercio
mehala
mía
bandera
sección
escuadra
escuadrón
capitanía
decuria
cohorte
destacamento
manípulo
retén
unidad
cuadro
columna
formación
coronelía
corneta
áscar
almogavaría
almofalla
soldado (V.)
s. costado
flanco
fila
ala
cuerno
cuadro
hilera
frente
línea
vanguardia
retaguardia
destacamento
avanzada
espalda
cerca
escalón
cúneo
espín
s. **multitud** (V.)
gente (V.)
turba
muchedumbre
gentuza (V.)
manada
caterva
hato
hatajo
pandilla (V.)
camarilla
cuadrilla
canalla
chusma
gavilla
recua
tropel
bandada
avalancha
s. de tropa
tropa ligera
tropa de línea
en tropa
r. A uso de tropa, cada uno se fastidia cuando le toca

tropel
s. **muchedumbre** (V.)
turba (V.)
horda
gentío
chusma (V.)
oleada
trulla
enjambre (V.)
manada
caterva (V.)
s. hervidero
remolino
desorden (V.)
confusión
jaleo
barullo
atropellamiento
agitación
alboroto
movimiento (V.)
prisa (V.)
celeridad
precipitación
festinación
hormiguero
avalancha
trápala
barbulla
violencia
pasavolante
apresuramiento
s. **cárcel** (V.)
prisión
chirona
s. en tropel
a. *soledad*
ausencia
escasez
desanimación
tranquilidad
lentitud
parsimonia
cachaza
serenidad
suavidad
libertad

tropelía
s. desmán
desafuero
violencia (V.)
pasavolante
abuso (V.)
atropello (V.)
injusticia (V.)
ilegalidad (V.)
vejación
alcaldada
ligereza
despotismo
tiranía
iniquidad
s. **prisa** (V.)
apresuramiento
aceleración
rapidez
precipitación
ligereza
s. prestidigitación
engaño
ilusión (V.)
magia (V.)
sortilegio
(V. **tropel**)
a. *legalidad*
reverencia
respeto
justicia
equidad
parsimonia
tranquilidad
realidad

tropelista
(V. **prestidigitador**)

tropezador
(V. **torpe**)

tropezadura
(V. **tropiezo**)

tropezar-se
s. **chocar** (V.)
trompicar
trastabillar
topar
rozar
encontrar
pegar
trompillar
hocicar
besar
entropezar
pegarse
caer-se (V.)
darse
dar de bruces
ir a parar
dar contra
darse de narices
darse de hocicos
entrechocar
s. **equivocarse** (V.)
deslizarse
pecar (V.)
faltar (V.)
culpar
s. **reñir** (V.)
oponerse (V.)
enfrentarse
discutir
dificultar
s. **encontrarse** (V.)
verse
toparse
s. detenerse
demorarse (V.)
retrasarse
pararse
estancarse (V.)
atascarse
interrumpirse
(V. **tropiezo**)
a. *evitar*
eludir
acertar
acordar
convenir
asentir
aprobar
facilitar
favorecer
ignorarse
proseguir
anticipar
adelantarse
continuar

tropezón
s. **tropiezo** (V.)
traspié (V.)
tropezadura
encontronazo
encontrón
pechugón
topetazo
choque (V.)
morrón
encuentro
morrada
beso
topetazo
cabezazo
trompada
trompicón
cambalud
trastabillón
trompilladura
colisión
percusión
golpe (V.)
golpazo
resbalón
caída (V.)
tumbo
trompazo
trompis
s. a tropezones
a. *evitación*
caricia
seguridad

tropical
s. **tórrido** (V.)
sofocante
asfixiante
ardiente
caliente
abrumador
ahogador
incandescente
enervante
cálido
(V. **trópico**)
a. *frío*
gélido
helado

trópico
s. **geografía** (V.)
paralelo
círculo
s. trópico de Cáncer
trópico de Capricornio
año trópico

tropiezo
s. tropezadura
tropezón (V.)
obstáculo (V.)
estorbo
impedimento
dificultad (V.)
inconveniente
pega
problema
contratiempo (V.)
desgracia
demora (V.)
estancamiento
retraso
s. **error** (V.)
yerro
falta (V.)
equivocación (V.)
desacierto
indiscreción (V.)
desliz
metedura de pata
culpa (V.)
caída
resbalón
descuido
delito
pecado
tentación
quebranto
mal paso
s. **discusión** (V.)
diferencia
desavenencia (V.)
desacuerdo
a. *evitación*
facilidad
solución
fortuna
suerte
adelantamiento
acierto
éxito
inocencia
acuerdo
avenencia
conformidad

tropilla
(V. **manada**) (caballos)

tropismo
s. **movimiento** (V.)
atracción
dirección
orientación (V.)
geotropismo
heliotropismo
estímulo
vuelta
giro

a. *inmovilidad*

tropo
s. figura
retórica (V.)
figuración
metáfora (V.)
metonimia
sinécdoque
alegoría
símbolo

a. *realidad*
naturalidad

tropología
s. lenguaje (figurado)
retórica (V.)
alegoría (V.)
simbolismo
figuración

(V. **tropo**)

a. *realismo*

troque
(V. **trueque**)

troquel
s. **molde** (V.)
matriz
horma
terraja
cuño (V.)
forma
macho
punzón
cuadrado
acuñador

troquelar
s. **acuñar** (V.)
moldear
formar
punzonar
estampar
recortar (V.)

(V. **troquel**)

troquilo
(V. **moldura**) (media caña)

trotaconventos
s. mediadora
celestina
alcahueta (V.)
encandiladora
cobertera
encubridora
proxeneta
corredera
tercera
tapadera

trotador
(V. **trotón**) (caballo)

trotamundos
s. **andarín** (V.)
vagabundo
azotacalles
viajero (V.)
rompesquinas
gallofero
pelagallos
vago
holgazán
polizón
pícaro

a. *sedentario*
trabajador
atarearse

trotar
s. **andar** (V.) (caballerías)
ir al trote

s. **cabalgar** (V.)
montar

s. correr
volar
trajinar
atarearse
apresurarse
desuñarse
matarse
fatigarse (V.)
bregar (V.)
esforzarse
azacanear
reventarse
gestionar (V.)
echar los bofes
ir de la ceca a la meca
ir a toda mecha
andar de cabeza
revolver Roma con Santiago

(V. **trote**)

a. *detenerse*
pararse
apearse
descabalgar
descansar
sosegarse

trote
s. **paso** (V.)
andadura (V.)
pasitrote
galope
correteo
avance

s. **actividad** (V.)
faena
aperreo
ajobo
paliza
tute
zurra
reventadero
ajetreo (V.)
trabajo
afán
esfuerzo
fatiga (V.)
extenuación
cansancio
cansera
brega (V.)

s. **enredo** (V.)
problema
complicación

s. al trote
de mucho trote
para todo trote
amansar el trote
meter en trotes a alguien
tomar uno el trote
poner en los trotes a alguien

a. *detención*
parada
holganza
comodidad
descanso
inactividad
cachaza
pachorra
claridad
franqueza

trotero
(V. **correo**)

trotón
s. trotador (caballos)
corretón (V.)
corredor

s. **caballo** (V.)
corcel
palafrén
jaco
bridón
montura

s. **carabina** (V.)
señora de compañía
rodrigón
dueña
acompañanta

(V. **trote**)

a. *sedentario*

troupe
(V. **compañía**) (cómicos)

trousseau
(V. **equipo**)

(V. **ajuar**)

(V. **trusó**)

trova
s. **verso** (V.)
oda
canto
poesía (V.)
trovo
poema
balada
estrofa
cantiga
tonada
loa
copla
cantar
cántico

trovador
s. **juglar** (V.)
trovero
poeta (V.)
trovista
bardo
felibre
coplero
vate
rapsoda

(V. **trova**)

trovar
s. **versificar** (V.)
hacer poesías
componer trovas

s. **imitar** (V.)
copiar
trasponer

s. **tergiversar** (V.)
confundir

(V. **trova**)

a. *prosificar*
aclarar

trovista
(V. **trovador**)

trovo
(V. **trova**)

trox
(V. **troj**)

troza
(V. **tronco**)

(V. **leño**)

trozar
(V. **dividir**)

(V. **destrozar**)

trozo
s. **pedazo** (V.)
muñón
parte
fragmento (V.)
gajo
chispa
cacho
retazo
torrezno
tira
rebanada
rodaja
tajada
triza
rueda
partija
partición
segmento
sector
pasaje
cabo
extremo
mordisco
pizca
pellizco
rescaño
residuo (V.)
grano
ostugo
loncha
tarazón
tramo
amelga
astilla
opúsculo
molécula
átomo
ápice
parcela
miga
brizna
miembro
núcleo
bocado
elemento
partícula

s. a trozos
trozo de abordaje

a. *totalidad*
integridad
abundancia
conjunto

trucaje
(V. **truco**)

trucar
s. **artificiar** (V.) (cine)
engañar (V.)
trampear
manipular
manejar
apañar
arreglar (V.)
componer
modificar
cambiar
adaptar
inventar (V.)

(V. **truco**)

truco
s. **trampa** (V.)
engaño (V.)
ardid
treta
falsedad
artimaña
señuelo
jugarreta
jugada
fullería
embeleco
truque
tranquillo
engañifa
cancamusa
enlabio
estratagema
trápala
astucia

s. **prestidigitación** (V.)
juego de manos
magia
ocultismo
trucaje
brujería
ilusionismo (V.)
suerte
manejo

s. **artificio** (V.)
apariencia
efecto (V.) especial
trucaje
sobreimpresión
velocidad acelerada
velocidad a cámara lenta
ilusión óptica
maquetas
transparencias
glass shot
cinematografía (V.)

a. *honradez*
autenticidad
realidad
franqueza
verdad
realismo

truculencia
s. **crueldad** (V.)
espanto
atrocidad (V.)
ferocidad
brutalidad
acerbidad
violencia
sadismo
horror (V.)
sevicia

a. *bondad*
generosidad
tranquilidad
suavidad
felicidad

truculento
s. terrorífico
cruel
atroz (V.)
espantoso
miedoso (V.)
trágico
feroz
acerbo
crudo
brutal
sádico
violento
siniestro
temible
tremendo
tremebundo (V.)
terrible
amenazador

(V. **truculencia**)

a. *agradable*
atractivo
dulce
suave
bondadoso
bueno
consolador

trucha
s. **pez** (V.) (malacopterigio)
lancurdia
reo
raño

s. **cabria** (V.)

s. trucha de mar
salto de la trucha
ayunar trucha
comer trucha

r. No se pescan truchas a bragas enjutas

truchimán
s. **trujamán** (V.)

s. **sagaz** (V.)
astuto (V.)
zorro
zorrastrón
lagarto
caimán
ladino
zascandil
bellaco
taimado
tumbón
guitarrón
cauteloso
camastrón
pícaro
disimulado

a. *franco*
sincero
noble
descuidado
indiferente

trueco
(V. **trueque**)

trueno
s. **ruido** (V.)
estrépito
estampido
clangor
tronada
tronido
tumbo
retumbo
zumbido
fragor
traquido
detonación
estruendo (V.)
estallido
repercusión
clamor

s. **tronera** (V.)
saltabardales
juerguista
zascandil

a. *silencio*
tranquilidad
serio
formal
grave

trueque
s. **cambio** (V.)
intercambio (V.)
permuta (V.)
trueco
canje
contracambio
trocamiento
permutación
cambalache (V.)
trapicheo
regateo
negocio
vuelta
retorno
compensación (V.)
substitución
suplantación
equivalencia
conmutación (V.)
trocatín
chama
baratería
tracamundana
trocamiento
troque
modificación (V.)
transformación
alteración

s. a trueque de

a. *mantenimiento*
conservación
fijeza
permanencia
inalterabilidad

trufa
s. **hongo** (V.)
criadilla (de trierra)

s. patraña
mentira (V.)
embuste
bola
gazapo
paparrucha
bulo
filfa
cuento
fábula

a. *verdad*
autenticidad

trufador
(V. **mentiroso**)

trufaldín
(V. **farsante**)

trufar
s. **truhanear** (V.)
engañar (V.)
embustear
bolear
trapalear
fingir
embaucar
enflautar
embelecar
camelar
inventar

s. **rellenar** (V.) (de trufas)

(V. **trufa**)

a. *desengañar*
franquearse
sincerarse

truhán
s. **granuja** (V.)
pícaro (V.)
pillo
bellaco
rufián
vago (V.)
truchimán
estafador (V.)

s. **bufón** (V.)
juglar (V.)
escurra
albardán

(V. **truhanería**)

a. *honrado*
serio
formal
trabajador
grave

truhanada
(V. **truhanería**)

truhanear
s. **estafar** (V.)
petardear
picardear
escarmenar
engañar (V.)
engaitar
timar
enredar
camelar
trufar

s. chancear
bromear (V.)
chasquear
cuchufletear
zumbar
embromar
guasearse
chocarrear

(V. **truhanería**)

a. *devolver*
reintegrar
sincerarse

truhanería
s. truhanada
bellacada
charranada
marranada
perrada
trastada
granujada (V.)
canallada
pillada
villanía
cochinada
cochinería
tunantada
tunantería
golfería
pillería
engaño (V.)
faena
chasco
picarada
tunería
pecorea
estafa (V.)
chocarrería
irrisión
camelo
enredo
gazapina

a. *honradez*
seriedad
formalidad
honestidad

trujamán
s. truchimán
trujimán
intérprete (V.)
glosador
traductor

s. **comerciante** (V.)
mediador

(V. **trujamanía**)

trujamanear
(V. **interpretar**) (idiomas)

(V. **cambalachear**)

trujamanía
(V. **interpretación**) (idiomas)

(V. **comercio**)

trujimán
(V. **trujamán**)

trulla
(V. **llana**) (albañilería)

(V. **bulla**)

(V. **tropel**)

trullo
(V. **lagar**)

truncado
s. reducido
partido (V.)
cortado
tronchado
amputado
cercenado
tronco (V.)
mutilado

s. **imperfecto** (V.)
incompleto

(V. **truncamiento**)

a. *cabal*
entero
completo
perfecto

truncamiento
(V. **decapitación**)

(V. **mutilación**)

(V. **frustración**)

(V. **paralización**)

truncar
s. troncar
cortar
mutilar
seccionar (V.)
cercenar
tronchar (V.)
segar
escindir
dividir
separar
talar
rebanar
destroncar
podar
desmochar
descabezar
decapitar (V.)
degollar
guillotinar

s. **suprimir** (V.)
reducir
interrumpir
dejar
limitar
omitir (V.)
suspender
parar
frenar (V.)
paralizar
quebrar
intermitir
abandonar
callar
silenciar
prescindir
saltar
sigilar

s. **frustrar** (V.)
impedir (V.)
obstaculizar
arruinar (V.)
dañar
estropear
perjudicar

s. truncar las esperanzas
truncar las ilusiones

(V. **truncamiento**)

a. *unir*
juntar
pegar
suturar
reunir
permitir
autorizar
generalizar
proseguir
continuar
insistir
facilitar
favorecer
beneficiar

trunco
s. truncado
mutilado
cercenado
amputado (V.)
podado
talado

s. **incompleto** (V.)
imperfecto
limitado (V.)
interrumpido
carente
falto (V.)
estropeado

(V. **truncamiento**)

a. *completo*
sano
arreglado
sobrante
proseguido
ilimitado

trusas
(V. **gregüescos**)

trusó
(V. **ajuar**)

(V. **equipo**)

trust
(V. **monopolio**)

tuba
(V. **instrumento**) (música)

(V. **bugle**)

tubérculo
s. **abultamiento** (V.)
protuberancia
nódulo (V.)
tuberosidad
tumor

s. **excrecencia** (V.)
raíz (V.)
rizoma
bulbo
cebolleta

s. **boniato** (V.)
papa
patata
batata
trufa
camote
moniato
chufa
cotufa
aje
aguaturma
boñato
ñame
ulluco
tupinambo
melloco
camareto
olluco
oca

s. pataca
muñato
muñiato

tuberculosis
s. escrofulosis
hetiquez
hético
enfermedad (V.)
tisis
bacilo de Koch
lupus

s. tuberculosis abierta
tuberculosis articular
tuberculosis atenuada
tuberculosis aviaria
tuberculosis basal
tuberculosis bovina
tuberculosis intestinal
tuberculosis cestódica
tuberculosis de cutis
tuberculosis difusa
tuberculosis disemunada
tuberculosis faríngea
tuberculosis mesentérica
tuberculosis miliar aguda
tuberculosis pulmonar
tuberculosis pulmonar aguda
tuberculosis pulmonar crónica
tuberculosis verrugosa
tuberculosis zoogleica
tuberculosis galopante

s. caseificación
calcificación
caverna

s. neumotórax
tuberculina
estreptomicina
neumoconiasis

s. **pulmón** (V.)

tuberculoso
s. **enfermo** (V.)
tísico
héctico
ético
hético
emaciado
escrofuloso
consumido

(V. **tuberculosis**)

a. *sano*
curado
calcificado

tubería
s. **cañería** (V.)
caño
conducto
tubo (V.)
red
fontanería
sifón
oleoducto (V.)

tuberosa
(V. **nardo**)

tuberosidad
(V. **tubérculo**)

tubo
s. **cilindro** (V.)
caño (V.)
cánula
canuto
cañuto
cañón
canalón
canalillo
cañería (V.)
tubería
bomba
macarrón
gárgola
manga
manguera
mangueta
vena (V.)
vaso (V.)
manguito
aludel
aguilón
cazarro
encañado
conducto (V.)
cloaca
arcaduz
atarjea
atajea
atajía
atanor
azacaya

(cont.)

s. **grifo** (V.)
sifón (V.)
alcachofa
cebolla
colector
registro
respiradero
codo
codillo
ventosa
mangueta
junta
acometida
bajada
empalme
enchufe
red
roza
zulaque
betón
azulaque
estaño
soplete
alambre de desatrancar
obstrucción
fontanería (V.)

s. tubo de seguridad
tubo de ensayo
tubo de desprendimiento
tubo intestinal
tubo respiratorio
tubo capilar
tubo de descarga o de Crookes
tubo de rayos X
tubo termoiónico
tubo electrónico
tubo de radio
tubo de vacío
tubo lanzatorpedos
tubo lanzallamas

tubular
s. tubuloso
capilar
canular
acanalado
cilíndrico (V.)
hueco
alargado

s. **neumático** (V.)
cámara

s. **faja** (V.)

(V. **tubo)**

tudesco
(V. **gentilicios)** (alemán)

tueco
(V. **oquedad)** (carcoma)

tuerca
s. matriz
rosca (V.)
paso (V.)
caracola
filete
arandela
contratuerca

s. **caracol** (V.)
palomilla
hembra
cabeza
remache

s. **tornillo** (V.)

tuerce
(V. **torcedura)**

tuero
s. **tronco** (V.)
trashoguero (V.)
tizón
leño
madera
bauza
cepa
ceporro
tizón

tuerto
s. **torcido** (V.)
izquierdo (V.)
deforme
gacho
ladeado
inclinado
desnivelado

s. **disminuido** (V.)
bizco (V.)
falto
ciego
ojituerto

s. **perjuicio** (V.)
agravio
injuria
vejamen
villanía
ultraje
ofensa (V.)
atropello (V.)
injusticia
entuerto (V.)

s. a tuertas o a derechas
deshacer entuertos

r. En tierra de ciegos, el tuerto es rey ■ Con un poco de tuerto llega el hombre a su derecho ■ Quitáronlo a la tuerta y diéronlo a la ciega

a. *derecho*
recto
tieso
erguido
completo
beneficio
elogio
enaltecimiento
justicia
respeto

tueste
s. tostadura
tostación
torrefacción (V.)
cochura
tostado
calcinación
calcinamiento
socarra

s. tueste natural

a. *crudeza*

tuétano
s. **meollo** (V.)
caña
cañada
medula
médula (V.)
substancia

s. corazón
alma (V.)
lo más interesante
lo más importante
fondo (V.)
entretelas (V.)
interior
núcleo

s. sacar los tuétanos
hasta los tuétanos

a. *superficialidad*
exterior
envoltura
epidermis

tufarada
(V. **emanación)**

(V. **vaharada)**

tufillas
(V. **irritable)**

(V. **susceptible)**

(V. **cascarrabias)**

tufo
s. **humo** (V.)
efluvio
emanación (V.)
vaho
vaharada
tufarada
husmo

s. **peste** (V.)
mal olor
fetidez
tafo
hedor (V.)
pestilencia
hediondez
tufillo
catinga

s. **presunción** (V.)
orgullo (V.)
vanagloria
petulancia
altivez
vanidad
envanecimiento
pedantería
humos

s. **rizos** (V.)
pelo
mechón

a. *aroma*
perfume
humildad
sencillez

tugurio
s. guarida
choza
cueva (V.)
chamizo
casucha
cabaña
cuchitril (V.)
sotabanco
cámara
camaranchón
pocilga
tendejón
zaquizamí
chiscón
caramanchel
cambucho
chiribitil
cuartucho
cochitril
garito
tabuco

s. **desván** (V.)
zahúrda
cochinera
antro
pocilga
chiscón

a. *palacio*
mansión
casona

tuición
(V. **defensa)**

tuitivo
(V. **defensor)**

tul
s. **tejido** (V.)
gasa
velo
malla

tulipa
(V. **pantalla)**
(V. **fanal)**

tullecer
(V. **tullir)**

tullidez
(V. **tullimiento)**

tullido
s. mutilado
incapacitado
inválido
perlético
paralítico (V.)
inválido
anquilosado
contrahecho
clueco
estropeado
nidrio
atrofiado
perlático
estropeado
impedido (V.)
cojo
manco
tuerto
lisiado
imposibilitado
baldado (V.)
atrofiado
mútilo
inútil
deformado
entumecido
parapléjico
entelerido

(V. **tullimiento)**

a. *sano*
fuerte
válido
capaz
útil

tullidura
(V. **excremento)** (aves cetrería)

(V. **tullimiento)**

tullimiento
s. tullidura
tullidez
anquilosis (V.)
entumecimiento (V.)
baldamiento
manquera
manquedad
moretón
moradura
desolladura
mutilación
fractura
dislocación
esguince
luxación
deslomadura
anquilosamiento
perlesía
parálisis (V.)
baldadura
atrofia (V.)
invalidez
incapacidad
inutilidad (V.)
cojera

a. *capacidad*
validez
utilidad
agilidad
aptitud

tullir-se
s. **anquilosar** (V.)
baldar (V.)
tullecer
derrengar
deslomar
descuajaringar
distender
dislocar
entullecer
mancar
cojear
entumir
deformar
deshacer
imposibilitar
herir
descalabrar
lisiar (V.)
atrofiar (V.)
paralizar (V.)
inutilizar
lesionar
estropear
invalidar
mutilar
incapacitar
impedir
accidentarse
rendir de cansancio

s. evacuar (aves cetrería)

(V. **tullimiento)**

a. *recuperarse*
sanar-se
rejuvenecer-se
capacitar-se
valer-se

tumba
s. **sepultura** (V.)
sepulcro
túmulo
panteón
mausoleo
cripta
enterramiento
hipogeo
cárcava
cenotafio
fosa
catacumba
huesa
nicho
hoyo
sarcófago

s. pirueta
voltereta (V.)
acrobacia
cabriola
volatín

a. *cuna*
inmovilidad

tumbacuartillos
(V. **borracho)**

tumbado
s. echado
caído (V.)
acostado
derrumbado
derribado
acostado
prono
tendido
de bruces

s. **abovedado** (V.)
curvo

(V. **tumba)**

a. *levantado*
liso
recto

tumbaga
(V. **sortija)**

(V. **aleación)**

tumbaollas
(V. **tragón)**

(V. **glotón)**

tumbar-se
s. **derribar** (V.)
abatir
derrocar
tirar
tender (V.)
derrumbar
demoler
echar
volcar (V.)
hundir
desbaratar
desarmar
precipitar
desplomar
voltear
lanzar
hacer caer
echar por tierra
tirar al suelo
rodar

s. **yacer** (V.)
dormir
acamar
tenderse
encamar
descansar

s. **suspender** (V.)
calabacear
reprobar
cargarse
dejar para septiembre

s. fracasar

s. **pasmar** (V.)
sorprender
turbar
atontar
enajenar
aturdir (V.)
aturullar
marear
quitar el sentido
perder la cabeza
perder el sentido
azogarse

s. **abandonarse** (V.)
desistir (V.)
holgar
zanganear
negligir
gandulear
echarse a la bartola
aflojar el trabajo
dormirse en los laureles
tumbarse a la bartola

(cont.)

a. *levantar-se*
erguir-se
alzar-se
despejarse
despertar-se
incorporarse
aprobar
pasar
recuperarse
proseguir
trabajar

tumbo
s. **sacudida** (V.)
vaivén
oscilación
vacilación
zarandeo
traqueteo
bandazo

s. tumba
salto
vuelco (V.)
voltereta (V.)
volatín
malabarismo

s. ola
onda
ondulación (V.)
undulación
sinuosidad
serpenteo
sierpe

s. **estruendo** (V.)
estampido
trueno (V.)

s. dar tumbos
tumbo de dado
tumbo de olla

r. Más vale tumbo de olla que abrazo de moza

a. *inmovilidad*
reposo
quietud
planicie
silencio

tumbón
s. panarra
poltrón
vago (V.)
gandul
haragán
holgón
perezoso

s. **socarrón** (V.)
astuto
matrero
zorro
camastrón

s. **cofre** (V.)
baúl

s. coche
vehículo (V.)

(V. **tumbo**)

a. *trabajador*
activo
serio
torpe
ingenuo
cándido

tumbona
(V. **hamaca**)

(V. **diván**)

tumefacción
s. tumescencia
hinchazón (V.)
abultamiento
bulto
chichón
turgencia
inflamación
bubón
roncha
absceso
moretón
cardenal
congestión
edema
flemón
tumor (V.)

a. *flaccidez*

tumefacto
s. **hinchado** (V.)
enquistado
túmido
intumescente
tumescente
abultado
turgente
edematoso
aflemonado
inflamado
amoratado
congestionado

(V. **tumefacción**)

a. *deshinchado*
fláccido

tumescencia
(V. **tumefacción**)

tumescente
(V. **tumefacto**)

tumor
s. neoplasma
dureza
quiste (V.)
grano
bubón
lobanillo
absceso (V.)
forúnculo
ántrax (V.)
cáncer (V.)
fibroma
neoplasia
tumefacción
bulto (V.)
abultamiento
metástasis
exóstosis
inflamación
incordio
induración
tuberosidad
hinchazón
nódulo
escrófula (V.)
excrecencia
carnosidad
nudo
nacencia
protuberancia
infarto
flemón
apostema
derrame
lipoma
landre
linfoma (V.)
buba
talpa
escirro
xantoma
almorrana
aneurisma
avispero
zurrón
lipia
zaratán
hemorroide
aporisma
goma
panadizo
carbunco
varicocele
golondrino
cangro
pólipo
mioma
miolema
neuroma
osteoma
orzuelo
ampolla
bocio
epitelioma
estafiloma
papiloma
pápula
párulis
berrueco
batraco
ránula
ranas
búa
cantimplora
carbunco
papo
galápago
corro
talparia
carcinoma
condroma
cirro
edema
sarcocele
sarcoma
osteoma
cefaloma
condroma
lerdón
postema
divieso
golondrino
ganglio
hematoma
sobretendón
sobrehueso
sobresaña
tumorcillo
granillo
papera
pepita
moquillo (V.)
uva
haba
alifafe
esparaván
galápago
culero
corvaza
codillera
sobremano
sobrepié
verruga

s. **pus** (V.)
adherencias
clavo
bridas

s. fomento
cataplasma (V.)
emplasto
sinapismo
emoliente (V.)
supurativo
fundente
detumescente
antiflogístico
resolutivo

s. maligno
canceroso
maduro
frío
crudo

s. supurar
madurar
resolverse
ablandar
cocer
enquistarse
encancerarse
sajar
remover

s. tumor adenoideo
tumor adiposo
tumor benigno
tumor maligno
tumor blanco
tumor canceroso
tumor cavernoso
tumor celular
tumor cístico
tumor dermoideo
tumor embrioplástico
tumor enquistado
tumor epitelial
tumor fibroideo
tumor histioideo
tumor infiltrante
tumor metastático
tumor frío
tumor mucoso
tumor muscular
tumor sanguíneo
tumor sebáceo
tumor varicoso
tumor vascular

(V. **medicina**)

tumorcillo
(V. **tumor**)

tumoroso
s. escirroso
cirroso
canceroso (V.)
buboso
bubónico
maligno
bubático
gomoso
carbuncal
carbuncoso
apostemoso
tuberoso
maduro

(V. **tumor**)

tumulario
(V. **fúnebre**)

túmulo
s. **sepultura** (V.)

s. **catafalco** (V.)
tarima
monumento
armazón

s. **montículo** (V.)
montón
montecillo

a. *llanura*

tumulto
(V. **alboroto**)

(V. **disturbio**)

tumultuante
(V. **alborotador**)

(V. **agitador**)

tumultuar-se
(V. **alborotar**)

(V. **desordenar**)

(V. **amotinar**)

tumultuario
(V. **desordenado**)

(V. **alborotado**)

tumultuoso
s. **levantisco** (V.)
tumultuario
revuelto
revoltoso
amotinado
desordenado
alborotado (V.)
agitado
confuso (V.)
desconcertado
ruidoso
turbulento (V.)
tormentoso
borrascoso
voraginoso
escandaloso
bullicioso

(V. **tumulto**)

a. *tranquilo*
pacífico
apaciguador

tuna
s. estudiantina
tunera
rondalla (V.)
comparsa

s. **holgazanería** (V.)
gandaya
picaresca (V.)
briba
vagabundeo
hampa (V.)
truhanería
tunantería

s. **chumbera** (V.)
higuera silvestre
higuera de tuna
tuna roja
tuna colorada
tuna brava

s. estudiante de la tuna
correr la tuna

a. *actividad*
trabajo
nobleza
dignidad
honradez

tunanta
(V. **prostituta**)

(V. **bribona**)

tunantada
(V. **truhanería**)

(V. **granujada**)

tunante
(V. **pícaro**)

(V. **granuja**)

tunantear
(V. **picardear**)

(V. **golfear**)

tunantería
(V. **tunantada**)

tunar
(V. **vagabundear**)

tunda
(V. **paliza**)

(V. **esfuerzo**)

(V. **extenuación**)

(V. **fatiga**)

tundear
(V. **apalear**)

(V. **golpear**)

tundente
(V. **fatigante**)

(V. **contundente**)

tundición
(V. **tunda**)

tundidora
s. **máquina** (V.)
tejidos (V.)

s. cilindros
cuchillos

s. **cortacéspedes** (V.)

(V. **tundidura**)

tundidura
(V. **tunda**)

tundir
s. **apalear** (V.)
tundear
golpear (V.)
zurrar
pegar
castigar
vapulear
azotar
maltratar

s. **rendir** (V.)
cansar
fatigar (V.)
extenuar

s. **cortar** (V.)
recortar
pelar
desmotar
desborrar
igualar (V.) (a tijera)
rapar

(V. **tunda**)

a. *caricia*
mimo
cuidado
consideración
descansar
reponerse

tundizno
(V. **borra**)

tundra
(V. **pradera**)

tunear
(V. **golfear**)

(V. **picardear**)

túnel
s. **galería** (V.)
mina
paso
conducto
subterráneo
pasaje
corredor
pasadizo
pasillo
s. **cueva** (V.)
gruta
caverna
sima
agujero
oquedad
a. *superficie*
cielo abierto
raso, al

tunera
s. **chumbera)**
(V. **tuna)**

tunería
(V. **golfería)**
(V. **picaresca)**

tungsteno
(V. **volframio)**

túnica
s. **vestidura** (V.)
casulla
toga (V.)
manto
clámide
veste
manteo
loba
hábito (V.)
ropón
dalmática
chilaba
sotana
quimono (V.)
túnico
bata
hopa
hopalanda
gonela
sopalanda
gramalla
sobreveste
s. **película** (V.)
membrana
telilla
piel
cutícula
celulosa
pellejo
hollejo
cascarilla
escama
s. túnica de Cristo
túnica palmada
túnica úvea

tunicela
s. **vestidura** (V.)
(episcopal)
dalmática
túnica

tuno
(V. **tunante)**
(V. **estudiante)**
(de la tuna)

tuntún (al buen)
s. imprevisiblemente
repentinamente
inciertamente
por las buenas
como caiga
a tontas y a locas
sin conocimiento
a la buena de Dios
(V. **confusión)**
a. *reflexivamente*
ordenadamente

tupa
(V. **hartazgo)**

tupé
s. **pelo** (V.)
rizo (V.)
flequillo
bucle
onda
periquillo
quiquiriquí
quiquí
guedeja
mecha
mechón
cerneja
cresta
perico
vellón
tirabuzón
hopo
copete
penacho
moño
s. desfachatez
descaro
descoco
atrevimiento (V.)
desgarro
inverecundia
sorrostrada
cara dura
desvergüenza (V.)
raimiento
frescura
insolencia
avilantez
cara
rostro
impudor
a. *rapadura*
calvicie
timidez
comedimiento
prudencia
vergüenza
consideración
verecundia
pudor

tupido
s. denso
espeso (V.)
prieto
apretado
entero
trabado
cerrado
impenetrable
tapido
acipado
poblado
mazorral
compacto
s. cerrado
torpe
ceporro (V.)
necio (V.)
zote
tardo
a. *separado*
ralo
claro
espaciado
listo
despierto
espabilado
fluido

tupir-se
s. apelmazar
atacar (V.)
azocar
espesar (V.)
entupir
entapecer
apiñar
amazacotar
embotar
condensar
adensar
compactar
s. **taponar** (V.)
ocluir
atorar
cerrar (V.)
obstruir
obturar
tapar
atascar
s. **atiborrarse** (V.)
hartarse
engullir (V.)
embeberse
excederse (en la comida o bebida)
llenarse
empapuzarse
atracarse
saciarse
(V. **tupa)**
a. *aclarar*
clarificar
desobstruir
destapar
ser sobrio

tupitaina
(V. **hartazgo)**

turable
(V. **durable)**

turación
(V. **duración)**

turar
(V. **durar)**

turba
s. tumulto
tropel (V.)
muchedumbre (V.)
multitud (V.)
horda
turbamulta
enjambre
apretura
desorden
agolpamiento
ralea
soldadesca
populacho
patulea
canalla
turbión (V.)
torrente
riolada
hez
riada
caterva
hato
zurriburri
tribu
clan
s. **carbón** (V.)
(vegetal)
s. estiércol
aglomerado (V.)
combustible (V.)
a. *soledad*
ausencia
orden

turbación
s. turbamiento
desorientación (V.)
conturbación
consternación
alteración
embarazo
sofocación
vergüenza
sorpresa
aturdimiento (V.)
desasosiego
demudación
apuro
desconcierto
emoción (V.)
turbamiento
confusión (V.)
titubeo
timidez (V.)
atoramiento
azoramiento (V.)
impresión (V.)
duda
azaro
sonrojo
sofoco
atarantamiento
empacho
perplejidad (V.)
atragantamiento
desarreglo
desorden
perturbación
atarugamiento
a. *serenidad*
tranquilidad
sosiego
atrevimiento
orden
arreglo
seguridad
reposo
aplomo
indiferencia
impasibilidad
ecuanimidad
claridad

turbado
s. conturbado
sofocado
avergonzado (V.)
azorado
atarugado
atarantado
atribulado
contrito
arrebolado
encarnado
desconcertado
desorientado
tolondro
tolo
acomplejado
achicado
abombado
atolondrado
azarado
confuso (V.)
aturdido (V.)
aturullado
despistado
alterado
sobresaltado
demudado
afectado
impresionado
emocionado
sobrecogido
asustado
ciego
ofuscado
deslumbrado
pasmado (V.)
sorprendido
desencajado
agitado
convulso
tembloroso
estremecido
excitado
violento
inmutado
nervioso
trémulo
conmovido
preocupado (V.)
inquieto
desasosegado
perplejo (V.)
tímido (V.)
demudado
cortado
embarazado
(V. **turbación)**
a. *sereno*
sosegado
apacible
calmo
tranquilo
inmutable
indiferente
imperturbable
inconmovible
frío
cerebral
inalterable
impasible
aplomado
ecuánime
distante
despreocupado
firme
intrépido
atrevido
lanzado
resuelto
suave

turbador
s. **inquietante** (V.)
emocionante (V.)
conturbador
turbante
turbativo
roedor
turbiante
emotivo
conmovedor
desconcertante (V.)
singular
extraordinario
sorprendente
insospechado
inesperado
imprevisible
chocante
enternecedor
sugestivo
azarante
confundidor
aturdidor
impresionante
sobrecogedor
deslumbrador
deslumbrante
sorpresivo
estremecedor (V.)
preocupante
(V. **turbación)**
a. *sosegador*
calmante
tranquilizador
frío
indiferente
consolador

turbamiento
(V. **turbación)**

turbamulta
(V. **multitud)**
(V. **turba)**

turbante
s. **turbador** (V.)
s. gorro
bonete
tocado (V.)
banda (V.)
faja

turbar-se
s. conturbar
confundir (V.)
azorar (V.)
azarar
alterar
aturdir (V.)
embarazar
disturbar
desquiciar
inquietar
sorprender (V.)
intranquilizar
preocupar (V.)
agitar
emocionar (V.)
conmover
enturbiar
atarugar
atribular
entristecer
desconcertar (V.)
perturbar
ofuscar
deslumbrar
cegar
enceguecer
desatinar
despistar
atajar
acomplejar
avergonzar (V.)
ruborizar (V.)
escandalizar
inmutarse
alborotar
molestar
interrumpir
arrebolar
desorientar
atontar
achicar
demudar
embarbascar
atortolar
atafagar
desquiciar
atarugar
atragantar
tartalear
tartamudear
rebotar
amoscar
desasosegar
atolondrar
consternar
aturullar
farfullar
balbucir
balbucear
barbotear
enternecer
vacilar (V.)
dudar
enajenar
cortarse
desencajarse
desfigurarse
mudarse
trastornar (V.)
fruncirse
acorralar
trabucarse
sacar de quicio
(cont.)

sacar de tino
estar fuera de sí
volver tarumba
dejar cortado
ponerse nervioso
no dar una
mudar el semblante
trabarse la lengua
no saber donde meterse
hacerse un nudo en la garganta
(V. **turbación**)
a. *serenar-se*
sosegar-se
calmar-se
tranquilizar-se
aquietar-se
consolar-se
enfriar-se
desinteresar-se
reponerse
despreocupar-se
aclarar-se
alegrar-se
atinar
acertar
crecerse
reafirmarse
asegurar-se

turbativo
(V. **turbador**)

turbia
(V. **turbiedad**)

turbiante
(V. **turbador**)

túrbido
(V. **turbio**)

turbiedad
s. turbia
turbieza
turbulencia
enturbiamiento
opacidad (V.)
obscuridad
sombra
velo
tinieblas
nebulosidad
suciedad (V.)
empañamiento
s. **calígine** (V.)
caliginosidad
calina
niebla (V.)
nube
turbulencia
s. **sedimentos** (V.)
residuos
posos
heces
a. *claridad*
transparencia
diafanidad
luz
luminosidad
limpieza
flotación
superficie

turbina
s. **motor** (V.)
rueda
generador (V.)
s. paletas o álabes
distribuidor
rotor, rodezno o rodete
inyector
llave
deflector
eje
tacómetro
cárter o tambor
llegada del agua
salida de agua
s. turbina hidráulica
turbina de vapor
turbina de Pelton
turbina axial
turbina de acción
turbina por reacción
turbina de Francis
turbina de Kaplan
turbina de Laval
turbina de Rateau
turbina de Zoelly
turbina de Parsons
turbina de hélice
turbina de presión

turbio
s. **obscuro** (V.)
obscurecido
velado (V.)
túrbido
overo
borroso (V.)
opaco (V.)
revuelto (V.)
empañado
vidrioso
sombrío
vago
vidriado
cenagoso
confuso (V.)
tenebroso
terroso
alterado
sucio (V.)
mezclado
s. **turbulento** (V.)
revoltoso
alterado
perturbado
dudoso (V.)
azaroso
expuesto
peligroso (V.)
agitado
tumultuoso
sospechoso (V.)
comprometido
embrollado
incomprensible
enrevesado (V.)
inextricable
difícil (V.)
dificultoso
enredado
lioso
complicado
espinoso
problemático
ilícito (V.)
ilegal
deshonesto (V.)
s. **caliginoso** (V.)
nebuloso
cerrado
nuboso
(V. **turbiedad**)
a. *claro*
transparente
diáfano
cristalino
perfilado
delineado
limpio
cierto
seguro
tranquilo
calmo
sereno
comprensible
fácil
legal
lícito
honrado

turbión
s. chubasco
chaparrón
nubarrada
nubarrón
turbonada
diluvio
inclemencia
tormenta
tromba de agua
aguacero (V.)
vendaval
ventisca
s. **turba** (V.)
aluvión
a. *serenidad*
bonanza
calma
escasez
falta

turbonada
(V. **turbión**)
(V. **tempestad**)

turbulencia
s. **disturbio** (V.)
desorden (V.)
alboroto
motín
asonada
algarada
revolución
manifestación
agitación
provocación
levantamiento
revuelta (V.)
rebeldía
inquietud (V.)
intranquilidad
s. **torbellino** (V.)
vorágine
remolino (V.)
alteración
perturbación
(V. **turbiedad**)
a. *orden*
obediencia
sometimiento
docilidad
claridad
transparencia

turbulento
s. **alborotador** (V.)
tumultuoso
revolucionario
revoltoso (V.)
sedicioso
escandaloso
querelloso
perturbador (V.)
agitador
demagogo
ruidoso
escandaloso (V.)
rebelde
belicoso
inquieto (V.)
embrollado
agitado
alborotado
levantisco
gamberro
revuelto (V.)
enredador (V.)
desobediente (V.)
travieso (V.)
s. **turbio** (V.)
voraginoso
(V. **turbulencia**)
a. *obediente*
dócil
pacífico
tranquilo
sometido
ordenado
formal
claro
silencioso
discreto
moderado

turca
(V. **borrachera**)

túrdiga
(V. **tira**) (piel)

turf
(V. **hipódromo**)

turgencia
s. **hinchazón** (V.)
rigidez (V.)
tumescencia
tumefacción
abultamiento
eretismo
abombamiento
tensión
tirantez
levantamiento
empinamiento (V.)
carnosidad
redondez
curva
bulto
sinuosidad
erguimiento
erizamiento
repleción
a. *flaccidez*
ablandamiento
encogimiento
relajamiento

turgente
s. **tirante** (V.)
hinchado (V.)
erguido
elevado
túrgido
abombado
tumescente
combado
opulento
tenso
levantado
rígido
prominente
erecto
saltón
empinado
abultado
redondeado
inflado
lleno
repleto
(V. **turgencia**)
a. *seco*
encogido
desinflado
fláccido
blando
deshinchado
vacío
liso

túrgido
(V. **turgente**)

turibular
(V. **incensar**)
(V. **sahumar**)

turibulario
(V. **turiferario**)

turíbulo
turífero
botafumeiro
braserillo
naveta
(V. **incensario**)

turiferario
s. turibulario
incensador (V.)
sahumador
turífero
perfumador (V.)
s. **adulador** (V.)
halagador
cobista
(V. **turificación**)
a. *criticón*
censurador
fustigador
detractor

turificación
s. incienso
perfume
incensación (V.)
incensada
s. **lisonja** (V.)
adulación (V.)
elogio
halago
coba
enaltecimiento
a. *censura*
vituperio
ataque
crítica
insulto
desacreditación
murmuración

turificar
(V. **incensar**)
(V. **adular**)

turión
(V. **brote**) (vegetal)

turismo
s. **viaje** (V.)
excursión
recreo
visita
paseo
periplo
recorrido
peregrinación
exploración
correría
itinerario
deambulación
vagabundeo
gira
veraneo
vacación
s. organización
agencia de viajes
s. **automóvil** (V.)

turista
s. visitante
viajero (V.)
excursionista
trotamundos
explorador
veraneante (V.)
ambulante
vagabundo
mochilero
paseante
peregrino
peregrinante
(V. **turismo**)
a. *sedentario*

turístico
(V. **viajero**)

turma
(V. **testículo**)
(V. **hongo**) (criadilla de tierra)

turmalina
s. **mineral** (V.)
chorlo
cianita

turnar-se
s. **alternar** (V.)
cambiar
sucederse (V.)
substituir
reemplazar
secundar
relevarse (V.)
permutar
trocar
mudar
suplantar
canjear
suplir
repartirse
distribuirse
escalonar
tocar (V.)
corresponder (V.)
reciprocar
rondar
(V. **turno**)
a. *continuar*
permanecer
quedarse

turno
s. **alternativa** (V.)
vuelta
repetición
reemplazo
correlación
alternación (V.)
vez (V.)
tanda (V.)
sucesión (V.)
ciclo
reo
ronda
mano (V.)
período
tiempo (V.)
época
orden (V.)
tandeo
adra
relevo (V.)
cambio
suplencia
trueque
permuta
mudanza
substitución
renovación
canje (V.)
correspondencia
s. **intervención** (V.)
a. *permanencia*
continuación
abstención

s. turrón de Jijona
turrón de Cádiz
turrón de frutas
turrón de yema
turrón de nieve
turrón de Alicante

s. **empleo** (V.) (del Estado)
pensión (V.) (del Estado)
beneficio
sinecura

turronería
(V. **tienda**)

turpe
(V. **torpe**)

turulato
s. **estupefacto** (V.)
extasiado
enajenado
sobrecogido
patitieso
meditabundo
pasmado (V.)
alelado
abobado
embobado
embobalicado
impresionado
tirulato
asombrado
sorprendido (V.)
tuturuto

a. *impertérrito*
impasible
indiferente

turpitud
(V. **torpeza**)

turquesa
s. **mineral** (V.)
piedra (V.) (preciosa)
calaíta

s. **molde** (V.)

turquí
(V. **azul**)

turrar
(V. **tostar**)

turrón
s. **golosina** (V.)
pasta
masa
dulce
cocada
piñonata
guirlache
rajadillo
matahambre
mazapán

turullo
(V. **cuerno**) (pastores)

turumbón
(V. **chichón**)

tusar
(V. **atusar**)
(V. **trasquilar**)

tuso
s. chucho
chuzo
cuzo
can
gozque
perro (V.)

tusón
(V. **vellón**)
(V. **toisón**)
(V. **potro**)

tusona
(V. **ramera**)

tute
s. **juego** (V.) (baraja)

s. ajobo
trote
aperreo
fatiga (V.)
reventadero
agobio
paliza
zurra
ajetreo
matadero
afán (V.)

s. **reunión** (V.)

a. *descanso*
reposo
ausencia

tutear-se
s. **tratar** (V.)
intimar (V.)
dirigirse
franquearse
explayarse
confiar
congeniar (V.)
avenirse
expansionarse
amigarse

(V. **trato**)

a. *alejar-se*
distanciar-se
desconfiar-se
hostilizar-se
desavenir-se

tutela
s. **protección** (V.)
patrocinio
regencia (V.)
guarda
tutoría
preservación
cotutela
curatela
curaduría (V.)
prohijamiento
protutoría
apoyo (V.)
guía (V.)
sostén
dirección
orientación
amparo
interdicción
vela
defensa (V.)
tutela ejemplar
tutela dativa
tutela legítima
tutela testamentaria

a. *desamparo*
abandono
descuido
indiferencia
negligencia
desinterés

tutelar
s. **proteger** (V.)
defender
prohijar
dirigir (V.)
regentar

s. **protector** (V.)
bienhechor
defensor (V.)
amparador
guía
supervisor
auxiliar
providencial
benéfico
orientador

s. juez tutelar
firma tutelar

(V. **tutela**)

a. *abandonar*
descuidar
desamparar
enemigo
hostil

tutiplén (a)
s. en abundancia
a manta
a porrillo
a carretadas
de lo lindo
a placer
en cantidad
a tentebonete
en exceso

(V. **abundancia**)

a. *escaso*
falto

tutor
s. ecónomo
director
protector (V.)
defensor (V.)
curador (V.)
cotutor
contutor
administrador
tutriz
guardián
valedor
consejero
guardador
guía (V.)
preceptor
orientador
amparador
consejo de familia
juez tutelar
curador ad bona
curador ad litem

s. **rodrigón** (V.)

s. tutor testamentario
tutor dativo
tutor legítimo

s. haber menester tutor

(V. **tutela**)

a. *pupilo*
huérfano
incapacitado
pródigo

tutoría
(V. **tutela**)

tutriz
(V. **tutor[a]**)

tutti quanti
(V. **todos**)

tuttifruti
(V. **helado**)

T.V.
(V. **televisión**)

two step
(V. **baile**)

typical
(V. **típico**)

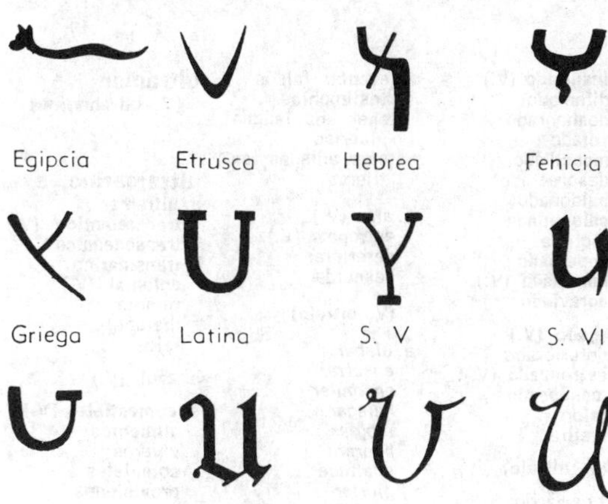

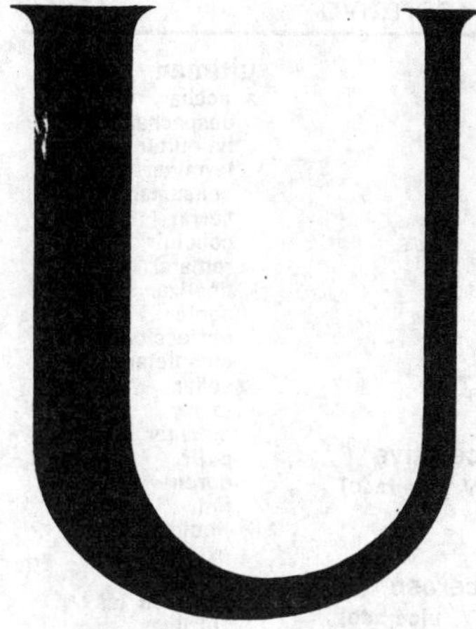

ubérrimo
s. **fértil** (V.)
abundante
pletórico
exuberante (V.)
sobreabundante
superabundante
excesivo
óptimo
pingüe
opimo
rico (V.)
feraz
fecundo
productivo
prolífico
fructuoso
fructífero
colmado
copioso

a. *exiguo*
estéril
escaso
falto
pobre

ubicación
s. **situación** (V.)
emplazamiento
sitio
lugar
establecimiento
colocación
posición (V.)
disposición

ubicar-se
s. **estar** (V.)
hallarse (V.)
encontrarse
situar (V.)
poner
colocar
establecer
radicar
instalar
permanecer
asentarse (V.)
quedar (V.)
disponer

(V. **ubicación**)

a. *ausentarse*
irse
marcharse

ubicuidad
s. generalidad
omnipresencia
ubiquidad
bilocación
universalidad
simultaneidad (V.)
presencia (V.)
estancia
sincronismo
difusión
propagación
don de la ubicuidad

a. *ausencia*
inexistencia
falta
limitación

ubicuo
s. omnipresente
presente (V.)
universal
general
generalizado
extendido
propagado (V.)
difundido

(V. **ubicuidad**)

a. *ausente*
inexistente
limitado

ubio
(V. **yugo**)

ubiquitario
(V. **protestante**)
(religión)

ubre
s. teta
mama (V.)
pecho (V.)
seno
busto

s. leche
mamada

ucase
(V. **orden**)
(despótica)

(V. **decreto**)

(V. **apremio**)

ucencia
(V. **vuecencia**)

udómetro
(V. **pluviómetro**)

ufanarse
s. ensoberbecerse
pavonearse
hincharse
envanecerse
gloriarse
jactarse (V.)
pomponearse
presumir
pompearse
postinear
farolear
fachendear
alardear
engreírse
cacarear
relamerse

(V. **ufanía**)

a. *humillarse*
rebajarse
despreciarse

ufaneza
(V. **ufanía**)

ufanía
s. ufaneza
arrogancia
jactancia (V.)
soberbia (V.)
presunción
vanidad
envanecimiento
engreimiento
fanfarronada
postín

s. **lozanía** (V.)
satisfacción
contento
alegría (V.)
gozo
euforia
optimismo
desenvoltura
ufanidad

a. *sencillez*
humildad
naturalidad
mustiez
languidez
descontento
apagamiento
tristeza
pesimismo

ufanidad
(V. **ufanía**)

ufano
s. **engreído** (V.)
jacarandoso
arrogante
soberbio (V.)
pavo real
runflante
hinchado
envanecido
farruco
pito
alabancioso
arrogante
vanidoso
rufo
fanfarrón
copetudo
jactancioso (V.)
empinado
pagado en sí
postinero
vano
presumido (V.)
satisfecho (V.)

s. alegre
contento (V.)
rozagante
gozoso
lozano (V.)
triunfante
eufórico
optimista
jovial (V.)
orondo
decidido
lanzado
atrevido
desenvuelto
radiante
campante (V.)
resuelto
jubiloso

(V. **ufanía**)

a. *humilde*
sencillo
triste
mustio
tímido
indeciso
apagado
descontento
corto
pesimista

ufo, a
s. de gorra
de balde
gratis (V.)
de mogollón
por su linda cara
de bóbilis bóbilis

(V. **gratuidad**)

a. *oneroso*
pagado

ujier
s. portero
bedel
usier
conserje (V.)
guardián
ordenanza
alguacil (V.)
subalterno
asistente
mozo

s. ujier de cámara
ujier de armas
ujier de sala
ujier de vianda
ujier de saleta

a. *director*
principal
jefe
superior

úlcera
s. **llaga** (V.)
herida (V.)
lesión
pupa
pústula (V.)
fístula
cáncer
caries
tumor
absceso
postilla
botana
serpigo
antracosis
ántrax
afta
chancro
matadura
bocera
escoriación
morrera
rija
sentadura
alcanzadura
boquera
buba
bubón
buera
calentadura (V.)
excoriación
plaga
sapada
uta
rupia
serpigo
fontículo
exutorio

s. **pus** (V.)
supuración
costra
seno
infección
postema
ulceración (V.)
postilla
icor

s. **ulcerar-se** (V.)

ulceración
s. abrasión
raedura
irritación
matadura
tumor
llaga (V.)

(V. **úlcera**)

ulcerado
s. ulcerante
ulcerativo
supurado
desgarrado
herido
lesionado
llagado (V.)
aftoso
cariado
plagado
canceroso
ulceroso
purulento
verminoso

(V. **úlcera**)

a. *sano*

ulcerante
(V. **ulcerado**)

ulcerar-se
s. exulcerar
sahornarse
sentarse
decentarse
afistularse
llagar (V.)
afistular
estiomenar
cancerarse (V.)
encorecer
encorar
encentarse
cariar
supurar
enfistolarse
escocerse
escoriarse

(V. **úlcera**)

a. *restañar*
curar

ulcerativo
(V. **ulcerado**)

ulceroso
(V. **ulcerado**)

uliginoso
s. pantanoso
cenagoso
húmedo (V.)
fangodo
lacustre
palúdico
lagunoso

a. *seco*
yermo
desecado

ulmén
(V. **cacique**)

úlster
(V. **gabán**)

ulterior
s. posterior
ultra (V.)
consecutivo
siguiente (V.)
futuro
contiguo
sucesivo
porvenir (V.)
venidero

s. al otro lado
allende (V.)
a la parte de allá
del otro lado
lejano

a. *anterior*
de aquí

ultimación
s. acabamiento
terminación
conclusión (V.)
finiquitación
consumación (V.)
final
finalización
coronamiento
liquidación
extinción (V.)
desaparición
muerte (V.)

a. *comienzo*
iniciación
principio
vigencia
vida
existencia
continuación

ultimar
s. acabar
despachar
finiquitar
terminar (V.)
consumar (V.)
cerrar
concluir
rematar
finalizar
agotar
perfeccionar (V.)
completar
sellar
lacrar
ejecutar
pulir
coronar (V.)
finir
liquidar
extinguir
dar fin
estar en las últimas
llegar a la meta
dar los últimos toques
apurar
morir (V.)

s. **asesinar** (V.)
matar

(V. **ultimación**)

a. *empezar*
comenzar
principiar
nacer
respetar
perdonar

ultimato
(V. **ultimátum**)

ultimátum
s. ultimato
intimación
decisión
exigencia (V.)
resolución definitiva
amenaza (V.)
proposición final
requerimiento
conminación
advertencia
aviso
orden

a. *condescendencia*
tolerancia

último
s. **zaguero** (V.)
postrero
postre
postremo
póstumo
postrer
postrimer
espaldar
culero
trasero (V.)
cabero
zorrero
posterior (V.)
terminal
final (V.)
retrasado
distante (V.)
alejado
remoto
separado
retirado
extremo (V.)
escondido
fronterizo
ulterior
en cola
a la zaga

s. novísimo
nuevo
actual (V.)
moderno

s. **definitivo** (V.)
concluyente
terminante
supremo
irrevocable
incisivo

s. el último mono
última disposición
última voluntad
lo último
por último
a la última
a lo último
a la última moda
las diez de últimas
estar en las últimas
en último extremo
en última instancia
últimos sacramentos
como último recurso
la última palabra
la última pena
en último caso
dar la última pincelada
dar el último toque
ser algo lo último

(V. **ultimación**)

a. *primero*
anterior
cercano
próximo
primitivo
inicial
original
inaugural
predecesor
antecesor
junto
yuxtapuesto
interior
revocable
transitorio
eventual
anticuado
pasado

ultra
s. **ulterior** (V.)
más allá
al otro lado
más lejos
distante
allende (V.)
a través de
lejano
remoto (V.)

s. además de
por añadidura
exceso (V.)
muy (V.)
más que
mejor que

a. *anterior*
cercano
próximo
antes que
defecto
menos
poco
peor que

ultrajado
s. **afrentado** (V.)
vilipendiado
ofendido (V.)
insultado (V.)
difamado
deshonrado
vejado
mancillado
despreciado
baldonado
calumniado
víctima
sopeteado
humillado (V.)
agraviado

s. **ajado** (V.)
deteriorado
estropeado (V.)
manoseado
raído
viejo

(V. **ultraje**)

a. *ensalzado*
alabado
glorificado
encumbrado
enaltecido
honrado
desagraviado
nuevo
cuidado

ultrajador
(V. **ultrajante**)

ultrajante
s. **vejatorio** (V.)
difamador (V.)
injuriante
ultrajador
ofensivo (V.)
ultrajoso
vergonzoso (V.)
afrentador
insolente
ofensor (V.)
provocativo
insultante
vejante
afrentoso (V.)
injurioso
ofensor
humillante (V.)
despreciativo
agraviador
zaheridor
agraviante
infamante
escarnecedor

(V. **ultraje**)

a. *ensalzador*
encomiástico
deferente
glorificador
halagador
elogioso
honroso

ultrajar-se
s. **difamar** (V.)
injuriar
insultar
vejar
baldonear
humillar (V.)
agraviar
maltratar
afrentar
malparar
mancillar
sopetear
deshonrar
despreciar (V.)
ofender
escarnecer
befarse
infamar
calumniar
poner en ridículo
levantar falsos testimonios
tener una lengua viperina
tener afiladas las tijeras

s. **ajar** (V.)
estropear (V.)
deteriorar
descuidar

(V. **ultraje**)

a. *alabar*
ensalzar
encomiar
halagar
elogiar
honrar
enaltecer
gloriar
apreciar
considerar
cuidar
mimar
arreglar

ultraje
s. **acoceamiento** (V.)
deshonra (V.)
vergüenza (V.)
ludibrio
agravio
faena
afrenta
injuria
zaherimiento
baldón
denuesto
atropello
mancha
mancilla
maltratamiento
ofensa
desprecio (V.)
humillación (V.)
rebajamiento (V.)
vejamen
insulto
insolencia
irreverencia
calumnia
insidia
impertinencia
desacato
desmán
descortesía
befa
escarnio
afeamiento
incorrección
murmuración
crítica
saña
infamia
violación
tuerto
entuerto
trastada

s. **ajamiento** (V.)
deterioro

a. *ensalzamiento*
favor
alabanza
encomio
halago
honra
honor
enaltecimiento
glorificación
aprecio
consideración
respeto
cuidado
mimo
arreglo

ultrajoso
(V. **ultrajante**)

ultramar
(V. **ultramarino**)

ultramarino, s
s. ultramar
transatlántico (V.)
transoceánico
transmarino
colonial (V.)
remoto
distante
lejos

s. **azul** (V.)

s. **comestibles** (V.)
alimentos
víveres
coloniales
provisiones
géneros

a. *cercano*
próximo

ultramontanismo
(V. **reacción**)

(V. **conservadurismo**)

(V. **papismo**)

ultramontano
(V. **reaccionario**)

(V. **papista**)

ultranza (a)
s. a la muerte

s. a todo trance
con **resolución** (V.)
resueltamente
radicalmente
decisivamente

(V. **decisión**)

ultrarrojo
(V. **infrarrojo**)

ultrasonido
(V. **sonido**)

(V. **vibración**)

ultratumba (de)
s. misterioso
secreto (V.)
arcano
espectral (V.)
fantasmagórico
escalofriante
espeluznante
enigmático (V.)
del más allá
limbo

a. *conocido*
humano
real
confortador

ultriz
(V. **vengador[a]**)

úlula
(V. **autillo**) (ave)

ulular
s. **aullar** (V.)
bramar
clamar
gritar (V.)
gemir
rugir
mugir
baladrar
vociferar
gañir
s. lamentarse
quejarse (V.)
(V. **ululato**)
a. *callarse*
silenciar
calmarse
sosegarse

ululato
s. bramido
grito (V.)
rugido
clamor
aullido (V.)
lamento
aúllo
gritería
ladrido
lamento
a. *silencio*
calma
sosiego

umbela
s. parasol
flor
fruto
inflorescencia (V.)
(V. **botánica**)

umbráculo
(V. **sombra**)

umbral
s. lumbral
escalón (inferior)
tranco
tranquillo
límen
busco
entrada
paso
acceso
porche
soportal
puerta (V.)
umbralado
piedra
s. **viga** (V.)
s. **origen** (V.)
iniciación
principio (V.)
comienzo
s. pisar el umbral
a. *dintel*
platabanda
fin
final
término

umbrátil
(V. **umbroso**)

umbría
(V. **sombra**)

umbrío
(V. **umbroso**)

umbroso
s. umbrío
nebuloso
obscuro
sombrío (V.)
sombreado
frondoso
boscoso
umbrátil
tenebroso
opaco
nocturno
brumoso
negro
nublado
nebuloso
crepuscular
ahumado
(V. **umbría**)
a. *claro*
transparente
luminoso

unánime
s. concorde
acorde (V.)
avenido
conforme (V.)
total
general
igual
bienavenido
coincidente
afín
hermanado
uniforme
unísono (V.)
universal
(V. **unanimidad**)
a. *disconforme*
parcial
desacorde
contrario
restringido
ilimitado
desaprobatorio

unanimidad
s. **conformidad** (V.)
acuerdo (V.)
avenencia
concordia
unión
fraternidad
hermandad
unidad (V.)
compañerismo
asenso
aprobación (V.)
beneplácito
asentimiento
reciprocidad
adhesión
ajuste
arreglo
coincidencia
concordación
correspondencia
aclamación (V.)
voto
plenitud
pleno
s. por unanimidad
con unanimidad
a. *discrepancia*
oposición
disconformidad
desavenencia
desacuerdo
diferencia
desaprobación

uncia
(V. **moneda**)
(romana)

uncial
(V. **letra**)

unción
s. unto
untura (V.)
extremaunción (V.)
santos óleos
crisma
ungimiento
s. fervor
recogimiento
devoción (V.)
compunción
ascetismo
piedad
reverencia
contemplación
éxtasis
misticismo
a. *frialdad*
incredulidad
desprecio
impiedad
irreverencia

uncir
s. **atar** (V.)
sujetar (V.)
unir
juntar
aparear
enganchar (V.)
enyugar
acoyundar
amarrar
juñir
acollarar
acoplar
incorporar
enyuntar
uñir
yungir
a. *desuncir*
desatar
separar

undante
(V. **undoso**)

undísono
(V. **sonoro**)

undívago
(V. **ondulante**)

undoso
s. undulado
sinuoso
ondulante (V.)
undulante
ondulatorio
undulatorio
undante
rugoso
reptante
serpenteado
flexuoso
undívago
a. *liso*
plano
estirado

undulación
(V. **ondulación**)

undular
(V. **ondular**)

ungido
s. **consagrado** (V.)
señalado
entronizado (V.)
investido
coronado
proclamado
honrado
exaltado
designado
(V. **unción**)
a. *desentronizado*
destronado

ungimiento
(V. **unción**)

ungir-se
s. embadurnar
aplicar
aceitar
engrasar
untar (V.)
olear
s. **sacramentar** (V.)
dignificar
dar los Santos Óleos
crismar
s. investir
conferir
coronar
proclamar (V.)
conceder
otorgar
nombrar
consagrar (V.)
entronizar
honrar
exaltar
(V. **unción**)
(V. **ungimiento**)
a. *desentronizar*
destronar
desautorizar
negar

ungüento
s. **medicamento** (V.)
untura
unto
unción
pomada (V.)
embrocación (V.)
sanalotodo
bálsamo
linimento
untadura
afeite
populeón
churre
crema
potingue
basilicón
diaquilón
dialtea
diapalma
egipcíaco
s. emoliente
supurativo
revulsivo
s. ungüento amarillo
ungüento amaracino
ungüento basilicón
ungüento de soldado
ungüento mexicano
ungüento nicerobino
s. **remedio** (V.) (inútil)
solución (inútil)

único
s. **solo** (V.)
singular (V.)
uno (V.)
simple (V.)
exclusivo
unidad
totalitario
unitario
puro
disparejo
señero
solitario
aislado
indivisible
mero
peculiar
personal
íntimo
propio (V.)
típico
característico
distintivo
raro (V.)
especial
representativo
impar (V.)
raro
s. extraordinario
ideal
sublime
excelente
valioso (V.)
magnífico
incomparable
paradigmático
exótico
insuperable
inmejorable
inimitable
s. única y exclusivamente
a. *vario*
variado
plural
acompañado
compuesto
vulgar
inferior
divisible
múltiple
parejo
parecido
análogo
semejante
impersonal
impropio
general
par
común
corriente
detestable
ínfimo
superable

unicornio
s. **rinoceronte** (V.)
s. monocerote
monoceronte
animal fabuloso
s. **constelación** (V.)

unidad
s. **uno** (V.)
cifra
cantidad (V.)
número
s. **ente** (V.)
entidad
identidad
ser (V.)
sujeto
persona
personalidad
individuo (V.)
individualidad
simplicidad (V.)
s. **esencia** (V.)
substancia
existencia
singularidad
unicidad
s. **as** (V.)
cabeza
fénix
s. patrón
modelo (V.)
base
punto
comparación
s. destacamento
pelotón
patrulla
compañía
grupo (V.)
avanzada
vanguardia
s. **unanimidad** (V.)
acuerdo (V.)
unión
coordinación
coincidencia
s. indivisibilidad
integridad
s. **centralización** (V.)
unificación
unión (V.)
concentración
reunión
s. unidad astronómica
unidad de tiempo
unidad de lugar
unidad de acción
unidad monetaria
(V. **uno**)
a. *diversidad*
variedad
pluralidad
multiplicidad
multitud
muchedumbre
vulgaridad
acompañamiento
compañía
divisibilidad
parecido
analogía
semejanza
generalidad
comunidad
desavenencia
desacuerdo
diferencia
separación
desunión
equipo
conjunto
colaboración
grupo
batería
lote
juego
plantel
colectividad
pléyade
colección
consejo
comisión

(cont.)

cuadrilla
caterva
pandilla
banda
manada
rebaño
enjambre
montón
manojo
antología
acervo
archivo

unido
s. **incorporado** (V.)
junto (V.)
conjunto
soldado (V.)
pegado
yuxtapuesto
cosido
fusionado
ensamblado

s. fundido
adnato
identificado (V.)
avenido
coincidente
conforme
concordante
fraterno
hermanado

s. **asociado** (V.)
coligado
aliado
sindicado

s. **casado** (V.)
desposado

(V. **unión**)

a. *desunido*
desavenido
disconforme
alejado
separado
distinto
divorciado

unificación
(V. **unión**)

(V. **uniformidad**)

unificar-se
s. **uniformar** (V.)
igualar
generalizar

s. **centralizar** (V.)
juntar (V.)
reunir
consolidar
amalgamar
identificar
solidarizar
conjuntar (V.)
aunar
adunar
unir (V.)
agrupar

(V. **unificación**)

a. *diversificar*
desigualar
descentralizar
desunir
separar
desconjuntar
romper
desagrupar

uniformar-se
s. homogeneizar
aparear
igualar (V.)
nivelar
identificar
unificar (V.)
equilibrar
aparecer
conformar
asemejarse
equiparar
emparejar
regular

s. **vestir** (V.)

(V. **uniformidad**)

a. *desigualar*
desnivelar
diversificar
diferenciar
desvestir

uniforme
s. **traje** (V.)
vestido (V.)
casaca
guerrera (V.)
sahariana
dormán
galón
capote
polaca
chacó
dragona
milicia (V.)
librea
capa

s. **igual** (V.)
exacto
parigual
acorde
parejo
acompasado
periódico
rítmico
en serie
standard
semejante
análogo
homogéneo
invariable (V.)
regular (V.)
igualado
equilibrado
idéntico
similar
mismo
gemelo
uno
conforme
consonante
coincidente

s. **monótono** (V.)
sistemático
metódico
isócrono
aburrido (V.)
liso
llano
regular
invariable
amanerado

s. **suave** (V.)
fino
delicado

a. *paisano* (traje)
desigual
diverso
diferente
distinto
inexacto
desacorde
desparejo
contrario
heterogéneo
opuesto
irregular
entretenido
quebrado
montañoso
áspero
cambiante
variado
multiforme
polifacético
surtido
fluctuante
versátil

uniformidad
s. **igualdad** (V.)
semejanza
similitud
exactitud
simetría
isocronía
identidad
equilibrio
analogía
parecido
coincidencia
homogeneidad (V.)
parejura
conformidad
paralelismo
correspondencia

s. **monotonía** (V.)
pesadez
aburrimiento (V.)
regularidad
lisura
invariabilidad

s. **norma** (V.)
regla (V.)
reglamentación
ordenación
unificación

a. *desigualdad*
diferenciación
desequilibrio
discrepancia
irregularidad
entretenimiento
variedad
diversidad
pluralidad
desorden

unigénito
(V. **Jesucristo**)

unilateral
s. **limitado** (V.)
restringido
parcial (V.)
fragmentario
incompleto
independiente
personal
separado
autónomo
estrecho (V.)

(V. **unilateralidad**)

a. *ilimitado*
amplio
imparcial
total
completo
impersonal
objetivo
general
dependiente

unilateralidad
(V. **limitación**)

(V. **parcialidad**)

unimismar
(V. **identificar**)

unión
s. **mezcla** (V.)
liga
fusión (V.)
unificación
cohesión (V.)
adherencia
trabazón
comisura
amalgama
remache
soldadura (V.)
combinación
mixtura
ligazón (V.)
aleación
mezcolanza
amasijo
conjunto
masa
istmo
bloque

s. anexión
yuxtaposición
inherencia
hipóstasis
esencia (V.)
consubstancialidad
incorporación (V.)
nexo (V.)
vínculo
armonía
agregación
convergencia
unidad (V.)

s. concordia
coadunación
conformidad (V.)
amistad (V.)
inteligencia
comprensión
simpatía
correspondencia (V.)
analogía
consonancia
equilibrio
identidad (V.)
fraternidad (V.)
conciliación
adhesión
unidad (V.)
camaradería
pandilla (V.)
compañerismo
identificación
integración
relación
paz
afinidad (V.)
concordancia
pool
conchabamiento
reunión (V.)
contubernio
maridaje
ilación
conjunción
solidaridad

s. empalme
junta
juntura
acoplamiento
ensambladura (V.)
articulación (V.)
espiga
trama
gozne
sutura
costura
nudo
lazo
ligadura
traba
pegadura

s. **alianza** (V.)
sociedad
liga
mancomunidad (V.)
federación
confederación
coordinación
compañía
coalición (V.)
pacto
convenio
acuerdo
concordato
hermandad
sindicato
centro
círculo
club

s. **ayuntamiento** (V.)
ajuntamiento
cópula (V.)
enlace
maridaje
matrimonio (V.)
boda
casamiento
acoplamiento

s. himeneo
nupcias

s. **comunicación** (V.)
anastomosis
relación
correspondencia

s. consolidación (heridas)
encarnadura (V.)
curación
a unión consensual
unión conyugal

r. La unión hace la fuerza

a. *desunión*
desintegración
disgregación
disociación
división
separación
inarmonía
divergencia
diferencia
desidencia
secesión
desvinculación
disconformidad
enemistad
incomprensión
desavenencia
alejamiento
distanciamiento
discordia
divergencia
desacuerdo
desequilibrio
ruptura
oposición
hostilidad
enemiga
escisión
cisma
insolidaridad
desarticulación
desacoplamiento
desmembración
desmembramiento
desacuerdo
separación
divorcio
incomunicación

unipersonal
(V. **individual**)

unir-se
s. **juntar** (V.)
unificar
mezclar (V.)
reunir (V.)
aunar
adunar
coadunar
conglomerar
amalgamar
combinar
soldar (V.)
fundir (V.)
fusionar
concentrar
ligar
remachar
coser
pegar
encolar
cohesionar
trabar
combinar (V.)
mixturar
amasar
conglobar
sumar
incorporar
adicionar
agregar
incorporar (V.)
agrupar
vincular
relacionar (V.)
articular (V.)
atar (V.)
amarrar
anudar
ensamblar
acoplar
agavillar
gavillar
amontonar
anexar
anejar
acercar
aproximar
centralizar (V.)
ajustar
cerrarse
embeber
concentrar
adjuntar
conectar
acompañar
anexionar
amadrinar
esenclarse
adscribir
aglutinar
aplicar
arrimar
apuntar
estrechar
fusionar
refundir
entrañarse
coleccionar
archivar
conglutinar
concatenar
concadenar
concurrir
conglobar
encadenar
engarzar
engatillar
enclavijar
encepar
enlazar
entroncar
conchabarse
conjurarse
coincidir (V.)
sujetar

s. **asociarse** (V.)
confederarse
aliarse
mancomunarse
afiliarse (V.)
coaligarse
concordar
acordar
pactar
conformar
concertarse
federarse
conexionar
confabularse
sindicarse
solidarizarse (V.)
hermanarse
unificarse
conchabarse

(cont.)

s. consolidarse (heridas)
cicatrizarse (V.)
curarse
cerrarse
encarnarse

s. fornicar
ayuntar
copular (V.)
aparearse
cohabitar
yacer
arrimarse
liarse
amontonarse
montar
cubrir
juntarse
amaridar
amarizarse
abarraganarse
casarse (V.)
desposarse (V.)
matrimoniar
emparejarse

(V. **unión**)

a. *desunir-se*
separar-se
alejar-se
distanciar-se
abandonar
dejar
diverger
discrepar
disentir
escindir-se
dividir-se
disgregar-se
disociar-se
romper
desintegrar-se
desarticular-se
desmembrar-se
desgajar-se
desvincular-se
desconectar-se
divorciar-se
desconcentrar-se
despegar-se
arrancar-se
descoser-se
restar-se
desatar-se
desanudar-se
desacoplar-se
descentralizar-se
soltar-se
abstener-se

unísono

s. **unánime** (V.)
voluntario (V.)
espontáneo
acorde
conteste
unisón

s. al unísono

a. *discorde*
obligado

unitario

s. **indiviso** (V.)
indisoluble
inseparable
junto
inherente
adherente
adscrito
adjunto
anexo
conexo
insoluble
indivisible (V.)
continuo
nato
trino
adnato
individual

(V. **uno**)

a. *vario*
separable
divisible

universal

s. **general** (V.)
ecuménico
total (V.)
ilimitado
absoluto (V.)
cósmico
espacial (V.)
cosmogónico
planetario
interplanetario
vulgar
frecuente
completo
natural
regular
estelar
genérico
sideral
colectivo
global

s. **mundial** (V.)
internacional
católico
enciclopédico
mundanal
cosmopolita
juicio universal
ideas universales
proposición universal
historia universal

(V. **universo**)

a. *especial*
particular
determinado
concreto
limitado
nacional
local
lugareño
aislado

universalidad

s. generalidad
totalidad
todo
sumo
conjunto
integridad

a. *particularidad*
parte

universidad

s. escuela
facultad (V.)
instituto
colegio
academia
corporación
enseñanza (V.)
seminario
estudio (V.)
claustro
paraninfo
aula
clase
claustrillo
capilla

s. beca
matrícula
instancia
examen
tesis
repetición

s. licenciatura
doctorado
título
orla

s. birrete
beca
toga
muceta
hopalanda
manto
loba cerrada
capirote
capelo

s. **catedrático** (V.)
profesor
decano
rector
vicerrector
deán

s. estudiante
alumno (V.)
colegial
graduando
doctorando
tuno
sopista
goliardo
pascasio
bolonio
chofista
manteísta

s. recibirse
licenciarse
doctorarse
graduarse
tomar la borla
arrastrar bayetas

s. cánones
filosofía y letras
derecho
medicina
ciencias
ciencias políticas
ciencias económicas
teología
humanidades
escuelas especiales

universitario

s. titulado
facultativo
recibido
graduado
licenciado
doctorado
diplomado
profesional

s. **docente** (V.)
escolástico
académico
corporativo
colegial
catedrático

(V. **universidad**)

universo

(V. **mundo**)

univocarse

(V. **convenir**)

(V. **coincidir**)

uno

s. **unidad** (V.)
individuo (V.)
individualidad
cosa (V.)
patrón
modelo
as
cabeza
singularidad
exclusividad

s. **alguno** (V.)
cualquiera
don nadie

s. signo
cifra (V.)
guarismo

s. indiviso
inseparable
puro
distinto
mero
solo (V.)
homogéneo
único (V.)
impar
aislado
incomparable
non
insubstituible
especial
particular
solitario

s. de una (vez)
de uno en uno
en uno
más de uno
uno más
uno y no más
uno a otro
uno a uno
uno por uno
a cada uno
una de dos
uno y medio
uno que otro
uno y otro
unos con otros
a cada uno lo suyo
cada uno a lo suyo
vaya lo uno por lo otro
uno tras otro
marchar a una
ser uno y lo mismo
una de las suyas
uno de tantos
unos cuantos
uno mismo

r. Cada uno habla como quien es ■ Cuando uno no quiere, dos no riñen ■ Unos por otros, y la casa sin barrer ■ Cada uno habla de la feria según le fue en ella ■ Una no es ninguna ■ Uno y ninguno, todo es uno.

a. *varios*
múltiple

untación

(V. **unto**)

untadura

(V. **unto**)

untamiento

(V. **unto**)

untar-se

s. **mojar** (V.)
embadurnar (V.)
reuntar
ungir (V.)
rebozar
pintar (V.)
embarrar
enligar
embetunar
empapar (V.)
pringar (V.)
aceitar
empavonar
alquitranar
bañar
embrear
empecinar
lardear
cubrir (V.)
manchar (V.)
ensuciar
emporcar
dar de
frotar
engrasar
petrolear
lardar
trullar

s. **sobornar** (V.)
interesarse
corromper
cohechar
comprar
ganarse
untar el carro

(V. **untura**)

a. *secar*
limpiar
perder
purificar
acrisolar
sanear

untaza

(V. **unto**)

unto

s. **untura** (V.)
untadura
untación
untamiento
untaza
embrocación
unte
unción
embadurnamiento
inmersión
baño
ilutación
ungimiento (V.)
capa
cubrimiento
bálsamo
pomada
crema
ungüento (V.)
potingue
afeite
betún

s. **gordura** (V.)
grasa (V.)
graso
grasura
aceite (V.)
graseza
grosura
pringue (V.)
empegadura
crasitud

s. **soborno** (V.)
dádiva
corrupción
propina
dinero
gratificación

s. unto de rana o de México

a. *sequedad*
desecación
honradez
honestidad
desinterés
pureza
limpieza

untuosidad

s. crasitud
viscosidad (V.)
adherencia
cohesión
pegajosidad
enviscamiento (V.)
glutinosidad

s. **servilismo** (V.)
sumisión
acatamiento
adulación
coba
zalamería
empalago (V.)
remilgo
afectación (V.)
hipocresía
estiramiento

a. *sequedad*
independencia
señorío
insumisión
acritud
naturalidad
sencillez
dignidad

untuoso

s. **pringoso** (V.)
aceitoso
grasiento (V.)
grasoso
pegajoso
craso
graso
oleoso
viscoso (V.)
seboso
mantecoso
resinoso
ensebado
aceitado
untoso
engrasado

s. insinuante
afectado (V.)
escurridizo
hipócrita
engomado
servil (V.)

(V. **untuosidad**)

a. *seco*
claro
sincero
digno
natural
sencillo

untura

s. **unto** (V.)
empegamiento
unción (V.)
ungimiento
empegadura
perfusión
embrocación
lubricación
engrase
imprimación
encerado
untuosidad
barnizado

s. lustre
barniz
cera
aceite
betún
pomada
pulimento
grasa
resina
alquitrán

uña

s. garra
casco (V.)
uñuela
uñeta
pezuña
espolón
punta
espina
pincho
excrecencia
carnicol
zarpa
garfa
costra
presa

s. uñero
panadizo
mentira
albugo
blanco de la uña
padrastro
repelo
lúnula
respigón
selenosis
gavilán
flor
eponiquio

s. **dedo** (V.)
mano
garra
arañazo (V.)
rasguño
rasgueadura
onicomancia

s. manicuro
pedicuro

s. navaja
molusco
dátil

s. uña de caballo
uña de vaca
uña de gata
uña de la gran bestia
uña olorosa

s. a uña de caballo
enseñar las uñas
comerse las uñas
sacar las uñas
estar de uñas
cortarse las uñas
hacerse las uñas
meter la uña
mirarse las uñas
ser uña y carne
afilar las uñas
tener las uñas largas
dejarse las uñas en algo

s. largo de uñas
uñas abajo
uñas arriba
uñas adentro
caer en las uñas de
tener uña en la palma
verse en las uñas del lobo
sacar por la uña al león
quedarse soplando las uñas
coger entre las uñas
cortarse las uñas con otro
descubrir la uña
ponerse de uñas

r. Palabras de santo y uñas de gato ■ Uñas de gato y hábitos de beato

uñada

s. uñarada
uñate
uñeta
arañazo (V.)
uñetazo
rasguño
marca
señal
huella
garfiada
garfazo

(V. **uña**)

a. *caricia*
mimo

uñero

(V. **panadizo**)

up to date

(V. **actual**)

(V. **moda, a la**)

upar

(V. **aupar**)

urbanidad

s. finura
educación
cortesía (V.)
cortesania
afabilidad
amabilidad
civilidad
cultura
corrección
discreción
honestidad (V.)
tacto
moderación
atención (V.)
gentileza
respeto
galantería
diplomacia
elegancia
modales
buen trato
sociabilidad
buenos modales
buena crianza
deferencia
atención
buenas maneras
buena crianza
complacencia
miramiento
saludo

a. *groseria*
incultura
insociabilidad
chabacanería
incorrección

urbanismo

s. **ciudad** (V.)
urbanización
planificación (ciudad)
desarrollo (ciudad)
reforma (ciudad)
ampliación (ciudad)

s. trazado de calles
canalización
alcantarillado
iluminación
comunicaciones (vías)
edificación
mercados
saneamiento
zonas verdes
parques y jardines
zonas residenciales
zonas industriales
zonas comerciales
zonas de aparcamientos
zonas de recreo
pavimentación
instalaciones deportivas
extrarradio
accesos y salidas
puertos, muelles y embarcaderos
abastecimientos
transportes
suministro de agua
suministro de gas
suministro de electricidad
cementerios
servicio de basuras
ciudades satélites

urbanístico

(V. **urbano**)

urbanizar

s. **educar** (V.)
afinar
civilizar

s. **planificar** (V.) (ciudades)

(V. **urbanismo**)

a. *desatender*
abandonar

urbano

s. fino
culto
educado (V.)
afable
amable
cortés (V.)
cortesano
diplomático
distinguido
complaciente
agradable
cumplido (V.)
etiquetero
obsequioso
ceremonioso
atento (V.)
correcto
delicado
galante
comedido

s. **civil** (V.)
cívico
ciudadano
conciudadano
metropolitano
urbanístico

s. **habitante** (V.)
poblador
guardia (V.)
policía
agente
guardián

(V. **urbanidad**)

a. *grosero*
desatento
descortés
insociable
inculto
desagradable
hosco
agrio
incorrecto
descomedido
inmoderado
rural
rústico
campesino

urbe

s. **ciudad** (V.)
metrópoli
capital
centro
cabeza
emporio
corte
población

a. *pueblo*
aldea
campo

urbícola

(V. **ciudadano**)

urca

(V. **embarcación**)

urce

(V. **brezo**)

urdimbre

s. **tejido** (V.)
trama (V.)
red
malla
estambre (V.)
hilos
punto
textura
encaje
puntilla
cadillos

s. **intriga** (V.)
trama
conspiración
enredo
maniobra
maquinación
conjura

a. *claridad*
franqueza
lealtad

urdir

s. **hacer** (V.)
tejer (V.)
hilar
trenzar
tramar (V.)
mallar
entretejer
armar

s. maquinar
intrigar (V.)
conspirar (V.)
preparar
complotar
organizar
planear
cabildear
trapichear
manejar
maniobrar

(V. **urdimbre**)

a. *destejer*
deshacer
destrenzar
deshilar
abstenerse
inhibirse
descubrirse

urea

(V. **orina**)

urente

s. **ardiente** (V.)
escocedor
candente
urticante
quemante
abrasante
achicharrador

a. *refrescante*
refrigerante
agradable

uréter

(V. **conducto**)

(V. **riñón**)

uretra

s. urétera
próstata (V.)
uracho
conducto (V.)
orina (V.)

uretritis

(V. **blenorragia**)

urgencia

s. emergencia
apresuramiento (V.)
apremio (V.)
acucia
aceleración
celeridad
rapidez
exigencia
perentoriedad
premura
prisa (V.)
necesidad
inminencia
precisión
instancia
impetuosidad
atosigamiento
aguijadura
presteza
eventualidad
a la carrera
deprisa y corriendo
a rebato

a. *parsimonia*
tranquilidad
retraso
demora
cachaza
pachorra
lentitud

urgente

s. **apremiante** (V.)
perentorio (V.)
imperioso
inminente
inaplazable (V.)
rápido
preciso
obligatorio
indispensable
importante (V.)
necesario (V.)
impostergable
precipitado
apresurado
pronto
telegráfico
acelerado
eventual
acuciante
apurado
indemorable
cuitoso

(V. **urgencia**)

a. *aplazable*
postergable
demorable
lento
innecesario
voluntario

urgir

s. **apremiar** (V.)
apresurar
incitar
impulsar (V.)
acuciar (V.)
aguijar
apretar
solicitar (V.)
instar
apurar
atosigar (V.)
necesitar (V.)
acelerar
precisar (V.)
obligar
pedir
exhortar
agonizar
correr prisa
forzar la marcha

(V. **urgencia**)

a. *aplazar*
demorar
postergar
diferir
prescindir

urinario

s. evacuatorio
necesaria
mingitorio
water
retrete (V.)
meadero
urinal
casilla
beque
water closet
bacín
bacineta
común
letrina
garita
excusado
secreta
servicio

s. **orinal** (V.)
bacinilla

urna

s. **caja** (V.)
vasija (V.)
vaso

s. arqueta
arca (V.)
receptáculo
envase
estuche
joyero

s. **fanal** (V.)

s. urna cineraria
urna electoral

uromancia
(V. **adivinación**)
(V. **orina**)

urraca
s. **pájaro** (V.)
(córvido)
picaraza
blanca
marica
picaza
pega
gaya
pica
s. habla más que una urraca
r. Picaza en soto, no la sacan ni entre ocho

ursulina
(V. **monja**)
(V. **orden**) (religiosa)

urticante
s. **picante** (V.)
escocedor
irritante
punzante
vesicante
quemante
urente
(V. **urticaria**)
a. *emoliente*
refrescante
calmante

urticaria
s. **erupción** (V.)
irritación
sarpullido
comezón
picazón

usado
s. **desgastado** (V.)
deteriorado
ajado (V.)
viejo (V.)
estropeado
deslucido
raído (V.)
trillado
sobado
espigado
roto
rozado
gastado (V.)
pasado
consumido
andrajoso
manido
usitado
llevado
de ocasión
agotado
acabado
pingajoso
pocho
malo (V.)
feo
s. **habituado** (V.)
ejercitado
práctico
ducho (V.)
acostumbrado
al usado
(V. **uso**)
a. *nuevo*
flamante
estrenado
inexperto
novato

usagre
(V. **erupción**) (escrofuloso)
(V. **sarna**) (animales)

usanza
s. **uso** (V.)
costumbre (V.)
moda
práctica (V.)
hábito
estilo
conducta
rutina
manera
sistema
procedimiento
regla
tradición
manía
maña
s. a usanza de
a. *desuso*
postergación
anulación
prescripción

usar-se
s. **aprovechar** (V.)
servirse (V.)
aplicar
dedicar (V.)
manejar
manosear
traer (V.)
llevar (V.)
emplear (V.)
disfrutar
gastar (V.)
gozar (V.)
practicar
esgrimir
tratar
introducir
recurrir a
utilizar (V.)
consumir
usufructuar
tener
abusar
valerse
explotar
disponer
adoptar
demediar
echarse
estilarse
estrenar
ocupar
monopolizar
s. **soler** (V.)
acostumbrar (V.)
frecuentar
habituarse
s. estropear
deteriorar
raer
desgastar
ajar (V.)
sobar
s. hacer furor
estar de moda
r. El uso hace maestro ■ Lo que se usa, no se excusa ■ El usar saca oficial ■ Lo que mucho se usa, poco dura ■ Calle pasajera, no cría hierba ■ Del usar al abusar, no hay canto de corral ■ Del uso nace el abuso
(V. **uso**)
a. *invalidar*
desusar
desacostumbrar
arrumbar
desechar
despreciar
desprenderse de
prescindir
abandonar
olvidar
retirar

usarced
(V. **vuesamerced**)
(V. **tratamiento**)

usencia
(V. **tratamiento**)

usgo
(V. **asco**)

usía
(V. **tratamiento**)

usier
(V. **ujier**)

usina
(V. **fábrica**)
(V. **taller**)

usitado
(V. **usado**)

uso
s. deterioro
desgaste (V.)
roce
daño
rozadura
ajamiento (V.)
envejecimiento
gasto
usanza
raedura
consunción
vejez (V.)
desmedro
deslucimiento
deslustre
erosión
ruina
decadencia
adelgazamiento
alteración
corrosión
fricción
abuso
sobo
rotura
s. **empleo** (V.)
manejo
provecho
menester
dedicación (V.)
ocupación
fin
función (V.)
maniobra
objetivo
ministerio
utilidad (V.)
servicio (V.)
destino
usufructo (V.)
goce
disfrute (V.)
beneficio
explotación
aplicación
oficio
usaje
destinación
utilización
s. **moda** (V.)
circulación
curso
boga
estilo
manera
s. **costumbre** (V.)
rutina
hábito
práctica
ejercicio
usanza (V.)
el pan nuestro de cada día
lo de siempre
lo obligado
de todos los días
moneda corriente
s. uso de razón
al uso
a uso
amor al uso
entrar en los usos de alguien
estar en buen o mal uso
de uso externo
de uso personal
retirar del uso
fuera de uso
hacer uso de
en el uso de la palabra
el uso de su derecho
andar uno al uso
r. El uso hace maestro
a. *desuso*
preterición
olvido
arrumbamiento
desecho
inutilidad
vejez
antigüedad
abandono
arreglo
reparación

ustible
(V. **combustible**)

ustión
(V. **quema**)
(V. **combustión**)

usual
s. **habitual** (V.)
acostumbrado (V.)
frecuente (V.)
corriente (V.)
normal
tradicional
proverbial
general
coloquial
común
vulgar (V.)
diario
ordinario
visto
familiar
sabido
conocido
divulgado
difundido
reiterado
repetido
asiduo
constante
aburrido
incesante
monótono (V.)
periódico
natural
corriente y moliente
vigente
para todo trote
s. **sociable** (V.)
tratable
amable
asequible
cómodo
fácil
agradable
suave
(V. **uso**)
a. *desusado*
raro
infrecuente
insólito
extraordinario
desacostumbrado
original
distraído
insociable
hosco
intratable
desagradable

usuario
s. usufructuario
consumidor
beneficiario (V.)
interesado (V.)
cliente (V.)
comprador
usador
usante
(V. **uso**)
a. *ajeno*

usucapión
s. **adquisición** (V.)
dominio
propiedad
usufructo
s. extinción
caducidad
prescripción (V.)
término
a. *vigencia*

usucapir
(V. **adquirir**)

usufructo
s. **uso** (V.)
empleo
disfrute (V.)
goce
utilización
explotación
tenencia (V.)
empleo (V.)
aplicación
aprovechamiento
s. fruto
provecho
goce
utilidad
rendimiento (V.)
lucro
ventaja
producto
interés
servicio (V.)
consumo
patrimonio (V.)
a. *desuso*
desaprovechamiento
pérdida
perjuicio
inutilidad

usufructuar
s. **usar** (V.)
disponer de
disfrutar de (V.)
utilizar (V.)
emplear
gozar de
tener (V.)
poseer
aplicar
obtener
ganar
lucrar
explotar (V.)
aprovechar
(V. **usufructo**)
a. *desposeer*
perder
desaprovechar
prohibir
vedar

usufructuario
s. **usuario** (V.)
beneficiario
guillote
favorecedor
usufructuario
fructuario
superficiario
(V. **usufructo**)
a. *ajeno*
extraño

usura
s. **codicia** (V.)
interés
lucro (V.)
ventaja
logro
mohatra
ganancia
fruto
utilidad
logrería
avaricia (V.)
aprovechamiento
abuso (V.)
rapacidad (V.)
rapiña (V.)
ladrocinio
especulación
judiada
cicatería
ambición
r. El logrero, cuanto más se enriquece, su alma más se empobrece ■ Más come la usura que la oruga ■ Caudal de usura, dos generaciones dura
a. *generosidad*
largueza
desinterés
filantropía

despojo
expolio (V.)
robo (V.)
detentación
apropiamiento
toma (V.)
confiscación
retención
rapacería
abuso
extorsión
privación
asunción
arrogación (V.)
arrogamiento

a. *restitución*
devolución
reintegración

usurar
(V. **usurear**)

usurear
s. **explotar** (V.)
usurar
prestar (V.)
mohatrar
cicatear
abusar (V.)
estafar
engañar
aprovecharse (V.)
beneficiarse
lucrarse
especular (V.)
ganar
asfixiar
dar o tomar a usura
prestar con usura
dar a logro
chupar la sangre

(V. **usura**)

a. *donar*
ceder
regalar
dar
entregar
repartir
prodigar
perjudicarse
perder

usurero
s. **codicioso** (V.)
prendero
prestamista (V.)
avaro (V.)
rapaz
mohatrero
coime
matatías
logrero (V.)
tacaño
judío
hebreo
renovero
sanguijuela
negrero
vampiro (V.)
embaucador
usurario

(V. **usura**)

r. El corazón del usurero, tiene callos y pelos ■ Se compadeció el logrero y se metió a sanguijuelero

a. *generoso*
pródigo
desinteresado

usurpación
s. **apropiación** (V.)
ocupación (V.)
incautación
invasión (V.)
arrebatamiento
apoderamiento

usurpador
s. apropiador
detentador
expoliador (V.)
despojador
invasor
extorsionador
incautador
confiscador
abusador
depredador (V.)
defraudador
ladrón
tramposo
timador
bandido
bandolero
saqueador (V.)
conquistador
estafador
explotador
atropellador

(V. **usurpación**)

a. *generoso*
respetuoso
digno
observante
honrado
noble

usurpar
s. **apoderarse** (V.)
apropiarse
detentar (V.)
expoliar
arrebatar
abusar (V.)
robar (V.)
invadir (V.)
explotar
quitar
confiscar
incautarse
birlar
arramblar
substraer
desposeer
estafar
defraudar
hurtar
atropellar
asumir (V.)
arrogarse
despojar (V.)
extorsionar

(V. **usurpación**)

a. *devolver*
restituir
reintegrar
respetar

utensilio, s
s. **herramienta** (V.)
instrumento
útil
utillaje
aparato (V.)
material
artefacto (V.)
enser
menaje
adminículo
trasto (V.)
cacharro
trebejo
armadijo
apero
apatusco
chirimbolo
argamandijo
elemento
aparejo
bártulo
cachivache
pertrecho
avío
arma
juego
arnés
alpatana
apaños
amaños
argadijo
chisme
menester
bagaje
cubertería
fornitura
mueble (V.)
equipo
recado
tren
medio
mecanismo (V.)
dispositivo
prendas (V.)
equipaje
bultos
arsenal

uterino
s. materno
histérico
intrauterino

s. furor uterino
hermano uterino

(V. **útero**)

útero
s. **matriz** (V.)
seno materno
claustro materno

s. uteralgia
uterectomía
uterismo
uteritis
uterocele
úteroesclerosis
úterogestación
uterolito
úteromanía
úteropatía
uterorragia
uterorrea

(V. **cuerpo**)

útil, es
s. **provechoso** (V.)
conveniente (V.)
adecuado (V.)
beneficioso
productivo
rentable
aprovechable
lucrativo
utilitario
ventajoso (V.)
utilizable
valioso
dije
válido
bueno (V.)
reditual
proficuo
lucroso
favorable
fértil (V.)
fructuoso
eficaz (V.)
interesante
remunerativo
interesante
jugoso
mollar
apto (V.)
estimable
eficiente
fructífero
práctico (V.)
servible (V.)
servidero
necesario

s. **servicial** (V.)
menester
rendido
oficioso
complaciente (V.)
cuidadoso
escrupuloso
cumplido
satisfactorio
solícito (V.)
atento
amigable
facilitón

s. **herramienta** (V.)
utensilio (V.)
mecanismo

(V. **utilidad**)

a. *inútil*
ineficaz
inconveniente
inadecuado
desventajoso
perjudicial
baldío
yermo
infructífero
infructuoso
vano
ocioso
superfluo
nulo
insignificante
improductivo
malo
desfavorable
seco
inutilizable
inservible
innecesario
hostil
contrario
negligente
abandonado
desatento

utilidad
s. **conveniencia** (V.)
oportunidad (V.)
comodidad (V.)
aptitud
conformidad
acomodo
calidad
comodín
validez
uso (V.)
empleo
aplicación
finalidad
valor
valía
servicio (V.)
función (V.)
eficacia
pro
usufructo

s. **rendimiento** (V.)
provecho (V.)
beneficio (V.)
interés
jugo
gaje
zumo (V.)
rendición
fruto (V.)
producto (V.)
ingreso
provento
obtención
ganancia
lucro
ganga
usura
dividendo
ventaja (V.)
valor (V.)
interés (V.)
compensación
esquilmo
renda
renta

a. *inutilidad*
inconveniencia
superfluidad
ociosidad
ineptitud
ineficacia
insignificancia
banalidad
bizantinismo
pérdida
perjuicio
nulidad

utilitario
s. aprovechado
interesado
materialista (V.)
positivista
egoísta (V.)
aprovechador
proficiente
aprovechante
codicioso
avaro
pancista

s. **económico** (V.)
ventajoso
útil (V.)
automóvil (V.)

r. En cosas de su provecho, el más tonto es cuerdo ■ Del viejo y del bancal cuanto puedas sacar ■ Quien no araña, no apaña ■ Quien no trae talega, no medra

(V. **utilitarismo**)

a. *altruista*
desinteresado
romántico
espiritual
generoso
desventajoso

utilitarismo
(V. **positivismo**)

(V. **materialismo**)

(V. **interés**)

utilizable
s. **aprovechable** (V.)
sensible
útil (V.)
explotable
servidero
disponible
positivo
valioso
interesante

(V. **utilización**)

a. *inútil*
inservible
inutilizable
perjudicial
negativo

utilización
(V. **uso**)

(V. **empleo**)

utilizar
s. **valer** (V.)
gastar
convenir
aprovechar
usar (V.)
emplear (V.)
prestar
interesar
beneficiar
lograr
servirse de
disfrutar (V.)
usufructuar (V.)
disponer
explotar
adoptar
manejar
recurrir
lucrarse
dedicar
aplicar (V.)
consagrar
acogerse
sacar tajada
hacer a todo
echar mano de
coger la ocasión por los pelos
sacar partido
arrimar el ascua a su sardina
dar resultado
ser apto
venir bien
sacar provecho
tener cuenta
servir para todo
venir como anillo al dedo
dar juego
hacer servicio

r. Quien puede dañar, puede aprovechar ■ Más vale sacar del humo llama que no de la llama humo

(V. **utilización**)

a. *desaprovechar*
inutilizar
desechar
arrumbar
despreciar
prescindir

utillaje
(V. **utensilio**)

utopía
s. **ilusión** (V.)
plan irrealizable
proyecto irrealizable
doctrina irrealizable
imaginación
fantasía
quimera (V.)
sueño
ideal
absurdo
ensueño
cuento
delirio
capricho
visión
fantasmagoría
fábula
teoría
suposición
ficción (V.)
anhelo
hipótesis
imposible
apariencia
desvarío
mito
alucinación

a. *realidad*
materialidad
verdad

utópico

s. supuesto
fantástico
irrealizable
imposible
irreal
quimérico (V.)
vano
absurdo
teórico
inventado
caprichoso
imaginado
soñado
falso
ficticio
ilusorio (V.)
figurado
ideal (V.)
maravilloso
mítico
exagerado (V.)
fabuloso

(V. **utopía**)

a. *real*
veraz
material

utopista

s. soñador
idealista (V.)
ingenuo
iluso (V.)
visionario
quijote
cándido
inocente
teórico
fantasioso
imaginativo
fabulador

(V. **utopía**)

a. *realista*
materialista
pragmático

utrero

(V. **novillo**)

ut supra

(V. **arriba**, **más**)

(V. **antedicho**)

uva

s. **fruto** (V.)
agracejo
calagraña
agraz
pasa (V.)
envero
uvada
uva abejar
uva alarije
uva albarazada
uva albilla
uva blanca
uva moscatel
uva negra
uva tinta
uva bodocal
uva tortozón
uva tempranilla
uva royal
uva rojal
uva ligerilla
uva larije
uva herrial
uva ferreal
uva malvasia
uva palomina
uva verdeja
uva jaén
uva de Almería
uva teta de vaca
uva lairén
uva torrontés
uva perojimén
uva aragonesa
uva garnacha
uva calagraña
uva beuna
uva balancia
uva herbasco
uva jabí
uva cierne
uva cierna
uva agrazón
uva acelín
uva masvale
uva pasa
pasa de Corinto
pasa gorrona
pansa

s. **racimo** (V.)
racima
redrojo
redruejo
redrojuelo
cencerrón
garpa
carpa
gancha
raspa
arlo
brusco
colgajo

s. borujo
holluelo
burujo
pellejo
hueso
pepita
pulpa
zumo
vino (V.)
mosto (V.)
orujo (V.)
casca
residuo
bagullo
escoyo
esquilmo
escobajo
raspajo
rampojo

s. **vid** (V.)

s. despalillar
escombrar
pisar
vendimiar (V.)
despichar
desraspar
verdear
picar
deshuesar
escobajar
descobajar

s. uval
uvero
racimudo
racimoso
racimal
agraceño
valdepeñera
pintón

s. **tumor** (V.) (med.)
verruga (med.)
uva de perro
uva de raposa
uva de mar
conocer uno las uvas por el majuelo
meter uvas con agraces
estar hecho una uva
entrar por uvas
de uvas a peras

r. Uvas, pan y queso, saben a beso ■ Madura la uva en agosto y septiembre ofrece mosto ■ Poda tardío y siembra temprano: cogerás uva y grano

úvula

s. campanilla
galillo
gallillo
carnosidad
paladar (V.)

uxoricida

(V. **parricida**)

uxoricidio

(V. **parricidio**)

(V. **crimen**)

uzo

(V. **puerta**)

(V. **postigo**)

Egipcia Etrusca Hebrea Griega

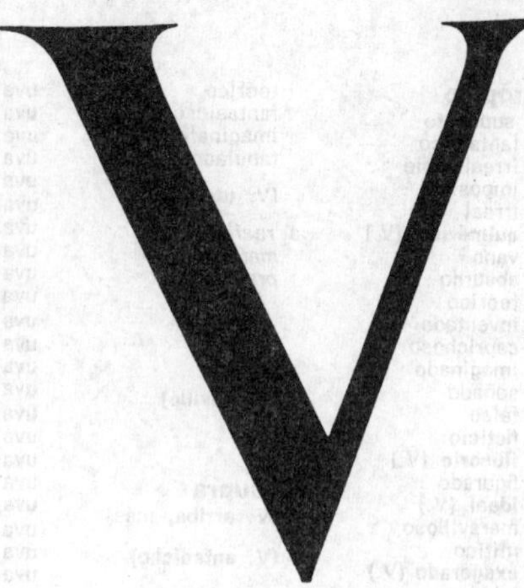

Latina S. VI S. XV S. XVI

S. XVII Gótica Española Americana

vaca

s. **res** (V.)
mamífero (V.)
ganado
toro (V.)
(hembra)
ternera
becerra
vaquilla

s. **carne** (V.)
vacuno

s. vaca abierta
vaca del aguardiente
la vaca de la boda
estar hecho una vaca

r. A la vaca harta, la cola le es abrigada ■ Más vale vaca en paz, que pollos con agraz ■ Vaca y carnero, olla de caballero ■ Si quieres ser rico, calza de vaca y viste de fino ■ De la vaca flaca, la lengua y la pata ■ La vaca grande, y el caballo que ande ■ Vaca de muchos, bien ordeñada y mal alimentada

vacación

s. **descanso** (V.)
asueto
recreo
ocio (V.)
fiesta
festividad (V.)
tiempo (V.)
diversión
huelga
holganza
reposo
ociosidad
pausa
inacción
jubilación
retiro
domingo
suspensión (trabajo)
interrupción (trabajo)
libertad (V.)
alto
paro
receso
recle
cese
cierre
feria (V.)
puente
permiso
veraneo (V.)
día libre
día festivo
vacante
temporada (V.)

a. *trabajo*
actividad

vacada

(V. **manada**)

vacante

s. **disponibilidad** (V.)
vacancia
cesación
vacatura
cesantía
vacación (V.)
resulta

s. **vacío** (V.)
desierto
disponible
abandonado
desocupado
inocupado
abierto
desalquilado
expedito
ausente
solitario
libre (V.)
desatendido
vaco
plaza vacante
bienes vacantes
sede vacante

a. *provisión*
ocupación
desempeñado
ocupado
cerrado
lleno
alquilado
presente

vacar

s. **cesar** (V.)
desocupar
abandonar
descansar (V.)
reposar
feriar (V.)
haraganear
holgazanear
licenciar
librar (V.)
estar en huelga
tener vacaciones
tomarse vacaciones
matar el tiempo
pasar el tiempo
cruzarse de brazos
andar a la dula
hacer novillos
hacer rabona
andar al retortero
mirar a las musarañas
no tener oficio ni beneficio
ser paseante en cortes
dar barzones
barzonear
vagar (V.)
carecer
darse
entregarse (V.)
aplicarse
entregarse en cuerpo y alma
dedicarse de lleno

(V. **vacación**)

a. *trabajar*
seguir
continuar
ocuparse
hurtarse

vaciado

s. agotado
vacío (V.)
desocupado

s. **hueco** (V.)
rehundido
moldeado

s. **molde** (V.)
figura
estatuilla
estuco
adorno (V.)
mascarilla
moldura

a. *lleno*
sólido
repleto

vaciador

(V. **afilador**)

vaciar

s. **moldear** (V.)
ahuecar (V.)
modelar (V.)
esculpir (V.)
hacer un vaciado

s. desocupar
agotar (V.)
desaguar
desagotar
verter (V.)
sacar (V.)
derramar
desembocar (V.)
afluir
salirse (V).
ordeñar
arrojar
quedarse vacío
descargar
secar
extraer
librar
desembaular
desinflar
sorber
limpiar
desembarazar
despejar

s. **explicar** (V.)
exponer
explanar
desarrollar
interpretar
declarar
decir
atestiguar
testificar
vaciar el saco
irse de la lengua

a. *llenar*
abarrotar
repletar
meter
inflar
callar
silenciar

vaciedad

(V. **necedad**)

vacilación

s. **indecisión** (V.)
duda (V.)
titubeo (V.)
perplejidad
fluctuación (V.)
confusión
desasosiego
inseguridad (V.)
flaqueo
flaqueza (V.)
volubilidad
tornatilidad
incertinidad
hesitación
fragilidad
desconfianza (V.)
escrúpulo
veleidad
liviandad
informalidad
balbuceo (V.)
tartamudeo (V.)
frivolidad
capricho

s. cobardía
timidez (V.)

s. **vaivén** (V.)
mecimiento
mecedura
cabeceo
bamboleo
oscilación (V.)
balanceo
sin vacilaciones

a. *decisión*
resolución
seguridad
claridad
firmeza
confianza
formalidad
seriedad
ánimo
fijeza
inmovilidad

vacilante

s. **indeciso** (V.)
perplejo (V.)
titubeante
indeterminado
irresoluto (V.)
detenido (V.)
irresuelto
indeterminado
inestable
incierto
tornadizo
contradictorio
remiso
versátil
inconstante
inseguro (V.)
voluble (V.)
frágil
inestable
cambiante
impreciso
cobarde (V.)
dubitativo
dudoso (V.)
frívolo
caprichoso
veleidoso
liviano
informal
confuso
inseguro
preocupado
corto
tímido
apurado

s. tambaleante
bamboleante
oscilante (V.)
movible
basculante
mecedor
pendular
balanceante
fluctuante (V.)
vacilantemente
en tanganillas

(V. **vacilación**)

a. *resuelto*
decidido
autoritario
firme
seguro
invariable
constante
formal
claro
evidente
serio
valiente
lanzado
animoso
fijo
inmóvil

vacilantemente

(V. **vacilante**)

vacilar

s. **dudar** (V.)
titubear (V.)
pujar (V.)
arredrarse
acobardarse
intimidarse
fluctuar (V.)
probar
tantear
indeterminar
ensayar
desconfiar (V.)
confundirse
turbarse
tartamudear (V.)
hesitar
cespitar
balbucir (V.)
balbucear
batallar
dar vueltas
supender el juicio
ser voluble
ser versátil
ser veleidoso
no tenerlas todas consigo
ser blando
encogerse de hombros

(cont.)

no saber a qué carta quedarse
no comprometerse
no tener resolución
estar indeciso
no osar
ser apático
ir y venir
estar como el alma de Garibay
poner en la balanza

s. bambolearse
mecerse
zozobrar (V.)
oscilar (V.)
temblar
trastrabillar (V.)
balancearse (V.)
tambalearse (V.)
bandearse
pender
bascular
moverse
reblar

(V. **vacilación)**

a. *decidirse*
determinar
obstinarse
asegurar
garantizar
confirmarse
insistir
reforzar
asegurarse
evidenciar
fijar
inmovilizar

vacío

s. **desocupado** (V.)
agotado (V.)
exhausto
huero
vacuo
vano
desagotado
desaguado
libre (V.)
evacuado
desinflado
descargado
limpio (V.)
despejado
expedito
disponible
vacante
mediado
fofo

s. **presuntuoso** (V.)
vano
frívolo
fatuo
presumido
hinchado
altanero
vanidoso
orgulloso
necio (V.)

s. triste
desanimado (V.)
desértico
despoblado
vaciado
deshabitado (V.)
solitario (V.)
desierto (V.)
desembarazado
abandonado
inocupado
inhabitado
yermo

s. concavidad
laguna
holgura
oquedad
ijade
enrarecimiento
blanco
inexistencia
carencia
distancia
vacuidad
falta (V.)
ausencia (V.)
vacatura

s. hoyo
hoya
cavidad
depresión (V.)
torca
hendedura
excavación (V.)

s. **tonto** (V.)
ñoño
superficial
ininteresante
tristeza (V.)
nostalgia (V.)
soledad (V.)
recuerdo
evocación
vacuidad
falta
ausencia (V.)

s. caer en el vacío
hacer el vacío a uno
volver de vacío

r. Lobo tardío no vuelve vacío ■ Saco vacío no se tiene derecho

a. *lleno*
repleto
atiborrado
relleno
ocupado
colmado
ahito
atestado
rebosante
empapado
saturado
henchido
congestionado
cargado
preñado
desbordante
cuajado
nutrido
poblado
plagado
inundado
invadido
embarazado
obstaculizado
sencillo
natural
humilde
recatado
discreto
alegre
animado
concurrido
habitado
acompañado
llanura
montículo
eminencia
alegría
consuelo
presencia
compañía

vaco

(V. **buey)**

(V. **vacante)**

vacuidad

s. **vaciedad** (V.)
necedad
estupidez
futilidad
fruslería
nimiedad
inanidad
menudencia
frivolidad (V.)
trivialidad
memez
bagatela
insignificancia
presunción

a. *profundidad*
hondura
penetración
sutileza
importancia
inteligencia
sencillez

vacuna

s. **viruela** (V.) (vacas)

s. **virus** (V.)
teriaca
triaca
inmunización (V.)
autovacuna

s. costra
pústula
escara
postilla
vejiguilla

(V. **vacunación)**

vacunación

s. vacunoterapia
autovacunación
inoculación
revacunación
inmunización (V.)
defensa (V.)
preservación
prevención
inyección (V.)
profilaxis

s. **experiencia** (V.)
prueba
endurecimiento (V.)
insensibilidad

(V. **vacuna)**

a. *contaminación*
contagio
transmisión
sensibilidad
inexperiencia

vacunar-se

s. **inocular** (V.) (virus)
inmunizar (V.)
revacunar
inyectar
autovacunar
preservar
prevenir
defender (V.)

s. prender
escarificar

s. **experimentar** (V.)
probar
preparar (V.)
endurecer (V.)
insensibilizar

(V. **vacunación)**

a. *infectar*
contagiar
contaminar
transmitir
flaquear

vacuno

s. bovino
bóvido
boyal
buey
toro
vaca (V.)
ternero

(V. **ganado)**

vacunoterapia

(V. **vacunación)**

vacuo

(V. **vacío)**

(V. **insubstancial)**

(V. **frivolidad)**

vade

(V. **vademécum)**

vadeable

s. **franqueable** (V.)
salvable
transitable
traspasable
pasable
pasadero
atravesable
viable
esguazable
accesible

s. **superable** (V.)
vencible
solucionable
posible (V.)

(V. **vado)**

a. *infranqueable*
insalvable
intransitable
inaccesible
insuperable
imposible

vadear-se

s. **franquear** (V.)
esguazar
atravesar (V.)
traspasar (V.)
transitar
pasar (V.)
cruzar (V.)
orillar

s. **solucionar** (V.)
vencer
superar (V.)
sortear
obviar

s. **tantear** (V.)
inquirir
sondear (V.)
intentar
bordear
averiguar

s. **manejarse** (V.)
portarse
conducirse

s. **comprender** (V.)
percibir
hacerse la luz en

(V. **vado)**

a. *quedarse*
pararse
abstenerse
dificultar
obstaculizar
impedir
desconocer
inhibirse
ignorar

vademécum

s. vade
carpeta (V.)
cartapacio
bolsa
portafolio
portapapeles
portapliegos
balsa
rejilla
caja

s. **prontuario** (V.)
manual
compendio
memorándum
venimécum
recordatorio
extracto
opúsculo
petitorio

vado

s. remanso
cruce (V.)
vadera
esguazo
paso (V.)

s. expediente
ayuda
solución (V.)
remedio
medio
auxilio
alivio
recurso (V.)

s. **tregua** (V.)
espacio

a. *imposibilidad*
continuación

vagabundear

s. **bribonear** (V.)
vagamundear
vagar (V.)
holgazanear (V.)
golfear
holgar
deambular
guitonear
errar
corretear
zanganear
pindonguear
ruar
rutiar
pendonear
vacar
vaguear
callejear (V.)
rodar (V.)
cantonear
mangonear
bordonear
gallofar
cazcalear
bigardear
barzonear
andar (V.)
pajarear
garandar
merodear
tunar
bordonear
dar barzones
irse a chitos
divagar (V.)
celeminear
andar al retortero
ser paseante en cortes
irse de pingo
ir de la Ceca a la Meca

(V. **vagabundeo)**

a. *trabajar*
encerrar-se
ocupar-se
activar
detenerse
pararse
asentarse

vagabundeo

s. **zascandileo** (V.)
callejeo (V.)
merodeo
pindongueo
paseo
andanza
caminata
trote
bardonería
pendoneo
nomadismo
guitonería
trashumación

s. **vagancia** (V.)

a. *asentamiento*
sedentarismo
actividad
dinamismo

vagabundez

s. bohemia
errabundez
vagabundería
vagabundeo
callejeo
holgazanería (V.)
golfería
peregrinación
pendoneo
zascandileo

(V. **vagabundo)**

a. *actividad*
ocupación
trabajo

vagabundo, a

s. vagamundo
errante (V.)
vagante
nómada (V.)
errabundo
zangarillejo
zangón
callejero (V.)
vago (V.)
azotacalles
merodeador
rompehoyos
corrillero
venturero
aventurero (V.)
ventolero
gandul
zángano
ambulante
divagador (V.)
ocioso
holgazán
capigorrón
girovago
goliardo
golondrino
perdido
pamperdido
pampartido
placero
zoquetero
bigardo
corretón
mendigo (V.)
picaresco
pícaro (V.)
peatón (V.)
golfante
indeseable
pordiosero
menesteroso
capigorrista
trotamundos

(cont.)

truhán
andador
globe-trotter
robaperas
bordonero
cerrero
galfarro
mostrenco
gallofo
atorrante

(V. **vagabundeo**)

a. *activo*
trabajador
baldío
dinámico
digno
honrado
decente

vagación
(V. **holgura**)

vagamundear
(V. **vagabundear**)

vagamundo
(V. **vagabundo**)

vagancia
s. **holgazanería** (V.)
gandulería
mendicidad (V.)
poltronería
desocupación
tuna
picardía
gandaya
inacción
indolencia
ociosidad
haraganería
bordonería
vagabundeo (V.)
vagabundaje
briba
vaguedad
guitonería
evagación
pereza (V.)
languidez
descanso
apatía (V.)
flojedad
flojera
inercia
inanición
inactividad
holganza
pasividad
tregua
mangoneo (V.)
lentitud
indolencia
languidez
letargo
marasmo
morosidad (V.)

s. mendicidad

a. *actividad*
trabajo
ocupación
dinamismo
agilidad
rapidez
celeridad
interés

vagante
(V. **vagabundo**)
(V. **errante**)

vagar
(V. **errar**)
(V. **vagabundear**)
(V. **holgazanear**)
(V. **pasear**)

vagar
s. espacio
lentitud (V.)
pausa
sosiego (V.)
ocio (V.)

s. de vagar
estar de vagar
andar de vagar

a. *rapidez*
actividad
ocupación

vagarosidad
(V. **imprecisión**)
(V. **inestabilidad**)
(V. **vaguedad**)

vagaroso
(V. **vago**)
(V. **impreciso**)
(V. **inestable**)

vagido
s. **gemido** (V.)
llanto
lloriqueo
lloro
gimoteo
plañido
lamento
quejido
queja
¡ay!

a. *risa*
carcajada

vagina
s. vulva
matriz
útero
conducto (V.)
órgano sexual
órgano genital

s. himen
capa mucosa
capa muscular
capa adventicia

s. vaginismo
vaginitis
generación (V.)
cuerpo (V.)

a. *pene*

vago
s. **ambiguo** (V.)
equívoco
abstracto
incierto
indeterminado
dudoso (V.)
impreciso
indefinido (V.)
indefinible
vagaroso
indeciso
confuso (V.)
aproximado
desdibujado

s. leve
ligero (V.)
vaporoso (V.)
sutil
liviano
impalpable
tenue
aéreo
ingrávido

s. **perezoso** (V.)
madeja
haragán
holgazón
zángano
remolón
remiso
tardo
cirigallo
torreznero
tumbón
indolente
lento
ocioso
maula
dejado
vagaroso
abandonado
apático
abúlico
flojo
poltrón
comadrero
desidioso
negligente

s. **vagabundo** (V.)
truhán (V.)
golfo
bigardo
azotacalles
corrillero
pamposado
indeseable

s. nervio vago
voz vaga
en vago

(V. **vaguedad**)
(V. **vagancia**)

a. *preciso*
concreto
evidente
claro
indudable
determinado
cierto
definido
justo
dibujado
perfilado
grávido
pesado
palpable
tangible
torpe
real
activo
trabajador
decente
honrado

vagón
s. **tren** (V.)
carro
carruaje
coche
wagon
vehículo
ténder
furgón (V.)
furgoneta
departamento
compartimiento
vagoneta
plataforma
reservado
coche cama
coche salón
coche restaurante
perrera
batea
traviesa
rueda
eje
tope
sleeping (car)

vagoneta
(V. **vagón**)

vaguada
s. cañada
arroyada
cauce
torrentera
barranca
valle (V.)
rambla
hondonada
barranco
desfiladero
angostura
paso
garganta

vaguear
(V. **vagabundear**)
(V. **vagar**)

vaguedad
s. duda
equívoco
indecisión
generalidad (V.)
imprecisión (V.)
indeterminación
ligereza
confusión (V.)
vacilación
rodeo (V.)
ambigüedad (V.)
indistinción
indefinición

s. **vagancia** (V.)
vagarosidad
inacción

s. **levedad** (V.)
vaporosidad

a. *seguridad*
decisión
precisión
claridad
actividad
pesadez

vaguido
(V. **vahído**)

vahaje
(V. **viento**)
(suave)

vaharada
s. **ráfaga** (V.)
vaho (V.)
soplo
aliento
bocanada
hálito
emanación (V.)
espiración
fumarada
resuello
vapor
exhalación
respiración
vaharina
olor (V.)
aroma
tufarada

vaharera
(V. **calentura**)
(pupa)

vaharina
(V. **vaharada**)
(V. **niebla**)

vahear
s. bafear
alentar
exhalar (V.)
emanar (V.)
soplar
resollar
jadear

(V. **vaharada**)

a. *retener*
contener

vahído
s. desmayo
vértigo (V.)
desvanecimiento (V.)
síncope
colapso
mareo
congoja
accidente
lipotimia
desfallecimiento
vaguido
turbación
patatús
telele
tantarantán

a. *fortaleza*
salud
recuperación

vaho
s. **aliento** (V.)
exhalación
emanación
efluvio
hálito (V.)
vaharada
humareda (V.)
bocanada
vaharina
respiración
expiración
fumarada
soplo (V.)
soplido

s. **niebla** (V.)
neblina
vapor (V.)

a. *retención*
claridad
transparencia

vaina
s. **funda** (V.)
espada (V.)
estuche
forro (V.)
envoltura (V.)
guarda
protección
revestimiento
recubrimiento
capa
recipiente
bolsa

s. **cáscara** (V.)
túnica
espata
perfolla
farfolla
gallarofa
panca
pinochera
chala
concho
garrancha
gárbula
gárgola
tabilla
valva

s. capi
canoa
capilla

s. jareta
dobladillo (V.)
(vela, bandera)

s. **judía** (V.)
(verde)
fruto
vil

s. **botarate** (V.)
despreciable (V.)
indigno
rastrero
bajo
canalla
mequetrefe

s. vaina abierta
ser un vaina
dar con vaina y todo

r. So vaina de oro, cuchillo de plomo

a. *semilla*
interior
contenido
apreciable
digno

vainazas
s. **descuidado** (V.)
desvaído
inútil (V.)
maula
maulón
ganso
torpe
badea
pelafustán
zanguano
molondro
negligente
desaliñado

(V. **vaina**)

a. *cuidadoso*
activo
concienzudo
útil

vainica
s. **costura** (V.)
labor
orla (V.)
adorno
deshilado

s. vainica ciega

vaisia
s. **casta** (V.)
(india)

(V. **comerciante**)

vaivén
s. **balanceo** (V.)
traqueteo
tumbo
sacudida (V.)
tambaleo
vacilación (V.)
zigzag
ir y venir
inestabilidad
abaniqueo
cabeceo
oscilación (V.)
bamboleo
zarandeo
mareo
mecedura (V.)
contoneo
cambalada
mecimiento

s. **inconstancia** (V.)
inestabilidad
variabilidad
versatilidad
veleidad (V.)
capricho
transformación
alternativa (V.)
mudanza
volubilidad
altibajo
desigualdad

s. **ariete** (V.)
arma (V.)

s. **cabo** (V.) (mar)
cuerda

a. *inmovilidad*
quietud
estabilidad
constancia
reposo
seguridad
firmeza
conservación
sostenimiento
mantenimiento
igualdad
lealtad

vaivenear
(V. **sacudir**)

(V. **mecer**)

(V. **bambolear**)

vaivoda
(V. **soberano**)

(V. **título**)

vajilla
s. **loza** (V.)
porcelana (V.)
ollería
cristalería
batería
cacharros
fuentes
platos
vasos
copas
tazas
jarros
servicio (V.)
(de mesa)
enseres
vasa
vasilla
cascos
menaje (V.)
vasija

valaco
(V. **idioma**)

valdense
(V. **hereje**)

valdepeñas
(V. **vino**)

vale
s. bono
boleto
boleta
entrada
pase (V.)
resguardo
nota (V.)
recibo
cupón
talón
papeleta (V.)
justificante
papel
acuse

s. **envite** (V.)
(baraja)

s. **adiós** (V.)
abur
agur
despedida V.)

s. vale real
recoger un vale

a. *saludo*
bienvenida

valedero
s. legal
válido (V.)
vigente
obligatorio
eficaz
irrevocable
conveniente
subsistente
reglamentario
firme
comisorio
en vigor

s. **valedor** (V.)
protector

(V. **valor**)

a. *ineficaz*
caduco
ilegal
revocable

valedor
s. **protector** (V.)
amparador
tutor
defensor
bienhechor (V.)
fiador
mecenas
favorecedor
padrino
patrocinador
protectriz
recomendante
patrón
patrono
avalante
valedero (V.)
amparador
ayuda
braxo
auxilio

(V. **valor**)

a. *malhechor*
interesado
duro
indiferente
desamparador

valencia
s. **combinación** (V.)
unión (átomos)
s. monovalente
bivalente
polivalente

(V. **química**)

valentía
s. valerosidad
valor (V.)
coraje (V.)
arrojo
bravura
intrepidez
braveza
bravosidad
arresto
denuesto
osadía (V.)
ardimiento
virtud
aliento
resolución
temple
heroicidad
heroísmo
gallardía
majeza
guapeza
bizarría
corazón
pecho
decisión (V.)
temeridad
arrojo
ánimo
agallas (V.)
aliento
arranque
hígados
impavidez
entereza (V.)
hombradía
hombría (V.)
generosidad

s. hazaña
heroicidad
hecho
acto
gesta
epopeya

s. pisar con
valentía

r. La mayor valentía
es excusar la
pendencia y la
rencilla

a. *cobardía*
pusilanimidad
indecisión
temor
timidez
miedo
medrosidad
amilanamiento
susto
encogimiento
apocamiento

valentiniano
(V. **hereje**)

valentón
s. **valiente** (V.)
fanfarrón
escarramanado
fanfarria
farfantón
farfante
majo
matasiete
rajabroqueles
matamoros
bravucón (V.)
trabucaire
braveador
rompeesquinas
macareno
terne
chulo (V.)
matón (V.)
curro
jácaro
perdonavidas
jaque
arrogante
jaquetón
plantista
terne
tartarín
tragahombres
manjaferro
avalentonado
baratero
flamenco
gallito
jactancioso
balandrón
hampón
perdonavidas
braveador
bigornio

(V. **valentonada**)

a. *tímido*
cobardón
apocado
cagueta
cagón
corto

valentonada
s. **guapeza** (V.)
majeza
majencia
bravuconería (V.)
chulería (V.)
desgarro
bernardina
blasonería
farfantonada
fanfarronada
fanfarronería
fanfarria
afectación (V.)
matonería
baladronada
desplante
plantilla
rodamentada
giro

(V. **valentón**)

a. *timidez*
pusilanimidad
amilanamiento
humildad

valer-se
s. **costar** (V.)
importar (V.)
montar
sumar
totalizar
subir
ascender
elevarse
correr
pagar
desembolsar
representar
remontarse

s. **equivaler** (V.)
corresponder
(V.)
igualarse
parecerse
asemejarse
asimilarse
identificarse
equilibrar
ajustarse
adaptarse

s. **ayudar** (V.)
proteger (V.)
amparar
patrocinar
apadrinar
defender
apoyar
auxiliar
poder
acoger
resguardar
merecer
auspiciar
respaldar

s. **servir** (V.)
estar
satisfacer
emplear
utilizar (V.)
funcionar
ser apto
ser útil
ser idóneo
ser
conveniente
convenir (V.)
ser
satisfactorio
ser provechoso
aprovechar
gastar
usar

s. **producir** (V.)
dar
rentar
redituar
rendir
fructificar

s. **valorar** (V.)
valuar
tasar
justipreciar
apreciar
estimar (V.)
cuantiar
costar
amillarar
avaluar
validar
pedir
tallar
ajustar
aquilatar
calcular
conceptuar
considerar
clasificar
cotizar
medir
retasar
tantear
juzgar
reputar

s. **regir** (V.)
estar vigente

s. **garantizar** (V.)
autenticar
corroborar
ratificar
refrendar
reconocer
autorizar
avaliar
avalar
avalorar
otorgar
homologar
aprobar
admitir
sancionar (V.)
roborar
confirmar (V.)
calificar (V.)
convalidar
legitimar
legalizar (V.)
validar
revalidar
aceptar
admitir

s. servirse de
utilizar a
aprovecharse
beneficiarse
emplear
recurrir a
refugiarse
acogerse

s. **desenvolverse**
(V.)
apañárselas
arreglar-se
(V.)
triunfar
vencer
conseguir (V.)
obtener

s. hacer valer
valga lo que
valiere
más vale que
no valer para
nada

s. ¡válgame Dios!
en lo que vale
¡vale!
valer la pena
no valer un pito
valer un ojo de
la cara
no poderse valer
más valiera
caso de menos
valer
válgate que te
valga

r. Cuanto menos
vale, más presume
■ Más vale ser
cabeza de ratón
que cola de león
■ Más vale un
toma que dos te
daré ■ Más vale
tarde que nunca ■
Cuanto tienes,
tanto vales ■
Quien poco vale,
poco medra ■
Quien no hace
más otro, no vale
más que otro ■
Lo que mucho
vale, mucho
cuesta ■ Más
vale llegar a
tiempo que rondar
un año

(V. **valor**)

a. *diferenciar*
depreciar
devaluar
rebajar
disminuir
abandonar
despreciar
desamparar
arrinconar
desinteresarse
desmerecer
rechazar
repeler
inutilizar
desquilatar
perjudicar
salvar
tachar
desconvenir
desconsiderar
pasar
vencer
prescribir
denegar
oponer
negar
desaprobar
descalificar
abstenerse
inhibirse
perjudicarse
dañarse
frustrar
fracasar

valerosidad
(V. **valentía**)

valeroso
s. animoso
fuerte
bravo
alentado
alentoso
atrevido (V.)
osado
ardido
libre
intrépido
gallardo
denodado (V.)
estrenuo (V.)
alentado
brioso
ahigadado
varonil
impávido
arriscado
aplomado
indomable
heroico
pródigo
templado
gallardo

(V. **valiente**)

valet
(V. **criado**)

valetudinario
s. senil
viejo (V.)
enfermizo
delicado
vejestorio
achacoso
canijo
encanijado
quebrantado
enclenque
enteco
enfermizo (V.)
maganto
impotente
caduco (V.)
doliente
sufriente
achaquiento
débil
decrépito
decadente
provecto

a. *fuerte*
robusto
lozano
joven
desarrollado

valí
(V. **gobernador**)

valía
(V. **valor**)

(V. **valimiento**)

validación
(V. **validez**)

validar
s. **aprobar** (V.)
admitir
sancionar
certificar (V.)
ratificar
homologar
confirmar
revalidar
convalidar
otorgar
autorizar (V.)
calificar
aceptar (V.)
fundamentar
hacer válido
dar validez
dar vigencia

s. obligar
urgir
regir (V.)
valer (V.)
correr
subsistir
estar vigente

(V. **validación**)

a. *anular*
desautorizar
negar
desaprobar
rechazar
denegar
prescribir
pasar

validez
s. validación
aprobación (V.)
confirmación (V.)
refrendo
ratificación
admisión
homologación
revalidación
certificación
autorización (V.)
salvadura
convalidación (V.)
valía
irrevocabilidad
autenticidad
valor (V.)
legalidad
legitimidad (V.)
justicia
eficacia
quorum
seguridad
garantía (V.)
estimación
perfeccionamiento

s. **vigencia** (V.)
permanencia
fuerza
subsistencia
duración
utilidad

s. dar validez

a. *invalidación*
desaprobación
revocabilidad
ineficacia
abolición
prohibición
veto
repulsa
rechazo
denegación
ilegalidad
ilegitimidad
injusticia
prescripción

valido
s. **favorito** (V.)
privado (V.)
soberano
protegido
elegido
predilecto
privilegiado
ayudante
brazo derecho
consejero áulico
eminencia gris

(V. **valimiento**)

a. *despreciado*
rechazado
caído
(en desgracia)

válido
s. **legal** (V.)
legítimo (V.)
lícito
constitucional
de derecho
reglamentario
estatuario
permitido
convenido
autorizado (V.)
admitido
fuerte
conveniente
confirmado
certificado (V.)
corroborado
autenticado
perfeccionado

s. **vigente** (V.)
actual
útil
valedero
efectivo
moderno
permanente

(V. **validez**)

a. *ilegal*
ilegítimo
ilícito
prohibido
vetado
rechazado
impugnado
prescrito
pasado
inefectivo
antiguo

valiente
s. valeroso
animoso (V.)
bravo
atrevido (V.)
macho (V.)
osado (V.)
ardido
intrépido
restado
denodado
gallardo (V.)
estrenuo
brioso
bravío
varonil
arriscado
impávido
aplomado
heroico
pródigo
templado
fuerte
alentado
alentoso
ahigadado
hazañoso
león
arrojado
belicoso
guerrero
héroe (V.)
cid (V.)
esforzado
impertérrito
jabato
imperturbable
corajudo
lanzado
decidido (V.)
templado
resuelto
farruco
tieso
bizarro
guapo
temerario (V.)
bragado
enérgico
determinado
épico
indomable
estoico
agalludo
audaz
sereno (V.)
impasible
indómito
paladón
alegre
campeador
inalterable
inconmovible
inmutable
invencible
perínclito
entero
sereno
con redaños
de pelo en pecho
echado para adelante
de armas tomar
de rompe y rasga

s. **valentón** (V.)
fuerte (V.)
robusto

s. **eficaz** (V.)
activo (V.)
eficiente
práctico

s. **excelente** (V.)
primoroso (V.)
magnífico
determinado
delicado
maravilloso
especial

s. **grande** (V.)
excesivo (V.)
enorme (V.)
exorbitante
desmedido
desmesurado
exagerado
colosal

r. Los valientes y el buen vino se acaban presto ■ No habiendo enemigo enfrente, todo el mundo es valiente ■ Aquel es valiente, que por sí mismo puede ■ El valiente, manos y lengua frías, y el corazón caliente ■ El que a los veinte no es valiente y a los cuarenta no es rico, cátalo borrico

(V. **valentía**)

a. *cobarde*
pusilánime
tímido
temeroso
miedoso
medroso
cagón
cagueta
menguado
encogido
asustadizo
gallina
amilanado
corto
apocado
débil
afeminado
inactivo
ineficaz
despreciable
chapucero
insignificante
comedido
discreto

valija
s. **maleta** (V.)
equipaje
maletín
mala
saca
saco
bártulo
mochila
vaca

s. **correo** (V.)
valija diplomática

valijero
(V. **cartero**)

(V. **correo**)
(diplomático)

valimiento
s. **ayuda** (V.)
auxilio (V.)
patrocinio
tutoría
salvaguarda
influencia
amistad
apoyo
valía
palanca
patronato
auspicio
mano
agarraderas
gracia (V.)
ascendiente (V.)
favor (V.)
favoritismo
privanza (V.)
valía
padrinaje
influencia (V.)
omnipotencia

a. *desamparo*
abandono
olvido
arrinconamiento
desprecio

valioso
s. **precioso** (V.)
apreciable
inestimable
preciado
estimable
excelente
cotizado
meritorio
importante
único (V.)
singular
maravilloso
beneficioso
útil
ventajoso (V.)
interesante
insubstituible
cómodo
productivo
conveniente
positivo
real

s. **caro** (V.)
costoso
dispendioso
lujoso (V.)
exorbitante
subido
elevado
encarecido
prohibitivo
alto

s. **rico** (V.)
adinerado
acaudalado
creso
acomodado
poderoso
capitalista
rentista

(V. **valía**)

(V. **valor**)

a. *común*
vulgar
corriente
despreciable
insignificante
negativo
inútil
perjudicial
barato
gratuito
sencillo
moderado
asequible
abaratado
rebajado
pobre
indigente
miserable

valor
s. **valentía** (V.)
espíritu
coraje
temple
nervio
pecho
redaños
serenidad
impavidez
determinación
resolución
virilidad
osadía
audacia
heroísmo
gallardía
hígado
intrepidez
valentonada
atrevimiento

s. **utilidad** (V.)
empleo
estimación
conveniencia (V.)
calidad
provecho
rendimiento
consideración
transcendencia
interés (V.)
ser
importancia (V.)
alcance
peso
entidad
enjundia
miga
esencia
substancia
magnitud
cuantía
mérito (V.)
atractivo
incentivo
estímulo
beneficio
ventaja
significación (V.)
significado
poder
eficacia
fuerza

(cont.)

s. valer
valoría
plusvalía (V.)
caudal
crédito
atención
avalúo
fruto
renta
rédito
producto
arrojo
remuneración
sueldo

s. **precio** (V.)
coste
costo
importe (V.)
suma
justiprecio
tasación
cotización
valoración
costa
cuantía
quilates
total
valía
desembolso
gasto
dispendio
monto

s. **descaro** (V.)
desvergüenza
tupé
desfachatez
osadía
atrevimiento
desparpajo

s. **validez** (V.)
vigencia (V.)
actualidad
efectividad
legalidad
licitud

s. valores
títulos
acciones
bonos
intereses
efectos
papel del Estado
cupón
cotización
cambio
cartera
caja
bolsa

s. valor cívico
valor entendido
valor en cuenta
valor en sí mismo
valor recibido
valor adquisitivo
valores fiduciarios
valores declarados
quitar valor a algo
armarse de valor
conceder valor a algo de valor
¿cómo va ese valor?

a. *cobardía*
inutilidad
intranscendencia
demérito
desventaja
pérdida
perjuicio
insignificancia
ineficacia
devalúo
devaluación
rebaja
vergüenza
discreción
timidez
cortedad
prescripción

valoración

s. **precio** (V.)
ajuste
estima
evaluación (V.)
valuación
valorización
tasación
tasa
tanteo
apreciación
aprecio
cálculo
estimación
justipreciación
capitalización
talla
valúa
cálculo aproximado
cómputo
suputación
aprecio

(V. **valor**)

a. *devaluación*
disminución
depreciación
rebaja

valorado

s. estimado
tasado
evaluado
cotizado
apreciado
calculado
ajustado

(V. **valor**)

valorar

s. cuantiar
tarifar
estimar (V.)
avaluar
valer (V.)
justipreciar
tasar (V.)
calcular
apreciar
avalorar
valuar
evaluar (V.)
tantear
preciarse
ajusta
valorear
aquilatar
valorizar
revalorar
puntuar
prorratear
ajustar cuentas
tomar la medida
poner precio
pedir por
retasar
cotizar (V.)
criticar (V.)

(V. **valoración**)

a. *despreciar*
desestimar
menospreciar
devaluar
depreciar
rebajar

valorización

s. **encarecimiento** (V.)
aumento
subida
alza
elevación
inflación (V.)
incremento
especulación
sobreprecio
exceso
abuso
lucro

s. beneficio
desarrollo (V.)
progreso
adelanto
mejora
plusvalía (V.)

(V. **valor**)

a. *abaratamiento*
baja
deflación
defecto
pérdida
atraso
retroceso
estancamiento

valorizar

s. **encarecer** (V.)
especular (V.)
abusar
alzar
subir
aumentar
negociar
lucrarse

s. mejorar
progresar (V.)
adelantar
desarrollar
beneficiar (V.)

(V. **valorización**)

a. *abaratar*
rebajar
perder
retrasar
estancar
perjudicar

valquiria

s. **virgen** (V.)
deidad (V.)
guerrera
mitología (V.)
walquiria

vals

(V. **danza**)

valsar

(V. **danzar**)

valuación

(V. **valoración**)

valuar

(V. **valorar**)

valva

s. ventalla
concha (V.)
venera
caparazón
cubierta

s. nácar
nacre

s. **vaina** (V.)

válvula

s. **obturador** (V.)
grifo

s. escape
salida
cierre
espita
llave
canilla
palanca
muelle
balancín
varilla
vástago
leva
pulsador
ventalle
rodillo

s. **lámpara** (V.) (radio)
transistor (V.)
válvula electrónica
válvula termoiónica
válvula mitral
válvula tricúspide

valla

s. vallado
estacada
valladar
cerca (V.)
cercado
defensa (V.)
empalizada
seto (V.)
varaseto
muro (V.)
burladero
estacada
barrera (V.)
tabla
talca
baranda
circuición
cercamiento
cerramiento
circunvalación
palanquera
palenque
talanquera (V.)
mampuesto
telera
barandilla
balaustrada
trinchera
foso
tapia (V.)
verja (V.)
zampa
reparo
mampara
bardiza
cinturón
alambrada
alambrado
varaseto
espino
zarza
arrimo
tela
cerrado (V.)
cerco (V.)
contorno
alambrera

s. impedimento
obstáculo (V.)
dificultad
pega
contratiempo
engorro

s. romper la valla
saltar la valla

a. *facilidad*
solución

valladar

s. **obstáculo** (V.)
defensa (V.)
impedimento (V.)
dificultad
atolladero
inconveniente
freno
barrera
escollo
óbice
traba
interrupción
tropiezo
engorro
lata
contrariedad

(V. **valla**)

a. *facilidad*
ventaja
viabilidad
posibilidad

valladear

(V. **vallar**)

vallado

(V. **valla**)

vallar

s. **cercar** (V.)
tapiar (V.)
acotar
aislar
limitar
emparedar
empalizar
alambrar
cerrar (V.)
incomunicar
valladear

(V. **valla**)

a. *descercar*
desalambrar
abrir

valle

s. **paso** (V.)
llanura (V.)
val
vallejo
vallejuelo
arroyada
holla
hondonada
pando
hoz
hocino
abertura
cañada (V.)
umbría
estrechez
cuenca (V.)
río (V.)
abertura
derrame
profundidad
cajón
canal
abra
collado
nava
vaguada (V.)
hondura
desmonte
lecho (de un río)
depresión

s. valle de lágrimas
hasta el valle de Josafat

a. *montaña*
altura
cumbre
otero
eminencia

vampiresa

(V. **mujer fatal**)

(V. **castigadora**)

vampiro

s. **aparecido** (V.)
espectro
cadáver
monstruo
resucitado (V.)
bruja
íncubo (V.)
súcubo
trasgo

s. **murciélago** (V.)

s. codicioso
negrero
explotador
avaro (V.)
chantajista
judío
prestamista
chupasangres
usurero (V.)
sanguijuela

a. *generoso*
dadivoso
pródigo

vanagloria

s. **vanidad** (V.)
presunción
petulancia
pretensiones (V.)
orgullo
soberbia
fatuidad
jactancia
importancia
altivez (V.)
engreimiento
ensoberbecimiento
envanecimiento
altanería
pisto
importancia
elación
arrogancia
ufanía
inmodestia

(V. **gloria**)

a. *sencillez*
humildad
modestia
autodesprecio

vanagloriarse

s. **presumir** (V.)
ensalzarse
gloriarse
envanecerse
ensoberbecerse
preciarse
pavonearse
jactarse (V.)
gloriarse
ufanarse
bombearse
pompearse
engreírse
alabarse (V.)
apreciarse
abantarse
pomponearse
enfatuarse
darse importancia
tener humos
darse pisto
darse bombo
darse charol
darse tono
estar creído
ser un creído
endiosarse
hincharse
enaltecerse

(V. **vanagloria**)

a. *humillarse*
desmerecerse
empequeñecerse
rebajarse
despreciarse

vanaglorioso
s. jactancioso
ufano
orgulloso
pedante
ensoberbecido
desvanecido
envanecido
presuntuoso
presumido (V.)
vano (V.)
engreído
arrogante
chulo
fatuo
postinero
petulante
pedante
pretencioso
soberbio
glorioso
alardoso
cacareador
fanfarrón
farfantón
baladrón
hinchado
finchado
endiosado
pedantesco
infatuado
ególatra
egolista
fanfarria
rimbombante
vanidoso (V.)

(V. **vanagloria**)

a. *sencillo*
humilde
modesto
discreto
circunspecto

vandálico
s. vándalo
devastador (V.)
salvaje
destructor
depredador
bárbaro (V.)
destructivo
feroz
cruel (V.)
impío
despiadado
inhumano
duro
monstruoso
sanguinario
exterminador
implacable
encarnizado
fiero
sañudo
violento
expoliador
bestial
demoledor

(V. **vandalismo**)

a. *benévolo*
humano
generoso
civilizado
perdonador
bondadoso
suave
comprensivo
culto
piadoso

vandalismo
s. devastación
salvajada
salvajismo
barbaridad
barbarie (V.)
bestialidad
gamberrismo
expoliación
bandidaje
bandolerismo
asolamiento
asolación
ruina
destrucción (V.)
fiereza
pillaje
bandidaje
desojamiento
depredación
demolición
atropello
violencia
saña

a. *cultura*
civilización
civismo
educación

vándalo
(V. **vandálico**)

vanguardia
s. **avanzada** (V.)
avanzadilla
frente (V.)
delantera
línea de fuego

s. **progreso** (V.)
avance
evolución
adelanto
desarrollo

a. *retaguardia*
retraso
detención

vanguardismo
(V. **estilo**)

vanguardista
s. audaz
atrevido (V.)
moderno (V.)
modernista

(V. **vanguardia**)

a. *corto*
pusilánime
antiguo

vanidad
s. inmodestia
engreimiento
vanagloria
pedantería
solemnidad
pomposidad
orgullo (V.)
soberbia
necedad
fatuidad (V.)
satisfacción
ufanía
arrogancia
imperio
petulancia (V.)
ostentación
ventolera
farol
porra
toldo
aire
farfolla
barreno
postín
lozanía
humos
repulgo
humillos
ínfulas
fueros
aires
alas
vacuidad
viento
oropel
pompa
prosopopeya
presunción (V.)
fausto
pompa
ostentación
vanistorio
altivez
altiveza
tufos
vanagloria
tramontana
farfolla
penacho
ventolera
junciana
altanería (V.)
fachenda (V.)
engolamiento
lilao
inflación
hinchamiento
infatuación
ahuecamiento
endiosamiento
descaro
copete
penacho
afectación (V.)
desvanecimiento (V.)
hacer vanidad de
ajar la vanidad de uno

r. Mucha soberbia y pocos bienes, mal se avienen ■ Vanidad y pobreza en una pieza ■ La vanidad es hija de la ignorancia ■ Vanidad de vanidades y todo vanidad ■ Vanidad humana, pompa vana, humo hoy y polvo mañana

a. *sencillez*
humildad
modestia
naturalidad

vanidoso
s. vanaglorioso
arrogante
orgulloso (V.)
presumido (V.)
fatuo
jactancioso
creído
convencido
engreído
envanecido
impertinente
vacío (V.)
tonto
altivo
altanero
soberbio (V.)
ensoberbecido
pedante
petulante
pretencioso
postinero
farolero
fachendoso
engolado
inmodesto
presuntuoso (V.)
ufano
hinchado
afectado
pomposo
endiosado
inflado
infatuado
vano (V.)
ególatra
arrogante
erguido
desvanecido
estúpido
fantoche
persuadido
tontivano
necio
inmodesto
frívolo (V.)
engolletado

(V. **vanidad**)

a. *sencillo*
natural
modesto
humilde
serio
grave

vanilocuencia
(V. **locuacidad**)

(V. **insubstancialidad**)

vanilocuente
(V. **locuaz**)

(V. **insubstancial**)

vanistorio
(V. **vanidad**)

(V. **ridiculez**)

vano
s. vanaglorioso
vanidoso (V.)

s. frívolo
necio (V.)
opado
estúpido
superficial (V.)
insubstancial (V.)
vacío
vacuo
satisfecho
presumido
ventoso
pueril (V.)
fútil
nimio
hueco (V.)
inane
huero
epidérmico
ligero
insignificante

s. **infundado** (V.)
ilusorio (V.)
fantasioso
irreal (V.)
inexistente
fugaz
efímero
inestable
insubsistente
imaginario (V.)
absurdo
aparente

s. **seco** (V.)
baldío
podrido
infecundo
estéril (V.)
inútil
infructuoso
ineficaz
incapaz
inservible
improductivo
nulo
inoperante
insuficiente
negativo
yermo
inadecuado

s. **hueco** (V.)
ventoso
ventana (V.)
puerta (V.)
arco (V.)
arcada
luz
lumbre
derrame
intercolumnio
alféizar
barandal
barandilla
areóstilo
mocheta
éustilo
galería
umbral

s. en vano
cabeza vana
persona vana
una vana y dos vacías
vano de la escalera

(V. **vanidad**)

a. *fecundo*
importante
substancial
fértil
fructífero
humilde
real

vánova
(V. **colcha**)

vapor
s. aire
vaho (V.)
humo (V.)
gas (V.)
exhalación
emanación
vaharada
vaharina
ambiente
perfume
peste
aroma
flatulencia
fumarada
nube
viento
aliento

s. vahído
desmayo (V.)
síncope
vapores
vértigo (V.)
mareo

s. metano
grisú
neón
argón

s. **buque** (V.)
barco (V.)
navío
nave
embarcación

s. al vapor
baño de vapor
caballo de vapor
máquina de vapor

a. *retención*
recuperación

vaporización
s. **pulverización** (V.)
rociadura
riego
salpicadura
evaporación
humedecimiento
llovizna

(V. **vapor**)

a. *solidificación*

vaporizador
s. pulverizador
rociador
aerógrafo
caldera
recipiente
perfumero

(V. **vaporización**)

vaporizar
s. evaporar
pulverizar (V.)
rociar
salpicar
regar
humedecer
perfumar
difundir
dispersar

(V. **vaporización**)

a. *solidificar*

vaporoso
s. flatulento
humeante
humoso (V.)
deletéreo
volátil (V.)
gaseoso
aeriforme
vaporable
evaporable
neumático
aerostático
gasógeno
halitoso
espiritoso
gaseiforme

s. **etéreo** (V.)
aéreo
impalpable
fluido (V.)
sutil (V.)
tenue
fino
ligero (V.)
flotante (V.)
incorpóreo
vago
delgado
flaco
airoso

(V. **vapor**)

a. *denso*
espeso
pesado
tangible
palpable

vapulación
(V. **vapuleo**)

vapulamiento
(V. **vapuleo**)

vapuleamiento
(V. **vapuleo**)

vapulear
s. **golpear** (V.)
pegar
sacudir
zurrar
mantear
apalear (V.)
azotar
flagelar
fustigar
disciplinar
arrear
vergajear
varear
tundir
castigar
s. **censurar** (V.)
criticar
reprender (V.)
reñir
reprochar
recriminar
hostigar
desaprobar
vituperar
condenar
(V. **vapuleo)**
a. *acariciar*
mimar
cuidar
alabar
elogiar
aprobar

vapuleo
s. vapuleamiento
vapulación
vápulo
vapulamiento
apaleamiento
paliza (V.)
zurra
tunda
somanta
apaleo
soba
azotaina
latigazos
flagelación
fustigación
vareo
castigo (V.)
sacudimiento
leña
meneo (V.)
s. **reproche** (V.)
reprimenda
crítica (V.)
censura
vituperación
reprensión
varapalo
a. *caricia*
mimo
cuidado
elogio
alabanza

vápulo
(V. **vapuleo)**

vaquería
s. **establecimiento**
lechería (V.)
rancho
granja
tambo
s. **manada** (V.)
vacada
rebaño
grey
hato
(V. **vaca)**

vaquerizo
(V. **vaquero)**

vaquero
s. vaquerizo
pastor (V.)
mayoral
ganadero (V.)
gaucho
tropero
boyero
apacentador
s. estribo vaquero
aulaga vaquera
r. Ayer vaquero y hoy caballero
(V. **vaca)**

vaqueta
(V. **piel)**
(V. **cuero)**

vaquilla
(V. **toreo)**
(V. **ternera)**

vara
s. **aguijada** (V.)
bastón
bohordo
verga (V.)
palmeta
madero
puntal
apoyo
garrota
garrote
pica (V.)
garrocha (V.)
pértiga
percha
listón
clava
porra
cachiporra
cayado
tarja
varizo
palitroque
rodrigón
jalón
varapalo
estacada
pinga
barra
tirso
caduceo
varal
varejón
puya
bastón de mando
varilla
báculo
palo (V.)
bichero (V.)
caña
rama
s. vara del palio
vara alcántara
vara larga
poner media vara
tener vara alta
vara cuadrada
vara de Jesé
vara de nardo
vara de luz
doblar la vara de la justicia
poner varas
tomar varas
picar de vara larga
ir a varas
ir en varas
meterse en camisa de once varas
r. Con la vara que midas, serás medido ■ Nadie le dio la vara; él se hizo alcalde y manda

varada
s. varadura
naufragio (V.)
encallada
encalladura (V.)
varamiento
zaborda
zabordamiento
zabordo
embarrancamiento
atasco
atolladura
a. *desatasco*

varadero
s. muelle
dique (V.) (seco)
surtida
surtidero
s. varadero del ancla

varadura
(V. **varada)**

varapalo
s. bastonazo
palo
golpe (V.)
garrotazo (V.)
trancazo
varazo
varejonazo
estacazo
cachiporrazo
trastazo
costalazo
s. **daño** (V.)
quebranto
perjuicio
menoscabo
pérdida (V.)
s. **desazón** (V.)
intranquilidad
pesadumbre
desasosiego
angustia
inquietud (V.)
pesadilla
s. reprimenda
crítica (V.)
censura
a. *caricia*
beneficio
ganancia
tranquilidad
paz

varaplata
(V. **pertiguero)**

varar
s. **botar** (V.)
echar al agua (barco)
s. embancar
embarrancar (V.)
encallar (V)
zabordar
abarrancar
atollarse
abordar
naufragar
atascarse (V.)
enarenarse
detenerse
inmovilizarse
aconcharse
zozobrar
(V. **varada)**
a. *desembancar*
desatascarse

varaseto
(V. **valla)**
(V. **cerca)**

varazo
(V. **varapalo)**

varear
s. **golpear** (V.)
derribar (V.)
apalear
zarandear
agitar
verguear
batojar
sacudir (V.)
aventar (V.)
s. picar
rejonear (V.)
s. **medir** (V.) (por varas)
vender (por varas)
s. **enflaquecerse** (V.)
adelgazarse
apergaminarse
arrugarse
escuchimizarse
a. *engordar*
robustecerse

varejonazo
(V. **varapalo)**

varenga
s. brazal
cuaderna
orenga
pique
refuerzo
madero
casco (V.)
s. varenga interior
varenga exterior
(V. **embarcación)**

vareta
s. palito
junco
varita
varilla (V.)
s. pinchazo
alfilerazo
indirecta (V.)
puntada
rehilete
insinuación
reticencia
tiro
alusión
zaherimiento (V.)
s. irse de vareta
echar una vareta
estar de vareta
a. *franqueza*
sinceridad
directa

varetón
(V. **cervatillo)**

várgano
s. **estaca** (V.)
clava
palo
empalizada
mástil
listón
mojón
tabla
hito
hincón

vargueño
(V. **bargueño)**

variabilidad
s. mudanza
cambio (V.)
variedad
variación (V.)
inestabilidad
mutación
ligereza
movilidad
transfiguración
reforma
volubilidad
inconstancia (V.)
versatilidad
inconsecuencia
incertidumbre
liviandad
fugacidad
fluctuación
vicisitud
alternativa (V.)
agitación
informalidad
flexibilidad (V.)
ductilidad
maleabilidad
elasticidad
frivolidad
fragilidad
a. *constancia*
inmovilidad
permanencia
inflexibilidad
invariabilidad

variable
s. **inconstante** (V.)
fugaz
transitorio
alterable
revuelto (V.)
cambiable
mudadizo
transmutable
versátil (V.)
desigual (V.)
transformable
reformable
transfigurable
tornadizo
movedizo
cambiante (V.)
inseguro
movible
modificable
inestable
variante
pendular (V.)
inestable
instable
vario
evolucionista
tornátil
móvil
veleta
veleidoso
voluble (V.)
informal
inconsecuente
venate
lunático
danzante
inquieto
frívolo
frágil
errático
flexible
elástico
dúctil
maleable
vacilante
(V. **variación)**
(V. **variabilidad)**
a. *constante*
fijo
permanente
invariable
leal
eterno
estable
igual
inmutable
consecuente
quieto
firme
seguro
inflexible
rígido
inalterable
estereotipado
tópico

variación
s. **cambio** (V.)
alteración
mudanza
renovación
modificación (V.)
muda
vicisitud
transformación (V.)
reformación
transformamiento
trastrueque
diferenciación
mutación
diversificación
permutación
substitución
revolución
virada
agitación
movimiento
variabilidad
fluctuación
oscilación
cotización
vaivén
cabeceo
variedad (V.)
variabilidad
variación de la aguja magnética
variaciones sobre el mismo tema
r. En la variación está el gusto
a. *constancia*
firmeza
estabilidad
permanencia
fijeza
estribillo
muletilla
clisé
tópico
repetición

variado
s. **diverso** (V.)
distinto
vario (V.)
diferente
surtido (V.)
polifacético
heterogéneo
multicolor
múltiple
multiforme
abigarrado
ameno
entretenido (V.)
distraído
sugestivo
interesante
cautivante
recreativo
policromo

(cont.)

s. **cambiado** (V.)
cambiante
transformado
modificado

(V. **variedad**)

a. *igual*
homogéneo
uniforme
monótono
aburrido
semejante
periódico
regular
acompasado
metódico
isócrono
rítmico
sistemático
monocromo

variante
s. **diferencia** (V.)
disparidad
diferenciación
desproporción
cambio
desigualdad (V.)
modalidad
desemejanza
disimilitud

s. **desvío** (V.)

s. **aperitivo** (V.)
tapa
pincho
entremés
pinchito

s. **variable** (V.)

(V. **variedad**)

a. *igualdad*
proporción
semejanza
similitud
invariable

variar
s. **cambiar** (V.)
modificar (V.)
transformar
mudar (V.)
desigualar
desfigurar
invertir
tergiversar
diferir (V.)
deformar
evolucionar (V.)
diferenciar (V.)
diversificar
desemejar
corromper
innovar
renovar
transmudar
transmutar
traducir
disfrazar
virar
volverse
metamorfosear
discordar
distar
interpretar
reducir
parar
trastocar
distinguirse
alterar (V.)
conturbar
perturbar
invertir
revolucionar
alternar (V.)
volcar
voltear
mezclar (V.)
entreverar (V.)

(V. **variación**)

a. *permanecer*
fijar
mantener
conservar
igualar
hermanar
coincidir
semejar
parecerse
uniformar
sistematizar
regular
acompasar

varice
s. várice
variz
dilatación (V.)
ensanchamiento
hinchazón
distensión
abultamiento

(V. **vena**)

varicela
s. **enfermedad** (V.)
erupción (V.)

s. manchas
pápulas
vesículas
costras

s. varicela
hemorrágica
varicela
gangrenosa
varicela
penfigoide
varicela
supurada
varicela
pustular

varicocele
(V. **tumor**)

variedad
s. disparidad
pluralidad
diversidad (V.)
heterogeneidad (V.)
surtido (V.)
abundancia (V.)
complejidad
plétora
sinfín
diferencia
alteración
modificación
diferenciación
multiplicidad

s. inconstancia
versatilidad
variación
volubilidad (V.)
discrepancia
veleidad
cambio
inconstancia (V.)
ligereza
frivolidad
transformación
vaivén
instabilidad
inestabilidad

s. variedades
varietés
atracciones
espectáculo (V.)
amenidades
distracción
bazar

a. *constancia*
firmeza
simplicidad
sencillez
homogeneidad
monotonía
aburrimiento
igualdad
uniformidad
semejanza
carencia
falta
regularidad
periodicidad
estabilidad
conservación
mantenimiento

varieté
(V. **variedad**)

varilarguero
(V. **picador**)
(toros)

varilla
s. varita
barilla
tira (V.)
vareta
pieza
vergueta
vástago
barra
caña
ballena
asta
baqueta
costilla
fusta
mástil
rama
listón
palo (V.)
pincho
hisopo
timón
asador
espiche
almarada
batuta
paraguas (V.)

s. tira
armazón
abanico (V.)

(V. **vara**)

varillaje
s. **armazón** (V.)
montura
bastidor
soporte
esqueleto
entramado

(V. **varilla**)

vario, s
s. diverso
diferente
polifacético
heterogéneo
variado (V.)
distinto
dispar
opuesto
disparejo
acervo
desigual
disímil
desemejante
otro
misceláneo
híbrido
mezclado (V.)
diversiforme
ajeno
nuevo
múltiple
multíplice

s. indistinto
indeterminado (V.)
indiferente (V.)
impreciso
indefinido
vago
equívoco
abstracto
abigarrado (V.)
multicolor
tornasolado
irisado

s. tornadizo
mudadizo (V.)
versátil
tornátil
voluble
instable

s. **algunos** (V.)
unos cuantos
muchos
diversos

(V. **variedad**)

a. *único*
uno
homogéneo
igual
determinado
concreto
constante
ningunos
pocos

variz
(V. **varice**)

varón
s. **hombre** (V.)
macho
caballero
señor
sexo fuerte

s. santo varón

a. *hembra*
mujer

varona
s. **mujer** (V.)
hembra
señora
ama

s. viriloide
hombruna
sargentona
valquiria
virago (V.)
maritornes
marimacho

a. *varón*
hombre

varonil
s. **masculino** (V.)
viril (V.)
fuerte
firme
enérgico
resuelto
decidido
animoso
denodado
vigoroso
varón
macho
recio
pujante
poderoso
valiente
valeroso
bragado
esforzado

(V. **varón**)

a. *femenino*
apocado
corto
pusilánime
cobarde
tímido
afeminado
débil
sarasa
andrógino
marica
castrado
eunuco
invertido
sodomita

vasallaje
s. **feudo** (V.)
obediencia
dependencia (V.)
fidelidad
acatamiento
esclavitud
sumisión (V.)
supeditación
subordinación
rendimiento
feudalismo
servilismo
tributo
lealtad (V.)
servidumbre
sometimiento

s. **tributo** (V.)
trecén
prestación
encartación
dominicatura

a. *liberación*
manumisión
señorío
rebelión
exención

vasallo
s. **súbito** (V.)
contributivo
tributario
bucelario
servidor
feudatario (V.)
leal
sujeto
sometido
dependiente
siervo (V.)
collazo
esclavo (V.)
subordinado (V.)
encartado

s. vasallo de signo
servicio

(V. **vasallaje**)

a. *rebelde*
insumiso
liberto
manumitido

vasar
s. estante
anaquel (V.)
aparador
vasera
sobrado
rinconera
plúteo
tabla
estrada

vasija
s. **recipiente** (V.)
vaso
búcaro
biberón
alcuza
taza (V.)
tarraza
cachivache
receptáculo
cachirulo
cacharro
belez (V.)
belezo
tiesto
tacho
pilche
caneca
callana

s. **vajilla** (V.)

s. cuba
tina
tinaja
tonel
pito
pipa
urna
tinajón
templadura
tinajuela
tineta
tinaco
pocillo
pozal
pozuelo
porrón
casco
odre
bidón (V.)
zafra
tarraza

s. **orinal** (V.)
bombona (V.)
acetre
balde
zaque
barreño (V.)
barreña
lebrillo
albornia
zapito
garrafón
castaña
garrafa (V.)
caneco
hidria
ánfora
botijo
botija
botijuelo
parrilla
barril
bock
bocal
pichel
aguamanos
aguamanil
retorta
ampolla
redoma
probeta
matraz
balón
alcolla
frasco
frasquete
bote
pomo
bellota
balsamera
cantimplora
lechera
tarro (V.)
puchero
perol
frasca
cazuela
caramañola
caramayola
lata
tetera
cafetera
chocolatera

(cont.)

quesera
caldera
pava
cangilón
alcuzcucero
bocal
arropera
cántara
jarrón
tibor
maceta
tiesto
pito
búcaro
violetero
tichela
cántaro
pipeta
catavinos
catalicores
cazo
cazillo
tanque
escullador
bacín
cántara
rallo
herrada
albarrada
talla
múcura
aceitera
alcarraza
cuenco
cuerna
florero
jícara
calabaza
jarro
jarra
damajuana
lavafrutas
lavaojos
licorera
matraz
pecera
picoleta
pichel
pistero
cáliz
alcarraza
bidón
copa
copón
cantarilla
crátera
pebetero
porrón
ponchera
pocillo
salero
licorera
barral
botella
botellón
bol
envase
escudilla
fiambrera
cortadillo
mantequera
mostacera
orza
sopera
sifón
termo
adecuja
balsamera
callana
cubilete
gachumbo
machuelo
ojera
guacal
modorrillo
pátera
pichel
vinagrera
pote
ordeñadero
picoleta

s. asa
tapa
vientre
asiento
pico
cuello
fondo
culo
gollete
barriga
borde
suelo
pitorro
pitón
tripa
cobertera
panza

s. esmaltado
vidriado
múrrino

vaso
s. tercio
caña
chiquito
cuerna
póculo
cacharro
pote (V.)
cubilete (V.)
cortadillo
copa
copón
cáliz
ciborio
crátera
anáglifo
papelina
aliara
cacho
enjuague
tembladera
cocharro
ponchera
bol
jarrón
florero
pebetero
esenciero
velicomen
burlador
pocillo
póculo
copeta
cubierto
vasija
orinal

s. **receptáculo** (V.)
depósito

s. barco
embarcación
casco (V.)

s. **tubo** (V.)
vena (V.)
conducto (V.)
caño
cánula
canalillo
colector
capilar

s. **casco** (V.)
(caballerías)
uña

s. vaso de noche
vaso sanguíneo
vaso criboso
vaso de reencuentro
vaso excretorio
vaso lacrimatorio
vaso capilar
vaso de colmena
vaso linfático
vaso litúrgico
vaso quilífero
vaso sagrado
vasos comunicantes
culo de vaso
ahogarse en un vaso de agua

r. Vaso malo nunca cae de la mano ■ Vaso malo no se rompe

vástago
s. **tallo** (V.)
espiga (V.)
brote
serpollo
escape
hijuelo
retallo
retoño
bornizo
renuevo
verdugo
pella
pimpollo
hijato
chupón
mugrón
cogollo
sierpe
bastón
reveno
retallo
resalvo
estolón
bederre
talluelo
bohordo
troncho
gamonito
rama (V.)
saliente
hijo
descendiente (V.)

s. **varilla** (V.)
eje (V.)
barra (V.)
espárrago
espiga
perno
apéndice
tiza
tija
percha
gorrón
pescante

a. *antecesor*
ascendiente
padre
origen

vastedad
s. **grandeza** (V.)
mayoría
dilatación
extensión
inmensidad (V.)
espaciosidad
lejanía
infinitud
infinidad
latitud
vacío

a. *pequeñez*
estrechez

vasto
s. extenso
dilatado (V.)
espacioso (V.)
extendido
difuso
anchuroso
holgado
despejado
infinito
incalculable
amplio (V.)
grande
ancho (V.)
capaz
inmenso
enorme
indefinido
gigantesco
desmedido
desmesurado
ilimitado

(V. **vastedad**)

a. *estrecho*
limitado
exiguo

vate
s. **poeta** (V.)
rapsoda
juglar
bardo
romancista
romanceador

s. **adivino** (V.)

vaticano
s. Santa Sede
Sumo Pontífice
Papa (V.)
Su Santidad
Papado
Sacro Colegio de Cardenales
Patriarcados
Arzobispados y Obispados Residenciales
Arzobispados y Obispados Titulares
Prelatura
Secretaría de Estado
Consejo para los Asuntos Públicos de la Iglesia
Sagrada Congregación para la Doctrina de la Fe
Sagrada Congregación para las Iglesias Orientales
Sagrada Congregación para los Sacramentos y Culto Divino
Sagrada Congregación para el Clero
Sagrada Congregación para los Obispos
Sagrada Congregación para los Religiosos e Institutos Seculares
Sagrada Consagración para la Evangelización de los pueblos
Sagrada Congregación para la causa de los Santos
Sagrada Congregación para la Educación Católica
Tribunal de la Sacra Penitenciaría Apostólica
Tribunal Supremo de la Signatura Apostólica
Tribunal de la Sacra Romana Rota
Secretariado para la Unión de los Cristianos
Secretariado para los no Cristianos
Secretariado para los no Creyentes

s. papal
pontifical
pontificio
apostólico
católico
romano

vaticinador
s. vaticinante
adivinador
vatídico
augur (V.)
pronosticador
adivino (V.)
cohen
prometedor (V.)
provicero
vidente
agorero
sortílego
vate
mago
rabdomántico
arúspice

(V. **vaticinio**)

vaticinar
s. **adivinar** (V.)
augurar
agorar
predecir (V.)
profetizar
pronosticar
presentir
presagiar (V.)
prever
hadar
antedecir
anunciar
ominar
anticipar
adelantar
poner en guardia
consultar los dados
consultar el destino
ver su suerte

(V. **vaticinio**)

a. *confirmar*
reiterar
errar
desatinar

vaticinio
s. **presagio** (V.)
augurio (V.)
oráculo (V.)
predicción (V.)
pronóstico
auguración
premonición
previsión
presentimiento
aviso
anuncio
nuncio
promesa
adivinación (V.)
agorería
adivinanza
auspicio
adivinamiento
buenaventura
conjetura
suposición
sospecha

a. *error*
desatino
confirmación

vatídico
(V. **vaticinador**)

vatio
s. wat
watt
vatio hora

s. julio
ergio
amperio

(V. **electricidad**)

vaudeville
(V. **comedia**)

vaya
(V. **burla**)

veces (hacer las)
s. representar
substituir (V.)
ser delegado
reemplazar
suceder
relevar
suplir

(V. **vez**)

a. *permanecer*

vecina
s. **comadre** (V.)
vecindona
chismosa
parlanchina
confidente
enredadera
cobertera
celestina (V.)

(V. **vecindad**)

a. *discreta*
moderada

vecinal
s. **municipal** (V.)
común
general
público (V.)
comarcal
ciudadano
secundario

(V. **vecindad**)

a. *particular*
privado

vecindad
s. **cercanía** (V.)
contigüidad
confín
proximidad
inmediación
frontera
adyacencia
linde

s. **vecindario** (V.)
ciudadanía
avecindamiento
domicilio (V.)
población
pueblo
nación
municipio

s. **alrededores** (V.)
contornos
aledaños
arrabales
suburbios
inmediaciones
afueras
barrio
barriada
cercanías

(cont.)

s. **parecido** (V.)
semejanza
carta de vecindad
cédula de vecindad
chismes de vecindad
casa de vecindad
hacer mala vecindad

r. Por malas vecindades, se pierden heredades

(V. **vecino**)

a. *alejamiento*
lejanía
distancia
extranjería
centro
desemejanza

vecindario

s. **vecindad** (V.)
generalidad
ayuntamiento
cuartel
barrio
distrito
sector
término
pueblo
población
comunidad
adra

s. vecinos
habitantes
inquilinos
moradores
comarcanos
conciudadanos
residentes
ocupantes

(V. **vecino**)

a. *extranjero*
lejanía

vecino

s. residente
inquilino
morador
habitante (V.)
pueblo
domiciliado
convecino (V.)
munícipe
ciudadano (V.)
conciudadano
albarrán
domiciliario
coterráneo
conterráneo

s. **cercano** (V.)
colindante (V.)
medianero
aledaño
comarcano
próximo (V.)
prójimo
contiguo
circunvecino
limítrofe
fronterizo
inmediato
divisorio
rayano
limítrofe
junto
adyacente
asurcano
lindante
circundante
lateral

s. afín
semejante (V.)
análogo
parecido (V.)
coincidente
parejo
parigual

s. vecino mañero
como a cada hijo de vecino
medio vecino

r. El buen vecino hace tener al hombre mal aliño ■ Quien tiene tejado de vidrio, no tire piedras al de su vecino ■ El que no tiene casa de suyo, vecino es de todo el mundo ■ Cuando veas la barba de tu vecino pelar, pon las tuyas a remojar ■ Cierra tu puerta y alaba a tu vecino ■ Duerme con tu enemigo, y no con tu vecino

(V. **vecindad**)

a. *lejano*
dispar
diferente
forastero
extranjero

vector

s. recta
vectorial
radio
línea
segmento
flecha o saeta
resultante (V.)

s. origen
dirección
sentido
magnitud

s. vectores equipolentes
vectores concurrentes
vectores opuestos o recíprocos

s. vectorial
magnitud vectorial

vectorial

(V. **vector**)

veda

s. vedamiento
prohibición (V.)
veto
impedimento
límite
privación (V.)

s. época de veda
coto
concia

s. levantar la veda

(V. **vedado**)

a. *autorización*
permiso
libertad
concesión

vedado

s. **prohibido** (V.)
impedido
privado

s. **coto** (V.)
cercado
lugar privado

(V. **veda**)

a. *autorizado*
permitido
libre

vedamiento

(V. **veda**)

vedar

s. **prohibir** (V.)
estorbar
interdecir
privar (V.)
embarazar
acotar (V.)
vetar
cercar
limitar
suspender

s. **destetar** (V.)
(animales)

(V. **vedado**)

a. *permitir*
autorizar
conceder
facilitar

vedas

(V. **vedismo**)

vedegambre

s. **planta** (V.)
(liliácea)
eléboro blanco
elébor blanco
veratro

s. estornutatorio

vedeja

s. **guedeja** (V.)
cabellera
melena
pelambrera

a. *calvicie*

vedette

(V. **estrella**)
(espectáculo)

vedija

s. verija
mechón (V.)
vellón
guedeja
lampo
pelo (V.)

vedismo

s. **religión** (V.)
hinduismo (V.)

s. vedas
Rig-Veda-Samhitā
Samhitā
karma (acción)
jñana (sabiduría)
bhakti (devoción)
svah (paraíso)
pitr (padres)

s. Vishnú
Agni
Soma
Brhaspati
Varuna
Indra
Mitra
Pusan
Tvastr
Savitr
Vrta

veedor

s. **vigía** (V.)
vigilante
observador
mirón
curioso

s. **inspector** (V.)
vigilante
fiscal

vega

s. **huerta** (V.)
ribera
sembrado
huerto
regadío
plantío
plantación
parcela
navazo
terreno
prado
vergel

a. *yermo*
desierto

vegetación

s. flora
vegetales
fronda
selva
plantas
bosque
boscaje
espesura
follaje
brote (V.)

s. vegetaciones
pólipos (V.)
amígdalas
carnosidades
excrecencias
enfermedad (V.)
adenoideas

a. *secamiento*

vegetal

s. **planta** (V.)
verdura
hortaliza
legumbre
mata
árbol (V.)
arbusto
verde

(V. **vegetación**)

a. *mineral*

vegetalista

(V. **vegetariano**)

vegetar

s. **germinar** (V.)
crecer
nutrirse
aumentar
brotar (V.)
chupar
asimilarse
desarrollarse
nacer
romper
tirar
salir
reventar
verdear
reverdecer
verdecer
enverdecer
abotonar
botonar
lanzar
abollonar
ruchar
otoñar
prender
arraigar
encepar
barbar
entallecer
tallecer
acogollar
poblarse
repoblar
repollar
amacollarse
macollar
sudar
abortar
apitonar

s. **vivir** (V.)
vivotear
pasarla
pasar (V.)
estar
subsistir (V.)
trampear
mantenerse
permanecer
languidecer (V.)
estancarse
anquilosarse
adormecerse
empantanarse
atrofiarse
ceder
retraerse

(V. **vegetación**)

a. *secarse*
morir
desaparecer
desarraigar
frustrar
renacer

vegetarianismo

s. vegetarismo
vegetalismo
naturismo (V.)
alimentación (V.)

vegetariano

s. vegetalista
naturista (V.)

(V. **vegetarianismo**)

veguer

s. magistrado
juez (V.)
corregidor
delegado

veguero

(V. **campesino**)

(V. **cigarro**)

vehemencia

s. **acucia** (V.)
ardor (V.)
violencia
fogosidad
pasión (V.)
entusiasmo (V.)
impetuosidad
temperamento
ímpetu (V.)
actividad (V.)
arrebato
impulsividad
virulencia
violencia
intensidad
frenesí
ilusión
energía
pólvora (V.)
prontitud
fuerza
fuego
empuje
expresividad (V.)
apasionamiento
rabia
iracundia
furia (V.)
hervor
descomedimiento
exaltación
intemperancia
desesperación
efusión
fruición
excitación
viveza
calor
celo
ardimiento
fervor
llamarada
poder
brusquedad
rudeza
irreflexión (V.)
impaciencia
intolerancia
delirio
rabanillo

a. *indiferencia*
dejadez
apatía
frialdad
abulia
suavidad
debilidad
reflexión
desánimo
desinterés
comedimiento
circunspección
moderación
discreción

vehemente

s. **entusiasta** (V.)
ardoroso
apasionado (V.)
entusiasmado (V.)
vibrante (V.)
temperamental
eficaz
resuelto
celoso
expedito
decidido
impetuoso (V.)
acucioso (V.)
ardiente
ardoroso
vertiginoso
fogoso (V.)
súbito
virulento
impulsivo (V.)
extremista
impaciente
extremoso
pasional
fanático
intenso

(cont.)

deseoso
brusco
efusivo (V.)
expresivo
irreflexivo (V.)
raudo
veloz
enérgico
fuerte
violento
iracundo
furioso
excitable (V.)
hervoroso
exaltado
furibundo
efervescente
excitado
airado
irascible
apremiante
precipitado
descomedido
irrefrenable
inflamado

(V. **vehemencia)**

a. *apático*
desinteresado
lejano
suave
dejado
abandonado
reflexivo
comedido
discreto
circunspecto
moderación
apocado
indiferente
frío
abúlico

vehículo

s. coche
carruaje (V.)
automóvil (V.)
trolebús
trole
ferrocarril (V.)
tranvía (V.)
transporte
autocar
transbordador
ascensor
ciclomotor
velocípedo
teleférico
funicular
locomóvil
motocicleta
bicicleta (V.)
motocarro
camión
autobús
metro
carro
carretilla
carretón
patín
trineo
litera
tumbón (V.)
troika
hamaca
angarillas
trineo
narria
oroya
barquilla
andarível
embarcación (V.)
aeronave
ómnibus
palanquín
andas
avión (V.)
cisterna
oruga
volquete
remolque
nave espacial
triciclo
telesilla
tractocarril

(V. **transporte)**

vejación

s. vejamen
afrenta
ofensa (V.)
burla
vaya
zumba
chacota
zaherimiento
chacota
humillación (V.)
perjuicio
ultraje
injuria
desprecio (V.)
escarnio
agravio
mortificación
insolencia
difamación
calumnia
menosprecio
maltrato
reprensión

a. *alabanza*
ensalzamiento
elogio
loa
honor
aprecio
seriedad
respeto
consideración

vejado

s. ofendido
insultado
mortificado (V.)
maltratado
encocorado
oprimido
avasallado
jorobado
perseguido (V.)
calumniado
afrentado

(V. **vejamen)**

a. *enaltecido*
loado
elogiado
honrado
rehabilitado

vejador

(V. **vejatorio)**

vejamen

s. **vejación** (V.)

s. **sátira** (V.)
poesía burlesca
ironía
fiesta
burla (V.)
remedo

a. *elogio*
seriedad
gravedad
respeto
consideración

vejancón

(V. **viejo)**

vejar-se

s. **ofender** (V.)
oprimir
maltratar (V.)
avasallar
atropellar
zaherir
perseguir
molestar
injuriar
ultrajar
humillar (V.)
depredar

hollar
ajar
despreciar (V.)
menospreciar
burlarse
difamar
insultar
afrentar
escarnecer
mortificar (V.)
jorobar
gibar
encocorar
tratar mal
dar vejamen
inferir ofensas
dar con la badilla en los nudillos
poner como un trapo
sacar los trapos sucios

(V. **vejación)**

a. *alabar*
ensalzar
enaltecer
elogiar
honrar
apreciar
respetar
considerar
cuidar

vejarrón

(V. **viejo)**

vejatorio

s. vejador
insultante
ofensivo (V.)
depresivo
afrentoso
ultrajante (V.)
molesto
mortificante
humillante (V.)
agravioso
hiriente
deprimente
irritante
sangriento
duro
desagradable
enojoso
denigrante
vergonzoso
degradante (V.)
injuriador

(V. **vejación)**

a. *enaltecedor*
favorecedor
elogioso
honroso
suave
considerado
respetuoso
alabancioso
agradable

vejazo

(V. **viejo)**

vejecer

(V. **envejecer)**

vejedad

(V. **vejez)**

vejestorio

(V. **viejo)**

vejete

(V. **viejo)**

vejez

s. ancianidad
senectud
madurez (V.)
longevidad (V.)
vejedad
senilidad
chochez
chochera
vetustez (V.)
edad (V.)
(provecta)
decrepitud (V.)
declive
derrumbamiento
ocaso (V.)
invierno
caducidad
gerontología
postrimería
uso
matusalenismo
antigüedad
envejecimiento (V.)
apergaminamiento
agerasia

s. **impertinencia** (V.) (de los viejos)
descaro

s. **repetición** (V.)
machaqueo (V.)
reiteración
aburrimiento

r. A la vejez, viruelas ■ A la vejez, aladares de pez ■ El que tuvo y retuvo ahorró para la vejez ■ Ahorrar para la vejez, ganar un maravedí y beber tres

a. *juventud*
infancia
niñez
adolescencia
auge
novedad
verano
primavera
rejuvenecimiento
consideración
discreción

vejiga

s. vesícula
vejiguilla
vejigón
bolsa (V.)
ampolla (V.)

s. **viruela** (V.)
cistitis
cistocela
cistotomía

s. vejiga de la hiel
vejiga de la bilis
vejiga de la orina
vejiga natatoria
vejiga de perro

vejigatorio

s. cáustico
vesicante
irritante
medicamento (V.)

a. *suavizante*

vela

s. custodia
velación
adoración
vigilia (V.)
guardia
centinela
vigilancia (V.)
trasnochada
insomnio
alerta
desvelo
velatorio
romería
acecho
velada (V.)

s. **cirio** (V.)
cera (V.)
cerilla
candela
bujía
candelilla
lucerna
planeta
cirio pascual
ambleo
amblehuelo
hachón (V.)
hachote
hacheta
hacha de respeto
velón
vela María
blandón
estadal
morterete
pujamen
palmatoria
lamparilla
estearina
moco
costra
matula
torcida
ladrón
mecha
pabilo
esperma
estearina

s. **antorcha** (V.)
candelero (V.)
fanal

s. **moco** (V.)
mucosidad

s. **velamen** (V.)
lona
toldo

s. estar a dos velas
a vela y pregón
no dar a uno vela en un entierro
estar en vela
barco de vela
en vela
como una vela

r. Encender una vela a Dios y otra al diablo ■ Una vela se consume a fuerza de mucho arder ■ Poner una vela a san Miguel y otra al diablo

a. *descuido*
negligencia
indiferencia

velación

s. **vela** (V.)

s. **ceremonia** (V.)
casamiento (V.)
velo

s. **rogativas** (V.)

s. abrir las velaciones
cerrar las velaciones

velacho

(V. **velamen)**

velada

s. **vela** (V.)
velación
velatorio
velorio

s. **reunión** (V.)
fiesta
trasnochada (V.)
tertulia (V.)
festejo
recepción
sarao
soirée
gala
convite
diversión
entretenimiento
función
baile
celebración
conmemoración
verbena
sesión (musical)
serano
tizonera
filandón
hila

a. *somnolencia*
letargo
dispersión
ausencia

velado

s. **turbio** (V.)
oculto
misterioso
secreto
invisible
escondido
disimulado
tapado (V.)
cubierto
enmascarado
celado
nublado (V.)
opaco (V.)
obscuro
gris

s. esposo
marido
cónyuge (V.)
consorte

(V. **vela)**

a. *visible*
descubierto
claro
transparente
soltero
núbil

velador

s. centinela
vigilante (V.)
velante

s. **mesa** (V.)
trípode
repisa

s. **candelero** (V.)
palmatoria
lámpara (V.)
lamparilla
candelabro

(V. **vela)**

veladura

s. embarnizadura
pintura (V.)

(cont.)

s. **templar** (V.)
suavizar (V.)
amenguar
amortiguar
atenuar

velamen

s. vela
velaje
trapío
trapo
trapajería
cárbaso
aparejo
paño
lino
esquizafrón
manta

s. derrame
socollada
flameo
latigazo
parchazo
gualdrapazo
gualdrapeo
envergue
estrechón
zapatazo
arriada
rifadura
luazo
arriadura
alzavela
mareaje

s. velas redondas
trinquete
mayor
velacho bajo
gavia baja
sobremesana baja
velacho alto
gavia alta
sobremesana alta
juanete de proa
juanete mayor
perico
sobre de proa
sobre mayor
sopreperico
borriquete
ala
rastrera
arrastradera
arrastraculo
guardahumo

s. cebadera
contracebader
sobrecebadera
treo
papahígo
papafigo

s. velas de cuchillo
petifoque
foque
contrafoque
fofoque
trinquetilla
cangrejo trinquete
cangrejo mayor
mesana o cangreja
estay mayor
estay mesana
estay de gavia
estay de juanete mayor
estay de sobremayor
estay de sobremesana
estay de perico
estay de sobreperico
escandalosa
bastardo
bergantina
candonga
montera
monterilla
rascanubes
triángulo
entrepena
tiple
morral
artimón
cataldo
unción
carbonera
guaira
maricangalla

s. alunamiento
grátil (gratil)
empuñidura
pujame
pujamen
baluma
antagalla
puño
caída
batidera
garrucho
vaina
relinga
brusca
broquel
envergue
envergadura
verga
seno
bolso
saco
ollao
ollado
lúa
boneta
faja
empalomadura
papo de viento
bigorrilla
zurcidera
sobresano
palomado
sobrecosido
dado
faja de rizos
faja de antagallas
punto de ojal

s. cabos de labor
brioles de la mayor
brioles de la gavia baja
brioles de la gavia alta
briolines de juanete
briolines de sobre
apagapenoles de la mayor
apagapenoles de la gavia alta
bolinas de la mayor
bolinas de la gavia alta
escotas de la mayor
escotines de la gavia baja
escotines de juanete
escotines de sobre
amuras de la mayor
palanquines de la mayor
chafaldetes de la gavia baja
chafaldetes de juanete
chafaldetes de sobre
amantes de rizos
drizas
cargaderas
candalizas
escotas
boliche
camiseta
tomador
aferravelas
batafiol
matafiol
contraescotas
contrapalanquines
contrabolinas
polea (V.)

s. amainar
arriar
largar
bracear
cazar
cargar
desenvergar
envergar
orientar
tomar rizos
arrizar
abroquelar
cambiar
atesar
velejar
aparejar
acuartelar

s. afelpar
aculebrar
acurrullar
aferrar
halar
templar
antagallar
amurar
enmarar
empuñir
apagar
arranchar
tomar el viento
atagallar
alotar
desamurar
desrelingar
enjucar
acortar vela
apocar velas
amollar
empañicar
empalomar
socollar
ondear
agolar
matafiolar
relingar
desaparejar
desadujar
desenvelejar
zapatear
emparcharse
rifarse
esperar a la capa
estar a la capa
tocar
flamear
gualdrapear

s. alunar
relingar
cordear
degollar
desrelingar
enjuncar
sobrecoser
reforzar
perforar

s. vela cuadra
vela redonda
vela de cruz
vela latina
vela de cuchillo
vela tarquina
vela cangreja
vela encapillada
vela de abanico
vela al tercio
vela mayor
vela maestra
vela áurica
vela bastarda
vela burda
vela de agua
vela de batículo
vela de capa y capeo
vela de cola de pato
vela de fortuna
vela de humo
vela de lastre
vela de pocos vientos
vela menuda
vela tormentosa

s. a palo seco
a velas desplegadas
aguantar vela
a la vela
a todo trapo
a toda vela
a vela y remo
a remo y vela
andar en buena vela
a tocavela
a vela llena
cantar vela
darse a la vela
dar vela
desfogar una vela
hacerse a la vela
henchir una vela, todo su palo y vergas
largar vela
llevar la vela sobre el palo
marear vela
tender velas
señorearse con la vela
meter vela
navegar a toda vela
estar a dos velas
recoger velas

r. Más vale palmo de vela que remo de galera ■ Cuando la vela bate o azota el palo ¡malo!

(V. **embarcación**)

velar-se

s. atenuar
cubrir (V.)
tapar
ocultar (V.)
celar
esconder
disimular (V.)
opacar
enmascarar
solapar
envolver
obscurecer
disfrazar

s. **trasnochar** (V.)
pernoctar
sonochar
espabilarse
despertarse
lucubrar (V.)
despabilarse
no pegar un ojo
pasarse la noche en claro
pasar la noche en vela

s. **cuidar** (V.)
proteger (V.)
vigilar
guardar
poner en guardia
prestar atención
estar al tanto

s. **borrarse** (V.) (clichés)
desaparecer

s. **cubrirse** (V.) (con velo)
casarse (V.)

(V. **vela**)

(V. **velación**)

(V. **veladura**)

a. *descubrir-se*
aparecer
surgir
dormir-se
descuidar
desamparar

velarte

(V. **paño**)

velatorio

s. **vela** (V.)
velorio
acompañamiento (V.)
compañía
presencia
asistencia
reunión (V.)

a. *ausencia*
soledad

veleidad

s. **inconstancia** (V.)
inestabilidad
inconsecuencia
ligereza (V.)
cambio (V.)
mutabilidad
capricho (V.)
versatilidad (V.)
frivolidad
fragilidad
antojo
devaneo
variabilidad
diversidad
volubilidad
vaivén
mudanza
vacilación
fantasía
variación

a. *constancia*
estabilidad
conservación
fijeza
permanencia
mantenimiento
inmutabilidad
consecuencia
lealtad
firmeza
seriedad
hondura

veleidoso

s. **caprichoso** (V.)
voluntarioso
versátil
mudable
inconstante (V.)
variable (V.)
impetuoso
tornadizo
antojadizo
casquivano
frívolo (V.)
vario
instable
desigual
lunático
veleta (V.)
ligero
voltizo
cambiante
ligero
inconsecuente

(V. **veleidad**)

a. *consecuente*
constante
serio
formal
firme
leal
inmutable
fijo
igual

velero

(V. **embarcación**)

veleta

s. giralda
informal
giraldillo
giraldilla
catavientos (V.)
gobierna

s. giroscopio
anemoscopio
anemómetro
anemógrafo

s. banderola

(V. **veleidoso**)

a. *constante*
firme

velete

(V. **velo**)

velillo

(V. **velo**)

velo

s. **tela** (V.)
mantilla (V.)
rebozo
transparente
mantellina
mantón
mantilleja
céfiro
gasa (V.)
tul
velillo
velete
manto (V.)
toca
pañuelo
flámeo
rondel
cobija
rocador
rundel
pendil
capellán
organza
organdí
rebociño
rebocillo
alfanigue
chía
impla
capellar
encaje
cendal
pena
islán
alquinal
teristro
estopilla

s. banda
yugo (V.)
boda
velación (V.)

s. **confusión** (V.)
ocultación (V.)
disimulo
ficción
encubrimiento
obscuridad
opacidad
nube (V.)
tapadera
cortina
pretexto
excusa

s. velo del paladar
velo humeral u ofertorio
correr un tupido velo
correr el velo
descorrer el velo
tomar el velo

a. *claridad*
franqueza
sinceridad

velocidad
s. **prontitud** (V.)
actividad
celeridad (V.)
rapidez (V.)
movimiento
prisa
instantaneidad
acucia
marcha (V.)
presura
priesa
facilidad
vertiginosidad
propulsión
aceleración (V.)
destajo
alacridad
vértigo
expedición
soltura
subitaneidad
escape
galope
ligereza
presteza
diligencia
premura
viveza (V.)
prontitud
apresuramiento
festinación
vivacidad
agilidad (V.)
urgencia
carrera
corrida
regata

s. paso
ritmo (V.)
compás (V.)
movimiento (V.)
aceleración
marcha

s. pequeña velocidad
gran velocidad
a toda velocidad
a la velocidad del rayo
velocidad de crucero

a. *lentitud*
parsimonia
cachaza
calma
torpor
torpeza
inmovilidad

velocípedo
(V. **bicicleta)**

velocista
(V. **corredor)**

velódromo
(V. **pista)** (ciclismo)

(V. **estadio)**

velomotor
(V. **bicicleta)** (con motor)

velón
s. **vela** (V.)
hachón
hachote
hacho
candil
lámpara (V.)
lamparón
cebolla
farol
velonera
candelabro
candelero

velorio
(V. **velatorio)**

veloz
s. **rápido** (V.)
célere
raudo
apresurado
ágil
presto
pronto (V.)
fugaz
alado
alígero
acucioso
acelerado
escurridizo
vertiginoso (V.)
listo
momentáneo
instantáneo
expedito
brioso
violento
impetuoso
aguijoneado
espoleado
volante
galopante
taquigráfico
telegráfico
súbito
arrebatado
arrebatoso
diligente
agudo
febril
resuelto
suelto
recio
repentino
activo
impígero
violento
vivo
como un rayo
como una flecha
como una bala
como una exhalación
cortando el aire
a galope tendido
rápido como el pensamiento

(V. **velocidad)**

a. *lento*
calmoso
pausado
cachazudo
perezoso
abúlico
suave
retrasado

velvetón
(V. **terciopelo)**

vellido
(V. **velloso)**

vello
s. bozo
pelillo
pelusilla
pelusa (V.)
flojel
lana
tomento
lanugo
hebra
patilla
pelo (V.)

(V. **vellosidad)**

a. *calva*

vellocino
s. **vellón** (V.)
cuero
zalea
piel (V.)

s. vellocino de oro

vellón
s. vellocino
mecha
mechón
vedija
guedeja (V.)
lana (V.)
tusón
tusa

s. **zalea** (V.)

s. **moneda** (V.)
liga (V.)
(plata y cobre)

s. real de vellón
(V. **piel)**

vellorí, n
(V. **paño)**

vellosidad
s. lanosidad
pelusa
pelusilla
pilosidad
tomento
pubescencia
hirsutismo

(V. **vello)**

a. *alopecia*
calvicie
niñez
tonsura
afeitado
rasurado
depilación

velloso
(V. **velludo)**

velludillo
(V. **terciopelo)**

(V. **felpa)**

velludo
s. barbudo
vellido
velloso
bigotudo
melenudo
patilludo
cabelludo
intonso
peludo (V.)
piloso
lanoso
hirsuto
erizado
tupido
espeso
cerrado
algodonoso
aterciopelado
afelpado
cotudo
cerdudo
lanudo
lanuginoso
pubescente

s. **oso** (V.)
gorila

(V. **vellosidad)**

a. *calvo*
barbilampiño
imberbe
tonsurado
pelado
rapado
depilado
afeitado
rasurado

vena
s. **vaso** (V.)
conducto (V.)
capilar
tubo
arteria
aorta
carótida
arteriola
celiaca
coronaria
ranina o leónica
subclavia
emulgente
safena
yugular
porta
cefálica
basílica
cava
cardíaca
subcutánea
emisaria
advehente
revehente
satélite
anastomótica
angular
axilar
cubital
espermaticas
esplénica
facial
hemorroidales
ácigos
ilíacas
innominada
linguales
lumbares
mastoidea
mediana
mesentéricas
pulmonares
radial
salvatela
temporal
tiroideas
umbilical
uterováricas
vertebral

s. pulso
latido
sangre (V.)
corazón
anastomosis
válvula
ramificación
venación

s. trombosis
trombo
varice
tubo (V.)
angioma
embolia
infarto
aneurisma
angina de pecho
flebitis
neurisma
hipotensión
hipertensión
arteriosclerosis

s. **filón** (V.)
veta (V.)
faja
franja
capa
yacimiento
venero
estrato
lista
mina

s. **arrebato** (V.)
impulso
taranta
manía
humor (V.)
locura

s. **inspiración** (V.)
aptitud (V.)
idea
soplo
musa
iluminación
intuición

s. estar en vena
picarle a uno la vena
acostarse la vena
coger en vena a alguien
dar la vena a uno
dar en la vena
descabezarse una vena
no tener sangre en las venas

a. *calma*
sosiego
sensatez
ineptitud
torpeza
cerrazón

venablo
s. jabalina
arpón
flecha (V.)
dardo
lanza (V.)
adarga
azagaya
saeta
arma (V.)

s. echar uno venablos

venación
(V. **caza)**

venado
s. **ciervo** (V.)
corzo
gamo
gacela
antílope
rebeco
cérvido

s. res (caza mayor)
oso
jabalí

venador
(V **cazador)**

venal
s. venable
vendible (V.)
sobornado
sobornable (V.)
mercenario
corrompible
desaprensivo
desvergonzado
infiel (V.)
vendido
puerco
deshonesto
inmoral

(V. **venalidad)**

a. *insobornable*
honrado
leal
fiel

venalidad
s. **soborno** (V.)
corrupción (V.)
desvergüenza
deshonestidad
inmoralidad
desaprensión

a. *moralidad*
honradez
honestidad
lealtad

venático
(V. **loco)**

(V. **maniático)**

venatorio
(V. **montería)**

vencedor
s. olímpico
finalista
conquistador
triunfador
victorioso (V.)
ganador (V.)
triunfante
invicto
invito
superante
triunfal
ovante
debelador
campeón
aniquilador
(V. **vencimiento)**

a. *derrotado*
vencido
sometido
humillado

vencejo
s. **pájaro** (V.)
(fisirrostro)
oncejo
arrejaque
arrejaco

s. ligadura
lazo
atadura (V.)
nudo

a. *desatadura*

vencer-se
s. **derrotar** (V.)
rendir
noquear
sujetar
debelar
derribar
derrocar
achicar (V.)
arrollar
romper

(cont.)

imponerse
coronar
portarse
salir vencedor
quedar bien
cosechar laureles
tener éxito
ganar la palma
cantar victoria
ganar la partida
llevar la mejor parte
mojar la oreja
echar la pata
dar en la cresta
dar en la cabeza
tapar la boca

confundir (V.)
deshacer
humillar (V.)
abrumar
aplastar
acogotar
hundir
acorralar
tumbar
someter (V.)
subyugar
conquistar
dominar (V.)
destrozar
quebrantar
envolver
rechazar
quebrar
apear
invadir
aniquilar
revolcar
dispersar
desbaratar
convencer
cumplir
reducir
batir
domeñar
domar (V.)
ahocicar
poder
anonadar
chafar
desarmar
desconcertar
triturar
zurrar
vapulear
causear
poner en fuga
hacer morder el polvo
dar capote
llevar de calle
apagar los fuegos
tener el pie sobre el cuello
dejar hecho cisco
pasar por las horcas caudinas
cortar la retirada
dejar fuera de combate
partir por el eje
dar un revolcón
dejar hecho trizas
dejar cortado
dejar hecho un guiñapo
dejar k.o.
hacer polvo
dar para el pelo
dejar maltrecho
dejar pegado a la pared
dar un vapuleo
dejar hecho migas
dejar hecho papilla

s. **ganar** (V.)
triunfar (V.)
superar (V.)
sobrepujar
lucirse
guerrear (V.)
esmerarse
aventajar
remontarse

s. **salvar** (V.)
franquear
vadear
ganar (V.)
cruzar
atravesar
allanar
pasar por encima

s. facilitar
resolver
solucionar (V.)
zanjar (V.)
solventar
superar
allanar

s. **cumplirse** (V.)
prescribir (V.)
pasarse
terminarse
devengar

s. **inclinarse** (V.)
hundirse
ceder (V.)
romperse
torcerse
doblarse (V.)
combarse
ladearse

s. dominarse
contenerse (V.)
refrenarse
aguantarse
sujetarse
violentarse
mortificarse
reprimirse
sufrir
morderse los puños
llevar con paciencia

s. dejarse vencer

r. Quien quiera vencer, aprenda a padecer ■ Saber vencerse es gran saber ■ Quien no es dueño de sí, no es dueño de nada

(V. **vencimiento)**

(V. **victoria)**

a. *perder*
alzarse
rebelarse
ceder
resistir
reponerse
recuperarse
fracasar
frustrarse
quedarse
detenerse
pararse
obstaculizar
dificultar
demorar
retrasar
diferir
enderezarse
estallar
soltarse

vencible

s. eluctable
posible (V.)
hacedero
asequible
dominable
conquistable
subyugable
domeñable
domable
reprimible

(V. **vencimiento)**

a. *invencible*
ineluctable
imposible
inconquistable
indómito
inasequible

vencido

s. **derrotado** (V.)
batido (V.)
aniquilado
aplastado
hundido
sometido
esclavizado
dominado
conquistado
invadido
subyugado

s. **convencido** (V.)
persuadido
superado

s. **atrasado** (V.)
pretérito (V.)
prescrito (V.)
pasado
corrido
caído
devengado (V.)

s. **decadente** (V.)
corrompido
caduco (V.)
debilitado
acabado
disminuido
perdido
inutilizado

(V. **vencimiento)**

a. *victorioso*
triunfante
terne
terco
obtuso
obcecado
floreciente
lozano
puro
fuerte
renovado

vencimiento

s. **término** (V.)
prescripción (V.)
plazo (V.)
tiempo (V.)
cumplimiento (V.)
terminación
finiquito
conclusión
fin
final
extinción

s. **victoria** (V.)

s. **inclinación** (V.)
torcimiento (V.)
ladeamiento
hundimiento
combadura
doblamiento
alabeo

a. *vigencia*
actualidad
pérdida
derrota
enderezamiento

venda

s. **faja** (V.)
tira
liga (V.)
banda (V.)
cinta
pulsera
lienzo
gasa (V.)
apósito
mordaza
suspensorio
tobillera
muñequera
espiga
ludada
capelina
farmacopea
venda elástica

s. tener una venda en los ojos
caerse la venda de los ojos

(V. **vendaje)**

vendaje

s. **cura** (V.)
venda (V.)
ligadura
fronda
fronde
apósito
atadura
esparadrapo
hilas
compresa
cabestro
cabestrillo
suspensorio
espica
espiral
vendaje en ocho
vendaje en Y
vendaje con férulas
vendaje en T
vendaje enyesado
vendaje crucial
vendaje de Esculteto
vendaje expulsivo
vendaje inmóvil
vendaje de los pobres o de Galeno
vendaje protectivo
vendaje recurrente
vendaje suspensorio

s. **comisión** (V.) (por venta)

vendar

s. **curar** (V)
ligar
atar (V.)
sujetar
fajar (V.)
inmovilizar
entablillar (V.)
cubrir
comprimir
cuidar
proteger
enyesar (V.)
entrapajar
escayolar (V.)

(V. **vendaje)**

a. *vendar*
desatar
aflojar

vendaval

s. ventarrón
galerna (V.)
huracán (V.)
manga
viento (V.)
ventolera (V.)
ventisca
ráfaga
ciclón
sobreviento
galerno
galernazo
torbellino
tornado

a. *calma*

vendedor, a

s. **expendedor** (V.)
revendedor
detallista
feriante
buhonero (V.)
regatero
cangallero
saldista
subastador
chamarilero
chamarillero
ropavejero
malbaratador
marchante
merchante
chalán
mohatrero
comerciante (V.)
almacenista
mayorista
mercachifle
mercader
negociante
tratante
tendero (V.)
antor
bufón
chigrero
gorgotero
canastero
rifarrafa
tilichero
venderache
baratón
liquidador (V.)
quincallero (V.)
sinamayera
pacotillero
minorista
comisionista
intermediario
trajinante
especulador
importador
exportador
baratero
viajante (V.)
corredor
representante
proveedor
agiotista
sacamuelas
dependiente
empleado
charlatán

(V. **venta)**

a. *adquiriente*
comprador
cliente
consumidor
parroquiano
suscriptor
abonado

vendehúmos

(V. **embustero)**

(V. **aprovechado)**

vender-se

s. expender
despachar
realizar
feriar (V.)
traficar (V.)
comerciar (V.)
saldar
liquidar (V.)
almonedar
almonedear
placear
hacer plaza
revender
malvender
malbaratar
ceder
enajenar (V.)
adjudicar
fiar
traspasar
rastrear
chalanear
trujamanar
pignorar (V.)
especular
tratar
mercar
mercadear
proveer
suministrar
negociar (V.)
subastar (V.)
empeñar
pignorar
hipotecar
entregar
exportar
remitir
importar
pregonar
ofrecer
acantarar
expropiar
alienar
ajenar
disponer de
desprenderse (V.)
librear
desapropiarse
deshacerse de
librarse de
estrenarse
regatear
redhibir
retrovender
redrar

s. vender de boquilla
vender al barato
vender caro
vender al detall
vender al por menor
vender al por mayor
vender de lance
vender al fiado
vender a crédito
vender de ocasión
vender de segunda mano
vender a plazos
vender al menudeo
vender a la menuda
vender de saca
vender a prueba
vender a cala

s. **traicionar** (V.)
delatar
soplar
denunciar
entregar (V.)
descubrir (V.)
engañar

s. **ofrecerse** (V.)
corromperse (V.)
dejarse sobornar

s. estar como vendido
venderse caro
venderse por un plato de lentejas
¿a mí, que las vendo?
vender cara la vida
a la vuelta lo venden tinto

(cont.)

r. El buen paño en arca cerrada se vende ▪ El que da, bien vende

(V. **venta**)

a. *adquirir*
comprar
quedarse
consumir
ocultar
purificarse
mantenerse
silenciar
callarse

vendetta
(V. **venganza**)

vendible
s. **enajenable** (V.)
negociable (V.)
traspasable
adjudicable
realizable
venal (V.)

(V. **venta**)

a. *invendible*
irrealizable

vendido
s. **enajenado** (V.)
cedido
traspasado
saldado
liquidado

s. **traidor** (V.)
delator
denunciante

(V. **venta**)

a. *retenido*
leal
noble
amparador

vendimia
s. **cosecha** (V.)
recolección (V.)
cogida
fruto
agosto
agostillo
cobranza
colecta

s. portadera
cuévano
talega
sacadera
alguinio
comporta
aportadera

s. brusco
redruejo
redrojo

s. **provecho** (V.)
beneficio
resultado
abundancia

r. Después de vendimias, cuévanos

a. *vid*
siembra
sementera
pérdida
escasez

vendimiar
s. **cosechar** (V.)
recoger
recolectar (V.)
s. **beneficiarse** (V.)
aprovecharse de

s. **matar** (V.)
asesinar

(V. **vendimia**)

a. *sembrar*
perjudicarse
respetar

vendo
(V. **orillo**)
(telas)

venencia
(V. **utensilio**)
(del vino)

venenífero
(V. **venenoso**)

veneno
s. **virus** (V.)
tóxico
tósigo
toxina
ponzoña (V.)
estupefaciente
alcaloide
pócima
nocividad
narcótico
bebedizo
belladona
zumaque
curare
morfina
acónito
glucósido
solimán
agua tofana
argento vivo
matacán
nuez vómica
rejalgar
cordilla
yare
opio
láudano
narcótico
droga
arsénico
cianuro
sublimado
cardenillo
estricnina
cicuta
beleño
cebadilla
heléboro
hongo
zarazas
insecticida
matarratas
ácido prúsico
sales de plomo
sales de cobre
sales de mercurio
óxido de carbono
criptógramas
bebedizo
morcilla
bola

s. escorpión
tarántula
serpiente
insecto
araña

s. **perversión** (V.)
corrupción
vicio
droga

s. **malevolencia** (V.)
inquina
animosidad
animadversión
hostilidad

s. **cólera** (V.)
envidia (V.)
resentimiento (V.)
irritación
sospecha
despecho

a. *antídoto*
contraveneno
antitóxico
remedio
triaca
bálsamo
lenitivo
bezoar
mitridato
contrahierba
pureza
virtud
benevolencia
simpatía
amistad
sosiego
generosidad
perdón

venenoso
s. venenífero
tóxico (V.)
tósigo
ponzoñoso
mefítico
mortífero (V.)
dañino
deletéreo (V.)
nocivo
infectado
contaminado
envenenado (V.)
viperino
letal
malsano
venenífero
tosigoso (V.)
ciguato
aciguatado

(V. **veneno**)

a. *antitóxico*
triacal
antídoto

venera
s. **concha** (V.)
(molusco)
vieira
peche
pechina

s. **insignia** (V.)
(órdenes militares)
medalla
cruz
distintivo
condecoración

s. empeñar la venera
no se le caerá la venera

venerable
s. reverenciable
reverendo
respetable (V.)
adorable
santo
solemne
majestuoso
noble
digno
santificable
augusto
venerando
honorable
virtuoso (V.)

s. calificado
estimado
considerado
respetado (V.)
honrado

s. **anciano** (V.)
patriarcal
sabio

s. **tratamiento** (V.)

(V. **veneración**)

a. *despreciable*
desacreditado
joven
sencillo

veneración
s. **reverencia** (V.)
devoción (V.)
respeto (V.)
acatamiento
sumisión
homenaje (V.)
adoración (V.)
culto
consideración
latría
totemismo
apoteosis
respetuosidad
estima
amor
cariño
admiración
idolatría
unción
piedad
fe
religiosidad
fervor
misticismo
fidelidad
adhesión
honra
honor
lealtad

a. *desprecio*
irreverencia
desacato
desconsideración

venerando
(V. **venerable**)

venerar
s. **adorar** (V.)
rezar
acatar (V.)
celebrar
creer (V.)
concelebrar
velar
signar
santiguar
honrar (V.)
respetar
considerar
reverenciar (V.)
admirar
oficiar
servir
someterse
postrarse

(V. **veneración**)

a. *despreciar*
deshonrar
rechazar
menospreciar

venéreo
s. **sexual** (V.)
sensual
erótico
genésico
carnal
fálico
íntimo
afrodisíaco
amatorio
epigámico

s. apetito sexual
deseo
sexapel
celo
líbido
libídine
goce
placer
vicio
lujuria (V.)

s. *enfermedades*
chancro
sífilis
blenorragia
purgaciones
gonorrea
flujo
gálico
lúes
donovanosis
linfogranuloma venéreo

(V. **enfermedad**)

venero
s. **manantial** (V.)
fuente
pozo
alfaguara
vena
fontana
fontanar
hontanar
manadero

s. fluencia
abundancia (V.)
copia

s. **origen** (V.)
raíz
comienzo
iniciación
principio

a. *escasez*
fin
final

vengador
s. vengativo
reparador
desfacedor
deshacedor
justiciero (V.)
vindicador
erinia
vindicatorio
ultriz

(V. **venganza**)

a. *perdonador*
magnánimo
generoso
noble

venganza
s. vindicta
represalia (V.)
despique
desquite (V.)
vindicación
torna
talión
revancha
satisfacción
desagravio (V.)
esquite
reparación (V.)
resarcimiento
represión
ajuste de cuentas
vendetta
pago
punición
escarmiento
merecido
linchamiento
castigo (V.)
correctivo
penitencia
expiación
compensación (V.)
amenaza
desafío
Némesis

r. A secretos agravios, secretas venganzas ▪ Venganzas justas, no hay ninguna

a. *perdón*
remisión
reconciliación
olvido
magnanimidad
generosidad
misericordia
piedad
absolución
clemencia
amnistía
condonación
indulgencia
benevolencia
gracia
jubileo
disculpa
excusa
dispensa

vengar-se
s. satisfacer-se
desquitarse (V.)
reparar
vindicar
reprimir
linchar
despicarse
resarcirse
ajustar
reivindicar
cobrarse
escarmentar
castigar (V.)
punir
desagraviar (V.)
penar
talionar
corregir
eliminar
lavar (el honor)
desforzarse
lavar con sangre
tomar la justicia por su mano
tomar la revancha
tomar el desquite
tomar satisfacción
sacarse una espina
reparar una ofensa
pagarlas todas juntas
deshacer agravios
pagar en la misma moneda
deshacer entuertos

(V. **venganza**)

a. *perdonar*
olvidar
condonar
agraciar
amnistiar
remitir
reconciliarse
apiadarse
absolver
disculpar
exculpar
excusar
dispensar

a. *grave*
mortal
transcendente
grande
considerable
hondo
imperdonable

vengativo

s. **vengador** (V.)
vindicativo
vindicador
vindicatorio
rencoroso (V.)
implacable
represivo (V.)
impiedoso
feroz
sañudo (V.)
inhumano
cruel
brutal
neroniano
virulento
solapado
retorcido
irreconciliable
resentido (V.)
malévolo
encarnizado
enconado
despiadado
revanchista

(V. **venganza**)

a. *generoso*
indulgente
perdonador
misericordioso
piadoso
magnánimo
noble

venia

s. disculpa
olvido
perdón (V.)
remisión
indulgencia
gracia

s. **permiso** (V.)
licencia
autorización
consentimiento
aquiescencia
beneplácito

s. reverencia
inclinación
saludo (V.)
cortesía
homenaje

a. *castigo*
venganza
denegación
veto
prohibición
desconsideración
irreverencia

venial

s. ligero
leve (V.)
suave
superficial
pequeño
perdonable (V.)
excusable
minúsculo
intranscendente

s. pecado venial
falta venial

(V. **venialidad**)

venialidad

(V. **levedad**)

venida

s. **regreso** (V.)
llegada
arribada
retorno
vuelta
arribo
reintegro
entrada
acceso
advenimiento
comparecencia (V.)
presencia (V.)
aparición
presentación
asistencia
acercamiento
aproximación
contacto
repatriación
afluencia
inmigración

s. **acometida** (V.)
ímpetu
impulso
prontitud

s. **procedencia** (V.)
origen
nacimiento
avenida (V.)
corriente
arroyada
rambla

s. ida y venida
idas y venidas

a. *marcha*
ida
ausencia
desaparición
salida
alejamiento
expatriación
emigración
detención
parada
final

venidero

s. **futuro** (V.)
porvenir (V.)
por venir
advenidero
expectante
pendiente
ulterior
posterior
próximo (V.)
eventual
expectante

(V. **venida**)

a. *pasado*
pretérito
anterior

venimécum

(V. **vademécum**)

venino

(V. **forúnculo**)

venir-se

s. **regresar** (V.)
llegar (V.)
arribar
volver (V.)
retornar
tornar
reintegrarse
repatriarse
entrar
inmigrar
acudir (V.)
afluir (V.)
presentarse (V.)
aparecer
comparecer (V.)
asistir
recorrer (V.)
acercarse
aproximarse
revelarse
dirigirse
entrar
encaminarse
caminar
avanzar
andar
llamar
moverse

s. provenir
proceder (V.)
originarse
producirse (V.)
trasladarse
nacer

s. **suceder** (V.)
seguirse
acontecer
sobrevenir (V.)
ocurrir
manifestarse
iniciarse
desarrollarse
pasar
llegar

s. **ajustarse** (V.)
avenirse
acomodarse
conformarse
allanarse
amoldarse
adaptarse
prestarse
gustar
satisfacer
agradar
transigir (V.)
ceder
consentir

s. **resolver** (V.)
acordar
disponer

s. **resultar** (V.)
acabar en
llegar a ser
convertirse
transformarse

s. por venir
que viene
¡venga!
venga lo que viniere
¿a qué viene?
de fuera vendrá...
venir a cuentas
venir en consecuencia
venir a las mientes
venir rodado
venir como anillo al dedo
venir a la boca
venir al caso
venir a cuento
venir con cuentos
venir a la cabeza
venir en conocimiento
venir en deseo
venir bien
venir mal
venir a menos
venir a parar
venir sobre
venir al mundo
venir a partido
venir al pensamiento
venir a las manos
venir como pedrada en ojo de boticario
venir ancha una cosa
venir con
venir en
venir de primera
el que venga detrás que arree
venirse a razones
sin venir a nada
sin venir a qué

s. si a mano viene
venir con sus manos lavadas
venirse el cielo abajo
venirse con
venirse a tierra
venirse a buenas

r. No hay mal que por bien no venga ■ Venir como pedrada en ojo de boticario

(V. **venida**)

a. *ir-se*
marchar-se
desaparecer
ausentarse
salir-se
emigrar
alejarse
distanciarse
detenerse
quedarse
retroceder
desconocer-se
ignorar-se
ausentarse
desplazarse
zarpar
partir
largarse
retirarse
escaparse
escabullirse
fugarse
huir
impedir
obstaculizar
desavenirse
discordar
rebelarse
desagradar
insistir
mantenerse
eludir
permanecer

venta

s. transacción
enajenación (V.)
despacho
comercio (V.)
almoneda
subasta (V.)
salida (V.)
entrega
remesa
expedición
cesión
compra-venta
licitación
saldo
liquidación
reventa (V.)
oferta (V.)
contrato
detall
negocio (V.)
acuerdo
pacto
trato
adjudicación
operación
especulación (V.)
tráfico
suministro
provisión
exportación
importación
firma
negociación
mohatra (V.)
chalaneo
regateo
rebajas
comisión (V.)
alboroque
vendaje
mancipación
pancada
contrabando (V.)
vendición
venduta
véndida

s. ventorro
posada (V.)
ventorrillo
merendero
mesón
figón
albergue
taberna
fonda
hostería
hospedería
parador

s. en venta
venta postbalance

s. **vender** (V.)

s. **vendedor** (V.)

a. *compra*
adquisición
consumo
clientela
parroquia
abono
suscripción

ventada

(V. **ráfaga**)
(viento)

ventador

(V. **bieldo**)

ventaja

s. **superioridad** (V.)
preeminencia
mejoría (V.)
partido (V.)
primacía (V.)
auge
mejoramiento (V.)
creces
superación
trampolín
cualidad
virtud
valor
atributo
utilidad (V.)
propiedad
diferencia
capacidad
mérito (V.)
importancia
recomendación
prerrogativa
poder
privilegio (V.)
facilidad (V.)
preferencia (V.)

s. **provecho** (V.)
beneficio
interés (V.)
prebenda (V.)
ocasión (V.)
bonificación
saldo
liquidación
momio
braguetazo
ganga
tajada (V.)
sinecura
mina
breva
canonjía
bolado
pera
chamba
chambonada
pitanza
mamandurria
caponera
favor
bicoca

s. **avance** (V.)
delantera
handicap
salida
carrera

s. dar ventaja
sacar ventaja
jugador de ventaja
ventajas e inconvenientes

a. *desventaja*
inconveniente
inferioridad
perjuicio
pero
mengua
contrariedad
perjuicio
pérdida
baja
ocaso
insignificancia
igualdad

ventajista

s. **oportunista** (V.)
aprovechado (V.)
aprovechador
ventajero
pícaro
arribista
astuto
listo
pancista
positivista
pragmático
estafador
utilitario
desaprensivo (V.)
inmoral

(V. **ventaja**)

a. *escrupuloso*
honrado
moral
desinteresado

ventajoso

s. **conveniente** (V.)
útil (V.)
beneficioso
satisfactorio (V.)
fructuoso
barato
gratis
gratuito
lucrativo
bueno
excelente
mollar
provechoso (V.)
favorable
benéfico
eficaz
productivo
rentable
remunerador
remunerativo
proficuo
valioso (V.)
cómodo
interesante
jugoso
precioso
aventajado
excelente
mejor
superior

(V. **ventaja**)

(cont.)

a. *desventajoso*
perjudicial
malo
caro
prohibitivo
inferior
inconveniente
inútil
infructuoso
desfavorable
improductivo
ineficaz
ruinoso
insignificante
peor

ventalla
(V. **válvula**)
(V. **valva**) (frutos)

ventalle
(V. **abanico**)

ventana
s. **abertura** (V.)
escucha
ventano
ventanuco
ventanilla
ventanillo
ventanal
lucerna
claraboya
tronera
lumbrera
saetera
trampilla
quicio (V.)
espejuelo
buhedera
tragaluz (V.)
luneta
rosetón
vidriera
transparente
celaje
claro
luminaria (V.)
bohardilla
buhardilla
buharda
boquera
cristalera
mirador
balconcillo
cierre
vista
rejilla
taquilla
escaparate
hoja (V.)
marco
compluvio
guardilla
hueco
torno (V.)
montante
luz
saetera
ojo de buey
vano (V.)
ajimez
alféizar
vierteaguas
parteluz
mirilla
persiana
postigo
contraventana
ventano
antepecho
arrabá
celosía
golpete
entrepaño
tapajuntas
plomo
bisagras
cremona
mediacaña
jamba
dintel (V.)
molinete
batiente
derrame
frailero
españoleta
falleba
hoja
peinazo
herraje
marco
contramarco
ataire
capialzado
chambrana
lucero
mocheta
sobrevidriera
tranquero
telar
cuarterón
celaje
contrapilastra
despidiente
fallanca
postigo
reja
puertaventana
renvalso
burlete
cerradura
cratícula
visillo
durmiente
travesaño
baquetón
peana
garganta

s. ventana de la nariz
ventana de acordeón
ventana de guillotina
ventana de fuelle
ventana basculante
ventana giratoria
ventana corrediza
ventana de guillotina y báscula
ventana compuesta
ventana de linterna
ventana triple

s. salir por la ventana
arrojar por la ventana
hacer ventana
echar la casa por la ventana
tirar uno a ventana conocida
tener uno ventana al cierzo

ventanal
(V. **ventana**)

ventanear
(V. **curiosear**)

ventanillo, a
(V. **ventana**)
(V. **saetera**)

ventano
s. **ventana** (V.)
postigo
tronera
ventanillo
ventanuco

ventarrón
(V. **vendaval**)

venteado
s. **ventilado** (V.)
aireado
oreado
(V. **viento**)

a. *enrarecido*

ventear-se
s. **soplar** (V.)
airear
ventar
aventar
orear
ventilar (V.)
s. **curiosear** (V.)
oliscar
olfatear
indagar (V.)
husmear
investigar
inquirir
pesquisar
escarbar
barruntar
sospechar (V.)
meter las narices

s. **ventosear** (V.)

s. **agrietarse** (V.)
rajarse
henderse
quebrarse
abombarse
rasgarse
abrirse

s. **estropearse** (V.)
pudrirse

(V. **viento**)

a. *esconder*
ocultar
proteger
defender
cubrir
retener
desinteresarse
mejorarse

ventero
s. hotelero
tabernero
posadero (V.)
mesonero
figonero
hostelero
tambero

(V. **venta**)

a. *cliente*
huésped
parroquiano

ventilación
s. aireación
aireamiento
aire (V.)
corriente (V.)
tiro (V.)
soplo
viento (V.)
brisa
racha
flujo
aflujo
oreo
aireo
purificación

s. **abertura** (V.)
ventana
vano

a. *enrarecimiento*

ventilado
s. **aireado** (V.)
venteado
oreado
renovado
abierto
purificado
seco
oxigenado
refrescado

s. **resuelto** (V.)
solucionado
terminado
finiquito
gestionado

(V. **ventilación**)

a. *cargado*
viciado
cerrado
irrespirable
asfixiante
caluroso
escondido
vigente
pendiente

ventilador
s. abanico
ventalle
molinete
manguera
aparato (V.)
motor
hélice
aspas o palas
oscilador
cojinetes
cigüeñal
pivote
eje giratorio
turbina

s. ventilador helicoidal
ventilador de reacción o centrífugo

ventilar-se
s. **soplar** (V.)
airear (V.)
ventear
aventar
orear (V.)
refrescar
renovar
purificar
refrigerar
climatizar
secar
abrir
abanicar
oxigenarse (V.)
desavahar (V.)
desapolillarse
desatufarse
desenmohecerse
tomar el fresco
dar una vuelta

s. **publicar** (V.)
divulgar (V.)
aclarar
discutir
dilucidar (V.)
examinar
controvertir
discutir
agitar
litigar
exponer
resolver
solucionar
gestionar (V.)

s. **poseer** (V.) (a una mujer)

(V. **ventilación**)

a. *retener*
cubrir
enrarecer
cerrar
esconder
ocultar
limitar
abandonar
abstenerse
respetar

ventisca
s. nevisca
nevada (V.)
cellisca
ventisco
ventisquero (V.)
tempestad

ventiscar
(V. **nevar**)

ventisco
(V. **ventisca**)

ventisquear
(V. **ventiscar**)

ventisquero
s. **glaciar** (V.)
helero
nevero
masa de nieve o hielo

s. **ventisca** (V.)
borrasca

ventolera
s. **vendaval** (V.)
ráfaga (V.)
huracán
galerna
torbellino
remolino
ramalazo
sobrevienta
racha
tromba
borrasca
golpe (de viento)

s. **vanidad** (V.)
jactancia
orgullo
soberbia (V.)
elación
altanería
engreimiento
fanfarronada

s. dar la ventolera de

(V. **viento**)

a. *calma*
modestia
humildad

ventolina
(V. **viento**)

ventorrillo
(V. **venta**)

ventorro
(V. **venta**)

ventosa
s. **abertura** (V.)
hueco
respiradero (V.)
paso (de aire)

s. **succión** (V.)
disco
campana
vaso
copa

ventosear-se
s. soltar
ventear
pederse
peerse
descoserse
irse
zullarse
follarse
tirarse pedos
irse de copas
tener flojos los fuelles

s. **eructar** (V.)
rutar
rotar
repetirse
regoldar

(V. **ventosidad**)

a. *retener*
contenerse
reprimirse

ventosidad
s. meteorismo
flatulencia (V.)
flato
gases

s. pedo
follón
cuesco
mofeta
viento
pluma (V.)
traque

a. *contención*
retención

ventoso
s. tempestuoso
borrascoso
tormentoso
violento
huracanado (V.)
desencadenado
revuelto
mugiente
ululante
agitado
inclemente
riguroso
turbulento
airoso

s. **flatulento** (V.)
pedorro
pedorrero
follón
zullón
zullenco

s. **vano** (V.)
presuntuoso
presumido (V.)
desvanecido
envanecido
hinchado

(V. **ventosidad**)

a. *calmo*
moderado
humilde
modesto

ventral
s. abdominal
estomacal
intestinal

(V. **vientre**)

ventrecha
(V. **entrañas**)
(pescado)

ventregada
s. **camada** (V.)
cachillada
lechigada
cría
prole
hijuelos

s. **abundancia** (V.)
copia
copiosidad

(V. **vientre**)

a. *escasez*
falta
ausencia

ventrículo
s. **cavidad** (V.)
cámara
aurícula
hueco
oquedad

s. **corazón** (V.)
cerebro (V.)
laringe (V.)

s. **estómago** (V.)

s. ventrículo aórtico
ventrículo del corazón
ventrículo laríngeo
ventrículo del cerebro
ventrículo lateral
ventrículo medio
ventrículo tercero
ventrículo cuarto
ventrículo terminal

ventrílocuo
s. **imitador** (V.)
cómico
histrión
animador
artista

(V. **ventriloquia**)

ventriloquia
(V. **voz**)

ventrisca
(V. **ventrecha**)

ventroso
(V. **ventrudo**)

ventrudo
s. **obeso** (V.)
gordo
tripudo (V.)
barrigudo
panzudo
rechoncho
barrigón
carigordo
lleno
voluminoso
repleto
ventroso

(V. **vientre**)

a. *delgado*
esquelético
esbelto

ventura
s. **felicidad** (V.)
dicha
venturanza
suerte (V.)
alegría
satisfacción (V.)
bienestar
prosperidad (V.)
potra
gozo
gloria
tranquilidad
contento
placer
seguridad
beatitud
complacencia
bonanza
salud

s. **casualidad** (V.)
ocaso
contingencia
azar (V.)
estrella
hado
éxito
aleatoridad
suerte
eventualidad
destino

s. **aventura** (V.)
peligro
riesgo (V.)
amenaza
fatalidad
trance
contingencia

s. a la ventura
la buena ventura
probar ventura
cada uno con su ventura
echar la buena ventura
por ventura
la ventura de García

r. La mayor ventura es gozar de la coyuntura ■ La ventura de la fea, la bonita la desea ■ Mujer, viento y ventura, presto se muda ■ Ventura te dé Dios, hijo, que el saber poco te basta ■ La ventura de la barca: la mocedad, trabajada, y la vejez, quemada ■ Cuando corre la ventura, las aguas son truchas

a. *desventura*
desdicha
desgracia
infelicidad
tristeza
contrariedad
disgusto
insatisfacción
malestar
ruina
intranquilidad
descontento
fracaso

venturado
(V. **venturoso**)

venturanza
(V. **ventura**)

venturero
(V. **venturoso**)

(V. **casual**)

(V. **vagabundo**)

venturoso
s. venturero
venturado
dichoso
afortunado (V.)
alegre
feliz (V.)
orondo
potroso
ufano
eufórico
tranquilo
placentero
apacible
radiante
jubiloso
ledo
optimista
suertoso
risueño
contento (V.)
aventurado

(V. **ventura**)

a. *desgraciado*
desafortunado
pesimista
triste
disgustado
infeliz
contrariado
desapacible

venus
s. hermosura
belleza (V.)
beldad
bella
hermosa
escultural
divina
perfecta
sublime
agraciada

s. **amor** (V.)
deleite (sexual)
cópula

s. Afrodita
mitología (V.)

s. **planeta** (V.)

s. monte de Venus
ombligo de Venus
estrella de Venus
aguja de Venus

a. *fealdad*
repulsión
odio

venustez
s. venustidad
hermosura
belleza (V.)
gracia
encanto
seducción
elegancia
atractivo
sexualidad
perfección
beldad
lindeza
sublimidad

(V. **Venus**)

a. *fealdad*
repulsión

venustidad
(V. **venustez**)

venusto
(V. **bello**)

(V. **hermoso**)

ver-se
s. **mirar** (V.)
ojear
advertir (V.)
observar
avistar
intuir
fisgar
catar
olisquear
examinar
vigilar
remirar
desojarse
atender
cuidar
avisar
considerar
presenciar
sentir (V.)
divisar (V.)
contemplar
columbrar
distinguir
entrever
husmear
atalayar
reparar
embobarse
atisbar (V.)
acechar
dominar (V.)
antever
vislumbrar (V.)
otear
catar
trasver
clavar
percibir (V.)
notar

s. **investigar** (V.)
fiscalizar
guipar
despestañarse
notar (V.)
reparar
reconocer
tropezar
descubrir
no perder de vista
no quitar los ojos
echar una mirada
echar un vistazo
mirar de reojo
mirar de arriba abajo
comerse con la vista
clavar los ojos
estar a la mira
mirar con el rabillo del ojo
extender la vista
mirar por encima del hombro
mirar de hito en hito
estar con cien ojos
fijar la vista
mirar atentamente

s. juzgar
pensar
conocer
estudiar
considerar (V.)
examinar (V.)
comprender
especular
calcular
recapacitar
reflexionar

s. **experimentar** (V.)
tratar
probar
ensayar
intentar

s. **figurarse** (V.)
sospechar (V.)
imaginarse
temer

s. **entender** (V.)
comprender (V.)
percibir
enterarse

s. **encontrarse** (V.)
reunirse
entrevistarse (V.)
conferenciar
citarse
avistarse
visitarse (V.)
conversar
juntarse

(V. **vista**)

s. vamos a ver
allá veremos
no hay más que ver
ni visto ni oído
si te ví no me acuerdo
vivir para ver
no ver más allá de sus narices
no ver tres en un burro
verlas venir
verse y desearse
cuantas veo, cuantas quiero
verse la cara con alguien
a más ver
ver a la legua
ver a cien leguas
echar de ver algo
aquí donde lo ves
a mi ver
a ver si...
dejar ver una cosa
dejarse ver
no poder ver a alguien
está visto
estar por ver
ver el cielo abierto
de buen ver
estar mal visto
lo nunca visto
hasta más ver
habrá que ver
que venga Dios y lo vea
ser cosa de ver
estar viendo que
hacer ver una cosa
hacerse ver
estaba visto
¡a ver qué pasa!
ver mundo
no habérselas visto nunca tan gordas
para que veas
lo estaba viendo
¿lo está usted viendo?
ya veremos en qué paran estas misas
visto y no visto
visto que...
ver y creer
¿pero qué veo?
no poder ver ni en pintura
te veo venir
ya lo veo
ver y callar
y tú que lo veas
ya se ve
verse ahogado
verse negro
ya verá usted como...
vivir para ver
verse las caras

a. *cegarse*
desojarse
deslumbrar
oscurecer
eclipsar
ofuscar
alucinar
abandonar
descuidar
desinteresarse
desconocer
ignorar
abstenerse
ausentarse
alejarse
distanciarse

vera
s. borde
orilla (V.)
lado
proximidad (V.)
cercanía
costado
aproximación
vecindad

s. a la vera
vera efigies

a. *lejanía*
separación

veracidad
s. **verdad** (V.)
autenticidad
sinceridad (V.)
franqueza
claridad
honestidad
honradez
fidelidad
lealtad
cordialidad
verismo
candor
inocencia
realismo
confianza
nobleza
dignidad
rudeza
tosquedad

a. *falsedad*
engaño
hipocresía
mentira
deslealtad
doblez
picardía
desconfianza
insinceridad
oscuridad
inexactitud

veranda
(V. **galería**)
(V. **terraza**)

veraneante
s. **turista** (V.)
ocioso
inactivo
forastero
(V. **veraneo**)
a. *activo*
ocupado

veranear
s. veranar
estiar
descansar (V.)
viajar
reposar
holgar (V.)
divertirse
distraerse
recuperarse
recrearse
desahogarse
reponerse
ir de veraneo
estar de veraneo
pasar el veraneo
(V. **verano**)
a. *trabajar*
laborar
invernar

veraneo
s. **vacación** (V.)
asueto
descanso (V.)
reposo
holganza
ocio (V.)
diversión
recreo
sosiego
cesación
distracción
desahogo
inactividad
recuperación
(V. **verano**)
a. *invernada*
trabajo
actividad

veraniego
s. caluroso
estival
estivo
canicular
s. **ligero** (V.)
insignificante
liviano
transparente
efervescente
leve
(V. **verano**)
a. *frío*
hibernal
importante
pesado

verano
s. **estación** (V.)
estío
calina
canícula (V.)
bochorno
caniculares
calor (V.)
veranillo
s. **meteorología** (V.)
r. Buen tiempo en junio, verano seguro ■ A invierno lluvioso, verano caluroso ■ En el riguroso estío, presérvate del frío
s. de verano
nube de verano
a. *invierno*
frío

veras (de)
s. realidad
autenticidad
verdad (V.)
exactitud
s. **eficacia** (V.)
fervor
actividad
entusiasmo
tesón
empeño
ahínco
firmeza
voluntad
propósito
s. **muy** (V.)
mucho (V.)
s. de veras
hablar de veras
ser un hombre de veras
a. *engaño*
mentira
ineficacia
desánimo
poco

veraz
s. **verdadero** (V.)
sincero (V.)
leal
fiel
escrupuloso
exacto
verídico
fidedigno
ingenuo
cándido
certero
auténtico
incontrastable
serio
sano
concienzudo
pundonoroso
honrado
probo
franco
justo
puro
espontáneo
genuino
tosco
(V. **veracidad**)
a. *hipócrita*
embustero
falso
desleal
mentiroso
inexacto

verba
(V. **labia**)
(V. **locuacidad**)

verbal
s. **oral** (V.)
de palabra
hablado
articulado
enunciado
declamado
personal
recitado
expresado
fonético
s. juicio verbal
nota verbal
(V. **verbo**)
a. *escrito*
gráfico
manuscrito
caligráfico

verbena
s. **feria** (V.)
fiesta
festejo
festividad (V.)
kermesse
quermese
celebración
alegría
regocijo
s. tiovivo
caballitos
tobogán
montaña rusa
columpios
noria
tómbola
rueda de la fortuna
maza
tiro al blanco
títeres o marionetas
rueda del diablo
tubo de la risa
plataforma giratoria
autódromo
palacio de la risa
espejo convexo
espejo cóncavo
figuras de cera
barracón de atracción
circo
laberinto
tragasables
tragafuego
payaso
puestos de venta
churrería
quiosco de bebidas
puesto de cacharros
látigo
ola
pim-pam-pum
carrusel
coches de choque
contorsionista
mujer de medio cuerpo
ilusionista
máquina de probar la fuerza
pista de baile
tren fantasma
barcas
s. coger la verbena
correr la verbena

verbenear
s. hervir
hormiguear (V.)
bullir (V.)
plagarse
agitarse
abundar (V.)
gusanear
s. **divertirse** (V.)
juerguearse
alegrarse
correrla
recrearse
entretenerse
solazarse
s. **procrear** (V.)
multiplicarse
(V. **verbena**)
a. *encerrarse*
aburrirse
entristecerse

verbenero
s. **ruidoso** (V.)
estruendoso
alegre (V.)
regocijado
animado
concurrido
popular (V.)
vocinglero
festivo
(V. **verbena**)
a. *silencioso*
apagado
triste
callado
impopular

verberar
s. castigar
azotar (V.)
fustigar
golpear (V.)
(el viento, agua, etc.)
apalear
flagelar
pegar
a. *enaltecer*
acariciar
mimar

verbigracia
s. **ejemplo** (V.)
consideración
prueba
muestra
demostración
argumento
verbi gratia

verbo
s. vocablo
palabra (V.)
lenguaje (V.)
s. conjugación
flexión
inflexión
reflexión
paradigma
apofonía
reciprocación
s. *accidentes*
persona
número
tiempo
modo
voz
s. *modos*
infinitivo
indicativo
subjuntivo
potencial o condicional
imperativo
gerundio
s. *tiempos*
presente
pretérito imperfecto
pretérito perfecto
pretérito indefinido
pretérito anterior
pretérito pluscuamperfecto
futuro imperfecto
futuro perfecto
potencial simple
potencial compuesto
s. verbo transitivo
verbo intransitivo
verbo auxiliar
verbo activo
verbo pasivo
verbo defectivo
verbo deponente
verbo determinante
verbo frecuentativo
verbo incoativo
verbo regular
verbo irregular
verbo recíproco
verbo pronominado
verbo reflexivo
verbo sustantivo
verbo impersonal
verbo copulativo
verbo causativo
verbo declarativo
verbo de creencia
verbo de deseo
verbo enunciativo
verbo de estado
verbo de expresión
verbo de entendimiento
verbo modal
verbo neutro
verbo perfectivo
verbo imperfectivo
verbo subjetivo

verborragia
(V. **verborrea**)

verborrea
(V. **verbosidad**)

verbosidad
s. verborragia
verborrea
charlatanería
facundia (V.)
labia
parlería
parola
retahíla
locuacidad (V.)
cháchara
palique
monserga
habladuría
palabrería
bachillería
oratoria (V.)
guirigay
garrulería
vanilocuencia
trápala
explicaderas
pico
soltura
desparpajo
palabro
perorata
peroración
cascadura
fluidez (V.)
facilidad (de palabra)
pico
desparpajo
faramalla
ampulosidad
rimbombancia
a. *silencio*
discreción
premiosidad
parquedad
concisión
laconismo
continencia
sosería
sequedad

verboso
s. **hablador** (V.)
parlotero
parlista
hablante
hablista
parlante
redundante
divagador
divagante
charlista
lenguaraz
vocinglero
locuaz (V.)
orador
charlatán
parlero
gárrulo
vanílocuo
boquirroto
churrullero
churrillero
algareador
picotero
facundo
diserto
elocuente (V.)
comunicativo
desenvuelto
expresivo
cotorra
(V. **verbosidad**)
a. *silencioso*
callado
parco
discreto
moderado
lacónico
conciso
premioso
seco

verdad
s. **sinceridad** (V.)
certeza (V.)
certidumbre
exactitud (V.)
veras
dogma
evangelio (V.)
axioma
veracidad (V.)
autenticidad (V.)
claridad
artículo de fe
fetén
realidad (V.)
ortodoxia
postulado
perogrullada
principio
evidencia
prueba
testimonio
ejemplo
(cont.)

fundamento
legitimidad
verosimilitud
franqueza
propiedad
demostración
declaración
aseveración
afirmación
justificación
muestra
razón (V.)
justicia (V.)
certificación
existencia
efectividad
comprobación

s. frescura
descaro (V.)
impertinencia
insolencia (V.)
inconveniencia

s. la verdad de Perogrullo
boca de verdades
decir en la cara
cantarlas claras
decir cuantas son tres y dos
despacharse a su gusto
faltar a la verdad
la verdad que diga
bien es verdad que
a decir verdad
en verdad que
¿verdad?
¿no es verdad?
si bien es verdad que...
si he de decir verdad
la pura verdad
la verdad por delante
verdades como puños
tratar una verdad
la verdad es que...
la verdad no es más que una
la verdad por delante
decir las verdades del barquero

r. A saca mentira, saca verdad ■ La verdad no tiene más que un camino ■ Quien dice la verdad ni peca ni miente ■ Para verdades el tiempo; para justicia, Dios ■ La verdad ama la claridad ■ La verdad, aunque amarga, se traga

a. *error*
equivocación
mentira
engaño
falsedad
hipocresía
embuste
calumnia
patraña
embeleco
infundio
trola
bola
falacia
trapisonda
comedia
farsa
fábula
ficción
fantasía
imaginación
sofisma
cuento
superchería
filfa
invención
heterodoxia
mito

verdadero

s. vero
fidedigno
cierto (V.)
verídico
dogmático
certificado
veraz
verosímil
efectivo (V.)
riguroso
fehaciente
exacto (V.)
real (V.)
fiel (V.)
realista
palmario
evidente (V.)
axiomático
demostrado
probado
auténtico (V.)
sincero (V.)
genuino
estricto
indudable
indiscutible (V.)
indubitable
serio
fundado
infalible (V.)
legítimo
ortodoxo
católico
matemático
propio
positivo

(V. **verdad**)

a. *dudoso*
inexacto
falso
equívoco
apócrifo
heterodoxo
calumnioso
falaz
erróneo
engañoso
inventado
falible
incierto
irreal
discutible
ilegítimo
negativo
impropio
insincero
infundado
fantasioso
fantástico
inverosímil
infiel

verde

s. verdoso
verdete
verdemar
verdinegro
verdino
presado
aceitunado
cetrino
glauco
oliváceo
aceitoso
verdusco
verduzco
esmeralda
oliva
sinople
verdevejiga
color (V.)

s. **fresco** (V.)
lozano
jugoso
frondoso
sano
ameno
nuevo
crudo (V.)
tierno
en flor

s. **precoz** (V.)
joven
novato
inexperto (V.)
novicio
bisoño
incipiente
neófito
novel
principiante

s. **verdor** (V.)
hierba (V.)
hojas
follaje
herbazal
verdegal
verdura
pasto
fronda
espesura

s. **agrio** (V.)
inmaturo
temprano
crudo
tardío
duro
cerollo
suche
zarazo
teniente
inmaduro (V.)

s. desvergonzado
libre
obsceno (V.)
indecente
malicioso (V.)
deshonesto (V.)
libidinoso
lujurioso (V.)
procaz
atrevido
indecoroso
picante
pornográfico
licencioso
sicalíptico
torpe

s. **billete** (V.)
(mil pesetas)

s. vitriolo verde
habas verdes
fruta verde
meter en verde
viejo verde
poner verde

s. darse un verde
en verde
estar verde
libro verde
salsa verde
verde veronés
verde caparrosa

r. La que se viste de verde, con su hermosura se atreve

a. *maduro*
sazonado
cuajado
hecho
experto
baqueteado
dulce
honesto
virtuoso

verdear

s. campear
verdecer
reverdecer
verdeguear
campear
brotar (V.)

s. tirar a verde

(V. **verde**)

a. *agostarse*
amarillear
secarse

verdeguear

(V. **verdear**)

verderol

(V. **verderón**)

verderón

s. verderol
verdel
verdecillo
verdón
cañamero
talín
catotal
verdezuelo
pájaro (V.)

s. **berberecho** (V.)

verdete

(V. **cardenillo**)

verdezuelo

(V. **verderón**)

verdín

s. **cardenillo** (V.)
herrumbre
moho
óxido
oxidación
orín
verdete

(V. **verde**)

verdor

s. **verdura** (V.)
verdegal
hierba (V.)
herbazal
pasto
follaje
fronda
espesura
verdín
verdoyo
verdina

s. **vigor** (V.)
energía
lozanía (V.)
frescura
amenidad
mocedad
juventud (V.)
adolescencia

s. **albor** (V.)
primicias
precocidad
albricias
crudeza
comienzos

(V. **verde**)

a. *debilidad*
agotamiento
extenuación
decadencia
vejez
fin

verdoso

(V. **verde**)

verdugado

(V. **miriñaque**)

verdugazo

s. azote
azotazo
latigazo (V.)
zurriagazo
vergajazo
flagelación
castigo
golpe (V.)

(V. **verdugo**)

a. *caricia*
cuidado
mimo

verdugo

s. ajusticiador
castigador (V.)
martirizador (V.)
ejecutor
azotador
matarife
torturador
sayón (V.)
carnífice
vigolero
boche
cómitre
bochero
mochín
vengador
agente
brazo de la ley
oficial
borrero
bochín
boya
esbirro

s. **cruel** (V.)
sanguinario
inhumano
torturador (V.)
criminal
desalmado
impío
carnicero
sádico
inmisericorde
mortificador

s. verduguillo
cuchillo
estoque (V.)

s. **vergajo** (V.)
látigo
cadalso
azote

s. roncha
moratón
verdugón (V.)

s. vástago
tallo (V.)
brote (V.)
renuevo

a. *ajusticiado*
víctima
generoso
humano
compasivo
misericorde
benévolo

verdugón

s. **roncha** (V.)
cardenal
hematoma (V.)
moratón
esquimosis
marca
golpe
señal (V.)
verdugo
estigma
ramalazo
camote
contusión
magulladura
vestigio (V.)

verduguillo

(V. **estoque**)

(V. **pendiente**) (aro)

verdulera

s. **tendera** (V.)
bercera
zabarcera
lechuguera
esparraguera
vendedora de verduras

s. **descarada** (V.)
respondona
tarasca
muscana
soleta
desvergonzada
rabisalsera
chulona
desenvuelta
rabanera (V.)
ordinaria
galera

(V. **verdulería**)

a. *fina*
educada
callada
exquisita

verdulería

(V. **tienda**)

(V. **comercio**)

verdura

s. **follaje** (V.)
escarola
huerta
hierba
legumbre (V.)
vendeja
vegetal
hortaliza (V.)
hojas
verdor

s. **obscenidad** (V.)
indecencia
deshonestidad
atrevimiento
procacidad
impudicia (V.)
impureza
inmoralidad

a. *decencia*
honestidad
pudor
pureza
moralidad

verdusco

(V. **verde**)

verduzco

(V. **verde**)

verecundia
(V. **vergüenza**)

verecundo
(V. **vergonzoso**)

vereda
s. senda
camino (V.)
atajo
sendero
veredita
trocha
acera
vía
ramal
hijuela
desvío
ceja
cruce
rastro
travesía
alcorce
s. entrar en vereda
hacer entrar en vereda

veredero
(V. **mensajero**)

veredicto
s. arbitrio
laudo
sentencia
dictamen
fallo (V.)
resolución
juicio (V.)
decisión
parecer
condena
s. veredicto de inculpabilidad
a. *abstención*
inhibición

verga
s. **vara** (V.)
vergajo
percha (V.)
palo (V.)
antena
entena
cangrejo
cangreja
sobrecebadera
s. cruz
penol
peñol
paloma
racamento
juanete
trinquete
vertello
tomador
bastardo
galápago
contrarracamento
arboladura (marina)
s. verga seca
verga toledana
verga en alto
s. **pene** (V.)
miembro viril
falo

vergajazo
s. **golpe** (V.)
palo
fustazo
trancazo
garrotazo
zurriagazo
varazo
latigazo (V.)
azote
disciplinazo
(V. **vergajo**)
a. *caricia*
mimo

vergajo
s. **verga** (V.) (toro)
pene
s. **látigo** (V.)
fusta
azote
tralla
zurriago
flagelo
vara
disciplina
verdugo (V.)

vergel
s. parque
jardín (V.)
rosaleda
pensil
huerto (V.)
vega
umbría
oasis (V.)
ruzafa
retiro
edén

vergonzante
s. **pedigüeño** (V.)
menesteroso
pobre
vergonzoso (V.)
(V. **vergüenza**)
a. *rico*
digno
orgulloso
atrevido
sinvergüenza

vergonzoso
s. corto
pusilánime
tímido (V.)
apocado (V.)
encogido
confuso
verecundo
vergonzante
pacato
pudendo
corrido
ruboroso
pudibundo
erubescente
azarado
azorado
avergonzado
pudoroso
vergoñoso
indeciso
corito
modesto
retraído
cobarde
turbado
vacilante
escrupuloso
ñoño
embarazado (V.)
cuitado
temeroso
abochornado
cabizbajo
confundido (V.)
escurrido
sonrojado
ruborizado (V.)
recatado
empachado
corrido como una mona
con las orejas gachas
como gallina en corral ajeno
con el rabo entre las piernas
hecho un mico
pegado a la pared
s. torpe
despreciable
deshonroso (V.)
abyecto (V.)
deshonesto
inmoral
afrentoso
bochornoso (V.)
degradante
imperdonable (V.)
ignominioso (V.)
obsceno
oprobioso (V.)
infamante
ultrajante (V.)
feo
vil
ruin
rastrero
abominable
nefando
inconfesable
intolerable
shocking
indecente (V.)
indecoroso
descarado
azarante
empachoso
cínico
impúdico
indigno (V.)
innoble
infame
canallesco
(V. **vergüenza**)
a. *resuelto*
atrevido
fresco
desvergonzado
insolente
descarado
inmodesto
cínico
sinvergüenza
osado
decidido
descocado
desahogado
desenvuelto
mundano
desgarrado
chulo
procaz
desenfadado
moral
honesto
honrado
honroso
noble
digno
decente
decoroso
púdico
pudoroso
modesto
circunspecto
moderado

verguear
(V. **varear**)
(V. **sacudir**)

vergüenza
s. **timidez** (V.)
apocamiento
cortedad
encogimiento (V.)
corrimiento
sonrojo
sofoco (V.)
sofocón
bochorno
pavor
miedo
azoramiento
abochornamiento
soflama
enrojecimiento (V.)
pudibundez
sensación
turbación
verecundia
rubor (V.)
aturdimiento
reparo
fogaje
sofocación
pavo
retraimiento
modestia
indecisión
cobardía
pudor (V.)
embarazo (V.)
cuita
vacilación
escrúpulo (V.)
temor
ñoñería
vergüeña
empacho
confusión
violencia (V.)
s. honor
honrilla
amor propio
pundonor (V.)
dignidad (V.)
honra
decoro
decencia
orgullo
puntillo
s. deshonor
infamia
afrenta
humillación (V.)
abyección (V.)
deshonra (V.)
lacha
ignominia (V.)
obscenidad
inmoralidad
desgradación
torpeza
ruindad
indecencia
abominación
descrédito
oprobio (V.)
escándalo (V.)
indignidad (V.)
desprestigio
detraimiento
baldón
mácula
mancha
vilipendio
tizón
estigma (V.)
desdoro
borrón
mancilla
s. **castigo** (V.)
picota
poste
rocadero
argolla
cáncana
coroza
estigma
gemonias
s. **genitales** (V.)
partes pudendas
vergüenzas
sexo
s. morirse de vergüenza
perder la vergüenza
sacar a la vergüenza pública
poca vergüenza
caerse la cara de vergüenza
r. Más vale vergüenza en cara que dolor de corazón ■ Tener más miedo que vergüenza ■ Del que no tiene vergüenza todo el mundo es suyo ■ Déjate la vergüenza atrás, y medrarás ■ Vergüenza y mocedad no vuelven cuando se van
a. *atrevimiento*
desvergüenza
avilantez
cinismo
descaro
impudor
desplante
insolencia
procacidad
desgarro
desenvoltura
descoco
impudencia
frescura
impudicia
desenfado
desahogo
tupé
caradura
desembarazo
decisión
resolución
inmodestia
valor
deshonor
indignidad
indecencia
honra
moralidad
decencia
crédito
dignidad

vergüeña
(V. **vergüenza**)

vergueta
(V. **varilla**)

vericueto
s. reventadero
batidero
escarpa
camino de cabras
encrucijada
laberinto (V.)
despeñadero
aspereza (V.)
risco
breña
andurrial
trocha
sendero
rastro
a. *llanura*
planicie

verídico
(V. **verdadero**)

verificación
s. **prueba** (V.)
comprobación (V.)
examen
justificación
control
confirmación (V.)
compulsación
revisión (V.)
demostración
evidencia
repaso
contraste
s. **realización** (V.)
hecho
ejecución
celebración
ejecutoria
práctica
a. *omisión*
negligencia
olvido
descuido
promesa
incumplimiento

verificador
s. **inspector** (V.)
controlador
comprobador (V.)
examinador
investigador
demostrador
(V. **verificación**)

verificar-se
s. llevar a cabo
realizar (V.)
efectuar
celebrar
hacer (V.)
ejecutar
s. **comprobar** (V.)
examinar
compulsar
demostrar
probar (V.)
constatar
homologar (V.)
revisar (V.)
controlar
acreditar
evidenciar
repasar
cotejar
contrastar
contextuar
documentar
ejemplarizar
justificar
confirmar (V.)
s. **resultar** (V.)
suceder (V.)
acaecer
acontecer
ocurrir
(V. **verificación**)
a. *negligir*
abandonar
disentir
omitir
olvidar

verija
(V. **pubis**)

verisímil
(V. **verosímil**)

verisimilitud
(V. **verosimilitud**)

verismo
(V. **realismo**)
(V. **crudeza**)

verja
s. **reja** (V.)
cancela
cerca
valla (V.)
red
tapia
enrejado (V.)
enverjado
rejado
alambrera
cancilla
cercado
rastrillo
barandilla
alambrada

verme
s. **gusano** (V.)
lombriz
tenia
helminto
solitaria
anélido
parásito
ascáride
s. vermes
intestinales

vermicida
(V. **vermífugo**)

vermicular
(V. **vermiforme**)

vermiforme
s. vermicular
agusanado
alombrizado
ahusado
alargado
delgado
s. apéndice
vermiforme
(V. **verme**)

vermífugo
s. vermicida
insecticida
remedio
antiparasitario
purgante
antihelmíntico
planta (V.)
(vermicida)
(V. **verme**)

vermut
(V. **licor**)
(V. **aperitivo**)

vernáculo
s. nativo
indígena
doméstico
peculiar
patrio (V.)
propio
partícula
regional
comarcal
local
s. lengua vernácula
a. *extranjero*
forastero
extraño
exótico
general

vernier
(V. **nonio**)

vero
(V. **verdadero**)

verosímil
s. **probable** (V.)
posible (V.)
pasable
verisímil
plausible
aceptable
creíble (V.)
admisible
sostenible
creedero
aparente
verdadero
(V. **verosimilitud**)
a. *imposible*
increíble
inadmisible
improbable
falso
inverosímil

verosimilitud
s. verisimilitud
probabilidad (V.)
posibilidad (V.)
certidumbre
creencia
credibilidad (V.)
apariencia
practicabilidad
certeza
admisión
veracidad
autenticidad
practicabilidad
suposición
conjetura
a. *inverosimilitud*
improbabilidad
imposibilidad
incertidumbre
falsedad

verraco
s. gurriato
cochino
cerdo (V.)
marrano
puerco
verrón
semental (V.)
morueco
carnero

verraquear
s. **gruñir** (V.)
llorar (V.)
gemir
patalear
chillar
vociferar
rabiar
encanarse
gimotear
berrear (V.)
sollozar
a. *callarse*
alegrarse
tranquilizarse
calmarse
sosegarse

verraquera
pataleo
gimoteo
berreo (V.)
rabieta
s. **llanto** (V.)
sollozo
perra
perrera
llorera
lloro
gritería
a. *risa*
alegría
contento
sosiego
calma
conformidad

verriondez
(V. **celo**)
(animales)
(V. **encelamiento**)
(animales)

verriondo
s. **encelado** (V.)
(animales)
cachondo
ardoroso
excitado
ardiente
salido
s. **marchito** (V.)
(hierba, etc.)
pasado
seco
(V. **verriondez**)
a. *frío*
satisfecho
lozano

verrojo
(V. **cerrojo**)

verrón
(V. **verraco**)

verruga
s. lunar
excrecencia (V.)
carnosidad
cadillo
callo
grano
abultamiento
s. **molesto** (V.)
pesado
pelma
latoso
s. **tacha** (V.)
defecto
chapuza
a. *entretenido*
distraído
perfección

verrugo
s. **avaro** (V.)
ruin
roñoso
mezquino
cutre
roña
garrapo
avariento
judío
(V. **verruga**)
a. *magnánimo*
generoso
espléndido
pródigo

versado
s. práctico
instruido (V.)
baqueteado
conocedor
diestro
competente (V.)
perito
leído (V.)
ejercitado
fuerte
ducho
experto
ilustrado
idóneo
documentado
entendido (V.)
erudito
fogueado
experimentado
a. *inexperto*
incompetente
novato
principiante
desconocedor
indocumentado
ignorante

versal
s. **mayúscula** (V.)
capital
inicial
versalita
versalilla
(V. **letra**)

versallesco
(V. **galante**)
(V. **cortés**)

versar-se
s. **tratar** (V.)
ocuparse
aludir
referirse
tener que ver
relacionar
girar
discurrir
considerar
manifestarse
s. ejercitarse
avezarse (V.)
practicarse
informarse (V.)
documentarse
hacerse
foguearse
adiestrarse
a. *omitir*
olvidar
despreciar
desestimar
desconsiderar
ignorar
desconocer

versátil
s. voluble
variable (V.)
antojadizo
ligero
inconstante (V.)
mudable
vacilante
veleidoso
voltizo
voltario
vacío
frívolo
incierto
inconsecuente
desigual
caprichoso (V.)
movedizo
cambiante
lunático
mochales
novelero
tornadizo
carnero
alocado
tornátil
informal
fantástico
fantasioso
disipado
fugaz
desleal (V.)
infiel
veleta
oscilante
fluctuante
chiflado
venate
inconsistente
s. cambiable
transformable
(V.)
(V. **versatilidad**)
a. *serio*
constante
fiel
firme
invariable
leal
fijo
inconmovible
cierto
seguro
consecuente
real

versatilidad
s. frivolidad
inconstancia (V.)
indecisión
antojo
vacilación
volubilidad
variabilidad
capricho
ligereza
novelería
veleidad (V.)
variación
mutabilidad
mudanza
cambio (V.)
luna
lunatismo
fantasía
diversidad
disipación
inconsecuencia
liviandad
informalidad
venate
chifladura
elasticidad
flexibilidad
ductilidad
fragilidad
deslealtad (V.)
s. **transformación**
(V.)
a. *seriedad*
fidelidad
constancia
firmeza
seguridad
consecuencia
lealtad
certeza
certidumbre
realidad

versículo
s. antífona
verso (V.)
aleluya
aleya
soneto
estribillo
s. **parte** (V.)
(Biblia, Corán)
párrafo
división
trozo
fragmento

versificación
(V. **composición**)
(versos)

versificar
s. **metrificar** (V.)
poetizar
rimar (V.)
trovar
componer versos
(V. **verso**)

versión
s. **interpretación**
(V.)
adaptación
traducción (V.)
lraslación
explicación (V.)
dicción
exégesis
glosa
comento
comentario
disertación
aclaración
exposición (V.)
narración
descripción
relato
doblaje (V.)
a. *original*

verso
s. **poesía** (V.)
trova (V.)
carmen
romance
zégel
casida
estrofa
rima (V.)
ritmo
canción
saga
copla
rondel
versículo
oda
balada
composición
(cont.)

s. verso blanco
o suelto
verso pareado
verso acataléctico
verso libre
verso cataléctico
verso adónico
verso trocaico
verso alcaico
verso amebeo
verso de cabo roto
verso yámbico
verso alejandrino
verso quebrado
verso dactílico
verso de redondilla mayor
verso de redondilla menor
verso ropálico
verso asclepiadeo
verso sáfico
verso anapéstico
verso de arte mayor
verso de arte menor
verso hexámetro
verso leonino
verso hiante
verso trímetro

a. *prosa*

versta
(V. **medida**)
(longitud)

versucia
(V. **astucia**)

versus
(V. **contra**)

(V. **frente**)

versuto
(V. **astuto**)

(V. **malicioso**)

vértebra
s. espinazo
raquis
espóndil
espóndilo
columna (V.)
(vertebral)

s. axis
atlas
cóccix
coxis
hueso sacro
hueso palomo

s. vértebra abdominal
vértebra basilar
vértebra cefálica
o craneal
vértebra cervical
vértebra dentada
vértebra dorsal
vértebra esternal
vértebra falsa
vértebra lumbar
vértebra magna
vértebra prominente
vértebra tipo
vértebra torácica
vértebra tricúspide
vértebra verdadera

vertebrado, s
s. **mamífero** (V.)
batracio (V.)
ave (V.)
reptil (V.)
pez (V.)

(V. **vértebra**)

a. *invertebrado(s)*

vertebral
s. raquídeo
espinal (V.)
sacrococcígeo
lumbar
cervical
dorsal

(V. **vértebra**)

vertedero
s. **basurero** (V.)
escombrera
estercolero
albañal (V.)
rebosadero
derramadero
muladar
sentina
colector
sumidero
cloaca
salida
abertura (V.)
desagüe (V.)

(V. **vertimiento**)

verter-se
s. **rebosar** (V.)
derramar (V.)
vaciar (V.)
salirse
volcar (V.)
evacuar
echar
dispersar
difundir
abocar
escanciar
desparramar
esparcir
correr
fluir
desbordarse
transvenarse
difluir
debrocar
infundir
tirar
sobreverter
sobresalir
afluir
instilar (V.)
desaguar (V.)
desembocar
vertir

s. **traducir** (V.)
interpretar (V.)
exponer
escribir
componer

(V. **vertimiento**)

(V. **versión**)

a. *retener*
contener
llenar
limitar

vertical
s. **tieso** (V.)
derecho
enhiesto
erecto
eréctil
pino
pingado
hirsuto
empinado
pivotante
escarpado (V.)
encrespado
acantilado
perpendicular
rígido
erguido (V.)
engallado
tenso
tirante
enderezado
erigido
estirado
plomada (V.)
híspido
cortado a pico
a plomo
en pie
escabroso

(V. **verticalidad**)

a. *horizontal*
sinuoso
torcido
nivelado
llano
plano
inclinado
tendido
echado
tumbado

verticalidad
s. perpendicularidad
derechura (V.)
plomada
plomo
empinamiento
erizamiento
encrespamiento
tiesura (V.)
escarpamiento
alzamiento
puntal
poste
planta
rigidez
torre
columna
hito
enhestadura
empinadura
erectilidad

a. *horizontalidad*
sinuosidad
inclinación
nivelación
llanura

vértice
s. punto
punta
ápice (V.)
extremo
remate
cima
cumbre
cúspide (V.)
culminación
coronilla
cénit

a. *pie*
inferioridad
base

verticidad
(V. **giro**)

(V. **orientación**)

vertiente
s. **ladera** (V.)
falda (V.)
monte
pendiente (V.)
principio
inclinación
cuesta
rampa
despeñadero
tajo
repecho
desnivel
costanilla
escarpa
depresión
bajada

s. **tejado** (V.)
contraarmadura
agua
faldón
jaldeta
tendido
declive (V.)

s. tejado de dos aguas o vertientes

a. *llanura*
planicie

vertiginosidad
(V. **rapidez**)

(V. **velocidad**)

vertiginoso
s. rápido
veloz (V.)
raudo
presuroso
acucioso
fogoso
galopante (V.)
embalado
desbocado
desenfrenado
violento
trepidante
huracanado
activo
ligero
acelerado
alado
apresurado
acuciante
apremiante
instantáneo
dinámico
vivaz

s. **vehemente** (V.)
incontenible
brusco
impetuoso (V.)
precipitado (V.)
desatinado

s. como alma que lleva el diablo
como un huracán
de prisa y corriendo
echando chispas
a galope tendido
como una centella
como el rayo

(V. **vertiginosidad**)

a. *lento*
pausado
calmoso
cachazudo
pachorriente
pachorriento
tranquilo
abúlico
pelma

vértigo
s. **mareo** (V.)
aturdimiento
desmayo (V.)
vahído (V.)
vaguido
desfallecimiento
desvanecimiento
atontamiento
turbación
sopor
vapor (V.)
descompostura

s. **actividad** (V.)
dinamismo
carrera
apresuramiento
celeridad
atropellamiento
precipitación
desenfreno (V.)
prisa (V.)

s. **arrebato** (V.)
ímpetu
furia
atolondramiento
frenesí
impresión

s. de vértigo

a. *recuperación*
vuelta (en sí)
inactividad
lentitud
apatía
abulia
calma
sosiego
moderación

vertimiento
s. **derramamiento** (V.)
derrame
desbordamiento
descarga
transvase
rebose
desagüe (V.)
reguero
afluencia
difusión

a. *retención*
contención
limitación

vertir
(V. **verter**)

vesania
(V. **locura**)

(V. **cólera**)

vesánico
(V. **loco**)

(V. **colérico**)

vesicante
s. vesicatorio
irritante (V.)
urticante
cáustico (V.)
epispástico
escocedor
picante
urente
punzante
quemante
vejigatorio
revulsivo (V.)

s. cantárida
carraleja

a. *suavizante*
calmante

vesicatorio
(V. **vesicante**)

vesícula
s. **ampolla** (V.)
vejiga
vejiguilla
saco
cavidad
bolsa
hinchazón
erupción
cavidad
hidátide
alvéolo

s. **litíasis** (V.)

s. vesícula aérea
vesícula biliar
vesícula ovárica
vesícula seminal

vesivilo
(V. **vestigio**)

(V. **fantasma**)

vesperal
(V. **vespertino**)

véspero
(V. **lucero**)
(de la tarde)

vespertillo
(V. **murciélago**)

vespertino
s. vesperal
crepuscular
al atardecer
por la **tarde** (V.)
al anochecer

s. **sermón** (V.)

s. crepúsculo vespertino

vestal
(V. **sacerdotisa**)

(V. **pitonisa**)

(V. **virgen**)

veste
(V. **vestido**)

(V. **traje**)

vestíbulo
s. **entrada** (V.)
atrio (V.)
portal (V.)
zaguán (V.)
porche
hall
lobby
peristilo
propileo
recibidor
recibo
recibimiento
antesala
anteiglesia
galería
compás
ancillo
recibidor
umbral
pilón
galilea
lonja
alfajía
conserjería
garita
estragal
azaguán
portería

s. **vivienda** (V.)

vestido
s. vestimenta
vestidura
atuendo
tapadura
ajuar
trapos
paños
pingos
hato
atavío (V.)
indumentaria (V.)
vestuario
saco
veste
ropaje
sayo
túnica
traje (V.) entero
traje de chaqueta
falda
chaqueta
blusa

s. espalda
delantero
mangas
sisa
vuelo
cola
cangilón
dobladillo
frunce
pliegue
plisado
adorno (V.)
trencilla
abalorio
hombro
cuarto
entrepierna
hoja
pechera
pernera
canesú
ensanche
esclavina
haldeta
hombrera
trabilla
tirilla
vuelta
vuelillo
asiento
bolsillo
cartera
chorrera
cintura
cinturilla
costura
codera
ojal
trampilla
doblez
elástico
embozo
forro
gola
golilla
ojete
peto
pestaña
portañuela
pata
patilla
puño
pestaña
faldón
faldillas
gorguera
pretina
rabillo
sobaquera
sobrefalda
valona
trincha
escote
descote
bragueta
escotadura
degolladura
degollado
botón
automático
presilla
cremallera
cierre
broche
clic
hebilla
recamo
bullón
bordado
cairel
candil
cangilón
acuchillado
abanino
arrumaco
cintajo
entredós
lorza
lentejuela
guarnición
escarapela
contramangas
onda
tabla
ruche
vivo
volante
tirana
alforza
almenilla
requive
escudete
garambaina
jareta
lazo
fimbria
papo
siguemepollo
refuerzo
remiendo
culera
rodillera
presilla
cuerpo
talle
escote
cuello
nesga
biés
cuchillo
orilla
ribete
ruedo
entretela

s. **pasamanería** (V.)
alamar
tachonería
cairel
recamo
cinta
encaje
randa
perifollos
arrumacos
firuletes
perendengues
faralaes

s. abrigo
capa
capote
manto
chal
capucha
impermeable
ropa (V.)
uniforme (V.)
revestido (V.)
gabardina
chaquetón
jersey
chaleco
ropa talar
pasamento
toga (V.)
toga palmada
toga picta
clámide
tunicela
dalmática
túnica
hábito
estola
chilaba
dulimán
gramalla
pellón
malafa
almalafa
bata
quimono
kimono
amazona
mañanita
ropa interior
ropilla
capotillo
jabarda
sayo baquero
coleto
chambra
caracol
chupa
juba (V.)
marinera
blusón
casaca
chamarreta
chupeta
chupín
levita
librea
levitón
chaqué
futraque
frac
fraque
smoking
esmoquin
guayabera
bolero
calesera
carmañola
pelliza
marsellés
pelele
almilla
corpiño
jaco
salto de cama
peinador
pantalón
calzas
medias
delantal
calzado (V.)
ajustador
albornoz
americana
justillo
jubón
ranita
balandrán
loba
librea
peplo
pijama
piyama
bañador
batín
caftán
blusa
camisa
camisón
chaquetilla
chaqué
chándal
pelliza
trinchera
redingote
pretexta
pollerón
torera
cogulla
chal
buzo
mono
brial
toquilla
cazadora
sostén
refajo
faja
taparrabos
saboyana
capuz
caracalla
dragona
enagüa
enagüillas
guardamonte
marsellés
anaco
basquiña
brandís
jaquetón
jaquetilla
hopa
herreruelo
corocha
chamarra
calesera
tapapiés
sobrevesta
talma
garnacha
valones
túnica
camiseta
calzoncillos
corsé
combinación
cubrecorsé
fondo
fustán
calcetín
alzacuello
faldón
guardapiés
falda
faldellín
saya
sayo
casaquín
guerrera
poncho
trábea
tabardo
sotana
zamarra
zamarrón
zamarro
ropón
ruana
albadena
aljuba
argayo
almilla
anaco
cusma
cuzma
gallaruza
guardapolvo
manta
mandil
manteo
paludamento
saco
ropilla
quillango
almajar
andriana
liga
liguero
media
guante
corbata
tirantes
velo
cinturón
correa
cinta
dengue
peinador
piel
polaina
miriñaque
pañuelo
pañoleta
sombrero
bufanda
tapabocas
estola
echarpe
manguito
pretina
peinador
rostrillo
chía
gregorillo
pavana

s. **sastre** (V.)
modista (V.)
costurera (V.)

s. **figurín** (V.)
modelo
maniquí

s. **moda** (V.)
tejido (V.)
tela (V.)

s. vestido de ceremonia,
vestido de fiesta
vestido de corte
vestido de etiqueta
vestido largo
vestido corto

r. El vestido del criado dice quien es su amo ■ El hábito no hace al monje ■ El vestido hace al hombre engreído ■ Por tu vestido te harán honra, no por tu persona

vestidura
V. **vestido**)

vestigio, s
s. **huella** (V.)
marca
rastro (V.)
señal (V.)
paso
pisada
indicación
indicio (V.)
impresión
reguero
traza
memoria (V.)
evocación
vesivilo
recuerdo (V.)
noticia
ceriballo
contraste

s. **residuo** (V.)
resto (V.)
remanente
reliquia
trozo
partícula
despojo
migajas
desperdicios
sedimento
poso
sobras
cenizas
rastrojo

s. hematoma
golpe
arañazo
cardenal
herida
rasguño
costurón
verdugón (V.)
ramalazo
quemadura
mancha
pupa
contusión
lacra

a. *desaparición*
olvido
nada
totalidad

vestiglo
s. vesivilo
monstruo (V.)
bestia
fantasma
aparición

vestimenta
(V. **vestido**)

vestir-se
s. **cubrir** (V.)
adornar
emperifollar
engalanar
endomingarse
ataviar (V.)
tapar
acicalar
llevar (V.)
traer
ponerse (V.)
trajearse
embutirse
calzar (V.)
colocarse
purpurarse
uniformar
forrar
lucir
tocarse (V.)
disfrazarse
envolverse
llevar
usar
enjaretarse
endosarse
guarnecer
embozarse
emperejilarse
empenacharse
equiparse (V.)
aparejarse
revestirse
arroparse
arreglarse
empañar
cambiarse
componerse
mudarse
ponerse de veinticinco alfileres
dar el golpe
ponerse de corto
ponerse de largo
ponerse de punta en blanco
vestirse de tiros largos

(cont.)

s. sentar
venir bien o mal
arrastrar
desbocarse
caer bien o mal
tener vuelta
cortear
respingarse
ajustar
largar
acortar
cortar
coser
acuchillar
alforzar
entallar
descotar
escotar
entretelar
enguatar
forrar
encintar
meter
plegar
fruncir
solapar
tablear
volver
marcar
guarnecer
orillar
picar
probar
plisar
redondear
sisar
sobarcar

s. de mucho vestir
el mismo que viste y calza
vestirse por los pies

r. Desnudar un santo para vestir a otro

(V. **vestido)**

a. *desvestir-se*
desnudar-se
despojar-se
desarropar-se
descubrir-se

vestón
(V. **americana)**
(V. **chaqueta)**

vestuario
s. vestiduras
equipo (V.)
guardarropía (V.)
atrezzo
prendas
vestimenta
paramentos
ternos
ornamento

(V. **vestido)**

veta
s. **filón** (V.)
mina
vena
yacimiento
masa

s. **línea** (V.)
estría
franja (V.)
faja
lista
ribete
mancha
aguas
banda
raya

s. **tocino** (V.)
madera (V.)

vetar
s. **prohibir** (V.)
negar
vedar
desaprobar
impedir
censurar
oponerse (V.)
dificultar
poner el veto

(V. **veto)**

a. *permitir*
autorizar
dejar
facilitar
favorecer

veteado
s. **listado** (V.)
rayado
estriado (V.)
vetado
tigrado
atigrado
jaspeado
avetado
ribeteado
cebrado
franjado

(V. **veta)**

a. *liso*
uniforme

vetear
s. rayar
estriar
listar (V.)
jaspear
ribetear
manchar

(V. **veta)**

a. *alisar*

veteranía
s. madurez
competencia
experiencia (V.)
ejercicio
costumbre
fogueo
experimentación
antigüedad (V.)
conocimiento
entrenamiento
preparación

a. *inexperiencia*
novedad
desconocimiento
ignorancia
incompetencia
inmadurez

veterano
s. **experimentado** (V.)
baqueteado
asendereado
experto
avezado
ducho (V.)
ejercitado
acostumbrado
habituado
aguerrido
fogueado
diestro
curtido (V.)
encallecido
preparado
practicón
corrido
conocedor
hecho
maduro
entrenado

s. viejo
antiguo (V.)
añejo
vetusto
rancio
transnochado
pasado
fósil
decano
anciano

(V. **veteranía)**

a. *inexperto*
novato
novicio
incompetente
desconocedor
intacto
virgen
inmaduro
torpe
bisoño
novel
nuevo
joven

veterinaria
s. albeitería
zootecnia

s. carbunco
actinomicosis
epizootia
glosopeda
moquillo
psitacosis
triquina
sarna
roña
zangarriana
rabia
comalia
fiebre aftosa
duela
landrilla
modorra
matadura
rezno
saguaipe
pirgüín
adivas
aporisma
atronadura
boquera
aventadura
cataplexia
dolama
emaciación
hormiguillo
lepra
mixomatosis
encalmadura
espoleadura
escabies
grapa
zoomosis
torcijón
agujas
ahoguijo
aventadura
caracha
clavadura
descuadrillado
desherradura
cucharilla
cuchareta
enfosado
estrangol
huélfago
muermo
morriña

s. mordaza
acial
bocado
fleme
escalerilla
badal
legrón
ballestilla
torcedor
cornezuelo
cuernezuelo

s. infibulación
cernada
fuego
cambil
brebajo
carga
oxalme
rociada
juncada
puntura
contrarrotura

s. granillo
papera
agalla
aforisma
filandria
ránula
pepita
aguadura
alifafe
almohadilla
barro
galápago
esparaván
haba
juanete
sobrecaña
corva
corvaza
barbilla
porrilla
lechín
lera
sobretendón
morrión
culero
agrión
gabarro
lobado
galápago
hamez
sobremano
sobrepié

s. encebarse
ababillarse
amurriñarse
acebadar
aporismarse
apirgüinarse
alunarse
salmuerarse
alcanzarse
atorozonarse
respaldarse
acodillar
asolearse
atorozonarse
descuadrillarse
empastarse
enrejar
descerrumarse
encalmarse
carroñar
despaldillar

s. **castrar** (V.)
herrar (V.)
paladear
cargar
destalonar
desgobernar
capar
derrabar

(V. **veterinario)**

(V. **animal)**

veterinario
s. albéitar
protoalbéitar
hipólogo
herrador
castrador
capador

(V. **veterinaria)**

veto
s. impedimento
denegación
negativa
obstáculo
oposición (V.)
óbice
prohibición (V.)
disentimiento
protesta
desacuerdo
censura

a. *aprobación*
acuerdo
autorización

vetustez
s. arcaísmo
vejez (V.)
ancianidad
senilidad
decrepitud (V.)
ranciedad
caducidad
ocaso
crepúsculo

a. *juventud*
modernidad
actualidad
lozanía
auge

vetusto
s. **arcaico** (V.)
viejo (V.)
antiguo (V.)
añejo
centenario
rancio
anciano
decadente
decano
senil
caduco (V.)
ruinoso
arruinado
prehistórico
abuelo
cano
provecto
achacoso
decrépito
inmemorial (V.)

(V. **vetustez)**

a. *nuevo*
reciente
lozano
joven
fresco
flamante
fuerte
moderno
actual
vigoroso

vez
s. **vuelta** (V.)
ciclo (V.)
período
intervalo
rueda
alternación
mano
compás
revuelta
turno (V.)
tanda
repetición
adra
serie (V.)
frecuencia
ritmo
orden (V.)
sucesión
tiempo

s. **ocasión** (V.)
coyuntura
punto
lance
coincidencia
circunstancia
momento
proporción
oportunidad
trance

s. de vez en cuando
a la vez
a su vez
cada vez que
tal vez
érase una vez
alguna vez
a veces
de una vez
por última vez
si en vez de
cientos de veces
de vez en vez
en vez de
por enésima vez
una vez que
repetidas veces
rara vez
una vez más
una y otra vez
una vez u otra
una y mil veces

s. **ganado** (V.)
vecera
vecería

a. *nunca*
jamás
continuidad
paréntesis

vía
s. **camino** (V.)
senda
sendero
calzada (V.)
carretera (V.)
vereda
cancha
atajo
derrota
pasaje
paso
trocha
acceso
ronda
alcorce
puerto
travesía
calle (V.)
arteria
coladero
atajuelo
rampa
confluencia
comerciante
bifurcación
desvío
cruce
cañada
trayecto
recorrido
pista
puerto
veril
galería
rúa
avenida
paseo

s. carril
raíl (V.)
riel

s. **conducto** (V.)
tubo
arteria

(cont.)

s. **procedimiento** (V.)
manera
modo
medio (V.)
sistema

s. **ruta** (V.)
camino
dirección (V.)
orientación

s. vía crucis
vía de agua
vía contenciosa
vía de comunicaciones
vía férrea
vía gubernativa
vía pública
vía ordinaria
vía de reserva
vía muerta
vía sumaria
vía húmeda
vía de apremio
vía culta
vía sacra o crucis
vía láctea
por vía
vía ejecutiva

s. en vías de

(V. **comunicación**)

viabilidad

s. **posibilidad** (V.)
practicabilidad
facilidad
probabilidad
aptitud
comodidad

a. *imposibilidad*
dificultad

viable

s. **posible** (V.)
probable
asequible
factible (V.)
accesible
ejecutable
realizable (V.)
soluble (V.)
hacedero (V.)
apto
practicable
aceptable
admisible
cómodo
fácil
alcanzable
apto

s. **sano** (V.)
vivo (V.)
vivaz

(V. **viabilidad**)

a. *imposible*
irrealizable
inasequible
difícil
inadmisible
improbable
inaccesible
enfermo
débil

viacrucis

s. vía crucis
calvario (V.)
tormento
sufrimiento
dolor
adversidad
penalidad
carga
aflicción
padecimiento
martirio (V.)
fatiga
cansancio
contrariedad

s. pasos (Jesucristo)
estaciones (V.)
camino
recorrido

a. *satisfacción*
contento
felicidad
dicha
descanso
reposo

viada

(V. **arrancada**)

viador

(V. **criatura**) (ser)

(V. **hombre**)

viaducto

s. **puente** (V.)
acueducto
pasarela
tendido
planchada

viajador

(V. **viajero**)

viajante

s. agente
comisionista
representante (V.)
corredor
tratante
concesionario
vendedor (V.)
ambulante
delegado

(V. **viaje**)

a. *principal*

viajar

s. **caminar** (V.)
andar (V.)
peregrinar
recorrer
vagar
explorar (V.)
cruzar
navegar (V.)
volar
desplazarse
errar
emigrar
correr
lustrarse
marcharse
trasladarse
rodar
pasear
ver mundo
hacer turismo
transitar
ponerse en camino
hacer un viaje
deambular
hacer las maletas
liar los bártulos
tener el pie en el estribo
hacerse a la mar
estirar los pies
ponerse en marcha
correr medio mundo
ver mundo
ver tierras

(V. **viaje**)

a. *quedarse*
permanecer

viajata

(V. **viaje**)

viaje

s. viajata
desplazamiento
peregrinación
marcha (V.)
periplo
travesía (V.)
navegación
vuelo
circunvalación
tránsito
camino
recorrido (V.)
jornada
paso
paseo (V.)
traslado
romería
ausencia
éxodo
odisea
aventura
caminata
caravana
andanza
huida
excursión (V.)
turismo (V.)
correría
dieta
exploración
emigración
migración
expedición (V.)
tour
tournée
traslación (V.)
veraneo
crucero
andada
caminada
corsa
escapatoria
jira (V.)
gira (V.)
romeraje
turné

s. billete
pasaporte
salvoconducto
pase
pasaje

s. **transporte** (V.)
carga
peso
cargamento
mochila
maleta
bolsa de mano
bagaje
alforjas
bulto
baúl
macuto
fin de semana
maletín
maletón
portamantas
sombrerera
equipaje
barjuleta
cofre
neceser
estuche
recámara
porsiacaso

s. **ruta** (V.)
itinerario
trayecto
recorrido
vuelta
regreso
ida
partida
llegada
salida
etapa
escala (V.)

s. **ferrocarril** (V.)
automóvil (V.)
avión (V.)
barco (V.)
tren
vehículo
caballería
posta
diligencia
carruaje

s. de un viaje
viaje circular
viaje redondo
¡buen viaje!
no perder viaje
rendir viaje

r. Para ese viaje no se necesitan alforjas ■ Quien viaja, mil mentiras encaja

s. **acometida** (V.) (arma blanca)
ataque

a. *permanencia*
sedentarismo
fijeza

viajero

s. viajador
excursionista (V.)
caminante
turista (V.)
turístico
explorador (V.)
peregrino
pregrinante
viandante
nómada
andarín
mochilero
navegante
pasajero (V.)
viajante
veraneante
expedicionario (V.)
enviado
emigrante
paseante
transeúnte
itinerante
aventurero
trotamundos
trashumante
romero
errabundo
vagamundo
vagabundo
ambulante
polizón
globe-trotter

s. **emisario** (V.)
embajador
mandadero
correo

(V. **viaje**)

vial

(V. **camino**)

(V. **paseo**)

vianda

s. **comida** (V.)
alimento
yantar
victo
manducatoria
plato
manduca
sustento
vitualla
manjar
ración

viandante

(V. **viajero**)

viaraza

(V. **diarrea**)

viaticar

s. **comulgar** (V.)
olear
sacramentar
administrar el viático
bendecir

(V. **viático**)

viático

s. **provisión** (V.)
dinero
víveres
peculio
prevención
reserva
gastos
subvención (V.)
subsidio
pago
sufragio
ayuda
asistencia

s. **comunión** (V.)
sacramento (V.)
eucaristía

s. dar el viático

víbora

s. **reptil** (V.)
serpiente (V.)
culebra
áspid
yarará
nacaína
toboba
sierpe
ofidio
crótalo
coral
cobra
cascabel
cerasta
tamacá
papagayo
chinchintor
hemorroo

s. lengua de víbora

vibración

s. **temblor** (V.)
agitación
cimbreo
ondeo
sonoridad
onda (V.)
ultrasonido
trémolo
centelleo
rayo (V.)
balanceo
mecedura
oscilación (V.)
elasticidad
flexibilidad
campaneo
titilación
trepidación (V.)
tembleque
meneo
sacudida
palpitación
estremecimiento
traqueteo
conmoción
convulsión
movimiento (V.)

s. vibración sonora
vibración armónica

s. *quietud*
inmovilidad

vibráfono

s. **instrumento** (V.) (percusión)
láminas metálicas
tubos o resonadores
ventiladores
baquetas

vibrante

s. **oscilante** (V.)
cimbreante
ondulante (V.)
ondulatorio
vibratorio
centelleante
titilante
vibrátil
tembloroso (V.)
fluctuante
palpitante
convulso
trepidante (V.)

s. resonante
retumbante
sonoro (V.)
sonante
ruidoso
altísono

s. **vehemente** (V.)
apasionado
arrebatador
enérgico
entusiasta (V.)
elocuente
conmovedor
emocionante
emotivo
brillante
convincente
embriagador
apasionante
excitante

(V. **vibración**)

a. *quieto*
inmóvil
parado
silencioso
callado
mudo
frío
desapasionado
indiferente
insensible
inconmovible

vibrar
s. **oscilar** (V.)
temblar (V.)
agitar
temblequear
cimbrear
agitarse
blandir
pulsar
campanear
cimbrar
ondular (V.)
mimbrear
blandear
campanillear
tiritar
titilar
centellear
trepidar (V.)
tremolar
estremecerse
moverse (V.)
menearse
traquetear
palpitar
sacudirse
florear
balancearse (V.)
mecerse

s. **emocionarse** (V.)
conmoverse
apasionarse
arrebatarse
embriagarse
excitarse
entusiasmarse (V.)

(V. **vibración**)

a. *pararse*
detenerse
inmovilizarse
aquietarse
calmarse
sosegarse
enfriarse
desilusionarse

vibrátil
(V. **vibratorio**)

vibratorio
s. vibrante
vibrátil
trepidante (V.)
ondulante (V.)
oscilante (V.)
ondulatorio
temblequeante

(V. **vibración**)

a. *inmóvil*
fijo

vibrión
s. **bacteria** (V.)
espiroqueta
espirilo
microbio
vibrio

vicaría
s. **curato** (V.)
parroquia
territorio (V.)
vicariato
despacho (vicario)
residencia
oficina
aposento

vicariato
(V. **vicaría**)

vicario
s. **cura** (V.)
eclesiástico
sacerdote
párroco

s. **substituto** (V.)
apoderado
delegado
representante
superior
juez eclesiástico (V.)

s. vicario de Cristo
vicario de Dios
vicario de Jesucristo
vicario general castrense
vicario perpetuo

r. Sacar por el vicario una mujer

(V. **vicaría**)

vice-
(V. **substitución**)

(V. **substituto**)

viceversa
s. al **contrario** (V.)
al revés
recíprocamente (V.)
de manera recíproca
por el contrario
todo lo contrario
en sentido opuesto
opuestamente

s. **contrario** (V.)
revés (V.)
opuesto

(V. **inversión**)

a. *igual*
mismo

viciado
s. **podrido** (V.)
corrompido
putrefacto
dañado
deteriorado
adulterado
infecto
falsificado

s. **vicioso** (V.)
descarriado
depravado
licencioso
inmoral

(V. **vicio**)

a. *puro*
limpio
fresco
virtuoso
moral
edificante

viciar-se
s. **corromper** (V.)
prostituir
envilecer
enviciar
dañar
perjudicar
pervertir (V.)
malvezar
depravar
torcer
amanerarse
perder (V.)
picardear
extraviar
malversar
envenenar
encenagar
enlodazar
desenfrenarse
desvergonzarse
retorcer
degenerar (V.)
desmoralizar
disipar
disolver
relajar
emborracharse
fumar
fornicar
abandonarse
correrla
malearse
descarriarse
aseglararse
aviciarse
darse a
entregarse a

s. **falsificar** (V.)
falsear
adulterar
bastardear
mixtificar
tergiversar

s. **contagiar** (V.)
pegar
contaminar
infectar
propagar
difundir

s. **anular** (V.)
invalidar
abrogar

s. **deformar** (V.)
alabarse (V.)
combarse
torcerse
pandearse
retorcerse
corromperse

s. **pudrirse** (V.)
estropearse (V.)
dañarse
agriarse
apestar
heder
envenenarse

(V. **vicio**)

a. *resistir-se*
refrenar-se
regenerar-se
moralizar-se
purificar-se
limpiar-se
enderezar-se
levantar-se
avergonzar-se
santificar-se
beatificar-se
autenticar
legitimar
limitar-se
validar
autorizar-se
rectificar-se
mejorar-se
beneficiar-se
redimir-se

vicio
s. **corrupción** (V.)
licencia
libertinaje
depravación
perversión (V.)
enviciamiento
estragamiento
envenenamiento (V.)
daño
defecto
imperfección
perdición (V.)
inmoralidad (V.)
podredumbre
desenfreno
deseo (V.)
lacra (V.)
descarrío
desvío
desviación
degeneración (V.)
incontinencia
cieno
fango
lodazal
desmoralización
maldad (V.)
seducción
envilecimiento
prostitución
escándalo
borrachera (V.)
lujuria (V.)
juego (V.)
gula (V.)
pereza (V.)
onanismo (V.)
masturbación
ninfomanía
delito (V.)
pasión (V.)
calaverada
orgía
placer (V.)
pecado (V.)
sexo
crápula
disipación
sexualidad
disolución
relajación (V.)
flaqueza
debilidad
exceso
morfinomanía
droga
extravío
perversidad
degradación

s. **defecto** (V.)
imperfección
falta
tacha
achaque
mancha
deficiencia
carencia
anomalía
falla
menoscabo
deterioro
flaco
achaque
costumbre

s. **deformidad** (V.)
alabeo
torcedura (V.)
pandeo

s. falsedad
yerro
engaño
falsificación (V.)
adulteración (V.)
tergiversación
solecismo

s. vicio de dicción
vicio de origen
de vicio
quejarse de vicio

r. El vicio turba el juicio ■ Más temible es un vicio que un enemigo ■ Contra el vicio de pedir hay la virtud de no dar ■ Todo vicio lleva al precipicio ■ El vicio es la antesala del crimen ■ Tras el vicio viene el fornicio

a. *virtud*
ética
moralidad
moral
honestidad
honradez
bondad
beatitud
santidad
ascetismo
abstención
abstinencia
ayuno
continencia
sobriedad
justicia
limpieza
purificación
pureza
rigor
perfección
freno
regeneración
moderación
circunspección
actividad
indiferencia
templanza
frialdad
fortaleza
acierto
enderezamiento
verdad
autenticidad

vicioso, a
s. **depravado** (V.)
corrompido (V.)
disipado
perdulario
licencioso
tronera
sensual (V.)
lujurioso (V.)
fornicador
borracho (V.)
jugador (V.)
fumador
morfinómano
toxicómano
drogadicto
mujeriego
homosexual
libidinoso
sucio
perdis
desenfrenado
deshonesto
disoluto
inmoral
mala pécora
calavera
crápula
crapuloso
resabiado
desarreglado
descerrajado
encanallado
encenagado
sardanapalesco
viciado
encallecido
pervertido (V.)
podrido
desviado
extraviado
descarriado
seducido
contaminado
escandaloso
perdido (V.)
prostituido
invertido
torcido
deshonesto
torpe
perdulario
bala perdida
balarrasa
intemperante
incontinente
inmoderado
degenerado (V.)
pecador (V.)
libertino(a) (V.)
jugador
juerguista
relajado
prostituta
chulo
mala cabeza
calvatrueno
golfo
golfante
gorrón
mesalina
tronera
relajado
bigardo
tarambana
trasto

s. **endémico** (V.)
arraigado
enviciado (V.)
inveterado
habitual
crónico (V.)

s. reincidente
poseído
esclavo
dominado (V.)

s. gandul
perezoso
vago
holgazán (V.)
reacio
renuente
ocioso
haragán

s. **consentido** (V.)
mimado (V.)
malcriado
travieso
mimoso
resabiado

s. **abundante** (V.)
próvido
provisto
pródigo
deleitoso

s. **vigoroso** (V.)
fuerte
productivo (V.)
fructífero
trabajador
eficaz
efectivo
lozano

r. De hombre sin vicio, no me fío ■ Hombre vicioso, moneda falsa ■ Vicioso por natura, hasta la muerte dura

(V. **vicio**)

(cont.)

a. *virtuoso*
bueno
justo
honrado
honesto
recto
decente
santo
beato
asceta
moral
rígido
abstinente
frugal
sombrío
moderado
puro
limpio
formal
serio
continente
temperante
desarraigado
desacostumbrado
raro
liberado
manumitido
trabajador
activo
recto
escaso
carente
débil
infructuoso

vicisitud
s. incidencia
alternativa (V.)
sucesión
vuelta (V.)
inconstancia
inestabilidad
fluctuación
mutabilidad
albur
contingencia
azar
eventualidad
casualidad
altibajo (V.)
variación
dilema
opción
sucesión
suceso (V.)
vincitud
accidente (V.)

a. *inmutabilidad*
constancia
fijeza
monotonía

víctima
s. **mártir** (V.)
inmolado
sacrificado (V.)
caído
aureolado
atormentado
cabeza de turco
chivo expiatorio
pagano
s. martirizado
náufrago
herido (V.)
dañado
difunto
muerto (V.)
baja (V.)
contuso
accidentado
perjudicado (V.)
perdedor
damnificado (V.)
juguete

a. *victimario*
egoísta
salvo
incólume
sano
beneficiado

victimar
(V. **matar**)

victimario
s. **asesino** (V.)
criminal
homicida
matador
culpable (V.)
verdugo

a. *víctima*
mártir
inmolado

victo
(V. **alimento**)
(cotidiano)

victoria
s. **triunfo** (V.)
vencimiento
superación (V.)
éxito (V.)
dominio
conquista (V.)
debelación
ganancia
corona
laurel
trofeo
premio
botín
ventaja
superioridad
consecución
palma
honores
aplastamiento
dominación (V.)
aniquilación
gloria
invasión
fama
celebridad
aureola
coronación
vítor
aclamación
remate
niké
victoria pírrica
victoria decisiva
cantar victoria
a tambor batiente
no quedar lanza enhiesta

r. Gran victoria la que sin sangre se toma ■ Dos veces vence quien, cuando ha vencido, se vence

s. **carruaje** (V.)

a. *derrota*
fracaso
descalabro
frustración
desastre
rota
revés
hecatombe
contratiempo
adversidad

victorioso
s. **vencedor** (V.)
triunfador (V.)
triunfal
conquistador (V.)
ganador
ovante
triunfante
debelador
invicto (V.)
campeón
decisivo
glorioso
laureador
premiado
aventajado

(V. **victoria**)

r. El vencedor, nunca es traidor ■ Los enemigos, vencidos, los vencedores perdidos

a. *derrotado*
fracasado
frustrado

vid
s. **parra** (V.)
cepa (V.)
cepón
parriza
parrón
parra de Corinto

s. **uva** (V.)
sarmiento (V.)
sarmentillo
greña
pámpano
pámpana
barbado
serpa
jerpa
mugrón (V.)
codal
codadera
alargadera
carreña
greñuela
medero
bollón
guía
saeta
cierne
cierna
cierzas
zarcillo
viña (V.)
viñedo
viñuela
pago
greña
tirana
majuelo
virote
parral
emparrado
horca
gayola
bacilar
bacelar
veduño
vidueño
viduño
almanta
entreliño

s. cerner
granar
arralar
raelar
abarrilar
encapachar
despampanar
despimpollar
acollar
apercollar
romper
alumbrar
despamplonar
podar
desbarbillar
espergurar
acobijar
mullir
mullicar
trasplantar
traspalar
arrodrigonar
escotorrar
esforrocinar
arrodrigar
sarmentar
ensarmentar
perchonar
entrapar
desramillar
deslechugar
caponar
arropar las viñas
poner a almanta
amugronar
acodar
cerchar
amorgonar
desvezar
cortar los mugrones
desmamonar
maestrar
sulfatar
azufrar
desmajolar

s. viticultura
vitivinicultura
bina
rebina (V.)
tercia
cava
agostado
acodo (V.)
poda
cosecha (V.)
vendimia (V.)
acobijo
sarmentera
despampano
despampanadura
pampinación

s. lágrima
filoxera
ceniza
cenicilla
ceñiglo
corocha
corrimiento
césped
mildeu
azufrador
oidio

s. vid salvaje
vid americana

vida
s. **existencia** (V.)
persistencia
duración
vitalidad (V.)
subsistencia (V.)
vivacidad
vivir
días
vidorra
vidorria

s. **savia** (V.)
aliento
energía (V.)
agitación
movimiento
vigor
actividad
fortaleza

s. **conducta** (V.)
biología
hazañas
acontecimientos
sucesos

s. **biografía** (V.)
memoria
hechos
actos
acciones
historia (V.)

s. inmortalidad
bienaventuranza
tiempo (V.)
árbol de la vida
nacer a la vida
buena o mala vida
pena de la vida
la vida en un hilo
la otra vida
la vida pasada
buscarse la vida
¡por vida de!
¡vaya vida!
darse buena vida

s. vida airada
vida de canónigo
vida eterna
vida de perro
vida arrastrada
vida marital
vida privada
vida perra
vida alegre
de la mala vida
de toda la vida
dar la vida
entre la vida y la muerte
de por vida
en vida
hacer la vida imposible
perder la vida
vida y dulzura
complicarse la vida
¡a ver qué vida!
con el alma y la vida
amargarse la vida
darse la gran vida
pasar a mejor vida
pasar la vida a tragos
enterrarse en vida
vida y milagros
fe de vida
tener siete vidas como los gatos
tren de vida
a vida o muerte
buscarse la vida
dar vida a algo o alguien
dejarse la vida en algo
pasar la vida a tragos
¿qué es de tu vida?
vender cara la vida
saber de las vidas ajenas
meterse en vidas ajenas
salir con vida
ganarse la vida
pasar a mejor vida
jugarse la vida
pasar la vida a tragos

r. Mientras dura, vida y dulzura ■ Por lo efímera y lo vana, un soplo es la vida humana ■ Buena vida arrugas tira ■ Hasta morir, todo es vida

a. *muerte*
acabamiento
fin
final
ocaso
debilidad

vide
s. véase
nota (V.)
llamada
advertencia
referencia (V.)

videncia
(V. **clarividencia**)

vidente
s. **profeta** (V.)
mago
médium
adivino (V.)
inspirado
sonámbulo
agorero
clarividente
adivinador
quiromántico
quiromante
grafólogo

(V. **videncia**)

a. *ciego*

vidorra
s. holganza
comodidad (V.)
regalo
descanso
reposo
ocio (V.)
suerte
placer

(V. **vida**)

a. *incomodidad*
desgracia
actividad

vidriar
s. **vitrificar** (V.)
alvidriar
soplar
fritar
enmasillar
templar
biselar
esmerilar
brujir
deslustrar
grujir
emplomar
recubrir (V.)
revestir
bañar

(V. **vidrio**)

vidriera
s. **cristalera** (V.)
escaparate
ventanal
vitral

(V. **vidrio**)

vidriero

s. cristalero
soplador
biselador
prensador
laminador
pulidor

(V. **vidrio**)

vidrio

s. **cristal** (V.)
luna
lente
abalorio
lágrima
cuenta
fibra
lana
parabrisas
urna
viril
vidriera
escaparate

s. diamante
puntel
brujidor
grujidor
moleta
tingle

s. **vidriero** (V.)

s. pagar los vidrios rotos
ir uno al vidrio
tener el tejado de vidrio

vidrioso

s. vidriado
vítreo
vitrificado
vitrificable
cristalino
transparente (V.)
hialino

s. **frágil** (V.)
quebradizo
inconsistente
delicado
rompible
quebrajoso

s. **resbaladizo** (V.)
liso
resbaloso

s. quisquilloso
picajoso
susceptible (V.)
puntilloso
irritable
melindroso
enojadizo

(V. **vidrio**)

a. *opaco*
fuerte
duro
áspero
pacífico
comprensivo

vieira

(V. **venera**)
(V. **concha**)
(V. **molusco**)

viejo

s. **anciano** (V.)
patriarcal
mayor (V.)
vetusto (V.)
achacoso (V.)
decrépito (V.)
decano
acabado (V.)
provecto
caduco
ajado (V.)
asmático
ruinoso
matusalén
ruina
longevo
grandevo
vejarrón
vejancón
vejazo
vejón
vejote
patrilla
viejecito
chueco
añoso
senil
rusco
veterano
zancarrón
cascajo
loro
vejestorio
vejete
abuelo
carcamal
otoñal
encanecido
chocho
quintañón
trabajado
canoso
cascado
maduro
veterano
vetusto
secular
machucho
engolillado
valetudinario
septuagenario
octogenario
nonagenario
centenario
setentón
ochentón

s. amojamado
envejecido (V.)
acartonado
seco
acecinado
consumido
arrugado
apergaminado
amarillento

s. antiguo
antañón
añejo
arcaico
pasado
fósil (V.)
prehistórico
primitivo
lejano
desusado
manido
rancio
inmemorial
arqueológico
antediluviano
pretérito
tradicional
trasnochado
medieval
arrinconado
pasado de moda
del tiempo de Maricastaña

s. deslucido
deteriorado
estropeado
podrido
destruido
derruido
destrozado
usado (V.)
empolvado
raído
tazado
apolillado
roto
gastado
ajado
desgastado
malo
marchito
ruinoso
roñoso
fiambre
herrumbroso

s. inveterado
arraigado
tradicional

s. cristiano viejo
librería de viejo
perro viejo
viejo verde
gato viejo
de viejo
la cuenta de la vieja
caerse de viejo

s. más viejo que Matusalén
más viejo que la nana
hacer viejo a uno
sombra de viejo

r. Del rico es dar remedio, y del viejo, el consejo ■ Más sabe el diablo por viejo que por diablo ■ El viejo que se cura, cien años dura ■ De la vieja galana, no te fies nada

(V. **vejez**)

a. *joven*
mozo
adolescente
muchacho
guayabo
mozalbete
efebo
núbil
garzón
pollo
pimpollo
galán
doncel
imberbe
púber
mancebo
bisoño
lozano
fresco
vigente
moderno
actual
cercano
nuevo
íntegro
impoluto
flamante
desarraigado

viento

s. meteoro
vahaje
aire (V.)
soplo
brisa
ventilación (V.)
aura
terral
siroco
céfiro
airecillo
corriente
zarzagán
huracán
turbonada
torbellino
vendaval (V.)
ventolera
ventolina
ventarrón
ventisca
agua viento
galerna
simún
pampero
levante
tifón
ciclón
ventisco
tornado
manga
tremolina
remolino
turbonada
baguío
vórtice
bochorno
gris
monzón
barlovento

s. viento fresco
viento frescachón
viento marero
viento terral
viento forano
viento etesio
viento largo
viento escaso
viento puntero
viento maestral
vientos alisios
vientos contralisios
vientos altanos
vientos generales
medio viento
manga de viento
línea del viento
filo del viento
viento entero
viento cardinal

s. *viento norte*
tramontana
trasmontana
bóreas
boreal
aquilón
cierzo
cércera
matacabras
descuernacabras
nortazo
nortada
zarzagán
chocolatero
norto

s. *viento sur*
noto
ostro
castellano
austro
vendaval
aurada
vendavalazo
vendavalada

s. *viento este*
euro
levante
oriente
solano
subsolano
rabiazorras
coro
leste

s. *viento oeste*
céfiro
poniente
ponientada
ponientazo
algarbe

s. *viento nordeste*
brisa
viento maestral
mistral
ministral
gregal
tracias
lesnordeste
nornordeste
nordestada
estenordeste

s. *viento noroeste*
gallego
cauro
regañón
nornoroeste
oesnoroeste
noroestada
noroestazo

s. *viento sudeste*
siroco
sudoeste
jaloque
lebeche
levantichol
ábrego
áfrico
sureste
garbino
estesudeste
lessueste
sudsudeste
surueste
estesudeste
surestada
sudestada
oesudoeste
sudsudoeste
sudoestada

s. abrigaño
abrigada
abrigadero
socaire

s. **soplar** (V.)
correr
bramar
rugir
silbar

s. **ventear** (V.)
cercear
arreciar
refrescar
huracanarse
amainar
velar
declararse
rolar
agolar
encalmarse
azotar
acamar
picar el viento
saltar el viento
descomponerse el tiempo
alargar el viento
echarse el viento
rascar el viento

s. **ventosidad** (V.)

s. instrumentos de viento
la rosa de los vientos
contra viento y marea
irse con viento fresco
tomar el viento
afirmarse el viento
hurtar el viento
ganar el viento
correr malos vientos
moverse a todos los vientos
viento en popa
beber los vientos por...

r. Quien siembra vientos, recoge tempestades ■ Viento y ventura, poco dura ■ Tanto viento como haga, tanta agua

a. *calma*

vientre

s. abdomen
panza
pancha
barriga
barrigón
tripa
andorga
baúl
bandullo
timba
ventrecha
ventrón
ventrecillo
ventrezuelo
sorra
mondongo (V.)

s. **intestino** (V.)
bajo vientre
pelvis
ombligo
cordón umbilical
epigastrio
hipogastrio
hipocondrio
pubis
verija
empeine
peritoneo
redaño
mesenterio
entresijo
omento
paracentesis

s. **estómago** (V.)
hígado (V.)
matriz (V.)
entrañas
aparato urinario
aparato digestivo
tubo intestinal
bandujo
tripería
intestino delgado
intestino grueso
hila
duodeno
íleón
asa
intestino ciego
colon
apéndice cecal
apéndice vermicular
apéndice vermiforme
recto
ano (V.)
desbarate de vientre
desenfreno de vientre
constipación de vientre
flujo de vientre
dureza de vientre
exonerar el vientre
sacar vientre de mal año
evacuar el vientre
desde el vientre de su madre
hacer de vientre
regir bien el vientre
hacer aguas menores
hacer caca
hacerse encima

vierteaguas

s. despidiente
fallanca
fayanca
escupeaguas
bateaguas
moldura (V.)

s. **puerta** (V.)
ventana (V.)

viga
s. **madero** (V.)
trabe
traviesa
puntal
entibo
durmiente
tirante
zoquete
tarugo
costanera
poste
fuste
calamón
alfargo
jácena
crucero
umbral
blinda
frontal

s. **barra** (V.)
hierro
vigueta

s. viga maestra
viga aparente
viga de aire
viga lagar
viga acoplada
viga en forma de doble T
viga de celosía

vigencia
s. **legislatura** (V.)
legalidad
actualidad
validez (V.)
vigor (V.)
valor (V.)
obligatoriedad
efectividad (V.)
presencia
boga
exhumación (V.)

a. *abolición*
prescripción
desuso
acabamiento
preterición

vigente
s. **válido** (V.)
actual
efectivo
presente
imperante
reinante
dominante
corriente
vivo (V.)
obligatorio
en vigor
en uso

(V. **vigencia**)

a. *prescrito*
abolido
pasado
acabado
muerto

vigía
s. **centinela** (V.)
escucha
guardia
guarda (V.)
observador
espía
vigilante (V.)
veedor
capataz (V.)
alerta
policía
sereno
torrero
oteador
ojeador
explorador
atalayador
fiel
argos

s. **atalaya** (V.)
faro
torre
torreón
baluarte
cofa
serviola
atalayuela
candelecho
bienteveo

(V. **vigilancia**)

vigilancia
s. **guardia** (V.)
inspección (V.)
supervisión
acecho
vela (V.)
desvelo
escucha
policía (V.)
trasnochada
sonochada
custodia
cuidado
atención (V.)
examen
protección
defensa (V.)
amparo
escolta
salvaguardia
resguardo (V.)
conservación
vigilia
orden
espionaje (V.)
prevención
cautela
control (V.)
centinela
averiguación
insomnio
desvelamiento
ronda (V.)
rondín
alerta
celo
puesto (V.)
mira
fiscalización (V.)
desperteza
contrarronda
imaginaria (V.)
avanzada
avanzadilla
vivac
alba
modorra
prima
observación
registro

s. **contraseña** (V.)
consigna
santo y seña
¡alerta!
¿quién vive?
¿quién va?
¡alto!
¡gente de paz!

a. *negligencia*
descuido
abandono
indiferencia
sueño
bostezo
desinterés

vigilante
s. **vigía** (V.)
guardián (V.)
celador
supervisor
inspector (V.)
guarda
guardia
policía (V.)
velador
conservador
encargado
cuidador
rondador
custodio
cancerbero
escolta
patrullero
sereno (V.)
preservador
argos
capataz (V.)
centinela (V.)
escucha
guardabosques
carabinero
guardia civil
mayoral
contramaestre
piquete
plantón
sobrestante
miñón
imaginaria
atalayero
censor
fiel
pareja
oteador
observador
bañero
patrulla
prefecto
rondín
zaguanete

s. cuidadoso
atento (V.)
prudente
cauteloso (V.)
avisado
precavido
circunspecto
solícito
esmerado
concienzudo
meticuloso
minucioso
escrupuloso (V.)
diligente
celoso
desvelado
alerta (V.)
apostado
dispuesto
listo
avizor
pronto
presto (V.)
preparado

(V. **vigilancia**)

a. *descuidado*
negligente
abandonado
indiferente
distraido
apático
desinteresado

vigilar
s. **cuidar** (V.)
observar
atisbar (V.)
velar
atender
controlar (V.)
fiscalizar
reconocer
celar (V.)
custodiar
vigiar
inspeccionar (V.)
examinar
acechar (V.)
amparar
proteger
defender
escoltar
avizorar
conservar
fijarse (V.)
patrullar
escuchar
registrar
alertar
guardar (V.)
superentender
rondar
supervisar
espiar (V.)
otear
mirar
marcar
registrar (V.)
estar ojo avizor
abrir el ojo
tener pupila
estar alerta
no quitarle ojo
estar al acecho
estar a la espectativa
estar en todo
estar de vigía
estar de ronda
estar de centinela
estar de servicio
hacer la guardia
hacer posta
no dormirse en las pajas
tomar precauciones
ponerse en guardia
ser un Argos
guardar las espaldas

s. **trasnochar** (V.)
desvelarse
sonochar

(V. **vigilancia**)

a. *abandonar*
desentenderse
descuidarse
dormirse

vigilia
s. **vela** (V.)
desvelo
insomnio
agripnia
desvelamiento
trasnochada (V.)
sonochada
pervigilio
centinela

s. **ayuno** (V.)
abstinencia (V.)
privación
dieta
abstención
frugalidad
cuaresma
continencia
sacrificio
sobriedad

s. **víspera, s** (V.)
proximidad
contigüidad

a. *sueño*
somnolencia
descuido
abandono
abuso
exceso
demasía
inmoderación

vigor
s. **fuerza** (V.)
brío
lena
energía (V.)
verdor (V.)
vigorosidad
potencia
pujanza (V.)
fortaleza (V.)
robustez (V.)
reciura
reciedumbre (V.)
pulso
vitalidad (V.)
viveza
dinamismo
vida
nervio
auge (V.)
eficacia
fibra
enjundia
proceridad
lozanía
espíritu
esfuerzo
sanidad

s. **vigencia** (V.)
expresión (V.)
tono
entonación

a. *debilidad*
impotencia
ineficacia
desuso
inexpresión
prescripción

vigorar-se
(V. **vigorizar-se**)

vigorizador
s. **reconfortante** (V.)
tonificante (V.)
fortificante (V.)
fortalecedor
vigorizante
reparador
reanimador
sano
beneficioso
higiénico
robustecedor
vivificador
confortador
energético
pujante
vivificante

(V. **vigor**)

a. *enervante*

vigorizante
(V. **vigorizador**)

vigorizar-se
s. vigorar
fortalecer (V.)
robustecer (V.)
avigorar
animar (V.)
alentar
vitalizar
fortificar
remozar
rejuvenecer
reverdecer
entesar
tonificar (V.)
beneficiar
vivificar
confortar
activar
intensificar
sobrealimentar

(V. **vigor**)

a. *debilitar-se*
enervar-se
desanimar-se
desalentar-se
acartonar-se
envejecer-se
abandonar-se

vigorosidad
(V. **vigor**)

vigoroso
s. **fuerte** (V.)
robusto (V.)
viripotente
fornido
vivaz
fortacho
esforzado
enérgico (V.)
dinámico
acérrimo
forzudo
saludable (V.)
nervudo
eficaz
animoso (V.)
morocho
ñeque
ardoroso (V.)
válido
terne
pujante
rebolludo
costilludo
sano
hercúleo
brioso
sano
potente
vicioso
nervioso
incoercible
de pelo en pecho

(V. **vigor**)

a. *débil*
impotente
tímido
lánguido
endeble
alicaído
desanimado

vigota
(V. **polea**)

vigueta
(V. **viga**)

vihuela
(V. **guitarra**)

vil
s. **villano** (V.)
bajo
lacayuno
pícaro (V.)
despreciable (V.)
rahez
grosero (V.)
bruto
bajuno (V.)
abyecto (V.)
torpe
plebeyo
ruin
miserable
mezquino (V.)
inmoral
indecente
abominable
vituperable
inicuo
bochornoso
alevoso

(cont.)

malandrín
bellaco
desleal
chuchumeco
maco
belitre
tuno
charrán
ignominioso
servil (V.)
canalla (V.)
acanallado
infame
rastrero
terrero
pequeño
renegado
mamarracho
guiñapo
paria
tipejo
pelagatos
pinchauvas
sacapelotas
espantajo
zaragate
bergante
zabulón
chulo
pendón
pardal
vaina
zurriburri
rufián
tabernario
sucio (V.)
peal
quídam
granuja (V.)
petate
golfo
perillán
sabandija
ficha
perdulario
bicharraco (V.)
drope
cobarde (V.)
soez (V.)
innoble
indigno
falso (V.)

r. Vil es quien comete una vileza aunque blasone de nobleza ■ Quien es bellaco en su tierra, bellaco es en la ajena ■ Con gente de mala casta, ni amistad ni confianza.

(V. **vileza**)

a. *noble*
digno
caballero
honorable
leal
honrado
generoso
elevado
señor
decente
fino
exquisito
desinteresado
leal

vilano

s. **milano** (V.)
corona
molinillo
escardillo
abuelo
neblí

vilayato

(V. **provincia**)

(V. **territorio**)

vileza

s. **indignidad** (V.)
alevosía
faena
trastada
villanía (V.)
bajeza
traición
deslealtad
ruindad (V.)
infamía (V.)
abyección (V.)
picardía (V.)
inmoralidad
maldad (V.)
servilismo (V.)
bastardía
encanallamiento
canallada
bajeza
plebeyez
cobardía (V.)
tunantería
escándalo
pequeñez
mezquindad (V.)
prostitución
envilecimiento
deshonra
degradación
bellaquería
tunantada
ignominia (V.)
vergüenza
bochorno
ratería
viltanza
abominación
deshonra
descrédito
deshonor
humillación
oprobio
indecencia
grosería
bribonada
pillería
vicio
deshonra
falsedad (V.)
mancilla
bahorrina

r. Quien al vil sirve con devoción, vileza saca por galardón

a. *nobleza*
dignidad
bondad
honradez
honestidad
valor
lealtad
grandeza
generosidad
fidelidad
moralidad
elevación

vilipendiador

(V. **vilipendioso**)

vilipendiar-se

s. rebajar
desprestigiar
despreciar (V.)
desacreditar
menospreciar
denigrar (V.)
vituperar
denostar
deshonrar
pringar
envilecer
infamar
insultar (V.)
mancillar
manchar
prostituir
degradar
desdeñar
detractar
calumniar
insultar
difamar
amancillar
baldonar

(V. **vilipendio**)

a. *ensalzar*
honrar
enaltecer
elogiar
loar

vilipendio

s. **denigración** (V.)
desprecio (V.)
desprestigio
deshonra
humillación
injuria
detracción
insulto
escarnio
ignominia
difamación
desdén
calumnia (V.)
baldón
tacha
denuesto
deshonor
insulto (V.)
imputación falsa
falso testimonio
acusación falsa
degradación
mancilla
afrenta
estigma

a. *elogio*
alabanza
enaltecimiento
aprecio
loa
verdad

vilipendioso

s. ignominioso
calumniador (V.)
denigrante (V.)
insultante
humillante
injurioso
escarnecedor
difamador
deshonroso
afrentoso (V.)
vilipendiador

(V. **vilipendio**)

a. *honroso*
elogioso
alabador
alabancioso
enaltecedor

vilo (en)

s. **colgado** (V.)
suspendido
inestable
pendiente
colgante

s. **intranquilo** (V.)
alarmado (V.)
inquieto
angustiado
sobresaltado
indeciso
nervioso
tenso
intrigado
impaciente (V.)

a. *firme*
sólido
aferrado
asentado
tranquilo
sosegado
calmo

vilordo

s. calmoso
tardo
lento
remolón
perezoso (V.)
vago
indeciso
gándul
indolente
roncero
flemático

a. *activo*
diligente
rápido

vilorta

s. **anillo** (V.)
aro
vencejo
arandela
velorta
abrazadera (V.)

viltrotear

s. deambular
vagar
trotar
callejear (V.)
corretear
ruar
pasear
cantonear
pingonear
bordonear
vagabundear

a. *trabajar*
ocuparse

villa

s. capital
ciudad
población (V.)
corte
localidad
urbe
pueblo

s. casa
chalet
hotel (V.)
quinta (V.)
casa de campo

r. No es villano el de la villa, sino el que hace la villanía ■ Quien necio es en su villa, necio es en Castilla ■ Quien ruin es en su villa, ruin será en Sevilla.

Villadiego (tomar las de)

(V. **marcharse**)

villanada

(V. **villanía**)

villancico

s. villancejo
villancete
tonada
cantar
cántico
canción (V.) (navideña)
poesía (V.)

s. villanciquero

villanchón

s. **zafio** (V.)
rudo
tosco (V.)
aldeano
ordinario
grosero
palurdo
paleto
cateto
cerril
rústico
villano

(V. **villanía**)

a. *fina*
delicado
educado
distinguido

villanería

(V. **villanía**)

villanesca

(V. **canción**)

(V. **danza**)

villanía

s. **vileza** (V.)
villanería
villanada
plebeyez (V.)
bajeza
ordinariez
tosquedad (V.)
rudeza
maldad (V.)
infamia
bellaquería
traición
tunería
granujada
bribonada
bacinada
judiada
faena
trastada
porquería
picardía
jugarreta
canallada (V.)
truhanería
ruindad

s. **incultura** (V.)
atraso
tosquedad
ignorancia

s. **obscenidad** (V.)
indecencia
deshonestidad
torpeza
liviandad
abyección
grosería (V.)

a. *nobleza*
señorío
dignidad
bondad
finura
delicadeza
exquisitez
honestidad
honradez
cultura
conocimiento
adelanto
progreso
decencia

villano

s. villanchón
aldeano (V.)
lugareño
pueblerino
rústico (V.)
labriego
campesino
cateto
paleto
palurdo (V.)
isidro

s. **ordinario** (V.)
basto
descortés
grosero
plebeyo
siervo
vasallo
tosco (V.)
pechero
vulgar
inculto

s. **granuja** (V.)
vil (V.)
indigno
malo
perverso
chanflón
miserable
infame
zabulón
ribaldo
bacín
indecoroso
deshonesto
indecente
licencioso
impúdico
liviano
obsceno (V.)
impuro
torpe

r. Juego de manos, juego de villanos ■ Ni fíes de villano, ni bebas agua de charco ■ Hecho de villano, tirar la piedra y esconder la mano ■ Aunque se eleve el villano, siempre huele a ajos ■ Al villano, con la vara de avellano ■ Al villano dale el pie y se tomará la mano.

(V. **villanía**)

a. *ciudadano*
elegante
fino
distinguido
delicado
exquisito
educado
culto
cortés
refinado
noble
digno
elevado
generoso
bondadoso
decoroso
decente
casto
honesto
puro
pudoroso

villoría
s. finca
alquería
masía
barraca
granja (V.)
casa de campo

villorrio
s. aldehuela
lugarejo
poblado
villaje
pueblecillo
lugar
villar
caserío
aldea (V.)
burgo

a. *capital*
metrópoli

vimbre
(V. **mimbre**)

vinagre
s. **ácido** (V.)
(acético)
acetato
acetite
vinagrillo
cundido
cabañería

s. **aliño** (V.)
condimento
adobo
encurtido
vinagreta
vinagrada
escabeche

s. **irritable** (V.)
cascarrabias
malhumorado
regañón

s. cara de vinagre

(V. **vino**)

a. *dulce*
suave
amable
acogedor
afable
simpático

vinagrera, s
s. vinajera(s)
vasija (V.)
aceitera
angarillas
convoy
taller
s. **acedera** (V.)

(V. **vinagre**)

vinagreta
s. **salsa** (V.)
aliño
condimento
adobo

s. aceite
vinagre
cebolla
perejil

vinagroso
(V. **cascarrabias**)

vinajera, s
(V. **vinagrera(s)**

vinatería
s. taberna
tasca
colmado
bodega (V.)
figón
tabuco
bodegón
tienda (V.)

(V. **vino**)

vinculación
(V. **vínculo**)

vincular-se
s. **ligar** (V.)
atar (V.)
relacionar (V.)
enlazar
reunir
unir
juntar
fusionar
fundir
emparentar
conexar
amayorazgar
transmitir
translinear
entroncar (V.)

s. **someter** (V.)
sujetar
supeditar
asegurar
hacer depender

(V. **vinculación**)

a. *desvincular*
desligar
desatar
separar
desunir
rebelarse

vínculo
s. vinculación
enlace (V.)
lazo (V.)
atadura
broche
relación (V.)
unión
reunión
nudo (V.)
nexo (V.)
parentesco (V.)
entroncamiento
ligazón
ligadura

s. **sujeción** (V.)
sometimiento
fundación
propiedad (V.)

a. *separación*
desatadura
desligadura
desconexión
traspaso
enajenación

vindicación
s. **rehabilitación** (V.)
reivindicación
restitución
venganza
defensa (V.)

a. *perdón*
olvido
amnistía
generosidad

vindicador
(V. **defensor**)

(V. **vengador**)

vindicar-se
s. **rehabilitar** (V.)
reivindicar (V.)
defender (V.)
amparar
proteger
exculpar
recobrar
recuperar
resarcirse
desquitarse
vengar (V.)
restablecer

(V. **vindicación**)

a. *perdonar*
amnistiar
olvidar
atacar

vindicativo
s. resarcido
desquitado
defendido
sañudo
irreconciliable
rencoroso (V.)
resentido
odioso
encarnizado
enconado
vengativo (V.)
malévolo
vindicatorio

(V. **vindicación**)

a. *perdonador*
olvidadizo
generoso

vindicatorio
(V. **vindicativo**)

vindicta
(V. **venganza**)

vinicultura
s. vitivinicultura
enología
enotecnia
enografía
enometría

s. deshollejar
escobajar
despichar
descobajar
bastonear
arropar
cabecear
pisar
hacer pie
criar
cocer
fermentar
remostar
mostear
revinar
merar
enyesar
empajolar
destilar
bautizar
desliar
desliar el mosto
quitar la cabezuela al mosto

embodegar
embotellar
sentar las botas
encolar
atestar
aspillar
quitar la paja
escanciar
servir
echar
cristianar el vino
beber
bautizar el vino

(V. **vino**)

vino
s. alcohol
caldo
zumo
morapio
mostagán
zumaque
pío
cáramo
turco
bebida (V.)
agua de cepas

s. mosto
mostazo
arrope
dolaje
duelaje
esperriaca
vino verde

s. vino blanco
vino clarete
vino tinto
vino tintillo
vino cubierto
vino embocado
vino pardillo
vino albillo
vino aloque
vino seco
vino dulce
vino abocado
vino arropado
vino generoso
vino de mesa
vino de cocina
vino de yema
vino de pasto
vino de postre
vino de solera
vino de lágrimas
vino de misa
vino de dos orejas
vino de dos hojas
vino de cabezas
vino de garnacha
vino de garrote
vino de agujas
vino peleón
vino atabernado

s. licor
tinto
tintorro
clarete
blanco
valdepeñas
rioja
priorato
riveiro
solera
moscatel
jerez
málaga
dulce
tostadillo
carló
mistela
carlón
tintilla
manzanilla
montilla
amontillado
pajarete
cariñena
perojiménez

oporto
burdeos
borgoña
lácrima Christi
champaña
champán
champagne
malvasía
fondillón
másico
falerno

s. vinaza
vinazo
vinillo
aguapié
aguachirle
casca
trasmosto
torceduras
chacolí
vermut
sangría
calabriada
sidra

s. espíritu de vino
bautizar el vino
tener un mal vino

s. vinosidad
ranciedad
rábano
verde
amargo
agrío
flor
yema
heces
sedimento
tártaro
fucsina
madre
zupia
lagar (V.)

s. ahitarse
torcerse
agriarse
repuntarse
apuntarse
volverse
avinagrarse
remostecerse
remostarse

s. **vid** (V.)
vendimia (V.)
uva (V.)

r. Ninguno se embriaga del vino de casa ■ El buen vino no ha menester pregonero ■ Vino puro y ajo crudo hacen andar al mozo agudo ■ En el mejor vino hay heces ■ Hasta San Juan todo el vino es rabadán ■ El vino y los aceros, en sus cueros ■ Mercancía engañosa: vino, caballo y esposa ■ Vino amontillado, sol embotellado

viña
s. viñedo
majuelo
bacillar
bacelar
emparrado
terreno de **vides** (V.)
parral (V.)
viña virgen
arropar las viñas
tomar viñas
como hay viñas
la viña del Señor

s. como por viña vendimiada
ser cierta cosa una viña
tener alguien una viña con algo

r. De todo hay en la viña del Señor: uvas, pámpanos y agraz ■ La viña del ruin se poda en abril ■ La viña y el potro, críelos otro ■ El miedo guarda la viña

(V. **vid**)

viñedo
(V. **viña**)

viñeta
s. **dibujo** (V.)
adorno
recuadro
ilustración
estampa
figura
apunte

s. **distintivo** (V.)
insignia (V.)
emblema

violáceo
(V. **violado**)

violación
s. estupro
abuso (V.)
violencia (V.)
fuerza
desfloración (V.)
rapto
deshonra (V.)
abducción
deshonestidad
lujuria
delito
tarquinada
ajamiento
incesto
profanación (V.)
acceso carnal
desvirgamiento
fornicación

s. **infracción** (V.)
transgresión
quebranto
quebrantamiento (V.)
atentado
conculcación
vulneración (V.)
atropello
contravención
incumplimiento
desafuero
exceso
desobediencia (V.)
inobservancia
ilegalidad
ilegitimidad

a. *respeto*
honestidad
abstención
templanza
abstinencia
virginidad
pureza
doncellez
castidad
cumplimiento
obediencia
acatamiento
observancia
legalidad
legitimidad

violado
s. **color** (V.)
violáceo
violeta
viola
caracho
cinzolín
lila
malva
amoratado
morado (V.)
liliáceo

s. **profanado** (V.)
deshonrado
vulnerado

(V. **violeta**)

(V. **violación**)

a. *respetado*
acatado

violador
s. raptor
infractor (V.)
profanador (V.)
transgresor
abusador
vulnerador
contraventor
delincuente
inobservante
desobediente
indisciplinado
incumplidor
estuprador
forzador
ofensor (V.)

(V. **violación**)

a. *respetuoso*
observante
abstinente
cumplidor
obediente
disciplinado

violar
s. **invadir** (V.)
allanar
quebrantar (V.)
infringir (V.)
conculcar
corromper
transgredir
atropellar
vulnerar (V.)
contravenir
hollar
incumplir
desobedecer (V.)
contravenir

s. **forzar** (V.)
estuprar
deshonrar (V.)
desflorar (V.)
raptar
gozar
constuprar
violar
mancillar
desvirgar
poseer
violentar (V.)
atropellar
profanar

s. deslucirse
estropear
ajar (V.)

(V. **violación**)

a. *obedecer*
cumplir
respetar
reverenciar
consagrar
observar
renovar
lucirse

violencia
s. **desafuero** (V.)
virulencia
ímpetu (V.)
impetuosidad
arrebato
frenesí
apremio
paroxismo
brutalidad
efervescencia (V.)
ardimiento
pasión (V.)
fuerza
potencia
energía
vigor
brusquedad
efracción
etracción
salvajismo
atropello (V.)
furor
furia
excitabilidad
excitación
fogosidad
hervor
rudeza
maltratamiento
bestialidad
efusión
viveza
empellón
arranque
crueldad
esfuerzo
ceguera
vergüenza (V.)
ceguedad
fanatismo
extremismo (V.)
extremos
ataque (V.)
constreñimiento
pólvora
viento
volcán
ciclón
coacción
despotismo
tiranía
tropelía (V.)
intimación
tirantez
látigo
mordaza
forzamiento
tarquinada
fuerza bruta
desenfreno
revolución
sublevación
vehemencia (V.)
fuerza
injusticia
lucha
intensidad (V.)
rabia
agresividad (V.)
saña
intemperancia
salvajismo (V.)
terrorismo
rudeza
disturbio (V.)
estridencia
llamarada
ola
oleada
alud
avalancha
coletazo
choque

s. **violación** (V.)

s. **tensión** (V.)
tirantez (V.)
nerviosidad
disgusto
enfado
vergüenza
cohibición (V.)
cohibimiento
embarazo
timidez
empacho
encogimiento
intimidación

a. *ternura*
suavidad
dulzura
comprensión
alivio
persuasión
mansedumbre
moderación
represión
freno
circunspección
consideración
confianza
comodidad
naturalidad
desenvoltura
sencillez
agrado

violentar-se
s. **coaccionar** (V.)
atropellar
forzar (V.)
obligar
amenazar
conminar
violar (V.)
romper
quebrantar
abrir
descerrajar
irritarse
enfurecerse
descomedirse
desatarse
desencadenarse
desenfrenarse
hacer coacción
hacer fuerza
tratar por la fuerza bruta
alterar el orden
salir pitando
salir zumbando
tirar por la calle de enmedio
echar por la tremenda
salir atestado
salir bufando
echar lumbre por los ojos

s. **dominarse** (V.)
aguantarse
reprimirse (V.)
comprimirse
vencerse
contenerse
retenerse
callarse
repugnar (V.)

(V. **violencia**)

a. *observar*
permitir
dejar
respetar
serenarse
templarse
amansarse
desatarse
descomedirse

violento
s. **furioso** (V.)
bruto
vehemente
impetuoso (V.)
deshecho (V.)
arrebatado
apasionado (V.)
iracundo
extremado
impulsivo (V.)
bravo
ardiente
borrascoso
tempestuoso
intemperante
atropellado
acerbo
agudo
ahincado
ardoroso
extremoso
efusivo
fogoso
ciego
extremista (V.)
autoritario
tiránico
déspota
rudo (V.)
agresivo (V.)
arrebatado
encolerizado
virulento
irritable
irritado
rabioso
duro
brusco (V.)
desatentado (V.)
incómodo
fuerte
tirante
poderoso
intenso (V.)
tajante
vivo (V.)
voraz (V.)
vivaz
irascible
incendiario
intenso
recio
poderoso
despótico
opresor
tiránico
arbitrario
descomedido
salvaje (V.)
desatado
veloz (V.)
entusiasta
frenético
desenfrenado
tempestuoso
torrencial
torbellino
volcánico
huracanado
áspero

s. **obligado** (V.)
forzado
movido
constreñido

s. torcido
retorcido (V.)
falso (V.)

s. **injusto** (V.)
irregular

s. a contrapelo
movimiento violento
muerte violenta

r. Lo violento, no dura mucho tiempo

(V. **violencia**)

a. *calmado*
tranquilo
sumiso
dulce
suave
pacífico
recto
justo
correcto
obediente
cumplidor
observante
civilizado
liberal
comprensivo
tierno

violeta
s. **morado** (V.)
violado
cárdeno
amoratado
lívido
color (V.)

violín
s. **instrumento** (V.) (musical)

s. caja
aberturas o eses
tapa
mástil
botón
diapasón o batidor
puente o caballete
cejilla
clavijas
cuerdas
clavijero
cordal
tabla
aro
arco

s. primer violín
segundo violín
violinista

s. **motón** (V.)

violinista
s. concertino
rascatripas

(V. **violín**)

violón
s. contrabajo
instrumento (V.) (musical)
(partes, como las del **violín**) (V.)

s. estar tocando el violón

violoncelo
s. chelo
violoncelo
instrumento (V.) (musical)
cello
(partes, como las del **violín**) (V.)

vipéreo
(V. **viperino**)

viperino
s. vipéreo
venenoso (V.)
pérfido
retorcido
nocivo
ponzoñoso
dañino (V.)
peligroso

s. lengua viperina

(V. **víbora**)

a. *inofensivo*
bueno
beneficioso

vira
(V. **saeta**)

virada
s. **ciaboga** (V.)
viraje
vuelta
evolución
giro (V.)
cambio
desvío
regreso

s. **variación** (V.) (color en fotografías)

virago
s. machota
marimacho (V.)
sargentona
hombruna
maritornes
varona (V.)
marota
amazona

a. *femenina*
delicada

viraje
(V. **virada**)

virar
s. **girar** (V.)
cambiar
variar (V.)
torcer (V.)
desviar
desviarse
evolucionar
voltear
tornar
doblar
volver
bordear
regresar (V.)
invertir
desplazarse

s. **colorear** (V.) (fotografía)

s. virar en redondo
cambiar de rumbo
mudar de dirección

(V. **virada**)

a. *enderezar*
mantener
fijar

virgen
s. muchacha
valquiria
vestal
impúber
pubescente
adolescente
zagala

s. virginal
doncellil
puro (V.)
inocente
impoluto
casto (V.)
sencido
cencido
ingenuo
límpido
virtuoso (V.)
inmaculado
doncelleja
doncelluela
virgíneo
inocente
cándido
angelical (V.)
angélico
intacto

(cont.)

joven
soltero
vestal
mamacona
virgo
continente
intachable
íntegro
entero (V.)
limpio
incorrupto

s. **inexplorado** (V.)
desconocido
impenetrable
recóndito
selvático (V.)
ignoto
desértico
yermo
aislado
apartado

s. Madre de Jesucristo
madona
imagen (V.)
Asunción
Anunciación
Candelaria
Concepción
María
Inmaculada
Purísima
Carmen
Pilar
Piedad
Presentación
Purificación
Visitación
Merced
Desamparados
Angustias
etc.

s. concepción
tránsito
transfixión
transverberación
visitación
purificación
presentación
candelaria
expectación
asunción
dolores
ángelus
magníficat
stábat mater
misterio
salve
avemaría
oficio parvo
rosario
salutación
letanía
culto (de hiperdulía)
mariolatría
marianismo

s. cera virgen
tierras vírgenes
miel virgen
voluntad virgen
cepa virgen
mantenerse virgen
¡viva la virgen!
¡Virgen Santísima!

r. Fíate de la virgen, y no corras

a. *impuro*
corrupto
deshonesto
prostituido
sucio
incasto
incontinente
casado
desflorado
desvirgado
mancillado
picardeado
explorado
conocido

virgiliano
s. idílico
bucólico (V.)
campestre
eglógico
pastoril
pastoral

virginal
(V. **virgen**)

virginalero
(V. **mujeril**)

virgíneo
(V. **virgen**)

virginidad
s. **integridad** (V.)
entereza
pureza (V.)
inocencia
doncellez
flor
palma
castidad (V.)
virtud
ingenuidad
soltería
doncellería
candidez
limpieza
virgo (V.)
candor

(V. **virgen**)

a. *impureza*
lujuria
malicia
vicio
mancilla
deshonra
matrimonio

virgo
s. himen
membrana
telilla
película
virginidad (V.)
tejido
doncel (V.)

a. *desfloración*
desvirgamiento

virguería
s. **exceso** (V.)
adorno (V.)
detalle
refinamiento
chinchorrería (V.)
exageración
bizantinismo

a. *sobriedad*
elegancia
moderación

vírgula
s. **signo** (V.)
virgulilla
rayita
tilde (V.)
rasguillo
coma
trazo

viril
s. **custodia** (V.)

s. macho
machote
masculino (V.)
valiente
varonil (V.)
fuerte
firme
vigoroso
hombruno
másculo

(V. **virilidad**)

a. *femenino*
débil

virilidad
s. **masculinidad** (V.)
hombría (V.)
pubertad
fortaleza
energía (V.)
pujanza
reciedumbre
decisión
valor (V.)
poder
resolución
firmeza
madurez (V.)
fertilidad
potencia
entereza (V.)

a. *femineidad*
debilidad
timidez
cobardía

viripotente
(V. **vigoroso**)

(V. **potente**)

(V. **casadero**)

virola
s. anillo
abrazadera (V.)
regatón
casquillo
cuento
arete
armella

virote
s. **saeta** (V.)

s. pisaverde
lechuguino (V.)
figurín
currutaco
petimetre (V.)
gomoso
barbilindo

s. cangallo
estantigua (V.)
presuntuoso (V.)
zancudo
tieso
quijote

s. **burla** (V.)
broma

a. *dejado*
desaliñado
chaparro
sencillo
seriedad

virtual
s. **tácito** (V.)
implícito (V.)
sobreentendido
supuesto
entendido
incluido
manifiesto
expreso (V.)
contenido
potencial
posible (V.)
aparente (V.)
probable

(V. **virtualidad**)

a. *excluido*
real
improbable
imposible

virtualidad
s. apariencia
posibilidad (V.)
potencia
poder
mesmedad
poder
capacidad

a. *imposibilidad*
impotencia

virtud
s. **capacidad** (V.)
cualidad
característica
propiedad (V.)
condición
particularidad
facultad
potestad (V.)
atributo
poder
fuerza
eficacia (V.)

s. **santidad** (V.)
dignidad
castidad (V.)
bondad
moralidad (V.)
honradez (V.)
integridad
verecundia
caridad (V.)
virginidad
ética
excelencia (V.)
probidad
templanza
prudencia
justicia
fortaleza
paciencia
benignidad
paz
abstinencia
amor
altruismo
ascetismo
mansedumbre
fe
esperanza
continencia
decencia (V.)
sobriedad (V.)
pudicicia
pudor (V.)
moderación (V.)
modestia
longanimidad
austeridad (V.)
cenobitismo
frugalidad
mortificación
penitencia
humildad
benignidad
benevolencia
beneficencia
perfección
misticismo
piedad
fervor
vida espiritual

s. en virtud de
virtudes vencen señales

r. Virtud e ingenio, no se compran con dinero ■ La virtud ostentada, ni es virtud ni es nada ■ La virtud hace santos y el vicio, bellacos ■ Virtud es nobleza, y todo lo demás, simpleza

a. *generalidad*
incapacidad
ineficacia
vicio
maldad
cobardía
debilidad
bajeza
vileza
perversidad
corrupción
inmoralidad
incontinencia
indignidad
deshonestidad
inverecundia
prostitución
destemplanza
inmoderación
degradación
disipación
degeneración
libertinaje
relajación
crápula
depravación
calaverada
fango
cieno
injusticia
abuso
exceso
indecencia
impudor
inmodestia
escándalo
pecado
altivez
altanería
orgullo
arrogancia
soberbia
imperfección
impiedad
materialismo
cicatería

virtuosismo
s. competencia
habilidad (V.)
destreza
pericia
técnica
experiencia
arte (V.)
capacidad

a. *incompetencia*
torpeza
ignorancia

virtuoso
s. **moral** (V.)
sobrio (V.)
morigerado
bueno
moralizador (V.)
bondadoso
honrado
honesto (V.)
íntegro
puro
justo
templado
pacífico
temperante
casto (V.)
virgen
probo
ejemplar
impecable
austero (V.)
puritano
ascético
fervoroso
religioso
cenobita
anacoreta
ermitaño
monje
beato
venerable (V.)
moderado (V.)
modesto
fuerte
continente
prudente
digno
pundonoroso
santo
generoso
ejemplar
incorruptible
anacoreta
entero
manso

s. **intérprete** (V.)
ejecutante
artista (V.)
versado
músico
cantor
competente (V.)
experto

(V. **virtud**)

(V. **virtuosismo**)

a. *pecador*
vicioso
inmoral
perverso
corrupto
depravado
relajado
libertino
incasto
disipado
crapuloso
degradado
degenerado
perdido
calavera
perdulario
malo
inverecundo
indecente
soberbio
cicatero
impío
altanero

viruela
s. **enfermedad** (V.)
infección (V.)
pústula
ampolla
granito
granillo
costra
postilla
escara
vejiga
vejiguilla
hoyo
cacaraña

s. picoso
cancaneado
ñaruso
picado de viruelas

s. **epidemia** (V.)
contagio
peste
pestilencia
viruela loca
viruelas confluyentes

s. vacuna

r. A la vejez, viruelas

virulé (a la)
s. estropeado
escacharrado
deteriorado
torcido

s. chiflado
demencial

a. *arreglado*
nuevo
juicioso

virulencia
s. **virus** (V.)
malignidad
toxicidad
ponzoña
daño
intoxicación
veneno
infección
putrefacción

s. furia
acrimonia
violencia (V.)
saña
encono
insidiosidad
mordacidad (V.)
cinismo
aspereza
causticidad
zaherimiento
ataque
crítica (V.)
censura

a. *antídoto*
suavidad
bondad
benignidad
benevolencia
elogio

virulento
s. dañino
venenoso
tóxico (V.)
purulento (V.)
ponzoñoso
maligno
putrefacto

s. sañudo
mordaz (V.)
insidioso
dicaz
punzante
sarcástico
satírico
acre (V.)
cáustico
venenoso
ardiente
enconador
crítico (V.)

(V. **virulencia**)

a. *sano*
benevolente
amistoso
elogioso
bondadoso
suave
cándido
candoroso

virus
s. toxina
germen (V.)
podre
pus (V.)
ponzoña
veneno (V.)
virulencia
humor maligno

s. **infección** (V.)
contagio
vacuna (V.)

a. *saneamiento*
desinfección

viruta
s. acepilladuras
cepilladuras (V.)
torneadura
colocho
serrín (V.)
aserraduras
limaduras
garepa
pluma
residuo (V.)
astilla
laminilla

visa
(V. **visado**)

visado
s. visa
documento (V.)
autorización (V.)
permiso
refrendo
firma
aprobación (V.)
visto bueno

a. *prohibición*
denegación

visaje
s. **gesto** (V.)
guiño (V.)
jeribeque
mueca
carantoña
expresión
aspaviento
esguince
mohín
tic
momo
arrumaco
ademán
dengue
monería
seña

a. *impasibilidad*
indiferencia
sobriedad

visar
s. **aprobar** (V.)
examinar (V.)
refrendar
autorizar
permitir
reconocer (V.)
firmar
confirmar
observar
conceder (V.)
aceptar
consentir

s. **encuadrar** (V.)
(fotografía)
ajustar (V.)
encarar (V.)
apuntar
encajar
centrar
dirigir
(puntería)

(V. **visado**)

a. *denegar*
prohibir
rechazar
discrepar
desajustar
descentrar
desviar

vis-a-vis
s. **cara** (V.) a cara
frente a frente
enfrentados
encarados

a. *detrás*

víscera, s
s. **entraña, s** (V.)
despojo, s (V.)
menudos
tripas
mondongo
asadura(s)

s. corazón
bazo
hígado
pulmón
ovario
riñón
estómago
intestino
redaños

s. **aruspicina** (V.)
esplacnología

visco
s. **liga** (V.)
engrudo
goma
cola

vis cómica
(V. **gracia**)

viscosidad
s. **liga** (V.)
enviscamiento
glutinosidad
pegajosidad
enviscamiento
untuosidad
densidad (V.)
apelmazamiento
adherencia (V.)
pringue

s. **secreción** (V.)
moco
limazo
mucílago
gelatina
baba
limaza

a. *fluidez*
claridad

viscoso
s. gelatinoso
pegajoso (V.)
pegadizo
mucilaginoso
glutinoso
peguntoso
adhesivo (V.)
denso (V.)
adherente
pastoso
mocoso
mucoso
untuoso
craso
espeso

(V. **viscosidad**)

a. *fluido*
claro
ligero

visear
(V. **vislumbrar**)

visera
s. cubierta
ala (V.)
anteojera
resguardo
sobrevista
visal
gorra (V.)

s. calarse la visera

visibilidad
s. perceptibilidad
claridad (V.)
transparencia
diafanidad (V.)
luminosidad
limpidez
pureza
evidencia (V.)

a. *invisibilidad*
opacidad
obscuridad
duda

visible
s. **perceptible** (V.)
distinguible
sensible (V.)
transparente
vislumbrante
ostensible (V.)
patente
saliente (V.)
hallable
reparable
avistable
columbrable
observable
aparente
mostrable
presentable

s. manifiesto
palmario
evidente (V.)
claro (V.)
sabido
marcado
palpable
acusado
acentuado
público
notorio (V.)
patente
indudable

s. **conspicuo** (V.)
sobresaliente
famoso
popular
destacado
notable

(V. **visibilidad**)

a. *borroso*
inapreciable
invisible
imperceptible
insensible
opaco
obscuro
dudoso
incierto
desconocido
escondido
vulgar
común

visicitud
(V. **vicisitud**)

visillo
s. cortinilla
cortina (V.)
cortinaje
colgadura
pañito
velo

s. varilla
gusanillo

visión
s. **vista** (V.)
mirada
miramiento
atisbo
atisbamiento
vistazo
ojeada
revisión
revista
vislumbre
visura
deslumbre
deslumbramiento
encaro
atisbadura
ojeo
perspectiva
contemplación
circunvisión
visualidad
visibilidad
visual
ojo (V.)
percepción
impresión
sentido

s. miopía
astigmatismo
nictalopía
ambliopía
diplopía
hipermetropía
ceguera
presbicia
acromatopsia
daltonismo
estrabismo
fotofobia

s. blefaritis
ceguera
amaurosis
catarata
conjuntivitis
glaucoma
coroiditis
cargazón
orzuelo
discromatopsia
iritis
leucoma
tracoma
exoftalmía
queratitis
retinitis
dacriocistitis
gota serena
miosis
midriasis
nube
rija

s. **panorama** (V.)
perspectiva (V.)
paisaje
aspecto
apariencia
imagen
representación
cosmorama

s. **perspicacia** (V.)
agudeza (V.)
intuición
previsión

s. **aparición** (V.)
aparecido
imaginación (V.)
ilusión
fantasía
figuración
invención
ensueño
alucinación (V.)
sueño
prodigio
espejismo (V.)
espectro
fantasma
quimera (V.)
fantasmagoría
ánima
alma en pena
entelequia
delirio
espíritu
ficción
sombra
maravilla
asombro
espanto
estantigua
hircocervo

s. **esperpento** (V.)
adefesio
espantajo
payaso
mamarracho (V.)
facha
espantapájaros
feo
ridículo
ridiculez (V.)
fealdad (V.)
payasada
extravagancia

s. visión
beatífica
ver visiones

(V. **óptica**)

a. *ceguera*
obscuridad
invidencia
sombra
torpeza
realidad
crudeza
despertar
choque
desilusión
verdad
naturalidad
bello
hermoso
belleza
respetabilidad
vulgaridad

visionario
s. **loco** (V.)
inocente
quimérico
fantástico
soñador (V.)
imaginativo (V.)
alucinado (V.)
extravagante
iluso (V.)
sibilino
fantaseador
iluminado
idealista (V.)

(V. **visión**)

(cont.)

a. *realista*
materialista
desilusionado
vulgar
juicioso

visir
(V. **ministro**)
(musulmán)

visita
s. **visitante** (V.)
invitado
convidado

s. **entrevista** (V.)
recibo
recepción (V.)
cumplido
convite
saludo
recibimiento
cita
besamanos
compromiso
agasajo
audiencia
visitación
frecuentación
invitación (V.)
avistamiento
interview
visiteo
conversación
conferencia
presentación
cortesía (V.)
despedida
viaje

s. revista
examen (V.)
registro
inspección (V.)
comprobación

s. visita de altares
visita al Santísimo
visita de cumplido
visita de cumplimiento
visita pastoral
visita de sanidad
visita de médico
tarjeta de visita
devolver la visita
pagar la visita
ir de visita
hacer la visita

a. *visitador*
huésped
ausencia
insociabilidad
aislamiento
descuido
negligencia
abandono
indiferencia

visitación
(V. **visita**)
(virgen)

visitado
(V. **concurrido**)

(V. **animado**)

visitador
s. **inspector** (V.)
delegado
controlador
fiscalizador
juez

s. **visitero** (V.)

(V. **visita**)

visitante
s. visitero
visitador
invitado (V.)
visita
convidado
agasajado

s. **forastero** (V.)
extranjero
turista (V.)
excursionista
viajero

(V. **visita**)

a. *huésped*
agasajador
indígena

visitar-se
s. **verse** (V.)
encontrarse
agasajar
acompañar
felicitar
asistir
presentarse
llegar (V.)
frecuentar (V.)
saludar
cumplimentar
recibir (V.)
acoger
entrevistar (V.)
citarse (V.)
dar audiencia
pedir audiencia
avistarse
dar una recepción
pasar tarjeta
hacer antesala
recibir visitas
pagar la visita
ir de visita

s. **inspeccionar** (V.)
examinar (V.)
registrar
revisar
pasar revista
reconocer

(V. **visita**)

a. *aislar-se*
despedir-se
ausentar-se
abandonar
descuidar

visiteo
(V. **visita**)

visitero
(V. **visitante**)

(V. **cumplimentero**)

vislumbrar
s. **ver** (V.)
divisar (V.)
visear
entrever
columbrar
atisbar (V.)
otear
percibir
distinguir
reconocer

s. **sospechar** (V.)
conjeturar
presumir
barruntar
adivinar (V.)
apreciar

(V. **vislumbre**)

a. *omitir*
olvidar
descuidar
cegarse

vislumbre
s. **visión** (V.)
atisbo (V.)
percepción
reflejo (V.)
resplandor
brillo
fulgor
relumbro
relumbrón
vista (V.)

s. **viso** (V.)
apariencia (V.)
traza
semejanza
parecido
relación
parentesco

s. **sospecha** (V.)
indicio (V.)
conjetura
detalle
señal
barrunto
noticia

a. *opacidad*
obscuridad
sombra
negrura
disimilitud
diferencia
discrepancia
desconocimiento
omisión
falto

viso
s. **apariencia** (V.)
traza (V.)
aire
porte
parecido
aspecto
parentesco
relación
cariz (V.)
catadura
vislumbre
figuración
tinte
facha
matiz
estampa
carácter

s. **reflejo** (V.)
cambiantes
aguas
tornasolado
tornasol (V.)
irisación
destello
reflexión
onda
resplandor
brillo (V.)

s. alturas
eminencia
mirador (V.)
vistillas (V.)
alcor

a. *sombra*
obscuridad
llanura

visón
s. **mamífero** (V.)
(carnicero)
marta
armiño
comadreja
hurón

s. **piel** (V.)
cuero
forro

visor
s. mira
ocular
prisma
retículo
objetivo (V.)
lente

(V. **fotografía**)

víspera, s
s. antedía
antecedente
proximidad
inmediación
contigüidad
cercanía
día anterior

s. **vigilia** (V.)

s. tocar a vísperas
en vísperas
estar en vísperas de

r. Por las vísperas se conocen los santos

a. *pasado*
futuro
porvenir

vista
s. visibilidad
transparencia
luz
claridad (V.)
sentido
visualidad
ojo (V.)

s. **mirada** (V.)
ojeada
reojo
vistazo
ojeo
visión (V.)
encaro
vislumbre (V.)
visura
columbrón
atisbo
revisión
miradura
intuito

s. **apariencia** (V.)
aspecto (V.)
figura
semejanza
forma
traza

s. clarividencia
intuición (V.)
olfato
sagacidad
agudeza
sutileza
perspicacia (V.)

s. **paisaje** (V.)
panorama (V.)
perspectiva
cuadro
fotografía
espectáculo

s. **hueco** (V.)
ventana (V.)
puerta
galería

s. **vuelta** (V.)
revés
solapa

s. **juicio** (V.)
proceso
procedimiento
causa
sumario

s. punto de vista
vista cansada
vista de aduanas
vista actuario
vista de águila
vista de lince
corto de vista
a vista de...
en vista
a la vista
a simple vista
a primera vista
a ojos vista
a vista de pájaro
bajar la vista
fijar la vista
clavar la vista
echar una vista
echar la vista encima
estar a la vista
perder de vista
volver la vista atrás
aguzar la vista
alzar la vista
bajar la vista
saltar a la vista
comerse con la vista
dejar a la vista
con la vista puesta en
con vistas a
empañarse la vista
hasta la vista
herir la vista una cosa
derramar la vista
pasear la vista
desviar la vista
dar vista a un lugar
echar la vista encima
en vista de que
extender la vista
írsele a alguien la vista
no perder de vista
sin perder de vista
a ojos vistas
quitar de la vista
tener vista
tragarse con la vista
torcer la vista
hacer la vista gorda

a. *ceguera*
invidencia
obscuridad
sombra
opacidad
omisión
torpeza

vistazo
(V. **ojeada**)

(V. **mirada**)
(rápida)

vistillas
s. **atalaya** (V.)
mirador (V.)
miradero
faro
terraza
balcón
altura
cima
descubrimiento
descubridero
otero
alcor
ápice
torre
viso

s. irse de vistillas

visto
s. **manido** (V.)
trillado
ajado
sobado
manoseado
vulgar (V.)

s. distinguido
percibido
contemplado (V.)
divisado
avistado
advertido
observado
mirado (V.)
remirado
notado
observado
entrevisto
guipado
descubierto

s. **examinado** (V.)
registrado
verificado
corregido
enmendado
revisado

s. listo
acabado (V.)
terminado
fallado

s. visto bueno
visto y no visto
bien visto
mal visto
ni visto ni oído
lo nunca visto
visto que...

(V. **vista**)

a. *nuevo*
extraordinario
obscuro
imperceptible
omitido
inacabado

vistosidad
s. **apariencia** (V.)
alegría (V.)
brillo
atractivo
aparato
efecto
brillantez
atracción
deleite
fascinación (V.)
encanto
fastuosidad
lujo
seducción
vivacidad
espectáculo (V.)
sugestión
hechizo
donaire
majeza
interés
gracia
lucimiento
visualidad
animación (V.)

a. *vulgaridad*
tristeza
precariedad
desanimación
fealdad
pobreza
repulsión
deslucimiento

vistoso
s. chillón
aparatoso (V.)
brillante (V.)
atractivo (V.)
lucido
atrayente
agradable
pintoresco
hermoso
decorativo (V.)
rozagante (V.)
deleitable
garifo
curro
majo
rufo
jarifo
reluciente
llamativo (V.)
bello
sugestivo
seductor
fascinador
airoso
fascinante
rutilante
fastuoso
gayo
impresionante (V.)

(V. **vistosidad**)

a. *desagradable*
repulsivo
pobre
deslucido
sencillo
feo

visual
s. **ocular** (V.)
óptico

s. línea
recta
dirección
mirada (V.)

(V. **vista**)

visualidad
(V. **vistosidad**)

visura
(V. **visión**)

(V. **examen**)

vital
s. estimulante
nutritivo
vivificante
tónico
tonificante (V.)
vitaminado
fortificante

s. enérgico
activo
fuerte
indispensable (V.)
eficaz
importante (V.)
trascendente
esencial
neurálgico (V.)
capital
fundamental (V.)
substancial
preponderante
primario
valioso
culminante

s. **vivo** (V.)
viviente
vivaz

s. cuestión vital
espíritu vital

(V. **vitalidad**)

a. *enervante*
perjudicial
intrascendente
insignificante
ineficaz
prescindible
dispensable
secundario
muerto
decaído

vitalicio
s. **duradero** (V.)
eterno (V.)
perdurable
perpetuo
permanente
indefinido
fijo
definitivo
vivo (V.)

a. *transitorio*
fugaz
pasadero

vitalidad
s. exuberancia
dinamismo
vida (V.)
vigor (V.)
fuerza
actividad (V.)
vivacidad
proceridad
reciedumbre
resistencia (V.)
potencia
canilla
energía
brío
vehemencia
entusiasmo
nervio
ánimo
valor
coraje
ardimiento
empuje
fibra
viveza

a. *decaimiento*
languidez
debilidad
pasividad
inactividad
frialdad
indiferencia

vitalizar
(V. **vivificar**)

vitamina, s
s. **substancia** orgánica (V.)
metabolismo
catalización
coenzima
aminas de vida
provitamina(s)
vitamina A_{10}, axeroftol
vitamina B, o tiamina, aneurina
vitamina B_2, o riboflavina, lactoflavina, hepatoflavina
vitamina B^6, o piridoxidina adermina
vitamina B_{12}, o cianocobalamina, hidroxicobalamina, nitrocobalamina
vitamina C, o antiescorbútica
vitamina D, o calciferol
vitamina D_2, o ergosterol
vitamina D_3, o dehidrocolesterol
vitamina E, o tocoferol
vitamina F, o ácidos linoleico, linolénico araquidónico
vitamina H, o biotina
vitamina K^1, o filoquinona
vitamina K_2, o farnoquinona
vitamina K_3, o menadiona
vitamina PP, o nicotinamida, niniacina

a. *avitaminosis*
antivitaminas

vitando
s. vil
ominoso
abominable (V.)
odioso
execrable
repelente
despreciable
maldito
perverso
malvado
grimoso
antipático

a. *amable*
benévolo
afable
simpático
agradable
apreciable

vitela
(V. **ternera**)

(V. **piel**)

viticultura
(V. **vid**)

(V. **agricultura**)

vitivinicultura
(V. **vid**)

vitola
s. **plantilla** (V.)

s. **medida** (V.)
(puros)
mena

s. marca
sello
banda (V.)
tira
faja (V.)
papel

s. **aspecto** (V.)
facha
traza
característica

¡vítor!
s. **exclamación** (V.)
viva
hurra
loa
exaltación
aclamación (V.)
ovación
salva
aplauso
interjección
honor (V.)

a. *censura*
crítica
repulsa
insulto

vitorear
s. homenajear
exclamar
aplaudir
ensalzar
aclamar (V.)
aplaudir (V.)
glorificar
enaltecer
vocear (V.)
encumbrar
ovacionar
dar vítores
llevar en palmas
poner en las nubes
salir en hombros

(V. **vítor**)

a. *denigrar*
ignorar
censurar
criticar

vitral
(V. **vidriera**)

vitre
(V. **lona**)

vítreo
s. **cristalino** (V.)
hialino
transparente
translúcido
claro
límpido

s. **quebradizo** (V.)
frágil

a. *opaco*
obscuro
sucio
fuerte
irrompible

vitrificación
s. vidriado
conversión (en vidrio)
recubrimiento
baño

(V. **vidrio**)

vitrificar
s. **vidriar** (V.)
recubrir
cubrir
bañar
convertir (en vidrio)

(V. **vitrificación**)

vitrina
(V. **armario**)

(V. **escaparate**)

vitriolo
s. **sulfato** (V.)
s. sulfato de plomo
anglesita
copaquira
sulfato azul
piedra lipis
alcaparrosa
caparrosa
alceche

s. aceite de vitriolo
vitriolo amoniacal
vitriolo azul
vitriolo blanco
vitriolo verde
vitriolo de plomo

vitualla, s
(V. **víveres**)

vítulo
(V. **foca**)

vituperable
s. **censurable** (V.)
criticable
reprochable
incalificable
condenable
afeable
punible
acusable
vilipendiable
corregible
recriminable
motejable
improcedente

(V. **vituperación**)

a. *encomiable*
plausible
laudable
alabable
loable

vituperación
(V. **vituperio**)

vituperado
s. calumniado
censurado
insultado
desacreditado
difamado (V.)
afrentado
denigrado
despellejado (V.)
vilipendiado
reprochado
menospreciado
recriminado
acusado
condenado
afeado
criticado

(V. **vituperio**)

a. *alabado*
loado
enaltecido
estimado
apreciado
acreditado

vituperador
s. **detractor** (V.)
ofensivo
afrentoso
afrentador
difamador (V.)
murmurador
calumniador (V.)
denigrante
maldiciente
censor
criticón
recriminador
vilipendiador
zaheridor
acusador

(V. **vituperación**)

a. *elogioso*
elogiador
alabancioso
encomiástico
encarecedor
ensalzador
piropeador
glorificador

vituperar-se
s. **censurar** (V.)
despellejar
reprochar
champar (V.)
afear
condenar
acusar
recriminar
desollar (V.)

(cont.)

vilipendiar
injuriar
provocar
humillar
herir
afrentar
agraviar
infamar (V.)
sambenitar
zaherir
improperar
atropellar
acocear
amancillar
desalabar
criticar
difamar (V.)
motejar
desacreditar
vejar
ofender
insultar
afrentar (V.)
desprestigiar
estigmatizar
denostar
ultrajar
menospreciar
denigrar
alancear

(V. **vituperación**)

a. *loar*
elogiar
alabar
ensalzar
ponderar
encarecer
encomiar
aprobar
aplaudir
prestigiar
exaltar
glorificar
honrar
celebrar

vituperio
s. acusación
vituperación
censura (V.)
denuesto
injuria
afrenta (V.)
baldón
vilipendio
oprobio
lindeza
insulto (V.)
reprobación
reproche
mancilla
ofensa
deshonra
mancha
infamia
difamación (V.)
recriminación (V.)
motejamiento
afeamiento
zaherimiento
humillación
atropello
improperio
descrédito
vergüenza
ignominia
indignidad
desprestigio
mancha
degradación
mengua
despellajamiento (V.)
denigración
vejación
murmuración
maledicencia
calumnia

a. *elogio*
alabanza
encomio
loa
glorificación
ensalzamiento
ponderación
encarecimiento
aprobación
aplauso
exaltación
celebración
honra
honor
panegírico
ditirambo
apología
bendición

vituperioso
(V. **ofensivo**)

(V. **afrentoso**)

(V. **insultante**)

viuda
(V. **viudo**)

viudedad
s. **pensión** (V.)
subvención
renta
compensación
pago
gratificación

s. **viudez** (V.)

(V. **viudo**)

a. *levirato*

viudez
s. viudedad
estado de viudo

s. soledad
luto
desamparo

(V. **viudo**)

a. *levirato*

viudo
s. viuda
solo
desamparado
enlutado
matamaridos
dolor de viudos

r. Viuda honrada, su puerta cerrada ■ La viuda rica, con un ojo llora y con otro repica.

a. *levirato*

¡viva!
s. **exclamación** (V.)
¡bien!
¡bravo!
¡alza!
¡albricias!
¡hurra!
¡arriba!
¡aleluya!
¡vítor!
¡eureka!
¡hossana!
¡alabado sea!

a. *¡abajo!*
¡muera!
¡largo!
¡afuera!
¡jopo!

vivac
s. vivaque
campamento (V.)
acampada
acantonamiento
acuartelamiento
posición
alojamiento
refugio
guardia
concentración

vivacidad
(V. **viveza**)

vivales
(V. **fresco**)

(V. **tunante**)

vivandero
(V. **cantinero**)

vivaque
(V. **vivac**)

vivaquear
s. **acampar** (V.)
acantonarse
concentrarse
acuartelarse
alojarse
instalarse
descansar

(V. **vivac**)

a. *marcharse*
desacampar
levantar (el campo)

vivar
(V. **vivero**)

vivaracho
s. vivo
alegre (V.)
animado (V.)
movido
bullicioso (V.)
travieso
vivaz (V.)
activo
dinámico (V.)
bullebulle
taravilla
divertido
simpático
caracoleta
pizpireto
dicharachero (V.)
pispa
perinola
bizbirondo

s. despierto
agudo
listo
despabilado (V.)
avispado
perspicaz (V.)
sagaz

(V. **viveza**)

a. *triste*
lánguido
lento
callado
reservado
formal
sentado
grave
torpe
desmañado
tonto
bodoque
estúpido

vivaz
s. vívido
vigoroso (V.)
eficaz (V.)
brillante
válido
útil
eficiente
enérgico

s. agudo
vivaracho (V.)

(V. **vida**)

a. *débil*
flojo
gris
apagado
ineficaz
inútil
torpe

vivencia
(V. **experiencia**)

vivera
(V. **vivero**)

viveral
(V. **vivero**)

víveres
s. **provisiones** (V.)
vituallas
alimento (V.)
comestibles (V.)
manduca
anona
condumio
conducho
matalotaje
victo
menestra
bastimento
hatería
acopio
reserva
suministro
almacenamiento
pertrechos (V.)
stock
municionamiento
subsistencia

a. *inexistencias*
nada
carencia

vivero
s. **criadero** (V.)
semillero
cetaria
sembrado
invernadero
incubadora
viveral
vivar
almáciga
vivera

s. manantial
origen (V.)
fuente
germen
principio
arranque
raíz (V.)
derivación

a. *fin*
final
término

viveza
s. ligereza
agilidad (V.)
animación
vivacidad
alegría
dinamismo
actividad
prontitud
rapidez
velocidad (V.)
resolución
prontitud
relámpago
celeridad
presteza
actividad
festinación
alacridad

s. ardimiento
energía
vigor
ardor (V.)
vida
remango (V.)
ánimo
fogosidad
impetuosidad
vitalidad
impulso (V.)
intensidad
colorido

s. ingenio
talento
sagacidad (V.)
penetración
listeza
agudeza
chispa
gracejo
imaginación (V.)
genialidad
sutileza
psicología

s. **brillo** (V.)
brillantez
esplendor (V.)
lustre
centelleo

a. *languidez*
tristeza
lentitud
roncería
torpeza
opacidad
mustiez
apagamiento

vivido
(V. **experimentado**)

vívido
(V. **claro**)

(V. **elocuente**)

(V. **expresivo**)

vividor
s. **trabajador** (V.)
laborioso
activo (V.)
dinámico
hábil (V.)
práctico

s. aprovechado
frescales
aprovechón
gorrón (V.)
sablista (V.)
sacacuartos
parásito
convidado
sopista
abusón
abusador

(V. **vida**)

a. *vago*
lento
generoso
desinteresado
mecenas
pródigo

vivienda
s. **local** (V.)
alojamiento (V.)
mansión
domicilio (V.)
casa (V.)
habitación (V.)
hogar
piso
morada
residencia
habitáculo

s. pensión
hotel
albergue
fonda
hospedaje (V.)
fondín
hospedería
casa de huéspedes
casa de viajeros
posada
parador
venta

s. tugurio
madriguera
casucha
casucho
choza
chamizo
cuadra
zahurda
pocilga
cuchitril (V.)
pajarera

s. **palacio** (V.)
castillo (V.)
palacete
quinta

s. **bloque** (V.)
manzana
cuadra
barrio

(cont.)

s. **tejado** (V.)
cimiento
fachada
chimenea
cornisa (V.)
compluvio
suelo
techo
terraza
azotea
escalera (V.)
impluvio
muro
pared
tabique
esquina
acera
arcada
hueco
ventana (V.)
balcón
puerta (V.)
portal
vestíbulo (V.)
zaguán
bodega
bajo
patio
pasillo
rincón
corredor
corral
desván (V.)
cuarto
cuadra
galería
establo
guardilla
piso
portería
retrete
rotonda

s. **solar** (V.)
emplazamiento
dirección
orientación (V.)
situación
señas

s. casero
propietario
administrador
inquilino
vecino
portero

s. edificar
construir (V.)
emplazar
derribar
albergar
habitar
aposentarse
residir
morar
vivir
mudarse
trasladarse
arrendar (V.)
alquilar
adquirir
ocupar
amueblar

viviente
(V. **vivo**)

vivificación
(V. **reanimación**)
(V. **reconfortación**)

vivificante
s. reanimador
confortante
tónico (V.)
reconfortante (V.)
estimulante
excitante
animador
vigorizante (V.)
vivificador
confortador
alentador

(V. **vivificación**)

a. *apaciguante*
calmante
sedante
enervante
deprimente

vivificar-se
s. **animar** (V.)
reanimar (V.)
reconfortar (V.)
confortar
fortalecer
excitar
avivar
reavivar
vitalizar
estimular (V.)
robustecer
alentar
refrigerar
tonificar (V.)
revivificar
incitar
alentar
inspirar
acuciar
reforzar

(V. **vivificación**)

a. *enervar*
desalentar
debilitar
desanimar
languidecer
deprimir

vivir
s. **hacer** (V.)
existir
subsistir (V.)
perdurar
durar (V.)
pasar (V.)
vegetar (V.)
florecer
bullir
rebullir
ser (V.)
estar (V.)
alentar
pestañear
tirar
renquear
campar
sobrevivir
respirar
mantenerse
permanecer
persistir
estar presente
ir tirando
gozar de la vida
volver a la vida
traer a la vida
gastar la vida
enterrar a otro
disfrutar de la vida
habitar (V.)
morar
residir
anidar
aposentarse
ocupar
hospedarse
cohabitar
convivir
domiciliar
adomiciliar
establecerse
avecindarse
naturalizarse
arraigarse
sentar sus reales

s. **comportarse** (V.)
conducirse
portarse
acomodarse
proceder
obrar

s. vivir al día
vivir para ver
vivir de prisa
estar vivito y coleando
¿quién vive?
saber vivir

r. Como se vive, se muere

(V. **vida**)

a. *morir*
acabar
marcharse

vivisección
s. **disección** (V.)
corte
examen
investigación
estudio

vivo
s. **orgánico** (V.)
duradero (V.)
vital
vivífico
vivaz
vívido
vividor
vividero
viable
viviente (V.)
persistente
sobreviviente
redivivo
superviviente
vitalicio (V.)
longevo
supérstite
imperecedero
biótico
biológico
macrobio
climatérico

s. **intenso** (V.)
palpitante
fuerte
profundo
enérgico
recio
bagre
violento (V.)
agudo
penetrante

s. **actual** (V.)
vigente (V.)
presente
existente
candente (V.)

s. **expresivo** (V.)
realista
elocuente

s. ingenioso
agudo
subido
sagaz
avispado
vivaracho (V.)
impetuoso
listo (V.)
sutil
pólvora
nervioso
ocurrente
chistoso
gracioso (V.)
oportuno

s. **tunante** (V.)
ladino
taimado
astuto (V.)
tuno
marrullero
bellaco

s. **rápido** (V.)
scherzo
ágil (V.)
impulsivo
vehemente
dinámico (V.)
fogoso
espontáneo
expedito
diligente
activo
súbito
pronto
decidido (V.)
franco
ligero
impetuoso (V.)
bullicioso
bullebulle
zarandillo
irreflexivo
precipitado

s. canto
borde (V.)
filo
arista
ángulo
resalte
filete
cordoncillo
orilla
trencilla
bies

(V. **vida**)

s. al rojo vivo
a lo vivo
no parecer ni vivo ni muerto
ser un vivo
de lo vivo a lo pintado
ser el vivo retrato
llegar a lo vivo
dar en lo vivo
fuerzas vivas
tocar en lo vivo
en cueros vivos
la viva imagen

r. El muerto al hoyo, y el vivo al bollo

a. *exangüe*
exánime
inorgánico
acabado
débil
muerto
lánguido
mortecino
torpe
tardo
lento
calmoso
embustero

vocablo
s. voz
palabra (V.)
verbo
término
dicción
voquible
locución
dicho
expresión
terminación
léxico

(V. **vocabulario**)

vocabulario
s. glosario
diccionario (V.)
repertorio
lista
catálogo
léxico (V.)
terminología
etimología
lexicón
panléxico
nomenclatura

(V. **vocablo**)

vocación
s. **inspiración** (V.)
inclinación (V.)
afición (V.)
llamamiento
disposición (V.)
propensión (V.)
aptitud
advocación
tendencia (V.)
don (V.)
facilidad
profesión
invitación
voz
señal
toque
preferencia
arrebato
voluntad
proclividad

a. *aversión*
repugnancia
hostilidad
indiferencia
asco
repulsión

vocal
s. **letra** (V.)

s. contracción
sinalefa
sinéresis
diptongo
triptongo

s. abierta
cerrada
breve
débil
fuerte
larga

s. **consejero** (V.)
consultor
asesor
secretario
constituyente
integrante
componente (V.)

a. *consonante*

vocalización
(V. **modulación**)

(V. **solfeo**)

vocalizar
s. entonar
modular (V.)
cantar
canturrear
tararear
solfear (V.)
ejecutar

(V. **vocalización**)

voceador
s. **pregonero** (V.)
s. gritón
gritador
escandaloso (V.)
vocinglero (V.)
ventrílocuo
chillón
chillador
algarero
canoro
gárrulo
garrullador
aullador
berreador
chirlador
berreón
baladrero

(V. **vocerío**)

a. *callado*
afónico
mudo
silencioso
discreto
considerado

vocear
s. **gritar** (V.)
chillar
chirlar
vociferar
escandalizar
tronar
apitar
llamar
placear
algarear
ajordar
vibrar
ulular
cantar
berrear
bufar
bramar
clamar
entonar
cantar
tararear
canturrear
desafinar
aullar
rugir (V.)
ladrar
gallear
desgañitarse
desgañifarse
laridar
desgaznatarse
dar voces
armar jaleo
dar gritos
balar
despepitarse (V.)
levantar la voz
tener buen pito
llamar a voces

s. publicar
divulgar
pregonar (V.)
manifestar
dar publicidad
lanzar a los cuatro vientos
dar pábulo

(cont.)

s. **aclamar** (V.)
aplaudir
vitorear (V.)

s. **jactarse** (V.)
fanfarronear
presumir

(V. **vocerío**)

a. *callar*
silenciar
comedirse
moderarse
reprimirse
criticar
censurar
humillarse

vocejón
(V. **vozarrón**)

voceras
s. chismoso
cotilla
jarro
parlanchín
indiscreto
sacamuelas
pregonero
lenguaraz
gárrulo
palabrero
bocazas
badajo
hablador (V.)

(V. **voz**)

a. *callado*
discreto
moderado
silencioso

vocería
(V. **vocerío**)

vocerío
s. **chilla** (V.)
escándalo (V.)
gritería (V.)
griterío
algarada
algarabía
rugido
clamor
baladro
trápala
clamoreo
bramido
vociferación
vocinglería
vocería
rumor
susurro
chillería
grita
grito
guirigay
alboroto (V.)
ululato
ululación
bufido
bullicio
algazara
confusión
bulla
barbulla
jaleo
jollín
vivas
mueras
alertas
gritos
subversivos
gritos de alarma
albórbola

(V. **voz**)

a. *silencio*
calma
discreción
moderación

vocero
s. **portavoz** (V.)
representante
delegado
enviado
emisario
agente
abogado

a. *director*
principal

vociferación
(V. **vocerío**)

vociferador
(V. **vocinglero**)

vociferante
(V. **vocinglero**)

vociferar
(V. **vocear**)

vocinglería
(V. **vocerío**)

(V. **bulla**)

vocinglero
s. voceador
vociferante
vociferador
alborotador (V.)
hablador (V.)
gritón
chillón
ruidoso
escandaloso (V.)
aullador
bramador
atronador
gruñidor
algarero
berreón
gruñón
estridente
quejica
desaforado
grosero
ordinario

s. **cantarín** (V.)
(pájaros)
canoro

(V. **vocinglería**)

a. *silencioso*
callado
discreto
moderado
formal
grave
delicado
fino

vodevil
(V. **revista**)

(V. **comedia**)

vodka
(V. **aguardiente**)

(V. **bebida**)

volada
(V. **vuelo**)

voladera
(V. **paleta**)
(rueda hidráulica)

(V. **fugaz**)

voladero
s. **despeñadero** (V.)
derrocadero
derrumbadero
abismo (V.)
barranco
sima
descolgadero
desgalgadero

s. **fugaz** (V.)
efímero
transitorio
evanescente

s. **volador** (V.)

(V. **vuelo**)

a. *planicie*
llanura
duradero
perenne

voladizo
s. **saliente** (V.)
saledizo
salidizo
cantilever
resalte
coronamiento
cornisa (V.)
paflón
plafón
sofito
borde
reborde
proyectura
vuelo

(V. **vuelo**)

a. *entrante*

volado
s. **inseguro** (V.)
impaciente
intranquilo (V.)
incómodo
nervioso
cohibido (V.)
tirante

(V. **vuelo**)

a. *seguro*
tranquilo
sereno
cómodo
desahogado

volador
s. volátil
volante (V.)
voladero
revolante
volandero
volantón

s. **cohete** (V.)

s. pez volador

(V. **vuelo**)

a. *quieto*
inmóvil
terrero
rastrero

voladura
s. **explosión** (V.)
deflagración
reventón
estallido
descarga
detonación
trueno
estrépito
zambombazo
sacudida (V.)

s. **demolición** (V.)
destrucción
arrasamiento
hundimiento
rotura
derribo
desplome
desbaratamiento

a. *desactivación*
silencio
erección
construcción
reconstrucción

volandas (en)
s. **veloz**mente (V.)
por los aires
en un vuelo
en volandillas
volando (V.)

s. rapidamente
en un instante
en un periquete
en un santiamén
en un decir Jesús

a. *lento*
moroso

volandera
s. anillo
arandela (V.)

s. **muela** (V.)
(afilar)

s. **mentira** (V.)
trola
embuste
bola

a. *verdad*
autenticidad

volandero
s. volador
volante (V.)
volantón

s. **inconstante** (V.)
inestable
cambiable
mudable
versátil
veleidoso
caprichoso
voluble (V.)
tornadizo
frívolo (V.)

s. **accidental** (V.)
incidental
imprevisto
casual (V.)
extraño
adventicio
episódico
temporero
transitorio
fugaz (V.)
inopinado
repentino
súbito

(V. **vuelo**)

a. *rastrero*
terreno
reptante
constante
fijo
estable
permanente
contínuo
previsto
firme
perenne
duradero

volando
(V. **rápido**)

volante
s. volátil
volandero
rehilete
volador (V.)

s. **ambulante** (V.)
nómada
libre
suelto
independiente
indómito
errante
vagabundo
callejero
trashumante
móvil
movible

s. **nota** (V.)
anotación
aviso
pase
apunte
impreso
comunicación (V.)
pasquín
octavilla
folleto
hoja
tarjeta
escrito
orden
cuartilla

s. fruncido
pliegue (V.)
rizado
adorno
faralá
farfalá
falbalá
farandola
vuelo
vuelillo

s. **rueda** (V.)
dirección
aro
disco
corona
volante de
dirección
biela
engranaje
tornillo sin fin
sector dentado
cojinetes
brazo de mando
palanca de ataque
leva
rodillo
columna
articulaciones
rótula
automóvil

s. papel volante
silla volante
pez volante

(V. **vuelo**)

a. *fijo*
permanente
residente
sedentario

volapuk
(V. **lengua**)
(idioma)

volar
s. **remontarse** (V.)
revolotear
revolear
revolar
surcar
volitar
alzarse
levantar (el vuelo)
elevarse
trasvolar
cernerse
circunvolar
batirse
abatirse
engarbarse
aletear
planear
rastrear
salvar
deslizarse
evolucionar
hender

s. navegar
sobrevolar (V.)
despegar
ganar altura
ascender
aterrizar
tomar tierra
amarar
tripular
pilotar
pilotear
virar
derrapar
planear
picar
bombardear
cazar
dar caza
interceptar
escoltar
apoyar
reconocer
observar
entrenar
repostar
detener el motor
volar en picado
volar a ciegas
volar por rayoguía
entrar en barrena
entrar en picado
homologar el
vuelo
registrar el vuelo
lanzarse en
paracaídas
aeronáutica (V.)

(cont.)

s. **huir** (V.)
escapar
correr (V.)
trotar
apresurarse
aligerar
activar
acelerar
escurrirse
desaparecer
evaporarse
diluirse
escurrir el bulto
tomar las de Villadiego
difuminarse
poner pies en polvorosa

s. **divulgarse** (V.)
propagarse
extenderse
propalarse
cundir
trascender

s. **estallar** (V.)
reventar (V.)
dinamitar
deflagrar
saltar (V.)
desmenuzarse
desintegrarse
explotar
explosionar
detonar
derruir
desbaratarse
arrasar
desaparecer

s. salir
sobresalir (V.)
asomarse
abalanzarse

s. **irritar** (V.)
enfadar
encolerizar
soliviantar (V.)
encocorar
picar
poner fuera de sí
poner furioso

s. echar a volar
echarse a volar

(V. **vuelo**)

a. *aterrizar*
aterrar
bajar
descender
abatir
posarse
quedarse
retrasarse
aparecer
atrasar
limitarse
retenerse
callarse
silenciar
reconstruir
entrar
calmar
sosegar

volatería
(V. **cetrería**)

(V. **ave**)

volátil
s. **volador** (V.)

s. ligero
impalpable
sutil (V.)
etéreo
vaporoso (V.)
espiritoso
aéreo

s. inconstante
mudable
voluble (V.)
versátil
instable
inestable
vacilante

(V. **vuelo**)

a. *pesado*
espeso
sólido
constante
firme

volatilización
(V. **evaporación**)

(V. **desaparición**)

volatilizar-se
s. evaporizar
evaporar (V.)
vaporizar
sublimar
volatizar
gasificar (V.)

s. exhalarse
disiparse
esfumarse
desaparecer
transformarse

(V. **volatilización**)

a. *solidificar*
licuar
aparecer

volatín
s. voltereta
vuelta
pirueta (V.)
títere
cabriola
prueba
corveta
salto (V.)
giro
contorsión
acrobacia (V.)

a. *inmovilidad*

volatinero
s. titiritero
equilibrista
funámbulo
acróbata (V.)
saltimbanqui
barrista
volteador
contorsionista
juglar
gimnasta
trapecista

(V. **volatín**)

volatizar
(V. **volatilizar**)

vol-au-vent
(V. **pastel**)

volcán
s. **abertura** (V.)
ausol
volcanejo
fumarola
solfatara

s. erupción
cráter (V.)
caldera
boca
deyección
lava
escoria
espodita
géiser
magma
piedra pómez

s. **pasión** (V.)
ardor
fuego
violencia (V.)

s. volcán apagado
volcán extinto
volcán en erupción
estar sobre un volcán

volcánico
s. ígneo
plutónico
crateriforme
étneo
avolcanado

s. **apasionado** (V.)
ardiente
fogoso
súbito
vehemente
violento (V.)
frenético

(V. **volcán**)

a. *frío*
indiferente
apagado
suave

volcar-se
s. **caer** (V.)
abatir
inclinar (V.)
desplomar
tumbar (V.)
torcer
trastornar
desnivelar
derrumbar
invertir (V.)
tirar
derribar
volquear
voltear
trastocar
volver (V.)
capotar
poner boca abajo
derrapar
patinar
cabecear

s. **verter** (V.)
derramar (V.)
echar
vaciar
evacuar
dispersar
extender

s. **convencer** (V.)
disuadir
insistir
inclinar
persuadir

s. **marearse** (V.)
aturdirse
entornarse
trastornarse
turbarse
perturbarse

s. aplicarse
interesarse (V.)
afanarse
dedicarse (V.)
consagrarse
apresurarse
favorecer (V.)
extremar (las atenciones)

(V. **vuelco**)

a. *enderezar*
levantar
nivelar
contener
llenar
retener
enjugar
abandonar
recuperarse
desentenderse
descuidar

volea
s. **golpe** (V.)
sacudida
patada (V.)
patadón
impulso
percusión
voleo (V.)

s. a volea, s

voleo
s. **volea** (V.)

s. **movimiento** (V.)
(de danza)

s. bofetada
bofetón (V.)

s a voleo
de un voleo

a. *caricia*

volframio
(V. **elemento**)

volición
(V. **voluntad**)

volitar
(V. **revolotear**)

volitivo
(V. **voluntarioso**)

volquearse
(V. **revolcarse**)

volquete
s. **vehículo** (V.)
camión
carro
carretilla (V.)
carretón

s. caja
eje
palancas

voltaje
(V. **tensión**)
(eléctrica)

voltario
(V. **versátil**)

(V. **voluble**)

volteador
(V. **acróbata**)

voltear-se
s. **volcar** (V.)
voltejar
invertir (V.)
rotar
dar vueltas
girar
volver
mudar
cambiar
trastrocar
desdar
repicar (V.)

s. **chaquetear** (V.)
cambiar (de idea)
volver la casaca
traicionar

s. voltear las campanas

(V. **volteo**)

a. *mantener-se*
inmovilizar-se
enderezar-se

voltejar
(V. **voltear**)

volteleta
(V. **voltereta**)

volteo
(V. **vuelta**)

(V. **giro**)

voltereta
s. volatín
pirueta
volteleta
volteta
tumbo
cabriola (V.)
acrobacia
tumba
vuelta (V.)
zapateta
costalada
voltura
salto (V.)
brinco
corveta
contorsión
trepa

a. *inmovilidad*

volterianismo
(V. **incredulidad**)

(V. **escepticismo**)

volteriano
s. impío
incrédulo (V.)
burlón
irreligioso
escéptico (V.)
blasfemo
antiteo

(V. **volterianismo**)

a. *religioso*
devoto
creyente

volteta
(V. **voltereta**)

voltígero
(V. **soldado**)

voltímetro
s. voltmetro
registrador
amperímetro
contador (V.)
medidor
voltámetro

(V. **electricidad**)

voltio
(V. **medida**)
(eléctrica)

voltizo
s. **ensortijado** (V.)
retorcido
rizado
rufo
crespo
encaracolado
acaracolado
encrespado
encarrujado

s. **versátil** (V.)
voluble
inconstante

a. *lacio*
liso
terso
constante
mudable

volubilidad
s. capricho
variedad (V.)
versatilidad
inconstancia (V.)
veleidad
levedad (V.)
frivolidad
cadetada
cambio
mudanza
vacilación
ligereza
indecisión
inconsecuencia
informalidad (V.)
fantasía

a. *firmeza*
constancia
seguridad
lealtad

voluble
s. volandero
veleidoso
movedizo
versátil
tornadizo
mudadizo
mudable (V.)
cambiante
informal (V.)
inconstante (V.)
variable (V.)
enamoradizo
ligero
indeciso
vacilante
desigual (V.)
inestable
frívolo
fantasioso
novelero
caprichoso
liviano
casquivano
proteico
volátil
voltario
superficial (V.)

(V. **volubilidad**)

a. *constante*
firme
decidido
inconmovible
serio
grave
invariable
leal

volumen
s. bulto
cuerpo
masa
espacio (V.)
mole
dimensión (V.)
geometría (V.)
magnitud
corpulencia
tamaño
hueco
holgura
amplitud
extensión
vastedad
alto
altura
ancho
anchura
grosor
solidez (V.)
sólido
grueso
espesor
largo
longitud
contorno

s. **capacidad** (V.)
cabida
aforo
tonelaje
arqueo
desplazamiento
porte

s. **medida** (V.)
centímetro cúbico
decímetro cúbico
metro cúbico
pie cúbico

s. **tomo** (V.)
libro
cuerpo
obra
ejemplar

voluminoso
s. **abultado** (V.)
corpulento (V.)
grande (V.)
inmenso
obeso
rollizo
considerable
ingente
gordo
desmesurado
enorme
espacioso
holgado
ancho
incómodo
orondo
gordote
abombado
inflado
hinchado
ahuecado
gordinflón
turgente
cachigordo
desarrollado
rebultado
pesado

(V. **volumen**)

a. *raquítico*
delgado
pequeño
desmedrado
enano
insignificante
cómodo

voluntad
s. **deseo** (V.)
anhelo
ansia
placer (V.)
apetencia
gana
gusto (V.)
albedrío (V.)
anhelo
guisa
antojo
capricho
arbitrio (V.)
merced
afán
nolición
volición
mente
ánimo
libertad
ambición
espontaneidad
autodominio
brío
decisión
energía
interés (V.)
empuje
grado
elección

s. amor
cariño
afecto (V.)
afición
agrado
simpatía
predilección
inclinación (V.)
dilección
benevolencia
bienquerencia
vocación

s. **tesón** (V.)
tenacidad
voluntariedad
empeño
porfía
obstinación
perseverancia (V.)
constancia
asiduidad
persistencia (V.)
aplicación

s. **conformidad** (V.)
aquiescencia
consentimiento
asentimiento
permiso
permisión
anuencia

s. **decreto** (V.)
determinación
disposición
mandato
obligación
orden
precepto
mandamiento
encargo
testamento

s. voluntad de hierro
voluntad firme
voluntad virgen
voluntad divina
buena o mala voluntad
de buena voluntad
poca o mucha voluntad
última voluntad
a voluntad de
zurcir voluntades
no tener voluntad
quitar la voluntad a alguien
ajeno a la voluntad de
fuerza de voluntad
hacer alguien su santa voluntad
ganar la voluntad de uno

r. Donde hay voluntad, mejor es entrarse que llamar ■ Querer y poder, hermanos viene a ser ■ A buena voluntad nunca falta facultad ■ Querer es poder

a. *abulia*
indiferencia
nolición
volubilidad
inconstancia
debilidad
desgana
desinterés
encogimiento
desánimo
humildad
timidez
cortedad
cobardía
pusilanimidad
indecisión
antipatía
aversión
hostilidad
odio
desagrado
repulsión
cesación
abandono
negación
repulsa
prohibición

voluntario
s. consciente
deliberado (V.)
pensado
facultativo
espontáneo
motu propio
volitivo
libre (V.)
propio
intencional
discrecional
querido
abierto
potestativo
sincero
intencionado
privativo
prudencial
arbitrario
graciable
optativo

s. **voluntarioso** (V.)
conforme
unísono
gustoso
deseoso (V.)
servicial
sacrificado

s. **aspirante** (V.)
pretendiente
soldado (voluntario)

(V. **voluntad**)

a. *involuntario*
indeliberado
obligatorio
automático
forzoso
forzado
impuesto
preciso
exigible
imperioso
imprescindible
riguroso
preceptivo
necesario
indispensable
inexcusable
indeclinable
disconforme
contrario

voluntarioso
s. libre
terco
testarudo
obstinado (V.)
empeñado
perseverante
emperrado
tozudo
tesonero
intransigente
recalcitrante
impenitente
porfiado
obcecado
cabezón
volitivo
rebelde
voluntario (V.)

s. **caprichoso** (V.)
antojadizo
mudable
inconstante
tornadizo

s. **cumplidor** (V.)
serio
exacto
estricto
deseoso
oficioso
gustoso

(V. **voluntad**)

a. *flojo*
transigente
abandonado
apático
abúlico
sometido
desconsiderado
blando
borrego
pelele
títere
firme
constante
fijo
razonable
invariable
informal
vago
holgazán

voluptuosidad
s. **placer** (V.)
deleite
complacencia
goce
fruición
regusto
delicia
regodeo
delectación (V.)
libertinaje
carnalidad
libídine
sensualidad (V.)
erotismo
pasión
apasionamiento
morbidez
obscenidad
impudicia
lujuria
lascivia
lubricidad
concupiscencia
sensualismo
intemperencia
destemplanza
desenfreno
molicie
sibaritismo (V.)
epicureísmo (V.)
hedonismo
materialismo

a. *castidad*
sobriedad
templanza
honestidad
moderación
freno
espiritualidad
ascetismo
misticismo
pudibundez
pudor
pudicicia
moralidad
rigidez
rigor
mortificación

voluptuoso
s. **placentero** (V.)
deleitoso (V.)
gustoso
complaciente
gozoso
gozador
delicioso
libertino
carnal
sensual (V.)
libidinoso
erótico
pasional
apasionado
mórbido
obsceno
impúdico
lujurioso
lascivo
lúbrico
concupiscente
intemperante
sibarita (V.)
epicúreo (V.)
hedonista
materialista
regalado
licencioso
deshonesto
delicado
exquisito
desenfrenado
liviano
grato

(V. **voluptuosidad**)

a. *casto*
honesto
sobrio
ascético
templado
frío
moderado
espiritual
místico
pudibundo
pudoroso
moral
riguroso
rígido
mortificado
desagradable
repugnante
repelente

voluta
s. adorno
espiral (V.)
capitel (V.) (jónico)

s. **curva** (V.) (humo)
hélice (V.)
caracol
roleo
enrollado

volver-se
s. **invertir** (V.)
cambiar (V.)
remover
rebotar
dirigir (V.)
arremangar
tener vuelta
detornar
recudir
recurrir
regolfar
revertir
revirar
revolver
girar (V.)
virar
voltear
trastrocar
torcer
retorcer
bailar
rolar
rondar
roldar
rodar
rotar
volcar (V.)
mover
mudar (V.)
circular
menear
desplazar
dar la vuelta a algo

s. **regresar** (V.)
repasar
tornar
retornar
venir (V.)
llegar (V.)
repatriarse
refluir
resurtir

(cont.)

reaparecer (V.)
resucitar
renacer
recular
retroceder
retrogradar

s. **convertirse** (V.)
transformarse
trocarse
tornarse
alterarse
llegar a
cambiarse
mudarse
modificarse

s. **reanudar** (V.)
restaurar
restablecer
reemprender
reiterar
repetir (V.)
reincidir
insistir
reinstaurar

s. restituir
corresponder
pagar
retribuir
devolver (V.)

s. **traducir** (V.)
trasponer

s. **avinagrarse** (V.)
estropearse
acedarse
agriarse

s. **vomitar** (V.)
arrojar
bascar
basquear
regurgitar

s. **arar** (V.)
binar

s. volver la cabeza
volver lo de arriba abajo
volver del revés
volver la espalda
volver a decir
volver por
volver sobre sí
volver de vacío
volver de su acuerdo
volver a las andadas
volver la cara
volver la casaca
volver la chaqueta
volver grupas
volver a la carga
volver por los fueros
volver el juicio
volver a nacer
volver patas arriba
volver tarumba
volver en sí
volver loco
volver la hoja
volver los ojos
volverse contra
volverse loco
volverse las tornas
volverse la tortilla
volverse atrás
a la vuelta de la esquina
al volver la esquina
no tener a donde volver la cabeza o la cara
a un volver de cabeza
todo se le vuelve

(V. **vuelta**)

a. *marchar-se*
ir-se
inmovilizar
dejar
mantenerse
detener-se
parar-se
abandonar
cejar
desistir
quedarse
retener
conservar
cobrar
recibir
respetar

volvo
(V. **vólvulo**)

vólvulo
s. volvo
íleo
obstrucción (V.) (intestinal)

s. **enfermedad** (V.)

vomitado
s. **devuelto** (V.)
regurgitado
provocado
desembuchado
trasbocado
basqueado

s. birria
demacrado (V.)
descolorido
desmirriado (V.)
enclenque
escuchimizado
macilento
mustio
enteco
raquítico (V.)

(V. **vómito**)

a. *retenido*
fuerte
robusto
fortacho
lozano
vigoroso
colorado
atezado

vomitador
s. nauseoso
nauseabundo (V.)
vomitón
gormador

s. **vomitivo** (V.)
vomitorio
vómico

(V. **vómito**)

vomitar
s. expeler
expulsar (V.)
arrojar
bascar
basquear
nausear
lanzar (V.)
devolver (V.)
provocar
volver (V.)
regurgitar
gormar
eructar
repetir
provocar
trasbocar
rebosar
hipar
trocar
arquear
rendir
revesar
reversar
jetar
rejitar
desaguarse
cambiar la peseta
cambiar la comida
echar las tripas
tener angustia
echar las entrañas
echar la papilla
volverse el cuajo

s. decir
declarar (V.)
prorrumpir
proferir
saltar
confesar (V.)
desembuchar (V.)
desahogarse (V.)

(V. **vómito**)

a. *retener*
aguantarse
deglutir
tragar
atragantar
ingurgitar
engullir
ingerir
pasar
reprimirse
callarse
silenciar

vomitina
(V. **vómito**)

vomitivo
s. vómico
vomitador
vomitorio
vomipurgante
vomipurgativo
purgante (V.)
emético
medicamento (V.)
nauseabundo

(V. **vómito**)

a. *astringente*

vómito
s. arcada
náusea (V.)
asco (V.)
basca
arqueada
vomitona
arrojamiento
gargantona
vomitina
ansia
provocación
repugnancia (V.)
mareo
angustia
vértigo
regurgitación
espasmo
desazón
aversión
hemoptisis
espadaña
espadañada
bocanada
capetonada
gorgozada

a. *retención*
contención
trago
ingurgitación
deglución
atragantamiento

vomitona
(V. **vómito**)

vomitorio
s. **vomitivo** (V.)

s. **puerta** (V.)
salida
acceso (V.)
pasillo
galería

(V. **vómito**)

a. *astringente*

vopisco
(V. **sobreviviente**)

(V. **gemelo**) (hermano)

voquible
(V. **vocablo**)

voracidad
s. **avidez** (V.)
ansia
hambre
tragonería
tragonía
gula (V.)
apetito
glotonería (V.)
hambronería
exceso
desenfreno
canibalismo
adefagia
caninez
antropofagia
insaciabilidad
intemperancia

s. **codicia** (V.)
egoísmo (V.)
avaricia
apetencia

a. *sobriedad*
moderación
desgana
inapetencia
inanición
anorexia
defecto
temperancia
generosidad
desinterés

vorágine
s. vórtice
tromba
remolino (V.)
corriente
torbellino (V.)
espiral
tolvanera
hoya
embudo
poza
manga

s. **turbulencia** (V.)
tumulto
barahúnda
ímpetu
desorden (V.)
caos (V.)
jaleo
fárrago

a. *calma*
orden
tranquilidad
silencio

voraginoso
(V. **turbulento**)

(V. **agitado**)

(V. **tumultuoso**)

vorahúnda
(V. **barahúnda**)

voraz
s. **glotón** (V.)
comilón
gargantúa
tragón
hambrón
zampón
zampabollo
engullidor
hambriento
insaciable
tragaldabas
hambrío
gomioso
devorador
omnívoro
heliogábalo
devoraz
adéfago
vorace

s. **ansioso** (V.)
ávido (V.)
codicioso
egoísta
ambicioso
desenfrenado
intemperante
exagerado

s. **violento** (V.)
destructor (V.)
devorador
agresivo
arrebatado
colérico
activo
atropellado

(V. **voracidad**)

a. *moderado*
sobrio
inapetente
desganado
generoso
pródigo
desinteresado
comedido
suave
débil
lento

vórtice
(V. **vorágine**)

(V. **huracán**)

votación
s. votada
comicios (electorales)
sufragio
referéndum
plebiscito
sorteo
propuesta
nominación
nombramiento
selección
proposición
elección (V)
votada
quórum

s. censo
escrutinio
voto (V.)
voz y voto
urna
insaculación
cántaro

s. **votar** (V.)

s. votación secreta
votación nominal
votación ordinaria

a. *abstención*
inhibición
ausencia
incomparecencia

votada
(V. **votación**)

votador
(V. **votante**)

(V. **maldiciente**)

votante
s. votador
elector (V.)
optante
escogedor
nominador
asistente
concurrente
vocal
compromisario
sufragista

(V. **voto**)

a. *votado*
elegido
nominado
abstencionista

votar
s. **elegir** (V.)
balotar
emitir
depositar
fabear
sufragar
seleccionar
nominar
opinar
nombrar
presentar
dejar el voto
refrendar

s. **escrutar** (V.)
insacular
desinsacular
encantarar
imbursar
empatar
desempatar

s. **blasfemar** (V.)
jurar (V.)
renegar
denostar
insultar
imprecar
perjurar
maldecir (V.)

(V. **voto**)

a. *abstenerse*
inhibirse
alabar
elogiar
ensalzar

votivo
s. **expiatorio** (V.)
dedicado
ofrendado (V.)
ofrecido
sacrificado

(V. **voto)**

a. *retenido*

voto
s. **promesa** (V.)
ofrenda
oferta
ofrecimiento (V.)
prometimiento
obligación
compromiso

s. ruego
petición
proposición
juramento
protesta
pacto
súplica (V.)
deseo
exvoto
fe
voluntad

s. **votación** (V.)
sufragio
elección (V.)
comicio electoral
referéndum
parecer
dictamen
juicio
decisión
acuerdo
consenso
consejo
sentencia
sugestión
voz (V.)
opinión (V.)
sugerencia

s. papeleta
boleto
boleta
candidatura
balota
talón
bolilla

s. voto activo
voto abierto
voto acumulado
voto secreto
voto decisivo
voto restringido
voto alternativo
voto automático
voto emitido
voto en blanco
voto escrutado
voto flotante
voto fraccionario
voto ineficaz
voto inútil
voto limitado
voto nulo
voto plural
voto por correo
voto por delegación
voto por pulsador
voto por puntos
voto preferente

s. juramento
taco (V.)
palabrota
exclamación (V.)
terno
blasfemia
execración
venablo
reniego
verbo
maldición (V.)
ajo
imprecación
denuesto
grosería
insulto
dicterio
perjurio
pestes
irreverencia

s. voto de calidad
voto de censura
voto de confianza
voto de reata
voto de Santiago
voto solemne
voto informativo
tener voz y voto
ser un voto
¡voto a tal!

r. Nunca obligó mal voto a su cumplimiento

a. *descompromiso*
retención
reserva
negación
repulsa
abstención
inhibición
ausencia
incomparecencia
desinterés
escepticismo
marginación
elogio
alabanza
ensalzamiento
reverencia
bendición
delicadeza

voz
s. **sonido** (V.)
emisión
fonación
pronunciación
locución
lenguaje
palabra (V.)
dicción
expresión
vocablo
término
voquible
dicho
verbo
fonética

s. canto
grito (V.)
alarido
frémito
gorjeo
abejorreo
barrito
fufo
gamitido
gorgorito
aúllo
cacareo
cloqueo
clo-clo
silbo
arrullo
trino
trinado
quiquiriquí
miau
mayido
maullido
maúllo
graznido
ladrido
marramau
marramao
piído (V.)
piulido
rebuzno
ronca
ronroneo
roznido
rugido
zureo
tanteo
gañido
parro
rugido
pío
pitido
ajeo
cucú
chirrido
clamor
clamoreo
silba
silbido
balido
be
pitio
piada
bramido
bufido
berreo
mujido
ronquido
relincho
gruñido
gorjeo
soplido
resoplido
ululato
chillido
acento
entonación
extensión
altura
fonación
inflexión
cuerda
afinación
metal
timbre (V.)
tono (V.)
volumen
tesitura
muda
paso (de garganta)
articulación
ventriloquía

s. bajo
bajete
tenor
tenor ligero
tiple
contrabajo
barítono
soprano
mezzosoprano
abaritonado
contralto

s. falsete
gallo
afonía
mudez

s. garganta
siringe
laringe
cuerda vocal
pecho
pulmones
chorro
torrente

s. altavoz
disco
cassette
cinta magnetofónica
megáfono
micrófono
balitadera
gamitadera
zumbador
reclamo
tornavoz
diapasón

s. áspera
aguardentosa
bronca
cavernosa
cascada
chillona
desabrida
destemplada
desapacible
dura
empañada
entrecortada
temblorosa
gangosa
gutural
aflautada
aguda
alta
apagada
argentina
atenorada
atiplada
entonada
estentórea
fuerte
llena
nasal
opaca
pastosa
penetrante
profunda
potente
queda
ronca
sorda
vibrante
tiplisonante
flauteada
fañosa
parda
palabrimujer
tomada

s. abemolar
cantar
ganguear
gemir
exclamar
ahuecar
doblar
emitir
alzar
bajar
levantar
dar el do de pecho
gluglutear
gorjear
hablar
gritar
llamar
silbar
salomar
roncar

s. arrullar
aullar
crascitar
zurear
chillar
agamitar
balar
balitar
croar
croajar
titar
trinar
piar
pipiar
piular
ajear
balitear
bramar
bufar
ladrar
maullar
mayar
miagar
marramizar
arruar
arrufarse
rebuznar
rebufar
relinchar
gañir
gamitar
berrear
cacarear
cantalear
chirriar
chivatear
graznar
cloquear
crocitar
cantalear
castañetear
crotorar
clocar
miar
miagar
groar
gruir
grillar
croscitar
cuchichiar
graznar
gaznar
grajear
guañir
himplar
latir
mugir
otilar
parpar
voznar
titar
urajear
rebudiar
rebramar
regañir
regañar
serrar
roznar
silbar
trinar

s. **facultad** (V.)
poder (V.)
permiso
nombre
derecho (V.)

s. **opinión** (V.)
fama
celebración
criterio
juicio
voto (V.)
bulo
chisme
rumor (V.)
vocinglería
runrún
ruido
susurro
murmullo
hablilla (V.)

s. motivo
pretexto (V.)
alegación
excusa
razón (V.)
salida
disculpa

s. **precepto** (V.)
orden
mandato
voz de trueno
voz campanuda
voz de mando
voz del cielo
voz de la conciencia
voz pasiva
voz pública
a voces
a una voz
a media voz
a voz en grito
a viva voz
segunda voz
aclarar la voz
a voz en cuello
voz y voto
la voz del pueblo
secreto a voces
la voz pública
ahuecar la voz
apagar la voz
cambiar de voz
correr la voz
dar una voz
anudársele a alguien la voz
empañarse la voz
llevar la voz cantante
en voz baja
en voz alta
en alta voz
estar en voz
llamar a voces
mudar la voz
tomarse la voz
pedir a voces
circular la voz
temblar la voz
poner mala voz
a voz de apellido
dar voces en el desierto
dar voces al viento
jugar la voz

r. Voz del pueblo, voz del cielo

a. *mudez*
mutismo
silencio
verdad
realidad
prohibición
veto

vozarrón
s. vocejón
bramido
rugido
vozarrona
vozarra
baladro
ululato
ronquido
voz fuerte
voz bronca

(V. **voz)**

a. *susurro*
murmurio
suspiro

voznar
(V. **graznar)**

vuecencia
(V. **tratamiento)**

vuelco
s. **vuelta** (V.)
volteo
tumbo (V.)
caída
giro
revuelvo
voltereta
barquinazo
inversión
virada
accidente
meneo
siniestro
rotación

s. **ruina** (V.)
hundimiento (V.)
desgracia

(cont.)

s. **trastorno** (V.)
angustia
cambio
agitación
transformación
alteración
mudanza
sobresalto

s. dar un vuelco el corazón

a. *enderezamiento*
quietud
inmovilidad
fuerte
calma
sosiego

vuelillo
(V. **vuelo**)

vuelo
s. **planeo** (V.)
evolución
ascenso
subida
vuelillo
descenso
bajada
revoloteo
desplazamiento
acrobacia
maniobra
viaje
raid
volada
aviación (V.)
aeronáutica (V.)

s. extensión
anchura
distancia
alcance
amplitud (V.)
anchura
desarrollo
holgura

s. **saliente** (V.)
proyección
proyectura (V.)
voladizo
volado

s. vuelillo
revuelo (V.)

s. **volante** (V.)
encaje

s. **ave** (V.)
ala (V.)
plumaje (V.)

s. vuelos
ínfulas (V.)
fantasías
engreimiento (V.)
humos

s. en un vuelo
alzar el vuelo
levantar el vuelo
echar las campanas al vuelo
cortar los vuelos
ir al vuelo
hacer un vuelo
coger al vuelo
vuelo nupcial
al vuelo
dar vuelos a alguien
de altos vuelos
oírse el vuelo de una mosca
tomar vuelo una cosa
a vuelo de pájaro

a. *aterrizaje*
entrante
humildad
realidad

vuelta
s. **rotación** (V.)
revolución (V.)
giro (V.)
giramiento
contramarcha
revuelta
ciaboga
voleo
rodeo (V.)
cia
circunvalación
circunvolución
borneo
molinete
rosca
rollo
espiral (V.)
aduja
amarradura
aro
anillo
cerco
curvatura
hélice
malla
guarne
cayado
circunnavegación
coca
retornelo
conversión
virada
ruedo
rotadura
garbeo
arrodeo

s. rodeón
vuelco (V.)
dédalo
laberinto (V.)
volvimiento
volteo
vuelco
envolvimiento
revolvimiento
torno
contorneo
circuito
traslación
círculo
inversión
desvío (V.)
remolino (V.)
torce
recoveco
voltereta
pirueta (V.)
salto de campana
baile
paso
danza
volatín
revuelco

s. mano
ronda (V.)
vez (V.)
turno

s. **regreso** (V.)
llegada
venida
retorno
repatriación
retirada (V.)
tornada

s. curva
curvatura (V.)
recodo
esquina
cantón
ángulo
revuelta
chaflán
borde

s. **devolución** (V.)
restitución
reintegro
restablecimiento
dinero

s. **repetición** (V.)
retornelo
insistencia

s. **recompensa** (V.)
premio
gratificación
compensación
reparto
correspondencia
distribución
parte
atención

s. **vista** (V.)
forro (V.)
revés
embozo (capa)
tunda (V.)
desaire
reprimenda
repaso
tarascada
desabrimiento
brusquedad (V.)

s. **dorso** (V.)
reverso
culo
trasera
revés (V.)
envés
espalda
retaguardia
zaguera
posterior

s. **alboroto** (V.)
riña
escándalo

s. **cambio** (V.)
mudanza
mutación
transformación (V.)
metamorfosis
salto
innovación
perturbación
vicisitud (V.)
alternativa (V.)
renovación

s. **adorno** (V.)
bocamanga (V.)
ribete

s. **calderilla** (V.)
suelto
dinero
monedas

s. vuelta de campana
vuelta en redondo
vuelta atrás
vuelta del derecho
vuelta al ruedo
vuelta al revés
de vuelta
media vuelta
dar vueltas
a vuelta de correo
a la vuelta
a vuelta de
coger las vueltas
buscarle a uno las vueltas
dar media vuelta
dar una vuelta a la redonda
dar cien vueltas a alguien
no tener vuelta de hoja
poner de vuelta y media
segunda vuelta
a la vuelta de la esquina
andar a vueltas
dar demasiadas vueltas a algo
dar mil vueltas
dar muchas vueltas
dar una vuelta
dar vueltas a la cabeza
estar de vuelta
¡hasta la vuelta!
dar vueltas a la noria
de vuelta
encontrada
¡media vuelta a la derecha!
no hay que darle vueltas
tener vuelta una cosa
sin vuelta de hoja

a. *inmovilismo*
detención
parada
ida
marcha
despedida
adiós
recta
retención
renovación
cambio
castigo
caricia
elogio
suavidad
amabilidad
anverso
cara
paz
tranquilidad
mantenimiento
permanencia
conservación

vuesamerced
(V. **tratamiento**)

vulgar
s. **corriente** (V.)
adocenado (V.)
general (V.)
rústico
basto (V.)
bajo
banal
público
común
menudo
insignificante
grosero (V.)
chabacano
andado
pedestre
impersonal (V.)
popular
morrudo
populachero
despreciable (V.)
plebeyo
ordinario (V.)
inelegante
chamagoso
sobado
tosco
simple
insubstancial
inculto
rocero
prosaico
sanchopancesco
ramplón
visto
gastado
usual
perogrullesco
chanflón
circense
chocarrero
chusco
charro
tópico (V.)
incorrecto
trivial
trillado (V.)
asendereado
manido
adocenado
sencillo
cursi (V.)
desconocido (V.)
indocumentado
ignorado
ignoto
anónimo (V.)
incógnito
innominado
obscuro
raso
gregario
pelagatos
de pacotilla
de chicha y nabo
de medio pelo
de mal tono
para andar por casa
de baja estofa
del montón
en bruto
de por ahí
de poco pelo
de poca monta
uno de tantos
uno más

s. **romance** (V.)
románico

(V. **vulgaridad**)

a. *exótico*
extraordinario
especial
raro
particular
personal
característico
singular
extraño
peregrino
original
nuevo
único
destacado
ilustre
eximio
prestigioso
conspicuo
eminente
conocido
famoso
inusitado

vulgaridad
s. inelegancia
trivialidad (V.)
ordinariez (V.)
chabacanería
prosaísmo
plebeyez (V.)
prosa (V.)
vulgarismo
necedad
tópico (V.)
ramplonería (V.)
barbarismo
dicharacho
vulgarización
maneras toscas
mala crianza
falta de educación
falta de tacto
falta de gusto
incultura
falta de urbanidad
grosería (V.)
lugares comunes
camino trillado
impertinencia
insubstancialidad
simpleza (V.)
banalidad
generalidad
adocenamiento
monotonía
mediocridad
chuscada
tosquedad
perogrullada

a. *personalidad*
genialidad
finura
elegancia
distinción
exquisitez
singularidad
excepción
rareza
particularidad
especialidad
originalidad
novedad
prestigio
fama

vulgarismo
s. vulgaridad
barbarismo
incorrección (V.)

a. *cultismo*
corrección
purismo

vulgarización
s. **generalización** (V.)
difusión
divulgación (V.)
propagación
publicación
familiarización
adocenamiento (V.)
popularización

(V. **vulgaridad**)

a. *limitación*
delimitación
conservación
ocultación

vulgarizar-se
s. **generalizar** (V.)
pluralizar
diversificar
familiarizar (V.)
acomodar
adaptar
acostumbrar
achabacanar
adocenar (V.)
popularizar (V.)
sobar
gastar
ser corriente
ser un cualquiera
andar en manos de todos
estar al alcance de cualquiera

s. **divulgar** (V.)
publicar
extender
propagar
difundir
universalizar
hacer asequible
poner al tanto
hacer público

(V. **vulgarización**)

(cont.)

a. *limitar*
delimitar
preservar
ocultar
refinar
prohibir
restringir
retener
impedir
obstaculizar
dificultar

vulgo
s. estado llano
multitud
plebe (V.)
pueblo
villanaje
muchedumbre
canalla
morralla
chusma
hez
horda (V.)
patulea
populacho
masa
público
gente
gentualla
galería
personal
personas
profano
vulgacho
turbamulta
turba
gentuza
hampa

(V. **vulgaridad**)

a. *selección*
nobleza
distinción
la crema
personaje
aristocracia
nobleza
exquisitez

vulnerabilidad
s. **sensibilidad** (V.)
debilidad
languidez
decaimiento
indefensión
inermidad
impotencia
desvalimiento
fragilidad (V.)
flaqueza
inseguridad

a. *fortaleza*
defensa
insensibilidad
dureza
seguridad
energía

vulnerable
s. endeble
atacable
sensible (V.)
débil (V.)
enclenque
indefenso
dañable
perjudicable
inane
inerme
hipersensible
desamparado
desvalido
lastimable
asequible (V.)
frágil
inseguro
inconsistente
defectuoso (V.)

(V. **vulnerabilidad**)

a. *fuerte*
insensible
invulnerable
seguro
consistente
perfecto
inasequible

vulneración
s. **herida** (V.)
daño (V.)
perjuicio (V.)
lesión
menoscabo
ofensa
damnificación

s. **violación** (V.)
infracción (V.)
incumplimiento
quebrantamiento
desobediencia
contravención
transgresión

a. *beneficio*
favor
ventaja
acatamiento
observancia
cumplimiento
respeto

vulnerador
s. infractor
transgresor
quebrantador
violador
ofensor
contraventor
incumplidor (V.)
desobediente
renuente
rebelde (V.)

(V. **vulneración**)

a. *observante*
respetuoso
obediente
cumplidor

vulnerar-se
s. pinchar
herir (V.)
dañar
perjudicar
dañar (V.)
lacerar
lesionar
inferir
asestar
lastimar (V.)
punzar
damnificar
menoscabar
lisiar
maltratar
ofender (V.)
violentar
desgraciar

s. **violar** (V.)
infringir (V.)
incumplir
quebrantar
desobedecer (V.)
delinquir
contravenir
transgredir

(V. **vulneración**)

a. *favorecer*
amparar
auxiliar
acatar
respetar
cumplir
observar

vulnerario
s. **medicamento** (V.)
curativo
cicatrizante
sarcótico
escarótico
caterético

s. **planta** (V.)
(vulnerarias)

vulpeja
(V. **zorra**)

vultuoso
s. congestivo
congestionado (V.)
abotagado
abotargado
hinchado (V.)
inflamado

a. *macilento*
enjuto

vulturno
(V. **bochorno**)
(viento)

vulva
s. **órgano** (V.)
(genital
femenino)
abertura
partes (pudendas)

s. labios mayores
labios menores
o ninfas
clítoris
vestíbulo
uretra
vagina
glándulas de
Bartholin
monte de Venus
meato
orificio vaginal
vestíbulo uretral
himen
horquilla
fosa navicular
bulbos vaginales

s. vulvar
vulvitis
vulvovaginal

(V. **generación**)

a. *pene*

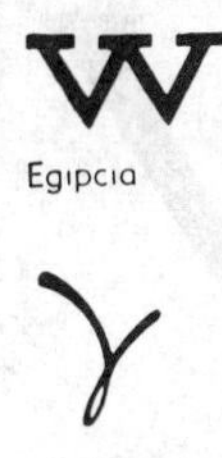

Egipcia

Griega

Latina

W-X

wagon
(V. **vagón**) (ferr.)

wagon-lit
(V. **tren**)

walí
(V. **valí**)

walkie-talkie
(V. **emisor**)
(V. **receptor**)

walquiria
(V. **valquiria**)

watt
(V. **vatio**)

water-closet
(V. **retrete**)

water-jacket
(V. **horno**)
(de cuba)

weekend
(V. **semana**)
(fin de)
(V. **asueto**)
(V. **descanso**)

wehrmacht
(V. **ejército**)
(alemán)

welter
(V. **boxeo**)
(categoría)

wellingtonia
(V. **secoya**)

western
(V. **filme**) (del
Oeste)

whig
(V. **liberal**)

whisky
(V. **bebida**)

whist
(V. **baraja**) (juego)

xah
(V. **shah**)

xantofila
(V. **clorofila**)
(amarilla)

xantoma
(V. **tumor**)
(amarillo)

xenofilia
(V. **amistad**) (al
extranjero)

xenófilo
(V. **amigo**) (del
extranjero)

xenofobia
s. chauvinismo
patriotería (V.)
odio (V.) (al
extranjero)
chovinismo
jingoísmo
a. *xenofilia*

xenófobo
s. chauvinista
patriotero (V.)
fanático
hostil (al
extranjero)
jingoísta
(V. **xenofobia**)
a. *xenófilo*

xeroftalmía
(V. **sequedad**)
(ojos)

xerografía
(V. **reproducción**)
(fotográfica)

xerografiar
(V. **reproducir**)
(fotográfica-
mente)

xifoides
s. **cartílago** (V.)
apéndice
mucronato
esternón (V.)

xilofón
s. **instrumento** (V.)
(musical)
xilófono
marimba
s. listones
resonadores
baquetas o
macillos

xilografía
(V. **grabado**) (en
madera)

Egipcia Etrusca Griega Latina

Elzevir Jónica S. V S. XVI

S. XVII Gótica Española Americana

ya
s. hoy
ahora (V.)
ora
actualmente

s. ¡ya, ya!
ya no
no ya
ya que
ya que no

a. *ayer*
nunca

yacaré
(V. **caimán**)

yacente
s. tumbado
tendido (V.)
reposado
plano (V.)
supino
extendido
espalditendido
abuzado
apaisado
yaciente
atasajado
prono
horizontal
acostado
decumbente
durmiente

a. *levantado*
vertical
erguido

yacer
s. reposar
sepultar (V.)
descansar (V.)
echarse
tumbarse
tenderse (V.)
arrellanarse
dormir (V.)
dormitar
holgarse
acostarse
encamarse

s. **ser** (V.)
estar
existir (V.)
subsistir
morar
permanecer
durar
mantenerse
pacer
parar (V.)

s. **encontrarse** (V.)
hallarse
estar
juntarse
cohabitar (V.)
ayuntarse
amancebarse

a. *levantarse*
erguirse
pasar
desaparecer
respetar

yaciente
(V. **yacente**)

yacija
s. lecho
cama (V.)
camastro
catre
litera
jergón
tálamo

s. **sepultura** (V.)
fosa
huesa
tumba
panteón
sepulcro
nicho

yacimiento
s. **mina** (V.)
filón (V.)
cantera (V.)
placer
pedrera (V.)
veta
vena
almadén
criadero
banco
bolsa
calón
venero
reserva
masa
depósito (V.)
manto
riñón

yactura
s. **pérdida** (V.)
menoscabo
daño (V.)
quiebra
extorsión
tuerto
inconveniente

a. *beneficio*
ganancia

yacht
(V. **yate**)

yachting
(V. **navegación**)
(a vela)

yambo
(V. **pie**) (poesía)

yantar
s. **comida** (V.)
pitanza
manjar
vianda
sustento

s. **comer** (V.)
nutrirse
alimentarse

a. *ayuno*
dieta
abstinencia
ayunar

yarda
(V. **medida**)
(longitud)

yare
(V. **veneno**)

yatagán
(V. **alfanje**)

(V. **sable**)

yate
s. yacht
velero
goleta
balandro
barca
barco
embarcación (V.)

yayo
(V. **abuelo**)

yebo
(V. **yezgo**)

yeco
(V. **erial**)

yedra
(V. **hiedra**)

yegua
s. potranca
potra
jaca
yegüezuela
madrina
mula

s. yegua caponera
yegua aburrada

r. Donde hay yeguas, potros nacen ■ Yegua parada, prado halla

(V. **caballo**)

yeguada
s. yegüería
manada
rebaño
hato
tropa
recua (V.)

(V. **yegua**)

yegüería
(V. **yeguada**)

yegüerizo
s. yegüero
mulero (V.)
acemilero
arriero (V.)
mozo
chalán

(V. **yegua**)

yegüero
(V. **yegüerizo**)

yelmo
s. **casco** (V.)
bacinete
almete
celada
borgoñota
capacete
casquete
morrión
armadura (V.)
lambrequín

yema
s. **brote** (V.)
botón
geminación
retoño
pezón
gemación
gémula
renuevo
caparrón
botón
pimpollo
reveno
vástago
tallo (V.)
bollón
grumo
gromo
plumilla
plúmula
gema

s. **flor** (V.)
cogollo (V.)
flor y nata
lo mejor
excelente (V.)

s. **corazón** (V.)
medio
mitad
centro
núcleo (V.)

s. **dulce** (V.)

s. yema del dedo
yema mejida

s. dar uno en la yema

a. *peor*
lo malo

yen
(V. **moneda**)
(Japón)

yerba
(V. **hierba**)

yermar
s. **despoblar** (V.)
deshabitar
abandonar
desraizar
desocupar

s. **asolar** (V.)
devastar
arruinar

(V. **yermo**)

a. *repoblar*
poblar
cultivar

yermo
s. **despoblado** (V.)
deshabitado
desolado (V.)
abandonado
inexplorado
desierto
solitario
inhabitado
desértico (V.)
inhóspito
vacío
vacante

s. **estéril** (V.)
inculto (V.)
infecundo
infértil
baldío (V.)
reseco
bravo
lleco
alijado
erio

s. alijar
erial (V.)
calvero
páramo
duna
desierto (V.)
pedregal
añojal
eriazo
barbecho

a. *habitado*
populoso
cultivado
fértil
fecundo

yerno
s. genro
gerno
herno
hijo (V.)
(político)
pariente (V.)
familiar

a. *suegro*
nuera

yero
s. **planta** (V.)
(leguminosa)
yervo
herén
hieros
alcarceña

yerro
s. **error** (V.)
omisión
falta (V.)
errata
desacierto
equivocación (V.)
descuido
aberración
torpeza
sinrazón
culpa (V.)
delito
errada
desliz
pecado
alucinación
engaño
ofuscación
falencia
desacuerdo
trabacuenta
inadvertencia
gazafatón
pifia
desbarro (V.)
yerro de imprenta
yerro de cuenta
deshacer un yerro
r. Los yerros del médico, la tierra los cubre ■ No salva mi yerro el de mi vecino o deudor ■ Quien mucho habla, mucho yerra
a. *perfección*
acierto
verdad
razón
virtud

yerto
s. **rígido** (V.)
tieso
atiesado
enhiesto
áspero
rudo
tenaz
irreductible
inquebrantable
de una pieza
erguido
como un palo
sin corazón
s. frío
inmóvil (V.)
agarrotado
entumecido (V.)
exánime (V.)
exangüe
muerto (V.)
quieto
gélido
entelerido
entorpecido
anquilosado
álgido
arrecido
como un sorbete
a. *cálido*
animado
flexible
doblegable
caliente
ágil
vivo
vivaz

yervo
(V. **yero**)

yesar
s. yesal
yesera
yesería
aljezal
aljecería
(V. **yeso**)

yesca
s. eslabón
chisquero
pedernal (V.)
hupe
pajuela (V.)
lumbre
enjuto
alegrador
s. **acicate** (V.)
estímulo
incentivo
espuela
aguijón
picón
señuelo
a. *freno*
moderación
sobriedad

yeso
s. clarión
tiza
cal (V.)
aljez
aljor
selenita
espejuelo
alabastrita
alabastrina
aljezón
bizcocho
selenita
s. lechada
pella (V.)
pellada
amasijo
plaste
galápago
yesón
zaborro
gasón
tiento
gipso
estuco
estuque
enyesadura
escayola
granzas
s. **escultura** (V.)
s. yeso blanco
yeso mate
yeso espejuelo
yeso negro
s. lavar de yeso
enyesar (V.)
encalar
apagar
matar
amasar
fraguar

yesón
(V. **cascote**)
(de yeso)

yesoso
s. aljezoso
yesero
gipsífero
selenitoso
muerto
(V. **yeso**)

yeyuno
(V. **intestino**)

yezgo
s. **planta** (V.)
(caprifoliácea)
actea
yedgo
yebo

yiddish
(V. **lengua**)
(judeoalemana)

yo
s. servidor
ego
egocentrismo (V.)
egoísmo
egolatría
egotismo
presunción
narcisismo (V.)
s. yo pecador
r. Ande yo caliente y ríase la gente
a. *él*
humildad
sencillez
generosidad
prójimo

yodo
s. iodo
elemento (V.)
(químico)
yodoformo
desinfectante (V.)
antiséptico
halógeno
tintura

yoga
s. ascesis
ascética (V.)
paz espiritual
pasos
yama o dominio moral
niyama, cultivo de limpieza física y moral
āsana, o posición
prānāyama, o control de la respiración
pratyāhara, o control sensorial
samādhi, o abandono

yogar
(V. **holgarse**)
(V. **cohabitar**)

yoghourt
(V. **yogur**)

yoglar
(V. **juglar**)

yogui
(V. **asceta**) (indio)

yogur
s. yoghourt
yoghurt
yogurt
leche (V.)
cuajada

yola
(V. **embarcación**)

yo-yo
s. **juguete** (V.)
s. discos
lanzadera
cuerda

yudo
(V. **judo**)

yugada
s. **superficie** (V.)
(de labor)
arada (V.)
huebra
yunta
jera
peonada
peonería
peonía
jornal
s. **yunta** (V.)
(V. **yugo**)

yugo
s. **coyunda** (V.)
cornal
dentejón
cobra
jubo
camella
frontalera
ubio
yugueta
uñidura
gamella
frontil
rolla
rollo
cincha
guarnición (V.)
cornil
hembrilla
ventril
sobeo
subeo
s. **tracción** (V.)
s. **velo** (V.)
boda (V.)
dominio (V.)
disciplina
esclavitud
obediencia
ajobo
servidumbre
sumisión
vasallaje
carga
peso
atadura
prisión
horca
s. **enyugar** (V.)
s. yugo del matrimonio
sacudirse el yugo
a. *libertad*
indisciplina
rebelión
emancipación

yuguero
(V. **yuntero**)

yugular
(V. **vena**)
(V. **cortar**)
(V. **interrumpir**)

yungir
(V. **uncir**)

yunque
s. **forja** (V.)
tas
bigornia
s. **paciente** (V.)
sufridor
Job
víctima
s. **trabajador** (V.)
perseverante
cumplidor
s. estar uno al yunque
a. *impaciente*
quejumbroso
vago

yunta
s. **pareja** (V.)
biga
emparejo
canga
encuarte
mancuerna
gabita
s. **yugada** (V.)

yuntar
(V. **juntar**)

yuntero
s. yuguero
mozo (labranza)
yubero
(V. **yunta**)

yurta
(V. **choza**)
(lapona)

yusión
(V. **mandato**)
(V. **orden**)
(V. **precepto**)

yuso
(V. **abajo**)
(V. **ayuso**)

yute
s. **fibra** (V.) (textil)
hilaza
hebra
torzal
filamento
arpillera (V.)

yuxtaponer-se
s. **juntar** (V.)
adosar
acercar
apoyar
aplicar
arrimar
enfrentar
(V. **yuxtaposición**)
a. *separar*
apartar
alejar
distanciar

yuxtaposición
s. **unión** (V.)
acercamiento (V.)
aproximación
reunión
aplicación
a. *separación*
alejamiento
distanciamiento
apartamiento

yuyuba
(V. **azufaifo**)

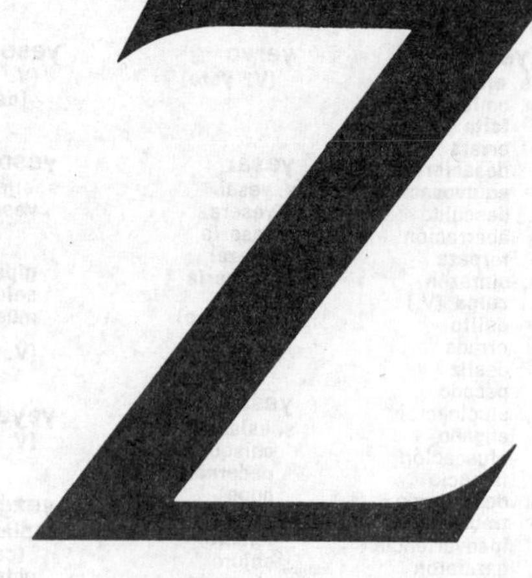

Egipcia · Etrusca · Griega · Latina

Elzevir · Jónica · S. X · S. XV

S. XVII · Gótica · Española · Americana

zabalmedina
(V. **juez**)

zabazoque
s. **almotacén** (V.)
áloe
azabara
zabida
zabila

zabila
s. azabara
áloe (V.)
zabida

zaborda
s. varada
varadura (V.)
encalladura (V.)
zabordo
encallada

zabordar
s. **varar** (V.)
encallar (V.)
embarrancar
tropezar
embancar

(V. **zaborda**)

a. *salir*
navegar

zaborra
(V. **residuo**)

(V. **cascajo**)
(piedrecilla)

zaborrero
s. **chapucero** (V.)
descuidado
despreocupado
ligero
remendón
chanflón
charanguero
tosco
descuidado
desmañado

a. *cuidadoso*
esmerado

zaborro
s. **gordo** (V.)
gordinflón
gordinflas
rechoncho
chaparro

(V. **yesón**)

a. *delgado*
esbelto

zaboyar
s. unir
juntar
tapar (V.)
cubrir
ocultar (V.)
disimular

s. **rellenar** (V.)
(con yeso)

a. *descubrir*
destapar
vaciar

zabucar
(V. **bazuquear**)

(V. **agitar**)

zabullida
(V. **zambullida**)

zabullir-se
(V. **zambullir-se**)

zabuquero
s. **traqueteo** (V.)
revolvimiento
revolución
bazuqueo
agitación (V.)

a. *quietud*
calma
inmovilidad

zaca
(V. **odre**)

zacapela
(V. **riña**)

zacatín
(V. **calle**)

(V. **plaza**)

(V. **mercado**)
(ropas)

zacear
s. azuzar (perros)
espantar (V.)
asustar
alejar
ahuyentar
zapear

s. **cecear** (V.)
sesear
zalear

a. *atraer*
llamar

zacuto
s. bolso
saco (V.)
talego
zurrón
macuto
mochila
bolsillo
saco de mano

s. **billetero** (V.)
cartera
monedero

zadorija
(V. **pamplina**)
(planta)

zafa
(V. **palangana**)

(V. **lavabo**)

zafado
s. **libre** (V.)
desembarazado
eludido

s. **descarado** (V.)
insolente
fresco
atrevido (V.)

a. *sujeto*
sometido
vergonzoso
circunspecto
pusilánime

zafar
s. **adornar** (V.)
embellecer
engalanar
acicalar
guarnecer
empavesar
emperifollar

a. *afear*
desparamentar
descuidar

zafariche
(V. **cantarera**)

zafarrancho
s. **limpieza** (V.)
desembarazo (V.)
preparativos
preparación

s. **alarma** (V.)
atención
toque (V.)
llamada
orden

s. **riña** (V.)
refriega
pelotera
gresca
trifulca
alboroto
marimorena
jaleo

s. **desastre** (V.)
estrago
destrozo
descalabro
chamusquina
fechoría (V.)
riza

s. zafarrancho de combate

a. *descuido*
incuria
abandono
suciedad
paz
calma
arreglo

zafarse
s. **librarse** (V.)
desembarazarse (V.)
escaparse
regatear
rehuir
huir
soltarse
quitarse
esquivar
excusarse (V.)
evitar
eludir (V.)
sortear
soslayar
eclipsarse
hurtar la cara
huir el cuerpo

a. *afrontar*
resistir
enfrentarse
asumir
permanecer
quedarse

zafiedad
s. **ordinariez** (V.)
incultura (V.)
grosería
chabacanería
tosquedad (V.)
rusticidad (V.)
patanería
peletería
zamarrería
descortesía
brusquedad
aspereza
torpeza
ramplonería

a. *finura*
exquisitez
urbanidad
cultura

zafio
s. **inculto** (V.)
grosero (V.)
bárbaro
chabacano
zote
torpe
rural
rudo
cafre (V.)
ramplón
patán
villanchón
paleto
palurdo
zamarro
cateto
incivil
montaraz
agreste
cerril
tosco (V.)
boto
meleno
zampatortas
zambomba
gaucho
orejón
zamborotudo
isidro
aldeano
chanflón
sayagués

(V. **zafiedad**)

a. *culto*
cortés
fino
educado
exquisito
delicado
selecto

zafiro
s. **piedra** (V.)
(preciosa)
corindón
zafir
zafira
gema

s. zafiro blanco
záfiro oriental

zafo
s. sereno
tranquilo
libre (V.)
desembarazado (V.)
desenvuelto
despejado
suelto
dueño de sí

s. **indemne** (V.)
incólume
horro
ileso (V.)
sin daño
sano y salvo

a. *oprimido*
atado
embarazado
perjudicado
dañado

zafra
s. restos
residuos (V.)
cascote
desechos (V.)
basura
zaborra
ripio
escombro (V.)

s. **correa** (V.)
sufra
correón

s. **vasija** (V.)
aceitera

s. **cosecha** (V.)
(azúcar)
cultivo
fabricación
laboreo

zaga
s. talón
trasera
dorso
revés
reverso
espalda
culata
pie
parte posterior
cola
retaguardia (V.)
posterioridad

s. **detrás** (V.)
atrás
el último
a la espalda

s. a la zaga
en zaga
ir a la zaga

a. *delantera*
vanguardia
delante

zagal
s. **pastor** (V.)
pastorcillo

s. **muchacho** (V.)
mozo (V.)
adolescente
chaval
joven
pollo
pimpollo
mancebo
efebo
zagalejo
pastor
garzón
paje
zagalejo

a. *viejo*
senil

zagalejo
(V. **zagal**)

(V. **refajo**)

zagalón
(V. **chicarrón**)

zagaya
(V. **lanza**)

(V. **flecha**)

zaguán
s. entrada
vestíbulo (V.)
hall
porche
pórtico (V.)
portada
casapuerta
portal (V.)
recibidor
veranda
galería
zaguanete
atrio
propileo

a. *salida*

zaguanete
s. **antesala** (V.)
recibidor

s. **guardia** (V.)
escolta

(V. **zaguán**)

zaguero
s. **último** (V.)
postrero
ulterior
trasero
rezagado (V.)
postrer
postremo
posterior

s. **defensa** (V.)
(deportes)

(V. **zaga**)

a. *primero*
delantero

zahareño
s. **salvaje** (V.)
bravo
indomesticable (V.)
indómito
desdeñoso (V.)
huraño (V.)
rebelde
repelente
despectivo
tosco
irreductible
abrupto
intratable
arisco (V.)

a. *sumiso*
manso
amable
accesible
cortés
acogedor

zaharrón
s. **botarga** (V.)
mamarracho (V.)
payaso
dominguillo

a. *elegante*

zaheridor
s. vejador
mortificador (V.)
escarnecedor
satírico
mordaz (V.)
criticón
punzante
mortificante
cáustico
dicaz
epigramático
picante
zahiriente
zoilo
pullista
satirizante
acre
burlón
acerado
incisivo
venenoso
humorista
matraquista
agresivo

a. *zaherimiento*
agradable
lisonjero
amable
complaciente
benigno

zaherimiento
s. **humillación** (V.)
vejamen
mortificación (V.)
censura
mofa
crítica
sátira (V.)
murmuración
chinita
burla
molestia
detracción
ironía
matraca
dardo
pinchazo
trágala
pulla (V.)
alfilerazo
indirecta
remoquete
vareta
epigrama
puntazo
vejación
escarnio
soflama
rehilete
acrimonia
insidia
mordacidad (V.)
retintín
diatriba
molestia
reprobación
rociada
ofensa
pasquín
descrédito
letrilla

a. *amabilidad*
agrado
alabanza
ensalzamiento
piropo
elogio

zaherir-se
s. **despreciar** (V.)
criticar
detractar
ironizar
maltratar
mofarse
humillar
ultrajar
afrentar
agraviar
menospreciar
mortificar (V.)
molestar (V.)
vejar (V.)
satirizar
morder (V.)
ofender (V.)
escaldar

s. **escarnecer** (V.)
pinchar
reprender (V.)
censurar
sosoñar
cancerar
abuchear
alancear
candonguear
cantaletear
poner como nuevo
dar un repaso
poner verde
faltar al respeto
sacar los colores
poner de chupa de dómine
sacar los trapos a relucir
poner en ridículo
hacer cera y pábilo de uno
poner como un trapo

(V. **zaherimiento**)

a. *alabar*
ensalzar
agradar
honrar
elogiar
piropear
apreciar
considerar

zahína
s. sorgo
maíz
melca
melga
adaza
alcandía
ardurán
daza

s.gachas
puches

zahiriente
(V. **zaheridor**)

zahón, es
s. **pantalón, es** (V.)
chaparreras
zamarros
zafones
delanteras

zahondar
s. ahondar
cavar (V.)
penetrar
minar
zapar
socavar
profundizar (V.)
dragar

s. hundirse
naufragar (V.)
irse a pique

a. *amontonar*
flotar

zahora
s. **comilona** (V.)
merienda
merendola
cuchipanda
gaudeamus
pipiripao
banquete
festín

a. *ayuno*
hambre
necesidad
sobriedad
moderación

zahorar
(V. **cenar**) (por segunda vez)

zahorí
s. **adivino** (V.)
adivinador
rabdomante
profeta (V.)

s. **perspicaz** (V.)
clarividente
sagaz
lince
agudo

a. *torpe*
obtuso

zahoriar
s. penetrar
escudriñar (V.)
escrutar
investigar
rebuscar
examinar
observar

(V. **zahorí**)

a. *desinteresarse*
abandonar

zahorra
s. **lastre** (V.)
sable
arena
saburra
zaborra
sorra

a. *ligereza*

zahúrda
(V. **tugurio**)

(V. **pocilga**)

zaino
s. desleal
falso (V.)
hipócrita
traidor (V.)
felón
aleve
infiel
perjuro
pérfido

s. **castaño** (V.)
marrón (V.)
pardo
negro
rojizo

s. a lo zaino
de zaino

a. *devoto*
constante
fiel
sincero
leal

zalá
(V. **rezo**)
(musulmanes)

zalagarda
s. marimorena
zipizape
riña (V.)
reyerta
pelea
trapatiesta
contienda

s. escaramuza
ardid (V.)
celada
trampa (V.)
emboscada

s. enjuague
manejo
chanchullo (V.)
trapisonda
estraperlo
malicia

a. *sosiego*
armonía
paz
nobleza
lealtad
honradez

zalama
(V. **zalamería**)

zalamelé
(V. **zalamería**)

zalamería
s. zalema
zalama
zalamelé
zanguanga
arrumaco
carantoña (V.)
monería
monada
embeleco
gitanería
caroca
fiesta
lagotería
cucamonas
retrechería
adulación (V.)
obsequiosidad
coba
lisonja (V.)
pelotilla
hipocresía (V.)
pelota
elogio
incienso
piropo
requiebro
halago (V.)
camelo
jabón
arremueco
angulemas
mimo (V.)
chiqueo
arremuesco
cirigaña
potetería
zorrocloco
meguez
ciquiricata
dingolondango
putería
zarracatería
soflama
tontería
zanguanga
gachonada
gachas
gitanada
ilécebra
marrullería
gatería
garatusa
jametería
pamplina
roncería

a. *desprecio*
repulsa
hostilidad
hosquedad
sinceridad
sobriedad
sequedad
crítica
ataque
insulto
afrenta
ofensa

zalamero
s. lisonjero
carantoñero
cobista
pelotillero
halagador (V.)
lisonjeador (V.)
gitano
pamplinero
adulador (V.)
marrullero (V.)
candongo
mimoso
cariñoso
caricioso
potetero
lavacaras
lagotero
piropeador
retrechero
requebrador
camelista
adulón
embelecador
tiralevitas
lameculos
embaucador
guachinango

(V. **zalamería**)

a. *arisco*
hosco
seco
hostil
sobrio
parco
sincero

zalea
s. **piel** (V.) (oveja)
zamarra
tusón
vellón
pelleja
cuero curtido
zaleo

zalear
s. arrastrar
zarandear (V.)
menear
manosear (V.)

s. **destrozar** (V.)
estropear
deslucir

s. **zacear** (V.)

a. *respetar*
lucir
arreglar

zalema
s. **reverencia** (V.)
saludo
cortesía
cortesanía
inclinación
genuflexión
sumisión (V.)

s. **carantoña** (V.)

a. *desacato*
descortesia
rabotada
groseria

zamacuco
s. zopenco
tardo
torpe (V.)
cerril
zote
ceporro
rudo
necio (V.)

s. solapado
ladino
zorro (V.)
pillo
socarrón
colmilludo
astuto
disimulado
carlanca
zorrastrón
zamarro
cazurro (V.)
pícaro (V.)
ardiloso

s. **embriaguez** (V.)
merluza
cogorza
trompa
mordaguera
turca
trúpita

a. *culto*
inteligente
listo
noble
sincero
sobriedad

zamanca
(V. **paliza**)

zamarra
s. chaqueta
chaquetón (V.)
chamarra
zamarro
pellica
pellico
pelliza
zamarrón
cazadora

s. zalea
piel (V.) (oveja)

zamarrear
s. **sacudir** (V.)
golpear
agitar
maltratar
zarandear (V.)
destrozar
tundir
moler
menear
estremecer
pegar

s. **humillar** (V.)
arrinconar (V.)
derrotar
mostrarse
superior a otro

(V. **zamarreo**)

a. *cuidar*
mimar
acariciar
sujetar
respetar
someterse

zamarreo
s. **sacudida** (V.)
sacudimiento
zarandeo (V.)
meneo
agitación
paliza
maltrato

s. **lección** (V.)
humillación (V.)
arrinconamiento
exhibición (de conocimientos)

a. *cuido*
cuidado
caricia
mimo
atención
consideración
respeto
sometimiento

zamarro
(V. **zamarra**)
(V. **tosco**)
(V. **pesado**)

zamarrón
(V. **delantal**)
(segadores)

zamba
s. samba
zamacueca
danza (V.)

zambaigo
(V. **zambo**)
(V. **mestizo**)
(negro e indio)

zambapalo
(V. **danza**)

zambo
s. **torcido** (V.)
befo
estevado
desviado
patojo
patituerto
pernituerto
patizambo
deforme (V.)
desigual
zámbigo

s. zambaigo
mestizo (V.) (de negro e indio)

s. **mono** (V.)
papión

a. *recto*
derecho
puro
normal

zambomba
s. **instrumento** (V.)
(musical)
zampoña
chicharra
furruco

s. caja
parche, vejiga o pergamino
cilindro o caja
caña
¡zambomba!

zambombazo
s. chupinazo
explosión (V.)
estallido
estampido
detonación
morterazo
estruendo

s. **golpe** (V.)
porrazo (V.)
golpetazo
castaña
batacazo

(V. **zambomba**)

a. *calma*
silencio
mimo
cuido
caricia

zambombo
s. **tosco** (V.)
rudo
grosero
cerril
bruto
grosero
zafio (V.)
cebollo

a. *listo*
vivo
culto

zamborondón
(V. **zamborotudo**)

zamborotudo
s. zambombo
zamborrotudo
zamborondón
ordinario
lerdo
zoquete
zoquetudo
vulgar
frangollón
zarramplín
rudo
lijoso
zamborrondón
chapucero (V.)
basto
tosco (V.)
remendón
charanguero
grueso
obeso
rechoncho (V.)
frangollón
faramallero
zaragatero
faramero
zangandungo
mamarrachista
zaragutero

a. *fino*
refinado
cultivado
esbelto
delgado

zambra
s. jarana
fiesta (V.)
baile
danza
diversión
parranda
holgorio
jolgorio
jaleo (V.)
algazara
bullicio
zarabanda
regocijo
samotana
barrullo
bulla (V.)
ruido
escándalo
algarada
algarabía
vocinglería
trapisonda
batahola (V.)

a. *aburrimiento*
tristeza
silencio
desanimación
calma
tranquilidad

zambucar
s. disimular
esconder
escamotear (V.)
birlar
quitar de la vista
ocultar
hacer desaparecer

a. *enseñar*
mostrar
devolver

zambullida
s. zambullimiento
zambullida
zampuzada
inmersión
chapuzada
zambullidura
arrojamiento
tirada
chapuzón (V.)
sumersión (V.)
sumergida

s. **treta** (V.)
(esgrima)

a. *subida*
ascensión
flotación

zambullidor
s. zampuzador
zabullidor
chapuceante
chapuzante
nadador (V.)
buceador
somorgujador

(V. **zambullida**)

zambullidura
(V. **zambullida**)

zambullimiento
(V. **zambullida**)

zambullir-se
s. bañarse
nadar (V.)
bucear
meterse (V.)
sumergirse (V.)
chapuzarse (V.)
capuzarse
zampuzarse
hundirse
zozobrar
irse a pique
irse al fondo
zabullirse
naufragar
tirarse

s. **esconderse** (V.)
ocultarse
cubrirse
ahondarse

(V. **zambullida**)

a. *salir*
flotar
emerger
aparecer
devolver

zambullo
(V. **bacín**)
(V. **orinal**)

zampa
s. **estaca** (V.)
madero
listón
palo
tranca

(V. **valla**)

zampabodigos
(V. **zampatortas**)

zampabollos
(V. **zampatortas**)

zampalimosnas
(V. **mendicante**)

zampalopresto
(V. **salsa**)

zampapalo
(V. **zampatortas**)

zampar-se
s. **comer** (V.)
tragar
embuchar
devorar (V.)
atragantar
embutir
atarugarse
embaular
engullir
atiborrarse
atiparse
llenarse
comer a dos carrillos
llenar la andorga
hinchar el bandullo
ponerse como un pepe
ponerse como un trompo
darse un hartazgo
darse un atracón
atracarse
indigestarse

s. estampar
arrojar

s. *ayunar*
abstenerse
refrenarse
comedirse
retener
conservar

zampatortas
s. **glotón** (V.)
comilón (V.)
zampabollos
zampabodigos
zampapalo
devorador
voraz
tragaldabas
epulón
tarasca
tragón
tragamallas
zampón
glotón
tumbaollas
gomía

s. torpe

(V. **zafio**)

a. *sobrio*
frugal
parco
hábil
fino

zampeado
s. **cimientos** (V.)
emparrillado
mampostería
carrilera
hormigón
pilotes

(V. **arquitectura**)

zampear
(V. **cimentar**)

zampón
(V. **zampatortas**)

zampoña
s. **instrumento** (V.)
(musical)
flauta (V.)
pipiritaña
pipitaña
caramillo
siringa
flautilla

s. **trivialidad** (V.)
insubstancialidad
bobada
simpleza (V.)
patochada
tontería
bobería
necedad

a. *sensatez*
profundidad
juicio
importancia

zampuzar
(V. **zambullir**)

zanahoria
s. azanahoriate
azanoria
chuleta de huerta
dauco
planta (V.)
(umbelífera)
hortaliza
raíz

zanahoriate
(V. **dulce**) (de zanahoria)

zanca
s. zanco
pata (V.)
pierna (V.)
remo
muslo
miembro
extremidad
cuartos
s. **madero** (V.)
soporte
peldaño (V.)
escalera (V.)
estribo
apoyo
s. zanca de asnado
andar en zancas de araña
por zancas y por barrancas

zancada
s. **tranco** (V.)
trancada
paso (V.)
zanca
marcha
s. en dos zancadas
(V. **zanca**)
a. *parada*
detención

zancadilla
s. contrapié
tropezón
trascabo
traspié (V.)
treta de la lucha
s. **trampa** (V.)
asechanza
presa
celada
ardid (V.)
engaño
cancamusa
fraude
trapaza
timo
dolo
estafa
zangamanga
candonga
manganilla
estratagema (V.)
(V. **zanca**)
s. poner la zancadilla
a. *nobleza*
sinceridad
verdad

zancajear
s. andar
zanganear (V.)
corretear
apresurarse
deambular (V.)
vagabundear
vagar
dar barzones
ir de la Ceca a la Meca
ir y venir
ir de un lado para otro
a. *descansar*
reposar
detenerse
pararse

zancajera
(V. **estribo**)
(coches)

zancajiento
(V. **zancajoso**)

zancajo
s. zancarrón
hueso (V.)
cangallo
talón (V.)
s. **tipejo** (V.)
adefesio
s. no llegar a uno a los zancajos
roer los zancajos
a. *bizarro*
apuesto

zancajoso
s. **deforme** (V.)
zambo
zopo
zanquituerto
zancajiento
pernituerto
zompo
s. **carcomido** (V.)
roto
(V. **zancajo**)
a. *garboso*
elegante
proporcionado
apuesto
nuevo
indemne

zancarrón
s. zancajo
hueso (V.)
(pierna)
s. **carcamal** (V.)
viejo (V.)
feo
patoso
desgarbado
esqueleto
momia
fideo
lambrija
perigallo
esparvel
esparavel
s. **ignorante** (V.)
(profesor)
ignaro
a. *tipazo*
mozarrón
elegante
sabio

zanco
s. **zanca** (V.)
s. **palo** (V.)
madero
base
ayuda
s. andar con zancos
estar en zancos

zancón
(V. **zancudo**)

zancudo
(V. **zanquilargo**)
(V. **ave**)

zandía
(V. **sandía**)

zanfonía
s. **instrumento** (V.)
(musical)
zarrabete
gaita
s. caja
manubrio
cuerdas
cilindro de púas

zangamanga
(V. **treta**)
(V. **ardid**)

zanganada
s. torpeza
majadería (V.)
inoportunidad (V.)
impertinencia
despropósito
grosería
pitada
a. *acierto*
oportunidad
conveniencia
mesura
juicio
sensatez

zangandongo
(V. **zángano**)
(V. **holgazán**)

zangandullo
(V. **zángano**)
(V. **holgazán**)

zanganear
s. **callejear** (V.)
vagar
deambular
haraganear (V.)
merodear
errar
holgazanear (V.)
gandulear
ruar
zanquear (V.)
zancajear (V.)
no dar golpe
perder el tiempo
estar parado
cruzarse de brazos
estar mano sobre mano
tener galbana
(V. **zanganería**)
a. *trabajar*
ocuparse
activar
diligenciar
afanarse

zanganería
s. abulia
vagancia
gandulería
haraganería
pillería
briba
desocupación
vaguería
callejería
vagabundaje
remolonería
ociosidad
galbana
desidia
pereza
barzonería
holgazanería (V.)
poltronería
(V. **zángano**)
a. *ocupación*
trabajo
actividad
diligencia
dinamismo
agilidad

zángano
s. vago
holgazán (V.)
haragán
remolón
poltrón
galbanero
desidioso (V.)
gandul
pigre
flojo
indolente
inactivo
apoltronado
perezoso
desaplicado
dejado
convidado
somnoliento
soñoliento
agalbanado
galbanoso
tumbón
zangón
vagabundo
zanguango
zangandongo
zangandullo
candongo
vilordo
harón
zanguayo
negligente
abúlico
apático
abandonado
s. **patoso** (V.)
inoportuno
desmañado
torpe (V.)
desaliñado
s. **inútil** (V.)
mequetrefe (V.)
botarate (V.)
majadero
s. **abejorro** (V.)
abejarrón
moscón
moscardón
insecto
(V. **zanganería**)
a. *activo*
trabajador
ocupado
afanoso
dinámico
diligente
ágil
vivo
vivaz
hábil
oportuno
cuidadoso
útil
listo
inteligente
juicioso
razonable

zangarilleja
s. **desgreñada** (V.)
desaliñada
vagabunda (V.)
sucia
gitana
aventurera
desaseada
a. *atildada*
limpia
presumida

zangarriana
s. pesimismo
melancolía (V.)
tristeza (V.)
disgusto
abatimiento
saudade
cancamurria
pesadumbre
pesa
s. **comalia** (V.)
(veter.)
s. **pereza** (V.)
holgazanería
a. *optimismo*
contento
alegría
actividad
dinamismo

zangarrón
(V. **mamarracho**)
(V. **botarga**)

zangarullón
(V. **zangón**)

zangolotear
(V. **zascandilear**)
(V. **traquetear**)

zangoloteo
(V. **zascandileo**)
(V. **traqueteo**)

zangón
(V. zangarullón)
muchachote
muchacho (V.) alto
muchacho desgarbado
muchacho holgazán
a. *bajo*
fuerte
activo

zangotear
(V. **zangolotear**)

zangoteo
(V. **zangoloteo**)

zanguanga
(V. **farsa**)
(V. **ficción**)
(V. **zalamería**)

zanguangada
(V. **pereza**)
(V. **gandulería**)

zanguango
s. indolente
lánguido
vago
perezoso (V.)
desvaído
desganado
inapetente
gandul
a. *activo*
dinámico

zanguayo
(V. **pícaro**)
(V. **holgazán**)
(V. **zanquilargo**)

zanja
s. **excavación** (V.)
surco (V.)
hoyo
foso
fosa
trinchera (V.)
cuneta
arroyada
hendedura (V.)
aguadera
alizace
fosadura
cortafuego
gavia
jagüey
tijera
s. **cauce** (V.)
canalillo
conducto
aradura
acequia (V.)
angostura
zanjón

zanjar
s. **solucionar** (V.)
solventar
allanar
dirimir
obviar
arreglar (V.)
vencer (V.)
resolver (V.)
orillar
terminar (V.)
acabar
concluir
finiquitar
s. abrir zanjas
cavar
excavar (V.)
ahondar
(V. **zanja**)
a. *entorpecer*
dificultar
comenzar

zanjón
(V. **zanja**)
(V. **cauce**)

zanquear
s. **ajetrearse** (V.)
vagabundear
barzonear
zanganear (V.)

s. **torcer** (V.) (las piernas)
ser zambo

a. *trabajar*
pararse
detenerse

zanquilargo
s. **alto** (V.)
zanguayo
zancón
zancudo
patilargo
zanquivano
largo
patudo
larguirucho

s. **delgado** (V.)
espiritado
espigado
desgalichado

(V. **zanca**)

a. *zanquillas*
zanquitas
corto
bajo
bajito
grueso

zanquillas
(V. **bajo**)
(estatura)

zanquitas
(V. **bajo**)
(estatura)

zanquituerto
(V. **zancajoso**)

zanquivano
(V. **zancón**)

zapa
s. **piel** (V.)
(de escualo)
cuero
pellejo

s. **pala** (V.)
badila
paleta
herramienta (V.)

s. **excavación** (V.)
galería
mina
zanja
perforación
túnel
horadación

s. caminar a la zapa
trabajo de zapa

zapador
s. **soldado** (V.)
gastador
hachero
palero

s. excavador
perforador
horadador

(V. **zapa**)

zapapico
s. **herramienta** (V.)
piqueta
pico
piquetilla
piocha
espiocha
mazo
petalla
dolobre
picoleta
bate
alcotana
azada
azadón
azadón de pico
azadón de peto

zapar
s. **excavar** (V.)
cavar
minar (V.)
picar
ahondar
profundizar
abrir
desmontar
ahuecar
perforar
horadar
escarbar
extraer
socavar (V.)
penetrar
avanzar

(V. **zapa**)

a. *llenar*
rellenar
tapar
cubrir

zaparda
s. **pez** (V.) (de agua dulce)
tenca
carasio
carpa dorada

(V. **zoología**)

zaparrada
(V. **zarpazo**)

zaparrastroso
(V. **zarrapastroso**)

zaparrazo
(V. **zarpazo**)

zapata
s. **cuña** (V.)
madero (V.)
traba
soporte
zócalo (V.)
freno
sopanda
empalmo

s. **cuero** (V.)
suela
disco
grifo (V.)

s. **calzado** (V.)
polaina
chanca
zapatilla

zapatazo
s. zambombazo
puntapié (V.)
pateadura
chutazo
chut
lique
golpazo (V.)
zarpazo

s. **caída** (V.)

s. tratar a zapatazos
mandar a zapatazos

a. *caricia*
mimo
cuido
levantamiento

zapateado
s. **danza** (V.)
taconeo
zapateo
repiqueteo

(V. **zapato**)

zapatear
s. **bailar** (V.)
taconear

s. jugar al fútbol

s. **patear** (V.)

s. ofender
maltratar (V.)
insultar
molestar
atosigar
atormentar
abochornar

(V. **zapato**)

a. *considerar*
respetar
cuidar

zapatería
(V. **taller**)
(V. **tienda**)

zapatero
s. **comerciante** (V.)
artesano (V.)
remendón
tiracuero
chapinero
zapatillero
hormero
galochero
botinero
borceguinero
alpargatero
sandaliero
abarquero

s. pez
renacuajo (V.)

s. patatas zapateras
aceituna zapatera
zapatero de viejo

s. zapatero a tus zapatos

(V. **zapato**)

zapateta
s. pirueta
salto (V.)
cabriola (V.)
zapateado
taconeo
palmoteo
baile

(V. **zapato**)

¡zapatetas!
(V. **exclamación**)
(V. **¡caramba!**)

zapatiesta
(V. **trapatiesta**)

zapatilla
s. alpargata
chapín
babucha
pantufla
pantuflo
chinela
chancla (V.)
chancleta
jervilla
jerviguilla

s. **zapata** (V.)
pieza
disco
suela

(V. **zapato**)

zapato
s. **calzado** (V.)
sandalia
bota (V.)
botín
escarpín
calco
calcorro
estivo
borceguí
chapín
zueco
choclo
escalfarote
coturno (V.)

s. como chico con zapatos nuevos
saber donde le aprieta el zapato
hallar la horma de su zapato

¡zape!
(V. **exclamación**)
(V. **asombro**)

zapear
(V. **zacear**)
(V. **ahuyentar**)
(al gato)

zapote
s. **árbol** (V.)
(sapotáceo)
sapote
chicozapote
zapotero
zapotillo

zapotillo
(V. **zapote**)

zapuzar
(V. **capuzar**)
(V. **chapuzar**)

zaque
(V. **odre**)

zaquear
(V. **trasvasar**)
(líquidos)

zaquizamí
s. buhardilla
cuartucho
caseta
cuchitril (V.)
tugurio
buharda
zahúrda
desván (V.)
sobrado
casilla
guardilla
leonera

a. *palacio*

zar
(V. **emperador**)

zara
(V. **maíz**)

zarabanda
s. **danza** (V.)
baile
zambra
música (V.)
copla

s. diversión
jaleo (V.)
jolgorio
holgorio
bulla (V.)
algazara
algarada
griterío
trapatiesta
recreo
entretenimiento
disipación

a. *silencio*
seriedad
tranquilidad
paz
sosiego

zarabandista
(V. **juerguista**)

zarabando
(V. **zarabandista**)

zarabutear
(V. **zaragutear**)

zaragata
s. **bulla** (V.)
camorra
pendencia
alboroto
tumulto
algarabía
gresca
gritería
jaleo (V.)
escándalo
contienda
combate
lucha

a. *paz*
armonía
sosiego
tranquilidad
silencio

zaragatero
s. pendenciero
camorrista
escandaloso
juerguista (V.)
bullicioso
alborotador
provocador
reñidor (V.)
bullanguero (V.)
majo
provocador
gallito
trapisondista

(V. **zaragata**)

a. *serio*
grave
formal
circunspecto

zaragatona
s. **hierba** (V.)
(plantaginácea)
coniza
zargatona
pulguera
arta de agua
hierba pulguera

zaragüelles
(V. **pantalones**)
(V. **calzoncillos**)

zaragutear
s. **embarullar** (V.)
zarabutear
remendar
chapucear
frangollar
fuñicar
chafallar
embrollar
enredar
atropellar (V.)

(V. **zaragata**)

a. *apaciguar*
refinar
pulir
perfeccionar

zaragutero
(V. **zamborotudo**)
(V. **embarullador**)

zarajo
(V. **tripa**)
(cordero)
(V. **comida**)

zarambadista
s. zarabando
alegre
bullicioso (V.)
escandaloso
animado (V.)
estruendoso
alocado
festivo
juerguista

a. *serio*
grave
formal
triste
sensato

zaranda
s. **criba** (V.)
cedazo
colador
harnero (V.)
pasador
cernedor
porgador
cándara

s. **trompo** (V.)
(musical)

zarandajas
s. bagatelas
minucias
pequeñeces
nonadas
fruslerías (V.)
menudencias
insignificancias

s. **desperdicios** (V.)

a. *importancia*
seriedad

zarandar
s. limpiar
cribar (V.)
clasificar
separar (V.)
colar

s. calificar
elegir (V.)

s. **zarandear** (V.)

(V. **zaranda**)

a. *reunir*
agregar

zarandear-se
s. **zarandar** (V.)

s. **baquetear** (V.)
ajetrear (V.)
zarandar
azacanar
traquetear
menear (V.)
revolver
zamarrear (V.)
zangolotear
zalear (V.)
blandir
abalar (V.)
zangotear
azacanear

(V. **zarandeo**)

a. *asegurar*
aquietar
mantener
descansar
reposar

zarandeo
s. **meneo** (V.)
sacudida
traqueteo
agitación (V.)
zamarreo
sacudimiento
estremecimiento

s. **ajetreo** (V.)
actividad
azacaneo

a. *quietud*
descanso
reposo
calma

zarandillo
s. travieso
movido (V.)
vivo
bullicioso
inquieto (V.)
enredador
bullebulle
ágil
pólvora
polvorilla
rayo
centella
perinola
trompo
revoltoso (V.)
taravilla
vivaracho
ligero

s. llevar a uno como un zarandillo

(V. **zaranda**)

a. *tranquilo*
quieto
pacífico

zaratán
(V. **cáncer**) (de mama)

zaraza
(V. **sarasa**)

(V. **prostituta**)

(V. **veneno**)

zarcillo
s. **pendiente** (V.)
aro
candado
cercillo
arracada
arete
criolla
perendengue
colgante
pinjante

s. **pámpano** (V.)
manecilla
pleguete
cirro

s. azadilla
almocafre (V.)
escardillo
tijerillas
tijeretas

zarco
(V. **azul**) (claro)

zarda
(V. **danza**)

zarevich
(V. **príncipe**)
(heredero)

zarevitz
(V. **zarevich**)

zargatona
(V. **zaragatona**)

zariano
(V. **soberano**)
(de zar)

zarigüeya
s. **mamífero** (V.)
(marsupial)
marmosa
micuré
carachupa
churcha
tacuacín
rabopelado
tlacuache

zarina
(V. **emperatriz**)

zarismo
(V. **despotismo**)

zarpa
s. mano
garra (V.)
garfa
uña

s. **cazcarria** (V.)
zarrapastra
salpicadura
s. echar la zarpa

a. *limpieza*
aseo

zarpada
(V. **zarpazo**)

zarpar
s. salir
marchar
partir (V.)
desatracar (V.)
desancorar
arronzar
desabocar
desanclar
largarse
levar anclas
hacerse a la mar
soltar amarras
hinchar las velas

a. *atracar*
anclar
entrar

zarpazo
s. **herida** (V.)
arañazo (V.)
zarpada
zaparrada
zaparrazo
garfiada
garfada
uñada
garrada

s. batacazo
golpe (V.)
porrazo
golpazo

(V. **zarpa**)

a. *caricia*
mimo
cuido
respeto

zarrabete
(V. **zanfonía**)

zarracatería
s. halago
mimo
mimosería
carantoña
adulación
lisonja (V.)
coba
roncería

s. **fingimiento** (V.)
simulación
ficción
hipocresía
engaño

a. *insulto*
ofensa
sinceridad
verdad

zarracatín
(V. **chalán**)

(V. **regateador**)

zarramplín
s. **zamborotudo** (V.)

s. **pelagatos** (V.)
miserable
pelafustán
cesante
pobretón
menesteroso
pobre diablo
don nadie

a. *refinado*
perfecto
importante

zarramplinada
(V. **chapucería**)

zarrapastra
s. **cazcarria** (V.)
zarpa
zarria
suciedad (V.)
salpicadura
barro

a. *pulcritud*
aseo
limpieza

zarrapastroso
s. **birria** (V.)
desaliñado
desastrado (V.)
zaparrastroso
sucio (V.)
andrajoso (V.)
ajado
adán
zarrapastrón
pañoso
desaseado
descuidado
abandonado
descosido
zarrapastro

(V. **zarrapastra**)

a. *limpio*
elegante
pulcro
aseado

zarria
s. harapo
pingajo
pingo
andrajo (V.)
calandrajo
arambel
guiñapo
argamandel
carlanga
alaca

s. **zarrapastra** (V.)
lodo
barro

a. *flamante*
nuevo
limpieza

zarza
s. **arbusto** (V.)
(rosáceo)
silva
espino
barza
cambrón
zarzuela
mora
zarzamora
cari
garrabera
lobera
escaramujo

r. La zarza da el fruto espinando, y el ruin, llorando

zarzagán
s. **viento** (V.)
zarzaganete
zarzaganillo
cellisca
cierzo

zarzal
s. barzal
busquizal
matorral (V.)
balsar

(V. **zarza**)

zarzamora
s. **mora** (V.)
garrabera
yuquerí
carí
frambuesa

(V. **zarza**)

zarzaparrilla
(V. **arbusto**)
(liliáceo)

(V. **refresco**)

zarzaperruna
(V. **escaramujo**)

zarzo
(V. **cañizo**)

zarzuela
(V. **comedia**)

(V. **opereta**)

(V. **música**)

zascandil
s. **aturdido** (V.)
botarate
enredador (V.)
ligero
despreciable
mequetrefe (V.)
chisgarabís
hurguillas
informal (V.)
saltabancos
trafalmejas
trajinante
danzante
títere
chuzón
zamarro
pillo
pícaro
perillán
tararira
tuno
zaramullo
tarambana
títere
chiquilicuatre

a. *serio*
honrado
formal
grave
juicioso
cuidadoso

zascandilear
s. zangolotear
enredar (V.)
celeminear
callejear (V.)
vagar
holgazanear
gandulear

s. charlar
murmurar
cotillear

(V. **zascandil**)

a. *reposar*
respetar
callar
silenciar

zascandileo
s. zangoloteo
zangateo
callejeo
informalidad (V.)
vagabundeo (V.)
charlatanería
cotilleo
gandulería (V.)

(V. **zascandil**)

a. *formalidad*
gravedad
seriedad
actividad
discreción

zata
(V. **zatara**)

zatara
s. **balsa** (V.)
zata
armazón
armadía
almadía
jangada

zato
s. corrusco (de pan)
currusco
chusco
churrusco
zoquete
mendrugo (V.)
migaja
pedazo
rebanada

zazo
(V. **zazoso**)

zazoso
s. tartaja
tartajoso
zazo
comesopas
trabalenguas
estropajoso
tato
farfalloso
tartamudo
balbuciente
ceceoso

a. *claro*
distinto
fluido

zebra
(V. **cebra**)

zeda
s. ceda
zeta
ceta
letra (V.)

zéjel
(V. **poesía**)

zenit
(V. **cenit**)

zeppelín
(V. **globo**)
(dirigible)

zigoto
s. cigoto
síntesis
huevo (V.)
gameto
(V. **biología**)

zigzag
s. zig zag
serpenteo (V.)
culebreo
ondulación (V.)
ese
quingos
línea quebrada
a. *recta*
derechura

zigzagueante
s. **sinuoso** (V.)
quebrado (V.)
anguloso
picudo
aserrado
ondulado
serpenteante (V.)
ondulante
tortuoso
(V. **zigzag**)
a. *recto*
derecho

zigzaguear
s. **serpentear** (V.)
culebrear
serpear
caracolear
serpentinear
hacer eses
andar en zigzag
undular
ondular (V.)
retorcerse
cuartear
s. **eludir** (V.)
evitar
hurtar
(V. **zigzag**)
a. *afrontar*
asumir

zinc
(V. **cinc**)

zíngaro
(V. **cíngaro**)

zipizape
s. **riña** (V.)
alboroto
escándalo
trapatiesta
jaleo (V.)
pelea
agarrada
rija
bronca
trifulca
pendencia
pelazga
contienda
zalagarda
algarada
albórbola
vocerío
chamusquina
zafarrancho
discusión (V.)
a. *paz*
tranquilidad
calma
armonía

zipper
(V. **cremallera**)

zoantropía
(V. **manía**)
(V. **locura**)

zócalo
s. **rodapié** (V.)
friso (V.)
zoco
suela
zapata
vera
alicer
arrimadillo
citarón
arrocabe
s. **pedestal** (V.)
plinto
peana
soporte
pie
s. **basamento** (V.)
base

zocato
s. zueco
zoco
zurdo (V.)
izquierdo
siniestro
s. **inmaduro** (V.)
(frutos)
acorchado
a. *diestro*
derecho
maduro

zoclo
s. choclo
abarca
zueco (V.)
chanclo

zoco
s. **mercado** (V.)
plaza
mercadillo
baratillo
feria
lonja
rastro
tenderete
s. **zócalo** (V.)
s. andar de zocos en colodros

zodiaco
s. **cardinal** (V.)
(punto)
s. **cielo** (V.)
eclíptica
cuarta
cuadrante
signo (V.)
estrella
s. Aries
Tauro
Géminis
Cáncer
Leo
Virgo
Libra
Escorpión
Sagitario
Capricornio o Carnero
Acuario o Aquarius
Piscis
(V. **constelación**)
(V. **astronomía**)

zoilo
s. **criticón** (V.)
murmurador
censor
crítico
censurador
severo
aristarco
a. *elogiador*
alabancioso
comprensivo
objetivo
desapasionado

zolocho
s. simple
mentecato
aturdido (V.)
bobalicón
lelo (V.)
torpe
zote
alelado
bobaina
simplón
lerdo
simplicio
a. *listo*
inteligente
juicioso
agudo

zollipar
s. **sollozar** (V.)
llorar
gemir
gimotear
hipar
gemiquear
lamentarse
a. *reír*
alegrarse
callarse
sosegarse
congratularse

zollipo
s. **sollozo** (V.)
gemido
gimoteo
lloro
singulto
hipo
lamento
a. *risa*
carcajada
congratulación

zompo
(V. **torcido**)
(mano, pie)
(V. **torpe**)
(V. **tonto**)

zona
s. **banda** (V.)
franja
faja (V.)
lista
círculo
cinturón
casquete
s. **parte** (V.)
región (V.)
superficie
sector
latitud (V.)
comarca
extensión (V.)
terreno
área
territorio
país
demarcación
división
circunscripción
término
partido
distrito
mancha
rodal
s. **enfermedad** (V.)
herpe zona
zoster
erupción
s. zona fiscal
zona de influencia
zona polémica
zona de ensanche
zona glacial
zona tórrida
zona templada
zona marítima

zoncería
s. zoncera
sosería (V.)
mazguatería
ñoñería (V.)
mojigatería
patosería
insulsez
mala sombra
mala pata
s. **tontería** (V.)
memez
a. *gracia*
salero
ingenio
ocurrencia
agudeza
inteligencia

zonzo
s. zonzorrión
soso (V.)
patoso
desangelado
ñoño
insípido
zonzorrión
mojigato
pudibundo
sosaina
pavo
anodino
cantimpla
badea
s. **tonto** (V.)
(V. **zoncería**)
a. *gracioso*
saleroso
oportuno
ingenioso

salado
ocurrente
inteligente
agudo

zonzorrión
(V. **zonzo**)

zoo
(V. **zoológico**)
(parque)

zoogenia
(V. **zoología**)

zoografía
(V. **zoología**)

zoolatría
(V. **culto**)
(animales)

zoología
s. **animal** (V.)
s. zoografía
zoogenia
zootomía
biología (V.)
morfología
organología
paleozoología
anatomía
histología
citología
embriología
genética
ecología
evolución
vivisección
paleontología
taxonomía
fisiología
zootecnia (V.)
zoogeografía
parasitología
patología
sociología
s. historia natural
reino animal
s. veterinaria
hibridismo
epizootia
ornitología
malacología
entomología
ictiología

zoológico
s. **animal** (V.)
irracional (V.)
bestial
s. zoo
parque (V.)
casa de fieras
colección de fieras
(V. **zoología**)
a. *humano*
racional

zoom
(V. **objetivo**)
(óptica)

zoospermo
(V. **espermatozoide**)

zoospora
(V. **espora**)

zootecnia
s. **animal** (V.)
cría (V.)
recría
ceba
cruce
castración
cruzamiento
reproducción
selección
generación
incubación
(V. **zoología**)
hibridismo

zootomía
(V. **zoología**)

zopas
(V. **ceceante**)

zopenco
s. **torpe** (V.)
tonto
lerdo
idiota
zote
memo
bruto
burro
zoquete (V.)
analfabeto (V.)
mendrugo (V.)
rudo
zulú
a. *culto*
listo
vivo
agudo

zopetero
(V. **ribera**)
(V. **ribazo**)

zopisa
(V. **resina**)
(V. **alquitrán**)

zopitas
(V. **zopas**)

zopo
s. **torcido** (V.)
(mano, pie)
zompo
contrahecho
zancajoso
zambo
deforme (V.)
a. *derecho*
tieso

zoqueta
(V. **manija**)
(segadores)

zoquete
s. cernícalo
zopenco (V.)
torpe (V.)
ignorante
tardo
inculto
capirote
tosco
zamacuco
zote
bambarria
morral
s. **tarugo** (V.)
taco
(cont.)

s. **mendrugo** (V.)
zato
pedazo

s. **rechoncho** (V.)
gordinflón

a. *culto*
listo
preparado
delgado
esbelto

zoquetero
(V. **vagabundo)**

zoquetudo
s. **basto** (V.)
ordinario
bruto
áspero
frangollón
burdo
lijoso
tosco (V.)
modrego

s. mal hecho
mal trazado
chapucero (V.)

(V. **zoquete)**

a. *fino*
terso
pulido

zorcico
(V. **danza)**

(V. **música)**

zorongo
(V. **pañuelo)**

(V. **moño)**

(V. **danza)**

(V. **canto)**

(V. **música)**

zorra
s. raposa
vulpeja
vulpécula
garcía
mamífero (V.)
(carnicero)

s. aguará
añas
culpeo
isatis
eirá
chilla

s. **zorrera** (V.)

s. **azorrarse** (V.)

s. **prostituta** (V.)

s. **borrachera** (V.)

s. carromato
camión
carro (V.)
carricoche
plataforma

s. zorra de mar
rabo de zorra
desollar la zorra
pillar una zorra
dormir la zorra

r. Mucho sabe la zorra, pero más quien la toma ■ No hay zorra con dos rabos

(V. **zorro)**

a. *casta*
sobriedad

zorrastrón
s. ladino
astuto (V.)
pícaro
zorro
zorrón
cauteloso
taimado (V.)
disimulado
hipócrita
camándulas
camastrón
solapado
conchado
raposuno
zorrocloco

(V. **zorro)**

a. *tonto*
simple
cándido
ingenuo
sincero
noble

zorrera
(V. **guarida)**

zorrería
s. ardid
astucia (V.)
cautela
treta
taimería
engaño
disimulo
hipocresía
raposería
camastra
embeleco
solercia
mañuela
cazurría
camandulería
picardía
camastronería

s. putería
adulterio (V.)

a. *nobleza*
honradez
sinceridad
lealtad

zorrero
s. **alimañero** (V.)
(V. **astuto)**

(V. **hipócrita)**

zorrillo
(V. **mofeta)**

zorro
s. alimaña
mamífero (V.)
(carnícero)
raposo
triguillo
raposo ferrero
zorruelo
renard
isatis
garcía
zorro azul
culpeo

s. zorruno
vulpino
camastrón
tramposo
cauteloso
taimado (V.)
sagaz
raposino
zamacuco
raposuno
zorrón
zorrocloco

s. zorro azul
hecho un zorro
hecho unos zorros

(V. **zorrería)**

zorros
s. **sacudidor** (V.)
correas
vendos
espolsador
plumero (V.)

a. *sincero*
noble
franco
cándido

zorrocloco
(V. **arrumaco)**

(V. **cazurro)**

zorrollo
(V. **inmaduro)**
(frutos)

zorromoco
(V. **mamarracho)**

(V. **botarga)**

zorrón
(V. **borrachera)**

(V. **astuto)**

(V. **cazurro)**

zorronglón
(V. **reacio)**

zorrullo
(V. **grumo)**

zorruno
(V. **astuto)**

(V. **taimado)**

zorzal
(V. **tordo)**
(pájaro)

(V. **astuto)**

zorzalero
(V. **cazador)**
(de zorzales)

zoster
s. zóster
zona (V.)
erupción (piel)

zote
(V. **zoquete)**

(V. **necio)**

zozobra
s. sumersión
anegamiento
hundimiento
vuelco
naufragio (V.)

s. **intranquilidad** (V.)
desasosiego
inquietud
sobresalto
tensión (V.)
congoja
temblor
estremecimiento
vacilación
ansiedad (V.)
aflicción

a. *tranquilidad*
paz
sosiego
calma
serenidad

zozobrar
s. volcar
naufragar (V.)
peligrar
hundirse
irse a pique
correr peligro
estar con el agua al cuello
abordar
anegarse
perderse
sumirse
abismarse
encallar
embarrancar
tragarse

s. **intranquilizarse** (V.)
disgustarse
afligirse (V.)
acongojarse
inquietarse
desasosegarse
vacilar (V.)
alarmarse
turbarse
amenazar

s. **fracasar** (V.)
frustrarse (V.)
venirse abajo

(V. **zozobra)**

a. *salvar*
asegurar
ganar
flotar
salir
emerger
sobrenadar
tranquilizarse
alegrarse
sosegarse
calmarse
alcanzar
conseguir
vencer

zozobroso
s. **intranquilo** (V.)
acongojado
angustiado (V.)
sobresaltado
inquieto
desasosegado
turbado
vacilante
peligroso

(V. **zozobra)**

a. *tranquilo*
sosegado
calmoso
sereno

zuavo
(V. **soldado)**

zueca
(V. **zueco)**

zueco
s. abarca
almadreña
madreña
zoco
cholo
choclo
chanclo
zueca
zocio
zoclo
canterla
alcorque
cantesa
chanca
corche
haloza
galocha
calzado (V.)

zuela
(V. **azuela)**

zulacar
s. **tapar** (V.)
embrear
embetunar
engomar
untar
enresinar
untar con zulaque
zulaquear

(V. **zulaque)**

a. *destapar*

zulaque
s. azulaque
betún
pez
brea

s. estopa
aceite
escorias
vidrio molido

zulaquear
(V. **zulacar)**

zulú
s. ignorante
tosco (V.)
bestia
zopenco (V.)

s. **salvaje** (V.)
bárbaro

a. *fino*
culto
civilizado

zulla
(V. **excremento)**
(humano)

zullarse
(V. **defecar)**

(V. **ventosear)**

zullenco
(V. **pedorro)**

zumaque
s. rus
arbusto (V.)

s. **vino** (V.)

s. zumaque del Japón
zumaque falso

zumaya
s. **ave** (V.)
aldorta
autillo
engañabobos
engañapastores
tapacamino
chotocabras
capacho

(V. **zoologia)**

zumba
s. **broma** (V.)
burla
vaya
chanza
guasa
chirigota
pulla
chasco

s. **bramadera** (V.)
(juguete)

s. **cencerro** (V.)
esquila

a. *seriedad*
severidad
gravedad

zumbador
(V. **timbre)**

(V. **chicharra)**

zumbar
s. rutar
rehilar
bordonear
susurrar (V.)
ronronear
maquetrear
retumbar
bramar
tararear
silbar
murmurar
cuchichear

s. **pegar** (V.)
golpear (V.)
atizar
tundir
dar golpes
propinar

s. burlarse
embromar (V.)
chancearse
dar chasco
dar vaya
tomar el pelo
mantear

s. **rondar** (V.)
frisar
acercarse
rayar
aproximarse (V.)

s. **azuzar** (V.)
animar

(V. **zumba)**

a. *apagar*
callar
silenciar
acariciar
mimar
cuidar
enseriarse
alejarse
desalentar
desanimar

zumbel
(V. **cuerda**)
(trompo)

(V. **ceño**)

zumbido
s. **silbido** (V.)
sonido (V.)
zurrido
ruido
chiflido
pitido
runrún
ronroneo
susurro
mosconeo
murmullo
zumbo
abejorro

a. *silencio*

zumbo
(V. **zumbido**)

zumbón
s. **burlón** (V.)
guasón
chirigotero
chusco
bromista
gracioso
socarrón
chistoso
chacotero
festivo (V.)
alegre

s. cencerro zumbón
palomo zumbón

(V. **zumba**)

a. *serio*
grave
formal
triste
severo

zumo
s. esencia
caldo
jugo (V.)
suco
suculencia
jugosidad
extracto
savia
licor
substancia
secreción (V.)
goma
resina
melaza
néctar
agua
aguaza

s. **provecho** (V.)
utilidad (V.)
beneficio
renta
rédito
ganancia

s. zumo de cepa

a. *pérdida*
sequedad

zumoso
s. **jugoso** (V.)
acuoso
aguanoso
suculento
sucoso
substancioso
concentrado

(V. **zumo**)

a. *seco*
insubstancial
diluido

zunchar
s. componer
remendar
recomponer
poner remiendos
zurcir (V.)
reforzar (V.)
juntar
coser
unir
enzunchar

(V. **zuncho**)

a. *descomponer*
descoser
cortar
separar
debilitar
aflojar

zuncho
s. grapa
laña
abrazadera (V.)
fleje
aro
anillo
refuerzo
manguito
suncho

zupia
s. zurrapa
heces
sedimento (V.)
poso (V.)
residuo
asiento
madre
horrura
turbiedad

s. desechos
despojos
sobras (V.)
desperdicio (V.)

s. **chusma** (V.)
populacho
plebe

s. vino (turbio)
brebaje (V.)

a. *superficie*
importancia
utilidad
aristocracia
nobleza

zurcido
s. **remiendo** (V.)
costura
recosido
cosido (V.)
remendado
refuerzo
hilván
arreglo
compostura
unión
labor
tejido
repaso

a. *roto*

zurcir
s. **remendar** (V.)
coser
tejer
repasar
corcusir
arreglar
componer
reparar
reforzar
remallar
hilvanar
unir
zunchar
enrejar

s. **mentir** (V.)
tramar
combinar
(mentiras)

s. ¡que te zurzan!

(V. **zurcido**)

a. *descuidar*
romper
separar
confesar

zurdo
s. zocato
zoco
izquierdo (V.)
siniestro

s. a zurdas
mano zurda
no ser uno zurdo
ahí la juega un
zurdo

a. *diestro*
derecho

zureo
s. **arrullo** (V.)
canturreo
murmullo
murmurio
voz (V.)
(palomas)

zurita
(V. **tórtola**)

zurra
(V. **paliza**)

(V. **riña**)

(V. **sangría**)

zurrapa
(V. **zupia**)

zurrapelo
(V. **rapapolvo**)

(V. **reprimenda**)

zurrar-se
s. **pegar** (V.)
apalear
golpear (V.)
sacudir
tundir
vapulear
azotar
aporrear
sobar
sopapear
sotanear
tundear
solfear
bastonear
machucar
propinar
flagelar
fustigar
mecerar
paponear
caponear
enjaretar
cargar
varear
asestar
escarmentar
menear el bálago
dar de golpes
arrimar candela
dar una castaña
menear el hato
sacudir el polvo
abrir la cabeza
zurrar la badana
medir las costillas
cruzar la cara
asentar la mano
romper la crisma
moler a palos

s. **vencer** (V.)
derrotar
humillar (V.)
dar un baño a
alguien
dar una lección

s. **criticar** (V.)
censurar
atacar

s. **curtir** (V.)
(pieles)
adobar
tundir
batanar
abatanar

s. **pegarse** (V.)
reñir (V.)
pelearse
disputar
luchar
batallar

s. **cagarse** (V.)
(de miedo)
amedrentarse
acoquinarse
intimidarse (V.)
espantarse
zurruscarse

(V. **zurra**)

a. *acariciar-se*
respetar-se
mimar-se
cuidar-se
perder
halagar
ensalzar
avenirse
amigarse
envalentonarse
atreverse

zurriagazo
s. **latigazo** (V.)
palo
vergajazo
zurriagada
garrotazo
varazo
disciplinazo
lampreazo
trallazo
fustazo
azote
fustigación
flagelación
vapuleo
marca
castigo

s. **desgracia** (V.)
infortunio
adversidad

s. **desprecio** (V.)
mal trato
desdén
humillación

(V. **zurriago**)

a. *caricia*
mimo
cuido
felicidad
fortuna
suerte
estima

zurriago
s. **látigo** (V.)
zurriaga
tralla
fusta
disciplina
azotera
chicote
verga
mimbre
correa
palmeta
guaraca
vergajo
azote
rebenque
flagelo
cinto

s. zurriago
escondido

zurriar
(V. **zurrir**)

zurribanda
(V. **paliza**)

(V. **riña**)

zurriburri
s. jolgorio
algazara
tumulto
jaleo
desorden
barullo
alboroto (V.)
gritería

s. **despreciable** (V.)
vil
truhán
villano
indigno
ruin (V.)
bajo

s. **caterva** (V.)
hez
patulea
churriburri
canalla
chusma
ralea
turba
mezcolanza (V.)
(de personas)

a. *paz*
orden
noble
digno
pureza
selección
minoría
nobleza

zurrido
s. **golpe** (V.)
palo
estacazo
garrotazo
bastonazo
leñazo
trancazo

s. rumor
zumbido (V.)
silbido
sonido (bronco)

a. *caricia*
silencio

zurrir
s. zurriar
sonar (V.)
chirriar
bocinar
rechinar (V.)
martillear
gruñir
crujir (V.)
estridular
cencerrear
ludir
traquetear (V.)

a. *acallar*
silenciar

zurrón
s. **morral** (V.)
macuto
mochila
talego
bolsa (V.)
saco
tanate
zacuto
alforja
jeque
zamarrico

s. **quiste** (V.)

zurrona
s. chantajista
timadora (V.)
estraperlista
tomadora
estafadora
tramposa

s. **ramera** (V.)
zorra

a. *honrada*
honesta

zurruscarse
(V. **zurrar-se**)

zurullo
(V. **grumo**)

(V. **zulla**)

zurumbático
(V. **aturdido**)

(V. **lelo**)

zurupeto
(V. **intruso**) (en
Bolsa, notaría,
etcétera)

zutano
s. fulano
mengano
perengano
citano
robiñano
no sé cuantos
indeterminado

desconocido
cualquiera

a. *determinado*
(alguien)
conocido

zuzar
(V. **azuzar**)

Vocabulario temático y Parónimos

Indice

VOCABULARIO TEMÁTICO:

Vocabulario temático

Agricultura y jardinería

Términos generales

tierra, suelo
suelo fértil
yermo, erial
tierra de secano
tierra de regadío
tierra de labranza
barbecho

hierba
pastizal
prado
pradera
pastos
rastrojal
rastrojo
paja, heno
pajar

finca, granja
rancho
hacienda
granja colectiva
cooperativa
casa de campo
casa de labranza
cortijo
alquería
masía
masada
casería
rafal
villoría

agricultor
campesino
productor
colono
terrateniente
ranchero
arrendatario
aparcero
labrador
vaquero
ganadero
sembrador
horticultor
vendimiador
ingeniero agrónomo
perito agrónomo

horticultura
viticultura
fruticultura
oleicultura
arboricultura
silvicultura

productos agrícolas
mercado agrícola

mecanización del campo
motocultivo
tractor
máquina de abonar
rodillo
sembradora
sembradora en hileras
guadañadora
heneador
cosechadora elevadora
trilladora
cocedor de forraje
escarificadora
segadora-trilladora

herramientas agrícolas
azada de arrastre
aporcador
horca
pala
guadaña
martillo
hoz
mayas
mazo
rastrillo
azadón
cuchillo
sacho
cortador rodante

La finca

granja
dependencias
granero
silo
henil
hórreo
panera
troj
almiar
paja prensada
cuadra
establo
pocilga
conejera
pienso
gallinero
bodega
lagar
corral
redil
invernadero
incubadora
ponedero
abrevadero
pesebre
huerto
huerta

árboles frutales
fruta
campo de cereales
mies
viñedo
viña
arrozal
arroz
trigal
cebadal
avenal
rastrojera
tresnal
trigal
trigo
seico
haz
arado
terrón
surco
pedrejón
abono artificial
hidroponía
estiércol
cosecha

Aprovechamiento del suelo

régimen de la propiedad
arrendamiento
concentración parcelaria
latifundio
minifundio

cultivar
explotar
desbrozar
escardar
labrar, arar
roturar
mullir
layar
aporcar
rastrillar
plantar
replantar
transplantar
sembrar
barbechar
rodrigar

podar
abonar
sulfatar

El jardín

jardín
jardín privado
jardín público
jardín colgante, pensil
vergel

suelo arenoso
suelo calcáreo
suelo arcilloso
suelo neutro
humus

parterre
jardinera
césped
seto
pared
calle
avenida
andador
arriate
bordura
cerca de ladrillos
vallado de anillos
reja
enrejado
encañizado
laberinto
surtidor
estanque
lago
fuente
glorieta
terraza
plazoleta
pérgola
quiosco
cobertizo
tiesto
maceta
macetón
rosaleda

removedor de la tierra
plantador
rastrillo
laya
podadera
pulverizador
lluvia artificial
regadora
sierra

azadón
aporcador
escardillo
tijera
tijera de doble filo
transplantador
bramante
manguera
cortacésped
cortacepellones
cepillo de árboles
palita de mano
navaja de jardinero
desherbador
hoz
tamiz
zapapico
rodrigón

regar
rastrillar
apisonar
nivelar
rociar
cortar
desquejar
encañar
emparrar
sembrar
injertar
ajardinar
atusar
afeitar

jardinería
floricultura
riego
apisonamiento
nivelación
semilla
semillero
esqueje
injerto
poda
acodo
abono natural, artificial
insecticida
flor
hierba
mala hierba
hierbas aromáticas
arbusto
árbol
bonsai
ikebana

jardinero
floricultor
vergelero

Alimentación

Términos generales
alimentación
alimentar, nutrir
nutrición
mantener
sustentar
subsistencia
comer
beber
masticar
tragar
picar
apetito
hambre
sed
gula, glotonería
sobrealimentar
sobrealimentación
régimen, dieta
cura de adelgazamiento

Comidas
desayuno
desayunar
comida
almuerzo
almorzar
sobremesa
merienda, pasatarde
merienda cena
comer
cena
cenar

degustación
ágape, banquete
anfitrión
comensal
convite
festín
comilona
francachela
refrigerio
refacción
colación
agasajo
refresco

aperitivo
tapas
entremés, entrante
primer plato
segundo plato
postre
ración
doble ración
bocado
piscolabis, tentempié
bocadillo
emparedado
canapé

Productos alimenticios y platos
carne
carne de vaca, buey
ternera
cordero
solomillo
bistec
chuleta
cerdo
jamón
bacon
salchicha
morcilla
fiambres
encurtidos
pollo
pavo
pato
pescado
aves de caza
verduras
ensalada
legumbres secas
patatas fritas
pastas
macarrones
espaguetis
tallarines
ravioles
canelones
consomé
caldo
sopa
queso
mantequilla
pan
barra de pan
rebanada
corteza
miga
leche
huevo
huevos duros
huevos fritos
huevos revueltos
tortilla
pastel
bizcocho
tarta
galletas
fruta
frutas secas
helado
compota
mermelada

sal
pimienta
pimentón
mostaza
azafrán
vinagre
limón
aceite
salsa
especias
condimento

Bebidas y refrescos
agua mineral
gaseosa
soda
limonada
cerveza
vino blanco, tinto, rosado
sidra
zumo de naranja
naranjada
zumo de limón
refresco de cola
vino de cava, champán
licor
coñac
güisqui
ginebra
aguardiente

té
café
café con leche
tila
manzanilla
menta

Restaurante
comedor
refectorio
camarero
jefe de camareros
mozo de comedor
cocinero
pinche de cocina
servicio
servir la mesa
lista de platos
menú, minuta
carta
carta de vinos
mantel
servilletas
cubiertos
cuchillo
cuchara
tenedor
cucharón
paleta
pinzas
salvamanteles
vajilla
cristalería
plato
fuente
vaso
taza
copa
sopera
ensaladera
bandeja
salsera
botella
jarrón
garrafa
azucarero
servicio de té, café
tetera
cafetera
vinagreras
salero

Artes

Literatura
libro
volumen
obra
tomo
publicación
fascículo
periódico
diario
revista

editorial
redacción
imprenta
taller
gráficas

original
prueba
galerada
compaginada
guardas
cajo
tapa
portada
contraportada
cubierta
sobrecubierta
tejuelo
cantonera
lomo
lomera
nervios
florón
rótulo, título
cabezada
forro
corte
margen
boca
faja
página
cara
hoja

escrito
composición
relato
narración
novela
descripción
poema
verso
antología
colección
prosa
teatro
ensayo

línea
parágrafo
ilustración
texto
contexto
prólogo
estructura
textura
exposición
argumento
capítulo
episodio
acto
parte
intriga
nudo
leitmotiv
preámbulo
plan
asunto
tema
trama
desenlace
epílogo
colofón
ateneo
academia
liceo
salón
tertulia
concurso
premio
juegos florales

escritor
literato
intelectual
académico
autor
redactor
corrector
compilador
comentarista
publicista
biógrafo
historiador

(sigue)

Artes *(continuación)*

novelista
poeta
orador
cuentista
ensayista
traductor
dramaturgo
comediógrafo
libretista
maquetista
impresor
editor
periodista
colaborador

figuras
onomatopeya
aliteración
anáfora
equívoco
paranomasia
retruécano
asíndeton
polisíndeton
pleonasmo
elípsis
hipérbaton
apóstrofe
interrogación
imprecación
execración
optación
antítesis
hipérbole
paradoja
prosopopeya
tropos
metáfora
alegoría
símbolo
sinécdoque
metonimia

licencia poética
sinalefa
hiato
sinéresis
diéresis

métrica
ritmo
rima
asonancia
consonancia
estrofa
hemistiquio
cesura
verso blanco
verso libre

bisílabo
trisílabo
tetrasílabo, etc.
alejandrino
pareado
terceto

cuarteto
serventesio
redondilla
cuarteta
cuaderna vía, tetrástrofo monorrimo
quintilla
sextina
octava real
octava italiana
octavilla
décima, espinela
copla de pie quebrado
estancia
silva
lira

verso épico
romance
endecha
romancillo
romance heroico
coplas de soledad
seguidilla
zéjel
letrilla
glosa
jarcha
moaxaja
trístico monorrimo
villancico
estribillo
leixapren

epopeya
oda
elegía
soneto
madrigal
epitalamio
mayas
serranillas

monólogo
diálogo
loa
autos
juguete cómico
farsas
entremés
sainete
género chico

Pintura
lienzo
cuadro
marco
fresco
díptico
tríptico
retablo
tablero
tabla
lámina

tapiz
copia
réplica
caballete
pincel
espátula
bastidor
estudio
pinacoteca
exposición

pintura al óleo
pintura al fresco
pintura al temple
pintura al pastel
aguada, guache
acuarela
sanguina

retrato
efigie
modelo
paisaje
marina
bodegón
naturaleza muerta
figura
retrato
modelo
caricatura
desnudo
perfil
medio perfil
escorzo
busto
ropaje
paños

dibujante
grabador
pintor
retratista
paisajista
acuarelista
fresquista
marinista
miniaturista

color
colorido
sombra
claroscuro
tono
matiz
degradación
patina
luz
realce
plumeado
mediatinta

bosquejo
croquis
dibujo
grabado
miniatura
apunte

esquicio
proyecto
estudio
ensayo

composición
asunto
ordenación
dibujo
simetría
proporción
anatomía
movimiento
relieve
fondo
ambiente
campo
término
lontananza
perspectiva

Escultura
escultor
imaginero
modelador
tallista
cincelador
estofador
policromista

estudio
taller
museo

estatua
escultura
retablo
estela
medallón
efigie
bulto redondo
busto
bajorrelieve
monumento

mazo
escofina
gubia recta
gubia de codillo
gubia de contracodillo
filo de cañón
filo de medio punto
filo de angular
formón
escarpelo
cincel
gradina
estique
martillo
compás
palitos
espátula
espadilla
puntero

alambre de modelaje
escoplo

imaginería
talla
policromado
estofado
dorado
molde
vaciado
repujado

Arquitectura
proyecto
anteproyecto
plantilla
urbanización
edificio
fachada
construcción
estructura

arquitecto
aparejador
delineante
dibujante
proyectista

prerrománico
románico
gótico
gótico florido
gótico flamígero
mudéjar
plateresco
barroco
rococó
renacentista
neoclásico
churrigueresco
modernista
funcional

baptisterio
nave
cúpula
crucero
nave
arco
clave
bóveda
columna
basa
fuste
capitel
arquitrabe
friso
cornisa
columnata
pilar
pilastra
ábside
ábside menor
coro
claustro

Astronomía, astrología y meteorología

Astronomía
astrónomo, ma
mundo
orbe
tierra
globo
esfera
universo
cosmos
espacio
cielo
firmamento, bóveda celeste
espacio

cuerpo celeste
astro
planeta
planeta menor, asteroide
satélite
estrella
estrella fugaz
estrella polar, del norte
estrella vespertina
estrella circumpolar
estrella de neutrones
estrella variable
lucero
cometa
cabeza, núcleo del cometa
cola, cabellera
cúmulo estelar
aerolito
acondrito
condrito
meteoro
nova
supernova
bólido
meteorito
meteoroide
púlsar
constelación
nebulosa
nube
agujero negro
glóbulo galáctico
protoestrella
galaxia
anillo de Saturno
Vía Láctea
sistema planetario
sistema binario

afelio
acimut
altacimutal
paralaje
paralaxis
perihelio
ascensión recta
declinación
elongación
magnitud aparente, absoluta
elipse
parábola
cuadratura

sol
sistema solar
corona solar, lunar
halo solar, lunar
núcleo
cromosfera
fotosfera
capa inversora
protuberancia solar, lunar
mancha lunar, solar
eclíptica
fulguración solar
espectro solar
aurora boreal
rayo de sol
rayo gamma
rayo infrarrojo
rayos X

salir el sol
ponerse el sol
salida del sol
puesta, ocaso
amanecer
alba, aurora
anochecer
crepúsculo
lucir el sol

año luz
parsec
año anomalístico
año cósmico
año sidéreo
año planetario
año trópico
día
noche
día solar
día sidéreo, estelar
tiempo sidéreo

solsticio de invierno, verano
equinoccio de primavera, otoño
precesión de los equinoccios
hemisferio austral
hemisferio boreal
hemisferio occidental
hemisferio oriental
casquete polar
polo celeste
polo norte, boreal, ártico
polo sur, austral, antártico
día, noche polar
ecuador
trópico cáncer, capricornio
meridiano
paralelo
longitud
latitud

cenit
nadir
órbita
ápside
epiciclo
apogeo
perigeo
nodo
limbo

rotación
traslación
libración

luna
luna nueva
luna creciente
luna menguante
media luna
superficie lunar
mar lunar
circo lunar
cráter lunar

eclipse
eclipse de sol, de luna
eclipse total, parcial
eclipse de estrella
ocultación
paso
plenilunio
novilunio

selenografía
astrofísica
astrometría
cosmografía
cosmología
cosmogonia

observatorio astronómico
planetario
telescopio
radiotelescopio
antejo
tubo cenital
micrómetro
sextante
cronómetro
reloj de cuarzo
espectroheliógrafo
coronógrafo
astrografo
planisferio
astrolabio

Astrología
astrólogo, ga
horóscopo
carta natal
carta astral
predicción

zodiaco
signo del zodiaco, zodiacal
constelación
Aries
Tauro
Géminis
Cáncer
Leo
Virgo
Libra
Escorpión
Sagitario
Capricornio
Acuario
Piscis

trilogía del aire
trilogía del fuego
trilogía del agua
trilogía de la tierra

signos positivos, negativos
signos fijos, mutables
signos masculinos, femeninos
signos de aire, fuego, agua, tierra

planeta
planeta progresivo, retrógrado
planeta lento, rápido
planeta regente, maestro
casa
movimiento de los planetas
tránsito
progresión
deterioro
revolución solar
conjunción
oposición
séxtil
semiséxtil
trígono
grado

signo solar
medio cielo
ascendente
calcular el ascendente
efemérides
tablas
lugar, fecha, nacimiento
tiempo sideral
hora local, hora solar

Meteorología
atmósfera
nube
cirro
cúmulo
estrato
nimbo
temperatura
frío
calor
bochorno
calma chicha

precipitación uniforme, local
lluvia
llovizna
nevada
nieve granulada, nevisca
nieve
copo de nieve
chubasco
aguacero
chaparrón
temporal, tempestad
tromba de agua
rayo, relámpago
relampagueo
trueno
fenómenos atmosféricos
veleta
viento
niebla
neblina
bruma
rocío
escarcha
helada
granizo
océano
mar
litoral
marea alta, baja
marejada
marejadilla
mar rizada
maremoto
sismo
microsismo
macrosismo
terremoto

mapa meteorológico
isobara
pliobara
miobara
nivel del mar
ciclón

(sigue)

Astronomía, astrología y meteorología *(continuación)*

anticiclón
depresión
estación meteorológica
temperatura
calma
nodo
grado de nubosidad
cielo despejado, sereno
cielo casi despejado
semicubierto
nuboso
cubierto
frente, corriente de aire
oclusión
frente cálido
frente frío
frente nublado
corriente de aire cálido
corriente de aire frío
mapa climático
isoterma
isoquímena
isótera
isoyeta
sistemas de vientos
vientos generales
vientos regionales
vientos locales
zona de calma
alisio del nordeste, sudeste
zona de vientos variables
zona de vientos polares
monzón
cefiro
galerna
tremolina
ventolera
vendaval
remolino
ventisca
huracán
simún
tifón
viento etesio
bora
altano
siroco
pampero
blizzard
chinook
mistral
tramontana
gregal
levante
jaloque

climatología
clima
sequía
humedad
clima ecuatorial, boreal
clima polar
clima de tundra
clima de hielo eterno
zona de lluvias tropicales
zona desértica y esteparia
presión atmosférica

barómetro
aneroide
higrómetro
termómetro
pluviómetro
pirheliómetro
sismógrafo
anemómetro
rosa de los vientos
veleta

El automóvil

Partes externas e internas
chasis y carrocería
panel lateral trasero
guardabarros
portezuelas
cerradura y manija de la puerta
ventanilla
capó
radiador
parachoques
tapacubos
rueda de disco
faro
parabrisas
limpiaparabrisas
maletero
baca
suspensión del coche
ballesta
amortiguador
llanta
neumático
batería
abertura de ventilación
espejo retrovisor
pedales
acelerador
freno
embrague
asientos
respaldo abatible
placa de la matrícula
palanca de cambio de velocidades
panel del piso
salpicadero
columna y engranaje de la dirección
diferencial
eje trasero
árbol de cardán
silenciador
tubo de escape
depósito de gasolina
indicador de dirección
luz de marcha atrás
ventilación con aire fresco
equipo de calefacción
placa de matriculación

Tablero de mandos
tablero de mandos, tablier
volante
conmutador de la luz de cruce
interruptor del limpiaparabrisas
botón de arranque
estárter
velocímetro
medidor de gasolina
radio
reloj
palanca del freno de mano
guantera
interruptor del encendido
abertura del descongelador

Reparaciones
avería
pinchazo
parche
rueda de recambio
aceite
nivel de aceite
engrase
antideslizante
maletín de herramientas
seguro de accidentes
coche de auxilio en carretera
grúa
presión de los neumáticos
cargar una batería
hinchar los neumáticos

Conducción
carné de conducir
código de circulación
señal de tráfico
semáforo
velocidad límite
multa
código penal
atasco, embotellamiento
autopista, autovía
arcén
vado
aparcamiento
parquímetro

acelerar
frenar
embragar
desembragar
calarse
arrancar
adelantar
aparcar

Circulación de automóviles

Términos generales
tráfico
horas punta
embotellamiento
atasco
policía de tráfico
guardia urbano
peatón
coche de turismo, utilitario
furgoneta
camión

Carreteras
Carretera nacional
carretera secundaria
autopista
autovía
arcén
isla de peatones
circulación rodada
vía de dirección única
vía de doble dirección

Obstáculos
paso de peatones
paso de niños
paso a nivel con barrera, sin barrera
paso superior
paso subterráneo
badén
descenso peligroso
curva a la derecha, a la izquierda
curva muy cerrada
estrechamiento del camino
curva sin visibilidad
cambio de rasante
obras
desvío
piso deslizante
puente móvil
animales sueltos

(sigue)

Circulación de automóviles *(continuación)*

cruce con prioridad
ceda el paso
doble circulación provisional
peligro indefinido

Seguridad en carretera

señales de tráfico
señales acústicas
señales ópticas
prohibido girar a la derecha, a la izquierda
paso prohibido
dirección prohibida
prohibido adelantar
velocidad limitada
parada en el cruce, stop
parada obligatoria

semáforo
disco rojo
señal intermitente
preferencia de paso
ceder el paso
luces de carretera, de cruce
faros
intermitente, indicador de dirección
cinturón de seguridad

Accidentes e infracciones

perder el dominio del vehículo
patinar, resbalar
romperse los frenos
dar una vuelta de campana
chocar
choque, colisión
exceso de velocidad
adelantamiento por la derecha
no respetar el paso
conducir en estado de embriaguez
prueba del alcohol
alcohómetro
índice de alcohol
daños
multa
retirada del permiso de conducción

Seguro

seguro contra accidentes
seguro de vida
póliza de seguro
seguro contra terceros
seguro contra robo

Barcos y navegación

Partes principales

alcázar
ancla
babor
bao
bodega
borda
bolina
brújula
cabrestante
camarote
caña del timón
casco
castillo de popa, proa
cocina
codaste
coy
crujía
cuaderna, armazón
cuaderna maestra
bitácora
cubierta
chimenea
entrepuente
escálamo
escobén
escotilla
eslora
estribor
farol
hélice
lastre
línea de flotación
litera
mascarón de proa
manga
molinete
ojo de buey
pantoque
pañol
pasamano
periscopio
plancha
popa
porta
portalón
portilla
proa
puente de mando
quilla
regala, borda
remo
rezón
roda
sala de máquinas
santabárbara
sentina
sollado
torre de mando, torrecilla
timón
tubo lanzatorpedos

Aparejo y velamen

palo, mástil
palo mayor
palo de mesana
palo de trinquete
mastelero
masterelillo
bauprés
jarcia muerta
jarcia de labor
estay
barbiquejo
obenques
brandales
verga
vela cuadrada
vela triangular
latina
al tercio
vela mayor
vela de estay
foque
china
áurica
árabe
marconi

Diferentes tipos de barcos

nave, navío
junco
galera egipcia
pentecóntoro
trirreme
dromón
panfil
galera capitana
zenzil
navío redondo
galeón
carraca
urca
goleta
carabela
fragata
piragua
barcaza de remos germánica
barco vikingo, drakkar
kogge
bergantín
cúter
clíper
barco mercante
barco de carga, carguero
barco carbonero, frutero
petrolero
barco cisterna
barco mineralero
barco de pasaje
paquebote
transbordador, ferry boat
barco de guerra
acorazado
portaaviones
portahelicópteros
crucero
destructor
explorador
fragata
corbeta
torpedero
patrullero
submarino
cañonero
minador
dragaminas
lancha rápida
lancha antisubmarina
lancha torpedera
barco hospital
barco escuela
barco factoría
buque de escolta
barco de pesca, pesquero
ballenero
bacaladero
cabler
rompehielos
remolcador
barco de cabotaje
bote salvavidas
fuera borda
balsa
chalupa
esquife
balandro
trainera
yate
yola
gabarra, barcaza

Navegación

abalizamiento
abarloar
abatimiento
abocar
abordaje
abordar
abrigar
acostar
achicar
adrizar
aferrar
aflojar
agente marítimo
aguaje
alzavella
amarra
amarras
amarradura
ancla
ancladero
anclaje
anclar
antepuerto
portar
arfada
arribaje
arrizar
asengladura
astillero
aterraje
atracada
atracar, arribar
avería

babor
balancear
balanceo
baldear
baliza
bandazo
barcada
barco
barco naufragado
barloventar
barlovento
barquear
barqueo
barquero
barrenar
bengala de señales
bitácora
boca del puerto
bolina
bolinear
bonanza

(sigue)

Barcos y navegación *(continuación)*

bordada
bordear
bordo (a)
borrasca
botar
boya
brandar
braza
brújula

cable
cabecear
cabeceo
cabo
cabo de luces
cabo de fogones
cabotaje
calado
calafatear
calma chicha, bonanza
cañonero
capitán de barco
carena
carenar
carga
carrero
carta de marear
ciaboga
ciaescurre
cimarrón
circunnavegación
código de señales
colear
compensación
con rumbo a
cordel de la corredera
costear, hacer cabotaje
costura
cruzar
cuaderno de bitácora
cuadrante
cuarta
culembreado

dársena
demora
derecho marítimo
deriva (ir a la)
derivar
derrelicto
derrota
derrotero
desabocar
desarbolar
desatracar
desembarcadero
desembarcar
desfondar
desguazador
desplegar
destino
destripular
desviación
día marítimo
dique
dique seco
dirección
draga
dragar

echazón
echar anclas
embarcación
embarcadero
embarcar
empopada
encabritarse
encallar, embarrancarse
encostarse
engolfarse
enmendar, corregir, el rumbo
enrolar
ensenarse
equipaje
equipar
escala
escollera
escora
escorar
espigón
esquifar
estar al pairo, pairar
estar de tope
escollo
estela
estibar, arrumar
estiba, arrumaje
estribor

faro
farol de situación
fletar
flete
flotación
flotar
fondear
franquearse
franquía

ganar el viento
gobernar una embarcación
grada
gran cabotaje
grumete
guardabanderas
guardia

hacer escala
hacer rumbo
hacerse a la mar, zarpar
hacerse a la vela
hacer zozobras
hender
horizonte
hundir, echar a pique
huracán
hurtar el viento

ir a la deriva
ir a la ronzá
ir costa a costa
ir de bolina
ir de través
irse al garete
izar
leva
levar anclas
luces de posición

llevar el timón
maestre de jarcia
maestre de plata
malecón
maniobra
marcha
mareaje
marina
marinar
marinero
marinero de trinquete
milla
muellaje
muelle

naufragar
naufragio
náutica
navegable
navegación
navegación de altura
navegación de cabotaje
navegar
navegar a la cuadra
naviero, armador

orza
orzar

pairar
paje de escoba
palmear
patrón
pecios
pilotaje
piloto
piloto de altura
piloto de puerto
piloto práctico
poner a flote
ponerse al pairo
ponerse a sobreviento
popa
práctico
proa
puerto
puerto de escala
puerto de matrícula
punto de escuadría
punto de estima
punto de fantasía
punto de longitud

rada
radar
radiofaro
rebasar
regata
regimiento
reloj de longitud
remar
remolcar
remolque
rol
rompeolas
repiquete
rumbear
rumbo

salida
salvamento
salvar
salvavidas
señal de socorro
singladura
socollada
sonda
sondear
sotavento

tempestad, temporal
temporejar
timón
timonel
tomar el timón
tonelaje
transbordar
travesía
tripulación

varar
vela
vendaval
vía de agua
viento en contra
virar
virar de bordo

La bicicleta

Partes principales
manillar
puño del manillar
timbre
freno de mano
palanca del freno
cable del freno
dinamo
rodillo de transmisión
faro
soporte del faro
piloto
barra de dirección
tubo superior, inferior
tubo soporte del sillín
sillín
muelles del sillín
horquilla de la rueda
rueda
radio
llanta
neumático
cámara de aire
cartera de herramientas
válvula del neumático
cuentaquilómetros
caballete de sustentación
sistema de propulsión
cadena
piñón
piñón fijo
cojinete
tensor de la cadena
pedal y biela
guardabarros
portaequipajes
piñón de tres velocidades

Reparaciones
rueda pinchada, bloqueada
pinchazo
reparar
parche
caja de herramientas
llave inglesa
disolución, pegamento, de caucho
papel de lija

Términos generales
ciclista
bicicleta
bicicleta de carreras
ciclismo
tándem
montar en bicicleta
velódromo
pista de ciclismo

Cinematografía

Términos generales
cinematógrafo
industria cinematográfica
cineclub
filmoteca, cinemateca
cine de estreno, de reestreno
cine de repertorio
cine fórum
cine de arte y ensayo
cine amateur
sesión continua
estreno
festival de cine
óscar
censura
película apta, prohibida para menores
taquilla *(Amér.* boletería)
acomodador
entrada *(Amér.* boleto)
pantalla panorámica
cabina de proyección
bobina
proyector
proyección

Toma de vistas
producción
dirección
realización
guión original
guión adaptado
vestuario
rodaje
rodar
montaje
moviola
mezcla
fundido
efectos visuales
banda de sonido
previo
efectos sonoros
efectos especiales
postsincronización

plató
plataforma rodante
proyector, foco
jirafa
micrófono
claqueta
cámara
ángulo de toma de vistas
picado
plano general
primer plano
segundo plano
plano relámpago
plano americano
panorámica
imagen
congelación de imagen
fotograma
fotómetro

Técnicos
adaptador
guionista
dialoguista
productor
director de producción
director de escena
ayudante de dirección
operador
fotógrafo
claquista
decorador
maquinista
ingeniero del sonido
luminotécnico
maquillador
secretaria de dirección

Actores
reparto
ficha técnica
actor, actriz
protagonista
actor secundario
especialista, doble
extra

Películas
película, filme
telefilme
metraje
largometraje
cortometraje
mediometraje
noticiario
documental
trailer, avance
dibujos animados
vistarama
cinerama
cinemascope
cine tridimensional
película de episodios
cine sonoro
cine mudo
versión original
versión subtitulada
subtítulos
película doblada

Géneros cinematográficos
western
policiaco
comedia
drama
melodrama
musical
comedia musical
cine social
cine experimental
cine negro
fantástico
terror
biográfico
ciencia ficción

La ciudad

Términos generales
ciudad
villa
metrópoli
urbe
capital
ciudad jardín
ciudad satélite
población
lugar
afueras, alrededores
cercanías
arrabal
suburbio
zona residencial
zona universitaria
zona portuaria
distrito
barrio
barrio chino
barrio dormitorio
núcleo urbano
casco antiguo

casa
edificio
inmueble
apartamento
piso
rascacielos
tienda
grandes almacenes
farmacia
mercado
mercadillo
bazar
parque
jardín
iglesia
capilla
catedral
convento
colegiata
sinagoga
escuela, colegio
instituto
facultad
universidad
ayuntamiento
palacio de justicia
palacio municipal
palacio de exposiciones y ferias
correos y telégrafos
clínica
hospital
cementerio
cuartel
comisaría
parque de bomberos
cocheras
aparcamientos
garaje
cárcel
lonja
bolsa
puerto
biblioteca
museo
teatro
cine
parque zoológico
parque de atracciones
ópera
sala de fiestas
club nocturno
campo de fútbol
plaza de toros
estadio
gimnasio
complejo deportivo
salón recreativo
hotel
restaurante

Vía pública
calle
acera *(Amér.* vereda)
calzada, asfalto
pavimento
adoquín
cuneta
alcantarilla
carretera
desvío
avenida
pasaje
paseo
rambla
avenida
bulevar
callejón sin salida
callejuela
camino
cruce
esquina
chaflán
manzana
paso de peatones
paso cebra
isla de peatones
plaza
plazoleta
fuente, surtidor
papelera
farol
semáforo
banco
árbol
alcorque

Población
demografía
habitante
inmigrado
ciudadano
paisano
residente
turista
vecino
inquilino
vecindario

Servicios públicos
administración pública
alcalde
concejal
policía urbana
guardia municipal
guardia de tráfico
bombero
residencia de ancianos
inclusa, orfanato
puesto de socorro
dispensario
hospital
funeraria
manicomio
ambulancia

(sigue)

La ciudad *(continuación)*

barrendero
basurero
alumbrado
sereno
vigilante
abastecimiento de agua
fuerzas eléctricas

Medios de comunicación
autocar
autobús
minibús
servicio discrecional
metro
trolebús
tranvía
taxi
estación de taxi
taxímetro
bajada de bandera
taxista
conductor
revisor
inspector
parada de autobús
parada de tranvía
billete
tarjeta de viaje
pase
taquilla
andén
circunvalación
trayecto
carrera
estación de metro
boca de metro
estación de ferrocarril

Las conferencias

Reuniones
reunión
congreso
simposio
grupo de estudios
grupo de trabajo
asamblea
comisión
subcomisión
comisión de redacción
comisión de expertos
comisión asesora
convenio
convención
sesión
sesión plenaria
sesión de apertura
sesión de clausura
sesión solemne
periodo de sesiones
celebrar sesión
mesa
secretaría
sede
consejo de administración
consejo ejecutivo
organismo permanente

Participantes
presidente
presidente honorario
presidencia
presidente interino
vicepresidente
ex presidente
director general
director general adjunto
secretario general
secretario ejecutivo
redactor de actas
tesorero
jefe de delegación
delegado permanente
miembro
miembro de derecho
miembro vitalicio
miembro con plenos poderes
representante
suplente
sustituto
observador
asesor
funcionario
consultor
plenos poderes
mandato
ordenanzas

Debate
sala
sala de congresos, de convenciones
tribuna pública
tribuna de oradores
tablón de anuncios
convocatoria
estatutos
reglamento interno
base de discusión
plataforma de debate
debate general
programa
proyecto
anteproyecto
orden del día
ponencia
informe
documento de trabajo
sumario
argumento
actas
asuntos varios
declaración
apertura de la sesión
pedir la palabra
dar o conceder la palabra
hacer uso de la palabra
pronunciar un discurso
clausura
discurso de clausura
levantar la sesión
aplazar la sesión
conclusión
negociación
ofrecimiento
tratado
nombramiento
nombrar
orador
ponente
aprobar
decisión
resolución
oponerse a formular una objeción
proponer una enmienda
enmendar
rechazar
opinión
dictamen
propuesta
aclaración

Construcción

Materiales de construcción
cemento
arena
yeso
argamasa, mortero
hormigón
hormigón armado
grava
gravilla
pizarra
mármol
ladrillo
adobe
azulejo
mosaico
baldosa, loseta
losa
gres
cerámica
viga
hierro
madera
cañería
tubería
instalación eléctrica
grifería

Trabajadores de la construcción
peón de albañil
albañil
capataz
maestro de obras, contratista
yesero
soldador
carpintero
electricista
fontanero
ayudante de fontanero
gruísta
pintor
delineante
delineante proyectista
constructor
promotor
dibujante
arquitecto
aparejador
ingeniero

Herramientas y máquinas
plomada
paleta
piqueta, zapapico
nivel del aire
llana
fratás
carretilla
cubo
pala
escalera de mano
polea
martillo
almádana
cincel
cortafrío
cizalla
alicates
tenazas
llave
llave inglesa
destornillador
sierra
cepillo
mazo
grúa
apisonadora
excavadora
generador
hormigonera
soplete
soplete oxiacetilénico
perforadora
volquete

La casa
sótano
planta
planta baja
piso
hueco de la escalera
ascensor
montacargas
escalera de incendios
aire acondicionado
calefacción central, individual
desván, buhardilla
altillo
tejado
canalón
bajada de aguas
techo
azotea
terraza
balcón

(sigue)

Construcción *(continuación)*

suelo
pared, muro
pared maestra
zócalo
parqué, entarimado

comedor
sala de estar

cocina
habitación
cuarto de baño
retrete

Términos generales
casa
edificio

bloque de viviendas
rascacielos
monumento
palacio
templo
basílica
catedral
iglesia

construir, edificar
urbanismo
urbanizar
urbanización
permiso de
construir
zona verde
edificio artístico

elevación
plano
escala
prefabricar
excavación
cimientos
andamiaje
andamio

Correos y telecomunicaciones

Correos
buzón
oficina de correos
estafeta de correos
lista de correos
casillero
ventanilla
recogida del correo
reparto del correo
cartero

saca postal
pesacartas
clasificador de
cartas

correspondencia
carteo
carta
carta urgente
carta adjunta
carta certificada
certificar una carta
circular
tarjeta postal
paquete postal
apartado de
correos
giro postal

giro telegráfico
envío contra
reembolso

correo ordinario
correo
extraordinario
correo urgente
correo mayor
correo expreso

impreso
certificado
sobre
papel
escrito
encabezamiento
fecha
posdata
referencia
sello
matasellos
membrete
timbre
póliza
certificado
sobretasa
exceso de peso
franqueo

franqueo
concertado
tarifa postal
remitente
dirección
distrito postal
acusar recibo
a vuelta de correo

Telegrafía
telegrafiar
telegrafista
telegrama
poner un telegrama
radiotelegrafía
radiotelegrafiar
radiotelegrafista
telegrafía sin hilos
telégrafo
télex
cablegrama
cablegrafiar
comunicación vía
satélite

oficina de
telégrafos,
centralita
código telegráfico

punto; raya
Morse
receptor
manipulador
teleimpresor

Teléfonos
teléfono
teléfono de góndola
teléfono manual
teléfono
automático
teléfono interior
teléfono comercial
teléfono
supletorio
microteléfono

receptor
auricular
disco selector
clavija
cable
interruptor
contador
automático
tablero de conexión
centralita de
teléfonos

operadora,
telefonista
línea
llamada telefónica
telefonazo
llamar por teléfono,
telefonear
marcar el número
número de teléfono
cabina de teléfono
ficha
timbre de llamada
señal de
comunicando
comunicar
descolgar el
teléfono
conferencia urbana
conferencia
interurbana
conferencia con
cobro revertido
conferencia
persona a persona
prefijo
código territorial
listín
guía de teléfonos
abonado

Los deportes

Términos generales
equipo
jugador, ra
competidor, ra
profesional
aficionado
campeón
outsider
recordman
record
campeonato
monitor
entrenador
manager
árbitro
juez de línea, de
salida, de meta
estadio
pista
ring
campo *(Amér.*
cancha)

Atletismo
carrera de
velocidad o de
cortas distancias
carrera de medio
fondo
carrera de vallas
carrera de relevos
carrera de larga
distancia o de
resistencia
maratón
decatlón
carrera de
obstáculos
carrera a campo
traviesa
marcha atlética

corredor
obstáculo
valla

foso de agua
hoyo de salida
línea de salida
pista de carreras
meta

salto de longitud
triple salto
brinco
paso
salto
salto de altura
salto con pértiga
(Amér. garrocha)
lanzamiento de
disco
lanzador
lanzamiento de
peso
lanzamiento de
martillo
lanzamiento de

jabalina
atleta ligero
foso de caída
cajetín de la
pértiga
círculo de
lanzamiento

Deportes individuales
gimnasia
aparatos de
gimnasia
espalderas
escalera de pared
cuerda de trepar
percha
barra fija
barra de equilibrio
colchoneta de salto
mesa de salto

trampolín
caballo de aros
plinton *(Amér.*
cajón)
potro
trapecio

halterofilia
pesas o halteras
lucha libre
llave
judo
kendo
su-mo
karate
aikido
esgrima
florete
boxeo
ring de boxeo
guante de boxeo
peso pesado

(sigue)

Los deportes *(continuación)*

peso medio
peso gallo
peso mosca
punching ball
sparring
pugilato
lucha
grecorromana
frontón
footing
gimnasia aeróbica

deportes de
invierno
esquí
concurso de saltos
patinaje
artístico
patinaje sobre
hielo
patinaje sobre
ruedas
hockey sobre hielo
bobsleigh
espeleología
alpinismo

vuelo sin motor
vuelo libre
vuelo en globo
paracaidismo

Juegos y competiciones
fútbol
jugadores
árbitro
portero
portería
red
gol
balón de fútbol
saque de centro
saque de banda
fútbol sala

rugby
cricquet
béisbol
bateador
balonmano *(Amér.* hand ball)

balonvolea *(Amér.* voleibol)
baloncesto *(Amér.* basket ball)
hockey sobre hielo
hockey sobre
hierba
hockey sobre
patines
hockey en sala
golf
tenis
tenis de mesa
badminton
squash
polo en bicicleta
juego de bochas
petanca
boliche
ciclismo acrobático
tiro al arco
tiro al plato
tiro de pichón
juego de pelota
honda
pelota vasca
curling

Deportes acuáticos
natación
piscina *(Amér.* alberca)
estilo libre
estilo de delfín
estilo a la
marinera
crol
braza de pecho
braza de espalda
braza de mariposa
zambullida
clavado
buceo
submarinismo
sustentación en el
agua
motonáutica
esquí náutico
slalom
water polo
ballet acuático
deporte de remo
deporte de
piragüismo
deporte de vela

windsurfing
kayac
canoa
fuera borda
regata
yate

Bicicleta. Moto. Auto
velódromo
circuito
motocicleta
coche de carreras
piloto de carreras
rally
ciclista

Hipismo
equitación
carrera
carrera de
obstáculos
carrera de sulkies
trotón
hipódromo
jinete, jockey
polo

Las diversiones

Términos generales
discoteca
discos
tocadiscos
radio
musicassette
cassette
guateque
sala de fiestas
salón recreativo
club nocturno,
cabaret
teatro de
variedades
peña
casino
máquinas
tragaperras
cantante
atracciones
coristas
strip-tease
humorista
animador
presentador
taberna
bar
club de jazz

baile de disfraces
verbena
careta
máscara
antifaz
disfraz
carnaval
gigantes
cabezudos
serpentinas
confeti
carroza de
carnaval
fuegos de
artificio
petardo
cohete
pasacalle
excursión
campestre
viaje de placer
paseo
parques de
atracciones
parque infantil
columpio
tobogán
minigolf

Circo
vagón o roulotte
de circo
toldo de circo,
carpa
pista
banda de músicos
arena
hemiciclo
gradería
palco
espectáculo
presentador
número de circo
domador
animal amaestrado
jaula
látigo
taburete
aro
contorsionista
equilibrista
acróbata
trapecista
trapecio
cuerda
red de seguridad

salto mortal
pirueta
gimnasta
funámbulo
volatinero
histrión
saltimbanqui
malabarista
artistas ecuestres
torre humana
tragador de fuego
tragador de sables
encantador de
serpientes
lanzador de
cuchillos
tirador de pistola
mago
prestigitador,
ilusionista
ventrílocuo
faquir
gigante
mujer barbuda
enano
payaso
augusto

Parque de atracciones
feria
tiovivo, caballitos
montañas rusas
noria
noria gigante o
gran rueda
autochoques
voladoras
tobogán
cucaña
rueda del diablo
atalaya
tren del infierno o
fantasma
columpios
tómbola
máquina de probar
la fuerza
casa del terror
rueda de la
fortuna
sala de espejos
cómicos
barracón de la risa
muñecos
autómatas

Economía y comercio

Términos generales
economía rural
economía privada, industrial
economía capitalista, socialista
economía planeada, dirigida
economía política
economía liberal, mixta
economista
absentismo
autarquía
proteccionismo
acción concertada
sector privado, sector público
equilibrio económico
fluctuación, depresión económica
acuerdo
concentración
cartel
trust
holding
índice de crecimiento
coyuntura, situación económica
infraestructura
poder adquisitivo
carestía
nivel de vida
subdesarrollo
país subdesarrollado, en vías de desarrollo
crecimiento económico
crisis económica
inflación
deflación
draw-back
especulación
estabilización
franchising
impuesto
exención

Capital
capital inicial
capital fijo
capital inmobiliario
capital circulante
capital desembolsado
capital disponible
capital invertido
rendimiento
plusvalía
bienes de equipo
reserva
inversión
inversionista
autofinanciación
solicitación de fondos
aportación de fondos
fondo de amortización
fondo muerto, perdido, vitalicio
fondos secretos
fondos públicos
fondo de operaciones
fondo de rotación
fondo de reserva
fondo regulador

banco
ahorro
libreta de ahorro
papel comercial
cupón
valor
acción
cuenta corriente
cuentacorrentista
cheque
cheque al portador
cheque nominal
cheques de viaje
cheque barrado, cruzado
talonario de cheques
talón
letra de cambio
endoso
transferencia
dinero efectivo, metálico
dinero suelto
remesa
billete de banco
pagar en efectivo
bonos del tesoro
bonos de caja
plazo fijo
remesa
moneda nacional
divisas
moneda fuerte
devaluación de la moneda
fuga de capitales
emisión
acción
arbitraje
aval
superávit
déficit
saldo
interés
dividendos
balanza de pagos
beneficio neto
bonos de caja
renta
rentista
cambio
cambio fijo
cambio flotante
cambios múltiples
canje
crédito oficial
créditos stand by
créditos swap
cédula
cédula hipotecaria
cédulas para inversiones
clearing
compensación bancaria
control de cambios
convertibilidad
bolsa
agente oficial de bolsa
corredor de bolsa
subida, bajada de la bolsa
cotización
corro
corretaje
transacción
entero
lista oficial de las cotizaciones

Préstamo y créditos
préstamo, emprésito
crédito
crédito a corto, a largo plazo
tarjeta de crédito
prestatario
presupuesto
descuento
comisión
anualidad
vencimiento
amortización
seguro
hipoteca
acreedor
deudor
deuda consolidada, flotante
giro
ayuda
subvención, subsidio

Producción
producción
superproducción
productor
productivo
productividad
mercancías, productos
artículo
materia prima
producto nacional bruto, neto
productos manufacturados
bienes de consumo
subproducto
costo
gasto

Beneficio
beneficio bruto
renta neta, bruta
ingresos
renta nacional
rentabilidad
rendimiento
plusvalía

Impuestos
impuesto
impuesto progresivo
impuesto al valor añadido
impuesto sobre la renta
impuesto indirecto
contribución territorial
gravámenes fiscales
hacienda
régimen fiscal
fiscalidad
exención fiscal
recaudador de impuestos
contribuyente

Términos comerciales
comercio
comercio internacional
comercio nacional
comercio exterior
comercio al por mayor
comercio al por menor
comercio de estado
comercio globalizado
comercio libre
operación comercial
importación
exportación
aduana
partida
compra
estimación
presupuesto
venta
venta al contado
venta a plazos
competencia
competitivo
dumping
fabricante
intermediario
minorista, mayorista
vendedor
comprador
cliente
consumidor
concesionario
calendario
calendarios y precios mínimos
compensación
conocimiento de embarque
contingentes
contingentes descriminativos
disagio
switch
ex quay
ex ship
factura consular
franco
flete
precios mínimos
prima
seguro a la exportación
proteccionismos indirectos
tráfico de perfeccionamiento
triangulación

Mercado
mercado nacional
mercado libre
mercado negro, estraperlo
monopolio
marketing
consumo
salida
oferta
demanda

Contabilidad
contable
libro de cuentas
libro de caja
diario
inventario
balance
año económico
gastos
ingresos
haber, activo
debe, pasivo
débito
carta de créditos
clearing
crédito a la exportación
crédito irrevocable
letra de cambio
pagaré

Energía nuclear

absorción
acelerador de partículas
acelerador lineal
acelerar
actividad
agua pesada
anión
aniquilación
antimateria
antineutrón
antipartícula
antiprotón
armas nucleares
átomo
átomo-gramo
atracción

bario
barra
berilio
berkelio
betatrón
bevatrón
blanco
bomba atómica
bomba de hidrógeno
bomba H
bomba limpia
bombardero
boro

cabeza atómica
cadmio
caldera atómica
calor atómico
calorescencia
cámara de aceleración
cámara de burbujas
cañón electrónico
capa electrónica
captura de neutrones
carga
catión
central nuclear
cesio
ciclotrón
cobalto
contaminación
contaminar
combustible nuclear
contador
cosmotrón
curie
curio

chocar
choque

deflagración
descontaminación
desintegración atómica
desintegrarse
detector
deuterio
deuterón
difusión
dispersión

electrodo
electrón
electrón libre
electrón planetario
electrón voltio
elemento
elemento fértil
emisión
energía atómica
energía de enlace
energía nuclear
energía radiante
enriquecimiento
escindirse
escudo biológico
espectro
espectro continuo
espectro de emisión
espectrómetro
espín
estabilidad
estroncio
experimento crítico
explosión

física nuclear
fisión
fluido refrigerante
flujo de neutrones
fogonazo térmico
fosforescencia
fotón
fotón de aniquilación
frecuencia
fuga de neutrones
fusión nuclear

grafito
guerra nuclear

hafnio
haz de electrones
helio
hidrógeno
hongo atómico

inestabilidad
intercambiador de color
ion
ionización
irradiación
isómetro
isótopo

kilotón
kriptón

litio
luminiscencia

lluvia radiactiva

masa
masa crítica
materia fisible
megatón

mesón
misil
moderátor
molécula
molécula marcada

neptuno
neutrón
neutrón térmico
nube radiactiva
núcleo
nucleón
número atómico
número cuántico
número de electrones

onda de choque

partícula alfa
partícula beta
película dosimétrica
periodo
peso atómico
pila atómica
piscina de desactivación
plutonio
positrón, positón
presión de radiación
protección, blindaje
protón
proyectil
pruebas nucleares
prueba submarina

radiación
radiación alfa
radiación beta
radiación característica
radiación Cerenkov
radiación cósmica
radiación del cuerpo negro
radiactividad
radiador completo, cuerpo negro
radio
radioelementos, elementos radiactivos
radioelemento trazador
radioisótopo
radiología
radioterapia
radón
rayos alfa
rayos cósmicos
rayos gamma
reacción en cadena
reactor, generador de potencia
reactor de combustible circulante
reactor de neutrones lentos, térmico
reactor homogéneo, heterogéneo
reactor nuclear
reactor rápido
reactor reproductor
refrigeración
refrigerante
rem
residuos radiactivos
revestimiento
roentgen

separación
sincrociclotón
sincrotón

temperatura del cuerpo negro
termoiónica
termonuclear
torio
trayectoria
trinitrotolueno
tritio

uranio
uranio enriquecido

vida
vida media

xenón

zeta
zwitterión

Enseñanza

Términos generales
educación, instrucción
coeducación
enseñanza primaria
enseñanza superior, secundaria
enseñanza privada, pública
bachillerato
estudiar
aprender de memoria
tomar la lección
dar clase, lección
repasar
repaso
copiar
asignatura
programa
disciplina
clase
lección
deberes
ejercicio
abecedario, primeras letras
dictado
falta de ortografía

recreo, descanso
patio
hacer novillos
año escolar
vacaciones escolares

alumno, discípulo
alumnado
estudiante
colegial
compañero de clase
oyente
empollón
ex alumno, antiguo alumno
pedagogo
educador
puericultor
maestro
profesor
ayo, preceptor
director
subdirector
jefe de estudios
magisterio
cuerpo docente

decano
decanato
rector
rectorado
catedrático
cátedra
auxiliar de cátedra
adjunto
profesor numerario

(sigue)

Enseñanza *(continuación)*

profesor no numerario
bedel
claustro de profesores
paraninfo
apertura de curso
aula
aula magna
seminario
biblioteca
salón de actos

carrera
graduación
licenciatura
licenciarse
licenciado
doctorado

doctorarse
doctor
tesis de licenciatura, tesina
tesis doctoral
proyecto
oposición
ganar una cátedra

examen oral, escrito
examinador
examinarse
convocatoria
papeleta de examen
pregunta
chuleta
tribunal de exámenes

aprobar
aprobado
suspenso
suspender

Material escolar

pizarra
tiza
pizarrín
mapa mural, mudo
globo terráqueo
libreta, cuaderno
borrador
cartera
libro
diccionario
enciclopedia
papel secante

tintero, tinta
pluma estilográfica
bolígrafo
lápiz
portaminas
maquinilla sacapuntas
goma de borrar
regla
cartabón
compás
tiralíneas
pupitre, banco
tarima

Establecimientos de enseñanza

jardín de infancia
parvulario
guardería
colegio
instituto
academia
escuela primaria
escuela secundaria
escuela técnica
ciudad universitaria
facultad
universidad
residencia universitaria
colegio mayor
internado
externado
mediopensionista

Fotografía

Términos generales

foto, fotografía
foto en blanco y negro
foto en color
instantánea
microfilme
trasparencia, diapositiva
luminosidad
contraluz
halo
flou
enfoque
enfocar
desenfocar
encuadre
encuadrar
distancia focal
profundidad de foco, de campo
exposición
tiempo de exposición
sobreexposición
subexposición

La cámara fotográfica

máquina de fotografiar
máquina reflex
máquina compacta
máquina de revelado instantáneo, polaroid
máquina automática
lente, objetivo
caja
objetivo de gran angular
teleobjetivo
objetivo zoom
ojo de pez
cámara oscura
placa, película sensible
obturador
prediafragma
ocular
visor
filtro

disparador
disparador automático
palanca para arrastre de la película
contador de fotografías
selector de velocidad y sensibilidad
rebobinador
anillo de enfoque
foco
fotómetro
telémetro
exposímetro
célula fotoeléctrica
ocultador
parasol
flash
lámpara de tungsteno
carrete, rollo
película
lith

chasis
cargar, descargar la máquina
trípode

Técnicas de laboratorio

laboratorio fotográfico
tanque de revelado
cámara de secado
cubeta
pinzas
revelar
revelado
sobrerrevelado
solarización
velado
reserva
máscara
contacto
cliché, negativo
positivo
positivar
positivado

fijador
virador
líquido
marginador
emulsión
grano
baño
secado
imagen
retrato
daguerrotipo
macrofotografía
microfotografía
montaje
papel fotográfico
tira de pruebas
contrastar
contraste
velado
densidad
ampliar
ampliación
ampliadora
lupa de enfoque
condensador

Geografía

Términos generales

geografía astronómica o cosmografía
geografía física
geografía política, descriptiva o geopolítica
geografía universal
geografía biológica
geografía botánica
geología
geodesia

etnografía
cosmología
toponimia
oceanografía
meteorología
orografía
hidrografía

vegetación
relieve
clima
ríos
Tierra

universo, cosmos
mundo
globo terráqueo

superficie terrestre
tierra firme
península
continente
tómbolo
istmo
isla
islote
archipiélago

llanura
valle
pradera
lago
estanque
embalse
presa
pantano
laguna
albufera

desierto
duna

oasis
solana
selva virgen
estepa
pampa

Cartografía

mapa
mapamundi
mapa mural, mudo
planisferio
plano

(sigue)

Geografía *(continuación)*

atlas
carta geográfica, celeste
carta marina
catastro
escala
coordenada
meridiano
curvas de nivel
colores
signos convencionales
orientaciones
topografía
fotogrametría
cartómetro

Orientación

puntos cardinales
norte
septentrión
sur
mediodía
este
oriente
levante
naciente
oeste
occidente
ocaso
poniente
rosa de los vientos
brújula

meridiano
paralelo
ecuador
longitud
latitud
Trópico de Cáncer
Trópico de Capricornio
línea equinocial
Polo Norte, Sur
círculo polar
círculo boreal
zona glacial, templada, tórrida
cenit
nivel del mar

Mar y río

mar
océano
alta mar
bahía
golfo
cala, caleta
ensenada
cabo
acantilado
estrecho
escollo
escollera
dique
muelle
puerto
barra
banco de arena
bajío
banco de hielo
iceberg

ribera, orilla
estuario
delta
desembocadura
embocadura
fiordo
ría
corriente de agua
uad
arroyo
torrente
crecida, avenida
inundación
cabecera, nacimiento
manantial
lecho
caudal
cuenca
catarata
afluente
meandro
canal

Montaña

cordillera, cadena
monte, sierra
macizo
meseta
altiplanicie (*Amér.* altiplano)
cumbre, cima, cresta
pico
colina
cerro
altozano
otero
loma
peñón
roca
puerto
punto culminante
ladera, falda
volcán
lava
erupción
quebrada, cañón
desfiladero
garganta
falla
precipicio
glaciar, ventisquero
géiser

Herramientas

Herramientas de agricultura y jardinería

azada
pala
aporcador
horca
horquilla
guadaña
martillo
hoz
mayal
mazo
rastrillo
azadón
sacho
laya
plantador
carretilla
regadera
manguera
cortacéspedes
podadera
desplantador
escardadera
sembradera

Herramientas de mecánico

llave plana de dos cabezas fijas
llave de gancho
llave inglesa
llave de tubo
palanca para desmontar
ajustador
alicates
martillo con cabeza de bola
yunque
carraca
tenazas
cizallas
destornillador
pie de rey
cortaalambres
broca
mandril
raspador
escariador
sierra
remache, roblón
tuerca
contratuerca
perno
clavija
arandela
grapa
engrasadora
aceitera
gato
densímetro
comprobador de baterías
fuelle
taladrador

Herramientas de carpintero

sierra
sierra de arco
sierra circular
sierra de contornear
sierra de calar
serrucho
garlopa
cepillo
cepillo bocel
guillaume
lima
gubia
gato
tenaza
martillo
mazo
clavo
puntilla
tachuela
tornillo
destornillador
torno
cárcel, mordaza
cincel, escoplo
cortafrío, buril
formón
plana
raedera
escofina
escuadra
cartabón
berbiquí
taladradora
avellanador
gramil
metro
papel de lija
caja de herramientas
banco de carpintero

Herramientas de pintor y empapelador

cepillo de revocar
escalera doble
rodillo
pistola rociadora, aerógrafo
cepillo
pincel
brocha
alisador
martillo
caballete
paleta
llana
espátula
cubo
tijeras

Herramientas varias

navaja
cortavidrio
plomada
nivel
escoda
almádena
pisón
compás de vara
soldador
soplete
troquel
terraja
torno
torno revólver
fresa
fresadora
remachadora
trituradora
laminadora
prensa
pilón
martillo pilón
martillo neumático
martinete

Hortalizas y frutas

Hortalizas
acedera
acelga
achicoria
aguaturma, pataca
alcachofa
altramuz
amargón, diente de león
batata, boniato (*Amér.* camote)
berenjena
berro
berza, col
berza de Saboya
brécoli
calabaza
calabaza vinatera
calabacín
cardo
cebolla
cebolleta
col blanca
col de Bruselas
coliflor
colinabo
col lombarda, de Milán
col rizada
col roja
chalote
chirivía
espárrago
escarola
endibia
escorzonera
espinaca
garbanzo
grelo
guindilla
guisante, bisalto
haba
judía, habichuela (*Amér.* fríjol)
judía verde
lechuga
lechuga romana
lenteja
nabo
patata (*Amér.* papa)
pepino, cohombro
pepinillo
pimiento (*Amér.* chile, ají)
puerro
rábano
remolacha
repollo
salsifí, escorzonera
seta
tirabeque
tomate (*Amér.* jitomate)
trufa
verdolaga
yuca
zanahoria
zanahoria de cascabel

Plantas aromáticas y especias
ajo
albahaca
alcaparra
anís
apio
azafrán
canela
cayena
clavo
comino
enebro
eneldo
estragón
hierbabuena, menta
hinojo
jenjibre
laurel
mejorana
melisa
mostaza
nuez moscada
orégano
perejil
pimentón
pimienta blanca
pimienta de Jamaica
pimienta negra
pimienta ocre
rábano picante
romero
ruda
salvia
tomillo
vainilla
zarzaparrilla

Frutas
aguacate (*Amér.* palto)
albaricoque
alfóncigo
almendra
anacardo
arándano
cacahuete (*Amér.* maní)
caqui
carambolas
castaña
cereza
ciruela
ciruela damascena
coco
chirimoya
dátil
frambuesa
fresa (*Amér.* frutilla)
fresón
granada
grosella roja
grosella negra
guanábana
guayabana
higo
higo chumbo
limón
mandarina
mango
manzana
melocotón (*Amér.* durazno)
melón
membrillo
mora
naranja
nectarina
níspero
nuez
papaya
plátano (*Amér.* banana)
pera
piña (*Amér.* ananás)
pomelo
sandía
uva
yambo
zapote

Juegos

Juegos infantiles
pelota
columpio
tobogán
patines
tirachinas
muñecas

indios y vaqueros
justicias y ladrones
¿Dónde están las llaves?
ganchillo
tris-tras
corro
gallinita ciega
La viudita del Conde Laurel
arrancar cebollas
Té, chocolate y café
escondite
cuatro esquinas
comba
¡juli!
El cocherito leré
caballo fuerte
1, 2, 3, pollito inglés
pata coja
juego de la campana
romper la olla
piñata
inflar globos
merienda con obstáculos
chocolatada cómica
batalla de las sillas
carreras de sacos

Juegos de habilidad
rayuela, infernáculo
pompas de jabón
cometa
trompo
peonza
aro
diábolo
yo-yo
tiro al banco con monedas
canicas
juego de los palillos
los tres hoyitos
juego de las tabas
escardillo
boliche
cerbatana
tragabolas
juego de la rana
tiratecos
tirador
a cox-cox
diablillo
dardos
blanco
tejo
bochas
petanca
bolos
boliche
ping-pong
croquet
juego de la argolla
papiroflexia

Juegos de salón
parchís
dominó
tres en raya
juego del asalto
ruggins o siempre cinco
palé
tric-trac
backgammon
chaquete
tablas reales
mah-jongg
criptografía
pasatiempos
crucigrama
jeroglífico
anagrama
rompecabezas
puzzle
carro
batalla naval
juegos solitarios
futbolín

Ajedrez y damas
tableros
damero
casilla, escaque
piezas blancas, negras
rey
reina o dama
álfil (*Amér.* árfil)
caballo
torre
peón
gambito
enroque
jaque
mate
jaque mate
dar mate
dar jaque y mate
hacer tablas
encerrar
coronar
comer
soplar
ajedrecista

Juegos de azar
morra
chino
cara o cruz
pares y nones
chapas
china
pan o vino
pito, pito, colorito
perinola
juego de la oca
lotería
bis-bis
bingo

(sigue)

Juegos *(continuación)*

krabs
bocha
cinco y nueve
par e impar
póquer de dados
quita y pon
black jack

ruleta
sala de juego
casino
director de juego
crupier
raqueta
banca

Juegos con baraja
tute
tute subastado
guiñote
pinche
mus
trece
seisillo
brisca
manilla

butifarra
julepe
burro
golfo
giley
muchas gracias
remigio o ramiro
rummy
ramy
muerto
mona
siete y medio
tarot
bacará
veintiuno
monte
póquer
whist
bridge
pinacle
canasta
rami
scopa
samba

cartas o naipes
baraja

naipe francés
as
rey
reina
figuras
comodín
palo
trébol
pica
corazón
diamantes o rombos
naipe español
basto
espada
copa
oro
triunfos
barajar
cortar
banquero
mano
fallar
contrafallar
baza
robar
apostar

apuesta
tirarse un farol
escalera real
escalera de color
póquer
repóquer
full
trío
pareja
doble pareja
copar la banca
banca
trampa, martingala

Juegos de sociedad
bolas de algodón
modistas
carreras de globos
premio escondido
juego de los confites
juego de la manzana
baile de la escoba
baile del globo
baile del farolillo

baile del más y más
juegos de manos
malabarismo
juegos de palabras, acertijos
charada
juegos de cálculo
scrabble
juegos de prendas
la sortija
juego de los disparates
Pedro Pero Pérez Crespo
El padre calabacero
retratos
Antón Perulero
preguntas y respuestas
¿derecho o revés?
veo, veo
juego de la verdad
murder party
juego de los personajes
juego del teléfono

Jurisprudencia

Derecho
derecho administrativo
derecho canónico
derecho eclesiástico
derecho pontificio
derecho comparado
dereho consuetudinario
derecho civil
derecho internacional
derecho natural
derecho laboral, del trabajo
derecho fiscal
derecho corporativo
derechos civiles
derechos humanos
derechos arancelarios
derechos de autor
derechos de sucesión

anteproyecto
proyecto
ley
decreto
cláusula
acta
atestado
carta
precepto
artículo
apartado
ordenanza

estatuto
fuero
constitución
código civil
código penal
código de comercio
promulgar una ley
adoptar, cumplir, una ley
abolir
revocar
entrar en vigor
anulación
legislación
legislar
jurista
jurisprudencia

Tribunales y Funciones
Tribunal de primera instancia
Tribunal civil
Tribunal de Casación
Tribunal Supremo
Tribunal Internacional de Justicia
Tribunal de cuentas
Tribunal de arbitraje
Tribunal tutelar de menores
Audiencia de lo criminal
Audiencia Territorial, Tribuna de Apelación

Magistratura del Trabajo
Juzgado
Juzgado de provincia
Juzgado de primera instancia
Juzgado municipal
Juzgado de familia
Juzgado de paz
Palacio de Justicia
Consejo de guerra

magistrado
abogado
pasante de abogado
juez
fiscal
auditor
presidente
asesor jurídico
juez de instrucción
juez de apelación
juez de menores
juez de familia
procurador
notario
defensor

Instrucción
investigación
diligencias previas
autos
audiencia vista
sumario
interrogatorio
antecedentes penales
audición de testigos

testigo ocular
testigo de oídas
testigo abonado
testigo de conocimiento
testigo de cargo, de descargo
testigo sinodal
examinar testigos
responsabilidad
visita domiciliaria
piezas de convicción
circunstancias atenuantes, agravantes, eximentes
coartada
auto de comparecencia
orden de detención
detener
arresto, detención
libertad provisional, bajo fianza
libertad vigilada
citación
prueba

Procedimiento judicial
justicia
juzgar
pleito
proceso
entablar un pleito
incoación de un proceso
denuncia

presentar una denuncia
querella
demanda
demanda pública
demanda por daños y perjuicios
demanda de reconvención
contestar una demanda
petición de indemnización
demandante
parte contraria
acta de acusación
informe del fiscal
citación
alegar
alegato
deposición
cargo de acusación
declararse culpable
declaración jurada
bajo juramento
acusador
acusado
delito
prueba
banquillo de los acusados
legítima defensa
pronunciar el fallo
error judicial
fuerza mayor
condena
condenado
reo
culpable

(sigue)

Jurisprudencia *(continuación)*

reincidente
cómplice
complicidad
encubridor
absolución
veredicto absolutorio
indulto
amnistía
apelar
interponer recurso

Infracciones y penas
ofensa
delito
crimen
conato, tentativa
amenaza
incumplimiento
traición
falsificación
perjuicio
injusticia
atentado
asesinato
homicidio
parricidio
infanticidio
secuestro
conspiración
robo
robo a mano armada
intimidación
piratería
contrabando
estafa
soborno
ruptura de contrato
desfalco, malversación de fondos
prevaricación
fraude
fraude fiscal
abuso de autoridad
corrupción
usurpación
alteración del orden público
multa
arresto
prisión
encarcelamiento
indemnización
interdicción de residencia
embargo
interdicción civil
trabajos forzados
pena de muerte
cadena perpetua

Términos varios
fe de bautismo
partida de nacimiento
partida de matrimonio
certificado de defunción
certificado de penales
expediente
escritura notarial
levantar una acta
escritura de venta
testamento
testamentaria
tutor
mayor de edad
menor de edad
emancipación
heredero
herencia
propiedad artística y literaria
propiedad industrial
propiedad inmobiliaria
registro de la propiedad
nula propiedad
arrendamiento
alienación mental
huella digital
cadáver
depósito de cadáveres
tutela
patria potestad
denegación de la paternidad
casamiento por poderes
in artículo mortis
separación
divorcio

Ciencias físicas y matemáticas

Aritmética
cálculo
operación
suma, adición
total
sumando
signo más, menos
resta, sustracción
minuendo
sustraendo
multiplicación
multiplicador
multiplicando
producto
división
dividendo
divisor
cociente
resto
fracción, quebrado
proporción
numerador
denominador
común denominador
regla de cálculo

Álgebra
exponente
potencia
función, derivada
elevar un número al cuadrado, al cubo
raíz cuadrada
radicando
índice
raíz cúbica
regla de tres
logaritmo
ecuación de primer grado, segundo, tercer, grado
incógnita
monomio
polinomio

Geometría
líneas rectas
horizontal
oblicua
vertical
quebrada
líneas normales
líneas inclinadas
líneas paralelas
líneas convergentes
líneas divergentes
líneas mixtas

ángulo agudo
ángulo llano
ángulo obtuso
ángulos opuestos por el vértice
ángulos consecutivos
ángulos adyacentes

líneas curvas
circunferencia
diámetro
radio
cuerda
secante
tangente
elipse
hipérbola
parábola
foco
polígono regular, irregular
triángulo equilátero
triángulo isósceles
triángulo escaleno
altura
lado
cateto
hipotenusa
mediana
cuadrilátero
paralelogramo
cuadrado
rectángulo
rombo
romboide
trapecio
trapezoide
pentágono
hexágono
eptágono
octógono
eneágono
decágono
endecágono
dodecágono
pentadecágono
apotema

superficies circulares
círculo
corona
sector circular
sector corona
segmentos circulares

geometría del espacio
figuras planas
cuerpos sólidos
plano horizontal
plano vertical
plano inclinado
planos divergentes
planos convergentes
planos perpendiculares
planos oblicuos
ángulos diedros
ángulos triedros
ángulos poliedros
prisma recto, oblicuo
paralelepípedo
pirámide recta, oblicua
tronco de pirámide
tetraedro
hexaedro, cubo
octoedro
dodecaedro
icosaedro
arista
cilindro
cono
esfera
segmentos
casquete
huso
sector
paraboloide
tonel
área
superficie
perímetro
infinito
teorema

Mecánica
materia
energía
sólido
líquido
fluido
cuerpo
masa
vacío
densidad
peso específico
gravedad
velocidad
intensidad
energía cinética
fricción
presión
ejercer una fuerza
vector
trabajo
temperatura
conducción
conductor
radiación
expansión de gas
dilatación de un metal
dinámica
estática
eje de rotación
inercia

Óptica
rayo
haz de luz
reflexión, refracción
difracción
índice de refracción
rayo incidente
lente
imagen
foco
distancia, punto focal
espejo
convergente, divergente
cóncavo, convexo

Magnetismo
campo magnético
inducción magnética
efecto magnético
imán
electroimán
electromagnético
polo
bobina

Electricidad
corriente eléctrica
electrón
protón
positrón
carga
positivo, negativo
fuerza electromotriz
ánodo, cátodo
electropositivo
electronegativo

Metalurgia

acendrar
acería
acero
acero aleado
acero bruto
acero dulce, duro
acero moldeado
acero rápido
acero refractario
acrisolar
adulzar
afinación
alambre
aleación
amalgamación
angular

bancada
banco de estirar
banda
baño
barra
barra perfilada
bauxita
bebedero
beneficiar
berlingar
blanqueación
bigotera
bogar
bóveda

calcinación
caldeo
caldero
cambiador de calor
carburación
carga
cargadora
castina
cementación
cementina
cilindros
cizalla
compresor
convertidor
coque
coquería
coquificación
criolita
crisol
cuba
cubilote

chapa
chapa ondulada
chatarra

desbaste
desbarbado
descamisar
descarburación
desnatar
desprendimiento
docilidad
ductilidad

electrólisis
electrometalurgia
elinvar
embancarse
embutido
encendrar
endurecimiento
enfriamiento
enrielar
ensayar
envainar
escalzador
escoria
escorificación
estampación
estampado
estirado
estirar
extrusión

galvanización
galvanizar
galleo
ganga
granalla
granzas

hematites
hierro dulce
hierro en lingotes
hierro forjado
hierro pudelado
hierro redondo
hilera
hogar
hoja
hojalata
horno

industria
siderúrgica
insuflar, inyectar
irrisación

jaula del
laminador

laminación
laminador
lavadora
leche de colada
lingotera
maleable
martillo pilón
matriz
matrizado
mecanizado
mena
metalizar
metalurgia
mezclador
basculante
mineral de hierro
modelaje
molde
moldeo
montacargas
mufla

nata
nervosidad
niquelar
nitruración

orificio de colada
oxidable

palanquilla
perfil
perlita
piquera
planta siderúrgica
precalentamiento
prensado
producto
semiacabado,
acabado
productos férreos
pudelado
pulverización

quemador
recocer
recocido
reducción

refundición
refundir
regenerador
régulo
residuo
retorta
revenido
revestimiento
refractario
rielera
rodillo

sangría
separación de polvo
sodadura autógena
soldadura de arco
sopladura
solera
soplete

tolva
templado
temple
tobera
torneado
tragante
trefilado
trituradora
tren blooming
turbocompresor

vaciado
vaciador
vaciar
vagoneta
vientre
viruta

Minería

Términos generales
mina
yacimiento,
criadero
placer
cantera
cantera de arcilla
minero
ingeniero de minas
cantero
picapedrero
filón, veta
filón aurífero
capa acuífera
banco, estrato
pepita de oro
ganga
prospección
prospector
excavadora
excavación
sondeo
sonda, barrena
mineral
variedad
cristal
cristalografía

Clases de minerales
diamante
grafito
azufre
platino
oro
mercurio
plata
arsénico
antimonio
metal
metaloide
bismuto
cinabrio
pirita
calcopirita
galena
blenda
níquel
niquelina
molibdenita
molibdeno
cuarzo
cristal de roca
falsa amatista
cuarzo ahumado
jacinto de
Compostela
falso topacio
cuarzo lechoso
calcedonia
ágata, ónice
sílex
pedernal
jaspe
lidita
casiterita
estaño
ópalo
limonita
hematites parda
ocre amarillo
ocre rojo
pirolusita
manganeso
corindón
sal común
silvina
fluorita
calcita
espato de Islandia
piedra caliza
mármol
siderita
hierro
aragonito
malaquita
cobre
azurita
mitra
nitratina
caliche
yeso
epsomita
anhidrita
baritina
espinela
rubí
magnetita
opatita
piromorfita
feldespato
mica
olivina
topacio
granate
berilo
caolín
arcilla
nafta
asfalto
betún, pez natural
ámbar
carbón
antracita
hulla
lignito
azabache
turba

(sigue)

Minería *(continuación)*

La mina de carbón
instalaciones de superficie
máquina de extracción
torre del pozo
pozo de extracción
pozo de salida, de ventilación
pozo ciego
almacén de clasificación
instalación de clasificación y lavado del carbón
filón, veta, de carbón
escorial, escoria
ventilador de la mina
montacargas
vagonetas
galerías
piso
entibado
entibo, puntal
encofrado
respiradero
pico
pala
cuño
barreno
explosivo
rozadora
minero de carbón
casco
lámpara de minero
explosión de grisú
derrumbamiento
desprendimiento de tierra

Petróleo
yacimiento petrolífero
pozo
sondeo de exploración
perforación por percusión
perforación rotatoria
perforación submarina
torre de perforación
grupo móvil de poleas
polea móvil
vástago de perforación
trépano
cabeza de inyección de lodo
mesa giratoria
refinación de petróleo
refinación, refinado
refinería
estación de bombeo
separador de gas
horno tubular
torre fraccionadora
refrigerador
instalación de estabilización
instalación de purificación
alcalización
instalación de craqueo
separación
oleoducto
tendido de oleoductos
petrolero
vagón cisterna
refinería
craqueo
separación
torre de fraccionamiento
destilación fraccionada
columna de destilación
polimerización
reformación
purificación
hidrocarburo
petróleo crudo, bruto
gasolina
parafina
queroseno
gasoil
betún
benceno
carburante, combustible
olefina
gas natural

Moda

Modistería
modisto, ta
diseñador de modas
diseño exclusivo
alta costura
confección
prêt à porter
revista de modas
pase de modelos
maniquí, modelo
tienda de modas
probador
prueba

taller de modistería
costurera
máquina de coser
dedal
aguja
ojo de la aguja
alfiler
cabeza de alfiler
acerico, cojinete
aguja imperdible
saquera
lanzadera
canutillo para las agujas
imán
punzón
cinta métrica
jabón de sastre
pasacintas
tijeras
hilo
hebra
sedalina
corchete y presilla
cierre
botón
ojal
canastilla de costura
costurero articulado

enhebrar
coser
zurcir
hilvanar, embastar
puntear
rematar
pespuntear
ribetear
entornar
descoser
deshilar
deshilvanar
sobrehilar
meter

patrón
entretela
tela
forro
retal
hombrera
pliegue
dobladillo
reborde
ribete
cosido
puntada
hilván, basta
pasada
pestaña
filete
sobrehilo
jareta
pespunte
zurcido
remiendo
vainica
enrejado
festón

bordado
bordado mecánico
bordado de realce
bordado de relieve
bordado de canutillo
bordado de tambor
bordado plano
bordado inglés

punto de cadeneta
punto de Holbein
punto rumano
punto de nudo
punto de Richelieu
punto de coral
punto de tallo
punto de cruz
medio punto
punto de espiga
punto de cordón
punto de escapulario
nido de abeja

puntilla
encaje
pasamanería
bolillos
cojín
ganchillo
crochet
aguja de hacer media
fil tiré
macramé
malla

tejido
tela
pieza de tela
género
paño
tejido
seda
chantú
satén
glasé
popelina
tafetán
sarga
damasco
brocado
algodón
muselina
percal
organdí
tarlatana
gabardina
tergal
terciopelo
cachemira
franela
arpillera

Peluquería y Cosmética
manicura
matapieles
tijeras
alicates
lima
limpiauñas
quitaesmaltes
esmalte de uñas
algodón

secador del cabello
redecilla
peinador
champú
crema suavizante
fijador de pelo
laca
moldeado
permanente
líquido permanente
tinte
torcido
rulo
horquilla
pasador
cepillo
peine
peine púa
peineta
tenacillas de rizar
espejo de mano

corte de pelo
cabellera, melena
rizo
onda
flequillo
cabello suelto
trenza
tirabuzón
moño
cabello liso, ondulado, encrespado
corte de pelo a navaja
barba
bigote

(sigue)

Moda (continuación)

peluca
postizo
peluquín
patillas
barba larga y cerrada
barba larga o partida
barba cuadrada
barba luchana
barba de boca de hacha
barba moderna
perilla
brocha de afeitar
afeitado
máquina de afeitar eléctrica
loción para después del afeitado
cuchilla
hoja de afeitar
crema o jabón de afeitar
bacía de barbero
cepillo para el cuello
brillantina
fijador
tónico capilar
palangana
maquinilla para cortar el pelo

peluquero, ra
barbero
manicura
esteticista
maquilladora

limpieza de cutis
piel grasa, seca, mixta
arruga
pata de gallo
poro
barrillo
depilación
crema depilatoria
depilación eléctrica, a la cera
maquillaje
barra correctora de maquillaje
crema nutritiva, hidratante
tónica facial
crema, leche, limpiadora
crema desmaquillante
mascarilla facial
povos para la cara
sombra de ojos

colorete
perfilador de labios
pintalabios, barra de labios
rimel
delineador
cepillo para pestañas
aparato rizador de pestañas
pestañas postizas
agua de colonia
perfume
desodorante en barra, en spray, en crema
desodorante íntimo
crema corporal
crema protectora del sol
rayos ultravioletas
sol artificial
lápiz para las cejas
pinzas
espuña de baño
jabón
esponja
gorro de baño
cepillo de dientes
cepillo de dientes eléctrico
pasta dentífrica
líquido para enjuagues

Vestido

vestimenta
vestuario
vestidura
indumentaria
atavío
atuendo
prenda de vestir

jersey, suéter
pullóver
jersey de cuello alto, redondo, vuelto
jersey de manga larga, corta
niqui
polo
blusa
blusón
camisa
blusa camisera
casaca

falda
falda tubo
falda plisada
falda larga
mini falda
falda pantalón

pantalón
pantalón vaquero, tejanos
pantalón bombacho
bermudas
pantalón corto
pantalón de golf

traje
traje chaqueta, sastre
traje de noche, de etiqueta
traje de diario
traje de marinero
chaqué
frac
smoking
traje corto
traje espacial
escafandra
traje de luces
traje de época
disfraz
uniforme
uniforme de gala
mono
guardapolvo
toga
túnica
chilaba
chaqueta
americana
chaquetón
cardigan
abrigo
abrigo de pieles
gabán
sobretodo
anorak, trenca
cazadora
zamarra
pelliza
capa
manto
estola de pieles
poncho
gabardina
chaleco

capucha
mantón
chal
toquilla
corbata
corbata de lazo
pajarita
guante
manguito
tirantes
medias
calcetines
bragas
calzoncillos
sostén
faja
cotilla, corsé
combinación, enaguas
leotardos
ligas
liguero
pañuelo
mañanita
bata
batín
pijama
esquijama
camisa de dormir, camisón
salto de cama
albornoz
traje de baño, bañador
bikini
taparrabo
delantal
mandil

Sombreros

sombrerería
sombrerera
sombrero de tela
sombrero de paja, canotié
sombrero de hongo, bombín
sombrero de rafia, de esterilla
chambergo
sombrero de ala ancha
sombrero calañés, cordobés
sombrero flexible, fieltro
sombrero de copa
sombrero ancho
sombrero cucalón
sombrero de medio queso
sombrero de muelles
sombrero de canal, de canoa, de teja
sombrero de candiles
sombrero gacho
sombrero jarano, mexicano
sombrero jíbaro
sombrero Panamá
sombrero castoreño
sombrero gótico
sombrero de tres picos
sombrero de cazador
capelo cardenalicio
birrete
birretina
bonete
casquete
quipá
tricornio
barretina
boina
gorro frigio
gorro de dormir
borla
gorro de cosaco

ala
borde del ala
cinta
pellizco

tocado
toca
cofia
toca plumas
cloche de fieltro
sombrero de coche
turbante
sombrero de velillo
sombrero de luto
sombrero de seda, tul
sombrero playero

Calzado

zapato de cuero, lona, fieltro
zapato de charol
zapato de tacón
zapato topolino
chanclo
sandalia
alpargata
bamba
zapato sport, mocasín
bota alta
bota de media caña
bota de montar
zapatilla de tenis
zapato de golf
bota de agua, katiuska
bota campera
bota polaina
chancleta de baño
zueco
chinela
cordón
tacón
suela
crepé

Ordenador - Computadora

acarreo
acceso al azar
acceso inmediato
acceso rápido
actualizar
acumular
agrupación de unidades de información
agrupar
alfanumérico
alimentación
alimentar
almacenamiento de acceso
almacenamiento en serie
almacenar
análisis de sistemas
analista
aplicación
archivo
archivo de movimientos
archivo maestro
área
argumento
autocarga
avance de las unidades de información

banda
biblioteca
bifurcación
bit
boque
bloque de entrada
bloque de preparación
bloque fijo
bloque variable
borrar
brazo de acceso
búsqueda
búsqueda del error
búsqueda en tabla
búsqueda fragmentada

cabeza
calculadora
calculador analógico
calculador asincrónico
calculador digital
cálculo de la dirección
cálculo lógico
campo
campo de control
campo de ficha
canal
carácter
carácter numérico
carácter no numérico
cargar
celda
célula
centinela
cibernética
ciclo
ciclo de acceso rápido
ciclo recirculante
cinta de papel perforado
cinta magnética
cinta mylar
cinta perforada
cinta roja
circuito
circuito impreso
circuito integrado
circuitos de flip-flop
clasificadora
clasificador
clave
cociente
codificación absoluta
codificación automática
codificación de acceso mínimo
codificación en lenguaje de máquina
codificación óptima
codificación relativa
codificación simbólica
codificador
codificar
código
código binario
código de detección de error
código de operación
códigos de operación nemotécnicos
coeficiente de actividad
columna
coma fija
coma flotante
comparador
comparar
compilador
compilar
complemento
comprobación
comprobación automática
comprobación de duplicidad
comprobación de eco
comprobación de los resultados de salida
comprobación de redundancia
comprobación de validez
comprobación matemática
conector
conector variable
conjunto de rutinas
conjunto ordenador
conmutador
consola
constante en forma de instrucción
contador
contador de control
contador de posiciones
controlador
controlador automático
consulta
conversión
copia dura
cronómetro

datos
decimal codificado en binario
decisión
decodificación
depuración
desarrollar
desplazamiento
desplazar
desplegar
diagrama de desarrollo
diferencia
dígito
dígito binario
dígito de paridad
dígitos de comprobación
diodo
dirección
dirección indirecta
dirigida por teclado
disco
disco magnético
diseño lógico
disgregar
dividendo
divisor
doble precisión
documento
documento base

editar
ejecución
electrónica
emisor
encuadre
enlace
ensamblador
ensamblar
entrada
entrada y consulta por teclado
equipo de tabulación
equipo periférico
escobilla
escribir
espacio
espacio en blanco
estudio de posibilidades
estudio superficial de los sistemas
etiqueta
exceso de capacidad
explicación del proceso
extractor
extraer

ficha de transferencia de control
ficha de transición
ficha perforada
filtro
formato
formulario
fuera de línea
fuerza
función
fusionar
generación
generación de informes
giratorio

hardware

identificador
ignorado
indicativo
impresora
impulso
índice
información
información no válida
información original
informática
informe
iniciar
instrucción
instrucción de cuatro direcciones
instrucción de dirección múltiple
instrucción de dirección única
instrucción de dos direcciones
instrucción de tres direcciones
instrucción de una dirección
instrucción de una dirección y media
inteligible por la máquina
intercalar
interpretación
introducción
investigación operativa
iteración

lectora de caracteres
lectora de tarjetas
lectura
lenguaje común
lenguaje de máquina
lenguaje simbólico
limitación de la entrada y de la salida
limitación del ordenador
limitación por la cinta
lista
literal
localizador de proceso
longitud de la palabra

llenado de memoria

mandato
mantenimiento del archivo
marca sensible
máscara
matriz
mecánica de la máquina
memoria
memoria auxiliar
memoria de acceso al azar
memoria de ferritas
memoria de línea de retardo
memoria de núcleos
memoria de trabajo
memoria externa
memoria intermedia
memoria interna
memoria magnética
memoria no permanente
memoria principal
memoria tampón
memoria temporal
mensaje
microsegundo
milisegundo
minuendo
módulo
monitor
múltiple
multiplicador
multiplicando

nanosegundo
nivel de dirección
normalizar
normalizar o borrar
núcleo magnético

(sigue)

Ordenador - Computadora *(continuación)*

número de autocomprobación
número decimal
número en base
número hexadecimal
número octal

octeto
operación aritmética
operaciones auxiliares
operaciones lógicas
operador
operando
orden
ordenador
ordenador de programa almacenado
ordenador de programa fijo
ordenador de progración por panel
ordenador digital
ordenador sincrónico
organigrama
origen

palabra
palabra de longitud fija
palabra de longitud variable
panel de control
parámetro
parche
paso
periférico

perforadora de tarjetas
perforar
picosegundo
pista
poner al día, actualizar
posición
preselección
procedimiento
proceso
proceso automático de la información
proceso de datos
proceso de prueba
proceso integrado de la información
proceso lineal
producto
programa
programa fuente
programación lineal
programador
programar
prueba
pseudoinstrucción
puerta
pulso
punto de recuperación
punto de rotura
pupitre, consola

raíz
ramificación
rastreo
realimentación
rebobinar
recorrido
recubrimiento
red
reducción de los datos

redundancia
región
registro
registro automático
registro de instrucción
registro de instrucción actual
registro de memoria
registro índice
reloj
rutina
rutina de carga
rutina de depuración
rutina de diagnóstico
rutina de servicio
rutina de fecha
rutina ejecutiva
rutina interpretativa

salida
salto
salto condicional
salto incondicional
secuencia
secuencia de intercalación
secuencia de llamada
selector
señal
serie
signo
signo de intercalación
símbolo
símbolo de decisión

simulación
simulador
sincronización
sistema
sistemas numéricos
software
sobrecapacidad
subprograma
subrutina
subrutina abierta
subrutina cerrada
subrutina de inserción directa
subrutina enlazada
sumador
superponer
supresión de ceros
substraendo

tablero de conexiones
tabulador
tambor magnético
tecla
teclado
tecnología
teleimpresor
terminal
tiempo compartido
tiempo de acceso, espera
tiempo de aceleración
tiempo de ciclo
tiempo de comienzo-parada
tiempo de deceleración
tiempo de espera
tiempo no aprovechable

tiempo real
tiempo útil
total de control
traducir
traductor
transductor
transferencia de control
transferencia en bloque
transferencia en paralelo
transferencia en serio
transferir
tratamiento
tratar
tubo de rayos catódicos

unidad aritmética
unidad de control
unidad de información
unidad de información de anulación
unidad de información modificada
unidad de representación visual
unidad de tratamiento
unidad terminal

vaciado de memoria
valor relativo
verificar

zona de salida

Medicina

Términos generales
medicina legal, forense
medicina preventiva
médico, doctor
especialista
pediatra
médico de cabecera
ginecólogo
tocólogo
neurólogo
psiquiatra
psicólogo
dermatólogo
oftalmólogo, oculista
odontólogo, dentista
internista
traumatólogo
cirujano

anestesista
enfermero, enfermera
practicante
masajista
terapeuta
pedicuro, callista

farmacéutico
farmacólogo
boticario
apotecario
herbolario

hospital
dispensario
sanatorio
clínica
policlínica
ambulatorio
consultorio
consulta

seguro de enfermedad
médica
receta
prescripción
visita
reconocimiento
parte
volante

medicamento
medicación
fármaco
antibiótico
analgésico
calmante
remedio
substancia
medicina
elixir
específico
excipiente

droga
ingrediente
preparado
jarabe
antídoto
posología
pastilla
píldora
comprimido
cápsula
vitamina
vacuna
dosis
toma

salud
sano, sana
enfermizo
enfermedad
paciente, enfermo
dolencia
mal

indisposición
achaque
ataque
crisis
arrechucho
dolor
afección
malestar
molestia
úlcera, llaga
herida
lesión
traumatismo

erupción, sarpullido
grano
espinilla, barrillo
ampolla, vejiga
furúnculo
postilla, costra
cicatriz
verruga

(sigue)

Medicina *(continuación)*

callo, callosidad
juanete
sabañón

cardenal
chichón
hinchazón
contusión
golpe
fractura
esguince
torcedura

síntoma
síndrome
señal
diagnóstico
caso
incubación
contagio
epidemia
fiebre
ataque
acceso
acostarse
estornudar
desmayo
vértigo
vahído
perder el
 conocimiento
conmoción cerebral
coma
tratamiento
mejoría
cura

recaída
convalecencia

Enfermedades
acetonemia
amigdalitis
anemia
angina de pecho
apendicitis
apoplejía
artritis
beriberi
bronquitis
cáncer
catarro, constipado,
cefalea, dolor de
 cabeza
ciática
cirrosis
cólera
desnutrición
diabetes
difteria
eczema
enfriamiento
epilepsia
erisipela
escarlatina
esclerosis
escorbuto
faringitis
fiebre amarilla
fiebre de Malta
fiebre palúdica,
 paludismo

gangrena
gota
gripe
hemiplejía
hepatitis
hidrofobia
ictericia
indigestión
infarto de miocardio
jaqueca
leucemia
locura
malaria
meningitis
neumonía
neuralgia
neurastenia
neurosis
paperas
parálisis
peritonitis
peste
poliomielitis
rabia
raquitismo
resfriado
reúma
rubéola
sarampión
sarna
septicemia
sífilis
síncope
sinusitis
tétanos
tifus

tisis
tortícolis
tosferina
trombosis
tuberculosis
tumor
urticaria
varicela
viruela

Cirugía
operación
intervención
extracción
extirpación
anestesia
transfusión
sondaje
amputación
prótesis
traqueotomía
trepanación
injerto
trasplante
ligadura
puntos
cicatrización

sala de operaciones
quirófano
unidad de cuidados
 intensivos
rayos X
lámpara
 ultravioleta

aparato para la
 inhalación de
 oxígeno
suero
instrumental
aparato
espéculo
endoscopio
citoscopio
bisturí
escalpelo
lanceta
sangradera
escarificador
estilete
sonda
cánula
pinzas
torniquete
vendaje
venda
gasa
compresa, apósito
esparadrapo
parche
enyesado
cabestrillo

botiquín
inyección
lavativa
alcohol
agua oxigenada
lavativa
ungüento

Música y danza

Términos generales
pentagrama
clave de sol
clave de fa
clave de do
notas
do, re, mi, fa, sol,
 la, si

armadura
sostenido
doble sostenido
bemol
doble bemol
becuadro

cuadrada
redonda
blanca
negra
corchea
semicorchea
fusa
semifusa

puntillo
siencio, pausa
calderón
compás

tiempo
metrónomo
ritmo
síncopa
contratiempo

escala
intérvalo
tono
semitono
acorde
arpegio

partidura
orquesta
coral
director
batuta
solo
compositor
luthier

Géneros musicales
música religiosa
música sacra
música
 instrumental
música de cámara

música vocal
música polifónica
música pop
canto
canción
estribillo
balada
himno
canto gregoriano
motete
madrigal
cantata
salmo
cántico
villancico
oratorio
ópera
ópera cómica
ópera bufa
opereta
zarzuela
aria
cavatina
romanza

voz blanca
tenor
soprano, tiple

barítono
mezzosoprano
contralto
bajo
falsete

concierto
obertura
preludio
sonata
sonatina
sinfonía
fantasía
rapsodia
impromptu
mazurca

minstrel show
ragtime
blues
negro spiritual
hot jazz
New Orleans
bop
cool
progressive jazz
free jazz
jazz-band

Instrumentos de teclado
clavicordio
cavicémbalo
clavecín
órgano
órgano electrónico
registro
armonio
organillo
manubrio
pianola
piano
piano eléctrico
teclado
tecla
macillo
cuerda
pedal
sordina

Instrumentos de cuerda
Instrumentos de
 arco
viola
violín

(sigue)

Música y danza *(continuación)*

violoncelo
contrabajo

Instrumentos de cuerdas pulsadas
lira
arpa
cítara
banjo
laúd
tiorba
guitarra
guitarra eléctrica
balalaika
charango

caja de resonancia
mástil
traste
diapasón
cejilla
plectro
arco

Instrumentos de viento
Instrumentos de madera
flauta dulce
flauta travesera
flautín o piccolo
gaita
flabiol (caramillo)
sicus
quena
clarinete
oboe
tenora
fagot
gralla
gaita
dulzaina

boquilla
embocadura
lengüeta
pistón
llave

Instrumentos de metal
trompeta
fiscorno
trompa
tuba
trombón de varas
clarín
corneta
saxofón
corno inglés
trutruca

Instrumentos de percusión
tambor
kultrum
pandero
timbal
tamboril
pandereta
castañuelas
huancara
triángulo
caja
platillos
gong
xilófono
bombo
batería

Danza
baile clásico
ballet
bailarina
bailarín
cuerpo de baile
zapatillas
tutú
pasos
coreografía
decorado

pavana
vals
minué
zarabanda
chacona
rastrojo
pollo
gorrona
foxtrot
swing
tango
two step
pasodoble
polca
rumba
samba
bayón
mambo
cha-cha-chá
rock-and-roll
twist
jerk
madison
bossa nova
surf
slop
fandango
malagueña
sevillana
bolero

jota
muñeira
chotis
zorcico
espatadanza
galayen-escu
aurrescu
mescachen-escu
gazet
pordoy-danza
gallegada
sardana
ball rodó
ball pla
corrandes
bolanguera

tarantela
baile siciliano
baile del cojín (Cushion Dance)
baile cosaco
baile golubey
mazurca
cracoviense
polonesa
pumanieska
czarda
sirtaki

cielito (Argentina)
pericón
media caña
cuadrilla
lanceros
milonga
cifra
estilo
resbalosa
palito
montonero
tango

payador

auki-auki (Bolivia)
chokela
khaluyo
makapaqueña
palla-palla
mulu-mulu
huari-khumu

pasillo (Colombia)
bambuco
tombellino
guabina
danzón
bunde
cumbiamba
currulao
merengue
puya
zambapalos

pananas (Chile)
lanchas
torito
más vivo
verde

sanjuanito (Ecuador)

jarabe (México)
sandunga
huapango

corrido
mariachi

danza cubana o contradanza (Cuba)
danza habanera

Política

Formas de gobierno
imperio
monarquía absoluta
monarquía constitucional
regencia
república unitaria
república federal
república socialista
república presidencialista
confederación
principado
directorio
protectorado
colonia
virreinato
estado
nación
región
cantón
departamento

dictadura
tiranía
despotismo
demagogia
totalitarismo
autocracia
democracia
liberalismo
socialismo
marxismo, comunismo
federalismo
sidicalismo
sindicato
comité de empresa
enlace sindical
anarquismo
anarquía
centralismo
centralización
nacionalismo
separatismo
autonomía
independentismo
cantonalismo
revolución
terrorismo

Tendencias políticas
imperialista
realista
absolutista
monárquico
republicano
totalitario
fascista
demócrata
federalista
liberal
moderado
derechista
conservador
izquierdista
reformista
reaccionario
retrógrado
progresista
marxista, comunista
rojo
extremista
exaltado
radical
nacionalista
independentista
regionalista
anexionista
secesionista
revolucionario
terrorista
anarquista
ácrata
libertario

Gobernantes
emperador
monarca
soberano
rey, reina
dictador
tirano
regente
presidente
príncipe
virrey
jefe de estado
canciller
zar
sultán
caudillo
dirigente
líder

(sigue)

Política *(continuación)*

primer ministro
presidente del senado
presidente de la cámara de diputados
ministro
ministro sin cartera
ministro plenipotenciario
ministro residente
director general
subsecretario
gobernador
alcalde
concejal
parlamentario
diputado
secretario general
senador
procurador
estadista
político
funcionario

Instituciones y leyes

estado
poder ejecutivo
poder judicial
poder legislativo
gobierno
ministerio
secretaría
subsecretaría
departamento
dirección general
justicia
legislación
ley
código penal
constitución
garantías constitucionales
referéndum
plebiscito
decreto
decreto ley
edicto
norma
disposición
cortes
asamblea
parlamento
estatuto
senado
cámara de diputados
convención
congreso
ayuntamiento
municipio
alcaldía
consistorio municipal

Vida política

política
gobernar
dirigir
administración
legislar
legislador
legislatura
promulgar
promulgación
abrogar
convocar
razón de estado
crisis de gobierno
disolución del parlamento
dimisión
dimitir
destitución
destituir
acusación
manifestación
huelga
subversión
sedición
motín
insurrección
levantamiento
rebelión, revuelta
revolución
golpe de estado
golpe militar
guerrilla
comando

Asuntos exteriores

embajada
embajador
consulado
cónsul
agregaduría
agregado de embajada
diplomático
cancillería
pasaporte
visado *(Amér.* visa)
cartas credenciales
extraterritorialidad
negociaciones
negociación
mediador
convenio
compromiso
tratado de no intervención
acuerdo bilateral
neutralidad
beligerancia

Elecciones

votar
votación
voto
electores, votantes
derecho de voto
sufragio
sufragista
presentar la candidatura
reunión electoral
campaña electoral
lista electoral
distrito electoral
colegio electoral
candidato
candidatura
escrutinio
elección primaria
elección parcial
primera, segunda, votación
votación por poderes
votación a mano alzada
votación secreta
votación por correo
mayoría absoluta, relativa
voto de censura
voto de confianza
moción de censura
voto en blanco, nulo
papeleta de votación
urna
cabina electoral
mesa electoral
hacer el escrutinio
abstencionista
abstención
empate, igualdad de votos
veto
vetar
presidente electo
investidura
partido mayoritario
partido de la oposición
partidario
adicto
adepto
afiliado
miembro
militante
portavoz

Química

El laboratorio

tubo de ensayo
globo Scheidt
tubo de seguridad
redoma con sifón
mortero
filtro de Buchner
tamiz
retorta
agitador
manómetro
vacuómetro
bote de pesar
balanza de análisis
soplete
embudo
vaso de precipitación
bureta
pipeta ordinaria
pipeta calibrada
probeta
matraz
matraz de tres cuellos
abrazadera
crisol
cilindro de cristal
aparato Kipp
pinzas
copela
alambique
panel de tornasol
frasco
producto
mechero Bunsen

Composición

átomo
átomo-gramo
protón
neutrón
electrón
núcleo
corteza
elemento
substancia
cuerpo simple, compuesto
molécula
electrolito
ion
anión
catión
electrón
isótopo
isómero
polímero
símbolo
radical
fórmula
halógeno
enlace
mezcla
combinación
valencia
covalencia
aleación
columbio
peso atómico
número atómico
radiactividad
radiación
rayo alfa, beta, gamma
desintegración energía
índice de masa

Elementos

aluminio (Al)
antimonio (Sb)
argón (Ar)
arsénico (As)
astato (At)
azufre (S)
bario (Ba)
berilio (Be)
bismuto (Bi)
boro (B)
bromo (Br)
cadmio (Cd)
calcio (Ca)
carbono (C)
cerio (Ce)
cesio (Cs)
cinc (Zn)
circonio (Zr)
cloro (Cl)
cobalto (Co)
cobre (Cu)
criptón (Kr)
cromo (Cr)
disprosio (Dy)
erbio (Er)
escandio (Sc)
europio (Eu)
estaño (Sn)
estroncio (Sr)
flúor (F)
fósforo (P)
francio (Fr)
godolinio (Gd)
gaio (Ga)
germanio (Ge)
hafnio (Hf)
helio (He)
hidrógeno (H)
hierro (Fe)
indio (Ind)
iridio (Ir)
iterbio (Yb)
itrio (Y)
lantano (La)
litio (Li)
lutecio (Lu)
magnesio (Mg)
manganeso (Mn)
mercurio (Hg)
molibdeno (Mo)

(sigue)

Química *(continuación)*

neodimio (Nd)
neón (Ne)
niobio (Nb)
níquel (Ni)
nitrógeno (N)
oro (Au)
osmio (Os)
oxígeno (O)
paladio (Pd)
plata (Ag)
platino (Pt)
plomo (Pb)
potasio (K)
praseodimio (Pr)
promecio (Pm)
protactinio (Pa)
radio (Ra)
radón (Rn)
renio (Re)
rodio (Rh)
rubidio (Rb)
rutenio (Ru)
samario (Sa)
selenio (Se)
silicio (Si)
sodio (Na)
talio (Tl)
tántalo (Ta)
teluro (Te)
terbio (Tb)
titanio (Ti)
torio (Th)
tulio (Tm)
uranio (U)
vanadio (V)
wolframio (W)
xenón (Xe)
yodo (I)

Compuestos químicos

anhídrido
óxido
ácido
base
sal
alcalino
álcali
alcalinotérreo
alcaloide
aldehído
hidrato
hidrácido
hidrocarburo
anhídrido
fosfato
acetato
carbonato
éster
gel
gas
metano
butano
propano
sufijos:
-uro
-ato
-ito
-oso
-ico

Reacciones químicas

análisis
síntesis
destilar
destilación
oxidar
oxidación
oxigenar
oxigenación
calcinar
alcalinización
alcalinidad
hidrogenar
hidratar
deshidratar
fermentar
fermentación
disolución
solución
reducción
reductor
combustión
fraccionamiento
reacción
precipitación
precipitado
fusión
isomería
hidrólisis
electrólisis
electrodo
ánodo
cátodo
catalizador
catálisis

Radio, televisión y vídeo

Radio

radiar, emitir
radiodifusión
emisión
emisión en directo, diferida
emisora
antena
red de comunicación
cadena
longitud de onda
onda larga, corta, media
diario hablado
cámara de resonancia
toma de sonido
micrófono
mezclador
preamplificador
control del sonido
amplificador
modulador
amplificador de frecuencia
estudio de grabación
micrófono
altavoz (*Amér.* altoparlante)
director artístico
regulación y control del sonido
ingeniero del sonido
grabación en cinta magnetofónica
magnetófono (*Amér.* grabadora)
control de tonalidad
sintonizador
auriculares
lámpara
parásitos
interferencias
radiotécnia
ingeniero radiotécnico
receptor de radio
radiotransmisión
radiotransmisor
radiofrecuencia
esfera
botón selector
sintonía
radioyente

Televisión

transmitir
televisor
teledifusión
televisión en blanco y negro
televisión en color
canal
pantalla
selector de canal
receptor de televisión, televisor
imagen
contraste
encuadre
carta de ajuste
televidente, telespectador
cámara
operador
mesa de control
repetidor
estación repetidora
programa
programar
programación
emisión en directo, diferida
realización
realizar
realizador
presentador
locutor
noticiario
telediario
noticias de última hora
comercial
sala de redacción
entrevistar
entrevista
reportaje
entrevistador
telefilme
guión
rodaje
rodar
toma de vistas
plano
primer plano
pataforma rodante
decorado
decorador
luminotecnia
luminotécnico
efectos luminosos
efectos especiales
efectos sonoros
música de fondo
proyector
foco
ensayo
maquillador
trucaje

Vídeo

videocassette
vídeo industrial
vídeo doméstico
vídeo profesional
videoclub
videográfico
videoadicto
funciones de nivel
imagen
cámara
audio
monitor
cinta de vídeo
bobina de arrastre
bobina libre
bobina cerrada
rebobinar
grabar
grabado
cabezal
conexión
planificación de sonido, imagen
magnetoscopio
iconoscopio
pectoscopio
registrador de sonido, imagen
reproductor de sonido, imagen
alta, baja, banda
búsqueda
videofrecuencia
lectura electrónica de la imagen, del sonido
monitor
montaje
editaje
edición
circuito
recording
ralentización
impulso
inserto
pistas
línea
barrido electrónico
freno
embrague
stop
pausa
play time
record
in/out
tracking
ciclo

Religión

Principales religiones
vedismo
hinduismo, brahmanismo
budismo
sintoísmo
taoísmo
confucianismo
judaísmo
parsismo, mazdeísmo
cristianismo
islamismo

Ramas principales de las grandes religiones:
(budismo)
mahayana o gran vehículo
hinayana o pequeño vehículo
vajrayana o vehículo del diamante

(cristianismo)
católicos
luteranos
calvinistas, reformados
puritanos
baptistas
cuáqueros
socinianos
anglicanos
jansenistas
mariavitas
cristianos ortodoxos

(islamismo)
zunitas
chiitas
docenianos
septenianos, ismaelianos
hodjas

Libros sagrados
Vedas
Tāo-te-King
Talmud
Tora
Biblia
Antiguo Testamento
Nuevo Testamento
Corán

Lugares de culto
pagoda
sinagoga
mezquita
abadía
monasterio
convento
colegiata
santuario
basílica
catedral
parroquia
iglesia
templo
capilla
ermita

Religiosos
sacerdote
cura, párroco
padre
vicario
hermano
fraile
monje
monja, religiosa
abad, abadesa
pastor
rabino
sumo sacerdote
bonzo
mago
lama
profeta
nabí
papa
cardenal
obispo
arzobispo

dalai-lama
derviche
almuecín

Términos generales
dios
semidiós
genio
asceta
anacoreta
eremita
ermitaño
místico
iluminado
santo
beato
mártir

ángel
arcángel
querubín
serafín
diablo, demonio
purgatorio
infierno
limbo
cielo
paraíso
tierra prometida
nirvana

milagro
misterio
aparición
visión
gracia
alma
dogma
sacramento

bautismo
confesión
comunión
confirmación
orden
matrimonio
extremaunción

misa
sacrificio
holocausto
ablución
ceremonia
ritual
secta
confesión
rito

oración
invocación
vísperas
maitines
sermón
letanía
rosario

procesión
peregrinación
romería

meditación
contemplación
levitación
éxtasis
misticismo
superstición
ocultismo
reencarnación
transmigración
transubstanciación

culpa
pecado
tentación
arrepentimiento
penitencia
perdón

fiel
infiel
devoto
creyente
pagano
hereje
pecador

Trabajo

Términos generales
trabajo fijo
trabajo por horas
trabajo temporal
trabajo en equipo
trabajo por turno
trabajo a destajo
trabajo en cadena
trabajo intelectual

Ministerio de trabajo
mercado de trabajo
bolsa de trabajo
orientación profesional
formación profesional
solicitar empleo
agencia de colocación
contratar
puesto de trabajo

vacaciones
fiesta
permiso
puente
excedencia

Mano de obra
trabajador
empleado
obrero
asalariado
obrero especializado
obrero no cualificado
profesión
oficio
aprendiz
oficinista
auxiliar
empresario
jefe
gerente
capataz
obrero agrícola
jornalero
temporero
bracero, peón
mozo
artesano
clase obrera
proletariado
sindicalismo
sindicato
gremio
patronal
enlace sindical
delegado
jurado de empresa
coste de la mano de obra
sindicalismo
sindicato
gremio

Condiciones de trabajo
día laborable
día festivo
horas de trabajo
horas extraordinarias
empleo de dedicación exclusiva
empleo de media jornada
jornada intensiva
remuneración
salario, sueldo
índice de salarios
salario mínimo
sueldo base
sueldo máximo, tope
sueldo bruto
salario mensual, semanal
minuta
honorario
arancel
jornal
prima
día de pago
nómina
subsidio de paro
pensión de vejez
retiro, jubilación
derecho laboral
leyes laborales
convenio colectivo

Conflictos laborales
manifestación
esquirol, rompehuelgas
huelga
huelga de brazos caídos
huelga intermitente
huelga japonesa
huelguista
piquete
paro, desempleo
parado
despedir
sanción
despido libre
negociación
rescindir un contrato
finiquito
negociación
readmisión de un trabajador
magistratura del trabajo

Viajes

Términos generales
documentación
carné de identidad
carné de estudiante
pasaporte
visado *(Amér.* visa)
salvoconducto
pase

billete *(Amér.* boleto)
de ida y vuelta
medio billete
pasaje

mapa, plano
divisas
aduana
agencia de viajes
compañía aérea

viaje de negocios
viaje de turismo
viaje organizado
excursión
gira
expedición
travesía

itinerario
recorrido

estancia *(Amér.* estadía)
salida
llegada
regreso
escala

viajero
pasajero
guía
excursionista
turista
polizón
autostopista
autostop

Equipaje
maleta *(Amér.* valija)
maletín
bolsa de mano
bolsa de viaje
baúl
mundo
exceso de equipaje

mochila
macuto

Medios de transporte
ferrocarril
tren
tren expreso
tren directo
tren rápido
autocar
coche de línea
coche
roulotte
red ferroviaria
vagón
coche cama
coche restaurante

departamento
compartimiento
estación
sala de espera
consigna
taquilla
andén
horario
empalme
revisor

transbordo
barco
yate
transatlántico
crucero
paquebote *(Amér.* paquete)
camarote
puente
transbordador

avión
avión de reacción
avión de pasajeros
avión continental
avión transcontinental
aeropuerto
lista de espera
tarjeta de embarque
azafata
piloto de vuelo
cabina de pasajeros
cinturón de seguridad
vuelo chárter
vuelo directo

despegue
aterrizaje
cabina de control

Alojamiento
motel
hotel
parador
camping
hostal
posada
albergue
pensión
área de servicio
recepción
ficha de hotel
habitación individual
habitación doble

camarero
ascensorista
director
botones
portero
jefe de comedor
media pensión
pensión completa

Zoología

Aves
abejaruco
abubilla
agachadiza
águila
aguilucho
aguzanieves
alondra
ánsar
ararauna
arpella
arrendajo común
ave del paraíso
avefría
avestruz
azor
azulejo
búho
buitre
cacatúa
canario
cardenal rojo
casuar
cigüeña
cisne
codorniz
cogujada
colibrí gigante
colirrojo
cóndor
corneja, grajo
cuco, cuclillo
cuervo
curruca
chamariz

verdecillo
chocha
chochín
chorlito
chotacabras
esmerejón
estornino
faisán
fulmar glacial
gallina
gallito de roca
gallo
ganso
garza
gavilán
gaviota
golondrina
gorrión
guacamayo
halcón
harpía
hoatzín
hormiguero
ibis
jilguero
lechuza
loro
martín pescador
milano rojo
mirlo
mochuelo
oca
oropéndola
pájaro bobo

pájaro carpintero
pájaro hortelano
pájaro mosca
pájaro sol
paloma
pato
pato sierra
pavo
pavo real
pelícano
pelícano rosado, tocotoco
perdiz
perico
petirrojo
pichón
pingüino
pintada
pinzón
pollo
quetzal
reyezuelo, abadejo de invierno
ruiseñor
tordo
tórtola
trepatroncos
trompetero aligús
tucán
uría común, alca
urraca
vencejo
verderón

Gusanos
lombriz de tierra
lombriz intestinal
sanguijuela
tenia
triquina

Insectos
abeja
abejorro
anofeles
avispa
caballito del diablo, libélula
ciempiés
cigarra
cochinilla de humedad
comején
cucaracha
chinche
ergates carpintero
escarabajo
escorpión, chinche de agua
hormiga
hormiga cortadora de hojas, sauba
garrapata
gorgojo del trigo
grillo
ladilla
langosta

libélula
luciérnaga
macaón
mantis religiosa
mariposa
mariposa emperador
mariquita
mosca azul, moscardón
mosca
mosquito
pescadito de plata
piojo
polilla
pulga
pulgón
saltamontes
tábano
tijereta

Arácnidos
araña
araña zancuda
tarántula
alacrán, escorpión

Mamíferos
agutí
alce
alpaca
antílope
armadillo

(sigue)

Zoología *(continuación)*

ardilla
asno, burro
ballena
bisonte
buey
buey almizclado
búfalo
caballo
cabra
cachalote
camello
canguro
caracará
carnero
carpincho, capibara
castor
cebra
cerdo
ciervo
ciervo de los pantanos
coatí
cobaya, conejillo de Indias
comadreja
conejo
cordero
curuco
chacal
chaja
chinchilla
damán
degu
delfín
dromedario
elefante
erizo
foca
gacela
gamuza
garduña
gato
gato chinchilla
gato de angora
gato persa
gato siamés
gato de angora
gato persa
gato somalí
gorila
guanaco
guepardo
hámster
hiena
hipopótamo
hurón
íbice
jaguar
jaguarundi
serbo
jirafa
kingajú, poto
león
leopardo
liebre
lince
lirón
lobo
lobo de crin, aguaraguazú
llama
macaco
manatí
mandril
mapache
mara, liebre patagónica
marmota
marsopa
marta
mazama
mono
mono araña
mono de noche
mono lanudo
mono ardilla
mono aullador
mono capuchino
morsa
mulo
murciélago
murciélago pescador
musaraña
musmón
nutria
ñandú
orangután
ornitorrinco
oso
oso hormiguero
oso pardo
oso polar
oveja
pangolín
pantera
pécari
perezoso
perro
potro
púa
puerco espín
rata
ratón
rinoceronte
reno
sakis
taira
tamandúa
tamarín
tapir, anta
ternera
tejón
tigre
tigrillo, margay
tinamú
tití
tocotucos
topo
toro
uakaris
uapití
vaca
vampiro
vicuña
vizcacha
yapok
yegua
zarigüeya, tlacuache
zorro

basset
bóxer
bulldog
caniche
cócquer
chihuahua
dálmata
dobermann
foxterrier
galgo
lebrel
mastín
pastor alemán
pequinés
perdiguero
perro de caza
perro de los faraones
perro esquimal
podenco
pointer
sambernardo
setter
terranova
terrier

Moluscos y crustáceos

almeja
berberecho
bogavante
buey
calamar
calamarcín
camarón
cangrejo
cangrejo de río
caracol
centollo
cigala
erizo
gamba
jibia
langosta
langostino
mejillón
ostra
percebe
pulpo
quisquilla
venera

Peces

alosa
anguila
anguila eléctrica
arapaima, pez rojo gigante
arenque
atún
bacalao
besugo
bonito
barbada
boquerón
borrico
caballa
caballito de mar
carpa
congrio
chanquete
escorpión marino
esturión
lenguado
lubina
lucio
merluza
platija
pez espada
perca
pescadilla
pintarroja
raya
rape
rodaballo
sardina
salmón
salmonete
siluro, bagre
tiburón
tintorera
trucha

Reptiles y batracios

aligator
anaconda
áspid
boa
caimán
camaleón
cobra
cocodrilo
culebra
iguana
lagarto
lagartija
rana
salamandra
sapo
serpiente
serpiente de cascabel
serpiente pitón
tortuga de carey
tritón
víbora

Parónimos

a. *Letra, preposición.*
ah. *Interjección.*
ha. *Del verbo haber.*

abad. *Superior de un monasterio.*
abate. g*sacerdote, clérigo.*

abalar. *Agitar.*
avalar. *Garantizar por aval.*

abano. *Abanico.*
habano. *Cigarro puro.*

abate. *Sacerdote.*
abad. *Superior de un monasterio.*

abducción. *Movimiento por el que un miembro se aparta del eje del cuerpo.*
aducción. *Movimiento por el que un miembro se acerca al eje del cuerpo.*

abductor. *Músculo que sirve para hacer una abducción.*
aductor. *Músculo que sirve para hacer una aducción.*

abertura. *Acción de abrir.*
obertura. *Pieza de música con que se inicia una ópera.*
apertura. *Inauguración.*

ablación. *Extirpación de una parte del cuerpo.*
ablución. *Lavatorio.*
oblación. *Sacrificio.*

ablando. *Del verbo ablandar.*
hablando. *Del verbo hablar.*

ablución. *Lavatorio.*
ablación. *Extirpación de una parte del cuerpo.*
oblación. *Sacrificio.*

abocar. *Acercar.*
abogar. *Interceder por uno.*

abollar. *Producir bollos.*
aboyar. *Poner boyas.*

abrazador. *Que abraza.*
abrasador. *Que quema.*

abrazar. *Rodear con los brazos.*
abrasar. *Quemar.*

abrazo. *Acción de abrazar.*
abraso. *Del verbo abrasar.*

abreviar. *Hacer algo más breve.*
abrevar. *Dar de beber al ganado.*

abrían. *Del verbo abrir.*
habrían. *Del verbo haber.*

absceso. *Acumulación de pus.*
acceso. *Entrada.*

ábside. *Parte exterior de la fachada de un templo, comúnmente abovedada y semicircular.*
ápside. *Cada uno de los dos extremos del eje mayor de la órbita de un astro.*

absorber. *Sorber.*
absolver. *Perdonar.*
adsorber. *Retener un cuerpo.*

absorción. *Acción de absorber.*
adsorción. *Acción de adsorber.*

acaso. *Quizá, por casualidad.*
ocaso. *Puesta del sol.*

acceso. *Entrada; arrebato.*
absceso. *Tumor de pus.*
acezo. *Del verbo acezar.*

accidente. *Suceso imprevisto.*
incidente. *Percance.*

acción. *Efecto de hacer.*
ación. *Correa del estribo.*

acecinar. *Salar las carnes.*
asesinar. *matar.*

acecino. *Del verbo acecinar.*
asesino. *Criminal.*

acechanza. *Espionaje.*
asechanza. *Engaño, intriga.*

acechar. *Espiar, vigilar.*
asechar. *Engañar, intrigar.*

acecho. *Acción de acechar.*
asecho. *Del verbo asechar.*
has hecho. *Del verbo hacer.*

acedar. *Poner agria una cosa.*
asedar. *Poner como la seda.*
asediar. *Sitiar.*

acerbo. *Agrio, áspero al gusto.*
acervo. *Conjunto, montón.*

acezar. *Jadear.*
asesar. *Adquirir cordura.*

acicalar. *Bruñir, pulir.*
acicular. *De figura de aguja.*

ácido. *De sabor agraz.*
asido. *Del verbo asir.*

acoyundar. *Poner a los bueyes la coyunda.*
acoyuntar. *Formar una yunta.*

acta. *Relación de lo tratado.*
afta. *Úlcera en la boca.*
apta. *Hábil, capaz.*

actitud. *Postura, disposición.*
aptitud. *Capacidad, inclinación.*

acto. *Hecho, acción.*
apto. *Hábil, capaz.*

actor. *Artista.*
autor. *Persona que es causa de algo o lo hace.*

adaptar. *Acomodar, avenirse.*
adoptar. *Tomar a uno por hijo; tomar una resolución.*

adicto. Partidario, devoto. hijo, o tomar una resolución.

adobe. *Ladrillo sin cocer, secado simplemente al sol.*
adobo. *Acción de adobar.*

adsorber. *Retener un cuerpo partículas de otro.*
absolver. *Perdonar.*
absorber. *Sorber.*

adsorción. *Penetración superficial de un fluido en un cuerpo sólido.*
absorción. *Acción de absorber.*

aducción. *Movimiento por el que un miembro se acerca al eje del cuerpo.*
abducción. *Movimiento por el que un miembro se aparta del eje del cuerpo.*

aductor. *Músculo que sirve para hacer una aducción.*
abductor. *Músculo que sirve para hacer una abducción.*

advenimiento. *Venida, llegada.*
avenimiento. *Acción de avenir.*

advenir. *Venir, llegar.*
avenir. *Ajustar, concordar.*

aeración. *Introducción del aire en las aguas potables.*
aireación. *Ventilación.*

afectivo. *Relativo al afecto.*
efectivo. *Verdadero, cierto.*

afecto. *Amor, cariño.*
efecto. *Lo producido por una causa.*

afrontar. *Arrostrar.*
aprontar. *Disponer con prontitud.*

afta. *Úlcera en la boca.*
apta. *Hábil, capaz.*
acta. *Relación de lo tratado.*

agostado. *Del verbo agostar.*
agotado. *Del verbo agotar.*

agotar. *Consumir, gastar.*
agostar. *Secar el calor.*

agravar. *Hacer una cosa más grave.*
agraviar. *Hacer agravio.*

aguar. *Echar agua al vino.*
ajuar. *Conjunto de enseres y ropas de una persona.*

aguafuerte. *Lámina al agua fuerte.*
agua fuerte. *Acido nítrico diluido en agua.*

ah. *Interjección.*
a. *Letra; preposición.*
ha. *Del verbo haber.*

aherrojado. *De aherrojar.*
arrojado. *Del verbo arrojar.*

aherrojar. *Poner en prisión.*
arrojar. *Echar.*

ahogar. *Sentir ahogo.*
ahojar. *Ramonear.*
aojar. *Malograr.*

airar. *Irritar.*
airear. *Ventilar.*

aire. *Atmósfera.*
aíre. *Del verbo airar.*

aireación. *Ventilación.*
aeración. *Introducción del aire en las aguas potables.*

ajuar. *Conjunto de enseres y ropas de una persona.*
aguar. *Echar agua al vino.*

ala. *Miembro de las aves e insectos para volar.*
¡hala!. *Interjección.*

alado. *Que tiene alas.*
halado. *Del verbo halar.*

alcalde. *Presidente de un ayuntamiento.*
alcaide. *Encargado de un castillo, cárcel o fortaleza.*

aleve. *Alevoso.*
leve. *De poco peso.*

alforja. *Talego con dos bolsas.*
alforza. *Pliegue en el borde.*

aliarse. *Unirse, coligarse.*
hallarse. *Encontrarse, estar.*

alias. *Apodo.*
hallas. *Del verbo hallar.*
hayas. *Del verbo haber.*

alienar. *Volver loco.*
alinear. *Poner en línea recta.*

alígero. *Veloz.*
aligero. *Del verbo aligerar.*

alineado. *En línea recta.*
aliñado. *Del verbo aliñar.*

aliñar. *Sazonar.*
alinear. *Poner en línea recta.*
alienar. *Volver loco.*

alocución. *Arenga, discurso.*
elocución. *Modo de usar bien el lenguaje.*

alucinado. *Del verbo alucinar.*
ilusionado. *De ilusionar.*

allá. *Allí.*
halla. *Del verbo hallar.*
haya. *Del verbo haber.*

amarar. *Posarse en el mar.*
amarrar. *Atar, asegurar.*

amén. *Así sea, salvo.*
amen. *Del verbo amar.*

andén. *Especie de acera en las estaciones.*
anden. *Del verbo andar.*

anglicismo. *Giro o voz inglesa.*
anglicanismo. *Religión anglicana.*

anónimo. *De autor desconocido.*
antónimo. *Palabra contraria.*

anteojo. *Instrumento óptico.*
antojo. *Deseo vivo y pasajero.*

antónimo. *Palabra contraria.*
anónimo. *De autor desconocido.*

aojar. *Malograr.*
ahojar. *Ramonear.*
ahogar. *Sentir ahogo.*

apertura. *Principio o inauguración de un curso, local, etc.*
abertura. *Acción de abrir.*

aplazamiento. *Acción de aplazar.*
emplazamiento. *Acción de emplazar.*

aplazar. *Retardar, diferir.*
emplazar. *Citar.*

apodo. *Mote.*
ápodo. *Que carece de pies.*

apóstrofe. *Figura retórica.*
apóstrofo. *Signo ortográfico.*

apotegma. *Sentencia breve.*
apotema. *Perpendicular de un lado al centro de la figura.*

aprehender. *Coger, asir.*
aprender. *Estudiar, instruirse.*

aprensión. *Temor vago.*
aprehensión. *Apresamiento.*

ápside. *Extremo del eje mayor.*
ábside. *Parte externa correspondiente al presbiterio.*

apta. *Idónea, capaz.*
acta. *Relación de lo tratado.*
afta. *Úlcera en la boca.*

aptitud. *Idoneidad.*
actitud. *Postura.*

apto. *Idóneo, capaz.*
acto. *Acción, hecho.*

ara. *Altar.*
ara. *Del verbo arar.*

aras. *Del verbo arar.*
arras. *Lo que se da como prenda de un contrato.*
Arras. *Ciudad francesa.*
harás. *Del verbo hacer.*

ardid. *Astucia, maña.*
ardite. *Antigua moneda.*

are. *Del verbo arar.*
haré. *Del verbo hacer.*

aréola. *Círculo que rodea el pezón del pecho.*
aureola. *Disco que rodea la cabeza de los santos.*

arpillera. *Tejido basto.*
aspillera. *Abertura estrecha en el muro para disparar.*

arrastrar. *Llevar por el suelo.*
arrostrar. *Resistir a las dificultades, hacerlas frente.*

arrea. *Del verbo arrear.*
arría. *Del verbo arriar.*

arriar. *Bajar las velas o las banderas.*
arrear. *Aguijar, estimular a las bestias a que anden.*

arrogar. *Atribuir.*
arrojar. *Echar, lanzar, tirar.*

arrollador. *Que arrolla.*
arrullador. *Que arrulla.*

arrollar. *Envolver, derrotar al enemigo.*
arroyar. *Formar el agua surcos en la tierra.*
arrullar. *Adormecer con arrullos.*

arrostrar. *Resistir a las dificultades, sufrimientos, etc.*
arrastrar. *Llevar a una persona o cosa por el suelo.*

arroyar. *Formar el agua surcos.*
arrollar. *Envolver, derrotar.*
arrullar. *Adormecer con arrullos.*

arroyo. *Riachuelo.*
arrollo. *Del verbo arrollar.*

arruga. *Pliegue en la piel.*
oruga. *Larva vermiforme.*

arrullador. *Que arrulla.*
arrollador. *Que arrolla.*

arrullar. *Adormecer con arrullos.*
arrollar. *Envolver, derrotar.*

arrumar. *Distribuir la carga de un buque.*
abrumar. *Oprimir.*

artesano. *Persona que ejerce un arte mecánico.*
artesiano. *Cierto tipo de pozo.*

as. *Número uno de cada palo de la baraja, campeón.*
has. *Del verbo haber.*
haz. *Del verbo hacer.*

asa. *Agarradera.*
asa. *Del verbo asar.*
haza. *Campo.*

asar. *Tostar.*
azahar. *Flor del naranjo.*
azar. *Casualidad.*

asas. *Del verbo asar.*
asaz. *Bastante, muy.*
hazas. *Plural de haza.*

ascenso. *Subida, elevación.*
asenso. *Acción de asentir.*
acceso. *Arrebato, entrada.*

ascienda. *Del verbo ascender.*
hacienda. *Bienes, finca.*

asechanza. *Engaño, artificio.*
acechanza. *Acecho.*

asechar. *Engañar, intrigar.*
acechar. *Espiar, vigilar.*

asecho. *Del verbo asechar.*
acecho. *Acción de acechar.*
has hecho. *Del verbo hacer.*

asedar. *Poner como la seda.*
asediar. *Sitiar.*

asedio. *Del verbo asediar.*
acedo. *Agrio, desapacible.*

asenso. *Acción de asentir.*
ascenso. *Subida, elevación.*
acceso. *Arrebato, entrada.*

asesar. *Adquirir cordura.*
acezar. *Jadear.*

asesinar. *Matar.*
acecinar. *Salar las carnes.*

asesino. *Criminal.*
acecino. *Del verbo acecinar.*

asido. *Del verbo asir.*
ha sido. *Del verbo ser.*

asila. *Del verbo asilar.*
axila. *sobaco.*

asía. *Del verbo asir.*
hacía. *Del verbo hacer.*
Asia. *Uno de los continentes.*
hacia. *Preposición.*

asidero. *Asa, mango.*
hacedero. *Fácil de hacer.*

asignación. *Pensión, sueldo.*
hacinación. *Amontonamiento.*

asignar. *Señalar lo que corresponde a una persona o cosa.*
hacinar. *Apilar, amontonar.*

aspillera. *Abertura estrecha de los muros para disparar.*
arpillera. *Tejido basto.*

asta. *Cuerno.*
hasta. *Preposición.*

astenia. *Decaimiento grande.*
abstemia. *Femenino de abstemio.*

astral. *Relativo a los astros.*
austral. *Del hemisferio sur.*

astro. *Cuerpo celeste.*
estro. *Inspiración.*

atajo. *Senda que acorta.*
hatajo. *Hato pequeño.*

ato. *Del verbo atar.*
hato. *Rebaño.*

aureola. *Corona.*
aréola. *Círculo que rodea el pezón del pecho.*

autillo. *Cierta ave rapaz.*
hatillo. *Pequeño bulto con la ropa ordinaria y precisa.*

autor. *Persona que es causa de algo o lo hace.*
actor. *Artista.*

avalar. *Garantizar por aval.*
abalar. *Agitar.*

avenimiento. *Acción de avenir.*
advenimiento. *Venida, llegada.*

avenir. *Ajustar, concordar.*
advenir. *Venir, llegar.*

avispado. *Vivo, agudo.*
obispado. *Territorio bajo la jurisdicción de un obispo.*

axila. *Sobaco.*
asila. *Del verbo asilar.*

¡ay!. *Interjección de dolor.*
hay. *Del verbo haber.*
ahí. *Adverbio de lugar.*

aya. *Mujer encargada de la crianza de un niño.*
haya. *Del verbo haber.*
halla. *Del verbo hallar.*

ayo. *Persona encargada de la educación de un niño.*
hallo. *Del verbo hallar.*

azafata. *La que atiende a los viajeros en un avión.*
azafate. *Canastillo llano.*

azar. *Casualidad.*
azahar. *Flor del naranjo.*
asar. *Poner al fuego.*

azarar. *Avergonzar.*
azorar. *Sobresaltar.*

baca. *Parte superior de los coches para equipajes.*
vaca. *Animal rumiante.*

bacante. *Mujer que tomaba parte en las bacanales.*
vacante. *Sin proveer.*

bacilar. *Perteneciente a los bacilos.*
vacilar. *Titubear, dudar.*

bacilo. *Bacteria.*
vacilo. *Del verbo vacilar.*

baja. *Del verbo bajar.*
bajá. *Título de honor.*
vaga. *Del verbo vagar.*

baldes. *Cubos.*
baldés. *Piel curtida de oveja.*

bale. *Del verbo balar.*
vale. *Del verbo valer; nota.*
ballet. *Danza.*

balido. *Voz de la res lanar, etc.*
valido. *Primer ministro.*
válido. *Firme, legal.*

balón. *Pelota grande.*
valón. *Pueblo belga.*

ballet. *Danza.*
bale. *Del verbo balar.*
vale. *Del verbo valer, nota.*

bao. *Madero o barra que aguanta los costados del buque.*
vaho. *Vapor.*

bario. *Metal.*
vario. *Diverso, distinto.*
varío. *Del verbo variar.*

barón. *Título de nobleza.*
varón. *Hombre.*

baronía. *Dignidad de barón.*
varonía. *Calidad de descendiente de varón en varón.*

basa. *Asiento de la columna.*
baza. *Número de cartas que se recoge en una mano.*

basar. *Asentar algo.*
bazar. *Tienda.*
vasar. *Poyo para poner vasos.*

basca. *Náuseas.*
vasca. *Mujer del País Vasco.*

base. *Fundamento, apoyo.*
vase. *Se va.*

bascular. *Relativo a la báscula.*
bascular. *Ejecutar movimiento oscilatorio.*
vascular. *Perteneciente a los vasos del cuerpo.*

basta. *Femenino de basto.*
basta. *Del verbo bastar.*
vasta. *Extensa, dilatada.*

bastedad. *Calidad de basto.*
vastedad. *Dilatación, anchura.*

basto. *Grosero, tosco.*
vasto. *Dilatado, extenso.*

bate. *Palo del béisbol.*
vate. *Poeta.*

baya. *Fruto carnoso y jugoso.*
vaya. *Del verbo ir.*
valla. *Cercado.*

baza. *Número de cartas que se recoge en una mano.*
basa. *Asiento de la columna.*

bazar. *Tienda.*
basar. *Asentar algo.*
vasar. *Poyo para poner vasos.*

belén. *Nacimiento, confusión.*
velen. *Del verbo velar.*

bello. *Que tiene belleza.*
vello. *Pelo delgado.*

beso. *Acción de besar.*
bezo. *Labio grueso.*

berza. *Col.*
versa. *Del verbo versar.*

bidente. *De dos dientes.*
vidente. *Que ve.*

bienes. *Hacienda, caudal.*
vienes. *Del verbo venir.*
vienés. *Natural de Viena.*

biga. *Carro romano.*
viga. *Madero.*

bigote. *Pelo del labio superior.*
vigota. *Motón chato.*

binario. *De dos elementos.*
vinario. *Relativo al vino.*

bisar. *Repetir algo.*
visar. *Reconocer, examinar.*

bobina. *Carrete.*
bovina. *Femenino de bovino.*

bolada. *Tiro hecho con la bola.*
volada. *Vuelo corto.*

bolear. *Arrojar las boleadoras.*
volear. *Sembrar a voleo.*

boleo. *Acción de bolear.*
voleo. *Bofetón, golpe.*

bolo. *Palo labrado usado en el juego de bolos.*
voló. *Del verbo volar.*

bota. *Cierto tipo de calzado.*
vota. *Del verbo votar.*

botador. *Herramienta.*
votador. *Que vota.*

botar. *Dar botes, saltar.*
votar. *Emitir un voto.*

bote. *Salto; barco; vasija.*
vote. *Del verbo votar.*

bovina. *Femenino de bovino.*
bobina. *Carrete.*

boxear. *Pelear a puñetazos.*
vocear. *Dar voces o gritos.*
vosear. *Hablarle a uno de vos.*

boxeo. *Acción de boxear.*
voceo. *Del verbo vocear.*
voseo. *Acción de vosear.*

bracero. *Peón, jornalero.*
brasero. *Recipiente para calentarse.*

braza. *Medida de longitud.*
brasa. *Carbón encendido.*

brillantez. *Brillo.*
brillantes. *Que brillan; diamantes.*

broquel. *Escudo.*
brocal. *Antepecho del pozo.*

cabalgata. *Comparsa de jinetes.*
cabalgada. *Carrera a caballo.*

cabo. *Punta, grado militar.*
cavo. *Del verbo cavar.*

cabria. *Máquina para levantar grandes pesos.*
cabría. *Del verbo caber.*

cacería. *Partida de caza.*
casería. *Parroquia de un tendero.*

calavera. *Parte ósea de la cabeza.*
carabela. *Barco de vela.*

callado. *Que está sin hablar.*
cayado. *Bastón, báculo.*

callo. *Del verbo callar; dureza.*
cayo. *Isleta.*
calló. *Del verbo callar.*
cayó. *Del verbo caer.*

campaña. *Periodo de tiempo en que uno se dedica a una labor emprendida como un todo.*
campiña. *Campo.*

cancel. *Puerta, celosía.*
cáncer. *Tumor.*
cárcel. *Prisión.*

canónico. *Según los cánones.*
canónigo. *El que desempeña una canonjía.*

captar. *Atraer, conseguir.*
catar. *Probar, gustar.*

carabela. *Barco de vela.*
calavera. *Parte ósea de la cabeza.*

carbunco. *Enfermedad.*
carbúnculo. *Piedra preciosa.*

cárcel. *Prisión.*
cancel. *Puerta, celosía.*
cáncer. *Tumor.*

cardinal. *Relativo a los cuatro puntos del horizonte.*
cardenal. *Prelado.*

cariar. *Picarse los dientes.*
carear. *Cotejar, confrontar.*

casa. *Edificio para habitar.*
caza. *Deporte.*

casar. *Unir en matrimonio.*
cazar. *Perseguir a los animales salvajes para cogerlos.*

caso. *Suceso.*
cazo. *Cucharón.*

casual. *Por casualidad.*
causal. *Que ocasiona alguna cosa.*

casualidad. *Suceso imprevisto.*
causalidad. *Causa, origen.*

catar. *Probar, gustar.*
captar. *Atraer, conseguir.*

cauce. *Lecho del río.*
cause. *Del verbo causar.*

causal. *Que es la causa o motivo de algo.*
casual. *Por casualidad.*

causalidad. *Causa, origen.*
casualidad. *Suceso imprevisto.*

cayado. *Bastón.*
callado. *Que está sin hablar.*

cayo. *Isleta.*
cayó. *Del verbo caer.*
callo. *De callar; dureza.*
calló. *Del verbo callar.*

caza. *Del verbo cazar.*
casa. *Edificio para habitar.*

cazar. *Coger animales salvajes.*
casar. *Unir en matrimonio.*

cazo. *Cucharón.*
caso. *Suceso.*

cebo. *Señuelo.*
sebo. *Grasa.*

ceda. *Del verbo ceder.*
seda. *Tela.*

cede. *Del verbo ceder.*
sede. *Lugar de reunión..*

cédula. *Documento.*
célula. *Mínima porción del ser vivo capaz de tener vida.*

cedular. *Poner en cédula.*
celular. *Relativo a la célula.*

céfiro. *Viento suave.*
zafiro. *Piedra preciosa.*

cegar. *Tapar, quedar ciego.*
segar. *Cortar hierba.*

célula. *Mínima porción del ser vivo capaz de tener vida.*
cédula. *Documento.*

celular. *Relativo a la célula.*
cedular. *Poner en cédula.*

cemento. *Polvo de arcilla y cal.*
cimiento. *Parte en que se apoyan los edificios.*

cena. *Comida de la noche.*
Sena. *Río de Francia.*

ceno. *Del verbo cenar.*
seno. *Pecho.*

censor. *Que censura.*
sensor. *Aparato que detecta.*

cepa. *Tronco de la vid.*
sepa. *Del verbo saber.*

cerrado. *Del verbo cerrar.*
serrado. *Del verbo serrar.*

cerrar. *Asegurar con llave o cerrojo.*
serrar. *Cortar con una sierra.*

cesar. *Parar, detenerse.*
César. *Emperador.*

cesión. *Acción de ceder.*
sesión. *Junta, reunión.*

ceso. *Del verbo cesar.*
seso. *Masa cerebral.*
sexo. *Diferencia física del macho y de la hembra.*

cesta. *Canasta, cesto.*
secta. *Doctrina herética.*
sexta. *Número ordinal.*

cesto. *Banasta, canasta.*
seto. *Cercado, vallado.*
sexto. *Que sigue al quinto.*

cesura. *Pausa en los versos.*
cisura. *Rotura sutil.*

ceta. *Zeta.*
seta. *Hongo de sombrerillo.*
zeta. *Letra griega.*

ciclo. *Serie.*
siclo. *Cierta moneda antigua.*

ciego. *Incapacitado para ver.*
siego. *Del verbo segar.*

cien. *Cantidad.*
sien. *Parte lateral de la cabeza.*

ciento. *Cantidad.*
siento. *Del verbo sentir.*

cierra. *Del verbo cerrar.*
sierra. *Cordillera; instrumento dentado para cortar.*

cierre. *Del verbo cerrar.*
sierre. *Del verbo serrar.*

ciervo. *Animal.*
siervo. *Esclavo.*

cima. *La parte más alta de un monte, árbol, etc.*
sima. *Cavidad grande.*

cimiento. *Parte en que se apoya el edificio.*
cemento. *Polvo de arcilla y cal.*

circunvalar. *Rodear, cercar.*
circunvolar. *Volar alrededor.*

cisura. *Rotura sutil.*
cesura. *Pausa en los versos.*

cita. *Encuentro, entrevista.*
sita. *Situada, colocada.*

cocer. *Preparar al fuego.*
coser. *Unir con hilo.*

cocido. *Olla, guiso.*
cosido. *Del verbo coser.*

cohorte. *Unidad táctica del antiguo ejército romano.*
corte. *Filo; acción de cortar.*

colecta. *Recaudación de donativos.*
coleta. *Trenza de pelo.*

competer. *Incumbir a uno.*
competir. *Contener.*

compresión. *Acción de comprimir.*
comprensión. *Acción de comprender.*

compresivo. *Que comprime.*
comprensivo. *Capaz de comprender.*

concejo. *Ayuntamiento.*
consejo. *Parecer; junta.*

concepción. *Acción de concebir.*
concesión. *Acción de conceder.*

condenar. *Reprobar.*
condonar. *Perdonar.*

consejo. *Parecer; junta.*
concejo. *Ayuntamiento.*

contesto. *Del verbo contestar.*
contexto. *Hilo del discurso.*

contracto. *Contraído.*
contrato. *Pacto, convenio.*

corbeta. *Cierto buque de guerra.*
corveta. *Cierto movimiento del caballo.*

cortacircuitos. *Aparato que automáticamente corta la corriente.*
cortocircuito. *Contacto de dos conductores eléctricos.*

corte. *Filo; acción de cortar.*
cohorte. *Unidad táctica del antiguo ejército romano.*

cortocircuito. *Contacto de dos conductores eléctricos.*
cortacircuitos. *Aparato que automáticamente corta la corriente.*

corveta. *Movimiento del caballo.*
corbeta. *Buque de guerra.*

coser. *Unir con hilo.*
cocer. *Preparar al fuego.*

chiripa. *Casualidad.*
chiripá. *Especie de chamal.*

decena. *Diez unidades.*
docena. *Doce unidades.*

decencia. *Recato, honestidad.*
docencia. *Enseñanza.*

decente. *Honesto.*
docente. *Que enseña.*

decidir. *Tomar una determinación.*
disidir. *Sustraerse a la obediencia del superior.*

decurso. *Sucesión del tiempo.*
discurso. *Charla, arenga.*

deferencia. *Muestra de respeto.*
diferencia. *Controversia, residuo, resto.*

deferente. *Respetuoso, cortés.*
diferente. *Diverso.*

deporte. *Juego, ejercicio.*
deporté. *Del verbo deportar.*

desalineado. *De desalinear.*
desaliñado. *De desaliñar.*

desasir. *Soltar, desprender.*
deshacer. *Destruir, estropear.*

desbarrar. *Disparatar.*
desvariar. *Delirar.*

desbastar. *Quitar lo basto.*
devastar. *Desolar.*

descendente. *Que desciende.*
descendiente. *Persona que desciende de otra.*

descinchar. *Quitar la cincha.*
deshinchar. *Quitar la hinchazón.*

desecho. *Desperdicio, sobras.*
deshecho. *Del verbo deshacer.*

deshacer. *Destruir, estropear.*
desasir. *Soltar, desprender.*

deshecho. *Del verbo deshacer.*
desecho. *Sobras.*

deshinchar. *Quitar la hinchazón.*
descinchar. *Quitar la cincha.*

deshojar. *Quitar las hojas.*
desojar. *Cegarse.*

desmallado. *Que se le ha soltado la malla o punto.*
desmayado. *Que ha sufrido un desmayo.*

desojar. *Cegar.*
deshojar. *Quitar las hojas.*

despensa. *Lugar donde se guardan los comestibles.*
dispensa. *Privilegio.*

desvariar. *Delirar.*
desbarrar. *Disparatar.*

devastar. *Desolar.*
desbastar. *Quitar lo basto.*

diferencia. *Residuo, resta.*
deferencia. *Muestra de respeto.*

diferente. *Diverso.*
deferente. *Respetuoso.*

digerir. *Convertir los alimentos en sustancia asimilable.*
dirigir. *Enderezar, guiar.*

discurso. *Charla, arenga.*
decurso. *Sucesión del tiempo.*

disección. *Acto de disecar.*
disensión. *Contienda.*

disidir. *Sustraerse a la obediencia del superior.*
decidir. *Tomar una determinación.*

dispensa. *Privilegio, excepción.*
despensa. *Lugar donde se guardan los comestibles.*

doblez. *Simulación, parte que se dobla.*
dobles. *Duplos.*

docencia. *Enseñanza.*
decencia. *Recato, honestidad.*

docente. *Que enseña.*
decente. *Honesto.*

dracma. *Moneda antigua.*
drama. *Obra de teatro.*

dúho. *Banco, escaño.*
dúo. *Que se canta o toca entre dos.*

eclipse. *Privación de luz de un astro.*
elipse. *Curva plana, cerrada con dos focos.*
elipsis. *Supresión de palabras en una oración.*

echo. *Del verbo echar.*
hecho. *Del verbo hacer; suceso, acontecimiento.*

edicto. *Bando, decreto.*
adicto. *Partidario, devoto.*

efectivo. *Verdadero, cierto.*
afectivo. *Relativo al afecto.*

efecto. *Lo producido por una causa.*
afecto. *Amor, cariño.*

égida. *Protección, defensa.*
hégira. *Era musulmana.*

emanar. *Proceder, derivarse.*
imanar. *Imantar.*

embate. *Acometida.*
envite. *Apuesta.*

embeleco. *Engaño, mentira.*
embeleso. *Pasmo, ensimismamiento.*

embestir. *Acometer.*
investir. *Conferir un cargo.*

emético. *Propio para provocar el vómito.*
hermético. *Cerrado ajustada y perfectamente.*

empecer. *Obstar, impedir.*
empezar. *Dar principio.*

emplazamiento. *Acción de emplazar.*
aplazamiento. *Retraso.*

emplazar. *Citar.*
aplazar. *Retardar, diferir.*

enarbolar. *Levantar en alto.*
enherbolar. *Inficionar.*

encausado. *De encausar.*
encauzado. *De encauzar.*

encausar. *Enjuiciar, procesar.*
encauzar. *Guiar, dirigir.*

enherbolar. *Inficionar.*
enarbolar. *Levantar en alto.*

enjuagar. *Limpiar con agua clara lo enjabonado.*
enjugar. *Quitar la humedad.*

enlosado. *Pavimento de losas.*
enlozado. *Con la apariencia de loza.*

enlosar. *Solar con losas.*
enlozar. *Dar esmalte.*

enojo. *Ira, enfado.*
hinojo. *Planta umbelífera.*

ensalzarse. *Alabarse, exaltar.*
enzarzarse. *Luchar, reñir.*

envite. *Apuesta.*
embate. *Acometida.*

enzarzarse. *Enredarse; reñir.*
ensalzarse. *Alabarse.*

errar. *Equivocarse; vagar.*
herrar. *Colocar herraduras.*

error. *Equivocación, culpa.*
horror. *Aversión.*

es. *Del verbo ser.*
hez. *Sedimento.*

escolio. *Advertencia.*
escollo. *Peligro, riesgo.*

esotérico. *Oculto, reservado.*
exotérico. *Común, conocido.*

espacial. *Relativo al espacio.*
especial. *Singular, particular.*

espacioso. *Ancho, dilatado.*
especioso. *Hermoso.*

especia. *Sustancia para sazonar los manjares.*
especie. *Clase.*

especial. *Singular, particular.*
espacial. *Relativo al espacio.*

especie. *Clase.*
especia. *Sustancia para sazonar los manjares.*

especioso. *Hermoso.*
espacioso. *Ancho, dilatado.*

espiar. *Observar con disimulo.*
expiar. *Purgar las culpas.*

espira. *Vuelta, espiral.*
expira. *Del verbo expirar.*

espirar. *Exhalar olor.*
expirar. *Morir.*

espolio. *Bienes que deja al morir un prelado.*
expolio. *Acción de despojar.*

espulgar. *Limpiar de pulgas.*
expurgar. *Limpiar, purificar.*

esquema. *Croquis, resumen.*
esquena. *Espinazo.*

estática. *Parte de la mecánica.*
extática. *Que ella está en éxtasis.*

estático. *Quieto, parado.*
extático. *Que está en éxtasis.*

estéreo. *Metro cúbico.*
etéreo. *Sutil.*

estigma. *Marca, señal.*
estima. *Aprecio.*

estío. *Verano.*
hastío. *Tedio, fastidio.*

estirpe. *Clase, raza.*
extirpe. *Del verbo extirpar.*

estragar. *Viciar, estropear.*
estregar. *Frotar.*

estrato. *Capa, sedimento.*
extracto. *Resumen.*

estro. *Inspiración.*
astro. *Cuerpo celeste.*

etéreo. *Sutil.*
estéreo. *Metro cúbico.*

ético. *Moral.*
hético. *Tísico.*

exaltación. *Acción de exaltar.*
exultación. *Acción de exultar.*

exaltar. *Ensalzar.*
exultar. *Alegrarse.*

exánime. *Sin señales de vida.*
examine. *Del verbo examinar.*

excitación. *Acción de excitarse.*
hesitación. *Duda, perplejidad.*

excitar. *Estimular, instigar.*
hesitar. *Dudar.*

excusa. *Disculpa, pretexto.*
escusa. *Provecho, ventaja.*

éxito. *Feliz resultado.*
hesitó. *Del verbo hesitar.*
existo. *Del verbo existir.*

exotérico. *Común, conocido.*
esotérico. *Oculto, reservado.*

expiar. *Purgar las culpas.*
espiar. *Observar con disimulo.*

expira. *Del verbo expirar.*
espira. *Vuelta, espiral.*

expirar. *Morir.*
espirar. *Exhalar olor.*

expoliar. *Despojar.*
espolear. *Incitar, estimular.*

expolio. *Acción de despojar.*
espolio. *Bienes que deja al morir un prelado.*

expurgar. *Limpiar, purificar.*
espulgar. *Limpiar de pulgas.*

éxtasis. *Arrobamiento.*
éctasis. *Licencia poética.*

extática. *Que está en éxtasis.*
estática. *Parte de la mecánica.*

extático. *Que está en éxtasis.*
estático. *Quieto, parado.*

extirpe. *Del verbo extirpar.*
estirpe. *Clase, raza.*

extracto. *Resumen.*
estrato. *Capa, sedimento.*

exultación. *Acción de exultar.*
exaltación. *Acción de exaltar.*

facticio. *Que se hace por arte.*
ficticio. *Fingido, falso.*

factor. *Agente.*
fautor. *Culpable.*

falla. *Quiebra del terreno.*
faya. *Tejido grueso de seda.*

fauna. *Conjunto de los animales propios de un país.*
fauno. *Semidiós.*

faya. *Tejido grueso de seda.*
falla. *Quiebra del terreno.*

ficción. *Acción de fingir.*
fisión. *Segmentación, explosión del núcleo del átomo.*
fusión. *Paso de sólido a líquido.*

flagrante. *Del verbo flagrar.*
fragante. *Oloroso, perfumado.*

formal. *Que tiene formalidad.*
formol. *Solución de aldehído fórmico.*
formón. *Especie de escoplo.*

fractura. *Acción y efecto de fracturar.*
factura. *Cuenta de mercancías.*

fragante. *Oloroso, perfumado.*
flagrante. *Del verbo flagrar.*

fresa. *Herramienta y fruta.*
freza. *Estiércol.*

fugaz. *Que dura poco.*
fugas. *Huidas, escapes.*

fundar. *Edificar, construir.*
fundir. *Derretir.*

fusión. *Paso del estado sólido al líquido.*
fisión. *Explosión del núcleo del átomo, con liberación de energía.*

gallo. *Ave.*
gayo. *Alegre, vistoso.*

gaucho. *De las Pampas.*
guacho. *Huérfano, desmedrado.*

gavia. *Cuadrilla, vela.*
gubia. *Formón delgado.*

gayo. *Alegre, vistoso.*
gallo. *Ave.*

gerencia. *Cargo de gerente.*
regencia. *Acción de regir.*

gerente. *El que dirige los negocios de una empresa.*
regente. *El que gobierna o reina en lugar de otro.*

giba. *Joroba.*
jibia. *Molusco.*

graba. *Del verbo grabar.*
grava. *Mezcla de piedras y arena.*

grabado. *Arte y procedimiento de grabar.*
gravado. *Del verbo gravar.*

grabar. *Imprimir, esculpir.*
gravar. *Imponer un impuesto.*

grullo. *De color gris oscuro.*
gurullo. *Burujo.*

gubia. *Formón delgado.*
gavia. *Cuadrilla; vela.*

ha. *Del verbo haber.*
¡ah!. *Interjección.*
a. *Preposición; letra.*

habano. *Cigarro puro.*
abano. *Abanico.*

hablando. *Del verbo hablar.*
ablando. *Del verbo ablandar.*

habrían. *Del verbo haber.*
abrían. *Del verbo abrir.*

hacedero. *Fácil de hacer.*
asidero. *Asa.*

hacía. *Del verbo hacer.*
asía. *Del verbo asir.*
hacia. *Preposición.*
Asia. *Uno de los continentes.*

hacienda. *Bienes, finca.*
ascienda. *Del verbo ascender.*

hacina. *Del verbo hacinar.*
asigna. *Del verbo asignar.*

hacinación. *Amontonamiento.*
asignación. *Pensión, sueldo.*

hacinar. *Apilar, amontonar.*
asignar. *Señalar lo que corresponde a una persona o cosa.*

¡hala!. *Interjección.*
ala. *Miembro de las aves e insectos para volar.*

halado. *Del verbo halar.*
alado. *Que tiene alas.*

halla. *Del verbo hallar.*
haya. *Del verbo haber.*
allá. *Advervio.*
aya. *Mujer que cuida la crianza de un niño.*

hallado. *Del verbo hallar.*
aliado. *Unido o coaligado.*

hallas. *Del verbo hallar.*
hayas. *Del verbo haber.*
alias. *Apodo.*

hallo. *Del verbo hallar.*
halló. *Del verbo hallar.*
ayo. *Encargado de la educación y crianza de un niño.*

hasta. *Preposición.*
asta. *Cuerno.*

hastío. *Tedio, fastidio.*
estío. *Verano.*

hatajo. *Hato pequeño.*
atajo. *Senda que acorta.*

hato. *Rebaño.*
ato. *Del verbo atar.*

hay. *Del verbo haber.*
ahí. *Adverbio de lugar.*
ay. *Interjección.*

haya. *Del verbo haber.*
halla. *Del verbo hallar.*
aya. *Mujer encargada de la educación de un niño.*
allá. *Adverbio.*

hará. *Del verbo hacer.*
ara. *Del verbo arar.*

harás. *Del verbo hacer.*
aras. *Del verbo arar.*
arras. *Lo que se da como prenda de un contrato.*
Arras. *Ciudad francesa.*

haré. *Del verbo hacer.*
aré. *Del verbo arar.*

has. *Del verbo haber.*
haz. *De hacer; brazado.*
as. *Número uno de cada palo de la baraja; campeón.*

haza. *Campo.*
asa. *Mango, asidero.*

hazas. *Plural de haza.*
asas. *Del verbo asar.*
asaz. *Bastante, muy.*

heces. *Sedimentos, posos.*
eses. *Plural de la letra s.*

héjira. *Era musulmana.*
égida. *Protección, defensa.*

henchir. *Llenar.*
hinchar. *Exagerar, abultar.*

hermético. *Cerrado.*
emético. *Que mueve el vómito.*

herrar. *Colocar herraduras.*
errar. *Vagar; equivocarse*

hético. *Tísico*.
ético. *Moral*.

hez. *Sedimento, poso*.
es. *Del verbo ser*.

hierba. *Planta verde*.
hierva. *Del verbo hervir*.

hierro. *Metal*.
yerro. *Equivocación, error*.

hinchado. *Del verbo hinchar*.
henchido. *Del verbo henchir*.

hinchar. *Exagerar, abultar*.
henchir. *Llenar*.

hinojo. *Planta umbelífera*.
enojo. *Ira, enfado*.

hipérbola. *Curva geométrica*.
hipérbole. *Exageración*.

hipnosis. *Sueño*.
sinopsis. *Resumen*.

hizo. *Del verbo hacer*.
izo. *Del verbo izar*.

hojeada. *Acción de pasar las hojas de un libro*.
ojeada. *Mirada rápida*.

hojear. *Pasar las hojas*.
ojear. *Mirar*.

hola. *Saludo*.
ola. *Onda marina*.

holla. *Del verbo hollar*.
hoya. *Fosa*.
olla. *Puchero*.

hollar. *Pisar; humillar*.
ollar. *Orificio de la nariz*.

honda. *Para tirar piedras*.
honda. *Que está profunda*.
onda. *Ola, ondulación*.

hondear. *Sondar; tantear*.
ondear. *Ondular*.

hora. *Sesenta minutos*.
ora. *Del verbo orar*.

horca. *Patíbulo; horquilla*.
orca. *Cetáceo*.

hornada. *Lo que se cuece en el horno de una sola vez*.
ornada. *Adornada*.

horror. *Aversión*.
error. *Equivocación, culpa*.

hosquedad. *Calidad de hosco*.
oquedad. *Hueco*.

hoya. *Fosa, concavidad*.
holla. *Del verbo hollar*.
olla. *Puchero*.

hoyo. *Hueco, agujero*.
holló. *Del verbo hollar*.
oyó. *Del verbo oír*.

hoz. *Hocino*.
os. *Pronombre personal*.

hozar. *Mover la tierra con el hocico*.
osar. *Atreverse, arriesgarse*.

hulla. *Carbón*.
huya. *Del verbo huir*.

huno. *Pueblo bárbaro*.
uno. *La unidad*.

huraño. *Que huye del trato social*.
urano. *Uno de los planetas*.
uranio. *Metal*.

húsar. *Soldado de caballería*.
usar. *Utilizar*.

huso. *Aparato para hilar*.
uso. *Del verbo usar*.

imprudencia. *Falta de prudencia*.
impudencia. *Descaro*.

imprudente. *Sin prudencia*.
impudente. *Desvergonzado*.

inaccesible. *No accesible*.
inasequible. *No asequible*.

inadmisible. *No admisible*.
inamisible. *Que no puede perderse*.

inasequible. *Que no es asequible*.
inaccesible. *No accesible*.

incidía. *Del verbo incidir*.
insidia. *Asechanza*.

incidente. *Percance*.
accidente. *Suceso imprevisto*.

incipiente. *Algo que empieza*.
insipiente. *Ignorante, inculto*.

incomprensible. *Que no puede ser comprendido*.
incompresible. *Que no puede ser comprimido*.

inconcluso. *No terminado*.
inconcuso. *Cierto, firme*.

infectado. *Del verbo infectar*.
infestado. *Del verbo infestar*.

infestar. *Abundar los animales dañinos*.
infectar. *Inficionar*.

infligir. *Imponer penas*.
infringir. *Faltar, quebrantar*.

ingerir. *Comer*.
injerir. *Entremeter*.

inglés. *De Inglaterra*.
ingles. *Cierta parte del cuerpo*.

inhabitado. *No habitado*.
inhabituado. *No acostumbrado*.

injerir. *Entremeter*.
ingerir. *Comer*.

insidia. *Asechanza*.
incidía. *Del verbo incidir*.

insipiente. *Ignorante, inculto*.
incipiente. *Algo que empieza*.

intención. *Deseo de hacer*.
intensión. *Intensidad*.

intercesión. *De interceder*.
intersección. *Punto donde se cortan dos líneas*.

intersección. *Punto donde se cortan dos líneas*.
intercesión. *Acción de interceder*.

íntimo. *Más interno*.
intimo. *Del verbo intimar*.

invectiva. *Expresión violenta*.
inventiva. *Facultad de inventar*.

inversión. *Acción de invertir*.
invención. *Acción de inventar*.

investir. *Conferir un cargo*.
embestir. *Acometer con ímpetu*.

írrito. *Inválido*.
irrito. *Del verbo irritar*.

jibia. *Molusco*.
giba. *Joroba*.

júbilo. *Gozo*.
jubilo. *Del verbo jubilar*.

lasitud. *Desfallecimiento*.
laxitud. *Calidad de laxo*.

laso. *Macilento, flojo*.
laxo. *Relajado*.
lazo. *Lazada, trampa*.

latente. *Que no se manifiesta exteriormente*.
latiente. *Que late*.

laxitud. *Calidad de laxo*.
lasitud. *Desfallecimiento*.

laxo. *Relajado*.
laso. *Macilento, flojo*.
lazo. *Lazada; trampa*.

lección. *Acción de leer*.
lesión. *Herida, daño*.

ley. *Precepto*.
leí. *Del verbo leer*.

liberación. *Acción de libertar*.
libración. *Movimiento de oscilación*.

librar. *Preservar de un daño*.
liberar. *Libertar*.
libar. *Chupar un jugo*.

lisa. *Suave*.
liza. *Campo para luchar*.

losa. *Piedra llana*.
loza. *Vajilla*.

lucido. *Con gracia*.
lúcido. *Claro en el razonamiento*.

machacar. *Quebrantar*.
machucar. *Magullar*.

machacón. *Importuno, pesado*.
machucón. *Confusión*.

machón. *Pilar*.
mechón. *Porción de pelo*.

malsano. *Dañoso a la salud*.
manzano. *Árbol frutal*.

malla. *Red*.
maya. *Pueblo de América*.

mallar. *Hacer malla*.
mayar. *Maullar*.

mallo. *Mazo*.
mayo. *Mes*.

mandado. *Del verbo mandar*.
mandato. *Orden*.

mandil. *Delantal*.
mandril. *Cuadrumano de África*.

masa. *Mezcla pastosa*.
maza. *Porra*.

máscara. *Enmascarado*.
mascara. *Del verbo mascar*.

maya. *Pueblo de América*.
malla. *Tejido parecido al de la red*.

mayar. *Maullar*.
mallar. *Hacer malla*.

mayo. *Mes*.
mallo. *Mazo*.

maza. *Porra*.
masa. *Mezcla pastosa*.

meces. *Del verbo mecer*.
meses. *Plural de mes*.

mechón. *Porción de pelo*.
machón. *Pilar*.

mediador. *Que media*.
medidor. *Que mide*.

mesa. *Mueble*.
meza. *Del verbo mecer*.

místico. *Relativo a la mística*.
mítico. *Relativo al mito*.

módulo. *Unidad de medida arquitectónica*.
nódulo. *Concreción*.

moho. *Hongo*.
mojo. *Moje*.

montaraz. *Que anda o se cría en los montes*.
montarás. *Del verbo montar*.

montes. *Montañas*.
montés. *Que se cría en el monte*.

nada. *Ninguna cosa*.
nata. *Sustancia espesa de la leche*.

naval. *Relativo a las naves*.
nabal. *Relativo a los nabos*.

nódulo. *Concreción*.
módulo. *Unidad de medida arquitectónica*.

nonada. *Poco, muy poco*.
monada. *Halago, zalamería*.

obertura. *Pieza de música con que se inicia una ópera*.
abertura. *Acción de abrir*.

obispado. *Territorio bajo la jurisdicción de un obispo*.
avispado. *Vivo, agudo*.

oblación. *Sacrificio*.
ablación. *Extirpación*.
ablución. *Lavatorio*.

óbolo. *Cantidad con que se contribuye para un fin*.
óvolo. *Cuarto bocel*.
óvulo. *Germen*.

obstar. *Impedir*.
optar. *Inclinarse por, elegir*.

ocaso. *Puesta de Sol*.
acaso. *Quizá, por casualidad*.

ojeada. *Mirada rápida y ligera*.
hojeada. *Acción de pasar las hojas de un libro*.

ojear. *Mirar.*
hojear. *Pasar las hojas de un libro.*

ola. *Onda marina.*
hola. *Saludo.*

olla. *Puchero.*
hoya. *Fosa.*
holla. *Del verbo hollar.*

ollar. *Orificio de la nariz.*
hollar. *Pisar; humillar.*

onda. *Ola, ondulación.*
honda. *Para tirar piedras.*
honda. *Profunda.*

ondear. *Ondular.*
hondear. *Sondar; tantear.*

optar. *Elegir una cosa entre dos o más.*
obstar. *Impedir.*

óptico. *Relativo a la óptica.*
ótico. *Relativo al oído.*

óptimo. *Sumamente bueno.*
opimo. *Fértil, abundante.*

oquedad. *Hueco, agujero.*
hosquedad. *Calidad de hosco.*

ora. *Aféresis de ahora.*
hora. *Sesenta minutos.*

orca. *Cetáceo.*
horca. *Patíbulo.*

oruga. *Larva vermiforme.*
arruga. *Pliegue en la piel.*

osco. *Pueblo antiguo.*
hosco. *Ceñudo, de mal genio.*

ótico. *Relativo al oído.*
óptico. *Relativo a la óptica.*

óvalo. *Curva.*
óvolo. *Cuarto bocel.*
óbolo. *Cantidad con que se contribuye para un fin.*
óvulo. *Germen.*

pace. *Del verbo pacer.*
pase. *Salvoconducto.*

paráfrasis. *Interpretación amplificativa de un texto.*
perífrasis. *Circunloquio.*

paria. *Casta ínfima.*
paría. *Del verbo parir.*

partícipe. *Que tiene parte en una cosa.*
participe. *De participar.*

pase. *Salvoconducto.*
pace. *Del verbo pacer.*

paso. *Acto de pasar.*
pazo. *Casa solariega.*

pátina. *Moho del bronce.*
patina. *Del verbo patinar.*

pazo. *Casa solariega.*
paso. *Movimiento del pie.*

perceptor. *Que percibe.*
preceptor. *Maestro.*

perfecto. *Excelente.*
prefecto. *Cierto cargo.*

perífrasis. *Circunloquio.*
paráfrasis. *Interpretación amplificativa de un texto.*

perjuicio. *Daño, menoscabo.*
prejuicio. *Acción y efecto de prejuzgar.*

persecución. *Perseguir.*
prosecución. *Acción de proseguir.*

perseguir. *Seguir al que huye.*
proseguir. *Continuar.*

pie. *Extremidad de la pierna.*
píe. *Del verbo piar.*
pié. *Del verbo piar.*

plegaria. *Oración, súplica.*
plegaría. *Del verbo plegar.*

pobre. *Menesteroso.*
podre. *Pus.*

pollo. *Cría de las aves.*
poyo. *Banco de piedra.*

porvenir. *Tiempo futuro.*
provenir. *Proceder.*

posa. *Del verbo posar.*
poza. *Charca.*

posesión. *Acción de poseer.*
posición. *Postura, situación.*

posos. *Sedimentos, heces.*
pozos. *Hoyos profundos.*

poyo. *Banco de piedra.*
pollo. *Cria de las aves.*

poza. *Charca.*
posa. *Del verbo posar.*

pozo. *Hoyo.*
poso. *Sedimento, hez.*

pravedad. *Maldad.*
probidad. *Bondad, rectitud.*

precedencia. *Antelación.*
procedencia. *Principio.*

precedente. *Que precede.*
presidente. *Que preside.*

preceder. *Ir delante.*
proceder. *Guardar cierto orden.*

preceptor. *Maestro.*
perceptor. *Que percibe.*

preeminencia. *Supremacía.*
prominencia. *Elevación.*

prefecto. *Cierto cargo.*
perfecto. *Excelente.*

preferir. *Dar preferencia.*
proferir. *Pronunciar palabras.*

prejuicio. *Acto de prejuzgar.*
perjuicio. *Daño, menoscabo.*

preposición. *Parte de la oración.*
proposición. *Frase; oferta.*

prescribir. *Ordenar; caducar.*

prescripción. *Acción de prescribir.*
proscripción. *Acción de proscribir.*

presidente. *Superior, jefe.*
precedente. *Que precede.*

pretextar. *Valerse de un pretexto.*
protestar. *No estar de acuerdo.*

pretexto. *Motivo aparente.*
protesto. *Del verbo protestar.*

prevenir. *Prever, precaver.*
provenir. *Proceder.*

prever. *Conocer por indicios lo que va a ocurrir.*
proveer. *Suministrar.*

previsión. *Acto de prever.*
provisión. *Acción de proveer.*

previsor. *Que prevé.*
provisor. *Proveedor.*

previsto. *Del verbo prever.*
provisto. *Del verbo proveer.*

probidad. *Bondad, rectitud.*
pravedad. *Maldad.*

procedencia. *Antelación.*
precedencia. *Principio.*

proceder. *Guardar cierto orden.*
preceder. *Ir delante.*

proferir. *Pronunciar palabras.*
preferir. *Dar preferencia.*

profetisa. *Femenino de profeta.*
profetiza. *De profetizar.*

prójimo. *Cualquier persona con respecto a otra.*
próximo. *Cercano.*

prominencia. *Elevación.*
preeminencia. *Supremacía.*

prominente. *Alto, elevado.*
preeminente. *Sobresaliente.*

proposición. *Frase; oferta.*
preposición. *Parte de la oración.*

proscribir. *Desterrar, expulsar.*
prescribir. *Ordenar; caducar.*

proscripción. *Proscribir.*
prescripción. *Prescribir.*

prosecución. *Acción de proseguir.*

persecución. *Acción de perseguir.*

proseguir. *Continuar.*
perseguir. *Seguir al que huye.*

protestar. *Negar, no estar de acuerdo.*
pretextar. *Valerse de un pretexto.*

protesto. *Del verbo protestar.*
pretexto. *Motivo aparente.*

proveer. *Suministrar.*
prever. *Conocer por indicios lo que va a ocurrir.*

provenir. *Proceder.*
prevenir. *Prever, precaver.*

provisión. *Acción de proveer.*
previsión. *Acto de prever.*

provisor. *Proveedor.*
previsor. *Que prevé.*

provisto. *Del verbo proveer.*
previsto. *Del verbo prever.*

próximo. *Cercano.*
prójimo. *Cualquier persona con respecto a otra.*

puya. *Planta.*
pulla. *Indirecta.*

ración. *Porción de alimentos.*
razón. Facultad de discurrir.

racionamiento. *Acción y efecto de racionar.*
razonamiento. *Acción y efecto de razonar.*

racionar. *Repartir raciones.*
razonar. *Discurrir.*

radio. *Línea; metal.*
radió. *Del verbo radiar.*

raer. *Extirpar.*
roer. *Morder.*

rallar. *Desmenuzar.*
rayar. *Hacer rayas.*

rallo. *Del verbo rallar.*
ralló. *Del verbo rallar.*
rayó. *Del verbo rayar.*
rayo. *Chispa eléctrica.*

rapaz. *Ave de rapiña.*
rapaz. *Muchacho.*

rayar. *Hacer rayas.*
rallar. *Desmenuzar.*

rayo. *Chispa eléctrica.*
rallo. *Del verbo rallar.*

raza. *Casta.*
rasa. *Femenino de raso.*

razón. *Facultad de discurrir.*
ración. *Porción de alimentos.*

rebelarse. *Sublevarse.*
revelarse. *Manifestarse.*

rebozar. *Cubrir con una capa de yeso o cemento.*
rebosar. *Verterse.*

recabar. *Alcanzar, conseguir.*
recavar. *Volver a cavar.*

reciente. *Nuevo.*
resiente. *Del verbo resentir.*

recocer. *Volver a cocer.*
recoser. *Volver a coser.*

rédito. *Renta.*
reedito. *Del verbo reeditar.*

relevar. *Mudar, cambiar.*
revelar. *Manifestar.*
rebelar. *Sublevar.*

resiente. *Del verbo resentir.*
reciente. *Nuevo.*

respetar. *Tener respeto.*
respectar. *Atañer.*

retén. *Grupo de tropa.*
reten. *Del verbo retar.*

retractarse. *Desdecirse.*
retratarse. *Sacarse una foto.*

revelar. *Manifestar.*
relevar. *Sustituir, cambiar.*
rebelar. *Sublevar.*

revólver. *Pistola.*
revolver. *Menear, desordenar.*

risa. *Acción de reír.*
riza. *Rastrojo; destrozo.*

roer. *Quitar poco a poco con los dientes.*
raer. *Extirpar.*

romántico. *Relativo al romanticismo.*
románico. *Estilo arquitectónico.*

rosa. *Flor.*
roza. *Acción de rozar.*

roza. *Acción de rozar.*
rosa. *Flor.*

sábana. *Tela con que se cubre el colchón.*
sabana. *Llanura.*

sabia. *Femenino de sabio.*
savia. *Jugo de las plantas.*

salobre. *Con sabor de sal.*
salubre. *Saludable.*

savia. *Jugo de las plantas.*
sabia. *Femenino de sabio.*

sebo. *Grasa.*
cebo. *Señuelo.*

sección. *Parte.*
sesión. *Junta, reunión.*
cesión. *Acción de ceder.*

sedente. *Que está sentado.*
cedente. *Que cede.*

seda. *Tela.*
ceda. *Del verbo ceder.*

sede. *Lugar de reunión.*
cede. *Del verbo ceder.*

segar. *Cortar hierba.*
cegar. *Tapar, quedar ciego.*

seno. *Pecho.*
ceno. *Del verbo cenar.*

sepa. *Del verbo saber.*
cepa. *Tronco de la vid.*

serrado. *Del verbo serrar.*
cerrado. *Del verbo cerrar.*

serrar. *Cortar con una sierra.*
cerrar. *Asegurar con llave o cerrojo.*

sesión. *Junta, reunión.*
sección. *Parte.*
cesión. *Acción de ceder.*

sexo. *Diferencia física entre el macho y la hembra.*
seso. *Masa cerebral.*
ceso. *Del verbo cesar.*

siego. *Del verbo segar.*
ciego. *Que no ve.*

sien. *Parte lateral de la cabeza.*
cien. *Cantidad.*

siento. *Del verbo sentir.*
ciento. *Cantidad.*

sierra. *Cordillera; instrumento.*
cierra. *del verbo cerrar.*

sierre. *Del verbo serrar.*
cierre. *Del verbo cerrar.*

siervo. *Esclavo.*
ciervo. *Animal.*

sigma. *Letra griega.*
sima. *Cavidad grande.*
cima. *Parte alta de un monte, árbol, etc.*

silba. *Del verbo silbar.*
silva. *Estrofa.*

sima. *Cavidad grande.*
sigma. *Letra griega.*
cima. *Parte alta de un monte, árbol, etc.*

síncopa. *Supresión de una o más letras.*
síncope. *Pérdida del conocimiento.*

sita. *Situada, colocada.*
cita. *Nota; encuentro.*

sueco. *Nacido en Suecia.*
zueco. *Zapato de madera.*

sumo. *Supremo.*
zumo. *Jugo.*

tasa. *Acción y efecto de tasar.*
taza. *Vaso con asa.*

te. *Pronombre personal.*
té. *Infusión.*

tender. *Extender, desdoblar.*
ténder. *Carruaje.*

tóxico. *Venenoso.*
tósigo. *Ponzoña, veneno.*

trastocar. *Trastornar, revolver.*
trastrocar. *Mudar, cambiar.*

tubo. *Pieza hueca.*
tuvo. *Del verbo tener.*

uso. *Del verbo usar.*
huso. *Aparato para hilar.*

vaca. *Animal rumiante.*
baca. *Parte superior de los coches para equipajes.*

vacante. *Sin proveer.*
bacante. *Mujer que tomaba parte en las bacanales.*

vacilar. *Titubear, dudar.*
bacilar. *Perteneciente a los bacilos.*

vacilo. *Del verbo vacilar.*
bacilo. *Bacteria.*

vagido. *Gemido.*
vahído. *Desvanecimiento.*

vaho. *Vapor.*
bao. *Madero o barra que aguantan los costados del buque.*

vale. *Del verbo valer; nota.*
bale. *Del verbo balar.*
ballet. *Danza.*

valido. *Primer ministro.*
válido. *Firme; legal.*
balido. *Voz de la oveja.*

valón. *Pueblo belga.*
balón. *Pelota de cuero.*

valsa. *Del verbo valsar.*
balsa. *Charco grande.*

valla. *Cercado.*
vaya. *Del verbo ir.*
baya. *Fruto carnoso.*

vario. *Diverso, distinto.*
varío. *De variar.*
bario. *Metal.*

varón. *Hombre.*
barón. *Título de nobleza.*

varonía. *Calidad de descendiente de varón en varón.*
baronía. *Dignidad de barón.*

vasar. *Poyo para poner vasos.*
basar. *Asentar algo.*
bazar. *Tienda.*

vascas. *Del País Vasco.*
bascas. *Náuseas.*

vascular. *Perteneciente a los vasos del cuerpo animal.*
bascular. *Relativo a la báscula.*
bascular. *Ejecutar movimientos oscilatorios.*

vase. *Se va.*
base. *Fundamento, apoyo.*

vaso. *Pieza cóncava.*
baso. *Género de insectos.*

vasta. *Extensa, dilatada.*
basta. *Del verbo bastar.*
basta. *Femenino de basto.*

vastedad. *Dilatación, anchura.*
bastedad. *Calidad de basto.*

vasto. *Dilatado, extenso.*
basto. *Grosero, tosco.*

vate. *Poeta.*
bate. *Palo para el juego del béisbol.*

vaya. *Del verbo ir.*
valla. *Cercado.*
baya. *Fruto carnoso.*

velo. *Cortina.*
vello. *Pelo delgado.*
bello. *Que tiene belleza.*

venia. *Permiso.*
venía. *Del verbo venir.*

veraz. *Que dice la verdad.*
veras. *Verdad de las cosas.*
verás. *Del verbo ver.*

veril. *Orilla de un bajo.*
viril. *Varonil.*
buril. *Gubia.*

versa. *Del verbo versar.*
berza. *Col.*

vértice. *Punto en que concurren dos líneas.*
vórtice. *Torbellino.*

veta. *Vena, filón.*
beta. *Letra griega.*
veta. *De vetar.*

veto. *Prohibición.*
voto. *Sufragio, juramento, promesa.*
boto. *Del verbo botar.*

vidente. *Que ve.*
bidente. *De dos dientes.*

vienes. *Del verbo venir.*
vienés. *Natural de Viena.*
bienes. *Hacienda, caudal.*

viga. *Madero.*
biga. *Carro romano.*

vinario. *Relativo al vino.*
binario. *Que se compone de dos elementos, números o unidades.*

visar. *Reconocer, examinar.*
bisar. *Repetir algo.*

volear. *Sembrar a voleo.*
bolear. *Arrojar las boleadoras.*

voleo. *Bofetón, golpe.*
boleo. *Acción de bolear.*

vórtice. *Torbellino.*
vértice. *Punto en que concurren dos líneas.*

vosear. *Hablar a uno de vos.*
boxear. *Pelear a puñetazos.*

vota. *Del verbo votar.*
bota. *Calzado alto.*

votador. *Que vota.*
botador. *Que Herramienta.*

votar. *Emitir un voto.*
vetar. *Prohibir.*
botar. *Dar botes, saltar.*

vote. *Del verbo votar.*
bote. *Salto.*
bote. *Barco pequeño.*
bote. *Vasija pequeña.*

voto. *Promesa, juramento, sufragio.*
boto. *Del verbo botar.*
veto. *Prohibición.*

voz. *Sonido producido por la boca.*
vos. *Pronombre personal.*

yerro. *Equivocación, error.*
hierro. *Metal.*

zagal. *Muchacho.*
sagaz. *Astuto, previsor.*

zaino. *Caballo de color castaño.*
saíno. *Mamífero paquidermo.*

zueco. *Zapato de madera.*
sueco. *Nacido en Suecia.*

zumo. *Jugo.*
sumo. *Supremo.*